JN196982

地名から引く 日本全国 作家紀行・滞在記

日外アソシエーツ

The Catalog of Books of Travel Writing in Japan Searched by the Place Name

Compiled by
Nichigai Associates, Inc.

本書はディジタルデータでご利用いただくことができます。詳細はお問い合わせください。

●編集担当● 松本 裕加／岡田 真弓／新西 陽菜
装 丁：赤田 麻衣子

刊行にあたって

旅行中の体験や見聞、感想などを書き記した紀行文は、自身の旅の参考としてや、まだ見ぬ土地への興味から、時代を問わず広く読まれている。文学の一ジャンルとしてはもちろん、その時代・年代の人や場所の様子を書き留めた記録としても貴重である。だが、ある場所について、いつ頃・誰によって書かれた紀行文を探したいというとき、書名等に求める地名が含まれていない場合も多く、目当ての作品にたどり着くには困難を極める。

本書は、日本国内各地に関する、明治時代以降の紀行文・旅行記、滞在生活記、登山記、探検記、巡礼記等を地域・地名ごとにまとめた図書目録である。日本人および外国人の作家（小説家、随筆家、紀行作家等）や著名人により書かれた作品を選定、1988年～2017年の30年間に刊行された図書を対象とした。地方や都道府県ごとに、地名、名所、寺社、山岳、河川、街道、駅、鉄道路線等6,497件の見出しを立て、その地についての紀行文が収録された図書情報を掲載した。作品が全集やアンソロジーに収録されている場合や、どの作品に探している地が書かれているか分かりづらい場合には該当の作品名を個別に示した。

紀行文を効率よく調査できるツールとして、また紀行文を通して地域の新たな魅力発見への手助けとなるツールとして、幅広く活用されることを期待したい。

2018年7月

日外アソシエーツ

凡　例

1．本書の内容

本書は、作家（小説家、随筆家、紀行作家等）や著名人により、明治時代以降の日本国内各地について書かれた紀行・滞在記等を地域・地名ごとにまとめた図書目録である。

2．収録の対象

(1) 明治時代以降の国内各地について書かれた紀行文・旅行記、滞在生活記、登山記、探検記、巡礼記等を対象とした。

(2) 1988年（昭和63年）から2017年（平成29年）までの30年間に日本国内で刊行された図書を対象とした。対象期間内に、改訂版や文庫版等が刊行されている場合、原則として最新版のみを収録し、注記に旧版の情報を示した。

(3) 児童書、自費出版・私家版は対象外とした。

(4) 本書の収録図書数は1,757点（のべ16,865点)、見出しに立てた地名は6,497件である。

3．見出し

(1) 全体を「全国」「北海道」「東北」「関東」「中部」「近畿」「中国」「四国」「九州・沖縄」に大別した。

(2) 各地方名見出しの下に、都道府県名見出しを立てた。

(3) 上記見出しの下に、地名見出しを五十音順で立てた。地名見出しには、名所、寺社、山岳、河川、街道、駅、鉄道路線等を含む。

(4) 複数の都道府県にまたがる地名は、同地方内であれば地方名見出しの下に掲載した。別の地方におよぶ場合、各々に掲載した。

4．図書の排列

(1) 各見出しのもとでは出版年月順に排列した。

(2) 同一出版年月の図書は書名の五十音順に排列した。

5．図書の記述

記述の内容と順序は次の通りである。

(1) 図書番号／書名／副書名／巻次／各巻書名／版表示／著者表示／出版地（東京以外を表示）／出版者／出版年月／ページ数／大きさ／叢書名／注記／定価（刊行時）／ISBN（①で表示）

(2) 作品 見出しの地名について記述のある収録作品名を示した。

(3) 目次または内容

同一図書が複数回掲載されている場合、初出箇所にのみ表示した。

初出箇所は、書名・作品名索引で示した。

6．索　引

(1) 書名・作品名索引

書名および作品名を五十音順に排列し、所在を図書番号で示した。同一図書や同一図書内における同作品が複数回掲載されている場合、所在は初出箇所を示した。全集やアンソロジー等に収録されている作品名には著者名を〔　〕で付与した。

(2) 著者名索引

図書・作品の著者・編者等を姓の五十音順、名の五十音順に排列し、所在を図書番号で示した。機関・団体名は全体を姓とみなして排列した。同一図書や同一図書内における同作品が複数回掲載されている場合、所在は初出箇所を示した。

(3) 各索引の読みは、濁音・半濁音は清音とし、ヂ→シ、ヅ→スとした。促音・拗音は直音とみなし、長音符（音引き）は無視した。

7．書誌事項等の出所

各図書の書誌事項は、データベース「bookplus」およびJAPAN/MARCに拠ったが、掲載にあたっては編集部で記述形式を改めたものがある。

目　次

全 国……1
北海道……7
東 北……80
　青森県……92
　岩手県……111
　宮城県……125
　秋田県……136
　山形県……145
　福島県……158
関 東……174
　茨城県……185
　栃木県……190
　群馬県……200
　埼玉県……214
　千葉県……220
　東京都……230
　神奈川県……314
中 部……335
　新潟県……360
　富山県……376
　石川県……386
　福井県……394
　山梨県……402
　長野県……411
　岐阜県……436
　静岡県……446
　愛知県……464
近 畿……474
　三重県……481
　滋賀県……491
　京都府……504
　大阪府……538
　兵庫県……547
　奈良県……557
　和歌山県……584
中 国……597
　鳥取県……601
　島根県……606
　岡山県……615
　広島県……621
　山口県……630
四 国……637
　徳島県……642
　香川県……646
　愛媛県……651
　高知県……660
九州・沖縄……667
　九 州……667
　福岡県……672
　佐賀県……679
　長崎県……682
　熊本県……694
　大分県……704
　宮崎県……710
　鹿児島県……714
　沖縄県……729

書名・作品名索引……753
著者名索引……789

全国

00001 日本列島すぐ蕎麦の旅 富永政美著 リヨン社, 二見書房〔発売〕 1988.4 445p 19cm 1600円 ①4-576-88047-0
(目次) 北海道編, 東北・北陸編, 信越・東海編, 近畿・中国編, 四国・九州・沖縄編

00002 ほろよい味の旅 田中小実昌著 毎日新聞社 1988.5 230p 19cm 1200円 ①4-620-30623-1
(目次) 味な話(北のサカナ, 馬鈴薯, 広島の小イワシ, おでん, フグ ほか), 酔虎伝(ワインに茶碗蒸し, 好きな地酒, 酎ハイ党, ビールの泡, わめき酒 ほか), ほろよい旅日記(家出バッグ, 港さがし, 魚の棚, コーヒー, カウンター ほか)

00003 チャリンコ族はいそがない 熊沢正子著 山と渓谷社 1988.6 267p 19cm 980円 ①4-635-28011-X
(目次) 風来坊に憧れて, チャリンコ族はいそがない, 日本列島旅がらす, 南の島のビッグホリディ, 私家版・もうひとつの日本地図

00004 温泉へ行こう 山口瞳著 新潮社 1988.11 397p 15cm (新潮文庫) 440円 ①4-10-111121-9
(目次) 西伊豆早春賦, 回想の中房温泉, 療養上等、碁点温泉, 九州横断、由布院盆地, 憧れの常磐ハワイ, 玉造、皆美別館の友, 熱塩温泉、雪見酒, 下北半島、海峡の宿, なぜか浦安草津温泉, 春宵一刻価1万5千2百円〔ほか〕

00005 にっぽん求米紀行 遠藤ケイ著 毎日新聞社 1989.3 331p 19cm 1600円 ①4-620-30676-2
(内容) 北から南まで、地方に受けつがれてきた伝統の味を求めた、遠藤ケイのひとり旅。そこには故郷の暮らしがあり、懐しい顔があり、ぬくもりのする母の味があった。

00006 全国50場競輪巡礼記 横田昌幸著 徳間書店 1989.10 246p 19cm 1200円 ①4-19-554065-8
(目次) 痛快旅打ち巡礼編(前橋競輪場, 一宮競輪場, 静岡競輪場, 観音寺競輪場, 小倉競輪場, 和歌山競輪場, 大宮競輪場, 松山競輪場, 平塚競輪場, 四日市競輪場, びわ湖競輪場, 函館競輪場, 熊本競輪場, 松戸競輪場, 平競輪場, 門司競輪場, 豊橋競輪場, 立川競輪場, 西宮競輪場, 名古屋競輪場 ほか), 銀輪青春編(座談会 ボクらの競輪奮戦記—山松ゆうきち+山本康人+田中誠+横田昌幸, 私めの"車券必笑法"—精神的冒険の極致!!)

00007 酒まくら舌の旅 岳真也著 廣済堂出版 1990.8 290p 15cm (廣済堂文庫) 460円 ①4-331-65072-3
(内容) 地酒には「その酒にふさわしい土地土地の肴であるとか、そこで出逢った人々や起こった出来事、といった思い出がまつわりついている」と語る著者が、ほんものの佳酒・旨酒を求めて地酒の蔵元を訪ね歩く。一読深酔? 全国味覚放浪紀行。地酒に巡りあう40編の旅。旅と酒をこよなく愛する"極楽トンボ"岳真也のトラベルエッセイ。

00008 旅情百景 岡田喜秋著 河出書房新社 1990.8 373p 15cm (河出文庫) 600円 ①4-309-47197-8
(内容) 旅を人生の栖とする著者が30年の歳月をかけてえらびぬいた、旅情を誘う新日本百景。

00009 50ccバイク日本一周2万キロ 賀曽利隆著 日本交通公社出版事業局 1990.11 285p 19cm 1300円 ①4-533-01631-6
(目次) 第1章「日本国道路元標」前からいざ出発!, 第2章 来たぞ函館、さあ北海道一周だ, 第3章 "オホーツク国道"温泉はしご旅, 第4章 大雪山一周温泉ラリー, 第5章 心にしみる名月の夜, 第6章 鳥取砂丘にサハラを見た!, 第7章 恐怖! 空をおおう阿蘇の黒煙, 第8章 沖縄本島ぐるり一周味めぐり, 第9章 泡盛に酔った与那国島の夜, 第10章 聖地巡礼、日南海岸北上, 第11章 闇に脅えた深夜のこんぴら参り, 第12章 88日目のゴール、そして再び

00010 汽車旅十五題 種村直樹著 日本交通公社 1992.4 230p 19cm 1300円 ①4-533-01899-8
(目次) 日本縦断JRスピード乗り継ぎ, ニューワイド周遊券で道東へ, 北の大地を駆けるスーパー特急, 秋田へのバス旅もまた楽し, 東北路「青春18キップ」の旅, 首都圏近郊民鉄乗り歩き, 秩父散歩と〈パレオエクスプレス〉, 〈あさぎり〉で楽しむ伊豆の味, アプト式が話題の大井川鉄道, 黒部と立山のトロッコ列車, 能登・北陸の温泉と蕎麦, 保津峡・比叡山、乗りものづくし, 北近畿・鳥取の温泉途中下車, 山陽・四国のチンチン電車めぐり, 九州横断フルムーンパスの旅

00011 「青春18きっぷ」の旅—これぞ激安汽車旅の極めつき! 種村直樹著 徳間書店 1992.6 261p 19cm 1400円 ①4-19-554897-7
(目次) 1「青春18」激安乗り継ぎ, 2 日本四島「青春18」行脚, 3「青春18」10年ミニトリップ

00012 気まぐれ列車も大増発 種村直樹著 実業之日本社 1992.8 367p 19cm 1500円 ①4-408-00729-3
(目次) ヨーロッパ縦断気まぐれ列車, 浪人リフレッシュ気まぐれ列車, 山陰ステーションラリー気まぐれ列車, 日本列島外周気まぐれ列車

00013 日本の朝ごはん 向笠千恵子著 新潮社 1994.1 230p 21cm 1900円 ①4-10-396001-9
(目次) 旅で見つけた朝ごはん三昧境, 朝ごはんではじまる暮らし, 人生は朝ごはんにあり, 東京朝ごはん鳥瞰図

00014 気まぐれ列車や汽車旅ゲーム 種村直樹著 実業之日本社 1994.5 327p 19cm 1500円 ①4-408-00731-5
(目次) 気まぐれ列車や汽車旅ゲーム, 汽車旅ゲーム気ま

ぐれ列車, 台湾鉄路気まぐれ列車, 日本列島外周気まぐれ列車PART7

00015 「青春18きっぷ」の旅 2 日本縦断激安汽車旅 種村直樹著 徳間書店 1994.6 222p 19cm 1300円 ①4-19-860120-8

(目次) 1「青春18」夢の日本縦断, 2「青春18」ひざくりげ, 3「青春18」小さな旅

00016 呑呑草子 杉浦日向子著 講談社 1994.10 357p 19cm 1600円 ①4-06-206857-5

(目次) 巻の1 仮想正月, 巻の2 ちんかも伝説, 巻の3 ひねもすのたり, 巻の4 東京干物, 巻の5 東京だよオノオノ方, 巻の6 オトコのチクビ, 巻の7 トライバスロン, 巻の8 なつかし狩り, 巻の9 悲しき肉塊, 巻の10 月が出た出た, 巻の11 感傷海峡, 巻の12 ポのシゴト, 巻の13 新酒三昧, 巻の14 ジュリアナじゃ, 巻の15 ラッキョ男のキス, 巻の16 尻遍路, 巻の17 理由なき酩酊, 巻の18 隠居志願, 巻の19 さぬきにはまる, 巻の20 元気なやつら, 巻の21 花火と寄生虫, 巻の22 なにわ蟬しぐれ, 巻の23 ベニテントリッパー, 巻の24 裸の最終回

00017 日本縦断「郵便貯金」の旅―旅のついでに3334局 種村直樹著 徳間書店 1995.4 262p 19cm 1300円 ①4-19-860276-X

(目次) 第1章 3000局へ「青春18きっぷ」の旅, 第2章 旅行貯金との出会い, 第3章 想い出の郵便局めぐり

00018 いつか行きたい 日本列島天然純朴の温泉―嵐山光三郎の遊湯紀行 嵐山光三郎文, 山口大輔写真 講談社 1995.10 227p 21cm 1800円 ①4-06-207929-1

(内容) 旅好き、"海・山"大好き人間に贈る決定版温泉紀行。北は北海道知床半島から南は鹿児島県屋久島まで日本一の名湯秘湯70選。

00019 神様のくれた魚―ヤポネシア抒情紀行 立松和平著 山と渓谷社 1995.12 269p 19cm 1500円 ①4-635-28035-7

(目次) 第1章 森に生きる, 第2章 豊饒の山, 第3章 水の気配, 第4章 沈黙の夏, 第5章 ヤポネシアへ, 第6章 漁師の休息

00020 鈍行乗り継ぎ湯けむり紀行―日本一周やったぜ1000湯! 賀曽利隆著 日本交通公社出版事業局 1995.12 254p 19cm 1400円 ①4-533-02344-4

(内容) 温泉の中から、日本という国を見てみよう。バイクのカソリが鈍行列車に乗り換え、歩いて、走って日本一周温泉はしご旅。

00021 今夜も空の下―シェルパ斉藤の行きあたりばっ旅 2 斉藤政喜著 小学館 1996.3 287p 19cm (BE - PAL BOOKS) 1100円 ①4-09-366063-8

(目次) 第1章 耕うん機で走るみちのくひとり旅, 相棒「テラ」に出会う十和田湖編, 宿命的徐行が続く青森編, 第2章 厳寒北海道・目的地は人まかせのヒッチハイク行, 日本一早い初日の出・道東編, 日本最北端を目指す道北編, 第3章 房総・行き先は犬まかせ放浪, 第4章 ハイテク電動自転車で甲州街道をゆく, 電気のヒッチハイク・甲州街道編, なるか日本横断! 上高地編, 第5章 ビンゴの玉に運命をゆだねる四国八十八カ所巡, 四国縦断編, 四国横断編, 第6章 回想編10年前の日本、自転車縦断日記, 第7章 週に約2便の郵便配達船で南の島へ, 自ら送った小包と渡る新城島編, 貧乏旅人の聖地・南風見田編, 第8章 九州で、謎のリヤカーマンと化す旅, 特注リヤカー始動・宮崎上陸編, 進化する変態RV・佐多岬編, 第9章 世界最長の国道・暴走ヒッチハイク, 10年目の感傷旅行・木曜島編, 激走! ケアンズ脱出編, シドニー編・そして僕は旅を続ける, あとがき

00022 生命のけはい―ヤポネシア探究紀行 立松和平著 立風書房 1996.6 245p 19cm 1600円 ①4-651-70073-X

(目次) 第1章 まれびとの国から, 第2章 火の国・巡礼の国から, 第3章 日いずる国から, 第4章 神々のすむ国から, 第5章 生命のけはい

00023 湯けむり極楽紀行 美坂哲男著 トラベルジャーナル 1996.10 254p 19cm 1545円 ①4-89559-370-3

(目次) 北海道編, 東北編, 関東編, 中部編, 近畿編, 中国・四国編, 九州・沖縄編

00024 森田芳光カントクと行く「タビ・ユー・ケィバ」―全国地方競馬巡り 森田芳光著 アリアドネ企画 1997.7 294p 19cm (Ariadne entertainment) 〈三修社(発売)〉 1429円 ①4-384-02355-3

(目次) 北の旅・北から編, 小さな旅・首都圏編, 南の旅・南から編, 秘伝/指南!

00025 ただいま3877局 気まぐれ郵便貯金の旅 種村直樹著 自由国民社 1997.11 290p 19cm 1600円 ①4-426-88500-0

(目次) 第1章 みなみ東北気まぐれ旅行貯金, 第2章 郵便局とのおつきあい50年, 第3章 気の向くままに旅行貯金, 第4章 旅行貯金の猛者七千局と一万局

00026 シェルパ斉藤の行きあたりばっ旅 斉藤政喜著 小学館 1998.1 349p 16cm (小学館文庫) 〈1994年刊の増訂〉 600円 ①4-09-411001-1

(目次) 第1章 東京→雲仙ヒッチハイク行, 東海道編, 九州上陸編, 第2章 奥志賀林道スキー・ツーリング, 天国編, 地獄編, 第3章 トカラ列島、漁船ヒッチハイク, 口之島編, 宝島編, 臥蛇島編, 第4章 マリーのジャパン・ツーリング, 出会い、出発編, 激走、別れ編, 第5章 北海道縦断わらしべ長者旅行, 北海道放浪編, ママチャリ・ツーリング編, 第6章 モロッコMTBツーリング, カスバ街道編, サハラ砂漠編, 第7章 東北路線バスの旅, 関東脱出編, 蔵王山中編, 第8章 九州無装備1万円放浪, 北九州編, 南九州編, 第9章 日本分断徒歩紀行, 太平洋編, 日本海編, 第10章 番外編, 消えた国道を求めて, ツアー添乗員体験記, 文庫版 あとがき

00027 シェルパ斉藤の行きあたりばっ旅 3 斉藤政喜著 小学館 1998.8 253p 16cm (小学館文庫) 457円 ①4-09-411003-8

(目次) 第1章 九州で、謎のリヤカーマンと化す旅, 特注リヤカー始動・宮崎上陸編, 進化する変態RV・佐多岬編, 第2章 東京〜台湾各駅停車の旅, 東京から各駅停車を乗り継いだ台湾上陸編, 台湾ヒッチハイク編, 第3章 日本一人口が少ない瀬戸内海の島紀行, 成功するか!?加島上陸作戦編, ミカン船で瀬戸内海横断編, 第4章 回想編10年前の日本、自転車縦断日記, 第5章 沖縄本島無一文放浪の旅, 沖縄本島北上編, 沖縄本島南下編, 第6章 ビンゴの玉に運命をゆだねる四国八十八カ所巡り, 四国縦断編, 四国横断編, 第7章 ハイテク電動自転車で甲州街道をゆく, 電気のヒッチハイク・甲州街道編, なるか日本横断! 上高地編, 第8章 北海道配線トレッキング紀行, 文庫版

あとがき

00028 バイクで越えた1000峠 賀曽利隆著 小学館 1998.8 280p 15cm (小学館文庫) 〈1995年刊の文庫化〉 514円 ①4-09-411101-8

(目次) 峠を越えながら、日本の国を見てみたい！, 知床峠を越えて、知床の秘湯に入りまくる, 屈斜路湖畔の温泉を総ナメにし、美幌峠へ, 三国峠を越えて十勝から石狩へ、雄大な北海道！, 大雪連峰から十勝岳連峰への温泉めぐり, 黒石から滝ノ沢峠へ、黒石温泉郷を行く, 奥州から羽州へ、羽州から奥州への奥羽山脈越え, "日本一の秘湯地帯"を駆けめぐる, 藩政時代の歴史がしみついている花山峠越え, 奥羽山脈の峠の真上に温泉があるゾ！〔ほか〕

00029 宮脇俊三鉄道紀行全集 第1巻 国内紀行 1 宮脇俊三著 角川書店 1998.12 482p 22cm 〈付属資料：CD-ROM1枚(12cm)〉 4900円 ①4-04-574401-0

(目次) 時刻表2万キロ, 最長片道切符の旅, 汽車旅12カ月

00030 宮脇俊三鉄道紀行全集 第2巻 国内紀行 2 宮脇俊三著 角川書店 1999.1 433p 22cm 4900円 ①4-04-574402-9

(目次) 増補版時刻表昭和史, 時刻表おくのほそ道, 終着駅へ行ってきます

00031 宮脇俊三鉄道紀行全集 第3巻 国内紀行 3 宮脇俊三著 角川書店 1999.3 464p 22cm 4900円 ①4-04-574403-7

(目次) 旅の終りは個室寝台車, 線路のない時刻表(全線開通版), 失われた鉄道を求めて, 途中下車の味

00032 宮脇俊三鉄道紀行全集 第6巻 雑纂 宮脇俊三著 角川書店 1999.5 458p 22cm 〈年譜あり 著作目録あり〉 4900円 ①4-04-574406-1

(目次) 時刻表ひとり旅(抄), 終着駅は始発駅(抄), 汽車との散歩(抄), 鉄道旅行のたのしみ(抄), 車窓はテレビより面白い(抄), 日本探見二泊三日(抄), 旅は自由席(抄), 夢の山岳鉄道(抄), 線路の果てに旅がある(抄)

00033 チューヤン日本旅日記―朋友チューヤン Japan tour 謝昭仁著, 雷波少年訳 日本テレビ放送網 1999.7 214p 19cm 857円 ①4-8203-9728-1

(目次) 旅、ふたたび―北海道～東京, おいどんは昭仁でごわす―鹿児島～東京, 旅館住み込み加賀の旅―石川～東京, 南国土佐の魚売り―高知～東京, 冬は荒海、男は漁師―青森～東京, お祭り紀州―和歌山～東京, ラッコの言葉が話せたら―長崎～東京, にわか酒杜氏―岐阜～東京, 食べろ、食べろ、北誉!!―鳥取～東京, 提灯工房弟子入り―秋田～東京〔ほか〕

00034 温泉列島縦断 仲村隼著 現代旅行研究所 1999.12 199p 19cm (旅行作家文庫) 1400円 ①4-87482-074-3

(内容) 21世紀を迎える温泉には、こんなにもたくさんの顔がある。日本列島を北から南、東へ西へ駆け抜けた、湯けむり紀行のニューウェイブ。

00035 世界を駆けるゾ！ 30代編 賀曽利隆著 フィールド出版 2000.1 288p 19cm 1400円 ①4-938853-01-9

(目次) 赤ん坊連れのサハラ縦断, 50ccバイク日本一周, キリマンジャロ挑戦, 「パリ～ダカール・ラリー」参戦, 南米一周

00036 日本一周バイク旅4万キロ 上巻 賀曽利隆著 昭文社 2000.4 21cm (どこでもアウトドア紀行)

(目次) 第1章 いざ出発！―東海編(東京→名古屋1769km), 第2章 紀伊半島周遊―関西南部編(名古屋→神戸2106km), 第3章 四国の四端に立つ―四国編(神戸→神戸3067km), 第4章 山陽道を西へ―山陽編(神戸→門司1403km), 第5章 九州の東海岸を行く―九州東部編(門司→鹿児島1308km), 第6章 九州の西海岸を行く―九州西部編(鹿児島→門司3674km), 第7章 山陰道を東へ―山陰編(門司→鳥取1652km), 第8章 日本のヘソに立つ―関西北部編(鳥取→舞鶴1216km), 第9章 北陸道を行く―北陸編(舞鶴→富山1746km), 第10章 日本橋に到着だ！―中部内陸編(富山→東京1542km)

00037 日本一周バイク旅4万キロ 下巻 賀曽利隆著 昭文社 2000.4 285p 21cm (どこでもアウトドア紀行) 1500円 ①4-398-21109-8

(目次) 第1章 いざ、北へ！―南東北・太平洋編(東京→仙台829km), 第2章 三陸海岸を行く―北東北・太平洋編(仙台→青森3067km), 第3章 大雪山一周―北海道・太平洋編(青森→根室3699km), 第4章 日本最北の地に立つ！―北海道・オホーツク海編(根室→稚内1365km), 第5章 函館へ、日本海超特急―北海道・日本海編(稚内→青森2664km), 第6章 名湯・秘湯めぐり―北東北・日本海編(青森→酒田2077km), 第7章 母なる流れに沿って―南東北・日本海編(酒田→新潟1550km), 第8章 おー、親不知だ！―会越・信州編(新潟→東京1054km), 第9章 芭蕉庵からの旅立ち―関東・太平洋編(東京→勿来1117km), 第10章 「日本一周」完走！―関東・内陸編(勿来→東京1666km)

00038 世界を駆けるゾ！ 40代編 上巻 賀曽利隆著 フィールド出版 2000.6 298p 19cm 1400円 ①4-938853-02-7

(目次) 第1章 サハラ往復縦断, 第2章 50ccバイク日本一周, 第3章 50ccバイク世界一周, 第4章 東京→サハリン, 第5章 本州横断, 第6章 インドシナ一周

00039 旅の鉄人カソリの激走30年 賀曽利隆著 JTB 2000.7 254p 19cm 1500円 ①4-533-03540-X

(目次) 泥ンこまみれで知った人情、雨期の西アフリカ横断―20～22歳・1968年4月～69年12月, 制限時速30キロで行く、信州50ccツーリング―38歳・1986年4月, 満天の星、露天風呂で乾杯！ 東北横断ツーリング―40歳・1988年6月, 駆けた、入った、12湯！ 1万円旅・東伊豆編―43歳・1991年2月, 「日本海美人地帯」を行く、青春18きっぷ東北一周―44歳・1992年3月, ハシゴ湯24軒、鈍行乗り継ぎ湯けむり紀行・中部周遊編―45歳・1992年11月, 4カ国の国際列車を乗り継いで、インドシナ一周紀行―45歳・1993年9月, 北国美人のほほえみ、鈍行乗り継ぎ湯けむり紀行・奥羽本線編―46歳・1993年10月, 男湯にオバチャンが!?1万円旅・北関東編―46歳・1994年1月, 食パンとマーガリン、ニンジンを主食に、本州徒歩横断300キロ―46歳・1994年3月〔ほか〕

00040 ROADSIDE JAPAN 珍日本紀行 新装版 都築響一写真・文 アスペクト 2001.3 435p 25×25cm 4800円 ①4-7572-0833-2

(目次) Gods and Buddhas, Monuments, Derelicts, Regional Charm, Mini‐Worlds, Heaven and Hell, Rivers of Sorrow, Sexplosion, Animal Therapy, Dinosaurs〔ほか〕

00041 自由に至る旅―オートバイの魅力・野宿の愉しみ　花村萬月著　集英社　2001.6　252p　18cm　（集英社新書）　740円　①4-08-720097-3

(目次) 第1章 オートバイとの出会い, 第2章 北海道への旅, 第3章 基本は野宿, 第4章 本州〜九州, 第5章 旅の心得

00042 日本詣で　嵐山光三郎著　集英社　2001.6　285p　19cm　1600円　①4-08-774453-1

(内容) "天性の旅人"嵐山光三郎が巡った日本各地にまつわる思い出を綴った面白エッセイ。全都道府県と東京23区を網羅、それぞれの土地の風土や人間への愛情が、日本人の心の豊かさを再認識させてくれる。

00043 耕うん機オンザロード　斉藤政喜著　小学館　2001.8　333p　19cm　（BE-PAL BOOKS）　1200円　①4-09-366065-4

(目次) 北海道1（史上最強のRV, 知床岬でヒグマに出会う, 阿寒湖で "伝説の旅人"になる, 南富良野の10年、ぼくの10年, 自衛隊突入, 喜茂別の豪雪）, 北関東・東北（大洪水で流されなかったもの, 小学校の教壇に立つ, 阿武隈高原で雪を耕す, 仙台で事故る, ふたりの冒険家, 福祉の理想郷, 日本一人気の混浴露天風呂, 長身美人ライダーとミクロ系ザック娘, 八甲田の若夫婦）, 北海道2・信越（奥尻島タンデム旅, ヒッチハイクで結婚式へ, 1971年の日本一週, ぼくがスキー民宿に居候していたころ, 21年ぶりの借金返済計画, ゴー・バック・オンザロード, 雪の農学部卒業式）, おわりに, 日本縦断全装備, 耕うん機ドライビング・マニュアル

00044 日本一周ローカル線温泉旅　嵐山光三郎著　講談社　2001.9　246p　18cm　（講談社現代新書）　680円　①4-06-149569-0

(目次) 第1部 北上編（宇都宮から日光、会津へ, 氷見から能登、山中温泉へ, 村上から酒田、新庄、盛岡へ, 青森から函館、長万部、登別へ ほか）, 第2部 南下編（清水から浜松、琵琶湖へ, 米子から萩、山口市へ, 四国一周, 博多から佐賀、唐津へ ほか）

00045 宮脇俊三自選紀行集　宮脇俊三著　JTB　2001.12　318p　20cm　2200円　①4-533-04031-4

(目次)『時刻表2万キロ』（抄）,『最長片道切符の旅』（抄）,『汽車旅12カ月』（抄）,『増補版 時刻表昭和史』（抄）,『殺意の風景』（抄）,『ローカルバスの終点へ』（抄）,『日本探見二泊三日』（抄）,『古代史紀行』（抄）,『平安鎌倉史紀行』（抄）,『夢の山岳鉄道』（抄）

00046 朝から晩までローカル列車三昧　池田光雅著　新人物往来社　2002.5　205p　19cm　1600円　①4-404-02971-3

(目次) 歳末ひたすら普通列車の旅（1999年末・本州中央部周遊記）（斜陽の寝台特急を考えながら名古屋をめざす, 近鉄電車特急と真っ向勝負のJR快速気動車, 高性能気動車も貧弱な線路では宝の持ち腐れ ほか）, 山陽・山陰ローカル線忍耐旅行（2000年3月）（飛行機で駆けつけて予定の列車を逃す大失態, 贅沢な工事で時速一〇〇キロ出るローカル線, 旅行は初日というのにビデオが故障した ほか）, みちのくローカル線巡り（2001年初春）（北関東の谷間は早くも雪国の風情, 長年続いた列車ダイヤが突如手直しされた, 代行バスで薄暮の日本海を眺める ほか）

00047 嘉門達夫の美味すぎ！ ニッポン旅ガラス―旅で出会った人と味　嘉門達夫著　Tokimekiパブリッシング　2004.5　207p　21cm　〈角川書店（発売）〉　1400円　①4-04-894527-0

(目次) 北海道, 東北, 関東, 北陸, 東海, 大阪, 近畿・四国, 中国, 九州

00048 日本縦断徒歩の旅―65歳の挑戦　石川文洋著　岩波書店　2004.5　226p　18cm　（岩波新書）　700円　①4-00-430891-7

(目次) 序章 なぜ縦断徒歩の旅か, 第1章 自然の美、人情の美―北海道, 第2章 移りゆく日本を見る―東北・北陸, 第3章 ファインダーの向こう側に―近畿・山陰, 第4章 歩きながら考える「平和」―九州・沖縄, 終章 三三〇〇キロを歩き終えて

00049 絵日記でめぐる43日間―列島縦断鉄道12000kmの旅　関口知宏著　徳間書店　2004.10　111p　15×21cm　1400円　①4-19-861932-8

(目次) 稚内（北海道稚内市）〜生田原（北海道紋別郡生田原町）, 生田原〜塘路（北海道川上郡標茶町）, 塘路〜美瑛（北海道上川郡美瑛町）, 美瑛〜小樽（北海道小樽市）, 小樽〜五稜郭（北海道函館市）, 五稜郭〜八戸（青森県八戸市）, 八戸〜上有住（岩手県気仙郡住田町）, 上有住〜横手（秋田県横手市）, 横手〜米沢（山形県米沢市）, 米沢〜気仙沼（宮城県気仙沼市）〔ほか〕

00050 てくてくカメラ紀行　石川文洋著　枻出版社　2004.10　379p　15cm　（枻文庫）〈年譜あり〉　850円　①4-7779-0226-9

(目次) 北海道, 東北, 北陸, 近畿, 中国, 九州, 沖縄

00051 50ccバイクで島の温泉日本一周　賀曽利隆著　小学館　2005.9　350p　15cm　（小学館文庫）　619円　①4-09-411102-6

(目次) 第1章 伊豆諸島・小笠原諸島編, 第2章 本州東部編, 第3章 北海道編, 第4章 本州西部編, 第5章 四国編, 第6章 九州編, 第7章 沖縄編, 第8章 日本の島ベスト10

00052 日本列島ローカル線紀行―日本の鉄道紀行　櫻井寛写真・文　世界文化社　2006.5　255p　22cm　2400円　①4-418-06514-8

(目次) 第1章「北海道・東北」, 第2章「関東」, 第3章「中部」, 第4章「近畿」, 第5章「中国・四国」, 第6章「九州・沖縄」

00053 日本縦断「ローカル列車」を乗りこなす　種村直樹著　青春出版社　2006.6　205p　18cm　（青春新書インテリジェンス）　730円　①4-413-04147-X

(目次) 序章「ローカル列車」という愉しみ―「汽車」の旅と「電車」の旅, 1 函館本線、富良野線、旧国鉄広尾線 北海道―"飲み継ぎ"列車, 2 留萌本線、根室本線、石勝線 明日萌・幌舞―ドラマの足跡探訪列車, 3 米坂線、奥羽本線、フラワー長井線、羽越本線… 羽越路―温泉浴びまくり列車, 4 北陸本線、北鉄石川線、城端線、氷見線 北陸―越中・越前の "海と山の幸"列車, 5 参宮線、近鉄山田線、志摩線 伊勢・志摩―グルメ三昧の半島列車, 6 一畑電車北松江線、大社線 山陰―気ままのつもりが、"企画"列車, 7 瀬戸大橋線、琴電、予讃線、伊予鉄市内線 四国―予定きちきち "気まぐれず"列車, 8 土讃線、土佐くろしお鉄道ごめん・なはり線 土佐―最後のローカル線開業！ 列車, 9 鹿児島本線、久大本線、日豊本線、宮崎空港線 豊後―よいとこうまいとこ列車, 終章 関越・北陸・近畿・東海ぐるり旅―鉄道一二八年の断章

00054 旅で見つけた宝物―巡りあったあの町、

この人　青山佳世著　文芸春秋企画出版部, 文芸春秋〔発売〕　2007.4　309p　22cm　1500円　①978-4-16-008033-1
(内容) 平成元年から放映した、おはよう日本「季節の旅」などの取材で訪れた町や村は約800ヵ所。その中から特に60ヵ所の魅力を紹介

00055　甘党流れ旅　酒井順子著　角川書店　2007.7　314p　19cm〈角川グループパブリッシング（発売）〉　1500円　①978-4-04-883982-2
(目次) 北海道・東北, 関東, 中部, 近畿, 中国・四国, 九州・沖縄

00056　日本全国絶景列車の旅　櫻井寛写真・文　世界文化社　2007.8　319p　26cm〈折り込1枚〉　3200円　①978-4-418-07508-9
(目次) 絶景列車グラビア, 第1章 北海道, 第2章 東北, 第3章 関東・甲信越, 列車に「乗る」楽しみ, 寝台特急の旅, 第4章 東海・北陸, 第5章 近畿・中国, 第6章 四国・九州

00057　海とオートバイ—GSライダーのニッポン漂泊記　内田正洋著　枻出版社　2008.3　170p　15cm　（枻文庫）　750円　①978-4-7779-0988-9
(内容) 『BMW BOXER JOURNAL』で好評連載中の“GSドリーミング、再び”の集大成。オートバイの傑作GSで全国を走り回り、日本文化を味わう旅の記録の一冊です

00058　最長片道切符の旅　宮脇俊三著　新潮社　2008.4　344p　20cm　1600円　①978-4-10-333511-5
(目次) 遠回りの話, 切符の話, 第1日：広尾—帯広—富良野—旭川—遠軽, 第2日：遠軽—北見—池田—釧路—厚岸—厚床, 第3日：厚床—中標津—標茶—網走—中湧別—紋別, 第4日：紋別—名寄—音威子府—浜頓別—南稚内, 第5日：南稚内—幌延—留萌—深川—岩見沢—沼ノ端—札幌—小樽, 第6日：小樽—倶知安—伊達紋別—函館～青森—好摩, 第7日：好摩—大館—弘前—深浦—東能代—秋田, 第8日：秋田—鶴岡—坂町—米沢—横手, 第9日：横手—大曲—盛岡—宮古—花巻—一ノ関—気仙沼, 第10日：気仙沼—前谷地—石巻—仙台—郡山—平—水戸〔ほか〕

00059　最長片道切符の旅　17刷改版　宮脇俊三著　新潮社　2008.9　434p　16cm　（新潮文庫）〈折り込1枚　2008年刊あり〉　590円　①978-4-10-126802-6

00060　JR全線全駅下車の旅　横見浩彦著　ベストセラーズ　2009.3　286p　15cm　（ワニ文庫）〈2005年刊の加筆・訂正〉　695円　①978-4-584-39273-7
(目次) 第1章 全部の駅をめぐりたい, 第2章 ぜぇーったいに無理, 第3章 停まる列車は一日いっぽん, 第4章 貧乏旅行もラクじゃない, 第5章 全国の駅に行ったぞ, 第6章 さらなる駅を求めて

00061　気まぐれバス旅出発進行—バスに乗ろうよ　種村直樹著　多摩　クラッセ　2009.7　302p　19cm　（Klasse books）〈著作目録あり〉　1800円　①978-4-902841-04-6
(内容) BJハンドブックシリーズ収録の各地の路線バス会社22社の乗り歩き紀行を、パワーアップして収録しています。巻頭紀行では、東京から釧路までを、バスとフェリーと鉄道を組み合わせた旅の書き下ろしを収録。

00062　「最長片道切符の旅」取材ノート　宮脇俊三著　新潮社　2010.11　440p　16cm　（新潮文庫）〈2008年刊の文庫化〉　590円　①978-4-10-126815-6
(目次) 第1日：広尾—帯広—富良野—旭川—遠軽, 第2日：遠軽—北見—池田—釧路—厚岸—厚床, 第3日：厚床—中標津—標茶—網走—中湧別—紋別, 第4日：紋別—名寄—音威子府—浜頓別—南稚内, 第5日：南稚内—幌延—留萌—深川—岩見沢—沼ノ端—札幌—小樽, 第6日：小樽—倶知安—伊達紋別—函館～青森—好摩, 第7日：好摩—大館—弘前—深浦—東能代—秋田, 第8日：秋田—鶴岡—坂町—米沢—横手, 第9日：横手—大曲—盛岡—宮古—花巻—一ノ関—気仙沼, 第10日：気仙沼—前谷地—石巻—仙台—郡山—平—水戸〔ほか〕

00063　途中下車の愉しみ　櫻井寛著　日本経済新聞出版社　2011.2　229p　18cm　（日経プレミアシリーズ）　850円　①978-4-532-26110-8
(目次) 北海道・東北, 関東・甲信越, 東海・北陸, 関西, 中国・四国, 九州・沖縄

00064　映画バカ111日 にっぽん旅行記—『アンを探して』監督・プロデューサーの全国映画館めぐり　ユリ・ヨシムラ・ガニオン著, 宮平貴子ブログテキスト　京都　かもがわ出版　2011.4　171p　21cm〈イラスト：宮平貴子　写真：クロード・ガニオンほか〉　1800円　①978-4-7803-0429-9
(目次) 第1章 アクションなくしてリアクションなし！, 第2章 資金と準備, 第3章 4月 いざ出発！ 沖縄の海に舞う紙テープ, 第4章 5月 九州からひたすら北上、近畿まで, 第5章 6月 梅雨をさけて北上, 第6章 7月 いよいよ北海道上陸, 第7章 8月 あと一県で四七都道府県完走！

00065　旅暮らし　立松和平著　野草社　2011.4　285p　20cm　（立松和平エッセイ集）〈発売：新泉社〉　1800円　①978-4-7877-1181-6
(目次) 1 北の大地へ, 2 日本の原風景、東北へ, 3 故郷、栃木へ, 4 住む街、東京で, 5 甲信越の山並みへ, 6 西国へ, 7 南の島へ, 8 海の彼方へ

00066　47都道府県女ひとりで行ってみよう　益田ミリ著　幻冬舎　2011.4　283p　16cm　（幻冬舎文庫）〈2008年刊の文庫化〉　571円　①978-4-344-41660-4
(目次) 青森県, 三重県, 北海道, 茨城県, 島根県, 滋賀県, 岡山県, 石川県, 埼玉県, 大阪府, 福井県, 佐賀県, 長野県, 鹿児島県, 愛知県, 山梨県, 高知県, 神奈川県, 宮城県, 福島県, 静岡県, 山口県, 千葉県, 栃木県, 福岡県, 熊本県, 長崎県, 山形県, 群馬県, 新潟県, 京都府, 兵庫県, 奈良県, 富山県, 鳥取県, 沖縄県, 香川県, 愛媛県, 秋田県, 宮崎県, 岐阜県, 広島県, 岩手県, 徳島県, 和歌山県, 大分県, 東京都：帝国ホテル東京一泊旅

00067　女流阿房列車　酒井順子著　新潮社　2012.5　276p　16cm　（新潮文庫）〈2009年刊の文庫化〉　490円　①978-4-10-135120-9
(目次) メトロな女—東京の地下鉄全線完乗16時間22分, 鈍行列車の女—24時間耐久1343・9km, 秘境駅の女—「鉄子の旅」同乗記, 相互乗り入れ企画!?「鉄子の旅プラス」菊池直恵—酒井順子さんと水のある風景を求めて, 膝栗毛な女—東海道五十三乗りつぎ, トロッコ列車の女—紅葉独り占め京都「鉄学」の道, 9to5の女—根室本線 宮脇俊三さんに捧げる寝ずの旅, 廃線跡の女—日傘片手に北陸本線旧線を歩く, こだま号の女—東京～博多10時間半, スイッチバックの女—信越本線・篠ノ井線「スイッチ

バック銀座」, 旧国名駅の女―四国巡礼「お線路さん」の旅, おまけ 鉄と油の二泊三日―九州一周揚げ物紀行, 徐行列車のふたり―秋田周遊車窓対談 原武史×酒井順子

00068 七十五度目の長崎行き 吉村昭著 河出書房新社 2013.1 248p 15cm (河出文庫)〈2009年刊の文庫化〉 660円 ①978-4-309-41196-5

(目次) ふる里への旅, 楽し、懐かし、魅力の町―浅草レトロ散歩, 不思議な旅―青梅・沢井に小澤酒造を訪ねる, 須賀川の雪道, 北温泉と旭温泉―好きな宿, 小さなフネの旅, 高知への旅, 講演旅行―新潟旅日記, 花と石だたみの町―もう一度行ってみたいところ, 真夏の旅〔ほか〕

00069 宮脇俊三鉄道紀行セレクション 宮脇俊三著, 小池滋編 筑摩書房 2014.6 478p 15cm (ちくま文庫)〈底本:「宮脇俊三鉄道紀行全集 1〜6」(角川書店 1998〜1999年刊)〉 1000円 ①978-4-480-43178-3

(目次) 国内篇(時刻表2万キロ――九七八年, 最長片道切符の旅――九七九年, 時刻表昭和史――九八〇年, 旅の終りは個室寝台車――九八四年, 失われた鉄道を求めて――九八九年, 夢の山岳鉄道――九九三年), 海外篇(汽車旅は地球の果てへ――九八六年, インド鉄道紀行――九九〇年, 夢の山岳鉄道――九九三年)

00070 オイのコト―ひとりの大人として、今、子どもたちに伝えたいコト Your Life is Yours 森源太著 箕面 OneWorld 2014.7 231p 19cm〈発売:創英社三省堂書店〉 1200円 ①978-4-907969-01-1

(目次) 第1章 小・中学校、高校時代, 第2章 大学時代, 第3章 ママチャリ日本一周「旅立ち」, 第4章 ママチャリ日本一周「出会い、そしてゴール」, 第5章 歌だけで食っていく!, 第6章 カンボジアとの出会い, 第7章 今伝えたいこと

00071 愛犬との旅―キャンピングカーに愛犬「こゆき」を乗せて日本一周冒険記 山口理著 WAVE出版 2014.9 254p 20cm 1500円 ①978-4-87290-706-3

(目次) 1 本州南下(旅立ち), 2 一気に四国(それぞれの旅), 3 九州(人情と桜), 4 本州再突入(メジャーということ), 5 宗谷岬(何のための旅か), 6 道東(こゆきの反乱), 7 陸奥の旅へ(悲劇の中で), 8「アンナ」(別れ), 9 わが家へ(旅の終わりに)

00072 日本百名山ひと筆書き―グレートトラバース 田中陽希著 NHK出版 2015.4 252p 19cm 1700円 ①978-4-14-081672-1

(目次) 第1章 気の向くままに風の吹くままに(九州編), 第2章 一座のために一つの目的のために、走れ! 歩み続けろ!(中国・四国編), 第3章 緊張が高まる毎日(近畿・東海編), 第4章 不安と緊張、そして感動と涙(日本アルプス編), 第5章 反響の変化(関東・甲信越編), 第6章 旅という名の挑戦 みんなの思いを背負って(東北編), 第7章 ラストスパート1700キロ(北海道編)

00073 百名山紀行―深田久弥選集 上 深田久弥著 山と溪谷社 2015.11 357p 15cm (ヤマケイ文庫) 930円 ①978-4-635-04785-2

(目次) 利尻岳―利尻岳, 羅臼岳―知床半島, 斜里岳―斜里岳, 阿寒岳―北海道の山と湖, 大雪山―大雪山, トムラウシ―トムラウシ, 十勝岳―十勝岳, 幌尻岳―幌尻岳, 後方羊蹄山―チセヌプリ, 若木山―陸奥山水記〔ほか〕

00074 百名山紀行―深田久弥選集 下 深田久弥著 山と溪谷社 2015.11 350p 15cm (ヤマケイ文庫)〈年譜あり 索引あり〉 930円 ①978-4-635-04786-9

(目次) 薬師岳・黒部五郎岳・槍ヶ岳―薬師から槍へ, 槍ヶ岳・穂高岳―秋の穂高・槍, 槍ヶ岳・常念岳――高時代の山の思い出, 笠ヶ岳―笠ヶ岳, 焼岳―雨の徳本峠, 乗鞍岳―乗鞍岳スキー行, 御嶽―私たちの登山, 美ヶ原―美ヶ原, 霧ヶ峰―霧ヶ峰の一夏, 蓼科山―蓼科山〔ほか〕

00075 そして一本桜―後世に残したい桜たち 葛城三千子著 右文書院 2016.4 391p 19cm 2700円 ①978-4-8421-0778-3

(目次) 沖縄・九州地区, 四国地区, 中国地区, 近畿地区, 東海地区, 甲信越地区, 北陸地区, 関東地区, 東北地区・北海道

00076 日本2百名山ひと筆書き 田中陽希著 NHK出版 2016.6 285p 19cm (グレートトラバース 2) 1700円 ①978-4-14-081700-1

(目次) プロローグ, 第1章 脱出できるのか!?(北海道編), 第2章 空梅雨の東北(東北編), 第3章 焦り・苦悩の日々(関東・甲信越編), 第4章 秋の日本アルプス・激しいアップダウン(日本アルプス編), 第5章 緊張からの解放(北陸・関西編), 第6章 俺はやり遂げたぞ!!(四国・中国・九州編), エピローグ

00077 六角精児「呑み鉄」の旅 六角精児述 世界文化社 2016.8 191p 19cm 1300円 ①978-4-418-16237-6

(目次) 六角精児の私にとっての旅, 北海道, 東北, 関東・甲信越, 中部・北陸, 関西, 中国, 六角精児が行く思い出を巡る鉄道旅, 四国, 九州

00078 桃のふわり鉄道旅 伊藤桃著 開発社 2016.11 240p 21cm 1800円 ①978-4-7591-0156-0

(目次) グラビア, JR北海道, JR東日本, JR東海, JR西日本, JR四国, JR九州, 特別対談

00079 新廃線紀行 嵐山光三郎著 光文社 2017.3 382p 16cm (光文社文庫)〈2009年刊の加筆修正〉 800円 ①978-4-334-77443-1

(目次)『新廃線紀行』地図, 北海道ちほく高原鉄道ふるさと銀河線(北見〜池田) まずはちほく鉄道の運転士になってみる, 夕張鉄道(夕張本町〜野幌)/三菱石炭鉱業大夕張鉄道(清水沢〜大夕張炭山) ああ、涙ぽろぽろ夕張鉄道でした, くりはら田園鉄道(石越〜細倉マインパーク前) くりはら田園鉄道、あんたはエライ!, 仙北鉄道登米線(登米〜瀬峰) 讃えよ輝く仙北鉄道、あんたもエライ, 東野鉄道(西那須野〜那須小川) 東野鉄道で唐辛子ピリピリサイクリング, 筑波鉄道(岩瀬〜土浦) よみがえる筑波鉄道にガマがいるか, 鹿島鉄道(石岡〜鉾田) カシテツの夢は枯れ野を駆け巡る, 東武鉄道熊谷線(熊谷〜妻沼)/西武鉄道安比奈線(南大塚〜安比奈) B2型蒸気機関車「カメ号」の雄姿, 国鉄下河原線(国分寺〜東京競馬場前) ジャリ鉄は化けて出るのだ〔ほか〕

北海道

00080 イトシンののんびりツーリング 伊東信著 造形社 1988.5 175p 21cm 1300円 ①4-88172-031-7

(目次) 南アルプス林道編―ゆっくり走れば景色が見える, 安曇野・白馬編―なにはともあれなんとなく信州, 伊勢・志摩編―ナマコ強姦のたたり!?魚の総攻撃にギブアップ, 日光雪中編―氷点下に身も心も凍るハードツーリング？, 伊豆半島編―春を探すよりも本音は混浴, 海外大島編―伊豆大島の大砂漠に天国と地獄を見た, とっても暑い沖縄編―イトシン父娘のトロピカル珍道中, ジンクス破れる南紀編―ついにシャチと肉体関係を結ぶ, 小豆島編―小豆島ってかなり大豆島なんですね, 満腹北海道編―まるごと北海道をい・た・だ・き・まーす, 佐渡ケ島キャンプ編―原付ツーリングはとっても夏だった, 秘境信州編―ごちそうさま。アリにイモリにヘビ、カエル, 下北恐山編―霊に見込まれたカメラマンの運命は, 海外ツーリンググアム編―前人未到（？）グァム島一周モペッドツーリング

00081 イエロー・センター・ライン―微熱夜'88 小山卓治著 自由国民社 1988.7 212p 19cm 1500円 ①4-426-82701-9

(内容) 都会に生きる人々の光と影をうたい続けるシンガー小山卓治が、自身のバニシング・ポイントを探す旅に出た。北は北海道から南は九州まで。4WDで駆け抜けた3376.1kmの旅。小山卓治、待望の第二エッセイ集。

00082 気まぐれ列車の時刻表 種村直樹著 講談社 1988.11 285p 15cm （講談社文庫） 420円 ①4-06-184335-4

(目次) 気まぐれ列車の時刻表, 北海道気まぐれ列車, 日本列島外周気まぐれ列車PART2, ミニ編成の気まぐれ列車, シベリア鉄道気まぐれ列車

00083 日本その日その日 2 E.S.モース著, 石川欣一訳 平凡社 1989.2 296p 18cm （東洋文庫）〈第18刷（第1刷：1970年）〉 2100円 ①4-582-80172-2

(内容) 大森貝塚の発見者、日本動物学の開祖として名高いモースが、西洋文明の波に洗われる以前の日本と日本人の素朴な姿を、限りない愛着と科学者の眼で捉えた名著の全訳。自筆スケッチ800点を掲載。第2巻は第9章から第16章まで。大森貝塚、また北海道や九州への旅と観察を語る。

00084 気まぐれ列車に御招待 種村直樹著 実業之日本社 1989.3 351p 19cm 1200円 ①4-408-00721-8

(目次) 気まぐれ列車に御招待, 四国秘境めぐり気まぐれ列車, 外周落ち穂拾い気まぐれ列車, 汽車旅ラリー気まぐれ列車, 北海道レールラリー, みちのくレールラリー, フォッサマグマ気まぐれ列車, マレー半島縦断ツアー気まぐれ列車, 日本列島外周気まぐれ列車PART4

00085 ナチュラル・ツーリング 続 寺崎勉文, 太田潤写真 ミリオン出版, 大洋図書〔発売〕 1989.4 197p 21cm （OUTRIDER BOOK） 1700円 ①4-88672-042-0

(目次) 春、甲斐路、雪解け道にトライアル, 鳴呼、南紀、奈良の大仏、こいのぼり, 見上げれば、夏空ひとつ、佐渡ヶ島, 原付に乗って追われて、今日も更けゆく秋田の夜, 日本海は遠く、岐阜山中、迷い旅, 肌寒き、夏の北国、蝦夷地紀行, 秋、深閑、めざす日本海、終始林道一貫アメリカン, 秋深まりし、中国山地にたそがれて, 師も走れば、私達も走らねばならぬ、師走の南国四国, 厳冬の、耐えるしばれる北海道, 厳冬期ツーリングに使った装備

00086 明治滞在日記 アンドレ・ベルソール著, 大久保昭男訳 新人物往来社 1989.4 198p 19cm 2000円 ①4-404-01597-6

(目次) 東京から広島へ（京都への道すがら, 京都の魅力, 奈良の藤の花房の下で, 精神病院, 大工業, フランス人と日本人の家庭）, 薩摩の島（長崎, 海上にて, 墓の町, 鹿児島から熊本へ, 癩患者の寺, 大牟田の牢獄）, 蝦夷への道中日記

00087 三千里 上 河東碧梧桐著 講談社 1989.7 350p 15cm （講談社学術文庫） 840円 ①4-06-158885-0

(内容) 行動する俳人として明治の俳句界に異彩を放つ碧梧桐は、明治39年8月、全国行脚を志して旅に出た。本書『三千里』は、その日々の見聞を、はじめ「一日一信」と題して新聞「日本」に、のちに雑誌「日本及び日本人」に連載した旅日記である。定型から新傾向へ、さらに自由律へと、つねに俳句の可能性を追求した碧梧桐の不朽の名著。上巻には、千葉から東北・北海道までの旅を収録した。

00088 芥川龍之介全集 8 紀行・日記・詩歌ほか 芥川龍之介著 筑摩書房 1989.8 566p 15cm （ちくま文庫） 740円 ①4-480-02335-6

(目次) 紀行（支那游記, 松江印象記, 軍艦金剛航海記, 槍ヶ岳紀行, 東北・北海道・新潟）, 日記・日録（田端日記, 我鬼窟日録, 長崎日録, 澄江堂日録, 軽井沢日記, 晩春売文日記）, 詩歌（発句, 短歌, 詩）ほか

00089 モダン都市文学 5 観光と乗物 川本三郎編 平凡社 1990.5 477p 21cm 2800円 ①4-582-30085-5

作品 北海道の旅・信濃の旅〔三宅やす子〕

(目次) 北海道の旅・信濃の旅（三宅やす子）, 雪のペイザアジュ（伊藤整）, 七月の健康美（鈴木彦次郎）, 断腸亭日乗昭和二年（抄）（永井荷風）, 碓氷越え（津村信夫）, 念場ガ原・野辺山ノ原（尾崎喜八）, 白樺になる男（十一谷義三郎）, 或る旅の記憶（南部修太郎）, 春浅く（吉田絃二郎）, 愉快な小旅行（木村荘八）, 温泉めぐり（抄）（田山花袋）, 航海（阿部知二）, 大島ゆき（村松ちゑ子）, 人を喰った機関車（岩藤雪夫）, 電車の混雑に就て（寺田寅彦）, 外国人の始末（飯島正）, ルウベンスの偽画（堀辰雄）, 車（木村庄三郎）, 自働車で（広津和郎）, 虫（江戸川乱歩）, 飛行機（石浜金作）, 飛行機物語（稲垣足穂）, 飛行機に関する

漫談(水島爾保布), ツェッペリンを見る(兼常清佐), 新京行特急(宇野千代), 蝗の大旅行(佐藤春夫), 蘇州紀行(谷崎潤一郎)

00090 気まぐれ列車と途中下車 種村直樹著 実業之日本社 1991.1 319p 19cm 1300円 ①4-408-00726-9
(目次) 気まぐれ列車と途中下車,「日韓共同きっぷ」気まぐれ列車, 北海道家族旅行気まぐれ列車, 東海道線100年気まぐれ列車,「気まぐれ列車に御招待」大団円, 日本列島外周気まぐれ列車

00091 そばづくし汽車の旅—加計<広島>発・森<北海道>ゆき そばに徹した8日間全長4500キロの旅 種村直樹著 徳間書店 1991.4 245p 19cm 1300円 ①4-19-554533-1
(目次) 0日目 加計に「かけそば」はあるか, 1日目 中国山地ジグザグ乗り歩き, 2日目 近畿1府2県で一湯四蕎麦, 3日目 信州信濃は1日4食プラスα, 4日目 みちのくを横断、さらに北へ, 5日目 フェリーで渡った北海道, 6日目 観光色を加えた道東めぐり, 7日目〈利尻〉折り返しで夜行座席7連泊, 8日目 森の「もりそば」で打ち止め

00092 鳥に会う旅 叶内拓哉著 世界文化社 1991.6 264p 21cm (ネイチャーブックス) 2400円 ①4-418-91506-0
(目次) 第1章 出水のツル, 第2章 道東のタンチョウ, 第3章 羅臼のワシ, 第4章 大栗川のヤマセミ, 第5章 立山のライチョウ, 第6章 対馬の珍鳥, 第7章 北海道のシマフクロウ, 第8章 南部のコノハズク, 第9章 沖縄のアジサシ, 第10章 蒲生のコバシチドリ, 第11章 伊良湖岬のタカ渡り, 第12章 伊豆沼のガン, 第13章 全国の主な探鳥地

00093 気ままの虫 真尾悦子著 影書房 1991.10 260p 19cm 1854円
(目次) 風の音, 占い, ある夫婦, 棚のある胃袋, 交響楽, 女ごころ, 金木犀, 恐れ入りました, アイスランド・ポピー〔ほか〕

00094 野生の水—ヤポネシア水紀行 立松和平著 スコラ 1991.10 299p 20cm 1400円 ①4-7962-0048-7
(目次) 北の水(礼文島の酒盛り, 礼文島の春, 熱き心、とろける味, 北海道・四都クルージング, 北海道の四季 ほか), ふるさとの水(瑞穂の水, 美しき野生, 故郷の酒, ふるさとのうなぎ, 武者絵の里 ほか), 南の水(中洲のうなぎ, 柳川の昼ねずみ, 玄界灘の街, 呼子の朝市, 美しいもの ほか), ヤポネシアの水(ヤポネシアの足跡, 船は人を叙情する, 生命の森, 風景と慰藉, 山頭火の水 ほか)

00095 北のオデッセイ—北海道沿岸ぐるり徒歩の旅 榛谷泰明著 山と渓谷社 1992.1 119p 26cm 1200円 ①4-635-28019-5
(内容) 北の夏は美しい。北海道生まれの気鋭の映像作家が、都会の喧噪を離れ、生命にあふれる故郷の大地を、自分の足で歩き、綴ったエッセー&フォト。石狩川河口から、時計の針と逆回りに、日本海、太平洋、オホーツク海、そして、また日本海。歩くこと、2, 400km。輝く花をめぐった。萌える森に遊んだ。海鳥と語り、風の歌に耳を傾け、雲とともに歩いた99日間。「故郷の、あるがままの姿を心に刻みたい」。おだやかな語り口と、みずみずしい映像に、自然と人間のあるべき姿、未来への熱い思いをこめた鮮烈なメッセージ。

00096 汽車旅十五題 種村直樹著 日本交通公社 1992.4 230p 19cm 1300円 ①4-533-01899-8

00097 途中下車の味 宮脇俊三著 新潮社 1992.6 240p 15cm (新潮文庫)〈1988年刊の文庫化〉 360円 ①4-10-126810-X
(目次) 1円電車と松葉ガニ, 目移りの四国路, 上野—盛岡・各駅停車, 雪見列車は舟で終る, 木曽路・飛騨路は本日休業, のどかな津軽での忙しい1日, 冬の旅なら北海道, 関西本線は忍者の里, デュエット寝台で長崎へ

00098 東洋紀行 1 グスタフ・クライトナー著, 小谷裕幸, 森田明訳 平凡社 1992.9 358p 18cm (東洋文庫) 3090円 ①4-582-80555-8
(目次) 第1章 トリエステからボンベイへ, 第2章 ボンベイからカルカッタへ, 第3章 カルカッタからシンガポールへ, 第4章 シンガポールから上海へ, 第5章 上海, 第6章 上海から京都へ, 第7章 京都から函館へ, 第8章 蝦夷島とアイヌ民族

00099 春から秋・滝を訪ねる旅 山谷正著 札幌 北海道新聞社 1992.9 191p 21cm (北海道ゆうゆう紀行) 1700円 ①4-89363-975-7

00100 歩く人 久住昌之著 マガジンハウス 1993.2 171p 19cm 1300円 ①4-8387-0384-8
(目次) 〆切ひと駅分の散歩, 火曜日の浅草, トロイメライの橋, 年に一度あるかないかの早朝散歩, 相模湖の仕事場, 市内自転車散歩, 雲の上を妻と歩く, 三鷹市のバカヤロー, 青梅の梅, ケニアの森の眠り, 神社できつねうどん, ディーゼル散歩八高線, 石神井公園のお休み処, 夢の機内散歩コース, 残暑の野鳥公園, 雨をかぶる散歩, キクとチューリップ, 祭りの後の新宿西口, デブ正月の東京, カメトリザリガニ, 神田川源流を行く, 北海道はそんなにいいのか, 神戸のふんどし, 事故, チーコの夜, 第九茶房もなくなった

00101 岩魚幻照—大イワナの棲む渓々 植野稔著 山と渓谷社 1993.4 190p 21cm 2000円 ①4-635-36027-X
(目次) 引き裂かれたV字峡谷 胆沢川, 東北最後の砦「小又峡」を探る 小又川, 大イワナのルーツを求めて 北海道, 霊場月山とイワナ 笹川, 釣り師のたむろする渓流 黒又川, 断崖に棲むイワナ 裾花川・濁川, 白神物語 岩木川・笹内川・岩瀬川, ブナの森の魚たち 生保内川, バア様の民話が聞こえる 和賀川, 只見マタギの猟場を行く 只見川, 見果てぬイワナを求めて 小穂口沢, コメツガ原始林下の魚たち 中津川

00102 駅前温泉汽車の旅 PART2 関東・甲信越・東北・北海道篇 種村直樹著 徳間書店 1993.10 240p 19cm 1300円 ①4-19-860008-2
(内容) 今回は高校生一人を道連れに、冬の関東・甲信越・東北・北海道をたずね歩く湯けむり紀行〈後篇〉。32駅33温泉35湯13日間5100キロ。

00103 巡遊 北の小さな岬 堀淳一写真・文 札幌 北海道新聞社 1993.10 175p 22×17cm 1900円 ①4-89363-704-5
(目次) 1 道北・オホーツク, 2 檜山・積丹, 3 渡島半島・内浦湾岸, 4 道東

00104 北の暦 長見義三著 恒文社 1994.1 365p 19cm (長見義三作品集 3) 3200円 ①4-7704-0790-4
(目次) 北の暦, 千歳百景, 北の話, わが文学の故郷

00105 ぶらり全国乗り歩き　種村直樹著　中央書院　1994.9　221p　19cm　1500円　①4-924420-98-0
目次 1 乗り歩きルポ (北海道ローカル線紀行), 2 話題の路線と列車の旅 (北陸・近畿・中部を乗り歩き, 〈のぞみ〉、ニュー〈南紀〉初乗り, 阿佐海岸鉄道スタート, 奥羽本線から山形新幹線へ, 東北あちらこちら, 食堂車の想い出, 関西のケーブルカーめぐり, 新線開業を追って西へ東へ)

00106 北紀行 風の恋歌　伊東徹秀著　麦秋社　1995.11　221p　19cm　1300円　①4-938170-21-3
目次 1 風の恋歌 (大雪山の夏径, 狩場山の日溜り ほか), 2 日盛りの風景 (狩場山麓のひかる道, 日高様似の長い影 ほか), 3 月明りの風景 (釧路の白い橋, 松前の青い城 ほか)

00107 北海道 産業遺跡の旅—栄華の残景　堀淳一文・写真　札幌　北海道新聞社　1995.11　202p　19×15cm　1600円　①4-89363-802-5
目次 1 鉱山 (山奥の荒れ道の果て—下川鉱山跡 銅, 幽鬼の森の廃址の群れ—イトムカ鉱山跡 水銀 ほか), 2 農業・林業・漁業 (水面から呼ぶ廃橋たち—夕張森林鉄道跡, 台地の溜池たち—当別高岡の水田盛衰 ほか), 3 交通・通信・エネルギー (謎を秘めた紅葉の山道—張碓・朝里間の「軍事道路」,「おっちし」の残愁—落合無線電信局跡 ほか)

00108 今夜も空の下—シェルパ斉藤の行きあたりばっ旅　2　斉藤政喜著　小学館　1996.3　287p　19cm　(BE‐PAL BOOKS)　1100円　①4-09-366063-8

00109 旅人よ！—五木寛之自選文庫 エッセイシリーズ　五木寛之著　角川書店　1996.12　234p　15cm　(角川文庫)〈『風の旅人への手紙』改題書〉　500円　①4-04-129426-6
目次 金沢という街, 倶会一処, ヨーロッパのタンゴ, ベルリンの廃墟, 北海道・デラシネの故郷, 深夜の友へ, 開かれた空を, 大人の味のサクランボ, 幻の山, 木崎節に笑う〔ほか〕

00110 サラリーマン転覆隊が行く！　下巻　本田亮著　フレーベル館　1997.4　338p　20cm　1600円　①4-577-70121-9
目次 転覆隊 飛騨川・木曽川で怒鳴られる！, 転覆隊北海道で凍結す！, 転覆隊 北山川で救出さる！, 転覆隊 紀伊吉野川で鍋と漕ぐ！, 転覆隊 長良川にごめんなさい！, 転覆隊 小本川で祝う！, 転覆隊 佐渡海峡で全滅す！, 転覆隊 閉伊川で指名手配！, 転覆隊 知床半島で入院す！

00111 シェルパ斉藤の行きあたりばっ旅　斉藤政喜著　小学館　1998.1　349p　16cm　(小学館文庫)〈1994年刊の増訂〉　600円　①4-09-411001-1

00112 本多勝一集　第30巻　ソビエト最後の日々　本多勝一著　朝日新聞社　1998.2　446p　20cm　3800円　①4-02-256780-5
目次 ソビエト最後の日々 (モスクワ, レニングラード—サンクト＝ペテルブルク, グルジア, アブハジア, 再びモスクワにて, クーデター後の風景), 北海道再訪 (日本で一番寒い村・北海道幌加内町母子里—1977年冬, アイヌ民族の「自然に学ぶ知恵」を学ぶ, 知床半島・1980年夏, 札幌・1983年春 ほか), 私家版『旅立ちの記』のための後日譚

00113 シェルパ斉藤の行きあたりばっ旅　2　斉藤政喜著　小学館　1998.4　253p　15cm　(小学館文庫)　457円　①4-09-411002-X
目次 第1章 耕うん機で走るみちのくひとり旅, 相棒「テラ」に出会う十和田湖編, 宿命的徐行が続く青森編, 第2章 厳寒北海道 目的地は人まかせのヒッチハイク, 日本一早い初日の出・道東編, 日本最北端を目指す道北編, 第3章 房総・行き先は犬まかせ放浪, 第4章 週に約2便の郵便配達船で南の島へ, 自ら送った小包と渡る新城島編, 貧乏旅人の聖地・南風見田編, 第5章 世界最長の国道・暴走ヒッチハイク, 10年目の感傷旅行・木曜島編, 激走！ケアンズ脱出編, 涙で聞いたメリークリスマス シドニー編, 第6章 九州私設郵便配達の旅, 前途不安!? 喜界島編, 一から出直しの九州翻弄編, 第7章 3ケタ国道で神戸をめざす, ゴールデンウィークのローカル国道編, そして、神戸編, 文庫版 あとがき

00114 望郷を旅する　石川啄木ほか著, 作品社編集部編　作品社　1998.4　251p　22cm　(新編・日本随筆紀行 大きな活字で読みやすい本—心にふるさとがある 15)　①4-87893-896-X, 4-87893-807-2
作品 北海道遊記 (抄)〔宇野浩二〕
目次 雪中行 (石川啄木), 北海道遊記 (抄) (宇野浩二), みなと紀行 (三浦哲郎), 東北湯治場旅 (つげ義春), 伊豆天城 (川端康成), 飯田之記 (日夏耿之介), 父のふるさと (小堀杏奴), ふるさとを行く (桑原武夫), 京に着ける夕 (夏目漱石), 御徒士町と河原町 (岡部伊都子), 思い出をたずねて (抄) (椎名麟三), 田舎がへり (抄) (林芙美子), 山口の町に花ひらいた青春 (荒正人), 帰郷の記 (那珂太郎), 長崎再遊記 (神近市子), 薩摩半島ひとめぐり (森崎和江)

00115 シェルパ斉藤の行きあたりばっ旅　3　斉藤政喜著　小学館　1998.8　253p　16cm　(小学館文庫)　457円　①4-09-411003-8

00116 シェルパ斉藤の行きあたりばっ旅　4　斉藤政喜著　小学館　1998.12　253p　15cm　(小学館文庫)　457円　①4-09-411004-6
目次 第1章 水陸両用北海道の旅, サケに止められた(!?)四面楚歌の川下り編, 選挙カーもヒッチした充実の陸上編, 第2章 ニュージーランドわらしべ長者の旅, 語学力が左右するアップダウン編, 旅のわが家、テントを賭けた勝負編, 第3章 四国野根山街道を行く, 第4章 NATUKOの夏、1983, 第5章 電動自転車サハリンを行く, 言葉は通じたが、電気は通じない西海岸編, ママチャリに乗った漁師状態の幸せ、東海岸編, 第6章 揚子江ゴムボート下り, 第7章 中国自然歩道の旅, 下腹に不安を抱えながらの上り編, お腹の不安は去ったが下り編, 第8章 大晦日の日没と初日の出を結ぶ旅, 第9章 1から9の戸を巡る、すごろく旅, あとがきにかえて

00117 こだわりの鉄道ひとり旅　池田光雅著　光人社　2000.1　225p　19cm　1700円　①4-7698-0948-4
目次 九州～四国～智頭急行早まわり (時刻表の案内には指定席の扱いが欠けていた, 京浜急行新線を利用してスカイマークに初搭乗, わずか一二人分のグリーン席から締め出される ほか), 年の瀬のんびり鈍行の旅 (夜明け前の寒さしのぎで電車に乗ってみれば, 接続が良すぎて有難迷惑なときもある, 信越国境の遅れを懸念しつつ長野へ ほか), 北海道一週間 駆け足周遊記 (花輪線で早くも前途多難を思わせる遅延発生, 通勤電車タイプの車

両で雪の矢立峠越え, 退屈な海峡線を抜けたが北海道入りの実感は… ほか)

00118 暇な男は北で遊ぶ―北海道移住記　大倉直著　愛育社　2001.5　223p　19cm　1300円　①4-7500-0102-3

(内容) アジア北東端の島北海道は、ディープな快楽に満ちていた…外国旅行を繰り返してきた著者が生活者でも旅行者でもない、移住者の視点から書いた、北海道遊びの記録。

00119 自由に至る旅―オートバイの魅力・野宿の愉しみ　花村萬月著　集英社　2001.6　252p　18cm　(集英社新書)　740円　①4-08-720097-3

00120 鉄道を書く　種村直樹著　中央書院　2001.11　317p　20cm　(種村直樹自選作品集4 (1975-1977))　2500円　①4-88732-106-6

(目次) 巻頭紀行 (新・道南気まぐれ列車), 乗り歩き紀行 (北海道気まぐれ列車前史, 北海道気まぐれ列車 ほか), ルポ、旅 (EF5890の旅路―高崎第二機関区EL1組A8→A9仕業を追う, 奥羽南線の夜明け―DC特急 "つばさ" 惜別の旅路 ほか), レビュー、解説 (レールウェイ・レビュー, 病めるマンモス―国鉄って何だ！ ほか), エッセイ、ハウツー (ヤングの旅行プラン, 旅行学入門 ほか)

00121 鉄道全線三十年―車窓紀行 昭和・平成……乗った、撮った、また乗った!!　田中正恭著　心交社　2002.6　371p　19cm　1600円　①4-88302-741-4

(目次) 雪の秋田内陸線と津軽鉄道ストーブ列車, 高千穂鉄道と鯉のぼり, 栗原電鉄改めくりはら田園鉄道, 石北・池北回想の旅, 元旦の越後路・新旧ローカル線めぐり, 豊後水道航路と土佐路の旅, 大盛況・井原鉄道開業二か月, 中部北陸・猛暑の旅, 津軽海峡秋景色, 山陽路と関門海峡終着駅めぐり, 大阪兵庫・未乗線乗りつぶし, 白銀と流氷の北海道, 秩父路・男二人旅, 『ゆふいんの森』と広島スカイレールの旅, 信州奥州・駆け足温泉めぐり, 都営大江戸線全線開通, 嵯峨野・完結の旅

00122 誰も行けない温泉 命からがら　大原利雄著　小学館　2002.12　186p　15cm　(小学館文庫)　733円　①4-09-411524-2

(内容) クマに怯え、有毒ガスと戦い、道無き道をかき分けて、切り立つ崖を這い上がる。そうして辿り着いた先は…。温泉は気持ちがいいもの、と考えられがちな風潮に一石を投じる痛快超秘湯探索記。決してマネはしないで下さい。ひとりのカメラマンが命がけで挑んだ温泉巡礼の旅。クマに怯え、有毒ガスと戦い、道無き道をかき分けて、切り立つ崖を這い上がる。そうして辿り着いた先は…。北海道から東北全域、そして関東北部に至るまで。ガイドブックには絶対載っていない、"誰も知らない温泉"の数々だ。温泉は気持ちがいいもの、と考えられがちな風潮に一石を投じる痛快超秘湯探索記。"誰も知らない温泉"は、"誰も行けない温泉"だった！

00123 とことんおでん紀行　新井由己著　光文社　2002.12　347p　15cm　(知恵の森文庫)　648円　①4-334-78198-5

(目次) 北国のマフラー揚げ, 豆腐田楽の境界線, 江戸おでんの衰退, 駿河の料理人・半平, 豆味噌文化圏, 関東煮の始まり, からし味噌の空白地帯, 戦後ヤミ市の味, だし文化の伝播, 南下する餃子巻き, 高雄の黒輪、基隆の天婦羅, 豚足とソーセージの歴史, おでんの道標

00124 アタシはバイクで旅に出る。―お湯・酒・鉄馬三拍子紀行　2　国井律子著　枻出版社　2003.3　173p　15cm　(枻文庫)　600円　①4-87099-824-6

(目次) その1 北海道 (1) 道東、曲がらない道をひた走り、海の幸を堪能する旅, その2 北海道 (2) 十勝、スタイリッシュな旧車乗りと、秘湯に向かう旅, その3 四国を横へ、縦へ 愛車との仲を再確認する気まま旅, その4 GO！ GO！ ハワイ 波と風と大自然の島を巡る旅, その5 九州の "こだわる鉄馬乗り" を巡る旅, その6 伊豆、峠を抜けて海を巡り、極上の宿に癒される旅, その7 いざ北陸！ 知られざるツーリング・ヘブンへの旅, あとがきにかえて…

00125 サンダル履き週末旅行　寺井融文, 郡山貴三写真　竹内書店新社　2003.5　206p　19cm　〈雄山閣 (発売)〉　1800円　①4-8035-0348-6

(目次) 第1部 ゆったり国内 (ロシア蟹船の母港・稚内 (北海道), タコをむさぼり食らう (北海道), レトロな街・鶴岡と酒田 (山形県), 鍛冶屋が似合う町、雨の三春 (福島県), コタツ映画は "桃色吐息" の味 (新潟県) ほか), 第2部 のんびり海外 (憧れの石焼きビビンバ (韓国), ウルムチのマッサージ士 (中国新疆), カジノ抜きのマカオ (中国マカオ), 雲南で温泉三昧 (中国雲南) ほか)

00126 ちいさい旅みーつけた　俵万智著, 平地勲写真　集英社　2003.5　251p　16cm　(集英社be文庫)　695円　①4-08-650028-0

(目次) 沖縄, 京都, 北海道, 福井, 高知, 秋田, 八丈島, 神戸, 徳島, 青森, 大分, 群馬, 瀬戸内海, 滋賀, 奄美大島

00127 日本の食材おいしい旅　向笠千恵子著　集英社　2003.7　250p　18cm　(集英社新書)　700円　①4-08-720202-X

(目次) 第1章 舌の細道北紀行 (北海道・東北), 第2章 江戸・鎌倉・伊豆…わがホームグラウンド (関東・東京近郊), 第3章 信濃路、飛騨路…街道行脚 (信州・飛騨), 第4章 DNAが騒ぐ日本海 (北陸), 第5章 旨いもんの本場へ一直線 (近畿), 第6章 食の原点を訪ねて西国へ (四国・中国), 第7章 南国の滋味豊潤 (九州・沖縄), 第8章 江戸っ子が残したい味…海苔紀行 (東京湾・有明海・厚岸湖)

00128 ものがたり風土記　続　阿刀田高著　集英社　2003.9　385p　16cm　(集英社文庫)〈著作目録あり　2001年刊の文庫化〉　667円　①4-08-747617-0

(目次) つわものどもが夢の跡―岩手1, 平民感覚―岩手2, 心を捜す旅―岩手3, 揺らめく水と筆―東京2, 小説家の技―徳島1, 人はなぜ笑うのか―徳島2, 義人と海賊―徳島3, 海峡を越えて―北海道1, さいはての魂―北海道2, 光り輝くもの―北海道3, 海辺の街―広島1, 小説の心と体―広島2

00129 泣いてくれるなほろほろ鳥よ　小沢昭一著　晶文社　2003.11　381p　20cm　(小沢昭一百景 随筆随談選集 1)〈シリーズ責任表示：小沢昭一著〉　2400円　①4-7949-1791-0

(目次) 旅 (私の旅―行きあたりばったり, 俺ひとりの空, 都電えれじい, あの町この町でドキン！, 私の旅行術, 旅宿芸, 饅頭の宿, 対談 風に吹かれて (田中小実昌vs小沢昭一), 美人諸国ばなし (大阪之巻, 大分之巻, 新潟之巻, 秋田之巻, 青森之巻, 京都之巻, 福岡之巻, 北海道之巻, 東京之巻 ほか), 韓国、タイ、インドの旅, 小説・家並み保存 ほか)

00130 ワッキーの地名しりとり―日本中を飛ば

され続ける男　脇田寧人著　名古屋　ぴあ 2004.3　222p　19cm　1300円　①4-8356-0924-7

(目次) それに2、3日で終わるはずのロケだった―しりとり前夜, それは『名古屋』の“や”から始まった―しりとり1日目, じゃこ天おばちゃんと運命の出会い―しりとり2～4日目, チャンスが次々到来！ でもことごとく不発…―しりとり5～7日目, 凍てつく湖上であわや溺死の危機―しりとり8～10日目, ついに極寒の北海道へ！―しりとり11～12日目, 本州最南端・串本から日本最北端・稚内へ！―しりとり13～15日目, 稚内から今度は南国・鹿児島の離島へ―しりとり16～20日目, じゃこ天おばちゃん再び―しりとり21～24日目, 番組視聴者の思わぬ意地悪に大ショック―しりとり24～31日目〔ほか〕

00131　にっぽん鉄道旅行の魅力　野田隆著　平凡社　2004.5　193p　18cm　（平凡社新書）　780円　①4-582-85227-0

(目次) 1 春の旅（ジョイフル・トレイン「きらきらうえつ」の旅―新潟～酒田, 房総半島ぐるり一周の旅―東京～安房鴨川～館山～東京 ほか）, 2 夏の旅（忘れ去られた「いにしえ」の路線関西本線―名古屋～奈良～JR難波, 「カシオペア」で行く北海道ツアー―上野～札幌～富良野～美瑛 ほか）, 3 秋の旅（北陸二つのローカル線、城端・氷見線―越後湯沢～高岡～城端・氷見～金沢, 貴婦人C57牽引「SLやまぐち号」に再会する旅―新山口～津和野 ほか）, 4 冬の旅（瀬戸大橋の新型電車と愉快な「坊っちゃん列車」―岡山～坂出～宇多津～松山, 長野新幹線「あさま」と信越本線こだわり紀行―東京～長野～直江津～新潟 ほか）

00132　出たとこ勝負のバイク日本一周　準備編　小林ゆき著　枻出版社　2004.8　155p　15cm（枻文庫）　650円　①4-7779-0148-3

(目次) 第1章 右に行けば九州、左に行けば北海道, 第2章 バイク馬鹿ができるまで, 第3章 銀座のクラブのピアノ弾き, 第4章 日本一周に向けてバイク便で働く, 第5章 限定解除にチャレンジ, 第6章 70リットルのコンテナボックスに夢を詰め込み

00133　出たとこ勝負のバイク日本一周　実践編　小林ゆき著　枻出版社　2004.10　155p　15cm（枻文庫）　650円　①4-7779-0199-8

(目次) オトこってやつはぁ…人間不信から、“出たとこ勝負”へ, 旅立ち前日, 北海道上陸、力ずくで修理されるの巻, 奥入瀬から本州最東端へ, 気を取り直して一路、四国へ, バイクが直り、九州へ

00134　バ・イ・ク　柳家小三治著　講談社 2005.3　327p　15cm　（講談社文庫）　629円 ①4-06-275092-9

(目次) 1 “転倒蟲”はじめて北海道を走る（北海道ロング・ツーリングに出発 釧路～弟子屈, あー、これが国後か 標津～羅臼, 伯楽、崖から転落！ 知床横断道路, 羅臼の町は上を下への大騒動, 土砂降りの長い長いライディング 羅臼～帯広, 高座は「金原亭脱落」の一席 音更, 里う馬がすべり圓窓が転ぶ……十勝岳温泉の一夜 帯広～富良野, 神居古潭の水、支笏湖、そして林道ツーリング）, 2 樺太を見よう！ 第2回北海道ツーリング（羅臼落語会始まる, 道北のスケールの大きさに、ただビックリ！）, 3 伯楽また落ちる！（伯楽）

00135　日本百名町　嵐山光三郎著　光文社 2005.4　317p　16cm　（知恵の森文庫）　629円 ①4-334-78353-8

(目次) 序章 いい町の条件, 1 日本名町紀行（北海道八雲町は、かすみ草が似合う北の町, 晩秋の駅弁売りの声高し, 津波に負けないセタナのアヤシイ四人組 ほか）, 2 日本百名町決定（北海道編, 東北編, 関東編 ほか）, あとがき紀行

00136　「新編」山紀行と随想　大島亮吉著, 大森久雄編　平凡社　2005.7　367p　16cm　（平凡社ライブラリー）　1400円　①4-582-76545-9

(目次) 東北朝日岳に登り黒俣沢を下る, 荒船と神津牧場附近, 秩父の山村と山路と山小屋と（抄）, 火口原のスキーヒュッテ, 三月の槍ケ岳, 北海道の夏の山, 穂高岳スキー登山, 谷川岳、茂倉岳、笹穴川上流, 山上所観, 小屋・焚火・夢, バドミントン・スタイル, 涸沢の岩小屋のある夜のこと, 頂・谷・書斎, 峠

00137　食い道楽ひとり旅　柏井壽著　光文社 2005.11　260p　18cm　（光文社新書）　720円 ①4-334-03332-6

(目次) 第1章 トルコライスの謎を探る―長崎, 第2章 昼も鮨、夜も鮨、そして昼も鮨―金沢, 第3章 いもフライはフライドポテトにあらず―佐野, 第4章 飛行機嫌いのための「空港酒」―北海道, 第5章 「ひとり別荘」気分―軽井沢, 第6章 歌舞伎の後は串揚げに限る？―大阪, 第7章 名人のマッサージの後は腹が減って仕方ない―伊豆, 第8章 発車時刻ぎりぎりまでの昼酒―博多

00138　天下を獲り損ねた男たち―続・日本史の旅は、自転車に限る！　疋田智著　枻出版社 2005.12　299p　19cm〈文献あり〉　1400円 ①4-7779-0460-1

(目次) 第1章「乱」の戦跡を自転車で駆け抜けた（埼玉県/秩父地方―秩父に潜むちょっと古くて新しい二つの出来事, 長崎県/島原半島・熊本県/天草下島―島原・天草の乱はゴマすり藩主が引き起こした悲劇だった ほか）, 第2章 「日本人」の源流を辿る旅（岩手県・宮城県/北上川流域―北上川を自転車で下ると、千年前の日本の縮図が見えた, 熊本県/菊池川流域―鞠智城に集まった防人はどんな歌を歌ったか ほか）, 第3章 天下を獲り損ねた男たち（茨城県/霞ケ浦周辺―奈良時代のスキャンダル男「道鏡」の素性を暴く, 東京都/千代田区周辺―平将門の怨霊に守られた巨大都市 ほか）, 第4章 「徳川三〇〇年」の妙を紐解(静岡県/浜松・東京都/上野―徳川家康、浜松約十七年間の忍従の日々, 群馬県/高崎～栃木県/足利―上州新田に佇むもう一つの東照宮 ほか）

00139　辺境を歩いた人々　宮本常一著　河出書房新社　2005.12　224p　19cm　1800円　①4-309-22438-5

(目次) 近藤富蔵（流され人, 近藤重蔵と最上徳内 ほか）, 松浦武四郎（えぞ地の探検, おいたちと諸国めぐり ほか）, 菅江真澄（じょうかぶりの真澄, 浅間山の噴火 ほか）, 笹森儀助（幕末の世に生まれて, 牧場の経営 ほか）

00140　列島縦断 鉄道乗りつくしの旅　JR20000km全線走破―秋編 絵日記でめぐる34日間　関口知宏著　徳間書店　2006.1　103p　15×21cm　1400円　①4-19-862118-7

(目次) 九頭竜湖（福井県大野市）～和倉温泉（石川県七尾市）, 和倉温泉～城端（富山県南砺市）, 城端～海ノ口（長野県大町市）, 海ノ口～野辺山（長野県南牧村）, 野辺山～新発田（新潟県新発田市）, 新発田～会津坂下（福島県会津坂下町）, 会津坂下～小出（新潟県魚沼市）, 小出～坂町（新潟県荒川町）, 坂町～峠（山形県米沢市）, 峠～山寺（山形県山形市）〔ほか〕

00141　北日本を歩く　立松和平著, 黒古一夫編

勉誠出版　2006.4　372p　22cm　(立松和平日本を歩く 第1巻)　2600円　①4-585-01171-4

(目次) 北海道：極上のもてなし, 礼文島の春, 緑の十勝平野, とうもろこし, 苦難の釧路農業, ドサンコ愛すべし, 雌阿寒岳の雪化粧, 生命のゆりかご 釧路湿原, 釧路湿原, サケの悲しみ, わが北帰行, 秋の深まり, 釧路川をカヌーで下る, 標茶・塘路湖からの電話, 野生に暮らす, 釧路湿原の春の気配, 釧路湿原、冬の旅, 釧路湿原からの便り, 釧路漁港, 阿寒の森, 冬のいのち, シカの国道をゆく, サハリンをのぞむ国境の町、稚内へ, 稚内、風の街, 一万羽のコハクチョウと熱い血が通いあう人, 北の白鳥おじさんたち, 屈斜路湖の御神渡り, 野鳥の聖地 ウトナイ湖, 水没した聖地, アイヌの里にて, 義経神社とアイヌの里, 日高山脈, 銀の花咲く楽古岳, 木喰の影, 風の江差, 雄冬岬へ, 旅の仲間, 国鉄惜別, 絶妙な温泉, 森の王, 木を植える漁師, プラットホーム, 勇払原野を流れる 美々川, 雨のソーラーカー・レース, オホーツク漁師の冬, 鯨の海 室蘭, 流氷を見にいく, 幾重にもかさねた豚丼, 心にしみた旅館, 北海道の四季, しょっぱい川の行方, 北海道・四都クルージング, 一枚の周遊券から, カニ族だった頃, 悲しい浜鍋, 道産子と開拓者魂, 春の山菜, 広くなった日本 , 青森：ツガルのバサマ, 奇妙な伝説, 赤ら顔の神様—戸来のキリスト伝説と天狗, 祭の魂宿る, ねぶたと絵師, 津軽の魂, 大凧の閻魔大王, 津軽の奇書を買う, ヒメマスの行方, 十和田の紅葉, 奥入瀬の時の流れ, 基地と施設のある鷹架沼, しらかみ, 白神山のマタギ話, 樹氷の花, 太宰治の津軽, 行き止まりの地・九艘泊では天の恵みを無駄にせず, 津軽指人形芝居の伝統を一人でつなぐ金多豆蔵一座, 風光る, 岩手：狸の友達, 月夜の力, 山の龍宮城, 縄文人と餅, 黄金の夢, 砂鉄川, 砂鉄川下り, 紫に魅せられて, 花巻農業高校にて, 宮沢賢治の温泉, 宮城：十八鳴浜往復, 沈黙の夏—米つくりの実践に学ぶ, 青刈り, 誇りの大地, 稲の声, 稲刈りをしに, 白石川源流, 仙台・広瀬川旅情, 雪の一迫川, プロポーズのきもの, 正藍冷染, 精好仙台平, この世の流れ, 秋田：クロマンタ山, 秋田酔夢紀行, 過疎の家族, 悲しみの力, なまはげ, 丸木舟, 御矢師, 秋田杉, 秋田杉, 生命の森ブナ原生林 白神山地, 八幡平の一軒宿, 山形：羽黒の石段, 一枚の布に人生を織る, 喜びと哀しみのミルク, 福島：会津魂—頑固一徹の猪之吉っつぁま, 会津中街道, 南会津・舘岩村のトチモチ, 水引集落, 一本の栃の木から, 湯の花温泉, 木地師の豆腐, 和平文庫, 舘岩蕎麦, 栃の机, 奥会津早春紀行, 無心の新蕎麦—舘岩村・福島県, 昭和村のからむし, 遅い春の訪れ尾瀬, こぶし咲く里, 秋の尾瀬, 秋の尾瀬をいく, 尾瀬ヶ原へ, 秋の尾瀬, 尾瀬、春の流れ, 只見川の春の水源, 命の水源地, 東北を走る

00142 ある出版人の日本紀行　尹炯斗著, 舘野晳訳　出版ニュース社　2006.10　237p　20cm　〈年譜あり〉　2000円　①4-7852-0124-X

(目次) 玄海灘を越えて日本へ, 尹心悳と死の賛美, 沈寿官氏を訪ねて, 韓国出版学会会員との日本出版界訪問, 子どもの本世界大会と相模原の回想, 大阪をへて広島に, 気楽な日本書店紀行, 日本出版学会への参加と北海道旅行, 東京国際図書展示会に参席して, 初等学校同級生との東京観光旅行, 東京図書展に参加して, 私が生まれた神戸の三ノ宮, 独りで書店巡礼の旅に, 第八回国際出版学術大会への参加, 「韓中日、東アジア出版協議会」を提案して, 大阪での出版記念会, 富士山への挑戦

00143 終着駅は始発駅　宮脇俊三著　グラフ社　2007.4　257p　19cm〈新潮社1985年刊の改訂復刊　文献あり〉　1238円　①978-4-7662-1054-5

(目次) ちょっと長い前がきにかえて(点の旅と線の旅, 鉄道ファンのいる国いない国 ほか), 東京を旅する(通勤電車もまた愉しからずや, 東京の私鉄七社乗りくらべ ほか), 鈍行列車に乗って(赤字線の乗りごこち, 汽車に乗るなら北海道 ほか), 歴史を旅する(幌内鉄道紀行, 陸羽東線と芭蕉 ほか), また旅の日々(SLと蒸気機関車, トンネル三題 ほか)

00144 アラキメグミの鉄馬修行　荒木恵著　椎出版社　2007.9　155p　15cm　(椎文庫)　600円　①978-4-7779-0832-5

(目次) 沖縄本島を一周してしまえ！, デイトナ・バイク・ウィークを見てきちゃいました！, 雨の中、革ジャンに会いに名古屋まで…, はるばる来たよ！ ホッカイドー

00145 街道をゆく夜話　司馬遼太郎著　朝日新聞社　2007.10　381p　15cm　(朝日文庫)　700円　①978-4-02-264419-0

(目次) 東日本編(北海道、志の場所, 安藤昌益雑感, ある会津人のこと ほか), 近畿編(上野と伊賀上野, 庭燎の思い出—伊勢神宮遷宮によせて, 叡山 ほか), 西日本編(生きている出雲王朝, 倉敷・生きている民芸, お種さん ほか)

00146 にっぽん・海風魚旅　3(小魚びゅんびゅん荒波編)　椎名誠著　講談社　2008.1　341p　15cm　(講談社文庫)〈2004年刊の文庫化〉　800円　①978-4-06-275865-9

(目次) 房総くじらウツボ旅, 南国湯けむり寝ころび旅, ひっそり道南ぶつぶつ旅, 小笠原熱風ピーカン勝負, 道央デカバラ作戦, 駿河デカバラ作戦, 哀しみ海道北上篇, 遠淡海浜名湖の実力, 一番かよった情け島

00147 「寅さん」が愛した汽車旅　南正時著　講談社　2008.4　199p　18cm　(講談社+α新書)　800円　①978-4-06-272494-4

(目次) 第1章 寅さんと蒸気機関車の旅(任侠映画を彷彿とさせた寅さん, 寅さんは私の心のデコイチ ほか), 第2章 寅さんとローカル線の旅(倍賞千恵子と都電の関係, 野に返った軽便鉄道 ほか), 第3章 寅さんと飛行機、新幹線の旅(数少ない飛行機体験, 苦手な飛行機 ほか), 第4章 寅さんは遠くなりにけり(柴又は寅さん時代のまま, 鉄道跡地にバブルの遺産 ほか)

00148 鉄子の旅写真日記　矢野直美著　阪急コミュニケーションズ　2008.8　182p　19cm　1500円　①978-4-484-08219-6

(目次) 第1章 おんなひとりの旅日記—失恋じゃないし、さみしくないし、楽しいんだってば。, 第2章 近畿旅日記—たぶん、旅先のお土産の80%が京都で買ったものです。, 第3章 矢野駅、そして瀬戸内旅日記—自分の名前の駅って、気になりませんか。, 第4章 中部旅日記—遊びは真剣だから面白い、旅はのんびりがいい。, 第5章 四国旅日記—高知、はったかの血を引いて…？, 第6章 海外リゾート鉄道旅日記—私だって、リゾートはとっても好きなんです。, 第7章 にゃ〜んな猫旅日記—ごめんなさい、つい仕事を忘れて、ごろごろごろ…, 第8章 月日は百代の過客にして、東北旅日記—男性が長旅に出る理由、それは女性ですか…？, 第9章 なぜか閉所で高所な旅日記—やや閉所恐怖症で、プチ高所恐怖症なのに。, 第10章 九州男児。九州旅日記—ひょっとして、レディファーストなんじゃない？, 第11章 北海道・沖縄旅日記—旅は、一番ハードな季節に行くわよ！

00149 賀曽利隆の300日3000湯めぐり日本一周—6万5000キロのバイク旅　下巻　賀曽利隆著　昭文社　2008.9　286p　21cm　1600円　①978-4-398-21117-0

(目次) 第1章 九州編(2007年4月20日～6月3日)45日間・549湯―九州・福井・京都・山陰(「九州編」、開始!, 北陸超特急!, 北陸から関西へ ほか), 第2章 本州東部編(2007年6月20日～8月8日)50日間・629湯―東北・房総・新潟(「本州東部編」、開始!, 梅雨の温泉めぐり, 阿武隈川の源流へ ほか), 第3章 北海道編・伊豆諸島編(2007年8月21日～10月31日)72日間・675湯―北海道・伊豆諸島・東北・新潟(「北海道編」、開始!, 会津の温泉めぐり, 福島から宮城へ ほか)

00150 街道をゆく 15 北海道の諸道 新装版 司馬遼太郎著 朝日新聞出版 2008.11 306, 8p 15cm (朝日文庫) 620円 ①978-4-02-264461-9

(目次) 函館, 道南の風雲, 寒冷と文化, 高田屋嘉兵衛, 函館ハリストス正教会, 松前氏の成立, 蝦夷錦, 松前の孟宗竹, 最後の城, レモン色の町, 開陽丸, 政治の海, 開陽丸の航跡, 江差の風浪, 海岸の作業場, 札幌へ, 住居と暖房, 札幌, 厚田村へ, 崖と入江, 集治監, 新十津川町, 奴隷, 屯田兵屋

00151 一食一会―フードマインドをたずねて 向笠千恵子著 小学館 2008.12 253p 18cm (小学館101新書) 740円 ①978-4-09-825016-5

(目次) 第1章 食の万華鏡―信州 伝統食の心, 第2章 北前船ゆかりの地―北海道・道南 保存にかける心, 第3章 海と山の幸―北陸 風土とフードの心, 第4章 命をつなぐ保存食―関東 ものを大切にする心, 第5章 地物を大切にする人々―九州 素材を引き立てる心, 第6章 自然を上手につくり込む―東北 共生の心, 第7章 伝統を新たに料理―関西 素材のうま味を引き出す心

00152 ぶうぶらヂンヂン古書の旅 北尾トロ著 文藝春秋 2009.6 239p 16cm (文春文庫) 〈風塵社2007年刊の増補〉 590円 ①978-4-16-775383-2

(目次) 福岡&岡山、努濤の墓参り古本旅, 男女4人、「たもかぶ本の街」訪問記, 夜行バスと自転車でちょいと金沢へ, 武蔵野線汗かき紀行, 仙台&盛岡1泊2日1200キロの旅, 買ったばかりの本を読みまくる松本爆読ナイト, 鎌倉・茅ヶ崎、腹巻オヤジ再び, 神戸でイモヅル式"黒豹作戦", 四国すたこら4県めぐり, ぶらぶらの原点、北海道へ, 文庫化記念おまけの旅 藤沢周平をたずねて山形・庄内へ

00153 道の先まで行ってやれ!―自転車で、飲んで笑って、涙する旅 石田ゆうすけ著 幻冬舎 2009.7 303p 20cm 1500円 ①978-4-344-01710-8

(目次) 1 終わらない旅―千葉県, 2 憧憬のラーメンを目指して―福島県, 3 そば街道をいく―宮城県・山形県, 4 うどん巡礼サイクリング―香川県, 5 大吊り橋にたたずんで―宮崎県・鹿児島県, 6 いざ、伝説のパラダイス島へ!―三重県, 7 三線の音―沖縄県, 8 かつて楽園だった場所―三宅島・八丈島, 9 においの消えた村―富山県・岐阜県, 10 北の恍惚―北海道

00154 子づれの山 熊谷榧絵と文 八王子 白山書房 2009.8 222p 19cm (〔榧・画文集 2〕) 1900円 ①978-4-89475-135-4

(目次) 子づれの木曽駒ヶ岳, シロをつれて涸沢へ, 美しの森から赤岳へ, 新雪の富士山, 尾瀬・会津駒・帝釈山, 真夜中の富士登山, 一一月の北岳へ, 花の千枚・荒川・赤石岳, 子づれの白馬岳, ニセコアンヌプリを滑る, 東北の旅と盛夏の佐渡, 車を止められら双六岳, 紅葉の雨飾山, みやぎ蔵王を滑る, 子づれのアラスカ 車の旅, 子づれの北海道 車の旅, ニュージーランドの旅, アラスカ車の旅ふたたび

00155 自転車釣り師 斎藤豊 北海道を釣る 斎藤豊著 札幌 財界さっぽろ 2010.5 193p 18cm (ざいさつアップル新書) 743円 ①978-4-87933-502-9

(目次) 帆越覆道はホッケの宝庫, シケ時に逃げ込む熊石～太田間の漁港, 熊石、関内漁港の抱卵ボッケ, 磯がダメなら港でコマイ, 優勝は大型カジカ4匹と抱卵ボッケ, 見たくも触りたくもない魚・ドンコ, シバレる晩はやっぱりカジカ鍋(群別海岸), 家族連れで賑わう岸壁の大チカ, 近くに温泉もある「しのつ湖」のワカサギ釣り, 島牧海岸のアメマスダービー〔ほか〕

00156 旅へ―新・放浪記 野田知佑著 ポプラ社 2010.8 269p 16cm (ポプラ文庫) 〈文春文庫1999年の新版 年譜あり〉 600円 ①978-4-591-11996-9

(目次) 一九六四年、夏、北海道, 新聞配達とヒッチハイク, 京都御所のフリスビー, 風に吹かれて, 一人ぼっちの冬, 単純粗暴犯, さらば、日本, フィンランドの夏, 白夜とムンクの絵, 流浪のハムレット〔ほか〕

00157 旅の柄 花村萬月著 光文社 2010.11 216p 19cm 1300円 ①978-4-334-97631-6

(目次) 初めてのひとり旅, 吉原詣で, ユネスコ村, まずは小さな旅, フェリーに乗って, 地図の旅, タナガーグムイ, 高尾山, 自転車にのって, オートバイの季節, 林道経由、日本海へ, 原発道路, スイート, 銀河の思い出, 初めての北海道ツーリング, 深夜の小旅行, 飛行機嫌い, 化粧地蔵, ヒッチハイク, 中城高原ホテル, 下北半島徒歩旅行, 車中の勧め, 沖縄2010年夏

00158 こぐこぐ自転車 伊藤礼著 平凡社 2011.1 326p 16cm (平凡社ライブラリー) 880円 ①978-4-582-76722-3

(目次) 自転車に関するさまざまな見解, 自転車が順繰りに増えて六台になった話, 都内走行の巻, 房州サイクリングに出かけて雨で挫折したこと, 碓氷峠攻略をめざした長い一日の話, 北海道自転車旅行の巻

00159 旅暮らし 立松和平著 野草社 2011.4 285p 20cm (立松和平エッセイ集) 〈発売:新泉社〉 1800円 ①978-4-7877-1181-6

00160 北海道の鱒釣り 奥本昌夫著 つり人社 2011.6 271p 21cm 1800円 ①978-4-86447-003-2

(目次) 1章 野生虹鱒を探す, 2章 アメマス―旅するイワナ, 3章 エゾイワナ紀行, 4章 オショロコマの王国, 5章 サクラマスとヤマメ, 6章 朱鞠内のイトウ, 付録 北海道の鱒釣りのための道標

00161 北海道地名をめぐる旅 合田一道著 ベストセラーズ 2011.10 239p 18cm (ベスト新書) 〈文献あり 索引あり〉 819円 ①978-4-584-12345-4

(目次) 第1章 アイヌ神話の旅, 第2章 湯煙の町を歩く, 第3章 湖の町めぐり, 第4章 峠のものがたり, 第5章 果てしない大地, 第6章 波の音に誘われて, 第7章 札幌の地名の由来, 第8章 この町のユニーク祭り, 第9章 北海道の"へぇー", 第10章 啄木の短歌を歩く

00162 昼のセント酒 久住昌之著 カンゼン 2011.12 207p 19cm 〈画:和泉晴紀〉 1300円

①978-4-86255-115-3
(目次) 第1話 おだやかな町、浜田山―「浜の湯」～居酒屋「かのう」, 第2話 銭湯の親玉参り、北千住―「大黒湯」～居酒屋「ほり川」, 第3話 生まれ育った土地、三鷹―「千代乃湯」～焼鳥「万平」, 第4話 ひと風呂浴びに、銀座―「金春湯」～蕎麦「よし田」, 第5話 盗人、寅さん、立会川―「日の出湯」～もつ焼き「鳥勝」, 第6話 注文多いよ、北海道―「山鼻温泉屯田湯」～ラーメン居酒屋「勝」, 第7話 仕事場の町、吉祥寺―「弁天湯」～ビアホール「キリンシティ」, 第8話 ブルースだぜ、寛政町―「安善湯」～焼鳥「一休」, 第9話 雨に降られても、浅草―「蛇骨湯」～ダイニングバー「神谷バー」, 第10話 思い出溢れる神保町―「梅の湯」～居酒屋「兵六」

00163 ほんとうのニッポンに出会う旅　藤本智士著　リトルモア　2012.3　207p　19cm　1500円　①978-4-89815-335-2
(目次) 第1章 長野県「ほんとうに美味いもん」の旅。(楽しいはずが…,『dancyu』ほか), 第2章 鳥取県「フィルムカメラでのこしていく」の旅。(きっかけ, 理想の写真館を求めて ほか), 第3章 北海道「物々こうかんしてみる」の旅。(もってけドロボーBOX, プロローグ ほか), 第4章 青森県「一生もん」の旅。(モノの値段, 一生もん ほか)

00164 極めよ、ソフテツ道！―素顔になれる鉄道旅　村井美樹著　小学館　2012.8　186p　19cm　(IKKI BOOKS)　1400円　①978-4-09-359208-6
(目次) 1 猛暑の中の久留里線・全駅制覇の旅(千葉県), 2「唐揚げそば」に殴り込み!?オラオラツアー(千葉県), 3 信州ゆったり旅(長野県・山梨県), 4 北国・豪華鉄道クルージング(新潟県・山形県・宮城県), 5 下町から一直線！ 会津・魅力ぎっしり旅(東京都・栃木県・福島県), 6 関西欲張り☆ひとり鉄子の旅(京都府・大阪府), 7 東京下町ゆるテツ旅(東京都), 8 北海道・流氷ツアー(北海道), 9 こけしLOVE鳴子温泉へGO！(宮城県)

00165 わしらは怪しい雑魚釣り隊　マグロなんかが釣れちゃった篇　椎名誠著　新潮社　2012.12　321p　16cm　(新潮文庫)　550円　①978-4-10-144837-4
(目次) 教養遠足・鮫のおべんきょう, 九十九里、春はいまだし, アヤザコ「ドキュメンタリ」の一日, 鯛など釣ったらタイへんだ。, 小名浜漁港、イワシの唐揚げ日和, 佐渡島ヌカカ堤防の喜びと悲しみ, 三浦三崎タコ騒動, 秘密的キャンプ基地の退屈でない日々, 海は泣いている。漂着ゴミについて考えよう, 寒風突撃スミイカびゅうびゅう作戦, 三浦半島〈グルグル井戸掘り〉騒動, なめんなよ。ヒラメとマゴチだ, ドライマティーニは勝浦の猫ションに負けた。, 東シナ海にマグロが待っていた, 夜が待てない木更津沖のアナゴ, 新潟ザリガニ泥縄作戦, 北海道物乞い釣り旅・虚空に散った記録的大漁, 物乞い釣り旅(2)・知床半島でカタキを討った, 愛と怒りの雑魚鍋の夜, 月に吠えてる伊東の海賊宴会, 三宅島の釣りたてムロアジに冷え冷えビール。文句ないです。

00166 英国一家、日本を食べる　マイケル・ブース著, 寺西のぶ子訳　亜紀書房　2013.4　278p　19cm　1900円　①978-4-7505-1304-1
(目次) トシがくれた一冊の本―パリ, 新宿・思い出横丁―東京1, 相撲サイズになる料理―東京2, 世界的な有名番組―東京3, 特上級の天ぷら―東京4, ふたつの調理師学校の話, 歌舞伎町のクジラ―東京5, カニとラーメン―北海道1, 海藻のキング―北海道2, 町家に泊まる―京都1〔ほか〕

00167 北海道16の自転車の旅　長谷川哲著　札幌　北海道新聞社　2013.5　257p　19cm　1700円　①978-4-89453-698-2
(目次) オホーツク寂旅―音威子府村咲来 - 歌登 - 西興部 - 滝上 - 紋別 - 遠軽町丸瀬布, あの丘に吹く風―音威子府 - 浜頓別 - 猿払 - 宗谷岬 - 稚内, 光る石の幻―黒松内 - 島牧 - 今金 - 長万部, 雲へ続く道―南富良野町落合 - 新得 - 芽室 - 大樹 - 豊頃町大津 - 浦幌町厚内, 東の果ての夜明け―釧路 - 厚岸 - 霧多布岬 - 根室 - 納沙布岬 - 落石岬, 山が燃えていたころ―岩見沢 - 月形 - 上砂川 - 歌志内 - 赤平 - 神居古潭 - 砂川, 嗚呼、襟裳岬―新冠 - 浦河 - 襟裳岬 - 幕別町忠類 - 帯広, 空中草地と夢の浮橋―新得 - 上士幌 - 陸別 - 阿寒湖 - 釧路湿原 - 標茶 - 厚岸, サロマンブルーの誘惑―旭川 - 白滝 - 遠軽 - 湧別 - サロマ湖 - 網走, 疑心暗羆の森―深川 - 幌加内 - 朱鞠内湖 - 苫前町三毛別 - 留萌〔ほか〕

00168 日本その日その日　エドワード・シルヴェスター・モース著, 石川欣一訳　講談社　2013.6　339p　15cm　(講談社学術文庫)〈文献あり 著作目録あり〉　960円　①978-4-06-292178-7
(目次) 一八七七年の日本―横浜と東京, 日光への旅, 日光の諸寺院と山の村落, 再び東京へ, 大学の教授職と江ノ島実験所, 漁村の生活, 江ノ島での採集, 東京の生活, 大学の仕事, 大森に於ける古代の陶器と貝塚, 六ケ月後の東京, 北方の島 蝦夷, アイヌ, 函館及び東京への帰還, 日本のひと冬, 長崎と鹿児島とへ, 南方の旅, 講義と社交, 一八八二年の日本, 陸路京都へ, 瀬戸内海, 京都及びその附近での陶器さがし, 東京に関する覚書, 鷹狩その他

00169 きまぐれ歴史散歩　池内紀著　中央公論新社　2013.9　228p　18cm　(中公新書)　760円　①978-4-12-102234-9
(目次) 旧石器あらわる, 法隆寺金堂出火, 空海開山, 運慶多忙ナリ, あな哀し壇ノ浦, 天下分け目の関ヶ原, 赤穂城明け渡し, 浅間大変天明の大噴火, 大塩立てり, 和ノ宮様お通り, 寺田屋の血しぶき, 嗚呼壮絶 会津戦争, 国男少年の故里, 足尾の百年, 秩父困民党蜂起, 北海道庁開庁す, 板東俘虜収容所, 再会、われらのメンタム, 大本弾圧, 特攻隊出撃す, 原爆投下, 光太郎の山居七年,「岸壁の母」異聞, 伊勢湾台風,「永仁の壷」事件, 霞が関ビルの誕生

00170 いい感じの石ころを拾いに　宮田珠己著　河出書房新社　2014.5　135p　21cm〈文献あり〉　1600円　①978-4-309-02291-8
(目次) ヒスイよりもいい感じの石ころを拾いに―糸魚川, メノウコレクター山田英春さんに会いに行く, 東京ミネラルショーを見に行く, 伊豆・御前崎石拾い行, アフリカ専門旅行会社スタッフ・久世さんの石,『愛石』編集長立畑さんに聞く, 北九州石拾い行, 石ころ拾いの先達渡辺一夫さんに会いに行く, 大洗の坂本さん, 石ころの聖地“津軽”巡礼, 北海道石拾いだけの旅

00171 あやしい探検隊 北海道乱入　椎名誠著　KADOKAWA　2014.10　237p　15cm　(角川文庫)〈「あやしい探検隊北海道物乞い旅」(角川書店 2011年刊)の改題、加筆修正〉　480円　①978-4-04-101759-3
(目次) 登場する人びと, 極貧物乞い旅の計画,「室蘭ほっちゃれ団」の襲撃, 漁師小屋・豊穣の大酒宴, 椎名誠写真館―旅で観て撮った写真のいくつか, めんたまくり抜き事件, 知床半島大漁記, 快晴街道まっしぐら

00172 唄めぐり　石田千著　新潮社　2015.4

401p 20cm〈文献あり〉 2300円 ①978-4-10-303453-7

目次 秋田「秋田米とぎ唄」—蔵人の時計, 香川「こんぴら船々」—こんぴら、いまむかし, 神奈川「ダンチョネ節、三崎甚句」—百人の断腸, 沖縄「安田屋ゆんた」—やいまのまやぐわーはミャヲミャヲと鳴く, 青森「南部俵づみ唄」—三味線の渡る道, 長野「木曾節」—なかのりさんを探して, 新潟「佐渡おけさ」—佐渡は居よいか住みよいか, 富山「こきりこ」—こきりこの秋、でででこでん, 徳島「三味線餅つき」—うだつ見あげて, 宮崎「刈干切り唄」—添い遂げる唄, 岩手「げいび追分」—雪っこ唄っこ, 群馬「草津節、草津湯もみ唄」—三度めの草津, 熊本「牛深ハイヤ節」—船出は、ハイヤの風, 宮城「大漁唄い込み」—いのち湧く唄, 広島「壬生花田植唄」—ヤハーハーレー花田植, 島根「安来節」—安来のお糸さん, 鹿児島「綾はぶら節、今ぬ風雲節」—とうとぅがなしの唄, 大阪「河内音頭」—音頭の大河, 北海道「ヤイサマネナ、江差追分」—川の神謡、海の追分, 福岡「筑前今様「呑み取り槍」、黒田節」—もののふの今様, 三重「伊勢音頭」—安楽楽是者伊勢, 山形「最上川舟唄、酒田甚句」—雪の細道舟下り, 福島「会津磐梯山」—宝の山, 東京「丸の内音頭、東京音頭」—夏の都のまんなかで, 福島「あまちゃん音頭、新生相馬盆唄」—音頭の渦

00173 新編 日本の旅あちこち 木山捷平著 講談社 2015.4 304p 16cm (講談社文芸文庫)〈著作目録あり 年譜あり〉 1600円 ①978-4-06-290268-7

目次 旅吟—北海道, 銀鱗御殿の哀愁—北海道, 登別—北海道, オホーツク海の味—北海道, 霧笛の旅路—東京-北海道, ノナップ岬—北海道, 椎の若葉—青森, 太宰の故郷—青森, 秋田美人冬の孤独—秋田, 原始的なトルコ風呂のメッカ—岩手, 中央競馬・福島夏の陣—福島, 阿武隈の国民宿舎—福島, 日本海の孤島・粟島—新潟, 夜のお江戸コース—東京, 上野駅—東京, 伊豆の春—静岡, 長寿と野猿の天国—静岡, 信玄の隠し湯—山梨, 伊良湖岬—愛知, "おのころ島"タンケン記—滋賀, 城崎の思い出—兵庫, 天理と高野山の春—奈良, おみくじ巡り—奈良, ふるさとの味—岡山, 奥津と湯郷—岡山, 長門湯本温泉—山口, 西海の落日—長崎, 旧婚旅行—宮崎・鹿児島, オホーツク海の鳥—北海道

00174 行列の尻っ尾 木山捷平著 幻戯書房 2016.2 395p 20cm (銀河叢書) 3800円 ①978-4-86488-090-9

目次 昼酒, 酒の失敗, たもと, 基本的飲権, 酒の上の失敗, 酒のめば楽し, 新関脇の弁, もし、この世に酒なかりせば, よその奥さん, 老眼の話〔ほか〕

00175 源流テンカラ 高桑信一著 山と溪谷社 2016.3 349p 21cm 2400円 ①978-4-635-04413-4

目次 源流テンカラ紀行(ちょっと遅めの記念釣行—黒部川水系 黒部川支流東沢谷(北アルプス 富山・長野県), 復活、柳又谷〜尺オーバー連発の秋—黒部川水系 黒薙川支流柳又谷(北アルプス 富山県) ほか), 源流の漂泊者(瀬畑雄三の源流哲学), 源流テンカラ指南(私的源流テンカラ考, 私の相棒たち ほか), 源流テンカラ釣り場案内(石狩川水系 忠別川支流クワウンナイ川(大雪山系 北海道), 雄物川水系 玉川支流大深沢(八幡平 秋田県) ほか)

00176 逃北—つかれたときは北へ逃げます 能町みね子著 文藝春秋 2016.10 274p 16cm (文春文庫)〈2013年刊の文庫化〉 650円 ①978-4-16-790716-7

内容 嫌なことがあって疲れ切った日に、会社を辞めようと決めた時に、30歳の誕生日に、都会の生活に疲弊して、そして旅行の目的地まで、いつも向かう先は「北」でした。北海道、青森、宮城、新潟など日本の北からグリーンランドまで。何から逃げているのか。そして何が待っているのか。旅をしながら、「北」に惹かれてしまう理由を探っているうちに、自らのルーツを巡るアレコレが見えてきて。北を求めつづける10年間を描いた「逃北」エッセイ！

00177 おいしいものは田舎にある—日本ふーど記 改版 玉村豊男著 中央公論新社 2017.1 245p 16cm (中公文庫)〈初版のタイトル等：日本ふーど記(日本交通公社 1984年刊)〉 700円 ①978-4-12-206351-8

目次 薩摩鹿児島—幸あり南方より来たる, 群馬下仁田—コンニャク・エネルギー不変の法則, 瀬戸内讃岐—パスタ文化食べ歩きリサーチ, 若狭近江—頽廃の美味は古きワインで, 北海道—国境演歌味覚変幻, 土佐高知—初鰹たたく気分は"いごっそう", 岩手三陸—日本ホヤスピタリティー考, 木曽信濃—何でも食べてやろう, 秋田 金沢 日本海—山と里なべもの裏オモテ, 博多長崎—ちゃんぽんと唐様で書く三代目, 松阪熊野—ふだらく赴粥飯法, エピローグ/東京—二〇〇年前のファースト・フード

相泊温泉

00178 旅は道づれ湯はなさけ 辻真先著 徳間書店 1989.5 348p 15cm (徳間文庫) 580円 ①4-19-568760-8

目次 第1部 湯けむり紀行, 第2部 みちくさ大好き, 第3部 旅のマニアは大忙し

赤平市

00179 肉の旅—まだ見ぬ肉料理を求めて全国縦断！ カベルナリア吉田著 イカロス出版 2016.8 235p 21cm 1600円 ①978-4-8022-0222-0

目次 四日市 トンテキの旅(三重県), 太地 イルカとクジラの旅(和歌山県), 法隆寺 竜田揚げの旅(奈良県), 仁義なき舞鶴 呉 肉じゃが対決の旅(京都府・広島県), 今治 焼き鳥と焼豚玉子飯とせんざんきの旅(愛媛県), 中津 安心院 中津唐揚げの旅&安心院すっぽんの旅(大分県), 延岡 チキン南蛮の旅(宮崎県), 奄美大島 鶏飯の旅(鹿児島県), 基地の街沖縄 ぶらり肉の旅(沖縄県), 伊那 駒ケ根 飯田 飯田線三都肉の旅(長野県), 三沢 パイカの旅(青森県), 新庄 馬肉ととりもつラーメンの旅(山形県), 北海道 室蘭 美唄 石炭ロード肉の旅1(北海道), 北海道 滝川 赤平 歌志内 砂川 石炭ロード肉の旅2(北海道), 士別 池田 釧路 羊とステーキとザンギの旅(北海道)

阿寒湖

00180 みずうみ紀行 渡辺淳一著 光文社 1988.5 181p 15cm (光文社文庫) 520円 ①4-334-70746-7

目次 支笏湖, 風蓮湖, 湖北(琵琶湖), 池田湖, 尾岱沼, 白駒池, 田沢湖, 倶多楽湖, 宍道湖, 塘路湖, 宝ケ池, 能取湖 サロマ湖, 屈斜路湖, 御釜(蔵王), 洞爺湖, 摩周湖, 西湖, 大沼(函館), 阿寒湖

00181 耕うん機オンザロード 斉藤政喜著 小学館 2001.8 333p 19cm (BE-PAL BOOKS) 1200円 ①4-09-366065-4

00182 わたしの旅人生「最終章」 渡辺文雄著

アートデイズ　2005.2　267p　20cm〈肖像あり〉　1600円　①4-86119-033-9
作品 北海の珍味
目次 1 なぜ人は旅に出るのだろう（三十数年の旅人生から，うんちく観光 ほか），2「遠くへ行きたい」三十四年の雑学ノート（おばあちゃんは糸引き名人，藍を育む吉野川流域 ほか），3 旅で見つけた驚きの美味、珍味（旅の味，タコしゃぶの発祥地は宗谷，利尻でウニ丼いっぱい，北見の北海シマエビ，言葉を失った城崎の焼きガニ，殿様御用達だった鉄肥の玉子焼き，先祖帰りした調味料，古代塩、藻塩 ほか），4 今日もまた街歩き（居酒屋，そば屋の酒，江戸の茶漬，京の茶漬，京のシシ鍋，濃尾平野の水，北海の珍味，まんじゅう麩，大阪湾の海の幸，飛騨の品漬，淡路島の黒毛和牛，意表をついた出会い，「おやき」，豚肉の復権，美味なるかな九州の海，唐津の豆腐料理店，再び居酒屋にて，東京の街を歩く ほか）

00183　どうせ今夜も波の上　椎名誠著　文藝春秋　2010.3　258p　16cm（文春文庫）　495円　①978-4-16-733430-7
作品 北極寒気団騒動
目次 アワビのとろろ汁，大江戸線の冒険，待ち伏せ風呂，テンプラ国嘗見記，福井の怪しい宿の夜，馬を食う、ということ，風邪のサンフランシスコ，スパゲティきこきこ問題，新宿赤マント物語，お餅のお勉強〔ほか〕

阿寒湖温泉

00184　旅は道づれ湯はなさけ　辻真先著　徳間書店　1989.5　348p　15cm（徳間文庫）　580円　①4-19-568760-8

阿寒岳

00185　わが愛する山々　深田久弥著　山と溪谷社　2011.6　381p　15cm（ヤマケイ文庫）〈年譜あり〉　1000円　①978-4-635-04730-2
目次 斜里岳，阿寒岳，羅臼岳，後方羊蹄山，早池峰山，守門山，安達太良山，雨飾山，火打山，武尊山，皇海山，雲取山，御座山，笠ヶ岳，天城山，笊ヶ岳，聖岳，白峰三山，塩見岳，恵那山，大台ケ原山，剣山，九重山，初版あとがき，［解説］深田久弥 人と作品と山 大森久雄，深田久弥略年譜

阿寒町

00186　川に遊び 湖をめぐる　千葉七郎ほか著，作品社編集部編　作品社　1998.4　254p　22cm（新編・日本随筆紀行 大きな活字で読みやすい本―心にふるさとがある 3）　①4-87893-809-9，4-87893-807-2
作品 阿寒〔伊藤整〕
目次 小樽わが街（千葉七郎），初秋の最上川（結城哀草果），土浦の川口（長塚節），潮来紀行（吉田絃二郎），水の匂（久保田万太郎），夜の隅田川（幸田露伴），両国の川開き（鈴木鱸生），天竜川（抄）（小島烏水），旧都雑景（土田杏村），大阪ところどころ（抄）（宮本又次），ガタロと肥汲舟（三田純市），揖保川の月夜（岩野泡鳴），水郷柳河（北原白秋），水遊び（徳富蘆花），日本最北端の湖・姫沼に寄せる想い（時雨音羽），阿寒（伊藤整），湖畔めぐり（森松治），十和田湖（抄）（大町桂月），相模湖（室伏高信），白駒池（田部重治），明神の池（窪田空穂），諏訪湖畔冬の生活（島木赤彦），琵琶湖（横光利一），余呉湖（中村直勝），湖岸の残照（高橋玄洋）

00187　日本の森を歩く　池内紀文，柳木昭信写真　山と渓谷社　2001.6　277p　22cm　1800円　①4-635-28047-0
目次 阿寒，円山，八甲田，白神山地，朝日連峰，飯豊連峰，奥日光，三頭山，函南，芦生，大塔山，石鎚山，大山，屋久島，奄美

00188　北日本を歩く　立松和平著，黒古一夫編　勉誠出版　2006.4　372p　22cm（立松和平日本を歩く 第1巻）　2600円　①4-585-01171-4

00189　ロードスターと旅に出る―この車を相棒にしたからには、一度はやってみたいこと。　中村淳著　三樹書房　2009.10　150p　21cm　1400円　①978-4-89522-535-9
目次 第1章 相棒、ロードスター（いざ北国へ！，雨の支笏湖，積丹半島を走る），第2章 フルオープンで！（余市のロマンと小樽散策，富良野へ，麓郷とラベンダーと美瑛の丘），第3章 ロードスターの日（猛暑の旭川と大雪山，滝上町からサロマ湖へ，いよいよ知床，知床横断道路を加速），第4章 北国の夏を浴びて（観光客の日，旅とナルシシズム，羅臼から開洋台へ），第5章 夢を探して旅する（屈斜路湖から釧路、そして阿寒，二風谷へ，さらば！）

阿寒摩周国立公園

00190　日本列島の香り―国立公園紀行　立松和平著　毎日新聞社　1998.3　255p　19cm　1500円　①4-620-31208-8
目次 俺の故郷―利尻礼文サロベツ国立公園，流氷の変遷―知床国立公園，水は眠らない―阿寒国立公園，野生と暮らす―釧路湿原国立公園，神々の遊ぶ庭―大雪山国立公園，森と湖の気品―支笏洞爺国立公園，我、魚影を見たり―十和田八幡平国立公園，砂の鳴く声―陸中海岸国立公園，月の香りや地にみちて―磐梯朝日国立公園，仙人の湖―日光国立公園〔ほか〕

00191　東京を歩く　立松和平著，黒古一夫編　勉誠出版　2006.4　343p　22cm（立松和平日本を歩く 第7巻）　2600円　①4-585-01177-3
目次 東京（弁当を食べるおばさん，沖縄タイム，天動説の酒場，二つの悪場所，新宿二丁目，たこ八郎の酒場，下谷のたこ地蔵，里ごころつのる年の瀬，歌舞伎座、奈落と夢と，秋川，五日市まで，生命線を守らねば，小笠原の南十字星，亜熱帯の島・小笠原の選択，クジラを見にいく，上野駅，上野と東京，都会の鳥，森のアシカ，上野駅に呼ばれた，上野動物園界隈，合格の実感，上野駅―土埃のにおい立てて，上野の受験宿―不自由嘆く動物の叫び，四ツ谷―ほんわり受験、結果は…，高田馬場―本命はバリケードの中，浅草―『ロック座』で知った東京，板橋1――人二・二五畳の下宿生活，板橋2―オニオンスライスに涙，早稲田1―入学式、父と飲んだ熱燗，早稲田2―学生大会におろおろ，早稲田3―『文章表現研究会』の仲間，安部球場，植物の力を着る，島で生きる，東京友禅，小紋中形，黄八丈，草木染絵絣紬，目黒の三の酉，目黒行人坂の大圓寺，相撲見物から，小さな水の旅，ツバキの咲きほこる島へ，イルカと遊ぶ，隅田川屋形船，花の力―隅田川，鷹の台まで，山田というところ，変わりゆく恵比寿，高幡不動胎内文書，家の魂―贅をつくした屋敷の居み心地，他界論としての原宿，多摩川空中紀行，私の東京論），国立公園（エゾジカのすむ阿寒国立公園，俺の故郷利尻礼文サロベツ国立公園，流氷の変遷知床国立公園，水は眠らない阿寒国立公園，野生と暮らす釧路湿原国立公園，神々の遊ぶ庭大雪山国立公園，森と湖の気品支笏洞爺国立公園，我、魚影を見たり十和田八幡平国立公園，砂の鳴く声陸中海岸国立公園，月の香りや地にみちて磐梯朝日国立公園，仙人の湖日光国立公園，歳月の流れ上信越高

原国立公園, 夜祭りと峠秩父多摩国立公園, 鯨の海小笠原国立公園, 富士山の贈り物富士箱根伊豆国立公園, 黒部日誌中部山岳国立公園, 修験の面影白山国立公園, 桃源郷にて南アルプス国立公園, 伊勢へ伊勢へ伊勢志摩国立公園, 熊野の闇の輝き吉野熊野国立公園, 植物の力山陰海岸国立公園, 天に至る道瀬戸内海国立公園, 黄金色に染められて大山隠岐国立公園, 大海賊の末裔足摺宇和海国立公園, 虹色の回遊魚西海国立公園, 普賢岳の海雲仙天草国立公園, 人生幻化ニ似タリ阿蘇くじゅう国立公園, 屋久島・生命の曼陀羅霧島屋久国立公園, 石炭の存在西表国立公園, 日本列島のざわめき), その他(のんびり鈍行途中下車, 京都、東京から一〇五番目の駅—東海道本線各駅停車の旅, 真夏の死のロード, 自動車の終着駅, 旅の季寄せ, 心の木, 日本列島の広さについて, 旅に棲んで, ヤポネシアの足跡, 山頭火の水, 今「水」が危ない, 瑞穂の水, 水に浮かぶ列島, 利根川の時空を超える, 他界を往く人—弁慶への旅, 麦の文化論, 黄昏とパチンコ屋, 船は人を叙情する, 忘れていた記憶, 雪が誘う, 雪の温泉宿・一迫川, 一人旅は人生みたいだ, 雑草を食べる, 浦島太郎の馬鹿, 一寸法師と鬼, ある日本人の旅, ひとまずペンを置く, 風景と慰藉)

旭川駅

00192 おんなひとりの鉄道旅 東日本編 矢野直美著 小学館 2008.7 217p 15cm (小学館文庫)〈2005年刊の単行本を2分冊にして文庫化〉 600円 ①978-4-09-408286-9

(目次) 北海道 JR宗谷本線—旭川発パリ行き「夢の大陸鉄道」が出発, 長野 上田電鉄別所線—温泉行き「青春電車」は今日も、お花畑を快走中!!, 北海道 JR日高本線—のんびり各駅停車、サラブレッド鉄道を行く, 新潟・福島 JR磐越西線—『SLばんえつ物語号』が行く, 岐阜 明知鉄道—昔なつかしいものがいっぱいの「動く鉄道博物館」, 千葉 銚子電鉄—駅員さんは踏切も直します。「ぬれ煎餅」も焼きます!?, 青森 津軽鉄道—津軽の冬を疾駆する「ストーブ列車」, 静岡 天竜浜名湖鉄道—まんぷく鉄道、いただきます！, 群馬・栃木 わたらせ渓谷鐵道—渓谷沿いのトロッコ列車で森林浴, 岩手 JR岩泉線—山岳鉄道は青春列車！〔ほか〕

00193 最長片道切符11195.7キロ—日本列島ジグザグ鉄道の旅 原口隆行著 学習研究社 2008.7 375p 21cm〈折り込1枚〉 1900円 ①978-4-05-403804-2

(目次) 経路をびっしり書き込んだ切符を手にして出立, 宗谷本線 稚内→音威子府→名寄→新旭川, 石北本線 新旭川→上川→留辺蘂, 石北本線 留辺蘂→網走, 釧網本線 網走→原生花園→知床斜里→摩周, 釧網本線 摩周→釧路湿原→東釧路, 根室本線 東釧路→釧路→池田→帯広, 根室本線 帯広→芽室→新得→富良野, 富良野線 富良野→美瑛→旭川, 函館本線 旭川→岩見沢〔ほか〕

旭川市

00194 北海道の旅 串田孫一著 平凡社 1997.5 332p 16cm (平凡社ライブラリー)〈筑摩書房1962年刊の増訂〉 1000円 ①4-582-76198-4

(目次) 雨の中の出発と、上野駅のホーム。, 急行列車の窓辺からの手紙。田園生活への憧れ。信号灯と十一日の月。, 夜の連絡船が桟橋を離れる。, 函館の海に五月の太陽がのぼる。, 洞爺湖畔のレストランで、ここまでの車窓からの春浅い風景を綴る。, 四十三山から有珠岳に登る。夕靄の山頂で少年に出会ったこと。, 『昭和新山生成日記』のこと。雨の海辺。, 苫小牧の街を歩き、支笏湖へ来る。湖を船で丸駒温泉へ渡る。, 支笏湖畔の朝の散歩。, 日高本線。月光の襟裳岬。, 岬の丘の羊たち。, 風の強かった幌泉の港と黄金道路。, 蜘蛛の子たちの空中旅行。日高の山々を眺め続けて目を痛める。, 狩勝峠。富良野。白金温泉。, 森の中の川原へ来て山靴が悦ぶ。, 十勝岳に登り噴煙に苦しむ。夕暮の雨の中の空の色。, 旭川でコーヒーを飲み、稚内へ急行に乗る。, ノシャップ岬と生活の風化についての手紙。, 礼文島に渡り、更に海馬島に渡る。, スコトン岬に上陸、船泊まで歩く。宿で聞いたクラリネットのこと。, 礼文岳に登り、同じ日桃岩で烏に取り囲まれたこと。, 香深の宿からの手紙。, 利尻島の鴛泊に寄って稚内に戻る。, サロベツ原野を通り、名寄に泊る。, オホーツク海、サロマ湖の畔を走り網走。更に斜里岳の麓まで。, 清里の宿にて。, 斜里岳の雪と藪と岩。頂上から三井農場へ下る。, 霧の摩周湖から屈斜路湖へ来る。, 和琴半島で遊ぶ。, 美幌峠を越し、美幌から急行で札幌まで。途中、大雪山の雷雨のこと。, 札幌からの短い手紙。, 倶知安。噴火湾に虹がかかり、駒ヶ岳の姿が刻々変わる。, 砂原の海辺の一日。, 蜻蛉が生れた大沼の朝。函館の港。, 夕映えの北海道を去る。〔ほか〕

00195 耳をすます旅人 友部正人著 水声社 1999.12 280p 19cm 1800円 ①4-89176-413-9

(目次) 雨に消された夢, 風に願いを, 目をさます旅人, 空の旅人, 線路を歩けば, こすり出し, ニセコ高原ユースホステルで, いい顔をした夜, 石のアトリエで, 旭川の牛舎で, 北国ブルース考, 札幌〔ほか〕

00196 ロードスターと旅に出る—この車を相棒にしたからには、一度はやってみたいこと。 中村淳著 三樹書房 2009.10 150p 21cm 1400円 ①978-4-89522-535-9

00197 来ちゃった 酒井順子文, ほしよりこ画 小学館 2016.3 317p 15cm (小学館文庫)〈2011年刊の増補〉 620円 ①978-4-09-406277-9

(目次) 果てへ遠くへ(旭川～稚内(北海道)—宗谷本線、音威子府そば、豊富温泉, 八代～鹿児島(熊本県・鹿児島県)—薩摩おごじょ、肥薩線、知覧, 栃尾～栃尾又(新潟県・長野県)—油揚げ、ほだれ様、ラジウム温泉, 大津～京都(滋賀県・京都府)—逢坂の関、都をどり、京刺繍, 徳島～高松(徳島県・高知県・愛媛県・香川県)—お遍路、うどん、弘法大師, 能登(石川県)—女将、廃線、朝市, 多良間島(沖縄県)—子供、ヤギ、サトウキビ, 立山黒部～信濃大町(富山県・長野県)—トロッコ、ダム、アルペンルート, 仙台～山形(宮城県・山形県)—仙台芋煮、作並温泉、山形芋煮, 奥入瀬～八甲田(青森県)—南部馬、十和田湖、八甲田, 高月～余呉(滋賀県)—十一面観音、なれ鮓、余呉湖, 湯原温泉(岡山県)—人間ドック、オオサンショウウオ、デミカツ丼), 海にも山にも(椎葉村(宮崎県)—焼畑、猟犬、神楽, 後生掛温泉(秋田県)—オンドル部屋、箱蒸し風呂、自炊, 京都～明石(京都府・大阪府・兵庫県)—源氏、いかなご、たこフェリー, 琴平(香川県)—金刀比羅、金丸座、海老蔵, 倉吉～三朝(鳥取県)—投入堂、藁ぞうり、三朝温泉, 広島～宮島(広島県)—広島市民球場、つけ麺、厳島神社, 関～郡上八幡(岐阜県)—刃物、鵜飼、長良川鉄道, 須坂(長野県)—ハナイグチ、タマゴタケ、ササクレヒトヨタケ, 奄美大島～加計呂麻島(鹿児島県)—寅さん、デイゴ、ネリヤ, 下北半島～函館(青森県・北海道)—マグロ、三味線、津軽海峡, いわき(福島県)—フラガール、炭鉱、一山一家, 東京(東京都)—はとバス、東京タワー、パレスホテル, さらに奥には？(土湯(福島県)—こけし、工人、たこ坊主, 半田～浜松（愛知県・静岡県）―酢、酒、たまり, 大阪（大阪府）―文楽、吉本、串揚げ, 天橋立～余部（京都府・兵庫県）―北近畿タンゴ鉄道、股のぞき、餘部鉄橋, 田代島（宮城県）―ねこ、ネコ、猫, 星野村（福岡県）―玉露、星空、闘茶, 岩出～新宮（和歌山県・奈良県）―大塔、最長路線バス、吊橋, 房総半島（千葉県）―タラソテラピー、朝市、波乗り通り, 高崎～軽井沢（群馬県・長野県）―だるま、座禅、碓氷峠, 隠岐（島根県）―後鳥羽院、闘牛、摩天崖, 盛岡～岩泉（岩手県）―岩泉線、リアス式海岸、崖っぷち）, ほか

旭岳

00198 山々を滑る登る　熊谷榧絵と文　八王子　白山書房　2012.11　319p　19cm　（〔榧・画文集 12〕）　1900円　①978-4-89475-159-0

(目次) 北海道（旭岳、石室から中岳温泉スキー, なぜか一人で北海道、暑寒別岳, 三三年ぶりの知床岳, ニペソツ登山の旅, 矢田君、田崎嬢と北海道を描く旅, 女二人の北海道、車の旅）, 東北（強風の早池峰山, 夏の栗駒山と台風の岩手山, 冬の八甲田大岳, 八甲田の山スキー, 雪の白神岳に登る, 白神フェスティバル、白神岳から十二湖, 会津駒を滑れたが, 月山から肘折温泉ツアー, 奥田さんと初めて尾瀬・燧ケ岳へ, 蔵王ダムへの山スキー, 天元台から若女コースと大平コース, 西大巓と雄国山, 安達太良山スキー, 高湯から高山を越え土湯へ, 稲倉岳の藪こぎスキー, 裏磐梯の厩岳山と会津の三ノ倉山, これが最後の山スキー刈田岳）, 日本アルプスその他（蓉子さんと剣岳, 三〇年ぶりの御嶽スキー登山, 奥美濃・大日ヶ岳の春スキー, ガスの能郷白山と冠山, 大日岳を滑る, 正月の赤石岳, 残雪の巻機山, 新雪の双六岳, 山スキーの楽しさと怖さ, 白山山頂から滑る, 四阿山と浅間山スキー, 散歩友だちと登った塩見岳, 白山に隠れた山、妙法山, 立山から池ノ平へ, 屋久島の山と海, カナダ、ヘリスキー, ICDの人たちと万座から草津へ, 白馬乗鞍周辺スキー, 四六年ぶりの焼岳, ネマガリダケをつみながら位山, 夏の終わりに南岳から槍ケ岳, ヒサエさんと八ケ岳の権現岳, サハリン、チェーホフ山, これが最後の北穂行）

旭岳温泉

00199 いで湯浴泉記　大石真人著　新ハイキング社　1990.12　316p　19cm　（新ハイキング選書 第11巻）　1700円　①4-915184-12-9

(目次) 旭岳温泉（北海道）, 天人峡温泉（北海道）, 雪沢と冨留沢（秋田県）, 杣温泉（秋田県）, 森岳温泉（秋田県）, 雫石町の温泉（岩手県）―鶯宿・雫石・玄武、滝の上、国見、網張, 鳴合温泉（宮城県）, 峨々温泉（宮城県）, 新野地温泉（福島県）, 鷲倉温泉（福島県）, 斎藤温泉（福島県）, 湯岐温泉（福島県）, 板室温泉（栃木県）, 東那須の温泉事情（栃木県）―大金温泉・小川町の温泉・湯津上村の温泉・大田原温泉・芦野温泉, 馬頭温泉郷（栃木県）, 大石温泉（栃木県）, 川場温泉郷（群馬県）, 湯の小屋温泉（群馬県）, 亀沢温泉（群馬県）, 四万温泉（群馬県）, 尻焼温泉（群馬県）, 浅間隠温泉郷（群馬県）, 川原湯温泉（群馬県）, 磯部鉱泉（群馬県）, 下仁田温泉（群馬県）, 七沢温泉（神奈川県）, 伊豆北川温泉（静岡県）, 熱川温泉（静岡県）, 伊豆片瀬温泉（静岡県）, 湯ヶ野温泉（静岡県）, 蓮台寺と河内（静岡県）, 観音温泉（静岡県）, 松崎温泉（静岡県）, 石部温泉（静岡県）, 浮島温泉（静岡県）, 弥宜の畑・猪の湯温泉（静岡県）, 口坂本温泉（静岡県）, 湯日温泉（静岡県）, 法泉寺温泉（静岡県）, 遠州渋川温泉（静岡県）, 葭之池温泉（山梨県）, 下部温泉（山梨県）, 湯沢（表湯）温泉（山梨県）, 下諏訪温泉（長野県）, 菱野温泉（長野県）, 高峰温泉（長野県）, 仙仁温泉（長野県）, 野沢温泉（長野県）, 切明温泉（長野県）, 荒川温泉郷（新潟県）, 松之山温泉（新潟県）, 中宮温泉（石川県）, 磨洞温泉（三重県）, 長浜太閤温泉（滋賀県）, 湯泉地温泉（奈良県）, 俵山温泉（山口県）, 祖谷温泉（徳島県）

旭山動物園

00200 黒田知永子 大人のための小さな旅―日本のいいとこ見つけた　黒田知永子著　集英社　2014.9　159p　21cm　1600円　①978-4-08-780732-5

(目次) PART1 城下町（熊本, 松山, 鹿児島, 松本）, PART2 自然と動物（与那国島, 旭山動物園, 信州, 天草）, PART3 おいしいもの（金沢, 名古屋, 大阪）, PART4 東京近郊（八ヶ岳, 青海, 長瀞, 房総）, 番外編 旅先で見つけた食材・雑貨・お土産リスト

足寄町

00201 耕うん機オンザロード　斉藤政喜著　小学館　2001.8　333p　19cm　（BE‐PAL BOOKS）　1200円　①4-09-366065-4

厚岸湖

00202 日本の食材おいしい旅　向笠千恵子著　集英社　2003.7　250p　18cm　（集英社新書）　700円　①4-08-720202-X

[作品] 江戸っ子が残したい味…海苔紀行（東京湾・有明海・厚岸湖）

厚岸小島

00203 日本《島旅》紀行　斎藤潤著　光文社　2005.3　284p　18cm　（光文社新書）　780円　①4-334-03299-0

(目次) 第1章 こんな顔もあったんだと思った島（礼文島（北海道）, 寒風沢島（宮城県）, 屋久島（鹿児島県）, 西表島（沖縄県））, 第2章 島人はどんな暮らしをしているんだろう（厚岸小島（北海道）, 櫃島（山口県）, 戸島（高知県）, オーハ島（沖縄県））, 第3章 大自然の恵みにどっぷり浸る（天売島（北海道）, 蓋井島（山口県）, 福江島（長崎県）, 口永良部島（鹿児島県））, 第4章 いるだけでなんだか寛（くつろ）いでしまう島（神島（三重県）, 沖島（滋賀県）, 松島（佐賀県）, 奄美大島（鹿児島県））, 第5章 ちょっと遠かったなあ？―絶海の孤島（御蔵島（東京都）, 青ヶ島（東京都）, 舳倉島（石川県）, 新島（鹿児島県）, 南大東島（沖縄県））, 第6章 なにもないのにもう一度行きたい島（釣島（愛媛県）, 保戸島（大分県）, 屋形島（大分県）, 水納島（沖縄県））, 第7章 すべて美味しくいただきました（式根島（東京都）, 真鍋島（岡山県）, 魚島・高井神島・豊島（愛媛県）, 竹島（鹿児島県））, 第8章 みんなどうもよく知らない謎の島（前島・笠佐島（山口県）, 鵜来島（高知県）, 神集島（佐賀県）, 飛島（長崎県）, 軍艦島（長崎県））

厚岸町

00204 知床を歩く　立松和平著, 黒古一夫編　勉誠出版　2006.4　342p　22cm　（立松和平日本を歩く 第5巻）　2600円　①4-585-01175-7

(目次) 知床（船上の鍋, スケソウダラ漁船羅臼港, 北の漁場, 風景に負ける, 知床の漁師斜里町へ, 熱き心、とろける味, 贈り物のサケ, 知床、ルシャの番屋にて, オホーツクを目の前にする岩尾別へ, 故郷に帰ってくる旅人を待つ宇登呂, 「ルシャの番屋」の定置網, オホーツクの漁師料理宇登呂の海, クマの棲む森, 旅と出会い宇登呂の番屋, 醤油飯, 大漁の実感, カジカの味噌汁, 凍ったオカリナ, 熊と人が共存する大地, カニの花, 知床の友, ログ

ハウス賛歌, 映像と言葉, 厳冬の露天風呂, 無垢な知床, 知床流氷紀行, 流氷は生きている, 漁師の休息, 食の曼陀羅, 知床の冬の気持ちよさ, オホーツク海は流氷が似合う, 別寒辺牛川, 厚岸の造船所, わが「知床ジャニー」の夢, 知床の蕎麦, 蕎麦を蒔こう, 傷ついたカラス, 知床・羅臼岳に遊ぶ, 知床毘沙門堂開き, 知床毘沙門堂, 空気について, シカの視線, ふたつの故郷宇都宮と知床, 山小屋と電子ゲーム, 暴力におびえ, 知床命の美しさ, ワシのなる木, 流氷について, 知床のトム・ソーヤ, シャーベットの海, 旅の一生, 知床日記, 北の季節の流れ, 知床の夕日, 知床漁師料理 キツネと野生, 普段着の知床, クマを見にいく, 秋のことぶれ, ルシャの番屋, 秋のルシャ川, クマがクジラを食べた, 薪をたくさん割ろう, シカの離儀, 流氷は偉い, 人を救う, 晴遊雨読の現実, 知床毘沙門堂由来, 海上安全のために, 海の人、陸の人, クマ談義, キツネ考, シカの目は夜の宝石, 知床岬, 山河あり, 知床の山河, 究極の夢は農園を持つこと, 蕎麦の花, 知床の友, タラの海, 知床うまい会, 硬派で心やさしい男, サケ・マス本場の味, 森と海の話, 一日酪農体験記, 農業生産法人に挑む, 種を蒔く時がきた, 鍬と大型トラクター, 蕎麦の花が咲いた, カニをばくばく喰うべ, ログハウスの知床太子堂, 蕎麦を刈り取る日, 知床ジャニーがんばる, いよいよ売り出された, マリネと昆布〆の評判, 知床ジャニーと法隆寺の縁, アジア農民元気大学, 蕎麦の注文がどんときた, 二十名のツアーがやってきた, 釧路湿原からの手紙, 生命産業としての酪農, 森重久彌さんと表彰された, カラフトマスの海, 零落した鳥の王, 知床のヒグマ, 再度、知床のヒグマ, 夜のシカ, スズメバチの毒, 牧場のサケ, 山小屋にいこう, 魂の休み場所, 香り, 遊ぶ, 火を見る至福, 日本の四季の美しさ, ホテル斜里館, 季節の流れを見るゆとり, 羅臼岳に登ろう, 夏の一日, 番屋とヒグマ, 野生の聖地、知床, ヒグマに接近す, キタキツネの目, シカの視線, 森に立って, 樹を植える女たち, 海に向かって, 秋の美しさの意味, 自然をいじったこと, 一万五〇〇〇の死, 流氷, 流氷について, 年ごとの流氷, 知床の時間)

00205 にっぽん・海風魚旅 4(大漁旗ぶるぶる乱風編) 椎名誠著 講談社 2008.7 394p 15cm (講談社文庫)〈2005年刊の文庫化〉 857円 ①978-4-06-276097-3

(目次) ぼんやりぐるぐるふたつ島, 鳴門から淡路島をぬけて神戸に行った, 南北おもしろ不思議島, 下北半島おののき旅, ひかる海道くねくね行脚, にっぽん南島今どきのむかし話, 厚岸番小屋生牡蠣騒動, えべっさんの雨降り島, 和歌山南進悲喜こもごも旅, 壱岐のそれなり七不思議, 日本の北のタカラ島

00206 にっぽん全国 百年食堂 椎名誠著 講談社 2013.1 222p 19cm 1400円 ①978-4-06-217814-3

(目次) 青森 喜びも悲しみもあんまりねがったなあ, 北海道 銅釜に手打ち。きれいはうまい, 岐阜 ともに独自に七十五年, 群馬 関東ソースカツ丼包囲網, 福島 みちのく最古ラーメン探訪, 新潟 和的洋食の歩んできた道, 福井 越前おろしそばにあとずさる, 静岡 元気な店は気持ちがいい, 長野 女将がつなぐ百年の貫禄, 沖縄 ぬるくもうまい八重山そば〔ほか〕

00207 あやしい探検隊 北海道乱入 椎名誠著 KADOKAWA 2014.10 237p 15cm (角川文庫)〈「あやしい探検隊北海道物乞い旅」(角川書店 2011年刊)の改題、加筆修正〉 480円 ①978-4-04-101759-3

厚沢部町

00208 にっぽん全国 百年食堂 椎名誠著 講談社 2013.1 222p 19cm 1400円 ①978-4-06-217814-3

厚田

00209 ボーダーを歩く―「境」にみる日本の今 岸本葉子著 コスモの本 1990.12 239p 19cm (COSMO BOOKS) 1200円 ①4-906380-01-8

(目次) 与那国, 舞鶴, 厚田, 小笠原, サハリン, 浦安, 関釜フェリー

00210 街道をゆく 15 北海道の諸道 新装版 司馬遼太郎著 朝日新聞出版 2008.11 306, 8p 15cm (朝日文庫) 620円 ①978-4-02-264461-9

網走駅

00211 最長片道切符11195.7キロ―日本列島ジグザグ鉄道の旅 原口隆行著 学習研究社 2008.7 375p 21cm〈折り込1枚〉 1900円 ①978-4-05-403804-2

網走市

00212 ダーク・ダックス 旅に歌う 山に歌う 喜早哲著 主婦の友社 1990.7 95p 21cm (SHUFUNOTOMO CD BOOKS)〈付属資料:コンパクトディスク1〉 3300円 ①4-07-935950-0

(目次) 第1部 旅に歌う(はるかなり知床、岩尾別、網走, 秋田と成田為三, 雪の降る、鶴岡の町, 長野の歌・「かあさんの歌」のことなど, 東京のちいさい秋, 遠くへ行きたい), 第2部 山に歌う(京大山岳部と「雪山讃歌」, 白秋、晋平が「山の歌」を書いた, 山にまつわる名曲, 山男の歌)

00213 旅を慕いて 木内宏著 朝日新聞社 1994.2 245p 19cm 1500円 ①4-02-256685-X

(目次) 流氷伝説(北海道網走市), 秘境(北海道増毛町雄冬), 美女礼賛(秋田県羽後町), 異族(新潟県佐渡), ザ・シティー(東京都新宿区), 砂丘再訪(鳥取市), 峠(群馬・長野県境), 花の女(愛知県東栄町), 粕庭卵(島根県松江市), 終着駅(島根県益田市), ぐるりよーざ(長崎県生月町), 六月灯(鹿児島市)

00214 北海道の旅 串田孫一著 平凡社 1997.5 332p 16cm (平凡社ライブラリー)〈筑摩書房1962年刊の増訂〉 1000円 ①4-582-76198-4

00215 竿をかついで日本を歩く―探検・発見・仰天の釣りルポルタージュ かくまつとむ著 小学館 1998.5 19cm (Be-pal books)

(目次) 網走・キュウリの穴釣り, 松島・ハゼの数珠子釣り, 粟島「島民釣り大会」, 信濃川のイトヨ釣り, 常磐沖の渡りダコ, 北浦のタナゴ釣り, ヒガイと霞ヶ浦, 利根川のボラ掛け, 大原のショウサイフグ, 三番瀬の五目釣り〔ほか〕

00216 忘れられた道 完 堀淳一文と写真 札幌 北海道新聞社 2000.9 207p 19cm 1700円 ①4-89453-116-X

目次 1 石狩・空知・留萌(険路の果ての碧い海・深い空―濃昼山道を濃昼峠へ, 水準点さん、ビールを!―滝の沢・大沢の濃昼山道, フキの大群団に埋もれた旧峠―旧恵比島峠を越えて ほか), 2 上川・日高(新緑のきらめき・廃屋の翳り―天幕橋・上川橋間の国道279号旧道, 雨と翠の川沿いの道―中愛別・安足間間の国道39号旧道, 田んぼの中の水準点―伊香牛・愛別間の国道39号旧道 ほか), 3 後志・渡島・檜山(光あふれる広野・緑輝く草路―福井・里見間の国道5号旧道, 山腹のうねり・谷底のくねり, 大櫓越峠越えの国道229号旧道, 光る空・光る雲・光る海 ほか), 4 十勝・網走・釧路(水準点完備の稀有な街道―陸別・薫別間の国道242号旧道, 戦慄の屏風岩・スリルの川渡り―大誉地・上利別間の国道242号旧道, 木洩れ日の雑木林・日ざし降る曠野―活込ダム・足寄間の国道241号旧道 ほか)

00217 知床の四季を歩く 立松和平文・写真 樹立社 2007.5 91p 19cm (樹立社ライブラリー・スペシャル) 1100円 ①978-4-901769-24-2

目次 知床の夏への思い, ハンゴンソウについて, 知床が呼んでいる, 知床の厳しい自然と対峙するひととき, 網走番外地探訪記, 知床の漁師, 知床への道, 森語り人語り, 流氷の青, 乳の海、オホーツク海, 知床の友, 流氷が奏でる知床半島の早春賦, わが心の聖地, 知床の水、摩周湖の水, 知床の夏の訪れは、大地一面の白い花から, 知床の生きとし生けるもの, 人跡未踏、カシュニの滝を目指す

00218 流氷にのりました 銀色夏生著 幻冬舎 2007.8 189p 16cm (幻冬舎文庫―へなちょこ探検隊 2) 533円 ①978-4-344-40987-3

目次 出発, 網走監獄, ホテルその1, おーろら号, ワカサギ釣り, スノーダッキー, ノロッコ号とバス, ホテルその2, 流氷ウォーク, ホテルの昼の顔, スノートレッキング, オーロラファンタジー, 早朝オオワシ・オジロワシ観察会, ブルーな気持ち, 帰る日, 旅を終えて

00219 街道をゆく 38 オホーツク街道 新装版 司馬遼太郎著 朝日新聞出版 2009.5 436, 8p 15cm (朝日文庫)〈初版:朝日新聞社1997年刊〉 940円 ①978-4-02-264492-3

目次 縄文の世, モヨロの浦, 札幌の三日, 北天の古民族, 韃靼の宴, 遙かなる人々, アイヌ語学の先人たち, マンモスハンター, 研究者たち, 木霊のなかで:樺太からきた人々, 宝としての辺境, 花発けば, ウィルタの思想, コマイ, アイヌ語という川, 遠い先祖たち, チャシ, 貝同士の会話, 雪のなかで, 声問橋, 宗谷, 泉靖一, 林蔵と伝十郎, 大岬, 大海難, 黄金の川, 佐藤隆広係長, 紋別まで, 森の中の村, 小清水で, 町中のアザラシ, 斜里町, 斜里の丘, 流氷, 旅の終わり

00220 列車三昧日本のはしっこに行ってみた 吉本由美著 講談社 2009.12 232p 16cm (講談社+α文庫)〈『日本のはしっこへ行ってみた』(日本放送出版協会2003年刊)の改題、加筆・再編集〉 667円 ①978-4-06-281334-1

目次 列車とバスと船と足―まえがきに代えて, 1 山陰―列車三昧, 2 情島―猫を訪ねて, 3 尾道―坂道を上って下りた, 4 釧路・網走―北海道へは冬に行く, 5 姫島―コンコンさんの宵祭り, 6 下北・津軽―半島巡り

00221 「男はつらいよ」を旅する 川本三郎著 新潮社 2017.5 286p 20cm (新潮選書) 1400円 ①978-4-10-603808-2

作品 寅が福を運んだ網走

目次 沖縄のことも何も知らなかった, すべては柴又に始まる, 京成金町線を行き来して, 寅が福を運んだ網走, 奥尻島「渥美清がうちに来るなんて」, 寅と吉永小百合が歩いた石川、福井, 会津若松から佐渡へ, 木曽路の宿場町, 瞼の母と出会った京都, 岡山の城下町へ, 播州の小京都と大阪へ, 寅が祈った五島列島, 伊根の恋, 「さくら」も旅する, 「渡世人」の迷い, 九州の温泉めぐり, 加計呂麻島で暮す寅とリリー

幾寅駅

00222 日本縦断「ローカル列車」を乗りこなす 種村直樹著 青春出版社 2006.6 205p 18cm (青春新書インテリジェンス) 730円 ①4-413-04147-X

作品 留萌本線、根室本線、石勝線 明日萌・幌舞―ドラマの足跡探訪列車

池田駅

00223 最長片道切符11195.7キロ―日本列島ジグザグ鉄道の旅 原口隆行著 学習研究社 2008.7 375p 21cm〈折り込1枚〉 1900円 ①978-4-05-403804-2

池田町

00224 肉の旅―まだ見ぬ肉料理を求めて全国縦断! カベルナリア吉田著 イカロス出版 2016.8 235p 21cm 1600円 ①978-4-8022-0222-0

石狩

00225 忘れられた道 完 堀淳一文と写真 札幌 北海道新聞社 2000.9 207p 19cm 1700円 ①4-89453-116-X

石狩川

00226 日本川紀行―流域の人と自然 向一陽著 中央公論新社 2003.5 277p 18cm (中公新書)〈文献あり〉 980円 ①4-12-101698-X

目次 第1部 太田川(里に下りたクマ, クリの木 ほか), 第2部 最上川(水源の原生林, 田園学舎 ほか), 第3部 石狩川(大雪山, ラベンダー ほか), 第4部 多摩川(身近な自然を守る, 多摩川センター ほか), 第5部 筑後川(日田杉の山, 幾山河 ほか)

00227 日本の川を歩く―川のプロが厳選した心ときめかす全国25の名川紀行 大塚高雄著 家の光協会 2004.9 207p 21cm 2500円 ①4-259-54658-9

目次 石狩川(北海道), 白雪川(秋田・山形), 最上川(山形), 北上川(岩手・宮城), 利根川(群馬・栃木・茨城・埼玉・千葉), 多摩川(東京・神奈川・山梨), 阿賀野川(福島・新潟), 信濃川(長野・新潟), 庄川(岐阜・富山), 富士川(山梨・静岡)〔ほか〕

00228 川を旅する 池内紀著 筑摩書房 2007.7 207p 18cm (ちくまプリマー新書) 780円 ①978-4-480-68763-0

目次 序章 思い出のある川(白なめし革 市川(兵庫県), 壺中天 多摩川(山梨県・東京都)), 第1章 岩を嚙むように水が奔っていた(脚のあるイワナ 留辺志部川(北海道), イ・シカリ・ベツ 石狩川(北海道) ほか), 第2章 川波がキラキラと光っている(種川の制 三面川(新潟県), 秩父山塊 中津川(埼玉県) ほか), 第3章 町の中に川を

もつのは幸せだ(水の道 疋田川・笙ノ川(福井県・滋賀県), お水送り 遠敷川(福井県) ほか), 終章 川を巡りながら考えた

00229 源流テンカラ　高桑信一著　山と溪谷社　2016.3　349p　21cm　2400円　①978-4-635-04413-4

00230 旅の食卓　池内紀著　亜紀書房　2016.8　233p　19cm　1600円　①978-4-7505-1480-2

(目次) 石狩川と鮭, 庄内のドンガラ汁, 最上川とそば, 石巻のイカ料理, 仙台のホヤ, 西伊豆のおでん, 八丈島と黒潮料理, 甲州のほうとう, 魚沼の食材とおやつ, 越後・蒲原のハタハタ, 金沢のドジョウのかば焼き, 大阪日食帳, 播州のそうめん丼, 瀬戸内の魚料理, ジーンズとサワラ, 敦賀のカマボコ, 伯耆の地産料理, 伊予のマントウ, 松江のジョテイ流, 隠岐周遊記, 豊後・日田の鮎料理, 長崎のカツ丼, 屋久島の焼酎

石狩山地

00231 果てしなき山稜―襟裳岬から宗谷岬へ　志水哲也著　山と溪谷社　2016.10　373p　15cm　(ヤマケイ文庫)〈白山書房 1995年刊の加筆訂正〉　950円　①978-4-635-04824-8

(目次) 旅立ち―黒い海を一途に北へ向かいだした, 厳冬の日高山脈(襟裳岬～猿留川林道―そして完全な夢追い人となった, 襟裳にて―有名になったりお金持ちになるのって、そんなに幸福なことなのか ほか), 雪解けの石狩山地(狩勝峠～十勝岳―うねるような曲線を持って広がる白亜の峰々, 旭川にて―もっと堂々とするべきだ！　堂々と自分の望むように生きるべきだ！　ほか), 新緑の北見山地(北見峠～宗谷岬―自分探しの旅に終わりはない), 北海道再訪―あとがきにかえて

石狩市

00232 バイクで越えた1000峠　賀曽利隆著　小学館　1998.8　280p　15cm　(小学館文庫)〈1995年刊の文庫化〉　514円　①4-09-411101-8

00233 にっぽん全国 百年食堂　椎名誠著　講談社　2013.1　222p　19cm　1400円　①978-4-06-217814-3

石田温泉

00234 日本すみずみ紀行　川本三郎著　社会思想社　1997.9　258p　15cm　(現代教養文庫)〈文元社2004年刊(1998年刊(2刷)を原本としたOD版)あり〉　640円　①4-390-11613-4

(目次) 牛窓・御手洗, 様似・広尾, 城端, 飛島・粟島, 熊野, 下北半島, 甑島, 佐川・外泊・宇和島・内子・大洲, 石田温泉・銀婚湯温泉・五厘沢温泉, 富山村, 角館・五能線, 網地島・牡鹿半島, 川本町・大森・温泉津, 柳川・佐賀平野

石室

00235 山々を滑る登る　熊谷榧絵と文　八王子 白山書房　2012.11　319p　19cm　(〔榧・画文集 12〕)　1900円　①978-4-89475-159-0

イソモシリ島

00236 あやしい探検隊 不思議島へ行く　椎名誠著　角川書店　1993.7　307p　15cm　(角川文庫)　560円　①4-04-151008-2

(目次) 与那国島 シケの東シナ海でカジキマグロに偏愛する, 瓢箪島 うけけけ、と泡だと海ボウズが夜更けに笑う, 由利島 公衆電話をヤブ蚊が守る怪しの無人島, 猿島 オシルコ波のむこうに浮かぶ「サルではなくてネコ」の島, 浮島 ゴーマン・ハラダチお説教島の夜は更けない, スリランカ(ニッポン日和見カレーあかつきに玉砕す, ラッキョ仮面の凶器攻撃について), モルジブ 南海の楽園にカツオブシ島があった, 竹生島 カヌーでめざしたドンブリ島, イソモシリ島 北の果ての無人島でカニ鍋を食う

00237 鍋釜天幕団ジープ焚き火旅―あやしい探検隊さすらい篇　椎名誠編　KADOKAWA　2015.2　187p　15cm　(角川文庫)〈本の雑誌社 1999年刊の加筆修正〉　440円　①978-4-04-102321-1

(目次) 覆面男とトランシーバー(冬の東北うろうろ編), でかテントと火吹き男(海はベタ凪粟島編), 無人島ハシゴ旅(瀬戸内キャンプのんびり編), さらば東京の灯よ(ヨットゆらゆら猿島編), 国境の島は寒かった(北の果てイソモシリ島編), 東ケト会の鍋釜顛末(カヌー犬ガク登場の琵琶湖編)

岩尾別

00238 ダーク・ダックス 旅に歌う 山に歌う　喜早哲著　主婦の友社　1990.7　95p　21cm　(SHUFUNOTOMO CD BOOKS)〈付属資料：コンパクトディスク1〉　3300円　①4-07-935950-0

00239 知床を歩く　立松和平著, 黒古一夫編　勉誠出版　2006.4　342p　22cm　(立松和平日本を歩く 第5巻)　2600円　①4-585-01175-7

岩尾別温泉

00240 温泉百話―東の旅　種村季弘, 池内紀編　筑摩書房　1988.2　471p　15cm　(ちくま文庫)　680円　①4-480-02200-7

(作品) 知床秘湯めぐりの旅〔川本三郎〕

(目次) 温泉(太宰治), 1 伊豆・箱根―温泉〈湯ケ島〉(梶井基次郎), 年頭の混浴〈熱川〉(津島佑子), 温浴〈伊東〉(坂口安吾), 奥伊豆日記抄〈河内〉(徳川夢声), 温泉雑記〈箱根〉(岡本綺堂), 温泉だより〈修善寺〉(芥川龍之介), 湯の町エレジー〈伊東〉(坂口安吾), 熱海土産温泉利書 抄〈熱海〉(三遊亭円朝), 風流旅行(牧野信一), 伊豆山 蓬莱旅館〈伊豆山〉(田中康夫), 湯ケ原より(国木田独歩), つはぶきの花〈湯河原〉(内田百閒), 入湯四旬〈湯河原〉(佐々木味津三), 伊豆湯ケ島〈湯ケ島〉(川端康成), 五色蟹〈伊豆〉(岡本綺堂), 病気(神吉拓郎), 富士屋ホテル〈箱根〉(古川緑波), 伊東へ行くならヨイフロへ〈伊東〉(南伸坊), 熱海の海岸〈熱海〉(谷内六郎), 2 関東・甲州―山気〈御岳〉(上林暁), 奈良田温泉の思い出〈奈良田〉(和田芳恵), 浴泉記〈下部〉(吉井勇), 浅草観音温泉(武田百合子), 麻布の温泉〈麻布十番〉(川本三郎), 科学列車と星 抄〈八幡〉(野尻抱影), 狐よりも賢し〈那須〉(獅子文六), 伊香保〈伊香保〉(寺田寅彦), 猫町〈伊香保〉(萩原朔太郎), 伊香保へ行って温泉に入ろう〈伊香保〉(山下清), 草津熱の湯(「温泉」より)〈七沢・草津〉(高田宏), 草津温泉 抄〈草津〉(志賀直哉), 旅の道づれ〈谷川〉(安西篤子), みなかみ紀行 抄〈水上〉(若山牧水), 3 東北・北海道―露天風呂とトンボ〈白鳥〉(田中小実昌), いでゆ綺談〈裏磐梯〉(中山義秀), 引馬峠〈木賊・湯の花・檜枝岐〉(辻まこと), 甲子温泉行〈甲子〉(結城哀草果), 夢二の手紙 抄〈湯田川・東山〉(竹久夢二), 父茂吉の匂いを訪ねて〈銀山・蔵王〉(北杜夫), 冬の宿り〈峨々〉(島尾敏雄), 山の湯雑記〈白布・最上〉(折口信夫), 定義温泉〈定義〉(つげ義春), 旅中小景 抄〈鳴子〉

（柳田国男），花巻温泉〈花巻〉（高村光太郎），東北湯治場旅〈夏油・蒸の湯・瀬見・今神〉（つげ義春），蔦温泉〈蔦〉（小林秀雄），山上の池沼〈蔦〉（深田久弥），知床秘湯めぐりの旅〈岩尾別・カムイワッカ・熊ノ湯・セセキ〉（川本三郎），編者あとがき 湯治場とふんどし（種村季弘）

いわない温泉郷

00241 人情温泉紀行―演歌歌手・鏡五郎が訪ねた全国の名湯47選　鏡五郎著　マガジンランド　2008.5　235p　19cm〈年譜あり〉　1238円　①978-4-944101-37-5

目次 北海道・東北地方（北海道―旅回り暮らしを支えた温かな人たち いわない温泉郷，青森県―思い出す、キャバレー全盛期時代 十和田湖温泉郷，秋田県―地獄谷に伝わる悲恋と演歌の共通点 八幡平後生掛温泉，岩手県―いつ来ても変わらぬ雰囲気、せせらぎの音 大沢温泉，山形県―女性人気も頷ける幻想的な湯宿 かみのやま温泉，宮城県―古くから薬湯として名高い“非日常”の宿 鎌先温泉，福島県―鄙びた湯治場と静かで素朴な“野天風呂” 新野地温泉），コラム・五郎のこだわり1「日本酒と和食」，関東・甲信越地方（新潟県―雪深い湯宿で小説「雪国」の世界に浸る 越後湯沢温泉，長野県―こだわりを打ち破るにごり湯の刺激 乗鞍高原温泉，山梨県―大切な人と過ごしたい隠れ里の湯 真木温泉，東京都―自宅から気軽に出かけられる萱葺き屋根の秘湯 蛇の湯温泉，神奈川県―見所の宝庫・箱根。心意気の伝わる露天風呂 箱根湯本温泉，埼玉県―薬草の湯で明日のコンディションを整える 丸山鉱泉，千葉県――足先に春が来る、海と温泉と魚を味わう旅 犬吠埼 潮の湯温泉，茨城県―詞の大切さを教える地で、ゆったりと湯浴み 五浦温泉，栃木県―生け花、竹久夢二、そして自然が作った芸術を味わう 鬼怒川温泉，群馬県―湯に身体を抱きしめられる、究極の檜風呂 沢渡温泉），中部・北陸・近畿地方（富山県―お風呂が美しい！ 本当の豪華さとは心で感じるもの 庄川温泉，石川県――刻千金の夕景で海と一体になる絶景風呂 和倉温泉，福井県―永い伝統に培われた見事な庭園にとけ込む露天風呂 芦原温泉，愛知県―大衆芸能と温泉を同時に楽しむヘルスセンターの草分け 尾張温泉，岐阜県―世界的にも有名な湯治場。“温泉スタンド”のある街 下呂温泉，静岡県―五感を満足させる、実に魚のうまい宿 網代温泉，三重県―“美人の湯”と平安文化、同時に触れる雅なひととき 榊原温泉，滋賀県―琵琶湖に沈む夕日を眺め、太閤秀吉と山之内一豊を思う 長浜太閤温泉，京都府―湯、食、景色、そして人と人の繋がり「間」がいい宿 湯の花温泉，奈良県―世界遺産の桜の名所・吉野山を一望できる露天風呂 吉野山温泉，大阪府―難波から40分で着く極楽湯 天見温泉，和歌山県―変わらぬ景色と佇まい。夜桜の露天風呂で振り返る歩み 龍神温泉，兵庫県―歌手としての再スタートを切った場所 有馬温泉），コラム・五郎のこだわり2「宿選び、湯の味わい方」，中国・四国地方（鳥取県―美しい回遊式庭園とラドン含有の名泉で受けた感銘 三朝温泉，岡山県―宮本武蔵の生まれ故郷・美作の名湯 湯郷温泉，島根県―知る人ぞ知る玄人の湯。国民宿舎で浸かるとろとろの冷泉 三瓶温泉，広島県―牡蠣の思い出が残る広島。野趣豊かな山里の岩風呂にて 湯来温泉，山口県―幕末の志士たちが実際に入浴した文化財で湯浴み 湯田温泉，香川県―金比羅参りで汗をかいた後は、展望温泉でゆったりと こんぴら温泉郷，徳島県―三大秘境と三大秘湯、両方一度に味わえる人気の湯 祖谷温泉，愛媛県―ゆっくりお湯に入り、何もしない贅沢を知る感動の湯質 鈍川温泉，高知県―市街地の真ん中にこんなに素晴らしい温泉が 高知三翠園温泉），コラム・五郎のこだわり3「ステージの着物、添え舞い」，九州・沖縄地方（福岡県―九州最古の温泉街といわれるキメ細やかな湯 二日市温泉，大分県―唖然とするほど巨大な露天風呂と壮大な風景に感動 由布院温泉，宮崎県―目の前に青島の海水浴場が広がる南国の名湯 青島温泉，熊本県―大衆芸能メッカの風土と温泉を訪ね歩くきっかけとなった湯 菊池温泉，佐賀県―美肌の湯に地元特産の嬉野茶を配合して香りも楽しむ 嬉野温泉，長崎県―大海に浸る気分の湯と好物のイカで、ホッと一息 平戸温泉，鹿児島県―何の飾り気も気負いもない、まさに庶民の元気の源泉 市比野温泉，沖縄県―エメラルドグリーンの海、白濁とした湯、そして命の尊さ 山田温泉）

岩内町

00242 耕うん機オンザロード　斉藤政喜著　小学館　2001.8　333p　19cm　（BE-PAL BOOKS）　1200円　①4-09-366065-4

00243 なぜかいい町一泊旅行　池内紀著　光文社　2006.6　227p　18cm　（光文社新書）　700円　①4-334-03360-1

目次 北から南へ（フクロウの知恵―斜里町（北海道），日本一巡り―上川町（北海道），金の帯―岩内町（北海道），木組みと流水―金山町（山形県） ほか），東から西へ（カニのハサミ―渥美町（愛知県），おもかげゾーン―朝日町（富山県），湖北の知恵―木之本町（滋賀県），ひいふみつよつ―岩美町（鳥取県） ほか）

00244 旅する漱石先生―文豪と歩く名作の道　牧村健一郎著　小学館　2011.9　271p　19cm〈文献あり 年譜あり〉　1500円　①978-4-09-388204-0

目次 漱石先生、東日本を旅する（北海道・岩内編，宮城・仙台、松島編 ほか），漱石先生、西日本を旅する（京都・嵐山編，京都・山崎編 ほか），漱石先生、東アジアを旅する（中国・大連編，中国・旧満州温泉編 ほか），漱石先生、ヨーロッパを旅する（イタリア・ナポリ編，フランス・パリ編 ほか）

00245 下駄で歩いた巴里―林芙美子紀行集　林芙美子著，立松和平編　岩波書店　2012.4　331p　15cm　（岩波文庫）〈第5刷（第1刷2003年）〉　700円　①4-00-311692-5

作品 江差追分

目次 北京紀行，白河（はくが）の旅愁，哈爾賓散歩，西比利亜の旅，巴里まで晴天，下駄で歩いた巴里，巴里，皆知ってるよ，ひとり旅の記，春の日記，摩周湖紀行，樺太への旅，江差追分，上州の湯の沢，下田港まで，私の好きな奈良，京都，文学・旅・その他，大阪紀行，私の東京地図

岩見沢駅

00246 最長片道切符11195.7キロ―日本列島ジグザグ鉄道の旅　原口隆行著　学習研究社　2008.7　375p　21cm〈折り込1枚〉　1900円　①978-4-05-403804-2

岩見沢市

00247 あやしい探検隊 北海道乱入　椎名誠著　KADOKAWA　2014.10　237p　15cm　（角川文庫）〈「あやしい探検隊北海道物乞い旅」（角川書店 2011年刊）の改題、加筆修正〉　480円　①978-4-04-101759-3

岩屋観音〔礼文華洞窟〕

00248 芭蕉の旅、円空の旅　立松和平著　日本放送出版協会　2006.11　285p　15cm　（NHKライブラリー）　920円　①4-14-084213-X

目次 旅のはじめに～芭蕉と円空の魂の行脚, 芭蕉の旅（「奥の細道」への思い, 芭蕉庵での日々, 芭蕉と故郷, 蕉風への旅）, 円空の旅（作仏聖の蝦夷地, 故郷・美濃の足跡, 十二万体造仏を誓願, 生誕地論争を経て, 円空の祈り）, 旅の終わりに～芭蕉と円空の到達したところ

有珠山

00249 北海道の旅 串田孫一著 平凡社 1997.5 332p 16cm （平凡社ライブラリー）〈筑摩書房1962年刊の増訂〉 1000円 ①4-582-76198-4

00250 動くとき、動くもの 青木奈緒著 講談社 2005.11 333p 15cm （講談社文庫）〈2002年刊の文庫化〉 600円 ①4-06-275236-0

目次 四半世紀の分かれ目 竜ヶ水・桜島, 緑の山と砂防さん 六甲・田上山, 天涯の幸せ 立山カルデラ, 動く土地 小谷村・牛伏川, 有珠に呼ばれる 有珠山, 心ここにあらざれば 日光・足尾, 復興が終わるとき 雲仙普賢岳・長崎市, 海へとつづく旅 大谷崩れ・安倍川, あとさきを想う 富士山, 時空を超える オーストリア

00251 荒ぶる自然―日本列島天変地異録 高田宏著 神戸 苦楽堂 2016.6 303, 7p 19cm 〈新潮社 1997年刊の再刊 年表あり 索引あり〉 1800円 ①978-4-908087-03-5

目次 福井地震, 浅間山天明大噴火, 伊勢湾台風, 天竜川三六災害, 有珠山噴火, 狩野川台風, 三八豪雪, 伊豆大島噴火, 三陸沿岸大津波, 桜島大正噴火, 室戸台風, 下北ヤマセ冷害

臼別温泉

00252 遙かなる秘湯をゆく 桂博史著 主婦と生活社 1990.3 222p 19cm 980円 ①4-391-11232-9

目次 第1章 野を越え山を越えて追跡する温泉アドベンチャー編, 第2章 日本人なら入ってみたい心の湯治場編 1952年生 写真家 ジャーナリスト

歌志内市

00253 肉の旅―まだ見ぬ肉料理を求めて全国縦断！ カベルナリア吉田著 イカロス出版 2016.8 235p 21cm 1600円 ①978-4-8022-0222-0

歌志内線

00254 地図を探偵する 今尾恵介著 筑摩書房 2012.9 281p 15cm （ちくま文庫）〈新潮文庫 2004年刊の加筆改訂 文献あり〉 740円 ①978-4-480-42981-0

目次 1 地図を歩く（〆切バス停探訪記, 歌志内線廃線紀行, 下総行徳・成田街道炎暑逍遥, 能美線廃線紀行）, 2 地図を読む（鉄道の記号, 鉄道記号のお国ぶり, 東京タワーは地形図でどう表現されるか, 地図でホワイトハウスを観察する, 番地はどう並んでいるか）, 3 地図を眺める（消えていった銀座の町名, 埼玉県に東京都二三区の飛地がある！ , 人口の山あれこれ, マンション名に昔の地名を探る, 地形図にみる「工事」）, 4 地図が気になる（等高線、そのゲジゲジ的なるもの, 地図の地形表現あれこれ, 私案・国土地理院地形図改造計画）

歌登（枝幸町）

00255 失われた鉄道を求めて 新装版 宮脇俊三著 文藝春秋 2011.5 260p 16cm （文春文庫）〈1992年刊の新装版〉 552円 ①978-4-16-733107-8

目次 沖縄県営鉄道, 耶馬渓鉄道, 歌登村営軌道, 草軽電鉄, 出雲鉄道, サイパン、ティニアンの砂糖鉄道, 日本硫黄沼尻鉄道

00256 禅の旅 越中文俊著 心交社 2002.12 227p 19cm （日本つれづれ紀行 1） 1500円 ①4-88302-806-2

目次 越中禅のルーツを探る（富山県富山市）, 禅を求めて温泉へ（秋田県横手市・十文字町・湯沢市、長崎県国見町・小浜町）, 禅の地を訪ね歩いて（北海道歌登町、大阪府茨木市・和泉市）, 日本の炭鉱を支えた禅（福岡県宮田町・田川市、北海道夕張市）, 水の旅に禅は欠かせぬ（岐阜県八幡町、高知県四万十川）, 奇祭の中に禅を見る（愛知県稲沢市・豊田市・知多市・小牧市）, 懐かしい時代劇映画への旅（京都市東映太秦映画村）, 日本の夜明けを生んだ禅（高知県大豊町・高知市、鹿児島県鹿児島市）, 「兵六餅」に魅せられて（鹿児島県鹿児島市）, 古刹禅巡礼（滋賀県、三重県）〔ほか〕

内浦湾岸

00257 巡遊 北の小さな岬 堀淳一写真・文 札幌 北海道新聞社 1993.10 175p 22×17cm 1900円 ①4-89363-704-5

ウトナイ湖

00258 北日本を歩く 立松和平著, 黒古一夫編 勉誠出版 2006.4 372p 22cm （立松和平日本を歩く 第1巻） 2600円 ①4-585-01171-4

ウトロ〔宇登呂〕

00259 美しすぎる場所―Castle in Glass J-WAVE編 扶桑社 1991.1 303p 21cm 1400円 ①4-594-00678-7

作品 日本の旅から/北海道 東部〔三木卓〕

目次 佐野洋子, 中野孝次, 田中りえ, 三木卓, 西丸震哉, 鈴木布美子, 原田宗典, 黒田恭一, 辻邦生, 中沢けい, 池澤夏樹, 青木冨貴子, 霜田恵美子, 中原裕, 桑原一世, 竹野雅人, 山川健一, 堀田あけみ, 島田雅彦, 金井美恵子, 日野啓三, 増田れい子, 枝川公一

00260 知床を歩く 立松和平著, 黒古一夫編 勉誠出版 2006.4 342p 22cm （立松和平日本を歩く 第5巻） 2600円 ①4-585-01175-7

浦河町

00261 黄昏のムービー・パレス 村松友視著, 横山良一写真 平凡社 1989.7 218p 19cm 1240円 ①4-582-28215-6

目次 週休5日制の屈折した闘魂 浦河大黒座, 古さを背中にお色直し 因島大正座, 炬燵つき銀幕三昧 六日町末広座, 映画を出前する一箇小隊 小坂花園館, 「花と竜」の舞台に踏ん張る映画の鬼 若松東宝劇場, 山へ向って流れる逆川の心意気 掛川座, 石垣島に咲いたメロドラマ 万世館, 旅で稼ぎ、映画館を死守する 石巻岡田劇場, 土蔵の町に踏み止まる一館 倉吉冨士館, 東照宮表参道のスターウォーズ 日光劇場, 砕けない石を守る南紀のロマン 田辺トキワ座, スクリーンの夢よ、もう一度 松本開明座

雨竜沼

00262 南鳥島特別航路 池澤夏樹著 日本交通公社出版事業局 1991.3 253p 19cm 1600円

①4-533-01667-7

(目次) 五島列島のミニ火山群, 内間木洞の暗黒体験, 白峰、炉端で聞く豪雪の話, 八重干瀬、気宇壮大な潮干狩り, 立山砂防百年の計, サハリン、北緯四七度の白樺林, 乗鞍岳に降る宇宙線, 白神のブナと秋田の杉, 南鳥島特別航路, 雨竜沼、湿原の五千年, 対馬、大陸へつながる海の道, 八重山諸島、マングローブの豊穣

00263 うつくしい列島—地理学的名所紀行　池澤夏樹著　河出書房新社　2015.11　308p　20cm　1800円　①978-4-309-02425-7

(目次) 第1部 うつくしい列島(富士—スターとの正しい付き合いかた, 知床半島—知床という名の奇跡, 小笠原諸島—クジラである自分, さくら列島—落花の雪に踏み迷う…, 琵琶湖—葦の茂る岸辺で, 桜島—地史と大気が交差する場, 白馬連峰—山という別世界の花, 慶良間諸島—龍宮城の遠い記憶, 魚津 南又谷—奇怪な杉とまっすぐな杉, 大雪山—見る者なき豪奢な風景, 伊豆鳥島—絶海の孤島、鳥の楽園, 下北半島—雪の中のカモシカ, 瀬戸内海—古代日本の高速道路, 尾瀬—人がいない雪原に立つ木, 奄美諸島—あの湿度と陰影の島々, 北信濃 地獄谷—ボスザルはいなかった, 吉野川—この流れの至るところ, 水俣湾—かつて魚の湧く海があった, 日高山脈—人の手が届かなかった地域, 奥只見—この水に満ちた山々とブナの林, 三陸海岸—入り組んだ海岸線の美しさ, 伯耆大山—秋の到来と荒々しい山, 屋久島—ほとんど世界一の雨量の島, 白神山地—タムシバとムシカリ、そしてブナ), 第2部 南鳥島特別航路(五島列島のミニ火山群, 内間木洞の暗黒体験, 白峰、炉端で聞く豪雪の話, 八重干瀬、気宇壮大な潮干狩り, 立山砂防 百年の計, サハリン、北緯四七度の白樺林, 乗鞍岳に降る宇宙線, 白神のブナと秋田の杉, 南鳥島特別航路, 雨竜沼、湿原の五千年, 対馬、大陸へつながる海の道, 八重山諸島、マングローブの豊穣)

江差駅

00264 終着駅への旅　JR編　櫻井寛著　JTBパブリッシング　2013.8　222p　19cm　1300円　①978-4-533-09285-5

(目次) 東日本の終着駅：サハリンの黒い島影 稚内駅(北海道), 歩いて渡れる北方領土 根室駅(北海道), 増毛入場券好評発売中!? 増毛駅(北海道), カレッジタウンの愛称で 新十津川駅(北海道), 懐かしの映画スター 夕張駅(北海道), 日高昆布のシーズン 様似駅(北海道), 行きはよいよい、帰りは寂し 新千歳空港駅(北海道), 内浦湾？ 噴火湾！　室蘭駅(北海道), 江差の五月は江戸にもない！　江差駅(北海道), 平成27年度新幹線は新函館へ 函館駅(北海道), 巨大な穴と義経伝説 三厩駅(青森県), あすなろの香りに包まれて 大湊駅(青森県), “恋人”との出会いもうすぐ 青森駅(青森県), 「泣ぐ子は…」なまはげ参上 男鹿駅(秋田県), 3月17日八戸線全線再開！　久慈駅(岩手県), 85歳の駅長が待っている 岩泉駅(岩手県), 三鉄あったか待合室 盛駅(岩手県), 列車が来る日まで 女川駅(宮城県), がんばれイーグルス 利府駅(宮城県), 仙台四郎に願掛け あおば通駅(宮城県), サクランボに誘われて 左沢駅(山形県), 風格のある社寺様式 弥彦駅(新潟県), エキナカで雪見風呂 ガーラ湯沢駅(新潟県), 湘南カラーと短トンネル 大前駅(群馬県), アプト式廃止から半世紀 横川駅(群馬県), 世界初のハイブリッド自慢 小諸駅(長野県), 旅行者に優しい日光線を 日光駅(栃木県), 米寿を迎えた七福神ライン烏山駅(栃木県), 黄門様ゆかりの終着駅 常陸太田駅(茨城県), オープンは試合日のみ？　鹿島サッカースタジアム駅(茨城県), 醤油の香が鼻孔をくすぐる 銚子駅(千葉県), 駅弁はNEXの車内で食べるべき 成田空港駅(千葉県), 狸列車と菜の花と 上総亀山駅(千葉県), 故郷に通じる 上野駅(東京都), 東京で一番高い駅 奥多摩駅(東京都), ぐるり見事な田園風景 武蔵五日市駅(東京都), 駅の外には出られず 海芝浦駅(神奈川県), 日中は運休 大川駅(神奈川県), 浜川崎で2時間待ち 扇町駅(神奈川県), 元祖久里浜駅は京浜急行？　久里浜駅(神奈川県), リッチな車両でぶらり 伊東駅(静岡県), 西日本の終着駅：高橋鉄道員に胸熱く 武豊駅(愛知県), 東海道なのに中山道？　美濃赤坂駅(岐阜県), 栄枯盛衰の参宮線 鳥羽駅(三重県), 名松線の名は名張 伊勢奥津駅(三重県), キトキトの寒ブリでござる 氷見駅(富山県), チューリップ畑を抜けて 城端駅(富山県), 老舗旅館のおもてなし 和倉温泉駅(石川県), 恐竜親子のお出迎え 九頭竜湖駅(福井県), 3つの「和歌山」駅 和歌山市駅(和歌山県), はるかなる、海上空港へ 関西空港駅(大阪府), 白砂青松今いずこ 東羽衣駅(大阪府), 「すうどん」の驚き JR難波駅(大阪府), 日本一低い山眺め 桜島駅(大阪府), 今は回らぬ旋回橋 和田岬駅(兵庫県), 妖怪列車で鬼太郎駅へ 境港駅(鳥取県), 負けるな宇高フェリー！　宇野駅(岡山県), JR初の路線復活 可部駅(広島県), 1両編成でも列車!? 長門本山駅(山口県), みすゞの世界を堪能 仙崎駅(山口県), サンライズの楽しみ方 高松駅(香川県), 2両編成「タラコ」が行く 鳴門駅(徳島県), トンネルの見本市 海部駅(徳島県), 四国霊場のマリリン 窪川駅(高知県), 四万十川の流れが聞こえる 若井駅(高知県), 四国にある伊達の城 宇和島駅(愛媛県), 海中走行幼き夢 門司港駅(福岡県), 明治の香あちこちに 若松駅(福岡県), 金印の最寄り駅 西戸崎駅(福岡県), 魁皇と安産の神様 宇美駅(福岡県), 「さくら」「みずほ」いたいた！　博多南駅(福岡県), 思い出の筑肥線鉄橋 姪浜駅(福岡県), 一支国への玄関港 西唐津駅(佐賀県), 駅も分断の時代？　伊万里駅(佐賀県), 龍馬のエネルギー感じる 長崎駅(長崎県), 駅中ハンバーガー 佐世保駅(長崎県), 思い出の夢の超特急 三角駅(熊本県), 全長1.4キロのJR最短路線 宮崎空港駅(宮崎県), 廃線跡のんびり散策 志布志駅(鹿児島県), ニニギノミコトの陵墓 川内駅(鹿児島県), 100m近くなった終着駅 枕崎駅(鹿児島県), 終着駅に想うこと

江差線

00265 北海道 幸せ鉄道旅　矢野直美著　札幌　北海道新聞社　2005.7　223p　21cm　1800円　①4-89453-341-3

(目次) 釧網本線(網走 - 東釧路), 留萌本線(深川 - 増毛), 室蘭本線(岩見沢 - 長万部), 千歳線(白石 - 沼ノ端), 富良野線(旭川 - 富良野), 宗谷本線(旭川 - 稚内), 日高本線(苫小牧 - 様似), 学園都市線(桑園 - 新十津川), 根室本線(滝川 - 根室), 津軽海峡線(木古内 - 中小国), 石北本線(新旭川 - 網走), 江差線(五稜郭 - 江差), 石勝線(南千歳 - 新得), ふるさと銀河線(北見 - 池田), 函館本線(旭川 - 函館)

江差町

00266 完走者の首飾り　古川薫著　毎日新聞社　1991.11　198p　19cm　1300円　①4-620-30823-4

(作品) 北辺の墓標

(目次) 1 蛍の星雲, 2 志士と萩焼, 3 百家争鳴, 4 高杉晋作のお正月, 5 男の孤独, 6 泰平久しかるべし, 7 直木賞とあゆんだ四半世紀

00267 居酒屋かもめ唄　太田和彦著　小学館　2000.12　276p　19cm　1400円　①4-09-379177-5

(目次) 海峡を越えた港に雪が降る 雪の降る町を—江差「安ベー」, みちのく、夏の終り花 あざみの歌—盛岡「ギオン」, 日本海の酒場に女たちの歌が イッチョライ節—三国「魚志楼」, 浪花の果ての黄金郷 王将—大阪「白雪温酒場」, 水の都に歌声ひびき 浜辺の歌—松江「バッカス」, 古い酒場で聴いたジャズ テネシー・ワルツ—大分「こつこつ庵」

00268 耕うん機オンザロード 斉藤政喜著 小学館 2001.8 333p 19cm (BE・PAL BOOKS) 1200円 Ⓘ4-09-366065-4

00269 民謡秘宝紀行 斎藤完著 白水社 2004.11 213p 19cm 1800円 Ⓘ4-560-02660-2

(目次) 旦那金貸せ、金貸せ旦那—「油締唄」千葉県印旛郡印旛村, 面ん憎い子は田んぼに蹴込め—「唄げんか」大分県南海部郡宇目町, ×××、×××と威張るな、×××—「べっちょ踊り」北海道三笠市, 花の小金井、桜の名所—「小金井音頭」東京都小金井市, 新保広大寺がメクリこいて負けた—「新保広大寺節」新潟県十日町市, こごの親だちァ皆鬼だ ここさ来る嫁ァみな馬鹿だ—「弥三郎節」青森県西津軽郡森田村, ナニャドヤラー ナニャドナサレノ ナニャドヤラー—「ナニャドヤラ」青森県三戸郡新郷村, デカンショ、デカンショで半年暮らす—「デカンショ節」兵庫県篠山市, 夢に見る沖縄 元姿やしが—「懐かしき故郷」神奈川県横浜市鶴見区, かもめの鳴く音にふと目をさまし—「江差追分」北海道桧山郡江差町

00270 港町に行こう!—歴史と人情とうまい魚を求めて 青山誠文 技術評論社 2005.12 143p 22cm (小さな旅) 1480円 Ⓘ4-7741-2543-1

(目次) 海外に開く—日本の夜明けの舞台。幕末開港地めぐり(函館, 横浜, 下田 ほか), 栄華の時に思いを馳せる—交流・要衝の歴史、富裕の伝説(江差, 小樽, 酒田 ほか), 漁師町を行く—水揚げ自慢、大漁の港(標津, 根室, 石巻 ほか)

00271 北日本を歩く 立松和平著, 黒古一夫編 勉誠出版 2006.4 372p 22cm (立松和平日本を歩く 第1巻) 2600円 Ⓘ4-585-01171-4

00272 日本風景論 池内紀著 角川学芸出版 2009.3 279p 19cm (角川選書)〈発売:角川グループパブリッシング〉 1600円 Ⓘ978-4-04-703442-6

(目次) 第1章 水の記憶(水の記憶, 誕生記—神社(三重県伊勢), 神さまの領分—しめ縄(北海道江差), 三角の頂点—岬(北海道宗谷), うらのとまや—浦(石川県能登), 幻の防壁—松原(福井県敦賀)), 第2章 穴の記憶(穴の記憶, 鎮守府闇庁—坂(広島県呉), 青春ニッポン—盆地(山口県山口), ハーイ、五百段—石段(香川県琴平), 物見の道—峠(岐阜県御嶽), 騎士団の夢—石垣(熊本県熊本)), 第3章 島の記憶(島の記憶, 幻の獣—滝(三重県那智), 風景づくり—運河(滋賀県近江八幡), よどみの底—沼(茨城県牛久), 瓦の夢—川(島根県江津), 生死を知らず—河口(宮城県石巻), ウサギとワニ—島(島根県隠岐)), 第4章 像の記憶(像の記憶, お経と号令—寺町(香川県善通寺), 門口めぐり—城下町(兵庫県篠山), 迎え火・送り火—城址(大分県竹田), 精霊の里—墓地(鳥取県琴浦), 祈りのかたち—遍路道(高知県室戸), 火の国にて—火山(鹿児島県桜島), 山麓徘徊—山(日本国富士山))

枝幸町

00273 街道をゆく 38 オホーツク街道 新装版 司馬遼太郎著 朝日新聞出版 2009.5 436, 8p 15cm (朝日文庫)〈初版:朝日新聞社1997年刊〉 940円 Ⓘ978-4-02-264492-3

択捉島

00274 北方四島紀行 井出孫六著, 石川文洋写真 桐原書店 1993.3 263p 19cm 2300円 Ⓘ4-342-71890-1

(目次) 第1章 遠い道のり, 第2章 鮭・鱒のくる島エトロフ, 第3章 自然王国クナシリ, 第4章 昆布と基地の島ハボマイ, 第5章 シコタン—破産の島

00275 植民地のアリス 島田雅彦著 朝日新聞社 1996.6 231p 15cm (朝日文芸文庫)〈1993年刊の文庫化〉 650円 Ⓘ4-02-264111-8

(目次) 裸の神様, 花咲く島の陰に, 流刑地にて, 正月のゲリラ, どこまで行けば国境?, 座礁した炭坑, 台風に愛される島, 鮭の植民地, ノアの方舟幻想, 荒野の隠者〔ほか〕

00276 千島—北方探険記 吉尾なつ子著 ゆまに書房 2002.9 281, 4p 22cm (文化人の見た近代アジア 2)〈シリーズ責任表示:竹松良明監修 三崎書房昭和17年刊の複製〉 11000円 Ⓘ4-8433-0699-1, 4-8433-0697-5

(内容) ハマナスの花香る択捉島を単身訪れた女性作家と、鮭鱒漁や捕鯨に従事する島民との心の交流。千島の人々の生活や産業の貴重な記録。

恵比島駅

00277 日本縦断「ローカル列車」を乗りこなす 種村直樹著 青春出版社 2006.6 205p 18cm (青春新書インテリジェンス) 730円 Ⓘ4-413-04147-X

[作品] 留萌本線、根室本線、石勝線 明日萌・幌舞—ドラマの足跡探訪列車

00278 ぞっこん鉄道今昔—昭和の鉄道撮影地への旅 櫻井寛写真・文 朝日新聞出版 2012.8 205p 21cm 2300円 Ⓘ978-4-02-331112-1

(目次) 北海道・東北(宗谷本線・塩狩峠—日本最北鉄道の美しい峠, 留萌本線・恵比島—地名も魅力だった北海道 ほか), 関東(上越線・湯桧曽—懐かしい鉄研時代の合宿地, 日鉄鉱業羽鶴線・葛生の1080号—36年前と同じ姿の英国紳士 ほか), 中部(磐越西線・日出谷—今も定期運行されているSL, 北陸本線・筒石—トンネルになった思い出の駅 ほか), 関西・中国(関西本線・加太越え—万博をパスして撮影した大築堤, 嵯峨野観光鉄道・保津峡—廃止からよみがえった人気観光鉄道 ほか), 四国・九州(宇高連絡線・高松桟橋—夜の高松港をデジタル撮影, 鹿児島本線・門司港駅—九州が外国のように思えた日 ほか)

襟裳岬

00279 北海道の旅 串田孫一著 平凡社 1997.5 332p 16cm (平凡社ライブラリー)〈筑摩書房1962年刊の増訂〉 1000円 Ⓘ4-582-76198-4

00280 旅々オートバイ 素樹文生著 新潮社 2002.8 410p 16cm (新潮文庫)〈1999年刊の文庫化〉 590円 Ⓘ4-10-127422-3

[作品] 昆布

(目次) 旅以前, 自由, 海沿いの道, 日記, 魔法の道具, 居心地のいい場所, 持ち物について, 食べ物について, 日記,

高速道路の愉しみ, 昆布, コーヒー, 石垣島へ〔ほか〕

00281 ツーリング・ライフ―自由に、そして孤独に 新装増補版 斎藤純著 春秋社 2004.3 274p 20cm〈2001年刊の新装増補〉 1800円 ①4-393-43624-5

作品 北へ―北海道

目次 音楽, 水墨画, 弦楽四重奏, 自由, 寄り道, 信濃川のスケッチ―千曲川沿いの旅, 岬めぐり―北東北, ブナ, 森林インストラクター, 函南原生林〔ほか〕

黄金道路

00282 北海道の旅 串田孫一著 平凡社 1997.5 332p 16cm (平凡社ライブラリー)〈筑摩書房1962年刊の増訂〉 1000円 ①4-582-76198-4

太田神社

00283 芭蕉の旅、円空の旅 立松和平著 日本放送出版協会 2006.11 285p 15cm (NHKライブラリー) 920円 ①4-14-084213-X

大沼

00284 みずうみ紀行 渡辺淳一著 光文社 1988.5 181p 15cm (光文社文庫) 520円 ①4-334-70746-7

00285 アイヌの秋―日本の先住民族を訪ねて ヤン・ハヴラサ著, 長与進訳 未来社 1988.9 248p 19cm 1800円 ①4-624-41065-3

目次 第1章 八王子へのドライブ―横浜10月7日, 第2章 滅びゆく民族を求めて―横浜10月9日, 第3章 事物の魂と形式―横浜10月18日, 第4章 民族とはスタイルなり―大沼10月27日, 第5章 火山の入江にて―長万部10月28日, 第6章 飢えた巨人の第一歩―札幌10月31日, 第7章 4日間のアイヌの国散策―登別温泉11月5日, 第8章 沸きたつ火山の噴火口にて―登別温泉11月6日, 第9章 土蜘蛛とそのほかの謎―横浜11月12日, 参考資料(北海道, アイヌ, 蝦夷の概説, コロポク・グルあるいは北日本の穴居生活者)

00286 北海道の旅 串田孫一著 平凡社 1997.5 332p 16cm (平凡社ライブラリー)〈筑摩書房1962年刊の増訂〉 1000円 ①4-582-76198-4

大沼公園

00287 松崎天民選集 第10巻 人間見物 松崎天民著, 後藤正人監修・解説 クレス出版 2013.11 395, 3p 19cm〈騒人社書局 昭和二年刊の複製〉 6000円 ①978-4-87733-795-7

作品 北海道印象記

目次 憂き世を外に, チヤブ屋探訪, 洋妾お安さん, 御隠居寮拝見, 磯節名人安中, 東北温泉巡り, 故郷の山河に, 北海道印象記, 蓬家雪松の事, 大阪時代追懐, 雲右衛田楞蔭追憶, あゝ澤田撫松, カフェー十夜, 食べもの行脚, 縄暖簾四方山, 酒興の三十年, 金に無縁の記, 善友悪友珍友, 秋風の中より

大原

00288 忘れられた道―北の旧道・廃道を行く 続 堀淳一文と写真 札幌 北海道新聞社 1999.1 238p 19cm 1700円 ①4-89363-246-9

目次 峠(ミズバショウの谷・林のヤブ道―塩狩峠越えの国道40号旧・廃道, 秋白の峠路―サロマ峠越えの国道333号旧道, 緑光り、水ぬるむ森の道―二股峠越えの道々札夕線旧道 ほか), 海(海碧くトンボの群れる道―群別・床丹間の国道231号旧道, ポロニタイ・寥々の湿原と浜―消えた「自根室至苫小牧道」, なまめく丘なみ・コンブの石浜―「自根室至苫小牧道」の残影 ほか), 野(段丘をよぎる雨の道―上磯・当別間の国道228号旧道, 光と影のうつろう秋の翠路―三ノ原・大原間の国道230号旧道, 根釧原野の廃道断片―「自根室至苫小牧道」の残影 ほか)

奥白滝

00289 北の無人駅から 渡辺一史著 札幌 北海道新聞社 2011.10 791p 19cm〈写真:並木博夫 文献あり〉 2500円 ①978-4-89453-621-0

目次 第1章 「駅の秘境」と人は呼ぶ―室蘭本線・小幌駅, 第2章 タンチョウと私の「ねじれ」―釧網本線・茅沼駅, 第3章 「普通の農家」にできること―札沼線・新十津川駅, 第4章 風景を「さいはて」に見つけた―釧網本線・北浜駅, 第5章 キネマが愛した「過去のまち」―留萌本線・増毛駅(上), 第6章 「陸の孤島」に暮らすわけ―留萌本線・増毛駅(下), 第7章 村はみんなの「まぼろし」―石北本線・奥白滝信号場

奥尻島

00290 旅しました。―スター旅紀行 (大阪) 関西テレビ放送 1988.9 80p 30cm 980円 ①4-906256-06-6

作品 美味探求にウニ島奥尻島〔松岡きっこ〕

目次 都会の女はNew York(萬田久子), 嫁がせてふたりWashington D.C.(二谷英明・白川由美), 歴史の深さ求めて北京(黒沢年男), 灼熱の若さでGuam(錦織一清), アジアの心Singapore(五木ひろし), アクティブ派のAustralia(西城秀樹), お気に入りのFrance(岩崎宏美・良美), 往にし方の都 京都(汀夏子), ファンタスティックな南紀・太地(太地喜和子), 少年の日求めて萩(岡本信人), 日本の情緒味わいに淡路島・西海岸(新井春美), 青春の思い出青森(神津はづき), ふと思い立って木曽(太川陽介), 桃源郷と荒波の芦原・三国(五月みどり), 娘ともない三島・修善寺(冨士真奈美), なつかしき富士山の姿 静岡(MIE), 美味探求にウニ島奥尻島(松岡きっこ)

00291 北へ! ネイチャリング紀行 甲斐崎圭著 コスモヒルズ 1990.5 253p 21cm (COSMO BOOKS) 1600円 ①4-87703-805-1

目次 第1章 羅臼早春賦(早春の渓, 国後, 神秘の沼 ほか), 第2章 静内サバイバル(脊庸の街, 羆撃ち), 第3章 奥尻ララバイ(北海道の縮図, 幌内 ほか), 第4章 比立内サウダーデ(海峡遙か, 北緯40度, マタギの渓へ)

00292 ニッポン豊饒紀行 甲斐崎圭著 小沢書店 1997.8 206p 20cm 1900円 ①4-7551-0349-5

目次 旅、そして終りなき邂逅, 羅臼・シリエトク, 佐渡・冬の色, 丹後・流浪の海, 吉野・青宵の風, 奥羽・渓の谺, 湖西・湖上の月, 志摩半島・海の歌笛, 越前海岸・奇石の華, 島の午睡・奥尻島, 聖なる刻・宮川, 津軽・風の岬

00293 のんきに島旅 本山賢司著 河出書房新

社 2000.4 229p 15cm (河出文庫)〈「海流に乗って」(山と渓谷社1987年刊)の増補〉 680円 ①4-309-40607-6

目次 小笠原父島, 対馬, 神津島, 八丈島, 礼文島, 奥尻島, 佐渡ケ島 奄美大島, 宝島, 伊豆大島, 西表島

00294 耕うん機オンザロード 斉藤政喜著 小学館 2001.8 333p 19cm (BE-PAL BOOKS) 1200円 ①4-09-366065-4

00295 遠藤ケイの島旅日和 遠藤ケイ著 千早書房 2009.8 124p 21cm〈索引あり〉 1600円 ①978-4-88492-439-3

目次 花よし、ウニ丼よし 礼文島(北海道礼文郡), しっとり、手がき昆布 利尻島(北海道利尻郡), 積み石一つ、亡き人へ 奥尻島(北海道奥尻郡), タコ穴にらみひと突き 飛島(山形県酒田市), アワビ漁解禁、それっ 大島(宮城県気仙沼市), 毎日配達、手紙と心 寒風沢島(宮城県塩竈市), きょうの収穫、猫にも 田代島(宮城県石巻市), 霊山に、鹿と猿と人と 金華山(宮城県石巻市), 獲ったもん食う快感 粟島(新潟県岩船郡), 伝統の屋根、男の気骨 佐渡島(新潟県佐渡市), ととらくの漁、一斉に 舳倉島(石川県輪島市), 冬の磯場に縁起もの 仁右衛門島(千葉県鴨川市), くさやの素、発酵三百年 八丈島(東京都八丈町), 甘い香り、伝統の油 大島(東京都大島町), 変わらぬ海、人、景色 新島(東京都新島村), 湖が育む落人の子孫 沖島(滋賀県近江八幡市), サザエの道に昔の香 答志島(三重県鳥羽市), 豊かな海、伝統タコ漁 神島(三重県鳥羽市), ピチピチ 活魚の底力 家島(兵庫県姫路市), おっぱいの実 いっぱい 小豆島(香川県小豆郡), 馬上で上れ、急な坂 伊吹島(香川県観音寺市), 宝物並ぶ戦神の社 大三島(愛媛県今治市), 甘さと酸味 太陽の実 生口島(広島県尾道市), 世界が相手 時計職人 大崎下島(広島県呉市), よみがえる古代の塩 上蒲刈島(広島県呉市), 豊かな森、荘厳な社 宮島(広島県廿日市市), エミューで島再生の夢 蓋井島(山口県下関市), 生き物慈しむ伝統のココロ 青海島(山口県長門市), 願いを乗せた鬼ヨーズ 見島(山口県萩市), 角と角、白熱の舞台 隠岐・島後(島根県隠岐郡), カンカン部隊、肝っ玉 志賀島(福岡県福岡市), 棚田一面、今年も実り 能古島(福岡県福岡市), 夢見て参拝、くじの神 高島(佐賀県唐津市), 素朴で豊か、神の島 神集島(佐賀県唐津市), 家も畑も、ネコの天下 加唐島(佐賀県唐津市), あつい信心、坂道上る 馬渡島(佐賀県唐津市), 伝統の麦焼酎に酔う 壱岐島(長崎県壱岐市), 育て、自慢の養殖フグ 鷹島(長崎県松浦市), 福呼び込む えびす顔 大島(長崎県西海市), 穂先で誘う干潟の美味 維和島(長崎県上天草市), 手作り漁具の風合い 獅子島(鹿児島県出水郡), 干物作りの「隠居ぶち」 上甑島(鹿児島県薩摩川内市), 悪霊退散! 仮面ほえる 硫黄島(鹿児島県三島村), 体感、底知れぬ森の力 屋久島(鹿児島県熊毛郡), 草走る、ボゼが来た 悪石島(鹿児島県鹿児島郡), 恐るべし 海人の海 渡嘉敷島(沖縄県島尻郡), お任せ鍛冶屋、三代目 石垣島(沖縄県石垣市), 糸一本、恋情織り込む 西表島(沖縄県八重山郡), 弥勒も祝う子孫繁栄 竹富島(沖縄県八重山郡), 太陽の熱とキビの甘さ 波照間島(沖縄県八重山郡), あとがき

00296 「男はつらいよ」を旅する 川本三郎著 新潮社 2017.5 286p 20cm (新潮選書) 1400円 ①978-4-10-603808-2

作品 奥尻島「渥美清がうちに来るなんて」

00297 狙われた島—数奇な運命に弄ばれた19の島 カベルナリア吉田著 アルファベータブックス 2018.2 222p 21cm 1800円 ①978-4-86598-048-6

目次 島を襲った大津波から四半世紀—奥尻島(北海道奥尻郡奥尻町), 歴史の隙間に消えた、偉人の足跡を探して—佐渡島(新潟県佐渡市), 三原山は「神の山」なのか?—伊豆大島(東京都大島町), アートが覆う産廃の影—豊島(香川県小豆郡土庄町)、直島(香川県香川郡直島町), 療養所がある島—長島(岡山県瀬戸内市)、大島(香川県高松市), 戦争に翻弄された島々へ—ヒロシマ1 金輪島(広島県広島市南区)、大久野島(広島県竹原市), 地中で蠢く戦争の記憶と気配—ヒロシマ2 似島(広島県広島市南区)、江田島(広島県江田島市), 海に沈んだ若者を想う—大津島(山口県周南市), キリシタン迫害の残像—久賀島(長崎県五島市)、生月島(長崎県平戸市), 黒いダイヤに振り回された島々—池島(長崎県長崎市)、伊王島(長崎県長崎市), 竹島にいちばん近い島—隠岐島後(島根県隠岐の島町), 僕らの知らない沖縄戦があった—津堅島(沖縄県うるま市)

オサムロ遺跡公園

00298 街道をゆく 38 オホーツク街道 新装版 司馬遼太郎著 朝日新聞出版 2009.5 436, 8p 15cm (朝日文庫)〈初版:朝日新聞社1997年刊〉 940円 ①978-4-02-264492-3

渡島小島

00299 魚派列島—にっぽん雑魚紀行 甲斐崎圭著 中央公論社 1997.10 309p 15cm (中公文庫)〈日本交通公社出版事業局1992年刊あり〉 762円 ①4-12-202970-8

目次 豊かなる海の音を聴く—三重県紀伊長島町, 海は味の演出家である—山形県飛島, 丹後の海で妙魚にあう—京都府丹後町間人, 駿河の海に奇天烈世界を見る—静岡県戸田村, 春風渡る淡海に湖魚が泳ぐ—滋賀県琵琶湖沖島, 魚湧くサンゴの海に立つ—沖縄県石垣島白保, 北の無人島で自給自足の大饗宴—北海道渡島小島, 魚あふれる韓国の街、麗水を歩く—韓国麗水〔ほか〕

渡島半島

00300 巡遊 北の小さな岬 堀淳一写真・文 札幌 北海道新聞社 1993.10 175p 22×17cm 1900円 ①4-89363-704-5

00301 忘れられた道 完 堀淳一文と写真 札幌 北海道新聞社 2000.9 207p 19cm 1700円 ①4-89453-116-X

00302 菅江真澄と旅する—東北遊覧紀行 安水稔和著 平凡社 2011.7 262p 18cm (平凡社新書) 780円 ①978-4-582-85598-2

目次 菅江真澄 稀有の旅人, 角館—真澄の死所は, 阿仁, 藤里—白神山地へ, 男鹿, 鹿角—「外が浜風」の旅, 深浦—椿崎や見なんとて, 津軽半島一周(上)—西海岸「外浜奇勝」の旅, 津軽半島一周(中)—東海岸「外が浜づたひ」の旅, 津軽半島一周(下)—夏泊半島椿山「津軽の奥」の旅, 気仙沼—「はしわのわかば続」の旅, 北海道渡島半島西海岸—「えみしのさへき」の旅, 下北半島一巡, 藤里ふたたび, 花巻~北上—「けふのせば布」の旅

長万部駅

00303 テツはこんな旅をしている—鉄道旅行再発見 野田隆著 平凡社 2014.3 222p 18cm (平凡社新書) 760円 ①978-4-582-85722-1

目次 第1章 あえて「裏道」を行く(2日かけて姫路を目指す/やむをえずJRを利用する小田原~掛川, 「東海道

裏道旅」で唯一のディーゼルカー利用～天竜浜名湖鉄道,名鉄特急で夕闇迫る名古屋へ/いよいよ私鉄乗り継ぎの「大旅行」,車窓風景を堪能できる近鉄大阪線/線路は途切れず、阪神なんば線に乗車,クロスシートの姫路行き直通特急/東京・浅草から北を目指す「裏道」旅,「AIZUマウントエクスプレス号」ののどかな旅),第2章 海を眺め、船にも乗る、「半島」の旅(青春18きっぷで房総半島へ/東北の半島を行く1 下北半島/東北の半島を行く2 津軽半島/東北の半島を行く3 男鹿半島,知多半島と渥美半島をイッキにめぐる/ミニ船旅を楽しみながら渥美半島へ),第3章「人名列車」に乗りに行く(かつて日本に「人名列車」はなかった/筆頭格は「いさぶろう」「しんぺい」,楽しみどころ連なる肥薩線/大海原を眺望する高知の人名列車,今はなき華やかな人名列車「シーボルト号」/四股名を冠した人名列車,東北の通勤用人名列車/楽しい演出が一杯、山陰の人名列車,「人名車両」いろいろ/人名を冠した機関車は),第4章 自分でプランする、ぐるり周遊の旅(時計回りで函館本線「山線」通過、札幌発着旅/豪雨、列車脱線にもめげず、長万部へGO,長万部駅近くの立ち寄り湯でカニを堪能/「まんべくん」に見送られ「ワッカ」で山線へ,半日コースの札幌発ミニトリップ/北東北の3セクを乗りまくる、ぐるり旅,絶景待ち受ける秋田内陸線/2度の山越えを経て青森へ),第5章「鉄道系博物館」を訪ねるミニトリップ(終着駅となった横川駅にできた「碓氷峠鉄道文化むら」へ,真岡へ貴重な車両に会いにゆく/富士山観光の際に立ち寄りたい“穴場博物館”,伊豆の小さな鉄道資料館/“現存最古”の駅舎にできた鉄道資料館,九州ゆかりの車両が勢揃い、「九州鉄道記念館」),第6章 切符から発想する旅(旅ごころをかき立てる切符がいろいろ/釜石線で新花巻から遠野、そして釜石へ,「山また山」の山田線と三鉄北リアス線/石巻線は全線復活まであと少し,首都圏のローカル色たっぷり路線を楽しむ切符/“1日乗車券”は街中散歩の強い味方),第7章 時刻表を片手に小説の中の旅をたどる(太宰は列車では蟹田に来なかった/太宰も眺めた五能線の絶景,最盛期の鉄道状況が描かれた清張作品/ブルートレイン「出雲」に乗って,現代では東京～伊勢は日帰り圏内!/毎度毎度、夜行列車で旅立ち,「寿都鉄道」があった時代/石勝線いまだなく、夕張鉄道が健在),第8章 ご利益求めて「参詣鉄道」の旅(大雄山線に乗って行く大雄山最乗寺/弥彦線で彌彦神社、さらに弥彦山山頂へ,JR線を走る東武列車で日光東照宮へ/東武に負けている? JR日光線,近鉄のもうひとつの参詣路線で橿原神宮を訪ねる/沿線に寺社が連なるJR吉備線)

長万部町

00304 アイヌの秋―日本の先住民族を訪ねて ヤン・ハヴラサ著,長与進訳 未来社 1988.9 248p 19cm 1800円 ①4-624-41065-3

00305 日本奥地紀行 イサベラ・バード著,高梨健吉訳 平凡社 2000.2 529p 16cm (平凡社ライブラリー)〈年譜あり 文献あり〉 1500円 ①4-582-76329-4

(目次) 初めて見る日本,富士山の姿,日本の小船,人力車,見苦しい乗車,紙幣,日本旅行の欠点,サー・ハリー・パークス,「大使の乗り物」,車引き〔ほか〕

00306 イザベラ・バード「日本の未踏路」完全補遺 イザベラ・バード著,高畑美代子訳注 中央公論事業出版(製作発売) 2008.1 190p 21cm 1600円 ①978-4-89514-296-0

(目次) 第1章 横浜・東京―ハイブリッドな街と最初に眼を惹かれたもの,第2章 栃木県―北部日本旅行に出立-日光滞在,第3章 福島県―いよいよ未踏の地へ,第4章 山形県―西洋人のいない内陸の旅へ,第5章 秋田県―病院・学校・絹工場訪問と葬式・結婚式への同席,第6章 青森―子どもの遊び、訪ねてきたクリスチャンの学生,第7章 蝦夷(北海道)―辿り着いた未踏の地

00307 イザベラ・バード『日本奥地紀行』を歩く 金沢正脩著 JTBパブリッシング 2010.1 175p 21cm (楽学ブックス―文学歴史 11)〈文献あり 年譜あり〉 1800円 ①978-4-533-07671-8

00308 完訳 日本奥地紀行 3 北海道・アイヌの世界 イザベラ・バード著,金坂清則訳注 平凡社 2012.11 415p 18cm (東洋文庫)〈布装〉 3100円 ①978-4-582-80828-5

(目次) 蝦夷に関する覚書,伝道活動,函館,風景の変化,遭遇,アイヌとの生活,アイヌのもてなし,未開の人々の暮らし,衣類と習俗,アイヌの信仰,酔っ払いの現場,火山探訪,雨の中の旅,驚愕,ぽつんと建つ家,失われた環,日本の進歩,挨拶状,台風

00309 新訳 日本奥地紀行 イザベラ・バード著,金坂清則訳 平凡社 2013.10 537p 18cm (東洋文庫)〈布装 索引あり〉 3200円 ①978-4-582-80840-7

(目次) 第一印象,旧きもの、新しきもの,江戸,中国人と従者,参拝,旅の始まり,粕壁から日光へ,金谷邸,日光,温泉場〔ほか〕

尾岱沼

00310 みずうみ紀行 渡辺淳一著 光文社 1988.5 181p 15cm (光文社文庫) 520円 ①4-334-70746-7

00311 旅のハジはヤミツキ―北海道、秘湯放浪食三昧始末記 川嶋康男著 札幌 柏艪舎 2006.6 238p 21cm〈星雲社(発売)〉 1600円 ①4-434-07837-2

(目次) 春よのう(“おれの小樽“で裕次郎気分になってみた―小樽市,なんと日本の塩ラーメンの元祖? 函館、“幻の南京そば”の旅―函館市 ほか),夏じゃ夏じゃ(夏の活イカと瀬棚の「夕市」は“愉快市“―せたな町,尾岱沼で打瀬舟に魅せられ北海シマエビに癒される旅―別海町 ほか),もう秋なのか(両手いっぱいに抱えきれない秋を見つけた―小清水町,オロロンの声が聞こえない“オロロン鳥の島”で夏の日の思い出探し―羽幌町 ほか),冬よどんとこい(昆布の里「志苔館」の“埋蔵金”伝説と中世歴史ロマンの旅―函館市,噴火湾のホタテ発祥地礼文華で甘いホタテに酔う―豊浦町 ほか)

小樽駅

00312 文学の中の駅―名作が語る“もうひとつの鉄道史” 原口隆行著 国書刊行会 2006.7 327p 20cm 2000円 ①4-336-04785-5

(目次) 松本清張の『点と線』―社会派推理小説の舞台裏(東海道線東京駅、鹿児島本線香椎駅、西鉄宮地岳線香椎駅),内田百閒の『東海道刈谷駅』―小説でとらえた友人・宮城道雄の死(東海道本線刈谷駅),尾崎一雄の身辺小説―梅香る単線の小駅(御殿場線下曽我駅),白柳秀湖の『駅夫日記』―環状線に明治を求めて(山手線目黒駅),志賀直哉の『和解』―白樺派の里にその足跡を追って(常磐線我孫子駅),山本有三の『路傍の石』―鉄橋に思いを込めて(両毛線栃木駅),芥川竜之介の『庭』―その真実と虚構の間で…(中央本線洗馬駅),堀辰雄の『風立ちぬ』『菜穂子』『斑雪』―憂愁を秘めた信州の高原駅

(信越本線信濃追分駅、小梅線野辺山駅、中央本線富士見駅), 永遠の名作『雪国』—上越国境に川端康成を追って(上越線越後湯沢駅・土樽駅), 津軽の俊才太宰治—恍惚と不安の四十年(東北本線青森駅、五能線五所川原駅・木造駅・深浦駅、津軽鉄道津軽五所川原駅・金木駅・芦野公園駅・津軽中里駅), 誇り高き天才詩人石川啄木—挫折と流浪の足跡(東北本線好摩駅・盛岡駅・上野駅、函館本線函館駅・札幌駅・小樽駅、根室本線釧路駅), 文学と映画に見る終着駅—さいはての旅情と郷愁(青梅線宮ノ平駅、根室本線釧路駅、東北本線上野駅、標津線中標津駅、長崎本線長崎駅、函館本線銭函駅・札幌駅・砂川駅・上砂川駅、留萠本線留萠駅・増毛駅), 文学でしのぶ夜汽車—ひとびとの思いと人生を乗せて(東海道本線新橋駅・岡崎駅・山科駅、東北本線上野駅、中央本線下諏訪駅・落合川駅、山陽本線岡山駅、函館本線函館駅)

小樽市

00313 文学の中の風景 大竹新助著 メディア・パル 1990.11 293p 21cm 2000円 ①4-89610-003-4

(目次) 北海道・東北(北海道余市の露伴, "声の荒"くない小樽の町, 北の海を渡る青雲の志・釧路 ほか), 関東(関東平野のどまんなか, 前橋と萩原朔太郎・葉子, 島崎藤村終焉の大磯 ほか), 東京(武蔵野台地のふちに立ちて・湯島, 古風叙情の団子坂, 『新生』と『流れる』の柳橋 ほか), 中部("五月晴"の柿の葉, 雁木のある町堪え難い町, 長良川の『鮎』 ほか), 近畿(京の春を待つ心, アシビより低い九体寺の門, 室生への思い ほか), 中国・四国("幾山河"のふるさと・二本松峠, 日本人の忘れた心・松江, 忠海と若杉慧 ほか), 九州(「村」へのあこがれ・木城, 薄暮の山峡に襟足白く・杖立, 野上弥生子の遺作『森』の臼杵)

00314 エンピツ絵描きの一人旅 安西水丸著 新潮社 1991.10 213p 19cm 1300円 ①4-10-373602-X

(目次) 冬(木工の城下町 長野県松本市, 車窓の都市 静岡県静岡市, 運河の町 北海道小樽市, 鳩笛の鳴く町 青森県弘前市), 春(夕焼けの町 埼玉県行田市, 巡礼の鈴の鳴る町 香川県丸亀市, 黒船の来た港町 静岡県下田市, 果樹園と湯の町 山梨県甲府市・石和町, 海辺の古都 神奈川県鎌倉市, メノウの咲く里 福井県小浜市), 夏(忍者の里 三重県上野市 枝垂桜の城下町 秋田県角館町, 山城の眠る町 岡山県高梁市, 武士の町 鮭の町 新潟県村上市, 日本海に響く太鼓の町 石川県輪島市, 東シナ海の島 長崎県福江市), 秋(米海兵隊と城下町 山口県岩国市, 画家たちの町 福岡県久留米市, オランダ縞の町 千葉県館山市, 「城の崎にて」の町 兵庫県城崎町), そしてまた冬(砂丘の町 鳥取県鳥取市, 海峡の港町 北海道函館市, 水の町サクランボの町 山形県米沢市, 白い屏風の町 富山県富山市)

00315 日本列島幸せ探し 山根基世著 講談社 1993.9 271p 19cm 1400円 ①4-06-204994-5

(目次) 不思議な魔力が人を虜にする—与那国(沖縄県), 湧き水のせせらぎが聞こえる—島原(長崎県), 栄光の残照が人を優しく包みこむ—小樽(北海道), 漁師町に家族の絆を見た—足摺(高知県), 息づく『陰翳礼讃』の世界—祖谷(徳島県)〔ほか〕

00316 町の誘惑 安西水丸, 稲越功一著 宝島社 1994.9 189p 21cm 2400円 ①4-7966-0817-6

(内容) 人々の想いと、町模様がつらなる瞬間。優美に、そして妖しく、幾応にも表情が移ろう町々の姿に誘われ、稲越・水丸コンビが滋味あふれるタッチで描いた新しい旅のストーリー。

00317 むくどりは飛んでゆく 池澤夏樹著 朝日新聞社 1995.5 218p 19cm 1400円 ①4-02-256848-8

(作品) 二時間のタイム・スリップ

(目次) 確実な禁煙法, けんか三味線, まとまったお金, アメリカの氷, スモモの下の冠, ストローで飲む酒, 食べる酒, 汽車はえらい, がんばっている, 胸に一物、手に荷物, おんぶにだっこ, 二時間のタイム・スリップ〔ほか〕

00318 この町へ行け 嵐山光三郎著 ティビーエス・ブリタニカ 1995.10 284p 18cm 1300円 ①4-484-95222-X

(目次) 大阪西成区に占星術師スピカのおっちゃんがいる, 北海道八雲町は、かすみ草が似合う北の町, かなしきは小樽の発情バビブベボ, 小錦おばちゃんの恐怖のマッサージ猟奇譚, 清水港のトロの寿司はシーメエのなんのって, 小林秀雄のヒミツの温泉です, 東京ドームじゃ不良もイイ子になっちまう, 福島県玉梨温泉のノリ子さん、お元気ですか, 日本海沿いの倉吉に棲む中村ボーズとは何か, 阿蘇トロッコ列車は、いちおう自転車よりは速い〔ほか〕

00319 行くぞ! 冷麺探険隊 東海林さだお著 文芸春秋 1996.1 253p 18cm 1100円 ①4-16-351110-5

(作品) 小樽の夜

(目次) 盛岡冷麺疑惑査察団, 正しいハワイ団体旅行, 寿司食べ放題バスツアー, 小樽の夜, うどん王国・讃岐, 博多の夜の食べまくり, 続・博多の夜の食べまくり, サファリ・イン・アフリカ, 対談「ケニアは楽し」—ヒサクニヒコさんと語る

00320 川に遊び 湖をめぐる 千葉七郎ほか著, 作品社編集部編 作品社 1998.4 254p 22cm (新編・日本随筆紀行 大きな活字で読みやすい本—心にふるさとがある 3) ①4-87893-809-9, 4-87893-807-2

(作品) 小樽わが街〔千葉七郎〕

00321 望郷を旅する 石川啄木ほか著, 作品社編集部編 作品社 1998.4 251p 22cm (新編・日本随筆紀行 大きな活字で読みやすい本—心にふるさとがある 15) ①4-87893-896-X, 4-87893-807-2

(作品) 雪中行〔石川啄木〕

00322 たびたびの旅 安西水丸著 フレーベル館 1998.10 19cm

(目次) 第1章 遠くの町に来ています(仙台より, オスロより, 博多より, コペンハーゲンより, 松本より ほか), 第2章 夜の街に出てみました(石段下のバーで—代官山, 芝居のあとの、いい酒、いい肴—下北沢, 美女を並べて寿司を喰う—青山三丁目, トゥデイズ・フィッシュに極上の日本酒—南青山五丁目, 歌は世に連れ、世は歌に連れ—六本木 ほか), 第3章 旅のスケッチを描きました(ベンガラの町—吹屋, 雪の町、運河の町—小樽, 温泉と東南アジアの民芸—河津, フクラギを食べに行く—富山・氷見, 東京から二時間のバリ島気分—千倉 ほか)

00323 閑古堂の絵葉書散歩 東編 林丈二著 小学館 1999.4 123p 21cm (SHOTOR TRAVEL) 1500円 ①4-09-343138-8

(作品) 行かなきゃもったいない小樽—北海道

(目次) 行かなきゃもったいない小樽—北海道, 秋田、チ

グハグな旅—秋田, 青森の狛犬—青森, つくりもん祭—富山, 思いたったが山形—山形, 越前の犬と青石—福井, 七尾から八尾へ—石川, 『会津さざえ堂』ぐるぐる巡り—福島, 筑波山麓に波ウサギを追う—茨城, 一日銅像巡り—東京1, 一日銅像巡り—東京, 一泊上野動物園巡り—東京2, 雪のお茶の水界隈—東京3, 吉見百穴のシーボルトは…—埼玉, 安房の亀詣で—千葉, いつもと違う鎌倉—神奈川

00324 ショージ君の旅行鞄—東海林さだお自選 東海林さだお著 文芸春秋 2005.2 905p 16cm (文春文庫) 933円 ①4-16-717760-9

(目次) 1 ゴージャス海外旅行, 2 日本全国グルメ巡り(北海道食べまくり, 小樽の夜, 盛岡冷麺疑惑査察団, 気仙沼紀行, 鵜飼見ながら長良川, 八丈島, 奈良よ！, うどん王国・讃岐, 長崎チャンポン旅行, 沖縄旅行 ほか), 3 乗物大好き(買出しバス陸奥へ, 尾瀬への細道, 東京港夢のクルージング ほか), 4 温泉でのんびり, 5 旅は果てしなく(京都おおはら三千円 ほか), 6 散歩の達人(ただいま上野"散歩中", 鎌倉往還記 ほか), 7 "旅の友"駅弁

00325 日本浪漫紀行—風景、歴史、人情に魅せられて 呉善花著 PHP研究所 2005.10 259p 18cm (PHP新書) 740円 ①4-569-64157-1

(目次) 第1章 懐かしい風景との出会い(日本人の心を癒す北の町(小樽・歴史編)—明治・大正ロマンの懐かしさが観光客を呼ぶ, レトロの魅力に包まれて歩く(小樽・町づくり編)—「また訪ねたい町」をつくる人々との出会い ほか), 第2章 つわものたちの残像(海を支配した武士たち(瀬戸内海)—村上水軍が物語るもう一つの日本精神史, 源頼朝と伊豆の豪族たち(伊豆半島北部)—流離する貴種への憧れが生んだ「天下取り」への決起), 第3章 お山にこめられた信仰(なぜ日本人は富士に魅かれるか(山梨県富士吉田・静岡県富士宮など)—荒々しくも美しい霊山の頂に神仏の地上天国を見た, 恐山で感じた「あの世」(下北半島・恐山)—この国特有の地蔵信仰に見た日本人の死生観), 第4章 この国を形づくるもの(海と山の複合景観と日本人の心(伊勢志摩)—日本独自の地勢が融合と調和の文化を生んだ, 熊野信仰と日本人の自然観(紀州熊野)—神仏混淆に時代の先端に位置する精神を見た ほか)

00326 港町に行こう！—歴史と人情とうまい魚を求めて 青山誠文 技術評論社 2005.12 143p 22cm (小さな旅) 1480円 ①4-7741-2543-1

00327 旅のハジはヤミツキ—北海道、秘湯放浪食三昧始末記 川嶋康男著 札幌 柏艪舎 2006.6 238p 21cm〈星雲社(発売)〉 1600円 ①4-434-07837-2

00328 にっぽん・海風魚旅 3(小魚びゅんびゅん荒波編) 椎名誠著 講談社 2008.1 341p 15cm (講談社文庫)〈2004年刊の文庫化〉 800円 ①978-4-06-275865-9

00329 幸田露伴—1867-1947 幸田露伴著 筑摩書房 2008.9 477p 15cm (ちくま日本文学 23)〈年譜あり〉 880円 ①978-4-480-42523-2

(作品) 突貫紀行

(目次) 太郎坊, 貧乏, 雁坂越, 突貫紀行, 観画談, 鵞鳥, 幻談, 雪たたき, 蒲生氏郷, 野道, 望樹記

00330 ロードスターと旅に出る—この車を相棒にしたからには、一度はやってみたいこと。 中村淳著 三樹書房 2009.10 150p 21cm 1400円 ①978-4-89522-535-9

00331 味な旅 舌の旅 改版 宇能鴻一郎著 中央公論新社 2010.10 239p 16cm (中公文庫)〈初版：中央公論社1980年刊〉 705円 ①978-4-12-205391-5

(目次) 千石漁場・名残りの浜鍋, 松島・雪の牡蠣船, 庄内に探る密教の珍味, 会津をめぐる伝統の酒肴, 水戸・烈女と酒を汲む, 山峡の宿場・恵那の川魚, 知多沖・流人島の磯の味, さざなみの志賀の鴨鍋, わが舌感で斬る京料理, 秋近き山陰の海幸・山幸, 腹づつみ四国の奇漁, 玄海の海賊の宴, 薩摩半島・恐怖のヅクラ, 南国の魔味と踊り・奄美

00332 極みのローカルグルメ旅 柏井壽著 光文社 2012.2 301p 18cm (光文社新書) 840円 ①978-4-334-03671-3

(目次) 第1章 美味しい"食"の見つけ方(これぞローカルグルメ—長崎の朱いカレー, 信州松本の"山賊焼"と山口『山賊』の"山賊焼", 金沢『グリルオーツカ』と『ラッキー』のハントンライス, ふらりと見つける行きつけ店—小樽『籔半』の江戸蕎麦), 第2章 全国ご当地麺を求めて(京都『五楽』のカレーラーメン, 名古屋〈駅きしめん〉と〈あんかけスパゲッティ〉, 近江長浜〈のっぺいうどん〉と〈イタリアン〉, 熊本の〈太平燕〉—『紅蘭亭』, 瀬戸内周南『第二スター』と『スター本店』の中華そば, 極みのカレーうどん(塩と水/豊橋から松阪へ/松阪牛カレーうどんに感動), 京都『おやじ』の焼きそば), 第3章 ニッポンのホッとする味、ごはん(ごはんものの王様—至福の駅弁, 日本に鰻があってよかった—ニッポン鰻行脚(鰻の食べ方、楽しみ方/浜松で鰻づくし/日本酒と蒲焼きとワイン/地元に愛される味/信州松本の鰻/九州でも鰻〔小倉〕), JR品川駅山手線ホーム『常盤軒』の〈品川丼〉, ニッポンのカツ丼(カツ丼に王道なし/岡山『だてそば』のカツ丼), 日本の国民食カレー(カレーの正しい食べ方/元祖と本店—函館『小いけ』のカレー/〈元祖〉のカツカレー、素晴らしきかな)), 第4章 ローカル居酒屋紀行(地方の居酒屋事情, 日本一の居酒屋は近江草津にあり—『滋味康月』, 名古屋めしをアテに飲む居酒屋—『たら福』, 火の国熊本の赤い居酒屋—『好信楽瑠璃庵』, 高知のハチキン居酒屋ハシゴ酒, 北の居酒屋(弘前・盛岡))

00333 枕頭山水 幸田露伴著 立川 人間文化研究機構国文学研究資料館 2012.3 241p 19cm (リプリント日本近代文学)〈原本：博文館 明治26年刊 発売：平凡社〉 3000円 ①978-4-256-90230-1

(作品) 突貫紀行

(目次) 易心後語, 地獄渓日記, まき筆日記, 突貫紀行, 酔興記

00334 むかしの汽車旅 出久根達郎編 河出書房新社 2012.7 259p 15cm (河出文庫) 760円 ①978-4-309-41164-4

(作品) 雪中行—小樽より釧路まで〔石川啄木〕

(目次) 電車の窓(森鷗外), 総武鉄道(正岡子規), 満韓ところどころ 三十二(夏目漱石), 迎妻紀行(大町桂月), 常磐線(陸羽浜街道)(田山花袋), 左の窓(泉鏡花), 汽車奥の細道(高浜虚子), 停車場の趣味(岡本綺堂), 甲武線(島崎藤村), 深川の唄(永井荷風), 冬の車窓(別所梅之助), 木曾山脈を汽車の窓より(小島烏水), 雪中行—小樽より釧路まで(石川啄木), 汽車の中で(萩原朔太郎), 夜汽車(近松秋江), 蜜柑(芥川龍之介), 大陸お横断の車中

にて（正宗白鳥），二等車に乗る男（豊島与志雄），化物丁場（宮澤賢治），熱海線私語（牧野信一），三等車の中（スケッチ）（中原中也），シベリヤの三等列車（林芙美子），丹那トンネル開通祝い（原民喜），列車（太宰治），解散列車（坂口安吾），千歳線風景（伊藤整），根室本線（更科源蔵），小海線の車窓（串田孫一），伊那谷の断想—飯田線（岡田喜秋），鉄道唱歌（大和田建樹）

00335 漂う—古い土地 新しい場所　黒井千次著　毎日新聞社　2013.8　175p　20cm　1600円　①978-4-620-32221-6

(目次) プロローグ 記憶の光景と目の前の眺め，大久保通り—身の奥から浮かぶバス通り，国分寺街道—門だけが残っていた，丸の内—商店街にいるような，新宿—環状線の内と外，井ノ頭通り—玉蜀黍畑に飛びこんだ日，日比谷公園—ある年、ある時間の熱，都心の夜景—色彩のドラマの底に，箱根・精進ヶ池—最高地点から少し下って，京都市学校歴史博物館—ひんやりした冷気とともに，下田—忙しい港町，目白—開かれなかった卒業式，大阪・通天閣—地面から持ち上げる力，横浜—遠藤さんと祖父に会いに，小淵沢—緑の中のポップアート，小樽—鷗と鴉が飛ぶ，御宿—旅の駱駝がはるばると，多摩川—手元に残る「入漁證」，長野・上林温泉—疎開児、地獄谷を行く，長野—六十年ぶりの「帰省」，前橋—ただ川だけが流れる，熱海—凋落の影の中に，静岡—変らぬものは何もなく，名古屋・東山動植物園—ライオンが跳んだ日，新潟—古い煉瓦塀と光の海，高尾山—昭和生まれの猿，隅田川—西瓜ばかり食べていた，羽田空港—国際便、ふたたび，川越—遠くにある隣家，仙台—モノクロームの海辺，神戸—急な長い坂道の先に，高松—未知なる故郷へ，広島—歴史に屹立するドーム，長崎—暮色を背にして，有田—焼物の世界の近くに立つ，東京駅—人と時間が戻る場所

00336 あやしい探検隊 北海道乱入　椎名誠著　KADOKAWA　2014.10　237p　15cm　（角川文庫）〈「あやしい探検隊北海道物乞い旅」（角川書店 2011年刊）の改題、加筆修正〉　480円　①978-4-04-101759-3

00337 旅は道づれ雪月花　高峰秀子，松山善三著　中央公論新社　2016.11　306p　16cm　（中公文庫）〈ハースト婦人画報社 2012年刊の再刊〉　760円　①978-4-12-206315-0

(目次) 旅は道づれ 雪月花，ご馳走様、京都ふたり旅，東京見どころ味どころ，金沢に伝統を訪ねて旅すれば，食いたやな小樽、札幌冬の朝，桜の熱海、伊豆山温泉，神戸、大阪味しぐれ，思い出の小豆島から広島へ，玄海灘はうまかった，雪を見たさに新潟へ

小樽ホテル〔現・似鳥美術館〕

00338 ホテル物語—十二のホテルと一人の旅人　山口泉著　NTT出版　1993.8　221p　19cm　1800円　①4-87188-235-7

(目次) 第1章 東京ステーションホテル，第2章 奈良ホテル，第3章 小樽ホテル，第4章 富士屋ホテル，第5章 ホテル・スカンジナビア，第6章 はいむるぶし，第7章 日光金谷ホテル，第8章 ホテル・イル・パラッツォ，第9章 神戸雅叙園ホテル，第10章 倉敷アイビースクエア，第11章 十和田ホテル，終章 ホテル・ニューグランド

音威子府駅

00339 駅を旅する　種村直樹著　和光　SiGnal　2007.12　245p　19cm〈中央公論社1984年刊の新装版〉　1300円　①978-4-902658-10-1

(目次) 東日本（天北線—声問（北海道），宗谷本線—天塩川温泉（仮），音威子府（北海道），湧網線—浜佐呂間，常呂（北海道），旧白糠線—北進（北海道） ほか），西日本（大井川鉄道—千頭（静岡県），加悦鉄道—加悦（京都府），武豊線—武豊，名古屋鉄道—知多武豊（愛知県） ほか）

00340 最長片道切符11195.7キロ—日本列島ジグザグ鉄道の旅　原口隆行著　学習研究社　2008.7　375p　21cm〈折り込1枚〉　1900円　①978-4-05-403804-2

音更川

00341 日本の名山　1　大雪山　串田孫一，今井通子，今福龍太編　博品社　1998.7　252p　19cm　1600円　①4-938706-55-5

(作品) 音更川二十一の沢〔丹征昭〕

(目次) 大雪渓 啼兎（尾上柴舟），大雪山（岡田日郎），北海道名譚・大雪山（金田一京助），伝説の足跡をさぐる（更科源蔵），大雪山（深田久弥），あふれる山岳美 大雪山（瓜生卓造），大雪山に想う（三浦綾子），大雪山：イワウメ（田中澄江），神々の遊ぶ庭（立松和平），大雪山 最も美しい地球の素顔（三浦雄一郎），大雪山讃歌（速水潔），層雲峡より大雪山へ（大町桂月），大雪山登山史（伊藤秀五郎），ヌタプカムウシュペ山（大平晟），大雪山紀行（中西悟堂），花と雪田の大雪山（村井米子），大雪山に登る（大町文衛），大雪山の夏径（伊東徹秀），半径数メートルの視界の中で：トムラウシ山（見奈美秀蔵），石北峠（井出孫六），クワウンナイを溯って（大島亮吉），音更川二十一の沢（丹征昭），層雲峡周辺の沢—天人峡周辺の沢 トムラウシ川の沢（旭川山岳会，新得山岳会），大雪山二題（中谷宇吉郎），大雪山を行く（武田久吉），大雪山には氷河地形がないか（渡辺康之），コリヤス幻想（田淵行男），大雪山の鳥（清棲幸保），大雪山のヒグマ（下村兼史），般若の五郎（坂本直行），チマ・エテルナ—大雪山の色（今井通子）

音更町

00342 バ・イ・ク　柳家小三治著　講談社　2005.3　327p　15cm　（講談社文庫）　629円　①4-06-275092-9

帯広駅

00343 最長片道切符11195.7キロ—日本列島ジグザグ鉄道の旅　原口隆行著　学習研究社　2008.7　375p　21cm〈折り込1枚〉　1900円　①978-4-05-403804-2

帯広競馬場

00344 酒場詩人の流儀　吉田類著　中央公論新社　2014.10　233p　18cm　（中公新書）〈索引あり〉　780円　①978-4-12-102290-5

(作品) 寒風に挑む“輓馬”

(目次) 1 酒徒の遊行（酒徒の遊行，野生と人里 ほか），2 猫の駆け込み酒場（黒潮の匂う岬，巨石伝説を追って ほか），3 酒飲み詩人の系譜（雪見酒なら…，淡雪の夢 ほか），4 酒精の青き炎（自由への飛翔，美しい夜景と出会う ほか）

帯広市

00345 ツーリング・ライフ—自由に、そして孤独に　新装増補版　斎藤純著　春秋社　2004.3　274p　20cm〈2001年刊の新装増補〉　1800円　①4-393-43624-5

作品 北へ—北海道

00346 日本全国ローカル線おいしい旅　嵐山光三郎著　講談社　2004.3　246p　18cm　（講談社現代新書）　700円　①4-06-149710-3

目次 1章 広島から下関、門司港、博多へ, 2章 秋田から青森、下北半島へ, 3章 唐津から雲仙、天草へ, 4章 札幌から帯広、然別へ, 5章 高松から今治、尾道へ, 6章 伊賀上野から伊勢、熊野古道へ, 7章 甲府から身延、富士宮、河津へ, 8章 象潟から秋田、津軽へ, 9章 城崎から天橋立、金沢、能登へ

00347 樹木街道を歩く—縄文杉への道　縄文剣著　碧天舎　2004.8　187p　19cm　1000円　①4-88346-785-6

目次 1 北海道編—帯広市～狩勝峠～札幌市～黒松内低地帯～上磯町, 2 東北編—青森県～秋田県～山形県, 3 日本アルプス縦断編—新潟県～長野県～岐阜県～愛知県, 4 近畿編—滋賀県～京都府～兵庫県, 5 中国山地編—岡山県～広島県～山口県, 6 九州編—福岡県～佐賀県～長崎県～熊本県（天草諸島）～鹿児島県～屋久島

00348 バ・イ・ク　柳家小三治著　講談社　2005.3　327p　15cm　（講談社文庫）　629円　①4-06-275092-9

00349 文豪、偉人の「愛」をたどる旅　黛まどか著　集英社　2009.8　255p　18cm　1048円　①978-4-08-781427-9

目次 第一章 九州・沖縄地方：貫いた恋 坂本竜馬とおりょう 鹿児島県霧島市, まぼろしの国を探して 宮崎康平と和子 長崎県島原市, からゆきさんの夢 小松ケイとオランダ人官吏 熊本県天草市, 御殿を捨てて 柳原白蓮と伊藤伝右衛門 大分県別府市・福岡県飯塚市, かげろうの恋 天草四郎とその恋人 熊本県天草市, 花の代わりに（ジュリの琉歌）ユシヤと仲里按司 沖縄県那覇市, 第二章 中国・四国地方：恋の参道 文蔵と料亭の娘 岡山県倉敷市（風の道）, 漂う恋 竹久夢二と女たち 岡山県邑久町, たまがき書状 たまがきと祐清 岡山県新見市, モラエスの花 モラエスとヨネ 徳島県徳島市・眉山, 愛の選択 小宰相と平通盛 香川県高松市・屋島, 兄妹の恋 軽皇子と軽太郎皇女 愛媛県松山市, 同志の恋 幸徳秋水と管野須賀子 高知県四万十市, 幕末の風雅 高杉晋作とおうの、雅子 山口県下関市, 初恋は小説の原点となって 林芙美子と岡野軍一 広島県尾道市, 第三章 近畿地方：竹取物語 未詳の作者が物語に託した思い 京都府向日市（竹林かぐや姫の里）, 愛の“殉死” お初と徳兵衛 大阪府大阪市・上町台地北, 恋の争い 菟原処女と男たち 兵庫県神戸市, 叶わぬ恋 法然と式子内親王 京都府京都市, 余呉の天女 三橋節子、母の愛 滋賀県伊香郡・余呉町（湖の辺の道）, 海石榴市の悲劇 影媛と男たち 奈良県桜井市（大和の古道紀行）, 甦りの道行 小栗判官と照手姫 和歌山県・熊野古道, 百夜通いの道 小野小町と深草少将 京都府京都市, 第四章 中部地方：天城山心中 愛新覚羅慧生と大久保武道 静岡県伊豆市, 引き裂かれた恋 唐人お吉と鶴松 静岡県下田市, 禁じられた恋 島崎藤村と島崎こま子 長野県南木曽町・妻籠, 乙女つつじ 二つの村に伝わる娘の悲恋 長野県上田市, 唄い継がれる恋 お小夜と吉間 富山県南砺市・五箇山, 白百合の人 与謝野鉄幹と晶子、山川登美子 福井県小浜市, 泥中の蓮 哥川と江戸の思い人 福井県坂井市・三国町, 師弟の愛 江馬細香と頼山陽 岐阜県大垣市, 第五章 関東地方：炎の果てに お七と生田庄之介 東京都文京区、品川区, 卯波の灯 鈴木真砂女と思い人 東京都中央区・銀座, 臨終の接吻 谷崎潤一郎と松子 神奈川県西さがみ連邦共和国,「吾嬬はや…」倭建命をめぐる女性たち 群馬県吾妻郡・嬬恋村, 第六章 北海道・東北地方：忍ぶ恋 太宰治と小山初代 青森県五所川原市, 神々の恋 八郎太郎と辰子姫 秋田県南秋田郡・大潟村, 智恵子の空 高村光太郎と智恵子 福島県二本松市, 亜麻色の風 中城ふみ子の恋 北海道帯広市

00350 下駄で歩いた巴里—林芙美子紀行集　林芙美子著, 立松和平編　岩波書店　2012.4　331p　15cm　（岩波文庫）〈第5刷（第1刷2003年）〉　700円　①4-00-311692-5

作品 摩周湖紀行

00351 パン欲—日本全国パンの聖地を旅する　池田浩明著　世界文化社　2013.12　128p　26cm〈タイトルは奥付等による。標題紙のタイトル：私はパン欲に逆らうことができない……〉　1400円　①978-4-418-13234-8

目次 北海道への旅（パンの香りがする畑—北海道十勝地方本別町・前田農産食品, パンの王国—北海道帯広市・麦音, サンドイッチの冒険—ニセコ～洞爺湖 ソーケシュ製パン×トモエコーヒー/チーズ工房タカラ/ラムヤート/ラ・ベル・コンフィチュール・マサコ）, 岩手への旅（イーハトーブにあるパン屋—岩手県盛岡市・福田パン）, 関東への旅（麦を作るパン屋—神奈川県三浦市・充麦, パン屋のキス—千葉県八千代市・フランスパン, パニーノ、三位一体の快楽—神奈川県鎌倉市・オルトレヴィーノ, 驚くべきパンだけが作る価値がある—神奈川県湯河原町・ブレッド＆サーカス, 情熱は永続する—神奈川県伊勢原市・ムール ア ラ ムール, 雲の上のパン屋—長野県山ノ内町志賀高原・横手山頂ヒュッテ）, 関西への旅（天才の厨房へ、ようこそ—京都府宇治市・たま木亭, パン屋遺産—兵庫県神戸市岡本・フロイン堂, 膝から崩れ落ちるほどの—大阪府吹田市・ル・シュクレクール, パンを、サッカーのうつくしいゴールにたとえる—兵庫県神戸市北野・サ・マーシュ, パンと瞑想—兵庫県西宮市夙川・ameen's oven, 未来のパン屋—兵庫県芦屋市・ベッカライ・ビオブロート, 上がるパン屋—兵庫県西宮市夙川・コンセントマーケット）, 中国四国への旅（山を拝む—鳥取県伯耆町・コウボパン 小さじいち, 21世紀のドン・キホーテ—岡山県真庭市勝山・タルマーリー, 海に浮かぶパン屋—愛媛県今治市・ペイザン）, 九州への旅（小さなオーストラリア—福岡県福岡市・サイラー, 仮説の検証—福岡県福岡市・パンストック, タイムスリップベーカリー—福岡県北九州市小倉・シロヤ）, 沖縄への旅（ジャングルのパン屋—沖縄県本部町・八重岳ベーカリー, 楽園の昼食—沖縄県北中城村・プラウマンズランチベーカリー, 水のつながり—沖縄県読谷村・水円, エッジ・エフェクト—沖縄県宜野湾市・宗像堂）, 欲望充填座談会, パンの聖地 Shop List, あとがき

00352 食べる。　中村安希著　集英社　2014.1　240p　16cm　（集英社文庫）〈2011年刊の再構成〉　500円　①978-4-08-745155-9

作品 ラーメンと獣肉（日本）

目次 食べる前に, 第一話 インジェラ（エチオピア）, 第二話 サンボル（スリランカ）, 第三話 水（スーダン）, 第四話 野菜スープと羊肉（モンゴル）, 第五話 ジャンクフード（ボツワナ）, 第六話 BBQ（香港）, 第七話 キャッサバのココナツミルク煮込み（モザンビーク）, 第八話 ビール（タイ）, 第九話 臭臭鍋と臭豆腐（台湾）, 第十話 ヤギの内臓（ネパール）, 第十一話 グリーンティー（パキスタン）, 第十二話 タコス（メキシコ）, 第十三話 ラーメンと獣肉（日本）, 第十四話 自家蒸溜ウォッカ（アルメニア）, 第十五話 自家醸造ワイン（グルジア）, 第十六話 Tamagoyakiとコンポート（ルーマニア）

00353 ステーキを下町で　平松洋子著, 谷口ジロー画　文藝春秋　2015.8　266p　16cm　（文

春文庫） 580円 ①978-4-16-790429-6

(目次) 梅さんの豚丼, 黒豚ラブ, 津軽の夜はいがめんち, 朝の大衆酒場、夜はスナック, ステーキを下町で, てぃーあんだの味, はじめての「餃子の王将」, 根室のさんまにむせび泣き, ぐっと嚙みしめる, 鮟鱇がもっくもっく, 赤目四十八瀧、運命のうどん, 三陸の味、北リアス線に乗って, ただいま東京駅、発車時刻三十分前

00354 「翼の王国」のおみやげ 長友啓典文・絵 木楽舎 2016.6 207p 19cm （翼の王国books）〈索引あり〉 1400円 ①978-4-86324-100-8

(目次) 北海道・富良野 『唯我独尊』のカレールー, 北海道・札幌 『丸亀』の時不知, 北海道・帯広 『六花亭』の大平原, 岩手県・花巻 『賢治最中本舗 末廣』の賢治最中, 福島県・郡山 『かんのや』の家伝ゆべし, 福島県・会津若松 『大蔵屋』の会津鰊の山椒漬, 東京都・六本木 『とらや』の羊羹, 東京都・銀座 『銀座 寿司幸本店』の太巻, 東京都・五反田 『進世堂』の江戸みやげ, 東京都・新宿 『新宿中村屋』のカリー缶詰〔ほか〕

雄冬

00355 旅を慕いて 木内宏著 朝日新聞社 1994.2 245p 19cm 1500円 ①4-02-256685-X

雄冬岬

00356 ヤポネシアの旅 立松和平著 朝日新聞社 1990.5 252p 15cm （朝日文庫） 480円 ①4-02-260601-0

(目次) 1 旅の誘惑（好奇心, 漂泊の友よ, 夢の中のシンガポール, デジャ・ビュに導かれて ほか）, 2 ヤポネシアの旅（雄冬岬へ, 極上のもてなし, 風景に負ける, 赤ら顔の神様, クロマンタ山 ほか）, 3 悲しき故郷（子供たちの東北本線, 新幹線の眺望, 悪玉・上田馬之助, 黄昏の野 ほか）

00357 北日本を歩く 立松和平著, 黒古一夫編 勉誠出版 2006.4 372p 22cm （立松和平日本を歩く 第1巻） 2600円 ①4-585-01171-4

雄冬山

00358 秘境の山旅 新装版 大内尚樹編 白山書房 2000.11 246p 19cm〈1993年刊の新装版〉 1600円 ①4-89475-044-9

(目次) 知床岳（知床半島）—オホーツク海から太平洋へ, 中ノ岳（日高山脈）—敗北の山, 雄冬山と群別岳（増毛山群）—北の山ザラメの尾根, 尾太岳（白神山地）—マタギと登った黒いピラミッド, 羽後朝日岳（和賀山塊）—山頂の石標が語る山の心, 烏帽子山（飯豊連峰）—主稜線から離れた密藪の城塞, 矢筈岳（川内山塊）—厳冬期初登？ をめざして, 八十里越（会越国境）—消える廃道の峠路, 孫兵衛山（帝釈山脈）—忘れられた湿原, 皇海山（足尾山塊）—失われた集落〔ほか〕

オホーツク海

00359 川を下って都会の中へ—こぎおろしエッセイ 野田知佑著 小学館 1988.10 237p 20cm （Be-pal books）〈著者の肖像あり〉 1200円 ①4-09-366322-X

(目次) 1986—Spring（タヒチでは“裟婆”を想い出してはいけない, ニュジーランドには、まだ落ち着きがある ほか）, 1986—Summer（トレイシー・ダルビーがアメリカに帰った, 自然のままの自然を認めない人たちもいる, 椎名家にユーコン出発前の挨拶に行った, 6月30日、ホワイトホースを出発した ほか）, 1986—Autumn（“正しい日本の秋”を千曲川で満喫した, 5年間住んだ“亀山湖”に別れを告げた ほか）, 1987—Winter（初冬の筑後川は枯葉の香ばしい匂いがした, 水に関していえば上流と下流は別の川だ, 清流の広い川原はいつでも気持ちがいい, この大きさの川にはカヌーらしい面白さがある, 風間深志が、北極点にむけて日本を発った ほか）, 1987—Spring（プライバシーを守るには、東京が1番いい, “アリス・ファーム”は“自給集団”である, 気田川は本州では5本の指に入る銘川だ, 沈は連鎖反応を起こすものである, 東京から行く川下りは、汽車かバスがいい, ペルーのカヌー・チャンピオンに会った, ニジマスの充満した小川をカヌーで下った ほか）, 1987—Summer（カヌーで、信濃川を下らずに遡行した, われわれのカヌー教室は川での遊び方教室だ, 雨で増水した川辺川を獏さんと下った, 剝製の前でのクマ談義は、かなり迫力があった, 村人の“フィッシュ・キャンプ”に同行した ほか）, 1987—Autumn（岡田昇は、最高の“カヌー・エンジン”である, 初日こそオホーツクはベタ凪ぎだったのだが ほか）

00360 巡遊 北の小さな岬 堀淳一写真・文 札幌 北海道新聞社 1993.10 175p 22×17cm 1900円 ①4-89363-704-5

00361 北海道の旅 串田孫一著 平凡社 1997.5 332p 16cm （平凡社ライブラリー）〈筑摩書房1962年刊の増訂〉 1000円 ①4-582-76198-4

00362 作家の犯行現場 有栖川有栖著 新潮社 2005.2 406p 16cm （新潮文庫）〈メディアファクトリー ダ・ヴィンチ編集部2002年刊あり〉 667円 ①4-10-120434-9

[作品] オホーツクの罠

(目次) セピアの島の幻想, マジック・ブリッジ, 即身仏の沈黙, 横溝正史への旅, 幻影城のある街, 断崖の終章, 沈める村, 水底の摩天楼, 神と星の祭り, ロスト・イン・ザ・ミスト, 観念の肖像, 灯台へ, 白い塔の記憶, 巨星のふるさと, オホーツクの罠, トリックがいっぱい, 騙し絵奇譚, 桜の樹の満開の下には, 迷いの森, 建築探偵入門, 恐怖の病棟, 砂丘のシュルレアリスム, ミステリー列車で行こう

00363 メルヘン紀行 みやこうせい著 未知谷 2005.5 237p 20cm 2200円 ①4-89642-129-9

(目次) 1 故郷旅情（中津川の橋—盛岡市, オホーツク海岸—北海道, 津軽野—青森, 最上川流域—山形, 飯泉観音だるま市—小田原, 秋山郷—新潟・長野, 丹波篠山—兵庫, 高千穂—宮崎, 竹富島—沖縄）, 2 花旅情（越前海岸—福井, 南紀・南部の丘陵 田辺市—和歌山, 吉井川流域—岡山, 柳川市—福岡）, 3 ロマン紀行（青森, 秋田, 茨城, 静岡, 岐阜, 京都, 京都, 滋賀, 広島, 愛媛）, 4 メルヘン紀行 ほか

00364 知床を歩く 立松和平著, 黒古一夫編 勉誠出版 2006.4 342p 22cm （立松和平日本を歩く 第5巻） 2600円 ①4-585-01175-7

00365 知床の四季を歩く 立松和平文・写真 樹立社 2007.5 91p 19cm （樹立社ライブラリー・スペシャル） 1100円 ①978-4-901769-24-2

00366 日本全国津々うりゃうりゃ 仕事逃亡編 宮田珠己著 廣済堂出版 2015.10 245p 19cm 1500円 ①978-4-331-51963-9

(目次) オホーツク, 和歌山, 栃尾又, 立山黒部アルペンルート, 本州横断, 宮崎, 高知・徳島, 都会

オンコロマナイ遺跡

00367 街道をゆく 38 オホーツク街道 新装版 司馬遼太郎著 朝日新聞出版 2009.5 436, 8p 15cm (朝日文庫)〈初版：朝日新聞社1997年刊〉 940円 ①978-4-02-264492-3

海峡線

00368 絶景 冬列車の旅—宗谷本線から日本海縦貫線まで 櫻井寛文・写真 東京書籍 1999.11 159p 21cm 2200円 ①4-487-79471-4

(目次) 宗谷本線—凍てついた旭川から最北稚内へ 終着わずか手前、日本海に利尻富士が立ちのぼる, 釧網本線—冬の北海道の風物詩「三白」 丹頂鶴、大白鳥、流氷を見に行く, 函館本線—右にニセコアンヌプリ、左に羊蹄山 さらに列車は駒ヶ岳をめざす, 函館市電—カラオケ電車、箱館ハイカラ号 大雪の日にはササラ電車が走る, 青函航路—津軽海峡は冬景色 寒風吹きすさぶ甲板から函館山を望む, 津軽線・海峡線—青森から蟹田を経て、竜飛へ 太宰治の足跡をたどる車窓の旅〔ほか〕

00369 こだわりの鉄道ひとり旅 池田光雅著 光人社 2000.1 225p 19cm 1700円 ①4-7698-0948-4

00370 北海道 幸せ鉄道旅 矢野直美著 札幌 北海道新聞社 2005.7 223p 21cm 1800円 ①4-89453-341-3

開陽台

00371 ロードスターと旅に出る—この車を相棒にしたからには、一度はやってみたいこと。 中村淳著 三樹書房 2009.10 150p 21cm 1400円 ①978-4-89522-535-9

学園都市線

00372 北海道 幸せ鉄道旅 矢野直美著 札幌 北海道新聞社 2005.7 223p 21cm 1800円 ①4-89453-341-3

香深(礼文町)

00373 北海道の旅 串田孫一著 平凡社 1997.5 332p 16cm (平凡社ライブラリー)〈筑摩書房1962年刊の増訂〉 1000円 ①4-582-76198-4

上磯地区(北斗市)

00374 忘れられた道—北の旧道・廃道を行く 続 堀淳一文と写真 札幌 北海道新聞社 1999.1 238p 19cm 1700円 ①4-89363-246-9

00375 樹木街道を歩く—縄文杉への道 縄文剣著 碧天舎 2004.8 187p 19cm 1000円 ①4-88346-785-6

上川駅

00376 最長片道切符11195.7キロ—日本列島ジグザグ鉄道の旅 原口隆行著 学習研究社 2008.7 375p 21cm〈折り込1枚〉 1900円 ①978-4-05-403804-2

上川地域

00377 忘れられた道 完 堀淳一文と写真 札幌 北海道新聞社 2000.9 207p 19cm 1700円 ①4-89453-116-X

上川町

00378 なぜかいい町一泊旅行 池内紀著 光文社 2006.6 227p 18cm (光文社新書) 700円 ①4-334-03360-1

上砂川駅

00379 文学の中の駅—名作が語る“もうひとつの鉄道史” 原口隆行著 国書刊行会 2006.7 327p 20cm 2000円 ①4-336-04785-5

神の子池

00380 立松和平のふるさと紀行—名水 立松和平文, 山下喜一郎写真 河出書房新社 2002.5 109p 23cm 2500円 ①4-309-01459-3

(目次) 来運の水(北海道・知床), 神の子池(北海道・斜里), ふきだし湧水(北海道・羊蹄山), 暗門の滝(青森県・白神山地), 座頭清水(岩手県・八幡平), 竜泉洞地底湖(岩手県・岩泉), 元滝伏流水(秋田県・象潟), 幕滝(福島県・幕川温泉), 尚仁沢湧水(栃木県・塩谷), 地獄沢(栃木県・日光)〔ほか〕

上の湯温泉 銀婚湯

00381 日本すみずみ紀行 川本三郎著 社会思想社 1997.9 258p 15cm (現代教養文庫)〈文元社2004年刊(1998年刊(2刷)を原本としたOD版)あり〉 640円 ①4-390-11613-4

00382 「銀づくし」乗り継ぎ旅—銀水発・銀山ゆき5泊6日3300キロ 列車に揺られて25年 種村直樹著 徳間書店 2000.7 258p 19cm 1400円 ①4-19-861211-0

(目次) 1日目 銀水、「銀河」、銀山町、“銀山号”、石見銀山, 2日目 銀橋、銀閣寺、「銀泉」、“銀河”, 3日目 戸越銀座、銀座線、銀座、「銀ブラバス」、銀山温泉, 4日目 白銀の滝、“銀河ドリームライン釜石線”、白銀, 5日目 ふるさと銀河線、“銀河”、「あしょろ銀河ホール」, 6日目 銀山、「銀婚湯」, プラス1日目(7日目) 白銀の滝、銀鱗の滝, プラス2日目(8日目) 天の川トンネル, プラス3日目(9日目) 銀河の滝、銀泉台、銀河トンネル, 還暦記念乗り継ぎ

神居古潭

00383 松崎天民選集 第10巻 人間見物 松崎天民著, 後藤正人監修・解説 クレス出版 2013.11 395, 3p 19cm〈騒人社書局 昭和二年刊の複製〉 6000円 ①978-4-87733-795-7

[作品] 北海道印象記

カムイワッカ湯の滝

00384 温泉百話—東の旅 種村季弘, 池内紀編 筑摩書房 1988.2 471p 15cm (ちくま文庫) 680円 ①4-480-02200-7

[作品] 知床秘湯めぐりの旅〔川本三郎〕

00385 秘湯を求めて 3 きわめつけの秘湯 藤嶽彰英著 (大阪)保育社 1990.1 194p 19cm 1350円 ①4-586-61103-0

目次 菅野温泉（北海道），カムイワッカの湯滝（北海道），水無温泉（北海道），須川温泉（岩手県），湯ノ倉温泉（宮城県），孫六温泉（秋田県），二岐温泉（福島県），三斗小屋温泉（栃木県），八丁の湯（栃木県），足付・地鉈温泉（東京都），仙石下湯（神奈川県），十谷温泉（山梨県），湯の平温泉（新潟県），蓮華温泉（新潟県），本沢温泉（長野県），崖の湯（長野県），秋山郷（長野県），大鹿温泉郷（長野県），仙人の湯（富山県），湯ノ峰温泉（和歌山県），湯乃山温泉（広島県），古湯温泉（佐賀県），白鳥温泉（宮崎県），尾之間温泉（鹿児島県），吐噶喇の湯（鹿児島県）

00386 温泉天国　嵐山光三郎，荒俣宏，池内紀，池波正太郎，井伏鱒二，植村直己，岡本かの子，岡本綺堂，小川未明，角田光代，川端康成，川本三郎，北杜夫，斎藤茂太，坂口安吾，高村光太郎，武田百合子，太宰治，田辺聖子，種村季弘，田村隆一，田山花袋，つげ義春，平林たい子，松本英子，村上春樹，室生犀星，山下清，柳美里，横尾忠則，吉川英治，四谷シモン著　河出書房新社　2017.12　237p　19cm　（ごきげん文藝）　1600円　①978-4-309-02642-8

作品 カムイワッカ湯の滝―落下する滝、流れる川すべてが純ナマの温泉〔嵐山光三郎〕

目次 湯のつかり方（池内紀），カムイワッカ湯の滝―落下する滝、流れる川すべてが純ナマの温泉（嵐山光三郎），ぬる川の宿（吉川英治），湯船のなかの布袋さん（四谷シモン），花巻温泉（高村光太郎），記憶9800円×2（角田光代），川の温泉（柳美里），美しき旅について（室生犀星），草津温泉（横尾忠則），伊香保のろ天風呂（山下清），上諏訪・飯田（川本三郎），村の温泉（平林たい子），渋温泉の秋（小川未明），増富温泉場（井伏鱒二），美少女（太宰治），浅草観音温泉（武田百合子），温泉雑記（抄）（岡本綺堂），硫黄泉（斎藤茂太），丹沢の鉱泉（つげ義春），熱海秘湯群漫遊記（種村季弘），湯ヶ島温泉（川端康成），温浴（坂口安吾），温泉（北杜夫），母と（松本英子），濃き闇の空間に湧く「再生の湯」和歌山県・湯の峯温泉（荒俣宏），春の温泉（岡本かの子），ふるさと城崎温泉（植村直己），奥津温泉雪見酒（田村隆一），別府の地獄めぐり（田辺聖子），温泉だらけ（村上春樹），温泉で泳いだ話（池波正太郎），女の温泉（田山花袋）

神恵内村

00387 ローカルバスの終点へ　宮脇俊三著　洋泉社　2010.12　303p　18cm　（新書y）〈1991年刊の新潮文庫を底本とする　日本交通公社出版事業局 1989年刊あり〉　840円　①978-4-86248-626-4

目次 第1章 北海道（川白（古宇郡神恵内村），北二号（野付郡別海町） ほか），第2章 東北・関東（九艘泊（青森県下北郡脇野沢村），湯ノ岱（秋田県北秋田郡森吉町） ほか），第3章 中部（室谷（新潟県東蒲原郡上川村），飯尾（山梨県北都留郡上野原町） ほか），第4章 近畿・中国・四国（大杉（三重県多気郡宮川村），田歌（京都府北桑田郡美山町） ほか），第5章 九州・沖縄（中山（宮崎県東臼杵郡南郷村），野間池（鹿児島県川辺郡笠沙町） ほか）

鷗島

00388 1泊2日の小島旅　カベルナリア吉田文・写真　阪急コミュニケーションズ　2009.4　199p　19cm　1600円　①978-4-484-09207-2

目次 「小島」という名の非日常へ、いざ出発！，大島（山口県萩市），走島（広島県福山市），利島（東京都利島村），真鍋島（岡山県笠岡市），間崎島（三重県志摩市），篠島（愛知県南知多町），魚島（愛媛県上島町），湯島（熊本県上天草市），高見島（香川県多度津町），高島（長崎県長崎市），相島（福岡県新宮町），日帰り小島の旅【関東編】（猿島（神奈川県横須賀市），琵琶島（弁天島）（長野県信濃町），高島（岡山県笠岡市），仙酔島（広島県福山市），横浦島（熊本県天草市），舳倉島（石川県輪島市），保戸島（大分県津久見市），神島（三重県鳥羽市），日帰り小島の旅【関西編】（友ヶ島（沖ノ島+虎島）（和歌山県和歌山市），沖島（滋賀県近江八幡市），船島（巌流島）（山口県下関市），坂手島（三重県鳥羽市），黒島（大分県臼杵市），鷗島（北海道江差町），岩黒島（香川県坂出市）），「小島」はニッポンの財産

茅沼駅

00389 北の無人駅から　渡辺一史著　札幌　北海道新聞社　2011.10　791p　19cm〈写真：並木博夫　文献あり〉　2500円　①978-4-89453-621-0

狩勝隧道

00390 ニッポンの穴紀行―近代史を彩る光と影　西牟田靖著　光文社　2010.12　324p　19cm〈文献あり〉　1500円　①978-4-334-97634-7

目次 軍艦島―捨てられた集合住宅と穴，釜石鉱山と東北砕石工場跡―宮沢賢治ゆかりの穴，新内隧道と狩勝隧道―開拓の苦闘が印された穴，国立国会図書館―書庫になっている地下8階までの穴，滋賀会館地下通路―文化施設がコラボする宙ぶらりんの穴，人形峠夜次南第2号坑―怪しい光を発する希望の穴，黒部ダム―高熱隧道とクロヨンの穴，日韓トンネル―全長200キロの穴，吉見百穴と巌窟ホテル―親子3代の夢の穴，諏訪之瀬島―ヒッピーと巨大資本の抗争史，友ヶ島第3砲台跡―使われなかった要塞の穴，糸数壕と山城本部壕―沖縄戦の傷痕が残る穴

狩勝峠

00391 北海道の旅　串田孫一著　平凡社　1997.5　332p　16cm　（平凡社ライブラリー）〈筑摩書房1962年刊の増訂〉　1000円　①4-582-76198-4

00392 樹木街道を歩く―縄文杉への道　縄文剣著　碧天舎　2004.8　187p　19cm　1000円　①4-88346-785-6

00393 日本八景―八大家執筆　幸田露伴，吉田絃二郎，河東碧梧桐，田山花袋，北原白秋，高浜虚子，菊池幽芳，泉鏡花著　平凡社　2005.3　280p　16cm　（平凡社ライブラリー）　1200円　①4-582-76531-9

目次 華厳滝（幸田露伴），上高地（吉田絃二郎），狩勝峠（河東碧梧桐），室戸岬（田山花袋），木曽川（北原白秋），別府温泉（高浜虚子），雲仙岳（菊池幽芳），十和田湖（泉鏡花）

狩場山

00394 北紀行 風の恋歌　伊東徹秀著　麦秋社　1995.11　221p　19cm　1300円　①4-938170-21-3

川湯温泉

00395 旅は道づれ湯はなさけ　辻真先著　徳間書店　1989.5　348p　15cm　（徳間文庫）　580円　①4-19-568760-8

00396 スローな旅で行こう―シェルパ斉藤の週

末ニッポン再発見　斉藤政喜著　小学館　2004.10　255p　19cm　(Dime books)　1200円　①4-09-366068-9
目次 はじめに, 北へ東へ(【北海道】三笠鉄道村 これぞ“走る森林浴”。廃線でトロッコ列車試運転 さらには本物のSLも運転!!, 【山形県】六田街道 麩屋立ち並ぶ山形の麩街道を食べ歩き、麩と人生を振り返る, 【新潟県】山古志村 雪国の叡智、“全長日本一”の手堀トンネルを歩く, 【福島県】原町市、郡山市 地元と密着した“温かさ”みちのくプロレスの追っかけに夢中, 【北海道】川湯温泉 馬はセクシーである。その背に揺られて摩周湖までトレッキング, 【東京都】目黒雅叙園 『千と千尋の神隠し』の湯屋のモデルを見物。広大優雅なトイレは必見!!, 【長野県】蓼科高原 食わない旅こそ究極の贅沢!? 高原で2泊3日の「断食道場」体験入門, 【宮城県】太平洋フェリー 日本一豪華なフェリーで仙台へ、さらに海の幸の宝庫・気仙沼で人生の幸を味わう, 【青森県】下北半島 荒波の下北半島へ、風雪に晒される「寒立馬」の雄姿を見に行く, 【北海道】支笏湖、然別湖 厳冬ダイビング、アイスバー、氷上露天風呂、厳冬の北海道で、寒さを楽しむ旅三昧), 南へ西へ(【京都府】町家 “わが家”気分の「町家」に連泊。西陣界隈を自転車で散策し、温かな暮らしのにおいに触れる, 【伊豆七島】新島 くさい。でもやめられない。生産量日本一の新島で、できたてのくさやを焼いて食す, 【岐阜県】高山市 匠の町・高山で評判の国際色豊かな宿に泊まり、神岡の廃虚を探索する, 【徳島県】脇町 「うだつの町並み」を歩き、藍染めのバンダナづくりで“うだつ”をあげる, 【長野県】飯田町 小型ギターケース片手に、飯田線“秘境駅”途中下車の旅, 【石川県】能登半島 無形文化財『揚げ浜塩田』で、機械をいっさい使わない伝統的な塩づくりを体験, 【沖縄県】読谷村 やんばるの自然食の宿に泊まり、長寿県の食を満喫しつつ、巨大ジンベイザメと泳ぐ, 【愛媛県】内子町 蠟燭で栄えた歴史ある町を散策。大正時代の歌舞伎劇場で地元劇団の芝居鑑賞, 【大分県】豊後高田市 あのころの宝物が店頭に飾られた昭和の町を散策して、昭和30年代の子供に戻る, 【愛媛県〜広島県】しまなみ海道 潮風に吹かれながら、自転車で瀬戸内海を横断。これぞベストサイクリングロード。, 【奈良県】橿原市 江戸時代の姿をそのまま残す橿原市今井町で、理想的なかまどに出会う, 【鹿児島県】徳之島 幻の国産コーヒーを求めて、南の島へ。そこで、未来の夢と希望をもらった), おわりに

00397 下駄で歩いた巴里―林芙美子紀行集　林芙美子著, 立松和平編　岩波書店　2012.4　331p　15cm　(岩波文庫)〈第5刷(第1刷2003年)〉　700円　①4-00-311692-5
作品 摩周湖紀行

北浜駅

00398 北の無人駅から　渡辺一史著　札幌　北海道新聞社　2011.10　791p　19cm〈写真：並木博夫　文献あり〉　2500円　①978-4-89453-621-0

北見山地

00399 果てしなき山稜―襟裳岬から宗谷岬へ　志水哲也著　山と溪谷社　2016.10　373p　15cm　(ヤマケイ文庫)〈白山書房 1995年刊の加筆訂正〉　950円　①978-4-635-04824-8

北見市

00400 わたしの旅人生「最終章」　渡辺文雄著　アートデイズ　2005.2　267p　20cm〈肖像あり〉　1600円　①4-86119-033-9

喜茂別町

00401 耕うん機オンザロード　斉藤政喜著　小学館　2001.8　333p　19cm　(BE-PAL BOOKS)　1200円　①4-09-366065-4

00402 パン欲―日本全国パンの聖地を旅する　池田浩明著　世界文化社　2013.12　128p　26cm〈タイトルは奥付等による。標題紙のタイトル：私はパン欲に逆らうことができない……〉　1400円　①978-4-418-13234-8

旧樺戸集治監本庁舎

00403 街道をゆく　15　北海道の諸道　新装版　司馬遼太郎著　朝日新聞出版　2008.11　306, 8p　15cm　(朝日文庫)　620円　①978-4-02-264461-9

急行「はまなす」

00404 去りゆく星空の夜行列車　小牟田哲彦著　草思社　2015.2　294p　16cm　(草思社文庫)〈扶桑社 2009年刊の再刊〉　850円　①978-4-7942-2105-6
目次 第1章 日本の大動脈・東海道を駆け抜ける伝統の夜汽車(寝台特急「富士」(東京→大分), 寝台特急「さくら」(長崎→東京), 寝台特急「サンライズ出雲」(出雲市→東京)), 第2章 歌にも歌われた「上野発の夜行列車」(急行「八甲田」(上野→青森), 寝台特急「あけぼの」(青森→上野), 寝台特急「北陸」/急行「能登」(上野―金沢)), 第3章 地域密着の北海道・九州島内夜行(特急「ドリームにちりん」(南宮崎→博多), 急行「まりも」(札幌→釧路), 急行「はまなす」(青森→札幌)), 第4章 消えゆく関西発着夜行(寝台急行「雲仙」(新大阪→長崎), 寝台特急「あかつき」「なは」(京都・新大阪―長崎・西鹿児島), 急行「きたぐに」(大阪→新潟)), 第5章 正確・廉価な庶民の足(快速「ムーンライト九州」(新大阪→博多), 快速「ムーンライト信州81号」(新宿→白馬), 快速「ムーンライトながら」(東京→大垣)), 第6章 豪華旅行の演出家(寝台特急「トワイライトエクスプレス」(大阪→札幌), 寝台特急「カシオペア」(上野→札幌))

急行「まりも」

00405 去りゆく星空の夜行列車　小牟田哲彦著　草思社　2015.2　294p　16cm　(草思社文庫)〈扶桑社 2009年刊の再刊〉　850円　①978-4-7942-2105-6

清里町

00406 北海道の旅　串田孫一著　平凡社　1997.5　332p　16cm　(平凡社ライブラリー)〈筑摩書房1962年刊の増訂〉　1000円　①4-582-76198-4

銀河の滝

00407 「銀づくし」乗り継ぎ旅―銀水発・銀山ゆき5泊6日3300キロ 列車に揺られて25年　種村直樹著　徳間書店　2000.7　258p　19cm　1400円　①4-19-861211-0

銀山駅

00408 「銀づくし」乗り継ぎ旅―銀水発・銀山

ゆき5泊6日3300キロ 列車に揺られて25年　種村直樹著　徳間書店　2000.7　258p　19cm　1400円　①4-19-861211-0

銀泉台

00409　「銀づくし」乗り継ぎ旅―銀水発・銀山ゆき5泊6日3300キロ 列車に揺られて25年　種村直樹著　徳間書店　2000.7　258p　19cm　1400円　①4-19-861211-0

銀鱗の滝

00410　「銀づくし」乗り継ぎ旅―銀水発・銀山ゆき5泊6日3300キロ 列車に揺られて25年　種村直樹著　徳間書店　2000.7　258p　19cm　1400円　①4-19-861211-0

釧路駅

00411　文学の中の駅―名作が語る“もうひとつの鉄道史”　原口隆行著　国書刊行会　2006.7　327p　20cm　2000円　①4-336-04785-5

00412　最長片道切符11195.7キロ―日本列島ジグザグ鉄道の旅　原口隆行著　学習研究社　2008.7　375p　21cm〈折り込1枚〉　1900円　①978-4-05-403804-2

釧路川

00413　川を下って都会の中へ―こぎおろしエッセイ　野田知佑著　小学館　1988.10　237p　20cm　(Be-pal books)〈著者の肖像あり〉　1200円　①4-09-366322-X

00414　日本の川を旅する―カヌー単独行　野田知佑著　講談社　1989.7　349p　19cm　1200円　①4-06-204362-9

(目次) いざ原野の光の中へ―釧路川, 幻の魚イトウを釣った―尻別川, 雨ニモ負ケル、風ニモ負ケル―北上川, 老婆は一日にしてならず―雄物川, 山河滅び人肥え太り―多摩川, やっぱり日本は広い―信濃川, 冒険は3日もすると日常になる―長良川, 家族でツーリング―熊野川, 春の岸辺は花々に彩られ―江の川, 水の上で水に渇く―吉井川, 桃源郷に若者は住めない―四万十川, 美人も簗場も洪水が流した―筑後川, 啞然、ふる里の川はいま―菊池川, 薩摩隼人は死んだか―川内川

00415　水の旅 川の漁　立松和平文, 大塚高雄写真　世界文化社　1993.8　250p　19cm　1600円　①4-418-93509-6

(目次) 川の伝統文化―序にかえて, 第1章 雪が誘う―最上川、釧路川・美々川, 第2章 川遊びがやめられない―那珂川, 第3章 仙人マスが溯る―中禅寺湖, 第4章 生命線を守らねば―多摩川, 第5章 富士山からの贈りもの―柿田川, 第6章 技は夢と化すのか―九頭竜川, 第7章 人をも豊かにする―長良川, 第8章 民族の未来をかけて―琵琶湖, 第9章 男のロマンを載せて―宍道湖, 第10章 風になり、光になりして―四万十川, 第11章 ほかにおらんけんの―筑後川, 伝統漁法の基本, 主要河川・湖沼の伝統漁法

00416　川へふたたび　野田知佑著　小学館　1998.7　361p　15cm　(小学館文庫)〈1993年刊の文庫化〉　571円　①4-09-411022-4

(目次) 釧路川(いざ原野の光の中へ, わが感傷の川にて ほか), 長良川(冒険は三日もすると日常になる, 美しい川の効用 ほか), 四万十川(桃源郷に若者は住めない, 知的川下りの方法 ほか), 吉野川(男を磨く川, 吉野川), 球磨川(椎名一家と球磨川を下った, 空飛ぶ二人艇 ほか)

00417　カヌー式生活　野田知佑著　文芸春秋　1999.8　259p　20cm　1381円　①4-16-355550-1

(目次) ヒッチハイク薩南行, 知床半島一周シーカヤックの旅, 懐旧の釧路川を漂う, 那珂川の酩酊, 『日本の川を旅する』十年後, 徳島の宝石 那賀川を守る村, アマゾン源流をめざして, 初心者も楽しいユーコン川, 極北の孤島で見たクジラ, 若者よ辺境をめざせ〔ほか〕

00418　ぼくの還る川　野田知佑著　新潮社　2003.7　302p　16cm　(新潮文庫)〈2000年刊の文庫化〉　552円　①4-10-141013-5

(目次) 第1章 奔る水、停まる時間(故郷の小川で魚をすくう, 歴舟川 ほか), 第2章 単独行がしたい(釧路川), 第3章 ぼくの還る川(米代川, 四万十川, 鹿児島での年越し ほか), 第4章 そして旅へ(カナダ・ユーコン川, 身障者カヌーのユーコン遠征 ほか)

00419　北日本を歩く　立松和平著, 黒古一夫編　勉誠出版　2006.4　372p　22cm　(立松和平日本を歩く 第1巻)　2600円　①4-585-01171-4

00420　ダムはいらない！―新・日本の川を旅する　野田知佑著　小学館　2010.2　255p　19cm　1500円　①978-4-09-366540-7

(目次) 四万十川―川にどっぷり浸った旅、ふたたび, 尻別川―川旅は道草を食う旅である, 川内川―南の川をのどかに旅する, 菊池川―快晴。若草の匂い。郷里の川を下る, 釧路川―一番好きだった川の終わり, 筑後川―川の歴史が過去のものになろうとしている

釧路漁港

00421　釧路湿原　立松和平写真・文　グラフィック社　1989.2　143p　27cm　2900円　①4-7661-0509-5

(目次) 釧路湿原との対話, 釧路湿原を飛ぶ, ヤチボウズ, シラルトロ湖のマリモ, タンチョウ雪より白く, 馬と暮らす, ドサンコ, 北の牧夫, サケの悲しみ, 釧路漁港, 熱き心、とろける味, カメラマンになりたかった男の後記

00422　浦島太郎の馬鹿―旅の書きおき　立松和平著　マガジンハウス　1990.10　251p　21cm　1400円　①4-8387-0189-6

[作品] 釧路漁港

(目次) 放浪者, 上野駅, はじめての富士山, 利根川を渡って, 知らせの雪, 月夜の力, 民宿すずらん荘, 雑草を食べる, 青空と地底, 不意の昏睡, 島建て神話, 桃太郎伝説, 浦島太郎の馬鹿, 山の龍宮城, 一寸法師と鬼〔ほか〕

釧路市

00423　文学の中の風景　大竹新助著　メディア・パル　1990.11　293p　21cm　2000円　①4-89610-003-4

00424　ふれあいの旅紀行　新田健次著　東京新聞出版局　1992.5　203p　19cm　1300円　①4-8083-0437-6

(目次) 道東五白、丹頂の釧路へ, 遠歌が聞こえる町, 蕉島のうみねこと詩人, 田沢湖へいった男, “つばさ”で出かけた秋田の音楽祭, 平泉に「奥の細道」をたずねて, 会津白虎隊と喜多方ラーメン, 常磐線を北上する列車に乗って, 佃煮と東京湾めぐり, 西伊豆の妻良で味わった海の幸, 姥捨駅と“田毎の月”、松本城めぐり, 信越線で食べ

たりんごの味, 木曽路は中山道の名所, 月夜野と三国街道散見, 徳山村で夫を待つ女, 郡上踊りは恋歌となって続く, つかのまの秋が漂う高山, 琵琶湖のフナ寿司と彦根の埋れ木, 斑鳩の里と奥深い大和路, 吉備路はおとぎばなしの街道, 四国のお遍路さん, "おいでませ山口へ"は言い得て妙, むつごろうと旅役者、そして天満宮, 平戸の隠れキリシタンを訪ねて, 蛍が帰った知覧の夏, 沖縄の心を歌った男〔ほか〕

00425 北紀行 風の恋歌 伊東徹秀著 麦秋社 1995.11 221p 19cm 1300円 ①4-938170-21-3

00426 望郷を旅する 石川啄木ほか著, 作品社編集部編 作品社 1998.4 251p 22cm (新編・日本随筆紀行 大きな活字で読みやすい本―心にふるさとがある 15) ①4-87893-896-X, 4-87893-807-2

作品 雪中行〔石川啄木〕

00427 日本映画を歩く―ロケ地を訪ねて 川本三郎著 JTB 1998.8 239p 20cm 1600円 ①4-533-03066-1

目次 尾道に残る「東京物語」,「幻の馬」の牧場へ 八戸から陸奥湊, "川っ子"への郷愁 道志川から下部温泉へ,「挽歌」の霧の町、釧路,「張込み」の風景を追って佐賀から香椎、小倉へ,「ゼロの焦点」の能登金剛から「続・禁男の砂」の舳倉島へ,「カルメン故郷に帰る」と草軽電鉄追慕行, 鉛温泉から蔦温泉へ、成瀬映画を訪ねて, 足摺岬から宇和島へ、「てんやわんや」の津島町へ, "旅する楽団"を追って高崎から群馬の村へ, 市電に揺られて裕次郎と旭の函館へ,「月は上りぬ」のまほろばの大和, やさしく雨ぞ降りしきる「浮雲」の屋久島

00428 忘れられた道 完 堀淳一文と写真 札幌 北海道新聞社 2000.9 207p 19cm 1700円 ①4-89453-116-X

00429 文学の風景をゆく―カメラ紀行 小松健一著 PHP研究所 2003.6 238p 18cm (PHPエル新書) 950円 ①4-569-62977-6

目次 第1章 北へ―木枯をゆく(釧路・さいはての町の恋心―石川啄木, 札幌・詩人の住むべき北都―有島武郎/石川/啄木 ほか), 第2章 東へ―野分をゆく(裏磐梯・モノトーンの静寂―高村光太郎, 郡山・安積野の秋の陽―宮本百合子 ほか), 第3章 西へ―夕東風をゆく(新潟・親切すぎる雪―坂口安吾/会津八一, 軽井沢・高原の鯉のあめ煮―堀辰雄/室生犀星/立原道造 ほか), 第4章 南へ―白南風をゆく(小豆島―浜風と醤油の匂い―壷井栄/壷井繁治/黒島伝治, 高松―百舌坂の百舌博士―菊池寛 ほか)

00430 バ・イ・ク 柳家小三治著 講談社 2005.3 327p 15cm (講談社文庫) 629円 ①4-06-275092-9

00431 色街を呑む!―日本列島レトロ紀行 勝谷誠彦著 祥伝社 2006.2 284p 15cm (祥伝社文庫) 600円 ①4-396-33271-8

目次 和歌山・天王新地の巻―やり手婆がとつぜん突き出したもの, 黄金町&堀之内の巻―桃色の蛍光灯の下、女たちの目線の強さ, 町田・田んぼの巻―肌を剝き出した少女と気だるい女を隔てたのは?, 高知・玉水町の巻―古びた旅館の二階からこぼれ出たもの, 京都・五条楽園の巻――見をこばむ闇のむこう, 大阪・飛田新地の巻―美少女たちの化粧や髪型の謎, 釧路&札幌の巻―滅びゆく色街の残影, 青森・第三新興街の巻―猥褻語溢れる、連絡船の遺した祝祭, 宮崎・上野町の巻―あの球団選手も遊んだかもしれぬ色街, 広島県・福山の巻―チンチン村のパツ屋〔ほか〕

00432 北日本を歩く 立松和平著, 黒古一夫編 勉誠出版 2006.4 372p 22cm (立松和平日本を歩く 第1巻) 2600円 ①4-585-01171-4

00433 釣りキチ三平の釣れづれの記 青春奮闘編 矢口高雄著 講談社 2009.5 327p 16cm (講談社+α文庫) 781円 ①978-4-06-281288-7

目次 ふるさと考―「まえがき」にかえて, 第1章 幻の魚イトウ(チライ・アパッポ, 霧の街・釧路へ ほか), 第2章 マンガつれづれの記(すりきれたジーパン, 立ち消えた「織田信長」 ほか), 第3章 ボクの猟人日記(シメジ狩りのコツは…, キジも啼かずば… ほか), 第4章 有明海のムツゴロウ(ムツゴロウとの出会い, 取材旅行 ほか), 第5章 夢のサーモンダービー(ジム・マーレー氏, カナダへの旅 ほか)

00434 ロードスターと旅に出る―この車を相棒にしたからには、一度はやってみたいこと。 中村淳著 三樹書房 2009.10 150p 21cm 1400円 ①978-4-89522-535-9

00435 列車三昧日本のはしっこに行ってみた 吉本由美著 講談社 2009.12 232p 16cm (講談社+α文庫)〈『日本のはしっこへ行ってみた』(日本放送出版協会2003年刊)の改題、加筆・再編集〉 667円 ①978-4-06-281334-1

00436 下駄で歩いた巴里―林芙美子紀行集 林芙美子著, 立松和平編 岩波書店 2012.4 331p 15cm (岩波文庫)〈第5刷(第1刷2003年)〉 700円 ①4-00-311692-5

作品 摩周湖紀行

00437 むかしの汽車旅 出久根達郎編 河出書房新社 2012.7 259p 15cm (河出文庫) 760円 ①978-4-309-41164-4

作品 雪中行―小樽より釧路まで〔石川啄木〕

00438 にっぽん全国 百年食堂 椎名誠著 講談社 2013.1 222p 19cm 1400円 ①978-4-06-217814-3

00439 松崎天民選集 第10巻 人間見物 松崎天民著, 後藤正人監修・解説 クレス出版 2013.11 395, 3p 19cm〈騒人社書局 昭和二年刊の複製〉 6000円 ①978-4-87733-795-7

作品 北海道印象記

00440 肉の旅―まだ見ぬ肉料理を求めて全国縦断! カベルナリア吉田著 イカロス出版 2016.8 235p 21cm 1600円 ①978-4-8022-0222-0

00441 可愛いあの娘(こ)は島育ち 太田和彦著 集英社 2016.11 254p 16cm (集英社文庫―ニッポンぶらり旅) 600円 ①978-4-08-745518-2

目次 豊橋, 八丈島, 酒田, 福井, 釧路, 名古屋, 木曾福島

00442 ニッポン線路つたい歩き 久住昌之著 カンゼン 2017.6 246p 19cm 1500円 ①978-4-86255-398-0

目次 1 八高線と県境・多摩川を越える, 2 なめらかな富山湾と氷見線, 3 烏山線でいろんな風に吹かれた, 4 内房線に沿って内房から外房へ, 5 太平洋に合掌。雨上がりのごめん・なはり線, 6 初訪問で実感。「よかです」佐

世保線, 7 成田線で久住が久住を越えて佐原へ, 8 陽光あたたかな瀬戸内の呉線, 9 早く来い、春と指宿枕崎線, 10 岳南電車で懐かしい電車や風景に会う, 11「のどかだなぁ」春の徳島鳴門線, 12 銭湯、食堂、小さな工場……タマラナイ八戸線, 13 鹿児島本線沿いから関門海峡を歩いて渡る, 14 汗を流して辿り着いた南武線のいい町, 15 思いもよらないものに出会う根室本線・釧路の夏, 16 ブドウ畑と中央本線、実りの秋

釧路湿原

00443 釧路湿原　立松和平写真・文　グラフィック社　1989.2　143p　27cm　2900円　①4-7661-0509-5

00444 ヤポネシア讃歌　立松和平著　講談社　1990.6　261p　19cm　1200円　①4-06-204887-6

(目次) 第1章 こころ温まるもの（釧路湿原, クッチャロ湖, 中禅寺湖）, 第2章 神々しきもの（瀬戸内海・能登, 熊野, 大菩薩峠, 西表島）, 第3章 水々しきもの（四万十川, 九頭竜川, 柿田川, 琵琶湖）, 第4章 天に恵まれしもの（対馬, 若狭湾, 潮岬, 下北半島）, 第5章 伝え残すもの（越前勝山, 津軽, 富山）, 第6章 相剋するもの（知床, 津軽, 鳥取砂丘, 地下鉄という感覚—後記にかえて）

00445 ふれあいの旅紀行　新田健次著　東京新聞出版局　1992.5　203p　19cm　1300円　①4-8083-0437-6

00446 山へ—原始の香り求めて　大内尚樹著　八王子　白山書房　2001.3　236p　19cm　1600円　①4-89475-047-3

(目次) 原始の香り求めて（丸山岳（南会津）, 井戸小屋山（越後））, 山と人（恐山と縫道石山（下北半島）, 粟ヶ岳（下田山塊）, 知床岳（知床半島））, 単独登攀（駒ヶ岳南壁（海谷山塊）, 御神楽岳（会越国境））, 自然との共生・保護（釧路湿原と根釧原野（道東）, 追良瀬川（白神山地））, 喪われゆく辺境（五剣谷岳（川内山塊）, 大白沢池（奥只見））

00447 美しいものしか見まい　立松和平著　恒文社21　2002.9　238p　19cm〈恒文社（発売）〉　1600円　①4-7704-1077-8

(目次) 1 列島の四季（タンチョウの冬, 眠らない水 ほか）, 2 美しいものしか見まい（法隆寺の木—斑鳩・奈良県, 普通が尊くて美しい—湯布院・大分県 ほか）, 3 山と川がはぐくむもの（釧路湿原, 日高山脈 ほか）, 4 南へ（筑後川を下る, 極楽のような隠れ里 ほか）

00448 北日本を歩く　立松和平著, 黒古一夫編　勉誠出版　2006.4　372p　22cm　（立松和平日本を歩く 第1巻）　2600円　①4-585-01171-4

00449 脳で旅する日本のクオリア　茂木健一郎著　小学館　2009.7　255p　19cm　1500円　①978-4-09-387855-5

(目次) 自然のクオリア（ざわめきと、躍動と/白神山地I 青森県西目屋村, 私が森の一部になる/白神山地II 青森県西目屋村, とてつもない広がりと奥行き/釧路湿原と知床半島 北海道釧路、羅臼, この世で一番美しいもの/西表島I 沖縄県八重山郡, 植物の生命哲学/西表島II 沖縄県八重山郡）, 信仰のクオリア（近代を超えるもの/伊勢神宮 三重県伊勢市, うまく思い出すこと/三輪山登拝 奈良県桜井市, 生きた心地の実感/笠置寺と山岳信仰 京都府相楽郡, 忘れても動かざる/比叡山延暦寺 滋賀県大津市, 生きるための秘術/斎場御嶽と久高島 沖縄県南城市, シラサギは舞う/加賀の潜戸 島根県松江市, 花に埋もれた島/五島列島とキリシタン文化 長崎県五島市）, 歴史のクオリア（どこにいようと内にある/アイヌ民族の聖地 北海道知床半島, やがて土に還る/三内丸山遺跡 青森県青森市, 地中への回帰/トンカラリン遺跡 熊本県玉名郡, 純なる生命のクオリア/『平家物語』と屋島 香川県高松市, 連綿とつながる生命/東京大学総合研究博物館分館 東京都文京区, 京都の奇跡/京都という土地の魅力 京都府京都市）, 美術のクオリア（悔恨は甘美な気配/長谷川等伯『松林図屏風』 東京都上野公園, 麗しき心残り/円山応挙と大乗寺 兵庫県香住, 滋味のあるやさしさ/応挙・若冲と金刀比羅宮 香川県琴平町, 籠もってこその普遍/伊藤若冲と京都 京都市左京区, 青山二郎とは何者なのか/『青山二郎の眼』展によせて 滋賀県MIHO MUSEUM）, 文化のクオリア（漆には、日本文化のクオリアが潜んでいる/御林守 静岡県島田市, 自然の中にまどろむためのテクネ/「湯宿さか本」 石川県珠洲市, 夢を呼び寄せるために/「俵屋旅館」京都市中京区, すべてを委ねる愉悦/旅館「石葉」 神奈川県湯河原, 「内に留まりたるのみ/「招福楼」滋賀県東近江市, 瓦解の光/江戸料理「なべ家」 東京都豊島区, 開かれつつ、閉ざされる/国立文楽劇場 大阪市中央区, 暗闇に包まれて/三響會と随求堂 京都市東山区, 目の前に利休/武者小路千家「官休庵」 京都市上京区）, 日本のクオリアを旅するために 旅ガイド

00450 樹をめぐる旅　高橋秀樹著　宝島社　2009.8　125p　16cm　（宝島sugoi文庫）　457円　①978-4-7966-7357-0

(目次) 釧路湿原（北海道）—湿原に生きる哀愁のハンノキ, 白神山地（青森県・秋田県）—人と森が共存してきた豊饒の森, 奥入瀬渓流（青森県）—極上の渓流美に酔いしれる, 尾瀬（群馬県・福島県）—光きらめく森と水を訪ねて, 高尾山（東京都）—濃く深い自然が息づく天狗伝説の森, 富士山（静岡県・山梨県）—知られざる富士山原始林の記憶, 気比の松原（福井県）—消えゆく「白砂青松」を求めて, 大台ケ原（奈良県・三重県）—照葉樹からブナ、トウヒの世界へ。多彩の森を行く, 吉野山（奈良県）—ヤマザクラに日本の心を訪ねる, 弥山原始林（広島県）—「神の島」に残る原始の森の不思議, 立花山（福岡県）—都会の森にひそむクスノキの巨人たち, 九重連山（大分県）—山を彩る桃色のじゅうたん, 綾の森（宮崎県）—太古の面影を残す照葉樹の森, 屋久島（鹿児島県）—原始の森と水の世界ひ浸る, 西表島（沖縄県）—マングローブの楽園をゆく

釧路湿原駅

00451 最長片道切符11195.7キロ—日本列島ジグザグ鉄道の旅　原口隆行著　学習研究社　2008.7　375p　21cm〈折り込1枚〉　1900円　①978-4-05-403804-2

釧路湿原国立公園

00452 日本列島の香り—国立公園紀行　立松和平著　毎日新聞社　1998.3　255p　19cm　1500円　①4-620-31208-8

00453 東京を歩く　立松和平著, 黒古一夫編　勉誠出版　2006.4　343p　22cm　（立松和平日本を歩く 第7巻）　2600円　①4-585-01177-3

屈斜路湖

00454 みずうみ紀行　渡辺淳一著　光文社　1988.5　181p　15cm　（光文社文庫）　520円　①4-334-70746-7

00455 北海道の旅　串田孫一著　平凡社

1997.5　332p　16cm　（平凡社ライブラリー）〈筑摩書房1962年刊の増訂〉　1000円　①4-582-76198-4

00456　バイクで越えた1000峠　賀曽利隆著　小学館　1998.8　280p　15cm　（小学館文庫）〈1995年刊の文庫化〉　514円　①4-09-411101-8

00457　北日本を歩く　立松和平著, 黒古一夫編　勉誠出版　2006.4　372p　22cm　（立松和平日本を歩く 第1巻）　2600円　①4-585-01171-4

00458　ロードスターと旅に出る―この車を相棒にしたからには、一度はやってみたいこと。　中村淳著　三樹書房　2009.10　150p　21cm　1400円　①978-4-89522-535-9

00459　下駄で歩いた巴里―林芙美子紀行集　林芙美子著, 立松和平編　岩波書店　2012.4　331p　15cm　（岩波文庫）〈第5刷（第1刷2003年）〉　700円　①4-00-311692-5
　作品　摩周湖紀行

倶多楽湖

00460　みずうみ紀行　渡辺淳一著　光文社　1988.5　181p　15cm　（光文社文庫）　520円　①4-334-70746-7

クッチャロ湖

00461　ヤポネシア讃歌　立松和平著　講談社　1990.6　261p　19cm　1200円　①4-06-204887-6

倶知安町

00462　北海道の旅　串田孫一著　平凡社　1997.5　332p　16cm　（平凡社ライブラリー）〈筑摩書房1962年刊の増訂〉　1000円　①4-582-76198-4

00463　下駄で歩いた巴里―林芙美子紀行集　林芙美子著, 立松和平編　岩波書店　2012.4　331p　15cm　（岩波文庫）〈第5刷（第1刷2003年）〉　700円　①4-00-311692-5
　作品　江差追分

国後島

00464　北方四島紀行　井出孫六著, 石川文洋写真　桐原書店　1993.3　263p　19cm　2300円　①4-342-71890-1

熊の湯

00465　温泉百話―東の旅　種村季弘, 池内紀編　筑摩書房　1988.2　471p　15cm　（ちくま文庫）　680円　①4-480-02200-7
　作品　知床秘湯めぐりの旅〔川本三郎〕

黒松内低地帯

00466　樹木街道を歩く―縄文杉への道　縄文剣著　碧天舎　2004.8　187p　19cm　1000円　①4-88346-785-6

クヮウンナイ川

00467　日本の名山　1　大雪山　串田孫一, 今井通子, 今福龍太編　博品社　1998.7　252p　19cm　1600円　①4-938706-55-5
　作品　クヮウンナイを溯って〔大島亮吉〕

00468　源流テンカラ　高桑信一著　山と溪谷社　2016.3　349p　21cm　2400円　①978-4-635-04413-4

群別

00469　忘れられた道―北の旧道・廃道を行く　続　堀淳一文と写真　札幌　北海道新聞社　1999.1　238p　19cm　1700円　①4-89363-246-9

群別海岸

00470　自転車釣り師 斎藤豊 北海道を釣る　斎藤豊著　札幌　財界さっぽろ　2010.5　193p　18cm　（ざいさつアップル新書）　743円　①978-4-87933-502-9

群別岳

00471　秘境の山旅　新装版　大内尚樹編　白山書房　2000.11　246p　19cm〈1993年刊の新装版〉　1600円　①4-89475-044-9

原生花園駅

00472　最長片道切符11195.7キロ―日本列島ジグザグ鉄道の旅　原口隆行著　学習研究社　2008.7　375p　21cm〈折り込1枚〉　1900円　①978-4-05-403804-2

声問駅

00473　駅を旅する　種村直樹著　和光　SiGnal　2007.12　245p　19cm〈中央公論社1984年刊の新装版〉　1300円　①978-4-902658-10-1

声問岬

00474　街道をゆく　38　オホーツク街道　新装版　司馬遼太郎著　朝日新聞出版　2009.5　436, 8p　15cm　（朝日文庫）〈初版：朝日新聞社1997年刊〉　940円　①978-4-02-264492-3

小清水原生花園

00475　街道をゆく　38　オホーツク街道　新装版　司馬遼太郎著　朝日新聞出版　2009.5　436, 8p　15cm　（朝日文庫）〈初版：朝日新聞社1997年刊〉　940円　①978-4-02-264492-3

小清水町

00476　旅のハジはヤミツキ―北海道、秘湯放浪食三昧始末記　川嶋康男著　札幌　柏艪舎　2006.6　238p　21cm〈星雲社（発売）〉　1600円　①4-434-07837-2

小幌駅

00477　北の無人駅から　渡辺一史著　札幌　北海道新聞社　2011.10　791p　19cm〈写真：並木博夫　文献あり〉　2500円　①978-4-89453-621-0

五稜郭

00478　「新選組」ふれあいの旅―人や史跡との

出逢いを求めて　岳真也著　PHP研究所　2003.12　249p　19cm　1200円　①4-569-63235-1

(目次) 第1章 揺籃の地「多摩」(日野の「新選組まつり」を見に行く, 土方歳三がシャーロック・ホームズ?—土方の故郷・石田村から高幡不動へ ほか), 第2章 飛躍する狼たち「京都」(八木邸と壬生村近辺—芹沢暗殺と山南切腹の現場, 絢爛たる“宴の館“を見る—島原の「角屋」を訪ねて ほか), 第3章 敗走そして訣別「江戸・関東・会津」(「またも敗戦」の甲州・勝沼を訪ねる, 流山から板橋へ、そして新宿御苑、六本木ヒルズ—近藤勇と沖田総司の“終焉の地”を訪ねる ほか), 第4章 修羅となりて北へ「東北・函館」(仙台、恐山、大間をへて津軽海峡を渡る, 鷲ノ木浜から箱館・五稜郭へ—土方軍の行軍のあとをたどる ほか)

五厘沢温泉

00479 日本すみずみ紀行　川本三郎著　社会思想社　1997.9　258p　15cm　(現代教養文庫)　〈文元社2004年刊(1998年刊(2刷)を原本としたOD版)あり〉　640円　①4-390-11613-4

根釧原野

00480 忘れられた道—北の旧道・廃道を行く　続　堀淳一文と写真　札幌　北海道新聞社　1999.1　238p　19cm　1700円　①4-89363-246-9

00481 山へ—原始の香り求めて　大内尚樹著　八王子　白山書房　2001.3　236p　19cm　1600円　①4-89475-047-3

根釧台地

00482 梅棹忠夫著作集　第7巻　日本研究　梅棹忠夫著, 石毛直道ほか編　中央公論社　1990.8　663p　21cm　7400円　①4-12-402857-1

[作品] 北海道独立論

(目次) 日本探検(福山誠之館, 大本教, 北海道独立論, 高崎山, 名神高速道路, 出雲大社, 空からの日本探検, 『日本探検』始末記), 変革と情報の時代, 日本文明論ノート(日本文明における江戸時代の意味, 日本文明の時空構造, 文明かえる中枢神経–新幹線の10年, 『九州人』–書評, 文明史からみた日本の商業と工業, 商社とわたし, 文明の未来–ひとつの実験, 日本人の宗教生活, 『日本文明77の鍵』について, 昭和とわたし), 日本とはなにか–近代日本文明の形成と発展

00483 日本探検　梅棹忠夫著　講談社　2014.9　441p　15cm　(講談社学術文庫)　1330円　①978-4-06-292254-8

[作品] 北海道独立論

(目次) 福山誠之館, 大本教, 北海道独立論, 高崎山, 名神高速道路, 出雲大社, 空からの日本探検, 『日本探検』始末記

昆布森漁港

00484 浦島太郎の馬鹿—旅の書きおき　立松和平著　マガジンハウス　1990.10　251p　21cm　1400円　①4-8387-0189-6

[作品] サケの悲しみ

根北線

00485 日本廃線鉄道紀行　大倉乾吾著　文芸春秋　2004.10　239p　16cm　(文春文庫plus)　562円　①4-16-766066-0

(目次) 第1部 北海道編(宗谷支庁・天北線—国道を走っていると、腕木式信号を見つけた, 網走支庁・根北線—突然、国道を跨ぐようにローマ時代風の巨大アーチ橋が, 根室支庁・標津線—北方領土に近い、標津の地。ただ冷たい風が吹くのみ ほか), 第2部 本州編(青森県・大間鉄道—橋の跡を歩いている人々がいたり、アーチ橋の下に納屋が建っていたり, 青森県・南部縦貫鉄道—全国の鉄道ファンから愛された、ローカル私鉄のレールバス, 茨城県・筑波鉄道—こんな遺構を発見すると、なぜかうれしい ほか), 第3部 四国・九州編(香川県・坂出臨港線—線路や貨車もあるにはあったが、面影を見つけるのはもう難しい, 徳島県・土讃線旧線—国道の橋から見ると、丸い橋脚がポツン, 福岡県・佐賀線—筑後川橋梁。変わっとらんなあ…。ただ、列車が来ないだけだ ほか)

札沼線

00486 行ったぞ鉄道—列島がたごと日誌　伊東徹秀著　札幌　柏艪舎　2009.7　198p　19cm　〈発売:星雲社〉　1300円　①978-4-434-13086-1

(目次) 「宗谷本線」ここまで来たらサハリンビール(北海道), 「釧網本線」釣り下車ざんまい(北海道), 「札沼線」は開拓平野のおもかげ慕情(北海道), この夏もなじみ言葉の「五能線」(東北), ミスター三セク岩手「三陸鉄道」(東北), 「由利高原鉄道」ふるさとの歌ごころ(東北), 仙台駅は湾岸「仙石線」の登竜門(東北), 水郷「鹿島鉄道」関東昇天(関東), 満天下北関東は「高崎」の景(関東), 早起きは「高山本線」引率の徳(中部)〔ほか〕

札幌駅

00487 日本縦断個室寝台特急の旅—Yumekuukan/Fuji/Cassiopeia/Twilight　櫻井寛写真・文　世界文化社　2005.11　183p　21cm　(ほたるの本)　〈2001年刊の軽装版〉　1800円　①4-418-05517-7

(目次) 第1章 「カシオペア」(15時35分・上野駅入線, 16時20分・上野駅発車 ほか), 第2章 「北斗星」(17時05分・札幌駅入線, 17時13分・札幌駅発車 ほか), 第3章 「サンライズ」(21時50分・東京駅入線, 22時00分・東京駅発車 ほか), 第4章 「トワイライト・エクスプレス」(11時37分・大阪駅入線/12時00分・大阪駅発車 ほか)

00488 日本縦断個室寝台特急の旅　続　櫻井寛写真・文　世界文化社　2005.11　207p　22cm　2800円　①4-418-05519-3

(目次) 第1章 「夢空間」(上野駅13番線の叫声, 幻の列車『夢空間』 ほか), 第2章 「富士」(最後の九州行きブルートレイン, 日本一の伝統を誇る名門列車 ほか), 第3章 「カシオペア・スイート」(究極の寝台列車の誕生, 嬉し恥ずかしの1号車1番個室 ほか), 第4章 「トワイライト・スイート」(あこがれの日本最長列車へ, 1500キロ、22時間38分の旅 ほか), 第5章 「あけぼの」(『あけぼの』のルーツ, 上野駅に入線してきた雄姿 ほか)

00489 文学の中の駅—名作が語る“もうひとつの鉄道史”　原口隆行著　国書刊行会　2006.7　327p　20cm　2000円　①4-336-04785-5

札幌市

00490 アイヌの秋—日本の先住民族を訪ねて　ヤン・ハヴラサ著, 長与進訳　未来社　1988.9　248p　19cm　1800円　①4-624-41065-3

00491　梅棹忠夫著作集　第7巻　日本研究　梅棹忠夫著, 石毛直道ほか編　中央公論社　1990.8　663p　21cm　7400円　①4-12-402857-1
[作品] 北海道独立論

00492　北海道の旅　串田孫一著　平凡社　1997.5　332p　16cm　（平凡社ライブラリー）〈筑摩書房1962年刊の増訂〉　1000円　①4-582-76198-4

00493　本多勝一集　第30巻　ソビエト最後の日々　本多勝一著　朝日新聞社　1998.2　446p　20cm　3800円　①4-02-256780-5

00494　耳をすます旅人　友部正人著　水声社　1999.12　280p　19cm　1800円　①4-89176-413-9

00495　ニッポン居酒屋放浪記 望郷篇　太田和彦著　新潮社　2001.12　282p　15cm　（新潮文庫）〈『日本の居酒屋をゆく 望郷篇』改題書〉　476円　①4-10-133333-5
(目次) 高松のセルフうどんに瞳うるんで, 那覇、午前三時のTボーンステーキ, 仙台の牛の舌と美女たち, 熊本の馬刺とスペードの女王, 壱岐のウニめしに鼓膜やぶれ, 札幌のジンギスカンに北風たちぬ, 名古屋、ああ生卵は哀し, 博多、ゴマ鯖と純情行路, 会津のソバと谷間の百合, 神戸、鯛のきずしに星がふる

00496　旅の紙芝居　椎名誠写真・文　朝日新聞社　2002.10　350p　15cm　（朝日文庫）〈1998年刊の文庫化〉　820円　①4-02-264298-X
[作品] 恋の街札幌
(目次) 沈下橋の記憶, 痛快面白島, 川ぞいの町で, 春の氷瀑のぼり, がんこな人々, 白保で雨, 夏の少女に, 島の海風映画会, ノスタルジック銀座, 恋の街札幌〔ほか〕

00497　オーケンの散歩マン旅マン　大槻ケンヂ著　新潮社　2003.6　245p　16cm　（新潮文庫）〈初版：学習研究社1999年刊〉　438円　①4-10-142925-1
(目次) 海外編（ベナレスで小林旭を聞いた午後, 助手席のインド人 ほか）, 国内編（諏訪湖のワカサギ炸裂もマヒマヒ理解不可？ , 伝説の恐山イタコ名刺をゲットする ほか）, ツアー編（広島恐怖の一夜事件, 札幌ペッシーホールの思い出 ほか）, しみじみ編（熱海の手前でカレーを食べた, 男たちの旅路、多摩湖編 ほか）, 都内編（女装の館エリザベス会館へ行こう, サーキットの狼、お台場で迷子になる ほか）, その他モロモロ編（京都でライスチョコを食べ忘れた, もし、貴女がインドへ旅立つなら ほか）

00498　文学の風景をゆく―カメラ紀行　小松健一著　PHP研究所　2003.6　238p　18cm　（PHPエル新書）　950円　①4-569-62977-6

00499　日本全国ローカル線おいしい旅　嵐山光三郎著　講談社　2004.3　246p　18cm　（講談社現代新書）　700円　①4-06-149710-3

00500　空色水曜日　谷村志穂著　札幌　角川書店北海道　2004.6　205p　19cm〈角川書店（発売）〉　1400円　①4-04-894704-4
(目次) 第1章 札幌へ戻ると、いつも立ち寄る場所, 短編小説 サボタージュ/芸術の森の青, 第2章 小さな列車の旅をしよう！ , 第3章 北の街の夏仕度、冬支度, 短編小説 キャンプ/北海道大学キャンパスの夏, 第4章 美味しいものを、いつでも探して

00501　樹木街道を歩く―縄文杉への道　縄文剣著　碧天舎　2004.8　187p　19cm　1000円　①4-88346-785-6

00502　ショージ君の旅行鞄―東海林さだお自選　東海林さだお著　文芸春秋　2005.2　905p　16cm　（文春文庫）　933円　①4-16-717760-9
[作品] 北海道食べまくり

00503　サイマー！　浅田次郎著　集英社　2005.12　299p　16cm　（集英社文庫）〈写真：久保吉輝〉　648円　①4-08-747891-2
(目次) 府中はわがふるさと, 中山名物オケラ街道, ここは天下の名古屋だ, 遠くて近い新潟競馬, 日本ダービー「裏」観戦記, フィレンツェ。マロニエの木陰, 直木賞。日帰りの札幌, 阪神競馬のグッドセンス, 二十八年目の凱旋門, シャンティイの森〔ほか〕

00504　色街を呑む！―日本列島レトロ紀行　勝谷誠彦著　祥伝社　2006.2　284p　15cm　（祥伝社文庫）　600円　①4-396-33271-8

00505　『恐怖の報酬』日記―酩酊混乱紀行　恩田陸著　講談社　2008.5　335p　15cm　（講談社文庫）〈2005年刊の増補〉　571円　①978-4-06-276020-1
(目次) イギリス・アイルランド, 麒麟麦酒横浜工場, 札幌落雪注意, オリオンは新年、東の空から昇る

00506　街道をゆく　38　オホーツク街道　新装版　司馬遼太郎著　朝日新聞出版　2009.5　436, 8p　15cm　（朝日文庫）〈初版：朝日新聞社1997年刊〉　940円　①978-4-02-264492-3

00507　旅の終りは個室寝台車　宮脇俊三著　河出書房新社　2010.3　237p　15cm　（河出文庫）　680円　①978-4-309-41008-1
(目次) にっぽん最長鈍行列車の旅, 東京 - 大阪・国鉄のない旅, 飯田線・天竜下りは各駅停車, 東京 - 札幌・孤独な二人旅, 乗りつぎ乗りかえ流氷の海, 紀伊半島一周ぜいたく寝台車, 青森 - 大阪・特急「白鳥」七変化, 雪を見るなら飯山・只見線, 九州行・一直線は乗りものづくし, 旅の終りは個室寝台車

00508　英国一家、日本を食べる　マイケル・ブース著, 寺西のぶ子訳　亜紀書房　2013.4　278p　19cm　1900円　①978-4-7505-1304-1

00509　味を追う旅　吉村昭著　河出書房新社　2013.11　183p　15cm　（河出文庫）〈「味を訪ねて」（2010年刊）の改題〉　660円　①978-4-309-41258-0
(目次) ペテン, タラバ蟹の記憶, 梅干しにカツオ, 味覚極楽, 苦しいときの鮨だのみ, カステラの手づくり三百五十年の味, 長崎半島でフグとカマボコ, 舌の味, 宇和島の不思議なうどん屋, 美しき村に家族と遊ぶ〔ほか〕

00510　松崎天民選集　第10巻　人間見物　松崎天民著, 後藤正人監修・解説　クレス出版　2013.11　395, 3p　19cm〈騒人社書局 昭和二年刊の複製〉　6000円　①978-4-87733-795-7
[作品] 北海道印象記

00511　食べる。　中村安希著　集英社　2014.1　240p　16cm　（集英社文庫）〈2011年刊の再構成〉　500円　①978-4-08-745155-9
[作品] ラーメンと獣肉（日本）

00512　紀行せよ、と村上春樹は言う　鈴村和成

著　未来社　2014.9　360p　20cm〈著作目録あり〉　2800円　①978-4-624-60116-4

作品 村上春樹の札幌、ハワイを行く

目次 第1章 幽体よ、ヘルシンキへ飛べ―村上春樹オデッセー(『色彩を持たない多崎つくると、彼の巡礼の年』完全裏読み), 第2章 地震の後、村上春樹の神戸を行く, 第3章 村上春樹の札幌、ハワイを行く―ハナレイまで, 第4章 村上春樹の四国、中国を行く―"約束された場所"へ, 第5章 『1Q84』の東京サーガを行く, 第6章 東奔西走―谷崎潤一郎と村上春樹

00513 日本探検　梅棹忠夫著　講談社　2014.9　441p　15cm　(講談社学術文庫)　1330円　①978-4-06-292254-8

作品 北海道独立論

00514 酒場詩人の流儀　吉田類著　中央公論新社　2014.10　233p　18cm　(中公新書)〈索引あり〉　780円　①978-4-12-102290-5

作品 白銀の愉しみ

00515 みどりの国滞在日記　エリック・ファーユ著, 三野博司訳　水声社　2014.12　195p　20cm　(批評の小径)　2500円　①978-4-8010-0077-3

目次 八月 驟雨のあとに煙る藁屋根, 九月 台風の日の獅子舞, 十月 不気味の谷を歩く, 十一月 琉球王国にて, 十二月 雪が果しなく

00516 ニッポン旅みやげ　池内紀著　青土社　2015.4　162p　20cm　1800円　①978-4-7917-6852-3

目次 1 影法師たち(控訴院の飾り―北海道・札幌市, だるま塚―宮城県・蔵王町平沢 ほか), 2 三等郵便局(観慶丸商店―宮城県・石巻市, 元黒磯銀行―栃木県・黒磯 ほか), 3 祭礼指南(据置郵便貯金―宮城県・白石市, ○×の町―茨城県・結城市 ほか), 4 値切り方(名寄教会―北海道・名寄市, 大黒さま恵美須さま―福島県・柳津 ほか)

00517 「翼の王国」のおみやげ　長友啓典文・絵　木楽舎　2016.6　207p　19cm　(翼の王国books)〈索引あり〉　1400円　①978-4-86324-100-8

00518 旅は道づれ雪月花　高峰秀子, 松山善三著　中央公論新社　2016.11　306p　16cm　(中公文庫)〈ハースト婦人画報社 2012年刊の再刊〉　760円　①978-4-12-206315-0

札幌市電

00519 路面電車全線探訪記　再版　柳沢道生著, 旅行作家の会編　現代旅行研究所　2008.6　224p　21cm　(旅行作家文庫)　1800円　①978-4-87482-096-4

目次 鹿児島市電―鹿児島市交通局, 熊本市電―熊本市交通局, 長崎路面電車―長崎電気軌道株式会社, 筑鉄―筑豊電気鉄道株式会社, 広電―広島電気鉄道株式会社, 伊予鉄市内線―伊予鉄道株式会社市内線, 土佐電―土佐電氣鐵道株式会社, 岡電―岡山電気軌道株式会社, 阪堺電車―阪堺電気軌道株式会社, 嵐電―京福電気鉄道株式会社, 福鉄―福井鉄道株式会社, 万葉線―万葉線株式会社, 富山市内電車―富山地方鉄道株式会社市内線, 富山ライトレール―富山ライトレール株式会社, 豊橋市内線―豊橋鉄道株式会社東田本線, 江ノ電―江ノ島電鉄株式会社, 東急世田谷線―東京急行電鉄株式会社世田谷線, 都電荒川線―東京都交通局荒川線, 函館市電―函館市交通局, 札幌市電―札幌市交通局

札夕線旧道

00520 忘れられた道―北の旧道・廃道を行く　続　堀淳一文と写真　札幌　北海道新聞社　1999.1　238p　19cm　1700円　①4-89363-246-9

様似駅

00521 終着駅への旅　JR編　櫻井寛著　JTBパブリッシング　2013.8　222p　19cm　1300円　①978-4-533-09285-5

様似町

00522 北紀行 風の恋歌　伊東徹秀著　麦秋社　1995.11　221p　19cm　1300円　①4-938170-21-3

00523 日本すみずみ紀行　川本三郎著　社会思想社　1997.9　258p　15cm　(現代教養文庫)〈文元社2004年刊(1998年刊(2刷)を原本としたOD版)あり〉　640円　①4-390-11613-4

00524 飯田龍太全集　第10巻　紀行・雑纂　飯田龍太著　角川学芸出版, 角川書店〔発売〕　2005.12　422p　19cm　2667円　①4-04-651940-1

作品 様似の夏

目次 西の旅, 熊本の秋, まくもぞ, 伊予路の旅, 塩釜, ヤマメと桃の花, 様似の夏, 秋、風景の旅, 長崎、島原を詠む, ふたつの言葉, 茂吉の歌一首, 小さな旅, 季節の風味, 丈草のことなど, 深海魚, 中里恒子さんの俳句, 莫妄想, 遥かなる島のごとし, 交響の妙韻, 土筆の道, 余韻豊潤, 独酌の風味, 前登志夫の印象, 伝聞の牧水, その風姿に, 恩寵の絆に, その日, いつか人生の過半を, 花下追想, 方代讃, 折から薫風の季節に, 「雲母」編集後記, 『雲母』の終刊について, 対談・座談語録抄, 解説/井上康明著

沙流川

00525 サラリーマン転覆隊が行く！　上巻　本田亮著　フレーベル館　1997.4　315p　20cm　1600円　①4-577-70120-0

目次 転覆隊 那珂川で考える！, 転覆隊 四万十川で目ざめる！, 転覆隊 千曲川で雄叫びを上げる！, 転覆隊 球磨川でひれ伏す！, 転覆隊 長良川で大破す！, 転覆隊 沙流川で転落す！, 転覆隊 (再)四万十川で玉砕す！, 転覆隊 天竜川で一家離散！, 転覆隊 富士川から逃亡す！, 転覆隊 吉野川に謝る！

猿払村

00526 日本列島を往く　3　海に生きるひとびと　鎌田慧著　岩波書店　2001.12　299p　15cm　(岩波現代文庫)　900円　①4-00-603049-5

目次 まき網盛衰史・長崎県奈良尾町, 鯨の町・和歌山県太地町, ホタテの村で・北海道猿払村, エビに賭ける・大分県姫島, 苦難の海・高知県西土佐

サロベツ原野〔サロベツ湿原〕

00527 北海道の旅　串田孫一著　平凡社　1997.5　332p　16cm　(平凡社ライブラリー)〈筑摩書房1962年刊の増訂〉　1000円　①4-582-

76198-4

00528 街道をゆく 38 オホーツク街道 新装版 司馬遼太郎著 朝日新聞出版 2009.5 436, 8p 15cm (朝日文庫)〈初版：朝日新聞社1997年刊〉 940円 ①978-4-02-264492-3

00529 汽車旅12カ月 宮脇俊三著 河出書房新社 2010.1 231p 15cm (河出文庫) 680円 ①978-4-309-40999-3

目次 遊びとしての汽車旅, 1月 汽車旅出初式, 2月 特急「出雲」と松葉ガニ, 3月 新幹線16号車16B席と祖谷渓, 4月 寝台電車と高千穂橋梁, 5月 食堂車の怪と無人終着駅, 6月 水蒸気と陸中鵜ノ巣断崖, 7月 みどりの窓口とサロベツ原野, 8月 循環急行と只見線全通の日, 9月 夏の終りとSL列車「やまぐち」号, 紅葉団体列車と石北トンネル, 上越線と陰陽の旅, 京都の漬物と九州の老人列車

サロマ湖

00530 みずうみ紀行 渡辺淳一著 光文社 1988.5 181p 15cm (光文社文庫) 520円 ①4-334-70746-7

00531 旅ゆけば日本 ピーター・フランクル著 世界文化社 1994.7 227p 19cm 1300円 ①4-418-94504-0

作品 帆立漁を体験―北海道・サロマ湖周辺

目次 1 早春の伊那谷―長野県下伊那郡大鹿村釜沢, 2 一番キビナゴ早くこい―鹿児島県肝属郡根占町, 3 住民登録ぜんぶで5人―東京・丸の内, 4 科織物の里―山形県西田川郡温海町関川, 5 帆立漁を体験―北海道・サロマ湖周辺, 6 島唄の夏―鹿児島県・奄美大島, 7 神輿祭りの秋―東京・浅草, 8 政治の町を訪ねて―東京・永田町, 9「キューポラのある街」の現在―埼玉県川口市, 10 開戦前夜受験生の町―東京・代々木, 11 おもちゃの町を訪ねて―東京・葛飾

00532 北海道の旅 串田孫一著 平凡社 1997.5 332p 16cm (平凡社ライブラリー)〈筑摩書房1962年刊の増訂〉 1000円 ①4-582-76198-4

00533 街道をゆく 38 オホーツク街道 新装版 司馬遼太郎著 朝日新聞出版 2009.5 436, 8p 15cm (朝日文庫)〈初版：朝日新聞社1997年刊〉 940円 ①978-4-02-264492-3

00534 ロードスターと旅に出る―この車を相棒にしたからには、一度はやってみたいこと。 中村淳著 三樹書房 2009.10 150p 21cm 1400円 ①978-4-89522-535-9

00535 谷川健一全集 第10巻(民俗 2) 女の風土記 埋もれた日本地図(抄録) 黒潮の民俗学(抄録) 谷川健一著 冨山房インターナショナル 2010.1 574, 27p 23cm〈付属資料：8p：月報 no.14 索引あり〉 6500円 ①978-4-902385-84-7

作品 玫瑰の花

目次 女の風土記(太陽の巫女, 影媛あわれ ほか), 埋もれた日本地図(抄録)(大王崎紀行, 八重山民謡誌, 由布島由来記, 月夜の愛の歌, 関東地方に遺る古代朝鮮の文化 , 追分宿の女たち, 庶民遺文抄, 下北半島紀行, 獅子島の若者たち, 白鳥伝説を訪ねて, 霧島山麓のカヤカベ信仰), 黒潮の民俗学(抄録)(阿波―粟の信仰と海人族の足音, 大和―三輪山・香具山・二上山, 出雲, 志摩, 信濃, 若狭, 対馬, 五島, みちのくの哀愁, 虻の襲う村, 産屋の彼方, 八重干瀬にて, 海底王領への旅, 韓国のシャーマン, 宮古島の神女), 民俗紀行(青と白の幻想, 流されびと, 韓国の春, 琉球と朝鮮, 白峯紀行, 流浪の皇子たち, 山人と平地人のたたかい, 海の熊野, 海人神話の回廊, 記紀の世界―加羅(韓国)・唐津, 女中と一枚の葉書, 海神の使者, おもろの旅, よみの国への通路, 高山寺), 旅の手帖(真野の萱原, 北上から下北半島へ, 円空仏, 猪狩, 魚津から立山へ, 玫瑰の花, 四万十川, 広瀬川のほとり, 天草行, かくれ里菅浦, 宮古島の祖神祭)

サロマ峠

00536 忘れられた道―北の旧道・廃道を行く 続 堀淳一文と写真 札幌 北海道新聞社 1999.1 238p 19cm 1700円 ①4-89363-246-9

三ノ原

00537 忘れられた道―北の旧道・廃道を行く 続 堀淳一文と写真 札幌 北海道新聞社 1999.1 238p 19cm 1700円 ①4-89363-246-9

塩狩峠

00538 忘れられた道―北の旧道・廃道を行く 続 堀淳一文と写真 札幌 北海道新聞社 1999.1 238p 19cm 1700円 ①4-89363-246-9

塩狩峠駅

00539 ぞっこん鉄道今昔―昭和の鉄道撮影地への旅 櫻井寛写真・文 朝日新聞出版 2012.8 205p 21cm 2300円 ①978-4-02-331112-1

鹿追町

00540 まちづくり紀行―地域と人と出会いの旅から 亀地宏著 ぎょうせい 1991.10 307p 19cm 1500円 ①4-324-02880-X

目次 氷上のコタン 北海道鹿追町―真冬の然別湖に集う手づくりのイグルー, 炎の鼓動 岩手県陸前高田市―守り抜いた松原に響く自立の号砲, 虹の断片 山形県大石田町―最上川に映し、伝える芭蕉と、そして茂吉の心, 栗の修景 長野県小布施町―栗菓子の町に生まれた新しい歴史と文化の都市空間, 夢の戦士 富山県福光町―「LOVEふくみつ」運動を支えた若者たちの夢とロマン, 王宮の譜 奈良県下北山村―過疎の村を山の都へいざなう緑の旋律, 紅葉の画廊 兵庫県青垣町―競い学ぶ町はみんなの文化の殿堂, 蒼い浄土 島根県隠岐島―閉ざされた島に芽ばえる新たな息吹き, 四万十の祈り 高知県窪川町―原発を白紙に戻した日本最後の清流にかける想い, 森の劇場 熊本県球磨村―山に響く科学とロマンのシンフォニー, 深碧の祭り 沖縄県西表島―稲と桑に捧げる島の若者たちの誓い, 国境の花酒 沖縄県与那国島―最西端の島にだけ神が許した最強の酒

然別

00541 日本全国ローカル線おいしい旅 嵐山光三郎著 講談社 2004.3 246p 18cm (講談社現代新書) 700円 ①4-06-149710-3

然別峡かんの温泉

00542 秘湯を求めて 3 きわめつけの秘湯 藤嶽彰英著 (大阪)保育社 1990.1 194p 19cm 1350円 ①4-586-61103-0

00543 遙かなる秘湯をゆく　桂博史著　主婦と生活社　1990.3　222p　19cm　980円　①4-391-11232-9

00544 温泉旅行記　嵐山光三郎著　筑摩書房　2000.12　315p　15cm　（ちくま文庫）〈初版：JTB1997年刊〉　760円　①4-480-03589-3

(目次) 牧水『みなかみ紀行』でいろいろと考えた―川原湯（群馬）・沢渡（群馬）・草津（群馬）・小瀬（長野），春眠の鯨は海に沈みおり―白浜（和歌山）・勝浦（和歌山）・太地（和歌山）・川湯（和歌山），なぜブンジンは温泉にはまったか―奥湯河原（神奈川）・箱根塔之沢（神奈川），湯の沢にざぶりざぶりと蛇いちご―玉川（秋田）・後生掛（秋田）・鶴の湯（秋田），瞳忌や荒れるパドック上山―上山（山形）・碁点（山形），台風に追われて北海道温泉旅―登別（北海道）・ニセコ薬師（北海道）・二股ラジウム（北海道）・八雲（北海道），夏の温泉は川沿いに限るぞ―宝泉寺（大分）・壁湯（大分）・川底（大分），こおろぎも湯上りで鳴く松江城―城崎（兵庫）・関金（鳥取）・松江（島根），長いあとがき―岩下（山梨）・道後（愛媛）・古里（鹿児島）・指宿（鹿児島）

然別湖

00545 スコーな旅で行こう―シェルパ斉藤の週末ニッポン再発見　斉藤政喜著　小学館　2004.10　255p　19cm　（Dime books）　1200円　①4-09-366068-9

色丹島

00546 北方四島紀行　井出孫六著，石川文洋写真　桐原書店　1993.3　263p　19cm　2300円　①4-342-71890-1

支笏湖

00547 みずうみ紀行　渡辺淳一著　光文社　1988.5　181p　15cm　（光文社文庫）　520円　①4-334-70746-7

00548 北海道の旅　串田孫一著　平凡社　1997.5　332p　16cm　（平凡社ライブラリー）〈筑摩書房1962年刊の増訂〉　1000円　①4-582-76198-4

00549 スローな旅で行こう―シェルパ斉藤の週末ニッポン再発見　斉藤政喜著　小学館　2004.10　255p　19cm　（Dime books）　1200円　①4-09-366068-9

00550 バ・イ・ク　柳家小三治著　講談社　2005.3　327p　15cm　（講談社文庫）　629円　①4-06-275092-9

00551 ロードスターと旅に出る―この車を相棒にしたからには、一度はやってみたいこと。中村淳著　三樹書房　2009.10　150p　21cm　1400円　①978-4-89522-535-9

支笏洞爺国立公園

00552 日本列島の香り―国立公園紀行　立松和平著　毎日新聞社　1998.3　255p　19cm　1500円　①4-620-31208-8

00553 東京を歩く　立松和平著，黒古一夫編　勉誠出版　2006.4　343p　22cm　（立松和平日本を歩く 第7巻）　2600円　①4-585-01177-3

静内

00554 あやしい探検隊 北海道乱入　椎名誠著　KADOKAWA　2014.10　237p　15cm　（角川文庫）〈「あやしい探検隊北海道物乞い旅」（角川書店 2011年刊）の改題、加筆修正〉　480円　①978-4-04-101759-3

しのつ湖

00555 自転車釣り師 斎藤豊 北海道を釣る　斎藤豊著　札幌　財界さっぽろ　2010.5　193p　18cm　（ざいさつアップル新書）　743円　①978-4-87933-502-9

士別市

00556 肉の旅―まだ見ぬ肉料理を求めて全国縦断！　カベルナリア吉田著　イカロス出版　2016.8　235p　21cm　1600円　①978-4-8022-0222-0

標津線

00557 日本廃線鉄道紀行　大倉乾吾著　文芸春秋　2004.10　239p　16cm　（文春文庫plus）　562円　①4-16-766066-0

標津町

00558 美しすぎる場所―Castle in Glass　J-WAVE編　扶桑社　1991.1　303p　21cm　1400円　①4-594-00678-7

(作品) 日本の旅から/北海道 東部〔三木卓〕

00559 バ・イ・ク　柳家小三治著　講談社　2005.3　327p　15cm　（講談社文庫）　629円　①4-06-275092-9

00560 港町に行こう！―歴史と人情とうまい魚を求めて　青山誠文　技術評論社　2005.12　143p　22cm　（小さな旅）　1480円　①4-7741-2543-1

士幌線

00561 廃線探訪の旅―日本の鉄道　原口隆行編著　ダイヤモンド社　2004.6　158p　21cm　1800円　①4-478-96089-5

(目次) 東日本編（士幌線，広尾線，幌内線，手宮線 ほか），西日本編（のと鉄道（穴水～輪島），京福電気鉄道永平寺線，福知山線旧線（生瀬～道場），加悦鉄道 ほか）

00562 郷愁の鈍行列車　種村直樹著　和光SiGnal　2005.9　235p　19cm　1143円　①4-902658-05-4

(目次) 旧型国電の宝庫 大糸線を行く，バス代行輸送に賭けた士幌線，運転曲線をたどる―木次線スイッチバックを舞台に，北陸長距離客車鈍行523列車，鉄道史に埋もれゆく夜行普通列車〈ながさき〉，うたかた12系鈍行，磐越西線 客車列車で行く，関西のJRワンマン列車拝見，おもしろ列車〈リゾートしらかみ〉の旅〔ほか〕

島牧海岸

00563 自転車釣り師 斎藤豊 北海道を釣る　斎藤豊著　札幌　財界さっぽろ　2010.5　193p　18cm　（ざいさつアップル新書）　743円　①978-4-87933-502-9

占冠村

00564 史上最大の乗り継ぎ旅―吉岡海底（最深駅）発・野辺山（最高所駅）ゆき 7泊8日5300キロ、標高差1500メートル 種村直樹著 徳間書店 1992.11 238p 19cm 1300円 ①4-19-555022-X

(目次) 新千歳空港駅に降り立つ, 青函トンネル竜飛海底駅へ, 史上最大の乗り継ぎスタート, ふるさと銀河線経由でトマム訪問, 東北本線で一番高い駅に寄り道, 北陸本線トンネル駅に降り立つ, 新駅、長名駅、SLもまじえて, 仮眠2～3時間のフェリー連泊, 7年前の乗り継ぎの約束達成, 7泊8日、標高差1500メートル, 2612メートルの最高所駅に到達

00565 耕うん機オンザロード 斉藤政喜著 小学館 2001.8 333p 19cm （BE - PAL BOOKS） 1200円 ①4-09-366065-4

積丹町

00566 巡遊 北の小さな岬 堀淳一写真・文 札幌 北海道新聞社 1993.10 175p 22×17cm 1900円 ①4-89363-704-5

00567 旅の面影 榎木孝明著 JTB 2001.5 95p 26cm 3500円 ①4-533-03875-1

(目次) 北海道余市町・積丹町―紺碧の空と海、夕陽が彩る半島の町, 岩手県釜石市―鉄と漁業で栄えた町の今は昔, 栃木県足尾町―歴史の流れに浮き沈みした銅山の町, 千葉県佐原市―昔の裕福さと心の余裕を今に伝える町, 東京都奥多摩町・檜原村―紅の山々にふるさとが映る奥多摩の村, 東京都品川区―高層ビルの谷間にあるセピア色の東京, 長野県木曽福島町―木造校舎と道祖神が旅人を癒す, 愛知県津島市―時間の流れが止まった古き良き町, 京都府京都市―歴史と伝統のあたたかさ、時代を超越する鴨川の水面, 兵庫県出石町―悠久の流れと風情あふれる但馬の小京都〔ほか〕

積丹半島

00568 忘れられた道―北の旧道・廃道を行く 堀淳一文・写真 札幌 北海道新聞社 1992.10 122p 22×17cm 1700円 ①4-89363-653-7

(内容) 積丹半島西岸、養老散布、小砂子山道などの旧・廃道を訪ね、歴史と人々の暮らしを四季の旅情とともに描く。ロマンと哀愁誘う歴史の道紀行。

00569 景にあう―地方文化の旅 日高旺著 未来社 1999.12 241p 20cm 2200円 ①4-624-20073-X

(目次) 1 景にあう―地方文化の旅（はじめの旅―平成八年（1996）, なかの旅―平成九年（1997）, あとの旅―平成十年（1998）, つづきの旅―平成十一年（1999））, 2 端から見た日本文化（沖縄の宿で, 吹雪の積丹半島,「地方」という日本語, 日本で一番高い駅 ほか）

00570 ロードスターと旅に出る―この車を相棒にしたからには、一度はやってみたいこと。 中村淳著 三樹書房 2009.10 150p 21cm 1400円 ①978-4-89522-535-9

斜里岳

00571 北海道の旅 串田孫一著 平凡社 1997.5 332p 16cm （平凡社ライブラリー）〈筑摩書房1962年刊の増訂〉 1000円 ①4-582-76198-4

00572 百霊峰巡礼 第3集 立松和平著 東京新聞出版部 2010.8 307p 20cm〈第2集までの出版者：東京新聞出版局〉 1800円 ①978-4-8083-0933-6

(目次) 宮之浦岳（鹿児島）―屋久杉の森をぬけて, 宝満山（福岡）―自然崇拝の感情, 七面山（山梨）―天上への白い道, 雲仙岳（長崎）―霧氷の銀の花咲く, 本宮山（愛知）―神は磐座に降りた, 高賀山（岐阜）―神の形は稚児なれや, 阿蘇山（熊本）―お山は激しく生きている, 斜里岳（北海道）―渇仰してきた山, 槍ヶ岳（長野/岐阜）―播隆上人の功徳, 早池峰山（岩手）―木綿の白衣をつけて, 鳥海山（秋田/山形）, 木曽駒ヶ岳（長野）, 御在所岳（三重/滋賀）, 鷲峰山（京都）, 妙見山（大阪/兵庫）, 弥山（広島）, 那智山（和歌山）, 伊吹山（滋賀/岐阜）, 両神山（埼玉）, 森吉山（秋田）, 笠ヶ岳（岐阜）, 三輪山（奈良）, 清澄山（千葉）

00573 わが愛する山々 深田久弥著 山と溪谷社 2011.6 381p 15cm （ヤマケイ文庫）〈年譜あり〉 1000円 ①978-4-635-04730-2

斜里町

00574 行きつ戻りつ 乃南アサ著 文化出版局 2000.5 237p 21cm 1500円 ①4-579-30386-5

(目次) 姑の写真（秋田・男鹿）, 一粒の真珠（熊本・天草）, 微笑む女（北海道・斜里町）, 最後の嘘（大阪・富田林）, 青年のお礼（新潟・佐渡）, 母の家出（山梨・上九一色村）, 湯飲み茶碗（岡山・備前）, 姉と妹（福島・三春）, Eメール（山口・柳井）, 越前海岸（福井・越前町）, 泣き虫（三重・熊野）, 春の香り（高知・高知市）

00575 耕うん機オンザロード 斉藤政喜著 小学館 2001.8 333p 19cm （BE - PAL BOOKS） 1200円 ①4-09-366065-4

00576 立松和平のふるさと紀行―名水 立松和平文, 山下喜一郎写真 河出書房新社 2002.5 109p 23cm 2500円 ①4-309-01459-3

00577 知床を歩く 立松和平著, 黒古一夫編 勉誠出版 2006.4 342p 22cm （立松和平日本を歩く 第5巻） 2600円 ①4-585-01175-7

00578 なぜかいい町一泊旅行 池内紀著 光文社 2006.6 227p 18cm （光文社新書） 700円 ①4-334-03360-1

00579 街道をゆく 38 オホーツク街道 新装版 司馬遼太郎著 朝日新聞出版 2009.5 436, 8p 15cm （朝日文庫）〈初版：朝日新聞社1997年刊〉 940円 ①978-4-02-264492-3

00580 あやしい探検隊 北海道乱入 椎名誠著 KADOKAWA 2014.10 237p 15cm （角川文庫）〈「あやしい探検隊北海道物乞い旅」（角川書店 2011年刊）の改題、加筆修正〉 480円 ①978-4-04-101759-3

朱鞠内駅 旧駅舎

00581 日本縦断JR10周年の旅―新千歳空港駅発・宮崎空港駅ゆき4900キロ 種村直樹著 徳間書店 1997.3 263p 19cm 1300円 ①4-19-860667-6

(目次) スタートは新千歳空港駅, 架線事故でディーゼル特急健闘, 函館本線枝線に次ぎ深名線廃止, 代替バス沿線に「せいわ温泉ルオント」, 旧朱鞠内駅舎に残る最後

の記録, 異色〈ライラック〉から青函トンネルへ, ロングシートも短時間ですわれば, "秋田新幹線"「こまち」登場間近, 本格的 "温泉駅" の元祖、ほっとゆだ, 駅のプチホテル「フォルクローロ遠野」〔ほか〕

定山渓

00582 松崎天民選集 第10巻 人間見物 松崎天民著, 後藤正人監修・解説 クレス出版 2013.11 395, 3p 19cm〈騒人社書局 昭和二年刊の複製〉 6000円 ①978-4-87733-795-7
[作品] 北海道印象記

暑寒別岳

00583 山々を滑る登る 熊谷榧絵と文 八王子 白山書房 2012.11 319p 19cm (〔榧・画文集 12〕) 1900円 ①978-4-89475-159-0

白銀の滝

00584 「銀づくし」乗り継ぎ旅―銀水発・銀山ゆき5泊6日3300キロ 列車に揺られて25年 種村直樹著 徳間書店 2000.7 258p 19cm 1400円 ①4-19-861211-0

後志

00585 忘れられた道 完 堀淳一文と写真 札幌 北海道新聞社 2000.9 207p 19cm 1700円 ①4-89453-116-X

後方羊蹄山

00586 わが愛する山々 深田久弥著 山と溪谷社 2011.6 381p 15cm (ヤマケイ文庫)〈年譜あり〉 1000円 ①978-4-635-04730-2

尻別川

00587 日本の川を旅する―カヌー単独行 野田知佑著 講談社 1989.7 349p 19cm 1200円 ①4-06-204362-9

00588 フライフィッシング紀行 続 芦沢一洋著, 楠山正良編 つり人社 1998.8 256p 18cm (つり人ノベルズ) 950円 ①4-88536-244-X
(目次) 尻別川 ―鮭と無縁の川を歩いてみたい, 志戸前川―山毛欅に匿まれたイワナ釣り, 薬師川―歴史と文明のはざまで, 鼠ケ関川―混合林、雑木林に魅せられて, 黒谷川―木造民家への憧れとヤマメ, 鱒沢川―自然讃歌に対する苛立ち, 芦川―甲府盆地に「桃源郷」の夢を求めて, 小矢部川―都市と自然との共生を考える, 跡津川―山間の風に魅せられつづけて, 小八賀川―自然のヤマメを失いたくない〔ほか〕

00589 ダムはいらない!―新・日本の川を旅する 野田知佑著 小学館 2010.2 255p 19cm 1500円 ①978-4-09-366540-7

知床横断道路

00590 バ・イ・ク 柳家小三治著 講談社 2005.3 327p 15cm (講談社文庫) 629円 ①4-06-275092-9

00591 ロードスターと旅に出る―この車を相棒にしたからには、一度はやってみたいこと。 中村淳著 三樹書房 2009.10 150p 21cm 1400円 ①978-4-89522-535-9

知床国立公園

00592 日本列島の香り―国立公園紀行 立松和平著 毎日新聞社 1998.3 255p 19cm 1500円 ①4-620-31208-8

知床斜里駅

00593 最長片道切符11195.7キロ―日本列島ジグザグ鉄道の旅 原口隆行著 学習研究社 2008.7 375p 21cm〈折り込1枚〉 1900円 ①978-4-05-403804-2

知床岳

00594 秘境の山旅 新装版 大内尚樹編 白山書房 2000.11 246p 19cm〈1993年刊の新装版〉 1600円 ①4-89475-044-9

00595 山へ―原始の香り求めて 大内尚樹著 八王子 白山書房 2001.3 236p 19cm 1600円 ①4-89475-047-3

00596 山々を滑る登る 熊谷榧絵と文 八王子 白山書房 2012.11 319p 19cm (〔榧・画文集 12〕) 1900円 ①978-4-89475-159-0

知床半島

00597 ヤポネシア讃歌 立松和平著 講談社 1990.6 261p 19cm 1200円 ①4-06-204887-6

00598 ダーク・ダックス 旅に歌う 山に歌う 喜早哲著 主婦の友社 1990.7 95p 21cm (SHUFUNOTOMO CD BOOKS)〈付属資料:コンパクトディスク1〉 3300円 ①4-07-935950-0

00599 ちょっとそこまで 川本三郎著 講談社 1990.12 242p 15cm (講談社文庫) 420円 ①4-06-184819-4
(目次) 小旅行記(ちょっとそこまで), 温泉紀行(知床秘湯めぐりの旅, 壁湯岳の湯一人旅, 町内散歩者のはかない夢―つげ義春について), 下町散策(東京の下町、ニューヨークの下町, 谷中周辺悠遊記, 入谷の朝顔市, 人形町ウィークエンド, 麻布の温泉, 『隅田川暮色』そのほか, グリーン・ウォッチングの楽しみ, 東京の「隠れ里」,「埋立地」への旅,「ガード下」の町、有楽町, 変貌する街、東京), 異邦の旅(ブダペストの五日間, インド洋の城塞の島、ニアス島), 旅の贅沢(おいしいものが食べたくて, 温泉という名の桃源境, 道南の秘湯めぐり)

00600 美しすぎる場所―Castle in Glass J-WAVE編 扶桑社 1991.1 303p 21cm 1400円 ①4-594-00678-7
[作品] 日本の旅から/北海道 東部〔三木卓〕

00601 サッド・カフェで朝食を 谷村志穂著 メディアパル 1994.10 228p 19cm 1300円 ①4-89610-016-6
(目次) 第1章 美味しいかいと彼が言う(京都で立ち寄る北欧的な場所, ラクダに乗った砂丘, 昏山の誘惑, 鰻茶にうっとり ほか), 第2章 サッド・カフェで朝食を(ハンミョウの目覚め, 知床半島の番屋を訪ねる, 津軽、遭難した老婆, 雪占い ほか), 第3章 今夜わたしが眠る場所(大雪が降った眠れない夜, 鯨を捕る男, ごめんなさい、西田選手, みんなの台風 ほか)

00602 一滴の水から―ヤポネシア春夏秋冬　立松和平著　浩気社　1997.4　238p　20cm　1600円　①4-906664-02-4
(目次) 第1章 ヤポネシア春夏秋冬, 第2章 知床便り, 第3章 ヤポネシアはおいしい, 第4章 日常生活の冒険, 第5章 地球とヤポネシアの未来

00603 サラリーマン転覆隊が行く！　下巻　本田亮著　フレーベル館　1997.4　338p　20cm　1600円　①4-577-70121-9

00604 本多勝一集　第30巻　ソビエト最後の日々　本多勝一著　朝日新聞社　1998.2　446p　20cm　3800円　①4-02-256780-5

00605 バイクで越えた1000峠　賀曽利隆著　小学館　1998.8　280p　15cm　(小学館文庫)〈1995年刊の文庫化〉　514円　①4-09-411101-8

00606 カヌー式生活　野田知佑著　文芸春秋　1999.8　259p　20cm　1381円　①4-16-355550-1

00607 知床丸太小屋日記　立松和平著　講談社　1999.9　220p　20cm　(The new fifties―黄金の濡れ落葉講座)　1500円　①4-06-268338-5
(目次) 序章 カントリーライフは愉しい（山河あり, 知床の山河 ほか）, 第1章 流氷の海の人びと（知床の友, タラの海 ほか）, 第2章 農園をつくる（農業生産法人に挑む, 種を蒔く時がきた ほか）, 第3章 知床の大自然に酔う（カラフトマスの海, 零落した鳥の王 ほか）

00608 山頂の憩い―『日本百名山』その後　深田久弥著　新潮社　2000.5　186p　16cm　(新潮文庫)〈肖像あり〉　400円　①4-10-122003-4
(目次) 『日本百名山』その後, 京丸山, 黒姫山, 日野山と木ノ芽峠, 知床半島, 鳳来寺山, 弥彦山, 秋の北アルプス, 奥鬼怒, 二上山〔ほか〕

00609 私の好きな日本　林望著　JAF MATE社　2001.7　175p　21cm〈付属資料：図1枚　写真：小泉佳春〉　1600円
(内容) リンボウ先生、今日も行く。北は知床、トロロコンブの丼飯を食らう。南は薩摩、遠き昔の鑑真和上を思う。房総に桃源郷を見て、飛騨に匠を訪ねる。

00610 半島―知床　立松和平著　河出書房新社　2003.2　117p　23cm　(立松和平のふるさと紀行)　2500円　①4-309-01517-4
(目次) 山小屋にいこう, 魂の休み場所, 香り, 遊ぶ, 火を見る至福, 日本の四季の美しさ, ホテル斜里館, 季節の流れを見るゆとり, 羅臼岳に登ろう, 夏の一日〔ほか〕

00611 聖地巡礼　田口ランディ著, 森豊写真　メディアファクトリー　2003.4　353p　18cm　1600円　①4-8401-0755-6
(目次) 1 鬼のお宿・天河弁財天節分祭, 2「水神社」から渋谷地下へ一三〇キロの旅, 3 屋久島から世界を眺めて, 4 フジヤマの祈り, 5 知床 カヌーを巡る旅, 6 パラレルな街「ヒロシマ」, 7 青森の怪しい旅人, 8 熊本 水と共鳴する魂, 9 鹿島神宮と要石の謎, 10 出雲大社でヴァージョンアップ, あとがき 出雲への旅、その後

00612 大いなる山 大いなる谷　新装版　志水哲也著　八王子　白山書房　2004.6　306p　19cm〈1992年刊の新装版〉　2000円　①4-89475-084-8
(目次) 山―大いなる山をめざして（夏季・北アルプス全山縦走）, 渓谷―黒部の険谷を遡る（尾沼谷, 嘉々堂谷 ほか）, 岩壁―大岩壁をひとりで攀じる（谷川岳一ノ倉沢衝立岩単独登攀, ドリュ南西岩稜単独登攀）, 山稜―はてしなき稜線をゆく（冬季・南アルプス全山縦走, 冬季・知床半島全山縦走 ほか）

00613 知床 森と海の祈り　立松和平著　春秋社　2006.1　187p　20cm　1700円　①4-393-44414-0
(目次) 知床の海, 神社を建てる, オホーツクの月, 流氷とニルヴァーナ, 知床の正法眼蔵, 森の神通光明, 花を風にまかせ、鳥を時にまかせる―四つの大切なこと（1）, 四摂事の人―四つの大切なこと（2）, 私は一個の月である

00614 水の巡礼　田口ランディ著, 森豊写真　角川書店　2006.2　270p　15cm　(角川文庫)　952円　①4-04-375303-9
(目次) 1 鬼のお宿・天河弁財天節分祭, 2「水神社」から渋谷地下へ一三〇キロの旅, 3 屋久島から世界を眺めて, 4 フジヤマの祈り, 5 知床 カヌーを巡る旅, 6 パラレルな街「ヒロシマ」, 7 青森の怪しい旅人, 8 熊本 水と共鳴する魂, 9 鹿島神宮と要石の謎, 10 出雲大社でヴァージョンアップ

00615 知床を歩く　立松和平著, 黒古一夫編　勉誠出版　2006.4　342p　22cm　(立松和平日本を歩く 第5巻)　2600円　①4-585-01175-7

00616 東京を歩く　立松和平著, 黒古一夫編　勉誠出版　2006.4　343p　22cm　(立松和平日本を歩く 第7巻)　2600円　①4-585-01177-3

00617 サバイバル登山家　服部文祥著　みすず書房　2006.6　257p　20cm　2400円　①4-622-07220-3
(目次) 知床の穴, 1 サバイバル登山まで（満ち足りた世代, 肉屋）, 2 サバイバル登山（サバイバル始動, サバイバル生活術, 日高全山ソロサバイバル）, 3 冬黒部（黒部とは, 二一世紀豪雪, 三つの初登攀）

00618 立松和平の日本動物紀行　立松和平文・写真　日経BP社　2006.6　253p　20cm〈日経BP出版センター（発売）〉　1600円　①4-8222-4515-2
(目次) 第1部 北の大地・知床の森と海（知床の野生を見つめて, シカの視線 ほか）, 第2部 森の気品に惹かれる（エゾモモンガと大雪山の気品, 水源地には神がいる ほか）, 第3部 故郷の山々を歩く（筑波山めざして, 足尾に木を植える ほか）, 第4部 生きものたちと暮らす（おいしい富士山, 小笠原のザトウクジラ ほか）, 第5部 南の森と海にて（奄美・砂糖車の馬, 奄美の森の不思議 ほか）

00619 写真家の旅―原日本、産土を旅ゆく。　宮嶋康彦著　日経BP社　2006.10　223p　21cm〈日経BP出版センター（発売）〉　2667円　①4-8222-6350-9
(目次) 知床―北海道目梨郡羅臼町礼文町, 摩周湖―北海道川上郡弟子屈町国有林二七五林班ろ小班, 恐山―青森県むつ市田名部字宇曽利山, 遠野―岩手県遠野市土淵町土淵, 松島―宮城県宮城郡松島町松島字町内, 旧西木村―秋田県仙北市西木町上檜木内字大地田, 月山―山形県鶴岡市庄内町立谷沢字本沢, 石部桜―福島県会津若松市一箕町大字八幡字石部地内, 三春滝桜―福島県田村郡三春町大字滝字桜久保, 五色沼―福島県耶麻郡北塩原村大字檜原字剣ヶ峯〔ほか〕

00620 知床の四季を歩く　立松和平文・写真　樹立社　2007.5　91p　19cm　(樹立社ライブラ

リー・スペシャル） 1100円 ①978-4-901769-24-2

00621 流氷にのりました 銀色夏生著 幻冬舎 2007.8 189p 16cm （幻冬舎文庫―へなちょこ探検隊 2） 533円 ①978-4-344-40987-3

00622 街道をゆく 38 オホーツク街道 新装版 司馬遼太郎著 朝日新聞出版 2009.5 436, 8p 15cm （朝日文庫）〈初版：朝日新聞社1997年刊〉 940円 ①978-4-02-264492-3

00623 脳で旅する日本のクオリア 茂木健一郎著 小学館 2009.7 255p 19cm 1500円 ①978-4-09-387855-5

00624 ロードスターと旅に出る―この車を相棒にしたからには、一度はやってみたいこと。 中村淳著 三樹書房 2009.10 150p 21cm 1400円 ①978-4-89522-535-9

00625 晴れのち曇り 曇りのち晴れ 熊谷榧絵と文 八王子 白山書房 2010.2 296p 19cm （〔榧・画文集 0〕）〈皆美社1970年刊の再版 平凡社2001年刊あり〉 1900円 ①978-4-89475-139-2

目次 1 カンガルーの袋の中から（カンガルーの袋の中から, 山のとりこになる ほか）, 2 穂高の山と人（雪渓を重い心で歩く―阿曾原峠から針ノ木峠, 北穂高喧嘩行 ほか）, 3 谷川岳・赤石岳など（谷川岳の四季, ネンザツアー―乗鞍、平湯、安房峠 ほか）, 4 北海道の山と海（十勝・大雪・ニセコ, 知床の這松こぎ ほか）, 5 白馬とスキー小屋（一人でも登る―冬の唐松岳, 腕を折る ほか）

00626 わしらは怪しい雑魚釣り隊 マグロなんかが釣れちゃった篇 椎名誠著 新潮社 2012.12 321p 16cm （新潮文庫） 550円 ①978-4-10-144837-4

00627 あやしい探検隊 北海道乱入 椎名誠著 KADOKAWA 2014.10 237p 15cm （角川文庫）〈「あやしい探検隊北海道物乞い旅」（角川書店 2011年刊）の改題、加筆修正〉 480円 ①978-4-04-101759-3

00628 スコット親子、日本を駆ける―父と息子の自転車縦断4000キロ チャールズ・R.スコット著, 児島修訳 紀伊國屋書店 2015.1 365p 19cm 1900円 ①978-4-314-01123-5

目次 父と息子の冒険, 反応と不安, 旅の準備, トレーニング, 地球温暖化問題のヒーロー, クビ？, 泥棒, かんしゃくとおもてなし, 大嵐, サイトウさん

00629 うつくしい列島―地理学的名所紀行 池澤夏樹著 河出書房新社 2015.11 308p 20cm 1800円 ①978-4-309-02425-7

00630 ぐうたら旅日記―恐山・知床をゆく 北大路公子著 PHP研究所 2016.7 253p 15cm （PHP文芸文庫）〈寿郎社 2012年刊の加筆・修正〉 620円 ①978-4-569-76576-1

目次 恐山と知床をゆく（春の恐山四人旅, 夏の知床ミステリーツアー, 恐山再びの旅）, ぐうたら夜話（湯, 完璧なゆで卵, そろばん師, アンケート, 家族）, 心のふるさと積丹をゆく（ウニへの道, 新・ウニへの道, ウニツアーというよりウニ合宿）

知床岬

00631 耕うん機オンザロード 斉藤政喜著 小学館 2001.8 333p 19cm （BE-PAL BOOKS） 1200円 ①4-09-366065-4

白金温泉

00632 北海道の旅 串田孫一著 平凡社 1997.5 332p 16cm （平凡社ライブラリー）〈筑摩書房1962年刊の増訂〉 1000円 ①4-582-76198-4

新旭川駅

00633 最長片道切符11195.7キロ―日本列島ジグザグ鉄道の旅 原口隆行著 学習研究社 2008.7 375p 21cm〈折り込1枚〉 1900円 ①978-4-05-403804-2

寝台特急「カシオペア」

00634 日本縦断個室寝台特急の旅 続 櫻井寛写真・文 世界文化社 2005.11 207p 22cm 2800円 ①4-418-05519-3

00635 名探偵浅見光彦の食いしん坊紀行 内田康夫著 実業之日本社 2010.10 257p 16cm （実業之日本社文庫）〈2000年刊の再編集〉 724円 ①978-4-408-55000-8

目次 第0章 十年目の食いしん坊紀行―ナゴヤ名物味めぐり, 第1章 名探偵浅見光彦の食いしん坊紀行（「箱根 湯けむりが胃にしみる」の巻, 「鎌倉 青春を想う感傷旅行」の巻, 「京都 芸妓さんと艶やかな夜」の巻, 「伊勢志摩 贅沢美食ざんまい」の巻, 「日光 クラシックなグルメエリア」の巻 ほか）, 第2章 寝台特急カシオペアに乗ろう, 第3章 名探偵のグルメ事件簿, 第4章 食いしん坊対談

00636 去りゆく星空の夜行列車 小牟田哲彦著 草思社 2015.2 294p 16cm （草思社文庫）〈扶桑社 2009年刊の再刊〉 850円 ①978-4-7942-2105-6

寝台特急「北斗星」

00637 かわいい自分には旅をさせろ 嵐山光三郎著 講談社 1991.8 253p 18cm 1100円 ①4-06-205402-7

目次 青山通りの麦畑, 看板で店を判別する方法, 「北斗星」には酒がよく似合う, 浪速のパワーはタコヤキに在り, 宿帳の記名についての考察, 京都・嵐山のタレント・ショップ, ハマグリ鍋に不倫を想った, 前橋、競輪、闇市のアジタコ, 秘湯ブームも鼻につき始めたぞ, 引越しは虹のふもとに, 金沢のゴリは泳ぐマツタケ, 四十路越えたら正月は外国で, 松尾芭蕉は松尾バナナである, 幻のマツタケおでん, ふぐ刺し菊盛り一挙食い, 新幹線の個室は超おすすめ, 岩手・天台寺の菩薩はセクシーだった, 旅は忘却の彼方に, 大阪はミラノに似ている!?, 「原宿にうまいものなし」に例外あり, 越中五箇山は零がうようよ, フリンカップルとフーフを見分ける法, 根尾谷に淡墨桜を見に行く, 津軽海峡ほたるの光

00638 食後のライスは大盛りで 東海林さだお著 文芸春秋 1995.3 254p 15cm （文春文庫） 420円 ①4-16-717727-7

作品 夜行列車とフランス料理

内容 20年ぶりのスキー体験、欲望の鬼と化した山菜取り、"オムライス歴訪の旅十日間ぐらいコース・都内名店三店ぐらいめぐり"、熱海へ行って正しい「温泉旅行道」を究める…激動の世の中に疲れてしまった大衆諸君にやすらぎを与える唯一の書。

00639 阿川弘之自選紀行集　阿川弘之著　JTB　2001.12　317p　20cm　2200円　Ⓘ4-533-04030-6
作品「北斗星1号」試乗記
目次 女王陛下の阿房船, なつかしの大連航路, 皇家之星号チャイナ・クルーズ, にっぽん丸航海日誌, ヤルタへの船旅, 欧州畸人特急, アガワ峡谷紅葉列車, 特快莒光號, 最終オリエント急行, 新ドナウ源流行, 蒸気機関車運転記, 森の宿,「北斗星1号」試乗記, 比婆山紀行, 奥能登紀行, 飯田線追想紀行, 狐狸庵偲ぶ長崎特急

00640 ショージ君の旅行鞄―東海林さだお自選　東海林さだお著　文芸春秋　2005.2　905p　16cm　（文春文庫）　933円　Ⓘ4-16-717760-9
作品 夜行列車とフランス料理

新千歳空港駅

00641 史上最大の乗り継ぎ旅―吉岡海底（最深駅）発・野辺山（最高所駅）ゆき 7泊8日5300キロ、標高差1500メートル　種村直樹著　徳間書店　1992.11　238p　19cm　1300円　Ⓘ4-19-555022-X

00642 日本縦断JR10周年の旅―新千歳空港駅発・宮崎空港駅ゆき4900キロ　種村直樹著　徳間書店　1997.3　263p　19cm　1300円　Ⓘ4-19-860667-6

00643 終着駅への旅　JR編　櫻井寛著　JTBパブリッシング　2013.8　222p　19cm　1300円　Ⓘ978-4-533-09285-5

新得駅

00644 最長片道切符11195.7キロ―日本列島ジグザグ鉄道の旅　原口隆行著　学習研究社　2008.7　375p　21cm〈折り込1枚〉　1900円　Ⓘ978-4-05-403804-2

新十津川駅

00645 北の無人駅から　渡辺一史著　札幌　北海道新聞社　2011.10　791p　19cm〈写真：並木博夫　文献あり〉　2500円　Ⓘ978-4-89453-621-0

00646 終着駅への旅　JR編　櫻井寛著　JTBパブリッシング　2013.8　222p　19cm　1300円　Ⓘ978-4-533-09285-5

新十津川町

00647 街道をゆく　15　北海道の諸道　新装版　司馬遼太郎著　朝日新聞出版　2008.11　306, 8p　15cm　（朝日文庫）　620円　Ⓘ978-4-02-264461-9

新内隧道

00648 ニッポンの穴紀行―近代史を彩る光と影　西牟田靖著　光文社　2010.12　324p　19cm〈文献あり〉　1500円　Ⓘ978-4-334-97634-7

深名線

00649 日本縦断JR10周年の旅―新千歳空港駅発・宮崎空港駅ゆき4900キロ　種村直樹著　徳間書店　1997.3　263p　19cm　1300円　Ⓘ4-19-860667-6

00650 終着駅は始発駅　宮脇俊三著　グラフ社　2007.4　257p　19cm〈新潮社1985年刊の改訂復刊　文献あり〉　1238円　Ⓘ978-4-7662-1054-5

スコトン岬

00651 北海道の旅　串田孫一著　平凡社　1997.5　332p　16cm　（平凡社ライブラリー）〈筑摩書房1962年刊の増訂〉　1000円　Ⓘ4-582-76198-4

ススキノ

00652 旅の紙芝居　椎名誠写真・文　朝日新聞社　2002.10　350p　15cm　（朝日文庫）〈1998年刊の文庫化〉　820円　Ⓘ4-02-264298-X
作品 おネーさんがいっぱい

すずらんの丘

00653 ぶらっぷらある記　銀色夏生著　幻冬舎　2014.12　278p　16cm　（幻冬舎文庫）　600円　Ⓘ978-4-344-42275-9
目次 鎌倉ぶらっぷら, 東海道ぶらっぷら, 金時山ぶらっぷら, お茶の水ぶらっぷら, 谷根千ぶらっぷら, 高千穂近辺ぶらっぷら, 熊野古道ぶらっぷら, 浅草ぶらっぷら, すずらんの丘ぶらっぷら, 柴又ぶらっぷら, 両国ぶらっぷら, 深川、佃ぶらっぷら, 豊洲～月島ぶらっぷら, 京浜運河ぶらっぷら, 木曾駒ヶ岳ぶらっぷら

スタルヒン球場

00654 仙人の桜、俗人の桜　赤瀬川原平著　平凡社　2000.3　270p　16cm　（平凡社ライブラリー）〈日本交通公社出版事業局1993年刊あり〉　1100円　Ⓘ4-582-76332-4
作品 野球の中の相撲を見に行く―北海道
目次 仙人の桜、俗人の桜―吉野, 出雲大社の中の空っぽ―出雲, 粗食に甘んじる―黒羽, 神々の隠れ里―高千穂, 野球の中の相撲を見に行く―北海道, 祖霊と遊ぶ琉球の夜―石垣島, ハウステンボスとお手本の関係―長崎, 鰹をたたきつづけている港町―高知, 理屈はともかく温泉へ行こう―草津, 北国の小さな蔵の寒仕込み―宮城, 天と富士山―東京, 燃える骨酒に驚いた―石川, トロボッチの揚がる港―戸田, デキている酒と肴―富山, 凝縮さざえ堂の二重ラセン―会津若松, ベルリンの壁の跡に桜並木を―京都

寿都町

00655 耕うん機オンザロード　斉藤政喜著　小学館　2001.8　333p　19cm　（BE-PAL BOOKS）　1200円　Ⓘ4-09-366065-4

砂川駅

00656 文学の中の駅―名作が語る“もうひとつの鉄道史”　原口隆行著　国書刊行会　2006.7　327p　20cm　2000円　Ⓘ4-336-04785-5

砂川市

00657 肉の旅―まだ見ぬ肉料理を求めて全国縦断！　カベルナリア吉田著　イカロス出版　2016.8　235p　21cm　1600円　Ⓘ978-4-8022-0222-0

青函トンネル

00658 線路のない時刻表　宮脇俊三著　新潮社　1989.4　204p　15cm　（新潮文庫）　280円　①4-10-126807-X
目次 陰陽連絡新線の夢と現実 智頭線, 白き湖底の町にて 北越北線, 建設と廃線の谷間で 三陸縦貫線, 断層のある村で 樽見線, 落日と流刑の港町にて 宿毛線, 瀬戸大橋に鉄道が走る日, 青函トンネル記行, 「三陸鉄道」奮闘す

00659 車窓はテレビより面白い　宮脇俊三著　徳間書店　1992.8　254p　15cm　（徳間文庫）〈1989年刊の文庫化〉　460円　①4-19-597265-5
目次 清水トンネル右往左往, 奥羽本線のスイッチ・バック群, 北浦鉄橋と藤代の死電区間, 大畑と立野と南阿蘇鉄道と, 飯山駅の鐘と上諏訪駅の露天風呂, 御殿場線を歩く, 上田交通の考古学行脚, 北陸本線の廃線トンネル, 中国山地の光と影, 湧網線よ、さようなら, 由利高原鉄道と同和鉱業小坂線, 大井川鉄道讃歌, 兵庫県の鉄道あれこれ, 錦川鉄道の清流, 三陸鉄道まわり道, 仙台の地下鉄, 阿武隈急行各駅拝見, 愛知環状鉄道のぜいたく, 宮福鉄道の開業日, 青函トンネル貨車紀行, 瀬戸大橋線初乗り記, 「北斗星」のロイヤル個室, 「タルゴ」の楽しさ

00660 旅は自由席　宮脇俊三著　新潮社　1995.3　283p　15cm　（新潮文庫）〈1991年刊の文庫化〉　440円　①4-10-126811-8
目次 青函トンネルと瀬戸大橋（青函連絡船、さよなら, 津軽海峡線に試乗, 下北・津軽ローカル線紀行, 超豪華列車「夢空間」の一夜, 予讃新線の開通日 ほか）, どこかへ行きたい（伊豆急「リゾート21」とお召列車, 函館から網走へ, 大前という終着駅, 関東の二つのローカル線 ほか）, 車窓の四季, 旅の周辺・鉄道ファンの発想（0番線の話, うらめしや新幹線, 登山鉄道をつくろう, 日本の川 ほか）, 仕事部屋のうちそと（拾いもの人生, 自分と出会う, 自作再見『時刻表昭和史』, 私の本棚 ほか）

00661 日本縦断JR10周年の旅―新千歳空港駅発・宮崎空港駅ゆき4900キロ　種村直樹著　徳間書店　1997.3　263p　19cm　1300円　①4-19-860667-6

青函連絡船

00662 遙かなる汽車旅　種村直樹著　日本交通公社出版事業局　1996.8　270p　19cm　1500円　①4-533-02531-5
目次 東海道本線, 京阪電気鉄道石坂線・京津線, 江若鉄道線, 北陸本線, 営団地下鉄線, 宇高連絡船, 上越線, 中央本線, 青函連絡船, 函館本線〔ほか〕

せいわ温泉

00663 日本縦断JR10周年の旅―新千歳空港駅発・宮崎空港駅ゆき4900キロ　種村直樹著　徳間書店　1997.3　263p　19cm　1300円　①4-19-860667-6

石勝線

00664 北海道 幸せ鉄道旅　矢野直美著　札幌　北海道新聞社　2005.7　223p　21cm　1800円　①4-89453-341-3

00665 日本縦断「ローカル列車」を乗りこなす　種村直樹著　青春出版社　2006.6　205p　18cm　（青春新書インテリジェンス）　730円　①4-413-04147-X

00666 父・宮脇俊三が愛したレールの響きを追って　宮脇灯子著　JTBパブリッシング　2008.8　223p　19cm〈写真：小林写函〉　1500円　①978-4-533-07200-0
目次 銚子電気鉄道, 鹿島線・鹿島臨海鉄道, 釜石線, 山田線, 五能線, 小海線, 土讃線, 豊肥本線, 肥薩線, 山陰本線, 石勝線（夕張支線）, 釧網本線

00667 いきどまり鉄道の旅　北尾トロ著　河出書房新社　2017.8　278p　15cm　（河出文庫）〈「駅長さん！ これ以上先には行けないんすか」（2011年刊）の改題、加筆・修正〉　780円　①978-4-309-41559-8
目次 第1旅 わたらせ渓谷鐵道―わてつに乗って足尾銅山を知る, 第2旅 烏山線～真岡鐵道―コーヒーとマーボチャーハン、いきどまり風味, 第3旅 横須賀線～久留里線―いきどまり鉄道だけどいきどまらない東京湾一周旅, 第4旅 水郡線～ひたちなか海浜鉄道湊線―滝あり温泉ありの、いきどまり鉄道ハシゴ旅, 第5旅 名松線、加太線、水間線―関西いきどまり御三家をめぐる旅, 第6旅 大井川鐵道―わざわざ旅行はトロッコ電車に乗って, 第7旅 吾妻線、信越本線、上信電鉄―関東いきどまり界のキング、高崎駅に集合せよ！, 第8旅 鶴見線、東武小泉線、秩父鉄道、青梅線、五日市線―首都圏日帰り終着駅めぐり, 第9旅 石勝線―蠟人形に舌を巻き、カレーそばに舌打ちする, 第10旅 東武佐野線―原人ロードに葛生の夢を見た, オマケの旅 越美北線、長良川鉄道―線路はつづかないよ、どこまでも

石勝線夕張支線

00668 呑み鉄、ひとり旅―乗り鉄の王様がゆく　芦原伸著　東京新聞　2016.9　302p　19cm　1500円　①978-4-8083-1014-1
目次 春（磐越東線, 吾妻線 ほか）, 夏（根室本線, 花咲線 ほか）, 秋（石勝線夕張支線, 旧岩泉線 ほか）, 冬（津軽鉄道, 釜石線 ほか）

関内漁港

00669 自転車釣り師 斎藤豊 北海道を釣る　斎藤豊著　札幌　財界さっぽろ　2010.5　193p　18cm　（ざいさつアップル新書）　743円　①978-4-87933-502-9

石北峠

00670 日本の名山　1　大雪山　串田孫一, 今井通子, 今福龍太編　博品社　1998.7　252p　19cm　1600円　①4-938706-55-5
作品 石北峠〔井出孫六〕

石北トンネル

00671 汽車旅12カ月　宮脇俊三著　河出書房新社　2010.1　231p　15cm　（河出文庫）　680円　①978-4-309-40999-3

石北本線

00672 鉄道全線三十年―車窓紀行 昭和・平成……乗った、撮った、また乗った!!　田中正恭著　心交社　2002.6　371p　19cm　1600円　①4-88302-741-4

00673 北海道 幸せ鉄道旅　矢野直美著　札幌　北海道新聞社　2005.7　223p　21cm　1800円　①4-89453-341-3

00674 最長片道切符11195.7キロ―日本列島ジグザグ鉄道の旅 原口隆行著 学習研究社 2008.7 375p 21cm〈折り込1枚〉 1900円 ①978-4-05-403804-2

瀬石温泉

00675 温泉百話―東の旅 種村季弘, 池内紀編 筑摩書房 1988.2 471p 15cm (ちくま文庫) 680円 ①4-480-02200-7
作品 知床秘湯めぐりの旅〔川本三郎〕

00676 旅は道づれ湯はなさけ 辻真先著 徳間書店 1989.5 348p 15cm (徳間文庫) 580円 ①4-19-568760-8

瀬棚

00677 耕うん機オンザロード 斉藤政喜著 小学館 2001.8 333p 19cm (BE-PAL BOOKS) 1200円 ①4-09-366065-4

銭函駅

00678 文学の中の駅―名作が語る"もうひとつの鉄道史" 原口隆行著 国書刊行会 2006.7 327p 20cm 2000円 ①4-336-04785-5

釧網本線

00679 絶景 冬列車の旅―宗谷本線から日本海縦貫線まで 櫻井寛文・写真 東京書籍 1999.11 159p 21cm 2200円 ①4-487-79471-4

00680 日本の鉄道各駅停車の旅 原口隆行著 ダイヤモンド社 2004.5 158p 21cm 1500円 ①4-478-96088-7
目次 JRローカル線の旅編(宗谷本線, 根室本線, 富良野線, 釧網本線 ほか), 私鉄・第三セクター線の旅編(函館市電, 津軽鉄道, わたらせ渓谷鉄道, 長野電鉄 ほか)

00681 北海道 幸せ鉄道旅 矢野直美著 札幌 北海道新聞社 2005.7 223p 21cm 1800円 ①4-89453-341-3

00682 日本全国ローカル列車ひとり旅 遠森慶文・イラスト・写真 双葉社 2005.11 253p 19cm 1500円 ①4-575-29847-6
目次 第1章 北海道・東北編(JR釧網本線, JR富良野線, 秋田内陸縦貫鉄道, 三陸鉄道), 第2章 関東編(銚子電気鉄道, 秩父鉄道, 江ノ島電鉄, 箱根登山鉄道), 第3章 中部・近畿編(大井川鉄道, 三岐鉄道北勢線, 黒部峡谷鉄道, 叡山電鉄, 北近畿タンゴ鉄道), 第4章 中国・四国 九州編(JR山口線, 土佐くろしお鉄道ごめん・なはり線, 南阿蘇鉄道, JR肥薩線)

00683 北へ・郷愁列車の旅 松村映三著 ベストセラーズ 2007.1 125p 20cm 1500円 ①978-4-584-18991-7
目次 始発時刻の前に, 只見線, 五能線, 根室本線, 釧網本線, 終着時刻の後で

00684 ダルマ駅へ行こう! 笹田昌宏著 小学館 2007.5 253p 15cm (小学館文庫) 514円 ①978-4-09-411651-9
目次 第1章 ダルマ駅の聖地を訪ねて…北海道(北海道・宗谷本線, 北海道・根室本線, 北海道・釧網本線, 北海道・函館本線(札幌以北), 北海道・留萌本線 ほか), 第2章 こんなところにもダルマ駅…本州・四国・九州(東北・五能線, 東北・奥羽本線 前編(長峰・前山・鶴ヶ坂駅), 東北・只見線(会津坂本駅), 東北・奥羽本線 後編(中川駅), 関東・吾妻線(市城・郷原駅) ほか), 第3章「ダルマ別荘」を我が手で実現

00685 最長片道切符11195.7キロ―日本列島ジグザグ鉄道の旅 原口隆行著 学習研究社 2008.7 375p 21cm〈折り込1枚〉 1900円 ①978-4-05-403804-2

00686 父・宮脇俊三が愛したレールの響きを追って 宮脇灯子著 JTBパブリッシング 2008.8 223p 19cm〈写真:小林写函〉 1500円 ①978-4-533-07200-0

00687 行ったぞ鉄道―列島がたごと日誌 伊東徹秀著 札幌 柏艪舎 2009.7 198p 19cm〈発売:星雲社〉 1300円 ①978-4-434-13086-1

層雲峡

00688 日本の名山 1 大雪山 串田孫一, 今井通子, 今福龍太編 博品社 1998.7 252p 19cm 1600円 ①4-938706-55-5
作品 層雲峡より大雪山へ〔大町桂月〕

00689 山の旅 大正・昭和篇 近藤信行編 岩波書店 2003.11 457p 15cm (岩波文庫) 700円 ①4-00-311701-8
作品 層雲峡より大雪山へ〔大町桂月〕

00690 国井律子のハーレー日本一周―20代最後のひとり旅 国井律子著 小学館 2007.1 155p 21cm 1500円 ①4-09-366534-6
目次 プロローグ オートバイに乗る以前の私は, 旅が教えてくれたこと, 温かくて、優しい('04年4月小豆島), 旅の日曜日('04年4月別府), うさぎを乗せた船('04年4月奄美), 北を想う('04年8月根室), ビールの美味しい飲み方('04年8月層雲峡), この夏、世界で一番熱い場所('04年8月礼文島), 北国の温泉郷にて思う('04年9月乳頭温泉), エピローグ 3回目の春に

層雲峡温泉

00691 温泉旅行記 嵐山光三郎著 筑摩書房 2000.12 315p 15cm (ちくま文庫)〈初版:JTB1997年刊〉 760円 ①4-480-03589-3

宗谷

00692 わたしの旅人生「最終章」 渡辺文雄著 アートデイズ 2005.2 267p 20cm〈肖像あり〉 1600円 ①4-86119-033-9

宗谷本線

00693 線路の果てに旅がある 宮脇俊三著 新潮社 1997.1 227p 15cm (新潮文庫)〈小学館1994年刊あり〉 400円 ①4-10-126813-4
目次 宗谷本線と北辺の廃線跡めぐり, 北上山地、茫洋汽車旅, 秋田内陸縦貫鉄道の熊と美人, 八高線は関東武士, 千葉県のニュータウン鉄道, 大井川鉄道のアプト式新線, 大糸線は塩の道, 北近畿タンゴ鉄道の陰翳, 紀勢本線ひとまわり, 阪神の私鉄の面白さ, 瀬戸大橋線の見どころ, 松浦鉄道は変幻多彩, 板谷峠から折渡トンネルへ, 姨捨・熊ノ平・土合, 礼文・利尻、汽車旅はるか, 終着駅への旅―男鹿・大湊, 終着駅の跡を訪ねて―東赤谷・熱塩, 終着駅の10の型

00694 絶景 冬列車の旅―宗谷本線から日本海縦貫線まで 櫻井寛文・写真 東京書籍 1999.11 159p 21cm 2200円 ①4-487-79471-4

00695 日本の鉄道各駅停車の旅 原口隆行著 ダイヤモンド社 2004.5 158p 21cm 1500円 ①4-478-96088-7

00696 北海道 幸せ鉄道旅 矢野直美著 札幌 北海道新聞社 2005.7 223p 21cm 1800円 ①4-89453-341-3

00697 ダルマ駅へ行こう！ 笹田昌宏著 小学館 2007.5 253p 15cm （小学館文庫） 514円 ①978-4-09-411651-9

00698 北海道のんびり鉄道旅 矢野直美著 札幌 北海道新聞社 2007.6 213p 20cm 1700円 ①978-4-89453-414-8

目次 北の果てしない大地―宗谷本線（旭川 - 士別），最北端の原野へ―宗谷本線（音威子府 - 稚内），レール＆サイクリング―自分の足で、どこまでも，最東端のサンクチュアリ―根室本線（厚岸 - 根室），十勝平野を走って海へ―根室本線（帯広 - 釧路），緑の風に吹かれて―根室本線（新得 - 滝川），ノロッコ号で秋の田園散歩―富良野線（旭川 - 富良野），富良野線「ラベンダー畑駅」―花盛りの季節臨時開業駅，海岸列車でうとうと夢の中―室蘭本線（東室蘭 - 長万部），海と山を見つめながら―室蘭本線（苫小牧 - 室蘭）〔ほか〕

00699 おんなひとりの鉄道旅 東日本編 矢野直美著 小学館 2008.7 217p 15cm （小学館文庫）〈2005年刊の単行本を2分冊にして文庫化〉 600円 ①978-4-09-408286-9

00700 最長片道切符11195.7キロ―日本列島ジグザグ鉄道の旅 原口隆行著 学習研究社 2008.7 375p 21cm〈折り込1枚〉 1900円 ①978-4-05-403804-2

00701 行ったぞ鉄道―列島がたごと日誌 伊東徹秀著 札幌 柏艪舎 2009.7 198p 19cm 〈発売：星雲社〉 1300円 ①978-4-434-13086-1

00702 うっかり鉄道―おんなふたり、ローカル線めぐり旅 能町みね子著 メディアファクトリー 2010.10 205p 19cm 1100円 ①978-4-8401-3545-0

目次 神奈川/JR鶴見線・国道駅 鉄道の日に、いちばん好きな駅へ，静岡/岳南鉄道 富士と工場のテーマパーク，関東一円/八のつく駅 平成8年8月8日の奇蹟，千葉/JR京葉線 平成22年2月22日の死闘，神奈川/江ノ島電鉄 あぶない！ 江ノ電，沖縄/ゆいレール 最南端の最新モノレール・ツアーズ，北海道/JR宗谷本線・留萌本線 珠玉看板フェティシズム，熊本・鹿児島/JR肥薩線 最寄駅から空港まで歩こう，高知/土佐電気鉄道 あったか土佐の小さすぎる日本一

00703 ぞっこん鉄道今昔―昭和の鉄道撮影地への旅 櫻井寛写真・文 朝日新聞出版 2012.8 205p 21cm 2300円 ①978-4-02-331112-1

00704 一両列車のゆるり旅 下川裕治，中田浩資著 双葉社 2015.6 364p 15cm （双葉文庫） 694円 ①978-4-575-71436-4

目次 第1章 鈍行列車の車窓に映る山々の重さ―身延線から大糸線，第2章 渓谷に沿って進むつながらないゆる鉄旅―水郡線から只見線，第3章 九州ジクザグ南下行阿蘇から三大車窓へ―日田彦山線・久大本線・豊肥本線・肥薩線，第4章 四国の地方交通線を走破する十六時間九分―鳴門線・牟岐線・徳島線・予土線・内子線，第5章 冬の東北ローカル列車旅日本海に沿って北紀行―陸羽東線・陸羽西線・五能線・津軽線，第6章 北海道の吹雪をついて一両ディーゼル列車旅―留萌本線・宗谷本線

宗谷岬

00705 にっぽん青春巡礼行 岳真也著 廣済堂出版 1990.12 330p 16cm （廣済堂文庫） 470円 ①4-331-65084-7

目次 冬仕度のオホーツクへ，晩春の山里を歩く，琵琶湖一周ひとり旅，何かを求めて北国の冬へ，残雪の中国山地を行く，夏を迎える津軽路へ，わが故郷を歩く，紀伊半島周遊行，わが青春の霊場巡り，忍者の里を訪ねて，わが根の国遡行，夕陽を追って日本海，三十路の峠を西海で，70年代を旅する青春

00706 ワッキーの地名しりとり―日本中を飛ばされ続ける男 脇田寧人著 名古屋 ぴあ 2004.3 222p 19cm 1300円 ①4-8356-0924-7

00707 日本縦断徒歩の旅―65歳の挑戦 石川文洋著 岩波書店 2004.5 226p 18cm （岩波新書） 700円 ①4-00-430891-7

00708 ショージ君の旅行鞄―東海林さだお自選 東海林さだお著 文芸春秋 2005.2 905p 16cm （文春文庫） 933円 ①4-16-717760-9

作品 わが、果てしなき傷心の旅

00709 日本風景論 池内紀著 角川学芸出版 2009.3 279p 19cm （角川選書）〈発売：角川グループパブリッシング〉 1600円 ①978-4-04-703442-6

00710 街道をゆく 38 オホーツク街道 新装版 司馬遼太郎著 朝日新聞出版 2009.5 436, 8p 15cm （朝日文庫）〈初版：朝日新聞社1997年刊〉 940円 ①978-4-02-264492-3

00711 愛犬との旅―キャンピングカーに愛犬「こゆき」を乗せて日本一周冒険記 山口理著 WAVE出版 2014.9 254p 20cm 1500円 ①978-4-87290-706-3

00712 みどりの国滞在日記 エリック・ファーユ著，三野博司訳 水声社 2014.12 195p 20cm （批評の小径） 2500円 ①978-4-8010-0077-3

00713 スコット親子、日本を駆ける―父と息子の自転車縦断4000キロ チャールズ・R.スコット著，児島修訳 紀伊國屋書店 2015.1 365p 19cm 1900円 ①978-4-314-01123-5

00714 日本2百名山ひと筆書き 田中陽希著 NHK出版 2016.6 285p 19cm （グレートトラバース 2） 1700円 ①978-4-14-081700-1

空知

00715 忘れられた道 完 堀淳一文と写真 札幌 北海道新聞社 2000.9 207p 19cm 1700円 ①4-89453-116-X

空知川

00716 サラリーマン転覆隊門前払い 本田亮著 フレーベル館 2000.3 273p 20cm 1600円

①4-577-70183-9
(目次) その1 転覆隊高梁川で寒中水泳！，その2 転覆隊空知川・鵡川で門前払い！，その3 転覆隊阿仁川から脱出す！，その4 転覆隊仁淀川で内祝い！，その5 転覆隊利根川でまっ二つ！，その6 転覆隊カムチャツカで釣りまくる！，その7 滑落隊富士山で轟転す！，その8 転覆隊富士川でスッポンポン！

00717 鉄路の美学―名作が描く鉄道のある風景　原口隆行著　国書刊行会　2006.9　358p　20cm　2000円　①4-336-04786-3
(目次) 井伏鱒二の『集金旅行』―ユーモアと人間の真実のなかに，放浪の女流作家 林芙美子―風琴と魚の町・尾道はいま，島崎藤村の『山陰土産』―山陰行に汽車旅の原点を見た，山口誓子の『踏切』―度しがたい汽車マニヤのうた，中野重治の『汽車の缶焚き』―北陸の空に白煙をあげて，都会のはざまの農村での苦悩―佐藤春夫『田園の憂鬱』の今昔，若山牧水の『旅とふるさと』―人生に旅の本質を求めて，伊藤左千夫が描いた房総の風土―九十九里の潮鳴りが聞こえる珠玉の小説群，萩原朔太郎の『愛憐詩篇』ほか―時うつりゆく前橋に思いをはせて，徳冨蘆花の北辺めぐり―鉄道でたどった『熊の足跡』，国木田独歩の『空知川の岸辺』―山林に自由存して いまもなお，開明期のリーダー 福沢諭吉―明治の巨星は「汽車」の名づけ親だった，明治開化期鉄道事情―鉄道の登場は“旅”を変えた

00718 松崎天民選集　第10巻　人間見物　松崎天民著，後藤正人監修・解説　クレス出版　2013.11　395, 3p　19cm〈騒人社書局 昭和二年刊の複製〉　6000円　①978-4-87733-795-7
(作品) 北海道印象記

大雪湖

00719 ツーリング・ライフ―自由に、そして孤独に　新装増補版　斎藤純著　春秋社　2004.3　274p　20cm〈2001年刊の新装増補〉　1800円　①4-393-43624-5
(作品) 北へ―北海道

大雪山

00720 50ccバイク日本一周2万キロ　賀曽利隆著　日本交通公社出版事業局　1990.11　285p　19cm　1300円　①4-533-01631-6

00721 北紀行 風の恋歌　伊東徹秀著　麦秋社　1995.11　221p　19cm　1300円　①4-938170-21-3

00722 生物の大宝庫 大雪山　松岡達英作　大日本図書　1997.1　47p　30cm　（日本自然探険の旅 2）　3090円　①4-477-00757-4
(内容) 北の国、北海道。大雪山系のめずらしい生物探険に出発。

00723 想い遙かな山々　中西悟堂ほか著，作品社編集部編　作品社　1998.4　245p　22cm　（新編・日本随筆紀行 大きな活字で読みやすい本―心にふるさとがある 1）〈付属資料：63p：著者紹介・出典一覧〉　①4-87893-806-4, 4-87893-807-2
(作品) 大雪山紀行〔中西悟堂〕
(目次) 大雪山紀行（中西悟堂），十勝岳（深田久弥），八甲田山（棟方志功），岩木山（今官一），遙かなる月山（森敦），蔵王山の樹氷（安斎徹），失われゆく日本の山岳美（槇有恒），吾妻連峰と磐梯山（川崎精雄），秋の筑波山（大町桂月），富士山（梅原龍三郎），富士山（山下清），富士山（武田泰淳），北岳（白籏史朗），穂高の月（井上靖），北アルプスの秘境（中村清太郎），頸城山塊と戸隠連山（冠松次郎），青葉山（水上勉），六甲裏山の美（賀川豊彦），伯耆大山（司葉子），春昼の噴煙真白間を置きて（中村汀女），高千穂に思う（豊島与志雄）

00724 日本の名山　1　大雪山　串田孫一，今井通子，今福龍太編　博品社　1998.7　252p　19cm　1600円　①4-938706-55-5
(作品) あふれる山岳美 大雪山〔瓜生卓造〕　コリヤス幻想〔田淵行男〕　ヌタプカムウシュペ山〔大平晟〕　花と雪田の大雪山〔村井米子〕　神々の遊ぶ庭〔立松和平〕　層雲峡より大雪山へ〔大町桂月〕　大雪山 最も美しい地球の素顔〔三浦雄一郎〕　大雪山：イワウメ〔田中澄江〕　大雪山〔深田久弥〕　大雪山には氷河地形がないか〔渡辺康之〕　大雪山に想う〔三浦綾子〕　大雪山に登る〔大町文衛〕　大雪山の夏径〔伊東徹秀〕　大雪山の色〔今井通子〕　大雪山を行く〔武田久吉〕　大雪山紀行〔中西悟堂〕　大雪山二題〔中谷宇吉郎〕　伝説の足跡をさぐる〔更科源蔵〕　般若の五郎〔坂本直行〕

00725 山の旅　大正・昭和篇　近藤信行編　岩波書店　2003.11　457p　15cm　（岩波文庫）　700円　①4-00-311701-8
(作品) 層雲峡より大雪山へ〔大町桂月〕

00726 ツーリング・ライフ―自由に、そして孤独に　新装増補版　斎藤純著　春秋社　2004.3　274p　20cm〈2001年刊の新装増補〉　1800円　①4-393-43624-5
(作品) 北へ―北海道

00727 百霊峰巡礼　第2集　立松和平著　東京新聞出版局　2008.4　307p　20cm　1800円　①978-4-8083-0893-3
(目次) 越知山（福井）―泰澄は夜走った，吉野山（奈良）―吉野の奥深さ，高尾山（東京）―大宇宙の分子として，愛宕山（京都）―愛宕さんへは月参り，開聞岳（鹿児島）―火の山は眠っている，秋葉山（静岡）―秋葉の三尺坊なり，石鎚山（愛媛）―行者は法螺貝を立てる，浅間山（群馬/長野）―浅間大変をめぐって，大雪山（北海道）―神々の遊ぶ庭，金峰山（山梨/長野）―峻険な修行の道，八海山（新潟）―山を畏敬する，女峰山（栃木）―自己の内なる森羅万象，四阿山（長野・群馬）―我が妻よ，安達太良山（福島），大菩薩嶺（山梨）―智恵子の山，八溝山（茨城/栃木/福島）―北関東の冬の烈風，葛城山（奈良/大阪）―役小角の故郷，妙義山（群馬），高千穂峰（宮崎/鹿児島）―明々巍々の山，剣山（徳島）―祖谷の奥の奥，岩手山（岩手）―満開のコマクサの花畑，剱岳（富山）―美しく壮絶な地獄，蓼科山（長野）―諏訪神のいる岩塊原，大山（鳥取）―日本海を眺望しながら，那須岳（栃木/福島）―三山駆けへの憧憬

00728 山のぼりおり　石田千著　山と溪谷社　2008.4　149p 図版16枚　20cm　1800円　①978-4-635-17174-8
(目次) 北八ヶ岳・天狗岳，東北・栗駒山，北アルプス・燕岳，信越国境・苗場山，高尾山稜・景信山，屋久島・宮之浦岳，北海道・大雪山，中部・御嶽山，富士山，東北・鳥海山

00729 ひとつとなりの山　池内紀著　光文社

2008.10 269p 18cm (光文社新書) 800円 ①978-4-334-03476-4
[目次] 幻の魚—大雪山(北海道), キリストの里—戸来岳(青森県), 剗天地通信—乳頭山(秋田県), 同行二人—早池峰山(岩手県), 蔵王堂の杖—日本国(山形県・新潟県), 天狗のお土産—那須三山(栃木県), 体力測定—温泉岳(栃木県), 越後の旦那さま—八海山(新潟県), 岩峰天ヲ突ク—男体山(茨城県), 駿河姫の里—立処山(群馬県), 月もろともに—八丈富士(東京都), にわか修験者—独鈷山(長野県), 山眠る—秩父御岳山(埼玉県), 中高年パラダイス—籠ノ登山・水ノ塔山(長野県・群馬県), 凡夫と聖人—七面山(山梨県), 山で一泊 麓で二泊—燕岳(長野県), 雲上ホテル—蝶ヶ岳(長野県), 罪障消滅—雪彦山(兵庫県), 黄金の山—剣山(徳島県), 海の門—開聞岳(鹿児島県)

00730 ロードスターと旅に出る—この車を相棒にしたからには、一度はやってみたいこと。 中村淳著 三樹書房 2009.10 150p 21cm 1400円 ①978-4-89522-535-9

00731 晴れのち曇り 曇りのち晴れ 熊谷榧絵と文 八王子 白山書房 2010.2 296p 19cm (〔榧・画文集 0〕)〈皆美社1970年刊の再版 平凡社2001年刊あり〉 1900円 ①978-4-89475-139-2

00732 むかしの山旅 今福龍太編 河出書房新社 2012.4 304p 15cm (河出文庫) 760円 ①978-4-309-41144-6
[作品] ヌタプカムウシュペ山〔大平晟〕
[目次] 富士へ—千九百〇九年八月(竹久夢二), 槍ヶ嶽紀行(芥川龍之介), 日本高嶺の堂(大町桂月), 穂高岳槍ヶ岳縦走記(鵜殿正雄), 頂の憩い(大島亮吉), 穂高星夜(書上喜太郎), 穂高岳屛風岩(小川登喜男), 越中剣岳(木暮理太郎), 立山頂上雄山神社(加藤泰三), 白馬山登攀記(河東碧梧桐), 甲斐駒(松濤明), 単独の北岳(沢田真佐子), ヌタプカムウシュペ山(大平晟), 雪の岩手山へ(上関光三), 湯殿山・月山・羽黒山(三田尾松太郎), 滝沢下部初登攀(平田恭助), 浅間越え(寺田寅彦), 八ヶ岳の黒百合(小島烏水), 高尾山より三頭山まで(高畑棟材), 玄倉谷から丹沢山へ(松井幹雄), 第三日、御嶽詣(土居通彦), 春の白山(石崎光瑤), 大山より船上山へ(北尾鐐之助), 阿蘇外輪(小杉放庵)

00733 山・音・色 KIKI, 野川かさね著 山と溪谷社 2012.7 159p 20cm 1500円 ①978-4-635-77014-9
[目次] 第1話 雪—北八ヶ岳, 第2話 日の出—雲取山, 第3話 365日—涸沢, 第4話 島—八丈富士, 第5話 銀座—表銀座, 第6話 色—大雪山, 第7話 峠—徳本峠, 第8話 氷解—尾瀬ヶ原, 第9話 九〇〇〇尺—富士山, 第10話 恋—北八ヶ岳, 地図と参考コースタイム

00734 うつくしい列島—地理学的名所紀行 池澤夏樹著 河出書房新社 2015.11 308p 20cm 1800円 ①978-4-309-02425-7

大雪山国立公園

00735 日本列島の香り—国立公園紀行 立松和平著 毎日新聞社 1998.3 255p 19cm 1500円 ①4-620-31208-8

00736 東京を歩く 立松和平著, 黒古一夫編 勉誠出版 2006.4 343p 22cm (立松和平日本を歩く 第7巻) 2600円 ①4-585-01177-3

滝川市

00737 下駄で歩いた巴里—林芙美子紀行集 林芙美子著, 立松和平編 岩波書店 2012.4 331p 15cm (岩波文庫)〈第5刷(第1刷2003年)〉 700円 ①4-00-311692-5
[作品] 摩周湖紀行

00738 肉の旅—まだ見ぬ肉料理を求めて全国縦断! カベルナリア吉田著 イカロス出版 2016.8 235p 21cm 1600円 ①978-4-8022-0222-0

滝上町

00739 ロードスターと旅に出る—この車を相棒にしたからには、一度はやってみたいこと。 中村淳著 三樹書房 2009.10 150p 21cm 1400円 ①978-4-89522-535-9

立待岬

00740 松崎天民選集 第10巻 人間見物 松崎天民著, 後藤正人監修・解説 クレス出版 2013.11 395, 3p 19cm〈騒人社書局 昭和二年刊の複製〉 6000円 ①978-4-87733-795-7
[作品] 北海道印象記

伊達市

00741 日本奥地紀行 イサベラ・バード著, 高梨健吉訳 平凡社 2000.2 529p 16cm (平凡社ライブラリー)〈年譜あり 文献あり〉 1500円 ①4-582-76329-4

00742 イザベラ・バード「日本の未踏路」完全補遺 イザベラ・バード著, 高畑美代子訳注 中央公論事業出版(製作発売) 2008.1 190p 21cm 1600円 ①978-4-89514-296-0

00743 イザベラ・バード『日本奥地紀行』を歩く 金沢正脩著 JTBパブリッシング 2010.1 175p 21cm (楽学ブックス—文学歴史 11)〈文献あり 年譜あり〉 1800円 ①978-4-533-07671-8

00744 完訳 日本奥地紀行 3 北海道・アイヌの世界 イザベラ・バード著, 金坂清則訳注 平凡社 2012.11 415p 18cm (東洋文庫)〈布装〉 3100円 ①978-4-582-80828-5

00745 新訳 日本奥地紀行 イザベラ・バード著, 金坂清則訳 平凡社 2013.10 537p 18cm (東洋文庫)〈布装 索引あり〉 3200円 ①978-4-582-80840-7

小砂子山道

00746 忘れられた道—北の旧道・廃道を行く 堀淳一文・写真 札幌 北海道新聞社 1992.10 122p 22×17cm 1700円 ①4-89363-653-7

千歳空港

00747 大泉エッセイ—僕が綴った16年 大泉洋著 メディアファクトリー 2013.4 351p 19cm (〔ダ・ヴィンチブックス〕) 1300円 ①978-4-8401-5167-2
[目次] 1997-2001 洋ちゃんのシャイなあんちきしょう(広辞苑, かーっちょわりー, 流行らす ほか), 2000-

2005 大泉洋のワガママ絵日記(大泉家は大フィーバー, 関西一人旅, 兄ちゃんの東京ディズニーランド ほか), 2004‐2005 俺の大地(千歳空港での決意, 機内放送の愉悦, 最高の誕生日プレゼント ほか), 2013 大泉洋、40歳、書き下ろし(『水曜どうでしょう』について, TEAM NACSの奇跡, 肩書き ほか)

千歳市

00748 耕うん機オンザロード 斉藤政喜著 小学館 2001.8 333p 19cm (BE‐PAL BOOKS) 1200円 ①4-09-366065-4

千歳線

00749 北海道 幸せ鉄道旅 矢野直美著 札幌 北海道新聞社 2005.7 223p 21cm 1800円 ①4-89453-341-3

00750 むかしの汽車旅 出久根達郎編 河出書房新社 2012.7 259p 15cm (河出文庫) 760円 ①978-4-309-41164-4

[作品] 千歳線風景〔伊藤整〕

池北線

00751 鉄道全線三十年―車窓紀行 昭和・平成……乗った、撮った、また乗った!! 田中正恭著 心交社 2002.6 371p 19cm 1600円 ①4-88302-741-4

津別町

00752 森の旅 森の人―北海道から沖縄まで日本の森林を旅する 軽装版 稲本正文, 姉崎一馬写真 世界文化社 2005.11 271p 21cm (ほたるの本)〈1994年刊行版に一部修正を加え軽装版にしたもの 1990年刊あり〉 1800円 ①4-418-05518-5

(目次) 1月 飛騨・高山―飛騨の匠は生きているか, 2月 京都・北山―伝統の北山杉、その未来を担う, 3月 西表島―亜熱帯の森のトライアル, 4月 九州・宮崎―照葉樹林文化の「今」を訪ねて, 5月 朝日連峰―ブナの森の自然観察, 6月 上高地―大人が親しむ観光の森, 森に暮らす―対談 倉本聡・稲本正, 7月 若狭‐富山―護りたい海岸線の樹林, 8月 紀伊・吉野―森から生まれた宗教, 9月 富良野・津別―自然を愛でる理想の林業, 10月 白神山地―マタギの里は「水」の森, 11月 屋久島―地球に残したい"森林博物館", 12月 東京―森は都会につながっている

手稲山

00753 山と雪の日記 改版 板倉勝宣著 中央公論新社 2003.1 185p 16cm (中公文庫)〈2004年刊の文庫ワイド版あり〉 743円 ①4-12-204158-9

(目次) 旅の一日, 夏休みの日記より, 正月の半日, 大町より立山への一節, 冬休みの紀行より, 奥穂高と乗鞍, 五色温泉スキー日記, 山と雪の日記, 春の上河内へ, 手稲山に寝るの記, ムイネシリ岳登山記録, 春の槍から帰って, 登山法についての希望, 雪の信飛連山とスキー, 圏谷, 北海道の冬季登山の道, 槍の北鎌尾根

天売島

00754 島めぐり フェリーで行こう!―スロー・トラベル カベルナリア吉田文・写真 東京書籍 2003.8 207p 21cm 1500円 ①4-487-79884-1

(目次) 芸予観光フェリー「第五愛媛」(今治‐友浦(大島)‐木浦(伯方島)‐岩城島‐佐島‐弓削島‐生名島‐土生(因島)), 甑島商船「フェリーニューこしき」(串木野(鹿児島)‐里(上甑島)‐中甑(上甑島)‐鹿島(下甑島)‐長浜(下甑島)), マリックスライン「クイーンコーラル」「クイーンコーラル8」(鹿児島‐名瀬(奄美大島)‐亀徳(徳之島)‐和泊(沖永良部島)‐供利(与論島)‐本部(沖縄)‐那覇), 萩海運「おにようず」(萩商港‐見島本村‐見島宇津), 隠岐汽船「フェリーくにが」(七類(島根)‐西郷(島後)‐別府(西ノ島)‐菱浦(中ノ島)‐浦郷(西ノ島)‐七類), 野母商船「フェリー太古」(博多‐(生月島)‐宇久島‐小値賀島‐青方(中通島)‐(若松島)‐(奈留島)‐福江島), コラム ここでちょっと一休み～島の犬猫写真館, 八重山観光フェリー「かりゆし」(石垣島‐鳩間島‐上原(西表島)), 久米商船「フェリーなは」「ニューくめしま」(那覇‐渡名喜島‐久米島), へぐら航路「定期船ニューへぐら」(輪島‐舳倉島), 酒田市営定期航路「ニューとびしま」(酒田‐飛島), 羽幌沿海フェリー「おろろん2」(羽幌‐焼尻島‐天売島)

00755 波のむこうのかくれ島 椎名誠著 新潮社 2004.4 254p 16cm (新潮文庫)〈写真:垂見健吾 2001年刊の文庫化〉 514円 ①4-10-144825-6

(目次) ちょっとかくれ島まで, トカラのあつい吐息の中で―宝島, いいじゃんか隊、ヒミツのクサヤ旅―小笠原諸島, 演歌がきこえるやまねこ島―対馬島, 薩摩あやし島、突如的潜入記―硫黄島・竹島, 大海原のロビンソン島とクロワッサン島―ふたつの水納島, オロロン恋しや北の海―天売島

00756 日本《島旅》紀行 斎藤潤著 光文社 2005.3 284p 18cm (光文社新書) 780円 ①4-334-03299-0

00757 日本の島で驚いた カベルナリア吉田著 交通新聞社 2010.7 272p 19cm〈文献あり〉 1500円 ①978-4-330-15410-7

(目次) 利尻島(北海道利尻町/利尻富士町), 礼文島(北海道礼文町), 焼尻島(北海道羽幌町), 天売島(北海道羽幌町), 飛島(山形県酒田市), 江島(宮城県女川町), 佐渡島 宿根木(新潟県佐渡市), 舳倉島(石川県輪島市), 神津島(東京都神津島村), 利島(東京都利島村)〔ほか〕

00758 にっぽん猫島紀行 瀬戸内みなみ著 イースト・プレス 2017.6 238p 18cm (イースト新書)〈文献あり〉 861円 ①978-4-7816-5087-6

(目次) ノラ猫の恋 福岡県・相島, アートと猫と夕日 香川県・男木島, なぎさの家の子どもたちと夢の猫 福岡県・地島, 不思議の島の猫 宮城県・田代島, 島の誇りと猫たち 愛媛県・青島, 猫の幸せを決めるのは 岡山県・真鍋島, 暮れゆく島の猫 香川県・佐柳島, 楽園の理想を掲げよ 香川県・男木島再訪,「天売猫」族の未来 北海道・天売島, 神の島に抱かれて 沖縄県・竹富島, 大楠の木の下で 香川県・志々島, 山根明弘先生インタビュー

天塩川温泉駅

00759 駅を旅する 種村直樹著 和光 SiGnal 2007.12 245p 19cm〈中央公論社1984年刊の新装版〉 1300円 ①978-4-902658-10-1

弟子屈温泉

00760 下駄で歩いた巴里―林芙美子紀行集 林芙美子著, 立松和平編 岩波書店 2012.4 331p

15cm （岩波文庫）〈第5刷（第1刷2003年）〉 700円 ①4-00-311692-5
作品 摩周湖紀行

弟子屈町

00761 耕うん機オンザロード 斉藤政喜著 小学館 2001.8 333p 19cm （BE-PAL BOOKS） 1200円 ①4-09-366065-4

00762 バ・イ・ク 柳家小三治著 講談社 2005.3 327p 15cm （講談社文庫） 629円 ①4-06-275092-9

手宮線

00763 廃線探訪の旅―日本の鉄道 原口隆行編著 ダイヤモンド社 2004.6 158p 21cm 1800円 ①4-478-96089-5

天人峡温泉

00764 いで湯浴泉記 大石真人著 新ハイキング社 1990.12 316p 19cm （新ハイキング選書 第11巻） 1700円 ①4-915184-12-9

天北線

00765 日本廃線鉄道紀行 大倉乾吾著 文芸春秋 2004.10 239p 16cm （文春文庫plus） 562円 ①4-16-766066-0

道南

00766 そこらじゅうにて―日本どこでも紀行 宮田珠己著 幻冬舎 2017.6 274p 16cm （幻冬舎文庫）〈「日本全国もっと津々うりゃうりゃ」（廣済堂出版 2013年刊）の改題、修正〉 600円 ①978-4-344-42618-4
目次 長崎, 奈良, 北陸, 道南, 奄美大島, 山形, 横浜, 琵琶湖, 山口

当別町

00767 忘れられた道―北の旧道・廃道を行く 続 堀淳一文と写真 札幌 北海道新聞社 1999.1 238p 19cm 1700円 ①4-89363-246-9

洞爺湖

00768 みずうみ紀行 渡辺淳一著 光文社 1988.5 181p 15cm （光文社文庫） 520円 ①4-334-70746-7

00769 北海道の旅 串田孫一著 平凡社 1997.5 332p 16cm （平凡社ライブラリー）〈筑摩書房1962年刊の増訂〉 1000円 ①4-582-76198-4

洞爺湖町

00770 パン欲―日本全国パンの聖地を旅する 池田浩明著 世界文化社 2013.12 128p 26cm〈タイトルは奥付等による。標題紙のタイトル：私はパン欲に逆らうことができない……〉 1400円 ①978-4-418-13234-8

塘路湖

00771 みずうみ紀行 渡辺淳一著 光文社 1988.5 181p 15cm （光文社文庫） 520円 ①4-334-70746-7

十勝

00772 バイクで越えた1000峠 賀曽利隆著 小学館 1998.8 280p 15cm （小学館文庫）〈1995年刊の文庫化〉 514円 ①4-09-411101-8

00773 夫婦旅せむ 高橋揆一郎著 札幌 北海道新聞社 2000.5 235p 20cm 1800円 ①4-89453-092-9
目次 秋天の大師の島、四国路をゆく, 文化・文学でぶんぶんばやりの1年, 官邸・はとバスほろ酔い記, 戦国の怨霊へ成仏の旅―織田信長の足跡を訪ねて, 沖縄遺恨の旅, 会津若松を行く, 京都寺社めぐり, 南房総・潮来・日光、旅の始末記, 十勝の美味, これが同じ国土？, ゴルフ挑戦, 敬老の日, 相撲王国の衰退

00774 忘れられた道 完 堀淳一文と写真 札幌 北海道新聞社 2000.9 207p 19cm 1700円 ①4-89453-116-X

00775 アタシはバイクで旅に出る。―お湯・酒・鉄馬三拍子紀行 2 国井律子著 枻出版社 2003.3 173p 15cm （枻文庫） 600円 ①4-87099-824-6

00776 晴れのち曇り 曇りのち晴れ 熊谷榧絵と文 八王子 白山書房 2010.2 296p 19cm （〔榧・画文集 0〕）〈皆美社1970年刊の再版 平凡社2001年刊あり〉 1900円 ①978-4-89475-139-2

十勝川

00777 川の旅 池内紀著 青土社 2002.7 245p 20cm 1800円 ①4-7917-5971-0
目次 天涯の道―十勝川（北海道）, 暗門のかなた―暗門川（青森県）, 同行二人―閉伊川（岩手県）, 農林学校生の夢―人首川（岩手県）, 茂井羅と寿安―胆沢川（岩手県）, 上り舟下り舟―最上川（山形県）, ある川、ない川―濁川（福島県）, 消えた村―那珂川（栃木県）, 太郎物語―利根川（茨城県）, 水の垂線―利根運河（千葉県）〔ほか〕

十勝岳

00778 北海道の旅 串田孫一著 平凡社 1997.5 332p 16cm （平凡社ライブラリー）〈筑摩書房1962年刊の増訂〉 1000円 ①4-582-76198-4

00779 想い遙かな山々 中西悟堂ほか著, 作品社編集部編 作品社 1998.4 245p 22cm （新編・日本随筆紀行 大きな活字で読みやすい本―心にふるさとがある 1）〈付属資料：63p：著者紹介・出典一覧〉 ①4-87893-806-4, 4-87893-807-2
作品 十勝岳〔深田久弥〕

十勝岳温泉

00780 バ・イ・ク 柳家小三治著 講談社 2005.3 327p 15cm （講談社文庫） 629円 ①4-06-275092-9

十勝平野

00781 北日本を歩く 立松和平著, 黒古一夫編 勉誠出版 2006.4 372p 22cm （立松和平日

本を歩く 第1巻） 2600円 Ⓘ4-585-01171-4

00782 北海道のんびり鉄道旅 矢野直美著 札幌 北海道新聞社 2007.6 213p 20cm 1700円 Ⓘ978-4-89453-414-8

00783 松崎天民選集 第10巻 人間見物 松崎天民著, 後藤正人監修・解説 クレス出版 2013.11 395, 3p 19cm〈騒人社書局 昭和二年刊の複製〉 6000円 Ⓘ978-4-87733-795-7
作品 北海道印象記

床丹

00784 忘れられた道―北の旧道・廃道を行く 続 堀淳一文と写真 札幌 北海道新聞社 1999.1 238p 19cm 1700円 Ⓘ4-89363-246-9

ところ遺跡の森

00785 街道をゆく 38 オホーツク街道 新装版 司馬遼太郎著 朝日新聞出版 2009.5 436, 8p 15cm （朝日文庫）〈初版：朝日新聞社1997年刊〉 940円 Ⓘ978-4-02-264492-3

常呂駅

00786 駅を旅する 種村直樹著 和光 SiGnal 2007.12 245p 19cm〈中央公論社1984年刊の新装版〉 1300円 Ⓘ978-4-902658-10-1

特急「大雪」

00787 追憶の夜行列車 2 さよなら〈銀河〉 種村直樹著 和光 SiGnal 2008.12 233p 19cm 1300円 Ⓘ978-4-902658-11-8
目次 1 さよなら“銀河”（東海道の夜を守る“銀河”, 対談“銀河”が駆けた日々）, 2 名列車の軌跡（東北を駆ける新しい星―座席夜行特急15M“ゆうづる3号”ブルートレイン32列車“北星”, 根室→長崎 夜行急行四本でつなぐ“最後の汽車旅”―“大雪”“八甲田”“きたぐに”“さんべ”, 上野→函館 北海道への道―特急“ゆうづる5号”＋青函連絡船25便, 特急“あかつき”Legato SEATの旅, 東京―西鹿児島“はやぶさ”は今日も走る, 老いらくのブルートレイン“富士”）

苫小牧市

00788 浦島太郎の馬鹿―旅の書きおき 立松和平著 マガジンハウス 1990.10 251p 21cm 1400円 Ⓘ4-8387-0189-6
作品 森の王

00789 北海道の旅 串田孫一著 平凡社 1997.5 332p 16cm （平凡社ライブラリー）〈筑摩書房1962年刊の増訂〉 1000円 Ⓘ4-582-76198-4

00790 日本奥地紀行 イサベラ・バード著, 高梨健吉訳 平凡社 2000.2 529p 16cm （平凡社ライブラリー）〈年譜あり 文献あり〉 1500円 Ⓘ4-582-76329-4

00791 歴史探訪を愉しむ 童門冬二著 実教教育出版 2002.6 261p 20cm 1500円 Ⓘ4-7889-0701-1
目次 北の大地に眠る八王寺千人隊―北海道苫小牧市, 領民に慕われつづけた徳川四天王の酒井家―山形県鶴岡市, 上杉鷹山の精神を守りつづける“桜廻廊“―山形県白鷹町, “白河楽翁”松平定信の敬老精神―福島県白河市, 明治の元勲たちが手がけた那須野開墾―栃木県西那須野町, 杉の木に込められた家康への忠誠心―栃木県日光の杉並木, 日本最古の学校を核にした町づくり―栃木県足利市, 郷土の偉人・渋沢栄一の精神を生かす町―埼玉県深谷市, 武士の都の底流にある宗教的聖地の神秘性―神奈川県鎌倉市, 「米百俵」の町の不死鳥精神―新潟県長岡市〔ほか〕

00792 イザベラ・バード「日本の未踏路」完全補遺 イザベラ・バード著, 高畑美代子訳注 中央公論事業出版（製作発売） 2008.1 190p 21cm 1600円 Ⓘ978-4-89514-296-0

00793 イザベラ・バード『日本奥地紀行』を歩く 金沢正脩著 JTBパブリッシング 2010.1 175p 21cm （楽学ブックス―文学歴史 11）〈文献あり 年譜あり〉 1800円 Ⓘ978-4-533-07671-8

00794 なにもない旅 なにもしない旅 雨宮処凛著 光文社 2010.9 222p 16cm （光文社知恵の森文庫） 686円 Ⓘ978-4-334-78564-2
目次 寸又峡温泉, 高知, 韓国, 国会議事堂, 立石・亀戸・川崎・鶴見, 湯西川温泉, 三浦半島, 草加・御徒町・上野・秋葉原, 苫小牧, 木更津, 網代鉱泉, 阿字ヶ浦

00795 人と森の物語―日本人と都市林 池内紀著 集英社 2011.7 216p 18cm （集英社新書）〈文献あり〉 740円 Ⓘ978-4-08-720599-2
目次 甦りの森―北海道苫小牧, クロマツの森―山形県庄内, 匠の森―岩手県気仙, 鮭をよぶ森―新潟県村上, 華族の森―栃木県那須野が原, 王国の森―埼玉県深谷, カミの森―東京都明治神宮, 博物館の森―富山県宮崎, 祈りの森―静岡県沼津, 青春の森―長野県松本, 庭先の森―島根県広瀬, 銅の森―愛媛県新居浜, 綾の森―宮崎県綾町, やんばるの森―沖縄県北部

00796 完訳 日本奥地紀行 3 北海道・アイヌの世界 イザベラ・バード著, 金坂清則訳注 平凡社 2012.11 415p 18cm （東洋文庫）〈布装〉 3100円 Ⓘ978-4-582-80828-5

00797 にっぽん全国 百年食堂 椎名誠著 講談社 2013.1 222p 19cm 1400円 Ⓘ978-4-06-217814-3

00798 新訳 日本奥地紀行 イザベラ・バード著, 金坂清則訳 平凡社 2013.10 537p 18cm （東洋文庫）〈布装 索引あり〉 3200円 Ⓘ978-4-582-80840-7

00799 松崎天民選集 第10巻 人間見物 松崎天民著, 後藤正人監修・解説 クレス出版 2013.11 395, 3p 19cm〈騒人社書局 昭和二年刊の複製〉 6000円 Ⓘ978-4-87733-795-7
作品 北海道印象記

トムラウシ温泉

00800 いで湯行脚三千湯 美坂哲男著 山と渓谷社 1999.7 311p 19cm 1700円 Ⓘ4-635-28041-1

トムラウシ山

00801 日本の名山 1 大雪山 串田孫一, 今井通子, 今福龍太編 博品社 1998.7 252p 19cm 1600円 Ⓘ4-938706-55-5

作品 半径数メートルの視界の中で：トムラウシ山〔見奈美秀蔵〕

豊浦町

00802 旅のハジはヤミツキ―北海道、秘湯放浪食三昧始末記 川嶋康男著 札幌 柏艪舎 2006.6 238p 21cm〈星雲社(発売)〉 1600円 ①4-434-07837-2

豊頃町

00803 ローカルバスの終点へ 宮脇俊三著 洋泉社 2010.12 303p 18cm (新書y)〈1991年刊の新潮文庫を底本とする 日本交通公社出版事業局 1989年刊あり〉 840円 ①978-4-86248-626-4

豊富温泉

00804 旅は道づれ湯はなさけ 辻真先著 徳間書店 1989.5 348p 15cm (徳間文庫) 580円 ①4-19-568760-8

トラピスチヌ修道院

00805 とっておきの寺社詣で 三木露風ほか著, 作品社編集部編 作品社 1998.4 251p 22cm (新編・日本随筆紀行 大きな活字で読みやすい本―心にふるさとがある 14) ①4-87893-895-1, 4-87893-807-2

作品 トラピスト天使園の童貞〔三木露風〕

目次 トラピスト天使園の童貞(三木露風), 平泉・金色堂・中尊寺(中野重治), 武州喜多院(中里介山), 柴又の帝釈天(早乙女貢), 山内雑感(大佛次郎), 荏柄天神(広津桃子), 銭洗い(横山隆一), 勝沼大善寺(飯田龍太), 鉄舟の鉄舟寺VS樗牛の龍華寺(村松友視), 明専寺(柿木憲二), 雪の延暦寺(鷲谷七菜子), 銀閣寺(吉井勇), 西方寺(今東光), 永観堂夢告譚(杉本秀太郎), 大原の里と寂光院(奈良本辰也), 高野山(亀井勝一郎), 二月堂の夕(谷崎潤一郎), 古寺巡礼(抄)(和辻哲郎), 十月(抄)(堀辰雄), 法華滅罪寺(井上政次), 唐招提寺開山堂跡(安藤更生), 大乗寺を訪ふ(島崎藤村)

ナイタイ高原牧場

00806 ツーリング・ライフ―自由に、そして孤独に 新装増補版 斎藤純著 春秋社 2004.3 274p 20cm〈2001年刊の新装増補〉 1800円 ①4-393-43624-5

作品 北へ―北海道

中標津駅

00807 文学の中の駅―名作が語る“もうひとつの鉄道史” 原口隆行著 国書刊行会 2006.7 327p 20cm 2000円 ①4-336-04785-5

中岳温泉

00808 山々を滑る登る 熊谷榧絵と文 八王子 白山書房 2012.11 319p 19cm (〔榧・画文集 12〕) 1900円 ①978-4-89475-159-0

中ノ岳

00809 秘境の山旅 新装版 大内尚樹編 白山書房 2000.11 246p 19cm〈1993年刊の新装版〉 1600円 ①4-89475-044-9

名寄駅

00810 最長片道切符11195.7キロ―日本列島ジグザグ鉄道の旅 原口隆行著 学習研究社 2008.7 375p 21cm〈折り込1枚〉 1900円 ①978-4-05-403804-2

名寄市

00811 北海道の旅 串田孫一著 平凡社 1997.5 332p 16cm (平凡社ライブラリー)〈筑摩書房1962年刊の増訂〉 1000円 ①4-582-76198-4

00812 ニッポン旅みやげ 池内紀著 青土社 2015.4 162p 20cm 1800円 ①978-4-7917-6852-3

新見温泉

00813 秘湯を求めて 1 はじめての秘湯 藤嶽彰英著 (大阪)保育社 1989.11 194p 19cm 1350円 ①4-586-61101-4

目次 支笏湖・丸駒の湯(北海道), 新見温泉(北海道), 南八甲田・谷地温泉(青森県), 峨々温泉(宮城県), 熱塩温泉(福島県), 加仁湯温泉(栃木県), 尻焼・谷川温泉郷(群馬県), 笛吹川温泉郷(山梨県), 地獄谷温泉(長野県), 扉温泉(長野県), 乗鞍高原温泉(長野県), 馬曲望郷の湯(長野県), 釜沼温泉(長野県), 黒薙温泉(富山県), 白峰温泉(石川県), 秋神温泉(岐阜県), 十津川温泉(奈良県), 渡瀬温泉(和歌山県), 関金温泉(鳥取県), 鷺の湯(島根県), 筌の口温泉(大分県), 妙見温泉(鹿児島県), 新湯温泉(鹿児島県), みどり湯(鹿児島県), 平内海中温泉(鹿児島県)

ニセコアンヌプリ

00814 子づれの山 熊谷榧絵と文 八王子 白山書房 2009.8 222p 19cm (〔榧・画文集 2〕) 1900円 ①978-4-89475-135-4

ニセコ町

00815 耳をすます旅人 友部正人著 水声社 1999.12 280p 19cm 1800円 ①4-89176-413-9

00816 「和」の旅、ひとり旅 岸本葉子著 小学館 2002.8 217p 15cm (小学館文庫) 476円 ①4-09-402472-7

目次 1「私」と出会う(今したいのは、こんな旅, 船からの視線 ほか), 2 元気をもらいに(大地の恵み―北海道・ニセコ近辺, 手づくりの暮らし―益子 ほか), 3 時間を超えて(汽車は煙を吐きながら―新潟～福島, 風景の向こう側―花巻 ほか), 4 季節を感じる(夏の庭で, 秋の千草 ほか)

00817 全ての装備を知恵に置き換えること 石川直樹著 集英社 2009.11 263p 16cm (集英社文庫)〈晶文社2005年刊の加筆・修正〉 552円 ①978-4-08-746500-6

目次 1 海(海流―ミクロネシア, サバニ―座間味, 波の花―那覇, 合宿―糸満 ほか), 2 山(川―奥多摩, 一歩―開聞岳, フジヤマ―富士山, あのころ―山形 ほか), 3 極地(オーロラ―アラスカ, 周極星―グリーンランド ほか), 4 都市(小さな世界―東京, 身体―東京, 反転―岐阜, ほか), 5 大地(小舟―ユーコン, 春―修善寺, 五感―ニセコ ほか), 6 空(まぼろしの、空。―エチオピア, 気球―渡良瀬, 太平洋横断, 離陸―埼玉, 『雲』, 雪送り―

山形)

00818 晴れのち曇り 曇りのち晴れ 熊谷榧絵と文 八王子 白山書房 2010.2 296p 19cm (〔榧・画文集 0〕)〈皆美社1970年刊の再版 平凡社2001年刊あり〉 1900円 ①978-4-89475-139-2

00819 マンボウ最後の大バクチ 北杜夫著 新潮社 2011.9 246p 16cm (新潮文庫)〈2009年刊の文庫化〉 400円 ①978-4-10-113160-3
作品 広がる大地 北の大地再訪
目次 人生最後の「躁病」―まえがき, 1章 沈み行く日々(原っぱ―虫採り、凧あげ、草野球, ファーブル『昆虫記』のこと, 昭和の正月風景 ほか), 2章 最後のギャンブル紀行(老人の子供がえり, いざ茂吉の故郷、というよりも上山競馬場!, 韓国・ウォーカーヒルでルーレット! ほか), 3章 消え去りゆく物語(実に面白かった星新一さん, 倉橋由美子さんのエスプリ, 宮脇俊三さんに感謝 ほか), 上高地の思い出―おわりに

ニセコ薬師温泉

00820 温泉旅行記 嵐山光三郎著 筑摩書房 2000.12 315p 15cm (ちくま文庫)〈初版: JTB1997年刊〉 760円 ①4-480-03589-3

二風谷

00821 ロードスターと旅に出る―この車を相棒にしたからには、一度はやってみたいこと。 中村淳著 三樹書房 2009.10 150p 21cm 1400円 ①978-4-89522-535-9

00822 ど・スピリチュアル日本旅 たかのてるこ著 幻冬舎 2014.8 353p 図版8枚 19cm 1400円 ①978-4-344-02618-6
目次 1 和歌山・高野山―高野山の宿坊で、プチ修行旅 憧れの空海&美坊主たちとの夜, 2 三重・伊勢神宮―おかんと、人生最初で最後の「お伊勢参り」, 3 北海道・二風谷―アイヌのシャーマンの家でホームステイ, 4 佐賀・三瀬村―癒し系「農家民宿」で収穫ヒーリング!, 5 沖縄(本島&久高島―沖縄最強の"ユタ"のお告げ&"神の島"で開運デトックス, 石垣島&竹富島―ハイテンションお父さんの「海人の宿」で魚突き!, 黒島&波照間島―呑んだくれ民宿&体験型の宿★離島ホッピング)

ニペソツ山

00823 山々を滑る登る 熊谷榧絵と文 八王子 白山書房 2012.11 319p 19cm (〔榧・画文集 12〕) 1900円 ①978-4-89475-159-0

根室駅

00824 終着駅 宮脇俊三著 河出書房新社 2012.1 232p 15cm (河出文庫)〈2009年刊の文庫化〉 680円 ①978-4-309-41122-4
目次 第1章 終着駅(原野のはての漁港町(宗谷本線・稚内), 都心にのこる終着駅の原型(片町線・片町), さわやか列車"九州の小梅線"(宮原線・肥後小国), その名もゆかしき伝説の里(吾妻線・大前), 日中に走らない日中線(日中線・熱塩), 魚臭と方言をのせて走る(能登線・蛸島), 遙かなる国境の町(根室本線・根室), 車中はジョンガラ節と津軽弁(津軽鉄道・津軽中里), 通り過ぎて行った参拝者の列(大社線・大社), 日本一ののんびり線(清水港線・三保), "土佐の小京都"と足摺岬と(中村線・中村), 磯の香りがする終着駅(鶴見線・海芝浦)), 第2章 車窓に魅せられて(梅雨の旅の魅力, 冬こそ旅の季節 ほか), 第3章 鉄路を見つめて(最長片道切符の話, 時刻表症候群 ほか), 第4章 レールに寄り添いながら(若い日の私―突然、アガらなくなった, されど国鉄 わが人生の郷愁連車 ほか), 第5章 書評・文庫解説(増井和子『7つの国境』―天衣無縫な旅行記, 川崎洋『わたしは軍国少年だった』 ほか)

00825 終着駅への旅 JR編 櫻井寛著 JTBパブリッシング 2013.8 222p 19cm 1300円 ①978-4-533-09285-5

根室市

00826 典奴の日本遊覧 森下典子著 文芸春秋 1991.2 246p 19cm 1300円 ①4-16-344950-7
目次 「神様」に会いに行く, 銭湯のハルちゃん, あなたの恋、占います, 根室が燃える日, 埋蔵金を掘る男, それが我が子のためならば…, 日本一の通勤王, 一世一代の忘れ物, そっくりな女, 「大人の女」の作り方, タヌキに学ぶ結婚観, ナンパ橋の上で, 陣痛はうつる?!, ベストセラー大作戦, もう一つのお花見, よーいドン! 三好さんちの朝ごはん, フィリピンパブの夜は更けて, 春休みの手術室, "カラス獲り"の係長, 靴みがき路上観察記, 芦屋のスーパー拝見, 10年目のMMKおばさん, 大みそかの客, 父の花道

00827 ドキュメント・海の国境線 鎌田慧著 筑摩書房 1994.5 262p 20cm 1800円 ①4-480-85665-X
目次 渡難の島・与那国(島の女たち, 台湾を結ぶ, カジキ突き, 歴史を遺す), 北方四島を望む・根室(海峡の彼方, 元レポ船長のつぶやき, 閉ざされた海, サケとカニとコンブと), 樺太への道・利尻島(群来る海, 海の道, 最北の国際交流, 若ものたちの夢), ボニンアイランド・小笠原諸島(ナサニエル・セーボレー家, 移民の末裔, 母島の苦闘, あたらしい道), 共生の島・屋久島(移住者たち, 屋久杉物語, 自然と人生, ウミガメとともに)

00828 ロシア人宣教師の「蝦夷旅行記」 セルギー著, 佐藤靖彦訳 新読書社 1999.7 343p 19cm 2500円 ①4-7880-9015-5
目次 蝦夷の島, 函館, 根室, 屯田兵村ワタ, 墓地と親睦会, 千島列島の信徒たちのもとで, エトロフ島, 馬に乗って士別に行く, 養魚場の隠者, 帰還〔ほか〕

00829 港町に行こう!―歴史と人情とうまい魚を求めて 青山誠文 技術評論社 2005.12 143p 22cm (小さな旅) 1480円 ①4-7741-2543-1

00830 国井律子のハーレー日本一周―20代最後のひとり旅 国井律子著 小学館 2007.1 155p 21cm 1500円 ①4-09-366534-6

00831 味を追う旅 吉村昭著 河出書房新社 2013.11 183p 15cm (河出文庫)〈「味を訪ねて」(2010年刊)の改題〉 660円 ①978-4-309-41258-0
作品 タラバ蟹の記憶

00832 ステーキを下町で 平松洋子著, 谷口ジロー画 文藝春秋 2015.8 266p 16cm (文春文庫) 580円 ①978-4-16-790429-6

根室本線

00833 日本の鉄道各駅停車の旅 原口隆行著

ダイヤモンド社　2004.5　158p　21cm　1500円　①4-478-96088-7

00834　北海道 幸せ鉄道旅　矢野直美著　札幌　北海道新聞社　2005.7　223p　21cm　1800円　①4-89453-341-3

00835　日本縦断「ローカル列車」を乗りこなす　種村直樹著　青春出版社　2006.6　205p　18cm　（青春新書インテリジェンス）　730円　①4-413-04147-X

00836　北へ・郷愁列車の旅　松村映三著　ベストセラーズ　2007.1　125p　20cm　1500円　①978-4-584-18991-7

00837　ダルマ駅へ行こう！　笹田昌宏著　小学館　2007.5　253p　15cm　（小学館文庫）　514円　①978-4-09-411651-9

00838　北海道のんびり鉄道旅　矢野直美著　札幌　北海道新聞社　2007.6　213p　20cm　1700円　①978-4-89453-414-8

00839　最長片道切符11195.7キロ―日本列島ジグザグ鉄道の旅　原口隆行著　学習研究社　2008.7　375p　21cm〈折り込1枚〉　1900円　①978-4-05-403804-2

00840　有栖川有栖の鉄道ミステリー旅　有栖川有栖著　山と溪谷社　2008.9　227p　20cm　2000円　①978-4-635-33031-2

目次 第1章 キタ・テツアリス（キタ・テツアリス, 鉄道旅行の魅力, 終着駅のある町・阪堺電車上町線浜寺 ほか）, 第2章 この鉄ミスがすごい！（この鉄ミスがすごい！, 列車は運命のごとく駆ける, 消えたホームと寝台特急 ほか）, 第3章 日本列島殺人のない鉄旅（北海道―最果てのローカル本線（北海道根室本線）, 東北―地下の国のアリスツアー（東北山田線・岩泉線・釜石線）, 上越―やがて沈む鉄路（上越吾妻線） ほか）

00841　むかしの汽車旅　出久根達郎編　河出書房新社　2012.7　259p　15cm　（河出文庫）　760円　①978-4-309-41164-4

作品 根室本線〔更科源蔵〕

00842　青春18きっぷで愉しむぶらり鈍行の旅　所澤秀樹著　光文社　2015.7　285p　16cm　（光文社知恵の森文庫）〈「鉄道を愉しむ鈍行の旅」（ベストセラーズ 2010年刊）の改題、大幅に修正加筆〉　680円　①978-4-334-78677-9

目次 第1章「青春18きっぷ」の基礎知識, 第2章「青春18きっぷ」でモトをとるための手引き, 第3章 プランニングの愉しみとコツ, 第4章 鈍行列車の旅を愉しむコツ, 第5章 鈍行紀行1―日本最長「山陰本線」夢見紀行, 第6章 鈍行紀行2―紀伊半島ぐるり一周、ほぼ鈍行の旅, 第7章 鈍行紀行3―根室本線、日本最長距離ディーゼル鈍行の旅

00843　呑み鉄、ひとり旅―乗り鉄の王様がゆく　芦原伸著　東京新聞　2016.9　302p　19cm　1500円　①978-4-8083-1014-1

00844　ニッポン線路つたい歩き　久住昌之著　カンゼン　2017.6　246p　19cm　1500円　①978-4-86255-398-0

自根室至苫小牧道

00845　忘れられた道―北の旧道・廃道を行く　続　堀淳一文と写真　札幌　北海道新聞社　1999.1　238p　19cm　1700円　①4-89363-246-9

納沙布岬

00846　新編 日本の旅あちこち　木山捷平著　講談社　2015.4　304p　16cm　（講談社文芸文庫）〈著作目録あり 年譜あり〉　1600円　①978-4-06-290268-7

作品 ノサップ岬―北海道

ノシャップ岬〔野寒布岬〕

00847　北海道の旅　串田孫一著　平凡社　1997.5　332p　16cm　（平凡社ライブラリー）〈筑摩書房1962年刊の増訂〉　1000円　①4-582-76198-4

00848　街道をゆく　38　オホーツク街道　新装版　司馬遼太郎著　朝日新聞出版　2009.5　436, 8p　15cm　（朝日文庫）〈初版：朝日新聞社1997年刊〉　940円　①978-4-02-264492-3

野付半島

00849　あやしい探検隊 北海道乱入　椎名誠著　KADOKAWA　2014.10　237p　15cm　（角川文庫）〈「あやしい探検隊北海道物乞い旅」（角川書店 2011年刊）の改題、加筆修正〉　480円　①978-4-04-101759-3

能取湖

00850　みずうみ紀行　渡辺淳一著　光文社　1988.5　181p　15cm　（光文社文庫）　520円　①4-334-70746-7

00851　街道をゆく　38　オホーツク街道　新装版　司馬遼太郎著　朝日新聞出版　2009.5　436, 8p　15cm　（朝日文庫）〈初版：朝日新聞社1997年刊〉　940円　①978-4-02-264492-3

能取岬

00852　ふわふわワウワウ―唄とカメラと時刻表　みなみらんぼう著　旅行読売出版社　1996.7　207p　19cm　1100円　①4-89752-601-9

作品 冬はやっぱり北海道

目次 第一章 あの尾根この谷ふうふう歩き―山歩き編, 伊那谷風のララバイ, 伊那谷地域, 138キロ多摩川源流への旅, 山の彼方の空遠く, 智恵子抄の山に登る, ギター抱えてアルペンルートを行く, 新しい自分に出会える山歩き, 第二章 いい湯いい旅ほのぼの歩き―湯けむり編, 草津よいとこ何度もおいで, 別府腰痛治療紀行, 豪華温泉ホテルに泊まる, 黒部峡谷トロッコ電車の旅, 温泉巡りの鬼たち, 迫力の千人風呂酸ヶ湯, 第三章 春夏秋冬てくてく歩き―日本編, 古里発都会へ, 四万十川カワウソ物語, 西表のでっかい自然に抱かれて, らんぼう古里を歩く, 冬はやっぱり北海道, 冬の玄海呼子の旅, 絶景の富士山を捜す旅, ブルートレインに乗って, 知床旅情の聞こえる海で, 猪苗代湖 金塊伝説, 名川那珂川のアユを食う, 隠れ家・八ヶ岳便り, 東京都・新島が面白い, 心を残す街 函館, 火の国熊本水の国, 15年ぶりの夫婦旅, 小諸から千曲川を溯る, 佐渡はいよいか住みよいか, やっぱり沖縄、冬も元気だ, 好っきゃねん大阪, 小江戸捜しの旅 酒田, 春の三陸ぬくもりの旅, 第四章 東西南北ワウワウ歩き―海外編〔ほか〕

登別温泉

00853 アイヌの秋―日本の先住民族を訪ねて ヤン・ハヴラサ著, 長与進訳 未来社 1988.9 248p 19cm 1800円 ①4-624-41065-3

00854 旅は道づれ湯はなさけ 辻真先著 徳間書店 1989.5 348p 15cm (徳間文庫) 580円 ①4-19-568760-8

00855 浦島太郎の馬鹿―旅の書きおき 立松和平著 マガジンハウス 1990.10 251p 21cm 1400円 ①4-8387-0189-6
作品 絶妙な温泉

00856 ふわふわワウワウ―唄とカメラと時刻表 みなみらんぼう著 旅行読売出版社 1996.7 207p 19cm 1100円 ①4-89752-601-9
作品 豪華温泉ホテルに泊まる

00857 旅あそび―朝日新聞連載「気まま旅」より 河村立司著 大阪 JDC 1997.10 221p 19×19cm〈1989年刊の改訂〉 1300円 ①4-89008-220-4
目次 旅あそび(段丘の稲田と露天風呂―由布院, のどかに丸く魚の島―豊島, 山頭火の里の草餅―防府, 潮風添えて名物そば―神島, 素朴な宿の濃い人情―黒湯 ほか), 旅のこぼれ話(狭い湯舟・旅のスケッチと人事句, 伊豆北川温泉・生月島, 登別温泉・高岡, 沖永良部島・難読な駅名, 駅弁・小処温泉 ほか)

00858 温泉旅行記 嵐山光三郎著 筑摩書房 2000.12 315p 15cm (ちくま文庫)〈初版:JTB1997年刊〉 760円 ①4-480-03589-3

00859 松崎天民選集 第10巻 人間見物 松崎天民著, 後藤正人監修・解説 クレス出版 2013.11 395, 3p 19cm〈騒人社書局 昭和二年刊の複製〉 6000円 ①978-4-87733-795-7
作品 北海道印象記

登別市

00860 新編 日本の旅あちこち 木山捷平著 講談社 2015.4 304p 16cm (講談社文芸文庫)〈著作目録あり 年譜あり〉 1600円 ①978-4-06-290268-7
作品 登別―北海道

函館駅

00861 文学の中の駅―名作が語る“もうひとつの鉄道史” 原口隆行著 国書刊行会 2006.7 327p 20cm 2000円 ①4-336-04785-5

00862 終着駅への旅 JR編 櫻井寛著 JTBパブリッシング 2013.8 222p 19cm 1300円 ①978-4-533-09285-5

函館市

00863 土方歳三への旅 村松友視著 PHP研究所 1988.3 258p 15cm (PHP文庫)〈『風を追う』改題書〉 450円 ①4-569-26142-6
目次 第1部 夢とロマンに満ちた旅立ち―出生から浪士隊入隊まで(薬売りの歳三は乾いた風だった, 幕末のはやり風・清河八郎, 山風の中に京の歳三を見た), 第2部 時代の風に立ち向かった「誠」の男―鬼の副長とその最期(都大路の風はプレッシャーのけはい, 風に切り裂かれた新選組, 異風の匂いからめた男・榎本武揚, そして、ついに歳三は風になった)

00864 新選組 女ひとり旅 赤間倭子著 鷹書房 1990.7 250p 19cm (女ひとり旅シリーズ) 1000円 ①4-8034-0370-8
目次 新選組の故郷・多摩編, 新選組の浮沈・江戸編, 新選組の隆盛・京都編, 新選組の凋落・甲州・流山編, 新選組の風霜・会津編, 新選組の流茫・仙台編, 新選組の終焉・北海道編

00865 50ccバイク日本一周2万キロ 賀曽利隆著 日本交通公社出版事業局 1990.11 285p 19cm 1300円 ①4-533-01631-6

00866 エンピツ絵描きの一人旅 安西水丸著 新潮社 1991.10 213p 19cm 1300円 ①4-10-373602-X

00867 東洋紀行 1 グスタフ・クライトナー著, 小谷裕幸, 森田明訳 平凡社 1992.9 358p 18cm (東洋文庫) 3090円 ①4-582-80555-8

00868 夢は枯野を―競輪躁鬱旅行 伊集院静著 講談社 1994.12 343p 15cm (講談社文庫)〈1993年刊の文庫化〉 560円 ①4-06-185833-5
目次 小倉, 平塚, 愛知・一宮, 松山, 立川, 弥彦, 大津琵琶湖, 函館, 青森, 防府, 岸和田〔ほか〕

00869 超貧乏旅 2 田中良成著 扶桑社 1995.7 325p 19cm 1200円 ①4-594-01788-6
目次 第1章 人魚伝説の島, 第2章 函館山の向こうにペリーがみえた, 第3章 ヒッチハイクで高知まで、一万円温泉の旅, 第4章 貧乏旅の共有財産、過疎村の旅

00870 ふわふわワウワウ―唄とカメラと時刻表 みなみらんぼう著 旅行読売出版社 1996.7 207p 19cm 1100円 ①4-89752-601-9
作品 心を残す街 函館

00871 北海道の旅 串田孫一著 平凡社 1997.5 332p 16cm (平凡社ライブラリー)〈筑摩書房1962年刊の増訂〉 1000円 ①4-582-76198-4

00872 日本映画を歩く―ロケ地を訪ねて 川本三郎著 JTB 1998.8 239p 20cm 1600円 ①4-533-03066-1

00873 ロシア人宣教師の「蝦夷旅行記」 セルギー著, 佐藤靖彦訳 新読書社 1999.7 343p 19cm 2500円 ①4-7880-9015-5

00874 日本奥地紀行 イサベラ・バード著, 高梨健吉訳 平凡社 2000.2 529p 16cm (平凡社ライブラリー)〈年譜あり 文献あり〉 1500円 ①4-582-76329-4

00875 お徒歩 ニッポン再発見 岩見隆夫著 アールズ出版 2001.5 299p 20cm 1600円 ①4-901226-20-7
目次 群馬紀行編, 会津紀行編, 埼玉紀行編, 熊野古道紀行編, 日光紀行編, 佐渡紀行編, 那須紀行編, 磐越西線紀行編, 五能線紀行編, 函館紀行編, 余市紀行編, 北九州市紀行編, 伊豆紀行編, 山形紀行編, 熊本紀行編, 福岡紀行編, 大分紀行編, 岩手紀行編, 岐阜紀行編, 淡路島紀行編, 山梨紀行編, 宮崎紀行編, 山口紀行編, 千葉紀行編, 長崎紀行編, 日光街道紀行編(1鉢石宿~大沢宿, 2徳次郎宿~石橋宿, 3小金井宿~野木宿, 4古河宿~粕壁宿, 5越谷宿~日本橋), 総集編 日本橋, お徒歩べんり帳

00876 碧い眼の太郎冠者　ドナルド・キーン著　中央公論新社　2001.7　188p　21cm　(Chuko on demand books)　2000円　①4-12-550026-6
作品 十二の印象
内容 日本人の気づかぬ米の飯の味を欠点と共に教えてくれ、日本人よりも日本の心を知るといわれる著者のエッセイ、紅毛奥の細道等11篇。

00877 耕うん機オンザロード　斉藤政喜著　小学館　2001.8　333p　19cm　(BE-PAL BOOKS)　1200円　①4-09-366065-4

00878 準急特快 記者の旅―レイルウェイ・ライターの本　種村直樹著　JTB　2003.5　318p　19cm〈肖像あり　著作目録あり〉　1600円　①4-533-04777-7
作品 小京都飲み継ぎ紀行
目次 ルポ(駅名改称の舞台裏, 500系「のぞみ」山陽路を飛翔 ほか), 乗り歩き紀行(日本列島外周の旅一七年, 小京都飲み継ぎ紀行, 種村直樹の「東海道をゆく」, 奈交バス乗り継ぎ 初秋の大和路紀行 国宝の塔をめぐる), エッセイ(主賓の消えた送別会, ユーロトンネルをくぐる, 電車に乗って一歩二歩散歩―小千谷市アーケード街の靴屋/線路の見える露天風呂の宿三態/大江戸線でトリトンへ, 旅先での味 徳山の「ふぐ」 ほか), レビュー(レールウェイ・レビュー, 路面電車で新しい町づくりを ほか), フィクション(志摩の人, 超特急「メガロポリス38号」), トーク(車窓から眺めた風景、愛した気持ち今も, 魅力伝える線路はつづく ほか)

00879 紀行新選組　尾崎秀樹文, 榊原和夫写真　光文社　2003.12　179p　16cm　(知恵の森文庫)　552円　①4-334-78256-6
目次 歴史のあとを, 近藤勇と土方歳三の故郷, 壬生界隈, 京の町から, 鳥羽伏見の戦い, 甲陽鎮撫隊, 板橋への道, 宇都宮の攻防戦, 会津落城, 箱館に死す

00880 「新選組」ふれあいの旅―人や史跡との出逢いを求めて　岳真也著　PHP研究所　2003.12　249p　19cm　1200円　①4-569-63235-1

00881 ロングフェロー日本滞在記―明治初年、アメリカ青年の見たニッポン　チャールズ・アップルトン・ロングフェロー著, 山田久美子訳　平凡社　2004.1　404p　22cm〈文献あり〉　3600円　①4-582-83202-4
目次 第1章 日本到着とミカド謁見, 第2章 函館への旅, 第3章 アイヌの土地へ, 第4章 函館から江戸へ, 第5章 横浜、大阪、長崎, 第6章 京都、江戸, 第7章 富士山と新しい鉄道, 第8章 江戸の邸と日本との別れ, 付録(チャールズ・ロングフェローの写真, ヨーゼフ・アレキサンダー・フォン・ヒュプナー伯爵 天皇謁見記, チャールズ・E・デロング 蝦夷行並びに函館から江戸への出張報告書, 日本の工芸、象牙のキャビネット, 蝦夷画写真集, ろんふろさんにつぽんしやしんきやう)

00882 日本の鉄道各駅停車の旅　原口隆行著　ダイヤモンド社　2004.5　158p　21cm　1500円　①4-478-96088-7

00883 ショージ君の旅行鞄―東海林さだお自選　東海林さだお著　文芸春秋　2005.2　905p　16cm　(文春文庫)　933円　①4-16-717760-9
作品 北海道食べまくり

00884 旅先でビール　川本三郎著　潮出版社　2005.11　351p　19cm　1800円　①4-267-01735-2
目次 ご近所の緑(わが愛しの井の頭線, クジラやコロッケが御馳走だった ほか), 日本の町を歩く(「ひとりで行くに限る」東京近郊の鉱泉宿, 「白鳥」の面影とともに特急本線北上の旅 ほか), 駅物語(運河駅(千葉県), 尾久駅(東京都) ほか), 旅の友は映画と文学(銭湯の多い芸術家村, 文学と映画に合う「町内電車」江ノ電 ほか), 居酒屋の片隅(そば屋で燗酒, 函館の駅前食堂 ほか)

00885 港町に行こう!―歴史と人情とうまい魚を求めて　青山誠文　技術評論社　2005.12　143p　22cm　(小さな旅)　1480円　①4-7741-2543-1

00886 旅のハジはヤミツキ―北海道、秘湯放浪食三昧始末記　川嶋康男著　札幌　柏艪舎　2006.6　238p　21cm〈星雲社(発売)〉　1600円　①4-434-07837-2

00887 イザベラ・バード「日本の未踏路」完全補遺　イザベラ・バード著, 高畑美代子訳注　中央公論事業出版(製作発売)　2008.1　190p　21cm　1600円　①978-4-89514-296-0

00888 幸田露伴―1867-1947　幸田露伴著　筑摩書房　2008.9　477p　15cm　(ちくま日本文学 23)〈年譜あり〉　880円　①978-4-480-42523-2
作品 突貫紀行

00889 街道をゆく　15　北海道の諸道　新装版　司馬遼太郎著　朝日新聞出版　2008.11　306, 8p　15cm　(朝日文庫)　620円　①978-4-02-264461-9

00890 イザベラ・バード『日本奥地紀行』を歩く　金沢正脩著　JTBパブリッシング　2010.1　175p　21cm　(楽学ブックス―文学歴史 11)〈文献あり 年譜あり〉　1800円　①978-4-533-07671-8

00891 旨い定食途中下車　今柊二著　光文社　2011.5　238p　18cm　(光文社新書)〈索引あり〉　780円　①978-4-334-03623-2
目次 第1章 東急東横線の旅―変化の激しいオシャレ電車(半分廃線・廃駅紀行), 第2章 東急大井町線の旅―変化の果てに「もと」に戻る, 第3章 京浜急行の旅―快走!男電車!, 第4章 京王電鉄の旅―各路線で異なる個性, 第5章 西武鉄道の旅―新宿線と池袋線を中心に, 第6章 阪急電鉄の旅―カッコいいマルーン!, 第7章 札幌市電の旅―フォトジェニックな路面電車, 第8章 函館市電の旅―帰ってきた感じの「函館」, 第9章 東急世田谷線の旅―世田谷お菓子と定食紀行, 第10章 阪堺電気軌道の旅―定食路面電車の味わい

00892 極みのローカルグルメ旅　柏井壽著　光文社　2012.2　301p　18cm　(光文社新書)　840円　①978-4-334-03671-3

00893 枕頭山水　幸田露伴著　立川　人間文化研究機構国文学研究資料館　2012.3　241p　19cm　(リプリント日本近代文学)〈原本:博文館 明治26年刊　発売:平凡社〉　3000円　①978-4-256-90230-1
作品 突貫紀行

00894 ニッポン発見記　池内紀著　中央公論新社　2012.4　211p　16cm　(中公文庫)〈講談社現代新書 2004年刊の再刊〉　590円　①978-4-

12-205630-5
(目次) 北海道・東北篇(ガンガン寺界隈—函館(北海道), 扇状地と漬物—江刺(岩手県), 地獄極楽参拝記—川原毛(秋田県), 鋤と鍬—松ケ岡(山形県), ニシン鉢の故里—会津本郷(福島県)), 中部・関東篇(ちいさなヴェニス—宿根木(新潟県), 念仏と葡萄酒—越後高田(新潟県), 米騒動見学—水橋(富山県), 中高年ディズニーランド—新島・式根島(東京都), 長生きの秘訣—棡原(山梨県), 海上安全—三国町(福井県)), 関西以西篇(サギと風車—新旭町(滋賀県), タヌキの金玉—信楽(滋賀県), 紅色の夢—吹屋(岡山県), 藍より青し—脇町(徳島県), 石橋巡礼—院内町(大分県))

00895 完訳 日本奥地紀行 3 北海道・アイヌの世界 イザベラ・バード著, 金坂清則訳注 平凡社 2012.11 415p 18cm (東洋文庫)〈布装〉 3100円 ①978-4-582-80828-5

00896 新島襄自伝—手記・紀行文・日記 新島襄著, 同志社編 岩波書店 2013.3 417, 11p 15cm (岩波文庫)〈「新島襄全集 全十巻」(同朋舎 1983-96年刊)の抜粋 年譜あり 索引あり〉 1020円 ①978-4-00-331063-2
(目次) 誕生からアメリカ入国まで 一八四三 - 六五年(日本脱出の理由, 私の若き日々), 2 (一八六二 - 六三年 江戸から兵庫・玉島への航海—玉島兵庫紀行, 一八六四年 江戸から函館へ, 一八六四 - 六五年 函館から上海、ボストンへ—航海日記 ほか), 3 (一八八四 - 八五年 異国で想う, 一八八七年「アメリカの父」ハーディー追悼説教, 一八九〇年 遺言(大磯))

00897 日本その日その日 エドワード・シルヴェスター・モース著, 石川欣一訳 講談社 2013.6 339p 15cm (講談社学術文庫)〈文献あり 著作目録あり〉 960円 ①978-4-06-292178-7

00898 新訳 日本奥地紀行 イザベラ・バード著, 金坂清則訳 平凡社 2013.10 537p 18cm (東洋文庫)〈布装 索引あり〉 3200円 ①978-4-582-80840-7

00899 松崎天民選集 第10巻 人間見物 松崎天民著, 後藤正人監修・解説 クレス出版 2013.11 395, 3p 19cm〈騒人社書局 昭和二年刊の複製〉 6000円 ①978-4-87733-795-7
[作品] 北海道印象記

00900 アゴの竹輪とドイツビール—ニッポンぶらり旅 太田和彦著 集英社 2015.7 259p 16cm (集英社文庫)〈「太田和彦のニッポンぶらり旅 2」(毎日新聞社 2013年刊)の改題〉 600円 ①978-4-08-745342-3
(目次) 横浜 桜木町に桜を植える, 奈良 古都の晩春、温かな酒, 鳥取 因幡の白兎とトビウオ, 松本 故郷の川と城と入道雲, 函館 北海道の秋空たかく, 小田原 彼岸花と謡曲「北条」, 鎌倉 江ノ電で大仏様に会いに, 木曾 名物は、栗のこわめし

00901 新選組紀行 増補決定版 中村彰彦著 PHP研究所 2015.7 345p 15cm (PHP文庫)〈初版:文藝春秋 2003年刊 文献あり〉 720円 ①978-4-569-76398-9
(目次) 第1章 壬生浪士たち—江戸から京都へ, 第2章 新選組の全盛期—京都・大阪, 第3章 新選組の混迷期—京都, 第4章 伊東甲子太郎の分離独立—京都・伏見, 第5章 敗走そして瓦解—伏見・江戸・日野など, 第6章 甲陽鎮撫隊紀行—甲府・笹子峠など, 第7章 ふたたび敗走—流山, 第8章 再起する土方歳三—宇都宮から会津へ, 第9章 箱館新選組の戦い—函館・松前・宮古湾, 第10章 夢の跡

00902 来ちゃった 酒井順子文, ほしよりこ画 小学館 2016.3 317p 15cm (小学館文庫)〈2011年刊の増補〉 620円 ①978-4-09-406277-9

00903 ふらり旅 いい酒 いい肴 3 太田和彦著 主婦の友社 2016.5 135p 21cm 1400円 ①978-4-07-403235-8
(目次) 横浜・野毛—昭和30年代の雰囲気を残す、黄金の飲み屋街, 藤沢—江戸期から続く庶民の島詣で, 益田—日本一の清流と雪舟の名庭、そして, 酒田—北前船で栄えた町の、粋な文化と味, 新潟—酒どころの市場と花柳街, 仙台—文化の町は、また居酒屋の町, 盛岡—山と川と文化のある、落ち着いた地方都市, 銀座(上)—建築ウオッチと夜の酒場, 銀座(下)—表通りから裏路地へ, 奈良—修学旅行ではない、大人の奈良の楽しみ方, 長浜—栄えた水の町の夜の、艶やかなたたずまい, 函館—異国情緒の町で、北海道の味を存分に, 八戸—八つの酒場横丁の「情」に泣く, 徳島—四国八十八ヶ所霊場を歩いて、夜は精進落とし, 和歌山—足を延ばして白浜温泉、夜は和歌山の魚ざんまい, 小倉—最も九州らしい町の、男と女と酒

00904 日本奥地紀行—縮約版 イザベラ・バード著, ニーナ・ウェグナー英文リライト, 牛原眞弓訳 IBCパブリッシング 2017.4 223p 19cm (対訳ニッポン双書) 1600円 ①978-4-7946-0471-2
(目次) 1章 横浜から江戸へ(横浜、オリエンタル・ホテルにて 5月21日, 横浜にて 5月22日 ほか), 2章 粕壁から日光へ(粕壁にて 6月10日, 日光、金谷邸にて 6月15日 ほか), 3章 車峠から市野々へ(車峠にて 6月30日, 車峠にて 6月30日, 津川にて 7月2日, 新潟にて 7月4日 ほか), 4章 上山から神宮寺、黒石へ(上山にて, 金山にて 7月16日 ほか), 5章 函館から平取へ(蝦夷、函館にて 1878年、8月, 蝦夷、函館にて 1878年、8月13日 ほか)

00905 北の空と雲と 椎名誠写真と文 PHP研究所 2017.12 219p 20cm 1900円 ①978-4-569-83700-0
(目次) 空の高い東北の晴天, コンニャク三兄弟を食べながら, 復興笑顔に愚痴酒場, 迫力、雪国の大根一本漬け, 旅人には魅惑の豪雪だが…, たんけん隊・雪国の旅はさらにつづく, 寒冷ダイコンと熱々ヤキソバ, 春先の種差海岸, 北の番小屋の幸せな朝, 突撃マグロ定食ハフハフ隊〔ほか〕

函館市電

00906 各駅下車で行こう!—スロー・トラベル カベルナリア吉田文・写真 東京書籍 2003.4 197p 21cm 1500円 ①4-487-79883-3
(目次) 島原鉄道, 熊本電気鉄道, 錦川鉄道, JR可部線/可部〜三段峡間, 土佐くろしお鉄道/ごめん・なはり線, 水間鉄道, JR名松線, 神岡鉄道, 真岡鉄道, JR岩泉線, 函館市交通局/市内電車, 北海道ちほく高原鉄道/ふるさと銀河線

00907 吉田電車 吉田戦車著 講談社 2007.1 227p 15cm (講談社文庫) 514円 ①978-4062756310
(目次) 第1回 ああ近鉄! 伊勢湾にひびく巨獣の咆哮, 第2回 魚罵倒! ゴッドパワーを信じて, 第3回 Vゴール!

魂の兄弟たちとの出会い, 第4回 生玉ネギ! ナイスバイク号はおかんむり, 第5回 六本木! あぁミニスカポリスの脚, 第6回 サンドイッチ! 胆沢平野に白鳥は舞う, 第7回 ザネリ! 賢治ゆかりのつるつるしたもの, 第8回 ジェームス! 八方尾根にコンタクトは光った, 第9回 レール! 歳三うどんはミルク入り, 第10回 戦車誕生 よみがえれスマートな俺よ!, 番外編その1 NHKと俺, 第11回 六本木再び! ナメクジキラーここにあり, 第12回 勝蔵の力! 人妻よ、寒いときは服を着ろ, 第13回 耳との再会! 走れはやて、飛べ白鳥, 第14回 トンガリ川! 函館市電に高鳴る鼓動, 第15回 辰アニィに登るな! 三匹の奴らの咆哮, 第16回 弁当半額! 大人のホビーと江戸の実力, 第17回 毛の謎! 前厄軍団がゆく, 第18回 たまちゃんとの出会い パセリの緑, 第19回 スズメ捕獲! 千葉県いすみ鉄道 前編, 第20回 竹の子過剰! 千葉県いすみ鉄道 後編, 番外編その2 自転車散歩と俺

00908 路面電車全線探訪記 再版 柳沢道生著, 旅行作家の会編 現代旅行研究所 2008.6 224p 21cm (旅行作家文庫) 1800円 ①978-4-87482-096-4

函館ハリストス正教会〔ガンガン寺〕

00909 街道をゆく 15 北海道の諸道 新装版 司馬遼太郎著 朝日新聞出版 2008.11 306, 8p 15cm (朝日文庫) 620円 ①978-4-02-264461-9

函館本線

00910 遙かなる汽車旅 種村直樹著 日本交通公社出版事業局 1996.8 270p 19cm 1500円 ①4-533-02531-5

00911 日本縦断JR10周年の旅—新千歳空港駅発・宮崎空港駅ゆき4900キロ 種村直樹著 徳間書店 1997.3 263p 19cm 1300円 ①4-19-860667-6

00912 絶景 冬列車の旅—宗谷本線から日本海縦貫線まで 櫻井寛文・写真 東京書籍 1999.11 159p 21cm 2200円 ①4-487-79471-4

00913 北海道 幸せ鉄道旅 矢野直美著 札幌 北海道新聞社 2005.7 223p 21cm 1800円 ①4-89453-341-3

00914 日本縦断「ローカル列車」を乗りこなす 種村直樹著 青春出版社 2006.6 205p 18cm (青春新書インテリジェンス) 730円 ①4-413-04147-X

00915 ダルマ駅へ行こう! 笹田昌宏著 小学館 2007.5 253p 15cm (小学館文庫) 514円 ①978-4-09-411651-9

00916 最長片道切符11195.7キロ—日本列島ジグザグ鉄道の旅 原口隆行著 学習研究社 2008.7 375p 21cm〈折り込1枚〉 1900円 ①978-4-05-403804-2

00917 鉄道旅へ行ってきます 酒井順子, 関川夏央, 原武史著 講談社 2010.12 229p 20cm 1600円 ①978-4-06-216693-5

目次 1 鉄道の旅はいつも楽しい—東武特急スペーシア&わたらせ渓谷鐵道, 2 鉄道の旅はやっぱり楽しい—磐越東線, 3 大人の遠足で行こう—八高線&秩父鉄道SL急行パレオエクスプレス, 4 徹底検証北陸駅そば五番勝負!—北陸本線, 5「名駅」「変駅」「絶景駅」を訪ねて—名古屋鉄道&東海交通事業ほか, 6 冬の日本海雪と演歌と絶景の旅—五能線, 三者三様の愛の形, ひとり旅(汽車旅戦国旅の飯田線, 青春と味の記憶をめぐる函館本線, バス&南海高野線でゆく「聖と俗の高野山」),「社員旅行」ノスタルジー

00918 テツはこんな旅をしている—鉄道旅行再発見 野田隆著 平凡社 2014.3 222p 18cm (平凡社新書) 760円 ①978-4-582-85722-1

00919 函館本線へなちょこ旅 舘浦あざらし著 双葉社 2015.7 302p 15cm (双葉文庫)〈文献あり 年表あり〉 630円 ①978-4-575-71437-1

目次 1日目 札幌駅から発寒駅まで—Just Like Starting Over, 2日目 発寒駅から銭函駅まで—Old Brown Shoe, 3日目 銭函駅から朝里駅まで—Ticket To Ride, 4日目 朝里駅から南小樽駅まで+手宮線—I Should Have Known Better, 5日目 南小樽駅から塩谷駅まで—Don't Let Me Down, 6日目 塩谷駅から余市駅まで—The Long And Winding Road

00920 函館本線へなちょこ旅 2 北海道のローカル線に愛をこめて 舘浦あざらし著 双葉社 2016.6 318p 15cm (双葉文庫)〈文献あり 年表あり〉 648円 ①978-4-575-71455-5

目次 七日目 余市駅から然別駅まで—Rain〜I'll Follow The Sun, 八日目 然別駅から銀山駅まで—Tomorrow Never Knows, 九日目 銀山駅から小沢駅まで—A Hard Day's Night, 十日目の前日 倶知安駅周辺にて—Mr.Moonlight, 十日目 小沢駅から倶知安駅まで—I'm Really Down, 十一日目 倶知安駅からニセコ駅まで—It Won't Be Long

函館要塞

00921 戦争廃墟行—DVD BOOK 田中昭二著 学研パブリッシング 2010.10 117p 21cm〈発売:学研マーケティング〉 2800円 ①978-4-05-404683-2

目次 第1章 小笠原諸島, 第2章 由良要塞, 第3章 大久野島, 第4章 広島湾要塞, 第5章 下関要塞, 第6章 佐世保要塞, 第7章 川棚魚雷発射試験場, 第8章 函館要塞

抜海岬

00922 街道をゆく 38 オホーツク街道 新装版 司馬遼太郎著 朝日新聞出版 2009.5 436, 8p 15cm (朝日文庫)〈初版:朝日新聞社1997年刊〉 940円 ①978-4-02-264492-3

八剣山

00923 大峰を巡る 熊谷榧絵と文 八王子 白山書房 2011.3 197p 19cm 1900円 ①978-4-89475-146-0

目次 シゲさんとの出会い, はじめて雪の山上ヶ岳へ, シゲさんたちと蝶・大滝山, シゲさんたちと川遊び, 梯子だらけの弥山・八剣山, ナツちゃんと仙丈・甲斐駒, 大普賢岳・無双洞ケービング, ユリさんと谷川岳, サフサを連れて神童子谷から犬取谷, マタギと山の神頭へ〔ほか〕

花咲線

00924 呑み鉄、ひとり旅—乗り鉄の王様がゆく 芦原伸著 東京新聞 2016.9 302p 19cm 1500円 ①978-4-8083-1014-1

歯舞諸島

00925 北方四島紀行　井出孫六著, 石川文洋写真　桐原書店　1993.3　263p　19cm　2300円　①4-342-71890-1

羽幌町

00926 旅のハジはヤミツキ―北海道、秘湯放浪食三昧始末記　川嶋康男著　札幌　柏艪舎　2006.6　238p　21cm〈星雲社(発売)〉　1600円　①4-434-07837-2

浜鬼志別

00927 街道をゆく　38　オホーツク街道　新装版　司馬遼太郎著　朝日新聞出版　2009.5　436, 8p　15cm　(朝日文庫)〈初版:朝日新聞社1997年刊〉　940円　①978-4-02-264492-3

浜佐呂間駅

00928 駅を旅する　種村直樹著　和光　SiGnal　2007.12　245p　19cm〈中央公論社1984年刊の新装版〉　1300円　①978-4-902658-10-1

浜頓別町

00929 街道をゆく　38　オホーツク街道　新装版　司馬遼太郎著　朝日新聞出版　2009.5　436, 8p　15cm　(朝日文庫)〈初版:朝日新聞社1997年刊〉　940円　①978-4-02-264492-3

春採湖

00930 下駄で歩いた巴里―林芙美子紀行集　林芙美子著, 立松和平編　岩波書店　2012.4　331p　15cm　(岩波文庫)〈第5刷(第1刷2003年)〉　700円　①4-00-311692-5

作品 摩周湖紀行

美瑛駅

00931 最長片道切符11195.7キロ―日本列島ジグザグ鉄道の旅　原口隆行著　学習研究社　2008.7　375p　21cm〈折り込1枚〉　1900円　①978-4-05-403804-2

美瑛の丘

00932 ツーリング・ライフ―自由に、そして孤独に　新装増補版　斎藤純著　春秋社　2004.3　274p　20cm〈2001年刊の新装増補〉　1800円　①4-393-43624-5

作品 北へ―北海道

00933 ロードスターと旅に出る―この車を相棒にしたからには、一度はやってみたいこと。　中村淳著　三樹書房　2009.10　150p　21cm　1400円　①978-4-89522-535-9

東釧路駅

00934 最長片道切符11195.7キロ―日本列島ジグザグ鉄道の旅　原口隆行著　学習研究社　2008.7　375p　21cm〈折り込1枚〉　1900円　①978-4-05-403804-2

日高山脈

00935 山の随筆　今西錦司著　河出書房新社　2002.5　253p　19cm　(Kawade山の紀行)　1600円　①4-309-70421-2

目次 初登山に寄す, 飛驒の四日, 北海道の冬を訪ねて, ヒマラヤ登山の目標, 山城三十山, 山への作法, 春の山に登る, 樺太の山の思い出, 雪崩, 冬山雑記〔ほか〕

00936 美しいものしか見まい　立松和平著　恒文社21　2002.9　238p　19cm〈恒文社(発売)〉　1600円　①4-7704-1077-8

00937 北日本を歩く　立松和平著, 黒古一夫編　勉誠出版　2006.4　372p　22cm　(立松和平日本を歩く 第1巻)　2600円　①4-585-01171-4

00938 サバイバル登山家　服部文祥著　みすず書房　2006.6　257p　20cm　2400円　①4-622-07220-3

00939 山の名作読み歩き―読んで味わう山の楽しみ　大森久雄編　山と溪谷社　2014.11　301p　18cm　(ヤマケイ新書)　880円　①978-4-635-51002-8

作品 原野と日高の山波〔坂本直行〕

目次 山へ入る日・山を出る日(石川欣一), 原野と日高の山波(坂本直行), 『北の山』縁起(伊藤秀五郎), 静観的とは―若き山友達に送る手紙―〈抄〉(伊藤秀五郎), 小屋・焚火・夢〈抄〉/頂・谷・書斎〈抄〉(大島亮吉), 五色温泉スキー日記〈抄〉(板倉勝宣), 名山論(橘南谿), 苗場山(鈴木牧之), おくのほそ道〈抄〉(松尾芭蕉), 山に忘れたパイプ(藤島敏男), 初めて尾瀬を訪う(武田久吉), ひとり息子の山(安川茂雄), 峠は待っている(鳥見迅彦), 孤独な洗礼(串田孫一), 風の道(鷹野照代), 孤独(加藤泰三), 山頂(深田久弥), 山(小林秀雄), 遠き山見ゆ(三好達治), 秩父のおもいで(木暮理太郎), 山行ほか〈抜粋〉(石橋辰之助), 罰(上田哲農), 黒部探検の頃(冠松次郎), 鹿島槍の月(石川欣一), 発哺温泉にて〈抜粋〉(三好達治), 高瀬入り〈抄〉(辻村伊助), 山頂の心(尾崎喜八), 困った話(加藤泰三), 涸沢の岩小舎を中心としての穂高連峰〈抄〉(三田幸夫), 山荘雑記〈抄〉(穂苅三寿雄), 神河内(松方三郎), 雪山をみつめて(芳野満彦), 山の樹列記〈抄〉(田淵行男), 日本アルプスの五仙境(木暮理太郎), 甲斐の山々(前田普羅), 杖突峠(尾崎喜八), 伊那から木曾へ(細井吉造), 南アルプスへの郷愁(日高信六郎), 山恋(野尻抱影), 積雪期の白根三山(桑原武夫), 日本アルプスの登山と探検〈抄〉(W・ウェストン・青木枝朗訳), 芙蓉日記〈抄〉(野中千代子), 山道(浦松佐美太郎), 山巓の気(堀口大學), 山稜の読書家たち(島田巽), 山への作法(今西錦司), 山の背くらべ〈抄〉(柳田國男), 雑〈抄〉(加藤泰三), 『岳』から降りて来た男(藤木九三), 帰来(尾崎喜八), 山は終生の友(日高信六郎), OF THE ORIGIN OF THE TERM "THE JAPANESE ALPS" (Walter Weston)

00940 うつくしい列島―地理学的名所紀行　池澤夏樹著　河出書房新社　2015.11　308p　20cm　1800円　①978-4-309-02425-7

00941 果てしなき山稜―襟裳岬から宗谷岬へ　志水哲也著　山と溪谷社　2016.10　373p　15cm　(ヤマケイ文庫)〈白山書房 1995年刊の加筆訂正〉　950円　①978-4-635-04824-8

日高地域

00942 忘れられた道　完　堀淳一文と写真　札幌　北海道新聞社　2000.9　207p　19cm　1700円　①4-89453-116-X

日高本線

00943 北海道の旅　串田孫一著　平凡社　1997.5　332p　16cm　（平凡社ライブラリー）〈筑摩書房1962年刊の増訂〉　1000円　Ⓘ4-582-76198-4

00944 北海道 幸せ鉄道旅　矢野直美著　札幌　北海道新聞社　2005.7　223p　21cm　1800円　Ⓘ4-89453-341-3

00945 おんなひとりの鉄道旅　東日本編　矢野直美著　小学館　2008.7　217p　15cm　（小学館文庫）〈2005年刊の単行本を2分冊にして文庫化〉　600円　Ⓘ978-4-09-408286-9

美唄市

00946 肉の旅―まだ見ぬ肉料理を求めて全国縦断！　カベルナリア吉田著　イカロス出版　2016.8　235p　21cm　1600円　Ⓘ978-4-8022-0222-0

美々川

00947 水の旅 川の漁　立松和平文, 大塚高雄写真　世界文化社　1993.8　250p　19cm　1600円　Ⓘ4-418-93509-6

00948 北日本を歩く　立松和平著, 黒古一夫編　勉誠出版　2006.4　372p　22cm　（立松和平日本を歩く 第1巻）　2600円　Ⓘ4-585-01171-4

美笛峠

00949 耕うん機オンザロード　斉藤政喜著　小学館　2001.8　333p　19cm　（BE-PAL BOOKS）　1200円　Ⓘ4-09-366065-4

美幌峠

00950 北海道の旅　串田孫一著　平凡社　1997.5　332p　16cm　（平凡社ライブラリー）〈筑摩書房1962年刊の増訂〉　1000円　Ⓘ4-582-76198-4

00951 バイクで越えた1000峠　賀曽利隆著　小学館　1998.8　280p　15cm　（小学館文庫）〈1995年刊の文庫化〉　514円　Ⓘ4-09-411101-8

姫沼

00952 川に遊び 湖をめぐる　千葉七郎ほか著, 作品社編集部編　作品社　1998.4　254p　22cm　（新編・日本随筆紀行 大きな活字で読みやすい本―心にふるさとがある 3）　Ⓘ4-87893-809-9, 4-87893-807-2

作品 日本最北端の湖・姫沼に寄せる想い〔時雨音羽〕

檜山地域

00953 巡遊 北の小さな岬　堀淳一写真・文　札幌　北海道新聞社　1993.10　175p　22×17cm　1900円　Ⓘ4-89363-704-5

00954 忘れられた道　完　堀淳一文と写真　札幌　北海道新聞社　2000.9　207p　19cm　1700円　Ⓘ4-89453-116-X

平磯温泉

00955 旅は道づれ湯はなさけ　辻真先著　徳間書店　1989.5　348p　15cm　（徳間文庫）　580円　Ⓘ4-19-568760-8

平取町

00956 日本奥地紀行　イサベラ・バード著, 高梨健吉訳　平凡社　2000.2　529p　16cm　（平凡社ライブラリー）〈年譜あり 文献あり〉　1500円　Ⓘ4-582-76329-4

00957 イザベラ・バード「日本の未踏路」完全補遺　イザベラ・バード著, 高畑美代子訳注　中央公論事業出版（製作発売）　2008.1　190p　21cm　1600円　Ⓘ978-4-89514-296-0

00958 イザベラ・バード『日本奥地紀行』を歩く　金沢正脩著　JTBパブリッシング　2010.1　175p　21cm　（楽学ブックス―文学歴史 11）〈文献あり 年譜あり〉　1800円　Ⓘ978-4-533-07671-8

00959 完訳 日本奥地紀行　3　北海道・アイヌの世界　イザベラ・バード著, 金坂清則訳注　平凡社　2012.11　415p　18cm　（東洋文庫）〈布装〉　3100円　Ⓘ978-4-582-80828-5

00960 新訳 日本奥地紀行　イザベラ・バード著, 金坂清則訳　平凡社　2013.10　537p　18cm　（東洋文庫）〈布装　索引あり〉　3200円　Ⓘ978-4-582-80840-7

00961 日本奥地紀行―縮約版　イザベラ・バード著, ニーナ・ウェグナー英文リライト, 牛原眞弓訳　IBCパブリッシング　2017.4　223p　19cm　（対訳ニッポン双書）　1600円　Ⓘ978-4-7946-0471-2

広尾線

00962 廃線探訪の旅―日本の鉄道　原口隆行編著　ダイヤモンド社　2004.6　158p　21cm　1800円　Ⓘ4-478-96089-5

00963 日本縦断「ローカル列車」を乗りこなす　種村直樹著　青春出版社　2006.6　205p　18cm　（青春新書インテリジェンス）　730円　Ⓘ4-413-04147-X

広尾町

00964 日本すみずみ紀行　川本三郎著　社会思想社　1997.9　258p　15cm　（現代教養文庫）〈文元社2004年刊（1998年刊（2刷）を原本としたOD版）あり〉　640円　Ⓘ4-390-11613-4

風蓮川

00965 サラリーマン転覆隊が来た！　本田亮著　小学館　2001.11　255p　20cm〈付属資料：CD-ROM1枚（12cm）〉　1600円　Ⓘ4-09-366461-7

目次 1 錦江湾で番狂わせ！，2 鬼怒川でムカッ！，3 風蓮川でもだえる！，4 馬淵川で出直す！，5 奥多摩で縦横無尽！，6 四万十川で闇ゴー沈！，7 梵字川をなめ、赤川に叱られる！，8 テスリン川で愛を訪ねる！

風蓮湖

00966 みずうみ紀行　渡辺淳一著　光文社　1988.5　181p　15cm　(光文社文庫)　520円　①4-334-70746-7

二股ラジウム温泉

00967 旅は道づれ湯はなさけ　辻真先著　徳間書店　1989.5　348p　15cm　(徳間文庫)　580円　①4-19-568760-8

00968 温泉旅行記　嵐山光三郎著　筑摩書房　2000.12　315p　15cm　(ちくま文庫)〈初版：JTB1997年刊〉　760円　①4-480-03589-3

富良野

00969 北海道の旅　串田孫一著　平凡社　1997.5　332p　16cm　(平凡社ライブラリー)〈筑摩書房1962年刊の増訂〉　1000円　①4-582-76198-4

00970 バ・イ・ク　柳家小三治著　講談社　2005.3　327p　15cm　(講談社文庫)　629円　①4-06-275092-9

00971 森の旅 森の人―北海道から沖縄まで日本の森林を旅する　軽装版　稲本正文, 姉崎一馬写真　世界文化社　2005.11　271p　21cm　(ほたるの本)〈1994年刊行版に一部修正を加え軽装版にしたもの　1990年刊あり〉　1800円　①4-418-05518-5

富良野駅

00972 最長片道切符11195.7キロ―日本列島ジグザグ鉄道の旅　原口隆行著　学習研究社　2008.7　375p　21cm〈折り込1枚〉　1900円　①978-4-05-403804-2

富良野市

00973 ふるさと―この国は特別に美しい　ジョニー・ハイマス著　ユーリーグ　1995.4　193p　18cm　(U・LEAG BOOK)　1200円　①4-946491-01-5

(目次) 桜と雲海の吉野へ―奈良県吉野郡, 風の竜飛崎へ―青森県三厩村, モネに見てほしかった杏の里―長野県更埴市, 麦刈りの富良野へ―北海道富良野, 鎌倉カレンダー―神奈川県鎌倉市, 庭の精が宿る寺―京都市・西芳寺, 海の日の出と日没の島―沖縄県, 田の神さまが生きている場所―鹿児島県日吉町ほか, そこは「松之山」だった―新潟県松之山町, もうすぐ消える五木村へ―熊本県五木村〔ほか〕

00974 ロードスターと旅に出る―この車を相棒にしたからには、一度はやってみたいこと。　中村淳著　三樹書房　2009.10　150p　21cm　1400円　①978-4-89522-535-9

00975 斑猫の宿　奥本大三郎著　中央公論新社　2011.11　305p　16cm　(中公文庫)〈JTB2001年刊あり〉　705円　①978-4-12-205565-0

(目次) 西表・波照間の巻―電信柱のカンムリワシ, 小千谷の巻―いざり機とルーズソックス, 富良野・大雪の巻―高貴な蝶は悪食家, 四万十・足摺の巻―叛逆者とトンボの楽園, 白馬・戸隠の巻―利権おいしかの山, 泉州・南紀の巻―微小な生命と神々の国, 岐阜の巻―束の間の蝶、超大粒の山椒魚, 横浜・東京の巻―珍獣奇鳥怪魚は街に棲む, 宮城の巻―ほたるの宴 窓の雨, 長州の巻―防人の島と斑猫の宿, 仏蘭西の巻―コルシカの栗の樹の下で, 日向の巻―石垣と孤高の外交官

00976 「翼の王国」のおみやげ　長友啓典文・絵　木楽舎　2016.6　207p　19cm　(翼の王国books)〈索引あり〉　1400円　①978-4-86324-100-8

富良野線

00977 日本の鉄道各駅停車の旅　原口隆行著　ダイヤモンド社　2004.5　158p　21cm　1500円　①4-478-96088-7

00978 北海道 幸せ鉄道旅　矢野直美著　札幌　北海道新聞社　2005.7　223p　21cm　1800円　①4-89453-341-3

00979 日本全国ローカル列車ひとり旅　遠森慶文・イラスト・写真　双葉社　2005.11　253p　19cm　1500円　①4-575-29847-6

00980 日本縦断「ローカル列車」を乗りこなす　種村直樹著　青春出版社　2006.6　205p　18cm　(青春新書インテリジェンス)　730円　①4-413-04147-X

00981 北海道のんびり鉄道旅　矢野直美著　札幌　北海道新聞社　2007.6　213p　20cm　1700円　①978-4-89453-414-8

00982 最長片道切符11195.7キロ―日本列島ジグザグ鉄道の旅　原口隆行著　学習研究社　2008.7　375p　21cm〈折り込1枚〉　1900円　①978-4-05-403804-2

古平町

00983 にっぽん全国 百年食堂　椎名誠著　講談社　2013.1　222p　19cm　1400円　①978-4-06-217814-3

別寒辺牛川

00984 知床を歩く　立松和平著, 黒古一夫編　勉誠出版　2006.4　342p　22cm　(立松和平日本を歩く 第5巻)　2600円　①4-585-01175-7

別海町

00985 日本列島を往く　5　鎌田慧著　岩波書店　2004.5　301p　15cm　(岩波現代文庫 社会)　1000円　①4-00-603092-4

(目次) 「復帰の祭典」その後・沖縄県本部町(荒廃の海, 二人の区長 ほか), パイロットファームの30年・北海道別海町(栄光の記憶, 筑豊からきた開拓者 ほか), 激浪に浮かぶ企業城下町・広島県因島市(忍の島, 大合理化 ほか), 「新しい村」香取開拓団(傷だらけの栄光, 牛飼いたちの夢 ほか), 桐の里の自治・福島県三島町(まちづくり運動事始め, 山村の栄光 ほか)

00986 ローカルバスの終点へ　宮脇俊三著　洋泉社　2010.12　303p　18cm　(新書y)〈1991年刊の新潮文庫を底本とする　日本交通公社出版事業局 1989年刊あり〉　840円　①978-4-86248-626-4

北進駅

00987 駅を旅する　種村直樹著　和光　SiGnal　2007.12　245p　19cm〈中央公論社1984年刊の

新装版〉 1300円 ①978-4-902658-10-1

北海道大観音

00988 晴れた日は巨大仏を見に 宮田珠己著 幻冬舎 2009.10 342p 16cm (幻冬舎文庫) 〈文献あり 白水社2004年刊あり〉 648円 ①978-4-344-41380-1

(目次) 牛久大仏・茨城, 淡路島世界平和大観音・兵庫, 北海道大観音・北海道, 加賀大観音・石川, 高崎白衣大観音・群馬, 九州巨大仏旅行・長崎・福岡(長崎西海七つ釜聖観音・久留米救世慈母大観音・篠栗南蔵院釈迦涅槃像), 会津慈母大観音・福島, 東京湾観音・千葉, 釜石大観音・岩手, 親鸞聖人大立像・新潟, 仙台大観音・宮城, 太陽の塔・大阪, 最後の巨大仏めぐり・静岡・香川

北海道ちほく高原鉄道

00989 朝湯、昼酒、ローカル線―かっちゃんの鉄修行 勝谷誠彦著 文芸春秋 2007.12 321p 16cm (文春文庫plus) 〈「勝谷誠彦の地列車大作戦」(JTB2002年刊)の改題〉 629円 ①978-4-16-771320-1

(目次) 小湊鉄道, 天竜浜名湖鉄道, 平成筑豊鉄道, 秩父鉄道, 北海道ちほく高原鉄道, 紀州鉄道、有田鉄道, 高千穂鉄道, 井原鉄道, 上信電鉄、上毛電気鉄道, 秋田内陸縦貫鉄道, 松浦鉄道, 若桜鉄道, 加越能鉄道、城端線・氷見線, 只見線, 伊予鉄道, 高松琴平電気鉄道, 三岐鉄道、近鉄北勢線・養老線, 鹿島臨海鉄道、茨城交通、鹿島鉄道, 「尾瀬夜行23:50」+会津鉄道, 島原鉄道, 山形鉄道、左沢線, 津軽線

北海道ちほく高原鉄道ふるさと銀河線

00990 史上最大の乗り継ぎ旅―吉岡海底(最深駅)発・野辺山(最高所駅)ゆき 7泊8日5300キロ、標高差1500メートル 種村直樹著 徳間書店 1992.11 238p 19cm 1300円 ①4-19-555022-X

00991 日本探見二泊三日 宮脇俊三著 角川書店 1994.3 231p 15cm (角川文庫) 430円 ①4-04-159807-9

(目次) 雨の熊野古道を拝む, 親不知の険から山姥の里へ, 豊後水道と日豊海岸の浦々, 秋田の「かまくら」いろいろ, 南淡路の明暗, 阿武隈山地は三春と霊山, 三泊四日の五島列島, 名張今昔, 鵜飼と南無阿弥陀仏, 四国お遍路やぶにらみ, マツタケと石の蛭川村, 五能線の秘境下車, 北海道ちほく高原鉄道・ふるさと銀河線

00992 「銀づくし」乗り継ぎ旅―銀水発・銀山ゆき5泊6日3300キロ 列車に揺られて25年 種村直樹著 徳間書店 2000.7 258p 19cm 1400円 ①4-19-861211-0

00993 各駅下車で行こう!―スロー・トラベル カベルナリア吉田文・写真 東京書籍 2003.4 197p 21cm 1500円 ①4-487-79883-3

00994 北海道 幸せ鉄道旅 矢野直美著 札幌 北海道新聞社 2005.7 223p 21cm 1800円 ①4-89453-341-3

00995 にっぽんローカル鉄道の旅 野田隆著 平凡社 2005.10 210p 18cm (平凡社新書) 780円 ①4-582-85292-0

(目次) 1 がんばれ、第三セクター鉄道(さいはてのローカル私鉄を行く―北海道ちほく高原鉄道ふるさと銀河線,「一づくし」でスタート、真新しいハイレベルのローカル線―井原鉄道 ほか), 2 おもしろ列車、出発進行!(ストーブ列車、健在なり!―津軽鉄道, 盛りだくさん! SLとアプト式鉄道と温泉と―大井川鉄道 ほか), 3 地方都市の郊外電車(福島発二つのローカル鉄道とミニSL―福島交通飯坂線、阿武隈急行, 古都・金沢に出入りするローカル鉄道と沿線の素顔―北陸鉄道 ほか), 4 そして線路はどこまでも(房総半島横断鉄道の旅―小湊鉄道、いすみ鉄道, 信州のローカル鉄道めぐり―しなの鉄道、上田電鉄、長野電鉄 ほか)

北海道八十八ヶ所

00996 シェルパ斉藤のリッター60kmで行く! 日本全国スーパーカブの旅 斉藤政喜著 小学館 2009.8 253p 19cm 1300円 ①978-4-09-366538-4

(目次) スーパーカブとは、どんな旅道具?, 第1章 東北気まぐれ放浪紀行, 第2章 西国三十三ヶ所巡礼紀行, 第3章 九州八十八ヶ所巡礼紀行, 第4章 北海道八十八ヶ所巡礼紀行, 入門者向き! スーパーカブで旅立つためのツーリング・マニュアル, 終章 父から息子へ、信州ふたり旅

ホテル斜里館

00997 知床を歩く 立松和平著, 黒古一夫編 勉誠出版 2006.4 342p 22cm (立松和平日本を歩く 第5巻) 2600円 ①4-585-01175-7

幌泉港

00998 北海道の旅 串田孫一著 平凡社 1997.5 332p 16cm (平凡社ライブラリー) 〈筑摩書房1962年刊の増訂〉 1000円 ①4-582-76198-4

幌加温泉

00999 旅は道づれ湯はなさけ 辻真先著 徳間書店 1989.5 348p 15cm (徳間文庫) 580円 ①4-19-568760-8

01000 秘湯を求めて 2 ないしょの秘湯 藤嶽彰英著 (大阪)保育社 1989.12 185p 19cm 1350円 ①4-586-61102-2

(目次) 幌加温泉(北海道), 薬研温泉(青森県), 青荷温泉(青森県), 夏油温泉(岩手県), 仙女の湯(岩手県), 鶴の湯(秋田県), 塩原元湯(栃木県), 那須・弁天温泉(栃木県), 西山温泉(山梨県), 松之山温泉(新潟県), 奉納温泉(長野県), 山田温泉(長野県), 北山温泉(富山県), 中宮・岩間温泉(石川県), 梅ケ島温泉(静岡県), 山鳩・杉の湯(奈良県), 久美浜温泉(京都府), 海潮温泉(島根県), 出雲湯村温泉(島根県), 粟倉温泉(岡山県), 祖谷温泉(徳島県), 法華院温泉(大分県), 栗野岳温泉(鹿児島県), 湯川内温泉(鹿児島県), 東温泉(鹿児島県)

幌尻岳

01001 百霊峰巡礼 第1集 立松和平著 東京新聞出版局 2006.7 299p 20cm 1800円 ①4-8083-0854-1

(目次) 男体山・栃木―麗しき観音浄土, 御岳山・東京―天空の隠れ里, 貴船山・京都―根源へ, 筑波山・茨城―集い歌い舞う山, 月山・山形―この世を生き死んで甦る, 三上山・滋賀―古代への記憶をたどる, 三峰山・埼玉―山気の濃さ, 鳳来寺山・愛知―瑠璃光浄土の仙境, 磐梯山・福島―天に架ける岩の橋, 蔵王山・宮城/山形―昔の行者の気持ち, 赤城山・群馬―地蔵の救い, 高野山・和歌山―空海の山, 御嶽山・長野/岐阜―この世から速く離

北海道

れて, 鞍馬山・京都―牛若丸は生きている, 比叡山・滋賀/京都――日回峰行, 弥彦山・新潟―訪来神の山, 二上山・大阪/奈良―古代への道, 英彦山・福岡/大分―山伏の記憶, 武甲山・埼玉―消えた山項, 大山・神奈川―雨を呼ぶ石, 白山・石川/岐阜/福井―高貴な白い峰, 立山・富山―山頂の極楽浄土, 幌尻岳・北海道―天の神に許されて, 庚申山・栃木―庶民のお山巡り, 御正体山・山梨―木喰行者の気品

幌内線

01002 廃線探訪の旅―日本の鉄道　原口隆行編著　ダイヤモンド社　2004.6　158p　21cm　1800円　①4-478-96089-5

幌内町

01003 北へ！　ネイチャリング紀行　甲斐崎圭著　コスモヒルズ　1990.5　253p　21cm　(COSMO BOOKS)　1600円　①4-87703-805-1

幌内鉄道

01004 終着駅は始発駅　宮脇俊三著　グラフ社　2007.4　257p　19cm〈新潮社1985年刊の改訂復刊　文献あり〉　1238円　①978-4-7662-1054-5

幌延町

01005 世界の果てに、ぼくは見た　長沼毅著　幻冬舎　2017.8　230p　16cm　(幻冬舎文庫)〈「時空の旅人 辺境の地をゆく」(MOKU出版 2012年刊)の改題、大幅に加筆・修正〉　580円　①978-4-344-42641-2

(目次) 第1章 吟遊科学者、辺境をゆく(砂漠の月虹―サハラ砂漠, 宇宙が透けて見える場所―南米アタカマ, マントルの上に立つ―オマーン), 第2章 ニッポンを探る(「豊潮丸」出航―鹿児島・屋久島～薩摩硫黄島, 北緯45度、厳冬の町―北海道・幌延, 固有種がいっぱい―滋賀・琵琶湖), 第3章 いざ、北極へ(白夜の街―サンクトペテルブルク, 世界最北の温泉を目指せ！, 極寒の地で先人を想う), 第4章 南極冒険紀行(夏の南極では眠れない, 砕氷艦上での決意, 静謐な修羅場, 「しらせ」への帰還), 第5章 宇宙へ、心の旅(宇宙エレベーターに夢をのせて, 地球のパートナー、月, 火星の呪い, 超新星爆発の恐怖, 「永遠とは、『宇宙の将来』である」!?, 太陽系で、海を持つ天体が、地球以外にもある！)

本別町

01006 パン欲―日本全国パンの聖地を旅する　池田浩明著　世界文化社　2013.12　128p　26cm〈タイトルは奥付等による。標題紙のタイトル：私はパン欲に逆らうことができない……〉　1400円　①978-4-418-13234-8

増毛駅

01007 文学の中の駅―名作が語る“もうひとつの鉄道史”　原口隆行著　国書刊行会　2006.7　327p　20cm　2000円　①4-336-04785-5

01008 北の無人駅から　渡辺一史著　札幌　北海道新聞社　2011.10　791p　19cm〈写真：並木博夫　文献あり〉　2500円　①978-4-89453-621-0

01009 終着駅への旅　JR編　櫻井寛著　JTBパブリッシング　2013.8　222p　19cm　1300円　①978-4-533-09285-5

増毛山塊

01010 渓流巡礼三三ヶ所　植野稔著　山と渓谷社　1991.9　253p　21cm　1800円　①4-635-36026-1

(目次) 魚影と春を楽しむ初釣行, 渓流讃歌を謳う解禁釣行, さい果ての釣り, 高岨部落14日間滞在記, 消えゆく名渓, 幻のイワナ“仙人イワナ”を求めて, “鮨取沢”と呼ばれた渓, V字渓谷、瀑布帯を超えて, 十津川郷の老釣り師, 神々の宿る渓, 淵に消えた50センチイワナ, 釣り師、久々の大漁に踊る, 40男、稜線越えに四苦八苦, サクラマスの遡る川, イワナを拾う時代の話〔ほか〕

01011 秘境の山旅　新装版　大内尚樹編　白山書房　2000.11　246p　19cm〈1993年刊の新装版〉　1600円　①4-89475-044-9

01012 サバイバル！―人はズルなしで生きられるのか　増補　服部文祥著　筑摩書房　2016.7　318p　15cm　(ちくま文庫)〈2008年刊の文庫化〉　800円　①978-4-480-43369-5

(目次) 第1章 登山からサバイバルへ(墜落, フェアの精神), 第2章 サバイバル実践―日本海から上高地へ(北アルプス単独縦断へ, 衣食足りてロハスを知る!?, 毛バリ戦記), 第3章 サバイバルの方法論(装備―そぎ落としてなお残るもの, 食料―何を食べるかという戦略, 野生を食らう―釣りの極意, 生活―焚き火と住空間, 増補1 ヤブと地形図, 増補2 縦走とは何か), 第4章 サバイバル思想(記憶の片輪, リスクと自由, 判断力と洞察力, 増補3 瑛太と登る原始の森 権現岳, ズルをしない悦楽, 増補4 秋の単独サバイバル登山 北海道、増毛山塊の郡別岳, 増補5 那須連峰、大蛇尾川から大佐飛山山行記)

増毛山道

01013 古道巡礼―山人が越えた径　高桑信一著　山と溪谷社　2015.11　397p　15cm　(ヤマケイ文庫)〈東京新聞出版局 2005年刊の再構成〉　980円　①978-4-635-04781-4

(目次) 八十里越―会津と越後を結んだ歴史の街道, 津軽白神 マタギ道―日本海から遡上するマスを求めて通った人々, 仙北街道―古代東北の謎を秘めた千年の道, 越後下田の砥石道―信仰と産業が交錯した山岳世界, 足尾銅山の索道―山上に消えた幻の集落を繋ぐケーブル道, 奥利根湖岸道―首都圏の水瓶に残された文明の残骸, 会津中街道―白湯山信仰の陰に隠れた不運な峠道, 黒部川日電歩道―電源開発のために拓かれた苦闘の渓谷道, 松次郎ゼンマイ道―早出川に沿ってつづいた伝説の仕事道, 北海道 増毛山道―陸の孤島を支えた開拓の道, 米沢街道大峠―海と山をむすぶ生命線、塩の道, 熊野古道 小辺路―信仰によって結ばれた辺境の風土, 鈴鹿 千草越え――攫千金を夢見た鉱山の光と影, 八十里越の裏街道―古道の織りなす原郷の風景

摩周駅

01014 最長片道切符11195.7キロ―日本列島ジグザグ鉄道の旅　原口隆行著　学習研究社　2008.7　375p　21cm〈折り込1枚〉　1900円　①978-4-05-403804-2

摩周湖

01015 みずうみ紀行　渡辺淳一著　光文社　1988.5　181p　15cm　(光文社文庫)　520円

①4-334-70746-7

01016 北海道の旅　串田孫一著　平凡社 1997.5　332p　16cm　(平凡社ライブラリー)〈筑摩書房1962年刊の増訂〉 1000円　①4-582-76198-4

01017 スローな旅で行こう―シェルパ斉藤の週末ニッポン再発見　斉藤政喜著　小学館　2004.10　255p　19cm　(Dime books)　1200円 ①4-09-366068-9

01018 写真家の旅―原日本、産土を旅ゆく。宮嶋康彦著　日経BP社　2006.10　223p　21cm〈日経BP出版センター(発売)〉 2667円　①4-8222-6350-9

01019 知床の四季を歩く　立松和平文・写真　樹立社　2007.5　91p　19cm　(樹立社ライブラリー・スペシャル)　1100円　①978-4-901769-24-2

01020 下駄で歩いた巴里―林芙美子紀行集　林芙美子著, 立松和平編　岩波書店　2012.4　331p 15cm　(岩波文庫)〈第5刷(第1刷2003年)〉 700円　①4-00-311692-5

作品 摩周湖紀行

摩周岳

01021 初めての山へ六〇年後に　本多勝一著　山と溪谷社　2009.11　221p　22cm　2000円 ①978-4-635-33044-2

目次 第1部 わが青春の山へ(塩見岳―「初めての山」へ六〇年後に, 南駒ヶ岳―二度目の山へ五八年目に, 北岳―記録を書かなかった五〇年前の登山), 第2部 山登り再開後の山山(穂高岳―還暦にめざした五月連休の飛騨山脈, 北股岳―春の山スキーに飯豊山地へ, 摩周岳―四九年後に訪ねた神秘のカムイヌプリ, 西吾妻山―三度目で登頂できた吾妻連峰最高峰, 神道山―山スキー党にしか分からぬであろう世界へ, 爺ヶ岳―初冠雪の飛騨山脈へ, 湯殿山―温泉郷と山の幸の宿から信仰の山へ, 鬼面山―わが生家から見える伊那山脈最高峰, 寺屋敷―小学五年以来六四年ぶりに登る, 御嶽山―久しぶりに登った三千メートル級の山, 金時山―箱根の「天下の嶮」), あとがき

01022 下駄で歩いた巴里―林芙美子紀行集　林芙美子著, 立松和平編　岩波書店　2012.4　331p 15cm　(岩波文庫)〈第5刷(第1刷2003年)〉 700円　①4-00-311692-5

作品 摩周湖紀行

真狩村

01023 パン欲―日本全国パンの聖地を旅する　池田浩明著　世界文化社　2013.12　128p 26cm〈タイトルは奥付等による。標題紙のタイトル：私はパン欲に逆らうことができない……〉 1400円　①978-4-418-13234-8

松前

01024 新選組紀行　増補決定版　中村彰彦著 PHP研究所　2015.7　345p　15cm　(PHP文庫)〈初版：文藝春秋 2003年刊　文献あり〉 720円　①978-4-569-76398-9

松前城

01025 日本名城紀行　1　東北・北関東 古城のおもかげ　小学館　1989.5　293p　15cm　600円　①4-09-401201-X

内容 蝦夷地(北海道)唯一の大名松前氏の居城松前城、岩木山を背にした弘前城、津軽の戦国物語を伝える浪岡城、転変を重ねた山形城、伊達政宗の築いた仙台城、戊辰戦争に落城した悲劇の会津若松城、釣天井の伝説がのこる宇都宮城、さらに鶴ヶ岡城、箕輪城など、東国の古城の興亡と秘話を井上ひさし、長部日出雄、藤沢周平、森敦、五味康祐、遠藤周作らの一流作家がドラマチックに描く、城物語と紀行。

01026 街道をゆく　15　北海道の諸道　新装版　司馬遼太郎著　朝日新聞出版　2008.11　306, 8p 15cm　(朝日文庫)　620円　①978-4-02-264461-9

松前町

01027 北紀行 風の恋歌　伊東徹秀著　麦秋社 1995.11　221p　19cm　1300円　①4-938170-21-3

01028 準急特快 記者の旅―レイルウェイ・ライターの本　種村直樹著　JTB　2003.5　318p 19cm〈肖像あり　著作目録あり〉 1600円 ①4-533-04777-7

作品 小京都飲み継ぎ紀行

丸駒温泉

01029 旅は道づれ湯はなさけ　辻真先著　徳間書店　1989.5　348p　15cm　(徳間文庫)　580円　①4-19-568760-8

01030 秘湯を求めて　1　はじめての秘湯　藤嶽彰英著　(大阪)保育社　1989.11　194p 19cm　1350円　①4-586-61101-4

01031 北海道の旅　串田孫一著　平凡社 1997.5　332p　16cm　(平凡社ライブラリー)〈筑摩書房1962年刊の増訂〉 1000円　①4-582-76198-4

円山(札幌市)

01032 日本の森を歩く　池内紀文, 柳木昭信写真　山と渓谷社　2001.6　277p　22cm　1800円 ①4-635-28047-0

三笠市

01033 日本あちこち乗り歩き　種村直樹著　中央書院　1993.10　310p　19cm　1600円　①4-924420-84-0

目次 第1部 書き下ろしルポ(個性派列車乗り比べ), 第2部 新線・新駅を訪ねて(くま川鉄道取材で初乗り, 都市交通線など駆け足乗車, 90年春、東西8線区が開業, 終点移設の栗原電鉄散歩, アプトで飛躍めざす大井川鉄道, “TCAT地下鉄”と“ガーラ湯沢線”, “成田空港線”N'EX発車, 東北・上越新幹線東京乗り入れ), 第3部 汽車旅とその周辺(〈トワイライトエクスプレス〉の旅, 「ビートル」&「八甲田丸」, 関西の小さな旅, 関東の小さな旅, 三笠、夕張を歩く, 新型車両乗り継ぎ体験, 碓氷旧線をたどる)

01034 民謡秘宝紀行　斎藤完著　白水社　2004.11　213p　19cm　1800円　①4-560-02660-2

三笠鉄道村

01035 スローな旅で行こう―シェルパ斉藤の週末ニッポン再発見 斉藤政喜著 小学館 2004.10 255p 19cm (Dime books) 1200円 ①4-09-366068-9

三国峠

01036 ツーリング・ライフ―自由に、そして孤独に 新装増補版 斎藤純著 春秋社 2004.3 274p 20cm〈2001年刊の新装増補〉 1800円 ①4-393-43624-5
[作品] 北へ―北海道

水無海浜温泉

01037 秘湯を求めて 3 きわめつけの秘湯 藤嶽彰英著 (大阪)保育社 1990.1 194p 19cm 1350円 ①4-586-61103-0

三井農場

01038 北海道の旅 串田孫一著 平凡社 1997.5 332p 16cm (平凡社ライブラリー)〈筑摩書房1962年刊の増訂〉 1000円 ①4-582-76198-4

南富良野町

01039 耕うん機オンザロード 斉藤政喜著 小学館 2001.8 333p 19cm (BE-PAL BOOKS) 1200円 ①4-09-366065-4

ムイネシリ岳

01040 山と雪の日記 改版 板倉勝宣著 中央公論新社 2003.1 185p 16cm (中公文庫)〈2004年刊の文庫ワイド版あり〉 743円 ①4-12-204158-9

鵡川

01041 サラリーマン転覆隊門前払い 本田亮著 フレーベル館 2000.3 273p 20cm 1600円 ①4-577-70183-9

室蘭駅

01042 終着駅への旅 JR編 櫻井寛著 JTBパブリッシング 2013.8 222p 19cm 1300円 ①978-4-533-09285-5

室蘭市

01043 鎌田慧の記録 1 日本列島を往く 鎌田慧著 岩波書店 1991.5 321p 19cm 2500円 ①4-00-004111-8
(目次) 川崎・鬱屈の女工たち, 黒い紐帯―八幡と筑豊, 北炭夕張爆発会社, 失業都市、室蘭, 福井・原発先進地の当惑, 沖縄・「復帰の祭典」その後, 揺れる石垣島, 腐蝕の軌跡―京葉工業地帯, 東京乗っとり作戦の全貌, 解説対談 歴史と記録

01044 日本奥地紀行 イサベラ・バード著, 高梨健吉訳 平凡社 2000.2 529p 16cm (平凡社ライブラリー)〈年譜あり 文献あり〉 1500円 ①4-582-76329-4

01045 北日本を歩く 立松和平著, 黒古一夫編 勉誠出版 2006.4 372p 22cm (立松和平日本を歩く 第1巻) 2600円 ①4-585-01171-4

01046 イザベラ・バード「日本の未踏路」完全補遺 イザベラ・バード著, 高畑美代子訳注 中央公論事業出版(製作発売) 2008.1 190p 21cm 1600円 ①978-4-89514-296-0

01047 にっぽん・海風魚旅 3(小魚びゅんびゅん荒波編) 椎名誠著 講談社 2008.1 341p 15cm (講談社文庫)〈2004年刊の文庫化〉 800円 ①978-4-06-275865-9

01048 イザベラ・バード『日本奥地紀行』を歩く 金沢正脩著 JTBパブリッシング 2010.1 175p 21cm (楽学ブックス―文学歴史 11)〈文献あり 年譜あり〉 1800円 ①978-4-533-07671-8

01049 完訳 日本奥地紀行 3 北海道・アイヌの世界 イザベラ・バード著, 金坂清則訳注 平凡社 2012.11 415p 18cm (東洋文庫)〈布装〉 3100円 ①978-4-582-80828-5

01050 新訳 日本奥地紀行 イザベラ・バード著, 金坂清則訳 平凡社 2013.10 537p 18cm (東洋文庫)〈布装 索引あり〉 3200円 ①978-4-582-80840-7

01051 肉の旅―まだ見ぬ肉料理を求めて全国縦断! カベルナリア吉田著 イカロス出版 2016.8 235p 21cm 1600円 ①978-4-8022-0222-0

室蘭本線

01052 北海道 幸せ鉄道旅 矢野直美著 札幌 北海道新聞社 2005.7 223p 21cm 1800円 ①4-89453-341-3

01053 北海道のんびり鉄道旅 矢野直美著 札幌 北海道新聞社 2007.6 213p 20cm 1700円 ①978-4-89453-414-8

雌阿寒岳

01054 北日本を歩く 立松和平著, 黒古一夫編 勉誠出版 2006.4 372p 22cm (立松和平日本を歩く 第1巻) 2600円 ①4-585-01171-4

芽室駅

01055 最長片道切符11195.7キロ―日本列島ジグザグ鉄道の旅 原口隆行著 学習研究社 2008.7 375p 21cm〈折り込1枚〉 1900円 ①978-4-05-403804-2

モエレ沼公園

01056 脳がいちばん元気になる場所 米山公啓著 PILAR PRESS 2011.6 221p 19cm 1800円 ①978-4-86194-029-3
(目次) 第1章 世界でいちばん幸福になれる場所(ボラボラ島(タヒチ)夢の楽園, 桐教会(五島列島)海がいちばん美しい島 ほか), 第2章 世界でいちばん癒される場所(根津美術館(東京都)都会の中で静けさに包まれる, 直島(香川県)自然とアートが出会う ほか), 第3章 世界でいちばん元気が出る場所(海上 外国船という別世界, あきる野(東京都)畑の真ん中で雲を見る ほか), 第4章 世界でいちばん悩みが消える場所(栗林公園(香川県)名園は多くを語らず, 軍艦島(長崎)波高し ほか), 第5章 世界でいちばんインスピレーションのわくところ(モエレ

沼公園(札幌)多面的空間がおもしろい, 養老天命反転地(愛知県)天地がひっくり返る場所 ほか)

桃岩

01057 北海道の旅 串田孫一著 平凡社 1997.5 332p 16cm (平凡社ライブラリー)〈筑摩書房1962年刊の増訂〉 1000円 ①4-582-76198-4

モヨロ貝塚

01058 街道をゆく 38 オホーツク街道 新装版 司馬遼太郎著 朝日新聞出版 2009.5 436, 8p 15cm (朝日文庫)〈初版:朝日新聞社1997年刊〉 940円 ①978-4-02-264492-3

森町

01059 そばづくし汽車の旅―加計<広島>発・森<北海道>ゆき そばに徹した8日間全長4500キロの旅 種村直樹著 徳間書店 1991.4 245p 19cm 1300円 ①4-19-554533-1

01060 日本奥地紀行 イサベラ・バード著, 高梨健吉訳 平凡社 2000.2 529p 16cm (平凡社ライブラリー)〈年譜あり 文献あり〉 1500円 ①4-582-76329-4

01061 イザベラ・バード「日本の未踏路」完全補遺 イザベラ・バード著, 高畑美代子訳注 中央公論事業出版(製作発売) 2008.1 190p 21cm 1600円 ①978-4-89514-296-0

01062 イザベラ・バード『日本奥地紀行』を歩く 金沢正脩著 JTBパブリッシング 2010.1 175p 21cm (楽学ブックス―文学歴史 11)〈文献あり 年譜あり〉 1800円 ①978-4-533-07671-8

01063 完訳 日本奥地紀行 3 北海道・アイヌの世界 イザベラ・バード著, 金坂清則訳注 平凡社 2012.11 415p 18cm (東洋文庫)〈布装〉 3100円 ①978-4-582-80828-5

01064 新訳 日本奥地紀行 イザベラ・バード著, 金坂清則訳 平凡社 2013.10 537p 18cm (東洋文庫)〈布装 索引あり〉 3200円 ①978-4-582-80840-7

01065 ニッポン周遊記―町の見つけ方・歩き方・つくり方 池内紀著 青土社 2014.7 325p 20cm 2400円 ①978-4-7917-6777-9

(目次) 1 町の見つけ方(北海道・森町、青森県・黒石市、長野県・大町市、岐阜県・東白川村、愛媛県・久万高原町、大分県・日田市), 2 町の歩き方(千葉県・銚子市、長野県・須坂市、和歌山県・田辺市、広島県・尾道市因島土生町、山口県・周防大島町), 3 共存共栄(新潟県・村上市、福島県・棚倉町、三重県・津市一身田寺内町、和歌山県・高野町、香川県・三豊市仁尾、熊本県・八代市日奈久、沖縄県・金武町), 4 隠れ里(福島県・桑折町、福島県・檜枝岐村、愛知県・蟹江町、三重県・尾鷲市九鬼町、島根県・安来市広瀬町、佐賀県・有田町), 5 町のつくり方(埼玉県・深谷市、新潟県・糸魚川市、静岡県・掛川市、岐阜県・恵那市明智町、鳥取県・智頭町、長崎県・佐世保市)

紋別市

01066 街道をゆく 38 オホーツク街道 新装版 司馬遼太郎著 朝日新聞出版 2009.5 436, 8p 15cm (朝日文庫)〈初版:朝日新聞社1997年刊〉 940円 ①978-4-02-264492-3

焼尻島

01067 島めぐり フェリーで行こう!―スロー・トラベル カベルナリア吉田文・写真 東京書籍 2003.8 207p 21cm 1500円 ①4-487-79884-1

01068 日本の島で驚いた カベルナリア吉田著 交通新聞社 2010.7 272p 19cm〈文献あり〉 1500円 ①978-4-330-15410-7

八雲温泉

01069 温泉旅行記 嵐山光三郎著 筑摩書房 2000.12 315p 15cm (ちくま文庫)〈初版:JTB1997年刊〉 760円 ①4-480-03589-3

八雲町

01070 この町へ行け 嵐山光三郎著 ティビーエス・ブリタニカ 1995.10 284p 18cm 1300円 ①4-484-95222-X

01071 日本百名町 嵐山光三郎著 光文社 2005.4 317p 16cm (知恵の森文庫) 629円 ①4-334-78353-8

夕張駅

01072 駅は見ている 宮脇俊三著 小学館 1997.11 205p 19cm 1400円 ①4-09-387237-6

(目次) 駅は見ている(夕張駅の移転, 小牛田駅と古川駅, 山形駅の二つのゲージ ほか), 車窓・駅・駅弁(車窓16選, 日本の路面電車, 好きな駅・気になる駅,「駅弁」選), フリーきっぷの旅(行方定めぬ「阿房列車」―青春18きっぷの旅, 自由気ままに九州ひとり旅―周遊券の旅, 田園調布から190円で「台湾」へ―東京路線バスの旅 ほか)

01073 終着駅への旅 JR編 櫻井寛著 JTBパブリッシング 2013.8 222p 19cm 1300円 ①978-4-533-09285-5

夕張市

01074 鎌田慧の記録 1 日本列島を往く 鎌田慧著 岩波書店 1991.5 321p 19cm 2500円 ①4-00-004111-8

01075 日本あちこち乗り歩き 種村直樹著 中央書院 1993.10 310p 19cm 1600円 ①4-924420-84-0

01076 耕うん機オンザロード 斉藤政喜著 小学館 2001.8 333p 19cm (BE-PAL BOOKS) 1200円 ①4-09-366065-4

01077 禅の旅 越中文俊著 心交社 2002.12 227p 19cm (日本つれづれ紀行 1) 1500円 ①4-88302-806-2

夕張鉄道

01078 鉄道廃線跡の旅 宮脇俊三著 角川書店 2003.4 187p 15cm (角川文庫)〈「七つの廃線跡」(JTB2001年刊)の改題〉 438円 ①4-04-159810-9

(目次) 第1章 夕張鉄道, 第2章 下津井電鉄と琴平参宮電鉄, 第3章 南薩鉄道, 第4章 奥羽本線旧線―矢立峠と大釈迦峠越え, 第5章 南大東島の砂糖鉄道, 第6章 上山田線・漆生線・油須原線, 第7章 北陸本線旧線―柳ケ瀬・杉津と倶利伽羅越え

湧網線

01079 車窓はテレビより面白い　宮脇俊三著　徳間書店　1992.8　254p　15cm　(徳間文庫)〈1989年刊の文庫化〉　460円　①4-19-597265-5

01080 終着駅は始発駅　宮脇俊三著　グラフ社　2007.4　257p　19cm〈新潮社1985年刊の改訂復刊　文献あり〉　1238円　①978-4-7662-1054-5

湯の川温泉

01081 旅は道づれ湯はなさけ　辻真先著　徳間書店　1989.5　348p　15cm　(徳間文庫)　580円　①4-19-568760-8

01082 温泉旅行記　嵐山光三郎著　筑摩書房　2000.12　315p　15cm　(ちくま文庫)〈初版：JTB1997年刊〉　760円　①4-480-03589-3

01083 松崎天民選集　第10巻　人間見物　松崎天民著, 後藤正人監修・解説　クレス出版　2013.11　395, 3p　19cm〈騒人社書局 昭和二年刊の複製〉　6000円　①978-4-87733-795-7

[作品] 北海道印象記

余市川

01084 川を下って都会の中へ―こぎおろしエッセイ　野田知佑著　小学館　1988.10　237p　20cm　(Be-pal books)〈著者の肖像あり〉　1200円　①4-09-366322-X

余市町

01085 文学の中の風景　大竹新助著　メディア・パル　1990.11　293p　21cm　2000円　①4-89610-003-4

01086 お徒歩 ニッポン再発見　岩見隆夫著　アールズ出版　2001.5　299p　20cm　1600円　①4-901226-20-7

01087 旅の面影　榎木孝明著　JTB　2001.5　95p　26cm　3500円　①4-533-03875-1

01088 旅の紙芝居　椎名誠写真・文　朝日新聞社　2002.10　350p　15cm　(朝日文庫)〈1998年刊の文庫化〉　820円　①4-02-264298-X

[作品] 海のきょうだい雪国へ行く　北のメジマグロ

01089 ロードスターと旅に出る―この車を相棒にしたからには、一度はやってみたいこと。　中村淳著　三樹書房　2009.10　150p　21cm　1400円　①978-4-89522-535-9

01090 あやしい探検隊 北海道乱入　椎名誠著　KADOKAWA　2014.10　237p　15cm　(角川文庫)〈「あやしい探検隊北海道物乞い旅」(角川書店 2011年刊) の改題、加筆修正〉　480円　①978-4-04-101759-3

養老散布

01091 忘れられた道―北の旧道・廃道を行く　堀淳一文・写真　札幌　北海道新聞社　1992.10　122p　22×17cm　1700円　①4-89363-653-7

義経神社

01092 北日本を歩く　立松和平著, 黒古一夫編　勉誠出版　2006.4　372p　22cm　(立松和平日本を歩く 第1巻)　2600円　①4-585-01171-4

四十三山

01093 北海道の旅　串田孫一著　平凡社　1997.5　332p　16cm　(平凡社ライブラリー)〈筑摩書房1962年刊の増訂〉　1000円　①4-582-76198-4

雷電海岸

01094 負籠の細道　水上勉著　集英社　1997.10　232p　16cm　(集英社文庫)　476円　①4-08-748697-4

[目次] 北冥の岬・尻屋, 伝説のふるさと・遠野, 絶壁の地の果て・親不知, 奥能登の海石, 花と波濤の越前岬, 奥美濃の秘境・郡上安久田, 奥伊賀の忍者郷, 湖北巡礼, 波暗き与謝の細道, 古城の町・丹波篠山, 雷電海岸の孤愁, 忘れられた港町・土佐宿毛, 沈みゆくシラスの燃島

羅臼港

01095 知床を歩く　立松和平著, 黒古一夫編　勉誠出版　2006.4　342p　22cm　(立松和平日本を歩く 第5巻)　2600円　①4-585-01175-7

羅臼岳

01096 半島―知床　立松和平著　河出書房新社　2003.2　117p　23cm　(立松和平のふるさと紀行)　2500円　①4-309-01517-4

01097 知床を歩く　立松和平著, 黒古一夫編　勉誠出版　2006.4　342p　22cm　(立松和平日本を歩く 第5巻)　2600円　①4-585-01175-7

01098 山の時間　沢野ひとし画と文　八王子　白山書房　2009.3　183p　15×20cm　2000円　①978-4-89475-127-9

[目次] 通いつめた八ヶ岳, 兄と登った川苔山, 初夏の大岳山, はじめての北岳, 雪山合宿, 雪の八ヶ岳縦走, 槍から穂高へ, 晩秋の焼岳, 冬の羅臼岳, 槍ヶ岳北鎌尾根〔ほか〕

01099 海山のあいだ　池内紀著　中央公論新社　2011.3　217p　16cm　(中公文庫)〈マガジンハウス 1994年刊, 角川書店 1997年刊あり〉　590円　①978-4-12-205458-5

[目次] 1 追悼記 (羅臼岳, 八甲田, 谷川岳, ドンデン山, 十石山), 2 風景読本 (峠越え, 凱旋門, 呑口 吐口, 不識塔, 足の向くまま, 奥飛驒路), 3 スポーツ物語 (鶴, 山師, スポーツ物語), 4 山の本箱, 5 自分風土記 (夢前川, 青井写真館, 広嶺中学, 古写真, 東京逍遙), 6 海山のあいだ (鼻曲山, 愛鷹山, 伊勢・熊野放浪記)

01100 わが愛する山々　深田久弥著　山と溪谷社　2011.6　381p　15cm　(ヤマケイ文庫)〈年譜あり〉　1000円　①978-4-635-04730-2

羅臼町

01101 北へ！ ネイチャリング紀行　甲斐崎圭著　コスモヒルズ　1990.5　253p　21cm　(COSMO BOOKS)　1600円　①4-87703-805-1

01102 鳥に会う旅　叶内拓哉著　世界文化社　1991.6　264p　21cm　(ネイチャーブックス)　2400円　Ⓘ4-418-91506-0

01103 ふわふわワウワウ―唄とカメラと時刻表　みなみらんぼう著　旅行読売出版社　1996.7　207p　19cm　1100円　Ⓘ4-89752-601-9
作品 知床旅情の聞こえる海で

01104 ニッポン豊饒紀行　甲斐崎圭著　小沢書店　1997.8　206p　20cm　1900円　Ⓘ4-7551-0349-5

01105 羅臼―知床の人びと　甲斐崎圭著　中央公論社　1998.2　241p　16cm　(中公文庫)〈マガジンハウス 1994年刊あり〉　667円　Ⓘ4-12-203071-4
目次 プロローグ 初めての羅臼, 第1章 氷海に生きる, 第2章 凄愴の浜, 第3章 白い冬, 第4章 この地はわが心のふるさと

01106 耕うん機オンザロード　斉藤政喜著　小学館　2001.8　333p　19cm　(BE‐PAL BOOKS)　1200円　Ⓘ4-09-366065-4

01107 バ・イ・ク　柳家小三治著　講談社　2005.3　327p　15cm　(講談社文庫)　629円　Ⓘ4-06-275092-9

01108 ロードスターと旅に出る―この車を相棒にしたからには、一度はやってみたいこと。　中村淳著　三樹書房　2009.10　150p　21cm　1400円　Ⓘ978-4-89522-535-9

01109 山をはしる―1200日間 山伏の旅　井賀孝著　亜紀書房　2012.4　335p　20cm〈文献あり〉　2500円　Ⓘ978-4-7505-1202-0
目次 プロローグ 役行者とおかん, 大峯奥駈修行8泊9日, 八海山に行者あり, 地の果て、羅臼へ, 富士山に登る理由, エピローグ 終わらない山, 記録 2008～2011

楽古岳

01110 北日本を歩く　立松和平著, 黒古一夫編　勉誠出版　2006.4　372p　22cm　(立松和平日本を歩く 第1巻)　2600円　Ⓘ4-585-01171-4

ラベンダー畑駅

01111 北海道のんびり鉄道旅　矢野直美著　札幌　北海道新聞社　2007.6　213p　20cm　1700円　Ⓘ978-4-89453-414-8

蘭越町

01112 河口の町へ　飯田辰彦著　JICC出版局　1991.9　204p　21cm　2080円　Ⓘ4-7966-0190-2
作品 ニシンで夢を見た尋常小学生たち
目次 1 ニシンで夢を見た尋常小学生たち, 2 水軍の血は心優しき末裔に流れ…, 3 大河に泣き、育まれた村の現在、過去、未来, 4 ドベの岸辺に咲いた紅燈, 5 浦の帆影は去り、御法度の伝説が残った, 6 “ちょう持ち”の女たちが支えた小さな王国, 7 ただの寒村が紡いだウォーター・フロントの浪漫, 8 神々とともに豊かになった“神領”の郷, 9 廻船問屋が盛衰を担った神武東征の港町, 10「新しき村」のしたたかなパイオニア魂, 11 洪水が取り持った川と人間との共生関係, 12 北辺の原野に根付いた入植2世たち, 13 漁村の伝統を守った女たちの“商い”, 14 津波に蹂躙された富める漁村のその後, 15 酒と川漁を愛した清貧の“イゴッソウたち”, 16 流れとともに生まれ、また流れの中に去る

蘭島

01113 ナイトメア咲人の鈍行いくの？―五十音の旅　続　咲人著　シンコーミュージック・エンタテイメント　2012.4　233p　21cm　2381円　Ⓘ978-4-401-63573-3
目次 鈍行いくの？ インド編, 26本目「は」―八王子, 27本目「ひ」―東村山, 28本目「ふ」―富士急ハイランド, 29本目「へ」―平和島, 30本目「ほ」―堀切菖蒲園, 31本目「ま」―町田, 32本目「み」―三鷹, 33本目「む」―武蔵小金井, 34本目「め」―目白山下, 35本目「も」―森下, 36本目「や」―八千代緑が丘, 37本目「い」―池上, 38本目「ゆ」―祐天寺, 39本目「え」―江戸川橋, 40本目「よ」―代々木公園, 41本目「ら」―蘭島, 42本目「り」―緑園都市, 43本目「る」―留萌, 44本目「れ」―礼受, 45本目「ろ」―芦花公園, 46本目「わ」―和戸, 47本目「ゐ」―池尻大橋, 48本目「う」―梅屋敷, 49本目「ゑ」―海老名, 50本目「を」―大河原, 番外編

陸別町

01114 街道をゆく　15　北海道の諸道　新装版　司馬遼太郎著　朝日新聞出版　2008.11　306, 8p　15cm　(朝日文庫)　620円　Ⓘ978-4-02-264461-9

利尻山

01115 山の旅　明治・大正篇　近藤信行編　岩波書店　2003.9　445p　15cm　(岩波文庫)　700円　Ⓘ4-00-311702-6
作品 利尻山とその植物〔牧野富太郎〕
目次 乙酉掌記（抄）(松浦武四郎), 旅の旅の旅（正岡子規）, 寒中滞岳記（野中到）, 知々夫紀行（幸田露伴）, 二百十日（抄）（夏目漱石）, 西蔵旅行記（抄）（河口慧海）, 尾瀬紀行（武田久吉）, 利尻山とその植物（牧野富太郎）, 木曽御岳の両面（吉江喬松）, 白峰の麓（大下藤次郎）〔ほか〕

01116 すべての山を登れ。　井賀孝著　京都　淡交社　2014.4　255p　19cm　1700円　Ⓘ978-4-473-03924-8
目次 修験の山―大日岳, そこにある山―龍門山, 圧倒的なる山―笠ヶ岳, 水の山―甲武信ヶ岳, 海の山―利尻岳, 武の山―三峯山, 南国の山―開聞岳, 両性具有の山―モッチョム岳, おらが山―高尾山, 不死の山―富士山

利尻町

01117 そばづくし汽車の旅―加計<広島>発・森<北海道>ゆき そばに徹した8日間全長4500キロの旅　種村直樹著　徳間書店　1991.4　245p　19cm　1300円　Ⓘ4-19-554533-1

01118 わたしの旅人生「最終章」　渡辺文雄著　アートデイズ　2005.2　267p　20cm〈肖像あり〉　1600円　Ⓘ4-86119-033-9

利尻島

01119 美しすぎる場所―Castle in Glass　J‐WAVE編　扶桑社　1991.1　303p　21cm　1400円　Ⓘ4-594-00678-7
作品 日本の旅から/北海道 北部〔三木卓〕

01120 ドキュメント・海の国境線　鎌田慧著　筑摩書房　1994.5　262p　20cm　1800円　Ⓘ4-

480-85665-X
01121 線路の果てに旅がある　宮脇俊三著　新潮社　1997.1　227p　15cm　(新潮文庫)〈小学館1994年刊あり〉　400円　①4-10-126813-4
01122 日本列島を往く　4　孤島の挑戦　鎌田慧著　岩波書店　2003.12　305p　15cm　(岩波現代文庫 社会)　900円　①400603086X
目次 絶海の孤島・南大東島（玉置半右衛門の影, 約束の地, 土地返還運動, 起工式）, 共生の島・屋久島（移住者たち, 屋久杉物語, 自然と人生, ウミガメとともに）, 樺太への道・利尻島（群来る海, 海の道, 最北の国際交流, 若ものたちの夢）, 孤島の挑戦・隠岐島（元村長の情熱, 海上の道, 漁師の夢, 海に向かう精神）, 海どう宝・石垣島（海どう宝, 島おこし, 白保陸軍飛行場, 魚わく海）
01123 犬連れバックパッカー　斉藤政喜著　新潮社　2004.7　316p　16cm　(新潮文庫)〈小学館1998年刊の増補〉　514円　①4-10-100421-8
目次 第1章 ニホを連れて八ヶ岳へ, 第2章 八ヶ岳に暮らす, 第3章 最北の島、礼文、利尻を旅する, 第4章 伊豆大島横断, 第5章 対談・藤門弘「犬と暮らす」, 第6章 ニホ史上最長の散歩, 第7章 雪山に行く, 第8章 対談・野田知佑「犬と旅する」, 第9章 紀伊半島を行く, 第10章 ニホと再びアッタリマエとカワリモン 中島誠之助
01124 日本の旅ごはん―平成食の風土記　向笠千恵子著　小学館　2006.11　191p　19cm　1500円　①4-09-387688-6
目次 島里（対馬（長崎県）―大陸文化が行き来した島で育まれた食と器, 壱岐（長崎県）―麦焼酎発祥の地は、食の知恵者ぞろい, 利尻・礼文（北海道）―特産品の双璧、うにと昆布の行方 ほか）, 山里（甘木朝倉（福岡県）―希少な川のりが育つ清流の里で、古代を味わう, 飯山（長野県）―信州最北の“むら”の温故知新、知恵いっぱいの食, 西和賀（岩手県）―きのこで満腹になるという誓いを、大願成就 ほか）, 海里（中土佐（高知県）―初鰹に誘われて、海幸山三昧に興じる, 下北半島（青森県）―温かい心に触れ、忘れがたい味がまた増えた, 尾鷲（三重県）―人なつっこい土地の情の濃い味覚 ほか）
01125 にっぽん・海風魚旅　4（大漁旗ぶるぶる乱風編）　椎名誠著　講談社　2008.7　394p　15cm　(講談社文庫)〈2005年刊の文庫化〉　857円　①978-4-06-276097-3
01126 遠藤ケイの島旅日和　遠藤ケイ著　千早書房　2009.8　124p　21cm〈索引あり〉　1600円　①978-4-88492-439-3
01127 日本の島で驚いた　カベルナリア吉田著　交通新聞社　2010.7　272p　19cm〈文献あり〉　1500円　①978-4-330-15410-7

利尻礼文サロベツ国立公園

01128 日本列島の香り―国立公園紀行　立松和平著　毎日新聞社　1998.3　255p　19cm　1500円　①4-620-31208-8
01129 東京を歩く　立松和平著, 黒古一夫編　勉誠出版　2006.4　343p　22cm　(立松和平日本を歩く 第7巻)　2600円　①4-585-01177-3

ルシャの番屋

01130 知床を歩く　立松和平著, 黒古一夫編　勉誠出版　2006.4　342p　22cm　(立松和平日本を歩く 第5巻)　2600円　①4-585-01175-7

留辺蘂駅

01131 最長片道切符11195.7キロ―日本列島ジグザグ鉄道の旅　原口隆行著　学習研究社　2008.7　375p　21cm〈折り込1枚〉　1900円　①978-4-05-403804-2

留辺志部川

01132 川を旅する　池内紀著　筑摩書房　2007.7　207p　18cm　(ちくまプリマー新書)　780円　①978-4-480-68763-0

留萌駅

01133 文学の中の駅―名作が語る“もうひとつの鉄道史”　原口隆行著　国書刊行会　2006.7　327p　20cm　2000円　①4-336-04785-5

留萌市

01134 忘れられた道　完　堀淳一文と写真　札幌　北海道新聞社　2000.9　207p　19cm　1700円　①4-89453-116-X
01135 ナイトメア咲人の鈍行いくの？―五十音の旅　続　咲人著　シンコーミュージック・エンタテイメント　2012.4　233p　21cm　2381円　①978-4-401-63573-3

留萌本線

01136 北海道 幸せ鉄道旅　矢野直美著　札幌　北海道新聞社　2005.7　223p　21cm　1800円　①4-89453-341-3
01137 日本縦断「ローカル列車」を乗りこなす　種村直樹著　青春出版社　2006.6　205p　18cm　(青春新書インテリジェンス)　730円　①4-413-04147-X
01138 ダルマ駅へ行こう！　笹田昌宏著　小学館　2007.5　253p　15cm　(小学館文庫)　514円　①978-4-09-411651-9
01139 うっかり鉄道―おんなふたり、ローカル線めぐり旅　能町みね子著　メディアファクトリー　2010.10　205p　19cm　1100円　①978-4-8401-3545-0
01140 ぞっこん鉄道今昔―昭和の鉄道撮影地への旅　櫻井寛写真・文　朝日新聞出版　2012.8　205p　21cm　2300円　①978-4-02-331112-1
01141 一両列車のゆるり旅　下川裕治, 中田浩資著　双葉社　2015.6　364p　15cm　(双葉文庫)　694円　①978-4-575-71436-4

礼受（留萌市）

01142 ナイトメア咲人の鈍行いくの？―五十音の旅　続　咲人著　シンコーミュージック・エンタテイメント　2012.4　233p　21cm　2381円　①978-4-401-63573-3

歴舟川

01143 カヌー犬・ガク　野田知佑著　小学館　1998.1　218p　16cm　(小学館文庫)　438円　①4-09-411021-6
作品 息子テツ、初めての川下り（'94夏）
目次 第1章 ガクとの出会い, 第2章 初めてのアラスカ,

第3章 アラスカ再び、そして日本の川, 第4章 ガクのいた風景, 第5章 最後の冒険, 第6章 さよなら、ガク!!, 第7章 ガクが残したこと

01144 ぼくの還る川　野田知佑著　新潮社　2003.7　302p　16cm　(新潮文庫)〈2000年刊の文庫化〉　552円　①4-10-141013-5

礼文華

01145 日本奥地紀行　イサベラ・バード著, 高梨健吉訳　平凡社　2000.2　529p　16cm　(平凡社ライブラリー)〈年譜あり 文献あり〉　1500円　①4-582-76329-4

01146 イザベラ・バード「日本の未踏路」完全補遺　イザベラ・バード著, 高畑美代子訳注　中央公論事業出版(製作発売)　2008.1　190p　21cm　1600円　①978-4-89514-296-0

01147 イザベラ・バード『日本奥地紀行』を歩く　金沢正脩著　JTBパブリッシング　2010.1　175p　21cm　(楽学ブックス—文学歴史 11)〈文献あり 年譜あり〉　1800円　①978-4-533-07671-8

01148 完訳 日本奥地紀行　3　北海道・アイヌの世界　イザベラ・バード著, 金坂清則訳注　平凡社　2012.11　415p　18cm　(東洋文庫)〈布装〉　3100円　①978-4-582-80828-5

01149 新訳 日本奥地紀行　イザベラ・バード著, 金坂清則訳　平凡社　2013.10　537p　18cm　(東洋文庫)〈布装　索引あり〉　3200円　①978-4-582-80840-7

礼文岳

01150 北海道の旅　串田孫一著　平凡社　1997.5　332p　16cm　(平凡社ライブラリー)〈筑摩書房1962年刊の増訂〉　1000円　①4-582-76198-4

礼文島

01151 美しすぎる場所—Castle in Glass　J-WAVE編　扶桑社　1991.1　303p　21cm　1400円　①4-594-00678-7

作品 日本の旅から/北海道 北部〔三木卓〕

01152 野生の水—ヤポネシア水紀行　立松和平著　スコラ　1991.10　299p　20cm　1400円　①4-7962-0048-7

01153 線路の果てに旅がある　宮脇俊三著　新潮社　1997.1　227p　15cm　(新潮文庫)〈小学館1994年刊あり〉　400円　①4-10-126813-4

01154 北海道の旅　串田孫一著　平凡社　1997.5　332p　16cm　(平凡社ライブラリー)〈筑摩書房1962年刊の増訂〉　1000円　①4-582-76198-4

01155 自然のポケットから　本山賢司文・絵　小学館　1998.8　219p　15cm　(小学館文庫)　419円　①4-09-411161-1

目次 淡水魚ウォッチング, 川の狩人, 北の海の魚二匹, 沖縄の自然を撮る男たち, 幻の滝, マングローブの幼根, 礼文の花, 草むらの小町, 山の味, 別嬪のカワセミ〔ほか〕

01156 のんきに島旅　本山賢司著　河出書房新社　2000.4　229p　15cm　(河出文庫)〈「海流に乗って」(山と渓谷社1987年刊)の増補〉　680円　①4-309-40607-6

01157 犬連れバックパッカー　斉藤政喜著　新潮社　2004.7　316p　16cm　(新潮文庫)〈小学館1998年刊の増補〉　514円　①4-10-100421-8

01158 日本《島旅》紀行　斎藤潤著　光文社　2005.3　284p　18cm　(光文社新書)　780円　①4-334-03299-0

01159 北日本を歩く　立松和平著, 黒古一夫編　勉誠出版　2006.4　372p　22cm　(立松和平日本を歩く 第1巻)　2600円　①4-585-01171-4

01160 日本の旅ごはん—平成食の風土記　向笠千恵子著　小学館　2006.11　191p　19cm　1500円　①4-09-387688-6

01161 国井律子のハーレー日本一周—20代最後のひとり旅　国井律子著　小学館　2007.1　155p　21cm　1500円　①4-09-366534-6

01162 港町食堂　奥田英朗著　新潮社　2008.5　256p　16cm　(新潮文庫)〈2005年刊の文庫化〉　438円　①978-4-10-134471-3

目次 第1便 美人ママに叱られたい—高知・土佐清水篇, 第2便 謎の生物VS.美人女医—五島列島篇, 第3便 名もない小説家、ひとりたたずむ—宮城・牡鹿半島篇, 第4便 N木賞などおかまいなし—韓国・釜山篇, 第5便 食い意地のせいなのか？—日本海篇, 第6便 極寒の孤島に閉じ込められて…—稚内・礼文島篇

01163 遠藤ケイの島旅日和　遠藤ケイ著　千早書房　2009.8　124p　21cm〈索引あり〉　1600円　①978-4-88492-439-3

01164 日本の島で驚いた　カベルナリア吉田著　交通新聞社　2010.7　272p　19cm〈文献あり〉　1500円　①978-4-330-15410-7

01165 ぶらりニッポンの島旅　管洋志著　講談社　2011.7　253p　15cm　(講談社文庫)　838円　①978-4-06-276988-4

目次 軍艦島, 西表島, 竹富島, 与那国島, 波照間島, 礼文島, 佐渡島, 伊豆大島, 八丈島, 青ヶ島, 屋久島, 真鍋島, 壱岐島, 小呂島, 天草下島, 与論島, 伊平屋島, 奄美大島, 加計呂麻島・与路島

01166 ニッポン島遺産　斎藤潤著　実業之日本社　2016.8　191p　19cm　1600円　①978-4-408-00889-9

目次 独自に受け継がれゆく島遺産(独自に受け継がれゆく島遺産(黒島のプーリィ(豊年祭), 奄美大島の平瀬マンカイ/油井の豊年踊り, 悪石島のボゼ, 姫島の盆踊り, 新居大島のとうど送り, 硫黄島に刻まれた記憶), 暮らしが薫る島の原風景(パナリ(下地島)の暮らしの痕, 渡名喜島のフクギ集落, 徳之島の石垣集落, 横浦島の籠船, 中通島・頭ヶ島の教会, 祝島の平さんの棚田, 隠岐島前(中ノ島・知夫里島・西ノ島)の歴史と海岸美), 大地から生み出された島遺産(北大東島の燐鉱石, 軍艦島(端島)の廃墟群, 池島の炭鉱跡, 四阪島の大煙突/暮らしの痕, 手島の謎の地名/石の文化, 犬ノ島の犬石様, 隠岐島後の黒耀石, 新島のコーガ石), 美しき自然が息づく島(西表島の森に響く音, ハミャ島の大砂丘, 諏訪之瀬島のサンゴ礁, 屋久島の太古の森, 小笠原(父島・母島)のクジラ, 礼文島のレブンアツモリソウ), 島の恵みが育む名産(竹島のデメタケ, 天草上島の天草大王, 島野浦島の雑節, 伊吹島のイリコ, 小豆島のオリーブ, 青ヶ島の青酎, 八丈島の

ロベ, 伊豆大島の椿油, 朴島の菜の花畑)

麓郷

01167 ロードスターと旅に出る―この車を相棒にしたからには、一度はやってみたいこと。 中村淳著 三樹書房 2009.10 150p 21cm 1400円 ①978-4-89522-535-9

和琴半島

01168 北海道の旅 串田孫一著 平凡社 1997.5 332p 16cm (平凡社ライブラリー)〈筑摩書房1962年刊の増訂〉 1000円 ①4-582-76198-4

鷲ノ木浜

01169 「新選組」ふれあいの旅―人や史跡との出逢いを求めて 岳真也著 PHP研究所 2003.12 249p 19cm 1200円 ①4-569-63235-1

稚内駅

01170 駅を楽しむ! テツ道の旅 野田隆著 平凡社 2007.5 237p 18cm (平凡社新書) 760円 ①978-4-582-85374-2

(目次) 1 素通りできない駅たち(駅から始まる鉄道の旅―東京のターミナル今昔物語, ユニークな駅あれこれ, あの場面のあの駅はどこにある? , 終着駅旅情), 2 駅をめぐる鉄道の旅(汽車旅が似合う南九州・駅めぐり, ゆかいなキャラクターがお出迎え「ごめん・なはり線」, 神話と妖怪のふるさとへ, 尾張名古屋は駅でもつ―ナゴヤ周辺の駅散歩, 富山・新旧トラム全線の駅をめぐる, 銚子電鉄、潮の香りの駅めぐり, 陸羽東線、雪景色, さいはての駅を目指して)

01171 最長片道切符11195.7キロ―日本列島ジグザグ鉄道の旅 原口隆行著 学習研究社 2008.7 375p 21cm〈折り込1枚〉 1900円 ①978-4-05-403804-2

01172 終着駅 宮脇俊三著 河出書房新社 2012.1 232p 15cm (河出文庫)〈2009年刊の文庫化〉 680円 ①978-4-309-41122-4

01173 終着駅への旅 JR編 櫻井寛著 JTBパブリッシング 2013.8 222p 19cm 1300円 ①978-4-533-09285-5

稚内温泉

01174 旅は道づれ湯はなさけ 辻真先著 徳間書店 1989.5 348p 15cm (徳間文庫) 580円 ①4-19-568760-8

稚内市

01175 北海道の旅 串田孫一著 平凡社 1997.5 332p 16cm (平凡社ライブラリー)〈筑摩書房1962年刊の増訂〉 1000円 ①4-582-76198-4

01176 旅の紙芝居 椎名誠写真・文 朝日新聞社 2002.10 350p 15cm (朝日文庫)〈1998年刊の文庫化〉 820円 ①4-02-264298-X

[作品] 演歌がどこかで

01177 旅に夢みる 吉永小百合著 講談社 2003.3 223p 22cm〈肖像あり〉 1600円 ①4-06-211652-9

(目次) 旅の扉1 ふるさと東京, 旅の扉2 思い出の映画ロケ地, 旅の扉3 フランス 世界遺産にさそわれて, 旅の扉4 イタリア 水のときめき, 旅の扉5 アメリカ 折り鶴に願いをこめて, 旅の扉6 中国 変貌と美味

01178 サンダル履き週末旅行 寺井融文, 郡山貴三写真 竹内書店新社 2003.5 206p 19cm〈雄山閣(発売)〉 1800円 ①4-8035-0348-6

01179 ワッキーの地名しりとり―日本中を飛ばされ続ける男 脇田寧人著 名古屋 ぴあ 2004.3 222p 19cm 1300円 ①4-8356-0924-7

01180 ショージ君の旅行鞄―東海林さだお自選 東海林さだお著 文芸春秋 2005.2 905p 16cm (文春文庫) 933円 ①4-16-717760-9

[作品] わが、果てしなき傷心の旅

01181 バスで田舎へ行く 泉麻人著 筑摩書房 2005.5 296p 15cm (ちくま文庫)〈「バスで、田舎へ行く」(JTB 2001年刊)の改題〉 740円 ①4-480-42079-7

(目次) 母里と広瀬 山陰ののどかな城下町, 大阪能勢 僕のオオクワガタの故郷へ, 越後 「人面」と「油揚げ」の町を訪ねる, 津軽紀行 イカと太宰と温泉と, 京のどんづまり 茅葺き宿の地鶏の味, 阿武隈百目鬼 妖気地帯探訪, 飛騨合掌の里 どぶろく祭りでデデレコデン, 高知馬路村 ユズの桃源郷に残る森林鉄道, 奈良天川村 癒しの山里を往く, 登米 「宮城の明治村」へ時間旅行, 播磨灘 遊女伝説を追って, 長崎平戸 隠れキリシタンと巨漢力士の伝説, オホーツク 小雪舞う流氷海岸を北上す, 種子島 珍地名「阿多惜経」を探る, 奥多摩 幻の湯の町 日帰り旅行, 南紀竜神 B29が堕ちた里, 山口長門 ホタルと楊貴妃を訪ねて, 伊那・奥三河 「虫づくし」の旅

01182 北日本を歩く 立松和平著, 黒古一夫編 勉誠出版 2006.4 372p 22cm (立松和平日本を歩く 第1巻) 2600円 ①4-585-01171-4

01183 日本辺境ふーらり紀行 鈴木喜一著, アユミギャラリー悠風舎編 秋山書店 2007.12 199p 19cm 1700円 ①978-4-87023-621-9

(目次) ふーらりまくら, ひとりぼっちで津軽半島の海に向った, 島のゴールデン・ウィーク, 揺られ揺られて小笠原, 西海に浮かぶ弓なりの小島群へ, 神楽坂ふーらりスケッチマラソン, 風景の中に閉じ込められて, 迷走旅回文九一四キロ、近江八幡からぐるーり孤を描き…, ふーらり北上行, 「おのみち旅大学」めざして西へ, 稚内で回り道, 僕の樺太ふーらり旅, 会津田島針生, 水郷佐原美味まち建築紀行, ふーらり長野で人生を語る, ふーらり有松・尾張大野・常滑

01184 港町食堂 奥田英朗著 新潮社 2008.5 256p 16cm (新潮文庫)〈2005年刊の文庫化〉 438円 ①978-4-10-134471-3

01185 週末鉄道紀行 西村健太郎著 アルファポリス 2010.12 293p 15cm (アルファポリス文庫)〈発売:星雲社 2009年刊の文庫化〉 620円 ①978-4-434-15157-6

(目次) 週末鉄道紀行, 東京～大阪間を旅に変える, 三泊三日稚内への旅

01186 下駄で歩いた巴里―林芙美子紀行集 林芙美子著, 立松和平編 岩波書店 2012.4 331p 15cm (岩波文庫)〈第5刷(第1刷2003年)〉 700円 ①4-00-311692-5

作品 樺太への旅

01187 みどりの国滞在日記 エリック・ファーユ著, 三野博司訳 水声社 2014.12 195p 20cm (批評の小径) 2500円 ①978-4-8010-0077-3

01188 来ちゃった 酒井順子文, ほしよりこ画 小学館 2016.3 317p 15cm (小学館文庫) 〈2011年刊の増補〉 620円 ①978-4-09-406277-9

和寒駅

01189 駅を楽しむ! テツ道の旅 野田隆著 平凡社 2007.5 237p 18cm (平凡社新書) 760円 ①978-4-582-85374-2

東 北

01190 バイクひとり旅　林崇著, 摺本好作イラスト　技術書院　1988.6　157p　21cm　1300円　①4-7654-1035-8

(目次) 1 自分の旅をつくる (テーマを持ってプランを立てよう, 充実したスケジュールをつくる), 2 出発前のマシンの手入れ (マシン整備から旅が始まる, 旅考でのマシントラブル), 3 ライ・テク＆意外な危険と落とし穴 (いつだってセフティライデング, 注意！ 意外な危険と落とし穴), 4 万が一、思わぬ事故に出合ったら, 5 バイクギヤの賢い選び方と条件 (ツーリング用品選び, 寒中を暖かく走るためのバイクグッズ, オフ (ラフ) ロードパンツ＆ジャケット, パッキング学＆旅の必需品マニュアル), 私の東北ひとり旅ノート

01191 日本漫遊記　種村季弘著　筑摩書房　1989.6　236p　19cm　1540円　①4-480-82267-4

[作品] 奥州温泉記

(目次) 箱根七湯早まわり, 秋葉路気まぐれ旅, 北陸こわいものみたさ, 佐渡めぐり狸道中, 石見銀山埋蔵金さがし, 旅芸人東北色修業, 東海道こじき道中記, エキゾティック瀬戸内海紀行, 伊豆八島ちんたら漂流記, 山陰道温泉八艘とび, 果報は寝て待て奥州温泉記, 薩摩入国見たい放題, 江戸の道ゆきあたりばったり

01192 三千里　上　河東碧梧桐著　講談社　1989.7　350p　15cm　(講談社学術文庫)　840円　①4-06-158885-0

01193 芥川龍之介全集　8　紀行・日記・詩歌ほか　芥川龍之介著　筑摩書房　1989.8　566p　15cm　(ちくま文庫)　740円　①4-480-02335-6

01194 新顔鉄道乗り歩き　種村直樹著　中央書院　1990.2　302p　19cm　1400円　①4-924420-44-1

(目次) 第1部 乗り歩きルポ (東北の変わり種駅めぐり), 第2部 鉄道新線北から南から (津軽海峡線開業を追って, 瀬戸大橋線開通初日の表情, 北神、愛知環状鉄道線乗り歩き, 千葉都市モノレール、いすみ鉄道拝見, 都市交通線延長しきり, グラビア取材で真岡鉄道へ, 宮福鉄道こんにちは, 土佐くろしお鉄道を行く, 松浦鉄道のんびり初乗り, 山形鉄道ひっそり開業 ほか), 第3部 路線網と車両を楽しむ (営団地下鉄最長片道コースをたどる, 〈スーパーひたち〉初日に体験, JR九州のチャーミングトレイン)

01195 汽車旅十五題　種村直樹著　日本交通公社　1992.4　230p　19cm　1300円　①4-533-01899-8

01196 峠越え―山国・日本を駆けめぐる！　賀曽利隆著　光文社　1992.7　382p　15cm　(光文社文庫)　600円　①4-334-71557-5

(目次) 第1章 さあ、峠越えの世界に旅立とう！, 第2章 関東の峠越え, 第3章 関西の峠越え, 第4章 街道の峠越え, 第5章 中央分水嶺の峠越え

01197 駅前温泉汽車の旅　PART2 関東・甲信越・東北・北海道篇　種村直樹著　徳間書店　1993.10　240p　19cm　1300円　①4-19-860008-2

01198 古道紀行 奥の細道　小山和著　大阪保育社　1994.3　204p　19cm　1800円　①4-586-61306-8

(目次) 歌名所の旅 日光～那須～仙台, 海陸の名勝 松島～平泉～出羽の国

01199 新・円空風土記　丸山尚一著　里文出版　1994.9　522p　21cm　4800円　①4-947546-72-7

(目次) 1 円空のなかの風景風土, 2 北辺での造像, 3 下北、津軽から羽後へ, 4 東国の修験寺、日光山修験と日光街道, 5 木曽路, 6 尾張野の円空寺, 7 美濃から奥美濃へ, 8 津保街道, 9 飛騨街道、益田街道, 10 飛騨, 11 奥飛騨, 12 伊吹山とその周辺, 13 志摩と吉野, 14 円空彫刻の魔術的魅力

01200 ぶらり全国乗り歩き　種村直樹著　中央書院　1994.9　221p　19cm　1500円　①4-924420-98-0

01201 放浪カメラマン―酒と旅の人生　石川文洋著　創和出版　1995.4　254p　19cm　2060円　①4-915661-60-1

(目次) 沖縄一周バスの旅, 私のお薦めする三泊四日コース, 趣味は "旅と酒", 桜と花見酒, 安くて旨い市場の味, 屋台の楽しみ, 私の好きな銀座の店, 雲仙・普賢岳, ブルートレインの旅, 東北への日帰り旅行〔ほか〕

01202 ニッポン豊饒紀行　甲斐崎圭著　小沢書店　1997.8　206p　20cm　1900円　①4-7551-0349-5

01203 「おくのほそ道」を旅しよう　田辺聖子著　講談社　1997.10　273p　15cm　(講談社文庫―古典を歩く 11) 〈「おくのほそ道」(1989年刊) の改題〉　486円　①4-06-263618-2

(目次) 旅立ち, 白河の関こえて, 壺の碑, つわものどもが夢のあと, 羽黒山の三日月, 甲の下のきりぎりす, 蛤のふたみの別れ

01204 シェルパ斉藤の行きあたりばっ旅　斉藤政喜著　小学館　1998.1　349p　16cm　(小学館文庫) 〈1994年刊の増訂〉　600円　①4-09-411001-1

01205 東北謎とき散歩―多くの史跡や霊場霊山の不思議の舞台に迫る　星亮一著　廣済堂出版　1998.11　271p　19cm　1600円　①4-331-50659-2

(目次) 1 津軽風土記, 2 北の国際都市十三湊, 3 信仰と歴史の大地、下北半島, 4 アテルイとその末裔たち, 5 黄金の藤原王国, 6 遠野物語―みちのくの原風景, 7 ナマハゲとマタギとみちのくの小京都, 8 出羽三山、信仰の山, 9 戊辰戦争と東北

01206 鉄道全線三十年─車窓紀行 昭和・平成……乗った、撮った、また乗った!! 田中正恭著 心交社 2002.6 371p 19cm 1600円 ①4-88302-741-4
作品 信州奥州・駆け足温泉めぐり

01207 鉄道を書く 種村直樹著 中央書院 2002.11 318p 20cm (種村直樹自選作品集5 (1977-1979)) 2500円 ①4-88732-122-8
目次 巻頭紀行(国鉄全線完乗回顧東北紀行), 乗り歩き紀行(TEE"初体験"の記, 門司→福知山日本最長距離鈍行の旅 ほか), 追跡ルポ(山陰の"二階建て"列車に乗って─分かれて後会う"さんべ2号", 三社線直通特急"北アルプス"を追って ほか), レビュー、解説(レールウェイ・レビュー, ヤングの好みの観光地づくりとは ほか), エッセイ、コラム(ローカル線の楽しみ, 車中のふれあい ほか)

01208 江戸の旅人 吉田松陰─遊歴の道を辿る 海原徹著 京都 ミネルヴァ書房 2003.2 378p 22cm〈年譜あり〉 4800円 ①4-623-03704-5
目次 第1章 九州遊学─家学修業の旅, 第2章 江戸遊学の旅, 第3章 東北へ旅立つ, 第4章 諸国遊歴の旅, 第5章 ロシア密航を企てる, 第6章 下田踏海, 第7章 幕府法廷への呼び出し

01209 東北の湯治場 湯めぐりの旅 永井登志樹著 秋田 無明舎出版 2003.6 275p 19cm 1700円 ①4-89544-335-3
内容 ひなびた上質な湯治場を訪ねて歩いて20年。著者が選びに選び抜いた28箇所のお奨めできる温泉を克明な解説でガイダンスする湯治場ゆらゆら紀行。

01210 日本の食材おいしい旅 向笠千恵子著 集英社 2003.7 250p 18cm (集英社新書) 700円 ①4-08-720202-X

01211 「青春18きっぷ」の旅 傑作選 種村直樹著 和光 SiGnal 2004.5 219p 19cm 1000円 ①4-902658-00-3
目次 「青春18」激安乗り継ぎ, 一泊二日一万円の旅の現実, 「青春18」で旅行貯金三〇〇〇局, 東北路「青春18きっぷ」の旅

01212 オートバイの旅は、いつもすこし寂しい。─モノクロームの記憶 斎藤純著 ネコ・パブリッシング 2004.9 207p 21cm 1700円 ①4-7770-5065-3
目次 古里の山々, 文人気取り, 山を眺め、古きを訪ねる, 雨の大地, 冬の旅, 古都散歩, 大台ケ原は雨だった, 北東北のブナの森, 北限のブナの森, 紅葉の森を行く

01213 東北自然歩道を歩く 田嶋直樹著 秋田 無明舎出版 2005.2 253p 19cm〈文献あり〉 1600円 ①4-89544-379-5
内容 栃木県の日光東照宮から「奥の細道」と「東北自然歩道」のルートを使い、津軽半島の青森県竜飛崎まで。東北横断76日間、1300キロメートルを歩いた旅の記録。装備一覧、東北自然歩道の問い合せ先なども掲載。

01214 野球の国 奥田英朗著 光文社 2005.3 244p 16cm (光文社文庫) 476円 ①4-334-73841-9
目次 沖縄編, 四国編, 台湾編, 東北編, 広島編, 九州編

01215 日本百名町 嵐山光三郎著 光文社 2005.4 317p 16cm (知恵の森文庫) 629円 ①4-334-78353-8

01216 「歌枕」謎ときの旅─歌われた幻想の地へ 荒俣宏著 光文社 2005.7 274p 16cm (知恵の森文庫)〈「歌伝枕説」(世界文化社1998年刊)の増訂〉 667円 ①4-334-78369-4

01217 辺境を歩いた人々 宮本常一著 河出書房新社 2005.12 224p 19cm 1800円 ①4-309-22438-5

01218 列島縦断 鉄道乗りつくしの旅 JR20000km全線走破─秋編 絵日記でめぐる34日間 関口知宏著 徳間書店 2006.1 103p 15×21cm 1400円 ①4-19-862118-7

01219 お札行脚 フレデリック・スタール著, 山口昌男監修 国書刊行会 2007.3 702p 22cm (知の自由人叢書) 12000円 ①978-4-336-04716-8
作品 御札行脚─東北行脚
目次 山陽行脚(山陽行脚, 東海道行脚), 御札行脚(四国行脚, 九州行脚, 朝鮮行脚, 富士登山, 東北行脚)

01220 ローカル線五感で楽しむおいしい旅─スローな時間を求めて 金久保茂樹著 グラフ社 2008.1 237p 19cm 1143円 ①978-4-7662-1113-9
目次 1 鈍行、鈍足の羽越路, 2 奥羽路に人情の美味を訪ねて, 3 茨城県のローカル私鉄めぐり, 4 房総一周、気ままに途中下車, 5 くるっと久留里線を散策, 6 恵みの里、富山を歩く, 7 伊勢湾ぐるりと美味の旅, 8 予讃線を西に、美味と名所めぐり, 9 人温かく、風清し、石見路─津和野から、益田へ, 10 関門海峡─歴史ドラマを追って, 11 長崎は、晴れ日和, 12 絶景路線、肥薩線を堪能する

01221 街道をゆく 3 陸奥のみち、肥薩のみち ほか 新装版 司馬遼太郎著 朝日新聞出版 2008.8 315, 8p 15cm (朝日文庫) 620円 ①978-4-02-264442-8
目次 陸奥のみち(奥州について, 陸中の海, 華麗のなぞ ほか), 肥薩のみち(阿蘇と桜島, 田原坂, 八代の夕映え ほか), 河内みち(若江村付近, 平石峠, 香華の山 ほか)

01222 鉄子の旅写真日記 矢野直美著 阪急コミュニケーションズ 2008.8 182p 19cm 1500円 ①978-4-484-08219-6

01223 賀曽利隆の300日3000湯めぐり日本一周─6万5000キロのバイク旅 下巻 賀曽利隆著 昭文社 2008.9 286p 21cm 1600円 ①978-4-398-21117-0

01224 一食一会─フードマインドをたずねて 向笠千恵子著 小学館 2008.12 253p 18cm (小学館101新書) 740円 ①978-4-09-825016-5

01225 街道をゆく 29 秋田県散歩、飛騨紀行 新装版 司馬遼太郎著 朝日新聞出版 2009.3 344, 8p 15cm (朝日文庫)〈初版：朝日新聞社1990年刊〉 720円 ①978-4-02-264483-1
目次 秋田県散歩(東北の一印象, 象潟へ, 占守島, 合歓の花, 一茶, 覚林, 植民地？, 菅絵真澄のこと, 旧奈良家住宅, 寒風山の下, 海辺の森, 鹿角へ, 狩野亨吉, 昌益と亨吉, ふるさとの家, 湖南の家, 蒼龍窟), 飛騨紀行(飛騨のたくみ, 飛騨境橋, 春慶塗, 左甚五郎, 山頂の本丸, 三

人の人物, 国府の赤かぶ, 古都・飛騨古川, 金銀のわく話, 飛騨礼讃）

01226 シェルパ斉藤のリッター60kmで行く！日本全国スーパーカブの旅　斉藤政喜著　小学館　2009.8　253p　19cm　1300円　①978-4-09-366538-4

01227 宮本常一 旅の手帖―村里の風物　宮本常一著, 田村善次郎編　八坂書房　2010.10　259p　20cm　2000円　①978-4-89694-965-0

作品 東北雪の旅日記

目次 村里の風物, 履物に寄せる心, 野宿, 隠岐島信仰見聞, 山陽沿線の農家, 加越海岸遊記, 海荒れ, 若狭遊記, 越後松ヶ崎漁業聞書, 東北雪の旅日記, 四国民俗採訪録抄

01228 渚の旅人　かもめの熱い吐息　森沢明夫著　幻冬舎　2011.5　398p　16cm　（幻冬舎文庫）　724円　①978-4-344-41675-8

目次 第1章 うみねこ（福島県相馬市→福島県いわき市, 福島県いわき市→茨城県北茨城市 ほか）, 第2章 うつぼ（青森県平内町→青森県大間町, 青森県大間町→青森県八戸市 ほか）, 第3章 ひとで（青森県平内町→青森県五所川原市, 青森県市浦村→秋田県八竜町 ほか）, 第4章 いそぎんちゃく（山形県酒田市→山形県温海町, 山形県温海町→新潟県出雲崎町 ほか）, 第5章 やどかり（富山県富山市→石川県珠洲市, 石川県珠洲市→石川県加賀市 ほか）

01229 雪国の春―柳田国男が歩いた東北　新装版　柳田国男著　角川学芸出版　2011.11　267p　15cm　（角川文庫―［角川ソフィア文庫］［J-102-2］）〈初版：角川書店昭和31年刊　発売：角川グループパブリッシング〉　667円　①978-4-04-408302-1

作品 豆手帖から

目次 雪国の春, 『真澄遊覧記』を読む, 雪中随筆, 北の野の緑, 草木と海と, 豆手帖から, 清光館哀史, 津軽の旅, おがさべり―男鹿風景談, 東北文学の研究

01230 東北・大地をゆく　仙道作三著　春秋社　2012.3　217p　20cm　1700円　①978-4-393-37326-2

目次 第1の旅 山形―紅花の微笑み, 第2の旅 秋田―歌垣に惹かれて, 第3の旅 青森―縄文からのメッセージ, 第4の旅 岩手―憧れの「みちのく」, 第5の旅 宮城―それでも山河遥かに, 第6の旅 福島―魂の宿る大地, 東北の人たちへ送る哀歌

01231 空旅・船旅・汽車の旅　阿川弘之著　中央公論新社　2014.12　286p　16cm　（中公文庫）〈中央公論社 1960年刊の再刊〉　740円　①978-4-12-206053-1

作品 一級国道を往く

目次 一級国道を往く, 機関士三代, スチュワーデスの話, おせっかいの戒め, ホノルルまで, アメリカ大陸を自動車で横断する, ゴア紀行, 二十二年目の東北道

01232 鍋釜天幕団ジープ焚き火旅―あやしい探検隊さすらい篇　椎名誠編　KADOKAWA　2015.2　187p　15cm　（角川文庫）〈本の雑誌社1999年刊の加筆修正〉　440円　①978-4-04-102321-1

01233 柳田國男全集　35（平成2年～平成27年）　柳田国男著　筑摩書房　2015.6　933p　22cm　〈布装　付属資料：8p：月報 35〉　17000円　①978-4-480-75095-2

作品 大正九年八月以後東北旅行

01234 日本ザンテイ世界遺産に行ってみた。宮田珠己著　京都　淡交社　2015.7　214p　19cm　1600円　①978-4-473-04029-9

目次 単位面積あたりの観光スポット数NO.1!?バラエティ豊かな佐渡めぐり, 大陸と京都・奈良を学ぶ、古来ここがニッポンの玄関口！ 異文化交流の地、福井 小浜めぐり, 自然と人の叡知の複合遺産！ 五万人がカルデラに暮らす地、熊本 阿蘇めぐり, 古墳グルメ目当てのぶらり旅もアリなんです！ 住宅地にひょっこり古代が覗く、百舌鳥・古市古墳群めぐり, 産業に学問、ここが近代東日本の要所！「負の遺産」と「知の遺産」の今。栃木 足尾銅山・足利学校めぐり, この丈夫な橋が、城下町繁栄の礎でした！「流れない橋」をめざし到達したこの形。岩国 錦帯橋めぐり, 兼六園・金沢城以外にも主役級が揃い踏み！ 古今融合の城下町、石川 金沢めぐり, 独自の信仰の形、根付いてます！ 敬虔なニッポンに出会う旅、長崎 教会群めぐり, 造形美とスケールに圧倒されっぱなし！ 誰もが考古学者になれる旅、北東北 縄文遺跡群めぐり, まさに秘境・魔境というにふさわしい「怪獣」たちのすむところ、奄美大島の自然遺産めぐり, 門前町と城下町、各々のかけがえのないシンボルです！ 牛に引かれて、城に惹かれて 長野 善光寺・松本城めぐり, 世界も注目、日本が誇る巡礼ロード 金剛杖に白衣にリュック、現在進行形の四国お遍路

01235 行列の尻っ尾　木山捷平著　幻戯書房　2016.2　395p　20cm　（銀河叢書）　3800円　①978-4-86488-090-9

秋田駒ヶ岳

01236 山の朝霧 里の湯煙　池内紀著　山と渓谷社　1998.9　254p　20cm　1600円　①4-635-17132-9

目次 天気がいいので（檜原村, 乾徳山 ほか）, 仙人志願（秋田駒ガ岳, 高天原温泉 ほか）, 雲と口笛（峠の山道, 霧の早池峯山 ほか）, 枯木の白鳥（四国・剣山, 会津・七ガ岳 ほか）

01237 ハピネス気分で山歩き　平野恵理子著　山と渓谷社　2005.9　159p　21cm　1800円　①4-635-17168-X

目次 1 有名山（富士山, 雲ノ平, 上高地, 甲斐駒ヶ岳, 雲取山）, 2 あんな山やこんな小屋, 3 山のトピック, 4 東北山（安達太良日記, 栗駒山, 吾妻山, 鳥海山, 秋田駒ヶ岳, 八幡平）, 5 山ごはん, 6 ヘッコロ山（三原山, 寝姿山, 八丈島, 五辻, 宝永山, 岩戸山, 八子ヶ峰）, 7 山の生活百科

秋田新幹線

01238 日本縦断JR10周年の旅―新千歳空港駅発・宮崎空港駅ゆき4900キロ　種村直樹著　徳間書店　1997.3　263p　19cm　1300円　①4-19-860667-6

01239 お友だちからお願いします　三浦しをん著　大和書房　2012.8　290p　20cm　1400円　①978-4-479-68171-7

作品 座席の回転

目次 1章 ひととして恥ずかしくないぐらいには（餌を与えないでください, 短くなった父 ほか）, 2章 そこにはたぶん愛がある（老婆は行脚する, 愛の地下鉄劇場 ほか）, 3章 心はいつも旅をしている（キリストの墓とピラ

ミッド, 田園風景のカーチェイス ほか), 4章 だれかとつながりあえそうな(包んで贈る十二月, ヒノキのテーブル ほか)

吾妻山

01240 若き日の山 串田孫一著 集英社 1988.1 210p 15cm (集英社文庫) 300円 ①4-08-749294-X

(目次) 若き日の山(馴鹿の家, 風の伯爵夫人, 山の輪舞, 樵夫とその一家, 焚火, 山頂, 太陽と春と泉, 冬の手帳, 岩上の想い, 山と雪の日記, 薔薇の花びら, 富士山, 思索の散歩道, 独りの山旅, 荒小屋記, 山の歌 ほか), 古いケルン(北穂高岳, 小黒部谷遡行剣岳, 雪の山, 北鎌尾根, 黒薙谷)

01241 ハピネス気分で山歩き 平野恵理子著 山と渓谷社 2005.9 159p 21cm 1800円 ①4-635-17168-X

吾妻連峰

01242 想い遙かな山々 中西悟堂ほか著, 作品社編集部編 作品社 1998.4 245p 22cm (新編・日本随筆紀行 大きな活字で読みやすい本—心にふるさとがある 1)〈付属資料:63p:著者紹介・出典一覧〉 ①4-87893-806-4, 4-87893-807-2

(作品) 吾妻連峰と磐梯山〔川崎精雄〕

01243 悪ガキオヤジが川に行く!—サラリーマン転覆隊 本田亮著 小学館 2004.4 253p 20cm (Be-pal books) 1600円 ①4-09-366463-3

(目次) 1 魚野川で鍋バトル!, 2 日野川で役員会!, 3 吾妻連峰で燃え尽きる!, 4 阿仁川でチュービング王川でカヌーイング, 5 西表島で絶叫す!, 6 黒部川で復活す!, 7 保津川・木津川に乱入する! さる! せよ!, 8 ニュージーランド地獄絵!(ショットオーバー篇), (クレアランス篇)

阿武隈川

01244 おくのほそ道 人物紀行 杉本苑子著 文芸春秋 2005.9 230p 18cm (文春新書) 700円 ①4-16-660460-0

(目次) 深川・千住・室の八島, 日光・那須野, 白河の関・阿武隈川・須賀川, 安積山・黒塚・しのぶの里, 飯塚・笠島・武隈の松, 仙台・おくのほそ道・多賀城・末の松山, 塩釜・松島, 石ノ巻・平泉・尿前の関, 尾花沢・立石寺・大石田, 出羽三山・鶴岡・酒田, 象潟・村上・今町, 市振・那古・金沢・小松, 山中・全昌寺・吉崎, 福井・永平寺・敦賀・大垣

01245 賀曽利隆の300日3000湯めぐり日本一周—6万5000キロのバイク旅 下巻 賀曽利隆著 昭文社 2008.9 286p 21cm 1600円 ①978-4-398-21117-0

阿武隈急行

01246 車窓はテレビより面白い 宮脇俊三著 徳間書店 1992.8 254p 15cm (徳間文庫)〈1989年刊の文庫化〉 460円 ①4-19-597265-5

01247 にっぽんローカル鉄道の旅 野田隆著 平凡社 2005.10 210p 18cm (平凡社新書) 780円 ①4-582-85292-0

阿武隈山地

01248 風・旅・旋律 河野保雄文, 吉井忠絵 音楽之友社 1999.8 109p 24cm 2500円 ①4-276-20112-8

(目次) 南部牛追唄, 米沢路, 阿武隈山地, 猪苗代湖, 福島, 宮城, 平泉, 津軽, 秋田, 最上川

飯豊山

01249 日本の森を歩く 池内紀文, 柳木昭信写真 山と渓谷社 2001.6 277p 22cm 1800円 ①4-635-28047-0

石巻線

01250 よみがえれ、東日本! 列車紀行 田中正恭著 クラッセ 2011.9 235p 19cm (Klasse books) 1600円 ①978-4-902841-12-1

(内容) 第1部:震災から2ヵ月、現地を徹底取材し、壊滅的な被害を受けた岩手、宮城、福島の鉄道を中心とした状況を、ありのままにレポート。取材地:宮古、山田、大槌、釜石、大船渡、陸前高田 気仙沼、南三陸、女川、石巻、塩竈、仙台、亘理、山元、丸森新地、福島、いわき 第2部:被災地復興を祈念し、東日本各地の震災前の平和な風景と美しい自然、情感あふれるローカル線の旅を、写真とともに紹介する旅紀行。掲載路線:八戸線、五能線、津軽鉄道、山田線、釜石線、大船渡線、気仙沼線、石巻線、仙石線、左沢線、磐越西線、只見線、烏山線、ひたちなか海浜鉄道、銚子電鉄ほか

羽越本線

01251 日本縦断「ローカル列車」を乗りこなす 種村直樹著 青春出版社 2006.6 205p 18cm (青春新書インテリジェンス) 730円 ①4-413-04147-X

羽州街道

01252 街道をゆく 10 羽州街道、佐渡のみち 新装版 司馬遼太郎著 朝日新聞出版 2008.10 260, 8p 15cm (朝日文庫) 560円 ①978-4-02-264455-8

(目次) 羽州街道(山寺, 紅花, 芋煮汁, うこぎ垣, 景勝のことなど ほか), 佐渡のみち(王朝人と佐渡, 大佐渡・小佐渡, あつくしの神, 真野の海へ, 倉谷の大わらじ ほか)

01253 街道をゆく 41 北のまほろば 新装版 司馬遼太郎著 朝日新聞出版 2009.5 403, 8p 15cm (朝日文庫)〈初版:朝日新聞社1997年刊〉 840円 ①978-4-02-264495-4

(目次) 古代の豊かさ, 陸奥の名のさまざま, 津軽衆と南部衆, 津軽の作家たち, 石坂の"洋サン", 弘前城, 雪の本丸, 半日高堂ノ話, 人としての名山, 満ちあふれる部屋〔ほか〕

羽州浜街道

01254 ぶらり鉄道、街道散歩 芦原伸著 ベストセラーズ 2010.11 237p 18cm (ベスト新書) 819円 ①978-4-584-12308-9

(目次) 第1部 五街道と山陰道を訪ねて(奥州街道—鉄道でゆく『おくのほそ道』(宇都宮〜盛岡), 甲州街道—軍用街道を列車でたどる(新宿〜下諏訪), 東海道—弥次さん、喜多さんの歩いた道(江戸〜尾張), 東海道—鈴鹿峠の難所を越えて(尾張〜京), 中山道—皇女和宮、将軍家

降嫁の道（塩尻～岐阜）ほか），第2部 脇街道を訪ねて全国を歩く（大間越街道―日本海の雄大な海を車窓に（能代～弘前），羽州浜街道―象潟をめざして日本海を北上（鼠ヶ関～久保田），陸前浜街道―潮風にのって街道を走る（上野～仙台），会津西街道―戊辰戦争の残照を追う（今市～会津若松），身延道―富士川に沿う祈りの道（駿河～甲斐）ほか）

奥羽南線

01255 鉄道を書く　種村直樹著　中央書院　2001.11　317p　20cm　（種村直樹自選作品集4（1975–1977））　2500円　Ⓘ4–88732–106–6

奥羽本線

01256 第一阿房列車　内田百閒著　福武書店　1991.9　275p　15cm　（福武文庫）　600円　Ⓘ4–8288–3212–2

(目次) 特別阿房列車，区間阿房列車，鹿児島阿房列車，東北本線阿房列車，奥羽本線阿房列車

01257 車窓はテレビより面白い　宮脇俊三著　徳間書店　1992.8　254p　15cm　（徳間文庫）〈1989年刊の文庫化〉　460円　Ⓘ4–19–597265–5

01258 ぶらり全国乗り歩き　種村直樹著　中央書院　1994.9　221p　19cm　1500円　Ⓘ4–924420–98–0

01259 旅の鉄人カソリの激走30年　賀曽利隆著　JTB　2000.7　254p　19cm　1500円　Ⓘ4–533–03540–X

01260 鉄道廃線跡の旅　宮脇俊三著　角川書店　2003.4　187p　15cm　（角川文庫）〈「七つの廃線跡」（JTB2001年刊）の改題〉　438円　Ⓘ4–04–159810–9

01261 日本縦断「ローカル列車」を乗りこなす　種村直樹著　青春出版社　2006.6　205p　18cm　（青春新書インテリジェンス）　730円　Ⓘ4–413–04147–X

01262 女子と鉄道　酒井順子著　光文社　2006.11　231p　20cm　1300円　Ⓘ4–334–97509–7

(目次) 雪見列車と力餅―奥羽本線、米坂線，夢見る女子、のと鉄道に揺られる，女子はなぜ寝てしまうのか？，鉄道と制服と日本人，新幹線の「顔」に惚れました，「時間厳守」モノレールの旅―ゆいレール，雨を切り裂くリニア試乗会，タンゴ鉄道で知る、鉄ちゃんの含羞，迷いなし！ 英国の鉄道ファン，一瞬の喜び、車窓の景色―陸羽東線〔ほか〕

01263 終着駅は始発駅　宮脇俊三著　グラフ社　2007.4　257p　19cm〈新潮社1985年刊の改訂復刊　文献あり〉　1238円　Ⓘ978–4–7662–1054–5

01264 のんびり各駅停車　谷崎竜著　講談社　2009.6　229p　15cm　（講談社文庫）　857円　Ⓘ978–4–06–276382–0

(目次) 1 奥羽本線（福島‐米沢間9駅），2 上越線（沼田‐越後湯沢間10駅），3 北陸本線（魚津‐糸魚川間11駅），4 関西本線（亀山‐木津間13駅），5 高徳線（三本松‐徳島間13駅），6 鹿児島本線（川内‐鹿児島間12駅）

大船渡線

01265 よみがえれ、東日本！ 列車紀行　田中正恭著　クラッセ　2011.9　235p　19cm　（Klasse books）　1600円　Ⓘ978–4–902841–12–1

大間越街道

01266 ぶらり鉄道、街道散歩　芦原伸著　ベストセラーズ　2010.11　237p　18cm　（ベスト新書）　819円　Ⓘ978–4–584–12308–9

「奥の細道」

01267 紀行文集 無明一杖　上甲平谷著　谷沢書房　1988.7　339p　19cm　2500円

[作品] 俳諧雑談　沖上げの空　山の温泉　出羽三山から立石寺へ

(目次) 1 山歩き（夏の山，大菩薩，穂高越，八ケ岳，雲取り登りかねて，雲取その後，久住山，阿蘇へ ほか），2 東北行脚（俳諧雑談，沖上げの空，塩釜の相宿，山の温泉，奥入瀬，鳥海山，出羽三山から立石寺へ），3 旅さまざま（広園寺低徊，伊予路，明月，雨と寺，紀南・中国・四国，紀南から四国へ，高原，浄智寺 ほか）

01268 池田満寿夫 おくのほそ道・みちのく紀行　池田満寿夫著　日本放送出版協会　1989.8　143p　21×23cm　2500円　Ⓘ4–14–008663–7

(目次) おくのほそ道ハイビジョン紀行，おくのほそ道句碑めぐり，芭蕉から三百年私の『おくのほそ道』，対談 俳句―日本的感性の表出，『野ざらし紀行』，マルチメディア展開について

01269 定本 七つの街道　井伏鱒二著　永田書房　1990.2

(目次) 篠山街道，久慈街道，甲斐わかひこ路，備前街道，天城山麓を巡る道，近江路，「奥の細道」の枝の跡

01270 人はなぜ旅をするのだろうか―逆・奥の細道 北へ　塩野米松著，宮嶋康彦写真　求龍堂　1994.3　255p　21cm　1800円　Ⓘ4–7630–9401–7

(目次) 第1章 北へ，第2章 逆・奥の細道，第3章 人はなぜ旅をするのだろうか…

01271 奥の細道吟行　加藤楸邨著　平凡社　1999.3　347p　16cm　（平凡社ライブラリー）　1200円　Ⓘ4–582–76282–4

(目次) 奥の細道をたどる前に―序に代えて，そもそものはじめは―奥の細道とのかかわり，月光めぐりきて―門出，芭蕉に残す十五年―深川あたり，棉の実を摘みゐて―古利根川のほとり，玉虫瑠璃の線が截り―室の八嶋，二つ瀧音合ひはなれ―日光へ，蛇尾川や泳ぐ童女の―野飼の馬，虻の翅透く神の前―与市の俤，わが顔に池の底より―那須の篠原など〔ほか〕

01272 東北自然歩道を歩く　田嶋直樹著　秋田無明舎出版　2005.2　253p　19cm〈文献あり〉　1600円　Ⓘ4–89544–379–5

01273 芭蕉の旅はるかに　海野弘著　アーツアンドクラフツ　2005.5　220p　19cm　（旅を歩く旅）　1700円　Ⓘ4–901592–28–9

(目次) 東海道俳句紀行（日本橋（東京），藤沢・大磯（神奈川），小田原（神奈川），静岡・丸子（静岡），袋井・浜松（静岡）ほか），奥の細道周遊（千住から草加へ（東京・埼玉），室の八島から鹿沼（栃木），日光（栃木），黒羽（栃木），那須湯本（栃木）ほか）

01274 奥の細道 温泉紀行　嵐山光三郎著　小学館　2006.6　221p　15cm　（小学館文庫）〈1999年 平凡社刊あり〉　695円　Ⓘ4–09–408082–1

(目次) 第1章 深川、千住から日光へ, 第2章 白河の関・飯坂, 第3章 松島・平泉, 第4章 鳴子・尿前の関, 第5章 最上川から出羽三山へ, 第6章 越後路・金沢, 第7章 那谷寺・山中, 第8章 旅の終わり―敦賀・大垣

01275 電車とバスと徒歩で行く『奥の細道紀行』 櫻井寛写真文 日経BP社 2011.1 133p 28cm (日経ホームマガジン)〈『日経おとなのOFF』特別編集 発売：日経BPマーケティング〉 1524円 ①978-4-8222-6017-0

(目次) 出立編 江戸・深川～那須, 陸奥編 白河～松島, 陸奥出羽編 平泉～山寺, 出羽編 新庄～酒田, 日本海編 象潟～親不知・市振, 北陸編 奈呉の浦～大聖寺, 越前美濃編 福井～大垣, 帰郷編 大垣～伊勢～伊賀, 野ざらし紀行・東海編 江戸～箱根～大井川～名古屋～甲斐, 鹿島紀行編 江戸・深川～行徳～八幡～鎌ヶ谷～木下/布佐～潮来～鹿島神宮, 笈の小文・関西編 伊良湖～鳥羽～伊勢～吉野山～高野山～和歌浦～須磨・明石, 更科紀行・信濃路編, 近江路・嵯峨野・大坂編

01276 自転車で行く「奥の細道」逆まわり―俳句の生まれる現場 大竹多可志著 東京四季出版 2011.3 241p 21cm 2000円 ①978-4-8129-0664-4

01277 「おくのほそ道」を走る―親子で走った芭蕉の旅2400キロ 中里富美雄著 菁柿堂 2012.3 181p 18cm (菁柿堂新書)〈発売：星雲社〉 900円 ①978-4-434-16557-3

(目次) 第1回 深川から羽黒へ―平成二十一年八月三日～五日(旅立ち―行春や鳥啼き魚の目は泪, 日光―あらたうと青葉若葉の日の光, 白川の関―風流の初やおくの田植うた ほか) 第2回 酒田から市振へ―平成二十二年八月十七日～十九日(酒田―暑き日を海にいれたり最上川, 象潟―象潟や雨に西施がねぶの花, 鼠が関―サルスベリの紅鮮やかに関所跡(青草) ほか), 第3回 滑川から大垣へ―平成二十三年八月十七日～十九日(滑川―春雨や蜂の巣つたふ屋ねのもり, 奈呉の浦―わせの香や分入右は有磯海, 金沢―あかあかと日は難面もあきの風 ほか)

快速列車「リゾートしらかみ」

01278 郷愁の鈍行列車 種村直樹著 和光SiGnal 2005.9 235p 19cm 1143円 ①4-902658-05-4

北上川

01279 日本の川を旅する―カヌー単独行 野田知佑著 講談社 1989.7 349p 19cm 1200円 ①4-06-204362-9

01280 美しすぎる場所―Castle in Glass J-WAVE編 扶桑社 1991.1 303p 21cm 1400円 ①4-594-00678-7

(作品) 日本の旅から/東北〔三木卓〕

01281 ハーモニカとカヌー 野田知佑著 新潮社 2002.6 303p 16cm (新潮文庫)〈小学館1999年刊あり〉 552円 ①4-10-141012-7

(目次) 第1章 荒野(アラスカ)へ(コブック川, テズリン、ユーコン川), 第2章 カヌー彷徨(北上川、吉野川, 房総・遠藤ケイ宅訪問 ほか), 第3章 約束の地(コブック川ふたたび), 第4章 南国で遊ぶ(アウトドア婆ちゃん, 四万十川、川辺川 ほか)

01282 日本"汽水"紀行―「森は海の恋人」の世界を尋ねて 畠山重篤著 文芸春秋 2003.9 302p 19cm 1714円 ①4-16-365280-9

(目次) 第1章 汽水の匂う洲(牡蠣と人間, 北上川が育む川の幸、海の幸 ほか), 第2章 ムツゴロウ涙する有明海(四万十川が鯨を呼んでいる, 汽水に包まれた世界遺産、屋久島 ほか), 第3章 脱ダム宣言とウナギの夢(「貝の女王」を育む安房と陸中の海, 汽水文化の極み「江戸前」を護れ), 第4章 私は蜆と棲みたい(寒鰤跳ねる富山湾, 北越雪譜に魅せられて鮭のくにへ), 第5章 ヴァイキングの国からの客人(揚子江の恵みをさぐる, 梓に誘われ千里行 ほか)

01283 日本の川を歩く―川のプロが厳選した心ときめかす全国25の名川紀行 大塚高雄著 家の光協会 2004.9 207p 21cm 2500円 ①4-259-54658-9

01284 天下を獲り損ねた男たち―続・日本史の旅は、自転車に限る！ 疋田智著 枻出版社 2005.12 299p 19cm〈文献あり〉 1400円 ①4-7779-0460-1

久慈街道

01285 定本 七つの街道 井伏鱒二著 永田書房 1990.2

栗駒山

01286 ツーリング・ライフ―自由に、そして孤独に 新装増補版 斎藤純著 春秋社 2004.3 274p 20cm〈2001年刊の新装増補〉 1800円 ①4-393-43624-5

(作品) ベイシー詣で

01287 ハピネス気分で山歩き 平野恵理子著 山と渓谷社 2005.9 159p 21cm 1800円 ①4-635-17168-X

01288 山のぼりおり 石田千著 山と渓谷社 2008.4 149p 図版16枚 20cm 1800円 ①978-4-635-17174-8

01289 山々を滑る登る 熊谷榧絵と文 八王子 白山書房 2012.11 319p 19cm (〔榧・画文集 12〕) 1900円 ①978-4-89475-159-0

気仙沼線

01290 よみがえれ、東日本！ 列車紀行 田中正恭著 クラッセ 2011.9 235p 19cm (Klasse books) 1600円 ①978-4-902841-12-1

五能線

01291 日本探見二泊三日 宮脇俊三著 角川書店 1994.3 231p 15cm (角川文庫) 430円 ①4-04-159807-9

01292 日本すみずみ紀行 川本三郎著 社会思想社 1997.9 258p 15cm (現代教養文庫)〈文元社2004年刊(1998年刊(2刷)を原本としたOD版)あり〉 640円 ①4-390-11613-4

01293 お徒歩 ニッポン再発見 岩見隆夫著 アールズ出版 2001.5 299p 20cm 1600円 ①4-901226-20-7

01294 日本全国ローカル線おいしい旅 嵐山光三郎著 講談社 2004.3 246p 18cm (講談社現代新書) 700円 ①4-06-149710-3

01295 北へ・郷愁列車の旅　松村映三著　ベストセラーズ　2007.1　125p　20cm　1500円　①978-4-584-18991-7

01296 ダルマ駅へ行こう！　笹田昌宏著　小学館　2007.5　253p　15cm　（小学館文庫）　514円　①978-4-09-411651-9

01297 父・宮脇俊三が愛したレールの響きを追って　宮脇灯子著　JTBパブリッシング　2008.8　223p　19cm〈写真：小林写函〉　1500円　①978-4-533-07200-0

01298 行ったぞ鉄道―列島がたごと日誌　伊東徹秀著　札幌　柏艪舎　2009.7　198p　19cm〈発売：星雲社〉　1300円　①978-4-434-13086-1

01299 鉄道文学の旅　野村智之著　郁朋社　2009.9　183p　19cm〈文献あり〉　1000円　①978-4-87302-450-9

目次 1 宮本輝『駅』/『寝台車』―七尾線（のと鉄道）/東海道本線, 2 夏目漱石『三四郎』―田川線（平成筑豊鉄道）・日豊本線・山陽本線・東海道本線, 3 芥川龍之介『蜜柑』―横須賀線, 4 福永武彦『死の島』―東海道本線・山陽本線, 5 太宰治『たずねびと』・『海』―東北本線・五能線, 6 志賀直哉『網走まで』―東北本線

01300 鉄道旅へ行ってきます　酒井順子, 関川夏央, 原武史著　講談社　2010.12　229p　20cm　1600円　①978-4-06-216693-5

01301 よみがえれ、東日本！　列車紀行　田中正恭著　クラッセ　2011.9　235p　19cm　（Klasse books）　1600円　①978-4-902841-12-1

01302 テツはこんな旅をしている―鉄道旅行再発見　野田隆著　平凡社　2014.3　222p　18cm　（平凡社新書）　760円　①978-4-582-85722-1

01303 本は旅をつれて―旅本コンシェルジュの旅行記　森本剛史著　彩流社　2015.1　239p　19cm〈著作目録あり 年譜あり〉　2000円　①978-4-7791-2067-1

目次 1 海のむこうへ（中国, オーストラリア, ミャンマー, トルコ, オマーン ほか）, 2 日本をめぐる（新宮―千四百年続く、荒ぶる火の祭り 新宮・神倉神社「お燈祭り」, 箱根―インターナショナルな保養地ここにあり, 五能線―こんなに美しい風景があったのか, 田沢湖線―緑よし紅葉よし、雪もまたよし, 釜石線―一九九四年の銀河鉄道に乗って ほか）, いわき―宝探しは終わらない 恐竜化石にとりつかれた男達, 縄文遺跡, 那須―与一伝説を那須に追う, 野尻湖―ナウマン象発掘物語

01304 一両列車のゆるり旅　下川裕治, 中田浩資著　双葉社　2015.6　364p　15cm　（双葉文庫）　694円　①978-4-575-71436-4

蔵王山

01305 シェルパ斉藤の行きあたりばっ旅　斉藤政喜著　小学館　1998.1　349p　16cm　（小学館文庫）〈1994年刊の増訂〉　600円　①4-09-411001-1

01306 想い遙かな山々　中西悟堂ほか著, 作品社編集部編　作品社　1998.4　245p　22cm　（新編・日本随筆紀行 大きな活字で読みやすい本―心にふるさとがある 1）〈付属資料：63p：著者紹介・出典一覧〉　①4-87893-806-4, 4-87893-807-2

作品 蔵王山の樹氷〔安斎徹〕

01307 わが山山　深田久弥著　中央公論新社　2004.10　213p　21cm　（中公文庫ワイド版）〈中公文庫2002年刊（改版）のワイド版〉　3400円　①4-12-551832-7

01308 百霊峰巡礼　第1集　立松和平著　東京新聞出版局　2006.7　299p　20cm　1800円　①4-8083-0854-1

01309 紀行とエッセーで読む 作家の山旅　山と溪谷社編　山と溪谷社　2017.3　357p　15cm　（ヤマケイ文庫）　930円　①978-4-635-04828-6

作品 蔵王山ほか〔結城哀草果〕

目次 富士山（抄）（小泉八雲, 落合貞三郎訳）, 穂高岳（幸田露伴）, 山水小記（抄）（田山花袋）, 登山は冒険なり（河東碧梧桐）, 信州数日（抄）（伊藤左千夫）, 富士登山（高浜虚子）, 武甲山に登る（河井酔茗）, 女子霧ヶ峰登山記（島木赤彦）, 烏帽子岳の頂上（窪田空穂）, 高きへ憧れる心（与謝野晶子）, 登山趣味（正宗白鳥）, 夕陽 附 富士眺望（『日和下駄』第十一）（永井荷風）, 蔵王山/故郷。瀬上。吾妻山（斎藤茂吉）, 赤城にて或日（志賀直哉）, 山/狂奔する牛/岩手山の肩（高村光太郎）, 山の話（竹久夢二）, 山岳と俳句（抄）（飯田蛇笏）, 或る旅と絵葉書（抄）（若山牧水）, 一握の砂より（石川啄木）, 旅のいろいろ（抄）（谷崎潤一郎）, 山に登る/山頂（萩原朔太郎）, 古事記の空 古事記の山（折口信夫）, 冠松次郎氏におくる詩（室生犀星）, それからそれ 書斎山岳文断片（宇野浩二）, 槍ヶ岳に登った記（芥川龍之介）, 戸隠（佐藤春夫）, 山腹の暁/富士山 この山（堀口大學）, 残雪（抄）（水原秋桜子）, 蔵王山ほか（結城哀草果）, 山と私（大佛次郎）, 新宿（抄）（井伏鱒二）, 神津牧場行（抄）（川端康成）, 岩壁（かべ）（尾崎一雄）, 新雪遠望（三好達治）, エヴェレスト（小林秀雄）, 美ヶ原 ―深田久彌に（中島健蔵）, 鬼色の夜のなかで（草野心平）, 戸隠山（林芙美子）, 雪斑（はだれ）（抄）（堀辰雄）, 秋の上高地（加藤楸邨）, 上高地の大将（臼井吉見）, 日本の山と文学（坂口安吾）, 八ガ岳登山記（亀井勝一郎）, 富士に就いて（太宰治）, 戸隠姫/戸隠びと（津村信夫）, 八ガ岳に追いかえされる（梅崎春生）, 雲にうそぶく槍穂高（辻邦生）, 山登りのこと（北杜夫）

三陸海岸

01310 日本へんきょう紀行　岳真也著　廣済堂出版　1991.6　299p　15cm　（廣済堂文庫）　460円　①4-331-65099-5

目次 春浅き奥大井を行く, 初夏の飛騨路を歩く, 北上山中深く, 北陸線に沿って日本海, 祭りを求めて伊那谷へ, 大台ガ原の山あいを行く, 木次線の旅, しぐれの奥美濃, 春を待つ三陸路, "幻の鉄路"を追って, ミカンと水軍の島, 五木・五家荘を歩く

01311 風のオデッセイ―本州沿岸ぐるり徒歩の旅　榛谷泰明著　光雲社, 星雲社〔発売〕　1994.2　192p　19cm　1600円　①4-7952-7313-8

目次 1 睦月―太平洋岸を西へ, 2 如月―熊野灘から瀬戸内へ, 3 弥生―瀬戸内から山陰へ, 4 卯月―山陰から北陸へ, 5 皐月―能登をまわって越後へ, 6 水無月―庄内から本州最北端へ, 7 文月―三陸沿岸から浜通りへ, 8 葉月―房総をまわって振出へ

01312 ふわふわワウワウ―唄とカメラと時刻表　みなみらんぼう著　旅行読売出版社　1996.7　207p　19cm　1100円　①4-89752-601-9

作品 春の三陸ぬくもりの旅

01313 柳田國男の遠野紀行—遠野フォークロア誕生の頃 髙柳俊郎著 三弥井書店 2003.9 189p 19cm〈文献あり〉 1300円 ①4-8382-9062-4

目次 第1章『遠野物語』検証の旅, 第2章「豆手帳から」(『雪国の春』)の三陸海岸の旅, 第3章 伊能嘉矩追悼講演の旅, 遠野盆地を俯瞰して

01314 うつくしい列島—地理学的名所紀行 池澤夏樹著 河出書房新社 2015.11 308p 20cm 1800円 ①978-4-309-02425-7

01315 野生めぐり—列島神話の源流に触れる12の旅 石倉敏明文, 田附勝写真 京都 淡交社 2015.11 255p 19cm 2000円 ①978-4-473-04045-9

目次 第1章 獣と人(秩父・青梅—オオカミ信仰の山, 太地浦—クジラの寄り来る海, 北上大地—死者と舞うシシたちの踊り), 第2章 生命の山(諏訪—ヘビが渦巻く大地, 富士山麓—命を受け継ぐ作法, 熊野—アニミズムと復活の思想), 第3章 層を成す神話(鹿島灘—せめぎ合う陸と海, 日南地方—南洋の面影を追って, 秋田—藁の巨人、カシマサマ), 第4章 魂の技術(北宮城・南岩手—カマガミという「家」の魂, 奥津軽—噴出する春の力, 三陸海岸—山と海をめぐる船の魂)

01316 荒ぶる自然—日本列島天変地異録 高田宏著 神戸 苦楽堂 2016.6 303, 7p 19cm〈新潮社 1997年刊の再刊 年表あり 索引あり〉 1800円 ①978-4-908087-03-5

三陸復興国立公園〔旧・陸中海岸国立公園〕

01317 日本列島の香り—国立公園紀行 立松和平著 毎日新聞社 1998.3 255p 19cm 1500円 ①4-620-31208-8

01318 東京を歩く 立松和平著, 黒古一夫編 勉誠出版 2006.4 343p 22cm (立松和平日本を歩く 第7巻) 2600円 ①4-585-01177-3

常磐線

01319 ふれあいの旅紀行 新田健次著 東京新聞出版局 1992.5 203p 19cm 1300円 ①4-8083-0437-6

01320 週末夜汽車紀行 西村健太郎著 アルファポリス 2011.5 303p 15cm (アルファポリス文庫)〈発売:星雲社 2010年刊の文庫化〉 620円 ①978-4-434-15582-6

目次 週末夜汽車紀行(一泊一日 ムーンライト信州と不思議女子登山行, 二泊二日 急行能登と北陸・山陰、日本海紀行, 三泊二日 上野発江差・奥尻連絡、寝台特急「あけぼの」青森行), 七つの鉄道夜旅(鶴見線異空間逍遙, 東京湾右往左往, 通勤快速、河口湖行, 常磐線と太平洋の駅, 小田急発、熱海温泉行, 名古屋駅から渓谷へ, 南海電車と阿波への路)

01321 むかしの汽車旅 出久根達郎編 河出書房新社 2012.7 259p 15cm (河出文庫) 760円 ①978-4-309-41164-4

作品 常磐線(陸羽浜街道)〔田山花袋〕

01322 汽車に乗った明治の文人たち—明治の鉄道紀行集 出口智之編 教育評論社 2014.1 286p 19cm〈文献あり〉 2400円 ①978-4-905706-81-6

作品 うつしゑ日記〔幸田露伴〕

目次 さきがけ(横須賀線)饗庭篁村, 二十年前の東海道(東海道線)宮崎三昧, 箱根ぐちの記(東海道線・箱根登山鉄道)饗庭篁村, 海に一日山に一日(東海道線・箱根登山鉄道)(幸堂得知), 湯河原ゆき(豆相人車鉄道)国木田独歩, 修善寺行(伊豆箱根鉄道駿豆線)尾崎紅葉, 小金井の桜花(中央線)坪谷水哉, 吉野村の梅(青梅線)幸堂得知, みちの記(信越線)森鷗外, 甲府道中想像記(山手線)幸堂得知, ゆきめぐり(山手線)饗庭篁村, 阿武隈川の秋(東北線)大橋乙羽, 茸不狩の記(両毛線)饗庭篁村, 今市汽車行(日光線)久保田米僊, 大洗紀行(水戸線)石黒忠悳, うつしゑ日記(常磐線)幸田露伴, 成田詣(成田線)雪中庵雀志, 総武鉄道(総武線)正岡子規

白神山地

01323 ハーケンと夏みかん 椎名誠著 集英社 1991.3 209p 16cm (集英社文庫)〈山と渓谷社1988年刊の文庫化〉 320円 ①4-08-749688-0

目次 ハーケンと夏みかん, 雪山ドタドタ天幕団, 仮称ヤブレガサ山登山記, わが垂直上昇記, 安達太良山湯けむり真実紀行, 沢野バカ殿様白神のボコボコ山を行く, 四万十川がぶのみ旅, 銀山湖・人生焚火の夜が更ける, 旅の宿・禁断の寝床, おとこ命の3点セット, 極私的焚火論, 山でのおぼえ書き—から

01324 南鳥島特別航路 池澤夏樹著 日本交通公社出版事業局 1991.3 253p 19cm 1600円 ①4-533-01667-7

01325 白神逍遙—ブナ原生林 根深誠著 立風書房 1993.8 126p 22cm 2500円 ①4-651-80102-1

目次 芽吹く残雪の森, 射し込む陽光、息吹きの山, 躍動する生命の森, 渡る風、清冽な川, 色づく静寂の森, たそがれる渓谷、忍び撃つ猟人, 凛とする雪花の森, 蒼氷の滝、地吹雪く山, 母なる伝説の森, マタギの死, 回帰の森の暮し

01326 白神山地—恵みの森へ 根深誠著 日本交通公社出版事業局 1995.12 230p 19cm 1500円 ①4-533-02336-3

目次 春とともに, ある山菜採りの山がたり, 民話, 長慶平開拓集落、雨の一日, 旋毛虫症発症記, 山の酩酊者—M氏の行状, 白神山地に生きる, 白神のひと夏

01327 山釣り—はるかなる憧憬の谿から 山本素石編著 立風書房 1996.3 261p 19cm 2000円 ①4-651-78040-7

目次 第1章 山釣り万華(甲州のヤマメと桃の花, 岩魚の四季, 岩魚わずらい, われめきの魚 ほか), 第2章 源流をゆく(白神慕情—赤石川源流, 北の谷から—真昼山地, 彼岸の渓—利根川源流, 岩魚になって泳いだ谷—黒薙川・柳又谷 ほか)

01328 旅愁の川—渓流釣り紀行ベストセレクション 根深誠著 つり人社 2000.6 236p 21cm 1500円 ①4-88536-439-6

目次 小阿仁川旭又沢遡行, 津梅川のマス道, ぼくのヤマメ釣り, 渓流解禁, 釣り師の涙, 白神慕情 赤石川源流, 山釣り未完の記 堀内沢から袖沢川, 粕毛川源流 ブナの樹冠をわたる風よ, 赤石川源流から粕毛川源流へ, 白神山地彷徨 酒、渓流至福の夢よ〔ほか〕

01329 山へ—原始の香り求めて 大内尚樹著

八王子　白山書房　2001.3　236p　19cm　1600円　①4-89475-047-3

01330　日本の森を歩く　池内紀文, 柳木昭信写真　山と渓谷社　2001.6　277p　22cm　1800円　①4-635-28047-0

01331　ツーリング・ライフ―自由に、そして孤独に　新装増補版　斎藤純著　春秋社　2004.3　274p　20cm〈2001年刊の新装増補〉　1800円　①4-393-43624-5

作品 マタギ・ルートを辿る―奥羽山脈縦断

01332　渓をわたる風　高桑信一著　平凡社　2004.6　269p　20cm　2000円　①4-582-83224-5

目次 逍遥の下田・川内, 奥利根の白い牙, 白神山地の鱒径をたどる, 黒部源流の旅, 駒ヶ岳を越えて御神楽沢へ, 黒谷川残照, 皆瀬川・虎毛沢詣, 川内・岩塔ルンゼ, いにしえのマタギ径, 会津丸山岳に憩う, 浅草岳早春, うみがたいら, 赤崩の夏休み, 幻の大滝, 大白沢の池, 焚き火の傍らで, 登山本来の行為に還る遊び

01333　森の旅 森の人―北海道から沖縄まで日本の森林を旅する　軽装版　稲本正文, 姉崎一馬写真　世界文化社　2005.11　271p　21cm　（ほたるの本）〈1994年刊行版に一部修正を加え軽装版にしたもの　1990年刊あり〉　1800円　①4-418-05518-5

01334　北日本を歩く　立松和平著, 黒古一夫編　勉誠出版　2006.4　372p　22cm　（立松和平日本を歩く 第1巻）　2600円　①4-585-01171-4

01335　樹をめぐる旅　高橋秀樹著　宝島社　2009.8　125p　16cm　（宝島sugoi文庫）　457円　①978-4-7966-7357-0

01336　ブナの息吹、森の記憶―世界自然遺産白神山地　根深誠著　七つ森書館　2013.11　206p　17cm　1600円　①978-4-8228-1390-1

目次 第1章 白神ブナの森（母なる伝説の森, ブナの森の四季, 射し込む陽光、息吹きの山, 蒼氷の滝、地吹雪く山, ブナの森が育むもの, 山の伝説二人の老マタギ), 第2章 山里に生きる（五つの民話, クマ狩り記, マタギの動物がたり), 第3章 ナタメの杣道、イワナの渓（津梅川のマス道, 白神慕情, 赤石川源流行, 暗門川流域, ノロの沢の沼), 遊歴文人菅江真澄と暗門の滝

01337　スコット親子、日本を駆ける―父と息子の自転車縦断4000キロ　チャールズ・R.スコット著, 児島修訳　紀伊國屋書店　2015.1　365p　19cm　1900円　①978-4-314-01123-5

01338　うつくしい列島―地理学的名所紀行　池澤夏樹著　河出書房新社　2015.11　308p　20cm　1800円　①978-4-309-02425-7

白雪川

01339　日本の川を歩く―川のプロが厳選した心ときめかす全国25の名川紀行　大塚高雄著　家の光協会　2004.9　207p　21cm　2500円　①4-259-54658-9

白木峠

01340　奥州・秀衡古道を歩く　相澤史郎著　光文社　2002.8　195p　18cm　（光文社新書）　680円　①4-334-03155-2

目次 第1章 古道と伝説, 第2章 黄金の道・秀衡街道へ, 第3章 もう一つの伝説・金売り吉次, 第4章 狙われた神杉と孫作地蔵, 第5章 子日庵一草の白木峠越え, 第6章 正岡子規の「はて知らずの記」, 第7章 秀衡古道を語る

寝台特急「あけぼの」

01341　追憶の夜行列車　種村直樹著　和光　SiGnal　2005.2　237p　19cm　1143円　①4-902658-04-6

目次 御苦労さま僕らの〈八甲田〉, 羽越・奥羽路の夜を守る〈あけぼの〉, 電車化された 急行〈能登〉の旅路, 札幌～大阪〈トワイライトエクスプレス〉の旅, 165系 “大垣夜行”との別れ, 373系〈ムーンライトながら〉との出会い, 特急〈さくら〉のヒルネを体験, 夜行と昼行 二役の〈日南〉, ソロで行く〈あかつき〉の一夜, 西鹿児島直通〈はやぶさ〉との別れ, 僕が夜汽車に乗るとき, 解説/寝台列車を考える（公共交通アナリスト・今田保）

01342　日本縦断個室寝台特急の旅　続　櫻井寛写真・文　世界文化社　2005.11　207p　22cm　2800円　①4-418-05519-3

01343　週末夜汽車紀行　西村健太郎著　アルファポリス　2011.5　303p　15cm　（アルファポリス文庫）〈発売：星雲社　2010年刊の文庫化〉　620円　①978-4-434-15582-6

01344　去りゆく星空の夜行列車　小牟田哲彦著　草思社　2015.2　294p　16cm　（草思社文庫）〈扶桑社 2009年刊の再刊〉　850円　①978-4-7942-2105-6

寝台特急「カシオペア」

01345　日本縦断個室寝台特急の旅　続　櫻井寛写真・文　世界文化社　2005.11　207p　22cm　2800円　①4-418-05519-3

01346　名探偵浅見光彦の食いしん坊紀行　内田康夫著　実業之日本社　2010.10　257p　16cm　（実業之日本社文庫）〈2000年刊の再編集〉　724円　①978-4-408-55000-8

01347　去りゆく星空の夜行列車　小牟田哲彦著　草思社　2015.2　294p　16cm　（草思社文庫）〈扶桑社 2009年刊の再刊〉　850円　①978-4-7942-2105-6

寝台特急「トワイライトエクスプレス」

01348　日本あちこち乗り歩き　種村直樹著　中央書院　1993.10　310p　19cm　1600円　①4-924420-84-0

01349　追憶の夜行列車　種村直樹著　和光　SiGnal　2005.2　237p　19cm　1143円　①4-902658-04-6

01350　日本縦断個室寝台特急の旅　続　櫻井寛写真・文　世界文化社　2005.11　207p　22cm　2800円　①4-418-05519-3

01351　去りゆく星空の夜行列車　小牟田哲彦著　草思社　2015.2　294p　16cm　（草思社文庫）〈扶桑社 2009年刊の再刊〉　850円　①978-4-7942-2105-6

寝台特急「北星」

01352　追憶の夜行列車　2　さよなら〈銀河〉　種村直樹著　和光　SiGnal　2008.12　233p

19cm 1300円 ①978-4-902658-11-8

寝台特急「北斗星」

01353 かわいい自分には旅をさせろ 嵐山光三郎著 講談社 1991.8 253p 18cm 1100円 ①4-06-205402-7

01354 食後のライスは大盛りで 東海林さだお著 文芸春秋 1995.3 254p 15cm （文春文庫） 420円 ①4-16-717727-7

作品 夜行列車とフランス料理

01355 阿川弘之自選紀行集 阿川弘之著 JTB 2001.12 317p 20cm 2200円 ①4-533-04030-6

作品 「北斗星1号」試乗記

01356 ショージ君の旅行鞄―東海林さだお自選 東海林さだお著 文芸春秋 2005.2 905p 16cm （文春文庫） 933円 ①4-16-717760-9

作品 夜行列車とフランス料理

寝台特急「ゆうづる」

01357 追憶の夜行列車 2 さよなら〈銀河〉 種村直樹著 和光 SiGnal 2008.12 233p 19cm 1300円 ①978-4-902658-11-8

仙台湾

01358 ドフライン・日本紀行 フランツ・ドフライン著, 林和弘訳 水産無脊椎動物研究所 2011.9 234p 27cm〈著作目録あり 発売：松香堂書店［京都］〉 5000円 ①978-4-87974-651-1

目次 日本到着

仙北街道

01359 古道巡礼―山人が越えた径 高桑信一著 山と溪谷社 2015.11 397p 15cm （ヤマケイ文庫）〈東京新聞出版局 2005年刊の再構成〉 980円 ①978-4-635-04781-4

田沢湖線

01360 本は旅をつれて―旅本コンシェルジュの旅行記 森本剛史著 彩流社 2015.1 239p 19cm〈著作目録あり 年譜あり〉 2000円 ①978-4-7791-2067-1

鳥海山

01361 紀行文集 無明一杖 上甲平谷著 谷沢書房 1988.7 339p 19cm 2500円

作品 夏の山 鳥海山

01362 父と子の長い旅 原将人著 フィルムアート社 1994.11 253p 19cm 1854円 ①4-8459-9436-4

目次 1 旅立ちの章, 2 日光から白河、福島までの旅, 3 山形から平泉、松島をめぐる旅, 4 最上川から象潟、鳥海山への旅, 5 鶴岡から越後、越中の旅, 6 金沢から敦賀、大垣をめぐる旅

01363 日本の名山 3 月山 串田孫一, 今井通子, 今福龍太編 博品社 1998.2 249p 19cm 〈文献あり〉 1600円 ①4-938706-52-0

作品 鳥海・月山の四季〔石橋睦美〕

目次 奥の細道 抄（松尾芭蕉）, 三山参拝の歌（斎藤茂吉）, 出羽三山 二十首（結城哀草果）, 月山（水原秋櫻子）, 毛越寺・出羽三山神社（土門拳）, 月山：ウズラバハクサンチドリ（田中澄江）, 鳥海・月山の四季（石橋睦美）, 誰が為にか雨は降る（草森紳一）, 遥かなる月山（森敦）, 「月山」について（小島信夫）, 月山（ガッサンツキヤマ）（別称犂牛山、井首山）（高頭式）, 月山（深田久弥）, 月山の古道（藤島玄）, 出羽三山の重大使命（西川義方）, 出羽三山 芭蕉さんは、どこを通ったのでしょう（烏賀陽貞子, 烏賀陽恒正）, 月山・羽黒山・湯殿山（五百沢智也）, 月山（本多勝一）, 湯殿山・月山・羽黒山（三田尾松太郎）, 月山スキー行（藤島敏男）, 春雪の月山のむかし（村井米子）, 月山（永野英昭）, 月山の春スキー（八木健三）, 出羽三山：霊山という生命宇宙（久保田展弘）, 出羽三山 四季折々の修験道霊山（吉村迪）, 湯殿山の即身仏（五来重）, 出羽三山 語り得ぬ聖なる息吹（横尾忠則）, 松例祭 兎と烏が演じる呪術的儀礼（内藤正敏）, 自然・宗教・共同体（中沢新一）, 江戸文化の後ろ盾（杉浦日向子）, 江戸文学と「恋の山」（クリス・ドレイク）, チマ・エテルナ―山に向けた思考（串田孫一）

01364 ハピネス気分で山歩き 平野恵理子著 山と溪谷社 2005.9 159p 21cm 1800円 ①4-635-17168-X

01365 山の旅 本の旅―登る歓び、読む愉しみ 大森久雄著 平凡社 2007.9 237p 20cm〈文献あり〉 2200円 ①978-4-582-83368-3

目次 1 本と人と山と（山が生む本、本が生む山―本から見る日本登山側面史ノート, 深田久弥の山と『日本百名山』, 「日本百名山」その光と影, 深田久弥の山登り, あの頃のこと―「日本百名山」誕生前後, 芽ヶ岳と思い出す人）, 2 山と本と（奥多摩の山々―とっておきの山, 大菩薩連嶺・滝子山, 大菩薩連嶺・大蔵高丸, 奥秩父・和名倉山―森への郷愁, 金峰山, 遥かな山・平ヶ岳, 北アルプス・烏帽子岳から双六岳へ, 甲斐の白根から北岳へ, 鳥海山と月山―歴史が生きる山）, 3 アルプス―山と人と本と（アルプスの空, アルプスの日々, アルプスと日本人）

01366 山のぼりおり 石田千著 山と溪谷社 2008.4 149p 図版16枚 20cm 1800円 ①978-4-635-17174-8

01367 忘れがたい山 池田昭二著 秋田 無明舎出版 2009.3 220p 19cm 1500円 ①978-4-89544-493-4

目次 元旦の出羽丘陵単独横断, 鉾立東面壁初下降, 飢餓山行, 二本のピッケルと胃袋四分の三を犠牲, 一生に一度の鳥海山元旦登頂, 鳥海山、中央火口壁一周, “山岳会シリウス”で登った山々, 後立山連峰縦走, 九死に一生の新婚旅行, 雪洞とフォーストビバーク

01368 百霊峰巡礼 第3集 立松和平著 東京新聞出版部 2010.8 307p 20cm〈第2集までの出版者：東京新聞出版局〉 1800円 ①978-4-8083-0933-6

01369 紀行とエッセーで読む 作家の山旅 山と溪谷社編 山と溪谷社 2017.3 357p 15cm （ヤマケイ文庫） 930円 ①978-4-635-04828-6

作品 山水小記（抄）〔田山花袋〕

出羽丘陵

01370 忘れがたい山 池田昭二著 秋田 無明舎出版 2009.3 220p 19cm 1500円 ①978-4-89544-493-4

東北新幹線

01371 日本あちこち乗り歩き　種村直樹著　中央書院　1993.10　310p　19cm　1600円　①4-924420-84-0

東北本線

01372 第一阿房列車　内田百閒著　福武書店　1991.9　275p　15cm　（福武文庫）　600円　①4-8288-3212-2

01373 史上最大の乗り継ぎ旅―吉岡海底（最深駅）発・野辺山（最高所駅）ゆき7泊8日5300キロ、標高差1500メートル　種村直樹著　徳間書店　1992.11　238p　19cm　1300円　①4-19-555022-X

01374 鉄道文学の旅　野村智之著　郁朋社　2009.9　183p　19cm〈文献あり〉　1000円　①978-4-87302-450-9

01375 汽車に乗った明治の文人たち―明治の鉄道紀行集　出口智之編　教育評論社　2014.1　286p　19cm〈文献あり〉　2400円　①978-4-905706-81-6

作品 阿武隈川の秋〔大橋乙羽〕

十和田湖

01376 今夜も空の下―シェルパ斉藤の行きあたりばっ旅　2　斉藤政喜著　小学館　1996.3　287p　19cm　（BE‐PAL BOOKS）　1100円　①4-09-366063-8

01377 川に遊び 湖をめぐる　千葉七郎ほか著, 作品社編集部編　作品社　1998.4　254p　22cm　（新編・日本随筆紀行 大きな活字で読みやすい本―心にふるさとがある 3）　①4-87893-809-9, 4-87893-807-2

作品 十和田湖（抄）〔大町桂月〕

01378 シェルパ斉藤の行きあたりばっ旅　2　斉藤政喜著　小学館　1998.4　253p　15cm　（小学館文庫）　457円　①4-09-411002-X

01379 「北斗の里」青森紀行　笹本一夫著　現代旅行研究所　2004.5　216p　21cm　（旅行作家文庫）　1800円　①4-87482-084-0

内容 十和田湖、奥入瀬渓流、八甲田連峰を中心とした青森の四季にわたる自然とのふれあいと、歴史、味覚、温泉とさまざまに多彩に学んだ体験をまとめる。

01380 日本八景―八大家執筆　幸田露伴, 吉田絃二郎, 河東碧梧桐, 田山花袋, 北原白秋, 高浜虚子, 菊池幽芳, 泉鏡花著　平凡社　2005.3　280p　16cm　（平凡社ライブラリー）　1200円　①4-582-76531-9

01381 もいちど修学旅行をしてみたいと思ったのだ　北尾トロ著, 中川カンゴロー写真　小学館　2008.4　239p　19cm　1300円　①978-4-09-379784-9

目次 京都―仏像界のトップスター軍団に見惚れたぜ, 奈良―頭は下げても魂は売らない。鹿たちの姿に脱帽だ, 小豆島・琴平・岡山・倉敷―『二十四の瞳』に涙し、こんぴらの女将に度肝を抜かれる, 宮島・広島―絶景！ 厳島神社。驕る平家はここまでやったか, 長崎・平戸―戦国、江戸、幕末、維新。日本の転換期を肌で感じたぞ, 熊本・阿蘇・別府―チップの額とタイミング。迷ったけどケチっちゃいかん！, 宮崎・鹿児島―女子高生の真似をして西郷どんに願かけだ, 日光―こんなに凄かったのか！ あらためて東照宮に息を呑む, 松島・山寺・会津若松―歩むほど芭蕉の心に近づいた, 平泉・花巻・角館・男鹿・八郎潟・十和田湖―なまはげにおののき、乙女の尻に驚嘆〔ほか〕

01382 明治紀行文學集　筑摩書房　2013.1　410p　21cm　（明治文學全集 94）　7500円　①978-4-480-10394-9

作品 十和田湖〔大町桂月〕

目次 饗庭篁村篇（鹽原入浴の記, 木曽道中記, 水戸の観梅）, 幸田露伴篇（酔興記, まき筆日記, 地獄渓日記, 草鞋記程）, 正岡子規篇（はて知らずの記）, 山田美妙篇（戸隠山紀行）, 尾崎紅葉篇（煙霞療養）, 大橋乙羽篇（千山萬水（抄）, 續千山萬水（抄））, 川上眉山篇（ふところ日記）, 徳富蘆花篇（両毛の秋, 雨の水國）, 大町桂月篇（一簑一笠（抄）, 那須野, 十和田湖）, 田山花袋篇（日光山の奥, 多摩の上流, 春の日光山, 秋の日光山, 熊野紀行, 月瀬紀遊, 秋の岐蘇路, 雪の信濃路）, 遅塚麗水篇（不二の高根, 飛驒越日記, 秋の京都, 幣袋）, 与謝野鉄幹・木下杢太郎・北原白秋・平野万里・吉井勇篇（五足の靴）, 小島烏水篇（白峰山脈縦断記, 日本北アルプス縦断記）, 現代の紀行文（田山花袋）, 明治の紀行文（高須芳次郎）, 解題（福田清人）, 略歴（岡保生編）

01383 鏡花紀行文集　泉鏡花著, 田中励儀編　岩波書店　2013.12　454p　15cm　（岩波文庫）〈底本：鏡花全集 第27巻・第28巻（1942年刊）〉　900円　①978-4-00-312719-3

作品 十和田湖　啄木鳥

目次 城の石垣（小田原）, 手帳四五枚（逗子）, 道中一枚絵 その一（箱根・静岡）, 左の窓（東海道）, 日記の端（猪苗代）, 一銚子（京都）, 大阪まで（東海道・大阪）, 飯坂ゆき（飯坂温泉）, 玉造日記（東海道・大阪・京都）, 城崎を憶う（城崎温泉）, 麻を刈る（北陸）, 深川浅景（深川）, 十和田湖（十和田）, 啄木鳥（十和田）, 鳥影（修善寺）, 木菟俗見（房州）

01384 来ちゃった　酒井順子文, ほしよりこ画　小学館　2016.3　317p　15cm　（小学館文庫）〈2011年刊の増補〉　620円　①978-4-09-406277-9

十和田八幡平国立公園

01385 日本列島の香り―国立公園紀行　立松和平著　毎日新聞社　1998.3　255p　19cm　1500円　①4-620-31208-8

01386 東京を歩く　立松和平著, 黒古一夫編　勉誠出版　2006.4　343p　22cm　（立松和平日本を歩く 第7巻）　2600円　①4-585-01177-3

西吾妻山

01387 初めての山へ六〇年後に　本多勝一著　山と溪谷社　2009.11　221p　22cm　2000円　①978-4-635-33044-2

西大巓

01388 山々を滑る登る　熊谷榧絵と文　八王子　白山書房　2012.11　319p　19cm　（〔榧・画文集 12〕）　1900円　①978-4-89475-159-0

乳頭山

01389 ひとつとなりの山　池内紀著　光文社

2008.10 269p 18cm （光文社新書） 800円 Ⓘ978-4-334-03476-4

花山峠

01390 バイクで越えた1000峠　賀曽利隆著　小学館　1998.8　280p　15cm　（小学館文庫）〈1995年刊の文庫化〉　514円　Ⓘ4-09-411101-8

花輪線

01391 こだわりの鉄道ひとり旅　池田光雅著　光人社　2000.1　225p　19cm　1700円　Ⓘ4-7698-0948-4

磐梯朝日国立公園

01392 日本列島の香り―国立公園紀行　立松和平著　毎日新聞社　1998.3　255p　19cm　1500円　Ⓘ4-620-31208-8

01393 東京を歩く　立松和平著, 黒古一夫編　勉誠出版　2006.4　343p　22cm　（立松和平日本を歩く 第7巻）　2600円　Ⓘ4-585-01177-3

秀衡街道

01394 奥州・秀衡古道を歩く　相澤史郎著　光文社　2002.8　195p　18cm　（光文社新書）　680円　Ⓘ4-334-03155-2

真昼山地

01395 山釣り―はるかなる憧憬の谿から　山本素石編著　立風書房　1996.3　261p　19cm　2000円　Ⓘ4-651-78040-7

諸檜岳

01396 日本の名山　2　岩手山　串田孫一, 今井通子, 今福龍太編　博品社　1997.3　251p　20cm　1648円　Ⓘ4-938706-36-9

作品 諸檜岳 八幡平〔本多勝一〕

目次 鎔岩流（宮澤賢治），一握の砂 抄（石川啄木），岩手山の肩（高村光太郎），岩手山（結城哀草果），狼森と笊森、盗森（宮澤賢治），岩手山（志賀重昂），岩手山（深田久弥），失われた影をもとめて 岩手山群彷徨（古井由吉），岩手山御苗代附近の地形について（武田久吉），岩手山（辻村太郎），岩手山（舘脇操），岩手山（村井正衛），雪の岩手山へ（上関光三），岩手山（三田尾松太郎），岩手山（藤島敏男），岩手山イタザ沢（高橋敬一），高嶺の花 岩手山・早池峰（六月二九日〜七月一日）（石井昭子），奥の富士 岩手山登攀記（志村烏嶺），岩手山の沢と岩場（盛岡山想会），八幡平：イソツツジ（田中澄江），八幡平（田部重治），諸檜岳 八幡平（本多勝一），八幡平から後生掛温泉へ 地獄の植物（西口親雄），委波氏酒夜靡 抄（菅江真澄），岩手山と姫神山（松谷みよ子），岩手山の三山伝説とノギの王子（平野直），岩手山神社 岩手県岩手郡滝沢村柳沢（小形信夫），岩手山周辺の湯（美坂哲男），岩手山、八幡平の三名水（山下喜一郎），気圏の光を受けて微光する初雪の岩手山頂（斎藤文一），オンドル小屋（つげ義春），チマ・エテルナー岩手山を眺めた一日（串田孫一）

夜行急行「八甲田」

01397 追憶の夜行列車　種村直樹著　和光　SiGnal　2005.2　237p　19cm　1143円　Ⓘ4-902658-04-6

01398 追憶の夜行列車　2　さよなら〈銀河〉　種村直樹著　和光　SiGnal　2008.12　233p　19cm　1300円　Ⓘ978-4-902658-11-8

01399 去りゆく星空の夜行列車　小牟田哲彦著　草思社　2015.2　294p　16cm　（草思社文庫）〈扶桑社 2009年刊の再刊〉　850円　Ⓘ978-4-7942-2105-6

山形新幹線

01400 ぶらり全国乗り歩き　種村直樹著　中央書院　1994.9　221p　19cm　1500円　Ⓘ4-924420-98-0

01401 絶景 春列車の旅―内房線から中央山岳縦貫線まで　櫻井寛文・写真　東京書籍　2000.2　159p　21cm　2200円　Ⓘ4-487-79472-2

目次 内房線（東京〜安房鴨川），磐越西線（新津〜会津若松），会津鉄道（会津若松〜会津田島），近鉄吉野線（大阪阿部野橋〜吉野），大糸線（松本〜糸魚川），山形新幹線（奥羽本線）（福島〜山形），富山地方鉄道（電鉄富山〜宇奈月温線〜立山），黒部峡谷鉄道（宇奈月〜欅平），立山黒部アルペンルート（信濃大町〜電鉄富山），中央山岳縦貫線（新宿〜松本〜長野〜名古屋）

米沢街道

01402 良寛へ歩く　小林新一文・写真　二玄社　2002.12　173p　26cm　2800円　Ⓘ4-544-02039-5

目次 五合庵（新潟），竹林（新潟），島崎（新潟），貞心尼（新潟），国上寺・乙子庵（新潟），米沢街道（新潟・山形），出雲崎（新潟），寺泊（新潟），分水（新潟），円通寺（岡山），玉島（岡山），長崎, 四国, 赤穂・福泊・高砂・明石（兵庫），須磨・有馬（兵庫），高代寺・妙見山・豊楽寺・勝尾寺・弘川寺（兵庫・大阪），高野山・吉野（和歌山），中山道・北陸道

01403 古道巡礼―山人が越えた径　高桑信一著　山と溪谷社　2015.11　397p　15cm　（ヤマケイ文庫）〈東京新聞出版局 2005年刊の再構成〉　980円　Ⓘ978-4-635-04781-4

米代川

01404 ぼくの還る川　野田知佑著　新潮社　2003.7　302p　16cm　（新潮文庫）〈2000年刊の文庫化〉　552円　Ⓘ4-10-141013-5

陸羽西線

01405 絶景 秋列車の旅―陸羽東線西線から山陰本線まで　櫻井寛文・写真　東京書籍　2000.9　159p　21cm　2200円　Ⓘ4-487-79474-9

目次 陸羽東線西線（女川〜酒田）―ひと足早く東北で秋を満喫する鳴子峡、最上峡の紅葉に心が洗われる，只見線（小出〜会津若松）―米どころ越後平野の刈田を走り燃えるような紅葉に包まれた会津の里へ，伊豆ロムニー鉄道（ロムニー駅〜ネルソン駅）―世界最小の鉄道に乗りに行こう、澄み切った空に富士山を眺める，高山本線（岐阜〜富山）―飛騨の小京都・高山に向かう分水嶺を越えると北アルプスが姿を現した，のと鉄道（和倉温泉〜蛸島）―加賀百万石の豊穣な水田地帯を走る秋の能登路をじっくりと堪能する旅，嵯峨野観光鉄道（トロッコ嵯峨〜トロッコ亀岡）―竹林を走りトンネルを抜けると大歓声があがるトロッコ列車は色鮮やかなもみじに包まれた，木次線（宍道〜備後落合）―神話の里をトロッコ列車はジグザグ進むすこぶる旨い出雲蕎麦も待っている，豊肥本線（熊本〜大分）―大正生まれの蒸気機関車に引っ

張られ世界最大の火山カルデラ・阿蘇へ, 肥薩線（八代～隼人）—えびの高原と霧島連峰の大パノラマ日本三大車窓絶景を見に行く, 山陰本線（京都～下関）—九本の普通列車を乗り継ぎながら京都から下関まで秋の山陰をひた走る

01406 一両列車のゆるり旅　下川裕治, 中田浩資著　双葉社　2015.6　364p　15cm　（双葉文庫）　694円　①978-4-575-71436-4

陸羽東線

01407 絶景 秋列車の旅—陸羽東線西線から山陰本線まで　櫻井寛文・写真　東京書籍　2000.9　159p　21cm　2200円　①4-487-79474-9

01408 乗る旅・読む旅　宮脇俊三著　角川書店　2004.2　250p　15cm　（角川文庫）　514円　①4-04-159811-7

目次 アメリカ西海岸の鉄道ツアー, 英国鉄道ツアー, 米坂線・陸羽東線紀行, 板谷峠、消えたスイッチバック, 鉄道の父、井上勝のこと, 近くにも旅はある, 文庫解説, 書評その他

01409 女子と鉄道　酒井順子著　光文社　2006.11　231p　20cm　1300円　①4-334-97509-7

01410 終着駅は始発駅　宮脇俊三著　グラフ社　2007.4　257p　19cm〈新潮社1985年刊の改訂復刊　文献あり〉　1238円　①978-4-7662-1054-5

01411 駅を楽しむ！ テツ道の旅　野田隆著　平凡社　2007.5　237p　18cm　（平凡社新書）　760円　①978-4-582-85374-2

01412 一両列車のゆるり旅　下川裕治, 中田浩資著　双葉社　2015.6　364p　15cm　（双葉文庫）　694円　①978-4-575-71436-4

陸前浜街道

01413 ぶらり鉄道、街道散歩　芦原伸著　ベストセラーズ　2010.11　237p　18cm　（ベスト新書）　819円　①978-4-584-12308-9

青森県

01414 線路のない時刻表　宮脇俊三著　新潮社　1989.4　204p　15cm　（新潮文庫）　280円　①4-10-126807-X

作品 建設と廃線の谷間で 三陸縦貫線

01415 三千里　下　河東碧梧桐著　講談社　1989.8　366p　15cm　（講談社学術文庫）　840円　①4-06-158886-9

内容 碧梧桐はいう。『予の旅行は単純なる旅行ではなかった。日記はただ責任を塞ぐ程度のものであったけれども、その他に「日本俳句」の募集句の選があった。そうして予の要求もまた多岐であった。その一景色を見る、その二古跡を見る、その三風俗を見る、その四人情を見る、その五伝説口碑を聞く、等重なるものであった』…。下巻では青森から帰京までの旅と旅中吟四七〇句余を収録。俳句ファン必読の名著。

01416 今夜も空の下—シェルパ斉藤の行きあたりばっ旅　2　斉藤政喜著　小学館　1996.3　287p　19cm　（BE‐PAL BOOKS）　1100円　①4-09-366063-8

01417 シェルパ斉藤の行きあたりばっ旅　2　斉藤政喜著　小学館　1998.4　253p　15cm　（小学館文庫）　457円　①4-09-411002-X

01418 閑古堂の絵葉書散歩　東編　林丈二著　小学館　1999.4　123p　21cm　（SHOTOR TRAVEL）　1500円　①4-09-343138-8

作品 青森の狛犬—青森

01419 旅と絵でたどる万葉心の旅　永井郁著・画　日本教文社　2002.1　339p　19cm〈年表あり〉　2286円　①4-531-06367-8

目次 万葉黎明—泊瀬朝倉（奈良県）, 王陵の谷（大阪府）, 斑鳩の道（奈良県）, 長安の春（中国）, 続長安の春（中国）, 続々長安の春（中国）, 淡海湖愁（滋賀県）, 山科鏡山陵（京都府）, 竜飛追想（青森県）, 筒城宮今昔（京都府）〔ほか〕

01420 うわさの神仏　其ノ2　あやし紀行　加門七海著　集英社　2002.8　256p　15cm　（集英社文庫）　495円　①4-08-747481-X

目次 東北は広いな、大きいな—秋田・青森, 平安京単独ヨレヨレ探検—京都, 神在月の謎を追え！—出雲, 難波・健脚星めぐり—大阪, あやしうれしい謎祭り—奈良, チャンプルー神国一目惚れ—沖縄, 厳冬。吉野は修験で暮れる—吉野, 御柱でフェスティバル・ハイ！—長野, この世に戻ってきましょうぞ—恐山, 驚天動地！ 台湾占いツアー—台北

01421 アタシはバイクで旅に出る。—お湯・酒・鉄馬三拍子紀行　1　国井律子著　枻出版社　2002.11　172p　15cm　（枻文庫）　600円　①4-87099-763-0

目次 1 冬の秩父へ、国道140号線の旅, 2 “サーキットの娘”になって、餃子に舌鼓を打つ旅, 3 峠を越えて、信州・温泉宿に篭もる旅, 4 青森まで行っちゃえ！ 怒涛の1700キロ旅, 5 静岡、海から山へ。そして南アルプスの秘湯への旅, 6 寒いからこそ気持ちいい！ おでんとお風呂、東海道の旅, 7 福島、春を追いかけ、隠れた名酒を発見！ の旅

01422 誰も行けない温泉 命からがら　大原利雄著　小学館　2002.12　186p　15cm　（小学館文庫）　733円　①4-09-411524-2

01423 ちいさい旅みーつけた　俵万智著, 平地勲写真　集英社　2003.5　251p　16cm　（集英社be文庫）　695円　①4-08-650028-0

01424 泣いてくれるなほろほろ鳥よ　小沢昭一著　晶文社　2003.11　381p　20cm　（小沢昭一百景 随筆随談選集 1）〈シリーズ責任表示：小沢昭一著〉　2400円　①4-7949-1791-0

01425 日本全国ローカル線おいしい旅　嵐山光三郎著　講談社　2004.3　246p　18cm　（講談社現代新書）　700円　①4-06-149710-3

01426 樹木街道を歩く—縄文杉への道　縄文剣著　碧天舎　2004.8　187p　19cm　1000円　①4-88346-785-6

01427 日本縦断個室寝台特急の旅　続　櫻井寛写真・文　世界文化社　2005.11　207p　22cm　2800円　①4-418-05519-3

01428 水の巡礼　田口ランディ著, 森豊写真　角川書店　2006.2　270p　15cm　（角川文庫）

952円 ①4-04-375303-9

01429 「寅さん」が愛した汽車旅 南正時著 講談社 2008.4 199p 18cm (講談社+α新書) 800円 ①978-4-06-272494-4

01430 旅の終りは個室寝台車 宮脇俊三著 河出書房新社 2010.3 237p 15cm (河出文庫) 680円 ①978-4-309-41008-1

01431 すすれ!麺の甲子園 椎名誠著 新潮社 2010.10 365p 16cm (新潮文庫) 590円 ①978-4-10-144836-7

目次 麺の甲子園宣言文, 肉吸いうどんに思わずくらくら—京都・大阪・神戸, さぬき激戦区「ひやあつ」街道を行く—香川, うーめん、盛岡三大麺を撃破なるか—仙台・盛岡・八戸, 強豪ワンタンひしめく酒田へ突入—青森・秋田・山形, チャンポン、春雨、皿うどん。からみ合う麺麺麺—長崎・熊本, ブラックかおろしか。北陸道の黒白対決—富山・石川・福井, 麺のカオス中京で、うどんファイナル—名古屋・伊勢, 豚骨醬油の聖地を零封、ほうとうの豪腕—横浜・静岡・山梨, いまだ健在ノスタルジック六玉ラーメン—東京A〔ほか〕

01432 東北・大地をゆく 仙道作三著 春秋社 2012.3 217p 20cm 1700円 ①978-4-393-37326-2

01433 ほんとうのニッポンに出会う旅 藤本智士著 リトルモア 2012.3 207p 19cm 1500円 ①978-4-89815-335-2

01434 北東北ほろ酔い渓流釣り紀行 根深誠著 秋田 無明舎出版 2012.4 239p 19cm 1700円 ①978-4-89544-562-7

目次 竿初め, 自然との交感, 釣り師のホラ話, 赤石川の田植え時, 山菜と釣果, 道中、探りを入れる, 釣りきる名人, ヤマメの入れ食い, みんなが愉しめる釣行, クマゲラ調査とイワナ釣り, 折れた竿の修理, ガジャシバの咲くころ, マイネの川 ハシゴ釣り, さつき晴れの渓, 沐渓さんの囲炉裏端で反省会, てんから爆釣, 森の心 焚火の心, 木の葉ヤマメ, 一竿の風月, 禁漁期のない太公望, 解禁前の残雪の渓, 早春の北部三陸の渓, ツバメ飛び交う常盤川, 山菜を摘む渓, 梅雨時の晴れ間に, 花崗岩の渓流で釣り三昧, 一四年ぶりのイワナ釣り, 焚火しながらたまげた話, 沈酔の渓, 春が恋しい禁釣の日々, 斑雪残る里川で, 早春の渓を駆け巡る, 秘密のTPO 至福の渓, 山越えして赤石川へ, 仏になったカモシカ, 西浜街道を愉しむ, 一番乗りの渓, 生気みなぎる緑風の渓, 会心の釣り

01435 日本の路地を旅する 上原善広著 文藝春秋 2012.6 383p 16cm (文春文庫)〈文献あり〉 667円 ①978-4-16-780196-0

目次 和歌山県新宮, ルーツ—大阪, 最北の路地—青森、秋田, 地霊—東京、滋賀, 時代—山口、岐阜, 温泉めぐり—大分、長野, 島々の忘れられた路地—佐渡、対馬, 孤独—鳥取、群馬, 若者たち—長崎、熊本, 血縁—沖縄, 旅の途中で

01436 お友だちからお願いします 三浦しをん著 大和書房 2012.8 290p 20cm 1400円 ①978-4-479-68171-7

作品 田園風景のカーチェイス

01437 唄めぐり 石田千著 新潮社 2015.4 401p 20cm〈文献あり〉 2300円 ①978-4-10-303453-7

01438 古道巡礼—山人が越えた径 高桑信一著 山と溪谷社 2015.11 397p 15cm (ヤマケイ文庫)〈東京新聞出版局 2005年刊の再構成〉 980円 ①978-4-635-04781-4

01439 逃北—つかれたときは北へ逃げます 能町みね子著 文藝春秋 2016.10 274p 16cm (文春文庫)〈2013年刊の文庫化〉 650円 ①978-4-16-790716-7

01440 日本ボロ宿紀行—懐かしの人情宿でホッコリしよう 上明戸聡著 鉄人社 2017.7 287p 15cm (鉄人文庫) 680円 ①978-4-86537-092-8

目次 第1章 昔の姿を残す青森の湯治宿, 第2章 花巻のお馴染み宿から、遠野へ, 第3章 北関東の温泉宿と利根川べりの宿, 第4章 つげ義春ゆかりの宿を訪ねて西伊豆へ, 第5章 忍者の里をさまよい歩く, 第6章 伊勢から鳥羽へ歴史を訪ねる旅, 第7章 四国から瀬戸内を渡って尾道へ, 第8章 鳥取の限界集落と出雲への旅, 第9章 熊本の日奈久温泉から鹿児島へ

青い森鉄道

01441 小さな鉄道 小さな温泉 大原利雄著 小学館 2003.8 171p 15cm (小学館文庫) 733円 ①4-09-411525-0

目次 津軽鉄道と金木温泉(青森県)—太宰治のふるさとを訪ねる奥津軽の旅, 青い森鉄道から金田一温泉(青森県〜岩手県)—みちのくの新旧を味わうあやかしの旅, 岩泉線と竜泉洞温泉(岩手県)—透明な水と空気が心地よい森を行く, 秋田内陸縦貫鉄道と杣温泉(秋田県)—時間の流れを溯って辿り着いたマタギの宿, 会津鉄道と湯野上温泉(福島県)—ひょいと乗った列車で向かう極楽の露天風呂, わたらせ渓谷鉄道と水沼温泉(栃木県〜群馬県)—トロッコ列車で行く、駅併設の温泉, 吾妻線と川原湯温泉(群馬県)—消えゆく運命と対峙する静かな山あいの温泉郷, 秩父鉄道と高篠温泉郷(埼玉県)—大人も思わず子供に戻る、大興奮のSLの旅, 銚子電気鉄道と犬吠埼温泉(千葉県)—本州最東端の岬で味わうゆったり旅, 小湊鉄道と養老温泉(千葉県)—ゆる〜り、ゆら〜りと房総半島ど真ん中〔ほか〕

青荷温泉

01442 秘湯を求めて 2 ないしょの秘湯 藤嶽彰英著 (大阪)保育社 1989.12 185p 19cm 1350円 ①4-586-61102-2

01443 遙かなる秘湯をゆく 桂博史著 主婦と生活社 1990.3 222p 19cm 980円 ①4-391-11232-9

01444 雲は旅人のように—湯の花紀行 池内紀著, 田淵裕一写真 日本交通公社出版事業局 1995.5 284p 19cm 1600円 ①4-533-02163-8

作品 ひわ色の砂丘も淋し

目次 岡にのぼりて名をよべば—南房総, 浜の真砂に文かけば—西伊豆, ネオン坂月あかり—道後温泉, 旅寝の道を時のまに—甲斐路, くちづけの香ののこるとも—南阿蘇・九重温泉郷, ネコと風が入ります—伊香保温泉, 人の世は銀光ちよろずの波の幻—乳頭温泉郷, 宙を歩く白衣婦人や夏の月—白骨・川湯温泉, 傾く月の影さえて—湯の花温泉, 両の脚、天を踏む—因幡路, お月さま夜遊びなさる—銀山温泉, 雲は旅人のように—須川・鎌先温泉, 鬼棲む里—吉備路, われらが美しきやすらぎの旅—西山温泉, 苗場山越え—赤湯温泉・秋山郷, もはや上下に貴賤なく—別府温泉, しめくくりは鯛めし—松江温泉, ひわ色の砂丘も淋し—津軽, イッヒ・シュテルベ・リー

バー・ヒヤー—有馬温泉, 灯りにむせぶ、湯のけむり—蓮台寺温泉, 朝は朝雲、夜は夜星—内原温泉, カラス、カラス、どこさいく—東山温泉, 義理がすたればこの夜は闇だ—吉良温泉, 神の里、湯けむりの里—栗野岳・新湯温泉, 町に灯が入り、二人に夜がきた—湯河原・不動湯温泉, ダヴィデのお宿—湯田川・般若寺温泉

01445 一竿有緑の渓 根深誠著 七つ森書館 2008.12 227p 20cm 2000円 ①978-4-8228-0879-2

作品 津軽秋景色 ランプの宿のイワナたち

目次 第1章 釣り旅の記—春から夏へ(緑風の渓、ゴギの里, 里山里川の風景, ついでに奥只見でイワナ釣り), 第2章 釣り旅の記—盛夏(世界遺産赤石川「金鮎祭」夢うつつ, 赤石川雑感), 第3章 釣り旅の記—秋へ(誰もが知る山の頂に隠しイワナの桃源郷の噂あり, にっぽん焚火紀行, 北の大地 豊饒の渓, 下北の秋しみじみと), 第4章 釣り旅の周辺(春の下北マタギの山で, 幻の珍味, 木村英造と会う, 夏の海, 信州青木村のバスで, 信濃大河原の秋, 津軽秋景色 ランプの宿のイワナたち)

青森駅

01446 文学の中の駅—名作が語る“もうひとつの鉄道史” 原口隆行著 国書刊行会 2006.7 327p 20cm 2000円 ①4-336-04785-5

01447 週末夜汽車紀行 西村健太郎著 アルファポリス 2011.5 303p 15cm (アルファポリス文庫)〈発売:星雲社 2010年刊の文庫化〉 620円 ①978-4-434-15582-6

01448 終着駅への旅 JR編 櫻井寛著 JTBパブリッシング 2013.8 222p 19cm 1300円 ①978-4-533-09285-5

青森市

01449 夢は枯野を—競輪躁鬱旅行 伊集院静著 講談社 1994.12 343p 15cm (講談社文庫)〈1993年刊の文庫化〉 560円 ①4-06-185833-5

01450 日本奥地紀行 イサベラ・バード著, 高梨健吉訳 平凡社 2000.2 529p 16cm (平凡社ライブラリー)〈年譜あり 文献あり〉 1500円 ①4-582-76329-4

01451 耕うん機オンザロード 斉藤政喜著 小学館 2001.8 333p 19cm (BE-PAL BOOKS) 1200円 ①4-09-366065-4

01452 みんなみんなやさしかったよ—太宰治と歩く「津軽」の旅 飯塚恒雄著 愛育社 2001.11 233p 19cm 1300円 ①4-7500-0112-0

目次 PROLOG 『津軽』行きの列車に乗るまえに, 青森市, 金木町, 弘前市, 蟹田町, 今別・三厩・竜飛, 木造, 深浦・鰺ヶ沢, 小泊, EPILOGUE 三鷹市散策, 太宰治と『津軽』の二十三日

01453 聖地巡礼 田口ランディ著, 森豊写真 メディアファクトリー 2003.4 353p 18cm 1600円 ①4-8401-0755-6

01454 イザベラ・バード「日本の未踏路」完全補遺 イザベラ・バード著, 高畑美代子訳注 中央公論事業出版(製作発売) 2008.1 190p 21cm 1600円 ①978-4-89514-296-0

01455 イザベラ・バードの日本紀行 上 イザベラ・バード著, 時岡敬子訳 講談社 2008.4 493p 15cm (講談社学術文庫) 1500円 ①978-4-06-159871-3

目次 はじめて目にした日本の眺め, 富士山の姿, 混成の都市, 日本のサンパン, 人力車, 滑稽な運ばれ方, 紙幣, 内陸旅行の障害, ハリー・パークス卿, 大使の乗り物〔ほか〕

01456 にっぽん・海風魚(さかな)旅 5(南シナ海ドラゴン編) 椎名誠著 講談社 2009.1 333p 15cm (講談社文庫) 819円 ①978-4-06-276248-9

目次 沖縄本島泡盛熱風一周旅, タイムスリップしまなみ海道, 沖縄県ふんばり島嘗見記, 日本海トロトロ寝ぼけ海岸を行く, 風にころがる冬景色, 寒風鮭街道, ワンタンメン海道・日本海, 西伊豆発作的団体旅行, 熱風爆裂・ベトナム南海を行く

01457 太宰治と歩く「津軽」の旅—みんなみんなやさしかったよ 飯塚恒雄著 愛育社 2009.11 204p 19cm〈文献あり〉 1300円 ①978-4-7500-0369-6

目次 青森市, 金木町, 弘前市, 蟹田町, 今別・三厩・竜飛, 木造町, 深浦町・鰺ヶ沢町, 小泊村, 三鷹市散策, もっと小説『津軽』を知りたい人のために, 「津軽」の旅Memorandum

01458 イザベラ・バード『日本奥地紀行』を歩く 金沢正脩著 JTBパブリッシング 2010.1 175p 21cm (楽学ブックス—文学歴史 11)〈文献あり 年譜あり〉 1800円 ①978-4-533-07671-8

01459 完訳 日本奥地紀行 2 新潟—山形—秋田—青森 イザベラ・バード著, 金坂清則訳注 平凡社 2012.7 439p 18cm (東洋文庫)〈折り込 1枚 布装〉 3200円 ①978-4-582-80823-0

目次 新潟における伝道覚書, 仏教, 新潟, 店屋, 粗悪品, 食べ物と料理に関する覚書, 苦痛の種, 繁栄する地方, 日本人の医者, 恐ろしい病気〔ほか〕

01460 新訳 日本奥地紀行 イザベラ・バード著, 金坂清則訳 平凡社 2013.10 537p 18cm (東洋文庫)〈布装 索引あり〉 3200円 ①978-4-582-80840-7

赤石川

01461 山釣り—はるかなる憧憬の谿から 山本素石編著 立風書房 1996.3 261p 19cm 2000円 ①4-651-78040-7

01462 旅愁の川—渓流釣り紀行ベストセレクション 根深誠著 つり人社 2000.6 236p 21cm 1500円 ①4-88536-439-6

01463 一竿有緑の渓 根深誠著 七つ森書館 2008.12 227p 20cm 2000円 ①978-4-8228-0879-2

01464 北東北ほろ酔い渓流釣り紀行 根深誠著 秋田 無明舎出版 2012.4 239p 19cm 1700円 ①978-4-89544-562-7

01465 ブナの息吹、森の記憶—世界自然遺産白神山地 根深誠著 七つ森書館 2013.11 206p 17cm 1600円 ①978-4-8228-1390-1

浅虫温泉

01466 温泉天国 嵐山光三郎, 荒俣宏, 池内紀,

池波正太郎, 井伏鱒二, 植村直己, 岡本かの子, 岡本綺堂, 小川未明, 角田光代, 川端康成, 川本三郎, 北杜夫, 斎藤茂太, 坂口安吾, 高村光太郎, 武田百合子, 太宰治, 田辺聖子, 種村季弘, 田村隆一, 田山花袋, つげ義春, 平林たい子, 松本英子, 村上春樹, 室生犀星, 山下清, 柳美里, 横尾忠則, 吉川英治, 四谷シモン著　河出書房新社　2017.12　237p　19cm　(ごきげん文藝)　1600円　Ⓘ978-4-309-02642-8
[作品] 湯船のなかの布袋さん〔四谷シモン〕

鰺ヶ沢町

01467 みんなみんなやさしかったよ―太宰治と歩く「津軽」の旅　飯塚恒雄著　愛育社　2001.11　233p　19cm　1300円　Ⓘ4-7500-0112-0

01468 太宰治と歩く「津軽」の旅―みんなみんなやさしかったよ　飯塚恒雄著　愛育社　2009.11　204p　19cm〈文献あり〉　1300円　Ⓘ978-4-7500-0369-6

01469 風を見にいく　椎名誠著　光文社　2011.8　253p　20cm　1600円　Ⓘ978-4-334-97659-0
(目次) からっ風とわけあり女, 国境の海、ユーリーさんのトランプ, 雪風のなかで笛を吹く人, チベットの西、象の口川と石の城, かなしい熱風, 海氷の風が目に痛い, メコンの陶酔, 風が嫌いなパタゴニアのヨット, 北極のユニコーン, 極寒のタイガで過ごす, 極限高地の夜, なんでもでっかい熱風アマゾン, 鰺ヶ沢にて, 鮫狩りの島, パンタナールの牛追い, シルクロードのナマズ, タルチェンでの日々, バラナシの死者のかおり, 海風のなかに生きるドンダイ漁, 大草原にはいろんな風が吹いていた, カラブランを待ちながら, 風の国パタゴニア

芦野公園駅

01470 文学の中の駅―名作が語る“もうひとつの鉄道史”　原口隆行著　国書刊行会　2006.7　327p　20cm　2000円　Ⓘ4-336-04785-5

暗門川

01471 川の旅　池内紀著　青土社　2002.7　245p　20cm　1800円　Ⓘ4-7917-5971-0

01472 ブナの息吹、森の記憶―世界自然遺産白神山地　根深誠著　七つ森書館　2013.11　206p　17cm　1600円　Ⓘ978-4-8228-1390-1

暗門の滝

01473 立松和平のふるさと紀行―名水　立松和平文, 山下喜一郎写真　河出書房新社　2002.5　109p　23cm　2500円　Ⓘ4-309-01459-3

01474 ブナの息吹、森の記憶―世界自然遺産白神山地　根深誠著　七つ森書館　2013.11　206p　17cm　1600円　Ⓘ978-4-8228-1390-1

碇ヶ関温泉

01475 新編 日本の旅あちこち　木山捷平著　講談社　2015.4　304p　16cm　(講談社文芸文庫)〈著作目録あり 年譜あり〉　1600円　Ⓘ978-4-06-290268-7
[作品] 椎の若葉―青森

石場家住宅

01476 街道をゆく　41　北のまほろば　新装版　司馬遼太郎著　朝日新聞出版　2009.5　403, 8p　15cm　(朝日文庫)〈初版：朝日新聞社1997年刊〉　840円　Ⓘ978-4-02-264495-4

井戸小屋山

01477 山へ―原始の香り求めて　大内尚樹著　八王子　白山書房　2001.3　236p　19cm　1600円　Ⓘ4-89475-047-3

今別町

01478 みんなみんなやさしかったよ―太宰治と歩く「津軽」の旅　飯塚恒雄著　愛育社　2001.11　233p　19cm　1300円　Ⓘ4-7500-0112-0

01479 太宰治と歩く「津軽」の旅―みんなみんなやさしかったよ　飯塚恒雄著　愛育社　2009.11　204p　19cm〈文献あり〉　1300円　Ⓘ978-4-7500-0369-6

岩木川

01480 岩魚幻照―大イワナの棲む渓々　植野稔著　山と渓谷社　1993.4　190p　21cm　2000円　Ⓘ4-635-36027-X

岩木山

01481 想い遙かな山々　中西悟堂ほか著, 作品社編集部編　作品社　1998.4　245p　22cm　(新編・日本随筆紀行 大きな活字で読みやすい本―心にふるさとがある 1)〈付属資料：63p：著者紹介・出典一覧〉　Ⓘ4-87893-806-4, 4-87893-807-2
[作品] 岩木山〔今官一〕

01482 聖地へ　家田荘子著　幻冬舎　2009.12　262p　16cm　(幻冬舎アウトロー文庫)〈『女霊』(リヨン社2006年刊) の改題〉　600円　Ⓘ978-4-344-41404-4
(目次) 第1部 聖地への道行き (求める人々, 出逢い, 仏のたくらみ, 遊女たち, ここはお参りしてもいいのですか？ ほか), 第2部 いざ、神留坐す山へ (石鎚山 (愛媛県), 大峯山 (奈良県), 岩木山 (青森県), 出羽三山 (山形県), 醍醐寺 (京都府) ほか)

01483 紀行とエッセーで読む 作家の山旅　山と溪谷社編　山と溪谷社　2017.3　357p　15cm　(ヤマケイ文庫)　930円　Ⓘ978-4-635-04828-6
[作品] 山水小記 (抄)〔田山花袋〕

奥入瀬

01484 紀行文集 無明一杖　上甲平谷著　谷沢書房　1988.7　339p　19cm　2500円

01485 「北斗の里」青森紀行　笹本一夫著　現代旅行研究所　2004.5　216p　21cm　(旅行作家文庫)　1800円　Ⓘ4-87482-084-0

01486 出たとこ勝負のバイク日本一周　実践編　小林ゆき著　椎出版社　2004.10　155p　15cm　(椎文庫)　650円　Ⓘ4-7779-0199-8

01487 北日本を歩く　立松和平著, 黒古一夫編　勉誠出版　2006.4　372p　22cm　(立松和平日本を歩く 第1巻)　2600円　Ⓘ4-585-01171-4

01488 樹をめぐる旅 高橋秀樹著 宝島社 2009.8 125p 16cm (宝島sugoi文庫) 457円 ①978-4-7966-7357-0

01489 来ちゃった 酒井順子文, ほしよりこ画 小学館 2016.3 317p 15cm (小学館文庫) 〈2011年刊の増補〉 620円 ①978-4-09-406277-9

大畑町(むつ市)

01490 日本すみずみ紀行 川本三郎著 社会思想社 1997.9 258p 15cm (現代教養文庫) 〈文元社2004年刊(1998年刊(2刷)を原本としたOD版)あり〉 640円 ①4-390-11613-4
作品 下北半島

大間崎

01491 日本すみずみ紀行 川本三郎著 社会思想社 1997.9 258p 15cm (現代教養文庫) 〈文元社2004年刊(1998年刊(2刷)を原本としたOD版)あり〉 640円 ①4-390-11613-4
作品 下北半島

01492 ツーリング・ライフ―自由に、そして孤独に 新装増補版 斎藤純著 春秋社 2004.3 274p 20cm〈2001年刊の新装増補〉 1800円 ①4-393-43624-5
作品 岬めぐり―北東北

大間鉄道

01493 日本廃線鉄道紀行 大倉乾吾著 文芸春秋 2004.10 239p 16cm (文春文庫plus) 562円 ①4-16-766066-0

大間町

01494 「新選組」ふれあいの旅―人や史跡との出逢いを求めて 岳真也著 PHP研究所 2003.12 249p 19cm 1200円 ①4-569-63235-1

01495 渚の旅人 1 かもめの熱い吐息 森沢明夫著 東京地図出版 2008.12 412p 19cm 1450円 ①978-4-8085-8531-0
目次 第1章 うみねこ(福島県相馬市→福島県いわき市, 福島県いわき市→茨城県北茨城市 ほか), 第2章 うつぼ(青森県平内町→青森県大間町, 青森県大間町→青森県八戸市 ほか), 第3章 ひとで(青森県平内町→青森県五所川原市, 青森県市浦村→秋田県八竜町 ほか), 第4章 いそぎんちゃく(山形県酒田市→山形県温海町, 山形県温海町→新潟県出雲崎町 ほか), 第5章 やどかり(富山県富山市→石川県珠洲市, 石川県珠洲市→石川県加賀市 ほか)

大湊駅

01496 線路の果てに旅がある 宮脇俊三著 新潮社 1997.1 227p 15cm (新潮文庫)〈小学館1994年刊あり〉 400円 ①4-10-126813-4

01497 終着駅への旅 JR編 櫻井寛著 JTBパブリッシング 2013.8 222p 19cm 1300円 ①978-4-533-09285-5

大鰐温泉

01498 温泉天国 嵐山光三郎, 荒俣宏, 池内紀, 池波正太郎, 井伏鱒二, 植村直己, 岡本かの子, 岡本綺堂, 小川未明, 角田光代, 川端康成, 川本三郎, 北杜夫, 斎藤茂太, 坂口安吾, 高村光太郎, 武田百合子, 太宰治, 田辺聖子, 種村季弘, 田村隆一, 田山花袋, つげ義春, 平林たい子, 松本英子, 村上春樹, 室生犀星, 山下清, 柳美里, 横尾忠則, 吉川英治, 四谷シモン著 河出書房新社 2017.12 237p 19cm (ごきげん文藝) 1600円 ①978-4-309-02642-8
作品 湯船のなかの布袋さん〔四谷シモン〕

大鰐町

01499 にっぽん全国 百年食堂 椎名誠著 講談社 2013.1 222p 19cm 1400円 ①978-4-06-217814-3

小川原湖

01500 東北を歩く―小さな村の希望を旅する 増補新版 結城登美雄著 新宿書房 2011.7 331p 20cm 2000円 ①978-4-88008-419-0
目次 はじめに, 1(1 厳冬の「塩の道」を行く―岩手県北上山地, 2 失われゆく絆を求めて―岩手県久慈市, 3 春を待つ海―宮城県牡鹿半島, 4 気になる山の田んぼ―山形県大江町, 5 縄文期から続くシジミ漁―青森県小川原湖, 6 食の文化祭―宮城県宮崎町, 7「あんぽ柿」の産地をたずねて―福島県梁川町, 8 分校のゆくえ―宮城県大和町ほか), 2(9 美しい村をつくる―岩手県釜石市上栗林地区, 10 耕す家族をたずねて―青森県津軽平野, 11 海の詩が鳴りひびく町―宮城県北上町, 12 ふじのさんの畑―宮城県白石市小原, 13 まどかの地蔵―山形県新庄市・宮城県栗駒町, 14 焼畑を見に行く―山形県大江町, 15 小さくてもおだやかな海がよい―宮城県河北町長面浦, 16 高村光太郎の山小屋から―岩手県花巻市太田, 17 川を渡るぼんでん―秋田県大曲市, 18 雪の中の伝統掛唄―秋田県横手市, 19 海と山のつき合い―岩手県野田村), 3(20 農の未来を信じる力―宮城県高清水町, 21 頼れる相棒は農業機械のみ―山形県山辺町大蕨, 22 ふるさとの海を取り戻す―岩手県唐桑半島, 23 高校生がつくった「ござえんちゃハウス」―岩手県水沢市, 24 心ある食のつなぎ手を探して―青森県南部町, 25 山村から日本が見える―岩手県山形村, 26 半農半ソバ屋の村―福島県山都町営古, 27 山の豆腐屋物語―宮城県丸森町), 4(28「不思議な村でしょ？」―福島県桧枝岐村, 29 森の奥へ続く道―岩手県川井村, 30 農の心で鮭を育てる―山形県遊佐町, 31 市の力は山の力―秋田県増田町, 32 土俗のにおい―福島県会津若松市, 33 失われた風景をたどる―宮城県仙台市, 34 祭りが人を育て人が村を支えていく―宮城県石巻市北上町, 35 棚田の村からの便り―山形県大蔵村四ヶ村地区, 36 手仕事と掛唄―秋田県横手市金沢地区, 37 つながってこそ村である―山形県真室川町, 38 常田健・土蔵のアトリエ美術館―青森県青森市浪岡), 東北の希望の米―あとがきにかえて

小子内浜

01501 日本近代随筆選 1 出会いの時 千葉俊二, 長谷川郁夫, 宗像和重編 岩波書店 2016.4 339p 15cm (岩波文庫) 810円 ①978-4-00-312031-6
作品 浜の月夜, 清光館哀史〔柳田国男〕
目次 1 サフラン, 2 ウッチャリ拾い, 3 遍路, 4 飯待つ間, 5 文学とは何ぞや, 6 変な音, 7 末期の眼, 8 具象以前

恐山

01502 聖地紀行—世界と日本の、「神々」を求める旅　松永伍一著　角川書店　1988.3　212p　19cm　（角川選書）　880円　①4-04-703007-4

目次 カッパドギア, 那智の滝, 嘆きの壁, アトス山, 伊勢神宮, サン・ピエトロ寺院, 補陀落山, アクロポリス, 恐山, サグラーダ・ファミリア聖堂, 仁徳陵, キリスト生誕教会, 僻村のロマネスク教会, マチュ・ピチュ, 聖カタリナ修道院, ハギヤ・ソフィア, 高千穂、天の岩戸, メヴラーナの聖堂

01503 イトシンののんびりツーリング　伊東信著　造形社　1988.5　175p　21cm　1300円　①4-88172-031-7

01504 日本すみずみ紀行　川本三郎著　社会思想社　1997.9　258p　15cm　（現代教養文庫）〈文元社2004年刊（1998年刊（2刷）を原本としたOD版）あり〉　640円　①4-390-11613-4

作品 下北半島

01505 山へ—原始の香り求めて　大内尚樹著　八王子　白山書房　2001.3　236p　19cm　1600円　①4-89475-047-3

01506 幻想秘湯巡り　南條竹則著　同朋舎, 角川書店〔発売〕　2001.10　205p　21cm　（ホラージャパネスク叢書）　1400円　①4-8104-2717-X

目次 死者も入りぬという地獄湯に浸かる恐山, 賢治を想いつつ温泉俳諧小説を作る台、花巻、鉛温泉, 妖狐を語り、火事の湯の話に震える那須湯本温泉, 鏡花に誘われて北陸へ旅立つ山代、山中、和倉温泉, 死人の面に纏わる伝説の笆湯に入る修善寺温泉, とある温泉宿で、身も凍る怖い体験をする塩原温泉, 過ぎし日を想い、温泉神秘小説の想を練る畑毛温泉, 角の生えた銅像と鄙びた温泉町に安らぐ温泉津温泉

01507 うわさの神仏　其ノ2　あやし紀行　加門七海著　集英社　2002.8　256p　15cm　（集英社文庫）　495円　①4-08-747481-X

01508 オーケンの散歩マン旅マン　大槻ケンヂ著　新潮社　2003.6　245p　16cm　（新潮文庫）〈初版：学習研究社1999年刊〉　438円　①4-10-142925-1

01509 「新選組」ふれあいの旅—人や史跡との出逢いを求めて　岳真也著　PHP研究所　2003.12　249p　19cm　1200円　①4-569-63235-1

01510 メルヘン紀行　みやこうせい著　未知谷　2005.5　237p　20cm　2200円　①4-89642-129-9

01511 日本浪漫紀行—風景、歴史、人情に魅せられて　呉善花著　PHP研究所　2005.10　259p　18cm　（PHP新書）　740円　①4-569-64157-1

01512 写真家の旅—原日本、産土を旅ゆく。　宮嶋康彦著　日経BP社　2006.10　223p　21cm〈日経BP出版センター（発売）〉　2667円　①4-8222-6350-9

01513 百寺巡礼　第7巻　東北　五木寛之著　講談社　2009.3　273p　15cm　（講談社文庫）〈文献あり　2004年刊の文庫化〉　562円　①978-4-06-276291-5

目次 第61番 山寺—一人の僧がもたらした千二百年の法灯, 第62番 中尊寺—みちのくの黄金郷に鳴る青い鐘, 第63番 毛越寺—壮大な伽藍の跡と老女の舞, 第64番 黒石寺—薬師如来像に浮かぶ苦渋の色, 第65番 瑞巌寺—神聖な石窟と伊達家の栄華, 第66番 勝常寺—庶民が慕った、最澄の好敵手, 第67番 白水阿弥陀堂—泥中の蓮の花のように, 第68番 本山慈恩寺—そこにあった信仰と新しい信仰, 第69番 長勝寺—“じょっぱり”の地に立つ名刹, 第70番 恐山—北の山に死者の霊が帰る

01514 枕頭山水　幸田露伴著　立川　人間文化研究機構国文学研究資料館　2012.3　241p　19cm　（リプリント日本近代文学）〈原本：博文館 明治26年刊　発売：平凡社〉　3000円　①978-4-256-90230-1

作品 易心後語

01515 神秘日本　岡本太郎著　KADOKAWA　2015.7　260p 図版24p　15cm　（角川ソフィア文庫）〈中央公論社 1964年刊の再刊〉　1000円　①978-4-04-409487-4

作品 オシラの魂—東北文化論

目次 オシラの魂—東北文化論, 修験の夜—出羽三山, 花田植—農事のエロティスム, 火、水、海賊—熊野文化論, 秘密荘厳, 曼陀羅頌

01516 死者が立ち止まる場所—日本人の死生観　マリー・ムツキ・モケット著, 高月園子訳　晶文社　2016.1　371p　20cm　2500円　①978-4-7949-6914-9

目次 大災害, 寺, お別れ, 冬の悪魔, 春爛漫, 日本列島の仏陀, ともに座して, ともに食して, 小さなプリンセス, 原子の分離, 死者のゆくえ, あの世, 夏の訪問者, 霊との告別, 秋の紅葉, 盲目の霊媒, ダース・ベイダー, あの世からのメッセージ

01517 ぐうたら旅日記—恐山・知床をゆく　北大路公子著　PHP研究所　2016.7　253p　15cm　（PHP文芸文庫）〈寿郎社 2012年刊の加筆・修正〉　620円　①978-4-569-76576-1

尾太岳

01518 秘境の山旅　新装版　大内尚樹編　白山書房　2000.11　246p　19cm〈1993年刊の新装版〉　1600円　①4-89475-044-9

海峡線

01519 旅は自由席　宮脇俊三著　新潮社　1995.3　283p　15cm　（新潮文庫）〈1991年刊の文庫化〉　440円　①4-10-126811-8

01520 絶景 冬列車の旅—宗谷本線から日本海縦貫線まで　櫻井寛文・写真　東京書籍　1999.11　159p　21cm　2200円　①4-487-79471-4

01521 こだわりの鉄道ひとり旅　池田光雅著　光人社　2000.1　225p　19cm　1700円　①4-7698-0948-4

01522 北海道 幸せ鉄道旅　矢野直美著　札幌　北海道新聞社　2005.7　223p　21cm　1800円　①4-89453-341-3

蠣崎

01523 街道をゆく　41　北のまほろば　新装版　司馬遼太郎著　朝日新聞出版　2009.5　403, 8p　15cm　（朝日文庫）〈初版：朝日新聞社1997年刊〉　840円　①978-4-02-264495-4

金木駅

01524 文学の中の駅―名作が語る“もうひとつの鉄道史” 原口隆行著 国書刊行会 2006.7 327p 20cm 2000円 ①4-336-04785-5

金木温泉

01525 小さな鉄道 小さな温泉 大原利雄著 小学館 2003.8 171p 15cm (小学館文庫) 733円 ①4-09-411525-0

金木町(五所川原市)

01526 こんにちは、ふるさと 俵万智著 河出書房新社 1995.5 76p 20×18cm 1500円 ①4-309-00983-2

作品 雪を逆手に―津軽

目次 雪を逆手に―津軽 地吹雪ツアーを体験, 等身大の環境保護―盛岡 虫のお姉さんと歩く, 農業青年の結婚―秋田 嫁こいデモのその後を知る, 自然体の人形劇―石川 すたくらいの青年と, 水を知る旅―安曇野 水仲間を訪ねて, 春を食べよう―静岡 野草料理を楽しむ, 古都に生きる新しさ―京都 なり田のすぐき漬に迫る, 島を結ぶ二十七年―愛媛 渡海船に密着, 祭りはアート―高知 よさこいで熱くなる, 知恵としての焼き畑―熊本 五家荘のじっちゃんに聞く, 暮らしに生きる郷土料理―鹿児島 小島家の夕食を拝見, ソフトからの演劇づくり―東京 ベニサン・ピットに思う

01527 みんなみんなやさしかったよ―太宰治と歩く「津軽」の旅 飯塚恒雄著 愛育社 2001.11 233p 19cm 1300円 ①4-7500-0112-0

01528 ツーリング・ライフ―自由に、そして孤独に 新装増補版 斎藤純著 春秋社 2004.3 274p 20cm〈2001年刊の新装増補〉 1800円 ①4-393-43624-5

作品 岬めぐり―北東北

01529 太宰治と歩く「津軽」の旅―みんなみんなやさしかったよ 飯塚恒雄著 愛育社 2009.11 204p 19cm〈文献あり〉 1300円 ①978-4-7500-0369-6

01530 新編 日本の旅あちこち 木山捷平著 講談社 2015.4 304p 16cm (講談社文芸文庫)〈著作目録あり 年譜あり〉 1600円 ①978-4-06-290268-7

作品 椎の若葉―青森 太宰の故郷―青森

蟹田(外ヶ浜町)

01531 みんなみんなやさしかったよ―太宰治と歩く「津軽」の旅 飯塚恒雄著 愛育社 2001.11 233p 19cm 1300円 ①4-7500-0112-0

01532 街道をゆく 41 北のまほろば 新装版 司馬遼太郎著 朝日新聞出版 2009.5 403, 8p 15cm (朝日文庫)〈初版:朝日新聞社1997年刊〉 840円 ①978-4-02-264495-4

01533 太宰治と歩く「津軽」の旅―みんなみんなやさしかったよ 飯塚恒雄著 愛育社 2009.11 204p 19cm〈文献あり〉 1300円 ①978-4-7500-0369-6

蕪島

01534 ふれあいの旅紀行 新田健次著 東京新聞出版局 1992.5 203p 19cm 1300円 ①4-8083-0437-6

川内町(むつ市)

01535 街道をゆく 41 北のまほろば 新装版 司馬遼太郎著 朝日新聞出版 2009.5 403, 8p 15cm (朝日文庫)〈初版:朝日新聞社1997年刊〉 840円 ①978-4-02-264495-4

川倉賽の河原地蔵尊

01536 神秘日本 岡本太郎著 KADOKAWA 2015.7 260p 図版24p 15cm (角川ソフィア文庫)〈中央公論社 1964年刊の再刊〉 1000円 ①978-4-04-409487-4

作品 オシラの魂―東北文化論

01537 春の消息 柳美里, 佐藤弘夫著, 宍戸清孝写真 第三文明社 2017.12 263p 21cm〈文献あり〉 2200円 ①978-4-476-03369-4

目次 1 死者の記憶, 2 納骨に見る庶民の霊魂観, 3 日本人と山, 4 土地に残る記憶, 5 生者・死者・異界の住人, 6 死者のゆくえ, 対談 大災害に見舞われた東北で死者と共に生きる(柳美里×佐藤弘夫)

木造駅

01538 文学の中の駅―名作が語る“もうひとつの鉄道史” 原口隆行著 国書刊行会 2006.7 327p 20cm 2000円 ①4-336-04785-5

01539 街道をゆく 41 北のまほろば 新装版 司馬遼太郎著 朝日新聞出版 2009.5 403, 8p 15cm (朝日文庫)〈初版:朝日新聞社1997年刊〉 840円 ①978-4-02-264495-4

木造町(つがる市)

01540 みんなみんなやさしかったよ―太宰治と歩く「津軽」の旅 飯塚恒雄著 愛育社 2001.11 233p 19cm 1300円 ①4-7500-0112-0

01541 太宰治と歩く「津軽」の旅―みんなみんなやさしかったよ 飯塚恒雄著 愛育社 2009.11 204p 19cm〈文献あり〉 1300円 ①978-4-7500-0369-6

急行「はまなす」

01542 去りゆく星空の夜行列車 小牟田哲彦著 草思社 2015.2 294p 16cm (草思社文庫)〈扶桑社 2009年刊の再刊〉 850円 ①978-4-7942-2105-6

キリストの墓(新郷村)

01543 伝説の旅 谷真介著 梟社 2003.9 297p 20cm〈新泉社(発売) 創林社1980年刊の増訂〉 1900円 ①4-7877-6312-1

目次 1 義経、平家伝説のゆくえ(義経北行伝説をたどる, 南走平家伝説をめぐって), 2 歴史と伝説の光と影(東北にあるキリスト兄弟の墓, 環状列石の謎 ほか), 3 沖縄・先島を歩く(謎の“パナリ焼”―竹富島にて, 南波照間島物語―波照間島にて ほか), 4 伝説の真偽(幻の“八文半の軍靴”―沖縄・阿嘉島にて, 「ジュリア・おたあ伝説」について―神津島)

01544 花嫁化鳥 改版 寺山修司著 中央公論社 2008.11 258p 16cm (中公文庫)〈1990

年刊の改版〉 705円 ①978-4-12-205073-0
作品 きりすと和讃
目次 馬染かつら, 花嫁化鳥, くじら霊異記, きりすと和讃, 筑豊むらさき小唄

01545 お友だちからお願いします 三浦しをん著 大和書房 2012.8 290p 20cm 1400円 ①978-4-479-68171-7
作品 キリストの墓とピラミッド

櫛引八幡宮

01546 街道をゆく 3 陸奥のみち、肥薩のみち ほか 新装版 司馬遼太郎著 朝日新聞出版 2008.8 315, 8p 15cm (朝日文庫) 620円 ①978-4-02-264442-8

九艘泊(むつ市)

01547 北日本を歩く 立松和平著, 黒古一夫編 勉誠出版 2006.4 372p 22cm (立松和平日本を歩く 第1巻) 2600円 ①4-585-01171-4

グダリ沼(青森市)

01548 晩春の旅・山の宿 井伏鱒二著 講談社 1990.10 337p 15cm (講談社文芸文庫) 900円 ①4-06-196098-9
目次 晩春の旅(案内記, 月山日和城, コンプラ醤油瓶), 山の宿(増富の谿谷, 御坂上, 鳥の声, 塩の山・差出の磯, 小黒坂の猪, 富士の笠雲), 広島風土記(志賀直哉と尾道, 大三島, 備前牛窓, 水鶏), 取材旅行(九谷焼, 熊野路, 能登半島), 釣宿(川で会った人たち, 湯河原沖, グダリ沼, 釣宿)

久渡寺

01549 神仏に祈る 金田一京助ほか著, 作品社編集部編 作品社 1998.4 243p 22cm (新編・日本随筆紀行 大きな活字で読みやすい本―心にふるさとがある 13) ①4-87893-894-3, 4-87893-807-2
作品 久渡寺を訪れる〔江田絹子〕
目次 太古の国の遍路から(抄)(金田一京助), 狩猟の神々(更科源蔵), 口寄せ(寺山修司), 久渡寺を訪れる(江田絹子), 辺境のいのり(抄)(高橋富雄), 中高年婦人たちの"原宿"(ひろさちや), おみくじ(永井龍男), 四季の野ぼとけ(林蓬生), 大島のイボッチャ(坂口一雄), 加賀の石仏(室生朝子), 三人連れ(天野忠), 庚申街道(阪田寛夫), 熊野街道をゆく(神坂次郎), 阿品のお大師さま(宇野千代), 遍路の正月(種田山頭火), 四国遍路(佃実夫), 横瀬浦、島原、口ノ津(遠藤周作), 指輪のうた(松永伍一), 船つなぎの木(石牟礼道子), 洗骨(島尾ミホ)

01550 ぼくらは怪談巡礼団 加門七海, 東雅夫著 KADOKAWA 2014.6 301p 19cm (〔幽BOOKS〕) 1400円 ①978-4-04-066760-7
目次 石川県/岐阜県 鏡花の怪, 宮城県 猫島の怪, 東京都 江戸の怪, 京都府 京都の怪, 神奈川県/静岡県 山路の怪, 岩手県 遠野の怪, 青森県 陸奥の怪, 新潟県 未明の怪, 東京都 郷里の怪, 石川県 能楽の怪

国吉温泉

01551 雲は旅人のように―湯の花紀行 池内紀著, 田淵裕一写真 日本交通公社出版事業局 1995.5 284p 19cm 1600円 ①4-533-02163-8
作品 ひわ色の砂丘も淋し

弘法寺

01552 禁足地帯の歩き方 吉田悠軌著 学研プラス 2017.11 175p 19cm 1000円 ①978-4-05-406602-1
目次 禁断の場所へ行くということ, 1章 禁足, 日忌様と二十五日様[大島・神津島の秘祭], オソロシドコロと剣の池[対馬・壱岐の禁足地], 石神スピリチュアル[丸石信仰], 2章 人形, オシラサマ開封の儀[イタコと呪術人形], タイの呪術人形ルクテープ[生き人形と暮らす国], 青森のカミサマと悪霊人形[人形婚の弘法寺], 3章 怪談, 本当にあった「消えた乗客」事件[三和交通の怪談タクシー・横浜], 不幸が連鎖する郊外の現在[三和交通の怪談タクシー・多摩], 触れてはいけない「祟る木」[JR中央本線のホウの木], オカルト産業遺産[軍艦島、松尾鉱山、化女沼レジャーランド], 原色ルポ 奇祭, ワイ・クルタイの刺青祭り, 日本の奇祭 大したもん蛇まつり、蛇も蚊も祭り、面掛行列、護法祭, 4章 聖地, 人類和合と幣立神宮[五色神大祭], 熊野・悪魔祓い紀行[天河神社、玉置神社],「愛の南京錠」スポット[氷室神社と世界の恋愛聖地], 縁切りダイバーシティ[榎と地蔵と拝み絵馬], 5章 黄泉, 自殺文豪が紡ぐ死の糸[太宰、芥川、三島、川端], 地獄寺巡り[風天洞、桑原寺、桂昌寺跡], 解剖学者による死体芸術の館[フランス・フラゴナール博物館], 封じられた場所を歩き続けるために

熊の湯温泉

01553 ツーリング・ライフ―自由に、そして孤独に 新装増補版 斎藤純著 春秋社 2004.3 274p 20cm〈2001年刊の新装増補〉 1800円 ①4-393-43624-5
作品 マタギ・ルートを辿る―奥羽山脈縦断

黒石温泉郷

01554 バイクで越えた1000峠 賀曽利隆著 小学館 1998.8 280p 15cm (小学館文庫)〈1995年刊の文庫化〉 514円 ①4-09-411101-8

01555 超秘湯に入ろう! 坂本衛著 筑摩書房 2003.4 344p 15cm (ちくま文庫)〈「超秘湯!!」(山海堂1997年刊)の改題〉 780円 ①4-480-03827-2
目次 第1章 超秘湯とは何か? , 第2章 超秘湯紀行(青森県の温泉―黒石市周辺は超秘湯の宝庫, 秋田県の温泉―聞けば教えてもらえた秋田の湯, 新潟県の温泉―石油を掘ったらお湯が出た, 栃木県と茨城県の温泉―北関東2泊3日温泉行脚, 静岡県の温泉―有名温泉地・伊豆の超秘湯 ほか)

黒石市

01556 日本奥地紀行 イサベラ・バード著, 高梨健吉訳 平凡社 2000.2 529p 16cm (平凡社ライブラリー)〈年譜あり 文献あり〉 1500円 ①4-582-76329-4

01557 イザベラ・バード「日本の未踏路」完全補遺 イザベラ・バード著, 高畑美代子訳注 中央公論事業出版(製作発売) 2008.1 190p 21cm 1600円 ①978-4-89514-296-0

01558 イザベラ・バードの日本紀行 上 イザ

ベラ・バード著, 時岡敬子訳　講談社　2008.4　493p　15cm　（講談社学術文庫）　1500円　①978-4-06-159871-3

01559　イザベラ・バード『日本奥地紀行』を歩く　金沢正脩著　JTBパブリッシング　2010.1　175p　21cm　（楽学ブックス―文学歴史 11）〈文献あり 年譜あり〉　1800円　①978-4-533-07671-8

01560　完訳 日本奥地紀行　2　新潟―山形―秋田―青森　イザベラ・バード著, 金坂清則訳注　平凡社　2012.7　439p　18cm　（東洋文庫）〈折り込 1枚　布装〉　3200円　①978-4-582-80823-0

01561　にっぽん全国 百年食堂　椎名誠著　講談社　2013.1　222p　19cm　1400円　①978-4-06-217814-3

01562　新訳 日本奥地紀行　イザベラ・バード著, 金坂清則訳　平凡社　2013.10　537p　18cm　（東洋文庫）〈布装　索引あり〉　3200円　①978-4-582-80840-7

01563　ニッポン周遊記―町の見つけ方・歩き方・つくり方　池内紀著　青土社　2014.7　325p　20cm　2400円　①978-4-7917-6777-9

弘南鉄道

01564　日本全国ローカル線おいしい旅　嵐山光三郎著　講談社　2004.3　246p　18cm　（講談社現代新書）　700円　①4-06-149710-3

黄金崎不老不死温泉

01565　ガラメキ温泉探険記　池内紀著　リクルート出版　1990.10　203p　19cm　1165円　①4-88991-196-0

作品　月見風呂

目次　前口上・いろは風呂自慢, 温泉道指南1―パンツはつけるな 入之波温泉（奈良県）, 温泉道指南2―風呂で選べ 蓮台寺温泉（静岡県）, 温泉道指南3―ジッと見ろ 沢渡温泉（群馬県）, 温泉道指南4―月を仰ぎつ 滑川温泉（山形県）, 温泉道指南5―ステッキ突いて 渋温泉（長野県）, 温泉道指南6―化ける 塩原温泉（栃木県）, 温泉道指南7―先人に学ぶ 栗野岳温泉・新湯温泉（鹿児島県）, 温泉道指南8―即身成仏 岩室温泉（新潟県）, 温泉道指南9―人には愛を 峨々温泉（宮城県）, 温泉道指南10―庭をながめて 熱塩温泉（福島県）, 温泉道指南11―夜明けにひっそりと 塔ノ沢温泉（神奈川県）, 温泉道指南12―めでたく一本締め 山代温泉（石川県）, これぞ究極の温泉道, 木曽きまぐれ気まま旅, ガラメキ温泉探険記, 奈良元興寺界隈, ほうとう記, 妖怪変化, 伊予の一夜, 私の温泉手帖, 温泉饅頭と「地元の本」, 月見風呂, 湯の網紀行, 凱旋門, 不識塔, 掌中の手のやはらかき, 仙人の杖, 天国への階段, 銭湯記1～3, 番外・湯の町エレジー海外篇

01566　雲は旅人のように―湯の花紀行　池内紀著, 田淵裕一写真　日本交通公社出版事業局　1995.5　284p　19cm　1600円　①4-533-02163-8

作品　ひわ色の砂丘も淋し

01567　温泉旅日記　池内紀著　徳間書店　1996.9　277p　15cm　（徳間文庫）〈河出書房新社1988年刊あり〉　540円　①4-19-890559-2

目次　会津の雨―木賊温泉（福島県）, 忠治も来た―鳩ノ湯（群馬県）, 小さな町―矢野温泉（広島県）, 五七調の旅―鹿沢温泉（群馬県）, ふるさと再訪―塩田温泉（兵庫県）, 湯の町エレジー―籠坊温泉（兵庫県）, 眠る町―春日温泉（長野県）, なおしてくるぞと…―寒の地獄（大分県）, 片目の魚―温湯温泉（青森県）, 夢を売る―湯涌温泉（石川県）〔ほか〕

01568　ツーリング・ライフ―自由に、そして孤独に　新装増補版　斎藤純著　春秋社　2004.3　274p　20cm〈2001年刊の新装増補〉　1800円　①4-393-43624-5

作品　岬めぐり―北東北

五所川原駅

01569　文学の中の駅―名作が語る“もうひとつの鉄道史”　原口隆行著　国書刊行会　2006.7　327p　20cm　2000円　①4-336-04785-5

五所川原市

01570　牧水紀行文集　若山牧水著, 高田宏編　弥生書房　1996.6　228p　19cm　2300円　①4-8415-0712-4

作品　津軽野

目次　自然の息 自然の声―序に代えて, 火山の麓―明治43年、牧水26歳の旅, 岬の端―大正4年、牧水31歳の旅, 津軽野―大正5年、牧水32歳の旅, 灯台守―大正2年、牧水29歳の旅, 比叡山―大正7年、牧水34歳の旅, 山寺―大正7年、牧水34歳の旅, 上州草津―大正9年、牧水36歳の旅, 草津より渋へ―大正9年、牧水36歳の旅, 吾妻の渓より六里が原へ―大正7年、牧水34歳の旅〔ほか〕

01571　バスで田舎へ行く　泉麻人著　筑摩書房　2005.5　296p　15cm　（ちくま文庫）〈「バスで、田舎へ行く」（JTB 2001年刊）の改題〉　740円　①4-480-42079-7

01572　渚の旅人　1　かもめの熱い吐息　森沢明夫著　東京地図出版　2008.12　412p　19cm　1450円　①978-4-8085-8531-0

01573　文豪、偉人の「愛」をたどる旅　黛まどか著　集英社　2009.8　255p　18cm　1048円　①978-4-08-781427-9

小泊（中泊町）

01574　みんなみんなやさしかったよ―太宰治と歩く「津軽」の旅　飯塚恒雄著　愛育社　2001.11　233p　19cm　1300円　①4-7500-0112-0

01575　太宰治と歩く「津軽」の旅―みんなみんなやさしかったよ　飯塚恒雄著　愛育社　2009.11　204p　19cm〈文献あり〉　1300円　①978-4-7500-0369-6

小牧野遺跡

01576　脳で旅する日本のクオリア　茂木健一郎著　小学館　2009.7　255p　19cm　1500円　①978-4-09-387855-5

佐井村

01577　日本すみずみ紀行　川本三郎著　社会思想社　1997.9　258p　15cm　（現代教養文庫）〈文元社2004年刊（1998年刊（2刷）を原本としたOD版）あり〉　640円　①4-390-11613-4

作品　下北半島

笹内川

01578 岩魚幻照—大イワナの棲む渓々 植野稔著 山と渓谷社 1993.4 190p 21cm 2000円 Ⓘ4-635-36027-X

三内丸山遺跡

01579 東北謎とき散歩—多くの史跡や霊場霊山の不思議の舞台に迫る 星亮一著 廣済堂出版 1998.11 271p 19cm 1600円 Ⓘ4-331-50659-2

01580 ツーリング・ライフ—自由に、そして孤独に 新装増補版 斎藤純著 春秋社 2004.3 274p 20cm〈2001年刊の新装増補〉 1800円 Ⓘ4-393-43624-5

作品 岬めぐり—北東北

01581 旅に人生—日本人の風景を歩く 森本哲郎著 PHP研究所 2006.12 372p 15cm (PHP文庫)〈「旅の半空」(新潮社1997年刊)の改題〉 648円 Ⓘ4-569-66745-7

目次 旅のきっかけ—東京都・神田, 兼好の墓—三重県・伊賀市, 外の浜風—青森県・津軽半島, 津軽の「至宝」—青森市・三内丸山遺跡, 江の島再訪—神奈川県・藤沢市, 二度と行こまい丹後の宮津—京都府・宮津市, まだふみも見ぬ天の橋立—京都府・宮津市, 漱石の和歌山—和歌山県・和歌山市, 和歌浦、潮満ち来れば…—和歌山市・和歌浦, 塩原懐古—栃木県・那須塩原市, 牛窓慕情—岡山県・瀬戸内市,「盆栽村」探訪—埼玉県・さいたま市, 日野の山里—滋賀県・長浜市、京都市・伏見区, 竹田の故郷—大分県・竹田市,「荒城の月」—竹田市・岡城址, 姨捨山考—長野県・冠着山, 更科紀行—長野県・千曲市, 命なりけり小夜の中山—静岡県・島田市、掛川市, 石松の遠州森町—静岡県・森町, 伊勢神宮の神秘—三重県・伊勢市

01582 街道をゆく 41 北のまほろば 新装版 司馬遼太郎著 朝日新聞出版 2009.5 403, 8p 15cm (朝日文庫)〈初版:朝日新聞社1997年刊〉 840円 Ⓘ978-4-02-264495-4

01583 脳で旅する日本のクオリア 茂木健一郎著 小学館 2009.7 255p 19cm 1500円 Ⓘ978-4-09-387855-5

01584 新・古代史謎解き紀行 東北編 消えた蝦夷(えみし)たちの謎 関裕二著 ポプラ社 2010.5 245p 19cm〈各巻タイトル:消えた蝦夷たちの謎 文献あり〉 1400円 Ⓘ978-4-591-11812-2

目次 第1章 三内丸山遺跡と縄文人の謎(土偶パワーをいただきに東奔へ, なぜ東北地方は「革新」を拒んだのか ほか), 第2章 蝦夷とは何ものなのか(東北の忘れられない味, 山寺は正月にかぎる ほか), 第3章 ヤマトの政争と東北の知られざるつながり(忘れられない磐梯山の勇姿, 東北人の作る「おむすび」はまん丸 ほか), 第4章 蝦夷受難の時代(ときめかない多賀城, 多賀城碑もがっかり ほか), 第5章 なぜ蝦夷征討は始まったのか(雪国米沢の恐怖の駅前, 米沢の街中で遭難? ほか)

市浦(五所川原市)

01585 渚の旅人 1 かもめの熱い吐息 森沢明夫著 東京地図出版 2008.12 412p 19cm 1450円 Ⓘ978-4-8085-8531-0

七里長浜

01586 雨の匂いのする夜に 椎名誠写真と文 朝日新聞出版 2015.11 222p 20cm 2100円 Ⓘ978-4-02-331450-4

作品 津軽の牙風

目次 日本編(藤沢牧場にて, 津軽半島の漁師, 津軽の牙風, 種差海岸で出会った人々, 秋がやってきた, 駆ける娘, ヤマセの霧と波しぶき, 灯台のある島, 秋田の居酒屋で, 春をまつ顔, 太陽ギラギラ伊勢うどん, 高野山入門篇, 雨の沈下橋, ぱいかじのなかで, 夕暮れ海浜劇場, 白保の元気者, 東に流れる大きな雲, 島での五日間, テケテケトントン怪しい夜, 夏のおもいで), アジア編(イラワジ川に沿って, 豊かなメコン, ラオス・アカ族の朝食はいつもタケノコ ほか), 南米その他編(パイネ山群へ, マゼラン海峡の密漁者, ハノーバー島への小さな航海 ほか)

下北半島

01587 ヤポネシア讃歌 立松和平著 講談社 1990.6 261p 19cm 1200円 Ⓘ4-06-204887-6

01588 井上靖歴史紀行文集 第1巻 日本の旅 井上靖著 岩波書店 1992.1 23cm

作品 下北半島のアスナロウ

目次 下北半島のアスナロウ, 平泉紀行, 早春の伊豆・駿河, 涸沢にて, 南紀の海に魅せられて, 穂高の月・ヒマラヤの月, 梓川沿いの樹林, 薄雪に包まれた高山の町, 大佐渡小佐渡, 川の話,「旅と人生」について, 日本の風景〔ほか〕

01589 東北謎とき散歩—多くの史跡や霊場霊山の不思議の舞台に迫る 星亮一著 廣済堂出版 1998.11 271p 19cm 1600円 Ⓘ4-331-50659-2

01590 日本全国ローカル線おいしい旅 嵐山光三郎著 講談社 2004.3 246p 18cm (講談社現代新書) 700円 Ⓘ4-06-149710-3

01591 スローな旅で行こう—シェルパ斉藤の週末ニッポン再発見 斉藤政喜著 小学館 2004.10 255p 19cm (Dime books) 1200円 Ⓘ4-09-366068-9

01592 日本浪漫紀行—風景、歴史、人情に魅せられて 呉善花著 PHP研究所 2005.10 259p 18cm (PHP新書) 740円 Ⓘ4-569-64157-1

01593 日本の旅ごはん—平成食の風土記 向笠千恵子著 小学館 2006.11 191p 19cm 1500円 Ⓘ4-09-387688-6

01594 にっぽん・海風魚旅 4(大漁旗ぶるぶる乱風編) 椎名誠著 講談社 2008.7 394p 15cm (講談社文庫)〈2005年刊の文庫化〉 857円 Ⓘ978-4-06-276097-3

01595 妣(はは)の国への旅—私の履歴書 谷川健一著 日本経済新聞出版社 2009.1 309p 20cm 2600円 Ⓘ978-4-532-16680-9

目次 第1部 私の履歴書(勉強好き、学校大嫌い,「庶民」との出逢い, 独学者の魂), 第2部 私の旅 第1章 民俗紀行(獅子島の若者たち, 虻の襲う村, 新野・精霊の匂い, 遠山の冬祭, 下北半島紀行, 流されびと, 志摩, 五島, 白峯紀行, 高山寺, 阿波, 出雲), 第2章 沖縄へ(由布島由来記, 宮古島の神女, 大神島の神女, 八重干瀬にて, シラサの浜, 奄美の新節), 朝鮮半島へ), 第3部 私の民俗学を語る(自作を語る, 故郷・水俣を語る)

東北

01596 列車三昧日本のはしっこに行ってみた 吉本由美著 講談社 2009.12 232p 16cm (講談社+α文庫)〈『日本のはしっこへ行ってみた』(日本放送出版協会2003年刊)の改題、加筆・再編集〉 667円 ①978-4-06-281334-1

01597 谷川健一全集 第10巻(民俗2) 女の風土記 埋もれた日本地図(抄録) 黒潮の民俗学(抄録) 谷川健一著 冨山房インターナショナル 2010.1 574, 27p 23cm〈付属資料:8p:月報 no.14 索引あり〉 6500円 ①978-4-902385-84-7

作品 下北半島紀行 北上から下北半島へ

01598 旅学的な文体 赤坂憲雄著 五柳書院 2010.3 213p 20cm (五柳叢書 94) 2000円 ①978-4-901646-16-1

目次 第1章 旅師たちの肖像(つげ義春―寂しき旅師のおもかげ, 深沢七郎―旅が日常と化すとき, 高橋竹山―旅に棲み、世間を歩く ほか), 第2章 縄文の風・北の大地(遠野―北からの呼び声, 下北―稗田のある風景, 津軽―原色の風土から ほか), 第3章 樹をあるく旅から(椿の来た道, 美しいカンジキ, オシラサマの原像 ほか)

01599 山で見た夢―ある山岳雑誌編集者の記憶 勝峰富雄著 みすず書房 2010.5 285p 20cm 2600円 ①978-4-622-07542-4

目次 序章 さよなら山登り, 1 輪郭なき起伏, 2 山嶺を越えて, 3 渓、そして秘境へ, 4 人影の残像, 5 ショート・ソングス―山の波間から生まれくるうた, 6 頂のない山

01600 旅の柄 花村萬月著 光文社 2010.11 216p 19cm 1300円 ①978-4-334-97631-6

01601 菅江真澄と旅する―東北遊覧紀行 安水稔和著 平凡社 2011.7 262p 18cm (平凡社新書) 780円 ①978-4-582-85598-2

01602 私の日本地図 3 下北半島 宮本常一著, 香月洋一郎編 未来社 2011.9 308, 4p 19cm (宮本常一著作集別集) 2200円 ①978-4-624-92488-1

目次 1 下北の旅, 2 むつ市, 3 恐山, 4 東通村, 5 脇野沢から野平へ, 6 北通・西通

01603 テツはこんな旅をしている―鉄道旅行再発見 野田隆著 平凡社 2014.3 222p 18cm (平凡社新書) 760円 ①978-4-582-85722-1

01604 うつくしい列島―地理学的名所紀行 池澤夏樹著 河出書房新社 2015.11 308p 20cm 1800円 ①978-4-309-02425-7

01605 来ちゃった 酒井順子文, ほしよりこ画 小学館 2016.3 317p 15cm (小学館文庫)〈2011年刊の増補〉 620円 ①978-4-09-406277-9

01606 荒ぶる自然―日本列島天変地異録 高田宏著 神戸 苦楽堂 2016.6 303, 7p 19cm〈新潮社 1997年刊の再刊 年表あり 索引あり〉 1800円 ①978-4-908087-03-5

下風呂温泉

01607 ツーリング・ライフ―自由に、そして孤独に 新装増補版 斎藤純著 春秋社 2004.3 274p 20cm〈2001年刊の新装増補〉 1800円 ①4-393-43624-5

作品 岬めぐり―北東北

斜陽館

01608 街道をゆく 41 北のまほろば 新装版 司馬遼太郎著 朝日新聞出版 2009.5 403, 8p 15cm (朝日文庫)〈初版:朝日新聞社1997年刊〉 840円 ①978-4-02-264495-4

十三湖

01609 ツーリング・ライフ―自由に、そして孤独に 新装増補版 斎藤純著 春秋社 2004.3 274p 20cm〈2001年刊の新装増補〉 1800円 ①4-393-43624-5

作品 岬めぐり―北東北

01610 街道をゆく 41 北のまほろば 新装版 司馬遼太郎著 朝日新聞出版 2009.5 403, 8p 15cm (朝日文庫)〈初版:朝日新聞社1997年刊〉 840円 ①978-4-02-264495-4

01611 雨の匂いのする夜に 椎名誠写真と文 朝日新聞出版 2015.11 222p 20cm 2100円 ①978-4-02-331450-4

作品 津軽半島の漁師

十二湖

01612 山々を滑る登る 熊谷榧絵と文 八王子 白山書房 2012.11 319p 19cm (〔榧・画文集 12〕) 1900円 ①978-4-89475-159-0

白神山地

01613 脳で旅する日本のクオリア 茂木健一郎著 小学館 2009.7 255p 19cm 1500円 ①978-4-09-387855-5

白神岳

01614 山々を滑る登る 熊谷榧絵と文 八王子 白山書房 2012.11 319p 19cm (〔榧・画文集 12〕) 1900円 ①978-4-89475-159-0

尻屋(東通村)

01615 負籠の細道 水上勉著 集英社 1997.10 232p 16cm (集英社文庫) 476円 ①4-08-748697-4

白銀駅

01616 「銀づくし」乗り継ぎ旅―銀水発・銀山ゆき5泊6日3300キロ 列車に揺られて25年 種村直樹著 徳間書店 2000.7 258p 19cm 1400円 ①4-19-861211-0

新青森駅

01617 下駄でカラコロ朝がえり 椎名誠著 集英社 2014.8 218p 16cm (集英社文庫―ナマコのからえばり)〈「ナマコのからえばり 5」(毎日新聞社 2011年刊)の改題〉 500円 ①978-4-08-745220-4

目次 1 風呂と眼鏡(熱帯夜の贈り物, しあわせってなんだろう ほか), 2 滅びゆく大盛り天丼の背景(新青森で吹雪だった, ススリ問題と別れの抱擁 ほか), 3 見えない恐怖が見えてきた(大相撲改革案, 水を飲んで話をする旅 ほか), 4 残留放射能体験記(サクラガサイタ, 桜

並木に光が踊る ほか), 5 ズルズル問題(車窓から宇宙を考える旅, 梅雨笑い、ときおり苛々日記 ほか)

新郷村

01618 民謡秘宝紀行　斎藤完著　白水社　2004.11　213p　19cm　1800円　①4-560-02660-2

01619 北日本を歩く　立松和平著, 黒古一夫編　勉誠出版　2006.4　372p　22cm　(立松和平日本を歩く 第1巻)　2600円　①4-585-01171-4

01620 花嫁化鳥　改版　寺山修司著　中央公論社　2008.11　258p　16cm　(中公文庫)〈1990年刊の改版〉　705円　①978-4-12-205073-0
作品 きりすと和讃

01621 お友だちからお願いします　三浦しをん著　大和書房　2012.8　290p　20cm　1400円　①978-4-479-68171-7
作品 キリストの墓とピラミッド

酸ヶ湯

01622 ふわふわワウワウ―唄とカメラと時刻表　みなみらんぼう著　旅行読売出版社　1996.7　207p　19cm　1100円　①4-89752-601-9
作品 迫力の千人風呂酸ヶ湯

01623 神秘日本　岡本太郎著　KADOKAWA　2015.7　260p 図版24p　15cm　(角川ソフィア文庫)〈中央公論社 1964年刊の再刊〉　1000円　①978-4-04-409487-4
作品 オシラの魂―東北文化論

青函トンネル

01624 線路のない時刻表　宮脇俊三著　新潮社　1989.4　204p　15cm　(新潮文庫)　280円　①4-10-126807-X

01625 車窓はテレビより面白い　宮脇俊三著　徳間書店　1992.8　254p　15cm　(徳間文庫)〈1989年刊の文庫化〉　460円　①4-19-597265-5

01626 旅は自由席　宮脇俊三著　新潮社　1995.3　283p　15cm　(新潮文庫)〈1991年刊の文庫化〉　440円　①4-10-126811-8

01627 日本縦断JR10周年の旅―新千歳空港駅発・宮崎空港駅ゆき4900キロ　種村直樹著　徳間書店　1997.3　263p　19cm　1300円　①4-19-860667-6

青函連絡船

01628 遙かなる汽車旅　種村直樹著　日本交通公社出版事業局　1996.8　270p　19cm　1500円　①4-533-02531-5

禅林街

01629 街道をゆく　41　北のまほろば　新装版　司馬遼太郎著　朝日新聞出版　2009.5　403, 8p　15cm　(朝日文庫)〈初版：朝日新聞社1997年刊〉　840円　①978-4-02-264495-4

第三新興街

01630 色街を呑む!―日本列島レトロ紀行　勝谷誠彦著　祥伝社　2006.2　284p　15cm　(祥伝社文庫)　600円　①4-396-33271-8

鷹架沼

01631 北日本を歩く　立松和平著, 黒古一夫編　勉誠出版　2006.4　372p　22cm　(立松和平日本を歩く 第1巻)　2600円　①4-585-01171-4

滝ノ沢峠

01632 バイクで越えた1000峠　賀曽利隆著　小学館　1998.8　280p　15cm　(小学館文庫)〈1995年刊の文庫化〉　514円　①4-09-411101-8

嶽温泉

01633 雲は旅人のように―湯の花紀行　池内紀著, 田淵裕一写真　日本交通公社出版事業局　1995.5　284p　19cm　1600円　①4-533-02163-8
作品 ひわ色の砂丘も淋し

01634 温泉旅日記　池内紀著　徳間書店　1996.9　277p　15cm　(徳間文庫)〈河出書房新社1988年刊あり〉　540円　①4-19-890559-2

田代元湯温泉

01635 遙かなる秘湯をゆく　桂博史著　主婦と生活社　1990.3　222p　19cm　980円　①4-391-11232-9

竜飛海底駅

01636 史上最大の乗り継ぎ旅―吉岡海底(最深駅)発・野辺山(最高所駅)ゆき 7泊8日5300キロ、標高差1500メートル　種村直樹著　徳間書店　1992.11　238p　19cm　1300円　①4-19-555022-X

01637 途中下車の愉しみ　櫻井寛著　日本経済新聞出版社　2011.2　229p　18cm　(日経プレミアシリーズ)　850円　①978-4-532-26110-8

竜飛崎

01638 ニッポン豊饒紀行　甲斐崎圭著　小沢書店　1997.8　206p　20cm　1900円　①4-7551-0349-5

01639 一枚の絵葉書　沢野ひとし著　角川書店　1999.7　246p　15cm　(角川文庫)　552円　①4-04-181310-7
目次 ぼくのスケッチ旅行(八戸, 竜飛崎, 晩秋の上高地 ほか), だからアウトドアが嫌いだ(山小屋の主人, 山男と山女, スキューバ・ダイビング ほか), 山へ行こう(東京の山, 梅が瀬渓谷, 大岳山 ほか), 鳥のいる風景(丹沢湖のカモ, キンクロハジロのいた池, 春の銚子港 ほか), 恋の行方(夜の桜, 早朝の東京駅, 夏の出発 ほか)

01640 みんなみんなやさしかったよ―太宰治と歩く「津軽」の旅　飯塚恒雄著　愛育社　2001.11　233p　19cm　1300円　①4-7500-0112-0

01641 街道をゆく　41　北のまほろば　新装版　司馬遼太郎著　朝日新聞出版　2009.5　403, 8p　15cm　(朝日文庫)〈初版：朝日新聞社1997年刊〉　840円　①978-4-02-264495-4

01642 太宰治と歩く「津軽」の旅―みんなみんなやさしかったよ　飯塚恒雄著　愛育社　2009.11　204p　19cm〈文献あり〉　1300円　①978-4-7500-0369-6

01643 北への旅―なつかしい風にむかって　椎名誠著　PHP研究所　2014.3　300p　15cm　(PHP文芸文庫)〈2010年刊に加筆、再編集　索引あり〉　724円　①978-4-569-76156-5
(目次) 津軽半島をいく―ひとまわり撮影紀行(なぜ津軽にむかったか, 煮干しラーメンに送られて, ごらんあれが吹雪の竜飛岬, 人をどう撮るか), 北東北―雲ながれ風まかせ旅(宮古のしあわせな四角と丸, モヤシとサクラ, 角館。はるばるきたけど日曜散歩。, 暑さも海も祭りも夏色 ほか)

01644 私の海の地図　石原慎太郎著　世界文化社　2015.10　319p　20cm　3000円　①978-4-418-15514-9
(目次) 湘南の海, 限りなく恐ろしく美しい難所 神子元島, 初島の魅力, 愛してやまない式根島, 絶海に聳える孤岩の群れ 三本岳, 越すに越されぬ爪木崎, 秘宝の南島, 波切大王なけりゃいい 大王崎, 秘境列島の吐噶喇(とから), 白砂の浜を巡る海 久米島, 未知に満ちた西表島, 与那国島の海底神殿, 吹きすさぶ龍飛岬, 書斎から眺める逗子湾, 恐ろしい北マリアナ, 憧れの大環礁ヘレン, 夢の群島カロリン諸島, 限りない変化の海グレートバリアリーフ

01645 雨の匂いのする夜に　椎名誠写真と文　朝日新聞出版　2015.11　222p　20cm　2100円　①978-4-02-331450-4
(作品) 津軽半島の漁師

舘岡大溜池

01646 日本列島 野生のヘラを求めて　大崎紀夫著　三樹書房　2004.11　230p　21cm　1400円　①4-89522-441-4
(目次) 妹尾川(岡山県)―さみだれし武蔵の郷の栗の花, 湊川(千葉県)―アタリひとつ出ない。オデコ新記録を更新, 千町川(岡山県)―はっきりとしたアタリ。合わせると魚が乗り、鋭く沖に走る, 沼田川(広島県)―鋭く重い引き、まちがいなくヘラだ。まさに美型のヘラである, 大沢田池(広島県)――ツ瀬ダムの記録を塗りかえる、わたしの新記録, 邑知潟(石川県)―ヘラ釣りと奇祭「おかえり祭り」を楽しむ, 一ツ瀬ダム(宮崎県)―40cm上の巨ベラを1日9枚, 波介川(高知県)―釣果はまあまあ、絵金の迫力と讃岐うどんに大満足, 舘岡の大溜池(青森県)―津軽の秋風の中をゆく, 大堀沼(山形県)―釣り、そして芋煮会を満喫〔ほか〕

田名部

01647 街道をゆく　41　北のまほろば　新装版　司馬遼太郎著　朝日新聞出版　2009.5　403, 8p　15cm　(朝日文庫)〈初版:朝日新聞社1997年刊〉　840円　①978-4-02-264495-4

種差海岸

01648 さらば新宿赤マント　椎名誠著　文藝春秋　2015.9　445p　16cm　(文春文庫)〈2013年刊の文庫化〉　770円　①978-4-16-790449-4
(作品) 雪国紀行―いい旅をした　絵をめぐる旅
(目次) 蛇娘はどこへいった, 死んでくんだ論, ユッケのルーツ, タマネギバリバリ健康法, 大腸探検隊, 手紙のちから, 福島、奥会津の憂鬱, 旅する文学館のはじまり, 話は転々三遊間, エロティックな盆踊り〔ほか〕

01649 雨の匂いのする夜に　椎名誠写真と文　朝日新聞出版　2015.11　222p　20cm　2100円　①978-4-02-331450-4
(作品) 秋がやってきた　駆ける娘　ヤマセの霧と波しぶき

長勝寺

01650 百寺巡礼　第7巻　東北　五木寛之著　講談社　2009.3　273p　15cm　(講談社文庫)〈文献あり　2004年刊の文庫化〉　562円　①978-4-06-276291-5

01651 街道をゆく　41　北のまほろば　新装版　司馬遼太郎著　朝日新聞出版　2009.5　403, 8p　15cm　(朝日文庫)〈初版:朝日新聞社1997年刊〉　840円　①978-4-02-264495-4

津梅川

01652 旅愁の川―渓流釣り紀行ベストセレクション　根深誠著　つり人社　2000.6　236p　21cm　1500円　①4-88536-439-6

01653 ブナの息吹、森の記憶―世界自然遺産白神山地　根深誠著　七つ森書館　2013.11　206p　17cm　1600円　①978-4-8228-1390-1

津軽海峡

01654 新顔鉄道乗り歩き　種村直樹著　中央書院　1990.2　302p　19cm　1400円　①4-924420-44-1

01655 かわいい自分には旅をさせろ　嵐山光三郎著　講談社　1991.8　253p　18cm　1100円　①4-06-205402-7

01656 快速特急記者の旅―レイルウェイ・ライターの本　種村直樹著　日本交通公社出版事業局　1993.5　334p　19cm　1400円　①4-533-01973-0
(目次) "マイレール"三陸鉄道快走, 信濃川・千曲川バス紀行, 米原駅二四時間, 駅前温泉気まぐれ列車, 車内でのふれ合い, レイルウェイ・ライターと国鉄, 振り向けば…ローカル線, 津軽海峡直下駅と人工島, 国鉄分割・民営への道, 超特急〈あじあ〉よみがえる, 迷路列車, 上越新幹線初乗り初くぐり〔ほか〕

01657 バス旅 春夏秋冬　種村直樹著　中央書院　1997.3　285p　19cm　1700円　①4-88732-031-0
(目次) 琵琶湖一周路線バスの旅, 津軽海峡バス景色, 国鉄バス十和田南・北線最終便, 秋田乗り継ぎ気まま旅, 東京 - 平間乗り比べ, 消えたダブルデッカー「スワン」, 雪の越後路 気まぐれバス, 都内定観はとバスに乗る, 「伊東観光フリーパス」の小さな旅, 新宿 - 茅野間乗り比べ〔ほか〕

01658 鉄道全線三十年―車窓紀行 昭和・平成……乗った、撮った、また乗った!!　田中正恭著　心交社　2002.6　371p　19cm　1600円　①4-88302-741-4

01659 「新選組」ふれあいの旅―人や史跡との出逢いを求めて　岳真也著　PHP研究所　2003.12　249p　19cm　1200円　①4-569-63235-1

01660 おれたちを笑うな!―わしらは怪しい雑魚釣り隊　椎名誠著　小学館　2015.8　377p　15cm　(小学館文庫)〈2013年刊の加筆・修正〉　670円　①978-4-09-406194-9
(目次) 東伊豆ゴマサバ騒動, 津軽海峡アイナメ讃歌, 山

中湖ワカサギから揚げ作戦, キャンプ釣り再開、危機意識の夜, 茨城霧雨小サバの宴, タクワン浜でピーカンだった, 横須賀佐島、タコとり物語, 月夜に吠えてるカツオとマグロと太刀魚, みんな意味なく元気だ! タクワン浜, 天野臨時隊長「日間賀島」で訓辞をタレル, 黒潮は我々を待っていた——わけでもなかった, 済州島遠征1 海仁のサバイバル釣り, 済州島遠征2 名嘉元必殺の「ナクシハゴシポヨ」, ワラサ、タイ、ゴマサバが大量バサバサ, さらばタクワン浜。でもまた来るからな。, むははは秘密焚き火の夜だった, 流木海岸バカ食いキャンプ, 「メタボネコ堤防」の喜びと悲しみ, 目的と成果のよくわからない海浜強化合宿, 食いきれない筈の真鯛は虚空に散った, 突風荒波どどんとこえてついにわしらは出撃した。

津軽五所川原駅

01661 文学の中の駅—名作が語る“もうひとつの鉄道史” 原口隆行著 国書刊行会 2006.7 327p 20cm 2000円 ①4-336-04785-5

津軽線(JR)

01662 線路のない時刻表 宮脇俊三著 新潮社 1989.4 204p 15cm (新潮文庫) 280円 ①4-10-126807-X
作品 青函トンネル記行

01663 絶景冬列車の旅—宗谷本線から日本海縦貫線まで 櫻井寛文・写真 東京書籍 1999.11 159p 21cm 2200円 ①4-487-79471-4

01664 朝湯、昼酒、ローカル線—かっちゃんの鉄修行 勝谷誠彦著 文芸春秋 2007.12 321p 16cm (文春文庫plus)〈「勝谷誠彦の地列車大作戦」(JTB2002年刊)の改題〉 629円 ①978-4-16-771320-1

01665 一両列車のゆるり旅 下川裕治, 中田浩資著 双葉社 2015.6 364p 15cm (双葉文庫) 694円 ①978-4-575-71436-4

津軽地方

01666 ヤポネシア讃歌 立松和平著 講談社 1990.6 261p 19cm 1200円 ①4-06-204887-6

01667 極楽トンボのハミング紀行 岳真也著 廣済堂出版 1990.7 267p 19cm (TRAVEL ESSAYS'80) 1000円 ①4-331-50292-9
目次 1 ハミング紀行(さまざまな出逢いを求めて 瀬戸内の海へ, 西の果てアンゼラスの鐘の音響く五島列島に渡る, 底ぶかいやさしさを秘めた太宰の故郷みちのく津軽を行く, 中乗りさんから旅の宿へ 木曽路を行く, アンコ椿に今また“為朝”の夢が噴出する伊豆大島へ ほか), 2 どこまでも歩いてみたい散歩道(思い出を道連れに源氏山から北鎌倉へ, 見飽きない玩具箱それは神戸, ひとの情の匂う街 東京下町 ほか)

01668 にっぽん青春巡礼行 岳真也著 廣済堂出版 1990.12 330p 16cm (廣済堂文庫) 470円 ①4-331-65084-7

01669 途中下車の味 宮脇俊三著 新潮社 1992.6 240p 15cm (新潮文庫)〈1988年刊の文庫化〉 360円 ①4-10-126810-X

01670 ふるさとの風の中には—詩人の風景を歩く 俵万智著, 内山英明写真 河出書房新社 1992.11 125p 20×18cm 1500円 ①4-309-00796-1
目次 夕暮れのイギリス海岸, ふるさとの山に向いて, 雪まじり「津軽」の世界, 俳句をつくろうの旅, 良寛像の不気味, 千曲川旅情の手紙, 詩心の川、最上川, 火を吹く日記, トンカジョンの柳川, セピア色の散歩道

01671 サッド・カフェで朝食を 谷村志穂著 メディアパル 1994.10 228p 19cm 1300円 ①4-89610-016-6

01672 東北謎とき散歩—多くの史跡や霊場霊山の不思議の舞台に迫る 星亮一著 廣済堂出版 1998.11 271p 19cm 1600円 ①4-331-50659-2

01673 風・旅・旋律 河野保雄文, 吉井忠絵 音楽之友社 1999.8 109p 24cm 2500円 ①4-276-20112-8

01674 田中小実昌紀行集 田中小実昌著, 山本容朗選 JTB 2001.12 318p 20cm 2200円 ①4-533-04032-2
目次 1章 港が好き、駅が好き(さくら・さくら, 雨が降ってる, のんびりしているのが性に合う, とつじょ江ノ電にのりたくなり, 津軽 日本一の美人の産地, 佐世保三十五年目の感傷, イタリア軒, 湖西線のんびり旅行, 瀬戸内美味放浪 ほか), 2章 思い出を紡ぎながら(小倉でたべた河豚, 港町フリマントル, 十年越しの東京湾ぐるり旅, 海峡の橋をわたって ほか)

01675 みなかみ紀行 新編 若山牧水著, 池内紀編 岩波書店 2002.3 266p 15cm (岩波文庫) 600円 ①4-00-310522-2
作品 津軽野
目次 枯野の旅, 津軽野, 山上湖へ, 水郷めぐり, 吾妻の渓より六里が原へ, みなかみ紀行, 空想と願望, 信濃の晩秋, 白骨温泉, 木枯紀行, 熊野奈智山, 沼津千本松原

01676 金沢はいまも雪か 五木寛之著 東京書籍 2002.4 483p 20cm (五木寛之全紀行 5 (金沢・京都・日本各地編))〈シリーズ責任表示:五木寛之著 肖像あり〉 2100円 ①4-487-79766-7
目次 金沢・北陸(わが金沢, 古い街の新しい朝 ほか), 京都・近畿(独りでする冬の旅, 京都の先進性—稲垣足穂との対話 ほか), 中国・四国(隠岐共和国の幻(講演), 津和野の町のミニ ほか), 東海・中部・関東(鬼饅頭と煮込みうどん, 糸魚川の一夜 ほか), 東北・北海道(白い卒塔婆の壁の前で—立石寺, 根の国紀行—太宰の津軽と私の津軽 ほか)

01677 日本全国ローカル線おいしい旅 嵐山光三郎著 講談社 2004.3 246p 18cm (講談社現代新書) 700円 ①4-06-149710-3

01678 メルヘン紀行 みやこうせい著 未知谷 2005.5 237p 20cm 2200円 ①4-89642-129-9

01679 名探偵浅見光彦のニッポン不思議紀行 内田康夫著 集英社 2006.2 270p 16cm (集英社文庫)〈学習研究社2001年刊あり〉 600円 ①4-08-746013-4
目次 温泉町に頼家と範頼の怨念が漂う 伊豆修善寺・湯ケ島の巻, 九鬼水軍が眠る海に真珠は妖しく光って 伊勢・二見・鳥羽・志摩の巻, 出雲に伝わる神話と八雲が語る怪談と 出雲・松江の巻, 華やかな避暑地の知られざる不思議空間 あなたの知らない軽井沢の巻, 霧に覆われた後鳥羽伝説の舞台 三次・尾道感傷旅行の巻, レトロな街

とミステリーの巨星を訪ねて 門司・小倉の巻, 悲劇の皇女和宮と島崎藤村の 妻篭・馬篭の巻, 金子みすゞ―哀愁とロマンにひたる 津和野・萩・長門の巻, 悲劇の作家・太宰治とリンゴの故郷 津軽半島・津軽平野の巻, 古代を偲び現代を味わう 奈良・大和路の巻(前編), 明日香の謎、大津皇子の悲劇を訪ねる―奈良・大和路の巻(後編), 美しい長崎に幻想と幻覚を見た―雲仙・島原・長崎の巻, 離流しの里に女性の優しさと怖さを見た―鳥取・倉吉の巻, 殺人と自殺の現場を検証する旅―能登・加賀・金沢の巻, 赤い靴・青い目の人形は何を語りかけるのか―青春グラフティ横浜の巻, 悲運の人・吉良上野介と殉国七士―三河湾岸周遊の巻, 気品漂う鶴ヶ城の悲しすぎる歴史をひもとく―会津若松・大内宿・喜多方の巻, 「美味礼賛」新しいミステリーを探す旅―愛媛・しまなみ海道の巻, 江戸情緒、下町の原風景を訪ねて―東京のふるさとの巻

01680 北日本を歩く 立松和平著, 黒古一夫編 勉誠出版 2006.4 372p 22cm (立松和平日本を歩く 第1巻) 2600円 ①4-585-01171-4

01681 七つの自転車の旅 白鳥和也著 平凡社 2008.11 301p 20cm 1600円 ①978-4-582-83415-4

目次 第1章 北上の光, 第2章 津軽から秋田へ, 第3章 バリオスと北陸, 第4章 走れなかった自転車の旅, 第5章 白馬と糸魚川, 第6章 大平街道再び, 第7章 しまなみの幻想

01682 旅学的な文体 赤坂憲雄著 五柳書院 2010.3 213p 20cm (五柳叢書 94) 2000円 ①978-4-901646-16-1

01683 東北を歩く―小さな村の希望を旅する 増補新版 結城登美雄著 新宿書房 2011.7 331p 20cm 2000円 ①978-4-88008-419-0

01684 雪国の春―柳田国男が歩いた東北 新装版 柳田国男著 角川学芸出版 2011.11 267p 15cm (角川文庫―[角川ソフィア文庫] [J-102-2]) 〈初版：角川書店昭和31年刊 発売：角川グループパブリッシング〉 667円 ①978-4-04-408302-1

作品 津軽の旅

01685 いい感じの石ころを拾いに 宮田珠己著 河出書房新社 2014.5 135p 21cm 〈文献あり〉 1600円 ①978-4-309-02291-8

01686 野生めぐり―列島神話の源流に触れる12の旅 石倉敏明文, 田附勝写真 京都 淡交社 2015.11 255p 19cm 2000円 ①978-4-473-04045-9

01687 日本全国津々うりゃうりゃ 宮田珠己著 幻冬舎 2016.6 315p 16cm (幻冬舎文庫) 〈廣済堂出版 2012年刊の再刊 文献あり〉 690円 ①978-4-344-42482-1

目次 名古屋―目からシャチホコが落ちる, 秋山郷、十日町―国境の長いトンネルを抜けたんだからそこは外国, 東京―東京迷路機器行, 日光―東照宮にクラゲはいるか, 津軽―素晴らしすぎる石拾いの旅, 妙義山―妻より怖かった、と杉江鳥は言った, 大陸―と言っても過言ではないうちの庭, 天草―台風は悔い改めよ, 志賀島―海の危険生物に関する考察と警告, 神津島―東京で砂漠を見にいく, しまなみ海道―海が山のように盛り上がる？, 富士急ハイランド―ジェットコースターについて語るときに僕の語ること, 千里―ふるさとはニュータウン

01688 私なりに絶景―ニッポンわがまま観光記 宮田珠己著 廣済堂出版 2017.2 244p 19cm 1600円 ①978-4-331-52080-2

目次 隠岐, 津軽・男鹿, 群馬・長野, 京都, 大阪, 四国横断, 鹿児島

津軽鉄道線

01689 鉄道全線三十年―車窓紀行 昭和・平成……乗った、撮った、また乗った!! 田中正恭著 心交社 2002.6 371p 19cm 1600円 ①4-88302-741-4

01690 小さな鉄道 小さな温泉 大原利雄著 小学館 2003.8 171p 15cm (小学館文庫) 733円 ①4-09-411525-0

01691 日本の鉄道各駅停車の旅 原口隆行著 ダイヤモンド社 2004.5 158p 21cm 1500円 ①4-478-96088-7

01692 にっぽんローカル鉄道の旅 野田隆著 平凡社 2005.10 210p 18cm (平凡社新書) 780円 ①4-582-85292-0

01693 おんなひとりの鉄道旅 東日本編 矢野直美著 小学館 2008.7 217p 15cm (小学館文庫) 〈2005年刊の単行本を2分冊にして文庫化〉 600円 ①978-4-09-408286-9

01694 よみがえれ、東日本！ 列車紀行 田中正恭著 クラッセ 2011.9 235p 19cm (Klasse books) 1600円 ①978-4-902841-12-1

01695 呑み鉄、ひとり旅―乗り鉄の王様がゆく 芦原伸著 東京新聞 2016.9 302p 19cm 1500円 ①978-4-8083-1014-1

津軽中里駅

01696 文学の中の駅―名作が語る“もうひとつの鉄道史” 原口隆行著 国書刊行会 2006.7 327p 20cm 2000円 ①4-336-04785-5

01697 終着駅 宮脇俊三著 河出書房新社 2012.1 232p 15cm (河出文庫) 〈2009年刊の文庫化〉 680円 ①978-4-309-41122-4

津軽半島

01698 伝説の旅 谷真介著 梟社 2003.9 297p 20cm 〈新泉社(発売) 創林社1980年刊の増訂〉 1900円 ①4-7877-6312-1

01699 夢追い俳句紀行 大高翔著 日本放送出版協会 2004.4 237p 19cm 1300円 ①4-14-016126-4

目次 正岡子規(愛媛県・松山), 滝廉太郎(大分県・竹田), 太宰治(青森県・津軽半島), 新美南吉(愛知県・知多半島), 夏目漱石(神奈川県・鎌倉), 橋本多佳子(奈良県・奈良), 北原白秋(福岡県・柳川), 林芙美子(広島県・尾道), 室生犀星(石川県・金沢), 高村智恵子(福島県・二本松), 田中一村(鹿児島県・奄美大島), 南方熊楠(和歌山県・南紀白浜), 石坂洋次郎(秋田県・横手), 樋口一葉(東京都・竜泉、本郷)

01700 旅は人生―日本人の風景を歩く 森本哲郎著 PHP研究所 2006.12 372p 15cm (PHP文庫) 〈「旅の半空」(新潮社1997年刊)の改題〉 648円 ①4-569-66745-7

01701 日本辺境ふーらり紀行 鈴木喜一著, ア

東北

ユミギャラリー悠風舎編　秋山書店　2007.12　199p　19cm　1700円　Ⓘ978-4-87023-621-9

01702　列車三昧日本のはしっこに行ってみた　吉本由美著　講談社　2009.12　232p　16cm　（講談社+α文庫）〈『日本のはしっこへ行ってみた』（日本放送出版協会2003年刊）の改題、加筆・再編集〉　667円　Ⓘ978-4-06-281334-1

01703　菅江真澄と旅する―東北遊覧紀行　安水稔和著　平凡社　2011.7　262p　18cm　（平凡社新書）　780円　Ⓘ978-4-582-85598-2

01704　北への旅―なつかしい風にむかって　椎名誠著　PHP研究所　2014.3　300p　15cm　（PHP文芸文庫）〈2010年刊に加筆、再編集　索引あり〉　724円　Ⓘ978-4-569-76156-5

01705　テツはこんな旅をしている―鉄道旅行再発見　野田隆著　平凡社　2014.3　222p　18cm　（平凡社新書）　760円　Ⓘ978-4-582-85722-1

蔦温泉

01706　温泉百話―東の旅　種村季弘, 池内紀編　筑摩書房　1988.2　471p　15cm　（ちくま文庫）　680円　Ⓘ4-480-02200-7

作品　山上の池沼〔深田久弥〕　蔦温泉〔小林秀雄〕

01707　紀行文集 無明一杖　上甲平谷著　谷沢書房　1988.7　339p　19cm　2500円

作品　山の温泉

01708　日本映画を歩く―ロケ地を訪ねて　川本三郎著　JTB　1998.8　239p　20cm　1600円　Ⓘ4-533-03066-1

01709　温泉旅行記　嵐山光三郎著　筑摩書房　2000.12　315p　15cm　（ちくま文庫）〈初版：JTB1997年刊〉　760円　Ⓘ4-480-03589-3

鶴ケ坂駅

01710　ダルマ駅へ行こう！　笹田昌宏著　小学館　2007.5　253p　15cm　（小学館文庫）　514円　Ⓘ978-4-09-411651-9

十三湊

01711　神秘日本　岡本太郎著　KADOKAWA　2015.7　260p 図版24p　15cm　（角川ソフィア文庫）〈中央公論社 1964年刊の再刊〉　1000円　Ⓘ978-4-04-409487-4

作品　オシラの魂―東北文化論

十和田湖温泉郷

01712　人情温泉紀行―演歌歌手・鏡五郎が訪ねた全国の名湯47選　鏡五郎著　マガジンランド　2008.5　235p　19cm〈年譜あり〉　1238円　Ⓘ978-4-944101-37-5

十和田市

01713　バス旅 春夏秋冬　種村直樹著　中央書院　1997.3　285p　19cm　1700円　Ⓘ4-88732-031-0

01714　北日本を歩く　立松和平著, 黒古一夫編　勉誠出版　2006.4　372p　22cm　（立松和平日本を歩く 第1巻）　2600円　Ⓘ4-585-01171-4

長峰駅

01715　ダルマ駅へ行こう！　笹田昌宏著　小学館　2007.5　253p　15cm　（小学館文庫）　514円　Ⓘ978-4-09-411651-9

夏泊半島

01716　菅江真澄と旅する―東北遊覧紀行　安水稔和著　平凡社　2011.7　262p　18cm　（平凡社新書）　780円　Ⓘ978-4-582-85598-2

浪岡（青森市）

01717　東北を歩く―小さな村の希望を旅する　増補新版　結城登美雄著　新宿書房　2011.7　331p　20cm　2000円　Ⓘ978-4-88008-419-0

浪岡城

01718　日本名城紀行　1　東北・北関東 古城のおもかげ　小学館　1989.5　293p　15cm　600円　Ⓘ4-09-401201-X

南部縦貫鉄道

01719　日本廃線鉄道紀行　大倉乾吾著　文芸春秋　2004.10　239p　16cm　（文春文庫plus）　562円　Ⓘ4-16-766066-0

南部町

01720　東北を歩く―小さな村の希望を旅する　増補新版　結城登美雄著　新宿書房　2011.7　331p　20cm　2000円　Ⓘ978-4-88008-419-0

西浜街道

01721　北東北ほろ酔い渓流釣り紀行　根深誠著　秋田　無明舎出版　2012.4　239p　19cm　1700円　Ⓘ978-4-89544-562-7

西目屋村

01722　ガラメキ温泉探険記　池内紀著　リクルート出版　1990.10　203p　19cm　1165円　Ⓘ4-88991-196-0

作品　不識塔

01723　ああ天地の神ぞ知る―ニッポン発見旅　池内紀著　講談社　1995.4　265p　19cm　1600円　Ⓘ4-06-207580-6

目次　もう一つの東照宮―東京・浅草, 土管の歌―愛知県・常滑, ああ天地の神ぞ知る―山形県・鶴岡, 加賀様の隠し道―東京～金沢, 小林太市郎伝―京都・西陣, 斎藤主伝―青森県・西目屋, 池田亀太郎伝―山形県・酒田, 油屋熊八伝―大分県・別府〔ほか〕

01724　作家の犯行現場　有栖川有栖著　新潮社　2005.2　406p　16cm　（新潮文庫）〈メディアファクトリー ダ・ヴィンチ編集部2002年刊あり〉　667円　Ⓘ4-10-120434-9

作品　沈める村

01725　海山のあいだ　池内紀著　中央公論新社　2011.3　217p　16cm　（中公文庫）〈マガジンハウス 1994年刊, 角川書店 1997年刊あり〉　590円　Ⓘ978-4-12-205458-5

東北

作品 風景読本—不識塔

01726 ニッポンの山里　池内紀著　山と溪谷社　2013.1　254p　20cm　1500円　①978-4-635-28067-9

目次 1 信仰集落のかたち(青森県・西目屋, 岩手県・岳, 山形県・瀧山, 山形県・本道寺, 山梨県・赤沢, 広島県・八幡町), 2 移住者たち(埼玉県・風影, 埼玉県・栃本, 東京都・恩方, 山梨県・天目, 山梨県・小黒坂大黒坂, 群馬県・内山, 鳥取県・板井原), 3 水の使い方(栃木県・那須野が原, 群馬県・赤城山麓, 新潟県・清水, 愛媛県・千町), 4 特産のはじまり(宮城県・脇谷, 群馬県・立処, 静岡県・安倍川上流, 静岡県・大井川上流, 長野県・開田, 岐阜県・古屋, 京都府・黒谷, 奈良県・谷瀬), 5「秘境」の現在(山梨県・奈良田, 長野県・下栗, 長野県・大鹿, 奈良県・伯母谷, 徳島県・祖谷)

縫道石山

01727 山へ—原始の香り求めて　大内尚樹著　八王子　白山書房　2001.3　236p　19cm　1600円　①4-89475-047-3

01728 山で見た夢—ある山岳雑誌編集者の記憶　勝峰富雄著　みすず書房　2010.5　285p　20cm　2600円　①978-4-622-07542-4

温川温泉

01729 温泉天国　嵐山光三郎, 荒俣宏, 池内紀, 池波正太郎, 井伏鱒二, 植村直己, 岡本かの子, 岡本綺堂, 小川未明, 角田光代, 川端康成, 川本三郎, 北杜夫, 斎藤茂太, 坂口安吾, 高村光太郎, 武田百合子, 太宰治, 田辺聖子, 種村季弘, 田村隆一, 田山花袋, つげ義春, 平林たい子, 松本英子, 村上春樹, 室生犀星, 山下清, 柳美里, 横尾忠則, 吉川英治, 四谷シモン著　河出書房新社　2017.12　237p　19cm　(ごきげん文藝)　1600円　①978-4-309-02642-8

作品 ぬる川の宿〔吉川英治〕

温湯温泉

01730 雲は旅人のように—湯の花紀行　池内紀著, 田淵裕一写真　日本交通公社出版事業局　1995.5　284p　19cm　1600円　①4-533-02163-8

作品 ひわ色の砂丘も淋し

01731 温泉旅日記　池内紀著　徳間書店　1996.9　277p　15cm　(徳間文庫)〈河出書房新社1988年刊あり〉　540円　①4-19-890559-2

根城跡

01732 街道をゆく　3　陸奥のみち、肥薩のみち ほか　新装版　司馬遼太郎著　朝日新聞出版　2008.8　315, 8p　15cm　(朝日文庫)　620円　①978-4-02-264442-8

野辺地町

01733 幸田露伴—1867-1947　幸田露伴著　筑摩書房　2008.9　477p　15cm　(ちくま日本文学 23)〈年譜あり〉　880円　①978-4-480-42523-2

作品 突貫紀行

01734 枕頭山水　幸田露伴著　立川　人間文化研究機構国文学研究資料館　2012.3　241p　19cm　(リプリント日本近代文学)〈原本：博文館 明治26年刊　発売：平凡社〉　3000円　①978-4-256-90230-1

作品 突貫紀行

畑地区(むつ市)

01735 街道をゆく　41　北のまほろば　新装版　司馬遼太郎著　朝日新聞出版　2009.5　403, 8p　15cm　(朝日文庫)〈初版：朝日新聞社1997年刊〉　840円　①978-4-02-264495-4

八戸市

01736 日本地酒紀行　奈良本辰也著　河出書房新社　1988.7　273p　15cm　(河出文庫)　520円　①4-309-47138-2

内容 当代きっての酒仙が、北は青森から南は佐賀まで、全国の酒蔵をめぐり歩いた名酒探訪の旅。歴史と風土に育まれた名酒、美酒、幻の酒の数々は、芳醇な香りを漂わせながら、あなたを酩酊の境地に誘う。

01737 日本の風景を歩く—歴史・人・風土　井出孫六著　大修館書店　1992.11　19cm

目次 五家荘から椎葉まで, 奈良と梅と桜と, 沖縄の古城, 出雲紀行(古墳と銅剣, たたらの谷で), 牛久沼・芋銭・河童, 尖石遺跡—縄文人の風景, 東アジアの玄関—対馬にて, 一茶発掘, 日本列島の肖像, 越前拝見(一乗谷の考古学, 左内紀行), 仲麻呂追跡, 嫁の天国・老人の天国, 奥の細道, 君は「野川」を知っているか, 修学旅行の風景, 朝河桜, 八戸瞥見—昌益を追った人びと, 伊那谷—楮と元結と水引きと, 落葉松の林に入りて…, 文久元年・中山道和田宿, 丹波篠山・デカンショ節, こけしの微笑

01738 日本映画を歩く—ロケ地を訪ねて　川本三郎著　JTB　1998.8　239p　20cm　1600円　①4-533-03066-1

01739 一枚の絵葉書　沢野ひとし著　角川書店　1999.7　246p　15cm　(角川文庫)　552円　①4-04-181310-7

01740 三文役者のニッポンひとり旅　殿山泰司著　筑摩書房　2000.2　287p　15cm　(ちくま文庫)　640円　①4-480-03551-6

目次 吉原の和風タッチ, 松戸の裏町酒場, 中村遊郭の年増たちよ, 寒い高知の玉水遊郭, 八戸まで行ったけどさ, 宇部のストリッパー, 京都のパラダイス, 土浦のビッグ・ポイント, 大聖寺の紅がら格子, 浦安ではダメよ〔ほか〕

01741 すすれ！麺の甲子園　椎名誠著　新潮社　2010.10　365p　16cm　(新潮文庫)　590円　①978-4-10-144836-7

01742 本は旅をつれて—旅本コンシェルジュの旅行記　森本剛史著　彩流社　2015.1　239p　19cm〈著作目録あり 年譜あり〉　2000円　①978-4-7791-2067-1

01743 神秘日本　岡本太郎著　KADOKAWA　2015.7　260p 図版24p　15cm　(角川ソフィア文庫)〈中央公論社 1964年刊の再刊〉　1000円　①978-4-04-409487-4

作品 オシラの魂—東北文化論

01744 北の居酒屋の美人ママ　太田和彦著　集英社　2016.5　250p　16cm　(集英社文庫—ニッポンぶらり旅)　600円　①978-4-08-

745450-5
目次 秋田, 福岡, 八戸, 岡山, 勝浦, 長崎, 奥多摩

01745 ふらり旅 いい酒 いい肴 3 太田和彦著 主婦の友社 2016.5 135p 21cm 1400円 ①978-4-07-403235-8

八戸線

01746 よみがえれ、東日本！ 列車紀行 田中正恭著 クラッセ 2011.9 235p 19cm (Klasse books) 1600円 ①978-4-902841-12-1

01747 ニッポン線路つたい歩き 久住昌之著 カンゼン 2017.6 246p 19cm 1500円 ①978-4-86255-398-0

八甲田山

01748 想い遙かな山々 中西悟堂ほか著, 作品社編集部編 作品社 1998.4 245p 22cm (新編・日本随筆紀行 大きな活字で読みやすい本―心にふるさとがある 1)〈付属資料：63p：著者紹介・出典一覧〉 ①4-87893-806-4, 4-87893-807-2
作品 八甲田山〔棟方志功〕

01749 耕うん機オンザロード 斉藤政喜著 小学館 2001.8 333p 19cm (BE-PAL BOOKS) 1200円 ①4-09-366065-4

01750 「北斗の里」青森紀行 笹本一夫著 現代旅行研究所 2004.5 216p 21cm (旅行作家文庫) 1800円 ①4-87482-084-0

01751 街道をゆく 41 北のまほろば 新装版 司馬遼太郎著 朝日新聞出版 2009.5 403, 8p 15cm (朝日文庫)〈初版：朝日新聞社1997年刊〉 840円 ①978-4-02-264495-4

01752 海山のあいだ 池内紀著 中央公論新社 2011.3 217p 16cm (中公文庫)〈マガジンハウス 1994年刊, 角川書店 1997年刊あり〉 590円 ①978-4-12-205458-5

01753 山々を滑る登る 熊谷榧絵と文 八王子 白山書房 2012.11 319p 19cm ([榧・画文集 12]) 1900円 ①978-4-89475-159-0

01754 来ちゃった 酒井順子文, ほしよりこ画 小学館 2016.3 317p 15cm (小学館文庫)〈2011年刊の増補〉 620円 ①978-4-09-406277-9

藩境塚

01755 街道をゆく 3 陸奥のみち、肥薩のみち ほか 新装版 司馬遼太郎著 朝日新聞出版 2008.8 315, 8p 15cm (朝日文庫) 620円 ①978-4-02-264442-8

平内町

01756 渚の旅人 1 かもめの熱い吐息 森沢明夫著 東京地図出版 2008.12 412p 19cm 1450円 ①978-4-8085-8531-0

弘前市

01757 エンピツ絵描きの一人旅 安西水丸著 新潮社 1991.10 213p 19cm 1300円 ①4-10-373602-X

01758 ニッポン・あっちこっち 安西水丸著 家の光協会 1999.11 205p 17cm 1800円 ①4-259-54570-1
目次 丹波にあった懐かしい風景―兵庫県篠山町・今田町, 城下町から滝めぐり、そして名画と出合う―三重県上野市・名張市, 唐津は力強い町人文化の町だった―佐賀県唐津市, 信濃の国から美濃の国へと木曽路を歩く―長野県楢川村・南木曽町ほか, 芭蕉は尾花沢よりとって返し山寺へと向った―山形県山形市・上山市, 美作の城下町、津山はかつて鶴山だった―岡山県津山市, 遠野の里そして光太郎、賢治の足跡を訪ねて―岩手県遠野市・花巻市, 城下町、神の国からウミネコの鳴く山陰の冬の海へ―島根県松江市・出雲市・大社町, 雪の津軽、津軽三味線を聴きながら寺山修司に会う―青森県弘前市ほか, 北へ北へ、水仙の咲く岬を海に沿って―福井県越前海岸, 桜の山、飛鳥の寺、そして古美術をめぐる―奈良県吉野町・橿原市ほか, 長崎から電車に乗って島原半島をぐるり―長崎県長崎市・島原市ほか

01759 碧い眼の太郎冠者 ドナルド・キーン著 中央公論新社 2001.7 188p 21cm (Chuko on demand books) 2000円 ①4-12-550026-6
作品 十二の印象

01760 みんなみんなやさしかったよ―太宰治と歩く「津軽」の旅 飯塚恒雄著 愛育社 2001.11 233p 19cm 1300円 ①4-7500-0112-0

01761 晴れた空 曇った顔―私の文学散歩 安岡章太郎著 幻戯書房 2003.7 200p 20cm 2500円 ①4-901998-04-8
目次 東北弁の旅情―山形, 暗さのなかの明るさ―弘前, 井伏鱒二のふるさと―広島県深安郡加茂村, 『幻化』の風土へ―枕崎、坊津、種子島, なやましき市井―京都, 晴れた空 曇った顔―リヨンという街, 流域紀行―隅田川, 街道の温もり―木曽路, 風景の底にあるもの―百閒さんの岡山, 旅人の弁―駿河台の山の上ホテル, 雪の翌日花見に行く―身延山へ, キンジニヤニヤの猫の声―熊野路

01762 ツーリング・ライフ―自由に、そして孤独に 新装増補版 斎藤純著 春秋社 2004.3 274p 20cm〈2001年刊の新装増補〉 1800円 ①4-393-43624-5
作品 マタギ・ルートを辿る―奥羽山脈縦断 岬めぐり―北東北

01763 北日本を歩く 立松和平著, 黒古一夫編 勉誠出版 2006.4 372p 22cm (立松和平日本を歩く 第1巻) 2600円 ①4-585-01171-4
作品 東北を走る

01764 太宰治と歩く「津軽」の旅―みんなみんなやさしかったよ 飯塚恒雄著 愛育社 2009.11 204p 19cm〈文献あり〉 1300円 ①978-4-7500-0369-6

01765 居酒屋おくのほそ道 太田和彦著 文藝春秋 2011.8 320p 16cm (文春文庫)〈画：村松誠〉 629円 ①978-4-16-780131-1
目次 1 千住, 2 宇都宮, 3 会津, 4 仙台, 5 一関, 6 盛岡, 7 弘前, 8 秋田, 9 鶴岡, 10 新潟, 11 富山, 12 金沢

01766 極みのローカルグルメ旅 柏井壽著 光文社 2012.2 301p 18cm (光文社新書) 840円 ①978-4-334-03671-3

01767 海へ、山へ、森へ、町へ 小川糸著 幻

東北

冬舎　2013.8　227p　16cm　(幻冬舎文庫)〈「ようこそ、ちきゅう食堂へ」(2010年刊) を改題、「命をかけて、命をつなぐ」・「陽だまりの家、庭の緑」ほかを収録〉　533円　①978-4-344-42058-8

作品 木村さんのリンゴ畑

目次 南の島の幸せ工場―ペンギン食堂, 葡萄がなりたい味になる―ココ・ファーム・ワイナリー, 地球味のかき氷―阿左美冷蔵, 能登で一番小さな醤油店―鳥居醤油店, 一日一組の贅沢なレストラン―レストラン「ベルソー」, 顔の見えるお付き合い―島田農園・吉実園・宍戸園, 素朴で真面目な、「男のケーキ」―バウムクーヘン「デルベア」, ほくっと、かわいい「栗のお菓子」―和菓子店「満天星一休」, 地球と手を繋いだ料理人―食堂はてるま, 幸福な湯気が立ち上がる厨房―月心寺, 愛情いっぱいに育った奇跡のリンゴ―木村さんのリンゴ畑, コーヒーの香りが漂う町―喫茶の町 ぬくもり紀行, 江戸時代にタイムスリップ―路地裏を歩く, 命と命の神秘的な営み―日本の絹に触れたくて〔ほか〕

01768　ぼくらは怪談巡礼団　加門七海, 東雅夫著　KADOKAWA　2014.6　301p　19cm　(〔幽BOOKS〕)　1400円　①978-4-04-066760-7

01769　ちょっとそこまで旅してみよう　益田ミリ著　幻冬舎　2017.4　186p　16cm　(幻冬舎文庫)〈「ちょっとそこまでひとり旅だれかと旅」(2013年刊) の改題、書き下ろしを加え再刊〉　460円　①978-4-344-42598-9

目次 石川 金沢, 秋田 五能線, 青森 弘前, 東京 深大寺, 東京 八丈島, 宮城 白石, 宮城 鳴子温泉, 京都, フィンランド, スウェーデン, 福井, 京都, 兵庫 宝塚, 鹿児島, 東京 スカイツリー, 神奈川 茅ヶ崎・江ノ島, ヘルシンキ, 奈良, 山口萩

弘前城

01770　日本名城紀行　1　東北・北関東 古城のおもかげ　小学館　1989.5　293p　15cm　600円　①4-09-401201-X

01771　街道をゆく　41　北のまほろば　新装版　司馬遼太郎著　朝日新聞出版　2009.5　403, 8p　15cm　(朝日文庫)〈初版：朝日新聞社1997年刊〉　840円　①978-4-02-264495-4

01772　三津五郎 城めぐり　坂東三津五郎著　三月書房　2010.11　117p　22cm　2200円　①978-4-7826-0211-9

目次 城めぐり12の現存天守 (姫路城, 宇和島城, 松江城, 松山城, 高知城, 丸亀城, 犬山城, 彦根城, 丸岡城, 松本城, 備中松山城, 弘前城), 城めぐり町ものがたり (江戸城, 掛川城, 名古屋城, 熊本城, 新発田城, 高松城, 二条城, 岡山城, 上田城, 大阪城, 川越城, 金沢城)

01773　「現存」12天守めぐりの旅―歴史ある国宝・重文のお城をたずねる　萩原さちこ著　学研パブリッシング　2014.5　183p　21cm〈文献あり　発売：学研マーケティング〉　1300円　①978-4-05-800268-1

目次 第1章 天守の見方・楽しみ方, 第2章「現存」12天守めぐりの旅 (美しく強い、世界遺産のお城 姫路城, 21の重文を擁する巨大迷路のようなお城 松山城, 日本最高所にある現存天守 備中松山城, コンパクトでスタイリッシュな天守 彦根城, 5つの国宝から成る漆黒の天守群 松本城, 威風堂々とたたずむ南海の名城 高知城, 「石の城」といわれる石の城塞 丸亀城, 海辺にたたずむピースフルな天守 宇和島城, すさまじいファイトモードの天守 松江城, 絶景が望めるリバーサイドの美城 犬山城, 東北でたったひとつの現存天守 弘前城, 古式ゆかしいダンディな天守 丸岡城), 番外編1 残っていたらスゴかった！ 古写真で見る幻の天守, 番外編2 天守よりもスゴい？ 必見の現存櫓

01774　爺は旅で若返る　吉川潮, 島敏光著　牧野出版　2017.7　253p　19cm　1600円　①978-4-89500-215-8

目次 国内編 (吉川潮) (電話1本で手配した東北3大桜名所巡りと越中おわら風ツアー, どこを見たい、何を食べたい、誰に会いたいか、旅の目的を決める, 神社仏閣の参詣は爺にぴったり, お城巡りは歴史好きの爺にお勧め, 旅先で訪れた美術館と記念館, たまには思い切り贅沢な旅を, 楽しかった場所は毎年出かける価値がある, 温泉は日本のパラダイス, 番外はアメリカ旅行), 海外編 (島敏光) (中国「九寨溝・黄龍」の幻の青いケシを求めて, トルコ初めて物語, アンコール・ワットに昇る朝日, インド、正味4日間で8つの世界遺産を巡る！), あとがきに代えて 可愛い爺は旅をせよ―対談 非日常の旅は、若返りの秘訣

深浦駅

01775　文学の中の駅―名作が語る“もうひとつの鉄道史”　原口隆行著　国書刊行会　2006.7　327p　20cm　2000円　①4-336-04785-5

深浦町

01776　みんなみんなやさしかったよ―太宰治と歩く「津軽」の旅　飯塚恒雄著　愛育社　2001.11　233p　19cm　1300円　①4-7500-0112-0

01777　太宰治と歩く「津軽」の旅―みんなみんなやさしかったよ　飯塚恒雄著　愛育社　2009.11　204p　19cm〈文献あり〉　1300円　①978-4-7500-0369-6

01778　菅江真澄と旅する―東北遊覧紀行　安水稔和著　平凡社　2011.7　262p　18cm　(平凡社新書)　780円　①978-4-582-85598-2

福島城跡

01779　街道をゆく　41　北のまほろば　新装版　司馬遼太郎著　朝日新聞出版　2009.5　403, 8p　15cm　(朝日文庫)〈初版：朝日新聞社1997年刊〉　840円　①978-4-02-264495-4

戸来岳

01780　ひとつとなりの山　池内紀著　光文社　2008.10　269p　18cm　(光文社新書)　800円　①978-4-334-03476-4

松前街道

01781　街道をゆく　41　北のまほろば　新装版　司馬遼太郎著　朝日新聞出版　2009.5　403, 8p　15cm　(朝日文庫)〈初版：朝日新聞社1997年刊〉　840円　①978-4-02-264495-4

馬淵川

01782　サラリーマン転覆隊が来た！　本田亮著　小学館　2001.11　255p　20cm〈付属資料：

CD-ROM1枚(12cm)〉 1600円 ①4-09-366461-7

三沢市

01783 ふれあいの旅紀行 新田健次著 東京新聞出版局 1992.5 203p 19cm 1300円 ①4-8083-0437-6

01784 肉の旅―まだ見ぬ肉料理を求めて全国縦断! カベルナリア吉田著 イカロス出版 2016.8 255p 21cm 1600円 ①978-4-8022-0222-0

南八甲田

01785 日本の森を歩く 池内紀文, 柳木昭信写真 山と溪谷社 2001.6 277p 22cm 1800円 ①4-635-28047-0

三厩(外ヶ浜町)

01786 ふるさと―この国は特別に美しい ジョニー・ハイマス著 ユーリーグ 1995.4 193p 18cm (U・LEAG BOOK) 1200円 ①4-946491-01-5

01787 みんなみんなやさしかったよ―太宰治と歩く「津軽」の旅 飯塚恒雄著 愛育社 2001.11 233p 19cm 1300円 ①4-7500-0112-0

01788 街道をゆく 41 北のまほろば 新装版 司馬遼太郎著 朝日新聞出版 2009.5 403, 8p 15cm (朝日文庫)〈初版:朝日新聞社1997年刊〉 840円 ①978-4-02-264495-4

01789 太宰治と歩く「津軽」の旅―みんなみんなやさしかったよ 飯塚恒雄著 愛育社 2009.11 204p 19cm〈文献あり〉 1300円 ①978-4-7500-0369-6

三厩駅

01790 終着駅への旅 JR編 櫻井寛著 JTBパブリッシング 2013.8 222p 19cm 1300円 ①978-4-533-09285-5

むつ市

01791 ふれあいの旅紀行 新田健次著 東京新聞出版局 1992.5 203p 19cm 1300円 ①4-8083-0437-6

01792 北の空と雲と 椎名誠写真と文 PHP研究所 2017.12 219p 20cm 1900円 ①978-4-569-83700-0

陸奥湊(八戸市)

01793 日本映画を歩く―ロケ地を訪ねて 川本三郎著 JTB 1998.8 239p 20cm 1600円 ①4-533-03066-1

森田町(つがる市)

01794 民謡秘宝紀行 斎藤完著 白水社 2004.11 213p 19cm 1800円 ①4-560-02660-2

薬研温泉

01795 秘湯を求めて 2 ないしょの秘湯 藤嶽彰英著 (大阪)保育社 1989.12 185p 19cm 1350円 ①4-586-61102-2

谷地温泉

01796 秘湯を求めて 1 はじめての秘湯 藤嶽彰英著 (大阪)保育社 1989.11 194p 19cm 1350円 ①4-586-61101-4

湯野川

01797 一竿有縁の渓 根深誠著 七つ森書館 2008.12 227p 20cm 2000円 ①978-4-8228-0879-2

湯野川温泉

01798 日本すみずみ紀行 川本三郎著 社会思想社 1997.9 258p 15cm (現代教養文庫)〈文元社2004年刊(1998年刊(2刷)を原本としたOD版)あり〉 640円 ①4-390-11613-4
[作品] 下北半島

湯の沢温泉

01799 遙かなる秘湯をゆく 桂博史著 主婦と生活社 1990.3 222p 19cm 980円 ①4-391-11232-9

陸羽街道

01800 街道をゆく 41 北のまほろば 新装版 司馬遼太郎著 朝日新聞出版 2009.5 403, 8p 15cm (朝日文庫)〈初版:朝日新聞社1997年刊〉 840円 ①978-4-02-264495-4

六ヶ所村

01801 旅を喰う―鎌田慧エッセイ集 鎌田慧著 晶文社 1989.11 301p 19cm 1600円 ①4-7949-5858-7
(目次) 1 8月15日にはじまる(津軽の笛吹き男, 赤い貸本屋, 「ジャン・クリストフ」の魅力, 天皇の白い手袋 ほか), 2 日本列島西ひがし(虚大なるペテン―下北半島六ヶ所村, 人ころがし悪徳業者の復活―労働者派遣法, 事故のあとで―日本航空, 企業城下町の行方―新日鉄釜石製鉄所 ほか), 3 旅の流儀(ライターの1日, 敦煌の朝, 旧満州の亡霊, デトロイトにて ほか), 4 子どものいる風景・いない風景(すずめ追い, 流氷の上で, 街角の賢者たち, 隣の国の子どもたち ほか), 5 やさしい精神(すくらっぷ雑感, こびとの歌, 喫茶店ジプシー, オリンピックと「御病状」 ほか), 6 死者たちの声(暗闇の赤い花―上野英信, 反骨の復権―鈴木東民 ほか)

脇野沢(むつ市)

01802 ローカルバスの終点へ 宮脇俊三著 洋泉社 2010.12 303p 18cm (新書y)〈1991年刊の新潮文庫を底本とする 日本交通公社出版事業局 1989年刊あり〉 840円 ①978-4-86248-626-4

岩手県

01803 線路のない時刻表 宮脇俊三著 新潮社 1989.4 204p 15cm (新潮文庫) 280円 ①4-10-126807-X

作品 建設と廃線の谷間で 三陸縦貫線

01804 遊覧街道 中沢けい著 リクルート出版 1989.5 206p 18cm 1200円

目次 道草（渡りがたい川, 暑気の街, ハイヒールの夜, 初めての酒, 書庫の初夏, 到来物 ほか）, 道の空（ふすま入りのビスケット, 地球儀, ドイツへ, 景色, パリ, 尾道, オークス, 那古観音 ほか）, 遊覧街道（秋田へ 遠くなる街近くなる街, 琵琶湖へ 地図に誘われ, 岩手へ 植物図鑑, 琴平から徳島へ 金毘羅詣で, 秋川渓谷へ 山里と近郊 ほか）

01805 柳宗悦 民芸紀行 柳宗悦著, 水尾比呂志編 岩波書店 1995.2 314p 15cm （岩波文庫） 620円 ①4-00-331695-9

作品 陸中雑記

目次 地方の民芸, 陸中雑記, 蓑のこと, 樺細工の道, 思い出す職人, 野州の石屋根 附大谷石の事, 益子の絵土瓶, 和紙十年, 雲石紀行, 現在の日本民窯, 北九州の窯, 日田の皿山, 小鹿田窯への懸念, 多々良の雑器, 苗代川の黒物, 沖縄の思い出

01806 お徒歩 ニッポン再発見 岩見隆夫著 アールズ出版 2001.5 299p 20cm 1600円 ①4-901226-20-7

01807 奥州・秀衡古道を歩く 相澤史郎著 光文社 2002.8 195p 18cm （光文社新書） 680円 ①4-334-03155-2

01808 誰も行けない温泉 命からがら 大原利雄著 小学館 2002.12 186p 15cm （小学館文庫） 733円 ①4-09-411524-2

01809 日本“汽水”紀行―「森は海の恋人」の世界を尋ねて 畠山重篤著 文芸春秋 2003.9 302p 19cm 1714円 ①4-16-365280-9

01810 ものがたり風土記 続 阿刀田高著 集英社 2003.9 385p 16cm （集英社文庫）〈著作目録あり 2001年刊の文庫化〉 667円 ①4-08-747617-0

01811 雨のち晴れて、山日和 唐仁原教久著 山と渓谷社 2005.8 141p 21cm 1800円 ①4-635-17167-1

目次 第1章 珠玉の山（春の真鶴 森の岬, 夏の志賀 青の池, 秋の岩手 賢治の山 ほか）, 第2章 古都の山（大文字から見渡す冬、静寂の京都, 吉野山で爛漫の花と味づくし, 箱根の白い尾根道は湯煙へと続いて ほか）, 第3章 ふるさとの山（大地の安らぎを求めて、霧島山行, 花の海に浮かぶ九重、山の時間）, 第4章 僕の山みやげ, 第5章 写真ガイド

01812 日本全国ローカル列車ひとり旅 遠森慶文・イラスト・写真 双葉社 2005.11 253p 19cm 1500円 ①4-575-29847-6

01813 北日本を歩く 立松和平著, 黒古一夫編 勉誠出版 2006.4 372p 22cm （立松和平日本を歩く 第1巻） 2600円 ①4-585-01171-4

01814 よみがえれ、東日本！ 列車紀行 田中正恭著 クラッセ 2011.9 235p 19cm （Klasse books） 1600円 ①978-4-902841-12-1

01815 東北・大地をゆく 仙道作三著 春秋社 2012.3 217p 20cm 1700円 ①978-4-393-37326-2

01816 北東北ほろ酔い渓流釣り紀行 根深誠著 秋田 無明舎出版 2012.4 239p 19cm 1700円 ①978-4-89544-562-7

01817 麹巡礼―おいしい麹と出会う9つの旅 おのみさ著 集英社 2013.4 125p 19cm 1300円 ①978-4-08-771509-5

目次 其之壱 新潟県―かんずり, 其之弐 石川県―ふぐの子＆ふぐの糠漬けと粕漬け／イワシの糠漬け／かぶら寿司／サザエの麹漬け, 其之参 岩手県／宮城県―醤油／あざら, 其之四 岩手県―醪饅頭／どぶろく, 其之伍 熊本県―赤酒／豆腐の味噌漬け, 其之六 鹿児島県―酒寿司／黒酢, 其之七 高知県―碁石茶, 其之八 東京都―甘酒, 其之九 埼玉県―乾燥麹

01818 唄めぐり 石田千著 新潮社 2015.4 401p 20cm〈文献あり〉 2300円 ①978-4-10-303453-7

01819 野生めぐり―列島神話の源流に触れる12の旅 石倉敏明文, 田附勝写真 京都 淡交社 2015.11 255p 19cm 2000円 ①978-4-473-04045-9

01820 おいしいものは田舎にある―日本ふーど記 改版 玉村豊男著 中央公論新社 2017.1 245p 16cm （中公文庫）〈初版のタイトル等：日本ふーど記（日本交通公社 1984年刊）〉 700円 ①978-4-12-206351-8

安比高原

01821 泊酒喝采―美味、美酒、佳宿、掘り出し旅行記 柏井寿著 大阪 朱鷺書房 1992.1 209p 18cm 1000円 ①4-88602-904-3

目次 安曇野紀行, 唐津くんちと洋々閣, 名旅館残酷物語, 箱根かくれ家の宿, 信州タテ・ヨコ・ナナメ, 下関ベイサイドホテルと小倉の寿司屋, 子連れ旅行を考える・伊豆家族旅行, 京都ふだん着の食, 野沢温泉幻の宿, 瀬戸内、海を眺めにホテルに泊る, 銘酒の里鶴来, 正しい温泉旅館のあり方, 安比高原スキーツアー, 飛騨高山語り部の里、地酒のふるさと, 東京味の穴場探し, 根津の旅館と奥会津炉端民宿, 究極の日本旅館

網張温泉

01822 いで湯浴泉記 大石真人著 新ハイキング社 1990.12 316p 19cm （新ハイキング選書 第11巻） 1700円 ①4-915184-12-9

01823 山に彷徨う心 古井由吉著 アリアドネ企画, 三修社〔発売〕 1996.8 207p 19cm （ARIADNE ENTERTAINMENT） 1700円 ①4-384-02316-2

作品 失われた影をもとめて

目次 1 随想（杏子のいる谷, 山上に聖ありて, 早春の旅, 山に行く心, もうひとつの怖さ, 谷にある心, 単独行の夜, 白き雷の峰, 2 紀行文（行者の峯, 石山寺から石塔寺, 失われた影をもとめて）, 3 連作小説, 4 作品, 歩き続ける―あとがき, 解題

網張温泉 仙女の湯

01824 秘湯を求めて 2 ないしょの秘湯 藤嶽彰英著 （大阪）保育社 1989.12 185p 19cm 1350円 ①4-586-61102-2

荒屋新町（八幡平市）

01825 柳宗悦 民芸紀行 柳宗悦著, 水尾比呂志

編　岩波書店　1995.2　314p　15cm　（岩波文庫）　620円　①4-00-331695-9
作品 陸中雑記

イギリス海岸

01826 黄昏　南伸坊，糸井重里著　新潮社　2014.4　429p 図版16p　16cm　（新潮文庫）〈東京糸井重里事務所 2009年刊の再刊〉　790円　①978-4-10-118317-6
目次 鎌倉編—二〇〇八年四月八日，日光編—二〇〇八年九月七日，東北編—二〇〇八年九月八～九日，東京編—二〇〇九年七月十三日

胆沢川

01827 岩魚幻照—大イワナの棲む渓々　植野稔著　山と渓谷社　1993.4　190p　21cm　2000円　①4-635-36027-X
01828 川の旅　池内紀著　青土社　2002.7　245p　20cm　1800円　①4-7917-5971-0

一ノ関駅

01829 山の宿のひとり酒　太田和彦著　集英社　2017.4　289p　16cm　（集英社文庫—ニッポンぶらり旅）　660円　①978-4-08-745577-9
目次 青梅—早春の御嶽神社詣で，犬、土、小説大菩薩峠，文人、画家の愛した奥多摩，多摩川の橋物語，山の宿のひとり酒，フンダーランド青梅，川越—土蔵は左官の華，知らない町で三軒はしご，藤沢—東京から三十九分，ビールとひと夏の恋，ゆるりと江の島詣で ほか，那須塩原—今年も教え子とキャンプ，横須賀—パスポートを手に，どぶ板通りの絶唱 ほか，高山—外国人あふれる秋の高山 ほか，一関—晩秋の東北をぶらぶらと ほか，大津—湖国、湖南の町 ほか

一関市

01830 碧い眼の太郎冠者　ドナルド・キーン著　中央公論新社　2001.7　188p　21cm　（Chuko on demand books）　2000円　①4-12-550026-6
作品 紅毛おくのほそ道
01831 ツーリング・ライフ—自由に、そして孤独に　新装増補版　斎藤純著　春秋社　2004.3　274p　20cm〈2001年刊の新装増補〉　1800円　①4-393-43624-5
作品 ベイシー詣で
01832 大人の女性のための日本を旅する浪漫紀行　津田令子著　文芸社ビジュアルアート　2007.3　191p　19cm　1200円　①978-4-86264-336-0
目次 第1章 大人の目でもう一度訪ねたい素敵な場所（ぽかぽか湯河原に住んでみたい—神奈川県湯河原町，ひとには教えたくない四万温泉—群馬県中之条町 ほか），第2章 自分探しの心と身体を癒す旅（スロー風土な港町、一関・気仙沼，自分へのご褒美、お気に入りのホテルで過ごすくつろぎ空間 ほか），第3章 トラベルキャスターの記憶に残る旅（最上川を下って出羽三山神社へ—山形県，仙台の夜と味を満喫する—宮城県 ほか），第4章 都内を見直すお薦めの旅セレクト5（エレガントな小旅行に出かけよう・目白，小石川界隈を歩く ほか），第5章 対談 旅は大人の女性をパワフルにする!!（父との初めての旅は国会議事堂かも…，元町や中華街は幼い頃から散歩ルートでした…）

01833 居酒屋おくのほそ道　太田和彦著　文藝春秋　2011.8　320p　16cm　（文春文庫）〈画：村松誠〉　629円　①978-4-16-780131-1
01834 にっぽん全国 百年食堂　椎名誠著　講談社　2013.1　222p　19cm　1400円　①978-4-06-217814-3
01835 原風景のなかへ　安野光雅著　山川出版社　2013.7　215p　20cm　1600円　①978-4-634-15044-7
目次 大自然の彫刻—熊本県 阿蘇・根子岳，昭和の面影—千葉県 佐原，笛吹川—山梨県 笛吹川，室津漁港—兵庫県 室津漁港，富士のふところ—静岡県 三島，懐かしい渡し場—島根県 矢田の渡し，遠い灯の丘—岩手県 遠野のデンデラ野，一〇〇年前—栃木県 足利の旧筑波村，田園に咲いた花—大分県 由布院，住めば都—徳島県 祖谷，狭いは世間—広島県 三次市，都を離れた村里—京都府 大原の寂光院，親切な人たち—熊本県 高森町，吉里吉里語—岩手県 一関市，二十四の瞳—香川県 小豆島，駄菓子屋—埼玉県 川越の菓子屋横丁，副島種臣—佐賀県 能書家を生んだ佐賀，天空の村—埼玉県 秩父市，左は軍港、右は島々—長崎県 九十九島，棚田の遺産—長崎県 鬼木の棚田，雨は真珠—神奈川県 三浦半島・三崎港，上高地—長野県 上高地・大正池，判官びいき—神奈川県 鎌倉・腰越漁港，お堂のひさし—千葉県 岩船地蔵尊，乗鞍の主—長野県 乗鞍，渡し船の島—東京都 佃島，天保水滸伝—千葉県 犬吠埼，かやぶき屋根—茨城県 筑波山，庄内弁—山形県 最上川，ケーシー・門脇—山形県 庄内映画村，市場のにぎわい—石川県 金沢・近江町市場，置き薬の思い出—富山市 富山市八尾町，古墳群—奈良県 明日香村，晴れ男—奈良県 明日香村

犬倉山

01836 山に彷徨う心　古井由吉著　アリアドネ企画，三修社〔発売〕　1996.8　207p　19cm（ARIADNE ENTERTAINMENT）　1700円　①4-384-02316-2
作品 失われた影をもとめて

岩泉駅

01837 終着駅への旅　JR編　櫻井寛著　JTBパブリッシング　2013.8　222p　19cm　1300円　①978-4-533-09285-5

岩泉線

01838 各駅下車で行こう！—スロー・トラベル　カベルナリア吉田文・写真　東京書籍　2003.4　197p　21cm　1500円　①4-487-79883-3
01839 小さな鉄道 小さな温泉　大原利雄著　小学館　2003.8　171p　15cm　（小学館文庫）　733円　①4-09-411525-0
01840 おんなひとりの鉄道旅　東日本編　矢野直美著　小学館　2008.7　217p　15cm　（小学館文庫）〈2005年刊の単行本を2分冊にして文庫化〉　600円　①978-4-09-408286-9
01841 有栖川有栖の鉄道ミステリー旅　有栖川有栖著　山と溪谷社　2008.9　227p　20cm　2000円　①978-4-635-33031-2
01842 『能町みね子のときめきデートスポット』、略して能スポ　能町みね子著　講談社　2016.3　347p　15cm　（講談社文庫）　700円　①978-4-06-293345-2

東北

目次 西高島平, 吉原, 静岡県吉原, 入地, 鶴見線, 舞浜, 日野, 野田, 新宿アルタ裏, 田端と上中里, 武州長瀬, 東長崎, 横浜中村町, 辰巳と枝川, 羽田

01843 呑み鉄、ひとり旅—乗り鉄の王様がゆく 芦原伸著 東京新聞 2016.9 302p 19cm 1500円 ①978-4-8083-1014-1

岩泉町

01844 来ちゃった 酒井順子文, ほしよりこ画 小学館 2016.3 317p 15cm (小学館文庫)〈2011年刊の増補〉 620円 ①978-4-09-406277-9

岩手山

01845 日本の名山 2 岩手山 串田孫一, 今井通子, 今福龍太編 博品社 1997.3 251p 20cm 1648円 ①4-938706-36-9

作品 オンドル小屋〔つげ義春〕 岩手山〔舘脇操〕 岩手山〔三田尾松太郎〕 岩手山〔志賀重昂〕 岩手山〔深田久弥〕 岩手山〔村井正衛〕 岩手山〔辻村太郎〕 岩手山〔藤島敏男〕 岩手山の沢と岩場〔盛岡山想会〕 岩手山を眺めた一日〔串田孫一〕 岩手山イタザ沢〔高橋敬一〕 岩手山周辺の湯〔美坂哲男〕 気圏の光を受けて微光する初雪の岩手山頂〔斎藤文一〕 高嶺の花岩手山・早池峰(六月二九日～七月一日)〔石井昭子〕 失われた影をもとめて 岩手山群彷徨〔古井由吉〕 雪の岩手山へ〔上関光三〕 奥の富士岩手山登攀記〔志村烏嶺〕

01846 百霊峰巡礼 第2集 立松和平著 東京新聞出版局 2008.4 307p 20cm 1800円 ①978-4-8083-0893-3

01847 むかしの山旅 今福龍太編 河出書房新社 2012.4 304p 15cm (河出文庫) 760円 ①978-4-309-41144-6

作品 雪の岩手山へ〔上関光三〕

01848 山々を滑る登る 熊谷榧絵と文 八王子 白山書房 2012.11 319p 19cm (〔榧・画文集 12〕) 1900円 ①978-4-89475-159-0

内間木洞

01849 うつくしい列島—地理学的名所紀行 池澤夏樹著 河出書房新社 2015.11 308p 20cm 1800円 ①978-4-309-02425-7

鵜ノ巣断崖

01850 汽車旅12カ月 宮脇俊三著 河出書房新社 2010.1 231p 15cm (河出文庫) 680円 ①978-4-309-40999-3

姥倉山

01851 山に彷徨う心 古井由吉著 アリアドネ企画, 三修社〔発売〕 1996.8 207p 19cm (ARIADNE ENTERTAINMENT) 1700円 ①4-384-02316-2

作品 失われた影をもとめて

江刺(奥州市)

01852 ニッポン発見記 池内紀著 中央公論新社 2012.4 211p 16cm (中公文庫)〈講談社現代新書 2004年刊の再刊〉 590円 ①978-4-12-205630-5

鶯宿温泉

01853 いで湯浴泉記 大石真人著 新ハイキング社 1990.12 316p 19cm (新ハイキング選書 第11巻) 1700円 ①4-915184-12-9

大沢温泉

01854 北日本を歩く 立松和平著, 黒古一夫編 勉誠出版 2006.4 372p 22cm (立松和平日本を歩く 第1巻) 2600円 ①4-585-01171-4

作品 宮沢賢治の温泉

01855 人情温泉紀行—演歌歌手・鏡五郎が訪ねた全国の名湯47選 鏡五郎著 マガジンランド 2008.5 235p 19cm〈年譜あり〉 1238円 ①978-4-944101-37-5

太田(花巻市)

01856 東北を歩く—小さな村の希望を旅する 増補新版 結城登美雄著 新宿書房 2011.7 331p 20cm 2000円 ①978-4-88008-419-0

大槌町

01857 よみがえれ、東日本! 列車紀行 田中正恭著 クラッセ 2011.9 235p 19cm (Klasse books) 1600円 ①978-4-902841-12-1

大迫町(花巻市)

01858 導かれて、旅 横尾忠則著 文藝春秋 1995.7 286p 16cm (文春文庫)〈日本交通公社出版事業局 1992年刊の文庫化〉 480円 ①4-16-729703-5

作品 濃霧の底の宮澤賢治ワールド

目次 第一部:異界への懸け橋, 炎と化した那智の竜神, 大江山 酒呑童子奇談, 上州滝巡り、雪中行軍, 羽咋、遥かなる宇宙からの波動, 沖縄聖地巡礼, 霧の英彦山、異界体験, 小布施の北斎曼陀羅, 旅に出て神の懐へ, 出羽三山 語り得ぬ聖なる息吹, 鞍馬 シャンバラ伝説, 父のふるさと雁多尾畑(かりんどうばた)へ, 丹後、天女の里へ, ニューヨーク日記, 濃霧の底の宮澤賢治ワールド, いわきへ、導引術ふたたび, 第二部:弥勒仏幻想, 明恵上人夢中紀行, 縄文の魅力を探る, 神の里 高千穂の自然

大船渡市

01859 よみがえれ、東日本! 列車紀行 田中正恭著 クラッセ 2011.9 235p 19cm (Klasse books) 1600円 ①978-4-902841-12-1

小子内(洋野町)

01860 雪国の春—柳田国男が歩いた東北 新装版 柳田国男著 角川学芸出版 2011.11 267p 15cm (角川文庫—[角川ソフィア文庫] [J-102-2])〈初版:角川書店昭和31年刊 発売:角川グループパブリッシング〉 667円 ①978-4-04-408302-1

作品 清光館哀史

御明神（雫石町）

01861 柳宗悦 民芸紀行　柳宗悦著, 水尾比呂志編　岩波書店　1995.2　314p　15cm　（岩波文庫）　620円　Ⓘ4-00-331695-9
作品 陸中雑記

小本川

01862 サラリーマン転覆隊が行く！　下巻　本田亮著　フレーベル館　1997.4　338p　20cm　1600円　Ⓘ4-577-70121-9

釜石港

01863 光太郎 智恵子 うつくしきもの―「三陸廻り」から「みちのく便り」まで　高村光太郎, 北川太一著　二玄社　2012.6　222p　19cm　1600円　Ⓘ978-4-544-03046-4
作品 三陸廻り〔高村光太郎〕
目次 「三陸廻り」(三陸廻りルート地図, 石巻, 牡鹿半島に沿いて, 金華山, 雲のグロテスク, 女川港, 女川の一夜, 気仙沼, 夜の海, 釜石港, 宮古行),「三陸廻り」から「みちのく便り」まで,「みちのく便り」,「みちのく便り」その後

釜石鉱山

01864 ニッポンの穴紀行―近代史を彩る光と影　西牟田靖著　光文社　2010.12　324p　19cm　〈文献あり〉　1500円　Ⓘ978-4-334-97634-7

釜石市

01865 旅を喰う―鎌田慧エッセイ集　鎌田慧著　晶文社　1989.11　301p　19cm　1600円　Ⓘ4-7949-5858-7
作品 企業城下町の行方―新日鉄釜石製鉄所

01866 旅の面影　榎木孝明著　JTB　2001.5　95p　26cm　3500円　Ⓘ4-533-03875-1

01867 よみがえれ、東日本！ 列車紀行　田中正恭著　クラッセ　2011.9　235p　19cm　（Klasse books）　1600円　Ⓘ978-4-902841-12-1

釜石線

01868 「銀づくし」乗り継ぎ旅―銀水発・銀山ゆき5泊6日3300キロ 列車に揺られて25年　種村直樹著　徳間書店　2000.7　258p　19cm　1400円　Ⓘ4-19-861211-0

01869 父・宮脇俊三が愛したレールの響きを追って　宮脇灯子著　JTBパブリッシング　2008.8　223p　19cm〈写真：小林写函〉　1500円　Ⓘ978-4-533-07200-0

01870 有栖川有栖の鉄道ミステリー旅　有栖川有栖著　山と溪谷社　2008.9　227p　20cm　2000円　Ⓘ978-4-635-33031-2

01871 よみがえれ、東日本！ 列車紀行　田中正恭著　クラッセ　2011.9　235p　19cm　（Klasse books）　1600円　Ⓘ978-4-902841-12-1

01872 テツはこんな旅をしている―鉄道旅行再発見　野田隆著　平凡社　2014.3　222p　18cm　（平凡社新書）　760円　Ⓘ978-4-582-85722-1

01873 本は旅をつれて―旅本コンシェルジュの旅行記　森本剛史著　彩流社　2015.1　239p　19cm〈著作目録あり 年譜あり〉　2000円　Ⓘ978-4-7791-2067-1

01874 呑み鉄、ひとり旅―乗り鉄の王様がゆく　芦原伸著　東京新聞　2016.9　302p　19cm　1500円　Ⓘ978-4-8083-1014-1

釜石大観音

01875 晴れた日は巨大仏を見に　宮田珠己著　幻冬舎　2009.10　342p　16cm　（幻冬舎文庫）　〈文献あり　白水社2004年刊あり〉　648円　Ⓘ978-4-344-41380-1

唐桑半島

01876 東北を歩く―小さな村の希望を旅する　増補新版　結城登美雄著　新宿書房　2011.7　331p　20cm　2000円　Ⓘ978-4-88008-419-0

川井（宮古市）

01877 東北を歩く―小さな村の希望を旅する　増補新版　結城登美雄著　新宿書房　2011.7　331p　20cm　2000円　Ⓘ978-4-88008-419-0

北上山地

01878 東北を歩く―小さな村の希望を旅する　増補新版　結城登美雄著　新宿書房　2011.7　331p　20cm　2000円　Ⓘ978-4-88008-419-0

01879 野生めぐり―列島神話の源流に触れる12の旅　石倉敏明文, 田附勝写真　京都　淡交社　2015.11　255p　19cm　2000円　Ⓘ978-4-473-04045-9

北上市

01880 瀬戸内・四国スローにお遍路―気まぐれ列車で行こう　種村直樹著　実業之日本社　2005.12　439p　19cm　1800円　Ⓘ4-408-00798-6
目次 下関、山陽、小野田（山口県）, 小野田、宇部、小郡、防府、向島、新南陽、徳山、大津島、山口、秋穂、野島（山口県）, 徳山、粭島、下松、笠戸島、光、田布施、平生、上関、長島、祝島、柳井、平郡島、大島（屋代島）、大畠（山口県）, 岩国、大島（屋代島）、情島、浮島、和木、柱島（山口県）、宮島、広島、似島、能美島（広島県）, 広島、江田島、能美島、呉、音戸、倉橋島、蒲刈島、豊島、大崎下島、大崎上島、安芸津（広島県）, 大島（東京都）, 銚子（千葉県）、大洗、ひたちなか、東海、北茨城（茨城県）、石巻、北上、歌津、気仙沼（宮城県）, 呉、安浦、安芸津、大久野島、竹原、三原、佐木島、尾道、向島（広島県）、今治、岡村島、大下島（愛媛県）, 今治、北条鹿島、松山、忽那諸島、伊予、長浜、八幡浜（愛媛県）, 三崎、瀬戸、伊方、八幡浜、八幡浜大島、三瓶、明浜、吉田、宇和島、九島、戸島、日振島（愛媛県）〔ほか〕

01881 吉田観覧車　吉田戦車著　講談社　2009.12　179p　15cm　（講談社文庫）　524円　Ⓘ978-4-06-276543-5
目次 九州最高峰を観覧する, さらば屋久島 さらば山ヒルよ, 思い出の遊園地 少年時代の俺の鼻血, 里芋パスタ説 そして北上市のアメリカよ, 東京ドイツ村 腸詰めと白飯との架け橋, 涙の航空祭！ よその奥さんは箱の中, 巨大王の威容！ ああ外国のお父さんよ, 新米パワー！

夜の葛西で猫は後ずさる, さらばナイスバイク号! 水中バレエは夢の彼方に, 消えた観覧車 向ヶ丘遊園と鎌倉武士〔ほか〕

01882 菅江真澄と旅する―東北遊覧紀行 安水稔和著 平凡社 2011.7 262p 18cm (平凡社新書) 780円 ①978-4-582-85598-2

金田一温泉

01883 小さな鉄道 小さな温泉 大原利雄著 小学館 2003.8 171p 15cm (小学館文庫) 733円 ①4-09-411525-0

久慈駅

01884 終着駅への旅 JR編 櫻井寛著 JTBパブリッシング 2013.8 222p 19cm 1300円 ①978-4-533-09285-5

久慈市

01885 東北を歩く―小さな村の希望を旅する 増補新版 結城登美雄著 新宿書房 2011.7 331p 20cm 2000円 ①978-4-88008-419-0

国見温泉

01886 いで湯浴泉記 大石真人著 新ハイキング社 1990.12 316p 19cm (新ハイキング選書 第11巻) 1700円 ①4-915184-12-9

気仙町(陸前高田市)

01887 人と森の物語―日本人と都市林 池内紀著 集英社 2011.7 216p 18cm (集英社新書)〈文献あり〉 740円 ①978-4-08-720599-2

夏油温泉

01888 温泉百話―東の旅 種村季弘, 池内紀編 筑摩書房 1988.2 471p 15cm (ちくま文庫) 680円 ①4-480-02200-7

作品 東北湯治場旅〔つげ義春〕

01889 秘湯を求めて 2 ないしょの秘湯 藤嶽彰英著 (大阪)保育社 1989.12 185p 19cm 1350円 ①4-586-61102-2

01890 望郷を旅する 石川啄木ほか著, 作品社編集部編 作品社 1998.4 251p 22cm (新編・日本随筆紀行 大きな活字で読みやすい本―心にふるさとがある 15) ①4-87893-896-X, 4-87893-807-2

作品 東北湯治場旅〔つげ義春〕

01891 温泉旅行記 嵐山光三郎著 筑摩書房 2000.12 315p 15cm (ちくま文庫)〈初版:JTB1997年刊〉 760円 ①4-480-03589-3

厳美渓

01892 ツーリング・ライフ―自由に、そして孤独に 新装増補版 斎藤純著 春秋社 2004.3 274p 20cm〈2001年刊の新装増補〉 1800円 ①4-393-43624-5

作品 ベイシー詣で

01893 枕頭山水 幸田露伴著 立川 人間文化研究機構国文学研究資料館 2012.3 241p 19cm (リプリント日本近代文学)〈原本:博文館 明治26年刊 発売:平凡社〉 3000円 ①978-4-256-90230-1

作品 易心後語

玄武温泉

01894 いで湯浴泉記 大石真人著 新ハイキング社 1990.12 316p 19cm (新ハイキング選書 第11巻) 1700円 ①4-915184-12-9

小岩井農場

01895 地の記憶をあるく 盛岡・山陽道篇 松本健一著 中央公論新社 2002.3 322p 20cm 2700円 ①4-12-003259-0

目次 明治と東北―盛岡から, 小岩井農場から田沢湖へ, 海のみち水のみち, 海の平野―神辺風土記, 頼山陽の故郷, 備中高梁まで

01896 日本再発見―芸術風土記 岡本太郎著 KADOKAWA 2015.7 293p 15cm (角川ソフィア文庫)〈新潮社 1958年刊の再刊〉 1000円 ①978-4-04-409488-1

目次 秋田, 長崎, 京都, 出雲, 岩手, 大阪, 四国, 日本文化の風土

好摩駅

01897 文学の中の駅―名作が語る"もうひとつの鉄道史" 原口隆行著 国書刊行会 2006.7 327p 20cm 2000円 ①4-336-04785-5

黒石寺

01898 見仏記 いとうせいこう, みうらじゅん著 角川書店 1997.6 293p 15cm (角川文庫)〈中央公論新社 1993年刊の文庫化〉 640円 ①4-04-184602-1

目次 奈良 興福寺・東大寺, 奈良 法隆寺・中宮寺・法輪寺・法起寺・松尾寺, 京都 六波羅蜜寺・三十三間堂・東寺, 東北 慈恩寺・立石寺, 東北 立花毘沙門堂・万蔵寺・成島毘沙門堂, 東北 毛越寺・中尊寺・黒石寺, 奈良 新薬師寺・五劫院・東大寺戒壇院・浄瑠璃寺, 奈良 室生寺・当麻寺・聖林寺, 奈良 薬師寺・唐招提寺・西大寺, 九州 東長寺・太宰府・観世音寺・天満宮・大興善寺, 九州 龍岩寺・真木大堂・富貴寺・神宮寺, 京都 神護寺・清凉寺・広隆寺京都 大報恩寺・泉涌寺・平等院鳳凰堂

01899 百寺巡礼 第7巻 東北 五木寛之著 講談社 2009.3 273p 15cm (講談社文庫)〈文献あり 2004年刊の文庫化〉 562円 ①978-4-06-276291-5

01900 にっぽん入門 柴門ふみ著 文藝春秋 2009.4 282p 16cm (文春文庫)〈2007年刊の増補〉 552円 ①978-4-16-757903-6

目次 岩手黒石寺の裸祭り―日本人はなぜ裸祭りを好むのか, 京都「女ひとり」の旅―失恋女はなぜ京都に行くのか, 枚方パーク・大菊人形展―日本人だから、菊なのです, クリスマスの東京湾クルーズ―カップルはなぜ船に乗るのか, 秋田横手のかまくら―サイモンの三大野望・その一, 諏訪の木落とし坂落とし―御柱に縄文人魂を見たのだ, ガタリンピックと吉野ヶ里―泥んこを尊ぶ弥生人魂, 佐渡「たらい舟」紀行―サイモンの三大野望・その二, 晩秋の日光詣で―外国人はなぜ日光に感動するのか, お正月の駅伝・皇居・福袋―三が日の三大イベントで人混みにもまれる〔ほか〕

01901 古寺巡礼 辻井喬著 角川春樹事務所 2011.5 253p 16cm (ハルキ文庫)〈2009年刊の文庫化〉 667円 ①978-4-7584-3556-7
(内容)「それにしても、仏像を眺めるというのは、どういうことなのだろう。(中略)あえて言えばしっかりと仏に繋がれていることによって、小さいけれども確固とした存在になっている感じを否定できない」—大和・飛鳥・斑鳩・吉野・若狭・近江・紀伊・河内・鎌倉・会津・奥羽…の寺を巡り、多くの仏像や庭園と対峙し、日本人にとっての宗教と現代人の精神的な幸福について、深く思索した、辻井版"古寺巡礼"、待望の文庫化。

御在所温泉

01902 新編 日本の旅あちこち 木山捷平著 講談社 2015.4 304p 16cm (講談社文芸文庫)〈著作目録あり 年譜あり〉 1600円 ①978-4-06-290268-7
[作品] 原始的なトルコ風呂のメッカ—岩手

衣川

01903 柳宗悦 民芸紀行 柳宗悦著, 水尾比呂志編 岩波書店 1995.2 314p 15cm (岩波文庫) 620円 ①4-00-331695-9
[作品] 陸中雑記

盛駅

01904 終着駅への旅 JR編 櫻井寛著 JTBパブリッシング 2013.8 222p 19cm 1300円 ①978-4-533-09285-5

砂鉄川

01905 浦島太郎の馬鹿—旅の書きおき 立松和平著 マガジンハウス 1990.10 251p 21cm 1400円 ①4-8387-0189-6

01906 北日本を歩く 立松和平著, 黒古一夫編 勉誠出版 2006.4 372p 22cm (立松和平日本を歩く 第1巻) 2600円 ①4-585-01171-4

座頭清水〔金沢清水〕

01907 立松和平のふるさと紀行—名水 立松和平文, 山下喜一郎写真 河出書房新社 2002.5 109p 23cm 2500円 ①4-309-01459-3

沢内(西和賀町)

01908 耕うん機オンザロード 斉藤政喜著 小学館 2001.8 333p 19cm (BE-PAL BOOKS) 1200円 ①4-09-366065-4

三陸鉄道

01909 線路のない時刻表 宮脇俊三著 新潮社 1989.4 204p 15cm (新潮文庫) 280円 ①4-10-126807-X

01910 車窓はテレビより面白い 宮脇俊三著 徳間書店 1992.8 254p 15cm (徳間文庫)〈1989年刊の文庫化〉 460円 ①4-19-597265-5

01911 快速特急記者の旅—レイルウェイ・ライターの本 種村直樹著 日本交通公社出版事業局 1993.5 334p 19cm 1400円 ①4-533-01973-0

01912 おいしいローカル線の旅 金久保茂樹著 朝日新聞社 2006.7 264p 15cm (朝日文庫—シリーズオトナ悠遊) 600円 ①4-02-261508-7
(内容)なつかしいローカル線の揺れに身を任せ、車窓を流れる景色を楽しんだら、ゆったりと温泉に浸って、その土地ならではのおいしい料理を味わう。"悠遊"たる時間を手に入れた今こそ、そんなゆとりの食べ歩き旅に出かけよう。三陸鉄道、えちぜ鉄道、大井川鐵道、北近畿タンゴ鉄道、ごめん・なはり線、島原鉄道など、12のローカル線を紹介。料理のカラー写真と各路線地図付き。

01913 行ったぞ鉄道—列島がたごと日誌 伊東徹秀著 札幌 柏艪舎 2009.7 198p 19cm〈発売:星雲社〉 1300円 ①978-4-434-13086-1

01914 テツはこんな旅をしている—鉄道旅行再発見 野田隆著 平凡社 2014.3 222p 18cm (平凡社新書) 760円 ①978-4-582-85722-1

01915 ステーキを下町で 平松洋子著, 谷口ジロー画 文藝春秋 2015.8 266p 16cm (文春文庫) 580円 ①978-4-16-790429-6

雫石町

01916 耕うん機オンザロード 斉藤政喜著 小学館 2001.8 333p 19cm (BE-PAL BOOKS) 1200円 ①4-09-366065-4

志戸前川

01917 フライフィッシング紀行 続 芦沢一洋著, 楠山正良編 つり人社 1998.8 256p 18cm (つり人ノベルズ) 950円 ①4-88536-244-X

渋民(盛岡市)

01918 心の虹—詩人のふるさと紀行 増田れい子著 労働旬報社 1996.8 247p 19cm 1800円 ①4-8451-0441-5
(目次)永遠の虹・金子みすゞ—山口県仙崎・萩, 絢爛の未完成・中原中也—山口県湯田温泉, 比類なきデリカシイ・野口雨情—茨城県北茨城市・袋田, 無垢のひと・石川啄木—岩手県渋民・盛岡, トンカジョン・北原白秋—福岡県柳川, 赤とんぼと母恋い・三木露風—兵庫県竜野, 酔と香気に生きる・萩原朔太郎—群馬県前橋・伊香保, 望郷の川辺に佇つ・室生犀星—石川県金沢・犀川, 詩と世間をつなぐ橋・高田敏子—東京都日本橋・浅草, 詩の清流に遊ぶ・井上靖—静岡県伊豆・湯ケ島, ふるさとは海のひびき・堀口大学—神奈川県葉山海岸, 万人の心の伏流水をうたう俳人・中村汀女—熊本県江津湖

浄土ヶ浜

01919 ツーリング・ライフ—自由に、そして孤独に 新装増補版 斎藤純著 春秋社 2004.3 274p 20cm〈2001年刊の新装増補〉 1800円 ①4-393-43624-5
[作品] 岬めぐり—北東北

正法寺

01920 古寺巡礼 辻井喬著 角川春樹事務所 2011.5 253p 16cm (ハルキ文庫)〈2009年刊の文庫化〉 667円 ①978-4-7584-3556-7

須川温泉

01921 秘湯を求めて 3 きわめつけの秘湯 藤嶽彰英著 (大阪)保育社 1990.1 194p 19cm 1350円 ①4-586-61103-0

01922 雲は旅人のように―湯の花紀行 池内紀著, 田淵裕一写真 日本交通公社出版事業局 1995.5 284p 19cm 1600円 ①4-533-02163-8

作品 雲は旅人のように

01923 家(うち)もいいけど旅も好き 岸本葉子著 講談社 2002.5 273p 15cm (講談社文庫)〈河出書房新社1998年刊にエッセイを増補し文庫化〉 495円 ①4-06-273429-X

目次 なつかしい旅(「彼」のいた夏 沖縄県・石垣島, 湯けむりの立つ街道の町 長野県・下諏訪温泉, 神さまの国で食い倒れ 伊勢・志摩, さよならトンネル、遠い日の記憶 軽井沢 ほか), からだで知る旅(タケノコ掘りにはモンペが似合う 愛媛県・内子, 峠をうらうら、山登り 東京都・高尾山, 歩けばご機嫌! ウォーキング大会 埼玉県・東松山, 自分の足で帰り着けますか? 都心から自宅まで, 下駄から靴にはき替えて 広島県・松永「日本はきもの博物館」ほか), くつろぎの旅(元気のもとは屋台にあり ヴェトナム・ハノイ、ホーチミン, 究極の癒し? スパリゾート アメリカ・パームスプリングス, 女の息抜き、健康ランド 武蔵野、鎌倉, 常世の波の寄せる浜 三重県・二見浦, 浄土のテーマパーク 岩手県・平泉, 雲の上の温泉 岩手県・須川温泉), 吉祥寺暮らし, ひと月の「わが家」~広尾入院生活

台温泉

01924 北日本を歩く 立松和平著, 黒古一夫編 勉誠出版 2006.4 372p 22cm (立松和平日本を歩く 第1巻) 2600円 ①4-585-01171-4

作品 東北を走る

滝の上温泉

01925 いで湯浴泉記 大石真人著 新ハイキング社 1990.12 316p 19cm (新ハイキング選書 第11巻) 1700円 ①4-915184-12-9

岳地区(花巻市)

01926 ニッポンの山里 池内紀著 山と溪谷社 2013.1 254p 20cm 1500円 ①978-4-635-28067-9

立花毘沙門堂

01927 見仏記 いとうせいこう, みうらじゅん著 角川書店 1997.6 293p 15cm (角川文庫)〈中央公論新社 1993年刊の文庫化〉 640円 ①4-04-184602-1

玉山(盛岡市)

01928 内観紀行―山頭火・才市・啄木・井月 村松基之亮著 富士書店 2003.4 279p 20cm 2300円 ①4-89227-053-9

目次 序章 母なる声を聴く自己との出会い, 第1章 同行二人のみちは内観のみち―自分さがしの四国札所遍路みちをゆく, 第2章 うしろすがたのしぐれてゆくか―自由律俳人・山頭火のふるさと防府をゆく, 第3章 ご恩うれしや―下駄づくり妙好人・才市のまち温泉津をゆく, 第4章 母のからだの軽きに泣く―天才詩人・啄木のふるさと玉山村渋民をゆく, 第5章 落栗の座を定めるや窪溜り―漂泊の俳人・井月の終焉の地伊那谷をゆく

玉山金山

01929 浦島太郎の馬鹿―旅の書きおき 立松和平著 マガジンハウス 1990.10 251p 21cm 1400円 ①4-8387-0189-6

作品 黄金の夢

01930 北日本を歩く 立松和平著, 黒古一夫編 勉誠出版 2006.4 372p 22cm (立松和平日本を歩く 第1巻) 2600円 ①4-585-01171-4

作品 黄金の夢

ダンノハナ(遠野市)

01931 春の消息 柳美里, 佐藤弘夫著, 宍戸清孝写真 第三文明社 2017.12 263p 21cm〈文献あり〉 2200円 ①978-4-476-03369-4

中尊寺

01932 土門拳の古寺巡礼 別巻 第1巻 東日本 土門拳著 小学館 1990.5 147p 26cm 1950円 ①4-09-559106-4

作品 ぼくの古寺巡礼

目次 中尊寺とみちのく, 日光東照宮と東国, ぼくの古寺巡礼, 私の履歴書, 古寺巡礼ガイド―東日本, 東日本関連地図, 中尊寺とみちのく, 日光東照宮と東国

01933 見仏記 いとうせいこう, みうらじゅん著 角川書店 1997.6 293p 15cm (角川文庫)〈中央公論新社 1993年刊の文庫化〉 640円 ①4-04-184602-1

01934 とっておきの寺社詣で 三木露風ほか著, 作品社編集部編 作品社 1998.4 251p 22cm (新編・日本随筆紀行 大きな活字で読みやすい本―心にふるさとがある 14) ①4-87893-895-1, 4-87893-807-2

作品 平泉・金色堂・中尊寺〔中野重治〕

01935 碧い眼の太郎冠者 ドナルド・キーン著 中央公論新社 2001.7 188p 21cm (Chuko on demand books) 2000円 ①4-12-550026-6

作品 紅毛おくのほそ道

01936 土門拳 古寺を訪ねて―東へ西へ 土門拳写真・文 小学館 2002.3 205p 15cm (小学館文庫)〈奥付のタイトル:古寺を訪ねて 年譜あり〉 838円 ①4-09-411424-6

目次 中尊寺とみちのく(中尊寺―形あるものは亡びる), 勝常寺と東国, 永保寺と近畿(開創者は夢窓国師), 三仏寺と西国(投入堂登攀記, 車椅子からの視点)

01937 ひろさちやの古寺巡礼 ひろさちや著 小学館 2002.6 207p 20cm 1400円 ①4-09-386094-7

目次 法隆寺, 東大寺, 興福寺, 東寺, 永平寺, 中尊寺, 円覚寺・建長寺, 清水寺, 知恩院, 醍醐寺〔ほか〕

01938 風貌・私の美学―土門拳エッセイ選 土門拳著, 酒井忠康編 講談社 2008.4 349p 16cm (講談社文芸文庫)〈年譜あり 著作目録あり〉 1600円 ①978-4-06-290011-9

目次 1 風貌(田中舘愛橘, 尾崎行雄 ほか), 2 私の美学(唐招提寺について, 平等院について, 松香石について,

竜安寺石庭について, 室生寺について, 中尊寺についてほか), 3 社会への眼差し(『ヒロシマ』はじめに, るみえちゃんはお父さんが死んだ ほか), 4 芸術論(自分のこと, デモ取材と古寺巡礼 ほか), 5 風景論(風景写真雑感, 回想の室生寺 ほか)

01939 百寺巡礼 第7巻 東北 五木寛之著 講談社 2009.3 273p 15cm (講談社文庫) 〈文献あり 2004年刊の文庫化〉 562円 ①978-4-06-276291-5

01940 古寺巡礼 辻井喬著 角川春樹事務所 2011.5 253p 16cm (ハルキ文庫)〈2009年刊の文庫化〉 667円 ①978-4-7584-3556-7

01941 日本再発見—芸術風土記 岡本太郎著 KADOKAWA 2015.7 293p 15cm (角川ソフィア文庫)〈新潮社 1958年刊の再刊〉 1000円 ①978-4-04-409488-1

繋温泉

01942 北日本を歩く 立松和平著, 黒古一夫編 勉誠出版 2006.4 372p 22cm (立松和平日本を歩く 第1巻) 2600円 ①4-585-01171-4
作品 東北を走る

天台寺

01943 かわいい自分には旅をさせろ 嵐山光三郎著 講談社 1991.8 253p 18cm 1100円 ①4-06-205402-7

01944 寂聴ほとけ径—私の好きな寺 1 瀬戸内寂聴著 光文社 2007.6 185p 15cm (光文社文庫) 686円 ①978-4-334-74257-7
目次 法華寺/海龍王寺(奈良県)—斑鳩の里の古刹, 天台寺(岩手県)—みちのくの心の故郷, 石道寺/黒田観音寺/己高閣/世代閣(滋賀県)—羽衣伝説の湖畔の寺, 泉涌寺(京都府)—東山三十六峰月輪山の寺, 法真寺(東京都)—樋口一葉ゆかりの寺, 神護寺(京都府)—一山これ曼陀羅, 廬山寺(京都府)—紫式部の生家跡, 東大寺(奈良県)—慈悲の大仏と大伽藍, 長谷寺(奈良県)—七千株の牡丹の寺, 仁和寺(京都府)—京都三大門の寺, 浄瑠璃寺/岩船寺(京都府)—三仏磨崖像の寺, 浅草寺(東京都)—観音様と仲見世

デンデラ野(遠野市)

01945 春の消息 柳美里, 佐藤弘夫著, 宍戸清孝写真 第三文明社 2017.12 263p 21cm〈文献あり〉 2200円 ①978-4-476-03369-4

藤七温泉

01946 新編 日本の旅あちこち 木山捷平著 講談社 2015.4 304p 16cm (講談社文芸文庫)〈著作目録あり 年譜あり〉 1600円 ①978-4-06-290268-7
作品 原始的なトルコ風呂のメッカ—岩手

東北砕石工場跡

01947 ニッポンの穴紀行—近代史を彩る光と影 西牟田靖著 光文社 2010.12 324p 19cm 〈文献あり〉 1500円 ①978-4-334-97634-7

遠野市

01948 日本縦断JR10周年の旅—新千歳空港駅発・宮崎空港駅ゆき4900キロ 種村直樹著 徳間書店 1997.3 263p 19cm 1300円 ①4-19-860667-6

01949 負籠の細道 水上勉著 集英社 1997.10 232p 16cm (集英社文庫) 476円 ①4-08-748697-4

01950 東北謎とき散歩—多くの史跡や霊場霊山の不思議の舞台に迫る 星亮一著 廣済堂出版 1998.11 271p 19cm 1600円 ①4-331-50659-2

01951 ニッポン・あっちこっち 安西水丸著 家の光協会 1999.11 205p 17cm 1800円 ①4-259-54570-1

01952 北日本を歩く 立松和平著, 黒古一夫編 勉誠出版 2006.4 372p 22cm (立松和平日本を歩く 第1巻) 2600円 ①4-585-01171-4
作品 山の龍宮城

01953 写真家の旅—原日本、産土を旅ゆく。 宮嶋康彦著 日経BP社 2006.10 223p 21cm 〈日経BP出版センター(発売)〉 2667円 ①4-8222-6350-9

01954 どうせ今夜も波の上 椎名誠著 文藝春秋 2010.3 258p 16cm (文春文庫) 495円 ①978-4-16-733430-7
作品 遠野ぐうたらキャンプ

01955 旅学的な文体 赤坂憲雄著 五柳書院 2010.3 213p 20cm (五柳叢書 94) 2000円 ①978-4-901646-16-1

01956 荒俣宏・高橋克彦の岩手ふしぎ旅 高橋克彦, 荒俣宏著 実業之日本社 2012.10 264p 16cm (実業之日本社文庫)〈年表あり 2010年刊の文庫化〉 600円 ①978-4-408-55093-0
目次 岩手・県中央部を歩く(ドキュメント 岩手ふしぎ旅, 対談 "発掘"蝦夷の国の文化と歴史 盛岡編, 盛岡周辺注目スポット ほか), 岩手・県南を歩く(対談 平泉から遠野へ 県南文化の表裏 平泉編, 対談 遠野から東和へ 民衆の習俗と信仰 遠野編, 平泉周辺注目スポット), 岩手・県北を歩く(対談 県北の秘められた暮らし 二戸編, 二戸周辺注目スポット, 岩手の歴史を彩るヒーローたちの魅力と謎 ほか)

01957 原風景のなかへ 安野光雅著 山川出版社 2013.7 215p 20cm 1600円 ①978-4-634-15044-7

01958 ぼくらは怪談巡礼団 加門七海, 東雅夫著 KADOKAWA 2014.6 301p 19cm (〔幽BOOKS〕) 1400円 ①978-4-04-066760-7

01959 まんが日本昔ばなし今むかし 川内彩友美著 展望社 2014.10 254p 19cm 1400円 ①978-4-88546-289-4
作品 カッパ淵—岩手県
目次 かぐや姫—奈良県, 一寸法師—大阪府, 桃太郎—岡山県, 耳なし芳一—山口県, けちんぼ六さん—東京都, 分福茶釜—群馬県, カッパ淵—岩手県, 浦島太郎—京都府, 安珍清姫・髪長姫—和歌山県, 天のはしご天橋立—京都府〔ほか〕

01960 東京発遠野物語行 井出彰著 論創社 2015.7 217p 20cm 1600円 ①978-4-8460-1453-7

目次 朦朧かつ曖昧日記（二〇一三年〇月×日 わずか百円の『遠野物語』，〇月△日 乙爺はホームレスの先輩，三月八日 京極先生の職人技，五月五日 遠野の河童の顔は赤い，〇月一二日 人気アイドルの座敷童子 ほか），小説 佐々木喜善，小説 蛇足ではなく河童の屁

01961 日本ボロ宿紀行―懐かしの人情宿でホッコリしよう　上明戸聡著　鉄人社　2017.7　287p　15cm　（鉄人文庫）　680円　Ⓘ978-4-86537-092-8

遠野ふるさと村

01962 黄昏　南伸坊，糸井重里著　新潮社　2014.4　429p 図版16p　16cm　（新潮文庫）〈東京糸井重里事務所 2009年刊の再刊〉　790円　Ⓘ978-4-10-118317-6

遠野盆地

01963 柳田國男の遠野紀行―遠野フォークロア誕生の頃　高柳俊郎著　三弥井書店　2003.9　189p　19cm〈文献あり〉　1300円　Ⓘ4-8382-9062-4

鳥越（一戸町）

01964 柳宗悦 民芸紀行　柳宗悦著，水尾比呂志編　岩波書店　1995.2　314p　15cm　（岩波文庫）　620円　Ⓘ4-00-331695-9

作品 陸中雑記

中津川

01965 メルヘン紀行　みやこうせい著　未知谷　2005.5　237p　20cm　2200円　Ⓘ4-89642-129-9

鉛温泉

01966 日本映画を歩く―ロケ地を訪ねて　川本三郎著　JTB　1998.8　239p　20cm　1600円　Ⓘ4-533-03066-1

01967 幻想秘湯巡り　南條竹則著　同朋舎，角川書店〔発売〕　2001.10　205p　21cm　（ホラージャパネスク叢書）　1400円　Ⓘ4-8104-2717-X

01968 黄昏　南伸坊，糸井重里著　新潮社　2014.4　429p 図版16p　16cm　（新潮文庫）〈東京糸井重里事務所 2009年刊の再刊〉　790円　Ⓘ978-4-10-118317-6

成島毘沙門堂

01969 見仏記　いとうせいこう，みうらじゅん著　角川書店　1997.6　293p　15cm　（角川文庫）〈中央公論新社 1993年刊の文庫化〉　640円　Ⓘ4-04-184602-1

西和賀町

01970 日本の旅ごはん―平成食の風土記　向笠千恵子著　小学館　2006.11　191p　19cm　1500円　Ⓘ4-09-387688-6

01971 謎のアジア納豆―そして帰ってきた〈日本納豆〉　高野秀行著　新潮社　2016.4　350p　20cm〈文献あり〉　1800円　Ⓘ978-4-10-340071-4

目次 納豆は外国のソウルフードだった!?チェンマイ/タイ，納豆とは何か，山のニューヨークの味噌納豆 チェントゥン/ミャンマー，火花を散らす納豆ナショナリズム タウンジー/ミャンマー，幻の竹納豆を追え！ ミッチーナ/ミャンマー，アジア納豆は日本の納豆と同じなのか、ちがうのか，日本で『アジア納豆』はできるのか 長野県飯田市，女王陛下の納豆護衛隊 パッタリ/ネパール，日本納豆の起源を探る 秋田県南部，元・首狩り族の納豆汁 ナガ山地/ミャンマー，味噌民族vs.納豆民族 中国湖南省，謎の雪納豆 岩手県西和賀町，納豆の起源

二戸市

01972 荒俣宏・高橋克彦の岩手ふしぎ旅　高橋克彦，荒俣宏著　実業之日本社　2012.10　264p　16cm　（実業之日本社文庫）〈年表あり　2010年刊の文庫化〉　600円　Ⓘ978-4-408-55093-0

猫淵神社

01973 猫めぐり日本列島　中田謹介著　筑波書房　2005.4　172p　21cm　2200円　Ⓘ4-8119-0281-5

目次 東北（恩返しネコを祀る「福蔵寺」，名物ネコの霊を葬る「猫淵神社」，三陸に浮かぶネコの島「田代島」，村を救ったネコとイヌを祀る「猫の宮、犬の宮」，和泉式部・愛猫との別れ―「猫啼温泉」），関東（猫の野仏は山村の救い神，招き猫が手招く「海雲寺」 ほか），東京（秘仏、猫地蔵尊御開帳の日「自性院」，招き猫が招いたお殿様「豪徳寺」 ほか），信越・北陸（素朴な民話に心やわらぐ「法蔵寺」，養蚕成功祈願の石仏群 ほか），東海・近畿（猫民話に因んだ猫踊り大会，ネズミに化けた怪僧を倒したネコの像 ほか），中国・四国・九州・沖縄（日本一小さい招き猫美術館「金山寺」，ネコとお松の悲しい運命「お松大権現」 ほか）

野田村

01974 東北を歩く―小さな村の希望を旅する　増補新版　結城登美雄著　新宿書房　2011.7　331p　20cm　2000円　Ⓘ978-4-88008-419-0

八幡平

01975 日本の名山　2　岩手山　串田孫一，今井通子，今福龍太編　博品社　1997.3　251p　20cm　1648円　Ⓘ4-938706-36-9

作品 諸檜岳 八幡平〔本多勝一〕　八幡平：イソツツジ〔田中澄江〕　八幡平〔田部重治〕　八幡平から後生掛温泉へ 地獄の植物〔西口親雄〕

01976 ハピネス気分で山歩き　平野恵理子著　山と渓谷社　2005.9　159p　21cm　1800円　Ⓘ4-635-17168-X

01977 源流テンカラ　高桑信一著　山と溪谷社　2016.3　349p　21cm　2400円　Ⓘ978-4-635-04413-4

八幡平市

01978 こんにちは、ふるさと　俵万智著　河出書房新社　1995.5　76p　20×18cm　1500円　Ⓘ4-309-00983-2

作品 等身大の環境保護―盛岡

花巻温泉

01979 温泉百話―東の旅　種村季弘，池内紀編

筑摩書房 1988.2 471p 15cm (ちくま文庫) 680円 ①4-480-02200-7
作品 花巻温泉〔高村光太郎〕

01980 望郷を旅する 石川啄木ほか著, 作品社編集部編 作品社 1998.4 251p 22cm (新編・日本随筆紀行 大きな活字で読みやすい本―心にふるさとがある 15) ①4-87893-896-X, 4-87893-807-2
作品 花巻温泉〔高村光太郎〕

01981 日本の不思議な宿 巌谷国士著 中央公論新社 1999.4 353p 16cm (中公文庫) 838円 ①4-12-203396-9
目次 箱根塔ノ沢・環翠楼―「昔のまんま」の空間, 伊豆松崎・山光荘―鏝絵師長八を思う, 桑名・船津屋―泉鏡花と名物・焼蛤, 宝塚ホテル―春爛漫の少女歌劇, 城崎・三木屋―文学「外湯めぐり」, 舞鶴・松栄館―赤煉瓦建築探偵とともに, 奈良ホテル―歳末の古都散策, 飯坂・なかむらや―名湯の向いに立つ, 花巻・松雲閣―宮沢賢治と温泉について, 大湯・千葉旅館―ストーンサークルの不思議〔ほか〕

01982 ひとりたび1年生―2005-2006 たかぎなおこ著 メディアファクトリー 2006.12 144p 21cm 1000円 ①4-8401-1754-3
目次 ひとりたびレッスン―日光鬼怒川編, ひとりたびレッスン―鎌倉編, 宿坊で朝のおつとめ体験―長野善光寺編, 雪降る湯治場自炊部―花巻温泉編, 日本最長! 深夜バスでGO―博多編, 南国でめざせダイバー!!―沖縄編, 舞妓気分ではんなりと―京都編, ぶらりふるさと紀行―三重編

01983 日本再発見―芸術風土記 岡本太郎著 KADOKAWA 2015.7 293p 15cm (角川ソフィア文庫)〈新潮社 1958年刊の再刊〉 1000円 ①978-4-04-409488-1

01984 温泉天国 嵐山光三郎, 荒俣宏, 池内紀, 池波正太郎, 井伏鱒二, 植村直己, 岡本かの子, 岡本綺堂, 小川未明, 角田光代, 川端康成, 川本三郎, 北杜夫, 斎藤茂太, 坂口安吾, 高村光太郎, 武田百合子, 太宰治, 田辺聖子, 種村季弘, 田村隆一, 田山花袋, つげ義春, 平林たい子, 松本英子, 村上春樹, 室生犀星, 山下清, 柳美里, 横尾忠則, 吉川英治, 四谷シモン著 河出書房新社 2017.12 237p 19cm (ごきげん文藝) 1600円 ①978-4-309-02642-8
作品 花巻温泉〔高村光太郎〕

花巻市

01985 導かれて、旅 横尾忠則著 文藝春秋 1995.7 286p 16cm (文春文庫)〈日本交通公社出版事業局 1992年刊の文庫化〉 480円 ①4-16-729703-5
作品 濃霧の底の宮澤賢治ワールド

01986 ニッポン・あっちこっち 安西水丸著 家の光協会 1999.11 205p 17cm 1800円 ①4-259-54570-1

01987 「和」の旅、ひとり旅 岸本葉子著 小学館 2002.8 217p 15cm (小学館文庫) 476円 ①4-09-402472-7

01988 北日本を歩く 立松和平著, 黒古一夫編 勉誠出版 2006.4 372p 22cm (立松和平日本を歩く 第1巻) 2600円 ①4-585-01171-4

01989 もいちど修学旅行をしてみたいと思ったのだ 北尾トロ著, 中川カンゴロー写真 小学館 2008.4 239p 19cm 1300円 ①978-4-09-379784-9

01990 菅江真澄と旅する―東北遊覧紀行 安水稔和著 平凡社 2011.7 262p 18cm (平凡社新書) 780円 ①978-4-582-85598-2

01991 黄昏 南伸坊, 糸井重里著 新潮社 2014.4 429p 図版16p 16cm (新潮文庫)〈東京糸井重里事務所 2009年刊の再刊〉 790円 ①978-4-10-118317-6

01992 「翼の王国」のおみやげ 長友啓典文・絵 木楽舎 2016.6 207p 19cm (翼の王国books)〈索引あり〉 1400円 ①978-4-86324-100-8

01993 日本ボロ宿紀行―懐かしの人情宿でホッコリしよう 上明戸聡著 鉄人社 2017.7 287p 15cm (鉄人文庫) 680円 ①978-4-86537-092-8

花巻南温泉峡

01994 四次元温泉日記 宮田珠己著 筑摩書房 2015.1 294p 15cm (ちくま文庫)〈2011年刊の文庫化〉 720円 ①978-4-480-43238-4
目次 なぜこの私が温泉に行くはめになったか, 三朝温泉K旅館, 伊勢A旅館と湯の峰温泉, 奥那須K温泉, 四万温泉S館, 花巻南温泉峡, 秋田H温泉とねぶた見物, 微温湯温泉と東鳴子温泉T旅館, 瀬見温泉K楼, 伊豆長岡温泉N荘, 湯河原U屋旅館, 別府鉄輪温泉Y荘, 九州湯めぐり行, 地獄谷温泉と渋温泉K屋, 下呂温泉Y館

早池峰山

01995 日本の名山 2 岩手山 串田孫一, 今井通子, 今福龍太編 博品社 1997.3 251p 20cm 1648円 ①4-938706-36-9
作品 高嶺の花 岩手山・早池峰(六月二九日〜七月一日)〔石井昭子〕

01996 山の朝霧 里の湯煙 池内紀著 山と渓谷社 1998.9 254p 20cm 1600円 ①4-635-17132-9

01997 ひとつとなりの山 池内紀著 光文社 2008.10 269p 18cm (光文社新書) 800円 ①978-4-334-03476-4

01998 百霊峰巡礼 第3集 立松和平著 東京新聞出版部 2010.8 307p 20cm〈第2集までの出版者:東京新聞出版局〉 1800円 ①978-4-8083-0933-6

01999 わが愛する山々 深田久弥著 山と溪谷社 2011.6 381p 15cm (ヤマケイ文庫)〈年譜あり〉 1000円 ①978-4-635-04730-2

02000 山々を滑る登る 熊谷榧絵と文 八王子白山書房 2012.11 319p 19cm (〔榧・画文集 12〕) 1900円 ①978-4-89475-159-0

万蔵寺

02001 見仏記 いとうせいこう, みうらじゅん著 角川書店 1997.6 293p 15cm (角川文庫)〈中央公論新社 1993年刊の文庫化〉 640円

Ⓘ4-04-184602-1

人首川

02002 川の旅　池内紀著　青土社　2002.7　245p　20cm　1800円　Ⓘ4-7917-5971-0

平泉町

02003 井上靖歴史紀行文集　第1巻　日本の旅　井上靖著　岩波書店　1992.1　23cm
作品 平泉紀行

02004 ふれあいの旅紀行　新田健次著　東京新聞出版局　1992.5　203p　19cm　1300円　Ⓘ4-8083-0437-6

02005 日本紀行　井上靖著　岩波書店　1993.12　252p　16cm　（同時代ライブラリー）　1000円　Ⓘ4-00-260169-2
作品 平泉紀行
目次 日本の風景, 美しい川, 旅情・旅情・旅情,「旅と人生」について, 平泉紀行, 穂高の月, 涸沢にて, 穂高の月・ヒマラヤの月, 大佐渡小佐渡, 早春の伊豆・駿河, 川の話, 早春の甲斐・信濃, 京の春, 塔・桜・上醍醐, 十一面観音の旅, 法隆寺のこと, お水取りと私, 南紀の海に魅せられて, 佐多岬紀行―老いたる駅長と若き船長, 幻華―井上靖氏の「旅」(十川信介)

02006 父と子の長い旅　原将人著　フィルムアート社　1994.11　253p　19cm　1854円　Ⓘ4-8459-9436-4

02007 大佛次郎エッセイ・セレクション　1　歴史を紀行する　大佛次郎著, 村上光彦, 福島行一, 八尋舜右編　小学館　1996.7　285p　19cm　2000円　Ⓘ4-09-387181-7
目次 第1章 幻の伽藍, 第2章 義経の周囲, 第3章 ナポレオンの寝台

02008 平安鎌倉史紀行　宮脇俊三著　講談社　1997.12　447p　15cm　（講談社文庫）〈年表あり　1994年刊の文庫化〉　657円　Ⓘ4-06-263660-3
目次 桓武天皇と渡来人, 坂上田村麻呂をさぐる, 平安京の設計, 最澄と空海, 嵯峨天皇から菅原道真まで, 平将門の風土, 貴族海賊藤原純友, 葵祭・六波羅蜜寺・鳳凰堂, 京の葬送地めぐり, 前九年の役を行く〔ほか〕

02009 ら・ら・ら「奥の細道」　黛まどか著　光文社　1998.3　221p　20cm　1600円　Ⓘ4-334-97168-7
目次 序 旅立ち―深川, 旅1 あなたに逢いたくて―伊賀上野, 旅2 変わってゆくものと変わらないもの―仙台・松島・石巻・平泉・立石寺, 旅3 謎の十日間―尾花沢, 旅4 芭蕉の「アグレッシブ」俳句―近江路, 旅5 『奥の細道』贋作説を追う―大阪, 旅6 芭蕉の恋―小松・山中温泉・大聖寺・金沢・市振, 旅7 芭蕉は「アルケミスト」―日光・黒羽・那須湯本, 旅8 幻のミネザクラ―月山・湯殿山・鶴岡・酒田・象潟, 旅9 病おこりて…―新潟・弥彦・出雲崎・柏崎, 旅10 旅の終りに―敦賀・福井

02010 とっておきの寺社詣で　三木露風ほか著, 作品社編集部編　作品社　1998.4　251p　22cm　（新編・日本随筆紀行 大きな活字で読みやすい本―心にふるさとがある 14）　Ⓘ4-87893-895-1, 4-87893-807-2
作品 平泉・金色堂・中尊寺〔中野重治〕

02011 風・旅・旋律　河野保雄文, 吉井忠絵　音楽之友社　1999.8　109p　24cm　2500円　Ⓘ4-276-20112-8

02012 碧い眼の太郎冠者　ドナルド・キーン著　中央公論新社　2001.7　188p　21cm　（Chuko on demand books）　2000円　Ⓘ4-12-550026-6
作品 紅毛おくのほそ道

02013 家(うち)もいいけど旅も好き　岸本葉子著　講談社　2002.5　273p　15cm　（講談社文庫）〈河出書房新社1998年刊にエッセイを増補し文庫化〉　495円　Ⓘ4-06-273429-X

02014 おくのほそ道 人物紀行　杉本苑子著　文芸春秋　2005.9　230p　18cm　（文春新書）　700円　Ⓘ4-16-660460-0

02015 北日本を歩く　立松和平著, 黒古一夫編　勉誠出版　2006.4　372p　22cm　（立松和平日本を歩く 第1巻）　2600円　Ⓘ4-585-01171-4
作品 東北を走る

02016 奥の細道 温泉紀行　嵐山光三郎著　小学館　2006.6　221p　15cm　（小学館文庫）〈1999年 平凡社刊あり〉　695円　Ⓘ4-09-408082-1

02017 義経とみちのく―その史実と伝説　関河惇著　講談社出版サービスセンター　2006.8　273p　19cm　2000円　Ⓘ4-87601-762-X
目次 第1部 鞍馬山, 第2部 北都平泉, 第3部 栄枯盛衰, 第4部 山河放浪, 第5部 挽歌, 第6部 義経北行伝説

02018 もいちど修学旅行をしてみたいと思ったのだ　北尾トロ著, 中川カンゴロー写真　小学館　2008.4　239p　19cm　1300円　Ⓘ978-4-09-379784-9

02019 鉄道おくのほそ道紀行―週末芭蕉旅　芦原伸著　講談社　2009.6　314p　20cm　（The new fifties）〈文献あり〉　1800円　Ⓘ978-4-06-269282-3
目次 序章 元禄という時代, 第1章 深川、千住から日光へ, 第2章 日光、黒羽、那須, 第3章 白河関を越えて, 第4章 仙台、松島、平泉, 第5章 鳴子、尾花沢、山寺, 第6章 最上川、象潟, 第7章 羽黒山、月山、湯殿山, 第8章 越後路、出雲崎, 第9章 親不知、金沢、北陸路, 第10章 小松、山中、越前路, 第11章 永平寺、敦賀、大垣

02020 芭蕉の杖跡―おくのほそ道 新紀行　森村誠一著　角川マガジンズ　2012.7　268p　19cm〈発売：角川グループパブリッシング〉　1600円　Ⓘ978-4-04-731863-2
目次 遠方への憧憬、永遠の未知数―江戸・深川, 民の外にある歴史―平泉～山刀伐峠, 人の時間の外にある世界―白河～日光, 島々の史音―松島・塩竈, 気品のある山気―立石寺, 暮らしの奥の最上川―尾花沢～出羽三山, 永遠の旅恋・未知の狩人―鶴岡・酒田・象潟, 志の永久保存―新潟・弥彦, 海鳴る奥の史声・艶句の器―出雲崎～市振, 不易流行―壮絶な悟道, 新たな踏み道―旅人たちの王道, 時空の旅人・常食は未知―富山, 仮託した句魂・古今の渓声―倶利伽羅峠～山中温泉, 自由の覚悟・命を照らす砂明かり―福井～敦賀, 求道一途・終りなき途上―敦賀～大垣, 俳聖の矛盾, 再生への意思表示―三陸再訪

02021 荒俣宏・高橋克彦の岩手ふしぎ旅　高橋克彦, 荒俣宏著　実業之日本社　2012.10　264p　16cm　（実業之日本社文庫）〈年表あり　2010年

刊の文庫化〉 600円 ①978-4-408-55093-0

02022 奥の細道紀行 大石登世子著 調布 ふらんす堂 2013.10 234p 19cm〈文献あり〉 2476円 ①978-4-7814-0617-6

目次 第1章 白河の関まで(深川界隈, 千住 ほか), 第2章 平泉まで(須賀川, 安積山 ほか), 第3章 象潟まで(尿前の関, 出羽街道中山越え ほか), 第4章 大垣まで(村上, 出雲崎 ほか)

02023 おくのほそ道を旅しよう 田辺聖子著 KADOKAWA 2016.4 209p 15cm (角川ソフィア文庫)〈講談社文庫 1997年刊の再刊〉 800円 ①978-4-04-400035-6

目次 旅立ち 白河の関こえて, 壺の碑, つわものどもが夢のあと, 羽黒山の三日月, 甲の下のきりぎりす, 蛤のふたみの別れ

福蔵寺

02024 猫めぐり日本列島 中田謹介著 筑波書房 2005.4 172p 21cm 2200円 ①4-8119-0281-5

閉伊川

02025 サラリーマン転覆隊が行く! 下巻 本田亮著 フレーベル館 1997.4 338p 20cm 1600円 ①4-577-70121-9

02026 川の旅 池内紀著 青土社 2002.7 245p 20cm 1800円 ①4-7917-5971-0

碧祥寺

02027 ツーリング・ライフ—自由に、そして孤独に 新装増補版 斎藤純著 春秋社 2004.3 274p 20cm〈2001年刊の新装増補〉 1800円 ①4-393-43624-5

作品 マタギ・ルートを辿る—奥羽山脈縦断

ほっとゆだ駅

02028 日本縦断JR10周年の旅—新千歳空港駅発・宮崎空港駅ゆき4900キロ 種村直樹著 徳間書店 1997.3 263p 19cm 1300円 ①4-19-860667-6

真崎海岸

02029 北日本を歩く 立松和平著, 黒古一夫編 勉誠出版 2006.4 372p 22cm (立松和平日本を歩く 第1巻) 2600円 ①4-585-01171-4

作品 狸の友達

松尾(八幡平市)

02030 新編 日本の旅あちこち 木山捷平著 講談社 2015.4 304p 16cm (講談社文芸文庫)〈著作目録あり 年譜あり〉 1600円 ①978-4-06-290268-7

作品 原始的なトルコ風呂のメッカ—岩手

松尾鉱山

02031 禁足地帯の歩き方 吉田悠軌著 学研プラス 2017.11 175p 19cm 1000円 ①978-4-05-406602-1

水沢(奥州市)

02032 準急特快 記者の旅—レイルウェイ・ライターの本 種村直樹著 JTB 2003.5 318p 19cm〈肖像あり 著作目録あり〉 1600円 ①4-533-04777-7

作品 小京都飲み継ぎ紀行

02033 東北を歩く—小さな村の希望を旅する 増補新版 結城登美雄著 新宿書房 2011.7 331p 20cm 2000円 ①978-4-88008-419-0

宮古港

02034 わしらは怪しい雑魚釣り隊 サバダバサバダバ篇 椎名誠著 新潮社 2010.5 376p 16cm (新潮文庫)〈『怪しい雑魚釣り隊 続』(マガジン・マガジン平成21年刊)の改題〉 552円 ①978-4-10-144835-0

目次 カンパチは八丈島の虚空に散った, チンポコ島奇譚——伊江島は高血圧に負けた, 妄想的アサリ・ハマグリザクザク作戦, カニさんたちのありし日を偲びに, 食い切れないはずのアジを一キレも食えなかったおれたち, 西澤が悪い! と雑魚釣り隊の全員が言った, 宮古の港の巨大雑魚, カツオがいたのはおとといまで。, 烈風神津島「アジのづけ丼」死に辛作戦, わしらの船だ。「かいじん丸」秘密の進水式, 春キャベツ六個怒濤の丸かじり鍋, 赤ちゃんアジ一匹、八丈島でついに記録をつくった!, 月夜のずでんどう。デカバラの千手観音, 小笠原諸島紺碧の大勝負・芸者やおじさんみんな集まれ, 小アジ、小サバ、小イワシが釣れちゃった。, 相模湾カツオびゅんびゅん大騒動, 疑心暗鬼のカワハギこのやろこのやろ作戦, 激論。抱きたいサカナ、抱かれたくないサカナ, 難敵房総。しかしやったぞアイゴ哀号編, 新島未曾有の突風キャンプ。カレー六十人分の謎, 特別ふろく・オサカナ対談「魚介月旦」 東海林さだお×椎名誠

宮古市

02035 ローカルバスの終点へ 宮脇俊三著 洋泉社 2010.12 303p 18cm (新書y)〈1991年刊の新潮文庫を底本とする 日本交通公社出版事業局 1989年刊あり〉 840円 ①978-4-86248-626-4

02036 よみがえれ、東日本! 列車紀行 田中正恭著 クラッセ 2011.9 235p 19cm (Klasse books) 1600円 ①978-4-902841-12-1

02037 光太郎 智恵子 うつくしきもの—「三陸廻り」から「みちのく便り」まで 高村光太郎, 北川太一著 二玄社 2012.6 222p 19cm 1600円 ①978-4-544-03046-4

作品 三陸廻り〔高村光太郎〕

02038 北への旅—なつかしい風にむかって 椎名誠著 PHP研究所 2014.3 300p 15cm (PHP文芸文庫)〈2010年刊に加筆、再編集 索引あり〉 724円 ①978-4-569-76156-5

宮古湾

02039 新選組紀行 増補決定版 中村彰彦著 PHP研究所 2015.7 345p 15cm (PHP文庫)〈初版:文藝春秋 2003年刊 文献あり〉 720円 ①978-4-569-76398-9

毛越寺

02040 土門拳の古寺巡礼 別巻 第1巻 東日本 土門拳著 小学館 1990.5 147p 26cm 1950円 Ⓘ4-09-559106-4
作品 ぼくの古寺巡礼

02041 見仏記 いとうせいこう, みうらじゅん著 角川書店 1997.6 293p 15cm （角川文庫）〈中央公論新社 1993年刊の文庫化〉 640円 Ⓘ4-04-184602-1

02042 日本の名山 3 月山 串田孫一, 今井通子, 今福龍太編 博品社 1998.2 249p 19cm 〈文献あり〉 1600円 Ⓘ4-938706-52-0
作品 毛越寺・出羽三山神社〔土門拳〕

02043 碧い眼の太郎冠者 ドナルド・キーン著 中央公論新社 2001.7 188p 21cm （Chuko on demand books） 2000円 Ⓘ4-12-550026-6
作品 紅毛おくのほそ道

02044 百寺巡礼 第7巻 東北 五木寛之著 講談社 2009.3 273p 15cm （講談社文庫）〈文献あり 2004年刊の文庫化〉 562円 Ⓘ978-4-06-276291-5

02045 古寺巡礼 辻井喬著 角川春樹事務所 2011.5 253p 16cm （ハルキ文庫）〈2009年刊の文庫化〉 667円 Ⓘ978-4-7584-3556-7

02046 日本再発見―芸術風土記 岡本太郎著 KADOKAWA 2015.7 293p 15cm （角川ソフィア文庫）〈新潮社 1958年刊の再刊〉 1000円 Ⓘ978-4-04-409488-1

盛岡駅

02047 文学の中の駅―名作が語る“もうひとつの鉄道史” 原口隆行著 国書刊行会 2006.7 327p 20cm 2000円 Ⓘ4-336-04785-5

盛岡市

02048 途中下車の味 宮脇俊三著 新潮社 1992.6 240p 15cm （新潮文庫）〈1988年刊の文庫化〉 360円 Ⓘ4-10-126810-X

02049 こんにちは、ふるさと 俵万智著 河出書房新社 1995.5 76p 20×18cm 1500円 Ⓘ4-309-00983-2
作品 等身大の環境保護―盛岡

02050 導かれて、旅 横尾忠則著 文藝春秋 1995.7 286p 16cm （文春文庫）〈日本交通公社出版事業局 1992年刊の文庫化〉 480円 Ⓘ4-16-729703-5
作品 濃霧の底の宮澤賢治ワールド

02051 行くぞ！ 冷麺探険隊 東海林さだお著 文芸春秋 1996.1 253p 18cm 1100円 Ⓘ4-16-351110-5
作品 盛岡冷麺疑惑査察団

02052 おろかな日々 椎名誠著 文芸春秋 1996.6 286p 15cm （文春文庫）〈1993年刊の文庫化〉 450円 Ⓘ4-16-733407-0
作品 盛岡の細く長い一日
目次 賞金百万円を貰った, キビの国の混浴悲話, 窓のむこうのあこがれの雲…, 悲喜こもごも土佐の旅, 好きなマンガの大考察, アルゼンチンの化石の木, ウマシカ確認トラウマ発見！, フォークランドの怪しい夜, カンチガイ温泉で一夜の健康, 春山垂直クモハエ気分〔ほか〕

02053 心の虹―詩人のふるさと紀行 増田れい子著 労働旬報社 1996.8 247p 19cm 1800円 Ⓘ4-8451-0441-5

02054 居酒屋かもめ唄 太田和彦著 小学館 2000.12 276p 19cm 1400円 Ⓘ4-09-379177-5

02055 地の記憶をあるく 盛岡・山陽道篇 松本健一著 中央公論新社 2002.3 322p 20cm 2700円 Ⓘ4-12-003259-0

02056 ツーリング・ライフ―自由に、そして孤独に 新装増補版 斎藤純著 春秋社 2004.3 274p 20cm〈2001年刊の新装増補〉 1800円 Ⓘ4-393-43624-5
作品 マタギ・ルートを辿る―奥羽山脈縦断 盛岡

02057 ショージ君の旅行鞄―東海林さだお自選 東海林さだお著 文芸春秋 2005.2 905p 16cm （文春文庫） 933円 Ⓘ4-16-717760-9

02058 北日本を歩く 立松和平著, 黒古一夫編 勉誠出版 2006.4 372p 22cm （立松和平日本を歩く 第1巻） 2600円 Ⓘ4-585-01171-4
作品 紫に魅せられて

02059 オバハン流 旅のつくり方 吉永みち子著 中央公論新社 2007.2 235p 19cm 1500円 Ⓘ978-4-12-003803-7
目次 苦節三年、福岡アラの旅, 人間ドック付き石和桃源郷, 真夏の箱根でツアコン魂, 馬乳酒を求めてモンゴルへ, 鹿児島で焼酎徹底追求!?, 千百六十円の下町気まま旅, 盛岡リピーターになった理由, 有田への縁は福岡アラの夜, 伊豆・北川温泉 中年五人組大合宿, 横浜で“バカ鍋”を食す〔ほか〕

02060 ぶらぶらヂンヂン古書の旅 北尾トロ著 文藝春秋 2009.6 239p 16cm （文春文庫）〈風塵社2007年刊の増補〉 590円 Ⓘ978-4-16-775383-2

02061 歴史を紀行する 新装版 司馬遼太郎著 文藝春秋 2010.2 294p 16cm （文春文庫） 581円 Ⓘ978-4-16-766335-3
目次 竜馬と酒と黒潮と―高知, 会津人の維新の傷あと―会津若松, 近江商人を創った血の秘密―滋賀, 体制の中の反骨精神―佐賀, 加賀百万石の長いねむり―金沢, “好いても惚れぬ”権力の貸座敷―京都, 独立王国薩摩の外交感覚―鹿児島, 桃太郎の末裔たちの国―岡山, 郷土閥を作らぬ南部気質―盛岡, 忘れられた徳川家のふるさと―三河, 維新の起爆力・長州の遺恨―萩, 政権を亡ぼす宿命の都―大阪

02062 すすれ！麺の甲子園 椎名誠著 新潮社 2010.10 365p 16cm （新潮文庫） 590円 Ⓘ978-4-10-144836-7

02063 居酒屋おくのほそ道 太田和彦著 文藝春秋 2011.8 320p 16cm （文春文庫）〈画：村松誠〉 629円 Ⓘ978-4-16-780131-1

02064 極みのローカルグルメ旅 柏井壽著 光文社 2012.2 301p 18cm （光文社新書） 840円 Ⓘ978-4-334-03671-3

02065 荒俣宏・高橋克彦の岩手ふしぎ旅 高橋

克彦, 荒俣宏著　実業之日本社　2012.10　264p　16cm　(実業之日本社文庫)〈年表あり　2010年刊の文庫化〉　600円　①978-4-408-55093-0

02066　パン欲―日本全国パンの聖地を旅する　池田浩明著　世界文化社　2013.12　128p　26cm〈タイトルは奥付等による。標題紙のタイトル：私はパン欲に逆らうことができない……〉　1400円　①978-4-418-13234-8

02067　北東北のシンプルをあつめにいく　堀井和子著　講談社　2014.4　221p　16cm　(講談社+α文庫)　860円　①978-4-06-281551-2

目次 秋田の5月(田んぼの鷺, 5月25日の朝ごはん ほか), 秋田の夏(小茄子の漬物, いもの子の味噌汁 ほか), きりたんぽの季節(キンタケとハツタケの辛煮, 川カニの甲羅味噌 ほか), 初冬のscene(秋田から盛岡へ, 五城目町の朝市 ほか), 東北のデザイン(光原社を訪ねたら, 曲げわっぱのお櫃 ほか)

02068　新編 日本の旅あちこち　木山捷平著　講談社　2015.4　304p　16cm　(講談社文芸文庫)〈著作目録あり 年譜あり〉　1600円　①978-4-06-290268-7

作品 原始的なトルコ風呂のメッカ―岩手

02069　来ちゃった　酒井順子文, ほしよりこ画　小学館　2016.3　317p　15cm　(小学館文庫)〈2011年刊の増補〉　620円　①978-4-09-406277-9

02070　ふらり旅 いい酒 いい肴　3　太田和彦著　主婦の友社　2016.5　135p　21cm　1400円　①978-4-07-403235-8

02071　北の空と雲と　椎名誠写真と文　PHP研究所　2017.12　219p　20cm　1900円　①978-4-569-83700-0

山形町(久慈市)

02072　東北を歩く―小さな村の希望を旅する　増補新版　結城登美雄著　新宿書房　2011.7　331p　20cm　2000円　①978-4-88008-419-0

山田線

02073　父・宮脇俊三が愛したレールの響きを追って　宮脇灯子著　JTBパブリッシング　2008.8　223p　19cm〈写真：小林写函〉　1500円　①978-4-533-07200-0

02074　有栖川有栖の鉄道ミステリー旅　有栖川有栖著　山と溪谷社　2008.9　227p　20cm　2000円　①978-4-635-33031-2

02075　よみがえれ、東日本！ 列車紀行　田中正恭著　クラッセ　2011.9　235p　19cm　(Klasse books)　1600円　①978-4-902841-12-1

02076　テツはこんな旅をしている―鉄道旅行再発見　野田隆著　平凡社　2014.3　222p　18cm　(平凡社新書)　760円　①978-4-582-85722-1

山田町

02077　よみがえれ、東日本！ 列車紀行　田中正恭著　クラッセ　2011.9　235p　19cm　(Klasse books)　1600円　①978-4-902841-12-1

湯田(西和賀町)

02078　こんにちは、ふるさと　俵万智著　河出書房新社　1995.5　76p　20×18cm　1500円　①4-309-00983-2

作品 等身大の環境保護―盛岡

02079　耕うん機オンザロード　斉藤政喜著　小学館　2001.8　333p　19cm　(BE-PAL BOOKS)　1200円　①4-09-366065-4

陸前高田市

02080　まちづくり紀行―地域と人と出会いの旅から　亀地宏著　ぎょうせい　1991.10　307p　19cm　1500円　①4-324-02880-X

02081　よみがえれ、東日本！ 列車紀行　田中正恭著　クラッセ　2011.9　235p　19cm　(Klasse books)　1600円　①978-4-902841-12-1

栗林町上栗林(釜石市)

02082　東北を歩く―小さな村の希望を旅する　増補新版　結城登美雄著　新宿書房　2011.7　331p　20cm　2000円　①978-4-88008-419-0

龍泉洞温泉

02083　小さな鉄道 小さな温泉　大原利雄著　小学館　2003.8　171p　15cm　(小学館文庫)　733円　①4-09-411525-0

龍泉洞地底湖

02084　立松和平のふるさと紀行―名水　立松和平文, 山下喜一郎写真　河出書房新社　2002.5　109p　23cm　2500円　①4-309-01459-3

和賀川

02085　岩魚幻照―大イワナの棲む渓々　植野稔著　山と溪谷社　1993.4　190p　21cm　2000円　①4-635-36027-X

宮城県

02086　風・旅・旋律　河野保雄文, 吉井忠絵　音楽之友社　1999.8　109p　24cm　2500円　①4-276-20112-8

02087　誰も行けない温泉 命からがら　大原利雄著　小学館　2002.12　186p　15cm　(小学館文庫)　733円　①4-09-411524-2

02088　万葉の旅　中　改訂新版　犬養孝著　平凡社　2004.1　361p　16cm　(平凡社ライブラリー)〈初版：社会思想社1964年刊　文献あり〉　1200円　①4-582-76489-4

目次 近畿(大阪府, 和歌山県, 三重県, 京都府, 滋賀県), 東海(愛知県・静岡県), 東国(神奈川県・東京都・埼玉県・千葉県・茨城県, 岐阜県・長野県・山梨県・群馬県・栃木県・福島県・宮城県)

02089　北日本を歩く　立松和平著, 黒古一夫編

勉誠出版 2006.4 372p 22cm (立松和平日本を歩く 第1巻) 2600円 ①4-585-01171-4

02090 道の先まで行ってやれ!―自転車で、飲んで笑って、涙する旅 石田ゆうすけ著 幻冬舎 2009.7 303p 20cm 1500円 ①978-4-344-01710-8

02091 よみがえれ、東日本! 列車紀行 田中正恭著 クラッセ 2011.9 235p 19cm (Klasse books) 1600円 ①978-4-902841-12-1

02092 斑猫の宿 奥本大三郎著 中央公論新社 2011.11 305p 16cm (中公文庫)〈JTB2001年刊あり〉 705円 ①978-4-12-205565-0

02093 東北・大地をゆく 仙道作三著 春秋社 2012.3 217p 20cm 1700円 ①978-4-393-37326-2

02094 極めよ、ソフテツ道!―素顔になれる鉄道旅 村井美樹著 小学館 2012.8 186p 19cm (IKKI BOOKS) 1400円 ①978-4-09-359208-6

02095 麹巡礼―おいしい麹と出会う9つの旅 おのみさ著 集英社 2013.4 125p 19cm 1300円 ①978-4-08-771509-5

02096 唄めぐり 石田千著 新潮社 2015.4 401p 20cm〈文献あり〉 2300円 ①978-4-10-303453-7

02097 野生めぐり―列島神話の源流に触れる12の旅 石倉敏明文, 田附勝写真 京都 淡交社 2015.11 255p 19cm 2000円 ①978-4-473-04045-9

02098 逃北―つかれたときは北へ逃げます 能町みね子著 文藝春秋 2016.10 274p 16cm (文春文庫)〈2013年刊の文庫化〉 650円 ①978-4-16-790716-7

青根温泉

02099 ふわふわワウワウ―唄とカメラと時刻表 みなみらんぼう著 旅行読売出版社 1996.7 207p 19cm 1100円 ①4-89752-601-9

作品 温泉巡りの鬼たち

02100 松崎天民選集 第10巻 人間見物 松崎天民著, 後藤正人監修・解説 クレス出版 2013.11 395, 3p 19cm〈騒人社書局 昭和二年刊の複製〉 6000円 ①978-4-87733-795-7

作品 東北温泉巡り

あおば通駅

02101 終着駅への旅 JR編 櫻井寛著 JTBパブリッシング 2013.8 222p 19cm 1300円 ①978-4-533-09285-5

青葉山

02102 日本雑記 ブルーノ・タウト著, 篠田英雄訳 中央公論新社 2008.11 368p 18cm (中公クラシックス)〈育生社弘道閣昭和18年刊の復刻版 年譜あり〉 1800円 ①978-4-12-160106-3

作品 日記抄

目次 洗心亭記, 日本の四季, 敦賀, 奈良, 日本の農家, 日本の農村, 東西農家の比較, 生ける伝統, 憂愁, 別離, 日記抄

網地島

02103 日本すみずみ紀行 川本三郎著 社会思想社 1997.9 258p 15cm (現代教養文庫)〈文元社2004年刊(1998年刊(2刷)を原本としたOD版)あり〉 640円 ①4-390-11613-4

02104 風のかなたのひみつ島 椎名誠著, 垂見健吾写真 新潮社 2005.6 253p 16cm (新潮文庫)〈2002年刊の文庫化〉 514円 ①4-10-144827-2

目次 すまぬすまぬと贅沢島―答志島, どわめきの猫島―網地島, クジラ島の夏―粟島, 熱闘、カツオ雲―池間島, 玄界灘のヨロコビ島―加唐島, モノラックの走る島―怒和島, 風まかせ突如島―奄美大島・加計呂麻島

02105 ぼくらは怪談巡礼団 加門七海, 東雅夫著 KADOKAWA 2014.6 301p 19cm (〔幽BOOKS〕) 1400円 ①978-4-04-066760-7

阿武隈川河口

02106 街道をゆく 26 嵯峨散歩、仙台・石巻 新装版 司馬遼太郎著 朝日新聞出版 2009.2 310, 8p 15cm (朝日文庫)〈初版:朝日新聞社1990年刊〉 660円 ①978-4-02-264479-4

目次 嵯峨散歩(水尾の村, 水尾と樒が原, 古代の景観, 大悲閣, 千鳥ヶ淵, 夢窓と天龍寺, 豆腐記, 渡月橋, 松尾の大神, 車折神社), 仙台・石巻(富士と政宗, 沃土の民, 宮城野と世々の心, 屋台と魯迅, 東北大学, 大崎八幡宮, 千載古人の心, 塩と鉄, 陸奥一宮, 奥州の古風, 詩人の儚さ, 海に入る北上川, 石巻の明るさ)

鮎川

02107 日本すみずみ紀行 川本三郎著 社会思想社 1997.9 258p 15cm (現代教養文庫)〈文元社2004年刊(1998年刊(2刷)を原本としたOD版)あり〉 640円 ①4-390-11613-4

作品 網地島・牡鹿半島

石巻街道

02108 街道をゆく 26 嵯峨散歩、仙台・石巻 新装版 司馬遼太郎著 朝日新聞出版 2009.2 310, 8p 15cm (朝日文庫)〈初版:朝日新聞社1990年刊〉 660円 ①978-4-02-264479-4

石巻市

02109 黄昏のムービー・パレス 村松友視著, 横山良一写真 平凡社 1989.7 218p 19cm 1240円 ①4-582-28215-6

02110 ら・ら・ら「奥の細道」 黛まどか著 光文社 1998.3 221p 20cm 1600円 ①4-334-97168-7

02111 おくのほそ道 人物紀行 杉本苑子著 文芸春秋 2005.9 230p 18cm (文春新書) 700円 ①4-16-660460-0

02112 瀬戸内・四国スローにお遍路―気まぐれ列車で行こう 種村直樹著 実業之日本社 2005.12 439p 19cm 1800円 ①4-408-00798-6

02113 港町に行こう！―歴史と人情とうまい魚を求めて　青山誠文　技術評論社　2005.12　143p　22cm　（小さな旅）　1480円　①4-7741-2543-1

02114 街道をゆく　26　嵯峨散歩、仙台・石巻　新装版　司馬遼太郎著　朝日新聞出版　2009.2　310, 8p　15cm　（朝日文庫）〈初版：朝日新聞社1990年刊〉　660円　①978-4-02-264479-4

02115 日本風景論　池内紀著　角川学芸出版　2009.3　279p　19cm　（角川選書）〈発売：角川グループパブリッシング〉　1600円　①978-4-04-703442-6

02116 よみがえれ、東日本！　列車紀行　田中正恭著　クラッセ　2011.9　235p　19cm　（Klasse books）　1600円　①978-4-902841-12-1

02117 光太郎 智恵子 うつくしきもの―「三陸廻り」から「みちのく便り」まで　高村光太郎, 北川太一著　二玄社　2012.6　222p　19cm　1600円　①978-4-544-03046-4
作品 三陸廻り〔高村光太郎〕

02118 ニッポン旅みやげ　池内紀著　青土社　2015.4　162p　20cm　1800円　①978-4-7917-6852-3

02119 旅の食卓　池内紀著　亜紀書房　2016.8　233p　19cm　1600円　①978-4-7505-1480-2

石巻線

02120 テツはこんな旅をしている―鉄道旅行再発見　野田隆著　平凡社　2014.3　222p　18cm　（平凡社新書）　760円　①978-4-582-85722-1

伊豆沼

02121 鳥に会う旅　叶内拓哉著　世界文化社　1991.6　264p　21cm　（ネイチャーブックス）　2400円　①4-418-91506-0

02122 ふわふわワウワウ―唄とカメラと時刻表　みなみらんぼう著　旅行読売出版社　1996.7　207p　19cm　1100円　①4-89752-601-9
作品 らんぼう古里を歩く

一迫川

02123 北日本を歩く　立松和平著, 黒古一夫編　勉誠出版　2006.4　372p　22cm　（立松和平日本を歩く 第1巻）　2600円　①4-585-01171-4

02124 東京を歩く　立松和平著, 黒古一夫編　勉誠出版　2006.4　343p　22cm　（立松和平日本を歩く 第7巻）　2600円　①4-585-01177-3

一番町（仙台市）

02125 街道をゆく　26　嵯峨散歩、仙台・石巻　新装版　司馬遼太郎著　朝日新聞出版　2009.2　310, 8p　15cm　（朝日文庫）〈初版：朝日新聞社1990年刊〉　660円　①978-4-02-264479-4

岩出山

02126 耕うん機オンザロード　斉藤政喜著　小学館　2001.8　333p　19cm　（BE-PAL BOOKS）　1200円　①4-09-366065-4

岩沼市

02127 街道をゆく　26　嵯峨散歩、仙台・石巻　新装版　司馬遼太郎著　朝日新聞出版　2009.2　310, 8p　15cm　（朝日文庫）〈初版：朝日新聞社1990年刊〉　660円　①978-4-02-264479-4

歌津（南三陸町）

02128 瀬戸内・四国スローにお遍路―気まぐれ列車で行こう　種村直樹著　実業之日本社　2005.12　439p　19cm　1800円　①4-408-00798-6

江島

02129 日本の島で驚いた　カベルナリア吉田著　交通新聞社　2010.7　272p　19cm〈文献あり〉　1500円　①978-4-330-15410-7

02130 どくとるマンボウ途中下車　改版　北杜夫著　中央公論新社　2012.4　245p　16cm　（中公文庫）　571円　①978-4-12-205628-2
作品 海猫の島
目次 私は新幹線に乗る, 私は旅立とうと思う, 海猫の島, 私はついに旅立つ, じゃがたら文の島, 習慣というもの, アイスから汽車弁まで, 山登りのこと, カラコルムへの道, 長い長い帰途, ケチと贅沢, 沖縄のはずれの島, 船の旅あれこれ, 飛行機こわい, さまざまな乗物と旅

大河原町

02131 ナイトメア咲人の鈍行いくの？―五十音の旅　続　咲人著　シンコーミュージック・エンタテイメント　2012.4　233p　21cm　2381円　①978-4-401-63573-3

大崎八幡宮

02132 日本雑記　ブルーノ・タウト著, 篠田英雄訳　中央公論新社　2008.11　368p　18cm　（中公クラシックス）〈育生社弘道閣昭和18年刊の復刻版　年譜あり〉　1800円　①978-4-12-160106-3
作品 日記抄

02133 街道をゆく　26　嵯峨散歩、仙台・石巻　新装版　司馬遼太郎著　朝日新聞出版　2009.2　310, 8p　15cm　（朝日文庫）〈初版：朝日新聞社1990年刊〉　660円　①978-4-02-264479-4

大島（気仙沼市）

02134 遠藤ケイの島旅日和　遠藤ケイ著　千早書房　2009.8　124p　21cm〈索引あり〉　1600円　①978-4-88492-439-3

御釜（蔵王連峰・五色沼）

02135 みずうみ紀行　渡辺淳一著　光文社　1988.5　181p　15cm　（光文社文庫）　520円　①4-334-70746-7

御釜神社

02136 街道をゆく　26　嵯峨散歩、仙台・石巻　新装版　司馬遼太郎著　朝日新聞出版　2009.2　310, 8p　15cm　（朝日文庫）〈初版：朝日新聞社1990年刊〉　660円　①978-4-02-264479-4

東北

牡鹿半島

02137 港町食堂　奥田英朗著　新潮社　2008.5　256p　16cm　(新潮文庫)〈2005年刊の文庫化〉　438円　①978-4-10-134471-3

02138 東北を歩く―小さな村の希望を旅する　増補新版　結城登美雄著　新宿書房　2011.7　331p　20cm　2000円　①978-4-88008-419-0

02139 光太郎 智恵子 うつくしきもの―「三陸廻り」から「みちのく便り」まで　高村光太郎, 北川太一著　二玄社　2012.6　222p　19cm　1600円　①978-4-544-03046-4
作品 三陸廻り〔高村光太郎〕

女川駅

02140 終着駅への旅　JR編　櫻井寛著　JTBパブリッシング　2013.8　222p　19cm　1300円　①978-4-533-09285-5

女川町

02141 よみがえれ、東日本！ 列車紀行　田中正恭著　クラッセ　2011.9　235p　19cm　(Klasse books)　1600円　①978-4-902841-12-1

02142 光太郎 智恵子 うつくしきもの―「三陸廻り」から「みちのく便り」まで　高村光太郎, 北川太一著　二玄社　2012.6　222p　19cm　1600円　①978-4-544-03046-4
作品 三陸廻り〔高村光太郎〕

小野田（加美町）

02143 北日本を歩く　立松和平著, 黒古一夫編　勉誠出版　2006.4　372p　22cm　(立松和平日本を歩く 第1巻)　2600円　①4-585-01171-4
作品 プロポーズのきもの

小原（白石市）

02144 東北を歩く―小さな村の希望を旅する　増補新版　結城登美雄著　新宿書房　2011.7　331p　20cm　2000円　①978-4-88008-419-0

峩々温泉

02145 温泉百話―東の旅　種村季弘, 池内紀編　筑摩書房　1988.2　471p　15cm　(ちくま文庫)　680円　①4-480-02200-7
作品 冬の宿り〔島尾敏雄〕

02146 秘湯を求めて　1　はじめての秘湯　藤嶽彰英著　(大阪)保育社　1989.11　194p　19cm　1350円　①4-586-61101-4

02147 ガラメキ温泉探険記　池内紀著　リクルート出版　1990.10　203p　19cm　1165円　①4-88991-196-0

02148 いで湯浴泉記　大石真人著　新ハイキング社　1990.12　316p　19cm　(新ハイキング選書 第11巻)　1700円　①4-915184-12-9

02149 温泉旅日記　池内紀著　徳間書店　1996.9　277p　15cm　(徳間文庫)〈河出書房新社1988年刊あり〉　540円　①4-19-890559-2

02150 温泉旅行記　嵐山光三郎著　筑摩書房　2000.12　315p　15cm　(ちくま文庫)〈初版：JTB1997年刊〉　760円　①4-480-03589-3

笠島（名取市）

02151 おくのほそ道 人物紀行　杉本苑子著　文芸春秋　2005.9　230p　18cm　(文春新書)　700円　①4-16-660460-0

刈田岳

02152 山々を滑る登る　熊谷榧絵と文　八王子　白山書房　2012.11　319p　19cm　(〔榧・画文集 12〕)　1900円　①978-4-89475-159-0

鎌先温泉

02153 雲は旅人のように―湯の花紀行　池内紀著, 田淵裕一写真　日本交通公社出版事業局　1995.5　284p　19cm　1600円　①4-533-02163-8
作品 雲は旅人のように

02154 人情温泉紀行―演歌歌手・鏡五郎が訪ねた全国の名湯47選　鏡五郎著　マガジンランド　2008.5　235p　19cm〈年譜あり〉　1238円　①978-4-944101-37-5

蒲生（仙台市）

02155 鳥に会う旅　叶内拓哉著　世界文化社　1991.6　264p　21cm　(ネイチャーブックス)　2400円　①4-418-91506-0

金成（栗原市）

02156 ふわふわワウワウ―唄とカメラと時刻表　みなみらんぼう著　旅行読売出版社　1996.7　207p　19cm　1100円　①4-89752-601-9
作品 らんぼう古里を歩く

木城町

02157 文学の中の風景　大竹新助著　メディア・パル　1990.11　293p　21cm　2000円　①4-89610-003-4

北上町（石巻市）

02158 東北を歩く―小さな村の希望を旅する　増補新版　結城登美雄著　新宿書房　2011.7　331p　20cm　2000円　①978-4-88008-419-0

旧石巻ハリストス正教会教会堂

02159 街道をゆく　26　嵯峨散歩、仙台・石巻　新装版　司馬遼太郎著　朝日新聞出版　2009.2　310, 8p　15cm　(朝日文庫)〈初版：朝日新聞社1990年刊〉　660円　①978-4-02-264479-4

旧北上川

02160 飯田龍太全集　第10巻　紀行・雑纂　飯田龍太著　角川学芸出版, 角川書店〔発売〕　2005.12　422p　19cm　2667円　①4-04-651940-1
作品 塩釜

金華山

02161 遠藤ケイの島旅日和　遠藤ケイ著　千早

書房　2009.8　124p　21cm〈索引あり〉　1600円　①978-4-88492-439-3

02162　光太郎 智恵子 うつくしきもの—「三陸廻り」から「みちのく便り」まで　高村光太郎, 北川太一著　二玄社　2012.6　222p　19cm　1600円　①978-4-544-03046-4
作品　三陸廻り〔高村光太郎〕

十八鳴浜

02163　北日本を歩く　立松和平著, 黒古一夫編　勉誠出版　2006.4　372p　22cm　（立松和平日本を歩く 第1巻）　2600円　①4-585-01171-4

栗駒（栗原市）

02164　きもの紀行—染め人織り人を訪ねて　立松和平著　家の光協会　2005.1　223p　21cm　2200円　①4-259-54669-4
目次 師は自然に在り 加賀友禅—藤村加泉（石川県金沢市）, ますます華やいで 東京友禅—荒井照太郎（東京都新宿区）, 職人のことば 小紋中形—野口汎（東京都八王子市）, 人生を肯定する唐辛子 型絵染—添田敏子（神奈川県横浜市）, 昔のまんま 正藍冷染—千葉よしの（宮城県栗駒町）, こころの流れ 紅型—藤村玲子（沖縄県那覇市）, 永遠の源氏物語 西陣織—山口伊太郎（京都府京都市）, いい糸にいい色を 黄八丈—山下八百子（東京都八丈町）, 親から子への魂を受け継ぐ袴 精好仙台平—甲田綏郎（宮城県仙台市）, 神様が織った布 読谷山花織—与那嶺貞（沖縄県読谷村）〔ほか〕

02165　北日本を歩く　立松和平著, 黒古一夫編　勉誠出版　2006.4　372p　22cm　（立松和平日本を歩く 第1巻）　2600円　①4-585-01171-4
作品　正藍冷染

02166　東北を歩く—小さな村の希望を旅する 増補新版　結城登美雄著　新宿書房　2011.7　331p　20cm　2000円　①978-4-88008-419-0

栗原市

02167　仙人の桜、俗人の桜　赤瀬川原平著　平凡社　2000.3　270p　16cm　（平凡社ライブラリー）〈日本交通公社出版事業局1993年刊あり〉　1100円　①4-582-76332-4
作品　北国の小さな蔵の寒仕込み—宮城

くりはら田園鉄道

02168　鉄道全線三十年—車窓紀行 昭和・平成……乗った、撮った、また乗った!!　田中正恭著　心交社　2002.6　371p　19cm　1600円　①4-88302-741-4

栗原電鉄

02169　日本あちこち乗り歩き　種村直樹著　中央書院　1993.10　310p　19cm　1600円　①4-924420-84-0

気仙沼市

02170　スローな旅で行こう—シェルパ斉藤の週末ニッポン再発見　斉藤政喜著　小学館　2004.10　255p　19cm　（Dime books）　1200円　①4-09-366068-9

02171　ショージ君の旅行鞄—東海林さだお自選　東海林さだお著　文芸春秋　2005.2　905p　16cm　（文春文庫）　933円　①4-16-717760-9

02172　瀬戸内・四国スローにお遍路—気まぐれ列車で行こう　種村直樹著　実業之日本社　2005.12　439p　19cm　1800円　①4-408-00798-6

02173　旬紀行—「とびきり」を味わうためだけの旅　寄本好則著　ディノス　2006.8　167p　20cm〈扶桑社（発売）〉　1667円　①4-594-05210-X
目次 巻頭特集 旬を味わう旅の宿, 春（四月 富山県・魚津 ほたるいか, 五月 高知県・中土佐 初鰹, 五月 大分県・日出町 城下かれい, 五月 瀬戸内・岡山 鰆, 三月 仙台・閖上 赤貝, 二月 栃木県・益子町 とちおとめ, 四月 京都・洛西 京筍）, 夏（八月 高知県・四万十川 うなぎ, 七月 山形県・酒田 岩牡蠣, 七月 三重県・伊勢志摩 あわび, 七月 兵庫県・淡路島 鱧, 六月 みちのく・山形 さくらんぼ, 八月 岐阜県・郡上八幡 郡上鮎, 八月 山梨県・勝沼町 ぶどう）, 秋（九月 宮城県・気仙沼 秋刀魚, 十月 瀬戸内・明石 紅葉鯛 ほか）, 冬（一月 山口県・下関 とらふぐ, 十二月 兵庫県・香美町 松葉がに ほか）

02174　大人の女性のための日本を旅する浪漫紀行　津田令子著　文芸社ビジュアルアート　2007.3　191p　19cm　1200円　①978-4-86264-336-0

02175　菅江真澄と旅する—東北遊覧紀行　安水稔和著　平凡社　2011.7　262p　18cm　（平凡社新書）　780円　①978-4-582-85598-2

02176　よみがえれ、東日本！ 列車紀行　田中正恭著　クラッセ　2011.9　235p　19cm　（Klasse books）　1600円　①978-4-902841-12-1

02177　光太郎 智恵子 うつくしきもの—「三陸廻り」から「みちのく便り」まで　高村光太郎, 北川太一著　二玄社　2012.6　222p　19cm　1600円　①978-4-544-03046-4
作品　三陸廻り〔高村光太郎〕

02178　酒場詩人の流儀　吉田類著　中央公論新社　2014.10　233p　18cm　（中公新書）〈索引あり〉　780円　①978-4-12-102290-5
作品　美しい景観に寄り添う

小牛田駅

02179　駅は見ている　宮脇俊三著　小学館　1997.11　205p　19cm　1400円　①4-09-387237-6

作並温泉

02180　温泉旅行記　嵐山光三郎著　筑摩書房　2000.12　315p　15cm　（ちくま文庫）〈初版：JTB1997年刊〉　760円　①4-480-03589-3

02181　碧い眼の太郎冠者　ドナルド・キーン著　中央公論新社　2001.7　188p　21cm　（Chuko on demand books）　2000円　①4-12-550026-6
作品　紅毛おくのほそ道

02182　日本雑記　ブルーノ・タウト著, 篠田英雄訳　中央公論新社　2008.11　368p　18cm　（中公クラシックス）〈育生社弘道閣昭和18年刊の復刻版　年譜あり〉　1800円　①978-4-12-

160106-3
作品 日記抄 仙台および

寒風沢島

02183 日本《島旅》紀行　斎藤潤著　光文社　2005.3　284p　18cm　(光文社新書)　780円　①4-334-03299-0

02184 遠藤ケイの島旅日和　遠藤ケイ著　千早書房　2009.8　124p　21cm〈索引あり〉　1600円　①978-4-88492-439-3

塩竈港

02185 街道をゆく　26　嵯峨散歩、仙台・石巻　新装版　司馬遼太郎著　朝日新聞出版　2009.2　310, 8p　15cm　(朝日文庫)〈初版：朝日新聞社1990年刊〉　660円　①978-4-02-264479-4

塩竈市

02186 紀行文集 無明一杖　上甲平谷著　谷沢書房　1988.7　339p　19cm　2500円

02187 ショージ君の旅行鞄―東海林さだお自選　東海林さだお著　文芸春秋　2005.2　905p　16cm　(文春文庫)　933円　①4-16-717760-9
作品 買い出しバス陸奥へ

02188 おくのほそ道 人物紀行　杉本苑子著　文芸春秋　2005.9　230p　18cm　(文春新書)　700円　①4-16-660460-0

02189 飯田龍太全集　第10巻　紀行・雑纂　飯田龍太著　角川学芸出版, 角川書店〔発売〕　2005.12　422p　19cm　2667円　①4-04-651940-1
作品 塩釜

02190 よみがえれ、東日本！　列車紀行　田中正恭著　クラッセ　2011.9　235p　19cm　(Klasse books)　1600円　①978-4-902841-12-1

02191 芭蕉の杖跡―おくのほそ道 新紀行　森村誠一著　角川マガジンズ　2012.7　268p　19cm〈発売：角川グループパブリッシング〉　1600円　①978-4-04-731863-2

鹽竈神社

02192 碧い眼の太郎冠者　ドナルド・キーン著　中央公論新社　2001.7　188p　21cm　(Chuko on demand books)　2000円　①4-12-550026-6
作品 紅毛おくのほそ道

02193 街道をゆく　26　嵯峨散歩、仙台・石巻　新装版　司馬遼太郎著　朝日新聞出版　2009.2　310, 8p　15cm　(朝日文庫)〈初版：朝日新聞社1990年刊〉　660円　①978-4-02-264479-4

七ヶ宿町

02194 北日本を歩く　立松和平著, 黒古一夫編　勉誠出版　2006.4　372p　22cm　(立松和平日本を歩く 第1巻)　2600円　①4-585-01171-4
作品 青刈り　誇りの大地　稲の声　稲刈りをしに

七ヶ浜町

02195 旅の紙芝居　椎名誠写真・文　朝日新聞社　2002.10　350p　15cm　(朝日文庫)〈1998年刊の文庫化〉　820円　①4-02-264298-X
作品 水辺の夏

尿前の関

02196 碧い眼の太郎冠者　ドナルド・キーン著　中央公論新社　2001.7　188p　21cm　(Chuko on demand books)　2000円　①4-12-550026-6
作品 紅毛おくのほそ道

02197 おくのほそ道 人物紀行　杉本苑子著　文芸春秋　2005.9　230p　18cm　(文春新書)　700円　①4-16-660460-0

02198 奥の細道紀行　大石登世子著　調布　ふらんす堂　2013.10　234p　19cm〈文献あり〉　2476円　①978-4-7814-0617-6

志波彦神社

02199 街道をゆく　26　嵯峨散歩、仙台・石巻　新装版　司馬遼太郎著　朝日新聞出版　2009.2　310, 8p　15cm　(朝日文庫)〈初版：朝日新聞社1990年刊〉　660円　①978-4-02-264479-4

定義温泉

02200 温泉百話―東の旅　種村季弘, 池内紀編　筑摩書房　1988.2　471p　15cm　(ちくま文庫)　680円　①4-480-02200-7
作品 定義温泉〔つげ義春〕

白石川

02201 北日本を歩く　立松和平著, 黒古一夫編　勉誠出版　2006.4　372p　22cm　(立松和平日本を歩く 第1巻)　2600円　①4-585-01171-4

白石市

02202 谷川健一全集　第10巻（民俗 2）　女の風土記　埋もれた日本地図（抄録）　黒潮の民俗学（抄録）　谷川健一著　冨山房インターナショナル　2010.1　574, 27p　23cm〈付属資料：8p：月報 no.14　索引あり〉　6500円　①978-4-902385-84-7
作品 白鳥伝説を訪ねて

02203 ニッポン旅みやげ　池内紀著　青土社　2015.4　162p　20cm　1800円　①978-4-7917-6852-3

02204 ちょっとそこまで旅してみよう　益田ミリ著　幻冬舎　2017.4　186p　16cm　(幻冬舎文庫)〈「ちょっとそこまでひとり旅だれかと旅」(2013年刊)の改題、書き下ろしを加え再刊〉　460円　①978-4-344-42598-9

瑞巌寺

02205 土門拳の古寺巡礼　別巻 第1巻　東日本　土門拳著　小学館　1990.5　147p　26cm　1950円　①4-09-559106-4
作品 ぼくの古寺巡礼

02206 碧い眼の太郎冠者　ドナルド・キーン著　中央公論新社　2001.7　188p　21cm　(Chuko

on demand books) 2000円 ①4-12-550026-6
作品 紅毛おくのほそ道

02207 日本雑記 ブルーノ・タウト著, 篠田英雄訳 中央公論新社 2008.11 368p 18cm (中公クラシックス)〈育生社弘道閣昭和18年刊の復刻版 年譜あり〉 1800円 ①978-4-12-160106-3
作品 日記抄

02208 街道をゆく 26 嵯峨散歩、仙台・石巻 新装版 司馬遼太郎著 朝日新聞出版 2009.2 310, 8p 15cm (朝日文庫)〈初版:朝日新聞社1990年刊〉 660円 ①978-4-02-264479-4

02209 百寺巡礼 第7巻 東北 五木寛之著 講談社 2009.3 273p 15cm (講談社文庫)〈文献あり 2004年刊の文庫化〉 562円 ①978-4-06-276291-5

02210 古寺巡礼 辻井喬著 角川春樹事務所 2011.5 253p 16cm (ハルキ文庫)〈2009年刊の文庫化〉 667円 ①978-4-7584-3556-7

瑞鳳殿

02211 日本雑記 ブルーノ・タウト著, 篠田英雄訳 中央公論新社 2008.11 368p 18cm (中公クラシックス)〈育生社弘道閣昭和18年刊の復刻版 年譜あり〉 1800円 ①978-4-12-160106-3
作品 日記抄

02212 街道をゆく 26 嵯峨散歩、仙台・石巻 新装版 司馬遼太郎著 朝日新聞出版 2009.2 310, 8p 15cm (朝日文庫)〈初版:朝日新聞社1990年刊〉 660円 ①978-4-02-264479-4

末の松山

02213 おくのほそ道 人物紀行 杉本苑子著 文芸春秋 2005.9 230p 18cm (文春新書) 700円 ①4-16-660460-0

仙石線

02214 行ったぞ鉄道―列島がたごと日誌 伊東徹秀著 札幌 柏艪舎 2009.7 198p 19cm〈発売:星雲社〉 1300円 ①978-4-434-13086-1

02215 よみがえれ、東日本! 列車紀行 田中正恭著 クラッセ 2011.9 235p 19cm (Klasse books) 1600円 ①978-4-902841-12-1

仙台駅

02216 街道をゆく 26 嵯峨散歩、仙台・石巻 新装版 司馬遼太郎著 朝日新聞出版 2009.2 310, 8p 15cm (朝日文庫)〈初版:朝日新聞社1990年刊〉 660円 ①978-4-02-264479-4

02217 行ったぞ鉄道―列島がたごと日誌 伊東徹秀著 札幌 柏艪舎 2009.7 198p 19cm〈発売:星雲社〉 1300円 ①978-4-434-13086-1

仙台市

02218 安吾新日本地理 坂口安吾著 河出書房新社 1988.5 318p 15cm (河出文庫) 580円 ①4-309-40218-6
作品 伊達政宗の城に乗り込む
目次 安吾・伊勢神宮にゆく, 道頓堀罷り通る, 伊達政宗の城に乗り込む, 飛鳥の幻, 消え失せた沙漠, 長崎チャンポン, 飛騨・高山の抹殺, 宝塚女子占領軍, 秋田犬訪問記, 高麗神社の祭の笛, 安吾新日本地理・坂口安吾年譜

02219 新選組 女ひとり旅 赤間倭子著 鷹書房 1990.7 250p 19cm (女ひとり旅シリーズ) 1000円 ①4-8034-0370-8

02220 坂口安吾全集 18 坂口安吾著 筑摩書房 1991.9 794p 15cm (ちくま文庫) 1340円 ①4-480-02478-6
作品 安吾新日本地理―伊達政宗の城へ乗込む
目次 明日は天気になれ(日本の常識, 乱世の抜け穴, 日本犬の話, ある九州の魂, 女子衰えたり, ささやかな愉しみ, 長崎チャンポン, 発明の拷問, 宮様屋敷, 文士の碁将棋, 現代の忍術, キャッチボール ほか), 安吾新日本地理(安吾・伊勢神宮にゆく, 道頓堀罷り通る, 伊達政宗の城へ乗込む―仙台の巻, 飛鳥の幻―吉野・大和の巻, 消え失せた沙漠―大島の巻, 長崎チャンポン―九州の巻, 飛騨・高山の抹殺―中部の巻, 飛騨の秘密, 宝塚女子占領軍―阪神の巻, 秋田犬訪問記―秋田の巻, 高麗神社の祭の笛―武蔵野の巻), 安吾新日本風土記(「安吾・新日本風土記」(仮題)について, 高千穂に冬雨ふれり〈宮崎県の巻〉, 富山の薬と越後の毒消し〈富山県・新潟県の巻〉), 題跋・後記(『炉辺夜話集』後記, 『秋風と母』跋・尾崎士郎氏へ, 『逃げたい心』序, 『白痴』後記 ほか)

02221 車窓はテレビより面白い 宮脇俊三著 徳間書店 1992.8 254p 15cm (徳間文庫)〈1989年刊の文庫化〉 460円 ①4-19-597265-5

02222 柳宗悦 民芸紀行 柳宗悦著, 水尾比呂志編 岩波書店 1995.2 314p 15cm (岩波文庫) 620円 ①4-00-331695-9
作品 現在の日本民窯

02223 スタジアムから喝采が聞こえる 藤島大著 洋泉社 1997.11 229p 19cm 1600円 ①4-89691-286-1
目次 酒とイラブの日々―ニューヨーク, 特設テントの臨時バァと短いずぼん―バミューダ - 博多, ジョナサン・スウィフトのデスマスク―ダブリン - ケンブリッジ - ダーラム - オックスフォード, 小さな星条旗―アトランティック・シティ - ラスヴェガス, 台湾のラジオから西鉄が聴こえる―大阪 - 博多, 日本一速いボール―仙台 - 秋田, 初夏のパリでキミコが笑う―パリ, スポーツ書渉猟記―東京

02224 ら・ら・ら「奥の細道」 黛まどか著 光文社 1998.3 221p 20cm 1600円 ①4-334-97168-7

02225 たびたびの旅 安西水丸著 フレーベル館 1998.10 19cm

02226 耕うん機オンザロード 斉藤政喜著 小学館 2001.8 333p 19cm (BE-PAL BOOKS) 1200円 ①4-09-366065-4

02227 ニッポン居酒屋放浪記 望郷篇 太田和彦著 新潮社 2001.12 282p 15cm (新潮文庫)〈『日本の居酒屋をゆく 望郷篇』改題書〉 476円 ①4-10-133333-5

02228 植物学者モーリッシュの大正ニッポン観

察記　ハンス・モーリッシュ著, 瀬野文教訳　草思社　2003.8　421p　20cm　2400円　①4-7942-1238-0
目次 神戸から仙台へ, 国民教育, 逆さまの国, 日本人の礼儀正しさについて, 小島のパラダイス、松島, 猿と鯨を訪ねる, 埋もれ木, 芝居見物, 音楽, 仙台で迎える正月〔ほか〕

02229　「新選組」ふれあいの旅―人や史跡との出逢いを求めて　岳真也著　PHP研究所　2003.12　249p　19cm　1200円　①4-569-63235-1

02230　「極み」のひとり旅　柏井壽著　光文社　2004.9　318p　18cm　(光文社新書)　780円　①4-334-03270-2
目次 第1部 ひとり旅 基本の「き」(先ずはプランニングから, 荷造りの極意, ひとりホテル, ひとり旅館, ひとり民宿 ほか), 第2部 ひとり旅 実践編(豪華客船ひとり旅―松山, 少年時代への感傷旅行―松本, 暮らすように旅をする―尾道, 晴れたは自転車に乗って―広島, 人恋しさが募る旅―仙台, ひとり温泉の愉楽―湯河原・天橋立)

02231　スローな旅で行こう―シェルパ斉藤の週末ニッポン再発見　斉藤政喜著　小学館　2004.10　255p　19cm　(Dime books)　1200円　①4-09-366068-9

02232　きもの紀行―染め人織り人を訪ねて　立松和平著　家の光協会　2005.1　223p　21cm　2200円　①4-259-54669-4

02233　おくのほそ道 人物紀行　杉本苑子著　文芸春秋　2005.9　230p　18cm　(文春新書)　700円　①4-16-660460-0

02234　北日本を歩く　立松和平著, 黒古一夫編　勉誠出版　2006.4　372p　22cm　(立松和平日本を歩く 第1巻)　2600円　①4-585-01171-4
作品 精好仙台平　この世の流れ

02235　旬紀行―「とびきり」を味わうためだけの旅　寄本好則著　ディノス　2006.8　167p　20cm〈扶桑社(発売)〉　1667円　①4-594-05210-X

02236　銅像めぐり旅―ニッポン蘊蓄紀行　清水義範著　祥伝社　2006.9　306p　16cm　(祥伝社文庫)〈2002年刊の文庫化〉　619円　①4-396-33308-0
目次 旅はじめ 伊達政宗と仙台, 二の旅 坂本竜馬と高知, 寄り道 ティムールとサマルカンド, 四の旅 織田信長と岐阜・安土, 五の旅 ヘボンと横浜, 六の旅 前田利家と金沢, 七の旅 武田信玄と甲府, 八の旅 平清盛と神戸, 九の旅 太田道潅と東京, 旅じまい 西郷隆盛と鹿児島

02237　大人の女性のための日本を旅する浪漫紀行　津田令子著　文芸社ビジュアルアート　2007.3　191p　19cm　1200円　①978-4-86264-336-0

02238　幸田露伴―1867-1947　幸田露伴著　筑摩書房　2008.9　477p　15cm　(ちくま日本文学 23)〈年譜あり〉　880円　①978-4-480-42523-2
作品 突貫紀行

02239　街道をゆく　26　嵯峨散歩、仙台・石巻　新装版　司馬遼太郎著　朝日新聞出版　2009.2　310, 8p　15cm　(朝日文庫)〈初版：朝日新聞社1990年刊〉　660円　①978-4-02-264479-4

02240　鉄道おくのほそ道紀行―週末芭蕉旅　芦原伸著　講談社　2009.6　314p　20cm　(The new fifties)〈文献あり〉　1800円　①978-4-06-269282-3

02241　ぶらぶらヂンヂン古書の旅　北尾トロ著　文藝春秋　2009.6　239p　16cm　(文春文庫)〈風塵社2007年刊の増補〉　590円　①978-4-16-775383-2

02242　すすれ！麺の甲子園　椎名誠著　新潮社　2010.10　365p　16cm　(新潮文庫)　590円　①978-4-10-144836-7

02243　東北を歩く―小さな村の希望を旅する　増補新版　結城登美雄著　新宿書房　2011.7　331p　20cm　2000円　①978-4-88008-419-0

02244　居酒屋おくのほそ道　太田和彦著　文藝春秋　2011.8　320p　16cm　(文春文庫)〈画：村松誠〉　629円　①978-4-16-780131-1

02245　旅する漱石先生―文豪と歩く名作の道　牧村健一郎著　小学館　2011.9　271p　19cm〈文献あり 年譜あり〉　1500円　①978-4-09-388204-0

02246　よみがえれ、東日本！ 列車紀行　田中正恭著　クラッセ　2011.9　235p　19cm　(Klasse books)　1600円　①978-4-902841-12-1

02247　用もないのに　奥田英朗著　文藝春秋　2012.1　221p　16cm　(文春文庫)〈2009年刊の文庫化〉　467円　①978-4-16-771104-7
作品 松坂にも勝っちゃいました―楽天イーグルス地元開幕戦寒中観戦記
目次 野球篇(再び、泳いで帰れ, アット・ニューヨーク―または小説家は如何にして心配するのをやめて野球とジャズを愛するようになったか, 松坂にも勝っちゃいました―楽天イーグルス地元開幕戦寒中観戦記), 遠足篇(おやじフジロックに行く。しかも雨…。, 灼熱の「愛知万博」駆け込み行列ルポ, 世界一ジェットコースター「ええじゃないか」絶叫体験記, 四国お遍路歩き旅)

02248　枕頭山水　幸田露伴著　立川　人間文化研究機構国文学研究資料館　2012.3　241p　19cm　(リプリント日本近代文学)〈原本：博文館 明治26年刊　発売：平凡社〉　3000円　①978-4-256-90230-1
作品 突貫紀行

02249　漂う―古い土地 新しい場所　黒井千次著　毎日新聞社　2013.8　175p　20cm　1600円　①978-4-620-32221-6

02250　みどりの国滞在日記　エリック・ファーユ著, 三野博司訳　水声社　2014.12　195p　20cm　(批評の小径)　2500円　①978-4-8010-0077-3

02251　熊本の桜納豆は下品でうまい　太田和彦著　集英社　2015.10　245p　16cm　(集英社文庫―ニッポンぶらり旅)　600円　①978-4-08-745376-8
目次 大阪, 熊本, 伊勢, 浅草, 仙台, 神戸, 松江, 米子

02252　来ちゃった　酒井順子文, ほしよりこ画　小学館　2016.3　317p　15cm　(小学館文庫)

〈2011年刊の増補〉 620円 ①978-4-09-406277-9

02253 ふらり旅 いい酒 いい肴 3 太田和彦著 主婦の友社 2016.5 135p 21cm 1400円 ①978-4-07-403235-8

02254 旅の食卓 池内紀著 亜紀書房 2016.8 233p 19cm 1600円 ①978-4-7505-1480-2

02255 北の空と雲と 椎名誠写真と文 PHP研究所 2017.12 219p 20cm 1900円 ①978-4-569-83700-0

仙台城跡

02256 日本名城紀行 1 東北・北関東 古城のおもかげ 小学館 1989.5 293p 15cm 600円 ①4-09-401201-X

02257 街道をゆく 26 嵯峨散歩、仙台・石巻 新装版 司馬遼太郎著 朝日新聞出版 2009.2 310, 8p 15cm (朝日文庫)〈初版:朝日新聞社1990年刊〉 660円 ①978-4-02-264479-4

仙台大観音

02258 晴れた日は巨大仏を見に 宮田珠己著 幻冬舎 2009.10 342p 16cm (幻冬舎文庫)〈文献あり 白水社2004年刊あり〉 648円 ①978-4-344-41380-1

仙台東照宮

02259 日本雑記 ブルーノ・タウト著, 篠田英雄訳 中央公論新社 2008.11 368p 18cm (中公クラシックス)〈育生社弘道閣昭和18年刊の復刻版 年譜あり〉 1800円 ①978-4-12-160106-3

[作品] 日記抄

袖の渡し

02260 飯田龍太全集 第10巻 紀行・雑纂 飯田龍太著 角川学芸出版, 角川書店〔発売〕 2005.12 422p 19cm 2667円 ①4-04-651940-1

[作品] 塩釜

大和町

02261 東北を歩く―小さな村の希望を旅する 増補新版 結城登美雄著 新宿書房 2011.7 331p 20cm 2000円 ①978-4-88008-419-0

高清水(栗原市)

02262 東北を歩く―小さな村の希望を旅する 増補新版 結城登美雄著 新宿書房 2011.7 331p 20cm 2000円 ①978-4-88008-419-0

多賀城跡

02263 碧い眼の太郎冠者 ドナルド・キーン著 中央公論新社 2001.7 188p 21cm (Chuko on demand books) 2000円 ①4-12-550026-6

[作品] 紅毛おくのほそ道

02264 街道をゆく 26 嵯峨散歩、仙台・石巻 新装版 司馬遼太郎著 朝日新聞出版 2009.2 310, 8p 15cm (朝日文庫)〈初版:朝日新聞社1990年刊〉 660円 ①978-4-02-264479-4

02265 新・古代史謎解き紀行 東北編 消えた蝦夷(えみし)たちの謎 関裕二著 ポプラ社 2010.5 245p 19cm〈各巻タイトル:消えた蝦夷たちの謎 文献あり〉 1400円 ①978-4-591-11812-2

武隈の松

02266 おくのほそ道 人物紀行 杉本苑子著 文芸春秋 2005.9 230p 18cm (文春新書) 700円 ①4-16-660460-0

竹駒神社

02267 街道をゆく 26 嵯峨散歩、仙台・石巻 新装版 司馬遼太郎著 朝日新聞出版 2009.2 310, 8p 15cm (朝日文庫)〈初版:朝日新聞社1990年刊〉 660円 ①978-4-02-264479-4

田代島

02268 猫めぐり日本列島 中田謹介著 筑波書房 2005.4 172p 21cm 2200円 ①4-8119-0281-5

02269 遠藤ケイの島旅日和 遠藤ケイ著 千早書房 2009.8 124p 21cm〈索引あり〉 1600円 ①978-4-88492-439-3

02270 ぼくらは怪談巡礼団 加門七海, 東雅夫著 KADOKAWA 2014.6 301p 19cm (〔幽BOOKS〕) 1400円 ①978-4-04-066760-7

02271 来ちゃった 酒井順子文, ほしよりこ画 小学館 2016.3 317p 15cm (小学館文庫)〈2011年刊の増補〉 620円 ①978-4-09-406277-9

02272 にっぽん猫島紀行 瀬戸内みなみ著 イースト・プレス 2017.6 238p 18cm (イースト新書)〈文献あり〉 861円 ①978-4-7816-5087-6

貞山運河〔貞山堀〕

02273 街道をゆく 26 嵯峨散歩、仙台・石巻 新装版 司馬遼太郎著 朝日新聞出版 2009.2 310, 8p 15cm (朝日文庫)〈初版:朝日新聞社1990年刊〉 660円 ①978-4-02-264479-4

出羽街道中山越え

02274 奥の細道紀行 大石登世子著 調布 ふらんす堂 2013.10 234p 19cm〈文献あり〉 2476円 ①978-4-7814-0617-6

遠刈田温泉

02275 ふわふわワウワウ―唄とカメラと時刻表 みなみらんぼう著 旅行読売出版社 1996.7 207p 19cm 1100円 ①4-89752-601-9

[作品] 温泉巡りの鬼たち

02276 松崎天民選集 第10巻 人間見物 松崎天民著, 後藤正人監修・解説 クレス出版 2013.11 395, 3p 19cm〈騒人社書局 昭和二年刊の複製〉 6000円 ①978-4-87733-795-7

[作品] 東北温泉巡り

登米市

02277 バスで田舎へ行く　泉麻人著　筑摩書房　2005.5　296p　15cm　(ちくま文庫)〈「バスで、田舎へ行く」(JTB 2001年刊)の改題〉　740円　①4-480-42079-7

長面浦

02278 東北を歩く―小さな村の希望を旅する　増補新版　結城登美雄著　新宿書房　2011.7　331p　20cm　2000円　①978-4-88008-419-0

中新田(加美町)

02279 染めと織りと祈り　立松和平著　アスペクト　2000.3　261p　21cm　2200円　①4-7572-0705-0

(目次) 風を織る―川平織(深石隆司・美穂(石垣島・沖縄県)), 無限抱擁の色―大島紬(肥後英機・純一(奄美大島・鹿児島県)), 遠い道―阿波藍(佐藤好昭(上板町・徳島県)), 植物の力を着る―草木染(斎藤朋子(府中市・東京都)), 島で生きる―黄八丈(伊勢崎明俊(八丈島・東京都)), 染めの交響楽―京友禅(高橋徳(京都市・京都府)), 弟子たちの夏―加賀友禅(鶴見保次工房(金沢市・石川県)), 師匠の言葉―江戸小紋(田中正子(群馬町・群馬県)), まれびとの織った布―裂織り(相川町技能伝承展示館(佐渡島・新潟県)), なおな心で―越後上布(越後上布・小千谷縮布技術保存協会伝承事業講習会(塩沢町・新潟県))〔ほか〕

02280 北日本を歩く　立松和平著, 黒古一夫編　勉誠出版　2006.4　372p　22cm　(立松和平日本を歩く 第1巻)　2600円　①4-585-01171-4

作品 プロポーズのきもの

鳴合温泉

02281 いで湯浴泉記　大石真人著　新ハイキング社　1990.12　316p　19cm　(新ハイキング選書 第11巻)　1700円　①4-915184-12-9

鳴子(大崎市)

02282 碧い眼の太郎冠者　ドナルド・キーン著　中央公論新社　2001.7　188p　21cm　(Chuko on demand books)　2000円　①4-12-550026-6

作品 紅毛おくのほそ道

02283 鉄道おくのほそ道紀行―週末芭蕉旅　芦原伸著　講談社　2009.6　314p　20cm　(The new fifties)〈文献あり〉　1800円　①978-4-06-269282-3

鳴子温泉

02284 温泉百話―東の旅　種村季弘, 池内紀編　筑摩書房　1988.2　471p　15cm　(ちくま文庫)　680円　①4-480-02200-7

作品 旅中小景 抄〔柳田国男〕

02285 極めよ、ソフテツ道!―素顔になれる鉄道旅　村井美樹著　小学館　2012.8　186p　19cm　(IKKI BOOKS)　1400円　①978-4-09-359208-6

02286 松崎天民選集　第10巻　人間見物　松崎天民著, 後藤正人監修・解説　クレス出版　2013.11　395, 3p　19cm〈騒人社書局 昭和二年刊の複製〉　6000円　①978-4-87733-795-7

作品 東北温泉巡り

02287 ちょっとそこまで旅してみよう　益田ミリ著　幻冬舎　2017.4　186p　16cm　(幻冬舎文庫)〈「ちょっとそこまでひとり旅だれかと旅」(2013年刊)の改題、書き下ろしを加え再刊〉　460円　①978-4-344-42598-9

二井宿峠

02288 北日本を歩く　立松和平著, 黒古一夫編　勉誠出版　2006.4　372p　22cm　(立松和平日本を歩く 第1巻)　2600円　①4-585-01171-4

作品 白石川源流

東鳴子温泉

02289 四次元温泉日記　宮田珠己著　筑摩書房　2015.1　294p　15cm　(ちくま文庫)〈2011年刊の文庫化〉　720円　①978-4-480-43238-4

日和山公園

02290 街道をゆく　26　嵯峨散歩、仙台・石巻　新装版　司馬遼太郎著　朝日新聞出版　2009.2　310, 8p　15cm　(朝日文庫)〈初版:朝日新聞社1990年刊〉　660円　①978-4-02-264479-4

平沢(蔵王町)

02291 ニッポン旅みやげ　池内紀著　青土社　2015.4　162p　20cm　1800円　①978-4-7917-6852-3

広瀬川

02292 北日本を歩く　立松和平著, 黒古一夫編　勉誠出版　2006.4　372p　22cm　(立松和平日本を歩く 第1巻)　2600円　①4-585-01171-4

古川駅

02293 駅は見ている　宮脇俊三著　小学館　1997.11　205p　19cm　1400円　①4-09-387237-6

朴島

02294 ニッポン島遺産　斎藤潤著　実業之日本社　2016.8　191p　19cm　1600円　①978-4-408-00889-9

松島町

02295 ら・ら・ら「奥の細道」　黛まどか著　光文社　1998.3　221p　20cm　1600円　①4-334-97168-7

02296 竿をかついで日本を歩く―探検・発見・仰天の釣りルポルタージュ　かくまつとむ著　小学館　1998.5　19cm　(Be-pal books)

松島湾

02297 紀行文集 無明一杖　上甲平谷著　谷沢書房　1988.7　339p　19cm　2500円

作品 塩釜の相宿

02298 父と子の長い旅　原将人著　フィルムアート社　1994.11　253p　19cm　1854円　①4-8459-9436-4

02299 碧い眼の太郎冠者　ドナルド・キーン著

中央公論新社　2001.7　188p　21cm　(Chuko on demand books)　2000円　①4-12-550026-6
作品 紅毛おくのほそ道

02300　植物学者モーリッシュの大正ニッポン観察記　ハンス・モーリッシュ著, 瀬野文教訳　草思社　2003.8　421p　20cm　2400円　①4-7942-1238-0

02301　ショージ君の旅行鞄—東海林さだお自選　東海林さだお著　文芸春秋　2005.2　905p　16cm　(文春文庫)　933円　①4-16-717760-9
作品 買い出しバス陸奥へ

02302　おくのほそ道 人物紀行　杉本苑子著　文芸春秋　2005.9　230p　18cm　(文春新書)　700円　①4-16-660460-0

02303　飯田龍太全集　第10巻　紀行・雑纂　飯田龍太著　角川学芸出版, 角川書店〔発売〕　2005.12　422p　19cm　2667円　①4-04-651940-1
作品 塩釜

02304　写真家の旅—原日本、産土を旅ゆく。　宮嶋康彦著　日経BP社　2006.10　223p　21cm 〈日経BP出版センター(発売)〉　2667円　①4-8222-6350-9

02305　もいちど修学旅行をしてみたいと思ったのだ　北尾トロ著, 中川カンゴロー写真　小学館　2008.4　239p　19cm　1300円　①978-4-09-379784-9

02306　幸田露伴—1867-1947　幸田露伴著　筑摩書房　2008.9　477p　15cm　(ちくま日本文学 23)〈年譜あり〉　880円　①978-4-480-42523-2
作品 突貫紀行

02307　日本雑記　ブルーノ・タウト著, 篠田英雄訳　中央公論新社　2008.11　368p　18cm　(中公クラシックス)〈育生社弘道閣昭和18年刊の復刻版　年譜あり〉　1800円　①978-4-12-160106-3
作品 日記抄

02308　鉄道おくのほそ道紀行—週末芭蕉旅　芦原伸著　講談社　2009.6　314p　20cm　(The new fifties)〈文献あり〉　1800円　①978-4-06-269282-3

02309　味な旅 舌の旅　改版　宇能鴻一郎著　中央公論新社　2010.10　239p　16cm　(中公文庫)〈初版：中央公論社1980年刊〉　705円　①978-4-12-205391-5

02310　旅する漱石先生—文豪と歩く名作の道　牧村健一郎著　小学館　2011.9　271p　19cm 〈文献あり 年譜あり〉　1500円　①978-4-09-388204-0

02311　枕頭山水　幸田露伴著　立川　人間文化研究機構国文学研究資料館　2012.3　241p　19cm　(リプリント日本近代文学)〈原本：博文館 明治26年刊　発売：平凡社〉　3000円　①978-4-256-90230-1
作品 突貫紀行

02312　芭蕉の杖跡—おくのほそ道 新紀行　森村誠一著　角川マガジンズ　2012.7　268p　19cm〈発売：角川グループパブリッシング〉　1600円　①978-4-04-731863-2

02313　黄昏　南伸坊, 糸井重里著　新潮社　2014.4　429p 図版16p　16cm　(新潮文庫)〈東京糸井重里事務所 2009年刊の再刊〉　790円　①978-4-10-118317-6

02314　みどりの国滞在日記　エリック・ファーユ著, 三野博司訳　水声社　2014.12　195p　20cm　(批評の小径)　2500円　①978-4-8010-0077-3

02315　春の消息　柳美里, 佐藤弘夫著, 宍戸清孝写真　第三文明社　2017.12　263p　21cm〈文献あり〉　2200円　①978-4-476-03369-4

丸森町

02316　東北を歩く—小さな村の希望を旅する　増補新版　結城登美雄著　新宿書房　2011.7　331p　20cm　2000円　①978-4-88008-419-0

02317　よみがえれ、東日本！ 列車紀行　田中正恭著　クラッセ　2011.9　235p　19cm　(Klasse books)　1600円　①978-4-902841-12-1

南三陸町

02318　よみがえれ、東日本！ 列車紀行　田中正恭著　クラッセ　2011.9　235p　19cm　(Klasse books)　1600円　①978-4-902841-12-1

宮城野(仙台市)

02319　街道をゆく　26　嵯峨散歩、仙台・石巻　新装版　司馬遼太郎著　朝日新聞出版　2009.2　310, 8p　15cm　(朝日文庫)〈初版：朝日新聞社1990年刊〉　660円　①978-4-02-264479-4

宮崎(加美町)

02320　東北を歩く—小さな村の希望を旅する　増補新版　結城登美雄著　新宿書房　2011.7　331p　20cm　2000円　①978-4-88008-419-0

弥勒寺山城

02321　戦国の山城をゆく—信長や秀吉に滅ぼされた世界　安部龍太郎著　集英社　2004.4　234p　18cm　(集英社新書)〈年表あり〉　680円　①4-08-720237-2
目次 山城破壊者・信長の出発点(岐阜城), 悲運に泣いた信長の叔母(岩村城), 琵琶湖東岸の大要塞(観音寺城・安土城), 朝倉どのの夢の跡(越前一乗谷城), 激戦に散った夫婦愛(小谷城), 焼討ちされた中世のシンボル(比叡山延暦寺), 松永久秀覚悟の自爆(信貴山城), 雑賀鉄砲衆の拠点(弥勒寺山城), 光秀の母は殺されたか(丹波八上城), 三木の干殺し(播州三木城), 畿内をのぞむ水軍の城(洲本城), 中世の自由と山城の終焉(紀州根来寺)

山元町

02322　よみがえれ、東日本！ 列車紀行　田中正恭著　クラッセ　2011.9　235p　19cm　(Klasse books)　1600円　①978-4-902841-12-1

湯ノ倉温泉

02323 秘湯を求めて 3 きわめつけの秘湯 藤嶽彰英著 (大阪)保育社 1990.1 194p 19cm 1350円 ①4-586-61103-0

閖上(名取市)

02324 旬紀行―「とびきり」を味わうためだけの旅 寄本好則著 ディノス 2006.8 167p 20cm〈扶桑社(発売)〉 1667円 ①4-594-05210-X

利府駅

02325 終着駅への旅 JR編 櫻井寛著 JTBパブリッシング 2013.8 222p 19cm 1300円 ①978-4-533-09285-5

利府街道

02326 街道をゆく 26 嵯峨散歩、仙台・石巻 新装版 司馬遼太郎著 朝日新聞出版 2009.2 310, 8p 15cm (朝日文庫)〈初版:朝日新聞社1990年刊〉 660円 ①978-4-02-264479-4

魯迅下宿跡

02327 街道をゆく 26 嵯峨散歩、仙台・石巻 新装版 司馬遼太郎著 朝日新聞出版 2009.2 310, 8p 15cm (朝日文庫)〈初版:朝日新聞社1990年刊〉 660円 ①978-4-02-264479-4

脇谷地区(石巻市)

02328 ニッポンの山里 池内紀著 山と溪谷社 2013.1 254p 20cm 1500円 ①978-4-635-28067-9

亘理町

02329 よみがえれ、東日本! 列車紀行 田中正恭著 クラッセ 2011.9 235p 19cm (Klasse books) 1600円 ①978-4-902841-12-1

秋田県

02330 ナチュラル・ツーリング 続 寺崎勉文, 太田潤写真 ミリオン出版, 大洋図書〔発売〕 1989.4 197p 21cm (OUTRIDER BOOK) 1700円 ①4-88672-042-0

02331 ダーク・ダックス 旅に歌う 山に歌う 喜早哲著 主婦の友社 1990.7 95p 21cm (SHUFUNOTOMO CD BOOKS)〈付属資料:コンパクトディスク1〉 3300円 ①4-07-935950-0

02332 南鳥島特別航路 池澤夏樹著 日本交通公社出版事業局 1991.3 253p 19cm 1600円 ①4-533-01667-7

02333 汽車旅十五題 種村直樹著 日本交通公社 1992.4 230p 19cm 1300円 ①4-533-01899-8

02334 日本探見二泊三日 宮脇俊三著 角川書店 1994.3 231p 15cm (角川文庫) 430円 ①4-04-159807-9

02335 バス旅 春夏秋冬 種村直樹著 中央書院 1997.3 285p 19cm 1700円 ①4-88732-031-0

02336 閑古堂の絵葉書散歩 東編 林丈二著 小学館 1999.4 123p 21cm (SHOTOR TRAVEL) 1500円 ①4-09-343138-8

作品 秋田、チグハグな旅―秋田

02337 風・旅・旋律 河野保雄文, 吉井忠絵 音楽之友社 1999.8 109p 24cm 2500円 ①4-276-20112-8

02338 うわさの神仏 其ノ2 あやし紀行 加門七海著 集英社 2002.8 256p 15cm (集英社文庫) 495円 ①4-08-747481-X

02339 奥州・秀衡古道を歩く 相澤史郎著 光文社 2002.8 195p 18cm (光文社新書) 680円 ①4-334-03155-2

02340 誰も行けない温泉 命からがら 大原利雄著 小学館 2002.12 186p 15cm (小学館文庫) 733円 ①4-09-411524-2

02341 超秘湯に入ろう! 坂本衛著 筑摩書房 2003.4 344p 15cm (ちくま文庫)〈「超秘湯!!」(山海堂1997年刊)の改題〉 780円 ①4-480-03827-2

02342 ちいさい旅みーつけた 俵万智著, 平地勲写真 集英社 2003.5 251p 16cm (集英社be文庫) 695円 ①4-08-650028-0

02343 泣いてくれるなほろほろ鳥よ 小沢昭一著 晶文社 2003.11 381p 20cm (小沢昭一百景 随筆随談選集 1)〈シリーズ責任表示:小沢昭一著〉 2400円 ①4-7949-1791-0

02344 日本全国ローカル線おいしい旅 嵐山光三郎著 講談社 2004.3 246p 18cm (講談社現代新書) 700円 ①4-06-149710-3

02345 美味放浪記 檀一雄著 中央公論新社 2004.4 363p 15cm (中公文庫BIBLIO) 895円 ①4-12-204356-5

目次 国内篇(黒潮の香を豪快に味わう皿鉢料理(高知), 厳冬に冴える雪国の魚料理(新潟・秋田), 郷愁で綴る我がふる里の味覚(北九州), 中国の味を伝えるサツマ汁(南九州), 日本料理・西洋料理味くらべ(大阪・神戸) ほか), 海外篇(サフランの色と香りとパエリアと(スペイン), 初鰹をサカナに飲む銘酒・ダン(ポルトガル), 迷路で出合った旅の味(モロッコ), チロルで味わった山家焼(ドイツ・オーストリア), 味の交響楽・スメルガスボード(北欧) ほか)

02346 にっぽん鉄道旅行の魅力 野田隆著 平凡社 2004.5 193p 18cm (平凡社新書) 780円 ①4-582-85227-0

02347 樹木街道を歩く―縄文杉への道 縄文剣著 碧天舎 2004.8 187p 19cm 1000円 ①4-88346-785-6

02348 北日本を歩く 立松和平著, 黒古一夫編 勉誠出版 2006.4 372p 22cm (立松和平日本を歩く 第1巻) 2600円 ①4-585-01171-4

02349 にっぽん・海風魚旅 2(くじら雲追跡

東北

編） 椎名誠著 講談社 2007.2 346p 15cm （講談社文庫）〈2003年刊の文庫化〉 800円 ①978-4-06-275647-1
目次 宮古島のニシキヘビ, 南紀逆上鰹鮪鯨かじかじ日記, ニッポン式南海の楽園, 海の祭りだおとっつあん！, 秋田の海辺をジグザグ北上, 雨降り島胸さわぎ旅, 山陰カニババ旅, にっぽん最西端馬糞島

02350 七つの自転車の旅 白鳥和也著 平凡社 2008.11 301p 20cm 1600円 ①978-4-582-83415-4

02351 街道をゆく 29 秋田県散歩、飛騨紀行 新装版 司馬遼太郎著 朝日新聞出版 2009.3 344, 8p 15cm （朝日文庫）〈初版：朝日新聞社1990年刊〉 720円 ①978-4-02-264483-1

02352 すすれ！麺の甲子園 椎名誠著 新潮社 2010.10 365p 16cm （新潮文庫） 590円 ①978-4-10-144836-7

02353 東北・大地をゆく 仙道作三著 春秋社 2012.3 217p 20cm 1700円 ①978-4-393-37326-2

02354 北東北ほろ酔い渓流釣り紀行 根深誠著 秋田 無明舎出版 2012.4 239p 19cm 1700円 ①978-4-89544-562-7

02355 日本の路地を旅する 上原善広著 文藝春秋 2012.6 383p 16cm （文春文庫）〈文献あり〉 667円 ①978-4-16-780196-0

02356 四次元温泉日記 宮田珠己著 筑摩書房 2015.1 294p 15cm （ちくま文庫）〈2011年刊の文庫化〉 720円 ①978-4-480-43238-4

02357 唄めぐり 石田千著 新潮社 2015.4 401p 20cm〈文献あり〉 2300円 ①978-4-10-303453-7

02358 野生めぐり―列島神話の源流に触れる12の旅 石倉敏明文, 田附勝写真 京都 淡交社 2015.11 255p 19cm 2000円 ①978-4-473-04045-9

02359 源流テンカラ 高桑信一著 山と溪谷社 2016.3 349p 21cm 2400円 ①978-4-635-04413-4

02360 謎のアジア納豆―そして帰ってきた〈日本納豆〉 高野秀行著 新潮社 2016.4 350p 20cm〈文献あり〉 1800円 ①978-4-10-340071-4

02361 またたび 菊池亜希子著 宝島社 2016.12 190p 19×19cm 1400円 ①978-4-8002-5815-1
目次 秋田, 新潟, 石川, 千葉, 長野, 静岡, 岐阜, 京都, 鳥取, 高知, 香川, 大分, 沖縄, ハワイ島, フィンランド, ベトナム

02362 おいしいものは田舎にある―日本ふーど記 改版 玉村豊男著 中央公論新社 2017.1 245p 16cm （中公文庫）〈初版のタイトル等：日本ふーど記（日本交通公社 1984年刊）〉 700円 ①978-4-12-206351-8

秋田市

02363 安吾新日本地理 坂口安吾著 河出書房新社 1988.5 318p 15cm （河出文庫） 580円 ①4-309-40218-6
作品 秋田犬訪問記

02364 遊覧街道 中沢けい著 リクルート出版 1989.5 206p 18cm 1200円

02365 坂口安吾全集 18 坂口安吾著 筑摩書房 1991.9 794p 15cm （ちくま文庫） 1340円 ①4-480-02478-6
作品 安吾新日本地理―秋田犬訪問記

02366 ふれあいの旅紀行 新田健次著 東京新聞出版局 1992.5 203p 19cm 1300円 ①4-8083-0437-6

02367 スタジアムから喝采が聞こえる 藤島大著 洋泉社 1997.11 229p 19cm 1600円 ①4-89691-286-1

02368 日本奥地紀行 イサベラ・バード著, 高梨健吉訳 平凡社 2000.2 529p 16cm （平凡社ライブラリー）〈年譜あり 文献あり〉 1500円 ①4-582-76329-4

02369 日本全国ローカル線おいしい旅 嵐山光三郎著 講談社 2004.3 246p 18cm （講談社現代新書） 700円 ①4-06-149710-3

02370 飯田龍太全集 第10巻 紀行・雑纂 飯田龍太著 角川学芸出版, 角川書店〔発売〕 2005.12 422p 19cm 2667円 ①4-04-651940-1
作品 まくもぞ

02371 イザベラ・バード「日本の未踏路」完全補遺 イザベラ・バード著, 高畑美代子訳注 中央公論事業出版（製作発売） 2008.1 190p 21cm 1600円 ①978-4-89514-296-0

02372 イザベラ・バードの日本紀行 上 イザベラ・バード著, 時岡敬子訳 講談社 2008.4 493p 15cm （講談社学術文庫） 1500円 ①978-4-06-159871-3

02373 日本雑記 ブルーノ・タウト著, 篠田英雄訳 中央公論新社 2008.11 368p 18cm （中公クラシックス）〈育生社弘道閣昭和18年刊の復刻版 年譜あり〉 1800円 ①978-4-12-160106-3
作品 日記抄

02374 イザベラ・バード『日本奥地紀行』を歩く 金沢正脩著 JTBパブリッシング 2010.1 175p 21cm （楽学ブックス―文学歴史 11）〈文献あり 年譜あり〉 1800円 ①978-4-533-07671-8

02375 日本（にっぽん）はじっこ自滅旅 鴨志田穣著 講談社 2011.1 331p 15cm （講談社文庫）〈2005年刊の文庫化〉 581円 ①978-4-06-276871-9
目次 厳冬期能登めぐり, 初夏の薩摩半島めぐり, 種子島、加計呂麻島、与論島に漂着, 千葉の先っぽ、銚子、犬吠埼, 奈良、南紀、断酒の旅, みちのく探訪、秋田、男鹿へ

02376 居酒屋おくのほそ道 太田和彦著 文藝春秋 2011.8 320p 16cm （文春文庫）〈画：村松誠〉 629円 ①978-4-16-780131-1

02377 完訳 日本奥地紀行 2 新潟―山形―秋田―青森 イザベラ・バード著, 金坂清則訳注

東北

平凡社　2012.7　439p　18cm　（東洋文庫）〈折り込 1枚　布装〉　3200円　①978-4-582-80823-0

02378　新訳 日本奥地紀行　イザベラ・バード著, 金坂清則訳　平凡社　2013.10　537p　18cm　（東洋文庫）〈布装　索引あり〉　3200円　①978-4-582-80840-7

02379　北東北のシンプルをあつめにいく　堀井和子著　講談社　2014.4　221p　16cm　（講談社+α文庫）　860円　①978-4-06-281551-2

02380　ふらり旅 いい酒 いい肴　1　太田和彦著　主婦の友社　2015.1　135p　21cm　1400円　①978-4-07-299000-1

目次 倉敷―美観地区だけではもったいない、瀬戸内の味, 尾道―石段の道と光郷愁あふれる海辺の町, 伊勢―おかげ詣りをすませ名居酒屋で精進落とし, 小田原―要人、文人が居を構えた保養地の料理, 鎌倉―大人の鎌倉は歴史と小路と夜の居酒屋, 勝浦―朝市と漁師料理とタンタンメン, 高知―気候温暖、豪快な酒と魚で気分は雄大, 松山―名湯と海の幸おっとりした町のよさ, 会津―盆地の城下町は見どころいっぱい、料理にも気概が, 松本―文化薫る岳都・学都・楽都, 鹿児島―薩摩の味は頑固の味それと愛情, 熊本―名城と清正公さん熊本にうまいものあり, 八丈島―旅の最高峰は島旅 自然・味・そして人の情, 浅草―東京旅のおすすめは浅草から, 秋田―美酒・美味・美人 三拍子そろった東北の町, 鶴岡―藤沢周平の文学が伝える気風、料理、人, 神戸―港町のナイトライフ 都会を愉しむ旅

02381　新編 日本の旅あちこち　木山捷平著　講談社　2015.4　304p　16cm　（講談社文芸文庫）〈著作目録あり 年譜あり〉　1600円　①978-4-06-290268-7

作品 秋田美人冬の孤独―秋田

02382　日本再発見―芸術風土記　岡本太郎著　KADOKAWA　2015.7　293p　15cm　（角川ソフィア文庫）〈新潮社 1958年刊の再刊〉　1000円　①978-4-04-409488-1

02383　雨の匂いのする夜に　椎名誠写真と文　朝日新聞出版　2015.11　222p　20cm　2100円　①978-4-02-331450-4

作品 秋田の居酒屋で

02384　北の居酒屋の美人ママ　太田和彦著　集英社　2016.5　250p　16cm　（集英社文庫―ニッポンぶらり旅）　600円　①978-4-08-745450-5

02385　北の空と雲と　椎名誠写真と文　PHP研究所　2017.12　219p　20cm　1900円　①978-4-569-83700-0

秋田内陸縦貫鉄道

02386　線路の果てに旅がある　宮脇俊三著　新潮社　1997.1　227p　15cm　（新潮文庫）〈小学館1994年刊あり〉　400円　①4-10-126813-4

02387　小さな鉄道 小さな温泉　大原利雄著　小学館　2003.8　171p　15cm　（小学館文庫）　733円　①4-09-411525-0

02388　朝湯、昼酒、ローカル線―かっちゃんの鉄修行　勝谷誠彦著　文芸春秋　2007.12　321p　16cm　（文春文庫plus）〈「勝谷誠彦の地列車大作戦」(JTB2002年刊)の改題〉　629円　①978-4-16-771320-1

秋田内陸縦貫鉄道秋田内陸線

02389　鉄道全線三十年―車窓紀行 昭和・平成……乗った、撮った、また乗った!!　田中正恭著　心交社　2002.6　371p　19cm　1600円　①4-88302-741-4

02390　日本全国ローカル列車ひとり旅　遠森慶文・イラスト・写真　双葉社　2005.11　253p　19cm　1500円　①4-575-29847-6

02391　テツはこんな旅をしている―鉄道旅行再発見　野田隆著　平凡社　2014.3　222p　18cm　（平凡社新書）　760円　①978-4-582-85722-1

旭又沢

02392　旅愁の川―渓流釣り紀行ベストセレクション　根深誠著　つり人社　2000.6　236p　21cm　1500円　①4-88536-439-6

阿仁（北秋田市）

02393　ツーリング・ライフ―自由に、そして孤独に　新装増補版　斎藤純著　春秋社　2004.3　274p　20cm〈2001年刊の新装増補〉　1800円　①4-393-43624-5

作品 マタギ・ルートを辿る―奥羽山脈縦断

02394　谷川健一全集　第10巻（民俗 2）　女の風土記　埋もれた日本地図（抄録）　黒潮の民俗学（抄録）　谷川健一著　冨山房インターナショナル　2010.1　574, 27p　23cm〈付属資料：8p：月報 no.14　索引あり〉　6500円　①978-4-902385-84-7

作品 虻の襲う村

02395　菅江真澄と旅する―東北遊覧紀行　安水稔和著　平凡社　2011.7　262p　18cm　（平凡社新書）　780円　①978-4-582-85598-2

阿仁川

02396　サラリーマン転覆隊門前払い　本田亮著　フレーベル館　2000.3　273p　20cm　1600円　①4-577-70183-9

02397　悪ガキオヤジが川に行く！―サラリーマン転覆隊　本田亮著　小学館　2004.4　253p　20cm　（Be-pal books）　1600円　①4-09-366463-3

阿仁根子（北秋田市）

02398　忘れられた日本の村　筒井功著　河出書房新社　2016.5　237p　20cm　1800円　①978-4-309-22668-2

作品 マタギは、なぜアイヌ語を使っていたか

目次 第1章 出雲国の水晶山と「たたら村」, 第2章 マタギは、なぜアイヌ語を使っていたか, 第3章 断崖の漁村「御火浦」略史, 第4章 雪深い北陸「綾子舞い」の里, 第5章 大分県「青の洞門」の虚と実, 第6章 阿波山岳武士の村と天皇家を結ぶ糸, 第7章 地名と村の歴史―千葉県・丁子から

稲倉岳

02399　山々を滑る登る　熊谷榧絵と文　八王子

白山書房　2012.11　319p　19cm　(〔榧・画文集 12〕)　1900円　①978-4-89475-159-0

岩瀬川

02400 岩魚幻照―大イワナの棲む渓々　植野稔著　山と渓谷社　1993.4　190p　21cm　2000円　①4-635-36027-X

羽後朝日岳

02401 秘境の山旅　新装版　大内尚樹編　白山書房　2000.11　246p　19cm〈1993年刊の新装版〉　1600円　①4-89475-044-9

羽後町

02402 旅を慕いて　木内宏著　朝日新聞社　1994.2　245p　19cm　1500円　①4-02-256685-X

02403 こんにちは、ふるさと　俵万智著　河出書房新社　1995.5　76p　20×18cm　1500円　①4-309-00983-2
　作品 農業青年の結婚―秋田

大潟村

02404 文豪、偉人の「愛」をたどる旅　黛まどか著　集英社　2009.8　255p　18cm　1048円　①978-4-08-781427-9

大館市

02405 日本奥地紀行　イサベラ・バード著, 高梨健吉訳　平凡社　2000.2　529p　16cm　(平凡社ライブラリー)〈年譜あり 文献あり〉　1500円　①4-582-76329-4

02406 イザベラ・バード「日本の未踏路」完全補遺　イザベラ・バード著, 高畑美代子訳注　中央公論事業出版(製作発売)　2008.1　190p　21cm　1600円　①978-4-89514-296-0

02407 イザベラ・バードの日本紀行　上　イザベラ・バード著, 時岡敬子訳　講談社　2008.4　493p　15cm　(講談社学術文庫)　1500円　①978-4-06-159871-3

02408 イザベラ・バード『日本奥地紀行』を歩く　金沢正脩著　JTBパブリッシング　2010.1　175p　21cm　(楽学ブックス―文学歴史 11)〈文献あり 年譜あり〉　1800円　①978-4-533-07671-8

02409 完訳 日本奥地紀行　2　新潟―山形―秋田―青森　イザベラ・バード著, 金坂清則訳注　平凡社　2012.7　439p　18cm　(東洋文庫)〈折り込 1枚　布装〉　3200円　①978-4-582-80823-0

02410 新訳 日本奥地紀行　イザベラ・バード著, 金坂清則訳　平凡社　2013.10　537p　18cm　(東洋文庫)〈布装　索引あり〉　3200円　①978-4-582-80840-7

大曲(大仙市)

02411 ふれあいの旅紀行　新田健次著　東京新聞出版局　1992.5　203p　19cm　1300円　①4-8083-0437-6

02412 日本奥地紀行　イサベラ・バード著, 高梨健吉訳　平凡社　2000.2　529p　16cm　(平凡社ライブラリー)〈年譜あり 文献あり〉　1500円　①4-582-76329-4

02413 イザベラ・バード「日本の未踏路」完全補遺　イザベラ・バード著, 高畑美代子訳注　中央公論事業出版(製作発売)　2008.1　190p　21cm　1600円　①978-4-89514-296-0

02414 イザベラ・バードの日本紀行　上　イザベラ・バード著, 時岡敬子訳　講談社　2008.4　493p　15cm　(講談社学術文庫)　1500円　①978-4-06-159871-3

02415 イザベラ・バード『日本奥地紀行』を歩く　金沢正脩著　JTBパブリッシング　2010.1　175p　21cm　(楽学ブックス―文学歴史 11)〈文献あり 年譜あり〉　1800円　①978-4-533-07671-8

02416 東北を歩く―小さな村の希望を旅する　増補新版　結城登美雄著　新宿書房　2011.7　331p　20cm　2000円　①978-4-88008-419-0

02417 完訳 日本奥地紀行　2　新潟―山形―秋田―青森　イザベラ・バード著, 金坂清則訳注　平凡社　2012.7　439p　18cm　(東洋文庫)〈折り込 1枚　布装〉　3200円　①978-4-582-80823-0

02418 新訳 日本奥地紀行　イザベラ・バード著, 金坂清則訳　平凡社　2013.10　537p　18cm　(東洋文庫)〈布装　索引あり〉　3200円　①978-4-582-80840-7

02419 新編 日本の旅あちこち　木山捷平著　講談社　2015.4　304p　16cm　(講談社文芸文庫)〈著作目録あり 年譜あり〉　1600円　①978-4-06-290268-7
　作品 秋田美人冬の孤独―秋田

男鹿駅

02420 線路の果てに旅がある　宮脇俊三著　新潮社　1997.1　227p　15cm　(新潮文庫)〈小学館1994年刊あり〉　400円　①4-10-126813-4

02421 終着駅への旅　JR編　櫻井寛著　JTBパブリッシング　2013.8　222p　19cm　1300円　①978-4-533-09285-5

男鹿市

02422 行きつ戻りつ　乃南アサ著　文化出版局　2000.5　237p　21cm　1500円　①4-579-30386-5

02423 メルヘン紀行　みやこうせい著　未知谷　2005.5　237p　20cm　2200円　①4-89642-129-9

02424 北日本を歩く　立松和平著, 黒古一夫編　勉誠出版　2006.4　372p　22cm　(立松和平日本を歩く 第1巻)　2600円　①4-585-01171-4
　作品 なまはげ　丸木舟

02425 もいちど修学旅行をしてみたいと思ったのだ　北尾トロ著, 中川カンゴロー写真　小学館　2008.4　239p　19cm　1300円　①978-4-09-379784-9

02426 日本(にっぽん)はじっこ自滅旅　鴨志田穣著　講談社　2011.1　331p　15cm　(講談社文庫)〈2005年刊の文庫化〉 581円　①978-4-06-276871-9

02427 菅江真澄と旅する―東北遊覧紀行　安水稔和著　平凡社　2011.7　262p　18cm　(平凡社新書)　780円　①978-4-582-85598-2

02428 雪国の春―柳田国男が歩いた東北　新装版　柳田国男著　角川学芸出版　2011.11　267p　15cm　(角川文庫―[角川ソフィア文庫]［J-102-2］)〈初版：角川書店昭和31年刊　発売：角川グループパブリッシング〉 667円　①978-4-04-408302-1

作品 おがさべり―男鹿風景談

02429 日本再発見―芸術風土記　岡本太郎著　KADOKAWA　2015.7　293p　15cm　(角川ソフィア文庫)〈新潮社 1958年刊の再刊〉 1000円　①978-4-04-409488-1

02430 私なりに絶景―ニッポンわがまま観光記　宮田珠己著　廣済堂出版　2017.2　244p　19cm　1600円　①978-4-331-52080-2

男鹿半島

02431 ツーリング・ライフ―自由に、そして孤独に　新装増補版　斎藤純著　春秋社　2004.3　274p　20cm〈2001年刊の新装増補〉 1800円　①4-393-43624-5

作品 岬めぐり―北東北

02432 テツはこんな旅をしている―鉄道旅行再発見　野田隆著　平凡社　2014.3　222p　18cm　(平凡社新書)　760円　①978-4-582-85722-1

生保内川

02433 岩魚幻照―大イワナの棲む渓々　植野稔著　山と渓谷社　1993.4　190p　21cm　2000円　①4-635-36027-X

雄物川

02434 日本の川を旅する―カヌー単独行　野田知佑著　講談社　1989.7　349p　19cm　1200円　①4-06-204362-9

02435 日本タナゴ釣り紀行―小さな野性美を求めて列島縦断　葛島一美, 熊谷正裕著　つり人社　2011.1　176p　28cm　2500円　①978-4-88536-188-3

目次 九州北部編PART1 熊本県緑川水系、佐賀県嘉瀬川水系―色形とりどり。7種の宝石とご対面, 九州北部編PART2 福岡県柳川水郷―変り種ヤリボテも登場。「ベンジョコ」の郷を遊び尽くす, 東北・秋田編PART1 雄物川水系仙北エリア―北国の新アイドル・キタノアカヒレタビラ、流れっ川の主・ヤリタナゴ, 東北・秋田編PART2 雄物川水系仙南エリア―確率1%の出会い。豪雪地帯を生き抜く溜め池の宝石, 関西・滋賀編PART1 琵琶湖湖北エリア(本湖)―太閤秀吉の城下で名乗りを上げる「体高金平(カネヒラ)」, 関西・滋賀編PART2 琵琶湖湖北エリア(流入河川)―悠久の歴史が育むタナゴは水清き水路に, 四国・徳島編PART1 吉野川水系下流域―水路八十八ヵ所巡り!?タナゴ釣りお遍路さん、阿波の国を行く, 四国・徳島編PART2 吉野川水系中流域―男踊りのシロヒレタビラ、女踊りのイチモンジ！, 九州北部再訪編PART1 佐賀県嘉瀬川水系・福岡県筑後川水系・熊本県菊池川水系―カゼトゲ&ニッパラ求めて佐賀クリークの迷宮へ, 九州北部再訪編PART2 熊本県緑川水系―武将の鎧を思わせる豪気な衣！ セボシタビラをねらい撃ち〔ほか〕

角館

02436 エンピツ絵描きの一人旅　安西水丸著　新潮社　1991.10　213p　19cm　1300円　①4-10-373602-X

02437 柳宗悦 民芸紀行　柳宗悦著, 水尾比呂志編　岩波書店　1995.2　314p　15cm　(岩波文庫)　620円　①4-00-331695-9

作品 樺細工の道

02438 日本すみずみ紀行　川本三郎著　社会思想社　1997.9　258p　15cm　(現代教養文庫)〈文元社2004年刊(1998年刊(2刷)を原本としたOD版)あり〉 640円　①4-390-11613-4

02439 もいちど修学旅行をしてみたいと思ったのだ　北尾トロ著, 中川カンゴロー写真　小学館　2008.4　239p　19cm　1300円　①978-4-09-379784-9

02440 菅江真澄と旅する―東北遊覧紀行　安水稔和著　平凡社　2011.7　262p　18cm　(平凡社新書)　780円　①978-4-582-85598-2

02441 北への旅―なつかしい風にむかって　椎名誠著　PHP研究所　2014.3　300p　15cm　(PHP文芸文庫)〈2010年刊に加筆、再編集　索引あり〉 724円　①978-4-569-76156-5

02442 新編 日本の旅あちこち　木山捷平著　講談社　2015.4　304p　16cm　(講談社文芸文庫)〈著作目録あり 年譜あり〉 1600円　①978-4-06-290268-7

作品 秋田美人冬の孤独―秋田

粕毛川

02443 旅愁の川―渓流釣り紀行ベストセレクション　根深誠著　つり人社　2000.6　236p　21cm　1500円　①4-88536-439-6

鹿角市

02444 耕うん機オンザロード　斉藤政喜著　小学館　2001.8　333p　19cm　(BE-PAL BOOKS)　1200円　①4-09-366065-4

02445 菅江真澄と旅する―東北遊覧紀行　安水稔和著　平凡社　2011.7　262p　18cm　(平凡社新書)　780円　①978-4-582-85598-2

02446 本は旅をつれて―旅本コンシェルジュの旅行記　森本剛史著　彩流社　2015.1　239p　19cm〈著作目録あり 年譜あり〉 2000円　①978-4-7791-2067-1

風の松原

02447 街道をゆく　29　秋田県散歩、飛騨紀行　新装版　司馬遼太郎著　朝日新聞出版　2009.3　344, 8p　15cm　(朝日文庫)〈初版：朝日新聞社1990年刊〉 720円　①978-4-02-264483-1

金沢（横手市）

02448 東北を歩く―小さな村の希望を旅する 増補新版 結城登美雄著 新宿書房 2011.7 331p 20cm 2000円 ①978-4-88008-419-0

川原毛地獄

02449 ニッポン発見記 池内紀著 中央公論新社 2012.4 211p 16cm （中公文庫）〈講談社現代新書 2004年刊の再刊〉 590円 ①978-4-12-205630-5

寒風山

02450 街道をゆく 29 秋田県散歩、飛騨紀行 新装版 司馬遼太郎著 朝日新聞出版 2009.3 344, 8p 15cm （朝日文庫）〈初版：朝日新聞社1990年刊〉 720円 ①978-4-02-264483-1

蚶満寺

02451 碧い眼の太郎冠者 ドナルド・キーン著 中央公論新社 2001.7 188p 21cm （Chuko on demand books） 2000円 ①4-12-550026-6
作品 紅毛おくのほそ道

02452 北日本を歩く 立松和平著, 黒古一夫編 勉誠出版 2006.4 372p 22cm （立松和平日本を歩く 第1巻） 2600円 ①4-585-01171-4
作品 秋田幹夢紀行

02453 街道をゆく 29 秋田県散歩、飛騨紀行 新装版 司馬遼太郎著 朝日新聞出版 2009.3 344, 8p 15cm （朝日文庫）〈初版：朝日新聞社1990年刊〉 720円 ①978-4-02-264483-1

象潟

02454 父と子の長い旅 原将人著 フィルムアート社 1994.11 253p 19cm 1854円 ①4-8459-9436-4

02455 ら・ら・ら「奥の細道」 黛まどか著 光文社 1998.3 221p 20cm 1600円 ①4-334-97168-7

02456 碧い眼の太郎冠者 ドナルド・キーン著 中央公論新社 2001.7 188p 21cm （Chuko on demand books） 2000円 ①4-12-550026-6
作品 紅毛おくのほそ道

02457 日本全国ローカル線おいしい旅 嵐山光三郎著 講談社 2004.3 246p 18cm （講談社現代新書） 700円 ①4-06-149710-3

02458 おくのほそ道 人物紀行 杉本苑子著 文芸春秋 2005.9 230p 18cm （文春新書） 700円 ①4-16-660460-0

02459 街道をゆく 29 秋田県散歩、飛騨紀行 新装版 司馬遼太郎著 朝日新聞出版 2009.3 344, 8p 15cm （朝日文庫）〈初版：朝日新聞社1990年刊〉 720円 ①978-4-02-264483-1

02460 鉄道おくのほそ道紀行―週末芭蕉旅 芦原伸著 講談社 2009.6 314p 20cm （The new fifties）〈文献あり〉 1800円 ①978-4-06-269282-3

02461 芭蕉の杖跡―おくのほそ道 新紀行 森村誠一著 角川マガジンズ 2012.7 268p 19cm〈発売：角川グループパブリッシング〉 1600円 ①978-4-04-731863-2

02462 奥の細道紀行 大石登世子著 調布 ふらんす堂 2013.10 234p 19cm〈文献あり〉 2476円 ①978-4-7814-0617-6

02463 紀行とエッセーで読む 作家の山旅 山と溪谷社編 山と溪谷社 2017.3 357p 15cm （ヤマケイ文庫） 930円 ①978-4-635-04828-6
作品 山水小記（抄）〔田山花袋〕

旧奈良家住宅

02464 街道をゆく 29 秋田県散歩、飛騨紀行 新装版 司馬遼太郎著 朝日新聞出版 2009.3 344, 8p 15cm （朝日文庫）〈初版：朝日新聞社1990年刊〉 720円 ①978-4-02-264483-1

黒又山

02465 ヤポネシアの旅 立松和平著 朝日新聞社 1990.5 252p 15cm （朝日文庫） 480円 ①4-02-260601-0

02466 北日本を歩く 立松和平著, 黒古一夫編 勉誠出版 2006.4 372p 22cm （立松和平日本を歩く 第1巻） 2600円 ①4-585-01171-4
作品 クロマンタ山

黒湯温泉

02467 雲は旅人のように―湯の花紀行 池内紀著, 田淵裕一写真 日本交通公社出版事業局 1995.5 284p 19cm 1600円 ①4-533-02163-8
作品 人の世は銀光 ちよろずの波の幻

02468 温泉旅日記 池内紀著 徳間書店 1996.9 277p 15cm （徳間文庫）〈河出書房新社1988年刊あり〉 540円 ①4-19-890559-2

小阿仁川

02469 旅愁の川―渓流釣り紀行ベストセレクション 根深誠著 つり人社 2000.6 236p 21cm 1500円 ①4-88536-439-6

小坂町

02470 黄昏のムービー・パレス 村松友視著, 横山良一写真 平凡社 1989.7 218p 19cm 1240円 ①4-582-28215-6

02471 日本列島を往く 2 地下王国の輝き 鎌田慧著 岩波書店 2000.4 283p 15cm （岩波現代文庫） 900円 ①4-00-603011-8
目次 夢の島・佐渡相川町（道遊の割戸, 水替無宿の唄 ほか）, 銅の都・秋田県小坂町（鉄道の終わり, 栄光の日々 ほか）, たたら製鉄の道・島根県横田町（山林王の誕生, 鉄をつくる人たち ほか）, 燃ゆる水・新潟県黒川村（石油の村, 手づくりリゾート ほか）, 石炭のあとに・長崎県大島町（閉山地獄からの脱出, 起死回生の造船誘致 ほか）

小砂川

02472 紀行とエッセーで読む 作家の山旅 山と溪谷社編 山と溪谷社 2017.3 357p 15cm （ヤマケイ文庫） 930円 ①978-4-635-04828-6

作品 山水小記(抄)〔田山花袋〕

後生掛温泉

02473 旅は道づれ湯はなさけ 辻真先著 徳間書店 1989.5 348p 15cm (徳間文庫) 580円 ①4-19-568760-8

02474 日本の名山 2 岩手山 串田孫一,今井通子,今福龍太編 博品社 1997.3 251p 20cm 1648円 ①4-938706-36-9
作品 八幡平から後生掛温泉へ 地獄の植物〔西口親雄〕

02475 温泉旅行記 嵐山光三郎著 筑摩書房 2000.12 315p 15cm (ちくま文庫)〈初版:JTB1997年刊〉 760円 ①4-480-03589-3

02476 人情温泉紀行―演歌歌手・鏡五郎が訪ねた全国の名湯47選 鏡五郎著 マガジンランド 2008.5 235p 19cm〈年譜あり〉 1238円 ①978-4-944101-37-5

02477 新編 日本の旅あちこち 木山捷平著 講談社 2015.4 304p 16cm (講談社文芸文庫)〈著作目録あり 年譜あり〉 1600円 ①978-4-06-290268-7
作品 原始的なトルコ風呂のメッカ―岩手

02478 来ちゃった 酒井順子文,ほしよりこ画 小学館 2016.3 317p 15cm (小学館文庫)〈2011年刊の増補〉 620円 ①978-4-09-406277-9

五城目町

02479 北日本を歩く 立松和平著,黒古一夫編 勉誠出版 2006.4 372p 22cm (立松和平日本を歩く 第1巻) 2600円 ①4-585-01171-4
作品 御矢師

02480 北東北のシンプルをあつめにいく 堀井和子著 講談社 2014.4 221p 16cm (講談社+α文庫) 860円 ①978-4-06-281551-2

五能線

02481 ちょっとそこまで旅してみよう 益田ミリ著 幻冬舎 2017.4 186p 16cm (幻冬舎文庫)〈「ちょっとそこまでひとり旅だれかと旅」(2013年刊)の改題、書き下ろしを加え再刊〉 460円 ①978-4-344-42598-9

小又川

02482 岩魚幻照―大イワナの棲む渓々 植野稔著 山と渓谷社 1993.4 190p 21cm 2000円 ①4-635-36027-X

十文字町(横手市)

02483 褌の旅 越中文俊著 心交社 2002.12 227p 19cm (日本つれづれ紀行 1) 1500円 ①4-88302-806-2

真山神社

02484 北日本を歩く 立松和平著,黒古一夫編 勉誠出版 2006.4 372p 22cm (立松和平日本を歩く 第1巻) 2600円 ①4-585-01171-4
作品 悲しみの力

杣温泉

02485 いで湯浴泉記 大石真人著 新ハイキング社 1990.12 316p 19cm (新ハイキング選書 第11巻) 1700円 ①4-915184-12-9

02486 小さな鉄道 小さな温泉 大原利雄著 小学館 2003.8 171p 15cm (小学館文庫) 733円 ①4-09-411525-0

高岨(大館市)

02487 渓流巡礼三三ヶ所 植野稔著 山と渓谷社 1991.9 253p 21cm 1800円 ①4-635-36026-1

田沢湖

02488 みずうみ紀行 渡辺淳一著 光文社 1988.5 181p 15cm (光文社文庫) 520円 ①4-334-70746-7

02489 地の記憶をあるく 盛岡・山陽道篇 松本健一著 中央公論新社 2002.3 322p 20cm 2700円 ①4-12-003259-0

立又渓谷

02490 山で見た夢―ある山岳雑誌編集者の記憶 勝峰富雄著 みすず書房 2010.5 285p 20cm 2600円 ①978-4-622-07542-4

玉川温泉

02491 温泉旅行記 嵐山光三郎著 筑摩書房 2000.12 315p 15cm (ちくま文庫)〈初版:JTB1997年刊〉 760円 ①4-480-03589-3

02492 湯探歩―お気楽極楽ヌルくてユル～い温泉紀行 山崎一夫文,西原理恵子絵 日本文芸社 2014.12 175p 21cm 1000円 ①978-4-537-26096-0
目次 箱根編(箱根の湯(その1)―箱根天成園、日帰り素泊まりコンビニエンス,箱根の湯(その2)―箱根にある、新宿区立の保養所で激安日帰り温泉体験!!,箱根の湯(その3)―リーズナブルに楽しめるユネッサンで年がいもなく大ハシャギ,箱根の湯(その4)―父八十歳、息子六十歳。高齢父子箱根芦ノ湖珍道中!?,箱根の湯(その5)―花見と温泉で日本を満喫!!蕎麦も最高、あ～ゴクラク ほか),全国編(新潟県・貝掛温泉―激安すぎるリゾートマンションとサルとばあさんに囲まれて,東京都・豊島園「庭の湯」―大人気の「養殖温泉」で素晴らしき極楽気分!!,長野県・中の湯温泉―日本アルプスの別天地、秘湯・中の湯&卜伝の湯,秋田県・玉川温泉―難病に効果テキメン!?天然の岩盤浴でリラックス,東京都・六郷温泉―羽田の帰りに寄ってけ見てけ!!多摩川土手の六郷温泉 ほか)

02493 新編 日本の旅あちこち 木山捷平著 講談社 2015.4 304p 16cm (講談社文芸文庫)〈著作目録あり 年譜あり〉 1600円 ①978-4-06-290268-7
作品 原始的なトルコ風呂のメッカ―岩手

長谷寺

02494 北日本を歩く 立松和平著,黒古一夫編 勉誠出版 2006.4 372p 22cm (立松和平日本を歩く 第1巻) 2600円 ①4-585-01171-4
作品 秋田酔夢紀行

鶴の湯温泉

02495 秘湯を求めて 2 ないしょの秘湯 藤嶽彰英著 (大阪)保育社 1989.12 185p 19cm 1350円 ①4-586-61102-2

02496 遙かなる秘湯をゆく 桂博史著 主婦と生活社 1990.3 222p 19cm 980円 ①4-391-11232-9

02497 雲は旅人のように―湯の花紀行 池内紀著, 田淵裕一写真 日本交通公社出版事業局 1995.5 284p 19cm 1600円 ①4-533-02163-8

作品 人の世は銀光 ちよろずの波の幻

02498 温泉旅行記 嵐山光三郎著 筑摩書房 2000.12 315p 15cm (ちくま文庫)〈初版:JTB1997年刊〉 760円 ①4-480-03589-3

戸賀(男鹿市)

02499 飯田龍太全集 第10巻 紀行・雑纂 飯田龍太著 角川学芸出版, 角川書店〔発売〕 2005.12 422p 19cm 2667円 ①4-04-651940-1

作品 まくもぞ

02500 北日本を歩く 立松和平著, 黒古一夫編 勉誠出版 2006.4 372p 22cm (立松和平日本を歩く 第1巻) 2600円 ①4-585-01171-4

作品 過疎の家族

虎毛沢

02501 渓をわたる風 高桑信一著 平凡社 2004.6 269p 20cm 2000円 ①4-582-83224-5

十和田大湯

02502 日本の不思議な宿 巌谷国士著 中央公論新社 1999.4 353p 16cm (中公文庫) 838円 ①4-12-203396-9

十和田ホテル

02503 ホテル物語―十二のホテルと一人の旅人 山口泉著 NTT出版 1993.8 221p 19cm 1800円 ①4-87188-235-7

内藤湖南旧宅

02504 街道をゆく 29 秋田県散歩、飛騨紀行 新装版 司馬遼太郎著 朝日新聞出版 2009.3 344, 8p 15cm (朝日文庫)〈初版:朝日新聞社1990年刊〉 720円 ①978-4-02-264483-1

にかほ市

02505 日本地酒紀行 奈良本辰也著 河出書房新社 1988.7 273p 15cm (河出文庫) 520円 ①4-309-47138-2

西木町(仙北市)

02506 写真家の旅―原日本、産土を旅ゆく。 宮嶋康彦著 日経BP社 2006.10 223p 21cm 〈日経BP出版センター(発売)〉 2667円 ①4-8222-6350-9

西馬内(羽後町)

02507 妣(はは)の国への旅―私の履歴書 谷川健一著 日本経済新聞出版社 2009.1 309p 20cm 2600円 ①978-4-532-16680-9

作品 虻の襲う村

仁鮒水沢スギ植物群落保護林

02508 北日本を歩く 立松和平著, 黒古一夫編 勉誠出版 2006.4 372p 22cm (立松和平日本を歩く 第1巻) 2600円 ①4-585-01171-4

作品 秋田杉

乳頭温泉郷

02509 雲は旅人のように―湯の花紀行 池内紀著, 田淵裕一写真 日本交通公社出版事業局 1995.5 284p 19cm 1600円 ①4-533-02163-8

作品 人の世は銀光 ちよろずの波の幻

02510 国井律子のハーレー日本一周―20代最後のひとり旅 国井律子著 小学館 2007.1 155p 21cm 1500円 ①4-09-366534-6

入道崎

02511 飯田龍太全集 第10巻 紀行・雑纂 飯田龍太著 角川学芸出版, 角川書店〔発売〕 2005.12 422p 19cm 2667円 ①4-04-651940-1

作品 まくもぞ

八森(八峰町)

02512 貧困旅行記 新版 つげ義春著 新潮社 1995.4 281p 15cm (新潮文庫)〈晶文社1991年刊あり〉 520円 ①4-10-132812-9

作品 ボロ宿考

目次 旅写真, 蒸発旅日記, 大原・富浦, 奥多摩貧困行, 下部・湯河原・箱根, 鎌倉随歩, 伊豆半島周遊, 猫町紀行, 日川探勝, ボロ宿考, 上州湯宿温泉の旅, 養老(年金)鉱泉, 丹沢の鉱泉, 日原小記, 秋山村逃亡行, 旅籠の思い出, 旅年譜

八竜(三種町)

02513 渚の旅人 1 かもめの熱い吐息 森沢明夫著 東京地図出版 2008.12 412p 19cm 1450円 ①978-4-8085-8531-0

八郎潟

02514 飯田龍太全集 第10巻 紀行・雑纂 飯田龍太著 角川学芸出版, 角川書店〔発売〕 2005.12 422p 19cm 2667円 ①4-04-651940-1

作品 まくもぞ

02515 もいちど修学旅行をしてみたいと思ったのだ 北尾トロ著, 中川カンゴロー写真 小学館 2008.4 239p 19cm 1300円 ①978-4-09-379784-9

02516 街道をゆく 29 秋田県散歩、飛騨紀行 新装版 司馬遼太郎著 朝日新聞出版 2009.3 344, 8p 15cm (朝日文庫)〈初版:朝日新聞社1990年刊〉 720円 ①978-4-02-264483-1

東成瀬村

02517 岩手は今日も釣り日和—ぶらぶら行ってみるべ 村田久著 小学館 2013.7 223p 20cm (BE–PAL BOOKS) 1600円 ①978–4–09–388308–5

(目次) 惜別の川, 揚げ雲雀, 迷子になったヒカリ, しあわせな時間, 雨あがり, 古稀の秋, 隠れ里のイワナ, リールを鳴らして, もののの怪, 桜の木の下で, 五月の谷川で, 南部桐の咲く頃に, 孫の夏休み, 山蛭, 種沢の行方, 隠し沢, 秋田県東成瀬村, 病み上がりの五百メートル, 玉蜀黍の夏, イワナの避暑地, 舞茸, 雨鱒

比立内（北秋田市）

02518 北へ！ ネイチャリング紀行 甲斐崎圭著 コスモヒルズ 1990.5 253p 21cm (COSMO BOOKS) 1600円 ①4–87703–805–1

02519 妣（はは）の国への旅—私の履歴書 谷川健一著 日本経済新聞出版社 2009.1 309p 20cm 2600円 ①978–4–532–16680–9

(作品) 虻の襲う村

蒸ノ湯温泉

02520 温泉百話—東の旅 種村季弘, 池内紀編 筑摩書房 1988.2 471p 15cm (ちくま文庫) 680円 ①4–480–02200–7

(作品) 東北湯治場旅〔つげ義春〕

02521 望郷を旅する 石川啄木ほか著, 作品社編集部編 作品社 1998.4 251p 22cm (新編・日本随筆紀行 大きな活字で読みやすい本—心にふるさとがある 15) ①4–87893–896–X, 4–87893–807–2

(作品) 東北湯治場旅〔つげ義春〕

02522 新編 日本の旅あちこち 木山捷平著 講談社 2015.4 304p 16cm (講談社文芸文庫)〈著作目録あり 年譜あり〉 1600円 ①978–4–06–290268–7

(作品) 原始的なトルコ風呂のメッカ—岩手

藤里町

02523 菅江真澄と旅する—東北遊覧紀行 安水稔和著 平凡社 2011.7 262p 18cm (平凡社新書) 780円 ①978–4–582–85598–2

冨留沢温泉

02524 いで湯浴泉記 大石真人著 新ハイキング社 1990.12 316p 19cm (新ハイキング選書 第11巻) 1700円 ①4–915184–12–9

保戸野表鉄砲町（秋田市）

02525 柳宗悦 民芸紀行 柳宗悦著, 水尾比呂志編 岩波書店 1995.2 314p 15cm (岩波文庫) 620円 ①4–00–331695–9

(作品) 思い出す職人

堀内沢

02526 旅愁の川—渓流釣り紀行ベストセレクション 根深誠著 つり人社 2000.6 236p 21cm 1500円 ①4–88536–439–6

前山駅

02527 ダルマ駅へ行こう！ 笹田昌宏著 小学館 2007.5 253p 15cm (小学館文庫) 514円 ①978–4–09–411651–9

孫六温泉

02528 秘湯を求めて 3 きわめつけの秘湯 藤嶽彰英著 (大阪)保育社 1990.1 194p 19cm 1350円 ①4–586–61103–0

02529 雲は旅人のように—湯の花紀行 池内紀著, 田淵裕一写真 日本交通公社出版事業局 1995.5 284p 19cm 1600円 ①4–533–02163–8

(作品) 人の世は銀光 ちよろずの波の幻

増田町（横手市）

02530 東北を歩く—小さな村の希望を旅する 増補新版 結城登美雄著 新宿書房 2011.7 331p 20cm 2000円 ①978–4–88008–419–0

皆瀬川

02531 渓をわたる風 高桑信一著 平凡社 2004.6 269p 20cm 2000円 ①4–582–83224–5

南楢岡（大仙市）

02532 柳宗悦 民芸紀行 柳宗悦著, 水尾比呂志編 岩波書店 1995.2 314p 15cm (岩波文庫) 620円 ①4–00–331695–9

(作品) 現在の日本民窯

元滝伏流水

02533 立松和平のふるさと紀行—名水 立松和平文, 山下喜一郎写真 河出書房新社 2002.5 109p 23cm 2500円 ①4–309–01459–3

森岳温泉

02534 いで湯浴泉記 大石真人著 新ハイキング社 1990.12 316p 19cm (新ハイキング選書 第11巻) 1700円 ①4–915184–12–9

森吉（北秋田市）

02535 ローカルバスの終点へ 宮脇俊三著 洋泉社 2010.12 303p 18cm (新書y)〈1991年刊の新潮文庫を底本とする 日本交通公社出版事業局 1989年刊あり〉 840円 ①978–4–86248–626–4

森吉山

02536 山で見た夢—ある山岳雑誌編集者の記憶 勝峰富雄著 みすず書房 2010.5 285p 20cm 2600円 ①978–4–622–07542–4

02537 百霊峰巡礼 第3集 立松和平著 東京新聞出版部 2010.8 307p 20cm〈第2集までの出版者：東京新聞出版局〉 1800円 ①978–4–8083–0933–6

安の滝

02538 山で見た夢—ある山岳雑誌編集者の記憶 勝峰富雄著 みすず書房 2010.5 285p 20cm

2600円 ①978-4-622-07542-4

雪沢温泉

02539 いで湯浴泉記 大石真人著 新ハイキング社 1990.12 316p 19cm (新ハイキング選書 第11巻) 1700円 ①4-915184-12-9

湯沢市

02540 禅の旅 越中文俊著 心交社 2002.12 227p 19cm (日本つれづれ紀行 1) 1500円 ①4-88302-806-2

湯瀬温泉

02541 新編 日本の旅あちこち 木山捷平著 講談社 2015.4 304p 16cm (講談社文芸文庫)〈著作目録あり 年譜あり〉 1600円 ①978-4-06-290268-7

作品 原始的なトルコ風呂のメッカ—岩手

由利高原鉄道

02542 車窓はテレビより面白い 宮脇俊三著 徳間書店 1992.8 254p 15cm (徳間文庫)〈1989年刊の文庫化〉 460円 ①4-19-597265-5

02543 行ったぞ鉄道—列島がたごと日誌 伊東徹秀著 札幌 柏艪舎 2009.7 198p 19cm〈発売:星雲社〉 1300円 ①978-4-434-13086-1

由利本荘市

02544 北日本を歩く 立松和平著, 黒古一夫編 勉誠出版 2006.4 372p 22cm (立松和平日本を歩く 第1巻) 2600円 ①4-585-01171-4

作品 秋田幹夢紀行

横手市

02545 第二阿房列車 内田百閒著 福武書店 1991.11 197p 15cm (福武文庫) 500円 ①4-8288-3224-6

目次 雪中新潟阿房列車, 雪解横手阿房列車, 春光山陽特別阿房列車 雷九州阿房列車

02546 日本奥地紀行 イサベラ・バード著, 高梨健吉訳 平凡社 2000.2 529p 16cm (平凡社ライブラリー)〈年譜あり 文献あり〉 1500円 ①4-582-76329-4

02547 禅の旅 越中文俊著 心交社 2002.12 227p 19cm (日本つれづれ紀行 1) 1500円 ①4-88302-806-2

02548 夢追い俳句紀行 大高翔著 日本放送出版協会 2004.4 237p 19cm 1300円 ①4-14-016126-4

02549 イザベラ・バード「日本の未踏路」完全補遺 イザベラ・バード著, 高畑美代子訳注 中央公論事業出版(製作発売) 2008.1 190p 21cm 1600円 ①978-4-89514-296-0

02550 イザベラ・バードの日本紀行 上 イザベラ・バード著, 時岡敬子訳 講談社 2008.4 493p 15cm (講談社学術文庫) 1500円 ①978-4-06-159871-3

02551 にっぽん入門 柴門ふみ著 文藝春秋 2009.4 282p 16cm (文春文庫)〈2007年刊の増補〉 552円 ①978-4-16-757903-6

02552 イザベラ・バード『日本奥地紀行』を歩く 金沢正脩著 JTBパブリッシング 2010.1 175p 21cm (楽学ブックス—文学歴史 11)〈文献あり 年譜あり〉 1800円 ①978-4-533-07671-8

02553 東北を歩く—小さな村の希望を旅する 増補新版 結城登美雄著 新宿書房 2011.7 331p 20cm 2000円 ①978-4-88008-419-0

02554 完訳 日本奥地紀行 2 新潟—山形—秋田—青森 イザベラ・バード著, 金坂清則訳注 平凡社 2012.7 439p 18cm (東洋文庫)〈折り込 1枚 布装〉 3200円 ①978-4-582-80823-0

02555 新訳 日本奥地紀行 イザベラ・バード著, 金坂清則訳 平凡社 2013.10 537p 18cm (東洋文庫)〈布装 索引あり〉 3200円 ①978-4-582-80840-7

山形県

02556 閑古堂の絵葉書散歩 東編 林丈二著 小学館 1999.4 123p 21cm (SHOTOR TRAVEL) 1500円 ①4-09-343138-8

作品 思いたったが山形—山形

02557 あるく魚とわらう風 椎名誠著 集英社 2001.2 355p 16cm (集英社文庫) 619円 ①4-08-747290-6

目次 宝島とにかく上陸作戦, 一日キカイダーになる, カープ島の三日間, 渋谷BEAMで熱風肘うちピアニスト, ギョーザの町でフィナーレだった, 窓の向こうのビール雲, マイナス十五度月夜のキャンプ, ピエンロウにはまる, 九州でけつの穴を食う, 小笠原鮫・くさや旅, 寝袋がとんでいく, 奥会津でぎらぎらした日, オーハ島の焚火人生, どかどか隊バリ島ひとまわり, 山形千百キロ呆然的ヨコ移動, 八丈島荒波台風風呂, 北のカクレ家で栗ひろい, 年末ハリセンボン

02558 お徒歩 ニッポン再発見 岩見隆夫著 アールズ出版 2001.5 299p 20cm 1600円 ①4-901226-20-7

02559 誰も行けない温泉 命からがら 大原利雄著 小学館 2002.12 186p 15cm (小学館文庫) 733円 ①4-09-411524-2

02560 アタシはバイクで旅に出る。—お湯・酒・鉄馬三拍子紀行 3 国井律子著 枻出版社 2003.12 185p 15cm (枻文庫) 650円 ①4-87099-980-3

目次 その1 山形、知る人ぞ知る革ジャン、そして極上の美酒を求める旅, その2 房総、知られざる道と名酒を楽しむ旅, その3 100周年モデルで冬目前の桃源郷、奥鬼怒〜日光を走る旅, その4 めんそーれ沖縄! "島んちゅ"の心に触れる旅, その5 浜松、かけがえのない友とうなぎ三昧、東海道の旅, その6 白馬、心赴くままに、自然にいやされる旅, その7 シカゴ&ミルウォーキー、ついにアメリカ上陸! の旅

02561 にっぽん鉄道旅行の魅力　野田隆著　平凡社　2004.5　193p　18cm　（平凡社新書）　780円　①4-582-85227-0

02562 樹木街道を歩く―縄文杉への道　縄文剣著　碧天舎　2004.8　187p　19cm　1000円　①4-88346-785-6

02563 北日本を歩く　立松和平著, 黒古一夫編　勉誠出版　2006.4　372p　22cm　（立松和平日本を歩く 第1巻）　2600円　①4-585-01171-4

02564 道の先まで行ってやれ！―自転車で、飲んで笑って、涙する旅　石田ゆうすけ著　幻冬舎　2009.7　303p　20cm　1500円　①978-4-344-01710-8

02565 すすれ！麺の甲子園　椎名誠著　新潮社　2010.10　365p　16cm　（新潮文庫）　590円　①978-4-10-144836-7

02566 東北・大地をゆく　仙道作三著　春秋社　2012.3　217p　20cm　1700円　①978-4-393-37326-2

02567 極めよ、ソフテツ道！―素顔になれる鉄道旅　村井美樹著　小学館　2012.8　186p　19cm　（IKKI BOOKS）　1400円　①978-4-09-359208-6

02568 唄めぐり　石田千著　新潮社　2015.4　401p　20cm〈文献あり〉　2300円　①978-4-10-303453-7

02569 来ちゃった　酒井順子文, ほしよりこ画　小学館　2016.3　317p　15cm　（小学館文庫）〈2011年刊の増補〉　620円　①978-4-09-406277-9

02570 そこらじゅうにて―日本どこでも紀行　宮田珠己著　幻冬舎　2017.6　274p　16cm　（幻冬舎文庫）〈「日本全国もっと津々うりゃうりゃ」（廣済堂出版 2013年刊）の改題、修正〉　600円　①978-4-344-42618-4

赤川

02571 サラリーマン転覆隊が来た！　本田亮著　小学館　2001.11　255p　20cm〈付属資料：CD-ROM1枚（12cm）〉　1600円　①4-09-366461-7

赤崩（米沢市）

02572 渓をわたる風　高桑信一著　平凡社　2004.6　269p　20cm　2000円　①4-582-83224-5

赤湯温泉

02573 旅は道づれ湯はなさけ　辻真先著　徳間書店　1989.5　348p　15cm　（徳間文庫）　580円　①4-19-568760-8

02574 温泉逍遥　野口冬人著　現代旅行研究所　2004.4　214p　20cm　1500円　①4-87482-083-2

(目次) 湯治場は新しいリゾートだ―常連客が今も足繁く通う、湯治も時代と共に変わり, 温泉療法の再認識を, 最近の湯治場傾向, 保養と療養の原型、湯治場は日本の宝, 健康回復には、温泉がいい, 温泉文化は果てることなし, お風呂でリラックス, 山形県・赤湯温泉の一つの方向, 健康造りの温泉, 湯治復活を考える〔ほか〕

02575 松崎天民選集　第10巻　人間見物　松崎天民著, 後藤正人監修・解説　クレス出版　2013.11　395, 3p　19cm〈騒人社書局 昭和二年刊の複製〉　6000円　①978-4-87733-795-7

[作品] 東北温泉巡り

朝日岳

02576 日本の名山　6　白馬岳　串田孫一, 今井通子, 今福龍太編　博品社　1997.7　258p　19cm〈年表あり 文献あり〉　1600円　①4-938706-40-7

[作品] 朝日岳〔木暮理太郎〕　朝日岳より白馬岳を経て針木峠に至る〔田部重治〕

(目次) 白馬岳（水原秋櫻子）, 白馬吟行（荻原井泉水）, 白馬大雪渓（田中澄江）, 白馬岳（深田久弥）, 白馬岳（串田孫一）, 白馬山麓の四季（山本太郎）, 幻の登頂記録発見記 黎明期の白馬岳近代登山をめぐって（長沢武）, 越中方面大蓮華山登攀録（吉沢庄作）, 白馬五十年（志村烏嶺）, 白馬岳より祖母谷温泉へ（高野鷹蔵）, 朝日岳より白馬岳を経て針木峠に至る（田部重治）, 祖母谷川を下る（冠松次郎）, 白馬山登攀記（河東碧梧桐）, 白馬岳主稜登攀（田中伸三）, 三月の唐松、白馬尾根伝い（堀田弥一）, 十一月の白馬連嶺（藤木九三）, 雪の白馬岳で味わった冬山の楽しさ恐ろしさ（高田直樹）, 起死回生の白馬岳（芳野満彦）, 柳又谷本谷（志水哲也）, 黒薙温泉から白馬岳直登（佐伯邦夫）, 朝日岳（木暮理太郎）, 雪倉岳（本多勝一）, 白馬岳周辺の氷河地形（小疇尚）, 白馬湖沼群（大塚大）, 白馬岳の未踏池 ヤブくぐりの未発見した二つの池（西丸震哉）, 白馬ものがたり（大川悦生）, 白馬鑓温泉（大崎紀夫）, チマ・エテルナ―雪渓の影で、詩は流れた（今福龍太）

02577 「新編」山紀行と随想　大島亮吉著, 大森久雄編　平凡社　2005.7　367p　16cm　（平凡社ライブラリー）　1400円　①4-582-76545-9

朝日地区（鶴岡市）

02578 ツーリング・ライフ―自由に、そして孤独に　新装増補版　斎藤純著　春秋社　2004.3　274p　20cm〈2001年刊の新装増補〉　1800円　①4-393-43624-5

[作品] マタギサミット

朝日連峰

02579 日本の森を歩く　池内紀文, 柳木昭信写真　山と渓谷社　2001.6　277p　22cm　1800円　①4-635-28047-0

02580 森の旅 森の人―北海道から沖縄まで日本の森林を旅する　軽装版　稲本正文, 姉崎一馬写真　世界文化社　2005.11　271p　21cm　（ほたるの本）〈1994年刊行版に一部修正を加え軽装版にしたもの　1990年刊あり〉　1800円　①4-418-05518-5

朝日連峰大鳥池

02581 わが山山　深田久弥著　中央公論新社　2004.10　213p　21cm　（中公文庫ワイド版）〈中公文庫2002年刊（改版）のワイド版〉　3400円　①4-12-551832-7

温海（鶴岡市）

02582 渚の旅人　1　かもめの熱い吐息　森沢

明夫著　東京地図出版　2008.12　412p　19cm　1450円　①978-4-8085-8531-0

左沢駅

02583　終着駅への旅　JR編　櫻井寛著　JTBパブリッシング　2013.8　222p　19cm　1300円　①978-4-533-09285-5

左沢線

02584　汽車旅放浪記　関川夏央著　新潮社　2006.6　282p　20cm　1700円　①4-10-387603-4

(目次) 楽しい汽車旅（トンネルを抜ければ「異界」―上越線, 東京のとなりの「鄙」―久留里線、いすみ鉄道、小湊鉄道, 三十八年の一瞬―北陸本線 ほか）, 宮脇俊三の時間旅行（蟬しぐれの沈黙―左沢線、山形鉄道フラワー長井線、米坂線, 時刻表を「読む」ということ―のと鉄道、氷見線, ローカル線車内風景―只見線、大井川鉄道井川線、わたらせ渓谷鉄道 ほか）, 「坊っちゃん」たちが乗った汽車（漱石と汽車―九州鉄道、山陽鉄道、東海道線, 二十世紀を代表するもの―満鉄本線、三江線、東京路面電車, 時を駆ける鉄道―都電荒川線、甲武鉄道 ほか）

02585　朝湯、昼酒、ローカル線―かっちゃんの鉄修行　勝谷誠彦著　文芸春秋　2007.12　321p　16cm　（文春文庫plus）〈「勝谷誠彦の地列車大作戦」(JTB2002年刊) の改題〉　629円　①978-4-16-771320-1

02586　よみがえれ、東日本！ 列車紀行　田中正恭著　クラッセ　2011.9　235p　19cm　（Klasse books）　1600円　①978-4-902841-12-1

荒砥（白鷹町）

02587　街道をゆく　10　羽州街道、佐渡のみち　新装版　司馬遼太郎著　朝日新聞出版　2008.10　260, 8p　15cm　（朝日文庫）　560円　①978-4-02-264455-8

板谷峠

02588　線路の果てに旅がある　宮脇俊三著　新潮社　1997.1　227p　15cm　（新潮文庫）〈小学館1994年刊あり〉　400円　①4-10-126813-4

02589　乗る旅・読む旅　宮脇俊三著　角川書店　2004.2　250p　15cm　（角川文庫）　514円　①4-04-159811-7

市野々（小国町）

02590　日本奥地紀行―縮約版　イザベラ・バード著, ニーナ・ウェグナー英文リライト, 牛原眞弓訳　IBCパブリッシング　2017.4　223p　19cm　（対訳ニッポン双書）　1600円　①978-4-7946-0471-2

犬の宮（高畠町）

02591　猫めぐり日本列島　中田謹介著　筑波書房　2005.4　172p　21cm　2200円　①4-8119-0281-5

今神温泉

02592　温泉百話―東の旅　種村季弘, 池内紀編　筑摩書房　1988.2　471p　15cm　（ちくま文庫）　680円　①4-480-02200-7

(作品) 東北湯治場旅〔つげ義春〕

02593　望郷を旅する　石川啄木ほか著, 作品社編集部編　作品社　1998.4　251p　22cm　（新編・日本随筆紀行 大きな活字で読みやすい本―心にふるさとがある 15）　①4-87893-896-X, 4-87893-807-2

(作品) 東北湯治場旅〔つげ義春〕

上杉神社

02594　街道をゆく　10　羽州街道、佐渡のみち　新装版　司馬遼太郎著　朝日新聞出版　2008.10　260, 8p　15cm　（朝日文庫）　560円　①978-4-02-264455-8

姥沢

02595　山で見た夢―ある山岳雑誌編集者の記憶　勝峰富雄著　みすず書房　2010.5　285p　20cm　2600円　①978-4-622-07542-4

姥湯温泉

02596　遙かなる秘湯をゆく　桂博史著　主婦と生活社　1990.3　222p　19cm　980円　①4-391-11232-9

02597　温泉旅行記　嵐山光三郎著　筑摩書房　2000.12　315p　15cm　（ちくま文庫）〈初版：JTB1997年刊〉　760円　①4-480-03589-3

烏帽子山

02598　秘境の山旅　新装版　大内尚樹編　白山書房　2000.11　246p　19cm〈1993年刊の新装版〉　1600円　①4-89475-044-9

大石田町

02599　まちづくり紀行―地域と人と出会いの旅から　亀地宏著　ぎょうせい　1991.10　307p　19cm　1500円　①4-324-02880-X

02600　碧い眼の太郎冠者　ドナルド・キーン著　中央公論新社　2001.7　188p　21cm　（Chuko on demand books）　2000円　①4-12-550026-6

(作品) 紅毛おくのほそ道

02601　おくのほそ道 人物紀行　杉本苑子著　文芸春秋　2005.9　230p　18cm　（文春新書）　700円　①4-16-660460-0

大江町

02602　東北を歩く―小さな村の希望を旅する　増補新版　結城登美雄著　新宿書房　2011.7　331p　20cm　2000円　①978-4-88008-419-0

大蔵村

02603　ローカルバスの終点へ　宮脇俊三著　洋泉社　2010.12　303p　18cm　（新書y）〈1991年刊の新潮文庫を底本とする　日本交通公社出版事業局 1989年刊あり〉　840円　①978-4-86248-626-4

大堀沼

02604　日本列島 野生のヘラを求めて　大崎紀

東北

夫著　三樹書房　2004.11　230p　21cm　1400円　①4-89522-441-4

大蕨（山辺町）

02605　東北を歩く―小さな村の希望を旅する　増補新版　結城登美雄著　新宿書房　2011.7　331p　20cm　2000円　①978-4-88008-419-0

小野川温泉

02606　ガラメキ温泉探険記　池内紀著　リクルート出版　1990.10　203p　19cm　1165円　①4-88991-196-0
　作品 温泉饅頭と「地元の本」

02607　温泉旅日記　池内紀著　徳間書店　1996.9　277p　15cm　（徳間文庫）〈河出書房新社1988年刊あり〉　540円　①4-19-890559-2

02608　街道をゆく　10　羽州街道、佐渡のみち　新装版　司馬遼太郎著　朝日新聞出版　2008.10　260, 8p　15cm　（朝日文庫）　560円　①978-4-02-264455-8

尾花沢市

02609　ら・ら・ら「奥の細道」　黛まどか著　光文社　1998.3　221p　20cm　1600円　①4-334-97168-7

02610　おくのほそ道 人物紀行　杉本苑子著　文芸春秋　2005.9　230p　18cm　（文春新書）　700円　①4-16-660460-0

02611　鉄道おくのほそ道紀行―週末芭蕉旅　芦原伸著　講談社　2009.6　314p　20cm　（The new fifties）〈文献あり〉　1800円　①978-4-06-269282-3

02612　全ての装備を知恵に置き換えること　石川直樹著　集英社　2009.11　263p　16cm　（集英社文庫）〈晶文社2005年刊の加筆・修正〉　552円　①978-4-08-746500-6

02613　芭蕉の杖跡―おくのほそ道 新紀行　森村誠一著　角川マガジンズ　2012.7　268p　19cm〈発売：角川グループパブリッシング〉　1600円　①978-4-04-731863-2

月山

02614　日本の名山　3　月山　串田孫一, 今井通子, 今福龍太編　博品社　1998.2　249p　19cm〈文献あり〉　1600円　①4-938706-52-0
　作品「月山」について〔小島信夫〕　月山・羽黒山・湯殿山〔五百沢智也〕　月山〔永野英昭〕　月山〔深田久弥〕　月山〔本多勝一〕　月山の古道〔藤島玄〕　月山の春スキー〔八木健三〕　月山スキー行〔藤島敏男〕　山に向けた思考〔串田孫一〕　春雪の月山のむかし〔村井米子〕　誰が為にか雨は降る〔草森紳一〕　鳥海・月山の四季〔石橋睦美〕　湯殿山/月山/羽黒山〔三田尾松太郎〕　遥かなる月山〔森敦〕　出羽三山 語り得ぬ聖なる息吹〔横尾忠則〕

02615　ら・ら・ら「奥の細道」　黛まどか著　光文社　1998.3　221p　20cm　1600円　①4-334-97168-7

02616　想い遙かな山々　中西悟堂ほか著, 作品社編集部編　作品社　1998.4　245p　22cm　（新編・日本随筆紀行 大きな活字で読みやすい本―心にふるさとがある 1）〈付属資料：63p：著者紹介・出典一覧〉　①4-87893-806-4, 4-87893-807-2
　作品 遙かなる月山〔森敦〕

02617　百霊峰巡礼　第1集　立松和平著　東京新聞出版局　2006.7　299p　20cm　1800円　①4-8083-0854-1

02618　写真家の旅―原日本、産土を旅ゆく。　宮嶋康彦著　日経BP社　2006.10　223p　21cm〈日経BP出版センター（発売）〉　2667円　①4-8222-6350-9

02619　山の旅 本の旅―登る歓び、読む愉しみ　大森久雄著　平凡社　2007.9　237p　20cm〈文献あり〉　2200円　①978-4-582-83368-3

02620　鉄道おくのほそ道紀行―週末芭蕉旅　芦原伸著　講談社　2009.6　314p　20cm　（The new fifties）〈文献あり〉　1800円　①978-4-06-269282-3

02621　山で見た夢―ある山岳雑誌編集者の記憶　勝峰富雄著　みすず書房　2010.5　285p　20cm　2600円　①978-4-622-07542-4

02622　むかしの山旅　今福龍太編　河出書房新社　2012.4　304p　15cm　（河出文庫）　760円　①978-4-309-41144-6
　作品 湯殿山・月山・羽黒山〔三田尾松太郎〕

02623　山々を滑る登る　熊谷榧絵と文　八王子白山書房　2012.11　319p　19cm　（〔榧・画文集 12〕）　1900円　①978-4-89475-159-0

02624　神秘日本　岡本太郎著　KADOKAWA　2015.7　260p 図版24p　15cm　（角川ソフィア文庫）〈中央公論社 1964年刊の再刊〉　1000円　①978-4-04-409487-4
　作品 修験の夜―出羽三山

02625　紀行とエッセーで読む 作家の山旅　山と溪谷社編　山と溪谷社　2017.3　357p　15cm　（ヤマケイ文庫）　930円　①978-4-635-04828-6
　作品 山水小記（抄）〔田山花袋〕

金山町

02626　旅の紙芝居　椎名誠写真・文　朝日新聞社　2002.10　350p　15cm　（朝日文庫）〈1998年刊の文庫化〉　820円　①4-02-264298-X
　作品 親子の写真

02627　なぜかいい町一泊旅行　池内紀著　光文社　2006.6　227p　18cm　（光文社新書）　700円　①4-334-03360-1

02628　日本奥地紀行―縮約版　イザベラ・バード著, ニーナ・ウェグナー英文リライト, 牛原眞弓訳　IBCパブリッシング　2017.4　223p　19cm　（対訳ニッポン双書）　1600円　①978-4-7946-0471-2

河北町

02629　わたしの旅人生「最終章」　渡辺文雄著　アートデイズ　2005.2　267p　20cm〈肖像あり〉　1600円　①4-86119-033-9

作品 意表をついた出会い

02630 日本の色を歩く　吉岡幸雄著　平凡社　2007.10　230p　18cm　（平凡社新書）　840円　①978-4-582-85396-4

目次 第1章 朱の色を歩く, 第2章 赤の色を歩く, 第3章 藍の色を歩く, 第4章 黒の色を歩く, 第5章 白の色を歩く, 第6章 黄と黄金の色を歩く, 第7章 紫の色を歩く

上山温泉

02631 温泉旅行記　嵐山光三郎著　筑摩書房　2000.12　315p　15cm　（ちくま文庫）〈初版：JTB1997年刊〉　760円　①4-480-03589-3

02632 人情温泉紀行―演歌歌手・鏡五郎が訪ねた全国の名湯47選　鏡五郎著　マガジンランド　2008.5　235p　19cm〈年譜あり〉　1238円　①978-4-944101-37-5

02633 街道をゆく　10　羽州街道、佐渡のみち　新装版　司馬遼太郎著　朝日新聞出版　2008.10　260, 8p　15cm　（朝日文庫）　560円　①978-4-02-264455-8

02634 マンボウ最後の大バクチ　北杜夫著　新潮社　2011.9　246p　16cm　（新潮文庫）〈2009年刊の文庫化〉　400円　①978-4-10-113160-3

上山市

02635 ニッポン・あっちこっち　安西水丸著　家の光協会　1999.11　205p　17cm　1800円　①4-259-54570-1

02636 マンボウ家の思い出旅行　北杜夫著　実業之日本社　2010.1　252p　19cm　1300円　①978-4-408-53565-4

目次 トロロ汁, 映画, 敗戦前後, 昔の軽井沢, 精神病のこと, 茸の人工栽培, ワインのこと, 土産物, オリンピック, スリなどのこと〔ほか〕

02637 マンボウ最後の大バクチ　北杜夫著　新潮社　2011.9　246p　16cm　（新潮文庫）〈2009年刊の文庫化〉　400円　①978-4-10-113160-3

02638 マンボウ家族航海記　北杜夫著　実業之日本社　2011.10　325p　16cm　（実業之日本社文庫）　600円　①978-4-408-55054-1

作品 みちのく

目次 葬式, 私の暮と正月, 正月の苦しさ, 大旅行, 昔の映画, 株騒動あれこれ, われヤブ医者, ボロ別荘の思い出, 娘の結婚, 楡家の通り, 梅祭り, みちのく, 箱根山〔ほか〕

02639 日本奥地紀行―縮約版　イザベラ・バード著, ニーナ・ウェグナー英文リライト, 牛原眞弓訳　IBCパブリッシング　2017.4　223p　19cm　（対訳ニッポン双書）　1600円　①978-4-7946-0471-2

上山城

02640 マンボウ最後の家族旅行　北杜夫著　実業之日本社　2014.10　253p　16cm　（実業之日本社文庫）〈2012年刊の増補〉　574円　①978-4-408-55189-0

目次 骨折騒動記, マンボウ入院記, 軽井沢へ, 肺炎で又もや入院, ハワイに連れて行かれた事, ハワイから帰国した翌日に、もう苗場へ, スキー場から帰ったら、熱海へ, 又もや箱根へ, どくとるマンボウ昆虫展, 上高地再訪, 初夏の軽井沢ふたたび, 上山城での「どくとるマンボウ昆虫展」, 娘に引かれて善光寺参り, 私を昆虫マニアにしてくれた先輩, カラオケ初体験, 紅葉の京都, 『楡家の人びと』の独訳のことなど, 恐ろしい娘によるリハビリと私の認知症, 私の散歩, 京都の親戚を訪ねる, 娘の植えた桜, 神奈川近代文学館, 白い御飯, NEC軽井沢72, 軽井沢あれこれ, 〈絶筆〉又もやゴルフ見学

川西町

02641 大人のまち歩き　秋山秀一著　新典社　2013.5　231p　21cm　1600円　①978-4-7879-7851-6

目次 安らぎの城下町を歩く―岡山県高梁市, 寅さんのふるさとを歩く―東京都葛飾区, SLと洋館、心和むまちを歩く―栃木県茂木町, 栗と北斎、せせらぎの道を歩く―長野県小布施町, 蔵のまちを歩く―茨城県結城市, 格子戸のまちを歩く―石川県小松市, ガス灯のまちを歩く―静岡県下田市, "ひょうたん島"のまちを歩く―山形県川西町, 手すき和紙の里を歩く―埼玉県小川町, 家康ゆかりの歴史のまちを歩く―愛知県岡崎市〔ほか〕

狐越街道

02642 街道をゆく　10　羽州街道、佐渡のみち　新装版　司馬遼太郎著　朝日新聞出版　2008.10　260, 8p　15cm　（朝日文庫）　560円　①978-4-02-264455-8

清川（庄内町）

02643 紀行とエッセーで読む 作家の山旅　山と溪谷社編　山と溪谷社　2017.3　357p　15cm　（ヤマケイ文庫）　930円　①978-4-635-04828-6

作品 山水小記（抄）〔田山花袋〕

銀山温泉

02644 温泉百話―東の旅　種村季弘, 池内紀編　筑摩書房　1988.2　471p　15cm　（ちくま文庫）　680円　①4-480-02200-7

作品 父茂吉の匂いを訪ねて〔北杜夫〕

02645 雲は旅人のように―湯の花紀行　池内紀著, 田淵裕一写真　日本交通公社出版事業局　1995.5　284p　19cm　1600円　①4-533-02163-8

作品 お月さま夜遊びなさる

02646 「銀づくし」乗り継ぎ旅―銀水発・銀山ゆき5泊6日3300キロ 列車に揺られて25年　種村直樹著　徳間書店　2000.7　258p　19cm　1400円　①4-19-861211-0

02647 全ての装備を知恵に置き換えること　石川直樹著　集英社　2009.11　263p　16cm　（集英社文庫）〈晶文社2005年刊の加筆・修正〉　552円　①978-4-08-746500-6

黒俣沢

02648 「新編」山紀行と随想　大島亮吉著, 大森久雄編　平凡社　2005.7　367p　16cm　（平凡社ライブラリー）　1400円　①4-582-76545-9

稽照殿

02649 街道をゆく　10　羽州街道、佐渡のみち　新装版　司馬遼太郎著　朝日新聞出版　2008.10　260, 8p　15cm　（朝日文庫）　560円　①978-4-

02-264455-8

五色温泉

02650 山と雪の日記 改版 板倉勝宣著 中央公論新社 2003.1 185p 16cm (中公文庫)〈2004年刊の文庫ワイド版あり〉 743円 ①4-12-204158-9

02651 山の名作読み歩き—読んで味わう山の楽しみ 大森久雄編 山と溪谷社 2014.11 301p 18cm (ヤマケイ新書) 880円 ①978-4-635-51002-8
作品 五色温泉スキー日記〈抄〉〔板倉勝宣〕

碁点温泉

02652 温泉旅行記 嵐山光三郎著 筑摩書房 2000.12 315p 15cm (ちくま文庫)〈初版:JTB1997年刊〉 760円 ①4-480-03589-3

蔵王

02653 子づれの山 熊谷榧絵と文 八王子 白山書房 2009.8 222p 19cm (〔榧・画文集 2〕) 1900円 ①978-4-89475-135-4

蔵王温泉

02654 温泉百話—東の旅 種村季弘, 池内紀編 筑摩書房 1988.2 471p 15cm (ちくま文庫) 680円 ①4-480-02200-7
作品 父茂吉の匂いを訪ねて〔北杜夫〕

02655 ふわふわワウワウ—唄とカメラと時刻表 みなみらんぼう著 旅行読売出版社 1996.7 207p 19cm 1100円 ①4-89752-601-9
作品 温泉巡りの鬼たち

02656 マンボウ最後の家族旅行 北杜夫著 実業之日本社 2014.10 253p 16cm (実業之日本社文庫)〈2012年刊の増補〉 574円 ①978-4-408-55189-0
作品 上山城での「どくとるマンボウ昆虫展」

蔵王ダム

02657 山々を滑る登る 熊谷榧絵と文 八王子 白山書房 2012.11 319p 19cm (〔榧・画文集 12〕) 1900円 ①978-4-89475-159-0

酒田市

02658 ああ天地の神ぞ知る—ニッポン発見旅 池内紀著 講談社 1995.4 265p 19cm 1600円 ①4-06-207580-6

02659 ふわふわワウワウ—唄とカメラと時刻表 みなみらんぼう著 旅行読売出版社 1996.7 207p 19cm 1100円 ①4-89752-601-9
作品 小江戸捜しの旅 酒田

02660 ら・ら・ら「奥の細道」 黛まどか著 光文社 1998.3 221p 20cm 1600円 ①4-334-97168-7

02661 サンダル履き週末旅行 寺井融文, 郡山貴三写真 竹内書店新社 2003.5 206p 19cm〈雄山閣(発売)〉 1800円 ①4-8035-0348-6

02662 おくのほそ道 人物紀行 杉本苑子著 文芸春秋 2005.9 230p 18cm (文春新書) 700円 ①4-16-660460-0

02663 港町に行こう!—歴史と人情とうまい魚を求めて 青山誠文 技術評論社 2005.12 143p 22cm (小さな旅) 1480円 ①4-7741-2543-1

02664 旬紀行—「とびきり」を味わうためだけの旅 寄本好則著 ディノス 2006.8 167p 20cm〈扶桑社(発売)〉 1667円 ①4-594-05210-X

02665 渚の旅人 1 かもめの熱い吐息 森沢明夫著 東京地図出版 2008.12 412p 19cm 1450円 ①978-4-8085-8531-0

02666 にっぽん・海風魚(さかな)旅 5(南シナ海ドラゴン編) 椎名誠著 講談社 2009.1 333p 15cm (講談社文庫) 819円 ①978-4-06-276248-9

02667 すすれ!麵の甲子園 椎名誠著 新潮社 2010.10 365p 16cm (新潮文庫) 590円 ①978-4-10-144836-7

02668 芭蕉の杖跡—おくのほそ道 新紀行 森村誠一著 角川マガジンズ 2012.7 268p 19cm〈発売:角川グループパブリッシング〉 1600円 ①978-4-04-731863-2

02669 ふらり旅 いい酒 いい肴 3 太田和彦著 主婦の友社 2016.5 135p 21cm 1400円 ①978-4-07-403235-8

02670 可愛いあの娘(こ)は島育ち 太田和彦著 集英社 2016.11 254p 16cm (集英社文庫—ニッポンぶらり旅) 600円 ①978-4-08-745518-2

02671 紀行とエッセーで読む 作家の山旅 山と溪谷社編 山と溪谷社 2017.3 357p 15cm (ヤマケイ文庫) 930円 ①978-4-635-04828-6
作品 山水小記(抄)〔田山花袋〕

02672 北の空と雲と 椎名誠写真と文 PHP研究所 2017.12 219p 20cm 1900円 ①978-4-569-83700-0

四ヶ村の棚田

02673 東北を歩く—小さな村の希望を旅する 増補新版 結城登美雄著 新宿書房 2011.7 331p 20cm 2000円 ①978-4-88008-419-0

十王堂町(酒田市)

02674 柳宗悦 民芸紀行 柳宗悦著, 水尾比呂志編 岩波書店 1995.2 314p 15cm (岩波文庫) 620円 ①4-00-331695-9
作品 思い出す職人

庄内映画村

02675 原風景のなかへ 安野光雅著 山川出版社 2013.7 215p 20cm 1600円 ①978-4-634-15044-7

庄内地域

02676 風のオデッセイ—本州沿岸ぐるり徒歩の旅 榛谷泰明著 光雲社, 星雲社〔発売〕 1994.2 192p 19cm 1600円 ①4-7952-7313-8

02677 ぶらぶらヂンヂン古書の旅 北尾トロ著

文藝春秋 2009.6 239p 16cm (文春文庫) 〈風塵社2007年刊の増補〉 590円 Ⓘ978-4-16-775383-2

02678 味な旅 舌の旅 改版 宇能鴻一郎著 中央公論新社 2010.10 239p 16cm (中公文庫) 〈初版 中央公論社1980年刊〉 705円 Ⓘ978-4-12-205391-5

02679 人と森の物語—日本人と都市林 池内紀著 集英社 2011.7 216p 18cm (集英社新書) 〈文献あり〉 740円 Ⓘ978-4-08-720599-2

02680 釣師・釣場 井伏鱒二著 講談社 2013.10 236p 16cm (講談社文芸文庫) 〈著作目録あり 年譜あり〉 1300円 Ⓘ978-4-06-290208-3

目次 三浦三崎の老釣師, 外房の漁師, 水郷通いの釣師, 尾道の釣・鞆ノ津の釣, 甲州のヤマメ, 阿佐ヶ谷の釣師, 最上川, 庄内竿, 長良川の鮎, 奥日光の釣, 笠置・吉野, 淡路島

02681 旅の食卓 池内紀著 亜紀書房 2016.8 233p 19cm 1600円 Ⓘ978-4-7505-1480-2

白鷹町

02682 歴史探訪を愉しむ 童門冬二著 実教教育出版 2002.6 261p 20cm 1500円 Ⓘ4-7889-0701-1

白布温泉

02683 温泉百話—東の旅 種村季弘, 池内紀編 筑摩書房 1988.2 471p 15cm (ちくま文庫) 680円 Ⓘ4-480-02200-7

作品 山の湯雑記〔折口信夫〕

白銀の滝

02684 「銀づくし」乗り継ぎ旅—銀水発・銀山ゆき5泊6日3300キロ 列車に揺られて25年 種村直樹著 徳間書店 2000.7 258p 19cm 1400円 Ⓘ4-19-861211-0

新五色温泉

02685 松崎天民選集 第10巻 人間見物 松崎天民著, 後藤正人監修・解説 クレス出版 2013.11 395, 3p 19cm 〈騒人社書局 昭和二年刊の複製〉 6000円 Ⓘ978-4-87733-795-7

作品 東北温泉巡り

新庄市

02686 柳宗悦 民芸紀行 柳宗悦著, 水尾比呂志編 岩波書店 1995.2 314p 15cm (岩波文庫) 620円 Ⓘ4-00-331695-9

作品 現在の日本民窯

02687 日本奥地紀行 イサベラ・バード著, 高梨健吉訳 平凡社 2000.2 529p 16cm (平凡社ライブラリー) 〈年譜あり 文献あり〉 1500円 Ⓘ4-582-76329-4

02688 イザベラ・バード「日本の未踏路」完全補遺 イザベラ・バード著, 高畑美代子訳注 中央公論事業出版(製作発売) 2008.1 190p 21cm 1600円 Ⓘ978-4-89514-296-0

02689 イザベラ・バードの日本紀行 上 イザベラ・バード著, 時岡敬子訳 講談社 2008.4 493p 15cm (講談社学術文庫) 1500円 Ⓘ978-4-06-159871-3

02690 街道をゆく 7 甲賀と伊賀のみち、砂鉄のみち ほか 新装版 司馬遼太郎著 朝日新聞出版 2008.9 339, 8p 15cm (朝日文庫) 660円 Ⓘ978-4-02-264446-6

目次 甲賀と伊賀のみち(伊賀上野, ふだらくの廃寺へ ほか), 大和・壷坂みち(今井の環濠集落, 高松塚周辺 ほか), 明石海峡と淡路みち(明石の魚棚, 鹿の瀬漁場 ほか), 砂鉄のみち(砂鉄の寸景, 山鉄ヲ鼓ス ほか)

02691 イザベラ・バード『日本奥地紀行』を歩く 金沢正脩著 JTBパブリッシング 2010.1 175p 21cm (楽学ブックス—文学歴史 11) 〈文献あり 年譜あり〉 1800円 Ⓘ978-4-533-07671-8

02692 東北を歩く—小さな村の希望を旅する 増補新版 結城登美雄著 新宿書房 2011.7 331p 20cm 2000円 Ⓘ978-4-88008-419-0

02693 完訳 日本奥地紀行 2 新潟—山形—秋田—青森 イザベラ・バード著, 金坂清則訳注 平凡社 2012.7 439p 18cm (東洋文庫) 〈折り込 1枚 布装〉 3200円 Ⓘ978-4-582-80823-0

02694 新訳 日本奥地紀行 イザベラ・バード著, 金坂清則訳 平凡社 2013.10 537p 18cm (東洋文庫) 〈布装 索引あり〉 3200円 Ⓘ978-4-582-80840-7

02695 肉の旅—まだ見ぬ肉料理を求めて全国縦断! カベルナリア吉田著 イカロス出版 2016.8 235p 21cm 1600円 Ⓘ978-4-8022-0222-0

瀬見温泉

02696 温泉百話—東の旅 種村季弘, 池内紀編 筑摩書房 1988.2 471p 15cm (ちくま文庫) 680円 Ⓘ4-480-02200-7

作品 東北湯治場旅〔つげ義春〕

02697 望郷を旅する 石川啄木ほか著, 作品社編集部編 作品社 1998.4 251p 22cm (新編・日本随筆紀行 大きな活字で読みやすい本—心にふるさとがある 15) Ⓘ4-87893-896-X, 4-87893-807-2

作品 東北湯治場旅〔つげ義春〕

02698 四次元温泉日記 宮田珠己著 筑摩書房 2015.1 294p 15cm (ちくま文庫) 〈2011年刊の文庫化〉 720円 Ⓘ978-4-480-43238-4

大日坊

02699 導かれて、旅 横尾忠則著 文藝春秋 1995.7 286p 16cm (文春文庫) 〈日本交通公社出版事業局 1992年刊の文庫化〉 480円 Ⓘ4-16-729703-5

作品 出羽三山 語り得ぬ聖なる息吹

致道館

02700 藩校を歩く—温故知新の旅ガイド 河合敦著 アーク出版 2004.5 259p 22cm 1800円 Ⓘ4-86059-025-2

目次 序 藩校の基礎知識―設立の目的、教えの内容など, 津和野藩 養老館―小藩の思想が維新後の宗教界を揺さぶる, 長州藩 明倫館―志士を育てた明倫館教授・吉田松蔭, 水戸藩 弘道館―志士の聖地のはずが幕末に影響を残せず, 会津藩 日新館―武士の中の武士を育て上げた教育, 庄内藩 致道館―驚くほどの自由主義と自己教育力の重視

02701 全国藩校紀行―日本人の精神の原点を訪ねて 中村彰彦著 PHP研究所 2014.12 314p 15cm (PHP文庫)〈「捜魂記」(文藝春秋 2004年刊)の改題〉 680円 Ⓘ978-4-569-76280-7

目次 昌平坂学問所, 会津藩校 日新館, 水戸藩校 弘道館, 佐賀藩 多久聖廟, 高遠藩校 進徳館, 岡山藩 閑谷学校, 庄内藩校 致道館, 津和野藩校 養老館, 松代藩校 文武学校, 津藩校 崇廣堂, 薩摩藩校 造士館, 長州藩校 明倫館, 番外編 徳島藩校 長久館

千歳山

02702 街道をゆく 10 羽州街道、佐渡のみち 新装版 司馬遼太郎著 朝日新聞出版 2008.10 260, 8p 15cm (朝日文庫) 560円 Ⓘ978-4-02-264455-8

注連寺

02703 マンダラ紀行 森敦著 筑摩書房 1989.12 160p 15cm (ちくま文庫) 460円 Ⓘ4-480-02358-5

作品 大日のいますところにありながらそれとも知らず去りにけるかな

目次 大日のいますところにありながらそれとも知らず去りにけるかな, 大日はいまだ雲霧におはすれどひかり漏れ来よ橋を渡らむ, 大日のもとに至るか弘法の市にぎはひて心たのしむ, 大日は大仏なりや半眼にいとおほらけくここにまします, 絶巓にいます大日いや遠く足なへわれにいよよ幽し, 大日の分かつ金胎求め来て坂を下ればへうべうの海

02704 導かれて、旅 横尾忠則著 文藝春秋 1995.7 286p 16cm (文春文庫)〈日本交通公社出版事業局 1992年刊の文庫化〉 480円 Ⓘ4-16-729703-5

作品 出羽三山 語り得ぬ聖なる息吹

02705 意味の変容 マンダラ紀行 森敦著 講談社 2012.1 276p 16cm (講談社文芸文庫)〈年譜あり 著作目録あり〉 1400円 Ⓘ978-4-06-290147-5

作品 マンダラ紀行―大日のいますところにありながらそれとも知らず去りにけるかな

目次 意味の変容(寓話の実現, 死者の眼, 宇宙の樹, アルカディヤ, エリ・エリ・レマ・サバクタニ ほか), マンダラ紀行(大日のいますところにありながらそれとも知らず去りにけるかな, 大日はいまだ雲霧におはすれどひかり漏れ来よ橋を渡らむ, 大日のもとに至るか弘法の市にぎはひて心たのしむ, 大日は大仏なりや半眼にいとおほらけくここにまします, 絶巓にいます大日いや遠く足なへわれにいよよ幽し ほか)

鶴岡市

02706 ダーク・ダックス 旅に歌う 山に歌う 喜早哲著 主婦の友社 1990.7 95p 21cm (SHUFUNOTOMO CD BOOKS)〈付属資料:コンパクトディスク1〉 3300円 Ⓘ4-07-935950-0

02707 父と子の長い旅 原将人著 フィルムアート社 1994.11 253p 19cm 1854円 Ⓘ4-8459-9436-4

02708 ああ天地の神ぞ知る―ニッポン発見旅 池内紀著 講談社 1995.4 265p 19cm 1600円 Ⓘ4-06-207580-6

02709 ら・ら・ら「奥の細道」 黛まどか著 光文社 1998.3 221p 20cm 1600円 Ⓘ4-334-97168-7

02710 歴史探訪を愉しむ 童門冬二著 実教教育出版 2002.6 261p 20cm 1500円 Ⓘ4-7889-0701-1

02711 サンダル履き週末旅行 寺井融文, 郡山貴三写真 竹内書店新社 2003.5 206p 19cm〈雄山閣(発売)〉 1800円 Ⓘ4-8035-0348-6

02712 おくのほそ道 人物紀行 杉本苑子著 文芸春秋 2005.9 230p 18cm (文春新書) 700円 Ⓘ4-16-660460-0

02713 居酒屋おくのほそ道 太田和彦著 文藝春秋 2011.8 320p 16cm (文春文庫)〈画:村松誠〉 629円 Ⓘ978-4-16-780131-1

02714 きよのさんと歩く大江戸道中記―日光・江戸・伊勢・京都・新潟…六百里 金森敦子著 筑摩書房 2012.2 413p 15cm (ちくま文庫)〈文献あり 『“きよのさん”と歩く江戸六百里』(バジリコ2006年刊)の加筆・訂正〉 950円 Ⓘ978-4-480-42915-5

目次 女郎沢山にて、賑やかなこと言うばかりなし―羽州鶴岡から、日光へ, 若殿様おいでなくば、お座敷をお見せ申したし―大江戸見学, 通し下されよと申せば、脇道を教えて通し候―東海道から伊勢へ, 鉾を見候ところ、誠に誠に目を驚かすばかりなり―奈良、大坂、京都, だんだん山越え、又茶屋あり。ここにて酒あり―北国路から家路へ

02715 芭蕉の杖跡―おくのほそ道 新紀行 森村誠一著 角川マガジンズ 2012.7 268p 19cm〈発売:角川グループパブリッシング〉 1600円 Ⓘ978-4-04-731863-2

02716 ふらり旅 いい酒 いい肴 1 太田和彦著 主婦の友社 2015.1 135p 21cm 1400円 Ⓘ978-4-07-299000-1

鶴ヶ岡城

02717 日本名城紀行 1 東北・北関東 古城のおもかげ 小学館 1989.5 293p 15cm 600円 Ⓘ4-09-401201-X

出羽三山

02718 東北謎とき散歩―多くの史跡や霊場霊山の不思議の舞台に迫る 星亮一著 廣済堂出版 1998.11 271p 19cm 1600円 Ⓘ4-331-50659-2

02719 芭蕉紀行 嵐山光三郎著 新潮社 2004.4 381p 16cm (新潮文庫)〈「芭蕉の誘惑」(JTB2000年刊)の増訂 年譜あり〉 552円 Ⓘ4-10-141907-8

目次 伊賀上野へ, 江戸の桃青, 野ざらし紀行, 名古屋冬の日, 古池の蛙と鹿島詣, 笈の小文は禁断の書である, 更

科紀行, 奥の細道（面八句の謎, 兵どもの夢を追う, 夢うつつの出羽三山, 疾走する風景）, 夢は枯野をかけ廻る

02720 おくのほそ道 人物紀行　杉本苑子著　文芸春秋　2005.9　230p　18cm　（文春新書）　700円　①4-16-660460-0

02721 聖地へ　家田荘子著　幻冬舎　2009.12　262p　16cm　（幻冬舎アウトロー文庫）〈『女霊』（リヨン社2006年刊）の改題〉　600円　①978-4-344-41404-4

02722 山で見た夢―ある山岳雑誌編集者の記憶　勝峰富雄著　みすず書房　2010.5　285p　20cm　2600円　①978-4-622-07542-4

02723 芭蕉の杖跡―おくのほそ道 新紀行　森村誠一著　角川マガジンズ　2012.7　268p　19cm〈発売：角川グループパブリッシング〉　1600円　①978-4-04-731863-2

出羽三山神社

02724 土門拳の古寺巡礼　別巻 第1巻　東日本　土門拳著　小学館　1990.5　147p　26cm　1950円　①4-09-559106-4
作品 ぼくの古寺巡礼

02725 導かれて、旅　横尾忠則著　文藝春秋　1995.7　286p　16cm　（文春文庫）〈日本交通公社出版事業局 1992年刊の文庫化〉　480円　①4-16-729703-5
作品 出羽三山 語り得ぬ聖なる息吹

02726 日本の名山　3　月山　串田孫一, 今井通子, 今福龍太編　博品社　1998.2　249p　19cm〈文献あり〉　1600円　①4-938706-52-0
作品 毛越寺・出羽三山神社〔土門拳〕

02727 大人の女性のための日本を旅する浪漫紀行　津田令子著　文芸社ビジュアルアート　2007.3　191p　19cm　1200円　①978-4-86264-336-0

天元台高原

02728 山々を滑る登る　熊谷榧絵と文　八王子　白山書房　2012.11　319p　19cm　（〔榧・画文集 12〕）　1900円　①978-4-89475-159-0

天童市

02729 日本地酒紀行　奈良本辰也著　河出書房新社　1988.7　273p　15cm　（河出文庫）　520円　①4-309-47138-2

02730 ちいさな城下町　安西水丸著　文藝春秋　2016.11　257p　16cm　（文春文庫）〈2014年刊の文庫化〉　630円　①978-4-16-790734-1
目次 村上市（新潟県）, 行田市（埼玉県）, 朝倉市（福岡県）, 飯田市（長野県）, 土浦市（茨城県）, 壬生町（栃木県）, 米子市（鳥取県）, 安中市（群馬県）, 岸和田市（大阪府）, 中津市（大分県）, 掛川市（静岡県）, 天童市（山形県）, 新宮市（和歌山県）, 西尾市（愛知県）, 大洲市（愛媛県）, 亀山市（三重県）, 木更津市（千葉県）, 高梁市（岡山県）, 沼田市（群馬県）, 三春町・二本松市（福島県）

峠駅〔奥羽本線〕

02731 旅は道づれ湯はなさけ　辻真先著　徳間書店　1989.5　348p　15cm　（徳間文庫）　580円　①4-19-568760-8

飛島

02732 あやしい探検隊 海で笑う　椎名誠著　角川書店　1994.6　330p　15cm　（角川文庫）〈1988年 情報センター出版局刊, 1993年 三五館刊あり〉　680円　①4-04-151010-4
目次 第1章 巨大魚を抱きにいく, 第2章 あやしい探検隊南太平洋ジグザグ旅, 第3章 日本海のサメ穴でサメ頭なでなで作戦に挑む, 第4章 南国快晴。第一東ケト丸の進水, 第5章 あやしい探検隊無人島へ行く, 第6章 南の海も笑ってる, 第7章 フグとカツオの大勝負, 第8章 半魚人たちの伝説, あとがきにかえて ドチザメA・Bのつぶやき

02733 日本すみずみ紀行　川本三郎著　社会思想社　1997.9　258p　15cm　（現代教養文庫）〈文元社2004年刊（1998年刊（2刷）を原本としたOD版）あり〉　640円　①4-390-11613-4

02734 魚派列島―にっぽん雑魚紀行　甲斐崎圭著　中央公論社　1997.10　309p　15cm　（中公文庫）〈日本交通公社出版事業局1992年刊あり〉　762円　①4-12-202970-8

02735 島めぐり フェリーで行こう！―スロー・トラベル　カベルナリア吉田文・写真　東京書籍　2003.8　207p　21cm　1500円　①4-487-79884-1

02736 遠藤ケイの島旅日和　遠藤ケイ著　千早書房　2009.8　124p　21cm〈索引あり〉　1600円　①978-4-88492-439-3

02737 日本の島で驚いた　カベルナリア吉田著　交通新聞社　2010.7　272p　19cm〈文献あり〉　1500円　①978-4-330-15410-7

02738 紀行とエッセーで読む 作家の山旅　山と溪谷社編　山と溪谷社　2017.3　357p　15cm　（ヤマケイ文庫）　930円　①978-4-635-04828-6
作品 山水小記（抄）〔田山花袋〕

長井市

02739 街道をゆく　10　羽州街道、佐渡のみち　新装版　司馬遼太郎著　朝日新聞出版　2008.10　260, 8p　15cm　（朝日文庫）　560円　①978-4-02-264455-8

中川駅

02740 ダルマ駅へ行こう！　笹田昌宏著　小学館　2007.5　253p　15cm　（小学館文庫）　514円　①978-4-09-411651-9

滑川温泉

02741 旅は道づれ湯はなさけ　辻真先著　徳間書店　1989.5　348p　15cm　（徳間文庫）　580円　①4-19-568760-8

02742 ガラメキ温泉探険記　池内紀著　リクルート出版　1990.10　203p　19cm　1165円　①4-88991-196-0

02743 温泉旅日記　池内紀著　徳間書店　1996.9　277p　15cm　（徳間文庫）〈河出書房新社1988年刊あり〉　540円　①4-19-890559-2

02744 温泉旅行記　嵐山光三郎著　筑摩書房

2000.12 315p 15cm (ちくま文庫)〈初版：JTB1997年刊〉 760円 ①4-480-03589-3

日本国(山)

02745 ひとつとなりの山 池内紀著 光文社 2008.10 269p 18cm (光文社新書) 800円 ①978-4-334-03476-4

猫の宮(高畠町)

02746 猫めぐり日本列島 中田謹介著 筑波書房 2005.4 172p 21cm 2200円 ①4-8119-0281-5

鼠ヶ関川

02747 フライフィッシング紀行 続 芦沢一洋著, 楠山正良編 つり人社 1998.8 256p 18cm (つり人ノベルズ) 950円 ①4-88536-244-X

羽黒山

02748 紀行文集 無明一杖 上甲平谷著 谷沢書房 1988.7 339p 19cm 2500円
作品 出羽三山から立石寺へ

02749 浦島太郎の馬鹿—旅の書きおき 立松和平著 マガジンハウス 1990.10 251p 21cm 1400円 ①4-8387-0189-6
作品 羽黒の石段

02750 美しすぎる場所—Castle in Glass J-WAVE編 扶桑社 1991.1 303p 21cm 1400円 ①4-594-00678-7
作品 日本の旅から/東北〔三木卓〕

02751 導かれて、旅 横尾忠則著 文藝春秋 1995.7 286p 16cm (文春文庫)〈日本交通公社出版事業局 1992年刊の文庫化〉 480円 ①4-16-729703-5
作品 出羽三山 語り得ぬ聖なる息吹

02752 「おくのほそ道」を旅しよう 田辺聖子著 講談社 1997.10 273p 15cm (講談社文庫—古典を歩く 11)〈「おくのほそ道」(1989年刊)の改題〉 486円 ①4-06-263618-2

02753 日本の名山 3 月山 串田孫一, 今井通子, 今福龍太編 博品社 1998.2 249p 19cm〈文献あり〉 1600円 ①4-938706-52-0
作品 月山・羽黒山・湯殿山〔五百沢智也〕 出羽三山 語り得ぬ聖なる息吹〔横尾忠則〕 湯殿山/月山/羽黒山〔三田尾松太郎〕

02754 碧い眼の太郎冠者 ドナルド・キーン著 中央公論新社 2001.7 188p 21cm (Chuko on demand books) 2000円 ①4-12-550026-6
作品 紅毛おくのほそ道

02755 北日本を歩く 立松和平著, 黒古一夫編 勉誠出版 2006.4 372p 22cm (立松和平日本を歩く 第1巻) 2600円 ①4-585-01171-4

02756 鉄道おくのほそ道紀行—週末芭蕉旅 芦原伸著 講談社 2009.6 314p 20cm (The new fifties)〈文献あり〉 1800円 ①978-4-06-269282-3

02757 むかしの山旅 今福龍太編 河出書房新社 2012.4 304p 15cm (河出文庫) 760円 ①978-4-309-41144-6
作品 湯殿山・月山・羽黒山〔三田尾松太郎〕

02758 神秘日本 岡本太郎著 KADOKAWA 2015.7 260p 図版24p 15cm (角川ソフィア文庫)〈中央公論社 1964年刊の再刊〉 1000円 ①978-4-04-409487-4
作品 修験の夜—出羽三山

02759 おくのほそ道を旅しよう 田辺聖子著 KADOKAWA 2016.4 209p 15cm (角川ソフィア文庫)〈講談社文庫 1997年刊の再刊〉 800円 ①978-4-04-400035-6

春雨庵

02760 街道をゆく 10 羽州街道、佐渡のみち 新装版 司馬遼太郎著 朝日新聞出版 2008.10 260, 8p 15cm (朝日文庫) 560円 ①978-4-02-264455-8

肘折温泉

02761 晴浴雨浴日記 種村季弘著 河出書房新社 1989.3 250p 19cm 2500円 ①4-309-00554-3
目次 裏側からの旅, 天谷温泉は実在したか, 今宵かぎりは, 肘折温泉逆進化論, サンデー毎日出勤簿, 温泉経営のまぼろし, 霊泉まゝねの湯, バーデンバーデンの湯呑, 湯治場とふんどし, キノコ党銘々伝, 4月の魚大漁記, ハンブンジャクを待ちながら, 晴浴雨浴日記, 贋作・東海道中膝栗毛,「海上の道」への道, 酸素溶接のポスト・モダン—西日光耕三寺のこと, ハリボテ礼讃—大阪ミナミ、町ある記, 逃走犯の小旅行, 熱海秘湯群漫遊記, フリークVS.ハードボイルド道中記—日田・南阿蘇の旅, もみじ狩り落後記, 昭和雑兵入湯記——会津東山温泉, 生きている—南薩・沖縄陶器と湯の旅, 教養三日論者, 新宿の王家の谷, 風紋の神武たち, 東京三時間失踪術, 芝愛宕山きのう今日, たった一人の名店街, 美術館・我流編集術, 浅草, 浅草のレトリック, ガードのある風景, 王様のクレヨンの向こう側

02762 遙かなる秘湯をゆく 桂博史著 主婦と生活社 1990.3 222p 19cm 980円 ①4-391-11232-9

02763 山で見た夢—ある山岳雑誌編集者の記憶 勝峰富雄著 みすず書房 2010.5 285p 20cm 2600円 ①978-4-622-07542-4

02764 山々を滑る登る 熊谷榧絵と文 八王子 白山書房 2012.11 319p 19cm (〔榧・画文集 12〕) 1900円 ①978-4-89475-159-0

平清水(山形市)

02765 柳宗悦 民芸紀行 柳宗悦著, 水尾比呂志編 岩波書店 1995.2 314p 15cm (岩波文庫) 620円 ①4-00-331695-9
作品 現在の日本民窯

02766 街道をゆく 10 羽州街道、佐渡のみち 新装版 司馬遼太郎著 朝日新聞出版 2008.10 260, 8p 15cm (朝日文庫) 560円 ①978-4-02-264455-8

広幡町成島(米沢市)

02767 柳宗悦 民芸紀行 柳宗悦著, 水尾比呂志

編　岩波書店　1995.2　314p　15cm　（岩波文庫）　620円　①4-00-331695-9
作品 現在の日本民窯

本山慈恩寺

02768 見仏記　いとうせいこう, みうらじゅん著　角川書店　1997.6　293p　15cm　（角川文庫）〈中央公論新社 1993年刊の文庫化〉　640円　①4-04-184602-1

02769 百寺巡礼　第7巻　東北　五木寛之著　講談社　2009.3　273p　15cm　（講談社文庫）〈文献あり　2004年刊の文庫化〉　562円　①978-4-06-276291-5

梵字川

02770 サラリーマン転覆隊が来た！　本田亮著　小学館　2001.11　255p　20cm〈付属資料：CD-ROM1枚（12cm）〉　1600円　①4-09-366461-7

本道寺

02771 ニッポンの山里　池内紀著　山と溪谷社　2013.1　254p　20cm　1500円　①978-4-635-28067-9

松ケ岡（鶴岡市）

02772 ニッポン発見記　池内紀著　中央公論新社　2012.4　211p　16cm　（中公文庫）〈講談社現代新書 2004年刊の再刊〉　590円　①978-4-12-205630-5

真室川町

02773 東北を歩く―小さな村の希望を旅する　増補新版　結城登美雄著　新宿書房　2011.7　331p　20cm　2000円　①978-4-88008-419-0

六田麩街道

02774 スローな旅で行こう―シェルパ斉藤の週末ニッポン再発見　斉藤政喜著　小学館　2004.10　255p　19cm　（Dime books）　1200円　①4-09-366068-9

村山市

02775 日本奥地紀行　イサベラ・バード著, 高梨健吉訳　平凡社　2000.2　529p　16cm　（平凡社ライブラリー）〈年譜あり 文献あり〉　1500円　①4-582-76329-4

02776 イザベラ・バード「日本の未踏路」完全補遺　イザベラ・バード著, 高畑美代子訳注　中央公論事業出版（製作発売）　2008.1　190p　21cm　1600円　①978-4-89514-296-0

02777 イザベラ・バードの日本紀行　上　イザベラ・バード著, 時岡敬子訳　講談社　2008.4　493p　15cm　（講談社学術文庫）　1500円　①978-4-06-159871-3

02778 イザベラ・バード『日本奥地紀行』を歩く　金沢正脩著　JTBパブリッシング　2010.1　175p　21cm　（楽学ブックス―文学歴史 11）〈文献あり 年譜あり〉　1800円　①978-4-533-07671-8

02779 完訳 日本奥地紀行　2　新潟―山形―秋田―青森　イザベラ・バード著, 金坂清則訳注　平凡社　2012.7　439p　18cm　（東洋文庫）〈折り込 1枚　布装〉　3200円　①978-4-582-80823-0

02780 新訳 日本奥地紀行　イザベラ・バード著, 金坂清則訳　平凡社　2013.10　537p　18cm（東洋文庫）〈布装　索引あり〉　3200円　①978-4-582-80840-7

最上川

02781 美しすぎる場所―Castle in Glass　J-WAVE編　扶桑社　1991.1　303p　21cm　1400円　①4-594-00678-7
作品 日本の旅から/東北〔三木卓〕

02782 ふるさとの風の中には―詩人の風景を歩く　俵万智著, 内山英明写真　河出書房新社　1992.11　125p　20×18cm　1500円　①4-309-00796-1

02783 父と子の長い旅　原将人著　フィルムアート社　1994.11　253p　19cm　1854円　①4-8459-9436-4

02784 川に遊び 湖をめぐる　千葉七郎ほか著, 作品社編集部編　作品社　1998.4　254p　22cm（新編・日本随筆紀行 大きな活字で読みやすい本―心にふるさとがある 3）　①4-87893-809-9, 4-87893-807-2
作品 初秋の最上川〔結城哀草果〕

02785 風・旅・旋律　河野保雄文, 吉井忠絵　音楽之友社　1999.8　109p　24cm　2500円　①4-276-20112-8

02786 春夏秋冬いやはや隊が行く　椎名誠著　講談社　1999.9　317p　19cm　1500円　①4-06-338951-0
目次 春焚火わらわら（フーキントウのうれしい苦味, 静かな釣り, 海風望郷岩畳 ほか）, 夏焚火めらめら（最上川発作的筏下り, 知らない川をさかのぼる, 垂直にとりつかれる ほか）, 秋焚火ひらひら（野山を駆ける, 四万十川ロングツアー, わがよき相棒 ほか）, 冬焚火ほろほろ（砂金を採りに, 野沢菜育て, 真冬のヒミツキャンプ ほか）

02787 川の旅　池内紀著　青土社　2002.7　245p　20cm　1800円　①4-7917-5971-0

02788 旅の紙芝居　椎名誠写真・文　朝日新聞社　2002.10　350p　15cm　（朝日文庫）〈1998年刊の文庫化〉　820円　①4-02-264298-X
作品 音と風景

02789 日本川紀行―流域の人と自然　向一陽著　中央公論新社　2003.5　277p　18cm　（中公新書）〈文献あり〉　980円　①4-12-101698-X

02790 日本の川を歩く―川のプロが厳選した心ときめかす全国25の名川紀行　大塚高雄著　家の光協会　2004.9　207p　21cm　2500円　①4-259-54658-9

02791 メルヘン紀行　みやこうせい著　未知谷　2005.5　237p　20cm　2200円　①4-89642-129-9

02792 北日本を歩く　立松和平著, 黒古一夫編　勉誠出版　2006.4　372p　22cm　（立松和平日

本を歩く 第1巻) 2600円 ①4-585-01171-4
作品 喜びと哀しみのミルク

02793 奥の細道 温泉紀行 嵐山光三郎著 小学館 2006.6 221p 15cm (小学館文庫)〈1999年 平凡社刊あり〉 695円 ①4-09-408082-1

02794 大人の女性のための日本を旅する浪漫紀行 津田令子著 文芸社ビジュアルアート 2007.3 191p 19cm 1200円 ①978-4-86264-336-0

02795 鉄道おくのほそ道紀行―週末芭蕉旅 芦原伸著 講談社 2009.6 314p 20cm (The new fifties)〈文献あり〉 1800円 ①978-4-06-269282-3

02796 芭蕉の杖跡―おくのほそ道 新紀行 森村誠一著 角川マガジンズ 2012.7 268p 19cm〈発売:角川グループパブリッシング〉 1600円 ①978-4-04-731863-2

02797 原風景のなかへ 安野光雅著 山川出版社 2013.7 215p 20cm 1600円 ①978-4-634-15044-7

02798 釣師・釣場 井伏鱒二著 講談社 2013.10 236p 16cm (講談社文芸文庫)〈著作目録あり 年譜あり〉 1300円 ①978-4-06-290208-3

02799 旅の食卓 池内紀著 亜紀書房 2016.8 233p 19cm 1600円 ①978-4-7505-1480-2

02800 紀行とエッセーで読む 作家の山旅 山と溪谷社編 山と溪谷社 2017.3 357p 15cm (ヤマケイ文庫) 930円 ①978-4-635-04828-6
作品 山水小記(抄)〔田山花袋〕

最上高湯

02801 温泉百話―東の旅 種村季弘, 池内紀編 筑摩書房 1988.2 471p 15cm (ちくま文庫) 680円 ①4-480-02200-7
作品 山の湯雑記〔折口信夫〕

最上町

02802 笑って死ねる人生がいい 大場満郎著 集英社インターナショナル 2000.8 231p 20cm〈集英社(発売)〉 1400円 ①4-7976-7016-9
目次 強盗したって生きてはいける(北極海1997年5月), 気の弱い野性児(山形県最上町1953年～1967年), 大地は動かない(北極海1997年5月～6月), 鷹匠という生き方(山形県最上町1967年～1972年), 南極点のハッピーニューイヤー(南極大陸1997年12月～1999年1月), 空手は農業に役立つ(山形県最上町1973年～1981年), ホワイトアウトに酔う(南極大陸1999年1月～2月), 無謀な旅人(ヨーロッパ、アフリカ1981年12月～1982年7月), ニューヨークでテント生活(ニューヨーク1982年7月～1983年3月), アマゾン決死の筏下り(ペルー、ブラジル1983年3月～5月)〔ほか〕

02803 旅の紙芝居 椎名誠写真・文 朝日新聞社 2002.10 350p 15cm (朝日文庫)〈1998年刊の文庫化〉 820円 ①4-02-264298-X
作品 さむさの夏に

本合海(新庄市)

02804 紀行とエッセーで読む 作家の山旅 山と溪谷社編 山と溪谷社 2017.3 357p 15cm (ヤマケイ文庫) 930円 ①978-4-635-04828-6
作品 山水小記(抄)〔田山花袋〕

山形駅

02805 駅は見ている 宮脇俊三著 小学館 1997.11 205p 19cm 1400円 ①4-09-387237-6

山形市

02806 父と子の長い旅 原将人著 フィルムアート社 1994.11 253p 19cm 1854円 ①4-8459-9436-4

02807 ニッポン・あっちこっち 安西水丸著 家の光協会 1999.11 205p 17cm 1800円 ①4-259-54570-1

02808 日本奥地紀行 イサベラ・バード著, 高梨健吉訳 平凡社 2000.2 529p 16cm (平凡社ライブラリー)〈年譜あり 文献あり〉 1500円 ①4-582-76329-4

02809 晴れた空 曇った顔―私の文学散歩 安岡章太郎著 幻戯書房 2003.7 200p 20cm 2500円 ①4-901998-04-8

02810 ツーリング・ライフ―自由に、そして孤独に 新装増補版 斎藤純著 春秋社 2004.3 274p 20cm〈2001年刊の新装増補〉 1800円 ①4-393-43624-5
作品 弦楽四重奏

02811 旬紀行―「とびきり」を味わうためだけの旅 寄本好則著 ディノス 2006.8 167p 20cm〈扶桑社(発売)〉 1667円 ①4-594-05210-X

02812 イザベラ・バード「日本の未踏路」完全補遺 イザベラ・バード著, 高畑美代子訳注 中央公論事業出版(製作発売) 2008.1 190p 21cm 1600円 ①978-4-89514-296-0

02813 イザベラ・バードの日本紀行 上 イザベラ・バード著, 時岡敬子訳 講談社 2008.4 493p 15cm (講談社学術文庫) 1500円 ①978-4-06-159871-3

02814 イザベラ・バード『日本奥地紀行』を歩く 金沢正脩著 JTBパブリッシング 2010.1 175p 21cm (楽学ブックス―文学歴史 11)〈文献あり 年譜あり〉 1800円 ①978-4-533-07671-8

02815 完訳 日本奥地紀行 2 新潟―山形―秋田―青森 イザベラ・バード著, 金坂清則訳注 平凡社 2012.7 439p 18cm (東洋文庫)〈折り込 1枚 布装〉 3200円 ①978-4-582-80823-0

02816 新訳 日本奥地紀行 イザベラ・バード著, 金坂清則訳 平凡社 2013.10 537p 18cm (東洋文庫)〈布装 索引あり〉 3200円 ①978-4-582-80840-7

山形城

02817 日本名城紀行 1 東北・北関東 古城のおもかげ 小学館 1989.5 293p 15cm 600円 ①4-09-401201-X

山形鉄道

02818 新顔鉄道乗り歩き 種村直樹著 中央書院 1990.2 302p 19cm 1400円 ①4-924420-44-1

02819 朝湯、昼酒、ローカル線—かっちゃんの鉄修行 勝谷誠彦著 文芸春秋 2007.12 321p 16cm (文春文庫plus)〈「勝谷誠彦の地列車大作戦」(JTB2002年刊)の改題〉 629円 ①978-4-16-771320-1

山形鉄道フラワー長井線

02820 汽車旅放浪記 関川夏央著 新潮社 2006.6 282p 20cm 1700円 ①4-10-387603-4

02821 日本縦断「ローカル列車」を乗りこなす 種村直樹著 青春出版社 2006.6 205p 18cm (青春新書インテリジェンス) 730円 ①4-413-04147-X

遊佐町

02822 東北を歩く—小さな村の希望を旅する 増補新版 結城登美雄著 新宿書房 2011.7 331p 20cm 2000円 ①978-4-88008-419-0

湯田川温泉

02823 温泉百話—東の旅 種村季弘, 池内紀編 筑摩書房 1988.2 471p 15cm (ちくま文庫) 680円 ①4-480-02200-7
作品 夢二の手紙 抄〔竹久夢二〕

02824 雲は旅人のように—湯の花紀行 池内紀著, 田淵裕一写真 日本交通公社出版事業局 1995.5 284p 19cm 1600円 ①4-533-02163-8
作品 ダヴィデのお宿

02825 温泉天国 嵐山光三郎, 荒俣宏, 池内紀, 池波正太郎, 井伏鱒二, 植村直己, 岡本かの子, 岡本綺堂, 小川未明, 角田光代, 川端康成, 川本三郎, 北杜夫, 斎藤茂太, 坂口安吾, 高村光太郎, 武田百合子, 太宰治, 田辺聖子, 種村季弘, 田村隆一, 田山花袋, つげ義春, 平林たい子, 松本英子, 村上春樹, 室生犀星, 山下清, 柳美里, 横尾忠則, 吉川英治, 四谷シモン著 河出書房新社 2017.12 237p 19cm (ごきげん文藝) 1600円 ①978-4-309-02642-8
作品 湯船のなかの布袋さん〔四谷シモン〕

湯殿山

02826 マンダラ紀行 森敦著 筑摩書房 1989.12 160p 15cm (ちくま文庫) 460円 ①4-480-02358-5
作品 大日のいますところにありながらそれとも知らず去りにけるかな

02827 日本の名山 3 月山 串田孫一, 今井通子, 今福龍太編 博品社 1998.2 249p 19cm 〈文献あり〉 1600円 ①4-938706-52-0
作品 月山・羽黒山・湯殿山〔五百沢智也〕 出羽三山 語り得ぬ聖なる息吹〔横尾忠則〕 湯殿山/月山/羽黒山〔三田尾松太郎〕

02828 ら・ら・ら「奥の細道」 黛まどか著 光文社 1998.3 221p 20cm 1600円 ①4-334-97168-7

02829 作家の犯行現場 有栖川有栖著 新潮社 2005.2 406p 16cm (新潮文庫)〈メディアファクトリー ダ・ヴィンチ編集部2002年刊あり〉 667円 ①4-10-120434-9
作品 即身仏の沈黙

02830 沈黙の神々 佐藤洋二郎著 松柏社 2005.11 270p 19cm 1800円 ①978-4-7754-0093-2
目次 静之窟—島根・石見, 岡湊—福岡・遠賀, 三刀屋—島根・出雲, 湯殿山—山形・米沢, 加佐登—三重・四日市, 宗像—千葉・佐倉, 美々津—宮崎・日向, 知夫利—島根・隠岐, 弟橘—千葉・茂原, 居多—新潟・上越, 能登生国玉比古—石川・能登, 石鎚山星ヶ森—愛媛・伊予西条, 岩見物部族—島根・石見, 保久良神名火山—兵庫・神戸, 星神・天香香背男—茨城・常陸那珂, 薩摩可愛山—鹿児島・川内, 知井宮—島根・出雲

02831 鉄道おくのほそ道紀行—週末芭蕉旅 芦原伸著 講談社 2009.6 314p 20cm (The new fifties)〈文献あり〉 1800円 ①978-4-06-269282-3

02832 初めての山へ六〇年後に 本多勝一著 山と溪谷社 2009.11 221p 22cm 2000円 ①978-4-635-33044-2

02833 意味の変容 マンダラ紀行 森敦著 講談社 2012.1 276p 16cm (講談社文芸文庫)〈年譜あり 著作目録あり〉 1400円 ①978-4-06-290147-5
作品 マンダラ紀行—大日のいますところにありながらそれとも知らず去りにけるかな

02834 むかしの山旅 今福龍太編 河出書房新社 2012.4 304p 15cm (河出文庫) 760円 ①978-4-309-41144-6
作品 湯殿山・月山・羽黒山〔三田尾松太郎〕

02835 神秘日本 岡本太郎著 KADOKAWA 2015.7 260p 図版24p 15cm (角川ソフィア文庫)〈中央公論社 1964年刊の再刊〉 1000円 ①978-4-04-409487-4
作品 修験の夜—出羽三山

米坂線

02836 乗る旅・読む旅 宮脇俊三著 角川書店 2004.2 250p 15cm (角川文庫) 514円 ①4-04-159811-7

02837 汽車旅放浪記 関川夏央著 新潮社 2006.6 282p 20cm 1700円 ①4-10-387603-4

02838 日本縦断「ローカル列車」を乗りこなす 種村直樹著 青春出版社 2006.6 205p 18cm (青春新書インテリジェンス) 730円 ①4-413-04147-X

02839 女子と鉄道 酒井順子著 光文社 2006.11 231p 20cm 1300円 ①4-334-97509-7

米沢市

02840 エンピツ絵描きの一人旅　安西水丸著　新潮社　1991.10　213p　19cm　1300円　①4-10-373602-X

02841 風・旅・旋律　河野保雄文, 吉井忠絵　音楽之友社　1999.8　109p　24cm　2500円　①4-276-20112-8

02842 染めと織りと祈り　立松和平著　アスペクト　2000.3　261p　21cm　2200円　①4-7572-0705-0

02843 新・古代史謎解き紀行　東北編　消えた蝦夷(えみし)たちの謎　関裕二著　ポプラ社　2010.5　245p　19cm〈各巻タイトル：消えた蝦夷たちの謎　文献あり〉　1400円　①978-4-591-11812-2

02844 マンボウ最後の大バクチ　北杜夫著　新潮社　2011.9　246p　16cm　(新潮文庫)〈2009年刊の文庫化〉　400円　①978-4-10-113160-3
作品 いざ茂吉の故郷、というよりも上山競馬場！

米沢城趾〔松が岬公園〕

02845 街道をゆく　10　羽州街道、佐渡のみち　新装版　司馬遼太郎著　朝日新聞出版　2008.10　260, 8p　15cm　(朝日文庫)　560円　①978-4-02-264455-8

立石寺〔山寺〕

02846 紀行文集 無明一杖　上甲平谷著　谷沢書房　1988.7　339p　19cm　2500円

02847 見仏記　いとうせいこう, みうらじゅん著　角川書店　1997.6　293p　15cm　(角川文庫)〈中央公論新社 1993年刊の文庫化〉　640円　①4-04-184602-1

02848 ら・ら・ら「奥の細道」　黛まどか著　光文社　1998.3　221p　20cm　1600円　①4-334-97168-7

02849 碧い眼の太郎冠者　ドナルド・キーン著　中央公論新社　2001.7　188p　21cm　(Chuko on demand books)　2000円　①4-12-550026-6
作品 紅毛おくのほそ道

02850 金沢はいまも雪か　五木寛之著　東京書籍　2002.4　483p　20cm　(五木寛之全紀行 5 (金沢・京都・日本各地編))〈シリーズ責任表示：五木寛之著　肖像あり〉　2100円　①4-487-79766-7

02851 ツーリング・ライフ―自由に、そして孤独に　新装増補版　斎藤純著　春秋社　2004.3　274p　20cm〈2001年刊の新装増補〉　1800円　①4-393-43624-5
作品 マタギ・ルートを辿る―奥羽山脈縦断

02852 おくのほそ道 人物紀行　杉本苑子著　文芸春秋　2005.9　230p　18cm　(文春新書)　700円　①4-16-660460-0

02853 もいちど修学旅行をしてみたいと思ったのだ　北尾トロ著, 中川カンゴロー写真　小学館　2008.4　239p　19cm　1300円　①978-4-09-379784-9

02854 街道をゆく　10　羽州街道、佐渡のみち　新装版　司馬遼太郎著　朝日新聞出版　2008.10　260, 8p　15cm　(朝日文庫)　560円　①978-4-02-264455-8

02855 百寺巡礼　第7巻　東北　五木寛之著　講談社　2009.3　273p　15cm　(講談社文庫)〈文献あり　2004年刊の文庫化〉　562円　①978-4-06-276291-5

02856 鉄道おくのほそ道紀行―週末芭蕉旅　芦原伸著　講談社　2009.6　314p　20cm　(The new fifties)〈文献あり〉　1800円　①978-4-06-269282-3

02857 新・古代史謎解き紀行　東北編　消えた蝦夷(えみし)たちの謎　関裕二著　ポプラ社　2010.5　245p　19cm〈各巻タイトル：消えた蝦夷たちの謎　文献あり〉　1400円　①978-4-591-11812-2

02858 芭蕉の杖跡―おくのほそ道 新紀行　森村誠一著　角川マガジンズ　2012.7　268p　19cm〈発売：角川グループパブリッシング〉　1600円　①978-4-04-731863-2

瀧山

02859 ニッポンの山里　池内紀著　山と溪谷社　2013.1　254p　20cm　1500円　①978-4-635-28067-9

林泉寺

02860 街道をゆく　10　羽州街道、佐渡のみち　新装版　司馬遼太郎著　朝日新聞出版　2008.10　260, 8p　15cm　(朝日文庫)　560円　①978-4-02-264455-8

福島県

02861 風・旅・旋律　河野保雄文, 吉井忠絵　音楽之友社　1999.8　109p　24cm　2500円　①4-276-20112-8

02862 碧い眼の太郎冠者　ドナルド・キーン著　中央公論新社　2001.7　188p　21cm　(Chuko on demand books)　2000円　①4-12-550026-6
作品 福島しのぶ紀行

02863 「和」の旅、ひとり旅　岸本葉子著　小学館　2002.8　217p　15cm　(小学館文庫)　476円　①4-09-402472-7

02864 アタシはバイクで旅に出る。―お湯・酒・鉄馬三拍子紀行　1　国井律子著　枻出版社　2002.11　172p　15cm　(枻文庫)　600円　①4-87099-763-0

02865 誰も行けない温泉 命からがら　大原利雄著　小学館　2002.12　186p　15cm　(小学館文庫)　733円　①4-09-411524-2

02866 万葉の旅　中　改訂新版　犬養孝著　平凡社　2004.1　361p　16cm　(平凡社ライブラリー)〈初版：社会思想社1964年刊　文献あり〉　1200円　①4-582-76489-4

02867 北日本を歩く 立松和平著, 黒古一夫編 勉誠出版 2006.4 372p 22cm (立松和平日本を歩く 第1巻) 2600円 ①4-585-01171-4

02868 道の先まで行ってやれ!—自転車で、飲んで笑って、涙する旅 石田ゆうすけ著 幻冬舎 2009.7 303p 20cm 1500円 ①978-4-344-01710-8

02869 愛しのローカルごはん旅 もう一杯!—2009-2011 たかぎなおこ著 メディアファクトリー 2011.7 175p 21cm 1100円 ①978-4-8401-3982-3

(目次) 大好物のまぐろにうっとり…夏の三浦半島ぐるり旅 神奈川編, イナゴ&ざざむしにも挑戦! がっつり信州グルメ旅 長野編, 池田暁子さんと食べ歩き、北関東〜南東北ほっこり旅 茨城・福島編, 姉妹で白くまにメロメロ 南九州グルメ&温泉満喫旅 宮崎・鹿児島編, まっことえええとこぜよ! 土佐カツオに大感動の旅 高知編, 珍味&ひこにゃんも登場 弟と琵琶湖周遊ドライブ旅 滋賀編, 描き下ろし・番外編 台湾まんぷくグルメツアー

02870 よみがえれ、東日本! 列車紀行 田中正恭著 クラッセ 2011.9 235p 19cm (Klasse books) 1600円 ①978-4-902841-12-1

02871 東北・大地をゆく 仙道作三著 春秋社 2012.3 217p 20cm 1700円 ①978-4-393-37326-2

02872 海のうた 山のこえ—書家・金澤翔子祈りの旅 金澤泰子, 金澤翔子著 佼成出版社 2013.3 125p 図版16p 20cm 1500円 ①978-4-333-02598-5

(目次) 第1章 東日本大震災祈りの旅(あの日、翔子は「助けに行く」といった, 鎌倉・建長寺の席上揮毫に二万人来場, 京都・建仁寺の書展でも「共に生きる」を展示 ほか), 第2章 被災地の人たちとの交流(福島県の子どもたちとのコラボレーションが実現, 翔子のアドバイスで絵に変化が, 子どもたちの発想の豊かさに感激 ほか), 第3章 翔子と私の旅は続く(娘がダウン症と知り、涙で過ごした日々, 苦しみの最大の理由は「世間体」, 事実を受け入れて書道教室をスタート ほか)

02873 唄めぐり 石田千著 新潮社 2015.4 401p 20cm 〈文献あり〉 2300円 ①978-4-10-303453-7

02874 希望の鎮魂歌(レクイエム)—ホロコースト第二世代が訪れた広島、長崎、福島 エヴァ・ホフマン著, 早川敦子編訳 岩波書店 2017.3 163p 22cm 3700円 ①978-4-00-061189-3

(目次) 第1楽章 第二世代との邂逅—日本滞在記(東京, 京都, 広島, 福島, 長崎, 東京に戻って), 第2楽章 福島で詩を紡ぐ(福島県浜通りの立ち入り制限区域に入って, 柔和なまなざしの農夫, 一九三八/三九年度首都ワルシャワ市電話回線加入者名薄), 第3楽章 日本で語る—言葉・自由・記憶について(世界の間、言葉の間—第二言語で書く作家になることについて, 今日の自由を考える—その前途、不満、そして意味, 記憶、トラウマ、そして認識による癒し), コーダ 第二世代の言葉を探して—大島ミチルとの対話

会津駒ヶ岳

02875 渓をわたる風 高桑信一著 平凡社 2004.6 269p 20cm 2000円 ①4-582-83224-5

02876 子づれの山 熊谷榧絵と文 八王子 白山書房 2009.8 222p 19cm (〔榧・画文集 2〕) 1900円 ①978-4-89475-135-4

02877 山々を滑る登る 熊谷榧絵と文 八王子 白山書房 2012.11 319p 19cm (〔榧・画文集 12〕) 1900円 ①978-4-89475-159-0

会津坂本駅

02878 ダルマ駅へ行こう! 笹田昌宏著 小学館 2007.5 253p 15cm (小学館文庫) 514円 ①978-4-09-411651-9

会津慈母大観音

02879 晴れた日は巨大仏を見に 宮田珠己著 幻冬舎 2009.10 342p 16cm (幻冬舎文庫) 〈文献あり 白水社2004年刊あり〉 648円 ①978-4-344-41380-1

会津地方

02880 わが町わが旅 永井路子著 中央公論社 1990.1 292p 15cm (中公文庫) 440円 ①4-12-201677-0

(目次) 鎌倉の春秋(禅林の桜, 石の仏と文覚と, 山ノ内逍遙, 一渡来僧の瞳, 伝説と詩僧と,『吾妻鏡』抄 ほか), 大和路散策(興福寺, 飛鳥の秋, 吉野—『万葉』の世界 ほか), 旅への思い(会津の古寺, 木曽義仲紀行, 静寂への巡礼—泉涌寺, 私のふるさと古河 ほか)

02881 泊酒喝采—美味、美酒、佳宿、掘り出し旅行記 柏井寿著 大阪 朱鷺書房 1992.1 209p 18cm 1000円 ①4-88602-904-3

02882 山の朝霧 里の湯煙 池内紀著 山と渓谷社 1998.9 254p 20cm 1600円 ①4-635-17132-9

02883 お徒歩 ニッポン再発見 岩見隆夫著 アールズ出版 2001.5 299p 20cm 1600円 ①4-901226-20-7

02884 ニッポン居酒屋放浪記 望郷篇 太田和彦著 新潮社 2001.12 282p 15cm (新潮文庫)〈『日本の居酒屋をゆく 望郷篇』改題書〉 476円 ①4-10-133333-5

02885 紀行新選組 尾崎秀樹文, 榊原和夫写真 光文社 2003.12 179p 16cm (知恵の森文庫) 552円 ①4-334-78256-6

02886 街道をゆく夜話 司馬遼太郎著 朝日新聞社 2007.10 381p 15cm (朝日文庫) 700円 ①978-4-02-264419-0

02887 日本辺境ふーらり紀行 鈴木喜一著, アユミギャラリー悠風舎編 秋山書店 2007.12 199p 19cm 1700円 ①978-4-87023-621-9

02888 賀曽利隆の300日3000湯めぐり日本一周—6万5000キロのバイク旅 下巻 賀曽利隆著 昭文社 2008.9 286p 21cm 1600円 ①978-4-398-21117-0

02889 街道をゆく 33 白河・会津のみち、赤坂散歩 新装版 司馬遼太郎著 朝日新聞出版 2009.4 333, 8p 15cm (朝日文庫)〈初版:朝日新聞社1994年刊〉 740円 ①978-4-02-264487-9

(目次) 白河・会津のみち(奥州こがれの記, 関東と奥州

と馬, 新幹線とタクシー, 二つの関のあと ほか), 赤坂散歩(最古の東京人, 氷川坂界隈, 清水谷界隈, お奉行と稲荷 ほか)

02890 味な旅 舌の旅 改版 宇能鴻一郎著 中央公論新社 2010.10 239p 16cm (中公文庫)〈初版:中央公論社1980年刊〉 705円 ①978-4-12-205391-5

02891 居酒屋おくのほそ道 太田和彦著 文藝春秋 2011.8 320p 16cm (文春文庫)〈画:村松誠〉 629円 ①978-4-16-780131-1

02892 極めよ、ソフテツ道!—素顔になれる鉄道旅 村井美樹著 小学館 2012.8 186p 19cm (IKKI BOOKS) 1400円 ①978-4-09-359208-6

02893 新選組紀行 増補決定版 中村彰彦著 PHP研究所 2015.7 345p 15cm (PHP文庫)〈初版:文藝春秋 2003年刊 文献あり〉 720円 ①978-4-569-76398-9

会津鉄道

02894 絶景 春列車の旅—内房線から中央山岳縦貫線まで 櫻井寛文・写真 東京書籍 2000.2 159p 21cm 2200円 ①4-487-79472-2

02895 小さな鉄道 小さな温泉 大原利雄著 小学館 2003.8 171p 15cm (小学館文庫) 733円 ①4-09-411525-0

02896 朝湯、昼酒、ローカル線—かっちゃんの鉄修行 勝谷誠彦著 文芸春秋 2007.12 321p 16cm (文春文庫plus)〈「勝谷誠彦の地列車大作戦」(JTB2002年刊)の改題〉 629円 ①978-4-16-771320-1

会津鉄道 快速列車「AIZUマウントエクスプレス号」

02897 テツはこんな旅をしている—鉄道旅行再発見 野田隆著 平凡社 2014.3 222p 18cm (平凡社新書) 760円 ①978-4-582-85722-1

会津中街道

02898 古道巡礼—山人が越えた径 高桑信一著 山と溪谷社 2015.11 397p 15cm (ヤマケイ文庫)〈東京新聞出版局 2005年刊の再構成〉 980円 ①978-4-635-04781-4

会津西街道

02899 ぶらり鉄道、街道散歩 芦原伸著 ベストセラーズ 2010.11 237p 18cm (ベスト新書) 819円 ①978-4-584-12308-9

会津本郷(会津美里町)

02900 ニッポン発見記 池内紀著 中央公論新社 2012.4 211p 16cm (中公文庫)〈講談社現代新書 2004年刊の再刊〉 590円 ①978-4-12-205630-5

会津美里町

02901 ふくしま讃歌—日本の「宝」を訪ねて 黛まどか著 新日本出版社 2016.9 214p 19cm 1600円 ①978-4-406-06047-9

(目次) 知・二〇一三年度—震災から二年の福島を訪ねて(花見山/福島市—阿武隈川の綺羅も加へて花明り, 慧日寺/磐梯町—風青ければ風鐸の鳴りやまず ほか), 情・二〇一四年度—震災から三年の福島を訪ねて(うつくしま花行脚/郡山市・三春町・富岡町・福島市—追ふやうに追はるるやうに花行脚, 鰊鉢/会津美里町—緑さす蔵を出でたる鰊鉢 ほか), 哲・二〇一五年度—震災から四年の福島を訪ねて(雛流し/三島町—しばらくは風に押されて流し雛, 奥会津吟行会—囀の山から山へ只見線 ほか), 継・二〇一六年度—震災から五年の福島は(原釜神楽/相馬市—わたつみへ花舞ひやまぬ神楽かな, までい着/飯舘村—花ごろも仮設住宅へ戻りけり)

会津若松市

02902 黄昏のムービー・パレス 村松友視著, 横山良一写真 平凡社 1989.7 218p 19cm 1240円 ①4-582-28215-6

02903 新選組 女ひとり旅 赤間倭子著 鷹書房 1990.7 250p 19cm (女ひとり旅シリーズ) 1000円 ①4-8034-0370-8

02904 ふれあいの旅紀行 新田健次著 東京新聞出版局 1992.5 203p 19cm 1300円 ①4-8083-0437-6

02905 閑古堂の絵葉書散歩 東編 林丈二著 小学館 1999.4 123p 21cm (SHOTOR TRAVEL) 1500円 ①4-09-343138-8

(作品)『会津さざえ堂』ぐるぐる巡り—福島

02906 仙人の桜、俗人の桜 赤瀬川原平著 平凡社 2000.3 270p 16cm (平凡社ライブラリー)〈日本交通公社出版事業局1993年刊あり〉 1100円 ①4-582-76332-4

(作品) 凝縮さざえ堂の二重ラセン—会津若松

02907 「新選組」ふれあいの旅—人や史跡との出逢いを求めて 岳真也著 PHP研究所 2003.12 249p 19cm 1200円 ①4-569-63235-1

02908 会津地酒紀行 石原信一著 会津若松 歴史春秋出版 2004.7 328p 19cm 1714円 ①4-89757-507-9

(目次) 末広酒造, 鶴乃江酒造, 高橋庄作酒造店, 栄川酒造, 宮泉銘醸, 辰泉酒造, 名倉山酒造, 花春酒造, 会州一酒造, 東山酒造, 河野合名会社, 田苑酒造, 磐梯酒造, 稲川酒造

02909 北日本を歩く 立松和平著, 黒古一夫編 勉誠出版 2006.4 372p 22cm (立松和平日本を歩く 第1巻) 2600円 ①4-585-01171-4

(作品) 東北を走る

02910 もいちど修学旅行をしてみたいと思ったのだ 北尾トロ著, 中川カンゴロー写真 小学館 2008.4 239p 19cm 1300円 ①978-4-09-379784-9

02911 歴史を紀行する 新装版 司馬遼太郎著 文藝春秋 2010.2 294p 16cm (文春文庫) 581円 ①978-4-16-766335-3

02912 東北を歩く—小さな村の希望を旅する 増補新版 結城登美雄著 新宿書房 2011.7 331p 20cm 2000円 ①978-4-88008-419-0

02913 徒歩旅行—今日読んで明日旅する12の町 若菜晃子編著 暮しの手帖社 2011.9 136p 28cm (暮しの手帖別冊) 762円

(目次) 徒歩旅行―長野県・松本, 愛知県・豊橋, 群馬県・桐生, 長野県・上田, 静岡県・下田, 埼玉県・秩父, 福島県・会津若松, 鳥取県・鳥取, 新潟県・村上, 千葉県・木更津, 三重県・桑名, 神奈川県・鎌倉/旅のあとさき―歩く旅の旅支度, うみがひかる, FU OF JAPAN, 聞き書き郷土料理/地方愛―見過ごせないよ・宝の山

02914 にっぽん全国 百年食堂　椎名誠著　講談社　2013.1　222p　19cm　1400円　Ⓘ978-4-06-217814-3

02915 きまぐれ歴史散歩　池内紀著　中央公論新社　2013.9　228p　18cm　(中公新書)　760円　Ⓘ978-4-12-102234-9

02916 酒場詩人の流儀　吉田類著　中央公論新社　2014.10　233p　18cm　(中公新書)〈索引あり〉　780円　Ⓘ978-4-12-102290-5

(作品) 被災地の春雨

02917 ふらり旅 いい酒 いい肴　1　太田和彦著　主婦の友社　2015.1　135p　21cm　1400円　Ⓘ978-4-07-299000-1

02918 「翼の王国」のおみやげ　長友啓典文・絵　木楽舎　2016.6　207p　19cm　(翼の王国books)〈索引あり〉　1400円　Ⓘ978-4-86324-100-8

02919 「男はつらいよ」を旅する　川本三郎著　新潮社　2017.5　286p　20cm　(新潮選書)　1400円　Ⓘ978-4-10-603808-2

(作品) 会津若松から佐渡へ

閼伽井嶽薬師

02920 密教古寺巡礼　1　小山和著　大阪　東方出版　1992.10　237p　19cm　1600円　Ⓘ4-88591-307-1

(目次) 会津関柴の隠れ古寺, 湯川村勝常の古仏群, 会津塔寺の古代道場, いわきの赤井岳薬師, いわき平の極楽浄土, 陶芸の町益子の観音霊場, 佐渡の小比叡の閑雅な古刹, 佐渡の清麗な観音霊地〔ほか〕

阿賀野川

02921 日本の川を歩く―川のプロが厳選した心ときめかす全国25の名川紀行　大塚高雄著　家の光協会　2004.9　207p　21cm　2500円　Ⓘ4-259-54658-9

安積野

02922 文学の風景をゆく―カメラ紀行　小松健一著　PHP研究所　2003.6　238p　18cm　(PHPエル新書)　950円　Ⓘ4-569-62977-6

安積山

02923 奥の細道三百年を走る　菅野拓也著　丸善　2000.1　239p　18cm　(丸善ライブラリー)　780円　Ⓘ4-621-05310-8

(目次) 深川(東京都江東区), 千住(東京都荒川区), 室の八島(栃木県栃木市惣社町), 日光(栃木県日光市), 黒羽・雲巌寺(栃木県那須郡黒羽町), 殺生石・遊行柳(栃木県那須町湯本、芦野), 白河の関(福島県白河市), 須賀川(福島県須賀川市), 安積山(福島県郡山市), 文知摺石・医王寺・飯坂(福島県福島市)〔ほか〕

02924 おくのほそ道 人物紀行　杉本苑子著　文芸春秋　2005.9　230p　18cm　(文春新書)　700円　Ⓘ4-16-660460-0

02925 奥の細道紀行　大石登世子著　調布　ふらんす堂　2013.10　234p　19cm〈文献あり〉　2476円　Ⓘ978-4-7814-0617-6

浅草岳

02926 渓をわたる風　高桑信一著　平凡社　2004.6　269p　20cm　2000円　Ⓘ4-582-83224-5

吾妻高湯

02927 ガラメキ温泉探険記　池内紀著　リクルート出版　1990.10　203p　19cm　1165円　Ⓘ4-88991-196-0

(作品) これぞ究極の温泉道

安達太良山

02928 ハーケンと夏みかん　椎名誠著　集英社　1991.3　209p　16cm　(集英社文庫)〈山と渓谷社1988年刊の文庫化〉　320円　Ⓘ4-08-749688-0

02929 ふわふわワウワウ―唄とカメラと時刻表　みなみらんぼう著　旅行読売出版社　1996.7　207p　19cm　1100円　Ⓘ4-89752-601-9

(作品) 智恵子抄の山に登る

02930 ハピネス気分で山歩き　平野恵理子著　山と渓谷社　2005.9　159p　21cm　1800円　Ⓘ4-635-17168-X

02931 行き暮れて、山。　正津勉著　アーツアンドクラフツ　2006.6　203p　19cm　1900円　Ⓘ4-901592-33-5

(目次) 白山―夏空へガキら駆上がるへろへろへ, 立山・剣岳―夕焼くる血のいろ曳きて剣尖る, 北岳―嵐過ぐ帽子を空へ飛ばされて, 九重山―艶なるやミヤマキリシマ濡れそぼり, 石鎚山―五月闇「へんろう宿」の婆と寝る, 八ガ岳―春浅し本沢の露天に首埋め, 日光白根山―秋霖の囁き優し弥陀ガ池, 別山(白山)―帰りなんいざ鮎ひかるみなかみへ, 白馬岳―星空や地球に戦熄む間なし, 那須岳―手足凍て虫の骸や三斗小屋〔ほか〕

02932 百霊峰巡礼　第2集　立松和平著　東京新聞出版局　2008.4　307p　20cm　1800円　Ⓘ978-4-8083-0893-3

02933 流れる山の情景　浜田優著　山と溪谷社　2009.8　157p　20cm　1905円　Ⓘ978-4-635-33045-9

(目次) 序詩 晴れた日の山, 1 流れる山の情景(雪崩, 芽吹, 散花, 雷鳴, 瀑布, 緑陰, 焚火, 霧雨, 落葉, 碧潭, 新雪, 霧氷, 月光, 旋風, 黎明), 2 想う山(連嶺の夢想よ！―伊東静雄「曠野の歌」, この自由、この待機、この勝利―フランツ・カフカ『城』, あれねえ、ひきざくらの花―宮沢賢治「なめとこ山の熊」), 3 還る渓(渓を行く歓び, 雪崩が磨いた滑り台―越後駒ヶ岳・オツルミズ沢, 晩秋の自然庭園―安達太良山・杉田川)

02934 わが愛する山々　深田久弥著　山と溪谷社　2011.6　381p　15cm　(ヤマケイ文庫)〈年譜あり〉　1000円　Ⓘ978-4-635-04730-2

02935 山なんて嫌いだった　市毛良枝著　山と溪谷社　2012.2　286p　15cm　(ヤマケイ文庫)　880円　Ⓘ978-4-635-04739-5

(内容) 山でみつけたものは、自然の素晴らしさと本当の

自分だった。「努力・根性・汗かく、キライ！」。そんな運動嫌いだったはずの著者が、山と出会うことによって大きく変わっていく。初登山の燕岳に始まり、塩見岳、安達太良山、八ヶ岳、槍ヶ岳、九重山、天城山、キリマンジャロ等の山旅のなかで、自己をみつめ、内面の変化をもつぶさに描いた初の書き下ろしエッセイ。

02936 山々を滑る登る 熊谷榧絵と文 八王子 白山書房 2012.11 319p 19cm (〔榧・画文集 12〕) 1900円 ①978-4-89475-159-0

熱塩駅

02937 線路の果てに旅がある 宮脇俊三著 新潮社 1997.1 227p 15cm (新潮文庫)〈小学館1994年刊あり〉 400円 ①4-10-126813-4

02938 消えゆく鉄道の風景―さらば、良き時代の列車たち 終焉間近のローカル線と、廃線跡をたどる旅 田中正恭著 自由国民社 2006.11 231p 19cm 1600円 ①4-426-75302-3

目次 第1章 消えゆく鉄道の風景（篠山線のセピア色の想い出（兵庫県），見納めのオホーツク流氷ライン（北海道），ご臨終の大嶺支線へ最後のお見舞い（山口県），老兵奮闘・終焉間近の蒲原鉄道（新潟県）ほか），第2章 消えた鉄道の風景（日中線の幽霊屋敷・熱塩駅再訪（福島県），西寒川再訪記（神奈川県），ドリームランド夢の跡（神奈川県），日高川残像（和歌山県）ほか）

02939 終着駅 宮脇俊三著 河出書房新社 2012.1 232p 15cm (河出文庫)〈2009年刊の文庫化〉 680円 ①978-4-309-41122-4

熱塩温泉

02940 秘湯を求めて 1 はじめての秘湯 藤嶽彰英著 (大阪)保育社 1989.11 194p 19cm 1350円 ①4-586-61101-4

02941 ガラメキ温泉探険記 池内紀著 リクルート出版 1990.10 203p 19cm 1165円 ①4-88991-196-0

02942 温泉旅日記 池内紀著 徳間書店 1996.9 277p 15cm (徳間文庫)〈河出書房新社1988年刊あり〉 540円 ①4-19-890559-2

阿武隈

02943 バスで田舎へ行く 泉麻人著 筑摩書房 2005.5 296p 15cm (ちくま文庫)〈「バスで、田舎へ行く」(JTB 2001年刊)の改題〉 740円 ①4-480-42079-7

作品 阿武隈百目鬼 妖気地帯探訪

阿武隈高原

02944 耕うん機オンザロード 斉藤政喜著 小学館 2001.8 333p 19cm (BE-PAL BOOKS) 1200円 ①4-09-366065-4

飯坂温泉

02945 ガラメキ温泉探険記 池内紀著 リクルート出版 1990.10 203p 19cm 1165円 ①4-88991-196-0

作品 私の温泉手帖

02946 温泉旅日記 池内紀著 徳間書店 1996.9 277p 15cm (徳間文庫)〈河出書房新社1988年刊あり〉 540円 ①4-19-890559-2

02947 松崎天民選集 第10巻 人間見物 松崎天民著，後藤正人監修・解説 クレス出版 2013.11 395, 3p 19cm〈騒人社書局 昭和二年刊の複製〉 6000円 ①978-4-87733-795-7

作品 東北温泉巡り

02948 鏡花紀行文集 泉鏡花著，田中励儀編 岩波書店 2013.12 454p 15cm (岩波文庫)〈底本：鏡花全集 第27巻・第28巻（1942年刊）〉 900円 ①978-4-00-312719-3

02949 新編 日本の旅あちこち 木山捷平著 講談社 2015.4 304p 16cm (講談社文芸文庫)〈著作目録あり 年譜あり〉 1600円 ①978-4-06-290268-7

作品 中央競馬・福島夏の陣―福島

飯坂町（福島市）

02950 日本の不思議な宿 巌谷国士著 中央公論新社 1999.4 353p 16cm (中公文庫) 838円 ①4-12-203396-9

02951 奥の細道三百年を走る 菅野拓也著 丸善 2000.1 239p 18cm (丸善ライブラリー) 780円 ①4-621-05310-8

飯塚（福島市）

02952 おくのほそ道 人物紀行 杉本苑子著 文芸春秋 2005.9 230p 18cm (文春新書) 700円 ①4-16-660460-0

飯舘村

02953 ふくしま讃歌―日本の「宝」を訪ねて 黛まどか著 新日本出版社 2016.9 214p 19cm 1600円 ①978-4-406-06047-9

飯盛山

02954 伝説を旅する 鳥居フミ子著 川崎 みやび出版 2007.3 238p 20cm〈創英社（発売） 著作目録あり〉 1800円 ①978-4-903507-01-9

目次 1 国内の旅（岡崎の浄瑠璃姫旧跡，安寿姫塚，木曽路の浦島太郎，義朝の墓，曾我兄弟仇討ちの発端，安宅の関所跡，『鹿島紀行』の根本寺，吉良の里，室津のおなつ，飯盛山の白虎隊，エメラルドグリーンの海の彼方に，塩津村のお阿須賀さん騒動），2 海彼の旅（兵馬俑の話，曲阜の夫子洞，白帝城に登る，古戦場赤壁に立つ，西湖の蘇堤を行く，日本茶のふる里，桂林の演芸場，天津の大沽口炮台遺跡，北京の桜花園，百済の田園地帯），3 心の旅（心あらば伝えてよ，はるばる来ぬる旅をしぞ思う，露と答えて消えなましものを，昔を今になすよしもがな，いかになりゆく我が身なるらん，かくてもあられけるよ，見るべき程の事は見つ，あんまり利運すぎました，歌との出会い，フロンターレサッカーの応援，明治村の帝国ホテル中央玄関，たった一つの地球，人間とロボット の共演，昭和モガの母）

02955 街道をゆく 33 白河・会津のみち、赤坂散歩 新装版 司馬遼太郎著 朝日新聞出版 2009.4 333, 8p 15cm (朝日文庫)〈初版：朝日新聞社1994年刊〉 740円 ①978-4-02-264487-9

医王寺

02956 奥の細道三百年を走る　菅野拓也著　丸善　2000.1　239p　18cm　（丸善ライブラリー）780円　①4-621-05310-8

石部桜（会津若松市）

02957 写真家の旅―原日本、産土を旅ゆく。　宮嶋康彦著　日経BP社　2006.10　223p　21cm　〈日経BP出版センター（発売）〉　2667円　①4-8222-6350-9

猪苗代湖

02958 ふわふわワウワウ―唄とカメラと時刻表　みなみらんぼう著　旅行読売出版社　1996.7　207p　19cm　1100円　①4-89752-601-9
作品 猪苗代湖 金塊伝説

02959 風・旅・旋律　河野保雄文, 吉井忠絵　音楽之友社　1999.8　109p　24cm　2500円　①4-276-20112-8

02960 鏡花紀行文集　泉鏡花著, 田中励儀編　岩波書店　2013.12　454p　15cm　（岩波文庫）〈底本：鏡花全集 第27巻・第28巻（1942年刊）〉　900円　①978-4-00-312719-3
作品 日記の端

猪苗代町

02961 明治十八年の旅は道連れ　塩谷和子著　源流社　2001.11　376p　20cm　1800円　①4-7739-0105-5
目次 第1章 司行九人会津を出立、文明開化の東京へ, 第2章 東京見物, 第3章 東海道五十三次、風に吹かれて心も軽く, 第4章 伊勢神宮、長谷寺、高野山、目出度く参拝, 第5章 大坂より海上の道、山陽道名木拝見ぶらり旅, 第6章 京都見物、比叡山を越えて近江八景を眺む, 第7章 中山道・木曽路は山深し、善光寺から北国西街道へ, 第8章 ふるさと近し急ぎ旅、無事に帰還

犬神ダム

02962 街道をゆく　33　白河・会津のみち、赤坂散歩　新装版　司馬遼太郎著　朝日新聞出版　2009.4　333, 8p　15cm　（朝日文庫）〈初版：朝日新聞社1994年刊〉　740円　①978-4-02-264487-9

いわき市

02963 渚の旅人　1　かもめの熱い吐息　森沢明夫著　東京地図出版　2008.12　412p　19cm　1450円　①978-4-8085-8531-0

02964 よみがえれ、東日本！　列車紀行　田中正恭著　クラッセ　2011.9　235p　19cm　（Klasse books）　1600円　①978-4-902841-12-1

02965 本は旅をつれて―旅本コンシェルジュの旅行記　森本剛史著　彩流社　2015.1　239p　19cm〈著作目録あり 年譜あり〉　2000円　①978-4-7791-2067-1

02966 新編 日本の旅あちこち　木山捷平著　講談社　2015.4　304p　16cm　（講談社文芸文庫）〈著作目録あり 年譜あり〉　1600円　①978-4-06-290268-7
作品 阿武隈の国民宿舎―福島

02967 来ちゃった　酒井順子文, ほしよりこ画　小学館　2016.3　317p　15cm　（小学館文庫）〈2011年刊の増補〉　620円　①978-4-09-406277-9

厩岳山

02968 山々を滑る登る　熊谷榧絵と文　八王子　白山書房　2012.11　319p　19cm　（〔榧・画文集 12〕）　1900円　①978-4-89475-159-0

裏磐梯

02969 温泉百話―東の旅　種村季弘, 池内紀編　筑摩書房　1988.2　471p　15cm　（ちくま文庫）680円　①4-480-02200-7
作品 いでゆ綺談〔中山義秀〕

02970 文学の風景をゆく―カメラ紀行　小松健一著　PHP研究所　2003.6　238p　18cm　（PHPエル新書）　950円　①4-569-62977-6

慧日寺跡

02971 街道をゆく　33　白河・会津のみち、赤坂散歩　新装版　司馬遼太郎著　朝日新聞出版　2009.4　333, 8p　15cm　（朝日文庫）〈初版：朝日新聞社1994年刊〉　740円　①978-4-02-264487-9

02972 ふくしま讃歌―日本の「宝」を訪ねて　黛まどか著　新日本出版社　2016.9　214p　19cm　1600円　①978-4-406-06047-9

恵隆寺

02973 古寺巡礼　辻井喬著　角川春樹事務所　2011.5　253p　16cm　（ハルキ文庫）〈2009年刊の文庫化〉　667円　①978-4-7584-3556-7

02974 見仏記　5　ゴールデンガイド篇　いとうせいこう, みうらじゅん著　角川書店　2011.10　233p　15cm　（角川文庫）〈発売：角川グループパブリッシング〉　514円　①978-4-04-184606-3
目次 奈良―長谷寺・安倍文殊院, 奈良―圓成寺・般若寺・白毫寺・新薬師寺, 奈良→京都―岩船寺・清水寺, 京都―法界寺・醍醐寺・随心院, 京都―蟹満寺・海住山寺・観音寺・平等院, 京都―禅定寺・橘寺, 福島―八葉寺・金川寺・禅定寺, 福島―勝福寺・願成寺・新宮熊野神社, 福島―恵隆寺・鳥追観音・中田観音, 和歌山―道成寺・浄教寺・慈光円福院, 兵庫―鶴林寺・浄土寺

奥州街道

02975 ぶらり鉄道、街道散歩　芦原伸著　ベストセラーズ　2010.11　237p　18cm　（ベスト新書）　819円　①978-4-584-12308-9

大内宿

02976 日本奥地紀行　イサベラ・バード著, 高梨健吉訳　平凡社　2000.2　529p　16cm　（平凡社ライブラリー）〈年譜あり 文献あり〉　1500円　①4-582-76329-4

02977 名探偵浅見光彦のニッポン不思議紀行　内田康夫著　集英社　2006.2　270p　16cm

（集英社文庫）〈学習研究社2001年刊あり〉 600円 ①4-08-746013-4

02978 イザベラ・バード「日本の未踏路」完全補遺 イザベラ・バード著, 高畑美代子訳注 中央公論事業出版(製作発売) 2008.1 190p 21cm 1600円 ①978-4-89514-296-0

02979 イザベラ・バードの日本紀行 上 イザベラ・バード著, 時岡敬子訳 講談社 2008.4 493p 15cm （講談社学術文庫） 1500円 ①978-4-06-159871-3

02980 秀吉はいつ知ったか―山田風太郎エッセイ集成 山田風太郎著 筑摩書房 2008.9 302p 20cm 1900円 ①978-4-480-81493-7

目次 1 美しい町を(春の窓, 無題 ほか), 2 わが鎖国論(新貨幣意見, 映画「トラトラトラ」 ほか), 3 歴史上の人気者(歴史上の人気者, 善玉・悪玉 ほか), 4 今昔はたご探訪(根来寺, 今昔はたご探訪―奈良井と大内 ほか), 5 安土城

02981 街道をゆく 33 白河・会津のみち、赤坂散歩 新装版 司馬遼太郎著 朝日新聞出版 2009.4 333, 8p 15cm （朝日文庫）〈初版：朝日新聞社1994年刊〉 740円 ①978-4-02-264487-9

02982 イザベラ・バード『日本奥地紀行』を歩く 金沢正脩著 JTBパブリッシング 2010.1 175p 21cm （楽学ブックス―文学歴史 11）〈文献あり 年譜あり〉 1800円 ①978-4-533-07671-8

02983 完訳 日本奥地紀行 1 横浜―日光―会津―越後 イザベラ・バード著, 金坂清則訳注 平凡社 2012.3 391p 18cm （東洋文庫） 3000円 ①978-4-582-80819-3

目次 第一印象, 旧きもの、新しきもの, 江戸, 習慣と身なり, 寺院, 中国人と従者, 演劇, 参拝, 旅の始まり, 粕壁から日光へ〔ほか〕

02984 新訳 日本奥地紀行 イザベラ・バード著, 金坂清則訳 平凡社 2013.10 537p 18cm （東洋文庫）〈布装 索引あり〉 3200円 ①978-4-582-80840-7

大江湿原

02985 北日本を歩く 立松和平著, 黒古一夫編 勉誠出版 2006.4 372p 22cm （立松和平日本を歩く 第1巻） 2600円 ①4-585-01171-4

作品 只見川の春の水源

大熊町

02986 春の消息 柳美里, 佐藤弘夫著, 宍戸清孝写真 第三文明社 2017.12 263p 21cm〈文献あり〉 2200円 ①978-4-476-03369-4

大白沢池

02987 山へ―原始の香り求めて 大内尚樹著 八王子 白山書房 2001.3 236p 19cm 1600円 ①4-89475-047-3

02988 渓をわたる風 高桑信一著 平凡社 2004.6 269p 20cm 2000円 ①4-582-83224-5

奥会津

02989 あるく魚とわらう風 椎名誠著 集英社 2001.2 355p 16cm （集英社文庫） 619円 ①4-08-747290-6

作品 奥会津でぎらぎらした日

雄国山

02990 山々を滑る登る 熊谷榧絵と文 八王子 白山書房 2012.11 319p 19cm （〔榧・画文集 12〕） 1900円 ①978-4-89475-159-0

尾瀬

02991 山の旅 明治・大正篇 近藤信行編 岩波書店 2003.9 445p 15cm （岩波文庫） 700円 ①4-00-311702-6

作品 尾瀬紀行〔武田久吉〕

02992 わが山山 深田久弥著 中央公論新社 2004.10 213p 21cm （中公文庫ワイド版）〈中公文庫2002年刊(改版)のワイド版〉 3400円 ①4-12-551832-7

02993 ショージ君の旅行鞄―東海林さだお自選 東海林さだお著 文芸春秋 2005.2 905p 16cm （文春文庫） 933円 ①4-16-717760-9

作品 尾瀬への細道

02994 北日本を歩く 立松和平著, 黒古一夫編 勉誠出版 2006.4 372p 22cm （立松和平日本を歩く 第1巻） 2600円 ①4-585-01171-4

02995 樹をめぐる旅 高橋秀樹著 宝島社 2009.8 125p 16cm （宝島sugoi文庫） 457円 ①978-4-7966-7357-0

02996 子づれの山 熊谷榧絵と文 八王子 白山書房 2009.8 222p 19cm （〔榧・画文集 2〕） 1900円 ①978-4-89475-135-4

02997 山々を滑る登る 熊谷榧絵と文 八王子 白山書房 2012.11 319p 19cm （〔榧・画文集 12〕） 1900円 ①978-4-89475-159-0

02998 尾瀬・ホタルイカ・東海道 銀色夏生著 幻冬舎 2013.8 263p 16cm （幻冬舎文庫） 571円 ①978-4-344-42061-8

内容 紅葉の季節に訪れた尾瀬。滑川で深夜のホタルイカ漁見学。強迫神経症並みに苦手な“歩くこと”に挑戦した、東海道五十三次ウォーク。それぞれの道中で見たもの、食べたもの、発見したこと、交わした会話

02999 山の名作読み歩き―読んで味わう山の楽しみ 大森久雄編 山と溪谷社 2014.11 301p 18cm （ヤマケイ新書） 880円 ①978-4-635-51002-8

作品 初めて尾瀬を訪う〔武田久吉〕

03000 うつくしい列島―地理学的名所紀行 池澤夏樹著 河出書房新社 2015.11 308p 20cm 1800円 ①978-4-309-02425-7

03001 アーネスト・サトウの明治日本山岳記 アーネスト・メイスン・サトウ著, 庄田元男訳 講談社 2017.4 285p 15cm （講談社学術文庫）〈「日本旅行日記」(平凡社 1992年刊)と「明治日本旅行案内」(平凡社 1996年刊)の改題、抜粋し新たに編集〉 980円 ①978-4-06-292382-8

(目次) 富士とその近隣, ディキンズと富士山へ(一八七七年), 越中と飛騨, 日光から金精峠・尾瀬・八十里越を経て新潟へ, 吉野—大峰・弥山・釈迦ヶ岳, 吉野から天ノ川渓谷を経て高野山へ, 高野山から山越えで熊野へ, 悪絶・険路の針ノ木峠と有峰伝説(一八七八年), 秘境奈良田から南アルプス初登頂(一八八一年)

尾瀬ヶ原

03002 北日本を歩く 立松和平著, 黒古一夫編 勉誠出版 2006.4 372p 22cm (立松和平日本を歩く 第1巻) 2600円 ①4-585-01171-4

03003 山・音・色 KIKI, 野川かさね著 山と溪谷社 2012.7 159p 20cm 1500円 ①978-4-635-77014-9

尾瀬沼

03004 山の旅 大正・昭和篇 近藤信行編 岩波書店 2003.11 457p 15cm (岩波文庫) 700円 ①4-00-311701-8

(作品) 尾瀬沼の四季〔平野長蔵〕

03005 北日本を歩く 立松和平著, 黒古一夫編 勉誠出版 2006.4 372p 22cm (立松和平日本を歩く 第1巻) 2600円 ①4-585-01171-4

(作品) 只見川の春の水源

小名浜

03006 ニッポン清貧旅行 東海林さだお著 文芸春秋 1993.9 254p 18cm 1000円 ①4-16-347950-3

(作品) 日本盛り合わせ旅行

(目次) 三馬鹿大将, 寿司の騒ぎ, 現代貧乏旅行, 尾辻克彦さんとの対話, 鮪は男か, ジワジワ「輪島」, 求人案内名コピー集, 「健康」フリーク, 日本盛り合わせ旅行, 総合病院・内科、外科、魚科, 秋の百馬鹿展, 屋上観察学の始まり, 韓国B級グルメツアー, 続・韓国B級グルメツアー, 韓国B級グルメツアー補遺ホイ

03007 ショージ君の旅行鞄—東海林さだお自選 東海林さだお著 文芸春秋 2005.2 905p 16cm (文春文庫) 933円 ①4-16-717760-9

(作品) 日本盛り合わせ旅行

小名浜港

03008 わしらは怪しい雑魚釣り隊 マグロなんかが釣れちゃった篇 椎名誠著 新潮社 2012.12 321p 16cm (新潮文庫) 550円 ①978-4-10-144837-4

03009 新編 日本の旅あちこち 木山捷平著 講談社 2015.4 304p 16cm (講談社文芸文庫)〈著作目録あり 年譜あり〉 1600円 ①978-4-06-290268-7

(作品) 阿武隈の国民宿舎—福島

小野町

03010 耕うん機オンザロード 斉藤政喜著 小学館 2001.8 333p 19cm (BE-PAL BOOKS) 1200円 ①4-09-366065-4

甲子温泉

03011 温泉百話—東の旅 種村季弘, 池内紀編 筑摩書房 1988.2 471p 15cm (ちくま文庫) 680円 ①4-480-02200-7

(作品) 甲子温泉行〔結城哀草果〕

金山町

03012 旅の紙芝居 椎名誠写真・文 朝日新聞社 2002.10 350p 15cm (朝日文庫)〈1998年刊の文庫化〉 820円 ①4-02-264298-X

(作品) ヘビとカエル 山里の運動会

川上温泉

03013 遙かなる秘湯をゆく 桂博史著 主婦と生活社 1990.3 222p 19cm 980円 ①4-391-11232-9

願成寺

03014 見仏記 5 ゴールデンガイド篇 いとうせいこう, みうらじゅん著 角川書店 2011.10 233p 15cm (角川文庫)〈発売:角川グループパブリッシング〉 514円 ①978-4-04-184606-3

関川寺

03015 街道をゆく 33 白河・会津のみち、赤坂散歩 新装版 司馬遼太郎著 朝日新聞出版 2009.4 333, 8p 15cm (朝日文庫)〈初版:朝日新聞社1994年刊〉 740円 ①978-4-02-264487-9

喜多方市

03016 名探偵浅見光彦のニッポン不思議紀行 内田康夫著 集英社 2006.2 270p 16cm (集英社文庫)〈学習研究社2001年刊あり〉 600円 ①4-08-746013-4

03017 にっぽん全国 百年食堂 椎名誠著 講談社 2013.1 222p 19cm 1400円 ①978-4-06-217814-3

玉梨温泉

03018 この町へ行け 嵐山光三郎著 ティビーエス・ブリタニカ 1995.10 284p 18cm 1300円 ①4-484-95222-X

銀山湖

03019 ハーケンと夏みかん 椎名誠著 集英社 1991.3 209p 16cm (集英社文庫)〈山と溪谷社1988年刊の文庫化〉 320円 ①4-08-749688-0

金川寺

03020 見仏記 5 ゴールデンガイド篇 いとうせいこう, みうらじゅん著 角川書店 2011.10 233p 15cm (角川文庫)〈発売:角川グループパブリッシング〉 514円 ①978-4-04-184606-3

車峠

03021 日本奥地紀行—縮約版 イザベラ・バード著, ニーナ・ウェグナー英文リライト, 牛原眞弓訳 IBCパブリッシング 2017.4 223p 19cm (対訳ニッポン双書) 1600円 ①978-

4–7946–0471–2

黒塚（二本松市）

03022 おくのほそ道 人物紀行　杉本苑子著　文芸春秋　2005.9　230p　18cm　（文春新書）　700円　①4–16–660460–0

黒谷川

03023 渓をわたる風　高桑信一著　平凡社　2004.6　269p　20cm　2000円　①4–582–83224–5

桑折町

03024 ニッポン周遊記―町の見つけ方・歩き方・つくり方　池内紀著　青土社　2014.7　325p　20cm　2400円　①978–4–7917–6777–9

郡山市

03025 スローな旅で行こう―シェルパ斉藤の週末ニッポン再発見　斉藤政喜著　小学館　2004.10　255p　19cm　（Dime books）　1200円　①4–09–366068–9

03026 幸田露伴―1867–1947　幸田露伴著　筑摩書房　2008.9　477p　15cm　（ちくま日本文学 23）〈年譜あり〉　880円　①978–4–480–42523–2

作品 突貫紀行

03027 枕頭山水　幸田露伴著　立川　人間文化研究機構国文学研究資料館　2012.3　241p　19cm　（リプリント日本近代文学）〈原本：博文館 明治26年刊　発売：平凡社〉　3000円　①978–4–256–90230–1

作品 突貫紀行

03028 「翼の王国」のおみやげ　長友啓典文・絵　木楽舎　2016.6　207p　19cm　（翼の王国books）〈索引あり〉　1400円　①978–4–86324–100–8

03029 ふくしま讃歌―日本の「宝」を訪ねて　黛まどか著　新日本出版社　2016.9　214p　19cm　1600円　①978–4–406–06047–9

五色沼

03030 写真家の旅―原日本、産土を旅ゆく。　宮嶋康彦著　日経BP社　2006.10　223p　21cm　〈日経BP出版センター（発売）〉　2667円　①4–8222–6350–9

斎藤温泉

03031 いで湯浴泉記　大石真人著　新ハイキング社　1990.12　316p　19cm　（新ハイキング選書 第11巻）　1700円　①4–915184–12–9

境の明神

03032 街道をゆく　33　白河・会津のみち、赤坂散歩　新装版　司馬遼太郎著　朝日新聞出版　2009.4　333, 8p　15cm　（朝日文庫）〈初版：朝日新聞社1994年刊〉　740円　①978–4–02–264487–9

さざえ堂

03033 閑古堂の絵葉書散歩　東編　林丈二著　小学館　1999.4　123p　21cm　（SHOTOR TRAVEL）　1500円　①4–09–343138–8

作品 『会津さざえ堂』ぐるぐる巡り―福島

03034 仙人の桜、俗人の桜　赤瀬川原平著　平凡社　2000.3　270p　16cm　（平凡社ライブラリー）〈日本交通公社出版事業局1993年刊あり〉　1100円　①4–582–76332–4

作品 凝縮さざえ堂の二重ラセン―会津若松

鮫川村

03035 耕うん機オンザロード　斉藤政喜著　小学館　2001.8　333p　19cm　（BE‐PAL BOOKS）　1200円　①4–09–366065–4

三代宿

03036 旧街道　高野慎三文・写真　北冬書房　1990.11　213p　21cm　（風景とくらし叢書 3）　1800円　①4–89289–084–7

目次 甲州街道 駒飼宿, 甲州街道 台ヶ原宿, 甲州街道 金沢宿, 三国街道 中山宿, 中山道 大久手宿, 中山道 柏原宿, 東海道 赤坂宿, 白河街道 三代宿, 東山道 浦野宿, 善光寺西街道 青柳宿, 信州街道 須賀尾宿, 塩野道 塩野宿

三ノ倉高原

03037 山々を滑る登る　熊谷榧絵と文　八王子　白山書房　2012.11　319p　19cm　（〔榧・画文集 12〕）　1900円　①978–4–89475–159–0

塩屋崎灯台

03038 ニッポン清貧旅行　東海林さだお著　文芸春秋　1993.9　254p　18cm　1000円　①4–16–347950–3

作品 日本盛り合わせ旅行

03039 ショージ君の旅行鞄―東海林さだお自選　東海林さだお著　文芸春秋　2005.2　905p　16cm　（文春文庫）　933円　①4–16–717760–9

作品 日本盛り合わせ旅行

03040 新編 日本の旅あちこち　木山捷平著　講談社　2015.4　304p　16cm　（講談社文芸文庫）〈著作目録あり 年譜あり〉　1600円　①978–4–06–290268–7

作品 阿武隈の国民宿舎―福島

勝常寺

03041 土門拳の古寺巡礼　別巻 第1巻　東日本　土門拳著　小学館　1990.5　147p　26cm　1950円　①4–09–559106–4

作品 ぼくの古寺巡礼

03042 土門拳 古寺を訪ねて―東へ西へ　土門拳写真・文　小学館　2002.3　205p　15cm　（小学館文庫）〈奥付のタイトル：古寺を訪ねて　年譜あり〉　838円　①4–09–411424–6

03043 百寺巡礼　第7巻　東北　五木寛之著　講談社　2009.3　273p　15cm　（講談社文庫）〈文献あり　2004年刊の文庫化〉　562円　①978–4–06–276291–5

03044 古寺巡礼　辻井喬著　角川春樹事務所　2011.5　253p　16cm　（ハルキ文庫）〈2009年刊の文庫化〉　667円　①978-4-7584-3556-7

勝福寺

03045 見仏記　5　ゴールデンガイド篇　いとうせいこう, みうらじゅん著　角川書店　2011.10　233p　15cm　（角川文庫）〈発売：角川グループパブリッシング〉　514円　①978-4-04-184606-3

昭和村

03046 北日本を歩く　立松和平著, 黒古一夫編　勉誠出版　2006.4　372p　22cm　（立松和平日本を歩く 第1巻）　2600円　①4-585-01171-4

白河市

03047 父と子の長い旅　原将人著　フィルムアート社　1994.11　253p　19cm　1854円　①4-8459-9436-4

03048 歴史探訪を愉しむ　童門冬二著　実教教育出版　2002.6　261p　20cm　1500円　①4-7889-0701-1

03049 街道をゆく　33　白河・会津のみち、赤坂散歩　新装版　司馬遼太郎著　朝日新聞出版　2009.4　333, 8p　15cm　（朝日文庫）〈初版：朝日新聞社1994年刊〉　740円　①978-4-02-264487-9

03050 芭蕉の杖跡―おくのほそ道 新紀行　森村誠一著　角川マガジンズ　2012.7　268p　19cm〈発売：角川グループパブリッシング〉　1600円　①978-4-04-731863-2

白河の関跡

03051 奥の細道三百年を走る　菅野拓也著　丸善　2000.1　239p　18cm　（丸善ライブラリー）　780円　①4-621-05310-8

03052 おくのほそ道 人物紀行　杉本苑子著　文芸春秋　2005.9　230p　18cm　（文春新書）　700円　①4-16-660460-0

03053 街道をゆく　33　白河・会津のみち、赤坂散歩　新装版　司馬遼太郎著　朝日新聞出版　2009.4　333, 8p　15cm　（朝日文庫）〈初版：朝日新聞社1994年刊〉　740円　①978-4-02-264487-9

03054 鉄道おくのほそ道紀行―週末芭蕉旅　芦原伸著　講談社　2009.6　314p　20cm　（The new fifties）〈文献あり〉　1800円　①978-4-06-269282-3

03055 奥の細道紀行　大石登世子著　調布　ふらんす堂　2013.10　234p　19cm〈文献あり〉　2476円　①978-4-7814-0617-6

03056 おくのほそ道を旅しよう　田辺聖子著　KADOKAWA　2016.4　209p　15cm　（角川ソフィア文庫）〈講談社文庫 1997年刊の再刊〉　800円　①978-4-04-400035-6

白河ハリストス正教会

03057 街道をゆく　33　白河・会津のみち、赤坂散歩　新装版　司馬遼太郎著　朝日新聞出版　2009.4　333, 8p　15cm　（朝日文庫）〈初版：朝日新聞社1994年刊〉　740円　①978-4-02-264487-9

白鳥山温泉

03058 温泉百話―東の旅　種村季弘, 池内紀編　筑摩書房　1988.2　471p　15cm　（ちくま文庫）　680円　①4-480-02200-7

作品 露天風呂とトンボ〔田中小実昌〕

白水阿弥陀堂

03059 百寺巡礼　第7巻　東北　五木寛之著　講談社　2009.3　273p　15cm　（講談社文庫）〈文献あり　2004年刊の文庫化〉　562円　①978-4-06-276291-5

新宮熊野神社

03060 見仏記　5　ゴールデンガイド篇　いとうせいこう, みうらじゅん著　角川書店　2011.10　233p　15cm　（角川文庫）〈発売：角川グループパブリッシング〉　514円　①978-4-04-184606-3

新地町

03061 よみがえれ、東日本！ 列車紀行　田中正恭著　クラッセ　2011.9　235p　19cm　（Klasse books）　1600円　①978-4-902841-12-1

新野地温泉

03062 いで湯浴泉記　大石真人著　新ハイキング社　1990.12　316p　19cm　（新ハイキング選書 第11巻）　1700円　①4-915184-12-9

03063 人情温泉紀行―演歌歌手・鏡五郎が訪ねた全国の名湯47選　鏡五郎著　マガジンランド　2008.5　235p　19cm〈年譜あり〉　1238円　①978-4-944101-37-5

水郡線

03064 一両列車のゆるり旅　下川裕治, 中田浩資著　双葉社　2015.6　364p　15cm　（双葉文庫）　694円　①978-4-575-71436-4

03065 いきどまり鉄道の旅　北尾トロ著　河出書房新社　2017.8　278p　15cm　（河出文庫）〈「駅長さん！ これ以上先には行けないんすか」（2011年刊）の改題、加筆・修正〉　780円　①978-4-309-41559-8

須賀川市

03066 おくのほそ道 人物紀行　杉本苑子著　文芸春秋　2005.9　230p　18cm　（文春新書）　700円　①4-16-660460-0

03067 奥の細道三百年を走る　菅野拓也著　丸善　2000.1　239p　18cm　（丸善ライブラリー）　780円　①4-621-05310-8

03068 奥の細道紀行　大石登世子著　調布　ふらんす堂　2013.10　234p　19cm〈文献あり〉　2476円　①978-4-7814-0617-6

杉田川

03069 流れる山の情景　浜田優著　山と溪谷社　2009.8　157p　20cm　1905円　①978-4-635-33045-9

関柴町

03070 密教古寺巡礼　1　小山和著　大阪　東方出版　1992.10　237p　19cm　1600円　①4-88591-307-1

禅定寺

03071 見仏記　5　ゴールデンガイド篇　いとうせいこう, みうらじゅん著　角川書店　2011.10　233p　15cm　（角川文庫）〈発売：角川グループパブリッシング〉　514円　①978-4-04-184606-3

相馬市

03072 耕うん機オンザロード　斉藤政喜著　小学館　2001.8　333p　19cm　（BE‐PAL BOOKS）　1200円　①4-09-366065-4

03073 渚の旅人　1　かもめの熱い吐息　森沢明夫著　東京地図出版　2008.12　412p　19cm　1450円　①978-4-8085-8531-0

03074 ふくしま讃歌―日本の「宝」を訪ねて　黛まどか著　新日本出版社　2016.9　214p　19cm　1600円　①978-4-406-06047-9

帝釈山

03075 子づれの山　熊谷榧絵と文　八王子　白山書房　2009.8　222p　19cm　（〔榧・画文集2〕）　1900円　①978-4-89475-135-4

平（いわき市）

03076 密教古寺巡礼　1　小山和著　大阪　東方出版　1992.10　237p　19cm　1600円　①4-88591-307-1

03077 新編 日本の旅あちこち　木山捷平著　講談社　2015.4　304p　16cm　（講談社文芸文庫）〈著作目録あり 年譜あり〉　1600円　①978-4-06-290268-7

平北神谷

03078 『忘れられた日本人』の舞台を旅する―宮本常一の軌跡　木村哲也著　河出書房新社　2006.2　253p　20cm〈文献あり〉　1800円　①4-309-22444-X

目次 1 ふるさとの島より―「私の祖父」「世間師（一）」山口県大島郡東和町長崎（現周防大島町）の旅, 2 世間師に会いにゆく―「世間師（二）」大阪府河内長野市滝畑の旅, 3 文字をもつということ―「文字をもつ伝承者（一）」島根県邑智郡瑞穂町田所鱒淵（現邑南町）の旅, 4 篤農家の消えたあとで―「文字をもつ伝承者（二）」福島県いわき市平北神谷の旅, 5 それぞれの「土佐源氏」―「土佐源氏」高知県高岡郡梼原町茶屋谷の旅, 6 山に生きる人びと―「土佐寺川夜話」高知県土佐郡本川村寺川（現吾川郡いの町）の旅, 7 海をひらいた人びと―「梶田富五郎翁」長崎県下県郡厳原町浅藻（現対馬市）の旅, 8 島の文化―「対馬にて」「村の寄りあい」長崎県上県郡上県町伊奈・佐護・佐須奈（現対馬市）の旅, 9 現代版「名倉談義」「名倉談義」愛知県北設楽郡設楽町名倉の旅, 10 ふたたび島へ「女の世間」「子供をさがす」山口県大島郡東和町長崎・沖家室島、久賀町（現周防大島町）の旅

高湯温泉

03079 山々を滑る登る　熊谷榧絵と文　八王子　白山書房　2012.11　319p　19cm　（〔榧・画文集 12〕）　1900円　①978-4-89475-159-0

岳温泉

03080 新編 日本の旅あちこち　木山捷平著　講談社　2015.4　304p　16cm　（講談社文芸文庫）〈著作目録あり 年譜あり〉　1600円　①978-4-06-290268-7

作品 阿武隈の国民宿舎―福島

田島（南会津町）

03081 日本奥地紀行　イサベラ・バード著, 高梨健吉訳　平凡社　2000.2　529p　16cm　（平凡社ライブラリー）〈年譜あり 文献あり〉　1500円　①4-582-76329-4

03082 イザベラ・バード「日本の未踏路」完全補遺　イザベラ・バード著, 高畑美代子訳注　中央公論事業出版（製作発売）　2008.1　190p　21cm　1600円　①978-4-89514-296-0

03083 イザベラ・バードの日本紀行　上　イザベラ・バード著, 時岡敬子訳　講談社　2008.4　493p　15cm　（講談社学術文庫）　1500円　①978-4-06-159871-3

03084 イザベラ・バード『日本奥地紀行』を歩く　金沢正脩著　JTBパブリッシング　2010.1　175p　21cm　（楽学ブックス―文学歴史 11）〈文献あり 年譜あり〉　1800円　①978-4-533-07671-8

03085 完訳 日本奥地紀行　1　横浜―日光―会津―越後　イザベラ・バード著, 金坂清則訳注　平凡社　2012.3　391p　18cm　（東洋文庫）　3000円　①978-4-582-80819-3

03086 新訳 日本奥地紀行　イザベラ・バード著, 金坂清則訳　平凡社　2013.10　537p　18cm　（東洋文庫）〈布装　索引あり〉　3200円　①978-4-582-80840-7

只見川

03087 岩魚幻照―大イワナの棲む渓々　植野稔著　山と渓谷社　1993.4　190p　21cm　2000円　①4-635-36027-X

03088 北日本を歩く　立松和平著, 黒古一夫編　勉誠出版　2006.4　372p　22cm　（立松和平日本を歩く 第1巻）　2600円　①4-585-01171-4

只見線

03089 絶景 秋列車の旅―陸羽東線西線から山陰本線まで　櫻井寛文・写真　東京書籍　2000.9　159p　21cm　2200円　①4-487-79474-9

03090 のんびり行く只見線の旅　星亮一, 松本忠著　会津若松　歴史春秋出版　2004.1　167p　19cm　（歴春ふくしま文庫）　1200円　①4-89757-561-3

目次 第1部 沿線の風景（神々の世界, 風土のなりたち,

只見川大自然，入広瀬と小出の山野），第2部 私の只見線（出発の朝，金色の風を浴びて，ゆったりのんびり、山間を行く「揺り篭」，鉄橋を渡って ほか）

03091 汽車旅放浪記　関川夏央著　新潮社　2006.6　282p　20cm　1700円　①4-10-387603-4

03092 北へ・郷愁列車の旅　松村映三著　ベストセラーズ　2007.1　125p　20cm　1500円　①978-4-584-18991-7

03093 朝湯、昼酒、ローカル線―かっちゃんの鉄修行　勝谷誠彦著　文芸春秋　2007.12　321p　16cm　（文春文庫plus）〈「勝谷誠彦の地列車大作戦」（JTB2002年刊）の改題〉　629円　①978-4-16-771320-1

03094 汽車旅12カ月　宮脇俊三著　河出書房新社　2010.1　231p　15cm　（河出文庫）　680円　①978-4-309-40999-3

03095 旅の終りは個室寝台車　宮脇俊三著　河出書房新社　2010.3　237p　15cm　（河出文庫）　680円　①978-4-309-41008-1

03096 よみがえれ、東日本！ 列車紀行　田中正恭著　クラッセ　2011.9　235p　19cm　（Klasse books）　1600円　①978-4-902841-12-1

03097 一両列車のゆるり旅　下川裕治，中田浩資著　双葉社　2015.6　364p　15cm　（双葉文庫）　694円　①978-4-575-71436-4

03098 ふくしま讃歌―日本の「宝」を訪ねて　黛まどか著　新日本出版社　2016.9　214p　19cm　1600円　①978-4-406-06047-9

只見町

03099 ぶらぶらヂンヂン古書の旅　北尾トロ著　文藝春秋　2009.6　239p　16cm　（文春文庫）〈風塵社2007年刊の増補〉　590円　①978-4-16-775383-2

立木観音堂〔塔寺〕

03100 密教古寺巡礼　1　小山和著　大阪　東方出版　1992.10　237p　19cm　1600円　①4-88591-307-1

舘岩（南会津町）

03101 北日本を歩く　立松和平著，黒古一夫編　勉誠出版　2006.4　372p　22cm　（立松和平日本を歩く 第1巻）　2600円　①4-585-01171-4

棚倉町

03102 ニッポン周遊記―町の見つけ方・歩き方・つくり方　池内紀著　青土社　2014.7　325p　20cm　2400円　①978-4-7917-6777-9

土湯温泉町

03103 雲は旅人のように―湯の花紀行　池内紀著，田淵裕一写真　日本交通公社出版事業局　1995.5　284p　19cm　1600円　①4-533-02163-8
作品 町に灯が入り、二人に夜がきた

03104 山々を滑る登る　熊谷榧絵と文　八王子　白山書房　2012.11　319p　19cm　（〔榧・画文集 12〕）　1900円　①978-4-89475-159-0

03105 さらば新宿赤マント　椎名誠著　文藝春秋　2015.9　445p　16cm　（文春文庫）〈2013年刊の文庫化〉　770円　①978-4-16-790449-4
作品 絵をめぐる旅

03106 来ちゃった　酒井順子文，ほしよりこ画　小学館　2016.3　317p　15cm　（小学館文庫）〈2011年刊の増補〉　620円　①978-4-09-406277-9

木賊温泉

03107 温泉百話―東の旅　種村季弘，池内紀編　筑摩書房　1988.2　471p　15cm　（ちくま文庫）　680円　①4-480-02200-7
作品 引馬峠〔辻まこと〕

03108 温泉旅日記　池内紀著　徳間書店　1996.9　277p　15cm　（徳間文庫）〈河出書房新社1988年刊あり〉　540円　①4-19-890559-2

富岡町

03109 ふくしま讃歌―日本の「宝」を訪ねて　黛まどか著　新日本出版社　2016.9　214p　19cm　1600円　①978-4-406-06047-9

鳥追観音

03110 見仏記　5　ゴールデンガイド篇　いとうせいこう，みうらじゅん著　角川書店　2011.10　233p　15cm　（角川文庫）〈発売：角川グループパブリッシング〉　514円　①978-4-04-184606-3

中田観音

03111 見仏記　5　ゴールデンガイド篇　いとうせいこう，みうらじゅん著　角川書店　2011.10　233p　15cm　（角川文庫）〈発売：角川グループパブリッシング〉　514円　①978-4-04-184606-3

中通り

03112 日本の秘境ツーリング―よりぬき「日本一を探す旅」　末飛登著，培倶人編集部編　枻出版社　2007.5　187p　15cm　（枻文庫）〈標題紙の責任表示（誤植）：末飛人〉　650円　①978-4-7779-0765-6
目次 福島 ヒストリカル・パレードin福島―歴史の香りの中通り，茨城 筑波山にてガマ詣で―実録！ 四六のガマの真実とは？，群馬 頭文字Bike-jin，千葉 房総・暴走―オーバークオリティな旅，神奈川―蘇るライダー―近場で安心箱根旅，神奈川・静岡 伊豆の巨大物に驚愕！―大は小を兼ねるのか？，山梨・静岡 あな恐ろしや富士巡り―霊峰見ずに穴場に震える，静岡 イズ ディープ伊豆？，岐阜 ロマンシング美濃～ン―美濃の国で宝探しダ！，三重 みえみえじゃない三重―「新定番」認定委員会が行く，奈良 三つ目が通った謎巡り―大和路のオーパーツを追え

中山宿

03113 旧街道　高野慎三文・写真　北冬書房　1990.11　213p　21cm　（風景とくらし叢書 3）

1800円 ①4-89289-084-7

勿来(いわき市)

03114 アザラシのひげじまん 椎名誠著 文藝春秋 2012.11 302p 16cm (文春文庫)〈2010年刊の文庫化〉 581円 ①978-4-16-733435-2

目次 最近の神様, 勿来の関の粗大ゴミ合宿, 文体練習―こぼれた味噌スープ, 美しい便所, アナコンダの腹のなか, 幽霊のかぞえかた, 風雪のソースヤキソバ, かいじん丸の進水式, こんなものいらない〇八改訂版, ビョーキ日本とサバイバル〔ほか〕

夏井川渓谷

03115 導かれて、旅 横尾忠則著 文藝春秋 1995.7 286p 16cm (文春文庫)〈日本交通公社出版事業局 1992年刊の文庫化〉 480円 ①4-16-729703-5

作品 いわきへ、導引術ふたたび

七ガ岳

03116 山の朝霧 里の湯煙 池内紀著 山と渓谷社 1998.9 254p 20cm 1600円 ①4-635-17132-9

浪江町

03117 にっぽん全国 百年食堂 椎名誠著 講談社 2013.1 222p 19cm 1400円 ①978-4-06-217814-3

濁川

03118 川の旅 池内紀著 青土社 2002.7 245p 20cm 1800円 ①4-7917-5971-0

日新館

03119 藩校を歩く―温故知新の旅ガイド 河合敦著 アーク出版 2004.5 259p 22cm 1800円 ①4-86059-025-2

03120 全国藩校紀行―日本人の精神の原点を訪ねて 中村彰彦著 PHP研究所 2014.12 314p 15cm (PHP文庫)〈「捜魂記」(文藝春秋 2004年刊)の改題〉 680円 ①978-4-569-76280-7

日本硫黄沼尻鉄道

03121 失われた鉄道を求めて 新装版 宮脇俊三著 文藝春秋 2011.5 260p 16cm (文春文庫)〈1992年刊の新装版〉 552円 ①978-4-16-733107-8

二本松市

03122 夢追い俳句紀行 大高翔著 日本放送出版協会 2004.4 237p 19cm 1300円 ①4-14-016126-4

03123 文豪、偉人の「愛」をたどる旅 黛まどか著 集英社 2009.8 255p 18cm 1048円 ①978-4-08-781427-9

03124 にっぽん全国 百年食堂 椎名誠著 講談社 2013.1 222p 19cm 1400円 ①978-4-06-217814-3

03125 ちいさな城下町 安西水丸著 文藝春秋 2016.11 267p 16cm (文春文庫)〈2014年刊の文庫化〉 630円 ①978-4-16-790734-1

二本松城跡〔霞ヶ城公園〕

03126 新編 日本の旅あちこち 木山捷平著 講談社 2015.4 304p 16cm (講談社文芸文庫)〈著作目録あり 年譜あり〉 1600円 ①978-4-06-290268-7

作品 阿武隈の国民宿舎―福島

微温湯温泉

03127 四次元温泉日記 宮田珠己著 筑摩書房 2015.1 294p 15cm (ちくま文庫)〈2011年刊の文庫化〉 720円 ①978-4-480-43238-4

猫啼温泉

03128 猫めぐり日本列島 中田謹介著 筑波書房 2005.4 172p 21cm 2200円 ①4-8119-0281-5

八十里越

03129 秘境の山旅 新装版 大内尚樹編 白山書房 2000.11 246p 19cm〈1993年刊の新装版〉 1600円 ①4-89475-044-9

03130 古道巡礼―山人が越えた径 高桑信一著 山と溪谷社 2015.11 397p 15cm (ヤマケイ文庫)〈東京新聞出版局 2005年刊の再構成〉 980円 ①978-4-635-04781-4

03131 アーネスト・サトウの明治日本山岳記 アーネスト・メイスン・サトウ著, 庄田元男訳 講談社 2017.4 285p 15cm (講談社学術文庫)〈「日本旅行日記」(平凡社 1992年刊)と「明治日本旅行案内」(平凡社 1996年刊)の改題、抜粋し新たに編集〉 980円 ①978-4-06-292382-8

八葉寺

03132 見仏記 5 ゴールデンガイド篇 いとうせいこう, みうらじゅん著 角川書店 2011.10 233p 15cm (角川文庫)〈発売:角川グループパブリッシング〉 514円 ①978-4-04-184606-3

花見山

03133 ふくしま讃歌―日本の「宝」を訪ねて 黛まどか著 新日本出版社 2016.9 214p 19cm 1600円 ①978-4-406-06047-9

浜通り

03134 風のオデッセイ―本州沿岸ぐるり徒歩の旅 榛谷泰明著 光雲社, 星雲社〔発売〕 1994.2 192p 19cm 1600円 ①4-7952-7313-8

03135 希望の鎮魂歌(レクイエム)―ホロコースト第二世代が訪れた広島、長崎、福島 エヴァ・ホフマン著, 早川敦子編訳 岩波書店 2017.3 163p 22cm 3700円 ①978-4-00-061189-3

早戸(三島町)

03136 旅の紙芝居 椎名誠写真・文 朝日新聞社 2002.10 350p 15cm (朝日文庫)〈1998

年刊の文庫化〉 820円 ①4-02-264298-X
作品 山の音、花の音

原町市

03137 スローな旅で行こう—シェルパ斉藤の週末ニッポン再発見 斉藤政喜著 小学館 2004.10 255p 19cm (Dime books) 1200円 ①4-09-366068-9

磐越西線

03138 絶景 春列車の旅—内房線から中央山岳縦貫線まで 櫻井寛文・写真 東京書籍 2000.2 159p 21cm 2200円 ①4-487-79472-2

03139 お徒歩 ニッポン再発見 岩見隆夫著 アールズ出版 2001.5 299p 20cm 1600円 ①4-901226-20-7

03140 郷愁の鈍行列車 種村直樹著 和光 SiGnal 2005.9 235p 19cm 1143円 ①4-902658-05-4

03141 おんなひとりの鉄道旅 東日本編 矢野直美著 小学館 2008.7 217p 15cm (小学館文庫)〈2005年刊の単行本を2分冊にして文庫化〉 600円 ①978-4-09-408286-9

03142 よみがえれ、東日本! 列車紀行 田中正恭著 クラッセ 2011.9 235p 19cm (Klasse books) 1600円 ①978-4-902841-12-1

03143 ぞっこん鉄道今昔—昭和の鉄道撮影地への旅 櫻井寛写真・文 朝日新聞出版 2012.8 205p 21cm 2300円 ①978-4-02-331112-1

磐越東線

03144 鉄道旅へ行ってきます 酒井順子, 関川夏央, 原武史著 講談社 2010.12 229p 20cm 1600円 ①978-4-06-216693-5

03145 呑み鉄、ひとり旅—乗り鉄の王様がゆく 芦原伸著 東京新聞 2016.9 302p 19cm 1500円 ①978-4-8083-1014-1

磐梯山

03146 想い遙かな山々 中西悟堂ほか著, 作品社編集部編 作品社 1998.4 245p 22cm (新編・日本随筆紀行 大きな活字で読みやすい本—心にふるさとがある 1)〈付属資料:63p:著者紹介・出典一覧〉 ①4-87893-806-4, 4-87893-807-2
作品 吾妻連峰と磐梯山〔川崎精雄〕

03147 百霊峰巡礼 第1集 立松和平著 東京新聞出版局 2006.7 299p 20cm 1800円 ①4-8083-0854-1

03148 新・古代史謎解き紀行 東北編 消えた蝦夷(えみし)たちの謎 関裕二著 ポプラ社 2010.5 245p 19cm〈各巻タイトル:消えた蝦夷たちの謎 文献あり〉 1400円 ①978-4-591-11812-2

燧ヶ岳

03149 山々を滑る登る 熊谷榧絵と文 八王子 白山書房 2012.11 319p 19cm (〔榧・画文集 12〕) 1900円 ①978-4-89475-159-0

東山温泉

03150 温泉百話—東の旅 種村季弘, 池内紀編 筑摩書房 1988.2 471p 15cm (ちくま文庫) 680円 ①4-480-02200-7
作品 夢二の手紙 抄〔竹久夢二〕

03151 晴浴雨浴日記 種村季弘著 河出書房新社 1989.3 250p 19cm 2500円 ①4-309-00554-3

03152 雲は旅人のように—湯の花紀行 池内紀著, 田淵裕一写真 日本交通公社出版事業局 1995.5 284p 19cm 1600円 ①4-533-02163-8
作品 カラス、カラス、どこさいく

03153 北日本を歩く 立松和平著, 黒古一夫編 勉誠出版 2006.4 372p 22cm (立松和平日本を歩く 第1巻) 2600円 ①4-585-01171-4
作品 東北を走る

引馬峠

03154 温泉百話—東の旅 種村季弘, 池内紀編 筑摩書房 1988.2 471p 15cm (ちくま文庫) 680円 ①4-480-02200-7
作品 引馬峠〔辻まこと〕

檜枝岐村

03155 温泉百話—東の旅 種村季弘, 池内紀編 筑摩書房 1988.2 471p 15cm (ちくま文庫) 680円 ①4-480-02200-7
作品 引馬峠〔辻まこと〕

03156 北日本を歩く 立松和平著, 黒古一夫編 勉誠出版 2006.4 372p 22cm (立松和平日本を歩く 第1巻) 2600円 ①4-585-01171-4
作品 こぶし咲く里

03157 東北を歩く—小さな村の希望を旅する 増補新版 結城登美雄著 新宿書房 2011.7 331p 20cm 2000円 ①978-4-88008-419-0

03158 ニッポン周遊記—町の見つけ方・歩き方・つくり方 池内紀著 青土社 2014.7 325p 20cm 2400円 ①978-4-7917-6777-9

福島交通飯坂線

03159 にっぽんローカル鉄道の旅 野田隆著 平凡社 2005.10 210p 18cm (平凡社新書) 780円 ①4-582-85292-0

福島市

03160 父と子の長い旅 原将人著 フィルムアート社 1994.11 253p 19cm 1854円 ①4-8459-9436-4

03161 よみがえれ、東日本! 列車紀行 田中正恭著 クラッセ 2011.9 235p 19cm (Klasse books) 1600円 ①978-4-902841-12-1

03162 新編 日本の旅あちこち 木山捷平著 講談社 2015.4 304p 16cm (講談社文芸文庫)〈著作目録あり 年譜あり〉 1600円 ①978-

4–06–290268–7
作品 中央競馬・福島夏の陣—福島

03163 ふくしま讃歌—日本の「宝」を訪ねて 黛まどか著 新日本出版社 2016.9 214p 19cm 1600円 ①978–4–406–06047–9

二岐温泉

03164 秘湯を求めて 3 きわめつけの秘湯 藤嶽彰英著 (大阪)保育社 1990.1 194p 19cm 1350円 ①4–586–61103–0

03165 遙かなる秘湯をゆく 桂博史著 主婦と生活社 1990.3 222p 19cm 980円 ①4–391–11232–9

二岐山

03166 いで湯の山旅—特選紀行 美坂哲男著, 新妻喜永写真 山と渓谷社 1993.9 138p 25×19cm 2300円 ①4–635–28026–8
目次 二岐山・豊かな緑といで湯の山, 那須火山山中のいで湯を訪ねて, 新緑と渓流の塩原ハイキング, 上越国境・稲包山とふたつのいで湯, 奥秩父前衛の岩峰と信玄隠し湯〔ほか〕

不動湯温泉

03167 雲は旅人のように—湯の花紀行 池内紀著, 田淵裕一写真 日本交通公社出版事業局 1995.5 284p 19cm 1600円 ①4–533–02163–8
作品 町に灯が入り、二人に夜がきた

幕滝

03168 立松和平のふるさと紀行—名水 立松和平文, 山下喜一郎写真 河出書房新社 2002.5 109p 23cm 2500円 ①4–309–01459–3

孫兵衛山

03169 秘境の山旅 新装版 大内尚樹編 白山書房 2000.11 246p 19cm〈1993年刊の新装版〉 1600円 ①4–89475–044–9

鱒沢川

03170 フライフィッシング紀行 続 芦沢一洋著, 楠山正良編 つり人社 1998.8 256p 18cm (つり人ノベルズ) 950円 ①4–88536–244–X

松平家墓所

03171 街道をゆく 33 白河・会津のみち、赤坂散歩 新装版 司馬遼太郎著 朝日新聞出版 2009.4 333, 8p 15cm (朝日文庫)〈初版：朝日新聞社1994年刊〉 740円 ①978–4–02–264487–9

真野の萱原

03172 谷川健一全集 第10巻(民俗 2) 女の風土記 埋もれた日本地図(抄録) 黒潮の民俗学(抄録) 谷川健一著 冨山房インターナショナル 2010.1 574, 27p 23cm〈付属資料：8p：月報 no.14 索引あり〉 6500円 ①978–4–902385–84–7
作品 真野の萱原

丸山岳

03173 山へ—原始の香り求めて 大内尚樹著 八王子 白山書房 2001.3 236p 19cm 1600円 ①4–89475–047–3

03174 渓をわたる風 高桑信一著 平凡社 2004.6 269p 20cm 2000円 ①4–582–83224–5

御神楽沢

03175 渓をわたる風 高桑信一著 平凡社 2004.6 269p 20cm 2000円 ①4–582–83224–5

三島町

03176 日本列島を往く 5 鎌田慧著 岩波書店 2004.5 301p 15cm (岩波現代文庫 社会) 1000円 ①4–00–603092–4

03177 ふくしま讃歌—日本の「宝」を訪ねて 黛まどか著 新日本出版社 2016.9 214p 19cm 1600円 ①978–4–406–06047–9

水引集落

03178 浦島太郎の馬鹿—旅の書きおき 立松和平著 マガジンハウス 1990.10 251p 21cm 1400円 ①4–8387–0189–6
作品 水引集落 一本の栃の木から

南会津

03179 山を楽しむ 田部井淳子著 岩波書店 2002.9 225, 5p 18cm (岩波新書) 780円 ①4–00–430803–8
目次 1 エヴェレストの頂上に立って(厳寒のエヴェレスト、シェルパたちが支え, ラッセルに苦闘し無心で歩みを進める ほか), 2 四季を歩く(足で楽しもう春本番, メキシコ富士の雪面で ほか), 3 世界の山、日本の山(高所と香りの不思議な関係, 二四年ぶりのエヴェレスト ほか), 4 山の食卓(アイガーのビール, 南会津の味 ほか), 5 快適な山歩きのために(初めはだれでも不安なもの, ひざ痛を防ぐために ほか)

南相馬市

03180 春の消息 柳美里, 佐藤弘夫著, 宍戸清孝写真 第三文明社 2017.12 263p 21cm〈文献あり〉 2200円 ①978–4–476–03369–4

三春滝桜

03181 写真家の旅—原日本、産土を旅ゆく。 宮嶋康彦著 日経BP社 2006.10 223p 21cm〈日経BP出版センター(発売)〉 2667円 ①4–8222–6350–9

三春町

03182 日本探見二泊三日 宮脇俊三著 角川書店 1994.3 231p 15cm (角川文庫) 430円 ①4–04–159807–9

03183 行きつ戻りつ 乃南アサ著 文化出版局 2000.5 237p 21cm 1500円 ①4–579–30386–5

03184 サンダル履き週末旅行 寺井融文, 郡山

貴三写真　竹内書店新社　2003.5　206p　19cm　〈雄山閣（発売）〉　1800円　①4-8035-0348-6

03185　ふくしま讃歌—日本の「宝」を訪ねて　黛まどか著　新日本出版社　2016.9　214p　19cm　1600円　①978-4-406-06047-9

03186　ちいさな城下町　安西水丸著　文藝春秋　2016.11　267p　16cm　（文春文庫）〈2014年刊の文庫化〉　630円　①978-4-16-790734-1

夜行列車「尾瀬夜行」

03187　朝湯、昼酒、ローカル線—かっちゃんの鉄修行　勝谷誠彦著　文芸春秋　2007.12　321p　16cm　（文春文庫plus）〈「勝谷誠彦の地列車大作戦」（JTB2002年刊）の改題〉　629円　①978-4-16-771320-1

柳津町

03188　ニッポン旅みやげ　池内紀著　青土社　2015.4　162p　20cm　1800円　①978-4-7917-6852-3

梁川町

03189　東北を歩く—小さな村の希望を旅する　増補新版　結城登美雄著　新宿書房　2011.7　331p　20cm　2000円　①978-4-88008-419-0

山都町（喜多方市）

03190　東北を歩く—小さな村の希望を旅する　増補新版　結城登美雄著　新宿書房　2011.7　331p　20cm　2000円　①978-4-88008-419-0

八溝山

03191　百霊峰巡礼　第2集　立松和平著　東京新聞出版局　2008.4　307p　20cm　1800円　①978-4-8083-0893-3

湯川村

03192　密教古寺巡礼　1　小山和著　大阪　東方出版　1992.10　237p　19cm　1600円　①4-88591-307-1

湯岐温泉

03193　今昔温泉物語　伊豆・箱根、関東篇　山本容朗選, 日本ペンクラブ編　福武書店　1990.7　265p　15cm　（福武文庫）　480円　①4-8288-3148-7

作品　猫のいる湯宿〔伊藤桂一〕

目次　薔薇（吉行淳之介）, 浴泉記（上林暁）, 西伊豆のカニと猪鍋（三浦哲郎）, 旅行記を食べる（山本容朗）, あの梶井基次郎の笑い声（宇野千代）, 北湯ケ野（草野心平）, 伊豆下田（瀬戸内晴美）, 南伊豆行（川端康成）, 箱根（中沢けい）, 熱海秘湯群漫遊記（種村季弘）, 三国峠の大蠟燭を偸もうとする（田中冬二）, 金精峠より野州路へ（若山牧水）, 奥鬼怒の谷のはなし（辻まこと）, 忠治も来た一鳩の湯（池内紀）, 伊香保みやげ（島崎藤村）, 猫のいる湯宿（伊藤桂一）, 花酔（中山義秀）, 安近短、埼玉に秘湯あり（山口瞳）, 三斗小屋（高井有一）, 逆杉（大岡昇平）

03194　いで湯浴泉記　大石真人著　新ハイキング社　1990.12　316p　19cm　（新ハイキング選書 第11巻）　1700円　①4-915184-12-9

湯野上温泉

03195　汽車にゆられて温泉へ　南正時著　心交社　1999.12　213p　19cm　1300円　①4-88302-428-8

目次　ローカル線温泉旅情—JR吾妻線, 北の大地の「秘湯」を思う, 温泉 はだかの交遊録, ところ変われば湯も変わる?!, たまにはこんな旅もいいか…, 湯野上のSLバアちゃん, 派手派手列車で湯煙り巡り, 歓楽温泉の楽しみ—お色気と鉄道, 電車にゆられて温泉へ, タンゴで丹後の湯に浸かる, 小百合サマへの熱き思い, 私好みの贔屓の宿, 『明日萌』にて, つれづれなるまま—湯巡りの旅へ

03196　小さな鉄道 小さな温泉　大原利雄著　小学館　2003.8　171p　15cm　（小学館文庫）　733円　①4-09-411525-0

湯ノ花温泉

03197　温泉百話—東の旅　種村季弘, 池内紀編　筑摩書房　1988.2　471p　15cm　（ちくま文庫）　680円　①4-480-02200-7

作品　引馬峠〔辻まこと〕

03198　浦島太郎の馬鹿—旅の書きおき　立松和平著　マガジンハウス　1990.10　251p　21cm　1400円　①4-8387-0189-6

03199　北日本を歩く　立松和平著, 黒古一夫編　勉誠出版　2006.4　372p　22cm　（立松和平日本を歩く 第1巻）　2600円　①4-585-01171-4

霊山

03200　日本探見二泊三日　宮脇俊三著　角川書店　1994.3　231p　15cm　（角川文庫）　430円　①4-04-159807-9

若松城〔会津若松城・鶴ヶ城〕

03201　日本名城紀行　1　東北・北関東 古城のおもかげ　小学館　1989.5　293p　15cm　600円　①4-09-401201-X

03202　名探偵浅見光彦のニッポン不思議紀行　内田康夫著　集英社　2006.2　270p　16cm　（集英社文庫）〈学習研究社2001年刊あり〉　600円　①4-08-746013-4

鷲倉温泉

03203　いで湯浴泉記　大石真人著　新ハイキング社　1990.12　316p　19cm　（新ハイキング選書 第11巻）　1700円　①4-915184-12-9

03204　温泉旅行記　嵐山光三郎著　筑摩書房　2000.12　315p　15cm　（ちくま文庫）〈初版：JTB1997年刊〉　760円　①4-480-03589-3

関　東

03205　汽車旅十五題　種村直樹著　日本交通公社　1992.4　230p　19cm　1300円　①4-533-01899-8

03206　峠越え―山国・日本を駆けめぐる！　賀曽利隆著　光文社　1992.7　382p　15cm　(光文社文庫)　600円　①4-334-71557-5

03207　駅前温泉汽車の旅　PART2 関東・甲信越・東北・北海道篇　種村直樹著　徳間書店　1993.10　240p　19cm　1300円　①4-19-860008-2

03208　日本あちこち乗り歩き　種村直樹著　中央書院　1993.10　310p　19cm　1600円　①4-924420-84-0

03209　古道紀行 奥の細道　小山和著　大阪保育社　1994.3　204p　19cm　1800円　①4-586-61306-8

03210　シェルパ斉藤の行きあたりばっ旅　斉藤政喜著　小学館　1998.1　349p　16cm　(小学館文庫)〈1994年刊の増訂〉　600円　①4-09-411001-1

03211　シェルパ斉藤の行きあたりばっ旅　5　斉藤政喜著　小学館　1999.8　253p　15cm　(小学館文庫)　457円　①4-09-411005-4

(目次) 第1章 瀬戸内海・生活船はしご旅, 男をとるか女をとるか編, 運命的な出会い編, 第2章 カヌー&バイクで首都圏周遊川下り, 第3章 再生パパチャリで奄美大島へ, 放浪者のネットワークをつなぐ旅編, 消えた尋ね人探索紀行編, 第4章 MTBで四国を目指す、どんぐり預金旅, パパは未熟なサンタクロース編, トラブル続きの四国上陸編, 第5章 南米パタゴニアで『ばっ旅』する！, 世界最南端の村探訪編, 暴風大陸トレッキング編, 第6章 電動アシスト自転車で奄美大島へ, 第7章 息子とふたり、列車&ヒッチの四国旅, 第8章 息子とふたり、熊野古道バックパッキング, あとがき

03212　にっぽん鉄道旅行の魅力　野田隆著　平凡社　2004.5　193p　18cm　(平凡社新書)　780円　①4-582-85227-0

03213　日本百名町　嵐山光三郎著　光文社　2005.4　317p　16cm　(知恵の森文庫)　629円　①4-334-78353-8

03214　賀曽利隆の300日3000湯めぐり日本一周―6万5000キロのバイク旅　上巻　賀曽利隆著　昭文社　2008.9　286p　21cm　1600円　①978-4-398-21116-3

(目次) 第1章 関東編 (2006年11月1日～11月24日) 24日間・204湯―北関東・南関東 (「さー、出発だ！」, 記念すべき第1湯目 ほか), 第2章 甲信編 (2006年12月1日～12月25日) 25日間・215湯―甲州・信州 (若林さん、今回も頼みますよ！, 柳沢峠で見る富士山 ほか), 第3章 本州西部編 (2007年1月10日～2月28日) 50日間・481湯―北陸・中国・関西・東海 (第1湯目のありがたさ！, 林道走行とからめて入る温泉 ほか), 第4章 四国編 (2007年3月10日～4月8日) 30日間・310湯―四国・淡路島・紀伊半島・伊豆半島 (「四国編」に出発だ！, 南伊豆から西伊豆へ ほか)

03215　一食一会―フードマインドをたずねて　向笠千恵子著　小学館　2008.12　253p　18cm　(小学館101新書)　740円　①978-4-09-825016-5

03216　自転車でどこまでも走る―千葉から直江津へ、自分の限界に挑む400kmロングライド　のぐちやすお著　ラピュータ　2010.9　230p　19cm　(ラピュータブックス)　1500円　①978-4-905055-00-6

(目次) プロローグ 自転車で自分の限界に挑む, 序章 1日360km走る人々, 第1章 どんな準備をすればいいのか, 第2章 知っていると役立つこと, 第3章 いざ、本番へ, 第4章 当日の走り, 第5章 体調管理とトラブル, 第6章 距離の壁, 終章 もうひとつの限界、1日標高差への挑戦

03217　うっかり鉄道―おんなふたり、ローカル線めぐり旅　能町みね子著　メディアファクトリー　2010.10　205p　19cm　1100円　①978-4-8401-3545-0

03218　寝台急行「昭和」行　関川夏央著　中央公論新社　2015.12　273p　16cm　(中公文庫)〈日本放送出版協会 2009年刊の再刊〉　840円　①978-4-12-206207-8

(目次) 1 ローカル列車「レトロ紀行」(安上がりで小さな旅―東京近郊線, 寝台急行銀河「昭和」行―東海道線、三岐鉄道、天竜浜名湖鉄道ほか ほか), 2 (ポワロのオリエント急行, 『華氏451』と「亡命者」たちの村 ほか), 3 (ネコと待ちあわせる駅, ああ上野駅 ほか), 4 (関東平野ひとめぐり, 下関に見る近代日本の全盛期 ほか)

奥州街道

03219　ぶらり鉄道、街道散歩　芦原伸著　ベストセラーズ　2010.11　237p　18cm　(ベスト新書)　819円　①978-4-584-12308-9

奥秩父

03220　峰と渓　冠松次郎著　河出書房新社　2002.5　249p　19cm　(Kawade山の紀行)　1600円　①4-309-70422-0

(目次) 初夏の山と渓, 新緑の山々, 夏山を語る, 渓谷写真の撮り方, 夏山の随想, 峰・渓々, カメラ瑣談, 深夜の黒部, 山の涼しさ, 滝を語る〔ほか〕

03221　みなみらんぼう山の詩―一歩二歩山歩2　みなみらんぼう著　中央公論新社　2002.10　189p　21cm　1900円　①4-12-003321-X

(目次) 第1章 春は花を愛でに山へ行こう (高度感満点三百六十度の展望 (十二ヶ岳),「美しい日本」旅する喜び (蕎麦粒山) ほか), 第2章 気分爽快！ 夏山の魅力 (山の勘養うタフな尾根 (丹沢・大宝山), 満喫！ 岩登りのスリ

ル(奥秩父・乾徳山) ほか), 第3章 紅葉をもとめて秋の山へ(秋の日差し浴び大の字に(ミカン色づく浜石岳), いつか心を救う原風景の山(家族ハイクの勧め・日向山) ほか), 第4章 隠れた魅力がいっぱい冬山のススメ(カラマツの葉踏み頂上目指す(浅間隠山), 懐かしさに出会う里の道(秩父札所と破風山) ほか), 第5章 いざ、海外の山々へ(荷物はラバにおまかせ(モロッコ・ツブカル山1), 長女とともに登頂成功(モロッコ・ツブカル山2) ほか)

03222 渓 冠松次郎著 中央公論新社 2004.10 304p 21cm (中公文庫ワイド版)〈中公文庫2003年刊(改版)のワイド版〉 4600円 ①4-12-551835-1
(目次) 幽邃な谷と豪快な谷, 碧水の美しさ, 水の力, トロを行く楽しさ, 北アルプスの渓谷, 山は歩かれているか, 黒部の森林, 黒部の出湯, 赤牛岳に登る, 赤沢岳と赤沢〔ほか〕

03223 山の旅 本の旅―登る歓び、読む愉しみ 大森久雄著 平凡社 2007.9 237p 20cm〈文献あり〉 2200円 ①978-4-582-83368-3

03224 山で見た夢―ある山岳雑誌編集者の記憶 勝峰富雄著 みすず書房 2010.5 285p 20cm 2600円 ①978-4-622-07542-4

03225 奥秩父―山、谷、峠そして人 山田哲哉著 東京新聞 2011.12 343p 19cm 1800円 ①978-4-8083-0952-7
(目次) 第1章 奥秩父「山」(甲武信岳―地味だが奥の深い奥秩父の中核. 金峰山―奥秩父逍遙の始まりを告げ、終わりを飾る山 ほか), 第2章 奥秩父「谷」(奥秩父の中の奥秩父、荒川水系の谷と里, 無益な林道に脅かされる美渓、笛吹川 ほか), 第3章 奥秩父「峠」(峠道いまいずこ。奥秩父の峠の盛衰, 雁坂峠―秩父往還の名にふさわしい歴史を持つ峠 ほか), 第4章 奥秩父「人」(奥秩父の山小屋。そこは森の香りがし煙臭いおやじがいるところ, 甲武信岳を守り、独特の魅力を創り出してきた人々 ほか)

03226 山の名作読み歩き―読んで味わう山の楽しみ 大森久雄編 山と溪谷社 2014.11 301p 18cm (ヤマケイ新書) 880円 ①978-4-635-51002-8
(作品) 秩父のおもいで〔木暮理太郎〕

「奥の細道」

03227 池田満寿夫 おくのほそ道・みちのく紀行 池田満寿夫著 日本放送出版協会 1989.8 143p 21×23cm 2500円 ①4-14-008663-7

03228 定本 七つの街道 井伏鱒二著 永田書房 1990.2

03229 人はなぜ旅をするのだろうか―逆・奥の細道 北へ 塩野米松著, 宮嶋康彦写真 求龍堂 1994.3 255p 21cm 1800円 ①4-7630-9401-7

03230 奥の細道吟行 加藤楸邨著 平凡社 1999.3 347p 16cm (平凡社ライブラリー) 1200円 ①4-582-76282-4

03231 芭蕉の旅はるかに 海野弘著 アーツアンドクラフツ 2005.5 220p 19cm (旅を歩く旅) 1700円 ①4-901592-28-9

03232 奥の細道 温泉紀行 嵐山光三郎著 小学館 2006.6 221p 15cm (小学館文庫)〈1999年 平凡社刊あり〉 695円 ①4-09-408082-1

03233 電車とバスと徒歩で行く『奥の細道紀行』 櫻井寛写真文 日経BP社 2011.1 133p 28cm (日経ホームマガジン)〈『日経おとなのOFF』特別編集 発売:日経BPマーケティング〉 1524円 ①978-4-8222-6017-0

03234 自転車で行く「奥の細道」逆まわり―俳句の生まれる現場 大竹多可志著 東京四季出版 2011.3 241p 21cm 2000円 ①978-4-8129-0664-4

03235 「おくのほそ道」を走る―親子で走った芭蕉の旅2400キロ 中里富美雄著 菁柿堂 2012.3 181p 18cm (菁柿堂新書)〈発売:星雲社〉 900円 ①978-4-434-16557-3

小田急ロマンスカー

03236 全国私鉄特急の旅 小川裕夫著 平凡社 2006.10 229p 18cm (平凡社新書) 840円 ①4-582-85343-9
(目次) 「デラックスロマンスカー」から「スペーシア」へ―東武鉄道, ゆったりとした座席の「ニューレッドアロー号」―西武鉄道, 「スカイライナー」で成田空港へ―京成電鉄, 「ロマンスカー」は進化する―小田急電鉄, 特急で高尾山へ―京王電鉄, 渋谷-横浜・中華街を特急で結ぶ―東京急行電鉄, 三浦半島を「快特」で楽しむ―京浜急行電鉄, セントレアには「ミュースカイ」がよく似合う―名古屋鉄道, 伝統の「テレビカー」は今も人気―京阪電気鉄道, 創業者・小林一三の精神を受け継ぐ乗客サービス―阪急電鉄, 特急にもタイガースの旗が―阪神電気鉄道, 私鉄最大の路線網と特急網―近畿日本鉄道, 斬新なデザインの「ラピート」、勾配に強い「こうや」―南海電気鉄道, 九州最大の私鉄路線を特急で―西日本鉄道

03237 お友だちからお願いします 三浦しをん著 大和書房 2012.8 290p 20cm 1400円 ①978-4-479-68171-7
(作品) ロマンスカーの話し

快速ラビット号

03238 門灯(ポーチライト)が眼ににじむ 常盤新平著 作品社 1993.5 235p 19cm 1300円 ①4-87893-179-5
(目次) 由布院から, ファミリー・ディナー, 父たちの現在, サラダの中に婚約指輪, 無事就任, 西44丁目の幽霊, 30歳のころ, ミス地下鉄, 8番街の酒場, 各駅停車の旅, ブック・フレンズ・カフェ〔ほか〕

景信山

03239 日本の名山 別巻2 高尾山 串田孫一, 今井通子, 今福龍太編 博品社 1997.10 249p 19cm〈文献あり〉 1600円 ①4-938706-47-4
(作品) 裏山歩き 明王峠から景信山へ〔北原節子〕
(目次) 高尾薬王院唱(北原白秋), 高尾紀行(正岡子規), 高雄山(橋本敏夫), 高尾山道(佐藤文男), 高尾山 薬王院有喜寺 標高六〇〇メートル(浅野孝一), 高尾山(宮本袈裟雄), 山伏の秘法、高尾山火渡り祭り(山本富夫), 高尾山(別称高雄山)(高頭式), 美しき五月の月に 若い女性に向っての山へのいざない(尾崎喜八), 高尾の紅葉(大町桂月), 夏の終わりの高尾山(沢野ひとし), 春爛漫の高尾山(みなみらんぼう), 山登り初挑戦の巻(岸本葉子), 高尾山 六号路 琵琶滝道(武村岳男), いざ出発は高尾山から 第一回 高尾山起点から鼠坂(田中正八郎, 田中

はるみ), 高尾から八王子城跡、堂所山 北高尾縦走(高橋恒光), 小下沢 日帰り(菅沼達太郎), 南高尾山稜の四季(沢聰), 高尾山より三頭山まで(高畑棟材), 裏山歩き明王峠から景信山へ(北原節子), 御殿峠(井出孫六), 小仏峠(大滝重直), 小仏・景信及び陣馬 附、三国・権現等(田島勝太郎), 陣馬峯(河田楨), 陣馬山に立つ陣馬(石田亘), 生藤山(武田久吉), 高尾山=フクジュソウ(田中澄江), 高尾山のスミレ(足田輝一), 高尾山と植物(菱山忠三郎), 高尾の休日 モミの木とキツツキと(西口親雄), 山桜を見に行く(鷹沢のり子), 清水茶屋 陣馬山(工藤隆雄), 天狗の湯(菊地正), 裏高尾の春(いだよう), 高尾山を守る運動(酒井喜久子)

03240 山のぼりおり 石田千著 山と渓谷社 2008.4 149p 図版16枚 20cm 1800円 ①978-4-635-17174-8

鹿島線

03241 父・宮脇俊三が愛したレールの響きを追って 宮脇灯子著 JTBパブリッシング 2008.8 223p 19cm〈写真:小林写函〉 1500円 ①978-4-533-07200-0

鹿島灘

03242 野生めぐり―列島神話の源流に触れる12の旅 石倉敏明文, 田附勝写真 京都 淡交社 2015.11 255p 19cm 2000円 ①978-4-473-04045-9

神流川

03243 ちいさな桃源郷 池内紀編 幻戯書房 2003.9 267p 20cm 2300円 ①4-901998-05-6

作品 神流川を遡って〔深田久弥〕

目次 1章(三種の宝器(庄野英二), 赤石山麓の毛皮仲買人のことなど(椋鳩十), 神流川を遡って(深田久弥), 小屋で暮したとき(辻まこと), 廃屋の夏(吉田元), 桃源郷・三之公谷(斐太猪之介), 塩川鉱泉(上田哲農), 山村かたぎ(真壁仁)), 2章(へらだし(宇都宮貞子), カッパ山(西丸震哉) ほか), 3章(L'HISTOIRE DE LA NUIT(大谷一良(絵も)), 水の月水の星 ほか), 4章(山村で暮らす(中村為治), 蒼い岩棚(三宅修) ほか)

雲取山

03244 紀行文集 無明一杖 上甲平谷著 谷沢書房 1988.7 339p 19cm 2500円

03245 ごちそう山 谷村志穂, 飛田和緒著 集英社 2003.1 211p 16cm (集英社文庫) 619円 ①4-08-747534-4

目次 ふたりのはじめての登山―志賀高原四十八池、冬, 恋心を抱えて新緑をゆく―雲取山、春, ハワイにだって山はある―ハワイ島キラウエア火山, 和緒さんがいなくたって…―南八ヶ岳硫黄岳、初冬, 雪洞を掘って過ごした夜―美ヶ原雪洞泊まり、厳冬, テレマークスキーに初挑戦!―北八ヶ岳、冬, 番外編 ふたりのお気に入りグッズ, 初の3000メートル峰へ―北アルプス槍ヶ岳、盛夏, 滝の中じゃぶじゃぶ歩く沢登り―丹沢葛葉川本谷、初夏, 秋晴れののんびり山歩き―奥秩父瑞牆山、秋〔ほか〕

03246 ハピネス気分で山歩き 平野恵理子著 山と渓谷社 2005.9 159p 21cm 1800円 ①4-635-17168-X

03247 わが愛する山々 深田久弥著 山と渓谷社 2011.6 381p 15cm (ヤマケイ文庫)〈年譜あり〉 1000円 ①978-4-635-04730-2

03248 山・音・色 KIKI, 野川かさね著 山と渓谷社 2012.7 159p 20cm 1500円 ①978-4-635-77014-9

03249 鈴木みきの山の足あと 鈴木みき著 山と渓谷社 2013.6 127p 21cm 1200円 ①978-4-635-33058-9

目次 奥多摩雲取山―沢野ひとし画伯、東京都最高峰へフガフガ山行, 北アルプス奥穂高岳・前穂高岳―転がる。こぶつくる。でも登る。, 南飛騨位山―未知との遭遇!?UFO山, 南アルプス白峰三山―山の花火, 山梨県・静岡県富士山―富士山登頂ツアーに参加しました!, 岐阜県・長野県御嶽山―濁河温泉から登る御嶽山, 長野県安曇野・美ヶ原―暮らしについて学ぶちょっぴり贅沢な体験, 南アルプス仙塩尾根―あえて一本それてみる。それが南アの登山流儀。, 北アルプス穂高岳・槍ヶ岳―急峻な岩稜で結ぶふたつの秀峰, 山梨県飯盛山―撮りおろしスペシャルルポ今の私にとっていちばんフレンドリーな山

京成「スカイライナー」

03250 全国私鉄特急の旅 小川裕夫著 平凡社 2006.10 229p 18cm (平凡社新書) 840円 ①4-582-85343-9

京浜運河

03251 小さな魚(さかな)を巡る小さな自転車の釣り散歩―タナゴ・フナ・クチボソ・ヤマベ・ハゼ・テナガエビetc. オジサンたちの釣輪具雑魚団 葛島一美著 つり人社 2010.7 223p 22cm〈タイトル:小さな魚を巡る小さな自転車の釣り散歩〉 1700円 ①978-4-88536-180-7

目次 浦安~行徳 夏ハゼ―初陣はパンクの苦ーい教訓から始まった, 霞ヶ浦西浦南岸ホソ 小ブナ―馬掛→掛馬「利き水大作戦」落ちブナの居場所を捜し出せ, 北浦南岸ドック タナゴ―舟溜まりうろうろ、余裕しゃくしゃく、試し釣りポタリング, 水元公園 クチボソ―なめたらアカン、チビッコギャングと寒中対決, 日本水郷・佐原向地 春ブナ―FDB乗っ込み捜査網大作戦, 霞ヶ浦西浦南岸 タナゴ五目―「湖岸タナ五」で梅雨を迎え撃つ, 京浜運河 陸っぱりハゼ―江戸前エサのフルコースで夏ハゼをおもてなし, 千葉・江戸川 テナガエビ―灼熱の夏、テトラの穴からビッグアームを捜しだせ, 埼玉・川越周辺ホソの小ブナ―カキノタネとサツマイモに誘われて、秋の小江戸遊山, 都内 釣り堀めぐり―金魚ちゃんに恋(コイ)してもの悲しい年の暮ら〔ほか〕

03252 ぷらっぷらある記 銀色夏生著 幻冬舎 2014.12 278p 16cm (幻冬舎文庫) 600円 ①978-4-344-42275-9

甲州街道

03253 古道紀行 甲州街道 小山和著 大阪 保育社 1995.4 193p 19cm 1800円 ①4-586-61309-2

目次 懐古の旅路 武蔵野と旅情の谷(新宿から府中へ―武蔵野の道, 府中から八王子へ―坂東武者の夢の跡, 小仏峠から藤野へ―美しい旅情の小道, 上野原から笹子峠へ―峡谷の里・山の里, 「立川~八王子点描」), 源氏の里と神の国 甲府盆地から諏訪へ(田野から塩山へ―武田家悲劇の地, 甲府とその周辺―多彩な遺跡, 韮崎から白州へ―甲斐源氏のふるさと, 諏訪盆地―湯の里・神の国,

「甲府～諏訪点描」)

03254 今夜も空の下―シェルパ斉藤の行きあたりばっ旅 2 斉藤政喜著 小学館 1996.3 287p 19cm (BE‐PAL BOOKS) 1100円 ①4-09-366063-8

03255 シェルパ斉藤の行きあたりばっ旅 3 斉藤政喜著 小学館 1998.8 253p 16cm (小学館文庫) 457円 ①4-09-411003-8

03256 街道をゆく 1 湖西のみち、甲州街道、長州路 ほか 新装版 司馬遼太郎著 朝日新聞出版 2008.8 291, 8p 15cm (朝日文庫) 600円 ①978-4-02-264440-4

目次 湖西のみち(楽浪の志賀, 湖西の安曇人 ほか), 竹内街道(大和石上へ, 布留の里 ほか), 甲州街道(武蔵のくに, 甲州街道 ほか), 葛城みち(葛城みち, 葛城の高丘 ほか), 長州路(長州路, 壇之浦付近 ほか)

03257 ぶらり鉄道、街道散歩 芦原伸著 ベストセラーズ 2010.11 237p 18cm (ベスト新書) 819円 ①978-4-584-12308-9

小仏峠

03258 紀行文集 無明一杖 上甲平谷著 谷沢書房 1988.7 339p 19cm 2500円

作品 小仏異変

03259 日本の名山 別巻 2 高尾山 串田孫一, 今井通子, 今福龍太編 博品社 1997.10 249p 19cm〈文献あり〉 1600円 ①4-938706-47-4

作品 小仏峠〔大滝重直〕

金精峠

03260 みなかみ紀行 若山牧水著 中央公論社 1993.5 229p 15cm (中公文庫) 400円 ①4-12-201996-6

作品 みなかみ紀行

目次 みなかみ紀行, 大野原の夏草, 追憶と眼前の風景, 杜鵑を聴きに, 白骨温泉, 通蔓草の実, 山路, 或る旅と絵葉書, 野なかの滝, 或る島の半日, 伊豆紀行, 雪の天城越

03261 みなかみ紀行 新編 若山牧水著, 池内紀編 岩波書店 2002.3 266p 15cm (岩波文庫) 600円 ①4-00-310522-2

作品 みなかみ紀行

03262 アーネスト・サトウの明治日本山岳記 アーネスト・メイスン・サトウ著, 庄田元男訳 講談社 2017.4 285p 15cm (講談社学術文庫)〈「日本旅行日記」(平凡社 1992年刊)と「明治日本旅行案内」(平凡社 1996年刊)の改題、抜粋し新たに編集〉 980円 ①978-4-06-292382-8

上越新幹線

03263 快速特急記者の旅―レイルウェイ・ライターの本 種村直樹著 日本交通公社出版事業局 1993.5 334p 19cm 1400円 ①4-533-01973-0

03264 日本あちこち乗り歩き 種村直樹著 中央書院 1993.10 310p 19cm 1600円 ①4-924420-84-0

生藤山

03265 日本の名山 別巻 2 高尾山 串田孫一, 今井通子, 今福龍太編 博品社 1997.10 249p 19cm〈文献あり〉 1600円 ①4-938706-47-4

作品 生藤山〔武田久吉〕

常磐線

03266 ふれあいの旅紀行 新田健次著 東京新聞出版局 1992.5 203p 19cm 1300円 ①4-8083-0437-6

03267 週末夜汽車紀行 西村健太郎著 アルファポリス 2011.5 303p 15cm (アルファポリス文庫)〈発売：星雲社 2010年刊の文庫化〉 620円 ①978-4-434-15582-6

03268 むかしの汽車旅 出久根達郎編 河出書房新社 2012.7 259p 15cm (河出文庫) 760円 ①978-4-309-41164-4

作品 常磐線(陸羽浜街道)〔田山花袋〕

03269 汽車に乗った明治の文人たち―明治の鉄道紀行集 出口智之編 教育評論社 2014.1 286p 19cm〈文献あり〉 2400円 ①978-4-905706-81-6

作品 うつしゑ日記〔幸田露伴〕

新河岸川

03270 大東京ぐるぐる自転車 伊藤礼著 筑摩書房 2014.10 343p 15cm (ちくま文庫)〈東海教育研究所 2011年刊に書き下ろし「堀切菖蒲園」を加えて再刊〉 880円 ①978-4-480-43209-4

目次 第1章 話を始めるにあたってのいくつかの話(年寄りがしきりに自転車に乗るのは正しいことか, 無方針にハンドルを切るとどういうことになるか ほか), 第2章 やや研究的な話(「新上水」という水路があったということ, 『デジタル標高地形図』によって谷田川跡を走ったこと ほか), 第3章 主として見知らぬ町を訪ねた話(わが国の公衆便所の進化のこと、附、東海道品川の宿探訪記, ペースメーカーを装着してスカイツリー見物に行ったこと ほか), 第4章 東京の南を走った話(横浜まで, 精神的なものを求めて自由民権資料館見学を立案したこと、及び、その他の話 ほか), 第5章 東京の北、及び西を走った話(北方回遊を企画して新河岸川まで行ったこと, 北方探検に出発し石神井公園に到着したこと ほか)

寝台急行「銀河」

03271 「銀づくし」乗り継ぎ旅―銀水発・銀山ゆき5泊6日3300キロ 列車に揺られて25年 種村直樹著 徳間書店 2000.7 258p 19cm 1400円 ①4-19-861211-0

03272 追憶の夜行列車 2 さよなら〈銀河〉 種村直樹著 和光 SiGnal 2008.12 233p 19cm 1300円 ①978-4-902658-11-8

03273 寝台急行「昭和」行 関川夏央著 中央公論新社 2015.12 273p 16cm (中公文庫)〈日本放送出版協会 2009年刊の再刊〉 840円 ①978-4-12-206207-8

寝台特急「あけぼの」

03274 追憶の夜行列車 種村直樹著 和光 SiGnal 2005.2 237p 19cm 1143円 ①4-

902658-04-6
03275 日本縦断個室寝台特急の旅　続　櫻井寛写真・文　世界文化社　2005.11　207p　22cm　2800円　Ⓘ4-418-05519-3
03276 週末夜汽車紀行　西村健太郎著　アルファポリス　2011.5　303p　15cm　(アルファポリス文庫)〈発売：星雲社　2010年刊の文庫化〉　620円　Ⓘ978-4-434-15582-6
03277 去りゆく星空の夜行列車　小牟田哲彦著　草思社　2015.2　294p　16cm　(草思社文庫)〈扶桑社 2009年刊の再刊〉　850円　Ⓘ978-4-7942-2105-6

寝台特急「カシオペア」

03278 日本縦断個室寝台特急の旅　続　櫻井寛写真・文　世界文化社　2005.11　207p　22cm　2800円　Ⓘ4-418-05519-3
03279 名探偵浅見光彦の食いしん坊紀行　内田康夫著　実業之日本社　2010.10　257p　16cm　(実業之日本社文庫)〈2000年刊の再編集〉　724円　Ⓘ978-4-408-55000-8
03280 去りゆく星空の夜行列車　小牟田哲彦著　草思社　2015.2　294p　16cm　(草思社文庫)〈扶桑社 2009年刊の再刊〉　850円　Ⓘ978-4-7942-2105-6

寝台特急「北星」

03281 追憶の夜行列車　2　さよなら〈銀河〉　種村直樹著　和光　SiGnal　2008.12　233p　19cm　1300円　Ⓘ978-4-902658-11-8

寝台特急「北斗星」

03282 かわいい自分には旅をさせろ　嵐山光三郎著　講談社　1991.8　253p　18cm　1100円　Ⓘ4-06-205402-7
03283 食後のライスは大盛りで　東海林さだお著　文芸春秋　1995.3　254p　15cm　(文春文庫)　420円　Ⓘ4-16-717727-7
[作品] 夜行列車とフランス料理
03284 阿川弘之自選紀行集　阿川弘之著　JTB　2001.12　317p　20cm　2200円　Ⓘ4-533-04030-6
[作品]「北斗星1号」試乗記
03285 ショージ君の旅行鞄―東海林さだお自選　東海林さだお著　文芸春秋　2005.2　905p　16cm　(文春文庫)　933円　Ⓘ4-16-717760-9
[作品] 夜行列車とフランス料理

寝台特急「北陸」

03286 去りゆく星空の夜行列車　小牟田哲彦著　草思社　2015.2　294p　16cm　(草思社文庫)〈扶桑社 2009年刊の再刊〉　850円　Ⓘ978-4-7942-2105-6

寝台特急「ゆうづる」

03287 追憶の夜行列車　2　さよなら〈銀河〉　種村直樹著　和光　SiGnal　2008.12　233p　19cm　1300円　Ⓘ978-4-902658-11-8

陣馬山

03288 日本の名山　別巻 2　高尾山　串田孫一, 今井通子, 今福龍太編　博品社　1997.10　249p　19cm〈文献あり〉　1600円　Ⓘ4-938706-47-4
[作品] 陣馬山に立つ陣馬〔石田亘〕　陣馬峯〔河田楨〕

皇海山

03289 秘境の山旅　新装版　大内尚樹編　白山書房　2000.11　246p　19cm〈1993年刊の新装版〉　1600円　Ⓘ4-89475-044-9
03290 わが愛する山々　深田久弥著　山と溪谷社　2011.6　381p　15cm　(ヤマケイ文庫)〈年譜あり〉　1000円　Ⓘ978-4-635-04730-2

西武池袋線

03291 旨い定食途中下車　今柊二著　光文社　2011.5　238p　18cm　(光文社新書)〈索引あり〉　780円　Ⓘ978-4-334-03623-2

西武新宿線

03292 旨い定食途中下車　今柊二著　光文社　2011.5　238p　18cm　(光文社新書)〈索引あり〉　780円　Ⓘ978-4-334-03623-2

西武「ニューレッドアロー」

03293 全国私鉄特急の旅　小川裕夫著　平凡社　2006.10　229p　18cm　(平凡社新書)　840円　Ⓘ4-582-85343-9

蕎麦粒山

03294 みなみらんぼう山の詩―一歩二歩山歩2　みなみらんぼう著　中央公論新社　2002.10　189p　21cm　1900円　Ⓘ4-12-003321-X

多摩川

03295 日本の川を旅する―カヌー単独行　野田知佑著　講談社　1989.7　349p　19cm　1200円　Ⓘ4-06-204362-9
03296 水の旅 川の漁　立松和平文, 大塚高雄写真　世界文化社　1993.8　250p　19cm　1600円　Ⓘ4-418-93509-6
03297 東京 水辺の光景―出会いと発見の紀行　小野誠一郎絵文　日貿出版社　1995.9　178p　21cm　1751円　Ⓘ4-8170-3963-9
(目次) 都心―千代田・中央・港, 山手―新宿・文京・渋谷・豊島, 城西―品川・目黒・大田, 下町―台東・墨田・江東, 城東―江戸川・葛飾・足立・荒川, 城北―板橋・練馬・北, 都下―多摩川・野川・吉祥寺・奥多摩, 都外―横浜・埼玉・千葉, 番外―ヴェネツィア
03298 多摩川水流紀行　新装版　大内尚樹著　白山書房　2000.10　238p　20cm〈1991年刊の新装版〉　1600円　Ⓘ4-89475-043-0
(目次) 羽田から六郷へ, 川崎大師から稲田堤へ, 是政から青梅へ, 青梅から氷川へ, 氷川から奥多摩湖へ, 丹波山村から牛金淵へ, 一ノ瀬川から水神社へ, 再び多摩川へ,「沢登り」について
03299 日本川紀行―流域の人と自然　向一陽著　中央公論新社　2003.5　277p　18cm　(中公新

書)〈文献あり〉 980円 ①4-12-101698-X

03300 日本の川を歩く—川のプロが厳選した心ときめかす全国25の名川紀行 大塚高雄著 家の光協会 2004.9 207p 21cm 2500円 ①4-259-54658-9

03301 父と子の多摩川探検隊—河口から水源へ 遠藤甲太著 平凡社 2005.9 205p 20cm 1600円 ①4-582-83281-4

(目次) 川と海とが出会うところ—河口・新六郷橋, 川辺の死者たち—新六郷橋・ガス橋, たましいの川—ガス橋・二子橋, コゴミの谷戸—二子橋・登戸, ワンドの鯉魚—登戸・矢野口, カラスと話をするひと—矢野口・立川, 修羅のなぎさ—立川・昭島, 川のほとりで食べた果実—昭島・青梅, 文士たちの食べた蕎麦—青梅・鳩ノ巣, むかしみち—鳩ノ巣・テ沢, 湖底の記憶—テ沢・諸畑橋, 八月の石にすがりて—諸畑橋・一之瀬川橋, 泳ぐ山登り—一之瀬川橋・一之瀬川本流, だれもいない村—一之瀬林道・作陽平, 始まりも終わりもない旅—作陽平・水干

03302 僕の東京地図 安岡章太郎著 世界文化社 2006.6 171p 21cm (ほたるの本)〈文化出版局1985年刊の増補〉 1800円 ①4-418-06230-0

(目次) 郷愁の堤—小岩・市川・江戸川, 都会の冷たさ—青山, "光と影"背中合わせ—浅草・吉原, "スリル"と"もの悲しさ"と—道玄坂から松見坂へ, シモキタの月—下北沢, 二つの想い—九段・靖国神社, 山門暮色—赤羽・荒川, 都に"流れ"あり—隅田川周辺, 時は過ぎ行く—上野界隈, 冷えたてんぷらそば—神田, 夢の白帆—大森, 終の住み家—多摩川河畔

03303 川を旅する 池内紀著 筑摩書房 2007.7 207p 18cm (ちくまプリマー新書) 780円 ①978-4-480-68763-0

03304 漂う—古い土地 新しい場所 黒井千次著 毎日新聞社 2013.8 175p 20cm 1600円 ①978-4-620-32221-6

03305 ニッポン線路つたい歩き 久住昌之著 カンゼン 2017.6 246p 19cm 1500円 ①978-4-86255-398-0

秩父多摩甲斐国立公園

03306 東京を歩く 立松和平著, 黒古一夫編 勉誠出版 2006.4 343p 22cm (立松和平日本を歩く 第7巻) 2600円 ①4-585-01177-3

中央山岳縦貫線

03307 絶景 春列車の旅—内房線から中央山岳縦貫線まで 櫻井寛文・写真 東京書籍 2000.2 159p 21cm 2200円 ①4-487-79472-2

中央本線

03308 遙かなる汽車旅 種村直樹著 日本交通公社出版事業局 1996.8 270p 19cm 1500円 ①4-533-02531-5

03309 ニッポン線路つたい歩き 久住昌之著 カンゼン 2017.6 246p 19cm 1500円 ①978-4-86255-398-0

東海自然歩道

03310 シェルパ斉藤の東海自然歩道全踏破—213万歩の旅 斉藤政喜著 小学館 2001.1 301p 15cm (小学館文庫)〈「213万歩の旅—東海自然歩道1343kmを全部歩いた!」(1992年刊)の改題〉 533円 ①4-09-411006-2

(目次) 第1章 みんなの声援に見送られ、ひとり高尾山をあとにする, 第2章 東海自然歩道のモデルコース、富士山周辺を歩く, 第3章 MTB小僧と峠を越えて温泉へ, 第4章 真冬の夜のパフォーマンス、「火わたり」体験, 第5章 新・田舎人になった友人を訪ねて、農学校一日入学, 第6章 標高240mの冬山で、遭難事故発生!, 第7章 復活に向けて、リハビリMTBツーリングに挑戦!, 第8章 梅雨空の下、スローペースで再スタート, 第9章 世界の縮図、『リトルワールド』を歩く, 第10章 古きをたずねて、中山道を歩く, 第11章 長良川の鵜飼いと、雨に濡れながらの迂回, 第12章 廃墟の一夜と被災ルートを越えて、再び冒険少年へ, 第13章 あわや遭難!?冒険3人男、寒風とヤブこぎの鈴鹿縦走記, 第14章 雪の自然歩道をクロカン…の夢破れて御在所岳で厳寒キャンプ, 第15章 旅は道連れ……甲賀から信楽まで、放浪犬と一人+一匹旅, 第16章 春の嵐のなか、全力疾走する僕は野生動物になった!?, 第17章 寺を見るより、人を見るほうが面白い、古都・奈良の休日, 第18章 「のんびりいこうぜ」寄り道琵琶湖カヤッキング, 第19章 水野女史と歩いて、登って、野宿した比叡山一日回峰, 第20章 21か月、1343km。ついに達成、東海自然歩道全踏破!, あとがきにかえて 10年ぶりの東海自然歩道はやさしくぼくを迎えてくれた

東海道

03311 日本漫遊記 種村季弘著 筑摩書房 1989.6 236p 19cm 1540円 ①4-480-82267-4

03312 コミさんほのぼの路線バスの旅 田中小実昌著 JTB日本交通公社出版事業局 1996.5 202p 19cm 1600円 ①4-533-02476-9

(目次) バスが大好き, 東海道中バス栗毛, 山陽道中バス栗毛, 山陽道から火の国へ

03313 古街道を歩く—「なつかしい日本」のたたずまいを訪ねて 小山和写真・文 講談社 1996.11 119p 21cm (講談社カルチャーブックス) 1500円 ①4-06-198119-6

(目次) 街道盛衰記 飛鳥の道から高速道路へ(その昔、国府と国府を結んだ道—東海道を歩く, 山並を分け行く六十九次の東山道—中山道を歩く, 将軍の日光社参で賑わった道—日光街道を歩く ほか), 知っておきたい—古街道の基礎知識(宿場の発展と講中, 旅の用心はいのち綱, 秋里籬島の見た中山道 ほか)

03314 東海道徒歩38日間ひとり旅 糸川燿史著 小学館 2001.8 282p 15cm (小学館文庫)〈「パラダイス街道」(双葉社1994年刊)の改題〉 552円 ①4-09-411401-7

(目次) 少し面倒なゲーム—大阪, ヒコーキとかげろうの道—奈良へ, サヨウナラなら奈良—奈良, 夜歩く—加茂、笠置, ザ・野宿—笠置, ダイヤルMを回せ—伊賀上野へ, 漂泊の思いやまず—上野, タヌキ—伊賀, やさしさの行く手—長野峠、榊原温泉, 十五の夏に捨てた町—津〔ほか〕

03315 明治十八年の旅は道連れ 塩谷和子著 源流社 2001.11 376p 20cm 1800円 ①4-7739-0105-5

03316 アタシはバイクで旅に出る。—お湯・酒・鉄馬三拍子紀行 1 国井律子著 枻出版社 2002.11 172p 15cm (枻文庫) 600円 ①4-87099-763-0

03317 日本の風土食探訪　市川健夫著　白水社　2003.12　205p　20cm　2200円　①4-560-04074-5
(目次) 晴の食としてのお餅, 端午の節供の行事食, 朴葉味噌と朴葉巻, 御幣餅—山の神に供える行事食, 田植え儀礼から生まれた田楽料理, 甲州名物ホウトウ料理,『東海道五十三次』に描かれた名物, 中山道六十九次の名物, 日本史のなかの栗, 小布施栗と栗菓子〔ほか〕

03318 芭蕉の旅はるかに　海野弘著　アーツアンドクラフツ　2005.5　220p　19cm　(旅を歩く旅)　1700円　①4-901592-28-9

03319 お札行脚　フレデリック・スタール著, 山口昌男監修　国書刊行会　2007.3　702p　22cm　(知の自由人叢書)　12000円　①978-4-336-04716-8
(作品) 東海道行脚

03320 随筆日本(にっぽん)—イタリア人の見た昭和の日本　フォスコ・マライーニ著, 岡田温司監訳, 井上昭彦, 鈴木真由美, 住岳夫, 柱本元彦, 山崎彩訳　京都　松籟社　2009.11　725p　22cm　〈文献あり 著作目録あり〉　7500円　①978-4-87984-274-9
(目次) 三つの東京—東京百年, 東京、世界の交差点, 東海道, 伊勢、神聖な森の小屋, 室生山の仏陀と美, 奈良での出会い, 京都、もみじの燃える季節に, 京都、夢見る人と抵抗する人, 京都、森と形而上学, 京都、金色の空〔ほか〕

03321 ぶらり鉄道、街道散歩　芦原伸著　ベストセラーズ　2010.11　237p　18cm　(ベスト新書)　819円　①978-4-584-12308-9

03322 きよのさんと歩く大江戸道中記—日光・江戸・伊勢・京都・新潟…六百里　金森敦子著　筑摩書房　2012.2　413p　15cm　(ちくま文庫)　〈文献あり 『“きよのさん”と歩く江戸六百里』(バジリコ2006年刊)の加筆・訂正〉　950円　①978-4-480-42915-5

03323 尾瀬・ホタルイカ・東海道　銀色夏生著　幻冬舎　2013.8　263p　16cm　(幻冬舎文庫)　571円　①978-4-344-42061-8

03324 鏡花紀行文集　泉鏡花著, 田中励儀編　岩波書店　2013.12　454p　15cm　(岩波文庫)　〈底本：鏡花全集 第27巻・第28巻(1942年刊)〉　900円　①978-4-00-312719-3
(作品) 左の窓

03325 ぷらっぷらある記　銀色夏生著　幻冬舎　2014.12　278p　16cm　(幻冬舎文庫)　600円　①978-4-344-42275-9

東海道新幹線

03326 ショージ君の旅行鞄—東海林さだお自選　東海林さだお著　文芸春秋　2005.2　905p　16cm　(文春文庫)　933円　①4-16-717760-9
(作品) 新幹線でビール　駅弁の究極

東海道本線

03327 気まぐれ列車と途中下車　種村直樹著　実業之日本社　1991.1　319p　19cm　1300円　①4-408-00726-9

03328 遙かなる汽車旅　種村直樹著　日本交通公社出版事業局　1996.8　270p　19cm　1500円　①4-533-02531-5

03329 東京を歩く　立松和平著, 黒古一夫編　勉誠出版　2006.4　343p　22cm　(立松和平日本を歩く 第7巻)　2600円　①4-585-01177-3

03330 鉄道の旅　西日本編　真島満秀写真・文　小学館　2008.4　207p　27cm　2600円　①978-4-09-395502-7
(目次) 北陸・中部(東海道本線—東京～神戸, 身延線—富士～甲府, 飯田線—辰野～豊橋 ほか), 近畿・中国(山陽本線—神戸～門司, 山陰本線—京都～幡生, 湖西線—近江塩津～山科 ほか), 四国・九州(本四備讃線—茶屋町～宇多津, 予讃線—高松～宇和島, 土讃線—多度津～窪川 ほか)

03331 鉄道文学の旅　野村智之著　郁朋社　2009.9　183p　19cm〈文献あり〉　1000円　①978-4-87302-450-9

03332 汽車に乗った明治の文人たち—明治の鉄道紀行集　出口智之編　教育評論社　2014.1　286p　19cm〈文献あり〉　2400円　①978-4-905706-81-6
(作品) 二十年前の東海道〔宮崎三昧〕

03333 電車でめぐる富士山の旅—御殿場、富士宮、富士吉田、清水へ　甲斐みのり著　ウェッジ　2014.11　126p　21cm　1300円　①978-4-86310-136-4
(目次) 御殿場線 御殿場駅(避暑別荘地の面影が残る二の岡・東山地区へ, 富士山麓の遊楽施設や隣町のクラシック建築へ), 身延線 富士宮駅(一富士二マス三やきそば浅間大社の門前町へ, 朝霧高原のロッジで星空の下、バーベキュー), 富士急行線 富士山駅(富士山信仰の拠点から河口湖畔の老舗ホテルへ, 富士山5合目、峠に湖、天から地へと上がり下がり), 東海道本線 清水駅～由比駅(旧東海道の宿場町と江戸時代から栄える港町, 富士山と駿河湾の景勝を望むなら)

東急大井町線

03334 旨い定食途中下車　今柊二著　光文社　2011.5　238p　18cm　(光文社新書)〈索引あり〉　780円　①978-4-334-03623-2

03335 みちくさ　2　菊池亜希子著　小学館　2011.5　127p　21cm　1200円　①978-4-09-342387-8
(目次) はじめのことば, みちくさの心得。, みちくさスタイル50, 小粋な街へ(青山, 神戸, 白金), みちくさおやつベスト6, 行ってみた街(蔵前, 白楽—電車に乗って大井町線, 新井薬師, 清澄白河—電車に乗って 世田谷線, 新宿御苑, 本郷, 学芸大学, 経堂), みちくさ音楽ベスト6, 遠くの街へ(京都, 那須, 成田, 名古屋), みちくさ本ベスト6, 海を越えて(バリ島, フィンランド), よりぬきおじさん図鑑, おわりに, 地図と店索引

東急東横線

03336 全国私鉄特急の旅　小川裕夫著　平凡社　2006.10　229p　18cm　(平凡社新書)　840円　①4-582-85343-9

03337 旨い定食途中下車　今柊二著　光文社　2011.5　238p　18cm　(光文社新書)〈索引あり〉　780円　①978-4-334-03623-2

東急みなとみらい線

03338 全国私鉄特急の旅　小川裕夫著　平凡社　2006.10　229p　18cm　(平凡社新書)　840円　①4-582-85343-9

東京メトロ東西線

03339 鉄道フリーきっぷ達人の旅ワザ　所澤秀樹著　光文社　2014.7　268p　18cm　(光文社新書)　800円　①978-4-334-03809-0
目次 ややこしさから解放される"フリーきっぷ"—はしがきにかえて(乗車券、特急券、指定券…, 買い方が数通りある場合も ほか), 第1章 フリーきっぷの基礎知識(どんなタイプのものがあるのか, どんな鉄道会社が出しているのか ほか), 第2章 フリーきっぷで乗り歩く大井川鐵道、週末の旅(始発の金谷駅へ, きっぷに日付印が捺される和やかな光景 ほか), 第3章 地下鉄一日乗車券で愉しむ(?)「メトロ双六in東京」実践記(経済大国の心臓部からスタート, 皮切りは東西線 ほか), 第4章「週末パス」で巡る甲斐～信濃～越後～南東北アテのない急ぎ旅(コンセプトを決めて乗り倒す, 歴史的に電化の早かった路線 ほか)

東京湾

03340 英国特派員の明治紀行　ハーバート・ジョージ・ポンティング著, 長岡祥三訳　新人物往来社　1988.2　217p　19cm　1800円　①4-404-01470-8
目次 第1章 東京湾, 第2章 京都の寺, 第3章 京都の名工, 第4章 保津川の急流, 第5章 阿蘇山と浅間山, 第6章 精進湖と富士山麓, 第7章 富士登山, 第8章 日本の婦人について, 第9章 鎌倉と江ノ島, 第10章 江浦湾と宮島

03341 ふれあいの旅紀行　新田健次著　東京新聞出版局　1992.5　203p　19cm　1300円　①4-8083-0437-6

03342 鳥頭紀行ぜんぶ　西原理恵子著　朝日新聞社　2001.5　116p　15cm　(朝日文庫)〈1998年刊の文庫化〉　476円　①4-02-264266-1
目次 マルコポーロ編, オズマガジン編, タイ編, 東京湾あなご釣り編, 韓国編

03343 田中小実昌紀行集　田中小実昌著, 山本容朗選　JTB　2001.12　318p　20cm　2200円　①4-533-04032-2

03344 日本の食材おいしい旅　向笠千恵子著　集英社　2003.7　250p　18cm　(集英社新書)　700円　①4-08-720202-X
作品 江戸っ子が残したい味…海苔紀行(東京湾・有明海・厚岸湖)

03345 日本ぶらり　3　開国・開港の地を行く 1　改訂版　山下一正著　大阪　サンセン出版　2004.10　340, 6p　19cm　(日本紀行シリーズ 3)〈文献あり　2004年9月刊の改訂〉　2800円　①4-921038-07-4
目次 1 開国・開港の舞台を行く, 2 浦賀—昔日の海関所・造船港, 3 久里浜—東京湾フェリー港, 4 東京湾フェリー航路, 5 観音崎—東京湾の通航管制, 6 下田—ハリスのいた港, 7 横須賀—艦船基地のある港, 8 横浜—国際貿易港

03346 英国人写真家の見た明治日本—この世の楽園・日本　ハーバート・G.ポンティング著, 長岡祥三訳　講談社　2005.5　330p　15cm　(講談社学術文庫)〈肖像あり〉　1100円　①4-06-159710-8
目次 第1章 東京湾, 第2章 京都の寺, 第3章 京都の名工, 第4章 保津川の急流, 第5章 阿蘇山と浅間山, 第6章 精進湖と富士山麓, 第7章 富士登山, 第8章 日本の婦人について, 第9章 鎌倉と江ノ島, 第10章 江浦湾と宮島

03347 にっぽん入門　柴門ふみ著　文藝春秋　2009.4　282p　16cm　(文春文庫)〈2007年刊の増補〉　552円　①978-4-16-757903-6

03348 釣って開いて干して食う。　嵐山光三郎著　光文社　2010.4　274p　16cm　(光文社文庫)　571円　①978-4-334-74769-5
目次 東京湾・走水のアジ, 南房総・伊戸沖のイサキ, 伊豆諸島・新島のシマアジ, 香川県・小豆島のキス釣り, 外房・勝浦沖のアジ&スルメイカ釣り, 南房総の「真剣勝負マダイ釣り」, 九十九里・飯岡沖のヒラメ釣り, 利根川河口のハゼ釣り, 熱海湾のカワハギ釣り, 城ヶ島西沖のヤリイカ釣り〔ほか〕

03349 週末夜汽車紀行　西村健太郎著　アルファポリス　2011.5　303p　15cm　(アルファポリス文庫)〈発売：星雲社　2010年刊の文庫化〉　620円　①978-4-434-15582-6

03350 久住昌之のこんどは山かい!?　関東編　久住昌之著　山と溪谷社　2013.4　191p　19cm　1200円　①978-4-635-08006-4
目次 奥多摩・むかし道 古道を歩いてヤマメの刺身で一杯—「みやぎ」のヤマメの刺身とキノコ汁, 真鶴半島・魚つき保安林 巨木をめぐり、魚つき林の恵みをいただく—「丸入」のおさしみ定食, 房総・鋸山 船で東京湾を渡り、絶品アジフライでべろべろになる—「さすけ食堂」の驚きアジフライ, 埼玉(比企丘陵)・官ノ倉山 はじめてクサリ場体験をして、濃密ホルモン店へ下山—「太田ホルモン」の濃密ホルモン, 群馬・榛名山 縦走をして伊香保温泉へ下山。隠れていい店発見酔い！—「再会」の粋なつまみと「ふきのとう」の特製メンチカツ, 伊豆大島・三原山 火口の迫力に驚き、ジモティな店で伊豆の海を味わう！—「南島館」のくさや, 山梨(上野原)・鶴島御前山 母の郷里で異常に急な山を登り、駅前食堂の愉悦に浸る！—「一福食堂」の湯豆腐と普通のメニュー, 三浦半島・大楠山 日本のフロリダで、海から登って最高の居酒屋へ！—「つ久志」の焼白子とおにぎり, 東伊豆(宇佐美)・巣雲山 小さな港町から、大展望を楽しんで海辺の食堂へ—「ふしみ食堂」の地元ごはん定食

03351 東京湾ぷかぷか探検隊　森沢明夫, うぬまいちろう著　潮出版社　2017.1　317p　16cm　(潮文庫)　741円　①978-4-267-02077-3
目次 第1章 ぷかぷか編—いざ、江戸前の海へ(マテ貝の「狩人」になろう, 谷津干潟で怪鳥に変身だ, 夢のキス「ひじたたき」をゲットせよ ほか), 第2章 わくわく編—クセになっちゃう海遊び(カマス釣りで大嘘をカマす, 海のチビ・デビルで復讐の狼煙をあげる, イカの王様と海ホタル ほか), 第3章 どきどき編—粋でイナ背でロックな癒し(クロアジちゃんはスリム・ビューティー, 東京湾でジンベエザメと泳ぐ, クロダイの臭い落とし込み釣り！ ほか)

堂所山

03352 日本の名山　別巻 2　高尾山　串田孫一, 今井通子, 今福龍太編　博品社　1997.10　249p　19cm〈文献あり〉　1600円　①4-938706-47-4

作品 高尾から八王子城跡、堂所山 北高尾縦走〔高橋恒光〕

東武佐野線

03353 いきどまり鉄道の旅　北尾トロ著　河出書房新社　2017.8　278p　15cm　（河出文庫）〈「駅長さん！ これ以上先には行けないんすか」(2011年刊)の改題、加筆・修正〉　780円　①978-4-309-41559-8

東武特急「スペーシア」

03354 全国私鉄特急の旅　小川裕夫著　平凡社　2006.10　229p　18cm　（平凡社新書）　840円　①4-582-85343-9

03355 鉄道旅へ行ってきます　酒井順子, 関川夏央, 原武史著　講談社　2010.12　229p　20cm　1600円　①978-4-06-216693-5

東北新幹線

03356 日本あちこち乗り歩き　種村直樹著　中央書院　1993.10　310p　19cm　1600円　①4-924420-84-0

東北本線

03357 第一阿房列車　内田百閒著　福武書店　1991.9　275p　15cm　（福武文庫）　600円　①4-8288-3212-2

03358 史上最大の乗り継ぎ旅―吉岡海底（最深駅）発・野辺山（最高所駅）ゆき 7泊8日5300キロ、標高差1500メートル　種村直樹著　徳間書店　1992.11　238p　19cm　1300円　①4-19-555022-X

03359 鉄道文学の旅　野村智之著　郁朋社　2009.9　183p　19cm〈文献あり〉　1000円　①978-4-87302-450-9

03360 汽車に乗った明治の文人たち―明治の鉄道紀行集　出口智之編　教育評論社　2014.1　286p　19cm〈文献あり〉　2400円　①978-4-905706-81-6

作品 阿武隈川の秋〔大橋乙羽〕

特急「あさぎり」

03361 汽車旅十五題　種村直樹著　日本交通公社　1992.4　230p　19cm　1300円　①4-533-01899-8

利根川

03362 のんびり行こうぜ―こぎおろしエッセイ　野田知佑著　新潮社　1990.2　253p　15cm　（新潮文庫）　360円　①4-1-0141003-8

目次 1984 Autumn（なぜ今、亀山湖かというと, 子犬と子供を乗せて千曲川を下った, 汚染が進んでいるという琵琶湖に潜った, 晴れた日には仕事が進まない, ふる里の川を下って、少年時代へトリップ ほか）, 1985 Winter（冬休みには、保父さんになって少年と遊んだ, カナダ・インディアンとエスキモーからのたより, 魚が可哀そうなら、釣りなんて止めろ！ , 座敷のテントから外に這い出てみた, 南の国からシーカヤックのベテランが来る ほか）, 1985 Spring（春になって、食卓がにぎやかになってきた, 冬の間、不機嫌だった山や湖が生き生きと笑い出してくる, 野田合宿に千客万来、山際淳司や椎名誠一家ほか）, 1985 Summer（ポールを追って新潟に行く, 色々な問題を経て、丸太小屋がオープンした, テレビの取材で利根川を"キセル"川下りした, 日本のライフベストは改善する必要がある, 日本の軟弱都市化の被害者は子供と犬だ ほか）, 1985 Autumn（ポール・カフィンの日本一周の祝賀会をやる, 菊水丸太村に"生身のガイジン"を送りこんだ, 小川で雑魚をすくうと秋だった, 国体に出るには、カヌーがいちばんの早道だ, 球磨川流域では水やお茶といって焼酎が出る ほか）, 1986 Winter（野村の爺さんの待つ四万十川を下る, 元日は風速20mの海上で歌を歌っていた, 『キャメル・トロフィー』日本代表の海外トレーニングを見て来た ほか）

03363 浦島太郎の馬鹿―旅の書きおき　立松和平著　マガジンハウス　1990.10　251p　21cm　1400円　①4-8387-0189-6

作品 利根川を渡って

03364 山釣り―はるかなる憧憬の谿から　山本素石編著　立風書房　1996.3　261p　19cm　2000円　①4-651-78040-7

03365 竿をかついで日本を歩く―探検・発見・仰天の釣りルポルタージュ　かくまつとむ著　小学館　1998.5　19cm　（Be-pal books）

03366 サラリーマン転覆隊門前払い　本田亮著　フレーベル館　2000.3　273p　20cm　1600円　①4-577-70183-9

03367 川の旅　池内紀著　青土社　2002.7　245p　20cm　1800円　①4-7917-5971-0

03368 日本の川を歩く―川のプロが厳選した心ときめかす全国25の名川紀行　大塚高雄著　家の光協会　2004.9　207p　21cm　2500円　①4-259-54658-9

03369 関東を歩く　立松和平著, 黒古一夫編　勉誠出版　2006.4　320p　22cm　（立松和平日本を歩く 第2巻）　2600円　①4-585-01172-2

目次 茨城：家族の光景, サーキットを走る―スバルレース参戦記, ハイテクはサーカス気分―科学博つくば紀行, 小サバ釣り, カレイ釣り, 川遊びがやめられない, 水を生む森, 天狗党への旅, 遠い日の海, 栃木：栃木の魯迅, 私の小説作法, 田んぼのネオンについて, それからのトマトマン, かんぴょうの水煮, かんぴょう, 畑の下の巨大な空洞, 無償の彫刻, 夢のような暮らし, 新幹線の眺望, 境界をまたぐカメラ, 東京から一〇〇キロの都市、宇都宮, ふるさとのうなぎ, 故郷の酒, 野草の天麩羅, 着慣れたシャツのような街 宇都宮, シュロの家, 故郷の川と魚, 古い宇都宮っ子として, 大谷観音の香り, バンバのオムライス, 湯牧民かまどん, 雑木林を越えると見事な水田地帯が, 山菜の春の香り, ふるさとの寺, 芋串と老後, 質素な娯楽・三斗小屋温泉, 山の奥の極楽, 懐かしさの塩原, 塩原温泉まで, 無垢な水, 巴波川の岸辺, 渡良瀬遊水池, わたらせ渓谷鉄道, 渡良瀬川源流, 足尾の土, 足尾に樹木を植えよう, 足尾の植林春のことぶれ, 雨の植林, 心に木を植える, 鬼怒川遊び, 幻のニッポン川ガキ, 一鉢の土でも, 仙人マス, 清澄な温泉, 鹿の森, シカとモミの木, 日光湯元温泉, 熱い湯、日光湯元温泉, 親身な温泉宿, 湯西川温泉まで, 日光霧降高原の危機, 奥日光の"増えすぎたシカ", 仙人マスが遡る, 奥日光一瞬の春, 千手ヶ浜のたたずまい, 美しき栃木, ヨーロッパ人たちの日光,「栃木」故郷の緑の山, 書評『森と湖の館』, 紅葉の山を前に無常を知る, 水の音, 風の音楽―宗次郎, 武者絵の里, 身を寄せる鴨, 姿川のすがた, 石焼き料理の記憶, はじめての栃木弁, 故郷と愛憎, しもつかれ, 栃木の味, 私は歩く栃木なのだ, 悲しき故郷, 山を感じる, 知らせの雪, 栃木はいい, 風景の罠, 美しき野生, 群馬：我が青春の利根川, 季節を遡る, 草津温泉まで, 恐妻碑, こんにゃく, 師匠の言葉, 上州の絹糸, 埼玉：利根川を渡って, 観音のこころ, 秩父ならではの散歩, 金昌寺のこと, 慈母観音, 旅と巡礼, 秩父夜祭り, 秩父夜祭りをめぐって, 谷中村遺跡, 大血川の情け, 千葉：犬吠埼の記憶, 唐桟織, 神奈川：はじめての富士山, 相模湾へ, らっかせい, 都市は森である, 型絵染, 日本刺繍, 山梨：オラが故郷さの大金持, 農の心を求める旅, 花の流れ, 大菩薩峠の富士, 介山荘からの富士山, 月見草と富士, 民宿すずらん荘, お坊さんの結婚式

03370 東京を歩く　立松和平著, 黒古一夫編　勉誠出版　2006.4　343p　22cm　（立松和平日本を歩く 第7巻）　2600円　Ⓘ4-585-01177-3

03371 釣って開いて干して食う。　嵐山光三郎著　光文社　2010.4　274p　16cm　（光文社文庫）　571円　Ⓘ978-4-334-74769-5

那珂川

03372 水の旅 川の漁　立松和平文, 大塚高雄写真　世界文化社　1993.8　250p　19cm　1600円　Ⓘ4-418-93509-6

03373 ふわふわワウワウ―唄とカメラと時刻表　みなみらんぼう著　旅行読売出版社　1996.7　207p　19cm　1100円　Ⓘ4-89752-601-9

作品 名川那珂川のアユを食う

03374 サラリーマン転覆隊が行く！　上巻　本田亮著　フレーベル館　1997.4　315p　20cm　1600円　Ⓘ4-577-70120-0

03375 川の旅　池内紀著　青土社　2002.7　245p　20cm　1800円　Ⓘ4-7917-5971-0

中山道

03376 中山道を歩く　児玉幸多著　中央公論社　1988.10　427p　15cm　（中公文庫）　580円　Ⓘ4-12-201556-1

内容 日本橋から京都へ、東海道と並ぶ幹線道路の中山道は、昔日の面影をはるかに多く残している。近世史の泰斗が、六十九次の宿場宿場を踏破し、史実と自らの足で新旧両時代にわたる街道のたたずまいを再現した「歴史の道」を歩く楽しい紀行エッセイ。

03377 古街道を歩く―「なつかしい日本」のたたずまいを訪ねて　小山和写真・文　講談社　1996.11　119p　21cm　（講談社カルチャーブックス）　1500円　Ⓘ4-06-198119-6

03378 シェルパ斉藤の東海自然歩道全踏破―213万歩の旅　斉藤政喜著　小学館　2001.1　301p　15cm　（小学館文庫）〈「213万歩の旅」（1992年刊）の改題〉　533円　Ⓘ4-09-411006-2

03379 明治十八年の旅は道連れ　塩谷和子著　源流社　2001.11　376p　20cm　1800円　Ⓘ4-7739-0105-5

03380 良寛へ歩く　小林新一文・写真　二玄社　2002.12　173p　26cm　2800円　Ⓘ4-544-02039-5

03381 日本の風土食探訪　市川健夫著　白水社　2003.12　205p　20cm　2200円　Ⓘ4-560-04074-5

03382 新更科紀行　田中欣一著　長野　信濃毎日新聞社　2008.2　266p　21cm　1905円　Ⓘ978-4-7840-7070-1

目次 1 芭蕉の『更科紀行』『更科姨捨月之弁』（原文）（更科紀行, 更科姨捨月之弁）, 2 芭蕉の句碑（『新更科紀行』筋の芭蕉句碑, 芭蕉の書斎は道の上にあった, 信州の芭蕉句碑から見えてくるもの）, 3 新更科紀行（出立まで, 中山道（木曽路）に沿って, 善光寺街道に沿って, 北国街道に沿って, ふたたび中山道（碓氷峠越え）に沿って）

03383 街道をゆく　9　信州佐久平みち、潟のみち ほか　新装版　司馬遼太郎著　朝日新聞出版　2008.10　357, 8p　15cm　（朝日文庫）　700円　Ⓘ978-4-02-264454-1

目次 潟のみち（渟足柵と亀田郷, 佐久間象山の詩 ほか）, 播州揖保川・室津みち（播州門徒, 底つ磐根 ほか）, 高野山みち（真田庵, 政所・慈尊院 ほか）, 信州佐久平みち（しなの木と坂, 上田の六文銭 ほか）

03384 ぶらり鉄道、街道散歩　芦原伸著　ベストセラーズ　2010.11　237p　18cm　（ベスト新書）　819円　Ⓘ978-4-584-12308-9

南武線

03385 ニッポン線路つたい歩き　久住昌之著　カンゼン　2017.6　246p　19cm　1500円　Ⓘ978-4-86255-398-0

日光街道

03386 古街道を歩く―「なつかしい日本」のたたずまいを訪ねて　小山和写真・文　講談社　1996.11　119p　21cm　（講談社カルチャーブックス）　1500円　Ⓘ4-06-198119-6

03387 お徒歩 ニッポン再発見　岩見隆夫著　アールズ出版　2001.5　299p　20cm　1600円　Ⓘ4-901226-20-7

03388 街道をゆく　33　白河・会津のみち、赤坂散歩　新装版　司馬遼太郎著　朝日新聞出版　2009.4　333, 8p　15cm　（朝日文庫）〈初版：朝日新聞社1994年刊〉　740円　Ⓘ978-4-02-264487-9

日光国立公園

03389 日本列島の香り―国立公園紀行　立松和平著　毎日新聞社　1998.3　255p　19cm　1500円　Ⓘ4-620-31208-8

03390 東京を歩く　立松和平著, 黒古一夫編　勉誠出版　2006.4　343p　22cm　（立松和平日本を歩く 第7巻）　2600円　Ⓘ4-585-01177-3

日光白根山

03391 日本旅行日記　2　アーネスト・メイスン・サトウ著, 庄田元男訳　平凡社　1992.6　334p　18cm　（東洋文庫）　2884円　Ⓘ4-582-80550-7

目次 第6章 日光案内記, 第7章 秋色に染まる戦場ヶ原, 第8章 日光白根山中で道を失う, 第9章 庚申山・足尾銅山から日光へ, 第10章 バンコックから休暇で日光訪問, 第11章 ディキンズと富士山へ, 第12章 富士は婦人の山, 第13章 ヒューブナーと箱根山中を彷徨, 第14章 丹沢でアトキンソンが遭難, 第15章 流人の島、八丈へ, 第16章 伊勢・紀和・京阪に歴史をたずねる, 第17章 大室・前二子古墳の現地調査, 第18章 雁坂峠越え富士川くだり, 第19章 秋冷の上州路に温泉をたどる

03392 行き暮れて、山。 正津勉著 アーツアンドクラフツ 2006.6 203p 19cm 1900円 ①4-901592-33-5

日光例幣使街道・旧道

03393 地図あるきの旅 今尾恵介著 朝日ソノラマ 1996.5 194p 21cm 1600円 ①4-257-03483-1
(目次) 越後の長い手掘りトンネルを駆け抜ける, 名鉄揖斐・谷汲線―駅三一カ所巡礼, 棕櫚の谷・野上電鉄廃線紀行, 日光例幣使街道の旧道をゆく, 伊那谷の河岸段丘をぐるりと登る飯田線を追う, 南伊予―魚の骨の由良半島を歩く, いざ鎌倉ローマン・ロード―自転車で一直線に南南東へ, 地図を片手に歩くためのヒント

八高線

03394 旅は道づれ湯はなさけ 辻真先著 徳間書店 1989.5 348p 15cm (徳間文庫) 580円 ①4-19-568760-8
03395 歩く人 久住昌之著 マガジンハウス 1993.2 171p 19cm 1300円 ①4-8387-0384-8
03396 線路の果てに旅がある 宮脇俊三著 新潮社 1997.1 227p 15cm (新潮文庫)〈小学館1994年刊あり〉 400円 ①4-10-126813-4
03397 旅する駅前、それも東京で!? カベルナリア吉田著 彩流社 2010.12 365p 19cm 1800円 ①978-4-7791-1576-9
(目次) プロローグ―JR中央線・御茶ノ水駅、午前9時前。旅の始まり（か？）, JR青梅線その1 石神前駅/二俣尾駅―東京きっての秘境路線 しかも特に小さい駅で下りてみた, JR青梅線その2 古里駅/鳩ノ巣駅/白丸駅―駅前が寂れるほど出会いが深まる不思議 最果て路線の奥の、そのまた奥へ, JR五日市線 東秋留駅―渓谷から軍用機まで、「ローカル」の一言ではくくれない!?, JR八高線 東福生駅―ローカル線で基地の街へ 猥雑な一夜を期待したが…, 京王高尾線 山田駅―高尾山の手前で途中下車。再会の旅…のはずがハプニング発生！ , 多摩都市モノレール 上北台駅―モノレール終着駅発、鉄道が通らない街・武蔵村山市の旅, 京王競馬場線 府中競馬正門前駅―競馬場に行くためだけのギャンブラー駅に 競馬のある日とない日、両方行ってみた, 西武多摩川線 新小金井駅/多磨駅/是政駅―西武王国のみそっかす路線で、多摩ニュータウンの手前まで行ってみる, 東京メトロ丸ノ内線方南町支線 方南町駅―地下鉄の端っこ駅で、地下鉄らしからぬ人情が待っていた, 東京モノレール 昭和島駅―人がいない、店もない！ SF感漂う無機質な駅前にただボー然！〔ほか〕
03398 鉄道旅へ行ってきます 酒井順子, 関川夏央, 原武史著 講談社 2010.12 229p 20cm 1600円 ①978-4-06-216693-5
03399 ニッポン線路つたい歩き 久住昌之著 カンゼン 2017.6 246p 19cm 1500円 ①978-4-86255-398-0

富士箱根伊豆国立公園

03400 東京を歩く 立松和平著, 黒古一夫編 勉誠出版 2006.4 343p 22cm (立松和平日本を歩く 第7巻) 2600円 ①4-585-01177-3

水戸線

03401 汽車に乗った明治の文人たち―明治の鉄道紀行集 出口智之編 教育評論社 2014.1 286p 19cm〈文献あり〉 2400円 ①978-4-905706-81-6
[作品] 大洗紀行〔石黒忠悳〕

明王峠

03402 日本の名山 別巻2 高尾山 串田孫一, 今井通子, 今福龍太編 博品社 1997.10 249p 19cm〈文献あり〉 1600円 ①4-938706-47-4
[作品] 裏山歩き 明王峠から景信山へ〔北原節子〕

武蔵野線

03403 ぶらぶらヂンヂン古書の旅 北尾トロ著 文藝春秋 2009.6 239p 16cm (文春文庫)〈風塵社2007年刊の増補〉 590円 ①978-4-16-775383-2

真岡鉄道

03404 新顔鉄道乗り歩き 種村直樹著 中央書院 1990.2 302p 19cm 1400円 ①4-924420-44-1
03405 各駅下車で行こう！―スロー・トラベル カベルナリア吉田文・写真 東京書籍 2003.4 197p 21cm 1500円 ①4-487-79883-3

夜行快速「ムーンライト信州」

03406 去りゆく星空の夜行列車 小牟田哲彦著 草思社 2015.2 294p 16cm (草思社文庫)〈扶桑社 2009年刊の再刊〉 850円 ①978-4-7942-2105-6

夜行快速「ムーンライトながら」

03407 追憶の夜行列車 種村直樹著 和光 SiGnal 2005.2 237p 19cm 1143円 ①4-902658-04-6
03408 週末夜汽車紀行 西村健太郎著 アルファポリス 2011.5 303p 15cm (アルファポリス文庫)〈発売：星雲社 2010年刊の文庫化〉 620円 ①978-4-434-15582-6
03409 去りゆく星空の夜行列車 小牟田哲彦著 草思社 2015.2 294p 16cm (草思社文庫)〈扶桑社 2009年刊の再刊〉 850円 ①978-4-7942-2105-6

夜行普通列車「大垣夜行」

03410 追憶の夜行列車 種村直樹著 和光 SiGnal 2005.2 237p 19cm 1143円 ①4-902658-04-6

夜行列車「尾瀬夜行」

03411 朝湯、昼酒、ローカル線―かっちゃんの鉄修行 勝谷誠彦著 文芸春秋 2007.12 321p 16cm (文春文庫plus)〈「勝谷誠彦の地列車大作戦」(JTB2002年刊) の改題〉 629円 ①978-4-16-771320-1

八溝山

03412 百霊峰巡礼 第2集 立松和平著 東京

新聞出版局 2008.4 307p 20cm 1800円 ①978-4-8083-0893-3

陸前浜街道

03413 ぶらり鉄道、街道散歩 芦原伸著 ベストセラーズ 2010.11 237p 18cm (ベスト新書) 819円 ①978-4-584-12308-9

両毛線

03414 汽車に乗った明治の文人たち—明治の鉄道紀行集 出口智之編 教育評論社 2014.1 286p 19cm〈文献あり〉 2400円 ①978-4-905706-81-6
作品 茸不狩の記〔饗庭篁村〕

わたらせ渓谷鐵道わたらせ渓谷線

03415 小さな鉄道 小さな温泉 大原利雄著 小学館 2003.8 171p 15cm (小学館文庫) 733円 ①4-09-411525-0

03416 日本の鉄道各駅停車の旅 原口隆行著 ダイヤモンド社 2004.5 158p 21cm 1500円 ①4-478-96088-7

03417 関東を歩く 立松和平著, 黒古一夫編 勉誠出版 2006.4 320p 22cm (立松和平日本を歩く 第2巻) 2600円 ①4-585-01172-2

03418 汽車旅放浪記 関川夏央著 新潮社 2006.6 282p 20cm 1700円 ①4-10-387603-4

03419 おんなひとりの鉄道旅 東日本編 矢野直美著 小学館 2008.7 217p 15cm (小学館文庫)〈2005年刊の単行本を2分冊にして文庫化〉 600円 ①978-4-09-408286-9

03420 鉄道旅へ行ってきます 酒井順子, 関川夏央, 原武史著 講談社 2010.12 229p 20cm 1600円 ①978-4-06-216693-5

03421 いきどまり鉄道の旅 北尾トロ著 河出書房新社 2017.8 278p 15cm (河出文庫)〈「駅長さん！ これ以上先には行けないんすか」(2011年刊)の改題、加筆・修正〉 780円 ①978-4-309-41559-8

茨城県

03422 閑古堂の絵葉書散歩 東編 林丈二著 小学館 1999.4 123p 21cm (SHOTOR TRAVEL) 1500円 ①4-09-343138-8
作品 筑波山麓に波ウサギを追う—茨城

03423 超秘湯に入ろう！ 坂本衛著 筑摩書房 2003.4 344p 15cm (ちくま文庫)〈「超秘湯!!」(山海堂1997年刊)の改題〉 780円 ①4-480-03827-2

03424 万葉の旅 中 改訂新版 犬養孝著 平凡社 2004.1 361p 16cm (平凡社ライブラリー)〈初版：社会思想社1964年刊 文献あり〉 1200円 ①4-582-76489-4

03425 天下を獲り損ねた男たち—続・日本史の旅は、自転車に限る！ 疋田智著 枻出版社 2005.12 299p 19cm〈文献あり〉 1400円 ①4-7779-0460-1

03426 関東を歩く 立松和平著, 黒古一夫編 勉誠出版 2006.4 320p 22cm (立松和平日本を歩く 第2巻) 2600円 ①4-585-01172-2

03427 ローカル線五感で楽しむおいしい旅—スローな時間を求めて 金久保茂樹著 グラフ社 2008.1 237p 19cm 1143円 ①978-4-7662-1113-9

03428 愛しのローカルごはん旅 もう一杯！—2009-2011 たかぎなおこ著 メディアファクトリー 2011.7 175p 21cm 1100円 ①978-4-8401-3982-3

03429 明治紀行文學集 筑摩書房 2013.1 410p 21cm (明治文學全集 94) 7500円 ①978-4-480-10394-9
作品 雨の水國〔田山花袋〕

03430 おれたちを笑うな！—わしらは怪しい雑魚釣り隊 椎名誠著 小学館 2015.8 377p 15cm (小学館文庫)〈2013年刊の加筆・修正〉 670円 ①978-4-09-406194-9

明野町猫島（筑西市）

03431 陰陽師ロード—安倍晴明名所案内 荒俣宏著 平凡社 2001.9 237p 19cm 1400円 ①4-582-82974-0
目次 1章 陰陽の道は細くて迷う, 2章 大陰陽師・蘆屋道満のふるさと〔播磨・佐用町(道満塚・清明塚)〕, 3章 狐の子伝説〔阿倍野(阿倍王子神社)/大阪・信太森(葛葉稲荷神社)〕, 4章 安倍家のルーツ〔桜井(安倍文殊院)〕, 5章 関東の晴明伝説〔明野町(清明橋、清明神社、清明井)/葛飾(熊野神社、南蔵院)/姫路(広峯神社)〕, 6章 星に向けた不死の願い〔若狭(八尾比丘尼、天社土御門神道)〕, 7章 土御門家の天文台跡にて〔京都〕, 8章 星と稲荷〔京都〕, 9章 星と稲荷2〔大阪・交野(星田妙見宮、織物神社、磐船神社、獅子窟寺、星田神社、光林寺, 10章 海女と魔除け〔鳥羽(菅島、加茂神社)〕, 11章 修験と水軍〔熊野(九木神社、大馬神社、花の窟、熊野那智大社)〕

阿字ヶ浦町

03432 なにもない旅 なにもしない旅 雨宮処凛著 光文社 2010.9 222p 16cm (光文社知恵の森文庫) 686円 ①978-4-334-78564-2

阿武隈山地

03433 風・旅・旋律 河野保雄文, 吉井忠絵 音楽之友社 1999.8 109p 24cm 2500円 ①4-276-20112-8

五浦温泉

03434 人情温泉紀行—演歌歌手・鏡五郎が訪ねた全国の名湯47選 鏡五郎著 マガジンランド 2008.5 235p 19cm〈年譜あり〉 1238円 ①978-4-944101-37-5

五浦海岸

03435 導かれて、旅 横尾忠則著 文藝春秋

1995.7 286p 16cm （文春文庫）〈日本交通公社出版事業局 1992年刊の文庫化〉 480円 ①4-16-729703-5
作品 いわきへ、導引術ふたたび

潮来市

03436 川に遊び 湖をめぐる 千葉七郎ほか著, 作品社編集部編 作品社 1998.4 254p 22cm （新編・日本随筆紀行 大きな活字で読みやすい本—心にふるさとがある 3） ①4-87893-809-9, 4-87893-807-2
作品 潮来紀行〔吉田絃二郎〕

03437 夫婦旅せむ 高橋揆一郎著 札幌 北海道新聞社 2000.5 235p 20cm 1800円 ①4-89453-092-9

茨城交通

03438 朝湯、昼酒、ローカル線—かっちゃんの鉄修行 勝谷誠彦著 文芸春秋 2007.12 321p 16cm （文春文庫plus）〈「勝谷誠彦の地列車大作戦」（JTB2002年刊）の改題〉 629円 ①978-4-16-771320-1

入地町

03439 『能町みね子のときめきデートスポット』、略して能スポ 能町みね子著 講談社 2016.3 347p 15cm （講談社文庫） 700円 ①978-4-06-293345-2

牛久市

03440 日本風景論 池内紀著 角川学芸出版 2009.3 279p 19cm （角川選書）〈発売：角川グループパブリッシング〉 1600円 ①978-4-04-703442-6

牛久大仏

03441 晴れた日は巨大仏を見に 宮田珠己著 幻冬舎 2009.10 342p 16cm （幻冬舎文庫）〈文献あり 白水社2004年刊あり〉 648円 ①978-4-344-41380-1

牛久沼

03442 日本の風景を歩く—歴史・人・風土 井出孫六著 大修館書店 1992.11 19cm

内原鉱泉

03443 雲は旅人のように—湯の花紀行 池内紀著, 田淵裕一写真 日本交通公社出版事業局 1995.5 284p 19cm 1600円 ①4-533-02163-8
作品 朝は朝雲、夜は夜星

御岩山

03444 鍛える聖地 加門七海著 メディアファクトリー 2012.8 285p 19cm （幽BOOKS） 1300円 ①978-4-8401-4693-7
目次 舟を出せ！ 女神に会うために—山梨県富士河口湖町・河口湖, 最恐の樹海と闇を踏破せよ—山梨県・富士山樹海 溶岩洞窟, 天と地の間の道を行け—富士山・お中道, 独り登山で毒出しせよ—東京都八王子市・高尾山, 猛き神のおわす霊山を歩け。疲れ果てても！—茨城県日立市・御岩山, 森の巨人に挨拶せよ—東京都奥多摩町・金袋山, 祖先の営みを追走せよ—千葉県船橋市・船橋三番瀬, 低山で、てんこもりの聖地を味わえ—千葉県鋸南町・鋸山, 鹿島の夜に潜行せよ—茨城県鹿嶋市・鹿島神宮, 至高の聖地を探索せよ—東京都千代田区・皇居, 豊かな光を観て歩け—神奈川県藤沢市・江の島, 闇の聖域に浸り込め—東京都八王子市・今熊山, マナーを知って聖地を味わえ—社寺と山のマナーについて

大洗町

03445 耕うん機オンザロード 斉藤政喜著 小学館 2001.8 333p 19cm （BE-PAL BOOKS） 1200円 ①4-09-366065-4

03446 瀬戸内・四国スローにお遍路—気まぐれ列車で行こう 種村直樹著 実業之日本社 2005.12 439p 19cm 1800円 ①4-408-00798-6

03447 汽車に乗った明治の文人たち—明治の鉄道紀行集 出口智之編 教育評論社 2014.1 286p 19cm〈文献あり〉 2400円 ①978-4-905706-81-6
作品 大洗紀行〔石黒忠悳〕

03448 いい感じの石ころを拾いに 宮田珠己著 河出書房新社 2014.5 135p 21cm〈文献あり〉 1600円 ①978-4-309-02291-8

奥久慈男体山〔男体山〕

03449 ひとつとなりの山 池内紀著 光文社 2008.10 269p 18cm （光文社新書） 800円 ①978-4-334-03476-4

偕楽園

03450 ショージ君の旅行鞄—東海林さだお自選 東海林さだお著 文芸春秋 2005.2 905p 16cm （文春文庫） 933円 ①4-16-717760-9
作品 東風吹かば……

笠間市

03451 にっぽん全国 百年食堂 椎名誠著 講談社 2013.1 222p 19cm 1400円 ①978-4-06-217814-3

鹿島サッカースタジアム駅

03452 終着駅への旅 JR編 櫻井寛著 JTBパブリッシング 2013.8 222p 19cm 1300円 ①978-4-533-09285-5

鹿嶋市

03453 みなかみ紀行 新編 若山牧水著, 池内紀編 岩波書店 2002.3 266p 15cm （岩波文庫） 600円 ①4-00-310522-2
作品 水郷めぐり

03454 芭蕉紀行 嵐山光三郎著 新潮社 2004.4 381p 16cm （新潮文庫）〈「芭蕉の誘惑」（JTB2000年刊）の増訂 年譜あり〉 552円 ①4-10-141907-8

鹿島神宮

03455 聖地巡礼 田口ランディ著, 森豊写真

メディアファクトリー 2003.4 353p 18cm 1600円 ①4-8401-0755-6

03456 水の巡礼 田口ランディ著, 森豊写真 角川書店 2006.2 270p 15cm (角川文庫) 952円 ①4-04-375303-9

03457 鍛える聖地 加門七海著 メディアファクトリー 2012.8 285p 19cm (幽BOOKS) 1300円 ①978-4-8401-4693-7

03458 神結び―日本の聖地をめぐる旅 相川七瀬著 実業之日本社 2014.8 133p 19cm〈文献あり〉 1500円 ①978-4-408-11084-4

目次 第1章 旅の始まり―東国三社編(私の鹿島立ち, 奈良からの伝言 ほか), 第2章 忘れられない出逢い―奈良編(神道のこころ, 春日大社 ほか), 第3章 異空間を旅する―熊野編(神脈, 玉置神社 ほか), 第4章 ご縁に導かれて―出雲国編(スサノオの隠ヶ丘と日御碕神社, スサノオのヤマタノオロチ退治 ほか)

鹿島鉄道

03459 朝湯、昼酒、ローカル線―かっちゃんの鉄修行 勝谷誠彦著 文芸春秋 2007.12 321p 16cm (文春文庫plus)〈「勝谷誠彦の地列車大作戦」(JTB2002年刊)の改題〉 629円 ①978-4-16-771320-1

03460 行ったぞ鉄道―列島がたごと日誌 伊東徹秀著 札幌 柏艪舎 2009.7 198p 19cm〈発売:星雲社〉 1300円 ①978-4-434-13086-1

鹿島臨海鉄道

03461 朝湯、昼酒、ローカル線―かっちゃんの鉄修行 勝谷誠彦著 文芸春秋 2007.12 321p 16cm (文春文庫plus)〈「勝谷誠彦の地列車大作戦」(JTB2002年刊)の改題〉 629円 ①978-4-16-771320-1

03462 父・宮脇俊三が愛したレールの響きを追って 宮脇灯子著 JTBパブリッシング 2008.8 223p 19cm〈写真:小林写函〉 1500円 ①978-4-533-07200-0

霞ヶ浦

03463 竿をかついで日本を歩く―探検・発見・仰天の釣りルポルタージュ かくまつとむ著 小学館 1998.5 19cm (Be-pal books)

03464 みなかみ紀行 新編 若山牧水著, 池内紀編 岩波書店 2002.3 266p 15cm (岩波文庫) 600円 ①4-00-310522-2

作品 水郷めぐり

03465 メルヘン紀行 みやこうせい著 未知谷 2005.5 237p 20cm 2200円 ①4-89642-129-9

03466 天下を獲り損ねた男たち―続・日本史の旅は、自転車に限る! 疋田智著 枻出版社 2005.12 299p 19cm〈文献あり〉 1400円 ①4-7779-0460-1

03467 小さな魚(さかな)を巡る小さな自転車の釣り散歩―タナゴ・フナ・クチボソ・ヤマベ・ハゼ・テナガエビetc. オジサンたちの釣輪具雑魚団 葛島一美著 つり人社 2010.7 223p 22cm〈タイトル:小さな魚を巡る小さな自転車の釣り散歩〉 1700円 ①978-4-88536-180-7

北茨城市

03468 心の虹―詩人のふるさと紀行 増田れい子著 労働旬報社 1996.8 247p 19cm 1800円 ①4-8451-0441-5

03469 瀬戸内・四国スローにお遍路―気まぐれ列車で行こう 種村直樹著 実業之日本社 2005.12 439p 19cm 1800円 ①4-408-00798-6

03470 渚の旅人 1 かもめの熱い吐息 森沢明夫著 東京地図出版 2008.12 412p 19cm 1450円 ①978-4-8085-8531-0

北浦

03471 竿をかついで日本を歩く―探検・発見・仰天の釣りルポルタージュ かくまつとむ著 小学館 1998.5 19cm (Be-pal books)

北浦橋梁

03472 車窓はテレビより面白い 宮脇俊三著 徳間書店 1992.8 254p 15cm (徳間文庫)〈1989年刊の文庫化〉 460円 ①4-19-597265-5

弘道館

03473 藩校を歩く―温故知新の旅ガイド 河合敦著 アーク出版 2004.5 259p 22cm 1800円 ①4-86059-025-2

03474 全国藩校紀行―日本人の精神の原点を訪ねて 中村彰彦著 PHP研究所 2014.12 314p 15cm (PHP文庫)〈「捜魂記」(文藝春秋 2004年刊)の改題〉 680円 ①978-4-569-76280-7

古河市

03475 わが町わが旅 永井路子著 中央公論社 1990.1 292p 15cm (中公文庫) 440円 ①4-12-201677-0

03476 イザベラ・バードの日本紀行 上 イザベラ・バード著, 時岡敬子訳 講談社 2008.4 493p 15cm (講談社学術文庫) 1500円 ①978-4-06-159871-3

03477 イザベラ・バード『日本奥地紀行』を歩く 金沢正脩著 JTBパブリッシング 2010.1 175p 21cm (楽学ブックス―文学歴史 11)〈文献あり 年譜あり〉 1800円 ①978-4-533-07671-8

03478 完訳 日本奥地紀行 1 横浜―日光―会津―越後 イザベラ・バード著, 金坂清則訳注 平凡社 2012.3 391p 18cm (東洋文庫) 3000円 ①978-4-582-80819-3

03479 新訳 日本奥地紀行 イザベラ・バード著, 金坂清則訳 平凡社 2013.10 537p 18cm (東洋文庫)〈布装 索引あり〉 3200円 ①978-4-582-80840-7

根本寺

03480 伝説を旅する 鳥居フミ子著 川崎 みやび出版 2007.3 238p 20cm〈創英社(発売)

著作目録あり〉 1800円 ①978-4-903507-01-9

桜川地区（稲敷市）

03481 ローカルバスの終点へ 宮脇俊三著 洋泉社 2010.12 303p 18cm （新書y）〈1991年刊の新潮文庫を底本とする 日本交通公社出版事業局 1989年刊あり〉 840円 ①978-4-86248-626-4

曝井（水戸市）

03482 万葉を旅する 中西進著 ウェッジ 2005.2 229p 19cm （ウェッジ選書） 1400円 ①4-900594-80-6

(目次) 第1部 万葉の古代空間（万葉びとの宇宙観, 万葉の道を歩く, 大和しうるはし―三輪とその周辺, 近江から薩摩へ）, 第2部 万葉の旅（陸奥, 曝井, 赤見山, 碓氷峠ほか）

静神社（那珂市）

03483 沈黙の神々 佐藤洋二郎著 松柏社 2005.11 270p 19cm 1800円 ①978-4-7754-0093-2

下館市

03484 あっちへ行ったりこっちを見たり―諸国探訪・俳諧記 渡辺文雄著 朝日新聞社 1999.4 169p 20cm 1600円 ①4-02-330577-4

(目次) まずは、俳句なるものと対座して, 結城、下館, 冬の京都の拾いもの, 南の島・徘徊, これぞ徘徊の日々, 春浅し豊の国, 浅春越中路, 長い長い日本列島, 「拘り」をたずねて, 伊勢路徘徊〔ほか〕

水郡線

03485 一両列車のゆるり旅 下川裕治, 中田浩資著 双葉社 2015.6 364p 15cm （双葉文庫） 694円 ①978-4-575-71436-4

03486 いきどまり鉄道の旅 北尾トロ著 河出書房新社 2017.8 278p 15cm （河出文庫）〈「駅長さん！ これ以上先には行けないんすか」（2011年刊）の改題、加筆・修正〉 780円 ①978-4-309-41559-8

清明神社（筑西市）

03487 陰陽師ロード―安倍晴明名所案内 荒俣宏著 平凡社 2001.9 237p 19cm 1400円 ①4-582-82974-0

大子町

03488 耕うん機オンザロード 斉藤政喜著 小学館 2001.8 333p 19cm （BE‐PAL BOOKS） 1200円 ①4-09-366065-4

筑波山

03489 想い遙かな山々 中西悟堂ほか著, 作品社編集部編 作品社 1998.4 245p 22cm （新編・日本随筆紀行 大きな活字で読みやすい本―心にふるさとがある 1）〈付属資料：63p：著者紹介・出典一覧〉 ①4-87893-806-4, 4-87893-807-2

(作品) 秋の筑波山〔大町桂月〕

03490 百霊峰巡礼 第1集 立松和平著 東京新聞出版局 2006.7 299p 20cm 1800円 ①4-8083-0854-1

03491 日本の秘境ツーリング―よりぬき「日本一を探す旅」 末飛登著, 培倶人編集部編 椎出版社 2007.5 187p 15cm （椎文庫）〈標題紙の責任表示（誤植）：末飛人〉 650円 ①978-4-7779-0765-6

03492 原風景のなかへ 安野光雅著 山川出版社 2013.7 215p 20cm 1600円 ①978-4-634-15044-7

つくば市

03493 室町戦国史紀行 宮脇俊三著 講談社 2003.12 405p 15cm （講談社文庫）〈年表あり 2000年刊の文庫化〉 695円 ①4-06-273918-6

(目次) 後醍醐天皇の帰還と挫折, 鎌倉、神戸, 吉野から筑波へ, 天竜寺、四条畷、常照皇寺, 南北朝時代の終り, 金閣寺、鎌倉公方と上杉禅秀の乱, 柳生の徳政一揆碑文, 京の五山めぐり, 結城合戦, 祇園祭、土佐中村〔ほか〕

03494 関東を歩く 立松和平著, 黒古一夫編 勉誠出版 2006.4 320p 22cm （立松和平日本を歩く 第2巻） 2600円 ①4-585-01172-2

筑波鉄道

03495 日本廃線鉄道紀行 大倉乾吾著 文芸春秋 2004.10 239p 16cm （文春文庫plus） 562円 ①4-16-766066-0

土浦市

03496 川に遊び 湖をめぐる 千葉七郎ほか著, 作品社編集部編 作品社 1998.4 254p 22cm （新編・日本随筆紀行 大きな活字で読みやすい本―心にふるさとがある 3） ①4-87893-809-9, 4-87893-807-2

(作品) 土浦の川口〔長塚節〕

03497 三文役者のニッポンひとり旅 殿山泰司著 筑摩書房 2000.2 287p 15cm （ちくま文庫） 640円 ①4-480-03551-6

03498 ちいさな城下町 安西水丸著 文藝春秋 2016.11 267p 16cm （文春文庫）〈2014年刊の文庫化〉 630円 ①978-4-16-790734-1

東海村

03499 瀬戸内・四国スローにお遍路―気まぐれ列車で行こう 種村直樹著 実業之日本社 2005.12 439p 19cm 1800円 ①4-408-00798-6

那珂湊魚市場

03500 新発見 より道街あるき 大竹誠著 パロル舎 2008.6 187p 21cm 1600円 ①978-4-89419-073-3

(目次) 青梅の街の映画看板, 八幡宮来宮神社の万灯, 未来都市・天王洲アイルから旧品川宿の街へ, 鰹縞シャツを求めて焼津へ, 調査で通った京島, 絵金の芝居絵を見に赤岡町へ, 使い古しのレールで架構された駅舎めぐり, 半信半疑で琴平の街へ, 外国のようなニュータウン, 廃墟と出会う街歩き, ふと迷い込んだ街, 気になった建物を見に再び目黒へ, 南タカコさんの展覧会を見に久が原へ, 四度めの熱海, 街の集積物を訪ねて, 国府津の漢番建築, 道を間違えて知った老舗, 街中の気になるダクト, 伊東で紙競馬, 幼い頃、遊んだあの目白の路地空間へ, 同潤会アパートの記憶, フロッタージュをしながら「三茶」の街を写す, 四十年ぶりの倉敷, サンシャインシティから雑司が谷鬼子母神まいり, 横浜の西洋館めぐり, うわさせ聞いた『細野高原』へ、そして下田へ, 那珂湊魚市場へ、そして新治郎 "八幡町", 富士市今井のだるま市を見る, 雨の中、紀州の新宮へ, 陸路イスタンブールへ, 陸路アテネへ, 噂に聞いた、"山あげ祭り"へ, イオニア海を渡りイタリアへ, 江戸川区篠崎界隈, 神田神保町と春日の街へ, 京都の路地を歩く, ウイリアム・モリスのマナーハウスを訪ねる, 忘年会、祭り、観劇で通った浅草, 古いしもた屋を見に三島市へ, 韓国・ソウルの市場めぐり, 丹後半島の伊根の舟屋, 看板群・武蔵小山のアーケード, TORONTOの裏通りへ, 韓国慶尚北道の安東河回村へ

八幡町（水戸市）

03501 新発見 より道街あるき　大竹誠著　パロル舎　2008.6　187p　21cm　1600円　①978-4-89419-073-3

花園川

03502 今昔温泉物語　伊豆・箱根、関東篇　山本容朗選, 日本ペンクラブ編　福武書店　1990.7　265p　15cm　（福武文庫）　480円　①4-8288-3148-7

作品 猫のいる湯宿〔伊藤桂一〕

常陸太田駅

03503 終着駅への旅　JR編　櫻井寛著　JTBパブリッシング　2013.8　222p　19cm　1300円　①978-4-533-09285-5

ひたちなか海浜鉄道湊線

03504 よみがえれ、東日本！　列車紀行　田中正恭著　多摩　クラッセ　2011.9　235p　19cm　（Klasse books）　1600円　①978-4-902841-12-1

03505 いきどまり鉄道の旅　北尾トロ著　河出書房新社　2017.8　278p　15cm　（河出文庫）〈「駅長さん！ これ以上先には行けないんすか」（2011年刊）の改題、加筆・修正〉　780円　①978-4-309-41559-8

ひたちなか市

03506 瀬戸内・四国スローにお遍路―気まぐれ列車で行こう　種村直樹著　実業之日本社　2005.12　439p　19cm　1800円　①4-408-00798-6

平潟町（北茨城市）

03507 ショージ君の旅行鞄―東海林さだお自選　東海林さだお著　文芸春秋　2005.2　905p　16cm　（文春文庫）　933円　①4-16-717760-9

作品 鮟鱇鍋の宿

袋田（大子町）

03508 心の虹―詩人のふるさと紀行　増田れい子著　労働旬報社　1996.8　247p　19cm　1800円　①4-8451-0441-5

03509 旅の紙芝居　椎名誠写真・文　朝日新聞社　2002.10　350p　15cm　（朝日文庫）〈1998年刊の文庫化〉　820円　①4-02-264298-X

作品 すぎし楽しき

藤代駅

03510 車窓はテレビより面白い　宮脇俊三著　徳間書店　1992.8　254p　15cm　（徳間文庫）〈1989年刊の文庫化〉　460円　①4-19-597265-5

水戸市

03511 耕うん機オンザロード　斉藤政喜著　小学館　2001.8　333p　19cm　（BE-PAL BOOKS）　1200円　①4-09-366065-4

03512 味な旅 舌の旅　改版　宇能鴻一郎著　中央公論新社　2010.10　239p　16cm　（中公文庫）〈初版：中央公論社1980年刊〉　705円　①978-4-12-205391-5

03513 にっぽん全国 百年食堂　椎名誠著　講談社　2013.1　222p　19cm　1400円　①978-4-06-217814-3

03514 明治紀行文學集　筑摩書房　2013.1　410p　21cm　（明治文學全集 94）　7500円　①978-4-480-10394-9

作品 水戸の観梅〔饗庭篁村〕

結城市

03515 みだれ籠―旅の手帖　津村節子著　文芸春秋　1989.11　285p　15cm　（文春文庫）　400円　①4-16-726507-9

目次 1 北海道・東北編（さい果ての旅情を求めて, 北の旅から, 最後の楽園）, 2 関東編（結城, 貧しき人々のほとけ, 黄八丈, 遠い旅近い旅）, 2 北陸編（賽の河原, 若狭路の旅, 歴史のまち, 佐渡・相川, 福井慕情, 加賀味覚散歩 ほか）, 4 中部編（富士の見えるホテル, 女の旅, 天城山麓のわさび田 ほか）, 5 関西編（近江八景, 京の趣味の買い物）, 6 九州編（やまなみハイウエーで訪れる3つの湖, 火と土の町有田を行く, 長崎の旅 ほか）, 7 外国編（ハワイの1週間, ギリシャの旅, たった2日のパリ見物 ほか）

03516 あっちへ行ったりこっちを見たり―諸国探訪・俳諧記　渡辺文雄著　朝日新聞社　1999.4　169p　20cm　1600円　①4-02-330577-4

03517 染めと織りと祈り　立松和平著　アスペクト　2000.3　261p　21cm　2200円　①4-7572-0705-0

03518 埋蔵金伝説を歩く―ボクはトレジャーハンター　八重野充弘著　角川学芸出版　2007.11　187p　19cm　（角川地球人books）〈角川グループパブリッシング（発売）〉　1500円　①978-4-04-621305-1

目次 第1章 天草四郎の秘宝を求めて, 第2章 日本のエル・ドラド、上州永井宿, 第3章 四百年ロマン、結城家の黄金探し, 第4章 埋蔵金研究家への道

03519 大人のまち歩き　秋山秀一著　新典社　2013.5　231p　21cm　1600円　①978-4-7879-7851-6

03520 ニッポン旅みやげ　池内紀著　青土社　2015.4　162p　20cm　1800円　①978-4-7917-

6852–3

湯の網温泉

03521 ガラメキ温泉探険記 池内紀著 リクルート出版 1990.10 203p 19cm 1165円 ①4–88991–196–0

03522 温泉旅日記 池内紀著 徳間書店 1996.9 277p 15cm (徳間文庫)〈河出書房新社1988年刊あり〉 540円 ①4–19–890559–2

栃木県

03523 古代史紀行 宮脇俊三著 講談社 1994.9 404p 15cm (講談社文庫) 620円 ①4–06–185773–8

目次 対馬の栄光と悲惨, 一海を渡る千余里, 出雲の神々と出土品, 古代の敗者たち, 『魏志倭人伝』の国ぐにに, 邪馬台国右往左往, 初期大和朝廷の王墓を歩く, 応神陵と仁徳陵, 継体天皇の新王朝, 百済の古都〔ほか〕

03524 いつか旅するひとへ 勝谷誠彦著 潮出版社 1998.8 234p 20cm 1200円 ①4–267–01499–X

目次 第1章 食って泊まってやっぱり呑んで(蕎麦通殺しうどん地獄—香川, 北関東小麦地獄—栃木, 歳の暮れ人情駅前旅館—蔵前 ほか), 第2章 この国の流れに(川は「そら」からくだる—吉野川に沿って, 列島の裂け目をときは流れて—秋葉神社から遠山郷へ, キトラ・黒塚やじうま紀行—飛鳥と山の辺の道 ほか), 第3章 断章・この星のどこかで(ベトナムは爆発する, 屋久島の輪廻, 福井の蕎麦御殿 ほか), 第4章 いつか旅するあなたへ(風が、吹いています—能登, 小さな、町です—越前, ぼくは、浮かんでます—死海 ほか), 第5章 このひとと行く旅(達人は路上と銭湯にはまる—町田忍さんと行く天草, 花手前幽玄行—安達瞳子さんと行く修善寺, 花旅は海峡を越えて—安達瞳子さんと行く淡路、徳島 ほか)

03525 誰も行けない温泉 命からがら 大原利雄著 小学館 2002.12 186p 15cm (小学館文庫) 733円 ①4–09–411524–2

03526 超秘湯に入ろう! 坂本衛著 筑摩書房 2003.4 344p 15cm (ちくま文庫)〈「超秘湯!!」(山海堂1997年刊)の改題〉 780円 ①4–480–03827–2

03527 万葉の旅 中 改訂新版 犬養孝著 平凡社 2004.1 361p 16cm (平凡社ライブラリー)〈初版:社会思想社1964年刊 文献あり〉 1200円 ①4–582–76489–4

03528 旅暮らし 立松和平著 野草社 2011.4 285p 20cm (立松和平エッセイ集)〈発売:新泉社〉 1800円 ①978–4–7877–1181–6

03529 極めよ、ソフテツ道!—素顔になれる鉄道旅 村井美樹著 小学館 2012.8 186p 19cm (IKKI BOOKS) 1400円 ①978–4–09–359208–6

会津鉄道 快速列車「AIZUマウントエクスプレス号」

03530 テツはこんな旅をしている—鉄道旅行再発見 野田隆著 平凡社 2014.3 222p 18cm (平凡社新書) 760円 ①978–4–582–85722–1

会津中街道

03531 古道巡礼—山人が越えた径 高桑信一著 山と溪谷社 2015.11 397p 15cm (ヤマケイ文庫)〈東京新聞出版局 2005年刊の再構成〉 980円 ①978–4–635–04781–4

赤見町(佐野市)

03532 万葉を旅する 中西進著 ウェッジ 2005.2 229p 19cm (ウェッジ選書) 1400円 ①4–900594–80–6

朝日岳

03533 紀行文集 無明一杖 上甲平谷著 谷沢書房 1988.7 339p 19cm 2500円

作品 夏の山

足尾(日光市)

03534 山の貌 井出孫六著 新樹社 1990.5 317p 19cm 2060円 ①4–7875–8395–6

目次 山の貌, 生まれは信州です, 日本の屋根, 盆地・道・風土, 落葉松, 漬物, 生家の想い出, 竈と囲炉裏と炬燵と, 酒倉のなか, 伊那谷—熊谷さんの写業, 仙丈岳に登る, 野麦峠—ボッカたちの足音, 一茶のユーモア, 名物教師, 「ぞうざん」ではなく「しょうざん」, 秩父事件と峠, 秩父路の春, 冬の祭り, 奥武蔵の山々, 杉の机, 桝目の幻想, 日記から, 絹の道, 島の旅, 昇曙夢の晩年, ヒージャー, 足尾にて, 奥の細道—中山芭蕉と井出曾良の旅, 野仏, 夏休みの宿題, モンテーニュの館, パリの街角, ヘアトニック, 犬の周辺, 旅の恥, シベリア鉄道, エルミタージュに迷いこむ, イルクーツクの冬

03535 旅の面影 榎木孝明著 JTB 2001.5 95p 26cm 3500円 ①4–533–03875–1

03536 動くとき、動くもの 青木奈緒著 講談社 2005.11 333p 15cm (講談社文庫)〈2002年刊の文庫化〉 600円 ①4–06–275236–0

03537 関東を歩く 立松和平著, 黒古一夫編 勉誠出版 2006.4 320p 22cm (立松和平日本を歩く 第2巻) 2600円 ①4–585–01172–2

03538 きまぐれ歴史散歩 池内紀著 中央公論新社 2013.9 228p 18cm (中公新書) 760円 ①978–4–12–102234–9

足尾銅山

03539 日本旅行日記 2 アーネスト・メイスン・サトウ著, 庄田元男訳 平凡社 1992.6 334p 18cm (東洋文庫) 2884円 ①4–582–80550–7

03540 嬉しい街かど 武田花写真と文 文芸春秋 1997.7 79p 20cm 1429円 ①4–16–353080–0

目次 がに股の犬とラブホテル, 横溝正史風写真館のあるじ, パイポくわえて工場街, 空に満月 アヒルは凍える, 風に吹かれて成田山詣り, 「愛の沼」と機械の墓場, 足尾銅山とジョニー大倉, 箱男、オリビエ、パティ・ペイジ, 「アニマルラブ」にダイエット犬, 晴れ後霧後雷。夏の空は忙しい, キリストおばさんとマルクスじいさん, 好色な男たちは橋を渡る

03541 日本ザンテイ世界遺産に行ってみた。 宮田珠己著 京都 淡交社 2015.7 214p 19cm 1600円 ①978-4-473-04029-9

03542 いきどまり鉄道の旅 北尾トロ著 河出書房新社 2017.8 278p 15cm （河出文庫）〈「駅長さん！ これ以上先には行けないんすか」（2011年刊）の改題、加筆・修正〉 780円 ①978-4-309-41559-8

足利学校

03543 日本ザンテイ世界遺産に行ってみた。 宮田珠己著 京都 淡交社 2015.7 214p 19cm 1600円 ①978-4-473-04029-9

足利市

03544 歴史探訪を愉しむ 童門冬二著 実教教育出版 2002.6 261p 20cm 1500円 ①4-7889-0701-1

03545 天下を獲り損ねた男たち―続・日本史の旅は、自転車に限る！ 疋田智著 枻出版社 2005.12 299p 19cm〈文献あり〉 1400円 ①4-7779-0460-1

03546 海へ、山へ、森へ、町へ 小川糸著 幻冬舎 2013.8 227p 16cm （幻冬舎文庫）〈「ようこそ、ちきゅう食堂へ」（2010年刊）を改題、「命をかけて、命をつなぐ」・「陽だまりの家、庭の緑」ほかを収録〉 533円 ①978-4-344-42058-8

作品 ココ・ファーム・ワイナリー

芦野温泉

03547 いで湯浴泉記 大石真人著 新ハイキング社 1990.12 316p 19cm （新ハイキング選書 第11巻） 1700円 ①4-915184-12-9

板室温泉

03548 いで湯浴泉記 大石真人著 新ハイキング社 1990.12 316p 19cm （新ハイキング選書 第11巻） 1700円 ①4-915184-12-9

今市（日光市）

03549 歴史の散歩路―小江戸紀行＝一〇八巡り 池田直樹著 東洋書院 2001.3 228p 19cm 1400円 ①4-88594-300-0

目次 落人の里―秘境・湯西川, 江戸の桜の名所―王子飛鳥山周辺, レンゲの花咲く城下町―大多喜, 杉並木街道に生きる―今市, 名利に歴史を秘めて―品川宿, 子供の守護神―雑司ヶ谷の鬼子母神, 欧米文化の窓口―横浜馬車道通り, 安政の遠足マラソン―中山道安中宿, 忍十万石の城下町―行田, 学問と祭りの街―お茶の水かいわい〔ほか〕

巴波川

03550 関東を歩く 立松和平著, 黒古一夫編 勉誠出版 2006.4 320p 22cm （立松和平日本を歩く 第2巻） 2600円 ①4-585-01172-2

宇都宮市

03551 耕うん機オンザロード 斉藤政喜著 小学館 2001.8 333p 19cm （BE-PAL BOOKS） 1200円 ①4-09-366065-4

03552 紀行新選組 尾崎秀樹文, 榊原和夫写真 光文社 2003.12 179p 16cm （知恵の森文庫） 552円 ①4-334-78256-6

03553 オヤジの穴 泉麻人, 松苗あけみ著 ロッキング・オン 2006.3 229p 18cm 1350円 ①4-86052-057-2

目次 お台場―彼岸の観覧装置, いまどき話題のグルメ店観光, 丸の内 寡黙なランチタイムの風景, 原宿表参道―殻のなかの路上詩人, 神楽坂・パラパラの牙城へ乗り込む, はとバス「マジカル・ミステリー・ツアー」体験記, サブカルの殿堂「まんだらけ」探訪, 横浜、箱庭のカレー街を覗く, 真夏のロックフェス観賞, 宇都宮に「渋谷」がやってきた〔ほか〕

03554 関東を歩く 立松和平著, 黒古一夫編 勉誠出版 2006.4 320p 22cm （立松和平日本を歩く 第2巻） 2600円 ①4-585-01172-2

03555 居酒屋おくのほそ道 太田和彦著 文藝春秋 2011.8 320p 16cm （文春文庫）〈画：村松誠〉 629円 ①978-4-16-780131-1

03556 新選組紀行 増補決定版 中村彰彦著 PHP研究所 2015.7 345p 15cm （PHP文庫）〈初版：文藝春秋 2003年刊 文献あり〉 720円 ①978-4-569-76398-9

03557 ふらり旅 いい酒 いい肴 2 太田和彦著 主婦の友社 2015.8 135p 21cm 1400円 ①978-4-07-299938-7

内容 「旅の達人」太田和彦が、ふらりと旅に出て、街を歩き、地元の居酒屋の暖簾をくぐる。現在BS11で放映中の番組が1冊の本に。パート2では、大阪、金沢、富山、宇都宮、静岡、京都、宇和島、別府、高松、岡山、東京・千住、博多、長崎、松江、益田、東京・神田を掲載。詳細なマップもついているので、迷わず街を歩くことができる。

宇都宮城

03558 日本名城紀行 1 東北・北関東 古城のおもかげ 小学館 1989.5 293p 15cm 600円 ①4-09-401201-X

雲巌寺

03559 奥の細道三百年を走る 菅野拓也著 丸善 2000.1 239p 18cm （丸善ライブラリー） 780円 ①4-621-05310-8

03560 新・おくのほそ道 俵万智, 立松和平著 河出書房新社 2001.10 194p 20cm 1800円 ①4-309-01433-X

目次 過客, 千住, 草加, 室の八島, 日光, 陽明門, 黒髪山, 那須, 黒羽, 雲巌寺〔ほか〕

追分明神

03561 街道をゆく 33 白河・会津のみち、赤坂散歩 新装版 司馬遼太郎著 朝日新聞出版 2009.4 333, 8p 15cm （朝日文庫）〈初版：朝日新聞社1994年刊〉 740円 ①978-4-02-264487-9

大金温泉

03562 いで湯浴泉記 大石真人著 新ハイキング社 1990.12 316p 19cm （新ハイキング選

書 第11巻) 1700円 ①4-915184-12-9

大佐飛山

03563 サバイバル！―人はズルなしで生きられるのか 増補 服部文祥著 筑摩書房 2016.7 318p 15cm (ちくま文庫)〈2008年刊の文庫化〉 800円 ①978-4-480-43369-5

大田原温泉

03564 いで湯浴泉記 大石真人著 新ハイキング社 1990.12 316p 19cm (新ハイキング選書 第11巻) 1700円 ①4-915184-12-9

大田原市

03565 本は旅をつれて―旅本コンシェルジュの旅行記 森本剛史著 彩流社 2015.1 239p 19cm〈著作目録あり 年譜あり〉 2000円 ①978-4-7791-2067-1

大谷観音

03566 関東を歩く 立松和平著, 黒古一夫編 勉誠出版 2006.4 320p 22cm (立松和平日本を歩く 第2巻) 2600円 ①4-585-01172-2

小川町

03567 いで湯浴泉記 大石真人著 新ハイキング社 1990.12 316p 19cm (新ハイキング選書 第11巻) 1700円 ①4-915184-12-9

奥鬼怒

03568 山に親しむ 川端康成ほか著, 作品社編集部編 作品社 1998.4 246p 22cm (新編・日本随筆紀行 大きな活字で読みやすい本―心にふるさとがある 2) ①4-87893-808-0, 4-87893-807-2

作品 奥鬼怒の谷のはなし〔辻まこと〕

目次 鎌倉アルプス(川端康成), 箱根路(川崎長太郎), 木曾路(前田青邨), 志賀高原(三好達治), 軽井沢(寺田寅彦), 北麓の晩夏から秋(武田百合子), 八ケ岳の見える旅(串田孫一), 黒部探検の頃(冠松次郎), 北山小屋(今西錦司), 奥鬼怒の谷のはなし(辻まこと), 白骨温泉(若山牧水), 古事記の空古事記の山(折口信夫), 恐山(抄)(森勇男), 羽黒山の山伏(戸川安章), 武甲山今昔(清水武甲), 死霊のこもる山(武田明), 御岳参り(山尾三省), 山焼(宮本常一), 最後のマタギ村(戸川幸夫), 丹波の冬山(深尾須磨子)

03569 山頂の憩い―『日本百名山』その後 深田久弥著 新潮社 2000.5 186p 16cm (新潮文庫)〈肖像あり〉 400円 ①4-10-122003-4

03570 アタシはバイクで旅に出る。―お湯・酒・鉄馬三拍子紀行 3 国井律子著 枻出版社 2003.12 185p 15cm (枻文庫) 650円 ①4-87099-980-3

奥鬼怒温泉郷

03571 今昔温泉物語 伊豆・箱根、関東篇 山本容朗選, 日本ペンクラブ編 福武書店 1990.7 265p 15cm (福武文庫) 480円 ①4-8288-3148-7

作品 奥鬼怒の谷のはなし〔辻まこと〕

奥日光

03572 日本の森を歩く 池内紀文, 柳木昭信写真 山と渓谷社 2001.6 277p 22cm 1800円 ①4-635-28047-0

03573 空と水の間に―奥日光をめぐる十五章 垣添忠生著 朝日新聞社 2003.4 190p 20cm 2200円 ①4-02-257830-0

内容 都会生活の緊張からの「癒しの時間」を描くエッセイ。カラー写真多数収録。

03574 関東を歩く 立松和平著, 黒古一夫編 勉誠出版 2006.4 320p 22cm (立松和平日本を歩く 第2巻) 2600円 ①4-585-01172-2

温泉岳

03575 ひとつとなりの山 池内紀著 光文社 2008.10 269p 18cm (光文社新書) 800円 ①978-4-334-03476-4

加仁湯温泉

03576 秘湯を求めて 1 はじめての秘湯 藤嶽彰英著 (大阪)保育社 1989.11 194p 19cm 1350円 ①4-586-61101-4

上河内(宇都宮市)

03577 山と雪の日記 改版 板倉勝宣著 中央公論新社 2003.1 185p 16cm (中公文庫)〈2004年刊の文庫ワイド版あり〉 743円 ①4-12-204158-9

烏山駅

03578 終着駅への旅 JR編 櫻井寛著 JTBパブリッシング 2013.8 222p 19cm 1300円 ①978-4-533-09285-5

烏山線

03579 よみがえれ、東日本！ 列車紀行 田中正恭著 多摩 クラッセ 2011.9 235p 19cm (Klasse books) 1600円 ①978-4-902841-12-1

03580 ニッポン線路つたい歩き 久住昌之著 カンゼン 2017.6 246p 19cm 1500円 ①978-4-86255-398-0

03581 いきどまり鉄道の旅 北尾トロ著 河出書房新社 2017.8 278p 15cm (河出文庫)〈「駅長さん！ これ以上先には行けないんすか」(2011年刊)の改題、加筆・修正〉 780円 ①978-4-309-41559-8

北温泉

03582 遙かなる秘湯をゆく 桂博史著 主婦と生活社 1990.3 222p 19cm 980円 ①4-391-11232-9

鬼怒川

03583 サラリーマン転覆隊が来た！ 本田亮著 小学館 2001.11 255p 20cm〈付属資料：CD-ROM1枚(12cm)〉 1600円 ①4-09-366461-7

03584 関東を歩く 立松和平著, 黒古一夫編

勉誠出版 2006.4 320p 22cm （立松和平日本を歩く 第2巻） 2600円 ①4-585-01172-2

03585 ひとりたび1年生—2005-2006 たかぎなおこ著 メディアファクトリー 2006.12 144p 21cm 1000円 ①4-8401-1754-3

鬼怒川温泉

03586 人情温泉紀行—演歌歌手・鏡五郎が訪ねた全国の名湯47選 鏡五郎著 マガジンランド 2008.5 235p 19cm〈年譜あり〉 1238円 ①978-4-944101-37-5

03587 温泉天国 嵐山光三郎, 荒俣宏, 池内紀, 池波正太郎, 井伏鱒二, 植村直己, 岡本かの子, 岡本綺堂, 小川未明, 角田光代, 川端康成, 川本三郎, 北杜夫, 斎藤茂太, 坂口安吾, 高村光太郎, 武田百合子, 太宰治, 田辺聖子, 種村季弘, 田村隆一, 田山花袋, つげ義春, 平林たい子, 松本英子, 村上春樹, 室生犀星, 山下清, 柳美里, 横尾忠則, 吉川英治, 四谷シモン著 河出書房新社 2017.12 237p 19cm （ごきげん文藝） 1600円 ①978-4-309-02642-8

作品 川の温泉〔柳美里〕

霧降高原

03588 浦島太郎の馬鹿—旅の書きおき 立松和平著 マガジンハウス 1990.10 251p 21cm 1400円 ①4-8387-0189-6

作品 日光霧降高原の危機

03589 関東を歩く 立松和平著, 黒古一夫編 勉誠出版 2006.4 320p 22cm （立松和平日本を歩く 第2巻） 2600円 ①4-585-01172-2

葛生駅

03590 ぞっこん鉄道今昔—昭和の鉄道撮影地への旅 櫻井寛写真・文 朝日新聞出版 2012.8 205p 21cm 2300円 ①978-4-02-331112-1

黒磯（那須塩原市）

03591 ニッポン旅みやげ 池内紀著 青土社 2015.4 162p 20cm 1800円 ①978-4-7917-6852-3

黒髪山

03592 新・おくのほそ道 俵万智, 立松和平著 河出書房新社 2001.10 194p 20cm 1800円 ①4-309-01433-X

黒羽地区（大田原市）

03593 ら・ら・ら「奥の細道」 黛まどか著 光文社 1998.3 221p 20cm 1600円 ①4-334-97168-7

03594 新・おくのほそ道 俵万智, 立松和平著 河出書房新社 2001.10 194p 20cm 1800円 ①4-309-01433-X

03595 鉄道おくのほそ道紀行—週末芭蕉旅 芦原伸著 講談社 2009.6 314p 20cm （The new fifties）〈文献あり〉 1800円 ①978-4-06-269282-3

03596 ローカルバスの終点へ 宮脇俊三著 洋泉社 2010.12 303p 18cm （新書y）〈1991年刊の新潮文庫を底本とする 日本交通公社出版事業局 1989年刊あり〉 840円 ①978-4-86248-626-4

華厳滝

03597 今昔温泉物語 伊豆・箱根、関東篇 山本容朗選, 日本ペンクラブ編 福武書店 1990.7 265p 15cm （福武文庫） 480円 ①4-8288-3148-7

作品 金精峠より野州路へ〔若山牧水〕

03598 日本八景—八大家執筆 幸田露伴, 吉田絃二郎, 河東碧梧桐, 田山花袋, 北原白秋, 高浜虚子, 菊池幽芳, 泉鏡花著 平凡社 2005.3 280p 16cm （平凡社ライブラリー） 1200円 ①4-582-76531-9

03599 日本十六景—四季を旅する 森本哲郎著 PHP研究所 2008.8 336p 15cm （PHP文庫）〈「ぼくの日本十六景」(新潮社2001年刊）の改題〉 648円 ①978-4-569-67070-6

目次 プロローグ 夕暮れを見に行く, 春（蘆花への遠くて近い旅（東京・世田谷）, 見果てぬ吉野（奈良・吉野山）ほか）, 夏（華厳の滝（栃木・日光、奥日光）, 柳川に柳しだるる…（福岡・柳川）ほか）, 秋（伏見の詩情（京都・伏見、深草）, 柳生の里（奈良・柳生）ほか）, 冬（モラエスの徳島（徳島・眉山）, 冬の日の伊良湖岬（愛知・渥美半島）ほか）, 再訪—こころの旅（越後の山里（新潟・越後関川、金丸）,「那古井」の宿（熊本・小天温泉）ほか）

03600 黄昏 南伸坊, 糸井重里著 新潮社 2014.4 429p 図版16p 16cm （新潮文庫）〈東京糸井重里事務所 2009年刊の再刊〉 790円 ①978-4-10-118317-6

庚申山

03601 日本旅行日記 2 アーネスト・メイスン・サトウ著, 庄田元男訳 平凡社 1992.6 334p 18cm （東洋文庫） 2884円 ①4-582-80550-7

03602 百霊峰巡礼 第1集 立松和平著 東京新聞出版局 2006.7 299p 20cm 1800円 ①4-8083-0854-1

佐野市

03603 食い道楽ひとり旅 柏井壽著 光文社 2005.11 260p 18cm （光文社新書） 720円 ①4-334-03332-6

03604 吉田電車 吉田戦車著 講談社 2007.1 227p 15cm （講談社文庫） 514円 ①978-4062756310

三斗小屋温泉

03605 紀行文集 無明一杖 上甲平谷著 谷沢書房 1988.7 339p 19cm 2500円

作品 夏の山

03606 秘湯を求めて 3 きわめつけの秘湯 藤嶽彰英著 （大阪）保育社 1990.1 194p 19cm 1350円 ①4-586-61103-0

03607 関東を歩く 立松和平著, 黒古一夫編 勉誠出版 2006.4 320p 22cm （立松和平日

関東

本を歩く 第2巻） 2600円 ①4-585-01172-2

03608 行き暮れて、山。 正津勉著 アーツアンドクラフツ 2006.6 203p 19cm 1900円 ①4-901592-33-5

三斗小屋宿跡

03609 北日本を歩く 立松和平著, 黒古一夫編 勉誠出版 2006.4 372p 22cm （立松和平日本を歩く 第1巻） 2600円 ①4-585-01171-4

作品 会津中街道

塩原温泉郷

03610 今昔温泉物語 伊豆・箱根、関東篇 山本容朗選, 日本ペンクラブ編 福武書店 1990.7 265p 15cm （福武文庫） 480円 ①4-8288-3148-7

作品 花酔〔中山義秀〕

03611 ガラメキ温泉探険記 池内紀著 リクルート出版 1990.10 203p 19cm 1165円 ①4-88991-196-0

03612 温泉旅日記 池内紀著 徳間書店 1996.9 277p 15cm （徳間文庫）〈河出書房新社1988年刊あり〉 540円 ①4-19-890559-2

03613 温泉旅行記 嵐山光三郎著 筑摩書房 2000.12 315p 15cm （ちくま文庫）〈初版：JTB1997年刊〉 760円 ①4-480-03589-3

03614 幻想秘湯巡り 南條竹則著 同朋舎, 角川書店〔発売〕 2001.10 205p 21cm （ホラージャパネスク叢書） 1400円 ①4-8104-2717-X

03615 関東を歩く 立松和平著, 黒古一夫編 勉誠出版 2006.4 320p 22cm （立松和平日本を歩く 第2巻） 2600円 ①4-585-01172-2

03616 明治紀行文學集 筑摩書房 2013.1 410p 21cm （明治文學全集 94） 7500円 ①978-4-480-10394-9

作品 鹽原入浴の記〔饗庭篁村〕 両毛の秋〔徳富蘆花〕

03617 日本山岳紀行―ドイツ人が見た明治末の信州 W・シュタイニッツァー著, 安藤勉訳 長野 信濃毎日新聞社 2013.10 305p 19cm （信毎選書 5）〈1992年刊の改訂 文献あり〉 1400円 ①978-4-7840-7222-4

目次 1 日光から長野へ―山国紀行, 2 日本アルプス―登山日誌（山行準備, 甲州の駒ヶ岳, 上高地へ, 槍ヶ岳, 穂高山, 笠ヶ岳, 富山, 立山, ザラ峠, 針ノ木峠 ほか）, 3 九州横断, 4 塩原

03618 松崎天民選集 第10巻 人間見物 松崎天民著, 後藤正人監修・解説 クレス出版 2013.11 395, 3p 19cm〈騒人社書局 昭和二年刊の複製〉 6000円 ①978-4-87733-795-7

作品 東北温泉巡り

塩原元湯温泉

03619 秘湯を求めて 2 ないしょの秘湯 藤嶽彰英著 （大阪）保育社 1989.12 185p 19cm 1350円 ①4-586-61102-2

地獄沢

03620 立松和平のふるさと紀行―名水 立松和平文, 山下喜一郎写真 河出書房新社 2002.5 109p 23cm 2500円 ①4-309-01459-3

尚仁沢湧水

03621 立松和平のふるさと紀行―名水 立松和平文, 山下喜一郎写真 河出書房新社 2002.5 109p 23cm 2500円 ①4-309-01459-3

千手ヶ浜

03622 関東を歩く 立松和平著, 黒古一夫編 勉誠出版 2006.4 320p 22cm （立松和平日本を歩く 第2巻） 2600円 ①4-585-01172-2

戦場ヶ原

03623 日本旅行日記 2 アーネスト・メイスン・サトウ著, 庄田元男訳 平凡社 1992.6 334p 18cm （東洋文庫） 2884円 ①4-582-80550-7

大雄寺

03624 仙人の桜、俗人の桜 赤瀬川原平著 平凡社 2000.3 270p 16cm （平凡社ライブラリー）〈日本交通公社出版事業局1993年刊あり〉 1100円 ①4-582-76332-4

作品 粗食に甘んじる―黒羽

帝釈山

03625 子づれの山 熊谷榧絵と文 八王子 白山書房 2009.8 222p 19cm （〔榧・画文集 2〕） 1900円 ①978-4-89475-135-4

大猷院

03626 隅の風景 恩田陸著 新潮社 2013.11 230p 16cm （新潮文庫）〈2011年刊の加筆 文献あり〉 520円 ①978-4-10-123422-9

目次 ロンドンで絵を買う, チェコ万華鏡, ほどよい距離、ほどよい広さ―郡上八幡, 不信心者の「お伊勢参り」, 『冷血』と家光の墓―日光, 雨の街、風の城―台湾ブックフェア報告, 仙人は飛び、観音菩薩は微笑む―韓国雪嶽山, スペイン奇想曲, 阿蘇酒池肉林, 熊本石橋の謎+馬刺し憧憬, 蘇我入鹿と玄昉（ほう）の首塚―奈良, 銀の箸の国で―韓国ソウル, 真昼の太陽を見上げる―北京、上海, 付録・旅のブックガイド, ゲニウス＝ロキ覚書

中禅寺湖

03627 ヤポネシア讃歌 立松和平著 講談社 1990.6 261p 19cm 1200円 ①4-06-204887-6

03628 今昔温泉物語 伊豆・箱根、関東篇 山本容朗選, 日本ペンクラブ編 福武書店 1990.7 265p 15cm （福武文庫） 480円 ①4-8288-3148-7

作品 金精峠より野州路へ〔若山牧水〕

03629 浦島太郎の馬鹿―旅の書きおき 立松和平著 マガジンハウス 1990.10 251p 21cm 1400円 ①4-8387-0189-6

作品 日光の魚の話

03630 水の旅 川の漁 立松和平文, 大塚高雄写

真　世界文化社　1993.8　250p　19cm　1600円　①4-418-93509-6

03631　黄昏　南伸坊, 糸井重里著　新潮社　2014.4　429p 図版16p　16cm　（新潮文庫）〈東京糸井重里事務所 2009年刊の再刊〉　790円　①978-4-10-118317-6

筑波地区（足利市）

03632　原風景のなかへ　安野光雅著　山川出版社　2013.7　215p　20cm　1600円　①978-4-634-15044-7

栃木駅

03633　文学の中の駅―名作が語る"もうひとつの鉄道史"　原口隆行著　国書刊行会　2006.7　327p　20cm　2000円　①4-336-04785-5

栃木市

03634　オーケンのめくるめく脱力旅の世界　大槻ケンヂ著　新潮社　2004.4　266p　16cm　（新潮文庫）〈2001年刊の文庫化〉　438円　①4-10-142926-X

目次 I温泉へ, ロックミュージシャン生板伝説を追えっ!!, 酔拳を見に栃木へ, 日本印度化計画はどうなっているか？, スイカちゃんと熱海でお別れ, 友達にお線香をあげに行こう―追悼・池田貴族, 障害者プロレスを見に行った, 音楽雑誌が書かないロックバンドの日々, 心療内科へ行って禁UFOを解いてもらおう, ソウルでキックバック・リーと戦う, マイカーでマザー牧場にドライブ, 宵々山でダメだこりゃ！, 浴衣の3匹, モデル撮影会に潜入!?, 新宿二丁目に人間椅子を見たっ!!

03635　イザベラ・バードの日本紀行　上　イザベラ・バード著, 時岡敬子訳　講談社　2008.4　493p　15cm　（講談社学術文庫）　1500円　①978-4-06-159871-3

03636　イザベラ・バード『日本奥地紀行』を歩く　金沢正脩著　JTBパブリッシング　2010.1　175p　21cm　（楽学ブックス―文学歴史 11）〈文献あり 年譜あり〉　1800円　①978-4-533-07671-8

03637　完訳 日本奥地紀行　1　横浜―日光―会津―越後　イザベラ・バード著, 金坂清則訳注　平凡社　2012.3　391p　18cm　（東洋文庫）　3000円　①978-4-582-80819-3

03638　新訳 日本奥地紀行　イザベラ・バード著, 金坂清則訳　平凡社　2013.10　537p　18cm　（東洋文庫）〈布装　索引あり〉　3200円　①978-4-582-80840-7

那須

03639　新・おくのほそ道　俵万智, 立松和平著　河出書房新社　2001.10　194p　20cm　1800円　①4-309-01433-X

03640　鉄道おくのほそ道紀行―週末芭蕉旅　芦原伸著　講談社　2009.6　314p　20cm　（The new fifties）〈文献あり〉　1800円　①978-4-06-269282-3

03641　みちくさ　2　菊池亜希子著　小学館　2011.5　127p　21cm　1200円　①978-4-09-342387-8

03642　四次元温泉日記　宮田珠己著　筑摩書房　2015.1　294p　15cm　（ちくま文庫）〈2011年刊の文庫化〉　720円　①978-4-480-43238-4

那須温泉

03643　温泉百話―東の旅　種村季弘, 池内紀編　筑摩書房　1988.2　471p　15cm　（ちくま文庫）　680円　①4-480-02200-7

作品 狐よりも賢し〔獅子文六〕

03644　奥の細道 温泉紀行　嵐山光三郎著　小学館　2006.6　221p　15cm　（小学館文庫）〈1999年 平凡社刊あり〉　695円　①4-09-408082-1

那須塩原市

03645　いで湯の山旅―特選紀行　美坂哲男著, 新妻喜永写真　山と渓谷社　1993.9　138p　25×19cm　2300円　①4-635-28026-8

03646　お徒歩 ニッポン再発見　岩見隆夫著　アールズ出版　2001.5　299p　20cm　1600円　①4-901226-20-7

03647　旅は人生―日本人の風景を歩く　森本哲郎著　PHP研究所　2006.12　372p　15cm　（PHP文庫）〈「旅の半空」(新潮社1997年刊)の改題〉　648円　①4-569-66745-7

03648　にっぽん全国 百年食堂　椎名誠著　講談社　2013.1　222p　19cm　1400円　①978-4-06-217814-3

03649　山の宿のひとり酒　太田和彦著　集英社　2017.4　289p　16cm　（集英社文庫―ニッポンぶらり旅）　660円　①978-4-08-745577-9

那須岳

03650　紀行文集 無明一杖　上甲平谷著　谷沢書房　1988.7　339p　19cm　2500円

作品 夏の山

03651　いで湯の山旅―特選紀行　美坂哲男著, 新妻喜永写真　山と渓谷社　1993.9　138p　25×19cm　2300円　①4-635-28026-8

03652　日本の名山　5　浅間山　串田孫一, 今井通子, 今福龍太編　博品社　1997.10　253p　19cm〈文献あり〉　1600円　①4-938706-46-6

作品 那須岳～谷川岳～浅間山の県境尾根単独縦走〔細貝栄〕

目次 浅間山の歌（若山牧水）, 浅間山（尾上柴舟）, 浅間（土屋文明）, 浅間の巻（前田普羅）, 小諸なる古城のほとり（島崎藤村）, 落葉松（北原白秋）, 山荘だより 3（谷川俊太郎）, 浅間五景（後藤明生）, 浅間山（柴田南雄）, 山を想う（水上瀧太郎）, 浅間の影像（宇佐見英治）, 浅間山（志賀重昂）, 浅間山（高頭式）, 浅間山（二五四二米）（深田久弥）, 浅間の四季（佐藤春夫）, 初秋の浅間（堀辰雄）, 冬の浅間山（小島烏水）, 恐怖の活火山・浅間山へ登る（一八七七年）（アーネスト・サトウ）, 浅間山のひと夜（大町桂月）, 浅間山（志村烏嶺）, 浅間紀行（土居通彦）, 浅間越え（寺田寅彦）, 浅間登山記（正宗白鳥）, 那須岳～谷川岳～浅間山の県境尾根単独縦走―一九七四年五月十九日～六月二十一日の記録（細貝栄）, こわごわ 浅間山（六月四日）（石井昭子）, 浅間山回想（田淵行男）, 浅間追分高原（田部重治）, 浅間山麓より（谷川徹三）, 鳶色の浅間高原（茨木猪之吉）, 浅間六里ケ原（岸田衿子）, 信濃追分の冬（福永武彦）, 浅間山の初登山（辻村太郎）, 天明噴火

の化石（伊藤和明），火山としての浅間山の宗教性（萩原進），チマ・エテルナ 浅間山恐怖症（串田孫一）

03653 行き暮れて、山。 正津勉著 アーツアンドクラフツ 2006.6 203p 19cm 1900円 ①4-901592-33-5

03654 百霊峰巡礼 第2集 立松和平著 東京新聞出版局 2008.4 307p 20cm 1800円 ①978-4-8083-0893-3

03655 ひとつとなりの山 池内紀著 光文社 2008.10 269p 18cm （光文社新書） 800円 ①978-4-334-03476-4

那須とりっくあーとぴあ

03656 作家の犯行現場 有栖川有栖著 新潮社 2005.2 406p 16cm （新潮文庫）〈メディアファクトリー ダ・ヴィンチ編集部2002年刊あり〉 667円 ①4-10-120434-9

作品 トリックがいっぱい

那須野が原

03657 おくのほそ道 人物紀行 杉本苑子著 文芸春秋 2005.9 230p 18cm （文春新書） 700円 ①4-16-660460-0

03658 人と森の物語―日本人と都市林 池内紀著 集英社 2011.7 216p 18cm （集英社新書）〈文献あり〉 740円 ①978-4-08-720599-2

03659 ニッポンの山里 池内紀著 山と溪谷社 2013.1 254p 20cm 1500円 ①978-4-635-28067-9

03660 明治紀行文學集 筑摩書房 2013.1 410p 21cm （明治文學全集 94） 7500円 ①978-4-480-10394-9

作品 那須野〔大町桂月〕

那須湯本温泉

03661 ら・ら・ら「奥の細道」 黛まどか著 光文社 1998.3 221p 20cm 1600円 ①4-334-97168-7

03662 幻想秘湯巡り 南條竹則著 同朋舎，角川書店〔発売〕 2001.10 205p 21cm （ホラージャパネスク叢書） 1400円 ①4-8104-2717-X

03663 松崎天民選集 第10巻 人間見物 松崎天民著，後藤正人監修・解説 クレス出版 2013.11 395, 3p 19cm〈騒人社書局 昭和二年刊の複製〉 6000円 ①978-4-87733-795-7

作品 東北温泉巡り

男体山

03664 百霊峰巡礼 第1集 立松和平著 東京新聞出版局 2006.7 299p 20cm 1800円 ①4-8083-0854-1

03665 掌の中の月―光 流れ 救い 立松和平著 サンガ 2008.7 274p 18cm （サンガ新書）〈文献あり〉 850円 ①978-4-901679-83-1

目次 第1章 宇宙からの光―迷いの中から救ってくれるもの（日光・男体山登山での出来事，懐中電燈をもってこなかった ほか），第2章 南極のコケボウズ―大いなる流転 とめどない謎（南極にやってきた，わが心の昭和基地 ほか），第3章 鵜の目から見た長良川―珠玉の川をたどる旅（人のためによく働いている川，小間見川の特別天然記念物オオサンショウウオ ほか），第4章 志摩の海―木曾三川とともに、伊勢湾へ（御塩焼固，風待港，月次祭，海女と漁夫，「あのりふぐ」，神馬 伊勢の食，真珠，安乗の灯台、人形芝居、伊良子清白），終章 旅は人を救う（般若心経の言葉が頭に浮かんだ，私たちは激しい移ろいの中にいる ほか）

03666 あやしい探検隊 焚火酔虎伝 椎名誠著 山と溪谷社 2016.10 278p 図版16p 15cm （ヤマケイ文庫）〈角川文庫 1998年刊の再編集〉 700円 ①978-4-635-04819-4

目次 序章 早春の突如的八ガ岳アイス・クライミング，第1章 神津島・天上山/風の島ずりずら風雲録，第2章 南九州ばか湯ばか酒ばか唄旅，第3章 あっぱれ富士山/晴天清貧人生格言感涙旅，第4章 雪山雪洞炉辺夜話的追想旅/すべりつつヒトはいろいろ考える，第5章 冬枯れの男体山/大汗ポリプロピレン旅，第6章 赤眼酔談＝沖永良部島編―森羅万象諸国偏辺焚火話

西那須野

03667 歴史探訪を愉しむ 童門冬二著 実教教育出版 2002.6 261p 20cm 1500円 ①4-7889-0701-1

日光駅

03668 終着駅への旅 JR編 櫻井寛著 JTBパブリッシング 2013.8 222p 19cm 1300円 ①978-4-533-09285-5

日光金谷ホテル

03669 ホテル物語―十二のホテルと一人の旅人 山口泉著 NTT出版 1993.8 221p 19cm 1800円 ①4-87188-235-7

03670 黄昏 南伸坊，糸井重里著 新潮社 2014.4 429p 図版16p 16cm （新潮文庫）〈東京糸井重里事務所 2009年刊の再刊〉 790円 ①978-4-10-118317-6

日光沢温泉

03671 ガラメキ温泉探険記 池内紀著 リクルート出版 1990.10 203p 19cm 1165円 ①4-88991-196-0

作品 仙人の杖

03672 温泉旅日記 池内紀著 徳間書店 1996.9 277p 15cm （徳間文庫）〈河出書房新社1988年刊あり〉 540円 ①4-19-890559-2

日光山

03673 明治紀行文學集 筑摩書房 2013.1 410p 21cm （明治文學全集 94） 7500円 ①978-4-480-10394-9

作品 日光山の奥〔田山花袋〕 春の日光山〔田山花袋〕 秋の日光山〔田山花袋〕

日光市

03674 イトシンののんびりツーリング 伊東信著 造形社 1988.5 175p 21cm 1300円 ①4-88172-031-7

03675 黄昏のムービー・パレス 村松友視著，

関東

横山良一写真　平凡社　1989.7　218p　19cm　1240円　Ⓘ4-582-28215-6

03676　今昔温泉物語　伊豆・箱根、関東篇　山本容朗選, 日本ペンクラブ編　福武書店　1990.7　265p　15cm　（福武文庫）　480円　Ⓘ4-8288-3148-7

作品　金精峠より野州路へ〔若山牧水〕

03677　秋の日本　ピエール・ロチ著, 村上菊一郎訳, 吉氷清訳　角川書店　1990.11　254p　15cm　（角川文庫）〈第5刷（第1刷：昭和28年）〉　495円　Ⓘ4-04-203101-3

03678　日本旅行日記　2　アーネスト・メイスン・サトウ著, 庄田元男訳　平凡社　1992.6　334p　18cm　（東洋文庫）　2884円　Ⓘ4-582-80550-7

03679　父と子の長い旅　原将人著　フィルムアート社　1994.11　253p　19cm　1854円　Ⓘ4-8459-9436-4

03680　ら・ら・ら「奥の細道」　黛まどか著　光文社　1998.3　221p　20cm　1600円　Ⓘ4-334-97168-7

03681　明治日本見聞録―英国家庭教師夫人の回想　エセル・ハワード著, 島津久大訳　講談社　1999.2　301p　15cm　（講談社学術文庫）　900円　Ⓘ4-06-159364-1

目次　日本に来て, 公爵と四人の弟たち, 顧問と使用人たち, 通訳、食事、買い物など, 子供たちとの生活, 学習院, 道路と交通, お茶と雛祭り, 関西旅行, 日光、箱根、鵜飼い見物, 日本の家屋, 日本のキリスト教, 日本人と刀, 日露戦争, 戦勝祝賀会と暴動

03682　奥の細道三百年を走る　菅野拓也著　丸善　2000.1　239p　18cm　（丸善ライブラリー）　780円　Ⓘ4-621-05310-8

03683　日本奥地紀行　イサベラ・バード著, 高梨健吉訳　平凡社　2000.2　529p　16cm　（平凡社ライブラリー）〈年譜あり 文献あり〉　1500円　Ⓘ4-582-76329-4

03684　夫婦旅せむ　高橋揆一郎著　札幌　北海道新聞社　2000.5　235p　20cm　1800円　Ⓘ4-89453-092-9

03685　お徒歩 ニッポン再発見　岩見隆夫著　アールズ出版　2001.5　299p　20cm　1600円　Ⓘ4-901226-20-7

03686　新・おくのほそ道　俵万智, 立松和平著　河出書房新社　2001.10　194p　20cm　1800円　Ⓘ4-309-01433-X

03687　誇り高く優雅な国、日本―垣間見た明治日本の精神　エンリケ・ゴメス・カリージョ著, 児嶋桂子訳　京都　人文書院　2001.11　216p　19cm　1800円　Ⓘ4-409-54061-0

目次　東京（お辞儀と微笑み, 憧れと現実, 東京の道とホテル）, 吉原（生ける花々の園, 娼婦の精神的貞潔さ, 春画と吉原暦, 伝承の遊女, 廓の画家たち, 雄雄しき魂（美しく死ぬ, ホメロス風の世界, 勇敢な振る舞い）, 太刀（神聖にして高貴なもの, 古刀の価値, 武士の魂）, 社寺（日光、この華麗なる聖域, 二つの霊廟）, サムライ（神格化された武士, 日本人であることの誇り）, 洗練された精神（礼に始まり礼に終わる, 礼儀作法の厳格さ, 美徳としての克己）, ハラキリ（武士道の原理, 自殺の許し, より英雄的に崇高に, 切腹の作法, ハラキリ英雄譚）, 詩歌（古今和歌集の序, 枕詞と掛詞, 日本の詩歌は翻訳不可能, 日本の詩歌は日本語で, 日本詩歌の分類, 誰もが歌を詠む国）, 女性（女性蔑視, 「家」本位の結婚, 謙虚さと服従, 新時代の女性）, 山水（自然を愛する, 大地を崇める, 庭と盆栽）, 貧困（東京の貧民窟, 下層労働者の困窮, 鴨長明と滝沢馬琴, 貧しさと惨めさ）, 名誉の規範（武士道とは, 四つの大恩, 力と忠誠と礼節, 日本的自覚）, 笑い（笑う神々, 芝居と祭）

03688　歴史探訪を愉しむ　童門冬二著　実教教育出版　2002.6　261p　20cm　1500円　Ⓘ4-7889-0701-1

03689　アタシはバイクで旅に出る。―お湯・酒・鉄馬三拍子紀行　3　国井律子著　枻出版社　2003.12　185p　15cm　（枻文庫）　650円　Ⓘ4-87099-980-3

03690　ツーリング・ライフ―自由に、そして孤独に　新装増補版　斎藤純著　春秋社　2004.3　274p　20cm〈2001年刊の新装増補〉　1800円　Ⓘ4-393-43624-5

作品　マタギ・ルートを辿る―奥羽山脈縦断

03691　おくのほそ道 人物紀行　杉本苑子著　文芸春秋　2005.9　230p　18cm　（文春新書）　700円　Ⓘ4-16-660460-0

03692　オーストリア皇太子の日本日記―明治二十六年夏の記録　フランツ・フェルディナント著, 安藤勉訳　講談社　2005.9　237p　15cm　（講談社学術文庫）〈肖像あり〉　840円　Ⓘ4-06-159725-6

目次　第1章 長崎 - 熊本 - 下関 - 宮島, 第2章 京都 - 大阪 - 奈良 - 大津 - 岐阜, 第3章 名古屋 - 宮ノ下 - 東京 - 日光 - 横浜

03693　動くとき、動くもの　青木奈緒著　講談社　2005.11　333p　15cm　（講談社文庫）〈2002年刊の文庫化〉　600円　Ⓘ4-06-275236-0

03694　奥の細道 温泉紀行　嵐山光三郎著　小学館　2006.6　221p　15cm　（小学館文庫）〈1999年 平凡社刊あり〉　695円　Ⓘ4-09-408082-1

03695　イザベラ・バード「日本の未踏路」完全補遺　イザベラ・バード著, 高畑美代子訳注　中央公論事業出版（製作発売）　2008.1　190p　21cm　1600円　Ⓘ978-4-89514-296-0

03696　イザベラ・バードの日本紀行　上　イザベラ・バード著, 時岡敬子訳　講談社　2008.4　493p　15cm　（講談社学術文庫）　1500円　Ⓘ978-4-06-159871-3

03697　もいちど修学旅行をしてみたいと思ったのだ　北尾トロ著, 中川カンゴロー写真　小学館　2008.4　239p　19cm　1300円　Ⓘ978-4-09-379784-9

03698　日本十六景―四季を旅する　森本哲郎著　PHP研究所　2008.8　336p　15cm　（PHP文庫）〈「ぼくの日本十六景」（新潮社2001年刊）の改題〉　648円　Ⓘ978-4-569-67070-6

03699　にっぽん入門　柴門ふみ著　文藝春秋　2009.4　282p　16cm　（文春文庫）〈2007年刊の増補〉　552円　Ⓘ978-4-16-757903-6

03700　鉄道おくのほそ道紀行―週末芭蕉旅　芦

原伸著　講談社　2009.6　314p　20cm　（The new fifties）〈文献あり〉　1800円　①978-4-06-269282-3

03701　イザベラ・バード『日本奥地紀行』を歩く　金沢正脩著　JTBパブリッシング　2010.1　175p　21cm　（楽学ブックス―文学歴史 11）〈文献あり 年譜あり〉　1800円　①978-4-533-07671-8

03702　名探偵浅見光彦の食いしん坊紀行　内田康夫著　実業之日本社　2010.10　257p　16cm　（実業之日本社文庫）〈2000年刊の再編集〉　724円　①978-4-408-55000-8

03703　きよのさんと歩く大江戸道中記―日光・江戸・伊勢・京都・新潟…六百里　金森敦子著　筑摩書房　2012.2　413p　15cm　（ちくま文庫）〈文献あり　『"きよのさん"と歩く江戸六百里』（バジリコ2006年刊）の加筆・訂正〉　950円　①978-4-480-42915-5

03704　完訳 日本奥地紀行　1　横浜―日光―会津―越後　イザベラ・バード著, 金坂清則訳注　平凡社　2012.3　391p　18cm　（東洋文庫）　3000円　①978-4-582-80819-3

03705　芭蕉の杖跡―おくのほそ道 新紀行　森村誠一著　角川マガジンズ　2012.7　268p　19cm〈発売：角川グループパブリッシング〉　1600円　①978-4-04-731863-2

03706　にっぽん全国 百年食堂　椎名誠著　講談社　2013.1　222p　19cm　1400円　①978-4-06-217814-3

03707　明治紀行文學集　筑摩書房　2013.1　410p　21cm　（明治文學全集 94）　7500円　①978-4-480-10394-9

作品　両毛の秋〔徳富蘆花〕

03708　日本その日その日　エドワード・シルヴェスター・モース著, 石川欣一訳　講談社　2013.6　339p　15cm　（講談社学術文庫）〈文献あり 著作目録あり〉　960円　①978-4-06-292178-7

03709　新訳 日本奥地紀行　イザベラ・バード著, 金坂清則訳　平凡社　2013.10　537p　18cm　（東洋文庫）〈布装　索引あり〉　3200円　①978-4-582-80840-7

03710　釣師・釣場　井伏鱒二著　講談社　2013.10　236p　16cm　（講談社文芸文庫）〈著作目録あり 年譜あり〉　1300円　①978-4-06-290208-3

03711　日本山岳紀行―ドイツ人が見た明治末の信州　W・シュタイニッツァー著, 安藤勉訳　長野　信濃毎日新聞社　2013.10　305p　19cm　（信毎選書 5）〈1992年刊の改訂　文献あり〉　1400円　①978-4-7840-7222-4

03712　汽車に乗った明治の文人たち―明治の鉄道紀行集　出口智之編　教育評論社　2014.1　286p　19cm〈文献あり〉　2400円　①978-4-905706-81-6

作品　今市汽車行〔久保田米僊〕

03713　扶桑遊記　王韜著, 丸山雅美訳　宇都宮　随想舎　2014.2　231p　21cm　1800円　①978-4-88748-282-1

目次　上巻（閏三月初七日～四月初六日）, 中巻（四月初七日～五月十六日）, 下巻（五月十七日～七月十五日）

03714　黄昏　南伸坊, 糸井重里著　新潮社　2014.4　429p 図版16p　16cm　（新潮文庫）〈東京糸井重里事務所 2009年刊の再刊〉　790円　①978-4-10-118317-6

03715　アーネスト・サトウの明治日本山岳記　アーネスト・メイスン・サトウ著, 庄田元男訳　講談社　2017.4　285p　15cm　（講談社学術文庫）〈「日本旅行日記」（平凡社 1992年刊）と「明治日本旅行案内」（平凡社 1996年刊）の改題、抜粋し新たに編集〉　980円　①978-4-06-292382-8

03716　日本奥地紀行―縮約版　イザベラ・バード著, ニーナ・ウェグナー英文リライト, 牛原眞弓訳　IBCパブリッシング　2017.4　223p　19cm　（対訳ニッポン双書）　1600円　①978-4-7946-0471-2

03717　温泉天国　嵐山光三郎, 荒俣宏, 池内紀, 池波正太郎, 井伏鱒二, 植村直己, 岡本かの子, 岡本綺堂, 小川未明, 角田光代, 川端康成, 川本三郎, 北杜夫, 斎藤茂太, 坂口安吾, 高村光太郎, 武田百合子, 太宰治, 田辺聖子, 種村季弘, 田村隆一, 田山花袋, つげ義春, 平林たい子, 松本英子, 村上春樹, 室生犀星, 山下清, 柳美里, 横尾忠則, 吉川英治, 四谷シモン著　河出書房新社　2017.12　237p　19cm　（ごきげん文藝）　1600円　①978-4-309-02642-8

作品　記憶9800円×2〔角田光代〕

日光線

03718　汽車に乗った明治の文人たち―明治の鉄道紀行集　出口智之編　教育評論社　2014.1　286p　19cm〈文献あり〉　2400円　①978-4-905706-81-6

作品　今市汽車行〔久保田米僊〕

03719　テツはこんな旅をしている―鉄道旅行再発見　野田隆著　平凡社　2014.3　222p　18cm　（平凡社新書）　760円　①978-4-582-85722-1

日光東照宮

03720　土門拳の古寺巡礼　別巻 第1巻　東日本　土門拳著　小学館　1990.5　147p　26cm　1950円　①4-09-559106-4

作品　ぼくの古寺巡礼

03721　日本旅行日記　2　アーネスト・メイスン・サトウ著, 庄田元男訳　平凡社　1992.6　334p　18cm　（東洋文庫）　2884円　①4-582-80550-7

作品　日光案内記 ほか

03722　碧い眼の太郎冠者　ドナルド・キーン著　中央公論新社　2001.7　188p　21cm　（Chuko on demand books）　2000円　①4-12-550026-6

作品　紅毛おくのほそ道

03723　色紀行―日本の美しい風景　吉岡幸雄著, 岡田克敏写真　清流出版　2011.12　241p　22cm　3500円　①978-4-86029-374-1

目次 1 工芸(琉球列島福木の黄 沖縄―鮮やかな黄色を探る, 丹後上世屋の藤織り再興に奔走する井之本泰さんの精進, 木綿をめぐる神話の国・出雲紀行, 暮らしとともにあった「柿」で染色をした日本人の知恵, 伝統的な墨の製法を守る古都奈良へ, 清らかな胡粉の白を訪ねて琵琶湖に浮かぶ竹生島へ, 日本人の衣生活を一変させた木綿の産地・松阪へ, 加賀百万石に咲いた金箔の美), 2 建築(春日大社の朱赤―人々の畏敬と畏怖の念を表わした色, 日光東照宮の群青色 澄んだ美しさを湛えた極上の色彩瓦の彩りの歴史をたどる古都奈良への旅路, その復活を願った弁柄の街 岡山県・吹屋へ), 3 自然(京都桜探訪 京の西北桜道, 伝統が息づく染色法を探しに近江の国へ―青花紀行, 邪馬台国時代に紅花染があったことを証明する旅, 豊後竹田 古代紫をよみがえらせる試み 東西で崇められてきた彩り, 純白と緑の絹糸を守る愛媛県西予市への旅, 黄色の染料探しに伊吹山山系へ, 烏梅の里・奈良県月ヶ瀬の四季の彩り, 「青丹よし」奈良の都の緑青を巡る, 染料の仲介役 明礬に出会う旅―別府・明礬温泉へ, 聖なる蓮に秘められた彩り), 4 文化(京の都の風物詩 祇園祭の赤に迫る, 清らかなる白布を織る社を訪ねて―伊勢紀行, 京都・洛中洛外へ 吉岡憲法染のルーツを探る旅, 清浄なる山藍の緑を求めて 初夏を告げる京都「御蔭祭」, 紙の生成り色を求めて―京都・黒谷和紙紀行, 江戸・武蔵野と麻布の白と紫)

03724 隅の風景 恩田陸著 新潮社 2013.11 230p 16cm (新潮文庫)〈2011年刊の加筆 文献あり〉 520円 ①978-4-10-123422-9

03725 テツはこんな旅をしている―鉄道旅行再発見 野田隆著 平凡社 2014.3 222p 18cm (平凡社新書) 760円 ①978-4-582-85722-1

03726 黄昏 南伸坊, 糸井重里著 新潮社 2014.4 429p 図版16p 16cm (新潮文庫)〈東京糸井重里事務所 2009年刊の再刊〉 790円 ①978-4-10-118317-6

03727 日本全国津々うりゃうりゃ 宮田珠己著 幻冬舎 2016.6 315p 16cm (幻冬舎文庫)〈廣済堂出版 2012年刊の再刊 文献あり〉 690円 ①978-4-344-42482-1

日光湯元温泉

03728 今昔温泉物語 伊豆・箱根、関東篇 山本容朗選, 日本ペンクラブ編 福武書店 1990.7 265p 15cm (福武文庫) 480円 ①4-8288-3148-7

作品 金精峠より野州路へ〔若山牧水〕

03729 ふわふわワウワウ―唄とカメラと時刻表 みなみらんぼう著 旅行読売出版社 1996.7 207p 19cm 1100円 ①4-89752-601-9

作品 15年ぶりの夫婦旅

03730 関東を歩く 立松和平著, 黒古一夫編 勉誠出版 2006.4 320p 22cm (立松和平日本を歩く 第2巻) 2600円 ①4-585-01172-2

03731 近松秋江全集 第7巻 オンデマンド版 近松秋江著, 紅野敏郎, 和田謹吾, 中尾務, 遠藤英雄, 田沢基久, 笹瀬王子編集委員 八木書店古書出版部 2014.2 502, 34p 21cm〈初版：八木書店 1993年刊 印刷・製本：デジタルパブリッシングサービス 発売：八木書店〉 12000円 ①978-4-8406-3492-2

作品 日光湯元より 日光湯元温泉より

目次 救はれざる者〔ほか〕, 随筆・紀行・小品―山寺, 兄弟の祈り, 鳩, 浜町, 青い空、白い雲, 旅路, 愛読の書日本外史, 朝迎へ, 瀬戸内海, 花七日, 廃滅の寺々, 散歩, 舟津屋, 春寒, 若い細君, 車窓, 山吹の咲く頃, 初日の出, 浴泉日記, 裁縫のかへり, 新緑のかげ, 秋の駒ケ岳, 蘆の湯日誌, 伊賀大和, 箱根山を流す新内, 大和路, 冬の日かげ, 煙霞, 兎狩, 高野山から, 山, 箱根土産, 野峰日記, 高野山, 吉野路, 長命寺の夏の月, 比叡山から琵琶湖へ, 瀬田川, 湖光島影, 京の夏 1, わが仮寓の記, 比叡山, 大和路の春, 春興, 初雪, 京都の冬を懐しむ, 深川雑興, 畿内の桜, 春の関東平野, 秩父紀行, 京の夏 2, 日光湯元より, 大文字のともる夜, 郊外小景, 郊外より, 新東京情調, 京の春, 四月の京都, 伊勢から京都へ, 五月雨の詩趣, 真夏の苦熱と涼味, 冬景雑筆, 武蔵野の自然, 梅花の賦, 桜花の賦, 青葉茂れる頃, 蛙の声, 青山白雲, 菊花の賦, 駿河湾の一夏, 冬の日, 京都の風物を懐ふ, 惜春の賦, 北陸紀行, 房総をめぐりて, 日光湯元温泉より, 虫の声, 下田の港, 雨中の天城を越えて, 小旅行記, ふるさとの記, 春雨日記, 関ヶ原あたりの春

日鉄鉱業羽鶴線

03732 ぞっこん鉄道今昔―昭和の鉄道撮影地への旅 櫻井寛写真・文 朝日新聞出版 2012.8 205p 21cm 2300円 ①978-4-02-331112-1

女峰山

03733 百霊峰巡礼 第2集 立松和平著 東京新聞出版局 2008.4 307p 20cm 1800円 ①978-4-8083-0893-3

八丁の湯

03734 秘湯を求めて 3 きわめつけの秘湯 藤嶽彰英著 (大阪)保育社 1990.1 194p 19cm 1350円 ①4-586-61103-0

馬頭温泉郷

03735 いで湯浴泉記 大石真人著 新ハイキング社 1990.12 316p 19cm (新ハイキング選書 第11巻) 1700円 ①4-915184-12-9

二荒山神社

03736 土門拳の古寺巡礼 別巻 第1巻 東日本 土門拳著 小学館 1990.5 147p 26cm 1950円 ①4-09-559106-4

作品 ぼくの古寺巡礼

03737 碧い眼の太郎冠者 ドナルド・キーン著 中央公論新社 2001.7 188p 21cm (Chuko on demand books) 2000円 ①4-12-550026-6

作品 紅毛おくのほそ道

03738 黄昏 南伸坊, 糸井重里著 新潮社 2014.4 429p 図版16p 16cm (新潮文庫)〈東京糸井重里事務所 2009年刊の再刊〉 790円 ①978-4-10-118317-6

弁天温泉

03739 秘湯を求めて 2 ないしょの秘湯 藤嶽彰英著 (大阪)保育社 1989.12 185p 19cm 1350円 ①4-586-61102-2

益子町

03740 密教古寺巡礼 1 小山和著 大阪 東

関東

方出版　1992.10　237p　19cm　1600円　①4-88591-307-1

03741　「和」の旅、ひとり旅　岸本葉子著　小学館　2002.8　217p　15cm　（小学館文庫）　476円　①4-09-402472-7

03742　バーナード・リーチ日本絵日記　バーナード・リーチ著, 柳宗悦訳, 水尾比呂志補訳　講談社　2002.10　354p　15cm　（講談社学術文庫）〈肖像あり　年譜あり〉　①4-06-159569-5

(目次) 第1章 序曲、東と西, 第2章 日本―第一印象, 第3章 深まる印象, 第4章 山陰・山陽の旅, 第5章 濱田の益子, 第6章 山国の旅―松本, 第7章 種入れの秋の本州をめぐる, 第8章 東京 - 京都, 第9章 九州小鹿田にて, 第10章 むすびそしてお別れ

03743　旬紀行―「とびきり」を味わうためだけの旅　寄本好則著　ディノス　2006.8　167p　20cm〈扶桑社（発売）〉　1667円　①4-594-05210-X

壬生町

03744　ちいさな城下町　安西水丸著　文藝春秋　2016.11　267p　16cm　（文春文庫）〈2014年刊の文庫化〉　630円　①978-4-16-790734-1

室の八嶋

03745　奥の細道三百年を走る　菅野拓也著　丸善　2000.1　239p　18cm　（丸善ライブラリー）　780円　①4-621-05310-8

03746　新・おくのほそ道　俵万智, 立松和平著　河出書房新社　2001.10　194p　20cm　1800円　①4-309-01433-X

03747　おくのほそ道 人物紀行　杉本苑子著　文芸春秋　2005.9　230p　18cm　（文春新書）　700円　①4-16-660460-0

真岡市

03748　テツはこんな旅をしている―鉄道旅行再発見　野田隆著　平凡社　2014.3　222p　18cm　（平凡社新書）　760円　①978-4-582-85722-1

茂木町

03749　大人のまち歩き　秋山秀一著　新典社　2013.5　231p　21cm　1600円　①978-4-7879-7851-6

湯津上温泉

03750　いで湯浴泉記　大石真人著　新ハイキング社　1990.12　316p　19cm　（新ハイキング選書 第11巻）　1700円　①4-915184-12-9

湯西川

03751　歴史の散歩路―小江戸紀行＝一〇八巡り　池田直樹著　東洋書院　2001.3　228p　19cm　1400円　①4-88594-300-0

湯西川温泉

03752　関東を歩く　立松和平著, 黒古一夫編　勉誠出版　2006.4　320p　22cm　（立松和平日本を歩く 第2巻）　2600円　①4-585-01172-2

03753　なにもない旅 なにもしない旅　雨宮処凛著　光文社　2010.9　222p　16cm　（光文社知恵の森文庫）　686円　①978-4-334-78564-2

湯ノ湖

03754　今昔温泉物語　伊豆・箱根、関東篇　山本容朗選, 日本ペンクラブ編　福武書店　1990.7　265p　15cm　（福武文庫）　480円　①4-8288-3148-7

(作品) 金精峠より野州路へ〔若山牧水〕

03755　みなかみ紀行　若山牧水著　中央公論社　1993.5　229p　15cm　（中公文庫）　400円　①4-12-201996-6

(作品) みなかみ紀行

03756　みなかみ紀行 新編　若山牧水著, 池内紀編　岩波書店　2002.3　266p　15cm　（岩波文庫）　600円　①4-00-310522-2

(作品) みなかみ紀行

渡良瀬

03757　全ての装備を知恵に置き換えること　石川直樹著　集英社　2009.11　263p　16cm　（集英社文庫）〈晶文社2005年刊の加筆・修正〉　552円　①978-4-08-746500-6

渡良瀬川源流

03758　関東を歩く　立松和平著, 黒古一夫編　勉誠出版　2006.4　320p　22cm　（立松和平日本を歩く 第2巻）　2600円　①4-585-01172-2

渡良瀬遊水池

03759　関東を歩く　立松和平著, 黒古一夫編　勉誠出版　2006.4　320p　22cm　（立松和平日本を歩く 第2巻）　2600円　①4-585-01172-2

群馬県

03760　日本旅行日記　2　アーネスト・メイスン・サトウ著, 庄田元男訳　平凡社　1992.6　334p　18cm　（東洋文庫）　2884円　①4-582-80550-7

03761　旅を慕いて　木内宏著　朝日新聞社　1994.2　245p　19cm　1500円　①4-02-256685-X

03762　日本映画を歩く―ロケ地を訪ねて　川本三郎著　JTB　1998.8　239p　20cm　1600円　①4-533-03066-1

03763　お徒歩 ニッポン再発見　岩見隆夫著　アールズ出版　2001.5　299p　20cm　1600円　①4-901226-20-7

03764　誰も行けない温泉 命からがら　大原利雄著　小学館　2002.12　186p　15cm　（小学館文庫）　733円　①4-09-411524-2

03765　ちいさい旅みーつけた　俵万智著, 平地勲写真　集英社　2003.5　251p　16cm　（集英社be文庫）　695円　①4-08-650028-0

03766 万葉の旅 中 改訂新版 犬養孝著 平凡社 2004.1 361p 16cm (平凡社ライブラリー)〈初版:社会思想社1964年刊 文献あり〉 1200円 ①4-582-76489-4

03767 関東を歩く 立松和平著, 黒古一夫編 勉誠出版 2006.4 320p 22cm (立松和平日本を歩く 第2巻) 2600円 ①4-585-01172-2

03768 日本の秘境ツーリング―よりぬき「日本一を探す旅」 末飛登著, 培倶人編集部編 枻出版社 2007.5 187p 15cm (枻文庫)〈標題紙の責任表示(誤植):末飛人〉 650円 ①978-4-7779-0765-6

03769 古代史謎解き紀行 5(関東・東京編) 関裕二著 ポプラ社 2007.12 246p 19cm 〈文献あり〉 1300円 ①978-4-591-10035-6

目次 第1章 古墳王国群馬の実力(関東に眠っていた古代史の謎, すでに五世紀、東は西を追い抜いていた? ほか), 第2章 関東の出雲の謎(小生の氏神は出雲神, 東京都府中市を選んだわけ ほか), 第3章 東京古代史散歩(千葉県柏市の発展理由, 板橋の下町世界 ほか), 第4章 ヤマトタケルと東国(ヤマトタケルは実像を抹殺された英雄, 一寸法師とそっくりなヤマトタケル ほか), 第5章 雄略天皇と東国(なぜ関東は五世紀後半に西を追い抜くのか, 東アジアに名を売った雄略天皇 ほか), 第6章 武の王家と関東の秘密(栃木と茨城の県民性, 朝廷に利用された関東の民 ほか)

03770 失われた鉄道を求めて 新装版 宮脇俊三著 文藝春秋 2011.5 260p 16cm (文春文庫)〈1992年刊の新装版〉 552円 ①978-4-16-733107-8

03771 日本の路地を旅する 上原善広著 文藝春秋 2012.6 383p 16cm (文春文庫)〈文献あり〉 667円 ①978-4-16-780196-0

03772 まんが日本昔ばなし今むかし 川内彩友美著 展望社 2014.10 254p 19cm 1400円 ①978-4-88546-289-4

作品 分福茶釜―群馬県

03773 唄めぐり 石田千著 新潮社 2015.4 401p 20cm〈文献あり〉 2300円 ①978-4-10-303453-7

03774 絲山秋子の街道(けぇど)を行ぐ 絲山秋子著 前橋 上毛新聞社事業局出版部 2015.10 71p 24×26cm 2000円 ①978-4-86352-142-1

内容 作家・絲山秋子が愛車で群馬の端から端まで駆け回り、上州の文化や歴史、食や人を魅力的に紹介した、写真集としても楽しめるガイドブック。「上毛新聞」連載「街道を行ぐ」に、特別紀行として尾瀬と南牧村を加えて書籍化。

03775 私なりに絶景―ニッポンわがまま観光記 宮田珠己著 廣済堂出版 2017.2 244p 19cm 1600円 ①978-4-331-52080-2

赤城山

03776 百霊峰巡礼 第1集 立松和平著 東京新聞出版局 2006.7 299p 20cm 1800円 ①4-8083-0854-1

03777 ニッポンの山里 池内紀著 山と溪谷社 2013.1 254p 20cm 1500円 ①978-4-635-28067-9

吾妻渓谷

03778 牧水紀行文集 若山牧水著, 高田宏編 弥生書房 1996.6 228p 19cm 2300円 ①4-8415-0712-4

作品 吾妻の渓より六里が原へ

03779 みなかみ紀行 新編 若山牧水著, 池内紀編 岩波書店 2002.3 266p 15cm (岩波文庫) 600円 ①4-00-310522-2

作品 吾妻の渓より六里が原へ

吾妻線

03780 汽車にゆられて温泉へ 南正時著 心交社 1999.12 213p 19cm 1300円 ①4-88302-428-8

03781 小さな鉄道 小さな温泉 大原利雄著 小学館 2003.8 171p 15cm (小学館文庫) 733円 ①4-09-411525-0

03782 有栖川有栖の鉄道ミステリー旅 有栖川有栖著 山と溪谷社 2008.9 227p 20cm 2000円 ①978-4-635-33031-2

03783 呑み鉄、ひとり旅―乗り鉄の王様がゆく 芦原伸著 東京新聞 2016.9 302p 19cm 1500円 ①978-4-8083-1014-1

03784 いきどまり鉄道の旅 北尾トロ著 河出書房新社 2017.8 278p 15cm (河出文庫)〈「駅長さん! これ以上先には行けないんすか」(2011年刊)の改題、加筆・修正〉 780円 ①978-4-309-41559-8

吾妻地域

03785 日本温泉めぐり 田山花袋著 角川春樹事務所 1997.11 324p 16cm (ランティエ叢書 8)〈「温泉めぐり」(博文館1991年刊)の改題〉 1000円 ①4-89456-087-9

目次 1 伊豆・箱根の温泉, 2 伊香保・草津の温泉, 3 信州・甲州の温泉, 4 近畿の温泉, 5 北陸の温泉, 6 日光・塩原・那須の温泉, 7 東北の温泉, 8 山陰・九州の温泉

03786 温泉めぐり 田山花袋著 岩波書店 2007.6 379p 15cm (岩波文庫) 800円 ①978-4-00-310217-6

目次 温泉のいろいろ, 南伊豆の温泉, 街道に添った温泉, 湯ケ島, 伊東の一夜, 北伊豆の温泉, 箱根から伊豆海岸へ, 箱根の奥, 芦の湯, 早川の渓谷, 塔の沢の春の雪, 湘南の春, 伊香保(一), 姪の舞踊, 西長岡の湯, 磯部温泉, 伊香保(二), 伊香保へ行く道, 榛名へ, 伊香保の冬, 渋川町, 吾妻の諸温泉, 草津から伊香保, 草津, 白根登山, 草津の奥, 草津越, 北信の温泉, 上田長野附近, 上田附近, 鹿沢温泉, 野尻湖附近, 赤倉温泉, 赤倉の一日二日, 浅間温泉, アルプスの中の温泉, 冬の上諏訪, 上下諏訪と諏訪湖, 諏訪の山裏の湯, 甲府盆地, 鰍沢へ, 下部の湯〔ほか〕

浅間隠温泉郷

03787 いで湯浴泉記 大石真人著 新ハイキング社 1990.12 316p 19cm (新ハイキング選書 第11巻) 1700円 ①4-915184-12-9

浅間越〔浅間峠〕

03788 むかしの山旅 今福龍太編 河出書房新

社 2012.4 304p 15cm (河出文庫) 760円 ①978-4-309-41144-6
作品 浅間越え〔寺田寅彦〕

浅間山

03789 英国特派員の明治紀行 ハーバート・ジョージ・ポンティング著, 長岡祥三訳 新人物往来社 1988.2 217p 19cm 1800円 ①4-404-01470-8

03790 石田波郷全集 第8巻 随想 1 石田波郷著 富士見書房 1988.3 475p 19cm 1900円 ①4-8291-7097-2
目次 ステイシヨン・センチメント, 窓, 公園, 学園堂主人のこと, 軍艦鈴谷進水式, 古郷さんを憶ふ, 秋風雑記, 蘆花公園, 葛飾放言, 向北荘記, 木曾路, 長兄帰還のこと, 閏二月記,「ホトトギス」と「俳句研究」, 那須野の芭蕉, 仰臥日記, 古郷忌, 青韮記, 橋本多佳子様〔ほか〕

03791 古道紀行 鎌倉街道 小山和著 大阪 保育社 1994.11 188p 19cm 1800円 ①4-586-61308-4
目次 信州の鎌倉―信濃路ロマンの旅(生島足島神社, 塩田平, 塩田城跡 ほか), 東山道と武蔵路―武士たちの風土(海野から小諸へ, 浅間山麓から碓氷峠へ, 妙義から高崎へ ほか)

03792 日本の名山 5 浅間山 串田孫一, 今井通子, 今福龍太編 博品社 1997.10 253p 19cm〈文献あり〉 1600円 ①4-938706-46-6
作品 こわごわ 浅間山〔石井昭子〕 恐怖の活火山・浅間山へ登る〔アーネスト・サトウ〕 山を想う〔水上瀧太郎〕 初秋の浅間〔堀辰雄〕 信濃追分の冬〔福永武彦〕 浅間の四季〔佐藤春夫〕 浅間の彫像〔宇佐見英治〕 浅間越え〔寺田寅彦〕 浅間紀行〔土居通彦〕 浅間五景〔後藤明生〕 浅間山〔志賀重昂〕 浅間山〔志村烏嶺〕 浅間山〔柴田南雄〕 浅間山〔深田久弥〕 浅間山のひと夜〔大町桂月〕 浅間山の初登山〔辻村太郎〕 浅間山回想〔田淵行男〕 浅間山恐怖症〔串田孫一〕 浅間山麓より〔谷川徹三〕 浅間追分高原〔田部重治〕 浅間登山記〔正宗白鳥〕 冬の浅間山〔小島烏水〕 那須岳～谷川岳～浅間山の県境尾根単独縦走〔細貝栄〕

03793 英国人写真家の見た明治日本―この世の楽園・日本 ハーバート・G.ポンティング著, 長岡祥三訳 講談社 2005.5 330p 15cm (講談社学術文庫)〈肖像あり〉 1100円 ①4-06-159710-8

03794 百霊峰巡礼 第2集 立松和平著 東京新聞出版局 2008.4 307p 20cm 1800円 ①978-4-8083-0893-3

03795 山々を滑る登る 熊谷榧絵と文 八王子 白山書房 2012.11 319p 19cm (〔榧・画文集 12〕) 1900円 ①978-4-89475-159-0

03796 きまぐれ歴史散歩 池内紀著 中央公論新社 2013.9 228p 18cm (中公新書) 760円 ①978-4-12-102234-9

03797 荒ぶる自然―日本列島天変地異録 高田宏著 神戸 苦楽堂 2016.6 303, 7p 19cm〈新潮社 1997年刊の再刊 年表あり 索引あり〉 1800円 ①978-4-908087-03-5

四阿山

03798 百霊峰巡礼 第2集 立松和平著 東京新聞出版局 2008.4 307p 20cm 1800円 ①978-4-8083-0893-3

03799 山々を滑る登る 熊谷榧絵と文 八王子 白山書房 2012.11 319p 19cm (〔榧・画文集 12〕) 1900円 ①978-4-89475-159-0

荒船山

03800 「新編」山紀行と随想 大島亮吉著, 大森久雄編 平凡社 2005.7 367p 16cm (平凡社ライブラリー) 1400円 ①4-582-76545-9

安中市

03801 ちいさな城下町 安西水丸著 文藝春秋 2016.11 267p 16cm (文春文庫)〈2014年刊の文庫化〉 630円 ①978-4-16-790734-1

安中宿

03802 歴史の散歩路―小江戸紀行＝一〇八巡り 池田直樹著 東洋書院 2001.3 228p 19cm 1400円 ①4-88594-300-0

伊香保温泉

03803 温泉百話―東の旅 種村季弘, 池内紀編 筑摩書房 1988.2 471p 15cm (ちくま文庫) 680円 ①4-480-02200-7
作品 伊香保〔寺田寅彦〕 伊香保へ行って温泉に入ろう〔山下清〕

03804 ガラメキ温泉探険記 池内紀著 リクルート出版 1990.10 203p 19cm 1165円 ①4-88991-196-0
作品 天国への階段

03805 雲は旅人のように―湯の花紀行 池内紀著, 田淵裕一写真 日本交通公社出版事業局 1995.5 284p 19cm 1600円 ①4-533-02163-8
作品 ネコと風が入ります

03806 温泉旅日記 池内紀著 徳間書店 1996.9 277p 15cm (徳間文庫)〈河出書房新社1988年刊あり〉 540円 ①4-19-890559-2

03807 日本温泉めぐり 田山花袋著 角川春樹事務所 1997.11 324p 16cm (ランティエ叢書 8)〈「温泉めぐり」(博文館1991年刊)の改題〉 1000円 ①4-89456-087-9

03808 温泉めぐり 田山花袋著 岩波書店 2007.6 379p 15cm (岩波文庫) 800円 ①978-4-00-310217-6

03809 久住昌之のこんどは山かい!? 関東編 久住昌之著 山と溪谷社 2013.4 191p 19cm 1200円 ①978-4-635-08006-4

03810 松崎天民選集 第10巻 人間見物 松崎天民著, 後藤正人監修・解説 クレス出版 2013.11 395, 3p 19cm〈騒人社書局 昭和二年刊の複製〉 6000円 ①978-4-87733-795-7
作品 東北温泉巡り

03811 湯探歩—お気楽極楽ヌルくてユル〜い温泉紀行　山崎一夫文, 西原理恵子絵　日本文芸社　2014.12　175p　21cm　1000円　①978-4-537-26096-0

03812 温泉天国　嵐山光三郎, 荒俣宏, 池内紀, 池波正太郎, 井伏鱒二, 植村直己, 岡本かの子, 岡本綺堂, 小川未明, 角田光代, 川端康成, 川本三郎, 北杜夫, 斎藤茂太, 坂口安吾, 高村光太郎, 武田百合子, 太宰治, 田辺聖子, 種村季弘, 田村隆一, 田山花袋, つげ義春, 平林たい子, 松本英子, 村上春樹, 室生犀星, 山下清, 柳美里, 横尾忠則, 吉川英治, 四谷シモン著　河出書房新社　2017.12　237p　19cm　(ごきげん文藝)　1600円　①978-4-309-02642-8

作品 伊香保のろ天風呂〔山下清〕　美しき旅について〔室生犀星〕

伊香保町

03813 心の虹—詩人のふるさと紀行　増田れい子著　労働旬報社　1996.8　247p　19cm　1800円　①4-8451-0441-5

磯部温泉

03814 いで湯浴泉記　大石真人著　新ハイキング社　1990.12　316p　19cm　(新ハイキング選書 第11巻)　1700円　①4-915184-12-9

03815 日本温泉めぐり　田山花袋著　角川春樹事務所　1997.11　324p　16cm　(ランティエ叢書 8)〈「温泉めぐり」(博文館1991年刊)の改題〉　1000円　①4-89456-087-9

03816 温泉めぐり　田山花袋著　岩波書店　2007.6　379p　15cm　(岩波文庫)　800円　①978-4-00-310217-6

市城駅

03817 ダルマ駅へ行こう！　笹田昌宏著　小学館　2007.5　253p　15cm　(小学館文庫)　514円　①978-4-09-411651-9

一の倉沢

03818 日本の名山　4　谷川岳　串田孫一, 今井通子, 今福龍太編　博品社　1997.9　269p　19cm〈文献あり〉　1600円　①4-938706-43-1

作品 なぜトラバースを 一ノ倉沢全壁トラバースのことども〔柏瀬祐之〕　ライバル 一ノ倉滝沢〔吉尾弘〕　一の倉沢に散った友〔田部井淳子〕　一ノ倉第二スラブ冬季単独初登〔長谷川恒男〕　一ノ倉沢衝立岩正面を登る〔今井通子〕　一ノ倉沢正面の登攀〔小川登喜男〕　一ノ倉沢滝沢第三スラブ冬季初登〔森田勝〕　谷川岳一の倉沢中央稜単独行〔碓井徳蔵〕　魔の壁に初登攀を競う 抄/一ノ倉沢コップ状正面岩壁 抄〔松本龍雄〕

目次 一の倉沢(久生十蘭), 内なる谷川岳(中野孝次), 谷川岳(深田久弥), 一の倉沢に散った友(田部井淳子), 谷川岳にコーヒーを飲みに行こう(みなみらんぼう), 谷川岳(池内紀), 堅炭岩K3(串田孫一), 上越境の山旅(藤島敏男), 谷川岳、茂倉岳、笹穴川上流(大島亮吉), 滝沢を完登する(杉本光作), 一ノ倉沢正面の登攀(小川登喜男), 滝沢下部初登攀(平田恭助), 幕岩回想 初登攀について(安川茂雄), ライバル 一ノ倉滝沢(吉尾弘), 幽ノ沢中央壁初登(古川純一), 魔の壁に初登攀を競う 抄 一ノ倉沢コップ状正面岩壁 抄(松本龍雄), 衝立岩初登の想い出(南博人), 一ノ倉沢滝沢第三スラブ冬季初登(森田勝), 一ノ倉第二スラブ冬季単独初登(長谷川恒男), 谷川岳一の倉沢中央稜単独行(碓井徳蔵), 滝沢スラブの青春(小西政継), 一ノ倉沢衝立岩正面を登る(今井通子), なぜトラバースを 一ノ倉沢全壁トラバースのことども(柏瀬祐之), 単独登攀(遠藤甲太), 谷川岳の植物(安達成之), 谷川岳浅間大明神(清水秀高), "吾策新道"開発の哀歓(高波吾策), 山岳サルベージ繁盛記2(寺田甲子男), チマ・エテルナ—茂倉岳、あるいは白い異界(今福龍太)

03819 初登攀行　改版　松本龍雄著　中央公論新社　2002.7　332p　16cm　(中公文庫)　952円　①4-12-204061-2

目次 第1部 高みへの序曲(岩と雪に憑かれて, 雪崩とともに攀る, 先蹤者の踏跡を辿って ほか), 第2部 初登攀行(氷雪の城砦に挑む, 一ノ倉沢 "最大の壁"への挑戦, 魔の壁に初登攀を競う ほか), 第3部 新しい困難を求めて(岩と雪の一週間, ガラスの壁の魅惑, 最後の目標 ほか)

03820 山の旅　大正・昭和篇　近藤信行編　岩波書店　2003.11　457p　15cm　(岩波文庫)　700円　①4-00-311701-8

作品 一ノ倉沢正面の登攀〔小川登喜男〕

03821 大いなる山 大いなる谷　新装版　志水哲也著　八王子　白山書房　2004.6　306p　19cm〈1992年刊の新装版〉　2000円　①4-89475-084-8

稲包山

03822 いで湯の山旅—特選紀行　美坂哲男著, 新妻喜永写真　山と渓谷社　1993.9　138p　25×19cm　2300円　①4-635-28026-8

岩宿遺跡

03823 きまぐれ歴史散歩　池内紀著　中央公論新社　2013.9　228p　18cm　(中公新書)　760円　①978-4-12-102234-9

上野村

03824 ぼくは旅にでた—または、行きてかえりし物語　増補・新装版　杉山亮著　径書房　2013.5　237p　19cm〈1993年刊の増補・新装版〉　1500円　①978-4-7705-0215-5

目次 六月一日〜五日 長瀞 - 秩父 - 白泰山 - 梓山 - 清里 - 富士見, 六月六日〜一〇日 富士見 - 伊那 - 奈良井 - 野麦峠 - 高山, 六月一一日〜一五日 高山 - 天生峠 - ブナオ峠 - 金沢 - 高岡, 六月一六日〜二〇日 高岡 - 富山 - 神岡 - 上宝村 - 上高地, 六月二一日〜二五日 上高地 - 島々谷 - 松本 - 霧ヶ峰 - 八ガ岳 - 佐久, 六月二六日〜二八日 佐久 - 上野村 - 城峯山 - 長瀞

碓氷旧線

03825 日本あちこち乗り歩き　種村直樹著　中央書院　1993.10　310p　19cm　1600円　①4-924420-84-0

碓氷峠

03826 詩文集 犀星 軽井沢　室生犀星著, 室生朝子編　徳間書店　1990.4　343p　15cm　(徳間

文庫） 500円 ①4-19-599059-9

(目次) 第1部 碓氷山上の月—大正9年から昭和2年, 第2部 信州暮らし—昭和3年から7年, 第3部 山粧う—昭和7年から8年, 第4部 信濃の家—昭和9年から17年, 第5部 山ざと集—昭和20年から21年, 第6部 私の文学碑—昭和21年から36年

03827 モダン都市文学 5 観光と乗物 川本三郎編 平凡社 1990.5 477p 21cm 2800円 ①4-582-30085-5

[作品] 碓氷越え〔津村信夫〕

03828 古道紀行 鎌倉街道 小山和著 大阪 保育社 1994.11 188p 19cm 1800円 ①4-586-61308-4

03829 明治日本印象記—オーストリア人の見た百年前の日本 アドルフ・フィッシャー著, 金森誠也, 安藤勉訳 講談社 2001.12 455p 15cm （講談社学術文庫）〈「100年前の日本文化」（中央公論社1994年刊）の改題〉 1200円 ①4-06-159524-5

[作品] 日本の温泉場と天竜下り

(目次) 日本の温泉場と天竜下り, 桜花の季節の日本—奈良・法隆寺, 浄土宗総本山—知恩院の祭, 日本旅館の不都合な戸, 日本の芸術—過去と現在, 京都の葬祭場—マルゲリート, 聖なる伊勢へ—熱田の扇づくり、伊勢音頭の特別公演, 失敗に終わった富士登山, 太夫の道行き—美女の祭, 七夕祭—俳優の埋葬、演劇史のひとこま〔ほか〕

03830 万葉を旅する 中西進著 ウェッジ 2005.2 229p 19cm （ウェッジ選書） 1400円 ①4-900594-80-6

03831 新更科紀行 田中欣一著 長野 信濃毎日新聞社 2008.2 266p 21cm 1905円 ①978-4-7840-7070-1

03832 こぐこぐ自転車 伊藤礼著 平凡社 2011.1 326p 16cm （平凡社ライブラリー） 880円 ①978-4-582-76722-3

03833 明治紀行文學集 筑摩書房 2013.1 410p 21cm （明治文學全集 94） 7500円 ①978-4-480-10394-9

[作品] 両毛の秋〔徳富蘆花〕

内山

03834 ニッポンの山里 池内紀著 山と溪谷社 2013.1 254p 20cm 1500円 ①978-4-635-28067-9

老神温泉

03835 みなかみ紀行 若山牧水著 中央公論社 1993.5 229p 15cm （中公文庫） 400円 ①4-12-201996-6

[作品] みなかみ紀行

03836 みなかみ紀行 新編 若山牧水著, 池内紀編 岩波書店 2002.3 266p 15cm （岩波文庫） 600円 ①4-00-310522-2

[作品] みなかみ紀行

太田市

03837 遊覧日記 武田百合子著, 武田花写真 筑摩書房 1993.1 185p 15cm （ちくま文庫） 470円 ①4-480-02684-3

(目次) 浅草花屋敷, 浅草蚤の市, 浅草観音温泉, 青山, 代々木公園, 隅田川, 上野東照宮, 藪塚ヘビセンター, 上野不忍池, 富士山麓残暑, 京都, 世田谷忘年会, 京都, あの頃

大前駅

03838 旅は自由席 宮脇俊三著 新潮社 1995.3 283p 15cm （新潮文庫）〈1991年刊の文庫化〉 440円 ①4-10-126811-8

03839 終着駅 宮脇俊三著 河出書房新社 2012.1 232p 15cm （河出文庫）〈2009年刊の文庫化〉 680円 ①978-4-309-41122-4

03840 終着駅への旅 JR編 櫻井寛著 JTBパブリッシング 2013.8 222p 19cm 1300円 ①978-4-533-09285-5

奥利根

03841 渓をわたる風 高桑信一著 平凡社 2004.6 269p 20cm 2000円 ①4-582-83224-5

奥利根湖岸道

03842 古道巡礼—山人が越えた径 高桑信一著 山と溪谷社 2015.11 397p 15cm （ヤマケイ文庫）〈東京新聞出版局 2005年刊の再構成〉 980円 ①978-4-635-04781-4

尾瀬

03843 山の旅 明治・大正篇 近藤信行編 岩波書店 2003.9 445p 15cm （岩波文庫） 700円 ①4-00-311702-6

[作品] 尾瀬紀行〔武田久吉〕

03844 わが山山 深田久弥著 中央公論新社 2004.10 213p 21cm （中公文庫ワイド版）〈中公文庫2002年刊（改版）のワイド版〉 3400円 ①4-12-551832-7

03845 ショージ君の旅行鞄—東海林さだお自選 東海林さだお著 文芸春秋 2005.2 905p 16cm （文春文庫） 933円 ①4-16-717760-9

[作品] 尾瀬への細道

03846 北日本を歩く 立松和平著, 黒古一夫編 勉誠出版 2006.4 372p 22cm （立松和平日本を歩く 第1巻） 2600円 ①4-585-01171-4

03847 樹をめぐる旅 高橋秀樹著 宝島社 2009.8 125p 16cm （宝島sugoi文庫） 457円 ①978-4-7966-7357-0

03848 子づれの山 熊谷榧絵と文 八王子 白山書房 2009.8 222p 19cm （〔榧・画文集 2〕） 1900円 ①978-4-89475-135-4

03849 山々を滑る登る 熊谷榧絵と文 八王子 白山書房 2012.11 319p 19cm （〔榧・画文集 12〕） 1900円 ①978-4-89475-159-0

03850 尾瀬・ホタルイカ・東海道 銀色夏生著 幻冬舎 2013.8 263p 16cm （幻冬舎文庫） 571円 ①978-4-344-42061-8

03851 山の名作読み歩き—読んで味わう山の楽しみ 大森久雄編 山と溪谷社 2014.11 301p 18cm （ヤマケイ新書） 880円 ①978-4-635-51002-8

[作品] 初めて尾瀬を訪う〔武田久吉〕

03852 うつくしい列島―地理学的名所紀行 池澤夏樹著 河出書房新社 2015.11 308p 20cm 1800円 ①978-4-309-02425-7

03853 アーネスト・サトウの明治日本山岳記 アーネスト・メイスン・サトウ著, 庄田元男訳 講談社 2017.4 285p 15cm (講談社学術文庫)〈「日本旅行日記」(平凡社 1992年刊)と「明治日本旅行案内」(平凡社 1996年刊)の改題、抜粋し新たに編集〉 980円 ①978-4-06-292382-8

小幡

03854 東京暮らし 川本三郎著 潮出版社 2008.2 285p 18cm 1500円 ①978-4-267-01792-6
作品 水の城下町・上州小幡
目次 文人たちが歩いたまち (美術館を歩いて町のなかへ, 水の城下町・上州小幡 ほか), 旅は映画に誘われて (歩くことから始まる, 父親気分 ほか), 猫の尻尾に訊いてみる (又なでに来ていいでしょうか, 公園の猫を引取った ほか), 青いインキに言葉をのせて (猫を見送る, 「昔」を振り返る ほか)

海雲寺

03855 猫めぐり日本列島 中田謹介著 筑波書房 2005.4 172p 21cm 2200円 ①4-8119-0281-5

鹿沢温泉

03856 温泉旅日記 池内紀著 徳間書店 1996.9 277p 15cm (徳間文庫)〈河出書房新社1988年刊あり〉 540円 ①4-19-890559-2

03857 日本温泉めぐり 田山花袋著 角川春樹事務所 1997.11 324p 16cm (ランティエ叢書 8)〈「温泉めぐり」(博文館1991年刊) の改題〉 1000円 ①4-89456-087-9

03858 温泉めぐり 田山花袋著 岩波書店 2007.6 379p 15cm (岩波文庫) 800円 ①978-4-00-310217-6

鎌倉街道

03859 古道紀行 鎌倉街道 小山和著 大阪保育社 1994.11 188p 19cm 1800円 ①4-586-61308-4

03860 道 白洲正子著 新潮社 2012.1 248p 16cm (新潮文庫)〈2007年刊 (1979年刊の新装版) の文庫化〉 550円 ①978-4-10-137912-8
目次 本伊勢街道を往く, 日本の橋, 春日 (はるひ) の春日 (かすが) の国, 桜川匂ひ, 平等院のあけぼの, 「能」のかたち, 鎌倉街道を歩く, 比叡山 回峰行

亀沢温泉

03861 いで湯浴泉記 大石真人著 新ハイキング社 1990.12 316p 19cm (新ハイキング選書 第11巻) 1700円 ①4-915184-12-9

烏川

03862 山の眼玉 畦地梅太郎著 山と溪谷社 2013.10 221p 図版16p 15cm (ヤマケイ文庫)〈「山の目玉」(美術出版社 1986年刊) の改題平凡社 1999年刊あり〉 950円 ①978-4-635-04759-3
目次 雪の峠道, はじめてはいた輪かんじき, わたしの雪中登山, 四国の高原大野ガ原, ウドを食う, 秩父の山小屋, 伐採村を訪ねて, 烏川源流を下る, 峠への道, 念仏を唱える, 満洲回想, 阿蘇山, 池の平小屋へ〔ほか〕

ガラメキ温泉

03863 ガラメキ温泉探険記 池内紀著 リクルート出版 1990.10 203p 19cm 1165円 ①4-88991-196-0
作品 ガラメキ温泉探険記

03864 温泉旅日記 池内紀著 徳間書店 1996.9 277p 15cm (徳間文庫)〈河出書房新社1988年刊あり〉 540円 ①4-19-890559-2
作品 ガラメキ温泉探険記

川場温泉郷

03865 いで湯浴泉記 大石真人著 新ハイキング社 1990.12 316p 19cm (新ハイキング選書 第11巻) 1700円 ①4-915184-12-9

川原湯温泉

03866 いで湯浴泉記 大石真人著 新ハイキング社 1990.12 316p 19cm (新ハイキング選書 第11巻) 1700円 ①4-915184-12-9

03867 温泉旅行記 嵐山光三郎著 筑摩書房 2000.12 315p 15cm (ちくま文庫)〈初版:JTB1997年刊〉 760円 ①4-480-03589-3

03868 小さな鉄道 小さな温泉 大原利雄著 小学館 2003.8 171p 15cm (小学館文庫) 733円 ①4-09-411525-0

03869 ニッポン旅みやげ 池内紀著 青土社 2015.4 162p 20cm 1800円 ①978-4-7917-6852-3

甘楽町

03870 池波正太郎を歩く 須藤靖貴著 講談社 2012.9 326p 15cm (講談社文庫)〈毎日新聞社 2009年刊の加筆・修正〉 648円 ①978-4-06-277363-8
目次 『仕掛人・藤枝梅安』を歩く (東京都品川区、静岡県藤枝市), 『鬼平犯科帳』を歩く (東京都台東区), 『真田太平記』を歩く (長野県上田市、長野県上田市別所温泉、長野県上田市真田町、大阪府大阪市、和歌山県伊都郡、長野県長野市松代町), 『堀部安兵衛』を歩く (新潟県新発田市、群馬県みなかみ町、東京都新宿区), 『忍びの風』を歩く (滋賀県長浜市、愛知県新城市、京都府京都市), 『近藤勇白書』を歩く (東京都調布市、京都府京都市、東京都北区、千葉県流山市), 『おとこの秘図』を歩く (東京都港区、京都府京都市、東京都墨田区), 『雲ながれゆく』を歩く (東京都墨田区、東京都荒川区), 『人斬り半次郎』を歩く (鹿児島県鹿児島市), 『西郷隆盛』を歩く (鹿児島県鹿児島市), 『雲霧仁左衛門』を歩く (愛知県名古屋市、三重県桑名市、東京都北区), 『剣の天地』を歩く (群馬県前橋市、群馬県高崎市、群馬県甘楽町/藤岡市), 『忍びの旗』を歩く (埼玉県寄居町), 『侠客』を歩く (東京都台東区), 『夜明けの星』を歩く (東京都江東区/墨田区), 『あほうがらす』、『おせん』を歩く (東京都台東区、東京都江東区), 『男振』を歩く (東京都台東区), 『おれの足音』を歩く (兵庫県赤穂市、東京

都墨田区、東京都江東区、東京都中央区、東京都港区), 『原っぱ』を歩く(東京都台東区), 池波用語の基礎知識

木崎

03871 良寛を歩く 一休を歩く 水上勉著 日本放送出版協会 2004.4 317p 16cm (NHKライブラリー)〈「良寛を歩く」(1986年刊)と「一休を歩く」(1988年刊)の改題、合本〉 970円 ①4-14-084182-6
作品 良寛を歩く
目次 良寛を歩く(哀しき娘たち―木崎, 石が語るもの―木崎, 娘らの里へ―分水町, 名主の息子―出雲崎 ほか), 一休を歩く(生誕地付近―嵯峨野, 求法、求師の道―京都, 蒼顔放浪―京都, 大死一番―大津 ほか)

北軽井沢

03872 佐久・軽井沢 六川宗弘, 杉村修一編 長野 一草舎出版 2009.9 301p 21cm (著名人がつづった名随筆・名紀行集 2)〈シリーズの監修者:長野県国語国文学会〉 2286円 ①978-4-902842-64-7
作品 一九八四年夏・北軽井沢〔清水茂〕
目次 樹下(堀辰雄), 返事の来ない手紙(堀多恵子), 浅間の麓(丸岡明), 戦前の軽井沢(中村真一郎), 軽井沢の今昔(斎藤勇), 根を失った百年(南木佳士), 私の文学碑(室生犀星), 軽井沢の栗鼠(丹羽文雄), 軽井沢日記(水上勉), 楽焼に描く高原の旅情(谷内六郎), 変わりゆく軽井沢(藤田宜永), クマは走る(小池真理子), 創作は疲れるものだ(芹沢光治良), ユートピアの思い出(阿部良雄), 私の登山(大原富枝), 信濃追分案内(福永武彦), 反古籠(新庄嘉章), 油屋主人(加藤周一), 今年の信州追分(佐多稲子), エッセイ三題(武満徹), 「MI・YO・TA」のこと(谷川俊太郎), 浅間の麓(島崎藤村), 千曲河畔の七年(瀬沼茂樹), "角権"の思い出(宮口しづえ), 高原学舎の思い出(福田光子), 彦左衛門と小諸(宮城谷昌光), 旅でみるともしび(片山敏彦), 一九八四年夏・北軽井沢(清水茂), エッセイ三題(佐藤春夫), 信濃の野の友たち(深沢七郎), 母校から学んだもの(丸岡秀子), 落葉松と井出喜重(井出孫六), 佐久を思う(竹内好), 来し方の記(若月俊一), 胡桃の実そのほか(山室静), 疎開(奥村土牛), 小海線(田村隆一), 山村のモナカ屋(椋鳩十), いとしきものたち(三浦哲郎)

桐生市

03873 徒歩旅行―今日読んで明日旅する12の町 若菜晃子編著 暮しの手帖社 2011.9 136p 28cm (暮しの手帖別冊) 762円

03874 にっぽん全国 百年食堂 椎名誠著 講談社 2013.1 222p 19cm 1400円 ①978-4-06-217814-3

03875 ニッポン旅みやげ 池内紀著 青土社 2015.4 162p 20cm 1800円 ①978-4-7917-6852-3

草軽電気鉄道

03876 日本映画を歩く―ロケ地を訪ねて 川本三郎著 JTB 1998.8 239p 20cm 1600円 ①4-533-03066-1

草津温泉

03877 温泉百話―東の旅 種村季弘, 池内紀編 筑摩書房 1988.2 471p 15cm (ちくま文庫) 680円 ①4-480-02200-7
作品 みなかみ紀行 抄〔若山牧水〕 草津温泉抄〔志賀直哉〕 草津熱の湯(「温泉」より)〔高田宏〕

03878 ガラメキ温泉探険記 池内紀著 リクルート出版 1990.10 203p 19cm 1165円 ①4-88991-196-0
作品 天国への階段

03879 日本旅行日記 2 アーネスト・メイスン・サトウ著, 庄田元男訳 平凡社 1992.6 334p 18cm (東洋文庫) 2884円 ①4-582-80550-7
作品 日光白根山中で道を失う

03880 みなかみ紀行 若山牧水著 中央公論社 1993.5 229p 15cm (中公文庫) 400円 ①4-12-201996-6
作品 みなかみ紀行

03881 牧水紀行文集 若山牧水著, 高田宏編 弥生書房 1996.6 228p 19cm 2300円 ①4-8415-0712-4
作品 上州草津 草津より渋へ

03882 ふわふわワウワウ―唄とカメラと時刻表 みなみらんぼう著 旅行読売出版社 1996.7 207p 19cm 1100円 ①4-89752-601-9
作品 草津よいとこ何度もおいで

03883 温泉旅日記 池内紀著 徳間書店 1996.9 277p 15cm (徳間文庫)〈河出書房新社1988年刊あり〉 540円 ①4-19-890559-2
作品 天国への階段

03884 日本温泉めぐり 田山花袋著 角川春樹事務所 1997.11 324p 16cm (ランティエ叢書 8)〈「温泉めぐり」(博文館1991年刊)の改題〉 1000円 ①4-89456-087-9

03885 仙人の桜、俗人の桜 赤瀬川原平著 平凡社 2000.3 270p 16cm (平凡社ライブラリー)〈日本交通公社出版事業局1993年刊あり〉 1100円 ①4-582-76332-4
作品 理屈はともかく温泉へ行こう―草津

03886 温泉旅行記 嵐山光三郎著 筑摩書房 2000.12 315p 15cm (ちくま文庫)〈初版:JTB1997年刊〉 760円 ①4-480-03589-3

03887 みなかみ紀行 新編 若山牧水著, 池内紀編 岩波書店 2002.3 266p 15cm (岩波文庫) 600円 ①4-00-310522-2
作品 みなかみ紀行

03888 関東を歩く 立松和平著, 黒古一夫編 勉誠出版 2006.4 320p 22cm (立松和平日本を歩く 第2巻) 2600円 ①4-585-01172-2

03889 温泉めぐり 田山花袋著 岩波書店 2007.6 379p 15cm (岩波文庫) 800円 ①978-4-00-310217-6

03890 海山のあいだ 池内紀著 中央公論新社 2011.3 217p 16cm (中公文庫)〈マガジンハウス 1994年刊, 角川書店 1997年刊あり〉 590円 ①978-4-12-205458-5
作品 風景読本―峠越え

03891 山々を滑る登る 熊谷榧絵と文 八王子

白山書房　2012.11　319p　19cm　(〔榧・画文集 12〕)　1900円　①978-4-89475-159-0

03892 湯探歩―お気楽極楽ヌルくてユル～い温泉紀行　山崎一夫文, 西原理恵子絵　日本文芸社　2014.12　175p　21cm　1000円　①978-4-537-26096-0

03893 温泉天国　嵐山光三郎, 荒俣宏, 池内紀, 池波正太郎, 井伏鱒二, 植村直己, 岡本かの子, 岡本綺堂, 小川未明, 角田光代, 川端康成, 川本三郎, 北杜夫, 斎藤茂太, 坂口安吾, 高村光太郎, 武田百合子, 太宰治, 田辺聖子, 種村季弘, 田村隆一, 田山花袋, つげ義春, 平林たい子, 松本英子, 村上春樹, 室生犀星, 山下清, 柳美里, 横尾忠則, 吉川英治, 四谷シモン著　河出書房新社　2017.12　237p　19cm　(ごきげん文藝)　1600円　①978-4-309-02642-8
作品 草津温泉〔横尾忠則〕

草津街道

03894 海山のあいだ　池内紀著　中央公論新社　2011.3　217p　16cm　(中公文庫)〈マガジンハウス 1994年刊, 角川書店 1997年刊あり〉　590円　①978-4-12-205458-5
作品 風景読本―峠越え

草津白根山

03895 日本温泉めぐり　田山花袋著　角川春樹事務所　1997.11　324p　16cm　(ランティエ叢書 8)〈「温泉めぐり」(博文館1991年刊) の改題〉　1000円　①4-89456-087-9

03896 温泉めぐり　田山花袋著　岩波書店　2007.6　379p　15cm　(岩波文庫)　800円　①978-4-00-310217-6

草津森の癒し歩道

03897 森へ行く日　光野桃著　山と溪谷社　2010.7　128, 15p　21cm〈文献あり〉　1600円　①978-4-635-08005-7
目次 日帰りの森 (御岳山ロックガーデン, 真鶴半島自然公園, 高尾山, 大多摩ウォーキングトレイル ほか), 少し遠くの森 (函南原生林, 武尊田代, 草津・森の癒し歩道, 木曾・赤沢自然休養林 ほか)

熊ノ平駅

03898 線路の果てに旅がある　宮脇俊三著　新潮社　1997.1　227p　15cm　(新潮文庫)〈小学館1994年刊あり〉　400円　①4-10-126813-4

暮坂峠

03899 みなかみ紀行　若山牧水著　中央公論社　1993.5　229p　15cm　(中公文庫)　400円　①4-12-201996-6
作品 みなかみ紀行

03900 みなかみ紀行 新編　若山牧水著, 池内紀編　岩波書店　2002.3　266p　15cm　(岩波文庫)　600円　①4-00-310522-2
作品 みなかみ紀行

群馬地域

03901 染めと織りと祈り　立松和平著　アスペクト　2000.3　261p　21cm　2200円　①4-7572-0705-0

神津牧場

03902 紀行とエッセーで読む 作家の山旅　山と溪谷社編　山と溪谷社　2017.3　357p　15cm　(ヤマケイ文庫)　930円　①978-4-635-04828-6
作品 神津牧場行 (抄)〔川端康成〕

郷原駅

03903 ダルマ駅へ行こう！　笹田昌宏著　小学館　2007.5　253p　15cm　(小学館文庫)　514円　①978-4-09-411651-9

小穂口沢

03904 岩魚幻照―大イワナの棲む渓々　植野稔著　山と溪谷社　1993.4　190p　21cm　2000円　①4-635-36027-X

沢渡温泉

03905 温泉百話―東の旅　種村季弘, 池内紀編　筑摩書房　1988.2　471p　15cm　(ちくま文庫)　680円　①4-480-02200-7
作品 みなかみ紀行 抄〔若山牧水〕

03906 遙かなる秘湯をゆく　桂博史著　主婦と生活社　1990.3　222p　19cm　980円　①4-391-11232-9

03907 ガラメキ温泉探険記　池内紀著　リクルート出版　1990.10　203p　19cm　1165円　①4-88991-196-0

03908 みなかみ紀行　若山牧水著　中央公論社　1993.5　229p　15cm　(中公文庫)　400円　①4-12-201996-6
作品 みなかみ紀行

03909 温泉旅日記　池内紀著　徳間書店　1996.9　277p　15cm　(徳間文庫)〈河出書房新社1988年刊あり〉　540円　①4-19-890559-2

03910 温泉旅行記　嵐山光三郎著　筑摩書房　2000.12　315p　15cm　(ちくま文庫)〈初版：JTB1997年刊〉　760円　①4-480-03589-3

03911 みなかみ紀行 新編　若山牧水著, 池内紀編　岩波書店　2002.3　266p　15cm　(岩波文庫)　600円　①4-00-310522-2
作品 みなかみ紀行

03912 人情温泉紀行―演歌歌手・鏡五郎が訪ねた全国の名湯47選　鏡五郎著　マガジンランド　2008.5　235p　19cm〈年譜あり〉　1238円　①978-4-944101-37-5

茂倉岳

03913 日本の名山　4　谷川岳　串田孫一, 今井通子, 今福龍太編　博品社　1997.9　269p　19cm〈文献あり〉　1600円　①4-938706-43-1
作品 谷川岳、茂倉岳、笹穴川上流〔大島亮吉〕茂倉岳、あるいは白い異界〔今福龍太〕

03914 「新編」山紀行と随想　大島亮吉著, 大

森久雄編　平凡社　2005.7　367p　16cm　（平凡社ライブラリー）　1400円　①4-582-76545-9

地獄谷温泉

03915 枕頭山水　幸田露伴著　立川　人間文化研究機構国文学研究資料館　2012.3　241p　19cm　（リプリント日本近代文学）〈原本：博文館 明治26年刊　発売：平凡社〉　3000円　①978-4-256-90230-1
　作品 地獄溪日記

03916 明治紀行文學集　筑摩書房　2013.1　410p　21cm　（明治文學全集 94）　7500円　①978-4-480-10394-9
　作品 地獄溪日記〔幸田露伴〕

渋川市

03917 日本温泉めぐり　田山花袋著　角川春樹事務所　1997.11　324p　16cm　（ランティエ叢書 8）〈「温泉めぐり」（博文館1991年刊）の改題〉　1000円　①4-89456-087-9

03918 温泉めぐり　田山花袋著　岩波書店　2007.6　379p　15cm　（岩波文庫）　800円　①978-4-00-310217-6

四万温泉

03919 温泉百話―東の旅　種村季弘, 池内紀編　筑摩書房　1988.2　471p　15cm　（ちくま文庫）　680円　①4-480-02200-7
　作品 みなかみ紀行 抄〔若山牧水〕

03920 旅は道づれ湯はなさけ　辻真先著　徳間書店　1989.5　348p　15cm　（徳間文庫）　580円　①4-19-568760-8

03921 いで湯浴泉記　大石真人著　新ハイキング社　1990.12　316p　19cm　（新ハイキング選書 第11巻）　1700円　①4-915184-12-9

03922 みなかみ紀行　若山牧水著　中央公論社　1993.5　229p　15cm　（中公文庫）　400円　①4-12-201996-6
　作品 みなかみ紀行

03923 みなかみ紀行 新編　若山牧水著, 池内紀編　岩波書店　2002.3　266p　15cm　（岩波文庫）　600円　①4-00-310522-2
　作品 みなかみ紀行

03924 いしかわ世界紀行　いしかわじゅん著　毎日新聞社　2005.9　229p　19cm　1500円　①4-620-31737-3
目次 第1章 手近な紀行（ビーナスは招くよ, 讃岐うどん奥深し ほか）, 第2章 彼方への紀行（あの日の雪景色, 秦野中井で痛い ほか）, 第3章 遥かなる紀行（畏るべしメキシコシティ, 四万温泉の惨劇 ほか）, 第4章 癒しの紀行（K夫人の秘密, あの日の大予言 ほか）

03925 大人の女性のための日本を旅する浪漫紀行　津田令子著　文芸社ビジュアルアート　2007.3　191p　19cm　1200円　①978-4-86264-336-0

03926 四次元温泉日記　宮田珠己著　筑摩書房　2015.1　294p　15cm　（ちくま文庫）〈2011年刊の文庫化〉　720円　①978-4-480-43238-4

清水トンネル

03927 車窓はテレビより面白い　宮脇俊三著　徳間書店　1992.8　254p　15cm　（徳間文庫）〈1989年刊の文庫化〉　460円　①4-19-597265-5

下仁田温泉

03928 いで湯浴泉記　大石真人著　新ハイキング社　1990.12　316p　19cm　（新ハイキング選書 第11巻）　1700円　①4-915184-12-9

下仁田町

03929 おいしいものは田舎にある―日本ふーど記　改版　玉村豊男著　中央公論新社　2017.1　245p　16cm　（中公文庫）〈初版のタイトル等：日本ふーど記（日本交通公社 1984年刊）〉　700円　①978-4-12-206351-8

上越線

03930 遙かなる汽車旅　種村直樹著　日本交通公社出版事業局　1996.8　270p　19cm　1500円　①4-533-02531-5

03931 汽車旅放浪記　関川夏央著　新潮社　2006.6　282p　20cm　1700円　①4-10-387603-4

03932 のんびり各駅停車　谷崎竜著　講談社　2009.6　229p　15cm　（講談社文庫）　857円　①978-4-06-276382-0

03933 汽車旅12カ月　宮脇俊三著　河出書房新社　2010.1　231p　15cm　（河出文庫）　680円　①978-4-309-40999-3

03934 ぞっこん鉄道今昔―昭和の鉄道撮影地への旅　櫻井寛写真・文　朝日新聞出版　2012.8　205p　21cm　2300円　①978-4-02-331112-1

上信越高原国立公園

03935 東京を歩く　立松和平著, 黒古一夫編　勉誠出版　2006.4　343p　22cm　（立松和平日本を歩く 第7巻）　2600円　①4-585-01177-3

上信電鉄

03936 朝湯、昼酒、ローカル線―かっちゃんの鉄修行　勝谷誠彦著　文芸春秋　2007.12　321p　16cm　（文春文庫plus）〈「勝谷誠彦の地列車大作戦」（JTB2002年刊）の改題〉　629円　①978-4-16-771320-1

03937 いきどまり鉄道の旅　北尾トロ著　河出書房新社　2017.8　278p　15cm　（河出文庫）〈「駅長さん！ これ以上先には行けないんすか」（2011年刊）の改題、加筆・修正〉　780円　①978-4-309-41559-8

上毛電気鉄道

03938 朝湯、昼酒、ローカル線―かっちゃんの鉄修行　勝谷誠彦著　文芸春秋　2007.12　321p　16cm　（文春文庫plus）〈「勝谷誠彦の地列車大作戦」（JTB2002年刊）の改題〉　629円　①978-4-16-771320-1

白根温泉

03939 みなかみ紀行　若山牧水著　中央公論社　1993.5　229p　15cm　（中公文庫）　400円　①4-12-201996-6
作品 みなかみ紀行

03940 みなかみ紀行 新編　若山牧水著，池内紀編　岩波書店　2002.3　266p　15cm　（岩波文庫）　600円　①4-00-310522-2
作品 みなかみ紀行

尻焼温泉

03941 秘湯を求めて　1　はじめての秘湯　藤嶽彰英著　（大阪）保育社　1989.11　194p　19cm　1350円　①4-586-61101-4

03942 いで湯浴泉記　大石真人著　新ハイキング社　1990.12　316p　19cm　（新ハイキング選書 第11巻）　1700円　①4-915184-12-9

榛東村

03943 ガラメキ温泉探険記　池内紀著　リクルート出版　1990.10　203p　19cm　1165円　①4-88991-196-0
作品 ガラメキ温泉探険記

須賀尾宿

03944 旧街道　高野慎三文・写真　北冬書房　1990.11　213p　21cm　（風景とくらし叢書 3）　1800円　①4-89289-084-7

鈴ヶ岳

03945 紀行とエッセーで読む 作家の山旅　山と溪谷社編　山と溪谷社　2017.3　357p　15cm　（ヤマケイ文庫）　930円　①978-4-635-04828-6
作品 赤城にて或日〔志賀直哉〕

高崎市

03946 日本映画を歩く―ロケ地を訪ねて　川本三郎著　JTB　1998.8　239p　20cm　1600円　①4-533-03066-1

03947 鉄道を書く　種村直樹著　中央書院　2001.11　317p　20cm　（種村直樹自選作品集4（1975-1977））　2500円　①4-88732-106-6

03948 天下を獲り損ねた男たち―続・日本史の旅は、自転車に限る！　疋田智著　枻出版社　2005.12　299p　19cm〈文献あり〉　1400円　①4-7779-0460-1

03949 行ったぞ鉄道―列島がたごと日誌　伊東徹秀著　札幌　柏艪舎　2009.7　198p　19cm〈発売：星雲社〉　1300円　①978-4-434-13086-1

03950 池波正太郎を歩く　須藤靖貴著　講談社　2012.9　326p　15cm　（講談社文庫）〈毎日新聞社 2009年刊の加筆・修正〉　648円　①978-4-06-277363-8

03951 来ちゃった　酒井順子文，ほしよりこ画　小学館　2016.3　317p　15cm　（小学館文庫）〈2011年刊の増補〉　620円　①978-4-09-406277-9

高崎白衣大観音

03952 にっぽん大仏さがし　坂原弘康著　新風舎　1999.8　54p　16×13cm　（新風選書）　580円　①4-7974-0994-0
目次 さあ、たまには途中下車をしよう!!―高崎大観音，みんな教えてくれない、幻の大仏?!―群馬大仏，来て、見て、さわって、ヘビセンター―白蛇観音，駅名にもなっている?!鎌ヶ谷大仏とは?!―鎌ヶ谷大仏，巨大坊主がいたんだよ～～っ!!―新潟弘法大師像，朝焼けの光の中に立つ影は…―長浜びわこ大仏，芭蕉もいいけど、大仏もね!!―酒田大仏，日本三大仏、どこだっていいじゃねえか―高岡大仏、東京大仏，それでも大仏は生きてゆく…―上野大仏、ハニベ大仏，鎌倉大仏にせまる巨大な陰謀とは?!―鎌倉大仏

03953 晴れた日は巨大仏を見に　宮田珠己著　幻冬舎　2009.10　342p　16cm　（幻冬舎文庫）〈文献あり　白水社2004年刊あり〉　648円　①978-4-344-41380-1

滝沢

03954 日本の名山　4　谷川岳　串田孫一，今井通子，今福龍太編　博品社　1997.9　269p　19cm〈文献あり〉　1600円　①4-938706-43-1
作品 滝沢を完登する〔杉本光作〕　滝沢スラブの青春〔小西政継〕

滝沢下部

03955 日本の名山　4　谷川岳　串田孫一，今井通子，今福龍太編　博品社　1997.9　269p　19cm〈文献あり〉　1600円　①4-938706-43-1
作品 滝沢下部初登攀〔平田恭助〕

03956 むかしの山旅　今福龍太編　河出書房新社　2012.4　304p　15cm　（河出文庫）　760円　①978-4-309-41144-6
作品 滝沢下部初登攀〔平田恭助〕

立処山

03957 ひとつとなりの山　池内紀著　光文社　2008.10　269p　18cm　（光文社新書）　800円　①978-4-334-03476-4

03958 ニッポンの山里　池内紀著　山と溪谷社　2013.1　254p　20cm　1500円　①978-4-635-28067-9

谷川温泉

03959 温泉百話―東の旅　種村季弘，池内紀編　筑摩書房　1988.2　471p　15cm　（ちくま文庫）　680円　①4-480-02200-7
作品 旅の道づれ〔安西篤子〕

03960 秘湯を求めて　1　はじめての秘湯　藤嶽彰英著　（大阪）保育社　1989.11　194p　19cm　1350円　①4-586-61101-4

03961 温泉旅行記　嵐山光三郎著　筑摩書房　2000.12　315p　15cm　（ちくま文庫）〈初版：JTB1997年刊〉　760円　①4-480-03589-3

谷川岳

03962 日本の名山　4　谷川岳　串田孫一，今井通子，今福龍太編　博品社　1997.9　269p

関東

19cm〈文献あり〉 1600円 ①4-938706-43-1
作品 "吾策新道"開発の哀歓〔高波吾策〕 山岳サルベージ繁盛記2〔寺田甲子男〕 衝立岩初登の想い出〔南博人〕 上越境の山旅〔藤島敏男〕 谷川岳、茂倉岳、笹穴川上流〔大島亮吉〕 谷川岳〔深田久弥〕 谷川岳〔池内紀〕 谷川岳にコーヒーを飲みに行こう〔みなみらんぼう〕 谷川岳の植物〔安達成之〕 単独登攀〔遠藤甲太〕 内なる谷川岳〔中野孝次〕 幕岩回想 初登攀について〔安川茂雄〕

03963 日本の名山 5 浅間山 串田孫一, 今井通子, 今福龍太編 博品社 1997.10 253p 19cm〈文献あり〉 1600円 ①4-938706-46-6
作品 那須岳〜谷川岳〜浅間山の県境尾根単独縦走〔細貝栄〕

03964 回想の谷川岳 安川茂雄著 河出書房新社 2002.8 221p 19cm (Kawade山の紀行) 1600円 ①4-309-70423-9
目次 1 回想の谷川岳(A君への手紙, ひとり息子の山, 秋のある登攀より ほか), 2 山の歳時記(アルプスの悲恋, あるビヴァーク, スキー帽物語 ほか), 3 山をめぐるノオト(ウエストンと一日本人, 空からのヒマラヤ, 谷川岳における登山思潮 ほか)

03965 秘境ごくらく日記—辺境中毒オヤジの冒険指南 敷島悦朗著 JTB 2003.1 230p 19cm 1700円 ①4-533-04569-3
目次 沖縄県/西表島—南海の山岳島に眠る幻の滝と湖, 沖縄県/西表島・宮古島—恐れおののくエラブウナギ顛末記, 鹿児島県/沖永良部島—峰の巣島の白蛇洞へ潜入, 鹿児島県/屋久島—縄文杉と会話する驚異の女, 奈良県/大台ヶ原—南紀の秘境であわや遭難騒ぎ, 東京都/八丈小島—廃墟と野生のヤギだけが残る疎開の島, 群馬県・新潟県/谷川岳—白魔の山で雪モグラの住処セツドー建設, 新潟県/清津峡—激流の観光名所を泳ぎ歩く, 富山県/黒部峡谷・剣沢大滝—我ら水洗便所のアリと化し、幻の滝に突入す, 富山県・長野県/立山・針ノ木岳—戦国武将佐々成政の埋蔵金を探せ!〔ほか〕

03966 「新編」山紀行と随想 大島亮吉著, 大森久雄編 平凡社 2005.7 367p 16cm (平凡社ライブラリー) 1400円 ①4-582-76545-9

03967 晴れのち曇り 曇りのち晴れ 熊谷榧絵と文 八王子 白山書房 2010.2 296p 19cm (〔榧・画文集 0〕)〈皆美社1970年刊の再版 平凡社2001年刊あり〉 1900円 ①978-4-89475-139-2

03968 海山のあいだ 池内紀著 中央公論新社 2011.3 217p 16cm (中公文庫)〈マガジンハウス 1994年刊, 角川書店 1997年刊あり〉 590円 ①978-4-12-205458-5

03969 大峰を巡る 熊谷榧絵と文 八王子 白山書房 2011.3 197p 19cm 1900円 ①978-4-89475-146-0

03970 ザイルを結ぶとき 奥山章著 山と溪谷社 2014.4 445p 15cm (ヤマケイ文庫)〈著作目録あり 作品目録あり 年譜あり〉 900円 ①978-4-635-04774-6
目次 ザイルを結ぶとき, 谷川岳と剱岳, RCC2のこと, 北岳バットレス中央稜, 谷川岳一ノ倉沢烏帽子奥壁・凹状岩壁, 山の絵日記, 明神岳V峰東壁中央フェイス, 明神岳V峰南壁, 岩群—ある奥又白生活, 敗退—積雪期鹿島槍北壁, あの日のこと, 報告・ソ連のアルピニズム—登山学校視察の体験から, マッターホルン北壁—女性隊とその周辺, デオ・ディバ日誌, 岳人評論, "なり下った登山家"—大谷真人氏の「プレ・アルプ」をめぐって, 発展のための区別について—細谷一平氏に答える, 藤木九三翁と第2次RCC—滝谷の "藤木レリーフ"をめぐって, 北穂のて—グレードのあらさがしをしよう, シャモニの登山と生活, ヒマラヤを滑る, パイオニア・ワークをどこに求めるか, 明日のスポーツ登山—北壁直登のあとにくるもの, 山からの書簡

谷川岳 堅炭岩

03971 日本の名山 4 谷川岳 串田孫一, 今井通子, 今福龍太編 博品社 1997.9 269p 19cm〈文献あり〉 1600円 ①4-938706-43-1
作品 堅炭岩K3〔串田孫一〕

達磨寺

03972 日本雑記 ブルーノ・タウト著, 篠田英雄訳 中央公論新社 2008.11 368p 18cm (中公クラシックス)〈育生社弘道閣昭和18年刊の復刻版 年譜あり〉 1800円 ①978-4-12-160106-3

月夜野

03973 ふれあいの旅紀行 新田健次著 東京新聞出版局 1992.5 203p 19cm 1300円 ①4-8083-0437-6
作品 みなかみ紀行

03974 みなかみ紀行 若山牧水著 中央公論社 1993.5 229p 15cm (中公文庫) 400円 ①4-12-201996-6
作品 みなかみ紀行

03975 みなかみ紀行 新編 若山牧水著, 池内紀編 岩波書店 2002.3 266p 15cm (岩波文庫) 600円 ①4-00-310522-2
作品 みなかみ紀行

嬬恋村

03976 みなかみ紀行 若山牧水著 中央公論社 1993.5 229p 15cm (中公文庫) 400円 ①4-12-201996-6
作品 みなかみ紀行

03977 みなかみ紀行 新編 若山牧水著, 池内紀編 岩波書店 2002.3 266p 15cm (岩波文庫) 600円 ①4-00-310522-2
作品 みなかみ紀行

03978 文豪、偉人の「愛」をたどる旅 黛まどか著 集英社 2009.8 255p 18cm 1048円 ①978-4-08-781427-9

土合駅

03979 線路の果てに旅がある 宮脇俊三著 新潮社 1997.1 227p 15cm (新潮文庫)〈小学館1994年刊あり〉 400円 ①4-10-126813-4

東武小泉線

03980 いきどまり鉄道の旅 北尾トロ著 河出書房新社 2017.8 278p 15cm (河出文庫)

〈「駅長さん！ これ以上先には行けないんすか」(2011年刊) の改題、加筆・修正〉 780円 ①978-4-309-41559-8

富岡市

03981 海へ、山へ、森へ、町へ 小川糸著 幻冬舎 2013.8 227p 16cm (幻冬舎文庫) 〈「ようこそ、ちきゅう食堂へ」(2010年刊) を改題、「命をかけて、命をつなぐ」・「陽だまりの家、庭の緑」ほかを収録〉 533円 ①978-4-344-42058-8
作品 日本の絹に触れたくて

永井宿

03982 埋蔵金伝説を歩く―ボクはトレジャーハンター 八重野充弘著 角川学芸出版 2007.11 187p 19cm (角川地球人books) 〈角川グループパブリッシング (発売)〉 1500円 ①978-4-04-621305-1

中之条町

03983 回り灯籠 吉村昭著 筑摩書房 2009.11 231p 15cm (ちくま文庫) 660円 ①978-4-480-42655-0
作品 高野長英逃亡の道
目次 回り灯籠 (回り灯籠, 未完の作品, 歴史の襞, 雉鳩, われ百姓の…, 針のメド, 大人の世界, 飛ぶ鳥跡をにごさず ほか), 新潟旅日記 (郷愁のある町, 栃尾での昼食, 唐爺や, 白根の凧, 妻と佐渡, 高野長英逃亡の道, 直江津と人相書き, なじみの店, 小説『破船』の舞台, ガングリオン, 桜田門外の変と越後, 越後の酒), きみの流儀・ぼくの流儀 (対談 吉村昭・城山三郎)

西長岡町 (太田市)

03984 日本温泉めぐり 田山花袋著 角川春樹事務所 1997.11 324p 16cm (ランティエ叢書 8) 〈「温泉めぐり」(博文館1991年刊) の改題〉 1000円 ①4-89456-087-9

03985 温泉めぐり 田山花袋著 岩波書店 2007.6 379p 15cm (岩波文庫) 800円 ①978-4-00-310217-6

沼田市

03986 みなかみ紀行 若山牧水著 中央公論社 1993.5 229p 15cm (中公文庫) 400円 ①4-12-201996-6
作品 みなかみ紀行

03987 みなかみ紀行 新編 若山牧水著, 池内紀編 岩波書店 2002.3 266p 15cm (岩波文庫) 600円 ①4-00-310522-2
作品 みなかみ紀行

03988 ちいさな城下町 安西水丸著 文藝春秋 2016.11 267p 16cm (文春文庫) 〈2014年刊の文庫化〉 630円 ①978-4-16-790734-1

根利山

03989 古道巡礼―山人が越えた径 高桑信一著 山と溪谷社 2015.11 397p 15cm (ヤマケイ文庫) 〈東京新聞出版局 2005年刊の再構成〉 980円 ①978-4-635-04781-4

白蛇観音

03990 にっぽん大仏さがし 坂原弘康著 新風舎 1999.8 54p 16×13cm (新風選書) 580円 ①4-7974-0994-0

鳩ノ湯温泉

03991 今昔温泉物語 伊豆・箱根、関東篇 山本容朗選, 日本ペンクラブ編 福武書店 1990.7 265p 15cm (福武文庫) 480円 ①4-8288-3148-7
作品 忠治も来た―鳩の湯〔池内紀〕

03992 温泉旅日記 池内紀著 徳間書店 1996.9 277p 15cm (徳間文庫) 〈河出書房新社1988年刊あり〉 540円 ①4-19-890559-2

花敷温泉

03993 温泉百話―東の旅 種村季弘, 池内紀編 筑摩書房 1988.2 471p 15cm (ちくま文庫) 680円 ①4-480-02200-7
作品 みなかみ紀行 抄〔若山牧水〕

03994 みなかみ紀行 若山牧水著 中央公論社 1993.5 229p 15cm (中公文庫) 400円 ①4-12-201996-6
作品 みなかみ紀行

03995 みなかみ紀行 新編 若山牧水著, 池内紀編 岩波書店 2002.3 266p 15cm (岩波文庫) 600円 ①4-00-310522-2
作品 みなかみ紀行

鼻曲山

03996 海山のあいだ 池内紀著 中央公論新社 2011.3 217p 16cm (中公文庫) 〈マガジンハウス 1994年刊, 角川書店 1997年刊あり〉 590円 ①978-4-12-205458-5

榛名山

03997 日本温泉めぐり 田山花袋著 角川春樹事務所 1997.11 324p 16cm (ランティエ叢書 8) 〈「温泉めぐり」(博文館1991年刊) の改題〉 1000円 ①4-89456-087-9
作品 榛名へ

03998 みなかみ紀行 新編 若山牧水著, 池内紀編 岩波書店 2002.3 266p 15cm (岩波文庫) 600円 ①4-00-310522-2
作品 山上湖へ

03999 温泉めぐり 田山花袋著 岩波書店 2007.6 379p 15cm (岩波文庫) 800円 ①978-4-00-310217-6
作品 榛名へ

04000 久住昌之のこんどは山かい!? 関東編 久住昌之著 山と溪谷社 2013.4 191p 19cm 1200円 ①978-4-635-08006-4

平ヶ岳

04001 山の旅 本の旅―登る歓び、読む愉しみ 大森久雄著 平凡社 2007.9 237p 20cm 〈文献あり〉 2200円 ①978-4-582-83368-3

関東

広瀬川

04002 谷川健一全集 第10巻(民俗 2) 女の風土記 埋もれた日本地図(抄録) 黒潮の民俗学(抄録) 谷川健一著 冨山房インターナショナル 2010.1 574, 27p 23cm〈付属資料:8p:月報 no.14 索引あり〉 6500円 ①978-4-902385-84-7
作品 広瀬川のほとり

吹割の滝

04003 みなかみ紀行 若山牧水著 中央公論社 1993.5 229p 15cm (中公文庫) 400円 ①4-12-201996-6
作品 みなかみ紀行

04004 導かれて、旅 横尾忠則著 文藝春秋 1995.7 286p 16cm (文春文庫)〈日本交通公社出版事業局 1992年刊の文庫化〉 480円 ①4-16-729703-5
作品 上州滝巡り、雪中行軍

04005 みなかみ紀行 新編 若山牧水著, 池内紀編 岩波書店 2002.3 266p 15cm (岩波文庫) 600円 ①4-00-310522-2
作品 みなかみ紀行

藤岡市

04006 池波正太郎を歩く 須藤靖貴著 講談社 2012.9 326p 15cm (講談社文庫)〈毎日新聞社 2009年刊の加筆・修正〉 648円 ①978-4-06-277363-8

不動寺〔宮田のお不動様〕

04007 導かれて、旅 横尾忠則著 文藝春秋 1995.7 286p 16cm (文春文庫)〈日本交通公社出版事業局 1992年刊の文庫化〉 480円 ①4-16-729703-5
作品 上州滝巡り、雪中行軍

法師温泉

04008 遙かなる秘湯をゆく 桂博史著 主婦と生活社 1990.3 222p 19cm 980円 ①4-391-11232-9

04009 今昔温泉物語 伊豆・箱根、関東篇 山本容朗選, 日本ペンクラブ編 福武書店 1990.7 265p 15cm (福武文庫) 480円 ①4-8288-3148-7
作品 三国峠の大蠟燭を偸もうとする〔田中冬二〕

04010 みなかみ紀行 若山牧水著 中央公論社 1993.5 229p 15cm (中公文庫) 400円 ①4-12-201996-6
作品 みなかみ紀行

04011 温泉旅行記 嵐山光三郎著 筑摩書房 2000.12 315p 15cm (ちくま文庫)〈初版:JTB1997年刊〉 760円 ①4-480-03589-3

04012 みなかみ紀行 新編 若山牧水著, 池内紀編 岩波書店 2002.3 266p 15cm (岩波文庫) 600円 ①4-00-310522-2
作品 みなかみ紀行

武尊田代湿原

04013 森へ行く日 光野桃著 山と溪谷社 2010.7 128, 15p 21cm〈文献あり〉 1600円 ①978-4-635-08005-7

武尊山

04014 わが愛する山々 深田久弥著 山と溪谷社 2011.6 381p 15cm (ヤマケイ文庫)〈年譜あり〉 1000円 ①978-4-635-04730-2

前橋市

04015 文学の中の風景 大竹新助著 メディア・パル 1990.11 293p 21cm 2000円 ①4-89610-003-4

04016 かわいい自分には旅をさせろ 嵐山光三郎著 講談社 1991.8 253p 18cm 1100円 ①4-06-205402-7

04017 心の虹―詩人のふるさと紀行 増田れい子著 労働旬報社 1996.8 247p 19cm 1800円 ①4-8451-0441-5

04018 鉄路の美学―名作が描く鉄道のある風景 原口隆行著 国書刊行会 2006.9 358p 20cm 2000円 ①4-336-04786-3

04019 池波正太郎を歩く 須藤靖貴著 講談社 2012.9 326p 15cm (講談社文庫)〈毎日新聞社 2009年刊の加筆・修正〉 648円 ①978-4-06-277363-8

04020 にっぽん全国 百年食堂 椎名誠著 講談社 2013.1 222p 19cm 1400円 ①978-4-06-217814-3

04021 漂う―古い土地 新しい場所 黒井千次著 毎日新聞社 2013.8 175p 20cm 1600円 ①978-4-620-32221-6

巻機山

04022 山々を滑る登る 熊谷榧絵と文 八王子 白山書房 2012.11 319p 19cm (〔榧・画文集 12〕) 1900円 ①978-4-89475-159-0

丸沼

04023 みなかみ紀行 若山牧水著 中央公論社 1993.5 229p 15cm (中公文庫) 400円 ①4-12-201996-6
作品 みなかみ紀行

04024 みなかみ紀行 新編 若山牧水著, 池内紀編 岩波書店 2002.3 266p 15cm (岩波文庫) 600円 ①4-00-310522-2
作品 みなかみ紀行

万座温泉

04025 山々を滑る登る 熊谷榧絵と文 八王子 白山書房 2012.11 319p 19cm (〔榧・画文集 12〕) 1900円 ①978-4-89475-159-0

三国街道

04026 ふれあいの旅紀行 新田健次著 東京新聞出版局 1992.5 203p 19cm 1300円 ①4-8083-0437-6

三国峠

04027 バイクで越えた1000峠　賀曽利隆著　小学館　1998.8　280p　15cm　（小学館文庫）〈1995年刊の文庫化〉　514円　①4-09-411101-8

水沼駅温泉センター

04028 小さな鉄道 小さな温泉　大原利雄著　小学館　2003.8　171p　15cm　（小学館文庫）　733円　①4-09-411525-0

弥陀ヶ池

04029 行き暮れて、山。　正津勉著　アーツアンドクラフツ　2006.6　203p　19cm　1900円　①4-901592-33-5

水上温泉郷

04030 温泉旅行記　嵐山光三郎著　筑摩書房　2000.12　315p　15cm　（ちくま文庫）〈初版：JTB1997年刊〉　760円　①4-480-03589-3

みなかみ町

04031 池波正太郎を歩く　須藤靖貴著　講談社　2012.9　326p　15cm　（講談社文庫）〈毎日新聞社 2009年刊の加筆・修正〉　648円　①978-4-06-277363-8

箕輪城

04032 日本名城紀行　1　東北・北関東 古城のおもかげ　小学館　1989.5　293p　15cm　600円　①4-09-401201-X

04033 日本紀行―「埋もれた古城」と「切支丹の里」　遠藤周作著　光文社　2006.2　405p　16cm　（知恵の森文庫）　724円　①4-334-78407-0

目次 埋もれた古城（山城愛好者の弁, 関東小豪族の悲劇を象徴する箕輪城, 家康の苦悩がこもる二俣城、高天神城, 切支丹の哀史を秘める日之枝城, 身近な城あと世田谷城 ほか）　切支丹の里（切支丹と遺跡―長崎とその周辺, 一枚の踏絵から, キリシタン時代―日本と西洋の激突, 切支丹時代の智識人, 日記―フェレイラの影を求めて ほか）

妙義山

04034 詩文集 犀星 軽井沢　室生犀星著, 室生朝子編　徳間書店　1990.4　343p　15cm　（徳間文庫）　500円　①4-19-599059-9

04035 日本アルプス登攀日記　W.ウェストン著, 三井嘉雄訳　平凡社　1995.2　318p　18cm　（東洋文庫）　2781円　①4-582-80586-8

目次 ホリデイ・ツアー（一八九四年）, 朝鮮への旅（一八九四年）, 妙義山、燕岳、槍ケ岳、奥穂高岳（一九一二年）, 槍ケ岳、焼岳、奥穂高岳、白馬岳（一九一三年）, 北日本アルプス、富士（一九一四年）

04036 百靈峰巡礼　第2集　立松和平著　東京新聞出版局　2008.4　307p　20cm　1800円　①978-4-8083-0893-3

04037 明治紀行文學集　筑摩書房　2013.1　410p　21cm　（明治文學全集 94）　7500円　①978-4-480-10394-9

作品 草鞋記程〔幸田露伴〕　両毛の秋〔徳富蘆花〕

04038 日本全国津々うりゃうりゃ　宮田珠己著　幻冬舎　2016.6　315p　16cm　（幻冬舎文庫）〈廣済堂出版 2012年刊の再刊　文献あり〉　690円　①978-4-344-42482-1

幽ノ沢

04039 日本の名山　4　谷川岳　串田孫一, 今井通子, 今福龍太編　博品社　1997.9　269p　19cm〈文献あり〉　1600円　①4-938706-43-1

作品 幽ノ沢中央壁初登〔古川純一〕

湯宿温泉

04040 みなかみ紀行　若山牧水著　中央公論社　1993.5　229p　15cm　（中公文庫）　400円　①4-12-201996-6

作品 みなかみ紀行

04041 貧困旅行記　新版　つげ義春著　新潮社　1995.4　281p　15cm　（新潮文庫）〈晶文社 1991年刊あり〉　520円　①4-10-132812-9

作品 上州湯宿（ゆじゅく）温泉の旅

04042 みなかみ紀行 新編　若山牧水著, 池内紀編　岩波書店　2002.3　266p　15cm　（岩波文庫）　600円　①4-00-310522-2

作品 みなかみ紀行

湯の小屋温泉

04043 いで湯浴泉記　大石真人著　新ハイキング社　1990.12　316p　19cm　（新ハイキング選書 第11巻）　1700円　①4-915184-12-9

湯ノ沢（松井田町坂本地先）

04044 下駄で歩いた巴里―林芙美子紀行集　林芙美子著, 立松和平編　岩波書店　2012.4　331p　15cm　（岩波文庫）〈第5刷（第1刷2003年）〉　700円　①4-00-311692-5

作品 上州の湯の沢

湯檜曽駅

04045 ぞっこん鉄道今昔―昭和の鉄道撮影地への旅　櫻井寛写真・文　朝日新聞出版　2012.8　205p　21cm　2300円　①978-4-02-331112-1

横川駅

04046 終着駅への旅　JR編　櫻井寛著　JTBパブリッシング　2013.8　222p　19cm　1300円　①978-4-533-09285-5

04047 テツはこんな旅をしている―鉄道旅行再発見　野田隆著　平凡社　2014.3　222p　18cm　（平凡社新書）　760円　①978-4-582-85722-1

六里ヶ原

04048 牧水紀行文集　若山牧水著, 高田宏編　弥生書房　1996.6　228p　19cm　2300円　①4-8415-0712-4

作品 吾妻の渓より六里が原へ

04049 日本の名山　5　浅間山　串田孫一, 今井通子, 今福龍太編　博品社　1997.10　253p　19cm〈文献あり〉　1600円　①4-938706-46-6

作品 浅間六里ケ原〔岸田衿子〕

04050 みなかみ紀行 新編　若山牧水著, 池内紀編　岩波書店　2002.3　266p　15cm　（岩波文庫）　600円　①4-00-310522-2

作品 吾妻の渓より六里が原へ

埼玉県

04051 東京 水辺の光景—出会いと発見の紀行　小野誠一郎絵文　日貿出版社　1995.9　178p　21cm　1751円　①4-8170-3963-9

04052 お徒歩 ニッポン再発見　岩見隆夫著　アールズ出版　2001.5　299p　20cm　1600円　①4-901226-20-7

04053 万葉の旅　中　改訂新版　犬養孝著　平凡社　2004.1　361p　16cm　（平凡社ライブラリー）〈初版：社会思想社1964年刊　文献あり〉　1200円　①4-582-76489-4

04054 関東を歩く　立松和平著, 黒古一夫編　勉誠出版　2006.4　320p　22cm　（立松和平日本を歩く 第2巻）　2600円　①4-585-01172-2

04055 麹巡礼—おいしい麹と出会う9つの旅　おのみさ著　集英社　2013.4　125p　19cm　1300円　①978-4-08-771509-5

04056 埼玉地名ぶらり詠み歩き　沖ななも著　さいたま　さきたま出版会　2015.3　209p　19cm　1300円　①978-4-87891-417-1

目次 1 西部エリア（膝折—朝霞市, 新倉—和光市 ほか）, 2 秩父エリア（長瀞—長瀞町, 出牛—皆野町 ほか）, 3 北部エリア（熊谷—熊谷市, 妻沼—熊谷市 ほか）, 4 東部エリア（行田—行田市, 北河原・南河原—行田市 ほか）, 5 中央エリア（鴻巣—鴻巣市, 滝馬室—鴻巣市 ほか）

04057 いきどまり鉄道の旅　北尾トロ著　河出書房新社　2017.8　278p　15cm　（河出文庫）〈「駅長さん！ これ以上先には行けないんすか」(2011年刊)の改題、加筆・修正〉　780円　①978-4-309-41559-8

朝霞市

04058 埼玉地名ぶらり詠み歩き　沖ななも著　さいたま　さきたま出版会　2015.3　209p　19cm　1300円　①978-4-87891-417-1

荒川扇状地

04059 大河紀行荒川—秩父山地から東京湾まで　伊佐九三四郎著　八王子　白山書房　2012.11　218p　22cm〈文献あり〉　2000円　①978-4-89475-158-3

目次 荒川のこと, 真ノ沢を遡る, 入川から落合へ, 三峰神社、大輪、猪鼻周辺, 三峰口、白久の渡し、贄川宿, 白久から武州日野へ, 秩父盆地, 大野原の橋と黒谷付近, 皆野のあたり, 長瀞から波久礼、寄居へ, 寄居から大扇状地へ, 川幅日本一の鴻巣から平方河岸へ, 荒川、入間川の合流点から戸田まで, 人工の川荒川放水路, 東京ゲートブリッジと大観覧車—あとがきに代えて

入間川

04060 旅の紙芝居　椎名誠写真・文　朝日新聞社　2002.10　350p　15cm　（朝日文庫）〈1998年刊の文庫化〉　820円　①4-02-264298-X

作品 水辺の夏

04061 大河紀行荒川—秩父山地から東京湾まで　伊佐九三四郎著　八王子　白山書房　2012.11　218p　22cm〈文献あり〉　2000円　①978-4-89475-158-3

大血川

04062 関東を歩く　立松和平著, 黒古一夫編　勉誠出版　2006.4　320p　22cm　（立松和平日本を歩く 第2巻）　2600円　①4-585-01172-2

大宮

04063 我もまた渚を枕—東京近郊ひとり旅　川本三郎著　筑摩書房　2009.7　286p　15cm　（ちくま文庫）〈晶文社2004年刊あり〉　820円　①978-4-480-42620-8

目次 磯の香にひかれて歩く漁師の町「船橋」, ローカル鉄道に揺られ、川べりを歩く「鶴見」, 近未来都市と田園風景が共存する町「大宮」, 下町の匂いが残る本当の横浜「本牧」, 手賀沼と利根川、水と暮す町「我孫子」, 荷風晩年の地、寺と緑と川の「市川」, 歴史に消えた風景の幻が甦る町「小田原」, ローカル鉄道と漁港の町「銚子」, 京急大師線沿線、工場街を歩く「川崎」, 「基地」と「日常」が溶け合う町「横須賀」, 横浜の裏町、「寿町」「日ノ出町」「黄金町」, 鉄道の思い出が残る、かつての軍都「千葉」, 緑と太陽と潮風の町「藤沢」「鵠沼」, 相模川、水無川。川べりの町「厚木」「秦野」, 京浜急行終点、海辺の隠れ里「三崎」

大宮氷川神社〔武蔵一宮氷川神社〕

04064 江原啓之 神紀行　5（関東・中部）　江原啓之著　マガジンハウス　2006.12　95p　21cm　（スピリチュアル・サンクチュアリシリーズ）　1048円　①4-8387-1624-9

目次 関東編（氷川神社—幽体離脱で導かれた運命の地, 日枝神社—結婚式を挙げた思い出の神社, 浅草神社——大観光地のひっそりとした空間, 富岡八幡宮—幼い頃から慣れ親しんだ神様, 成田山深川不動堂—仏縁をいただいた始まりの寺院, 北澤八幡神社—神主時代に修行を積んだ思い出）, 中部編（戸隠神社—圧倒的なパワーを湛える日本最高峰の聖地のひとつ, 諏訪大社—日本一ともいえるご神木のサンクチュアリ）, スピリチュアル・サンクチュアリをより日々の生活に役立てるためのアドバイス（遠くにある聖地よりも氏神様を大切に, 特別な祈願を行うなら努力する決意が大切, 日本古来の風習にこめられた思いを知る, 厄年は心神の節目。学びの機会にして, 聖地巡礼の意義は気づきによって決まる, 聖地は人類の尊い宝。決して傷つけないで）, あなたの願いを導くスピリチュアル・サンクチュアリ案内

大宮盆栽村

04065 旅は人生—日本人の風景を歩く　森本哲郎著　PHP研究所　2006.12　372p　15cm　（PHP文庫）〈「旅の半空」(新潮社1997年刊)の改題〉　648円　①4-569-66745-7

04066 東京花散歩　岸本葉子著　亜紀書房　2011.3　214p　19cm　1600円　①978-4-7505-

1106-1
目次 藤―亀戸天神, 菖蒲―堀切菖蒲園, 睡蓮―小石川後楽園, 朝顔―向島百花園, 萩―向島百花園, 秋を探しに―小石川植物園, 菊―浅草寺, 盆栽―大宮盆栽村, 梅―吉野梅郷, 百花ひらく―井の頭公園, 桜―飛鳥山公園, つつじ―六義園, 牡丹―上野公園, ばら―日比谷公園

小川町

04067 大人のまち歩き　秋山秀一著　新典社　2013.5　231p　21cm　1600円　①978-4-7879-7851-6

春日部市

04068 日本奥地紀行　イサベラ・バード著, 高梨健吉訳　平凡社　2000.2　529p　16cm　（平凡社ライブラリー）〈年譜あり 文献あり〉　1500円　①4-582-76329-4

04069 イザベラ・バード「日本の未踏路」完全補遺　イザベラ・バード著, 高畑美代子訳注　中央公論事業出版（製作発売）　2008.1　190p　21cm　1600円　①978-4-89514-296-0

04070 イザベラ・バードの日本紀行　上　イザベラ・バード著, 時岡敬子訳　講談社　2008.4　493p　15cm　（講談社学術文庫）　1500円　①978-4-06-159871-3

04071 イザベラ・バード『日本奥地紀行』を歩く　金沢正脩著　JTBパブリッシング　2010.1　175p　21cm　（楽学ブックス―文学歴史 11）〈文献あり 年譜あり〉　1800円　①978-4-533-07671-8

04072 完訳 日本奥地紀行　1　横浜―日光―会津―越後　イザベラ・バード著, 金坂清則訳注　平凡社　2012.3　391p　18cm　（東洋文庫）　3000円　①978-4-582-80819-3

04073 新訳 日本奥地紀行　イザベラ・バード著, 金坂清則訳　平凡社　2013.10　537p　18cm　（東洋文庫）〈布装　索引あり〉　3200円　①978-4-582-80840-7

04074 日本奥地紀行―縮約版　イザベラ・バード著, ニーナ・ウェグナー英文リライト, 牛原眞弓訳　IBCパブリッシング　2017.4　223p　19cm　（対訳ニッポン双書）　1600円　①978-4-7946-0471-2

落葉松峠

04075 北八ッ彷徨―随想八ヶ岳　山口耀久著　平凡社　2008.3　284p　16cm　（平凡社ライブラリー）〈肖像あり〉　1300円　①978-4-582-76637-0
目次 岳へのいざない, 八ヶ岳の四季, 雪と風の日記, 岩小舎の記, 雨池, 落葉松峠, 北八ッ日記, 八月, 北八ッ彷徨, 冬の森, 富士見高原の思い出

雁坂峠

04076 日本旅行日記　2　アーネスト・メイスン・サトウ著, 庄田元男訳　平凡社　1992.6　334p　18cm　（東洋文庫）　2884円　①4-582-80550-7

04077 奥秩父―山、谷、峠そして人　山田哲哉著　東京新聞　2011.12　343p　19cm　1800円　①978-4-8083-0952-7

川口市

04078 旅ゆけば日本　ピーター・フランクル著　世界文化社　1994.7　227p　19cm　1300円　①4-418-94504-0
作品 「キューポラのある街」の現在―埼玉県川口市

04079 旅に夢みる　吉永小百合著　講談社　2003.3　223p　22cm〈肖像あり〉　1600円　①4-06-211652-9
作品 旅の扉2 思い出の映画ロケ地

川越・菓子屋横丁

04080 原風景のなかへ　安野光雅著　山川出版社　2013.7　215p　20cm　1600円　①978-4-634-15044-7

川越市

04081 日曜日は自転車に乗って　前島勝義著　平原社　2009.12　263p　20cm　1200円　①978-4-938391-47-8
目次 鰻が食いたくて川越へ, お墓めぐりの初心者コース, 葛飾柴又は帝釈天と川魚料理, 銀座一丁目のニシン・ワイン漬け, 歴史とおばんざいの京都輪行, 感傷のセプテンバー・レイン, 古刹深大寺は初秋の風, ゆったりのんびり下町輪行, 門前仲町の「虎」と「龍」, 荒玉水道道路を行く, 新春恒例の七福神めぐり

04082 小さな魚（さかな）を巡る小さな自転車の釣り散歩―タナゴ・フナ・クチボソ・ヤマベ・ハゼ・テナガエビetc. オジサンたちの釣輪具雑魚団　葛島一美著　つり人社　2010.7　223p　22cm〈タイトル：小さな魚を巡る小さな自転車の釣り散歩〉　1700円　①978-4-88536-180-7

04083 漂う―古い土地 新しい場所　黒井千次著　毎日新聞社　2013.8　175p　20cm　1600円　①978-4-620-32221-6

04084 山の宿のひとり酒　太田和彦著　集英社　2017.4　289p　16cm　（集英社文庫―ニッポンぶらり旅）　660円　①978-4-08-745577-9

川越城

04085 日本名城紀行　2　南関東・東海 天下を睨む覇城　小学館　1989.5　293p　15cm　600円　①4-09-401202-8
内容 太田道灌の江戸城、戦国の山城八王子城、春日局にもゆかりの川越城、太閤秀吉に屈した小田原城、若き日の徳川家康を支えた浜松城、御三家筆頭尾張徳川家の名古屋城、国宝犬山城、斎藤道三・織田信長が手にした岐阜城、織田鉄砲隊と武田騎馬軍団決戦の場長篠城など、天下人ゆかりの名城を円地文子、三浦朱門、杉本苑子、黒岩重吾ら一流作家がドラマチックに描く、城物語と紀行。

04086 三津五郎 城めぐり　坂東三津五郎著　三月書房　2010.11　117p　22cm　2200円　①978-4-7826-0211-9

官ノ倉山

04087 久住昌之のこんどは山かい!?　関東編　久住昌之著　山と溪谷社　2013.4　191p　19cm

1200円 ①978-4-635-08006-4

喜多院

04088 とっておきの寺社詣で 三木露風ほか著, 作品社編集部編 作品社 1998.4 251p 22cm (新編・日本随筆紀行 大きな活字で読みやすい本─心にふるさとがある 14) ①4-87893-895-1, 4-87893-807-2

[作品] 武州喜多院〔中里介山〕

行田市

04089 エンピツ絵描きの一人旅 安西水丸著 新潮社 1991.10 213p 19cm 1300円 ①4-10-373602-X

04090 歴史の散歩路─小江戸紀行＝一〇八巡り 池田直樹著 東洋書院 2001.3 228p 19cm 1400円 ①4-88594-300-0

04091 埼玉地名ぶらり詠み歩き 沖ななも著 さいたま さきたま出版会 2015.3 209p 19cm 1300円 ①978-4-87891-417-1

04092 ちいさな城下町 安西水丸著 文藝春秋 2016.11 267p 16cm (文春文庫)〈2014年刊の文庫化〉 630円 ①978-4-16-790734-1

金昌寺

04093 関東を歩く 立松和平著, 黒古一夫編 勉誠出版 2006.4 320p 22cm (立松和平日本を歩く 第2巻) 2600円 ①4-585-01172-2

04094 歌人一人旅 林怜子著 国民みらい出版 2011.7 162p 20cm〈発売：サンクチュアリ出版〉 1200円 ①978-4-86113-621-4

(目次) 出合い(まゆかみ─実相院/大久保部落(佐賀県佐賀市), 雨の耶馬越え ほか), お地蔵さまのニックネーム(泣き虫地蔵, みかえり地蔵─五劫院/伝香寺(奈良県奈良市) ほか), 十仏十色の観音さま(観音さまの母性愛─金昌寺(埼玉県秩父市), 観音さまとかくれんぼ─般若寺(奈良県奈良市) ほか), 野ざらしの神がみ(道祖神との対話─安曇野(長野県安曇野市), 田の神と踊ろう─牧園/姶良/国分/串木野(鹿児島県))

熊谷市

04095 埼玉地名ぶらり詠み歩き 沖ななも著 さいたま さきたま出版会 2015.3 209p 19cm 1300円 ①978-4-87891-417-1

鴻巣市

04096 大河紀行荒川─秩父山地から東京湾まで 伊佐九三四郎著 八王子 白山書房 2012.11 218p 22cm〈文献あり〉 2000円 ①978-4-89475-158-3

04097 埼玉地名ぶらり詠み歩き 沖ななも著 さいたま さきたま出版会 2015.3 209p 19cm 1300円 ①978-4-87891-417-1

甲武信ヶ岳

04098 紀行文集 無明一杖 上甲平谷著 谷沢書房 1988.7 339p 19cm 2500円

[作品] 信州峠へ

04099 新・千曲川のスケッチ 井出孫六著 松本 郷土出版社 2002.1 174p 20cm 1600円 ①4-87663-556-0

(内容) 信州の東端・甲武信ヶ岳の源流から、新潟県境まで…。今も流域に残る千曲川の大氾濫の爪痕をたどりながら、先人の知恵、現代人と自然との共存、水との共生を考える。島崎藤村「千曲川のスケッチ」から100年、待望の新紀行。

04100 五感で発見した「秘密の信州」 増村征夫著 講談社 2008.4 269p 19cm 1500円 ①978-4-06-214573-2

(目次) 第1章 自然はアーチスト(冬の美ヶ原, 星が降る, 雪景色, 剣岳, 瞳を凝らして耳を澄まして), 第2章 風の色(北アルプス山麓の春, 芽吹きのころ, ブナの森へ, 山岳展望, 雪が降る), 第3章 花の城邑(花の里, 花の名山・白馬岳, 朝日小屋のおやじさん, 北岳の花, 中央アルプス, 八ヶ岳・花の旅, 花野), 第4章 山を越えて(槍ヶ岳, 穂高の峰々, 北アルプス横断, 立山・黒部アルペンルート, 南アルプスの女王・仙丈岳, 鳳凰山, 甲武信ヶ岳), 第5章 来し方(北アルプスの麓へ, 不安な日々, 北帰行, 上高地, カメラとレンズ, 絵画と写真, 花を訪ねて, 来し方と行く先)

04101 奥秩父─山、谷、峠そして人 山田哲哉著 東京新聞 2011.12 343p 19cm 1800円 ①978-4-8083-0952-7

04102 すべての山を登れ。 井賀孝著 京都 淡交社 2014.4 255p 19cm 1700円 ①978-4-473-03924-8

高麗川

04103 江戸の金山奉行大久保長安の謎 川上隆志著 現代書館 2012.3 222p 20cm〈年譜あり 文献あり〉 2000円 ①978-4-7684-5669-9

(目次) 第1章 謎の能楽師, 第2章 甲斐の金山を歩く, 第3章 佐渡金銀山の栄華, 第4章 石見銀山・伊豆金山の繁栄, 第5章 海と陸のネットワーク, 第6章 秦氏の末裔, 第7章 秦氏の原郷を訪ねて

高麗郷（日高市）

04104 沈黙の神々 2 佐藤洋二郎著 松柏社 2008.9 220p 19cm 1600円 ①978-4-7754-0153-8

(目次) 入間高麗郷─埼玉・高麗, 安産神・下照姫─鳥取・伯耆, 不詳一座・伊勢松下社─三重・伊勢, 夫姫伝説・対馬和多都美─長崎・対馬, 女神が降臨した土地・久高島─沖縄・琉球, 哀しみの長門忌宮─山口・長門, 熊野を背負う・吉野水分─和歌山・吉野, 下町の太宰府・亀戸天神─東京・亀戸, 変幻する女・比売大神─大分・国東, 笑い合う神々・佐太神社─島根・鹿島, 神になった文人・太宰府天満宮─福岡・太宰府, いつか噴き上げる・阿蘇十二神─熊本・阿蘇, 高野山を守る・丹生都比売─和歌山・高野山

高麗神社

04105 安吾新日本地理 坂口安吾著 河出書房新社 1988.5 318p 15cm (河出文庫) 580円 ①4-309-40218-6

[作品] 高麗神社の祭の笛

04106 坂口安吾全集 18 坂口安吾著 筑摩書房 1991.9 794p 15cm (ちくま文庫) 1340円 ①4-480-02478-6

[作品] 安吾新日本地理─高麗神社の祭の笛

鹿の湯

04107 今昔温泉物語 伊豆・箱根、関東篇 山本容朗選, 日本ペンクラブ編 福武書店 1990.7 265p 15cm （福武文庫） 480円 ①4-8288-3148-7
作品 安近短、埼玉に秘湯あり〔山口瞳〕

柴原温泉

04108 今昔温泉物語 伊豆・箱根、関東篇 山本容朗選, 日本ペンクラブ編 福武書店 1990.7 265p 15cm （福武文庫） 480円 ①4-8288-3148-7
作品 安近短、埼玉に秘湯あり〔山口瞳〕

城峯山

04109 ぼくは旅にでた―または、行きてかえりし物語 増補・新装版 杉山亮著 径書房 2013.5 237p 19cm〈1993年刊の増補・新装版〉 1500円 ①978-4-7705-0215-5

白久の渡し

04110 大河紀行荒川―秩父山地から東京湾まで 伊佐九三四郎著 八王子 白山書房 2012.11 218p 22cm〈文献あり〉 2000円 ①978-4-89475-158-3

草加市

04111 新・おくのほそ道 俵万智, 立松和平著 河出書房新社 2001.10 194p 20cm 1800円 ①4-309-01433-X

04112 なにもない旅 なにもしない旅 雨宮処凛著 光文社 2010.9 222p 16cm （光文社知恵の森文庫） 686円 ①978-4-334-78564-2

千鹿谷鉱泉

04113 ニッポン清貧旅行 東海林さだお著 文芸春秋 1993.9 254p 18cm 1000円 ①4-16-347950-3
作品 現代貧乏旅行

04114 ショージ君の旅行鞄―東海林さだお自選 東海林さだお著 文芸春秋 2005.2 905p 16cm （文春文庫） 933円 ①4-16-717760-9
作品 現代貧乏旅行

秩父御岳山

04115 ひとつとなりの山 池内紀著 光文社 2008.10 259p 18cm （光文社新書） 800円 ①978-4-334-03476-4

秩父市

04116 山の旅 明治・大正篇 近藤信行編 岩波書店 2003.9 445p 15cm （岩波文庫） 700円 ①4-00-311702-6
作品 知々夫紀行〔幸田露伴〕

04117 懐かしい「東京」を歩く 森本哲郎著 PHP研究所 2005.6 396p 15cm （PHP文庫）〈『ぼくの東京夢華録』改題書〉 705円 ①4-569-66408-3
目次 巣鴨の庚申サマ, 染井の墓地, 大塚“一犬伝”, 渋谷村「丘の上の家」, 武蔵野, 杉並の大宮八幡, 秩父おろし, 中野・川島町, 「変る新宿…」, 角筈、十二社にて〔ほか〕

04118 関東を歩く 立松和平著, 黒古一夫編 勉誠出版 2006.4 320p 22cm （立松和平日本を歩く 第2巻） 2600円 ①4-585-01172-2

04119 徒歩旅行―今日読んで明日旅する12の町 若菜晃子編著 暮しの手帖社 2011.9 136p 28cm （暮しの手帖別冊） 762円

04120 つげ義春の温泉 つげ義春著 筑摩書房 2012.6 222p 15cm （ちくま文庫）〈カタログハウス 2003年刊の再編集〉 780円 ①978-4-480-42953-7
目次 写真（青森・岩手・宮城・山形, 秋田, 福島, 関東・甲信, 九州・近畿）, エッセイ（黒湯・泥湯, 上州湯平温泉, 秩父の鉱泉と札所, 下部・湯河原・箱根, 伊豆半島周遊 ほか）

04121 ぼくは旅にでた―または、行きてかえりし物語 増補・新装版 杉山亮著 径書房 2013.5 237p 19cm〈1993年刊の増補・新装版〉 1500円 ①978-4-7705-0215-5

04122 原風景のなかへ 安野光雅著 山川出版社 2013.7 215p 20cm 1600円 ①978-4-634-15044-7

04123 東京ワンデイスキマ旅 カベルナリア吉田著 彩流社 2013.11 222p 21cm 1900円 ①978-4-7791-1955-2
目次 第1章 あんまり行かないスキマ下町（鳩の街通り商店街（東京都墨田区）―狭すぎる小道はその昔、色街だった, 北綾瀬（東京都足立区）―0番線から始まるサブウェイ・ラビリンス, 高砂（東京都葛飾区）―2大空港をつなぐ下町ジャンクション, 平井（東京都江戸川区）―総武線のスキマ下町）, 第2章 ちょっと遠出のスキマトラベル（山に登らない奥多摩（東京都西多摩郡奥多摩町）―珍名バス停途中下車と駅前居酒屋めぐりの旅, 流鉄流山線途中下車の旅（千葉県流山市）―首都圏きってのミニ路線, 秩父（ただし名所は除く）（埼玉県秩父市）―観光ルートを避けて、秋の秩父路ヘンクツ散歩, 寒村（神奈川県高座郡寒川町）―地名を見るだけで夏でも涼しい？）, 第3章 大都会の隣にスキマ街（南新宿（東京都渋谷区）―巨大駅の隣が気になる, 神奈川（神奈川県横浜市神奈川区）―神奈川県の神奈川駅は、なぜ小さい？, 鶯谷（東京都台東区）―鶯谷はラブホテルだけの街じゃない!?）, 第4章 地名の謎に誘われスキマ散歩（面影橋（東京都新宿区/豊島区）―学生時代の「面影」に誘われ都電ぶらり下車, 江古田駅前（東京都練馬区）―エコダなのかエゴタなのか？ 混沌に次ぐ混沌, 京成大久保駅前（千葉県習志野市）―韓流ブームじゃない「大久保」へ, 美女木（埼玉県戸田市）―首都高を見上げつつ美女を探せ！, 六月（東京都足立区）―6月になったら訪ねてみよう）

04124 ニッポン旅みやげ 池内紀著 青土社 2015.4 162p 20cm 1800円 ①978-4-7917-6852-3

秩父高篠鉱泉郷

04125 小さな鉄道 小さな温泉 大原利雄著 小学館 2003.8 171p 15cm （小学館文庫） 733円 ①4-09-411525-0

秩父地域

04126 山の貌 井出孫六著 新樹社 1990.5

317p　19cm　2060円　①4-7875-8395-6

04127　新編 山と渓谷　田部重治著, 近藤信行編　岩波書店　1993.8　323p　15cm　（岩波文庫）　570円　①4-00-311421-3

(目次) 山に入る心, 山は如何に私に影響しつつあるか, 薬師岳と有峰, 奥大日岳より白馬岳まで, 烏帽子岳より東沢を経て立山温泉に至る, 槍ケ岳より日本海まで, 毛勝山より剣岳まで, 小川谷より針ノ木峠まで, 上高地渓谷, 甲州丹波山の滞在と大黒茂谷, 秩父の旅, 秩父の印象, 数馬の一夜, 白峰三山, 美ケ原と霧ケ峰, 山を憶う, 新緑の印象, 峠あるき, 溯行の喜び, 母の郷里, 想い起す人々, 現代山岳文学について

04128　鉄道全線三十年―車窓紀行 昭和・平成……乗った、撮った、また乗った!!　田中正恭著　心交社　2002.6　371p　19cm　1600円　①4-88302-741-4

04129　みなみらんぼう山の詩―一歩二歩山歩2　みなみらんぼう著　中央公論新社　2002.10　189p　21cm　1900円　①4-12-003321-X

04130　アタシはバイクで旅に出る。―お湯・酒・鉄馬三拍子紀行　1　国井律子著　枻出版社　2002.11　172p　15cm　（枻文庫）　600円　①4-87099-763-0

04131　「新編」山紀行と随想　大島亮吉著, 大森久雄編　平凡社　2005.7　367p　16cm　（平凡社ライブラリー）　1400円　①4-582-76545-9

04132　天下を獲り損ねた男たち―続・日本史の旅は、自転車に限る！　疋田智著　枻出版社　2005.12　299p　19cm〈文献あり〉　1400円　①4-7779-0460-1

04133　大河紀行荒川―秩父山地から東京湾まで　伊佐九三四郎著　八王子　白山書房　2012.11　218p　22cm〈文献あり〉　2000円　①978-4-89475-158-3

04134　きまぐれ歴史散歩　池内紀著　中央公論新社　2013.9　228p　18cm　（中公新書）　760円　①978-4-12-102234-9

04135　山の眼玉　畦地梅太郎著　山と溪谷社　2013.10　221p 図版16p　15cm　（ヤマケイ文庫）〈「山の目玉」(美術出版社 1986年刊)の改題　平凡社 1999年刊あり〉　950円　①978-4-635-04759-3

04136　近松秋江全集　第7巻　オンデマンド版　近松秋江著, 紅野敏郎, 和田謹吾, 中尾務, 遠藤英雄, 田沢基久, 笹瀬王子編集委員　八木書店古書出版部　2014.2　502, 34p　21cm〈初版：八木書店 1993年刊　印刷・製本：デジタルパブリッシングサービス　発売：八木書店〉　12000円　①978-4-8406-3492-2

(作品) 秩父紀行

04137　野生めぐり―列島神話の源流に触れる12の旅　石倉敏明文, 田附勝写真　京都　淡交社　2015.11　255p　19cm　2000円　①978-4-473-04045-9

秩父鉄道

04138　小さな鉄道 小さな温泉　大原利雄著　小学館　2003.8　171p　15cm　（小学館文庫）　733円　①4-09-411525-0

04139　朝湯、昼酒、ローカル線―かっちゃんの鉄修行　勝谷誠彦著　文芸春秋　2007.12　321p　16cm　（文春文庫plus）〈「勝谷誠彦の地列車大作戦」(JTB2002年刊)の改題〉　629円　①978-4-16-771320-1

秩父鉄道SL急行「パレオエクスプレス」

04140　汽車旅十五題　種村直樹著　日本交通公社　1992.4　230p　19cm　1300円　①4-533-01899-8

04141　鉄道旅へ行ってきます　酒井順子, 関川夏央, 原武史著　講談社　2010.12　229p　20cm　1600円　①978-4-06-216693-5

戸田市

04142　大河紀行荒川―秩父山地から東京湾まで　伊佐九三四郎著　八王子　白山書房　2012.11　218p　22cm〈文献あり〉　2000円　①978-4-89475-158-3

栃本地区（秩父市）

04143　ニッポンの山里　池内紀著　山と溪谷社　2013.1　254p　20cm　1500円　①978-4-635-28067-9

中津川

04144　川を旅する　池内紀著　筑摩書房　2007.7　207p　18cm　（ちくまプリマー新書）　780円　①978-4-480-68763-0

長瀞町

04145　大河紀行荒川―秩父山地から東京湾まで　伊佐九三四郎著　八王子　白山書房　2012.11　218p　22cm〈文献あり〉　2000円　①978-4-89475-158-3

04146　ぼくは旅にでた―または、行きてかえりし物語　増補・新装版　杉山亮著　径書房　2013.5　237p　19cm〈1993年刊の増補・新装版〉　1500円　①978-4-7705-0215-5

04147　海へ、山へ、森へ、町へ　小川糸著　幻冬舎　2013.8　227p　16cm　（幻冬舎文庫）〈「ようこそ、ちきゅう食堂へ」(2010年刊)を改題、「命をかけて、命をつなぐ」・「陽だまりの家、庭の緑」ほかを収録〉　533円　①978-4-344-42058-8

(作品) 阿左美冷蔵

04148　黒田知永子 大人のための小さな旅―日本のいいとこ見つけた　黒田知永子著　集英社　2014.9　159p　21cm　1600円　①978-4-08-780732-5

04149　埼玉地名ぶらり詠み歩き　沖ななも著　さいたま　さきたま出版会　2015.3　209p　19cm　1300円　①978-4-87891-417-1

04150　ナマコもいつか月を見る　椎名誠著　PHP研究所　2017.1　298p　15cm　（PHP文芸文庫）〈本の雑誌社 1991年刊の再刊〉　680円　①978-4-569-76679-9

(目次) 第1章 怪しい目ざめの午前二時（ぶちぶち海で愛と格闘の日々だった, 屋根裏部屋の時間 ほか）, 第2章 ハサミよだまれだまりなさい（あそび友達, ボウズ頭の反

逆 ほか), 第3章 夕陽に輝く黄金晰(K君のヒミツ, ひとつのケツ論 ほか), 第4章 風雲ハブラシ海苔弁旅(ヨロコビの三段重ね海苔弁当, 流氷の海に潜る ほか), 第5章 バカデカ波の午後だった(「やっだあ」の日, モリチャンの話 ほか)

西川口

04151 色街を呑む!—日本列島レトロ紀行　勝谷誠彦著　祥伝社　2006.2　284p　15cm　(祥伝社文庫)　600円　①4-396-33271-8

白泰山

04152 ぼくは旅にでた—または、行きてかえりし物語　増補・新装版　杉山亮著　径書房　2013.5　237p　19cm〈1993年刊の増補・新装版〉　1500円　①978-4-7705-0215-5

波久礼駅

04153 大河紀行荒川—秩父山地から東京湾まで　伊佐九三四郎著　八王子　白山書房　2012.11　218p　22cm〈文献あり〉　2000円　①978-4-89475-158-3

破風山

04154 みなみらんぼう山の詩——歩二歩山歩2　みなみらんぼう著　中央公論新社　2002.10　189p　21cm　1900円　①4-12-003321-X

飯能市

04155 安吾新日本地理　坂口安吾著　河出書房新社　1988.5　318p　15cm　(河出文庫)　580円　①4-309-40218-6
作品 高麗神社の祭の笛

04156 坂口安吾全集　18　坂口安吾著　筑摩書房　1991.9　794p　15cm　(ちくま文庫)　1340円　①4-480-02478-6
作品 安吾新日本地理—高麗神社の祭の笛

東松山市

04157 家(うち)もいいけど旅も好き　岸本葉子著　講談社　2002.5　273p　15cm　(講談社文庫)〈河出書房新社1998年刊にエッセイを増補し文庫化〉　495円　①4-06-273429-X

比企丘陵

04158 久住昌之のこんどは山かい!?　関東編　久住昌之著　山と溪谷社　2013.4　191p　19cm　1200円　①978-4-635-08006-4

美女木

04159 東京ワンデイスキマ旅　カベルナリア吉田著　彩流社　2013.11　222p　21cm　1900円　①978-4-7791-1955-2

平方河岸

04160 大河紀行荒川—秩父山地から東京湾まで　伊佐九三四郎著　八王子　白山書房　2012.11　218p　22cm〈文献あり〉　2000円　①978-4-89475-158-3

風影地区(飯能市)

04161 ニッポンの山里　池内紀著　山と溪谷社　2013.1　254p　20cm　1500円　①978-4-635-28067-9

深谷市

04162 歴史探訪を愉しむ　童門冬二著　実教教育出版　2002.6　261p　20cm　1500円　①4-7889-0701-1

04163 人と森の物語—日本人と都市林　池内紀著　集英社　2011.7　216p　18cm　(集英社新書)〈文献あり〉　740円　①978-4-08-720599-2

04164 ニッポン周遊記—町の見つけ方・歩き方・つくり方　池内紀著　青土社　2014.7　325p　20cm　2400円　①978-4-7917-6777-9

武甲山

04165 百霊峰巡礼　第1集　立松和平著　東京新聞出版局　2006.7　299p　20cm　1800円　①4-8083-0854-1

04166 紀行とエッセーで読む 作家の山旅　山と溪谷社編　山と溪谷社　2017.3　357p　15cm　(ヤマケイ文庫)　930円　①978-4-635-04828-6
作品 武甲山に登る〔河井酔茗〕

武州長瀬駅

04167 『能町みね子のときめきデートスポット』、略して能スポ　能町みね子著　講談社　2016.3　347p　15cm　(講談社文庫)　700円　①978-4-06-293345-2

武州日野駅

04168 大河紀行荒川—秩父山地から東京湾まで　伊佐九三四郎著　八王子　白山書房　2012.11　218p　22cm〈文献あり〉　2000円　①978-4-89475-158-3

真の沢

04169 大河紀行荒川—秩父山地から東京湾まで　伊佐九三四郎著　八王子　白山書房　2012.11　218p　22cm〈文献あり〉　2000円　①978-4-89475-158-3

丸山鉱泉

04170 人情温泉紀行—演歌歌手・鏡五郎が訪ねた全国の名湯47選　鏡五郎著　マガジンランド　2008.5　235p　19cm〈年譜あり〉　1238円　①978-4-944101-37-5

三峰山

04171 百霊峰巡礼　第1集　立松和平著　東京新聞出版局　2006.7　299p　20cm　1800円　①4-8083-0854-1

04172 すべての山を登れ。　井賀孝著　京都　淡交社　2014.4　255p　19cm　1700円　①978-4-473-03924-8

三峯神社

04173 山の旅　明治・大正篇　近藤信行編　岩波書店　2003.9　445p　15cm　(岩波文庫)

700円 ①4-00-311702-6
作品 知々夫紀行〔幸田露伴〕

04174 大河紀行荒川—秩父山地から東京湾まで 伊佐九三四郎著 八王子 白山書房 2012.11 218p 22cm〈文献あり〉 2000円 ①978-4-89475-158-3

皆野町

04175 大河紀行荒川—秩父山地から東京湾まで 伊佐九三四郎著 八王子 白山書房 2012.11 218p 22cm〈文献あり〉 2000円 ①978-4-89475-158-3

04176 埼玉地名ぶらり詠み歩き 沖ななも著 さいたま さきたま出版会 2015.3 209p 19cm 1300円 ①978-4-87891-417-1

妻沼（熊谷市）

04177 埼玉地名ぶらり詠み歩き 沖ななも著 さいたま さきたま出版会 2015.3 209p 19cm 1300円 ①978-4-87891-417-1

ユネスコ村

04178 旅の柄 花村萬月著 光文社 2010.11 216p 19cm 1300円 ①978-4-334-97631-6

吉見百穴

04179 閑古堂の絵葉書散歩 東編 林丈二著 小学館 1999.4 123p 21cm （SHOTOR TRAVEL） 1500円 ①4-09-343138-8
作品 吉見百穴のシーボルトは…—埼玉

04180 ニッポンの穴紀行—近代史を彩る光と影 西牟田靖著 光文社 2010.12 324p 19cm 〈文献あり〉 1500円 ①978-4-334-97634-7

寄居町

04181 池波正太郎を歩く 須藤靖貴著 講談社 2012.9 326p 15cm （講談社文庫）〈毎日新聞社 2009年刊の加筆・修正〉 648円 ①978-4-06-277363-8

04182 大河紀行荒川—秩父山地から東京湾まで 伊佐九三四郎著 八王子 白山書房 2012.11 218p 22cm〈文献あり〉 2000円 ①978-4-89475-158-3

両神山

04183 百霊峰巡礼 第3集 立松和平著 東京新聞出版部 2010.8 307p 20cm〈第2集までの出版者：東京新聞出版局〉 1800円 ①978-4-8083-0933-6

和光市

04184 埼玉地名ぶらり詠み歩き 沖ななも著 さいたま さきたま出版会 2015.3 209p 19cm 1300円 ①978-4-87891-417-1

和戸（宮代町）

04185 ナイトメア咲人の鈍行いくの？—五十音の旅 続 咲人著 シンコーミュージック・エンタテイメント 2012.4 233p 21cm 2381円 ①978-4-401-63573-3

和名倉山

04186 山の旅 本の旅—登る歓び、読む愉しみ 大森久雄著 平凡社 2007.9 237p 20cm〈文献あり〉 2200円 ①978-4-582-83368-3

千葉県

04187 三千里 上 河東碧梧桐著 講談社 1989.7 350p 15cm （講談社学術文庫） 840円 ①4-06-158885-0

04188 旅は青空 小沢昭一的こころ 小沢昭一，宮腰太郎著 新潮社 1991.8 317p 15cm （新潮文庫） 400円 ①4-10-131308-3
目次 旅ゆけば、酒についてモーロウと考える，シュラシュシュシュ、金毘羅詣で旅，旅は青空、松茸やァーい，モデル撮影、カメラ供養旅，河豚は泣きます、志摩半島旅，旅は路地を抜けて、人形町について考える，いい歳こいて、ナンパしよう旅

04189 東京 水辺の光景—出会いと発見の紀行 小野誠一郎絵文 日貿出版社 1995.9 178p 21cm 1751円 ①4-8170-3963-9

04190 お徒歩 ニッポン再発見 岩見隆夫著 アールズ出版 2001.5 299p 20cm 1600円 ①4-901226-20-7

04191 日本"汽水"紀行—「森は海の恋人」の世界を尋ねて 畠山重篤著 文芸春秋 2003.9 302p 19cm 1714円 ①4-16-365280-9

04192 万葉の旅 中 改訂新版 犬養孝著 平凡社 2004.1 361p 16cm （平凡社ライブラリー）〈初版：社会思想社1964年刊 文献あり〉 1200円 ①4-582-76489-4

04193 関東を歩く 立松和平著，黒古一夫編 勉誠出版 2006.4 320p 22cm （立松和平日本を歩く 第2巻） 2600円 ①4-585-01172-2

04194 道の先まで行ってやれ！—自転車で、飲んで笑って、涙する旅 石田ゆうすけ著 幻冬舎 2009.7 303p 20cm 1500円 ①978-4-344-01710-8

04195 こぐこぐ自転車 伊藤礼著 平凡社 2011.1 326p 16cm （平凡社ライブラリー） 880円 ①978-4-582-76722-3

04196 極めよ、ソフテツ道！—素顔になれる鉄道旅 村井美樹著 小学館 2012.8 186p 19cm （IKKI BOOKS） 1400円 ①978-4-09-359208-6

04197 鏡花紀行文集 泉鏡花著，田中励儀編 岩波書店 2013.12 454p 15cm （岩波文庫）〈底本：鏡花全集 第27巻・第28巻（1942年刊）〉 900円 ①978-4-00-312719-3
作品 木菟俗見

04198 またたび 菊池亜希子著 宝島社 2016.12 190p 19×19cm 1400円 ①978-4-8002-5815-1

旭駅

04199 日本縦断朝やけ乗り継ぎ列車―「夜明」発「日ノ出」ゆき7泊8日5200キロ　種村直樹著　徳間書店　1998.10　245p　19cm　1400円　①4-19-860924-1

(目次)「夜明温泉」を浴び、夜明駅から出発, 日出町の城下カレイに舌つづみ, 日の昇る里、日登を歩いて中国山地縦断, 土佐は高知の曙町と(土)旭にあいさつ, 朝来なのに夕方寄り道, 本隊に先行して日出塩詣で, 朝日、暁学園前、伊勢朝日は裏街道, 日ノ出町(江戸)・日の出(大正)・有明(昭和)の埋立地をまわる, (総)旭から銚子電鉄経由、曙橋へ, 幻の「とりめし」に対面した日出谷〔ほか〕

我孫子駅

04200 文学の中の駅―名作が語る“もうひとつの鉄道史”　原口隆行著　国書刊行会　2006.7　327p　20cm　2000円　①4-336-04785-5

我孫子市

04201 我もまた渚を枕―東京近郊ひとり旅　川本三郎著　筑摩書房　2009.7　286p　15cm　(ちくま文庫)〈晶文社2004年刊あり〉　820円　①978-4-480-42620-8

飯岡沖

04202 釣って開いて干して食う。　嵐山光三郎著　光文社　2010.4　274p　16cm　(光文社文庫)　571円　①978-4-334-74769-5

夷隅川

04203 あおぞらビール　森沢明夫著　双葉社　2012.7　351p　15cm　(双葉文庫)〈オーシャンライフ 2003年刊の加筆修正・再構成〉　648円　①978-4-575-71391-6

(目次)第1章 パニック, 第2章 よろしく哀愁, 第3章 人生いろいろ, 第4章 男の勲章, 第5章 青空麦酒

いすみ鉄道 いすみ線

04204 新顔鉄道乗り歩き　種村直樹著　中央書院　1990.2　302p　19cm　1400円　①4-924420-44-1

04205 にっぽんローカル鉄道の旅　野田隆著　平凡社　2005.10　210p　18cm　(平凡社新書)　780円　①4-582-85292-0

04206 汽車旅放浪記　関川夏央著　新潮社　2006.6　282p　20cm　1700円　①4-10-387603-4

04207 吉田電車　吉田戦車著　講談社　2007.1　227p　15cm　(講談社文庫)　514円　①978-4062756310

市川市

04208 僕の東京地図　安岡章太郎著　世界文化社　2006.6　171p　21cm　(ほたるの本)〈文化出版局1985年刊の増補〉　1800円　①4-418-06230-0

04209 我もまた渚を枕―東京近郊ひとり旅　川本三郎著　筑摩書房　2009.7　286p　15cm　(ちくま文庫)〈晶文社2004年刊あり〉　820円　①978-4-480-42620-8

伊戸沖

04210 釣って開いて干して食う。　嵐山光三郎著　光文社　2010.4　274p　16cm　(光文社文庫)　571円　①978-4-334-74769-5

犬吠埼

04211 関東を歩く　立松和平著, 黒古一夫編　勉誠出版　2006.4　320p　22cm　(立松和平日本を歩く 第2巻)　2600円　①4-585-01172-2

04212 日本(にっぽん)はじっこ自滅旅　鴨志田穣著　講談社　2011.1　331p　15cm　(講談社文庫)〈2005年刊の文庫化〉　581円　①978-4-06-276871-9

04213 原風景のなかへ　安野光雅著　山川出版社　2013.7　215p　20cm　1600円　①978-4-634-15044-7

犬吠埼温泉

04214 小さな鉄道 小さな温泉　大原利雄著　小学館　2003.8　171p　15cm　(小学館文庫)　733円　①4-09-411525-0

04215 人情温泉紀行―演歌歌手・鏡五郎が訪ねた全国の名湯47選　鏡五郎著　マガジンランド　2008.5　235p　19cm〈年譜あり〉　1238円　①978-4-944101-37-5

犬吠埼灯台

04216 作家の犯行現場　有栖川有栖著　新潮社　2005.2　406p　16cm　(新潮文庫)〈メディアファクトリー ダ・ヴィンチ編集部2002年刊あり〉　667円　①4-10-120434-9

[作品] 灯台へ

岩船地蔵尊

04217 原風景のなかへ　安野光雅著　山川出版社　2013.7　215p　20cm　1600円　①978-4-634-15044-7

印旛村(印西市)

04218 民謡秘宝紀行　斎藤完著　白水社　2004.11　213p　19cm　1800円　①4-560-02660-2

04219 沈黙の神々　佐藤洋二郎著　松柏社　2005.11　270p　19cm　1800円　①978-4-7754-0093-2

内房線

04220 絶景 春列車の旅―内房線から中央山岳縦貫線まで　櫻井寛文・写真　東京書籍　2000.2　159p　21cm　2200円　①4-487-79472-2

04221 ニッポン線路つたい歩き　久住昌之著　カンゼン　2017.6　246p　19cm　1500円　①978-4-86255-398-0

鵜原(勝浦市)

04222 火の見櫓の上の海―東京から房総へ　川本三郎著　NTT出版　1995.7　245p　19cm　(気球の本)　1300円　①4-87188-602-6

(目次)海を見に銚子へ, 東京から川を下って銚子へ, 漱石

も芥川も房総の海で泳いだ, 地曳き網ともぎたてのキュウリ―東京人の夏の思い出, つげ義春の房総を歩く,「東京の台所」の戦後―上村一夫「関東平野」の世界, 昭和の団体旅行―伊藤晴雨『房総・水郷めぐり紀念帖』, メルヘンランド―鵜原と部原, 花とクジラの和田を歩く, 千倉に残る海の暮し〔ほか〕

梅ヶ瀬渓谷

04223 一枚の絵葉書　沢野ひとし著　角川書店　1999.7　246p　15cm　(角川文庫)　552円　①4-04-181310-7

浦安市

04224 ボーダーを歩く―「境」にみる日本の今　岸本葉子著　コスモの本　1990.12　239p　19cm　(COSMO BOOKS)　1200円　①4-906380-01-8

04225 東京見聞録　原田宗典著　講談社　1995.6　185p　15cm　(講談社文庫)〈1991年刊の文庫化〉　360円　①4-06-263044-3

(目次) 東京の原風景って何だ, 渋谷―愛欲の渋谷円山町あたり, ディズニーランド―愉悦のディズニーランド界隈, 上野―とはいえ、あなどれん上野, 新宿―ついフラフラの新宿歌舞伎町, 水道橋―血と汗と涙流るる水道橋, 六本木―タリラリラーンの六本木近辺, 大井―玉砕いとわぬ大井競馬場, 神田―何ちゅうかとてつもない神田, 原宿―当たるも八卦の原宿竹下通り〔ほか〕

04226 三文役者のニッポンひとり旅　殿山泰司著　筑摩書房　2000.2　287p　15cm　(ちくま文庫)　640円　①4-480-03551-6

04227 小さな魚(さかな)を巡る小さな自転車の釣り散歩―タナゴ・フナ・クチボソ・ヤマベ・ハゼ・テナガエビetc. オジサンたちの釣輪具雑魚団　葛島一美著　つり人社　2010.7　223p　22cm〈タイトル：小さな魚を巡る小さな自転車の釣り散歩〉　1700円　①978-4-88536-180-7

04228 銀座旅日記　常盤新平著　筑摩書房　2011.3　395p　15cm　(ちくま文庫)　1000円　①978-4-480-42807-3

(目次) 其ノ序 壬午歳暮(地下鉄に乗って、久しぶりに銀座へ), 其ノ壱 癸未(浅草寺に参詣。酒のあとのかけそばが旨い, 立春だが、これからが寒くなる ほか), 其ノ弐 甲甲(正月、浅草寺へ。妻の着物姿をはじめて見た, 仙台へ。兄の歌を聴く。しみじみとした気分 ほか), 其ノ参 乙酉(遠くの丘の森に初日の出を見る, 寒いバーだが、居ごこちがよい ほか), 其ノ結 丙戌半分(着物姿の女性が多く成人の日だと気がつく, 夜中起きたら車の屋根に雪が積もっていた ほか)

04229 大泉エッセイ―僕が綴った16年　大泉洋著　メディアファクトリー　2013.4　351p　19cm　(〔ダ・ヴィンチブックス〕)　1300円　①978-4-8401-5167-2

04230 風景は記憶の順にできていく　椎名誠著　集英社　2013.7　254p　18cm　(集英社新書―ノンフィクション)　760円　①978-4-08-720697-5

(目次) 浦安―海は遠くに去りもう青べかもなかった, 新橋・銀座―かわらない風もときおり吹いて, 武蔵野―雑木林がなくなったなつかしい武蔵野のからっ風, 熱海―老衰化「熱海」万感の一五〇〇円, 中野―中野ブロードウェイ成功した換骨奪胎, 神保町―まだまだ安心, 浅草―雨の浅草でよかったような, 四万十川―変わらないチカラ, 石垣島の白保―珊瑚の海は守られた, 舟浮―イリオモテ島「舟浮」チンチン少年を探しに, 銚子―地球はまだまだ丸かった 銚子の灯台、近海キハダマグロ, 新宿―旅人は心のよりどころに帰ってくる

運河駅

04231 旅先でビール　川本三郎著　潮出版社　2005.11　351p　19cm　1800円　①4-267-01735-2

江戸川

04232 わしらは怪しい雑魚釣り隊　椎名誠著　新潮社　2009.5　334p　16cm　(新潮文庫)〈マガジン・マガジン平成20年刊の加筆訂正〉　552円　①978-4-10-144832-9

[作品] 江戸川源平ハゼ釣り合戦

(目次) 愛と感動のアバサー大作戦, 富浦大馬鹿ゴンズイ旅, 演歌焚き火の夜はふけて, みかん刈りにすべきだった, ムロアジバカヤロ攻撃, メバル、カサゴのごきげんうかがい, ブンガク的城ヶ島釣魚記, 意外痛快トリ貝大作戦, 湘南チンリ貝大勝負外道松輪サバに釣り飽きる, 江戸川源平ハゼ釣り合戦, 房総鴨川マムシ山の大宴会, 相模湾大海鳴動ヒラ一匹, 式根島ありがたやありがたやキャンプ, イカにはイカの愛がある。, 長老のカミさんの実家は銚子だった。

04233 小さな魚(さかな)を巡る小さな自転車の釣り散歩―タナゴ・フナ・クチボソ・ヤマベ・ハゼ・テナガエビetc. オジサンたちの釣輪具雑魚団　葛島一美著　つり人社　2010.7　223p　22cm〈タイトル：小さな魚を巡る小さな自転車の釣り散歩〉　1700円　①978-4-88536-180-7

大久保(習志野市)

04234 東京ワンデイスキマ旅　カベルナリア吉田著　彩流社　2013.11　222p　21cm　1900円　①978-4-7791-1955-2

大多喜町

04235 貧困旅行記　新版　つげ義春著　新潮社　1995.4　281p　15cm　(新潮文庫)〈晶文社1991年刊あり〉　520円　①4-10-132812-9

[作品] 旅籠の思い出

04236 歴史の散歩路―小江戸紀行＝一〇八巡り　池田直樹著　東洋書院　2001.3　228p　19cm　1400円　①4-88594-300-0

大原(いすみ市)

04237 貧困旅行記　新版　つげ義春著　新潮社　1995.4　281p　15cm　(新潮文庫)〈晶文社1991年刊あり〉　520円　①4-10-132812-9

[作品] 大原・富浦

04238 竿をかついで日本を歩く―探検・発見・仰天の釣りルポルタージュ　かくまつとむ著　小学館　1998.5　19cm　(Be-pal books)

御宿町

04239 漂う―古い土地 新しい場所　黒井千次著　毎日新聞社　2013.8　175p　20cm　1600円　①978-4-620-32221-6

柏市

04240 古代史謎解き紀行 5（関東・東京編） 関裕二著 ポプラ社 2007.12 246p 19cm 〈文献あり〉 1300円 ①978-4-591-10035-6

上総亀山駅

04241 終着駅への旅 JR編 櫻井寛著 JTBパブリッシング 2013.8 222p 19cm 1300円 ①978-4-533-09285-5

勝浦沖

04242 釣って開いて干して食う。 嵐山光三郎著 光文社 2010.4 274p 16cm （光文社文庫） 571円 ①978-4-334-74769-5

勝浦市

04243 わしらは怪しい雑魚釣り隊 マグロなんかが釣れちゃった篇 椎名誠著 新潮社 2012.12 321p 16cm （新潮文庫） 550円 ①978-4-10-144837-4

04244 ふらり旅 いい酒 いい肴 1 太田和彦著 主婦の友社 2015.1 135p 21cm 1400円 ①978-4-07-299000-1

04245 北の居酒屋の美人ママ 太田和彦著 集英社 2016.5 250p 16cm （集英社文庫―ニッポンぶらり旅） 600円 ①978-4-08-745450-5

香取市

04246 みなかみ紀行 新編 若山牧水著, 池内紀編 岩波書店 2002.3 266p 15cm （岩波文庫） 600円 ①4-00-310522-2

作品 水郷めぐり

香取神宮

04247 神結び―日本の聖地をめぐる旅 相川七瀬著 実業之日本社 2014.8 133p 19cm 〈文献あり〉 1500円 ①978-4-408-11084-4

鎌ヶ谷大仏

04248 にっぽん大仏さがし 坂原弘康著 新風舎 1999.8 54p 16×13cm （新風選書） 580円 ①4-7974-0994-0

亀山湖

04249 川を下って都会の中へ―こぎおろしエッセイ 野田知佑著 小学館 1988.10 237p 20cm （Be-pal books）〈著者の肖像あり〉 1200円 ①4-09-366322-X

04250 のんびり行こうぜ―こぎおろしエッセイ 野田知佑著 新潮社 1990.2 253p 15cm （新潮文庫） 360円 ①4-1-0141003-8

鴨川市

04251 わしらは怪しい雑魚釣り隊 椎名誠著 新潮社 2009.5 334p 16cm （新潮文庫）〈マガジン・マガジン平成20年刊の加筆訂正〉 552円 ①978-4-10-144832-9

木更津市

04252 なにもない旅 なにもしない旅 雨宮処凛著 光文社 2010.9 222p 16cm （光文社知恵の森文庫） 686円 ①978-4-334-78564-2

04253 徒歩旅行―今日読んで明日旅する12の町 若菜晃子編著 暮しの手帖社 2011.9 136p 28cm （暮しの手帖別冊） 762円

04254 わしらは怪しい雑魚釣り隊 マグロなんかが釣れちゃった篇 椎名誠著 新潮社 2012.12 321p 16cm （新潮文庫） 550円 ①978-4-10-144837-4

04255 にっぽん全国 百年食堂 椎名誠著 講談社 2013.1 222p 19cm 1400円 ①978-4-06-217814-3

04256 ちいさな城下町 安西水丸著 文藝春秋 2016.11 267p 16cm （文春文庫）〈2014年刊の文庫化〉 630円 ①978-4-16-790734-1

行徳（市川市）

04257 小さな魚（さかな）を巡る小さな自転車の釣り散歩―タナゴ・フナ・クチボソ・ヤマベ・ハゼ・テナガエビetc. オジサンたちの釣輪具雑魚団 葛島一美著 つり人社 2010.7 223p 22cm〈タイトル：小さな魚を巡る小さな自転車の釣り散歩〉 1700円 ①978-4-88536-180-7

04258 地図を探偵する 今尾恵介著 筑摩書房 2012.9 281p 15cm （ちくま文庫）〈新潮文庫2004年刊の加筆改訂 文献あり〉 740円 ①978-4-480-42981-0

清澄山

04259 百霊峰巡礼 第3集 立松和平著 東京新聞出版部 2010.8 307p 20cm〈第2集までの出版者：東京新聞出版局〉 1800円 ①978-4-8083-0933-6

九十九里浜

04260 釣って開いて干して食う。 嵐山光三郎著 光文社 2010.4 274p 16cm （光文社文庫） 571円 ①978-4-334-74769-5

04261 わしらは怪しい雑魚釣り隊 マグロなんかが釣れちゃった篇 椎名誠著 新潮社 2012.12 321p 16cm （新潮文庫） 550円 ①978-4-10-144837-4

04262 コガネムシはどれほど金持ちか 椎名誠著 集英社 2013.8 236p 16cm （集英社文庫―ナマコのからえばり）〈「ナマコのからえばり 3」（毎日新聞社 2010年刊）の改題〉 520円 ①978-4-08-745107-8

目次 1 春の爪切り（ブランコは必要か, 九十九里での優雅な一日 ほか）, 2 男モンペはどこだ！（見たことがない, 男モンペはどこだ！ ほか）, 3 アブラ蝉の瞬間離脱（いつか犬語ネコ語時代, 魔除け、お守り、邪魔物 ほか）, 4 ある日、蚊がやってきて（どうして蛾は便秘にならないのか, 納豆の左右二五〇回転 ほか）, 5 暇つぶし神様育成講座（オニオンスライスはいいやつだ, こんなところに住んできた ほか）

九十九里町

04263 鉄路の美学―名作が描く鉄道のある風景

原口隆行著　国書刊行会　2006.9　358p　20cm　2000円　①4-336-04786-3

久留里線

04264　汽車旅放浪記　関川夏央著　新潮社　2006.6　282p　20cm　1700円　①4-10-387603-4

04265　ローカル線五感で楽しむおいしい旅―スローな時間を求めて　金久保茂樹著　グラフ社　2008.1　237p　19cm　1143円　①978-4-7662-1113-9

04266　極めよ、ソフテツ道！―素顔になれる鉄道旅　村井美樹著　小学館　2012.8　186p　19cm　(IKKI BOOKS)　1400円　①978-4-09-359208-6

04267　いきどまり鉄道の旅　北尾トロ著　河出書房新社　2017.8　278p　15cm　(河出文庫)〈「駅長さん！　これ以上先には行けないんすか」(2011年刊)の改題、加筆・修正〉　780円　①978-4-309-41559-8

京葉工業地帯

04268　鎌田慧の記録　1　日本列島を往く　鎌田慧著　岩波書店　1991.5　321p　19cm　2500円　①4-00-004111-8

京葉線

04269　うっかり鉄道―おんなふたり、ローカル線めぐり旅　能町みね子著　メディアファクトリー　2010.10　205p　19cm　1100円　①978-4-8401-3545-0

検見川浜

04270　ナイトメア咲人の鈍行いくの？―五十音の旅　咲人著　シンコーミュージック・エンタテイメント　2009.7　161p　21cm　1905円　①978-4-401-63307-4

(目次) 鈍行いくの？ 台湾編, ベストショット集, グラビアinあらかわ遊園地, 1本目「あ」―秋葉原, 2本目「い」―池袋, 3本目「う」―上野, 4本目「え」―江古田, 5本目「お」―御茶ノ水, 6本目「か」―神楽坂, 7本目「き」―吉祥寺, 8本目「く」―九段下, 9本目「け」―検見川浜, 10本目「こ」―高円寺, 11本目「さ」―桜木町, 12本目「し」―新橋, 13本目「す」―巣鴨, 14本目「せ」―聖蹟桜ヶ丘, 15本目「そ」―祖師ヶ谷大蔵, 16本目「た」―高田馬場, 17本目「ち」―千歳烏山, 18本目「つ」―築地市場, 19本目「て」―田園調布, 20本目「と」―戸越銀座, 21本目「な」―中目黒, 22本目「に」―人形町, 23本目「ぬ」―沼袋, 24本目「ね」―根津, 25本目「の」―乃木坂

小湊鉄道

04271　小さな鉄道 小さな温泉　大原利雄著　小学館　2003.8　171p　15cm　(小学館文庫)　733円　①4-09-411525-0

04272　にっぽんローカル鉄道の旅　野田隆著　平凡社　2005.10　210p　18cm　(平凡社新書)　780円　①4-582-85292-0

04273　汽車旅放浪記　関川夏央著　新潮社　2006.6　282p　20cm　1700円　①4-10-387603-4

04274　朝湯、昼酒、ローカル線―かっちゃんの鉄修行　勝谷誠彦著　文芸春秋　2007.12　321p　16cm　(文春文庫plus)〈「勝谷誠彦の地列車大作戦」(JTB2002年刊)の改題〉　629円　①978-4-16-771320-1

佐原（香取市）

04275　旅の面影　榎木孝明著　JTB　2001.5　95p　26cm　3500円　①4-533-03875-1

04276　日本辺境ふーらり紀行　鈴木喜一著, アユミギャラリー悠風舎編　秋山書店　2007.12　199p　19cm　1700円　①978-4-87023-621-9

04277　原風景のなかへ　安野光雅著　山川出版社　2013.7　215p　20cm　1600円　①978-4-634-15044-7

04278　ニッポン線路つたい歩き　久住昌之著　カンゼン　2017.6　246p　19cm　1500円　①978-4-86255-398-0

佐原向地（香取市）

04279　小さな魚（さかな）を巡る小さな自転車の釣り散歩―タナゴ・フナ・クチボソ・ヤマベ・ハゼ・テナガエビetc. オジサンたちの釣輪具雑魚団　葛島一美著　つり人社　2010.7　223p　22cm〈タイトル：小さな魚を巡る小さな自転車の釣り散歩〉　1700円　①978-4-88536-180-7

三番瀬

04280　竿をかついで日本を歩く―探検・発見・仰天の釣りルポルタージュ　かくまつとむ著　小学館　1998.5　19cm　(Be-pal books)

清澄寺

04281　日蓮紀行―世直しの道を訪ねて　武田京三文・写真　まどか出版　2000.10　190p　21cm〈年譜あり〉　1800円　①4-944235-02-X

(目次) 生誕の地・房総を行く（清澄寺から, 大杉が見たもの ほか）, 弘通の地・鎌倉を行く（若宮大路の真ん中に立つ, 小町大路を下る ほか）, 流罪の地・伊豆を行く（断崖絶壁に打ち寄せる荒波, 運命の必然 ほか）, 求法結実の地・佐渡を行く（死の念仏、生のお題目, 崖っぷちに立つ ほか）, 隠棲の地・身延を行く（最後の諫言, 蒙古襲来 ほか）

総武鉄道

04282　むかしの汽車旅　出久根達郎編　河出書房新社　2012.7　259p　15cm　(河出文庫)　760円　①978-4-309-41164-4

[作品] 総武鉄道〔正岡子規〕

外房

04283　釣って開いて干して食う。　嵐山光三郎著　光文社　2010.4　274p　16cm　(光文社文庫)　571円　①978-4-334-74769-5

04284　釣師・釣場　井伏鱒二著　講談社　2013.10　236p　16cm　(講談社文芸文庫)〈著作目録あり 年譜あり〉　1300円　①978-4-06-290208-3

橘神社〔橘樹神社〕

04285 沈黙の神々　佐藤洋二郎著　松柏社　2005.11　270p　19cm　1800円　①978-4-7754-0093-2

館山市

04286 エンピツ絵描きの一人旅　安西水丸著　新潮社　1991.10　213p　19cm　1300円　①4-10-373602-X

04287 鍋釜天幕団フライパン戦記―あやしい探検隊青春篇　椎名誠編　KADOKAWA　2015.1　229p　15cm　(角川文庫)〈本の雑誌社 1996年刊の加筆修正〉　480円　①978-4-04-102322-8

目次 第一回あやしい探検隊・琵琶湖マムシ山合宿, 式根島油照り砂ジゴク篇, 神島のタコ的くねくねコーフン旅, のっぺり粟島蚊取り旅, 館山のバカデカフライパン,「沢野ひとし」という生き物, 一九七五年冬、粟島再上陸波濤篇, あやしい探検隊、冬山に笑われる, 附録 残存する遠征隊パンフレット

千倉町(南房総市)

04288 貧困旅行記　新版　つげ義春著　新潮社　1995.4　281p　15cm　(新潮文庫)〈晶文社1991年刊あり〉　520円　①4-10-132812-9

作品 旅籠の思い出

04289 雲は旅人のように―湯の花紀行　池内紀著, 田淵裕一写真　日本交通公社出版事業局　1995.5　284p　19cm　1600円　①4-533-02163-8

作品 岡にのぼりて名をよべば

04290 火の見櫓の上の海―東京から房総へ　川本三郎著　NTT出版　1995.7　245p　19cm　(気球の本)　1300円　①4-87188-602-6

04291 たびたびの旅　安西水丸著　フレーベル館　1998.10　19cm

04292 うずまき猫のみつけかた　新装版　村上春樹著　新潮社　2008.2　254p　20cm〈絵:安西水丸 写真:村上陽子〉　1800円　①978-4-10-353420-4

目次 不健全な魂のためのスポーツとしてのフル・マラソン, テキサス州オースティンに行く。アルマジロとニクソンの死, 人喰いクーガーとヘンタイ映画と作家トム・ジョーンズ, この夏は中国・モンゴル旅行と、千倉旅行をしました。ダイエット、避暑地の猫, スカムバッグ、オルガン・ジャズの楽しみ, 小説を書いていること、スカッシュを始めたこと、またヴァーモントに行ったこと, 通信販売いろいろ、楽しい猫の「食う寝る遊ぶ」時計, わざわざこんな忙しい年末に、車を盗まなくたっていいだろうに, なにしろ雪のボストンから一路ジャマイカに行かなくては, ジャック・ライアンの買い物、レタスの値段、猫喜びビデオ, どうしようもないタニヤ, 猫の調教チーム、発見された詩人, コウタローの行方、子猫サーシャの数奇な運命、またまたボストン・マラソン, 理不尽に襲われたアヒル、懐かしい匂い、ランゴリアは怖いぞ, 生きていたコウタロー、アルバトロスのリスキーな運命、タコの死にゆく道, 猫のピーターのこと、地震のこと、時は休みなく流れる

千葉市

04293 繁栄TOKYO裏通り　久田恵著　文芸春秋　1997.5　309p　136cm　1714円　①4-16-352870-9

目次 入管警備官の猛夏―赤羽, キャンディ・ミルキィおじさんと歩く―原宿, 東京ディズニーランドをめぐる噂話―舞浜, 都心のビルはネズミたちのパラダイス―千葉, そこにビルの窓があるから―池袋, ガーデンプレイスのクリスマス・イヴ―恵比寿, ある塾経営者のつぶやき―駒込, 新宿を流して半世紀―新宿, 垢だらけの人生―新宿,「いざ鎌倉」駅のキヨスクへ―鎌倉〔ほか〕

04294 我もまた渚を枕―東京近郊ひとり旅　川本三郎著　筑摩書房　2009.7　286p　15cm　(ちくま文庫)〈晶文社2004年刊あり〉　820円　①978-4-480-42620-8

千葉都市モノレール

04295 新顔鉄道乗り歩き　種村直樹著　中央書院　1990.2　302p　19cm　1400円　①4-924420-44-1

千葉ニュータウン鉄道

04296 線路の果てに旅がある　宮脇俊三著　新潮社　1997.1　227p　15cm　(新潮文庫)〈小学館1994年刊あり〉　400円　①4-10-126813-4

銚子駅

04297 終着駅への旅　JR編　櫻井寛著　JTBパブリッシング　2013.8　222p　19cm　1300円　①978-4-533-09285-5

銚子市

04298 火の見櫓の上の海―東京から房総へ　川本三郎著　NTT出版　1995.7　245p　19cm　(気球の本)　1300円　①4-87188-602-6

04299 一枚の絵葉書　沢野ひとし著　角川書店　1999.7　246p　15cm　(角川文庫)　552円　①4-04-181310-7

04300 東海道徒歩38日間ひとり旅　糸川燿史著　小学館　2001.8　282p　15cm　(小学館文庫)〈「パラダイス街道」(双葉社1994年刊)の改題〉　552円　①4-09-411401-7

04301 瀬戸内・四国スローにお遍路―気まぐれ列車で行こう　種村直樹著　実業之日本社　2005.12　439p　19cm　1800円　①4-408-00798-6

04302 わしらは怪しい雑魚釣り隊　椎名誠著　新潮社　2009.5　334p　16cm　(新潮文庫)〈マガジン・マガジン平成20年刊の加筆訂正〉　552円　①978-4-10-144832-9

04303 我もまた渚を枕―東京近郊ひとり旅　川本三郎著　筑摩書房　2009.7　286p　15cm　(ちくま文庫)〈晶文社2004年刊あり〉　820円　①978-4-480-42620-8

04304 日本(にっぽん)はじっこ自滅旅　鴨志田穣著　講談社　2011.1　331p　15cm　(講談社文庫)〈2005年刊の文庫化〉　581円　①978-4-06-276871-9

04305 風景は記憶の順にできていく　椎名誠著　集英社　2013.7　254p　18cm　(集英社新書―ノンフィクション)　760円　①978-4-08-720697-5

04306 ニッポン周遊記―町の見つけ方・歩き

方・つくり方　池内紀著　青土社　2014.7　325p　20cm　2400円　①978-4-7917-6777-9

銚子電気鉄道線

04307 小さな鉄道 小さな温泉　大原利雄著　小学館　2003.8　171p　15cm　(小学館文庫)　733円　①4-09-411525-0

04308 駅を楽しむ！　テツ道の旅　野田隆著　平凡社　2007.5　237p　18cm　(平凡社新書)　760円　①978-4-582-85374-2

04309 おんなひとりの鉄道旅　東日本編　矢野直美著　小学館　2008.7　217p　15cm　(小学館文庫)〈2005年刊の単行本を2分冊にして文庫化〉　600円　①978-4-09-408286-9

04310 父・宮脇俊三が愛したレールの響きを追って　宮脇灯子著　JTBパブリッシング　2008.8　223p　19cm〈写真：小林写函〉　1500円　①978-4-533-07200-0

04311 よみがえれ、東日本！　列車紀行　田中正恭著　多摩　クラッセ　2011.9　235p　19cm　(Klasse books)　1600円　①978-4-902841-12-1

04312 微視的(ちまちま)お宝鑑定団　東海林さだお著　文藝春秋　2012.4　279p　16cm　(文春文庫)〈2009年刊の文庫化〉　552円　①978-4-16-717778-2

作品 清貧電鉄おさかな旅行

目次 台所お宝鑑定団, 深川発、はとバスの一日, 脱力リーグ マスターズリーグ, B級銀座ぶらぶら歩き, 清貧電鉄おさかな旅行, 対談 東海林さだお×牧田善二—間違いだらけの糖尿病予防, 微視的生活入門, 大島でくさい！うまい！ のぶらり旅, めざせお大尽！ 昼間っから芸者遊び, 夢混(夢の混浴)よ、いずこ〔ほか〕

東京ドイツ村

04313 吉田観覧車　吉田戦車著　講談社　2009.12　179p　15cm　(講談社文庫)　524円　①978-4-06-276543-5

東京湾観音

04314 晴れた日は巨大仏を見に　宮田珠己著　幻冬舎　2009.10　342p　16cm　(幻冬舎文庫)〈文献あり　白水社2004年刊あり〉　648円　①978-4-344-41380-1

利根運河

04315 川の旅　池内紀著　青土社　2002.7　245p　20cm　1800円　①4-7917-5971-0

富浦(南房総市)

04316 貧困旅行記　新版　つげ義春著　新潮社　1995.4　281p　15cm　(新潮文庫)〈晶文社1991年刊あり〉　520円　①4-10-132812-9

作品 大原・富浦

04317 わしらは怪しい雑魚釣り隊　椎名誠著　新潮社　2009.5　334p　16cm　(新潮文庫)〈マガジン・マガジン平成20年刊の加筆訂正〉　552円　①978-4-10-144832-9

作品 富浦大馬鹿ゴンズイ旅

04318 わしらは怪しい雑魚釣り隊　サバダバサバダバ篇　椎名誠著　新潮社　2010.5　376p　16cm　(新潮文庫)〈『怪しい雑魚釣り隊 続』(マガジン・マガジン平成21年刊)の改題〉　552円　①978-4-10-144835-0

作品 食い切れないはずのアジを一キレも食えなかったおれたち ほか

04319 おれたちを笑え！—わしらは怪しい雑魚釣り隊　椎名誠著　小学館　2017.6　354p　15cm　(小学館文庫)〈2015年刊の加筆・修正〉　670円　①978-4-09-406425-4

作品 富浦シロギス天ぷら大会

目次 雑魚釣り隊全員集合！, なぜだか知らぬがわしらは西へ, 富浦シロギス天ぷら大会, キマリだ第一位はキタマクラ！, なめんなよ。釣った八十匹は全部食った, おれらに釣られたマグロの偏差値, イイダコ百匹まるかじり作戦, バリ島国際大会に招聘されて起きたこと, 闘魂闘魚「おしゃけさま」の故郷を訪ねる, 強敵、新島は白菜攻撃に虎口を開いた, 寒鮒はみんなこたつに入って眠っていた, どろめ、ハチキン出る出る高知のおもてなし攻撃, 本栖湖のヒメマス・ブランド魚をとっては食い、とっては食い, タクワン浜は燃えているか！, バカたちは流木海岸に帰ってきた, 南海難解大作戦1 加計呂麻島はどこですか!?, 南海難解大作戦2 カンパチとヒラヒラドレスの大宴会, 朝陽を浴びてドレイ船は出撃した, 四万十川(前編)、竹竿ガス筒逆上乱入, 四万十川(後篇)、情念燃やす河原の火祭り, 鯛より甘い高級魚「甘鯛」を狙え

流山市

04320 新選組 女ひとり旅　赤間倭子著　鷹書房　1990.7　250p　19cm　(女ひとり旅シリーズ)　1000円　①4-8034-0370-8

04321 「新選組」ふれあいの旅—人や史跡との出逢いを求めて　岳真也著　PHP研究所　2003.12　249p　19cm　1200円　①4-569-63235-1

04322 池波正太郎を歩く　須藤靖貴著　講談社　2012.9　326p　15cm　(講談社文庫)〈毎日新聞社 2009年刊の加筆・修正〉　648円　①978-4-06-277363-8

04323 新選組紀行　増補決定版　中村彰彦著　PHP研究所　2015.7　345p　15cm　(PHP文庫)〈初版：文藝春秋 2003年刊　文献あり〉　720円　①978-4-569-76398-9

那古(館山市)

04324 おくのほそ道 人物紀行　杉本苑子著　文芸春秋　2005.9　230p　18cm　(文春新書)　700円　①4-16-660460-0

那古観音

04325 遊覧街道　中沢けい著　リクルート出版　1989.5　206p　18cm　1200円

成田街道

04326 地図を探偵する　今尾恵介著　筑摩書房　2012.9　281p　15cm　(ちくま文庫)〈新潮文庫2004年刊の加筆改訂　文献あり〉　740円　①978-4-480-42981-0

成田空港

04327 日本あちこち乗り歩き　種村直樹著　中央書院　1993.10　310p　19cm　1600円　①4-924420-84-0

成田空港駅

04328 終着駅への旅　JR編　櫻井寛著　JTBパブリッシング　2013.8　222p　19cm　1300円　①978-4-533-09285-5

成田山

04329 嬉しい街かど　武田花写真と文　文芸春秋　1997.7　79p　20cm　1429円　①4-16-353080-0

04330 百寺巡礼　第5巻　関東・信州　五木寛之著　講談社　2009.1　264p　15cm　（講談社文庫）〈文献あり　2004年刊の文庫化〉　562円　①978-4-06-276262-5

目次 第41番 浅草寺―熱と光と闇を包む観音信仰, 第42番 増上寺―念仏のこころと東京タワー, 第43番 築地本願寺―埋立地に立つエキゾチックな寺院, 第44番 柴又帝釈天―寅さんの街に佇む古刹, 第45番 成田山―聖と俗が混ざりあう庶民信仰, 第46番 建長寺―中国僧が武士に伝えた禅, 第47番 円覚寺―明治の文学者たちを癒した寺, 第48番 高徳院―多くの謎と武士の祈りを秘めた大仏, 第49番 久遠寺―情にあつく、さびしがり屋の日蓮像, 第50番 善光寺―濁る川に生きる覚悟をする寺

成田市

04331 世界のシワに夢を見ろ！　高野秀行著　小学館　2009.1　237p　15cm　（小学館文庫）　495円　①978-4-09-408345-3

目次 奇の章（初デートは洞窟だ！（日本・奥多摩）, ああ、背徳のカロリーメイト（コンゴ）ほか）, 妙の章（5ドルの口止め料（ルワンダ）, うんこ臭いプレーでいくべし（中国）, テロ街ック天国（日本・成田）ほか）, 珍の章（恐怖の米粒爆発事件！（日本・早稲田）, アフリカ最恐は？（コンゴ&ルワンダ）, 探検部史上最大のピンチ（日本・霞ヶ浦）ほか）, 異の章（高山病VSドーピング（ペルー&タンザニア）, ステーション・ホテルの怪（日本・京都）, 逃げたらいかん！（日本・八王子）ほか）

04332 みちくさ　2　菊池亜希子著　小学館　2011.5　127p　21cm　1200円　①978-4-09-342387-8

04333 サンドウィッチは銀座で　平松洋子著, 谷口ジロー画　文藝春秋　2013.7　245p　16cm　（文春文庫）〈2011年刊の文庫化〉　550円　①978-4-16-783869-0

目次 春を探しに, それゆけ！ きょうもビールがうまい, 夏まっ盛り。食べるぞ、うなぎ, 池袋で中国東北旅行, いただきます、社員食堂, いつもこころにオムライス, 座敷でゆるり, サンドウィッチは銀座で, 冬を惜しんで、ひとり鍋, 熊を食べにゆく, さらば、昭和の大衆食堂「聚楽台」, 百年も、二百年も

成田線

04334 汽車に乗った明治の文人たち―明治の鉄道紀行集　出口智之編　教育評論社　2014.1　286p　19cm〈文献あり〉　2400円　①978-4-905706-81-6

作品 成田詣〔雪中庵雀志〕

04335 ニッポン線路つたい歩き　久住昌之著　カンゼン　2017.6　246p　19cm　1500円　①978-4-86255-398-0

仁右衛門島

04336 遠藤ケイの島旅日和　遠藤ケイ著　千早書房　2009.8　124p　21cm〈索引あり〉　1600円　①978-4-88492-439-3

鋸山

04337 行くぞ！ 冷麺探険隊　東海林さだお著　文芸春秋　1996.1　253p　18cm　1100円　①4-16-351110-5

作品 寿司食べ放題バスツアー

04338 ショージ君の旅行鞄―東海林さだお自選　東海林さだお著　文芸春秋　2005.2　905p　16cm　（文春文庫）　933円　①4-16-717760-9

作品 寿司食べ放題バスツアー

04339 鍛える聖地　加門七海著　メディアファクトリー　2012.8　285p　19cm　（幽BOOKS）　1300円　①978-4-8401-4693-7

04340 久住昌之のこんどは山かい!?　関東編　久住昌之著　山と溪谷社　2013.4　191p　19cm　1200円　①978-4-635-08006-4

野田市

04341 にっぽん全国 百年食堂　椎名誠著　講談社　2013.1　222p　19cm　1400円　①978-4-06-217814-3

04342 『能町みね子のときめきデートスポット』、略して能スポ　能町みね子著　講談社　2016.3　347p　15cm　（講談社文庫）　700円　①978-4-06-293345-2

04343 きょうもまた好奇心散歩　池内紀著　新講社　2016.11　213p　19cm　1400円　①978-4-86081-549-3

目次 1 晴れても降っても散歩日和（せんべい三角行脚―浅草・深川・銀座, 小麦の炒り方―千葉県野田市, 富士山発拝み―中央区日本橋界隈 ほか）, 2 きょうもキョロキョロ好奇心散歩（キョロキョロする―日本橋・上野不忍池・新江戸川公園, 哲学する庭―東京都中野区, 草刈島近辺―東京都北区 ほか）, 3 きょうも行きずり夢見がち散歩（牧野式フローラひとり占め―東京都練馬区, 鳥になる―多摩都市モノレール, 野川今昔物語 ほか）

浜金谷駅

04344 途中下車の愉しみ　櫻井寛著　日本経済新聞出版社　2011.2　229p　18cm　（日経プレミアシリーズ）　850円　①978-4-532-26110-8

富津港

04345 ショージ君の旅行鞄―東海林さだお自選　東海林さだお著　文芸春秋　2005.2　905p　16cm　（文春文庫）　933円　①4-16-717760-9

作品 タコ釣る人々

船橋三番瀬

04346 鍛える聖地　加門七海著　メディアファクトリー　2012.8　285p　19cm　（幽BOOKS）　1300円　①978-4-8401-4693-7

船橋市

04347 愛の手紙―青い地球を駆ける芸術家・ライールさん発 〔新装版〕 クロード・ライール著, 宇田英男訳 アドリブ 1993.12 254p 19cm 2300円 ①4-900632-72-4

目次 青い地球を駆ける芸術家・ライールさんとベルギー, 第1章 ボリビアユラック・カサから, 第2章 ジャマイカ・キングストンから, 第3章 四国・浅野村から, 第4章 エジプト・カイロから, 第5章 イタリア・ラヴェンナから, 第6章 ベルギー・新ルーヴァンにて, 第7章 ギアナ・クールーから, 第8章 韓国・ソウルから, 第9章 ベルギー・ジョドワーヌにて, 第10章 船橋・若松団地から, 第11章 船橋・ららぽーとから, 第12章 ベルギー・ノドベに帰ってから, 第13章 再び、船橋・ららぽーとから, 終章 自問

04348 サイマー！ 浅田次郎著 集英社 2005.12 299p 16cm （集英社文庫）〈写真：久保吉輝〉 648円 ①4-08-747891-2

04349 我もまた渚を枕―東京近郊ひとり旅 川本三郎著 筑摩書房 2009.7 286p 15cm （ちくま文庫）〈晶文社2004年刊あり〉 820円 ①978-4-480-42620-8

部原（勝浦市）

04350 火の見櫓の上の海―東京から房総へ 川本三郎著 NTT出版 1995.7 245p 19cm （気球の本） 1300円 ①4-87188-602-6

房総半島

04351 第三阿房列車 内田百閒著 福武書店 1992.1 261p 15cm （福武文庫） 600円 ①4-8288-3237-8

作品 房総鼻眼鏡―房総阿房列車

目次 長崎の鴉―長崎阿房列車, 房総鼻眼鏡―房総阿房列車, 隧道の白百合―四国阿房列車, 菅田庵の狐―松江阿房列車, 時雨の清見潟―興津阿房列車, 列車寝台の猿―不知火阿房列車

04352 風のオデッセイ―本州沿岸ぐるり徒歩の旅 榛谷泰明著 光雲社, 星雲社〔発売〕 1994.2 192p 19cm 1600円 ①4-7952-7313-8

04353 火の見櫓の上の海―東京から房総へ 川本三郎著 NTT出版 1995.7 245p 19cm （気球の本） 1300円 ①4-87188-602-6

04354 今夜も空の下―シェルパ斉藤の行きあたりばっ旅 2 斉藤政喜著 小学館 1996.3 287p 19cm （BE‐PAL BOOKS） 1100円 ①4-09-366063-8

04355 シェルパ斉藤の行きあたりばっ旅 2 斉藤政喜著 小学館 1998.4 253p 15cm （小学館文庫） 457円 ①4-09-411002-X

04356 閑古堂の絵葉書散歩 東編 林丈二著 小学館 1999.4 123p 21cm （SHOTOR TRAVEL） 1500円 ①4-09-343138-8

作品 安房の亀詣で―千葉

04357 日蓮紀行―世直しの道を訪ねて 武田京三文・写真 まどか出版 2000.10 190p 21cm〈年譜あり〉 1800円 ①4-944235-02-X

04358 私の好きな日本 林望著 JAF MATE社 2001.7 175p 21cm〈付属資料：図1枚 写真：小泉佳春〉 1600円

04359 アタシはバイクで旅に出る。―お湯・酒・鉄馬三拍子紀行 3 国井律子著 枻出版社 2003.12 185p 15cm （枻文庫） 650円 ①4-87099-980-3

04360 鉄路の美学―名作が描く鉄道のある風景 原口隆行著 国書刊行会 2006.9 358p 20cm 2000円 ①4-336-04786-3

04361 日本の秘境ツーリング―よりぬき「日本一を探す旅」 末飛登著, 培倶人編集部編 枻出版社 2007.5 187p 15cm （枻文庫）〈標題紙の責任表示（誤植）：末飛人〉 650円 ①978-4-7779-0765-6

04362 にっぽん・海風魚旅 3（小魚びゅんびゅん荒波編） 椎名誠著 講談社 2008.1 341p 15cm （講談社文庫）〈2004年刊の文庫化〉 800円 ①978-4-06-275865-9

04363 ローカル線五感で楽しむおいしい旅―スローな時間を求めて 金久保茂樹著 グラフ社 2008.1 237p 19cm 1143円 ①978-4-7662-1113-9

04364 賀曽利隆の300日3000湯めぐり日本一周―6万5000キロのバイク旅 下巻 賀曽利隆著 昭文社 2008.9 286p 21cm 1600円 ①978-4-398-21117-0

04365 わしらは怪しい雑魚釣り隊 椎名誠著 新潮社 2009.5 334p 16cm （新潮文庫）〈マガジン・マガジン平成20年刊の加筆訂正〉 552円 ①978-4-10-144832-9

04366 シェルパ斉藤の島旅はいつも自転車で 斉藤政喜著 二玄社 2010.3 191p 21cm 1500円 ①978-4-544-40046-5

目次 波照間島―楽園は“日本のはじまりの島”に, 八丈島―ひょっこりひょうたん八丈島, 種子島―種子島で宇宙へ続く道を走る, 周防大島―もてなしの心に触れる周防大島おへんろ巡り, 隠岐の島―ノスタルジックに初冬の隠岐、都万を走る, 神島―自転車よりも純愛が似合う眺めのいい島、神島, 房総半島―東京に最も近い“島”!?サーファーが集う房総半島を旅する, 北大東島―海から陸へひとときの空中散歩南海の孤島、大東島へ, 南大東島―かくも厳しく美しい南大東島の大自然, 対馬―船と自転車でのんびりと対馬経由コリア行きの旅〔ほか〕

04367 わしらは怪しい雑魚釣り隊 サバダバサバダバ篇 椎名誠著 新潮社 2010.5 376p 16cm （新潮文庫）〈『怪しい雑魚釣り隊 続』（マガジン・マガジン平成21年刊）の改題〉 552円 ①978-4-10-144835-0

04368 食の街道を行く 向笠千恵子著 平凡社 2010.7 276p 18cm （平凡社新書）〈文献あり〉 820円 ①978-4-582-85536-4

目次 第1部 海辺から山への道（鯖街道―小浜から京都まで、ひと塩した鯖を背負って駆け抜けた道, ぶり街道―山国の正月の年取り魚＝塩ぶりがたどった峠道 ほか）, 第2部 海上の道（昆布の道―北海道から大阪へ。北前船で運ばれた和食の基本だし, 醬油の道―紀伊半島から房総半島へ。醬油が下ってきた航路）, 第3部 権力者がつくった街道（鮎鮨街道―鮎好きの歴代徳川将軍に届けた高速道, お茶壷道中―本場・宇治からひと夏かけて運ぶ“新茶”の道）, 第4部 渡来食品が伝わった道（砂糖街道―長

崎に始まるシュガーロードの甘味のすべて, 豆腐の道―京豆腐は風雅をきわめ、江戸豆腐は庶民の人気おかず ほか)

04369 久住昌之のこんどは山かい!? 関東編 久住昌之著 山と溪谷社 2013.4 191p 19cm 1200円 Ⓘ978-4-635-08006-4

04370 近松秋江全集 第7巻 オンデマンド版 近松秋江著, 紅野敏郎, 和田謹吾, 中尾務, 遠藤英雄, 田沢基久, 笹瀬王子編集委員 八木書店古書出版部 2014.2 502, 34p 21cm〈初版：八木書店 1993年刊 印刷・製本：デジタルパブリッシングサービス 発売：八木書店〉 12000円 Ⓘ978-4-8406-3492-2
作品 房総をめぐりて

04371 テツはこんな旅をしている―鉄道旅行再発見 野田隆著 平凡社 2014.3 222p 18cm（平凡社新書） 760円 Ⓘ978-4-582-85722-1

04372 黒田知永子 大人のための小さな旅―日本のいいとこ見つけた 黒田知永子著 集英社 2014.9 159p 21cm 1600円 Ⓘ978-4-08-780732-5

04373 来ちゃった 酒井順子文, ほしよりこ画 小学館 2016.3 317p 15cm （小学館文庫）〈2011年刊の増補〉 620円 Ⓘ978-4-09-406277-9

04374 おれたちを跨ぐな！―わしらは怪しい雑魚釣り隊 椎名誠著 小学館 2017.8 275p 19cm 1400円 Ⓘ978-4-09-379895-2
目次 気分は海浜遊牧民, 房総トウゴロウイワシ騒動, どこからともなくマグロやカツオがやってきて…, 米子"岡本浜"に突撃開始！ やるときはヤレるか？ , 大漁！高級根魚。やるときはやるけん, 房総のイサキと小イワシを釣りまくる, 青ヶ島 フライパン島漂流記, やっぱり肴はあぶったイカだ, 雑魚釣り隊祭りだ。新宿三丁目, 南島、マグロ・カツオ作戦〔ほか〕

舞浜（浦安市）

04375 繁栄TOKYO裏通り 久田恵著 文芸春秋 1997.5 309p 136cm 1714円 Ⓘ4-16-352870-9

04376 『能町みね子のときめきデートスポット』、略して能スポ 能町みね子著 講談社 2016.3 347p 15cm （講談社文庫） 700円 Ⓘ978-4-06-293345-2

マザー牧場

04377 オーケンのめくるめく脱力旅の世界 大槻ケンヂ著 新潮社 2004.4 266p 16cm （新潮文庫）〈2001年刊の文庫化〉 438円 Ⓘ4-10-142926-X

松戸市

04378 三文役者のニッポンひとり旅 殿山泰司著 筑摩書房 2000.2 287p 15cm （ちくま文庫） 640円 Ⓘ4-480-03551-6

岬町（いすみ市）

04379 島からの手紙、海からの返事。 杉山清貴文, 田中丈晴写真 ゴマブックス 2004.5 239p 19cm 2190円 Ⓘ4-7771-0043-X
目次 1「旅の始まり」, 2「八重山への旅」, 3「宮古島」, 4「京都・網野町」, 5「千葉・岬町」, 6「オアフ島」

湊川

04380 日本列島 野生のヘラを求めて 大崎紀夫著 三樹書房 2004.11 230p 21cm 1400円 Ⓘ4-89522-441-4

南房総

04381 雲は旅人のように―湯の花紀行 池内紀著, 田淵裕一写真 日本交通公社出版事業局 1995.5 284p 19cm 1600円 Ⓘ4-533-02163-8
作品 岡にのぼりて名をよべば

04382 夫婦旅せむ 高橋揆一郎著 札幌 北海道新聞社 2000.5 235p 20cm 1800円 Ⓘ4-89453-092-9

04383 釣って開いて干して食う。 嵐山光三郎著 光文社 2010.4 274p 16cm （光文社文庫） 571円 Ⓘ978-4-334-74769-5

八千代市

04384 パン欲―日本全国パンの聖地を旅する 池田浩明著 世界文化社 2013.12 128p 26cm〈タイトルは奥付等による。標題紙のタイトル：私はパン欲に逆らうことができない……〉 1400円 Ⓘ978-4-418-13234-8

八千代緑が丘

04385 ナイトメア咲人の鈍行いくの？―五十音の旅 続 咲人著 シンコーミュージック・エンタテイメント 2012.4 233p 21cm 2381円 Ⓘ978-4-401-63573-3

谷津干潟

04386 東京湾ぷかぷか探検隊 森沢明夫, うぬまいちろう著 潮出版社 2017.1 317p 16cm （潮文庫） 741円 Ⓘ978-4-267-02077-3

養老渓谷温泉

04387 貧困旅行記 新版 つげ義春著 新潮社 1995.4 281p 15cm （新潮文庫）〈晶文社 1991年刊あり〉 520円 Ⓘ4-10-132812-9

04388 小さな鉄道 小さな温泉 大原利雄著 小学館 2003.8 171p 15cm （小学館文庫） 733円 Ⓘ4-09-411525-0

丁子（香取市）

04389 忘れられた日本の村 筒井功著 河出書房新社 2016.5 237p 20cm 1800円 Ⓘ978-4-309-22668-2
作品 地名と村の歴史―千葉県・丁子から

流鉄流山線

04390 東京ワンデイスキマ旅 カベルナリア吉田著 彩流社 2013.11 222p 21cm 1900円 Ⓘ978-4-7791-1955-2

和田町

04391 火の見櫓の上の海―東京から房総へ 川

本三郎著　NTT出版　1995.7　245p　19cm　（気球の本）　1300円　①4-87188-602-6

東京都

04392　ドイツ貴族の明治宮廷記　オットマール・フォン・モール著, 金森誠也訳　新人物往来社　1988.4　206p　19cm　1800円　①4-404-01496-1

(目次) 日本への旅立ち（日本におけるドイツの影響, キリスト教・教会の状況）, 宮中にて（天皇, 皇后）, 華族の生活（ヘッセン方伯の来日, 皇后誕生日の祝賀, 宮廷音楽と劇場, 爵位と華族の称号, アレキサンドル・ミハエロビッチ大公の来日）, 古都への旅（関西への旅・神戸と大阪, 奈良, 京都, 御所）, 最後の将軍（皇位継承者、皇太子明宮, ドイツ皇太子の病気の報道, 日本の紋章, 日本の民族衣裳, 観菊会, 領事館参事官フォン・デルンベルク男爵）, 侍従武官（小松宮親王と親王妃, 新年の拝謁, フォン・ホルレーベン公使の離日, ドイツ皇帝ヴィルヘルム1世の逝去, メッケル少佐の離日, ツァッペ総領事の死去, 観桜会, ドゥートレメル氏暗殺未遂事件）, 宮中狩猟会（皇后誕生日とザクセン＝ヴァイマルのベルンハルト王子の来日, オルレアン家のアンリ王子, ドイツ皇帝フリードリヒの逝去, 日本の皇室典範）, 憲法発布（シェンケビッチ・フランス公使の来日, ジュネーブ条約25周年記念式典, ドイツ皇帝ヴィルヘルム2世の誕生祝賀会, オーストリアのルドルフ皇太子の逝去, 有栖川宮威仁親王のヨーロッパ旅行への出発, 宮内省のヨーロッパ人顧問制の廃止, 帰国の旅）

04393　日本人への旅　モートン・ホワイト, ルシア・ホワイト著, 大江正比古訳　思索社　1988.5　295p　19cm　2400円　①4-7835-1141-1

(目次) 第1章 初めての東京, 第2章 松平ホテル, 第3章 1952年の日本の哲学者たち, 第4章《矛盾》の国, 第5章 東京から地方へ, 第6章 1960年の日本再訪への準備, 第7章 1960年の日本再訪, 第8章 1960年の雑多な経験, 第9章 日本の哲学者、独立を宣言する・1966年, 第10章 4回目の訪問・1976年, 第11章 5回目に訪れた日本・1979年, 第12章 回顧と展望

04394　オーストリア外交官の明治維新―世界周遊記 日本篇　アレクサンダー・F.V.ヒューブナー著, 市川慎一, 松本雅弘訳　新人物往来社　1988.7　276p　19cm　2000円　①4-404-01508-9

(目次) 第1章 横浜, 第2章 吉田, 第3章 箱根, 第4章 江戸, 第5章 大坂, 第6章 京都, 第7章 琵琶湖, 第8章 長崎, 補遺 1891年9月から1892年9月までに日本で起こった出来事の概略

04395　朝日の中の黒い鳥　ポール・クローデル著, 内藤高訳　講談社　1988.11　245p　15cm　（講談社学術文庫）　640円　①4-06-158850-8

(目次) 日本人の心を訪れる目, 炎の街を横切って, 一年の後, 日本文学散歩, 能, 歌舞伎, 舞楽, 文楽, 自然と道徳―竹内栖鳳画伯に, 杭州, 雪―杵屋佐吉の音楽に倣って, 二本の青い竹, 橋, 杖, 松の中での譲位, 後の国, 小さな使者達, 明治, 雉子橋の家, 太陽の深淵, アントニン・レイモンドの東京の家, 帝の葬儀, 力士の構え, 日本への惜別

04396　旅は靴ずれ、夜は寝酒　林真理子著　角川書店　1989.1　319p　15cm　（角川文庫）　420円　①4-04-157917-1

(内容) 「ルンルンを買っておうちへ帰ろう」という1冊の本で、一躍マスコミのスターになって6年。その間、直木賞を受賞、小説もエッセイも大好調で、忙しい作家生活もすっかり板についてくる。一方、私生活では、いくつかに恋が通り過ぎて…。デビューの頃から今まで、その時時の思いを胸に、新たな出会いを求めて、真理子さんは旅に出ます。行き先は、ロンドン、ハワイ、京都、熱海等の名所から、都内のレストランまで40ケ所。天性の好奇心とユーモアと、鋭い眼識とがあいまって、思わず笑ってしまう、楽しい旅エッセイ。

04397　日本漫遊記　種村季弘著　筑摩書房　1989.6　236p　19cm　1540円　①4-480-82267-4

04398　住所と日付のある東京風景　冨田均著　新宿書房　1989.7　268p　19cm　2060円　①4-88008-125-6

(目次) 六区とお竜と地下街, 小橋と富士と鉛江組, 工場と小津安二郎と呑川, 雨と高速道路と治郎右衛門, 井戸と「かりがね荘」とトンカツ, 展望台と成瀬巳喜男と四本煙突, 生きものたちと地下食堂と「甚八」, ドラム缶と「アンリイ」といろは歌留多, 義経と展望台と『ツィゴイネルワイゼン』, 水景とプラタナスと文房堂〔ほか〕

04399　天皇国見聞記　ポール・クローデル著, 樋口裕一訳　新人物往来社　1989.8　199p　19cm　2000円　①4-404-01623-9

(目次) 明治, 帝の葬儀, 松の中の譲位, 日本人の心への眼差, 炎上する二都市を横断して, 俳諧, 一年の後, 能, 歌舞伎, 舞楽, 文楽, 宮島教授への手紙, 日本の詩歌, 日本文学散歩, 力士のにらみ合い, 自然と道徳, 近郊, 雉子橋の館, 太陽の深淵, 東京のアントニン・レイモンドの家, 杭州, 雪, 二本の青竹, 橋, 杖, 動物解体人の物語, 生命の小さなかけらたち, 嵯眉山の老人, 女と影, さらば, 日本, 付録 アマテラスの解放

04400　日本その日その日　1　E.S.モース著, 石川欣一訳　平凡社　1989.12　258p　18cm　（東洋文庫）〈第19刷（第1刷：1970年）著者の肖像あり〉　1800円　①4-582-80171-4

(内容) 大森貝塚の発見者、日本動物学の開祖として名高いモースが、西洋文明の波に洗われる以前の日本と日本人の素朴な姿を、限りない愛着と科学者の眼で捉えた名著の全訳。自筆スケッチ800点を掲載。第1巻は、来日当初の印象を語る第1章から、東京での生活を語る第8章まで。

04401　東京ブチブチ日記　東海林さだお著　文芸春秋　1990.3　302p　15cm　（文春文庫）　400円　①4-16-717721-8

(目次) 春先のお出かけ, 服飾, 食味評論, 温泉, テレビ・ウォッチング, 待つ, 自動車教習所教官の反論, 洗濯, おじさん症候群, カニ, 小唄入門, はとバス, 3行広告, ガイジンの日本観, 清涼飲料水, 八丈島, スポーツの持つ病い, 夏の終わりの民宿

04402　極楽トンボのハミング紀行　岳真也著　廣済堂出版　1990.7　267p　19cm　（TRAVEL ESSAYS'80）　1000円　①4-331-50292-9

04403　ダーク・ダックス 旅に歌う 山に歌う　喜早哲著　主婦の友社　1990.7　95p　21cm　（SHUFUNOTOMO CD BOOKS）〈付属資料：

コンパクトディスク1〉 3300円 ①4-07-935950-0

04404 秋の日本 ピエール・ロチ著, 村上菊一郎訳, 吉氷清訳 角川書店 1990.11 254p 15cm (角川文庫)〈第5刷(第1刷：昭和28年)〉 495円 ①4-04-203101-3

04405 文学の中の風景 大竹新助著 メディア・パル 1990.11 293p 21cm 2000円 ①4-89610-003-4

04406 ちょっとそこまで 川本三郎著 講談社 1990.12 242p 15cm (講談社文庫) 420円 ①4-06-184819-4

04407 泊酒喝采―美味、美酒、佳宿、掘り出し旅行記 柏井寿著 大阪 朱鷺書房 1992.1 209p 18cm 1000円 ①4-88602-904-3

04408 最新東京繁昌記 伊藤銀月著 大空社 1992.2 22cm (文学地誌「東京」叢書 第2巻)〈内外出版協会明治38年刊の複製〉

(内容) 時代の流れとともに、東京の街は不断に景観を改めてきたため、その変容過程を知ることは難しい。そこで、明治時代の東京をユニークな発想と文体で書いた伊藤銀月の「最新東京繁昌記」を復刻し、当時の東京の風俗を探る。

04409 東都新繁昌記 山口孤剣著 大空社 1992.2 488, 3, 5p 22cm (文学地誌「東京」叢書 第7巻)〈大正7年刊(京華堂書店, 文武書店発売)の複製〉 11000円 ①4-87236-221-7

(内容) 大正の震災、昭和の戦災、そして戦後へと、時代の流れとともに、東京の街は不断に景観を改めてきたために、その変容過程を知ることは難しい。そのため、大正・昭和戦前期に書かれた「東都新繁昌記」を復刻。その当時の東京の様子を探る。

04410 東洋紀行 1 グスタフ・クライトナー著, 小谷裕幸, 森田明訳 平凡社 1992.9 358p 18cm (東洋文庫) 3090円 ①4-582-80555-8

04411 歩く人 久住昌之著 マガジンハウス 1993.2 171p 19cm 1300円 ①4-8387-0384-8

04412 東京おろおろ歩き 玉村豊男著 中央公論社 1994.9 245p 15cm (中公文庫)〈『東京へめぐり』加筆・訂正・改題書〉 500円 ①4-12-202137-5

(目次) 上野駅, 原宿竹下通り, 表参道中華料理, ホテルにて, 吾妻橋リバーサイド, マイカル本牧, 横浜ベイエリア, 巣鴨とげぬき地蔵〔ほか〕

04413 ああ天地の神ぞ知る―ニッポン発見旅 池内紀著 講談社 1995.4 265p 19cm 1600円 ①4-06-207580-6

04414 東京見聞録 原田宗典著 講談社 1995.6 185p 15cm (講談社文庫)〈1991年刊の文庫化〉 360円 ①4-06-263044-3

04415 東京散歩―水辺の光にさそわれて 榎木孝明著 美術出版社 1995.12 1冊 22×27cm 3500円 ①4-568-22101-3

(内容) 『インド鷹の道』『チベットの碧』『スールー漂海』に続く、好評「榎木孝明画文集シリーズ」の第4弾。

04416 超貧乏旅 田中良成著 扶桑社 1996.5 302p 15cm (扶桑社文庫)〈1994年刊の文庫化〉 520円 ①4-594-01985-4

(目次) 第1章 一万円で5泊6日伊豆大島の旅, 第2章 カマクラに泊まるって鎌倉じゃないの？, 第3章 おしりの皮を酷使して青春18、熊本へ貧乏湯治, 第4章 春の四国を駆け抜けた、痛快自転車遍路, 第5章 究極の秘湯『おたまじゃくし湯』, 第6章 貧乏ハネムーンはいかがでしょう (1) 南洋の無人島ラブラブ探検, 第7章 貧乏ハネムーンはいかがでしょう (2) 類は友を呼ぶヒッピービーチ, 第8章 外国人と過ごした東京貧乏ライフ, 第9章 芸術の秋、陶芸弟子入り旅で聞いた松茸採りの秘訣, 第10章 平成版・弥次喜多珍道中(お伊勢参りの巻), 第11章 冬の日本海へ、貧乏慰安旅行, 第12章 旅は棒・サイコロまかせで行こう

04417 時刻表すみずみ紀行 1 東日本編 櫻井寛写真・文 トラベルジャーナル 1996.11 117p 21cm 1545円 ①4-89559-371-1

(目次) 「ガリンコ号」は流氷の海をゆく, 新旧乗り比べ「電気バス」&「ボンネットバス」,「日本最北航路」は島々をめぐる, さいはての「日本最東端バス」,「ストーブ列車」に火がともるころ, 夢つなぐ「海峡フェリー」,「レールバス」に会いにいった,「ニューハーフ・ツアー」初体験！, どっこい東京「島ヘリコプター」, 国内唯一の「アプト式鉄道」, 天まであがれ「最高所ロープウェイ」, ロシアの風吹く「併用軌道鉄道」

04418 私の風景―池波正太郎自選随筆集 3 池波正太郎著 朝日新聞社 1997.1 201p 15cm (朝日文芸文庫) 500円 ①4-02-264131-2

(目次) 東京の情景(大川と待乳山聖天宮, 谷中の異人屋敷, 湯島天神の白梅 ほか), 夜の闇の魅力(ホテル「グッドウッド・パーク」, シンガポールからバリ島へ, 夜の闇の魅力, インドネシアへの熱い想い), ルノワールの家(イノサンの泉, ドイツの一夜, ルノワールの家 ほか)

04419 バス旅 春夏秋冬 種村直樹著 中央書院 1997.3 285p 19cm 1700円 ①4-88732-031-0

04420 東京おもひで草 川本三郎著 三省堂 1997.9 302p 18cm 1600円 ①4-385-35695-5

(目次) プロローグ 失われた町の香り, 第1部「お散歩に行かないこと？」, 第2部 都電に乗ってデパートへ, 第3部 Shall We カメラ？, 第4部「町っ子」、町を描く, 第5部 お化け煙突と佃の渡しと, 第6部「良い子の住んでる良い町は」, 第7部 ただいま「普請中」, エピローグ 銀座裏に橋が残っていた

04421 駅は見ている 宮脇俊三著 小学館 1997.11 205p 19cm 1400円 ①4-09-387237-6

04422 スタジアムから喝采が聞こえる 藤島大著 洋泉社 1997.11 229p 19cm 1600円 ①4-89691-286-1

04423 私の東京町歩き 川本三郎著 筑摩書房 1998.3 221p 15cm (ちくま文庫)〈1990年刊の文庫化〉 600円 ①4-480-03378-5

(目次) 地図にない町, 西の下町―阿佐谷(杉並区), エスニック・タウン―大久保(新宿区), 空港行きの電車に乗って―蒲田、羽田(大田区), 高台にある眺めのいい町―高輪・二本榎(港区), 銀座の先にある「離れ里」―佃島、月島(中央区),「川の手」の小さな町―人形町(中央区), 川向うの親密な町―門前仲町(江東区), 町全体が大きな雑貨屋―本所駒形(墨田区), 文学碑の目立つ町

—三ノ輪（荒川区）〔ほか〕

04424 ボンジュール・ジャポン—フランス青年が活写した1882年　ウーグ・クラフト著, 後藤和雄編　朝日新聞社　1998.6　177p　27cm　3600円　Ⓘ4-02-257263-9

(目次) 八月二十五日 横浜にて, 九月四日 名古屋にて, 九月十二日 京都にて, 九月二十七日 中津川にて, 十月九日 新町にて, 十月十四日 横浜にて, 十月二十八日 横浜にて, 十一月十日 横浜にて, 十一月二十二日 東京にて〔ほか〕

04425 シェルパ斉藤の行きあたりばっ旅　3　斉藤政喜著　小学館　1998.8　253p　16cm　（小学館文庫）　457円　Ⓘ4-09-411003-8

04426 秋山秀一の世界旅　秋山秀一著　八千代出版　1999.3　292p　19cm　1900円　Ⓘ4-8429-1103-4

(目次) 世界旅篇（イギリス南西部の海岸で, 止まらないバスを待って…, ロンドンでミュージカルを ほか), トラベル/トラブル篇（トラベルにトラブルはつきもの？, フンガイは…の話, スリにご用心—地下鉄編 ほか), ぼくの日常、心の旅篇（RAIN, 東京はアフリカだ, グリーンランドはアフリカより大きい？ ほか), 日本旅篇（伊豆の旅, あくまでも自然, 東京の地層切断面 ほか）

04427 閑古堂の絵葉書散歩　東編　林丈二著　小学館　1999.4　123p　21cm　（SHOTOR TRAVEL）　1500円　Ⓘ4-09-343138-8

(作品) 一日銅像巡り—東京

04428 東京珍景録　林望著　新潮社　1999.6　253p　16cm　（新潮文庫）〈「リンボウ先生東京珍景録」(彰国社平成6年刊）の改題〉　667円　Ⓘ4-10-142823-9

(内容) 転変激しい大都市東京。その膨大な日常風景に埋もれた何か、目を変えてこそ発見できる何かを、著者は「珍景」と呼ぶ。例えば、見慣れた街並に潜む大正や昭和初期建築の遺物、なるほど異観である配水塔、豆腐屋のラッパの音が似合うような刹那—古さを温存するイギリスをよく知る、著者ならではの観察眼で発掘された「珍景」たちを、喜び面白がり愛惜をこめて“記録”したエッセイ＆写真。

04429 はなしの名人—東京落語地誌　池内紀著　角川書店　1999.8　245p　19cm　（角川選書）　1600円　Ⓘ4-04-703308-1

(目次) 野ざらし, 品川心中, 船徳, 百川, 悋気の火の玉, 文ちがい, 佃祭り, 富久, 藁人形, 芝浜〔ほか〕

04430 周恩来『十九歳の東京日記』—1918.1.1～12.23　周恩来著, 矢吹晋編, 鈴木博訳　小学館　1999.10　282p　15cm　（小学館文庫）　657円　Ⓘ4-09-403621-0

(目次) プロローグ いざ、日本へ, 1 帝都見物, 2 国を憂う, 3 受験失敗, 4 勉学か革命か, 5 再び受験失敗, 6 一時帰国, 7 煩悶…黙して語らず, エピローグ さらば、日本

04431 東京ぶらり旅—NHKラジオ深夜便 トラネコ澄ちゃんがゆく…　室町澄子文, おのちよ絵　小学館　2000.2　207p　19cm　1300円　Ⓘ4-09-840059-6

(目次) おばあちゃんの原宿, 人形町がふるさとだったかも知れない, 都電・荒川線途中下車の旅, 向島和菓子めぐり, 骨董市の三つの鉄則, ケヤキ並木の大人の街, 屋形舟の季節, 等々力渓谷散歩, 神保町すずらん通り, 隅田川がよみがえった〔ほか〕

04432 一筆啓上 旅の空　中尾彬著　講談社　2000.4　318p　15cm　（講談社文庫）　571円　Ⓘ4-02-264842-2

(目次) 憂愁のヨーロッパ, 深遠なるアジア, 灼熱の楽園, 旅情さそう町々, 馴染み深き東京・下町

04433 東京つれづれ草　川本三郎著　筑摩書房　2000.8　298p　15cm　（ちくま文庫）〈三省堂1995年刊あり〉　780円　Ⓘ4-480-03580-X

(目次) 1 心地よく秘密めいた町, 2 青いお皿の特別料理, 3 ひとり遊びぞわれはまされる, 4 東京の空の下, 5 この町はいつか来た町, 6 町を歩いて美術館の中へ, 7 眺めのいい旅

04434 東京の江戸を遊ぶ　なぎら健壱著　筑摩書房　2000.10　15cm　（ちくま文庫）〈「大江戸アウトドア」(洋泉社1997年刊）の改題〉

(目次) 第1景 千社札・考, 第2景 東京で富士登山, 第3景 落語『黄金餅』を歩く, 第4景 東京に名水あり！, 第5景 神田川をカヌーで下る, 第6景 暑気払いで谷中・巣鴨に墓参り, 第7景 隅田川、渡しの跡をサイクリング, 第8景 東京・はとバスツアー, 第9景『本門寺暮雪』片手に鬼平を歩く, 第10景 地元深川で七福神巡り, 第11景 浅草, 第12景 雪月花の名所に江戸の名残をもとめて, 巻末特別鼎談—江戸っ子にとってのアウトドア・ホビーとは

04435 ミットフォード日本日記—英国貴族の見た明治　A.B.ミットフォード著, 長岡祥三訳　講談社　2001.2　298p　15cm　（講談社学術文庫）〈肖像あり〉　960円　Ⓘ4-06-159474-5

(目次) 第1章 横浜到着, 第2章 ガーター勲章捧呈式と宮中晩餐会, 第3章 歓迎会と横須賀軍港訪問, 第4章 鴨猟、打毬競技および歌舞伎見物, 第5章 泉岳寺参詣と日比谷公園の大名行列, 第6章 静岡訪問, 第7章 京都での墓参と佐世保軍港, 第8章 鹿児島訪問, 第9章 江田島の海軍兵学校と広島での陸軍野外演習, 第10章 京都再訪, 第11章 銀閣寺と奈良見物, 第12章 名古屋訪問, 第13章 西園寺侯晩餐会, 第14章 東京滞在, 第15章 出発の日

04436 スチャラカ東京のオキテ　谷崎光著　祥伝社　2001.4　294p　15cm　（祥伝社黄金文庫）　562円　Ⓘ4-396-31253-9

(目次) 家さがしで学んだ“東京の掟”, 家さがし、東と西でこんなに違うの？, 東京のセクハラは一味違う, 東京の味を決める土、昆布、見栄, 買物で学んだ東京人気質, 私を驚かせた東京の男たち, 東京娘は“見せ方”上手？, 恋愛に関する東西の真実,「大阪のいいトコ教えて」と言われても, 東京のサラリーマン、大阪で苦労するのはなぜ？〔ほか〕

04437 うわさの神仏—日本闇世界めぐり　加門七海著　集英社　2001.6　251p　16cm　（集英社文庫）〈1998年刊の文庫化〉　457円　Ⓘ4-08-747332-5

(目次) 第1部 うわさの神仏（神や仏の酒池肉林の巻, お空の神々の巻, 迦具土クンの巻, 七福神の巻 ほか), 第2部 うわさの現場（京の闇の向こう側（京都), 古の神々に逢いに（伊勢・熊野), 大陰陽師・安倍晴明の影をたどって（大阪・京都), 氷雨の魔都巡り（東京）ほか）

04438 日本詣で　嵐山光三郎著　集英社　2001.6　285p　19cm　1600円　Ⓘ4-08-774453-1

04439 旅日記　デビット・ゾペティ著　集英社　2001.8　224p　19cm　1600円　Ⓘ4-08-775292-5

(目次) イタリアの謙虚な旅人, Teach yourself Japanese, アメリカに酔いしれて, トーキョー外国人専用民宿, 兎をつれて二度目のニッポン, テレビ局の表と裏, メコンと褌, ベーリング海から北極海へ, 空港に棲む兎たち, スリランカの恋人たち, トナカイ大紀行, スイス式闘牛, アリューシャン、煙る海の島々, 核実験と食中毒, エチオピア、走る子どもたち, 2枚の写真、地球の歯て, アラスカに魅せられて, 「日本語」での原風景を求めて

04440 新版 大東京案内　上　今和次郎編纂　筑摩書房　2001.10　340p　15cm　(ちくま学芸文庫)〈複製を含む〉　1000円　①4-480-08671-4
(目次) 大東京序曲, 東京の顔, 動く東京, 盛り場, 享楽の東京, 遊覧の東京

04441 新版 大東京案内　下　今和次郎編纂　筑摩書房　2001.11　378p　15cm　(ちくま学芸文庫)　1200円　①4-480-08672-2
(目次) 東京の郊外, 特殊街, 花柳街, 東京の旅館, 生活の東京, 細民の東京, 学芸の東京, 市政と事業

04442 誇り高く優雅な国、日本―垣間見た明治日本の精神　エンリケ・ゴメス・カリージョ著, 児嶋桂子訳　京都　人文書院　2001.11　216p　19cm　1800円　①4-409-54061-0

04443 明治十八年の旅は道連れ　塩谷和子著　源流社　2001.11　376p　20cm　1800円　①4-7739-0105-5

04444 シドモア日本紀行―明治の人力車ツアー　エリザ・R.シドモア著, 外崎克久訳　講談社　2002.3　476p　15cm　(講談社学術文庫)〈年譜あり〉　1350円　①4-06-159537-7
(目次) 北太平洋と横浜, 横浜, 横浜―続き, 横浜の近郊, 鎌倉と江ノ島, 東京, 東京―続き, 東京の花祭り, 日本の歓待, 日本の劇場〔ほか〕

04445 やっぱり、旅は楽しい。　松本侑子著　双葉社　2002.4　213p　15cm　(双葉文庫)〈『ヴァカンスの季節』加筆訂正・改題書〉　457円　①4-575-71207-8
(目次) 第1章 やっぱり、旅は楽しい。(初夏、ブルターニュの黄昏, イギリスで美味しかったもの ほか), 第2章 あこがれの文学紀行 (イギリス・ファンタジー紀行, 物語のイギリス旅行 ほか), 第3章 出雲―わたしのふるさと (古墳めぐり, 山陰の美しい家並み ほか), 第4章 大阪暮らし (東京から大阪へ, 関西に来て良かった ほか)

04446 朝鮮通信使紀行　杉洋子著　集英社　2002.8　238p　20cm　1800円　①4-08-774603-8
(目次) 第1章 漢城府出立, 第2章 波涛を越えて, 第3章 瀬戸路をいく, 第4章 大坂から江戸へ, 第5章 江戸城, 第6章 回答国書, 第7章 最後の通信使

04447 バード日本紀行　I.L.バード著, 楠家重敏, 橋本かほる, 宮崎路子訳　雄松堂出版　2002.8　376, 11p 図版12枚　23cm　(新異国叢書 第3輯 3)　5500円　①4-8419-0295-3
(目次) 第一便 (第四信) (けだるい暑さ, 東京の街路風景 ほか), 第二便 (第五信) (狭いわだち, 話題 ほか), 第三便 (第七信) (演劇の改良, 古代演劇 ほか), 新潟伝道に関する覚書 (キリスト教伝道, 伝道拠点としての新潟 ほか), 第四便 (第十九信) (寺町通り, 寺の内部 ほか), 第五便 (第二十一信) (みすぼらしい町並, 骨董屋 ほか), 第五便 (第二十一信) ―結び (買い物術の不条理, 悲哀と喜び ほか), 食品と調理に関する覚書 (魚と醤油, 鳥獣肉の食し方 ほか), 蝦夷に関する覚書 (地形的特徴―開拓使 ほか), 第六便 (第四十七信) (芳しくない天候, 伝道の熱意 ほか)〔ほか〕

04448 バーナード・リーチ日本絵日記　バーナード・リーチ著, 柳宗悦訳, 水尾比呂志補訳　講談社　2002.10　354p　15cm　(講談社学術文庫)〈肖像あり　年譜あり〉　①4-06-159569-5

04449 とことんおでん紀行　新井由己著　光文社　2002.12　347p　15cm　(知恵の森文庫)　648円　①4-334-78198-5

04450 江戸の旅人 吉田松陰―遊歴の道を辿る　海原徹著　京都　ミネルヴァ書房　2003.2　378p　22cm〈年譜あり〉　4800円　①4-623-03704-5

04451 旅に夢みる　吉永小百合著　講談社　2003.3　223p　22cm〈肖像あり〉　1600円　①4-06-211652-9

04452 オーケンの散歩マン旅マン　大槻ケンヂ著　新潮社　2003.6　245p　16cm　(新潮文庫)〈初版：学習研究社1999年刊〉　438円　①4-10-142925-1

04453 日本の食材おいしい旅　向笠千恵子著　集英社　2003.7　250p　18cm　(集英社新書)　700円　①4-08-720202-X

04454 ものがたり風土記　阿刀田高著　集英社　2003.8　388p　16cm　(集英社文庫)〈文献あり　著作目録あり　2000年刊の文庫化〉　667円　①4-08-747604-9
(目次) 第1章 余呉湖のほとり―滋賀1, 第2章 源兵衛の首―滋賀2, 第3章 紫式部はどこにいる―滋賀3, 第4章 皿を数えて―滋賀4, 第5章 青の悲しみ―鹿児島1, 第6章 ヒーローたちの走路―鹿児島2, 第7章 物語のパターン―鹿児島3, 第8章 虚実こもごも―新潟1, 第9章 黄金島異聞―新潟2, 第10章 人魚の海―新潟3, 第11章 翡翠と無用者―新潟4, 第12章 深く深い森―東京1

04455 ものがたり風土記　続　阿刀田高著　集英社　2003.9　385p　16cm　(集英社文庫)〈著作目録あり　2001年刊の文庫化〉　667円　①4-08-747617-0

04456 泣いてくれるなほろほろ鳥よ　小沢昭一著　晶文社　2003.11　381p　20cm　(小沢昭一百景 随筆随談選集 1)〈シリーズ責任表示：小沢昭一著〉　2400円　①4-7949-1791-0

04457 万葉の旅　中　改訂新版　犬養孝著　平凡社　2004.1　361p　16cm　(平凡社ライブラリー)〈初版：社会思想社1964年刊　文献あり〉　1200円　①4-582-76489-4

04458 ロングフェロー日本滞在記―明治初年、アメリカ青年の見たニッポン　チャールズ・アップルトン・ロングフェロー著, 山田久美子訳　平凡社　2004.1　404p　22cm〈文献あり〉　3600円　①4-582-83202-4

04459 東京～奄美 損なわれた時を求めて　島尾伸三著　河出書房新社　2004.3　134p　21cm　(Lands & memory)　1800円　①4-309-01619-7
(目次) 小岩へ, 小学一年生, 東海岸の家までの小道, 神戸に, 博多・熊本, 鹿児島本線, 四十年ぶり, 熱帯の島の少

関東

女, 山道、山崩れ, 南島雑話, 母の町, ヒッタクリサー, 涙の母, アマリガキ（後書）

04460 芭蕉紀行　嵐山光三郎著　新潮社　2004.4　381p　16cm　（新潮文庫）〈「芭蕉の誘惑」(JTB2000年刊）の増訂　年譜あり〉　552円　①4-10-141907-8

04461 オーストリア皇太子の日本日記―明治二十六年夏の記録　フランツ・フェルディナント著, 安藤勉訳　講談社　2005.9　237p　15cm　（講談社学術文庫）〈肖像あり〉　840円　①4-06-159725-6

04462 旅先でビール　川本三郎著　潮出版社　2005.11　351p　19cm　1800円　①4-267-01735-2

04463 森の旅 森の人―北海道から沖縄まで日本の森林を旅する　軽装版　稲本正文, 姉崎一馬写真　世界文化社　2005.11　271p　21cm　（ほたるの本）〈1994年刊行版に一部修正を加え軽装版にしたもの　1990年刊あり〉　1800円　①4-418-05518-5

04464 トーキョー放浪記　山田スイッチ著　光文社　2005.12　203p　16cm　（知恵の森文庫）　552円　①4-334-78400-3

(目次) トーキョーの居場所を探して, 第1章 あなたに会いたくて。, 第2章 これは出会いなの？ 出会いじゃないの？ , 第3章 あなたに会うために。, 第4章 とりあえず、何でもいいから出会っとけ!!, 終わりに トーキョーの居場所を探して

04465 私の東京風景　海野弘著　右文書院　2006.1　270p　19cm　（海野弘コレクション 1）　2600円　①4-8421-0061-3

(目次) 1 私の東京風景, 2 東京ロマネスク, 3 絵の中の東京, 4 武蔵野としての東京, 5 ウォーキングの詩学, 6 ふたつの世紀末東京

04466 名探偵浅見光彦のニッポン不思議紀行　内田康夫著　集英社　2006.2　270p　16cm　（集英社文庫）〈学習研究社2001年刊あり〉　600円　①4-08-746013-4

04467 象が眺める　立松和平著　札幌　柏艪舎　2006.8　204p　20cm〈星雲社（発売）〉　1700円　①4-434-08111-X

(目次) 四季の風景の中で, 北見発「ラジオ深夜便」アップダウンの道をゆく, 東京便り, 色の見本帖, 私の自然体験, 象に乗って帰ろう

04468 ある出版人の日本紀行　尹炯斗著, 舘野晳訳　出版ニュース社　2006.10　237p　20cm〈年譜あり〉　2000円　①4-7852-0124-X

04469 終着駅は始発駅　宮脇俊三著　グラフ社　2007.4　257p　19cm〈新潮社1985年刊の改訂復刊　文献あり〉　1238円　①978-4-7662-1054-5

04470 お伽の国―日本―海を渡ったトルストイの娘　アレクサンドラ・トルスタヤ著, ふみ子・デイヴィス訳　群像社　2007.6　204p　20cm〈肖像あり〉　2000円　①978-4-903619-05-7

(目次) お伽話の始まり, 尾行, 萌し, 日本芸術, 講演旅行, 千円, 学生, 剣道, 村, 米, 秘められた美, 徳富さん, 一灯園という宗派, 侍, 教授の家族, 人力車, 医者, 桜, 「えた」, 進歩的な女性達, ソ連への帰国拒否, さようなら、お伽の国 - 日本

04471 ビルマ商人の日本訪問記　ウ・フラ著, 土橋泰子訳　連合出版　2007.10　238p　20cm　（別世界との出会い 2）　2500円　①978-4-89772-226-9

(目次) 第1章 ビルマから日本へ, 第2章 台湾、上海、神戸、大阪, 第3章 浜松、静岡、東京、横浜、名古屋, 第4章 日本人とビルマ人, 第5章 日本に学ぶ, 第6章 仏像を寄進する, 終章 帰路

04472 一宿一通―こころを紡ぐふれ愛のたび　金澤智行著　講談社　2007.11　190p　19cm　1200円　①978-4-06-214301-1

(目次) 第1章 日本を見つめ直す旅番組『一宿一通』はこうして生まれた！ , 第2章 『一宿一通』で出会った素敵な宿主さん（東京～神奈川～静岡, 愛知～三重～岐阜～滋賀～京都, 兵庫～鳥取～島根～山口, 福岡～佐賀～長崎 ほか）, 第3章 感動のゴール！ あれから5年…『一宿一通』の心は受け継がれた！

04473 神に頼って走れ！―自転車爆走日本南下旅日記　高野秀行著　集英社　2008.3　242p　16cm　（集英社文庫）　476円　①978-4-08-746278-4

(目次) 第1週 1月15日～1月20日（東京～浜松）, 第2週 1月21日～1月26日（浜松～奈良）, 第3週 1月27日～2月1日（奈良～甲浦）, 第4週 2月2日～2月8日（甲浦～四万十）, 第5週 2月9日～2月15日（四万十～高千穂）, 第6週 2月16日～2月22日（高千穂～鹿児島）, 第7週 2月23日～3月1日（鹿児島～奄美大島）, 第8週 3月2日～3月6日（奄美大島～那覇）, 第9週 3月7日～3月10日（那覇～波照間島）

04474 イザベラ・バードの日本紀行　下　イザベラ・バード著, 時岡敬子訳　講談社　2008.6　416p　15cm　（講談社学術文庫）　1250円　①978-4-06-159872-0

(目次) 蝦夷に関するノート, 蝦夷の旅の行程, 東京に関するノート, 伊勢神宮に関するノート, 京都から山田（伊勢神宮）往路と、津経由の復路の行程, 日本の現況

04475 永井荷風―1879-1959　永井荷風著　筑摩書房　2008.7　477p　15cm　（ちくま日本文学 19）〈年譜あり〉　880円　①978-4-480-42519-5

[作品] 日和下駄

(内容) 江戸文人の風雅を生き、生涯、街歩きに淫した人。

04476 世界おもしろヒコーキ旅　チャーリィ古庄著　枻出版社　2008.9　235p　15cm　（枻文庫）　780円　①978-4-7779-1149-3

(目次) 日本でいちばん短いフライト, 古典旅客機ユンカースに乗る, 東京夜景ヘリツアー〔ほか〕

04477 日本雑記　ブルーノ・タウト著, 篠田英雄訳　中央公論新社　2008.11　368p　18cm　（中公クラシックス）〈育生社弘道閣昭和18年刊の復刻版　年譜あり〉　1800円　①978-4-12-160106-3

[作品] 日記抄 東京

04478 僕が遍路になった理由（わけ）―野宿で行く四国霊場巡りの旅　新装版　早坂隆著　連合出版　2009.2　227p　19cm　1700円　①978-4-89772-242-9

(目次) 旅の始まり, 第1部 徳島・発心の場, 第2部 高知・

修業の場, 第3部 愛媛・菩提の場, 第4部 香川・涅槃の場, 旅の終わりに, その後、小豆島〜東京

04479 随筆日本(にっぽん)―イタリア人の見た昭和の日本 フォスコ・マライーニ著, 岡田温司監訳, 井上昭彦, 鈴木真由美, 住岳夫, 柱本元彦, 山崎彩訳 京都 松籟社 2009.11 725p 22cm 〈文献あり 著作目録あり〉 7500円 ①978-4-87984-274-9

04480 旅の終りは個室寝台車 宮脇俊三著 河出書房新社 2010.3 237p 15cm (河出文庫) 680円 ①978-4-309-41008-1

04481 小さな魚(さかな)を巡る小さな自転車の釣り散歩―タナゴ・フナ・クチボソ・ヤマベ・ハゼ・テナガエビetc. オジサンたちの釣輪具雑魚団 葛島一美著 つり人社 2010.7 223p 22cm 〈タイトル:小さな魚を巡る小さな自転車の釣り散歩〉 1700円 ①978-4-88536-180-7

04482 すすれ!麺の甲子園 椎名誠著 新潮社 2010.10 365p 16cm (新潮文庫) 590円 ①978-4-10-144836-7

04483 旅する駅前、それも東京で!? カベルナリア吉田著 彩流社 2010.12 365p 19cm 1800円 ①978-4-7791-1576-9

04484 こぐこぐ自転車 伊藤礼著 平凡社 2011.1 326p 16cm (平凡社ライブラリー) 880円 ①978-4-582-76722-3

04485 旅暮らし 立松和平著 野草社 2011.4 285p 20cm (立松和平エッセイ集)〈発売:新泉社〉 1800円 ①978-4-7877-1181-6

04486 旨い定食途中下車 今柊二著 光文社 2011.5 238p 18cm (光文社新書)〈索引あり〉 780円 ①978-4-334-03623-2

04487 ドフライン・日本紀行 フランツ・ドフライン著, 林和弘訳 水産無脊椎動物研究所 2011.9 234p 27cm 〈著作目録あり 発売:松香堂書店[京都]〉 5000円 ①978-4-87974-651-1

04488 東京路地裏暮景色 なぎら健壱著 筑摩書房 2011.11 333p 15cm (ちくま文庫) 800円 ①978-4-480-42880-6

目次 第1章 町と時間を彷徨う(新宿を彷徨う, “70年代”新宿物語, 近いがゆえに、遠い街・銀座, 銀座居酒屋道 ほか), 第2章 今の町を歩く―江戸探し行脚(日本橋から品川へ, 勝手知ったる深川を歩く, 司馬遼太郎の本郷界隈を歩く, 気がつけば神田にいる ほか)

04489 斑猫の宿 奥本大三郎著 中央公論新社 2011.11 305p 16cm (中公文庫)〈JTB2001年刊あり〉 705円 ①978-4-12-205565-0

04490 色紀行―日本の美しい風景 吉岡幸雄著, 岡田克敏写真 清流出版 2011.12 241p 22cm 3500円 ①978-4-86029-374-1

04491 きよのさんと歩く大江戸道中記―日光・江戸・伊勢・京都・新潟…六百里 金森敦子著 筑摩書房 2012.2 413p 15cm (ちくま文庫)〈文献あり 『“きよのさん”と歩く江戸六百里』(バジリコ2006年刊)の加筆・訂正〉 950円 ①978-4-480-42915-5

04492 下駄で歩いた巴里―林芙美子紀行集 林芙美子著, 立松和平編 岩波書店 2012.4 331p 15cm (岩波文庫)〈第5刷(第1刷2003年)〉 700円 ①4-00-311692-5

作品 私の東京地図

04493 日本の路地を旅する 上原善広著 文藝春秋 2012.6 383p 16cm (文春文庫)〈文献あり〉 667円 ①978-4-16-780196-0

04494 極めよ、ソフテツ道!―素顔になれる鉄道旅 村井美樹著 小学館 2012.8 186p 19cm (IKKI BOOKS) 1400円 ①978-4-09-359208-6

04495 そして、人生はつづく 川本三郎著 平凡社 2013.1 280p 19cm 1600円 ①978-4-582-83597-7

目次 第1章 東京つれづれ日誌(王子飛鳥山から中央線沿線まで。, 奥深い赤羽と二人芝居。, 大事な人たち。, 残された者たち。, 北国、鉄道ロケ地めぐり。 ほか), 第2章 家事一年生(家事一年生, ひとり遊びぞわれはまされる, 日本の小さな町を歩く, 秘湯から町なかの温泉へ, 遠い声 ほか)

04496 東京漫遊記 富士正晴著 茨木 茨木市立中央図書館併設富士正晴記念館 2013.2 114p 21cm (富士正晴資料整理報告書 第19集)

04497 完訳 日本奥地紀行 4 東京―関西―伊勢 日本の国政 イザベラ・バード著, 金坂清則訳注 平凡社 2013.3 446p 18cm (東洋文庫)〈布装 索引あり〉 3200円 ①978-4-582-80833-9

目次 東京に関する覚書, 雅楽の演奏会, 伝道の中心, キヨウト・カレッジ(同志社英学校), 門徒宗, 美術品の好み, 宇治, 伊勢神宮に関する覚書(伊勢神宮), もう一つの巡礼, 琵琶湖, キリスト教の見通し, 火葬, 神道に関する覚書, 一八七九 - 八〇会計年(明治一二年度)歳入・歳出予算表, 外国貿易

04498 新島襄自伝―手記・紀行文・日記 新島襄著, 同志社編 岩波書店 2013.3 417, 11p 15cm (岩波文庫)〈「新島襄全集 全十巻」(同朋舎 1983-96年刊)の抜粋 年譜あり 索引あり〉 1020円 ①978-4-00-331063-2

04499 麴巡礼―おいしい麴と出会う9つの旅 おのみさ著 集英社 2013.4 125p 19cm 1300円 ①978-4-08-771509-5

04500 日本その日その日 エドワード・シルヴェスター・モース著, 石川欣一訳 講談社 2013.6 339p 15cm (講談社学術文庫)〈文献あり 著作目録あり〉 960円 ①978-4-06-292178-7

04501 松崎天民選集 第10巻 人間見物 松崎天民著, 後藤正人監修・解説 クレス出版 2013.11 395, 3p 19cm 〈騒人社書局 昭和二年刊の複製〉 6000円 ①978-4-87733-795-7

作品 食べもの行脚 縄暖簾四方山

04502 そのように見えた いしいしんじ作 イースト・プレス 2014.1 137p 20cm 1800円 ①978-4-7816-1089-4

目次 まるいち魚店, エルヴィス・プレスリー, 「こまねこ」と「ピクニック」, N君, 東京マラソン, 犬のファニー, 旧歌舞伎座の理髪店, 長谷川等伯, いしゆ祭り, なかひが

し，塔本シスコ，伊勢神宮，ころがるいしのおと，見世物小屋，ディヌ・リパッティ，牧野富太郎，ブタとおっちゃん，ギャルリー宮脇，大竹伸朗，書き終え症候群，Uくん，本とレコード，福島くん，ウナギ，夢，犬のパトラッシュ，別府，荒井良二，ひとひ，さかなクン，ピロスマニ，世界最古の洞窟壁画，みずのそば

04503 米国人一家、おいしい東京を食べ尽くす　マシュー・アムスター＝バートン著，関根光宏訳　エクスナレッジ　2014.5　349p　19cm〈文献あり〉　1700円　Ⓘ978-4-7678-1806-1

(目次) お茶，中野，ラーメン，世界一のスーパー，朝ご飯，豆腐，東京のアメリカンガール，ラッシュアワー，焼き鳥，ほっとする街，天ぷら，チェーン店，うどんとそば，カタカナ，鮨，肉，鍋物，お風呂，餃子と小籠包，お好み焼き，居酒屋，たこ焼き，洋菓子，うなぎ，浅草，帰国する

04504 ぼくらは怪談巡礼団　加門七海，東雅夫著　KADOKAWA　2014.6　301p　19cm　（〔幽BOOKS〕）　1400円　Ⓘ978-4-04-066760-7

04505 鉄道フリーきっぷ達人の旅ワザ　所澤秀樹著　光文社　2014.7　268p　18cm　（光文社新書）　800円　Ⓘ978-4-334-03809-0

04506 ガリヴァーの訪れた国―マリアンヌ・ノースの明治八年日本紀行　柄戸正著　万来舎　2014.9　171p　19cm〈文献あり〉　1200円　Ⓘ978-4-901221-81-8

(目次) 1 世界旅行，2 横浜，3 東京，4 神戸、大阪，5 京都，6 ドイツ、オーストリア紀行，7 帰国

04507 紀行せよ、と村上春樹は言う　鈴村和成著　未来社　2014.9　360p　20cm〈著作目録あり〉　2800円　Ⓘ978-4-624-60116-4

(作品)『1Q84』の東京サーガを行く

04508 まんが日本昔ばなし今むかし　川内彩友美著　展望社　2014.10　254p　19cm　1400円　Ⓘ978-4-88546-289-4

(作品) けちんぼ六さん―東京都

04509 鍋釜天幕団ジープ焚き火旅―あやしい探検隊さすらい篇　椎名誠編　KADOKAWA　2015.2　187p　15cm　（角川文庫）〈本の雑誌社 1999年刊の加筆修正〉　440円　Ⓘ978-4-04-102321-1

04510 唄めぐり　石田千著　新潮社　2015.4　401p　20cm〈文献あり〉　2300円　Ⓘ978-4-10-303453-7

04511 新選組紀行　増補決定版　中村彰彦著　PHP研究所　2015.7　345p　15cm　（PHP文庫）〈初版：文藝春秋 2003年刊　文献あり〉　720円　Ⓘ978-4-569-76398-9

04512 旅の闇にとける　乃南アサ著　文藝春秋　2015.8　327p　16cm　（文春文庫）　670円　Ⓘ978-4-16-790428-9

(作品) 東京空中さんぽ

(目次) 渇きの大地へ，東京空中さんぽ，たまて箱列車で見る夢は，ミャンマーにて，中国の七つの赤を，オホーツク新世代開拓者，タスマニアの虹

04513 行列の尻っ尾　木山捷平著　幻戯書房　2016.2　395p　20cm　（銀河叢書）　3800円　Ⓘ978-4-86488-090-9

04514 太田和彦の東京散歩、そして居酒屋　太田和彦著　河出書房新社　2016.4　127p　21cm　1500円　Ⓘ978-4-309-27711-0

(目次) 飲・食（そば前の粋，私、ワインバー派です，天丼で季節を食す ほか），観・聴（名画座で昭和に逢う，小美術館のひととき，名曲喫茶は街のオアシス ほか），歩・遊（都市公園でほっとひと息，銭湯賛歌，晴れた日の銅像めぐり ほか）

04515 大東京23区散歩　泉麻人著　講談社　2016.6　668p　15cm　（講談社文庫）〈絵：村松昭　2014年刊を大幅に改訂〉　1100円　Ⓘ978-4-06-293419-0

(目次) 千代田区，中央区，港区，新宿区，文京区，台東区，墨田区，江東区，品川区，目黒区〔ほか〕

04516 日本全国津々うりゃうりゃ　宮田珠己著　幻冬舎　2016.6　315p　16cm　（幻冬舎文庫）〈廣済堂出版 2012年刊の再刊　文献あり〉　690円　Ⓘ978-4-344-42482-1

04517 はじめての輪行―自転車をバッグにつめて旅に出よう　内藤孝宏著　洋泉社　2016.6　175p　21cm　1500円　Ⓘ978-4-8003-0966-2

(目次) PROLOUGE 50歳の自転車旅習い，01 東京ちゃりんこマラソン（東京都），intermission―旅の途中で 自転車旅の達人に輪行の極意を教えてもらいに行った，02 富士四湖（？）半周、日帰り湖畔の旅（山梨県），03 日本でいちばん長い下り坂を求めて（長野県・山梨県），04 京都洛中洛外自転車寺社めぐり（京都府），05 "聖地"しまなみ海道を行く（広島県・愛媛県），特別付録 自転車ツーキニスト・疋田智がオススメする一度は走ってみたい！自転車旅コース9選

04518 旅は道づれ雪月花　高峰秀子，松山善三著　中央公論新社　2016.11　306p　16cm　（中公文庫）〈ハースト婦人画報社 2012年刊の再刊〉　760円　Ⓘ978-4-12-206315-0

04519 おいしいものは田舎にある―日本ふーど記　改版　玉村豊男著　中央公論新社　2017.1　245p　16cm　（中公文庫）〈初版のタイトル等：日本ふーど記（日本交通公社 1984年刊）〉　700円　Ⓘ978-4-12-206351-8

04520 日和下駄―一名東京散策記　永井荷風著　講談社　2017.1　217p　17cm　（講談社文芸文庫Wide）〈講談社文芸文庫 1999年刊の再刊　著作目録あり 年譜あり〉　1000円　Ⓘ978-4-06-295511-9

(目次) 日和下駄（日和下駄，淫祠，樹，地図，寺，水 附渡船，路地，閑地，崖，坂，夕陽 附富士眺望，日和下駄異文），荷風随筆 抄（向島，百花園，上野，帝国劇場のオペラ，申訳，巷の声）

04521 希望の鎮魂歌（レクイエム）―ホロコースト第二世代が訪れた広島、長崎、福島　エヴァ・ホフマン著，早川敦子編訳　岩波書店　2017.3　163p　22cm　3700円　Ⓘ978-4-00-061189-3

04522 東京いい道、しぶい道―カラー版　泉麻人著　中央公論新社　2017.4　250p　18cm　（中公新書ラクレ）　1000円　Ⓘ978-4-12-150582-8

(目次) 1 城北エリア（怪人オブジェの古道…尾久本町通り（前編），尾久三業の仄かな面影…尾久本町通り（後編）ほか），2 城東エリア（神鹿としめ飾りの里…鹿骨街道，

影向の松と相撲寺…篠崎街道 ほか), 3 城南エリア (シナノキ並ぶ銀座の間道…並木通り, 高野聖と火の見やぐら…三田聖坂・二本榎通り ほか), 4 城西エリア (幻のオリンピックの面影…野沢通り, 渋谷区の鳥頭地帯…幡ヶ谷 六号通り・不動通り ほか), 5 多摩エリア (新緑の三鷹ケヤキ道…人見街道 (前編), 野川べりの水車小屋…人見街道 (後編) ほか)

青ヶ島

04523 日本《島旅》紀行 斎藤潤著 光文社 2005.3 284p 18cm (光文社新書) 780円 ①4-334-03299-0

04524 東京の島 斎藤潤著 光文社 2007.7 262p 18cm (光文社新書) 740円 ①978-4-334-03412-2

(目次) 硫黄島紀行 理想郷から阿鼻叫喚の地獄へ—。そして、今, 第1章 伊豆諸島—黒潮の北の島々 (大島—日本で唯一の砂漠は感動的なのに、なぜか薄い影, 利島—全島の八割を覆う、耕して天に至る椿の段々畑, 新島—新島本村は、天然石を利用した日本最大の石造集落か, 式根島—日本的な景観が残る島には、古きよき湯治場の情景が似合う, 神津島—はるかなる想像の翼を広げてくれる絶海のハイテク素材), 第2章 伊豆諸島—黒潮の只中の島々 (三宅島—オバちゃんたちとの遠足で島の魅力にどっぷり浸る, 御蔵島—指物の最高の素材は、なんといっても島桑ですよ, 八丈島—不思議な魅力の植物公園と切ない食虫植物, 青ヶ島—隣の酒造りは、見ているだけでも楽しく、おいしい), 第3章 小笠原諸島 (父島・母島——大国家プロジェクトだった、熱帯作物の小笠原導入, 南島—君知るや、素敵な南海の楽園はその名もずばり南島), 沖ノ鳥島航海記 我が国唯一の熱帯、日本最南端の地に立つ

04525 ぶらりニッポンの島旅 管洋志著 講談社 2011.7 253p 15cm (講談社文庫) 838円 ①978-4-06-276988-4

04526 絶海の孤島—驚愕の日本がそこにある 増補改訂版 カベルナリア吉田著 イカロス出版 2015.12 233p 21cm 1600円 ①978-4-8022-0118-6

(目次) 断崖絶壁に囲まれた孤高の火山島 青ヶ島 (東京都青ヶ島村), 韓国にいちばん近い島 対馬 (長崎県対馬市), ロシアの風吹く渡り鳥の休息地 舳倉島 (石川県輪島市), 急斜面に立つ家で島人は今日も平穏に暮らす 鵜来島 (高知県宿毛市), これが本当の「孤島」かもしれない 江島 (長崎県西海市), 「奇祭の島」の日常を見にいく旅 悪石島・臥蛇島 (鹿児島県十島村), 海は赤く、山は噴煙を吐き続ける! 硫黄島 (鹿児島県三島村), 南の果ての絶壁島は昼も夜も大忙し! 南大東島 (沖縄県南大東村), 静寂の中、キビがただ風に揺れる 北大東島 (沖縄県北大東村), 東京から1000km離れる「ボニンアイランド」父島・母島 (東京都小笠原村)

04527 ニッポン島遺産 斎藤潤著 実業之日本社 2016.8 191p 19cm 1600円 ①978-4-408-00889-9

04528 おれたちを跨ぐな!—わしらは怪しい雑魚釣り隊 椎名誠著 小学館 2017.8 275p 19cm 1400円 ①978-4-09-379895-2

青戸 (葛飾区)

04529 青インクの東京地図 安西水丸著 講談社 1990.3 200p 15cm (講談社文庫) 350円 ①4-06-184635-3

(目次) 冬の町 (深川・冬木町あたり), キュビズムの町 (赤坂), 私鉄沿線 (戸越銀座あたり), 木芽おこしの雨 (新橋・烏森あたり), 地蔵の町 (巣鴨), 男と女の町 (歌舞伎町あたり), 京成サブのこと (青戸・柴又あたり), 西部国境警備隊 (八王子千人町), 雨の降る町 (錦糸町・猿江あたり), 蟬しぐれ (九段・神田神保町あたり), 雑踏のなかで (上野あたり), 古きよき町 (銀座), ゆめのあと (府中・分倍河原), 晩秋 (浅草・三ノ輪あたり), 川の流れる町 (町屋・千住あたり)

04530 きのふの東京、けふの東京 川本三郎著 平凡社 2009.11 277p 19cm 1600円 ①978-4-582-83452-9

(目次) 1 けふの町を歩く (岩淵, 参宮橋, 町屋, 江北, 六本木一丁目, 浮間, 四つ木, 八広, 有楽町, 抜弁天, 聖蹟桜ヶ丘, 久我山, 青戸, 竹ノ塚, 千住関屋, 堀切菖蒲園, 小岩, 一之江, 妙法寺, 狛江, 新小岩, 武蔵境, 西麻布, 落合), 2 きのふの盛り場 (千住、下町のフィールド・オブ・ドリームス, 上野、敗者に優しい町, 御茶ノ水、名探偵とモダンガール, 東京昭和三十年代建築の時代, 新宿、ガスタンクと浄水場とドヤ街, 東京駅界隈, 錦糸町・両国、総武線の東側, かって神保町界隈にあった映画館のこと, 池袋は今日も戦後だった, 阿佐谷、相撲の町, 新橋、東京の真ん中にある下町), 3 作家たちの東京 (林芙美子「市外」に生きる, 小津安二郎 東京への違和感, 溝口健二の東京下町, 芝木好子の洲崎, 永島慎二が描いた若者たち, 向田邦子と久世光彦の「あの頃」, 荷風の愛した寺, 荷風の旧幕びいき, 深川荷風のいた風景)

青砥駅

04531 車だん吉ぶらり旅 京成線編 車だん吉画・文 風塵社 2001.6 223p 21cm 1400円 ①4-938733-95-1

(目次) 町屋, 千住大橋・京成関屋, 堀切菖蒲園, お花茶屋, 青砥, 八広, 押上, 京成高砂, 柴又, 金町

青海 (江東区)

04532 黒田知永子 大人のための小さな旅—日本のいいとこ見つけた 黒田知永子著 集英社 2014.9 159p 21cm 1600円 ①978-4-08-780732-5

青物横丁

04533 東京随筆 赤瀬川原平著 毎日新聞社 2011.3 269p 20cm 1800円 ①978-4-620-32052-6

(目次) 歴史の痕跡:大きな寺 [池上], 墓石の味 [洗足池], 木陰の坂道 [五反田], 地元の心意気 [戸越銀座], 「忠臣蔵」最終地点 [高輪], なかなか力作 [青物横丁], 珍しい場所 [六郷土手], 地層と霊地 [大森], ふくらむ人工都市 [品川], 屋形船団 [品川], 我は海の子 [天王洲アイル], 夢見た光学通り [大井町], 残された大鳥居 [羽田], 操縦桿を握る [羽田], 江戸の味わい:懐かしい大看板 [森下], 深川飯の香り [門前仲町], 相撲の町 [両国], 力士の肌色 [両国], ふつうの滋味 [向島], 布干し、浮世絵 [京島], 目出度い名前の神社 [木場], 浮橋に汽笛一声 [砂町], ゴッホと亀戸天神 [亀戸], 運河の名残り [亀有], 対岸の千葉 [柴又], 金属機械の誘惑 [田端], ガラス工場 [王子], 秋境の道 [赤羽], スリッパの誕生 [旧古川庭園], 見えている力 [錦糸町], 街道の雰囲気 [北千住], 横に広がる町 [小岩], 海に向かって [葛西臨海公園], すべてが曲面 [潮見], ぶっきらぼうな空気 [清澄], 早くも走馬燈 [隅田川水上バス], 幻の地下の街 [浅草], 巨大な籐編みの塔 [東京スカイツリー], 下町の愉しみ:糸瓜と

サボテン［根岸］, 生まれては苦界［三ノ輪］, 照れて歩く［吉原］, 海を見る［千駄木］, 夕やけだんだん［谷中］, 見えない芸術［東京芸術大学］, 水上を進む感覚［不忍池］, 床ににじむ歴史［国立科学博物館］, 人とは違う生きもの［上野動物園］, 桜の実力［上野公園］, ガリバーの気分［合羽橋商店街］, 実力がみなぎる［アメ横］, 静かなパチンコ［東上野］, 絵筆と街並み：乱歩の旧宅［西池袋］, 恐れ入谷の…［雑司ヶ谷］, 絵の具が匂う［椎名町］, プリズン上空［サンシャインシティ］, 路上マッサージ［巣鴨］, 外骨が眠る［駒込］, 三つ角の空気［目白］, 垣根の刈り込み［常盤台］, 病院が医院に［上板橋］, ナポレオンのピアノ［江古田］, カワセミがいる［石神井公園］, 校庭を流れる小川［豊玉］, ニュートンの家の林檎［白山］, あかがね御殿［茗荷谷］, 坂道の大鳥居［湯島］, 銀色の蝶［護国寺］, 名前の政権交代［江戸川橋］, 江戸の名残り［後楽園］, 野球の殿堂［東京ドーム］, 東大の前で慶應［本郷］, 赤門をくぐる［東大本郷キャンパス］, 爪切りを見て通る［京橋］, 河豚と計報［築地］, つい背伸びする［銀座］, 夕暮どきから［新橋］, ビルの角に触る［汐留シオサイト］, 老舗が並ぶ［日本橋］, いつも道に迷う［人形町］, ぽつんと鐘つき堂［小伝馬町］, いきなりもんじゃ焼き［月島・佃島］, 警備員がじろり［霞ヶ関］, なじまぬ散歩者［永田町］, 貴族院の痕跡［国会議事堂］, 金属探知機［兜町］, 幼い記憶［番町］, 何かのシンボル［靖国神社］, 円の中心［皇居］, 会社が終わるころ［皇居一周］, 目暈の偶然［北の丸公園］, 人馬共用の水飲み［日比谷公園］, 東京の玄関［丸の内］, マッカーサー元帥［有楽町］, 斜めの町［神田］, 右に行くとアテネフランセ［お茶の水］, やはりランチョンだ［神保町］, 少々たじろぐ［秋葉原］, 今はもう道楽で［岩本町］, 青山 赤坂：愛の狛犬［麻布］, 昼休みの時間［赤坂］, 赤坂の隣［青山］, じめっとした歴史［愛宕］, 外国の奥様方［広尾］, 安部マーフィーちゃん［白金台］, ペンは剣より強し［三田］, のどかな庭園［浜松町］, 突然姿を［東京タワー］, 変なおじさんたち［六本木］, 二重の地図［アークヒルズ］, 知る人ぞ知る［代官山］, 男は黙って…［恵比寿］, 帰りは権の助坂を［目黒］, 渦巻く世代の潮流［渋谷］, 静かなる人口爆発［ハチ公前］, 学食の青いハシ［青山学院］, とにかく欅並木［表参道ヒルズ］, フェアトレード［神宮前］, 東京近県の若者［原宿］, 烏賊と巻き貝［代々木競技場］, 木々の芽吹き［明治神宮］, 突然モスクの屋根［代々木上原］, 途中下車のすすめ：白馬の学長［松蔭神社前］, 太子堂はどこに［三軒茶屋］, 屏風の建築［駒沢大学］, 王冠と水道［桜新町］, 美術館への散歩道［用賀］, なぜ園なのか［二子玉川］, 轟いていた音［等々力渓谷］, 裕福の歴史［田園調布］, アジアというもの［世田谷ボロ市］, 二足歩行の江ノ電［豪徳寺］, 路上のブログ［経堂］, 土の匂い［馬事公苑］, 松の木に気がゆるむ［成城］, ズボンずり下げ［下北沢］, 変な看板がいろいろ［駒場］, 戦後のタイムマシン［下高井戸］, 木洩れ日 武蔵野：新旧をつなぐ商店街［中野］, 静かなお年寄り［新井薬師］, 百八十体の観音像［沼袋］, 天気の神様［高円寺］, 青春の町［阿佐ヶ谷］, 酔っ払った日々［荻窪］, 樹間の散歩道［吉祥寺］, 大きな路傍の石［三鷹］, はじめにそばありき［深大寺］, モグラの王国［野川公園と国際基督教大学］, 威風堂々、子宝湯［小金井公園］, 堀沿いに歩く［府中］, 家の裏を流れる［国分寺］, 水源の正体［玉川上水］, 印象派の絵の中［国立］, いきなりの北海道［田無］, 砂川七番の幻影［多摩都市モノレール］, 赤いメルセデス［立川］, すごい彫物［日野］, 哀愁街道［青梅］, 絵のような清流［御嶽］, 路地と坂道：川沿いの染め物工房［中井］, パリへの憧れ［下落合］, 文豪と料亭［神楽坂］, 学生の匂い［高田馬場］, 宿命の場所［市ヶ谷］, ほどよい坂［四谷の裏路地］, 路地の風格［四谷荒木町］, 考えず歩く［新宿御苑］, 男の町［新宿三丁目］, わずかに残る現物［新宿西口］, 美女に地下足袋［西新宿］, 韓国大使館［新大久保・コリアンタウン］, 斜めに横切る［代々木の踏切］, 地面に汗の歴史［千駄ヶ谷］, 遠足記：山下公園, 港の見える丘公園, 鶴岡八幡宮, 鎌倉大仏, 箱根関所, 大涌谷, 鉄道博物館, 伊豆大島

青山

04534 文学の街―名作の舞台を歩く 前田愛著 小学館 1991.12 315p 16cm （小学館ライブラリー） 780円 ①4-09-460015-9

(目次) 大佛次郎『幻燈』―横浜, 森鷗外『雁』―不忍池, 樋口一葉『たけくらべ』―吉原・竜泉寺町, 泉鏡花『照葉狂言』―金沢, 国木田独歩『武蔵野』―玉川上水, 田山花袋『東京の三十年』―牛込, 夏目漱石『三四郎』―本郷, 永井荷風『すみだ川』―隅田川, 永井荷風『あめりか物語』―シカゴ, 中野重治『むらぎも』―谷中・本郷・小石川, 川端康成『浅草紅団』―浅草, 堀辰雄『美しい村』―軽井沢, 織田作之助『夫婦善哉』―大阪, 大岡昇平『武蔵野夫人』―恋ケ窪, 三浦哲郎『忍ぶ川』―深川・駒込, 三島由紀夫『橋づくし』―築地, 田中康夫『なんとなく、クリスタル』―原宿・青山

04535 遊覧日記 武田百合子著, 武田花写真 筑摩書房 1993.1 185p 15cm （ちくま文庫） 470円 ①4-480-02684-3

04536 たびたびの旅 安西水丸著 フレーベル館 1998.10 19cm

04537 僕の東京地図 安岡章太郎著 世界文化社 2006.6 171p 21cm （ほたるの本）〈文化出版局1985年刊の増補〉 1800円 ①4-418-06230-0

04538 幻景の街―文学の都市を歩く 前田愛著 岩波書店 2006.12 310p 15cm （岩波現代文庫） 1000円 ①4-00-602110-0

(目次) 1 明治・大正（大佛次郎『幻灯』―横浜, 森鷗外『雁』―不忍池, 樋口一葉『たけくらべ』―吉原・竜泉寺町, 泉鏡花『照葉狂言』―金沢, 国木田独歩『武蔵野』―玉川上水 ほか）, 2 昭和（中野重治『むらぎも』―谷中・本郷・小石川, 川端康成『浅草紅団』―浅草, 堀辰雄『美しい村』―軽井沢, 織田作之助『夫婦善哉』―大阪, 大岡昇平『武蔵野夫人』―恋ケ窪 ほか）

04539 青春の東京地図 泉麻人著 筑摩書房 2007.4 261p 15cm （ちくま文庫） 700円 ①978-4-480-42250-7

(目次) 1 僕のご近所地図（スガ屋と仁丹ガム,「ブラックハンド」の路地 ほか）, 2 僕的東京案内（いい匂いのする赤い地下鉄,「牛乳屋さん」のあった時代 ほか）, 3 ああ青春の東京地図（渋谷・公園通り1973, 渋谷宮益坂・雀パイの鳴く裏路地 ほか）, 4 なつかしの東京風景（住宅地図の旅, ありし日の「町内会地図」 ほか）

04540 東京随筆 赤瀬川原平著 毎日新聞社 2011.3 269p 20cm 1800円 ①978-4-620-32052-6

04541 みちくさ 2 菊池亜希子著 小学館 2011.5 127p 21cm 1200円 ①978-4-09-342387-8

04542 東京者がたり 西村賢太著 講談社 2015.10 197p 20cm 1600円 ①978-4-06-219794-6

(目次) 後楽園球場, 隅田川, 蒲田, 早稲田, 上野, 染井墓地, 御徒町, 鶯谷, 旧花園町, 九段坂, 下北沢, 錦糸町, 音羽, 築地市場, 東京駅, 青山, 上野桜木町, 神宮球場, 新東海橋, 亀戸, 言問通り, 北区三景, 大森, 白金台, 日暮里,

関東

神楽坂の銭湯, 神田川, 新宿二丁目の病院, 芝公園

04543 私の東京地図　小林信彦著　筑摩書房　2017.7　254p　15cm　（ちくま文庫）〈2013年刊に「私の東京物語」を加えた〉　720円　①978-4-480-43450-0

目次 東京駅から始まる, 粋筋の香りを残す―赤坂, 道からの変貌―青山, 静かな住宅街から盛り場へ―表参道, 雑然とした日本の象徴―渋谷, 映画館の町だった―新宿, 都内最大の米軍基地だった―六本木, 旧山の手人が集う―恵比寿・目黒, 東京らしい風景が残っている―日比谷・有楽町, 橋だけが残った―日本橋, 変わらない町並みと不確かな記憶―銀座, 古本と映画の町―神田, 生れた町のこと―両国, いまは下町の代表地区―人形町, 川の向こうとこっち側の違い―深川, 暗いイメージの土地に…―本所, 南の果て―品川, 東京はまだ"普請中", 私の東京物語

青山学院

04544 東京随筆　赤瀬川原平著　毎日新聞社　2011.3　269p　20cm　1800円　①978-4-620-32052-6

青山通り

04545 かわいい自分には旅をさせろ　嵐山光三郎著　講談社　1991.8　253p　18cm　1100円　①4-06-205402-7

04546 街道をゆく　33　白河・会津のみち、赤坂散歩　新装版　司馬遼太郎著　朝日新聞出版　2009.4　333, 8p　15cm　（朝日文庫）〈初版：朝日新聞社1994年刊〉　740円　①978-4-02-264487-9

赤坂

04547 青インクの東京地図　安西水丸著　講談社　1990.3　200p　15cm　（講談社文庫）　350円　①4-06-184635-3

04548 大東京繁昌記　高浜虚子, 田山花袋, 芥川龍之介, 岸田劉生, 加能作次郎ほか著　毎日新聞社　1999.5　263p　20cm　（毎日メモリアル図書館）　1600円　①4-620-51036-X

作品 四谷、赤坂〔宮嶋資夫〕

目次 丸の内（高浜虚子）, 日本橋附近（田山花袋）, 本所両国（芥川龍之介）, 新古細句銀座通（岸田劉生）, 早稲田神楽坂（加能作次郎）, 雷門以北（久保田万太郎）, 四谷、赤坂（宮島資夫）, 神保町辺（谷崎精二）, 芝、麻布（小山内薫）

04549 旅の紙芝居　椎名誠写真・文　朝日新聞社　2002.10　350p　15cm　（朝日文庫）〈1998年刊の文庫化〉　820円　①4-02-264298-X

作品 人生は忙しい

04550 「懐かしの昭和」を食べ歩く―カラー版　森まゆみ著　PHP研究所　2008.3　269p　18cm　（PHP新書）　950円　①978-4-569-69777-2

目次 第1章 浅草, 第2章 銀座・有楽町・新橋, 第3章 神田・日本橋・神楽坂, 第4章 渋谷・赤坂・六本木, 第5章 新宿・高田馬場・池袋, 第6章 横浜

04551 散歩の学校　赤瀬川原平著　毎日新聞社　2008.12　181p　21cm　1600円　①978-4-620-31899-8

目次 一時間目（東京タワー, アメ横, 谷中, 吉祥寺, 日比谷公園, 田園調布と自由が丘, 野川公園と国際基督教大学, 東京競馬場周辺, 両国）, 二時間目（下北沢, 白金台, 四谷荒木町, 府中刑務所周辺, 上野動物園, 阿佐ケ谷, 隅田川・水上バス, 浅草, 神宮球場）, 三時間目（銀座, 東池袋, 西池袋, 東大本郷キャンパス, 表参道ヒルズ, 合羽橋道具街, 小金井公園, 羽田, 秋葉原）, 四時間目（国会議事堂, 中野, 代々木の踏み切り, 皇居, 赤坂, 築地, 江古田, 京島, 渋谷・ハチ公前）, 課外授業（伊豆大島）

04552 街道をゆく　33　白河・会津のみち、赤坂散歩　新装版　司馬遼太郎著　朝日新聞出版　2009.4　333, 8p　15cm　（朝日文庫）〈初版：朝日新聞社1994年刊〉　740円　①978-4-02-264487-9

04553 夢幻抄　白洲正子著　世界文化社　2010.11　322p　21cm〈5刷 1997年刊の造本変更〉　1600円　①978-4-418-10514-4

作品 東京の坂道

目次 1（母の憶い出, 小林秀雄氏 ほか）, 2（名品散策,「ととや」の話, 入江さんと歩く大和路, 浅野喜市と京都 ほか）, 3（和歌の伝統に想う）, 4（西行―讃岐への旅, 明恵上人―紀州遺跡 ほか）, 5（飛鳥散歩, 高山寺慕情, 若狭紀行, 西国巡礼の旅, 東京の坂道（富士見坂から三宅坂, 永田町のあたり, 麴町界隈, 国府路の町, 番町皿屋敷, 靖国神社の周辺, 一ツ木の憶い出, 赤坂 台町, 赤坂から麻布へ, 伝通院と後楽園, 神楽坂散歩, 八百屋お七と振袖火事）ほか）

04554 東京随筆　赤瀬川原平著　毎日新聞社　2011.3　269p　20cm　1800円　①978-4-620-32052-6

04555 鶴川日記　白洲正子著　PHP研究所　2012.6　195p　15cm　（PHP文芸文庫）〈2010年刊（文化出版局1979年刊の再編集）の再刊〉　533円　①978-4-569-67782-8

作品 東京の坂道

目次 鶴川日記（鶴川の家, 農村の生活, 村の訪問客, 鶴川の周辺）, 東京の坂道（富士見坂から三宅坂へ, 永田町のあたり, 麴町界隈, 国府路の町, 番町皿屋敷, 靖国神社の周辺, 一ツ木の憶い出, 赤坂 台町, 赤坂から麻布へ, 伝通院と後楽園, 神楽坂散歩, 八百屋お七と振袖火事）, 心に残る人々（ある日の梅原さん, 熊谷守一先生を訪ねて, 熊谷先生の憶い出―追悼, 芹沢さんの蒐集, バーナード・リーチの芸術, 牟田洞人の生活と人間, 角川源義さんの憶い出, 北小路功光『説庵歌冊』, 祖父母のこと）

04556 東京いいまち一泊旅行　池内紀著　光文社　2012.8　266p　18cm　（光文社新書）　800円　①978-4-334-03701-7

目次 1（五十三次うちどめの夢―品川宿（品川区）, ここすぎてとわのなやみぞ―上野（台東区）, サービス満点―十条・王子（北区）, 三代目訪問―赤坂（港区）, ハイカラと伝統―築地明石町（中央区））, 2（坂の上彷徨―牛込界隈（新宿区）, 巷の芸術―かっぱ橋道具街（台東区）, 田遊び―赤塚（板橋区）, 幻の町―木場（江東区）, 空白の地図―小菅（葛飾区）, 椿山荘清遊―関口（文京区）, 路地裏いきつもどりつ―千住（足立区））, 3（タダは楽しい―丸の内（中央区）, 人神和合―明治神宮（渋谷区）, 初恋ラプソディー―豊島園（練馬区）, カブトと龍の里―檜原村（西多摩郡））, 4（一日静養―蒲田（大田区）, 映画少年の夢―青梅市, 絹の道往還―八王子市, 旧友再会―神田・日本橋（千代田区・中央区））

04557 大東京繁昌記　山手篇　講談社文芸文庫編　講談社　2013.6　408p　16cm　（講談社文

芸文庫)〈底本:春秋社 1928年刊　平凡社 1999年, 大空社 1992年刊あり〉　1700円　①978-4-06-290195-6
作品 四谷、赤坂〔宮嶋資夫〕
目次 飯倉附近(島崎藤村), 丸の内(高浜虚子), 山の手麹町(有島生馬), 神保町辺(谷崎精二), 大学界隈(徳田秋声), 上野近辺(藤井浩祐), 小石川(藤森成吉), 早稲田神楽坂(加能作次郎), 四谷、赤坂(宮嶋資夫), 芝、麻布(小山内薫), 目黒附近(上司小剣)

04558 私の東京地図　小林信彦著　筑摩書房　2017.7　254p　15cm　(ちくま文庫)〈2013年刊に「私の東京物語」を加えた〉　720円　①978-4-480-43450-0

赤坂台町

04559 夢幻抄　白洲正子著　世界文化社　2010.11　322p　21cm〈5刷 1997年刊の造本変更〉　1600円　①978-4-418-10514-4
作品 東京の坂道

04560 鶴川日記　白洲正子著　PHP研究所　2012.6　195p　15cm　(PHP文芸文庫)〈2010年刊(文化出版局1979年刊の再編集)の再刊〉　533円　①978-4-569-67782-8
作品 東京の坂道

赤坂見附

04561 東京ひとり歩き ぼくの東京地図。　岡本仁著　大阪　京阪神エルマガジン社　2017.4　159p　21cm　1600円　①978-4-87435-531-2
目次 遠出して歩く(羽田空港から大門へ。, 二重橋から東京駅へ。, 日本橋から竹橋へ。, 新御茶ノ水から新御茶ノ水へ。, 築地から日比谷へ。, 錦糸町から田原町へ。, 浅草雷門から田原町へ。, 上野広小路から湯島へ。), 友人と歩く(小梶くんの立石案内, 小林さんの深川案内, 隈くんの神楽坂案内, 平野さんの渋谷案内), 近所を歩く(乃木坂から神谷町へ。, 原宿から富ケ谷へ。, 千駄ケ谷から新宿西口へ。, 霞ケ丘町から赤坂見附へ。)

赤坂見附交差点

04562 東京思い出電車旅—のんびりと自由時間の街歩き　野村正樹著　東洋経済新報社　2010.1　246p　20cm〈年表あり〉　1600円　①978-4-492-04364-6
目次 プロローグ 一枚の古い写真から, 第1景 渋谷道玄坂, 第2景 新宿西口ターミナル, 第3景 銀座通りと東京タワー, 第4景 赤坂見附交差点, 第5景 山の手・私鉄沿線めぐり, 第6景 多摩川と隅田川, 第7景 荒川線・途中下車の旅, 第8景 武蔵野散歩, エピローグ 友と家族と歩く歳月

赤塚

04563 東京いいまち一泊旅行　池内紀著　光文社　2012.8　266p　18cm　(光文社新書)　800円　①978-4-334-03701-7

赤羽

04564 繁栄TOKYO裏通り　久田恵著　文芸春秋　1997.5　309p　136cm　1714円　①4-16-352870-9

04565 僕の東京地図　安岡章太郎著　世界文化社　2006.6　171p　21cm　(ほたるの本)〈文化出版局1985年刊の増補〉　1800円　①4-418-06230-0

04566 東京の空の下、今日も町歩き　川本三郎著　筑摩書房　2006.10　280p　15cm　(ちくま文庫)〈写真:鈴木知之〉　800円　①4-480-42260-9
目次 映画が輝いていた頃の遠い日の記憶が甦る町「青梅」,「池上」「千鳥」「蒲田」慎ましく懐かしい、水郷の町の面影, 新旧の顔が混ざり合う練馬区の素朴な町, 歩くほどに意外な顔が見える「八王子」の町, 線路のない町「武蔵村山」と多摩湖を抱く「東大和」, 新緑に萌える玉川上水が流れる町「羽村」「福生」, 東武東上線沿線、川と工場と田園の町、板橋区, 清朗な暮らしが町の隙間に息づく「赤羽」「王子」, 子供時代の思い出と歩く「阿佐谷」「荻窪」, 越中島貨物線がつなぐ川辺の町「砂町」「亀戸」「新小岩」, 酎ハイを傾け下町の郷愁にひたる町「柴又」「亀有」「金町」, 東京郊外の懐の深さに心打たれる町「調布」, 失われた東京の幻影が浮かび上がる「町屋」, 川と運河と町工場がある「大井町」「大森」「羽田」, 東武線、京成線が寄りそう町「押上」「業平橋」「曳舟」, 多摩川と秋川に挟まれた郊外の町「あきる野」

04567 東京随筆　赤瀬川原平著　毎日新聞社　2011.3　269p　20cm　1800円　①978-4-620-32052-6

04568 そして、人生はつづく　川本三郎著　平凡社　2013.1　280p　19cm　1600円　①978-4-582-83597-7

04569 ふらっと朝湯酒　久住昌之著　カンゼン　2014.2　199p　19cm　1300円　①978-4-86255-226-6
目次 第1話 御徒町の湯と酢豚定食, 第2話 荻窪の湯とモーニングプレート, 第3話 赤羽カプセルとジャン酎モヒート, 第4話 仙川の湯と天せいろ, 第5話 六郷温泉と冷やし中華, 第6話 久松温泉と冷やしたぬきうどん, 第7話 よみうりランドの湯とペペロンチーノ, 第8話 成城の湯とカレーライス, 第9話 武雄温泉とごどうふ, 第10話 糀谷の湯と目玉焼き

秋川

04570 東京を歩く　立松和平著, 黒古一夫編　勉誠出版　2006.4　343p　22cm　(立松和平日本を歩く 第7巻)　2600円　①4-585-01177-3

秋川渓谷

04571 遊覧街道　中沢けい著　リクルート出版　1989.5　206p　18cm　1200円

04572 東京ディープな宿　泉麻人著　中央公論新社　2005.4　191p　16cm　(中公文庫)〈2003年刊の文庫化〉　571円　①4-12-204515-0
目次 中央線の町の洋風ロッヂング—荻窪・旅館西郊, 多国籍タウンの中国人宿に泊まる—西池袋・昌庭之家, 江東楽天地 眺めのいいホテル—錦糸町・マリオットホテル東武, 三田の横丁に、味な宿を発見!—三田・東京讃岐会館, 歳末の人形町を歩く—人形町・ホテル吉晁, 東大受験生の古宿—本郷・鳳明館, 山の手銀座の文人宿—神楽坂・和可菜, 空港際の漁師町探訪—羽田・東急ホテル, 秋川渓谷 軍人たちの秘宿—武蔵五日市・石舟閣, 靖国な宿に泊まって古本屋街をあさる—九段下・九段会館, 池上本門寺と大観の隠れ宿—千鳥町・観月, 丸ビルと改札が見える部屋—東京駅・東京ステーションホテル, 不忍池畔の奇観ホテル—上野池之端・ソフィテル東京, 異邦人気分で裏浅草を歩く—浅草・台東旅館, 織物街道の

旅人宿―青梅・橋本屋旅館

秋葉原

04573 うわさの神仏 其ノ3 江戸TOKYO陰陽百景 加門七海著 集英社 2007.5 244p 15cm (集英社文庫) 514円 ①978-4-08-746162-6

目次 1ぜひ行ってみましょう。(貧乏神―名前で嫌わないでね、福授けるから, 富士塚―ご利益抜群。ミニチュア富士登山, 柳森神社―駄洒落パワー炸裂! あなどるなかれ、おたぬき様 ほか), 2行ってみます?(今戸神社―かわいい? 巨大招き猫が鎮座, 銀座八丁のお稲荷さん―狐口密集地帯!?銀座を行く, 秋葉原―最先端のPC街、その主は天狗だった ほか), 3行きたいなら止めません。(渋谷―犬が南向きゃ、魔物がのさばる!?, 池袋――度ハマると抜けられぬ。「袋」に溜まるモノあれこれ, 上野―旧幕軍のサムライが徘徊!?お化けの宴会にご用心 ほか)

04574 散歩の学校 赤瀬川原平著 毎日新聞社 2008.12 181p 21cm 1600円 ①978-4-620-31899-8

04575 ナイトメア咲人の鈍行いくの?―五十音の旅 咲人著 シンコーミュージック・エンタテイメント 2009.7 161p 21cm 1905円 ①978-4-401-63307-4

04576 なにもない旅 なにもしない旅 雨宮処凛著 光文社 2010.9 222p 16cm (光文社知恵の森文庫) 686円 ①978-4-334-78564-2

04577 東京随筆 赤瀬川原平著 毎日新聞社 2011.3 269p 20cm 1800円 ①978-4-620-32052-6

04578 東京戦後地図―ヤミ市跡を歩く 藤木TDC著 実業之日本社 2016.6 190p 21cm 〈文献あり〉 2400円 ①978-4-408-11194-0

目次 上野―青空市場の「ノガミの闇市」から巨大商店街の「アメ横」へ, 浅草―敗戦の混乱の中、いち早く伝統の露店が復活した浅草寺界隈, 谷中―戦後から変わらない貴重な木造アーケードの横丁, 神田―多層構造の高架橋によって生まれた神田ヤミ市跡の独自性, 秋葉原―露天商たちが築いた秋葉原電気街, 新橋―ヤミ市の発展形態のすべてが詰まった歓楽街の見本市, 有楽町―戦後の有楽町を象徴した飲食店街「すし屋横丁」物語, 銀座三原橋―三十間堀川埋立てをめぐる銀座の露店換地事情, 池袋東口―繁華街の発展に影響を与えた東口ヤミ市の露店換地, 池袋西口―六〇年代まで戦後が残った駅西口の連鎖商店街〔ほか〕

あきる野市

04579 東京の空の下、今日も町歩き 川本三郎著 筑摩書房 2006.10 280p 15cm (ちくま文庫)〈写真:鈴木知之〉 800円 ①4-480-42260-9

04580 脳がいちばん元気になる場所 米山公啓著 PILAR PRESS 2011.6 221p 19cm 1800円 ①978-4-86194-029-3

アークヒルズ

04581 東京随筆 赤瀬川原平著 毎日新聞社 2011.3 269p 20cm 1800円 ①978-4-620-32052-6

曙橋駅

04582 日本縦断朝やけ乗り継ぎ列車―「夜明」発「日ノ出」ゆき7泊8日5200キロ 種村直樹著 徳間書店 1998.10 245p 19cm 1400円 ①4-19-860924-1

阿佐ヶ谷

04583 ショージ君の旅行鞄―東海林さだお自選 東海林さだお著 文芸春秋 2005.2 905p 16cm (文春文庫) 933円 ①4-16-717760-9

作品 散歩入門 初級篇

04584 東京の空の下、今日も町歩き 川本三郎著 筑摩書房 2006.10 280p 15cm (ちくま文庫)〈写真:鈴木知之〉 800円 ①4-480-42260-9

04585 散歩の学校 赤瀬川原平著 毎日新聞社 2008.12 181p 21cm 1600円 ①978-4-620-31899-8

04586 きのふの東京、けふの東京 川本三郎著 平凡社 2009.11 277p 19cm 1600円 ①978-4-582-83452-9

04587 東京随筆 赤瀬川原平著 毎日新聞社 2011.3 269p 20cm 1800円 ①978-4-620-32052-6

04588 釣師・釣場 井伏鱒二著 講談社 2013.10 236p 16cm (講談社文芸文庫)〈著作目録あり 年譜あり〉 1300円 ①978-4-06-290208-3

浅草

04589 晴浴雨浴日記 種村季弘著 河出書房新社 1989.3 250p 19cm 2500円 ①4-309-00554-3

04590 青インクの東京地図 安西水丸著 講談社 1990.3 200p 15cm (講談社文庫) 350円 ①4-06-184635-3

04591 詩人の旅 田村隆一著 中央公論社 1991.9 216p 15cm (中公文庫) 420円 ①4-12-201836-6

目次 隠岐, 若狭―小浜, 越前―越前町・三国町, 伊那―飯田・川路温泉, 鹿児島, 奥津, 越後―新潟, 佐久―小海線, 東京―浅草, 京都, 沖縄, ぼくのひとり旅論

04592 文学の街―名作の舞台を歩く 前田愛著 小学館 1991.12 315p 16cm (小学館ライブラリー) 780円 ①4-09-460015-9

04593 遊覧日記 武田百合子著, 武田花写真 筑摩書房 1993.1 185p 15cm (ちくま文庫) 470円 ①4-480-02684-3

04594 歩く人 久住昌之著 マガジンハウス 1993.2 171p 19cm 1300円 ①4-8387-0384-8

04595 旅ゆけば日本 ピーター・フランクル著 世界文化社 1994.7 227p 19cm 1300円 ①4-418-94504-0

作品 神輿祭りの秋―東京・浅草

04596 ああ天地の神ぞ知る―ニッポン発見旅 池内紀著 講談社 1995.4 265p 19cm 1600円 ①4-06-207580-6

04597 心の虹—詩人のふるさと紀行 増田れい子著 労働旬報社 1996.8 247p 19cm 1800円 ①4-8451-0441-5

04598 東京ハイカラ散歩 野田宇太郎著 角川春樹事務所 1998.5 282p 15cm (ランティエ叢書) 1000円 ①4-89456-096-8

(目次) 1 漱石の坂、一葉の路地—上野・本郷・小石川・お茶ノ水界隈, 2 谷崎のレストラン、藤村の待合—日本橋・両国・浅草・深川・築地界隈, 3 馬琴の井戸、須磨子の墓—飯田橋・牛込・雑司ケ谷・早稲田・大久保界隈, 4 荷風先生、今日はどちらへ—高輪・三田・麻布・麴町界隈

04599 大東京繁昌記 高浜虚子, 田山花袋, 芥川龍之介, 岸田劉生, 加能作次郎ほか著 毎日新聞社 1999.5 263p 20cm (毎日メモリアル図書館) 1600円 ①4-620-51036-X

[作品] 雷門以北〔久保田万太郎〕

04600 日本奥地紀行 イサベラ・バード著, 高梨健吉訳 平凡社 2000.2 529p 16cm (平凡社ライブラリー)〈年譜あり 文献あり〉 1500円 ①4-582-76329-4

04601 東京見おさめレクイエム 横尾忠則著 光文社 2000.6 242p 15cm (知恵の森文庫) 495円 ①4-334-78002-4

(目次) 江戸川乱歩—「青銅の魔人」の銀座, ラフカディオ・ハーン—「むじな」の紀伊国坂, 宇野浩二—「思ひ川」の本郷菊坂, 内田百間—「東京日記」の日比谷, 菊田一夫—「君の名は」の数奇屋橋, 夏目漱石—「夢十夜」の護国寺, 谷崎潤一郎—「秘密」の浅草, 山田風太郎—「蠟人」の神宮の森, 小津安二郎—「東京物語」の皇居, 泉鏡花—「妖術」の浅草観音様〔ほか〕

04602 東京の江戸を遊ぶ なぎら健壱著 筑摩書房 2000.10 15cm (ちくま文庫)〈「大江戸アウトドア」(洋泉社1997年刊)の改題〉

04603 新版 大東京案内 上 今和次郎編纂 筑摩書房 2001.10 340p 15cm (ちくま学芸文庫)〈複製を含む〉 1000円 ①4-480-08671-4

04604 ぼくの浅草案内 小沢昭一著 筑摩書房 2001.10 207p 15cm (ちくま文庫) 880円 ①4-480-03674-1

(目次) 浅草と私との間には…, 浅草散歩の御参考までに歩いてみました六コース, A 浅草寺周辺, B 千束から三ノ輪まで, C 花川戸から白鬚橋まで, D 駒形から浅草橋まで, E 田原町から上野へ, F 隅田川を渡って向島, 「濹東綺譚」と私(付録・壱), 浅草ストリップと私(付録・弐)

04605 ぼくらは下町探険隊 なぎら健壱著 筑摩書房 2003.2 309p 15cm (ちくま文庫) 780円 ①4-480-03800-0

(目次) 第1部 ぼくらは下町たんけん隊——九九〇年東川壮一君編(プロローグ—らんかんだけの橋, 佃から築地へ, 浅草あたり, 日暮里かいわい, 隅田川をのぼる ほか), 第2部 『ぼくらは下町たんけん隊』を歩く—二〇〇二年(『らんかんだけの橋』, 『佃から築地へ』, 『浅草あたり』, 『日暮里かいわい』, 『隅田川をのぼる』 ほか)

04606 またたびふたたび東京ぶらり旅—NHKラジオ深夜便 室町澄子著 日本放送出版協会 2003.5 221p 19cm 1200円 ①4-14-005417-4

(目次) 講談人力車で浅草めぐり, 東郷神社の骨董市を楽しみ、移動屋台を追いかける, 山の手の下町・麻布十番商店街, 交通博物館の自転車秘話, 神田の老舗建築を味わう, お濠端歴史散歩でふれた石垣パワー, お江戸日本橋を歩く, よみがえった桃太郎のきびだんご, 自然教育園で春の野草観察, 雨の日の葛飾散歩, 神田川、面影橋、そして手描き友禅, 神保町で懐かしの絵本を探す, 熟年二人のお台場の旅入門, 谷中霊園散策と名物だんご, 小林人形資料館で市松人形を買い、村岡人形工房で市松人形をつくる

04607 東京旅行記 嵐山光三郎著 光文社 2004.6 333p 16cm (知恵の森文庫)〈マガジンハウス1991年刊あり〉 648円 ①4-334-78297-3

(目次) 両国・柳橋・浅草橋, 東京タワー周辺, 月島・佃島, 湯島天神界隈, 浅草, 銀座, 神楽坂, 吉祥寺, 国立, 日比谷〔ほか〕

04608 東京ディープな宿 泉麻人著 中央公論新社 2005.4 191p 16cm (中公文庫)〈2003年刊の文庫化〉 571円 ①4-12-204515-0

04609 サトウハチロー 僕の東京地図 サトウハチロー著 小金井 ネット武蔵野 2005.8 340p 19cm 1400円 ①4-944237-91-X

(目次) 浅草〜向島界隈, 上野〜谷中〜本郷界隈, 銀座界隈, 芝〜三田〜麻布界隈, 泉岳寺から蒲田まで, 牛込・神楽坂〜早稲田界隈, 新宿〜四谷界隈, 池袋から田端まで, お茶の水〜九段界隈, 日本橋〜月島〜丸之内界隈, 日本橋〜月島〜丸之内界隈

04610 東京を歩く 立松和平著, 黒古一夫編 勉誠出版 2006.4 343p 22cm (立松和平日本を歩く 第7巻) 2600円 ①4-585-01177-3

04611 僕の東京地図 安岡章太郎著 世界文化社 2006.6 171p 21cm (ほたるの本)〈文化出版局1985年刊の増補〉 1800円 ①4-418-06230-0

04612 大衆食堂へ行こう 安西水丸著 朝日新聞社 2006.8 239p 15cm (朝日文庫) 600円 ①4-02-261512-5

(目次) 坊ちゃん(新大塚)—隣のおばあさんが、スポーツ新聞をすすめてくれた, 有楽(江古田)—江古田にひっそりと、こんな大衆食堂の名店があった, キッチン「ヤマダ」(神保町)—ここは知る人ぞ知る人気店だ, 豊前屋(日の出桟橋)—リバーサイド・レストラン、ぶぜん屋, かんな(代々木)—ニュー代々木駅近くの食事処かんな, よしや(鬼子母神)—鬼子母神のファミリーレストラン, レストラン早川(銀座)—伝統ある銀座の大衆の味, かめや(根津)—六代将軍のお膝元にある大衆食堂, びっくり食堂(浅草)—浅草にびっくりの「びっくり食堂」, ときわ食堂(巣鴨)—「御老人の原宿」、巣鴨地蔵通り商店街の人気食堂〔ほか〕

04613 お江戸寺町散歩 吉田さらさ著 集英社 2006.10 207p 16cm (集英社be文庫) 762円 ①4-08-650116-3

(目次) 浅草〜向島, 上野〜谷中, 本郷〜小石川, 三田〜高輪, 王子〜巣鴨, 高円寺〜永福

04614 東京番外地 森達也著 新潮社 2006.11 250p 19cm 1400円 ①4-10-466202-X

(目次) 要塞へと変貌する「終末の小部屋」—葛飾区小菅一丁目, 「眠らない街」は時代の波にたゆたう—新宿区歌舞伎町一丁目, 異国で繰り返される「静謐な祈り」—

関東

渋谷区大山町一番地,「縁のない骸」が永劫の記憶を発する一台東区浅草二丁目, 彼らとを隔てる「存在しない一線」一世田谷区上北沢二丁目,「微笑む家族」が暮らす一一五万m2の森一千代田区千代田一番地, 隣人の劣情をも断じる「大真面目な舞台」一千代田区霞が関一丁目,「荒くれたち」は明日も路上でまどろむ一台東区清川二丁目,「世界一の鉄塔」が威容の元に放つもの一港区芝公園四丁目, 十万人の呻きは「六十一年目」に何を伝えた一墨田区横網二丁目, 桜花舞い「生けるもの」の宴は続く一台東区上野公園九番地, 高層ビルに取り囲まれる「広大な市場」一港区港南二丁目, 夢想と時とが交錯する「不変の聖地」一文京区後楽一丁目,「異邦人たち」は集い関わり散ってゆく一港区港南五丁目, 私たちは生きていく、「夥しい死」の先を一府中市多磨町四丁目

04615 幻景の街一文学の都市を歩く 前田愛著 岩波書店 2006.12 310p 15cm (岩波現代文庫) 1000円 ①4-00-602110-0

04616 吉田電車 吉田戦車著 講談社 2007.1 227p 15cm (講談社文庫) 514円 ①978-4062756310

04617 私のなかの東京一わが文学散策 野口冨士男著 岩波書店 2007.6 220p 15cm (岩波現代文庫) 900円 ①978-4-00-602120-7

目次 外濠線にそって, 銀座二十四丁, 小石川、本郷、上野, 浅草、吉原、玉の井, 芝浦、麻布、渋谷, 神楽坂から早稲田まで

04618 イザベラ・バード「日本の未踏路」完全補遺 イザベラ・バード著, 高畑美代子訳注 中央公論事業出版(製作発売) 2008.1 190p 21cm 1600円 ①978-4-89514-296-0

04619 「懐かしの昭和」を食べ歩く一カラー版 森まゆみ著 PHP研究所 2008.3 269p 18cm (PHP新書) 950円 ①978-4-569-69777-2

04620 イザベラ・バードの日本紀行 上 イザベラ・バード著, 時岡敬子訳 講談社 2008.4 493p 15cm (講談社学術文庫) 1500円 ①978-4-06-159871-3

04621 新発見 より道街あるき 大竹誠著 パロル舎 2008.6 187p 21cm 1600円 ①978-4-89419-073-3

04622 花嫁化鳥 改版 寺山修司著 中央公論社 2008.11 258p 16cm (中公文庫)〈1990年刊の改版〉 705円 ①978-4-12-205073-0

作品 浅草放浪記

04623 散歩の学校 赤瀬川原平著 毎日新聞社 2008.12 181p 21cm 1600円 ①978-4-620-31899-8

04624 東京ひとり散歩 池内紀著 中央公論新社 2009.9 222p 18cm (中公新書)〈大活字版(2015年刊)あり〉 740円 ①978-4-12-102023-9

目次 1 見知らぬ東京(ストック・イクスチェンジ一日本橋兜町, ホウジンの森一紀尾井町・平河町, 日本の未来一霞ヶ関, 墨東綺譚一向島, まぼろし島一リバーシティ, 森ビルと肉弾三勇士一愛宕山), 2 お江戸今昔(吉原いきつもどりつ一台東区千束, 義士ツアー一本所松坂町・泉岳寺界隈, 相撲町見学一両国, ナニがナニして一浅草, だらだら祭り一芝, 商いづくし一浅草橋), 3 密かな楽しみ(マイ・アンダーグラウンド・シティ一八重洲地下街, 一日古書めぐり一早稲田・本郷・神田, 値札と夕日一霜降銀座, 地主と建築家一代官山, ブランドくらべ一銀座その一, 東京コンピラ詣で一水道橋・虎ノ門・新川, ムニャムニャ探訪記一落合・堀ノ内, 新小岩), 4 よそ者たちの都(鬼子母神懐古一雑司ケ谷, シオサイト潜入一新橋, 聖と俗一春海通り, 人国記一銀座その二, 分譲四代一文京区西片町, 巨大な真空一皇居東御苑)

04625 イザベラ・バード『日本奥地紀行』を歩く 金沢正脩著 JTBパブリッシング 2010.1 175p 21cm (楽学ブックス一文学歴史 11)〈文献あり 年譜あり〉 1800円 ①978-4-533-07671-8

04626 みちくさ 菊池亜希子著 小学館 2010.2 111p 21cm 950円 ①978-4-09-342382-3

目次 いつもの街へ(原宿・前編一おしゃれの根っこ, 原宿・後編一お母さんの靴, 代々木一パンが運ぶ小さなシアワセ ほか), 粋な街へ(浅草一散歩のテーマ, 向島一厳しいオヤジと優しい和菓子, 日暮里一手芸ゴコロのころ ほか), だんだん遠くへ(三鷹一メイに戻った日, 国立一ワタリドリになれたなら, 鎌倉・前編一奥ゆかしい街 ほか)

04627 東京ひがし案内 森まゆみ著 筑摩書房 2010.4 238p 15cm (ちくま文庫) 760円 ①978-4-480-42700-7

目次 水道橋一ふしぎな三角地帯, お茶の水一橋の上から望む神田川, 小川町一ドキュメンタリーを見に行く, 神保町一本とカレーと中華料理, 湯島一ラブホテルと天神様, 上野公園一美術館は金曜の夜に, 不忍池一明治のころ競馬場があった, 谷中一元祖七福神めぐり, 千駄木一鷗外の観潮楼, 漱石の「猫の家」, 根津一神社の門前に遊廓〔ほか〕

04628 東京随筆 赤瀬川原平著 毎日新聞社 2011.3 269p 20cm 1800円 ①978-4-620-32052-6

04629 東京路地裏暮景色 なぎら健壱著 筑摩書房 2011.11 333p 15cm (ちくま文庫) 800円 ①978-4-480-42880-6

04630 昼のセント酒 久住昌之著 カンゼン 2011.12 207p 19cm〈画:和泉晴紀〉 1300円 ①978-4-86255-115-3

04631 完訳 日本奥地紀行 1 横浜一日光一会津一越後 イザベラ・バード著, 金坂清則訳注 平凡社 2012.3 391p 18cm (東洋文庫) 3000円 ①978-4-582-80819-3

04632 東京下町こんな歩き方も面白い 康熙奉, 緒原宏平著 収穫社 2012.3 215p 18cm 905円 ①978-4-906787-01-2

目次 其の1 浅草とその周辺(浅草で飲むとなぜか饒舌になる, 浅草寺には見どころが多い, やっぱり浅草は興行の町だ, 上野から浅草の裏通りへ, 東京スカイツリーから浅草へ, 浅草で馬券を買って盛り上がる), 其の2 誘惑の下町散歩(梅雨時に葛飾のみちを歩く, 隅田川七福神を巡り歩く, 両国と錦糸町界隈は、ずっしり重い, 木場から門前仲町までグルリと歩く, もう秋か…そこで佃島・月島散歩)

04633 下駄で歩いた巴里一林芙美子紀行集 林芙美子著, 立松和平編 岩波書店 2012.4 331p 15cm (岩波文庫)〈第5刷(第1刷2003年)〉 700円 ①4-00-311692-5

作品 私の東京地図

04634 猫とスカイツリー—下町ぶらぶら散歩道 塚本やすし文と絵 亜紀書房 2012.5 270p 19cm 1600円 ①978-4-7505-1207-5
目次 東向島—中華屋猫のニャータは路地へと消えたのだ, 亀戸—野良猫ペースで歩いてやろうと決めたのだ, 月島—もんじゃ猫と本気でにらみ合ったのだ, 押上—呉服屋の三代目看板猫れんちゃんに惚れたのだ, 鳩の街〜浅草—聖天様のお使い猫に「こっちこっち」と誘われたのだ, 蔵前—古い銭湯の裏路地で猫がのんびりあくびした, 門前仲町—ヤンチャな野良猫おじさんに人生力で負けたのだ, 東駒形—沸き立つツリーの膝元でひっそり暮らす猫もいた

04635 むかしまち地名事典 森まゆみ著 大和書房 2013.3 251p 20cm 1600円 ①978-4-479-39238-5
目次 むかしまちめぐり(築地—居留地に始まる明治モダン, 新橋—汽笛が告げる文明開化, 銀座—煉瓦街に時計塔の鐘が響いた ほか), 私の好きな町東京プラスワン散歩(両国, 入谷, 鳥越おかず横丁 ほか), 自転車歴史家、走る(本郷区駒込動坂町, 鷹匠屋敷と駒込病院, 根津、山の湯のこと ほか), 東京トピックス(ぐるり浅草、根岸界隈, へび道ゆらゆら, 十条居酒屋めぐり ほか)

04636 大東京繁昌記 下町篇 講談社文芸文庫編 講談社 2013.5 401p 16cm (講談社文芸文庫)〈底本：春秋社 1928年刊 大空社1992年刊(春秋社 1928年刊の複製)あり〉 1700円 ①978-4-06-290192-5
作品 雷門以北〔久保田万太郎〕
目次 本所両国(芥川龍之介), 深川浅景(泉鏡花), 大川風景(北原白秋), 大川端(吉井勇), 雷門以北(久保田万太郎), 日本橋附近(田山花袋), 新古細句銀座通(岸田劉生)

04637 東京放浪記 別役実著 平凡社 2013.5 237p 20cm 1800円 ①978-4-582-83619-6
目次 第1章 私の東京放浪記(上野, 渋谷, 早稲田, 目黒, 新宿, 芝, 六本木, 広尾, 下北沢, 浅草, 西荻窪, 永福町), 第2章 東京出歩き街歩き(池袋, 信濃町, 品川, 新大久保, 神田, 吉祥寺, 中野), 第3章 今日も電車であっちこっち(地下鉄銀座線, 井の頭線, 山手線, 丸ノ内線, 中央・総武線, 都電, 東京モノレール), 第4章 私と東京と昭和(私にとっての東京, 私にとっての昭和 ほか)

04638 風景は記憶の順にできていく 椎名誠著 集英社 2013.7 254p 18cm (集英社新書—ノンフィクション) 760円 ①978-4-08-720697-5

04639 新訳 日本奥地紀行 イザベラ・バード著, 金坂清則訳 平凡社 2013.10 537p 18cm (東洋文庫)〈布装 索引あり〉 3200円 ①978-4-582-80840-7

04640 味を追う旅 吉村昭著 河出書房新社 2013.11 183p 15cm (河出文庫)〈「味を訪ねて」(2010年刊)の改題〉 660円 ①978-4-309-41258-0

04641 米国人一家、おいしい東京を食べ尽くす マシュー・アムスター＝バートン著, 関根光宏訳 エクスナレッジ 2014.5 349p 19cm〈文献あり〉 1700円 ①978-4-7678-1806-1

04642 ぷらっぷらある記 銀色夏生著 幻冬舎 2014.12 278p 16cm (幻冬舎文庫) 600円 ①978-4-344-42275-9

04643 ふらり旅 いい酒 いい肴 1 太田和彦著 主婦の友社 2015.1 135p 21cm 1400円 ①978-4-07-299000-1

04644 東京美女散歩 安西水丸文え 講談社 2015.3 452p 19cm 2100円 ①978-4-06-219360-3
目次 日本橋編, 谷中から上野を抜けて浅草へ, 雨の巣鴨から、大塚、池袋へ, 門前仲町から、佃、月島へ, たっぷりと吉祥寺, 御茶ノ水から神田神保町へ, 人妻美女の街、自由が丘, 西麻布から麻布十番へ,「懐かしさと空しさ」渋谷あたり,「都心の花街」四谷荒木町、神楽坂あたり〔ほか〕

04645 新編 日本の旅あちこち 木山捷平著 講談社 2015.4 304p 16cm (講談社文芸文庫)〈著作目録あり 年譜あり〉 1600円 ①978-4-06-290268-7
作品 夜のお江戸コース—東京

04646 熊本の桜納豆は下品でうまい 太田和彦著 集英社 2015.10 245p 16cm (集英社文庫—ニッポンぶらり旅) 600円 ①978-4-08-745376-8

04647 東京戦後地図—ヤミ市跡を歩く 藤木TDC著 実業之日本社 2016.6 190p 21cm〈文献あり〉 2400円 ①978-4-408-11194-0

04648 きょうもまた好奇心散歩 池内紀著 新講社 2016.11 213p 19cm 1400円 ①978-4-86081-549-3

04649 東京ノスタルジック百景—失われつつある昭和の風景を探しに フリート横田著 世界文化社 2017.1 127p 21cm〈文献あり〉 1300円 ①978-4-418-17200-9
目次 第1章 港区・中央区・千代田区(ニュー新橋ビル, 中銀カプセルタワービル ほか), 第2章 豊島区・新宿区(大塚三業地, 美久仁小路/ヤミ市酒場横丁 ほか), 第3章 台東区・江東区・葛飾区(浅草地下街, 浅草花やしき・Beeタワー ほか), 第4章 大田区・世田谷区(グランドキャバレー・レディタウン, 三角地帯 ほか)

04650 東京ひとり歩き ぼくの東京地図。 岡本仁著 大阪 京阪神エルマガジン社 2017.4 159p 21cm 1600円 ①978-4-87435-531-2

浅草観音温泉

04651 温泉百話—東の旅 種村季弘, 池内紀編 筑摩書房 1988.2 471p 15cm (ちくま文庫) 680円 ①4-480-02200-7
作品 浅草観音温泉〔武田百合子〕

04652 ちゃっかり温泉 久住昌之著 カンゼン 2012.12 215p 19cm 1300円 ①978-4-86255-157-3
目次 第1話 綱島温泉と焼き鳥, 第2話 高井戸温泉と回転寿司, 第3話 笹塚温泉とじゃがいも塩ゆで, 第4話 箱根かっぱ天国とシフォンケーキ, 第5話 浅草観音温泉と牛すじ煮込み, 第6話 蒲田温泉と生ハムサラダ, 第7話 深大寺温泉と天盛り蕎麦, 第8話 花小金井温泉とアイスクリーム, 第9話 戸越銀座温泉と鴨クレソン, 第10話 麻布黒美水温泉と焼きそば

04653 温泉天国 嵐山光三郎, 荒俣宏, 池内紀, 池波正太郎, 井伏鱒二, 植村直己, 岡本かの子, 岡

本綺堂, 小川未明, 角田光代, 川端康成, 川本三郎, 北杜夫, 斎藤茂太, 坂口安吾, 高村光太郎, 武田百合子, 太宰治, 田辺聖子, 種村季弘, 田村隆一, 田山花袋, つげ義春, 平林たい子, 松本英子, 村上春樹, 室生犀星, 山下清, 柳美里, 横尾忠則, 吉川英治, 四谷シモン著　河出書房新社　2017.12　237p　19cm　（ごきげん文藝）　1600円　①978-4-309-02642-8
作品 浅草観音温泉〔武田百合子〕

浅草神社

04654　江原啓之 神紀行　5（関東・中部）　江原啓之著　マガジンハウス　2006.12　95p　21cm　（スピリチュアル・サンクチュアリシリーズ）　1048円　①4-8387-1624-9

浅草橋

04655　東京旅行記　嵐山光三郎著　光文社　2004.6　333p　16cm　（知恵の森文庫）〈マガジンハウス1991年刊あり〉　648円　①4-334-78297-3

04656　東京ひとり散歩　池内紀著　中央公論新社　2009.9　222p　18cm　（中公新書）〈大活字版（2015年刊）あり〉　740円　①978-4-12-102023-9

麻布

04657　ちょっとそこまで　川本三郎著　講談社　1990.12　242p　15cm　（講談社文庫）　420円　①4-06-184819-4

04658　東京ハイカラ散歩　野田宇太郎著　角川春樹事務所　1998.5　282p　15cm　（ランティエ叢書）　1000円　①4-89456-096-8

04659　大東京繁昌記　高浜虚子, 田山花袋, 芥川龍之介, 岸田劉生, 加能作次郎ほか著　毎日新聞社　1999.5　263p　20cm　（毎日メモリアル図書館）　1600円　①4-620-51036-X
作品 芝、麻布〔小山内薫〕

04660　またたびふたたび東京ぶらり旅―NHKラジオ深夜便　室町澄子著　日本放送出版協会　2003.5　221p　19cm　1200円　①4-14-005417-4

04661　ヤポニカ　E.アーノルド著, 岡部昌幸訳　雄松堂出版　2004.1　255, 7p 図版26枚　23cm　（新異国叢書 第3輯 8）　5500円　①4-8419-0300-3
内容 ジャーナリストである著者が奇妙な歴史観を抱いて、19世紀の日本を芸術的に分析。アーノルドの友人である画家のブルームが描いた挿絵画と共に、麻布を中心に繰り広げられる文明論。

04662　サトウハチロー 僕の東京地図　サトウハチロー著　小金井　ネット武蔵野　2005.8　340p　19cm　1400円　①4-944237-91-X

04663　私のなかの東京―わが文学散策　野口冨士男著　岩波書店　2007.6　220p　15cm　（岩波現代文庫）　900円　①978-4-00-602120-7

04664　夢幻抄　白洲正子著　世界文化社　2010.11　322p　21cm〈5刷 1997年刊の造本変更〉　1600円　①978-4-418-10514-4
作品 東京の坂道

04665　東京随筆　赤瀬川原平著　毎日新聞社　2011.3　269p　20cm　1800円　①978-4-620-32052-6

04666　鶴川日記　白洲正子著　PHP研究所　2012.6　195p　15cm　（PHP文芸文庫）〈2010年刊（文化出版局1979年刊の再編集）の再刊〉　533円　①978-4-569-67782-8
作品 東京の坂道

04667　大東京繁昌記　山手篇　講談社文芸文庫編　講談社　2013.6　408p　16cm　（講談社文芸文庫）〈底本：春秋社 1928年刊　平凡社 1999年, 大空社 1992年刊あり〉　1700円　①978-4-06-290195-6
作品 芝、麻布〔小山内薫〕

麻布黒美水温泉

04668　ちゃっかり温泉　久住昌之著　カンゼン　2012.12　215p　19cm　1300円　①978-4-86255-157-3

麻布十番

04669　温泉百話―東の旅　種村季弘, 池内紀編　筑摩書房　1988.2　471p　15cm　（ちくま文庫）　680円　①4-480-02200-7
作品 麻布の温泉〔川本三郎〕

04670　東京美女散歩　安西水丸文え　講談社　2015.3　452p　19cm　2100円　①978-4-06-219360-3

足付温泉

04671　秘湯を求めて　3　きわめつけの秘湯　藤嶽彰英著　（大阪）保育社　1990.1　194p　19cm　1350円　①4-586-61103-0

網代鉱泉

04672　貧困旅行記　新版　つげ義春著　新潮社　1995.4　281p　15cm　（新潮文庫）〈晶文社 1991年刊あり〉　520円　①4-10-132812-9
作品 奥多摩貧困行

04673　なにもない旅 なにもしない旅　雨宮処凛著　光文社　2010.9　222p　16cm　（光文社知恵の森文庫）　686円　①978-4-334-78564-2

飛鳥山

04674　歴史の散歩路―小江戸紀行＝一〇八巡り　池田直樹著　東洋書院　2001.3　228p　19cm　1400円　①4-88594-300-0

04675　東京飄然　町田康著　中央公論新社　2009.11　374p　16cm　（中公文庫）　800円　①978-4-12-205224-6
目次 自宅, 早稲田へ, 穴八幡, 都電荒川線で, 飛鳥山, 王子まで, いざ、鎌倉か, 慶西くんの車, 雪ノ下, 鶴岡八幡宮前〔ほか〕

04676　東京花散歩　岸本葉子著　亜紀書房　2011.3　214p　19cm　1600円　①978-4-7505-1106-1

04677　そして、人生はつづく　川本三郎著　平凡社　2013.1　280p　19cm　1600円　①978-4-

関東

582-83597-7

愛宕山

04678 晴浴雨浴日記　種村季弘著　河出書房新社　1989.3　250p　19cm　2500円　①4-309-00554-3

04679 東京ひとり散歩　池内紀著　中央公論新社　2009.9　222p　18cm　（中公新書）〈大活字版（2015年刊）あり〉　740円　①978-4-12-102023-9

04680 東京随筆　赤瀬川原平著　毎日新聞社　2011.3　269p　20cm　1800円　①978-4-620-32052-6

足立区

04681 東京 水辺の光景―出会いと発見の紀行　小野誠一郎絵文　日貿出版社　1995.9　178p　21cm　1751円　①4-8170-3963-9

穴八幡宮

04682 東京飄然　町田康著　中央公論新社　2009.11　374p　16cm　（中公文庫）　800円　①978-4-12-205224-6

安部球場

04683 東京を歩く　立松和平著, 黒古一夫編　勉誠出版　2006.4　343p　22cm　（立松和平日本を歩く 第7巻）　2600円　①4-585-01177-3

雨降り（奥多摩町）

04684 ふらり珍地名の旅　今尾恵介著　筑摩書房　2015.2　216, 4p　19cm〈索引あり〉　1500円　①978-4-480-87882-3

(目次) 珍のつく地名は珍しい―音羽珍事町（京都市山科区）, ある晴れた日に雨降りへ―雨降り（東京都西多摩郡奥多摩町）, 三浦半島で「海外旅行」―海外（神奈川県三浦市）, 「駅」で始まる駅の町―駅部田（三重県松阪市）, 昼飯町で昼飯を―昼飯（岐阜県大垣市）, 四つの「同音異字地名」の謎―かぎあな・鍵穴・桑木穴・香木穴（静岡県富士市・静岡市）, 四五〇年前へタイムトリップ―前後（愛知県豊明市）, 古代の鉱山町―採銅所（福岡県田川郡香春町）, 隠れキリシタンの里―搔懐（大分県臼杵市）, 雪の日の夕方訪ねた「未明」―未明（島根県安来市）〔ほか〕

アメヤ横丁

04685 散歩の学校　赤瀬川原平著　毎日新聞社　2008.12　181p　21cm　1600円　①978-4-620-31899-8

04686 東京随筆　赤瀬川原平著　毎日新聞社　2011.3　269p　20cm　1800円　①978-4-620-32052-6

新井薬師

04687 東京随筆　赤瀬川原平著　毎日新聞社　2011.3　269p　20cm　1800円　①978-4-620-32052-6

04688 みちくさ　2　菊池亜希子著　小学館　2011.5　127p　21cm　1200円　①978-4-09-342387-8

荒川区

04689 東京 水辺の光景―出会いと発見の紀行　小野誠一郎絵文　日貿出版社　1995.9　178p　21cm　1751円　①4-8170-3963-9

04690 僕の東京地図　安岡章太郎著　世界文化社　2006.6　171p　21cm　（ほたるの本）〈文化出版局1985年刊の増補〉　1800円　①4-418-06230-0

04691 池波正太郎を歩く　須藤靖貴著　講談社　2012.9　326p　15cm　（講談社文庫）〈毎日新聞社 2009年刊の加筆・修正〉　648円　①978-4-06-277363-8

荒川放水路

04692 大河紀行荒川―秩父山地から東京湾まで　伊佐九三四郎著　八王子　白山書房　2012.11　218p　22cm〈文献あり〉　2000円　①978-4-89475-158-3

荒玉水道道路

04693 日曜日は自転車に乗って　前島勝義著　平原社　2009.12　263p　20cm　1200円　①978-4-938391-47-8

有明駅

04694 日本縦断朝やけ乗り継ぎ列車―「夜明」発「日ノ出」ゆき7泊8日5200キロ　種村直樹著　徳間書店　1998.10　245p　19cm　1400円　①4-19-860924-1

安養院

04695 見仏記　2　仏友篇　いとうせいこう, みうらじゅん著　角川書店　1999.1　332p　15cm　（角川文庫）〈中央公論社 1995年刊の文庫化〉　724円　①4-04-184603-X

(目次) 滋賀（西野薬師堂・赤後寺・渡岸寺・小谷寺・石道寺・己高閣・世代閣・知善院）, 京都（東寺・仁和寺・法金剛院）, 四国（極楽寺・井戸寺・丈六寺・蓮華寺・豊楽寺・中島観音堂・雪蹊寺・竹林寺・北寺）, 東京（五百羅漢寺・安養院・目黒不動尊・宝城坊）, 鎌倉（東慶寺・建長寺・円応寺・鶴岡八幡宮・覚園寺・光明寺・長谷寺・高徳院）, 北越（宝伝寺・明静院・西照寺）, 佐渡（長安寺・長谷寺・国分寺・昭和殿・慶宮寺）, 新宿（太宗寺・正受院・光照寺・竜善寺（文庫版特別付録））

飯倉

04696 大東京繁昌記　山手篇　講談社文芸文庫編　講談社　2013.6　408p　16cm　（講談社文芸文庫）〈底本：春秋社 1928年刊　平凡社 1999年, 大空社 1992年刊あり〉　1700円　①978-4-06-290195-6

[作品] 飯倉附近〔島崎藤村〕

飯田橋

04697 東京ハイカラ散歩　野田宇太郎著　角川春樹事務所　1998.5　282p　15cm　（ランティエ叢書）　1000円　①4-89456-096-8

硫黄島

04698 東京の島　斎藤潤著　光文社　2007.7

262p 18cm (光文社新書) 740円 ①978-4-334-03412-2

04699 ニッポン島遺産 斎藤潤著 実業之日本社 2016.8 191p 19cm 1600円 ①978-4-408-00889-9

郁文館

04700 街道をゆく 37 本郷界隈 新装版 司馬遼太郎著 朝日新聞出版 2009.4 322, 8p 15cm (朝日文庫)〈初版:朝日新聞社1996年刊〉 720円 ①978-4-02-264491-6

目次 鴨がヒナを連れて, 縄文から弥生へ, 加賀屋敷, "古九谷"と簪, 水道とクスノキ, 見返り坂, 藪下の道, 根津権現, 郁文館, 無縁坂〔ほか〕

池上

04701 東京の空の下、今日も町歩き 川本三郎著 筑摩書房 2006.10 280p 15cm (ちくま文庫)〈写真:鈴木知之〉 800円 ①4-480-42260-9

04702 東京随筆 赤瀬川原平著 毎日新聞社 2011.3 269p 20cm 1800円 ①978-4-620-32052-6

04703 ナイトメア咲人の鈍行いくの?—五十音の旅 続 咲人著 シンコーミュージック・エンタテイメント 2012.4 233p 21cm 2381円 ①978-4-401-63573-3

池上本門寺

04704 東京ディープな宿 泉麻人著 中央公論新社 2005.4 191p 16cm (中公文庫)〈2003年刊の文庫化〉 571円 ①4-12-204515-0

池尻大橋

04705 ナイトメア咲人の鈍行いくの?—五十音の旅 続 咲人著 シンコーミュージック・エンタテイメント 2012.4 233p 21cm 2381円 ①978-4-401-63573-3

池之端

04706 東京ディープな宿 泉麻人著 中央公論新社 2005.4 191p 16cm (中公文庫)〈2003年刊の文庫化〉 571円 ①4-12-204515-0

池袋

04707 繁栄TOKYO裏通り 久田恵著 文芸春秋 1997.5 309p 136cm 1714円 ①4-16-352870-9

04708 サトウハチロー 僕の東京地図 サトウハチロー著 小金井 ネット武蔵野 2005.8 340p 19cm 1400円 ①4-944237-91-X

04709 青春の東京地図 泉麻人著 筑摩書房 2007.4 261p 15cm (ちくま文庫) 700円 ①978-4-480-42250-7

04710 うわさの神仏 其ノ3 江戸TOKYO陰陽百景 加門七海著 集英社 2007.5 244p 15cm (集英社文庫) 514円 ①978-4-08-746162-6

04711 「懐かしの昭和」を食べ歩く—カラー版 森まゆみ著 PHP研究所 2008.3 269p 18cm (PHP新書) 950円 ①978-4-569-69777-2

04712 ナイトメア咲人の鈍行いくの?—五十音の旅 咲人著 シンコーミュージック・エンタテイメント 2009.7 161p 21cm 1905円 ①978-4-401-63307-4

04713 きのふの東京、けふの東京 川本三郎著 平凡社 2009.11 277p 19cm 1600円 ①978-4-582-83452-9

04714 東京放浪記 別役実著 平凡社 2013.5 237p 20cm 1800円 ①978-4-582-83619-6

04715 サンドウィッチは銀座で 平松洋子著, 谷口ジロー画 文藝春秋 2013.7 245p 16cm (文春文庫)〈2011年刊の文庫化〉 550円 ①978-4-16-783869-0

04716 東京美女散歩 安西水丸文え 講談社 2015.3 452p 19cm 2100円 ①978-4-06-219360-3

04717 東京戦後地図—ヤミ市跡を歩く 藤木TDC著 実業之日本社 2016.6 190p 21cm〈文献あり〉 2400円 ①978-4-408-11194-0

伊興七福神

04718 泉麻人の東京・七福神の町あるき 泉麻人著 京都 淡交社 2007.12 221p 19cm 1500円 ①978-4-473-03443-4

目次 隅田川七福神—濹東の七福は肉離れに効能あり?, 柴又七福神—寅さんの町の野趣な寺, 港七福神—ヒルズの狭間のオシャレな神々, 谷中七福神—上野の山から日暮らしの里へ, 荏原七福神—立会川沿いの西郊巡礼地, 東久留米七福神—武蔵野の川べりを歩く, 東海七福神—品川宿の面影を探して, 元祖山手七福神—目黒不動からシロガネーゼ地帯へ, 伊興七福神—東京二十三区最北の寺町を歩く, 小石川七福神—文京の迷宮で隠れキャラ探し〔ほか〕

石神前駅

04719 旅する駅前、それも東京で!? カベルナリア吉田著 彩流社 2010.12 365p 19cm 1800円 ①978-4-7791-1576-9

石田

04720 「新選組」ふれあいの旅—人や史跡との出逢いを求めて 岳真也著 PHP研究所 2003.12 249p 19cm 1200円 ①4-569-63235-1

伊豆大島

04721 安吾新日本地理 坂口安吾著 河出書房新社 1988.5 318p 15cm (河出文庫) 580円 ①4-309-40218-6

作品 消え失せた沙漠

04722 イトシンののんびりツーリング 伊東信著 造形社 1988.5 175p 21cm 1300円 ①4-88172-031-7

04723 極楽トンボのハミング紀行 岳真也著 廣済堂出版 1990.7 267p 19cm (TRAVEL ESSAYS'80) 1000円 ①4-331-50292-9

04724 坂口安吾全集 18 坂口安吾著 筑摩書房 1991.9 794p 15cm (ちくま文庫) 1340円 ①4-480-02478-6

作品 安吾新日本地理―消え失せた沙漠

04725 超貧乏旅　田中良成著　扶桑社　1996.5　302p　15cm　（扶桑社文庫）〈1994年刊の文庫化〉　520円　①4-594-01985-4

04726 歴史の島 旅情の島　鈴木亨著　東洋書院　1997.10　260p　22cm　1900円　①4-88594-262-4

目次 佐渡が島―荒海の金山地獄, 伊豆大島―初めて見た海と島, 新島―伝説と流人の哀話, 八丈島―黒潮の流人列島, 淡路島―日本誕生の神話, 厳島―平家全盛の残照, 隠岐島―海と山のはざまに生きる, 対馬―魏志倭人伝の島, 壱岐島―玄海の波濤に浮かぶ, 平戸島―南蛮貿易のみなと〔ほか〕

04727 神仏に祈る　金田一京助ほか著, 作品社編集部編　作品社　1998.4　243p　22cm　（新編・日本随筆紀行 大きな活字で読みやすい本―心にふるさとがある 13）　①4-87893-894-3, 4-87893-807-2

作品 大島のイボッチャ〔坂口一雄〕

04728 のんきに島旅　本山賢司著　河出書房新社　2000.4　229p　15cm　（河出文庫）〈「海流に乗って」（山と渓谷社1987年刊）の増補〉　680円　①4-309-40607-6

04729 大島―ロシア未来派の父 ダビッド・D.ブルリューク　ダビッド・D.ブルリューク著, 鈴木明訳　鈴木明　2001.9　89p　21cm

04730 犬連れバックパッカー　斉藤政喜著　新潮社　2004.7　316p　16cm　（新潮文庫）〈小学館1998年刊の増補〉　514円　①4-10-100421-8

04731 日本全国 離島を旅する　向一陽著　講談社　2004.7　307p　18cm　（講談社現代新書）　780円　①4-06-149727-8

目次 第1章 沖縄の島（与那国島―日本列島の最西端, 波照間島―日本の最南端 ほか）, 第2章 奄美の島（与論島―平穏を取り戻した癒しの島, 沖永良部島―超猛烈台風の記憶 ほか）, 第3章 九州近海の島（屋久島―森と水の島, 種子島―鉄砲伝来、宇宙基地 ほか）, 第4章 日本海の島（隠岐諸島―昔も今も風待ち港, 佐渡島―花の島、トキの島 ほか）, 第5章 東京の離島（伊豆大島―東京の離れ座敷, 三宅島―在りし日の山頂 ほか）

04732 瀬戸内・四国スローにお遍路―気まぐれ列車で行こう　種村直樹著　実業之日本社　2005.12　439p　19cm　1800円　①4-408-00798-6

04733 東京の島　斎藤潤著　光文社　2007.7　262p　18cm　（光文社新書）　740円　①978-4-334-03412-2

04734 散歩の学校　赤瀬川原平著　毎日新聞社　2008.12　181p　21cm　1600円　①978-4-620-31899-8

04735 遠藤ケイの島旅日和　遠藤ケイ著　千早書房　2009.8　124p　21cm〈索引あり〉　1600円　①978-4-88492-439-3

04736 大島　2009年改定版　ダビッド・ブルリューク著, 鈴木明訳　〔大島町（東京都）〕　木村五郎・大島農民美術資料館　2009.10　87p　21cm〈共同刊行：藤井工房〉

04737 東京随筆　赤瀬川原平著　毎日新聞社　2011.3　269p　20cm　1800円　①978-4-620-32052-6

04738 ぶらりニッポンの島旅　管洋志著　講談社　2011.7　253p　15cm　（講談社文庫）　838円　①978-4-06-276988-4

04739 宮本常一 旅の手帖　愛しき島々　宮本常一著, 田村善次郎編　八坂書房　2011.10　213p　20cm　2000円　①978-4-89694-983-4

目次 日本の離島, 対馬・壱岐・五島列島, 佐渡島, 佐久島, 隠岐諸島, 伊豆大島, 塩飽諸島, 淡路島, 島の漂着物

04740 微視的（ちまちま）お宝鑑定団　東海林さだお著　文藝春秋　2012.4　279p　16cm　（文春文庫）〈2009年刊の文庫化〉　552円　①978-4-16-717778-2

作品 大島でくさい！ うまい！ のぶらり旅

04741 久住昌之のこんどは山かい!?　関東編　久住昌之著　山と溪谷社　2013.4　191p　19cm　1200円　①978-4-635-08006-4

04742 荒ぶる自然―日本列島天変地異録　高田宏著　神戸　苦楽堂　2016.6　303, 7p　19cm〈新潮社 1997年刊の再刊　年表あり 索引あり〉　1800円　①978-4-908087-03-5

04743 ニッポン島遺産　斎藤潤著　実業之日本社　2016.8　191p　19cm　1600円　①978-4-408-00889-9

04744 禁足地帯の歩き方　吉田悠軌著　学研プラス　2017.11　175p　19cm　1000円　①978-4-05-406602-1

04745 狙われた島―数奇な運命に弄ばれた19の島　カベルナリア吉田著　アルファベータブックス　2018.2　222p　21cm　1800円　①978-4-86598-048-6

伊豆諸島

04746 日本漫遊記　種村季弘著　筑摩書房　1989.6　236p　19cm　1540円　①4-480-82267-4

04747 フェリーボートで行こう！―スロー・トラベル　カベルナリア吉田文・写真　東京書籍　2002.7　243p　21cm　1700円　①4-487-79783-7

目次 東海汽船 かめりあ丸・さるびあ丸, 伊豆諸島開発 還住丸, （株）共勝丸 第二十八共勝丸, 大島運輸 フェリーありあけ, 有村産業 クルーズフェリー飛竜21, 大東海運 だいとう, 船浮海運 ふなうき, 日中国際フェリー 新鑑真号, 九州郵船 フェリーあがた・フェリーちくし, JR九州 ビートル2世・ビートル3世・ジェビ〔ほか〕

04748 50ccバイクで島の温泉日本一周　賀曽利隆著　小学館　2005.9　350p　15cm　（小学館文庫）　619円　①4-09-411102-6

04749 東京の島　斎藤潤著　光文社　2007.7　262p　18cm　（光文社新書）　740円　①978-4-334-03412-2

04750 賀曽利隆の300日3000湯めぐり日本一周―6万5000キロのバイク旅　下巻　賀曽利隆著　昭文社　2008.9　286p　21cm　1600円　①978-4-398-21117-0

04751 釣って開いて干して食う。　嵐山光三郎著　光文社　2010.4　274p　16cm　（光文社文庫）　571円　①978-4-334-74769-5

板橋区

04752 東京 水辺の光景—出会いと発見の紀行 小野誠一郎絵文 日貿出版社 1995.9 178p 21cm 1751円 ①4-8170-3963-9

04753 紀行新選組 尾崎秀樹文, 榊原和夫写真 光文社 2003.12 179p 16cm (知恵の森文庫) 552円 ①4-334-78256-6

04754 「新選組」ふれあいの旅—人や史跡との出逢いを求めて 岳真也著 PHP研究所 2003.12 249p 19cm 1200円 ①4-569-63235-1

04755 東京を歩く 立松和平著, 黒古一夫編 勉誠出版 2006.4 343p 22cm (立松和平日本を歩く 第7巻) 2600円 ①4-585-01177-3

04756 東京の空の下、今日も町歩き 川本三郎著 筑摩書房 2006.10 280p 15cm (ちくま文庫)〈写真：鈴木知之〉 800円 ①4-480-42260-9

04757 古代史謎解き紀行 5(関東・東京編) 関裕二著 ポプラ社 2007.12 246p 19cm 〈文献あり〉 1300円 ①978-4-591-10035-6

市ヶ谷

04758 東京随筆 赤瀬川原平著 毎日新聞社 2011.3 269p 20cm 1800円 ①978-4-620-32052-6

一之江

04759 きのふの東京、けふの東京 川本三郎著 平凡社 2009.11 277p 19cm 1600円 ①978-4-582-83452-9

五日市

04760 東京を歩く 立松和平著, 黒古一夫編 勉誠出版 2006.4 343p 22cm (立松和平日本を歩く 第7巻) 2600円 ①4-585-01177-3

五日市線

04761 旅の柄 花村萬月著 光文社 2010.11 216p 19cm 1300円 ①978-4-334-97631-6

04762 旅する駅前、それも東京で!? カベルナリア吉田著 彩流社 2010.12 365p 19cm 1800円 ①978-4-7791-1576-9

04763 いきどまり鉄道の旅 北尾トロ著 河出書房新社 2017.8 278p 15cm (河出文庫) 〈「駅長さん！ これ以上先には行けないんすか」(2011年刊)の改題、加筆・修正〉 780円 ①978-4-309-41559-8

厳嶋神社〔抜弁天〕

04764 きのふの東京、けふの東京 川本三郎著 平凡社 2009.11 277p 19cm 1600円 ①978-4-582-83452-9

稲城市

04765 ふらっと朝湯酒 久住昌之著 カンゼン 2014.2 199p 19cm 1300円 ①978-4-86255-226-6

稲荷橋

04766 いまむかし東京町歩き 川本三郎著 毎日新聞社 2012.8 292p 20cm 1900円 ①978-4-620-32141-7

(目次) 恋文横丁—渋谷区道玄坂二丁目, 都電・旧西荒川停留所—江戸川区小松川二丁目, 板橋のガスタンク—北区滝野川五丁目, 築地川—中央区銀座・築地など, 東急文化会館—渋谷区渋谷二丁目, 森ヶ崎—大田区大森南四、五丁目, 勝鬨橋—中央区築地六丁目, 迎賓館—港区元赤坂二丁目, 水上生活者—中央区日本橋箱崎町, 稲荷橋—中央区八丁堀四丁目〔ほか〕

井の頭公園

04767 ショージ君の旅行鞄—東海林さだお自選 東海林さだお著 文芸春秋 2005.2 905p 16cm (文春文庫) 933円 ①4-16-717760-9

作品 おにぎり連休いざ公園

04768 東京花散歩 岸本葉子著 亜紀書房 2011.3 214p 19cm 1600円 ①978-4-7505-1106-1

04769 わたしの週末なごみ旅 岸本葉子著 河出書房新社 2012.8 201p 15cm (河出文庫) 〈「ちょっと古びたものが好き」(バジリコ 2008年刊)と「週末ゆる散歩」(東京書籍 2009年刊)の合本を改題し、加筆修正のうえ再構成〉 790円 ①978-4-309-41168-2

(目次) ちょっと古びたものが好き(時を経た気配のもの, 私の来た場所、行くところ), 週末ゆる散歩—はきなれた靴で(一度は行かねば～柴又, 商店街はお惣菜の匂い～谷中, 渓谷は町の中～等々力, ゾウのはな子に会いに行く～井の頭公園, お寺でお茶して東京タワー～神谷町, ほどよい雑居が心地いい～中目黒, 特別編 パスポート持って、ゆる散歩～大連), 足の向くまま、気の向くまま)

04770 東京都三多摩原人 久住昌之著 朝日新聞出版 2016.1 302p 19cm 1600円 ①978-4-02-251318-2

(目次) ドブ川を上って, 崖線の路を, 武蔵五日市の温泉, 府中街道を、多摩川へ南下す, 武蔵小金井の幼なじみの店, 自転車漕いで、プールに行く, 近所でクワガタを捕った頃, 八王子から高尾、盲腸から天皇へ, 西の要、高尾山, 田無五茫星クロスロード, 高幡不動のただえもん, 青梅線に沿って青梅を歩く, 近くの井の頭自然文化圏, 尾根と戦車とアウトレット, 三多摩の最南端に向かう, 狭山丘陵を多摩湖へ, 相模湖とダムとモーターボート, 第四の多摩を歩く, 三多摩原人の実家観察, 奥多摩電車散歩, 昭和記念公園の秋, 秋の丘陵動物園, 先生の住んでいた小平を歩く, 三多摩の山奥の宿で

井ノ頭通り

04771 漂う—古い土地 新しい場所 黒井千次著 毎日新聞社 2013.8 175p 20cm 1600円 ①978-4-620-32221-6

今熊山

04772 鍛える聖地 加門七海著 メディアファクトリー 2012.8 285p 19cm (幽BOOKS) 1300円 ①978-4-8401-4693-7

今戸神社

04773 うわさの神仏 其ノ3 江戸TOKYO陰陽百景 加門七海著 集英社 2007.5 244p

関東

15cm （集英社文庫） 514円 ①978-4-08-746162-6

入谷

04774 ちょっとそこまで 川本三郎著 講談社 1990.12 242p 15cm （講談社文庫） 420円 ①4-06-184819-4

04775 むかしまち地名事典 森まゆみ著 大和書房 2013.3 251p 20cm 1600円 ①978-4-479-39238-5

岩淵

04776 きのふの東京、けふの東京 川本三郎著 平凡社 2009.11 277p 19cm 1600円 ①978-4-582-83452-9

岩本町

04777 東京随筆 赤瀬川原平著 毎日新聞社 2011.3 269p 20cm 1800円 ①978-4-620-32052-6

上野

04778 青インクの東京地図 安西水丸著 講談社 1990.3 200p 15cm （講談社文庫） 350円 ①4-06-184635-3

04779 途中下車の味 宮脇俊三著 新潮社 1992.6 240p 15cm （新潮文庫）〈1988年刊の文庫化〉 360円 ①4-10-126810-X

04780 東京見聞録 原田宗典著 講談社 1995.6 185p 15cm （講談社文庫）〈1991年刊の文庫化〉 360円 ①4-06-263044-3

04781 温泉旅日記 池内紀著 徳間書店 1996.9 277p 15cm （徳間文庫）〈河出書房新社1988年刊あり〉 540円 ①4-19-890559-2

04782 東京ハイカラ散歩 野田宇太郎著 角川春樹事務所 1998.5 282p 15cm （ランティエ叢書） 1000円 ①4-89456-096-8

04783 新版 大東京案内 上 今和次郎編纂 筑摩書房 2001.10 340p 15cm （ちくま学芸文庫）〈複製を含む〉 1000円 ①4-480-08671-4

04784 東京ディープな宿 泉麻人著 中央公論新社 2005.4 191p 16cm （中公文庫）〈2003年刊の文庫化〉 571円 ①4-12-204515-0

04785 サトウハチロー 僕の東京地図 サトウハチロー著 小金井 ネット武蔵野 2005.8 340p 19cm 1400円 ①4-944237-91-X

04786 天下を獲り損ねた男たち―続・日本史の旅は、自転車に限る！ 疋田智著 枻出版社 2005.12 299p 19cm〈文献あり〉 1400円 ①4-7779-0460-1

04787 東京を歩く 立松和平著, 黒古一夫編 勉誠出版 2006.4 343p 22cm （立松和平日本を歩く 第7巻） 2600円 ①4-585-01177-3

04788 僕の東京地図 安岡章太郎著 世界文化社 2006.6 171p 21cm （ほたるの本）〈文化出版局1985年刊の増補〉 1800円 ①4-418-06230-0

04789 お江戸寺町散歩 吉田さらさ著 集英社 2006.10 207p 16cm （集英社be文庫） 762円 ①4-08-650116-3

04790 うわさの神仏 其ノ3 江戸TOKYO陰陽百景 加門七海著 集英社 2007.5 244p 15cm （集英社文庫） 514円 ①978-4-08-746162-6

04791 私のなかの東京―わが文学散策 野口冨士男著 岩波書店 2007.6 220p 15cm （岩波現代文庫） 900円 ①978-4-00-602120-7

04792 街道をゆく夜話 司馬遼太郎著 朝日新聞社 2007.10 381p 15cm （朝日文庫） 700円 ①978-4-02-264419-0

04793 ナイトメア咲人の鈍行いくの？―五十音の旅 咲人著 シンコーミュージック・エンタテイメント 2009.7 161p 21cm 1905円 ①978-4-401-63307-4

04794 きのふの東京、けふの東京 川本三郎著 平凡社 2009.11 277p 19cm 1600円 ①978-4-582-83452-9

04795 なにもない旅 なにもしない旅 雨宮処凛著 光文社 2010.9 222p 16cm （光文社知恵の森文庫） 686円 ①978-4-334-78564-2

04796 東京路地裏暮景色 なぎら健壱著 筑摩書房 2011.11 333p 15cm （ちくま文庫） 800円 ①978-4-480-42880-6

04797 東京下町こんな歩き方も面白い 康熙奉, 緒原宏平著 収穫社 2012.3 215p 18cm 905円 ①978-4-906787-01-2

04798 下駄で歩いた巴里―林芙美子紀行集 林芙美子著, 立松和平編 岩波書店 2012.4 331p 15cm （岩波文庫）〈第5刷（第1刷2003年）〉 700円 ①4-00-311692-5
作品 私の東京地図

04799 東京いいまち一泊旅行 池内紀著 光文社 2012.8 266p 18cm （光文社新書） 800円 ①978-4-334-03701-7

04800 東京放浪記 別役実著 平凡社 2013.5 237p 20cm 1800円 ①978-4-582-83619-6

04801 大東京繁昌記 山手篇 講談社文芸文庫編 講談社 2013.6 408p 16cm （講談社文芸文庫）〈底本：春秋社 1928年刊 平凡社 1999年, 大空社 1992年刊あり〉 1700円 ①978-4-06-290195-6
作品 上野近辺〔藤井浩祐〕

04802 味を追う旅 吉村昭著 河出書房新社 2013.11 183p 15cm （河出文庫）〈「味を訪ねて」(2010年刊）の改題〉 660円 ①978-4-309-41258-0

04803 東京美女散歩 安西水丸文え 講談社 2015.3 452p 19cm 2100円 ①978-4-06-219360-3

04804 新編 日本の旅あちこち 木山捷平著 講談社 2015.4 304p 16cm （講談社文芸文庫）〈著作目録あり 年譜あり〉 1600円 ①978-4-06-290268-7
作品 夜のお江戸コース―東京

04805 東京者がたり 西村賢太著 講談社 2015.10 197p 20cm 1600円 ①978-4-06-219794-6

04806 東京戦後地図―ヤミ市跡を歩く 藤木TDC著 実業之日本社 2016.6 190p 21cm 〈文献あり〉 2400円 ①978-4-408-11194-0

04807 日和下駄―一名東京散策記 永井荷風著 講談社 2017.1 217p 17cm (講談社文芸文庫Wide)〈講談社文芸文庫 1999年刊の再刊 著作目録あり 年譜あり〉 1000円 ①978-4-06-295511-9

上野駅

04808 浦島太郎の馬鹿―旅の書きおき 立松和平著 マガジンハウス 1990.10 251p 21cm 1400円 ①4-8387-0189-6

04809 北海道の旅 串田孫一著 平凡社 1997.5 332p 16cm (平凡社ライブラリー)〈筑摩書房1962年刊の増訂〉 1000円 ①4-582-76198-4

04810 阿川弘之自選紀行集 阿川弘之著 JTB 2001.12 317p 20cm 2200円 ①4-533-04030-6

作品 「北斗星1号」試乗記

04811 日本縦断個室寝台特急の旅―Yumekuukan/Fuji/Cassiopeia/Twilight 櫻井寛写真・文 世界文化社 2005.11 183p 21cm (ほたるの本)〈2001年刊の軽装版〉 1800円 ①4-418-05517-7

04812 日本縦断個室寝台特急の旅 続 櫻井寛写真・文 世界文化社 2005.11 207p 22cm 2800円 ①4-418-05519-3

04813 東京を歩く 立松和平著, 黒古一夫編 勉誠出版 2006.4 343p 22cm (立松和平日本を歩く 第7巻) 2600円 ①4-585-01177-3

04814 文学の中の駅―名作が語る“もうひとつの鉄道史” 原口隆行著 国書刊行会 2006.7 327p 20cm 2000円 ①4-336-04785-5

04815 終着駅への旅 JR編 櫻井寛著 JTBパブリッシング 2013.8 222p 19cm 1300円 ①978-4-533-09285-5

04816 新編 日本の旅あちこち 木山捷平著 講談社 2015.4 304p 16cm (講談社文芸文庫)〈著作目録あり 年譜あり〉 1600円 ①978-4-06-290268-7

作品 上野駅―東京

上野公園

04817 東京番外地 森達也著 新潮社 2006.11 250p 19cm 1400円 ①4-10-466202-X

04818 東京ひがし案内 森まゆみ著 筑摩書房 2010.4 238p 15cm (ちくま文庫) 760円 ①978-4-480-42700-7

04819 東京随筆 赤瀬川原平著 毎日新聞社 2011.3 269p 20cm 1800円 ①978-4-620-32052-6

04820 東京花散歩 岸本葉子著 亜紀書房 2011.3 214p 19cm 1600円 ①978-4-7505-1106-1

上野桜木

04821 東京者がたり 西村賢太著 講談社 2015.10 197p 20cm 1600円 ①978-4-06-219794-6

上野大仏

04822 にっぽん大仏さがし 坂原弘康著 新風舎 1999.8 54p 16×13cm (新風選書) 580円 ①4-7974-0994-0

上野東照宮

04823 遊覧日記 武田百合子著, 武田花写真 筑摩書房 1993.1 185p 15cm (ちくま文庫) 470円 ①4-480-02684-3

上野動物園

04824 閑古堂の絵葉書散歩 東編 林丈二著 小学館 1999.4 123p 21cm (SHOTOR TRAVEL) 1500円 ①4-09-343138-8

作品 一泊上野動物園巡り―東京2

04825 ショージ君の旅行鞄―東海林さだお自選 東海林さだお著 文芸春秋 2005.2 905p 16cm (文春文庫) 933円 ①4-16-717760-9

作品 ただいま上野“散歩中”

04826 東京を歩く 立松和平著, 黒古一夫編 勉誠出版 2006.4 343p 22cm (立松和平日本を歩く 第7巻) 2600円 ①4-585-01177-3

04827 散歩の学校 赤瀬川原平著 毎日新聞社 2008.12 181p 21cm 1600円 ①978-4-620-31899-8

04828 東京随筆 赤瀬川原平著 毎日新聞社 2011.3 269p 20cm 1800円 ①978-4-620-32052-6

上野広小路

04829 東京ひとり歩き ぼくの東京地図。 岡本仁著 大阪 京阪神エルマガジン社 2017.4 159p 21cm 1600円 ①978-4-87435-531-2

浮間

04830 きのふの東京、けふの東京 川本三郎著 平凡社 2009.11 277p 19cm 1600円 ①978-4-582-83452-9

鶯谷

04831 東京ワンデイスキマ旅 カベルナリア吉田著 彩流社 2013.11 222p 21cm 1900円 ①978-4-7791-1955-2

04832 東京者がたり 西村賢太著 講談社 2015.10 197p 20cm 1600円 ①978-4-06-219794-6

鶯谷駅

04833 怪しい駅 懐かしい駅―東京近郊駅前旅行 長谷川裕文, 村上健絵 草思社 2013.8 181p 19cm 1600円 ①978-4-7942-1996-1

目次 西東京編(なぜ大石がこんなにゴロゴロしているのか―東横線・祐天寺駅, どうしてこんなに狭い谷間にあるのか―井の頭線・神泉駅, 西口かそれとも東口か―

関東

東横線/目黒線・田園調布駅, 懐かしのドアカットが見られる―大井町線・久品仏駅, なぜ、ここまで深く掘り下げたのか―山手線・目黒駅, 銀座線へのアクセスがこうも悪い理由―副都心線・渋谷駅), 東東京編（ああ、堂々の頭端式プラットホーム―東武伊勢崎線・東武浅草駅, かつての栄光の名残りが駅舎に残る―総武線・両国駅, 聖と俗の大パノラマが開ける―山手線・鶯谷駅, ひとつの単線に二輛編成ひとつだけ―東武大師線・大師前駅, 戦後の駅前風景がしぶとく息づく―京成押上線・京成立石駅), 郊外編（ここはかつて遠足のメッカだった―中央線・相模湖駅, ヤミ米の運び込まれた流通ルート―都電・旧葛西橋停留所, 「花の精」「無能の人」の舞台―西武多摩川線・是政駅, 戦時中に山小屋風駅舎とはこれ如何に―青梅線・奥多摩駅, 不遇の山水にたたずむ寒駅―青梅線・白丸駅）

牛込

04834 文学の街―名作の舞台を歩く　前田愛著　小学館　1991.12　315p　16cm　（小学館ライブラリー）　780円　①4-09-460015-9

04835 東京ハイカラ散歩　野田宇太郎著　角川春樹事務所　1998.5　282p　15cm　（ランティエ叢書）　1000円　①4-89456-096-8

04836 サトウハチロー 僕の東京地図　サトウハチロー著　小金井　ネット武蔵野　2005.8　340p　19cm　1400円　①4-944237-91-X

04837 東京いいまち一泊旅行　池内紀著　光文社　2012.8　266p　18cm　（光文社新書）　800円　①978-4-334-03701-7

梅屋敷

04838 ナイトメア咲人の鈍行いくの？―五十音の旅　続　咲人著　シンコーミュージック・エンタテイメント　2012.4　233p　21cm　2381円　①978-4-401-63573-3

永福

04839 お江戸寺町散歩　吉田さらさ著　集英社　2006.10　207p　16cm　（集英社be文庫）　762円　①4-08-650116-3

04840 東京放浪記　別役実著　平凡社　2013.5　237p　20cm　1800円　①978-4-582-83619-6

回向院

04841 街道をゆく　36　本所深川散歩、神田界隈　新装版　司馬遼太郎著　朝日新聞出版　2009.4　423, 8p　15cm　（朝日文庫）〈初版：朝日新聞社1995年刊〉　920円　①978-4-02-264490-9

（目次）本所深川散歩（深川木場, 江戸っ子, 百万遍, 鳶の頭 ほか）, 神田界隈（護持院ケ原, 鷗外の護持院ケ原, 茗渓, 於玉ケ池 ほか）

江古田

04842 大衆食堂へ行こう　安西水丸著　朝日新聞社　2006.8　239p　15cm　（朝日文庫）　600円　①4-02-261512-5

04843 散歩の学校　赤瀬川原平著　毎日新聞社　2008.12　181p　21cm　1600円　①978-4-620-31899-8

04844 ナイトメア咲人の鈍行いくの？―五十音の旅　咲人著　シンコーミュージック・エンタテイメント　2009.7　161p　21cm　1905円　①978-4-401-63307-4

04845 東京随筆　赤瀬川原平著　毎日新聞社　2011.3　269p　20cm　1800円　①978-4-620-32052-6

江古田駅前

04846 東京ワンデイスキマ旅　カベルナリア吉田著　彩流社　2013.11　222p　21cm　1900円　①978-4-7791-1955-2

枝川（江東区）

04847 『能町みね子のときめきデートスポット』、略して能スポ　能町みね子著　講談社　2016.3　347p　15cm　（講談社文庫）　700円　①978-4-06-293345-2

江戸川区

04848 東京 水辺の光景―出会いと発見の紀行　小野誠一郎絵文　日貿出版社　1995.9　178p　21cm　1751円　①4-8170-3963-9

04849 僕の東京地図　安岡章太郎著　世界文化社　2006.6　171p　21cm　（ほたるの本）〈文化出版局1985年刊の増補〉　1800円　①4-418-06230-0

江戸川橋

04850 東京随筆　赤瀬川原平著　毎日新聞社　2011.3　269p　20cm　1800円　①978-4-620-32052-6

04851 ナイトメア咲人の鈍行いくの？―五十音の旅　続　咲人著　シンコーミュージック・エンタテイメント　2012.4　233p　21cm　2381円　①978-4-401-63573-3

江戸城

04852 日本名城紀行　2　南関東・東海 天下を睨む覇城　小学館　1989.5　293p　15cm　600円　①4-09-401202-8

04853 朝鮮通信使紀行　杉洋子著　集英社　2002.8　238p　20cm　1800円　①4-08-774603-8

04854 東京俳句散歩　吉行和子, 冨士真奈美著　光文社　2004.5　246p　16cm　（知恵の森文庫）　667円　①4-334-78291-4

（目次）公園・庭園を巡る（皇居東御苑・大手門から江戸城本丸へ―いやがうえにも厳かな異空間, 白金・自然教育園から東京都庭園美術館へ―自然の美、人工の美, 六義園から巣鴨とげぬき地蔵へ―幽玄の世界と活気に満ちた現実世界 ほか）, 名刹、神社を巡る（東大赤門から根津神社へ―加賀百万石のお膝元, 湯島聖堂から神田明神へ―学問成就の元締めと「江戸の総鎮守」, 湯島天神から旧岩崎邸へ―「湯島の白梅」をはじめ、記念碑の数々 ほか）, 由緒ある町並みを歩く（有楽町から銀座へ―花の東京の真ん中で、さて…, 日本橋から小伝馬町へ―かつての旅の起点に響く鐘の音, 水天宮から人形町へ―安産の神様が鎮座する大正ロマンの町 ほか）

04855 三津五郎 城めぐり　坂東三津五郎著　三月書房　2010.11　117p　22cm　2200円

①978-4-7826-0211-9

荏原七福神

04856 泉麻人の東京・七福神の町あるき　泉麻人著　京都　淡交社　2007.12　221p　19cm　1500円　①978-4-473-03443-4

恵比寿

04857 繁栄TOKYO裏通り　久田恵著　文芸春秋　1997.5　309p　136cm　1714円　①4-16-352870-9

04858 東京を歩く　立松和平著, 黒古一夫編　勉誠出版　2006.4　343p　22cm　（立松和平日本を歩く 第7巻）　2600円　①4-585-01177-3

04859 東京随筆　赤瀬川原平著　毎日新聞社　2011.3　269p　20cm　1800円　①978-4-620-32052-6

04860 私の東京地図　小林信彦著　筑摩書房　2017.7　254p　15cm　（ちくま文庫）〈2013年刊に「私の東京物語」を加えた〉　720円　①978-4-480-43450-0

王子

04861 はなしの名人—東京落語地誌　池内紀著　角川書店　1999.8　245p　19cm　（角川選書）　1600円　①4-04-703308-1

04862 お江戸寺町散歩　吉田さらさ著　集英社　2006.10　207p　16cm　（集英社be文庫）　762円　①4-08-650116-3

04863 東京の空の下、今日も町歩き　川本三郎著　筑摩書房　2006.10　280p　15cm　（ちくま文庫）〈写真：鈴木知之〉　800円　①4-480-42260-9

04864 東京飄然　町田康著　中央公論新社　2009.11　374p　16cm　（中公文庫）　800円　①978-4-12-205224-6

04865 東京随筆　赤瀬川原平著　毎日新聞社　2011.3　269p　20cm　1800円　①978-4-620-32052-6

04866 東京いいまち一泊旅行　池内紀著　光文社　2012.8　266p　18cm　（光文社新書）　800円　①978-4-334-03701-7

04867 そして、人生はつづく　川本三郎著　平凡社　2013.1　280p　19cm　1600円　①978-4-582-83597-7

青梅市

04868 歩く人　久住昌之著　マガジンハウス　1993.2　171p　19cm　1300円　①4-8387-0384-8

04869 貧困旅行記　新版　つげ義春著　新潮社　1995.4　281p　15cm　（新潮文庫）〈晶文社1991年刊あり〉　520円　①4-10-132812-9
作品 奥多摩貧困行

04870 東京ディープな宿　泉麻人著　中央公論新社　2005.4　191p　16cm　（中公文庫）〈2003年刊の文庫化〉　571円　①4-12-204515-0

04871 東京の空の下、今日も町歩き　川本三郎著　筑摩書房　2006.10　280p　15cm　（ちくま文庫）〈写真：鈴木知之〉　800円　①4-480-42260-9

04872 新発見 より道街あるき　大竹誠著　パロル舎　2008.6　187p　21cm　1600円　①978-4-89419-073-3

04873 東京随筆　赤瀬川原平著　毎日新聞社　2011.3　269p　20cm　1800円　①978-4-620-32052-6

04874 東京いいまち一泊旅行　池内紀著　光文社　2012.8　266p　18cm　（光文社新書）　800円　①978-4-334-03701-7

04875 明治紀行文學集　筑摩書房　2013.1　410p　21cm　（明治文學全集 94）　7500円　①978-4-480-10394-9
作品 多摩の上流〔田山花袋〕

04876 大東京ぐるぐる自転車　伊藤礼著　筑摩書房　2014.10　343p　15cm　（ちくま文庫）〈東海教育研究所 2011年刊に書き下ろし「堀切菖蒲園」を加えて再刊〉　880円　①978-4-480-43209-4

04877 野生めぐり—列島神話の源流に触れる12の旅　石倉敏明文, 田附勝写真　京都　淡交社　2015.11　255p　19cm　2000円　①978-4-473-04045-9

04878 東京都三多摩原人　久住昌之著　朝日新聞出版　2016.1　302p　19cm　1600円　①978-4-02-251318-2

04879 山の宿のひとり酒　太田和彦著　集英社　2017.4　289p　16cm　（集英社文庫—ニッポンぶらり旅）　660円　①978-4-08-745577-9

青梅線

04880 旅する駅前、それも東京で!?　カベルナリア吉田著　彩流社　2010.12　365p　19cm　1800円　①978-4-7791-1576-9

04881 汽車に乗った明治の文人たち—明治の鉄道紀行集　出口智之編　教育評論社　2014.1　286p　19cm〈文献あり〉　2400円　①978-4-905706-81-6
作品 吉野村の梅〔幸堂得知〕

04882 いきどまり鉄道の旅　北尾トロ著　河出書房新社　2017.8　278p　15cm　（河出文庫）〈「駅長さん！ これ以上先には行けないんすか」（2011年刊）の改題、加筆・修正〉　780円　①978-4-309-41559-8

大井競馬場

04883 東京見聞録　原田宗典著　講談社　1995.6　185p　15cm　（講談社文庫）〈1991年刊の文庫化〉　360円　①4-06-263044-3

04884 マンボウ最後の大バクチ　北杜夫著　新潮社　2011.9　246p　16cm　（新潮文庫）〈2009年刊の文庫化〉　400円　①978-4-10-113160-3

大泉学園

04885 大東京ぐるぐる自転車　伊藤礼著　筑摩書房　2014.10　343p　15cm　（ちくま文庫）〈東海教育研究所 2011年刊に書き下ろし「堀切菖蒲園」を加えて再刊〉　880円　①978-4-480-

43209–4

大井町

04886 東京の空の下、今日も町歩き 川本三郎著 筑摩書房 2006.10 280p 15cm （ちくま文庫）〈写真：鈴木知之〉 800円 Ⓘ4–480–42260–9

04887 東京随筆 赤瀬川原平著 毎日新聞社 2011.3 269p 20cm 1800円 Ⓘ978–4–620–32052–6

大川端リバーシティ21

04888 東京ひとり散歩 池内紀著 中央公論新社 2009.9 222p 18cm （中公新書）〈大活字版（2015年刊）あり〉 740円 Ⓘ978–4–12–102023–9

大久保

04889 東京ハイカラ散歩 野田宇太郎著 角川春樹事務所 1998.5 282p 15cm （ランティエ叢書） 1000円 Ⓘ4–89456–096–8

大久保通り

04890 漂う―古い土地 新しい場所 黒井千次著 毎日新聞社 2013.8 175p 20cm 1600円 Ⓘ978–4–620–32221–6

大栗川

04891 鳥に会う旅 叶内拓哉著 世界文化社 1991.6 264p 21cm （ネイチャーブックス） 2400円 Ⓘ4–418–91506–0

大田区

04892 東京 水辺の光景―出会いと発見の紀行 小野誠一郎絵文 日貿出版社 1995.9 178p 21cm 1751円 Ⓘ4–8170–3963–9

04893 東京ノスタルジック百景―失われつつある昭和の風景を探しに フリート横田著 世界文化社 2017.1 127p 21cm〈文献あり〉 1300円 Ⓘ978–4–418–17200–9

大岳山

04894 一枚の絵葉書 沢野ひとし著 角川書店 1999.7 246p 15cm （角川文庫） 552円 Ⓘ4–04–181310–7

04895 山の時間 沢野ひとし画と文 八王子 白山書房 2009.3 183p 15×20cm 2000円 Ⓘ978–4–89475–127–9

大多摩ウォーキングトレイル

04896 森へ行く日 光野桃著 山と溪谷社 2010.7 128, 15p 21cm〈文献あり〉 1600円 Ⓘ978–4–635–08005–7

大塚

04897 懐かしい「東京」を歩く 森本哲郎著 PHP研究所 2005.6 396p 15cm （PHP文庫）〈『ぼくの東京夢華録』改題書〉 705円 Ⓘ4–569–66408–3

04898 東京美女散歩 安西水丸文え 講談社 2015.3 452p 19cm 2100円 Ⓘ978–4–06–219360–3

04899 東京抒情 川本三郎著 春秋社 2015.12 270p 20cm 1900円 Ⓘ978–4–393–44416–0

(目次) 1 ノスタルジー都市東京（『東京人』が生まれたころ, 新幹線と東京オリンピックの時代, 遊園地へおでかけ ほか）, 2 残影をさがして（明治維新の敗者にとってのフロンティア,「水の東京」―『大東京繁盛記 下町篇』が伝える風景, 荷風と城東電車 ほか）, 3 文学、映画、ここにあり（文士が体験した関東大震災, 川を愛した作家たち, 物語を生んだ坂 ほか）

大手町

04900 箱根駅伝を歩く 泉麻人著 平凡社 2012.11 223p 19cm〈文献あり〉 1500円 Ⓘ978–4–582–83594–6

(目次) 序章 歩き始める前に, 1区（10区） 大手町→鶴見―消えゆく“名難所”, 2区（9区） 鶴見→戸塚―権太坂上のすき家, 3区（8区） 戸塚→平塚―松並木とホテルエンパイア, 4区（7区） 平塚→小田原―河野兄弟の走った道, 5区（6区） 小田原→箱根―驚愕の箱根駅伝マニア

大鳥神社（目黒区）

04901 東京を歩く 立松和平著, 黒古一夫編 勉誠出版 2006.4 343p 22cm （立松和平日本を歩く 第7巻） 2600円 Ⓘ4–585–01177–3

鷲神社〔浅草鷲神社〕

04902 ニッポン旅みやげ 池内紀著 青土社 2015.4 162p 20cm 1800円 Ⓘ978–4–7917–6852–3

大森

04903 日本その日その日 2 E.S.モース著, 石川欣一訳 平凡社 1989.2 296p 18cm （東洋文庫）〈第18刷（第1刷：1970年）〉 2100円 Ⓘ4–582–80172–2

04904 僕の東京地図 安岡章太郎著 世界文化社 2006.6 171p 21cm （ほたるの本）〈文化出版局1985年刊の増補〉 1800円 Ⓘ4–418–06230–0

04905 東京の空の下、今日も町歩き 川本三郎著 筑摩書房 2006.10 280p 15cm （ちくま文庫）〈写真：鈴木知之〉 800円 Ⓘ4–480–42260–9

04906 東京随筆 赤瀬川原平著 毎日新聞社 2011.3 269p 20cm 1800円 Ⓘ978–4–620–32052–6

04907 「幻の街道」をゆく 七尾和晃著 東海教育研究所 2012.7 193p 19cm〈発売：東海大学出版会〔秦野〕〉 1600円 Ⓘ978–4–486–03744–6

(目次) 塩硝の道―富山・五箇山‐金沢, 絹の道―八王子‐横浜・本牧, 絹の道―外伝 旧東伏見邦英伯爵別邸（横浜・磯子）, 海苔の道―諏訪‐浜松‐大森、蒲田,「金の間」「銀の間」の道―大磯‐石川・小松,「金の間」「銀の間」の道―外伝, 元寇の道―対馬 厳原‐樫根‐青海, ペリーの道―カリフォルニア州パロアルト‐沖縄・国道58号

04908 日本その日その日 エドワード・シル

関東

ヴェスター・モース著, 石川欣一訳　講談社　2013.6　339p　15cm　(講談社学術文庫)〈文献あり 著作目録あり〉　960円　①978-4-06-292178-7

04909　東京者がたり　西村賢太著　講談社　2015.10　197p　20cm　1600円　①978-4-06-219794-6

大山町(渋谷区)

04910　東京番外地　森達也著　新潮社　2006.11　250p　19cm　1400円　①4-10-466202-X

小笠原国立公園

04911　東京を歩く　立松和平著, 黒古一夫編　勉誠出版　2006.4　343p　22cm　(立松和平日本を歩く 第7巻)　2600円　①4-585-01177-3

小笠原諸島

04912　ドキュメント・海の国境線　鎌田慧著　筑摩書房　1994.5　262p　20cm　1800円　①4-480-85665-X

04913　日本列島を往く　1　国境の島々　鎌田慧著　岩波書店　2000.1　331p　15cm　(岩波現代文庫 社会)　900円　①4006030010

(目次) 与那国島

04914　あるく魚とわらう風　椎名誠著　集英社　2001.2　355p　16cm　(集英社文庫)　619円　①4-08-747290-6

04915　大島―ロシア未来派の父 ダビッド・D.ブルリューク　ダビッド・D.ブルリューク著, 鈴木明訳　鈴木明　2001.9　89p　21cm

04916　フェリーボートで行こう!―スロー・トラベル　カベルナリア吉田文・写真　東京書籍　2002.7　243p　21cm　1700円　①4-487-79783-7

04917　波のむこうのかくれ島　椎名誠著　新潮社　2004.4　254p　16cm　(新潮文庫)〈写真:垂見健吾　2001年刊の文庫化〉　514円　①4-10-144825-6

04918　50ccバイクで島の温泉日本一周　賀曽利隆著　小学館　2005.9　350p　15cm　(小学館文庫)　619円　①4-09-411102-6

04919　東京を歩く　立松和平著, 黒古一夫編　勉誠出版　2006.4　343p　22cm　(立松和平日本を歩く 第7巻)　2600円　①4-585-01177-3

04920　立松和平の日本動物紀行　立松和平文・写真　日経BP社　2006.6　253p　20cm〈日経BP出版センター(発売)〉　1600円　①4-8222-4515-2

04921　小笠原　バツラフ・フィアラ著, 鈴木明訳　大島町(東京都)　木村五郎・大島農民美術資料館　2007.3　62p　21cm〈共同刊行:藤井工房〉　1600円

(内容) チェコ生まれの画家フィアラがブルリュークと共に訪れた「おがさわら」の紀行記。来日後の日本の生活の様子、肥後丸に乗って小笠原に向かうところから島での暮らしぶりが細やかに綴られている。

04922　東京の島　斎藤潤著　光文社　2007.7　262p　18cm　(光文社新書)　740円　①978-4-334-03412-2

04923　日本辺境ふーらり紀行　鈴木喜一著, アユミギャラリー悠風舎編　秋山書店　2007.12　199p　19cm　1700円　①978-4-87023-621-9

04924　にっぽん・海風魚旅　3(小魚びゅんびゅん荒波編)　椎名誠著　講談社　2008.1　341p　15cm　(講談社文庫)〈2004年刊の文庫化〉　800円　①978-4-06-275865-9

04925　辺境遊記―キューバ、リオ・デ・ジャネイロ、小笠原諸島、ツバル、カトマンズ、サハリン、南大東島、ダラムサラ　田崎健太文, 下田昌克絵　英治出版　2010.4　397p　21cm　2100円　①978-4-86276-079-1

(目次) 第1章 カリブに浮かぶ不思議の島 キューバ, 第2章 光と影のカーニバル リオ・デ・ジャネイロ, 第3章 都会的な僻地 小笠原諸島, 第4章 沈みゆく未来 ツバル, 第5章 抹殺された故郷 カトマンズ, 第6章 忘れられた人びと サハリン, 第7章 楽園の人生 南大東島, 第8章 ヒマラヤの向こう側 ダラムサラ

04926　わしらは怪しい雑魚釣り隊　サバダバサバダバ篇　椎名誠著　新潮社　2010.5　376p　16cm　(新潮文庫)〈『怪しい雑魚釣り隊 続』(マガジン・マガジン平成21年刊)の改題〉　552円　①978-4-10-144835-0

04927　戦争廃墟行―DVD BOOK　田中昭二著　学研パブリッシング　2010.10　117p　21cm〈発売:学研マーケティング〉　2800円　①978-4-05-404683-2

04928　うつくしい列島―地理学的名所紀行　池澤夏樹著　河出書房新社　2015.11　308p　20cm　1800円　①978-4-309-02425-7

御徒町

04929　なにもない旅 なにもしない旅　雨宮処凛著　光文社　2010.9　222p　16cm　(光文社知恵の森文庫)　686円　①978-4-334-78564-2

04930　ふらっと朝湯酒　久住昌之著　カンゼン　2014.2　199p　19cm　1300円　①978-4-86255-226-6

04931　東京者がたり　西村賢太著　講談社　2015.10　197p　20cm　1600円　①978-4-06-219794-6

小川町

04932　東京ひがし案内　森まゆみ著　筑摩書房　2010.4　238p　15cm　(ちくま文庫)　760円　①978-4-480-42700-7

荻窪

04933　東京自転車日記　泉麻人著　新潮社　1997.7　175p　19cm　1500円　①4-10-364503-2

(目次) 煙突の見える町, 森のなかのパン工場, 西郊の町荻窪, ヤキイモ屋の港, 噂のヒコーキ公園を見に行く, 久我山・牛フン・深大寺, 荒玉水道一直線, 多摩川を見に行く, 善福寺川とスチュワーデス, ミノファーゲンとドンボスコ, ニセドル札とカラスアゲハ〔ほか〕

04934　ショージ君の旅行鞄―東海林さだお自選　東海林さだお著　文芸春秋　2005.2　905p

16cm （文春文庫） 933円 ①4-16-717760-9
作品 小さな夏休み

04935 東京ディープな宿 泉麻人著 中央公論新社 2005.4 191p 16cm （中公文庫）〈2003年刊の文庫化〉 571円 ①4-12-204515-0

04936 東京の空の下、今日も町歩き 川本三郎著 筑摩書房 2006.10 280p 15cm （ちくま文庫）〈写真：鈴木知之〉 800円 ①4-480-42260-9

04937 東京随筆 赤瀬川原平著 毎日新聞社 2011.3 269p 20cm 1800円 ①978-4-620-32052-6

04938 ふらっと朝湯酒 久住昌之著 カンゼン 2014.2 199p 19cm 1300円 ①978-4-86255-226-6

沖ノ鳥島

04939 東京の島 斎藤潤著 光文社 2007.7 262p 18cm （光文社新書） 740円 ①978-4-334-03412-2

尾久駅

04940 旅先でビール 川本三郎著 潮出版社 2005.11 351p 19cm 1800円 ①4-267-01735-2

奥多摩

04941 貧困旅行記 新版 つげ義春著 新潮社 1995.4 281p 15cm （新潮文庫）〈晶文社1991年刊あり〉 520円 ①4-10-132812-9
作品 奥多摩貧困行

04942 東京 水辺の光景―出会いと発見の紀行 小野誠一郎絵文 日貿出版社 1995.9 178p 21cm 1751円 ①4-8170-3963-9

04943 旅の面影 榎木孝明著 JTB 2001.5 95p 26cm 3500円 ①4-533-03875-1

04944 サラリーマン転覆隊が来た！ 本田亮著 小学館 2001.11 255p 20cm〈付属資料：CD-ROM1枚（12cm）〉 1600円 ①4-09-366461-7

04945 旅の紙芝居 椎名誠写真・文 朝日新聞社 2002.10 350p 15cm （朝日文庫）〈1998年刊の文庫化〉 820円 ①4-02-264298-X
作品 すぎし楽しき

04946 バスで田舎へ行く 泉麻人著 筑摩書房 2005.5 296p 15cm （ちくま文庫）〈「バスで、田舎へ行く」（JTB 2001年刊）の改題〉 740円 ①4-480-42079-7

04947 山の旅 本の旅―登る歓び、読む愉しみ 大森久雄著 平凡社 2007.9 237p 20cm〈文献あり〉 2200円 ①978-4-582-83368-3

04948 世界のシワに夢を見ろ！ 高野秀行著 小学館 2009.1 237p 15cm （小学館文庫） 495円 ①978-4-09-408345-3

04949 全ての装備を知恵に置き換えること 石川直樹著 集英社 2009.11 263p 16cm （集英社文庫）〈晶文社2005年刊の加筆・修正〉 552円 ①978-4-08-746500-6

04950 山で見た夢―ある山岳雑誌編集者の記憶 勝峰富雄著 みすず書房 2010.5 285p 20cm 2600円 ①978-4-622-07542-4

04951 明治紀行文學集 筑摩書房 2013.1 410p 21cm （明治文學全集 94） 7500円 ①978-4-480-10394-9
作品 多摩の上流〔田山花袋〕

04952 久住昌之のこんどは山かい!? 関東編 久住昌之著 山と溪谷社 2013.4 191p 19cm 1200円 ①978-4-635-08006-4

04953 鈴木みきの山の足あと 鈴木みき著 山と溪谷社 2013.6 127p 21cm 1200円 ①978-4-635-33058-9

04954 東京ワンデイスキマ旅 カベルナリア吉田著 彩流社 2013.11 222p 21cm 1900円 ①978-4-7791-1955-2

04955 東京都三多摩原人 久住昌之著 朝日新聞出版 2016.1 302p 19cm 1600円 ①978-4-02-251318-2

04956 北の居酒屋の美人ママ 太田和彦著 集英社 2016.5 250p 16cm （集英社文庫―ニッポンぶらり旅） 600円 ①978-4-08-745450-5

奥多摩駅

04957 怪しい駅 懐かしい駅―東京近郊駅前旅行 長谷川裕文, 村上健絵 草思社 2013.8 181p 19cm 1600円 ①978-4-7942-1996-1

04958 終着駅への旅 JR編 櫻井寛著 JTBパブリッシング 2013.8 222p 19cm 1300円 ①978-4-533-09285-5

尾久本町通り

04959 東京いい道、しぶい道―カラー版 泉麻人著 中央公論新社 2017.4 250p 18cm （中公新書ラクレ） 1000円 ①978-4-12-150582-8

押上

04960 東京の空の下、今日も町歩き 川本三郎著 筑摩書房 2006.10 280p 15cm （ちくま文庫）〈写真：鈴木知之〉 800円 ①4-480-42260-9

04961 猫とスカイツリー―下町ぶらぶら散歩道 塚本やすし文と絵 亜紀書房 2012.5 270p 19cm 1600円 ①978-4-7505-1207-5

04962 みちくさ 3 菊池亜希子著 小学館 2015.5 127p 21cm 1200円 ①978-4-09-388418-1
目次 海の向こうへ（ニューヨーク―ふらり友だちに会いに, ロンドン―曇り空のジェントルマン, ポルトガル―なんとなくの国, ハワイ―知っているけど知らない景色）, いつもの街へ（渋谷―わたしの居場所, 三宿―朝時間のススメ, 下北沢―オレの下北沢, 吉祥寺―終わりは始まり, 西荻窪―ファンタジー眼鏡）, ハイカラな街へ（横浜―すぐそこの異国, 押上―昨日、今日、あした, 人形町―イーストトーキョー、世界旅, 銀座―銀ブラのプロ）, ちょいと遠くへ（小値賀―お母さんがいる島, 奈良―根っ子ぐらし）

押上駅

04963 車だん吉ぶらり旅　京成線編　車だん吉画・文　風塵社　2001.6　223p　21cm　1400円　①4-938733-95-1

04964 60歳から始める東京さんぽ―変人オヤジのたのしい街あるき　立石一夫著　鶴書院　2008.8　197p　19cm〈発売：星雲社〉　667円　①978-4-434-12154-8

目次 チンチン電車の街―都電荒川線を行く, 葛飾区四つ木―京成押上線四ツ木駅, 墨田区押上―京成押上線押上駅, 墨田区京島―京成押上線曳舟駅, 足立区千住河原町―京成本線千住大橋駅, 葛飾区立石―京成押上線立石駅, 葛飾区柴又―京成金町線柴又駅, 品川区北品川―京浜急行線北品川駅, 品川区東大井―京浜急行線立会川駅, 港区赤坂―東京メトロ千代田線乃木坂駅〔ほか〕

お台場

04965 オヤジの穴　泉麻人, 松苗あけみ著　ロッキング・オン　2006.3　229p　18cm　1350円　①4-86052-057-2

於玉ヶ池跡

04966 街道をゆく　36　本所深川散歩、神田界隈　新装版　司馬遼太郎著　朝日新聞出版　2009.4　423, 8p　15cm　（朝日文庫）〈初版：朝日新聞社1995年刊〉　920円　①978-4-02-264490-9

落合

04967 東京ひとり散歩　池内紀著　中央公論新社　2009.9　222p　18cm　（中公新書）〈大活字版（2015年刊）あり〉　740円　①978-4-12-102023-9

04968 きのふの東京、けふの東京　川本三郎著　平凡社　2009.11　277p　19cm　1600円　①978-4-582-83452-9

御茶ノ水

04969 東京ハイカラ散歩　野田宇太郎著　角川春樹事務所　1998.5　282p　15cm　（ランティエ叢書）　1000円　①4-89456-096-8

04970 閑古堂の絵葉書散歩　東編　林丈二著　小学館　1999.4　123p　21cm　（SHOTOR TRAVEL）　1500円　①4-09-343138-8

作品 雪のお茶の水界隈―東京3

04971 歴史の散歩路―小江戸紀行＝一〇八巡り　池田直樹著　東洋書院　2001.3　228p　19cm　1400円　①4-88594-300-0

04972 サトウハチロー 僕の東京地図　サトウハチロー著　小金井　ネット武蔵野　2005.8　340p　19cm　1400円　①4-944237-91-X

04973 ナイトメア咲人の鈍行いくの？―五十音の旅　咲人著　シンコーミュージック・エンタテイメント　2009.7　161p　21cm　1905円　①978-4-401-63307-4

04974 きのふの東京、けふの東京　川本三郎著　平凡社　2009.11　277p　19cm　1600円　①978-4-582-83452-9

04975 東京ひがし案内　森まゆみ著　筑摩書房　2010.4　238p　15cm　（ちくま文庫）　760円　①978-4-480-42700-7

04976 東京随筆　赤瀬川原平著　毎日新聞社　2011.3　269p　20cm　1800円　①978-4-620-32052-6

04977 ぷらっぷらある記　銀色夏生著　幻冬舎　2014.12　278p　16cm　（幻冬舎文庫）　600円　①978-4-344-42275-9

04978 東京美女散歩　安西水丸文え　講談社　2015.3　452p　19cm　2100円　①978-4-06-219360-3

04979 東京ひとり歩き ぼくの東京地図。　岡本仁著　大阪　京阪神エルマガジン社　2017.4　159p　21cm　1600円　①978-4-87435-531-2

御茶ノ水駅

04980 旅する駅前、それも東京で!?　カベルナリア吉田著　彩流社　2010.12　365p　19cm　1800円　①978-4-7791-1576-9

音羽

04981 東京者がたり　西村賢太著　講談社　2015.10　197p　20cm　1600円　①978-4-06-219794-6

お花茶屋駅

04982 車だん吉ぶらり旅　京成線編　車だん吉画・文　風塵社　2001.6　223p　21cm　1400円　①4-938733-95-1

面影橋

04983 またたびふたたび東京ぶらり旅―NHKラジオ深夜便　室町澄子著　日本放送出版協会　2003.5　221p　19cm　1200円　①4-14-005417-4

04984 東京ワンデイスキマ旅　カベルナリア吉田著　彩流社　2013.11　222p　21cm　1900円　①978-4-7791-1955-2

表参道

04985 オヤジの穴　泉麻人, 松苗あけみ著　ロッキング・オン　2006.3　229p　18cm　1350円　①4-86052-057-2

04986 私の東京地図　小林信彦著　筑摩書房　2017.7　254p　15cm　（ちくま文庫）〈2013年刊に「私の東京物語」を加えた〉　720円　①978-4-480-43450-0

表参道ヒルズ

04987 散歩の学校　赤瀬川原平著　毎日新聞社　2008.12　181p　21cm　1600円　①978-4-620-31899-8

04988 東京随筆　赤瀬川原平著　毎日新聞社　2011.3　269p　20cm　1800円　①978-4-620-32052-6

恩方地区（八王子市）

04989 ニッポンの山里　池内紀著　山と溪谷社　2013.1　254p　20cm　1500円　①978-4-635-28067-9

04990 ニッポン旅みやげ 池内紀著 青土社 2015.4 162p 20cm 1800円 ①978-4-7917-6852-3

学芸大学

04991 みちくさ 2 菊池亜希子著 小学館 2011.5 127p 21cm 1200円 ①978-4-09-342387-8

神楽坂

04992 大東京繁昌記 高浜虚子, 田山花袋, 芥川龍之介, 岸田劉生, 加能作次郎ほか著 毎日新聞社 1999.5 263p 20cm (毎日メモリアル図書館) 1600円 ①4-620-51036-X
作品 早稲田神楽坂〔加能作次郎〕

04993 新版 大東京案内 上 今和次郎編纂 筑摩書房 2001.10 340p 15cm (ちくま学芸文庫)〈複製を含む〉 1000円 ①4-480-08671-4

04994 東京旅行記 嵐山光三郎著 光文社 2004.6 333p 16cm (知恵の森文庫)〈マガジンハウス1991年刊あり〉 648円 ①4-334-78297-3

04995 東京ディープな宿 泉麻人著 中央公論新社 2005.4 191p 16cm (中公文庫)〈2003年刊の文庫化〉 571円 ①4-12-204515-0

04996 サトウハチロー 僕の東京地図 サトウハチロー著 小金井 ネット武蔵野 2005.8 340p 19cm 1400円 ①4-944237-91-X

04997 オヤジの穴 泉麻人, 松苗あけみ著 ロッキング・オン 2006.3 229p 18cm 1350円 ①4-86052-057-2

04998 私のなかの東京―わが文学散策 野口冨士男著 岩波書店 2007.6 220p 15cm (岩波現代文庫) 900円 ①978-4-00-602120-7

04999 日本辺境ふーらり紀行 鈴木喜一著, アユミギャラリー悠風舎編 秋山書店 2007.12 199p 19cm 1700円 ①978-4-87023-621-9

05000 「懐かしの昭和」を食べ歩く―カラー版 森まゆみ著 PHP研究所 2008.3 269p 18cm (PHP新書) 950円 ①978-4-569-69777-2

05001 ナイトメア咲人の鈍行いくの?―五十音の旅 咲人著 シンコーミュージック・エンタテイメント 2009.7 161p 21cm 1905円 ①978-4-401-63307-4

05002 夢幻抄 白洲正子著 世界文化社 2010.11 322p 21cm〈5刷 1997年刊の造本変更〉 1600円 ①978-4-418-10514-4
作品 東京の坂道

05003 東京随筆 赤瀬川原平著 毎日新聞社 2011.3 269p 20cm 1800円 ①978-4-620-32052-6

05004 鶴川日記 白洲正子著 PHP研究所 2012.6 195p 15cm (PHP文芸文庫)〈2010年刊(文化出版局1979年刊の再編集)の再刊〉 533円 ①978-4-569-67782-8
作品 東京の坂道

05005 大東京繁昌記 山手篇 講談社文芸文庫編 講談社 2013.6 408p 16cm (講談社文芸文庫)〈底本:春秋社 1928年刊 平凡社 1999年, 大空社 1992年刊あり〉 1700円 ①978-4-06-290195-6
作品 早稲田神楽坂〔加能作次郎〕

05006 東京美女散歩 安西水丸文え 講談社 2015.3 452p 19cm 2100円 ①978-4-06-219360-3

05007 東京者がたり 西村賢太著 講談社 2015.10 197p 20cm 1600円 ①978-4-06-219794-6

05008 東京ひとり歩き ぼくの東京地図。 岡本仁著 大阪 京阪神エルマガジン社 2017.4 159p 21cm 1600円 ①978-4-87435-531-2

葛西臨海公園

05009 吉田観覧車 吉田戦車著 講談社 2009.12 179p 15cm (講談社文庫) 524円 ①978-4-06-276543-5

05010 東京随筆 赤瀬川原平著 毎日新聞社 2011.3 269p 20cm 1800円 ①978-4-620-32052-6

数馬(檜原村)

05011 新編 山と渓谷 田部重治著, 近藤信行編 岩波書店 1993.8 323p 15cm (岩波文庫) 570円 ①4-00-311421-3

霞ケ丘町(新宿区)

05012 東京ひとり歩き ぼくの東京地図。 岡本仁著 大阪 京阪神エルマガジン社 2017.4 159p 21cm 1600円 ①978-4-87435-531-2

霞ケ関

05013 東京番外地 森達也著 新潮社 2006.11 250p 19cm 1400円 ①4-10-466202-X

05014 東京ひとり散歩 池内紀著 中央公論新社 2009.9 222p 18cm (中公新書)〈大活字版(2015年刊)あり〉 740円 ①978-4-12-102023-9

05015 東京随筆 赤瀬川原平著 毎日新聞社 2011.3 269p 20cm 1800円 ①978-4-620-32052-6

霞が関ビルディング

05016 きまぐれ歴史散歩 池内紀著 中央公論新社 2013.9 228p 18cm (中公新書) 760円 ①978-4-12-102234-9

勝鬨橋

05017 月島物語 四方田犬彦著 集英社 1999.5 346p 15cm (集英社文庫) 571円 ①4-08-747052-0
目次 ランディング・オン, 埋立地は語る, 孤児流謫, 月島流1990年3月, 大川の尽きるところ, 衣裳の部屋, 猫と鼠, 佃の大祭, 勝鬨橋と月島独立計画, わが隣人、中野翠〔ほか〕

05018 いまむかし東京町歩き 川本三郎著 毎日新聞社 2012.8 292p 20cm 1900円 ①978-4-620-32141-7

葛飾区

05019 旅ゆけば日本　ピーター・フランクル著　世界文化社　1994.7　227p　19cm　1300円　①4-418-94504-0
作品 おもちゃの町を訪ねて―東京・葛飾

05020 東京 水辺の光景―出会いと発見の紀行　小野誠一郎絵文　日貿出版社　1995.9　178p　21cm　1751円　①4-8170-3963-9

05021 またたびふたたび東京ぶらり旅―NHKラジオ深夜便　室町澄子著　日本放送出版協会　2003.5　221p　19cm　1200円　①4-14-005417-4

05022 東京下町こんな歩き方も面白い　康煕奉,緒原宏平著　収穫社　2012.3　215p　18cm　905円　①978-4-906787-01-2

05023 大人のまち歩き　秋山秀一著　新典社　2013.5　231p　21cm　1600円　①978-4-7879-7851-6

05024 東京ノスタルジック百景―失われつつある昭和の風景を探しに　フリート横田著　世界文化社　2017.1　127p　21cm〈文献あり〉　1300円　①978-4-418-17200-9

合羽橋

05025 散歩の学校　赤瀬川原平著　毎日新聞社　2008.12　181p　21cm　1600円　①978-4-620-31899-8

05026 東京随筆　赤瀬川原平著　毎日新聞社　2011.3　269p　20cm　1800円　①978-4-620-32052-6

05027 東京いいまち一泊旅行　池内紀著　光文社　2012.8　266p　18cm　(光文社新書)　800円　①978-4-334-03701-7

金町

05028 東京の空の下、今日も町歩き　川本三郎著　筑摩書房　2006.10　280p　15cm　(ちくま文庫)〈写真：鈴木知之〉　800円　①4-480-42260-9

金町駅

05029 車だん吉ぶらり旅　京成線編　車だん吉画・文　風塵社　2001.6　223p　21cm　1400円　①4-938733-95-1

歌舞伎座

05030 東京を歩く　立松和平著,黒古一夫編　勉誠出版　2006.4　343p　22cm　(立松和平日本を歩く 第7巻)　2600円　①4-585-01177-3

歌舞伎町

05031 青インクの東京地図　安西水丸著　講談社　1990.3　200p　15cm　(講談社文庫)　350円　①4-06-184635-3

05032 東京見聞録　原田宗典著　講談社　1995.6　185p　15cm　(講談社文庫)〈1991年刊の文庫化〉　360円　①4-06-263044-3

05033 東京番外地　森達也著　新潮社　2006.11　250p　19cm　1400円　①4-10-466202-X

05034 東京路地裏暮景色　なぎら健壱著　筑摩書房　2011.11　333p　15cm　(ちくま文庫)　800円　①978-4-480-42880-6

05035 英国一家、日本を食べる　マイケル・ブース著,寺西のぶ子訳　亜紀書房　2013.4　278p　19cm　1900円　①978-4-7505-1304-1

蒲田

05036 サトウハチロー 僕の東京地図　サトウハチロー著　小金井　ネット武蔵野　2005.8　340p　19cm　1400円　①4-944237-91-X

05037 東京の空の下、今日も町歩き　川本三郎著　筑摩書房　2006.10　280p　15cm　(ちくま文庫)〈写真：鈴木知之〉　800円　①4-480-42260-9

05038 「幻の街道」をゆく　七尾和晃著　東海教育研究所　2012.7　193p　19cm〈発売：東海大学出版会〔秦野〕〉　1600円　①978-4-486-03744-6

05039 東京いいまち一泊旅行　池内紀著　光文社　2012.8　266p　18cm　(光文社新書)　800円　①978-4-334-03701-7

05040 東京者がたり　西村賢太著　講談社　2015.10　197p　20cm　1600円　①978-4-06-219794-6

蒲田温泉

05041 ちゃっかり温泉　久住昌之著　カンゼン　2012.12　215p　19cm　1300円　①978-4-86255-157-3

上板橋

05042 東京随筆　赤瀬川原平著　毎日新聞社　2011.3　269p　20cm　1800円　①978-4-620-32052-6

上北沢

05043 東京番外地　森達也著　新潮社　2006.11　250p　19cm　1400円　①4-10-466202-X

上北台駅

05044 旅する駅前、それも東京で!?　カベルナリア吉田著　彩流社　2010.12　365p　19cm　1800円　①978-4-7791-1576-9

上中里

05045 『能町みね子のときめきデートスポット』、略して能スポ　能町みね子著　講談社　2016.3　347p　15cm　(講談社文庫)　700円　①978-4-06-293345-2

神谷町

05046 わたしの週末なごみ旅　岸本葉子著　河出書房新社　2012.8　201p　15cm　(河出文庫)〈「ちょっと古びたものが好き」(バジリコ 2008年刊)と「週末ゆる散歩」(東京書籍 2009年刊)の合本を改題し、加筆修正のうえ再構成〉　790円　①978-4-309-41168-2

05047 東京ひとり歩き ぼくの東京地図。　岡本仁著　大阪　京阪神エルマガジン社　2017.4

159p　21cm　1600円　①978-4-87435-531-2

亀有

05048　東京の空の下、今日も町歩き　川本三郎著　筑摩書房　2006.10　280p　15cm　（ちくま文庫）〈写真：鈴木知之〉　800円　①4-480-42260-9

05049　東京随筆　赤瀬川原平著　毎日新聞社　2011.3　269p　20cm　1800円　①978-4-620-32052-6

亀戸

05050　東京の空の下、今日も町歩き　川本三郎著　筑摩書房　2006.10　280p　15cm　（ちくま文庫）〈写真：鈴木知之〉　800円　①4-480-42260-9

05051　なにもない旅 なにもしない旅　雨宮処凛著　光文社　2010.9　222p　16cm　（光文社知恵の森文庫）　686円　①978-4-334-78564-2

05052　東京随筆　赤瀬川原平著　毎日新聞社　2011.3　269p　20cm　1800円　①978-4-620-32052-6

05053　猫とスカイツリー―下町ぶらぶら散歩道　塚本やすし文と絵　亜紀書房　2012.5　270p　19cm　1600円　①978-4-7505-1207-5

05054　東京者がたり　西村賢太著　講談社　2015.10　197p　20cm　1600円　①978-4-06-219794-6

亀戸天神社

05055　沈黙の神々　2　佐藤洋二郎著　松柏社　2008.9　220p　19cm　1600円　①978-4-7754-0153-8

05056　東京花散歩　岸本葉子著　亜紀書房　2011.3　214p　19cm　1600円　①978-4-7505-1106-1

烏森

05057　青インクの東京地図　安西水丸著　講談社　1990.3　200p　15cm　（講談社文庫）　350円　①4-06-184635-3

川井（奥多摩町）

05058　温泉百話―東の旅　種村季弘, 池内紀編　筑摩書房　1988.2　471p　15cm　（ちくま文庫）　680円　①4-480-02200-7

作品　山気〔上林暁〕

川島町

05059　懐かしい「東京」を歩く　森本哲郎著　PHP研究所　2005.6　396p　15cm　（PHP文庫）〈『ぼくの東京夢華録』改題書〉　705円　①4-569-66408-3

川苔山

05060　山の時間　沢野ひとし画と文　八王子　白山書房　2009.3　183p　15×20cm　2000円　①978-4-89475-127-9

寛永寺

05061　お寺散歩―もう一度あのお寺に行こう　沢野ひとし著　新日本出版社　2005.1　134p　18cm　1600円　①4-406-03130-8

目次　お寺を歩く（東京東村山・正福寺―天に向かい、のけ反る屋根の力強さ, 神奈川県藤沢市・遊行寺―時計が止まり、ひと息つける, 東京上野・寛永寺―よみがえる高校生の頃, 福井県小浜市・明通寺―あらためて感ずる煩悩具足の自分, 東京都大田区・本門寺―春の淡い陽浴びる裸の銅像 ほか）, 時を超えて（藤沢市片瀬・竜口寺―青春の門, 鎌倉市・光明寺―アカデミックな街、鎌倉散策, 京都・南禅寺、大津・三井寺―明治時代の水路がつなぐ名刹, 京都・方広寺―場所を変え生き続ける大仏殿, 奈良・東大寺七重塔―幻の塔を求め、真夏の一日 ほか）

05062　寂聴ほとけ径―私の好きな寺　2　瀬戸内寂聴著　光文社　2007.6　185p　15cm　（光文社文庫）　686円　①978-4-334-74258-4

目次　六道珍皇寺/西福寺/六波羅蜜寺（京都府）―六道の辻に響く迎え鐘, 多田幸寺/神照寺（滋賀県）―湖畔の里に美しきみ仏たち, 橘寺/岡寺（奈良県）―古都・飛鳥のこころ安らぐ寺, 唐招提寺（奈良県）―鑑真和上の望郷の想い, 高山寺（京都府）―燃え立つような紅葉の海, 延暦寺（滋賀県）―比叡山三塔十六谷の聖域, 法界寺（京都府）―名物は、奇祭「裸踊り」, 清凉寺（京都府）―夜空に舞う美しき火の蝶, 金峯山寺/如意輪寺（奈良県）―吉野桜の哀しみの歴史, 寛永寺（東京都）―徳川三代が帰依した寺, 鞍馬寺（京都府）―「天狗伝説」の宿る名刹, 寂庵（京都府）―嵯峨野の花浄土

元祖山手七福神

05063　泉麻人の東京・七福神の町あるき　泉麻人著　京都　淡交社　2007.12　221p　19cm　1500円　①978-4-473-03443-4

神田

05064　東京見聞録　原田宗典著　講談社　1995.6　185p　15cm　（講談社文庫）〈1991年刊の文庫化〉　360円　①4-06-263044-3

05065　またたびふたたび東京ぶらり旅―NHKラジオ深夜便　室町澄子著　日本放送出版協会　2003.5　221p　19cm　1200円　①4-14-005417-4

05066　僕の東京地図　安岡章太郎著　世界文化社　2006.6　171p　21cm　（ほたるの本）〈文化出版局1985年刊の増補〉　1800円　①4-418-06230-0

05067　旅は人生―日本人の風景を歩く　森本哲郎著　PHP研究所　2006.12　372p　15cm　（PHP文庫）〈「旅の半空」（新潮社1997年刊）の改題〉　648円　①4-569-66745-7

05068　「懐かしの昭和」を食べ歩く―カラー版　森まゆみ著　PHP研究所　2008.3　269p　18cm　（PHP新書）　950円　①978-4-569-69777-2

05069　街道をゆく　36　本所深川散歩、神田界隈　新装版　司馬遼太郎著　朝日新聞出版　2009.4　423, 8p　15cm　（朝日文庫）〈初版：朝日新聞社1995年刊〉　920円　①978-4-02-264490-9

05070　東京ひとり散歩　池内紀著　中央公論新

社 2009.9 222p 18cm (中公新書)〈大活字版(2015年刊)あり〉 740円 ①978-4-12-102023-9

05071 東京随筆 赤瀬川原平著 毎日新聞社 2011.3 269p 20cm 1800円 ①978-4-620-32052-6

05072 東京路地裏暮景色 なぎら健壱著 筑摩書房 2011.11 333p 15cm (ちくま文庫) 800円 ①978-4-480-42880-6

05073 東京いいまち一泊旅行 池内紀著 光文社 2012.8 266p 18cm (光文社新書) 800円 ①978-4-334-03701-7

05074 東京放浪記 別役実著 平凡社 2013.5 237p 20cm 1800円 ①978-4-582-83619-6

05075 ふらり旅 いい酒 いい肴 2 太田和彦著 主婦の友社 2015.8 135p 21cm 1400円 ①978-4-07-299938-7

05076 東京戦後地図―ヤミ市跡を歩く 藤木TDC著 実業之日本社 2016.6 190p 21cm〈文献あり〉 2400円 ①978-4-408-11194-0

05077 私の東京地図 小林信彦著 筑摩書房 2017.7 254p 15cm (ちくま文庫)〈2013年刊に「私の東京物語」を加えた〉 720円 ①978-4-480-43450-0

神田川

05078 歩く人 久住昌之著 マガジンハウス 1993.2 171p 19cm 1300円 ①4-8387-0384-8

05079 東京の江戸を遊ぶ なぎら健壱著 筑摩書房 2000.10 15cm (ちくま文庫)〈「大江戸アウトドア」(洋泉社1997年刊)の改題〉

05080 またたびふたたび東京ぶらり旅―NHKラジオ深夜便 室町澄子著 日本放送出版協会 2003.5 221p 19cm 1200円 ①4-14-005417-4

05081 東京者がたり 西村賢太著 講談社 2015.10 197p 20cm 1600円 ①978-4-06-219794-6

神田神保町

05082 青インクの東京地図 安西水丸著 講談社 1990.3 200p 15cm (講談社文庫) 350円 ①4-06-184635-3

05083 大東京繁昌記 高浜虚子, 田山花袋, 芥川龍之介, 岸田劉生, 加能作次郎ほか著 毎日新聞社 1999.5 263p 20cm (毎日メモリアル図書館) 1600円 ①4-620-51036-X

作品 神保町辺〔谷崎精二〕

05084 東京つれづれ草 川本三郎著 筑摩書房 2000.8 298p 15cm (ちくま文庫)〈三省堂1995年刊あり〉 780円 ①4-480-03580-X

05085 またたびふたたび東京ぶらり旅―NHKラジオ深夜便 室町澄子著 日本放送出版協会 2003.5 221p 19cm 1200円 ①4-14-005417-4

05086 大衆食堂へ行こう 安西水丸著 朝日新聞社 2006.8 239p 15cm (朝日文庫) 600円 ①4-02-261512-5

05087 新発見 より道街あるき 大竹誠著 パロル舎 2008.6 187p 21cm 1600円 ①978-4-89419-073-3

05088 街道をゆく 36 本所深川散歩、神田界隈 新装版 司馬遼太郎著 朝日新聞出版 2009.4 423, 8p 15cm (朝日文庫)〈初版:朝日新聞社1995年刊〉 920円 ①978-4-02-264490-9

05089 きのふの東京、けふの東京 川本三郎著 平凡社 2009.11 277p 19cm 1600円 ①978-4-582-83452-9

05090 東京ひがし案内 森まゆみ著 筑摩書房 2010.4 238p 15cm (ちくま文庫) 760円 ①978-4-480-42700-7

05091 海山のあいだ 池内紀著 中央公論新社 2011.3 217p 16cm (中公文庫)〈マガジンハウス 1994年刊, 角川書店 1997年刊あり〉 590円 ①978-4-12-205458-5

作品 自分風土記―東京逍遙

05092 東京随筆 赤瀬川原平著 毎日新聞社 2011.3 269p 20cm 1800円 ①978-4-620-32052-6

05093 昼のセント酒 久住昌之著 カンゼン 2011.12 207p 19cm〈画:和泉晴紀〉 1300円 ①978-4-86255-115-3

05094 焼き餃子と名画座―わたしの東京味歩き 平松洋子著 新潮社 2012.10 353p 図版32p 16cm (新潮文庫)〈アスペクト 2009年刊の再刊〉 790円 ①978-4-10-131656-7

目次 昼どき(自分の地図を一枚―西荻窪, 土曜日、ドーナッツを食べにゆく―代々木上原 ほか), 小昼(町の止まり木―西荻窪, フルーツサンドウィッチのたのしみ―日本橋 ほか), 薄暮(べったら市をひやかす―小伝馬町, 銀座でひとり―銀座 ほか), 灯ともし頃(荒川線文士巡礼―早稲田〜三ノ輪橋, 今夜うさぎ穴で―下北沢 ほか)

05095 大東京繁昌記 山手篇 講談社文芸文庫編 講談社 2013.6 408p 16cm (講談社文芸文庫)〈底本:春秋社 1928年刊 平凡社 1999年, 大空社 1992年刊あり〉 1700円 ①978-4-06-290195-6

作品 神保町辺〔谷崎精二〕

05096 風景は記憶の順にできていく 椎名誠著 集英社 2013.7 254p 18cm (集英社新書―ノンフィクション) 760円 ①978-4-08-720697-5

05097 古代史謎解き紀行 2 神々の故郷 出雲編 関裕二著 新潮社 2014.7 293p 16cm (新潮文庫)〈ポプラ社 2006年刊の再刊 文献あり〉 550円 ①978-4-10-136477-3

目次 第1章 出雲神話という迷路(出雲の歴史の古さ, 日御碕神社と小野さんの話 ほか), 第2章 出雲の謎を旅する(謎めく備後落合のマムシ弁当, 出雲の神有月の謎 ほか), 第3章 出雲の考古学に迷い込む(出雲のお鷹め神社, 出雲大社の穴場 ほか), 第4章 出雲と「境界」の謎(神田神保町の出雲そば, 山陰地方の名物 ほか), 第5章 アメノヒボコと出雲の謎(奈良春日大社の出雲神, 恐ろしい鬼・一童様が子供の成長を願う? ほか)

05098 東京美女散歩 安西水丸文え 講談社

2015.3　452p　19cm　2100円　①978-4-06-219360-3

05099　野武士、西へ―二年間の散歩　久住昌之著　集英社　2016.3　348p　16cm　（集英社文庫）〈2013年刊の文庫化〉　700円　①978-4-08-745422-2

（目次）二〇〇九年八月十二日―神保町から，二〇〇九年八月十九日―横浜から，二〇〇九年八月二十六日―藤沢から，二〇〇九年十二月十五日―大磯から，二〇一〇年一月十四日―小田原から，二〇一〇年一月十五日―元箱根から，二〇一〇年三月二十七日―三島から，二〇一〇年四月十日―吉原から，二〇一〇年五月十九日―由比から，二〇一〇年六月十四日―清水から，二〇一〇年七月二十二日―六合から，二〇一〇年九月十一日―袋井から，二〇一〇年十月二十九日―浜松から，二〇一〇年十一月十六日―新居から

神田明神

05100　東京俳句散歩　吉行和子，冨士真奈美著　光文社　2004.5　246p　16cm　（知恵の森文庫）　667円　①4-334-78291-4

05101　街道をゆく　36　本所深川散歩、神田界隈　新装版　司馬遼太郎著　朝日新聞出版　2009.4　423, 8p　15cm　（朝日文庫）〈初版：朝日新聞社1995年刊〉　920円　①978-4-02-264490-9

紀尾井町

05102　東京ひとり散歩　池内紀著　中央公論新社　2009.9　222p　18cm　（中公新書）〈大活字版（2015年刊）あり〉　740円　①978-4-12-102023-9

北綾瀬

05103　東京ワンデイスキマ旅　カベルナリア吉田著　彩流社　2013.11　222p　21cm　1900円　①978-4-7791-1955-2

北区

05104　東京 水辺の光景―出会いと発見の紀行　小野誠一郎絵文　日貿出版社　1995.9　178p　21cm　1751円　①4-8170-3963-9

05105　池波正太郎を歩く　須藤靖貴著　講談社　2012.9　326p　15cm　（講談社文庫）〈毎日新聞社 2009年刊の加筆・修正〉　648円　①978-4-06-277363-8

05106　きょうもまた好奇心散歩　池内紀著　新講社　2016.11　213p　19cm　1400円　①978-4-86081-549-3

北澤八幡神社〔北沢八幡宮〕

05107　江原啓之 神紀行　5（関東・中部）　江原啓之著　マガジンハウス　2006.12　95p　21cm（スピリチュアル・サンクチュアリシリーズ）　1048円　①4-8387-1624-9

北品川駅

05108　60歳から始める東京さんぽ―変人オヤジのたのしい街あるき　立石一夫著　鶴書院　2008.8　197p　19cm〈発売：星雲社〉　667円　①978-4-434-12154-8

北千住

05109　東京随筆　赤瀬川原平著　毎日新聞社　2011.3　269p　20cm　1800円　①978-4-620-32052-6

05110　昼のセント酒　久住昌之著　カンゼン　2011.12　207p　19cm〈画：和泉晴紀〉　1300円　①978-4-86255-115-3

北の丸公園

05111　東京随筆　赤瀬川原平著　毎日新聞社　2011.3　269p　20cm　1800円　①978-4-620-32052-6

吉祥寺

05112　東京 水辺の光景―出会いと発見の紀行　小野誠一郎絵文　日貿出版社　1995.9　178p　21cm　1751円　①4-8170-3963-9

05113　東京旅行記　嵐山光三郎著　光文社　2004.6　333p　16cm　（知恵の森文庫）〈マガジンハウス1991年刊あり〉　648円　①4-334-78297-3

05114　いしかわ世界紀行　いしかわじゅん著　毎日新聞社　2005.9　229p　19cm　1500円　①4-620-31737-3

05115　散歩の学校　赤瀬川原平著　毎日新聞社　2008.12　181p　21cm　1600円　①978-4-620-31899-8

05116　ナイトメア咲人の鈍行いくの？―五十音の旅　咲人著　シンコーミュージック・エンタテイメント　2009.7　161p　21cm　1905円　①978-4-401-63307-4

05117　東京随筆　赤瀬川原平著　毎日新聞社　2011.3　269p　20cm　1800円　①978-4-620-32052-6

05118　東京路地裏暮景色　なぎら健壱著　筑摩書房　2011.11　333p　15cm　（ちくま文庫）　800円　①978-4-480-42880-6

05119　昼のセント酒　久住昌之著　カンゼン　2011.12　207p　19cm〈画：和泉晴紀〉　1300円　①978-4-86255-115-3

05120　東京放浪記　別役実著　平凡社　2013.5　237p　20cm　1800円　①978-4-582-83619-6

05121　味を追う旅　吉村昭著　河出書房新社　2013.11　183p　15cm　（河出文庫）〈「味を訪ねて」（2010年刊）の改題〉　660円　①978-4-309-41258-0

05122　東京美女散歩　安西水丸文え　講談社　2015.3　452p　19cm　2100円　①978-4-06-219360-3

05123　みちくさ　3　菊池亜希子著　小学館　2015.5　127p　21cm　1200円　①978-4-09-388418-1

紀伊国坂

05124　東京見おさめレクイエム　横尾忠則著　光文社　2000.6　242p　15cm　（知恵の森文庫）　495円　①4-334-78002-4

木場

05125 ぼくらは下町探険隊　なぎら健壱著　筑摩書房　2003.2　309p　15cm　(ちくま文庫)　780円　①4-480-03800-0

05126 東京随筆　赤瀬川原平著　毎日新聞社　2011.3　269p　20cm　1800円　①978-4-620-32052-6

05127 東京下町こんな歩き方も面白い　康熙奉，緒原宏平著　収穫社　2012.3　215p　18cm　905円　①978-4-906787-01-2

05128 東京いいまち一泊旅行　池内紀著　光文社　2012.8　266p　18cm　(光文社新書)　800円　①978-4-334-03701-7

旧岩崎邸

05129 東京俳句散歩　吉行和子，冨士真奈美著　光文社　2004.5　246p　16cm　(知恵の森文庫)　667円　①4-334-78291-4

05130 街道をゆく　37　本郷界隈　新装版　司馬遼太郎著　朝日新聞出版　2009.4　322, 8p　15cm　(朝日文庫)〈初版：朝日新聞社1996年刊〉　720円　①978-4-02-264491-6

旧江戸川乱歩邸

05131 作家の犯行現場　有栖川有栖著　新潮社　2005.2　406p　16cm　(新潮文庫)〈メディアファクトリー ダ・ヴィンチ編集部2002年刊あり〉　667円　①4-10-120434-9

作品 幻影城のある街

05132 東京随筆　赤瀬川原平著　毎日新聞社　2011.3　269p　20cm　1800円　①978-4-620-32052-6

旧葛西橋停留所

05133 怪しい駅 懐かしい駅―東京近郊駅前旅行　長谷川裕文，村上健絵　草思社　2013.8　181p　19cm　1600円　①978-4-7942-1996-1

旧西荒川停留所

05134 いまむかし東京町歩き　川本三郎著　毎日新聞社　2012.8　292p　20cm　1900円　①978-4-620-32141-7

旧古河庭園

05135 東京随筆　赤瀬川原平著　毎日新聞社　2011.3　269p　20cm　1800円　①978-4-620-32052-6

京島

05136 新発見 より道街あるき　大竹誠著　パロル舎　2008.6　187p　21cm　1600円　①978-4-89419-073-3

05137 散歩の学校　赤瀬川原平著　毎日新聞社　2008.12　181p　21cm　1600円　①978-4-620-31899-8

05138 東京随筆　赤瀬川原平著　毎日新聞社　2011.3　269p　20cm　1800円　①978-4-620-32052-6

経堂

05139 東京随筆　赤瀬川原平著　毎日新聞社　2011.3　269p　20cm　1800円　①978-4-620-32052-6

05140 みちくさ　2　菊池亜希子著　小学館　2011.5　127p　21cm　1200円　①978-4-09-342387-8

京橋

05141 東京随筆　赤瀬川原平著　毎日新聞社　2011.3　269p　20cm　1800円　①978-4-620-32052-6

清川

05142 東京番外地　森達也著　新潮社　2006.11　250p　19cm　1400円　①4-10-466202-X

清澄

05143 東京随筆　赤瀬川原平著　毎日新聞社　2011.3　269p　20cm　1800円　①978-4-620-32052-6

清澄白河

05144 みちくさ　2　菊池亜希子著　小学館　2011.5　127p　21cm　1200円　①978-4-09-342387-8

切通坂

05145 街道をゆく　37　本郷界隈　新装版　司馬遼太郎著　朝日新聞出版　2009.4　322, 8p　15cm　(朝日文庫)〈初版：朝日新聞社1996年刊〉　720円　①978-4-02-264491-6

銀座

05146 青インクの東京地図　安西水丸著　講談社　1990.3　200p　15cm　(講談社文庫)　350円　①4-06-184635-3

05147 放浪カメラマン―酒と旅の人生　石川文洋著　創和出版　1995.4　254p　19cm　2060円　①4-915661-60-1

05148 東京おもひで草　川本三郎著　三省堂　1997.9　302p　18cm　1600円　①4-385-35695-5

05149 一筆啓上 旅の空　中尾彬著　朝日新聞社　1997.10　229p　19cm　1600円　①4-02-257195-0

目次 1 空は見ていた(アムステルダムの涙，アムステルダムの笑顔 ほか)，2 蒼い夜霧に(油条物語，蒼い夜霧に… ほか)，3 都の香に誘われて(酒場にて，銀座の食卓 ほか)，4 風に血潮が騒ぐとき(母情・南蛮菓子，老優ブルース ほか)

05150 大東京繁昌記　高浜虚子，田山花袋，芥川龍之介，岸田劉生，加能作次郎ほか著　毎日新聞社　1999.5　263p　20cm　(毎日メモリアル図書館)　1600円　①4-620-51036-X

作品 新古細句銀座通〔岸田劉生〕

05151 東京見おさめレクイエム　横尾忠則著　光文社　2000.6　242p　15cm　(知恵の森文庫)　495円　①4-334-78002-4

関東

05152 「銀づくし」乗り継ぎ旅―銀水発・銀山ゆき5泊6日3300キロ 列車に揺られて25年　種村直樹著　徳間書店　2000.7　258p　19cm　1400円　①4-19-861211-0
05153 東京つれづれ草　川本三郎著　筑摩書房　2000.8　298p　15cm　（ちくま文庫）〈三省堂1995年刊あり〉　780円　①4-480-03580-X
05154 新版 大東京案内　上　今和次郎編纂　筑摩書房　2001.10　340p　15cm　（ちくま学芸文庫）〈複製を含む〉　1000円　①4-480-08671-4
05155 銀座　松崎天民著　筑摩書房　2002.9　351p　15cm　（ちくま学芸文庫）〈中央公論社1992年刊〉　1000円　①4-480-08719-2
目次 銀座（洋服の対話（カフエー銀ブラ），金座と銀座（三百年の昔から），銀座の人々（山東京伝の以後），煉瓦地古調（江戸から東京へ）ほか），銀座の女（邂逅の夕，女人哀史，第二の性，病める町 ほか），銀ぶらガイド
05156 旅の紙芝居　椎名誠写真・文　朝日新聞社　2002.10　350p　15cm　（朝日文庫）〈1998年刊の文庫化〉　820円　①4-02-264298-X
作品 ノスタルジック銀座
05157 東京俳句散歩　吉行和子，冨士真奈美著　光文社　2004.5　246p　16cm　（知恵の森文庫）　667円　①4-334-78291-4
05158 東京旅行記　嵐山光三郎著　光文社　2004.6　333p　16cm　（知恵の森文庫）〈マガジンハウス1991年刊あり〉　648円　①4-334-78297-3
05159 出たとこ勝負のバイク日本一周　準備編　小林ゆき著　枻出版社　2004.8　155p　15cm　（枻文庫）　650円　①4-7779-0148-3
05160 サトウハチロー 僕の東京地図　サトウハチロー著　小金井　ネット武蔵野　2005.8　340p　19cm　1400円　①4-944237-91-X
05161 大衆食堂へ行こう　安西水丸著　朝日新聞社　2006.8　239p　15cm　（朝日文庫）　600円　①4-02-261512-5
05162 うわさの神仏　其ノ3　江戸TOKYO陰陽百景　加門七海著　集英社　2007.5　244p　15cm　（集英社文庫）　514円　①978-4-08-746162-6
05163 私のなかの東京―わが文学散策　野口冨士男著　岩波書店　2007.6　220p　15cm　（岩波現代文庫）　900円　①978-4-00-602120-7
05164 「懐かしの昭和」を食べ歩く―カラー版　森まゆみ著　PHP研究所　2008.3　269p　18cm　（PHP新書）　950円　①978-4-569-69777-2
05165 日本雑記　ブルーノ・タウト著，篠田英雄訳　中央公論新社　2008.11　368p　18cm　（中公クラシックス）〈育生社弘道閣昭和18年刊の復刻版　年譜あり〉　1800円　①978-4-12-160106-3
作品 日記抄 東京
05166 散歩の学校　赤瀬川原平著　毎日新聞社　2008.12　181p　21cm　1600円　①978-4-620-31899-8
05167 文豪、偉人の「愛」をたどる旅　黛まどか著　集英社　2009.8　255p　18cm　1048円　①978-4-08-781427-9
05168 東京ひとり散歩　池内紀著　中央公論新社　2009.9　222p　18cm　（中公新書）〈大活字版（2015年刊）あり〉　740円　①978-4-12-102023-9
05169 日曜日は自転車に乗って　前島勝義著　平原社　2009.12　263p　20cm　1200円　①978-4-938391-47-8
05170 銀座旅日記　常盤新平著　筑摩書房　2011.3　395p　15cm　（ちくま文庫）　1000円　①978-4-480-42807-3
05171 東京随筆　赤瀬川原平著　毎日新聞社　2011.3　269p　20cm　1800円　①978-4-620-32052-6
05172 東京路地裏暮景色　なぎら健壱著　筑摩書房　2011.11　333p　15cm　（ちくま文庫）　800円　①978-4-480-42880-6
05173 昼のセント酒　久住昌之著　カンゼン　2011.12　207p　19cm〈画：和泉晴紀〉　1300円　①978-4-86255-115-3
05174 微視的（ちまちま）お宝鑑定団　東海林さだお著　文藝春秋　2012.4　279p　16cm　（文春文庫）〈2009年刊の文庫化〉　552円　①978-4-16-717778-2
作品 B級銀座ぶらぶら歩き
05175 山・音・色　KIKI，野川かさね著　山と溪谷社　2012.7　159p　20cm　1500円　①978-4-635-77014-9
05176 お友だちからお願いします　三浦しをん著　大和書房　2012.8　290p　20cm　1400円　①978-4-479-68171-7
作品 銀座のエレベーター
05177 焼き餃子と名画座―わたしの東京味歩き　平松洋子著　新潮社　2012.10　353p 図版32p　16cm　（新潮文庫）〈アスペクト 2009年刊の再刊〉　790円　①978-4-10-131656-7
05178 むかしまち地名事典　森まゆみ著　大和書房　2013.3　251p　20cm　1600円　①978-4-479-39238-5
05179 英国一家、日本を食べる　マイケル・ブース著，寺西のぶ子訳　亜紀書房　2013.4　278p　19cm　1900円　①978-4-7505-1304-1
05180 大東京繁昌記　下町篇　講談社文芸文庫編　講談社　2013.5　401p　16cm　（講談社文芸文庫）〈底本：春秋社 1928年刊　大空社1992年刊（春秋社 1928年刊の複製）あり〉　1700円　①978-4-06-290192-5
作品 新古細句銀座通〔岸田劉生〕
05181 サンドウィッチは銀座で　平松洋子著，谷口ジロー画　文藝春秋　2013.7　245p　16cm　（文春文庫）〈2011年刊の文庫化〉　550円　①978-4-16-783869-0
05182 風景は記憶の順にできていく　椎名誠著　集英社　2013.7　254p　18cm　（集英社新書―ノンフィクション）　760円　①978-4-08-720697-5
05183 みちくさ　3　菊池亜希子著　小学館　2015.5　127p　21cm　1200円　①978-4-09-

388418-1
05184 東京抒情　川本三郎著　春秋社　2015.12　270p　20cm　1900円　Ⓘ978-4-393-44416-0
05185 ふらり旅 いい酒 いい肴　3　太田和彦著　主婦の友社　2016.5　135p　21cm　1400円　Ⓘ978-4-07-403235-8
05186 「翼の王国」のおみやげ　長友啓典文・絵　木楽舎　2016.6　207p　19cm　(翼の王国books)〈索引あり〉　1400円　Ⓘ978-4-86324-100-8
05187 東京戦後地図―ヤミ市跡を歩く　藤木TDC著　実業之日本社　2016.6　190p　21cm〈文献あり〉　2400円　Ⓘ978-4-408-11194-0
05188 きょうもまた好奇心散歩　池内紀著　新講社　2016.11　213p　19cm　1400円　Ⓘ978-4-86081-549-3
05189 私の東京地図　小林信彦著　筑摩書房　2017.7　254p　15cm　(ちくま文庫)〈2013年刊に「私の東京物語」を加えた〉　720円　Ⓘ978-4-480-43450-0

銀座通り

05190 東京思い出電車旅―のんびりと自由時間の街歩き　野村正樹著　東洋経済新報社　2010.1　246p　20cm〈年表あり〉　1600円　Ⓘ978-4-492-04364-6

銀座並木通り

05191 東京いい道、しぶい道―カラー版　泉麻人著　中央公論新社　2017.4　250p　18cm　(中公新書ラクレ)　1000円　Ⓘ978-4-12-150582-8

錦糸町

05192 青インクの東京地図　安西水丸著　講談社　1990.3　200p　15cm　(講談社文庫)　350円　Ⓘ4-06-184635-3
05193 東京ディープな宿　泉麻人著　中央公論新社　2005.4　191p　16cm　(中公文庫)〈2003年刊の文庫化〉　571円　Ⓘ4-12-204515-0
05194 きのふの東京、けふの東京　川本三郎著　平凡社　2009.11　277p　19cm　1600円　Ⓘ978-4-582-83452-9
05195 東京随筆　赤瀬川原平著　毎日新聞社　2011.3　269p　20cm　1800円　Ⓘ978-4-620-32052-6
05196 東京下町こんな歩き方も面白い　康熙奉, 緒原宏平著　収穫社　2012.3　215p　18cm　905円　Ⓘ978-4-906787-01-2
05197 東京者がたり　西村賢太著　講談社　2015.10　197p　20cm　1600円　Ⓘ978-4-06-219794-6
05198 東京ひとり歩き ぼくの東京地図。　岡本仁著　大阪　京阪神エルマガジン社　2017.4　159p　21cm　1600円　Ⓘ978-4-87435-531-2

金袋山

05199 鍛える聖地　加門七海著　メディアファクトリー　2012.8　285p　19cm　(幽BOOKS)　1300円　Ⓘ978-4-8401-4693-7

久が原

05200 新発見 より道街あるき　大竹誠著　パロル舎　2008.6　187p　21cm　1600円　Ⓘ978-4-89419-073-3

久我山

05201 東京自転車日記　泉麻人著　新潮社　1997.7　175p　19cm　1500円　Ⓘ4-10-364503-2
05202 きのふの東京、けふの東京　川本三郎著　平凡社　2009.11　277p　19cm　1600円　Ⓘ978-4-582-83452-9

九段

05203 青インクの東京地図　安西水丸著　講談社　1990.3　200p　15cm　(講談社文庫)　350円　Ⓘ4-06-184635-3
05204 サトウハチロー 僕の東京地図　サトウハチロー著　小金井　ネット武蔵野　2005.8　340p　19cm　1400円　Ⓘ4-944237-91-X
05205 海山のあいだ　池内紀著　中央公論新社　2011.3　217p　16cm　(中公文庫)〈マガジンハウス 1994年刊, 角川書店 1997年刊あり〉　590円　Ⓘ978-4-12-205458-5
[作品] 自分風土記―東京逍遙

九段坂

05206 東京者がたり　西村賢太著　講談社　2015.10　197p　20cm　1600円　Ⓘ978-4-06-219794-6

九段下

05207 東京ディープな宿　泉麻人著　中央公論新社　2005.4　191p　16cm　(中公文庫)〈2003年刊の文庫化〉　571円　Ⓘ4-12-204515-0
05208 ナイトメア咲人の鈍行いくの？―五十音の旅　咲人著　シンコーミュージック・エンタテイメント　2009.7　161p　21cm　1905円　Ⓘ978-4-401-63307-4

国立市

05209 東京旅行記　嵐山光三郎著　光文社　2004.6　333p　16cm　(知恵の森文庫)〈マガジンハウス1991年刊あり〉　648円　Ⓘ4-334-78297-3
05210 みちくさ　菊池亜希子著　小学館　2010.2　111p　21cm　950円　Ⓘ978-4-09-342382-3
05211 東京随筆　赤瀬川原平著　毎日新聞社　2011.3　269p　20cm　1800円　Ⓘ978-4-620-32052-6

九品仏駅

05212 怪しい駅 懐かしい駅―東京近郊駅前旅行　長谷川裕文, 村上健絵　草思社　2013.8　181p　19cm　1600円　Ⓘ978-4-7942-1996-1

熊野神社〔五方山 熊野神社〕

05213 陰陽師ロード―安倍晴明名所案内 荒俣宏著 平凡社 2001.9 237p 19cm 1400円 ①4-582-82974-0

蔵前

05214 いつか旅するひとへ 勝谷誠彦著 潮出版社 1998.8 234p 20cm 1200円 ①4-267-01499-X

05215 みちくさ 2 菊池亜希子著 小学館 2011.5 127p 21cm 1200円 ①978-4-09-342387-8

05216 猫とスカイツリー―下町ぶらぶら散歩道 塚本やすし文と絵 亜紀書房 2012.5 270p 19cm 1600円 ①978-4-7505-1207-5

京王井の頭線

05217 旅先でビール 川本三郎著 潮出版社 2005.11 351p 19cm 1800円 ①4-267-01735-2

05218 東京放浪記 別役実著 平凡社 2013.5 237p 20cm 1800円 ①978-4-582-83619-6

京王競馬場線

05219 旅する駅前、それも東京で!? カベルナリア吉田著 彩流社 2010.12 365p 19cm 1800円 ①978-4-7791-1576-9

京王高尾線

05220 全国私鉄特急の旅 小川裕夫著 平凡社 2006.10 229p 18cm （平凡社新書） 840円 ①4-582-85343-9

05221 旅する駅前、それも東京で!? カベルナリア吉田著 彩流社 2010.12 365p 19cm 1800円 ①978-4-7791-1576-9

京成金町線

05222 「男はつらいよ」を旅する 川本三郎著 新潮社 2017.5 286p 20cm （新潮選書） 1400円 ①978-4-10-603808-2
作品 京成金町線を行き来して

迎賓館

05223 いまむかし東京町歩き 川本三郎著 毎日新聞社 2012.8 292p 20cm 1900円 ①978-4-620-32141-7

恋ヶ窪

05224 文学の街―名作の舞台を歩く 前田愛著 小学館 1991.12 315p 16cm （小学館ライブラリー） 780円 ①4-09-460015-9

05225 幻景の街―文学の都市を歩く 前田愛著 岩波書店 2006.12 310p 15cm （岩波現代文庫） 1000円 ①4-00-602110-0

小石川

05226 文学の街―名作の舞台を歩く 前田愛著 小学館 1991.12 315p 16cm （小学館ライブラリー） 780円 ①4-09-460015-9

05227 東京ハイカラ散歩 野田宇太郎著 角川春樹事務所 1998.5 282p 15cm （ランティエ叢書） 1000円 ①4-89456-096-8

05228 お江戸寺町散歩 吉田さらさ著 集英社 2006.10 207p 16cm （集英社be文庫） 762円 ①4-08-650116-3

05229 幻景の街―文学の都市を歩く 前田愛著 岩波書店 2006.12 310p 15cm （岩波現代文庫） 1000円 ①4-00-602110-0

05230 大人の女性のための日本を旅する浪漫紀行 津田令子著 文芸社ビジュアルアート 2007.3 191p 19cm 1200円 ①978-4-86264-336-0

05231 私のなかの東京―わが文学散策 野口冨士男著 岩波書店 2007.6 220p 15cm （岩波現代文庫） 900円 ①978-4-00-602120-7

05232 大東京繁昌記 山手篇 講談社文芸文庫編 講談社 2013.6 408p 16cm （講談社文芸文庫）〈底本：春秋社 1928年刊 平凡社 1999年, 大空社 1992年刊あり〉 1700円 ①978-4-06-290195-6
作品 小石川〔藤森成吉〕

05233 大東京ぐるぐる自転車 伊藤礼著 筑摩書房 2014.10 343p 15cm （ちくま文庫）〈東海教育研究所 2011年刊に書き下ろし「堀切菖蒲園」を加えて再刊〉 880円 ①978-4-480-43209-4

小石川後楽園

05234 街道をゆく 37 本郷界隈 新装版 司馬遼太郎著 朝日新聞出版 2009.4 322, 8p 15cm （朝日文庫）〈初版：朝日新聞社1996年刊〉 720円 ①978-4-02-264491-6

05235 夢幻抄 白洲正子著 世界文化社 2010.11 322p 21cm〈5刷 1997年刊の造本変更〉 1600円 ①978-4-418-10514-4
作品 東京の坂道

05236 東京随筆 赤瀬川原平著 毎日新聞社 2011.3 269p 20cm 1800円 ①978-4-620-32052-6

05237 東京花散歩 岸本葉子著 亜紀書房 2011.3 214p 19cm 1600円 ①978-4-7505-1106-1

05238 鶴川日記 白洲正子著 PHP研究所 2012.6 195p 15cm （PHP文芸文庫）〈2010年刊（文化出版局1979年刊の再編集）の再刊〉 533円 ①978-4-569-67782-8
作品 東京の坂道

小石川七福神

05239 泉麻人の東京・七福神の町あるき 泉麻人著 京都 淡交社 2007.12 221p 19cm 1500円 ①978-4-473-03443-4

小石川植物園〔東京大学大学院理学系研究科附属植物園〕

05240 脳で旅する日本のクオリア 茂木健一郎著 小学館 2009.7 255p 19cm 1500円

①978-4-09-387855-5

05241 東京花散歩 岸本葉子著 亜紀書房 2011.3 214p 19cm 1600円 ①978-4-7505-1106-1

恋文横丁

05242 いまむかし東京町歩き 川本三郎著 毎日新聞社 2012.8 292p 20cm 1900円 ①978-4-620-32141-7

小岩

05243 東京〜奄美 損なわれた時を求めて 島尾伸三著 河出書房新社 2004.3 134p 21cm (Lands & memory) 1800円 ①4-309-01619-7

05244 僕の東京地図 安岡章太郎著 世界文化社 2006.6 171p 21cm (ほたるの本)〈文化出版局1985年刊の増補〉 1800円 ①4-418-06230-0

05245 きのふの東京、けふの東京 川本三郎著 平凡社 2009.11 277p 19cm 1600円 ①978-4-582-83452-9

05246 東京随筆 赤瀬川原平著 毎日新聞社 2011.3 269p 20cm 1800円 ①978-4-620-32052-6

高円寺

05247 お江戸寺町散歩 吉田さらさ著 集英社 2006.10 207p 16cm (集英社be文庫) 762円 ①4-08-650116-3

05248 ナイトメア咲人の鈍行いくの?―五十音の旅 咲人著 シンコーミュージック・エンタテイメント 2009.7 161p 21cm 1905円 ①978-4-401-63307-4

05249 東京随筆 赤瀬川原平著 毎日新聞社 2011.3 269p 20cm 1800円 ①978-4-620-32052-6

広園寺

05250 紀行文集 無明一杖 上甲平谷著 谷沢書房 1988.7 339p 19cm 2500円

皇居周辺

05251 仙人の桜、俗人の桜 赤瀬川原平著 平凡社 2000.3 270p 16cm (平凡社ライブラリー)〈日本交通公社出版事業局1993年刊あり〉 1100円 ①4-582-76332-4

作品 天と富士山―東京

05252 東京見おさめレクイエム 横尾忠則著 光文社 2000.6 242p 15cm (知恵の森文庫) 495円 ①4-334-78002-4

05253 平成お徒歩日記 宮部みゆき著 新潮社 2001.1 275p 15cm (新潮文庫) 476円 ①4-10-136921-6

目次 其ノ壱 真夏の忠臣蔵―両国(吉良邸跡)〜鉄砲州(浅野上屋敷跡)〜高輪(泉岳寺), 其ノ弐 罪人は季節を選べぬ引廻し―小伝馬町〜堀端〜鈴ヶ森〜小塚原, 其ノ参 関所破りで七曲り―小田原〜箱根湯本〜箱根旧街道, 其ノ四 桜田門は遠かった―皇居(江戸城)一周, 其ノ伍 流人暮らしでアロハオエ―八丈島, 其ノ六 七不思議で七転八倒―本所深川, 其ノ七 神仏混淆で大団円―善光寺〜伊勢神宮, 剣客商売「浮沈」の深川を歩く, いかがわしくも愛しい町、深川

05254 散歩の学校 赤瀬川原平著 毎日新聞社 2008.12 181p 21cm 1600円 ①978-4-620-31899-8

05255 にっぽん入門 柴門ふみ著 文藝春秋 2009.4 282p 16cm (文春文庫)〈2007年刊の増補〉 552円 ①978-4-16-757903-6

05256 東京随筆 赤瀬川原平著 毎日新聞社 2011.3 269p 20cm 1800円 ①978-4-620-32052-6

05257 鍛える聖地 加門七海著 メディアファクトリー 2012.8 285p 19cm (幽BOOKS) 1300円 ①978-4-8401-4693-7

05258 藤原正彦、美子のぶらり歴史散歩 藤原正彦,藤原美子著 文藝春秋 2014.9 223p 16cm (文春文庫)〈2012年刊の文庫化〉 540円 ①978-4-16-790192-9

目次 府中界隈, 番町界隈, 本郷界隈, 皇居周辺, 護国寺界隈, 鎌倉, 諏訪

皇居東御苑

05259 東京俳句散歩 吉行和子,冨士真奈美著 光文社 2004.5 246p 16cm (知恵の森文庫) 667円 ①4-334-78291-4

05260 東京ひとり散歩 池内紀著 中央公論新社 2009.9 222p 18cm (中公新書)〈大活字版(2015年刊)あり〉 740円 ①978-4-12-102023-9

麹町

05261 東京ハイカラ散歩 野田宇太郎著 角川春樹事務所 1998.5 282p 15cm (ランティエ叢書) 1000円 ①4-89456-096-8

05262 日本奥地紀行 イサベラ・バード著,高梨健吉訳 平凡社 2000.2 529p 16cm (平凡社ライブラリー)〈年譜あり 文献あり〉 1500円 ①4-582-76329-4

05263 イザベラ・バード「日本の未踏路」完全補遺 イザベラ・バード著,高畑美代子訳注 中央公論事業出版(製作発売) 2008.1 190p 21cm 1600円 ①978-4-89514-296-0

05264 イザベラ・バードの日本紀行 上 イザベラ・バード著,時岡敬子訳 講談社 2008.4 493p 15cm (講談社学術文庫) 1500円 ①978-4-06-159871-3

05265 男の居場所―酒と料理の旨い店の話 勝谷誠彦著 吹田 西日本出版社 2008.12 238p 19cm 1300円 ①978-4-901908-40-5

目次 1 酒と肴を求めて(わが郷愁の立ち呑み道―東京立ち呑み漫遊記, 酒呑みが辿り着く究極の街―大阪・天満立ち呑み街道, 夏泊の岩牡蠣、香住の鮎―夏の山陰味紀行, 国境の海が育てた島の酒と味―壱岐・対馬味巡りほか), 2 私が愛した酒も料理も旨い店たち(季節をよみ、産地を選ぶのも主人の目利き教養を感じるプロのおばんざい―季節料理根本(東京・麹町), 蔵元の当主が選ぶ、酒を立てる料理酒蔵でひととき静かな夢を見る―無垢根亭(大阪・交野市), 洗練されたタイの日常食南国のスパ

イスでワインがさらに旨くなる―カオ・ティップ(東京・代々木), 進化と融合を繰り返す博多ラーメンの老舗フレンチテイストの餃子とモツにワインで乾杯―うま馬(福岡・博多) ほか)

05266 イザベラ・バード『日本奥地紀行』を歩く 金沢正脩著 JTBパブリッシング 2010.1 175p 21cm (楽学ブックス―文学歴史 11) 〈文献あり 年譜あり〉 1800円 ①978-4-533-07671-8

05267 夢幻抄 白洲正子著 世界文化社 2010.11 322p 21cm〈5刷 1997年刊の造本変更〉 1600円 ①978-4-418-10514-4
作品 東京の坂道

05268 完訳 日本奥地紀行 1 横浜―日光―会津―越後 イザベラ・バード著, 金坂清則訳注 平凡社 2012.3 391p 18cm (東洋文庫) 3000円 ①978-4-582-80819-3

05269 鶴川日記 白洲正子著 PHP研究所 2012.6 195p 15cm (PHP文芸文庫)〈2010年刊(文化出版局1979年刊の再編集)の再刊〉 533円 ①978-4-569-67782-8
作品 東京の坂道

05270 大東京繁昌記 山手篇 講談社文芸文庫編 講談社 2013.6 408p 16cm (講談社文芸文庫)〈底本:春秋社 1928年刊 平凡社 1999年, 大空社 1992年刊あり〉 1700円 ①978-4-06-290195-6
作品 山の手麴町〔有島生馬〕

05271 新訳 日本奥地紀行 イザベラ・バード著, 金坂清則訳 平凡社 2013.10 537p 18cm (東洋文庫)〈布装 索引あり〉 3200円 ①978-4-582-80840-7

05272 日本奥地紀行―縮約版 イザベラ・バード著, ニーナ・ウェグナー英文リライト, 牛原眞弓訳 IBCパブリッシング 2017.4 223p 19cm (対訳ニッポン双書) 1600円 ①978-4-7946-0471-2

糀谷

05273 ふらっと朝湯酒 久住昌之著 カンゼン 2014.2 199p 19cm 1300円 ①978-4-86255-226-6

光照寺

05274 見仏記 2 仏友篇 いとうせいこう, みうらじゅん著 角川書店 1999.1 332p 15cm (角川文庫)〈中央公論社 1995年刊の文庫化〉 724円 ①4-04-184603-X

神津島

05275 のんきに島旅 本山賢司著 河出書房新社 2000.4 229p 15cm (河出文庫)〈「海流に乗って」(山と渓谷社1987年刊) の増補〉 680円 ①4-309-40607-6

05276 旅の紙芝居 椎名誠写真・文 朝日新聞社 2002.10 350p 15cm (朝日文庫)〈1998年刊の文庫化〉 820円 ①4-02-264298-X
作品 風とカラスの島

05277 伝説の旅 谷真介著 梟社 2003.9 297p 20cm〈新泉社(発売) 創林社1980年刊の増訂〉 1900円 ①4-7877-6312-1

05278 東京の島 斎藤潤著 光文社 2007.7 262p 18cm (光文社新書) 740円 ①978-4-334-03412-2

05279 わしらは怪しい雑魚釣り隊 サバダバサバダバ篇 椎名誠著 新潮社 2010.5 376p 16cm (新潮文庫)〈『怪しい雑魚釣り隊 続』(マガジン・マガジン平成21年刊) の改題〉 552円 ①978-4-10-144835-0

05280 日本の島で驚いた カベルナリア吉田著 交通新聞社 2010.7 272p 19cm〈文献あり〉 1500円 ①978-4-330-15410-7

05281 日本全国津々うりゃうりゃ 宮田珠己著 幻冬舎 2016.6 315p 16cm (幻冬舎文庫) 〈廣済堂出版 2012年刊の再刊 文献あり〉 690円 ①978-4-344-42482-1

05282 あやしい探検隊 焚火酔虎伝 椎名誠著 山と溪谷社 2016.10 278p 図版16p 15cm (ヤマケイ文庫)〈角川文庫 1998年刊の再編集, 単行本は1995年刊〉 700円 ①978-4-635-04819-4

05283 禁足地帯の歩き方 吉田悠軌著 学研プラス 2017.11 175p 19cm 1000円 ①978-4-05-406602-1

江東区

05284 こんにちは、ふるさと 俵万智著 河出書房新社 1995.5 76p 20×18cm 1500円 ①4-309-00983-2
作品 ソフトからの演劇づくり―東京

05285 東京 水辺の光景―出会いと発見の紀行 小野誠一郎絵文 日貿出版社 1995.9 178p 21cm 1751円 ①4-8170-3963-9

05286 池波正太郎を歩く 須藤靖貴著 講談社 2012.9 326p 15cm (講談社文庫)〈毎日新聞社 2009年刊の加筆・修正〉 648円 ①978-4-06-277363-8

05287 東京ノスタルジック百景―失われつつある昭和の風景を探しに フリート横田著 世界文化社 2017.1 127p 21cm〈文献あり〉 1300円 ①978-4-418-17200-9

05288 東京くねくね 松尾貴史著 東京新聞 2017.5 255p 19cm 1300円 ①978-4-8083-1018-9
目次 千代田区―ハトを追いカラスに餌を遣る老婆, 中央区―爆発の名残りも寂し数寄屋橋, 港区―女の子履いたか吐いたか赤い靴, 新宿区―アニョハセヨカンサハムニダペ・ヨンジュン, 文京区―孔子廟をくぐり抜け見上げる金魚屋の坂に, 台東区―新にゃか君河童の立つ瀬を奪いけり, 墨田区―座布団を投げたら「玉屋」と花火好き, 江東区―知らぬ角一つ曲がれば忠魂碑, 品川区―品川は港区目黒は品川区, 目黒区―ホームラン打ったはナボナのお陰かな〔ほか〕

豪徳寺

05289 猫めぐり日本列島 中田謹介著 筑波書房 2005.4 172p 21cm 2200円 ①4-8119-0281-5

関東

05290 東京随筆 赤瀬川原平著 毎日新聞社 2011.3 269p 20cm 1800円 ①978-4-620-32052-6

港南

05291 東京番外地 森達也著 新潮社 2006.11 250p 19cm 1400円 ①4-10-466202-X

甲武線

05292 むかしの汽車旅 出久根達郎編 河出書房新社 2012.7 259p 15cm (河出文庫) 760円 ①978-4-309-41164-4
[作品] 甲武線〔島崎藤村〕

江北

05293 きのふの東京、けふの東京 川本三郎著 平凡社 2009.11 277p 19cm 1600円 ①978-4-582-83452-9

後楽

05294 東京番外地 森達也著 新潮社 2006.11 250p 19cm 1400円 ①4-10-466202-X

後楽園球場

05295 東京者がたり 西村賢太著 講談社 2015.10 197p 20cm 1600円 ①978-4-06-219794-6

小金井公園

05296 散歩の学校 赤瀬川原平著 毎日新聞社 2008.12 181p 21cm 1600円 ①978-4-620-31899-8

05297 東京随筆 赤瀬川原平著 毎日新聞社 2011.3 269p 20cm 1800円 ①978-4-620-32052-6

小金井市

05298 民謡秘宝紀行 斎藤完著 白水社 2004.11 213p 19cm 1800円 ①4-560-02660-2

05299 汽車に乗った明治の文人たち―明治の鉄道紀行集 出口智之編 教育評論社 2014.1 286p 19cm〈文献あり〉 2400円 ①978-4-905706-81-6
[作品] 小金井の桜花〔坪谷水哉〕

国際基督教大学

05300 散歩の学校 赤瀬川原平著 毎日新聞社 2008.12 181p 21cm 1600円 ①978-4-620-31899-8

05301 東京随筆 赤瀬川原平著 毎日新聞社 2011.3 269p 20cm 1800円 ①978-4-620-32052-6

国分寺市

05302 東京随筆 赤瀬川原平著 毎日新聞社 2011.3 269p 20cm 1800円 ①978-4-620-32052-6

05303 漂う―古い土地 新しい場所 黒井千次著 毎日新聞社 2013.8 175p 20cm 1600円 ①978-4-620-32221-6

国立国会図書館

05304 ニッポンの穴紀行―近代史を彩る光と影 西牟田靖著 光文社 2010.12 324p 19cm〈文献あり〉 1500円 ①978-4-334-97634-7

小下沢

05305 日本の名山 別巻2 高尾山 串田孫一, 今井通子, 今福龍太編 博品社 1997.10 249p 19cm〈文献あり〉 1600円 ①4-938706-47-4
[作品] 小下沢 日帰り〔菅沼達太郎〕

護国寺

05306 東京見おさめレクイエム 横尾忠則著 光文社 2000.6 242p 15cm (知恵の森文庫) 495円 ①4-334-78002-4

05307 東京随筆 赤瀬川原平著 毎日新聞社 2011.3 269p 20cm 1800円 ①978-4-620-32052-6

05308 藤原正彦、美子のぶらり歴史散歩 藤原正彦, 藤原美子著 文藝春秋 2014.9 223p 16cm (文春文庫)〈2012年刊の文庫化〉 540円 ①978-4-16-790192-9

小塚原刑場跡

05309 平成お徒歩日記 宮部みゆき著 新潮社 2001.1 275p 15cm (新潮文庫) 476円 ①4-10-136921-6

05310 東京骨灰紀行 小沢信男著 筑摩書房 2012.10 305p 15cm (ちくま文庫)〈2009年刊の文庫化〉 780円 ①978-4-480-42989-6
(目次) ぶらり両国, 新聞旧聞日本橋, 千住、幻のちまた, つくづく築地, ぼちぼち谷中, たまには多磨へ, しみじみ新宿, 両国ご供養

小菅

05311 東京番外地 森達也著 新潮社 2006.11 250p 19cm 1400円 ①4-10-466202-X

05312 東京いいまち一泊旅行 池内紀著 光文社 2012.8 266p 18cm (光文社新書) 800円 ①978-4-334-03701-7

小平市

05313 旅の紙芝居 椎名誠写真・文 朝日新聞社 2002.10 350p 15cm (朝日文庫)〈1998年刊の文庫化〉 820円 ①4-02-264298-X
[作品] 消えた大盛りラーメン

05314 東京都三多摩原人 久住昌之著 朝日新聞出版 2016.1 302p 19cm 1600円 ①978-4-02-251318-2

五反田

05315 東京随筆 赤瀬川原平著 毎日新聞社 2011.3 269p 20cm 1800円 ①978-4-620-32052-6

05316 「翼の王国」のおみやげ 長友啓典文・絵 木楽舎 2016.6 207p 19cm (翼の王国books)〈索引あり〉 1400円 ①978-4-86324-100-8

国会議事堂

05317 大人の女性のための日本を旅する浪漫紀行　津田令子著　文芸社ビジュアルアート　2007.3　191p　19cm　1200円　①978-4-86264-336-0

05318 散歩の学校　赤瀬川原平著　毎日新聞社　2008.12　181p　21cm　1600円　①978-4-620-31899-8

05319 なにもない旅 なにもしない旅　雨宮処凛著　光文社　2010.9　222p　16cm　（光文社知恵の森文庫）　686円　①978-4-334-78564-2

05320 東京随筆　赤瀬川原平著　毎日新聞社　2011.3　269p　20cm　1800円　①978-4-620-32052-6

骨董通り

05321 黄昏　南伸坊, 糸井重里著　新潮社　2014.4　429p 図版16p　16cm　（新潮文庫）〈東京糸井重里事務所 2009年刊の再刊〉　790円　①978-4-10-118317-6

御殿峠

05322 日本の名山　別巻 2　高尾山　串田孫一, 今井通子, 今福龍太編　博品社　1997.10　249p　19cm〈文献あり〉　1600円　①4-938706-47-4
作品 御殿峠〔井出孫六〕

小伝馬町

05323 平成お徒歩日記　宮部みゆき著　新潮社　2001.1　275p　15cm　（新潮文庫）　476円　①4-10-136921-6

05324 東京俳句散歩　吉行和子, 冨士真奈美著　光文社　2004.5　246p　16cm　（知恵の森文庫）　667円　①4-334-78291-4

05325 東京随筆　赤瀬川原平著　毎日新聞社　2011.3　269p　20cm　1800円　①978-4-620-32052-6

05326 東京骨灰紀行　小沢信男著　筑摩書房　2012.10　305p　15cm　（ちくま文庫）〈2009年刊の文庫化〉　780円　①978-4-480-42989-6

05327 焼き餃子と名画座―わたしの東京味歩き　平松洋子著　新潮社　2012.10　353p 図版32p　16cm　（新潮文庫）〈アスペクト 2009年刊の再刊〉　790円　①978-4-10-131656-7

言問通り

05328 東京者がたり　西村賢太著　講談社　2015.10　197p　20cm　1600円　①978-4-06-219794-6

五百羅漢寺

05329 見仏記　2　仏友篇　いとうせいこう, みうらじゅん著　角川書店　1999.1　332p　15cm（角川文庫）〈中央公論社 1995年刊の文庫化〉　724円　①4-04-184603-X

狛江市

05330 きのふの東京、けふの東京　川本三郎著　平凡社　2009.11　277p　19cm　1600円　①978-4-582-83452-9

駒形

05331 下駄で歩いた巴里―林芙美子紀行集　林芙美子著, 立松和平編　岩波書店　2012.4　331p　15cm　（岩波文庫）〈第5刷（第1刷2003年）〉　700円　①4-00-311692-5
作品 私の東京地図

05332 新編 日本の旅あちこち　木山捷平著　講談社　2015.4　304p　16cm　（講談社文芸文庫）〈著作目録あり 年譜あり〉　1600円　①978-4-06-290268-7
作品 夜のお江戸コース―東京

駒木野宿跡

05333 街道をゆく　1　湖西のみち、甲州街道、長州路 ほか　新装版　司馬遼太郎著　朝日新聞出版　2008.8　291, 8p　15cm　（朝日文庫）　600円　①978-4-02-264440-4

駒込

05334 文学の街―名作の舞台を歩く　前田愛著　小学館　1991.12　315p　16cm　（小学館ライブラリー）　780円　①4-09-460015-9

05335 繁栄TOKYO裏通り　久田恵著　文芸春秋　1997.5　309p　136cm　1714円　①4-16-352870-9

05336 東京随筆　赤瀬川原平著　毎日新聞社　2011.3　269p　20cm　1800円　①978-4-620-32052-6

05337 むかしまち地名事典　森まゆみ著　大和書房　2013.3　251p　20cm　1600円　①978-4-479-39238-5

駒澤大学「耕雲館」〔禅文化歴史博物館〕

05338 東京随筆　赤瀬川原平著　毎日新聞社　2011.3　269p　20cm　1800円　①978-4-620-32052-6

駒場

05339 石田波郷全集　第8巻　随想 1　石田波郷著　富士見書房　1988.3　475p　19cm　1900円　①4-8291-7097-2

05340 東京随筆　赤瀬川原平著　毎日新聞社　2011.3　269p　20cm　1800円　①978-4-620-32052-6

古里駅

05341 旅する駅前、それも東京で!?　カベルナリア吉田著　彩流社　2010.12　365p　19cm　1800円　①978-4-7791-1576-9

是政駅

05342 旅する駅前、それも東京で!?　カベルナリア吉田著　彩流社　2010.12　365p　19cm　1800円　①978-4-7791-1576-9

05343 怪しい駅 懐かしい駅―東京近郊駅前旅行　長谷川裕文, 村上健絵　草思社　2013.8　181p　19cm　1600円　①978-4-7942-1996-1

権之助坂

05344 東京随筆 赤瀬川原平著 毎日新聞社 2011.3 269p 20cm 1800円 ①978-4-620-32052-6

西方寺（豊島区）

05345 猫めぐり日本列島 中田謹介著 筑波書房 2005.4 172p 21cm 2200円 ①4-8119-0281-5

桜新町

05346 東京随筆 赤瀬川原平著 毎日新聞社 2011.3 269p 20cm 1800円 ①978-4-620-32052-6

笹尾根

05347 百年前の山を旅する 服部文祥著 新潮社 2014.1 236p 16cm （新潮文庫）〈東京新聞出版部 2010年刊の再刊 文献あり〉 630円 ①978-4-10-125321-3

(目次) 奥多摩・笹尾根縦走―一〇〇年前の装備で山に入る, 奥秩父・笛吹川東沢溯行―日本に沢登りが生まれた日, 北アルプス・奥穂高岳南稜登攀―ウェストンの初登攀をたどる, 若狭～京都北山・小浜街道針畑越―鯖街道を一昼夜で駆け抜ける, 北アルプス・白馬岳主稜登攀―「ある登攀」を追いかけて, 北アルプス・小川温泉～鹿島槍ヶ岳―黒部奥山廻りの失われた道, 北アルプス・鹿島槍ヶ岳北壁登攀～八峰キレット縦走―火を持ち歩くということ

笹塚温泉

05348 ちゃっかり温泉 久住昌之著 カンゼン 2012.12 215p 19cm 1300円 ①978-4-86255-157-3

猿江

05349 青インクの東京地図 安西水丸著 講談社 1990.3 200p 15cm （講談社文庫） 350円 ①4-06-184635-3

参宮橋

05350 きのふの東京、けふの東京 川本三郎著 平凡社 2009.11 277p 19cm 1600円 ①978-4-582-83452-9

三軒茶屋

05351 新発見 より道街あるき 大竹誠著 パロル舎 2008.6 187p 21cm 1600円 ①978-4-89419-073-3

05352 東京随筆 赤瀬川原平著 毎日新聞社 2011.3 269p 20cm 1800円 ①978-4-620-32052-6

サンシャインシティ

05353 東京随筆 赤瀬川原平著 毎日新聞社 2011.3 269p 20cm 1800円 ①978-4-620-32052-6

三四郎池〔育徳園心字池〕

05354 街道をゆく 37 本郷界隈 新装版 司馬遼太郎著 朝日新聞出版 2009.4 322, 8p 15cm （朝日文庫）〈初版：朝日新聞社1996年刊〉 720円 ①978-4-02-264491-6

三本嶽（大野原島）

05355 私の海の地図 石原慎太郎著 世界文化社 2015.10 319p 20cm 3000円 ①978-4-418-15514-9

椎名町（豊島区）

05356 東京随筆 赤瀬川原平著 毎日新聞社 2011.3 269p 20cm 1800円 ①978-4-620-32052-6

汐留シオサイト

05357 東京随筆 赤瀬川原平著 毎日新聞社 2011.3 269p 20cm 1800円 ①978-4-620-32052-6

潮見

05358 東京随筆 赤瀬川原平著 毎日新聞社 2011.3 269p 20cm 1800円 ①978-4-620-32052-6

式根島

05359 日本《島旅》紀行 斎藤潤著 光文社 2005.3 284p 18cm （光文社新書） 780円 ①4-334-03299-0

05360 東京の島 斎藤潤著 光文社 2007.7 262p 18cm （光文社新書） 740円 ①978-4-334-03412-2

05361 わしらは怪しい雑魚釣り隊 椎名誠著 新潮社 2009.5 334p 16cm （新潮文庫）〈マガジン・マガジン平成20年刊の加筆訂正〉 552円 ①978-4-10-144832-9

05362 ニッポン発見記 池内紀著 中央公論新社 2012.4 211p 16cm （中公文庫）〈講談社現代新書 2004年刊の再刊〉 590円 ①978-4-12-205630-5

05363 鍋釜天幕団フライパン戦記―あやしい探検隊青春篇 椎名誠編 KADOKAWA 2015.1 229p 15cm （角川文庫）〈本の雑誌社 1996年刊の加筆修正〉 480円 ①978-4-04-102322-8

05364 私の海の地図 石原慎太郎著 世界文化社 2015.10 319p 20cm 3000円 ①978-4-418-15514-9

鹿骨街道

05365 東京いい道、しぶい道―カラー版 泉麻人著 中央公論新社 2017.4 250p 18cm （中公新書ラクレ） 1000円 ①978-4-12-150582-8

自性院（新宿区）

05366 猫めぐり日本列島 中田謹介著 筑波書房 2005.4 172p 21cm 2200円 ①4-8119-0281-5

品川駅

05367 極みのローカルグルメ旅 柏井壽著 光文社 2012.2 301p 18cm （光文社新書）

840円 ①978-4-334-03671-3

05368 東海道新幹線各駅停車の旅 甲斐みのり著 ウェッジ 2013.6 175p 21cm 1400円 ①978-4-86310-111-1

(目次) 東京—赤レンガの駅舎からはじまる旅, 品川—運河とビルの谷間でお江戸散歩の旅, 新横浜—ハイカラモダンな港町の旅, 小田原—町ごと博物館のような旧宿場町の旅, 熱海—懐かしい昭和の面影を辿る旅, 三島—富士の雪解け水が流れる町の旅, 新富士—壮麗な富士を仰ぐ旧吉原宿の旅, 静岡—おでんいろいろ食べくらべの旅, 掛川—絵、美、花、鳥に触れる感性の旅, 浜松—うなぎ、遠州焼き、餃子を味わう旅, 豊橋—路面電車の走る町と老舗ホテルの旅, 三河安城—岡崎へ醸造食品の蔵見学の旅, 名古屋—レトロ建築散歩の旅, 岐阜羽島—ご長寿の原宿・お千代保さんへの旅, 米原—城下町とクラシック建築の旅, 京都—暮らすように上リ、下ル、京都の旅, 新大阪—水景とともにロマンチック大阪の旅

品川区

05369 東京 水辺の光景—出会いと発見の紀行 小野誠一郎絵文 日貿出版社 1995.9 178p 21cm 1751円 ①4-8170-3963-9

05370 はなしの名人—東京落語地誌 池内紀著 角川書店 1999.8 245p 19cm (角川選書) 1600円 ①4-04-703308-1

05371 旅の面影 榎木孝明著 JTB 2001.5 95p 26cm 3500円 ①4-533-03875-1

05372 文豪、偉人の「愛」をたどる旅 黛まどか著 集英社 2009.8 255p 18cm 1048円 ①978-4-08-781427-9

05373 東京随筆 赤瀬川原平著 毎日新聞社 2011.3 269p 20cm 1800円 ①978-4-620-32052-6

05374 東京路地裏暮景色 なぎら健壱著 筑摩書房 2011.11 333p 15cm (ちくま文庫) 800円 ①978-4-480-42880-6

05375 池波正太郎を歩く 須藤靖貴著 講談社 2012.9 326p 15cm (講談社文庫)〈毎日新聞社 2009年刊の加筆・修正〉 648円 ①978-4-06-277363-8

05376 東京放浪記 別役実著 平凡社 2013.5 237p 20cm 1800円 ①978-4-582-83619-6

05377 東京くねくね 松尾貴史著 東京新聞 2017.5 255p 19cm 1300円 ①978-4-8083-1018-9

05378 私の東京地図 小林信彦著 筑摩書房 2017.7 254p 15cm (ちくま文庫)〈2013年刊に「私の東京物語」を加えた〉 720円 ①978-4-480-43450-0

品川宿

05379 歴史の散歩路—小江戸紀行＝一〇八巡り 池田直樹著 東洋書院 2001.3 228p 19cm 1400円 ①4-88594-300-0

05380 準急特快 記者の旅—レイルウェイ・ライターの本 種村直樹著 JTB 2003.5 318p 19cm〈肖像あり 著作目録あり〉 1600円 ①4-533-04777-7

(作品) 種村直樹の「東海道をゆく」

05381 東海道 居酒屋五十三次 太田和彦著, 村松誠画 小学館 2007.6 322p 15cm (小学館文庫)〈2003年刊の単行本「東海道 居酒屋膝栗毛」の改題、文庫化〉 571円 ①978-4-09-408176-3

(目次) 品川宿之巻—旅は道づれ夜はお酒 弥次喜多コンビの鹿島立ち, 藤沢宿之巻—ほろ酔い機嫌の江の島参り弁天小僧も酔いつぶれ, 小田原宿之巻—守り通した女の操 いなせ浴衣の弥次と喜多, 沼津宿之巻—箱根八里は馬でも越すが越すに越されぬ居酒屋の関, 府中宿之巻—居酒屋さがしてくてく西へ今日も日暮れてエンヤコラ, 藤枝宿之巻—旅ゆけば～駿河の国に茶の香りお酒の香り, 浜松宿之巻—天竜渡れば浜松の夜 うなぎ娘がお待ちかね, 吉田宿之巻—淫風ただよう街道筋の飯盛り女は狐化け？ , 宮宿之巻—長旅疲れて沈没二日 徳利並べて福は内, 桑名宿之巻—行灯ともる寄りあい渡し蛤いかがと甘い声, 亀山宿之巻—悪の美学を気どってみたが仇討娘にスタコラサ, 大津宿之巻—峠下れば湖の国近江八珍さがした夜は, 京都宿之巻—上がりの夢は京まぼろしか酔いどれ二人の旅の果て

05382 泉麻人の東京・七福神の町あるき 泉麻人著 京都 淡交社 2007.12 221p 19cm 1500円 ①978-4-473-03443-4

05383 新発見 より道街あるき 大竹誠著 パロル舎 2008.6 187p 21cm 1600円 ①978-4-89419-073-3

05384 東京いいまち一泊旅行 池内紀著 光文社 2012.8 266p 18cm (光文社新書) 800円 ①978-4-334-03701-7

05385 東海道でしょう！ 杉江松恋, 藤田香織著 幻冬舎 2013.7 407p 16cm (幻冬舎文庫)〈文献あり〉 724円 ①978-4-344-42047-2

(目次) 日本橋, 品川宿, 川崎宿, 神奈川宿, 保土ヶ谷宿, 戸塚宿, 藤沢宿, 平塚宿, 大磯宿, 小田原宿〔ほか〕

05386 ニッポン旅みやげ 池内紀著 青土社 2015.4 162p 20cm 1800円 ①978-4-7917-6852-3

地鉈温泉

05387 秘湯を求めて 3 きわめつけの秘湯 藤嶽彰英著 (大阪)保育社 1990.1 194p 19cm 1350円 ①4-586-61103-0

信濃町

05388 東京放浪記 別役実著 平凡社 2013.5 237p 20cm 1800円 ①978-4-582-83619-6

篠崎

05389 新発見 より道街あるき 大竹誠著 パロル舎 2008.6 187p 21cm 1600円 ①978-4-89419-073-3

篠崎街道

05390 東京いい道、しぶい道—カラー版 泉麻人著 中央公論新社 2017.4 250p 18cm (中公新書ラクレ) 1000円 ①978-4-12-150582-8

不忍池

05391 文学の街—名作の舞台を歩く 前田愛著

小学館 1991.12 315p 16cm (小学館ライブラリー) 780円 ①4-09-460015-9

05392 遊覧日記 武田百合子著, 武田花写真 筑摩書房 1993.1 185p 15cm (ちくま文庫) 470円 ①4-480-02684-3

05393 東京ディープな宿 泉麻人著 中央公論新社 2005.4 191p 16cm (中公文庫) 〈2003年刊の文庫化〉 571円 ①4-12-204515-0

05394 幻景の街—文学の都市を歩く 前田愛著 岩波書店 2006.12 310p 15cm (岩波現代文庫) 1000円 ①4-00-602110-0

05395 街道をゆく 37 本郷界隈 新装版 司馬遼太郎著 朝日新聞出版 2009.4 322, 8p 15cm (朝日文庫) 〈初版：朝日新聞社1996年刊〉 720円 ①978-4-02-264491-6

05396 東京ひがし案内 森まゆみ著 筑摩書房 2010.4 238p 15cm (ちくま文庫) 760円 ①978-4-480-42700-7

05397 東京随筆 赤瀬川原平著 毎日新聞社 2011.3 269p 20cm 1800円 ①978-4-620-32052-6

05398 きょうもまた好奇心散歩 池内紀著 新講社 2016.11 213p 19cm 1400円 ①978-4-86081-549-3

芝

05399 大東京繁昌記 高浜虚子, 田山花袋, 芥川龍之介, 岸田劉生, 加能作次郎ほか著 毎日新聞社 1999.5 263p 20cm (毎日メモリアル図書館) 1600円 ①4-620-51036-X

作品 芝、麻布〔小山内薫〕

05400 サトウハチロー 僕の東京地図 サトウハチロー著 小金井 ネット武蔵野 2005.8 340p 19cm 1400円 ①4-944237-91-X

05401 東京ひとり散歩 池内紀著 中央公論新社 2009.9 222p 18cm (中公新書) 〈大活字版(2015年刊)あり〉 740円 ①978-4-12-102023-9

05402 東京放浪記 別役実著 平凡社 2013.5 237p 20cm 1800円 ①978-4-582-83619-6

05403 大東京繁昌記 山手篇 講談社文芸文庫編 講談社 2013.6 408p 16cm (講談社文芸文庫) 〈底本：春秋社 1928年刊 平凡社 1999年, 大空社 1992年刊あり〉 1700円 ①978-4-06-290195-6

作品 芝、麻布〔小山内薫〕

芝浦

05404 私のなかの東京—わが文学散策 野口冨士男著 岩波書店 2007.6 220p 15cm (岩波現代文庫) 900円 ①978-4-00-602120-7

芝公園

05405 東京番外地 森達也著 新潮社 2006.11 250p 19cm 1400円 ①4-10-466202-X

05406 東京者がたり 西村賢太著 講談社 2015.10 197p 20cm 1600円 ①978-4-06-219794-6

柴又

05407 青インクの東京地図 安西水丸著 講談社 1990.3 200p 15cm (講談社文庫) 350円 ①4-06-184635-3

05408 東京下町 小泉信一著 創森社 2003.8 283p 19cm 1500円 ①4-88340-162-6

目次 第1章 寅さんの街、柴又へ, 第2章 今宵も下町酒場にて, 第3章 大衆芸能の灯ここに, 第4章 路地・横丁に出会いあり, 第5章 生きとし生けるもの, 第6章 あの日この場所で, 第7章 川の手に吹く風

05409 東京の空の下、今日も町歩き 川本三郎著 筑摩書房 2006.10 280p 15cm (ちくま文庫) 〈写真：鈴木知之〉 800円 ①4-480-42260-9

05410 「寅さん」が愛した汽車旅 南正時著 講談社 2008.4 199p 18cm (講談社+α新書) 800円 ①978-4-06-272494-4

05411 日曜日は自転車に乗って 前島勝義著 平原社 2009.12 263p 20cm 1200円 ①978-4-938391-47-8

05412 東京随筆 赤瀬川原平著 毎日新聞社 2011.3 269p 20cm 1800円 ①978-4-620-32052-6

05413 わたしの週末なごみ旅 岸本葉子著 河出書房新社 2012.8 201p 15cm (河出文庫) 〈「ちょっと古びたものが好き」(バジリコ 2008年刊) と「週末ゆる散歩」(東京書籍 2009年刊) の合本を改題し、加筆修正のうえ再構成〉 790円 ①978-4-309-41168-2

05414 ぶらっぷらある記 銀色夏生著 幻冬舎 2014.12 278p 16cm (幻冬舎文庫) 600円 ①978-4-344-42275-9

05415 「男はつらいよ」を旅する 川本三郎著 新潮社 2017.5 286p 20cm (新潮選書) 1400円 ①978-4-10-603808-2

作品 すべては柴又に始まる

柴又駅

05416 車だん吉ぶらり旅 京成線編 車だん吉画・文 風塵社 2001.6 223p 21cm 1400円 ①4-938733-95-1

05417 60歳から始める東京さんぽ—変人オヤジのたのしい街あるき 立石一夫著 鶴書院 2008.8 197p 19cm 〈発売：星雲社〉 667円 ①978-4-434-12154-8

柴又七福神

05418 泉麻人の東京・七福神の町あるき 泉麻人著 京都 淡交社 2007.12 221p 19cm 1500円 ①978-4-473-03443-4

柴又帝釈天〔題経寺〕

05419 とっておきの寺社詣で 三木露風ほか著, 作品社編集部編 作品社 1998.4 251p 22cm (新編・日本随筆紀行 大きな活字で読みやすい本—心にふるさとがある 14) ①4-87893-895-1, 4-87893-807-2

作品 柴又の帝釈天〔早乙女貢〕

05420 百寺巡礼　第5巻　関東・信州　五木寛之著　講談社　2009.1　264p　15cm　（講談社文庫）〈文献あり　2004年刊の文庫化〉　562円　①978-4-06-276262-5

渋谷駅

05421 怪しい駅 懐かしい駅—東京近郊駅前旅行　長谷川裕文, 村上健絵　草思社　2013.8　181p　19cm　1600円　①978-4-7942-1996-1

渋谷区

05422 東京 水辺の光景—出会いと発見の紀行　小野誠一郎絵文　日貿出版社　1995.9　178p　21cm　1751円　①4-8170-3963-9

05423 聖地巡礼　田口ランディ著, 森豊写真　メディアファクトリー　2003.4　353p　18cm　1600円　①4-8401-0755-6

05424 懐かしい「東京」を歩く　森本哲郎著　PHP研究所　2005.6　396p　15cm　（PHP文庫）〈『ぼくの東京夢華録』改題書〉　705円　①4-569-66408-3

05425 水の巡礼　田口ランディ著, 森豊写真　角川書店　2006.2　270p　15cm　（角川文庫）　952円　①4-04-375303-9

05426 うわさの神仏　其ノ3　江戸TOKYO陰陽百景　加門七海著　集英社　2007.5　244p　15cm　（集英社文庫）　514円　①978-4-08-746162-6

05427 「懐かしの昭和」を食べ歩く—カラー版　森まゆみ著　PHP研究所　2008.3　269p　18cm　（PHP新書）　950円　①978-4-569-69777-2

05428 散歩の学校　赤瀬川原平著　毎日新聞社　2008.12　181p　21cm　1600円　①978-4-620-31899-8

05429 海山のあいだ　池内紀著　中央公論新社　2011.3　217p　16cm　（中公文庫）〈マガジンハウス 1994年刊, 角川書店 1997年刊あり〉　590円　①978-4-12-205458-5

作品 自分風土記—東京逍遙

05430 東京随筆　赤瀬川原平著　毎日新聞社　2011.3　269p　20cm　1800円　①978-4-620-32052-6

05431 東京放浪記　別役実著　平凡社　2013.5　237p　20cm　1800円　①978-4-582-83619-6

05432 東京美女散歩　安西水丸文え　講談社　2015.3　452p　19cm　2100円　①978-4-06-219360-3

05433 みちくさ　3　菊池亜希子著　小学館　2015.5　127p　21cm　1200円　①978-4-09-388418-1

05434 東京ひとり歩き ぼくの東京地図。　岡本仁著　大阪　京阪神エルマガジン社　2017.4　159p　21cm　1600円　①978-4-87435-531-2

05435 私の東京地図　小林信彦著　筑摩書房　2017.7　254p　15cm　（ちくま文庫）〈2013年刊に「私の東京物語」を加えた〉　720円　①978-4-480-43450-0

下落合

05436 東京随筆　赤瀬川原平著　毎日新聞社　2011.3　269p　20cm　1800円　①978-4-620-32052-6

下北沢

05437 たかじん旅たび失礼　やしきたかじん著　ベストセラーズ　1995.5　209p　18cm　（ワニの本）　1000円　①4-584-00945-7

目次 どこが"美しい十代"やねん, 東村山、玉川、そして下北沢, 棄てきれない一枚の写真, それにしても長かったぼくの道のり, 酒場で会った不思議な男たち, 散々だった初めての海外旅行, 青森なんて大嫌いだあ！, 旅ゆけば有情無情の風が吹く, たかじん流・テレビとの闘い方, なぜディナーショーはフランス料理なのか〔ほか〕

05438 たびたびの旅　安西水丸著　フレーベル館　1998.10　19cm

05439 僕の東京地図　安岡章太郎著　世界文化社　2006.6　171p　21cm　（ほたるの本）〈文化出版局1985年刊の増補〉　1800円　①4-418-06230-0

05440 散歩の学校　赤瀬川原平著　毎日新聞社　2008.12　181p　21cm　1600円　①978-4-620-31899-8

05441 東京随筆　赤瀬川原平著　毎日新聞社　2011.3　269p　20cm　1800円　①978-4-620-32052-6

05442 焼き餃子と名画座—わたしの東京味歩き　平松洋子著　新潮社　2012.10　353p 図版32p　16cm　（新潮文庫）〈アスペクト 2009年刊の再刊〉　790円　①978-4-10-131656-7

05443 東京放浪記　別役実著　平凡社　2013.5　237p　20cm　1800円　①978-4-582-83619-6

05444 みちくさ　3　菊池亜希子著　小学館　2015.5　127p　21cm　1200円　①978-4-09-388418-1

05445 東京者がたり　西村賢太著　講談社　2015.10　197p　20cm　1600円　①978-4-06-219794-6

下高井戸

05446 東京随筆　赤瀬川原平著　毎日新聞社　2011.3　269p　20cm　1800円　①978-4-620-32052-6

霜降銀座

05447 東京ひとり散歩　池内紀著　中央公論新社　2009.9　222p　18cm　（中公新書）〈大活字版（2015年刊）あり〉　740円　①978-4-12-102023-9

石神井公園

05448 歩く人　久住昌之著　マガジンハウス　1993.2　171p　19cm　1300円　①4-8387-0384-8

05449 東京随筆　赤瀬川原平著　毎日新聞社　2011.3　269p　20cm　1800円　①978-4-620-32052-6

05450 大東京ぐるぐる自転車　伊藤礼著　筑摩

書房 2014.10 343p 15cm (ちくま文庫)〈東海教育研究所 2011年刊に書き下ろし「堀切菖蒲園」を加えて再刊〉 880円 ①978-4-480-43209-4

蛇の湯温泉

05451 人情温泉紀行―演歌歌手・鏡五郎が訪ねた全国の名湯47選 鏡五郎著 マガジンランド 2008.5 235p 19cm〈年譜あり〉 1238円 ①978-4-944101-37-5

自由が丘

05452 散歩の学校 赤瀬川原平著 毎日新聞社 2008.12 181p 21cm 1600円 ①978-4-620-31899-8

05453 東京美女散歩 安西水丸文え 講談社 2015.3 452p 19cm 2100円 ①978-4-06-219360-3

十条

05454 東京いいまち一泊旅行 池内紀著 光文社 2012.8 266p 18cm (光文社新書) 800円 ①978-4-334-03701-7

05455 むかしまち地名事典 森まゆみ著 大和書房 2013.3 251p 20cm 1600円 ①978-4-479-39238-5

松陰神社前駅

05456 東京随筆 赤瀬川原平著 毎日新聞社 2011.3 269p 20cm 1800円 ①978-4-620-32052-6

正受院(新宿区)

05457 見仏記 2 仏友篇 いとうせいこう, みうらじゅん著 角川書店 1999.1 332p 15cm (角川文庫)〈中央公論社 1995年刊の文庫化〉 724円 ①4-04-184603-X

正福寺(東村山市)

05458 お寺散歩―もう一度あのお寺に行こう 沢野ひとし著 新日本出版社 2005.1 134p 18cm 1600円 ①4-406-03130-8

昭和記念公園

05459 東京都三多摩原人 久住昌之著 朝日新聞出版 2016.1 302p 19cm 1600円 ①978-4-02-251318-2

昭和島駅

05460 旅する駅前、それも東京で!? カベルナリア吉田著 彩流社 2010.12 365p 19cm 1800円 ①978-4-7791-1576-9

白金

05461 みちくさ 2 菊池亜希子著 小学館 2011.5 127p 21cm 1200円 ①978-4-09-342387-8

白金台

05462 散歩の学校 赤瀬川原平著 毎日新聞社 2008.12 181p 21cm 1600円 ①978-4-620-31899-8

05463 東京随筆 赤瀬川原平著 毎日新聞社 2011.3 269p 20cm 1800円 ①978-4-620-32052-6

05464 東京者がたり 西村賢太著 講談社 2015.10 197p 20cm 1600円 ①978-4-06-219794-6

白丸駅

05465 旅する駅前、それも東京で!? カベルナリア吉田著 彩流社 2010.12 365p 19cm 1800円 ①978-4-7791-1576-9

05466 怪しい駅 懐かしい駅―東京近郊駅前旅行 長谷川裕文, 村上健絵 草思社 2013.8 181p 19cm 1600円 ①978-4-7942-1996-1

新大久保

05467 東京随筆 赤瀬川原平著 毎日新聞社 2011.3 269p 20cm 1800円 ①978-4-620-32052-6

05468 東京放浪記 別役実著 平凡社 2013.5 237p 20cm 1800円 ①978-4-582-83619-6

新大塚

05469 大衆食堂へ行こう 安西水丸著 朝日新聞社 2006.8 239p 15cm (朝日文庫) 600円 ①4-02-261512-5

新川

05470 東京ひとり散歩 池内紀著 中央公論新社 2009.9 222p 18cm (中公新書)〈大活字版(2015年刊)あり〉 740円 ①978-4-12-102023-9

神宮球場

05471 散歩の学校 赤瀬川原平著 毎日新聞社 2008.12 181p 21cm 1600円 ①978-4-620-31899-8

05472 東京者がたり 西村賢太著 講談社 2015.10 197p 20cm 1600円 ①978-4-06-219794-6

神宮の森

05473 東京見おさめレクイエム 横尾忠則著 光文社 2000.6 242p 15cm (知恵の森文庫) 495円 ①4-334-78002-4

神宮前

05474 東京随筆 赤瀬川原平著 毎日新聞社 2011.3 269p 20cm 1800円 ①978-4-620-32052-6

新小岩

05475 東京の空の下、今日も町歩き 川本三郎著 筑摩書房 2006.10 280p 15cm (ちくま文庫)〈写真:鈴木知之〉 800円 ①4-480-42260-9

05476 東京ひとり散歩 池内紀著 中央公論新社 2009.9 222p 18cm (中公新書)〈大活字版(2015年刊)あり〉 740円 ①978-4-12-

102023-9

05477 きのふの東京、けふの東京　川本三郎著　平凡社　2009.11　277p　19cm　1600円　①978-4-582-83452-9

新小金井駅

05478 旅する駅前、それも東京で!?　カベルナリア吉田著　彩流社　2010.12　365p　19cm　1800円　①978-4-7791-1576-9

新宿思い出横丁

05479 英国一家、日本を食べる　マイケル・ブース著, 寺西のぶ子訳　亜紀書房　2013.4　278p　19cm　1900円　①978-4-7505-1304-1

05480 酒場詩人の流儀　吉田類著　中央公論新社　2014.10　233p　18cm　(中公新書)〈索引あり〉　780円　①978-4-12-102290-5
　作品 めざせ北の酒どころ

新宿御苑

05481 「新選組」ふれあいの旅—人や史跡との出逢いを求めて　岳真也著　PHP研究所　2003.12　249p　19cm　1200円　①4-569-63235-1

05482 東京随筆　赤瀬川原平著　毎日新聞社　2011.3　269p　20cm　1800円　①978-4-620-32052-6

05483 みちくさ　2　菊池亜希子著　小学館　2011.5　127p　21cm　1200円　①978-4-09-342387-8

新宿区

05484 浦島太郎の馬鹿—旅の書きおき　立松和平著　マガジンハウス　1990.10　251p　21cm　1400円　①4-8387-0189-6
　作品 二つの悪場所

05485 歩く人　久住昌之著　マガジンハウス　1993.2　171p　19cm　1300円　①4-8387-0384-8

05486 旅を慕いて　木内宏著　朝日新聞社　1994.2　245p　19cm　1500円　①4-02-256685-X

05487 東京 水辺の光景—出会いと発見の紀行　小野誠一郎絵文　日貿出版社　1995.9　178p　21cm　1751円　①4-8170-3963-9

05488 バス旅 春夏秋冬　種村直樹著　中央書院　1997.3　285p　19cm　1700円　①4-88732-031-0

05489 繁栄TOKYO裏通り　久田恵著　文芸春秋　1997.5　309p　136cm　1714円　①4-16-352870-9

05490 はなしの名人—東京落語地誌　池内紀著　角川書店　1999.8　245p　19cm　(角川選書)　1600円　①4-04-703308-1

05491 新版 大東京案内　上　今和次郎編纂　筑摩書房　2001.10　340p　15cm　(ちくま学芸文庫)〈複製を含む〉　1000円　①4-480-08671-4

05492 旅の紙芝居　椎名誠写真・文　朝日新聞社　2002.10　350p　15cm　(朝日文庫)〈1998年刊の文庫化〉　820円　①4-02-264298-X
　作品 新宿ロンリーナイト

05493 オーケンのめくるめく脱力旅の世界　大槻ケンヂ著　新潮社　2004.4　266p　16cm　(新潮文庫)〈2001年刊の文庫化〉　438円　①4-10-142926-X

05494 きもの紀行—染め人織り人を訪ねて　立松和平著　家の光協会　2005.1　223p　21cm　2200円　①4-259-54669-4

05495 懐かしい「東京」を歩く　森本哲郎著　PHP研究所　2005.6　396p　15cm　(PHP文庫)〈『ぼくの東京夢華録』改題書〉　705円　①4-569-66408-3

05496 サトウハチロー 僕の東京地図　サトウハチロー著　小金井　ネット武蔵野　2005.8　340p　19cm　1400円　①4-944237-91-X

05497 いしかわ世界紀行　いしかわじゅん著　毎日新聞社　2005.9　229p　19cm　1500円　①4-620-31737-3

05498 東京を歩く　立松和平著, 黒古一夫編　勉誠出版　2006.4　343p　22cm　(立松和平日本を歩く 第7巻)　2600円　①4-585-01177-3

05499 青春の東京地図　泉麻人著　筑摩書房　2007.4　261p　15cm　(ちくま文庫)　700円　①978-4-480-42250-7

05500 うわさの神仏　其ノ3　江戸TOKYO陰陽百景　加門七海著　集英社　2007.5　244p　15cm　(集英社文庫)　514円　①978-4-08-746162-6

05501 「懐かしの昭和」を食べ歩く—カラー版　森まゆみ著　PHP研究所　2008.3　269p　18cm　(PHP新書)　950円　①978-4-569-69777-2

05502 きのふの東京、けふの東京　川本三郎著　平凡社　2009.11　277p　19cm　1600円　①978-4-582-83452-9

05503 東京随筆　赤瀬川原平著　毎日新聞社　2011.3　269p　20cm　1800円　①978-4-620-32052-6

05504 東京路地裏暮景色　なぎら健壱著　筑摩書房　2011.11　333p　15cm　(ちくま文庫)　800円　①978-4-480-42880-6

05505 池波正太郎を歩く　須藤靖貴著　講談社　2012.9　326p　15cm　(講談社文庫)〈毎日新聞社 2009年刊の加筆・修正〉　648円　①978-4-06-277363-8

05506 東京骨灰紀行　小沢信男著　筑摩書房　2012.10　305p　15cm　(ちくま文庫)〈2009年刊の文庫化〉　780円　①978-4-480-42989-6

05507 東京放浪記　別役実著　平凡社　2013.5　237p　20cm　1800円　①978-4-582-83619-6

05508 漂う—古い土地 新しい場所　黒井千次著　毎日新聞社　2013.8　175p　20cm　1600円　①978-4-620-32221-6

05509 酒場詩人の流儀　吉田類著　中央公論新社　2014.10　233p　18cm　(中公新書)〈索引あり〉　780円　①978-4-12-102290-5
　作品 めざせ北の酒どころ

05510 『能町みね子のときめきデートスポット』、略して能スポ　能町みね子著　講談社

2016.3　347p　15cm　（講談社文庫）　700円　①978-4-06-293345-2

05511　「翼の王国」のおみやげ　長友啓典文・絵　木楽舎　2016.6　207p　19cm　（翼の王国books）〈索引あり〉　1400円　①978-4-86324-100-8

05512　東京ノスタルジック百景―失われつつある昭和の風景を探しに　フリート横田著　世界文化社　2017.1　127p　21cm〈文献あり〉　1300円　①978-4-418-17200-9

05513　紀行とエッセーで読む 作家の山旅　山と溪谷社編　山と溪谷社　2017.3　357p　15cm（ヤマケイ文庫）　930円　①978-4-635-04828-6
作品　新宿（抄）〔井伏鱒二〕

05514　東京ひとり歩き ぼくの東京地図。　岡本仁著　大阪　京阪神エルマガジン社　2017.4　159p　21cm　1600円　①978-4-87435-531-2

05515　東京くねくね　松尾貴史著　東京新聞　2017.5　255p　19cm　1300円　①978-4-8083-1018-9

05516　私の東京地図　小林信彦著　筑摩書房　2017.7　254p　15cm　（ちくま文庫）〈2013年刊に「私の東京物語」を加えた〉　720円　①978-4-480-43450-0

05517　おれたちを跨ぐな！―わしらは怪しい雑魚釣り隊　椎名誠著　小学館　2017.8　275p　19cm　1400円　①978-4-09-379895-2

新宿十二社温泉

05518　温泉旅日記　池内紀著　徳間書店　1996.9　277p　15cm　（徳間文庫）〈河出書房新社1988年刊あり〉　540円　①4-19-890559-2
作品　放浪記―東京の温泉

新宿西口ターミナル

05519　東京思い出電車旅―のんびりと自由時間の街歩き　野村正樹著　東洋経済新報社　2010.1　246p　20cm〈年表あり〉　1600円　①978-4-492-04364-6

神泉駅

05520　怪しい駅 懐かしい駅―東京近郊駅前旅行　長谷川裕文, 村上健絵　草思社　2013.8　181p　19cm　1600円　①978-4-7942-1996-1

深大寺

05521　土門拳の古寺巡礼　別巻 第1巻　東日本　土門拳著　小学館　1990.5　147p　26cm　1950円　①4-09-559106-4
作品　ぼくの古寺巡礼

05522　東京自転車日記　泉麻人著　新潮社　1997.7　175p　19cm　1500円　①4-10-364503-2

05523　日曜日は自転車に乗って　前島勝義著　平原社　2009.12　263p　20cm　1200円　①978-4-938391-47-8

05524　東京随筆　赤瀬川原平著　毎日新聞社　2011.3　269p　20cm　1800円　①978-4-620-32052-6

05525　ちょっとそこまで旅してみよう　益田ミリ著　幻冬舎　2017.4　186p　16cm　（幻冬舎文庫）〈「ちょっとそこまでひとり旅だれかと旅」（2013年刊）の改題、書き下ろしを加え再刊〉　460円　①978-4-344-42598-9

深大寺温泉

05526　ちゃっかり温泉　久住昌之著　カンゼン　2012.12　215p　19cm　1300円　①978-4-86255-157-3

新橋

05527　青インクの東京地図　安西水丸著　講談社　1990.3　200p　15cm　（講談社文庫）　350円　①4-06-184635-3

05528　「懐かしの昭和」を食べ歩く―カラー版　森まゆみ著　PHP研究所　2008.3　269p　18cm（PHP新書）　950円　①978-4-569-69777-2

05529　ナイトメア咲人の鈍行いくの？―五十音の旅　咲人著　シンコーミュージック・エンタテイメント　2009.7　161p　21cm　1905円　①978-4-401-63307-4

05530　東京ひとり散歩　池内紀著　中央公論新社　2009.9　222p　18cm　（中公新書）〈大活字版（2015年刊）あり〉　740円　①978-4-12-102023-9

05531　きのふの東京、けふの東京　川本三郎著　平凡社　2009.11　277p　19cm　1600円　①978-4-582-83452-9

05532　東京随筆　赤瀬川原平著　毎日新聞社　2011.3　269p　20cm　1800円　①978-4-620-32052-6

05533　むかしまち地名事典　森まゆみ著　大和書房　2013.3　251p　20cm　1600円　①978-4-479-39238-5

05534　風景は記憶の順にできていく　椎名誠著　集英社　2013.7　254p　18cm　（集英社新書―ノンフィクション）　760円　①978-4-08-720697-5

05535　東京戦後地図―ヤミ市跡を歩く　藤木TDC著　実業之日本社　2016.6　190p　21cm〈文献あり〉　2400円　①978-4-408-11194-0

新橋駅

05536　文学の中の駅―名作が語る“もうひとつの鉄道史”　原口隆行著　国書刊行会　2006.7　327p　20cm　2000円　①4-336-04785-5

水天宮

05537　東京俳句散歩　吉行和子, 冨士真奈美著　光文社　2004.5　246p　16cm　（知恵の森文庫）　667円　①4-334-78291-4

水道橋

05538　東京見聞録　原田宗典著　講談社　1995.6　185p　15cm　（講談社文庫）〈1991年刊の文庫化〉　360円　①4-06-263044-3

05539　東京ひとり散歩　池内紀著　中央公論新社　2009.9　222p　18cm　（中公新書）〈大活字

版（2015年刊）あり〉 740円 ①978-4-12-102023-9

05540 東京ひがし案内 森まゆみ著 筑摩書房 2010.4 238p 15cm （ちくま文庫） 760円 ①978-4-480-42700-7

巣鴨

05541 青インクの東京地図 安西水丸著 講談社 1990.3 200p 15cm （講談社文庫） 350円 ①4-06-184635-3

05542 東京の江戸を遊ぶ なぎら健壱著 筑摩書房 2000.10 15cm （ちくま文庫）〈「大江戸アウトドア」（洋泉社1997年刊）の改題〉

05543 懐かしい「東京」を歩く 森本哲郎著 PHP研究所 2005.6 396p 15cm （PHP文庫）〈『ぼくの東京夢華録』改題書〉 705円 ①4-569-66408-3

05544 大衆食堂へ行こう 安西水丸著 朝日新聞社 2006.8 239p 15cm （朝日文庫） 600円 ①4-02-261512-5

05545 お江戸寺町散歩 吉田さらさ著 集英社 2006.10 207p 16cm （集英社be文庫） 762円 ①4-08-650116-3

05546 ナイトメア咲人の鈍行いくの？―五十音の旅 咲人著 シンコーミュージック・エンタテイメント 2009.7 161p 21cm 1905円 ①978-4-401-63307-4

05547 東京随筆 赤瀬川原平著 毎日新聞社 2011.3 269p 20cm 1800円 ①978-4-620-32052-6

05548 東京美女散歩 安西水丸文え 講談社 2015.3 452p 19cm 2100円 ①978-4-06-219360-3

巣鴨とげぬき地蔵

05549 東京俳句散歩 吉行和子，冨士真奈美著 光文社 2004.5 246p 16cm （知恵の森文庫） 667円 ①4-334-78291-4

杉並区

05550 懐かしい「東京」を歩く 森本哲郎著 PHP研究所 2005.6 396p 15cm （PHP文庫）〈『ぼくの東京夢華録』改題書〉 705円 ①4-569-66408-3

数奇屋橋

05551 東京見おさめレクイエム 横尾忠則著 光文社 2000.6 242p 15cm （知恵の森文庫） 495円 ①4-334-78002-4

洲崎

05552 きのふの東京、けふの東京 川本三郎著 平凡社 2009.11 277p 19cm 1600円 ①978-4-582-83452-9

05553 東京路地裏暮景色 なぎら健壱著 筑摩書房 2011.11 333p 15cm （ちくま文庫） 800円 ①978-4-480-42880-6

鈴ヶ森刑場跡

05554 平成お徒歩日記 宮部みゆき著 新潮社 2001.1 275p 15cm （新潮文庫） 476円 ①4-10-136921-6

砂町

05555 東京の空の下、今日も町歩き 川本三郎著 筑摩書房 2006.10 280p 15cm （ちくま文庫）〈写真：鈴木知之〉 800円 ①4-480-42260-9

05556 東京随筆 赤瀬川原平著 毎日新聞社 2011.3 269p 20cm 1800円 ①978-4-620-32052-6

隅田川

05557 ちょっとそこまで 川本三郎著 講談社 1990.12 242p 15cm （講談社文庫） 420円 ①4-06-184819-4

05558 文学の街―名作の舞台を歩く 前田愛著 小学館 1991.12 315p 16cm （小学館ライブラリー） 780円 ①4-09-460015-9

05559 遊覧日記 武田百合子著，武田花写真 筑摩書房 1993.1 185p 15cm （ちくま文庫） 470円 ①4-480-02684-3

05560 川に遊び 湖をめぐる 千葉七郎ほか著，作品社編集部編 作品社 1998.4 254p 22cm （新編・日本随筆紀行 大きな活字で読みやすい本―心にふるさとがある 3） ①4-87893-809-9, 4-87893-807-2

作品 夜の隅田川〔幸田露伴〕

05561 東京の江戸を遊ぶ なぎら健壱著 筑摩書房 2000.10 15cm （ちくま文庫）〈「大江戸アウトドア」（洋泉社1997年刊）の改題〉

05562 ぼくらは下町探険隊 なぎら健壱著 筑摩書房 2003.2 309p 15cm （ちくま文庫） 780円 ①4-480-03800-0

05563 晴れた空 曇った顔―私の文学散歩 安岡章太郎著 幻戯書房 2003.7 200p 20cm 2500円 ①4-901998-04-8

05564 ショージ君の旅行鞄―東海林さだお自選 東海林さだお著 文芸春秋 2005.2 905p 16cm （文春文庫） 933円 ①4-16-717760-9

作品 風流川下り

05565 東京を歩く 立松和平著，黒古一夫編 勉誠出版 2006.4 343p 22cm （立松和平日本を歩く 第7巻） 2600円 ①4-585-01177-3

05566 僕の東京地図 安岡章太郎著 世界文化社 2006.6 171p 21cm （ほたるの本）〈文化出版局1985年刊の増補〉 1800円 ①4-418-06230-0

05567 散歩の学校 赤瀬川原平著 毎日新聞社 2008.12 181p 21cm 1600円 ①978-4-620-31899-8

05568 街道をゆく 36 本所深川散歩、神田界隈 新装版 司馬遼太郎著 朝日新聞出版 2009.4 423, 8p 15cm （朝日文庫）〈初版：朝日新聞社1995年刊〉 920円 ①978-4-02-264490-9

05569 東京思い出電車旅―のんびりと自由時間の街歩き 野村正樹著 東洋経済新報社 2010.1 246p 20cm〈年表あり〉 1600円 ①978-4-492-04364-6

05570 東京随筆 赤瀬川原平著 毎日新聞社 2011.3 269p 20cm 1800円 ①978-4-620-32052-6

05571 東京下町こんな歩き方も面白い 康熙奉, 緒原宏平著 収穫社 2012.3 215p 18cm 905円 ①978-4-906787-01-2

05572 下駄で歩いた巴里―林芙美子紀行集 林芙美子著, 立松和平編 岩波書店 2012.4 331p 15cm (岩波文庫)〈第5刷(第1刷2003年)〉 700円 ①4-00-311692-5

作品 私の東京地図

05573 大東京繁昌記 下町篇 講談社文芸文庫編 講談社 2013.5 401p 16cm (講談社文芸文庫)〈底本：春秋社 1928年刊 大空社1992年刊(春秋社 1928年刊の複製)あり〉 1700円 ①978-4-06-290192-5

作品 大川端〔吉井勇〕 大川風景〔北原白秋〕

05574 漂う―古い土地 新しい場所 黒井千次著 毎日新聞社 2013.8 175p 20cm 1600円 ①978-4-620-32221-6

05575 東京者がたり 西村賢太著 講談社 2015.10 197p 20cm 1600円 ①978-4-06-219794-6

隅田川七福神

05576 泉麻人の東京・七福神の町あるき 泉麻人著 京都 淡交社 2007.12 221p 19cm 1500円 ①978-4-473-03443-4

墨田区

05577 東京 水辺の光景―出会いと発見の紀行 小野誠一郎絵文 日貿出版社 1995.9 178p 21cm 1751円 ①4-8170-3963-9

05578 またたびふたたび東京ぶらり旅―NHKラジオ深夜便 室町澄子著 日本放送出版協会 2003.5 221p 19cm 1200円 ①4-14-005417-4

05579 池波正太郎を歩く 須藤靖貴著 講談社 2012.9 326p 15cm (講談社文庫)〈毎日新聞社 2009年刊の加筆・修正〉 648円 ①978-4-06-277363-8

05580 東京くねくね 松尾貴史著 東京新聞 2017.5 255p 19cm 1300円 ①978-4-8083-1018-9

駿河台

05581 晴れた空 曇った顔―私の文学散歩 安岡章太郎著 幻戯書房 2003.7 200p 20cm 2500円 ①4-901998-04-8

成城

05582 東京随筆 赤瀬川原平著 毎日新聞社 2011.3 269p 20cm 1800円 ①978-4-620-32052-6

05583 ふらっと朝湯酒 久住昌之著 カンゼン 2014.2 199p 19cm 1300円 ①978-4-86255-226-6

聖蹟桜ヶ丘

05584 ナイトメア咲人の鈍行いくの？―五十音の旅 咲人著 シンコーミュージック・エンタテイメント 2009.7 161p 21cm 1905円 ①978-4-401-63307-4

05585 きのふの東京、けふの東京 川本三郎著 平凡社 2009.11 277p 19cm 1600円 ①978-4-582-83452-9

西武多摩川線

05586 吉田電車 吉田戦車著 講談社 2007.1 227p 15cm (講談社文庫) 514円 ①978-4062756310

05587 旅する駅前、それも東京で!? カベルナリア吉田著 彩流社 2010.12 365p 19cm 1800円 ①978-4-7791-1576-9

関口(文京区)

05588 東京いいまち一泊旅行 池内紀著 光文社 2012.8 266p 18cm (光文社新書) 800円 ①978-4-334-03701-7

関屋駅

05589 車だん吉ぶらり旅 京成線編 車だん吉画・文 風塵社 2001.6 223p 21cm 1400円 ①4-938733-95-1

世田谷区

05590 遊覧日記 武田百合子著, 武田花写真 筑摩書房 1993.1 185p 15cm (ちくま文庫) 470円 ①4-480-02684-3

05591 日本十六景―四季を旅する 森本哲郎著 PHP研究所 2008.8 336p 15cm (PHP文庫)〈「ぼくの日本十六景」(新潮社2001年刊)の改題〉 648円 ①978-4-569-67070-6

05592 海へ、山へ、森へ、町へ 小川糸著 幻冬舎 2013.8 227p 16cm (幻冬舎文庫)〈「ようこそ、ちきゅう食堂へ」(2010年刊)を改題、「命をかけて、命をつなぐ」・「陽だまりの家、庭の緑」ほかを収録〉 533円 ①978-4-344-42058-8

作品 島田農園・吉実園・宍戸園

05593 東京ノスタルジック百景―失われつつある昭和の風景を探しに フリート横田著 世界文化社 2017.1 127p 21cm〈文献あり〉 1300円 ①978-4-418-17200-9

世田谷城

05594 日本紀行―「埋もれた古城」と「切支丹の里」 遠藤周作著 光文社 2006.2 405p 16cm (知恵の森文庫) 724円 ①4-334-78407-0

泉岳寺

05595 平成お徒歩日記 宮部みゆき著 新潮社 2001.1 275p 15cm (新潮文庫) 476円 ①4-10-136921-6

関東

05596 ミットフォード日本日記―英国貴族の見た明治　A.B.ミットフォード著, 長岡祥三訳　講談社　2001.2　298p　15cm　（講談社学術文庫）〈肖像あり〉　960円　①4-06-159474-5

作品 泉岳寺参詣と日比谷公園の大名行列

05597 勘九郎ぶらり旅―因果はめぐる歌舞伎の不思議　中村勘九郎著　集英社　2005.2　285p　16cm　（集英社文庫）　571円　①4-08-747795-9

内容 赤穂・山科から本所・泉岳寺への旅で、大石内蔵助の心が乗り移った。隅田川ぞいの両国から柳橋へそぞろ歩けば、踊りの稽古に通った思い出とともに、「瞼の母」や「三人吉三」の台詞がすらすらと口をついて出る。骨の髄まで役者魂の染みこんだ勘九郎が、初舞台から続けた“芸の旅”を締めくくる、行ってびっくり、演って納得の芝居ゆかりの旅エッセイ。

05598 サトウハチロー 僕の東京地図　サトウハチロー著　小金井　ネット武蔵野　2005.8　340p　19cm　1400円　①4-944237-91-X

05599 東京ひとり散歩　池内紀著　中央公論新社　2009.9　222p　18cm　（中公新書）〈大活字版（2015年刊）あり〉　740円　①978-4-12-102023-9

仙川

05600 ふらっと朝湯酒　久住昌之著　カンゼン　2014.2　199p　19cm　1300円　①978-4-86255-226-6

千住

05601 青インクの東京地図　安西水丸著　講談社　1990.3　200p　15cm　（講談社文庫）　350円　①4-06-184635-3

05602 奥の細道三百年を走る　菅野拓也著　丸善　2000.1　239p　18cm　（丸善ライブラリー）　780円　①4-621-05310-8

05603 新・おくのほそ道　俵万智, 立松和平著　河出書房新社　2001.10　194p　20cm　1800円　①4-309-01433-X

05604 おくのほそ道 人物紀行　杉本苑子著　文芸春秋　2005.9　230p　18cm　（文春新書）　700円　①4-16-660460-0

05605 鉄道おくのほそ道紀行―週末芭蕉旅　芦原伸著　講談社　2009.6　314p　20cm　（The new fifties）〈文献あり〉　1800円　①978-4-06-269282-3

05606 きのふの東京、けふの東京　川本三郎著　平凡社　2009.11　277p　19cm　1600円　①978-4-582-83452-9

05607 居酒屋おくのほそ道　太田和彦著　文藝春秋　2011.8　320p　16cm　（文春文庫）〈画：村松誠〉　629円　①978-4-16-780131-1

05608 東京いいまち一泊旅行　池内紀著　光文社　2012.8　266p　18cm　（光文社新書）　800円　①978-4-334-03701-7

05609 東京骨灰紀行　小沢信男著　筑摩書房　2012.10　305p　15cm　（ちくま文庫）〈2009年刊の文庫化〉　780円　①978-4-480-42989-6

05610 奥の細道紀行　大石登世子著　調布　ふらんす堂　2013.10　234p　19cm〈文献あり〉　2476円　①978-4-7814-0617-6

05611 ふらり旅 いい酒 いい肴　2　太田和彦著　主婦の友社　2015.8　135p　21cm　1400円　①978-4-07-299938-7

千住大橋駅

05612 車だん吉ぶらり旅　京成線編　車だん吉画・文　風塵社　2001.6　223p　21cm　1400円　①4-938733-95-1

05613 60歳から始める東京さんぽ―変人オヤジのたのしい街あるき　立石一夫著　鶴書院　2008.8　197p　19cm〈発売：星雲社〉　667円　①978-4-434-12154-8

千住関屋

05614 きのふの東京、けふの東京　川本三郎著　平凡社　2009.11　277p　19cm　1600円　①978-4-582-83452-9

浅草寺

05615 東京見おさめレクイエム　横尾忠則著　光文社　2000.6　242p　15cm　（知恵の森文庫）　495円　①4-334-78002-4

05616 寂聴ほとけ径―私の好きな寺　1　瀬戸内寂聴著　光文社　2007.6　185p　15cm　（光文社文庫）　686円　①978-4-334-74257-7

05617 百寺巡礼　第5巻　関東・信州　五木寛之著　講談社　2009.1　264p　15cm　（講談社文庫）〈文献あり　2004年刊の文庫化〉　562円　①978-4-06-276262-5

05618 銀座旅日記　常盤新平著　筑摩書房　2011.3　395p　15cm　（ちくま文庫）　1000円　①978-4-480-42807-3

05619 東京花散歩　岸本葉子著　亜紀書房　2011.3　214p　19cm　1600円　①978-4-7505-1106-1

05620 浅草と高尾山の不思議―東京を再発見する大人の旅　川副秀樹著　言視舎　2016.8　191p　19cm〈文献あり〉　1600円　①978-4-86565-062-4

目次 第1章 国際的観光地の浅草と高尾山、どこか似ている（「共通点1」境内に主役に劣らぬ神社がある,「共通点2」誰一人拝んだ者がいない伝説の本尊 ほか）, 第2章 環境・風俗を比べてますます納得（黄金の河童vs黄金の天狗, メロンパンvs天狗焼 ほか）, 第3章 古絵図で再発見、浅草寺と薬王院の不思議（江戸時代の浅草寺境内を散策する, 江戸末期から昭和までの高尾山を眺める）, 第4章 不思議な神仏が集う信仰ランド（恋愛成就の平内様と愛染明王, 浅草寺のお狸さまと薬王院のお狐さま ほか）, 第5章 附浅草寺と薬王院の秘かな楽しみ方（私説・消えた浅草寺本尊の行方, 筆者が推薦する高尾山のパワースポット）

千束

05621 東京ひとり散歩　池内紀著　中央公論新社　2009.9　222p　18cm　（中公新書）〈大活字版（2015年刊）あり〉　740円　①978-4-12-102023-9

洗足池

05622 東京随筆 赤瀬川原平著 毎日新聞社 2011.3 269p 20cm 1800円 ①978-4-620-32052-6

千駄ヶ谷

05623 東京随筆 赤瀬川原平著 毎日新聞社 2011.3 269p 20cm 1800円 ①978-4-620-32052-6

05624 東京ひとり歩き ぼくの東京地図。 岡本仁著 大阪 京阪神エルマガジン社 2017.4 159p 21cm 1600円 ①978-4-87435-531-2

千駄木

05625 歴史をあるく、文学をゆく 半藤一利著 文芸春秋 2004.5 333p 16cm (文春文庫) 648円 ①4-16-748313-0

(目次) 第1部 歴史をあるく(「飛鳥の争乱」をタンテイする, 万葉集の近江路をゆく, 湖北・戦国時代の古戦場に想う, 元禄十五年十二月十五日 ほか), 第2部 文学をゆく(藤沢周平「海坂藩」の城下を歩く, 永井荷風『濹東綺譚』の向島界隈, 夏目漱石『吾輩は猫である』と千駄木の家, 夏目漱石『三四郎』と本郷の町かど ほか)

05626 東京ひがし案内 森まゆみ著 筑摩書房 2010.4 238p 15cm (ちくま文庫) 760円 ①978-4-480-42700-7

05627 東京随筆 赤瀬川原平著 毎日新聞社 2011.3 269p 20cm 1800円 ①978-4-620-32052-6

05628 ぷらっぷらある記 銀色夏生著 幻冬舎 2014.12 278p 16cm (幻冬舎文庫) 600円 ①978-4-344-42275-9

千人町

05629 青インクの東京地図 安西水丸著 講談社 1990.3 200p 15cm (講談社文庫) 350円 ①4-06-184635-3

善福寺川

05630 東京自転車日記 泉麻人著 新潮社 1997.7 175p 19cm 1500円 ①4-10-364503-2

善養寺

05631 東京いい道、しぶい道―カラー版 泉麻人著 中央公論新社 2017.4 250p 18cm (中公新書ラクレ) 1000円 ①978-4-12-150582-8

雑司ヶ谷

05632 東京ハイカラ散歩 野田宇太郎著 角川春樹事務所 1998.5 282p 15cm (ランティエ叢書) 1000円 ①4-89456-096-8

05633 歴史の散歩路―小江戸紀行=一〇八巡り 池田直樹著 東洋書院 2001.3 228p 19cm 1400円 ①4-88594-300-0

05634 東京ひとり散歩 池内紀著 中央公論新社 2009.9 222p 18cm (中公新書)〈大活字版(2015年刊)あり〉 740円 ①978-4-12-102023-9

05635 東京随筆 赤瀬川原平著 毎日新聞社 2011.3 269p 20cm 1800円 ①978-4-620-32052-6

雑司ヶ谷鬼子母神堂

05636 大衆食堂へ行こう 安西水丸著 朝日新聞社 2006.8 239p 15cm (朝日文庫) 600円 ①4-02-261512-5

05637 新発見 より道街あるき 大竹誠著 パロル舎 2008.6 187p 21cm 1600円 ①978-4-89419-073-3

増上寺

05638 百寺巡礼 第5巻 関東・信州 五木寛之著 講談社 2009.1 264p 15cm (講談社文庫)〈文献あり 2004年刊の文庫化〉 562円 ①978-4-06-276262-5

総武線

05639 きのふの東京、けふの東京 川本三郎著 平凡社 2009.11 277p 19cm 1600円 ①978-4-582-83452-9

05640 東京放浪記 別役実著 平凡社 2013.5 237p 20cm 1800円 ①978-4-582-83619-6

05641 汽車に乗った明治の文人たち―明治の鉄道紀行集 出口智之編 教育評論社 2014.1 286p 19cm〈文献あり〉 2400円 ①978-4-905706-81-6

[作品] 総武鉄道〔正岡子規〕

祖師ヶ谷大蔵駅

05642 ナイトメア咲人の鈍行いくの?―五十音の旅 咲人著 シンコーミュージック・エンタテイメント 2009.7 161p 21cm 1905円 ①978-4-401-63307-4

染井霊園

05643 懐かしい「東京」を歩く 森本哲郎著 PHP研究所 2005.6 396p 15cm (PHP文庫)〈『ぼくの東京夢華録』改題書〉 705円 ①4-569-66408-3

05644 東京者がたり 西村賢太著 講談社 2015.10 197p 20cm 1600円 ①978-4-06-219794-6

大円寺(目黒区)

05645 東京を歩く 立松和平著, 黒古一夫編 勉誠出版 2006.4 343p 22cm (立松和平日本を歩く 第7巻) 2600円 ①4-585-01177-3

代官山

05646 たびたびの旅 安西水丸著 フレーベル館 1998.10 19cm

05647 東京ひとり散歩 池内紀著 中央公論新社 2009.9 222p 18cm (中公新書)〈大活字版(2015年刊)あり〉 740円 ①978-4-12-102023-9

05648 東京随筆 赤瀬川原平著 毎日新聞社 2011.3 269p 20cm 1800円 ①978-4-620-

32052–6

醍醐川

05649 山で見た夢—ある山岳雑誌編集者の記憶 勝峰富雄著 みすず書房 2010.5 285p 20cm 2600円 ①978–4–622–07542–4

大師前駅

05650 怪しい駅 懐かしい駅—東京近郊駅前旅行 長谷川裕文, 村上健絵 草思社 2013.8 181p 19cm 1600円 ①978–4–7942–1996–1

太宗寺

05651 見仏記 2 仏友篇 いとうせいこう, みうらじゅん著 角川書店 1999.1 332p 15cm (角川文庫)〈中央公論社 1995年刊の文庫化〉 724円 ①4–04–184603–X

台東区

05652 東京 水辺の光景—出会いと発見の紀行 小野誠一郎絵文 日貿出版社 1995.9 178p 21cm 1751円 ①4–8170–3963–9

05653 池波正太郎を歩く 須藤靖貴著 講談社 2012.9 326p 15cm (講談社文庫)〈毎日新聞社 2009年刊の加筆・修正〉 648円 ①978–4–06–277363–8

05654 東京ノスタルジック百景—失われつつある昭和の風景を探しに フリート横田著 世界文化社 2017.1 127p 21cm〈文献あり〉 1300円 ①978–4–418–17200–9

05655 東京くねくね 松尾貴史著 東京新聞 2017.5 255p 19cm 1300円 ①978–4–8083–1018–9

大門

05656 東京ひとり歩き ぼくの東京地図。 岡本仁著 大阪 京阪神エルマガジン社 2017.4 159p 21cm 1600円 ①978–4–87435–531–2

高井戸温泉

05657 ちゃっかり温泉 久住昌之著 カンゼン 2012.12 215p 19cm 1300円 ①978–4–86255–157–3

高尾山

05658 日本旅行日記 2 アーネスト・メイスン・サトウ著, 庄田元男訳 平凡社 1992.6 334p 18cm (東洋文庫) 2884円 ①4–582–80550–7
作品 伊勢・紀和・京阪に歴史をたずねる

05659 日本の名山 別巻 2 高尾山 串田孫一, 今井通子, 今福龍太編 博品社 1997.10 249p 19cm〈文献あり〉 1600円 ①4–938706–47–4
作品 いざ出発は高尾山から 第一回 高尾山起点から鼠坂〔田中正八郎, 田中はるみ〕 夏の終わりの高尾山〔沢野ひとし〕 高尾から八王子城跡、堂所山 北高尾縦走〔高橋恒光〕 高尾の休日 モミの木とキツツキと〔西口親雄〕 高尾の紅葉〔大町桂月〕 高尾山 六号路 琵琶滝道〔武村岳男〕 高尾山〔宮本袈裟雄〕 高尾山＝フクジュソウ〔田中澄江〕 高尾山と植物〔菱山忠三郎〕 高尾山のスミレ〔足田輝一〕 高尾山より三頭山まで〔高畑棟材〕 高尾山道〔佐藤文男〕 高雄山〔橋本敏夫〕 山桜を見に行く〔鷹沢のり子〕 山登り初挑戦の巻〔岸本葉子〕 春爛漫の高尾山〔みなみらんぼう〕 天狗の湯〔菊地正〕 南高尾山稜の四季〔沢聰〕 美しき五月の月に若い女性に向っての山へのいざない〔尾崎喜八〕 裏高尾の春〔いだよう〕

05660 シェルパ斉藤の東海自然歩道全踏破—213万歩の旅 斉藤政喜著 小学館 2001.1 301p 15cm (小学館文庫)〈「213万歩の旅」(1992年刊)の改題〉 533円 ①4–09–411006–2

05661 家(うち)もいいけど旅も好き 岸本葉子著 講談社 2002.5 273p 15cm (講談社文庫)〈河出書房新社1998年刊にエッセイを増補し文庫化〉 495円 ①4–06–273429–X

05662 百霊峰巡礼 第2集 立松和平著 東京新聞出版局 2008.4 307p 20cm 1800円 ①978–4–8083–0893–3

05663 樹をめぐる旅 高橋秀樹著 宝島社 2009.8 125p 16cm (宝島sugoi文庫) 457円 ①978–4–7966–7357–0

05664 吉田観覧車 吉田戦車著 講談社 2009.12 179p 15cm (講談社文庫) 524円 ①978–4–06–276543–5

05665 森へ行く日 光野桃著 山と溪谷社 2010.7 128, 15p 21cm〈文献あり〉 1600円 ①978–4–635–08005–7

05666 旅の柄 花村萬月著 光文社 2010.11 216p 19cm 1300円 ①978–4–334–97631–6

05667 旅する駅前、それも東京で!? カベルナリア吉田著 彩流社 2010.12 365p 19cm 1800円 ①978–4–7791–1576–9

05668 むかしの山旅 今福龍太編 河出書房新社 2012.4 304p 15cm (河出文庫) 760円 ①978–4–309–41144–6
作品 高尾山より三頭山まで〔高畑棟材〕

05669 鍛える聖地 加門七海著 メディアファクトリー 2012.8 285p 19cm (幽BOOKS) 1300円 ①978–4–8401–4693–7

05670 漂う—古い土地 新しい場所 黒井千次著 毎日新聞社 2013.8 175p 20cm 1600円 ①978–4–620–32221–6

05671 すべての山を登れ。 井賀孝著 京都 淡交社 2014.4 255p 19cm 1700円 ①978–4–473–03924–8

05672 東京都三多摩原人 久住昌之著 朝日新聞出版 2016.1 302p 19cm 1600円 ①978–4–02–251318–2

05673 浅草と高尾山の不思議—東京を再発見する大人の旅 川副秀樹著 言視舎 2016.8 191p 19cm〈文献あり〉 1600円 ①978–4–86565–062–4

高尾山薬王院

05674 日本の名山 別巻 2 高尾山 串田孫一, 今井通子, 今福龍太編 博品社 1997.10 249p

19cm〈文献あり〉 1600円 ①4-938706-47-4
作品 高尾山 薬王院有喜寺 標高六〇〇メートル
〔浅野孝一〕

05675 浅草と高尾山の不思議―東京を再発見する大人の旅 川副秀樹著 言視舎 2016.8 191p 19cm〈文献あり〉 1600円 ①978-4-86565-062-4

高砂

05676 東京ワンデイスキマ旅 カベルナリア吉田著 彩流社 2013.11 222p 21cm 1900円 ①978-4-7791-1955-2

高砂駅

05677 車だん吉ぶらり旅 京成線編 車だん吉画・文 風塵社 2001.6 223p 21cm 1400円 ①4-938733-95-1

高田馬場

05678 東京を歩く 立松和平著, 黒古一夫編 勉誠出版 2006.4 343p 22cm (立松和平日本を歩く 第7巻) 2600円 ①4-585-01177-3

05679 「懐かしの昭和」を食べ歩く―カラー版 森まゆみ著 PHP研究所 2008.3 269p 18cm (PHP新書) 950円 ①978-4-569-69777-2

05680 ナイトメア咲人の鈍行いくの?―五十音の旅 咲人著 シンコーミュージック・エンタテイメント 2009.7 161p 21cm 1905円 ①978-4-401-63307-4

05681 東京随筆 赤瀬川原平著 毎日新聞社 2011.3 269p 20cm 1800円 ①978-4-620-32052-6

高輪

05682 東京ハイカラ散歩 野田宇太郎著 角川春樹事務所 1998.5 282p 15cm (ランティエ叢書) 1000円 ①4-89456-096-8

05683 お江戸寺町散歩 吉田さらさ著 集英社 2006.10 207p 16cm (集英社be文庫) 762円 ①4-08-650116-3

05684 東京随筆 赤瀬川原平著 毎日新聞社 2011.3 269p 20cm 1800円 ①978-4-620-32052-6

05685 旅の途中で 改版 高倉健著 新潮社 2014.12 235p 15cm (新潮文庫) 550円 ①978-4-10-125411-1
目次 プロローグ―北から届いた贈り物, 一九九六 下田, 一九九七 箱根, 一九九八 高輪, 一九九九 石垣島, 二〇〇〇 洛北, エピローグ―小さな港町

鷹の台

05686 東京を歩く 立松和平著, 黒古一夫編 勉誠出版 2006.4 343p 22cm (立松和平日本を歩く 第7巻) 2600円 ①4-585-01177-3

高橋是清翁記念公園

05687 街道をゆく 33 白河・会津のみち、赤坂散歩 新装版 司馬遼太郎著 朝日新聞出版 2009.4 333, 8p 15cm (朝日文庫)〈初版:朝日新聞社1994年刊〉 740円 ①978-4-02-264487-9

高幡不動駅

05688 吉田電車 吉田戦車著 講談社 2007.1 227p 15cm (講談社文庫) 514円 ①978-4062756310

高幡不動尊 金剛寺

05689 「新選組」ふれあいの旅―人や史跡との出逢いを求めて 岳真也著 PHP研究所 2003.12 249p 19cm 1200円 ①4-569-63235-1

05690 東京を歩く 立松和平著, 黒古一夫編 勉誠出版 2006.4 343p 22cm (立松和平日本を歩く 第7巻) 2600円 ①4-585-01177-3

05691 東京都三多摩原人 久住昌之著 朝日新聞出版 2016.1 302p 19cm 1600円 ①978-4-02-251318-2

竹ノ塚

05692 きのふの東京、けふの東京 川本三郎著 平凡社 2009.11 277p 19cm 1600円 ①978-4-582-83452-9

竹橋

05693 東京ひとり歩き ぼくの東京地図。 岡本仁著 大阪 京阪神エルマガジン社 2017.4 159p 21cm 1600円 ①978-4-87435-531-2

立会川駅

05694 60歳から始める東京さんぽ―変人オヤジのたのしい街あるき 立石一夫著 鶴書院 2008.8 197p 19cm〈発売:星雲社〉 667円 ①978-4-434-12154-8

05695 昼のセント酒 久住昌之著 カンゼン 2011.12 207p 19cm〈画:和泉晴紀〉 1300円 ①978-4-86255-115-3

立川市

05696 夢は枯野を―競輪躁鬱旅行 伊集院静著 講談社 1994.12 343p 15cm (講談社文庫)〈1993年刊の文庫化〉 560円 ①4-06-185833-5

05697 東京随筆 赤瀬川原平著 毎日新聞社 2011.3 269p 20cm 1800円 ①978-4-620-32052-6

辰巳

05698 『能町みね子のときめきデートスポット』、略して能スポ 能町みね子著 講談社 2016.3 347p 15cm (講談社文庫) 700円 ①978-4-06-293345-2

立石

05699 なにもない旅 なにもしない旅 雨宮処凛著 光文社 2010.9 222p 16cm (光文社知恵の森文庫) 686円 ①978-4-334-78564-2

05700 東京ひとり歩き ぼくの東京地図。 岡本仁著 大阪 京阪神エルマガジン社 2017.4 159p 21cm 1600円 ①978-4-87435-531-2

立石駅

05701 60歳から始める東京さんぽ―変人オヤジのたのしい街あるき　立石一夫著　鶴書院　2008.8　197p　19cm〈発売：星雲社〉 667円　①978-4-434-12154-8

05702 怪しい駅 懐かしい駅―東京近郊駅前旅行　長谷川裕文, 村上健絵　草思社　2013.8　181p　19cm　1600円　①978-4-7942-1996-1

炭団坂

05703 街道をゆく　37　本郷界隈　新装版　司馬遼太郎著　朝日新聞出版　2009.4　322, 8p　15cm　（朝日文庫）〈初版：朝日新聞社1996年刊〉 720円　①978-4-02-264491-6

田無町（西東京市）

05704 東京随筆　赤瀬川原平著　毎日新聞社　2011.3　269p　20cm　1800円　①978-4-620-32052-6

田端

05705 サトウハチロー 僕の東京地図　サトウハチロー著　小金井　ネット武蔵野　2005.8　340p　19cm　1400円　①4-944237-91-X

05706 東京随筆　赤瀬川原平著　毎日新聞社　2011.3　269p　20cm　1800円　①978-4-620-32052-6

05707 『能町みね子のときめきデートスポット』、略して能スポ　能町みね子著　講談社　2016.3　347p　15cm　（講談社文庫）　700円　①978-4-06-293345-2

多磨駅

05708 旅する駅前、それも東京で!?　カベルナリア吉田著　彩流社　2010.12　365p　19cm　1800円　①978-4-7791-1576-9

多摩川

05709 ふわふわワウワウ―唄とカメラと時刻表　みなみらんぼう著　旅行読売出版社　1996.7　207p　19cm　1100円　①4-89752-601-9
作品 138キロ多摩川源流への旅

05710 東京自転車日記　泉麻人著　新潮社　1997.7　175p　19cm　1500円　①4-10-364503-2

05711 東京を歩く　立松和平著, 黒古一夫編　勉誠出版　2006.4　343p　22cm　（立松和平日本を歩く 第7巻）　2600円　①4-585-01177-3

05712 東京思い出電車旅―のんびりと自由時間の街歩き　野村正樹著　東洋経済新報社　2010.1　246p　20cm〈年表あり〉 1600円　①978-4-492-04364-6

05713 明治紀行文學集　筑摩書房　2013.1　410p　21cm　（明治文學全集 94）　7500円　①978-4-480-10394-9
作品 多摩の上流〔田山花袋〕

玉川上水

05714 文学の街―名作の舞台を歩く　前田愛著　小学館　1991.12　315p　16cm　（小学館ライブラリー）　780円　①4-09-460015-9

05715 幻景の街―文学の都市を歩く　前田愛著　岩波書店　2006.12　310p　15cm　（岩波現代文庫）　1000円　①4-00-602110-0

05716 東京随筆　赤瀬川原平著　毎日新聞社　2011.3　269p　20cm　1800円　①978-4-620-32052-6

多摩湖

05717 オーケンの散歩マン旅マン　大槻ケンヂ著　新潮社　2003.6　245p　16cm　（新潮文庫）〈初版：学習研究社1999年刊〉 438円　①4-10-142925-1

05718 東京都三多摩原人　久住昌之著　朝日新聞出版　2016.1　302p　19cm　1600円　①978-4-02-251318-2

多摩地域

05719 山で見た夢―ある山岳雑誌編集者の記憶　勝峰富雄著　みすず書房　2010.5　285p　20cm　2600円　①978-4-622-07542-4

05720 東京骨灰紀行　小沢信男著　筑摩書房　2012.10　305p　15cm　（ちくま文庫）〈2009年刊の文庫化〉 780円　①978-4-480-42989-6

05721 禁足地帯の歩き方　吉田悠軌著　学研プラス　2017.11　175p　19cm　1000円　①978-4-05-406602-1

多磨町（府中市）

05722 東京番外地　森達也著　新潮社　2006.11　250p　19cm　1400円　①4-10-466202-X

多摩モノレール

05723 吉田電車　吉田戦車著　講談社　2007.1　227p　15cm　（講談社文庫）　514円　①978-4062756310

05724 旅する駅前、それも東京で!?　カベルナリア吉田著　彩流社　2010.12　365p　19cm　1800円　①978-4-7791-1576-9

05725 東京随筆　赤瀬川原平著　毎日新聞社　2011.3　269p　20cm　1800円　①978-4-620-32052-6

05726 きょうもまた好奇心散歩　池内紀著　新講社　2016.11　213p　19cm　1400円　①978-4-86081-549-3

溜池（港区）

05727 街道をゆく　33　白河・会津のみち、赤坂散歩　新装版　司馬遼太郎著　朝日新聞出版　2009.4　333, 8p　15cm　（朝日文庫）〈初版：朝日新聞社1994年刊〉 740円　①978-4-02-264487-9

田原町

05728 東京ひとり歩き ぼくの東京地図。　岡本仁著　大阪　京阪神エルマガジン社　2017.4　159p　21cm　1600円　①978-4-87435-531-2

団子坂〔潮見坂〕

05729 文学の中の風景 大竹新助著 メディア・パル 1990.11 293p 21cm 2000円 ①4-89610-003-4

05730 街道をゆく 37 本郷界隈 新装版 司馬遼太郎著 朝日新聞出版 2009.4 322, 8p 15cm (朝日文庫)〈初版：朝日新聞社1996年刊〉 720円 ①978-4-02-264491-6

父島

05731 ボーダーを歩く―「境」にみる日本の今 岸本葉子著 コスモの本 1990.12 239p 19cm (COSMO BOOKS) 1200円 ①4-906380-01-8

05732 植民地のアリス 島田雅彦著 朝日新聞社 1996.6 231p 15cm (朝日文芸文庫)〈1993年刊の文庫化〉 650円 ①4-02-264111-8

05733 異国の見える旅―与那国、舞鶴、そして… 岸本葉子著 小学館 1998.6 219p 15cm (小学館文庫) 419円 ①4-09-402471-9

目次 与那国―台湾の見える島, 舞鶴―ロシア船が来る港, 小笠原―アメリカとの間で揺れた半世紀, サハリン―帰れぬ日本人、朝鮮人, 関釜フェリー―韓国航路を行き来する

05734 のんきに島旅 本山賢司著 河出書房新社 2000.4 229p 15cm (河出文庫)〈「海流に乗って」(山と渓谷社1987年刊)の増補〉 680円 ①4-309-40607-6

05735 旅の紙芝居 椎名誠写真・文 朝日新聞社 2002.10 350p 15cm (朝日文庫)〈1998年刊の文庫化〉 820円 ①4-02-264298-X

作品 小笠原クサヤ旅

05736 精選女性随筆集 第4巻 有吉佐和子 岡本かの子 有吉佐和子, 岡本かの子著, 川上弘美選 文藝春秋 2012.4 252p 20cm〈年譜あり〉 1800円 ①978-4-16-640240-3

目次 有吉佐和子1 二十代の随筆(花のかげ, イヤリングにかけた青春, 私は女流作家, 適齢期 ほか), 有吉佐和子2 ルポルタージュ(関連地図, 女二人のニューギニア(抄), 遙か太平洋上に 父島), 岡本かの子1 一平・私・太郎(親の前で祈禱―岡本一平論, 岡本一平の逸話, 私の日記, 梅・肉体・梅, 西行の愛読者, 愚なる(?!)母の散文詩, 母さんの好きなお嫁, アンケート集), 岡本かの子2 紀行文など(黙って坐る時, 跣足礼讃, 島へ遣わしの状, 毛皮の難, 異国食餌抄, 雪の日, 私の散歩道, 生活の方法を人形に学ぶ), 岡本かの子3 「母の手紙」抄(「滞欧中の書簡」より(昭和五年), 「東京から巴里への書簡」より(昭和七年-十三年))

05737 絶海の孤島―驚愕の日本がそこにある 増補改訂版 カベルナリア吉田著 イカロス出版 2015.12 233p 21cm 1600円 ①978-4-8022-0118-6

05738 ニッポン島遺産 斎藤潤著 実業之日本社 2016.8 191p 19cm 1600円 ①978-4-408-00889-9

千歳烏山

05739 ナイトメア咲人の鈍行いくの？―五十音の旅 咲人著 シンコーミュージック・エンタテイメント 2009.7 161p 21cm 1905円 ①978-4-401-63307-4

千鳥町

05740 東京ディープな宿 泉麻人著 中央公論新社 2005.4 191p 16cm (中公文庫)〈2003年刊の文庫化〉 571円 ①4-12-204515-0

05741 東京の空の下、今日も町歩き 川本三郎著 筑摩書房 2006.10 280p 15cm (ちくま文庫)〈写真：鈴木知之〉 800円 ①4-480-42260-9

中央区

05742 東京 水辺の光景―出会いと発見の紀行 小野誠一郎絵文 日貿出版社 1995.9 178p 21cm 1751円 ①4-8170-3963-9

05743 池波正太郎を歩く 須藤靖貴著 講談社 2012.9 326p 15cm (講談社文庫)〈毎日新聞社 2009年刊の加筆・修正〉 648円 ①978-4-06-277363-8

05744 東京ノスタルジック百景―失われつつある昭和の風景を探しに フリート横田著 世界文化社 2017.1 127p 21cm〈文献あり〉 1300円 ①978-4-418-17200-9

05745 東京くねくね 松尾貴史著 東京新聞 2017.5 255p 19cm 1300円 ①978-4-8083-1018-9

中央線

05746 闇を歩く 中野純著 光文社 2006.6 302p 16cm (知恵の森文庫)〈アスペクト2001年刊の増訂〉 667円 ①4-334-78431-3

目次 第1章 終電で行くナイトハイク(夜行朝帰りで近郊が秘境に), 第2章 ご近所の暗闇を訪ねる(白昼の真っ暗闇体験, 都心周辺のミニ・ナイトハイク), 第3章 自分の家で闇を楽しむ(闇を聴く楽しみ, その他の闇), 第4章 ちょっと本気の夜登山(中央線アルプス号で南ア、八ヶ岳へ, 日本の闇に酔う)

05747 旅する駅前、それも東京で!? カベルナリア吉田著 彩流社 2010.12 365p 19cm 1800円 ①978-4-7791-1576-9

05748 そして、人生はつづく 川本三郎著 平凡社 2013.1 280p 19cm 1600円 ①978-4-582-83597-7

05749 東京放浪記 別役実著 平凡社 2013.5 237p 20cm 1800円 ①978-4-582-83619-6

05750 汽車に乗った明治の文人たち―明治の鉄道紀行集 出口智之編 教育評論社 2014.1 286p 19cm〈文献あり〉 2400円 ①978-4-905706-81-6

作品 小金井の桜花〔坪谷水哉〕

調布市

05751 東京の空の下、今日も町歩き 川本三郎著 筑摩書房 2006.10 280p 15cm (ちくま文庫)〈写真：鈴木知之〉 800円 ①4-480-42260-9

05752 池波正太郎を歩く 須藤靖貴著 講談社

2012.9 326p 15cm (講談社文庫)〈毎日新聞社 2009年刊の加筆・修正〉 648円 Ⓘ978-4-06-277363-8

千代田区

05753 東京 水辺の光景—出会いと発見の紀行 小野誠一郎絵文 日貿出版社 1995.9 178p 21cm 1751円 Ⓘ4-8170-3963-9

05754 沖田総司を歩く 大路和子著 新潮社 2003.12 313p 16cm (新潮文庫)〈年表あり 文献あり 新人物往来社1989年刊あり〉 514円 Ⓘ4-10-127521-1

(目次) 誕生・江戸篇(白河藩下屋敷—総司出生の地, 試衛館—必殺剣と師友たち ほか), 青春・多摩篇(甲州街道—新選組のふるさとへ, 小島資料館—総司の手紙 ほか), 動乱・京都篇(中仙道—荒ぶる浪士たち, 壬生—浪士組誕生 ほか), 乱刃・大坂篇(大坂城—将軍の夜逃げ, 蜆橋—深夜の乱闘 ほか), 落日・江戸篇(品川釜屋—再起する新選組, 神田和泉橋医学所—奥医師・松本良順 ほか)

05755 天下を獲り損ねた男たち—続・日本史の旅は、自転車に限る！ 疋田智著 枻出版社 2005.12 299p 19cm〈文献あり〉 1400円 Ⓘ4-7779-0460-1

05756 東京番外地 森達也著 新潮社 2006.11 250p 19cm 1400円 Ⓘ4-10-466202-X

05757 東京ノスタルジック百景—失われつつある昭和の風景を探しに フリート横田著 世界文化社 2017.1 127p 21cm〈文献あり〉 1300円 Ⓘ978-4-418-17200-9

05758 東京くねくね 松尾貴史著 東京新聞 2017.5 255p 19cm 1300円 Ⓘ978-4-8083-1018-9

築地

05759 文学の街—名作の舞台を歩く 前田愛著 小学館 1991.12 315p 16cm (小学館ライブラリー) 780円 Ⓘ4-09-460015-9

05760 東京ハイカラ散歩 野田宇太郎著 角川春樹事務所 1998.5 282p 15cm (ランティエ叢書) 1000円 Ⓘ4-89456-096-8

05761 ぼくらは下町探険隊 なぎら健壱著 筑摩書房 2003.2 309p 15cm (ちくま文庫) 780円 Ⓘ4-480-03800-0

05762 散歩の学校 赤瀬川原平著 毎日新聞社 2008.12 181p 21cm 1600円 Ⓘ978-4-620-31899-8

05763 東京随筆 赤瀬川原平著 毎日新聞社 2011.3 269p 20cm 1800円 Ⓘ978-4-620-32052-6

05764 東京骨灰紀行 小沢信男著 筑摩書房 2012.10 305p 15cm (ちくま文庫)〈2009年刊の文庫化〉 780円 Ⓘ978-4-480-42989-6

05765 むかしまち地名事典 森まゆみ著 大和書房 2013.3 251p 20cm 1600円 Ⓘ978-4-479-39238-5

05766 東京ひとり歩き ぼくの東京地図。 岡本仁著 大阪 京阪神エルマガジン社 2017.4 159p 21cm 1600円 Ⓘ978-4-87435-531-2

築地明石町

05767 東京いいまち一泊旅行 池内紀著 光文社 2012.8 266p 18cm (光文社新書) 800円 Ⓘ978-4-334-03701-7

築地市場

05768 ナイトメア咲人の鈍行いくの？—五十音の旅 咲人著 シンコーミュージック・エンタテイメント 2009.7 161p 21cm 1905円 Ⓘ978-4-401-63307-4

05769 東京者がたり 西村賢太著 講談社 2015.10 197p 20cm 1600円 Ⓘ978-4-06-219794-6

築地川

05770 いまむかし東京町歩き 川本三郎著 毎日新聞社 2012.8 292p 20cm 1900円 Ⓘ978-4-620-32141-7

築地本願寺

05771 百寺巡礼 第5巻 関東・信州 五木寛之著 講談社 2009.1 264p 15cm (講談社文庫)〈文献あり 2004年刊の文庫化〉 562円 Ⓘ978-4-06-276262-5

月島

05772 月島物語 四方田犬彦著 集英社 1999.5 346p 15cm (集英社文庫) 571円 Ⓘ4-08-747052-0

05773 東京旅行記 嵐山光三郎著 光文社 2004.6 333p 16cm (知恵の森文庫)〈マガジンハウス1991年刊あり〉 648円 Ⓘ4-334-78297-3

05774 サトウハチロー 僕の東京地図 サトウハチロー著 小金井 ネット武蔵野 2005.8 340p 19cm 1400円 Ⓘ4-944237-91-X

05775 東京随筆 赤瀬川原平著 毎日新聞社 2011.3 269p 20cm 1800円 Ⓘ978-4-620-32052-6

05776 東京下町こんな歩き方も面白い 康熙奉, 緒原宏平著 収穫社 2012.3 215p 18cm 905円 Ⓘ978-4-906787-01-2

05777 猫とスカイツリー—下町ぶらぶら散歩道 塚本やすし文と絵 亜紀書房 2012.5 270p 19cm 1600円 Ⓘ978-4-7505-1207-5

05778 ぷらっぷらある記 銀色夏生著 幻冬舎 2014.12 278p 16cm (幻冬舎文庫) 600円 Ⓘ978-4-344-42275-9

05779 東京美女散歩 安西水丸文え 講談社 2015.3 452p 19cm 2100円 Ⓘ978-4-06-219360-3

佃

05780 月島物語 四方田犬彦著 集英社 1999.5 346p 15cm (集英社文庫) 571円 Ⓘ4-08-747052-0

05781 ぼくらは下町探険隊 なぎら健壱著 筑摩書房 2003.2 309p 15cm (ちくま文庫) 780円 Ⓘ4-480-03800-0

05782 ぷらっぷらある記　銀色夏生著　幻冬舎　2014.12　278p　16cm　（幻冬舎文庫）　600円　①978-4-344-42275-9

05783 東京美女散歩　安西水丸文え　講談社　2015.3　452p　19cm　2100円　①978-4-06-219360-3

佃島

05784 東京旅行記　嵐山光三郎著　光文社　2004.6　333p　16cm　（知恵の森文庫）〈マガジンハウス1991年刊あり〉　648円　①4-334-78297-3

05785 東京随筆　赤瀬川原平著　毎日新聞社　2011.3　269p　20cm　1800円　①978-4-620-32052-6

05786 東京下町こんな歩き方も面白い　康熙奉，緒原宏平著　収穫社　2012.3　215p　18cm　905円　①978-4-906787-01-2

05787 原風景のなかへ　安野光雅著　山川出版社　2013.7　215p　20cm　1600円　①978-4-634-15044-7

坪内逍遥旧居跡〔常磐会跡〕

05788 街道をゆく　37　本郷界隈　新装版　司馬遼太郎著　朝日新聞出版　2009.4　322, 8p　15cm　（朝日文庫）〈初版：朝日新聞社1996年刊〉　720円　①978-4-02-264491-6

鶴川

05789 鶴川日記　白洲正子著　PHP研究所　2012.6　195p　15cm　（PHP文芸文庫）〈2010年刊（文化出版局1979年刊の再編集）の再刊〉　533円　①978-4-569-67782-8

帝国劇場

05790 日和下駄—一名東京散策記　永井荷風著　講談社　2017.1　217p　17cm　（講談社文芸文庫Wide）〈講談社文芸文庫 1999年刊の再刊　著作目録あり 年譜あり〉　1000円　①978-4-06-295511-9

鉄砲州

05791 平成お徒歩日記　宮部みゆき著　新潮社　2001.1　275p　15cm　（新潮文庫）　476円　①4-10-136921-6

田園調布

05792 散歩の学校　赤瀬川原平著　毎日新聞社　2008.12　181p　21cm　1600円　①978-4-620-31899-8

05793 ナイトメア咲人の鈍行いくの？—五十音の旅　咲人著　シンコーミュージック・エンタテイメント　2009.7　161p　21cm　1905円　①978-4-401-63307-4

05794 東京随筆　赤瀬川原平著　毎日新聞社　2011.3　269p　20cm　1800円　①978-4-620-32052-6

田園調布駅

05795 怪しい駅 懐かしい駅—東京近郊駅前旅行　長谷川裕文，村上健絵　草思社　2013.8　181p　19cm　1600円　①978-4-7942-1996-1

天上山

05796 あやしい探検隊 焚火酔虎伝　椎名誠著　山と溪谷社　2016.10　278p 図版16p　15cm　（ヤマケイ文庫）〈角川文庫 1998年刊の再編集，単行本は1995年刊〉　700円　①978-4-635-04819-4

伝通院

05797 夢幻抄　白洲正子著　世界文化社　2010.11　322p　21cm〈5刷 1997年刊の造本変更〉　1600円　①978-4-418-10514-4
作品 東京の坂道

05798 鶴川日記　白洲正子著　PHP研究所　2012.6　195p　15cm　（PHP文芸文庫）〈2010年刊（文化出版局1979年刊の再編集）の再刊〉　533円　①978-4-569-67782-8
作品 東京の坂道

天王洲アイル

05799 新発見 より道街あるき　大竹誠著　パロル舎　2008.6　187p　21cm　1600円　①978-4-89419-073-3

05800 東京随筆　赤瀬川原平著　毎日新聞社　2011.3　269p　20cm　1800円　①978-4-620-32052-6

東海七福神

05801 泉麻人の東京・七福神の町あるき　泉麻人著　京都　淡交社　2007.12　221p　19cm　1500円　①978-4-473-03443-4

東急世田谷線

05802 吉田電車　吉田戦車著　講談社　2007.1　227p　15cm　（講談社文庫）　514円　①978-4062756310

05803 路面電車全線探訪記　再版　柳沢道生著，旅行作家の会編　現代旅行研究所　2008.6　224p　21cm　（旅行作家文庫）　1800円　①978-4-87482-096-4

05804 旨い定食途中下車　今柊二著　光文社　2011.5　238p　18cm　（光文社新書）〈索引あり〉　780円　①978-4-334-03623-2

05805 みちくさ　2　菊池亜希子著　小学館　2011.5　127p　21cm　1200円　①978-4-09-342387-8

東急文化会館

05806 いまむかし東京町歩き　川本三郎著　毎日新聞社　2012.8　292p　20cm　1900円　①978-4-620-32141-7

東京駅

05807 おろかな日々　椎名誠著　文芸春秋　1996.6　286p　15cm　（文春文庫）〈1993年刊の文庫化〉　450円　①4-16-733407-0
作品 大東京アタフタ記

05808 一枚の絵葉書　沢野ひとし著　角川書店　1999.7　246p　15cm　(角川文庫)　552円　①4-04-181310-7

05809 東京ディープな宿　泉麻人著　中央公論新社　2005.4　191p　16cm　(中公文庫)〈2003年刊の文庫化〉　571円　①4-12-204515-0

05810 日本縦断個室寝台特急の旅―Yumekuukan/Fuji/Cassiopeia/Twilight　櫻井寛写真・文　世界文化社　2005.11　183p　21cm　(ほたるの本)〈2001年刊の軽装版〉　1800円　①4-418-05517-7

05811 文学の中の駅―名作が語る"もうひとつの鉄道史"　原口隆行著　国書刊行会　2006.7　327p　20cm　2000円　①4-336-04785-5

05812 終着駅は始発駅　宮脇俊三著　グラフ社　2007.4　257p　19cm〈新潮社1985年刊の改訂復刊　文献あり〉　1238円　①978-4-7662-1054-5

05813 うわさの神仏　其ノ3　江戸TOKYO陰陽百景　加門七海著　集英社　2007.5　244p　15cm　(集英社文庫)　514円　①978-4-08-746162-6

05814 駅を楽しむ！　テツ道の旅　野田隆著　平凡社　2007.5　237p　18cm　(平凡社新書)　760円　①978-4-582-85374-2

05815 鉄道の旅　西日本編　真島満秀写真・文　小学館　2008.4　207p　27cm　2600円　①978-4-09-395502-7

05816 おんなひとりの鉄道旅　西日本編　矢野直美著　小学館　2008.7　193p　15cm　(小学館文庫)〈2005年刊の単行本を2分冊にして文庫化〉　571円　①978-4-09-408287-6

(目次) 熊本・宮崎・鹿児島 JR肥薩線―「日本鉄道3大車窓」を見に行く, 広島・島根 JR木次線―神話の里のトロッコ列車, 高知 土佐くろしお鉄道ごめん・なはり線―土佐湾を望むオープンデッキは"走る渚のバルコニー"です, 宮崎・鹿児島 JR日南線―にぎやかな春一番列車、出発！, 岡山 柵原ふれあい鉱山公園(旧片上鉄道吉ヶ原駅)―総延長300mを走る動態保存鉄道, 大分・熊本・長崎 日豊本線・松浦鉄道―九州横断1泊2日ローカル鉄道旅, 沖縄 ゆいレール―沖縄初のモノレール一番乗り 沖縄初の「駅弁」一番食い, 兵庫・京都 北近畿タンゴ鉄道―もうひとつの京都、スロー旅, 宮崎 高千穂鉄道―天空の橋を渡って、神話の里へ, 島根 一畑電車―山陰の「縁結び電車」, 石川 のと鉄道―能登半島「お花見」線, 和歌山 紀州鉄道―民家の軒下をかすめて走るレトロな「庭先鉄道」, 熊本・鹿児島 九州新幹線・つばめ―「忠犬ハチ公」のような新幹線, 香川・愛媛 JR予讃線―讃岐・伊予「うどんライン」, 京都 叡山電鉄―地元の足となったパノラマ列車, 東京・下関 寝台特急あさかぜ―『あさかぜ』の車窓は14時間55分の長編映画だった！, 福井 えちぜん鉄道―北陸の雪を溶かすあったか美人鉄道, 長崎 島原鉄道―雲仙普賢岳の噴火がきっかけで走り出したトロッコ列車

05817 きのふの東京、けふの東京　川本三郎著　平凡社　2009.11　277p　19cm　1600円　①978-4-582-83452-9

05818 東海道新幹線各駅停車の旅　甲斐みのり著　ウェッジ　2013.6　175p　21cm　1400円　①978-4-86310-111-1

05819 漂う―古い土地 新しい場所　黒井千次著　毎日新聞社　2013.8　175p　20cm　1600円　①978-4-620-32221-6

05820 ステーキを下町で　平松洋子著, 谷口ジロー画　文藝春秋　2015.8　266p　16cm　(文春文庫)　580円　①978-4-16-790429-6

05821 東京者がたり　西村賢太著　講談社　2015.10　197p　20cm　1600円　①978-4-06-219794-6

05822 東京抒情　川本三郎著　春秋社　2015.12　270p　20cm　1900円　①978-4-393-44416-0

05823 東京ひとり歩き ぼくの東京地図。　岡本仁著　大阪　京阪神エルマガジン社　2017.4　159p　21cm　1600円　①978-4-87435-531-2

05824 私の東京地図　小林信彦著　筑摩書房　2017.7　254p　15cm　(ちくま文庫)〈2013年刊に「私の東京物語」を加えた〉　720円　①978-4-480-43450-0

東京芸術大学

05825 東京随筆　赤瀬川原平著　毎日新聞社　2011.3　269p　20cm　1800円　①978-4-620-32052-6

東京競馬場

05826 散歩の学校　赤瀬川原平著　毎日新聞社　2008.12　181p　21cm　1600円　①978-4-620-31899-8

東京ゲートブリッジ

05827 大河紀行荒川―秩父山地から東京湾まで　伊佐九三四郎著　八王子　白山書房　2012.11　218p　22cm〈文献あり〉　2000円　①978-4-89475-158-3

東京港

05828 食後のライスは大盛りで　東海林さだお著　文芸春秋　1995.3　254p　15cm　(文春文庫)　420円　①4-16-717727-7

(作品) 東京港夢のクルージング

05829 ショージ君の旅行鞄―東海林さだお自選　東海林さだお著　文芸春秋　2005.2　905p　16cm　(文春文庫)　933円　①4-16-717760-9

(作品) 東京港夢のクルージング

東京拘置所

05830 東京番外地　森達也著　新潮社　2006.11　250p　19cm　1400円　①4-10-466202-X

東京スカイツリー

05831 東京随筆　赤瀬川原平著　毎日新聞社　2011.3　269p　20cm　1800円　①978-4-620-32052-6

05832 東京下町こんな歩き方も面白い　康熙奉, 緒原宏平著　収穫社　2012.3　215p　18cm　905円　①978-4-906787-01-2

05833 大東京ぐるぐる自転車　伊藤礼著　筑摩書房　2014.10　343p　15cm　(ちくま文庫)〈東海教育研究所 2011年刊に書き下ろし「堀切

菖蒲園」を加えて再刊〉 880円 ①978-4-480-43209-4

05834 ちょっとそこまで旅してみよう 益田ミリ著 幻冬舎 2017.4 186p 16cm （幻冬舎文庫）〈「ちょっとそこまでひとり旅だれかと旅」（2013年刊）の改題、書き下ろしを加え再刊〉 460円 ①978-4-344-42598-9

東京ステーションホテル

05835 ホテル物語—十二のホテルと一人の旅人 山口泉著 NTT出版 1993.8 221p 19cm 1800円 ①4-87188-235-7

東京大学赤門〔旧加賀屋敷御守殿門〕

05836 東京俳句散歩 吉行和子, 冨士真奈美著 光文社 2004.5 246p 16cm （知恵の森文庫） 667円 ①4-334-78291-4

05837 街道をゆく 37 本郷界隈 新装版 司馬遼太郎著 朝日新聞出版 2009.4 322, 8p 15cm （朝日文庫）〈初版：朝日新聞社1996年刊〉 720円 ①978-4-02-264491-6

東京大学本郷キャンパス

05838 散歩の学校 赤瀬川原平著 毎日新聞社 2008.12 181p 21cm 1600円 ①978-4-620-31899-8

05839 東京随筆 赤瀬川原平著 毎日新聞社 2011.3 269p 20cm 1800円 ①978-4-620-32052-6

05840 下駄で歩いた巴里—林芙美子紀行集 林芙美子著, 立松和平編 岩波書店 2012.4 331p 15cm （岩波文庫）〈第5刷（第1刷2003年）〉 700円 ①4-00-311692-5

作品 私の東京地図

東京大仏

05841 にっぽん大仏さがし 坂原弘康著 新風舎 1999.8 54p 16×13cm （新風選書） 580円 ①4-7974-0994-0

東京タワー

05842 東京旅行記 嵐山光三郎著 光文社 2004.6 333p 16cm （知恵の森文庫）〈マガジンハウス1991年刊あり〉 648円 ①4-334-78297-3

05843 散歩の学校 赤瀬川原平著 毎日新聞社 2008.12 181p 21cm 1600円 ①978-4-620-31899-8

05844 東京思い出電車旅—のんびりと自由時間の街歩き 野村正樹著 東洋経済新報社 2010.1 246p 20cm〈年表あり〉 1600円 ①978-4-492-04364-6

05845 東京随筆 赤瀬川原平著 毎日新聞社 2011.3 269p 20cm 1800円 ①978-4-620-32052-6

05846 来ちゃった 酒井順子文, ほしよりこ画 小学館 2016.3 317p 15cm （小学館文庫）〈2011年刊の増補〉 620円 ①978-4-09-406277-9

東京ドーム

05847 この町へ行け 嵐山光三郎著 ティビーエス・ブリタニカ 1995.10 284p 18cm 1300円 ①4-484-95222-X

05848 東京随筆 赤瀬川原平著 毎日新聞社 2011.3 269p 20cm 1800円 ①978-4-620-32052-6

東京メトロ銀座線

05849 「銀づくし」乗り継ぎ旅—銀水発・銀山ゆき5泊6日3300キロ 列車に揺られて25年 種村直樹著 徳間書店 2000.7 258p 19cm 1400円 ①4-19-861211-0

05850 東京放浪記 別役実著 平凡社 2013.5 237p 20cm 1800円 ①978-4-582-83619-6

東京メトロ丸ノ内線

05851 旅する駅前、それも東京で!? カベルナリア吉田著 彩流社 2010.12 365p 19cm 1800円 ①978-4-7791-1576-9

05852 東京放浪記 別役実著 平凡社 2013.5 237p 20cm 1800円 ①978-4-582-83619-6

東京モノレール

05853 旅する駅前、それも東京で!? カベルナリア吉田著 彩流社 2010.12 365p 19cm 1800円 ①978-4-7791-1576-9

05854 東京放浪記 別役実著 平凡社 2013.5 237p 20cm 1800円 ①978-4-582-83619-6

道玄坂

05855 僕の東京地図 安岡章太郎著 世界文化社 2006.6 171p 21cm （ほたるの本）〈文化出版局1985年刊の増補〉 1800円 ①4-418-06230-0

05856 東京思い出電車旅—のんびりと自由時間の街歩き 野村正樹著 東洋経済新報社 2010.1 246p 20cm〈年表あり〉 1600円 ①978-4-492-04364-6

東郷神社

05857 またたびふたたび東京ぶらり旅—NHKラジオ深夜便 室町澄子著 日本放送出版協会 2003.5 221p 19cm 1200円 ①4-14-005417-4

東武浅草駅

05858 怪しい駅 懐かしい駅—東京近郊駅前旅行 長谷川裕文, 村上健絵 草思社 2013.8 181p 19cm 1600円 ①978-4-7942-1996-1

都営大江戸線

05859 鉄道全線三十年—車窓紀行 昭和・平成……乗った、撮った、また乗った!! 田中正恭著 心交社 2002.6 371p 19cm 1600円 ①4-88302-741-4

05860 準急特快 記者の旅—レイルウェイ・ライターの本 種村直樹著 JTB 2003.5 318p 19cm〈肖像あり 著作目録あり〉 1600円

①4-533-04777-7

05861 吉田電車　吉田戦車著　講談社　2007.1　227p　15cm　(講談社文庫)　514円　①978-4062756310

05862 どうせ今夜も波の上　椎名誠著　文藝春秋　2010.3　258p　16cm　(文春文庫)　495円　①978-4-16-733430-7

常盤台

05863 東京随筆　赤瀬川原平著　毎日新聞社　2011.3　269p　20cm　1800円　①978-4-620-32052-6

戸越銀座

05864 青インクの東京地図　安西水丸著　講談社　1990.3　200p　15cm　(講談社文庫)　350円　①4-06-184635-3

05865 「銀づくし」乗り継ぎ旅―銀水発・銀山ゆき5泊6日3300キロ 列車に揺られて25年　種村直樹著　徳間書店　2000.7　258p　19cm　1400円　①4-19-861211-0

05866 ナイトメア咲人の鈍行いくの?―五十音の旅　咲人著　シンコーミュージック・エンタテイメント　2009.7　161p　21cm　1905円　①978-4-401-63307-4

05867 東京随筆　赤瀬川原平著　毎日新聞社　2011.3　269p　20cm　1800円　①978-4-620-32052-6

戸越銀座温泉

05868 ちゃっかり温泉　久住昌之著　カンゼン　2012.12　215p　19cm　1300円　①978-4-86255-157-3

利島

05869 東京の島　斎藤潤著　光文社　2007.7　262p　18cm　(光文社新書)　740円　①978-4-334-03412-2

05870 1泊2日の小島旅　カベルナリア吉田文・写真　阪急コミュニケーションズ　2009.4　199p　19cm　1600円　①978-4-484-09207-2

05871 日本の島で驚いた　カベルナリア吉田著　交通新聞社　2010.7　272p　19cm〈文献あり〉　1500円　①978-4-330-15410-7

豊島園

05872 東京いいまち一泊旅行　池内紀著　光文社　2012.8　266p　18cm　(光文社新書)　800円　①978-4-334-03701-7

豊島区

05873 東京 水辺の光景―出会いと発見の紀行　小野誠一郎絵文　日貿出版社　1995.9　178p　21cm　1751円　①4-8170-3963-9

05874 東京ノスタルジック百景―失われつつある昭和の風景を探しに　フリート横田著　世界文化社　2017.1　127p　21cm〈文献あり〉　1300円　①978-4-418-17200-9

都電荒川線

05875 汽車旅放浪記　関川夏央著　新潮社　2006.6　282p　20cm　1700円　①4-10-387603-4

05876 路面電車全線探訪記　再版　柳沢道生著,旅行作家の会編　現代旅行研究所　2008.6　224p　21cm　(旅行作家文庫)　1800円　①978-4-87482-096-4

05877 60歳から始める東京さんぽ―変人オヤジのたのしい街あるき　立石一夫著　鶴書院　2008.8　197p　19cm〈発売:星雲社〉　667円　①978-4-434-12154-8

05878 東京飄然　町田康著　中央公論新社　2009.11　374p　16cm　(中公文庫)　800円　①978-4-12-205224-6

05879 東京思い出電車旅―のんびりと自由時間の街歩き　野村正樹著　東洋経済新報社　2010.1　246p　20cm〈年表あり〉　1600円　①978-4-492-04364-6

05880 焼き餃子と名画座―わたしの東京味歩き　平松洋子著　新潮社　2012.10　353p 図版32p　16cm　(新潮文庫)〈アスペクト 2009年刊の再刊〉　790円　①978-4-10-131656-7

等々力渓谷

05881 東京随筆　赤瀬川原平著　毎日新聞社　2011.3　269p　20cm　1800円　①978-4-620-32052-6

05882 わたしの週末なごみ旅　岸本葉子著　河出書房新社　2012.8　201p　15cm　(河出文庫)〈「ちょっと古びたものが好き」(バジリコ 2008年刊)と「週末ゆる散歩」(東京書籍 2009年刊)の合本を改題し、加筆修正のうえ再構成〉　790円　①978-4-309-41168-2

富岡八幡宮

05883 江原啓之 神紀行　5(関東・中部)　江原啓之著　マガジンハウス　2006.12　95p　21cm　(スピリチュアル・サンクチュアリシリーズ)　1048円　①4-8387-1624-9

05884 街道をゆく　36　本所深川散歩、神田界隈　新装版　司馬遼太郎著　朝日新聞出版　2009.4　423, 8p　15cm　(朝日文庫)〈初版:朝日新聞社1995年刊〉　920円　①978-4-02-264490-9

富ヶ谷(渋谷区)

05885 東京ひとり歩き ぼくの東京地図。　岡本仁著　大阪　京阪神エルマガジン社　2017.4　159p　21cm　1600円　①978-4-87435-531-2

豊川稲荷東京別院

05886 街道をゆく　33　白河・会津のみち、赤坂散歩　新装版　司馬遼太郎著　朝日新聞出版　2009.4　333, 8p　15cm　(朝日文庫)〈初版:朝日新聞社1994年刊〉　740円　①978-4-02-264487-9

豊洲

05887 ぶらっぷらある記　銀色夏生著　幻冬舎　2014.12　273p　16cm　（幻冬舎文庫）　600円　①978-4-344-42275-9

豊玉

05888 東京随筆　赤瀬川原平著　毎日新聞社　2011.3　269p　20cm　1800円　①978-4-620-32052-6

虎ノ門

05889 東京ひとり散歩　池内紀著　中央公論新社　2009.9　222p　18cm　（中公新書）〈大活字版（2015年刊）あり〉　740円　①978-4-12-102023-9

鳥島〔伊豆鳥島〕

05890 うつくしい列島—地理学的名所紀行　池澤夏樹著　河出書房新社　2015.11　308p　20cm　1800円　①978-4-309-02425-7

05891 漂流の島—江戸時代の鳥島漂流民たちを追う　髙橋大輔著　草思社　2016.5　350p　19cm　1800円　①978-4-7942-2202-2

目次 命をつなぐ洞窟, アホウドリ先生, 残された日誌, パイオニアたちの遺産, 気象観測員と火山, 波濤を越えて, 決死の上陸, 溶岩地帯をゆく, 白米と風呂, 漂流の日々を追う, 脱出への道のり, 生還者たち, 探検の回廊, 可能性の扉, 江戸時代を航空写真で, 科学的論証, もう一つのドラマ

中井（新宿区）

05892 東京随筆　赤瀬川原平著　毎日新聞社　2011.3　269p　20cm　1800円　①978-4-620-32052-6

永田町

05893 旅ゆけば日本　ピーター・フランクル著　世界文化社　1994.7　227p　19cm　1300円　①4-418-94504-0

作品 政治の町を訪ねて—東京・永田町

05894 夢幻抄　白洲正子著　世界文化社　2010.11　322p　21cm〈5刷 1997年刊の造本変更〉　1600円　①978-4-418-10514-4

作品 東京の坂道

05895 東京随筆　赤瀬川原平著　毎日新聞社　2011.3　269p　20cm　1800円　①978-4-620-32052-6

05896 鶴川日記　白洲正子著　PHP研究所　2012.6　195p　15cm　（PHP文芸文庫）〈2010年刊（文化出版局1979年刊の再編集）の再刊〉　533円　①978-4-569-67782-8

作品 東京の坂道

永田町駅

05897 お友だちからお願いします　三浦しをん著　大和書房　2012.8　290p　20cm　1400円　①978-4-479-68171-7

作品 楽しい表示

中野区

05898 青春の東京地図　泉麻人著　筑摩書房　2007.4　261p　15cm　（ちくま文庫）　700円　①978-4-480-42250-7

05899 散歩の学校　赤瀬川原平著　毎日新聞社　2008.12　181p　21cm　1600円　①978-4-620-31899-8

05900 東京随筆　赤瀬川原平著　毎日新聞社　2011.3　269p　20cm　1800円　①978-4-620-32052-6

05901 東京放浪記　別役実著　平凡社　2013.5　237p　20cm　1800円　①978-4-582-83619-6

05902 風景は記憶の順にできていく　椎名誠著　集英社　2013.7　254p　18cm　（集英社新書—ノンフィクション）　760円　①978-4-08-720697-5

05903 米国人一家、おいしい東京を食べ尽くす　マシュー・アムスター＝バートン著, 関根光宏訳　エクスナレッジ　2014.5　349p　19cm〈文献あり〉　1700円　①978-4-7678-1806-1

05904 東京抒情　川本三郎著　春秋社　2015.12　270p　20cm　1900円　①978-4-393-44416-0

05905 きょうもまた好奇心散歩　池内紀著　新講社　2016.11　213p　19cm　1400円　①978-4-86081-549-3

中野区立中央図書館

05906 平凡倶楽部　こうの史代著　平凡社　2010.11　143p　22cm　1200円　①978-4-582-83490-1

作品 東京紀行

目次 東京紀行, 生きものたちの記録, 戦争を描くという事, デジカメ日和, すくすく姫, 花かぜの夜, 遠い目, 編集さんと作家の現場, かみ様々, るいるいかむい—「わしズム」28号「日本国民としてのアイヌ」より〔ほか〕

中目黒

05907 ナイトメア咲人の鈍行いくの？—五十音の旅　咲人著　シンコーミュージック・エンタテイメント　2009.7　161p　21cm　1905円　①978-4-401-63307-4

05908 わたしの週末なごみ旅　岸本葉子著　河出書房新社　2012.8　201p　15cm　（河出文庫）〈「ちょっと古びたものが好き」（バジリコ 2008年刊）と「週末ゆる散歩」（東京書籍 2009年刊）の合本を改題し、加筆修正のうえ再構成〉　790円　①978-4-309-41168-2

05909 居ごこちのよい旅　松浦弥太郎著, 若木信吾写真　筑摩書房　2016.4　211p 図版16p　15cm　（ちくま文庫）〈2011年刊の再編集〉　820円　①978-4-480-43345-9

目次 ノースビーチ サンフランシスコ カリフォルニア USA, ハワイ島ヒロ ハワイ USA, マンハッタン ニューヨーク USA, オベルカンフ パリ フランス, バークレー サンフランシスコ USA, ブリムフィールド マサチューセッツ USA, 中目黒 東京 日本, バンクーバー ブリティッシュコロンビア カナダ, ロサンゼルス カリフォルニア USA, 台北 台湾, 台東・台北 台湾, ブリックレーン ロ

関東

ンドン UK

七国山

05910 一枚の絵葉書 沢野ひとし著 角川書店 1999.7 246p 15cm （角川文庫） 552円 ①4-04-181310-7

業平橋

05911 東京の空の下、今日も町歩き 川本三郎著 筑摩書房 2006.10 280p 15cm （ちくま文庫）〈写真：鈴木知之〉 800円 ①4-480-42260-9

南蔵院

05912 陰陽師ロード―安倍晴明名所案内 荒俣宏著 平凡社 2001.9 237p 19cm 1400円 ①4-582-82974-0

新島

05913 ふわふわワウワウ―唄とカメラと時刻表 みなみらんぼう著 旅行読売出版社 1996.7 207p 19cm 1100円 ①4-89752-601-9
作品 東京都・新島が面白い

05914 スローな旅で行こう―シェルパ斉藤の週末ニッポン再発見 斉藤政喜著 小学館 2004.10 255p 19cm （Dime books） 1200円 ①4-09-366068-9

05915 東京の島 斎藤潤著 光文社 2007.7 262p 18cm （光文社新書） 740円 ①978-4-334-03412-2

05916 遠藤ケイの島旅日和 遠藤ケイ著 千早書房 2009.8 124p 21cm〈索引あり〉 1600円 ①978-4-88492-439-3

05917 釣って開いて干して食う。 嵐山光三郎著 光文社 2010.4 274p 16cm （光文社文庫） 571円 ①978-4-334-74769-5

05918 わしらは怪しい雑魚釣り隊 サバダバサバダバ篇 椎名誠著 新潮社 2010.5 376p 16cm （新潮文庫）〈『怪しい雑魚釣り隊 続』（マガジン・マガジン平成21年刊）の改題〉 552円 ①978-4-10-144835-0

05919 ニッポン発見記 池内紀著 中央公論新社 2012.4 211p 16cm （中公文庫）〈講談社現代新書 2004年刊の再刊〉 590円 ①978-4-12-205630-5

05920 ニッポン島遺産 斎藤潤著 実業之日本社 2016.8 191p 19cm 1600円 ①978-4-408-00889-9

05921 おれたちを笑え！―わしらは怪しい雑魚釣り隊 椎名誠著 小学館 2017.6 354p 15cm （小学館文庫）〈2015年刊の加筆・修正〉 670円 ①978-4-09-406425-4

ニコライ堂

05922 街道をゆく 36 本所深川散歩、神田界隈 新装版 司馬遼太郎著 朝日新聞出版 2009.4 423, 8p 15cm （朝日文庫）〈初版：朝日新聞社1995年刊〉 920円 ①978-4-02-264490-9

西麻布

05923 きのふの東京、けふの東京 川本三郎著 平凡社 2009.11 277p 19cm 1600円 ①978-4-582-83452-9

05924 東京美女散歩 安西水丸文え 講談社 2015.3 452p 19cm 2100円 ①978-4-06-219360-3

西池袋

05925 東京ディープな宿 泉麻人著 中央公論新社 2005.4 191p 16cm （中公文庫）〈2003年刊の文庫化〉 571円 ①4-12-204515-0

05926 散歩の学校 赤瀬川原平著 毎日新聞社 2008.12 181p 21cm 1600円 ①978-4-620-31899-8

05927 東京随筆 赤瀬川原平著 毎日新聞社 2011.3 269p 20cm 1800円 ①978-4-620-32052-6

西荻窪

05928 焼き餃子と名画座―わたしの東京味歩き 平松洋子著 新潮社 2012.10 353p 図版32p 16cm （新潮文庫）〈アスペクト 2009年刊の再刊〉 790円 ①978-4-10-131656-7

05929 東京放浪記 別役実著 平凡社 2013.5 237p 20cm 1800円 ①978-4-582-83619-6

05930 みちくさ 3 菊池亜希子著 小学館 2015.5 127p 21cm 1200円 ①978-4-09-388418-1

西片町（文京区）

05931 東京ひとり散歩 池内紀著 中央公論新社 2009.9 222p 18cm （中公新書）〈大活字版（2015年刊）あり〉 740円 ①978-4-12-102023-9

西新宿

05932 東京随筆 赤瀬川原平著 毎日新聞社 2011.3 269p 20cm 1800円 ①978-4-620-32052-6

05933 焼き餃子と名画座―わたしの東京味歩き 平松洋子著 新潮社 2012.10 353p 図版32p 16cm （新潮文庫）〈アスペクト 2009年刊の再刊〉 790円 ①978-4-10-131656-7

西高島平

05934 『能町みね子のときめきデートスポット』、略して能スポ 能町みね子著 講談社 2016.3 347p 15cm （講談社文庫） 700円 ①978-4-06-293345-2

二重橋

05935 東京ひとり歩き ぼくの東京地図。 岡本仁著 大阪 京阪神エルマガジン社 2017.4 159p 21cm 1600円 ①978-4-87435-531-2

日原（奥多摩町）

05936 貧困旅行記 新版 つげ義春著 新潮社 1995.4 281p 15cm （新潮文庫）〈晶文社

1991年刊あり〉 520円 ①4-10-132812-9
作品 日原小記

日暮里

05937 ぼくらは下町探険隊 なぎら健壱著 筑摩書房 2003.2 309p 15cm (ちくま文庫) 780円 ①4-480-03800-0
05938 みちくさ 菊池亜希子著 小学館 2010.2 111p 21cm 950円 ①978-4-09-342382-3
05939 東京ひがし案内 森まゆみ著 筑摩書房 2010.4 238p 15cm (ちくま文庫) 760円 ①978-4-480-42700-7
05940 東京者がたり 西村賢太著 講談社 2015.10 197p 20cm 1600円 ①978-4-06-219794-6
05941 東京抒情 川本三郎著 春秋社 2015.12 270p 20cm 1900円 ①978-4-393-44416-0
05942 時の名残り 津村節子著 新潮社 2017.3 247p 20cm 1600円 ①978-4-10-314712-1
作品 ひぐらしの里
目次 1 夫の面影(号外, 雪国の町, ひぐらしの里, ゆかりの街, 真珠と蠟燭, この地に眠る, 二人の出発点, 私の土地勘, 緊張の日, 返ってきた原稿, 桜 さくら, 兎追いし, 転転流転, 黒部ダム, 自然との壮絶な闘い, 万年筆, 不思議な夜, 幻の戦艦), 2 小説を生んだもの(佐渡慕情, やきものを求めて, 雨の如く降る星, 夢のかずかず, 若狭の余光, 狭山の青春, 花の下の戦場, 作家の産声をきく, 芥川賞の季節), 3 故郷からの風(四日間の奮闘, ある町の盛衰, 古窯の村, 不思議な旅, ふるさと文学館, 三十人のジュリエット, カメラマニアの父), 4 移ろう日々の中で(箱根一人旅, 二十八組の洗濯挟み, 仲間たち, 三百六十四段, 原稿用紙, 二つの雑誌, 台風の温泉地, 遺された手紙, 倒れても止まん, 一人、二人, 震災から三年, 片眼の執筆, たつのおとしご会, 戦時中の青春, 今頃になって同窓会, 玉川上水, 事故の顛末)

二本榎通り

05943 東京いい道、しぶい道―カラー版 泉麻人著 中央公論新社 2017.4 250p 18cm (中公新書ラクレ) 1000円 ①978-4-12-150582-8

日本橋

05944 心の虹―詩人のふるさと紀行 増田れい子著 労働旬報社 1996.8 247p 19cm 1800円 ①4-8451-0441-5
05945 東京ハイカラ散歩 野田宇太郎著 角川春樹事務所 1998.5 282p 15cm (ランティエ叢書) 1000円 ①4-89456-096-8
05946 大東京繁昌記 高浜虚子, 田山花袋, 芥川龍之介, 岸田劉生, 加能作次郎ほか著 毎日新聞社 1999.5 263p 20cm (毎日メモリアル図書館) 1600円 ①4-620-51036-X
作品 日本橋附近〔田山花袋〕
05947 お徒歩 ニッポン再発見 岩見隆夫著 アールズ出版 2001.5 299p 20cm 1600円 ①4-901226-20-7
05948 またたびふたたび東京ぶらり旅―NHKラジオ深夜便 室町澄子著 日本放送出版協会 2003.5 221p 19cm 1200円 ①4-14-005417-4
05949 東京俳句散歩 吉行和子, 冨士真奈美著 光文社 2004.5 246p 16cm (知恵の森文庫) 667円 ①4-334-78291-4
05950 サトウハチロー 僕の東京地図 サトウハチロー著 小金井 ネット武蔵野 2005.8 340p 19cm 1400円 ①4-944237-91-X
05951 「懐かしの昭和」を食べ歩く―カラー版 森まゆみ著 PHP研究所 2008.3 269p 18cm (PHP新書) 950円 ①978-4-569-69777-2
05952 江戸の醍醐味―日本橋・人形町から縁起めぐり 荒俣宏著 光文社 2008.5 241p 20cm 1800円 ①978-4-334-97541-8
目次 プロローグ 商業と物流の町々をめぐる愉しみ, 第1章「日本の近代化」を探したずねる―経済と流通, 第2章「都市の成り立ち」を探したずねる―交通と建築, 第3章「食の起こり」を探したずねる―名物と老舗, 第4章「町の暮らし」を探したずねる―工芸と生活, 第5章「庶民の娯楽」を探したずねる―祭りと遊び, 江戸の醍醐味―エピローグ
05953 海山のあいだ 池内紀著 中央公論新社 2011.3 217p 16cm (中公文庫)〈マガジンハウス 1994年刊, 角川書店 1997年刊あり〉 590円 ①978-4-12-205458-5
作品 自分風土記―東京逍遙
05954 東京随筆 赤瀬川原平著 毎日新聞社 2011.3 269p 20cm 1800円 ①978-4-620-32052-6
05955 東京路地裏暮景色 なぎら健壱著 筑摩書房 2011.11 333p 15cm (ちくま文庫) 800円 ①978-4-480-42880-6
05956 東京いいまち一泊旅行 池内紀著 光文社 2012.8 266p 18cm (光文社新書) 800円 ①978-4-334-03701-7
05957 東京骨灰紀行 小沢信男著 筑摩書房 2012.10 305p 15cm (ちくま文庫)〈2009年刊の文庫化〉 780円 ①978-4-480-42989-6
05958 焼き餃子と名画座―わたしの東京味歩き 平松洋子著 新潮社 2012.10 353p 図版32p 16cm (新潮文庫)〈アスペクト 2009年刊の再刊〉 790円 ①978-4-10-131656-7
05959 英国一家、日本を食べる マイケル・ブース著, 寺西のぶ子訳 亜紀書房 2013.4 278p 19cm 1900円 ①978-4-7505-1304-1
05960 大東京繁昌記 下町篇 講談社文芸文庫編 講談社 2013.5 401p 16cm (講談社文芸文庫)〈底本:春秋社 1928年刊 大空社1992年刊(春秋社 1928年刊の複製)あり〉 1700円 ①978-4-06-290192-5
作品 日本橋附近〔田山花袋〕
05961 東海道でしょう! 杉江松恋, 藤田香織著 幻冬舎 2013.7 407p 16cm (幻冬舎文庫)〈文献あり〉 724円 ①978-4-344-42047-2
05962 東京美女散歩 安西水丸文え 講談社 2015.3 452p 19cm 2100円 ①978-4-06-219360-3

05963 きょうもまた好奇心散歩　池内紀著　新講社　2016.11　213p　19cm　1400円　Ⓘ978-4-86081-549-3

05964 東京ひとり歩き ぼくの東京地図。　岡本仁著　大阪　京阪神エルマガジン社　2017.4　159p　21cm　1600円　Ⓘ978-4-87435-531-2

05965 私の東京地図　小林信彦著　筑摩書房　2017.7　254p　15cm　（ちくま文庫）〈2013年刊に「私の東京物語」を加えた〉　720円　Ⓘ978-4-480-43450-0

日本橋兜町

05966 東京ひとり散歩　池内紀著　中央公論新社　2009.9　222p　18cm　（中公新書）〈大活字版（2015年刊）あり〉　740円　Ⓘ978-4-12-102023-9

05967 東京随筆　赤瀬川原平著　毎日新聞社　2011.3　269p　20cm　1800円　Ⓘ978-4-620-32052-6

日本橋箱崎町

05968 いまむかし東京町歩き　川本三郎著　毎日新聞社　2012.8　292p　20cm　1900円　Ⓘ978-4-620-32141-7

人形町

05969 ちょっとそこまで　川本三郎著　講談社　1990.12　242p　15cm　（講談社文庫）　420円　Ⓘ4-06-184819-4

05970 旅は青空 小沢昭一的こころ　小沢昭一，宮腰太郎著　新潮社　1991.8　317p　15cm　（新潮文庫）　400円　Ⓘ4-10-131308-3

05971 旅する気分　常盤新平著　東京書籍　1992.11　220p　19cm　1300円　Ⓘ4-487-79048-4

(目次) 理想の温泉宿をさがして，うまい酒をさがして旅は続く，休日の逃走

05972 東京俳句散歩　吉行和子，冨士真奈美著　光文社　2004.5　246p　16cm　（知恵の森文庫）　667円　Ⓘ4-334-78291-4

05973 東京ディープな宿　泉麻人著　中央公論新社　2005.4　191p　16cm　（中公文庫）〈2003年刊の文庫化〉　571円　Ⓘ4-12-204515-0

05974 江戸の醍醐味―日本橋・人形町から縁起めぐり　荒俣宏著　光文社　2008.5　241p　20cm　1800円　Ⓘ978-4-334-97541-8

05975 ナイトメア咲人の鈍行いくの？―五十音の旅　咲人著　シンコーミュージック・エンタテイメント　2009.7　161p　21cm　1905円　Ⓘ978-4-401-63307-4

05976 東京随筆　赤瀬川原平著　毎日新聞社　2011.3　269p　20cm　1800円　Ⓘ978-4-620-32052-6

05977 みちくさ　3　菊池亜希子著　小学館　2015.5　127p　21cm　1200円　Ⓘ978-4-09-388418-1

05978 私の東京地図　小林信彦著　筑摩書房　2017.7　254p　15cm　（ちくま文庫）〈2013年刊に「私の東京物語」を加えた〉　720円　Ⓘ978-4-480-43450-0

沼袋

05979 ナイトメア咲人の鈍行いくの？―五十音の旅　咲人著　シンコーミュージック・エンタテイメント　2009.7　161p　21cm　1905円　Ⓘ978-4-401-63307-4

05980 平凡倶楽部　こうの史代著　平凡社　2010.11　143p　22cm　1200円　Ⓘ978-4-582-83490-1

[作品] 東京紀行

05981 東京随筆　赤瀬川原平著　毎日新聞社　2011.3　269p　20cm　1800円　Ⓘ978-4-620-32052-6

根岸

05982 東京ひがし案内　森まゆみ著　筑摩書房　2010.4　238p　15cm　（ちくま文庫）　760円　Ⓘ978-4-480-42700-7

05983 東京随筆　赤瀬川原平著　毎日新聞社　2011.3　269p　20cm　1800円　Ⓘ978-4-620-32052-6

05984 むかしまち地名事典　森まゆみ著　大和書房　2013.3　251p　20cm　1600円　Ⓘ978-4-479-39238-5

05985 味を追う旅　吉村昭著　河出書房新社　2013.11　183p　15cm　（河出文庫）〈「味を訪ねて」（2010年刊）の改題〉　660円　Ⓘ978-4-309-41258-0

根津

05986 ガラメキ温泉探険記　池内紀著　リクルート出版　1990.10　203p　19cm　1165円　Ⓘ4-88991-196-0

[作品] 銭湯記1

05987 泊酒喝采―美味、美酒、佳宿、掘り出し旅行記　柏井寿著　大阪　朱鷺書房　1992.1　209p　18cm　1000円　Ⓘ4-88602-904-3

05988 温泉旅日記　池内紀著　徳間書店　1996.9　277p　15cm　（徳間文庫）〈河出書房新社1988年刊あり〉　540円　Ⓘ4-19-890559-2

05989 不思議の町・根津―ひっそりした都市空間　森まゆみ著　筑摩書房　1997.5　303p　15cm　（ちくま文庫）〈索引あり　1992年刊の文庫化〉　720円　Ⓘ4-480-03267-3

(目次) 1 藍染川が流れていた，2 根津権現社の成立，3 根津遊廓秘話，4 団子坂菊人形，5 藍染大通りの人々，6 谷底の文化人たち，7 根津の暮し―明治・大正，8 根津万華鏡

05990 大衆食堂へ行こう　安西水丸著　朝日新聞社　2006.8　239p　15cm　（朝日文庫）　600円　Ⓘ4-02-261512-5

05991 ナイトメア咲人の鈍行いくの？―五十音の旅　咲人著　シンコーミュージック・エンタテイメント　2009.7　161p　21cm　1905円　Ⓘ978-4-401-63307-4

05992 東京ひがし案内　森まゆみ著　筑摩書房　2010.4　238p　15cm　（ちくま文庫）　760円　Ⓘ978-4-480-42700-7

05993 むかしまち地名事典　森まゆみ著　大和書房　2013.3　251p　20cm　1600円　①978-4-479-39238-5

05994 ぷらっぷらある記　銀色夏生著　幻冬舎　2014.12　278p　16cm　（幻冬舎文庫）　600円　①978-4-344-42275-9

根津神社

05995 東京俳句散歩　吉行和子，冨士真奈美著　光文社　2004.5　246p　16cm　（知恵の森文庫）　667円　①4-334-78291-4

05996 街道をゆく　37　本郷界隈　新装版　司馬遼太郎著　朝日新聞出版　2009.4　322, 8p　15cm　（朝日文庫）〈初版：朝日新聞社1996年刊〉　720円　①978-4-02-264491-6

練馬区

05997 東京 水辺の光景―出会いと発見の紀行　小野誠一郎絵文　日貿出版社　1995.9　178p　21cm　1751円　①4-8170-3963-9

05998 大東京ぐるぐる自転車　伊藤礼著　筑摩書房　2014.10　343p　15cm　（ちくま文庫）〈東海教育研究所 2011年刊に書き下ろし「堀切菖蒲園」を加えて再刊〉　880円　①978-4-480-43209-4

05999 湯探歩―お気楽極楽ヌルくてユル～い温泉紀行　山崎一夫文，西原理恵子絵　日本文芸社　2014.12　175p　21cm　1000円　①978-4-537-26096-0

野川

06000 東京 水辺の光景―出会いと発見の紀行　小野誠一郎絵文　日貿出版社　1995.9　178p　21cm　1751円　①4-8170-3963-9

06001 きょうもまた好奇心散歩　池内紀著　新講社　2016.11　213p　19cm　1400円　①978-4-86081-549-3

野川公園

06002 散歩の学校　赤瀬川原平著　毎日新聞社　2008.12　181p　21cm　1600円　①978-4-620-31899-8

06003 東京随筆　赤瀬川原平著　毎日新聞社　2011.3　269p　20cm　1800円　①978-4-620-32052-6

乃木坂

06004 60歳から始める東京さんぽ―変人オヤジのたのしい街あるき　立石一夫著　鶴書院　2008.8　197p　19cm〈発売：星雲社〉　667円　①978-4-434-12154-8

06005 街道をゆく　33　白河・会津のみち、赤坂散歩　新装版　司馬遼太郎著　朝日新聞出版　2009.4　333, 8p　15cm　（朝日文庫）〈初版：朝日新聞社1994年刊〉　740円　①978-4-02-264487-9

06006 ナイトメア咲人の鈍行いくの？―五十音の旅　咲人著　シンコーミュージック・エンタテイメント　2009.7　161p　21cm　1905円　①978-4-401-63307-4

06007 東京ひとり歩き ぼくの東京地図。　岡本仁著　大阪　京阪神エルマガジン社　2017.4　159p　21cm　1600円　①978-4-87435-531-2

乃木神社

06008 街道をゆく　33　白河・会津のみち、赤坂散歩　新装版　司馬遼太郎著　朝日新聞出版　2009.4　333, 8p　15cm　（朝日文庫）〈初版：朝日新聞社1994年刊〉　740円　①978-4-02-264487-9

野沢通り

06009 東京いい道、しぶい道―カラー版　泉麻人著　中央公論新社　2017.4　250p　18cm　（中公新書ラクレ）　1000円　①978-4-12-150582-8

白山

06010 東京随筆　赤瀬川原平著　毎日新聞社　2011.3　269p　20cm　1800円　①978-4-620-32052-6

馬事公苑

06011 東京随筆　赤瀬川原平著　毎日新聞社　2011.3　269p　20cm　1800円　①978-4-620-32052-6

幡ケ谷

06012 東京いい道、しぶい道―カラー版　泉麻人著　中央公論新社　2017.4　250p　18cm　（中公新書ラクレ）　1000円　①978-4-12-150582-8

八王子市

06013 アイヌの秋―日本の先住民族を訪ねて　ヤン・ハヴラサ著，長与進訳　未来社　1988.9　248p　19cm　1800円　①4-624-41065-3

06014 黄金伝説―「近代成金たちの夢の跡」探訪記　荒俣宏著，高橋曻写真　集英社　1990.4　253p　21cm　1500円　①4-08-772731-9

（目次）序 産業考古学ツアーへの誘い，第1章 黄金伝説への旅―サフラン酒王，第2章 独立ユートピアの夢―サトウキビ王（玉置半右衛門 南大東島（沖縄）篇），第3章 豪農たちの豊穣なる“実り”―稲穂王（伊藤文吉 新潟篇），第4章 消えた“ニシン王”の謎（江差・むつ（北海道・青森）篇），第5章 “黒ダイヤ王”の大いなる遺産―石炭王（麻生太吉 筑豊（福岡）篇1），第6章 成りあがり“炭坑王”の悲恋―石炭王（伊藤伝右衛門ほか 筑豊（福岡）篇2），第7章 深山に眠る“銅山王”のユートピア（廣瀬宰平 別子・新居浜（愛媛）篇），第8章 “絹の道”からハマの港へ―生糸王（原善三郎、原三渓、中居屋重兵衛 横浜・八王子篇），第9章 好敵手物語・ニッポン宣伝事始―たばこ王（岩谷松平、村井吉兵衛 東京・京都篇），第10章 線路はのびるよ、まっすぐに―鉄道王（雨宮敬次郎、根津嘉一郎 甲州・東京篇），第11章 ラッパの余韻―映画王（永田雅一 身延（山梨）掛川（静岡）篇），第12章 “町おこし”産業の宿命―遊郭王（中村（名古屋）篇），第13章 南洋の島にあった楽園―南洋王（宮下重一郎 パラオ篇）

06015 きもの紀行―染め人織り人を訪ねて　立松和平著　家の光協会　2005.1　223p　21cm

関東

2200円 ①4-259-54669-4

06016 東京の空の下、今日も町歩き 川本三郎著 筑摩書房 2006.10 280p 15cm (ちくま文庫)〈写真:鈴木知之〉 800円 ①4-480-42260-9

06017 世界のシワに夢を見ろ! 高野秀行著 小学館 2009.1 237p 15cm (小学館文庫) 495円 ①978-4-09-408345-3

06018 山で見た夢―ある山岳雑誌編集者の記憶 勝峰富雄著 みすず書房 2010.5 285p 20cm 2600円 ①978-4-622-07542-4

06019 江戸の金山奉行大久保長安の謎 川上隆志著 現代書館 2012.3 222p 20cm〈年譜あり 文献あり〉 2000円 ①978-4-7684-5669-9

06020 ナイトメア咲人の鈍行いくの?―五十音の旅 続 咲人著 シンコーミュージック・エンタテイメント 2012.4 233p 21cm 2381円 ①978-4-401-63573-3

06021 「幻の街道」をゆく 七尾和晃著 東海教育研究所 2012.7 193p 19cm〈発売:東海大学出版会〔秦野〕〉 1600円 ①978-4-486-03744-6

06022 東京いいまち一泊旅行 池内紀著 光文社 2012.8 266p 18cm (光文社新書) 800円 ①978-4-334-03701-7

06023 東京都三多摩原人 久住昌之著 朝日新聞出版 2016.1 302p 19cm 1600円 ①978-4-02-251318-2

八王子城

06024 日本名城紀行 2 南関東・東海 天下を睨む覇城 小学館 1989.5 293p 15cm 600円 ①4-09-401202-8

06025 日本の名山 別巻 2 高尾山 串田孫一, 今井通子, 今福龍太編 博品社 1997.10 249p 19cm〈文献あり〉 1600円 ①4-938706-47-4
[作品] 高尾から八王子城跡、堂所山 北高尾縦走〔高橋恒光〕

ハチ公前

06026 東京随筆 赤瀬川原平著 毎日新聞社 2011.3 269p 20cm 1800円 ①978-4-620-32052-6

八丈小島

06027 秘境ごくらく日記―辺境中毒オヤジの冒険指南 敷島悦朗著 JTB 2003.1 230p 19cm 1700円 ①4-533-04569-3

八丈島

06028 東京ブチブチ日記 東海林さだお著 文芸春秋 1990.3 302p 15cm (文春文庫) 400円 ①4-16-717721-8

06029 日本旅行日記 2 アーネスト・メイスン・サトウ著, 庄田元男訳 平凡社 1992.6 334p 18cm (東洋文庫) 2884円 ①4-582-80550-7

06030 おろかな日々 椎名誠著 文芸春秋 1996.6 286p 15cm (文春文庫)〈1993年刊の文庫化〉 450円 ①4-16-733407-0
[作品] カンチガイ温泉で一夜の健康 海鳴りの一夜、つかの間のシアワセ

06031 歴史の島 旅情の島 鈴木亨著 東洋書院 1997.10 260p 22cm 1900円 ①4-88594-262-4

06032 染めと織りと祈り 立松和平著 アスペクト 2000.3 261p 21cm 2200円 ①4-7572-0705-0

06033 のんきに島旅 本山賢司著 河出書房新社 2000.4 229p 15cm (河出文庫)〈「海流に乗って」(山と渓谷社1987年刊)の増補〉 680円 ①4-309-40607-6

06034 平成お徒歩日記 宮部みゆき著 新潮社 2001.1 275p 15cm (新潮文庫) 476円 ①4-10-136921-6

06035 あるく魚とわらう風 椎名誠著 集英社 2001.2 355p 16cm (集英社文庫) 619円 ①4-08-747290-6

06036 旅の紙芝居 椎名誠写真・文 朝日新聞社 2002.10 350p 15cm (朝日文庫)〈1998年刊の文庫化〉 820円 ①4-02-264298-X
[作品] 親子の写真

06037 ちいさい旅みーつけた 俵万智著, 平地勲写真 集英社 2003.5 251p 16cm (集英社be文庫) 695円 ①4-08-650028-0

06038 きもの紀行―染め人織り人を訪ねて 立松和平著 家の光協会 2005.1 223p 21cm 2200円 ①4-259-54669-4

06039 ショージ君の旅行鞄―東海林さだお自選 東海林さだお著 文芸春秋 2005.2 905p 16cm (文春文庫) 933円 ①4-16-717760-9

06040 ハピネス気分で山歩き 平野恵理子著 山と渓谷社 2005.9 159p 21cm 1800円 ①4-635-17168-X

06041 辺境を歩いた人々 宮本常一著 河出書房新社 2005.12 224p 19cm 1800円 ①4-309-22438-5

06042 東京の島 斎藤潤著 光文社 2007.7 262p 18cm (光文社新書) 740円 ①978-4-334-03412-2

06043 にっぽん・海風魚旅 3(小魚びゅんびゅん荒波編) 椎名誠著 講談社 2008.1 341p 15cm (講談社文庫)〈2004年刊の文庫化〉 800円 ①978-4-06-275865-9

06044 妣(はは)の国への旅―私の履歴書 谷川健一著 日本経済新聞出版社 2009.1 309p 20cm 2600円 ①978-4-532-16680-9
[作品] 流されびと

06045 道の先まで行ってやれ!―自転車で、飲んで笑って、涙する旅 石田ゆうすけ著 幻冬舎 2009.7 303p 20cm 1500円 ①978-4-344-01710-8

06046 遠藤ケイの島旅日和 遠藤ケイ著 千早書房 2009.8 124p 21cm〈索引あり〉 1600円 ①978-4-88492-439-3

06047 谷川健一全集 第10巻(民俗 2) 女の風土記 埋もれた日本地図(抄録) 黒潮の民俗学

（抄録） 谷川健一著 冨山房インターナショナル 2010.1 574, 27p 23cm〈付属資料：8p：月報 no.14 索引あり〉 6500円 ①978-4-902385-84-7
作品 流されびと

06048 海を見にいく 椎名誠写真・文 新潮社 2010.3 253p 16cm （新潮文庫） 590円 ①978-4-10-144834-3
目次 白い波が崩れ、海鳴りが聞こえても、(白い波が崩れ、海鳴りが聞こえても、, 静かな真夏 ほか), 海を見にいく(海を見にいく, 黒島シャンソンを聞いておくれ ほか), 風の中の赤灯台(海の饒舌, ヘイマン島の朝 ほか), オバケ波(オバケ波, 絶望の島アムチトカ), グンジョー色の女(グンジョー色の女, 一番好きな場所)

06049 シェルパ斉藤の島旅はいつも自転車で 斉藤政喜著 二玄社 2010.3 191p 21cm 1500円 ①978-4-544-40046-5

06050 わしらは怪しい雑魚釣り隊 サバダバサバダバ篇 椎名誠著 新潮社 2010.5 376p 16cm （新潮文庫）〈『怪しい雑魚釣り隊 続』(マガジン・マガジン平成21年刊)の改題〉 552円 ①978-4-10-144835-0

06051 ぶらりニッポンの島旅 管洋志著 講談社 2011.7 253p 15cm （講談社文庫） 838円 ①978-4-06-276988-4

06052 ウはウミウシのウ―シュノーケル偏愛旅行記 特別増補版 宮田珠己著 幻冬舎 2014.7 288p 16cm （幻冬舎文庫）〈初版：小学館2000年刊〉 600円 ①978-4-344-42223-0
目次 バリカサグ島, パングラオ島アロナビーチ, アポ島, スミロン島, ギリ・メノ, ギリ・トゥラワガン, マナド, バリ島アメッド, 水族館, ビヤドゥ島, 小浜島, ピーピー島, 田辺, 串本, ラチャ・ヤイ島, ラチャ・ノイ島, 柏島, 八丈島, 沖縄, パラオ・ロックアイランド

06053 ぶらり旅 いい酒 いい肴 1 太田和彦著 主婦の友社 2015.1 135p 21cm 1400円 ①978-4-07-299000-1

06054 旅の食卓 池内紀著 亜紀書房 2016.8 233p 19cm 1600円 ①978-4-7505-1480-2

06055 ニッポン島遺産 斎藤潤著 実業之日本社 2016.8 191p 19cm 1600円 ①978-4-408-00889-9

06056 可愛いあの娘(こ)は島育ち 太田和彦著 集英社 2016.11 254p 16cm （集英社文庫―ニッポンぶらり旅） 600円 ①978-4-08-745518-2

06057 ちょっとそこまで旅してみよう 益田ミリ著 幻冬舎 2017.4 186p 16cm （幻冬舎文庫）〈「ちょっとそこまでひとり旅だれかと旅」(2013年刊)の改題、書き下ろしを加え再刊〉 460円 ①978-4-344-42598-9

八丈富士

06058 ひとつとなりの山 池内紀著 光文社 2008.10 269p 18cm （光文社新書） 800円 ①978-4-334-03476-4

06059 山・音・色 KIKI, 野川かさね著 山と溪谷社 2012.7 159p 20cm 1500円 ①978-4-635-77014-9

鳩ノ巣駅

06060 旅する駅前、それも東京で!? カベルナリア吉田著 彩流社 2010.12 365p 19cm 1800円 ①978-4-7791-1576-9

鳩の街

06061 東京ワンデイスキマ旅 カベルナリア吉田著 彩流社 2013.11 222p 21cm 1900円 ①978-4-7791-1955-2

花小金井温泉

06062 ちゃっかり温泉 久住昌之著 カンゼン 2012.12 215p 19cm 1300円 ①978-4-86255-157-3

花園町

06063 東京者がたり 西村賢太著 講談社 2015.10 197p 20cm 1600円 ①978-4-06-219794-6

羽根木公園

06064 マンボウ家族航海記 北杜夫著 実業之日本社 2011.10 325p 16cm （実業之日本社文庫） 600円 ①978-4-408-55054-1
作品 梅祭り

羽田

06065 東京ディープな宿 泉麻人著 中央公論新社 2005.4 191p 16cm （中公文庫）〈2003年刊の文庫化〉 571円 ①4-12-204515-0

06066 東京の空の下、今日も町歩き 川本三郎著 筑摩書房 2006.10 280p 15cm （ちくま文庫）〈写真：鈴木知之〉 800円 ①4-480-42260-9

06067 散歩の学校 赤瀬川原平著 毎日新聞社 2008.12 181p 21cm 1600円 ①978-4-620-31899-8

06068 東京随筆 赤瀬川原平著 毎日新聞社 2011.3 269p 20cm 1800円 ①978-4-620-32052-6

06069 『能町みね子のときめきデートスポット』、略して能スポ 能町みね子著 講談社 2016.3 347p 15cm （講談社文庫） 700円 ①978-4-06-293345-2

羽田空港

06070 漂う―古い土地 新しい場所 黒井千次著 毎日新聞社 2013.8 175p 20cm 1600円 ①978-4-620-32221-6

06071 東京ひとり歩き ぼくの東京地図。 岡本仁著 大阪 京阪神エルマガジン社 2017.4 159p 21cm 1600円 ①978-4-87435-531-2

母島

06072 ドキュメント・海の国境線 鎌田慧著 筑摩書房 1994.5 262p 20cm 1800円 ①4-480-85665-X

06073 旅の紙芝居 椎名誠写真・文 朝日新聞

関東

社 2002.10 350p 15cm (朝日文庫)〈1998年刊の文庫化〉 820円 ①4-02-264298-X
作品 小笠原クサヤ旅

06074 絶海の孤島―驚愕の日本がそこにある 増補改訂版 カベルナリア吉田著 イカロス出版 2015.12 233p 21cm 1600円 ①978-4-8022-0118-6

06075 ニッポン島遺産 斎藤潤著 実業之日本社 2016.8 191p 19cm 1600円 ①978-4-408-00889-9

浜田山

06076 昼のセント酒 久住昌之著 カンゼン 2011.12 207p 19cm〈画：和泉晴紀〉 1300円 ①978-4-86255-115-3

浜松町

06077 東京随筆 赤瀬川原平著 毎日新聞社 2011.3 269p 20cm 1800円 ①978-4-620-32052-6

羽村市

06078 ふわふわワウワウ―唄とカメラと時刻表 みなみらんぼう著 旅行読売出版社 1996.7 207p 19cm 1100円 ①4-89752-601-9
作品 138キロ多摩川源流への旅

06079 東京の空の下、今日も町歩き 川本三郎著 筑摩書房 2006.10 280p 15cm (ちくま文庫)〈写真：鈴木知之〉 800円 ①4-480-42260-9

原宿

06080 かわいい自分には旅をさせろ 嵐山光三郎著 講談社 1991.8 253p 18cm 1100円 ①4-06-205402-7

06081 文学の街―名作の舞台を歩く 前田愛著 小学館 1991.12 315p 16cm (小学館ライブラリー) 780円 ①4-09-460015-9

06082 繁栄TOKYO裏通り 久田恵著 文芸春秋 1997.5 309p 136cm 1714円 ①4-16-352870-9

06083 東京を歩く 立松和平著, 黒古一夫編 勉誠出版 2006.4 343p 22cm (立松和平日本を歩く 第7巻) 2600円 ①4-585-01177-3

06084 幻景の街―文学の都市を歩く 前田愛著 岩波書店 2006.12 310p 15cm (岩波現代文庫) 1000円 ①4-00-602110-0

06085 青春の東京地図 泉麻人著 筑摩書房 2007.4 261p 15cm (ちくま文庫) 700円 ①978-4-480-42250-7

06086 みちくさ 菊池亜希子著 小学館 2010.2 111p 21cm 950円 ①978-4-09-342382-3

06087 東京随筆 赤瀬川原平著 毎日新聞社 2011.3 269p 20cm 1800円 ①978-4-620-32052-6

06088 東京ひとり歩き ぼくの東京地図。 岡本仁著 大阪 京阪神エルマガジン社 2017.4 159p 21cm 1600円 ①978-4-87435-531-2

原宿竹下通り

06089 東京見聞録 原田宗典著 講談社 1995.6 185p 15cm (講談社文庫)〈1991年刊の文庫化〉 360円 ①4-06-263044-3

春海通り

06090 東京ひとり散歩 池内紀著 中央公論新社 2009.9 222p 18cm (中公新書)〈大活字版(2015年刊)あり〉 740円 ①978-4-12-102023-9

番町

06091 夢幻抄 白洲正子著 世界文化社 2010.11 322p 21cm〈5刷 1997年刊の造本変更〉 1600円 ①978-4-418-10514-4
作品 東京の坂道

06092 東京随筆 赤瀬川原平著 毎日新聞社 2011.3 269p 20cm 1800円 ①978-4-620-32052-6

06093 鶴川日記 白洲正子著 PHP研究所 2012.6 195p 15cm (PHP文芸文庫)〈2010年刊(文化出版局1979年刊の再編集)の再刊〉 533円 ①978-4-569-67782-8
作品 東京の坂道

06094 藤原正彦、美子のぶらり歴史散歩 藤原正彦, 藤原美子著 文藝春秋 2014.9 223p 16cm (文春文庫)〈2012年刊の文庫化〉 540円 ①978-4-16-790192-9

日枝神社

06095 江原啓之 神紀行 5(関東・中部) 江原啓之著 マガジンハウス 2006.12 95p 21cm (スピリチュアル・サンクチュアリシリーズ) 1048円 ①4-8387-1624-9

06096 街道をゆく 33 白河・会津のみち、赤坂散歩 新装版 司馬遼太郎著 朝日新聞出版 2009.4 333, 8p 15cm (朝日文庫)〈初版：朝日新聞社1994年刊〉 740円 ①978-4-02-264487-9

東秋留駅

06097 旅する駅前、それも東京で!? カベルナリア吉田著 彩流社 2010.12 365p 19cm 1800円 ①978-4-7791-1576-9

東池袋

06098 散歩の学校 赤瀬川原平著 毎日新聞社 2008.12 181p 21cm 1600円 ①978-4-620-31899-8

東上野

06099 東京随筆 赤瀬川原平著 毎日新聞社 2011.3 269p 20cm 1800円 ①978-4-620-32052-6

東久留米七福神

06100 泉麻人の東京・七福神の町あるき 泉麻人著 京都 淡交社 2007.12 221p 19cm 1500円 ①978-4-473-03443-4

東駒形

06101 猫とスカイツリー―下町ぶらぶら散歩道 塚本やすし文と絵 亜紀書房 2012.5 270p 19cm 1600円 ①978-4-7505-1207-5

東長崎

06102 『能町みね子のときめきデートスポット』、略して能スポ 能町みね子著 講談社 2016.3 347p 15cm （講談社文庫） 700円 ①978-4-06-293345-2

東福生駅

06103 旅する駅前、それも東京で!? カベルナリア吉田著 彩流社 2010.12 365p 19cm 1800円 ①978-4-7791-1576-9

東向島

06104 猫とスカイツリー―下町ぶらぶら散歩道 塚本やすし文と絵 亜紀書房 2012.5 270p 19cm 1600円 ①978-4-7505-1207-5

東村山市

06105 たかじん旅たび失礼 やしきたかじん著 ベストセラーズ 1995.5 209p 18cm （ワニの本） 1000円 ①4-584-00945-7

06106 ナイトメア咲人の鈍行いくの？―五十音の旅 続 咲人著 シンコーミュージック・エンタテイメント 2012.4 233p 21cm 2381円 ①978-4-401-63573-3

東大和市

06107 東京の空の下、今日も町歩き 川本三郎著 筑摩書房 2006.10 280p 15cm （ちくま文庫）〈写真：鈴木知之〉 800円 ①4-480-42260-9

氷川神社〔赤坂氷川神社〕

06108 街道をゆく 33 白河・会津のみち、赤坂散歩 新装版 司馬遼太郎著 朝日新聞出版 2009.4 333, 8p 15cm （朝日文庫）〈初版：朝日新聞社1994年刊〉 740円 ①978-4-02-264487-9

曳舟

06109 東京の空の下、今日も町歩き 川本三郎著 筑摩書房 2006.10 280p 15cm （ちくま文庫）〈写真：鈴木知之〉 800円 ①4-480-42260-9

06110 60歳から始める東京さんぽ―変人オヤジのたのしい街あるき 立石一夫著 鶴書院 2008.8 197p 19cm〈発売：星雲社〉 667円 ①978-4-434-12154-8

肥後細川庭園〔新江戸川公園〕

06111 きょうもまた好奇心散歩 池内紀著 新講社 2016.11 213p 19cm 1400円 ①978-4-86081-549-3

久松温泉

06112 ふらっと朝湯酒 久住昌之著 カンゼン 2014.2 199p 19cm 1300円 ①978-4-86255-226-6

聖橋

06113 街道をゆく 36 本所深川散歩、神田界隈 新装版 司馬遼太郎著 朝日新聞出版 2009.4 423, 8p 15cm （朝日文庫）〈初版：朝日新聞社1995年刊〉 920円 ①978-4-02-264490-9

一ツ木町

06114 夢幻抄 白洲正子著 世界文化社 2010.11 322p 21cm〈5刷 1997年刊の造本変更〉 1600円 ①978-4-418-10514-4
［作品］東京の坂道

06115 鶴川日記 白洲正子著 PHP研究所 2012.6 195p 15cm （PHP文芸文庫）〈2010年刊（文化出版局1979年刊の再編集）の再刊〉 533円 ①978-4-569-67782-8
［作品］東京の坂道

人見街道

06116 東京いい道、しぶい道―カラー版 泉麻人著 中央公論新社 2017.4 250p 18cm （中公新書ラクレ） 1000円 ①978-4-12-150582-8

日野市

06117 土方歳三への旅 村松友視著 PHP研究所 1988.3 258p 15cm （PHP文庫）〈『風を追う』改題書〉 450円 ①4-569-26142-6

06118 新選組 女ひとり旅 赤間倭子著 鷹書房 1990.7 250p 19cm （女ひとり旅シリーズ） 1000円 ①4-8034-0370-8

06119 沖田総司を歩く 大路和子著 新潮社 2003.12 313p 16cm （新潮文庫）〈年表あり 文献あり 新人物往来社1989年刊あり〉 514円 ①4-10-127521-1

06120 「新選組」ふれあいの旅―人や史跡との出逢いを求めて 岳真也著 PHP研究所 2003.12 249p 19cm 1200円 ①4-569-63235-1

06121 東京随筆 赤瀬川原平著 毎日新聞社 2011.3 269p 20cm 1800円 ①978-4-620-32052-6

06122 新選組紀行 増補決定版 中村彰彦著 PHP研究所 2015.7 345p 15cm （PHP文庫）〈初版：文藝春秋 2003年刊 文献あり〉 720円 ①978-4-569-76398-9

06123 『能町みね子のときめきデートスポット』、略して能スポ 能町みね子著 講談社 2016.3 347p 15cm （講談社文庫） 700円 ①978-4-06-293345-2

日の出桟橋

06124 大衆食堂へ行こう 安西水丸著 朝日新聞社 2006.8 239p 15cm （朝日文庫） 600円 ①4-02-261512-5

檜原村

06125 貧困旅行記　新版　つげ義春著　新潮社　1995.4　281p　15cm　（新潮文庫）〈晶文社1991年刊あり〉　520円　①4-10-132812-9
作品 奥多摩貧困行

06126 山の朝霧 里の湯煙　池内紀著　山と渓谷社　1998.9　254p　20cm　1600円　①4-635-17132-9

06127 旅の面影　榎木孝明著　JTB　2001.5　95p　26cm　3500円　①4-533-03875-1

06128 東京いいまち一泊旅行　池内紀著　光文社　2012.8　266p　18cm　（光文社新書）　800円　①978-4-334-03701-7

日比谷

06129 東京旅行記　嵐山光三郎著　光文社　2004.6　333p　16cm　（知恵の森文庫）〈マガジンハウス1991年刊あり〉　648円　①4-334-78297-3

06130 東京ひとり歩き ぼくの東京地図。　岡本仁著　大阪　京阪神エルマガジン社　2017.4　159p　21cm　1600円　①978-4-87435-531-2

06131 私の東京地図　小林信彦著　筑摩書房　2017.7　254p　15cm　（ちくま文庫）〈2013年刊に「私の東京物語」を加えた〉　720円　①978-4-480-43450-0

日比谷公園

06132 ミットフォード日本日記—英国貴族の見た明治　A.B.ミットフォード著, 長岡祥三訳　講談社　2001.2　298p　15cm　（講談社学術文庫）〈肖像あり〉　960円　①4-06-159474-5
作品 泉岳寺参詣と日比谷公園の大名行列

06133 散歩の学校　赤瀬川原平著　毎日新聞社　2008.12　181p　21cm　1600円　①978-4-620-31899-8

06134 東京随筆　赤瀬川原平著　毎日新聞社　2011.3　269p　20cm　1800円　①978-4-620-32052-6

06135 東京花散歩　岸本葉子著　亜紀書房　2011.3　214p　19cm　1600円　①978-4-7505-1106-1

06136 漂う—古い土地 新しい場所　黒井千次著　毎日新聞社　2013.8　175p　20cm　1600円　①978-4-620-32221-6

06137 東京抒情　川本三郎著　春秋社　2015.12　270p　20cm　1900円　①978-4-393-44416-0

百観音明治寺

06138 平凡倶楽部　こうの史代著　平凡社　2010.11　143p　22cm　1200円　①978-4-582-83490-1
作品 東京紀行

平井

06139 銀座旅日記　常盤新平著　筑摩書房　2011.3　395p　15cm　（ちくま文庫）　1000円　①978-4-480-42807-3

06140 東京ワンデイスキマ旅　カベルナリア吉田著　彩流社　2013.11　222p　21cm　1900円　①978-4-7791-1955-2

平河町

06141 東京ひとり散歩　池内紀著　中央公論新社　2009.9　222p　18cm　（中公新書）〈大活字版（2015年刊）あり〉　740円　①978-4-12-102023-9

広尾

06142 東京随筆　赤瀬川原平著　毎日新聞社　2011.3　269p　20cm　1800円　①978-4-620-32052-6

06143 東京放浪記　別役実著　平凡社　2013.5　237p　20cm　1800円　①978-4-582-83619-6

深川

06144 青インクの東京地図　安西水丸著　講談社　1990.3　200p　15cm　（講談社文庫）　350円　①4-06-184635-3

06145 文学の街—名作の舞台を歩く　前田愛著　小学館　1991.12　315p　16cm　（小学館ライブラリー）　780円　①4-09-460015-9

06146 ら・ら・ら「奥の細道」　黛まどか著　光文社　1998.3　221p　20cm　1600円　①4-334-97168-7

06147 東京ハイカラ散歩　野田宇太郎著　角川春樹事務所　1998.5　282p　15cm　（ランティエ叢書）　1000円　①4-89456-096-8

06148 奥の細道三百年を走る　菅野拓也著　丸善　2000.1　239p　18cm　（丸善ライブラリー）　780円　①4-621-05310-8

06149 東京の江戸を遊ぶ　なぎら健壱著　筑摩書房　2000.10　15cm　（ちくま文庫）〈「大江戸アウトドア」（洋泉社1997年刊）の改題〉

06150 平成お徒歩日記　宮部みゆき著　新潮社　2001.1　275p　15cm　（新潮文庫）　476円　①4-10-136921-6

06151 おくのほそ道 人物紀行　杉本苑子著　文芸春秋　2005.9　230p　18cm　（文春新書）　700円　①4-16-660460-0

06152 街道をゆく　36　本所深川散歩、神田界隈　新装版　司馬遼太郎著　朝日新聞出版　2009.4　423, 8p　15cm　（朝日文庫）〈初版：朝日新聞社1995年刊〉　920円　①978-4-02-264490-9

06153 鉄道おくのほそ道紀行—週末芭蕉旅　芦原伸著　講談社　2009.6　314p　20cm　（The new fifties）〈文献あり〉　1800円　①978-4-06-269282-3

06154 きのふの東京、けふの東京　川本三郎著　平凡社　2009.11　277p　19cm　1600円　①978-4-582-83452-9

06155 東京路地裏暮景色　なぎら健壱著　筑摩書房　2011.11　333p　15cm　（ちくま文庫）　800円　①978-4-480-42880-6

06156 微視的（ちまちま）お宝鑑定団　東海林

さだお著　文藝春秋　2012.4　279p　16cm（文春文庫）〈2009年刊の文庫化〉　552円　①978-4-16-717778-2
作品 深川発、はとバスの一日

06157 芭蕉の枕跡―おくのほそ道 新紀行　森村誠一著　角川マガジンズ　2012.7　268p　19cm〈発売：角川グループパブリッシング〉　1600円　①978-4-04-731863-2

06158 むかしの汽車旅　出久根達郎編　河出書房新社　2012.7　259p　15cm　（河出文庫）　760円　①978-4-309-41164-4
作品 深川の唄〔永井荷風〕

06159 大東京繁昌記　下町篇　講談社文芸文庫編　講談社　2013.5　401p　16cm　（講談社文芸文庫）〈底本：春秋社 1928年刊　大空社1992年刊（春秋社 1928年刊の複製）あり〉　1700円　①978-4-06-290192-5
作品 深川浅景〔泉鏡花〕

06160 奥の細道紀行　大石登世子著　調布　ふらんす堂　2013.10　234p　19cm〈文献あり〉　2476円　①978-4-7814-0617-6

06161 鏡花紀行文集　泉鏡花著, 田中励儀編　岩波書店　2013.12　454p　15cm　（岩波文庫）〈底本：鏡花全集 第27巻・第28巻（1942年刊）〉　900円　①978-4-00-312719-3

06162 近松秋江全集　第7巻　オンデマンド版　近松秋江著, 紅野敏郎, 和田謹吾, 中尾務, 遠藤英雄, 田沢基久, 笹瀬王子編集委員　八木書店古書出版部　2014.2　502, 34p　21cm〈初版：八木書店 1993年刊　印刷・製本：デジタルパブリッシングサービス　発売：八木書店〉　12000円　①978-4-8406-3492-2
作品 深川雑興

06163 ぷらっぷらある記　銀色夏生著　幻冬舎　2014.12　278p　16cm　（幻冬舎文庫）　600円　①978-4-344-42275-9

06164 自転車で行く「野ざらし紀行」逆まわり―俳句の生まれる現場 団塊世代がんばれ！　大竹多可志著　東村山　東京四季出版　2015.2　329p　16cm　（俳句四季文庫）　1500円　①978-4-8129-0829-7

06165 司馬遼太郎『街道をゆく』用語解説・詳細地図付き 本所深川散歩―全文掲載 中高生から大人まで　司馬遼太郎著　朝日新聞出版　2016.2　148p　21cm　1400円　①978-4-02-251352-6
目次 深川木場, 江戸っ子, 百万遍, 鳶の頭, 深川の“富”, 本所の吉良屋敷, 勝海舟と本所, 本所の池, 文章語の成立, 隅田川の橋, 白鬚橋のめでたさ, 思い出のまち, 回向院

06166 きょうもまた好奇心散歩　池内紀著　新講社　2016.11　213p　19cm　1400円　①978-4-86081-549-3

06167 東京ひとり歩き ぼくの東京地図。　岡本仁著　大阪　京阪神エルマガジン社　2017.4　159p　21cm　1600円　①978-4-87435-531-2

06168 私の東京地図　小林信彦著　筑摩書房　2017.7　254p　15cm　（ちくま文庫）〈2013年刊に「私の東京物語」を加えた〉　720円　①978-4-480-43450-0

深川不動堂（成田山東京別院）

06169 江原啓之 神紀行　5（関東・中部）　江原啓之著　マガジンハウス　2006.12　95p　21cm　（スピリチュアル・サンクチュアリシリーズ）　1048円　①4-8387-1624-9

富士見坂

06170 夢幻抄　白洲正子著　世界文化社　2010.11　322p　21cm〈5刷 1997年刊の造本変更〉　1600円　①978-4-418-10514-4
作品 東京の坂道

06171 鶴川日記　白洲正子著　PHP研究所　2012.6　195p　15cm　（PHP文芸文庫）〈2010年刊（文化出版局1979年刊の再編集）の再刊〉　533円　①978-4-569-67782-8
作品 東京の坂道

二子玉川

06172 東京随筆　赤瀬川原平著　毎日新聞社　2011.3　269p　20cm　1800円　①978-4-620-32052-6

二俣尾駅

06173 旅する駅前、それも東京で!?　カベルナリア吉田著　彩流社　2010.12　365p　19cm　1800円　①978-4-7791-1576-9

府中街道

06174 東京都三多摩原人　久住昌之著　朝日新聞出版　2016.1　302p　19cm　1600円　①978-4-02-251318-2

府中競馬正門前駅

06175 旅する駅前、それも東京で!?　カベルナリア吉田著　彩流社　2010.12　365p　19cm　1800円　①978-4-7791-1576-9

府中刑務所周辺

06176 散歩の学校　赤瀬川原平著　毎日新聞社　2008.12　181p　21cm　1600円　①978-4-620-31899-8

府中市

06177 青インクの東京地図　安西水丸著　講談社　1990.3　200p　15cm　（講談社文庫）　350円　①4-06-184635-3

06178 日本旅行日記　1　アーネスト・サトウ著, 庄田元男訳　平凡社　1992.1　316p　18cm　（東洋文庫）　2781円　①4-582-80544-2
作品 富士山麓で神道を勉強
目次 第1章 富士山麓で神道を勉強, 第2章 新緑の大菩薩峠と甲州の変革, 第3章 悪絶・険路の針ノ木峠と有峰伝説, 第4章 赤岳登山から新潟開港場へ, 第5章 秘境奈良田から南アルプス初登頂

06179 染めと織りと祈り　立松和平著　アスペクト　2000.3　261p　21cm　2200円　①4-7572-0705-0

06180 サイマー！　浅田次郎著　集英社

2005.12 299p 16cm （集英社文庫）〈写真：久保吉輝〉 648円 ①4-08-747891-2

06181 古代史謎解き紀行 5（関東・東京編） 関裕二著 ポプラ社 2007.12 246p 19cm 〈文献あり〉 1300円 ①978-4-591-10035-6

06182 東京随筆 赤瀬川原平著 毎日新聞社 2011.3 269p 20cm 1800円 ①978-4-620-32052-6

06183 藤原正彦、美子のぶらり歴史散歩 藤原正彦, 藤原美子著 文藝春秋 2014.9 223p 16cm （文春文庫）〈2012年刊の文庫化〉 540円 ①978-4-16-790192-9

福生市

06184 東京の空の下、今日も町歩き 川本三郎著 筑摩書房 2006.10 280p 15cm （ちくま文庫）〈写真：鈴木知之〉 800円 ①4-480-42260-9

不動通り

06185 東京いい道、しぶい道―カラー版 泉麻人著 中央公論新社 2017.4 250p 18cm （中公新書ラクレ） 1000円 ①978-4-12-150582-8

分倍河原

06186 青インクの東京地図 安西水丸著 講談社 1990.3 200p 15cm （講談社文庫） 350円 ①4-06-184635-3

冬木町（江東区）

06187 青インクの東京地図 安西水丸著 講談社 1990.3 200p 15cm （講談社文庫） 350円 ①4-06-184635-3

文京区

06188 東京 水辺の光景―出会いと発見の紀行 小野誠一郎絵文 日賀出版社 1995.9 178p 21cm 1751円 ①4-8170-3963-9

06189 文豪、偉人の「愛」をたどる旅 黛まどか著 集英社 2009.8 255p 18cm 1048円 ①978-4-08-781427-9

06190 湯探歩―お気楽極楽ヌルくてユル〜い温泉紀行 山崎一夫文, 西原理恵子絵 日本文芸社 2014.12 175p 21cm 1000円 ①978-4-537-26096-0

06191 東京くねくね 松尾貴史著 東京新聞 2017.5 255p 19cm 1300円 ①978-4-8083-1018-9

平和島

06192 マンボウ最後の大バクチ 北杜夫著 新潮社 2011.9 246p 16cm （新潮文庫）〈2009年刊の文庫化〉 400円 ①978-4-10-113160-3

06193 ナイトメア咲人の鈍行いくの？―五十音の旅 続 咲人著 シンコーミュージック・エンタテイメント 2012.4 233p 21cm 2381円 ①978-4-401-63573-3

平和の森公園（中野区）

06194 平凡倶楽部 こうの史代著 平凡社 2010.11 143p 22cm 1200円 ①978-4-582-83490-1
作品 東京紀行

法昌寺〔たこ地蔵〕

06195 東京を歩く 立松和平著, 黒古一夫編 勉誠出版 2006.4 343p 22cm （立松和平日本を歩く 第7巻） 2600円 ①4-585-01177-3

法真寺（文京区）

06196 寂聴ほとけ径―私の好きな寺 1 瀬戸内寂聴著 光文社 2007.6 185p 15cm （光文社文庫） 686円 ①978-4-334-74257-7

方南町

06197 旅する駅前、それも東京で!? カベルナリア吉田著 彩流社 2010.12 365p 19cm 1800円 ①978-4-7791-1576-9

堀切菖蒲園

06198 車だん吉ぶらり旅 京成線編 車だん吉画・文 風塵社 2001.6 223p 21cm 1400円 ①4-938733-95-1

06199 きのふの東京、けふの東京 川本三郎著 平凡社 2009.11 277p 19cm 1600円 ①978-4-582-83452-9

06200 東京花散歩 岸本葉子著 亜紀書房 2011.3 214p 19cm 1600円 ①978-4-7505-1106-1

06201 ナイトメア咲人の鈍行いくの？―五十音の旅 続 咲人著 シンコーミュージック・エンタテイメント 2012.4 233p 21cm 2381円 ①978-4-401-63573-3

06202 大東京ぐるぐる自転車 伊藤礼著 筑摩書房 2014.10 343p 15cm （ちくま文庫）〈東海教育研究所 2011年刊に書き下ろし「堀切菖蒲園」を加えて再刊〉 880円 ①978-4-480-43209-4

堀ノ内

06203 東京ひとり散歩 池内紀著 中央公論新社 2009.9 222p 18cm （中公新書）〈大活字版（2015年刊）あり〉 740円 ①978-4-12-102023-9

本郷

06204 文学の街―名作の舞台を歩く 前田愛著 小学館 1991.12 315p 16cm （小学館ライブラリー） 780円 ①4-09-460015-9

06205 東京ハイカラ散歩 野田宇太郎著 角川春樹事務所 1998.5 282p 15cm （ランティエ叢書） 1000円 ①4-89456-096-8

06206 夢追い俳句紀行 大高翔著 日本放送出版協会 2004.4 237p 19cm 1300円 ①4-14-016126-4

06207 歴史をあるく、文学をゆく 半藤一利著 文芸春秋 2004.5 333p 16cm （文春文庫）

648円 ①4-16-748313-0

06208 東京ディープな宿 泉麻人著 中央公論新社 2005.4 191p 16cm (中公文庫)〈2003年刊の文庫化〉 571円 ①4-12-204515-0

06209 サトウハチロー 僕の東京地図 サトウハチロー著 小金井 ネット武蔵野 2005.8 340p 19cm 1400円 ①4-944237-91-X

06210 お江戸寺町散歩 吉田さらさ著 集英社 2006.10 207p 16cm (集英社be文庫) 762円 ①4-08-650116-3

06211 幻景の街—文学の都市を歩く 前田愛著 岩波書店 2006.12 310p 15cm (岩波現代文庫) 1000円 ①4-00-602110-0

06212 私のなかの東京—わが文学散策 野口冨士男著 岩波書店 2007.6 220p 15cm (岩波現代文庫) 900円 ①978-4-00-602120-7

06213 街道をゆく 37 本郷界隈 新装版 司馬遼太郎著 朝日新聞出版 2009.4 322, 8p 15cm (朝日文庫)〈初版：朝日新聞社1996年刊〉 720円 ①978-4-02-264491-6

06214 東京ひとり散歩 池内紀著 中央公論新社 2009.9 222p 18cm (中公新書)〈大活字版(2015年刊)あり〉 740円 ①978-4-12-102023-9

06215 みちくさ 2 菊池亜希子著 小学館 2011.5 127p 21cm 1200円 ①978-4-09-342387-8

06216 東京路地裏暮景色 なぎら健壱著 筑摩書房 2011.11 333p 15cm (ちくま文庫) 800円 ①978-4-480-42880-6

06217 藤原正彦、美子のぶらり歴史散歩 藤原正彦, 藤原美子著 文藝春秋 2014.9 223p 16cm (文春文庫)〈2012年刊の文庫化〉 540円 ①978-4-16-790192-9

本郷菊坂

06218 東京見おさめレクイエム 横尾忠則著 光文社 2000.6 242p 15cm (知恵の森文庫) 495円 ①4-334-78002-4

本所

06219 大東京繁昌記 高浜虚子, 田山花袋, 芥川龍之介, 岸田劉生, 加能作次郎ほか著 毎日新聞社 1999.5 263p 20cm (毎日メモリアル図書館) 1600円 ①4-620-51036-X
作品 本所両国〔芥川龍之介〕

06220 勘九郎ぶらり旅—因果はめぐる歌舞伎の不思議 中村勘九郎著 集英社 2005.2 285p 16cm (集英社文庫) 571円 ①4-08-747795-9

06221 街道をゆく 36 本所深川散歩、神田界隈 新装版 司馬遼太郎著 朝日新聞出版 2009.4 423, 8p 15cm (朝日文庫)〈初版：朝日新聞社1995年刊〉 920円 ①978-4-02-264490-9

06222 大東京繁昌記 下町篇 講談社文芸文庫編 講談社 2013.5 401p 16cm (講談社文芸文庫)〈底本：春秋社 1928年刊 大空社1992年刊(春秋社 1928年刊の複製)あり〉 1700円 ①978-4-06-290192-5
作品 本所両国〔芥川龍之介〕

06223 司馬遼太郎『街道をゆく』用語解説・詳細地図付き 本所深川散歩—全文掲載 中高生から大人まで 司馬遼太郎著 朝日新聞出版 2016.2 148p 21cm 1400円 ①978-4-02-251352-6

本所松坂町公園〔吉良邸跡〕

06224 街道をゆく 36 本所深川散歩、神田界隈 新装版 司馬遼太郎著 朝日新聞出版 2009.4 423, 8p 15cm (朝日文庫)〈初版：朝日新聞社1995年刊〉 920円 ①978-4-02-264490-9

06225 東京ひとり散歩 池内紀著 中央公論新社 2009.9 222p 18cm (中公新書)〈大活字版(2015年刊)あり〉 740円 ①978-4-12-102023-9

本門寺

06226 お寺散歩—もう一度あのお寺に行こう 沢野ひとし著 新日本出版社 2005.1 134p 18cm 1600円 ①4-406-03130-8

牧野記念庭園

06227 きょうもまた好奇心散歩 池内紀著 新講社 2016.11 213p 19cm 1400円 ①978-4-86081-549-3

町田市

06228 新選組 女ひとり旅 赤間倭子著 鷹書房 1990.7 250p 19cm (女ひとり旅シリーズ) 1000円 ①4-8034-0370-8

06229 沖田総司を歩く 大路和子著 新潮社 2003.12 313p 16cm (新潮文庫)〈年表あり 文献あり 新人物往来社1989年刊あり〉 514円 ①4-10-127521-1

06230 色街を呑む！—日本列島レトロ紀行 勝谷誠彦著 祥伝社 2006.2 284p 15cm (祥伝社文庫) 600円 ①4-396-33271-8

06231 ナイトメア咲人の鈍行いくの？—五十音の旅 続 咲人著 シンコーミュージック・エンタテイメント 2012.4 233p 21cm 2381円 ①978-4-401-63573-3

06232 大東京ぐるぐる自転車 伊藤礼著 筑摩書房 2014.10 343p 15cm (ちくま文庫)〈東海教育研究所 2011年刊に書き下ろし「堀切菖蒲園」を加えて再刊〉 880円 ①978-4-480-43209-4

町屋

06233 青インクの東京地図 安西水丸著 講談社 1990.3 200p 15cm (講談社文庫) 350円 ①4-06-184635-3

06234 東京の空の下、今日も町歩き 川本三郎著 筑摩書房 2006.10 280p 15cm (ちくま文庫)〈写真：鈴木知之〉 800円 ①4-480-42260-9

06235 きのふの東京、けふの東京 川本三郎著

平凡社 2009.11 277p 19cm 1600円 ①978-4-582-83452-9

06236 東京ひがし案内 森まゆみ著 筑摩書房 2010.4 238p 15cm (ちくま文庫) 760円 ①978-4-480-42700-7

町屋駅

06237 車だん吉ぶらり旅 京成線編 車だん吉画・文 風塵社 2001.6 223p 21cm 1400円 ①4-938733-95-1

松平ホテル

06238 日本人への旅 モートン・ホワイト, ルシア・ホワイト著, 大江正比古訳 思索社 1988.5 295p 19cm 2400円 ①4-7835-1141-1

松見坂

06239 僕の東京地図 安岡章太郎著 世界文化社 2006.6 171p 21cm (ほたるの本)〈文化出版局1985年刊の増補〉 1800円 ①4-418-06230-0

丸の内

06240 旅ゆけば日本 ピーター・フランクル著 世界文化社 1994.7 227p 19cm 1300円 ①4-418-94504-0

作品 住民登録ぜんぶで5人—東京・丸の内

06241 大東京繁昌記 高浜虚子, 田山花袋, 芥川龍之介, 岸田劉生, 加能作次郎ほか著 毎日新聞社 1999.5 263p 20cm (毎日メモリアル図書館) 1600円 ①4-620-51036-X

作品 丸の内〔高浜虚子〕

06242 サトウハチロー 僕の東京地図 サトウハチロー著 小金井 ネット武蔵野 2005.8 340p 19cm 1400円 ①4-944237-91-X

06243 オヤジの穴 泉麻人, 松苗あけみ著 ロッキング・オン 2006.3 229p 18cm 1350円 ①4-86052-057-2

06244 東京随筆 赤瀬川原平著 毎日新聞社 2011.3 269p 20cm 1800円 ①978-4-620-32052-6

06245 東京いいまち一泊旅行 池内紀著 光文社 2012.8 266p 18cm (光文社新書) 800円 ①978-4-334-03701-7

06246 大東京繁昌記 山手篇 講談社文芸文庫編 講談社 2013.6 408p 16cm (講談社文芸文庫)〈底本:春秋社 1928年刊 平凡社 1999年, 大空社 1992年刊あり〉 1700円 ①978-4-06-290195-6

作品 丸の内〔高浜虚子〕

06247 漂う—古い土地 新しい場所 黒井千次著 毎日新聞社 2013.8 175p 20cm 1600円 ①978-4-620-32221-6

円山町

06248 東京見聞録 原田宗典著 講談社 1995.6 185p 15cm (講談社文庫)〈1991年刊の文庫化〉 360円 ①4-06-263044-3

万年橋(多摩川)

06249 山の宿のひとり酒 太田和彦著 集英社 2017.4 289p 16cm (集英社文庫—ニッポンぶらり旅) 660円 ①978-4-08-745577-9

三河島

06250 東京ひがし案内 森まゆみ著 筑摩書房 2010.4 238p 15cm (ちくま文庫) 760円 ①978-4-480-42700-7

御釜湾海中温泉

06251 誰も行けない温泉 前人未(湯) 大原利雄著 小学館 2004.1 169p 15cm (小学館文庫) 733円 ①4-09-411526-9

目次 長野県(湯川温泉, 焼岳火口のぬる湯 ほか), 新潟県(南地獄谷, 赤倉源湯 ほか), 富山県(立山地獄, 阿曽原温泉 ほか), 石川県(岩間元湯, 岩間噴泉塔の湯 ほか), 岐阜県(材木滝の湯, 地獄谷噴気湯 ほか), 静岡県(東河内源泉, 虫生の湯 ほか), 番外編(神奈川県・大涌谷, 東京都式根島・御釜海中温泉)

御蔵島

06252 日本《島旅》紀行 斎藤潤著 光文社 2005.3 284p 18cm (光文社新書) 780円 ①4-334-03299-0

06253 東京の島 斎藤潤著 光文社 2007.7 262p 18cm (光文社新書) 740円 ①978-4-334-03412-2

三宿(世田谷区)

06254 みちくさ 3 菊池亜希子著 小学館 2015.5 127p 21cm 1200円 ①978-4-09-388418-1

水元公園

06255 小さな魚(さかな)を巡る小さな自転車の釣り散歩—タナゴ・フナ・クチボソ・ヤマベ・ハゼ・テナガエビetc. オジサンたちの釣輪具雑魚団 葛島一美著 つり人社 2010.7 223p 22cm〈タイトル:小さな魚を巡る小さな自転車の釣り散歩〉 1700円 ①978-4-88536-180-7

三田

06256 東京ハイカラ散歩 野田宇太郎著 角川春樹事務所 1998.5 282p 15cm (ランティエ叢書) 1000円 ①4-89456-096-8

06257 東京ディープな宿 泉麻人著 中央公論新社 2005.4 191p 16cm (中公文庫)〈2003年刊の文庫化〉 571円 ①4-12-204515-0

06258 サトウハチロー 僕の東京地図 サトウハチロー著 小金井 ネット武蔵野 2005.8 340p 19cm 1400円 ①4-944237-91-X

06259 お江戸寺町散歩 吉田さらさ著 集英社 2006.10 207p 16cm (集英社be文庫) 762円 ①4-08-650116-3

06260 東京随筆 赤瀬川原平著 毎日新聞社 2011.3 269p 20cm 1800円 ①978-4-620-32052-6

三鷹ケヤキ道

06261 東京いい道、しぶい道—カラー版 泉麻人著 中央公論新社 2017.4 250p 18cm (中公新書ラクレ) 1000円 ①978-4-12-150582-8

三鷹市

06262 歩く人 久住昌之著 マガジンハウス 1993.2 171p 19cm 1300円 ①4-8387-0384-8

06263 みんなみんなやさしかったよ—太宰治と歩く「津軽」の旅 飯塚恒雄著 愛育社 2001.11 233p 19cm 1300円 ①4-7500-0112-0

06264 太宰治と歩く「津軽」の旅—みんなみんなやさしかったよ 飯塚恒雄著 愛育社 2009.11 204p 19cm〈文献あり〉 1300円 ①978-4-7500-0369-6

06265 みちくさ 菊池亜希子著 小学館 2010.2 111p 21cm 950円 ①978-4-09-342382-3

06266 東京随筆 赤瀬川原平著 毎日新聞社 2011.3 269p 20cm 1800円 ①978-4-620-32052-6

06267 昼のセント酒 久住昌之著 カンゼン 2011.12 207p 19cm〈画:和泉晴紀〉 1300円 ①978-4-86255-115-3

06268 ナイトメア咲人の鈍行いくの?—五十音の旅 続 咲人著 シンコーミュージック・エンタテイメント 2012.4 233p 21cm 2381円 ①978-4-401-63573-3

06269 東京抒情 川本三郎著 春秋社 2015.12 270p 20cm 1900円 ①978-4-393-44416-0

06270 時の名残り 津村節子著 新潮社 2017.3 247p 20cm 1600円 ①978-4-10-314712-1
[作品] 玉川上水

御嶽駅

06271 貧困旅行記 新版 つげ義春著 新潮社 1995.4 281p 15cm (新潮文庫)〈晶文社1991年刊あり〉 520円 ①4-10-132812-9

06272 山の宿のひとり酒 太田和彦著 集英社 2017.4 289p 16cm (集英社文庫—ニッポンぶらり旅) 660円 ①978-4-08-745577-9

御岳山

06273 百霊峰巡礼 第1集 立松和平著 東京新聞出版局 2006.7 299p 20cm 1800円 ①4-8083-0854-1

06274 森へ行く日 光野桃著 山と溪谷社 2010.7 128, 15p 21cm〈文献あり〉 1600円 ①978-4-635-08005-7

06275 東京随筆 赤瀬川原平著 毎日新聞社 2011.3 269p 20cm 1800円 ①978-4-620-32052-6

御岳本町

06276 温泉百話—東の旅 種村季弘, 池内紀編 筑摩書房 1988.2 471p 15cm (ちくま文庫) 680円 ①4-480-02200-7
[作品] 山気〔上林暁〕

三田聖坂

06277 東京いい道、しぶい道—カラー版 泉麻人著 中央公論新社 2017.4 250p 18cm (中公新書ラクレ) 1000円 ①978-4-12-150582-8

三頭山

06278 日本の名山 別巻 2 高尾山 串田孫一, 今井通子, 今福龍太編 博品社 1997.10 249p 19cm〈文献あり〉 1600円 ①4-938706-47-4
[作品] 高尾山より三頭山まで〔高畑棟材〕

06279 日本の森を歩く 池内紀文, 柳木昭信写真 山と溪谷社 2001.6 277p 22cm 1800円 ①4-635-28047-0

06280 むかしの山旅 今福龍太編 河出書房新社 2012.4 304p 15cm (河出文庫) 760円 ①978-4-309-41144-6
[作品] 高尾山より三頭山まで〔高畑棟材〕

港区

06281 東京 水辺の光景—出会いと発見の紀行 小野誠一郎絵文 日貿出版社 1995.9 178p 21cm 1751円 ①4-8170-3963-9

06282 池波正太郎を歩く 須藤靖貴著 講談社 2012.9 326p 15cm (講談社文庫)〈毎日新聞社 2009年刊の加筆・修正〉 648円 ①978-4-06-277363-8

06283 東京ノスタルジック百景—失われつつある昭和の風景を探しに フリート横田著 世界文化社 2017.1 127p 21cm〈文献あり〉 1300円 ①978-4-418-17200-9

06284 東京くねくね 松尾貴史著 東京新聞 2017.5 255p 19cm 1300円 ①978-4-8083-1018-9

港七福神

06285 泉麻人の東京・七福神の町あるき 泉麻人著 京都 淡交社 2007.12 221p 19cm 1500円 ①978-4-473-03443-4

南島

06286 東京の島 斎藤潤著 光文社 2007.7 262p 18cm (光文社新書) 740円 ①978-4-334-03412-2

06287 私の海の地図 石原慎太郎著 世界文化社 2015.10 319p 20cm 3000円 ①978-4-418-15514-9

南新宿

06288 東京ワンデイスキマ旅 カベルナリア吉田著 彩流社 2013.11 222p 21cm 1900円 ①978-4-7791-1955-2

南鳥島

06289 南鳥島特別航路 池澤夏樹著 日本交通公社出版事業局 1991.3 253p 19cm 1600円

関東

①4-533-01667-7
06290 うつくしい列島―地理学的名所紀行 池澤夏樹著 河出書房新社 2015.11 308p 20cm 1800円 ①978-4-309-02425-7

三ノ輪

06291 青インクの東京地図 安西水丸著 講談社 1990.3 200p 15cm (講談社文庫) 350円 ①4-06-184635-3
06292 東京ひがし案内 森まゆみ著 筑摩書房 2010.4 238p 15cm (ちくま文庫) 760円 ①978-4-480-42700-7
06293 東京随筆 赤瀬川原平著 毎日新聞社 2011.3 269p 20cm 1800円 ①978-4-620-32052-6

三ノ輪橋駅

06294 焼き餃子と名画座―わたしの東京味歩き 平松洋子著 新潮社 2012.10 353p 図版32p 16cm (新潮文庫)〈アスペクト 2009年刊の再刊〉 790円 ①978-4-10-131656-7

三原山

06295 ハピネス気分で山歩き 平野恵理子著 山と溪谷社 2005.9 159p 21cm 1800円 ①4-635-17168-X
06296 久住昌之のこんどは山かい!? 関東編 久住昌之著 山と溪谷社 2013.4 191p 19cm 1200円 ①978-4-635-08006-4

三宅坂

06297 夢幻抄 白洲正子著 世界文化社 2010.11 322p 21cm〈5刷 1997年刊の造本変更〉 1600円 ①978-4-418-10514-4
作品 東京の坂道
06298 鶴川日記 白洲正子著 PHP研究所 2012.6 195p 15cm (PHP文芸文庫)〈2010年刊(文化出版局1979年刊の再編集)の再刊〉 533円 ①978-4-569-67782-8
作品 東京の坂道

三宅島

06299 52%調子のいい旅 宮田珠己著 旅行人 2003.6 237p 19cm 1300円 ①4-947702-50-8
目次 発作と遭難, スチュワーデス=ゾウガメ理論, ディープうどんインパクト, カヌーせっかく買ったんだから方式, 私の最近の仕事と琵琶湖の水位, ゴージャスなミックスパーマにしましょう, やっとバハ, ジェットコースター評論家, 父の金塊, 私は冒険家ではないのこと〔ほか〕
06300 日本全国 離島を旅する 向一陽著 講談社 2004.7 307p 18cm (講談社現代新書) 780円 ①4-06-149727-8
06301 旅の出会い 井伏鱒二著, 東郷克美, 前田貞昭編 筑摩書房 2004.10 334p 15cm (ちくま文庫―井伏鱒二文集 2) 1100円 ①4-480-03982-1
内容 岬近くの地での一夜の宿りに老女が語り出す薄倖の生い立ちを描いた「へんろう宿」、破産に瀕した田舎の自作農の悲しい終焉を叙す「荒廃の風景」、闇夜の山上で何万もの蛍が入り乱れ、蛍火の妖雲を捲き起こす光景を描く「蛍合戦」など、旅を愛した著者が、旅先の土地に暮らす人々を温もりのある筆致で綴った作品を収める。
06302 東京の島 斎藤潤著 光文社 2007.7 262p 18cm (光文社新書) 740円 ①978-4-334-03412-2
06303 道の先まで行ってやれ!―自転車で、飲んで笑って、涙する旅 石田ゆうすけ著 幻冬舎 2009.7 303p 20cm 1500円 ①978-4-344-01710-8
06304 わしらは怪しい雑魚釣り隊 マグロなんかが釣れちゃった篇 椎名誠著 新潮社 2012.12 321p 16cm (新潮文庫) 550円 ①978-4-10-144837-4

宮ノ平駅

06305 文学の中の駅―名作が語る“もうひとつの鉄道史” 原口隆行著 国書刊行会 2006.7 327p 20cm 2000円 ①4-336-04785-5

茗荷谷

06306 東京随筆 赤瀬川原平著 毎日新聞社 2011.3 269p 20cm 1800円 ①978-4-620-32052-6

妙法寺(杉並区)

06307 きのふの東京、けふの東京 川本三郎著 平凡社 2009.11 277p 19cm 1600円 ①978-4-582-83452-9

無縁坂

06308 街道をゆく 37 本郷界隈 新装版 司馬遼太郎著 朝日新聞出版 2009.4 322, 8p 15cm (朝日文庫)〈初版:朝日新聞社1996年刊〉 720円 ①978-4-02-264491-6

向島

06309 歴史をあるく、文学をゆく 半藤一利著 文芸春秋 2004.5 333p 16cm (文春文庫) 648円 ①4-16-748313-0
06310 サトウハチロー 僕の東京地図 サトウハチロー著 小金井 ネット武蔵野 2005.8 340p 19cm 1400円 ①4-944237-91-X
06311 お江戸寺町散歩 吉田さらさ著 集英社 2006.10 207p 16cm (集英社be文庫) 762円 ①4-08-650116-3
06312 東京ひとり散歩 池内紀著 中央公論新社 2009.9 222p 18cm (中公新書)〈大活字版(2015年刊)あり〉 740円 ①978-4-12-102023-9
06313 みちくさ 菊池亜希子著 小学館 2010.2 111p 21cm 950円 ①978-4-09-342382-3
06314 東京随筆 赤瀬川原平著 毎日新聞社 2011.3 269p 20cm 1800円 ①978-4-620-32052-6
06315 日和下駄―一名東京散策記 永井荷風著 講談社 2017.1 217p 17cm (講談社文芸文庫Wide)〈講談社文芸文庫 1999年刊の再刊 著

作目録あり 年譜あり〉 1000円 ①978-4-06-295511-9

向島百花園

06316 東京花散歩 岸本葉子著 亜紀書房 2011.3 214p 19cm 1600円 ①978-4-7505-1106-1

06317 日和下駄―一名東京散策記 永井荷風著 講談社 2017.1 217p 17cm (講談社文芸文庫Wide)〈講談社文芸文庫 1999年刊の再刊 著作目録あり 年譜あり〉 1000円 ①978-4-06-295511-9

武蔵五日市

06318 東京ディープな宿 泉麻人著 中央公論新社 2005.4 191p 16cm (中公文庫)〈2003年刊の文庫化〉 571円 ①4-12-204515-0

06319 東京都三多摩原人 久住昌之著 朝日新聞出版 2016.1 302p 19cm 1600円 ①978-4-02-251318-2

武蔵五日市駅

06320 終着駅への旅 JR編 櫻井寛著 JTBパブリッシング 2013.8 222p 19cm 1300円 ①978-4-533-09285-5

武蔵小金井

06321 ナイトメア咲人の鈍行いくの?―五十音の旅 続 咲人著 シンコーミュージック・エンタテイメント 2012.4 233p 21cm 2381円 ①978-4-401-63573-3

06322 東京都三多摩原人 久住昌之著 朝日新聞出版 2016.1 302p 19cm 1600円 ①978-4-02-251318-2

武蔵国分寺跡

06323 土門拳の古寺巡礼 別巻 第1巻 東日本 土門拳著 小学館 1990.5 147p 26cm 1950円 ①4-09-559106-4

作品 ぼくの古寺巡礼

06324 古代史紀行 宮脇俊三著 講談社 1994.9 404p 15cm (講談社文庫) 620円 ①4-06-185773-8

武蔵小山

06325 新発見 より道街あるき 大竹誠著 パロル舎 2008.6 187p 21cm 1600円 ①978-4-89419-073-3

武蔵境

06326 きのふの東京、けふの東京 川本三郎著 平凡社 2009.11 277p 19cm 1600円 ①978-4-582-83452-9

武蔵野

06327 私の東京風景 海野弘著 右文書院 2006.1 270p 19cm (海野弘コレクション 1) 2600円 ①4-8421-0061-3

06328 武蔵野を歩く 海野弘著 アーツアンドクラフツ 2006.12 275p 19cm (旅を歩く旅) 1900円 ①4-901592-37-8

目次 国分寺崖下の道,『武蔵野夫人』を読みながら,小野路のかくれ里,三多摩壮士の駆けた道,余は雑木林を愛す,水と土器と土筆と,玉川上水独歩道,新選組の青春はるかなり,烏山古寺巡礼,井の頭公園までぶらり,深大寺 花の道,水清く緑深し,野猿の道の日の光,絹の道をたどって,石神井川のほとり,善福寺川 荻窪まで,善福寺川の下流,高尾山小春日和,小宮の川と緑地,春まだ浅き百草園,野火止用水 上流,野火止用水 中流,野火止用水 下流,東村山の鎌倉道,玉川上水の緑陰の道,保谷の古社寺めぐり,田無の忘れられた自然を歩く,梨の里の古社寺めぐり,鴨の里の古社寺めぐり,「武蔵野文学散歩展」を見ながら,冬の吉祥寺,雪まじり青梅街道,多摩川ハリウッドいずこ,府中の森と競馬場,多摩丘陵の狭間を抜けて,八王子千人同心のふるさと,玉川上水の入り口,羽村から箱根ヶ崎へ,福生市をめぐる,狭山の森の道,多摩森林科学園,八王子城跡を歩く,滝山城から高月城へ,夕やけ小やけの里,あとがき

06329 私の日本地図 10 武蔵野・青梅 宮本常一著,香月洋一郎編 未来社 2008.7 267,4p 19cm (宮本常一著作集別集) 2200円 ①978-4-624-92495-9

目次 府中付近の景観,武蔵野の開墾,道,庭木・生垣,すまい,農業,林業,民具など,墓,石の記念碑,信仰,大国魂神社,府中祭,府中付近の社寺,青梅の町,青梅の寺,青梅祭,獅子舞,武蔵野と博物館,武蔵野開発に寄せて

06330 東京思い出電車旅―のんびりと自由時間の街歩き 野村正樹著 東洋経済新報社 2010.1 246p 20cm〈年表あり〉 1600円 ①978-4-492-04364-6

06331 風景は記憶の順にできていく 椎名誠著 集英社 2013.7 254p 18cm (集英社新書―ノンフィクション) 760円 ①978-4-08-720697-5

06332 近松秋江全集 第7巻 オンデマンド版 近松秋江著,紅野敏郎,和田謹吾,中尾務,遠藤英雄,田沢基久,笹瀬王子編集委員 八木書店古書出版部 2014.2 502,34p 21cm〈初版:八木書店 1993年刊 印刷・製本:デジタルパブリッシングサービス 発売:八木書店〉 12000円 ①978-4-8406-3492-2

作品 武蔵野の自然

06333 武蔵野 改版 国木田独歩著 KADOKAWA 2016.3 264p 15cm (角川文庫)〈初版:角川書店 1979年刊〉 520円 ①978-4-04-103721-8

内容 当てもなく雑木林を歩き、道に迷えばそこに暮らす名も無き人々に尋ねる。独歩はこれに無上の幸福を感じた。人間の生活と自然の調和の美を詩情溢れる文体で描き出した随筆「武蔵野」。自然を愛し、同時にその厳しさと対峙し続けた作家の繊細な魅力を味わうことができる初期短編集。妻子を亡くした船頭と、母に捨てられた哀しき少年との奇妙な同居生活を描いたデビュー作「源叔父」ほか全18編を収録。

武蔵野市

06334 家(うち)もいいけど旅も好き 岸本葉子著 講談社 2002.5 273p 15cm (講談社文庫)〈河出書房新社1998年刊にエッセイを増補し文庫化〉 495円 ①4-06-273429-X

06335 懐かしい「東京」を歩く 森本哲郎著

PHP研究所 2005.6 396p 15cm (PHP文庫)〈『ぼくの東京夢華録』改題書〉 705円 ①4-569-66408-3

武蔵御嶽神社

06336 山の宿のひとり酒 太田和彦著 集英社 2017.4 289p 16cm (集英社文庫―ニッポンぶらり旅) 660円 ①978-4-08-745577-9

武蔵村山市

06337 東京の空の下、今日も町歩き 川本三郎著 筑摩書房 2006.10 280p 15cm (ちくま文庫)〈写真:鈴木知之〉 800円 ①4-480-42260-9

06338 旅する駅前、それも東京で!? カベルナリア吉田著 彩流社 2010.12 365p 19cm 1800円 ①978-4-7791-1576-9

明治神宮

06339 東京随筆 赤瀬川原平著 毎日新聞社 2011.3 269p 20cm 1800円 ①978-4-620-32052-6

06340 人と森の物語―日本人と都市林 池内紀著 集英社 2011.7 216p 18cm (集英社新書)〈文献あり〉 740円 ①978-4-08-720599-2

06341 東京いいまち一泊旅行 池内紀著 光文社 2012.8 266p 18cm (光文社新書) 800円 ①978-4-334-03701-7

目黒駅

06342 文学の中の駅―名作が語る“もうひとつの鉄道史” 原口隆行著 国書刊行会 2006.7 327p 20cm 2000円 ①4-336-04785-5

06343 怪しい駅 懐かしい駅―東京近郊駅前旅行 長谷川裕文, 村上健絵 草思社 2013.8 181p 19cm 1600円 ①978-4-7942-1996-1

目黒雅叙園

06344 スローな旅で行こう―シェルパ斉藤の週末ニッポン再発見 斉藤政喜著 小学館 2004.10 255p 19cm (Dime books) 1200円 ①4-09-366068-9

目黒区

06345 東京 水辺の光景―出会いと発見の紀行 小野誠一郎絵文 日貿出版社 1995.9 178p 21cm 1751円 ①4-8170-3963-9

06346 新発見 より道街あるき 大竹誠著 パロル舎 2008.6 187p 21cm 1600円 ①978-4-89419-073-3

06347 東京随筆 赤瀬川原平著 毎日新聞社 2011.3 269p 20cm 1800円 ①978-4-620-32052-6

06348 東京放浪記 別役実著 平凡社 2013.5 237p 20cm 1800円 ①978-4-582-83619-6

06349 大東京繁昌記 山手篇 講談社文芸文庫編 講談社 2013.6 408p 16cm (講談社文芸文庫)〈底本:春秋社 1928年刊 平凡社 1999年, 大空社 1992年刊あり〉 1700円 ①978-4-06-290195-6

作品 目黒附近〔上司小剣〕

06350 大東京ぐるぐる自転車 伊藤礼著 筑摩書房 2014.10 343p 15cm (ちくま文庫)〈東海教育研究所 2011年刊に書き下ろし「堀切菖蒲園」を加えて再刊〉 880円 ①978-4-480-43209-4

06351 東京くねくね 松尾貴史著 東京新聞 2017.5 255p 19cm 1300円 ①978-4-8083-1018-9

06352 私の東京地図 小林信彦著 筑摩書房 2017.7 254p 15cm (ちくま文庫)〈2013年刊に「私の東京物語」を加えた〉 720円 ①978-4-480-43450-0

目黒不動〔瀧泉寺〕

06353 見仏記 2 仏友篇 いとうせいこう, みうらじゅん著 角川書店 1999.1 332p 15cm (角川文庫)〈中央公論社 1995年刊の文庫化〉 724円 ①4-04-184603-X

06354 泉麻人の東京・七福神の町あるき 泉麻人著 京都 淡交社 2007.12 221p 19cm 1500円 ①978-4-473-03443-4

目白

06355 大人の女性のための日本を旅する浪漫紀行 津田令子著 文芸社ビジュアルアート 2007.3 191p 19cm 1200円 ①978-4-86264-336-0

06356 東京随筆 赤瀬川原平著 毎日新聞社 2011.3 269p 20cm 1800円 ①978-4-620-32052-6

06357 漂う―古い土地 新しい場所 黒井千次著 毎日新聞社 2013.8 175p 20cm 1600円 ①978-4-620-32221-6

森ヶ崎

06358 いまむかし東京町歩き 川本三郎著 毎日新聞社 2012.8 292p 20cm 1900円 ①978-4-620-32141-7

森下

06359 東京随筆 赤瀬川原平著 毎日新聞社 2011.3 269p 20cm 1800円 ①978-4-620-32052-6

06360 ナイトメア咲人の鈍行いくの?―五十音の旅 続 咲人著 シンコーミュージック・エンタテイメント 2012.4 233p 21cm 2381円 ①978-4-401-63573-3

門前仲町

06361 ぼくらは下町探険隊 なぎら健壱著 筑摩書房 2003.2 309p 15cm (ちくま文庫) 780円 ①4-480-03800-0

06362 日曜日は自転車に乗って 前島勝義著 平原社 2009.12 263p 20cm 1200円 ①978-4-938391-47-8

06363 東京随筆 赤瀬川原平著 毎日新聞社 2011.3 269p 20cm 1800円 ①978-4-620-

関東

32052-6

06364 東京下町こんな歩き方も面白い 康熙奉, 緒原宏平著 収穫社 2012.3 215p 18cm 905円 ①978-4-906787-01-2

06365 猫とスカイツリー—下町ぶらぶら散歩道 塚本やすし文と絵 亜紀書房 2012.5 270p 19cm 1600円 ①978-4-7505-1207-5

06366 東京美女散歩 安西水丸文え 講談社 2015.3 452p 19cm 2100円 ①978-4-06-219360-3

八重洲

06367 東京路地裏暮景色 なぎら健壱著 筑摩書房 2011.11 333p 15cm (ちくま文庫) 800円 ①978-4-480-42880-6

八重洲地下街

06368 東京ひとり散歩 池内紀著 中央公論新社 2009.9 222p 18cm (中公新書)〈大活字版(2015年刊)あり〉 740円 ①978-4-12-102023-9

靖国神社

06369 僕の東京地図 安岡章太郎著 世界文化社 2006.6 171p 21cm (ほたるの本)〈文化出版局1985年刊の増補〉 1800円 ①4-418-06230-0

06370 東京随筆 赤瀬川原平著 毎日新聞社 2011.3 269p 20cm 1800円 ①978-4-620-32052-6

谷中

06371 ガラメキ温泉探険記 池内紀著 リクルート出版 1990.10 203p 19cm 1165円 ①4-88991-196-0

作品 銭湯記2

06372 ちょっとそこまで 川本三郎著 講談社 1990.12 242p 15cm (講談社文庫) 420円 ①4-06-184819-4

06373 文学の街—名作の舞台を歩く 前田愛著 小学館 1991.12 315p 16cm (小学館ライブラリー) 780円 ①4-09-460015-9

06374 温泉旅日記 池内紀著 徳間書店 1996.9 277p 15cm (徳間文庫)〈河出書房新社1988年刊あり〉 540円 ①4-19-890559-2

06375 私の風景—池波正太郎自選随筆集 3 池波正太郎著 朝日新聞社 1997.1 201p 15cm (朝日文芸文庫) 500円 ①4-02-264131-2

06376 東京の江戸を遊ぶ なぎら健壱著 筑摩書房 2000.10 15cm (ちくま文庫)〈「大江戸アウトドア」(洋泉社1997年刊)の改題〉

06377 わたしの旅人生「最終章」 渡辺文雄著 アートデイズ 2005.2 267p 20cm〈肖像あり〉 1600円 ①4-86119-033-9

作品 そば屋の酒

06378 サトウハチロー 僕の東京地図 サトウハチロー著 小金井 ネット武蔵野 2005.8 340p 19cm 1400円 ①4-944237-91-X

06379 お江戸寺町散歩 吉田さらさ著 集英社 2006.10 207p 16cm (集英社be文庫) 762円 ①4-08-650116-3

06380 幻景の街—文学の都市を歩く 前田愛著 岩波書店 2006.12 310p 15cm (岩波現代文庫) 1000円 ①4-00-602110-0

06381 散歩の学校 赤瀬川原平著 毎日新聞社 2008.12 181p 21cm 1600円 ①978-4-620-31899-8

06382 東京ひがし案内 森まゆみ著 筑摩書房 2010.4 238p 15cm (ちくま文庫) 760円 ①978-4-480-42700-7

06383 東京随筆 赤瀬川原平著 毎日新聞社 2011.3 269p 20cm 1800円 ①978-4-620-32052-6

06384 わたしの週末なごみ旅 岸本葉子著 河出書房新社 2012.8 201p 15cm (河出文庫)〈「ちょっと古びたものが好き」(バジリコ 2008年刊)と「週末ゆる散歩」(東京書籍 2009年刊)の合本を改題し、加筆修正のうえ再構成〉 790円 ①978-4-309-41168-2

06385 ぶらっぷらある記 銀色夏生著 幻冬舎 2014.12 278p 16cm (幻冬舎文庫) 600円 ①978-4-344-42275-9

06386 東京美女散歩 安西水丸文え 講談社 2015.3 452p 19cm 2100円 ①978-4-06-219360-3

06387 東京戦後地図—ヤミ市跡を歩く 藤木TDC著 実業之日本社 2016.6 190p 21cm〈文献あり〉 2400円 ①978-4-408-11194-0

谷中七福神

06388 泉麻人の東京・七福神の町あるき 泉麻人著 京都 淡交社 2007.12 221p 19cm 1500円 ①978-4-473-03443-4

谷中霊園

06389 またたびふたたび東京ぶらり旅—NHKラジオ深夜便 室町澄子著 日本放送出版協会 2003.5 221p 19cm 1200円 ①4-14-005417-4

06390 東京骨灰紀行 小沢信男著 筑摩書房 2012.10 305p 15cm (ちくま文庫)〈2009年刊の文庫化〉 780円 ①978-4-480-42989-6

柳橋

06391 文学の中の風景 大竹新助著 メディア・パル 1990.11 293p 21cm 2000円 ①4-89610-003-4

06392 東京旅行記 嵐山光三郎著 光文社 2004.6 333p 16cm (知恵の森文庫)〈マガジンハウス1991年刊あり〉 648円 ①4-334-78297-3

柳森神社

06393 うわさの神仏 其ノ3 江戸TOKYO陰陽百景 加門七海著 集英社 2007.5 244p 15cm (集英社文庫) 514円 ①978-4-08-746162-6

関東

八広

06394 きのふの東京、けふの東京　川本三郎著　平凡社　2009.11　277p　19cm　1600円　①978-4-582-83452-9

八広駅

06395 車だん吉ぶらり旅　京成線編　車だん吉画・文　風塵社　2001.6　223p　21cm　1400円　①4-938733-95-1

山田（八王子市）

06396 東京を歩く　立松和平著，黒古一夫編　勉誠出版　2006.4　343p　22cm　（立松和平日本を歩く 第7巻）　2600円　①4-585-01177-3

山田駅

06397 旅する駅前、それも東京で!?　カベルナリア吉田著　彩流社　2010.12　365p　19cm　1800円　①978-4-7791-1576-9

山手線

06398 終着駅は始発駅　宮脇俊三著　グラフ社　2007.4　257p　19cm〈新潮社1985年刊の改訂復刊　文献あり〉　1238円　①978-4-7662-1054-5

06399 東京思い出電車旅―のんびりと自由時間の街歩き　野村正樹著　東洋経済新報社　2010.1　246p　20cm〈年表あり〉　1600円　①978-4-492-04364-6

06400 東京放浪記　別役実著　平凡社　2013.5　237p　20cm　1800円　①978-4-582-83619-6

06401 汽車に乗った明治の文人たち―明治の鉄道紀行集　出口智之編　教育評論社　2014.1　286p　19cm〈文献あり〉　2400円　①978-4-905706-81-6
作品 ゆきめぐり〔饗庭篁村〕　甲府道中想像記〔幸堂得知〕

弥生坂

06402 街道をゆく　37　本郷界隈　新装版　司馬遼太郎著　朝日新聞出版　2009.4　322, 8p　15cm　（朝日文庫）〈初版：朝日新聞社1996年刊〉　720円　①978-4-02-264491-6

八幡湯

06403 温泉百話―東の旅　種村季弘，池内紀編　筑摩書房　1988.2　471p　15cm　（ちくま文庫）　680円　①4-480-02200-7
作品 科学列車と星 抄〔野尻抱影〕

祐天寺

06404 ナイトメア咲人の鈍行いくの？―五十音の旅　続　咲人著　シンコーミュージック・エンタテイメント　2012.4　233p　21cm　2381円　①978-4-401-63573-3

祐天寺駅

06405 怪しい駅 懐かしい駅―東京近郊駅前旅行　長谷川裕文，村上健絵　草思社　2013.8　181p　19cm　1600円　①978-4-7942-1996-1

有楽町

06406 ちょっとそこまで　川本三郎著　講談社　1990.12　242p　15cm　（講談社文庫）　420円　①4-06-184819-4

06407 東京俳句散歩　吉行和子，冨士真奈美著　光文社　2004.5　246p　16cm　（知恵の森文庫）　667円　①4-334-78291-4

06408 「懐かしの昭和」を食べ歩く―カラー版　森まゆみ著　PHP研究所　2008.3　269p　18cm　（PHP新書）　950円　①978-4-569-69777-2

06409 きのふの東京、けふの東京　川本三郎著　平凡社　2009.11　277p　19cm　1600円　①978-4-582-83452-9

06410 東京随筆　赤瀬川原平著　毎日新聞社　2011.3　269p　20cm　1800円　①978-4-620-32052-6

06411 東京戦後地図―ヤミ市跡を歩く　藤木TDC著　実業之日本社　2016.6　190p　21cm　〈文献あり〉　2400円　①978-4-408-11194-0

06412 私の東京地図　小林信彦著　筑摩書房　2017.7　254p　15cm　（ちくま文庫）〈2013年刊に「私の東京物語」を加えた〉　720円　①978-4-480-43450-0

湯島

06413 文学の中の風景　大竹新助著　メディア・パル　1990.11　293p　21cm　2000円　①4-89610-003-4

06414 東京ひがし案内　森まゆみ著　筑摩書房　2010.4　238p　15cm　（ちくま文庫）　760円　①978-4-480-42700-7

06415 東京随筆　赤瀬川原平著　毎日新聞社　2011.3　269p　20cm　1800円　①978-4-620-32052-6

06416 焼き餃子と名画座―わたしの東京味歩き　平松洋子著　新潮社　2012.10　353p 図版32p　16cm　（新潮文庫）〈アスペクト 2009年刊の再刊〉　790円　①978-4-10-131656-7

06417 海へ、山へ、森へ、町へ　小川糸著　幻冬舎　2013.8　227p　16cm　（幻冬舎文庫）〈「ようこそ、ちきゅう食堂へ」(2010年刊)を改題、「命をかけて、命をつなぐ」・「陽だまりの家、庭の緑」ほかを収録〉　533円　①978-4-344-42058-8
作品 路地裏を歩く

06418 東京ひとり歩き ぼくの東京地図。　岡本仁著　大阪　京阪神エルマガジン社　2017.4　159p　21cm　1600円　①978-4-87435-531-2

湯島聖堂〔昌平坂学問所〕

06419 東京俳句散歩　吉行和子，冨士真奈美著　光文社　2004.5　246p　16cm　（知恵の森文庫）　667円　①4-334-78291-4

06420 街道をゆく　36　本所深川散歩、神田界隈　新装版　司馬遼太郎著　朝日新聞出版　2009.4　423, 8p　15cm　（朝日文庫）〈初版：朝日新聞社1995年刊〉　920円　①978-4-02-264490-9

06421 全国藩校紀行—日本人の精神の原点を訪ねて 中村彰彦著 PHP研究所 2014.12 314p 15cm (PHP文庫)〈「捜魂記」(文藝春秋 2004年刊)の改題〉 680円 ①978-4-569-76280-7

湯島天満宮

06422 私の風景—池波正太郎自選随筆集 3 池波正太郎著 朝日新聞社 1997.1 201p 15cm (朝日文芸文庫) 500円 ①4-02-264131-2

06423 東京俳句散歩 吉行和子, 冨士真奈美著 光文社 2004.5 246p 16cm (知恵の森文庫) 667円 ①4-334-78291-4

06424 東京旅行記 嵐山光三郎著 光文社 2004.6 333p 16cm (知恵の森文庫)〈マガジンハウス1991年刊あり〉 648円 ①4-334-78297-3

06425 街道をゆく 37 本郷界隈 新装版 司馬遼太郎著 朝日新聞出版 2009.4 322, 8p 15cm (朝日文庫)〈初版:朝日新聞社1996年刊〉 720円 ①978-4-02-264491-6

用賀

06426 東京随筆 赤瀬川原平著 毎日新聞社 2011.3 269p 20cm 1800円 ①978-4-620-32052-6

八日町

06427 街道をゆく 1 湖西のみち、甲州街道、長州路 ほか 新装版 司馬遼太郎著 朝日新聞出版 2008.8 291, 8p 15cm (朝日文庫) 600円 ①978-4-02-264440-4

養沢(あきる野市)

06428 浦島太郎の馬鹿—旅の書きおき 立松和平著 マガジンハウス 1990.10 251p 21cm 1400円 ①4-8387-0189-6
[作品] 秋川

横網

06429 東京番外地 森達也著 新潮社 2006.11 250p 19cm 1400円 ①4-10-466202-X

吉野梅郷

06430 東京花散歩 岸本葉子著 亜紀書房 2011.3 214p 19cm 1600円 ①978-4-7505-1106-1

吉原

06431 文学の街—名作の舞台を歩く 前田愛著 小学館 1991.12 315p 16cm (小学館ライブラリー) 730円 ①4-09-460015-9

06432 三文役者のニッポンひとり旅 殿山泰司著 筑摩書房 2000.2 287p 15cm (ちくま文庫) 640円 ①4-480-03551-6

06433 誇り高く優雅な国、日本—垣間見た明治日本の精神 エンリケ・ゴメス・カリージョ著, 児嶋桂子訳 京都 人文書院 2001.11 216p 19cm 1800円 ①4-409-54061-0

06434 サトウハチロー 僕の東京地図 サトウハチロー著 小金井 ネット武蔵野 2005.8 340p 19cm 1400円 ①4-944237-91-X

06435 僕の東京地図 安岡章太郎著 世界文化社 2006.6 171p 21cm (ほたるの本)〈文化出版局1985年刊の増補〉 1800円 ①4-418-06230-0

06436 私のなかの東京—わが文学散策 野口冨士男著 岩波書店 2007.6 220p 15cm (岩波現代文庫) 900円 ①978-4-00-602120-7

06437 旅の柄 花村萬月著 光文社 2010.11 216p 19cm 1300円 ①978-4-334-97631-6

06438 東京随筆 赤瀬川原平著 毎日新聞社 2011.3 269p 20cm 1800円 ①978-4-620-32052-6

06439 『能町みね子のときめきデートスポット』、略して能スポ 能町みね子著 講談社 2016.3 347p 15cm (講談社文庫) 700円 ①978-4-06-293345-2

四つ木

06440 60歳から始める東京さんぽ—変人オヤジのたのしい街あるき 立石一夫著 鶴書院 2008.8 197p 19cm〈発売:星雲社〉 667円 ①978-4-434-12154-8

06441 きのふの東京、けふの東京 川本三郎著 平凡社 2009.11 277p 19cm 1600円 ①978-4-582-83452-9

四谷

06442 大東京繁昌記 高浜虚子, 田山花袋, 芥川龍之介, 岸田劉生, 加能作次郎ほか著 毎日新聞社 1999.5 263p 20cm (毎日メモリアル図書館) 1600円 ①4-620-51036-X
[作品] 四谷、赤坂〔宮嶋資夫〕

06443 サトウハチロー 僕の東京地図 サトウハチロー著 小金井 ネット武蔵野 2005.8 340p 19cm 1400円 ①4-944237-91-X

06444 東京を歩く 立松和平著, 黒古一夫編 勉誠出版 2006.4 343p 22cm (立松和平日本を歩く 第7巻) 2600円 ①4-585-01177-3

06445 東京随筆 赤瀬川原平著 毎日新聞社 2011.3 269p 20cm 1800円 ①978-4-620-32052-6

06446 大東京繁昌記 山手篇 講談社文芸文庫編 講談社 2013.6 408p 16cm (講談社文芸文庫)〈底本:春秋社 1928年刊 平凡社 1999年, 大空社 1992年刊あり〉 1700円 ①978-4-06-290195-6
[作品] 四谷、赤坂〔宮嶋資夫〕

四谷荒木町

06447 散歩の学校 赤瀬川原平著 毎日新聞社 2008.12 181p 21cm 1600円 ①978-4-620-31899-8

06448 東京随筆 赤瀬川原平著 毎日新聞社 2011.3 269p 20cm 1800円 ①978-4-620-32052-6

06449 東京美女散歩　安西水丸文え　講談社　2015.3　452p　19cm　2100円　①978-4-06-219360-3
06450 東京抒情　川本三郎著　春秋社　2015.12　270p　20cm　1900円　①978-4-393-44416-0

代々木

06451 旅ゆけば日本　ピーター・フランクル著　世界文化社　1994.7　227p　19cm　1300円　①4-418-94504-0
作品 開戦前夜受験生の町―東京・代々木
06452 大衆食堂へ行こう　安西水丸著　朝日新聞社　2006.8　239p　15cm　(朝日文庫)　600円　①4-02-261512-5
06453 男の居場所―酒と料理の旨い店の話　勝谷誠彦著　吹田　西日本出版社　2008.12　238p　19cm　1300円　①978-4-901908-40-5
06454 散歩の学校　赤瀬川原平著　毎日新聞社　2008.12　181p　21cm　1600円　①978-4-620-31899-8
06455 みちくさ　菊池亜希子著　小学館　2010.2　111p　21cm　950円　①978-4-09-342382-3
06456 東京随筆　赤瀬川原平著　毎日新聞社　2011.3　269p　20cm　1800円　①978-4-620-32052-6

代々木上原

06457 東京随筆　赤瀬川原平著　毎日新聞社　2011.3　269p　20cm　1800円　①978-4-620-32052-6
06458 焼き餃子と名画座―わたしの東京味歩き　平松洋子著　新潮社　2012.10　353p 図版32p　16cm　(新潮文庫)〈アスペクト 2009年刊の再刊〉　790円　①978-4-10-131656-7

代々木競技場

06459 東京随筆　赤瀬川原平著　毎日新聞社　2011.3　269p　20cm　1800円　①978-4-620-32052-6

代々木公園

06460 遊覧日記　武田百合子著, 武田花写真　筑摩書房　1993.1　185p　15cm　(ちくま文庫)　470円　①4-480-02684-3
06461 ナイトメア咲人の鈍行いくの？―五十音の旅　続　咲人著　シンコーミュージック・エンタテイメント　2012.4　233p　21cm　2381円　①978-4-401-63573-3

六義園

06462 東京俳句散歩　吉行和子, 冨士真奈美著　光文社　2004.5　246p　16cm　(知恵の森文庫)　667円　①4-334-78291-4
06463 東京花散歩　岸本葉子著　亜紀書房　2011.3　214p　19cm　1600円　①978-4-7505-1106-1

竜泉

06464 文学の街―名作の舞台を歩く　前田愛著　小学館　1991.12　315p　16cm　(小学館ライブラリー)　780円　①4-09-460015-9
06465 夢追い俳句紀行　大高翔著　日本放送出版協会　2004.4　237p　19cm　1300円　①4-14-016126-4
06466 幻景の街―文学の都市を歩く　前田愛著　岩波書店　2006.12　310p　15cm　(岩波現代文庫)　1000円　①4-00-602110-0

龍善寺

06467 見仏記　2　仏友篇　いとうせいこう, みうらじゅん著　角川書店　1999.1　332p　15cm　(角川文庫)〈中央公論社 1995年刊の文庫化〉　724円　①4-04-184603-X

両国

06468 川に遊び 湖をめぐる　千葉七郎ほか著, 作品社編集部編　作品社　1998.4　254p　22cm　(新編・日本随筆紀行 大きな活字で読みやすい本―心にふるさとがある 3)　①4-87893-809-9, 4-87893-807-2
作品 両国の川開き〔鈴木鱸生〕
06469 東京ハイカラ散歩　野田宇太郎著　角川春樹事務所　1998.5　282p　15cm　(ランティエ叢書)　1000円　①4-89456-096-8
06470 大東京繁昌記　高浜虚子, 田山花袋, 芥川龍之介, 岸田劉生, 加能作次郎ほか著　毎日新聞社　1999.5　263p　20cm　(毎日メモリアル図書館)　1600円　①4-620-51036-X
作品 本所両国〔芥川龍之介〕
06471 平成お徒歩日記　宮部みゆき著　新潮社　2001.1　275p　15cm　(新潮文庫)　476円　①4-10-136921-6
06472 東京旅行記　嵐山光三郎著　光文社　2004.6　333p　16cm　(知恵の森文庫)〈マガジンハウス1991年刊あり〉　648円　①4-334-78297-3
06473 散歩の学校　赤瀬川原平著　毎日新聞社　2008.12　181p　21cm　1600円　①978-4-620-31899-8
06474 東京ひとり散歩　池内紀著　中央公論新社　2009.9　222p　18cm　(中公新書)〈大活字版(2015年刊)あり〉　740円　①978-4-12-102023-9
06475 きのふの東京、けふの東京　川本三郎著　平凡社　2009.11　277p　19cm　1600円　①978-4-582-83452-9
06476 東京随筆　赤瀬川原平著　毎日新聞社　2011.3　269p　20cm　1800円　①978-4-620-32052-6
06477 東京下町こんな歩き方も面白い　康熙奉, 緒原宏平著　収穫社　2012.3　215p　18cm　905円　①978-4-906787-01-2
06478 東京骨灰紀行　小沢信男著　筑摩書房　2012.10　305p　15cm　(ちくま文庫)〈2009年刊の文庫化〉　780円　①978-4-480-42989-6

06479 むかしまち地名事典　森まゆみ著　大和書房　2013.3　251p　20cm　1600円　①978-4-479-39238-5

06480 英国一家、日本を食べる　マイケル・ブース著，寺西のぶ子訳　亜紀書房　2013.4　278p　19cm　1900円　①978-4-7505-1304-1

06481 大東京繁昌記　下町篇　講談社文芸文庫編　講談社　2013.5　401p　16cm　（講談社文芸文庫）〈底本：春秋社 1928年刊　大空社1992年刊（春秋社 1928年刊の複製）あり〉　1700円　①978-4-06-290192-5

作品 本所両国〔芥川龍之介〕

06482 ぷらっぷらある記　銀色夏生著　幻冬舎　2014.12　278p　16cm　（幻冬舎文庫）　600円　①978-4-344-42275-9

06483 私の東京地図　小林信彦著　筑摩書房　2017.7　254p　15cm　（ちくま文庫）〈2013年刊に「私の東京物語」を加えた〉　720円　①978-4-480-43450-0

両国駅

06484 怪しい駅 懐かしい駅―東京近郊駅前旅行　長谷川裕文，村上健絵　草思社　2013.8　181p　19cm　1600円　①978-4-7942-1996-1

両国国技館

06485 東京を歩く　立松和平著，黒古一夫編　勉誠出版　2006.4　343p　22cm　（立松和平日本を歩く 第7巻）　2600円　①4-585-01177-3

霊南坂

06486 街道をゆく　33　白河・会津のみち、赤坂散歩　新装版　司馬遼太郎著　朝日新聞出版　2009.4　333，8p　15cm　（朝日文庫）〈初版：朝日新聞社1994年刊〉　740円　①978-4-02-264487-9

蘆花公園

06487 石田波郷全集　第8巻　随想 1　石田波郷著　富士見書房　1988.3　475p　19cm　1900円　①4-8291-7097-2

06488 ナイトメア咲人の鈍行いくの？―五十音の旅　続　咲人著　シンコーミュージック・エンタテイメント　2012.4　233p　21cm　2381円　①978-4-401-63573-3

六月（足立区）

06489 東京ワンデイスキマ旅　カベルナリア吉田著　彩流社　2013.11　222p　21cm　1900円　①978-4-7791-1955-2

六郷温泉

06490 ふらっと朝湯酒　久住昌之著　カンゼン　2014.2　199p　19cm　1300円　①978-4-86255-226-6

06491 湯探歩―お気楽極楽ヌルくてユル～い温泉紀行　山崎一夫文，西原理恵子絵　日本文芸社　2014.12　175p　21cm　1000円　①978-4-537-26096-0

六郷土手

06492 東京随筆　赤瀬川原平著　毎日新聞社　2011.3　269p　20cm　1800円　①978-4-620-32052-6

六本木

06493 東京見聞録　原田宗典著　講談社　1995.6　185p　15cm　（講談社文庫）〈1991年刊の文庫化〉　360円　①4-06-263044-3

06494 たびたびの旅　安西水丸著　フレーベル館　1998.10　19cm

06495 「新選組」ふれあいの旅―人や史跡との出逢いを求めて　岳真也著　PHP研究所　2003.12　249p　19cm　1200円　①4-569-63235-1

06496 吉田電車　吉田戦車著　講談社　2007.1　227p　15cm　（講談社文庫）　514円　①978-4062756310

06497 シローの旅　続　速水史朗著　生活の友社　2007.10　289p　19cm〈肖像あり〉　2500円　①978-4-915919-62-6

目次 大阪の二つの顔，仏足石，須磨寺の碑，鳴門の日の出，「海響館」，陶芸の森，チーズのように，京都の個展，淡路の旅，六本木のなにわ〔ほか〕

06498 「懐かしの昭和」を食べ歩く―カラー版　森まゆみ著　PHP研究所　2008.3　269p　18cm　（PHP新書）　950円　①978-4-569-69777-2

06499 どうせ今夜も波の上　椎名誠著　文藝春秋　2010.3　258p　16cm　（文春文庫）　495円　①978-4-16-733430-7

作品 大江戸線の冒険

06500 東京随筆　赤瀬川原平著　毎日新聞社　2011.3　269p　20cm　1800円　①978-4-620-32052-6

06501 東京放浪記　別役実著　平凡社　2013.5　237p　20cm　1800円　①978-4-582-83619-6

06502 「翼の王国」のおみやげ　長友啓典文・絵　木楽舎　2016.6　207p　19cm　（翼の王国books）〈索引あり〉　1400円　①978-4-86324-100-8

06503 私の東京地図　小林信彦著　筑摩書房　2017.7　254p　15cm　（ちくま文庫）〈2013年刊に「私の東京物語」を加えた〉　720円　①978-4-480-43450-0

六本木一丁目

06504 きのふの東京、けふの東京　川本三郎著　平凡社　2009.11　277p　19cm　1600円　①978-4-582-83452-9

早稲田

06505 東京ハイカラ散歩　野田宇太郎著　角川春樹事務所　1998.5　282p　15cm　（ランティエ叢書）　1000円　①4-89456-096-8

06506 大東京繁昌記　高浜虚子，田山花袋，芥川龍之介，岸田劉生，加能作次郎ほか著　毎日新聞社　1999.5　263p　20cm　（毎日メモリアル図書館）　1600円　①4-620-51036-X

作品 早稲田神楽坂〔加能作次郎〕

06507 私のなかの東京―わが文学散策 野口冨士男著 岩波書店 2007.6 220p 15cm (岩波現代文庫) 900円 ①978-4-00-602120-7
06508 世界のシワに夢を見ろ! 高野秀行著 小学館 2009.1 237p 15cm (小学館文庫) 495円 ①978-4-09-408345-3
06509 東京ひとり散歩 池内紀著 中央公論新社 2009.9 222p 18cm (中公新書)〈大活字版(2015年刊)あり〉 740円 ①978-4-12-102023-9
06510 東京飄然 町田康著 中央公論新社 2009.11 374p 16cm (中公文庫) 800円 ①978-4-12-205224-6
06511 東京放浪記 別役実著 平凡社 2013.5 237p 20cm 1800円 ①978-4-582-83619-6
06512 大東京繁昌記 山手篇 講談社文芸文庫編 講談社 2013.6 408p 16cm (講談社文芸文庫)〈底本:春秋社 1928年刊 平凡社 1999年, 大空社 1992年刊あり〉 1700円 ①978-4-06-290195-6
作品 早稲田神楽坂〔加能作次郎〕
06513 東京者がたり 西村賢太著 講談社 2015.10 197p 20cm 1600円 ①978-4-06-219794-6

早稲田駅

06514 焼き餃子と名画座―わたしの東京味歩き 平松洋子著 新潮社 2012.10 353p 図版32p 16cm (新潮文庫)〈アスペクト 2009年刊の再刊〉 790円 ①978-4-10-131656-7

早稲田大学

06515 東京を歩く 立松和平著, 黒古一夫編 勉誠出版 2006.4 343p 22cm (立松和平日本を歩く 第7巻) 2600円 ①4-585-01177-3

神奈川県

06516 万葉の旅 中 改訂新版 犬養孝著 平凡社 2004.1 361p 16cm (平凡社ライブラリー)〈初版:社会思想社1964年刊 文献あり〉 1200円 ①4-582-76489-4
06517 関東を歩く 立松和平著, 黒古一夫編 勉誠出版 2006.4 320p 22cm (立松和平日本を歩く 第2巻) 2600円 ①4-585-01172-2
06518 消えゆく鉄道の風景―さらば、良き時代の列車たち 終焉間近のローカル線と、廃線跡をたどる旅 田中正恭著 自由国民社 2006.11 231p 19cm 1600円 ①4-426-75302-3
06519 一宿一通―こころを紡ぐふれ愛のたび 金澤智行著 講談社 2007.11 190p 19cm 1200円 ①978-4-06-214301-1
06520 旨い定食途中下車 今柊二著 光文社 2011.5 238p 18cm (光文社新書)〈索引あり〉 780円 ①978-4-334-03623-2
06521 汽車に乗った明治の文人たち―明治の鉄道紀行集 出口智之編 教育評論社 2014.1 286p 19cm〈文献あり〉 2400円 ①978-4-905706-81-6
作品 湯河原ゆき〔国木田独歩〕
06522 唄めぐり 石田千著 新潮社 2015.4 401p 20cm〈文献あり〉 2300円 ①978-4-10-303453-7

朝比奈切通し

06523 街道をゆく 42 三浦半島記 新装版 司馬遼太郎著 朝日新聞出版 2009.5 305, 8p 15cm (朝日文庫)〈初版:朝日新聞社1998年刊〉 720円 ①978-4-02-264496-1
目次 武者どもの世, 血と看経, 時代の一典型, 伊豆山権現, 三浦大根と隼人瓜, 三浦大介, 房総の海, 崖と海, "首都"の偉容, 銀の猫〔ほか〕

芦ノ湖

06524 ツーリング・ライフ―自由に、そして孤独に 新装増補版 斎藤純著 春秋社 2004.3 274p 20cm〈2001年刊の新装増補〉 1800円 ①4-393-43624-5
作品 函南原生林
06525 お友だちからお願いします 三浦しをん著 大和書房 2012.8 290p 20cm 1400円 ①978-4-479-68171-7
作品 旅の効用
06526 湯探歩―お気楽極楽ヌルくてユル～い温泉紀行 山崎一夫文, 西原理恵子絵 日本文芸社 2014.12 175p 21cm 1000円 ①978-4-537-26096-0

芦の湯

06527 日本温泉めぐり 田山花袋著 角川春樹事務所 1997.11 324p 16cm (ランティエ叢書 8)〈「温泉めぐり」(博文館1991年刊)の改題〉 1000円 ①4-89456-087-9
06528 温泉めぐり 田山花袋著 岩波書店 2007.6 379p 15cm (岩波文庫) 800円 ①978-4-00-310217-6
06529 近松秋江全集 第7巻 オンデマンド版 近松秋江著, 紅野敏郎, 和田謹吾, 中尾務, 遠藤英雄, 田沢基久, 笹瀬王子編集委員 八木書店古書出版部 2014.2 502, 34p 21cm〈初版:八木書店 1993年刊 印刷・製本:デジタルパブリッシングサービス 発売:八木書店〉 12000円 ①978-4-8406-3492-2
作品 蘆の湯日誌
06530 本は旅をつれて―旅本コンシェルジュの旅行記 森本剛史著 彩流社 2015.1 239p 19cm〈著作目録あり 年譜あり〉 2000円 ①978-4-7791-2067-1

畦ヶ丸

06531 日本の名山 別巻 1 丹沢 串田孫一, 今井通子, 今福龍太編 博品社 1997.8 251p 19cm〈年表あり 文献あり〉 1600円 ①4-938706-42-3

作品 秘峰畦ガ丸〔羽賀正太郎〕

目次 丹沢山（深田久弥）, 雨の丹沢奥山（上田哲農）, 游秦野記（柳田國男）, 相州の雨降山（大町桂月）, 大山詣り（古今亭志ん生）, 丹沢山塊の山名について 丹沢山篇（坂本光雄）, 丹沢山（武田久吉）, 秘峰畦ガ丸（羽賀正太郎）, 大室山（横山厚夫）, 秋の山行 丹沢・蛭ガ岳（不破哲三）, 矢倉岳と御正体山（三田幸夫）, 丹沢・沢登り挑戦記（みなみらんぼう）, 丹沢・水無川本谷遡行―塔ノ岳（花畑日尚）, しぶきをあびて 西丹沢の谷と峰（石川治郎）, 玄倉谷から丹沢山へ（松井幹雄）, 丹沢・勘七沢遡行 久し振りの表丹沢に遊ぶ（野口冬人）, 湯ノ沢について（吉田喜久治）, 西丹沢三つの滝 初登攀の記録（南博人）, 丹沢の鉱泉（つげ義春）, ヤビツ峠（直良信夫）, 西丹沢・雨山峠抄（佐瀬稔）, 丹沢の森 丹沢山塊山頂部のブナ原生林（石橋睦美）, 丹沢の七不思議（ハンス・シュトルテ）, 孤児と住む心の丹沢（城山三郎）, 山神と山岳移動者の社会（佐藤芝明）

熱海線

06532 むかしの汽車旅　出久根達郎編　河出書房新社　2012.7　259p　15cm　（河出文庫）　760円　①978-4-309-41164-4

作品 熱海線私語〔牧野信一〕

厚木市

06533 我もまた渚を枕―東京近郊ひとり旅　川本三郎著　筑摩書房　2009.7　286p　15cm　（ちくま文庫）〈晶文社2004年刊あり〉　820円　①978-4-480-42620-8

油壺

06534 ドフライン・日本紀行　フランツ・ドフライン著, 林和弘訳　水産無脊椎動物研究所　2011.9　234p　27cm〈著作目録あり　発売：松香堂書店［京都］〉　5000円　①978-4-87974-651-1

新井城

06535 古城の風景　3　北条の城 北条水軍の城　宮城谷昌光著　新潮社　2011.4　392p　16cm　（新潮文庫）〈単行本5（2008年刊）、6（2009年刊）巻を合本して文庫化〉　552円　①978-4-10-144439-0

目次 石脇城, 持舟城, 今川館, 小山城, 勝間田城, 諏訪原城, 掛川城, 韮山城, 堀越御所, 徳倉（戸倉）城, 三枚橋城, 興国寺城, 深沢城, 葛山城, 長久保城, 山中城, 長浜城, 柏久保城, 狩野（柿木）城, 下田城, 小田原城（上）, 小田原城（下）, 浦賀城, 新井城

荒崎

06536 堀口すみれ子の私のはやま道―そして逗子・横須賀・三浦 三浦半島の散歩道　堀口すみれ子著　鎌倉　かまくら春秋社　2004.10　117p　19cm〈奥付・背のタイトル：私のはやま道〉　952円　①4-7740-0278-X

目次 葉山（わが町葉山, 潮のかおりいただきます―森戸海岸・鐙摺 ほか）, 逗子（なんじゃもんじゃ―神武寺・鷹取山, いらっしゃい子供たち―披露山公園・大崎公園・浪子不動 ほか）, 横須賀（「夕日の丘」本日無料―荒崎・荒崎シーサイドコース, 訪い来て見ませ―観音崎公園・灯台 ほか）, 三浦（遊び船―城ヶ島・三崎・油壷マリンパーク, 三六〇度キャベツビュー―三浦キャベツ畑・和田長浜・三戸浜海岸 ほか）

飯泉観音〔勝福寺〕

06537 メルヘン紀行　みやこうせい著　未知谷　2005.5　237p　20cm　2200円　①4-89642-129-9

伊豆箱根鉄道大雄山線

06538 テツはこんな旅をしている―鉄道旅行再発見　野田隆著　平凡社　2014.3　222p　18cm　（平凡社新書）　760円　①978-4-582-85722-1

伊勢原市

06539 パン欲―日本全国パンの聖地を旅する　池田浩明著　世界文化社　2013.12　128p　26cm〈タイトルは奥付等による。標題紙のタイトル：私はパン欲に逆らうことができない……〉　1400円　①978-4-418-13234-8

磯子

06540 「幻の街道」をゆく　七尾和晃著　東海教育研究所　2012.7　193p　19cm〈発売：東海大学出版会〔秦野〕〉　1600円　①978-4-486-03744-6

雨山峠

06541 日本の名山　別巻 1　丹沢　串田孫一, 今井通子, 今福龍太編　博品社　1997.8　251p　19cm〈年表あり 文献あり〉　1600円　①4-938706-42-3

作品 西丹沢・雨山峠 抄〔佐瀬稔〕

海芝浦駅

06542 終着駅　宮脇俊三著　河出書房新社　2012.1　232p　15cm　（河出文庫）〈2009年刊の文庫化〉　680円　①978-4-309-41122-4

06543 終着駅への旅　JR編　櫻井寛著　JTBパブリッシング　2013.8　222p　19cm　1300円　①978-4-533-09285-5

浦賀港

06544 日本ぶらり　3　開国・開港の地を行く 1　改訂版　山下一正著　大阪　サンセン出版　2004.10　340, 6p　19cm　（日本紀行シリーズ 3）〈文献あり　2004年9月刊の改訂〉　2800円　①4-921038-07-4

浦賀城

06545 古城の風景　3　北条の城 北条水軍の城　宮城谷昌光著　新潮社　2011.4　392p　16cm　（新潮文庫）〈単行本5（2008年刊）、6（2009年刊）巻を合本して文庫化〉　552円　①978-4-10-144439-0

浦賀湾

06546 街道をゆく　42　三浦半島記　新装版　司馬遼太郎著　朝日新聞出版　2009.5　305, 8p　15cm　（朝日文庫）〈初版：朝日新聞社1998年刊〉　720円　①978-4-02-264496-1

荏柄天神社

06547 とっておきの寺社詣で　三木露風ほか著, 作品社編集部編　作品社　1998.4　251p　22cm　（新編・日本随筆紀行 大きな活字で読みやすい本―心にふるさとがある 14）　①4-87893-895-1, 4-87893-807-2
作品 荏柄天神〔広津桃子〕

江の島

06548 英国特派員の明治紀行　ハーバート・ジョージ・ポンティング著, 長岡祥三訳　新人物往来社　1988.2　217p　19cm　1800円　①4-404-01470-8

06549 シドモア日本紀行―明治の人力車ツアー　エリザ・R.シドモア著, 外崎克久訳　講談社　2002.3　476p　15cm　（講談社学術文庫）〈年譜あり〉　1350円　①4-06-159537-7

06550 ショージ君の旅行鞄―東海林さだお自選　東海林さだお著　文芸春秋　2005.2　905p　16cm　（文春文庫）　933円　①4-16-717760-9
作品 人のすき間で海水浴

06551 英国人写真家の見た明治日本―この世の楽園・日本　ハーバート・G.ポンティング著, 長岡祥三訳　講談社　2005.5　330p　15cm　（講談社学術文庫）〈肖像あり〉　1100円　①4-06-159710-8

06552 旅は人生―日本人の風景を歩く　森本哲郎著　PHP研究所　2006.12　372p　15cm　（PHP文庫）〈「旅の半空」（新潮社1997年刊）の改題〉　648円　①4-569-66745-7

06553 地球のはぐれ方―東京するめクラブ　村上春樹, 吉本由美, 都築響一著　文藝春秋　2008.5　524p　16cm　（文春文庫）　1000円　①978-4-16-750208-9
目次 魔都、名古屋に挑む, 62万ドルの夜景もまた楽し―熱海, このゆるさがとってもたまらない―ハワイ, 誰も（たぶん）知らない江の島, ああ、サハリンの灯は遠く, 清里―夢のひとつのどんづまり

06554 日本瞥見記　上　オンデマンド版　小泉八雲著, 平井呈一訳　恒文社　2009.10　438p　21cm〈初版：1975年刊〉　5100円　①978-4-7704-1137-2
作品 江の島行脚
目次 第1章 極東第一日, 第2章 弘法大師の書, 第3章 地蔵, 第4章 江の島行脚, 第5章 盆市で, 第6章 盆おどり, 第7章 神々の国の首都, 第8章 杵築―日本最古の神社, 第9章 潜戸（くけど）―子供の亡霊岩屋, 第10章 美保の関, 第11章 杵築雑記, 第12章 日ノ御碕（みさき）, 第13章 八重垣神社, 第14章 キツネ

06555 鍛える聖地　加門七海著　メディアファクトリー　2012.8　285p　19cm　（幽BOOKS）　1300円　①978-4-8401-4693-7

06556 日本その日その日　エドワード・シルヴェスター・モース著, 石川欣一訳　講談社　2013.6　339p　15cm　（講談社学術文庫）〈文献あり 著作目録あり〉　960円　①978-4-06-292178-7

06557 大東京ぐるぐる自転車　伊藤礼著　筑摩書房　2014.10　343p　15cm　（ちくま文庫）〈東海教育研究所 2011年刊に書き下ろし「堀切菖蒲園」を加えて再刊〉　880円　①978-4-480-43209-4

06558 川村万梨阿と椋本夏夜の淑女的日常　川村万梨阿, 椋本夏夜著　ホビージャパン　2015.1　111p　21cm　1800円　①978-4-7986-0921-8
目次 吉野編（桜の花を追いかけて, 夢見桜・天人桜 ほか）, 京都編（京の紅葉と美味いもの☆, 伏見稲荷でヒット祈願！ ほか）, 鎌倉・江ノ島編（淑女たちの鎌倉―美しき十二神将, 竜宮城でクラゲ&ヨガ!! ほか）, 沖縄編（神と伝説とウニ丼の美ら島へ, 世界遺産・今帰仁城跡 ほか）, 日常編（華麗なる劇人形の世界, 淑女と科学と博物館 ほか）

06559 新編 日本の面影　2　ラフカディオ・ハーン著, 池田雅之訳　KADOKAWA　2015.6　241p　15cm　（角川ソフィア文庫）〈1の出版者：角川書店　年譜あり〉　760円　①978-4-04-409486-7
作品 鎌倉・江ノ島詣で
目次 弘法大師の書, 鎌倉・江ノ島詣で, 盆市, 美保関にて, 日御碕にて, 八重垣神社, 狐, 二つの珍しい祭日, 伯耆から隠岐へ, 幽霊とお化け

06560 ちょっとそこまで旅してみよう　益田ミリ著　幻冬舎　2017.4　186p　16cm　（幻冬舎文庫）〈「ちょっとそこまでひとり旅だれかと旅」（2013年刊）の改題、書き下ろしを加え再刊〉　460円　①978-4-344-42598-9

06561 山の宿のひとり酒　太田和彦著　集英社　2017.4　289p　16cm　（集英社文庫―ニッポンぶらり旅）　660円　①978-4-08-745577-9

06562 南方熊楠―人魚の話　南方熊楠著　平凡社　2017.6　219p　19cm　（STANDARD BOOKS）〈文献あり〉　1400円　①978-4-582-53161-9
目次 山婆の髪の毛, 桃栗三年, 草花伝説, 野生食用果実, オニゲナ菌, 七種の菜粥, 蝙蝠および鳥類の花粉媒介につきて, 鹿と緬羊, カシャンボ（河童）のこと, 日月中の想像動物, 狸の金玉, 虎が人に方術を教えたこと, 水の神としての田螺, お月様の子守唄, 泣き仏, 厠で唾はくを忌む, 子供の背守と猿, 塩に関する迷信, 邪視について, 針売りのこと, 人魚の話, 人柱の話, 睡眠中に霊魂抜け出づとの迷信, 江島記行, 燕石考

江島神社

06563 地球のはぐれ方―東京するめクラブ　村上春樹, 吉本由美, 都築響一著　文藝春秋　2008.5　524p　16cm　（文春文庫）　1000円　①978-4-16-750208-9

06564 山の宿のひとり酒　太田和彦著　集英社　2017.4　289p　16cm　（集英社文庫―ニッポンぶらり旅）　660円　①978-4-08-745577-9

江ノ島電鉄線

06565 田中小実昌紀行集　田中小実昌著, 山本容朗選　JTB　2001.12　318p　20cm　2200円　①4-533-04032-2

06566 旅先でビール　川本三郎著　潮出版社　2005.11　351p　19cm　1800円　①4-267-01735-2

06567 日本全国ローカル列車ひとり旅　遠森慶文・イラスト・写真　双葉社　2005.11　253p　19cm　1500円　①4-575-29847-6

06568 路面電車全線探訪記　再版　柳沢道生著，旅行作家の会編　現代旅行研究所　2008.6　224p　21cm　（旅行作家文庫）　1800円　①978-4-87482-096-4

06569 うっかり鉄道―おんなふたり、ローカル線めぐり旅　能町みね子著　メディアファクトリー　2010.10　205p　19cm　1100円　①978-4-8401-3545-0

06570 黄昏　南伸坊，糸井重里著　新潮社　2014.4　429p 図版16p　16cm　（新潮文庫）〈東京糸井重里事務所 2009年刊の再刊〉　790円　①978-4-10-118317-6

海老名

06571 ナイトメア咲人の鈍行いくの？―五十音の旅　続　咲人著　シンコーミュージック・エンタテイメント　2012.4　233p　21cm　2381円　①978-4-401-63573-3

円覚寺

06572 土門拳の古寺巡礼　別巻 第1巻　東日本　土門拳著　小学館　1990.5　147p　26cm　1950円　①4-09-559106-4
作品 ぼくの古寺巡礼

06573 ひろさちやの古寺巡礼　ひろさちや著　小学館　2002.6　207p　20cm　1400円　①4-09-386094-7

06574 日本雑記　ブルーノ・タウト著，篠田英雄訳　中央公論新社　2008.11　368p　18cm　（中公クラシックス）〈育生社弘道閣昭和18年刊の復刻版　年譜あり〉　1800円　①978-4-12-160106-3
作品 日記抄 鎌倉

06575 百寺巡礼　第5巻　関東・信州　五木寛之著　講談社　2009.1　264p　15cm　（講談社文庫）〈文献あり　2004年刊の文庫化〉　562円　①978-4-06-276262-5

06576 古寺巡礼　辻井喬著　角川春樹事務所　2011.5　253p　16cm　（ハルキ文庫）〈2009年刊の文庫化〉　667円　①978-4-7584-3556-7

円応寺

06577 見仏記　2　仏友篇　いとうせいこう，みうらじゅん著　角川書店　1999.1　332p　15cm　（角川文庫）〈中央公論社 1995年刊の文庫化〉　724円　①4-04-184603-X

扇町駅

06578 終着駅への旅　JR編　櫻井寛著　JTBパブリッシング　2013.8　222p　19cm　1300円　①978-4-533-09285-5

大磯宿

06579 東海道でしょう！　杉江松恋，藤田香織著　幻冬舎　2013.7　407p　16cm　（幻冬舎文庫）〈文献あり〉　724円　①978-4-344-42047-2

大磯町

06580 文学の中の風景　大竹新助著　メディア・パル　1990.11　293p　21cm　2000円　①4-89610-003-4

06581 野武士、西へ―二年間の散歩　久住昌之著　集英社　2016.3　348p　16cm　（集英社文庫）〈2013年刊の文庫化〉　700円　①978-4-08-745422-2

大川駅

06582 終着駅への旅　JR編　櫻井寛著　JTBパブリッシング　2013.8　222p　19cm　1300円　①978-4-533-09285-5

大楠山

06583 街道をゆく　42　三浦半島記　新装版　司馬遼太郎著　朝日新聞出版　2009.5　305, 8p　15cm　（朝日文庫）〈初版：朝日新聞社1998年刊〉　720円　①978-4-02-264496-1

06584 久住昌之のこんどは山かい!?　関東編　久住昌之著　山と溪谷社　2013.4　191p　19cm　1200円　①978-4-635-08006-4

大さん橋国際客船ターミナル

06585 街道をゆく　21　神戸・横浜散歩、芸備の道　新装版　司馬遼太郎著　朝日新聞出版　2009.1　287, 8p　15cm　（朝日文庫）〈初版：朝日新聞社1988年刊〉　640円　①978-4-02-264474-9
目次 芸備の道（安芸門徒，三業惑乱，川と里，町役場，元就の枯骨，猿掛城の女人，西浦の里，高林坊，三次へ，水辺の民，岩脇古墳，鉄穴流し，鳳源寺），神戸散歩（居留地，布引の水，生田川，陳徳仁氏の館長室，西洋佳人の墓，青丘文庫），横浜散歩（吉田橋のほとり，語学所跡，海と煉瓦，路傍の大砲，光と影）

大室山

06586 日本の名山　別巻 1　丹沢　串田孫一，今井通子，今福龍太編　博品社　1997.8　251p　19cm〈年表あり 文献あり〉　1600円　①4-938706-42-3
作品 大室山〔横山厚夫〕

大山

06587 百霊峰巡礼　第1集　立松和平著　東京新聞出版局　2006.7　299p　20cm　1800円　①4-8083-0854-1

大涌谷

06588 誰も行けない温泉 前人未（湯）　大原利雄著　小学館　2004.1　169p　15cm　（小学館文庫）　733円　①4-09-411526-9

06589 東京随筆　赤瀬川原平著　毎日新聞社　2011.3　269p　20cm　1800円　①978-4-620-32052-6

小田原駅

06590 東海道新幹線各駅停車の旅　甲斐みのり著　ウェッジ　2013.6　175p　21cm　1400円　①978-4-86310-111-1

小田原市

06591 平成お徒歩日記　宮部みゆき著　新潮社　2001.1　275p　15cm　（新潮文庫）　476円　①4-10-136921-6

06592 山の旅　明治・大正篇　近藤信行編　岩波書店　2003.9　445p　15cm　（岩波文庫）　700円　①4-00-311702-6
作品 旅の旅の旅〔正岡子規〕

06593 お伽の国―日本―海を渡ったトルストイの娘　アレクサンドラ・トルスタヤ著, ふみ子・デイヴィス訳　群像社　2007.6　204p　20cm〈肖像あり〉　2000円　①978-4-903619-05-7

06594 我もまた渚を枕―東京近郊ひとり旅　川本三郎著　筑摩書房　2009.7　286p　15cm（ちくま文庫）〈晶文社2004年刊あり〉　820円　①978-4-480-42620-8

06595 箱根駅伝を歩く　泉麻人著　平凡社　2012.11　223p　19cm〈文献あり〉　1500円　①978-4-582-83594-6

06596 鏡花紀行文集　泉鏡花著, 田中励儀編　岩波書店　2013.12　454p　15cm　（岩波文庫）〈底本：鏡花全集 第27巻・第28巻（1942年刊）〉　900円　①978-4-00-312719-3

06597 テツはこんな旅をしている―鉄道旅行再発見　野田隆著　平凡社　2014.3　222p　18cm（平凡社新書）　760円　①978-4-582-85722-1

06598 ふらり旅 いい酒 いい肴　1　太田和彦著　主婦の友社　2015.1　135p　21cm　1400円　①978-4-07-299000-1

06599 アゴの竹輪とドイツビール―ニッポンぶらり旅　太田和彦著　集英社　2015.7　259p　16cm　（集英社文庫）〈「太田和彦のニッポンぶらり旅 2」（毎日新聞社 2013年刊）の改題〉　600円　①978-4-08-745342-3

06600 野武士、西へ―二年間の散歩　久住昌之著　集英社　2016.3　348p　16cm　（集英社文庫）〈2013年刊の文庫化〉　700円　①978-4-08-745422-2

小田原宿

06601 東海道 居酒屋五十三次　太田和彦著, 村松誠画　小学館　2007.6　322p　15cm　（小学館文庫）〈2003年刊の単行本「東海道 居酒屋膝栗毛」の改題、文庫化〉　571円　①978-4-09-408176-3

06602 東海道でしょう！　杉江松恋, 藤田香織著　幻冬舎　2013.7　407p　16cm　（幻冬舎文庫）〈文献あり〉　724円　①978-4-344-42047-2

小田原城

06603 日本名城紀行　2　南関東・東海 天下を睨む覇城　小学館　1989.5　293p　15cm　600円　①4-09-401202-8

06604 廃墟となった戦国名城　澤宮優著　河出書房新社　2010.12　193p　20cm〈文献あり〉　1700円　①978-4-309-22535-7
目次 第1章 織田信長の廃城（天皇行幸を用意した信長の「安土城」），第2章 廃墟となった天下人・秀吉の城（地中に埋もれた、太閤殿下の象徴「大坂城」，地下に埋もれた天下の名城「聚楽第」，今はなき秀吉最期の城「伏見城」，朝鮮出兵の、石垣のみ遺る「肥前名護屋城」），第3章 徳川家康ゆかりの隠れた名城（若き日の家康が攻め込んだ隠居城「駿府城」），第4章 天下人と渡り合った名将の城（秀吉に滅ぼされた北条氏の「小田原城」，徳川の大軍を二度破った信州真田の要塞「上田城」，島原の乱の激戦地「原城」）

06605 古城の風景　3　北条の城 北条水軍の城　宮城谷昌光著　新潮社　2011.4　392p　16cm（新潮文庫）〈単行本5（2008年刊）、6（2009年刊）巻を合本して文庫化〉　552円　①978-4-10-144439-0

海外町（三浦市）

06606 ふらり珍地名の旅　今尾恵介著　筑摩書房　2015.2　216, 4p　19cm〈索引あり〉　1500円　①978-4-480-87882-3

覚園寺

06607 見仏記　2　仏友篇　いとうせいこう, みうらじゅん著　角川書店　1999.1　332p　15cm（角川文庫）〈中央公論社 1995年刊の文庫化〉　724円　①4-04-184603-X

神奈川

06608 東京ワンデイスキマ旅　カベルナリア吉田著　彩流社　2013.11　222p　21cm　1900円　①978-4-7791-1955-2

神奈川宿

06609 東海道でしょう！　杉江松恋, 藤田香織著　幻冬舎　2013.7　407p　16cm　（幻冬舎文庫）〈文献あり〉　724円　①978-4-344-42047-2

鎌倉駅

06610 駅の旅　その2　種村直樹著　自由国民社　2000.1　307p　19cm　1600円　①4-426-87902-7
目次 ぐるり四国気まぐれ列車（鎌倉駅弁を蒲田で求め機内で食す，安芸線廃線跡と阿佐線高架を見て，馬路村の復元森林鉄道とインクライン，悪路のスイッチバック駅へハンドル ほか），駅の旅（空港アクセス駅，ホテルと直結の駅，山に挑む駅，優雅な駅 ほか）

鎌倉市

06611 英国特派員の明治紀行　ハーバート・ジョージ・ポンティング著, 長岡祥三訳　新人物往来社　1988.2　217p　19cm　1800円　①4-404-01470-8

06612 わが町わが旅　永井路子著　中央公論社　1990.1　292p　15cm　（中公文庫）　440円　①4-12-201677-0

06613 秋の日本　ピエール・ロチ著, 村上菊一郎訳, 吉氷清訳　角川書店　1990.11　254p　15cm　（角川文庫）〈第5刷（第1刷：昭和28年）〉　495円　①4-04-203101-3

06614 太平記紀行―鎌倉・吉野・笠置・河内　永井路子著　中央公論社　1990.12　205p　15cm　（中公文庫）　420円　①4-12-201770-X

(目次) 序章 南国のドゥオモにて, 異例なる王者登場す, 正成をさがす, 秘境十津川

06615 エンピツ絵描きの一人旅 安西水丸著 新潮社 1991.10 213p 19cm 1300円 ①4-10-373602-X

06616 貧困旅行記 新版 つげ義春著 新潮社 1995.4 281p 15cm (新潮文庫)〈晶文社 1991年刊あり〉 520円 ①4-10-132812-9
(作品) 鎌倉随歩

06617 ふるさと―この国は特別に美しい ジョニー・ハイマス著 ユーリーグ 1995.4 193p 18cm (U・LEAG BOOK) 1200円 ①4-946491-01-5

06618 地図あるきの旅 今尾恵介著 朝日ソノラマ 1996.5 194p 21cm 1600円 ①4-257-03483-1

06619 海・森・人 鎌倉 松岡達英作 大日本図書 1997.5 47p 30cm (日本自然探険の旅 3) 3000円 ①4-477-00758-2
(内容) 自然観察描写の第一人者、ナチュラリストの松岡達英氏が、日本の自然探険に旅立った。その驚きと不思議発見の日々を、心をこめて描きつづった"日本自然探険の旅"。

06620 繁栄TOKYO裏通り 久田恵著 文芸春秋 1997.5 309p 136cm 1714円 ①4-16-352870-9

06621 平安鎌倉史紀行 宮脇俊三著 講談社 1997.12 447p 15cm (講談社文庫)〈年表あり 1994年刊の文庫化〉 657円 ①4-06-263660-3

06622 山に親しむ 川端康成ほか著, 作品社編集部編 作品社 1998.4 246p 22cm (新編・日本随筆紀行 大きな活字で読みやすい本―心にふるさとがある 2) ①4-87893-808-0, 4-87893-807-2
(作品) 鎌倉アルプス〔川端康成〕

06623 閑古堂の絵葉書散歩 東編 林丈二著 小学館 1999.4 123p 21cm (SHOTOR TRAVEL) 1500円 ①4-09-343138-8
(作品) いつもと違う鎌倉―神奈川

06624 日蓮紀行―世直しの道を訪ねて 武田京三文・写真 まどか出版 2000.10 190p 21cm〈年譜あり〉 1800円 ①4-944235-02-X

06625 永井路子の私のかまくら道―鎌倉の歴史と陰 改訂版 永井路子著 鎌倉 かまくら春秋社 2001.4 175p 19cm〈肖像あり〉 850円 ①4-7740-0164-3
(目次) うたかたの道(はじめに道ありき, うたかたの道 ほか), つわものども追想(やすらぎをもとめて, つわものども追想 ほか), 海の素顔(祇園山遠景, 辻説法址から ほか), 修験者の滝(木もれ陽の降る日に, 鎌倉のアルプス ほか)

06626 碧い眼の太郎冠者 ドナルド・キーン著 中央公論新社 2001.7 188p 21cm (Chuko on demand books) 2000円 ①4-12-550026-6
(作品) 鎌倉やぐら紀行

06627 シドモア日本紀行―明治の人力車ツアー エリザ・R.シドモア著, 外崎克久訳 講談社 2002.3 476p 15cm (講談社学術文庫)〈年譜あり〉 1350円 ①4-06-159537-7

06628 歴史探訪を愉しむ 童門冬二著 実教教育出版 2002.6 261p 20cm 1500円 ①4-7889-0701-1

06629 日本の食材おいしい旅 向笠千恵子著 集英社 2003.7 250p 18cm (集英社新書) 700円 ①4-08-720202-X

06630 室町戦国史紀行 宮脇俊三著 講談社 2003.12 405p 15cm (講談社文庫)〈年表あり 2000年刊の文庫化〉 695円 ①4-06-273918-6

06631 夢追い俳句紀行 大高翔著 日本放送出版協会 2004.4 237p 19cm 1300円 ①4-14-016126-4

06632 お寺散歩―もう一度あのお寺に行こう 沢野ひとし著 新日本出版社 2005.1 134p 18cm 1600円 ①4-406-03130-8

06633 ショージ君の旅行鞄―東海林さだお自選 東海林さだお著 文芸春秋 2005.2 905p 16cm (文春文庫) 933円 ①4-16-717760-9
(作品) われは海の子 鎌倉往還記 鎌倉往還記

06634 英国人写真家の見た明治日本―この世の楽園・日本 ハーバート・G.ポンティング著, 長岡祥三訳 講談社 2005.5 330p 15cm (講談社学術文庫)〈肖像あり〉 1100円 ①4-06-159710-8

06635 ひとりたび1年生―2005-2006 たかぎなおこ著 メディアファクトリー 2006.12 144p 21cm 1000円 ①4-8401-1754-3

06636 ぶらぶらヂンヂン古書の旅 北尾トロ著 文藝春秋 2009.6 239p 16cm (文春文庫)〈風塵社2007年刊の増補〉 590円 ①978-4-16-775383-2

06637 東京飄然 町田康著 中央公論新社 2009.11 374p 16cm (中公文庫) 800円 ①978-4-12-205224-6

06638 みちくさ 菊池亜希子著 小学館 2010.2 111p 21cm 950円 ①978-4-09-342382-3

06639 名探偵浅見光彦の食いしん坊紀行 内田康夫著 実業之日本社 2010.10 257p 16cm (実業之日本社文庫)〈2000年刊の再編集〉 724円 ①978-4-408-55000-8

06640 徒歩旅行―今日読んで明日旅する12の町 若菜晃子編著 暮しの手帖社 2011.9 136p 28cm (暮しの手帖別冊) 762円

06641 平家巡礼 上原まり著 光文社 2011.12 240p 16cm (光文社知恵の森文庫) 667円 ①978-4-334-78595-6
(目次) 春の章 栄えの地(祇園精舎―無常の鐘, 六波羅―栄華の地 ほか), 夏の章 戦さの地(九条河原口―独裁者の死, 厳島―海上の浄土 ほか), 秋の章 敗れの地(竹生島―袖の白龍, 俊成邸―忠度都落ち ほか), 冬の章 滅びの地(那智浦―維盛の入水, 鎌倉――夜の恋 ほか)

06642 パン欲―日本全国パンの聖地を旅する 池田浩明著 世界文化社 2013.12 128p 26cm〈タイトルは奥付等による。標題紙のタイトル：私はパン欲に逆らうことができない……〉

関東

1400円 ①978-4-418-13234-8

06643 黄昏 南伸坊, 糸井重里著 新潮社 2014.4 429p 図版16p 16cm (新潮文庫)〈東京糸井重里事務所 2009年刊の再刊〉 790円 ①978-4-10-118317-6

06644 藤原正彦、美子のぶらり歴史散歩 藤原正彦, 藤原美子著 文藝春秋 2014.9 223p 16cm (文春文庫)〈2012年刊の文庫化〉 540円 ①978-4-16-790192-9

06645 ぷらっぷらある記 銀色夏生著 幻冬舎 2014.12 278p 16cm (幻冬舎文庫) 600円 ①978-4-344-42275-9

06646 ふらり旅 いい酒 いい肴 1 太田和彦著 主婦の友社 2015.1 135p 21cm 1400円 ①978-4-07-299000-1

06647 アゴの竹輪とドイツビール―ニッポンぶらり旅 太田和彦著 集英社 2015.7 259p 16cm (集英社文庫)〈「太田和彦のニッポンぶらり旅 2」(毎日新聞社 2013年刊)の改題〉 600円 ①978-4-08-745342-3

06648 今日の空の色 小川糸著 幻冬舎 2015.8 166p 16cm (幻冬舎文庫) 460円 ①978-4-344-42370-1

目次 好きな人といつまでも―1月11日, さようなら、私―2月5日, ちえこばーちゃんとくじら餅―2月13日, あと一回―2月26日, 新潟へ―3月8日, ふるさと―3月27日, ひとしお―4月5日, とびっきりの一日―4月14日, 羽ばたきの練習―4月15日, 私のストールが―4月22日〔ほか〕

06649 日中の120年文芸・評論作品選 4 断交と連帯 1945-1971 張競, 村田雄二郎編 岩波書店 2016.6 327p 22cm 4200円 ①978-4-00-027224-7

作品 日本紀行〔謝冰心〕

目次 1 悔恨と反省, 2 中国革命への憧憬, 3 まなざしの変化―日本の前途(梅汝璈著, 及川淳子訳), 日本紀行(謝冰心著, 飯塚容訳), 日本人民の貴重な芸術の結晶(梅蘭芳著, 飯塚容訳), 日本瑣記〈抄〉(呉半農著, 及川淳子訳), 鎌倉から持ち帰った写真(巴金著, 鈴木将久訳), 4 赤い国への旅人, 5 文化大革命への礼讃と反発

06650 南方熊楠―人魚の話 南方熊楠著 平凡社 2017.6 219p 19cm (STANDARD BOOKS)〈文献あり〉 1400円 ①978-4-582-53161-9

鎌倉の大仏〔高徳院〕

06651 見仏記 2 仏友篇 いとうせいこう, みうらじゅん著 角川書店 1999.1 332p 15cm (角川文庫)〈中央公論社 1995年刊の文庫化〉 724円 ①4-04-184603-X

06652 にっぽん大仏さがし 坂原弘康著 新風舎 1999.8 54p 16×13cm (新風選書) 580円 ①4-7974-0994-0

06653 キプリングの日本発見 ラドヤード・キプリング著, ヒュー・コータッツィ, ジョージ・ウェッブ編, 加納孝代訳 中央公論新社 2002.6 535p 20cm 4500円 ①4-12-003282-5

目次 1 一八八九年(明治二十二)四月十五日―五月二十八日(日本へ向かうキプリング, 長崎, 瀬戸内海、神戸, 神戸 ほか), 2 一八九二年(明治二十五)四月二十日―六月二十七日(東洋の最先端、および詩「鎌倉の大仏」, 海外で暮らす西欧人、および詩「躓きの石」, 地震の話, 六点の絵画、および詩「最後の絵」 ほか)

06654 日本雑記 ブルーノ・タウト著, 篠田英雄訳 中央公論新社 2008.11 368p 18cm (中公クラシックス)〈育生社弘道閣昭和18年刊の復刻版 年譜あり〉 1800円 ①978-4-12-160106-3

作品 日記抄 鎌倉

06655 百寺巡礼 第5巻 関東・信州 五木寛之著 講談社 2009.1 264p 15cm (講談社文庫)〈文献あり 2004年刊の文庫化〉 562円 ①978-4-06-276262-5

06656 東京随筆 赤瀬川原平著 毎日新聞社 2011.3 269p 20cm 1800円 ①978-4-620-32052-6

06657 黄昏 南伸坊, 糸井重里著 新潮社 2014.4 429p 図版16p 16cm (新潮文庫)〈東京糸井重里事務所 2009年刊の再刊〉 790円 ①978-4-10-118317-6

上多賀

06658 日本雑記 ブルーノ・タウト著, 篠田英雄訳 中央公論新社 2008.11 368p 18cm (中公クラシックス)〈育生社弘道閣昭和18年刊の復刻版 年譜あり〉 1800円 ①978-4-12-160106-3

作品 日本の四季 夏―漁村

川崎市

06659 鎌田慧の記録 1 日本列島を往く 鎌田慧著 岩波書店 1991.5 321p 19cm 2500円 ①4-00-004111-8

06660 染めと織りと祈り 立松和平著 アスペクト 2000.3 261p 21cm 2200円 ①4-7572-0705-0

06661 我もまた渚を枕―東京近郊ひとり旅 川本三郎著 筑摩書房 2009.7 286p 15cm (ちくま文庫)〈晶文社2004年刊あり〉 820円 ①978-4-480-42620-8

06662 吉田観覧車 吉田戦車著 講談社 2009.12 179p 15cm (講談社文庫) 524円 ①978-4-06-276543-5

06663 なにもない旅 なにもしない旅 雨宮処凛著 光文社 2010.9 222p 16cm (光文社知恵の森文庫) 686円 ①978-4-334-78564-2

06664 ふらっと朝湯酒 久住昌之著 カンゼン 2014.2 199p 19cm 1300円 ①978-4-86255-226-6

川崎宿

06665 東海道でしょう! 杉江松恋, 藤田香織著 幻冬舎 2013.7 407p 16cm (幻冬舎文庫)〈文献あり〉 724円 ①978-4-344-42047-2

寛政町

06666 昼のセント酒 久住昌之著 カンゼン 2011.12 207p 19cm〈画:和泉晴紀〉 1300円 ①978-4-86255-115-3

観音崎

06667 日本ぶらり 3 開国・開港の地を行く 1 改訂版 山下一正著 大阪 サンセン出版 2004.10 340, 6p 19cm (日本紀行シリーズ 3)〈文献あり 2004年9月刊の改訂〉 2800円 ①4-921038-07-4

観音埼灯台

06668 堀口すみれ子の私のはやま道―そして逗子・横須賀・三浦 三浦半島の散歩道 堀口すみれ子著 鎌倉 かまくら春秋社 2004.10 117p 19cm〈奥付・背のタイトル：私のはやま道〉 952円 ①4-7740-0278-X

祇園山

06669 永井路子の私のかまくら道―鎌倉の歴史と陰 改訂版 永井路子著 鎌倉 かまくら春秋社 2002.4 175p 19cm〈肖像あり〉 850円 ①4-7740-0164-3

北鎌倉

06670 極楽トンボのハミング紀行 岳真也著 廣済堂出版 1990.7 267p 19cm (TRAVEL ESSAYS'80) 1000円 ①4-331-50292-9

衣笠山

06671 街道をゆく 42 三浦半島記 新装版 司馬遼太郎著 朝日新聞出版 2009.5 305, 8p 15cm (朝日文庫)〈初版：朝日新聞社1998年刊〉 720円 ①978-4-02-264496-1

金時山

06672 初めての山へ六〇年後に 本多勝一著 山と溪谷社 2009.11 221p 22cm 2000円 ①978-4-635-33044-2

06673 ぷらっぷらある記 銀色夏生著 幻冬舎 2014.12 278p 16cm (幻冬舎文庫) 600円 ①978-4-344-42275-9

鵠沼

06674 我もまた渚を枕―東京近郊ひとり旅 川本三郎著 筑摩書房 2009.7 286p 15cm (ちくま文庫)〈晶文社2004年刊あり〉 820円 ①978-4-480-42620-8

久里浜

06675 街道をゆく 42 三浦半島記 新装版 司馬遼太郎著 朝日新聞出版 2009.5 305, 8p 15cm (朝日文庫)〈初版：朝日新聞社1998年刊〉 720円 ①978-4-02-264496-1

久里浜駅

06676 終着駅への旅 JR編 櫻井寛著 JTBパブリッシング 2013.8 222p 19cm 1300円 ①978-4-533-09285-5

久里浜港

06677 日本ぶらり 3 開国・開港の地を行く 1 改訂版 山下一正著 大阪 サンセン出版 2004.10 340, 6p 19cm (日本紀行シリーズ 3)〈文献あり 2004年9月刊の改訂〉 2800円 ①4-921038-07-4

玄倉谷

06678 むかしの山旅 今福龍太編 河出書房新社 2012.4 304p 15cm (河出文庫) 760円 ①978-4-309-41144-6

作品 玄倉谷から丹沢山へ〔松井幹雄〕

京急久里浜線

06679 全国私鉄特急の旅 小川裕夫著 平凡社 2006.10 229p 18cm (平凡社新書) 840円 ①4-582-85343-9

建長寺

06680 貧困旅行記 新版 つげ義春著 新潮社 1995.4 281p 15cm (新潮文庫)〈晶文社1991年刊あり〉 520円 ①4-10-132812-9

作品 鎌倉随歩

06681 とっておきの寺社詣で 三木露風ほか著, 作品社編集部編 作品社 1998.4 251p 22cm (新編・日本随筆紀行 大きな活字で読みやすい本―心にふるさとがある 14) ①4-87893-895-1, 4-87893-807-2

作品 山内雑感〔大佛次郎〕

06682 見仏記 2 仏友篇 いとうせいこう, みうらじゅん著 角川書店 1999.1 332p 15cm (角川文庫)〈中央公論社 1995年刊の文庫化〉 724円 ①4-04-184603-X

06683 ひろさちやの古寺巡礼 ひろさちや著 小学館 2002.6 207p 20cm 1400円 ①4-09-386094-7

06684 百寺巡礼 第5巻 関東・信州 五木寛之著 講談社 2009.1 264p 15cm (講談社文庫)〈文献あり 2004年刊の文庫化〉 562円 ①978-4-06-276262-5

06685 海のうた 山のこえ―書家・金澤翔子祈りの旅 金澤泰子, 金澤翔子著 佼成出版社 2013.3 126p 図版16p 20cm 1500円 ①978-4-333-02598-5

国府津

06686 山の旅 明治・大正篇 近藤信行編 岩波書店 2003.9 445p 15cm (岩波文庫) 700円 ①4-00-311702-6

作品 旅の旅の旅〔正岡子規〕

06687 新発見 より道街あるき 大竹誠著 パロル舎 2008.6 187p 21cm 1600円 ①978-4-89419-073-3

光明寺(鎌倉市)

06688 見仏記 2 仏友篇 いとうせいこう, みうらじゅん著 角川書店 1999.1 332p 15cm (角川文庫)〈中央公論社 1995年刊の文庫化〉 724円 ①4-04-184603-X

06689 お寺散歩―もう一度あのお寺に行こう 沢野ひとし著 新日本出版社 2005.1 134p 18cm 1600円 ①4-406-03130-8

06690 サンドウィッチは銀座で 平松洋子著,

関東

谷口ジロー画　文藝春秋　2013.7　245p　16cm（文春文庫）〈2011年刊の文庫化〉　550円　①978-4-16-783869-0

黄金町

06691　色街を呑む！―日本列島レトロ紀行　勝谷誠彦著　祥伝社　2006.2　284p　15cm（祥伝社文庫）　600円　①4-396-33271-8

06692　我もまた渚を枕―東京近郊ひとり旅　川本三郎著　筑摩書房　2009.7　286p　15cm（ちくま文庫）〈晶文社2004年刊あり〉　820円　①978-4-480-42620-8

国道駅

06693　うっかり鉄道―おんなふたり、ローカル線めぐり旅　能町みね子著　メディアファクトリー　2010.10　205p　19cm　1100円　①978-4-8401-3545-0

極楽寺坂

06694　街道をゆく　42　三浦半島記　新装版　司馬遼太郎著　朝日新聞出版　2009.5　305, 8p　15cm（朝日文庫）〈初版：朝日新聞社1998年刊〉　720円　①978-4-02-264496-1

腰越漁港

06695　原風景のなかへ　安野光雅著　山川出版社　2013.7　215p　20cm　1600円　①978-4-634-15044-7

御殿場線

06696　車窓はテレビより面白い　宮脇俊三著　徳間書店　1992.8　254p　15cm（徳間文庫）〈1989年刊の文庫化〉　460円　①4-19-597265-5

寿町

06697　我もまた渚を枕―東京近郊ひとり旅　川本三郎著　筑摩書房　2009.7　286p　15cm（ちくま文庫）〈晶文社2004年刊あり〉　820円　①978-4-480-42620-8

小町大路

06698　日蓮紀行―世直しの道を訪ねて　武田京三文・写真　まどか出版　2000.10　190p　21cm〈年譜あり〉　1800円　①4-944235-02-X

御霊神社

06699　禁足地帯の歩き方　吉田悠軌著　学研プラス　2017.11　175p　19cm　1000円　①978-4-05-406602-1

権太坂

06700　箱根駅伝を歩く　泉麻人著　平凡社　2012.11　223p　19cm〈文献あり〉　1500円　①978-4-582-83594-6

最乗寺

06701　テツはこんな旅をしている―鉄道旅行再発見　野田隆著　平凡社　2014.3　222p　18cm（平凡社新書）　760円　①978-4-582-85722-1

相模湖

06702　日本旅行日記　1　アーネスト・サトウ著, 庄田元男訳　平凡社　1992.1　316p　18cm（東洋文庫）　2781円　①4-582-80544-2
　作品　富士山麓で神道を勉強

06703　歩く人　久住昌之著　マガジンハウス　1993.2　171p　19cm　1300円　①4-8387-0384-8

06704　川に遊び 湖をめぐる　千葉七郎ほか著, 作品社編集部編　作品社　1998.4　254p　22cm（新編・日本随筆紀行 大きな活字で読みやすい本―心にふるさとがある 3）　①4-87893-809-9, 4-87893-807-2
　作品　相模湖〔室伏高信〕

06705　東京都三多摩原人　久住昌之著　朝日新聞出版　2016.1　302p　19cm　1600円　①978-4-02-251318-2

相模湖駅

06706　怪しい駅 懐かしい駅―東京近郊駅前旅行　長谷川裕文, 村上健絵　草思社　2013.8　181p　19cm　1600円　①978-4-7942-1996-1

相模原市

06707　ある出版人の日本紀行　尹炯斗著, 舘野晳訳　出版ニュース社　2006.10　237p　20cm〈年譜あり〉　2000円　①4-7852-0124-X

相模湾

06708　関東を歩く　立松和平著, 黒古一夫編　勉誠出版　2006.4　320p　22cm（立松和平日本を歩く 第2巻）　2600円　①4-585-01172-2

06709　わしらは怪しい雑魚釣り隊　椎名誠著　新潮社　2009.5　334p　16cm（新潮文庫）〈マガジン・マガジン平成20年刊の加筆訂正〉　552円　①978-4-10-144832-9

06710　わしらは怪しい雑魚釣り隊　サバダバサバダバ篇　椎名誠著　新潮社　2010.5　376p　16cm（新潮文庫）〈『怪しい雑魚釣り隊 続』（マガジン・マガジン平成21年刊）の改題〉　552円　①978-4-10-144835-0

06711　ドフライン・日本紀行　フランツ・ドフライン著, 林和弘訳　水産無脊椎動物研究所　2011.9　234p　27cm〈著作目録あり　発売：松香堂書店［京都］〉　5000円　①978-4-87974-651-1

桜木町

06712　ナイトメア咲人の鈍行いくの？―五十音の旅　咲人著　シンコーミュージック・エンタテイメント　2009.7　161p　21cm　1905円　①978-4-401-63307-4

06713　アゴの竹輪とドイツビール―ニッポンぶらり旅　太田和彦著　集英社　2015.7　259p　16cm（集英社文庫）〈「太田和彦のニッポンぶらり旅 2」（毎日新聞社 2013年刊）の改題〉　600円　①978-4-08-745342-3

佐島

06714 おれたちを笑うな！―わしらは怪しい雑魚釣り隊 椎名誠著 小学館 2015.8 377p 15cm （小学館文庫）〈2013年刊の加筆・修正〉 670円 ①978-4-09-406194-9

寒川町

06715 東京ワンデイスキマ旅 カベルナリア吉田著 彩流社 2013.11 222p 21cm 1900円 ①978-4-7791-1955-2

猿島

06716 あやしい探検隊 不思議島へ行く 椎名誠著 角川書店 1993.7 307p 15cm （角川文庫） 560円 ①4-04-151008-2

06717 1泊2日の小島旅 カベルナリア吉田文・写真 阪急コミュニケーションズ 2009.4 199p 19cm 1600円 ①978-4-484-09207-2

06718 鍋釜天幕団ジープ焚き火旅―あやしい探検隊さすらい篇 椎名誠編 KADOKAWA 2015.2 187p 15cm （角川文庫）〈本の雑誌社1999年刊の加筆修正〉 440円 ①978-4-04-102321-1

塩川鉱泉

06719 貧困旅行記 新版 つげ義春著 新潮社 1995.4 281p 15cm （新潮文庫）〈晶文社1991年刊あり〉 520円 ①4-10-132812-9
作品 丹沢の鉱泉

06720 日本の名山 別巻1 丹沢 串田孫一, 今井通子, 今福龍太編 博品社 1997.8 251p 19cm〈年表あり 文献あり〉 1600円 ①4-938706-42-3
作品 丹沢の鉱泉〔つげ義春〕

06721 ちいさな桃源郷 池内紀編 幻戯書房 2003.9 267p 20cm 2300円 ①4-901998-05-6
作品 塩川鉱泉〔上田哲農〕

06722 温泉天国 嵐山光三郎, 荒俣宏, 池内紀, 池波正太郎, 井伏鱒二, 植村直己, 岡本かの子, 岡本綺堂, 小川未明, 角田光代, 川端康成, 川本三郎, 北杜夫, 斎藤茂太, 坂口安吾, 高村光太郎, 武田百合子, 太宰治, 田辺聖子, 種村季弘, 田村隆一, 田山花袋, つげ義春, 平林たい子, 松本英子, 村上春樹, 室生犀星, 山下清, 柳美里, 横尾忠則, 吉川英治, 四谷シモン著 河出書房新社 2017.12 237p 19cm （ごきげん文藝） 1600円 ①978-4-309-02642-8
作品 丹沢の鉱泉〔つげ義春〕

七里ヶ浜

06723 黄昏 南伸坊, 糸井重里著 新潮社 2014.4 429p 図版16p 16cm （新潮文庫）〈東京糸井重里事務所 2009年刊の再刊〉 790円 ①978-4-10-118317-6

下曽我駅

06724 文学の中の駅―名作が語る“もうひとつの鉄道史” 原口隆行著 国書刊行会 2006.7 327p 20cm 2000円 ①4-336-04785-5

城ヶ島

06725 一枚の絵葉書 沢野ひとし著 角川書店 1999.7 246p 15cm （角川文庫） 552円 ①4-04-181310-7

06726 堀口すみれ子の私のはやま道―そして逗子・横須賀・三浦 三浦半島の散歩道 堀口すみれ子著 鎌倉 かまくら春秋社 2004.10 117p 19cm〈奥付・背のタイトル：私のはやま道〉 952円 ①4-7740-0278-X

06727 わしらは怪しい雑魚釣り隊 椎名誠著 新潮社 2009.5 334p 16cm （新潮文庫）〈マガジン・マガジン平成20年刊の加筆訂正〉 552円 ①978-4-10-144832-9

城ヶ島西沖

06728 釣って開いて干して食う。 嵐山光三郎著 光文社 2010.4 274p 16cm （光文社文庫） 571円 ①978-4-334-74769-5

精進ヶ池

06729 漂う―古い土地 新しい場所 黒井千次著 毎日新聞社 2013.8 175p 20cm 1600円 ①978-4-620-32221-6

浄智寺

06730 紀行文集 無明一杖 上甲平谷著 谷沢書房 1988.7 339p 19cm 2500円

湘南

06731 日本温泉めぐり 田山花袋著 角川春樹事務所 1997.11 324p 16cm （ランティエ叢書 8）〈「温泉めぐり」(博文館1991年刊)の改題〉 1000円 ①4-89456-087-9

06732 温泉めぐり 田山花袋著 岩波書店 2007.6 379p 15cm （岩波文庫） 800円 ①978-4-00-310217-6

06733 わしらは怪しい雑魚釣り隊 椎名誠著 新潮社 2009.5 334p 16cm （新潮文庫）〈マガジン・マガジン平成20年刊の加筆訂正〉 552円 ①978-4-10-144832-9

06734 私の海の地図 石原慎太郎著 世界文化社 2015.10 319p 20cm 3000円 ①978-4-418-15514-9

湘碧山房

06735 文豪、偉人の「愛」をたどる旅 黛まどか著 集英社 2009.8 255p 18cm 1048円 ①978-4-08-781427-9

神武寺

06736 堀口すみれ子の私のはやま道―そして逗子・横須賀・三浦 三浦半島の散歩道 堀口すみれ子著 鎌倉 かまくら春秋社 2004.10 117p 19cm〈奥付・背のタイトル：私のはやま道〉 952円 ①4-7740-0278-X

新横浜駅

06737 東海道新幹線各駅停車の旅　甲斐みのり著　ウェッジ　2013.6　175p　21cm　1400円　①978-4-86310-111-1

逗子市

06738 堀口すみれ子の私のはやま道—そして逗子・横須賀・三浦 三浦半島の散歩道　堀口すみれ子著　鎌倉　かまくら春秋社　2004.10　117p　19cm〈奥付・背のタイトル：私のはやま道〉　952円　①4-7740-0278-X

06739 鏡花紀行文集　泉鏡花著, 田中励儀編　岩波書店　2013.12　454p　15cm　(岩波文庫)〈底本：鏡花全集 第27巻・第28巻(1942年刊)〉　900円　①978-4-00-312719-3

作品 手帳四五枚

逗子湾

06740 私の海の地図　石原慎太郎著　世界文化社　2015.10　319p　20cm　3000円　①978-4-418-15514-9

銭洗弁財天

06741 とっておきの寺社詣で　三木露風ほか著, 作品社編集部編　作品社　1998.4　251p　22cm　(新編・日本随筆紀行 大きな活字で読みやすい本—心にふるさとがある 14)　①4-87893-895-1, 4-87893-807-2

作品 銭洗い〔横山隆一〕

仙石原温泉

06742 秘湯を求めて　3　きわめつけの秘湯　藤嶽彰英著　(大阪)保育社　1990.1　194p　19cm　1350円　①4-586-61103-0

鷹取山

06743 堀口すみれ子の私のはやま道—そして逗子・横須賀・三浦 三浦半島の散歩道　堀口すみれ子著　鎌倉　かまくら春秋社　2004.10　117p　19cm〈奥付・背のタイトル：私のはやま道〉　952円　①4-7740-0278-X

丹沢

06744 日本旅行日記　2　アーネスト・メイスン・サトウ著, 庄田元男訳　平凡社　1992.6　334p　18cm　(東洋文庫)　2884円　①4-582-80550-7

06745 日本の名山　別巻 1　丹沢　串田孫一, 今井通子, 今福龍太編　博品社　1997.8　251p　19cm〈年表あり 文献あり〉　1600円　①4-938706-42-3

作品 しぶきをあびて 西丹沢の谷と峰〔石川治郎〕　ヤビツ峠〔直良信夫〕　雨の丹沢奥山〔上田哲農〕　玄倉谷から丹沢山へ〔松井幹雄〕　孤児と住む心の丹沢〔城山三郎〕　秋の山行 丹沢・蛭ガ岳〔不破哲三〕　西丹沢・雨山峠 抄〔佐瀬稔〕　西丹沢三つの滝 初登攀の記録〔南博人〕　相州の雨降山〔大町桂月〕　大室山〔横山厚夫〕　丹沢・勘七沢遡行 久し振りの表丹沢に遊ぶ〔野口冬人〕　丹沢・水無川本谷遡行—塔ノ岳〔花畑日尚〕　丹沢・沢登り挑戦記〔みなみらんぼう〕　丹沢の七不思議〔ハンス・シュトルテ〕　丹沢の森 丹沢山塊山頂部のブナ原生林〔石橋睦美〕　丹沢山〔深田久弥〕　丹沢山〔武田久吉〕　矢倉岳と御正体山〔三田幸夫〕　游秦野記〔柳田國男〕

06746 みなみらんぼう山の詩——歩二歩山歩2　みなみらんぼう著　中央公論新社　2002.10　189p　21cm　1900円　①4-12-003321-X

06747 ごちそう山　谷村志穂, 飛田和緒著　集英社　2003.1　211p　16cm　(集英社文庫)　619円　①4-08-747534-4

06748 むかしの山旅　今福龍太編　河出書房新社　2012.4　304p　15cm　(河出文庫)　760円　①978-4-309-41144-6

作品 玄倉谷から丹沢山へ〔松井幹雄〕

06749 山頂への道　山口耀久著　平凡社　2012.9　361p　16cm　(平凡社ライブラリー)〈2004年刊あり〉　1400円　①978-4-582-76772-8

目次 1 (坂巻温泉, 私のピッケル, 丹沢の頃 ほか), 2 (登山の批評よ起れ, 山の文章, 人のいる山 ほか), 3 (詩人との出会い, 尾崎喜八『わが詩の流域』解説, 尾崎喜八の山の文学 ほか)

06750 鈴木みきの山の足あと　ステップアップ編　鈴木みき著　山と溪谷社　2014.8　127p　21cm　1200円　①978-4-635-33064-0

目次 奥秩父金峰山, 丹沢, 屋久島縄文杉, 北アルプス毛勝三山, 南アルプス鋸岳〜甲斐駒ヶ岳, 北アルプス赤木沢, 奥多摩越沢バットレス, 雲仙普賢岳, 八ヶ岳権現岳

丹沢湖

06751 一枚の絵葉書　沢野ひとし著　角川書店　1999.7　246p　15cm　(角川文庫)　552円　①4-04-181310-7

茅ヶ崎市

06752 ぶらぶらヂンヂン古書の旅　北尾トロ著　文藝春秋　2009.6　239p　16cm　(文春文庫)〈風塵社2007年刊の増補〉　590円　①978-4-16-775383-2

06753 ちょっとそこまで旅してみよう　益田ミリ著　幻冬舎　2017.4　186p　16cm　(幻冬舎文庫)〈「ちょっとそこまでひとり旅だれかと旅」(2013年刊)の改題、書き下ろしを加え再刊〉　460円　①978-4-344-42598-9

06754 山の宿のひとり酒　太田和彦著　集英社　2017.4　289p　16cm　(集英社文庫—ニッポンぶらり旅)　660円　①978-4-08-745577-9

綱島温泉

06755 ちゃっかり温泉　久住昌之著　カンゼン　2012.12　215p　19cm　1300円　①978-4-86255-157-3

鶴岡八幡宮

06756 英国特派員の明治紀行　ハーバート・ジョージ・ポンティング著, 長岡祥三訳　新人物往来社　1988.2　217p　19cm　1800円　①4-

404-01470-8

06757 歴史のねむる里へ　永井路子著　PHP研究所　1988.3　234p　19cm　1200円　①4-569-22196-3

(目次) 東大寺・秘められた皇后の悲願, 香久山は畝傍を愛しと, 王朝の幻と謎を追って, 秀吉をめぐる女人たち, 古典文学に描かれた町, 壬申の乱を旅する, 近江観音寺城をゆく, 箱根越え・山路の変遷, 北条氏興亡の跡, 海辺の歴史散歩, 駈込寺の女人たち, 谷をめぐる, 鶴岡八幡宮今昔

06758 貧困旅行記　新版　つげ義春著　新潮社　1995.4　281p　15cm　（新潮文庫）〈晶文社1991年刊あり〉　520円　①4-10-132812-9

(作品) 鎌倉随歩

06759 見仏記　2　仏友篇　いとうせいこう, みうらじゅん著　角川書店　1999.1　332p　15cm　（角川文庫）〈中央公論社 1995年刊の文庫化〉　724円　①4-04-184603-X

06760 日本雑記　ブルーノ・タウト著, 篠田英雄訳　中央公論新社　2008.11　368p　18cm　（中公クラシックス）〈育生社弘道閣昭和18年刊の復刻版　年譜あり〉　1800円　①978-4-12-160106-3

(作品) 日記抄 鎌倉

06761 街道をゆく　42　三浦半島記　新装版　司馬遼太郎著　朝日新聞出版　2009.5　305, 8p　15cm　（朝日文庫）〈初版：朝日新聞社1998年刊〉　720円　①978-4-02-264496-1

06762 東京随筆　赤瀬川原平著　毎日新聞社　2011.3　269p　20cm　1800円　①978-4-620-32052-6

鶴間

06763 日本旅行日記　1　アーネスト・サトウ著, 庄田元男訳　平凡社　1992.1　316p　18cm　（東洋文庫）　2781円　①4-582-80544-2

(作品) 富士山麓で神道を勉強

鶴巻温泉

06764 駅前温泉汽車の旅　PART1 九州・四国・中国・近畿・東海・北陸・首都圏周辺篇　種村直樹著　徳間書店　1993.4　236p　19cm　1300円　①4-19-555163-3

(目次) 第1章 九州・四国・中国（京町温泉・松江温泉), 第2章 近畿・東海（木津温泉・接岨峡温泉), 第3章 北陸・首都圏周辺（芦原温泉・問巻温泉）

鶴見区（横浜市）

06765 民謡秘宝紀行　斎藤完著　白水社　2004.11　213p　19cm　1800円　①4-560-02660-2

06766 我もまた渚を枕―東京近郊ひとり旅　川本三郎著　筑摩書房　2009.7　286p　15cm　（ちくま文庫）〈晶文社2004年刊あり〉　820円　①978-4-480-42620-8

06767 なにもない旅 なにもしない旅　雨宮処凛著　光文社　2010.9　222p　16cm　（光文社知恵の森文庫）　686円　①978-4-334-78564-2

06768 箱根駅伝を歩く　泉麻人著　平凡社　2012.11　223p　19cm〈文献あり〉　1500円　①978-4-582-83594-6

鶴見線

06769 週末夜汽車紀行　西村健太郎著　アルファポリス　2011.5　303p　15cm　（アルファポリス文庫）〈発売：星雲社　2010年刊の文庫化〉　620円　①978-4-434-15582-6

06770 『能町みね子のときめきデートスポット』、略して能スポ　能町みね子著　講談社　2016.3　347p　15cm　（講談社文庫）　700円　①978-4-06-293345-2

06771 いきどまり鉄道の旅　北尾トロ著　河出書房新社　2017.8　278p　15cm　（河出文庫）〈「駅長さん！ これ以上先には行けないんすか」(2011年刊)の改題、加筆・修正〉　780円　①978-4-309-41559-8

東慶寺

06772 見仏記　2　仏友篇　いとうせいこう, みうらじゅん著　角川書店　1999.1　332p　15cm　（角川文庫）〈中央公論社 1995年刊の文庫化〉　724円　①4-04-184603-X

06773 古寺巡礼　辻井喬著　角川春樹事務所　2011.5　253p　16cm　（ハルキ文庫）〈2009年刊の文庫化〉　667円　①978-4-7584-3556-7

道志川

06774 日本映画を歩く―ロケ地を訪ねて　川本三郎著　JTB　1998.8　239p　20cm　1600円　①4-533-03066-1

灯台局発祥の地

06775 街道をゆく　21　神戸・横浜散歩、芸備の道　新装版　司馬遼太郎著　朝日新聞出版　2009.1　287, 8p　15cm　（朝日文庫）〈初版：朝日新聞社1988年刊〉　640円　①978-4-02-264474-9

道念稲荷社

06776 禁足地帯の歩き方　吉田悠軌著　学研プラス　2017.11　175p　19cm　1000円　①978-4-05-406602-1

塔ノ沢温泉

06777 ガラメキ温泉探険記　池内紀著　リクルート出版　1990.10　203p　19cm　1165円　①4-88991-196-0

06778 温泉旅日記　池内紀著　徳間書店　1996.9　277p　15cm　（徳間文庫）〈河出書房新社1988年刊あり〉　540円　①4-19-890559-2

06779 日本温泉めぐり　田山花袋著　角川春樹事務所　1997.11　324p　16cm　（ランティエ叢書 8）〈「温泉めぐり」(博文館1991年刊)の改題〉　1000円　①4-89456-087-9

06780 日本の不思議な宿　巌谷国士著　中央公論新社　1999.4　353p　16cm　（中公文庫）　838円　①4-12-203396-9

06781 温泉旅行記　嵐山光三郎著　筑摩書房　2000.12　315p　15cm　（ちくま文庫）〈初版：

JTB1997年刊〉 760円 Ⓘ4-480-03589-3

06782 温泉めぐり 田山花袋著 岩波書店 2007.6 379p 15cm （岩波文庫） 800円 Ⓘ978-4-00-310217-6

戸塚

06783 箱根駅伝を歩く 泉麻人著 平凡社 2012.11 223p 19cm〈文献あり〉 1500円 Ⓘ978-4-582-83594-6

戸塚宿

06784 東海道でしょう！ 杉江松恋, 藤田香織著 幻冬舎 2013.7 407p 16cm （幻冬舎文庫）〈文献あり〉 724円 Ⓘ978-4-344-42047-2

どぶ板通り

06785 山の宿のひとり酒 太田和彦著 集英社 2017.4 289p 16cm （集英社文庫―ニッポンぶらり旅） 660円 Ⓘ978-4-08-745577-9

中村町（横浜市）

06786 『能町みね子のときめきデートスポット』、略して能スポ 能町みね子著 講談社 2016.3 347p 15cm （講談社文庫） 700円 Ⓘ978-4-06-293345-2

七沢温泉

06787 温泉百話―東の旅 種村季弘, 池内紀編 筑摩書房 1988.2 471p 15cm （ちくま文庫） 680円 Ⓘ4-480-02200-7

作品 草津熱の湯（「温泉」より）〔高田宏〕

06788 いで湯浴泉記 大石真人著 新ハイキング社 1990.12 316p 19cm （新ハイキング選書 第11巻） 1700円 Ⓘ4-915184-12-9

生麦神明社

06789 禁足地帯の歩き方 吉田悠軌著 学研プラス 2017.11 175p 19cm 1000円 Ⓘ978-4-05-406602-1

浪子不動

06790 堀口すみれ子の私のはやま道―そして逗子・横須賀・三浦 三浦半島の散歩道 堀口すみれ子著 鎌倉 かまくら春秋社 2004.10 117p 19cm〈奥付・背のタイトル：私のはやま道〉 952円 Ⓘ4-7740-0278-X

西寒川

06791 消えゆく鉄道の風景―さらば、良き時代の列車たち 終焉間近のローカル線と、廃線跡をたどる旅 田中正恭著 自由国民社 2006.11 231p 19cm 1600円 Ⓘ4-426-75302-3

根岸森林公園

06792 マンボウ家族航海記 北杜夫著 実業之日本社 2011.10 325p 16cm （実業之日本社文庫） 600円 Ⓘ978-4-408-55054-1

作品 大旅行

野毛

06793 ふらり旅 いい酒 いい肴 3 太田和彦著 主婦の友社 2016.5 135p 21cm 1400円 Ⓘ978-4-07-403235-8

白楽

06794 みちくさ 2 菊池亜希子著 小学館 2011.5 127p 21cm 1200円 Ⓘ978-4-09-342387-8

箱根旧街道

06795 平成お徒歩日記 宮部みゆき著 新潮社 2001.1 275p 15cm （新潮文庫） 476円 Ⓘ4-10-136921-6

箱根駒ヶ岳

06796 近松秋江全集 第7巻 オンデマンド版 近松秋江著, 紅野敏郎, 和田謹吾, 中尾務, 遠藤英雄, 田沢基久, 笹瀬王子編集委員 八木書店古書出版部 2014.2 502, 34p 21cm〈初版：八木書店 1993年刊 印刷・製本：デジタルパブリッシングサービス 発売：八木書店〉 12000円 Ⓘ978-4-8406-3492-2

作品 秋の駒ケ岳

箱根路

06797 山に親しむ 川端康成ほか著, 作品社編集部編 作品社 1998.4 246p 22cm （新編・日本随筆紀行 大きな活字で読みやすい本―心にふるさとがある 2） Ⓘ4-87893-808-0, 4-87893-807-2

作品 箱根路〔川崎長太郎〕

箱根関所

06798 東京随筆 赤瀬川原平著 毎日新聞社 2011.3 269p 20cm 1800円 Ⓘ978-4-620-32052-6

箱根登山鉄道

06799 汽車に乗った明治の文人たち―明治の鉄道紀行集 出口智之編 教育評論社 2014.1 286p 19cm〈文献あり〉 2400円 Ⓘ978-4-905706-81-6

作品 海に一日山に一日〔幸堂得知〕 箱根ぐちの記〔饗庭篁村〕

箱根町

06800 温泉百話―東の旅 種村季弘, 池内紀編 筑摩書房 1988.2 471p 15cm （ちくま文庫） 680円 Ⓘ4-480-02200-7

作品 温泉雑記〔岡本綺堂〕

06801 歴史のねむる里へ 永井路子著 PHP研究所 1988.3 234p 19cm 1200円 Ⓘ4-569-22196-3

06802 オーストリア外交官の明治維新―世界周遊記 日本篇 アレクサンダー・F.V.ヒューブナー著, 市川慎一, 松本雅弘訳 新人物往来社 1988.7 276p 19cm 2000円 Ⓘ4-404-01508-9

06803 日本漫遊記　種村季弘著　筑摩書房　1989.6　236p　19cm　1540円　①4-480-82267-4

06804 泊酒喝采―美味、美酒、佳宿、掘り出し旅行記　柏井寿著　大阪　朱鷺書房　1992.1　209p　18cm　1000円　①4-88602-904-3

06805 貧困旅行記　新版　つげ義春著　新潮社　1995.4　281p　15cm　（新潮文庫）〈晶文社 1991年刊あり〉　520円　①4-10-132812-9

作品 下部・湯河原・箱根

06806 日本温泉めぐり　田山花袋著　角川春樹事務所　1997.11　324p　16cm　（ランティエ叢書 8）〈「温泉めぐり」（博文館1991年刊）の改題〉　1000円　①4-89456-087-9

06807 温泉徘徊記　種村季弘著　河出書房新社　1999.2　385p　20cm　（種村季弘のネオ・ラビリントス 7）　4200円　①4-309-62007-8

目次 日本漫遊記（箱根七湯早まわり, 秋葉路気まぐれ旅, 北陸こわいものみたさ ほか）, 温泉記（サンデー毎日出勤簿, 熱海秘湯群漫遊記, 霊泉まゝねの湯 ほか）, 旅行記（逃走犯の小旅行, 裏側からの旅, 無銭旅行失敗の記―『放浪旅読本』解説 ほか）

06808 明治日本見聞録―英国家庭教師夫人の回想　エセル・ハワード著, 島津久大訳　講談社　1999.2　301p　15cm　（講談社学術文庫）　900円　①4-06-159364-1

06809 山の旅　明治・大正篇　近藤信行編　岩波書店　2003.9　445p　15cm　（岩波文庫）　700円　①4-00-311702-6

作品 旅の旅の旅〔正岡子規〕

06810 ほろ酔い旅　たつみ都志著　新風舎　2003.11　126p　19cm　1200円　①4-7974-3527-5

目次 厄払い、淡路島行きはったら（伊弉諾神宮）, うず潮見て、元気になりましょ（淡路人形浄瑠璃館と鳴門）, 日本版ロミオとジュリエット（吉野川と妹背山）, 吉野川清流が産む上質の和紙（吉野の国栖・紙漉きの里）, 南朝の隠れ里で往時をしのぶ（吉野源流 入之波温泉）, 『赤とんぼ』のルーツを訪ねて（播州竜野・醤油の町）, 恋の女・和泉式部ゆかりの寺（書写山・円教寺）, お宮は現代的？（熱海・箱根）, 恋の逃避行・宵待草（室津）, 伝統の鵜飼いVSラフティング（長良川）〔ほか〕

06811 若山牧水―伊豆・箱根紀行　若山牧水著, 岡野弘彦監修, 村山道宣編　木蓮社　2003.11　286p　20cm　（伊豆・箱根名作の旅 1）〈星雲社（発売）〉　2400円　①4-434-03604-1

目次 1 下田街道・裾野（「山ざくら」より, 「畑毛温泉にて」より, 「渓間の春」より）, 2 伊豆東海岸・箱根（「秋風の海及び灯台」より, 「野火」より）, 3 伊豆西海岸・沼津（「伊豆の春」より, 「沼津千本松原」より）

06812 雨のち晴れて、山日和　唐仁原教久著　山と渓谷社　2005.8　141p　21cm　1800円　①4-635-17167-1

06813 オバハン流 旅のつくり方　吉永みち子著　中央公論新社　2007.2　235p　19cm　1500円　①978-4-12-003803-7

06814 日本の秘境ツーリング―よりぬき「日本一を探す旅」　末飛登著, 培倶人編集部編　枻出版社　2007.5　187p　15cm　（枻文庫）〈標題紙の責任表示（誤植）：末飛人〉　650円　①978-4-7779-0765-6

06815 温泉めぐり　田山花袋著　岩波書店　2007.6　379p　15cm　（岩波文庫）　800円　①978-4-00-310217-6

06816 旅の窓から―ワイルドとラグジュアリー　山口由美著　千早書房　2010.6　205p　19cm　1500円　①978-4-88492-443-0

目次 南太平洋, アメリカ大陸, ヨーロッパ, アフリカ, アジア, 日本, あとがき―ワイルドとラグジュアリー

06817 名探偵浅見光彦の食いしん坊紀行　内田康夫著　実業之日本社　2010.10　257p　16cm　（実業之日本社文庫）〈2000年刊の再編集〉　724円　①978-4-408-55000-8

06818 マンボウ最後の大バクチ　北杜夫著　新潮社　2011.9　246p　16cm　（新潮文庫）〈2009年刊の文庫化〉　400円　①978-4-10-113160-3

06819 つげ義春の温泉　つげ義春著　筑摩書房　2012.6　222p　15cm　（ちくま文庫）〈カタログハウス 2003年刊の再編集〉　780円　①978-4-480-42953-7

06820 箱根駅伝を歩く　泉麻人著　平凡社　2012.11　223p　19cm〈文献あり〉　1500円　①978-4-582-83594-6

06821 ちゃっかり温泉　久住昌之著　カンゼン　2012.12　215p　19cm　1300円　①978-4-86255-157-3

06822 鏡花紀行文集　泉鏡花著, 田中励儀編　岩波書店　2013.12　454p　15cm　（岩波文庫）〈底本：鏡花全集 第27巻・第28巻（1942年刊）〉　900円　①978-4-00-312719-3

作品 道中一枚絵 その一（箱根・静岡）

06823 汽車に乗った明治の文人たち―明治の鉄道紀行集　出口智之編　教育評論社　2014.1　286p　19cm〈文献あり〉　2400円　①978-4-905706-81-6

作品 海に一日山に一日〔幸堂得知〕　箱根ぐちの記〔饗庭篁村〕

06824 近松秋江全集　第7巻　オンデマンド版　近松秋江著, 紅野敏郎, 和田謹吾, 中尾務, 遠藤英雄, 田沢基久, 笹瀬王子編集委員　八木書店古書出版部　2014.2　502, 34p　21cm〈初版：八木書店 1993年刊　印刷・製本：デジタルパブリッシングサービス　発売：八木書店〉　12000円　①978-4-8406-3492-2

作品 浴泉日記

06825 マンボウ最後の家族旅行　北杜夫著　実業之日本社　2014.10　253p　16cm　（実業之日本社文庫）〈2012年刊の増補〉　574円　①978-4-408-55189-0

06826 旅の途中で　改版　高倉健著　新潮社　2014.12　235p　15cm　（新潮文庫）　550円　①978-4-10-125411-1

06827 湯探歩―お気楽極楽ヌルくてユル～い温泉紀行　山崎一夫文, 西原理恵子絵　日本文芸社　2014.12　175p　21cm　1000円　①978-4-537-26096-0

06828 時の名残り 津村節子著 新潮社 2017.3 247p 20cm 1600円 ①978-4-10-314712-1
作品 箱根一人旅

箱根山

06829 日本旅行日記 2 アーネスト・メイスン・サトウ著, 庄田元男訳 平凡社 1992.6 334p 18cm (東洋文庫) 2884円 ①4-582-80550-7

06830 ドフライン・日本紀行 フランツ・ドフライン著, 林和弘訳 水産無脊椎動物研究所 2011.9 234p 27cm〈著作目録あり 発売：松香堂書店［京都］〉 5000円 ①978-4-87974-651-1

箱根湯本

06831 旅は道づれ湯はなさけ 辻真先著 徳間書店 1989.5 348p 15cm (徳間文庫) 580円 ①4-19-568760-8

06832 平成お徒歩日記 宮部みゆき著 新潮社 2001.1 275p 15cm (新潮文庫) 476円 ①4-10-136921-6

06833 山の旅 明治・大正篇 近藤信行編 岩波書店 2003.9 445p 15cm (岩波文庫) 700円 ①4-00-311702-6
作品 旅の旅の旅〔正岡子規〕

06834 人情温泉紀行―演歌歌手・鏡五郎が訪ねた全国の名湯47選 鏡五郎著 マガジンランド 2008.5 235p 19cm〈年譜あり〉 1238円 ①978-4-944101-37-5

06835 廃墟旅 中田薫構成, 中筋純撮影 アスペクト 2009.11 127p 19×23cm 2000円 ①978-4-7572-1724-9
目次 初日 11月29日 日本橋→箱根湯本―日本橋を出発して初日は箱根まで走破, 2日目 11月30日 箱根湯本→土肥―廃墟の宝庫 伊豆半島に釘付けに！, 3日目 12月1日 土肥→三島―三島市で病院廃墟をじっくり探訪…, 4日目 12月2日 三島→浜松―御前崎と峰の沢で廃墟世界を満喫, 5日目 12月3日 浜松→吉良―1日13件の廃墟取材―新記録達成!!, 6日目 1月28日 名古屋→御嵩―今夜は男2人で無人のラブホテル…, 7日目 1月29日 御嵩→湯の山―遊園地、鉱山、旅館…充実の旅路に！, 8日目 1月30日 湯の山→大津―三重、奈良、滋賀、京都間を往復移動, 最終日 1月31日 大津→阪南―廃墟旅の終着地点は阪南の和風旅館

06836 湯探歩―お気楽極楽ヌルくてユル～い温泉紀行 山崎一夫文, 西原理恵子絵 日本文芸社 2014.12 175p 21cm 1000円 ①978-4-537-26096-0

馬車道(横浜市)

06837 街道をゆく 21 神戸・横浜散歩、芸備の道 新装版 司馬遼太郎著 朝日新聞出版 2009.1 287, 8p 15cm (朝日文庫)〈初版：朝日新聞社1988年刊〉 640円 ①978-4-02-264474-9

長谷寺

06838 貧困旅行記 新版 つげ義春著 新潮社 1995.4 281p 15cm (新潮文庫)〈晶文社1991年刊あり〉 520円 ①4-10-132812-9
作品 鎌倉随歩

06839 見仏記 2 仏友篇 いとうせいこう, みうらじゅん著 角川書店 1999.1 332p 15cm (角川文庫)〈中央公論社 1995年刊の文庫化〉 724円 ①4-04-184603-X

06840 明治十八年の旅は道連れ 塩谷和子著 源流社 2001.11 376p 20cm 1800円 ①4-7739-0105-5

秦野市

06841 我もまた渚を枕―東京近郊ひとり旅 川本三郎著 筑摩書房 2009.7 286p 15cm (ちくま文庫)〈晶文社2004年刊あり〉 820円 ①978-4-480-42620-8

葉山町

06842 心の虹―詩人のふるさと紀行 増田れい子著 労働旬報社 1996.8 247p 19cm 1800円 ①4-8451-0441-5

06843 堀口すみれ子の私のはやま道―そして逗子・横須賀・三浦 三浦半島の散歩道 堀口すみれ子著 鎌倉 かまくら春秋社 2004.10 117p 19cm〈奥付・背のタイトル：私のはやま道〉 952円 ①4-7740-0278-X

日影茶屋(葉山町)

06844 黄昏 南伸坊, 糸井重里著 新潮社 2014.4 429p 図版16p 16cm (新潮文庫)〈東京糸井重里事務所 2009年刊の再刊〉 790円 ①978-4-10-118317-6

氷川丸(山下公園)

06845 街道をゆく 21 神戸・横浜散歩、芸備の道 新装版 司馬遼太郎著 朝日新聞出版 2009.1 287, 8p 15cm (朝日文庫)〈初版：朝日新聞社1988年刊〉 640円 ①978-4-02-264474-9

日向薬師〔宝城坊〕

06846 見仏記 2 仏友篇 いとうせいこう, みうらじゅん著 角川書店 1999.1 332p 15cm (角川文庫)〈中央公論社 1995年刊の文庫化〉 724円 ①4-04-184603-X

日ノ出町

06847 我もまた渚を枕―東京近郊ひとり旅 川本三郎著 筑摩書房 2009.7 286p 15cm (ちくま文庫)〈晶文社2004年刊あり〉 820円 ①978-4-480-42620-8

平塚市

06848 夢は枯野を―競輪躁鬱旅行 伊集院静著 講談社 1994.12 343p 15cm (講談社文庫)〈1993年刊の文庫化〉 560円 ①4-06-185833-5

06849 箱根駅伝を歩く 泉麻人著 平凡社 2012.11 223p 19cm〈文献あり〉 1500円 ①978-4-582-83594-6

平塚宿

06850 東海道でしょう！　杉江松恋, 藤田香織著　幻冬舎　2013.7　407p　16cm　（幻冬舎文庫）〈文献あり〉　724円　①978-4-344-42047-2

蛭ガ岳

06851 日本の名山　別巻 1　丹沢　串田孫一, 今井通子, 今福龍太編　博品社　1997.8　251p　19cm〈年表あり 文献あり〉　1600円　①4-938706-42-3
作品 秋の山行 丹沢・蛭ガ岳〔不破哲三〕

藤沢市

06852 我もまた渚を枕―東京近郊ひとり旅　川本三郎著　筑摩書房　2009.7　286p　15cm　（ちくま文庫）〈晶文社2004年刊あり〉　820円　①978-4-480-42620-8

06853 野武士、西へ―二年間の散歩　久住昌之著　集英社　2016.3　348p　16cm　（集英社文庫）〈2013年刊の文庫化〉　700円　①978-4-08-745422-2

06854 ふらり旅 いい酒 いい肴　3　太田和彦著　主婦の友社　2016.5　135p　21cm　1400円　①978-4-07-403235-8

06855 山の宿のひとり酒　太田和彦著　集英社　2017.4　289p　16cm　（集英社文庫―ニッポンぶらり旅）　660円　①978-4-08-745577-9

藤沢宿

06856 東海道 居酒屋五十三次　太田和彦著, 村松誠画　小学館　2007.6　322p　15cm　（小学館文庫）〈2003年刊の単行本「東海道 居酒屋膝栗毛」の改題、文庫化〉　571円　①978-4-09-408176-3

06857 東海道でしょう！　杉江松恋, 藤田香織著　幻冬舎　2013.7　407p　16cm　（幻冬舎文庫）〈文献あり〉　724円　①978-4-344-42047-2

富士屋ホテル

06858 温泉百話―東の旅　種村季弘, 池内紀編　筑摩書房　1988.2　471p　15cm　（ちくま文庫）　680円　①4-480-02200-7
作品 富士屋ホテル〔古川緑波〕

06859 ホテル物語―十二のホテルと一人の旅人　山口泉著　NTT出版　1993.8　221p　19cm　1800円　①4-87188-235-7

06860 お友だちからお願いします　三浦しをん著　大和書房　2012.8　290p　20cm　1400円　①978-4-479-68171-7
作品 旅の効用

06861 本は旅をつれて―旅本コンシェルジュの旅行記　森本剛史著　彩流社　2015.1　239p　19cm〈著作目録あり 年譜あり〉　2000円　①978-4-7791-2067-1

別所鉱泉

06862 貧困旅行記　新版　つげ義春著　新潮社　1995.4　281p　15cm　（新潮文庫）〈晶文社1991年刊あり〉　520円　①4-10-132812-9
作品 丹沢の鉱泉

ホテル・ニューグランド

06863 ホテル物語―十二のホテルと一人の旅人　山口泉著　NTT出版　1993.8　221p　19cm　1800円　①4-87188-235-7

保土ヶ谷宿

06864 東海道でしょう！　杉江松恋, 藤田香織著　幻冬舎　2013.7　407p　16cm　（幻冬舎文庫）〈文献あり〉　724円　①978-4-344-42047-2

堀之内

06865 色街を呑む！―日本列島レトロ紀行　勝谷誠彦著　祥伝社　2006.2　284p　15cm　（祥伝社文庫）　600円　①4-396-33271-8

本牧

06866 我もまた渚を枕―東京近郊ひとり旅　川本三郎著　筑摩書房　2009.7　286p　15cm　（ちくま文庫）〈晶文社2004年刊あり〉　820円　①978-4-480-42620-8

06867 「幻の街道」をゆく　七尾和晃著　東海教育研究所　2012.7　193p　19cm〈発売：東海大学出版会〔秦野〕〉　1600円　①978-4-486-03744-6

真鶴半島

06868 久住昌之のこんどは山かい!?　関東編　久住昌之著　山と溪谷社　2013.4　191p　19cm　1200円　①978-4-635-08006-4

真鶴半島自然公園

06869 森へ行く日　光野桃著　山と溪谷社　2010.7　128, 15p　21cm〈文献あり〉　1600円　①978-4-635-08005-7

真鶴町

06870 雨のち晴れて、山日和　唐仁原教久著　山と渓谷社　2005.8　141p　21cm　1800円　①4-635-17167-1

三浦市

06871 堀口すみれ子の私のはやま道―そして逗子・横須賀・三浦 三浦半島の散歩道　堀口すみれ子著　鎌倉　かまくら春秋社　2004.10　117p　19cm〈奥付・背のタイトル：私のはやま道〉　952円　①4-7740-0278-X

06872 パン欲―日本全国パンの聖地を旅する　池田浩明著　世界文化社　2013.12　128p　26cm〈タイトルは奥付等による。標題紙のタイトル：私はパン欲に逆らうことができない……〉　1400円　①978-4-418-13234-8

三浦半島

06873 牧水紀行文集　若山牧水著, 高田宏編　弥生書房　1996.6　228p　19cm　2300円　①4-8415-0712-4
作品 岬の端

06874 街道をゆく　42　三浦半島記　新装版

司馬遼太郎著　朝日新聞出版　2009.5　305, 8p　15cm　（朝日文庫）〈初版：朝日新聞社1998年刊〉　720円　Ⓘ978-4-02-264496-1

06875　なにもない旅 なにもしない旅　雨宮処凛著　光文社　2010.9　222p　16cm　（光文社知恵の森文庫）　686円　Ⓘ978-4-334-78564-2

06876　愛しのローカルごはん旅 もう一杯！—2009-2011　たかぎなおこ著　メディアファクトリー　2011.7　175p　21cm　1100円　Ⓘ978-4-8401-3982-3

06877　ドフライン・日本紀行　フランツ・ドフライン著, 林和弘訳　水産無脊椎動物研究所　2011.9　234p　27cm〈著作目録あり　発売：松香堂書店［京都］〉　5000円　Ⓘ978-4-87974-651-1

06878　わしらは怪しい雑魚釣り隊　マグロなんかが釣れちゃった篇　椎名誠著　新潮社　2012.12　321p　16cm　（新潮文庫）　550円　Ⓘ978-4-10-144837-4

06879　久住昌之のこんどは山かい!?　関東編　久住昌之著　山と溪谷社　2013.4　191p　19cm　1200円　Ⓘ978-4-635-08006-4

三笠公園

06880　街道をゆく　42　三浦半島記　新装版　司馬遼太郎著　朝日新聞出版　2009.5　305, 8p　15cm　（朝日文庫）〈初版：朝日新聞社1998年刊〉　720円　Ⓘ978-4-02-264496-1

三崎

06881　堀口すみれ子の私のはやま道—そして逗子・横須賀・三浦 三浦半島の散歩道　堀口すみれ子著　鎌倉　かまくら春秋社　2004.10　117p　19cm〈奥付・背のタイトル：私のはやま道〉　952円　Ⓘ4-7740-0278-X

06882　我もまた渚を枕—東京近郊ひとり旅　川本三郎著　筑摩書房　2009.7　286p　15cm　（ちくま文庫）〈晶文社2004年刊あり〉　820円　Ⓘ978-4-480-42620-8

06883　わしらは怪しい雑魚釣り隊　マグロなんかが釣れちゃった篇　椎名誠著　新潮社　2012.12　321p　16cm　（新潮文庫）　550円　Ⓘ978-4-10-144837-4

06884　釣師・釣場　井伏鱒二著　講談社　2013.10　236p　16cm　（講談社文芸文庫）〈著作目録あり 年譜あり〉　1300円　Ⓘ978-4-06-290208-3

三崎港

06885　原風景のなかへ　安野光雅著　山川出版社　2013.7　215p　20cm　1600円　Ⓘ978-4-634-15044-7

三戸浜海岸

06886　堀口すみれ子の私のはやま道—そして逗子・横須賀・三浦 三浦半島の散歩道　堀口すみれ子著　鎌倉　かまくら春秋社　2004.10　117p　19cm〈奥付・背のタイトル：私のはやま道〉　952円　Ⓘ4-7740-0278-X

港の見える丘公園

06887　東京随筆　赤瀬川原平著　毎日新聞社　2011.3　269p　20cm　1800円　Ⓘ978-4-620-32052-6

宮ヶ瀬

06888　日本旅行日記　1　アーネスト・サトウ著, 庄田元男訳　平凡社　1992.1　316p　18cm　（東洋文庫）　2781円　Ⓘ4-582-80544-2

［作品］富士山麓で神道を勉強

宮ノ下

06889　オーストリア皇太子の日本日記—明治二十六年夏の記録　フランツ・フェルディナント著, 安藤勉訳　講談社　2005.9　237p　15cm　（講談社学術文庫）〈肖像あり〉　840円　Ⓘ4-06-159725-6

向ヶ丘遊園

06890　吉田観覧車　吉田戦車著　講談社　2009.12　179p　15cm　（講談社文庫）　524円　Ⓘ978-4-06-276543-5

明月院

06891　古寺巡礼　辻井喬著　角川春樹事務所　2011.5　253p　16cm　（ハルキ文庫）〈2009年刊の文庫化〉　667円　Ⓘ978-4-7584-3556-7

目白山下駅

06892　ナイトメア咲人の鈍行いくの？—五十音の旅　続　咲人著　シンコーミュージック・エンタテイメント　2012.4　233p　21cm　2381円　Ⓘ978-4-401-63573-3

元箱根

06893　野武士、西へ—二年間の散歩　久住昌之著　集英社　2016.3　348p　16cm　（集英社文庫）〈2013年刊の文庫化〉　700円　Ⓘ978-4-08-745422-2

森戸海岸

06894　堀口すみれ子の私のはやま道—そして逗子・横須賀・三浦 三浦半島の散歩道　堀口すみれ子著　鎌倉　かまくら春秋社　2004.10　117p　19cm〈奥付・背のタイトル：私のはやま道〉　952円　Ⓘ4-7740-0278-X

矢倉岳

06895　日本の名山　別巻 1　丹沢　串田孫一, 今井通子, 今福龍太編　博品社　1997.8　251p　19cm〈年表あり 文献あり〉　1600円　Ⓘ4-938706-42-3

［作品］矢倉岳と御正体山〔三田幸夫〕

矢作の磯

06896　わしらは怪しい雑魚釣り隊　サバダバサバダバ篇　椎名誠著　新潮社　2010.5　376p　16cm　（新潮文庫）〈『怪しい雑魚釣り隊 続』（マガジン・マガジン平成21年刊）の改題〉　552円　Ⓘ978-4-10-144835-0

作品 月夜のずでんどう。デカバラの千手観音

ヤビツ峠

06897 日本の名山 別巻1 丹沢 串田孫一, 今井通子, 今福龍太編 博品社 1997.8 251p 19cm〈年表あり 文献あり〉 1600円 ①4-938706-42-3

作品 ヤビツ峠〔直良信夫〕

山下公園(横浜市)

06898 東京随筆 赤瀬川原平著 毎日新聞社 2011.3 269p 20cm 1800円 ①978-4-620-32052-6

山ノ内

06899 とっておきの寺社詣で 三木露風ほか著, 作品社編集部編 作品社 1998.4 251p 22cm (新編・日本随筆紀行 大きな活字で読みやすい本一心にふるさとがある 14) ①4-87893-895-1, 4-87893-807-2

作品 山内雑感〔大佛次郎〕

由比ケ浜

06900 街道をゆく 42 三浦半島記 新装版 司馬遼太郎著 朝日新聞出版 2009.5 305, 8p 15cm (朝日文庫)〈初版:朝日新聞社1998年刊〉 720円 ①978-4-02-264496-1

湯河原沖

06901 晩春の旅・山の宿 井伏鱒二著 講談社 1990.10 337p 15cm (講談社文芸文庫) 900円 ①4-06-196098-9

湯河原温泉

06902 温泉百話—東の旅 種村季弘, 池内紀編 筑摩書房 1988.2 471p 15cm (ちくま文庫) 680円 ①4-480-02200-7

作品 つはぶきの花〔内田百閒〕 湯ケ原より〔国木田独歩〕 入湯四旬〔佐々木味津三〕

06903 晴浴雨浴日記 種村季弘著 河出書房新社 1989.3 250p 19cm 2500円 ①4-309-00554-3

06904 貧困旅行記 新版 つげ義春著 新潮社 1995.4 281p 15cm (新潮文庫)〈晶文社1991年刊あり〉 520円 ①4-10-132812-9

作品 下部・湯河原・箱根

06905 雲は旅人のように—湯の花紀行 池内紀著, 田淵裕一写真 日本交通公社出版事業局 1995.5 284p 19cm 1600円 ①4-533-02163-8

作品 町に灯が入り、二人に夜がきた

06906 温泉旅行記 嵐山光三郎著 筑摩書房 2000.12 315p 15cm (ちくま文庫)〈初版:JTB1997年刊〉 760円 ①4-480-03589-3

06907 「極み」のひとり旅 柏井壽著 光文社 2004.9 318p 18cm (光文社新書) 780円 ①4-334-03270-2

06908 つげ義春の温泉 つげ義春著 筑摩書房 2012.6 222p 15cm (ちくま文庫)〈カタログハウス 2003年刊の再編集〉 780円 ①978-4-480-42953-7

06909 四次元温泉日記 宮田珠己著 筑摩書房 2015.1 294p 15cm (ちくま文庫)〈2011年刊の文庫化〉 720円 ①978-4-480-43238-4

湯河原町

06910 大人の女性のための日本を旅する浪漫紀行 津田令子著 文芸社ビジュアルアート 2007.3 191p 19cm 1200円 ①978-4-86264-336-0

06911 パン欲—日本全国パンの聖地を旅する 池田浩明著 世界文化社 2013.12 128p 26cm〈タイトルは奥付等による。標題紙のタイトル:私はパン欲に逆らうことができない……〉 1400円 ①978-4-418-13234-8

遊行寺〔清浄光寺〕

06912 お寺散歩—もう一度あのお寺に行こう 沢野ひとし著 新日本出版社 2005.1 134p 18cm 1600円 ①4-406-03130-8

湯ノ沢(西丹沢)

06913 日本の名山 別巻1 丹沢 串田孫一, 今井通子, 今福龍太編 博品社 1997.8 251p 19cm〈年表あり 文献あり〉 1600円 ①4-938706-42-3

作品 湯ノ沢について〔吉田喜久治〕

横須賀港

06914 日本ぶらり 3 開国・開港の地を行く 1 改訂版 山下一正著 大阪 サンセン出版 2004.10 340, 6p 19cm (日本紀行シリーズ 3)〈文献あり 2004年9月刊の改訂〉 2800円 ①4-921038-07-4

横須賀市

06915 ミットフォード日本日記—英国貴族の見た明治 A.B.ミットフォード著, 長岡祥三訳 講談社 2001.2 298p 15cm (講談社学術文庫)〈肖像あり〉 960円 ①4-06-159474-5

作品 歓迎会と横須賀軍港訪問

06916 堀口すみれ子の私のはやま道—そして逗子・横須賀・三浦 三浦半島の散歩道 堀口すみれ子著 鎌倉 かまくら春秋社 2004.10 117p 19cm〈奥付・背のタイトル:私のはやま道〉 952円 ①4-7740-0278-X

06917 我もまた渚を枕—東京近郊ひとり旅 川本三郎著 筑摩書房 2009.7 286p 15cm (ちくま文庫)〈晶文社2004年刊あり〉 820円 ①978-4-480-42620-8

06918 マンボウ家族航海記 北杜夫著 実業之日本社 2011.10 325p 16cm (実業之日本社文庫) 600円 ①978-4-408-55054-1

作品 大旅行

06919 山の宿のひとり酒 太田和彦著 集英社 2017.4 289p 16cm (集英社文庫—ニッポンぶらり旅) 660円 ①978-4-08-745577-9

横須賀線

06920 鉄道文学の旅　野村智之著　郁朋社　2009.9　183p　19cm〈文献あり〉　1000円　Ⓘ978-4-87302-450-9

06921 汽車に乗った明治の文人たち―明治の鉄道紀行集　出口智之編　教育評論社　2014.1　286p　19cm〈文献あり〉　2400円　Ⓘ978-4-905706-81-6
　作品 さきがけ〔饗庭篁村〕

06922 いきどまり鉄道の旅　北尾トロ著　河出書房新社　2017.8　278p　15cm　(河出文庫)〈「駅長さん！　これ以上先には行けないんすか」(2011年刊)の改題、加筆・修正〉　780円　Ⓘ978-4-309-41559-8

横浜港

06923 日本ぶらり　3　開国・開港の地を行く 1　改訂版　山下一正著　大阪　サンセン出版　2004.10　340, 6p　19cm　(日本紀行シリーズ 3)〈文献あり　2004年9月刊の改訂〉　2800円　Ⓘ4-921038-07-4

横浜市

06924 オーストリア外交官の明治維新―世界周遊記 日本篇　アレクサンダー・F.V.ヒューブナー著, 市川慎一, 松本雅弘訳　新人物往来社　1988.7　276p　19cm　2000円　Ⓘ4-404-01508-9

06925 アイヌの秋―日本の先住民族を訪ねて　ヤン・ハヴラサ著, 長与進訳　未来社　1988.9　248p　19cm　1800円　Ⓘ4-624-41065-3

06926 黄金伝説―「近代成金たちの夢の跡」探訪記　荒俣宏著, 高橋昇写真　集英社　1990.4　253p　21cm　1500円　Ⓘ4-08-772731-9

06927 明治日本の面影　小泉八雲著, 平川祐弘編　講談社　1990.10　489p　15cm　(講談社学術文庫)　1200円　Ⓘ4-06-158943-1
　作品 横浜にて
目次 英語教師の日記から, 日本海の浜辺で, 伯耆から隠岐へ, 化けものから幽霊へ, 日本人の微笑, 横浜にて, 勇子, 京都旅行記, 出雲再訪, 富士の山, 橋の上, お大の場合, 日本の病院で, ちんちん小袴, おばあさんの話, 勝五郎の再生, 蛍, 露の一滴, 力馬鹿, ひまわり, 蓬萊, 私の守護天使

06928 秋の日本　ピエール・ロチ著, 村上菊一郎訳, 吉氷清訳　角川書店　1990.11　254p　15cm　(角川文庫)〈第5刷(第1刷：昭和28年)〉　495円　Ⓘ4-04-203101-3

06929 文学の街―名作の舞台を歩く　前田愛著　小学館　1991.12　315p　16cm　(小学館ライブラリー)　780円　Ⓘ4-09-460015-9

06930 東京 水辺の光景―出会いと発見の紀行　小野誠一郎絵文　日貿出版社　1995.9　178p　21cm　1751円　Ⓘ4-8170-3963-9

06931 ボンジュール・ジャポン―フランス青年が活写した1882年　ウーグ・クラフト著, 後藤和雄編　朝日新聞社　1998.6　177p　27cm　3600円　Ⓘ4-02-257263-9

06932 横浜ものがたり―アメリカ女性が見た大正期の日本　セオダテ・ジョフリー著, 中西道子訳　雄松堂出版　1998.9　237p　22cm　(東西交流叢書 9)　2900円　Ⓘ4-8419-0251-1

06933 日本奥地紀行　イサベラ・バード著, 高梨健吉訳　平凡社　2000.2　529p　16cm　(平凡社ライブラリー)〈年譜あり 文献あり〉　1500円　Ⓘ4-582-76329-4

06934 ミットフォード日本日記―英国貴族の見た明治　A.B.ミットフォード著, 長岡祥三訳　講談社　2001.2　298p　15cm　(講談社学術文庫)〈肖像あり〉　960円　Ⓘ4-06-159474-5

06935 シドモア日本紀行―明治の人力車ツアー　エリザ・R.シドモア著, 外崎克久訳　講談社　2002.3　476p　15cm　(講談社学術文庫)〈年譜あり〉　1350円　Ⓘ4-06-159537-7

06936 ロングフェロー日本滞在記―明治初年、アメリカ青年の見たニッポン　チャールズ・アップルトン・ロングフェロー著, 山田久美子訳　平凡社　2004.1　404p　22cm〈文献あり〉　3600円　Ⓘ4-582-83202-4

06937 日本ぶらり　3　開国・開港の地を行く 1　改訂版　山下一正著　大阪　サンセン出版　2004.10　340, 6p　19cm　(日本紀行シリーズ 3)〈文献あり　2004年9月刊の改訂〉　2800円　Ⓘ4-921038-07-4

06938 きもの紀行―染め人織り人を訪ねて　立松和平著　家の光協会　2005.1　223p　21cm　2200円　Ⓘ4-259-54669-4

06939 猫めぐり日本列島　中田謹介著　筑波書房　2005.4　172p　21cm　2200円　Ⓘ4-8119-0281-5

06940 オーストリア皇太子の日本日記―明治二十六年夏の記録　フランツ・フェルディナント著, 安藤勉訳　講談社　2005.9　237p　15cm　(講談社学術文庫)〈肖像あり〉　840円　Ⓘ4-06-159725-6

06941 港町に行こう！―歴史と人情とうまい魚を求めて　青山誠文　技術評論社　2005.12　143p　22cm　(小さな旅)　1480円　Ⓘ4-7741-2543-1

06942 名探偵浅見光彦のニッポン不思議紀行　内田康夫著　集英社　2006.2　270p　16cm　(集英社文庫)〈学習研究社2001年刊あり〉　600円　Ⓘ4-08-746013-4

06943 オヤジの穴　泉麻人, 松苗あけみ著　ロッキング・オン　2006.3　229p　18cm　1350円　Ⓘ4-86052-057-2

06944 銅像めぐり旅―ニッポン蘊蓄紀行　清水義範著　祥伝社　2006.9　306p　16cm　(祥伝社文庫)〈2002年刊の文庫化〉　619円　Ⓘ4-396-33308-0

06945 幻景の街―文学の都市を歩く　前田愛著　岩波書店　2006.12　310p　15cm　(岩波現代文庫)　1000円　Ⓘ4-00-602110-0

06946 オバハン流 旅のつくり方　吉永みち子著　中央公論新社　2007.2　235p　19cm　1500円　Ⓘ978-4-12-003803-7

06947 ビルマ商人の日本訪問記 ウ・フラ著, 土橋泰子訳 連合出版 2007.10 238p 20cm (別世界との出会い 2) 2500円 ①978-4-89772-226-9

06948 イザベラ・バード「日本の未踏路」完全補遺 イザベラ・バード著, 高畑美代子訳注 中央公論事業出版(製作発売) 2008.1 190p 21cm 1600円 ①978-4-89514-296-0

06949 「懐かしの昭和」を食べ歩く―カラー版 森まゆみ著 PHP研究所 2008.3 269p 18cm (PHP新書) 950円 ①978-4-569-69777-2

06950 イザベラ・バードの日本紀行 上 イザベラ・バード著, 時岡敬子訳 講談社 2008.4 493p 15cm (講談社学術文庫) 1500円 ①978-4-06-159871-3

06951 『恐怖の報酬』日記―酩酊混乱紀行 恩田陸著 講談社 2008.5 335p 15cm (講談社文庫)〈2005年刊の増補〉 571円 ①978-4-06-276020-1

06952 新発見 より道街あるき 大竹誠著 パロル舎 2008.6 187p 21cm 1600円 ①978-4-89419-073-3

06953 街道をゆく 21 神戸・横浜散歩、芸備の道 新装版 司馬遼太郎著 朝日新聞出版 2009.1 287, 8p 15cm (朝日文庫)〈初版：朝日新聞社1988年刊〉 640円 ①978-4-02-264474-9

06954 東の国から 心 オンデマンド版 小泉八雲著, 平井呈一訳 恒文社 2009.10 663p 21cm〈初版：1975年刊〉 6300円 ①978-4-7704-1140-2

作品 横浜で

目次 東の国から(夏の日の夢, 九州の学生とともに, 博多で, 永遠の女性, 生と死の断片, 石仏, 柔術, 赤い婚礼, 願望成就, 横浜で, 勇子―ひとつの追憶), 心(停車場で, 日本文化の真髄, 門つけ, 旅日記から, あみだ寺の比丘尼, 戦後, ハル, 趨勢一瞥, 因果応報の力, ある保守主義者, 神々の終焉, 前世の観念, コレラ流行期に, 祖先崇拝の思想, きみ子)

06955 イザベラ・バード『日本奥地紀行』を歩く 金沢正脩著 JTBパブリッシング 2010.1 175p 21cm (楽学ブックス―文学歴史 11)〈文献あり 年譜あり〉 1800円 ①978-4-533-07671-8

06956 食通知ったかぶり 丸谷才一著 中央公論新社 2010.2 276p 16cm (中公文庫) 781円 ①978-4-12-205284-0

目次 神戸の街で和漢洋食, 長崎になほ存す幕末の味, 信濃にはソバとサクラと, ヨコハマ朝がゆホテルの洋食, 岡山に西国一の鮨やあり, 岐阜では鮎はオカズである, 八十翁の京料理, 伊賀と伊勢とは牛肉の国, 利根の川風ウナギの匂ひ, 丸谷づくしで加賀料理〔ほか〕

06957 すすれ！麺の甲子園 椎名誠著 新潮社 2010.10 355p 16cm (新潮文庫) 590円 ①978-4-10-144836-7

06958 マンボウ家族航海記 北杜夫著 実業之日本社 2011.10 325p 16cm (実業之日本社文庫) 600円 ①978-4-408-55054-1

作品 大旅行

06959 斑猫の宿 奥本大三郎著 中央公論新社 2011.11 305p 16cm (中公文庫)〈JTB2001年刊あり〉 705円 ①978-4-12-205565-0

06960 完訳 日本奥地紀行 1 横浜―日光―会津―越後 イザベラ・バード著, 金坂清則訳注 平凡社 2012.3 391p 18cm (東洋文庫) 3000円 ①978-4-582-80819-3

06961 日本その日その日 エドワード・シルヴェスター・モース著, 石川欣一訳 講談社 2013.6 339p 15cm (講談社学術文庫)〈文献あり 著作目録あり〉 960円 ①978-4-06-292178-7

06962 ジャポンヤ―イブラヒムの明治日本探訪記 アブデュルレシト・イブラヒム著, 小松香織, 小松久男訳 岩波書店 2013.7 517, 3p 22cm (イスラーム原典叢書)〈第三書館 1991年刊の増補改訂版 布装 索引あり〉 9400円 ①978-4-00-028418-9

目次 トルキスタン(タシュケント, 旧ブハラ, サマルカンド, フェルガナ州, セミレチエ州 ほか), 日本(日本到着, 日本の村―米原, 力車―人が引く車, 横浜, 盲人 ほか)

06963 漂う―古い土地 新しい場所 黒井千次著 毎日新聞社 2013.8 175p 20cm 1600円 ①978-4-620-32221-6

06964 新訳 日本奥地紀行 イザベラ・バード著, 金坂清則訳 平凡社 2013.10 537p 18cm (東洋文庫)〈布装 索引あり〉 3200円 ①978-4-582-80840-7

06965 松崎天民選集 第10巻 人間見物 松崎天民著, 後藤正人監修・解説 クレス出版 2013.11 395, 3p 19cm〈騒人社書局 昭和二年刊の複製〉 6000円 ①978-4-87733-795-7

作品 チャブ屋探訪

06966 ガリヴァーの訪れた国―マリアンヌ・ノースの明治八年日本紀行 柄戸正著 万来舎 2014.9 171p 19cm〈文献あり〉 1200円 ①978-4-901221-81-8

06967 大東京ぐるぐる自転車 伊藤礼著 筑摩書房 2014.10 343p 15cm (ちくま文庫)〈東海教育研究所 2011年刊に書き下ろし「堀切菖蒲園」を加えて再刊〉 880円 ①978-4-480-43209-4

06968 ニッポン旅みやげ 池内紀著 青土社 2015.4 162p 20cm 1800円 ①978-4-7917-6852-3

06969 みちくさ 3 菊池亜希子著 小学館 2015.5 127p 21cm 1200円 ①978-4-09-388418-1

06970 野武士、西へ―二年間の散歩 久住昌之著 集英社 2016.3 348p 16cm (集英社文庫)〈2013年刊の文庫化〉 700円 ①978-4-08-745422-2

06971 日本奥地紀行―縮約版 イザベラ・バード著, ニーナ・ウェグナー英文リライト, 牛原眞弓訳 IBCパブリッシング 2017.4 223p 19cm (対訳ニッポン双書) 1600円 ①978-4-7946-0471-2

06972 そこらじゅうにて―日本どこでも紀行 宮田珠己著 幻冬舎 2017.6 274p 16cm (幻冬舎文庫)〈「日本全国もっと津々うりゃうりゃ」(廣済堂出版 2013年刊)の改題、修正〉 600円 ①978-4-344-42618-4

06973 禁足地帯の歩き方 吉田悠軌著 学研プラス 2017.11 175p 19cm 1000円 ①978-4-05-406602-1

横浜中華街

06974 大人の女性のための日本を旅する浪漫紀行 津田令子著 文芸社ビジュアルアート 2007.3 191p 19cm 1200円 ①978-4-86264-336-0

横浜馬車道通り

06975 歴史の散歩路―小江戸紀行＝一〇八巡り 池田直樹著 東洋書院 2001.3 228p 19cm 1400円 ①4-88594-300-0

横浜元町

06976 大人の女性のための日本を旅する浪漫紀行 津田令子著 文芸社ビジュアルアート 2007.3 191p 19cm 1200円 ①978-4-86264-336-0

吉田橋

06977 街道をゆく 21 神戸・横浜散歩、芸備の道 新装版 司馬遼太郎著 朝日新聞出版 2009.1 287, 8p 15cm (朝日文庫)〈初版：朝日新聞社1988年刊〉 640円 ①978-4-02-264474-9

龍口寺

06978 お寺散歩―もう一度あのお寺に行こう 沢野ひとし著 新日本出版社 2005.1 134p 18cm 1600円 ①4-406-03130-8

緑園都市駅

06979 ナイトメア咲人の鈍行いくの？―五十音の旅 続 咲人著 シンコーミュージック・エンタテイメント 2012.4 233p 21cm 2381円 ①978-4-401-63573-3

霊泉まゝねの湯

06980 晴浴雨浴日記 種村季弘著 河出書房新社 1989.3 250p 19cm 2500円 ①4-309-00554-3

06981 温泉徘徊記 種村季弘著 河出書房新社 1999.2 385p 20cm (種村季弘のネオ・ラビリントス 7) 4200円 ①4-309-62007-8

若宮大路〔段葛〕

06982 日蓮紀行―世直しの道を訪ねて 武田京三文・写真 まどか出版 2000.10 190p 21cm〈年譜あり〉 1800円 ①4-944235-02-X

06983 街道をゆく 42 三浦半島記 新装版 司馬遼太郎著 朝日新聞出版 2009.5 305, 8p 15cm (朝日文庫)〈初版：朝日新聞社1998年刊〉 720円 ①978-4-02-264496-1

和田長浜

06984 堀口すみれ子の私のはやま道―そして逗子・横須賀・三浦 三浦半島の散歩道 堀口すみれ子著 鎌倉 かまくら春秋社 2004.10 117p 19cm〈奥付・背のタイトル：私のはやま道〉 952円 ①4-7740-0278-X

中部

06985 新・円空風土記 丸山尚一著 里文出版 1994.9 522p 21cm 4800円 ①4-947546-72-7

06986 ぶらり全国乗り歩き 種村直樹著 中央書院 1994.9 221p 19cm 1500円 ①4-924420-98-0

06987 鉄道全線三十年―車窓紀行 昭和・平成……乗った、撮った、また乗った!! 田中正恭著 心交社 2002.6 371p 19cm 1600円 ①4-88302-741-4

06988 時速8キロニッポン縦断 斉藤政喜著 小学館 2003.10 397p 19cm (Be-pal books)〈折り込1枚〉 1500円 ①4-09-366067-0

目次 プロローグ, 第一章 東海・関西編(耕うん機ふたり乗り改造計画, 古都・奈良で移動本屋さん開店, 30年前に耕うん機で日本一周した旅人は今……), 第二章 四国編(四国遍路と耕うん機の旅人, 橋本大二郎高知県知事と歴史的会談, 四万十の自由人トールと川を旅する, テラ、四万十川の結婚式で堂々のパレード), 第三章 関西・中国編(テラの生まれ故郷・大阪へ, パワーアップしたテラ、大都会・大阪を突破, 高松～岡山、行商の旅 パート2, しまなみ街道を渡り、再び四国へ, 山陰の小京都、萩・津和野へ), 第四章 九州編(もっこすホームレスと犬連れバックパッカー, スローな旅をとボブはいった, 日本一周女性3人組と旅する, 真の本土最南端への道を切りひらく), 第五章 南西諸島編(奄美大島で途中停車, 徳之島は耕うん機が似合う, テラ、沖縄本島で災難に遭遇, さらばテラ! 日本最南端、波照間から愛を込めて), 日本縦断オフィシャルガイド for Slow Traveler 西日本編(貧乏旅行者に捧ぐKYOTOガイド, 奈良・柳生街道トレッキング, 小豆島で道草を満喫する, 四国八十八箇所お遍路のススメ, 四万十川カヌーツーリング, しまなみ街道 自転車ツーリング, 雲仙普賢岳トレッキング, "人力旅人の聖地"最南端トレイルガイド, アウトドア・パラダイス徳之島, 日本最南端の島・波照間彷徨), エピローグ

06989 列島縦断 鉄道乗りつくしの旅 JR20000km全線走破―春編 絵日記でめぐる35日間 関口知宏著 徳間書店 2005.7 102p 15×21cm 1400円 ①4-19-862033-4

目次 枕崎(鹿児島県枕崎市)～南宮崎(宮崎県宮崎市), 南宮崎～志布志(鹿児島県曽於郡志布志町), 志布志～大畑(熊本県人吉市), 大畑～長崎(長崎県長崎市), 長崎～博多(福岡県福岡市), 博多～日田(大分県日田市), 日田～若松(福岡県北九州市), 若松～虹ノ松原(佐賀県唐津市), 虹ノ松原～長門本山(山口県山陽小野田市), 長門本山～折居(島根県浜田市)〔ほか〕

06990 列島縦断 鉄道乗りつくしの旅 JR20000km全線走破―秋編 絵日記でめぐる34日間 関口知宏著 徳間書店 2006.1 103p 15×21cm 1400円 ①4-19-862118-7

06991 鉄道の旅 西日本編 真島満秀写真・文 小学館 2008.4 207p 27cm 2600円 ①978-4-09-395502-7

06992 鉄子の旅写真日記 矢野直美著 阪急コミュニケーションズ 2008.8 182p 19cm 1500円 ①978-4-484-08219-6

06993 賀曽利隆の300日3000湯めぐり日本一周―6万5000キロのバイク旅 上巻 賀曽利隆著 昭文社 2008.9 286p 21cm 1600円 ①978-4-398-21116-3

06994 織田信長―『信長公記』紀行 立松和平著 勉誠出版 2010.2 253p 20cm〈文献あり〉 2200円 ①978-4-585-05418-4

目次 第1部 尾張国守護へ(信長への評価, 太田牛一「信長公記」, 織田信秀―信長の父 ほか), 第2部 桶狭間へ(身のまわりは敵ばかり―今川、尾張に侵入, 織田鉄砲衆―橋本一巴, 玉薬の手当て―堺へいく ほか), 第3部 天下人へ(岐阜と改める, 楽市楽座, 天下布武 ほか)

06995 自転車でどこまでも走る―千葉から直江津へ、自分の限界に挑む400kmロングライド のぐちやすお著 ラピュータ 2010.9 230p 19cm (ラピュータブックス) 1500円 ①978-4-905055-00-6

06996 宮本常一 旅の手帖―村里の風物 宮本常一著, 田村善次郎編 八坂書房 2010.10 259p 20cm 2000円 ①978-4-89694-965-0

06997 鉄道フリーきっぷ達人の旅ワザ 所澤秀樹著 光文社 2014.7 268p 18cm (光文社新書) 800円 ①978-4-334-03809-0

06998 空旅・船旅・汽車の旅 阿川弘之著 中央公論新社 2014.12 286p 16cm (中公文庫)〈中央公論社 1960年刊の再刊〉 740円 ①978-4-12-206053-1

作品 一級国道を往く

間ノ岳

06999 新編 山と渓谷 田部重治著, 近藤信行編 岩波書店 1993.8 323p 15cm (岩波文庫) 570円 ①4-00-311421-3

07000 日本の名山 17 北岳 串田孫一, 今井通子, 今福龍太編 博品社 1997.8 253p 19cm〈文献あり〉 1600円 ①4-938706-41-5

作品 積雪期の白峰三山〔桑原武夫〕 奈良田のヒロ河内より白峰三山に登る〔冠松次郎〕 農鳥・間ノ岳へ初登頂〔アーネスト・サトウ〕 白峰三山〔串田孫一〕 白峰三山〔田部重治〕

目次 北岳にて(辻まこと), 北岳(田中澄江), 白峯北岳(木暮理太郎), 北岳(深田久弥), 雪の白峰(小島烏水), 北岳 わが永遠の山(白籏史朗), 北岳のイワヒバリ(田淵行男), 白峯の周囲(勝見勝), 白峰三山(串田孫一), 農鳥・間ノ岳へ初登頂(アーネスト・サトウ), マレイの日本案内書に載る甲斐ヶ根 遺稿(武田久吉), 白峰三山(田部重治), 積雪期の白峰三山(桑原武夫), 奈良田のヒロ河

内より白峰三山に登る(冠松次郎), 白峰山脈の南半(中村清太郎), 白峰へ登らんとす 七月(河田楳), 冬の野呂川試行(上田哲農), 単独の北岳(沢田真佐子), アスナロ沢か、農鳥沢か(西岡一雄), 農鳥岳東面バットレス中央稜(村田友春), 大井川源頭行(加田勝利), 北岳バットレス登攀(細野重雄), 中央稜(松濤明), 酷寒の北岳バットレス(長谷川恒男), 北岳バットレス中央稜(奥山章), 悲恋想「琴次の涯」由来記(今井徹郎), 白峰雑記 案内人の思い出(平賀文男), 白峰三山の地形 南アルプスの代表としての(式正英), 野呂川谷の樵夫達(野尻抱影), チマ・エテルナーバットレス地震調査?(今井通子)

07001 日本アルプス―山岳紀行文集 小島烏水著, 近藤信行編 岩波書店 2009.6 444p 15cm (岩波文庫) 900円 ①4-00-311351-9
作品 雪の白峰 白峰山脈縦断記
目次 鎗ヶ嶽探険記, 山を讃する文, 奥常念岳の絶巓に立つ記, 梓川の上流, 雪中富士登山記, 雪の白峰, 白峰山脈縦断記, 日本北アルプス縦断記より, 谷より峰へ峰より谷へ, 飛驒双六谷より, 高山の雪, 日本山岳景の特色, 上高地風景保護論, 不尽の高根

07002 山で見た夢―ある山岳雑誌編集者の記憶 勝峰富雄著 みすず書房 2010.5 285p 20cm 2600円 ①978-4-622-07542-4

07003 わが愛する山々 深田久弥著 山と溪谷社 2011.6 381p 15cm (ヤマケイ文庫)〈年譜あり〉 1000円 ①978-4-635-04730-2

07004 明治紀行文學集 筑摩書房 2013.1 410p 21cm (明治文學全集 94) 7500円 ①978-4-480-10394-9
作品 白峰山脈縦断記〔小島烏水〕

07005 山の名作読み歩き―読んで味わう山の楽しみ 大森久雄編 山と溪谷社 2014.11 301p 18cm (ヤマケイ新書) 880円 ①978-4-635-51002-8
作品 積雪期の白根三山〔桑原武夫〕

青崩峠

07006 秋葉みち 信州街道をゆく 沢田猛文, 加藤伸幸絵 (舞阪町)ひくまの出版 1988.6 187p 19cm 1500円 ①4-89317-109-7
目次 星のかけらと塩の道, 相良港, 塩買坂, どんどろ橋, 俠魂のふるさと―遠州森町, 連帯切符, 栄泉寺の青春たち, 浪人街道まっしぐら, 火祭りの夜, 浜しょい, うらみのヤマ, 山が動かなきゃ, お犬さま, くんま, 瞽女みち, マル王さん―王子製紙異聞, ティーロード, 青崩峠, かぼちゃの話―街道いま、むかし, 天界のムラ, もうひとつの信州街道, 街道ウォッチング

07007 東海道寄り道紀行 種村季弘著 河出書房新社 2012.7 156p 20cm 1600円 ①978-4-309-02121-8
目次 「水源は富士山」の錯覚―狩野川流域, 奈良王の隠れ里―富士川・早川を上って西山・奈良田温泉へ, 湯中浮遊の極楽―奥大井の旅, 花祭の里紀行―天竜の支流, 今昔木曾街道繁盛記―名古屋駅から中央線へ, 奥美濃花奪い祭の里―美濃白山馬場への道, だじゃの木訪問記―美濃・揖斐川流域, 足助街道塩の道―矢作川・巴川流域, 塩の道・星の糞―水窪から青崩峠へ, 妖怪かワニか川の町・三次散策―JR三江線・三次駅, 列車は吾輩と同年配―高山本線奥飛驒列車旅行, 鬼ノ城―古代山城と桃太郎伝説, おむすび温泉, 金色の極楽浄土―芝川・瓜島温泉, 宿地気妖の怪

赤石山脈〔南アルプス〕

07008 イトシンののんびりツーリング 伊東信著 造形社 1988.5 175p 21cm 1300円 ①4-88172-031-7

07009 峰と渓 冠松次郎著 河出書房新社 2002.5 249p 19cm (Kawade山の紀行) 1600円 ①4-309-70422-0

07010 アタシはバイクで旅に出る。―お湯・酒・鉄馬三拍子紀行 1 国井律子著 枻出版社 2002.11 172p 15cm (枻文庫) 600円 ①4-87099-763-0

07011 山、わが生きる力 白籏史朗著 新日本出版社 2003.8 270p 図版12枚 22cm 2900円 ①4-406-03019-0
目次 人生は自分だけの力で歩く道である, パイオニアワーク―新しい世界への挑戦, 青春時代の“山”, 山での歓び―生きる歓びの確認と山の怖さ, 山との出会い、そして目覚め, 魅入られし山「南アルプス」, 独立への苦悩, 仕事に対する姿勢, 遭難―死の恐怖と別離の悲しみ, 孤独と連帯感, 失われたモラル, 山に見るエゴイズム, 物質文明への反撥, 厳しかった登山の想い出

07012 大いなる山 大いなる谷 新装版 志水哲也著 八王子 白山書房 2004.6 306p 19cm〈1992年刊の新装版〉 2000円 ①4-89475-084-8

07013 渓 冠松次郎著 中央公論新社 2004.10 304p 21cm (中公文庫ワイド版)〈中公文庫2003年刊(改版)のワイド版〉 4600円 ①4-12-551835-1

07014 新編 単独行 加藤文太郎著 山と溪谷社 2010.11 349p 15cm (ヤマケイ文庫)〈年譜あり 2000年刊の文庫化〉 940円 ①978-4-635-04725-8
目次 1 単独行について(単独行について, 冬・春・単独行, 一月の思い出―劔沢のこと ほか), 2 山と私(私の登山熱, 山と私, 山へ登るAのくるしみ ほか), 3 厳冬の薬師岳から烏帽子岳へ(初冬の常念山脈, 槍ガ岳・立山・穂高岳, 厳冬の薬師岳から烏帽子岳へ ほか), 4 山から山へ(北アルプス初登山, 兵庫立山登山, 縦走コース覚書―山から山へ ほか), 後記

07015 山の名作読み歩き―読んで味わう山の楽しみ 大森久雄編 山と溪谷社 2014.11 301p 18cm (ヤマケイ新書) 880円 ①978-4-635-51002-8
作品 南アルプスへの郷愁〔日高信六郎〕

赤石岳

07016 子づれの山 熊谷榧絵と文 八王子 白山書房 2009.8 222p 19cm (〔榧・画文集 2〕) 1900円 ①978-4-89475-135-4

07017 晴れのち曇り 曇りのち晴れ 熊谷榧絵と文 八王子 白山書房 2010.2 296p 19cm (〔榧・画文集 0〕)〈皆美社1970年刊の再版 平凡社2001年刊あり〉 1900円 ①978-4-89475-139-2

07018 山々を滑る登る 熊谷榧絵と文 八王子 白山書房 2012.11 319p 19cm (〔榧・画文

集 12〕） 1900円 ①978-4-89475-159-0

赤沢岳

07019 渓 冠松次郎著 中央公論新社 2004.10 304p 21cm （中公文庫ワイド版）〈中公文庫2003年刊（改版）のワイド版〉 4600円 ①4-12-551835-1

赤岳

07020 日本旅行日記 1 アーネスト・サトウ著, 庄田元男訳 平凡社 1992.1 316p 18cm （東洋文庫） 2781円 ①4-582-80544-2

07021 日本の名山 12 八ヶ岳 串田孫一, 今井通子, 今福龍太編 博品社 1997.6 269p 19cm〈文献あり〉 1600円 ①4-938706-39-3

作品 赤岳西壁主稜〔簾革命〕

目次 瀟洒なる自然（二八九九米）―八ヶ岳（深田久弥）, 八ヶ岳（宮本袈裟雄）, 八ガ岳に追いかえされる（梅崎春生）, 八ガ岳登山記（亀井勝一郎）, 八ガ岳紀行（中川一政）, 随想（青柳健）, ざっこん沢（立岡洋二）, 高山植物の宝庫―八ヶ岳の黒百合（小島烏水）, 八ヶ岳（武田久吉）, 八ヶ岳にツクモ草を見に行こう（みなみらんぼう）, 高原の旅情―蓼科山（平福百穂）, たてしなの歌（尾崎喜八）, 立科山の一日（河田禎）, 森と泉に囲まれた、瞑想の北八―緑に抱かれた池 白駒池・雨池紀行（津島佑子）, 北八ッ彷徨（山口耀久）, 八ヶ岳を登りつくす―硫黄岳（中村朋弘）, 赤岳への足ならしに権現岳を登る（アーネスト・サトウ）, 県界尾根の天狗岩で退却（アーネスト・サトウ）, 夏山と虫の話（西丸震哉）, 八ガ岳紀行（上田哲農）, 権現岳：八ガ岳最後の峰に挑戦（不破哲三）, 横岳（本多勝一）, 感激の八ガ岳（長谷川恒男）, 蓁滝沢（松濤明）, 八ガ岳通い 阿弥陀岳北西稜（沢野ひとし）, 阿弥陀南稜での彷徨・ある冬山の憶い出（池学）, 赤岳西壁主稜（簾革命）, 横岳大同心正面岩壁（東京雲稜会（石橋保男））, 立場川源流（下諏訪山岳会（星野吉晴, 藤森正彦, 牛山和雄））, 山の生い立ち―八ガ岳火山群の地形（佐藤久）, 八ヶ岳（五百沢智也）, チマ・エテルナ―旋律の聞こえる山（串田孫一）

07022 子づれの山 熊谷榧絵と文 八王子 白山書房 2009.8 222p 19cm （〔榧・画文集 2〕） 1900円 ①978-4-89475-135-4

秋葉街道

07023 秋葉みち 信州街道をゆく 沢田猛文, 加藤伸幸絵 （舞阪町）ひくまの出版 1988.6 187p 19cm 1500円 ①4-89317-109-7

07024 伊那路 腰原智達編 長野 一草舎出版 2009.11 303p 21cm （著名人がつづった名随筆・名紀行集 3）〈シリーズの監修者：長野県国語国文学会〉 2286円 ①978-4-902842-65-4

作品 秋葉山道紀行〔高田宏〕

目次 新野で踊った盆踊り（佐々木基一）, 谷びとは何処から来たか（武田太郎）, 信州伊那谷のお菓子（熊谷元一）, 下伊那郡下條村の下嶋清志（峰竜太）, 運命の書（椋鳩十）, 熊山騒げ（松山義雄）, 秋葉山道紀行（高田宏）, スガレ追い（井伏鱒二）, 東国古道記（柳田國男）, 霜月まつり（後藤総一郎）, 私の中学時代（日夏耿之介）, 飯田の町に寄す（岸田国士）, 戦中派不戦日記（山田風太郎）, りんご並木の街いいだ（塩澤実信）, 坂道の桑の実（岸田今日子）, 信州ざざ虫紀行（ドナルド・キーン）, 疎開文化人（林俊）, 公物と私物（森田草平）, 独楽の曲取り（古島敏雄）, 哄笑（久保田正文）, 無精髯の体面釣り三昧（葉山嘉樹）, 故郷で（小林勇）, 野性の感覚（宮崎学）, 大いなる谷（加島祥造）, 木曽駒ケ岳を越えて（W.ウェストン）, 井月（石川淳）, 伊那谷（臼井吉見）, つかい川（向山雅重）, 音楽の道ふたたび（高木東六）, プロローグ（塚越寛）, ふるさとの川と老釣り師（島村利正）, 墓を訪う（津村節子）, 人生の風景雪庇の桜（渡辺文雄）, 伊那の中路（菅江真澄）, ふるさと（後藤俊夫）, 私の履歴書（唐木順三）, 幾年月（古田と志）

秋山郷

07025 秘湯を求めて 3 きわめつけの秘湯 藤嶽彰英著 （大阪）保育社 1990.1 194p 19cm 1350円 ①4-586-61103-0

07026 ニッポンの村へゆこう 眞鍋じゅんこ著 筑摩書房 1997.6 187p 19cm （にこにこブックス 11） 1300円 ①4-480-69021-2

目次 1 いざ、村へ, 2 異次元リゾートを満喫する, 3 村のお仕事ガイド, 4 ひととき島の人, 5 秋山郷おじゃま日誌

07027 ツーリング・ライフ―自由に、そして孤独に 新装増補版 斎藤純著 春秋社 2004.3 274p 20cm〈2001年刊の新装増補〉 1800円 ①4-393-43624-5

作品 信濃川のスケッチ―千曲川沿いの旅

07028 メルヘン紀行 みやこうせい著 未知谷 2005.5 237p 20cm 2200円 ①4-89642-129-9

07029 山で見た夢―ある山岳雑誌編集者の記憶 勝峰富雄著 みすず書房 2010.5 285p 20cm 2600円 ①978-4-622-07542-4

07030 日本全国津々うりゃうりゃ 宮田珠己著 幻冬舎 2016.6 315p 16cm （幻冬舎文庫）〈廣済堂出版 2012年刊の再刊 文献あり〉 690円 ①978-4-344-42482-1

雨飾山

07031 子づれの山 熊谷榧絵と文 八王子 白山書房 2009.8 222p 19cm （〔榧・画文集 2〕） 1900円 ①978-4-89475-135-4

07032 わが愛する山々 深田久弥著 山と溪谷社 2011.6 381p 15cm （ヤマケイ文庫）〈年譜あり〉 1000円 ①978-4-635-04730-2

阿弥陀岳

07033 日本の名山 12 八ヶ岳 串田孫一, 今井通子, 今福龍太編 博品社 1997.6 269p 19cm〈文献あり〉 1600円 ①4-938706-39-3

作品 阿弥陀南稜での彷徨・ある冬山の憶い出〔池学〕 八ガ岳通い 阿弥陀岳北西稜〔沢野ひとし〕

荒川岳

07034 子づれの山 熊谷榧絵と文 八王子 白山書房 2009.8 222p 19cm （〔榧・画文集 2〕） 1900円 ①978-4-89475-135-4

飯田線

07035 地図あるきの旅 今尾恵介著 朝日ソノラマ 1996.5 194p 21cm 1600円 ①4-257-03483-1

07036 阿川弘之自選紀行集 阿川弘之著 JTB 2001.12 317p 20cm 2200円 ①4-533-04030-6
作品 飯田線追想紀行

07037 乗ってけ鉄道―列島なりゆき日誌 伊東徹秀著 札幌 柏艪舎 2007.7 187p 19cm 〈星雲社(発売)〉 1300円 ①978-4-434-10860-0
目次 門司港ロマンは「頭端ホーム」(九州), 列島自由オレが「ワイド周遊券」(九州), 「予土線」のお接待はこいのぼり(四国), 来るなら来てみろ「三江線」(中国), ゲゲゲのゲと鬼太郎走る「境線」(山陰), 花はうすずみ鉄路は「樽見」(中部), 天上のみずうみめざす「飯田線」(中部), 一難去って「高山本線」バス輸送(北陸), 春色「城端線」は青春超満員(北陸), 本日「富山地方鉄道」いっき乗り(北陸)〔ほか〕

07038 鉄道の旅 西日本編 真島満秀写真・文 小学館 2008.4 207p 27cm 2600円 ①978-4-09-395502-7

07039 旅の終りは個室寝台車 宮脇俊三著 河出書房新社 2010.3 237p 15cm (河出文庫) 680円 ①978-4-309-41008-1

07040 鉄道旅へ行ってきます 酒井順子, 関川夏央, 原武史著 講談社 2010.12 229p 20cm 1600円 ①978-4-06-216693-5

07041 むかしの汽車旅 出久根達郎編 河出書房新社 2012.7 259p 15cm (河出文庫) 760円 ①978-4-309-41164-4
作品 伊那谷の断想―飯田線〔岡田喜秋〕

飯田線「トロッコファミリー号」

07042 阿川弘之自選紀行集 阿川弘之著 JTB 2001.12 317p 20cm 2200円 ①4-533-04030-6
作品 飯田線追想紀行

飯山線

07043 旅の終りは個室寝台車 宮脇俊三著 河出書房新社 2010.3 237p 15cm (河出文庫) 680円 ①978-4-309-41008-1

伊勢湾

07044 ローカル線五感で楽しむおいしい旅―スローな時間を求めて 金久保茂樹著 グラフ社 2008.1 237p 19cm 1143円 ①978-4-7662-1113-9

07045 きまぐれ歴史散歩 池内紀著 中央公論新社 2013.9 228p 18cm (中公新書) 760円 ①978-4-12-102234-9

07046 荒ぶる自然―日本列島天変地異録 高田宏著 神戸 苦楽堂 2016.6 303, 7p 19cm 〈新潮社 1997年刊の再刊 年表あり 索引あり〉 1800円 ①978-4-908087-03-5

後立山連峰

07047 若き日の山 串田孫一著 集英社 1988.1 210p 15cm (集英社文庫) 300円 ①4-08-749294-X

07048 峰と渓 冠松次郎著 河出書房新社 2002.5 249p 19cm (Kawade山の紀行) 1600円 ①4-309-70422-0

越前街道

07049 街道をゆく 4 郡上・白川街道、堺・紀州街道 ほか 新装版 司馬遼太郎著 朝日新聞出版 2008.8 319, 8p 15cm (朝日文庫) 620円 ①978-4-02-264443-5
目次 洛北諸道(スタスタ坊主, 花背へ ほか), 郡上・白川街道と越中諸道(追分の道標, 室町武家のこと ほか), 丹波篠山街道(長岡京から老ノ坂へ, 丹波亀岡の城 ほか), 堺・紀州街道(華やかな自由都市, 氷雨の中の五輪塔 ほか), 北国街道とその脇街道(海津の古港, 記号としての客 ほか)

恵那山

07050 わが愛する山々 深田久弥著 山と溪谷社 2011.6 381p 15cm (ヤマケイ文庫)〈年譜あり〉 1000円 ①978-4-635-04730-2

烏帽子岳(飛驒山脈)

07051 新編 山と渓谷 田部重治著, 近藤信行編 岩波書店 1993.8 323p 15cm (岩波文庫) 570円 ①4-00-311421-3

07052 日本アルプス縦走記 窪田空穂著 雁書館 1995.7 137p 19cm 1400円

07053 槍ケ岳黎明―私の大正登山紀行 穂苅三寿雄著 松本 槍ケ岳山荘事務所 2004.11 230p 20cm〈山と溪谷社(発売) 年譜あり〉 1800円 ①4-635-88591-7
目次 神河内, 日本アルプス縦走記, 日本アルプス横断, 燕岳の頂上, 梓川上流の秋―槍ヶ岳林道初登山記, 悪絶無比なる穂高連峰の縦断, 槍ヶ岳新登山路の踏査, 常念から烏帽子岳へ, 槍沢より蝶ヶ岳へ, 雪の槍ヶ岳と常念山脈―燕岳遭難記

07054 山の旅 本の旅―登る歓び、読む愉しみ 大森久雄著 平凡社 2007.9 237p 20cm〈文献あり〉 2200円 ①978-4-582-83368-3

07055 新編 単独行 加藤文太郎著 山と溪谷社 2010.11 349p 15cm (ヤマケイ文庫) 〈年譜あり 2000年刊の文庫化〉 940円 ①978-4-635-04725-8

07056 紀行とエッセーで読む 作家の山旅 山と溪谷社編 山と溪谷社 2017.3 357p 15cm (ヤマケイ文庫) 930円 ①978-4-635-04828-6
作品 烏帽子岳の頂上〔窪田空穂〕

大糸線

07057 線路の果てに旅がある 宮脇俊三著 新潮社 1997.1 227p 15cm (新潮文庫)〈小学館1994年刊あり〉 400円 ①4-10-126813-4

07058 絶景 春列車の旅―内房線から中央山岳縦貫線まで 櫻井寛文・写真 東京書籍 2000.2 159p 21cm 2200円 ①4-487-79472-2

07059 郷愁の鈍行列車 種村直樹著 和光 SiGnal 2005.9 235p 19cm 1143円 ①4-902658-05-4

07060 一両列車のゆるり旅 下川裕治, 中田浩資著 双葉社 2015.6 364p 15cm (双葉文

庫） 694円 ①978-4-575-71436-4

奥秩父

07061 峰と渓 冠松次郎著 河出書房新社 2002.5 249p 19cm （Kawade山の紀行） 1600円 ①4-309-70422-0

07062 みなみらんぼう山の詩――一歩二歩山歩2 みなみらんぼう著 中央公論新社 2002.10 189p 21cm 1900円 ①4-12-003321-X

07063 渓 冠松次郎著 中央公論新社 2004.10 304p 21cm （中公文庫ワイド版）〈中公文庫2003年刊（改版）のワイド版〉 4600円 ①4-12-551835-1

07064 山の旅 本の旅―登る歓び、読む愉しみ 大森久雄著 平凡社 2007.9 237p 20cm〈文献あり〉 2200円 ①978-4-582-83368-3

07065 山で見た夢―ある山岳雑誌編集者の記憶 勝峰富雄著 みすず書房 2010.5 285p 20cm 2600円 ①978-4-622-07542-4

07066 奥秩父―山、谷、峠そして人 山田哲哉著 東京新聞 2011.12 343p 19cm 1800円 ①978-4-8083-0952-7

07067 山の名作読み歩き―読んで味わう山の楽しみ 大森久雄編 山と溪谷社 2014.11 301p 18cm （ヤマケイ新書） 880円 ①978-4-635-51002-8

作品 秩父のおもいで〔木暮理太郎〕

「奥の細道」

07068 池田満寿夫 おくのほそ道・みちのく紀行 池田満寿夫著 日本放送出版協会 1989.8 143p 21×23cm 2500円 ①4-14-008663-7

07069 定本 七つの街道 井伏鱒二著 永田書房 1990.2

07070 人はなぜ旅をするのだろうか―逆・奥の細道 北へ 塩野米松著, 宮嶋康彦写真 求龍堂 1994.3 255p 21cm 1800円 ①4-7630-9401-7

07071 奥の細道吟行 加藤楸邨著 平凡社 1999.3 347p 16cm （平凡社ライブラリー） 1200円 ①4-582-76282-4

07072 芭蕉の旅はるかに 海野弘著 アーツアンドクラフツ 2005.5 220p 19cm （旅を歩く旅） 1700円 ①4-901592-28-9

07073 奥の細道 温泉紀行 嵐山光三郎著 小学館 2006.6 221p 15cm （小学館文庫）〈1999年 平凡社刊あり〉 695円 ①4-09-408082-1

07074 電車とバスと徒歩で行く『奥の細道紀行』 櫻井寛写真文 日経BP社 2011.1 133p 28cm （日経ホームマガジン）〈『日経おとなのOFF』特別編集 発売：日経BPマーケティング〉 1524円 ①978-4-8222-6017-0

07075 自転車で行く「奥の細道」逆まわり―俳句の生まれる現場 大竹多可志著 東京四季出版 2011.3 241p 21cm 2000円 ①978-4-8129-0664-4

07076 「おくのほそ道」を走る―親子で走った芭蕉の旅2400キロ 中里富美雄著 菁柿堂 2012.3 181p 18cm （菁柿堂新書）〈発売：星雲社〉 900円 ①978-4-434-16557-3

奥穂高岳

07077 日本アルプス登攀日記 W.ウェストン著, 三井嘉雄訳 平凡社 1995.2 318p 18cm （東洋文庫） 2781円 ①4-582-80586-8

07078 日本の名山 10 穂高岳 串田孫一, 今井通子, 今福龍太編 博品社 1997.5 268p 19cm〈年表あり 文献あり〉 1600円 ①4-938706-38-5

作品 北アルプス再訪 奥穂高南壁の登攀〔ウォルター・ウェストン〕

目次 徳本峠（釈迢空）, 奥又白池（田中清光）, 穂高嶽（幸田露伴）, 涸沢の岩小屋のある夜のこと（大島亮吉）, 穂高岳（深田久弥）, 穂高の月（井上靖）, 穂高星夜（書上喜太郎）, 涸沢貴族碓井徳蔵（新田次郎）, 岩壁（尾崎一雄）, 北アルプス再訪 奥穂高南壁の登攀（ウォルター・ウェストン）, 穂高岳・槍ガ岳縦走記（鵜殿正雄）, 槍ヶ岳より西穂高へ（黒田初子）, 慶大山岳部の前穂高北尾根（佐藤久一朗）, 四峰に挑む 前穂高北尾根四峰、奥又白側初登攀記録（川森左智子）, 穂高岳屛風岩（小川登喜男）, 「岳」の誘惑 滝谷から裏穂高の登攀（藤木九三）, 穂高岳のころ（小西政継）, 北穂高滝谷第一尾根の冬季初登攀（松濤明）, 屛風岩登攀記 第五次攻撃・完登 抄（石岡繁雄）, 明神岳V峯東壁中央フェイス（奥山章）, 前穂高四峰正面岩壁（芳野満彦）, 不思議な下降（青柳健）, 氷雪の屛風岩―ルンゼは怖れと迷いとためらいを越えて（高田直樹）, ある単独行（小田実）, 穂高を攀じる（長谷川恒男）, 奥穂のテッペンから滑る 山ヤに対する抵抗運動（三浦雄一郎）, 穂高をめぐる氷河地形（五百沢智也）, 徳本峠（秋谷豊）, 穂高生活（上田哲農）, 北穂高小屋完成（小山義治）, チマ・エテルナ―自分史の山（今井通子）

07079 山と雪の日記 改版 板倉勝宣著 中央公論新社 2003.1 185p 16cm （中公文庫）〈2004年刊の文庫ワイド版あり〉 743円 ①4-12-204158-9

07080 新編 単独行 加藤文太郎著 山と溪谷社 2010.11 349p 15cm （ヤマケイ文庫）〈年譜あり 2000年刊の文庫化〉 940円 ①978-4-635-04725-8

07081 むかしの山旅 今福龍太編 河出書房新社 2012.4 304p 15cm （河出文庫） 760円 ①978-4-309-41144-6

作品 日本高嶺の堂〔大町桂月〕

07082 鈴木みきの山の足あと 鈴木みき著 山と溪谷社 2013.6 127p 21cm 1200円 ①978-4-635-33058-9

07083 百年前の山を旅する 服部文祥著 新潮社 2014.1 236p 16cm （新潮文庫）〈東京新聞出版部 2010年刊の再刊 文献あり〉 630円 ①978-4-10-125321-3

御嶽山

07084 山に親しむ 川端康成ほか著, 作品社編集部編 作品社 1998.4 246p 22cm （新編・日本随筆紀行 大きな活字で読みやすい本―心にふるさとがある 2） ①4-87893-808-0, 4-87893-807-2

作品 御岳参り〔山尾三省〕

07085 日本の名山 11 御嶽山 串田孫一, 今井通子, 今福龍太編 博品社 1998.11 252p 20cm 1600円 ①4-938706-57-1

作品 「なかのりさん」に就いて〔高畑棟材〕 だけのゆみち〔加納一郎〕 御岳〔志賀重昂〕 御岳火口湖群〔大塚大〕 御岳山の両面〔吉江喬松〕 御岳山噴火に思う〔伊藤和明〕 御嶽〔深田久弥〕 御嶽から乗鞍まで〔武田久吉〕 御嶽より乗鞍まで〔マレー・ウォルトン〕 御嶽山のコマクサ〔池原昭治〕 御嶽信仰の変遷〔生駒勘七〕 御嶽噴火騒動雑録〔庄野英二〕 四十年前の記憶〔串田孫一〕 第三日、御嶽詣〔土居通彦〕 忘れ得ぬ山・木曽御岳〔四手井綱英〕 木曽御岳〔今西錦司〕 木曽御岳〔畑山博〕 木曽御岳の人魂たち〔西丸震哉〕 木曽御嶽〔三宅修〕 木曽御嶽の夏〔新井清〕 木曽御嶽の谷々〔原全教〕 木曽御嶽の話〔木暮理太郎〕 木曽節考〔藤崎康夫〕 余残の白煙に包まれて 御嶽を登る〔真継伸彦〕

目次 詩歌の御岳―木曽の歌(鳥居峠)(尾崎喜八), 木曽谷(藤沢古実), 木曽の秀峰―余残の白煙に包まれて御嶽を登る(真継伸彦), 忘れ得ぬ山・木曽御岳(四手井綱英), だけのゆみち(加納一郎), 御岳考―御岳(志賀重昂), 御嶽(深田久弥), 御岳登山―御嶽から乗鞍まで(武田久吉), 御岳山の両面(吉江喬松), 木曽御嶽の話(木暮理太郎), 第三日、御嶽詣(土居通彦), 木曽御岳(今西錦司), 御嶽より乗鞍まで(マレー・ウォルトン), 木曽御嶽(三宅修), 幽谷を遡る―木曽御嶽の谷々(原全教), 木曽御嶽の夏 赤川谷を攀じ伝上川を降る(新井清), 王滝川の支流二つ 王滝川本流と伝上川(市岡茂男), 木曽御岳の人魂たち(西丸震哉), 御岳火口湖群(大塚大), 御岳山噴火に思う(伊藤和明), 御嶽噴火騒動雑録(庄野英二), 御嶽信仰の変遷(生駒勘七), 御嶽山のコマクサ(池原昭治), 「なかのりさん」に就いて(高畑棟材), 木曽節考(藤崎康夫), 開田高原より 春の便り(澤頭修自), 木曽御岳(畑山博), 木曽の旅人(岡本綺堂), チマ・エテルナ―四十年前の記憶(串田孫一)

07086 山の旅 明治・大正篇 近藤信行編 岩波書店 2003.9 445p 15cm (岩波文庫) 700円 ①4-00-311702-6

作品 木曽御岳の両面〔吉江喬松〕

07087 百霊峰巡礼 第1集 立松和平著 東京新聞出版局 2006.7 299p 20cm 1800円 ①4-8083-0854-1

07088 山のぼりおり 石田千著 山と溪谷社 2008.4 149p 図版16枚 20cm 1800円 ①978-4-635-17174-8

07089 日本風景論 池内紀著 角川学芸出版 2009.3 279p 19cm (角川選書)〈発売：角川グループパブリッシング〉 1600円 ①978-4-04-703442-6

07090 初めての山へ六〇年後に 本多勝一著 山と溪谷社 2009.11 221p 22cm 2000円 ①978-4-635-33044-2

07091 むかしの山旅 今福龍太編 河出書房新社 2012.4 304p 15cm (河出文庫) 760円 ①978-4-309-41144-6

作品 第三日、御嶽詣〔土居通彦〕

07092 山々を滑る登る 熊谷榧絵と文 八王子 白山書房 2012.11 319p 19cm (〔榧・画文集 12〕) 1900円 ①978-4-89475-159-0

07093 鈴木みきの山の足あと 鈴木みき著 山と溪谷社 2013.6 127p 21cm 1200円 ①978-4-635-33058-9

07094 神々への道―米国人天文学者の見た神秘の国・日本 パーシヴァル・ローエル著, 平岡厚, 上村和也訳 国書刊行会 2013.10 277p 図版20p 20cm 3400円 ①978-4-336-05668-9

目次 御嶽, 神道, 奇跡, 神の化身・托身, 巡礼および巡礼団, 御幣, 伊勢, 本体

甲斐駒ヶ岳

07095 山に彷徨う心 古井由吉著 アリアドネ企画, 三修社〔発売〕 1996.8 207p 19cm (ARIADNE ENTERTAINMENT) 1700円 ①4-384-02316-2

作品 単独行の夜

07096 日本の名山 16 甲斐駒ケ岳 串田孫一, 今井通子, 今福龍太編 博品社 1997.11 251p 19cm〈文献あり〉 1600円 ①4-938706-48-2

作品 レーンジャーの夏〔今福龍太〕 黄蓮谷右俣〔吉原祥子〕 厳冬期甲斐駒ガ岳黄蓮谷左俣〔古川純一〕 甲州駒ケ岳(甲斐駒ヶ岳)〔ヴィルヘルム・シュタイニッツアー〕 甲斐駒・魔利支天南山稜〔川上晃良〕 甲斐駒―大岩山の環走〔松濤明〕 甲斐駒ガ岳赤石沢の冬季完登〔長谷川恒男〕 甲斐駒ケ岳：タカネバラ〔田中澄江〕 甲斐駒ケ岳雑談〔岩科小一郎〕 甲斐駒ケ岳魔利支天：サデの大岩・右岩壁〔簑浦登美雄〕 甲斐駒ヶ岳〔深田久弥〕 甲斐駒ヶ岳赤石沢奥壁中央稜〔森義正〕 甲斐駒ヶ岳魔利支天南山稜の登攀〔横田松一〕 甲斐駒と仙丈岳〔辻村太郎〕 秋の遠方〔秋谷豊〕 新雪の甲斐駒ヶ岳〔今西錦司〕 単独行の夜〔古井由吉〕 冬の甲斐駒ヶ岳行 とそれに関連した事柄〔西丸震哉〕 東駒ケ岳 甲斐駒＝南アルプス〔本多勝一〕 魔利支天〔上田哲農〕 魅惑の氷壁 厳冬期甲斐駒ヶ岳七丈沢〔小森康行〕

目次 秋の遠方(秋谷豊), 単独行の夜(古井由吉), 甲斐駒ヶ岳(深田久弥), 甲斐駒ケ岳：タカネバラ(田中澄江), 白崩岳に登る記(高橋白山), 甲州駒ケ岳(甲斐駒ヶ岳)(ヴィルヘルム・シュタイニッツアー), 鋸岳縦走記(鵜殿正雄), 魔利支天(上田哲農), 新雪の甲斐駒ヶ岳(今西錦司), 甲斐駒と仙丈岳(辻村太郎), 甲斐駒―大岩山の環走(松濤明), 冬の甲斐駒ヶ岳行 とそれに関連した事柄(西丸震哉), 東駒ケ岳 甲斐駒＝南アルプス(本多勝一), 篠沢(下村義臣), 黄蓮谷右俣(吉原祥子), 南ア鋸岳・中ノ川溯行：四九歳と二八歳の青春(池学), 甲斐駒ヶ岳魔利支天南山稜の登攀(横田松一), 甲斐駒・魔利支天南山稜(川上晃良), 甲斐駒ケ岳魔利支天：サデの大岩・右岩壁(簑浦登美雄), 甲斐駒ヶ岳赤石沢奥壁中央稜(森義正), 甲斐駒ガ岳赤石沢の冬季完登(長谷川恒男), 厳冬期甲斐駒ガ岳黄蓮谷左俣(古川純一), 魅惑の氷壁 厳冬期甲斐駒ヶ岳七丈沢(小森康行), 仙水峠(近藤信行), 北沢の明け暮れ 甲斐駒・仙丈へのベース(白籏史朗), 駒岳行者は語る(平賀文男), 甲斐駒ケ岳雑談(岩科小一郎), 駒が岳由来(土橋里木), チマ・エテルナ―レーンジャーの夏(今福龍太)

07097 ハピネス気分で山歩き 平野恵理子著

山と渓谷社　2005.9　159p　21cm　1800円　①4-635-17158-X

07098　行き暮れて、山。　正津勉著　アーツアンドクラフツ　2006.6　203p　19cm　1900円　①4-901592-33-5

07099　大峰を巡る　熊谷榧絵と文　八王子　白山書房　2011.3　197p　19cm　1900円　①978-4-89475-146-0

07100　むかしの山旅　今福龍太編　河出書房新社　2012.4　304p　15cm　（河出文庫）　760円　①978-4-309-41144-6

作品　甲斐駒〔松濤明〕

07101　日本山岳紀行―ドイツ人が見た明治末の信州　W・シュタイニッツァー著, 安藤勉訳　長野　信濃毎日新聞社　2013.10　305p　19cm　（信毎選書 5）〈1992年刊の改訂　文献あり〉　1400円　①978-4-7840-7222-4

07102　鈴木みきの山の足あと　ステップアップ編　鈴木みき著　山と溪谷社　2014.8　127p　21cm　1200円　①978-4-635-33064-0

鹿島槍ヶ岳

07103　山の旅　大正・昭和篇　近藤信行編　岩波書店　2003.11　457p　15cm　（岩波文庫）　700円　①4-00-311701-8

作品　遍路〔斎藤茂吉〕

07104　新編 単独行　加藤文太郎著　山と溪谷社　2010.11　349p　15cm　（ヤマケイ文庫）〈年譜あり　2000年刊の文庫化〉　940円　①978-4-635-04725-8

07105　百年前の山を旅する　服部文祥著　新潮社　2014.1　236p　16cm　（新潮文庫）〈東京新聞出版部 2010年刊の再刊　文献あり〉　630円　①978-4-10-125321-3

07106　山の名作読み歩き―読んで味わう山の楽しみ　大森久雄編　山と溪谷社　2014.11　301p　18cm　（ヤマケイ新書）　880円　①978-4-635-51002-8

作品　鹿島槍の月〔石川欣一〕

神岡鉄道神岡線

07107　各駅下車で行こう！―スロー・トラベル　カベルナリア吉田文・写真　東京書籍　2003.4　197p　21cm　1500円　①4-487-79883-3

07108　私鉄紀行 北陸道 点と線　下　昭和30年代 北陸のローカル私鉄をたずねて　湯口徹著　エリエイ　2003.10　122p　30cm　（レイル No. 46）　4000円　①4-87112-446-0

目次　尾小屋鉄道, 北陸鉄道能登線, 三井金属鉱業（神岡鉄道）, 加越能鉄道加越線, エピローグ

唐松岳

07109　日本の名山　6　白馬岳　串田孫一, 今井通子, 今福龍太編　博品社　1997.7　258p　19cm〈年表あり 文献あり〉　1600円　①4-938706-40-7

作品　三月の唐松、白馬尾根伝い〔堀田弥一〕

07110　晴れのち曇り 曇りのち晴れ　熊谷榧絵と文　八王子　白山書房　2010.2　296p　19cm　（〔榧・画文集 0〕）〈皆美社1970年刊の再版　平凡社2001年刊あり〉　1900円　①978-4-89475-139-2

07111　山で見た夢―ある山岳雑誌編集者の記憶　勝峰富雄著　みすず書房　2010.5　285p　20cm　2600円　①978-4-622-07542-4

冠山

07112　山々を滑る登る　熊谷榧絵と文　八王子　白山書房　2012.11　319p　19cm　（〔榧・画文集 12〕）　1900円　①978-4-89475-159-0

木曽川

07113　川からの眺め　野田知佑著　新潮社　1995.10　188p　15cm　（新潮文庫）〈ブロンズ新社1992年刊あり〉　360円　①4-10-141008-9

目次　旅で思う, 川遊びへの招待, ユーコンにて, 旅に出るまで（今年、最後の川下り, 川に「キャンプ場」はいらない, コルテスの海へ, 木曾川から四万十川へ ほか）

07114　サラリーマン転覆隊が行く！　下巻　本田亮著　フレーベル館　1997.4　338p　20cm　1600円　①4-577-70121-9

07115　日本八景―八大家執筆　幸田露伴, 吉田絃二郎, 河東碧梧桐, 田山花袋, 北原白秋, 高浜虚子, 菊池幽芳, 泉鏡花著　平凡社　2005.3　280p　16cm　（平凡社ライブラリー）　1200円　①4-582-76531-9

07116　「飛山濃水」の釣り―写真紀行　鮎釣り編　竹内宏写真・文　名古屋　中日新聞社（発売）　2010.7　86p　31cm　2381円　①978-4-8062-0613-2

目次　鮎が棲む「飛山濃水」, 難しく面白い友釣り, 「飛山濃水」の友釣り（高原川水系, 宮川水系, 庄川水系, 揖斐川水系, 木曽川水系, 長良川水系）, 長良川水系の四季の釣り

木曽路

07117　石田波郷全集　第8巻　随想 1　石田波郷著　富士見書房　1988.3　475p　19cm　1900円　①4-8291-7097-2

07118　紀行文集 無明一杖　上甲平谷著　谷沢書房　1988.7　339p　19cm　2500円

作品　木曽路

07119　極楽トンボのハミング紀行　岳真也著　廣済堂出版　1990.7　267p　19cm　（TRAVEL ESSAYS'80）　1000円　①4-331-50292-9

07120　古道紀行 木曽路　小山和著　（大阪）保育社　1991.8　187p　19cm　1800円　①4-586-61301-7

目次　南木曽路―馬籠宿から上松へ（十曲峠―新茶屋, 馬籠宿―木曽路南涯の宿場, 馬籠峠―美林の中の小径, 妻籠宿―伊那への追分・町並み保存の原点, 木曽の御坂と工芸の里, 三留野から須原へ―後木曽氏の本拠, 上松宿―木材と名所の里）, 北木曽路―福島宿から贄川へ（福島の宿―木曽行政の中心, 開田村と三岳・王滝, 宮ノ越宿―木曽義仲の育った山里, 藪原宿―お六櫛と鳥居峠, 奈良井宿―生活している江戸の町, 漆器の町・平沢と贄川関）

07121 途中下車の味 宮脇俊三著 新潮社 1992.6 240p 15cm (新潮文庫)〈1988年刊の文庫化〉 360円 Ⓘ4-10-126810-X

07122 山に親しむ 川端康成ほか著, 作品社編集部編 作品社 1998.4 246p 22cm (新編・日本随筆紀行 大きな活字で読みやすい本―心にふるさとがある 2) Ⓘ4-87893-808-0, 4-87893-807-2
作品 木曾路〔前田青邨〕

07123 明治十八年の旅は道連れ 塩谷和子著 源流社 2001.11 376p 20cm 1800円 Ⓘ4-7739-0105-5

07124 晴れた空 曇った顔―私の文学散歩 安岡章太郎著 幻戯書房 2003.7 200p 20cm 2500円 Ⓘ4-901998-04-8

07125 伝説を旅する 鳥居フミ子著 川崎 みやび出版 2007.3 238p 20cm〈創英社(発売) 著作目録あり〉 1800円 Ⓘ978-4-903507-01-9

07126 新更科紀行 田中欣一著 長野 信濃毎日新聞社 2008.2 266p 21cm 1905円 Ⓘ978-4-7840-7070-1

07127 明治紀行文學集 筑摩書房 2013.1 410p 21cm (明治文學全集 94) 7500円 Ⓘ978-4-480-10394-9
作品 秋の岐蘇路〔田山花袋〕 木曽道中記〔饗庭篁村〕

07128 「男はつらいよ」を旅する 川本三郎著 新潮社 2017.5 286p 20cm (新潮選書) 1400円 Ⓘ978-4-10-603808-2
作品 木曽路の宿場町

北沢峠

07129 日本の名山 16 甲斐駒ケ岳 串田孫一, 今井通子, 今福龍太編 博品社 1997.11 251p 19cm〈文献あり〉 1600円 Ⓘ4-938706-48-2
作品 北沢の明け暮れ 甲斐駒・仙丈へのベース〔白籏史朗〕

北穂高岳

07130 若き日の山 串田孫一著 集英社 1988.1 210p 15cm (集英社文庫) 300円 Ⓘ4-08-749294-X

07131 日本の名山 10 穂高岳 串田孫一, 今井通子, 今福龍太編 博品社 1997.5 268p 19cm〈年表あり 文献あり〉 1600円 Ⓘ4-938706-38-5
作品 北穂高滝谷第一尾根の冬季初登攀〔松濤明〕

07132 晴れのち曇り 曇りのち晴れ 熊谷榧絵と文 八王子 白山書房 2010.2 296p 19cm (〔榧・画文集 0〕)〈皆美社1970年刊の再版 平凡社2001年刊あり〉 1900円 Ⓘ978-4-89475-139-2

07133 新編 単独行 加藤文太郎著 山と溪谷社 2010.11 349p 15cm (ヤマケイ文庫)〈年譜あり 2000年刊の文庫化〉 940円 Ⓘ978-4-635-04725-8

07134 むかしの山旅 今福龍太編 河出書房新社 2012.4 304p 15cm (河出文庫) 760円 Ⓘ978-4-309-41144-6
作品 日本高嶺の堂〔大町桂月〕

07135 山々を滑る登る 熊谷榧絵と文 八王子 白山書房 2012.11 319p 19cm (〔榧・画文集 12〕) 1900円 Ⓘ978-4-89475-159-0

急行「伊那路」

07136 阿川弘之自選紀行集 阿川弘之著 JTB 2001.12 317p 20cm 2200円 Ⓘ4-533-04030-6
作品 飯田線追想紀行

金峰山

07137 山の旅 本の旅―登る歓び、読む愉しみ 大森久雄著 平凡社 2007.9 237p 20cm〈文献あり〉 2200円 Ⓘ978-4-582-83368-3

07138 百霊峰巡礼 第2集 立松和平著 東京新聞出版局 2008.4 307p 20cm 1800円 Ⓘ978-4-8083-0893-3

07139 奥秩父―山、谷、峠そして人 山田哲哉著 東京新聞 2011.12 343p 19cm 1800円 Ⓘ978-4-8083-0952-7

07140 鈴木みきの山の足あと ステップアップ編 鈴木みき著 山と溪谷社 2014.8 127p 21cm 1200円 Ⓘ978-4-635-33064-0

頸城山塊

07141 想い遙かな山々 中西悟堂ほか著, 作品社編集部編 作品社 1998.4 245p 22cm (新編・日本随筆紀行 大きな活字で読みやすい本―心にふるさとがある 1)〈付属資料：63p：著者紹介・出典一覧〉 Ⓘ4-87893-806-4, 4-87893-807-2
作品 頸城山塊と戸隠連山〔冠松次郎〕

俱利伽羅峠

07142 芭蕉の杖跡―おくのほそ道 新紀行 森村誠一著 角川マガジンズ 2012.7 268p 19cm〈発売：角川グループパブリッシング〉 1600円 Ⓘ978-4-04-731863-2

小海線

07143 詩人の旅 田村隆一著 中央公論社 1991.9 216p 15cm (中公文庫) 420円 Ⓘ4-12-201836-6

07144 父・宮脇俊三が愛したレールの響きを追って 宮脇灯子著 JTBパブリッシング 2008.8 223p 19cm〈写真：小林写函〉 1500円 Ⓘ978-4-533-07200-0

07145 佐久・軽井沢 六川宗弘, 杉村修一編 長野 一草舎出版 2009.9 301p 21cm (著名人がつづった名随筆・名紀行集 2)〈シリーズの監修者：長野県国語国文学会〉 2286円 Ⓘ978-4-902842-64-7
作品 小海線〔田村隆一〕

07146 むかしの汽車旅 出久根達郎編 河出書房新社 2012.7 259p 15cm (河出文庫) 760円 Ⓘ978-4-309-41164-4

作品 小海線の車窓〔串田孫一〕

甲武信ヶ岳

07147 紀行文集 無明一杖　上甲平谷著　谷沢書房　1988.7　339p　19cm　2500円
作品 信州峠へ

07148 新・千曲川のスケッチ　井出孫六著　松本　郷土出版社　2002.1　174p　20cm　1600円　①4-87663-556-0

07149 五感で発見した「秘密の信州」　増村征夫著　講談社　2008.4　269p　19cm　1500円　①978-4-06-214573-2

07150 奥秩父―山、谷、峠そして人　山田哲哉著　東京新聞　2011.12　343p　19cm　1800円　①978-4-8083-0952-7

07151 すべての山を登れ。　井賀孝著　京都　淡交社　2014.4　255p　19cm　1700円　①978-4-473-03924-8

権現岳

07152 日本の名山　12　八ヶ岳　串田孫一, 今井通子, 今福龍太編　博品社　1997.6　269p　19cm〈文献あり〉　1600円　①4-938706-39-3
作品 権現岳：八ガ岳最後の峰に挑戦〔不破哲三〕　赤岳への足ならしに権現岳を登る 他〔アーネスト・サトウ〕

07153 山々を滑る登る　熊谷榧絵と文　八王子　白山書房　2012.11　319p　19cm　(〔榧・画文集 12〕)　1900円　①978-4-89475-159-0

07154 鈴木みきの山の足あと　ステップアップ編　鈴木みき著　山と溪谷社　2014.8　127p　21cm　1200円　①978-4-635-33064-0

07155 サバイバル！―人はズルなしで生きられるのか　増補　服部文祥著　筑摩書房　2016.7　318p　15cm　(ちくま文庫)〈2008年刊の文庫化〉　800円　①978-4-480-43369-5

笊ヶ岳

07156 わが愛する山々　深田久弥著　山と溪谷社　2011.6　381p　15cm　(ヤマケイ文庫)〈年譜あり〉　1000円　①978-4-635-04730-2

爺ヶ岳

07157 初めての山へ六〇年後に　本多勝一著　山と溪谷社　2009.11　221p　22cm　2000円　①978-4-635-33044-2

塩見岳

07158 初めての山へ六〇年後に　本多勝一著　山と溪谷社　2009.11　221p　22cm　2000円　①978-4-635-33044-2

07159 山で見た夢―ある山岳雑誌編集者の記憶　勝峰富雄著　みすず書房　2010.5　285p　20cm　2600円　①978-4-622-07542-4

07160 わが愛する山々　深田久弥著　山と溪谷社　2011.6　381p　15cm　(ヤマケイ文庫)〈年譜あり〉　1000円　①978-4-635-04730-2

07161 山なんて嫌いだった　市毛良枝著　山と溪谷社　2012.2　286p　15cm　(ヤマケイ文庫)　880円　①978-4-635-04739-5

07162 山々を滑る登る　熊谷榧絵と文　八王子　白山書房　2012.11　319p　19cm　(〔榧・画文集 12〕)　1900円　①978-4-89475-159-0

信濃川

07163 日本の川を旅する―カヌー単独行　野田知佑著　講談社　1989.7　349p　19cm　1200円　①4-06-204362-9

07164 快速特急記者の旅―レイルウェイ・ライターの本　種村直樹著　日本交通公社出版事業局　1993.5　334p　19cm　1400円　①4-533-01973-0

07165 竿をかついで日本を歩く―探検・発見・仰天の釣りルポルタージュ　かくまつとむ著　小学館　1998.5　19cm　(Be-pal books)

07166 日本の川を歩く―川のプロが厳選した心ときめかす全国25の名川紀行　大塚高雄著　家の光協会　2004.9　207p　21cm　2500円　①4-259-54658-9

庄川

07167 日本の川を歩く―川のプロが厳選した心ときめかす全国25の名川紀行　大塚高雄著　家の光協会　2004.9　207p　21cm　2500円　①4-259-54658-9

07168 「飛山濃水」の釣り―写真紀行　鮎釣り編　竹内宏写真・文　名古屋　中日新聞社(発売)　2010.7　86p　31cm　2381円　①978-4-8062-0613-2

上信越高原国立公園

07169 東京を歩く　立松和平著, 黒古一夫編　勉誠出版　2006.4　343p　22cm　(立松和平日本を歩く 第7巻)　2600円　①4-585-01177-3

白馬岳

07170 イトシンののんびりツーリング　伊東信著　造形社　1988.5　175p　21cm　1300円　①4-88172-031-7

07171 紀行文集 無明一杖　上甲平谷著　谷沢書房　1988.7　339p　19cm　2500円

07172 新編 山と渓谷　田部重治著, 近藤信行編　岩波書店　1993.8　323p　15cm　(岩波文庫)　570円　①4-00-311421-3

07173 日本アルプス登攀日記　W.ウェストン著, 三井嘉雄訳　平凡社　1995.2　318p　18cm　(東洋文庫)　2781円　①4-582-80586-8

07174 日本の名山　6　白馬岳　串田孫一, 今井通子, 今福龍太編　博品社　1997.7　258p　19cm〈年表あり 文献あり〉　1600円　①4-938706-40-7
作品 越中方面大蓮華山登攀録〔吉沢庄作〕　起死回生の白馬岳〔芳野満彦〕　黒薙温泉から白馬岳直登〔佐伯邦夫〕　三月の唐松、白馬尾根伝い〔堀田弥一〕　十一月の白馬連嶺〔藤木九三〕　雪の白馬岳で味わった冬山の楽しさ恐ろしさ〔高田直樹〕　雪渓の影で、詩は流れた〔今福龍太〕　朝日岳より白馬岳を経て針木峠に至る〔田部重治〕 白馬ものがたり〔大川悦生〕 白馬岳〔串田孫一〕 白馬岳〔深田久弥〕 白馬岳〔水原秋櫻子〕 白馬岳の未踏池 ヤブくぐりの未発見した二つの池〔西丸震哉〕 白馬岳より祖母谷温泉へ〔高野鷹蔵〕 白馬岳主稜登攀〔田中伸三〕 白馬岳周辺の氷河地形〔小疇尚〕 白馬吟行〔荻原井泉水〕 白馬湖沼群〔大塚大〕 白馬五十年〔志村烏嶺〕 白馬山登攀記〔河東碧梧桐〕 白馬山麓の四季〔山本太郎〕 白馬大雪渓〔田中澄江〕

07175 山は私の学校だった 今井通子著 中央公論新社 2003.5 250p 16cm （中公文庫） 648円 ①4-12-204211-9

目次 1 北欧の山で（クラブ・ベルソー凸凹ツアー, ビス川河畔の夕暮れ ほか）, 2 クラブ・ベルソー（自然との付き合い、三つのパターン, 日本の山登り観、その変遷 ほか）, 3 山屋からのメッセージ（ネパールで体験した気候変動, 白馬の縦割れ大雪渓 ほか）, 4 シャモ、山を行く（父と母と、子供のころ, そして山岳部に入部の顛末 ほか）, 5 折り返した山屋人生（両親との別れ, 人生の折り返し点 ほか）

07176 わが山山 深田久弥著 中央公論新社 2004.10 213p 21cm （中公文庫ワイド版） 〈中公文庫2002年刊（改版）のワイド版〉 3400円 ①4-12-551832-7

07177 行き暮れて、山。 正津勉著 アーツアンドクラフツ 2006.6 203p 19cm 1900円 ①4-901592-33-5

07178 五感で発見した「秘密の信州」 増村征夫著 講談社 2008.4 269p 19cm 1500円 ①978-4-06-214573-2

07179 七つの自転車の旅 白鳥和也著 平凡社 2008.11 301p 20cm 1600円 ①978-4-582-83415-4

07180 子づれの山 熊谷榧絵と文 八王子 白山書房 2009.8 222p 19cm （〔榧・画文集 2〕） 1900円 ①978-4-89475-135-4

07181 山で見た夢―ある山岳雑誌編集者の記憶 勝峰富雄著 みすず書房 2010.5 285p 20cm 2600円 ①978-4-622-07542-4

07182 新編 単独行 加藤文太郎著 山と溪谷社 2010.11 349p 15cm （ヤマケイ文庫） 〈年譜あり 2000年刊の文庫化〉 940円 ①978-4-635-04725-8

07183 むかしの山旅 今福龍太編 河出書房新社 2012.4 304p 15cm （河出文庫） 760円 ①978-4-309-41144-6

作品 白馬山登攀記〔河東碧梧桐〕

07184 百年前の山を旅する 服部文祥著 新潮社 2014.1 236p 16cm （新潮文庫）〈東京新聞出版部 2010年刊の再刊 文献あり〉 630円 ①978-4-10-125321-3

07185 紀行とエッセーで読む 作家の山旅 山と溪谷社編 山と溪谷社 2017.3 357p 15cm （ヤマケイ文庫） 930円 ①978-4-635-04828-6

作品 登山は冒険なり〔河東碧梧桐〕

白馬連峰

07186 うつくしい列島―地理学的名所紀行 池澤夏樹著 河出書房新社 2015.11 308p 20cm 1800円 ①978-4-309-02425-7

信越本線

07187 ふれあいの旅紀行 新田健次著 東京新聞出版局 1992.5 203p 19cm 1300円 ①4-8083-0437-6

07188 にっぽん鉄道旅行の魅力 野田隆著 平凡社 2004.5 193p 18cm （平凡社新書） 780円 ①4-582-85227-0

07189 汽車に乗った明治の文人たち―明治の鉄道紀行集 出口智之編 教育評論社 2014.1 286p 19cm〈文献あり〉 2400円 ①978-4-905706-81-6

作品 みちの記〔森鷗外〕

07190 いきどまり鉄道の旅 北尾トロ著 河出書房新社 2017.8 278p 15cm （河出文庫） 〈「駅長さん！ これ以上先には行けないんすか」（2011年刊）の改題、加筆・修正〉 780円 ①978-4-309-41559-8

信州街道

07191 秋葉みち 信州街道をゆく 沢田猛文, 加藤伸幸絵 （舞阪町）ひくまの出版 1988.6 187p 19cm 1500円 ①4-89317-109-7

信州峠

07192 紀行文集 無明一杖 上甲平谷著 谷沢書房 1988.7 339p 19cm 2500円

寝台急行「銀河」

07193 「銀づくし」乗り継ぎ旅―銀水発・銀山ゆき5泊6日3300キロ 列車に揺られて25年 種村直樹著 徳間書店 2000.7 258p 19cm 1400円 ①4-19-861211-0

07194 追憶の夜行列車 2 さよなら〈銀河〉 種村直樹著 和光 SiGnal 2008.12 233p 19cm 1300円 ①978-4-902658-11-8

07195 寝台急行「昭和」行 関川夏央著 中央公論新社 2015.12 273p 16cm （中公文庫） 〈日本放送出版協会 2009年刊の再刊〉 840円 ①978-4-12-206207-8

寝台特急「トワイライトエクスプレス」

07196 日本あちこち乗り歩き 種村直樹著 中央書院 1993.10 310p 19cm 1600円 ①4-924420-84-0

07197 追憶の夜行列車 種村直樹著 和光 SiGnal 2005.2 237p 19cm 1143円 ①4-902658-04-6

07198 日本縦断個室寝台特急の旅 続 櫻井寛写真・文 世界文化社 2005.11 207p 22cm 2800円 ①4-418-05519-3

07199 去りゆく星空の夜行列車 小牟田哲彦著 草思社 2015.2 294p 16cm （草思社文庫） 〈扶桑社 2009年刊の再刊〉 850円 ①978-4-7942-2105-6

寝台特急「北陸」

07200 去りゆく星空の夜行列車　小牟田哲彦著　草思社　2015.2　294p　16cm　（草思社文庫）〈扶桑社 2009年刊の再刊〉　850円　Ⓘ978-4-7942-2105-6

双六岳

07201 日本アルプス縦走記　窪田空穂著　雁書館　1995.7　137p　19cm　1400円

07202 山の旅 本の旅―登る歓び、読む愉しみ　大森久雄著　平凡社　2007.9　237p　20cm〈文献あり〉　2200円　Ⓘ978-4-582-83368-3

07203 子づれの山　熊谷榧絵と文　八王子　白山書房　2009.8　222p　19cm　（〔榧・画文集 2〕）　1900円　Ⓘ978-4-89475-135-4

07204 新編 単独行　加藤文太郎著　山と溪谷社　2010.11　349p　15cm　（ヤマケイ文庫）〈年譜あり　2000年刊の文庫化〉　940円　Ⓘ978-4-635-04725-8

07205 山々を滑る登る　熊谷榧絵と文　八王子　白山書房　2012.11　319p　19cm　（〔榧・画文集 12〕）　1900円　Ⓘ978-4-89475-159-0

善光寺街道

07206 新更科紀行　田中欣一著　長野　信濃毎日新聞社　2008.2　266p　21cm　1905円　Ⓘ978-4-7840-7070-1

仙塩尾根

07207 鈴木みきの山の足あと　鈴木みき著　山と溪谷社　2013.6　127p　21cm　1200円　Ⓘ978-4-635-33058-9

仙丈岳〔仙丈ヶ岳〕

07208 山の貌　井出孫六著　新樹社　1990.5　317p　19cm　2060円　Ⓘ4-7875-8395-6

07209 日本の名山　16　甲斐駒ケ岳　串田孫一, 今井通子, 今福龍太編　博品社　1997.11　251p　19cm〈文献あり〉　1600円　Ⓘ4-938706-48-2
作品 甲斐駒と仙丈岳〔辻村太郎〕

07210 五感で発見した「秘密の信州」　増村征夫著　講談社　2008.4　269p　19cm　1500円　Ⓘ978-4-06-214573-2

高原川

07211 フライフィッシング紀行　芦沢一洋著　つり人社　1998.4　258p　18cm　（つり人ノベルズ）〈「きょうも鱒釣り」（宝島社1995年刊）の改訂〉　950円　Ⓘ4-88536-242-3
目次 愛しのイエローストーン（鱒に釣られた男たち―イエローストーンの魅力, イエローストーンの思い出―大平原の魅惑 ほか）, カナダ―そしてアラスカへ（私が釣りに行く理由―自然との触れあいのなかで, 人生を変えてしまった男たち―スーパースティールヘッド ほか）, 釣りめぐり釣りこがれて（大連の北―イトウの夢を追って, ボーンフィッシュの海―静寂なバハマのアンドロス ほか）,《付録》ふるさと―日本の川, 未必の故意, 生きる秋, 落葉アマゴ, 春匂う高原川にて

07212 私を呼ぶ川の匂い―伝説のバックパッカーが綴る水辺のエッセイ集　芦沢一洋著　小学館　1999.10　267p　15cm　（小学館文庫）　495円　Ⓘ4-09-411233-2
目次 第1章 私の釣りの時間, 第2章 春匂う高原川, 第3章 スチールヘッドにとりつかれた日々, 第4章 鱒釣り, 第5章 Good Fishing

07213 「飛山濃水」の釣り―写真紀行　鮎釣り編　竹内宏写真・文　名古屋　中日新聞社（発売）　2010.7　86p　31cm　2381円　Ⓘ978-4-8062-0613-2

高山本線

07214 絶景 秋列車の旅―陸羽東線西線から山陰本線まで　櫻井寛文・写真　東京書籍　2000.9　159p　21cm　2200円　Ⓘ4-487-79474-9

07215 終着駅は始発駅　宮脇俊三著　グラフ社　2007.4　257p　19cm〈新潮社1985年刊の改訂復刊　文献あり〉　1238円　Ⓘ978-4-7662-1054-5

07216 乗ってけ鉄道―列島なりゆき日誌　伊東徹秀著　札幌　柏艪舎　2007.7　187p　19cm〈星雲社（発売）〉　1300円　Ⓘ978-4-434-10860-0

07217 行ったぞ鉄道―列島がたごと日誌　伊東徹秀著　札幌　柏艪舎　2009.7　198p　19cm〈発売：星雲社〉　1300円　Ⓘ978-4-434-13086-1

07218 東海道寄り道紀行　種村季弘著　河出書房新社　2012.7　156p　20cm　1600円　Ⓘ978-4-309-02121-8

立山黒部アルペンルート

07219 絶景 春列車の旅―内房線から中央山岳縦貫線まで　櫻井寛文・写真　東京書籍　2000.2　159p　21cm　2200円　Ⓘ4-487-79472-2

07220 五感で発見した「秘密の信州」　増村征夫著　講談社　2008.4　269p　19cm　1500円　Ⓘ978-4-06-214573-2

07221 日本全国津々うりゃうりゃ　仕事逃亡編　宮田珠己著　廣済堂出版　2015.10　245p　19cm　1500円　Ⓘ978-4-331-51963-9

07222 来ちゃった　酒井順子文, ほしよりこ画　小学館　2016.3　317p　15cm　（小学館文庫）〈2011年刊の増補〉　620円　Ⓘ978-4-09-406277-9

千国街道

07223 古道紀行 塩の道　小山和著　大阪　保育社　1995.8　193p　19cm　1800円　Ⓘ4-586-61310-6

秩父多摩甲斐国立公園

07224 東京を歩く　立松和平著, 黒古一夫編　勉誠出版　2006.4　343p　22cm　（立松和平日本を歩く 第7巻）　2600円　Ⓘ4-585-01177-3

中央山岳縦貫線

07225 絶景 春列車の旅―内房線から中央山岳縦貫線まで　櫻井寛文・写真　東京書籍　2000.2　159p　21cm　2200円　Ⓘ4-487-79472-2

中央本線

07226 遙かなる汽車旅　種村直樹著　日本交通公社出版事業局　1996.8　270p　19cm　1500円　①4-533-02531-5

07227 ニッポン線路つたい歩き　久住昌之著　カンゼン　2017.6　246p　19cm　1500円　①978-4-86255-398-0

中部山岳国立公園

07228 東京を歩く　立松和平著, 黒古一夫編　勉誠出版　2006.4　343p　22cm　(立松和平日本を歩く 第7巻)　2600円　①4-585-01177-3

光岳

07229 山で見た夢—ある山岳雑誌編集者の記憶　勝峰富雄著　みすず書房　2010.5　285p　20cm　2600円　①978-4-622-07542-4

天竜川

07230 川を下って都会の中へ—こぎおろしエッセイ　野田知佑著　小学館　1988.10　237p　20cm　(Be-pal books)〈著者の肖像あり〉　1200円　①4-09-366322-X

07231 サラリーマン転覆隊が行く！　上巻　本田亮著　フレーベル館　1997.4　315p　20cm　1600円　①4-577-70120-0

07232 川に遊び 湖をめぐる　千葉七郎ほか著, 作品社編集部編　作品社　1998.4　254p　22cm　(新編・日本随筆紀行 大きな活字で読みやすい本—心にふるさとがある 3)　①4-87893-809-9, 4-87893-807-2
　作品 天竜川(抄)〔小島烏水〕

07233 明治日本印象記—オーストリア人の見た百年前の日本　アドルフ・フィッシャー著, 金森誠也, 安藤勉訳　講談社　2001.12　455p　15cm　(講談社学術文庫)〈「100年前の日本文化」(中央公論社1994年刊)の改題〉　1200円　①4-06-159524-5
　作品 日本の温泉場と天竜下り

07234 私の日本地図　1　天竜川に沿って　宮本常一著, 香月洋一郎編　未来社　2016.1　286p　19cm　(宮本常一著作集別集)〈同友館 1967年刊の再刊〉　2400円　①978-4-624-92486-7
　目次 1 遠州平野, 2 天竜川をさかのぼる, 3 水窪のたに, 4 伊賀良荘の村むら, 5 天竜川の生態, 6 遠山のたに, 7 大河原, 8 飯田から諏訪湖まで

07235 荒ぶる自然—日本列島天変地異録　高田宏著　神戸　苦楽堂　2016.6　303, 7p　19cm　〈新潮社 1997年刊の再刊　年表あり 索引あり〉　1800円　①978-4-908087-03-5

東海自然歩道

07236 シェルパ斉藤の東海自然歩道全踏破—213万歩の旅　斉藤政喜著　小学館　2001.1　301p　15cm　(小学館文庫)〈「213万歩の旅—東海自然歩道1343kmを全部歩いた！」(1992年刊)の改題〉　533円　①4-09-411006-2

東海道

07237 日本漫遊記　種村季弘著　筑摩書房　1989.6　236p　19cm　1540円　①4-480-82267-4

07238 コミさんほのぼの路線バスの旅　田中小実昌著　JTB日本交通公社出版事業局　1996.5　202p　19cm　1600円　①4-533-02476-9

07239 古街道を歩く—「なつかしい日本」のたたずまいを訪ねて　小山和写真・文　講談社　1996.11　119p　21cm　(講談社カルチャーブックス)　1500円　①4-06-198119-6

07240 東海道徒歩38日間ひとり旅　糸川燿史著　小学館　2001.8　282p　15cm　(小学館文庫)〈「パラダイス街道」(双葉社1994年刊)の改題〉　552円　①4-09-411401-7

07241 明治十八年の旅は道連れ　塩谷和子著　源流社　2001.11　376p　20cm　1800円　①4-7739-0105-5

07242 アタシはバイクで旅に出る。—お湯・酒・鉄馬三拍子紀行　1　国井律子著　枻出版社　2002.11　172p　15cm　(枻文庫)　600円　①4-87099-763-0

07243 日本の風土食探訪　市川健夫著　白水社　2003.12　205p　20cm　2200円　①4-560-04074-5

07244 芭蕉の旅はるかに　海野弘著　アーツアンドクラフツ　2005.5　220p　19cm　(旅を歩く旅)　1700円　①4-901592-28-9

07245 お札行脚　フレデリック・スタール著, 山口昌男監修　国書刊行会　2007.3　702p　22cm　(知の自由人叢書)　12000円　①978-4-336-04716-8
　作品 東海道行脚

07246 随筆日本(にっぽん)—イタリア人の見た昭和の日本　フォスコ・マライーニ著, 岡田温司監訳, 井上昭彦, 鈴木真由美, 住岳夫, 柱本元彦, 山崎彩訳　京都　松籟社　2009.11　725p　22cm　〈文献あり 著作目録あり〉　7500円　①978-4-87984-274-9

07247 ぶらり鉄道、街道散歩　芦原伸著　ベストセラーズ　2010.11　237p　18cm　(ベスト新書)　819円　①978-4-584-12308-9

07248 きよのさんと歩く大江戸道中記—日光・江戸・伊勢・京都・新潟…六百里　金森敦子著　筑摩書房　2012.2　413p　15cm　(ちくま文庫)〈文献あり　『"きよのさん"と歩く江戸六百里』(バジリコ2006年刊)の加筆・訂正〉　950円　①978-4-480-42915-5

07249 尾瀬・ホタルイカ・東海道　銀色夏生著　幻冬舎　2013.8　263p　16cm　(幻冬舎文庫)　571円　①978-4-344-42061-8

07250 鏡花紀行文集　泉鏡花著, 田中励儀編　岩波書店　2013.12　454p　15cm　(岩波文庫)〈底本：鏡花全集 第27巻・第28巻(1942年刊)〉　900円　①978-4-00-312719-3
　作品 左の窓

07251 ぷらっぷらある記　銀色夏生著　幻冬舎　2014.12　278p　16cm　(幻冬舎文庫)　600円

①978-4-344-42275-9

東海道新幹線

07252 ショージ君の旅行鞄―東海林さだお自選 東海林さだお著 文芸春秋 2005.2 905p 16cm （文春文庫） 933円 ①4-16-717760-9
作品 新幹線でビール 駅弁の究極

東海道本線

07253 気まぐれ列車と途中下車 種村直樹著 実業之日本社 1991.1 319p 19cm 1300円 ①4-408-00726-9

07254 遙かなる汽車旅 種村直樹著 日本交通公社出版事業局 1996.8 270p 19cm 1500円 ①4-533-02531-5

07255 東京を歩く 立松和平著, 黒古一夫編 勉誠出版 2006.4 343p 22cm （立松和平日本を歩く 第7巻） 2600円 ①4-585-01177-3

07256 鉄道の旅 西日本編 真島満秀写真・文 小学館 2008.4 207p 27cm 2600円 ①978-4-09-395502-7

07257 鉄道文学の旅 野村智之著 郁朋社 2009.9 183p 19cm 〈文献あり〉 1000円 ①978-4-87302-450-9

07258 汽車に乗った明治の文人たち―明治の鉄道紀行集 出口智之編 教育評論社 2014.1 286p 19cm 〈文献あり〉 2400円 ①978-4-905706-81-6
作品 二十年前の東海道〔宮崎三昧〕

07259 電車でめぐる富士山の旅―御殿場、富士宮、富士吉田、清水へ 甲斐みのり著 ウェッジ 2014.11 126p 21cm 1300円 ①978-4-86310-136-4

戸隠連山

07260 想い遙かな山々 中西悟堂ほか著, 作品社編集部編 作品社 1998.4 245p 22cm （新編・日本随筆紀行 大きな活字で読みやすい本―心にふるさとがある 1）〈付属資料：63p：著者紹介・出典一覧〉 ①4-87893-806-4, 4-87893-807-2
作品 頸城山塊と戸隠連山〔冠松次郎〕

特急「北アルプス」

07261 鉄道を書く 種村直樹著 中央書院 2002.11 318p 20cm （種村直樹自選作品集5 (1977-1979)）〈シリーズ責任表示：種村直樹著〉 2500円 ①4-88732-122-8

特急「雷鳥」

07262 むくどりは飛んでゆく 池澤夏樹著 朝日新聞社 1995.5 218p 19cm 1400円 ①4-02-256848-8
作品 汽車はえらい

苗場山

07263 山のぼりおり 石田千著 山と溪谷社 2008.4 149p 図版16枚 20cm 1800円 ①978-4-635-17174-8

07264 山で見た夢―ある山岳雑誌編集者の記憶 勝峰富雄著 みすず書房 2010.5 285p 20cm 2600円 ①978-4-622-07542-4

中尾峠

07265 山の旅 大正・昭和篇 近藤信行編 岩波書店 2003.11 457p 15cm （岩波文庫） 700円 ①4-00-311701-8

中山道

07266 中山道を歩く 児玉幸多著 中央公論社 1988.10 427p 15cm （中公文庫） 580円 ①4-12-201556-1

07267 古街道を歩く―「なつかしい日本」のたたずまいを訪ねて 小山和写真・文 講談社 1996.11 119p 21cm （講談社カルチャーブックス） 1500円 ①4-06-198119-6

07268 シェルパ斉藤の東海自然歩道全踏破―213万歩の旅 斉藤政喜著 小学館 2001.1 301p 15cm （小学館文庫）〈「213万歩の旅」（1992年刊）の改題〉 533円 ①4-09-411006-2

07269 明治十八年の旅は道連れ 塩谷和子著 源流社 2001.11 376p 20cm 1800円 ①4-7739-0105-5

07270 良寛へ歩く 小林新一文・写真 二玄社 2002.12 173p 26cm 2800円 ①4-544-02039-5

07271 日本の風土食探訪 市川健夫著 白水社 2003.12 205p 20cm 2200円 ①4-560-04074-5

07272 新更科紀行 田中欣一著 長野 信濃毎日新聞社 2008.2 266p 21cm 1905円 ①978-4-7840-7070-1

07273 街道をゆく 9 信州佐久平みち、潟のみち ほか 新装版 司馬遼太郎著 朝日新聞出版 2008.10 357, 8p 15cm （朝日文庫） 700円 ①978-4-02-264454-1

07274 ぶらり鉄道、街道散歩 芦原伸著 ベストセラーズ 2010.11 237p 18cm （ベスト新書） 819円 ①978-4-584-12308-9

長良川

07275 日本の川を旅する―カヌー単独行 野田知佑著 講談社 1989.7 349p 19cm 1200円 ①4-06-204362-9

07276 文学の中の風景 大竹新助著 メディア・パル 1990.11 293p 21cm 2000円 ①4-89610-003-4

07277 水の旅 川の漁 立松和平文, 大塚高雄写真 世界文化社 1993.8 250p 19cm 1600円 ①4-418-93509-6

07278 本日釣り日和―釣行大全 夢枕獏著 あんず堂 1997.2 333p 19cm 1650円 ①4-87282-201-3
目次 うしろめたさは釣りのスパイスである, 風に流れ、水に流れて, 悦楽の釣行・長良川, 純情釣行, イギリスの川、英国の思想, 秘境ユカタン半島・アンデス, モンゴル・サハリン釣り紀行, ニュージーランドのマス釣り, どでか大陸、中国に鮎を探す

07279 サラリーマン転覆隊が行く！　上巻　本田亮著　フレーベル館　1997.4　315p　20cm　1600円　①4-577-70120-0

07280 サラリーマン転覆隊が行く！　下巻　本田亮著　フレーベル館　1997.4　338p　20cm　1600円　①4-577-70121-9

07281 川へふたたび　野田知佑著　小学館　1998.7　361p　15cm　（小学館文庫）〈1993年刊の文庫化〉　571円　①4-09-411022-4

07282 南の川まで　野田知佑著　新潮社　1999.2　237p　16cm　（新潮文庫）〈小学館1996年刊あり〉　400円　①4-10-141011-9

(目次) 南の川まで（ニュージーランド・カヌー行, フィジー・カヌー行, インドネシア・カヌー行）, こぎおろしエッセイ（1992年、夏（グミの木の下で, ボディガードのオブリガード ほか）, 1992年、秋（20日分の食糧を積んで旅は始まった…, 南国で勤勉になるのはとても難しい）, 1992年、冬（長良川に凄い連中が集まった, 水の無い球磨川も子供たちには大冒険）, 1993年、春（不機嫌そのもので酒を飲む男たちの大迫力！, 老人が元気だと遊び心は継承されるものだ ほか））

07283 シェルパ斉藤の東海自然歩道全踏破―213万歩の旅　斉藤政喜著　小学館　2001.1　301p　15cm　（小学館文庫）〈「213万歩の旅」（1992年刊）の改題〉　533円　①4-09-411006-2

07284 中部日本を歩く　立松和平著, 黒古一夫編　勉誠出版　2006.4　389p　22cm　（立松和平日本を歩く 第3巻）　2600円　①4-585-01173-0

(目次) 新潟（農と日本酒, 焼酎あれこれ, サンマ手づかみ漁より, まれびとの織った布, かやぶきの宿の一夜, おこめの風景論, なおな心で―越後上布の心, 越後上布, 新潟港）, 長野（山を走る―志賀高原ラリー参戦記, 抽象的な苦労話, 冬の軽井沢, 冬のキツネ, 正直一途の布, 飯田の桜, 満開の野につどう人々）, 富山（つらい旅の空の下で誠をもって接する薬売り, 不機嫌な運転手, 黒部の紅葉, 全山錦繍の黒部川）, 石川（日本海三号, 春の香り―松田章一さんのこと, 雪の下のガジュマル, 幻の地酒, カタクリとアサツキの美味, 石積みの段々畑, 白米千枚田, 珠洲焼, 輪島の朝市, 海から重油がやってきた, 加賀友禅, 弟子たちの夏）, 福井（三方みのりの会, 野趣ある雪の北陸路, 草と太陽のにおいをゴザ帽子に織り込む, 白山水系の投げ網・ノボリウエ漁, 永平寺の森, 雄島の海女, 楽天主義者の海, 銀杏の裁縫台）, 岐阜（高山祭の頑固者, 古い真鍮の矢立, 不動明王の功徳, 雪の白山郷, 水の力, 長良川の鵜飼, 長良川小紅の渡し, 壊す工事を, 宗祇水, 盆踊りの夏, 滅びゆく幻の魚すむ―長良川河口堰, サツキマス―長良川職漁師の心境, 郡上鮎―職漁師の怒り, 長良川紀行, 渓流釣り, 国宝のような長良川, 郡上釣師, 長良川の気配, 巨大な天然株杉のある板取川, 日本ライン）, 静岡（長八の千羽鶴, 長八の伊豆, 柿田川湧水, 一〇〇年かかって涌き出る富士山の贈り物, 柿田川の水, 富士山からの贈りもの, 奇蹟の水, アユの一生, 豆腐屋のない街, 浦辺諦善上人のこと）, 愛知（トンカツと味噌, いかだカーニバルの豊川, 紅葉の絶頂とずれた）, 三重（桑名のシジミ, サバイバル料理教室, 熊野に救いを求めて）, 滋賀（ブラックバスの異常発生, 民族の未来をかけて, 淡水真珠の涙, 琵琶湖の一滴の水から, 一滴の水の貴さ, 関西の水ガメ, 歴史と文化のかけはし―瀬田の唐橋, ハリヨのいる川）, 京都（鬼の市, 若狭湾, 淋しい京都, 染めの交響楽, 西陣織, 広隆寺聖徳太子像, 東寺から大宇宙へいく, 足尾の人）, 大阪（大阪の豚, 四天王寺）, 兵庫（三年後の神戸市長田区, 楽しみの見つけ方, 円山川の誇り, 円山川の蛤漁, 山をつくる, 恩寵の鐘, タコは情深いか薄情か）, 奈良（三輪山の奥の宮, 太子道をゆく, 法隆寺の夜回り, 法隆寺の朝, 法隆寺の散髪, 信貴山の毘沙門天, 月ヶ瀬村の烏梅, 丹生川上神社）, 和歌山（新大和紀行, やまんばの宿へ, やまんばの宿の一夜, やまんばとの再会, ニホンオオカミはいる, 寄り物―黒潮の終点, 北山川の歳月）

07285 掌の中の月―光 流れ 救い　立松和平著　サンガ　2008.7　274p　18cm　（サンガ新書）〈文献あり〉　850円　①978-4-901679-83-1

07286 釣師・釣場　井伏鱒二著　講談社　2013.10　236p　16cm　（講談社文芸文庫）〈著作目録あり 年譜あり〉　1300円　①978-4-06-290208-3

西穂高岳

07287 日本の名山　10　穂高岳　串田孫一, 今井通子, 今福龍太編　博品社　1997.5　268p　19cm〈年表あり 文献あり〉　1600円　①4-938706-38-5

(作品) 槍ヶ岳より西穂高へ〔黒田初子〕

日本アルプス

07288 日本アルプス登攀日記　W.ウェストン著, 三井嘉雄訳　平凡社　1995.2　318p　18cm　（東洋文庫）　2781円　①4-582-80586-8

07289 日本アルプス―登山と探検　ウォルター・ウェストン著, 岡村精一訳　平凡社　1995.4　381p　15cm　（平凡社ライブラリー）　1400円　①4-582-76094-5

(内容) 明治中期、日本の山々をこよなく愛し、精力的に踏破した英人牧師ウェストン。山村の風俗を、ひらけゆく日本アルプスの姿を、記録にとどめて広く海外に紹介し、宗教的登山一色の山に、近代アルピニズムの新たなうねりを巻き起こした古典。

07290 日本アルプス縦走記　窪田空穂著　雁書館　1995.7　137p　19cm　1400円

07291 日本アルプスの登山と探検　ウェストン著, 青木枝朗訳　岩波書店　1997.6　381p　15cm　（岩波文庫）　660円　①4-00-334741-2

07292 連なる山々 日本アルプス　松岡達英文・絵　大日本図書　1997.9　47p　30cm　（日本自然探険の旅 4）　3000円　①4-477-00759-0

(内容) めずらしい生物でいっぱい。さあ、アルプスに登ろう！ 自然観察描写の第一人者、ナチュラリストの松岡達英が、日本の自然探険に旅立った。その驚きと不思議発見の日々を、心をこめて描きつづった“日本自然探険の旅”。

07293 樹木街道を歩く―縄文杉への道　縄文剣著　碧天舎　2004.8　187p　19cm　1000円　①4-88346-785-6

07294 雪・岩・アルプス　藤木九三著　中央公論新社　2004.10　250p　21cm　（中公文庫ワイド版）　3900円　①4-12-551834-3

(目次) 紀行1 欧州アルプス（MONT BLANC,「氷の海」とCHAMONIX, 雪と岩, ドフィネの山旅, MATTER-HORN ほか）, 紀行2 日本アルプス（岩の呼ぶ声, 五月の槍・穂高, 小槍,「岳」の誘惑, 剣・八峰の試踏 ほか）

07295 槍ケ岳黎明―私の大正登山紀行　穂苅三寿雄著　松本　槍ケ岳山荘事務所　2004.11　230p　20cm〈山と渓谷社(発売)　年譜あり〉　1800円　①4-635-88591-7

07296 山の名著　明治・大正・昭和戦前編　近藤信行編　自由国民社　2009.11　267p　21cm（明快案内シリーズ 知の系譜）〈索引あり〉　1700円　①978-4-426-10830-4

作品 日本アルプス―登山と探検〔ウォルター・ウェストン〕

目次 1 山へ行く―近代登山黎明期の記録(松浦武四郎紀行集(吉田武三編)近代日本の登山紀行、探検記録を考えるための第一文献, 日本風景論(志賀重昂)日本人の景観意識に重要な変革を与えた記念碑的作品, 欧洲山水奇勝(高島北海)明治初年はじめて欧州の山水に接した著者の山岳風景画集, 日本アルプス―登山と探検(ウォルター・ウェストン)近代登山黎明期の輝かしい業績 ほか), 2 山を抱く―挑むものと愛するものたちの軌跡(山行(槇有恒)近代日本登山史の中に聳える大いなる金字塔, わたしの山旅(槇有恒)古き時代に生きた偉大なる山岳人の回想, アルプス記(松方三郎)情操豊かで稀有な山岳人の見事な随筆集, アルプスと人(松方三郎)スイス・アルプスの人文的な記述 ほか)

07297 宣教師ウェストンの観た日本　ウォルター・ウェストン著, 山本秀峰訳　露蘭堂　2014.4　231p　22cm〈文献あり 年譜あり　発売：ナウカ出版営業部〔富士見〕〉　3200円　①978-4-904059-54-8

目次 絵の背景, 日本アルプスと聖域, 荘厳な祭りと楽しい祭り, 赤ん坊の楽園, 日本の宿屋, 日本の家, スポーツと娯楽, 道端の風景, 対照と矛盾, 困った質問―「日本人は正直か？」〔ほか〕

07298 小島烏水―山の風流使者伝　下　近藤信行著　平凡社　2014.10　385p　16cm（平凡社ライブラリー）〈創文社 1978年刊の増補〉　1700円　①978-4-582-76819-0

目次 『日本山水論』前後, 趣味の殿堂, 日本山岳会の創立, あたらしき紀行文, 山恋いの記, 探検時代の主役として, 『日本アルプス』刊行, 「文庫」の終焉, 穂高・槍ヶ岳縦走, 大下藤次郎と岡野金次郎, 美術研究へ

07299 山の名作読み歩き―読んで味わう山の楽しみ　大森久雄編　山と溪谷社　2014.11　301p　18cm（ヤマケイ新書）　880円　①978-4-635-51002-8

作品 日本アルプスの五仙境〔木暮理太郎〕　日本アルプスの登山と探検〈抄〉〔W.ウェストン〕

07300 日本百名山ひと筆書き―グレートトラバース　田中陽希著　NHK出版　2015.4　252p　19cm　1700円　①978-4-14-081672-1

作品 不安と緊張、そして感動と涙(日本アルプス編)

07301 日本2百名山ひと筆書き　田中陽希著　NHK出版　2016.6　285p　19cm（グレートトラバース 2）　1700円　①978-4-14-081700-1

日本ライン

07302 中部日本を歩く　立松和平著, 黒古一夫編　勉誠出版　2006.4　389p　22cm（立松和平日本を歩く 第3巻）　2600円　①4-585-01173-0

能郷白山

07303 山々を滑る登る　熊谷榧絵と文　八王子　白山書房　2012.11　319p　19cm（〔榧・画文集 12〕）　1900円　①978-4-89475-159-0

農鳥岳

07304 新編 山と渓谷　田部重治著, 近藤信行編　岩波書店　1993.8　323p　15cm（岩波文庫）　570円　①4-00-311421-3

07305 日本の名山　17　北岳　串田孫一, 今井通子, 今福龍太編　博品社　1997.8　253p　19cm〈文献あり〉　1600円　①4-938706-41-5

作品 積雪期の白峰三山〔桑原武夫〕　奈良田のヒロ河内より白峰三山に登る〔冠松次郎〕　農鳥・間ノ岳へ初登頂〔アーネスト・サトウ〕　農鳥岳東面バットレス中央稜〔村田友春〕　白峰三山〔串田孫一〕　白峰三山〔田部重治〕

07306 日本アルプス―山岳紀行文集　小島烏水著, 近藤信行編　岩波書店　2009.6　444p　15cm（岩波文庫）　900円　①4-00-311351-9

作品 雪の白峰　白峰山脈縦断記

07307 わが愛する山々　深田久弥著　山と溪谷社　2011.6　381p　15cm（ヤマケイ文庫）〈年譜あり〉　1000円　①978-4-635-04730-2

07308 明治紀行文學集　筑摩書房　2013.1　410p　21cm（明治文學全集 94）　7500円　①978-4-480-10394-9

作品 白峰山脈縦断記〔小島烏水〕

07309 山の名作読み歩き―読んで味わう山の楽しみ　大森久雄編　山と溪谷社　2014.11　301p　18cm（ヤマケイ新書）　880円　①978-4-635-51002-8

作品 積雪期の白根三山〔桑原武夫〕

野口五郎岳

07310 日本アルプス縦走記　窪田空穂著　雁書館　1995.7　137p　19cm　1400円

鋸岳

07311 日本の名山　16　甲斐駒ケ岳　串田孫一, 今井通子, 今福龍太編　博品社　1997.11　251p　19cm〈文献あり〉　1600円　①4-938706-48-2

作品 鋸岳縦走記〔鵜殿正雄〕　南ア鋸岳・中ノ川溯行：四九歳と二八歳の青春〔池学〕

07312 鈴木みきの山の足あと　ステップアップ編　鈴木みき著　山と溪谷社　2014.8　127p　21cm　1200円　①978-4-635-33064-0

野麦峠

07313 山の貌　井出孫六著　新樹社　1990.5　317p　19cm　2060円　①4-7875-8395-6

07314 ぼくは旅にでた―または、行きてかえりし物語　増補・新装版　杉山亮著　径書房　2013.5　237p　19cm〈1993年刊の増補・新装版〉　1500円　①978-4-7705-0215-5

乗鞍岳

07315 南鳥島特別航路 池澤夏樹著 日本交通公社出版事業局 1991.3 253p 19cm 1600円 Ⓘ4-533-01667-7

07316 日本の名山 11 御嶽山 串田孫一, 今井通子, 今福龍太編 博品社 1998.11 252p 20cm 1600円 Ⓘ4-938706-57-1

作品 御嶽から乗鞍まで〔武田久吉〕 御嶽より乗鞍まで〔マレー・ウォルトン〕

07317 山と雪の日記 改版 板倉勝宣著 中央公論新社 2003.1 185p 16cm (中公文庫)〈2004年刊の文庫ワイド版あり〉 743円 Ⓘ4-12-204158-9

07318 はじめての山 熊谷榧絵・文 八王子 白山書房 2008.8 219p 19cm 1900円 Ⓘ978-4-89475-123-1

目次 はじめての山(御殿場から歩いた富士登山, はじめて見る上高地, 歩いて登った美ヶ原, 歩いて白骨温泉から乗鞍岳へ ほか), 「かぶとむし山岳会」の会報から(北村八郎「十年一昔」, 北村美津江「思い出の山」, 津野田俊一「白い人」, 津野田俊一「僕は山男」 ほか)

07319 晴れのち曇り 曇りのち晴れ 熊谷榧絵と文 八王子 白山書房 2010.2 296p 19cm (〔榧・画文集 0〕)〈皆美社1970年刊の再版 平凡社2001年刊あり〉 1900円 Ⓘ978-4-89475-139-2

07320 新編 単独行 加藤文太郎著 山と溪谷社 2010.11 349p 15cm (ヤマケイ文庫)〈年譜あり 2000年刊の文庫化〉 940円 Ⓘ978-4-635-04725-8

07321 うつくしい列島―地理学的名所紀行 池澤夏樹著 河出書房新社 2015.11 308p 20cm 1800円 Ⓘ978-4-309-02425-7

白山

07322 いで湯の山旅―特選紀行 美坂哲男著, 新妻喜永写真 山と渓谷社 1993.9 138p 25×19cm 2300円 Ⓘ4-635-28026-8

07323 山に彷徨う心 古井由吉著 アリアドネ企画, 三修社〔発売〕 1996.8 207p 19cm (ARIADNE ENTERTAINMENT) 1700円 Ⓘ4-384-02316-2

作品 白き雷の峰

07324 日本の名山 18 白山 串田孫一, 今井通子, 今福龍太編 博品社 1998.3 250p 19cm 1600円 Ⓘ4-938706-53-9

作品 ふるさとの山・白山〔杉森久英〕 永らく夢みた白山山行〔加藤久晴〕 加賀の白山〔辻村太郎〕 加賀白山の表山登り 北陸三山跋渉記の三〔大平晟〕 加賀白山縦走〔三田尾松太郎〕 加賀白山頂上室堂〔河東碧梧桐〕 修験の面影〔立松和平〕 春の白山〔石崎光瑤〕 春の旅人〔三好達治〕 白き雷の峰〔古井由吉〕 白山〔山口耀久〕 白山〔志賀重昂〕 白山〔深田久弥〕 白山のブナの森〔高田宏〕 白山を眺める部屋から〔谷甲州〕 白山別山〔中西悟堂〕 飛驒の白山〔今福龍太〕 別山尾根から三方崩山〔京念孜〕 忘れ難い白山〔松方三郎〕 北陸〔安西均〕

目次 春の旅人(三好達治), 北陸(安西均), 白山別山(中西悟堂), 白山(志賀重昂), 白山(深田久弥), 白き雷の峰(古井由吉), 修験の面影(立松和平), ふるさとの山・白山(杉森久英), 白山を眺める部屋から(谷甲州), 加賀白山の表山登り 北陸三山跋渉記の三(大平晟), 加賀白山頂上室堂(河東碧梧桐), 加賀白山縦走(三田尾松太郎), 春の白山(石崎光瑤), 忘れ難い白山(松方三郎), 白山(山口耀久), 永らく夢みた白山山行(加藤久晴), 尾上郷川と中ノ川(桑原武夫), 別山尾根から三方崩山(京念孜), 白山・境川流域の沢 記録(川崎実, 中井孝保), 白山のブナの森(高田宏), 高山植物のふるさとと白山(村井米子), 加賀の白山(辻村太郎), 御紋蝶の正体(富樫一次), 白山開山の伝説 九頭竜と十一面観音(廣瀬誠), 白山信仰と被差別(宮田登), チマ・エテルナ―飛驒の白山(今福龍太)

07325 わが山山 深田久弥著 中央公論新社 2004.10 213p 21cm (中公文庫ワイド版)〈中公文庫2002年刊(改版)のワイド版〉 3400円 Ⓘ4-12-551832-7

07326 行き暮れて、山。 正津勉著 アーツアンドクラフツ 2006.6 203p 19cm 1900円 Ⓘ4-901592-33-5

07327 百霊峰巡礼 第1集 立松和平著 東京新聞出版局 2006.7 299p 20cm 1800円 Ⓘ4-8083-0854-1

07328 むかしの山旅 今福龍太編 河出書房新社 2012.4 304p 15cm (河出文庫) 760円 Ⓘ978-4-309-41144-6

作品 春の白山〔石崎光瑤〕

07329 山々を滑る登る 熊谷榧絵と文 八王子 白山書房 2012.11 319p 19cm (〔榧・画文集 12〕) 1900円 Ⓘ978-4-89475-159-0

07330 紀行とエッセーで読む 作家の山旅 山と溪谷社編 山と溪谷社 2017.3 357p 15cm (ヤマケイ文庫) 930円 Ⓘ978-4-635-04828-6

作品 登山は冒険なり〔河東碧梧桐〕

白山国立公園

07331 東京を歩く 立松和平著, 黒古一夫編 勉誠出版 2006.4 343p 22cm (立松和平日本を歩く 第7巻) 2600円 Ⓘ4-585-01177-3

白馬乗鞍岳

07332 山々を滑る登る 熊谷榧絵と文 八王子 白山書房 2012.11 319p 19cm (〔榧・画文集 12〕) 1900円 Ⓘ978-4-89475-159-0

八峰キレット

07333 百年前の山を旅する 服部文祥著 新潮社 2014.1 236p 16cm (新潮文庫)〈東京新聞出版部 2010年刊の再刊 文献あり〉 630円 Ⓘ978-4-10-125321-3

針ノ木峠

07334 日本旅行日記 1 アーネスト・サトウ著, 庄田元男訳 平凡社 1992.1 316p 18cm (東洋文庫) 2781円 Ⓘ4-582-80544-2

07335 新編 山と渓谷 田部重治著, 近藤信行編 岩波書店 1993.8 323p 15cm (岩波文庫) 570円 Ⓘ4-00-311421-3

07336 日本の名山 6 白馬岳 串田孫一, 今井通子, 今福龍太編 博品社 1997.7 258p 19cm〈年表あり 文献あり〉 1600円 ①4-938706-40-7
作品 朝日岳より白馬岳を経て針木峠に至る〔田部重治〕

07337 晴れのち曇り 曇りのち晴れ 熊谷榧絵と文 八王子 白山書房 2010.2 296p 19cm (〔榧・画文集 0〕)〈皆美社1970年刊の再版 平凡社2001年刊あり〉 1900円 ①978-4-89475-139-2

07338 新編 単独行 加藤文太郎著 山と溪谷社 2010.11 349p 15cm (ヤマケイ文庫)〈年譜あり 2000年刊の文庫化〉 940円 ①978-4-635-04725-8

07339 日本山岳紀行―ドイツ人が見た明治末の信州 W・シュタイニッツァー著, 安藤勉訳 長野 信濃毎日新聞社 2013.10 305p 19cm (信毎選書 5)〈1992年刊の改訂 文献あり〉 1400円 ①978-4-7840-7222-4

07340 アーネスト・サトウの明治日本山岳記 アーネスト・メイスン・サトウ著, 庄田元男訳 講談社 2017.4 285p 15cm (講談社学術文庫)〈「日本旅行日記」(平凡社 1992年刊)と「明治日本旅行案内」(平凡社 1996年刊)の改題、抜粋し新たに編集〉 980円 ①978-4-06-292382-8

聖岳

07341 わが愛する山々 深田久弥著 山と溪谷社 2011.6 381p 15cm (ヤマケイ文庫)〈年譜あり〉 1000円 ①978-4-635-04730-2

飛騨山脈〔北アルプス〕

07342 日本アルプス登攀日記 W.ウェストン著, 三井嘉雄訳 平凡社 1995.2 318p 18cm (東洋文庫) 2781円 ①4-582-80586-8

07343 想い遙かな山々 中西悟堂ほか著, 作品社編集部編 作品社 1998.4 245p 22cm (新編・日本随筆紀行 大きな活字で読みやすい本―心にふるさとがある 1)〈付属資料：63p：著者紹介・出典一覧〉 ①4-87893-806-4, 4-87893-807-2
作品 北アルプスの秘境〔中村清太郎〕

07344 山頂の憩い―『日本百名山』その後 深田久弥著 新潮社 2000.5 186p 16cm (新潮文庫)〈肖像あり〉 400円 ①4-10-122003-4

07345 山の随筆 今西錦司著 河出書房新社 2002.5 253p 19cm (Kawade山の紀行) 1600円 ①4-309-70421-2

07346 大いなる山 大いなる谷 新装版 志水哲也著 八王子 白山書房 2004.6 306p 19cm〈1992年刊の新装版〉 2000円 ①4-89475-084-8

07347 渓 冠松次郎著 中央公論新社 2004.10 304p 21cm (中公文庫ワイド版)〈中公文庫2003年刊(改版)のワイド版〉 4600円 ①4-12-551835-1

07348 山の旅 本の旅―登る歓び、読む愉しみ 大森久雄著 平凡社 2007.9 237p 20cm〈文献あり〉 2200円 ①978-4-582-83368-3

07349 五感で発見した「秘密の信州」 増村征夫著 講談社 2008.4 269p 19cm 1500円 ①978-4-06-214573-2

07350 日本アルプス―山岳紀行文集 小島烏水著, 近藤信行編 岩波書店 2009.6 444p 15cm (岩波文庫) 900円 ①4-00-311351-9
作品 日本北アルプス縦断記より

07351 新編 単独行 加藤文太郎著 山と溪谷社 2010.11 349p 15cm (ヤマケイ文庫)〈年譜あり 2000年刊の文庫化〉 940円 ①978-4-635-04725-8

07352 明治紀行文學集 筑摩書房 2013.1 410p 21cm (明治文學全集 94) 7500円 ①978-4-480-10394-9
作品 日本北アルプス縦断記〔小島烏水〕

07353 マンボウ思い出の昆虫記―虫と山と信州と 北杜夫著 長野 信濃毎日新聞社 2013.7 180, 31p 20cm 1700円 ①978-4-7840-7210-1
目次 虫と共に, 六脚虫の世界, 昆虫と私, 上高地に高山蝶を追って, 高価な図鑑, 赤トンボから鬼ヤンマ, 霧と枯木とサルオガセ, 私の昆虫記, 信州へのあこがれ, ニューカレドニアの虫, 秋の昆虫記―赤とんぼなぜ赤い, 追憶ひっつふたつ,『山の昆虫たち』, 思い出の『虫の世界』, にぎりめしと昆虫採集, 虫の同好会, 古本屋の思い出,『原色昆虫大図鑑』, むかしの博物館, 一匹の珍種,『昆虫放談』, 一人ぼっちの登高―穂高の思い出, アルプス追想, アルプス讃歌, 小谷さんのこと, 山について, 虫とのかかわり, 懐かしき上高地, 妖精の蝶, 梓川, 蝶のおじさん, 親切なゼゲン屋さんに大迷惑をかけた顚末―昔のコガネムシの思い出から始まって…, 寂しがり屋, 信州とドイツの森―小塩節『木々を渡る風』, 世田谷と私, 昆虫少年から文学青年へ, 十日町の皆様へ,「虫や」のみなさまへ

07354 山の眼玉 畦地梅太郎著 山と溪谷社 2013.10 221p 図版16p 15cm (ヤマケイ文庫)〈「山の目玉」(美術出版社 1986年刊)の改題 平凡社 1999年刊あり〉 950円 ①978-4-635-04759-3

07355 百年前の山を旅する 服部文祥著 新潮社 2014.1 236p 16cm (新潮文庫)〈東京新聞出版部 2010年刊の再刊 文献あり〉 630円 ①978-4-10-125321-3

07356 サバイバル！―人はズルなしで生きられるのか 増補 服部文祥著 筑摩書房 2016.7 318p 15cm (ちくま文庫)〈2008年刊の文庫化〉 800円 ①978-4-480-43369-5

広河内岳

07357 日本の名山 17 北岳 串田孫一, 今井通子, 今福龍太編 博品社 1997.8 253p 19cm〈文献あり〉 1600円 ①4-938706-41-5
作品 奈良田のヒロ河内より白峰三山に登る〔冠松次郎〕

富士川

07358 日本旅行日記 2 アーネスト・メイスン・サトウ著, 庄田元男訳 平凡社 1992.6

334p 18cm (東洋文庫) 2884円 ①4-582-80550-7

07359 サラリーマン転覆隊が行く! 上巻 本田亮著 フレーベル館 1997.4 315p 20cm 1600円 ①4-577-70120-0

07360 サラリーマン転覆隊門前払い 本田亮著 フレーベル館 2000.3 273p 20cm 1600円 ①4-577-70183-9

07361 日本の川を歩く—川のプロが厳選した心ときめかす全国25の名川紀行 大塚高雄著 家の光協会 2004.9 207p 21cm 2500円 ①4-259-54658-9

富士山

07362 若き日の山 串田孫一著 集英社 1988.1 210p 15cm (集英社文庫) 300円 ①4-08-749294-X

07363 英国特派員の明治紀行 ハーバート・ジョージ・ポンティング著, 長岡祥三訳 新人物往来社 1988.2 217p 19cm 1800円 ①4-404-01470-8

07364 晩春の旅・山の宿 井伏鱒二著 講談社 1990.10 337p 15cm (講談社文芸文庫) 900円 ①4-06-196098-9

07365 明治日本の面影 小泉八雲著, 平川祐弘編 講談社 1990.10 489p 15cm (講談社学術文庫) 1200円 ①4-06-158943-1

07366 日本旅行日記 2 アーネスト・メイスン・サトウ著, 庄田元男訳 平凡社 1992.6 334p 18cm (東洋文庫) 2884円 ①4-582-80550-7

07367 遊覧日記 武田百合子著, 武田花写真 筑摩書房 1993.1 185p 15cm (ちくま文庫) 470円 ①4-480-02684-3

07368 水の旅 川の漁 立松和平文, 大塚高雄写真 世界文化社 1993.8 250p 19cm 1600円 ①4-418-93509-6

07369 日本アルプス登攀日記 W.ウェストン著, 三井嘉雄訳 平凡社 1995.2 318p 18cm (東洋文庫) 2781円 ①4-582-80586-8

07370 日本の名山 13 富士山 part.1 串田孫一, 今井通子, 今福龍太編 博品社 1997.1 285p 19cm 1648円 ①4-938706-34-2

[作品] あっぱれ富士山/晴天清貧人生格言感涙旅〔椎名誠〕 五月のフジヤマ〔ウォルター・ウェストン〕 彩られた残像〔串田孫一〕 私の写真と富士山〔岡田紅陽〕 新緑の富士の裾野〔小島烏水〕 測候所の開設〔中島博〕 中道廻り〔武田久吉〕 天と富士山〔赤瀬川原平〕 冬富士単独行〔加藤文太郎〕 洞穴探検記〔小川孝徳〕 富士 Fuji〔バジル・H.チェンバレン〕 富士の気象〔山本三郎〕 富士は私の相棒〔並木宗二郎〕 富士山〔志賀重昂〕 富士山〔深田久弥〕 富士山〔梅原龍三郎〕 富士山とわたくし〔村井米子〕 富士山は三段に重なった活火山である〔諏訪彰〕 富士山へ行くこころ〔今井通子〕 富士山記〔都良香〕 風雪の富士山頂〔芳野満彦〕

(目次) 作品第壹(草野心平), 山部宿禰赤人、富士山の山を望む歌一首 并せて短歌(山部赤人), 富士山(志賀重昂), 富士山(深田久弥), 彩られた残像(串田孫一), 富士山(梅原龍三郎), 私の写真と富士山(岡田紅陽), 富嶽百景(太宰治), 富士山は三段に重なった活火山である(諏訪彰), 富士の気象(山本三郎), 富士の樹海 青木ケ原とハリモミ林(西口親雄), 洞穴探検記(小川孝徳), ある保守主義者 抄(ラフカディオ・ハーン), 富士 Fuji(バジル・H.チェンバレン), 五月のフジヤマ(ウォルター・ウェストン), 新緑の富士の裾野(小島烏水), 中道廻り(武田久吉), 富士山とわたくし(村井米子), 冬富士単独行(加藤文太郎), 風雪の富士山頂(芳野満彦), 富士山頂からスキーですべり降りた最初の人(新田次郎), コノハナサクヤ姫(遠藤秀男), 孔雀王の咒法を修持して異しき験力を得、以て仙と作りて天を飛びし縁 第二十八(景戒), 富士山記(都良香), 風狂将軍足利義教の富士山詠(大岡信), 富士の嶺を観てしるせる詞(賀茂真淵), 富士絵の賛(大田南畝), 江戸の富士信仰(宮田登), 富士に初めて登った女 不二道行者小谷三志と女人開山(岡田博), 測候所の開設(中島博), 富士は私の相棒(並木宗二郎), あっぱれ富士山/晴天清貧人生格言感涙旅(椎名誠), 天と富士山(赤瀬川原平), 長八の宿(つげ義春), チマ・エテルナ—富士山へ行くこころ(今井通子)

07371 日本の名山 14 富士山 part.2 串田孫一, 今井通子, 今福龍太編 博品社 1997.12 250p 19cm 1600円 ①4-938706-49-0

[作品] あやかり富士〔草森紳一〕 ヴァリエーションルート〔山本三郎〕 想う富士 眺める富士〔古山高麗雄〕 天空開闊〔白籏史朗〕 倒さ富士〔大町桂月〕 冬富士〔上田哲農〕 日本一のお山の大滑降〔三浦雄一郎〕 富士と峠〔飯田蛇笏〕 富士の語源〔木暮理太郎〕 富士の地質〔辻村太郎〕 富士へ—千九百〇九年八月〔竹久夢二〕 富士スキー登山〔テオドール・E.レルヒ〕 富士幻想〔小川国夫〕 富士五湖と富士〔朝倉摂〕 富士山〔山下清〕 富士山〔武田泰淳〕 富士山からの贈りもの 柿田川 静岡〔立松和平〕 富士山の記憶〔沢野ひとし〕 富士山への巡礼 抄〔ラザフォード・オールコック〕 富士登山〔高橋新吉〕 富嶽の詩神を思う〔北村透谷〕 別々の富士山〔串田孫一〕

(目次) 富士を讃う—おしゃれ富士山 スケルツォ(堀口大學), 富士(吉野弘), 富士の山を詠む歌一首 并せて短歌(高橋蟲麻呂), 富士の歌 富士 百三首(若山牧水), 「ふじ」の由来—富士の語源(木暮理太郎), 富士の造形—富嶽の詩神を思う(北村透谷), 富士山(山下清), 富士五湖と富士(朝倉摂), 天空開闊(白籏史朗), わが富士—倒さ富士(大町桂月), 富士と峠(飯田蛇笏), 富士山(武田泰淳), 想う富士 眺める富士(古山高麗雄), 富士幻想(小川国夫), 富士登山さまざま—富士山への巡礼 抄(ラザフォード・オールコック), 富士へ(竹久夢二), 富士登山(高橋新吉), 富士スキー登山(テオドール・E.レルヒ), 冬富士(上田哲農), ヴァリエーションルート(山本三郎), 日本一のお山の大滑降(三浦雄一郎), 富士山の記憶(沢野ひとし), 富士の自然—富士の地質(辻村太郎), 富士山からの贈りもの 柿田川 静岡(立松和平), 富士山の動物たち(水木しげる), 富士山のイマジネーション—あやかり富士(草森紳一), 宮下文書は現在も生きている(佐治芳彦), 小説・富士—富士の初雪(川端康成), チマ・エテルナ—別々の富士山(串田孫一)

07372 想い遙かな山々 中西悟堂ほか著, 作品社編集部編 作品社 1998.4 245p 22cm (新編・日本随筆紀行 大きな活字で読みやすい

本―心にふるさとがある 1)〈付属資料：63p：著者紹介・出典一覧〉 ①4-87893-806-4, 4-87893-807-2
作品 富士山〔山下清〕 富士山〔梅原龍三郎〕 富士山〔武田泰淳〕

07373 日本の名山 15 富士山 part.3 串田孫一, 今井通子, 今福龍太編 博品社 1999.1 253p 19cm 1600円 ①4-938706-58-X
作品 あこがれの富士山〔所ジョージ〕 お鉢廻り〔深田久弥〕 すたれ行く富士の古道 村山口のために〔小島烏水〕 寒中滞嶽記〔野中到〕 須走〔尾崎喜八〕 朝飯前〔加藤泰三〕 頂上まで〔荻原井泉水〕 富士 抄〔岡本かの子〕 富士〔更科源蔵〕 富士の山〔ラフカディオ・ハーン〕 富士を望む〔田山花袋〕 富士山〔室井滋〕 富士山〔室生犀星〕 富士山剣ヶ峰大沢とその奥壁〔児玉武雄〕 富士山鉄道・五合目線〔宮脇俊三〕 夜天の富士〔生田春月〕 裏富士の記憶〔今福龍太〕 裏富士讃〔飯田龍太〕
目次 富士山(室生犀星), 夜天の富士(生田春月), 玉芙蓉(尾上柴舟), 新頌富士(前田夕暮), 富士(更科源蔵), あこがれの富士山(所ジョージ), 富士山はフジサンではなかった？ 永遠に解けない謎の山(谷有二), 富士を望む(田山花袋), 夕陽 附 富士眺望(永井荷風), 裏富士讃(飯田龍太), 富士山(室井滋), 富岳に登るの記 天保時代の富岳紀行(有年喜道), 富士の山(ラフカディオ・ハーン), すたれ行く富士の古道 村山口のために(小島烏水), 頂上まで(荻原井泉水), 須走(尾崎喜八), 朝飯前(加藤泰三), お鉢廻り(深田久弥), 富士山剣ヶ峰大沢とその奥壁(児玉武雄), 寒中滞嶽記(野中到), 青木ヶ原を縦断する(磯貝浩), 富士山の図(エドワード・S.モース), 富士山の噴火史(伊藤和明), 富士山鉄道・五合目線(宮脇俊三), 富士 抄(岡本かの子), 新富嶽百景(加賀乙彦), チマ・エテルナ―裏富士の記憶(今福龍太)

07374 サラリーマン転覆隊門前払い 本田亮著 フレーベル館 2000.3 273p 20cm 1600円 ①4-577-70183-9

07375 仙人の桜、俗人の桜 赤瀬川原平著 平凡社 2000.3 270p 16cm (平凡社ライブラリー)〈日本交通公社出版事業局1993年刊あり〉 1100円 ①4-582-76332-4
作品 天と富士山―東京

07376 明治日本印象記―オーストリア人の見た百年前の日本 アドルフ・フィッシャー著, 金森誠也, 安藤勉訳 講談社 2001.12 455p 15cm (講談社学術文庫)〈「100年前の日本文化」(中央公論社1994年刊)の改題〉 1200円 ①4-06-159524-5

07377 山の旅 大正・昭和篇 近藤信行編 岩波書店 2003.11 457p 15cm (岩波文庫) 700円 ①4-00-311701-8

07378 ロングフェロー日本滞在記―明治初年、アメリカ青年の見たニッポン チャールズ・アップルトン・ロングフェロー著, 山田久美子訳 平凡社 2004.1 404p 22cm〈文献あり〉 3600円 ①4-582-83202-4

07379 英国人写真家の見た明治日本―この世の楽園・日本 ハーバート・G.ポンティング著, 長岡祥三訳 講談社 2005.5 330p 15cm (講談社学術文庫)〈肖像あり〉 1100円 ①4-06-159710-8

07380 ハピネス気分で山歩き 平野恵理子著 山と溪谷社 2005.9 159p 21cm 1800円 ①4-635-17168-X

07381 動くとき、動くもの 青木奈緒著 講談社 2005.11 333p 15cm (講談社文庫)〈2002年刊の文庫化〉 600円 ①4-06-275236-0

07382 富士案内 芙蓉日記 野中至著, 大森久雄編, 野中千代子著, 大森久雄編 平凡社 2006.1 254p 16cm (平凡社ライブラリー)〈肖像あり〉 1300円 ①4-582-76563-7
作品 富士案内〔野中至〕 芙蓉日記〔野中千代子〕
内容 明治28年、富士山頂での越年気象観測に挑んだ野中至とその妻千代子。相次いで病に冒された2人の観測生活は、壮絶をきわめるものだった。富士登山案内と山頂での観測記録に加え、千代子による幻の「芙蓉日記」を併せて編む。

07383 水の巡礼 田口ランディ著, 森豊写真 角川書店 2006.2 270p 15cm (角川文庫) 952円 ①4-04-375303-9

07384 立松和平の日本動物紀行 立松和平文・写真 日経BP社 2006.6 253p 20cm〈日経BP出版センター(発売)〉 1600円 ①4-8222-4515-2

07385 ある出版人の日本紀行 尹炯斗著, 舘野晳訳 出版ニュース社 2006.10 237p 20cm〈年譜あり〉 2000円 ①4-7852-0124-X

07386 お札行脚 フレデリック・スタール著, 山口昌男監修 国書刊行会 2007.3 702p 22cm (知の自由人叢書) 12000円 ①978-4-336-04716-8
作品 御札行脚―富士登山

07387 うわさの神仏 其ノ3 江戸TOKYO陰陽百景 加門七海著 集英社 2007.5 244p 15cm (集英社文庫) 514円 ①978-4-08-746162-6

07388 できるかなV3 西原理恵子著 角川書店 2008.3 173p 15cm (角川文庫)〈扶桑社2003年刊の改訂 発売：角川グループパブリッシング〉 667円 ①978-4-04-354309-0
目次 できるかな(脱税編, 登山, 気球編, ホステス編), 何がでてくるかわからない, かもしだ菜々, 夕刊配達兄妹

07389 山のぼりおり 石田千著 山と溪谷社 2008.4 149p 図版16枚 20cm 1800円 ①978-4-635-17174-8

07390 はじめての山 熊谷榧絵・文 八王子 白山書房 2008.8 219p 19cm 1900円 ①978-4-89475-123-1

07391 最後の冒険家 石川直樹著 集英社 2008.11 199p 20cm〈折り込1枚〉 1600円 ①978-4-08-781410-1
目次 第1章 出会い, 第2章 気球とはなにか, 第3章 富士山からエベレストへ, 第4章 滞空時間世界記録とナンガパルバット越え, 第5章 熱気球太平洋横断, 第6章 単独行, 第7章 ひとつの冒険の終わりに, 第8章 悪石島漂着

07392 日本風景論 池内紀著 角川学芸出版

2009.3　279p　19cm　(角川選書)〈発売：角川グループパブリッシング〉　1600円　①978-4-04-703442-6

07393 日本アルプス―山岳紀行文集　小島烏水著, 近藤信行編　岩波書店　2009.6　444p　15cm　(岩波文庫)　900円　①4-00-311351-9
作品 雪中富士登山記　不尽の高根

07394 樹をめぐる旅　高橋秀樹著　宝島社　2009.8　125p　16cm　(宝島sugoi文庫)　457円　①978-4-7966-7357-0

07395 子づれの山　熊谷榧絵と文　八王子　白山書房　2009.8　222p　19cm　([榧・画文集 2])　1900円　①978-4-89475-135-4

07396 全ての装備を知恵に置き換えること　石川直樹著　集英社　2009.11　263p　16cm　(集英社文庫)〈晶文社2005年刊の加筆・修正〉　552円　①978-4-08-746500-6

07397 聖地へ　家田荘子著　幻冬舎　2009.12　262p　16cm　(幻冬舎アウトロー文庫)〈『女霊』(リヨン社2006年刊)の改題〉　600円　①978-4-344-41404-4

07398 ペンギンと青空スキップ　小川糸著　幻冬舎　2010.8　189p　16cm　(幻冬舎文庫―[糸通信][3])　457円　①978-4-344-41515-7
目次 いってらっしゃい, ニュース, アドリブ, きつねと私の12か月, 今年の目標, オバマさん, お隣さん, 『いきいき』, ポカポカ陽気, カキフライ〔ほか〕

07399 新編 単独行　加藤文太郎著　山と溪谷社　2010.11　349p　15cm　(ヤマケイ文庫)〈年譜あり　2000年刊の文庫化〉　940円　①978-4-635-04725-8

07400 むかしの山旅　今福龍太編　河出書房新社　2012.4　304p　15cm　(河出文庫)　760円　①978-4-309-41144-6
作品 富士へ―千九百〇九年八月〔竹久夢二〕

07401 山をはしる―1200日間 山伏の旅　井賀孝著　亜紀書房　2012.4　335p　20cm〈文献あり〉　2500円　①978-4-7505-1202-0

07402 山・音・色　KIKI, 野川かさね著　山と溪谷社　2012.7　159p　20cm　1500円　①978-4-635-77014-9

07403 鍛える聖地　加門七海著　メディアファクトリー　2012.8　285p　19cm　(幽BOOKS)　1300円　①978-4-8401-4693-7

07404 明治紀行文學集　筑摩書房　2013.1　410p　21cm　(明治文學全集 94)　7500円　①978-4-480-10394-9
作品 不二の高根〔遅塚麗水〕

07405 鈴木みきの山の足あと　鈴木みき著　山と溪谷社　2013.6　127p　21cm　1200円　①978-4-635-33058-9

07406 富士山　千野帽子編　角川書店　2013.9　332p　15cm　(角川文庫)　667円　①978-4-04-101008-2
作品 この文章を読んでも富士山に登りたくなりません〔森見登美彦〕　懐かしの山〔沢野ひとし〕　四辺の山より富士を仰ぐ記〔若山牧水〕　天と富士山〔赤瀬川原平〕　美しい墓地からの眺め〔尾崎一雄〕　富士山〔山下清〕
内容 日本一の山、富士。古今東西の作家がこの秀峰を愛で、小説、紀行、エッセイに著し、俳句短歌に詠み込んできた。国の象徴、火山、霊峰、信仰の場、登山、新幹線からの眺め。さまざまな顔と文化的側面を持つ富士山。その魅力が、名文で、鮮やかに描かれる！

07407 富士の山旅　服部文祥編　河出書房新社　2014.1　292p　15cm　(河出文庫)　760円　①978-4-309-41270-2
作品 お鉢廻り〔深田久弥〕　すたれ行く富士の古道 村山口のために〔小島烏水〕　寒中滞岳記〔野中至〕　新緑の富士の裾野〔小島烏水〕　中道廻り〔武田久吉〕　朝飯前〔加藤泰三〕　頂上まで〔荻原井泉水〕　倒さ富士〔大町桂月〕　冬富士単独行〔加藤文太郎〕　富岳に登るの記―天保時代の富岳紀行〔有年喜道〕　富士と峠〔飯田蛇笏〕　富士の景観〔河東碧梧桐〕　富士の語原〔木暮理太郎〕　富士の山〔ラフカディオ・ハーン〕　富士の信仰〔中山太郎〕　富士の伝説〔藤沢衛彦〕　富士の南麓〔若山牧水〕　富士の北麓〔戸川秋骨〕　富士へ―千九百〇九年八月〔竹久夢二〕　富士を望む〔田山花袋〕　富士五湖と裾野めぐり〔高畑棟材〕
目次 富士の景観(河東碧梧桐), 富士を望む(田山花袋), 富士の語原(木暮理太郎), 富士の山(ラフカディオ・ハーン), 頂上まで(荻原井泉水), お鉢廻り(深田久弥), 中道廻り(武田久吉), すたれ行く富士の古道―村山口のために(小島烏水), 富士へ―千九百〇九年八月(竹久夢二), 富岳に登るの記―天保時代の富岳紀行(有年喜道), 寒中滞岳記, (野中至), 冬富士単独行, (加藤文太郎), 朝飯前, (加藤泰三), 富士と峠, (飯田蛇笏), 倒さ富士, (大町桂月), 新緑の富士の裾野, (小島烏水), 富士の南麓, (若山牧水), 富士の北麓, (戸川秋骨), 富士五湖と裾野めぐり, (高畑棟材), 富士の信仰, (中山太郎), 富士の伝説, (藤沢衛彦)

07408 すべての山を登れ。　井賀孝著　京都　淡交社　2014.4　255p　19cm　1700円　①978-4-473-03924-8

07409 電車でめぐる富士山の旅―御殿場、富士宮、富士吉田、清水へ　甲斐みのり著　ウェッジ　2014.11　126p　21cm　1300円　①978-4-86310-136-4

07410 山の名作読み歩き―読んで味わう山の楽しみ　大森久雄編　山と溪谷社　2014.11　301p　18cm　(ヤマケイ新書)　880円　①978-4-635-51002-8
作品 芙蓉日記〈抄〉〔野中千代子〕

07411 女心と秋の空　中谷美紀著　幻冬舎　2015.8　203p　16cm　(幻冬舎文庫)　580円　①978-4-344-42376-3
目次 Lisièreのお洋服, なまはげ披露宴, インド再び, Hot, Hotter, Hottest, ローマの夜, 間違えてもいい, 秋のトレッキング, ホメオパシー, 断食の巻, 立礼点前〔ほか〕

07412 うつくしい列島―地理学的名所紀行　池澤夏樹著　河出書房新社　2015.11　308p　20cm　1800円　①978-4-309-02425-7

07413 野生めぐり―列島神話の源流に触れる12の旅　石倉敏明文, 田附勝写真　京都　淡交社　2015.11　255p　19cm　2000円　①978-4-473-

04045-9

07414 あやしい探検隊 焚火酔虎伝　椎名誠著　山と溪谷社　2016.10　278p 図版16p　15cm　(ヤマケイ文庫)〈角川文庫 1998年刊の再編集, 単行本は1995年刊〉　700円　①978-4-635-04819-4

07415 再発！ それでもわたしは山に登る　田部井淳子著　文藝春秋　2016.12　223p　19cm　〈年譜あり〉　1400円　①978-4-16-390588-4

目次 予兆, 転移, ガンマナイフ治療, ソコトラ島最高峰ハジハル山, 新たな抗がん剤, 抗がん剤治療開始, 怖いもの知らずの女たちin長崎, エベレスト四十周年感謝の会, 夫と, ガンマナイフ治療終了, オマーン最高峰ジュベル・シャムス南峰, 独特の哲学を持つ先生, スマトラ島最高峰クリンチ山, 中国, 怖いもの知らずの女たちin佐渡, 最後の富士登山

07416 紀行とエッセーで読む 作家の山旅　山と溪谷社編　山と溪谷社　2017.3　357p　15cm　(ヤマケイ文庫)　930円　①978-4-635-04828-6

作品 富士に就いて〔太宰治〕　富士山(抄)〔小泉八雲〕　富士登山〔高浜虚子〕

07417 アーネスト・サトウの明治日本山岳記　アーネスト・メイスン・サトウ著, 庄田元男訳　講談社　2017.4　285p　15cm　(講談社学術文庫)〈「日本旅行日記」(平凡社 1992年刊)と「明治日本旅行案内」(平凡社 1996年刊)の改題、抜粋し新たに編集〉　980円　①978-4-06-292382-8

富士箱根伊豆国立公園

07418 東京を歩く　立松和平著, 黒古一夫編　勉誠出版　2006.4　343p　22cm　(立松和平日本を歩く 第7巻)　2600円　①4-585-01177-3

北陸地方

07419 日本漫遊記　種村季弘著　筑摩書房　1989.6　236p　19cm　1540円　①4-480-82267-4

07420 日本へんきょう紀行　岳真也著　廣済堂出版　1991.5　299p　15cm　(廣済堂文庫)　460円　①4-331-65099-5

07421 汽車旅十五題　種村直樹著　日本交通公社　1992.4　230p　19cm　1300円　①4-533-01899-8

07422 ぶらり全国乗り歩き　種村直樹著　中央書院　1994.9　221p　19cm　1500円　①4-924420-98-0

07423 温泉徘徊記　種村季弘著　河出書房新社　1999.2　385p　20cm　(種村季弘のネオ・ラビリントス 7)　4200円　①4-309-62007-8

07424 こだわりの鉄道ひとり旅　池田光雅著　光人社　2000.1　225p　19cm　1700円　①4-7698-0948-4

07425 鉄道全線三十年—車窓紀行 昭和・平成……乗った、撮った、また乗った!!　田中正恭著　心交社　2002.6　371p　19cm　1600円　①4-88302-741-4

07426 アタシはバイクで旅に出る。—お湯・酒・鉄馬三拍子紀行　2　国井律子著　枻出版社　2003.3　173p　15cm　(枻文庫)　600円　①4-87099-824-6

07427 日本の食材おいしい旅　向笠千恵子著　集英社　2003.7　250p　18cm　(集英社新書)　700円　①4-08-720202-X

07428 万葉の旅　下　改訂新版　犬養孝著　平凡社　2004.4　379p　16cm　(平凡社ライブラリー)〈社会思想社1964年刊の増訂　文献あり〉　1200円　①4-582-76494-0

目次 山陽, 四国, 九州, 山陰, 北陸, 万葉の終焉

07429 50歳からの歴史の旅—京都、鎌倉には、あえて行かない…　童門冬二著　青春出版社　2004.6　205p　18cm　(プレイブックスインテリジェンス)　700円　①4-413-04094-5

目次 1章 北国の町で出会う「志」(常世の国から雪深き北の地へ, 城なき城下町に生きる意気, 北陸で花開いた文化立国の魂), 2章 江戸を望む「情」(黄門を苦しめた街, 江戸の文化を担った上州気質), 3章 西の国にある「美」("あゆちの国"に吹く天下の風, 古代からの鐘の音渡る、神々の丘陵, 文学者が訪れた極楽浄土の街, 「孝」満つる理想郷にて), 4章 南国情緒に秘める「念」(「忠義」と「情」の生きる桜の国, 討幕資金をつくった海上王)

07430 鉄路の美学—名作が描く鉄道のある風景　原口隆行著　国書刊行会　2006.9　358p　20cm　2000円　①4-336-04786-3

07431 鉄道の旅　西日本編　真島満秀写真・文　小学館　2008.4　207p　27cm　2600円　①978-4-09-395502-7

07432 賀曽利隆の300日3000湯めぐり日本一周—6万5000キロのバイク旅　上巻　賀曽利隆著　昭文社　2008.9　286p　21cm　1600円　①978-4-398-21116-3

07433 七つの自転車の旅　白鳥和也著　平凡社　2008.11　301p　20cm　1600円　①978-4-582-83415-4

07434 一食一会—フードマインドをたずねて　向笠千恵子著　小学館　2008.12　253p　18cm　(小学館101新書)　740円　①978-4-09-825016-5

07435 週末夜汽車紀行　西村健太郎著　アルファポリス　2011.5　303p　15cm　(アルファポリス文庫)〈発売：星雲社　2010年刊の文庫化〉　620円　①978-4-434-15582-6

07436 鏡花紀行文集　泉鏡花著, 田中励儀編　岩波書店　2013.12　454p　15cm　(岩波文庫)〈底本：鏡花全集 第27巻・第28巻(1942年刊)〉　900円　①978-4-00-312719-3

作品 麻を刈る

07437 そこらじゅうにて—日本どこでも紀行　宮田珠己著　幻冬舎　2017.6　274p　16cm　(幻冬舎文庫)〈「日本全国もっと津々うりゃうりゃ」(廣済堂出版 2013年刊)の改題、修正〉　600円　①978-4-344-42618-4

北陸道

07438 良寛へ歩く　小林新一文・写真　二玄社　2002.12　173p　26cm　2800円　①4-544-02039-5

北陸本線

07439 車窓はテレビより面白い　宮脇俊三著　徳間書店　1992.8　254p　15cm　（徳間文庫）〈1989年刊の文庫化〉　460円　①4-19-597265-5

07440 史上最大の乗り継ぎ旅—吉岡海底（最深駅）発・野辺山（最高所駅）ゆき 7泊8日5300キロ、標高差1500メートル　種村直樹著　徳間書店　1992.11　238p　19cm　1300円　①4-19-555022-X

07441 遙かなる汽車旅　種村直樹著　日本交通公社出版事業局　1996.8　270p　19cm　1500円　①4-533-02531-5

07442 鉄道廃線跡の旅　宮脇俊三著　角川書店　2003.4　187p　15cm　（角川文庫）〈「七つの廃線跡」（JTB2001年刊）の改題〉　438円　①4-04-159810-9

07443 郷愁の鈍行列車　種村直樹著　和光　SiGnal　2005.9　235p　19cm　1143円　①4-902658-05-4

07444 汽車旅放浪記　関川夏央著　新潮社　2006.6　282p　20cm　1700円　①4-10-387603-4

07445 日本縦断「ローカル列車」を乗りこなす　種村直樹著　青春出版社　2006.6　205p　18cm　（青春新書インテリジェンス）　730円　①4-413-04147-X

07446 のんびり各駅停車　谷崎竜著　講談社　2009.6　229p　15cm　（講談社文庫）　857円　①978-4-06-276382-0

07447 鉄道旅へ行ってきます　酒井順子, 関川夏央, 原武史著　講談社　2010.12　229p　20cm　1600円　①978-4-06-216693-5

07448 ぞっこん鉄道今昔—昭和の鉄道撮影地への旅　櫻井寛写真・文　朝日新聞出版　2012.8　205p　21cm　2300円　①978-4-02-331112-1

穂高滝谷

07449 初登攀行　改版　松本龍雄著　中央公論新社　2002.7　332p　16cm　（中公文庫）　952円　①4-12-204061-2

穂高岳

07450 若き日の山　串田孫一著　集英社　1988.1　210p　15cm　（集英社文庫）　300円　①4-08-749294-X

07451 紀行文集 無明一杖　上甲平谷著　谷沢書房　1988.7　339p　19cm　2500円

07452 井上靖歴史紀行文集　第1巻　日本の旅　井上靖著　岩波書店　1992.1　23cm

07453 日本紀行　井上靖著　岩波書店　1993.12　252p　16cm　（同時代ライブラリー）　1000円　①4-00-260169-2
[作品] 穂高の月・ヒマラヤの月 ほか

07454 日本の名山　9　槍ヶ岳　串田孫一, 今井通子, 今福龍太編　博品社　1997.2　267p　19cm〈参考文献：p262〉　1648円　①4-938706-35-0
[作品] 感傷の槍・穂高縦走〔沢野ひとし〕　穂高岳より槍ヶ岳へ〔小島烏水〕
[目次] 槍ケ岳（加藤楸邨）, 槍ヶ嶽紀行（芥川龍之介）, 槍・穂高の地形と地質・岩石（柴田秀賢）, 鎗嶽（高頭式）, 槍ヶ岳（深田久弥）, 頂の憩い（大島亮吉）, 槍ケ岳（串田孫一）, 槍ヶ岳初登頂 第二回登山 仏像を安置す（穂苅三寿雄, 穂苅貞雄）, 幻の書—世に出る『天保鎗ケ嶽日記』草稿（杉本誠）, 槍ヶ岳開山 序章（新田次郎）, ガウランドの槍ヶ岳登山（山崎安治）, 北アルプス再訪 槍ヶ岳北鎌尾根の登攀（ウォルター・ウェストン）, 穂高岳より槍ヶ岳へ（小島烏水）, 槍ケ岳西の鎌尾根（窪田空穂）, 殺生小屋の一夜（大町桂月）, 槍ガ岳（長谷川如是閑）, 北鎌尾根 追憶（舟田三郎）, 蠍座 北鎌尾根抄（加藤泰三）, 小槍（佐藤久一朗）, 元旦槍岳に登る（黒田初子）, 風雪のビバーク抄（松濤明）, 天狗原圏谷を観る（田中薫）, 槍沢（西丸震哉）, わが槍に至る道のり（田中澄江）, 槍ケ岳から横尾まで（畦地梅太郎）, 槍ガ岳千丈沢紀行（安川茂雄）, 夏の記憶（三宅修）, 感傷の槍・穂高縦走（沢野ひとし）, 欲の道・喜作新道 第一話（山本茂実）, 槍ガ岳山荘の生活（穂苅貞雄）, チマ・エテルナ—峨々たるものの終わり（今福龍太）

07455 日本の名山　10　穂高岳　串田孫一, 今井通子, 今福龍太編　博品社　1997.5　268p　19cm〈年表あり 文献あり〉　1600円　①4-938706-38-5
[作品] ある単独行〔小田実〕　奥穂のテッペンから滑る 山ヤに対する抵抗運動〔三浦雄一郎〕　岩壁（かべ）〔尾崎一雄〕　「岳」の誘惑 滝谷から裏穂高の登攀〔藤木九三〕　北穂高小屋完成〔小山義治〕　慶大山岳部の前穂高北尾根〔佐藤久一朗〕　自分史の山〔今井通子〕　氷雪の屏風岩—ルンゼは怖れと迷いとためらいを越えて〔高田直樹〕　屏風岩登攀記 第五次攻撃・完登抄〔石岡繁雄〕　不思議な下降〔青柳健〕　穂高をめぐる氷河地形〔五百沢智也〕　穂高を攀じる〔長谷川恒男〕　穂高星夜〔書上喜太郎〕　穂高生活〔上田哲農〕　穂高嶽〔幸田露伴〕　穂高岳・槍ガ岳縦走記〔鵜殿正雄〕　穂高岳〔深田久弥〕　穂高岳のころ〔小西政継〕　穂高岳屏風岩〔小川登喜男〕　穂高の月〔井上靖〕　前穂高四峰正面岩壁〔芳野満彦〕

07456 想い遙かな山々　中西悟堂ほか著, 作品社編集部編　作品社　1998.4　245p　22cm　（新編・日本随筆紀行 大きな活字で読みやすい本—心にふるさとがある 1）〈付属資料：63p：著者紹介・出典一覧〉　①4-87893-806-4, 4-87893-807-2
[作品] 穂高の月〔井上靖〕

07457 槍ケ岳黎明—私の大正登山紀行　穂苅三寿雄著　松本　槍ケ岳山荘事務所　2004.11　230p　20cm〈山と渓谷社（発売）　年譜あり〉　1800円　①4-635-88591-7

07458 「新編」山紀行と随想　大島亮吉著, 大森久雄編　平凡社　2005.7　367p　16cm　（平凡社ライブラリー）　1400円　①4-582-76545-9

07459 屏風岩登攀記　石岡繁雄著　名古屋　あるむ　2007.6　436p　20cm　2300円　①978-4-901095-87-7

07460 五感で発見した「秘密の信州」　増村征夫著　講談社　2008.4　269p　19cm　1500円　①978-4-06-214573-2

07461 山の時間 沢野ひとし画と文 八王子 白山書房 2009.3 183p 15×20cm 2000円 ①978-4-89475-127-9

07462 初めての山へ六〇年後に 本多勝一著 山と溪谷社 2009.11 221p 22cm 2000円 ①978-4-635-33044-2

07463 晴れのち曇り 曇りのち晴れ 熊谷榧絵と文 八王子 白山書房 2010.2 296p 19cm (〔榧・画文集 0〕)〈皆美社1970年刊の再版 平凡社2001年刊あり〉 1900円 ①978-4-89475-139-2

07464 新編 単独行 加藤文太郎著 山と溪谷社 2010.11 349p 15cm (ヤマケイ文庫)〈年譜あり 2000年刊の文庫化〉 940円 ①978-4-635-04725-8

07465 むかしの山旅 今福龍太編 河出書房新社 2012.4 304p 15cm (河出文庫) 760円 ①978-4-309-41144-6
作品 日本高嶺の堂〔大町桂月〕 穂高岳槍ヶ岳縦走記〔鵜殿正雄〕 穂高星夜〔書上喜太郎〕 穂高岳屛風岩〔小川登喜男〕

07466 鈴木みきの山の足あと 鈴木みき著 山と溪谷社 2013.6 127p 21cm 1200円 ①978-4-635-33058-9

07467 マンボウ思い出の昆虫記―虫と山と信州と 北杜夫著 長野 信濃毎日新聞社 2013.7 180, 31p 20cm 1700円 ①978-4-7840-7210-1

07468 日本山岳紀行―ドイツ人が見た明治末の信州 W・シュタイニッツァー著, 安藤勉訳 長野 信濃毎日新聞社 2013.10 305p 19cm (信毎選書 5)〈1992年刊の改訂 文献あり〉 1400円 ①978-4-7840-7222-4

07469 小島烏水―山の風流使者伝 下 近藤信行著 平凡社 2014.10 385p 16cm (平凡社ライブラリー)〈創文社 1978年刊の増補〉 1700円 ①978-4-582-76819-0

07470 山の名作読み歩き―読んで味わう山の楽しみ 大森久雄編 山と溪谷社 2014.11 301p 18cm (ヤマケイ新書) 880円 ①978-4-635-51002-8
作品 涸沢の岩小舎を中心としての穂高連峰〈抄〉〔三田幸夫〕

07471 紀行とエッセーで読む 作家の山旅 山と溪谷社編 山と溪谷社 2017.3 357p 15cm (ヤマケイ文庫) 930円 ①978-4-635-04828-6
作品 雲にうそぶく槍穂高〔辻邦生〕 穂高岳〔幸田露伴〕

北国西街道

07472 明治十八年の旅は道連れ 塩谷和子著 源流社 2001.11 376p 20cm 1800円 ①4-7739-0105-5

神坂峠

07473 古道紀行 木曽路 小山和著 (大阪)保育社 1991.8 187p 19cm 1800円 ①4-586-61301-7

三俣蓮華岳

07474 日本アルプス縦走記 窪田空穂著 雁書館 1995.7 137p 19cm 1400円

南アルプス国立公園

07475 東京を歩く 立松和平著, 黒古一夫編 勉誠出版 2006.4 343p 22cm (立松和平日本を歩く 第7巻) 2600円 ①4-585-01177-3

南岳

07476 山々を滑る登る 熊谷榧絵と文 八王子 白山書房 2012.11 319p 19cm (〔榧・画文集 12〕) 1900円 ①978-4-89475-159-0

美濃街道

07477 街道をゆく 18 越前の諸道 新装版 司馬遼太郎著 朝日新聞出版 2008.12 292, 8p 15cm (朝日文庫) 620円 ①978-4-02-264464-0
目次 越前という国, 足羽川の山里, 薄野, 道元, 山中の宋僧, 宝慶寺の雲水, 寂円の画像, 越前勝山, 白山信仰の背後, 平泉寺の盛衰〔ほか〕

身延線

07478 鉄道の旅 西日本編 真島満秀写真・文 小学館 2008.4 207p 27cm 2600円 ①978-4-09-395502-7

07479 一両列車のゆるり旅 下川裕治, 中田浩資著 双葉社 2015.6 364p 15cm (双葉文庫) 694円 ①978-4-575-71436-4

妙法山

07480 山々を滑る登る 熊谷榧絵と文 八王子 白山書房 2012.11 319p 19cm (〔榧・画文集 12〕) 1900円 ①978-4-89475-159-0

名鉄「パノラマsuper」

07481 全国私鉄特急の旅 小川裕夫著 平凡社 2006.10 229p 18cm (平凡社新書) 840円 ①4-582-85343-9

焼岳

07482 日本アルプス登攀日記 W.ウェストン著, 三井嘉雄訳 平凡社 1995.2 318p 18cm (東洋文庫) 2781円 ①4-582-80586-8

07483 山の時間 沢野ひとし画と文 八王子 白山書房 2009.3 183p 15×20cm 2000円 ①978-4-89475-127-9

07484 むかしの山旅 今福龍太編 河出書房新社 2012.4 304p 15cm (河出文庫) 760円 ①978-4-309-41144-6
作品 日本高嶺の堂〔大町桂月〕

07485 山々を滑る登る 熊谷榧絵と文 八王子 白山書房 2012.11 319p 19cm (〔榧・画文集 12〕) 1900円 ①978-4-89475-159-0

07486 紀行とエッセーで読む 作家の山旅 山と溪谷社編 山と溪谷社 2017.3 357p 15cm (ヤマケイ文庫) 930円 ①978-4-635-04828-6
作品 或る旅と絵葉書(抄)〔若山牧水〕

夜行快速「ムーンライト信州」

07487 去りゆく星空の夜行列車　小牟田哲彦著　草思社　2015.2　294p　16cm　（草思社文庫）〈扶桑社 2009年刊の再刊〉　850円　①978-4-7942-2105-6

夜行快速「ムーンライトながら」

07488 追憶の夜行列車　種村直樹著　和光　SiGnal　2005.2　237p　19cm　1143円　①4-902658-04-6

07489 週末夜汽車紀行　西村健太郎著　アルファポリス　2011.5　303p　15cm　（アルファポリス文庫）〈発売：星雲社　2010年刊の文庫化〉　620円　①978-4-434-15582-6

07490 去りゆく星空の夜行列車　小牟田哲彦著　草思社　2015.2　294p　16cm　（草思社文庫）〈扶桑社 2009年刊の再刊〉　850円　①978-4-7942-2105-6

夜行急行「越前」

07491 鉄道を書く　種村直樹著　中央書院　2003.8　318p　20cm　（種村直樹自選作品集6（1980-1983））〈シリーズ責任表示：種村直樹著〉　2500円　①4-88732-134-1

(目次) 巻頭紀行―四国・九州ローカル線めぐり，ルポ、乗り歩き紀行（廃止線は生きている，晩秋に散るか福井夜行 "越前 "，能登内浦気まぐれ散歩 ほか），レビュー、解説（"ローカル線"断章，レールウェイ・レビュー，旅のメモから），エッセイ、コラム（出世列車，鈍行乗り継ぎの旅，のんびり旅行のすすめ ほか）

夜行急行「きたぐに」

07492 去りゆく星空の夜行列車　小牟田哲彦著　草思社　2015.2　294p　16cm　（草思社文庫）〈扶桑社 2009年刊の再刊〉　850円　①978-4-7942-2105-6

07493 追憶の夜行列車　2　さよなら〈銀河〉　種村直樹著　和光　SiGnal　2008.12　233p　19cm　1300円　①978-4-902658-11-8

夜行急行「能登」

07494 週末夜汽車紀行　西村健太郎著　アルファポリス　2011.5　303p　15cm　（アルファポリス文庫）〈発売：星雲社　2010年刊の文庫化〉　620円　①978-4-434-15582-6

07495 追憶の夜行列車　種村直樹著　和光　SiGnal　2005.2　237p　19cm　1143円　①4-902658-04-6

07496 去りゆく星空の夜行列車　小牟田哲彦著　草思社　2015.2　294p　16cm　（草思社文庫）〈扶桑社 2009年刊の再刊〉　850円　①978-4-7942-2105-6

夜行普通列車「大垣夜行」

07497 追憶の夜行列車　種村直樹著　和光　SiGnal　2005.2　237p　19cm　1143円　①4-902658-04-6

八ヶ岳

07498 紀行文集 無明一杖　上甲平谷著　谷沢書房　1988.7　339p　19cm　2500円

07499 いで湯の山旅―特選紀行　美坂哲男著，新妻喜永写真　山と渓谷社　1993.9　138p　25×19cm　2300円　①4-635-28026-8

07500 日本の名山　12　八ヶ岳　串田孫一，今井通子，今福龍太編　博品社　1997.6　269p　19cm〈文献あり〉　1600円　①4-938706-39-3

[作品] ざっこん沢〔立岡洋二〕　夏山と虫の話〔西丸震哉〕　感激の八ガ岳〔長谷川恒男〕　随想〔青柳健〕　旋律の聞こえる山〔串田孫一〕　八ガ岳に追いかえされる〔梅崎春生〕　八ガ岳紀行〔上田哲農〕　八ガ岳紀行〔中川一政〕　八ガ岳登山記〔亀井勝一郎〕　八ヶ岳〔宮本袈裟雄〕　八ヶ岳〔五百沢智也〕　八ヶ岳〔深田久弥〕　八ヶ岳〔武田久吉〕　八ヶ岳にツクモ草を見に行こう〔みなみらんぼう〕　八ヶ岳の黒百合〔小島烏水〕　立科山の一日〔河田楨〕　蓼滝沢〔松濤明〕

07501 山に親しむ　川端康成ほか著，作品社編集部編　作品社　1998.4　246p　22cm　（新編・日本随筆紀行 大きな活字で読みやすい本―心にふるさとがある 2）　①4-87893-808-0, 4-87893-807-2

[作品] 八ケ岳の見える旅〔串田孫一〕

07502 森の暮らし、森からの旅―八ヶ岳山麓だより　加藤則芳著　平凡社　2002.7　189p　20cm　1400円　①4-582-83114-1

(目次) 春（ぼくの住処は、町のはずれのはずれ、人里離れた森のなかです。，春は水辺からやってきたのかもしれません。 ほか），夏（このちいさな森にはシカが棲んでいます。，おおきなガラス窓は、季節を映す額縁です。 ほか），秋（秋は八ヶ岳の山頂にはじまり、一気に山麓を駆け下ってきます。，自然のなかの生活は、自然のご機嫌次第です。 ほか），冬（ぼくは時々、夜の森に耳を傾けます。，スキー場で土砂降りの雨なんて…。 ほか）

07503 犬連れバックパッカー　斉藤政喜著　新潮社　2004.7　316p　16cm　（新潮文庫）〈小学館1998年刊の増補〉　514円　①4-10-100421-8

07504 闇を歩く　中野純著　光文社　2006.6　302p　16cm　（知恵の森文庫）〈アスペクト2001年刊の増訂〉　667円　①4-334-78431-3

07505 行き暮れて、山。　正津勉著　アーツアンドクラフツ　2006.6　203p　19cm　1900円　①4-901592-33-5

07506 北八ッ彷徨―随想八ヶ岳　山口耀久著　平凡社　2008.3　284p　16cm　（平凡社ライブラリー）〈肖像あり〉　1300円　①978-4-582-76637-0

07507 五感で発見した「秘密の信州」　増村征夫著　講談社　2008.4　269p　19cm　1500円　①978-4-06-214573-2

07508 八ヶ岳挽歌―続・随想八ヶ岳　山口耀久著　平凡社　2008.9　402p　16cm　（平凡社ライブラリー）〈2001年刊の単行本あり〉　1500円　①978-4-582-76650-9

(目次) 八ヶ岳八景，赤岳鉱泉，三里ヶ原，三ッ滝ルンゼ，野辺山だより，春の森，夜の森，しらびそ小屋，大河原峠，水の道，トキンをめぐる，続・北八ッ日記，八ヶ岳挽歌

07509 山の時間 沢野ひとし画と文 八王子 白山書房 2009.3 183p 15×20cm 2000円 ①978-4-89475-127-9

07510 新編 単独行 加藤文太郎著 山と溪谷社 2010.11 349p 15cm (ヤマケイ文庫) 〈年譜あり 2000年刊の文庫化〉 940円 ①978-4-635-04725-8

07511 山なんて嫌いだった 市毛良枝著 山と溪谷社 2012.2 286p 15cm (ヤマケイ文庫) 880円 ①978-4-635-04739-5

07512 むかしの山旅 今福龍太編 河出書房新社 2012.4 304p 15cm (河出文庫) 760円 ①978-4-309-41144-6
作品 八ヶ岳の黒百合〔小島烏水〕

07513 シェルパ斉藤の八ケ岳生活 斉藤政喜著 地球丸 2012.10 175p 21cm 1500円 ①978-4-86067-366-6
目次 バックパッカー的八ヶ岳生活, 暮らしのこと "ペット編", ログハウスを建てた!, 暮らしのこと "人&乗り物編", つくり続ける庭の建物, 暮らしのこと "仕事編"

07514 ぼくは旅にでた―または、行きてかえりし物語 増補・新装版 杉山亮著 径書房 2013.5 237p 19cm〈1993年刊の増補・新装版〉 1500円 ①978-4-7705-0215-5

07515 黒田知永子 大人のための小さな旅―日本のいいとこ見つけた 黒田知永子著 集英社 2014.9 159p 21cm 1600円 ①978-4-08-780732-5

07516 あやしい探検隊 焚火酔虎伝 椎名誠著 山と溪谷社 2016.10 278p 図版16p 15cm (ヤマケイ文庫)〈角川文庫 1998年刊の再編集, 単行本は1995年刊〉 700円 ①978-4-635-04819-4

07517 紀行とエッセーで読む 作家の山旅 山と溪谷社編 山と溪谷社 2017.3 357p 15cm (ヤマケイ文庫) 930円 ①978-4-635-04828-6
作品 八ガ岳に追いかえされる〔梅崎春生〕 八ガ岳登山記〔亀井勝一郎〕

槍ヶ岳

07518 紀行文集 無明一杖 上甲平谷著 谷沢書房 1988.7 339p 19cm 2500円
作品 山から下りて

07519 芥川龍之介全集 8 紀行・日記・詩歌ほか 芥川龍之介著 筑摩書房 1989.8 566p 15cm (ちくま文庫) 740円 ①4-480-02335-6

07520 新編 山と溪谷 田部重治著, 近藤信行編 岩波書店 1993.8 323p 15cm (岩波文庫) 570円 ①4-00-311421-3

07521 日本アルプス登攀日記 W.ウェストン著, 三井嘉雄訳 平凡社 1995.2 318p 18cm (東洋文庫) 2781円 ①4-582-80586-8

07522 日本アルプス縦走記 窪田空穂著 雁書館 1995.7 137p 19cm 1400円

07523 日本の名山 9 槍ヶ岳 串田孫一, 今井通子, 今福龍太編 博品社 1997.2 267p 19cm〈参考文献:p262〉 1648円 ①4-938706-35-0
作品 わが槍に至る道のり〔田中澄江〕 夏の記憶〔三宅修〕 峨々たるものの終わり〔今福龍太〕 感傷の槍・穂高縦走〔沢野ひとし〕 元旦槍岳に登る 昭和六年〔黒田初子〕 殺生小屋の一夜〔大町桂月〕 小槍〔佐藤久一朗〕 槍ガ岳〔長谷川如是閑〕 槍ガ岳山荘の生活〔穂苅貞雄〕 槍ガ岳千丈沢紀行〔安川茂雄〕 槍ケ岳〔加藤楸邨〕 槍ケ岳〔串田孫一〕 槍ケ岳から横尾まで〔畦地梅太郎〕 槍ケ岳西の鎌尾根〔窪田空穂〕 槍ヶ岳〔深田久弥〕 槍ヶ岳初登頂 第二回登山仏像を安置す〔穂苅三寿雄, 穂苅貞雄〕 槍ヶ嶽紀行〔芥川龍之介〕 槍沢〔西丸震哉〕 頂の憩い〔大島亮吉〕 天狗原圏谷を観る〔田中薫〕 風雪のビバーク 抄〔松濤明〕 穂高岳より槍ヶ岳へ〔小島烏水〕 北アルプス再訪 槍ヶ岳北鎌尾根の登攀〔ウォルター・ウェストン〕 北鎌尾根 追憶〔舟田三郎〕 蠍座 北鎌尾根 抄〔加藤泰三〕

07524 日本の名山 10 穂高岳 串田孫一, 今井通子, 今福龍太編 博品社 1997.5 268p 19cm〈年表あり 文献あり〉 1600円 ①4-938706-38-5
作品 槍ヶ岳より西穂高へ〔黒田初子〕 穂高岳・槍ガ岳縦走記〔鵜殿正雄〕

07525 ごちそう山 谷村志穂, 飛田和緒著 集英社 2003.1 211p 16cm (集英社文庫) 619円 ①4-08-747534-4

07526 山の旅 大正・昭和篇 近藤信行編 岩波書店 2003.11 457p 15cm (岩波文庫) 700円 ①4-00-311701-8

07527 槍ケ岳黎明―私の大正登山紀行 穂苅三寿雄著 松本 槍ケ岳山荘事務所 2004.11 230p 20cm〈山と溪谷社(発売) 年譜あり〉 1800円 ①4-635-88591-7

07528 「新編」山紀行と随想 大島亮吉著, 大森久雄編 平凡社 2005.7 367p 16cm (平凡社ライブラリー) 1400円 ①4-582-76545-9

07529 五感で発見した「秘密の信州」 増村征夫著 講談社 2008.4 269p 19cm 1500円 ①978-4-06-214573-2

07530 山の時間 沢野ひとし画と文 八王子 白山書房 2009.3 183p 15×20cm 2000円 ①978-4-89475-127-9

07531 日本アルプス―山岳紀行文集 小島烏水著, 近藤信行編 岩波書店 2009.6 444p 15cm (岩波文庫) 900円 ①4-00-311351-9
作品 鎗ケ岳探険記

07532 百霊峰巡礼 第3集 立松和平著 東京新聞出版部 2010.8 307p 20cm〈第2集までの出版者:東京新聞出版局〉 1800円 ①978-4-8083-0933-6

07533 新編 単独行 加藤文太郎著 山と溪谷社 2010.11 349p 15cm (ヤマケイ文庫) 〈年譜あり 2000年刊の文庫化〉 940円 ①978-4-635-04725-8

07534 山なんて嫌いだった 市毛良枝著 山と溪谷社 2012.2 286p 15cm (ヤマケイ文庫)

880円 ①978-4-635-04739-5

07535 むかしの山旅 今福龍太編 河出書房新社 2012.4 304p 15cm (河出文庫) 760円 ①978-4-309-41144-6
作品 槍ケ嶽紀行〔芥川龍之介〕 頂の憩い〔大島亮吉〕 日本高嶺の堂〔大町桂月〕 穂高岳槍ヶ岳縦走記〔鵜殿正雄〕

07536 山々を滑る登る 熊谷榧絵と文 八王子 白山書房 2012.11 319p 19cm (〔榧・画文集 12〕) 1900円 ①978-4-89475-159-0

07537 鈴木みきの山の足あと 鈴木みき著 山と溪谷社 2013.6 127p 21cm 1200円 ①978-4-635-33058-9

07538 日本山岳紀行―ドイツ人が見た明治末の信州 W・シュタイニッツァー著, 安藤勉訳 長野 信濃毎日新聞社 2013.10 305p 19cm (信毎選書 5)〈1992年刊の改訂 文献あり〉 1400円 ①978-4-7840-7222-4

07539 小島烏水―山の風流使者伝 下 近藤信行著 平凡社 2014.10 385p 16cm (平凡社ライブラリー)〈創文社 1978年刊の増補〉 1700円 ①978-4-582-76819-0

07540 山の名作読み歩き―読んで味わう山の楽しみ 大森久雄編 山と溪谷社 2014.11 301p 18cm (ヤマケイ新書) 880円 ①978-4-635-51002-8
作品 高瀬入り〈抄〉〔辻村伊助〕

07541 紀行とエッセーで読む 作家の山旅 山と溪谷社編 山と溪谷社 2017.3 357p 15cm (ヤマケイ文庫) 930円 ①978-4-635-04828-6
作品 雲にうそぶく槍穂高〔辻邦生〕 槍ヶ岳に登った記〔芥川龍之介〕

07542 芥川竜之介紀行文集 芥川竜之介著, 山田俊治編 岩波書店 2017.8 394p 15cm (岩波文庫) 850円 ①978-4-00-360030-6
目次 1(松江印象記, 軍艦金剛航海記, 京都日記, 槍ケ岳紀行, 長崎, 長崎小品, 長崎日録, 軽井沢日記, 軽井沢で), 2(上海游記, 江南游記, 長江游記, 北京日記抄, 雑信一束)

雪倉岳

07543 日本の名山 6 白馬岳 串田孫一, 今井通子, 今福龍太編 博品社 1997.7 258p 19cm〈年表あり 文献あり〉 1600円 ①4-938706-40-7
作品 雪倉岳〔本多勝一〕

若彦路

07544 定本 七つの街道 井伏鱒二著 永田書房 1990.2

鷲羽岳

07545 新編 単独行 加藤文太郎著 山と溪谷社 2010.11 349p 15cm (ヤマケイ文庫)〈年譜あり 2000年刊の文庫化〉 940円 ①978-4-635-04725-8
作品 兵庫槍―大天井―鷲羽登山

新潟県

07546 線路のない時刻表 宮脇俊三著 新潮社 1989.4 204p 15cm (新潮文庫) 280円 ①4-10-126807-X
作品 白き湖底の町にて 北越北線

07547 芥川龍之介全集 8 紀行・日記・詩歌ほか 芥川龍之介著 筑摩書房 1989.8 566p 15cm (ちくま文庫) 740円 ①4-480-02335-6

07548 のんびり行こうぜ―こぎおろしエッセイ 野田知佑著 新潮社 1990.2 253p 15cm (新潮文庫) 360円 ①4-1-0141003-8

07549 詩人の旅 田村隆一著 中央公論社 1991.9 216p 15cm (中公文庫) 420円 ①4-12-201836-6

07550 第二阿房列車 内田百閒著 福武書店 1991.11 197p 15cm (福武文庫) 500円 ①4-8288-3224-6

07551 駅前温泉汽車の旅 PART2 関東・甲信越・東北・北海道篇 種村直樹著 徳間書店 1993.10 240p 19cm 1300円 ①4-19-860008-2

07552 風のオデッセイ―本州沿岸ぐるり徒歩の旅 榛谷泰明著 光雲社, 星雲社〔発売〕 1994.2 192p 19cm 1600円 ①4-7952-7313-8

07553 父と子の長い旅 原将人著 フィルムアート社 1994.11 253p 19cm 1854円 ①4-8459-9436-4

07554 地図あるきの旅 今尾恵介著 朝日ソノラマ 1996.5 194p 21cm 1600円 ①4-257-03483-1

07555 バス旅 春夏秋冬 種村直樹著 中央書院 1997.3 285p 19cm 1700円 ①4-88732-031-0

07556 旅の虫 ジャン・フランソワ・ゲリー著 新潟 新潟日報事業社 2000.6 239p 19cm 1800円 ①4-88862-814-9
目次 ジャラン・ジャラン新潟, ニューヨーク, ロシアン・グラフィティ, インド・インドネシア, 旅の虫に刺されて, J.F.ゲリーのチャリンコ・ジャパン, 人間・女・私

07557 鉄道全線三十年―車窓紀行 昭和・平成……乗った、撮った、また乗った!! 田中正恭著 心交社 2002.6 371p 19cm 1600円 ①4-88302-741-4

07558 バード日本紀行 I.L.バード著, 楠家重敏, 橋本かほる, 宮崎路子訳 雄松堂出版 2002.8 376, 11p 図版12枚 23cm (新異国叢書 第3輯 3) 5500円 ①4-8419-0295-3

07559 「和」の旅、ひとり旅 岸本葉子著 小学館 2002.8 217p 15cm (小学館文庫) 476円 ①4-09-402472-7

07560 超秘湯に入ろう! 坂本衛著 筑摩書房 2003.4 344p 15cm (ちくま文庫)〈「超

秘湯!!」(山海堂1997年刊)の改題〉 780円 ①4-480-03827-2

07561 サンダル履き週末旅行 寺井融文, 郡山貴三写真 竹内書店新社 2003.5 206p 19cm〈雄山閣(発売)〉 1800円 ①4-8035-0348-6

07562 文学の風景をゆく―カメラ紀行 小松健一著 PHP研究所 2003.6 238p 18cm (PHPエル新書) 950円 ①4-569-62977-6

07563 ものがたり風土記 阿刀田高著 集英社 2003.8 388p 16cm (集英社文庫)〈文献あり 著作目録あり 2000年刊の文庫化〉 667円 ①4-08-747604-9

07564 泣いてくれるなほろほろ鳥よ 小沢昭一著 晶文社 2003.11 381p 20cm (小沢昭一百景 随筆随談選集 1)〈シリーズ責任表示:小沢昭一著〉 2400円 ①4-7949-1791-0

07565 誰も行けない温泉 前人未(湯) 大原利雄著 小学館 2004.1 169p 15cm (小学館文庫) 733円 ①4-09-411526-9

07566 美味放浪記 檀一雄著 中央公論新社 2004.4 363p 15cm (中公文庫BIBLIO) 895円 ①4-12-204356-5

07567 にっぽん鉄道旅行の魅力 野田隆著 平凡社 2004.5 193p 18cm (平凡社新書) 780円 ①4-582-85227-0

07568 樹木街道を歩く―縄文杉への道 縄文剣著 碧天舎 2004.8 187p 19cm 1000円 ①4-88346-785-6

07569 バスで田舎へ行く 泉麻人著 筑摩書房 2005.5 296p 15cm (ちくま文庫)〈「バスで、田舎へ行く」(JTB 2001年刊)の改題〉 740円 ①4-480-42079-7

07570 日本の霊性―越後・佐渡を歩く 梅原猛著 新潮社 2007.9 298p 16cm (新潮文庫)〈文献あり〉 667円 ①978-4-10-124412-9

[目次] 霊性の国―越後・佐渡へ, 奴奈川姫とヒスイ文化, 縄文人が残した寺地遺跡, 戦国武将・謙信の霊性, 独自の教説を創出した親鸞, 悲劇的な安寿・厨子王伝説, 近代日本画家を代表する小林古径, 独特の文化を形成した佐渡, 日蓮思想を完成させた二書, 孤絶を貫く良寛の生涯, 白隠は臨済禅の革命者, 近現代のすぐれた宗教家たち, すぐれた文学者を輩出, 悲劇的な政治家と軍人, 爆発する火焰土器, 私と川端康成

07571 ローカル線五感で楽しむおいしい旅―スローな時間を求めて 金久保茂樹著 グラフ社 2008.1 237p 19cm 1143円 ①978-4-7662-1113-9

07572 「寅さん」が愛した汽車旅 南正時著 講談社 2008.4 199p 18cm (講談社+α新書) 800円 ①978-4-06-272494-4

07573 賀曽利隆の300日3000湯めぐり日本一周―6万5000キロのバイク旅 下巻 賀曽利隆著 昭文社 2008.9 286p 21cm 1600円 ①978-4-398-21117-0

07574 極めよ、ソフテツ道!―素顔になれる鉄道旅 村井美樹著 小学館 2012.8 186p 19cm (IKKI BOOKS) 1400円 ①978-4-09-359208-6

07575 わしらは怪しい雑魚釣り隊 マグロなんかが釣れちゃった篇 椎名誠著 新潮社 2012.12 321p 16cm (新潮文庫) 550円 ①978-4-10-144837-4

07576 麹巡礼―おいしい麹と出会う9つの旅 おのみさ著 集英社 2013.4 125p 19cm 1300円 ①978-4-08-771509-5

07577 ぼくらは怪談巡礼団 加門七海, 東雅夫著 KADOKAWA 2014.6 301p 19cm (〔幽BOOKS〕) 1400円 ①978-4-04-066760-7

07578 鉄道フリーきっぷ達人の旅ワザ 所澤秀樹著 光文社 2014.7 268p 18cm (光文社新書) 800円 ①978-4-334-03809-0

07579 唄めぐり 石田千著 新潮社 2015.4 401p 20cm〈文献あり〉 2300円 ①978-4-10-303453-7

07580 逃北―つかれたときは北へ逃げます 能町みね子著 文藝春秋 2016.10 274p 16cm (文春文庫)〈2013年刊の文庫化〉 650円 ①978-4-16-790716-7

07581 旅は道づれ雪月花 高峰秀子, 松山善三著 中央公論新社 2016.11 306p 16cm (中公文庫)〈ハースト婦人画報社 2012年刊の再刊〉 760円 ①978-4-12-206315-0

07582 またたび 菊池亜希子著 宝島社 2016.12 190p 19×19cm 1400円 ①978-4-8002-5815-1

07583 アーネスト・サトウの明治日本山岳記 アーネスト・メイスン・サトウ著, 庄田元男訳 講談社 2017.4 285p 15cm (講談社学術文庫)〈「日本旅行日記」(平凡社 1992年刊)と「明治日本旅行案内」(平凡社 1996年刊)の改題、抜粋し新たに編集〉 980円 ①978-4-06-292382-8

相川

07584 旅を喰う―鎌田慧エッセイ集 鎌田慧著 晶文社 1989.11 301p 19cm 1600円 ①4-7949-5858-7

[作品] トンネルのむこう

07585 みだれ籠―旅の手帖 津村節子著 文芸春秋 1989.11 285p 15cm (文春文庫) 400円 ①4-16-726507-9

07586 日本列島を往く 2 地下王国の輝き 鎌田慧著 岩波書店 2000.4 283p 15cm (岩波現代文庫) 900円 ①4-00-603011-8

07587 街道をゆく 10 羽州街道、佐渡のみち 新装版 司馬遼太郎著 朝日新聞出版 2008.10 260, 8p 15cm (朝日文庫) 560円 ①978-4-02-264455-8

07588 回り灯籠 吉村昭著 筑摩書房 2009.11 231p 15cm (ちくま文庫) 660円 ①978-4-480-42655-0

[作品] 妻と佐渡

赤倉温泉

07589 旅は道づれ湯はなさけ 辻真先著 徳間書店 1989.5 348p 15cm (徳間文庫) 580

円 ①4-19-568760-8

07590 日本温泉めぐり 田山花袋著 角川春樹事務所 1997.11 324p 16cm (ランティエ叢書 8)〈「温泉めぐり」(博文館1991年刊)の改題〉 1000円 ①4-89456-087-9

07591 誰も行けない温泉 前人未(湯) 大原利雄著 小学館 2004.1 169p 15cm (小学館文庫) 733円 ①4-09-411526-9

07592 温泉めぐり 田山花袋著 岩波書店 2007.6 379p 15cm (岩波文庫) 800円 ①978-4-00-310217-6

07593 近松秋江全集 第7巻 オンデマンド版 近松秋江著, 紅野敏郎, 和田謹吾, 中尾務, 遠藤英雄, 田沢基久, 笹瀬王子編集委員 八木書店古書出版部 2014.2 502, 34p 21cm〈初版:八木書店 1993年刊 印刷・製本:デジタルパブリッシングサービス 発売:八木書店〉 12000円 ①978-4-8406-3492-2

作品 北陸紀行

阿賀野川

07594 日本の川を歩く—川のプロが厳選した心ときめかす全国25の名川紀行 大塚高雄著 家の光協会 2004.9 207p 21cm 2500円 ①4-259-54658-9

赤湯温泉

07595 雲は旅人のように—湯の花紀行 池内紀著, 田淵裕一写真 日本交通公社出版事業局 1995.5 284p 19cm 1600円 ①4-533-02163-8

作品 苗場山越え

浅草岳

07596 渓をわたる風 高桑信一著 平凡社 2004.6 269p 20cm 2000円 ①4-582-83224-5

朝日岳

07597 日本の名山 6 白馬岳 串田孫一, 今井通子, 今福龍太編 博品社 1997.7 258p 19cm〈年表あり 文献あり〉 1600円 ①4-938706-40-7

作品 朝日岳〔木暮理太郎〕 朝日岳より白馬岳を経て針木峠に至る〔田部重治〕

07598 「新編」山紀行と随想 大島亮吉著, 大森久雄編 平凡社 2005.7 367p 16cm (平凡社ライブラリー) 1400円 ①4-582-76545-9

朝日連峰

07599 日本の森を歩く 池内紀文, 柳木昭信写真 山と渓谷社 2001.6 277p 22cm 1800円 ①4-635-28047-0

07600 森の旅 森の人—北海道から沖縄まで日本の森林を旅する 軽装版 稲本正文, 姉崎一馬写真 世界文化社 2005.11 271p 21cm (ほたるの本)〈1994年刊行版に一部修正を加え軽装版にしたもの 1990年刊あり〉 1800円 ①4-418-05518-5

熱串彦神社

07601 街道をゆく 10 羽州街道、佐渡のみち 新装版 司馬遼太郎著 朝日新聞出版 2008.10 260, 8p 15cm (朝日文庫) 560円 ①978-4-02-264455-8

荒川温泉郷

07602 いで湯浴泉記 大石真人著 新ハイキング社 1990.12 316p 19cm (新ハイキング選書 第11巻) 1700円 ①4-915184-12-9

粟ヶ岳

07603 山へ—原始の香り求めて 大内尚樹著 八王子 白山書房 2001.3 236p 19cm 1600円 ①4-89475-047-3

粟島

07604 あやしい探検隊 北へ 椎名誠著 角川書店 1992.7 334p 15cm (角川文庫) 520円 ①4-04-151007-4

目次 なぜかはわからぬが戦いの夜明けがきた!, 必死の為替男、あかつきの脱走, 火吹きの長谷川とバカデカフライパン, 隙眼車掌のミステリー・トレイン, 粟島ドラゴン夜半の凶器攻撃, 極辛海域午前11時の逆襲, 南国ツバメ島へひたすら逃げる, マニラは今日もラー油だった, あぁもうダメ…とシャコ貝は言った, さすらいのベタ足北帰行〔ほか〕

07605 日本すみずみ紀行 川本三郎著 社会思想社 1997.9 258p 15cm (現代教養文庫)〈文元社2004年刊(1998年刊(2刷)を原本としたOD版)あり〉 640円 ①4-390-11613-4

07606 竿をかついで日本を歩く—探検・発見・仰天の釣りルポルタージュ かくまつとむ著 小学館 1998.5 19cm (Be-pal books)

07607 風のかなたのひみつ島 椎名誠著, 垂見健吾写真 新潮社 2005.6 253p 16cm (新潮文庫)〈2002年刊の文庫化〉 514円 ①4-10-144827-2

07608 遠藤ケイの島旅日和 遠藤ケイ著 千早書房 2009.8 124p 21cm〈索引あり〉 1600円 ①978-4-88492-439-3

07609 鍋釜天幕団フライパン戦記—あやしい探検隊青春篇 椎名誠編 KADOKAWA 2015.1 229p 15cm (角川文庫)〈本の雑誌社 1996年刊の加筆修正〉 480円 ①978-4-04-102322-8

07610 鍋釜天幕団ジープ焚き火旅—あやしい探検隊さすらい篇 椎名誠編 KADOKAWA 2015.2 187p 15cm (角川文庫)〈本の雑誌社 1999年刊の加筆修正〉 440円 ①978-4-04-102321-1

07611 新編 日本の旅あちこち 木山捷平著 講談社 2015.4 304p 16cm (講談社文芸文庫)〈著作目録あり 年譜あり〉 1600円 ①978-4-06-290268-7

作品 日本海の孤島・粟島—新潟

飯豊山

07612 日本の森を歩く 池内紀文, 柳木昭信写真 山と渓谷社 2001.6 277p 22cm 1800円

①4-635-28047-0

池の平温泉

07613 温泉百話―西の旅　種村季弘, 池内紀編　筑摩書房　1988.2　471p　15cm　(ちくま文庫)　680円　①4-480-02201-5

作品 続山峡小記〔斎藤茂吉〕

目次 豊臣秀吉と淀君(野村吉哉), 1 九州―湯船の歌〈指宿〉(島尾敏雄), 西郷ドンは温泉がお好き〈栗野岳・新湯〉(玉村豊男), "寒の地獄"冷水浴体験記(田中小実昌), 五足の靴 抄〈垂玉・椽の木〉, 水郷日田〈天瀬〉(田山花袋), 日田・南阿蘇の旅〈日田・垂玉・地獄〉(種村季弘), 壁湯岳の湯ひとり旅〈壁湯〉(川本三郎), 九重山麓湯巡り宿巡り〈湯の平・筋湯・筌の口・湯坪・川底〉(安西水丸), 朝霧と蛍の宿〈由布院〉(永井龍男), 別府・紀行〈別府〉(吉行淳之介), 哀史を秘める柴石温泉〈柴石〉(渡辺喜恵子), 子どもの目をたどってもう一度地獄めぐり〈別府〉(尾辻克彦), 雪の夜〈別府〉(織田作之助), 2 中国・四国―道後温泉の夜〈道後〉(吉行淳之介), 奥津温泉雪見酒〈奥津〉(田村隆一), 温泉津〈温泉津〉(池内紀), 老女が語る池田ラジウム鉱泉史〈池田〉(渡辺喜恵子), 山陰の温泉二つの顔〈三朝・玉造〉(城山三郎), 山陰土産抄〈城崎・三朝〉(島崎藤村), 皆生温泉の巫女ヌード〈皆生〉(野坂昭如), 3 関西―ふるさと城崎温泉〈城崎〉(植村直己), 城崎温泉(「山陰の風景」より)〈城崎〉(木下利玄), 城崎温泉の七日〈城崎〉(大町桂月), 釣銭の中に1万円札が入ってた〈城崎・湯村〉(田中小実昌), 出石城崎〈城崎〉(木山捷平), 湯女(「風呂屋の女」より)〈有馬〉(足立直郎), 但馬衆寄れば牛と唄〈湯村〉(野坂昭如), 有久寺温泉〈有久寺〉(池内紀), 熊野路、湯の峯まで〈湯の峯〉(中里恒子), 日高川にひそむ竜神温泉〈竜神〉(有吉佐和子), 南紀・有田温泉の空中浴場〈有田〉(田辺聖子), 4 北陸・信州―奥穂高温泉・新平湯温泉〈奥穂高・新平湯〉(殿山泰司), 観光旅行の季節〈片山津〉(杉浦明平), 天谷温泉は実在したか〈天谷〉(種村季弘), 湯涌白雲楼のヤマボウシ〈湯涌〉(山口瞳), 湯の匂い(「温泉」より)〈山中・山代・片山津〉(高田宏), 山中温泉〈山中〉(松川二郎), 北陸温泉郷・芸者問答〈山中・芦原〉(吉行淳之介), 豊年虫〈戸倉・上山田〉(志賀直哉), 信濃日記(抄)〈上山田・別所〉(有島武郎), 山の温泉〈田沢〉(島崎藤村), みちの記〈山田〉(森鷗外), 続山峡小記〈上林・発哺・妙高・池の平〉(斎藤茂吉), 八ヶ岳不登記抄〈滝・渋〉(中里介山), 七つの蓮華と幽霊の画〈岡部〉(正岡容), 温泉建築ウォッチング〈道後・武雄・熱海・雲仙・上諏訪〉(藤森照信), 編者あとがき 冬の朝、お湯に死す(池内紀)

出雲崎町

07614 ら・ら・ら「奥の細道」　黛まどか著　光文社　1998.3　221p　20cm　1600円　①4-334-97168-7

07615 良寛へ歩く　小林新一文・写真　二玄社　2002.12　173p　26cm　2800円　①4-544-02039-5

07616 良寛を歩く 一休を歩く　水上勉著　日本放送出版協会　2004.4　317p　16cm　(NHKライブラリー)〈「良寛を歩く」(1986年刊)と「一休を歩く」(1988年刊)の改題、合本〉　970円　①4-14-084182-6

作品 良寛を歩く

07617 渚の旅人　1　かもめの熱い吐息　森沢明夫著　東京地図出版　2008.12　412p　19cm　1450円　①978-4-8085-8531-0

07618 鉄道おくのほそ道紀行―週末芭蕉旅　芦原伸著　講談社　2009.6　314p　20cm　(The new fifties)〈文献あり〉　1800円　①978-4-06-269282-3

07619 芭蕉の杖跡―おくのほそ道 新紀行　森村誠一著　角川マガジンズ　2012.7　268p　19cm〈発売:角川グループパブリッシング〉　1600円　①978-4-04-731863-2

07620 奥の細道紀行　大石登世子著　調布　ふらんす堂　2013.10　234p　19cm〈文献あり〉　2476円　①978-4-7814-0617-6

板貝(村上市)

07621 回り灯籠　吉村昭著　筑摩書房　2009.11　231p　15cm　(ちくま文庫)　660円　①978-4-480-42655-0

作品 唐爺や

市野々(新潟市・山形県西置賜郡小国町)

07622 日本奥地紀行―縮約版　イザベラ・バード著, ニーナ・ウェグナー英文リライト, 牛原眞弓訳　IBCパブリッシング　2017.4　223p　19cm　(対訳ニッポン双書)　1600円　①978-4-7946-0471-2

市振(糸魚川市)

07623 ら・ら・ら「奥の細道」　黛まどか著　光文社　1998.3　221p　20cm　1600円　①4-334-97168-7

07624 おくのほそ道 人物紀行　杉本苑子著　文芸春秋　2005.9　230p　18cm　(文春新書)　700円　①4-16-660460-0

07625 芭蕉の杖跡―おくのほそ道 新紀行　森村誠一著　角川マガジンズ　2012.7　268p　19cm〈発売:角川グループパブリッシング〉　1600円　①978-4-04-731863-2

糸魚川市

07626 阿川弘之自選紀行集　阿川弘之著　JTB　2001.12　317p　20cm　2200円　①4-533-04030-6

作品 蒸気機関車運転記

07627 金沢はいまも雪か　五木寛之著　東京書籍　2002.4　483p　20cm　(五木寛之全紀行 5(金沢・京都・日本各地編))〈シリーズ責任表示:五木寛之著　肖像あり〉　2100円　①4-487-79766-7

07628 七つの自転車の旅　白鳥和也著　平凡社　2008.11　301p　20cm　1600円　①978-4-582-83415-4

07629 いい感じの石ころを拾いに　宮田珠己著　河出書房新社　2014.5　135p　21cm〈文献あり〉　1600円　①978-4-309-02291-8

07630 ニッポン周遊記―町の見つけ方・歩き方・つくり方　池内紀著　青土社　2014.7　325p　20cm　2400円　①978-4-7917-6777-9

稲包山

07631 いで湯の山旅―特選紀行　美坂哲男著,

新妻喜永写真　山と渓谷社　1993.9　138p　25×19cm　2300円　Ⓘ4-635-28026-8

今町

07632　おくのほそ道 人物紀行　杉本苑子著　文芸春秋　2005.9　230p　18cm　（文春新書）　700円　Ⓘ4-16-660460-0

彌彦神社

07633　新・古代史謎解き紀行　信越東海編　継体天皇の謎　関裕二著　ポプラ社　2008.11　261p　19cm〈文献あり〉　1300円　Ⓘ978-4-591-10611-2

(目次) 第1章 名古屋と尾張氏の謎（継体天皇即位千五百年と尾張, なぜ継体天皇擁立の立役者尾張氏は無視されたのか ほか), 第2章 継体天皇と北陸の謎（敦賀駅前で出会ったツヌガアラシト, 継体天皇像の写真が撮れない!! ほか), 第3章 信州と建御名方神の謎（信州に逃れた出雲神・建御名方神, 信州に逃れたもう一人の出雲神 ほか), 第4章 越の奴奈川姫と天日槍（建御名方神とヒスイの謎, ヒスイの原産地の景観 ほか), 終章 弥彦神社と尾張氏の正体（越後を代表する弥彦神社の展望, 物部神社に残された弥彦神社を巡る伝承 ほか）

07634　テツはこんな旅をしている―鉄道旅行再発見　野田隆著　平凡社　2014.3　222p　18cm　（平凡社新書）　760円　Ⓘ978-4-582-85722-1

入広瀬

07635　一竿釣談　小田淳編著　叢文社　2014.11　212p　20cm　1500円　Ⓘ978-4-7947-0733-8

(目次) 渓谷にて, 渓流の妖精たち, 岩魚（木曾楢川村にて), 山女（山女魚), 鱒（ニジマス), 鮎（友釣り), 鯎（ハヤ), 丸太（丸太魚), 追河（ヤマベ), 鯉（信濃入広瀬村にて)〔ほか〕

岩室温泉

07636　ガラメキ温泉探険記　池内紀著　リクルート出版　1990.10　203p　19cm　1165円　Ⓘ4-88991-196-0

07637　温泉旅日記　池内紀著　徳間書店　1996.9　277p　15cm　（徳間文庫）〈河出書房新社1988年刊あり〉　540円　Ⓘ4-19-890559-2

羽越本線

07638　日本縦断「ローカル列車」を乗りこなす　種村直樹著　青春出版社　2006.6　205p　18cm　（青春新書インテリジェンス）　730円　Ⓘ4-413-04147-X

魚沼市

07639　日本“汽水”紀行―「森は海の恋人」の世界を尋ねて　畠山重篤著　文芸春秋　2003.9　302p　19cm　1714円　Ⓘ4-16-365280-9

07640　旅の食卓　池内紀著　亜紀書房　2016.8　233p　19cm　1600円　Ⓘ978-4-7505-1480-2

魚野川

07641　悪ガキオヤジが川に行く！―サラリーマン転覆隊　本田亮著　小学館　2004.4　253p　20cm　（Be-pal books）　1600円　Ⓘ4-09-366463-3

浦佐

07642　ニッポン旅みやげ　池内紀著　青土社　2015.4　162p　20cm　1800円　Ⓘ978-4-7917-6852-3

浦佐毘沙門堂

07643　見仏記　4　親孝行篇　いとうせいこう著, みうらじゅん画　角川書店　2006.1　262p　15cm　（角川文庫）〈2002年刊の文庫化〉　514円　Ⓘ4-04-184605-6

(目次) 奈良（如意輪寺・竹林院・桜本坊・金峯山寺, 大野寺・室生寺), 京都（鞍馬寺), 兵庫・湖東（満願寺・石山寺), 湖東（善水寺・金勝寺・櫟野寺+忍術村, 石馬寺・金剛輪寺・西明寺), 親見仏（興福寺・東大寺, 新薬師寺・法華寺・海龍王寺, 不退寺・久米寺, 飛鳥寺・岡寺・橘寺), 親孝行返し（観音寺・善行寺), 親孝行返し+新潟（西生寺・国上寺・浦佐毘沙門堂・西福寺・円福寺), 若狭小浜（羽賀寺・明通寺, 国分寺・神宮寺・万徳寺・多田寺, 円照寺・妙楽寺）

越後交通栃尾線

07644　私鉄紀行 北陸道 点と線　上　湯口徹著　エリエイ/プレス・アイゼンバーン　2003.7　126p　29×21cm　（レイル No.45）　4000円　Ⓘ4-87112-445-2

(目次) 栃尾鉄道−栃尾電鉄−越後交通栃尾線, 頸城鉄道自動車, 関西電力（黒部鉄道）−黒部峡谷鉄道

越後駒ヶ岳

07645　流れる山の情景　浜田優著　山と溪谷社　2009.8　157p　20cm　1905円　Ⓘ978-4-635-33045-9

越後湯沢駅

07646　文学の中の駅―名作が語る“もうひとつの鉄道史”　原口隆行著　国書刊行会　2006.7　327p　20cm　2000円　Ⓘ4-336-04785-5

越後湯沢温泉

07647　人情温泉紀行―演歌歌手・鏡五郎が訪ねた全国の名湯47選　鏡五郎著　マガジンランド　2008.5　235p　19cm〈年譜あり〉　1238円　Ⓘ978-4-944101-37-5

円福寺（魚沼市）

07648　見仏記　4　親孝行篇　いとうせいこう著, みうらじゅん画　角川書店　2006.1　262p　15cm　（角川文庫）〈2002年刊の文庫化〉　514円　Ⓘ4-04-184605-6

小木港

07649　街道をゆく　10　羽州街道、佐渡のみち　新装版　司馬遼太郎著　朝日新聞出版　2008.10　260, 8p　15cm　（朝日文庫）　560円　Ⓘ978-4-02-264455-8

奥只見

07650　一竿有縁の渓　根深誠著　七つ森書館　2008.12　227p　20cm　2000円　Ⓘ978-4-8228-

中部

0879-2

07651 山で見た夢―ある山岳雑誌編集者の記憶　勝峰富雄著　みすず書房　2010.5　285p　20cm　2600円　①978-4-622-07542-4

07652 うつくしい列島―地理学的名所紀行　池澤夏樹著　河出書房新社　2015.11　308p　20cm　1800円　①978-4-309-02425-7

小千谷市

07653 準急特快 記者の旅―レイルウェイ・ライターの本　種村直樹著　JTB　2003.5　318p　19cm〈肖像あり　著作目録あり〉　1600円　①4-533-04777-7

07654 ツーリング・ライフ―自由に、そして孤独に　新装増補版　斎藤純著　春秋社　2004.3　274p　20cm〈2001年刊の新装増補〉　1800円　①4-393-43624-5

作品 信濃川のスケッチ―千曲川沿いの旅

07655 斑猫の宿　奥本大三郎著　中央公論新社　2011.11　305p　16cm　(中公文庫)〈JTB2001年刊あり〉　705円　①978-4-12-205565-0

尾瀬

07656 山の旅　明治・大正篇　近藤信行編　岩波書店　2003.9　445p　15cm　(岩波文庫)　700円　①4-00-311702-6

作品 尾瀬紀行〔武田久吉〕

07657 わが山山　深田久弥著　中央公論新社　2004.10　213p　21cm　(中公文庫ワイド版)〈中公文庫2002年刊(改版)のワイド版〉　3400円　①4-12-551832-7

07658 北日本を歩く　立松和平著, 黒古一夫編　勉誠出版　2006.4　372p　22cm　(立松和平日本を歩く 第1巻)　2600円　①4-585-01171-4

07659 樹をめぐる旅　高橋秀樹著　宝島社　2009.8　125p　16cm　(宝島sugoi文庫)　457円　①978-4-7966-7357-0

07660 子づれの山　熊谷榧絵と文　八王子　白山書房　2009.8　222p　19cm　(〔榧・画文集2〕)　1900円　①978-4-89475-135-4

07661 山々を滑る登る　熊谷榧絵と文　八王子　白山書房　2012.11　319p　19cm　(〔榧・画文集 12〕)　1900円　①978-4-89475-159-0

07662 尾瀬・ホタルイカ・東海道　銀色夏生著　幻冬舎　2013.8　263p　16cm　(幻冬舎文庫)　571円　①978-4-344-42061-8

07663 山の名作読み歩き―読んで味わう山の楽しみ　大森久雄編　山と溪谷社　2014.11　301p　18cm　(ヤマケイ新書)　880円　①978-4-635-51002-8

作品 初めて尾瀬を訪う〔武田久吉〕

07664 うつくしい列島―地理学的名所紀行　池澤夏樹著　河出書房新社　2015.11　308p　20cm　1800円　①978-4-309-02425-7

07665 アーネスト・サトウの明治日本山岳記　アーネスト・メイスン・サトウ著, 庄田元男訳　講談社　2017.4　285p　15cm　(講談社学術文庫)〈「日本旅行日記」(平凡社 1992年刊)と「明治日本旅行案内」(平凡社 1996年刊)の改題、抜粋し新たに編集〉　980円　①978-4-06-292382-8

オツルミズ沢

07666 流れる山の情景　浜田優著　山と溪谷社　2009.8　157p　20cm　1905円　①978-4-635-33045-9

乙子神社草庵

07667 良寛へ歩く　小林新一文・写真　二玄社　2002.12　173p　26cm　2800円　①4-544-02039-5

07668 良寛を歩く 一休を歩く　水上勉著　日本放送出版協会　2004.4　317p　16cm　(NHKライブラリー)〈「良寛を歩く」(1986年刊)と「一休を歩く」(1988年刊)の改題、合本〉　970円　①4-14-084182-6

作品 良寛を歩く

親不知

07669 日本探見二泊三日　宮脇俊三著　角川書店　1994.3　231p　15cm　(角川文庫)　430円　①4-04-159807-9

07670 負籠の細道　水上勉著　集英社　1997.10　232p　16cm　(集英社文庫)　476円　①4-08-748697-4

07671 鉄道おくのほそ道紀行―週末芭蕉旅　芦原伸著　講談社　2009.6　314p　20cm　(The new fifties)〈文献あり〉　1800円　①978-4-06-269282-3

親松排水機場

07672 街道をゆく　9　信州佐久平みち、潟のみち ほか　新装版　司馬遼太郎著　朝日新聞出版　2008.10　357, 8p　15cm　(朝日文庫)　700円　①978-4-02-264454-1

貝掛温泉

07673 湯探歩―お気楽極楽ヌルくてユル～い温泉紀行　山崎一夫文, 西原理恵子絵　日本文芸社　2014.12　175p　21cm　1000円　①978-4-537-26096-0

角田(新潟市)

07674 安吾新日本風土記　坂口安吾著　河出書房新社　1988.11　246p　15cm　(河出文庫)　480円　①4-309-40227-5

作品 富山の薬と越後の毒消し

目次 歴史探偵方法論, 安吾新日本風土記(「安吾・新日本風土記」(仮題)について, 高千穂に冬雨ふれり〈宮崎県の巻〉, 富山の薬と越後の毒消し〈富山県・新潟県の巻〉), 飛騨の秘密, 日本の山と文学, 鉄砲, ヨーロッパ的性格 ニッポン的性格, 安吾武者修業馬庭念流訪問記, 桐生通信, 回想 書かれなかった安吾風土記〈高知県の巻〉, 解説 日本の文化の源流に向かって, 安吾日本風土記・坂口安吾年譜

07675 坂口安吾全集　18　坂口安吾著　筑摩書房　1991.9　794p　15cm　(ちくま文庫)　1340円　①4-480-02478-6

作品 安吾新日本風土記―富山の薬と越後の毒消し

梶山元湯

07676 誰も行けない温泉 前人未(湯) 大原利雄著 小学館 2004.1 169p 15cm (小学館文庫) 733円 ①4-09-411526-9

柏崎市

07677 ら・ら・ら「奥の細道」 黛まどか著 光文社 1998.3 221p 20cm 1600円 ①4-334-97168-7

07678 忘れられた日本の村 筒井功著 河出書房新社 2016.5 237p 20cm 1800円 ①978-4-309-22668-2

作品 雪深い北陸「綾子舞い」の里

上川地区(阿賀町)

07679 ローカルバスの終点へ 宮脇俊三著 洋泉社 2010.12 303p 18cm (新書y)〈1991年刊の新潮文庫を底本とする 日本交通公社出版事業局 1989年刊あり〉 840円 ①978-4-86248-626-4

亀田郷

07680 街道をゆく 9 信州佐久平みち、潟のみち ほか 新装版 司馬遼太郎著 朝日新聞出版 2008.10 357, 8p 15cm (朝日文庫) 700円 ①978-4-02-264454-1

ガーラ湯沢駅

07681 終着駅への旅 JR編 櫻井寛著 JTBパブリッシング 2013.8 222p 19cm 1300円 ①978-4-533-09285-5

ガーラ湯沢線

07682 日本あちこち乗り歩き 種村直樹著 中央書院 1993.10 310p 19cm 1600円 ①4-924420-84-0

川内山塊

07683 秘境の山旅 新装版 大内尚樹編 白山書房 2000.11 246p 19cm〈1993年刊の新装版〉 1600円 ①4-89475-044-9

07684 山へ―原始の香り求めて 大内尚樹著 八王子 白山書房 2001.3 236p 19cm 1600円 ①4-89475-047-3

07685 渓をわたる風 高桑信一著 平凡社 2004.6 269p 20cm 2000円 ①4-582-83224-5

観音寺(村上市)

07686 見仏記 4 親孝行篇 いとうせいこう著, みうらじゅん画 角川書店 2006.1 262p 15cm (角川文庫)〈2002年刊の文庫化〉 514円 ①4-04-184605-6

蒲原

07687 旅の食卓 池内紀著 亜紀書房 2016.8 233p 19cm 1600円 ①978-4-7505-1480-2

蒲原鉄道

07688 消えゆく鉄道の風景―さらば、良き時代の列車たち 終焉間近のローカル線と、廃線跡をたどる旅 田中正恭著 自由国民社 2006.11 231p 19cm 1600円 ①4-426-75302-3

北股岳

07689 初めての山へ六〇年後に 本多勝一著 山と溪谷社 2009.11 221p 22cm 2000円 ①978-4-635-33044-2

清津峡

07690 秘境ごくらく日記―辺境中毒オヤジの冒険指南 敷島悦朗著 JTB 2003.1 230p 19cm 1700円 ①4-533-04569-3

銀山湖

07691 ハーケンと夏みかん 椎名誠著 集英社 1991.3 209p 16cm (集英社文庫)〈山と溪谷社1988年刊の文庫化〉 320円 ①4-08-749688-0

頸城鉄道線

07692 私鉄紀行 北陸道 点と線 上 湯口徹著 エリエイ/プレス・アイゼンバーン 2003.7 126p 29×21cm (レイル No.45) 4000円 ①4-87112-445-2

黒川

07693 日本列島を往く 2 地下王国の輝き 鎌田慧著 岩波書店 2000.4 283p 15cm (岩波現代文庫) 900円 ①4-00-603011-8

黒又川

07694 岩魚幻照―大イワナの棲む渓々 植野稔著 山と溪谷社 1993.4 190p 21cm 2000円 ①4-635-36027-X

慶宮寺

07695 見仏記 2 仏友篇 いとうせいこう, みうらじゅん著 角川書店 1999.1 332p 15cm (角川文庫)〈中央公論社 1995年刊の文庫化〉 724円 ①4-04-184603-X

郷本

07696 良寛を歩く 一休を歩く 水上勉著 日本放送出版協会 2004.4 317p 16cm (NHKライブラリー)〈「良寛を歩く」(1986年刊)と「一休を歩く」(1988年刊)の改題、合本〉 970円 ①4-14-084182-6

作品 良寛を歩く

国上寺

07697 良寛へ歩く 小林新一文・写真 二玄社 2002.12 173p 26cm 2800円 ①4-544-02039-5

07698 見仏記 4 親孝行篇 いとうせいこう著, みうらじゅん画 角川書店 2006.1 262p 15cm (角川文庫)〈2002年刊の文庫化〉 514円 ①4-04-184605-6

五剣谷岳

07699 山へ—原始の香り求めて 大内尚樹著 八王子 白山書房 2001.3 236p 19cm 1600円 Ⓘ4-89475-047-3

五合庵

07700 良寛へ歩く 小林新一文・写真 二玄社 2002.12 173p 26cm 2800円 Ⓘ4-544-02039-5

07701 良寛を歩く 一休を歩く 水上勉著 日本放送出版協会 2004.4 317p 16cm (NHKライブラリー)〈「良寛を歩く」(1986年刊)と「一休を歩く」(1988年刊)の改題、合本〉 970円 Ⓘ4-14-084182-6

作品 良寛を歩く

居多神社

07702 沈黙の神々 佐藤洋二郎著 松柏社 2005.11 270p 19cm 1800円 Ⓘ978-4-7754-0093-2

西生寺

07703 見仏記 4 親孝行篇 いとうせいこう著, みうらじゅん画 角川書店 2006.1 262p 15cm (角川文庫)〈2002年刊の文庫化〉 514円 Ⓘ4-04-184605-6

西照寺

07704 見仏記 2 仏友篇 いとうせいこう, みうらじゅん著 角川書店 1999.1 332p 15cm (角川文庫)〈中央公論社 1995年刊の文庫化〉 724円 Ⓘ4-04-184603-X

西福寺(魚沼市)

07705 見仏記 4 親孝行篇 いとうせいこう著, みうらじゅん画 角川書店 2006.1 262p 15cm (角川文庫)〈2002年刊の文庫化〉 514円 Ⓘ4-04-184605-6

佐渡海峡

07706 サラリーマン転覆隊が行く! 下巻 本田亮著 フレーベル館 1997.4 338p 20cm 1600円 Ⓘ4-577-70121-9

佐渡島

07707 イトシンののんびりツーリング 伊東信著 造形社 1988.5 175p 21cm 1300円 Ⓘ4-88172-031-7

07708 ナチュラル・ツーリング 続 寺崎勉文, 太田潤写真 ミリオン出版, 大洋図書〔発売〕 1989.4 197p 21cm (OUTRIDER BOOK) 1700円 Ⓘ4-88672-042-0

07709 日本漫遊記 種村季弘著 筑摩書房 1989.6 236p 19cm 1540円 Ⓘ4-480-82267-4

07710 井上靖歴史紀行文集 第1巻 日本の旅 井上靖著 岩波書店 1992.1 23cm

作品 大佐渡小佐渡

07711 密教古寺巡礼 1 小山和著 大阪 東方出版 1992.10 237p 19cm 1600円 Ⓘ4-88591-307-1

07712 日本紀行 井上靖著 岩波書店 1993.12 252p 16cm (同時代ライブラリー) 1000円 Ⓘ4-00-260169-2

作品 大佐渡小佐渡

07713 旅を慕いて 木内宏著 朝日新聞社 1994.2 245p 19cm 1500円 Ⓘ4-02-256685-X

07714 ふわふわワウワウ—唄とカメラと時刻表 みなみらんぼう著 旅行読売出版社 1996.7 207p 19cm 1100円 Ⓘ4-89752-601-9

作品 佐渡はいよいか住みよいか

07715 ニッポン豊饒紀行 甲斐崎圭著 小沢書店 1997.8 206p 20cm 1900円 Ⓘ4-7551-0349-5

07716 歴史の島 旅情の島 鈴木亨著 東洋書院 1997.10 260p 22cm 1900円 Ⓘ4-88594-262-4

07717 歴史紀行—海よ島よ 白石一郎著 講談社 1997.11 236p 15cm (講談社文庫)〈1994年刊の文庫化〉 438円 Ⓘ4-06-263639-5

目次 海よ島よ, 長崎商人と博多商人, 九州発見の旅, 千利休, 西郷隆盛

07718 越の道—越前・越中・越後 水上勉著 河出書房新社 2000.3 206p 20cm (日本の風景を歩く) 1600円 Ⓘ4-309-62132-5

目次 日本海の人と自然, 越前岬, 越前大滝, 越前大滝再訪, 金沢, 奥能登, 寺泊, 親不知, 越後高田, 越後見附・長岡, 越後村上, 佐渡

07719 染めと織りと祈り 立松和平著 アスペクト 2000.3 261p 21cm 2200円 Ⓘ4-7572-0705-0

07720 のんきに島旅 本山賢司著 河出書房新社 2000.4 229p 15cm (河出文庫)〈「海流に乗って」(山と渓谷社1987年刊)の増補〉 680円 Ⓘ4-309-40607-6

07721 行きつ戻りつ 乃南アサ著 文化出版局 2000.5 237p 21cm 1500円 Ⓘ4-579-30386-5

07722 日蓮紀行—世直しの道を訪ねて 武田京三文・写真 まどか出版 2000.10 190p 21cm〈年譜あり〉 1800円 Ⓘ4-944235-02-X

07723 お徒歩 ニッポン再発見 岩見隆夫著 アールズ出版 2001.5 299p 20cm 1600円 Ⓘ4-901226-20-7

07724 碧い眼の太郎冠者 ドナルド・キーン著 中央公論新社 2001.7 188p 21cm (Chuko on demand books) 2000円 Ⓘ4-12-550026-6

作品 佐渡ぶんや紀行

07725 日本全国 離島を旅する 向一陽著 講談社 2004.7 307p 18cm (講談社現代新書) 780円 Ⓘ4-06-149727-8

07726 日本の霊性—越後・佐渡を歩く 梅原猛著 新潮社 2007.9 298p 16cm (新潮文庫)〈文献あり〉 667円 Ⓘ978-4-10-124412-9

07727 街道をゆく 10 羽州街道、佐渡のみち

新装版　司馬遼太郎著　朝日新聞出版　2008.10　260, 8p　15cm　(朝日文庫)　560円　①978-4-02-264455-8

07728　にっぽん入門　柴門ふみ著　文藝春秋　2009.4　282p　16cm　(文春文庫)〈2007年刊の増補〉　552円　①978-4-16-757903-6

07729　遠藤ケイの島旅日和　遠藤ケイ著　千早書房　2009.8　124p　21cm〈索引あり〉　1600円　①978-4-88492-439-3

07730　子づれの山　熊谷榧絵と文　八王子　白山書房　2009.8　222p　19cm　(〔榧・画文集2〕)　1900円　①978-4-89475-135-4

07731　私の日本地図　7　佐渡　宮本常一著, 香月洋一郎編　未来社　2009.8　281, 5p　19cm　(宮本常一著作集別集)〈索引あり〉　2200円　①978-4-624-92492-8

目次 国中, 国中の農村, 国中の社寺, 高千付近, 真更川・大野亀, 願から北小浦へ, 真野から小泊へ, 小木, 小木岬, 羽茂, 赤泊, 徳和, 野口家, 川茂・天狗塚, 多田から豊岡へ

07732　新編 幻視の旅―安水稔和初期散文集　安水稔和著　沖積舎　2010.3　239p　20cm　3000円　①978-4-8060-4113-9

目次 1 能登, 2 取材旅行, 3 花祭, 4 佐渡, 5 瀬戸内, 6 さまざまの旅, 7 旅のかたち『幻視の旅』未収録―『鳥になれ鳥よ』から

07733　ぶらりニッポンの島旅　管洋志著　講談社　2011.7　253p　15cm　(講談社文庫)　838円　①978-4-06-276988-4

07734　宮本常一 旅の手帖　愛しき島々　宮本常一著, 田村善次郎編　八坂書房　2011.10　213p　20cm　2000円　①978-4-89694-983-4

07735　江戸の金山奉行大久保長安の謎　川上隆志著　現代書館　2012.3　222p　20cm〈年譜あり　文献あり〉　2000円　①978-4-7684-5669-9

07736　日本の路地を旅する　上原善広著　文藝春秋　2012.6　383p　16cm　(文春文庫)〈文献あり〉　667円　①978-4-16-780196-0

07737　わしらは怪しい雑魚釣り隊　マグロなんかが釣れちゃった篇　椎名誠著　新潮社　2012.12　321p　16cm　(新潮文庫)　550円　①978-4-10-144837-4

07738　酒場詩人の流儀　吉田類著　中央公論新社　2014.10　233p　18cm　(中公新書)〈索引あり〉　780円　①978-4-12-102290-5

作品 日本海のエキゾチックな風

07739　みどりの国滞在日記　エリック・ファーユ著, 三野博司訳　水声社　2014.12　195p　20cm　(批評の小径)　2500円　①978-4-8010-0077-3

07740　日本ザンテイ世界遺産に行ってみた。　宮田珠己著　京都　淡交社　2015.7　214p　19cm　1600円　①978-4-473-04029-9

07741　再発！ それでもわたしは山に登る　田部井淳子著　文藝春秋　2016.12　223p　19cm〈年譜あり〉　1400円　①978-4-16-390588-4

07742　「男はつらいよ」を旅する　川本三郎著　新潮社　2017.5　286p　20cm　(新潮選書)　1400円　①978-4-10-603808-2

作品 会津若松から佐渡へ

07743　狙われた島―数奇な運命に弄ばれた19の島　カベルナリア吉田著　アルファベータブックス　2018.2　222p　21cm　1800円　①978-4-86598-048-6

佐渡国分寺

07744　見仏記　2　仏友篇　いとうせいこう, みうらじゅん著　角川書店　1999.1　332p　15cm　(角川文庫)〈中央公論社 1995年刊の文庫化〉　724円　①4-04-184603-X

塩沢地域(南魚沼市)

07745　染めと織りと祈り　立松和平著　アスペクト　2000.3　261p　21cm　2200円　①4-7572-0705-0

07746　ニッポン旅みやげ　池内紀著　青土社　2015.4　162p　20cm　1800円　①978-4-7917-6852-3

茂倉岳

07747　日本の名山　4　谷川岳　串田孫一, 今井通子, 今福龍太編　博品社　1997.9　269p　19cm〈文献あり〉　1600円　①4-938706-43-1

作品 谷川岳、茂倉岳、笹穴川上流〔大島亮吉〕　茂倉岳、あるいは白い異界〔今福龍太〕

07748　「新編」山紀行と随想　大島亮吉著, 大森久雄編　平凡社　2005.7　367p　16cm　(平凡社ライブラリー)　1400円　①4-582-76545-9

下田山塊

07749　山へ―原始の香り求めて　大内尚樹著　八王子　白山書房　2001.3　236p　19cm　1600円　①4-89475-047-3

07750　渓をわたる風　高桑信一著　平凡社　2004.6　269p　20cm　2000円　①4-582-83224-5

下田地区(三条市)

07751　古道巡礼―山人が越えた径　高桑信一著　山と溪谷社　2015.11　397p　15cm　(ヤマケイ文庫)〈東京新聞出版局 2005年刊の再構成〉　980円　①978-4-635-04781-4

新発田市

07752　虹を翔ける―草の根を紡ぐ旅　伊藤ルイ著　八月書館　1991.2

作品 新発田への旅

目次 第1章 1983年―1985年(山谷でみたこと, 激暑八月関西旅日記, 草の根はつるむらさきの実となって, 女たちが創るヒロシマの集い, 85年夏、12日間の旅), 第2章 1986年(新発田への旅, ピースボート初体験の記), 第3章 1987年(新年の日記から, 思わず怒りの声を発して―最高裁小法廷にて, 初めて“原告”やっています, 箕面忠魂碑慰霊祭違憲訴訟―大阪高裁判決を怒る, 転居、そして仙台へ, 87年の終り、奄美への旅), 第4章 1988年(北海道から沖縄石垣島まで, 天皇なしで暮らしたい), 第5章 1989年(病室で迎えたXデー, 花と若葉への旅, 夏から秋へ, 冬の旅)

中部

07753 わたくしの旅 池波正太郎著 講談社 2007.4 248p 15cm (講談社文庫)〈2003年刊の文庫化〉 495円 ①978-4-06-275692-1
目次 このごろ, 悪友同窓会, 薬味, 「幕末残酷物語」, 伏見桃山城, 「幸吉八方ころがし」永井龍男著, 星と水, 時代小説について, 必要なのは年期, なまけもの〔ほか〕

07754 池波正太郎を歩く 須藤靖貴著 講談社 2012.9 326p 15cm (講談社文庫)〈毎日新聞社 2009年刊の加筆・修正〉 648円 ①978-4-06-277363-8

新発田城

07755 三津五郎 城めぐり 坂東三津五郎著 三月書房 2010.11 117p 22cm 2200円 ①978-4-7826-0211-9

島崎

07756 良寛へ歩く 小林新一文・写真 二玄社 2002.12 173p 26cm 2800円 ①4-544-02039-5

島道鉱泉

07757 遙かなる秘湯をゆく 桂博史著 主婦と生活社 1990.3 222p 19cm 980円 ①4-391-11232-9

清水（南魚沼市）

07758 ニッポンの山里 池内紀著 山と溪谷社 2013.1 254p 20cm 1500円 ①978-4-635-28067-9

清水トンネル

07759 車窓はテレビより面白い 宮脇俊三著 徳間書店 1992.8 254p 15cm (徳間文庫)〈1989年刊の文庫化〉 460円 ①4-19-597265-5

宿根木

07760 日本の島で驚いた カベルナリア吉田著 交通新聞社 2010.7 272p 19cm〈文献あり〉 1500円 ①978-4-330-15410-7

07761 ニッポン発見記 池内紀著 中央公論新社 2012.4 211p 16cm (中公文庫)〈講談社現代新書 2004年刊の再刊〉 590円 ①978-4-12-205630-5

上越新幹線

07762 快速特急記者の旅―レイルウェイ・ライターの本 種村直樹著 日本交通公社出版事業局 1993.5 334p 19cm 1400円 ①4-533-01973-0

07763 日本あちこち乗り歩き 種村直樹著 中央書院 1993.10 310p 19cm 1600円 ①4-924420-84-0

上越線

07764 遙かなる汽車旅 種村直樹著 日本交通公社出版事業局 1996.8 270p 19cm 1500円 ①4-533-02531-5

07765 汽車旅放浪記 関川夏央著 新潮社 2006.6 282p 20cm 1700円 ①4-10-387603-4

07766 のんびり各駅停車 谷崎竜著 講談社 2009.6 229p 15cm (講談社文庫) 857円 ①978-4-06-276382-0

07767 汽車旅12カ月 宮脇俊三著 河出書房新社 2010.1 231p 15cm (河出文庫) 680円 ①978-4-309-40999-3

07768 ぞっこん鉄道今昔―昭和の鉄道撮影地への旅 櫻井寛写真・文 朝日新聞出版 2012.8 205p 21cm 2300円 ①978-4-02-331112-1

称明滝の湯

07769 誰も行けない温泉 前人未（湯） 大原利雄著 小学館 2004.1 169p 15cm (小学館文庫) 733円 ①4-09-411526-9

昭和殿

07770 見仏記 2 仏友篇 いとうせいこう, みうらじゅん著 角川書店 1999.1 332p 15cm (角川文庫)〈中央公論社 1995年刊の文庫化〉 724円 ①4-04-184603-X

白根

07771 回り灯籠 吉村昭著 筑摩書房 2009.11 231p 15cm (ちくま文庫) 660円 ①978-4-480-42655-0
作品 白根の凧

親鸞聖人大立像（胎内市）

07772 晴れた日は巨大仏を見に 宮田珠己著 幻冬舎 2009.10 342p 16cm (幻冬舎文庫)〈文献あり 白水社2004年刊あり〉 648円 ①978-4-344-41380-1

杉川

07773 フィッシング・ダイアリー 柴野邦彦著 未知谷 2012.2 190p 19cm 2000円 ①978-4-89642-367-9
目次 フィッシング・ダイアリー（朝, 濡れている, 風の午後 ほか）, 釣行記（杉川釣行記, 雷, 住みついた岩魚 ほか）, 釣人の四季（森を抜けると, 本当の春, 釣人の燻製 ほか）

守門山

07774 わが愛する山々 深田久弥著 山と溪谷社 2011.6 381p 15cm (ヤマケイ文庫)〈年譜あり〉 1000円 ①978-4-635-04730-2

関川村

07775 日本十六景―四季を旅する 森本哲郎著 PHP研究所 2008.8 336p 15cm (PHP文庫)〈「ぼくの日本十六景」(新潮社2001年刊)の改題〉 648円 ①978-4-569-67070-6

07776 禁足地帯の歩き方 吉田悠軌著 学研プラス 2017.11 175p 19cm 1000円 ①978-4-05-406602-1
作品 日本の奇祭―大したもん蛇まつり

善行寺

07777 見仏記 4 親孝行篇 いとうせいこう

著, みうらじゅん画　角川書店　2006.1　262p　15cm　（角川文庫）〈2002年刊の文庫化〉　514円　①4-04-184605-6

惣滝の湯

07778　誰も行けない温泉 前人未（湯）　大原利雄著　小学館　2004.1　169p　15cm　（小学館文庫）　733円　①4-09-411526-9

高瀬温泉

07779　回り灯籠　吉村昭著　筑摩書房　2009.11　231p　15cm　（ちくま文庫）　660円　①978-4-480-42655-0
作品 桜田門外の変と越後

高田（上越市）

07780　越の道―越前・越中・越後　水上勉著　河出書房新社　2000.3　206p　20cm　（日本の風景を歩く）　1600円　①4-309-62132-5

07781　ニッポン発見記　池内紀著　中央公論新社　2012.4　211p　16cm　（中公文庫）〈講談社現代新書 2004年刊の再刊〉　590円　①978-4-12-205630-5

只見線

07782　絶景 秋列車の旅―陸羽東線西線から山陰本線まで　櫻井寛文・写真　東京書籍　2000.9　159p　21cm　2200円　①4-487-79474-9

07783　のんびり行く只見線の旅　星亮一, 松本忠著　会津若松　歴史春秋出版　2004.1　167p　19cm　（歴春ふくしま文庫）　1200円　①4-89757-561-3

07784　汽車旅放浪記　関川夏央著　新潮社　2006.6　282p　20cm　1700円　①4-10-387603-4

07785　北へ・郷愁列車の旅　松村映三著　ベストセラーズ　2007.1　125p　20cm　1500円　①978-4-584-18991-7

07786　朝湯、昼酒、ローカル線―かっちゃんの鉄修行　勝谷誠彦著　文芸春秋　2007.12　321p　16cm　（文春文庫plus）〈「勝谷誠彦の地列車大作戦」（JTB2002年刊）の改題〉　629円　①978-4-16-771320-1

07787　汽車旅12カ月　宮脇俊三著　河出書房新社　2010.1　231p　15cm　（河出文庫）　680円　①978-4-309-40999-3

07788　旅の終りは個室寝台車　宮脇俊三著　河出書房新社　2010.3　237p　15cm　（河出文庫）　680円　①978-4-309-41008-1

07789　よみがえれ、東日本！ 列車紀行　田中正恭著　多摩　クラッセ　2011.9　235p　19cm　（Klasse books）　1600円　①978-4-902841-12-1

07790　一両列車のゆるり旅　下川裕治, 中田浩資著　双葉社　2015.6　364p　15cm　（双葉文庫）　694円　①978-4-575-71436-4

07791　ふくしま讃歌―日本の「宝」を訪ねて　黛まどか著　新日本出版社　2016.9　214p　19cm　1600円　①978-4-406-06047-9

谷川岳

07792　日本の名山　4　谷川岳　串田孫一, 今井通子, 今福龍太編　博品社　1997.9　269p　19cm〈文献あり〉　1600円　①4-938706-43-1
作品 "吾策新道"開発の哀歓〔高波吾策〕　山岳サルベージ繁盛記2〔寺田甲子男〕　衝立岩初登の想い出〔南博人〕　上越境の山旅〔藤島敏男〕　谷川岳、茂倉岳、笹穴川上流〔大島亮吉〕　谷川岳〔深田久弥〕　谷川岳〔池内紀〕　谷川岳にコーヒーを飲みに行こう〔みなみらんぼう〕　谷川岳の植物〔安達成之〕　単独登攀〔遠藤甲太〕　内なる谷川岳〔中野孝次〕　幕岩回想 初登攀について〔安川茂雄〕

07793　日本の名山　5　浅間山　串田孫一, 今井通子, 今福龍太編　博品社　1997.10　253p　19cm〈文献あり〉　1600円　①4-938706-46-6
作品 那須岳～谷川岳～浅間山の県境尾根単独縦走〔細貝栄〕

07794　回想の谷川岳　安川茂雄著　河出書房新社　2002.8　221p　19cm　（Kawade山の紀行）　1600円　①4-309-70423-9

07795　秘境ごくらく日記―辺境中毒オヤジの冒険指南　敷島悦朗著　JTB　2003.1　230p　19cm　1700円　①4-533-04569-3

07796　「新編」山紀行と随想　大島亮吉著, 大森久雄編　平凡社　2005.7　367p　16cm　（平凡社ライブラリー）　1400円　①4-582-76545-9

07797　晴れのち曇り 曇りのち晴れ　熊谷榧絵と文　八王子　白山書房　2010.2　296p　19cm　（〔榧・画文集 0〕）〈皆美社1970年刊の再版　平凡社2001年刊あり〉　1900円　①978-4-89475-139-2

07798　海山のあいだ　池内紀著　中央公論新社　2011.3　217p　16cm　（中公文庫）〈マガジンハウス 1994年刊, 角川書店 1997年刊あり〉　590円　①978-4-12-205458-5

07799　大峰を巡る　熊谷榧絵と文　八王子　白山書房　2011.3　197p　19cm　1900円　①978-4-89475-146-0

07800　ザイルを結ぶとき　奥山章著　山と溪谷社　2014.4　445p　15cm　（ヤマケイ文庫）〈著作目録あり 作品目録あり 年譜あり〉　900円　①978-4-635-04774-6

長安寺

07801　見仏記　2　仏友篇　いとうせいこう, みうらじゅん著　角川書店　1999.1　332p　15cm　（角川文庫）〈中央公論社 1995年刊の文庫化〉　724円　①4-04-184603-X

長谷寺（佐渡市）

07802　見仏記　2　仏友篇　いとうせいこう, みうらじゅん著　角川書店　1999.1　332p　15cm　（角川文庫）〈中央公論社 1995年刊の文庫化〉　724円　①4-04-184603-X

津川

07803　日本奥地紀行　イサベラ・バード著, 高

中部

梨健吉訳　平凡社　2000.2　529p　16cm　（平凡社ライブラリー）〈年譜あり 文献あり〉　1500円　①4-582-76329-4

07804　イザベラ・バード「日本の未踏路」完全補遺　イザベラ・バード著, 高畑美代子訳注　中央公論事業出版（製作発売）　2008.1　190p　21cm　1600円　①978-4-89514-296-0

07805　イザベラ・バードの日本紀行　上　イザベラ・バード著, 時岡敬子訳　講談社　2008.4　493p　15cm　（講談社学術文庫）　1500円　①978-4-06-159871-3

07806　イザベラ・バード『日本奥地紀行』を歩く　金沢正脩著　JTBパブリッシング　2010.1　175p　21cm　（楽学ブックス―文学歴史 11）〈文献あり 年譜あり〉　1800円　①978-4-533-07671-8

07807　完訳 日本奥地紀行　1　横浜―日光―会津―越後　イザベラ・バード著, 金坂清則訳注　平凡社　2012.3　391p　18cm　（東洋文庫）　3000円　①978-4-582-80819-3

07808　新訳 日本奥地紀行　イザベラ・バード著, 金坂清則訳　平凡社　2013.10　537p　18cm　（東洋文庫）〈布装　索引あり〉　3200円　①978-4-582-80840-7

07809　日本奥地紀行―縮約版　イザベラ・バード著, ニーナ・ウェグナー英文リライト, 牛原眞弓訳　IBCパブリッシング　2017.4　223p　19cm　（対訳ニッポン双書）　1600円　①978-4-7946-0471-2

土樽

07810　食後のライスは大盛りで　東海林さだお著　文芸春秋　1995.3　254p　15cm　（文春文庫）　420円　①4-16-717727-7

作品　山菜の教訓

07811　ショージ君の旅行鞄―東海林さだお自選　東海林さだお著　文芸春秋　2005.2　905p　16cm　（文春文庫）　933円　①4-16-717760-9

作品　山菜の教訓

土樽駅

07812　文学の中の駅―名作が語る“もうひとつの鉄道史”　原口隆行著　国書刊行会　2006.7　327p　20cm　2000円　①4-336-04785-5

筒石駅

07813　ぞっこん鉄道今昔―昭和の鉄道撮影地への旅　櫻井寛写真・文　朝日新聞出版　2012.8　205p　21cm　2300円　①978-4-02-331112-1

角神温泉

07814　旅に道づれ湯はなさけ　辻真先著　徳間書店　1989.5　348p　15cm　（徳間文庫）　580円　①4-19-568760-8

燕温泉

07815　新選 小川未明秀作随想70―ふるさとの記憶　小川未明著, 小埜裕二編・解説　小平　蒼丘書林　2015.7　294p　21cm　2000円　①978-4-915442-22-3

作品　北国の温泉

目次　童話を作って五十年, 初恋は直ちに詩である, 朽椿, 北国の温泉, 郷土と作家―伊豆半島を旅行して, 人と新緑, 故郷, 感覚の回生, 埴輪を拾った少年時代の夏, 自伝, 北国の鴉より, 獣類の肉は絶対に食わぬ, 少年時代の回想とAの運命, 北国の雪と女と, 予が生い立ちの記, 霙の音を聞きながら, 遠き少年の日, 大変化のあった歳, 意力的の父の一生, エンラン躑躅, 赤い花と青い夜, 山中の春, 野薔薇の花, 作家と郷土, 一筋の流れ, 永遠に我らの憧憬の的, 月光と草と鳴く虫, 青く傷む風景, 眠っているような北国の町, 人間愛と芸術と社会主義, 将棋, 追憶の花二つ, 私をいじらしそうに見た母, 寒村に餅の木の思い, その雄勁とさびしさ, 凍氷小屋の中, 北国の夏の自然, 冬から春への北国と夢魔的魅力, 山井の冷味, たまたまの感想, 秋雑景, 八月の夜の空, 田園の破産, 城外の早春, 蘭の話, 越後春日山, 彼ら流浪す, ふるさとの記憶, 漢詩と形なき憧憬, 雪の砕ける音, 川をなつかしむ, 愛するものによって救わる, 何を習得したろう, 果物の幻想, 事ある時の用意, 自然、自由、自治, 七月に題す, 春、都会、田園, 事実は何を教えるか, 東西南北, 雪, 北国の春, 春と人の感想, 夢のような思い出, 初冬, 父をおもう, 自分を失ってはいけない, 童話と私, わが母を思う, 私の小さいころ

寺泊

07816　越の道―越前・越中・越後　水上勉著　河出書房新社　2000.3　206p　20cm　（日本の風景を歩く）　1600円　①4-309-62132-5

07817　良寛へ歩く　小林新一文・写真　二玄社　2002.12　173p　26cm　2800円　①4-544-02039-5

道遊の割戸

07818　街道をゆく　10　羽州街道、佐渡のみち　新装版　司馬遼太郎著　朝日新聞出版　2008.10　260, 8p　15cm　（朝日文庫）　560円　①978-4-02-264455-8

十日町市

07819　民謡秘宝紀行　斎藤完著　白水社　2004.11　213p　19cm　1800円　①4-560-02660-2

07820　回り灯籠　吉村昭著　筑摩書房　2009.11　231p　15cm　（ちくま文庫）　660円　①978-4-480-42655-0

作品　高野長英逃亡の道

07821　日本全国津々うりゃうりゃ　宮田珠己著　幻冬舎　2016.6　315p　16cm　（幻冬舎文庫）〈廣済堂出版 2012年刊の再刊　文献あり〉　690円　①978-4-344-42482-1

栃尾（長岡市）

07822　回り灯籠　吉村昭著　筑摩書房　2009.11　231p　15cm　（ちくま文庫）　660円　①978-4-480-42655-0

作品　栃尾での昼食

07823　来ちゃった　酒井順子文, ほしよりこ画　小学館　2016.3　317p　15cm　（小学館文庫）〈2011年刊の増補〉　620円　①978-4-09-406277-9

栃尾鉄道・栃尾電鉄

07824 私鉄紀行 北陸道 点と線 上 湯口徹著 エリエイ/プレス・アイゼンバーン 2003.7 126p 29×21cm (レイル No.45) 4000円 ①4-87112-445-2

栃尾又(魚沼市)

07825 日本全国津々うりゃうりゃ 仕事逃亡編 宮田珠己著 廣済堂出版 2015.10 245p 19cm 1500円 ①978-4-331-51963-9

07826 来ちゃった 酒井順子文, ほしよりこ画 小学館 2016.3 317p 15cm (小学館文庫) 〈2011年刊の増補〉 620円 ①978-4-09-406277-9

ドンデン山〔タダラ峰〕

07827 海山のあいだ 池内紀著 中央公論新社 2011.3 217p 16cm (中公文庫)〈マガジンハウス 1994年刊, 角川書店 1997年刊あり〉 590円 ①978-4-12-205458-5

直江津(上越市)

07828 耕うん機オンザロード 斉藤政喜著 小学館 2001.8 333p 19cm (BE-PAL BOOKS) 1200円 ①4-09-366065-4

07829 回り灯籠 吉村昭著 筑摩書房 2009.11 231p 15cm (ちくま文庫) 660円 ①978-4-480-42655-0
作品 直江津と人相書き

長岡市

07830 黄金伝説―「近代成金たちの夢の跡」探訪記 荒俣宏著, 高橋昇写真 集英社 1990.4 253p 21cm 1500円 ①4-08-772731-9
作品 独立ユートピアの夢―サトウキビ王

07831 越の道―越前・越中・越後 水上勉著 河出書房新社 2000.3 206p 20cm (日本の風景を歩く) 1600円 ①4-309-62132-5

07832 歴史探訪を愉しむ 童門冬二著 実教教育出版 2002.6 261p 20cm 1500円 ①4-7889-0701-1

07833 歴史をあるく、文学をゆく 半藤一利著 文芸春秋 2004.5 333p 16cm (文春文庫) 648円 ①4-16-748313-0

07834 近松秋江全集 第7巻 オンデマンド版 近松秋江著, 紅野敏郎, 和田謹吾, 中尾務, 遠藤英雄, 田沢基久, 笹瀬王子編集委員 八木書店古書出版部 2014.2 502, 34p 21cm〈初版:八木書店 1993年刊 印刷・製本:デジタルパブリッシングサービス 発売:八木書店〉 12000円 ①978-4-8406-3492-2
作品 北陸紀行

新潟港

07835 中部日本を歩く 立松和平著, 黒古一夫編 勉誠出版 2006.4 389p 22cm (立松和平日本を歩く 第3巻) 2600円 ①4-585-01173-0

新潟弘法大師像

07836 にっぽん大仏さがし 坂原弘康著 新風舎 1999.8 54p 16×13cm (新風選書) 580円 ①4-7974-0994-0

新潟市

07837 黄金伝説―「近代成金たちの夢の跡」探訪記 荒俣宏著, 高橋昇写真 集英社 1990.4 253p 21cm 1500円 ①4-08-772731-9

07838 ら・ら・ら「奥の細道」 黛まどか著 光文社 1998.3 221p 20cm 1600円 ①4-334-97168-7

07839 日本奥地紀行 イサベラ・バード著, 高梨健吉訳 平凡社 2000.2 529p 16cm (平凡社ライブラリー)〈年譜あり 文献あり〉 1500円 ①4-582-76329-4

07840 田中小実昌紀行集 田中小実昌著, 山本容朗選 JTB 2001.12 318p 20cm 2200円 ①4-533-04032-2
作品 イタリア軒

07841 ツーリング・ライフ―自由に、そして孤独に 新装増補版 斎藤純著 春秋社 2004.3 274p 20cm〈2001年刊の新装増補〉 1800円 ①4-393-43624-5
作品 信濃川のスケッチ―千曲川沿いの旅

07842 サイマー! 浅田次郎著 集英社 2005.12 299p 16cm (集英社文庫)〈写真:久保吉輝〉 648円 ①4-08-747891-2

07843 イザベラ・バード「日本の未踏路」完全補遺 イザベラ・バード著, 高畑美代子訳注 中央公論事業出版(製作発売) 2008.1 190p 21cm 1600円 ①978-4-89514-296-0

07844 イザベラ・バードの日本紀行 上 イザベラ・バード著, 時岡敬子訳 講談社 2008.4 493p 15cm (講談社学術文庫) 1500円 ①978-4-06-159871-3

07845 イザベラ・バード『日本奥地紀行』を歩く 金沢正脩著 JTBパブリッシング 2010.1 175p 21cm (楽学ブックス―文学歴史 11) 〈文献あり 年譜あり〉 1800円 ①978-4-533-07671-8

07846 居酒屋おくのほそ道 太田和彦著 文藝春秋 2011.8 320p 16cm (文春文庫)〈画:村松誠〉 629円 ①978-4-16-780131-1

07847 完訳 日本奥地紀行 1 横浜―日光―会津―越後 イザベラ・バード著, 金坂清則訳注 平凡社 2012.3 391p 18cm (東洋文庫) 3000円 ①978-4-582-80819-3

07848 完訳 日本奥地紀行 2 新潟―山形―秋田―青森 イザベラ・バード著, 金坂清則訳注 平凡社 2012.7 439p 18cm (東洋文庫)〈折り込 1枚 布装〉 3200円 ①978-4-582-80823-0

07849 にっぽん全国 百年食堂 椎名誠著 講談社 2013.1 222p 19cm 1400円 ①978-4-06-217814-3

07850 漂う―古い土地 新しい場所 黒井千次著 毎日新聞社 2013.8 175p 20cm 1600円

①978-4-620-32221-6

07851 新訳 日本奥地紀行 イザベラ・バード著, 金坂清則訳 平凡社 2013.10 537p 18cm (東洋文庫)〈布装 索引あり〉 3200円 ①978-4-582-80840-7

07852 近松秋江全集 第7巻 オンデマンド版 近松秋江著, 紅野敏郎, 和田謹吾, 中尾務, 遠藤英雄, 田沢基久, 笹瀬王子編集委員 八木書店古書出版部 2014.2 502, 34p 21cm〈初版：八木書店 1993年刊 印刷・製本：デジタルパブリッシングサービス 発売：八木書店〉 12000円 ①978-4-8406-3492-2
作品 北陸紀行

07853 ふらり旅 いい酒 いい肴 3 太田和彦著 主婦の友社 2016.5 135p 21cm 1400円 ①978-4-07-403235-8

二宮神社

07854 街道をゆく 10 羽州街道、佐渡のみち 新装版 司馬遼太郎著 朝日新聞出版 2008.10 260, 8p 15cm (朝日文庫) 560円 ①978-4-02-264455-8

日本国（山）

07855 ひとつとなりの山 池内紀著 光文社 2008.10 269p 18cm (光文社新書) 800円 ①978-4-334-03476-4

渟足柵

07856 街道をゆく 9 信州佐久平みち、潟のみち ほか 新装版 司馬遼太郎著 朝日新聞出版 2008.10 357, 8p 15cm (朝日文庫) 700円 ①978-4-02-264454-1

野積

07857 良寛を歩く 一休を歩く 水上勉著 日本放送出版協会 2004.4 317p 16cm (NHKライブラリー)〈「良寛を歩く」(1986年刊)と「一休を歩く」(1988年刊)の改題、合本〉 970円 ①4-14-084182-6
作品 良寛を歩く

八十里越

07858 秘境の山旅 新装版 大内尚樹編 白山書房 2000.11 246p 19cm〈1993年刊の新装版〉 1600円 ①4-89475-044-9

07859 古道巡礼—山人が越えた径 高桑信一著 山と溪谷社 2015.11 397p 15cm (ヤマケイ文庫)〈東京新聞出版局 2005年刊の再構成〉 980円 ①978-4-635-04781-4

07860 アーネスト・サトウの明治日本山岳記 アーネスト・メイスン・サトウ著, 庄田元男訳 講談社 2017.4 285p 15cm (講談社学術文庫)〈「日本旅行日記」(平凡社 1992年刊)と「明治日本旅行案内」(平凡社 1996年刊)の改題、抜粋し新たに編集〉 980円 ①978-4-06-292382-8

八海山

07861 百霊峰巡礼 第2集 立松和平著 東京新聞出版局 2008.4 307p 20cm 1800円 ①978-4-8083-0893-3

07862 ひとつとなりの山 池内紀著 光文社 2008.10 269p 18cm (光文社新書) 800円 ①978-4-334-03476-4

07863 山をはしる—1200日間 山伏の旅 井賀孝著 亜紀書房 2012.4 335p 20cm〈文献あり〉 2500円 ①978-4-7505-1202-0

羽茂の一里塚

07864 街道をゆく 10 羽州街道、佐渡のみち 新装版 司馬遼太郎著 朝日新聞出版 2008.10 260, 8p 15cm (朝日文庫) 560円 ①978-4-02-264455-8

磐越西線

07865 絶景 春列車の旅—内房線から中央山岳縦貫線まで 櫻井寛文・写真 東京書籍 2000.2 159p 21cm 2200円 ①4-487-79472-2

07866 お徒歩 ニッポン再発見 岩見隆夫著 アールズ出版 2001.5 299p 20cm 1600円 ①4-901226-20-7

07867 郷愁の鈍行列車 種村直樹著 和光 SiGnal 2005.9 235p 19cm 1143円 ①4-902658-05-4

07868 おんなひとりの鉄道旅 東日本編 矢野直美著 小学館 2008.7 217p 15cm (小学館文庫)〈2005年刊の単行本を2分冊にして文庫化〉 600円 ①978-4-09-408286-9

07869 よみがえれ、東日本！ 列車紀行 田中正恭著 多摩 クラッセ 2011.9 235p 19cm (Klasse books) 1600円 ①978-4-902841-12-1

07870 ぞっこん鉄道今昔—昭和の鉄道撮影地への旅 櫻井寛写真・文 朝日新聞出版 2012.8 205p 21cm 2300円 ①978-4-02-331112-1

磐梯朝日国立公園

07871 日本列島の香り—国立公園紀行 立松和平著 毎日新聞社 1998.3 255p 19cm 1500円 ①4-620-31208-8

07872 東京を歩く 立松和平著, 黒古一夫編 勉誠出版 2006.4 343p 22cm (立松和平日本を歩く 第7巻) 2600円 ①4-585-01177-3

火打山

07873 わが愛する山々 深田久弥著 山と溪谷社 2011.6 381p 15cm (ヤマケイ文庫)〈年譜あり〉 1000円 ①978-4-635-04730-2

東赤谷駅

07874 線路の果てに旅がある 宮脇俊三著 新潮社 1997.1 227p 15cm (新潮文庫)〈小学館1994年刊あり〉 400円 ①4-10-126813-4

日出谷駅

07875 日本縦断朝やけ乗り継ぎ列車—「夜明」

発「日ノ出」ゆき7泊8日5200キロ　種村直樹著　徳間書店　1998.10　245p　19cm　1400円　①4-19-860924-1

07876　ぞっこん鉄道今昔―昭和の鉄道撮影地への旅　櫻井寛写真・文　朝日新聞出版　2012.8　205p　21cm　2300円　①978-4-02-331112-1

平ヶ岳

07877　山の旅 本の旅―登る歓び、読む愉しみ　大森久雄著　平凡社　2007.9　237p　20cm〈文献あり〉　2200円　①978-4-582-83368-3

平根崎温泉

07878　旅は道づれ湯はなさけ　辻真先著　徳間書店　1989.5　348p　15cm　（徳間文庫）　580円　①4-19-568760-8

福島潟

07879　さらば新宿赤マント　椎名誠著　文藝春秋　2015.9　445p　16cm　（文春文庫）〈2013年刊の文庫化〉　770円　①978-4-16-790449-4
作品 雪国紀行―いい旅をした

分水地区（燕市）

07880　良寛へ歩く　小林新一文・写真　二玄社　2002.12　173p　26cm　2800円　①4-544-02039-5

07881　良寛を歩く 一休を歩く　水上勉著　日本放送出版協会　2004.4　317p　16cm　（NHKライブラリー）〈「良寛を歩く」（1986年刊）と「一休を歩く」（1988年刊）の改題、合本〉　970円　①4-14-084182-6
作品 良寛を歩く

07882　海山のあいだ　池内紀著　中央公論新社　2011.3　217p　16cm　（中公文庫）〈マガジンハウス 1994年刊, 角川書店 1997年刊あり〉　590円　①978-4-12-205458-5
作品 風景読本―呑口 吐口

宝伝寺

07883　見仏記　2　仏友篇　いとうせいこう, みうらじゅん著　角川書店　1999.1　332p　15cm　（角川文庫）〈中央公論社 1995年刊の文庫化〉　724円　①4-04-184603-X

北国街道

07884　新更科紀行　田中欣一著　長野　信濃毎日新聞社　2008.2　266p　21cm　1905円　①978-4-7840-7070-1

07885　街道をゆく　4　郡上・白川街道、堺・紀州街道 ほか　新装版　司馬遼太郎著　朝日新聞出版　2008.8　319, 8p　15cm　（朝日文庫）　620円　①978-4-02-264443-5

巻機山

07886　山々を滑る登る　熊谷榧絵と文　八王子　白山書房　2012.11　319p　19cm　（〔榧・画文集 12〕）　1900円　①978-4-89475-159-0

松次郎ゼンマイ道

07887　古道巡礼―山人が越えた径　高桑信一著　山と溪谷社　2015.11　397p　15cm　（ヤマケイ文庫）〈東京新聞出版局 2005年刊の再構成〉　980円　①978-4-635-04781-4

松之山温泉

07888　秘湯を求めて　2　ないしょの秘湯　藤嶽彰英著　（大阪）保育社　1989.12　185p　19cm　1350円　①4-586-61102-2

07889　いで湯浴泉記　大石真人著　新ハイキング社　1990.12　316p　19cm　（新ハイキング選書 第11巻）　1700円　①4-915184-12-9

松之山町

07890　ふるさと―この国は特別に美しい　ジョニー・ハイマス著　ユーリーグ　1995.4　193p　18cm　（U・LEAG BOOK）　1200円　①4-946491-01-5

三面川

07891　川を旅する　池内紀著　筑摩書房　2007.7　207p　18cm　（ちくまプリマー新書）　780円　①978-4-480-68763-0

御神楽岳

07892　山へ―原始の香り求めて　大内尚樹著　八王子　白山書房　2001.3　236p　19cm　1600円　①4-89475-047-3

三国街道

07893　ふれあいの旅紀行　新田健次著　東京新聞出版局　1992.5　203p　19cm　1300円　①4-8083-0437-6

三国峠

07894　バイクで越えた1000峠　賀曽利隆著　小学館　1998.8　280p　15cm　（小学館文庫）〈1995年刊の文庫化〉　514円　①4-09-411101-8

南地獄谷

07895　誰も行けない温泉 前人未（湯）　大原利雄著　小学館　2004.1　169p　15cm　（小学館文庫）　733円　①4-09-411526-9

妙高温泉

07896　温泉百話―西の旅　種村季弘, 池内紀編　筑摩書房　1988.2　471p　15cm　（ちくま文庫）　680円　①4-480-02201-5
作品 続山峡小記〔斎藤茂吉〕

明静院

07897　見仏記　2　仏友篇　いとうせいこう, みうらじゅん著　角川書店　1999.1　332p　15cm　（角川文庫）〈中央公論社 1995年刊の文庫化〉　724円　①4-04-184603-X

六日町

07898　黄昏のムービー・パレス　村松友視著, 横山良一写真　平凡社　1989.7　218p　19cm

1240円 ①4-582-28215-6

村上市

07899 エンピツ絵描きの一人旅 安西水丸著 新潮社 1991.10 213p 19cm 1300円 ①4-10-373602-X

07900 越の道―越前・越中・越後 水上勉著 河出書房新社 2000.3 206p 20cm (日本の風景を歩く) 1600円 ①4-309-62132-5

07901 わたしの旅人生「最終章」 渡辺文雄著 アートデイズ 2005.2 267p 20cm〈肖像あり〉 1600円 ①4-86119-033-9

作品 まんじゅう麩 古代塩、藻塩

07902 おくのほそ道 人物紀行 杉本苑子著 文芸春秋 2005.9 230p 18cm (文春新書) 700円 ①4-16-660460-0

07903 人と森の物語―日本人と都市林 池内紀著 集英社 2011.7 216p 18cm (集英社新書)〈文献あり〉 740円 ①978-4-08-720599-2

07904 徒歩旅行―今日読んで明日旅する12の町 若菜晃子編著 暮しの手帖社 2011.9 136p 28cm (暮しの手帖別冊) 762円

07905 奥の細道紀行 大石登世子著 調布 ふらんす堂 2013.10 234p 19cm〈文献あり〉 2476円 ①978-4-7814-0617-6

07906 ニッポン周遊記―町の見つけ方・歩き方・つくり方 池内紀著 青土社 2014.7 325p 20cm 2400円 ①978-4-7917-6777-9

07907 ちいさな城下町 安西水丸著 文藝春秋 2016.11 267p 16cm (文春文庫)〈2014年刊の文庫化〉 630円 ①978-4-16-790734-1

矢筈岳

07908 秘境の山旅 新装版 大内尚樹編 白山書房 2000.11 246p 19cm〈1993年刊の新装版〉 1600円 ①4-89475-044-9

弥彦駅

07909 終着駅への旅 JR編 櫻井寛著 JTBパブリッシング 2013.8 222p 19cm 1300円 ①978-4-533-09285-5

弥彦線

07910 テツはこんな旅をしている―鉄道旅行再発見 野田隆著 平凡社 2014.3 222p 18cm (平凡社新書) 760円 ①978-4-582-85722-1

弥彦村

07911 夢は枯野を―競輪躁鬱旅行 伊集院静著 講談社 1994.12 343p 15cm (講談社文庫)〈1993年刊の文庫化〉 560円 ①4-06-185833-5

07912 ら・ら・ら「奥の細道」 黛まどか著 光文社 1998.3 221p 20cm 1600円 ①4-334-97168-7

07913 芭蕉の杖跡―おくのほそ道 新紀行 森村誠一著 角川マガジンズ 2012.7 268p 19cm〈発売：角川グループパブリッシング〉 1600円 ①978-4-04-731863-2

弥彦山

07914 山頂の憩い―『日本百名山』その後 深田久弥著 新潮社 2000.5 186p 16cm (新潮文庫)〈肖像あり〉 400円 ①4-10-122003-4

07915 百霊峰巡礼 第1集 立松和平著 東京新聞出版局 2006.7 299p 20cm 1800円 ①4-8083-0854-1

山古志

07916 スローな旅で行こう―シェルパ斉藤の週末ニッポン再発見 斉藤政喜著 小学館 2004.10 255p 19cm (Dime books) 1200円 ①4-09-366068-9

湯沢温泉

07917 回り灯籠 吉村昭著 筑摩書房 2009.11 231p 15cm (ちくま文庫) 660円 ①978-4-480-42655-0

作品 桜田門外の変と越後

湯沢町

07918 味を追う旅 吉村昭著 河出書房新社 2013.11 183p 15cm (河出文庫)〈「味を訪ねて」(2010年刊)の改題〉 660円 ①978-4-309-41258-0

07919 川端康成随筆集 川端康成著, 川西政明編 岩波書店 2013.12 485p 15cm (岩波文庫) 900円 ①978-4-00-310815-4

作品 「雪国」の旅

目次 1(末期の眼, ほろびぬ美 ほか), 2 落花流水(行燈, 伊豆行 ほか), 3(片岡鉄兵の死, 横光利一弔辞 ほか), 4(私のふるさと, 芥川竜之介と菊池寛 ほか)

07920 時の名残り 津村節子著 新潮社 2017.3 247p 20cm 1600円 ①978-4-10-314712-1

作品 雪国の町 この地に眠る

湯之沢鉱泉

07921 温泉旅日記 池内紀著 徳間書店 1996.9 277p 15cm (徳間文庫)〈河出書房新社1988年刊あり〉 540円 ①4-19-890559-2

湯の平温泉

07922 秘湯を求めて 3 きわめつけの秘湯 藤嶽彰英著 (大阪)保育社 1990.1 194p 19cm 1350円 ①4-586-61103-0

米坂線

07923 乗る旅・読む旅 宮脇俊三著 角川書店 2004.2 250p 15cm (角川文庫) 514円 ①4-04-159811-7

07924 汽車旅放浪記 関川夏央著 新潮社 2006.6 282p 20cm 1700円 ①4-10-387603-4

07925 日本縦断「ローカル列車」を乗りこなす 種村直樹著 青春出版社 2006.6 205p 18cm (青春新書インテリジェンス) 730円 ①4-413-04147-X

07926 女子と鉄道 酒井順子著 光文社 2006.

11　231p　20cm　1300円　①4-334-97509-7

隆泉寺

07927　良寛を歩く 一休を歩く　水上勉著　日本放送出版協会　2004.4　317p　16cm　(NHKライブラリー)〈「良寛を歩く」(1986年刊)と「一休を歩く」(1988年刊)の改題、合本〉　970円　①4-14-084182-6
作品 良寛を歩く

蓮華温泉

07928　秘湯を求めて　3　きわめつけの秘湯　藤嶽彰英著　(大阪)保育社　1990.1　194p　19cm　1350円　①4-586-61103-0

蓮華峰寺

07929　街道をゆく　10　羽州街道、佐渡のみち　新装版　司馬遼太郎著　朝日新聞出版　2008.10　260, 8p　15cm　(朝日文庫)　560円　①978-4-02-264455-8

和島地区(長岡市)

07930　良寛を歩く 一休を歩く　水上勉著　日本放送出版協会　2004.4　317p　16cm　(NHKライブラリー)〈「良寛を歩く」(1986年刊)と「一休を歩く」(1988年刊)の改題、合本〉　970円　①4-14-084182-6
作品 良寛を歩く

富山県

07931　安吾新日本風土記　坂口安吾著　河出書房新社　1988.11　246p　15cm　(河出文庫)　480円　①4-309-40227-5
作品 富山の薬と越後の毒消し

07932　ヤポネシア讃歌　立松和平著　講談社　1990.6　261p　19cm　1200円　①4-06-204887-6

07933　坂口安吾全集　18　坂口安吾著　筑摩書房　1991.9　794p　15cm　(ちくま文庫)　1340円　①4-480-02478-6
作品 安吾新日本風土記―富山の薬と越後の毒消し

07934　古代史紀行　宮脇俊三著　講談社　1994.9　404p　15cm　(講談社文庫)　620円　①4-06-185773-8

07935　あっちへ行ったりこっちを見たり―諸国探訪・俳諧記　渡辺文雄著　朝日新聞社　1999.4　169p　20cm　1600円　①4-02-330577-4

07936　閑古堂の絵葉書散歩　東編　林丈二著　小学館　1999.4　123p　21cm　(SHOTOR TRAVEL)　1500円　①4-09-343138-8
作品 つくりもん祭―富山

07937　麺喰紀行―知られざる美味 麺王国・北陸の旅　栗栖十三著　碧天舎　2002.7　248p　19cm　1000円　①4-88346-098-3
目次 第1章 越前編(おろし蕎麦食べ歩き, 福井のラーメン名店), 第2章 加賀・能登編(麺街道・国道八号線, 加賀・金沢麺類アラカルト):第3章 越中編(富山ラーメン紀行, 高岡ラーメン紀行)

07938　北陸 悲恋伝説の地を行く　子母澤類著　金沢　北国新聞社　2002.11　207p　21cm　1800円　①4-8330-1268-5
目次 金沢(お早良作(金沢市、福井県坂井町)―恋に殉じた加賀藩士, 縁切り宮(香林坊、卯辰山)―女の嫉妬断ち切る刃の光 ほか), 能登(泣き砂の浜(門前町)―恋人を待ち続けた花魁の純情, 恋路海岸(内浦町)―嫉妬うずまく波間に散った男と女 ほか), 加賀(太鼓の胴(加賀市)―鏡花も聞いた湯女の寂しさ, やすなが淵(小松市)―純情一途娘の情念の深さ ほか), 富山(五箇山のお小夜(上平村、平村)―激流にのまれた遊女の運命, 祖母谷(黒部峡谷)―加賀藩奥山廻りに心焦がした女人の執念 ほか), 福井(東尋坊の恋(勝山市、三国町)―怒涛のような男の情念, 乙女が滝(敦賀市)―老人たちの記憶に眠る情熱の淵 ほか)

07939　誰も行けない温泉 前人未(湯)　大原利雄著　小学館　2004.1　169p　15cm　(小学館文庫)　733円　①4-09-411526-9

07940　森の旅 森の人―北海道から沖縄まで日本の森林を旅する　軽装版　稲本正文, 姉崎一馬写真　世界文化社　2005.11　271p　21cm　(ほたるの本)〈1994年刊行版に一部修正を加え軽装版にしたもの　1990年刊あり〉　1800円　①4-418-05518-5

07941　ローカル線五感で楽しむおいしい旅―スローな時間を求めて　金久保茂樹著　グラフ社　2008.1　237p　19cm　1143円　①978-4-7662-1113-9

07942　道の先まで行ってやれ！―自転車で、飲んで笑って、涙する旅　石田ゆうすけ著　幻冬舎　2009.7　303p　20cm　1500円　①978-4-344-01710-8

07943　すすれ！麺の甲子園　椎名誠著　新潮社　2010.10　365p　16cm　(新潮文庫)　590円　①978-4-10-144836-7

07944　嵐山光三郎 ぶらり旅　嵐山光三郎著　金沢　北國新聞社　2011.11　229p　19cm　1238円　①978-4-8330-1826-5
目次 尾山神社―金沢市, 源助大根のおでん―金沢市, 中島の能登かき―七尾市, 鴨池の坂網猟―加賀市, 下新町―金沢市, 兼六園の雪吊り―金沢市, スキーと温泉―金沢市, サバの糠漬け―白山市, 富山の売薬さん―富山県内, 猿山岬の雪割草―輪島市〔ほか〕

07945　日本山岳紀行―ドイツ人が見た明治末の信州　W・シュタイニッツァー著, 安藤勉訳　長野　信濃毎日新聞社　2013.10　305p　19cm　(信毎選書 5)〈1992年刊の改訂　文献あり〉　1400円　①978-4-7840-7222-4

07946　唄めぐり　石田千著　新潮社　2015.4　401p　20cm〈文献あり〉　2300円　①978-4-10-303453-7

07947　源流テンカラ　高桑信一著　山と溪谷社　2016.3　349p　21cm　2400円　①978-4-635-04413-4

赤牛岳

07948 黒部渓谷　冠松次郎著　平凡社　1996.5　433p　16cm　（平凡社ライブラリー）　1400円　①4-582-76145-3

目次 黒部渓谷概観, 下廊下の記, 双六谷から黒部川へ, 黒部川溯行記, 紅葉と新雪の黒部流域, 春の黒部川, 赤牛岳へ登る, 有峰のこと, 仙人谷・黒部別山・内蔵の助平, 棒小屋沢紀行

07949 渓　冠松次郎著　中央公論新社　2004.10　304p　21cm　（中公文庫ワイド版）〈中公文庫2003年刊（改版）のワイド版〉　4600円　①4-12-551835-1

赤木沢

07950 鈴木みきの山の足あと　ステップアップ編　鈴木みき著　山と溪谷社　2014.8　127p　21cm　1200円　①978-4-635-33064-0

赤岳（水晶岳）

07951 日本アルプス縦走記　窪田空穂著　雁書館　1995.7　137p　19cm　1400円

朝日小屋〔朝日岳の山小屋〕

07952 五感で発見した「秘密の信州」　増村征夫著　講談社　2008.4　269p　19cm　1500円　①978-4-06-214573-2

朝日町

07953 なぜかいい町一泊旅行　池内紀著　光文社　2006.6　227p　18cm　（光文社新書）　700円　①4-334-03360-1

阿曽原温泉

07954 誰も行けない温泉 前人未（湯）　大原利雄著　小学館　2004.1　169p　15cm　（小学館文庫）　733円　①4-09-411526-9

阿曽原峠

07955 晴れのち曇り 曇りのち晴れ　熊谷榧絵と文　八王子　白山書房　2010.2　296p　19cm　（〔榧・画文集 0〕）〈皆美社1970年刊の再版　平凡社2001年刊あり〉　1900円　①978-4-89475-139-2

有峰

07956 新編 山と渓谷　田部重治著, 近藤信行編　岩波書店　1993.8　323p　15cm　（岩波文庫）　570円　①4-00-311421-3

07957 わが山山　深田久弥著　中央公論新社　2004.10　213p　21cm　（中公文庫ワイド版）〈中公文庫2002年刊（改版）のワイド版〉　3400円　①4-12-551832-7

07958 アーネスト・サトウの明治日本山岳記　アーネスト・メイスン・サトウ著, 庄田元男訳　講談社　2017.4　285p　15cm　（講談社学術文庫）〈「日本旅行日記」（平凡社 1992年刊）と「明治日本旅行案内」（平凡社 1996年刊）の改題、抜粋し新たに編集〉　980円　①978-4-06-292382-8

池の平

07959 山々を滑る登る　熊谷榧絵と文　八王子　白山書房　2012.11　319p　19cm　（〔榧・画文集 12〕）　1900円　①978-4-89475-159-0

作品 立山から池ノ平へ

池の平小屋

07960 山の眼玉　畦地梅太郎著　山と溪谷社　2013.10　221p 図版16p　15cm　（ヤマケイ文庫）〈「山の目玉」（美術出版社 1986年刊）の改題　平凡社 1999年刊あり〉　950円　①978-4-635-04759-3

岩瀬港町

07961 仙人の桜、俗人の桜　赤瀬川原平著　平凡社　2000.3　270p　16cm　（平凡社ライブラリー）〈日本交通公社出版事業局1993年刊あり〉　1100円　①4-582-76332-4

作品 デキている酒と肴―富山

魚津市

07962 日本の名山　8　立山　串田孫一, 今井通子, 今福龍太編　博品社　1997.4　253p　19cm〈参考文献：p248〉　1600円　①4-938706-37-7

作品 魚津と立山〔新田次郎〕

目次 大汝峰（室生犀星）, 立山 子を立山にやる（尾上柴舟）, 立山行（川田順）, 立山（結城哀草果）, 立山（深田久弥）, 黒部と立山（熊井啓）, 立山（志賀重昂）, 立山雑記（水原秋櫻子）, 立山：イワイチョウ リンドウ科（田中澄江）, 立山へ（黒田晩穂）, 魚津と立山（新田次郎）, あの世の遊園地へ 立山地獄めぐりと女人往生（荒俣宏）, 修行僧至越中立山会少女語第七―『今昔物語集』, 善知鳥（世阿弥）, 立山開山（廣瀬誠）, 日本旅行日記 一八七八年 抄（アーネスト・サトウ）, 立山ガイド列伝（井上晃）, 行方不明を伝えられた予の雪中アルプス登山（内山数雄）, 二十年ぶりの立山（大町桂月）, 続三千里 抄（河東碧梧桐）, かなしみの立山（槇有恒）, 立山初登頂の女性（坂倉登喜子, 梅野淑子）, 女人禁制の立山（村井米子）, 立山頂上雄山神社（加藤泰三）, 空腹の立山 北アルプスの記（畦地梅太郎）, 雄山直登（佐伯邦夫）, 奥大日岳（川口邦雄）, 別山（高頭式）, 御山谷（冠松次郎）, 内蔵助平（五百沢智也）, 「立山新道」のこと 明治初年の開通社（湯口康雄）, 立山砂防工事専用軌道（宮脇俊三）, さらさら越（泉鏡花）, チマ・エテルナ―はじまりの山（今福龍太）

07963 旬紀行―「とびきり」を味わうためだけの旅　寄本好則著　ディノス　2006.8　167p　20cm〈扶桑社（発売）〉　1667円　①4-594-05210-X

07964 谷川健一全集　第10巻（民俗 2）　女の風土記　埋もれた日本地図（抄録）　黒潮の民俗学（抄録）　谷川健一著　冨山房インターナショナル　2010.1　574, 27p　23cm〈付属資料：8p：月報 no.14　索引あり〉　6500円　①978-4-902385-84-7

宇奈月

07965 黒部へ―黒部八千八谷に魅せられて　志水哲也著　白山書房　1999.6　342p　21cm　2500円　①4-89475-024-4

目次 1章 宇奈月に下宿して―1986年, 2章 黒部湖に下

中部

宿して—1987年, 3章 再び黒部へ—1992年～93年, 4章 ガイドの仕事を始めて—1996年, 5章 宇奈月に移り住み—1997年, 6章 黒部川と共に—1998年

越中国分寺

07966 北陸の古寺 上 新装版 井上雪著 金沢 北國新聞社 2012.5 197p 19cm〈北国出版社 1983年刊の2分冊〉 1200円 Ⓘ978-4-8330-1869-2

(目次) 能登の寺—村人に守られ給うて(明泉寺—千年の遺品, 曹源寺—潮騒の三尊仏, 薬師寺—お薬師さま, 来迎寺, 法華寺, 光明寺, 竜門寺), 越中の寺—山と海のはざまに(勝興寺—万葉の草木, 越中国分寺—唐草文様の古瓦, 上日寺—雨乞いの鐘, 長興寺, 勝興寺, 越中国分寺, 上日寺, 光久寺, 法福寺, 立山寺, 千光寺), 五箇山の寺——向一揆の裏舞台(行徳寺—赤尾の道宗, 道善寺—村お講, 聖光寺—二歳の太子仏, 瑞厳寺, 称名寺)

越中山田温泉

07967 温泉旅日記 池内紀著 徳間書店 1996.9 277p 15cm (徳間文庫)〈河出書房新社1988年刊あり〉 540円 Ⓘ4-19-890559-2

小川温泉

07968 遙かなる秘湯をゆく 桂博史著 主婦と生活社 1990.3 222p 19cm 980円 Ⓘ4-391-11232-9

07969 百年前の山を旅する 服部文祥著 新潮社 2014.1 236p 16cm (新潮文庫)〈東京新聞出版部 2010年刊の再刊 文献あり〉 630円 Ⓘ978-4-10-125321-3

奥大日岳

07970 新編 山と渓谷 田部重治著, 近藤信行編 岩波書店 1993.8 323p 15cm (岩波文庫) 570円 Ⓘ4-00-311421-3

07971 日本の名山 8 立山 串田孫一, 今井通子, 今福龍太編 博品社 1997.4 253p 19cm〈参考文献：p248〉 1600円 Ⓘ4-938706-37-7

[作品] 奥大日岳〔川口邦雄〕

尾沼谷

07972 大いなる山 大いなる谷 新装版 志水哲也著 八王子 白山書房 2004.6 306p 19cm〈1992年刊の新装版〉 2000円 Ⓘ4-89475-084-8

小矢部川

07973 フライフィッシング紀行 続 芦沢一洋著, 楠山正良編 つり人社 1998.8 256p 18cm (つり人ノベルズ) 950円 Ⓘ4-88536-244-X

小矢部市

07974 中部北陸自然歩道を歩く 田嶋直樹著 名古屋 風媒社 2007.6 127p 21cm (爽books) 1600円 Ⓘ978-4-8331-0128-8

(目次) 岐阜県(白川村「荻町合掌集落のみち」3.0km—白川郷合掌集落、萩町城跡、であい橋, 飛騨市「天生湿原とブナ原生林のみち」8.9km—天生峠、天生湿原、籾糠山 ほか), 福井県(敦賀市「気比の松原と芭蕉を偲ぶみち」8.0km—気比神社、金ヶ崎宮、気比の松原, 福井市「朝倉遺跡と一乗滝のみち」7.0km—朝倉氏遺跡、一乗城山、一乗滝、復元地区), 石川県(加賀市「山中漆器と渓流のみち」3.8km—山中温泉、鶴仙渓、あやとり橋と桜公園、こおろぎ橋, 津幡町「倶利伽羅峠のみち」6.9km—くりから古戦場､倶利伽羅不動寺、旧北陸道、森林公園), 富山県(小矢部市「倶利伽羅峠越えのみち」5.4km—植生護国八幡宮、猿ヶ馬場、矢立､倶利伽羅不動寺, 南砺市「朴峠牛方をしのぶ石畳のみち」12.2km—人喰谷、お助け小屋跡、相倉合掌集落、つくばね森林公園 ほか)

雄山

07975 日本の名山 8 立山 串田孫一, 今井通子, 今福龍太編 博品社 1997.4 253p 19cm〈参考文献：p248〉 1600円 Ⓘ4-938706-37-7

[作品] 雄山直登〔佐伯邦夫〕

雄山神社

07976 日本の名山 8 立山 串田孫一, 今井通子, 今福龍太編 博品社 1997.4 253p 19cm〈参考文献：p248〉 1600円 Ⓘ4-938706-37-7

[作品] 立山頂上雄山神社〔加藤泰三〕

07977 むかしの山旅 今福龍太編 河出書房新社 2012.4 304p 15cm (河出文庫) 760円 Ⓘ978-4-309-41144-6

[作品] 立山頂上雄山神社〔加藤泰三〕

加越能鉄道

07978 朝湯、昼酒、ローカル線—かっちゃんの鉄修行 勝谷誠彦著 文芸春秋 2007.12 321p 16cm (文春文庫plus)〈「勝谷誠彦の地列車大作戦」(JTB2002年刊) の改題〉 629円 Ⓘ978-4-16-771320-1

加越能鉄道加越線

07979 私鉄紀行 北陸道 点と線 下 昭和30年代 北陸のローカル私鉄をたずねて 湯口徹著 エリエイ 2003.10 122p 30cm (レイル No.46) 4000円 Ⓘ4-87112-446-0

嘉々堂谷

07980 大いなる山 大いなる谷 新装版 志水哲也著 八王子 白山書房 2004.6 306p 19cm〈1992年刊の新装版〉 2000円 Ⓘ4-89475-084-8

片貝東又谷

07981 日本の名山 7 剣岳 串田孫一, 今井通子, 今福龍太編 博品社 1998.5 252p 19cm 1600円 Ⓘ4-938706-54-7

[作品] 剣沢から片貝東又谷へ〔佐伯邦夫〕

(目次) 立山の賦一首 併せて短歌 この山は新川の郡に有り(大伴家持), 剣の山巓で(前田鉄之助), 剣岳(深田久弥), 越中剣岳(木暮理太郎), 剣・立山行 初めてのテント生活(今井通子), 剣岳のまわり(上田哲農), 剣岳の夏 源次郎尾根一峰、八ツ峰六峰Bフェースほか(松本龍雄), 岩と雪の殿堂、あこがれの剣岳を登る(沢野ひとし), 越中劔山の探検(瓦山人), 劒ヶ岳尾根縦走記録(斎藤新一郎), 毛勝山より剣岳まで(田部重治), 女子劒岳登山記(竹内鳳次郎), 早月尾根の初登攀(冠松次郎), 八ッ

峰(小笠原勇八),石黒清蔵氏の劒岳池ノ谷登攀(山崎安治),白萩川池ノ谷溯行記(長谷川孝一),剣沢から片貝東又谷へ(佐伯邦夫),剣大滝直登記(高島石盛),剣岳の氷河と雪渓(小野有五),小窓と大窓 強烈な自然の造形(安川茂雄),劒に遊ぶ(黒田初子),思い出の三ノ窓(西田高生),風雪の東大谷登攀 オソロシサと親しみの谷間(高田直樹),随想(三田幸夫),積雪期剣岳剣尾根西面中央ルンゼ(古川純一),剣チンネ正面岩壁(芳野満彦),墜落 剣岳池ノ谷ドーム稜(吉尾弘),剣沢小屋の主人として(佐伯文蔵),チマ・エテルナ―「シャリバテ」(今井通子)

北山鉱泉

07982 秘湯を求めて 2 ないしょの秘湯 藤嶽彰英著 (大阪)保育社 1989.12 185p 19cm 1350円 ①4-586-61102-2

行徳寺

07983 街道をゆく 4 郡上・白川街道、堺・紀州街道 ほか 新装版 司馬遼太郎著 朝日新聞出版 2008.8 319, 8p 15cm (朝日文庫) 620円 ①978-4-02-264443-5

07984 北陸の古寺 上 新装版 井上雪著 金沢 北國新聞社 2012.5 197p 19cm〈北国出版社 1983年刊の2分冊〉 1200円 ①978-4-8330-1869-2

雲ノ平

07985 ハピネス気分で山歩き 平野恵理子著 山と渓谷社 2005.9 159p 21cm 1800円 ①4-635-17168-X

内蔵の助平

07986 黒部渓谷 冠松次郎著 平凡社 1996.5 433p 16cm (平凡社ライブラリー) 1400円 ①4-582-76145-3

倶利伽羅谷

07987 平家巡礼 上原まり著 光文社 2011.12 240p 16cm (光文社知恵の森文庫) 667円 ①978-4-334-78595-6

黒薙温泉

07988 秘湯を求めて 1 はじめての秘湯 藤嶽彰英著 (大阪)保育社 1989.11 194p 19cm 1350円 ①4-586-61101-4

07989 日本の名山 6 白馬岳 串田孫一,今井通子,今福龍太編 博品社 1997.7 258p 19cm〈年表あり 文献あり〉 1600円 ①4-938706-40-7

作品 黒薙温泉から白馬岳直登〔佐伯邦夫〕

黒薙川

07990 山釣り―はるかなる憧憬の谿から 山本素石編著 立風書房 1996.3 261p 19cm 2000円 ①4-651-78040-7

07991 山で見た夢―ある山岳雑誌編集者の記憶 勝峰富雄著 みすず書房 2010.5 285p 20cm 2600円 ①978-4-622-07542-4

07992 源流テンカラ 高桑信一著 山と溪谷社 2016.3 349p 21cm 2400円 ①978-4-635-04413-4

黒薙谷

07993 若き日の山 串田孫一著 集英社 1988.1 210p 15cm (集英社文庫) 300円 ①4-08-749294-X

黒部

07994 汽車旅十五題 種村直樹著 日本交通公社 1992.4 230p 19cm 1300円 ①4-533-01899-8

07995 ふわふわワウワウ―唄とカメラと時刻表 みなみらんぼう著 旅行読売出版社 1996.7 207p 19cm 1100円 ①4-89752-601-9

作品 ギター抱えてアルペンルートを行く

07996 山に親しむ 川端康成ほか著,作品社編集部編 作品社 1998.4 246p 22cm (新編・日本随筆紀行 大きな活字で読みやすい本―心にふるさとがある 2) ①4-87893-808-0, 4-87893-807-2

作品 黒部探検の頃〔冠松次郎〕

07997 山の名作読み歩き―読んで味わう山の楽しみ 大森久雄編 山と溪谷社 2014.11 301p 18cm (ヤマケイ新書) 880円 ①978-4-635-51002-8

作品 黒部探検の頃〔冠松次郎〕

07998 紀行とエッセーで読む 作家の山旅 山と溪谷社編 山と溪谷社 2017.3 357p 15cm (ヤマケイ文庫) 930円 ①978-4-635-04828-6

作品 登山は冒険なり〔河東碧梧桐〕

黒部川

07999 黒部渓谷 冠松次郎著 平凡社 1996.5 433p 16cm (平凡社ライブラリー) 1400円 ①4-582-76145-3

08000 黒部へ―黒部八千八谷に魅せられて 志水哲也著 白山書房 1999.6 342p 21cm 2500円 ①4-89475-024-4

08001 悪ガキオヤジが川に行く!―サラリーマン転覆隊 本田亮著 小学館 2004.4 253p 20cm (Be-pal books) 1600円 ①4-09-366463-3

08002 渓をわたる風 高桑信一著 平凡社 2004.6 269p 20cm 2000円 ①4-582-83224-5

08003 中部日本を歩く 立松和平著,黒古一夫編 勉誠出版 2006.4 389p 22cm (立松和平日本を歩く 第3巻) 2600円 ①4-585-01173-0

08004 なんで山登るねん―わが自伝的登山論 高田直樹著 山と溪谷社 2014.5 365p 15cm (ヤマケイ文庫)〈1995年刊の再刊〉 880円 ①978-4-635-04777-7

目次 出会いのひととき 物語の始まり,初めてのスキー 私は鳥になった,山仲間芝ヤンの死 本当の雪山を知った,芝ヤンは死んだ ぼくは生きのびた,祖父平の一週間 おばあちゃんっこに還る,岩魚釣と岩登り 一緒にでけへんやろか,風雪の東大谷登攀 オソロシサと親しみの谷間,一人ぼっちの低山歩きは“白い馬”にのって,山で得た美

しい経験は美しい記憶のままで,いきがりのカッコマンとまともな変人ドクター〔ほか〕

08005 源流テンカラ 高桑信一著 山と溪谷社 2016.3 349p 21cm 2400円 ①978-4-635-04413-4

黒部峡谷

08006 黒部渓谷 冠松次郎著 平凡社 1996.5 433p 16cm (平凡社ライブラリー) 1400円 ①4-582-76145-3

08007 峰と渓 冠松次郎著 河出書房新社 2002.5 249p 19cm (Kawade山の紀行) 1600円 ①4-309-70422-0

08008 秘境ごくらく日記—辺境中毒オヤジの冒険指南 敷島悦朗著 JTB 2003.1 230p 19cm 1700円 ①4-533-04569-3

08009 大いなる山 大いなる谷 新装版 志水哲也著 八王子 白山書房 2004.6 306p 19cm〈1992年刊の新装版〉 2000円 ①4-89475-084-8

08010 渓 冠松次郎著 中央公論新社 2004.10 304p 21cm (中公文庫ワイド版)〈中公文庫2003年刊(改版)のワイド版〉 4600円 ①4-12-551835-1

08011 素晴らしき洞窟探検の世界 吉田勝次著 筑摩書房 2017.10 253p 18cm (ちくま新書) 920円 ①978-4-480-06997-9

(目次) カラー口絵,プロローグ 洞窟探検への招待,第1章 大洞窟「霧穴」を紙上探検する,第2章 石灰洞窟と火山洞窟(沖永良部島・銀水洞/黒部峡谷の未踏洞窟/ハワイ・カズムラ洞窟),第3章 世界のすごい洞窟(イラン・3N洞窟/オーストリア・氷の洞窟群/メキシコ・ゴロンドリナス洞窟/ヴェトナム・ソンドン洞窟),第4章 未踏の地を探して(ラオスの未踏洞/中国・万丈坑/洞窟潜水),特別対談 洞窟壁画の謎に迫る 吉田勝次×五十嵐ジャンヌ

黒部峡谷鉄道

08012 ふわふわワウワウ—唄とカメラと時刻表 みなみらんぼう著 旅行読売出版社 1996.7 207p 19cm 1100円 ①4-89752-601-9

[作品] 黒部峡谷トロッコ電車の旅

08013 絶景 春列車の旅—内房線から中央山岳縦貫線まで 櫻井寛文・写真 東京書籍 2000.2 159p 21cm 2200円 ①4-487-79472-2

08014 私鉄紀行 北陸道 点と線 上 湯口徹著 エリエイ/プレス・アイゼンバーン 2003.7 126p 29×21cm (レイル No.45) 4000円 ①4-87112-445-2

08015 日本全国ローカル列車ひとり旅 遠森慶文・イラスト・写真 双葉社 2005.11 253p 19cm 1500円 ①4-575-29847-6

黒部市

08016 日本の名山 8 立山 串田孫一,今井通子,今福龍太編 博品社 1997.4 253p 19cm〈参考文献:p248〉 1600円 ①4-938706-37-7

[作品] 黒部と立山〔熊井啓〕

08017 黒部へ—黒部八千八谷に魅せられて 志水哲也著 白山書房 1999.6 342p 21cm 2500円 ①4-89475-024-4

08018 中部日本を歩く 立松和平著,黒古一夫編 勉誠出版 2006.4 389p 22cm (立松和平日本を歩く 第3巻) 2600円 ①4-585-01173-0

08019 サバイバル登山家 服部文祥著 みすず書房 2006.6 257p 20cm 2400円 ①4-622-07220-3

黒部ダム・黒部湖

08020 黒部へ—黒部八千八谷に魅せられて 志水哲也著 白山書房 1999.6 342p 21cm 2500円 ①4-89475-024-4

08021 ニッポンの穴紀行—近代史を彩る光と影 西牟田靖著 光文社 2010.12 324p 19cm〈文献あり〉 1500円 ①978-4-334-97634-7

08022 来ちゃった 酒井順子文,ほしよりこ画 小学館 2016.3 317p 15cm (小学館文庫)〈2011年刊の増補〉 620円 ①978-4-09-406277-9

08023 時の名残り 津村節子著 新潮社 2017.3 247p 20cm 1600円 ①978-4-10-314712-1

[作品] 黒部ダム

黒部別山

08024 黒部渓谷 冠松次郎著 平凡社 1996.5 433p 16cm (平凡社ライブラリー) 1400円 ①4-582-76145-3

毛勝三山

08025 山で見た夢—ある山岳雑誌編集者の記憶 勝峰富雄著 みすず書房 2010.5 285p 20cm 2600円 ①978-4-622-07542-4

08026 鈴木みきの山の足あと ステップアップ編 鈴木みき著 山と溪谷社 2014.8 127p 21cm 1200円 ①978-4-635-33064-0

毛勝山

08027 新編 山と渓谷 田部重治著,近藤信行編 岩波書店 1993.8 323p 15cm (岩波文庫) 570円 ①4-00-311421-3

08028 日本の名山 7 剣岳 串田孫一,今井通子,今福龍太編 博品社 1998.5 252p 19cm 1600円 ①4-938706-54-7

[作品] 毛勝山より剣岳まで〔田部重治〕

光久寺

08029 北陸の古寺 上 新装版 井上雪著 金沢 北國新聞社 2012.5 197p 19cm〈北国出版社 1983年刊の2分冊〉 1200円 ①978-4-8330-1869-2

五箇山

08030 かわいい自分には旅をさせろ 嵐山光三郎著 講談社 1991.8 253p 18cm 1100円 ①4-06-205402-7

08031 バスで田舎へ行く 泉麻人著 筑摩書房 2005.5 296p 15cm (ちくま文庫)〈「バスで、

田舎へ行く」(JTB 2001年刊)の改題〉 740円 ①4-480-42079-7

08032 街道をゆく 4 郡上・白川街道、堺・紀州街道 ほか 新装版 司馬遼太郎著 朝日新聞出版 2008.8 319, 8p 15cm (朝日文庫) 620円 ①978-4-02-264443-5

08033 文豪、偉人の「愛」をたどる旅 黛まどか著 集英社 2009.8 255p 18cm 1048円 ①978-4-08-781427-9

08034 北陸平家物語紀行―伝承が彩る歴史といま 細井勝著 金沢 北国新聞社 2011.12 142p 26cm〈文献あり〉 1905円 ①978-4-8330-1845-6

目次 第1章 能登の平家伝説を行く―大納言平時忠とその末裔(「平家物語」の主役の一人, 時忠の足跡を追う, 後裔時国、八百年の時を刻む, 能登に広がる義経伝説), 第2章 北陸の源平合戦を巡る―木曽義仲と兵たち(保元・平治の乱から源平騒乱へ, 燧ヶ城の合戦, 盤若野の合戦, 倶利迦羅の合戦, 安宅・篠原の合戦, 朝日将軍の最期), 第3章 絵巻を彩る人物に出会う―乱世に咲いた華(仏御前, 長谷部信連, 斎藤実盛, 巴御前), 第4章 平家落人の隠れ里を訪ねる―伝承が創るふるさと(越中五箇山, 越前・加賀の落人伝説)

08035 「幻の街道」をゆく 七尾和晃著 東海教育研究所 2012.7 193p 19cm〈発売:東海大学出版会〔秦野〕〉 1600円 ①978-4-486-03744-6

小黒部谷

08036 若き日の山 串田孫一著 集英社 1988.1 210p 15cm (集英社文庫) 300円 ①4-08-749294-X

ザラ峠

08037 日本山岳紀行―ドイツ人が見た明治末の信州 W・シュタイニッツァー著, 安藤勉訳 長野 信濃毎日新聞社 2013.10 305p 19cm (信毎選書 5)〈1992年刊の改訂 文献あり〉 1400円 ①978-4-7840-7222-4

庄川温泉

08038 人情温泉紀行―演歌歌手・鏡五郎が訪ねた全国の名湯47選 鏡五郎著 マガジンランド 2008.5 235p 19cm〈年譜あり〉 1238円 ①978-4-944101-37-5

勝興寺

08039 北陸の古寺 上 新装版 井上雪著 金沢 北國新聞社 2012.5 197p 19cm〈北国出版社 1983年刊の2分冊〉 1200円 ①978-4-8330-1869-2

聖光寺

08040 北陸の古寺 上 新装版 井上雪著 金沢 北國新聞社 2012.5 197p 19cm〈北国出版社 1983年刊の2分冊〉 1200円 ①978-4-8330-1869-2

上日寺

08041 北陸の古寺 上 新装版 井上雪著 金沢 北國新聞社 2012.5 197p 19cm〈北国出版社 1983年刊の2分冊〉 1200円 ①978-4-8330-1869-2

城端(南栃市)

08042 日本すみずみ紀行 川本三郎著 社会思想社 1997.9 258p 15cm (現代教養文庫)〈文元社2004年刊(1998年刊(2刷)を原本としたOD版)あり〉 640円 ①4-390-11613-4

城端駅

08043 終着駅への旅 JR編 櫻井寛著 JTBパブリッシング 2013.8 222p 19cm 1300円 ①978-4-533-09285-5

城端線

08044 にっぽん鉄道旅行の魅力 野田隆著 平凡社 2004.5 193p 18cm (平凡社新書) 780円 ①4-582-85227-0

08045 日本縦断「ローカル列車」を乗りこなす 種村直樹著 青春出版社 2006.6 205p 18cm (青春新書インテリジェンス) 730円 ①4-413-04147-X

08046 乗ってけ鉄道―列島なりゆき日誌 伊東徹秀著 札幌 柏艪舎 2007.7 187p 19cm〈星雲社(発売)〉 1300円 ①978-4-434-10860-0

08047 朝湯、昼酒、ローカル線―かっちゃんの鉄修行 勝谷誠彦著 文芸春秋 2007.12 321p 16cm (文春文庫plus)〈「勝谷誠彦の地列車大作戦」(JTB2002年刊)の改題〉 629円 ①978-4-16-771320-1

称名寺

08048 北陸の古寺 上 新装版 井上雪著 金沢 北國新聞社 2012.5 197p 19cm〈北国出版社 1983年刊の2分冊〉 1200円 ①978-4-8330-1869-2

瑞願寺

08049 北陸の古寺 上 新装版 井上雪著 金沢 北國新聞社 2012.5 197p 19cm〈北国出版社 1983年刊の2分冊〉 1200円 ①978-4-8330-1869-2

瑞泉寺

08050 土門拳の古寺巡礼 別巻 第1巻 東日本 土門拳著 小学館 1990.5 147p 26cm 1950円 ①4-09-559106-4

作品 ぼくの古寺巡礼

08051 百寺巡礼 第2巻 北陸 五木寛之著 講談社 2008.10 263p 15cm (講談社文庫)〈文献あり 2003年刊の文庫化〉 562円 ①978-4-06-276164-2

目次 第十一番 阿岸本誓寺―茅葺き屋根にこめられた信心, 第十二番 妙成寺―城のような寺と異色の画家, 第十三番 那谷寺―罪を洗い流し、生まれ変わる寺, 第十四番 大乗寺―現代人のこころを癒す修行道場, 第十五番 瑞龍寺―壮大な鉛瓦とつつましやかな花々, 第十六番 瑞泉寺―門徒の寺内町から工の門前町へ, 第十七番 永平寺―

生活こそは修行という道元の教え, 第十八番 吉崎御坊―蓮如がつくりだした幻の宗教都市, 第十九番 明通寺―武人の祈りが胸に迫る寺, 第二十番 神宮寺―神と仏が共存する古代信仰の世界

瑞龍寺

08052 百寺巡礼 第2巻 北陸 五木寛之著 講談社 2008.10 263p 15cm (講談社文庫) 〈文献あり 2003年刊の文庫化〉 562円 ①978-4-06-276164-2

頭川温泉

08053 遙かなる秘湯をゆく 桂博史著 主婦と生活社 1990.3 222p 19cm 980円 ①4-391-11232-9

千光寺

08054 北陸の古寺 上 新装版 井上雪著 金沢 北國新聞社 2012.5 197p 19cm〈北国出版社 1983年刊の2分冊〉 1200円 ①978-4-8330-1869-2

仙人温泉

08055 秘湯を求めて 3 きわめつけの秘湯 藤嶽彰英著 (大阪)保育社 1990.1 194p 19cm 1350円 ①4-586-61103-0

08056 誰も行けない温泉 前人未(湯) 大原利雄著 小学館 2004.1 169p 15cm (小学館文庫) 733円 ①4-09-411526-9

仙人谷

08057 黒部渓谷 冠松次郎著 平凡社 1996.5 433p 16cm (平凡社ライブラリー) 1400円 ①4-582-76145-3

大日岳

08058 山々を滑る登る 熊谷榧絵と文 八王子 白山書房 2012.11 319p 19cm (〔榧・画文集 12〕) 1900円 ①978-4-89475-159-0

08059 すべての山を登れ。 井賀孝著 京都 淡交社 2014.4 255p 19cm 1700円 ①978-4-473-03924-8

高岡市

08060 麵喰紀行―知られざる美味 麵王国・北陸の旅 栗栖十三著 碧天舎 2002.7 248p 19cm 1000円 ①4-88346-098-3

08061 50歳からの歴史の旅―京都、鎌倉には、あえて行かない… 童門冬二著 青春出版社 2004.6 205p 18cm (プレイブックスインテリジェンス) 700円 ①4-413-04094-5

08062 嵐山光三郎 ぶらり旅 ほろ酔い編 嵐山光三郎著 金沢 北国新聞社 2011.12 241p 19cm 1238円 ①978-4-8330-1841-8

(目次) 繭玉―金沢市, 中谷宇吉郎雪の科学館―加賀市, 安宅の関―小松市, 石引道―金沢市, 寒ブリ―氷見市, 天狗舞―白山市, 鍋料理―金沢市, 鋳物―高岡市, 日本海の虹, 加賀の梅―金沢市、小松市〔ほか〕

08063 ぼくは旅にでた―または、行きてかえりし物語 増補・新装版 杉山亮著 径書房 2013.5 237p 19cm〈1993年刊の増補・新装版〉 1500円 ①978-4-7705-0215-5

高岡大仏

08064 にっぽん大仏さがし 坂原弘康著 新風舎 1999.8 54p 16×13cm (新風選書) 580円 ①4-7974-0994-0

高天原温泉

08065 山の朝霧 里の湯煙 池内紀著 山と渓谷社 1998.9 254p 20cm 1600円 ①4-635-17132-9

立山

08066 南鳥島特別航路 池澤夏樹著 日本交通公社出版事業局 1991.3 253p 19cm 1600円 ①4-533-01667-7

08067 鳥に会う旅 叶内拓哉著 世界文化社 1991.6 264p 21cm (ネイチャーブックス) 2400円 ①4-418-91506-0

08068 汽車旅十五題 種村直樹著 日本交通公社 1992.4 230p 19cm 1300円 ①4-533-01899-8

08069 日本の名山 8 立山 串田孫一, 今井通子, 今福龍太編 博品社 1997.4 253p 19cm 〈参考文献：p248〉 1600円 ①4-938706-37-7

(作品) かなしみの立山〔槇有恒〕 さらさら越〔泉鏡花〕 はじまりの山〔今福龍太〕 魚津と立山〔新田次郎〕 空腹の立山 北アルプスの記〔畦地梅太郎〕 御山谷〔冠松次郎〕 行方不明を伝えられた予の雪中アルプス登山〔内山数雄〕 黒部と立山〔熊井啓〕 女人禁制の立山〔村井米子〕 続三千里 抄〔河東碧梧桐〕 内蔵助平〔五百沢智也〕 二十年ぶりの立山〔大町桂月〕 日本旅行日記 抄〔アーネスト・サトウ〕 立山：イワイチョウ〔田中澄江〕 立山〔志賀重昂〕 立山〔深田久弥〕 立山へ〔黒田晩穂〕 立山砂防工事専用軌道〔宮脇俊三〕 立山雑記〔水原秋櫻子〕 立山頂上雄山神社〔加藤泰三〕

08070 秘境ごくらく日記―辺境中毒オヤジの冒険指南 敷島悦朗著 JTB 2003.1 230p 19cm 1700円 ①4-533-04569-3

08071 山と雪の日記 改版 板倉勝宣著 中央公論新社 2003.1 185p 16cm (中公文庫) 〈2004年刊の文庫ワイド版あり〉 743円 ①4-12-204158-9

08072 ツーリング・ライフ―自由に、そして孤独に 新装増補版 斎藤純著 春秋社 2004.3 274p 20cm〈2001年刊の新装増補〉 1800円 ①4-393-43624-5

(作品) 寄り道

08073 行き暮れて、山。 正津勉著 アーツアンドクラフツ 2006.6 203p 19cm 1900円 ①4-901592-33-5

08074 百霊峰巡礼 第1集 立松和平著 東京新聞出版局 2006.7 299p 20cm 1800円 ①4-8083-0854-1

08075 谷川健一全集 第10巻(民俗 2) 女の風土記 埋もれた日本地図(抄録) 黒潮の民俗学

（抄録） 谷川健一著 冨山房インターナショナル 2010.1 574, 27p 23cm〈付属資料：8p：月報 no.14 索引あり〉 6500円 ①978-4-902385-84-7
作品 魚津から立山へ

08076 新編 単独行 加藤文太郎著 山と溪谷社 2010.11 349p 15cm （ヤマケイ文庫）〈年譜あり 2000年刊の文庫化〉 940円 ①978-4-635-04725-8

08077 山々を滑る登る 熊谷榧絵と文 八王子 白山書房 2012.11 319p 19cm （〔榧・画文集 12〕） 1900円 ①978-4-89475-159-0

08078 日本山岳紀行―ドイツ人が見た明治末の信州 W・シュタイニッツァー著, 安藤勉訳 長野 信濃毎日新聞社 2013.10 305p 19cm （信毎選書 5）〈1992年刊の改訂 文献あり〉 1400円 ①978-4-7840-7222-4

08079 日本全国津々うりゃうりゃ 仕事逃亡編 宮田珠己著 廣済堂出版 2015.10 245p 19cm 1500円 ①978-4-331-51963-9

08080 サトウとウェストンの明治立山登山紀行 サトウ, ウェストン著, 福沢都茂子訳 滑川 浦田正吉 2017.2 53, 57p 30cm
目次 英国公使館書記アーネスト・サトウの立山登山日記, ウェストンの『日本アルプスの登山と探索』

立山温泉

08081 新編 山と渓谷 田部重治著, 近藤信行編 岩波書店 1993.8 323p 15cm （岩波文庫） 570円 ①4-00-311421-3

08082 誰も行けない温泉 前人未（湯） 大原利雄著 小学館 2004.1 169p 15cm （小学館文庫） 733円 ①4-09-411526-9

立山カルデラ

08083 動くとき、動くもの 青木奈緒著 講談社 2005.11 333p 15cm （講談社文庫）〈2002年刊の文庫化〉 600円 ①4-06-275236-0

08084 うつくしい列島―地理学的名所紀行 池澤夏樹著 河出書房新社 2015.11 308p 20cm 1800円 ①978-4-309-02425-7

立山地獄

08085 誰も行けない温泉 前人未（湯） 大原利雄著 小学館 2004.1 169p 15cm （小学館文庫） 733円 ①4-09-411526-9

立山新湯

08086 誰も行けない温泉 前人未（湯） 大原利雄著 小学館 2004.1 169p 15cm （小学館文庫） 733円 ①4-09-411526-9

立山連峰

08087 忘れがたい山 池田昭二著 秋田 無明舎出版 2009.3 220p 19cm 1500円 ①978-4-89544-493-4

08088 山で見た夢―ある山岳雑誌編集者の記憶 勝峰富雄著 みすず書房 2010.5 285p 20cm 2600円 ①978-4-622-07542-4

剱沢

08089 新編 単独行 加藤文太郎著 山と溪谷社 2010.11 349p 15cm （ヤマケイ文庫）〈年譜あり 2000年刊の文庫化〉 940円 ①978-4-635-04725-8

剱沢大滝

08090 秘境ごくらく日記―辺境中毒オヤジの冒険指南 敷島悦朗著 JTB 2003.1 230p 19cm 1700円 ①4-533-04569-3

剱岳

08091 若き日の山 串田孫一著 集英社 1988.1 210p 15cm （集英社文庫） 300円 ①4-08-749294-X

08092 新編 山と溪谷 田部重治著, 近藤信行編 岩波書店 1993.8 323p 15cm （岩波文庫） 570円 ①4-00-311421-3

08093 日本の名山 7 剣岳 串田孫一, 今井通子, 今福龍太編 博品社 1998.5 252p 19cm 1600円 ①4-938706-54-7
作品 シャリバテ〔今井通子〕 越中剣岳〔木暮理太郎〕 岩と雪の殿堂、あこがれの剣岳を登る〔沢野ひとし〕 剣・立山行 初めてのテント生活〔今井通子〕 剣に遊ぶ〔黒田初子〕 剣チンネ正面岩壁〔芳野満彦〕 剣岳〔深田久弥〕 剣岳のまわり〔上田哲農〕 剣岳の夏 源次郎尾根一峰、八ツ峰六峰Bフェースほか〔松本龍雄〕 剣岳の氷河と雪渓〔小野有五〕 剣大滝直登記〔高島石盛〕 剣沢から片貝東又谷へ〔佐伯邦夫〕 剣沢小屋の主人として〔佐伯文蔵〕 思い出の三ノ窓〔西田高生〕 女子劒岳登山記〔竹内鳳次郎〕 小窓と大窓 強烈な自然の造形〔安川茂雄〕 随想〔三田幸夫〕 石黒清蔵氏の劒岳池ノ谷登攀〔山崎安治〕 積雪期剣岳剣尾根西面中央ルンゼ〔古川純一〕 早月尾根の初登攀〔冠松次郎〕 墜落 剣岳池ノ谷ドーム稜〔吉尾弘〕 白萩川池ノ谷溯行記〔長谷川孝一〕 八ッ峰〔小笠原勇八〕 風雪の東大谷登攀 オソロシサと親しみの谷間〔高田直樹〕 毛勝山より剣岳まで〔田部重治〕 劒ヶ岳尾根縦走記録〔斎藤新一郎〕

08094 五感で発見した「秘密の信州」 増村征夫著 講談社 2008.4 269p 19cm 1500円 ①978-4-06-214573-2

08095 百霊峰巡礼 第2集 立松和平著 東京新聞出版局 2008.4 307p 20cm 1800円 ①978-4-8083-0893-3

08096 山で見た夢―ある山岳雑誌編集者の記憶 勝峰富雄著 みすず書房 2010.5 285p 20cm 2600円 ①978-4-622-07542-4

08097 新編 単独行 加藤文太郎著 山と溪谷社 2010.11 349p 15cm （ヤマケイ文庫）〈年譜あり 2000年刊の文庫化〉 940円 ①978-4-635-04725-8

08098 むかしの山旅 今福龍太編 河出書房新社 2012.4 304p 15cm （河出文庫） 760円 ①978-4-309-41144-6
作品 越中剣岳〔木暮理太郎〕

08099 山々を滑る登る 熊谷榧絵と文 八王子 白山書房 2012.11 319p 19cm (〔榧・画文集 12〕) 1900円 ①978-4-89475-159-0

08100 ザイルを結ぶとき 奥山章著 山と溪谷社 2014.4 445p 15cm (ヤマケイ文庫)〈著作目録あり 作品目録あり 年譜あり〉 900円 ①978-4-635-04774-6

08101 なんで山登るねん―わが自伝的登山論 高田直樹著 山と溪谷社 2014.5 365p 15cm (ヤマケイ文庫)〈1995年刊の再刊〉 880円 ①978-4-635-04777-7

道善寺

08102 北陸の古寺 上 新装版 井上雪著 金沢 北國新聞社 2012.5 197p 19cm〈北国出版社 1983年刊の2分冊〉 1200円 ①978-4-8330-1869-2

富山市

08103 浦島太郎の馬鹿―旅の書きおき 立松和平著 マガジンハウス 1990.10 251p 21cm 1400円 ①4-8387-0189-6

作品 不機嫌な運転手

08104 エンピツ絵描きの一人旅 安西水丸著 新潮社 1991.10 213p 19cm 1300円 ①4-10-373602-X

08105 仙人の桜、俗人の桜 赤瀬川原平著 平凡社 2000.3 270p 16cm (平凡社ライブラリー)〈日本交通公社出版事業局1993年刊あり〉 1100円 ①4-582-76332-4

作品 デキている酒と肴―富山

08106 麵喰紀行―知られざる美味 麵王国・北陸の旅 栗栖十三著 碧天舎 2002.7 248p 19cm 1000円 ①4-88346-098-3

08107 褌の旅 越中文俊著 心交社 2002.12 227p 19cm (日本つれづれ紀行 1) 1500円 ①4-88302-806-2

08108 渚の旅人 1 かもめの熱い吐息 森沢明夫著 東京地図出版 2008.12 412p 19cm 1450円 ①978-4-8085-8531-0

08109 ひとり旅 ひとり酒 太田和彦著 大阪 京阪神エルマガジン社 2009.11 237p 21cm 1600円 ①978-4-87435-306-6

目次 京都、ミニマリズムとグラマー弁天。, 金沢でトビウオを食べそこなう。, 境港の煮干にひかれて妖怪参り。, 和歌山、アロチのジャックローズ。, 広島の鯛の鯛とフランス文学。, 富山の昆布〆と未亡人の夢。, 博多、ラストダンスは私と。, 松江、月とイングリッド・バーグマン。, 大阪ミナミ、オールドなにわ三大酒場。, 岡山、ミモザとけんかえれじい。, 長崎美人とステンドグラス。, 高知のカツオとマダム・ロゼ。, 小浜の鯖は、乾く間もなし。, 益田、浦島太郎と日本一の居酒屋。佐世保、星屑の町のハンバーガー。, 鹿児島の薩摩おとこに演歌ながれて。, 長浜、湖北の光に女形の色気が。, 倉敷、温かな夜、温かな人。, 松山の労研饅頭とちあきなおみ。, 神戸、ハートのカプチーノ。

08110 居酒屋おくのほそ道 太田和彦著 文藝春秋 2011.8 320p 16cm (文春文庫)〈画:村松誠〉 629円 ①978-4-16-780131-1

08111 芭蕉の杖跡―おくのほそ道 新紀行 森村誠一著 角川マガジンズ 2012.7 268p 19cm〈発売:角川グループパブリッシング〉 1600円 ①978-4-04-731863-2

08112 ぼくは旅にでた―または、行きてかえりし物語 増補・新装版 杉山亮著 径書房 2013.5 237p 19cm〈1993年刊の増補・新装版〉 1500円 ①978-4-7705-0215-5

08113 ふらり旅 いい酒 いい肴 2 太田和彦著 主婦の友社 2015.8 135p 21cm 1400円 ①978-4-07-299938-7

富山市内電車

08114 路面電車全線探訪記 再版 柳沢道生著, 旅行作家の会編 現代旅行研究所 2008.6 224p 21cm (旅行作家文庫) 1800円 ①978-4-87482-096-4

富山地方鉄道

08115 絶景 春列車の旅―内房線から中央山岳縦貫線まで 櫻井寛文・写真 東京書籍 2000.2 159p 21cm 2200円 ①4-487-79472-2

08116 乗ってけ鉄道―列島なりゆき日誌 伊東徹秀著 札幌 柏艪舎 2007.7 187p 19cm〈星雲社(発売)〉 1300円 ①978-4-434-10860-0

富山ライトレール富山港線

08117 路面電車全線探訪記 再版 柳沢道生著, 旅行作家の会編 現代旅行研究所 2008.6 224p 21cm (旅行作家文庫) 1800円 ①978-4-87482-096-4

富山湾

08118 日本"汽水"紀行―「森は海の恋人」の世界を尋ねて 畠山重篤著 文芸春秋 2003.9 302p 19cm 1714円 ①4-16-365280-9

08119 ニッポン線路つたい歩き 久住昌之著 カンゼン 2017.6 246p 19cm 1500円 ①978-4-86255-398-0

滑川市

08120 尾瀬・ホタルイカ・東海道 銀色夏生著 幻冬舎 2013.8 263p 16cm (幻冬舎文庫) 571円 ①978-4-344-42061-8

南砺市

08121 中部北陸自然歩道を歩く 田嶋直樹著 名古屋 風媒社 2007.6 127p 21cm (爽books) 1600円 ①978-4-8331-0128-8

日電歩道

08122 古道巡礼―山人が越えた径 高桑信一著 山と溪谷社 2015.11 397p 15cm (ヤマケイ文庫)〈東京新聞出版局 2005年刊の再構成〉 980円 ①978-4-635-04781-4

祖母谷温泉

08123 ふわふわワウワウ―唄とカメラと時刻表 みなみらんぼう著 旅行読売出版社 1996.7

207p 19cm 1100円 ①4-89752-601-9
作品 黒部峡谷トロッコ電車の旅

祖母谷川

08124 日本の名山 6 白馬岳 串田孫一, 今井通子, 今福龍太編 博品社 1997.7 258p 19cm〈年表あり 文献あり〉 1600円 ①4-938706-40-7
作品 祖母谷川を下る〔冠松次郎〕

祖母谷地獄

08125 誰も行けない温泉 前人未（湯） 大原利雄著 小学館 2004.1 169p 15cm （小学館文庫） 733円 ①4-09-411526-9

東大谷

08126 なんで山登るねん―わが自伝的登山論 高田直樹著 山と溪谷社 2014.5 365p 15cm （ヤマケイ文庫）〈1995年刊の再刊〉 880円 ①978-4-635-04777-7

氷見駅

08127 終着駅への旅 JR編 櫻井寛著 JTBパブリッシング 2013.8 222p 19cm 1300円 ①978-4-533-09285-5

氷見市

08128 たびたびの旅 安西水丸著 フレーベル館 1998.10 19cm

08129 仙人の桜、俗人の桜 赤瀬川原平著 平凡社 2000.3 270p 16cm （平凡社ライブラリー）〈日本交通公社出版事業局1993年刊あり〉 1100円 ①4-582-76332-4
作品 デキている酒と肴―富山

08130 嵐山光三郎 ぶらり旅 ほろ酔い編 嵐山光三郎著 金沢 北国新聞社 2011.12 241p 19cm 1238円 ①978-4-8330-1841-8

氷見線

08131 にっぽん鉄道旅行の魅力 野田隆著 平凡社 2004.5 193p 18cm （平凡社新書） 780円 ①4-582-85227-0

08132 汽車旅放浪記 関川夏央著 新潮社 2006.6 282p 20cm 1700円 ①4-10-387603-4

08133 日本縦断「ローカル列車」を乗りこなす 種村直樹著 青春出版社 2006.6 205p 18cm （青春新書インテリジェンス） 730円 ①4-413-04147-X

08134 朝湯、昼酒、ローカル線―かっちゃんの鉄修行 勝谷誠彦著 文芸春秋 2007.12 321p 16cm （文春文庫plus）〈「勝谷誠彦の地列車大作戦」（JTB2002年刊）の改題〉 629円 ①978-4-16-771320-1

08135 ニッポン線路つたい歩き 久住昌之著 カンゼン 2017.6 246p 19cm 1500円 ①978-4-86255-398-0

福光（南砺市）

08136 まちづくり紀行―地域と人と出会いの旅から 亀地宏著 ぎょうせい 1991.10 307p 19cm 1500円 ①4-324-02880-X

ブナオ峠

08137 ぼくは旅にでた―または、行きてかえりし物語 増補・新装版 杉山亮著 径書房 2013.5 237p 19cm〈1993年刊の増補・新装版〉 1500円 ①978-4-7705-0215-5

棒小屋沢

08138 黒部渓谷 冠松次郎著 平凡社 1996.5 433p 16cm （平凡社ライブラリー） 1400円 ①4-582-76145-3

法福寺

08139 北陸の古寺 上 新装版 井上雪著 金沢 北國新聞社 2012.5 197p 19cm〈北国出版社 1983年刊の2分冊〉 1200円 ①978-4-8330-1869-2

万葉線

08140 路面電車全線探訪記 再版 柳沢道生著, 旅行作家の会編 現代旅行研究所 2008.6 224p 21cm （旅行作家文庫） 1800円 ①978-4-87482-096-4

水橋町（富山市）

08141 ニッポン発見記 池内紀著 中央公論新社 2012.4 211p 16cm （中公文庫）〈講談社現代新書 2004年刊の再刊〉 590円 ①978-4-12-205630-5

南又谷（魚津市）

08142 うつくしい列島―地理学的名所紀行 池澤夏樹著 河出書房新社 2015.11 308p 20cm 1800円 ①978-4-309-02425-7

宮崎（朝日町）

08143 人と森の物語―日本人と都市林 池内紀著 集英社 2011.7 216p 18cm （集英社新書）〈文献あり〉 740円 ①978-4-08-720599-2

薬師岳

08144 新編 山と渓谷 田部重治著, 近藤信行編 岩波書店 1993.8 323p 15cm （岩波文庫） 570円 ①4-00-311421-3

08145 新編 単独行 加藤文太郎著 山と溪谷社 2010.11 349p 15cm （ヤマケイ文庫）〈年譜あり 2000年刊の文庫化〉 940円 ①978-4-635-04725-8

八尾町（富山市）

08146 度々の旅 宮脇檀文・写真 PHP研究所 1993.11 221p 19cm 1600円 ①4-569-54125-9
目次 パリで見る公営住宅の新しい姿, パリは美術館の街, 世界最大のショッピングセンター, コペンハーゲン建築昨今, 久しぶりのトスカーナ, プチ・トリアノン, 南

海の島の遺跡へ, レゾートホテルのある姿, 社員旅行, 閑谷学校, 越中八尾・風の盆〔ほか〕

08147 原風景のなかへ 安野光雅著 山川出版社 2013.7 215p 20cm 1600円 ①978-4-634-15044-7

08148 爺は旅で若返る 吉川潮, 島敏光著 牧野出版 2017.7 253p 19cm 1600円 ①978-4-89500-215-8

柳又谷(黒部市)

08149 山釣り—はるかなる憧憬の谿から 山本素石編著 立風書房 1996.3 261p 19cm 2000円 ①4-651-78040-7

08150 日本の名山 6 白馬岳 串田孫一, 今井通子, 今福龍太編 博品社 1997.7 258p 19cm〈年表あり 文献あり〉 1600円 ①4-938706-40-7

作品 柳又谷本谷〔志水哲也〕

08151 源流テンカラ 高桑信一著 山と溪谷社 2016.3 349p 21cm 2400円 ①978-4-635-04413-4

立山寺

08152 北陸の古寺 上 新装版 井上雪著 金沢 北國新聞社 2012.5 197p 19cm〈北国出版社 1983年刊の2分冊〉 1200円 ①978-4-8330-1869-2

石川県

08153 神仏に祈る 金田一京助ほか著, 作品社編集部編 作品社 1998.4 243p 22cm (新編・日本随筆紀行 大きな活字で読みやすい本—心にふるさとがある 13) ①4-87893-894-3, 4-87893-807-2

作品 加賀の石仏〔室生朝子〕

08154 閑古堂の絵葉書散歩 東編 林丈二著 小学館 1999.4 123p 21cm (SHOTOR TRAVEL) 1500円 ①4-09-343138-8

作品 七尾から八尾へ—石川

08155 麺喰紀行—知られざる美味 麺王国・北陸の旅 栗栖十三著 碧天舎 2002.7 248p 19cm 1000円 ①4-88346-098-3

08156 食通知つたかぶり 丸谷才一著 中央公論新社 2010.2 276p 16cm (中公文庫) 781円 ①978-4-12-205284-0

08157 すすれ！麺の甲子園 椎名誠著 新潮社 2010.10 365p 16cm (新潮文庫) 590円 ①978-4-10-144836-7

08158 北陸平家物語紀行—伝承が彩る歴史といま 細井勝著 金沢 北国新聞社 2011.12 142p 26cm〈文献あり〉 1905円 ①978-4-8330-1845-6

08159 麹巡礼—おいしい麹と出会う9つの旅 おのみさ著 集英社 2013.4 125p 19cm 1300円 ①978-4-08-771509-5

08160 またたび 菊池亜希子著 宝島社 2016.12 190p 19×19cm 1400円 ①978-4-8002-5815-1

08161 「男はつらいよ」を旅する 川本三郎著 新潮社 2017.5 286p 20cm (新潮選書) 1400円 ①978-4-10-603808-2

作品 寅と吉永小百合が歩いた石川、福井

阿岸本誓寺

08162 百寺巡礼 第2巻 北陸 五木寛之著 講談社 2008.10 263p 15cm (講談社文庫) 〈文献あり 2003年刊の文庫化〉 562円 ①978-4-06-276164-2

安宅の関

08163 伝説を旅する 鳥居フミ子著 川崎 みやび出版 2007.3 238p 20cm〈創英社(発売) 著作目録あり〉 1800円 ①978-4-903507-01-9

08164 嵐山光三郎 ぶらり旅 ほろ酔い編 嵐山光三郎著 金沢 北国新聞社 2011.12 241p 19cm 1238円 ①978-4-8330-1841-8

岩間温泉

08165 秘湯を求めて 2 ないしょの秘湯 藤嶽彰英著 (大阪)保育社 1989.12 185p 19cm 1350円 ①4-586-61102-2

08166 誰も行けない温泉 前人未(湯) 大原利雄著 小学館 2004.1 169p 15cm (小学館文庫) 733円 ①4-09-411526-9

円光寺

08167 北陸の古寺 下 新装版 井上雪著 金沢 北國新聞社 2012.6 165p 19cm〈北国出版社 1983年刊の2分冊〉 1200円 ①978-4-8330-1870-8

目次 若狭の寺—海のある奈良(正法寺—思惟仏のお指, 正林庵—童子のような小如意輪さま, 永源寺—讃岐姫の死, 向源寺—十一面観音さま), 越前の寺—歴史の興亡に(阿弥陀寺—田楽・能舞の里, 西山光照寺—一乗谷文化, 盛源寺—七百体の石仏, 城福寺—「花筐」の塚, 泰澄寺—泰澄の道, 宝慶寺—雪の笹又峠), 加賀の寺—伝説を秘めて(円光寺—蓮如と蓮照, 建聖寺—地蔵堂の糸, 寿経寺—七稲地蔵の霊, 龍国寺—友禅斎の墓, 伏見寺—「金沢」の地名, 法然寺—お銀小金の物語, 承証寺—白鷺の墓)

邑知潟

08168 日本列島 野生のヘラを求めて 大崎紀夫著 三樹書房 2004.11 230p 21cm 1400円 ①4-89522-441-4

近江町市場

08169 原風景のなかへ 安野光雅著 山川出版社 2013.7 215p 20cm 1600円 ①978-4-634-15044-7

奥能登

08170 負籠の細道 水上勉著 集英社 1997.10 232p 16cm (集英社文庫) 476円 ①4-08-748697-4

尾小屋鉄道

08171 私鉄紀行 北陸道 点と線 下 昭和30年代 北陸のローカル私鉄をたずねて 湯口徹著 エリエイ 2003.10 122p 30cm (レイル No.46) 4000円 ①4-87112-446-0

親谷の噴泉湯

08172 誰も行けない温泉 前人未(湯) 大原利雄著 小学館 2004.1 169p 15cm (小学館文庫) 733円 ①4-09-411526-9

尾山神社

08173 嵐山光三郎 ぶらり旅 嵐山光三郎著 金沢 北國新聞社 2011.11 229p 19cm 1238円 ①978-4-8330-1826-5

加賀市

08174 みだれ籠―旅の手帖 津村節子著 文芸春秋 1989.11 285p 15cm (文春文庫) 400円 ①4-16-726507-9

08175 北陸 悲恋伝説の地を行く 子母澤類著 金沢 北国新聞社 2002.11 207p 21cm 1800円 ①4-8330-1268-5

08176 名探偵浅見光彦のニッポン不思議紀行 内田康夫著 集英社 2006.2 270p 16cm (集英社文庫)〈学習研究社2001年刊あり〉 600円 ①4-08-746013-4

08177 中部北陸自然歩道を歩く 田嶋直樹著 名古屋 風媒社 2007.6 127p 21cm (爽books) 1600円 ①978-4-8331-0128-8

08178 渚の旅人 1 かもめの熱い吐息 森沢明夫著 東京地図出版 2008.12 412p 19cm 1450円 ①978-4-8085-8531-0

08179 嵐山光三郎 ぶらり旅 嵐山光三郎著 金沢 北國新聞社 2011.11 229p 19cm 1238円 ①978-4-8330-1826-5

08180 嵐山光三郎 ぶらり旅 ほろ酔い編 嵐山光三郎著 金沢 北国新聞社 2011.12 241p 19cm 1238円 ①978-4-8330-1841-8

08181 色紀行―日本の美しい風景 吉岡幸雄著, 岡田克敏写真 清流出版 2011.12 241p 22cm 3500円 ①978-4-86029-374-1

08182 ぼくらは怪談巡礼団 加門七海, 東雅夫著 KADOKAWA 2014.6 301p 19cm (〔幽BOOKS〕) 1400円 ①978-4-04-066760-7

加賀大観音

08183 晴れた日は巨大仏を見に 宮田珠己著 幻冬舎 2009.10 342p 16cm (幻冬舎文庫)〈文献あり 白水社2004年刊あり〉 648円 ①978-4-344-41380-1

片山津温泉

08184 温泉百話―西の旅 種村季弘, 池内紀編 筑摩書房 1988.2 471p 15cm (ちくま文庫) 680円 ①4-480-02201-5

作品 観光旅行の季節〔杉浦明平〕 湯の匂い〔高田宏〕

金沢市

08185 どこかへ行きたい 林真理子著 角川書店 1988.4 228p 15cm (角川文庫) 340円 ①4-04-157916-3

目次 パリ―究極のメニュー食べ歩き, 思いっきり香港, 私のタイ, "アン"になれなかった私たちへ, サンバの国のマリコ, オーストラリア仲良し紀行, 水郷柳川 味な旅, 古都金沢 廓遊びの初体験, "アメリカン・ブレックファースト・プリーズ", マメ男とカン違い女, 突発的な夜のために, 花束のようにたくさんの賛辞を受け取れる日, 感性と教養が問われる美術館でのデート, 素敵な場所に素敵な物を身につけていく, はじめての酒, ひや麦だけは…, 恋人獲得宣言, 父親, 老後への思想, 上流気分の底流, ニッポン新人類, 万智ちゃんの歌, 私の好きな世界の名画, 書くことは自分を愛しく思うこと

08186 かわいい自分には旅をさせろ 嵐山光三郎著 講談社 1991.8 253p 18cm 1100円 ①4-06-205402-7

08187 文学の街―名作の舞台を歩く 前田愛著 小学館 1991.12 315p 16cm (小学館ライブラリー) 780円 ①4-09-460015-9

08188 父と子の長い旅 原将人著 フィルムアート社 1994.11 253p 19cm 1854円 ①4-8459-9436-4

08189 ああ天地の神ぞ知る―ニッポン発見旅 池内紀著 講談社 1995.4 265p 19cm 1600円 ①4-06-207580-6

08190 むくどりは飛んでゆく 池澤夏樹著 朝日新聞社 1995.5 218p 19cm 1400円 ①4-02-256848-8

作品 汽車はえらい

08191 心の虹―詩人のふるさと紀行 増田れい子著 労働旬報社 1996.8 247p 19cm 1800円 ①4-8451-0441-5

08192 旅人よ!―五木寛之自選文庫 エッセイシリーズ 五木寛之著 角川書店 1996.12 234p 15cm (角川文庫)〈『風の旅人への手紙』改題書〉 500円 ①4-04-129426-6

08193 ら・ら・ら「奥の細道」 黛まどか著 光文社 1998.3 221p 20cm 1600円 ①4-334-97168-7

08194 越の道―越前・越中・越後 水上勉著 河出書房新社 2000.3 206p 20cm (日本の風景を歩く) 1600円 ①4-309-62132-5

08195 仙人の桜、俗人の桜 赤瀬川原平著 平凡社 2000.3 270p 16cm (平凡社ライブラリー)〈日本交通公社出版事業局1993年刊あり〉 1100円 ①4-582-76332-4

作品 燃える骨酒に驚いた―石川

08196 染めと織りと祈り 立松和平著 アスペクト 2000.3 261p 21cm 2200円 ①4-7572-0705-0

08197 碧い眼の太郎冠者 ドナルド・キーン著 中央公論新社 2001.7 188p 21cm (Chuko on demand books) 2000円 ①4-12-550026-6

作品 紅毛おくのほそ道 十二の印象

08198 金沢はいまも雪か 五木寛之著 東京書

籍　2002.4　483p　20cm　(五木寛之全紀行 5（金沢・京都・日本各地編））〈シリーズ責任表示：五木寛之著　肖像あり〉　2100円　①4-487-79766-7

08199　麺喰紀行―知られざる美味 麺王国・北陸の旅　栗栖十三著　碧天舎　2002.7　248p　19cm　1000円　①4-88346-098-3

08200　北陸 悲恋伝説の地を行く　子母澤類著　金沢　北国新聞社　2002.11　207p　21cm　1800円　①4-8330-1268-5

08201　ツーリング・ライフ―自由に、そして孤独に　新装増補版　斎藤純著　春秋社　2004.3　274p　20cm〈2001年刊の新装増補〉　1800円　①4-393-43624-5

作品 木の文化との出会い―飛騨・北陸

08202　日本全国ローカル線おいしい旅　嵐山光三郎著　講談社　2004.3　246p　18cm　(講談社現代新書)　700円　①4-06-149710-3

08203　夢追い俳句紀行　大高翔著　日本放送出版協会　2004.4　237p　19cm　1300円　①4-14-016126-4

08204　きもの紀行―染め人織り人を訪ねて　立松和平著　家の光協会　2005.1　223p　21cm　2200円　①4-259-54669-4

08205　おくのほそ道 人物紀行　杉本苑子著　文芸春秋　2005.9　230p　18cm　(文春新書)　700円　①4-16-660460-0

08206　食い道楽ひとり旅　柏井壽著　光文社　2005.11　260p　18cm　(光文社新書)　720円　①4-334-03332-6

08207　名探偵浅見光彦のニッポン不思議紀行　内田康夫著　集英社　2006.2　270p　16cm　(集英社文庫)〈学習研究社2001年刊あり〉　600円　①4-08-746013-4

08208　中部日本を歩く　立松和平著, 黒古一夫編　勉誠出版　2006.4　389p　22cm　(立松和平日本を歩く 第3巻)　2600円　①4-585-01173-0

08209　銅像めぐり旅―ニッポン蘊蓄紀行　清水義範著　祥伝社　2006.9　306p　16cm　(祥伝社文庫)〈2002年刊の文庫化〉　619円　①4-396-33308-0

08210　幻景の街―文学の都市を歩く　前田愛著　岩波書店　2006.12　310p　15cm　(岩波現代文庫)　1000円　①4-00-602110-0

08211　家族旅行あっちこっち　銀色夏生著　幻冬舎　2009.2　158p　16cm　(幻冬舎文庫)　571円　①978-4-344-41253-8

作品 金沢 2007年夏

目次 1 ケアンズ 2005年冬, 2 宮崎・都井岬 2006年夏, 3 韓国 2006年夏, 4 金沢 2007年夏

08212　鉄道おくのほそ道紀行―週末芭蕉旅　芦原伸著　講談社　2009.6　314p　20cm　(The new fifties)〈文献あり〉　1800円　①978-4-06-269282-3

08213　ぶらぶらヂンヂン古書の旅　北尾トロ著　文藝春秋　2009.6　239p　16cm　(文春文庫)〈風塵社2007年刊の増補〉　590円　①978-4-16-775383-2

08214　ひとり旅 ひとり酒　太田和彦著　大阪　京阪神エルマガジン社　2009.11　237p　21cm　1600円　①978-4-87435-306-6

08215　歴史を紀行する　新装版　司馬遼太郎著　文藝春秋　2010.2　294p　16cm　(文春文庫)　581円　①978-4-16-766335-3

08216　居酒屋おくのほそ道　太田和彦著　文藝春秋　2011.8　320p　16cm　(文春文庫)〈画：村松誠〉　629円　①978-4-16-780131-1

08217　嵐山光三郎 ぶらり旅　嵐山光三郎著　金沢　北國新聞社　2011.11　229p　19cm　1238円　①978-4-8330-1826-5

08218　嵐山光三郎 ぶらり旅　ほろ酔い編　嵐山光三郎著　金沢　北国新聞社　2011.12　241p　19cm　1238円　①978-4-8330-1841-8

08219　極みのローカルグルメ旅　柏井壽著　光文社　2012.2　301p　18cm　(光文社新書)　840円　①978-4-334-03671-3

08220　「幻の街道」をゆく　七尾和晃著　東海教育研究所　2012.7　193p　19cm〈発売：東海大学出版会〔秦野〕〉　1600円　①978-4-486-03744-6

08221　ぼくは旅にでた―または、行きてかえりし物語　増補・新装版　杉山亮著　径書房　2013.5　237p　19cm〈1993年刊の増補・新装版〉　1500円　①978-4-7705-0215-5

08222　近松秋江全集　第7巻　オンデマンド版　近松秋江著, 紅野敏郎, 和田謹吾, 中尾務, 遠藤英雄, 田沢基久, 笹瀬王子編集委員　八木書店古書出版部　2014.2　502, 34p　21cm〈初版：八木書店 1993年刊　印刷・製本：デジタルパブリッシングサービス　発売：八木書店〉　12000円　①978-4-8406-3492-2

作品 北陸紀行

08223　ぼくらは怪談巡礼団　加門七海, 東雅夫著　KADOKAWA　2014.6　301p　19cm　(〔幽BOOKS〕)　1400円　①978-4-04-066760-7

08224　黒田知永子 大人のための小さな旅―日本のいいとこ見つけた　黒田知永子著　集英社　2014.9　159p　21cm　1600円　①978-4-08-780732-5

08225　五木寛之の金沢さんぽ　五木寛之著　講談社　2015.3　200p　20cm　1200円　①978-4-06-219437-2

目次 もう一つの故郷（わが金沢, 古い街の新しい朝 ほか）, 古い街、新しい風（金沢主計町の名なし坂, 暖冬や北前船の夢のあと ほか）, ふりむけば鏡花（風に吹かれて北陸路, 金沢での四方山ばなし ほか）, 加賀百万石の面影（金沢は御堂を中心にして生まれた寺内町, 砂金洗いの沢から「金沢」に ほか）, 北陸ひとり旅（秋ふかし北陸路の休日, びっくり本線日本海 ほか）

08226　ニッポン旅みやげ　池内紀著　青土社　2015.4　162p　20cm　1800円　①978-4-7917-6852-3

08227　ふらり旅 いい酒 いい肴　2　太田和彦著　主婦の友社　2015.8　135p　21cm　1400円　①978-4-07-299938-7

08228 旅の食卓 池内紀著 亜紀書房 2016.8 233p 19cm 1600円 ①978-4-7505-1480-2

08229 旅は道づれ雪月花 高峰秀子, 松山善三著 中央公論新社 2016.11 306p 16cm (中公文庫)〈ハースト婦人画報社 2012年刊の再刊〉 760円 ①978-4-12-206315-0

08230 おいしいものは田舎にある―日本ふーど記 改版 玉村豊男著 中央公論新社 2017.1 245p 16cm (中公文庫)〈初版のタイトル等：日本ふーど記(日本交通公社 1984年刊)〉 700円 ①978-4-12-206351-8

08231 ちょっとそこまで旅してみよう 益田ミリ著 幻冬舎 2017.4 186p 16cm (幻冬舎文庫)〈「ちょっとそこまでひとり旅だれかと旅」(2013年刊)の改題、書き下ろしを加え再刊〉 460円 ①978-4-344-42598-9

金沢城

08232 日本名城紀行 3 中部・北陸 戦国武将の堅城 小学館 1989.5 293p 15cm〈『探訪日本の城』シリーズ4 中山道・5北陸道より再録〉 600円 ①4-09-401203-6

(内容) 転変の武将石川数正の築いた松本城、知将真田氏が徳川軍を迎え撃った上田城、信州の山あいにたたずむ小諸城、高遠城、武田信玄の本拠躑躅ヶ崎館、前田利家築城の金沢城、上杉謙信が攻めとった七尾城、朝倉氏の一乗谷城、浅井氏の小谷城など、戦国武将の光と影を伝える中部・北陸の堅城を山本茂実、井出孫六、笹沢左保、水上勉、永井路子らの一流作家がドラマチックに描く、城物語と紀行。

08233 三津五郎 城めぐり 坂東三津五郎著 三月書房 2010.11 117p 22cm 2200円 ①978-4-7826-0211-9

08234 日本ザンテイ世界遺産に行ってみた。 宮田珠己著 京都 淡交社 2015.7 214p 19cm 1600円 ①978-4-473-04029-9

久保市乙剣宮

08235 ぼくらは怪談巡礼団 加門七海, 東雅夫著 KADOKAWA 2014.6 301p 19cm (〔幽BOOKS〕) 1400円 ①978-4-04-066760-7

気多大社

08236 導かれて、旅 横尾忠則著 文藝春秋 1995.7 286p 16cm (文春文庫)〈日本交通公社出版事業局 1992年刊の文庫化〉 480円 ①4-16-729703-5

作品 羽咋、遥かなる宇宙からの波動

気多本宮〔能登生国玉比古神社〕

08237 沈黙の神々 佐藤洋二郎著 松柏社 2005.11 270p 19cm 1800円 ①978-4-7754-0093-2

建聖寺

08238 北陸の古寺 下 新装版 井上雪著 金沢 北國新聞社 2012.6 165p 19cm〈北国出版社 1983年刊の2分冊〉 1200円 ①978-4-8330-1870-8

兼六園

08239 嵐山光三郎 ぶらり旅 嵐山光三郎著 金沢 北國新聞社 2011.11 229p 19cm 1238円 ①978-4-8330-1826-5

08240 日本ザンテイ世界遺産に行ってみた。 宮田珠己著 京都 淡交社 2015.7 214p 19cm 1600円 ①978-4-473-04029-9

光明寺(能登町)

08241 北陸の古寺 上 新装版 井上雪著 金沢 北國新聞社 2012.5 197p 19cm〈北国出版社 1983年刊の2分冊〉 1200円 ①978-4-8330-1869-2

小松市

08242 ら・ら・ら「奥の細道」 黛まどか著 光文社 1998.3 221p 20cm 1600円 ①4-334-97168-7

08243 碧い眼の太郎冠者 ドナルド・キーン著 中央公論新社 2001.7 188p 21cm (Chuko on demand books) 2000円 ①4-12-550026-6

作品 紅毛おくのほそ道

08244 おくのほそ道 人物紀行 杉本苑子著 文芸春秋 2005.9 230p 18cm (文春新書) 700円 ①4-16-660460-0

08245 鉄道おくのほそ道紀行―週末芭蕉旅 芦原伸著 講談社 2009.6 314p 20cm (The new fifties)〈文献あり〉 1800円 ①978-4-06-269282-3

08246 大人のまち歩き 秋山秀一著 新典社 2013.5 231p 21cm 1600円 ①978-4-7879-7851-6

犀川

08247 心の虹―詩人のふるさと紀行 増田れい子著 労働旬報社 1996.8 247p 19cm 1800円 ①4-8451-0441-5

猿山岬

08248 嵐山光三郎 ぶらり旅 嵐山光三郎著 金沢 北國新聞社 2011.11 229p 19cm 1238円 ①978-4-8330-1826-5

下新町(金沢市)

08249 嵐山光三郎 ぶらり旅 嵐山光三郎著 金沢 北國新聞社 2011.11 229p 19cm 1238円 ①978-4-8330-1826-5

重蔵神社

08250 阿川弘之自選紀行集 阿川弘之著 JTB 2001.12 317p 20cm 2200円 ①4-533-04030-6

作品 奥能登紀行

寿経寺

08251 北陸の古寺 下 新装版 井上雪著 金沢 北國新聞社 2012.6 165p 19cm〈北国出版社 1983年刊の2分冊〉 1200円 ①978-4-8330-1870-8

承証寺

08252 北陸の古寺 下 新装版 井上雪著 金沢 北國新聞社 2012.6 165p 19cm〈北国出版社 1983年刊の2分冊〉 1200円 ①978-4-8330-1870-8

白峰(白川市)

08253 南鳥島特別航路 池澤夏樹著 日本交通公社出版事業局 1991.3 253p 19cm 1600円 ①4-533-01667-7

08254 うつくしい列島—地理学的名所紀行 池澤夏樹著 河出書房新社 2015.11 308p 20cm 1800円 ①978-4-309-02425-7

白峰温泉

08255 秘湯を求めて 1 はじめての秘湯 藤嶽彰英著 (大阪)保育社 1989.11 194p 19cm 1350円 ①4-586-61101-4

白山比咩神社

08256 導かれて、旅 横尾忠則著 文藝春秋 1995.7 286p 16cm (文春文庫)〈日本交通公社出版事業局 1992年刊の文庫化〉 480円 ①4-16-729703-5

作品 羽咋、遥かなる宇宙からの波動

白米千枚田

08257 中部日本を歩く 立松和平著, 黒古一夫編 勉誠出版 2006.4 389p 22cm (立松和平日本を歩く 第3巻) 2600円 ①4-585-01173-0

珠洲市

08258 浦島太郎の馬鹿—旅の書きおき 立松和平著 マガジンハウス 1990.10 251p 21cm 1400円 ①4-8387-0189-6

作品 珠洲焼

08259 日本列島を往く 6 故郷の山河で 鎌田慧著 岩波書店 2005.7 331p 15cm (岩波現代文庫 社会)〈『いま, この地に生きる』の改題・再編集〉 1000円 ①4-00-603115-7

内容 好況の風・不況の風—時代が移り変わるなか、人は何を思いどのように暮らしているのか。シリーズ第6弾。

08260 中部日本を歩く 立松和平著, 黒古一夫編 勉誠出版 2006.4 389p 22cm (立松和平日本を歩く 第3巻) 2600円 ①4-585-01173-0

08261 渚の旅人 1 かもめの熱い吐息 森沢明夫著 東京地図出版 2008.12 412p 19cm 1450円 ①978-4-8085-8531-0

全昌寺

08262 おくのほそ道 人物紀行 杉本苑子著 文芸春秋 2005.9 230p 18cm (文春新書) 700円 ①4-16-660460-0

曹源寺

08263 北陸の古寺 上 新装版 井上雪著 金沢 北國新聞社 2012.5 197p 19cm〈北国出版社 1983年刊の2分冊〉 1200円 ①978-4-8330-1869-2

曽々木

08264 珍品堂主人 増補新版 井伏鱒二著 中央公論新社 2018.1 250p 16cm (中公文庫)〈初版:中央公論社 1977年刊〉 820円 ①978-4-12-206524-6

作品 能登半島

目次 珍品, 珍品堂主人, この本を読んで—『珍品堂主人』, 珍品堂主人について, 能登半島, 巻末エッセイ 珍品堂主人 秦秀雄(白洲正子)

大乗寺

08265 百寺巡礼 第2巻 北陸 五木寛之著 講談社 2008.10 263p 15cm (講談社文庫)〈文献あり 2003年刊の文庫化〉 562円 ①978-4-06-276164-2

大聖寺

08266 ら・ら・ら「奥の細道」 黛まどか著 光文社 1998.3 221p 20cm 1600円 ①4-334-97168-7

08267 三文役者のニッポンひとり旅 殿山泰司著 筑摩書房 2000.2 287p 15cm (ちくま文庫) 640円 ①4-480-03551-6

蛸島駅

08268 終着駅 宮脇俊三著 河出書房新社 2012.1 232p 15cm (河出文庫)〈2009年刊の文庫化〉 680円 ①978-4-309-41122-4

多太神社

08269 おくのほそ道を旅しよう 田辺聖子著 KADOKAWA 2016.4 209p 15cm (角川ソフィア文庫)〈講談社文庫 1997年刊の再刊〉 800円 ①978-4-04-400035-6

中宮温泉

08270 秘湯を求めて 2 ないしょの秘湯 藤嶽彰英著 (大阪)保育社 1989.12 185p 19cm 1350円 ①4-586-61102-2

08271 いで湯浴泉記 大石真人著 新ハイキング社 1990.12 316p 19cm (新ハイキング選書 第11巻) 1700円 ①4-915184-12-9

長興寺

08272 北陸の古寺 上 新装版 井上雪著 金沢 北國新聞社 2012.5 197p 19cm〈北国出版社 1983年刊の2分冊〉 1200円 ①978-4-8330-1869-2

千里浜なぎさドライブウェイ

08273 導かれて、旅 横尾忠則著 文藝春秋 1995.7 286p 16cm (文春文庫)〈日本交通公社出版事業局 1992年刊の文庫化〉 480円 ①4-16-729703-5

作品 羽咋、遥かなる宇宙からの波動

08274 家族旅行あっちこっち 銀色夏生著 幻

冬舎　2009.2　158p　16cm　（幻冬舎文庫）　571円　①978-4-344-41253-8
作品 金沢 2007年夏

津幡町

08275　中部北陸自然歩道を歩く　田嶋直樹著　名古屋　風媒社　2007.6　127p　21cm　（爽books）　1600円　①978-4-8331-0128-8

鶴来

08276　泊酒喝采―美味、美酒、佳宿、掘り出し旅行記　柏井寿著　大阪　朱鷺書房　1992.1　209p　18cm　1000円　①4-88602-904-3

富来

08277　こんにちは、ふるさと　俵万智著　河出書房新社　1995.5　76p　20×18cm　1500円　①4-309-00983-2
作品 自然体の人形劇―石川

08278　日本史紀行　奈良本辰也著　たちばな出版　2005.6　357p　19cm　1600円　①4-8133-1878-9
目次 風土の中の史実（旅心の歴史的随想―プロローグ, 義経伝説の地を行く―富来, 幻の町を訪ねて―草戸千軒 ほか）, 瀬戸内の旅情（瀬戸内海の玄関で, 室の津・家島―遊女と古墳の津, 小豆島―ロマンの島 ほか）, 城址のある風景（維新の原点―萩, こいの町―津和町, 故旧忘れ得べき―豊後竹田）

中ノ川

08279　日本の名山　18　白山　串田孫一, 今井通子, 今福龍太編　博品社　1998.3　250p　19cm　1600円　①4-938706-53-9
作品 尾上郷川と中ノ川〔桑原武夫〕

那谷寺

08280　碧い眼の太郎冠者　ドナルド・キーン著　中央公論新社　2001.7　188p　21cm　（Chuko on demand books）　2000円　①4-12-550026-6
作品 紅毛おくのほそ道

08281　百寺巡礼　第2巻　北陸　五木寛之著　講談社　2008.10　263p　15cm　（講談社文庫）〈文献あり　2003年刊の文庫化〉　562円　①978-4-06-276164-2

七尾市

08282　嵐山光三郎 ぶらり旅　嵐山光三郎著　金沢　北國新聞社　2011.11　229p　19cm　1238円　①978-4-8330-1826-5

08283　海へ、山へ、森へ、町へ　小川糸著　幻冬舎　2013.8　227p　16cm　（幻冬舎文庫）〈「ようこそ、ちきゅう食堂へ」（2010年刊）を改題、「命をかけて、命をつなぐ」・「陽だまりの家、庭の緑」ほかを収録〉　533円　①978-4-344-42058-8
作品 鳥居醤油店

七尾城

08284　日本名城紀行　3　中部・北陸 戦国武将の堅城　小学館　1989.5　293p　15cm〈『探訪日本の城』シリーズ4 中山道・5北陸道より再録〉　600円　①4-09-401203-6

忍者寺

08285　家族旅行あっちこっち　銀色夏生著　幻冬舎　2009.2　158p　16cm　（幻冬舎文庫）　571円　①978-4-344-41253-8
作品 金沢 2007年夏

能登内浦

08286　鉄道を書く　種村直樹著　中央書院　2003.8　318p　20cm　（種村直樹自選作品集6（1980-1983））〈シリーズ責任表示：種村直樹著〉　2500円　①4-88732-134-1

能登金剛

08287　日本映画を歩く―ロケ地を訪ねて　川本三郎著　JTB　1998.8　239p　20cm　1600円　①4-533-03066-1

08288　作家の犯行現場　有栖川有栖著　新潮社　2005.2　406p　16cm　（新潮文庫）〈メディアファクトリー ダ・ヴィンチ編集部2002年刊あり〉　667円　①4-10-120434-9
作品 断崖の終章

能登島

08289　家族旅行あっちこっち　銀色夏生著　幻冬舎　2009.2　158p　16cm　（幻冬舎文庫）　571円　①978-4-344-41253-8
作品 金沢 2007年夏

08290　ローカルバスの終点へ　宮脇俊三著　洋泉社　2010.12　303p　18cm　（新書y）〈1991年刊の新潮文庫を底本とする　日本交通公社出版事業局 1989年刊あり〉　840円　①978-4-86248-626-4

能登町

08291　名探偵浅見光彦のニッポン不思議紀行　内田康夫著　集英社　2006.2　270p　16cm　（集英社文庫）〈学習研究社2001年刊あり〉　600円　①4-08-746013-4

のと鉄道

08292　絶景 秋列車の旅―陸羽東線西線から山陰本線まで　櫻井寛文・写真　東京書籍　2000.9　159p　21cm　2200円　①4-487-79474-9

08293　おんなひとりの鉄道旅　西日本編　矢野直美著　小学館　2008.7　193p　15cm　（小学館文庫）〈2005年刊の単行本を2分冊にして文庫化〉　571円　①978-4-09-408287-6

のと鉄道七尾線

08294　廃線探訪の旅―日本の鉄道　原口隆行編著　ダイヤモンド社　2004.6　158p　21cm　1800円　①4-478-96089-5

08295　鉄道文学の旅　野村智之著　郁朋社　2009.9　183p　19cm〈文献あり〉　1000円　①978-4-87302-450-9

能登半島

08296 ヤポネシア讃歌 立松和平著 講談社 1990.6 261p 19cm 1200円 ①4-06-204887-6

08297 晩春の旅・山の宿 井伏鱒二著 講談社 1990.10 337p 15cm (講談社文芸文庫) 900円 ①4-06-196098-9

08298 汽車旅十五題 種村直樹著 日本交通公社 1992.4 230p 19cm 1300円 ①4-533-01899-8

08299 風のオデッセイ―本州沿岸ぐるり徒歩の旅 榛谷泰明著 光雲社,星雲社〔発売〕 1994.2 192p 19cm 1600円 ①4-7952-7313-8

08300 いつか旅するひとへ 勝谷誠彦著 潮出版社 1998.8 234p 20cm 1200円 ①4-267-01499-X

08301 越の道―越前・越中・越後 水上勉著 河出書房新社 2000.3 206p 20cm (日本の風景を歩く) 1600円 ①4-309-62132-5

08302 阿川弘之自選紀行集 阿川弘之著 JTB 2001.12 317p 20cm 2200円 ①4-533-04030-6
作品 奥能登紀行

08303 北陸 悲恋伝説の地を行く 子母澤類著 金沢 北国新聞社 2002.11 207p 21cm 1800円 ①4-8330-1268-5

08304 日本全国ローカル線おいしい旅 嵐山光三郎著 講談社 2004.3 246p 18cm (講談社現代新書) 700円 ①4-06-149710-3

08305 スローな旅で行こう―シェルパ斉藤の週末ニッポン再発見 斉藤政喜著 小学館 2004.10 255p 19cm (Dime books) 1200円 ①4-09-366068-9

08306 おんなひとりの鉄道旅 西日本編 矢野直美著 小学館 2008.7 193p 15cm (小学館文庫)〈2005年刊の単行本を2分冊にして文庫化〉 571円 ①978-4-09-408287-6

08307 日本風景論 池内紀著 角川学芸出版 2009.3 279p 19cm (角川選書)〈発売:角川グループパブリッシング〉 1600円 ①978-4-04-703442-6

08308 新編 幻視の旅―安水稔和初期散文集 安水稔和著 沖積舎 2010.3 239p 20cm 3000円 ①978-4-8060-4113-9

08309 日本(にっぽん)はじっこ自滅旅 鴨志田穣著 講談社 2011.1 331p 15cm (講談社文庫)〈2005年刊の文庫化〉 581円 ①978-4-06-276871-9

08310 来ちゃった 酒井順子文,ほしよりこ画 小学館 2016.3 317p 15cm (小学館文庫)〈2011年刊の増補〉 620円 ①978-4-09-406277-9

08311 半島をゆく 第1巻 信長と戦国興亡編 安部龍太郎,藤田達生著 小学館 2016.11 321p 19cm 1500円 ①978-4-09-343442-3
目次 第1章 知多半島(愛知県),第2章 薩摩半島(鹿児島県),第3章 能登半島(石川県),第4章 沼隈半島(広島県),第5章 伊豆半島(静岡県),第6章 志摩半島(三重県)

白山市

08312 仙人の桜、俗人の桜 赤瀬川原平著 平凡社 2000.3 270p 16cm (平凡社ライブラリー)〈日本交通公社出版事業局1993年刊あり〉 1100円 ①4-582-76332-4
作品 燃える骨酒に驚いた―石川

08313 嵐山光三郎 ぶらり旅 嵐山光三郎著 金沢 北國新聞社 2011.11 229p 19cm 1238円 ①978-4-8330-1826-5

08314 嵐山光三郎 ぶらり旅 ほろ酔い編 嵐山光三郎著 金沢 北国新聞社 2011.12 241p 19cm 1238円 ①978-4-8330-1841-8

ハニベ大仏

08315 にっぽん大仏さがし 坂原弘康著 新風舎 1999.8 54p 16×13cm (新風選書) 580円 ①4-7974-0994-0

伏見寺

08316 北陸の古寺 下 新装版 井上雪著 金沢 北國新聞社 2012.6 165p 19cm〈北国出版社 1983年刊の2分冊〉 1200円 ①978-4-8330-1870-8

舳倉島

08317 日本映画を歩く―ロケ地を訪ねて 川本三郎著 JTB 1998.8 239p 20cm 1600円 ①4-533-03066-1

08318 島めぐり フェリーで行こう!―スロー・トラベル カベルナリア吉田文・写真 東京書籍 2003.8 207p 21cm 1500円 ①4-487-79884-1

08319 日本《島旅》紀行 斎藤潤著 光文社 2005.3 284p 18cm (光文社新書) 780円 ①4-334-03299-0

08320 1泊2日の小島旅 カベルナリア吉田文・写真 阪急コミュニケーションズ 2009.4 199p 19cm 1600円 ①978-4-484-09207-2

08321 遠藤ケイの島旅日和 遠藤ケイ著 千早書房 2009.8 124p 21cm〈索引あり〉 1600円 ①978-4-88492-439-3

08322 日本の島で驚いた カベルナリア吉田著 交通新聞社 2010.7 272p 19cm〈文献あり〉 1500円 ①978-4-330-15410-7

08323 絶海の孤島―驚愕の日本がそこにある 増補改訂版 カベルナリア吉田著 イカロス出版 2015.12 233p 21cm 1600円 ①978-4-8022-0118-6

法然寺

08324 北陸の古寺 下 新装版 井上雪著 金沢 北國新聞社 2012.6 165p 19cm〈北国出版社 1983年刊の2分冊〉 1200円 ①978-4-8330-1870-8

北陸鉄道

08325 にっぽんローカル鉄道の旅 野田隆著 平凡社 2005.10 210p 18cm (平凡社新書) 780円 ①4-582-85292-0

作品 古都・金沢に出入りするローカル鉄道と沿線の素顔―北陸鉄道

北陸鉄道石川線

08326 日本縦断「ローカル列車」を乗りこなす 種村直樹著 青春出版社 2006.6 205p 18cm (青春新書インテリジェンス) 730円 ①4-413-04147-X

北陸鉄道能登線

08327 私鉄紀行 北陸道 点と線 下 昭和30年代 北陸のローカル私鉄をたずねて 湯口徹著 エリエイ 2003.10 122p 30cm (レイル No.46) 4000円 ①4-87112-446-0

北陸鉄道能美線

08328 地図を探偵する 今尾恵介著 筑摩書房 2012.9 281p 15cm (ちくま文庫)〈新潮文庫 2004年刊の加筆改訂 文献あり〉 740円 ①978-4-480-42981-0

法華寺(能登町)

08329 北陸の古寺 上 新装版 井上雪著 金沢 北國新聞社 2012.5 197p 19cm〈北国出版社 1983年刊の2分冊〉 1200円 ①978-4-8330-1869-2

道端温泉

08330 誰も行けない温泉 前人未(湯) 大原利雄著 小学館 2004.1 169p 15cm (小学館文庫) 733円 ①4-09-411526-9

妙成寺

08331 百寺巡礼 第2巻 北陸 五木寛之著 講談社 2008.10 263p 15cm (講談社文庫)〈文献あり 2003年刊の文庫化〉 562円 ①978-4-06-276164-2

明泉寺

08332 北陸の古寺 上 新装版 井上雪著 金沢 北國新聞社 2012.5 197p 19cm〈北国出版社 1983年刊の2分冊〉 1200円 ①978-4-8330-1869-2

薬師寺(珠洲市)

08333 北陸の古寺 上 新装版 井上雪著 金沢 北國新聞社 2012.5 197p 19cm〈北国出版社 1983年刊の2分冊〉 1200円 ①978-4-8330-1869-2

山代温泉

08334 温泉百話―西の旅 種村季弘, 池内紀編 筑摩書房 1988.2 471p 15cm (ちくま文庫) 680円 ①4-480-02201-5
作品 湯の匂い〔高田宏〕

08335 ガラメキ温泉探険記 池内紀著 リクルート出版 1990.10 203p 19cm 1165円 ①4-88991-196-0

08336 温泉旅日記 池内紀著 徳間書店 1996.9 277p 15cm (徳間文庫)〈河出書房新社1988年刊あり〉 540円 ①4-19-890559-2

08337 幻想秘湯巡り 南條竹則著 同朋舎, 角川書店〔発売〕 2001.10 205p 21cm (ホラージャパネスク叢書) 1400円 ①4-8104-2717-X

山中温泉

08338 温泉百話―西の旅 種村季弘, 池内紀編 筑摩書房 1988.2 471p 15cm (ちくま文庫) 680円 ①4-480-02201-5
作品 山中温泉〔松川二郎〕 湯の匂い〔高田宏〕 北陸温泉郷・芸者問答〔吉行淳之介〕

08339 ら・ら・ら「奥の細道」 黛まどか著 光文社 1998.3 221p 20cm 1600円 ①4-334-97168-7

08340 幻想秘湯巡り 南條竹則著 同朋舎, 角川書店〔発売〕 2001.10 205p 21cm (ホラージャパネスク叢書) 1400円 ①4-8104-2717-X

08341 おくのほそ道 人物紀行 杉本苑子著 文芸春秋 2005.9 230p 18cm (文春新書) 700円 ①4-16-660460-0

08342 奥の細道 温泉紀行 嵐山光三郎著 小学館 2006.6 221p 15cm (小学館文庫)〈1999年 平凡社刊あり〉 695円 ①4-09-408082-1

08343 鉄道おくのほそ道紀行―週末芭蕉旅 芦原伸著 講談社 2009.6 314p 20cm (The new fifties)〈文献あり〉 1800円 ①978-4-06-269282-3

08344 芭蕉の杖跡―おくのほそ道 新紀行 森村誠一著 角川マガジンズ 2012.7 268p 19cm〈発売：角川グループパブリッシング〉 1600円 ①978-4-04-731863-2

湯涌温泉

08345 温泉百話―西の旅 種村季弘, 池内紀編 筑摩書房 1988.2 471p 15cm (ちくま文庫) 680円 ①4-480-02201-5
作品 湯涌白雲楼のヤマボウシ〔山口瞳〕

08346 温泉旅日記 池内紀著 徳間書店 1996.9 277p 15cm (徳間文庫)〈河出書房新社1988年刊あり〉 540円 ①4-19-890559-2

08347 紀行とエッセーで読む 作家の山旅 山と溪谷社編 山と溪谷社 2017.3 357p 15cm (ヤマケイ文庫) 930円 ①978-4-635-04828-6
作品 山の話〔竹久夢二〕

葭ヶ浦温泉

08348 家族旅行あっちこっち 銀色夏生著 幻冬舎 2009.2 158p 16cm (幻冬舎文庫) 571円 ①978-4-344-41253-8
作品 金沢 2007年夏

来迎寺(穴水町)

08349 北陸の古寺 上 新装版 井上雪著 金沢 北國新聞社 2012.5 197p 19cm〈北国出版社 1983年刊の2分冊〉 1200円 ①978-4-8330-1869-2

龍国寺

08350 北陸の古寺 下 新装版 井上雪著 金沢 北國新聞社 2012.6 165p 19cm〈北国出版社 1983年刊の2分冊〉 1200円 ①978-4-8330-1870-8

龍門寺

08351 北陸の古寺 上 新装版 井上雪著 金沢 北國新聞社 2012.5 197p 19cm〈北国出版社 1983年刊の2分冊〉 1200円 ①978-4-8330-1869-2

禄剛埼灯台

08352 家族旅行あっちこっち 銀色夏生著 幻冬舎 2009.2 158p 16cm (幻冬舎文庫) 571円 ①978-4-344-41253-8
作品 金沢 2007年夏

和倉温泉

08353 幻想秘湯巡り 南條竹則著 同朋舎, 角川書店〔発売〕 2001.10 205p 21cm (ホラージャパネスク叢書) 1400円 ①4-8104-2717-X

08354 人情温泉紀行―演歌歌手・鏡五郎が訪ねた全国の名湯47選 鏡五郎著 マガジンランド 2008.5 235p 19cm〈年譜あり〉 1238円 ①978-4-944101-37-5

和倉温泉駅

08355 終着駅への旅 JR編 櫻井寛著 JTBパブリッシング 2013.8 222p 19cm 1300円 ①978-4-533-09285-5

輪島市

08356 エンピツ絵描きの一人旅 安西水丸著 新潮社 1991.10 213p 19cm 1300円 ①4-10-373602-X

08357 ニッポン清貧旅行 東海林さだお著 文芸春秋 1993.9 254p 18cm 1000円 ①4-16-347950-3

08358 仙人の桜、俗人の桜 赤瀬川原平著 平凡社 2000.3 270p 16cm (平凡社ライブラリー)〈日本交通公社出版事業局1993年刊あり〉 1100円 ①4-582-76332-4
作品 燃える骨酒に驚いた―石川

08359 阿川弘之自選紀行集 阿川弘之著 JTB 2001.12 317p 20cm 2200円 ①4-533-04030-6
作品 奥能登紀行

08360 中部日本を歩く 立松和平著, 黒古一夫編 勉誠出版 2006.4 389p 22cm (立松和平日本を歩く 第3巻) 2600円 ①4-585-01173-0

福井県

08361 鎌田慧の記録 1 日本列島を往く 鎌田慧著 岩波書店 1991.5 321p 19cm 2500円 ①4-00-004111-8

08362 いつか旅するひとへ 勝谷誠彦著 潮出版社 1998.8 234p 20cm 1200円 ①4-267-01499-X

08363 閑古堂の絵葉書散歩 東編 林丈二著 小学館 1999.4 123p 21cm (SHOTOR TRAVEL) 1500円 ①4-09-343138-8
作品 越前の犬と青石―福井

08364 私の古寺巡礼 白洲正子著 講談社 2000.4 237p 15cm (講談社文芸文庫)〈年譜あり 法蔵館1997年刊あり〉 1100円 ①4-06-198208-7
目次 古寺を訪ねる心―はしがきにかえて, 若狭紀行, お水取りの不思議, 葛城山をめぐって, 葛川―明王院, 平等院のあけぼの, 熊野の王子を歩く, 南河内の寺, 室生寺にて, こもりく―泊瀬, 近江の庭園―旧秀隣寺と大池寺, 幻の山荘―嵯峨の大覚寺, 折々の記

08365 麺喰紀行―知られざる美味 麺王国・北陸の旅 栗栖十三著 碧天舎 2002.7 248p 19cm 1000円 ①4-88346-098-3

08366 北陸 悲恋伝説の地を行く 子母澤類著 金沢 北国新聞社 2002.11 207p 21cm 1800円 ①4-8330-1268-5

08367 ちいさい旅みーつけた 俵万智著, 平地勲写真 集英社 2003.5 251p 16cm (集英社be文庫) 695円 ①4-08-650028-0

08368 「寅さん」が愛した汽車旅 南正時著 講談社 2008.4 199p 18cm (講談社+α新書) 800円 ①978-4-06-272494-4

08369 賀曽利隆の300日3000湯めぐり日本一周―6万5000キロのバイク旅 下巻 賀曽利隆著 昭文社 2008.9 286p 21cm 1600円 ①978-4-398-21117-0

08370 街道をゆく 18 越前の諸道 新装版 司馬遼太郎著 朝日新聞出版 2008.12 292, 8p 15cm (朝日文庫) 620円 ①978-4-02-264464-0

08371 谷川健一全集 第10巻(民俗 2) 女の風土記 埋もれた日本地図(抄録) 黒潮の民俗学(抄録) 谷川健一著 冨山房インターナショナル 2010.1 574, 27p 23cm〈付属資料：8p：月報 no.14 索引あり〉 6500円 ①978-4-902385-84-7
作品 若狭

08372 すすれ！麺の甲子園 椎名誠著 新潮社 2010.10 365p 16cm (新潮文庫) 590円 ①978-4-10-144836-7

08373 夢幻抄 白洲正子著 世界文化社 2010.11 322p 21cm〈5刷 1997年刊の造本変更〉 1600円 ①978-4-418-10514-4
作品 若狭紀行

08374 荒ぶる自然―日本列島天変地異録 高田宏著 神戸 苦楽堂 2016.6 303, 7p 19cm 〈新潮社 1997年刊の再刊 年表あり 索引あり〉 1800円 Ⓘ978-4-908087-03-5

08375 おいしいものは田舎にある―日本ふーど記 改版 玉村豊男著 中央公論新社 2017.1 245p 16cm (中公文庫)〈初版のタイトル等：日本ふーど記(日本交通公社 1984年刊)〉 700円 Ⓘ978-4-12-206351-8

08376 アーネスト・サトウの明治日本山岳記 アーネスト・メイスン・サトウ著, 庄田元男訳 講談社 2017.4 285p 15cm (講談社学術文庫)〈「日本旅行日記」(平凡社 1992年刊)と「明治日本旅行案内」(平凡社 1996年刊)の改題、抜粋し新たに編集〉 980円 Ⓘ978-4-06-292382-8

08377 ちょっとそこまで旅してみよう 益田ミリ著 幻冬舎 2017.4 186p 16cm (幻冬舎文庫)〈「ちょっとそこまでひとり旅だれかと旅」(2013年刊)の改題、書き下ろしを加え再刊〉 460円 Ⓘ978-4-344-42598-9

08378 「男はつらいよ」を旅する 川本三郎著 新潮社 2017.5 286p 20cm (新潮選書) 1400円 Ⓘ978-4-10-603808-2

作品 寅と吉永小百合が歩いた石川、福井

青葉山

08379 想い遙かな山々 中西悟堂ほか著, 作品社編集部編 作品社 1998.4 245p 22cm (新編・日本随筆紀行 大きな活字で読みやすい本―心にふるさとがある 1)〈付属資料：63p：著者紹介・出典一覧〉 Ⓘ4-87893-806-4, 4-87893-807-2

作品 青葉山〔水上勉〕

08380 若狭 水上勉著 河出書房新社 2000.3 205p 20cm (日本の風景を歩く) 1600円 Ⓘ4-309-62131-7

作品 青葉山〔水上勉〕

目次 青葉山, 青井の文殊峰, 気比の松原, 若狭路, リヤカーを曳いて―小浜湾, また、リヤカーを曳いて―小浜湾, 鯉とり文左―佐分利村, 穴掘り又助―本郷村, 若狭幻想(抄)

朝倉街道

08381 街道をゆく 18 越前の諸道 新装版 司馬遼太郎著 朝日新聞出版 2008.12 292, 8p 15cm (朝日文庫) 620円 Ⓘ978-4-02-264464-0

足羽川

08382 街道をゆく 18 越前の諸道 新装版 司馬遼太郎著 朝日新聞出版 2008.12 292, 8p 15cm (朝日文庫) 620円 Ⓘ978-4-02-264464-0

天谷鉱泉

08383 温泉百話―西の旅 種村季弘, 池内紀編 筑摩書房 1988.2 471p 15cm (ちくま文庫) 680円 Ⓘ4-480-02201-5

作品 天谷温泉は実在したか〔種村季弘〕

08384 晴浴雨浴日記 種村季弘著 河出書房新社 1989.3 250p 19cm 2500円 Ⓘ4-309-00554-3

作品 天谷温泉は実在したか

阿弥陀寺

08385 北陸の古寺 下 新装版 井上雪著 金沢 北國新聞社 2012.6 165p 19cm〈北国出版社 1983年刊の2分冊〉 1200円 Ⓘ978-4-8330-1870-8

芦原温泉

08386 温泉百話―西の旅 種村季弘, 池内紀編 筑摩書房 1988.2 471p 15cm (ちくま文庫) 680円 Ⓘ4-480-02201-5

作品 北陸温泉郷・芸者問答〔吉行淳之介〕

08387 駅前温泉汽車の旅 PART1 九州・四国・中国・近畿・東海・北陸・首都圏周辺篇 種村直樹著 徳間書店 1993.4 236p 19cm 1300円 Ⓘ4-19-555163-3

08388 人情温泉紀行―演歌歌手・鏡五郎が訪ねた全国の名湯47選 鏡五郎著 マガジンランド 2008.5 235p 19cm〈年譜あり〉 1238円 Ⓘ978-4-944101-37-5

あわら市

08389 旅しました。―スター旅紀行 (大阪) 関西テレビ放送 1988.9 80p 30cm 980円 Ⓘ4-906256-06-6

作品 桃源郷と荒波の芦原・三国〔五月みどり〕

板取宿

08390 街道をゆく 4 郡上・白川街道、堺・紀州街道 ほか 新装版 司馬遼太郎著 朝日新聞出版 2008.8 319, 8p 15cm (朝日文庫) 620円 Ⓘ978-4-02-264443-5

一乗谷朝倉氏遺跡

08391 日本の風景を歩く―歴史・人・風土 井出孫六著 大修館書店 1992.11 19cm

08392 街道をゆく 18 越前の諸道 新装版 司馬遼太郎著 朝日新聞出版 2008.12 292, 8p 15cm (朝日文庫) 620円 Ⓘ978-4-02-264464-0

一乗谷城

08393 日本名城紀行 3 中部・北陸 戦国武将の堅城 小学館 1989.5 293p 15cm〈『探訪日本の城』シリーズ4 中山道・5北陸道より再録〉 600円 Ⓘ4-09-401203-6

08394 戦国の山城をゆく―信長や秀吉に滅ぼされた世界 安部龍太郎著 集英社 2004.4 234p 18cm (集英社新書)〈年表あり〉 680円 Ⓘ4-08-720237-2

今庄

08395 街道をゆく 4 郡上・白川街道、堺・紀州街道 ほか 新装版 司馬遼太郎著 朝日新聞

出版　2008.8　319, 8p　15cm　(朝日文庫)　620円　①978-4-02-264443-5

08396　山本素石綺談エッセイ集　2　釣りと風土　山本素石著　つり人社　2012.3　271p　21cm　1400円　①978-4-86447-016-2

(目次) 釣りと風土(韓国山釣り行, 入川料と田舎気質 ほか), 山釣りこぼれ話(山釣り随想, テンカラ幽玄 ほか), 山の魚たち(里のイワナ, 北辺のイワナ ほか), テンカラ放浪記(終の栖家, 越前今庄界隈 ほか), 山釣りという名の巡礼(山本素石さん「山釣り文学」のルーツ(森茂明))

鵜の瀬

08397　十一面観音巡礼　愛蔵版　白洲正子著　新潮社　2010.9　317p　22cm〈講談社文芸文庫1992年刊, 新潮社2002年刊あり〉　3000円　①978-4-10-310720-0

作品 若狭のお水送り

(目次) 聖林寺から観音寺へ, こもりく泊瀬, 幻の寺, 木津川にそって, 若狭のお水送り, 奈良のお水取, 水神の里, 秋篠のあたり, 登美の小河, 龍田の川上, 姥捨山の月, 市の聖, 清水の流れ, 白山比咩の幻像, 湖北の旅, 熊野詣

永源寺

08398　北陸の古寺　下　新装版　井上雪著　金沢　北國新聞社　2012.6　165p　19cm〈北国出版社 1983年刊の2分冊〉　1200円　①978-4-8330-1870-8

永平寺

08399　ひろさちやの古寺巡礼　ひろさちや著　小学館　2002.6　207p　20cm　1400円　①4-09-386094-7

08400　おくのほそ道 人物紀行　杉本苑子著　文芸春秋　2005.9　230p　18cm　(文春新書)　700円　①4-16-660460-0

08401　中部日本を歩く　立松和平著, 黒古一夫編　勉誠出版　2006.4　389p　22cm　(立松和平日本を歩く 第3巻)　2600円　①4-585-01173-0

08402　百寺巡礼　第2巻　北陸　五木寛之著　講談社　2008.10　263p　15cm　(講談社文庫)〈文献あり　2003年刊の文庫化〉　562円　①978-4-06-276164-2

08403　街道をゆく　18　越前の諸道　新装版　司馬遼太郎著　朝日新聞出版　2008.12　292, 8p　15cm　(朝日文庫)　620円　①978-4-02-264464-0

08404　鉄道おくのほそ道紀行―週末芭蕉旅　芦原伸著　講談社　2009.6　314p　20cm　(The new fifties)〈文献あり〉　1800円　①978-4-06-269282-3

08405　死者が立ち止まる場所―日本人の死生観　マリー・ムツキ・モケット著, 高月園子訳　晶文社　2016.1　371p　20cm　2500円　①978-4-7949-6914-9

越前海岸

08406　ニッポン豊饒紀行　甲斐崎圭著　小沢書店　1997.8　206p　20cm　1900円　①4-7551-0349-5

08407　ニッポン・あっちこっち　安西水丸著　家の光協会　1999.11　205p　17cm　1800円　①4-259-54570-1

08408　メルヘン紀行　みやこうせい著　未知谷　2005.5　237p　20cm　2200円　①4-89642-129-9

越前勝山

08409　ヤポネシア讃歌　立松和平著　講談社　1990.6　261p　19cm　1200円　①4-06-204887-6

08410　街道をゆく　18　越前の諸道　新装版　司馬遼太郎著　朝日新聞出版　2008.12　292, 8p　15cm　(朝日文庫)　620円　①978-4-02-264464-0

越前市

08411　にっぽん全国 百年食堂　椎名誠著　講談社　2013.1　222p　19cm　1400円　①978-4-06-217814-3

越前町

08412　詩人の旅　田村隆一著　中央公論社　1991.9　216p　15cm　(中公文庫)　420円　①4-12-201836-6

08413　行きつ戻りつ　乃南アサ著　文化出版局　2000.5　237p　21cm　1500円　①4-579-30386-5

08414　時の名残り　津村節子著　新潮社　2017.3　247p　20cm　1600円　①978-4-10-314712-1

作品 古窯の村

えちぜん鉄道

08415　おいしいローカル線の旅　金久保茂樹著　朝日新聞社　2006.7　264p　15cm　(朝日文庫―シリーズオトナ悠遊)　600円　①4-02-261508-7

08416　おんなひとりの鉄道旅　西日本編　矢野直美著　小学館　2008.7　193p　15cm　(小学館文庫)〈2005年刊の単行本を2分冊にして文庫化〉　571円　①978-4-09-408287-6

越前岬

08417　負籠の細道　水上勉著　集英社　1997.10　232p　16cm　(集英社文庫)　476円　①4-08-748697-4

08418　越の道―越前・越中・越後　水上勉著　河出書房新社　2000.3　206p　20cm　(日本の風景を歩く)　1600円　①4-309-62132-5

越美北線

08419　いきどまり鉄道の旅　北尾トロ著　河出書房新社　2017.8　278p　15cm　(河出文庫)〈「駅長さん！　これ以上先には行けないんすか」(2011年刊)の改題、加筆・修正〉　780円　①978-4-309-41559-8

円照寺

08420　見仏記　4　親孝行篇　いとうせいこう

著, みうらじゅん画　角川書店　2006.1　262p　15cm　（角川文庫）〈2002年刊の文庫化〉　514円　①4-04-184605-6

大滝町

08421　越の道―越前・越中・越後　水上勉著　河出書房新社　2000.3　206p　20cm　（日本の風景を歩く）　1600円　①4-309-62132-5

雄島

08422　浦島太郎の馬鹿―旅の書きおき　立松和平著　マガジンハウス　1990.10　251p　21cm　1400円　①4-8387-0189-6

作品 楽天主義者の海

08423　中部日本を歩く　立松和平著, 黒古一夫編　勉誠出版　2006.4　389p　22cm　（立松和平日本を歩く 第3巻）　2600円　①4-585-01173-0

越知山

08424　百霊峰巡礼　第2集　立松和平著　東京新聞出版局　2008.4　307p　20cm　1800円　①978-4-8083-0893-3

遠敷

08425　十一面観音巡礼　愛蔵版　白洲正子著　新潮社　2010.9　317p　22cm〈講談社文芸文庫1992年刊, 新潮社2002年刊あり〉　3000円　①978-4-10-310720-0

作品 若狭のお水送り

遠敷川

08426　川を旅する　池内紀著　筑摩書房　2007.7　207p　18cm　（ちくまプリマー新書）　780円　①978-4-480-68763-0

小浜街道

08427　百年前の山を旅する　服部文祥著　新潮社　2014.1　236p　16cm　（新潮文庫）〈東京新聞出版部 2010年刊の再刊　文献あり〉　630円　①978-4-10-125321-3

小浜市

08428　詩人の旅　田村隆一著　中央公論社　1991.9　216p　15cm　（中公文庫）　420円　①4-12-201836-6

08429　エンピツ絵描きの一人旅　安西水丸著　新潮社　1991.10　213p　19cm　1300円　①4-10-373602-X

08430　関西こころの旅路　山と渓谷社　2000.1　285p　20cm　（旅の紀行＆エッセイ）　1400円　①4-635-28045-4

作品 海のいのちの物語〔森崎和江〕

目次 琵琶湖（琵琶湖とわたし（田原総一朗), 湖北の朝の道（森崎和江）, 近江西国吟行（黒田杏子）, 青春の城下町（若一光司）, 湖の語り部たち（中島千恵子）, 湖は珍味の宝庫（松山猛）, 「琵琶湖周航の歌」は私の故郷（加藤登紀子）, 三橋節子の思い出（鈴木靖将）, 湖北の隠れ里を訪ねて（高城修三）, 私の琵琶湖十二カ月（今森光彦））, 吉野・熊野（日本人が自分の魂に出会う吉野（前登志夫）, 宮滝万葉の道（高木修三）, 吉野へ通じる峠（吉田知子）, 平安時代からしられていた秀衡桜（高城修三）, 一千年前から人々が往来した道（宇江敏勝））, 高野・紀州（高野山をとりまく幻の女人道（吉田知子）, 桜に霞む紀三井寺（神坂次郎）, 生まれ故郷の川を想う（東陽一））, 京都（寺の町に住んでみて（西村京太郎）, 京の町家に暮らして（ひらのりょうこ））, 大阪（今も生きつづける浪花旅情（難波利三）, 大阪駅にある「結界」（川崎ゆきお））, 若狭・丹波（海のいのちの物語（森崎和江）, 丹波杜氏のふるさと、篠山の男たち（峰順一））, 関西うまいもん（食べ物屋さんも「情」が大事（竹本住大夫）, お目当てはいつもあのあなご寿し（西村玲子） ほか）, こんな旅あんな旅（京の隠れ里、美山での一夜（玉岡かおる）, 消えゆく近江の技を訪ねて（吉田知子）, 唯一、人々が暮らす湖の島（高城修三）, 日本最短のローカル線（神坂次郎）, 健在なり、大阪のチンチン電車（眉村卓）, 子供歌舞伎に魅かれて（井上敏雄）, 水美し国、村岡名水紀行（田中淳夫）, 思い出の神島へ（堀ちえみ）, シーズンオフの吉野山もまたオツ（キダタロー）, たまのぜいたく、離れのある温泉宿（桂小米朝）, 山陰のある朝市にて（橘右佐喜）, 浪花っ子の原点、御堂筋一直線（河島あみる）, 東海道うまいもん食べ歩き（谷五郎）, びわこ一周列車の旅（ひさうちみちお））

08431　文豪、偉人の「愛」をたどる旅　黛まどか著　集英社　2009.8　255p　18cm　1048円　①978-4-08-781427-9

08432　ひとり旅 ひとり酒　太田和彦著　大阪　京阪神エルマガジン社　2009.11　237p　21cm　1600円　①978-4-87435-306-6

08433　食の街道を行く　向笠千恵子著　平凡社　2010.7　276p　18cm　（平凡社新書）〈文献あり〉　820円　①978-4-582-85536-4

08434　みどりの国滞在日記　エリック・ファーユ著, 三野博司訳　水声社　2014.12　195p　20cm　（批評の小径）　2500円　①978-4-8010-0077-3

08435　日本ザンテイ世界遺産に行ってみた。　宮田珠己著　京都　淡交社　2015.7　214p　19cm　1600円　①978-4-473-04029-9

小浜湾

08436　若狭　水上勉著　河出書房新社　2000.3　205p　20cm　（日本の風景を歩く）　1600円　①4-309-62131-7

勝山市

08437　雨の匂いのする夜に　椎名誠写真と文　朝日新聞出版　2015.11　222p　20cm　2100円　①978-4-02-331450-4

作品 春をまつ顔

08438　時の名残り　津村節子著　新潮社　2017.3　247p　20cm　1600円　①978-4-10-314712-1

作品 ある町の盛衰

金崎宮

08439　街道をゆく　4　郡上・白川街道、堺・紀州街道 ほか　新装版　司馬遼太郎著　朝日新聞出版　2008.8　319, 8p　15cm　（朝日文庫）　620円　①978-4-02-264443-5

上河内温泉

08440 遙かなる秘湯をゆく　桂博史著　主婦と生活社　1990.3　222p　19cm　980円　①4-391-11232-9

木ノ芽峠

08441 山頂の憩い―『日本百名山』その後　深田久弥著　新潮社　2000.5　186p　16cm　（新潮文庫）〈肖像あり〉　400円　①4-10-122003-4

九頭竜川

08442 ヤポネシア讃歌　立松和平著　講談社　1990.6　261p　19cm　1200円　①4-06-204887-6

08443 水の旅 川の漁　立松和平文, 大塚高雄写真　世界文化社　1993.8　250p　19cm　1600円　①4-418-93509-6

九頭竜湖駅

08444 終着駅への旅　JR編　櫻井寛著　JTBパブリッシング　2013.8　222p　19cm　1300円　①978-4-533-09285-5

京福電気鉄道永平寺線

08445 廃線探訪の旅―日本の鉄道　原口隆行編著　ダイヤモンド社　2004.6　158p　21cm　1800円　①4-478-96089-5

気比の松原

08446 街道をゆく　4　郡上・白川街道、堺・紀州街道 ほか　新装版　司馬遼太郎著　朝日新聞出版　2008.8　319, 8p　15cm　（朝日文庫）　620円　①978-4-02-264443-5

08447 樹をめぐる旅　高橋秀樹著　宝島社　2009.8　125p　16cm　（宝島sugoi文庫）　457円　①978-4-7966-7357-0

河内温泉

08448 温泉旅日記　池内紀著　徳間書店　1996.9　277p　15cm　（徳間文庫）〈河出書房新社1988年刊あり〉　540円　①4-19-890559-2

佐野温泉

08449 温泉旅日記　池内紀著　徳間書店　1996.9　277p　15cm　（徳間文庫）〈河出書房新社1988年刊あり〉　540円　①4-19-890559-2

鯖街道

08450 百年前の山を旅する　服部文祥著　新潮社　2014.1　236p　16cm　（新潮文庫）〈東京新聞出版部 2010年刊の再刊　文献あり〉　630円　①978-4-10-125321-3

佐分利地区（おおい町）

08451 若狭　水上勉著　河出書房新社　2000.3　205p　20cm　（日本の風景を歩く）　1600円　①4-309-62131-7

周山街道

08452 街道をゆく　4　郡上・白川街道、堺・紀州街道 ほか　新装版　司馬遼太郎著　朝日新聞出版　2008.8　319, 8p　15cm　（朝日文庫）　620円　①978-4-02-264443-5

笙の川

08453 川を旅する　池内紀著　筑摩書房　2007.7　207p　18cm　（ちくまプリマー新書）　780円　①978-4-480-68763-0

城福寺

08454 北陸の古寺　下　新装版　井上雪著　金沢　北國新聞社　2012.6　165p　19cm〈北国出版社 1983年刊の2分冊〉　1200円　①978-4-8330-1870-8

正法寺

08455 古寺巡礼　辻井喬著　角川春樹事務所　2011.5　253p　16cm　（ハルキ文庫）〈2009年刊の文庫化〉　667円　①978-4-7584-3556-7

08456 北陸の古寺　下　新装版　井上雪著　金沢　北國新聞社　2012.6　165p　19cm〈北国出版社 1983年刊の2分冊〉　1200円　①978-4-8330-1870-8

正林庵

08457 北陸の古寺　下　新装版　井上雪著　金沢　北國新聞社　2012.6　165p　19cm〈北国出版社 1983年刊の2分冊〉　1200円　①978-4-8330-1870-8

盛源寺

08458 北陸の古寺　下　新装版　井上雪著　金沢　北國新聞社　2012.6　165p　19cm〈北国出版社 1983年刊の2分冊〉　1200円　①978-4-8330-1870-8

泰澄寺

08459 北陸の古寺　下　新装版　井上雪著　金沢　北國新聞社　2012.6　165p　19cm〈北国出版社 1983年刊の2分冊〉　1200円　①978-4-8330-1870-8

高浜町

08460 渚の旅人　2　ヒラメのあぶない妄想　森沢明夫著　東京地図出版　2008.12　427p　19cm　1450円　①978-4-8085-8535-8

(目次) 第1章 白砂（福井県高浜町→兵庫県竹野町, 兵庫県竹野町→鳥取県鳥取市 ほか）, 第2章 漁り火（島根県仁摩町→山口県萩市, 山口県長門市→山口県下関市 ほか）, 第3章 夕凪（広島県宮島町→広島県竹原市, 広島県竹原市→広島県尾道市 ほか）, 第4章 さざ波（兵庫県明石市→大阪府堺市, 大阪府岬町→和歌山県みなべ町 ほか）, 第5章 海鳴り（和歌山県那知勝浦町→三重県尾鷲市, 三重県紀北町→三重県志摩市 ほか）

武生（越前市）

08461 染めと織りと祈り　立松和平著　アスペクト　2000.3　261p　21cm　2200円　①4-7572-0705-0

多田寺

08462 日本紀行 井上靖著 岩波書店 1993.12 252p 16cm (同時代ライブラリー) 1000円 ①4-00-260169-2
作品 十一面観音の旅

08463 見仏記 4 親孝行篇 いとうせいこう著, みうらじゅん画 角川書店 2006.1 262p 15cm (角川文庫)〈2002年刊の文庫化〉 514円 ①4-04-184605-6

08464 十一面観音巡礼 愛蔵版 白洲正子著 新潮社 2010.9 317p 22cm〈講談社文芸文庫1992年刊, 新潮社2002年刊あり〉 3000円 ①978-4-10-310720-0
作品 若狭のお水送り

敦賀駅

08465 新・古代史謎解き紀行 信越東海編 継体天皇の謎 関裕二著 ポプラ社 2008.11 261p 19cm〈文献あり〉 1300円 ①978-4-591-10611-2

敦賀街道

08466 街道をゆく 4 郡上・白川街道、堺・紀州街道 ほか 新装版 司馬遼太郎著 朝日新聞出版 2008.8 319, 8p 15cm (朝日文庫) 620円 ①978-4-02-264443-5

敦賀市

08467 父と子の長い旅 原将人著 フィルムアート社 1994.11 253p 19cm 1854円 ①4-8459-9436-4

08468 ら・ら・ら「奥の細道」 黛まどか著 光文社 1998.3 221p 20cm 1600円 ①4-334-97168-7

08469 おくのほそ道 人物紀行 杉本苑子著 文芸春秋 2005.9 230p 18cm (文春新書) 700円 ①4-16-660460-0

08470 お伽の国—日本—海を渡ったトルストイの娘 アレクサンドラ・トルスタヤ著, ふみ子・デイヴィス訳 群像社 2007.6 204p 20cm〈肖像あり〉 2000円 ①978-4-903619-05-7

08471 中部北陸自然歩道を歩く 田嶋直樹著 名古屋 風媒社 2007.6 127p 21cm (爽books) 1600円 ①978-4-8331-0128-8

08472 ニッポン—ヨーロッパ人の眼で観た 新版 ブルーノ・タウト著, 篠田英雄訳 春秋社 2008.9 182p 20cm〈肖像あり 著作目録あり 講談社学術文庫「ニッポン ヨーロッパ人の眼で見た」1991年刊あり〉 2000円 ①978-4-393-42454-4
目次 敦賀, 伊勢神宮, 桂離宮, 天皇と将軍, 生ける伝統, ニューヨーク行か, 否—桂離宮を経よ！

08473 日本雑記 ブルーノ・タウト著, 篠田英雄訳 中央公論新社 2008.11 368p 18cm (中公クラシックス)〈育生社弘道閣昭和18年刊の復刻版 年譜あり〉 1800円 ①978-4-12-160106-3

08474 日本風景論 池内紀著 角川学芸出版 2009.3 279p 19cm (角川選書)〈発売：角川グループパブリッシング〉 1600円 ①978-4-04-703442-6

08475 鉄道おくのほそ道紀行—週末芭蕉旅 芦原伸著 講談社 2009.6 314p 20cm (The new fifties)〈文献あり〉 1800円 ①978-4-06-269282-3

08476 芭蕉の杖跡—おくのほそ道 新紀行 森村誠一著 角川マガジンズ 2012.7 268p 19cm〈発売：角川グループパブリッシング〉 1600円 ①978-4-04-731863-2

08477 旅の食卓 池内紀著 亜紀書房 2016.8 233p 19cm 1600円 ①978-4-7505-1480-2

剱神社

08478 街道をゆく 18 越前の諸道 新装版 司馬遼太郎著 朝日新聞出版 2008.12 292, 8p 15cm (朝日文庫) 620円 ①978-4-02-264464-0

中竜鉱山

08479 山河あり 平泉澄著 錦正社 2005.3 484p 22cm 2500円 ①4-7646-0266-0
目次 山河あり(神子の桜, 中竜鉱山, 広島 ほか), 続山河あり(徳富蘇峰先生, 小野宮右大臣, 忠度と行盛 ほか), 続々山河あり(大神神社, 母, 近衛公 ほか)

西近江路

08480 街道をゆく 1 湖西のみち、甲州街道、長州路 ほか 新装版 司馬遼太郎著 朝日新聞出版 2008.8 291, 8p 15cm (朝日文庫) 600円 ①978-4-02-264440-4

08481 街道をゆく 4 郡上・白川街道、堺・紀州街道 ほか 新装版 司馬遼太郎著 朝日新聞出版 2008.8 319, 8p 15cm (朝日文庫) 620円 ①978-4-02-264443-5

西山光照寺

08482 北陸の古寺 下 新装版 井上雪著 金沢 北國新聞社 2012.6 165p 19cm〈北国出版社 1983年刊の2分冊〉 1200円 ①978-4-8330-1870-8

羽賀寺

08483 日本紀行 井上靖著 岩波書店 1993.12 252p 16cm (同時代ライブラリー) 1000円 ①4-00-260169-2
作品 十一面観音の旅

08484 見仏記 4 親孝行篇 いとうせいこう著, みうらじゅん画 角川書店 2006.1 262p 15cm (角川文庫)〈2002年刊の文庫化〉 514円 ①4-04-184605-6

08485 十一面観音巡礼 愛蔵版 白洲正子著 新潮社 2010.9 317p 22cm〈講談社文芸文庫1992年刊, 新潮社2002年刊あり〉 3000円 ①978-4-10-310720-0
作品 若狭のお水送り

08486 古寺巡礼 辻井喬著 角川春樹事務所 2011.5 253p 16cm (ハルキ文庫)〈2009年

刊の文庫化〉 667円 ①978-4-7584-3556-7

八幡神社（小浜市）

08487 十一面観音巡礼 愛蔵版 白洲正子著 新潮社 2010.9 317p 22cm〈講談社文芸文庫 1992年刊, 新潮社2002年刊あり〉 3000円 ①978-4-10-310720-0
作品 若狭のお水送り

針畑越〔根来坂峠〕

08488 百年前の山を旅する 服部文祥著 新潮社 2014.1 236p 16cm （新潮文庫）〈東京新聞出版部 2010年刊の再刊 文献あり〉 630円 ①978-4-10-125321-3

疋田

08489 街道をゆく 4 郡上・白川街道、堺・紀州街道 ほか 新装版 司馬遼太郎著 朝日新聞出版 2008.8 319, 8p 15cm （朝日文庫） 620円 ①978-4-02-264443-5

疋田川

08490 川を旅する 池内紀著 筑摩書房 2007.7 207p 18cm （ちくまプリマー新書） 780円 ①978-4-480-68763-0

日野山

08491 山頂の憩い―『日本百名山』その後 深田久弥著 新潮社 2000.5 186p 16cm （新潮文庫）〈肖像あり〉 400円 ①4-10-122003-4

福井市

08492 ら・ら・ら「奥の細道」 黛まどか著 光文社 1998.3 221p 20cm 1600円 ①4-334-97168-7

08493 おくのほそ道 人物紀行 杉本苑子著 文芸春秋 2005.9 230p 18cm （文春新書） 700円 ①4-16-660460-0

08494 中部北陸自然歩道を歩く 田嶋直樹著 名古屋 風媒社 2007.6 127p 21cm （爽books） 1600円 ①978-4-8331-0128-8

08495 芭蕉の杖跡―おくのほそ道 新紀行 森村誠一著 角川マガジンズ 2012.7 268p 19cm〈発売：角川グループパブリッシング〉 1600円 ①978-4-04-731863-2

08496 にっぽん全国 百年食堂 椎名誠著 講談社 2013.1 222p 19cm 1400円 ①978-4-06-217814-3

08497 可愛いあの娘（こ）は島育ち 太田和彦著 集英社 2016.11 254p 16cm （集英社文庫―ニッポンぶらり旅） 600円 ①978-4-08-745518-2

福井鉄道福武線

08498 路面電車全線探訪記 再版 柳沢道生著, 旅行作家の会編 現代旅行研究所 2008.6 224p 21cm （旅行作家文庫） 1800円 ①978-4-87482-096-4

平泉寺白山神社

08499 街道をゆく 18 越前の諸道 新装版 司馬遼太郎著 朝日新聞出版 2008.12 292, 8p 15cm （朝日文庫） 620円 ①978-4-02-264464-0

08500 かくれ里 愛蔵版 白洲正子著 新潮社 2010.9 349p 22cm〈講談社文芸文庫 1991年刊あり〉 3000円 ①978-4-10-310719-4
作品 越前平泉寺
目次 油日の古面, 油日から櫟野へ, 宇陀の大蔵寺, 薬草のふる里, 石の寺, 桜の寺, 吉野の川上, 石をたずねて, 金勝山をめぐって, 山国の火祭, 滝の畑, 木地師の村, 丹生郡都比売神社, 長滝 白山神社, 湖北 菅浦, 西岩倉の金蔵寺, 山村の円照寺, 花をたずねて, 久々利の里, 田原の古道, 越前 平泉寺, 葛川 明王院, 葛城のあたり, 葛城から吉野へ

宝慶寺

08501 街道をゆく 18 越前の諸道 新装版 司馬遼太郎著 朝日新聞出版 2008.12 292, 8p 15cm （朝日文庫） 620円 ①978-4-02-264464-0

08502 北陸の古寺 下 新装版 井上雪著 金沢 北國新聞社 2012.6 165p 19cm〈北国出版社 1983年刊の2分冊〉 1200円 ①978-4-8330-1870-8

法順寺

08503 日本紀行 井上靖著 岩波書店 1993.12 252p 16cm （同時代ライブラリー） 1000円 ①4-00-260169-2
作品 十一面観音の旅

08504 十一面観音巡礼 愛蔵版 白洲正子著 新潮社 2010.9 317p 22cm〈講談社文芸文庫 1992年刊, 新潮社2002年刊あり〉 3000円 ①978-4-10-310720-0
作品 若狭のお水送り

本郷地区（福井市）

08505 若狭 水上勉著 河出書房新社 2000.3 205p 20cm （日本の風景を歩く） 1600円 ①4-309-62131-7

丸岡城

08506 街道をゆく 18 越前の諸道 新装版 司馬遼太郎著 朝日新聞出版 2008.12 292, 8p 15cm （朝日文庫） 620円 ①978-4-02-264464-0

08507 三津五郎 城めぐり 坂東三津五郎著 三月書房 2010.11 117p 22cm 2200円 ①978-4-7826-0211-9

08508 「現存」12天守めぐりの旅―歴史ある国宝・重文のお城をたずねる 萩原さちこ著 学研パブリッシング 2014.5 183p 21cm〈文献あり 発売：学研マーケティング〉 1300円 ①978-4-05-800268-1

萬徳寺（小浜市）

08509 見仏記 4 親孝行篇 いとうせいこう著, みうらじゅん画 角川書店 2006.1 262p

15cm (角川文庫)〈2002年刊の文庫化〉 514円 ①4-04-184605-6

三国町

08510 旅しました。―スター旅紀行 (大阪) 関西テレビ放送 1988.9 80p 30cm 980円 ①4-906256-06-6
作品 桃源郷と荒波の芦原・三国〔五月みどり〕

08511 詩人の旅 田村隆一著 中央公論社 1991.9 216p 15cm (中公文庫) 420円 ①4-12-201836-6

08512 居酒屋かもめ唄 太田和彦著 小学館 2000.12 276p 19cm 1400円 ①4-09-379177-5

08513 文豪、偉人の「愛」をたどる旅 黛まどか著 集英社 2009.8 255p 18cm 1048円 ①978-4-08-781427-9

08514 ニッポン発見記 池内紀著 中央公論新社 2012.4 211p 16cm (中公文庫)〈講談社現代新書 2004年刊の再刊〉 590円 ①978-4-12-205630-5

三国町安島

08515 浦島太郎の馬鹿―旅の書きおき 立松和平著 マガジンハウス 1990.10 251p 21cm 1400円 ①4-8387-0189-6
作品 楽天主義者の海

明通寺

08516 お寺散歩―もう一度あのお寺に行こう 沢野ひとし著 新日本出版社 2005.1 134p 18cm 1600円 ①4-406-03130-8

08517 見仏記 4 親孝行篇 いとうせいこう著, みうらじゅん画 角川書店 2006.1 262p 15cm (角川文庫)〈2002年刊の文庫化〉 514円 ①4-04-184605-6

08518 百寺巡礼 第2巻 北陸 五木寛之著 講談社 2008.10 263p 15cm (講談社文庫)〈文献あり 2003年刊の文庫化〉 562円 ①978-4-06-276164-2

08519 古寺巡礼 辻井喬著 角川春樹事務所 2011.5 253p 16cm (ハルキ文庫)〈2009年刊の文庫化〉 667円 ①978-4-7584-3556-7

妙楽寺

08520 日本紀行 井上靖著 岩波書店 1993.12 252p 16cm (同時代ライブラリー) 1000円 ①4-00-260169-2
作品 十一面観音の旅

08521 お寺散歩―もう一度あのお寺に行こう 沢野ひとし著 新日本出版社 2005.1 134p 18cm 1600円 ①4-406-03130-8

08522 見仏記 4 親孝行篇 いとうせいこう著, みうらじゅん画 角川書店 2006.1 262p 15cm (角川文庫)〈2002年刊の文庫化〉 514円 ①4-04-184605-6

吉崎

08523 おくのほそ道 人物紀行 杉本苑子著 文芸春秋 2005.9 230p 18cm (文春新書) 700円 ①4-16-660460-0

吉崎御坊跡

08524 百寺巡礼 第2巻 北陸 五木寛之著 講談社 2008.10 263p 15cm (講談社文庫)〈文献あり 2003年刊の文庫化〉 562円 ①978-4-06-276164-2

若狭国分寺

08525 見仏記 4 親孝行篇 いとうせいこう著, みうらじゅん画 角川書店 2006.1 262p 15cm (角川文庫)〈2002年刊の文庫化〉 514円 ①4-04-184605-6

若狭路

08526 みだれ籠―旅の手帖 津村節子著 文芸春秋 1989.11 285p 15cm (文春文庫) 400円 ①4-16-726507-9

08527 若狭 水上勉著 河出書房新社 2000.3 205p 20cm (日本の風景を歩く) 1600円 ①4-309-62131-7

若狭神宮寺

08528 見仏記 4 親孝行篇 いとうせいこう著, みうらじゅん画 角川書店 2006.1 262p 15cm (角川文庫)〈2002年刊の文庫化〉 514円 ①4-04-184605-6

08529 百寺巡礼 第2巻 北陸 五木寛之著 講談社 2008.10 263p 15cm (講談社文庫)〈文献あり 2003年刊の文庫化〉 562円 ①978-4-06-276164-2

08530 十一面観音巡礼 愛蔵版 白洲正子著 新潮社 2010.9 317p 22cm〈講談社文芸文庫 1992年刊, 新潮社2002年刊あり〉 3000円 ①978-4-10-310720-0
作品 若狭のお水送り

若狭町

08531 陰陽師ロード―安倍晴明名所案内 荒俣宏著 平凡社 2001.9 237p 19cm 1400円 ①4-582-82974-0

08532 森の旅 森の人―北海道から沖縄まで日本の森林を旅する 軽装版 稲本正文, 姉崎一馬写真 世界文化社 2005.11 271p 21cm (ほたるの本)〈1994年刊行版に一部修正を加え軽装版にしたもの 1990年刊あり〉 1800円 ①4-418-05518-5

08533 百年前の山を旅する 服部文祥著 新潮社 2014.1 236p 16cm (新潮文庫)〈東京新聞出版部 2010年刊の再刊 文献あり〉 630円 ①978-4-10-125321-3

若狭湾

08534 ヤポネシア讃歌 立松和平著 講談社 1990.6 261p 19cm 1200円 ①4-06-204887-6

08535 中部日本を歩く 立松和平著, 黒古一夫編 勉誠出版 2006.4 389p 22cm (立松和

中部

平日本を歩く 第3巻） 2600円 ①4-585-01173-0

山梨県

08536 ナチュラル・ツーリング 続 寺崎勉文，太田潤写真 ミリオン出版，大洋図書〔発売〕 1989.4 197p 21cm （OUTRIDER BOOK） 1700円 ①4-88672-042-0

08537 いで湯の山旅―特選紀行 美坂哲男著，新妻喜永写真 山と渓谷社 1993.9 138p 25×19cm 2300円 ①4-635-28026-8

08538 駅前温泉汽車の旅 PART2 関東・甲信越・東北・北海道篇 種村直樹著 徳間書店 1993.10 240p 19cm 1300円 ①4-19-860008-2

08539 山釣り―はるかなる憧憬の谿から 山本素石編著 立風書房 1996.3 261p 19cm 2000円 ①4-651-78040-7

08540 シェルパ斉藤の東海自然歩道全踏破―213万歩の旅 斉藤政喜著 小学館 2001.1 301p 15cm （小学館文庫）〈「213万歩の旅」（1992年刊）の改題〉 533円 ①4-09-411006-2

08541 お徒歩 ニッポン再発見 岩見隆夫著 アールズ出版 2001.5 299p 20cm 1600円 ①4-901226-20-7

08542 日本の風土食探訪 市川健夫著 白水社 2003.12 205p 20cm 2200円 ①4-560-04074-5

08543 万葉の旅 中 改訂新版 犬養孝著 平凡社 2004.1 361p 16cm （平凡社ライブラリー）〈初版：社会思想社1964年刊 文献あり〉 1200円 ①4-582-76489-4

08544 旅の出会い 井伏鱒二著，東郷克美，前田貞昭編 筑摩書房 2004.10 334p 15cm （ちくま文庫―井伏鱒二文集 2） 1100円 ①4-480-03982-1

08545 関東を歩く 立松和平著，黒古一夫編 勉誠出版 2006.4 320p 22cm （立松和平日本を歩く 第2巻） 2600円 ①4-585-01172-2

08546 武田信玄の古戦場をゆく―なぜ武田軍団は北へ向かったのか？ 安部龍太郎著 集英社 2006.11 189p 18cm （集英社新書）〈年表あり〉 660円 ①4-08-720365-4

目次 第1章 信玄出生の地、要害城，第2章 非情の侵攻、諏訪上原城，第3章 骨肉相食む、佐久侵攻戦，第4章 宿敵、村上義清との戦い，第5章 両雄激突、川中島，第6章 信玄、信越国境に迫る，第7章 夢破れ、謙信と和す

08547 日本の秘境ツーリング―よりぬき「日本一を探す旅」 末飛登著，培倶人編集部編 枻出版社 2007.5 187p 15cm （枻文庫）〈標題紙の責任表示（誤植）：末飛人〉 650円 ①978-4-7779-0765-6

08548 山の旅 本の旅―登る歓び、読む愉しみ 大森久雄著 平凡社 2007.9 237p 20cm〈文献あり〉 2200円 ①978-4-582-83368-3

08549 賀曽利隆の300日3000湯めぐり日本一周―6万5000キロのバイク旅 上巻 賀曽利隆著 昭文社 2008.9 286p 21cm 1600円 ①978-4-398-21116-3

08550 極めよ、ソフテツ道！―素顔になれる鉄道旅 村井美樹著 小学館 2012.8 186p 19cm （IKKI BOOKS） 1400円 ①978-4-09-359208-6

08551 釣師・釣場 井伏鱒二著 講談社 2013.10 236p 16cm （講談社文芸文庫）〈著作目録あり 年譜あり〉 1300円 ①978-4-06-290208-3

08552 はじめての輪行―自転車をバッグにつめて旅に出よう 内藤孝宏著 洋泉社 2016.6 175p 21cm 1500円 ①978-4-8003-0966-2

08553 旅の食卓 池内紀著 亜紀書房 2016.8 233p 19cm 1600円 ①978-4-7505-1480-2

08554 禁足地帯の歩き方 吉田悠軌著 学研プラス 2017.11 175p 19cm 1000円 ①978-4-05-406602-1

青木ヶ原

08555 日本の名山 13 富士山 part.1 串田孫一，今井通子，今福龍太編 博品社 1997.1 285p 19cm 1648円 ①4-938706-34-2

作品 富士の樹海 青木ケ原とハリモミ林〔西口親雄〕

08556 日本の名山 15 富士山 part.3 串田孫一，今井通子，今福龍太編 博品社 1999.1 253p 19cm 1600円 ①4-938706-58-X

作品 青木ヶ原を縦断する〔磯貝浩〕

08557 作家の犯行現場 有栖川有栖著 新潮社 2005.2 406p 16cm （新潮文庫）〈メディアファクトリー ダ・ヴィンチ編集部2002年刊あり〉 667円 ①4-10-120434-9

作品 迷いの森

赤沢（早川町）

08558 ニッポンの山里 池内紀著 山と溪谷社 2013.1 254p 20cm 1500円 ①978-4-635-28067-9

秋山（上野原市）

08559 貧困旅行記 新版 つげ義春著 新潮社 1995.4 281p 15cm （新潮文庫）〈晶文社 1991年刊あり〉 520円 ①4-10-132812-9

作品 秋山村逃亡行

芦川町

08560 浦島太郎の馬鹿―旅の書きおき 立松和平著 マガジンハウス 1990.10 251p 21cm 1400円 ①4-8387-0189-6

作品 民宿すずらん荘

08561 フライフィッシング紀行 続 芦沢一洋著，楠山正良編 つり人社 1998.8 256p 18cm （つり人ノベルズ） 950円 ①4-88536-244-X

中部

石和温泉

08562 オバハン流 旅のつくり方　吉永みち子著　中央公論新社　2007.2　235p　19cm　1500円　①978-4-12-003803-7

08563 お友だちからお願いします　三浦しをん著　大和書房　2012.8　290p　20cm　1400円　①978-4-479-68171-7
　作品 足軽に扮して大人のチャンバラ

石和町

08564 エンピツ絵描きの一人旅　安西水丸著　新潮社　1991.10　213p　19cm　1300円　①4-10-373602-X

一之瀬川

08565 山で見た夢―ある山岳雑誌編集者の記憶　勝峰富雄著　みすず書房　2010.5　285p　20cm　2600円　①978-4-622-07542-4

犬目宿

08566 貧困旅行記　新版　つげ義春著　新潮社　1995.4　281p　15cm　（新潮文庫）〈晶文社1991年刊あり〉　520円　①4-10-132812-9
　作品 猫町紀行

岩下温泉

08567 雲は旅人のように―湯の花紀行　池内紀著, 田淵裕一写真　日本交通公社出版事業局　1995.5　284p　19cm　1600円　①4-533-02163-8
　作品 旅寝の道を時のまに

08568 温泉旅行記　嵐山光三郎著　筑摩書房　2000.12　315p　15cm　（ちくま文庫）〈初版：JTB1997年刊〉　760円　①4-480-03589-3

上野原市

08569 ローカルバスの終点へ　宮脇俊三著　洋泉社　2010.12　303p　18cm　（新書y）〈1991年刊の新潮文庫を底本とする　日本交通公社出版事業局 1989年刊あり〉　840円　①978-4-86248-626-4

08570 久住昌之のこんどは山かい!?　関東編　久住昌之著　山と溪谷社　2013.4　191p　19cm　1200円　①978-4-635-08006-4

大黒茂谷

08571 新編 山と渓谷　田部重治著, 近藤信行編　岩波書店　1993.8　323p　15cm　（岩波文庫）　570円　①4-00-311421-3

大月市

08572 日本旅行日記　1　アーネスト・サトウ著, 庄田元男訳　平凡社　1992.1　316p　18cm　（東洋文庫）　2781円　①4-582-80544-2
　作品 富士山麓で神道を勉強

大室山

08573 日本の名山　別巻 1　丹沢　串田孫一, 今井通子, 今福龍太編　博品社　1997.8　251p　19cm〈年表あり 文献あり〉　1600円　①4-938706-42-3
　作品 大室山〔横山厚夫〕

甲斐黒川金山

08574 江戸の金山奉行大久保長安の謎　川上隆志著　現代書館　2012.3　222p　20cm〈年譜あり　文献あり〉　2000円　①978-4-7684-5669-9

鰍沢（富士川町）

08575 日本温泉めぐり　田山花袋著　角川春樹事務所　1997.11　324p　16cm　（ランティエ叢書 8）〈「温泉めぐり」（博文館1991年刊）の改題〉　1000円　①4-89456-087-9

08576 山の旅　明治・大正篇　近藤信行編　岩波書店　2003.9　445p　15cm　（岩波文庫）　700円　①4-00-311702-6
　作品 白峰の麓〔大下藤次郎〕

08577 温泉めぐり　田山花袋著　岩波書店　2007.6　379p　15cm　（岩波文庫）　800円　①978-4-00-310217-6

勝沼町

08578 新選組 女ひとり旅　赤間倭子著　鷹書房　1990.7　250p　19cm　（女ひとり旅シリーズ）　1000円　①4-8034-0370-8

08579 「新選組」ふれあいの旅―人や史跡との出逢いを求めて　岳真也著　PHP研究所　2003.12　249p　19cm　1200円　①4-569-63235-1

08580 旬紀行―「とびきり」を味わうためだけの旅　寄本好則著　ディノス　2006.8　167p　20cm〈扶桑社（発売）〉　1667円　①4-594-05210-X

金山温泉

08581 雲は旅人のように―湯の花紀行　池内紀著, 田淵裕一写真　日本交通公社出版事業局　1995.5　284p　19cm　1600円　①4-533-02163-8
　作品 旅寝の道を時のまに

金川〔黒駒川〕

08582 飯田龍太全集　第10巻　紀行・雑纂　飯田龍太著　角川学芸出版, 角川書店〔発売〕　2005.12　422p　19cm　2667円　①4-04-651940-1
　作品 ヤマメと桃の花

上九一色村（甲府市・富士河口湖町）

08583 行きつ戻りつ　乃南アサ著　文化出版局　2000.5　237p　21cm　1500円　①4-579-30386-5

雁坂峠

08584 日本旅行日記　2　アーネスト・メイスン・サトウ著, 庄田元男訳　平凡社　1992.6　334p　18cm　（東洋文庫）　2884円　①4-582-80550-7

08585 奥秩父―山、谷、峠そして人　山田哲哉

著　東京新聞　2011.12　343p　19cm　1800円　①978-4-8083-0952-7

川浦温泉

08586　雲は旅人のように―湯の花紀行　池内紀著, 田淵裕一写真　日本交通公社出版事業局　1995.5　284p　19cm　1600円　①4-533-02163-8
作品 旅寝の道を時のまに

河口湖

08587　鍛える聖地　加門七海著　メディアファクトリー　2012.8　285p　19cm　（幽BOOKS）　1300円　①978-4-8401-4693-7

08588　電車でめぐる富士山の旅―御殿場、富士宮、富士吉田、清水へ　甲斐みのり著　ウェッジ　2014.11　126p　21cm　1300円　①978-4-86310-136-4

08589　ニッポン旅みやげ　池内紀著　青土社　2015.4　162p　20cm　1800円　①978-4-7917-6852-3

北岳

08590　新編 山と渓谷　田部重治著, 近藤信行編　岩波書店　1993.8　323p　15cm　（岩波文庫）　570円　①4-00-311421-3

08591　日本の名山　17　北岳　串田孫一, 今井通子, 今福龍太編　博品社　1997.8　253p　19cm〈文献あり〉　1600円　①4-938706-41-5
作品 アスナロ沢か、農鳥沢か〔西岡一雄〕　バットレス地震調査？〔今井通子〕　マレイの日本案内書に載る甲斐ヶ根 遺稿〔武田久吉〕　酷寒の北岳バットレス〔長谷川恒男〕　積雪期の白峰三山〔桑原武夫〕　雪の白峰〔小島烏水〕　単独の北岳〔沢田真佐子〕　中央稜〔松濤明〕　奈良田のヒロ河内より白峰三山に登る〔冠松次郎〕　白峰へ登らんとす 七月〔河田樺〕　白峰雑記 案内人の思い出〔平賀文男〕　白峰三山〔串田孫一〕　白峰三山〔田部重治〕　白峰山脈の南半〔中村清太郎〕　白峯の周囲〔勝見勝〕　白峯北岳〔木暮理太郎〕　北岳 わが永遠の山〔白籏史朗〕　北岳〔深田久弥〕　北岳〔田中澄江〕　北岳にて〔辻まこと〕　北岳バットレス中央稜〔奥山章〕　北岳バットレス登攀〔細野重雄〕

08592　想い遙かな山々　中西悟堂ほか著, 作品社編集部編　作品社　1998.4　245p　22cm　（新編・日本随筆紀行 大きな活字で読みやすい本―心にふるさとがある 1）〈付属資料：63p：著者紹介・出典一覧〉　①4-87893-806-4, 4-87893-807-2
作品 北岳〔白籏史朗〕

08593　行き暮れて、山。　正津勉著　アーツアンドクラフツ　2006.6　203p　19cm　1900円　①4-901592-33-5

08594　山の旅 本の旅―登る歓び、読む愉しみ　大森久雄著　平凡社　2007.9　237p　20cm〈文献あり〉　2200円　①978-4-582-83368-3

08595　五感で発見した「秘密の信州」　増村征夫著　講談社　2008.4　269p　19cm　1500円　①978-4-06-214573-2

08596　山の時間　沢野ひとし画と文　八王子　白山書房　2009.3　183p　15×20cm　2000円　①978-4-89475-127-9

08597　日本アルプス―山岳紀行文集　小島烏水著, 近藤信行編　岩波書店　2009.6　444p　15cm　（岩波文庫）　900円　①4-00-311351-9
作品 雪の白峰　白峰山脈縦断記

08598　子づれの山　熊谷榧絵と文　八王子　白山書房　2009.8　222p　19cm　（〔榧・画文集 2〕）　1900円　①978-4-89475-135-4

08599　初めての山へ六〇年後に　本多勝一著　山と溪谷社　2009.11　221p　22cm　2000円　①978-4-635-33044-2

08600　山で見た夢―ある山岳雑誌編集者の記憶　勝峰富雄著　みすず書房　2010.5　285p　20cm　2600円　①978-4-622-07542-4

08601　わが愛する山々　深田久弥著　山と溪谷社　2011.6　381p　15cm　（ヤマケイ文庫）〈年譜あり〉　1000円　①978-4-635-04730-2

08602　むかしの山旅　今福龍太編　河出書房新社　2012.4　304p　15cm　（河出文庫）　760円　①978-4-309-41144-6
作品 単独の北岳〔沢田真佐子〕

08603　明治紀行文學集　筑摩書房　2013.1　410p　21cm　（明治文學全集 94）　7500円　①978-4-480-10394-9
作品 白峰山脈縦断記〔小島烏水〕

08604　山の名作読み歩き―読んで味わう山の楽しみ　大森久雄編　山と溪谷社　2014.11　301p　18cm　（ヤマケイ新書）　880円　①978-4-635-51002-8
作品 積雪期の白根三山〔桑原武夫〕

清里高原

08605　モダン都市文学　5　観光と乗物　川本三郎編　平凡社　1990.5　477p　21cm　2800円　①4-582-30085-5
作品 念場ガ原・野辺山ノ原〔尾崎喜八〕

08606　地球のはぐれ方―東京するめクラブ　村上春樹, 吉本由美, 都築響一著　文藝春秋　2008.5　524p　16cm　（文春文庫）　1000円　①978-4-16-750208-9

08607　ぼくは旅にでた―または、行きてかえりし物語　増補・新装版　杉山亮著　径書房　2013.5　237p　19cm〈1993年刊の増補・新装版〉　1500円　①978-4-7705-0215-5

久遠寺

08608　百寺巡礼　第5巻　関東・信州　五木寛之著　講談社　2009.1　264p　15cm　（講談社文庫）〈文献あり　2004年刊の文庫化〉　562円　①978-4-06-276262-5

雲取山

08609　紀行文集 無明一杖　上甲平谷著　谷沢書房　1988.7　339p　19cm　2500円

08610　ごちそう山　谷村志穂, 飛田和緒著　集

中部

英社　2003.1　211p　16cm　（集英社文庫）　619円　①4-08-747534-4

08611　ハピネス気分で山歩き　平野恵理子著　山と渓谷社　2005.9　159p　21cm　1800円　①4-635-17168-X

08612　わが愛する山々　深田久弥著　山と渓谷社　2011.6　381p　15cm　（ヤマケイ文庫）〈年譜あり〉　1000円　①978-4-635-04730-2

08613　山・音・色　KIKI, 野川かさね著　山と渓谷社　2012.7　159p　20cm　1500円　①978-4-635-77014-9

08614　鈴木みきの山の足あと　鈴木みき著　山と渓谷社　2013.6　127p　21cm　1200円　①978-4-635-33058-9

乾徳山

08615　山の朝霧 里の湯煙　池内紀著　山と渓谷社　1998.9　254p　20cm　1600円　①4-635-17132-9

08616　みなみらんぼう山の詩――一歩二歩山歩2　みなみらんぼう著　中央公論新社　2002.10　189p　21cm　1900円　①4-12-003321-X

甲州街道

08617　古道紀行 甲州街道　小山和著　大阪保育社　1995.4　193p　19cm　1800円　①4-586-61309-2

08618　今夜も空の下―シェルパ斉藤の行きあたりばっ旅　2　斉藤政喜著　小学館　1996.3　287p　19cm　（BE-PAL BOOKS）　1100円　①4-09-366063-8

08619　シェルパ斉藤の行きあたりばっ旅　3　斉藤政喜著　小学館　1998.8　253p　16cm　（小学館文庫）　457円　①4-09-411003-8

08620　街道をゆく　1　湖西のみち、甲州街道、長州路 ほか　新装版　司馬遼太郎著　朝日新聞出版　2008.8　291, 8p　15cm　（朝日文庫）　600円　①978-4-02-264440-4

08621　ぶらり鉄道、街道散歩　芦原伸著　ベストセラーズ　2010.11　237p　18cm　（ベスト新書）　819円　①978-4-584-12308-9

甲府駅

08622　鉄道の旅　西日本編　真島満秀写真・文　小学館　2008.4　207p　27cm　2600円　①978-4-09-395502-7

甲府市

08623　エンピツ絵描きの一人旅　安西水丸著　新潮社　1991.10　213p　19cm　1300円　①4-10-373602-X

08624　日本全国ローカル線おいしい旅　嵐山光三郎著　講談社　2004.3　246p　18cm　（講談社現代新書）　700円　①4-06-149710-3

08625　銅像めぐり旅―ニッポン蘊蓄紀行　清水義範著　祥伝社　2006.9　306p　16cm　（祥伝社文庫）〈2002年刊の文庫化〉　619円　①4-396-33308-0

08626　にっぽん全国 百年食堂　椎名誠著　講談社　2013.1　222p　19cm　1400円　①978-4-06-217814-3

08627　新選組紀行　増補決定版　中村彰彦著　PHP研究所　2015.7　345p　15cm　（PHP文庫）〈初版：文藝春秋 2003年刊　文献あり〉　720円　①978-4-569-76398-9

甲府盆地

08628　日本温泉めぐり　田山花袋著　角川春樹事務所　1997.11　324p　16cm　（ランティエ叢書 8）〈「温泉めぐり」（博文館1991年刊）の改題〉　1000円　①4-89456-087-9

08629　フライフィッシング紀行　続　芦沢一洋著, 楠山正良編　つり人社　1998.8　256p　18cm　（つり人ノベルズ）　950円　①4-88536-244-X

08630　温泉めぐり　田山花袋著　岩波書店　2007.6　379p　15cm　（岩波文庫）　800円　①978-4-00-310217-6

小淵沢町（北杜市）

08631　ふわふわワウワウ―唄とカメラと時刻表　みなみらんぼう著　旅行読売出版社　1996.7　207p　19cm　1100円　①4-89752-601-9
[作品] 隠れ家・八ヶ岳便り

08632　漂う―古い土地 新しい場所　黒井千次著　毎日新聞社　2013.8　175p　20cm　1600円　①978-4-620-32221-6

駒飼宿

08633　旧街道　高野慎三文・写真　北冬書房　1990.11　213p　21cm　（風景とくらし叢書 3）　1800円　①4-89289-084-7

西湖

08634　みずうみ紀行　渡辺淳一著　光文社　1988.5　181p　15cm　（光文社文庫）　520円　①4-334-70746-7

境川町小黒坂・大黒坂

08635　晩春の旅・山の宿　井伏鱒二著　講談社　1990.10　337p　15cm　（講談社文芸文庫）　900円　①4-06-196098-9

08636　ニッポンの山里　池内紀著　山と渓谷社　2013.1　254p　20cm　1500円　①978-4-635-28067-9

嵯峨塩鉱泉

08637　貧困旅行記　新版　つげ義春著　新潮社　1995.4　281p　15cm　（新潮文庫）〈晶文社 1991年刊あり〉　520円　①4-10-132812-9
[作品] 日川（にっかわ）探勝

笹尾根

08638　百年前の山を旅する　服部文祥著　新潮社　2014.1　236p　16cm　（新潮文庫）〈東京新聞出版部 2010年刊の再刊　文献あり〉　630円　①978-4-10-125321-3

笹子峠

08639 新選組紀行 増補決定版 中村彰彦著 PHP研究所 2015.7 345p 15cm (PHP文庫)〈初版：文藝春秋 2003年刊 文献あり〉 720円 ①978-4-569-76398-9

差出の磯

08640 旅の出会い 井伏鱒二著, 東郷克美, 前田貞昭編 筑摩書房 2004.10 334p 15cm (ちくま文庫―井伏鱒二文集 2) 1100円 ①4-480-03982-1

七面山

08641 山の旅 大正・昭和篇 近藤信行編 岩波書店 2003.11 457p 15cm (岩波文庫) 700円 ①4-00-311701-8
作品 七面山所見〔井伏鱒二〕

08642 ひとつとなりの山 池内紀著 光文社 2008.10 269p 18cm (光文社新書) 800円 ①978-4-334-03476-4

08643 百霊峰巡礼 第3集 立松和平著 東京新聞出版部 2010.8 307p 20cm〈第2集までの出版者：東京新聞出版局〉 1800円 ①978-4-8083-0933-6

十谷温泉

08644 秘湯を求めて 3 きわめつけの秘湯 藤嶽彰英著 (大阪)保育社 1990.1 194p 19cm 1350円 ①4-586-61103-0

篠沢

08645 日本の名山 16 甲斐駒ケ岳 串田孫一, 今井通子, 今福龍太編 博品社 1997.11 251p 19cm〈文献あり〉 1600円 ①4-938706-48-2
作品 篠沢〔下村義臣〕

下部温泉

08646 温泉百話―東の旅 種村季弘, 池内紀編 筑摩書房 1988.2 471p 15cm (ちくま文庫) 680円 ①4-480-02200-7
作品 浴泉記〔吉井勇〕

08647 ガラメキ温泉探険記 池内紀著 リクルート出版 1990.10 203p 19cm 1165円 ①4-88991-196-0
作品 ほうとう記

08648 いで湯浴泉記 大石真人著 新ハイキング社 1990.12 316p 19cm (新ハイキング選書 第11巻) 1700円 ①4-915184-12-9

08649 貧困旅行記 新版 つげ義春著 新潮社 1995.4 281p 15cm (新潮文庫)〈晶文社1991年刊あり〉 520円 ①4-10-132812-9
作品 下部・湯河原・箱根

08650 温泉旅日記 池内紀著 徳間書店 1996.9 277p 15cm (徳間文庫)〈河出書房新社1988年刊あり〉 540円 ①4-19-890559-2

08651 日本温泉めぐり 田山花袋著 角川春樹事務所 1997.11 324p 16cm (ランティエ叢書 8)〈「温泉めぐり」(博文館1991年刊)の改題〉 1000円 ①4-89456-087-9

08652 日本映画を歩く―ロケ地を訪ねて 川本三郎著 JTB 1998.8 239p 20cm 1600円 ①4-533-03066-1

08653 温泉めぐり 田山花袋著 岩波書店 2007.6 379p 15cm (岩波文庫) 800円 ①978-4-00-310217-6

08654 つげ義春の温泉 つげ義春著 筑摩書房 2012.6 222p 15cm (ちくま文庫)〈カタログハウス 2003年刊の再編集〉 780円 ①978-4-480-42953-7

08655 新編 日本の旅あちこち 木山捷平著 講談社 2015.4 304p 16cm (講談社文芸文庫)〈著作目録あり 年譜あり〉 1600円 ①978-4-06-290268-7
作品 信玄の隠し湯―山梨

十二ヶ岳

08656 みなみらんぼう山の詩――歩二歩山歩2 みなみらんぼう著 中央公論新社 2002.10 189p 21cm 1900円 ①4-12-003321-X

精進湖

08657 英国特派員の明治紀行 ハーバート・ジョージ・ポンティング著, 長岡祥三訳 新人物往来社 1988.2 217p 19cm 1800円 ①4-404-01470-8

08658 英国人写真家の見た明治日本―この世の楽園・日本 ハーバート・G.ポンティング著, 長岡祥三訳 講談社 2005.5 330p 15cm (講談社学術文庫)〈肖像あり〉 1100円 ①4-06-159710-8

白根

08659 山の旅 本の旅―登る歓び、読む愉しみ 大森久雄著 平凡社 2007.9 237p 20cm〈文献あり〉 2200円 ①978-4-582-83368-3

白崩岳

08660 日本の名山 16 甲斐駒ケ岳 串田孫一, 今井通子, 今福龍太編 博品社 1997.11 251p 19cm〈文献あり〉 1600円 ①4-938706-48-2
作品 白崩岳に登る記〔高橋白山〕

新府駅

08661 途中下車の愉しみ 櫻井寛著 日本経済新聞出版社 2011.2 229p 18cm (日経プレミアシリーズ) 850円 ①978-4-532-26110-8

新府城跡

08662 日本紀行 井上靖著 岩波書店 1993.12 252p 16cm (同時代ライブラリー) 1000円 ①4-00-260169-2
作品 早春の甲斐・信濃

諏訪神社

08663 禁足地帯の歩き方 吉田悠軌著 学研プラス 2017.11 175p 19cm 1000円 ①978-4-05-406602-1

仙水峠

08664 日本の名山 16 甲斐駒ケ岳 串田孫一, 今井通子, 今福龍太編 博品社 1997.11 251p 19cm〈文献あり〉 1600円 ①4-938706-48-2
作品 仙水峠〔近藤信行〕

台ヶ原宿

08665 旧街道 高野慎三文・写真 北冬書房 1990.11 213p 21cm (風景とくらし叢書 3) 1800円 ①4-89289-084-7

大善寺

08666 とっておきの寺社詣で 三木露風ほか著, 作品社編集部編 作品社 1998.4 251p 22cm (新編・日本随筆紀行 大きな活字で読みやすい本―心にふるさとがある 14) ①4-87893-895-1, 4-87893-807-2
作品 勝沼大善寺〔飯田龍太〕

大菩薩峠

08667 ヤポネシア讃歌 立松和平著 講談社 1990.6 261p 19cm 1200円 ①4-06-204887-6
08668 日本旅行日記 1 アーネスト・サトウ著, 庄田元男訳 平凡社 1992.1 316p 18cm (東洋文庫) 2781円 ①4-582-80544-2
08669 ふわふわワウワウ―唄とカメラと時刻表 みなみらんぼう著 旅行読売出版社 1996.7 207p 19cm 1100円 ①4-89752-601-9
作品 山の彼方の空遠く
08670 関東を歩く 立松和平著, 黒古一夫編 勉誠出版 2006.4 320p 22cm (立松和平日本を歩く 第2巻) 2600円 ①4-585-01172-2

大菩薩嶺

08671 紀行文集 無明一杖 上甲平谷著 谷沢書房 1988.7 339p 19cm 2500円
08672 行き暮れて、山。 正津勉著 アーツアンドクラフツ 2006.6 203p 19cm 1900円 ①4-901592-33-5
08673 百霊峰巡礼 第2集 立松和平著 東京新聞出版局 2008.4 307p 20cm 1800円 ①978-4-8083-0893-3

大菩薩連嶺・大蔵高丸

08674 山の旅 本の旅―登る歓び、読む愉しみ 大森久雄著 平凡社 2007.9 237p 20cm〈文献あり〉 2200円 ①978-4-582-83368-3

大菩薩連嶺・滝子山

08675 山の旅 本の旅―登る歓び、読む愉しみ 大森久雄著 平凡社 2007.9 237p 20cm〈文献あり〉 2200円 ①978-4-582-83368-3

武田氏館跡

08676 日本紀行 井上靖著 岩波書店 1993.12 252p 16cm (同時代ライブラリー) 1000円 ①4-00-260169-2
作品 早春の甲斐・信濃

丹波山村

08677 新編 山と渓谷 田部重治著, 近藤信行編 岩波書店 1993.8 323p 15cm (岩波文庫) 570円 ①4-00-311421-3

多摩川

08678 日本の川を旅する―カヌー単独行 野田知佑著 講談社 1989.7 349p 19cm 1200円 ①4-06-204362-9
08679 水の旅 川の漁 立松和平文, 大塚高雄写真 世界文化社 1993.8 250p 19cm 1600円 ①4-418-93509-6
08680 ふわふわワウワウ―唄とカメラと時刻表 みなみらんぼう著 旅行読売出版社 1996.7 207p 19cm 1100円 ①4-89752-601-9
作品 138キロ多摩川源流への旅
08681 多摩川水流紀行 新装版 大内尚樹著 白山書房 2000.10 238p 20cm〈1991年刊の新装版〉 1600円 ①4-89475-043-0
08682 日本川紀行―流域の人と自然 向一陽著 中央公論新社 2003.5 277p 18cm (中公新書)〈文献あり〉 980円 ①4-12-101698-X
08683 日本の川を歩く―川のプロが厳選した心ときめかす全国25の名川紀行 大塚高雄著 家の光協会 2004.9 207p 21cm 2500円 ①4-259-54658-9
08684 父と子の多摩川探検隊―河口から水源へ 遠藤甲太著 平凡社 2005.9 205p 20cm 1600円 ①4-582-83281-4
08685 川を旅する 池内紀著 筑摩書房 2007.7 207p 18cm (ちくまプリマー新書) 780円 ①978-4-480-68763-0
08686 漂う―古い土地 新しい場所 黒井千次著 毎日新聞社 2013.8 175p 20cm 1600円 ①978-4-620-32221-6
08687 ニッポン線路つたい歩き 久住昌之著 カンゼン 2017.6 246p 19cm 1500円 ①978-4-86255-398-0

春米

08688 山の旅 明治・大正篇 近藤信行編 岩波書店 2003.9 445p 15cm (岩波文庫) 700円 ①4-00-311702-6
作品 白峰の麓〔大下藤次郎〕

躑躅ヶ崎館

08689 日本名城紀行 3 中部・北陸 戦国武将の堅城 小学館 1989.5 293p 15cm〈『探訪日本の城』シリーズ4 中山道・5北陸道より再録〉 600円 ①4-09-401203-6

鶴島御前山

08690 久住昌之のこんどは山かい!? 関東編 久住昌之著 山と溪谷社 2013.4 191p 19cm 1200円 ①978-4-635-08006-4

天目

08691 ニッポンの山里 池内紀著 山と溪谷社

2013.1 254p 20cm 1500円 ①978-4-635-28067-9

道志温泉

08692 温泉旅日記 池内紀著 徳間書店 1996.9 277p 15cm (徳間文庫)〈河出書房新社1988年刊あり〉 540円 ①4-19-890559-2

道志川

08693 日本映画を歩く―ロケ地を訪ねて 川本三郎著 JTB 1998.8 239p 20cm 1600円 ①4-533-03066-1

道志村

08694 日本旅行日記 1 アーネスト・サトウ著, 庄田元男訳 平凡社 1992.1 316p 18cm (東洋文庫) 2781円 ①4-582-80544-2
[作品] 富士山麓で神道を勉強

木賊

08695 貧困旅行記 新版 つげ義春著 新潮社 1995.4 281p 15cm (新潮文庫)〈晶文社1991年刊あり〉 520円 ①4-10-132812-9
[作品] 日川(にっかわ)探勝

長坂

08696 ニッポン旅みやげ 池内紀著 青土社 2015.4 162p 20cm 1800円 ①978-4-7917-6852-3

中ノ川

08697 日本の名山 16 甲斐駒ケ岳 串田孫一, 今井通子, 今福龍太編 博品社 1997.11 251p 19cm〈文献あり〉 1600円 ①4-938706-48-2
[作品] 南ア鋸岳・中ノ川溯行:四九歳と二八歳の青春〔池学〕

奈良田

08698 日本旅行日記 1 アーネスト・サトウ著, 庄田元男訳 平凡社 1992.1 316p 18cm (東洋文庫) 2781円 ①4-582-80544-2

08699 ニッポンの山里 池内紀著 山と渓谷社 2013.1 254p 20cm 1500円 ①978-4-635-28067-9

08700 アーネスト・サトウの明治日本山岳記 アーネスト・メイスン・サトウ著, 庄田元男訳 講談社 2017.4 285p 15cm (講談社学術文庫)〈「日本旅行日記」(平凡社 1992年刊)と「明治日本旅行案内」(平凡社 1996年刊)の改題、抜粋し新たに編集〉 980円 ①978-4-06-292382-8

奈良田温泉

08701 温泉百話―東の旅 種村季弘, 池内紀編 筑摩書房 1988.2 471p 15cm (ちくま文庫) 680円 ①4-480-02200-7
[作品] 奈良田温泉の思い出〔和田芳恵〕

08702 雲は旅人のように―湯の花紀行 池内紀著, 田淵裕一写真 日本交通公社出版事業局 1995.5 284p 19cm 1600円 ①4-533-02163-8
[作品] われらが美しきやすらぎの旅

08703 東海道寄り道紀行 種村季弘著 河出書房新社 2012.7 156p 20cm 1600円 ①978-4-309-02121-8

西山温泉

08704 秘湯を求めて 2 ないしょの秘湯 藤嶽彰英著 (大阪)保育社 1989.12 185p 19cm 1350円 ①4-586-61102-2

08705 雲は旅人のように―湯の花紀行 池内紀著, 田淵裕一写真 日本交通公社出版事業局 1995.5 284p 19cm 1600円 ①4-533-02163-8
[作品] われらが美しきやすらぎの旅

08706 東海道寄り道紀行 種村季弘著 河出書房新社 2012.7 156p 20cm 1600円 ①978-4-309-02121-8

日川渓谷

08707 貧困旅行記 新版 つげ義春著 新潮社 1995.4 281p 15cm (新潮文庫)〈晶文社1991年刊あり〉 520円 ①4-10-132812-9
[作品] 日川(にっかわ)探勝

野田尻宿

08708 貧困旅行記 新版 つげ義春著 新潮社 1995.4 281p 15cm (新潮文庫)〈晶文社1991年刊あり〉 520円 ①4-10-132812-9
[作品] 猫町紀行

野呂川

08709 日本の名山 17 北岳 串田孫一, 今井通子, 今福龍太編 博品社 1997.8 253p 19cm〈文献あり〉 1600円 ①4-938706-41-5
[作品] 冬の野呂川試行〔上田哲農〕 野呂川谷の樵夫達〔野尻抱影〕

早川渓谷

08710 日本温泉めぐり 田山花袋著 角川春樹事務所 1997.11 324p 16cm (ランティエ叢書 8)〈「温泉めぐり」(博文館1991年刊)の改題〉 1000円 ①4-89456-087-9

08711 温泉めぐり 田山花袋著 岩波書店 2007.6 379p 15cm (岩波文庫) 800円 ①978-4-00-310217-6

日向山

08712 みなみらんぼう山の詩――一歩二歩山歩2 みなみらんぼう著 中央公論新社 2002.10 189p 21cm 1900円 ①4-12-003321-X

氷室神社

08713 山の旅 明治・大正篇 近藤信行編 岩波書店 2003.9 445p 15cm (岩波文庫) 700円 ①4-00-311702-6
[作品] 白峰の麓〔大下藤次郎〕

平林

08714 山の旅　明治・大正篇　近藤信行編　岩波書店　2003.9　445p　15cm　（岩波文庫）　700円　①4-00-311702-6
作品 白峰の麓〔大下藤次郎〕

広河原

08715 山で見た夢―ある山岳雑誌編集者の記憶　勝峰富雄著　みすず書房　2010.5　285p　20cm　2600円　①978-4-622-07542-4

笛吹川

08716 魚はゆらゆらと空を見る―釣りバカ放浪記　土屋嘉男著　新潮社　2002.4　219p　20cm　1300円　①4-10-432102-8
目次 井伏のおじさんの宿題（如何にして釣りバカとなりし乎, 名人と天狗と釣りバカ ほか）, 笛吹川を遡る（大蛇がくれた釣り竿, 大蛇は太った ほか）, ビッグフィッシング（ビッグフィッシング, 三匹の猿たち ほか）, ロッキー釣り一人（ジャック・アマノ氏の華麗な一人旅, コヨーテがなく ほか）

08717 わが山山　深田久弥著　中央公論新社　2004.10　213p　21cm　（中公文庫ワイド版）〈中公文庫2002年刊（改版）のワイド版〉　3400円　①4-12-551832-7

08718 奥秩父―山、谷、峠そして人　山田哲哉著　東京新聞　2011.12　343p　19cm　1800円　①978-4-8083-0952-7

08719 原風景のなかへ　安野光雅著　山川出版社　2013.7　215p　20cm　1600円　①978-4-634-15044-7

笛吹川温泉

08720 秘湯を求めて　1　はじめての秘湯　藤嶽彰英著　（大阪）保育社　1989.11　194p　19cm　1350円　①4-586-61101-4

笛吹川東沢

08721 百年前の山を旅する　服部文祥著　新潮社　2014.1　236p　16cm　（新潮文庫）〈東京新聞出版部 2010年刊の再刊　文献あり〉　630円　①978-4-10-125321-3

笛吹市

08722 にっぽん全国 百年食堂　椎名誠著　講談社　2013.1　222p　19cm　1400円　①978-4-06-217814-3

富士急ハイランド

08723 作家の犯行現場　有栖川有栖著　新潮社　2005.2　406p　16cm　（新潮文庫）〈メディアファクトリー ダ・ヴィンチ編集部2002年刊あり〉　667円　①4-10-120434-9
作品 恐怖の病棟

08724 用もないのに　奥田英朗著　文藝春秋　2012.1　221p　16cm　（文春文庫）〈2009年刊の文庫化〉　467円　①978-4-16-771104-7
作品 世界一ジェットコースター「ええじゃないか」絶叫体験記

08725 ナイトメア咲人の鈍行いくの？―五十音の旅　続　咲人著　シンコーミュージック・エンタテイメント　2012.4　233p　21cm　2381円　①978-4-401-63573-3

08726 日本全国津々うりゃうりゃ　宮田珠己著　幻冬舎　2016.6　315p　16cm　（幻冬舎文庫）〈廣済堂出版 2012年刊の再刊　文献あり〉　690円　①978-4-344-42482-1

富士五湖

08727 英国特派員の明治紀行　ハーバート・ジョージ・ポンティング著, 長岡祥三訳　新人物往来社　1988.2　217p　19cm　1800円　①4-404-01470-8

08728 日本の名山　14　富士山 part.2　串田孫一, 今井通子, 今福龍太編　博品社　1997.12　250p　19cm　1600円　①4-938706-49-0
作品 富士五湖と富士〔朝倉摂〕

08729 富士の山旅　服部文祥編　河出書房新社　2014.1　292p　15cm　（河出文庫）　760円　①978-4-309-41270-2
作品 富士五湖と裾野めぐり〔高畑棟材〕

富士山駅

08730 電車でめぐる富士山の旅―御殿場、富士宮、富士吉田、清水へ　甲斐みのり著　ウェッジ　2014.11　126p　21cm　1300円　①978-4-86310-136-4

富士吉田市

08731 オーストリア外交官の明治維新―世界周遊記 日本篇　アレクサンダー・F.V.ヒューブナー著, 市川慎一, 松本雅弘訳　新人物往来社　1988.7　276p　19cm　2000円　①4-404-01508-9

08732 日本旅行日記　1　アーネスト・サトウ著, 庄田元男訳　平凡社　1992.1　316p　18cm　（東洋文庫）　2781円　①4-582-80544-2
作品 富士山麓で神道を勉強

08733 日本浪漫紀行―風景、歴史、人情に魅せられて　呉善花著　PHP研究所　2005.10　259p　18cm　（PHP新書）　740円　①4-569-64157-1

08734 ニッポン旅みやげ　池内紀著　青土社　2015.4　162p　20cm　1800円　①978-4-7917-6852-3

08735 日本全国津々うりゃうりゃ　宮田珠己著　幻冬舎　2016.6　315p　16cm　（幻冬舎文庫）〈廣済堂出版 2012年刊の再刊　文献あり〉　690円　①978-4-344-42482-1

鳳凰山

08736 五感で発見した「秘密の信州」　増村征夫著　講談社　2008.4　269p　19cm　1500円　①978-4-06-214573-2

北杜市

08737 地球のはぐれ方―東京するめクラブ　村上春樹, 吉本由美, 都築響一著　文藝春秋　2008.5　524p　16cm　（文春文庫）　1000円　①978-

4-16-750208-9

本谷川

08738 紀行文集 無明一杖　上甲平谷著　谷沢書房　1988.7　339p　19cm　2500円
作品 信州峠へ

08739 飯田龍太全集　第10巻　紀行・雑纂　飯田龍太著　角川学芸出版, 角川書店〔発売〕　2005.12　422p　19cm　2667円　①4-04-651940-1
作品 ヤマメと桃の花

真木温泉

08740 人情温泉紀行—演歌歌手・鏡五郎が訪ねた全国の名湯47選　鏡五郎著　マガジンランド　2008.5　235p　19cm〈年譜あり〉　1238円　①978-4-944101-37-5

増富温泉

08741 紀行文集 無明一杖　上甲平谷著　谷沢書房　1988.7　339p　19cm　2500円
作品 信州峠へ

08742 飯田龍太全集　第10巻　紀行・雑纂　飯田龍太著　角川学芸出版, 角川書店〔発売〕　2005.12　422p　19cm　2667円　①4-04-651940-1
作品 ヤマメと桃の花

08743 温泉天国　嵐山光三郎, 荒俣宏, 池内紀, 池波正太郎, 井伏鱒二, 植村直己, 岡本かの子, 岡本綺堂, 小川未明, 角田光代, 川端康成, 川本三郎, 北杜夫, 斎藤茂太, 坂口安吾, 高村光太郎, 武田百合子, 太宰治, 田辺聖子, 種村季弘, 田村隆一, 田山花袋, つげ義春, 平林たい子, 松本英子, 村上春樹, 室生犀星, 山下清, 柳美里, 横尾忠則, 吉川英治, 四谷シモン著　河出書房新社　2017.12　237p　19cm　（ごきげん文藝）　1600円　①978-4-309-02642-8
作品 増富温泉場〔井伏鱒二〕

増富渓谷

08744 晩春の旅・山の宿　井伏鱒二著　講談社　1990.10　337p　15cm　（講談社文芸文庫）　900円　①4-06-196098-9

御坂町

08745 桃の宿　阿川弘之著　講談社　2010.2　251p　16cm　（講談社文芸文庫）〈著作目録あり 年譜あり〉　1400円　①978-4-06-290073-7
作品 桃の宿
目次 私の履歴書, しくしくししきしけれ, 桃の宿, SUNSET, 06：39GMT, セント・アイヴス紀行, 宇野 広津 志賀 里見鐓 瀧井孝作, 菊の別れ—網野菊さん追想, 葬式鰻, 尾崎さんの思い出二つ, 百歳の訃〔ほか〕

御坂峠

08746 浦島太郎の馬鹿—旅の書きおき　立松和平著　マガジンハウス　1990.10　251p　21cm　1400円　①4-8387-0189-6
作品 月見草と富士

御正体山

08747 日本の名山　別巻 1　丹沢　串田孫一, 今井通子, 今福龍太編　博品社　1997.8　251p　19cm〈年表あり 文献あり〉　1600円　①4-938706-42-3
作品 矢倉岳と御正体山〔三田幸夫〕

08748 百霊峰巡礼　第1集　立松和平著　東京新聞出版局　2006.7　299p　20cm　1800円　①4-8083-0854-1

瑞牆山

08749 ごちそう山　谷村志穂, 飛田和緒著　集英社　2003.1　211p　16cm　（集英社文庫）　619円　①4-08-747534-4

三頭山

08750 日本の名山　別巻 2　高尾山　串田孫一, 今井通子, 今福龍太編　博品社　1997.10　249p　19cm〈文献あり〉　1600円　①4-938706-47-4
作品 高尾山より三頭山まで〔高畑棟材〕

08751 日本の森を歩く　池内紀文, 柳木昭信写真　山と渓谷社　2001.6　277p　22cm　1800円　①4-635-28047-0

08752 むかしの山旅　今福龍太編　河出書房新社　2012.4　304p　15cm　（河出文庫）　760円　①978-4-309-41144-6
作品 高尾山より三頭山まで〔高畑棟材〕

身延山

08753 山に彷徨う心　古井由吉著　アリアドネ企画, 三修社〔発売〕　1996.8　207p　19cm　（ARIADNE ENTERTAINMENT）　1700円　①4-384-02316-2
作品 早春の旅

08754 近松秋江全集　第7巻　オンデマンド版　近松秋江著, 紅野敏郎, 和田謹吾, 中尾務, 遠藤英雄, 田沢基久, 笹瀬王子編集委員　八木書店古書出版部　2014.2　502, 34p　21cm〈初版：八木書店 1993年刊　印刷・製本：デジタルパブリッシングサービス　発売：八木書店〉　12000円　①978-4-8406-3492-2
作品 駿河湾の一夏

身延町

08755 黄金伝説—「近代成金たちの夢の跡」探訪記　荒俣宏著, 高橋昇写真　集英社　1990.4　253p　21cm　1500円　①4-08-772731-9

08756 日蓮紀行—世直しの道を訪ねて　武田京三文・写真　まどか出版　2000.10　190p　21cm〈年譜あり〉　1800円　①4-944235-02-X

08757 日本全国ローカル線おいしい旅　嵐山光三郎著　講談社　2004.3　246p　18cm　（講談社現代新書）　700円　①4-06-149710-3

妙法寺（富士川町）

08758 山の旅　明治・大正篇　近藤信行編　岩波書店　2003.9　445p　15cm　（岩波文庫）　700円　①4-00-311702-6

作品 白峰の麓〔大下藤次郎〕

飯盛山

08759 鈴木みきの山の足あと 鈴木みき著 山と溪谷社 2013.6 127p 21cm 1200円 ①978-4-635-33058-9

本栖湖

08760 おれたちを笑え！―わしらは怪しい雑魚釣り隊 椎名誠著 小学館 2017.6 354p 15cm （小学館文庫）〈2015年刊の加筆・修正〉 670円 ①978-4-09-406425-4

柳沢峠

08761 賀曽利隆の300日3000湯めぐり日本一周―6万5000キロのバイク旅 上巻 賀曽利隆著 昭文社 2008.9 286p 21cm 1600円 ①978-4-398-21116-3

山中湖

08762 日本旅行日記 1 アーネスト・サトウ著, 庄田元男訳 平凡社 1992.1 316p 18cm （東洋文庫） 2781円 ①4-582-80544-2
作品 富士山麓で神道を勉強

08763 おれたちを笑うな！―わしらは怪しい雑魚釣り隊 椎名誠著 小学館 2015.8 377p 15cm （小学館文庫）〈2013年刊の加筆・修正〉 670円 ①978-4-09-406194-9

山梨市

08764 すすれ！麺の甲子園 椎名誠著 新潮社 2010.10 365p 16cm （新潮文庫） 590円 ①978-4-10-144836-7

湯沢温泉〔表湯〕

08765 いで湯浴泉記 大石真人著 新ハイキング社 1990.12 316p 19cm （新ハイキング選書 第11巻） 1700円 ①4-915184-12-9

梱原

08766 ニッポン発見記 池内紀著 中央公論新社 2012.4 211p 16cm （中公文庫）〈講談社現代新書 2004年刊の再刊〉 590円 ①978-4-12-205630-5

葭之池温泉

08767 いで湯浴泉記 大石真人著 新ハイキング社 1990.12 316p 19cm （新ハイキング選書 第11巻） 1700円 ①4-915184-12-9

長野県

08768 イトシンののんびりツーリング 伊東信著 造形社 1988.5 175p 21cm 1300円 ①4-88172-031-7

08769 モダン都市文学 5 観光と乗物 川本三郎編 平凡社 1990.5 477p 21cm 2800円 ①4-582-30085-5
作品 北海道の旅・信濃の旅〔三宅やす子〕

08770 ダーク・ダックス 旅に歌う 山に歌う 喜早哲著 主婦の友社 1990.7 95p 21cm （SHUFUNOTOMO CD BOOKS）〈付属資料：コンパクトディスク1〉 3300円 ①4-07-935950-0

08771 そばづくし汽車の旅―加計<広島>発・森<北海道>ゆき そばに徹した8日間全長4500キロの旅 種村直樹著 徳間書店 1991.4 245p 19cm 1300円 ①4-19-554533-1

08772 泊酒喝采―美味、美酒、佳宿、掘り出し旅行記 柏井寿著 大阪 朱鷺書房 1992.1 209p 18cm 1000円 ①4-88602-904-3

08773 峠越え―山国・日本を駆けめぐる！ 賀曽利隆著 光文社 1992.7 382p 15cm （光文社文庫） 600円 ①4-334-71557-5

08774 駅前温泉汽車の旅 PART2 関東・甲信越・東北・北海道篇 種村直樹著 徳間書店 1993.10 240p 19cm 1300円 ①4-19-860008-2

08775 旅を慕いて 木内宏著 朝日新聞社 1994.2 245p 19cm 1500円 ①4-02-256685-X

08776 古道紀行 鎌倉街道 小山和著 大阪 保育社 1994.11 188p 19cm 1800円 ①4-586-61308-4

08777 気まぐれ列車が大活躍 種村直樹著 実業之日本社 1996.8 319p 19cm 1600円 ①4-408-00736-6
目次 気まぐれ列車が大活躍, 中国鉄道ツアー気まぐれ列車, 中央構造線気まぐれ列車, 日本列島外周気まぐれ列車（長崎県西海町→長崎市茂木, 長崎市茂木→福岡県三橋町, 福岡県三橋町→熊本県松島町, 熊本県本渡市→熊本県不知火町, 熊本県不知火町→鹿児島県阿久根市）

08778 信州すみずみ紀行 高田宏著 中央公論新社 2000.6 288p 15cm （中公文庫）〈新潮社 1994年刊あり〉 705円 ①4-12-203664-X
目次 栄村雪紀行, 八ケ岳縄文村紀行, 木曽谷秘湯紀行, 「千曲川のスケッチ」紀行, 秋葉山道紀行, ゲレンデ街道スキー紀行, 真田一族の里紀行, 御柱祭紀行, 軽井沢美術館紀行, 天竜川紀行〔ほか〕

08779 旅の鉄人カソリの激走30年 賀曽利隆著 JTB 2000.7 254p 19cm 1500円 ①4-533-03540-X

08780 みなかみ紀行 新編 若山牧水著, 池内紀編 岩波書店 2002.3 266p 15cm （岩波文庫） 600円 ①4-00-310522-2
作品 信濃の晩秋

08781 鉄道全線三十年―車窓紀行 昭和・平成……乗った、撮った、また乗った!! 田中正恭著 心交社 2002.6 371p 19cm 1600円 ①4-88302-741-4

08782 うわさの神仏 其ノ2 あやし紀行 加門七海著 集英社 2002.8 256p 15cm （集英社文庫） 495円 ①4-08-747481-X

08783 アタシはバイクで旅に出る。―お湯・酒・鉄馬三拍子紀行 1 国井律子著 枻出版社

中部

2002.11　172p　15cm　（椎文庫）　600円　①4-87099-763-0

08784　日本の食材おいしい旅　向笠千恵子著　集英社　2003.7　250p　18cm　（集英社新書）　700円　①4-08-720202-X

08785　誰も行けない温泉 前人未（湯）　大原利雄著　小学館　2004.1　169p　15cm　（小学館文庫）　733円　①4-09-411526-9

08786　万葉の旅　中　改訂新版　犬養孝著　平凡社　2004.1　361p　16cm　（平凡社ライブラリー）〈初版：社会思想社1964年刊　文献あり〉　1200円　①4-582-76489-4

08787　にっぽん鉄道旅行の魅力　野田隆著　平凡社　2004.5　193p　18cm　（平凡社新書）　780円　①4-582-85227-0

08788　樹木街道を歩く―縄文杉への道　縄文剣著　碧天舎　2004.8　187p　19cm　1000円　①4-88346-785-6

08789　竿をかついで一人旅―長野編　鈴木啓三郎著　椎出版社　2004.9　187p　15cm　（椎文庫）　650円　①4-7779-0175-0

目次 テンカラってなに？，とりあえず、竿を担いで旅にでてみた，禁を破って「フットバシ」に手を出す，残雪とふきのとうに嫌な予感が走る。水温が低すぎて渓魚にそっぽを向かれる，とにかく旨いものを釣りたい！ ヒメマス狙いに湖上へ，山菜を肴に白馬錦の搾りたてを一献，イブニングライズに遭遇。狙って掛けた1匹は値千金，ドライがダメならウェットで。竿が振れなきゃ、ちょうちんで，ストーミーマンデー。昼あったポイントが夕刻には呑み込まれ…，おいら天才？ 竿抜けポイントで大爆釣!?〔ほか〕

08790　新更科紀行　田中欣一著　長野　信濃毎日新聞社　2008.2　266p　21cm　1905円　①978-4-7840-7070-1

08791　賀曽利隆の300日3000湯めぐり日本一周―6万5000キロのバイク旅　上巻　賀曽利隆著　昭文社　2008.9　286p　21cm　1600円　①978-4-398-21116-3

08792　一食一会―フードマインドをたずねて　向笠千恵子著　小学館　2008.12　253p　18cm　（小学館101新書）　740円　①978-4-09-825016-5

08793　シェルパ斉藤のリッター60kmで行く！日本全国スーパーカブの旅　斉藤政喜著　小学館　2009.8　253p　19cm　1300円　①978-4-09-366538-4

08794　佐久・軽井沢　六川宗弘，杉村修一編　長野　一草舎出版　2009.9　301p　21cm　（著名人がつづった名随筆・名紀行集 2）〈シリーズの監修者：長野県国語国文学会〉　2286円　①978-4-902842-64-7

作品 いとしきものたち〔三浦哲郎〕　エッセイ三題〔佐藤春夫〕　エッセイ三題〔武満徹〕　クマは走る〔小池真理子〕　ユートピアの思い出〔阿部良雄〕　胡桃の実 そのほか〔山室静〕　根を失った百年〔南木佳士〕　山村のモナカ屋〔椋鳩十〕　私の登山〔大原富枝〕　樹下〔堀辰雄〕　信濃の野の友たち〔深沢七郎〕　浅間の麓〔丸岡明〕　浅間の麓〔島崎藤村〕　疎開〔奥村土牛〕　反古籠〔新庄嘉章〕　油屋主人〔加藤周一〕　来し方の記〔若月俊一〕　落葉松と井出喜重〔井出孫六〕　旅でみるともしび〔片山敏彦〕

08795　谷川健一全集　第10巻（民俗 2）　女の風土記　埋もれた日本地図（抄録）　黒潮の民俗学（抄録）　谷川健一著　冨山房インターナショナル　2010.1　574, 27p　23cm〈付属資料：8p：月報 no.14　索引あり〉　6500円　①978-4-902385-84-7

作品 信濃

08796　食通知つたかぶり　丸谷才一著　中央公論新社　2010.2　276p　16cm　（中公文庫）　781円　①978-4-12-205284-0

08797　失われた鉄道を求めて　新装版　宮脇俊三著　文藝春秋　2011.5　260p　16cm　（文春文庫）〈1992年刊の新装版〉　552円　①978-4-16-733107-8

08798　愛しのローカルごはん旅 もう一杯！―2009-2011　たかぎなおこ著　メディアファクトリー　2011.7　175p　21cm　1100円　①978-4-8401-3982-3

08799　山頭火 其中日記　種田山頭火著，村上護編　春陽堂書店　2011.8　573p　15cm　（山頭火文庫）〈索引あり〉　1200円　①978-4-394-70056-2

目次 其中日記（其中庵へ，個人誌「三八九」の復活，信州に病み、帰庵しての予後，ぐうたらな日々，道草「おくのほそ道」行，息子の結婚，庵中書見，急転直下の就職，湯田温泉・風来居へ，伊那の井月墓参，市井の隠遁者）

08800　ほんとうのニッポンに出会う旅　藤本智士著　リトルモア　2012.3　207p　19cm　1500円　①978-4-89815-335-2

08801　日本の路地を旅する　上原善広著　文藝春秋　2012.6　383p　16cm　（文春文庫）〈文献あり〉　667円　①978-4-16-780196-0

08802　極めよ、ソフテツ道！―素顔になれる鉄道旅　村井美樹著　小学館　2012.8　186p　19cm　（IKKI BOOKS）　1400円　①978-4-09-359208-6

08803　明治紀行文學集　筑摩書房　2013.1　410p　21cm　（明治文學全集 94）　7500円　①978-4-480-10394-9

作品 雪の信濃路〔田山花袋〕

08804　日本山岳紀行―ドイツ人が見た明治末の信州　W・シュタイニッツァー著，安藤勉訳　長野　信濃毎日新聞社　2013.10　305p　19cm　（信毎選書 5）〈1992年刊の改訂　文献あり〉　1400円　①978-4-7840-7222-4

08805　近松秋江全集　第7巻　オンデマンド版　近松秋江著，紅野敏郎，和田謹吾，中尾務，遠藤英雄，田沢基久，笹瀬王子編集委員　八木書店古書出版部　2014.2　502, 34p　21cm〈初版：八木書店 1993年刊　印刷・製本：デジタルパブリッシングサービス　発売：八木書店〉　12000円　①978-4-8406-3492-2

作品 旅路

08806　桂信子文集　桂信子著，宇多喜代子編　調布　ふらんす堂　2014.6　646p　22cm〈布

装〉 10000円 ①978-4-7814-0683-1
(目次) 1 (草城俳句鑑賞, 昭和初頭の日野草城―「その前夜」 ほか), 2 (山口誓子の俳句をめぐって, 久女の無念―石昌子編『杉田久女遺墨』にふれて ほか), 3 (わが来し方, 信濃紀行―わが幻の城始末記 ほか), 4 (山廬対談―飯田龍太・桂信子, 新春対談―女の立句を求めて 野澤節子・桂信子 ほか), 5 散文集『草花集』より (草城と誓子, わたしの周辺)

08807 黒田知永子 大人のための小さな旅―日本のいいとこ見つけた 黒田知永子著 集英社 2014.9 159p 21cm 1600円 ①978-4-08-780732-5

08808 唄めぐり 石田千著 新潮社 2015.4 401p 20cm 〈文献あり〉 2300円 ①978-4-10-303453-7

08809 私の日本地図 1 天竜川に沿って 宮本常一著, 香月洋一郎編 未来社 2016.1 286p 19cm (宮本常一著作集別集) 〈同友館 1967年刊の再刊〉 2400円 ①978-4-624-92486-7

08810 源流テンカラ 高桑信一著 山と溪谷社 2016.3 349p 21cm 2400円 ①978-4-635-04413-4

08811 はじめての輪行―自転車をバッグにつめて旅に出よう 内藤孝宏著 洋泉社 2016.6 175p 21cm 1500円 ①978-4-8003-0966-2

08812 またたび 菊池亜希子著 宝島社 2016.12 190p 19×19cm 1400円 ①978-4-8002-5815-1

08813 おいしいものは田舎にある―日本ふーど記 改版 玉村豊男著 中央公論新社 2017.1 245p 16cm (中公文庫) 〈初版のタイトル等 : 日本ふーど記 (日本交通公社 1984年刊)〉 700円 ①978-4-12-206351-8

08814 私なりに絶景―ニッポンわがまま観光記 宮田珠己著 廣済堂出版 2017.2 244p 19cm 1600円 ①978-4-331-52080-2

青木村

08815 一竿有縁の渓 根深誠著 七つ森書館 2008.12 227p 20cm 2000円 ①978-4-8228-0879-2

青柳宿

08816 旧街道 高野慎三文・写真 北冬書房 1990.11 213p 21cm (風景とくらし叢書 3) 1800円 ①4-89289-084-7

赤沢岩小屋

08817 紀行とエッセーで読む 作家の山旅 山と溪谷社編 山と溪谷社 2017.3 357p 15cm (ヤマケイ文庫) 930円 ①978-4-635-04828-6
(作品) 槍ヶ岳に登った記〔芥川龍之介〕

赤沢自然休養林

08818 阿川弘之自選紀行集 阿川弘之著 JTB 2001.12 317p 20cm 2200円 ①4-533-04030-6
(作品) 森の宿

上松宿

08819 古道紀行 木曽路 小山和著 (大阪) 保育社 1991.8 187p 19cm 1800円 ①4-586-61301-7

上松町

08820 阿川弘之自選紀行集 阿川弘之著 JTB 2001.12 317p 20cm 2200円 ①4-533-04030-6
(作品) 森の宿

08821 信州蕎麦と温泉めぐり 高橋克典編著, 鈴木博撮影 さいたま 幹書房 2007.10 151p 21cm (蕎麦と温泉シリーズ 2) 1429円 ①978-4-902615-33-3
(目次) 中信エリア (そば打ち楽座 (松本市), そば処井川城 (松本市) ほか), 北信エリア (たんぼ (長野市), 蕎麦処そばの実 (長野市) ほか), 東信エリア (石臼挽き十割そばの店そばの花 (上田市), おお西流十割蕎麦 手打百芸奈賀井 (上田市) ほか), 南信エリア (河内屋 (諏訪市), 蕎茶寮いけ野 (茅野市) ほか), 木曽・開田エリア (手打そばていしゃば (塩尻市), 十割手打ちそば玄 (上松町) ほか)

浅間温泉

08822 旅は道づれ湯はなさけ 辻真先著 徳間書店 1989.5 348p 15cm (徳間文庫) 580円 ①4-19-568760-8

08823 日本温泉めぐり 田山花袋著 角川春樹事務所 1997.11 324p 16cm (ランティエ叢書 8) 〈「温泉めぐり」(博文館1991年刊) の改題〉 1000円 ①4-89456-087-9

08824 温泉めぐり 田山花袋著 岩波書店 2007.6 379p 15cm (岩波文庫) 800円 ①978-4-00-310217-6

浅間高原

08825 日本の名山 5 浅間山 串田孫一, 今井通子, 今福龍太編 博品社 1997.10 253p 19cm 〈文献あり〉 1600円 ①4-938706-46-6
(作品) 鳶色の浅間高原〔茨木猪之吉〕

浅間越〔浅間峠〕

08826 むかしの山旅 今福龍太編 河出書房新社 2012.4 304p 15cm (河出文庫) 760円 ①978-4-309-41144-6
(作品) 浅間越え〔寺田寅彦〕

浅間山

08827 英国特派員の明治紀行 ハーバート・ジョージ・ポンティング著, 長岡祥三訳 新人物往来社 1988.2 217p 19cm 1800円 ①4-404-01470-8

08828 石田波郷全集 第8巻 随想 1 石田波郷著 富士見書房 1988.3 475p 19cm 1900円 ①4-8291-7097-2

08829 詩文集 犀星 軽井沢 室生犀星著, 室生朝子編 徳間書店 1990.4 343p 15cm (徳間文庫) 500円 ①4-19-599059-9

08830 古道紀行 鎌倉街道 小山和著 大阪

保育社　1994.11　188p　19cm　1800円　①4-586-61308-4

08831　日本の名山　5　浅間山　串田孫一, 今井通子, 今福龍太編　博品社　1997.10　253p　19cm〈文献あり〉　1600円　①4-938706-46-6
作品 こわごわ 浅間山〔石井昭子〕　恐怖の活火山・浅間山へ登る〔アーネスト・サトウ〕　山を想う〔水上瀧太郎〕　初秋の浅間〔堀辰雄〕　信濃追分の冬〔福永武彦〕　浅間の四季〔佐藤春夫〕　浅間の影像〔宇佐見英治〕　浅間越え〔寺田寅彦〕　浅間紀行〔土居通彦〕　浅間五景〔後藤明生〕　浅間山〔志賀重昂〕　浅間山〔志村烏嶺〕　浅間山〔柴田南雄〕　浅間山〔深田久弥〕　浅間山のひと夜〔大町桂月〕　浅間山の初登山〔辻村太郎〕　浅間山回想〔田淵行男〕　浅間山恐怖症〔串田孫一〕　浅間山麓より〔谷川徹三〕　浅間追分高原〔田部重治〕　浅間登山記〔正宗白鳥〕　冬の浅間山〔小島烏水〕　那須岳～谷川岳～浅間山の県境尾根単独縦走〔細貝栄〕

08832　英国人写真家の見た明治日本―この世の楽園・日本　ハーバート・G.ポンティング著, 長岡祥三訳　講談社　2005.5　330p　15cm　（講談社学術文庫）〈肖像あり〉　1100円　①4-06-159710-8

08833　百霊峰巡礼　第2集　立松和平著　東京新聞出版局　2008.4　307p　20cm　1800円　①978-4-8083-0893-3

08834　山々を滑る登る　熊谷榧絵と文　八王子　白山書房　2012.11　319p　19cm　（〔榧・画文集 12〕）　1900円　①978-4-89475-159-0

08835　きまぐれ歴史散歩　池内紀著　中央公論新社　2013.9　228p　18cm　（中公新書）　760円　①978-4-12-102234-9

08836　荒ぶる自然―日本列島天変地異録　高田宏著　神戸　苦楽堂　2016.6　303, 7p　19cm〈新潮社 1997年刊の再刊　年表あり 索引あり〉　1800円　①978-4-908087-03-5

梓川

08837　井上靖歴史紀行文集　第1巻　日本の旅　井上靖著　岩波書店　1992.1　23cm
作品 梓川沿いの樹林

08838　槍ケ岳黎明―私の大正登山紀行　穂苅三寿雄著　松本　槍ケ岳山荘事務所　2004.11　230p　20cm〈山と渓谷社（発売）　年譜あり〉　1800円　①4-635-88591-7

08839　日本アルプス―山岳紀行文集　小島烏水著, 近藤信行編　岩波書店　2009.6　444p　15cm　（岩波文庫）　900円　①4-00-311351-9
作品 梓川の上流

08840　マンボウ思い出の昆虫記―虫と山と信州と　北杜夫著　長野　信濃毎日新聞社　2013.7　180, 31p　20cm　1700円　①978-4-7840-7210-1

梓山

08841　ぼくは旅にでた―または、行きてかえりし物語　増補・新装版　杉山亮著　径書房　2013.5　237p　19cm〈1993年刊の増補・新装版〉　1500円　①978-4-7705-0215-5

四阿山

08842　百霊峰巡礼　第2集　立松和平著　東京新聞出版局　2008.4　307p　20cm　1800円　①978-4-8083-0893-3

08843　山々を滑る登る　熊谷榧絵と文　八王子　白山書房　2012.11　319p　19cm　（〔榧・画文集 12〕）　1900円　①978-4-89475-159-0

安曇野市

08844　イトシンののんびりツーリング　伊東信著　造形社　1988.5　175p　21cm　1300円　①4-88172-031-7

08845　泊酒喝采―美味、美酒、佳宿、掘り出し旅行記　柏井寿著　大阪　朱鷺書房　1992.1　209p　18cm　1000円　①4-88602-904-3

08846　こんにちは、ふるさと　俵万智著　河出書房新社　1995.5　76p　20×18cm　1500円　①4-309-00983-2
作品 水を知る旅―安曇野

08847　名探偵浅見光彦の食いしん坊紀行　内田康夫著　実業之日本社　2010.10　257p　16cm　（実業之日本社文庫）〈2000年刊の再編集〉　724円　①978-4-408-55000-8

08848　歌人一人旅　林怜子著　国民みらい出版　2011.7　162p　20cm〈発売：サンクチュアリ出版〉　1200円　①978-4-86113-621-4

08849　鈴木みきの山の足あと　鈴木みき著　山と溪谷社　2013.6　127p　21cm　1200円　①978-4-635-33058-9

雨池

08850　日本の名山　12　八ヶ岳　串田孫一, 今井通子, 今福龍太編　博品社　1997.6　269p　19cm〈文献あり〉　1600円　①4-938706-39-3
作品 緑に抱かれた池 白駒池・雨池紀行〔津島佑子〕

08851　北八ッ彷徨―随想八ヶ岳　山口耀久著　平凡社　2008.3　284p　16cm　（平凡社ライブラリー）〈肖像あり〉　1300円　①978-4-582-76637-0

有明山

08852　むかしの山旅　今福龍太編　河出書房新社　2012.4　304p　15cm　（河出文庫）　760円　①978-4-309-41144-6
作品 日本高嶺の堂〔大町桂月〕

安楽寺

08853　街道をゆく　9　信州佐久平みち、潟のみち ほか　新装版　司馬遼太郎著　朝日新聞出版　2008.10　357, 8p　15cm　（朝日文庫）　700円　①978-4-02-264454-1

08854　十一面観音巡礼　愛蔵版　白洲正子著　新潮社　2010.9　317p　22cm〈講談社文芸文庫 1992年刊, 新潮社2002年刊あり〉　3000円　①978-4-10-310720-0

作品 姨捨山の月

飯田駅

08855 阿川弘之自選紀行集　阿川弘之著　JTB　2001.12　317p　20cm　2200円　①4-533-04030-6
作品 飯田線追想紀行

飯田市

08856 詩人の旅　田村隆一著　中央公論社　1991.9　216p　15cm　（中公文庫）　420円　①4-12-201836-6

08857 望郷を旅する　石川啄木ほか著, 作品社編集部編　作品社　1998.4　251p　22cm　（新編・日本随筆紀行 大きな活字で読みやすい本―心にふるさとがある 15）　①4-87893-896-X, 4-87893-807-2
作品 飯田之記〔日夏耿之介〕

08858 耕うん機オンザロード　斉藤政喜著　小学館　2001.8　333p　19cm　（BE-PAL BOOKS）　1200円　①4-09-366065-4

08859 スローな旅で行こう―シェルパ斉藤の週末ニッポン再発見　斉藤政喜著　小学館　2004.10　255p　19cm　（Dime books）　1200円　①4-09-366068-9

08860 中部日本を歩く　立松和平著, 黒古一夫編　勉誠出版　2006.4　389p　22cm　（立松和平日本を歩く 第3巻）　2600円　①4-585-01173-0

08861 伊那路　腰原智達編　長野　一草舎出版　2009.11　303p　21cm　（著名人がつづった名随筆・名紀行集 3）〈シリーズの監修者：長野県国語国文学会〉　2286円　①978-4-902842-65-4
作品 飯田の町に寄す〔岸田国士〕　りんご並木の街いいだ〔塩澤実信〕

08862 謎のアジア納豆―そして帰ってきた〈日本納豆〉　高野秀行著　新潮社　2016.4　350p　20cm〈文献あり〉　1800円　①978-4-10-340071-4

08863 肉の旅―まだ見ぬ肉料理を求めて全国縦断！　カベルナリア吉田著　イカロス出版　2016.8　235p　21cm　1600円　①978-4-8022-0222-0

08864 ちいさな城下町　安西水丸著　文藝春秋　2016.11　267p　16cm　（文春文庫）〈2014年刊の文庫化〉　630円　①978-4-16-790734-1

08865 温泉天国　嵐山光三郎, 荒俣宏, 池内紀, 池波正太郎, 井伏鱒二, 植村直己, 岡本かの子, 岡本綺堂, 小川未明, 角田光代, 川端康成, 川本三郎, 北杜夫, 斎藤茂太, 坂口安吾, 高村光太郎, 武田百合子, 太宰治, 田辺聖子, 種村季弘, 田村隆一, 田山花袋, つげ義春, 平林たい子, 松本英子, 村上春樹, 室生犀星, 山下清, 柳美里, 横尾忠則, 吉川英治, 四谷シモン著　河出書房新社　2017.12　237p　19cm　（ごきげん文藝）　1600円　①978-4-309-02642-8
作品 上諏訪・飯田〔川本三郎〕

飯山駅

08866 車窓はテレビより面白い　宮脇俊三著　徳間書店　1992.8　254p　15cm　（徳間文庫）〈1989年刊の文庫化〉　460円　①4-19-597265-5

飯山市

08867 日本の旅ごはん―平成食の風土記　向笠千恵子著　小学館　2006.11　191p　19cm　1500円　①4-09-387688-6

硫黄沢緑の湯

08868 誰も行けない温泉 前人未（湯）　大原利雄著　小学館　2004.1　169p　15cm　（小学館文庫）　733円　①4-09-411526-9

硫黄岳

08869 日本の名山　12　八ヶ岳　串田孫一, 今井通子, 今福龍太編　博品社　1997.6　269p　19cm〈文献あり〉　1600円　①4-938706-39-3
作品 硫黄岳〔中村朋弘〕

08870 ごちそう山　谷村志穂, 飛田和緒著　集英社　2003.1　211p　16cm　（集英社文庫）　619円　①4-08-747534-4

生島足島神社

08871 十一面観音巡礼　愛蔵版　白洲正子著　新潮社　2010.9　317p　22cm〈講談社文芸文庫1992年刊, 新潮社2002年刊あり〉　3000円　①978-4-10-310720-0
作品 姨捨山の月

伊那市

08872 詩人の旅　田村隆一著　中央公論社　1991.9　216p　15cm　（中公文庫）　420円　①4-12-201836-6

08873 日本紀行　井上靖著　岩波書店　1993.12　252p　16cm　（同時代ライブラリー）　1000円　①4-00-260169-2
作品 早春の甲斐・信濃

08874 耕うん機オンザロード　斉藤政喜著　小学館　2001.8　333p　19cm　（BE-PAL BOOKS）　1200円　①4-09-366065-4

08875 バスで田舎へ行く　泉麻人著　筑摩書房　2005.5　296p　15cm　（ちくま文庫）〈「バスで、田舎へ行く」（JTB 2001年刊）の改題〉　740円　①4-480-42079-7

08876 山頭火 其中日記　種田山頭火著, 村上護編　春陽堂書店　2011.8　573p　15cm　（山頭火文庫）〈索引あり〉　1200円　①978-4-394-70056-2

08877 ぼくは旅にでた―または、行きてかえりし物語　増補・新装版　杉山亮著　径書房　2013.5　237p　19cm〈1993年刊の増補・新装版〉　1500円　①978-4-7705-0215-5

08878 山の名作読み歩き―読んで味わう山の楽しみ　大森久雄編　山と溪谷社　2014.11　301p　18cm　（ヤマケイ新書）　880円　①978-4-635-51002-8

作品 伊那から木曾へ〔細井吉造〕

08879 肉の旅—まだ見ぬ肉料理を求めて全国縦断！ カベルナリア吉田著 イカロス出版 2016.8 235p 21cm 1600円 ①978-4-8022-0222-0

伊那谷

08880 山の貌 井出孫六著 新樹社 1990.5 317p 19cm 2060円 ①4-7875-8395-6

08881 日本へんきょう紀行 岳真也著 廣済堂出版 1991.6 299p 15cm （廣済堂文庫） 460円 ①4-331-65099-5

08882 日本の風景を歩く—歴史・人・風土 井出孫六著 大修館書店 1992.11 19cm

08883 ふわふわワウワウ—唄とカメラと時刻表 みなみらんぼう著 旅行読売出版社 1996.7 207p 19cm 1100円 ①4-89752-601-9

作品 伊那谷風のララバイ

08884 碧い眼の太郎冠者 ドナルド・キーン著 中央公論新社 2001.7 188p 21cm （Chuko on demand books） 2000円 ①4-12-550026-6

作品 信州ざざ虫紀行

08885 内観紀行—山頭火・才市・啄木・井月 村松基之亮著 富士書店 2003.4 279p 20cm 2300円 ①4-89227-053-9

08886 伊那路 腰原智達編 長野 一草舎出版 2009.11 303p 21cm （著名人がつづった名随筆・名紀行集 3）〈シリーズの監修者：長野県国語国文学会〉 2286円 ①978-4-902842-65-4

08887 むかしの汽車旅 出久根達郎編 河出書房新社 2012.7 259p 15cm （河出文庫） 760円 ①978-4-309-41164-4

作品 伊那谷の断想—飯田線〔岡田喜秋〕

08888 天白紀行 増補改訂版 山田宗睦著 名古屋 人間社 2016.6 284p 15cm （人間社文庫—日本の古層 1） 800円 ①978-4-908627-00-2

目次 序論—天白とは, 伊勢神宮, 志摩, 員弁, 三河, 伊那谷, 諏訪大社, 諏訪, 松本平, 水内, 佐久, 小県, 遠江, 井伊谷, 駿河, 富士のすそ野, まとめ

岩村田（佐久市）

08889 みなかみ紀行 若山牧水著 中央公論社 1993.5 229p 15cm （中公文庫） 400円 ①4-12-201996-6

作品 みなかみ紀行

08890 みなかみ紀行 新編 若山牧水著, 池内紀編 岩波書店 2002.3 266p 15cm （岩波文庫） 600円 ①4-00-310522-2

作品 みなかみ紀行

上田市

08891 日本温泉めぐり 田山花袋著 角川春樹事務所 1997.11 324p 16cm （ランティエ叢書 8）〈「温泉めぐり」（博文館1991年刊）の改題〉 1000円 ①4-89456-087-9

08892 温泉めぐり 田山花袋著 岩波書店 2007.6 379p 15cm （岩波文庫） 800円 ①978-4-00-310217-6

08893 鼎、槐多への旅—私の信州上田紀行 窪島誠一郎文, 矢幡正夫写真 長野 信濃毎日新聞社 2007.6 191p 19cm 1800円 ①978-4-7840-7055-8

目次 芸術と風土—画家にとっての故郷, 山本鼎の旅—パリ・モスクワ・そして信州, 村山槐多の放浪—京都、上田、そして九十九里浜, 画家の夢・画家の恋—どうぞ裸になって下さい, 画家たちの生と死—鼎、槐多の生涯を振り返る, 今、鼎と槐多はどこにいる—これからの信州文化

08894 信州蕎麦と温泉めぐり 高橋克典編著, 鈴木博撮影 さいたま 幹書房 2007.10 151p 21cm （蕎麦と温泉シリーズ 2） 1429円 ①978-4-902615-33-3

08895 文豪、偉人の「愛」をたどる旅 黛まどか著 集英社 2009.8 255p 18cm 1048円 ①978-4-08-781427-9

08896 徒歩旅行—今日読んで明日旅する12の町 若菜晃子編著 暮しの手帖社 2011.9 136p 28cm （暮しの手帖別冊） 762円

08897 池波正太郎を歩く 須藤靖貴著 講談社 2012.9 326p 15cm （講談社文庫）〈毎日新聞社 2009年刊の加筆・修正〉 648円 ①978-4-06-277363-8

上田城

08898 日本名城紀行 3 中部・北陸 戦国武将の堅城 小学館 1989.5 293p 15cm〈『探訪日本の城』シリーズ4 中山道・5北陸道より再録〉 600円 ①4-09-401203-6

08899 三津五郎 城めぐり 坂東三津五郎著 三月書房 2010.11 117p 22cm 2200円 ①978-4-7826-0211-9

08900 廃墟となった戦国名城 澤宮優著 河出書房新社 2010.12 193p 20cm〈文献あり〉 1700円 ①978-4-309-22535-7

上田電鉄

08901 にっぽんローカル鉄道の旅 野田隆著 平凡社 2005.10 210p 18cm （平凡社新書） 780円 ①4-582-85292-0

上田電鉄別所線

08902 おんなひとりの鉄道旅 東日本編 矢野直美著 小学館 2008.7 217p 15cm （小学館文庫）〈2005年刊の単行本を2分冊にして文庫化〉 600円 ①978-4-09-408286-9

牛伏川

08903 動くとき、動くもの 青木奈緒著 講談社 2005.11 333p 15cm （講談社文庫）〈2002年刊の文庫化〉 600円 ①4-06-275236-0

碓氷旧線

08904 日本あちこち乗り歩き 種村直樹著 中央書院 1993.10 310p 19cm 1600円 ①4-924420-84-0

碓氷峠

08905 詩文集 犀星 軽井沢 室生犀星著, 室生朝子編 徳間書店 1990.4 343p 15cm (徳間文庫) 500円 Ⓘ4-19-599059-9

08906 モダン都市文学 5 観光と乗物 川本三郎編 平凡社 1990.5 477p 21cm 2800円 Ⓘ4-582-30085-5
作品 碓氷越え〔津村信夫〕

08907 古道紀行 鎌倉街道 小山和著 大阪 保育社 1994.11 188p 19cm 1800円 Ⓘ4-586-61308-4

08908 明治日本印象記—オーストリア人の見た百年前の日本 アドルフ・フィッシャー著, 金森誠也, 安藤勉訳 講談社 2001.12 455p 15cm (講談社学術文庫)〈「100年前の日本文化」(中央公論社1994年刊) の改題〉 1200円 Ⓘ4-06-159524-5
作品 日本の温泉場と天竜下り

08909 万葉を旅する 中西進著 ウェッジ 2005.2 229p 19cm (ウェッジ選書) 1400円 Ⓘ4-900594-80-6

08910 新更科紀行 田中欣一著 長野 信濃毎日新聞社 2008.2 266p 21cm 1905円 Ⓘ978-4-7840-7070-1

08911 こぐこぐ自転車 伊藤礼著 平凡社 2011.1 326p 16cm (平凡社ライブラリー) 880円 Ⓘ978-4-582-76722-3

08912 明治紀行文學集 筑摩書房 2013.1 410p 21cm (明治文學全集 94) 7500円 Ⓘ978-4-480-10394-9
作品 両毛の秋〔徳富蘆花〕

美ヶ原

08913 紀行文集 無明一杖 上甲平谷著 谷沢書房 1988.7 339p 19cm 2500円
作品 樹氷の美ヶ原

08914 新編 山と渓谷 田部重治著, 近藤信行編 岩波書店 1993.8 323p 15cm (岩波文庫) 570円 Ⓘ4-00-311421-3

08915 ごちそう山 谷村志穂, 飛田和緒著 集英社 2003.1 211p 16cm (集英社文庫) 619円 Ⓘ4-08-747534-4

08916 五感で発見した「秘密の信州」 増村征夫著 講談社 2008.4 269p 19cm 1500円 Ⓘ978-4-06-214573-2

08917 はじめての山 熊谷榧絵・文 八王子 白山書房 2008.8 219p 19cm 1900円 Ⓘ978-4-89475-123-1

08918 鈴木みきの山の足あと 鈴木みき著 山と溪谷社 2013.6 127p 21cm 1200円 Ⓘ978-4-635-33058-9

08919 紀行とエッセーで読む 作家の山旅 山と溪谷社編 山と溪谷社 2017.3 357p 15cm (ヤマケイ文庫) 930円 Ⓘ978-4-635-04828-6
作品 美ヶ原—深田久彌に〔中島健蔵〕

海谷山塊

08920 山へ—原始の香り求めて 大内尚樹著 八王子 白山書房 2001.3 236p 19cm 1600円 Ⓘ4-89475-047-3

浦野宿

08921 旧街道 高野慎三文・写真 北冬書房 1990.11 213p 21cm (風景とくらし叢書 3) 1800円 Ⓘ4-89289-084-7

海野宿

08922 古道紀行 鎌倉街道 小山和著 大阪 保育社 1994.11 188p 19cm 1800円 Ⓘ4-586-61308-4

08923 ツーリング・ライフ—自由に、そして孤独に 新装増補版 斎藤純著 春秋社 2004.3 274p 20cm〈2001年刊の新装増補〉 1800円 Ⓘ4-393-43624-5
作品 信濃川のスケッチ—千曲川沿いの旅

08924 街道をゆく 9 信州佐久平みち、潟のみち ほか 新装版 司馬遼太郎著 朝日新聞出版 2008.10 357, 8p 15cm (朝日文庫) 700円 Ⓘ978-4-02-264454-1

王ヶ頭

08925 紀行とエッセーで読む 作家の山旅 山と溪谷社編 山と溪谷社 2017.3 357p 15cm (ヤマケイ文庫) 930円 Ⓘ978-4-635-04828-6
作品 残雪 (抄)〔水原秋桜子〕

王滝川

08926 日本の名山 11 御嶽山 串田孫一, 今井通子, 今福龍太編 博品社 1998.11 252p 20cm 1600円 Ⓘ4-938706-57-1
作品 王滝川の支流二つ〔市岡茂男〕

王滝村

08927 古道紀行 木曽路 小山和著 (大阪) 保育社 1991.8 187p 19cm 1800円 Ⓘ4-586-61301-7

大河原

08928 一竿有縁の渓 根深誠著 七つ森書館 2008.12 227p 20cm 2000円 Ⓘ978-4-8228-0879-2

大鹿温泉郷

08929 秘湯を求めて 3 きわめつけの秘湯 藤嶽彰英著 (大阪) 保育社 1990.1 194p 19cm 1350円 Ⓘ4-586-61103-0

大鹿村

08930 旅ゆけば日本 ピーター・フランクル著 世界文化社 1994.7 227p 19cm 1300円 Ⓘ4-418-94504-0
作品 早春の伊那谷—長野県下伊那郡大鹿村釜沢

08931 阿川弘之自選紀行集 阿川弘之著 JTB 2001.12 317p 20cm 2200円 Ⓘ4-533-04030-6

作品 飯田線追想紀行

08932 ニッポンの山里　池内紀著　山と溪谷社　2013.1　254p　20cm　1500円　①978-4-635-28067-9

大平街道

08933 七つの自転車の旅　白鳥和也著　平凡社　2008.11　301p　20cm　1600円　①978-4-582-83415-4

大滝山

08934 大峰を巡る　熊谷榧絵と文　八王子　白山書房　2011.3　197p　19cm　1900円　①978-4-89475-146-0

大天井岳

08935 新編 単独行　加藤文太郎著　山と溪谷社　2010.11　349p　15cm　（ヤマケイ文庫）〈年譜あり　2000年刊の文庫化〉　940円　①978-4-635-04725-8
作品 兵庫槍—大天井—鷲羽登山

大町温泉郷

08936 旅は道づれ湯はなさけ　辻真先著　徳間書店　1989.5　348p　15cm　（徳間文庫）　580円　①4-19-568760-8

08937 名探偵浅見光彦の食いしん坊紀行　内田康夫著　実業之日本社　2010.10　257p　16cm（実業之日本社文庫）〈2000年刊の再編集〉　724円　①978-4-408-55000-8

大町市

08938 耕うん機オンザロード　斉藤政喜著　小学館　2001.8　333p　19cm　（BE‐PAL BOOKS）　1200円　①4-09-366065-4

08939 山と雪の日記　改版　板倉勝宣著　中央公論新社　2003.1　185p　16cm　（中公文庫）〈2004年刊の文庫ワイド版あり〉　743円　①4-12-204158-9

08940 ニッポン周遊記—町の見つけ方・歩き方・つくり方　池内紀著　青土社　2014.7　325p　20cm　2400円　①978-4-7917-6777-9

08941 紀行とエッセーで読む 作家の山旅　山と溪谷社編　山と溪谷社　2017.3　357p　15cm（ヤマケイ文庫）　930円　①978-4-635-04828-6
作品 それからそれ 書斎山岳文断片〔宇野浩二〕

奥志賀林道

08942 シェルパ斉藤の行きあたりばっ旅　斉藤政喜著　小学館　1998.1　349p　16cm　（小学館文庫）〈1994年刊の増訂〉　600円　①4-09-411001-1

奥又白池

08943 日本の名山　10　穂高岳　串田孫一, 今井通子, 今福龍太編　博品社　1997.5　268p　19cm〈年表あり 文献あり〉　1600円　①4-938706-38-5
作品 奥又白池〔田中清光〕

奥又白谷

08944 日本の名山　10　穂高岳　串田孫一, 今井通子, 今福龍太編　博品社　1997.5　268p　19cm〈年表あり 文献あり〉　1600円　①4-938706-38-5
作品 四峰に挑む 前穂高北尾根四峰、奥又白側初登攀記録〔川森左智子〕

奥又白本谷

08945 井上靖歴史紀行文集　第1巻　日本の旅　井上靖著　岩波書店　1992.1　23cm
作品 穂高の月・ヒマラヤの月

08946 日本紀行　井上靖著　岩波書店　1993.12　252p　16cm　（同時代ライブラリー）　1000円　①4-00-260169-2
作品 穂高の月・ヒマラヤの月

御座山

08947 わが愛する山々　深田久弥著　山と溪谷社　2011.6　381p　15cm　（ヤマケイ文庫）〈年譜あり〉　1000円　①978-4-635-04730-2

小谷滝の湯

08948 誰も行けない温泉 前人未（湯）　大原利雄著　小学館　2004.1　169p　15cm　（小学館文庫）　733円　①4-09-411526-9

小谷村

08949 動くとき、動くもの　青木奈緒著　講談社　2005.11　333p　15cm　（講談社文庫）〈2002年刊の文庫化〉　600円　①4-06-275236-0

姨捨駅

08950 ふれあいの旅紀行　新田健次著　東京新聞出版局　1992.5　203p　19cm　1300円　①4-8083-0437-6

08951 線路の果てに旅がある　宮脇俊三著　新潮社　1997.1　227p　15cm　（新潮文庫）〈小学館1994年刊あり〉　400円　①4-10-126813-4

小布施町

08952 ガラメキ温泉探険記　池内紀著　リクルート出版　1990.10　203p　19cm　1165円　①4-88991-196-0
作品 妖怪変化

08953 まちづくり紀行—地域と人と出会いの旅から　亀地宏著　ぎょうせい　1991.10　307p　19cm　1500円　①4-324-02880-X

08954 導かれて、旅　横尾忠則著　文藝春秋　1995.7　286p　16cm　（文春文庫）〈日本交通公社出版事業局 1992年刊の文庫化〉　480円　①4-16-729703-5
作品 小布施の北斎曼陀羅

08955 日本の風土食探訪　市川健夫著　白水社　2003.12　205p　20cm　2200円　①4-560-04074-5

08956 ツーリング・ライフ—自由に、そして孤独に　新装増補版　斎藤純著　春秋社　2004.3　274p　20cm〈2001年刊の新装増補〉　1800円

①4-393-43624-5
作品 信濃川のスケッチ―千曲川沿いの旅

08957 わたしの旅人生「最終章」 渡辺文雄著 アートデイズ 2005.2 267p 20cm〈肖像あり〉 1600円 ①4-86119-033-9
作品「おやき」

08958 大人のまち歩き 秋山秀一著 新典社 2013.5 231p 21cm 1600円 ①978-4-7879-7851-6

懐古園

08959 みなかみ紀行 若山牧水著 中央公論社 1993.5 229p 15cm （中公文庫） 400円 ①4-12-201996-6
作品 みなかみ紀行

08960 みなかみ紀行 新編 若山牧水著, 池内紀編 岩波書店 2002.3 266p 15cm （岩波文庫） 600円 ①4-00-310522-2
作品 みなかみ紀行

開田

08961 古道紀行 木曽路 小山和著 （大阪）保育社 1991.8 187p 19cm 1800円 ①4-586-61301-7

08962 ニッポンの山里 池内紀著 山と溪谷社 2013.1 254p 20cm 1500円 ①978-4-635-28067-9

開田高原

08963 日本の名山 11 御嶽山 串田孫一, 今井通子, 今福龍太編 博品社 1998.11 252p 20cm 1600円 ①4-938706-57-1
作品 開田高原より 春の便り〔澤頭修自〕

角間川

08964 フィッシング・ダイアリー 柴野邦彦著 未知谷 2012.2 190p 19cm 2000円 ①978-4-89642-367-9

崖の湯温泉

08965 秘湯を求めて 3 きわめつけの秘湯 藤嶽彰英著 （大阪）保育社 1990.1 194p 19cm 1350円 ①4-586-61103-0

桟温泉

08966 ガラメキ温泉探険記 池内紀著 リクルート出版 1990.10 203p 19cm 1165円 ①4-88991-196-0
作品 木曽きまぐれ気まま旅

08967 温泉旅日記 池内紀著 徳間書店 1996.9 277p 15cm （徳間文庫）〈河出書房新社1988年刊あり〉 540円 ①4-19-890559-2

籠ノ登山

08968 ひとつとなりの山 池内紀著 光文社 2008.10 269p 18cm （光文社新書） 800円 ①978-4-334-03476-4

春日温泉

08969 温泉旅日記 池内紀著 徳間書店 1996.9 277p 15cm （徳間文庫）〈河出書房新社1988年刊あり〉 540円 ①4-19-890559-2

金沢宿

08970 旧街道 高野慎三文・写真 北冬書房 1990.11 213p 21cm （風景とくらし叢書 3） 1800円 ①4-89289-084-7

鎌倉街道

08971 古道紀行 鎌倉街道 小山和著 大阪 保育社 1994.11 188p 19cm 1800円 ①4-586-61308-4

08972 道 白洲正子著 新潮社 2012.1 248p 16cm （新潮文庫）〈2007年刊（1979年刊の新装版）の文庫化〉 550円 ①978-4-10-137912-8

釜沼温泉

08973 秘湯を求めて 1 はじめての秘湯 藤嶽彰英著 （大阪）保育社 1989.11 194p 19cm 1350円 ①4-586-61101-4

上高地

08974 井上靖歴史紀行文集 第1巻 日本の旅 井上靖著 岩波書店 1992.1 23cm
作品 涸沢にて

08975 新編 山と渓谷 田部重治著, 近藤信行編 岩波書店 1993.8 323p 15cm （岩波文庫） 570円 ①4-00-311421-3

08976 日本紀行 井上靖著 岩波書店 1993.12 252p 16cm （同時代ライブラリー） 1000円 ①4-00-260169-2
作品 涸沢にて

08977 日本アルプス登攀日記 W.ウェストン著, 三井嘉雄訳 平凡社 1995.2 318p 18cm （東洋文庫） 2781円 ①4-582-80586-8

08978 今夜も空の下―シェルパ斉藤の行きあたりばっ旅 2 斉藤政喜著 小学館 1996.3 287p 19cm （BE-PAL BOOKS） 1100円 ①4-09-366063-8

08979 シェルパ斉藤の行きあたりばっ旅 3 斉藤政喜著 小学館 1998.8 253p 16cm （小学館文庫） 457円 ①4-09-411003-8

08980 一枚の絵葉書 沢野ひとし著 角川書店 1999.7 246p 15cm （角川文庫） 552円 ①4-04-181310-7

08981 山の旅 大正・昭和篇 近藤信行編 岩波書店 2003.11 457p 15cm （岩波文庫） 700円 ①4-00-311701-8
作品 雨の上高地〔寺田寅彦〕

08982 槍ヶ岳黎明―私の大正登山紀行 穂苅三寿雄著 松本 槍ヶ岳山荘事務所 2004.11 230p 20cm〈山と渓谷社（発売） 年譜あり〉 1800円 ①4-635-88591-7

08983 日本八景―八大家執筆 幸田露伴, 吉田絃二郎, 河東碧梧桐, 田山花袋, 北原白秋, 高浜虚子, 菊池幽芳, 泉鏡花著 平凡社 2005.3 280p 16cm （平凡社ライブラリー） 1200円 ①4-582-76531-9

08984 ハピネス気分で山歩き　平野恵理子著　山と渓谷社　2005.9　159p　21cm　1800円　①4-635-17168-X

08985 森の旅 森の人―北海道から沖縄まで日本の森林を旅する　軽装版　稲本正文, 姉崎一馬写真　世界文化社　2005.11　271p　21cm　（ほたるの本）〈1994年刊行版に一部修正を加え軽装版にしたもの　1990年刊あり〉　1800円　①4-418-05518-5

08986 五感で発見した「秘密の信州」　増村征夫著　講談社　2008.4　269p　19cm　1500円　①978-4-06-214573-2

08987 はじめての山　熊谷榧絵・文　八王子　白山書房　2008.8　219p　19cm　1900円　①978-4-89475-123-1

08988 日本アルプス―山岳紀行文集　小島烏水著, 近藤信行編　岩波書店　2009.6　444p　15cm　（岩波文庫）　900円　①4-00-311351-9
［作品］上高地風景保護論

08989 マンボウ最後の大バクチ　北杜夫著　新潮社　2011.9　246p　16cm　（新潮文庫）〈2009年刊の文庫化〉　400円　①978-4-10-113160-3

08990 ぼくは旅にでた―または、行きてかえりし物語　増補・新装版　杉山亮著　径書房　2013.5　237p　19cm〈1993年刊の増補・新装版〉　1500円　①978-4-7705-0215-5

08991 マンボウ思い出の昆虫記―虫と山と信州と　北杜夫著　長野　信濃毎日新聞社　2013.7　180, 31p　20cm　1700円　①978-4-7840-7210-1

08992 日本山岳紀行―ドイツ人が見た明治末の信州　W・シュタイニッツァー著, 安藤勉訳　長野　信濃毎日新聞社　2013.10　305p　19cm　（信毎選書 5）〈1992年刊の改訂　文献あり〉　1400円　①978-4-7840-7222-4

08993 山とそば　ほしよりこ著　新潮社　2014.8　183p　16cm　（新潮文庫）〈2011年刊の文庫化〉　460円　①978-4-10-126091-4
（目次）山とそば, ヘビに巻かれて, カルデラのある町へ

08994 マンボウ最後の家族旅行　北杜夫著　実業之日本社　2014.10　253p　16cm　（実業之日本社文庫）〈2012年刊の増補〉　574円　①978-4-408-55189-0

08995 山の名作読み歩き―読んで味わう山の楽しみ　大森久雄編　山と溪谷社　2014.11　301p　18cm　（ヤマケイ新書）　880円　①978-4-635-51002-8
［作品］神河内〔松方三郎〕

08996 サバイバル！―人はズルなしで生きられるのか　増補　服部文祥著　筑摩書房　2016.7　318p　15cm　（ちくま文庫）〈2008年刊の文庫化〉　800円　①978-4-480-43369-5

08997 私の日本地図　2　上高地付近　宮本常一著, 香月洋一郎編　未来社　2016.10　302, 4p　19cm　（宮本常一著作集別集）〈同友館 1967年刊の再刊　索引あり〉　2400円　①978-4-624-92487-4
（目次）島々, 奈川ダム, 奈川谷, 奈川温泉, 野麦のふもと, 番所, 檜峠の道, 白骨温泉, 梓川・上高地, 境峠から藪原へ, 松本付近, 別所・上田

08998 紀行とエッセーで読む 作家の山旅　山と溪谷社編　山と溪谷社　2017.3　357p　15cm　（ヤマケイ文庫）　930円　①978-4-635-04828-6
［作品］秋の上高地〔加藤楸邨〕　上高地の大将〔臼井吉見〕

上高地温泉

08999 旅は道づれ湯はなさけ　辻真先著　徳間書店　1989.5　348p　15cm　（徳間文庫）　580円　①4-19-568760-8

09000 紀行とエッセーで読む 作家の山旅　山と溪谷社編　山と溪谷社　2017.3　357p　15cm　（ヤマケイ文庫）　930円　①978-4-635-04828-6
［作品］或る旅と絵葉書(抄)〔若山牧水〕

上諏訪

09001 温泉天国　嵐山光三郎, 荒俣宏, 池内紀, 池波正太郎, 井伏鱒二, 植村直己, 岡本かの子, 岡本綺堂, 小川未明, 角田光代, 川端康成, 川本三郎, 北杜夫, 斎藤茂太, 坂口安吾, 高村光太郎, 武田百合子, 太宰治, 田辺聖子, 種村季弘, 田村隆一, 田山花袋, つげ義春, 平林たい子, 松本英子, 村上春樹, 室生犀星, 山下清, 柳美里, 横尾忠則, 吉川英治, 四谷シモン著　河出書房新社　2017.12　237p　19cm　（ごきげん文藝）　1600円　①978-4-309-02642-8
［作品］上諏訪・飯田〔川本三郎〕

上諏訪駅

09002 車窓はテレビより面白い　宮脇俊三著　徳間書店　1992.8　254p　15cm　（徳間文庫）〈1989年刊の文庫化〉　460円　①4-19-597265-5

上諏訪温泉

09003 温泉百話―西の旅　種村季弘, 池内紀編　筑摩書房　1988.2　471p　15cm　（ちくま文庫）　680円　①4-480-02201-5
［作品］温泉建築ウォッチング〔藤森照信〕

09004 旅は道づれ湯はなさけ　辻真先著　徳間書店　1989.5　348p　15cm　（徳間文庫）　580円　①4-19-568760-8

上村

09005 ローカルバスの終点へ　宮脇俊三著　洋泉社　2010.12　303p　18cm　（新書y）〈1991年刊の新潮文庫を底本とする　日本交通公社出版事業局 1989年刊あり〉　840円　①978-4-86248-626-4

冠着山〔姨捨山〕

09006 旅は人生―日本人の風景を歩く　森本哲郎著　PHP研究所　2006.12　372p　15cm　（PHP文庫）〈「旅の半空」(新潮社1997年刊)の改題〉　648円　①4-569-66745-7

09007 十一面観音巡礼　愛蔵版　白洲正子著　新潮社　2010.9　317p　22cm〈講談社文芸文庫 1992年刊, 新潮社2002年刊あり〉　3000円

①978-4-10-310720-0
作品 姨捨山の月

涸沢

09008 井上靖歴史紀行文集 第1巻 日本の旅 井上靖著 岩波書店 1992.1 23cm
作品 涸沢にて

09009 日本紀行 井上靖著 岩波書店 1993.12 252p 16cm (同時代ライブラリー) 1000円 ①4-00-260169-2
作品 涸沢にて

09010 日本の名山 10 穂高岳 串田孫一, 今井通子, 今福龍太編 博品社 1997.5 268p 19cm〈年表あり 文献あり〉 1600円 ①4-938706-38-5
作品 涸沢の岩小屋のある夜のこと〔大島亮吉〕 涸沢貴族 碓井徳蔵〔新田次郎〕

09011 山の旅 大正・昭和篇 近藤信行編 岩波書店 2003.11 457p 15cm (岩波文庫) 700円 ①4-00-311701-8

09012 子づれの山 熊谷榧絵と文 八王子 白山書房 2009.8 222p 19cm (〔榧・画文集 2〕) 1900円 ①978-4-89475-135-4

09013 山・音・色 KIKI, 野川かさね著 山と溪谷社 2012.7 159p 20cm 1500円 ①978-4-635-77014-9

09014 山の名作読み歩き―読んで味わう山の楽しみ 大森久雄編 山と溪谷社 2014.11 301p 18cm (ヤマケイ新書) 880円 ①978-4-635-51002-8
作品 涸沢の岩小舎を中心としての穂高連峰〈抄〉〔三田幸夫〕

軽井沢町

09015 紀行文集 無明一杖 上甲平谷著 谷沢書房 1988.7 339p 19cm 2500円
作品 高原

09016 芥川龍之介全集 8 紀行・日記・詩歌ほか 芥川龍之介著 筑摩書房 1989.8 566p 15cm (ちくま文庫) 740円 ①4-480-02335-6

09017 詩文集 犀星 軽井沢 室生犀星著, 室生朝子編 徳間書店 1990.4 343p 15cm (徳間文庫) 500円 ①4-19-599059-9

09018 文学の街―名作の舞台を歩く 前田愛著 小学館 1991.12 315p 16cm (小学館ライブラリー) 780円 ①4-09-460015-9

09019 みなかみ紀行 若山牧水著 中央公論社 1993.5 229p 15cm (中公文庫) 400円 ①4-12-201996-6
作品 みなかみ紀行

09020 玲子さんのすてき発見旅 西村玲子著 講談社 1995.10 155p 15cm (講談社文庫)〈1992年刊の文庫化〉 640円 ①4-06-263083-4
目次 旅を考えさせられる本たち, パリ・ドーヴィルおしゃれスケッチ, 二泊三日の軽井沢は, 優雅なバラエティリゾート, 思い出の海, 潮の香り, 英国アンティークめぐり, 歩いて「素敵」を探すニューヨーク, 心のリフレッシュプラン, ドラマチックな小さな旅, 胸躍る小さな旅, 映画や本に誘われて〔ほか〕

09021 山に親しむ 川端康成ほか著, 作品社編集部編 作品社 1998.4 246p 22cm (新編・日本随筆紀行 大きな活字で読みやすい本―心にふるさとがある 2) ①4-87893-808-0, 4-87893-807-2
作品 軽井沢〔寺田寅彦〕

09022 明治日本印象記―オーストリア人の見た百年前の日本 アドルフ・フィッシャー著, 金森誠也, 安藤勉訳 講談社 2001.12 455p 15cm (講談社学術文庫)〈「100年前の日本文化」(中央公論社1994年刊)の改題〉 1200円 ①4-06-159524-5
作品 日本の温泉場と天竜下り

09023 みなかみ紀行 新編 若山牧水著, 池内紀編 岩波書店 2002.3 266p 15cm (岩波文庫) 600円 ①4-00-310522-2
作品 みなかみ紀行

09024 家(うち)もいいけど旅も好き 岸本葉子著 講談社 2002.5 273p 15cm (講談社文庫)〈河出書房新社1998年刊にエッセイを増補し文庫化〉 495円 ①4-06-273429-X

09025 文学の風景をゆく―カメラ紀行 小松健一著 PHP研究所 2003.6 238p 18cm (PHPエル新書) 950円 ①4-569-62977-6

09026 山の旅 明治・大正篇 近藤信行編 岩波書店 2003.9 445p 15cm (岩波文庫) 700円 ①4-00-311702-6
作品 旅の旅の旅〔正岡子規〕

09027 食い道楽ひとり旅 柏井壽著 光文社 2005.11 260p 18cm (光文社新書) 720円 ①4-334-03332-6

09028 名探偵浅見光彦のニッポン不思議紀行 内田康夫著 集英社 2006.2 270p 16cm (集英社文庫)〈学習研究社2001年刊あり〉 600円 ①4-08-746013-4

09029 中部日本を歩く 立松和平著, 黒古一夫編 勉誠出版 2006.4 389p 22cm (立松和平日本を歩く 第3巻) 2600円 ①4-585-01173-0

09030 幻景の街―文学の都市を歩く 前田愛著 岩波書店 2006.12 310p 15cm (岩波現代文庫) 1000円 ①4-00-602110-0

09031 佐久・軽井沢 六川宗弘, 杉村修一編 長野 一草舎出版 2009.9 301p 21cm (著名人がつづった名随筆・名紀行集 2)〈シリーズの監修者:長野県国語国文学会〉 2286円 ①978-4-902842-64-7
作品 軽井沢の栗鼠〔丹羽文雄〕 軽井沢日記〔水上勉〕

09032 マンボウ家の思い出旅行 北杜夫著 実業之日本社 2010.1 252p 19cm 1300円 ①978-4-408-53565-4

09033 名探偵浅見光彦の食いしん坊紀行 内田康夫著 実業之日本社 2010.10 257p 16cm (実業之日本社文庫)〈2000年刊の再編集〉 724

円 ①978-4-408-55000-8

09034 マンボウ最後の大バクチ 北杜夫著 新潮社 2011.9 246p 16cm （新潮文庫）〈2009年刊の文庫化〉 400円 ①978-4-10-113160-3

09035 マンボウ思い出の昆虫記―虫と山と信州と 北杜夫著 長野 信濃毎日新聞社 2013.7 180, 31p 20cm 1700円 ①978-4-7840-7210-1

09036 マンボウ最後の家族旅行 北杜夫著 実業之日本社 2014.10 253p 16cm （実業之日本社文庫）〈2012年刊の増補〉 574円 ①978-4-408-55189-0

09037 ニッポン旅みやげ 池内紀著 青土社 2015.4 162p 20cm 1800円 ①978-4-7917-6852-3

09038 来ちゃった 酒井順子文, ほしよりこ画 小学館 2016.3 317p 15cm （小学館文庫）〈2011年刊の増補〉 620円 ①978-4-09-406277-9

09039 芥川竜之介紀行文集 芥川竜之介著, 山田俊治編 岩波書店 2017.8 394p 15cm （岩波文庫） 850円 ①978-4-00-360030-6

川路温泉

09040 詩人の旅 田村隆一著 中央公論社 1991.9 216p 15cm （中公文庫） 420円 ①4-12-201836-6

川中島

09041 今昔温泉物語 伊豆・箱根、関東篇 山本容朗選, 日本ペンクラブ編 福武書店 1990.7 265p 15cm （福武文庫） 480円 ①4-8288-3148-7

作品 花酔〔中山義秀〕

岩松院

09042 導かれて、旅 横尾忠則著 文藝春秋 1995.7 286p 16cm （文春文庫）〈日本交通公社出版事業局 1992年刊の文庫化〉 480円 ①4-16-729703-5

作品 小布施の北斎曼陀羅

上林温泉

09043 温泉百話―西の旅 種村季弘, 池内紀編 筑摩書房 1988.2 471p 15cm （ちくま文庫） 680円 ①4-480-02201-5

作品 続山峡小記〔斎藤茂吉〕

09044 漂う―古い土地 新しい場所 黒井千次著 毎日新聞社 2013.8 175p 20cm 1600円 ①978-4-620-32221-6

木落とし坂

09045 にっぽん入門 柴門ふみ著 文藝春秋 2009.4 282p 16cm （文春文庫）〈2007年刊の増補〉 552円 ①978-4-16-757903-6

木曽・赤沢自然休養林

09046 森へ行く日 光野桃著 山と溪谷社 2010.7 128, 15p 21cm〈文献あり〉 1600円 ①978-4-635-08005-7

木曽駒ヶ岳

09047 子づれの山 熊谷榧絵と文 八王子 白山書房 2009.8 222p 19cm （〔榧・画文集 2〕） 1900円 ①978-4-89475-135-4

09048 伊那路 腰原智達編 長野 一草舎出版 2009.11 303p 21cm （著名人がつづった名随筆・名紀行集 3）〈シリーズの監修者：長野県国語国文学会〉 2286円 ①978-4-902842-65-4

作品 木曽駒ケ岳を越えて〔W.ウェストン〕

09049 百霊峰巡礼 第3集 立松和平著 東京新聞出版部 2010.8 307p 20cm〈第2集までの出版者：東京新聞出版局〉 1800円 ①978-4-8083-0933-6

09050 ぷらっぷらある記 銀色夏生著 幻冬舎 2014.12 278p 16cm （幻冬舎文庫） 600円 ①978-4-344-42275-9

木曽山脈〔中央アルプス〕

09051 五感で発見した「秘密の信州」 増村征夫著 講談社 2008.4 269p 19cm 1500円 ①978-4-06-214573-2

木曽地域

09052 旅しました。―スター旅紀行 （大阪）関西テレビ放送 1988.9 80p 30cm 980円 ①4-906256-06-6

作品 ふと思い立って木曽〔太川陽介〕

09053 七つの自転車の旅 白鳥和也著 平凡社 2008.11 301p 20cm 1600円 ①978-4-582-83415-4

09054 山の名作読み歩き―読んで味わう山の楽しみ 大森久雄編 山と溪谷社 2014.11 301p 18cm （ヤマケイ新書） 880円 ①978-4-635-51002-8

作品 伊那から木曾へ〔細井吉造〕

木曽平沢

09055 古道紀行 木曽路 小山和著 （大阪）保育社 1991.8 187p 19cm 1800円 ①4-586-61301-7

木曽福島

09056 ガラメキ温泉探険記 池内紀著 リクルート出版 1990.10 203p 19cm 1165円 ①4-88991-196-0

作品 木曽きまぐれ気まま旅

09057 旅の面影 榎木孝明著 JTB 2001.5 95p 26cm 3500円 ①4-533-03875-1

09058 阿川弘之自選紀行集 阿川弘之著 JTB 2001.12 317p 20cm 2200円 ①4-533-04030-6

作品 森の宿

09059 近松秋江全集 第7巻 オンデマンド版 近松秋江著, 紅野敏郎, 和田謹吾, 中尾務, 遠藤英雄, 田沢基久, 笹瀬王子編集委員 八木書店古書出版部 2014.2 502, 34p 21cm〈初版：八木書店 1993年刊 印刷・製本：デジタルパブリッ

シングサービス　発売：八木書店〉 12000円 ①978-4-8406-3492-2
作品 旅路

09060 可愛いあの娘(こ)は島育ち　太田和彦著　集英社　2016.11　254p　16cm　(集英社文庫―ニッポンぶらり旅)　600円　①978-4-08-745518-2

09061 紀行とエッセーで読む 作家の山旅　山と溪谷社編　山と溪谷社　2017.3　357p　15cm　(ヤマケイ文庫)　930円　①978-4-635-04828-6
作品 それからそれ 書斎山岳文断片〔宇野浩二〕

北向観音

09062 十一面観音巡礼　愛蔵版　白洲正子著　新潮社　2010.9　317p　22cm〈講談社文芸文庫1992年刊, 新潮社2002年刊あり〉 3000円 ①978-4-10-310720-0
作品 姨捨山の月

北八ヶ岳

09063 日本の名山　12　八ヶ岳　串田孫一, 今井通子, 今福龍太編　博品社　1997.6　269p　19cm〈文献あり〉 1600円 ①4-938706-39-3
作品 北八ッ彷徨〔山口耀久〕

09064 ごちそう山　谷村志穂, 飛田和緒著　集英社　2003.1　211p　16cm　(集英社文庫)　619円 ①4-08-747534-4

09065 北八ッ彷徨―随想八ヶ岳　山口耀久著　平凡社　2008.3　284p　16cm　(平凡社ライブラリー)〈肖像あり〉 1300円 ①978-4-582-76637-0

09066 山のぼりおり　石田千著　山と溪谷社　2008.4　149p 図版16枚　20cm　1800円 ①978-4-635-17174-8

09067 山・音・色　KIKI, 野川かさね著　山と溪谷社　2012.7　159p　20cm　1500円 ①978-4-635-77014-9

鬼面山

09068 初めての山へ六〇年後に　本多勝一著　山と溪谷社　2009.11　221p　22cm　2000円 ①978-4-635-33044-2

切明温泉

09069 いで湯浴泉記　大石真人著　新ハイキング社　1990.12　316p　19cm　(新ハイキング選書 第11巻)　1700円 ①4-915184-12-9

霧ヶ峰

09070 新編 山と渓谷　田部重治著, 近藤信行編　岩波書店　1993.8　323p　15cm　(岩波文庫)　570円 ①4-00-311421-3

09071 山の旅　大正・昭和篇　近藤信行編　岩波書店　2003.11　457p　15cm　(岩波文庫)　700円 ①4-00-311701-8

09072 ぼくは旅にでた―または、行きてかえりし物語　増補・新装版　杉山亮著　径書房　2013.5　237p　19cm〈1993年刊の増補・新装版〉 1500円 ①978-4-7705-0215-5

09073 紀行とエッセーで読む 作家の山旅　山と溪谷社編　山と溪谷社　2017.3　357p　15cm　(ヤマケイ文庫)　930円 ①978-4-635-04828-6
作品 女子霧ヶ峰登山記〔島木赤彦〕

草軽電気鉄道

09074 日本映画を歩く―ロケ地を訪ねて　川本三郎著　JTB　1998.8　239p　20cm　1600円 ①4-533-03066-1

黒姫山

09075 山頂の憩い―『日本百名山』その後　深田久弥著　新潮社　2000.5　186p　16cm　(新潮文庫)〈肖像あり〉 400円 ①4-10-122003-4

小赤沢温泉

09076 雲は旅人のように―湯の花紀行　池内紀著, 田淵裕一写真　日本交通公社出版事業局　1995.5　284p　19cm　1600円 ①4-533-02163-8
作品 苗場山越え

更埴(千曲市)

09077 ふるさと―この国は特別に美しい　ジョニー・ハイマス著　ユーリーグ　1995.4　193p　18cm　(U・LEAG BOOK)　1200円 ①4-946491-01-5

興禅寺

09078 紀行文集 無明一杖　上甲平谷著　谷沢書房　1988.7　339p　19cm　2500円
作品 木曽路

小瀬温泉

09079 温泉旅行記　嵐山光三郎著　筑摩書房　2000.12　315p　15cm　(ちくま文庫)〈初版：JTB1997年刊〉 760円 ①4-480-03589-3

五辻〔北八ヶ岳〕

09080 ハピネス気分で山歩き　平野恵理子著　山と溪谷社　2005.9　159p　21cm　1800円 ①4-635-17168-X

駒ヶ根市

09081 ニッポン旅みやげ　池内紀著　青土社　2015.4　162p　20cm　1800円 ①978-4-7917-6852-3

09082 肉の旅―まだ見ぬ肉料理を求めて全国縦断！　カベルナリア吉田著　イカロス出版　2016.8　235p　21cm　1600円 ①978-4-8022-0222-0

小諸駅

09083 終着駅への旅　JR編　櫻井寛著　JTBパブリッシング　2013.8　222p　19cm　1300円 ①978-4-533-09285-5

小諸市

09084 みなかみ紀行　若山牧水著　中央公論社　1993.5　229p　15cm　(中公文庫)　400円

①4-12-201996-6
作品 みなかみ紀行
09085 古道紀行 鎌倉街道　小山和著　大阪　保育社　1994.11　188p　19cm　1800円　①4-586-61308-4
09086 みなかみ紀行 新編　若山牧水著, 池内紀編　岩波書店　2002.3　266p　15cm　（岩波文庫）　600円　①4-00-310522-2
作品 みなかみ紀行
09087 佐久・軽井沢　六川宗弘, 杉村修一編　長野　一草舎出版　2009.9　301p　21cm　（著名人がつづった名随筆・名紀行集 2）〈シリーズの監修者：長野県国語国文学会〉　2286円　①978-4-902842-64-7
作品 彦左衛門と小諸〔宮城谷昌光〕
09088 にっぽん全国 百年食堂　椎名誠著　講談社　2013.1　222p　19cm　1400円　①978-4-06-217814-3

小諸城

09089 日本名城紀行　3　中部・北陸 戦国武将の堅城　小学館　1989.5　293p　15cm〈『探訪日本の城』シリーズ4 中山道・5北陸道より再録〉　600円　①4-09-401203-6

坂巻温泉

09090 山頂への道　山口耀久著　平凡社　2012.9　361p　16cm　（平凡社ライブラリー）〈2004年刊あり〉　1400円　①978-4-582-76772-8

佐久市

09091 詩人の旅　田村隆一著　中央公論社　1991.9　216p　15cm　（中公文庫）　420円　①4-12-201836-6
09092 佐久・軽井沢　六川宗弘, 杉村修一編　長野　一草舎出版　2009.9　301p　21cm　（著名人がつづった名随筆・名紀行集 2）〈シリーズの監修者：長野県国語国文学会〉　2286円　①978-4-902842-64-7
作品 佐久を思う〔竹内好〕
09093 ぼくは旅にでた―または、行きてかえりし物語　増補・新装版　杉山亮著　径書房　2013.5　237p　19cm〈1993年刊の増補・新装版〉　1500円　①978-4-7705-0215-5
09094 天白紀行　増補改訂版　山田宗睦著　名古屋　人間社　2016.6　284p　15cm　（人間社文庫―日本の古層 1）　800円　①978-4-908627-00-2

佐久平

09095 街道をゆく　9　信州佐久平みち、潟のみち ほか　新装版　司馬遼太郎著　朝日新聞出版　2008.10　357, 8p　15cm　（朝日文庫）　700円　①978-4-02-264454-1

真田町

09096 池波正太郎を歩く　須藤靖貴著　講談社　2012.9　326p　15cm　（講談社文庫）〈毎日新聞社 2009年刊の加筆・修正〉　648円　①978-4-06-277363-8

猿橋峡温泉

09097 誰も行けない温泉 前人未（湯）　大原利雄著　小学館　2004.1　169p　15cm　（小学館文庫）　733円　①4-09-411526-9

塩尻市

09098 古道紀行 塩の道　小山和著　大阪　保育社　1995.8　193p　19cm　1800円　①4-586-61310-6
09099 信州蕎麦と温泉めぐり　高橋克典編著, 鈴木博撮影　さいたま　幹書房　2007.10　151p　21cm　（蕎麦と温泉シリーズ 2）　1429円　①978-4-902615-33-3

塩田平

09100 鼎、槐多への旅―私の信州上田紀行　窪島誠一郎文, 矢幡正夫写真　長野　信濃毎日新聞社　2007.6　191p　19cm　1800円　①978-4-7840-7055-8

塩名田宿

09101 街道をゆく　9　信州佐久平みち、潟のみち ほか　新装版　司馬遼太郎著　朝日新聞出版　2008.10　357, 8p　15cm　（朝日文庫）　700円　①978-4-02-264454-1

塩野神社

09102 十一面観音巡礼　愛蔵版　白洲正子著　新潮社　2010.9　317p　22cm〈講談社文芸文庫 1992年刊, 新潮社2002年刊あり〉　3000円　①978-4-10-310720-0
作品 姨捨山の月

志賀高原

09103 山に親しむ　川端康成ほか著, 作品社編集部編　作品社　1998.4　246p　22cm　（新編・日本随筆紀行 大きな活字で読みやすい本―心にふるさとがある 2）　①4-87893-808-0, 4-87893-807-2
作品 志賀高原〔三好達治〕
09104 ごちそう山　谷村志穂, 飛田和緒著　集英社　2003.1　211p　16cm　（集英社文庫）　619円　①4-08-747534-4
09105 雨のち晴れて、山日和　唐仁原教久著　山と渓谷社　2005.8　141p　21cm　1800円　①4-635-17167-1
09106 中部日本を歩く　立松和平著, 黒古一夫編　勉誠出版　2006.4　389p　22cm　（立松和平日本を歩く 第3巻）　2600円　①4-585-01173-0
09107 フィッシング・ダイアリー　柴野邦彦著　未知谷　2012.2　190p　19cm　2000円　①978-4-89642-367-9
09108 パン欲―日本全国パンの聖地を旅する　池田浩明著　世界文化社　2013.12　128p　26cm〈タイトルは奥付等による。標題紙のタイトル：私はパン欲に逆らうことができない……〉　1400円　①978-4-418-13234-8

地獄谷（山ノ内町）

09109 うつくしい列島―地理学的名所紀行　池澤夏樹著　河出書房新社　2015.11　308p　20cm　1800円　①978-4-309-02425-7

地獄谷温泉

09110 秘湯を求めて　1　はじめての秘湯　藤嶽彰英著　（大阪）保育社　1989.11　194p　19cm　1350円　①4-586-61101-4

09111 四次元温泉日記　宮田珠己著　筑摩書房　2015.1　294p　15cm　（ちくま文庫）〈2011年刊の文庫化〉　720円　①978-4-480-43238-4

七味温泉

09112 遙かなる秘湯をゆく　桂博史著　主婦と生活社　1990.3　222p　19cm　980円　①4-391-11232-9

信濃追分

09113 佐久・軽井沢　六川宗弘, 杉村修一編　長野　一草舎出版　2009.9　301p　21cm　（著名人がつづった名随筆・名紀行集 2）〈シリーズの監修者：長野県国語国文学会〉　2286円　①978-4-902842-64-7

作品 今年の信州追分〔佐多稲子〕　信濃追分案内〔福永武彦〕

信濃追分駅

09114 文学の中の駅―名作が語る“もうひとつの鉄道史”　原口隆行著　国書刊行会　2006.7　327p　20cm　2000円　①4-336-04785-5

信濃大町

09115 来ちゃった　酒井順子文, ほしよりこ画　小学館　2016.3　317p　15cm　（小学館文庫）〈2011年刊の増補〉　620円　①978-4-09-406277-9

信濃川

09116 ツーリング・ライフ―自由に、そして孤独に　新装増補版　斎藤純著　春秋社　2004.3　274p　20cm〈2001年刊の新装増補〉　1800円　①4-393-43624-5

作品 信濃川のスケッチ―千曲川沿いの旅

信濃国分寺〔八日堂〕

09117 十一面観音巡礼　愛蔵版　白洲正子著　新潮社　2010.9　317p　22cm〈講談社文芸文庫1992年刊, 新潮社2002年刊あり〉　3000円　①978-4-10-310720-0

作品 姨捨山の月

信濃国分寺跡

09118 街道をゆく　9　信州佐久平みち、潟のみち ほか　新装版　司馬遼太郎著　朝日新聞出版　2008.10　357, 8p　15cm　（朝日文庫）　700円　①978-4-02-264454-1

しなの鉄道

09119 にっぽんローカル鉄道の旅　野田隆著　平凡社　2005.10　210p　18cm　（平凡社新書）　780円　①4-582-85292-0

渋温泉

09120 温泉百話―西の旅　種村季弘, 池内紀編　筑摩書房　1988.2　471p　15cm　（ちくま文庫）　680円　①4-480-02201-5

作品 八ヶ岳不登記 抄〔中里介山〕

09121 ガラメキ温泉探険記　池内紀著　リクルート出版　1990.10　203p　19cm　1165円　①4-88991-196-0

09122 温泉旅日記　池内紀著　徳間書店　1996.9　277p　15cm　（徳間文庫）〈河出書房新社1988年刊あり〉　540円　①4-19-890559-2

09123 温泉天国　嵐山光三郎, 荒俣宏, 池内紀, 池波正太郎, 井伏鱒二, 植村直己, 岡本かの子, 岡本綺堂, 小川未明, 角田光代, 川端康成, 川本三郎, 北杜夫, 斎藤茂太, 坂口安吾, 高村光太郎, 武田百合子, 太宰治, 田辺聖子, 種村季弘, 田村隆一, 田山花袋, つげ義春, 平林たい子, 松本英子, 村上春樹, 室生犀星, 山下清, 柳美里, 横尾忠則, 吉川英治, 四谷シモン著　河出書房新社　2017.12　237p　19cm　（ごきげん文藝）　1600円　①978-4-309-02642-8

作品 渋温泉の秋〔小川未明〕

島々谷

09124 ぼくは旅にでた―または、行きてかえりし物語　増補・新装版　杉山亮著　径書房　2013.5　237p　19cm〈1993年刊の増補・新装版〉　1500円　①978-4-7705-0215-5

下栗の里

09125 ニッポンの山里　池内紀著　山と溪谷社　2013.1　254p　20cm　1500円　①978-4-635-28067-9

下諏訪駅

09126 文学の中の駅―名作が語る“もうひとつの鉄道史”　原口隆行著　国書刊行会　2006.7　327p　20cm　2000円　①4-336-04785-5

下諏訪温泉

09127 いで湯浴泉記　大石真人著　新ハイキング社　1990.12　316p　19cm　（新ハイキング選書 第11巻）　1700円　①4-915184-12-9

09128 家（うち）もいいけど旅も好き　岸本葉子著　講談社　2002.5　273p　15cm　（講談社文庫）〈河出書房新社1998年刊にエッセイを増補し文庫化〉　495円　①4-06-273429-X

下諏訪町

09129 明治日本印象記―オーストリア人の見た百年前の日本　アドルフ・フィッシャー著, 金森誠也, 安藤勉訳　講談社　2001.12　455p　15cm　（講談社学術文庫）〈「100年前の日本文化」（中央公論社1994年刊）の改題〉　1200円　①4-06-

159524–5
作品 日本の温泉場と天竜下り

下之郷

09130 ショージ君の旅行鞄—東海林さだお自選 東海林さだお著 文芸春秋 2005.2 905p 16cm （文春文庫） 933円 ①4–16–717760–9
作品 松茸山で松茸三昧

下山田温泉〔山田温泉〕

09131 今昔温泉物語 伊豆・箱根、関東篇 山本容朗選, 日本ペンクラブ編 福武書店 1990.7 265p 15cm （福武文庫） 480円 ①4–8288–3148–7
作品 花酔〔中山義秀〕

十石山

09132 海山のあいだ 池内紀著 中央公論新社 2011.3 217p 16cm （中公文庫）〈マガジンハウス 1994年刊, 角川書店 1997年刊あり〉 590円 ①978–4–12–205458–5

常念山脈

09133 新編 単独行 加藤文太郎著 山と溪谷社 2010.11 349p 15cm （ヤマケイ文庫）〈年譜あり 2000年刊の文庫化〉 940円 ①978–4–635–04725–8

常念岳

09134 日本アルプス登攀日記 W.ウェストン著, 三井嘉雄訳 平凡社 1995.2 318p 18cm （東洋文庫） 2781円 ①4–582–80586–8

09135 槍ケ岳黎明—私の大正登山紀行 穂苅三寿雄著 松本 槍ケ岳山荘事務所 2004.11 230p 20cm〈山と溪谷社（発売） 年譜あり〉 1800円 ①4–635–88591–7

09136 日本アルプス—山岳紀行文集 小島烏水著, 近藤信行編 岩波書店 2009.6 444p 15cm （岩波文庫） 900円 ①4–00–311351–9
作品 奥常念岳の絶巓に立つ記

09137 日本近代随筆選 1 出会いの時 千葉俊二, 長谷川郁夫, 宗像和重編 岩波書店 2016.4 339p 15cm （岩波文庫） 810円 ①978–4–00–312031–6
作品 奥常念岳の絶巓に立つ記〔小島烏水〕

常楽寺

09138 街道をゆく 9 信州佐久平みち、潟のみち ほか 新装版 司馬遼太郎著 朝日新聞出版 2008.10 357, 8p 15cm （朝日文庫） 700円 ①978–4–02–264454–1

09139 十一面観音巡礼 愛蔵版 白洲正子著 新潮社 2010.9 317p 22cm〈講談社文芸文庫 1992年刊, 新潮社2002年刊あり〉 3000円 ①978–4–10–310720–0
作品 姨捨山の月

白駒の池

09140 みずうみ紀行 渡辺淳一著 光文社 1988.5 181p 15cm （光文社文庫） 520円 ①4–334–70746–7

09141 日本の名山 12 八ヶ岳 串田孫一, 今井通子, 今福龍太編 博品社 1997.6 269p 19cm〈文献あり〉 1600円 ①4–938706–39–3
作品 緑に抱かれた池 白駒池・雨池紀行〔津島佑子〕

09142 川に遊び 湖をめぐる 千葉七郎ほか著, 作品社編集部編 作品社 1998.4 254p 22cm （新編・日本随筆紀行 大きな活字で読みやすい本—心にふるさとがある 3） ①4–87893–809–9, 4–87893–807–2
作品 白駒池〔田部重治〕

09143 作家の犯行現場 有栖川有栖著 新潮社 2005.2 406p 16cm （新潮文庫）〈メディアファクトリー ダ・ヴィンチ編集部2002年刊あり〉 667円 ①4–10–120434–9
作品 ロスト・イン・ザ・ミスト

白骨温泉

09144 旅は道づれ湯はなさけ 辻真先著 徳間書店 1989.5 348p 15cm （徳間文庫） 580円 ①4–19–568760–8

09145 みなかみ紀行 若山牧水著 中央公論社 1993.5 229p 15cm （中公文庫） 400円 ①4–12–201996–6
作品 白骨温泉

09146 雲は旅人のように—湯の花紀行 池内紀著, 田淵裕一写真 日本交通公社出版事業局 1995.5 284p 19cm 1600円 ①4–533–02163–8
作品 宙を歩く白衣婦人や夏の月

09147 山に親しむ 川端康成ほか著, 作品社編集部編 作品社 1998.4 246p 22cm （新編・日本随筆紀行 大きな活字で読みやすい本—心にふるさとがある 2） ①4–87893–808–0, 4–87893–807–2
作品 白骨温泉〔若山牧水〕

09148 みなかみ紀行 新編 若山牧水著, 池内紀編 岩波書店 2002.3 266p 15cm （岩波文庫） 600円 ①4–00–310522–2
作品 白骨温泉

09149 はじめての山 熊谷榧絵・文 八王子 白山書房 2008.8 219p 19cm 1900円 ①978–4–89475–123–1

09150 山とそば ほしよりこ著 新潮社 2014.8 183p 16cm （新潮文庫）〈2011年刊の文庫化〉 460円 ①978–4–10–126091–4

09151 湯探歩—お気楽極楽ヌルくてユル～い温泉紀行 山崎一夫文, 西原理恵子絵 日本文芸社 2014.12 175p 21cm 1000円 ①978–4–537–26096–0

09152 行列の尻っ尾 木山捷平著 幻戯書房 2016.2 395p 20cm （銀河叢書） 3800円 ①978–4–86488–090–9

進徳館

09153 全国藩校紀行—日本人の精神の原点を訪

ねて　中村彰彦著　PHP研究所　2014.12　314p　15cm　(PHP文庫)〈「捜魂記」(文藝春秋 2004年刊)の改題〉　680円　Ⓘ978-4-569-76280-7

森林鉄道記念館

09154　阿川弘之自選紀行集　阿川弘之著　JTB　2001.12　317p　20cm　2200円　Ⓘ4-533-04030-6
作品 森の宿

須坂市

09155　導かれて、旅　横尾忠則著　文藝春秋　1995.7　286p　16cm　(文春文庫)〈日本交通公社出版事業局 1992年刊の文庫化〉　480円　Ⓘ4-16-729703-5
作品 小布施の北斎曼陀羅

09156　ニッポン周遊記—町の見つけ方・歩き方・つくり方　池内紀著　青土社　2014.7　325p　20cm　2400円　Ⓘ978-4-7917-6777-9

09157　ニッポン旅みやげ　池内紀著　青土社　2015.4　162p　20cm　1800円　Ⓘ978-4-7917-6852-3

09158　来ちゃった　酒井順子文, ほしよりこ画　小学館　2016.3　317p　15cm　(小学館文庫)〈2011年刊の増補〉　620円　Ⓘ978-4-09-406277-9

裾花川

09159　岩魚幻照—大イワナの棲む渓々　植野稔著　山と渓谷社　1993.4　190p　21cm　2000円　Ⓘ4-635-36027-X

須原宿

09160　古道紀行 木曽路　小山和著　(大阪)保育社　1991.8　187p　19cm　1800円　Ⓘ4-586-61301-7

諏訪湖

09161　旅のあとさき　山根基世著　文化出版局　1991.11　221p　19cm　1200円　Ⓘ4-579-30332-6
目次 1 旅のあとさき(旅と演出, 諏訪湖の風, 太宰府の人々, 紅花の人々, 旅、猫に会う ほか), 2 家族猫(猫が好きな理由, 買い猫物語, 鯨みたいな女に, 優しさについて ほか), 3 スイッチ・オン(日本語の味わい, アナウンサーのプロ,『美しい』言葉 ほか)

09162　日本紀行　井上靖著　岩波書店　1993.12　252p　16cm　(同時代ライブラリー)　1000円　Ⓘ4-00-260169-2
作品 早春の甲斐・信濃

09163　日本温泉めぐり　田山花袋著　角川春樹事務所　1997.11　324p　16cm　(ランティエ叢書 8)〈「温泉めぐり」(博文館1991年刊)の改題〉　1000円　Ⓘ4-89456-087-9

09164　川に遊び 湖をめぐる　千葉七郎ほか著, 作品社編集部編　作品社　1998.4　254p　22cm　(新編・日本随筆紀行 大きな活字で読みやすい本—心にふるさとがある 3)　Ⓘ4-87893-809-9, 4-87893-807-2
作品 諏訪湖畔冬の生活〔島木赤彦〕

09165　閑古堂の絵葉書散歩　西編　林丈二著　小学館　1999.5　123p　21cm　(SHOTOR TRAVEL)　1500円　Ⓘ4-09-343139-6
作品 諏訪湖でボート—長野
目次 いまだに五十肩の別所温泉—長野, 諏訪湖でボート—長野, 寝覚の床の床屋へ—長野, 伊勢志摩の夏の日—三重, 京都の鉄柱とココア—京都, 大阪百橋巡り—大阪, 静かな奈良を歩く—奈良, 備前狛犬、道草と出会い—岡山, 尾道今治ルートを行く—広島, 宮崎の牛巡り—宮崎, 長崎の鉄とミルクセーキ—長崎1, ミルクセーキの謎をちょっと噛りに長崎島原へ—長崎2, 鹿児島の西郷さん—鹿児島, 五十肩のパリ—パリ1, 古絵葉書の大博覧会だけが目的のパリ—パリ2

09166　オーケンの散歩マン旅マン　大槻ケンヂ著　新潮社　2003.6　245p　16cm　(新潮文庫)〈初版：学習研究社1999年刊〉　438円　Ⓘ4-10-142925-1

09167　温泉めぐり　田山花袋著　岩波書店　2007.6　379p　15cm　(岩波文庫)　800円　Ⓘ978-4-00-310217-6

諏訪市

09168　信州蕎麦と温泉めぐり　高橋克典編著, 鈴木博撮影　さいたま　幹書房　2007.10　151p　21cm　(蕎麦と温泉シリーズ 2)　1429円　Ⓘ978-4-902615-33-3

09169　「幻の街道」をゆく　七尾和晃著　東海教育研究所　2012.7　193p　19cm〈発売：東海大学出版会〔秦野〕〉　1600円　Ⓘ978-4-486-03744-6

09170　温泉天国　嵐山光三郎, 荒俣宏, 池内紀, 池波正太郎, 井伏鱒二, 植村直己, 岡本かの子, 岡本綺堂, 小川未明, 角田光代, 川端康成, 川本三郎, 北杜夫, 斎藤茂太, 坂口安吾, 高村光太郎, 武田百合子, 太宰治, 田辺聖子, 種村季弘, 田村隆一, 田山花袋, つげ義春, 平林たい子, 松本英子, 村上春樹, 室生犀星, 山下清, 柳美里, 横尾忠則, 吉川英治, 四谷シモン著　河出書房新社　2017.12　237p　19cm　(ごきげん文藝)　1600円　Ⓘ978-4-309-02642-8
作品 村の温泉〔平林たい子〕

諏訪大社

09171　江原啓之 神紀行　5(関東・中部)　江原啓之著　マガジンハウス　2006.12　95p　21cm　(スピリチュアル・サンクチュアリシリーズ)　1048円　Ⓘ4-8387-1624-9

09172　天白紀行　増補改訂版　山田宗睦著　名古屋　人間社　2016.6　284p　15cm　(人間社文庫—日本の古層 1)　800円　Ⓘ978-4-908627-00-2

09173　神社めぐりをしていたらエルサレムに立っていた　鶴田真由著　幻冬舎　2017.6　159p 図版16p　20cm〈文献あり〉　1300円　Ⓘ978-4-344-03125-8
目次 イスラエルへの導き, ヤハウェの子供たちと日本, 類は友を呼び、友は先生を呼ぶ, 壮大な物語を繋ぐ夜, ユダヤの予言, 東の国の六芒星, かごめかごめ, イスラエルへの虹の架け橋, 四次元パーラーでのご縁, 星空とドー

ムハウス〔ほか〕

諏訪地域

09174 日本温泉めぐり 田山花袋著 角川春樹事務所 1997.11 324p 16cm (ランティエ叢書 8)〈「温泉めぐり」(博文館1991年刊)の改題〉 1000円 ①4-89456-087-9

09175 温泉めぐり 田山花袋著 岩波書店 2007.6 379p 15cm (岩波文庫) 800円 ①978-4-00-310217-6

09176 新・古代史謎解き紀行 信越東海編 継体天皇の謎 関裕二著 ポプラ社 2008.11 261p 19cm〈文献あり〉 1300円 ①978-4-591-10611-2

09177 藤原正彦、美子のぶらり歴史散歩 藤原正彦, 藤原美子著 文藝春秋 2014.9 223p 16cm (文春文庫)〈2012年刊の文庫化〉 540円 ①978-4-16-790192-9

09178 野生めぐり―列島神話の源流に触れる12の旅 石倉敏明文, 田附勝写真 京都 淡交社 2015.11 255p 19cm 2000円 ①978-4-473-04045-9

09179 天白紀行 増補改訂版 山田宗睦著 名古屋 人間社 2016.6 284p 15cm (人間社文庫―日本の古層 1) 800円 ①978-4-908627-00-2

仙仁温泉

09180 いで湯浴泉記 大石真人著 新ハイキング社 1990.12 316p 19cm (新ハイキング選書 第11巻) 1700円 ①4-915184-12-9

09181 導かれて、旅 横尾忠則著 文藝春秋 1995.7 286p 16cm (文春文庫)〈日本交通公社出版事業局 1992年刊の文庫化〉 480円 ①4-16-729703-5

作品 小布施の北斎曼陀羅

洗馬駅

09182 文学の中の駅―名作が語る“もうひとつの鉄道史” 原口隆行著 国書刊行会 2006.7 327p 20cm 2000円 ①4-336-04785-5

善光寺

09183 平成お徒歩日記 宮部みゆき著 新潮社 2001.1 275p 15cm (新潮文庫) 476円 ①4-10-136921-6

09184 明治十八年の旅は道連れ 塩谷和子著 源流社 2001.11 376p 20cm 1800円 ①4-7739-0105-5

09185 ひとりたび1年生―2005-2006 たかぎなおこ著 メディアファクトリー 2006.12 144p 21cm 1000円 ①4-8401-1754-3

09186 百寺巡礼 第5巻 関東・信州 五木寛之著 講談社 2009.1 264p 15cm (講談社文庫)〈文献あり 2004年刊の文庫化〉 562円 ①978-4-06-276262-5

09187 マンボウ最後の家族旅行 北杜夫著 実業之日本社 2014.10 253p 16cm (実業之日本社文庫)〈2012年刊の増補〉 574円 ①978-4-408-55189-0

09188 日本ザンテイ世界遺産に行ってみた。 宮田珠己著 京都 淡交社 2015.7 214p 19cm 1600円 ①978-4-473-04029-9

09189 爺は旅で若返る 吉川潮, 島敏光著 牧野出版 2017.7 253p 19cm 1600円 ①978-4-89500-215-8

袖沢川

09190 旅愁の川―渓流釣り紀行ベストセレクション 根深誠著 つり人社 2000.6 236p 21cm 1500円 ①4-88536-439-6

大正池

09191 原風景のなかへ 安野光雅著 山川出版社 2013.7 215p 20cm 1600円 ①978-4-634-15044-7

大法寺

09192 十一面観音巡礼 愛蔵版 白洲正子著 新潮社 2010.9 317p 22cm〈講談社文芸文庫 1992年刊, 新潮社2002年刊あり〉 3000円 ①978-4-10-310720-0

作品 姨捨山の月

高遠城

09193 日本名城紀行 3 中部・北陸 戦国武将の堅城 小学館 1989.5 293p 15cm〈『探訪日本の城』シリーズ4 中山道・5北陸道より再録〉 600円 ①4-09-401203-6

高峰温泉

09194 いで湯浴泉記 大石真人著 新ハイキング社 1990.12 316p 19cm (新ハイキング選書 第11巻) 1700円 ①4-915184-12-9

滝温泉

09195 温泉百話―西の旅 種村季弘, 池内紀編 筑摩書房 1988.2 471p 15cm (ちくま文庫) 680円 ①4-480-02201-5

作品 八ヶ岳不登記 抄〔中里介山〕

武石峠

09196 山の旅 大正・昭和篇 近藤信行編 岩波書店 2003.11 457p 15cm (岩波文庫) 700円 ①4-00-311701-8

田沢温泉

09197 温泉百話―西の旅 種村季弘, 池内紀編 筑摩書房 1988.2 471p 15cm (ちくま文庫) 680円 ①4-480-02201-5

作品 山の温泉〔島崎藤村〕

09198 旅は道づれ湯はなさけ 辻真先著 徳間書店 1989.5 348p 15cm (徳間文庫) 580円 ①4-19-568760-8

09199 温泉旅日記 池内紀著 徳間書店 1996.9 277p 15cm (徳間文庫)〈河出書房新社1988年刊あり〉 540円 ①4-19-890559-2

辰野駅

09200 鉄道の旅 西日本編 真島満秀写真・文 小学館 2008.4 207p 27cm 2600円 ①978-4-09-395502-7

蓼科高原

09201 紀行文集 無明一杖 上甲平谷著 谷沢書房 1988.7 339p 19cm 2500円
作品 高原

09202 スローな旅で行こう―シェルパ斉藤の週末ニッポン再発見 斉藤政喜著 小学館 2004.10 255p 19cm (Dime books) 1200円 ①4-09-366068-9

蓼科山

09203 日本の名山 12 八ヶ岳 串田孫一, 今井通子, 今福龍太編 博品社 1997.6 269p 19cm〈文献あり〉 1600円 ①4-938706-39-3
作品 蓼科山〔平福百穂〕

09204 百霊峰巡礼 第2集 立松和平著 東京新聞出版局 2008.4 307p 20cm 1800円 ①978-4-8083-0893-3

小県郡

09205 天白紀行 増補改訂版 山田宗睦著 名古屋 人間社 2016.6 284p 15cm (人間社文庫―日本の古層 1) 800円 ①978-4-908627-00-2

千曲川

09206 川を下って都会の中へ―こぎおろしエッセイ 野田知佑著 小学館 1988.10 237p 20cm (Be-pal books)〈著者の肖像あり〉 1200円 ①4-09-366322-X

09207 のんびり行こうぜ―こぎおろしエッセイ 野田知佑著 新潮社 1990.2 253p 15cm (新潮文庫) 360円 ①4-1-0141003-8

09208 ふるさとの風の中には―詩人の風景を歩く 俵万智著, 内山英明写真 河出書房新社 1992.11 125p 20×18cm 1500円 ①4-309-00796-1

09209 快速特急記者の旅―レイルウェイ・ライターの本 種村直樹著 日本交通公社出版事業局 1993.5 334p 19cm 1400円 ①4-533-01973-0

09210 みなかみ紀行 若山牧水著 中央公論社 1993.5 229p 15cm (中公文庫) 400円 ①4-12-201996-6
作品 みなかみ紀行

09211 川からの眺め 野田知佑著 新潮社 1995.10 188p 15cm (新潮文庫)〈ブロンズ新社1992年刊あり〉 360円 ①4-10-141008-9

09212 ふわふわワウワウ―唄とカメラと時刻表 みなみらんぼう著 旅行読売出版社 1996.7 207p 19cm 1100円 ①4-89752-601-9
作品 小諸から千曲川を遡る

09213 サラリーマン転覆隊が行く! 上巻 本田亮著 フレーベル館 1997.4 315p 20cm 1600円 ①4-577-70120-0

09214 新・千曲川のスケッチ 井出孫六著 松本 郷土出版社 2002.1 174p 20cm 1600円 ①4-87663-556-0

09215 みなかみ紀行 新編 若山牧水著, 池内紀編 岩波書店 2002.3 266p 15cm (岩波文庫) 600円 ①4-00-310522-2
作品 みなかみ紀行

09216 カワムツの朝、テナガエビの夜―こぎおろしエッセイ 野田知佑著 小学館 2003.10 262p 20cm 1200円 ①4-09-366330-0
目次 第1章 雨を待つ日々(消波ブロック, ドンコの骨焼酎 ほか), 第2章 黄金の誘惑(野点, エグ川 ほか), 第3章 ふるさとの匂い(カマツカ踏み, 冬の荒海 ほか), 第4章 月明かりの河原(無人の山, 秘密の川 ほか), 第5章 趣味的な人生(エビ玉, 終の住みか)

09217 ツーリング・ライフ―自由に、そして孤独に 新装増補版 斎藤純著 春秋社 2004.3 274p 20cm〈2001年刊の新装増補〉 1800円 ①4-393-43624-5
作品 信濃川のスケッチ―千曲川沿いの旅

09218 佐久・軽井沢 六川宗弘, 杉村修一編 長野 一草舎出版 2009.9 301p 21cm (著名人がつづった名随筆・名紀行集 2)〈シリーズの監修者:長野県国語国文学会〉 2286円 ①978-4-902842-64-7
作品 千曲河畔の七年〔瀬沼茂樹〕

千曲市

09219 旅は人生―日本人の風景を歩く 森本哲郎著 PHP研究所 2006.12 372p 15cm (PHP文庫)〈「旅の半空」(新潮社1997年刊)の改題〉 648円 ①4-569-66745-7

智識寺

09220 十一面観音巡礼 愛蔵版 白洲正子著 新潮社 2010.9 317p 22cm〈講談社文芸文庫1992年刊, 新潮社2002年刊あり〉 3000円 ①978-4-10-310720-0
作品 姨捨山の月

茅野市

09221 バス旅 春夏秋冬 種村直樹著 中央書院 1997.3 285p 19cm 1700円 ①4-88732-031-0

09222 信州蕎麦と温泉めぐり 高橋克典編著, 鈴木博撮影 さいたま 幹書房 2007.10 151p 21cm (蕎麦と温泉シリーズ 2) 1429円 ①978-4-902615-33-3

中禅寺 薬師堂

09223 十一面観音巡礼 愛蔵版 白洲正子著 新潮社 2010.9 317p 22cm〈講談社文芸文庫1992年刊, 新潮社2002年刊あり〉 3000円 ①978-4-10-310720-0
作品 姨捨山の月

蝶ヶ岳

09224 槍ケ岳黎明―私の大正登山紀行 穂苅三

寿雄著　松本　槍ケ岳山荘事務所　2004.11　230p　20cm〈山と渓谷社（発売）　年譜あり〉　1800円　①4-635-88591-7

09225　ひとつとなりの山　池内紀著　光文社　2008.10　269p　18cm　（光文社新書）　800円　①978-4-334-03476-4

09226　大峰を巡る　熊谷榧絵と文　八王子　白山書房　2011.3　197p　19cm　1900円　①978-4-89475-146-0

杖突峠

09227　山の名作読み歩き―読んで味わう山の楽しみ　大森久雄編　山と渓谷社　2014.11　301p　18cm　（ヤマケイ新書）　880円　①978-4-635-51002-8

作品　杖突峠〔尾崎喜八〕

燕岳

09228　日本アルプス登攀日記　W.ウェストン著, 三井嘉雄訳　平凡社　1995.2　318p　18cm　（東洋文庫）　2781円　①4-582-80586-8

09229　槍ケ岳黎明―私の大正登山紀行　穂苅三寿雄著　松本　槍ケ岳山荘事務所　2004.11　230p　20cm〈山と渓谷社（発売）　年譜あり〉　1800円　①4-635-88591-7

09230　山のぼりおり　石田千著　山と渓谷社　2008.4　149p 図版16枚　20cm　1800円　①978-4-635-17174-8

09231　ひとつとなりの山　池内紀著　光文社　2008.10　269p　18cm　（光文社新書）　800円　①978-4-334-03476-4

09232　山なんて嫌いだった　市毛良枝著　山と渓谷社　2012.2　286p　15cm　（ヤマケイ文庫）　880円　①978-4-635-04739-5

09233　むかしの山旅　今福龍太編　河出書房新社　2012.4　304p　15cm　（河出文庫）　760円　①978-4-309-41144-6

作品　日本高嶺の堂〔大町桂月〕

妻籠宿

09234　紀行文集 無明一杖　上甲平谷著　谷沢書房　1988.7　339p　19cm　2500円

作品　木曽路

09235　古道紀行 木曽路　小山和著　（大阪）保育社　1991.8　187p　19cm　1800円　①4-586-61301-7

09236　ふれあいの旅紀行　新田健次著　東京新聞出版局　1992.5　203p　19cm　1300円　①4-8083-0437-6

09237　名探偵浅見光彦のニッポン不思議紀行　内田康夫著　集英社　2006.2　270p　16cm　（集英社文庫）〈学習研究社2001年刊あり〉　600円　①4-08-746013-4

09238　文豪、偉人の「愛」をたどる旅　黛まどか著　集英社　2009.8　255p　18cm　1048円　①978-4-08-781427-9

09239　木犀！　日本紀行　セース・ノーテボーム著, 松永美穂訳, セース・ノーテボーム著, 松永美穂訳　論創社　2010.8　187p　20cm　1800円　①978-4-8460-1047-8

作品　日本紀行―冷たい山

目次　木犀！―ある恋の話, 日本紀行（北のアトリエ、パリの北斎,「女護の嶋」の幻影, 冷たい山, 随筆）

典厩寺

09240　今昔温泉物語　伊豆・箱根、関東篇　山本容朗選, 日本ペンクラブ編　福武書店　1990.7　265p　15cm　（福武文庫）　480円　①4-8288-3148-7

作品　花酔〔中山義秀〕

天狗岳

09241　山のぼりおり　石田千著　山と渓谷社　2008.4　149p 図版16枚　20cm　1800円　①978-4-635-17174-8

遠山郷

09242　いつか旅するひとへ　勝谷誠彦著　潮出版社　1998.8　234p　20cm　1200円　①4-267-01499-X

09243　妣（はは）の国への旅―私の履歴書　谷川健一著　日本経済新聞出版社　2009.1　309p　20cm　2600円　①978-4-532-16680-9

戸隠

09244　斑猫の宿　奥本大三郎著　中央公論新社　2011.11　305p　16cm　（中公文庫）〈JTB2001年刊あり〉　705円　①978-4-12-205565-0

09245　紀行とエッセーで読む 作家の山旅　山と渓谷社編　山と渓谷社　2017.3　357p　15cm　（ヤマケイ文庫）　930円　①978-4-635-04828-6

作品　戸隠〔佐藤春夫〕　戸隠姫/戸隠びと〔津村信夫〕

戸隠神社

09246　江原啓之 神紀行　5（関東・中部）　江原啓之著　マガジンハウス　2006.12　95p　21cm　（スピリチュアル・サンクチュアリシリーズ）　1048円　①4-8387-1624-9

戸隠山

09247　明治紀行文學集　筑摩書房　2013.1　410p　21cm　（明治文學全集 94）　7500円　①978-4-480-10394-9

作品　戸隠山紀行〔山田美妙〕

09248　紀行とエッセーで読む 作家の山旅　山と渓谷社編　山と渓谷社　2017.3　357p　15cm　（ヤマケイ文庫）　930円　①978-4-635-04828-6

作品　戸隠山〔林芙美子〕

尖石遺跡

09249　日本の風景を歩く―歴史・人・風土　井出孫六著　大修館書店　1992.11　19cm

09250　導かれて、旅　横尾忠則著　文藝春秋　1995.7　286p　16cm　（文春文庫）〈日本交通公社出版事業局 1992年刊の文庫化〉　480円　①4-16-729703-5

作品 縄文の魅力を探る

徳本峠

09251 日本の名山 10 穂高岳 串田孫一, 今井通子, 今福龍太編 博品社 1997.5 268p 19cm〈年表あり 文献あり〉 1600円 ①4-938706-38-5

作品 徳本峠〔秋谷豊〕

09252 行き暮れて、山。 正津勉著 アーツアンドクラフツ 2006.6 203p 19cm 1900円 ①4-901592-33-5

09253 山・音・色 KIKI, 野川かさね著 山と溪谷社 2012.7 159p 20cm 1500円 ①978-4-635-77014-9

09254 紀行とエッセーで読む 作家の山旅 山と溪谷社編 山と溪谷社 2017.3 357p 15cm （ヤマケイ文庫） 930円 ①978-4-635-04828-6

作品 穂高岳〔幸田露伴〕

戸倉

09255 今昔温泉物語 伊豆・箱根、関東篇 山本容朗選, 日本ペンクラブ編 福武書店 1990.7 265p 15cm （福武文庫） 480円 ①4-8288-3148-7

作品 花酔〔中山義秀〕

戸倉上山田温泉

09256 温泉百話―西の旅 種村季弘, 池内紀編 筑摩書房 1988.2 471p 15cm （ちくま文庫） 680円 ①4-480-02201-5

作品 信濃日記（抄）〔有島武郎〕

独鈷山

09257 ひとつとなりの山 池内紀著 光文社 2008.10 269p 18cm （光文社新書） 800円 ①978-4-334-03476-4

扉温泉

09258 秘湯を求めて 1 はじめての秘湯 藤嶽彰英著 （大阪）保育社 1989.11 194p 19cm 1350円 ①4-586-61101-4

鳥甲山

09259 山で見た夢―ある山岳雑誌編集者の記憶 勝峰富雄著 みすず書房 2010.5 285p 20cm 2600円 ①978-4-622-07542-4

中棚温泉

09260 温泉旅行記 嵐山光三郎著 筑摩書房 2000.12 315p 15cm （ちくま文庫）〈初版：JTB1997年刊〉 760円 ①4-480-03589-3

長野市

09261 日本旅行日記 2 アーネスト・メイスン・サトウ著, 庄田元男訳 平凡社 1992.6 334p 18cm （東洋文庫） 2884円 ①4-582-80550-7

作品 伊勢・紀和・京阪に歴史をたずねる

09262 信州蕎麦と温泉めぐり 高橋克典編著, 鈴木博撮影 さいたま 幹書房 2007.10 151p 21cm （蕎麦と温泉シリーズ 2） 1429円 ①978-4-902615-33-3

09263 日本辺境ふーらり紀行 鈴木喜一著, アユミギャラリー悠風舎編 秋山書店 2007.12 199p 19cm 1700円 ①978-4-87023-621-9

09264 にっぽん全国 百年食堂 椎名誠著 講談社 2013.1 222p 19cm 1400円 ①978-4-06-217814-3

09265 漂う―古い土地 新しい場所 黒井千次著 毎日新聞社 2013.8 175p 20cm 1600円 ①978-4-620-32221-6

長野電鉄

09266 にっぽんローカル鉄道の旅 野田隆著 平凡社 2005.10 210p 18cm （平凡社新書） 780円 ①4-582-85292-0

長野電鉄長野線

09267 日本の鉄道各駅停車の旅 原口隆行著 ダイヤモンド社 2004.5 158p 21cm 1500円 ①4-478-96088-7

中の湯温泉

09268 湯探歩―お気楽極楽ヌルくてユル～い温泉紀行 山崎一夫文, 西原理恵子絵 日本文芸社 2014.12 175p 21cm 1000円 ①978-4-537-26096-0

中房温泉

09269 紀行文集 無明一杖 上甲平谷著 谷沢書房 1988.7 339p 19cm 2500円

作品 アルプス銀座漫歩

09270 むかしの山旅 今福龍太編 河出書房新社 2012.4 304p 15cm （河出文庫） 760円 ①978-4-309-41144-6

作品 日本高嶺の堂〔大町桂月〕

南木曽町

09271 ニッポン・あっちこっち 安西水丸著 家の光協会 1999.11 205p 17cm 1800円 ①4-259-54570-1

奈良井宿

09272 ガラメキ温泉探険記 池内紀著 リクルート出版 1990.10 203p 19cm 1165円 ①4-88991-196-0

作品 木曽きまぐれ気まま旅

09273 古道紀行 木曽路 小山和著 （大阪）保育社 1991.8 187p 19cm 1800円 ①4-586-61301-7

09274 ふれあいの旅紀行 新田健次著 東京新聞出版局 1992.5 203p 19cm 1300円 ①4-8083-0437-6

09275 秀吉はいつ知ったか―山田風太郎エッセイ集成 山田風太郎著 筑摩書房 2008.9 302p 20cm 1900円 ①978-4-480-81493-7

09276 ぼくは旅にでた―または、行きてかえりし物語 増補・新装版 杉山亮著 径書房

2013.5　237p　19cm〈1993年刊の増補・新装版〉　1500円　①978-4-7705-0215-5

楢川

09277　ニッポン・あっちこっち　安西水丸著　家の光協会　1999.11　205p　17cm　1800円　①4-259-54570-1

09278　一竿釣談　小田淳編著　叢文社　2014.11　212p　20cm　1500円　①978-4-7947-0733-8

新野

09279　妣（はは）の国への旅―私の履歴書　谷川健一著　日本経済新聞出版社　2009.1　309p　20cm　2600円　①978-4-532-16680-9

09280　伊那路　腰原智達編　長野　一草舎出版　2009.11　303p　21cm　（著名人がつづった名随筆・名紀行集 3）〈シリーズの監修者：長野県国語国文学会〉　2286円　①978-4-902842-65-4

作品　新野で踊った盆踊り〔佐々木基一〕

贄川関

09281　古道紀行 木曽路　小山和著　（大阪）保育社　1991.8　187p　19cm　1800円　①4-586-61301-7

09282　大河紀行荒川―秩父山地から東京湾まで　伊佐九三四郎著　八王子　白山書房　2012.11　218p　22cm〈文献あり〉　2000円　①978-4-89475-158-3

濁川

09283　岩魚幻照―大イワナの棲む渓々　植野稔著　山と渓谷社　1993.4　190p　21cm　2000円　①4-635-36027-X

濁沢

09284　日本アルプス縦走記　窪田空穂著　雁書館　1995.7　137p　19cm　1400円

入笠山

09285　山の旅　大正・昭和篇　近藤信行編　岩波書店　2003.11　457p　15cm　（岩波文庫）　700円　①4-00-311701-8

寝覚の床

09286　閑古堂の絵葉書散歩　西編　林丈二著　小学館　1999.5　123p　21cm　（SHOTOR TRAVEL）　1500円　①4-09-343139-6

作品　寝覚の床の床屋へ―長野

野沢温泉

09287　旅は道づれ湯はなさけ　辻真先著　徳間書店　1989.5　348p　15cm　（徳間文庫）　580円　①4-19-568760-8

09288　いで湯浴泉記　大石真人著　新ハイキング社　1990.12　316p　19cm　（新ハイキング選書 第11巻）　1700円　①4-915184-12-9

09289　泊酒喝采―美味、美酒、佳宿、掘り出し旅行記　柏井寿著　大阪　朱鷺書房　1992.1　209p　18cm　1000円　①4-88602-904-3

野尻湖

09290　日本温泉めぐり　田山花袋著　角川春樹事務所　1997.11　324p　16cm　（ランティエ叢書 8）〈「温泉めぐり」（博文館1991年刊）の改題〉　1000円　①4-89456-087-9

09291　温泉めぐり　田山花袋著　岩波書店　2007.6　379p　15cm　（岩波文庫）　800円　①978-4-00-310217-6

09292　本は旅をつれて―旅本コンシェルジュの旅行記　森本剛史著　彩流社　2015.1　239p　19cm〈著作目録あり 年譜あり〉　2000円　①978-4-7791-2067-1

野辺山駅

09293　文学の中の駅―名作が語る“もうひとつの鉄道史”　原口隆行著　国書刊行会　2006.7　327p　20cm　2000円　①4-336-04785-5

乗鞍高原

09294　わたしの旅人生「最終章」　渡辺文雄著　アートデイズ　2005.2　267p　20cm〈肖像あり〉　1600円　①4-86119-033-9

作品「おやき」

09295　原風景のなかへ　安野光雅著　山川出版社　2013.7　215p　20cm　1600円　①978-4-634-15044-7

乗鞍高原温泉

09296　秘湯を求めて　1　はじめての秘湯　藤嶽彰英著　（大阪）保育社　1989.11　194p　19cm　1350円　①4-586-61101-4

09297　人情温泉紀行―演歌歌手・鏡五郎が訪ねた全国の名湯47選　鏡五郎著　マガジンランド　2008.5　235p　19cm〈年譜あり〉　1238円　①978-4-944101-37-5

白馬八方尾根

09298　晴れのち曇り 曇りのち晴れ　熊谷榧絵と文　八王子　白山書房　2010.2　296p　19cm　（〔榧・画文集 0〕）〈皆美社1970年刊の再版　平凡社2001年刊あり〉　1900円　①978-4-89475-139-2

09299　紀行とエッセーで読む 作家の山旅　山と溪谷社編　山と溪谷社　2017.3　357p　15cm　（ヤマケイ文庫）　930円　①978-4-635-04828-6

作品　残雪（抄）〔水原秋桜子〕

白馬村

09300　耕うん機オンザロード　斉藤政喜著　小学館　2001.8　333p　19cm　（BE-PAL BOOKS）　1200円　①4-09-366065-4

09301　アタシはバイクで旅に出る。―お湯・酒・鉄馬三拍子紀行　3　国井律子著　枻出版社　2003.12　185p　15cm　（枻文庫）　650円　①4-87099-980-3

09302　ショージ君の旅行鞄―東海林さだお自選　東海林さだお著　文芸春秋　2005.2　905p

中部

16cm （文春文庫） 933円 ①4-16-717760-9
作品 ゴキブリたちの夜

09303 名探偵浅見光彦の食いしん坊紀行 内田康夫著 実業之日本社 2010.10 257p 16cm （実業之日本社文庫）〈2000年刊の再編集〉 724円 ①978-4-408-55000-8

09304 斑猫の宿 奥本大三郎著 中央公論新社 2011.11 305p 16cm （中公文庫）〈JTB2001年刊あり〉 705円 ①978-4-12-205565-0

白馬鑓温泉

09305 遙かなる秘湯をゆく 桂博史著 主婦と生活社 1990.3 222p 19cm 980円 ①4-391-11232-9

09306 日本の名山 6 白馬岳 串田孫一，今井通子，今福龍太編 博品社 1997.7 258p 19cm〈年表あり 文献あり〉 1600円 ①4-938706-40-7
作品 白馬鑓温泉〔大崎紀夫〕

鼻曲山

09307 海山のあいだ 池内紀著 中央公論新社 2011.3 217p 16cm （中公文庫）〈マガジンハウス 1994年刊，角川書店 1997年刊あり〉 590円 ①978-4-12-205458-5

針ノ木岳

09308 秘境ごくらく日記―辺境中毒オヤジの冒険指南 敷島悦朗著 JTB 2003.1 230p 19cm 1700円 ①4-533-04569-3

東天井岳

09309 むかしの山旅 今福龍太編 河出書房新社 2012.4 304p 15cm （河出文庫） 760円 ①978-4-309-41144-6
作品 日本高嶺の堂〔大町桂月〕

菱野温泉

09310 いで湯浴泉記 大石真人著 新ハイキング社 1990.12 316p 19cm （新ハイキング選書 第11巻） 1700円 ①4-915184-12-9

09311 温泉旅行記 嵐山光三郎著 筑摩書房 2000.12 315p 15cm （ちくま文庫）〈初版：JTB1997年刊〉 760円 ①4-480-03589-3

日出塩駅

09312 日本縦断朝やけ乗り継ぎ列車―「夜明」発「日ノ出」ゆき7泊8日5200キロ 種村直樹著 徳間書店 1998.10 245p 19cm 1400円 ①4-19-860924-1

琵琶島〔弁天島〕

09313 1泊2日の小島旅 カベルナリア吉田文・写真 阪急コミュニケーションズ 2009.4 199p 19cm 1600円 ①978-4-484-09207-2

福島宿

09314 古道紀行 木曽路 小山和著 （大阪）保育社 1991.8 187p 19cm 1800円 ①4-586-61301-7

富士見駅

09315 文学の中の駅―名作が語る“もうひとつの鉄道史” 原口隆行著 国書刊行会 2006.7 327p 20cm 2000円 ①4-336-04785-5

富士見高原

09316 北八ッ彷徨―随想八ヶ岳 山口耀久著 平凡社 2008.3 284p 16cm （平凡社ライブラリー）〈肖像あり〉 1300円 ①978-4-582-76637-0

富士見町

09317 ぼくは旅にでた―または、行きてかえりし物語 増補・新装版 杉山亮著 径書房 2013.5 237p 19cm〈1993年刊の増補・新装版〉 1500円 ①978-4-7705-0215-5

奉納温泉

09318 秘湯を求めて 2 ないしょの秘湯 藤嶽彰英著 （大阪）保育社 1989.12 185p 19cm 1350円 ①4-586-61102-2

09319 誰も行けない温泉 前人未（湯） 大原利雄著 小学館 2004.1 169p 15cm （小学館文庫） 733円 ①4-09-411526-9

文武学校

09320 全国藩校紀行―日本人の精神の原点を訪ねて 中村彰彦著 PHP研究所 2014.12 314p 15cm （PHP文庫）〈「捜魂記」（文藝春秋 2004年刊）の改題〉 680円 ①978-4-569-76280-7

別所温泉

09321 温泉百話―西の旅 種村季弘，池内紀編 筑摩書房 1988.2 471p 15cm （ちくま文庫） 680円 ①4-480-02201-5
作品 信濃日記（抄）〔有島武郎〕

09322 閑古堂の絵葉書散歩 西編 林丈二著 小学館 1999.5 123p 21cm （SHOTOR TRAVEL） 1500円 ①4-09-343139-6
作品 いまだに五十肩の別所温泉―長野

09323 十一面観音巡礼 愛蔵版 白洲正子著 新潮社 2010.9 317p 22cm〈講談社文芸文庫 1992年刊，新潮社2002年刊あり〉 3000円 ①978-4-10-310720-0
作品 姨捨山の月

09324 池波正太郎を歩く 須藤靖貴著 講談社 2012.9 326p 15cm （講談社文庫）〈毎日新聞社 2009年刊の加筆・修正〉 648円 ①978-4-06-277363-8

法蔵寺

09325 猫めぐり日本列島 中田謹介著 筑波書房 2005.4 172p 21cm 2200円 ①4-8119-0281-5

発哺温泉

09326 温泉百話―西の旅 種村季弘，池内紀編 筑摩書房 1988.2 471p 15cm （ちくま文庫）

680円 Ⓘ4-480-02201-5
作品 続山峡小記〔斎藤茂吉〕

09327 海山のあいだ 池内紀著 中央公論新社 2011.3 217p 16cm (中公文庫)〈マガジンハウス 1994年刊, 角川書店 1997年刊あり〉 590円 Ⓘ978-4-12-205458-5
作品 風景読本―峠越え

09328 山の名作読み歩き―読んで味わう山の楽しみ 大森久雄編 山と溪谷社 2014.11 301p 18cm (ヤマケイ新書) 880円 Ⓘ978-4-635-51002-8
作品 発哺温泉にて〈抜粋〉〔三好達治〕

本沢温泉

09329 秘湯を求めて 3 きわめつけの秘湯 藤嶽彰英著 (大阪)保育社 1990.1 194p 19cm 1350円 Ⓘ4-586-61103-0

09330 遙かなる秘湯をゆく 桂博史著 主婦と生活社 1990.3 222p 19cm 980円 Ⓘ4-391-11232-9

舞田

09331 十一面観音巡礼 愛蔵版 白洲正子著 新潮社 2010.9 317p 22cm〈講談社文芸文庫 1992年刊, 新潮社2002年刊あり〉 3000円 Ⓘ978-4-10-310720-0
作品 姨捨山の月

前穂高岳

09332 日本の名山 10 穂高岳 串田孫一, 今井通子, 今福龍太編 博品社 1997.5 268p 19cm〈年表あり 文献あり〉 1600円 Ⓘ4-938706-38-5
作品 四峰に挑む 前穂高北尾根四峰、奥又白側初登攀記録〔川森左智子〕

09333 鈴木みきの山の足あと 鈴木みき著 山と溪谷社 2013.6 127p 21cm 1200円 Ⓘ978-4-635-33058-9

馬曲温泉

09334 秘湯を求めて 1 はじめての秘湯 藤嶽彰英著 (大阪)保育社 1989.11 194p 19cm 1350円 Ⓘ4-586-61101-4

松代町

09335 池波正太郎を歩く 須藤靖貴著 講談社 2012.9 326p 15cm (講談社文庫)〈毎日新聞社 2009年刊の加筆・修正〉 648円 Ⓘ978-4-06-277363-8

松本市

09336 黄昏のムービー・パレス 村松友視著, 横山良一写真 平凡社 1989.7 218p 19cm 1240円 Ⓘ4-582-28215-6

09337 エンピツ絵描きの一人旅 安西水丸著 新潮社 1991.10 213p 19cm 1300円 Ⓘ4-10-373602-X

09338 日本旅行日記 2 アーネスト・メイスン・サトウ著, 庄田元男訳 平凡社 1992.6 334p 18cm (東洋文庫) 2884円 Ⓘ4-582-80550-7
作品 伊勢・紀和・京阪に歴史をたずねる

09339 たびたびの旅 安西水丸著 フレーベル館 1998.10 19cm

09340 染めと織りと祈り 立松和平著 アスペクト 2000.3 261p 21cm 2200円 Ⓘ4-7572-0705-0

09341 耕うん機オンザロード 斉藤政喜著 小学館 2001.8 333p 19cm (BE-PAL BOOKS) 1200円 Ⓘ4-09-366065-4

09342 バーナード・リーチ日本絵日記 バーナード・リーチ著, 柳宗悦訳, 水尾比呂志補訳 講談社 2002.10 354p 15cm (講談社学術文庫)〈肖像あり 年譜あり〉 Ⓘ4-06-159569-5

09343 犬連れバックパッカー 斉藤政喜著 新潮社 2004.7 316p 16cm (新潮文庫)〈小学館1998年刊の増補〉 514円 Ⓘ4-10-100421-8

09344 「極み」のひとり旅 柏井壽著 光文社 2004.9 318p 18cm (光文社新書) 780円 Ⓘ4-334-03270-2

09345 信州蕎麦と温泉めぐり 高橋克典編著, 鈴木博撮影 さいたま 幹書房 2007.10 151p 21cm (蕎麦と温泉シリーズ 2) 1429円 Ⓘ978-4-902615-33-3

09346 ぶらぶらヂンヂン古書の旅 北尾トロ著 文藝春秋 2009.6 239p 16cm (文春文庫)〈風塵社2007年刊の増補〉 590円 Ⓘ978-4-16-775383-2

09347 名探偵浅見光彦の食いしん坊紀行 内田康夫著 実業之日本社 2010.10 257p 16cm (実業之日本社文庫)〈2000年刊の再編集〉 724円 Ⓘ978-4-408-55000-8

09348 人と森の物語―日本人と都市林 池内紀著 集英社 2011.7 216p 18cm (集英社新書)〈文献あり〉 740円 Ⓘ978-4-08-720599-2

09349 徒歩旅行―今日読んで明日旅する12の町 若菜晃子編著 暮しの手帖社 2011.9 136p 28cm (暮しの手帖別冊) 762円

09350 極みのローカルグルメ旅 柏井壽著 光文社 2012.2 301p 18cm (光文社新書) 840円 Ⓘ978-4-334-03671-3

09351 ぼくは旅にでた―または、行きてかえりし物語 増補・新装版 杉山亮著 径書房 2013.5 237p 19cm〈1993年刊の増補・新装版〉 1500円 Ⓘ978-4-7705-0215-5

09352 山とそば ほしよりこ著 新潮社 2014.8 183p 16cm (新潮文庫)〈2011年刊の文庫化〉 460円 Ⓘ978-4-10-126091-4

09353 黒田知永子 大人のための小さな旅―日本のいいとこ見つけた 黒田知永子著 集英社 2014.9 159p 21cm 1600円 Ⓘ978-4-08-780732-5

09354 ふらり旅 いい酒 いい肴 1 太田和彦著 主婦の友社 2015.1 135p 21cm 1400円 Ⓘ978-4-07-299000-1

09355 アゴの竹輪とドイツビール―ニッポンぶらり旅 太田和彦著 集英社 2015.7 259p

16cm （集英社文庫）〈「太田和彦のニッポンぶらり旅 2」（毎日新聞社 2013年刊）の改題〉 600円 ①978-4-08-745342-3

松本城

09356 日本名城紀行 3 中部・北陸 戦国武将の堅城 小学館 1989.5 293p 15cm〈『探訪日本の城』シリーズ4 中山道・5北陸道より再録〉 600円 ①4-09-401203-6

09357 ふれあいの旅紀行 新田健次著 東京新聞出版局 1992.5 203p 19cm 1300円 ①4-8083-0437-6

09358 三津五郎 城めぐり 坂東三津五郎著 三月書房 2010.11 117p 22cm 2200円 ①978-4-7826-0211-9

09359 「現存」12天守めぐりの旅―歴史ある国宝・重文のお城をたずねる 萩原さちこ著 学研パブリッシング 2014.5 183p 21cm〈文献あり 発売 学研マーケティング〉 1300円 ①978-4-05-800268-1

09360 豪州人歴史愛好家、名城を行く クリス・グレン著 宝島社 2015.3 254p 19cm〈文献あり〉 1400円 ①978-4-8002-3702-6

目次 第1章 ボクの前世は日本人に違いない！（おじいちゃんに教えられた夢の国, 甲冑が好きすぎて本物をつくっちゃった！, ここが好きだよ日本人！ ほか）, 第2章 豪州人歴史愛好家、名城を行く（まさにワールドクラスの美しさ！ 日本のアイコン「姫路城」, 南アルプスにそびえる黒壁の城！「松本城」, つい最近まで個人所有の城だった！ 国宝「犬山城」 ほか）, 第3章 外国人が見た戦国時代（どうして戦国時代が魅力的なのか, ボクの愛する戦国武将たち, 日本の歴史と文化に触れ合おう）

09361 日本ザンテイ世界遺産に行ってみた。 宮田珠己著 京都 淡交社 2015.7 214p 19cm 1600円 ①978-4-473-04029-9

松本電気鉄道

09362 駅の旅 その1 種村直樹著 自由国民社 1999.5 306p 19cm 1600円 ①4-426-87901-9

目次 雪の奥飛騨信越気まぐれ列車（「レール＆レンタカーきっぷ」で出発, 平湯のバスターミナル内温泉にざぶり, 二階建てゴンドラで零下15度の世界へ, 松本電鉄に高齢駅舎と最古の“電車” ほか）, 駅の旅（東西南北端の駅, 高い駅・低い駅, 名前の短い駅・長～い駅, “温泉駅”で遊ぶ ほか）

松本盆地

09363 天白紀行 増補改訂版 山田宗睦著 名古屋 人間社 2016.6 284p 15cm （人間社文庫―日本の古層 1） 800円 ①978-4-908627-00-2

水ノ塔山

09364 ひとつとなりの山 池内紀著 光文社 2008.10 259p 18cm （光文社新書） 800円 ①978-4-334-03476-4

三岳

09365 古道紀行 木曽路 小山和著 （大阪）保育社 1991.8 187p 19cm 1800円 ①4-586-61301-7

三留野宿

09366 古道紀行 木曽路 小山和著 （大阪）保育社 1991.8 187p 19cm 1800円 ①4-586-61301-7

南駒ヶ岳

09367 初めての山へ六〇年後に 本多勝一著 山と溪谷社 2009.11 221p 22cm 2000円 ①978-4-635-33044-2

宮ノ越宿

09368 古道紀行 木曽路 小山和著 （大阪）保育社 1991.8 187p 19cm 1800円 ①4-586-61301-7

明神池

09369 川に遊び 湖をめぐる 千葉七郎ほか著, 作品社編集部編 作品社 1998.4 254p 22cm （新編・日本随筆紀行 大きな活字で読みやすい本―心にふるさとがある 3） ①4-87893-809-9, 4-87893-807-2

作品 明神の池〔窪田空穂〕

明神岳

09370 日本の名山 10 穂高岳 串田孫一, 今井通子, 今福龍太編 博品社 1997.5 268p 19cm〈年表あり 文献あり〉 1600円 ①4-938706-38-5

作品 明神岳V峯東壁中央フェイス〔奥山章〕

09371 ザイルを結ぶとき 奥山章著 山と溪谷社 2014.4 445p 15cm （ヤマケイ文庫）〈著作目録あり 作品目録あり 年譜あり〉 900円 ①978-4-635-04774-6

明専寺

09372 とっておきの寺社詣で 三木露風ほか著, 作品社編集部編 作品社 1998.4 251p 22cm （新編・日本随筆紀行 大きな活字で読みやすい本―心にふるさとがある 14） ①4-87893-895-1, 4-87893-807-2

作品 明専寺―一茶の慟哭〔柿木憲二〕

望月宿

09373 街道をゆく 9 信州佐久平みち、潟のみち ほか 新装版 司馬遼太郎著 朝日新聞出版 2008.10 357, 8p 15cm （朝日文庫） 700円 ①978-4-02-264454-1

八子ヶ峰

09374 ハピネス気分で山歩き 平野恵理子著 山と溪谷社 2005.9 159p 21cm 1800円 ①4-635-17168-X

八千穂

09375 ふわふわワウワウ―唄とカメラと時刻表 みなみらんぼう著 旅行読売出版社 1996.7 207p 19cm 1100円 ①4-89752-601-9

作品 小諸から千曲川を溯る

09376 ツーリング・ライフ―自由に、そして孤独に 新装増補版 斎藤純著 春秋社 2004.3 274p 20cm〈2001年刊の新装増補〉 1800円 ①4-393-43624-5
作品 信濃川のスケッチ―千曲川沿いの旅

八ヶ岳 ジョウゴ沢

09377 旅の紙芝居 椎名誠写真・文 朝日新聞社 2002.10 350p 15cm (朝日文庫)〈1998年刊の文庫化〉 820円 ①4-02-264298-X
作品 春の氷瀑のぼり

薮原宿

09378 古道紀行 木曽路 小山和著 (大阪)保育社 1991.8 187p 19cm 1800円 ①4-586-61301-7

山田温泉

09379 温泉百話―西の旅 種村季弘, 池内紀編 筑摩書房 1988.2 471p 15cm (ちくま文庫) 680円 ①4-480-02201-5
作品 みちの記〔森鷗外〕

09380 旅は道づれ湯はなさけ 辻真先著 徳間書店 1989.5 348p 15cm (徳間文庫) 580円 ①4-19-568760-8

09381 秘湯を求めて 2 ないしょの秘湯 藤嶽彰英著 (大阪)保育社 1989.12 185p 19cm 1350円 ①4-586-61102-2

09382 温泉旅行記 嵐山光三郎著 筑摩書房 2000.12 315p 15cm (ちくま文庫)〈初版:JTB1997年刊〉 760円 ①4-480-03589-3

槍ヶ岳 北鎌尾根

09383 若き日の山 串田孫一著 集英社 1988.1 210p 15cm (集英社文庫) 300円 ①4-08-749294-X

09384 山と雪の日記 改版 板倉勝宣著 中央公論新社 2003.1 185p 16cm (中公文庫)〈2004年刊の文庫ワイド版あり〉 743円 ①4-12-204158-9

09385 山の旅 大正・昭和篇 近藤信行編 岩波書店 2003.11 457p 15cm (岩波文庫) 700円 ①4-00-311701-8

槍ヶ岳 西鎌尾根

09386 若き日の山 串田孫一著 集英社 1988.1 210p 15cm (集英社文庫) 300円 ①4-08-749294-X

槍沢

09387 槍ケ岳黎明―私の大正登山紀行 穂苅三寿雄著 松本 槍ケ岳山荘事務所 2004.11 230p 20cm〈山と渓谷社(発売) 年譜あり〉 1800円 ①4-635-88591-7

湯川温泉

09388 誰も行けない温泉 前人未(湯) 大原利雄著 小学館 2004.1 169p 15cm (小学館文庫) 733円 ①4-09-411526-9

湯俣温泉

09389 誰も行けない温泉 前人未(湯) 大原利雄著 小学館 2004.1 169p 15cm (小学館文庫) 733円 ①4-09-411526-9

横岳

09390 日本の名山 12 八ヶ岳 串田孫一, 今井通子, 今福龍太編 博品社 1997.6 269p 19cm〈文献あり〉 1600円 ①4-938706-39-3
作品 横岳〔本多勝一〕

米子大瀑布

09391 導かれて、旅 横尾忠則著 文藝春秋 1995.7 286p 16cm (文春文庫)〈日本交通公社出版事業局 1992年刊の文庫化〉 480円 ①4-16-729703-5
作品 小布施の北斎曼陀羅

和田(長和町)

09392 明治日本印象記―オーストリア人の見た百年前の日本 アドルフ・フィッシャー著, 金森誠也, 安藤勉訳 講談社 2001.12 455p 15cm (講談社学術文庫)〈「100年前の日本文化」(中央公論社1994年刊)の改題〉 1200円 ①4-06-159524-5
作品 日本の温泉場と天竜下り

和田宿

09393 日本の風景を歩く―歴史・人・風土 井出孫六著 大修館書店 1992.11 19cm

岐阜県

09394 線路のない時刻表 宮脇俊三著 新潮社 1989.4 204p 15cm (新潮文庫) 280円 ①4-10-126807-X
作品 断層のある村で 樽見線

09395 ナチュラル・ツーリング 続 寺崎勉文, 太田潤写真 ミリオン出版, 大洋図書〔発売〕 1989.4 197p 21cm (OUTRIDER BOOK) 1700円 ①4-88672-042-0

09396 日本へんきょう紀行 岳真也著 廣済堂出版 1991.6 299p 15cm (廣済堂文庫) 460円 ①4-331-65099-5

09397 途中下車の味 宮脇俊三著 新潮社 1992.6 240p 15cm (新潮文庫)〈1988年刊の文庫化〉 360円 ①4-10-126810-X

09398 お徒歩 ニッポン再発見 岩見隆夫著 アールズ出版 2001.5 299p 20cm 1600円 ①4-901226-20-7

09399 雪舟の旅路 岡田喜秋著 秀作社出版 2002.3 316p 22cm 1800円 ①4-88265-307-9
目次 故郷から、京の寺へ(「ネズミ」の絵の伝説, 出生

地の今と昔 ほか), 中国の山水を求めて(中国への旅の段取り, 宝徳時代の遣明船 ほか), 九州での画境(帰国時の国状と上陸地, 「雪舟」と号する心境 ほか), 描かれた風景(美濃への旅, 東海・相模での伝承 ほか)

09400 誰も行けない温泉 前人未(湯) 大原利雄著 小学館 2004.1 169p 15cm (小学館文庫) 733円 ①4-09-411526-9

09401 万葉の旅 中 改訂新版 犬養孝著 平凡社 2004.1 361p 16cm (平凡社ライブラリー)〈初版:社会思想社1964年刊 文献あり〉 1200円 ①4-582-76489-4

09402 樹木街道を歩く―縄文杉への道 縄文剣著 碧天舎 2004.8 187p 19cm 1000円 ①4-88346-735-6

09403 日本の秘境ツーリング―よりぬき「日本一を探す旅」 末飛登著, 培倶人編集部編 枻出版社 2007.5 187p 15cm (枻文庫)〈標題紙の責任表示(誤植):末飛人〉 650円 ①978-4-7779-0765-6

09404 一宿一通―こころを紡ぐふれ愛のたび 金澤智行著 講談社 2007.11 190p 19cm 1200円 ①978-4-06-214301-1

09405 道の先まで行ってやれ!―自転車で、飲んで笑って、涙する旅 石田ゆうすけ著 幻冬舎 2009.7 303p 20cm 1500円 ①978-4-344-01710-8

09406 食通知つたかぶり 丸谷才一著 中央公論新社 2010.2 276p 16cm (中公文庫) 781円 ①978-4-12-205284-0

09407 斑猫の宿 奥本大三郎著 中央公論新社 2011.11 305p 16cm (中公文庫)〈JTB2001年刊あり〉 705円 ①978-4-12-205565-0

09408 日本の路地を旅する 上原善広著 文藝春秋 2012.6 383p 16cm (文春文庫)〈文献あり〉 667円 ①978-4-16-780196-0

09409 またたび 菊池亜希子著 宝島社 2016.12 190p 19×19cm 1400円 ①978-4-8002-5815-1

秋神温泉

09410 秘湯を求めて 1 はじめての秘湯 藤嶽彰英著 (大阪)保育社 1989.11 194p 19cm 1350円 ①4-586-61101-4

安久田

09411 負籠の細道 水上勉著 集英社 1997.10 232p 16cm (集英社文庫) 476円 ①4-08-748697-4

明智町(恵那市)

09412 旅は道づれ湯はなさけ 辻真先著 徳間書店 1989.5 348p 15cm (徳間文庫) 580円 ①4-19-568760-8

09413 ニッポン周遊記―町の見つけ方・歩き方・つくり方 池内紀著 青土社 2014.7 325p 20cm 2400円 ①978-4-7917-6777-9

明知鉄道

09414 おんなひとりの鉄道旅 東日本編 矢野直美著 小学館 2008.7 217p 15cm (小学館文庫)〈2005年刊の単行本を2分冊にして文庫化〉 600円 ①978-4-09-408286-9

跡津川

09415 フライフィッシング紀行 続 芦沢一洋著, 楠山正良編 つり人社 1998.8 256p 18cm (つり人ノベルズ) 950円 ①4-88536-244-X

安房峠

09416 晴れのち曇り 曇りのち晴れ 熊谷榧絵と文 八王子 白山書房 2010.2 296p 19cm (〔榧・画文集 0〕)〈皆美社1970年刊の再版 平凡社2001年刊あり〉 1900円 ①978-4-89475-139-2

阿弥陀ヶ滝

09417 ふるさとの川 長良川紀行 石原ミチオ著 岐阜 岐阜新聞社, (岐阜)岐阜新聞情報センター〔発売〕 2001.6 83p 30cm 3333円 ①4-87797-010-X

(目次) 冷風の谷(長良川の源流), 雪中の分水嶺, 春のきざし, 夕暮れの鐘, 残照の峰, 早春譜, 秋の阿弥陀ヶ滝, 早春の彩, 秋のくるす川, 秋の吉田川〔ほか〕

天生峠

09418 ぼくは旅にでた―または、行きてかえりし物語 増補・新装版 杉山亮著 径書房 2013.5 237p 19cm〈1993年刊の増補・新装版〉 1500円 ①978-4-7705-0215-5

板取川

09419 中部日本を歩く 立松和平著, 黒古一夫編 勉誠出版 2006.4 389p 22cm (立松和平日本を歩く 第3巻) 2600円 ①4-585-01173-0

揖斐川

09420 わたしの旅人生「最終章」 渡辺文雄著 アートデイズ 2005.2 267p 20cm〈肖像あり〉 1600円 ①4-86119-033-9

(作品) 濃尾平野の水

09421 「飛山濃水」の釣り―写真紀行 鮎釣り編 竹内宏写真・文 名古屋 中日新聞社(発売) 2010.7 86p 31cm 2381円 ①978-4-8062-0613-2

09422 東海道寄り道紀行 種村季弘著 河出書房新社 2012.7 156p 20cm 1600円 ①978-4-309-02121-8

伊吹山

09423 百霊峰巡礼 第3集 立松和平著 東京新聞出版部 2010.8 307p 20cm〈第2集までの出版者:東京新聞出版局〉 1800円 ①978-4-8083-0933-6

09424 色紀行―日本の美しい風景 吉岡幸雄著, 岡田克敏写真 清流出版 2011.12 241p 22cm 3500円 ①978-4-86029-374-1

岩村城

09425 戦国の山城をゆく―信長や秀吉に滅ぼされた世界 安部龍太郎著 集英社 2004.4 234p 18cm (集英社新書)〈年表あり〉 680円 ①4-08-720237-2

内ヶ谷

09426 むかしの山旅 今福龍太編 河出書房新社 2012.4 304p 15cm (河出文庫) 760円 ①978-4-309-41144-6
作品 第三日、御嶽詣〔土居通彦〕

永保寺

09427 紀行文集 無明一杖 上甲平谷著 谷沢書房 1988.7 339p 19cm 2500円
作品 暖冬満悦 天の橋立へ

09428 土門拳の古寺巡礼 別巻 第2巻 西日本 土門拳著 小学館 1990.5 147p 26cm 1950円 ①4-09-559107-2
作品 ぼくの古寺巡礼
目次 永保寺と近畿, 三仏寺と西国, 臼杵の石仏, ぼくの古寺巡礼, 私の履歴書, 古寺巡礼ガイド 西日本, 西日本関連地図

09429 土門拳 古寺を訪ねて―東へ西へ 土門拳写真・文 小学館 2002.3 205p 15cm (小学館文庫)〈奥付のタイトル：古寺を訪ねて 年譜あり〉 838円 ①4-09-411424-6

09430 百寺巡礼 第4巻 滋賀・東海 五木寛之著 講談社 2008.12 267p 15cm (講談社文庫)〈文献あり 2004年刊の文庫化〉 562円 ①978-4-06-276214-4
目次 第三十一番 三井寺―争いの果てに鐘は鳴り響く, 第三十二番 石山寺―母の思いと物語に救われる寺, 第三十三番 延暦寺―最澄の思いが息づく霊山, 第三十四番 西明寺―焼き討ちから伽藍を守った信仰の力, 第三十五番 百済寺―生きものの命が輝く古刹, 第三十六番 石塔寺―"石の海"でぬくもりを感じる寺, 第三十七番 横蔵寺―最澄と山の民ゆかりの「美濃の正倉院」, 第三十八番 華厳寺―人びとが生まれ変わる満願の寺, 第三十九番 専修寺―「念仏するこころ」という原点, 第四十番 永保寺―「坐禅石」で覚えたふしぎな感覚

09431 古寺巡礼 辻井喬著 角川春樹事務所 2011.5 253p 16cm (ハルキ文庫)〈2009年刊の文庫化〉 667円 ①978-4-7584-3556-7

越美南線

09432 いきどまり鉄道の旅 北尾トロ著 河出書房新社 2017.8 278p 15cm (河出文庫)〈「駅長さん！ これ以上先には行けないんすか」(2011年刊)の改題、加筆・修正〉 780円 ①978-4-309-41559-8

恵那市

09433 味な旅 舌の旅 改版 宇能鴻一郎著 中央公論新社 2010.10 239p 16cm (中公文庫)〈初版：中央公論社1980年刊〉 705円 ①978-4-12-205391-5

大垣市

09434 父と子の長い旅 原将人著 フィルムアート社 1994.11 253p 19cm 1854円 ①4-8459-9436-4

09435 わたしの旅人生「最終章」 渡辺文雄著 アートデイズ 2005.2 267p 20cm〈肖像あり〉 1600円 ①4-86119-033-9
作品 濃尾平野の水

09436 おくのほそ道 人物紀行 杉本苑子著 文芸春秋 2005.9 230p 18cm (文春新書) 700円 ①4-16-660460-0

09437 鉄道おくのほそ道紀行―週末芭蕉旅 芦原伸著 講談社 2009.6 314p 20cm (The new fifties)〈文献あり〉 1800円 ①978-4-06-269282-3

09438 文豪、偉人の「愛」をたどる旅 黛まどか著 集英社 2009.8 255p 18cm 1048円 ①978-4-08-781427-9

09439 芭蕉の杖跡―おくのほそ道 新紀行 森村誠一著 角川マガジンズ 2012.7 268p 19cm〈発売：角川グループパブリッシング〉 1600円 ①978-4-04-731863-2

09440 奥の細道紀行 大石登世子著 調布 ふらんす堂 2013.10 234p 19cm〈文献あり〉 2476円 ①978-4-7814-0617-6

09441 自転車で行く「野ざらし紀行」逆まわり―俳句の生まれる現場 団塊世代がんばれ！ 大竹多可志著 東村山 東京四季出版 2015.2 329p 16cm (俳句四季文庫) 1500円 ①978-4-8129-0829-7

09442 おくのほそ道を旅しよう 田辺聖子著 KADOKAWA 2016.4 209p 15cm (角川ソフィア文庫)〈講談社文庫 1997年刊の再刊〉 800円 ①978-4-04-400035-6

大湫宿

09443 旧街道 高野慎三文・写真 北冬書房 1990.11 213p 21cm (風景とくらし叢書 3) 1800円 ①4-89289-084-7

尾上郷川

09444 日本の名山 18 白山 串田孫一, 今井通子, 今福龍太編 博品社 1998.3 250p 19cm 1600円 ①4-938706-53-9
作品 尾上郷川と中ノ川〔桑原武夫〕

奥美濃

09445 日本へんきょう紀行 岳真也著 廣済堂出版 1991.6 299p 15cm (廣済堂文庫) 460円 ①4-331-65099-5

09446 負籠の細道 水上勉著 集英社 1997.10 232p 16cm (集英社文庫) 476円 ①4-08-748697-4

09447 山釣り―山本素石傑作集 山本素石著 山と溪谷社 2016.10 291p 15cm (ヤマケイ文庫)〈朔風社 1992年刊の再刊〉 890円 ①978-4-635-04820-0
目次 1 山中漂泊(飢餓のすなどり, 山野秋邨先生 ほか),

2 異界草紙（夜道の怪異, 志明院の怪 ほか）, 3 辺境異聞（山小屋の夜語り, 奥美濃夜話 ほか）, 4 山人挽歌（陸封型, 廃村の夜 ほか）

小坂

09448 ローカルバスの終点へ　宮脇俊三著　洋泉社　2010.12　303p　18cm　（新書y）〈1991年刊の新潮文庫を底本とする　日本交通公社出版事業局 1989年刊あり〉　840円　Ⓘ978-4-86248-626-4

落合川駅

09449 文学の中の駅—名作が語る“もうひとつの鉄道史”　原口隆行著　国書刊行会　2006.7　327p　20cm　2000円　Ⓘ4-336-04785-5

海津市

09450 長良川をたどる—美濃から奥美濃、さらに白川郷へ　山野肆朗著　ウェッジ　2010.11　138p　21cm〈文献あり〉　1800円　Ⓘ978-4-86310-078-7

目次 極上天然鮎に誘われて、長良川の旅—プロローグに代えて, 治水の歴史を刻む桑名市、海津市, サツキマスを追う長良川最後のプロ漁師, 清流が市街地を抜ける40万都市・岐阜市, 見せることで継承された古代の伝統漁法 鵜飼, 秀でた伝統工芸を伝える関市、美濃市, 豊かな水をたたえる城下町、踊りの町・郡上市, 日本一の鮎を育んだ郡上の伝統と今, 個性派シェフが紡ぐ国民食の新たな伝統 奥美濃カレー, 長良川沿いに開けた水信仰の道 美濃白山禅定道〔ほか〕

加賀野八幡宮神社

09451 わたしの旅人生「最終章」　渡辺文雄著　アートデイズ　2005.2　267p　20cm〈肖像あり〉　1600円　Ⓘ4-86119-033-9

作品 濃尾平野の水

柿野温泉

09452 紀行文集 無明一杖　上甲平谷著　谷沢書房　1988.7　339p　19cm　2500円

作品 暖冬満悦

笠ヶ岳

09453 百霊峰巡礼　第3集　立松和平著　東京新聞出版部　2010.8　307p　20cm〈第2集までの出版者：東京新聞出版局〉　1800円　Ⓘ978-4-8083-0933-6

09454 新編 単独行　加藤文太郎著　山と溪谷社　2010.11　349p　15cm　（ヤマケイ文庫）〈年譜あり　2000年刊の文庫化〉　940円　Ⓘ978-4-635-04725-8

09455 わが愛する山々　深田久弥著　山と溪谷社　2011.6　381p　15cm　（ヤマケイ文庫）〈年譜あり〉　1000円　Ⓘ978-4-635-04730-2

09456 日本山岳紀行—ドイツ人が見た明治末の信州　W・シュタイニッツァー著, 安藤勉訳　長野　信濃毎日新聞社　2013.10　305p　19cm　（信毎選書 5）〈1992年刊の改訂　文献あり〉　1400円　Ⓘ978-4-7840-7222-4

09457 すべての山を登れ。　井賀孝著　京都　淡交社　2014.4　255p　19cm　1700円　Ⓘ978-4-473-03924-8

神岡町（飛驒市）

09458 スローな旅で行こう—シェルパ斉藤の週末ニッポン再発見　斉藤政喜著　小学館　2004.10　255p　19cm　（Dime books）　1200円　Ⓘ4-09-366068-9

09459 ぼくは旅にでた—または、行きてかえりし物語　増補・新装版　杉山亮著　径書房　2013.5　237p　19cm〈1993年刊の増補・新装版〉　1500円　Ⓘ978-4-7705-0215-5

上宝町（高山市）

09460 ぼくは旅にでた—または、行きてかえりし物語　増補・新装版　杉山亮著　径書房　2013.5　237p　19cm〈1993年刊の増補・新装版〉　1500円　Ⓘ978-4-7705-0215-5

岐阜市

09461 ショージ君の旅行鞄—東海林さだお自選　東海林さだお著　文芸春秋　2005.2　905p　16cm　（文春文庫）　933円　Ⓘ4-16-717760-9

作品 鵜飼見ながら長良川

09462 オーストリア皇太子の日本日記—明治二十六年夏の記録　フランツ・フェルディナント著, 安藤勉訳　講談社　2005.9　237p　15cm　（講談社学術文庫）〈肖像あり〉　840円　Ⓘ4-06-159725-6

09463 銅像めぐり旅—ニッポン蘊蓄紀行　清水義範著　祥伝社　2006.9　306p　16cm　（祥伝社文庫）〈2002年刊の文庫化〉　619円　Ⓘ4-396-33308-0

岐阜城

09464 日本名城紀行　2　南関東・東海 天下を睨む覇城　小学館　1989.5　293p　15cm　600円　Ⓘ4-09-401202-8

09465 戦国の山城をゆく—信長や秀吉に滅ぼされた世界　安部龍太郎著　集英社　2004.4　234p　18cm　（集英社新書）〈年表あり〉　680円　Ⓘ4-08-720237-2

岐阜羽島駅

09466 東海道新幹線各駅停車の旅　甲斐みのり著　ウェッジ　2013.6　175p　21cm　1400円　Ⓘ978-4-86310-111-1

清水寺（富加町）

09467 十一面観音巡礼　愛蔵版　白洲正子著　新潮社　2010.9　317p　22cm〈講談社文芸文庫 1992年刊, 新潮社2002年刊あり〉　3000円　Ⓘ978-4-10-310720-0

作品 清水の流れ

久々利

09468 かくれ里　愛蔵版　白洲正子著　新潮社　2010.9　349p　22cm〈講談社文芸文庫 1991年刊あり〉　3000円　Ⓘ978-4-10-310719-4

中部

作品 久々利の里

日下部民芸館

09469 街道をゆく 29 秋田県散歩、飛騨紀行 新装版 司馬遼太郎著 朝日新聞出版 2009.3 344, 8p 15cm (朝日文庫)〈初版：朝日新聞社1990年刊〉 720円 ①978-4-02-264483-1

郡上市

09470 中部日本を歩く 立松和平著, 黒古一夫編 勉誠出版 2006.4 389p 22cm (立松和平日本を歩く 第3巻) 2600円 ①4-585-01173-0

09471 旬紀行―「とびきり」を味わうためだけの旅 寄本好則著 ディノス 2006.8 167p 20cm〈扶桑社(発売)〉 1667円 ①4-594-05210-X

09472 長良川をたどる―美濃から奥美濃、さらに白川郷へ 山野肆朗著 ウェッジ 2010.11 138p 21cm〈文献あり〉 1800円 ①978-4-86310-078-7

09473 隅の風景 恩田陸著 新潮社 2013.11 230p 16cm (新潮文庫)〈2011年刊の加筆 文献あり〉 520円 ①978-4-10-123422-9

郡上八幡城

09474 街道をゆく 4 郡上・白川街道、堺・紀州街道 ほか 新装版 司馬遼太郎著 朝日新聞出版 2008.8 319, 8p 15cm (朝日文庫) 620円 ①978-4-02-264443-5

位山

09475 山々を滑る登る 熊谷榧絵と文 八王子 白山書房 2012.11 319p 19cm ([榧・画文集 12]) 1900円 ①978-4-89475-159-0

09476 鈴木みきの山の足あと 鈴木みき著 山と溪谷社 2013.6 127p 21cm 1200円 ①978-4-635-33058-9

華厳寺

09477 百寺巡礼 第4巻 滋賀・東海 五木寛之著 講談社 2008.12 267p 15cm (講談社文庫)〈文献あり 2004年刊の文庫化〉 562円 ①978-4-06-276214-4

09478 十一面観音巡礼 愛蔵版 白洲正子著 新潮社 2010.9 317p 22cm〈講談社文芸文庫1992年刊, 新潮社2002年刊あり〉 3000円 ①978-4-10-310720-0

作品 白山比咩の幻像

09479 古寺巡礼 辻井喬著 角川春樹事務所 2011.5 253p 16cm (ハルキ文庫)〈2009年刊の文庫化〉 667円 ①978-4-7584-3556-7

下呂温泉

09480 旅は道づれ湯はなさけ 辻真先著 徳間書店 1989.5 348p 15cm (徳間文庫) 580円 ①4-19-568760-8

09481 人情温泉紀行―演歌歌手・鏡五郎が訪ねた全国の名湯47選 鏡五郎著 マガジンランド 2008.5 235p 19cm〈年譜あり〉 1238円 ①978-4-944101-37-5

09482 街道をゆく 29 秋田県散歩、飛騨紀行 新装版 司馬遼太郎著 朝日新聞出版 2009.3 344, 8p 15cm (朝日文庫)〈初版：朝日新聞社1990年刊〉 720円 ①978-4-02-264483-1

09483 四次元温泉日記 宮田珠己著 筑摩書房 2015.1 294p 15cm (ちくま文庫)〈2011年刊の文庫化〉 720円 ①978-4-480-43238-4

高賀山

09484 百霊峰巡礼 第3集 立松和平著 東京新聞出版部 2010.8 307p 20cm〈第2集までの出版者：東京新聞出版局〉 1800円 ①978-4-8083-0933-6

小八賀川

09485 フライフィッシング紀行 続 芦沢一洋著, 楠山正良編 つり人社 1998.8 256p 18cm (つり人ノベルズ) 950円 ①4-88536-244-X

小間見川

09486 掌の中の月―光 流れ 救い 立松和平著 サンガ 2008.7 274p 18cm (サンガ新書)〈文献あり〉 850円 ①978-4-901679-83-1

西国三十三所

09487 西国巡礼 白洲正子著 講談社 1999.6 211p 16cm (講談社文芸文庫)〈年譜あり 著作目録あり 風媒社1997年刊あり〉 980円 ①4-06-197667-2

目次 西国巡礼について, 熊野路, 紀州から河内へ, 大和の寺々, 宇治より滋賀へ, 洛中洛外, 西国街道にそって, 播磨路, 丹後から近江へ, 湖東から美濃へ〔ほか〕

09488 寂聴巡礼 改版 瀬戸内寂聴著 集英社 2003.3 365p 16cm (集英社文庫) 629円 ①4-08-747552-2

目次 はるかなり巡礼の道, 紀州路, 河内から大和へ, 大和路, 宇治, 洛中巡礼, 難所から湖畔へ, 湖畔の巡礼みち, 蒲生野から西国街道へ, 播磨路, 丹波から若狭へ, 満願堂

09489 西国観音霊場・新紀行 松本章男著 大法輪閣 2004.5 293p 20cm 2100円 ①4-8046-1207-6

目次 日本人と観音さま(序文に代えて), 第一番・青岸渡寺(那智山寺), 第二番・金剛宝寺(紀三井寺), 第三番・粉河寺, 第四番・施福寺(槇尾寺)/第五番・葛井寺, 第六番・南法華寺(壺阪寺)/第七番・竜蓋寺(岡寺), 第八番・長谷寺, 第九番・興福寺南円堂, 第十番・三室戸寺, 第十一番・上醍醐寺〔ほか〕

09490 西国札所古道巡礼―「母なる道」を歩む 新装版 松尾心空著 春秋社 2006.11 300p 19cm 1700円 ①4-393-13356-0

目次 松尾寺より竹生島へ, 書写山より成相山へ, 成相山より松尾寺へ, 那智山より紀三井寺へ, 紀三井寺より槇尾山へ, 槇尾山より壷阪寺へ, 壷阪寺より南円堂へ, 南円堂より石山寺へ, 長命寺より谷汲山へ, 石山寺より穴太寺へ, 穴太寺より清水寺へ, 清水寺より書写山へ

09491 シェルパ斉藤のリッター60kmで行く！

日本全国スーパーカブの旅　斉藤政喜著　小学館　2009.8　253p　19cm　1300円　Ⓘ978-4-09-366538-4

09492　夢幻抄　白洲正子著　世界文化社　2010.11　322p　21cm〈5刷 1997年刊の造本変更〉　1600円　Ⓘ978-4-418-10514-4
作品 西国巡礼の旅

材木滝の湯

09493　誰も行けない温泉 前人未(湯)　大原利雄著　小学館　2004.1　169p　15cm　(小学館文庫)　733円　Ⓘ4-09-411526-9

桜山八幡宮

09494　山の宿のひとり酒　太田和彦著　集英社　2017.4　289p　16cm　(集英社文庫―ニッポンぶらり旅)　660円　Ⓘ978-4-08-745577-9

塩沢温泉元湯

09495　誰も行けない温泉 前人未(湯)　大原利雄著　小学館　2004.1　169p　15cm　(小学館文庫)　733円　Ⓘ4-09-411526-9

地獄谷噴気湯

09496　誰も行けない温泉 前人未(湯)　大原利雄著　小学館　2004.1　169p　15cm　(小学館文庫)　733円　Ⓘ4-09-411526-9

白川街道

09497　街道をゆく　4　郡上・白川街道、堺・紀州街道 ほか　新装版　司馬遼太郎著　朝日新聞出版　2008.8　319, 8p　15cm　(朝日文庫)　620円　Ⓘ978-4-02-264443-5

白川郷

09498　ツーリング・ライフ―自由に、そして孤独に　新装増補版　斎藤純著　春秋社　2004.3　274p　20cm〈2001年刊の新装増補〉　1800円　Ⓘ4-393-43624-5
作品 木の文化との出会い―飛騨・北陸

09499　日本雑記　ブルーノ・タウト著, 篠田英雄訳　中央公論新社　2008.11　368p　18cm　(中公クラシックス)〈育生社弘道閣昭和18年刊の復刻版　年譜あり〉　1800円　Ⓘ978-4-12-160106-3
作品 日記抄

09500　スコット親子、日本を駆ける―父と息子の自転車縦断4000キロ　チャールズ・R.スコット著, 児島修訳　紀伊國屋書店　2015.1　365p　19cm　1900円　Ⓘ978-4-314-01123-5

白川村

09501　ふわふわワウワウ―唄とカメラと時刻表　みなみらんぼう著　旅行読売出版社　1996.7　207p　19cm　1100円　Ⓘ4-89752-601-9
作品 古里発都会へ

09502　中部北陸自然歩道を歩く　田嶋直樹著　名古屋　風媒社　2007.6　127p　21cm　(爽books)　1600円　Ⓘ978-4-8331-0128-8

白出沢

09503　山の旅　大正・昭和篇　近藤信行編　岩波書店　2003.11　457p　15cm　(岩波文庫)　700円　Ⓘ4-00-311701-8

新平湯温泉

09504　温泉百話―西の旅　種村季弘, 池内紀編　筑摩書房　1988.2　471p　15cm　(ちくま文庫)　680円　Ⓘ4-480-02201-5
作品 奥穂高温泉・新平湯温泉〔殿山泰司〕

新穂高温泉

09505　温泉百話―西の旅　種村季弘, 池内紀編　筑摩書房　1988.2　471p　15cm　(ちくま文庫)　680円　Ⓘ4-480-02201-5
作品 奥穂高温泉・新平湯温泉〔殿山泰司〕

09506　旅は道づれ湯はなさけ　辻真先著　徳間書店　1989.5　348p　15cm　(徳間文庫)　580円　Ⓘ4-19-568760-8

双六谷

09507　わたしの旅人生「最終章」　渡辺文雄著　アートデイズ　2005.2　267p　20cm〈肖像あり〉　1600円　Ⓘ4-86119-033-9
作品 青い焰の水

09508　日本アルプス―山岳紀行文集　小島烏水著, 近藤信行編　岩波書店　2009.6　444p　15cm　(岩波文庫)　900円　Ⓘ4-00-311351-9
作品 飛騨双六谷より

関ヶ原

09509　徳川家康歴史紀行5000キロ　宮脇俊三著　講談社　1998.4　227p　15cm　(講談社文庫)〈「徳川家康タイムトラベル」(1983年刊)の改題〉　400円　Ⓘ4-06-263753-7
内容 歴史と旅の楽しみ家康の生涯を辿る。松平郷、浜松、小牧、長久手、鉄路とバスで訪ね歩く13の好エッセイ。江戸幕府265年の礎を築いた戦国武将・徳川家康の波乱の生涯を、東海道本線、飯田線、名古屋鉄道、東名高速バスを使って訪ね歩く。雪深い三河松平郷から岡崎、浜松、関ヶ原を経て終焉の地駿府久能山へ。日本各地5000キロもの旅と歴史を楽しく綴った好エッセイ。(『徳川家康タイムトラベル』改題)

09510　戦国廃城紀行―敗者の城を探る　澤宮優著　河出書房新社　2010.1　202p　20cm〈文献あり〉　1700円　Ⓘ978-4-309-22522-7
目次 プロローグ 廃城との出会い, 第1章 関が原の敗者たちの城, 第2章 信長に敗れた知将の城, 第3章 秀吉に敗れた名門武将の城, 終章 勝者も敗者に転じた豪将の城, エピローグ 時代の陰に学ぶ

09511　きまぐれ歴史散歩　池内紀著　中央公論新社　2013.9　228p　18cm　(中公新書)　760円　Ⓘ978-4-12-102234-9

関市

09512　長良川をたどる―美濃から奥美濃、さらに白川郷へ　山野肆朗著　ウェッジ　2010.11　138p　21cm〈文献あり〉　1800円　Ⓘ978-4-86310-078-7

09513 来ちゃった 酒井順子文, ほしよりこ画 小学館 2016.3 317p 15cm (小学館文庫) 〈2011年刊の増補〉 620円 ①978-4-09-406277-9

千光寺

09514 安吾新日本地理 坂口安吾著 河出書房新社 1988.5 318p 15cm (河出文庫) 580円 ①4-309-40218-6
作品 飛騨・高山の抹殺

09515 坂口安吾全集 18 坂口安吾著 筑摩書房 1991.9 794p 15cm (ちくま文庫) 1340円 ①4-480-02478-6
作品 安吾新日本地理—飛騨・高山の抹殺

宗祇水〔白雲水〕

09516 中部日本を歩く 立松和平著, 黒古一夫編 勉誠出版 2006.4 389p 22cm (立松和平日本を歩く 第3巻) 2600円 ①4-585-01173-0

桑原寺

09517 禁足地帯の歩き方 吉田悠軌著 学研プラス 2017.11 175p 19cm 1000円 ①978-4-05-406602-1

大雄寺

09518 安吾新日本地理 坂口安吾著 河出書房新社 1988.5 318p 15cm (河出文庫) 580円 ①4-309-40218-6
作品 飛騨・高山の抹殺

09519 安吾新日本風土記 坂口安吾著 河出書房新社 1988.11 246p 15cm (河出文庫) 480円 ①4-309-40227-5
作品 飛騨の秘密

09520 坂口安吾全集 18 坂口安吾著 筑摩書房 1991.9 794p 15cm (ちくま文庫) 1340円 ①4-480-02478-6
作品 安吾新日本地理—飛騨の秘密 安吾新日本地理—飛騨・高山の抹殺

大日ヶ岳

09521 山々を滑る登る 熊谷榧絵と文 八王子 白山書房 2012.11 319p 19cm (〔榧・画文集 12〕) 1900円 ①978-4-89475-159-0

高山市

09522 安吾新日本地理 坂口安吾著 河出書房新社 1988.5 318p 15cm (河出文庫) 580円 ①4-309-40218-6
作品 飛騨・高山の抹殺

09523 安吾新日本風土記 坂口安吾著 河出書房新社 1988.11 246p 15cm (河出文庫) 480円 ①4-309-40227-5
作品 飛騨の秘密

09524 坂口安吾全集 18 坂口安吾著 筑摩書房 1991.9 794p 15cm (ちくま文庫) 1340円 ①4-480-02478-6
作品 安吾新日本地理—飛騨の秘密 安吾新日本地理—飛騨・高山の抹殺

09525 井上靖歴史紀行文集 第1巻 日本の旅 井上靖著 岩波書店 1992.1 23cm
作品 薄雪に包まれた高山の町

09526 泊酒喝采—美味、美酒、佳宿、掘り出し旅行記 柏井寿著 大阪 朱鷺書房 1992.1 209p 18cm 1000円 ①4-88602-904-3

09527 ふれあいの旅紀行 新田健次著 東京新聞出版局 1992.5 203p 19cm 1300円 ①4-8083-0437-6

09528 ツーリング・ライフ—自由に、そして孤独に 新装増補版 斎藤純著 春秋社 2004.3 274p 20cm〈2001年刊の新装増補〉 1800円 ①4-393-43624-5
作品 木の文化との出会い—飛騨・北陸

09529 スローな旅で行こう—シェルパ斉藤の週末ニッポン再発見 斉藤政喜著 小学館 2004.10 255p 19cm (Dime books) 1200円 ①4-09-366068-9

09530 わたしの旅人生「最終章」 渡辺文雄著 アートデイズ 2005.2 267p 20cm〈肖像あり〉 1600円 ①4-86119-033-9
作品 何んとも嬉しい早春の味 居酒屋

09531 メルヘン紀行 みやこうせい著 未知谷 2005.5 237p 20cm 2200円 ①4-89642-129-9

09532 森の旅 森の人—北海道から沖縄まで日本の森林を旅する 軽装版 稲本正文, 姉崎一馬写真 世界文化社 2005.11 271p 21cm (ほたるの本)〈1994年刊行版に一部修正を加え軽装版にしたもの 1990年刊あり〉 1800円 ①4-418-05518-5

09533 中部日本を歩く 立松和平著, 黒古一夫編 勉誠出版 2006.4 389p 22cm (立松和平日本を歩く 第3巻) 2600円 ①4-585-01173-0

09534 街道をゆく 29 秋田県散歩、飛騨紀行 新装版 司馬遼太郎著 朝日新聞出版 2009.3 344, 8p 15cm (朝日文庫)〈初版：朝日新聞社1990年刊〉 720円 ①978-4-02-264483-1

09535 にっぽん全国 百年食堂 椎名誠著 講談社 2013.1 222p 19cm 1400円 ①978-4-06-217814-3

09536 ぼくは旅にでた—または、行きてかえりし物語 増補・新装版 杉山亮著 径書房 2013.5 237p 19cm〈1993年刊の増補・新装版〉 1500円 ①978-4-7705-0215-5

09537 山の宿のひとり酒 太田和彦著 集英社 2017.4 289p 16cm (集英社文庫—ニッポンぶらり旅) 660円 ①978-4-08-745577-9

高山陣屋

09538 街道をゆく 29 秋田県散歩、飛騨紀行 新装版 司馬遼太郎著 朝日新聞出版 2009.3 344, 8p 15cm (朝日文庫)〈初版：朝日新聞社1990年刊〉 720円 ①978-4-02-264483-1

09539 山の宿のひとり酒 太田和彦著 集英社 2017.4 289p 16cm (集英社文庫—ニッポン

ぶらり旅〉 660円 ①978-4-08-745577-9

多治見市

09540 日本旅行日記 2 アーネスト・メイスン・サトウ著, 庄田元男訳 平凡社 1992.6 334p 18cm (東洋文庫) 2884円 ①4-582-80550-7
作品 伊勢・紀和・京阪に歴史をたずねる

谷汲山

09541 西国札所古道巡礼—「母なる道」を歩む 新装版 松尾心空著 春秋社 2006.11 300p 19cm 1700円 ①4-393-13356-0

樽見鉄道樽見線

09542 乗ってけ鉄道—列島なりゆき日誌 伊東徹秀著 札幌 柏艪舎 2007.7 187p 19cm 〈星雲社(発売)〉 1300円 ①978-4-434-10860-0

月見ヶ原

09543 山で見た夢—ある山岳雑誌編集者の記憶 勝峰富雄著 みすず書房 2010.5 285p 20cm 2600円 ①978-4-622-07542-4

徳山村(廃村)

09544 ふれあいの旅紀行 新田健次著 東京新聞出版局 1992.5 203p 19cm 1300円 ①4-8083-0437-6

中観音堂

09545 芭蕉の旅、円空の旅 立松和平著 日本放送出版協会 2006.11 285p 15cm (NHKライブラリー) 920円 ①4-14-084213-X

長滝白山神社

09546 かくれ里 愛蔵版 白洲正子著 新潮社 2010.9 349p 22cm 〈講談社文芸文庫 1991年刊あり〉 3000円 ①978-4-10-310719-4

中津川市

09547 ボンジュール・ジャポン—フランス青年が活写した1882年 ウーグ・クラフト著, 後藤和雄編 朝日新聞社 1998.6 177p 27cm 3600円 ①4-02-257263-9

09548 木犀! 日本紀行 セース・ノーテボーム著, 松永美穂訳, セース・ノーテボーム著, 松永美穂訳 論創社 2010.8 187p 20cm 1800円 ①978-4-8460-1047-8
作品 日本紀行—冷たい山

09549 海へ、山へ、森へ、町へ 小川糸著 幻冬舎 2013.8 227p 16cm (幻冬舎文庫) 〈「ようこそ、ちきゅう食堂へ」(2010年刊)を改題、「命をかけて、命をつなぐ」・「陽だまりの家、庭の緑」ほかを収録〉 533円 ①978-4-344-42058-8
作品 和菓子店「満天星一休」

中山七里

09550 街道をゆく 29 秋田県散歩、飛騨紀行 新装版 司馬遼太郎著 朝日新聞出版 2009.3 344, 8p 15cm (朝日文庫) 〈初版:朝日新聞社1990年刊〉 720円 ①978-4-02-264483-1

長良川(岐阜県域)

09551 ふるさとの川 長良川紀行 石原ミチオ著 岐阜 岐阜新聞社, (岐阜)岐阜新聞情報センター〔発売〕 2001.6 83p 30cm 3333円 ①4-87797-010-X

09552 ほろ酔い旅 たつみ都志著 新風舎 2003.11 126p 19cm 1200円 ①4-7974-3527-5

09553 ショージ君の旅行鞄—東海林さだお自選 東海林さだお著 文芸春秋 2005.2 905p 16cm (文春文庫) 933円 ①4-16-717760-9

09554 「飛山濃水」の釣り—写真紀行 鮎釣り編 竹内宏写真・文 名古屋 中日新聞社(発売) 2010.7 86p 31cm 2381円 ①978-4-8062-0613-2

09555 長良川をたどる—美濃から奥美濃、さらに白川郷へ 山野肆朗著 ウェッジ 2010.11 138p 21cm 〈文献あり〉 1800円 ①978-4-86310-078-7

長良川温泉

09556 旅は道づれ湯はなさけ 辻真先著 徳間書店 1989.5 348p 15cm (徳間文庫) 580円 ①4-19-568760-8

長良川鉄道

09557 長良川鉄道ゆるり旅 オカダミノル文 名古屋 ゆいぽおと 2011.9 127p 20cm 〈絵:茶畑和也 写真:柏本勝成 発売:KTC中央出版〉 1500円 ①978-4-87758-435-1
目次 長良川鉄道写真館, 長良川鉄道路線図, 美濃太田駅界隈, 加茂野駅界隈, 刃物会館前駅界隈, 関駅界隈, 関市役所前駅界隈, 美濃市駅界隈, 洲原駅界隈, みなみ子宝温泉駅界隈〔ほか〕

濁河温泉

09558 鈴木みきの山の足あと 鈴木みき著 山と溪谷社 2013.6 127p 21cm 1200円 ①978-4-635-33058-9

根尾谷

09559 かわいい自分には旅をさせろ 嵐山光三郎著 講談社 1991.8 253p 18cm 1100円 ①4-06-205402-7

白山国立公園

09560 東京を歩く 立松和平著, 黒古一夫編 勉誠出版 2006.4 343p 22cm (立松和平日本を歩く 第7巻) 2600円 ①4-585-01177-3

八幡町地区(郡上市)

09561 ふれあいの旅紀行 新田健次著 東京新聞出版局 1992.5 203p 19cm 1300円 ①4-8083-0437-6

09562 禅の旅 越中文俊著 心交社 2002.12 227p 19cm (日本つれづれ紀行 1) 1500円

①4-88302-806-2

09563 来ちゃった 酒井順子文, ほしよりこ画 小学館 2016.3 317p 15cm (小学館文庫) 〈2011年刊の増補〉 620円 ①978-4-09-406277-9

東白川村

09564 ニッポン周遊記―町の見つけ方・歩き方・つくり方 池内紀著 青土社 2014.7 325p 20cm 2400円 ①978-4-7917-6777-9

飛驒一宮水無神社

09565 街道をゆく 29 秋田県散歩、飛驒紀行 新装版 司馬遼太郎著 朝日新聞出版 2009.3 344, 8p 15cm (朝日文庫) 〈初版:朝日新聞社1990年刊〉 720円 ①978-4-02-264483-1

飛驒川

09566 サラリーマン転覆隊が行く! 下巻 本田亮著 フレーベル館 1997.4 338p 20cm 1600円 ①4-577-70121-9

飛驒国分寺

09567 安吾新日本地理 坂口安吾著 河出書房新社 1988.5 318p 15cm (河出文庫) 580円 ①4-309-40218-6

作品 飛驒・高山の抹殺

09568 安吾新日本風土記 坂口安吾著 河出書房新社 1988.11 246p 15cm (河出文庫) 480円 ①4-309-40227-5

作品 飛驒の秘密

09569 坂口安吾全集 18 坂口安吾著 筑摩書房 1991.9 794p 15cm (ちくま文庫) 1340円 ①4-480-02478-6

作品 安吾新日本地理―飛驒・高山の抹殺 安吾新日本地理―飛驒の秘密

飛驒市

09570 ツーリング・ライフ―自由に、そして孤独に 新装増補版 斎藤純著 春秋社 2004.3 274p 20cm 〈2001年刊の新装増補〉 1800円 ①4-393-43624-5

作品 木の文化との出会い―飛驒・北陸

09571 中部北陸自然歩道を歩く 田嶋直樹著 名古屋 風媒社 2007.6 127p 21cm (爽books) 1600円 ①978-4-8331-0128-8

作品 飛驒市「天生湿原とブナ原生林のみち」8.9km―天生峠、天生湿原、籾糠山

飛驒地方

09572 俳句旅行のすすめ 江国滋著 朝日新聞社 1988.5 255p 19cm 1200円 ①4-02-255834-2

目次 序章 俳句と旅, 第1章 国内を詠む (京都早春紀行, 飛驒を詠みに, わたしの『おくのほそ道』), 第2章 海外を詠む (吟行マンハッタン, イギリス俳句紀行, 「スイス吟行」日記, 中国吟行)

09573 私の好きな日本 林望著 JAF MATE社 2001.7 175p 21cm 〈付属資料:図1枚 写真:小泉佳春〉 1600円

09574 日本の食材おいしい旅 向笠千恵子著 集英社 2003.7 250p 18cm (集英社新書) 700円 ①4-08-720202-X

作品 信濃路、飛驒路…街道行脚 (信州・飛驒)

09575 街道をゆく 29 秋田県散歩、飛驒紀行 新装版 司馬遼太郎著 朝日新聞出版 2009.3 344, 8p 15cm (朝日文庫) 〈初版:朝日新聞社1990年刊〉 720円 ①978-4-02-264483-1

09576 明治紀行文學集 筑摩書房 2013.1 410p 21cm (明治文學全集 94) 7500円 ①978-4-480-10394-9

作品 飛驒越日記〔遅塚麗水〕

09577 アーネスト・サトウの明治日本山岳記 アーネスト・メイスン・サトウ著, 庄田元男訳 講談社 2017.4 285p 15cm (講談社学術文庫) 〈「日本旅行日記」(平凡社 1992年刊) と「明治日本旅行案内」(平凡社 1996年刊) の改題、抜粋し新たに編集〉 980円 ①978-4-06-292382-8

日吉神社

09578 十一面観音巡礼 愛蔵版 白洲正子著 新潮社 2010.9 317p 22cm 〈講談社文芸文庫1992年刊, 新潮社2002年刊あり〉 3000円 ①978-4-10-310720-0

作品 白山比咩の幻像

平湯温泉

09579 駅の旅 その1 種村直樹著 自由国民社 1999.5 306p 19cm 1600円 ①4-426-87901-9

09580 海山のあいだ 池内紀著 中央公論新社 2011.3 217p 16cm (中公文庫) 〈マガジンハウス 1994年刊, 角川書店 1997年刊あり〉 590円 ①978-4-12-205458-5

作品 風景読本―奥飛驒路

09581 紀行とエッセーで読む 作家の山旅 山と溪谷社編 山と溪谷社 2017.3 357p 15cm (ヤマケイ文庫) 930円 ①978-4-635-04828-6

作品 或る旅と絵葉書 (抄)〔若山牧水〕

平湯峠

09582 晴れのち曇り 曇りのち晴れ 熊谷榧絵と文 八王子 白山書房 2010.2 296p 19cm (〔榧・画文集 0〕) 〈皆美社1970年刊の再版 平凡社2001年刊あり〉 1900円 ①978-4-89475-139-2

09583 海山のあいだ 池内紀著 中央公論新社 2011.3 217p 16cm (中公文庫) 〈マガジンハウス 1994年刊, 角川書店 1997年刊あり〉 590円 ①978-4-12-205458-5

作品 風景読本―奥飛驒路

昼飯(大垣市)

09584 ふらり珍地名の旅 今尾恵介著 筑摩書房 2015.2 216, 4p 19cm 〈索引あり〉 1500円 ①978-4-480-87882-3

蛭川

09585 日本探見二泊三日 宮脇俊三著 角川書店 1994.3 231p 15cm (角川文庫) 430円 ①4-04-159807-9

古川町(飛騨市)

09586 ツーリング・ライフ—自由に、そして孤独に 新装増補版 斎藤純著 春秋社 2004.3 274p 20cm〈2001年刊の新装増補〉 1800円 ①4-393-43624-5
[作品] 木の文化との出会い—飛騨・北陸

09587 街道をゆく 29 秋田県散歩、飛騨紀行 新装版 司馬遼太郎著 朝日新聞出版 2009.3 344, 8p 15cm (朝日文庫)〈初版:朝日新聞社1990年刊〉 720円 ①978-4-02-264483-1

古屋地区(揖斐川町)

09588 ニッポンの山里 池内紀著 山と溪谷社 2013.1 254p 20cm 1500円 ①978-4-635-28067-9

不破関資料館

09589 街道をゆく 24 近江散歩、奈良散歩 新装版 司馬遼太郎著 朝日新聞出版 2009.1 378, 8p 15cm (朝日文庫)〈初版:朝日新聞社1988年刊〉 800円 ①978-4-02-264477-0
(目次) 近江散歩(近江の人, 寝物語の里, 伊吹のもぐさ, 彦根へ, 金阿弥, 御家中, 浅井長政の記, 塗料をぬった伊吹山, 姉川の岸, 近江衆, 国友鍛冶, 安土城跡と琵琶湖, ケケス, 浜の真砂), 奈良散歩(歌・絵・多武峯, 二月堂界隈, 五重塔, 阿修羅, 雑華の飾り, 光耀の仏, 異国のひとびと, 雑司町界隈, 修二会, 東大寺椿, 過去帳, 兜率天)

馬籠宿

09590 古道紀行 木曽路 小山和著 (大阪)保育社 1991.8 187p 19cm 1800円 ①4-586-61301-7

09591 ふれあいの旅紀行 新田健次著 東京新聞出版局 1992.5 203p 19cm 1300円 ①4-8083-0437-6

09592 名探偵浅見光彦のニッポン不思議紀行 内田康夫著 集英社 2006.2 270p 16cm (集英社文庫)〈学習研究社2001年刊あり〉 600円 ①4-08-746013-4

09593 木犀! 日本紀行 セース・ノーテボーム著, 松永美穂訳, セース・ノーテボーム著, 松永美穂訳 論創社 2010.8 187p 20cm 1800円 ①978-4-8460-1047-8
[作品] 日本紀行—冷たい山

09594 アゴの竹輪とドイツビール—ニッポンぶらり旅 太田和彦著 集英社 2015.7 259p 16cm (集英社文庫)〈「太田和彦のニッポンぶらり旅 2」(毎日新聞社 2013年刊)の改題〉 600円 ①978-4-08-745342-3

益田街道〔飛騨街道〕

09595 街道をゆく 29 秋田県散歩、飛騨紀行 新装版 司馬遼太郎著 朝日新聞出版 2009.3 344, 8p 15cm (朝日文庫)〈初版:朝日新聞社1990年刊〉 720円 ①978-4-02-264483-1

松倉城趾

09596 街道をゆく 29 秋田県散歩、飛騨紀行 新装版 司馬遼太郎著 朝日新聞出版 2009.3 344, 8p 15cm (朝日文庫)〈初版:朝日新聞社1990年刊〉 720円 ①978-4-02-264483-1

継子岳

09597 むかしの山旅 今福龍太編 河出書房新社 2012.4 304p 15cm (河出文庫) 760円 ①978-4-309-41144-6
[作品] 第三日、御嶽詣〔土居通彦〕

御嵩町

09598 廃墟旅 中田薫構成, 中筋純撮影 アスペクト 2009.11 127p 19×23cm 2000円 ①978-4-7572-1724-9

美並町

09599 谷川健一全集 第10巻(民俗 2) 女の風土記 埋もれた日本地図(抄録) 黒潮の民俗学(抄録) 谷川健一著 冨山房インターナショナル 2010.1 574, 27p 23cm〈付属資料:8p:月報 no.14 索引あり〉 6500円 ①978-4-902385-84-7
[作品] 円空仏

美濃赤坂駅

09600 終着駅への旅 JR編 櫻井寛著 JTBパブリッシング 2013.8 222p 19cm 1300円 ①978-4-533-09285-5

美濃市

09601 長良川をたどる—美濃から奥美濃、さらに白川郷へ 山野肆朗著 ウェッジ 2010.11 138p 21cm〈文献あり〉 1800円 ①978-4-86310-078-7

御母衣湖の荘川桜

09602 街道をゆく 4 郡上・白川街道、堺・紀州街道 ほか 新装版 司馬遼太郎著 朝日新聞出版 2008.8 319, 8p 15cm (朝日文庫) 620円 ①978-4-02-264443-5

名鉄揖斐・谷汲線

09603 地図あるきの旅 今尾恵介著 朝日ソノラマ 1996.5 194p 21cm 1600円 ①4-257-03483-1

茂住

09604 街道をゆく 29 秋田県散歩、飛騨紀行 新装版 司馬遼太郎著 朝日新聞出版 2009.3 344, 8p 15cm (朝日文庫)〈初版:朝日新聞社1990年刊〉 720円 ①978-4-02-264483-1

八百津町

09605 にっぽん全国 百年食堂 椎名誠著 講談社 2013.1 222p 19cm 1400円 ①978-4-06-217814-3

夜叉ヶ池

09606 ぼくらは怪談巡礼団　加門七海,東雅夫著　KADOKAWA　2014.6　301p　19cm　(〔幽BOOKS〕)　1400円　①978-4-04-066760-7
作品 石川県/岐阜県 鏡花の怪

槍見温泉

09607 海山のあいだ　池内紀著　中央公論新社　2011.3　217p　16cm　(中公文庫)〈マガジンハウス 1994年刊, 角川書店 1997年刊あり〉　590円　①978-4-12-205458-5
作品 風景読本―奥飛騨路

養老鉄道養老線

09608 朝湯、昼酒、ローカル線―かっちゃんの鉄修行　勝谷誠彦著　文芸春秋　2007.12　321p　16cm　(文春文庫plus)〈「勝谷誠彦の地列車大作戦」(JTB2002年刊)の改題〉　629円　①978-4-16-771320-1

養老天命反転地

09609 全ての装備を知恵に置き換えること　石川直樹著　集英社　2009.11　263p　16cm　(集英社文庫)〈晶文社2005年刊の加筆・修正〉　552円　①978-4-08-746500-6

09610 脳がいちばん元気になる場所　米山公啓著　PILAR PRESS　2011.6　221p　19cm　1800円　①978-4-86194-029-3

養老の滝

09611 十一面観音巡礼　愛蔵版　白洲正子著　新潮社　2010.9　317p　22cm〈講談社文芸文庫1992年刊, 新潮社2002年刊あり〉　3000円　①978-4-10-310720-0
作品 白山比咩の幻像

横蔵寺

09612 百寺巡礼　第4巻　滋賀・東海　五木寛之著　講談社　2008.12　267p　15cm　(講談社文庫)〈文献あり　2004年刊の文庫化〉　562円　①978-4-06-276214-4

09613 十一面観音巡礼　愛蔵版　白洲正子著　新潮社　2010.9　317p　22cm〈講談社文芸文庫1992年刊, 新潮社2002年刊あり〉　3000円　①978-4-10-310720-0
作品 白山比咩の幻像

09614 古寺巡礼　辻井喬著　角川春樹事務所　2011.5　253p　16cm　(ハルキ文庫)〈2009年刊の文庫化〉　667円　①978-4-7584-3556-7

吉田川

09615 ふるさとの川 長良川紀行　石原ミチオ著　岐阜　岐阜新聞社,(岐阜)岐阜新聞情報センター〔発売〕　2001.6　83p　30cm　3333円　①4-87797-010-X

和田〔旧・日和田村〕

09616 むかしの山旅　今福龍太編　河出書房新社　2012.4　304p　15cm　(河出文庫)　760円　①978-4-309-41144-6
作品 第三日、御嶽詣〔土居通彦〕

静岡県

09617 旅しました。―スター旅紀行　(大阪)関西テレビ放送　1988.9　80p　30cm　980円　①4-906256-06-6
作品 なつかしき富士山の姿 静岡〔MIE〕

09618 日本漫遊記　種村季弘著　筑摩書房　1989.6　236p　19cm　1540円　①4-480-82267-4

09619 温泉徘徊記　種村季弘著　河出書房新社　1999.2　385p　20cm　(種村季弘のネオ・ラビリントス 7)　4200円　①4-309-62007-8

09620 シェルパ斉藤の東海自然歩道全踏破―213万歩の旅　斉藤政喜著　小学館　2001.1　301p　15cm　(小学館文庫)〈「213万歩の旅」(1992年刊)の改題〉　533円　①4-09-411006-2

09621 ミットフォード日本日記―英国貴族の見た明治　A.B.ミットフォード著, 長岡祥三訳　講談社　2001.2　298p　15cm　(講談社学術文庫)〈肖像あり〉　960円　①4-06-159474-5
作品 静岡訪問

09622 アタシはバイクで旅に出る。―お湯・酒・鉄馬三拍子紀行　1　国井律子著　枻出版社　2002.11　172p　15cm　(枻文庫)　600円　①4-87099-763-0

09623 とことんおでん紀行　新井由己著　光文社　2002.12　347p　15cm　(知恵の森文庫)　648円　①4-334-78198-5

09624 超秘湯に入ろう！　坂本衛著　筑摩書房　2003.4　344p　15cm　(ちくま文庫)〈「超秘湯!!」(山海堂1997年刊)の改題〉　780円　①4-480-03827-2

09625 万葉の旅　中　改訂新版　犬養孝著　平凡社　2004.1　361p　16cm　(平凡社ライブラリー)〈初版：社会思想社1964年刊　文献あり〉　1200円　①4-582-76489-4

09626 日本全国ローカル列車ひとり旅　遠森慶文・イラスト・写真　双葉社　2005.11　253p　19cm　1500円　①4-575-29847-6

09627 日本の秘境ツーリング―よりぬき「日本一を探す旅」　末飛登著, 培倶人編集部編　枻出版社　2007.5　187p　15cm　(枻文庫)〈標題紙の責任表示(誤植)：末飛人〉　650円　①978-4-7779-0765-6

09628 一宿一通―こころを紡ぐふれ愛のたび　金澤智行著　講談社　2007.11　190p　19cm　1200円　①978-4-06-214301-1

09629 にっぽん・海風魚旅　3(小魚びゅんびゅん荒波編)　椎名誠著　講談社　2008.1　341p　15cm　(講談社文庫)〈2004年刊の文庫化〉　800円　①978-4-06-275865-9

作品 駿河デカバラ作戦

09630 私の日本地図 1 天竜川に沿って 宮本常一著, 香月洋一郎編 未来社 2016.1 286p 19cm (宮本常一著作集別集)〈同友館 1967年刊の再刊〉 2400円 ①978-4-624-92486-7

09631 天白紀行 増補改訂版 山田宗睦著 名古屋 人間社 2016.6 284p 15cm (人間社文庫―日本の古層 1) 800円 ①978-4-908627-00-2

作品 駿河

09632 静岡で愉しむサイクリングライフ 白鳥和也著 静岡 静岡新聞社 2016.10 302p 19cm 1600円 ①978-4-7838-2252-3

目次 第1章 森町ふたたびの春(森町ふたたびの春), 第2章 ワタクシ的なる静岡県とは(静岡県のあれやこれや, 静岡県という地域を見る目 ほか), 第3章 思い出の轍を辿る(狩野川と田方平野と/狩野川中流下流, 田方の果ての鄙と雅/大仁 ほか), 第4章 われわれの旅の行方(道と時間と空間, 小さな円環/個人商店とサイクリング ほか), 第5章 ローカルな宇宙から(静岡で自転車に乗るということ, 静岡県は乗り物道楽県である ほか)

09633 またたび 菊池亜希子著 宝島社 2016.12 190p 19×19cm 1400円 ①978-4-8002-5815-1

09634 いきどまり鉄道の旅 北尾トロ著 河出書房新社 2017.8 278p 15cm (河出文庫)〈「駅長さん! これ以上先には行けないんすか」(2011年刊)の改題、加筆・修正〉 780円 ①978-4-309-41559-8

秋葉山

09635 百霊峰巡礼 第2集 立松和平著 東京新聞出版局 2008.4 307p 20cm 1800円 ①978-4-8083-0893-3

秋葉神社

09636 いつか旅するひとへ 勝谷誠彦著 潮出版社 1998.8 234p 20cm 1200円 ①4-267-01499-X

朝霧高原

09637 電車でめぐる富士山の旅―御殿場、富士宮、富士吉田、清水へ 甲斐みのり著 ウェッジ 2014.11 126p 21cm 1300円 ①978-4-86310-136-4

朝日山城

09638 古城の風景 2 一向一揆の城 徳川の城 今川の城 宮城谷昌光著 新潮社 2010.11 390p 16cm (新潮文庫)〈単行本3(2006年刊)、4(2007年刊)巻を合本して文庫化〉 552円 ①978-4-10-144438-3

目次 岡崎城, 井田城, 明大寺城, 松平館, 土井城, 三木城, 大草城, 上和田城, 西条城, 荒川城, 本證寺, 引間城, 浜松城, 見付端城, 横地城, 花倉城, 田中城, 朝日山城, 丸子城, 久野城, 馬伏塚城, 横須賀城, 高天神城

愛鷹山

09639 海山のあいだ 池内紀著 中央公論新社 2011.3 217p 16cm (中公文庫)〈マガジンハウス 1994年刊, 角川書店 1997年刊あり〉 590円 ①978-4-12-205458-5

網代温泉

09640 人情温泉紀行―演歌歌手・鏡五郎が訪ねた全国の名湯47選 鏡五郎著 マガジンランド 2008.5 235p 19cm〈年譜あり〉 1238円 ①978-4-944101-37-5

熱川温泉

09641 温泉百話―東の旅 種村季弘, 池内紀編 筑摩書房 1988.2 471p 15cm (ちくま文庫) 680円 ①4-480-02200-7

作品 年頭の混浴〔津島佑子〕

09642 いで湯浴泉記 大石真人著 新ハイキング社 1990.12 316p 19cm (新ハイキング選書 第11巻) 1700円 ①4-915184-12-9

09643 伊豆の旅 改版 川端康成著 中央公論新社 2015.11 312p 16cm (中公文庫)〈初版:中央公論社 1981年刊〉 1000円 ①978-4-12-206197-2

内容 一高生時代の"美しい旅の踊子との出会い"以来、伊豆は著者にとって第二の故郷となった。青春の日々をすごした伊豆を舞台とする大正から昭和初期の短篇小説と随筆を集成。小説は代表作「伊豆の踊子」ほか「伊豆の帰り」など七篇、随筆は「伊豆序説」「湯ヶ島温泉」「温泉女景色」「伊豆の思い出」など十八篇を収録する。

熱海駅

09644 東海道新幹線各駅停車の旅 甲斐みのり著 ウェッジ 2013.6 175p 21cm 1400円 ①978-4-86310-111-1

熱海温泉

09645 温泉百話―西の旅 種村季弘, 池内紀編 筑摩書房 1988.2 471p 15cm (ちくま文庫) 680円 ①4-480-02201-5

作品 温泉建築ウォッチング〔藤森照信〕

09646 温泉百話―東の旅 種村季弘, 池内紀編 筑摩書房 1988.2 471p 15cm (ちくま文庫) 680円 ①4-480-02200-7

作品 熱海の海岸〔谷内六郎〕

09647 晴浴雨浴日記 種村季弘著 河出書房新社 1989.3 250p 19cm 2500円 ①4-309-00554-3

09648 旅は道づれ湯はなさけ 辻真先著 徳間書店 1989.5 348p 15cm (徳間文庫) 580円 ①4-19-568760-8

09649 温泉旅日記 池内紀著 徳間書店 1996.9 277p 15cm (徳間文庫)〈河出書房新社1988年刊あり〉 540円 ①4-19-890559-2

09650 温泉徘徊記 種村季弘著 河出書房新社 1999.2 385p 20cm (種村季弘のネオ・ラビリントス 7) 4200円 ①4-309-62007-8

09651 品川ブログデラックス 品川ヒロシ著 ワニブックス 2008.6 221p 19cm 952円 ①978-4-8470-1775-9

目次 ブサイク4兄弟熱海温泉1泊旅行記, ブログ/4月, ブログ/5月, ブログ/6月

09652 湯探歩―お気楽極楽ヌルくてユル～い温泉紀行　山崎一夫文, 西原理恵子絵　日本文芸社　2014.12　175p　21cm　1000円　①978-4-537-26096-0

09653 時の名残り　津村節子著　新潮社　2017.3　247p　20cm　1600円　①978-4-10-314712-1
作品 台風の温泉地

09654 温泉天国　嵐山光三郎, 荒俣宏, 池内紀, 池波正太郎, 井伏鱒二, 植村直己, 岡本かの子, 岡本綺堂, 小川未明, 角田光代, 川端康成, 川本三郎, 北杜夫, 斎藤茂太, 坂口安吾, 高村光太郎, 武田百合子, 太宰治, 田辺聖子, 種村季弘, 田村隆一, 田山花袋, つげ義春, 平林たい子, 松本英子, 村上春樹, 室生犀星, 山下清, 柳美里, 横尾忠則, 吉川英治, 四谷シモン著　河出書房新社　2017.12　237p　19cm　（ごきげん文藝）　1600円　①978-4-309-02642-8
作品 熱海秘湯群漫遊記〔種村季弘〕

熱海市

09655 旅は靴ずれ、夜は寝酒　林真理子著　角川書店　1989.1　319p　15cm　（角川文庫）　420円　①4-04-157917-1

09656 オーケンの散歩マン旅マン　大槻ケンヂ著　新潮社　2003.6　245p　16cm　（新潮文庫）〈初版：学習研究社1999年刊〉　438円　①4-10-142925-1

09657 山の旅　明治・大正篇　近藤信行編　岩波書店　2003.9　445p　15cm　（岩波文庫）　700円　①4-00-311702-6
作品 旅の旅の旅〔正岡子規〕

09658 ほろ酔い旅　たつみ都志著　新風舎　2003.11　126p　19cm　1200円　①4-7974-3527-5

09659 オーケンのめくるめく脱力旅の世界　大槻ケンヂ著　新潮社　2004.4　266p　16cm　（新潮文庫）〈2001年刊の文庫化〉　438円　①4-10-142926-X

09660 地球のはぐれ方―東京するめクラブ　村上春樹, 吉本由美, 都築響一著　文藝春秋　2008.5　524p　16cm　（文春文庫）　1000円　①978-4-16-750208-9

09661 新発見 より道街あるき　大竹誠著　パロル舎　2008.6　187p　21cm　1600円　①978-4-89419-073-3

09662 にっぽん全国 百年食堂　椎名誠著　講談社　2013.1　222p　19cm　1400円　①978-4-06-217814-3

09663 風景は記憶の順にできていく　椎名誠著　集英社　2013.7　254p　18cm　（集英社新書―ノンフィクション）　760円　①978-4-08-720697-5

09664 漂う―古い土地 新しい場所　黒井千次著　毎日新聞社　2013.8　175p　20cm　1600円　①978-4-620-32221-6

09665 マンボウ最後の家族旅行　北杜夫著　実業之日本社　2014.10　253p　16cm　（実業之日本社文庫）〈2012年刊の増補〉　574円　①978-4-408-55189-0

熱海湾

09666 釣って開いて干して食う。　嵐山光三郎著　光文社　2010.4　274p　16cm　（光文社文庫）　571円　①978-4-334-74769-5

安倍川

09667 動くとき、動くもの　青木奈緒著　講談社　2005.11　333p　15cm　（講談社文庫）〈2002年刊の文庫化〉　600円　①4-06-275236-0

09668 ニッポンの山里　池内紀著　山と溪谷社　2013.1　254p　20cm　1500円　①978-4-635-28067-9

天城山

09669 みだれ籠―旅の手帖　津村節子著　文芸春秋　1989.11　285p　15cm　（文春文庫）　400円　①4-16-726507-9

09670 定本 七つの街道　井伏鱒二著　永田書房　1990.2

09671 みなかみ紀行　若山牧水著　中央公論社　1993.5　229p　15cm　（中公文庫）　400円　①4-12-201996-6
作品 雪の天城越

09672 望郷を旅する　石川啄木ほか著, 作品社編集部編　作品社　1998.4　251p　22cm　（新編・日本随筆紀行 大きな活字で読みやすい本―心にふるさとがある 15）　①4-87893-896-X, 4-87893-807-2
作品 伊豆天城〔川端康成〕

09673 わが愛する山々　深田久弥著　山と溪谷社　2011.6　381p　15cm　（ヤマケイ文庫）〈年譜あり〉　1000円　①978-4-635-04730-2

09674 山なんて嫌いだった　市毛良枝著　山と溪谷社　2012.2　286p　15cm　（ヤマケイ文庫）　880円　①978-4-635-04739-5

09675 伊豆の旅　改版　川端康成著　中央公論新社　2015.11　312p　16cm　（中公文庫）〈初版：中央公論社 1981年刊〉　1000円　①978-4-12-206197-2

天城峠

09676 バイクで越えた1000峠　賀曽利隆著　小学館　1998.8　280p　15cm　（小学館文庫）〈1995年刊の文庫化〉　514円　①4-09-411101-8

新居

09677 野武士、西へ―二年間の散歩　久住昌之著　集英社　2016.3　348p　16cm　（集英社文庫）〈2013年刊の文庫化〉　700円　①978-4-08-745422-2

安楽寺 まぶ湯

09678 誰も行けない温泉 前人未（湯）　大原利雄著　小学館　2004.1　169p　15cm　（小学館文庫）　733円　①4-09-411526-9

井伊谷

09679 天白紀行　増補改訂版　山田宗睦著　名

古屋　人間社　2016.6　284p　15cm　（人間社文庫―日本の古層 1）　800円　①978-4-908627-00-2

石部温泉

09680　いで湯浴泉記　大石真人著　新ハイキング社　1990.12　316p　19cm　（新ハイキング選書 第11巻）　1700円　①4-915184-12-9

09681　雲は旅人のように―湯の花紀行　池内紀著, 田淵裕一写真　日本交通公社出版事業局　1995.5　284p　19cm　1600円　①4-533-02163-8

石脇城

09682　古城の風景　3　北条の城 北条水軍の城　宮城谷昌光著　新潮社　2011.4　392p　16cm　（新潮文庫）〈単行本5（2008年刊）、6（2009年刊）巻を合本して文庫化〉　552円　①978-4-10-144439-0

伊豆温泉

09683　日本温泉めぐり　田山花袋著　角川春樹事務所　1997.11　324p　16cm　（ランティエ叢書 8）〈「温泉めぐり」（博文館1991年刊）の改題〉　1000円　①4-89456-087-9

09684　温泉めぐり　田山花袋著　岩波書店　2007.6　379p　15cm　（岩波文庫）　800円　①978-4-00-310217-6

伊豆海岸

09685　日本温泉めぐり　田山花袋著　角川春樹事務所　1997.11　324p　16cm　（ランティエ叢書 8）〈「温泉めぐり」（博文館1991年刊）の改題〉　1000円　①4-89456-087-9

09686　温泉めぐり　田山花袋著　岩波書店　2007.6　379p　15cm　（岩波文庫）　800円　①978-4-00-310217-6

伊豆片瀬温泉

09687　いで湯浴泉記　大石真人著　新ハイキング社　1990.12　316p　19cm　（新ハイキング選書 第11巻）　1700円　①4-915184-12-9

伊豆急行線

09688　日本全国ローカル列車ひとり旅　遠森慶文・イラスト・写真　双葉社　2005.11　253p　19cm　1500円　①4-575-29847-6

伊豆金山

09689　江戸の金山奉行大久保長安の謎　川上隆志著　現代書館　2012.3　222p　20cm〈年譜あり　文献あり〉　2000円　①978-4-7684-5669-9

伊豆高原駅

09690　テツはこんな旅をしている―鉄道旅行再発見　野田隆著　平凡社　2014.3　222p　18cm　（平凡社新書）　760円　①978-4-582-85722-1

伊豆山温泉

09691　温泉百話―東の旅　種村季弘, 池内紀編　筑摩書房　1988.2　471p　15cm　（ちくま文庫）　680円　①4-480-02200-7

［作品］伊豆山 蓬莱旅館〔田中康夫〕

09692　温泉旅行記　嵐山光三郎著　筑摩書房　2000.12　315p　15cm　（ちくま文庫）〈初版：JTB1997年刊〉　760円　①4-480-03589-3

09693　旅は道づれ雪月花　高峰秀子, 松山善三著　中央公論新社　2016.11　306p　16cm　（中公文庫）〈ハースト婦人画報社 2012年刊の再刊〉　760円　①978-4-12-206315-0

伊豆市

09694　文豪、偉人の「愛」をたどる旅　黛まどか著　集英社　2009.8　255p　18cm　1048円　①978-4-08-781427-9

伊豆地方

09695　柳田國男全集　3　柳田國男著　筑摩書房　1989.10　598p　15cm　（ちくま文庫）　1030円　①4-480-02403-4

（目次）水曜手帖, 北国紀行, 50年前の伊豆日記, 瑞西日記, ジュネーブの思い出, 菅江真澄

09696　泊酒喝采―美味、美酒、佳宿、掘り出し旅行記　柏井寿著　大阪　朱鷺書房　1992.1　209p　18cm　1000円　①4-88602-904-3

09697　汽車旅十五題　種村直樹著　日本交通公社　1992.4　230p　19cm　1300円　①4-533-01899-8

09698　みなかみ紀行　若山牧水著　中央公論社　1993.5　229p　15cm　（中公文庫）　400円　①4-12-201996-6

［作品］伊豆紀行

09699　心の虹―詩人のふるさと紀行　増田れい子著　労働旬報社　1996.8　247p　19cm　1800円　①4-8451-0441-5

09700　望郷を旅する　石川啄木ほか著, 作品社編集部編　作品社　1998.4　251p　22cm　（新編・日本随筆紀行 大きな活字で読みやすい本―心にふるさとがある 15）　①4-87893-896-X, 4-87893-807-2

［作品］伊豆天城〔川端康成〕

09701　秋山秀一の世界旅　秋山秀一著　八千代出版　1999.3　292p　19cm　1900円　①4-8429-1103-4

09702　日蓮紀行―世直しの道を訪ねて　武田京三文・写真　まどか出版　2000.10　190p　21cm〈年譜あり〉　1800円　①4-944235-02-X

09703　お徒歩 ニッポン再発見　岩見隆夫著　アールズ出版　2001.5　299p　20cm　1600円　①4-901226-20-7

09704　アタシはバイクで旅に出る。―お湯・酒・鉄馬三拍子紀行　2　国井律子著　枻出版社　2003.3　173p　15cm　（枻文庫）　600円　①4-87099-824-6

09705　日本の食材おいしい旅　向笠千恵子著　集英社　2003.7　250p　18cm　（集英社新書）　700円　①4-08-720202-X

09706　若山牧水―伊豆・箱根紀行　若山牧水著,

岡野弘彦監修, 村山道宣編　木蓮社　2003.11　286p　20cm　(伊豆・箱根名作の旅 1)〈星雲社(発売)〉　2400円　①4-434-03604-1

09707　食い道楽ひとり旅　柏井壽著　光文社　2005.11　260p　18cm　(光文社新書)　720円　①4-334-03332-6

09708　ナチュラル紀行―自然探求、自己発見の旅　川村均著　大阪　リトル・ガリヴァー社　2006.10　229p　20cm　1600円　①4-947683-90-2

(目次) 第1部 自然を求めて(近郊の山を歩く, 伊豆を歩く, 高原を歩く, 渓流を歩く, 湿原を歩く, 花を訪ねる, 世界遺産を歩く), 第2部 カナダに飛び立す(やってきましたバンクーバー, 一路ジャスパーへ, そしてバンフへ, 再びロッキー, バンフに二泊, 戻ってきましたバンクーバー, てんまつ)

09709　日本の秘境ツーリング―よりぬき「日本一を探す旅」　末飛登著, 培倶人編集部編　枻出版社　2007.5　187p　15cm　(枻文庫)〈標題紙の責任表示(誤植):末飛人〉　650円　①978-4-7779-0765-6

09710　伊豆の旅情―のんびり湯ったり湯ートピア　佐藤三武朗著　静岡　静岡新聞社　2008.10　157p　20cm　1400円　①978-4-7838-9738-5

09711　川端康成随筆集　川端康成著, 川西政明編　岩波書店　2013.12　485p　15cm　(岩波文庫)　900円　①978-4-00-310815-4

09712　いい感じの石ころを拾いに　宮田珠己著　河出書房新社　2014.5　135p　21cm〈文献あり〉　1600円　①978-4-309-02291-8

09713　伊豆の旅　改版　川端康成著　中央公論新社　2015.11　312p　16cm　(中公文庫)〈初版:中央公論社 1981年刊〉　1000円　①978-4-12-206197-2

伊豆長岡温泉

09714　日本温泉めぐり　田山花袋著　角川春樹事務所　1997.11　324p　16cm　(ランティエ叢書 8)〈「温泉めぐり」(博文館1991年刊)の改題〉　1000円　①4-89456-087-9

(作品) 北伊豆の温泉

09715　四次元温泉日記　宮田珠己著　筑摩書房　2015.1　294p　15cm　(ちくま文庫)〈2011年刊の文庫化〉　720円　①978-4-480-43238-4

伊豆箱根鉄道駿豆線

09716　汽車に乗った明治の文人たち―明治の鉄道紀行集　出口智之編　教育評論社　2014.1　286p　19cm〈文献あり〉　2400円　①978-4-905706-81-6

(作品) 修善寺行〔尾崎紅葉〕

伊豆半島

09717　イトシンののんびりツーリング　伊東信著　造形社　1988.5　175p　21cm　1300円　①4-88172-031-7

09718　日本浪漫紀行―風景、歴史、人情に魅せられて　呉善花著　PHP研究所　2005.10　259p　18cm　(PHP新書)　740円　①4-569-64157-1

09719　賀曽利隆の300日3000湯めぐり日本一周―6万5000キロのバイク旅　上巻　賀曽利隆著　昭文社　2008.9　286p　21cm　1600円　①978-4-398-21116-3

09720　つげ義春の温泉　つげ義春著　筑摩書房　2012.6　222p　15cm　(ちくま文庫)〈カタログハウス 2003年刊の再編集〉　780円　①978-4-480-42953-7

09721　新編 日本の旅あちこち　木山捷平著　講談社　2015.4　304p　16cm　(講談社文芸文庫)〈著作目録あり 年譜あり〉　1600円　①978-4-06-290268-7

(作品) 伊豆の春―静岡

09722　新選 小川未明秀作随想70―ふるさとの記憶　小川未明著, 小埜裕二編・解説　小平　蒼丘書林　2015.7　294p　21cm　2000円　①978-4-915442-22-3

(作品) 郷土と作家―伊豆半島を旅行して

09723　半島をゆく　第1巻　信長と戦国興亡編　安部龍太郎, 藤田達生著　小学館　2016.11　321p　19cm　1500円　①978-4-09-343442-3

伊豆北川温泉

09724　いで湯浴泉記　大石真人著　新ハイキング社　1990.12　316p　19cm　(新ハイキング選書 第11巻)　1700円　①4-915184-12-9

09725　旅あそび―朝日新聞連載「気まま旅」より　河村立司著　大阪　JDC　1997.10　221p　19×19cm〈1989年刊の改訂〉　1300円　①4-89008-220-4

伊東駅

09726　終着駅への旅　JR編　櫻井寛著　JTBパブリッシング　2013.8　222p　19cm　1300円　①978-4-533-09285-5

伊東温泉

09727　温泉百話―東の旅　種村季弘, 池内紀編　筑摩書房　1988.2　471p　15cm　(ちくま文庫)　680円　①4-480-02200-7

(作品) 伊東へ行くならヨイフロへ〔南伸坊〕　温浴〔坂口安吾〕　湯の町エレジー〔坂口安吾〕

09728　日本温泉めぐり　田山花袋著　角川春樹事務所　1997.11　324p　16cm　(ランティエ叢書 8)〈「温泉めぐり」(博文館1991年刊)の改題〉　1000円　①4-89456-087-9

(作品) 伊東の一夜

09729　温泉旅行記　嵐山光三郎著　筑摩書房　2000.12　315p　15cm　(ちくま文庫)〈初版:JTB1997年刊〉　760円　①4-480-03589-3

09730　温泉めぐり　田山花袋著　岩波書店　2007.6　379p　15cm　(岩波文庫)　800円　①978-4-00-310217-6

09731　温泉天国　嵐山光三郎, 荒俣宏, 池内紀, 池波正太郎, 井伏鱒二, 植村直己, 岡本かの子, 岡本綺堂, 小川未明, 角田光代, 川端康成, 川本三郎, 北杜夫, 斎藤茂太, 坂口安吾, 高村光太郎, 武田百合子, 太宰治, 田辺聖子, 種村季弘, 田村隆一, 田山

花袋, つげ義春, 平林たい子, 松本英子, 村上春樹, 室生犀星, 山下清, 柳美里, 横尾忠則, 吉川英治, 四谷シモン著　河出書房新社　2017.12　237p　19cm　(ごきげん文藝)　1600円　①978-4-309-02642-8
作品 温浴〔坂口安吾〕

伊東市

09732　バス旅 春夏秋冬　種村直樹著　中央書院　1997.3　285p　19cm　1700円　①4-88732-031-0
09733　新発見 より道街あるき　大竹誠著　パロル舎　2008.6　187p　21cm　1600円　①978-4-89419-073-3
09734　わしらは怪しい雑魚釣り隊　マグロなんかが釣れちゃった篇　椎名誠著　新潮社　2012.12　321p　16cm　(新潮文庫)　550円　①978-4-10-144837-4

引佐町

09735　ガラメキ温泉探険記　池内紀著　リクルート出版　1990.10　203p　19cm　1165円　①4-88991-196-0
作品 凱旋門
09736　海山のあいだ　池内紀著　中央公論新社　2011.3　217p　16cm　(中公文庫)〈マガジンハウス 1994年刊, 角川書店 1997年刊あり〉　590円　①978-4-12-205458-5
作品 風景読本—凱旋門

犬猫温泉

09737　誰も行けない温泉 前人未(湯)　大原利雄著　小学館　2004.1　169p　15cm　(小学館文庫)　733円　①4-09-411526-9

猪乃湯温泉

09738　いで湯浴泉記　大石真人著　新ハイキング社　1990.12　316p　19cm　(新ハイキング選書 第11巻)　1700円　①4-915184-12-9

今川館〔駿府城〕

09739　古城の風景　3　北条の城 北条水軍の城　宮城谷昌光著　新潮社　2011.4　392p　16cm　(新潮文庫)〈単行本5(2008年刊)、6(2009年刊)巻を合本して文庫化〉　552円　①978-4-10-144439-0

石廊崎

09740　新編 日本の旅あちこち　木山捷平著　講談社　2015.4　304p　16cm　(講談社文芸文庫)〈著作目録あり 年譜あり〉　1600円　①978-4-06-290268-7
作品 伊豆の春—静岡

岩地温泉

09741　雲に旅人のように—湯の花紀行　池内紀著, 田淵裕一写真　日本交通公社出版事業局　1995.5　284p　19cm　1600円　①4-533-02163-8
作品 浜の真砂に文かけば

岩戸山

09742　ハピネス気分で山歩き　平野恵理子著　山と渓谷社　2005.9　159p　21cm　1800円　①4-635-17168-X

宇佐美

09743　久住昌之のこんどは山かい!?　関東編　久住昌之著　山と溪谷社　2013.4　191p　19cm　1200円　①978-4-635-08006-4

うさみ観音寺

09744　地球のはぐれ方—東京するめクラブ　村上春樹, 吉本由美, 都築響一著　文藝春秋　2008.5　524p　16cm　(文春文庫)　1000円　①978-4-16-750208-9
09745　晴れた日は巨大仏を見に　宮田珠己著　幻冬舎　2009.10　342p　16cm　(幻冬舎文庫)〈文献あり　白水社2004年刊あり〉　648円　①978-4-344-41380-1

梅ヶ島温泉

09746　紀行文集 無明一杖　上甲平谷著　谷沢書房　1988.7　339p　19cm　2500円
作品 無明一杖
09747　秘湯を求めて　2　ないしょの秘湯　藤嶽彰英著　(大阪)保育社　1989.12　185p　19cm　1350円　①4-586-61102-2

瓜島温泉

09748　東海道寄り道紀行　種村季弘著　河出書房新社　2012.7　156p　20cm　1600円　①978-4-309-02121-8

江浦湾

09749　英国特派員の明治紀行　ハーバート・ジョージ・ポンティング著, 長岡祥三訳　新人物往来社　1988.2　217p　19cm　1800円　①4-404-01470-8
09750　英国人写真家の見た明治日本—この世の楽園・日本　ハーバート・G.ポンティング著, 長岡祥三訳　講談社　2005.5　330p　15cm　(講談社学術文庫)〈肖像あり〉　1100円　①4-06-159710-8

遠州渋川温泉

09751　いで湯浴泉記　大石真人著　新ハイキング社　1990.12　316p　19cm　(新ハイキング選書 第11巻)　1700円　①4-915184-12-9

大井川

09752　日本の名山　17　北岳　串田孫一, 今井通子, 今福龍太編　博品社　1997.8　253p　19cm〈文献あり〉　1600円　①4-938706-41-5
作品 大井川源頭行〔加田勝利〕
09753　山で見た夢—ある山岳雑誌編集者の記憶　勝峰富雄著　みすず書房　2010.5　285p　20cm　2600円　①978-4-622-07542-4
09754　ニッポンの山里　池内紀著　山と溪谷社　2013.1　254p　20cm　1500円　①978-4-635-

28067-9

大井川鐵道

09755 汽車旅十五題 種村直樹著 日本交通公社 1992.4 230p 19cm 1300円 ①4-533-01899-8

09756 車窓はテレビより面白い 宮脇俊三著 徳間書店 1992.8 254p 15cm (徳間文庫)〈1989年刊の文庫化〉 460円 ①4-19-597265-5

09757 日本あちこち乗り歩き 種村直樹著 中央書院 1993.10 310p 19cm 1600円 ①4-924420-84-0

09758 線路の果てに旅がある 宮脇俊三著 新潮社 1997.1 227p 15cm (新潮文庫)〈小学館1994年刊あり〉 400円 ①4-10-126813-4

09759 にっぽんローカル鉄道の旅 野田隆著 平凡社 2005.10 210p 18cm (平凡社新書) 780円 ①4-582-85292-0

09760 おいしいローカル線の旅 金久保茂樹著 朝日新聞社 2006.7 264p 15cm (朝日文庫―シリーズオトナ悠遊) 600円 ①4-02-261508-7

09761 鉄道フリーきっぷ達人の旅ワザ 所澤秀樹著 光文社 2014.7 268p 18cm (光文社新書) 800円 ①978-4-334-03809-0

大井川鐵道井川線

09762 汽車旅放浪記 関川夏央著 新潮社 2006.6 282p 20cm 1700円 ①4-10-387603-4

大井川鐵道大井川本線

09763 ショージ君の旅行鞄―東海林さだお自選 東海林さだお著 文芸春秋 2005.2 905p 16cm (文春文庫) 933円 ①4-16-717760-9
作品 蒸気機関車再び

大滝温泉

09764 旅は道づれ湯はなさけ 辻真先著 徳間書店 1989.5 348p 15cm (徳間文庫) 580円 ①4-19-568760-8

大野原

09765 みなかみ紀行 若山牧水著 中央公論社 1993.5 229p 15cm (中公文庫) 400円 ①4-12-201996-6
作品 大野原の夏草

大谷崩れ

09766 動くとき、動くもの 青木奈緒著 講談社 2005.11 333p 15cm (講談社文庫)〈2002年刊の文庫化〉 600円 ①4-06-275236-0

岡部町

09767 温泉百話―西の旅 種村季弘, 池内紀編 筑摩書房 1988.2 471p 15cm (ちくま文庫) 680円 ①4-480-02201-5
作品 七つの蓮華と幽霊の画〔正岡容〕

興津(静岡市清水区)

09768 第三阿房列車 内田百閒著 福武書店 1992.1 261p 15cm (福武文庫) 600円 ①4-8288-3237-8
作品 時雨の清見潟―興津阿房列車

09769 井上靖歴史紀行文集 第1巻 日本の旅 井上靖著 岩波書店 1992.1 23cm
作品 早春の伊豆・駿河

09770 日本紀行 井上靖著 岩波書店 1993.12 252p 16cm (同時代ライブラリー) 1000円 ①4-00-260169-2
作品 早春の伊豆・駿河

奥伊豆

09771 奥伊豆・観音温泉 野口冬人編 現代旅行研究所 2007.12 183p 21cm (旅行作家文庫) 1500円 ①978-4-87482-095-7
目次 はじめに 健康産業としての温泉経営を目指しています, 第1章 対談・観音温泉を語る(奥伊豆の地に根づいた観音温泉―その成り立ちを語る, 十年先を見つめての開発を進める―飲泉・化粧品開発から有機農業、太陽光へ), 第2章 観音温泉物語(観音温泉物語, 観音温泉の心, 観音温泉で美しく, 観音温泉の食, 観音温泉で鍛える), 第3章 文学・歴史・周辺の旅(奥伊豆の文学散歩, 下田・松崎の歴史散策, 観音温泉周辺の観光スポット, 観音温泉へのアクセス), 第4章 観音の湯の効果(アトピー性皮膚炎が温泉で治った, 術後回復の温泉体験日記)

奥大井

09772 日本へんきょう紀行 岳真也著 廣済堂出版 1991.6 299p 15cm (廣済堂文庫) 460円 ①4-331-65099-5

09773 メルヘン紀行 みやこうせい著 未知谷 2005.5 237p 20cm 2200円 ①4-89642-129-9

09774 東海道寄り道紀行 種村季弘著 河出書房新社 2012.7 156p 20cm 1600円 ①978-4-309-02121-8

奥下田

09775 奥伊豆・観音温泉 野口冬人編 現代旅行研究所 2007.12 183p 21cm (旅行作家文庫) 1500円 ①978-4-87482-095-7

御前崎市

09776 わしらは怪しい雑魚釣り隊 椎名誠著 新潮社 2009.5 334p 16cm (新潮文庫)〈マガジン・マガジン平成20年刊の加筆訂正〉 552円 ①978-4-10-144832-9
作品 演歌焚き火の夜はふけて

09777 廃墟旅 中田薫構成, 中筋純撮影 アスペクト 2009.11 127p 19×23cm 2000円 ①978-4-7572-1724-9

09778 いい感じの石ころを拾いに 宮田珠己著 河出書房新社 2014.5 135p 21cm〈文献あり〉 1600円 ①978-4-309-02291-8

柿田川

09779 ヤポネシア讃歌 立松和平著 講談社

1990.6　261p　19cm　1200円　①4-06-204887-6

09780　水の旅 川の漁　立松和平文, 大塚高雄写真　世界文化社　1993.8　250p　19cm　1600円　①4-418-93509-6

09781　中部日本を歩く　立松和平著, 黒古一夫編　勉誠出版　2006.4　389p　22cm　（立松和平日本を歩く 第3巻）　2600円　①4-585-01173-0

岳南鉄道

09782　うっかり鉄道―おんなふたり、ローカル線めぐり旅　能町みね子著　メディアファクトリー　2010.10　205p　19cm　1100円　①978-4-8401-3545-0

掛川駅

09783　東海道新幹線各駅停車の旅　甲斐みのり著　ウェッジ　2013.6　175p　21cm　1400円　①978-4-86310-111-1

掛川市

09784　黄昏のムービー・パレス　村松友視著, 横山良一写真　平凡社　1989.7　218p　19cm　1240円　①4-582-28215-6

09785　黄金伝説―「近代成金たちの夢の跡」探訪記　荒俣宏著, 高橋昇写真　集英社　1990.4　253p　21cm　1500円　①4-08-772731-9

09786　旅は人生―日本人の風景を歩く　森本哲郎著　PHP研究所　2006.12　372p　15cm　（PHP文庫）〈「旅の半空」(新潮社1997年刊) の改題〉　648円　①4-569-66745-7

09787　テツはこんな旅をしている―鉄道旅行再発見　野田隆著　平凡社　2014.3　222p　18cm　（平凡社新書）　760円　①978-4-582-85722-1

09788　ニッポン周遊記―町の見つけ方・歩き方・つくり方　池内紀著　青土社　2014.7　325p　20cm　2400円　①978-4-7917-6777-9

09789　ちいさな城下町　安西水丸著　文藝春秋　2016.11　267p　16cm　（文春文庫）〈2014年刊の文庫化〉　630円　①978-4-16-790734-1

掛川城

09790　三津五郎 城めぐり　坂東三津五郎著　三月書房　2010.11　117p　22cm　2200円　①978-4-7826-0211-9

09791　古城の風景　3　北条の城 北条水軍の城　宮城谷昌光著　新潮社　2011.4　392p　16cm　（新潮文庫）〈単行本5 (2008年刊)、6 (2009年刊) 巻を合本して文庫化〉　552円　①978-4-10-144439-0

柏久保城

09792　古城の風景　3　北条の城 北条水軍の城　宮城谷昌光著　新潮社　2011.4　392p　16cm　（新潮文庫）〈単行本5 (2008年刊)、6 (2009年刊) 巻を合本して文庫化〉　552円　①978-4-10-144439-0

片瀬こぼれ湯

09793　誰も行けない温泉 前人未（湯）　大原利雄著　小学館　2004.1　169p　15cm　（小学館文庫）　733円　①4-09-411526-9

勝間田城

09794　古城の風景　3　北条の城 北条水軍の城　宮城谷昌光著　新潮社　2011.4　392p　16cm　（新潮文庫）〈単行本5 (2008年刊)、6 (2009年刊) 巻を合本して文庫化〉　552円　①978-4-10-144439-0

桂川

09795　旅の出会い　井伏鱒二著, 東郷克美, 前田貞昭編　筑摩書房　2004.10　334p　15cm　（ちくま文庫―井伏鱒二文集 2）　1100円　①4-480-03982-1

金谷駅

09796　鉄道フリーきっぷ達人の旅ワザ　所澤秀樹著　光文社　2014.7　268p　18cm　（光文社新書）　800円　①978-4-334-03809-0

狩野川

09797　東海道寄り道紀行　種村季弘著　河出書房新社　2012.7　156p　20cm　1600円　①978-4-309-02121-8

09798　荒ぶる自然―日本列島天変地異録　高田宏著　神戸　苦楽堂　2016.6　303, 7p　19cm〈新潮社 1997年刊の再刊　年表あり 索引あり〉　1800円　①978-4-908087-03-5

09799　静岡で愉しむサイクリングライフ　白鳥和也著　静岡　静岡新聞社　2016.10　302p　19cm　1600円　①978-4-7838-2252-3

狩野城〔柿木城〕

09800　古城の風景　3　北条の城 北条水軍の城　宮城谷昌光著　新潮社　2011.4　392p　16cm　（新潮文庫）〈単行本5 (2008年刊)、6 (2009年刊) 巻を合本して文庫化〉　552円　①978-4-10-144439-0

葛山城

09801　古城の風景　3　北条の城 北条水軍の城　宮城谷昌光著　新潮社　2011.4　392p　16cm　（新潮文庫）〈単行本5 (2008年刊)、6 (2009年刊) 巻を合本して文庫化〉　552円　①978-4-10-144439-0

河津町

09802　日本温泉めぐり　田山花袋著　角川春樹事務所　1997.11　324p　16cm　（ランティエ叢書 8）〈「温泉めぐり」(博文館1991年刊) の改題〉　1000円　①4-89456-087-9
　作品　南伊豆の温泉

09803　たびたびの旅　安西水丸著　フレーベル館　1998.10　19cm

09804　日本全国ローカル線おいしい旅　嵐山光三郎著　講談社　2004.3　246p　18cm　（講談

中部

社現代新書） 700円 ①4-06-149710-3

河津浜温泉

09805 誰も行けない温泉 前人未（湯） 大原利雄著 小学館 2004.1 169p 15cm （小学館文庫） 733円 ①4-09-411526-9

舘山寺温泉

09806 紀行文集 無明一杖 上甲平谷著 谷沢書房 1988.7 339p 19cm 2500円
作品 天の橋立へ

函南原生林

09807 日本の森を歩く 池内紀文, 柳木昭信写真 山と渓谷社 2001.6 277p 22cm 1800円 ①4-635-28047-0

09808 ツーリング・ライフ―自由に、そして孤独に 新装増補版 斎藤純著 春秋社 2004.3 274p 20cm〈2001年刊の新装増補〉 1800円 ①4-393-43624-5

09809 森へ行く日 光野桃著 山と溪谷社 2010.7 128, 15p 21cm〈文献あり〉 1600円 ①978-4-635-08005-7

観音温泉

09810 いで湯浴泉記 大石真人著 新ハイキング社 1990.12 316p 19cm （新ハイキング選書 第11巻） 1700円 ①4-915184-12-9

09811 奥伊豆・観音温泉 野口冬人編 現代旅行研究所 2007.12 183p 21cm （旅行作家文庫） 1500円 ①978-4-87482-095-7

京丸山

09812 山頂の憩い―『日本百名山』その後 深田久弥著 新潮社 2000.5 186p 16cm （新潮文庫）〈肖像あり〉 400円 ①4-10-122003-4

玉泉寺

09813 新編 日本の旅あちこち 木山捷平著 講談社 2015.4 304p 16cm （講談社文芸文庫）〈著作目録あり 年譜あり〉 1600円 ①978-4-06-290268-7
作品 伊豆の春―静岡

金時山

09814 初めての山へ六〇年後に 本多勝一著 山と溪谷社 2009.11 221p 22cm 2000円 ①978-4-635-33044-2

口坂本温泉

09815 いで湯浴泉記 大石真人著 新ハイキング社 1990.12 316p 19cm （新ハイキング選書 第11巻） 1700円 ①4-915184-12-9

久能山

09816 徳川家康歴史紀行5000キロ 宮脇俊三著 講談社 1998.4 227p 15cm （講談社文庫）〈「徳川家康タイムトラベル」（1983年刊）の改題〉 400円 ①4-06-263753-7

09817 近松秋江全集 第7巻 オンデマンド版 近松秋江著, 紅野敏郎, 和田謹吾, 中尾務, 遠藤英雄, 田沢基久, 笹瀬王子編集委員 八木書店古書出版部 2014.2 502, 34p 21cm〈初版：八木書店 1993年刊 印刷・製本：デジタルパブリッシングサービス 発売：八木書店〉 12000円 ①978-4-8406-3492-2
作品 駿河湾の一夏

久野城

09818 古城の風景 2 一向一揆の城 徳川の城 今川の城 宮城谷昌光著 新潮社 2010.11 390p 16cm （新潮文庫）〈単行本3（2006年刊）、4（2007年刊）巻を合本して文庫化〉 552円 ①978-4-10-144438-3

気田川

09819 川を下って都会の中へ―こぎおろしエッセイ 野田知佑著 小学館 1988.10 237p 20cm （Be-pal books）〈著者の肖像あり〉 1200円 ①4-09-366322-X

興国寺城

09820 古城の風景 3 北条の城 北条水軍の城 宮城谷昌光著 新潮社 2011.4 392p 16cm （新潮文庫）〈単行本5（2008年刊）、6（2009年刊）巻を合本して文庫化〉 552円 ①978-4-10-144439-0

河内温泉

09821 温泉百話―東の旅 種村季弘, 池内紀編 筑摩書房 1988.2 471p 15cm （ちくま文庫） 680円 ①4-480-02200-7
作品 奥伊豆日記 抄〔徳川夢声〕

09822 いで湯浴泉記 大石真人著 新ハイキング社 1990.12 316p 19cm （新ハイキング選書 第11巻） 1700円 ①4-915184-12-9

御殿場駅

09823 電車でめぐる富士山の旅―御殿場、富士宮、富士吉田、清水へ 甲斐みのり著 ウェッジ 2014.11 126p 21cm 1300円 ①978-4-86310-136-4

御殿場市

09824 ふわふわワウワウ―唄とカメラと時刻表 みなみらんぼう著 旅行読売出版社 1996.7 207p 19cm 1100円 ①4-89752-601-9
作品 絶景の富士山を捜す旅

09825 はじめての山 熊谷榧絵・文 八王子 白山書房 2008.8 219p 19cm 1900円 ①978-4-89475-123-1

09826 にっぽん全国 百年食堂 椎名誠著 講談社 2013.1 222p 19cm 1400円 ①978-4-06-217814-3

御殿場線

09827 車窓はテレビより面白い 宮脇俊三著 徳間書店 1992.8 254p 15cm （徳間文庫）〈1989年刊の文庫化〉 460円 ①4-19-597265-5

小山城

09828 古城の風景 3 北条の城 北条水軍の城 宮城谷昌光著 新潮社 2011.4 392p 16cm (新潮文庫)〈単行本5(2008年刊)、6(2009年刊)巻を合本して文庫化〉 552円 ①978-4-10-144439-0

柴屋寺

09829 紀行文集 無明一杖 上甲平谷著 谷沢書房 1988.7 339p 19cm 2500円
作品 無明一杖

09830 井上靖歴史紀行文集 第1巻 日本の旅 井上靖著 岩波書店 1992.1 23cm
作品 早春の伊豆・駿河

09831 日本紀行 井上靖著 岩波書店 1993.12 252p 16cm (同時代ライブラリー) 1000円 ①4-00-260169-2
作品 早春の伊豆・駿河

相良港

09832 秋葉みち 信州街道をゆく 沢田猛文, 加藤伸幸絵 (舞阪町)ひくまの出版 1988.6 187p 19cm 1500円 ①4-89317-109-7

三枚橋城

09833 古城の風景 3 北条の城 北条水軍の城 宮城谷昌光著 新潮社 2011.4 392p 16cm (新潮文庫)〈単行本5(2008年刊)、6(2009年刊)巻を合本して文庫化〉 552円 ①978-4-10-144439-0

静岡駅

09834 東海道新幹線各駅停車の旅 甲斐みのり著 ウェッジ 2013.6 175p 21cm 1400円 ①978-4-86310-111-1

静岡市

09835 エンピツ絵描きの一人旅 安西水丸著 新潮社 1991.10 213p 19cm 1300円 ①4-10-373602-X

09836 こんにちは、ふるさと 俵万智著 河出書房新社 1995.5 76p 20×18cm 1500円 ①4-309-00983-2
作品 春を食べよう―静岡

09837 ビルマ商人の日本訪問記 ウ・フラ著, 土橋泰子訳 連合出版 2007.10 238p 20cm (別世界との出会い 2) 2500円 ①978-4-89772-226-9

09838 すすれ!麺の甲子園 椎名誠著 新潮社 2010.10 365p 16cm (新潮文庫) 590円 ①978-4-10-144836-7

09839 漂う―古い土地 新しい場所 黒井千次著 毎日新聞社 2013.8 175p 20cm 1600円 ①978-4-620-32221-6

09840 鏡花紀行文集 泉鏡花著, 田中励儀編 岩波書店 2013.12 454p 15cm (岩波文庫)〈底本:鏡花全集 第27巻・第28巻(1942年刊)〉 900円 ①978-4-00-312719-3
作品 道中一枚絵 その一(箱根・静岡)

09841 ふらり珍地名の旅 今尾恵介著 筑摩書房 2015.2 216, 4p 19cm〈索引あり〉 1500円 ①978-4-480-87882-3
作品 四つの「同音異字地名」の謎―かぎあな・鍵穴・桑木穴・香木穴(静岡県富士市・静岡市)

09842 ふらり旅 いい酒 いい肴 2 太田和彦著 主婦の友社 2015.8 135p 21cm 1400円 ①978-4-07-299938-7

静岡浅間神社

09843 井上靖歴史紀行文集 第1巻 日本の旅 井上靖著 岩波書店 1992.1 23cm
作品 早春の伊豆・駿河

09844 日本紀行 井上靖著 岩波書店 1993.12 252p 16cm (同時代ライブラリー) 1000円 ①4-00-260169-2
作品 早春の伊豆・駿河

十国峠

09845 ぼくらは怪談巡礼団 加門七海, 東雅夫著 KADOKAWA 2014.6 301p 19cm (〔幽BOOKS〕) 1400円 ①978-4-04-066760-7

島田市

09846 旅は人生―日本人の風景を歩く 森本哲郎著 PHP研究所 2006.12 372p 15cm (PHP文庫)〈「旅の半空」(新潮社1997年刊)の改題〉 648円 ①4-569-66745-7

清水駅

09847 電車でめぐる富士山の旅―御殿場、富士宮、富士吉田、清水へ 甲斐みのり著 ウェッジ 2014.11 126p 21cm 1300円 ①978-4-86310-136-4

清水区(静岡市)

09848 野武士、西へ―二年間の散歩 久住昌之著 集英社 2016.3 348p 16cm (集英社文庫)〈2013年刊の文庫化〉 700円 ①978-4-08-745422-2

清水港

09849 この町へ行け 嵐山光三郎著 ティビーエス・ブリタニカ 1995.10 284p 18cm 1300円 ①4-484-95222-X

下田港

09850 日本ぶらり 3 開国・開港の地を行く 1 改訂版 山下一正著 大阪 サンセン出版 2004.10 340, 6p 19cm (日本紀行シリーズ 3)〈文献あり 2004年9月刊の改訂〉 2800円 ①4-921038-07-4

09851 近松秋江全集 第7巻 オンデマンド版 近松秋江著, 紅野敏郎, 和田謹吾, 中尾務, 遠藤英雄, 田沢基久, 笹瀬王子編集委員 八木書店古書出版部 2014.2 502, 34p 21cm〈初版:八木書店 1993年刊 印刷・製本:デジタルパブリッ

シングサービス　発売：八木書店〉　12000円　Ⓘ978-4-8406-3492-2
作品 下田の港

下田市

09852 エンピツ絵描きの一人旅　安西水丸著　新潮社　1991.10　213p　19cm　1300円　Ⓘ4-10-373602-X

09853 碧い眼の太郎冠者　ドナルド・キーン著　中央公論新社　2001.7　188p　21cm　(Chuko on demand books)　2000円　Ⓘ4-12-550026-6
作品 十二の印象

09854 江戸の旅人 吉田松陰—遊歴の道を辿る　海原徹著　京都　ミネルヴァ書房　2003.2　378p　22cm〈年譜あり〉　4800円　Ⓘ4-623-03704-5

09855 旅の出会い　井伏鱒二著, 東郷克美, 前田貞昭編　筑摩書房　2004.10　334p　15cm　(ちくま文庫—井伏鱒二文集 2)　1100円　Ⓘ4-480-03982-1

09856 港町に行こう！—歴史と人情とうまい魚を求めて　青山誠文　技術評論社　2005.12　143p　22cm　(小さな旅)　1480円　Ⓘ4-7741-2543-1

09857 奥伊豆・観音温泉　野口冬人編　現代旅行研究所　2007.12　183p　21cm　(旅行作家文庫)　1500円　Ⓘ978-4-87482-095-7

09858 新発見 より道街あるき　大竹誠著　パロル舎　2008.6　187p　21cm　1600円　Ⓘ978-4-89419-073-3

09859 文豪、偉人の「愛」をたどる旅　黛まどか著　集英社　2009.8　255p　18cm　1048円　Ⓘ978-4-08-781427-9

09860 名探偵浅見光彦の食いしん坊紀行　内田康夫著　実業之日本社　2010.10　257p　16cm　(実業之日本社文庫)〈2000年刊の再編集〉　724円　Ⓘ978-4-408-55000-8

09861 徒歩旅行—今日読んで明日旅する12の町　若菜晃子編著　暮しの手帖社　2011.9　136p　28cm　(暮しの手帖別冊)　762円

09862 下駄で歩いた巴里—林芙美子紀行集　林芙美子著, 立松和平編　岩波書店　2012.4　331p　15cm　(岩波文庫)〈第5刷(第1刷2003年)〉　700円　Ⓘ4-00-311692-5
作品 下田港まで

09863 大人のまち歩き　秋山秀一著　新典社　2013.5　231p　21cm　1600円　Ⓘ978-4-7879-7851-6

09864 漂う—古い土地 新しい場所　黒井千次著　毎日新聞社　2013.8　175p　20cm　1600円　Ⓘ978-4-620-32221-6

09865 旅の途中で　改版　高倉健著　新潮社　2014.12　235p　15cm　(新潮文庫)　550円　Ⓘ978-4-10-125411-1

下田城

09866 古城の風景　3　北条の城 北条水軍の城　宮城谷昌光著　新潮社　2011.4　392p　16cm　(新潮文庫)〈単行本5(2008年刊)、6(2009年刊)巻を合本して文庫化〉　552円　Ⓘ978-4-10-144439-0

修善寺

09867 旅しました。—スター旅紀行　(大阪)関西テレビ放送　1988.9　80p　30cm　980円　Ⓘ4-906256-06-6
作品 娘ともない三島・修善寺〔冨士真奈美〕

09868 漱石日記　夏目漱石著, 平岡敏夫編　岩波書店　1990.4　280p　15cm　(岩波文庫)　460円　Ⓘ4-00-319002-5
目次 ロンドン留学日記, 『それから』日記, 満韓紀行日記, 修善寺大患日記, 明治の終焉日記, 大正三年家庭日記, 大正五年最終日記

09869 いつか旅するひとへ　勝谷誠彦著　潮出版社　1998.8　234p　20cm　1200円　Ⓘ4-267-01499-X

09870 山の旅　明治・大正篇　近藤信行編　岩波書店　2003.9　445p　15cm　(岩波文庫)　700円　Ⓘ4-00-311702-6
作品 旅の旅の旅〔正岡子規〕

09871 名探偵浅見光彦のニッポン不思議紀行　内田康夫著　集英社　2006.2　270p　16cm　(集英社文庫)〈学習研究社2001年刊あり〉　600円　Ⓘ4-08-746013-4

09872 全ての装備を知恵に置き換えること　石川直樹著　集英社　2009.11　263p　16cm　(集英社文庫)〈晶文社2005年刊の加筆・修正〉　552円　Ⓘ978-4-08-746500-6

09873 鏡花紀行文集　泉鏡花著, 田中励儀編　岩波書店　2013.12　454p　15cm　(岩波文庫)〈底本：鏡花全集 第27巻・第28巻(1942年刊)〉　900円　Ⓘ978-4-00-312719-3
作品 鳥影

修善寺温泉

09874 日本温泉めぐり　田山花袋著　角川春樹事務所　1997.11　324p　16cm　(ランティエ叢書 8)〈「温泉めぐり」(博文館1991年刊)の改題〉　1000円　Ⓘ4-89456-087-9
作品 北伊豆の温泉

09875 温泉旅行記　嵐山光三郎著　筑摩書房　2000.12　315p　15cm　(ちくま文庫)〈初版：JTB1997年刊〉　760円　Ⓘ4-480-03589-3

09876 幻想秘湯巡り　南條竹則著　同朋舎, 角川書店〔発売〕　2001.10　205p　21cm　(ホラージャパネスク叢書)　1400円　Ⓘ4-8104-2717-X

09877 お友だちからお願いします　三浦しをん著　大和書房　2012.8　290p　20cm　1400円　Ⓘ978-4-479-68171-7
作品 母と一緒に修善寺温泉

新富士駅

09878 東海道新幹線各駅停車の旅　甲斐みのり著　ウェッジ　2013.6　175p　21cm　1400円　Ⓘ978-4-86310-111-1

巣雲山

09879 久住昌之のこんどは山かい!? 関東編 久住昌之著 山と溪谷社 2013.4 191p 19cm 1200円 ①978-4-635-08006-4

寸又峡温泉

09880 山で見た夢―ある山岳雑誌編集者の記憶 勝峰富雄著 みすず書房 2010.5 285p 20cm 2600円 ①978-4-622-07542-4

09881 なにもない旅 なにもしない旅 雨宮処凛著 光文社 2010.9 222p 16cm （光文社知恵の森文庫） 686円 ①978-4-334-78564-2

駿河湾

09882 電車でめぐる富士山の旅―御殿場、富士宮、富士吉田、清水へ 甲斐みのり著 ウェッジ 2014.11 126p 21cm 1300円 ①978-4-86310-136-4

諏訪原城

09883 古城の風景 3 北条の城 北条水軍の城 宮城谷昌光著 新潮社 2011.4 392p 16cm （新潮文庫）〈単行本5(2008年刊)、6(2009年刊)巻を合本して文庫化〉 552円 ①978-4-10-144439-0

駿府城

09884 廃墟となった戦国名城 澤宮優著 河出書房新社 2010.12 193p 20cm〈文献あり〉 1700円 ①978-4-309-22535-7

接岨峡温泉

09885 駅前温泉汽車の旅 PART1 九州・四国・中国・近畿・東海・北陸・首都圏周辺篇 種村直樹著 徳間書店 1993.4 236p 19cm 1300円 ①4-19-555163-3

浅間大社

09886 電車でめぐる富士山の旅―御殿場、富士宮、富士吉田、清水へ 甲斐みのり著 ウェッジ 2014.11 126p 21cm 1300円 ①978-4-86310-136-4

千頭駅

09887 駅を旅する 種村直樹著 和光 SiGnal 2007.12 245p 19cm〈中央公論社1984年刊の新装版〉 1300円 ①978-4-902658-10-1

千本松原

09888 みなかみ紀行 新編 若山牧水著, 池内紀編 岩波書店 2002.3 266p 15cm （岩波文庫） 600円 ①4-00-310522-2
作品 沼津千本松原

09889 若山牧水―伊豆・箱根紀行 若山牧水著, 岡野弘彦監修, 村山道宣編 木蓮社 2003.11 286p 20cm （伊豆・箱根名作の旅 1）〈星雲社（発売）〉 2400円 ①4-434-03604-1
作品 沼津千本松原

千枚岳

09890 子づれの山 熊谷榧絵と文 八王子 白山書房 2009.8 222p 19cm （〔榧・画文集 2〕） 1900円 ①978-4-89475-135-4

大福寺

09891 古寺巡礼 辻井喬著 角川春樹事務所 2011.5 253p 16cm （ハルキ文庫）〈2009年刊の文庫化〉 667円 ①978-4-7584-3556-7

大宝山

09892 みなみらんぼう山の詩――歩二歩山歩2 みなみらんぼう著 中央公論新社 2002.10 189p 21cm 1900円 ①4-12-003321-X

田方平野

09893 静岡で愉しむサイクリングライフ 白鳥和也著 静岡 静岡新聞社 2016.10 302p 19cm 1600円 ①978-4-7838-2252-3

高天神城

09894 日本紀行―「埋もれた古城」と「切支丹の里」 遠藤周作著 光文社 2006.2 405p 16cm （知恵の森文庫） 724円 ①4-334-78407-0

09895 古城の風景 2 一向一揆の城 徳川の城 今川の城 宮城谷昌光著 新潮社 2010.11 390p 16cm （新潮文庫）〈単行本3(2006年刊)、4(2007年刊)巻を合本して文庫化〉 552円 ①978-4-10-144438-3

田中城

09896 古城の風景 2 一向一揆の城 徳川の城 今川の城 宮城谷昌光著 新潮社 2010.11 390p 16cm （新潮文庫）〈単行本3(2006年刊)、4(2007年刊)巻を合本して文庫化〉 552円 ①978-4-10-144438-3

丹那トンネル

09897 むかしの汽車旅 出久根達郎編 河出書房新社 2012.7 259p 15cm （河出文庫） 760円 ①978-4-309-41164-4
作品 丹那トンネル開通祝い〔原民喜〕

中部天竜駅

09898 阿川弘之自選紀行集 阿川弘之著 JTB 2001.12 317p 20cm 2200円 ①4-533-04030-6
作品 飯田線追想紀行

爪木崎

09899 私の海の地図 石原慎太郎著 世界文化社 2015.10 319p 20cm 3000円 ①978-4-418-15514-9

鉄舟寺

09900 とっておきの寺社詣で 三木露風ほか著, 作品社編集部編 作品社 1998.4 251p 22cm （新編・日本随筆紀行 大きな活字で読みやすい本―心にふるさとがある 14） ①4-87893-895-

中部

1, 4-87893-807-2
作品 鉄舟の鉄舟寺VS樗牛の龍華寺〔村松友視〕

天竜浜名湖線

09901 朝湯、昼酒、ローカル線―かっちゃんの鉄修行 勝谷誠彦著 文芸春秋 2007.12 321p 16cm (文春文庫plus)〈「勝谷誠彦の地列車大作戦」(JTB2002年刊) の改題〉 629円 ①978-4-16-771320-1

09902 おんなひとりの鉄道旅 東日本編 矢野直美著 小学館 2008.7 217p 15cm (小学館文庫)〈2005年刊の単行本を2分冊にして文庫化〉 600円 ①978-4-09-408286-9

09903 テツはこんな旅をしている―鉄道旅行再発見 野田隆著 平凡社 2014.3 222p 18cm (平凡社新書) 760円 ①978-4-582-85722-1

土肥

09904 雲は旅人のように―湯の花紀行 池内紀著, 田淵裕一写真 日本交通公社出版事業局 1995.5 284p 19cm 1600円 ①4-533-02163-8
作品 浜の真砂に文かけば

09905 日本温泉めぐり 田山花袋著 角川春樹事務所 1997.11 324p 16cm (ランティエ叢書 8)〈「温泉めぐり」(博文館1991年刊) の改題〉 1000円 ①4-89456-087-9
作品 北伊豆の温泉

09906 廃墟旅 中田薫構成, 中筋純撮影 アスペクト 2009.11 127p 19×23cm 2000円 ①978-4-7572-1724-9

堂ヶ島

09907 雲は旅人のように―湯の花紀行 池内紀著, 田淵裕一写真 日本交通公社出版事業局 1995.5 284p 19cm 1600円 ①4-533-02163-8
作品 浜の真砂に文かけば

09908 新編 日本の旅あちこち 木山捷平著 講談社 2015.4 304p 16cm (講談社文芸文庫)〈著作目録あり 年譜あり〉 1600円 ①978-4-06-290268-7
作品 伊豆の春―静岡

堂ヶ島温泉

09909 旅は道づれ湯はなさけ 辻真先著 徳間書店 1989.5 348p 15cm (徳間文庫) 580円 ①4-19-568760-8

遠江

09910 天白紀行 増補改訂版 山田宗睦著 名古屋 人間社 2016.6 284p 15cm (人間社文庫―日本の古層 1) 800円 ①978-4-908627-00-2

徳倉城〔戸倉城〕

09911 古城の風景 3 北条の城 北条水軍の城 宮城谷昌光著 新潮社 2011.4 392p 16cm (新潮文庫)〈単行本5 (2008年刊)、6 (2009年刊) 巻を合本して文庫化〉 552円 ①978-4-10-144439-0

特急「あさぎり」

09912 汽車旅十五題 種村直樹著 日本交通公社 1992.4 230p 19cm 1300円 ①4-533-01899-8

登呂遺跡

09913 井上靖歴史紀行文集 第1巻 日本の旅 井上靖著 岩波書店 1992.1 23cm
作品 早春の伊豆・駿河

09914 日本紀行 井上靖著 岩波書店 1993.12 252p 16cm (同時代ライブラリー) 1000円 ①4-00-260169-2
作品 早春の伊豆・駿河

長久保城

09915 古城の風景 3 北条の城 北条水軍の城 宮城谷昌光著 新潮社 2011.4 392p 16cm (新潮文庫)〈単行本5 (2008年刊)、6 (2009年刊) 巻を合本して文庫化〉 552円 ①978-4-10-144439-0

長浜城

09916 古城の風景 3 北条の城 北条水軍の城 宮城谷昌光著 新潮社 2011.4 392p 16cm (新潮文庫)〈単行本5 (2008年刊)、6 (2009年刊) 巻を合本して文庫化〉 552円 ①978-4-10-144439-0

西伊豆

09917 今昔温泉物語 伊豆・箱根、関東篇 山本容朗選, 日本ペンクラブ編 福武書店 1990.7 265p 15cm (福武文庫) 480円 ①4-8288-3148-7
作品 西伊豆のカニと猪鍋〔三浦哲郎〕

09918 雲は旅人のように―湯の花紀行 池内紀著, 田淵裕一写真 日本交通公社出版事業局 1995.5 284p 19cm 1600円 ①4-533-02163-8
作品 浜の真砂に文かけば

09919 にっぽん・海風魚旅 5 (南シナ海ドラゴン編) 椎名誠著 講談社 2005.10 305p 19cm 1800円 ①4-06-212781-4
目次 沖縄本島, 泡盛熱風一周旅, タイムスリップ, しまなみ海道, 沖縄県ふんばり島, 瞥見記, 日本海トロトロ, 寝ぼけ海岸を行く, 風にころがる, 冬景色, 寒風, 鮭街道, ワンタンメン海道, 日本海, 西伊豆発作的, 団体旅行, 熱風爆裂ベトナム, 南海を行く

09920 多聞恵美のめっちゃうま!! バイク紀行 多聞恵美著, 培倶人編集部編 枻出版社 2009.1 171p 15cm (枻文庫) 750円 ①978-4-7779-1249-0
内容 神戸出身のタレント＆モデルのモンちゃんが、バイクにまたがり関西中心にうまいもんと温泉を求めて旅するBikeJINの人気企画「神戸っ子タモンのうまいもん、好っきやモン！」が待望の文庫になりました。撮りおろしの西伊豆ツーリングを含め、計12本のグルメツーリングが楽しめるオススメの1冊です。さらに、文庫でしか

読めない取材裏話や、特別収録のモンちゃんの特撮カットなど特典もいっぱい。見て楽しむもよし、旅のガイド本として活用するのもよしのお得な1冊です！

09921 にっぽん・海風魚(さかな)旅 5(南シナ海ドラゴン編) 椎名誠著 講談社 2009.1 333p 15cm (講談社文庫) 819円 ①978-4-06-276248-9

09922 旅の食卓 池内紀著 亜紀書房 2016.8 233p 19cm 1600円 ①978-4-7505-1480-2

09923 日本ボロ宿紀行—懐かしの人情宿でホッコリしよう 上明戸聡著 鉄人社 2017.7 287p 15cm (鉄人文庫) 680円 ①978-4-86537-092-8

日本平

09924 井上靖歴史紀行文集 第1巻 日本の旅 井上靖著 岩波書店 1992.1 23cm
作品 早春の伊豆・駿河

09925 日本紀行 井上靖著 岩波書店 1993.12 252p 16cm (同時代ライブラリー) 1000円 ①4-00-260169-2
作品 早春の伊豆・駿河

韮山(伊豆の国市)

09926 井上靖歴史紀行文集 第1巻 日本の旅 井上靖著 岩波書店 1992.1 23cm
作品 早春の伊豆・駿河

09927 日本紀行 井上靖著 岩波書店 1993.12 252p 16cm (同時代ライブラリー) 1000円 ①4-00-260169-2
作品 早春の伊豆・駿河

韮山城

09928 古城の風景 3 北条の城 北条水軍の城 宮城谷昌光著 新潮社 2011.4 392p 16cm (新潮文庫)〈単行本5(2008年刊)、6(2009年刊)巻を合本して文庫化〉 552円 ①978-4-10-144439-0

沼津市

09929 井上靖歴史紀行文集 第1巻 日本の旅 井上靖著 岩波書店 1992.1 23cm
作品 早春の伊豆・駿河

09930 日本紀行 井上靖著 岩波書店 1993.12 252p 16cm (同時代ライブラリー) 1000円 ①4-00-260169-2
作品 早春の伊豆・駿河

09931 仙人の桜、俗人の桜 赤瀬川原平著 平凡社 2000.3 270p 16cm (平凡社ライブラリー)〈日本交通公社出版事業局1993年刊あり〉 1100円 ①4-582-76332-4
作品 トロボッチの揚がる港—戸田

09932 日本列島写真旅 丹野清志著 ラトルズ 2001.11 358p 18cm 1900円 ①4-89977-016-2
目次 第1章 まろ酔い日記1985 - 1990, 第2章 人の旅1991 - 1993(紙芝居, 船大工, 農民美術 ほか), 第3章 風の旅1991 - 1994(沼津, 浜名湖, 篠島 ほか)

09933 ショージ君の旅行鞄—東海林さだお自選 東海林さだお著 文芸春秋 2005.2 905p 16cm (文春文庫) 933円 ①4-16-717760-9
作品 寅さんの宿

09934 東海道 居酒屋五十三次 太田和彦著, 村松誠画 小学館 2007.6 322p 15cm (小学館文庫)〈2003年刊の単行本「東海道 居酒屋膝栗毛」の改題、文庫化〉 571円 ①978-4-09-408176-3

09935 人と森の物語—日本人と都市林 池内紀著 集英社 2011.7 216p 18cm (集英社新書)〈文献あり〉 740円 ①978-4-08-720599-2

弥宜の畑温泉

09936 いで湯浴泉記 大石真人著 新ハイキング社 1990.12 316p 19cm (新ハイキング選書 第11巻) 1700円 ①4-915184-12-9

寝姿山

09937 ハピネス気分で山歩き 平野恵理子著 山と渓谷社 2005.9 159p 21cm 1800円 ①4-635-17168-X

箱根旧街道

09938 山に親しむ 川端康成ほか著, 作品社編集部編 作品社 1998.4 246p 22cm (新編・日本随筆紀行 大きな活字で読みやすい本—心にふるさとがある 2) ①4-87893-808-0, 4-87893-807-2
作品 箱根路〔川崎長太郎〕

09939 平成お徒歩日記 宮部みゆき著 新潮社 2001.1 275p 15cm (新潮文庫) 476円 ①4-10-136921-6

畑毛温泉

09940 幻想秘湯巡り 南條竹則著 同朋舎, 角川書店〔発売〕 2001.10 205p 21cm (ホラージャパネスク叢書) 1400円 ①4-8104-2717-X

09941 若山牧水—伊豆・箱根紀行 若山牧水著, 岡野弘彦監修, 村山道宣編 木蓮社 2003.11 286p 20cm (伊豆・箱根名作の旅 1)〈星雲社(発売)〉 2400円 ①4-434-03604-1
作品 畑毛温泉にて

八幡宮来宮神社

09942 新発見 より道街あるき 大竹誠著 パロル舎 2008.6 187p 21cm 1600円 ①978-4-89419-073-3

初島

09943 私の海の地図 石原慎太郎著 世界文化社 2015.10 319p 20cm 3000円 ①978-4-418-15514-9

花倉城

09944 古城の風景 2 一向一揆の城 徳川の城 今川の城 宮城谷昌光著 新潮社 2010.11 390p 16cm (新潮文庫)〈単行本3(2006年刊)、4(2007年刊)巻を合本して文庫化〉 552円

Ⓘ978-4-10-144438-3

浜石岳

09945 みなみらんぼう山の詩―一歩二歩山歩2　みなみらんぼう著　中央公論新社　2002.10　189p　21cm　1900円　Ⓘ4-12-003321-X

浜名湖

09946 日本列島写真旅　丹野清志著　ラトルズ　2001.11　358p　18cm　1900円　Ⓘ4-89977-016-2

09947 にっぽん・海風魚旅　3（小魚びゅんびゅん荒波編）　椎名誠著　講談社　2008.1　341p　15cm　（講談社文庫）〈2004年刊の文庫化〉　800円　Ⓘ978-4-06-275865-9

浜松駅

09948 東海道新幹線各駅停車の旅　甲斐みのり著　ウェッジ　2013.6　175p　21cm　1400円　Ⓘ978-4-86310-111-1

浜松市

09949 徳川家康歴史紀行5000キロ　宮脇俊三著　講談社　1998.4　227p　15cm　（講談社文庫）〈「徳川家康タイムトラベル」（1983年刊）の改題〉　400円　Ⓘ4-06-263753-7

09950 アタシはバイクで旅に出る。―お湯・酒・鉄馬三拍子紀行　3　国井律子著　枻出版社　2003.12　185p　15cm　（枻文庫）　650円　Ⓘ4-87099-980-3

09951 天下を獲り損ねた男たち―続・日本史の旅は、自転車に限る！　疋田智著　枻出版社　2005.12　299p　19cm〈文献あり〉　1400円　Ⓘ4-7779-0460-1

09952 東海道 居酒屋五十三次　太田和彦著, 村松誠画　小学館　2007.6　322p　15cm　（小学館文庫）〈2003年刊の単行本「東海道 居酒屋膝栗毛」の改題、文庫化〉　571円　Ⓘ978-4-09-408176-3

09953 ビルマ商人の日本訪問記　ウ・フラ著, 土橋泰子訳　連合出版　2007.10　238p　20cm　（別世界との出会い 2）　2500円　Ⓘ978-4-89772-226-9

09954 神に頼って走れ！―自転車爆走日本南下旅日記　高野秀行著　集英社　2008.3　242p　16cm　（集英社文庫）　476円　Ⓘ978-4-08-746278-4

09955 極みのローカルグルメ旅　柏井壽著　光文社　2012.2　301p　18cm　（光文社新書）　840円　Ⓘ978-4-334-03671-3

09956 「幻の街道」をゆく　七尾和晃著　東海教育研究所　2012.7　193p　19cm〈発売：東海大学出版会〔秦野〕〉　1600円　Ⓘ978-4-486-03744-6

09957 お友だちからお願いします　三浦しをん著　大和書房　2012.8　290p　20cm　1400円　Ⓘ978-4-479-68171-7

作品 浜松のうなぎ

09958 来ちゃった　酒井順子文, ほしよりこ画　小学館　2016.3　317p　15cm　（小学館文庫）〈2011年刊の増補〉　620円　Ⓘ978-4-09-406277-9

09959 野武士、西へ―二年間の散歩　久住昌之著　集英社　2016.3　348p　16cm　（集英社文庫）〈2013年刊の文庫化〉　700円　Ⓘ978-4-08-745422-2

浜松城

09960 日本名城紀行　2　南関東・東海 天下を睨む覇城　小学館　1989.5　293p　15cm　600円　Ⓘ4-09-401202-8

09961 古城の風景　2　一向一揆の城 徳川の城 今川の城　宮城谷昌光著　新潮社　2010.11　390p　16cm　（新潮文庫）〈単行本3（2006年刊）、4（2007年刊）巻を合本して文庫化〉　552円　Ⓘ978-4-10-144438-3

東伊豆

09962 旅の鉄人カソリの激走30年　賀曽利隆著　JTB　2000.7　254p　19cm　1500円　Ⓘ4-533-03540-X

09963 久住昌之のこんどは山かい!?　関東編　久住昌之著　山と溪谷社　2013.4　191p　19cm　1200円　Ⓘ978-4-635-08006-4

09964 おれたちを笑うな！―わしらは怪しい雑魚釣り隊　椎名誠著　小学館　2015.8　377p　15cm　（小学館文庫）〈2013年刊の加筆・修正〉　670円　Ⓘ978-4-09-406194-9

東河内源泉

09965 誰も行けない温泉 前人未（湯）　大原利雄著　小学館　2004.1　169p　15cm　（小学館文庫）　733円　Ⓘ4-09-411526-9

引間城

09966 古城の風景　2　一向一揆の城 徳川の城 今川の城　宮城谷昌光著　新潮社　2010.11　390p　16cm　（新潮文庫）〈単行本3（2006年刊）、4（2007年刊）巻を合本して文庫化〉　552円　Ⓘ978-4-10-144438-3

深沢城

09967 古城の風景　3　北条の城 北条水軍の城　宮城谷昌光著　新潮社　2011.4　392p　16cm　（新潮文庫）〈単行本5（2008年刊）、6（2009年刊）巻を合本して文庫化〉　552円　Ⓘ978-4-10-144439-0

袋井市

09968 野武士、西へ―二年間の散歩　久住昌之著　集英社　2016.3　348p　16cm　（集英社文庫）〈2013年刊の文庫化〉　700円　Ⓘ978-4-08-745422-2

富士駅

09969 鉄道の旅　西日本編　真島満秀写真・文　小学館　2008.4　207p　27cm　2600円　Ⓘ978-4-09-395502-7

藤枝市

09970 東海道 居酒屋五十三次　太田和彦著, 村松誠画　小学館　2007.6　322p　15cm　（小学館文庫）〈2003年刊の単行本「東海道 居酒屋膝栗毛」の改題、文庫化〉　571円　①978-4-09-408176-3

09971 池波正太郎を歩く　須藤靖貴著　講談社　2012.9　326p　15cm　（講談社文庫）〈毎日新聞社 2009年刊の加筆・修正〉　648円　①978-4-06-277363-8

富士市

09972 新発見 より道街あるき　大竹誠著　パロル舎　2008.6　187p　21cm　1600円　①978-4-89419-073-3

09973 ふらり珍地名の旅　今尾恵介著　筑摩書房　2015.2　216, 4p　19cm〈索引あり〉　1500円　①978-4-480-87882-3

作品 四つの「同音異字地名」の謎―かぎあな・鍵穴・桑木穴・香木穴（静岡県富士市・静岡市）

富士宮駅

09974 電車でめぐる富士山の旅―御殿場、富士宮、富士吉田、清水へ　甲斐みのり著　ウェッジ　2014.11　126p　21cm　1300円　①978-4-86310-136-4

富士宮市

09975 日本全国ローカル線おいしい旅　嵐山光三郎著　講談社　2004.3　246p　18cm　（講談社現代新書）　700円　①4-06-149710-3

09976 日本浪漫紀行―風景、歴史、人情に魅せられて　呉善花著　PHP研究所　2005.10　259p　18cm　（PHP新書）　740円　①4-569-64157-1

二俣城

09977 日本紀行―「埋もれた古城」と「切支丹の里」　遠藤周作著　光文社　2006.2　405p　16cm　（知恵の森文庫）　724円　①4-334-78407-0

府中宿

09978 東海道 居酒屋五十三次　太田和彦著, 村松誠画　小学館　2007.6　322p　15cm　（小学館文庫）〈2003年刊の単行本「東海道 居酒屋膝栗毛」の改題、文庫化〉　571円　①978-4-09-408176-3

浮島温泉

09979 いで湯浴泉記　大石真人著　新ハイキング社　1990.12　316p　19cm　（新ハイキング選書 第11巻）　1700円　①4-915184-12-9

フローティングホテル・スカンジナビア

09980 ホテル物語―十二のホテルと一人の旅人　山口泉著　NTT出版　1993.8　221p　19cm　1800円　①4-87188-235-7

戸田

09981 魚派列島―にっぽん雑魚紀行　甲斐崎圭著　中央公論社　1997.10　309p　15cm　（中公文庫）〈日本交通公社出版事業局1992年刊あり〉　762円　①4-12-202970-8

09982 仙人の桜、俗人の桜　赤瀬川原平著　平凡社　2000.3　270p　16cm　（平凡社ライブラリー）〈日本交通公社出版事業局1993年刊あり〉　1100円　①4-582-76332-4

作品 トロボッチの揚がる港―戸田

弁天島

09983 井上靖歴史紀行文集　第1巻　日本の旅　井上靖著　岩波書店　1992.1　23cm

作品 早春の伊豆・駿河

09984 日本紀行　井上靖著　岩波書店　1993.12　252p　16cm　（同時代ライブラリー）　1000円　①4-00-260169-2

作品 早春の伊豆・駿河

宝永山

09985 ハピネス気分で山歩き　平野恵理子著　山と渓谷社　2005.9　159p　21cm　1800円　①4-635-17168-X

宝津院

09986 紀行文集 無明一杖　上甲平谷著　谷沢書房　1988.7　339p　19cm　2500円

作品 無明一杖

法泉寺温泉

09987 いで湯浴泉記　大石真人著　新ハイキング社　1990.12　316p　19cm　（新ハイキング選書 第11巻）　1700円　①4-915184-12-9

宝福寺

09988 新編 日本の旅あちこち　木山捷平著　講談社　2015.4　304p　16cm　（講談社文芸文庫）〈著作目録あり 年譜あり〉　1600円　①978-4-06-290268-7

作品 伊豆の春―静岡

細野高原

09989 新発見 より道街あるき　大竹誠著　パロル舎　2008.6　187p　21cm　1600円　①978-4-89419-073-3

北川温泉

09990 オバハン流 旅のつくり方　吉永みち子著　中央公論新社　2007.2　235p　19cm　1500円　①978-4-12-003803-7

ホテルサンハトヤ

09991 ショージ君の旅行鞄―東海林さだお自選　東海林さだお著　文芸春秋　2005.2　905p　16cm　（文春文庫）　933円　①4-16-717760-9

作品 ハトヤ大研究

堀越御所

09992 古城の風景　3　北条の城 北条水軍の城　宮城谷昌光著　新潮社　2011.4　392p　16cm

(新潮文庫)〈単行本5(2008年刊)、6(2009年刊)巻を合本して文庫化〉 552円 ①978-4-10-144439-0

摩訶耶寺

09993 古寺巡礼 辻井喬著 角川春樹事務所 2011.5 253p 16cm (ハルキ文庫)〈2009年刊の文庫化〉 667円 ①978-4-7584-3556-7

松崎温泉

09994 いで湯浴泉記 大石真人著 新ハイキング社 1990.12 316p 19cm (新ハイキング選書 第11巻) 1700円 ①4-915184-12-9

09995 日本の不思議な宿 巌谷国士著 中央公論新社 1999.4 353p 16cm (中公文庫) 838円 ①4-12-203396-9

09996 中部日本を歩く 立松和平著, 黒古一夫編 勉誠出版 2006.4 389p 22cm (立松和平日本を歩く 第3巻) 2600円 ①4-585-01173-0

松崎町

09997 貧困旅行記 新版 つげ義春著 新潮社 1995.4 281p 15cm (新潮文庫)〈晶文社1991年刊あり〉 520円 ①4-10-132812-9

作品 伊豆半島周遊

09998 奥伊豆・観音温泉 野口冬人編 現代旅行研究所 2007.12 183p 21cm (旅行作家文庫) 1500円 ①978-4-87482-095-7

馬伏塚城

09999 古城の風景 2 一向一揆の城 徳川の城 今川の城 宮城谷昌光著 新潮社 2010.11 390p 16cm (新潮文庫)〈単行本3(2006年刊)、4(2007年刊)巻を合本して文庫化〉 552円 ①978-4-10-144438-3

丸子

10000 準急特快 記者の旅―レイルウェイ・ライターの本 種村直樹著 JTB 2003.5 318p 19cm〈肖像あり 著作目録あり〉 1600円 ①4-533-04777-7

作品 種村直樹の「東海道をゆく」

10001 ニッポン旅みやげ 池内紀著 青土社 2015.4 162p 20cm 1800円 ①978-4-7917-6852-3

丸子城

10002 古城の風景 2 一向一揆の城 徳川の城 今川の城 宮城谷昌光著 新潮社 2010.11 390p 16cm (新潮文庫)〈単行本3(2006年刊)、4(2007年刊)巻を合本して文庫化〉 552円 ①978-4-10-144438-3

神子元島

10003 私の海の地図 石原慎太郎著 世界文化社 2015.10 319p 20cm 3000円 ①978-4-418-15514-9

三島駅

10004 東海道新幹線各駅停車の旅 甲斐みのり著 ウェッジ 2013.6 175p 21cm 1400円 ①978-4-86310-111-1

三島市

10005 旅しました。―スター旅紀行 (大阪)関西テレビ放送 1988.9 80p 30cm 980円 ①4-906256-06-6

作品 娘ともない三島・修善寺〔冨士真奈美〕

10006 山の旅 明治・大正篇 近藤信行編 岩波書店 2003.9 445p 15cm (岩波文庫) 700円 ①4-00-311702-6

作品 旅の旅の旅〔正岡子規〕

10007 新発見 より道街あるき 大竹誠著 パロル舎 2008.6 187p 21cm 1600円 ①978-4-89419-073-3

10008 廃墟旅 中田薫構成, 中筋純撮影 アスペクト 2009.11 127p 19×23cm 2000円 ①978-4-7572-1724-9

10009 原風景のなかへ 安野光雅著 山川出版社 2013.7 215p 20cm 1600円 ①978-4-634-15044-7

10010 野武士、西へ―二年間の散歩 久住昌之著 集英社 2016.3 348p 16cm (集英社文庫)〈2013年刊の文庫化〉 700円 ①978-4-08-745422-2

水窪

10011 東海道寄り道紀行 種村季弘著 河出書房新社 2012.7 156p 20cm 1600円 ①978-4-309-02121-8

見付端城

10012 古城の風景 2 一向一揆の城 徳川の城 今川の城 宮城谷昌光著 新潮社 2010.11 390p 16cm (新潮文庫)〈単行本3(2006年刊)、4(2007年刊)巻を合本して文庫化〉 552円 ①978-4-10-144438-3

南伊豆地域

10013 温泉めぐり 田山花袋著 岩波書店 2007.6 379p 15cm (岩波文庫) 800円 ①978-4-00-310217-6

10014 老嬢は今日も上機嫌 吉行和子著 新潮社 2011.2 283p 16cm (新潮文庫) 438円 ①978-4-10-134535-2

目次 生まれた街で(ここで生まれ…暮らした父エイスケと母あぐり ほか), 人間というものは1(電話, 小説は面白い, ふるさと, 監獄ジャズin明治村, 乱れ咲, 二人旅, 二人旅、つづき ほか), 本と暮らす日々(ユーモアいっぱいの日記, 幻想と現実の間 ほか), 人間というものは2(正しい日本語に出合う, 架空と現実 ほか), 日々を生き、日々を詠む(わが家のキッチン, ふたりで散歩 ほか)

南伊豆町

10015 名探偵浅見光彦の食いしん坊紀行 内田康夫著 実業之日本社 2010.10 257p 16cm (実業之日本社文庫)〈2000年刊の再編集〉 724円 ①978-4-408-55000-8

10016 新編 日本の旅あちこち 木山捷平著 講談社 2015.4 304p 16cm (講談社文芸文庫)〈著作目録あり 年譜あり〉 1600円 ①978-4-06-290268-7
作品 長寿と野猿の天国—静岡

峰之沢鉱山

10017 廃墟旅 中田薫構成, 中筋純撮影 アスペクト 2009.11 127p 19×23cm 2000円 ①978-4-7572-1724-9

身延道

10018 ぶらり鉄道、街道散歩 芦原伸著 ベストセラーズ 2010.11 237p 18cm (ベスト新書) 819円 ①978-4-584-12308-9

三保駅

10019 終着駅 宮脇俊三著 河出書房新社 2012.1 232p 15cm (河出文庫)〈2009年刊の文庫化〉 680円 ①978-4-309-41122-4

妙法寺(富士市)

10020 井上靖歴史紀行文集 第1巻 日本の旅 井上靖著 岩波書店 1992.1 23cm
作品 早春の伊豆・駿河

10021 日本紀行 井上靖著 岩波書店 1993.12 252p 16cm (同時代ライブラリー) 1000円 ①4-00-260169-2
作品 早春の伊豆・駿河

虫生の湯

10022 誰も行けない温泉 前人未(湯) 大原利雄著 小学館 2004.1 169p 15cm (小学館文庫) 733円 ①4-09-411526-9

妻良

10023 ふれあいの旅紀行 新田健次著 東京新聞出版局 1992.5 203p 19cm 1300円 ①4-8083-0437-6

持舟城

10024 古城の風景 3 北条の城 北条水軍の城 宮城谷昌光著 新潮社 2011.4 392p 16cm (新潮文庫)〈単行本5(2008年刊)、6(2009年刊)巻を合本して文庫化〉 552円 ①978-4-10-144439-0

森町

10025 秋葉みち 信州街道をゆく 沢田猛文, 加藤伸幸絵 (舞阪町)ひくまの出版 1988.6 187p 19cm 1500円 ①4-89317-109-7

10026 旅は人生—日本人の風景を歩く 森本哲郎著 PHP研究所 2006.12 372p 15cm (PHP文庫)〈「旅の半空」(新潮社1997年刊)の改題〉 648円 ①4-569-66745-7

10027 静岡で愉しむサイクリングライフ 白鳥和也著 静岡 静岡新聞社 2016.10 302p 19cm 1600円 ①978-4-7838-2252-3

焼津市

10028 日本の面影 ラフカディオ・ハーン著, 田代三千稔訳 角川書店 1989.6 245p 15cm (角川文庫)〈第15刷(第1刷:1958年2月)〉 480円 ①4-04-212002-4
目次 東洋の第1日, 盆おどり, 子供の霊の洞窟—潜戸, 石の美しさ, 英語教師の日記から, 日本海のほとりにて, 日本人の微笑, 夏の日の夢, 生と死の断片, 停車場にて, 門つけ, 生神, 人形の墓, 虫の楽師, 占の話, 焼津にて, 橋の上, 漂流, 乙吉の達磨, 露のひとしずく, 病理上のこと, 草ひばり, 蓬萊

10029 新発見 より道街あるき 大竹誠著 パロル舎 2008.6 187p 21cm 1600円 ①978-4-89419-073-3

柳沢

10030 海山のあいだ 池内紀著 中央公論新社 2011.3 217p 16cm (中公文庫)〈マガジンハウス 1994年刊, 角川書店 1997年刊あり〉 590円 ①978-4-12-205458-5
作品 海山のあいだ—愛鷹山

山中城

10031 古城の風景 3 北条の城 北条水軍の城 宮城谷昌光著 新潮社 2011.4 392p 16cm (新潮文庫)〈単行本5(2008年刊)、6(2009年刊)巻を合本して文庫化〉 552円 ①978-4-10-144439-0

八幡野

10032 貧困旅行記 新版 つげ義春著 新潮社 1995.4 281p 15cm (新潮文庫)〈晶文社 1991年刊あり〉 520円 ①4-10-132812-9
作品 伊豆半島周遊

由比

10033 野武士、西へ—二年間の散歩 久住昌之著 集英社 2016.3 348p 16cm (集英社文庫)〈2013年刊の文庫化〉 700円 ①978-4-08-745422-2

由比駅

10034 電車でめぐる富士山の旅—御殿場、富士宮、富士吉田、清水へ 甲斐みのり著 ウェッジ 2014.11 126p 21cm 1300円 ①978-4-86310-136-4

湯日温泉

10035 いで湯浴泉記 大石真人著 新ハイキング社 1990.12 316p 19cm (新ハイキング選書 第11巻) 1700円 ①4-915184-12-9

湯ヶ島温泉

10036 温泉百話—東の旅 種村季弘, 池内紀編 筑摩書房 1988.2 471p 15cm (ちくま文庫) 680円 ①4-480-02200-7
作品 伊豆湯ケ島〔川端康成〕

10037 今昔温泉物語 伊豆・箱根、関東篇 山本容朗選, 日本ペンクラブ編 福武書店 1990.7 265p 15cm (福武文庫) 480円 ①4-8288-

3148–7
作品 あの梶井基次郎の笑い声〔宇野千代〕

10038 貧困旅行記 新版 つげ義春著 新潮社 1995.4 281p 15cm (新潮文庫)〈晶文社1991年刊あり〉 520円 ①4–10–132812–9
作品 伊豆半島周遊

10039 心の虹—詩人のふるさと紀行 増田れい子著 労働旬報社 1996.8 247p 19cm 1800円 ①4–8451–0441–5

10040 温泉旅日記 池内紀著 徳間書店 1996.9 277p 15cm (徳間文庫)〈河出書房新社1988年刊あり〉 540円 ①4–19–890559–2

10041 日本温泉めぐり 田山花袋著 角川春樹事務所 1997.11 324p 16cm (ランティエ叢書 8)〈「温泉めぐり」(博文館1991年刊)の改題〉 1000円 ①4–89456–087–9
作品 湯ケ島

10042 温泉旅行記 嵐山光三郎著 筑摩書房 2000.12 315p 15cm (ちくま文庫)〈初版:JTB1997年刊〉 760円 ①4–480–03589–3

10043 名探偵浅見光彦のニッポン不思議紀行 内田康夫著 集英社 2006.2 270p 16cm (集英社文庫)〈学習研究社2001年刊あり〉 600円 ①4–08–746013–4

10044 温泉めぐり 田山花袋著 岩波書店 2007.6 379p 15cm (岩波文庫) 800円 ①978–4–00–310217–6

10045 伊豆の旅 改版 川端康成著 中央公論新社 2015.11 312p 16cm (中公文庫)〈初版:中央公論社 1981年刊〉 1000円 ①978–4–12–206197–2

10046 温泉天国 嵐山光三郎, 荒俣宏, 池内紀, 池波正太郎, 井伏鱒二, 植村直己, 岡本かの子, 岡本綺堂, 小川未明, 角田光代, 川端康成, 川本三郎, 北杜夫, 斎藤茂太, 坂口安吾, 高村光太郎, 武田百合子, 太宰治, 田辺聖子, 種村季弘, 田村隆一, 田山花袋, つげ義春, 平林たい子, 松本英子, 村上春樹, 室生犀星, 山下清, 柳美里, 横尾忠則, 吉川英治, 四谷シモン著 河出書房新社 2017.12 237p 19cm (ごきげん文藝) 1600円 ①978–4–309–02642–8
作品 湯ヶ島温泉〔川端康成〕

湯ケ野温泉

10047 いで湯浴泉記 大石真人著 新ハイキング社 1990.12 316p 19cm (新ハイキング選書 第11巻) 1700円 ①4–915184–12–9

10048 日本温泉めぐり 田山花袋著 角川春樹事務所 1997.11 324p 16cm (ランティエ叢書 8)〈「温泉めぐり」(博文館1991年刊)の改題〉 1000円 ①4–89456–087–9
作品 南伊豆の温泉

横須賀城

10049 古城の風景 2 一向一揆の城 徳川の城 今川の城 宮城谷昌光著 新潮社 2010.11 390p 16cm (新潮文庫)〈単行本3(2006年刊)、4(2007年刊)巻を合本して文庫化〉 552円 ①978–4–10–144438–3

横地城

10050 古城の風景 2 一向一揆の城 徳川の城 今川の城 宮城谷昌光著 新潮社 2010.11 390p 16cm (新潮文庫)〈単行本3(2006年刊)、4(2007年刊)巻を合本して文庫化〉 552円 ①978–4–10–144438–3

吉原(富士市)

10051 『能町みね子のときめきデートスポット』、略して能スポ 能町みね子著 講談社 2016.3 347p 15cm (講談社文庫) 700円 ①978–4–06–293345–2

10052 野武士、西へ—二年間の散歩 久住昌之著 集英社 2016.3 348p 16cm (集英社文庫)〈2013年刊の文庫化〉 700円 ①978–4–08–745422–2

六合

10053 野武士、西へ—二年間の散歩 久住昌之著 集英社 2016.3 348p 16cm (集英社文庫)〈2013年刊の文庫化〉 700円 ①978–4–08–745422–2

龍華寺

10054 井上靖歴史紀行文集 第1巻 日本の旅 井上靖著 岩波書店 1992.1 23cm
作品 早春の伊豆・駿河

10055 日本紀行 井上靖著 岩波書店 1993.12 252p 16cm (同時代ライブラリー) 1000円 ①4–00–260169–2
作品 早春の伊豆・駿河

10056 とっておきの寺社詣で 三木露風ほか著, 作品社編集部編 作品社 1998.4 251p 22cm (新編・日本随筆紀行 大きな活字で読みやすい本—心にふるさとがある 14) ①4–87893–895–1, 4–87893–807–2
作品 鉄舟の鉄舟寺VS樗牛の龍華寺〔村松友視〕

蓮台寺温泉

10057 ガラメキ温泉探険記 池内紀著 リクルート出版 1990.10 203p 19cm 1165円 ①4–88991–196–0

10058 いで湯浴泉記 大石真人著 新ハイキング社 1990.12 316p 19cm (新ハイキング選書 第11巻) 1700円 ①4–915184–12–9

10059 雲は旅人のように—湯の花紀行 池内紀著, 田淵裕一写真 日本交通公社出版事業局 1995.5 284p 19cm 1600円 ①4–533–02163–8
作品 灯りにむせぶ、湯のけむり

愛知県

10060 万葉の旅 中 改訂新版 犬養孝著 平

凡社　2004.1　361p　16cm　(平凡社ライブラリー)〈初版：社会思想社1964年刊　文献あり〉　1200円　①4-582-76489-4

10061 50歳からの歴史の旅―京都、鎌倉には、あえて行かない…　童門冬二著　青春出版社　2004.6　205p　18cm　(プレイブックスインテリジェンス)　700円　①4-413-04094-5

10062 樹木街道を歩く―縄文杉への道　縄文剣著　碧天舎　2004.8　187p　19cm　1000円　①4-88346-785-6

10063 一宿一通―こころを紡ぐふれ愛のたび　金澤智行著　講談社　2007.11　190p　19cm　1200円　①978-4-06-214301-1

10064 歴史を紀行する　新装版　司馬遼太郎著　文藝春秋　2010.2　294p　16cm　(文春文庫)　581円　①978-4-16-766335-3

10065 東海道寄り道紀行　種村季弘著　河出書房新社　2012.7　156p　20cm　1600円　①978-4-309-02121-8

10066 妙好人めぐりの旅―親鸞と生きた人々　伊藤智誠著　京都　法蔵館　2012.10　158p　19cm　1800円　①978-4-8318-2353-3

(目次) 六連島のお軽さん, 讃岐の庄松さん, 浅原才市さん, 有福の善太郎さん, 因幡の源左さん, 三河のお園さん, 小林一茶, 良寛さん, 林芙美子, 博多の明月と七里恒順師

10067 天白紀行　増補改訂版　山田宗睦著　名古屋　人間社　2016.6　284p　15cm　(人間社文庫―日本の古層 1)　800円　①978-4-908627-00-2

愛知環状鉄道線

10068 新顔鉄道乗り歩き　種村直樹著　中央書院　1990.2　302p　19cm　1400円　①4-924420-44-1

10069 車窓はテレビより面白い　宮脇俊三著　徳間書店　1992.8　254p　15cm　(徳間文庫)〈1989年刊の文庫化〉　460円　①4-19-597265-5

赤坂宿

10070 旧街道　高野慎三文・写真　北冬書房　1990.11　213p　21cm　(風景とくらし叢書 3)　1800円　①4-89289-084-7

10071 準急特快 記者の旅―レイルウェイ・ライターの本　種村直樹著　JTB　2003.5　318p　19cm〈肖像あり　著作目録あり〉　1600円　①4-533-04777-7

[作品] 種村直樹の「東海道をゆく」

足助街道

10072 東海道寄り道紀行　種村季弘著　河出書房新社　2012.7　156p　20cm　1600円　①978-4-309-02121-8

熱田神宮

10073 街道をゆく　43　濃尾参州記　新装版　司馬遼太郎著　朝日新聞出版　2009.5　120, 8p　図版16枚　15cm　(朝日文庫)〈初版：朝日新聞社1998年刊〉　500円　①978-4-02-264497-8

(目次) 濃尾参州記 (東方からの馬蹄, 田楽ケ窪, 襲撃, 後水尾・春庭・綾子, 高月院, 蜂須賀小六, 家康の本質), 「濃尾参州記」余話 (司馬千夜一夜 (安野光雅), 名古屋取材ノートから (村井重俊)), 「濃尾参州記」の風景 (画・安野光雅, 写真・長谷忠彦)

10074 見仏記　6　ぶらり旅篇　いとうせいこう, みうらじゅん著　角川書店　2012.8　276p　15cm　(角川文庫)〈発売：角川グループパブリッシング　2011年刊の文庫化〉　552円　①978-4-04-100475-3

(目次) 奈良 秋篠寺・薬師寺・唐招提寺, 奈良 安倍文殊院・聖林寺・長岳寺・元興寺, 奈良 不空院・新薬師寺・璉珹寺・十輪院・興福寺, 奈良 壺阪寺・談山神社, 奈良 帯解寺・春日大社・東大寺, 奈良 史跡頭塔・東大寺・なら仏像館, 京都 知恩院・長楽寺・誓願寺, 京都 大報恩寺・石像寺・長講堂・福田寺, 京都 西光寺・禅林寺・金戒光明寺, 愛知 龍泉寺・観聴寺・金山神社・青大悲寺・熱田神宮, 愛知 荒子観音寺・竜門寺・瀧山寺, 愛知・京都 鉈薬師・鹿王院・東寺

渥美町地区 (田原市)

10075 なぜかいい町一泊旅行　池内紀著　光文社　2006.6　227p　18cm　(光文社新書)　700円　①4-334-03360-1

渥美半島

10076 テツはこんな旅をしている―鉄道旅行再発見　野田隆著　平凡社　2014.3　222p　18cm　(平凡社新書)　760円　①978-4-582-85722-1

荒川城

10077 古城の風景　2　一向一揆の城 徳川の城 今川の城　宮城谷昌光著　新潮社　2010.11　390p　16cm　(新潮文庫)〈単行本3 (2006年刊)、4 (2007年刊) 巻を合本して文庫化〉　552円　①978-4-10-144438-3

荒子観音寺

10078 芭蕉の旅、円空の旅　立松和平著　日本放送出版協会　2006.11　285p　15cm　(NHKライブラリー)　920円　①4-14-084213-X

10079 見仏記　6　ぶらり旅篇　いとうせいこう, みうらじゅん著　角川書店　2012.8　276p　15cm　(角川文庫)〈発売：角川グループパブリッシング　2011年刊の文庫化〉　552円　①978-4-04-100475-3

有松町

10080 日本辺境ふーらり紀行　鈴木喜一著, アユミギャラリー悠風舎編　秋山書店　2007.12　199p　19cm　1700円　①978-4-87023-621-9

10081 ニッポン旅みやげ　池内紀著　青土社　2015.4　162p　20cm　1800円　①978-4-7917-6852-3

安祥城

10082 古城の風景　1　菅沼の城 奥平の城 松平の城　宮城谷昌光著　新潮社　2008.4　386p　16cm　(新潮文庫)〈折り込1枚　単行本1 (2004年刊)、2 (2005年刊) 巻を合本して文庫化〉　552円　①978-4-10-144437-6

(目次) 野田館, 野田城, 月谷城, 宇利城, 新城城, 田峯城, 亀山城, 上郷城, 牛久保城, 伊奈城, 今橋城, 長篠城, 五井城, 長沢城, 形原城, 深溝城, 東条城, 大給城, 岩津城, 上野城, 安祥城, 桜井城, 能見城

井田城

10083 古城の風景 2 一向一揆の城 徳川の城 今川の城 宮城谷昌光著 新潮社 2010.11 390p 16cm (新潮文庫)〈単行本3(2006年刊)、4(2007年刊)巻を合本して文庫化〉 552円 ①978-4-10-144438-3

一宮市

10084 夢は枯野を―競輪躁鬱旅行 伊集院静著 講談社 1994.12 343p 15cm (講談社文庫)〈1993年刊の文庫化〉 560円 ①4-06-185833-5

稲沢市

10085 禅の旅 越中文俊著 心交社 2002.12 227p 19cm (日本つれづれ紀行 1) 1500円 ①4-88302-806-2

伊奈城

10086 古城の風景 1 菅沼の城 奥平の城 松平の城 宮城谷昌光著 新潮社 2008.4 386p 16cm (新潮文庫)〈折り込1枚 単行本1(2004年刊)、2(2005年刊)巻を合本して文庫化〉 552円 ①978-4-10-144437-6

犬山市

10087 50歳からの歴史の旅―京都、鎌倉には、あえて行かない… 童門冬二著 青春出版社 2004.6 205p 18cm (プレイブックスインテリジェンス) 700円 ①4-413-04094-5

犬山城

10088 日本名城紀行 2 南関東・東海 天下を睨む覇城 小学館 1989.5 293p 15cm 600円 ①4-09-401202-8

10089 三津五郎 城めぐり 坂東三津五郎著 三月書房 2010.11 117p 22cm 2200円 ①978-4-7826-0211-9

10090 「現存」12天守めぐりの旅―歴史ある国宝・重文のお城をたずねる 萩原さちこ著 学研パブリッシング 2014.5 183p 21cm〈文献あり 発売:学研マーケティング〉 1300円 ①978-4-05-800268-1

10091 豪州人歴史愛好家、名城を行く クリス・グレン著 宝島社 2015.3 254p 19cm〈文献あり〉 1400円 ①978-4-8002-3702-6

今橋城

10092 古城の風景 1 菅沼の城 奥平の城 松平の城 宮城谷昌光著 新潮社 2008.4 386p 16cm (新潮文庫)〈折り込1枚 単行本1(2004年刊)、2(2005年刊)巻を合本して文庫化〉 552円 ①978-4-10-144437-6

伊良湖岬

10093 鳥に会う旅 叶内拓哉著 世界文化社 1991.6 264p 21cm (ネイチャーブックス) 2400円 ①4-418-91506-0

10094 日本十六景―四季を旅する 森本哲郎著 PHP研究所 2008.8 336p 15cm (PHP文庫)〈「ぼくの日本十六景」(新潮社2001年刊)の改題〉 648円 ①978-4-569-67070-6

10095 新編 日本の旅あちこち 木山捷平著 講談社 2015.4 304p 16cm (講談社文芸文庫)〈著作目録あり 年譜あり〉 1600円 ①978-4-06-290268-7
[作品] 伊良湖岬―愛知

岩津城

10096 古城の風景 1 菅沼の城 奥平の城 松平の城 宮城谷昌光著 新潮社 2008.4 386p 16cm (新潮文庫)〈折り込1枚 単行本1(2004年刊)、2(2005年刊)巻を合本して文庫化〉 552円 ①978-4-10-144437-6

上野城

10097 古城の風景 1 菅沼の城 奥平の城 松平の城 宮城谷昌光著 新潮社 2008.4 386p 16cm (新潮文庫)〈折り込1枚 単行本1(2004年刊)、2(2005年刊)巻を合本して文庫化〉 552円 ①978-4-10-144437-6

牛久保城

10098 古城の風景 1 菅沼の城 奥平の城 松平の城 宮城谷昌光著 新潮社 2008.4 386p 16cm (新潮文庫)〈折り込1枚 単行本1(2004年刊)、2(2005年刊)巻を合本して文庫化〉 552円 ①978-4-10-144437-6

宇利城

10099 古城の風景 1 菅沼の城 奥平の城 松平の城 宮城谷昌光著 新潮社 2008.4 386p 16cm (新潮文庫)〈折り込1枚 単行本1(2004年刊)、2(2005年刊)巻を合本して文庫化〉 552円 ①978-4-10-144437-6

大草城

10100 古城の風景 2 一向一揆の城 徳川の城 今川の城 宮城谷昌光著 新潮社 2010.11 390p 16cm (新潮文庫)〈単行本3(2006年刊)、4(2007年刊)巻を合本して文庫化〉 552円 ①978-4-10-144438-3

大高城

10101 古城の風景 7 桶狭間合戦の城 宮城谷昌光著 新潮社 2010.9 174p 20cm 1300円 ①978-4-10-400426-3
(目次) 1 羽豆(幡豆)崎城, 2 河和城, 3 富貴城, 4 常滑城, 5 坂部城, 6 村木砦, 7 緒川(小河)城, 8 刈谷城, 9 大高城, 10 鳴海城, 11 丸根砦, 12 善照寺砦

大野町(常滑市)

10102 日本辺境ふーらり紀行 鈴木喜一著, アユミギャラリー悠風舎編 秋山書店 2007.12 199p 19cm 1700円 ①978-4-87023-621-9

岡崎駅

10103 文学の中の駅―名作が語る“もうひとつの鉄道史” 原口隆行著 国書刊行会 2006.7 327p 20cm 2000円 ①4-336-04785-5

岡崎市

10104 街道をゆく 43 濃尾参州記 新装版 司馬遼太郎著 朝日新聞出版 2009.5 120, 8p 図版16枚 15cm (朝日文庫)〈初版：朝日新聞社1998年刊〉 500円 ①978-4-02-264497-8

10105 大人のまち歩き 秋山秀一著 新典社 2013.5 231p 21cm 1600円 ①978-4-7879-7851-6

岡崎城

10106 古城の風景 2 一向一揆の城 徳川の城 今川の城 宮城谷昌光著 新潮社 2010.11 390p 16cm (新潮文庫)〈単行本3（2006年刊）、4（2007年刊）巻を合本して文庫化〉 552円 ①978-4-10-144438-3

緒川城〔小河城〕

10107 古城の風景 7 桶狭間合戦の城 宮城谷昌光著 新潮社 2010.9 174p 20cm 1300円 ①978-4-10-400426-3

大給城

10108 古城の風景 1 菅沼の城 奥平の城 松平の城 宮城谷昌光著 新潮社 2008.4 386p 16cm (新潮文庫)〈折り込1枚 単行本1（2004年刊）、2（2005年刊）巻を合本して文庫化〉 552円 ①978-4-10-144437-6

桶狭間〔田楽ケ窪〕

10109 街道をゆく 43 濃尾参州記 新装版 司馬遼太郎著 朝日新聞出版 2009.5 120, 8p 図版16枚 15cm (朝日文庫)〈初版：朝日新聞社1998年刊〉 500円 ①978-4-02-264497-8

小原町

10110 紀行文集 無明一杖 上甲平谷著 谷沢書房 1988.7 339p 19cm 2500円
[作品] 暖冬満悦

尾張温泉

10111 人情温泉紀行―演歌歌手・鏡五郎が訪ねた全国の名湯47選 鏡五郎著 マガジンランド 2008.5 235p 19cm〈年譜あり〉 1238円 ①978-4-944101-37-5

音楽寺

10112 芭蕉の旅、円空の旅 立松和平著 日本放送出版協会 2006.11 285p 15cm (NHKライブラリー) 920円 ①4-14-084213-X

形原城

10113 古城の風景 1 菅沼の城 奥平の城 松平の城 宮城谷昌光著 新潮社 2008.4 386p 16cm (新潮文庫)〈折り込1枚 単行本1（2004年刊）、2（2005年刊）巻を合本して文庫化〉 552円 ①978-4-10-144437-6

金山神社

10114 見仏記 6 ぶらり旅篇 いとうせいこう, みうらじゅん著 角川書店 2012.8 276p 15cm (角川文庫)〈発売：角川グループパブリッシング 2011年刊の文庫化〉 552円 ①978-4-04-100475-3

蟹江町

10115 ニッポン周遊記―町の見つけ方・歩き方・つくり方 池内紀著 青土社 2014.7 325p 20cm 2400円 ①978-4-7917-6777-9

上郷城

10116 古城の風景 1 菅沼の城 奥平の城 松平の城 宮城谷昌光著 新潮社 2008.4 386p 16cm (新潮文庫)〈折り込1枚 単行本1（2004年刊）、2（2005年刊）巻を合本して文庫化〉 552円 ①978-4-10-144437-6

上和田城

10117 古城の風景 2 一向一揆の城 徳川の城 今川の城 宮城谷昌光著 新潮社 2010.11 390p 16cm (新潮文庫)〈単行本3（2006年刊）、4（2007年刊）巻を合本して文庫化〉 552円 ①978-4-10-144438-3

亀山城

10118 古城の風景 1 菅沼の城 奥平の城 松平の城 宮城谷昌光著 新潮社 2008.4 386p 16cm (新潮文庫)〈折り込1枚 単行本1（2004年刊）、2（2005年刊）巻を合本して文庫化〉 552円 ①978-4-10-144437-6

刈谷城

10119 古城の風景 7 桶狭間合戦の城 宮城谷昌光著 新潮社 2010.9 174p 20cm 1300円 ①978-4-10-400426-3

観聴寺

10120 見仏記 6 ぶらり旅篇 いとうせいこう, みうらじゅん著 角川書店 2012.8 276p 15cm (角川文庫)〈発売：角川グループパブリッシング 2011年刊の文庫化〉 552円 ①978-4-04-100475-3

吉良温泉

10121 雲は旅人のように―湯の花紀行 池内紀著, 田淵裕一写真 日本交通公社出版事業局 1995.5 284p 19cm 1600円 ①4-533-02163-8
[作品] 義理がすたればこの夜は闇だ

吉良町（西尾市）

10122 廃墟旅 中田薫構成, 中筋純撮影 アスペクト 2009.11 127p 19×23cm 2000円 ①978-4-7572-1724-9

五井城

10123 古城の風景 1 菅沼の城 奥平の城 松平の城 宮城谷昌光著 新潮社 2008.4 386p 16cm (新潮文庫)〈折り込1枚 単行本1(2004年刊)、2(2005年刊)巻を合本して文庫化〉 552円 ①978-4-10-144437-6

高月院

10124 街道をゆく 43 濃尾参州記 新装版 司馬遼太郎著 朝日新聞出版 2009.5 120, 8p 図版16枚 15cm (朝日文庫)〈初版:朝日新聞社1998年刊〉 500円 ①978-4-02-264497-8

高田寺

10125 芭蕉の旅、円空の旅 立松和平著 日本放送出版協会 2006.11 285p 15cm (NHKライブラリー) 920円 ①4-14-084213-X

高徳院

10126 街道をゆく 43 濃尾参州記 新装版 司馬遼太郎著 朝日新聞出版 2009.5 120, 8p 図版16枚 15cm (朝日文庫)〈初版:朝日新聞社1998年刊〉 500円 ①978-4-02-264497-8

河和城

10127 古城の風景 7 桶狭間合戦の城 宮城谷昌光著 新潮社 2010.9 174p 20cm 1300円 ①978-4-10-400426-3

小牧市

10128 徳川家康歴史紀行5000キロ 宮脇俊三著 講談社 1998.4 227p 15cm (講談社文庫)〈「徳川家康タイムトラベル」(1983年刊)の改題〉 400円 ①4-06-263753-7

10129 禅の旅 越中文俊著 心交社 2002.12 227p 19cm (日本つれづれ紀行 1) 1500円 ①4-88302-806-2

御油宿

10130 準急特快 記者の旅―レイルウェイ・ライターの本 種村直樹著 JTB 2003.5 318p 19cm〈肖像あり 著作目録あり〉 1600円 ①4-533-04777-7

作品 種村直樹の「東海道をゆく」

西条城〔西尾城〕

10131 古城の風景 2 一向一揆の城 徳川の城 今川の城 宮城谷昌光著 新潮社 2010.11 390p 16cm (新潮文庫)〈単行本3(2006年刊)、4(2007年刊)巻を合本して文庫化〉 552円 ①978-4-10-144438-3

坂部城

10132 古城の風景 7 桶狭間合戦の城 宮城谷昌光著 新潮社 2010.9 174p 20cm 1300円 ①978-4-10-400426-3

佐久島

10133 宮本常一 旅の手帖 愛しき島々 宮本常一著, 田村善次郎編 八坂書房 2011.10 213p 20cm 2000円 ①978-4-89694-983-4

桜井城

10134 古城の風景 1 菅沼の城 奥平の城 松平の城 宮城谷昌光著 新潮社 2008.4 386p 16cm (新潮文庫)〈折り込1枚 単行本1(2004年刊)、2(2005年刊)巻を合本して文庫化〉 552円 ①978-4-10-144437-6

塩津地区(蒲郡市)

10135 伝説を旅する 鳥居フミ子著 川崎みやび出版 2007.3 238p 20cm〈創英社(発売) 著作目録あり〉 1800円 ①978-4-903507-01-9

篠島

10136 日本列島写真旅 丹野清志著 ラトルズ 2001.11 358p 18cm 1900円 ①4-89977-016-2

10137 1泊2日の小島旅 カベルナリア吉田文・写真 阪急コミュニケーションズ 2009.4 199p 19cm 1600円 ①978-4-484-09207-2

10138 味な旅 舌の旅 改版 宇能鴻一郎著 中央公論新社 2010.10 239p 16cm (中公文庫)〈初版:中央公論社1980年刊〉 705円 ①978-4-12-205391-5

作品 知多沖・流人島の磯の味

浄瑠璃姫旧跡(岡崎市)

10139 伝説を旅する 鳥居フミ子著 川崎みやび出版 2007.3 238p 20cm〈創英社(発売) 著作目録あり〉 1800円 ①978-4-903507-01-9

新城市

10140 中部日本を歩く 立松和平著, 黒古一夫編 勉誠出版 2006.4 389p 22cm (立松和平日本を歩く 第3巻) 2600円 ①4-585-01173-0

10141 池波正太郎を歩く 須藤靖貴著 講談社 2012.9 326p 15cm (講談社文庫)〈毎日新聞社 2009年刊の加筆・修正〉 648円 ①978-4-06-277363-8

新城城

10142 古城の風景 1 菅沼の城 奥平の城 松平の城 宮城谷昌光著 新潮社 2008.4 386p 16cm (新潮文庫)〈折り込1枚 単行本1(2004年刊)、2(2005年刊)巻を合本して文庫化〉 552円 ①978-4-10-144437-6

青大悲寺

10143 見仏記 6 ぶらり旅篇 いとうせいこう, みうらじゅん著 角川書店 2012.8 276p 15cm (角川文庫)〈発売:角川グループパブリッシング 2011年刊の文庫化〉 552円 ①978-4-04-100475-3

前後町(豊明市)

10144 ふらり珍地名の旅 今尾恵介著 筑摩書房 2015.2 216, 4p 19cm〈索引あり〉 1500円 ①978-4-480-87882-3

善照寺砦

10145 古城の風景 7 桶狭間合戦の城 宮城谷昌光著 新潮社 2010.9 174p 20cm 1300円 ①978-4-10-400426-3

大樹寺

10146 街道をゆく 43 濃尾参州記 新装版 司馬遼太郎著 朝日新聞出版 2009.5 120, 8p 図版16枚 15cm (朝日文庫)〈初版：朝日新聞社1998年刊〉 500円 ①978-4-02-264497-8

瀧山寺

10147 見仏記 6 ぶらり旅篇 いとうせいこう, みうらじゅん著 角川書店 2012.8 276p 15cm (角川文庫)〈発売：角川グループパブリッシング 2011年刊の文庫化〉 552円 ①978-4-04-100475-3

竹島

10148 日本雑記 ブルーノ・タウト著, 篠田英雄訳 中央公論新社 2008.11 368p 18cm (中公クラシックス)〈育生社弘道閣昭和18年刊の復刻版 年譜あり〉 1800円 ①978-4-12-160106-3
作品 日記抄

武豊駅

10149 駅を旅する 種村直樹著 和光 SiGnal 2007.12 245p 19cm〈中央公論社1984年刊の新装版〉 1300円 ①978-4-902658-10-1

10150 終着駅への旅 JR編 櫻井寛著 JTBパブリッシング 2013.8 222p 19cm 1300円 ①978-4-533-09285-5

田峯城

10151 古城の風景 1 菅沼の城 奥平の城 松平の城 宮城谷昌光著 新潮社 2008.4 386p 16cm (新潮文庫)〈折り込1枚 単行本1(2004年刊)、2(2005年刊)巻を合本して文庫化〉 552円 ①978-4-10-144437-6

知多市

10152 禅の旅 越中文俊著 心交社 2002.12 227p 19cm (日本つれづれ紀行 1) 1500円 ①4-88302-806-2

知多半島

10153 紀行文集 無明一杖 上甲平谷著 谷沢書房 1988.7 339p 19cm 2500円
作品 冬紅葉

10154 夢追い俳句紀行 大高翔著 日本放送出版協会 2004.4 237p 19cm 1300円 ①4-14-016126-4

10155 テツはこんな旅をしている―鉄道旅行再発見 野田隆著 平凡社 2014.3 222p 18cm (平凡社新書) 760円 ①978-4-582-85722-1

10156 半島をゆく 第1巻 信長と戦国興亡編 安部龍太郎, 藤田達生著 小学館 2016.11 321p 19cm 1500円 ①978-4-09-343442-3

津島市

10157 旅の面影 榎木孝明著 JTB 2001.5 95p 26cm 3500円 ①4-533-03875-1

土井城

10158 古城の風景 2 一向一揆の城 徳川の城 今川の城 宮城谷昌光著 新潮社 2010.11 390p 16cm (新潮文庫)〈単行本3(2006年刊)、4(2007年刊)巻を合本して文庫化〉 552円 ①978-4-10-144438-3

東栄町

10159 旅を慕いて 木内宏著 朝日新聞社 1994.2 245p 19cm 1500円 ①4-02-256685-X

東条城

10160 古城の風景 1 菅沼の城 奥平の城 松平の城 宮城谷昌光著 新潮社 2008.4 386p 16cm (新潮文庫)〈折り込1枚 単行本1(2004年刊)、2(2005年刊)巻を合本して文庫化〉 552円 ①978-4-10-144437-6

常滑市

10161 ああ天地の神ぞ知る―ニッポン発見旅 池内紀著 講談社 1995.4 265p 19cm 1600円 ①4-06-207580-6

10162 日本辺境ふーらり紀行 鈴木喜一著, アユミギャラリー悠風舎編 秋山書店 2007.12 199p 19cm 1700円 ①978-4-87023-621-9

10163 ビ 大竹伸朗著 新潮社 2013.6 279p 20cm〈作品目録あり〉 1900円 ①978-4-10-431003-6
目次 1 直島発、カッセル経由、ヴェネツィア行き(全裸島へ, 海女を焼く, スモーク・オン・ザ・ホット・ウォーター, 記憶磁石, 夜港時計, 光州電話, 常滑のガウディ ほか), 2 日日のビ(ゴミ箱の背景音, ガラス貝の裏側, ジョンが貼った音, からっぽの世界, 質と風 ほか)

常滑城

10164 古城の風景 7 桶狭間合戦の城 宮城谷昌光著 新潮社 2010.9 174p 20cm 1300円 ①978-4-10-400426-3

富山(豊根村)

10165 日本すみずみ紀行 川本三郎著 社会思想社 1997.9 258p 15cm (現代教養文庫)〈文元社2004年刊(1998年刊(2刷)を原本としたOD版)あり〉 640円 ①4-390-11613-4

巴川

10166 東海道寄り道紀行 種村季弘著 河出書房新社 2012.7 156p 20cm 1600円 ①978-4-309-02121-8

豊川

10167 中部日本を歩く 立松和平著, 黒古一夫編 勉誠出版 2006.4 389p 22cm (立松和平日本を歩く 第3巻) 2600円 ①4-585-01173-0

中部

豊田市

10168 褌の旅　越中文俊著　心交社　2002.12　227p　19cm　(日本つれづれ紀行 1)　1500円　Ⓘ4-88302-806-2

豊橋駅

10169 阿川弘之自選紀行集　阿川弘之著　JTB　2001.12　317p　20cm　2200円　Ⓘ4-533-04030-6
[作品] 飯田線追想紀行

10170 鉄道の旅　西日本編　真島満秀写真・文　小学館　2008.4　207p　27cm　2600円　Ⓘ978-4-09-395502-7

10171 東海道新幹線各駅停車の旅　甲斐みのり著　ウェッジ　2013.6　175p　21cm　1400円　Ⓘ978-4-86310-111-1

豊橋市

10172 徒歩旅行―今日読んで明日旅する12の町　若菜晃子編著　暮しの手帖社　2011.9　136p　28cm　(暮しの手帖別冊)　762円

10173 極みのローカルグルメ旅　柏井壽著　光文社　2012.2　301p　18cm　(光文社新書)　840円　Ⓘ978-4-334-03671-3

10174 ニッポン旅みやげ　池内紀著　青土社　2015.4　162p　20cm　1800円　Ⓘ978-4-7917-6852-3

10175 可愛いあの娘(こ)は島育ち　太田和彦著　集英社　2016.11　254p　16cm　(集英社文庫―ニッポンぶらり旅)　600円　Ⓘ978-4-08-745518-2

豊橋市内線

10176 路面電車全線探訪記　再版　柳沢道生著, 旅行作家の会編　現代旅行研究所　2008.6　224p　21cm　(旅行作家文庫)　1800円　Ⓘ978-4-87482-096-4

長久手市

10177 徳川家康歴史紀行5000キロ　宮脇俊三著　講談社　1998.4　227p　15cm　(講談社文庫)〈「徳川家康タイムトラベル」(1983年刊)の改題〉　400円　Ⓘ4-06-263753-7

長沢城

10178 古城の風景　1　菅沼の城 奥平の城 松平の城　宮城谷昌光著　新潮社　2008.4　386p　16cm　(新潮文庫)〈折り込1枚　単行本1(2004年刊)、2(2005年刊)巻を合本して文庫化〉　552円　Ⓘ978-4-10-144437-6

長篠城

10179 日本名城紀行　2　南関東・東海 天下を睨む覇城　小学館　1989.5　293p　15cm　600円　Ⓘ4-09-401202-8

10180 古城の風景　1　菅沼の城 奥平の城 松平の城　宮城谷昌光著　新潮社　2008.4　386p　16cm　(新潮文庫)〈折り込1枚　単行本1(2004年刊)、2(2005年刊)巻を合本して文庫化〉　552円　Ⓘ978-4-10-144437-6

中村遊廓

10181 黄金伝説―「近代成金たちの夢の跡」探訪記　荒俣宏著, 高橋昇写真　集英社　1990.4　253p　21cm　1500円　Ⓘ4-08-772731-9

10182 三文役者のニッポンひとり旅　殿山泰司著　筑摩書房　2000.2　287p　15cm　(ちくま文庫)　640円　Ⓘ4-480-03551-6

名倉

10183 『忘れられた日本人』の舞台を旅する―宮本常一の軌跡　木村哲也著　河出書房新社　2006.2　253p　20cm〈文献あり〉　1800円　Ⓘ4-309-22444-X

名古屋駅

10184 駅を楽しむ！　テツ道の旅　野田隆著　平凡社　2007.5　237p　18cm　(平凡社新書)　760円　Ⓘ978-4-582-85374-2

10185 週末夜汽車紀行　西村健太郎著　アルファポリス　2011.5　303p　15cm　(アルファポリス文庫)〈発売：星雲社　2010年刊の文庫化〉　620円　Ⓘ978-4-434-15582-6

10186 東海道寄り道紀行　種村季弘著　河出書房新社　2012.7　156p　20cm　1600円　Ⓘ978-4-309-02121-8

10187 東海道新幹線各駅停車の旅　甲斐みのり著　ウェッジ　2013.6　175p　21cm　1400円　Ⓘ978-4-86310-111-1

名古屋市

10188 ボンジュール・ジャポン―フランス青年が活写した1882年　ウーグ・クラフト著, 後藤和雄編　朝日新聞社　1998.6　177p　27cm　3600円　Ⓘ4-02-257263-9

10189 今日もテンドウは旅に出る　中澤天童著　コウサイクリエイツ　2001.1　230p　19cm〈弘済出版社(発売)〉　1429円　Ⓘ4-330-62700-0
(目次) 第1章 ナカザワ流 日本紀行ワールドへようこそ, 第2章 列車旅の考察, 第3章 突然ついてくるぼくの家族, 第4章 名古屋はええよやっとかめ, 第5章 テンドウ的旅提言, 第6章 旅での発見, 第7章 シミジミひとり旅へ

10190 ミットフォード日本日記―英国貴族の見た明治　A.B.ミットフォード著, 長岡祥三訳　講談社　2001.2　298p　15cm　(講談社学術文庫)〈肖像あり〉　960円　Ⓘ4-06-159474-5
[作品] 名古屋訪問

10191 田中小実昌紀行集　田中小実昌著, 山本容朗選　JTB　2001.12　318p　20cm　2200円　Ⓘ4-533-04032-2
[作品] さくら・さくら

10192 ニッポン居酒屋放浪記 望郷篇　太田和彦著　新潮社　2001.12　282p　15cm　(新潮文庫)〈『日本の居酒屋をゆく 望郷篇』改題書〉　476円　Ⓘ4-10-133333-5

10193 金沢はいまも雪か　五木寛之著　東京書籍　2002.4　483p　20cm　(五木寛之全紀行 5

（金沢・京都・日本各地編））〈シリーズ責任表示：五木寛之著　肖像あり〉　2100円　①4-487-79766-7

10194　ワッキーの地名しりとり—日本中を飛ばされ続ける男　脇田寧人著　名古屋　ぴあ　2004.3　222p　19cm　1300円　①4-8356-0924-7

10195　芭蕉紀行　嵐山光三郎著　新潮社　2004.4　381p　16cm　（新潮文庫）〈「芭蕉の誘惑」（JTB2000年刊）の増訂　年譜あり〉　552円　①4-10-141907-8

10196　オーストリア皇太子の日本日記—明治二十六年夏の記録　フランツ・フェルディナント著，安藤勉訳　講談社　2005.9　237p　15cm　（講談社学術文庫）〈肖像あり〉　840円　①4-06-159725-6

10197　サイマー！　浅田次郎著　集英社　2005.12　299p　16cm　（集英社文庫）〈写真：久保吉輝〉　648円　①4-08-747891-2

10198　アラキメグミの鉄馬修行　荒木恵著　椎出版社　2007.9　155p　15cm　（椎文庫）　600円　①978-4-7779-0832-5

10199　ビルマ商人の日本訪問記　ウ・フラ著，土橋泰子訳　連合出版　2007.10　238p　20cm　（別世界との出会い 2）　2500円　①978-4-89772-226-9

10200　地球のはぐれ方—東京するめクラブ　村上春樹，吉本由美，都築響一著　文藝春秋　2008.5　524p　16cm　（文春文庫）　1000円　①978-4-16-750208-9

10201　日本十六景—四季を旅する　森本哲郎著　PHP研究所　2008.8　336p　15cm　（PHP文庫）〈「ぼくの日本十六景」（新潮社2001年刊）の改題〉　648円　①978-4-569-67070-6

10202　新・古代史謎解き紀行　信越東海編　継体天皇の謎　関裕二著　ポプラ社　2008.11　261p　19cm　〈文献あり〉　1300円　①978-4-591-10611-2

10203　吉田観覧車　吉田戦車著　講談社　2009.12　179p　15cm　（講談社文庫）　524円　①978-4-06-276543-5

10204　名探偵浅見光彦の食いしん坊紀行　内田康夫著　実業之日本社　2010.10　257p　16cm　（実業之日本社文庫）〈2000年刊の再編集〉　724円　①978-4-408-55000-8

10205　みちくさ　2　菊池亜希子著　小学館　2011.5　127p　21cm　1200円　①978-4-09-342387-8

10206　極みのローカルグルメ旅　柏井壽著　光文社　2012.2　301p　18cm　（光文社新書）　840円　①978-4-334-03671-3

10207　池波正太郎を歩く　須藤靖貴著　講談社　2012.9　326p　15cm　（講談社文庫）〈毎日新聞社 2009年刊の加筆・修正〉　648円　①978-4-06-277363-8

10208　テツはこんな旅をしている—鉄道旅行再発見　野田隆著　平凡社　2014.3　222p　18cm　（平凡社新書）　760円　①978-4-582-85722-1

10209　黒田知永子 大人のための小さな旅—日本のいいとこ見つけた　黒田知永子著　集英社　2014.9　159p　21cm　1600円　①978-4-08-780732-5

10210　自転車で行く「野ざらし紀行」逆まわり—俳句の生まれる現場 団塊世代がんばれ！　大竹多可志著　東村山　東京四季出版　2015.2　329p　16cm　（俳句四季文庫）　1500円　①978-4-8129-0829-7

10211　日本全国津々うりゃうりゃ　宮田珠己著　幻冬舎　2016.6　315p　16cm　（幻冬舎文庫）〈廣済堂出版 2012年刊の再刊　文献あり〉　690円　①978-4-344-42482-1

10212　可愛いあの娘（こ）は島育ち　太田和彦著　集英社　2016.11　254p　16cm　（集英社文庫—ニッポンぶらり旅）　600円　①978-4-08-745518-2

名古屋城

10213　日本名城紀行　2　南関東・東海 天下を睨む覇城　小学館　1989.5　293p　15cm　600円　①4-09-401202-8

10214　街道をゆく　43　濃尾参州記　新装版　司馬遼太郎著　朝日新聞出版　2009.5　120, 8p　図版16枚　15cm　（朝日文庫）〈初版：朝日新聞社1998年刊〉　500円　①978-4-02-264497-8

10215　三津五郎 城めぐり　坂東三津五郎著　三月書房　2010.11　117p　22cm　2200円　①978-4-7826-0211-9

鉈薬師

10216　見仏記　6　ぶらり旅篇　いとうせいこう，みうらじゅん著　角川書店　2012.8　276p　15cm　（角川文庫）〈発売：角川グループパブリッシング　2011年刊の文庫化〉　552円　①978-4-04-100475-3

鳴海城

10217　古城の風景　7　桶狭間合戦の城　宮城谷昌光著　新潮社　2010.9　174p　20cm　1300円　①978-4-10-400426-3

西尾市

10218　ちいさな城下町　安西水丸著　文藝春秋　2016.11　267p　16cm　（文春文庫）〈2014年刊の文庫化〉　630円　①978-4-16-790734-1

能見城

10219　古城の風景　1　菅沼の城 奥平の城 松平の城　宮城谷昌光著　新潮社　2008.4　386p　16cm　（新潮文庫）〈折り込1枚　単行本1（2004年刊）、2（2005年刊）巻を合本して文庫化〉　552円　①978-4-10-144437-6

野田城

10220　古城の風景　1　菅沼の城 奥平の城 松平の城　宮城谷昌光著　新潮社　2008.4　386p　16cm　（新潮文庫）〈折り込1枚　単行本1（2004年刊）、2（2005年刊）巻を合本して文庫化〉　552

中部

円　①978-4-10-144437-6

野田館

10221 古城の風景　1　菅沼の城 奥平の城 松平の城　宮城谷昌光著　新潮社　2008.4　386p　16cm　（新潮文庫）〈折り込1枚　単行本1（2004年刊）、2（2005年刊）巻を合本して文庫化〉　552円　①978-4-10-144437-6

羽豆崎城〔幡豆崎城〕

10222 古城の風景　7　桶狭間合戦の城　宮城谷昌光著　新潮社　2010.9　174p　20cm　1300円　①978-4-10-400426-3

半田市

10223 来ちゃった　酒井順子文, ほしよりこ画　小学館　2016.3　317p　15cm　（小学館文庫）〈2011年刊の増補〉　620円　①978-4-09-406277-9

東山動植物園

10224 漂う―古い土地 新しい場所　黒井千次著　毎日新聞社　2013.8　175p　20cm　1600円　①978-4-620-32221-6

日間賀島

10225 おれたちを笑うな！―わしらは怪しい雑魚釣り隊　椎名誠著　小学館　2015.8　377p　15cm　（小学館文庫）〈2013年刊の加筆・修正〉　670円　①978-4-09-406194-9

風天洞

10226 禁足地帯の歩き方　吉田悠軌著　学研プラス　2017.11　175p　19cm　1000円　①978-4-05-406602-1

富貴城

10227 古城の風景　7　桶狭間合戦の城　宮城谷昌光著　新潮社　2010.9　174p　20cm　1300円　①978-4-10-400426-3

深溝城

10228 古城の風景　1　菅沼の城 奥平の城 松平の城　宮城谷昌光著　新潮社　2008.4　386p　16cm　（新潮文庫）〈折り込1枚　単行本1（2004年刊）、2（2005年刊）巻を合本して文庫化〉　552円　①978-4-10-144437-6

鳳来寺山

10229 山頂の憩い―『日本百名山』その後　深田久弥著　新潮社　2000.5　186p　16cm　（新潮文庫）〈肖像あり〉　400円　①4-10-122003-4

10230 百霊峰巡礼　第1集　立松和平著　東京新聞出版局　2006.7　299p　20cm　1800円　①4-8083-0854-1

本宮山

10231 百霊峰巡礼　第3集　立松和平著　東京新聞出版部　2010.8　307p　20cm〈第2集までの出版者：東京新聞出版局〉　1800円　①978-4-8083-0933-6

本證寺

10232 古城の風景　2　一向一揆の城 徳川の城 今川の城　宮城谷昌光著　新潮社　2010.11　390p　16cm　（新潮文庫）〈単行本3（2006年刊）、4（2007年刊）巻を合本して文庫化〉　552円　①978-4-10-144438-3

松平館

10233 古城の風景　2　一向一揆の城 徳川の城 今川の城　宮城谷昌光著　新潮社　2010.11　390p　16cm　（新潮文庫）〈単行本3（2006年刊）、4（2007年刊）巻を合本して文庫化〉　552円　①978-4-10-144438-3

松平郷（豊田市）

10234 徳川家康歴史紀行5000キロ　宮脇俊三著　講談社　1998.4　227p　15cm　（講談社文庫）〈「徳川家康タイムトラベル」（1983年刊）の改題〉　400円　①4-06-263753-7

10235 街道をゆく　43　濃尾参州記　新装版　司馬遼太郎著　朝日新聞出版　2009.5　120, 8p　図版16枚　15cm　（朝日文庫）〈初版：朝日新聞社1998年刊〉　500円　①978-4-02-264497-8

丸根砦

10236 古城の風景　7　桶狭間合戦の城　宮城谷昌光著　新潮社　2010.9　174p　20cm　1300円　①978-4-10-400426-3

三河安城駅

10237 東海道新幹線各駅停車の旅　甲斐みのり著　ウェッジ　2013.6　175p　21cm　1400円　①978-4-86310-111-1

三河湾

10238 名探偵浅見光彦のニッポン不思議紀行　内田康夫著　集英社　2006.2　270p　16cm　（集英社文庫）〈学習研究社2001年刊あり〉　600円　①4-08-746013-4

三木城

10239 古城の風景　2　一向一揆の城 徳川の城 今川の城　宮城谷昌光著　新潮社　2010.11　390p　16cm　（新潮文庫）〈単行本3（2006年刊）、4（2007年刊）巻を合本して文庫化〉　552円　①978-4-10-144438-3

宮宿

10240 東海道 居酒屋五十三次　太田和彦著, 村松誠画　小学館　2007.6　322p　15cm　（小学館文庫）〈2003年刊の単行本「東海道 居酒屋膝栗毛」の改題、文庫化〉　571円　①978-4-09-408176-3

明大寺城

10241 古城の風景　2　一向一揆の城 徳川の城 今川の城　宮城谷昌光著　新潮社　2010.11　390p　16cm　（新潮文庫）〈単行本3（2006年

刊)、4(2007年刊)巻を合本して文庫化〉 552円 Ⓘ978-4-10-144438-3

村木砦

10242 古城の風景 7 桶狭間合戦の城 宮城谷昌光著 新潮社 2010.9 174p 20cm 1300円 Ⓘ978-4-10-400426-3

名鉄空港特急「ミュースカイ」

10243 全国私鉄特急の旅 小川裕夫著 平凡社 2006.10 229p 18cm (平凡社新書) 840円 Ⓘ4-582-85343-9

名鉄知多武豊駅

10244 駅を旅する 種村直樹著 和光 SiGnal 2007.12 245p 19cm〈中央公論社1984年刊の新装版〉 1300円 Ⓘ978-4-902658-10-1

薬師川

10245 フライフィッシング紀行 続 芦沢一洋著, 楠山正良編 つり人社 1998.8 256p 18cm (つり人ノベルズ) 950円 Ⓘ4-88536-244-X

矢作川

10246 東海道寄り道紀行 種村季弘著 河出書房新社 2012.7 156p 20cm 1600円 Ⓘ978-4-309-02121-8

矢作橋

10247 街道をゆく 43 濃尾参州記 新装版 司馬遼太郎著 朝日新聞出版 2009.5 120, 8p 図版16枚 15cm (朝日文庫)〈初版:朝日新聞社1998年刊〉 500円 Ⓘ978-4-02-264497-8

湯谷温泉

10248 旅は道づれ湯はなさけ 辻真先著 徳間書店 1989.5 348p 15cm (徳間文庫) 580円 Ⓘ4-19-568760-8

吉田宿

10249 東海道 居酒屋五十三次 太田和彦著, 村松誠画 小学館 2007.6 322p 15cm (小学館文庫)〈2003年刊の単行本「東海道 居酒屋膝栗毛」の改題、文庫化〉 571円 Ⓘ978-4-09-408176-3

リトルワールド

10250 シェルパ斉藤の東海自然歩道全踏破―213万歩の旅 斉藤政喜著 小学館 2001.1 301p 15cm (小学館文庫)〈「213万歩の旅」(1992年刊)の改題〉 533円 Ⓘ4-09-411006-2

龍泉寺

10251 見仏記 6 ぶらり旅篇 いとうせいこう, みうらじゅん著 角川書店 2012.8 276p 15cm (角川文庫)〈発売:角川グループパブリッシング 2011年刊の文庫化〉 552円 Ⓘ978-4-04-100475-3

龍門寺

10252 見仏記 6 ぶらり旅篇 いとうせいこう, みうらじゅん著 角川書店 2012.8 276p 15cm (角川文庫)〈発売:角川グループパブリッシング 2011年刊の文庫化〉 552円 Ⓘ978-4-04-100475-3

月ヶ谷城

10253 古城の風景 1 菅沼の城 奥平の城 松平の城 宮城谷昌光著 新潮社 2008.4 386p 16cm (新潮文庫)〈折り込1枚 単行本1(2004年刊)、2(2005年刊)巻を合本して文庫化〉 552円 Ⓘ978-4-10-144437-6

近　畿

10254　虹を翔ける―草の根を紡ぐ旅　伊藤ルイ著　八月書館　1991.2
作品　激暑八月関西旅日記

10255　そばづくし汽車の旅―加計<広島>発・森<北海道>ゆき そばに徹した8日間全長4500キロの旅　種村直樹著　徳間書店　1991.4　245p　19cm　1300円　Ⓘ4-19-554533-1
作品　近畿1府2県で一湯四蕎麦

10256　峠越え―山国・日本を駆けめぐる！　賀曽利隆著　光文社　1992.7　382p　15cm　（光文社文庫）　600円　Ⓘ4-334-71557-5
作品　関西の峠越え

10257　日本あちこち乗り歩き　種村直樹著　中央書院　1993.10　310p　19cm　1600円　Ⓘ4-924420-84-0
作品　関西の小さな旅

10258　ぶらり全国乗り歩き　種村直樹著　中央書院　1994.9　221p　19cm　1500円　Ⓘ4-924420-98-0
作品　北陸・近畿・中部を乗り歩き　関西のケーブルカーめぐり

10259　明治日本見聞録―英国家庭教師夫人の回想　エセル・ハワード著, 島津久大訳　講談社　1999.2　301p　15cm　（講談社学術文庫）　900円　Ⓘ4-06-159364-1
作品　関西旅行

10260　日本の食材おいしい旅　向笠千恵子著　集英社　2003.7　250p　18cm　（集英社新書）　700円　Ⓘ4-08-720202-X
作品　旨いもんの本場へ一直線（近畿）

10261　時速8キロニッポン縦断　斉藤政喜著　小学館　2003.10　397p　19cm　（Be-pal books）〈折り込1枚〉　1500円　Ⓘ4-09-366067-0

10262　郷愁の鈍行列車　種村直樹著　和光　SiGnal　2005.9　235p　19cm　1143円　Ⓘ4-902658-05-4
作品　関西のJRワンマン列車拝見

10263　鉄道の旅　西日本編　真島満秀写真・文　小学館　2008.4　207p　27cm　2600円　Ⓘ978-4-09-395502-7

10264　鉄子の旅写真日記　矢野直美著　阪急コミュニケーションズ　2008.8　182p　19cm　1500円　Ⓘ978-4-484-08219-6
作品　近畿旅日記

10265　賀曽利隆の300日3000湯めぐり日本一周―6万5000キロのバイク旅　上巻　賀曽利隆著　昭文社　2008.9　286p　21cm　1600円　Ⓘ978-4-398-21116-3

10266　一食一会―フードマインドをたずねて　向笠千恵子著　小学館　2008.12　253p　18cm　（小学館101新書）　740円　Ⓘ978-4-09-825016-5
作品　伝統を新たに料理―関西 素材のうま味を引き出す心

10267　多聞恵美のめっちゃうま!! バイク紀行　多聞恵美著, 培倶人編集部編　枻出版社　2009.1　171p　15cm　（枻文庫）　750円　Ⓘ978-4-7779-1249-0

10268　極めよ、ソフテツ道！―素顔になれる鉄道旅　村井美樹著　小学館　2012.8　186p　19cm　（IKKI BOOKS）　1400円　Ⓘ978-4-09-359208-6
作品　関西欲張り☆ひとり鉄子の旅（京都府・大阪府）

10269　大泉エッセイ―僕が綴った16年　大泉洋著　メディアファクトリー　2013.4　351p　19cm　（〔ダ・ヴィンチブックス〕）　1300円　Ⓘ978-4-8401-5167-2
作品　関西一人旅

伊勢参宮街道

10270　道　白洲正子著　新潮社　2012.1　248p　16cm　（新潮文庫）〈2007年刊（1979年刊の新装版）の文庫化〉　550円　Ⓘ978-4-10-137912-8

伊勢路

10271　熊野古道巡礼　吉田智彦著　大阪　東方出版　2004.10　241p　21cm　2000円　Ⓘ4-88591-915-0
目次　第1章 中辺路―田辺～本宮, 第2章 大辺路―田辺～那智, 第3章 小辺路―高野山～本宮, 第4章 大峯奥駈道―吉野～本宮, 第5章 伊勢路―伊勢～新宮, 第6章 紀伊路―京都～田辺, 終章 熊野三山巡り―本宮～新宮～那智山～本宮

10272　もうひとつの熊野古道「伊勢路」物語　甲斐崎圭著　大阪　創元社　2009.11　263p　19cm　1600円　Ⓘ978-4-422-25056-4
目次　序章 熊野古道・伊勢路というにしえの街道（熊野三山をめざして, 総延長約一三〇キロのいにしえの街道）, 第1章 歴史の中の伊勢路（古道変遷, もうひとつの"伊勢路"）, 第2章 派生してゆく伊勢路（遷りゆく道筋, 歩く道から道路へ, "道路"としての新道へ）, 第3章 もうひとつの"熊野古道・伊勢路"を探索する（猪ノ鼻水平道, 矢ノ川峠越え道, とろとろ坂, 古道の煉瓦隧道）, エピローグ 熊野三山への道

伊勢湾

10273　ローカル線五感で楽しむおいしい旅―スローな時間を求めて　金久保茂樹著　グラフ社　2008.1　237p　19cm　1143円　Ⓘ978-4-7662-

1113–9

10274 きまぐれ歴史散歩　池内紀著　中央公論新社　2013.9　228p　18cm　（中公新書）　760円　①978–4–12–102234–9

10275 荒ぶる自然―日本列島天変地異録　高田宏著　神戸　苦楽堂　2016.6　303, 7p　19cm〈新潮社 1997年刊の再刊　年表あり 索引あり〉　1800円　①978–4–908087–03–5

大阪湾

10276 わたしの旅人生「最終章」　渡辺文雄著　アートデイズ　2005.2　267p　20cm〈肖像あり〉　1600円　①4–86119–033–9

大峯奥駈道

10277 熊野古道巡礼　吉田智彦著　大阪　東方出版　2004.10　241p　21cm　2000円　①4–88591–915–0

10278 山をはしる―1200日間 山伏の旅　井賀孝著　亜紀書房　2012.4　335p　20cm〈文献あり〉　2500円　①978–4–7505–1202–0

葛城山

10279 私の古寺巡礼　白洲正子著　講談社　2000.4　237p　15cm　（講談社文芸文庫）〈年譜あり　法蔵館1997年刊あり〉　1100円　①4–06–198208–7

10280 準急特快 記者の旅―レイルウェイ・ライターの本　種村直樹著　JTB　2003.5　318p　19cm〈肖像あり　著作目録あり〉　1600円　①4–533–04777–7

作品 奈交バス乗り継ぎ 初秋の大和路紀行 国宝の塔をめぐる

10281 百霊峰巡礼　第2集　立松和平著　東京新聞出版局　2008.4　307p　20cm　1800円　①978–4–8083–0893–3

関西本線

10282 にっぽん鉄道旅行の魅力　野田隆著　平凡社　2004.5　193p　18cm　（平凡社新書）　780円　①4–582–85227–0

10283 のんびり各駅停車　谷崎竜著　講談社　2009.6　229p　15cm　（講談社文庫）　857円　①978–4–06–276382–0

10284 ぞっこん鉄道今昔―昭和の鉄道撮影地への旅　櫻井寛写真・文　朝日新聞出版　2012.8　205p　21cm　2300円　①978–4–02–331112–1

紀伊半島

10285 にっぽん青春巡礼行　岳真也著　廣済堂出版　1990.12　330p　16cm　（廣済堂文庫）　470円　①4–331–65084–7

10286 犬連れバックパッカー　斉藤政喜著　新潮社　2004.7　316p　16cm　（新潮文庫）〈小学館1998年刊の増補〉　514円　①4–10–100421–8

10287 賀曽利隆の300日3000湯めぐり日本一周―6万5000キロのバイク旅　上巻　賀曽利隆著　昭文社　2008.9　286p　21cm　1600円　①978–4–398–21116–3

10288 旅の終りは個室寝台車　宮脇俊三著　河出書房新社　2010.3　237p　15cm　（河出文庫）　680円　①978–4–309–41008–1

10289 食の街道を行く　向笠千恵子著　平凡社　2010.7　276p　18cm　（平凡社新書）〈文献あり〉　820円　①978–4–582–85536–4

10290 青春18きっぷで愉しむぶらり鈍行の旅　所澤秀樹著　光文社　2015.7　285p　16cm　（光文社知恵の森文庫）〈「鉄道を愉しむ鈍行の旅」（ベストセラーズ 2010年刊）の改題、大幅に修正加筆〉　680円　①978–4–334–78677–9

10291 「死の国」熊野と巡礼の道　関裕二著　新潮社　2017.11　266p　16cm　（新潮文庫―古代史謎解き紀行）〈文献あり〉　520円　①978–4–10–136481–0

目次 第1章 死の国 伊勢と熊野（なぜ紀伊半島一周に決まったのか, 熊野は死の国 ほか）, 第2章 熊野三山の秘密（遠くから神奈備山と分かる阿須賀神社の蓬莱山, 宮井戸社は黄泉の入り口？ それで水葬をしていた？ ほか）, 第3章 熊野古道と風葬（アラ還オッチャン二人組そろって叱られるの巻, 熊野本宮の古い社殿は明治の水害で流されていた ほか）, 第4章 神武天皇とヤタガラス（大門坂で感じたのは「巡礼の旅も悪くない」, 那智の滝は日本一 ほか）, 第5章 熊野とスサノヲ（大きな荷物と釣鐘まんじゅうの交換条件, 安珍清姫のネタ元 ほか）

紀州街道

10292 街道をゆく　4　郡上・白川街道、堺・紀州街道 ほか　新装版　司馬遼太郎著　朝日新聞出版　2008.8　319, 8p　15cm　（朝日文庫）　620円　①978–4–02–264443–5

木津川

10293 悪ガキオヤジが川に行く！―サラリーマン転覆隊　本田亮著　小学館　2004.4　253p　20cm　（Be–pal books）　1600円　①4–09–366463–3

10294 十一面観音巡礼　愛蔵版　白洲正子著　新潮社　2010.9　317p　22cm〈講談社文芸文庫1992年刊, 新潮社2002年刊あり〉　3000円　①978–4–10–310720–0

作品 木津川にそって

紀勢本線

10295 線路の果てに旅がある　宮脇俊三著　新潮社　1997.1　227p　15cm　（新潮文庫）〈小学館1994年刊あり〉　400円　①4–10–126813–4

北近畿タンゴ鉄道

10296 線路の果てに旅がある　宮脇俊三著　新潮社　1997.1　227p　15cm　（新潮文庫）〈小学館1994年刊あり〉　400円　①4–10–126813–4

10297 おいしいローカル線の旅　金久保茂樹著　朝日新聞社　2006.7　264p　15cm　（朝日文庫―シリーズオトナ悠遊）　600円　①4–02–261508–7

10298 おんなひとりの鉄道旅　西日本編　矢野直美著　小学館　2008.7　193p　15cm　（小学館文庫）〈2005年刊の単行本を2分冊にして文庫化〉　571円　①978–4–09–408287–6

近鉄大阪線

10299 テツはこんな旅をしている—鉄道旅行再発見　野田隆著　平凡社　2014.3　222p　18cm（平凡社新書）　760円　①978-4-582-85722-1

近鉄吉野線

10300 絶景 春列車の旅—内房線から中央山岳縦貫線まで　櫻井寛文・写真　東京書籍　2000.2　159p　21cm　2200円　①4-487-79472-2

熊野

10301 ヤポネシア讃歌　立松和平著　講談社　1990.6　261p　19cm　1200円　①4-06-204887-6

10302 古道紀行 熊野路　小山和著　大阪　保育社　1992.8　186p　19cm　1800円　①4-586-61304-1

（目次）海南—田辺 山と海に秘める神話の里（海南から湯浅—記紀の神々の鎮まる地, 広川から道成寺—伝説の里と安珍清姫, 御坊から田辺—きらめく海辺の道), 神籠る聖山 中辺路とみ熊野（白浜温泉—景勝の海のいでゆ, 中辺路—はるかな山坂, 本宮大社—奥熊野の聖所, 新宮と熊野—伝説の熊野神邑, 那智山—観音の聖地と大辺路）

10303 うわさの神仏—日本闇世界めぐり　加門七海著　集英社　2001.6　251p　16cm（集英社文庫）〈1998年刊の文庫化〉　457円　①4-08-747332-5

10304 西行巡礼　山折哲雄著　新潮社　2003.1　260p　15cm（新潮文庫）〈「巡礼の思想」(弘文堂1995年刊）の改題〉　438円　①4-10-108121-2

（目次）1 世界を巡る（ガンジス河の五勺の水, ラジギール（王舎城）の温泉, ルルド巡礼 ほか), 2 巡礼とは何か（巡礼とは何か, わが心の古仏巡礼, 良寛讃歌—雪と雨と風を聴く人 ほか), 3 遍歴の人—西行（西行とは誰か, 女人とともに, 花狂い ほか）

10305 時空浴—熊野高野から　神坂次郎著　日本放送出版協会　2003.9　269p　20cm　1700円　①4-14-005434-4

（目次）第1章 異界 熊野（古熊野の道を歩く, 熊野古道大雲取越え ほか), 第2章 他界 補陀洛の海へ（右大臣実朝の眠る寺—興国寺, 旅にしあれば—有間皇子 ほか), 第3章 聖地 高野（高野竜神街道を走る, 空海の高野山を訪ねて—千百五十年御遠忌 ほか), 第4章 南蛮の風 雑賀・根来（戦国の雑賀・根来を歩く, 大砲のある風景 ほか）

10306 熊野修験の森—大峯山脈奥駈け記　宇江敏勝著　新宿書房　2004.4　260p　20cm（宇江敏勝の本 第2期 1）〈シリーズ責任表示：宇江敏勝著　折り込1枚　岩波書店1999年刊の増補〉　2200円　①4-88008-307-0

（目次）1 熊野修験体験記（那智四十八滝の寒行, 三重ノ滝の修行, 大峯奥駈け行, 晦山伏の行), 2 森のかくれた祭り（山上ヶ岳戸開け式, 森の火祭り, 十津川の盆踊り, 深仙ノ宿断食行, 父祖たちの森 ほか), 3 増補 熊野修験のその後と私

10307 熊野、修験の道を往く—「大峯奥駈」完全踏破　藤田庄市写真・文　京都　淡交社　2005.7　214p　21cm　1800円　①4-473-03250-7

（目次）プロローグ 金剛蔵王大権現, 第1章 吉野山・山伏問答—修験道とは何か（一日目), 第2章 大峯奥通り—前鬼へ（二～四日目), 第3章 笙の窟と二つの裏行場, 第4章 さらに南へ、熊野へ（五～八日目), 第5章 熊野古道、三山詣（九～一二日目), 第6章 現代の修験者群像, エピローグ 信不信をえらばず, おわりに 滑落事故の「受難論」

10308 中部日本を歩く　立松和平著, 黒古一夫編　勉誠出版　2006.4　389p　22cm（立松和平日本を歩く 第3巻）　2600円　①4-585-01173-0

10309 明治紀行文學集　筑摩書房　2013.1　410p　21cm（明治文學全集 94）　7500円　①978-4-480-10394-9

（作品）熊野紀行〔田山花袋〕

10310 ニッポン西遊記　古事記編　鶴田真由著　幻冬舎　2013.9　214p　20cm〈文献あり〉　1300円　①978-4-344-02448-9

（目次）1 国産み, 2 天岩戸開き, 3 国譲り, 4 天孫降臨, 5 海幸彦と山幸彦の兄弟喧嘩, 6 神武東征

10311 聖地巡礼 ライジング 熊野紀行　内田樹, 釈徹宗著　東京書籍　2015.3　291p　19cm　1500円　①978-4-487-80639-3

（目次）1日目 聖地の中枢へ—熊野古道をめぐる（熊野へ, 五体王子と船玉神社, 熊野古道を歩く, 熊野本宮大社と大斎原, 法話と対談—湯の峰温泉にて), 2日目 なぜ人は熊野に惹かれるのか？（神倉神社, 花の窟神社へ, 花の窟神社と産田神社, 那智大社へ, 那智の滝周辺, 那智参詣曼荼羅, 補陀落の世界, 旅の最後の対談), おさらい どこへ行ったの？ 聖地巡礼（第1回の大阪から第4回熊野まで)（最近のトピック, これまでの巡礼を振り返る, これからの聖地巡礼）

10312 野生めぐり—列島神話の源流に触れる12の旅　石倉敏明文, 田附勝写真　京都　淡交社　2015.11　255p　19cm　2000円　①978-4-473-04045-9

10313 アーネスト・サトウの明治日本山岳記　アーネスト・メイスン・サトウ著, 庄田元男訳　講談社　2017.4　285p　15cm（講談社学術文庫）〈「日本旅行日記」(平凡社 1992年刊）と「明治日本旅行案内」(平凡社 1996年刊）の改題、抜粋し新たに編集〉　980円　①978-4-06-292382-8

熊野街道

10314 神仏に祈る　金田一京助ほか著, 作品社編集部編　作品社　1998.4　243p　22cm（新編・日本随筆紀行 大きな活字で読みやすい本—心にふるさとがある 13）　①4-87893-894-3, 4-87893-807-2

（作品）熊野街道をゆく〔神坂次郎〕

10315 街道をゆく　8　熊野・古座街道、種子島みち ほか　新装版　司馬遼太郎著　朝日新聞出版　2008.9　329, 8p　15cm（朝日文庫）　640円　①978-4-02-264447-3

（目次）熊野・古座街道（若衆組と宿, 田掻き ほか), 豊後・日田街道（国東から日出へ, 油屋ノ熊八 ほか), 大和丹生川（西吉野）街道（ブンズイの里, 川底の商家群 ほか), 種子島みち（種子島感想, 南原城のことなど ほか）

10316 十一面観音巡礼　愛蔵版　白洲正子著　新潮社　2010.9　317p　22cm〈講談社文芸文庫 1992年刊, 新潮社2002年刊あり〉　3000円

Ⓘ978-4-10-310720-0
[作品] 熊野詣

熊野川

10317 日本の川を旅する—カヌー単独行 野田知佑著 講談社 1989.7 349p 19cm 1200円 Ⓘ4-06-204362-9

10318 ハーモニカとカヌー 野田知佑著 新潮社 2002.6 303p 16cm (新潮文庫)〈小学館1999年刊あり〉 552円 Ⓘ4-10-141012-7

熊野古道

10319 温泉百話—西の旅 種村季弘, 池内紀編 筑摩書房 1988.2 471p 15cm (ちくま文庫) 680円 Ⓘ4-480-02201-5
[作品] 熊野路、湯の峯まで〔中里恒子〕

10320 晩春の旅・山の宿 井伏鱒二著 講談社 1990.10 337p 15cm (講談社文芸文庫) 900円 Ⓘ4-06-196098-9

10321 日本探見二泊三日 宮脇俊三著 角川書店 1994.3 231p 15cm (角川文庫) 430円 Ⓘ4-04-159807-9

10322 西国巡礼 白洲正子著 講談社 1999.6 211p 16cm (講談社文芸文庫)〈年譜あり 著作目録あり 風媒社1997年刊あり〉 980円 Ⓘ4-06-197667-2

10323 シェルパ斉藤の行きあたりばっ旅 5 斉藤政喜著 小学館 1999.8 253p 15cm (小学館文庫) 457円 Ⓘ4-09-411005-4

10324 関西こころの旅路 山と渓谷社 2000.1 285p 20cm (旅の紀行&エッセイ) 1400円 Ⓘ4-635-28045-4
[作品] 一千年前から人々が往来した道〔宇江敏勝〕

10325 お徒歩 ニッポン再発見 岩見隆夫著 アールズ出版 2001.5 299p 20cm 1600円 Ⓘ4-901226-20-7

10326 晴れた空 曇った顔—私の文学散歩 安岡章太郎著 幻戯書房 2003.7 200p 20cm 2500円 Ⓘ4-901998-04-8

10327 時空浴—熊野高野から 神坂次郎著 日本放送出版協会 2003.9 269p 20cm 1700円 Ⓘ4-14-005434-4

10328 日本全国ローカル線おいしい旅 嵐山光三郎著 講談社 2004.3 246p 18cm (講談社現代新書) 700円 Ⓘ4-06-149710-3

10329 熊野、修験の道を往く—「大峯奥駈」完全踏破 藤田庄市写真・文 京都 淡交社 2005.7 214p 21cm 1800円 Ⓘ4-473-03250-7

10330 もうひとつの熊野古道「伊勢路」物語 甲斐崎圭著 大阪 創元社 2009.11 263p 19cm 1600円 Ⓘ978-4-422-25056-4

10331 ぷらっぷらある記 銀色夏生著 幻冬舎 2014.12 278p 16cm (幻冬舎文庫) 600円 Ⓘ978-4-344-42275-9

10332 聖地巡礼 ライジング 熊野紀行 内田樹, 釈徹宗著 東京書籍 2015.3 291p 19cm 1500円 Ⓘ978-4-487-80639-3

10333 「死の国」熊野と巡礼の道 関裕二著 新潮社 2017.11 266p 16cm (新潮文庫—古代史謎解き紀行)〈文献あり〉 520円 Ⓘ978-4-10-136481-0

熊野古道 小辺路

10334 熊野古道巡礼 吉田智彦著 大阪 東方出版 2004.10 241p 21cm 2000円 Ⓘ4-88591-915-0

10335 古道巡礼—山人が越えた径 高桑信一著 山と溪谷社 2015.11 397p 15cm (ヤマケイ文庫)〈東京新聞出版局 2005年刊の再構成〉 980円 Ⓘ978-4-635-04781-4

熊野灘

10336 風のオデッセイ—本州沿岸ぐるり徒歩の旅 榛谷泰明著 光雲社, 星雲社〔発売〕 1994.2 192p 19cm 1600円 Ⓘ4-7952-7313-8

10337 もうひとつの熊野古道「伊勢路」物語 甲斐崎圭著 大阪 創元社 2009.11 263p 19cm 1600円 Ⓘ978-4-422-25056-4

暗峠

10338 大和の美と風土—街道をあるく 高橋隆博著 吹田 関西大学出版部 2011.1 385p 20cm 2100円 Ⓘ978-4-87354-506-6
(目次) 1 室生・長谷の道(室生の里, 榛原から仏隆寺, 初瀬街道を長谷寺), 2 山の辺の道(きえた内山永久寺, 仙境の正暦寺, 石上神宮, 帯解寺から円照寺), 3 柳生街道と奈良まち(滝坂道を円成寺, 奈良まち界隈, 奈良まちから高畑), 4 京街道と平城山(京街道を奈良坂, 平城山と平城宮跡, 佐保路あたり), 5 當麻・葛城の道(二上山と竹内街道, 風の森峠から高天神社, 名柄街道から水越峠, 五條代官所址から栄山寺, 巨勢谷あたり), 6 多武峰・飛鳥の道(壺坂寺から高取城址, 聖林寺から談山神社, 飛鳥川を栢森), 7 信貴・生駒の道(信貴山, 宝山寺から暗峠, 生駒谷から平群谷), 8 郡山・矢田丘陵の道(松尾寺から法輪寺, 郡山城址から矢田筋, 大坂道から富雄川), 9 南山城の道(浄瑠璃寺, 地蔵禅院から蟹満寺, 湧出宮から神童寺)

京阪電気鉄道京津線

10339 遙かなる汽車旅 種村直樹著 日本交通公社出版事業局 1996.8 270p 19cm 1500円 Ⓘ4-533-02531-5

高野街道

10340 街道をゆく 9 信州佐久平みち、潟のみち ほか 新装版 司馬遼太郎著 朝日新聞出版 2008.10 357, 8p 15cm (朝日文庫) 700円 Ⓘ978-4-02-264454-1

御在所岳

10341 シェルパ斉藤の東海自然歩道全踏破—213万歩の旅 斉藤政喜著 小学館 2001.1 301p 15cm (小学館文庫)〈「213万歩の旅」(1992年刊)の改題〉 533円 Ⓘ4-09-411006-2

10342 百霊峰巡礼 第3集 立松和平著 東京新聞出版部 2010.8 307p 20cm〈第2集までの出版者:東京新聞出版局〉 1800円 Ⓘ978-4-8083-0933-6

湖西線

10343 田中小実昌紀行集　田中小実昌著, 山本容朗選　JTB　2001.12　318p　20cm　2200円　①4-533-04032-2

10344 鉄道の旅　西日本編　真島満秀写真・文　小学館　2008.4　207p　27cm　2600円　①978-4-09-395502-7

西国三十三所

10345 西国巡礼　白洲正子著　講談社　1999.6　211p　16cm　(講談社文芸文庫)〈年譜あり 著作目録あり　風媒社1997年刊あり〉　980円　①4-06-197667-2

10346 寂聴巡礼　改版　瀬戸内寂聴著　集英社　2003.3　365p　16cm　(集英社文庫)　629円　①4-08-747552-2

10347 西国観音霊場・新紀行　松本章男著　大法輪閣　2004.5　293p　20cm　2100円　①4-8046-1207-6

10348 西国札所古道巡礼―「母なる道」を歩む　新装版　松尾心空著　春秋社　2006.11　300p　19cm　1700円　①4-393-13356-0

10349 シェルパ斉藤のリッター60kmで行く！日本全国スーパーカブの旅　斉藤政喜著　小学館　2009.8　253p　19cm　1300円　①978-4-09-366538-4

10350 夢幻抄　白洲正子著　世界文化社　2010.11　322p　21cm〈5刷 1997年刊の造本変更〉　1600円　①978-4-418-10514-4
作品 西国巡礼の旅

山陰海岸国立公園

10351 東京を歩く　立松和平著, 黒古一夫編　勉誠出版　2006.4　343p　22cm　(立松和平日本を歩く 第7巻)　2600円　①4-585-01177-3

山陰道

10352 日本漫遊記　種村季弘著　筑摩書房　1989.6　236p　19cm　1540円　①4-480-82267-4

10353 ぶらり鉄道、街道散歩　芦原伸著　ベストセラーズ　2010.11　237p　18cm　(ベスト新書)　819円　①978-4-584-12308-9

山陰本線

10354 絶景 秋列車の旅―陸羽東線西線から山陰本線まで　櫻井寛文・写真　東京書籍　2000.9　159p　21cm　2200円　①4-487-79474-9

10355 鉄道の旅　西日本編　真島満秀写真・文　小学館　2008.4　207p　27cm　2600円　①978-4-09-395502-7

10356 のんびり山陰本線で行こう！―幸せな生き方探しの旅の本　野村正樹著　東洋経済新報社　2008.5　253p　20cm　1500円　①978-4-492-04309-7
目次 序章「陰の細道」へのいざない, 第1章 苦境が人を強くする―山陰本線の旅(前編), 第2章 人生の悦楽は「寄り道」にあり―神々のふるさとで戦士の休息, 第3章 もう一歩奥を極める大人旅―人は「もてなしの心」に魅せられる, 第4章 ゆっくり、ゆったりの至福―山陰本線の旅(後編), 終章「人生の海峡」を越えて新しい旅へ！

10357 父・宮脇俊三が愛したレールの響きを追って　宮脇灯子著　JTBパブリッシング　2008.8　223p　19cm〈写真：小林写函〉　1500円　①978-4-533-07200-0

10358 青春18きっぷで愉しむぶらり鈍行の旅　所澤秀樹著　光文社　2015.7　285p　16cm　(光文社知恵の森文庫)〈「鉄道を愉しむ鈍行の旅」(ベストセラーズ 2010年刊)の改題、大幅に修正加筆〉　680円　①978-4-334-78677-9

山陽本線

10359 鉄道の旅　西日本編　真島満秀写真・文　小学館　2008.4　207p　27cm　2600円　①978-4-09-395502-7

10360 鉄道文学の旅　野村智之著　郁朋社　2009.9　183p　19cm〈文献あり〉　1000円　①978-4-87302-450-9

山陽・九州新幹線「さくら」

10361 山とそば　ほしよりこ著　新潮社　2014.8　183p　16cm　(新潮文庫)〈2011年刊の文庫化〉　460円　①978-4-10-126091-4

寝台急行「雲仙」

10362 去りゆく星空の夜行列車　小牟田哲彦著　草思社　2015.2　294p　16cm　(草思社文庫)〈扶桑社 2009年刊の再刊〉　850円　①978-4-7942-2105-6

寝台急行「銀河」

10363 「銀づくし」乗り継ぎ旅―銀水発・銀山ゆき5泊6日3300キロ 列車に揺られて25年　種村直樹著　徳間書店　2000.7　258p　19cm　1400円　①4-19-861211-0

10364 追憶の夜行列車　2　さよなら〈銀河〉　種村直樹著　和光　SiGnal　2008.12　233p　19cm　1300円　①978-4-902658-11-8

10365 寝台急行「昭和」行　関川夏央著　中央公論新社　2015.12　273p　16cm　(中公文庫)〈日本放送出版協会 2009年刊の再刊〉　840円　①978-4-12-206207-8

寝台特急「あかつき」

10366 追憶の夜行列車　種村直樹著　和光　SiGnal　2005.2　237p　19cm　1143円　①4-902658-04-6

10367 追憶の夜行列車　2　さよなら〈銀河〉　種村直樹著　和光　SiGnal　2008.12　233p　19cm　1300円　①978-4-902658-11-8

10368 去りゆく星空の夜行列車　小牟田哲彦著　草思社　2015.2　294p　16cm　(草思社文庫)〈扶桑社 2009年刊の再刊〉　850円　①978-4-7942-2105-6

寝台特急「トワイライトエクスプレス」

10369 日本あちこち乗り歩き　種村直樹著　中央書院　1993.10　310p　19cm　1600円　①4-

924420-84-0

10370 追憶の夜行列車　種村直樹著　和光 SiGnal　2005.2　237p　19cm　1143円　①4-902658-04-6

10371 日本縦断個室寝台特急の旅　続　櫻井寛 写真・文　世界文化社　2005.11　207p　22cm　2800円　①4-418-05519-3

10372 去りゆく星空の夜行列車　小牟田哲彦著　草思社　2015.2　294p　16cm　（草思社文庫）〈扶桑社 2009年刊の再刊〉　850円　①978-4-7942-2105-6

寝台特急「なは」

10373 去りゆく星空の夜行列車　小牟田哲彦著　草思社　2015.2　294p　16cm　（草思社文庫）〈扶桑社 2009年刊の再刊〉　850円　①978-4-7942-2105-6

鈴鹿峠

10374 ぶらり鉄道、街道散歩　芦原伸著　ベストセラーズ　2010.11　237p　18cm　（ベスト新書）　819円　①978-4-584-12308-9

太子道

10375 中部日本を歩く　立松和平著, 黒古一夫編　勉誠出版　2006.4　389p　22cm　（立松和平日本を歩く 第3巻）　2600円　①4-585-01173-0

丹波篠山街道

10376 街道をゆく　4　郡上・白川街道、堺・紀州街道 ほか　新装版　司馬遼太郎著　朝日新聞出版　2008.8　319, 8p　15cm　（朝日文庫）　620円　①978-4-02-264443-5

千種街道

10377 古道巡礼―山人が越えた径　高桑信一著　山と溪谷社　2015.11　397p　15cm　（ヤマケイ文庫）〈東京新聞出版局 2005年刊の再構成〉　980円　①978-4-635-04781-4

東海自然歩道

10378 シェルパ斉藤の東海自然歩道全踏破―213万歩の旅　斉藤政喜著　小学館　2001.1　301p　15cm　（小学館文庫）〈「213万歩の旅―東海自然歩道1343kmを全部歩いた！」(1992年刊）の改題〉　533円　①4-09-411006-2

東海道

10379 日本漫遊記　種村季弘著　筑摩書房　1989.6　236p　19cm　1540円　①4-480-82267-4

10380 コミさんほのぼの路線バスの旅　田中小実昌著　JTB日本交通公社出版事業局　1996.5　202p　19cm　1600円　①4-533-02476-9

10381 古街道を歩く―「なつかしい日本」のたたずまいを訪ねて　小山和写真・文　講談社　1996.11　119p　21cm　（講談社カルチャーブックス）　1500円　①4-06-198119-6

10382 東海道徒歩38日間ひとり旅　糸川燿史著　小学館　2001.8　282p　15cm　（小学館文庫）〈「パラダイス街道」(双葉社1994年刊）の改題〉　552円　①4-09-411401-7

10383 明治十八年の旅は道連れ　塩谷和子著　源流社　2001.11　376p　20cm　1800円　①4-7739-0105-5

10384 アタシはバイクで旅に出る。―お湯・酒・鉄馬三拍子紀行　1　国井律子著　枻出版社　2002.11　172p　15cm　（枻文庫）　600円　①4-87099-763-0

10385 日本の風土食探訪　市川健夫著　白水社　2003.12　205p　20cm　2200円　①4-560-04074-5

10386 芭蕉の旅はるかに　海野弘著　アーツアンドクラフツ　2005.5　220p　19cm　（旅を歩く旅）　1700円　①4-901592-28-9

10387 お札行脚　フレデリック・スタール著, 山口昌男監修　国書刊行会　2007.3　702p　22cm　（知の自由人叢書）　12000円　①978-4-336-04716-8

作品 山陽行脚　東海道行脚

10388 随筆日本（にっぽん）―イタリア人の見た昭和の日本　フォスコ・マライーニ著, 岡田温司監訳, 井上昭彦, 鈴木真由美, 住岳夫, 柱本元彦, 山崎彩訳　京都　松籟社　2009.11　725p　22cm　〈文献あり 著作目録あり〉　7500円　①978-4-87984-274-9

10389 ぶらり鉄道、街道散歩　芦原伸著　ベストセラーズ　2010.11　237p　18cm　（ベスト新書）　819円　①978-4-584-12308-9

10390 きよのさんと歩く大江戸道中記―日光・江戸・伊勢・京都・新潟…六百里　金森敦子著　筑摩書房　2012.2　413p　15cm　（ちくま文庫）〈文献あり　『"きよのさん"と歩く江戸六百里』（バジリコ2006年刊）の加筆・訂正〉　950円　①978-4-480-42915-5

10391 尾瀬・ホタルイカ・東海道　銀色夏生著　幻冬舎　2013.8　263p　16cm　（幻冬舎文庫）　571円　①978-4-344-42061-8

10392 鏡花紀行文集　泉鏡花著, 田中励儀編　岩波書店　2013.12　454p　15cm　（岩波文庫）〈底本：鏡花全集 第27巻・第28巻（1942年刊）〉　900円　①978-4-00-312719-3

作品 左の窓

10393 ぷらっぷらある記　銀色夏生著　幻冬舎　2014.12　278p　16cm　（幻冬舎文庫）　600円　①978-4-344-42275-9

東海道新幹線

10394 ショージ君の旅行鞄―東海林さだお自選　東海林さだお著　文芸春秋　2005.2　905p　16cm　（文春文庫）　933円　①4-16-717760-9

作品 新幹線でビール　駅弁の究極

東海道本線

10395 気まぐれ列車と途中下車　種村直樹著　実業之日本社　1991.1　319p　19cm　1300円　①4-408-00726-9

10396 遙かなる汽車旅　種村直樹著　日本交通公社出版事業局　1996.8　270p　19cm　1500円　①4-533-02531-5

10397 東京を歩く　立松和平著, 黒古一夫編　勉誠出版　2006.4　343p　22cm　（立松和平日本を歩く 第7巻）　2600円　①4-585-01177-3

10398 鉄道の旅　西日本編　真島満秀写真・文　小学館　2008.4　207p　27cm　2600円　①978-4-09-395502-7

10399 鉄道文学の旅　野村智之著　郁朋社　2009.9　183p　19cm〈文献あり〉　1000円　①978-4-87302-450-9

10400 汽車に乗った明治の文人たち―明治の鉄道紀行集　出口智之編　教育評論社　2014.1　286p　19cm〈文献あり〉　2400円　①978-4-905706-81-6
　作品 二十年前の東海道〔宮崎三昧〕

10401 電車でめぐる富士山の旅―御殿場、富士宮、富士吉田、清水へ　甲斐みのり著　ウェッジ　2014.11　126p　21cm　1300円　①978-4-86310-136-4

特急「こうや」

10402 全国私鉄特急の旅　小川裕夫著　平凡社　2006.10　229p　18cm　（平凡社新書）　840円　①4-582-85343-9

特急「雷鳥」

10403 むくどりは飛んでゆく　池澤夏樹著　朝日新聞社　1995.5　218p　19cm　1400円　①4-02-256848-8
　作品 汽車はえらい

南海高野線

10404 鉄道旅へ行ってきます　酒井順子, 関川夏央, 原武史著　講談社　2010.12　229p　20cm　1600円　①978-4-06-216693-5

南紀

10405 イトシンののんびりツーリング　伊東信著　造形社　1988.5　175p　21cm　1300円　①4-88172-031-7

10406 ナチュラル・ツーリング　続　寺崎勉文, 太田潤写真　ミリオン出版, 大洋図書〔発売〕　1989.4　197p　21cm　（OUTRIDER BOOK）　1700円　①4-88672-042-0

10407 日本（にっぽん）はじっこ自滅旅　鴨志田穣著　講談社　2011.1　331p　15cm　（講談社文庫）〈2005年刊の文庫化〉　581円　①978-4-06-276871-9

二上山

10408 山頂の憩い―『日本百名山』その後　深田久弥著　新潮社　2000.5　186p　16cm　（新潮文庫）〈肖像あり〉　400円　①4-10-122003-4

10409 百霊峰巡礼　第1集　立松和平著　東京新聞出版局　2006.7　299p　20cm　1800円　①4-8083-0854-1

10410 谷川健一全集　第10巻（民俗 2）　女の風土記　埋もれた日本地図（抄録）　黒潮の民俗学（抄録）　谷川健一著　冨山房インターナショナル　2010.1　574, 27p　23cm〈付属資料：8p：月報 no.14　索引あり〉　6500円　①978-4-902385-84-7
　作品 大和―三輪山・香具山・二上山

10411 大和の美と風土―街道をあるく　高橋隆博著　吹田　関西大学出版部　2011.1　385p　20cm　2100円　①978-4-87354-506-6

果無山脈

10412 海山のあいだ　池内紀著　中央公論新社　2011.3　217p　16cm　（中公文庫）〈マガジンハウス 1994年刊, 角川書店 1997年刊あり〉　590円　①978-4-12-205458-5
　作品 海山のあいだ―伊勢・熊野放浪記

阪神なんば線

10413 テツはこんな旅をしている―鉄道旅行再発見　野田隆著　平凡社　2014.3　222p　18cm　（平凡社新書）　760円　①978-4-582-85722-1

比叡山

10414 汽車旅十五題　種村直樹著　日本交通公社　1992.4　230p　19cm　1300円　①4-533-01899-8
　作品 保津峡・比叡山、乗りものづくし

10415 牧水紀行文集　若山牧水著, 高田宏編　弥生書房　1996.6　228p　19cm　2300円　①4-8415-0712-4
　作品 比叡山　山寺

10416 山に彷徨う心　古井由吉著　アリアドネ企画, 三修社〔発売〕　1996.8　207p　19cm　（ARIADNE ENTERTAINMENT）　1700円　①4-384-02316-2
　作品 石山寺から石塔寺

10417 シェルパ斉藤の東海自然歩道全踏破―213万歩の旅　斉藤政喜著　小学館　2001.1　301p　15cm　（小学館文庫）〈「213万歩の旅」（1992年刊）の改題〉　533円　①4-09-411006-2
　作品 水野女史と歩いて、登って、野宿した比叡山一日回峰

10418 明治十八年の旅は道連れ　塩谷和子著　源流社　2001.11　376p　20cm　1800円　①4-7739-0105-5
　作品 京都見物、比叡山を越えて近江八景を眺む

10419 江原啓之 神紀行　3（京都）　江原啓之著　マガジンハウス　2006.4　95p　21cm　（スピリチュアル・サンクチュアリシリーズ）　1048円　①4-8387-1622-2
目次 京都編（醍醐寺―燃え上がるのは浄化のための炎, 八坂神社―人生を切り開く必勝の神社 ほか）, 京都郊外へ（天橋立―今も聖域として大切に守られている名勝, 坂本～比叡山―門前町・坂本から比叡山へ）, お守り、おみくじ、護摩木はスピリチュアルなサプリです, あなたの願いを導くスピリチュアル・サンクチュアリ案内（Success, Money）

10420 中世を歩く―京都の古寺　饗庭孝男著　京都　淡交社　2006.4　183p　20cm〈小沢書店

1978年刊の改装版　1994年刊〈小沢コレクションあり〉　1800円　①4-473-03313-9
目次 浄瑠璃寺, 神護寺, 法然の寺, 観音の寺, 北野神社と賀茂社, 高山寺, 竜安寺と妙心寺, 平等院, 寂光院と三千院, 仁和寺, 醍醐寺と法界寺, 比叡山

10421 百霊峰巡礼　第1集　立松和平著　東京新聞出版局　2006.7　299p　20cm　1800円　①4-8083-0854-1

10422 京の寺 奈良の寺―自選随想集　竹西寛子著　京都　淡交社　2006.9　207p　20cm　1800円　①4-473-03335-X
作品 比叡の苔　比叡の雪抄
目次 京の道, 大原の里, 比叡の苔, 比叡の雪抄, 沢の蛍, 京都の初夏, 絵巻と扉絵, 大覚寺, 清凉寺, 狩衣, 宇治の王朝, 浄瑠璃寺, 知恩院, 奈良の道, 正倉院, 正倉院裂, 興福寺, 笙・篳篥 若葉, 初瀬の王朝抄, 長谷寺・室生寺, 吉野の里・吉野山, 求心と解放―日本の庭園, 御所の庭, 城南宮楽水苑抄

10423 街道をゆく夜話　司馬遼太郎著　朝日新聞社　2007.10　381p　15cm　（朝日文庫）　700円　①978-4-02-264419-0
作品 叡山

10424 近松秋江全集　第7巻　オンデマンド版　近松秋江著, 紅野敏郎, 和田謹吾, 中尾務, 遠藤英雄, 田沢基久, 笹瀬王子編集委員　八木書店古書出版部　2014.2　502, 34p　21cm〈初版：八木書店 1993年刊　印刷・製本：デジタルパブリッシングサービス　発売：八木書店〉　12000円　①978-4-8406-3492-2
作品 比叡山

北陸道

10425 良寛へ歩く　小林新一文・写真　二玄社　2002.12　173p　26cm　2800円　①4-544-02039-5

北陸本線

10426 車窓はテレビより面白い　宮脇俊三著　徳間書店　1992.8　254p　15cm　（徳間文庫）〈1989年刊の文庫化〉　460円　①4-19-597265-5

10427 史上最大の乗り継ぎ旅―吉岡海底（最深駅）発・野辺山（最高所駅）ゆき 7泊8日5300キロ、標高差1500メートル　種村直樹著　徳間書店　1992.11　238p　19cm　1300円　①4-19-555022-X

10428 遙かなる汽車旅　種村直樹著　日本交通公社出版事業局　1996.8　270p　19cm　1500円　①4-533-02531-5

10429 郷愁の鈍行列車　種村直樹著　和光　SiGnal　2005.9　235p　19cm　1143円　①4-902658-05-4

10430 汽亘旅放浪記　関川夏央著　新潮社　2006.6　282p　20cm　1700円　①4-10-387603-4

10431 日本縦断「ローカル列車」を乗りこなす　種村直樹著　青春出版社　2006.6　205p　18cm　（青春新書インテリジェンス）　730円　①4-413-04147-X

10432 のんびり各駅停車　谷崎竜著　講談社　2009.6　229p　15cm　（講談社文庫）　857円　①978-4-06-276382-0

10433 鉄道旅へ行ってきます　酒井順子, 関川夏央, 原武史著　講談社　2010.12　229p　20cm　1600円　①978-4-06-216693-5

10434 ぞっこん鉄道今昔―昭和の鉄道撮影地への旅　櫻井寛写真・文　朝日新聞出版　2012.8　205p　21cm　2300円　①978-4-02-331112-1

水越峠

10435 大和の美と風土―街道をあるく　高橋隆博著　吹田　関西大学出版部　2011.1　385p　20cm　2100円　①978-4-87354-506-6

妙見山

10436 良寛へ歩く　小林新一文・写真　二玄社　2002.12　173p　26cm　2800円　①4-544-02039-5

10437 百霊峰巡礼　第3集　立松和平著　東京新聞出版部　2010.8　307p　20cm〈第2集までの出版者：東京新聞出版局〉　1800円　①978-4-8083-0933-6

夜行急行「きたぐに」

10438 追憶の夜行列車　2　さよなら〈銀河〉　種村直樹著　和光　SiGnal　2008.12　233p　19cm　1300円　①978-4-902658-11-8

10439 去りゆく星空の夜行列車　小牟田哲彦著　草思社　2015.2　294p　16cm　（草思社文庫）〈扶桑社 2009年刊の再刊〉　850円　①978-4-7942-2105-6

吉野川〔紀の川〕

10440 サラリーマン転覆隊が行く！　下巻　本田亮著　フレーベル館　1997.4　338p　20cm　1600円　①4-577-70121-9

吉野熊野国立公園

10441 東京を歩く　立松和平著, 黒古一夫編　勉誠出版　2006.4　343p　22cm　（立松和平日本を歩く 第7巻）　2600円　①4-585-01177-3

三重県

10442 あっちへ行ったりこっちを見たり―諸国探訪・俳諧記　渡辺文雄著　朝日新聞社　1999.4　169p　20cm　1600円　①4-02-330577-4

10443 禅の旅　越中文俊著　心交社　2002.12　227p　19cm　（日本つれづれ紀行 1）　1500円　①4-88302-806-2

10444 万葉の旅　中　改訂新版　犬養孝著　平凡社　2004.1　361p　16cm　（平凡社ライブラリー）〈初版：社会思想社1964年刊　文献あり〉　1200円　①4-582-76489-4

10445 ワッキーの地名しりとり―日本中を飛ばされ続けてついにゴール！　2（完結編）　ペナ

ルティ・ワッキー著　名古屋　ぴあ　2004.11　233p　19cm〈付属資料：1枚〉　1300円　①4-8356-0977-8

(目次) ついに出た？ 三重県の地名…!?, 2、3日で終わるつもりで始まったはずが…, 屋久島で往復9時間半の縄文杉登山に挑戦！, トトロの森と本土最南端の岬, カキに餃子にシャコ。いい店の条件は…, 「三重県？ 行きました」皮肉なニアミス連発, ストリート詩人・ヒロト君と再会, 北国の漁師夫婦の海より深い愛に涙, 放浪者のねぐら（？）、ライダーハウス再び, 地名の迷路からの脱出なるか？ 地名研究家登場〔ほか〕

10446 ひとりたび1年生—2005-2006　たかぎなおこ著　メディアファクトリー　2006.12　144p　21cm　1000円　①4-8401-1754-3

10447 日本の秘境ツーリング—よりぬき「日本一を探す旅」　末飛登著, 培倶人編集部編　枻出版社　2007.5　187p　15cm　（枻文庫）〈標題紙の責任表示（誤植）：末飛人〉　650円　①978-4-7779-0765-6

10448 一宿一通—こころを紡ぐふれ愛のたび　金澤智行著　講談社　2007.11　190p　19cm　1200円　①978-4-06-214301-1

10449 道の先まで行ってやれ！—自転車で、飲んで笑って、涙する旅　石田ゆうすけ著　幻冬舎　2009.7　303p　20cm　1500円　①978-4-344-01710-8

10450 もうひとつの熊野古道「伊勢路」物語　甲斐崎圭著　大阪　創元社　2009.11　263p　19cm　1600円　①978-4-422-25056-4

10451 食通知つたかぶり　丸谷才一著　中央公論新社　2010.2　276p　16cm　（中公文庫）　781円　①978-4-12-205284-0

10452 斑猫の宿　奥本大三郎著　中央公論新社　2011.11　305p　16cm　（中公文庫）〈JTB2001年刊あり〉　705円　①978-4-12-205565-0

10453 唄めぐり　石田千著　新潮社　2015.4　401p　20cm〈文献あり〉　2300円　①978-4-10-303453-7

10454 KUHANA！—JAZZ × kids　秦建日子著　河出書房新社　2016.4　203p　20cm〈本文は日本語〉　1400円　①978-4-309-02459-2

(内容) 三重県桑名市。廃校まであと一年の小学校にJAZZバカの先生がやってきた。退屈な毎日と家の手伝いから抜け出したい子どもたちは、急遽「ジャズ部」を作ることに！ 一方、町の雇用を支える蛤サプリの工場が経営不振から大規模なリストラを行うことになり、大人たちは大モメ。親たちの事情に振り回されて悩み、慣れない楽器に悪戦苦闘しながらも子どもたちはJAZZの楽しさに目覚め、やがて…笑って泣けて、ちょっとしんみり。元気が出ること間違いなしの青春ローカル小説！ 単行本スペシャルエッセイ「監督、三重を行く」収録！

暁学園前駅

10455 日本縦断朝やけ乗り継ぎ列車—「夜明」発「日ノ出」ゆき7泊8日5200キロ　種村直樹著　徳間書店　1998.10　245p　19cm　1400円　①4-19-860924-1

赤目四十八滝

10456 十一面観音巡礼　愛蔵版　白洲正子著　新潮社　2010.9　317p　22cm〈講談社文芸文庫1992年刊, 新潮社2002年刊あり〉　3000円　①978-4-10-310720-0

(作品) 水神の里

英虞湾

10457 掌の中の月—光 流れ 救い　立松和平著　サンガ　2008.7　274p　18cm　（サンガ新書）〈文献あり〉　850円　①978-4-901679-83-1

朝日駅

10458 日本縦断朝やけ乗り継ぎ列車—「夜明」発「日ノ出」ゆき7泊8日5200キロ　種村直樹著　徳間書店　1998.10　245p　19cm　1400円　①4-19-860924-1

安乗（志摩市）

10459 掌の中の月—光 流れ 救い　立松和平著　サンガ　2008.7　274p　18cm　（サンガ新書）〈文献あり〉　850円　①978-4-901679-83-1

有久寺温泉

10460 温泉百話—西の旅　種村季弘, 池内紀編　筑摩書房　1988.2　471p　15cm　（ちくま文庫）　680円　①4-480-02201-5

(作品) 有久寺温泉〔池内紀〕

有馬町（熊野市）

10461 紀州—木の国・根の国物語　改版　中上健次著　角川書店　2009.1　308p　15cm　（角川文庫）〈発売：角川グループパブリッシング〉　552円　①978-4-04-145611-8

(目次) 序章, 新宮, 天満, 古座, 紀伊大島, 和深, 日置, 朝来, 皆ノ川, 本宮, 尾呂志, 有馬, 尾鷲, 紀伊長島, 松阪, 伊勢, 古座川, 十津川, 吉野, 田辺, 御坊, 和歌山, 高野, 天王寺, 終章・闇の国家

伊賀上野城

10462 街道をゆく　7　甲賀と伊賀のみち、砂鉄のみち ほか　新装版　司馬遼太郎著　朝日新聞出版　2008.9　339, 8p　15cm　（朝日文庫）　660円　①978-4-02-264446-6

伊賀温泉

10463 温泉旅日記　池内紀著　徳間書店　1996.9　277p　15cm　（徳間文庫）〈河出書房新社1988年刊あり〉　540円　①4-19-890559-2

伊賀市

10464 負籠の細道　水上勉著　集英社　1997.10　232p　16cm　（集英社文庫）　476円　①4-08-748697-4

10465 東海道徒歩38日間ひとり旅　糸川燿史著　小学館　2001.8　282p　15cm　（小学館文庫）〈「パラダイス街道」（双葉社1994年刊）の改題〉　552円　①4-09-411401-7

10466 旅は人生—日本人の風景を歩く　森本哲郎著　PHP研究所　2006.12　372p　15cm　（PHP文庫）〈「旅の半空」（新潮社1997年刊）の改題〉　648円　①4-569-66745-7

10467 日本の色を歩く　吉岡幸雄著　平凡社　2007.10　230p　18cm　(平凡社新書)　840円　①978-4-582-85396-4

10468 街道をゆく　7　甲賀と伊賀のみち、砂鉄のみち ほか　新装版　司馬遼太郎著　朝日新聞出版　2008.9　339, 8p　15cm　(朝日文庫)　660円　①978-4-02-264446-6

伊雑宮

10469 神社めぐりをしていたらエルサレムに立っていた　鶴田真由著　幻冬舎　2017.6　159p 図版16p　20cm〈文献あり〉　1300円　①978-4-344-03125-8

石鏡町（鳥羽市）

10470 妣（はは）の国への旅―私の履歴書　谷川健一著　日本経済新聞出版社　2009.1　309p　20cm　2600円　①978-4-532-16680-9
作品 志摩

伊勢

10471 河口の町へ　飯田辰彦著　JICC出版局　1991.9　204p　21cm　2080円　①4-7966-0190-2

10472 日本旅行日記　2　アーネスト・メイスン・サトウ著, 庄田元男訳　平凡社　1992.6　334p　18cm　(東洋文庫)　2884円　①4-582-80550-7
作品 伊勢・紀和・京阪に歴史をたずねる

10473 うわさの神仏―日本闇世界めぐり　加門七海著　集英社　2001.6　251p　16cm　(集英社文庫)〈1998年刊の文庫化〉　457円　①4-08-747332-5

10474 碧い眼の太郎冠者　ドナルド・キーン著　中央公論新社　2001.7　188p　21cm　(Chuko on demand books)　2000円　①4-12-550026-6
作品 十二の印象

10475 明治日本印象記―オーストリア人の見た百年前の日本　アドルフ・フィッシャー著, 金森誠也, 安藤勉訳　講談社　2001.12　455p　15cm　(講談社学術文庫)〈「100年前の日本文化」(中央公論社1994年刊) の改題〉　1200円　①4-06-159524-5

10476 家（うち）もいいけど旅も好き　岸本葉子著　講談社　2002.5　273p　15cm　(講談社文庫)〈河出書房新社1998年刊にエッセイを増補し文庫化〉　495円　①4-06-273429-X

10477 バード日本紀行　I.L.バード著, 楠家重敏, 橋本かほる, 宮崎路子訳　雄松堂出版　2002.8　376, 11p 図版12枚　23cm　(新異国叢書 第3輯 3)　5500円　①4-8419-0295-3

10478 熊野古道巡礼　吉田智彦著　大阪　東方出版　2004.10　241p　21cm　2000円　①4-88591-915-0

10479 日本浪漫紀行―風景、歴史、人情に魅せられて　呉善花著　PHP研究所　2005.10　259p　18cm　(PHP新書)　740円　①4-569-64157-1

10480 名探偵浅見光彦のニッポン不思議紀行　内田康夫著　集英社　2006.2　270p　16cm　(集英社文庫)〈学習研究社2001年刊あり〉　600円　①4-08-746013-4

10481 旬紀行―「とびきり」を味わうためだけの旅　寄本好則著　ディノス　2006.8　167p　20cm〈扶桑社（発売）〉　1667円　①4-594-05210-X

10482 紀州―木の国・根の国物語　改版　中上健次著　角川書店　2009.1　308p　15cm　(角川文庫)〈発売：角川グループパブリッシング〉　552円　①978-4-04-145611-8

10483 日本風景論　池内紀著　角川学芸出版　2009.3　279p　19cm　(角川選書)〈発売：角川グループパブリッシング〉　1600円　①978-4-04-703442-6

10484 随筆日本（にっぽん）―イタリア人の見た昭和の日本　フォスコ・マライーニ著, 岡田温司監訳, 井上昭彦, 鈴木真由美, 住岳夫, 柱本元彦, 山崎彩訳　京都　松籟社　2009.11　725p　22cm〈文献あり 著作目録あり〉　7500円　①978-4-87984-274-9

10485 名探偵浅見光彦の食いしん坊紀行　内田康夫著　実業之日本社　2010.10　257p　16cm　(実業之日本社文庫)〈2000年刊の再編集〉　724円　①978-4-408-55000-8

10486 海山のあいだ　池内紀著　中央公論新社　2011.3　217p　16cm　(中公文庫)〈マガジンハウス 1994年刊, 角川書店 1997年刊あり〉　590円　①978-4-12-205458-5
作品 海山のあいだ―伊勢・熊野放浪記

10487 色紀行―日本の美しい風景　吉岡幸雄著, 岡田克敏写真　清流出版　2011.12　241p　22cm　3500円　①978-4-86029-374-1

10488 きよのさんと歩く大江戸道中記―日光・江戸・伊勢・京都・新潟…六百里　金森敦子著　筑摩書房　2012.2　413p　15cm　(ちくま文庫)〈文献あり　『"きよのさん"と歩く江戸六百里』(バジリコ2006年刊) の加筆・訂正〉　950円　①978-4-480-42915-5

10489 にっぽん全国 百年食堂　椎名誠著　講談社　2013.1　222p　19cm　1400円　①978-4-06-217814-3

10490 ニッポン西遊記　古事記編　鶴田真由著　幻冬舎　2013.9　214p　20cm〈文献あり〉　1300円　①978-4-344-02448-9

10491 ふらり旅 いい酒 いい肴　1　太田和彦著　主婦の友社　2015.1　135p　21cm　1400円　①978-4-07-299000-1

10492 熊本の桜納豆は下品でうまい　太田和彦著　集英社　2015.10　245p　16cm　(集英社文庫―ニッポンぶらり旅)　600円　①978-4-08-745376-8

10493 雨の匂いのする夜に　椎名誠写真と文　朝日新聞出版　2015.11　222p　20cm　2100円　①978-4-02-331450-4
作品 太陽ギラギラ伊勢うどん

10494 日本ボロ宿紀行―懐かしの人情宿でホッコリしよう　上明戸聡著　鉄人社　2017.7　287p　15cm　(鉄人文庫)　680円　①978-4-

86537-092-8

伊勢朝日駅

10495 日本縦断朝やけ乗り継ぎ列車―「夜明」発「日ノ出」ゆき7泊8日5200キロ 種村直樹著 徳間書店 1998.10 245p 19cm 1400円 Ⓘ4-19-860924-1

伊勢奥津駅

10496 終着駅への旅 JR編 櫻井寛著 JTBパブリッシング 2013.8 222p 19cm 1300円 Ⓘ978-4-533-09285-5

伊勢志摩国立公園

10497 東京を歩く 立松和平著, 黒古一夫編 勉誠出版 2006.4 343p 22cm （立松和平日本を歩く 第7巻） 2600円 Ⓘ4-585-01177-3

伊勢神宮

10498 聖地紀行―世界と日本の、「神々」を求める旅 松永伍一著 角川書店 1988.3 212p 19cm （角川選書） 880円 Ⓘ4-04-703007-4

10499 安吾新日本地理 坂口安吾著 河出書房新社 1988.5 318p 15cm （河出文庫） 580円 Ⓘ4-309-40218-6

作品 安吾・伊勢神宮にゆく

10500 坂口安吾全集 18 坂口安吾著 筑摩書房 1991.9 794p 15cm （ちくま文庫） 1340円 Ⓘ4-480-02478-6

作品 安吾新日本地理―安吾・伊勢神宮にゆく

10501 超貧乏旅 田中良成著 扶桑社 1996.5 302p 15cm （扶桑社文庫）〈1994年刊の文庫化〉 520円 Ⓘ4-594-01985-4

10502 平成お徒歩日記 宮部みゆき著 新潮社 2001.1 275p 15cm （新潮文庫） 476円 Ⓘ4-10-136921-6

10503 明治十八年の旅は道連れ 塩谷和子著 源流社 2001.11 376p 20cm 1800円 Ⓘ4-7739-0105-5

10504 江原啓之 神紀行 1（伊勢・熊野・奈良） 江原啓之著 マガジンハウス 2005.10 95p 21cm （スピリチュアル・サンクチュアリシリーズ） 952円 Ⓘ4-8387-1620-6

目次 伊勢編（皇大神宮（内宮）―別格にして特別な神社, 豊受大神宮（外宮）―今だからこそ、お参りしたいお宮, 月讀宮, 猿田彦神社）, 熊野編（熊野本宮大社―熊野信仰の総本宮としての崇敬, 熊野那智大社―流れ落ちる滝の輝きは神の姿, 熊野速玉大社）, 奈良編（大神神社―気高さと優しさを併せ持ったご神徳, 石上神宮―古代信仰の中で異彩を放つパワースポット, 天河大辨財天社）, 旅をパワーアップさせる10の法則, たましいに響くお参りの方法、特別に教えます（お参りの前に, 手水の使い方 ほか）

10505 旅は人生―日本人の風景を歩く 森本哲郎著 PHP研究所 2006.12 372p 15cm （PHP文庫）〈「旅の半空」（新潮社1997年刊）の改題〉 648円 Ⓘ4-569-66745-7

10506 街道をゆく夜話 司馬遼太郎著 朝日新聞社 2007.10 381p 15cm （朝日文庫） 700円 Ⓘ978-4-02-264419-0

10507 イザベラ・バードの日本紀行 下 イザベラ・バード著, 時岡敬子訳 講談社 2008.6 416p 15cm （講談社学術文庫） 1250円 Ⓘ978-4-06-159872-0

10508 掌の中の月―光 流れ 救い 立松和平著 サンガ 2008.7 274p 18cm （サンガ新書）〈文献あり〉 850円 Ⓘ978-4-901679-83-1

10509 ニッポン―ヨーロッパ人の眼で観た 新版 ブルーノ・タウト著, 篠田英雄訳 春秋社 2008.9 182p 20cm〈肖像あり 著作目録あり 講談社学術文庫「ニッポン ヨーロッパ人の眼で見た」1991年刊あり〉 2000円 Ⓘ978-4-393-42454-4

10510 脳で旅する日本のクオリア 茂木健一郎著 小学館 2009.7 255p 19cm 1500円 Ⓘ978-4-09-387855-5

10511 もうひとつの熊野古道「伊勢路」物語 甲斐崎圭著 大阪 創元社 2009.11 263p 19cm 1600円 Ⓘ978-4-422-25056-4

10512 完訳 日本奥地紀行 4 東京―関西―伊勢 日本の国政 イザベラ・バード著, 金坂清則訳注 平凡社 2013.3 446p 18cm （東洋文庫）〈布装 索引あり〉 3200円 Ⓘ978-4-582-80833-9

10513 神々への道―米国人天文学者の見た神秘の国・日本 パーシヴァル・ローエル著, 平岡厚, 上村和也訳 国書刊行会 2013.10 277p 図版20p 20cm 3400円 Ⓘ978-4-336-05668-9

10514 隅の風景 恩田陸著 新潮社 2013.11 230p 16cm （新潮文庫）〈2011年刊の加筆 文献あり〉 520円 Ⓘ978-4-10-123422-9

作品 不信心者の「お伊勢参り」

10515 そのように見えた いしいしんじ作 イースト・プレス 2014.1 137p 20cm 1800円 Ⓘ978-4-7816-1089-4

10516 近松秋江全集 第7巻 オンデマンド版 近松秋江著, 紅野敏郎, 和田謹吾, 中尾務, 遠藤英雄, 田沢基久, 笹瀬王子編集委員 八木書店古書出版部 2014.2 502, 34p 21cm〈初版：八木書店 1993年刊 印刷・製本：デジタルパブリッシングサービス 発売：八木書店〉 12000円 Ⓘ978-4-8406-3492-2

作品 伊勢から京都へ

10517 にっぽん聖地巡拝の旅 玉岡かおる著 大法輪閣 2014.4 277p 19cm 1800円 Ⓘ978-4-8046-1360-4

目次 高野山へ―自分を磨く山のみち, 大神神社～四天王寺―最初の神とほとけ, 法華山一乗寺～摩耶山天上寺―はるけき国から来た力, 国の鎮めの盧舎那仏―東大寺大仏殿の天子の使命と願いをみる, 西大寺―女帝の夢のいざよいの跡, 青岸渡寺～那智大社―こころ洗う源流の旅, 石上神宮～興福寺―剣から仏へ。祈りの道の行き着くところ, 賀茂神社、物部の墓と太子の寺へ―神々の敗北と勝利のはてに, あおによし奈良のみほとけ 道ふたつ―不屈の高僧、孤高の修行者, 延暦寺～神護寺―南都をこえて北嶺へ。平安仏教の幕開け, 書写山圓教寺～長谷寺―おんなたちの祈りの旅, 石清水八幡宮～平等院―東の極地・日本でとけあう神と仏, 吉野・金峯山～京都・聖護院―修験道の聖地を行く, 生田神社～葛井寺―航海

に祈りをこめて 瀬戸内海に臨む神仏, 荒神さん、祇園さんに天王さん―祟る神と荒ぶる仏, 住吉大社～石山寺―平安の世のねがいと祈りを文学に托す, 六波羅蜜寺・浄土寺～知恩院―この世の終わりを生き抜いて, 鎌倉仏教の流れを訪ねて―刷新の風に吹かれる仏たち, 金剛寺・観心寺・湊川神社―武装の時代を生き抜いて, 當麻寺～道成寺―おんなたちの神・ほとけ, 根来寺～智積院・坐摩神社―"物づくり"を促してきた神社と暮らし, 伊勢神宮・出雲大社・泉涌寺―天皇家の神とほとけ, 西本願寺・南船北馬の門徒衆―民の心の結集を訪ねて, 長崎へ、切支丹の息吹をたどる―番外編

10518 ど・スピリチュアル日本旅　たかのてるこ著　幻冬舎　2014.8　353p 図版8枚　19cm　1400円　①978-4-344-02618-6

10519 天白紀行　増補改訂版　山田宗睦著　名古屋　人間社　2016.6　284p　15cm　(人間社文庫―日本の古層 1)　800円　①978-4-908627-00-2

10520 神社めぐりをしていたらエルサレムに立っていた　鶴田真由著　幻冬舎　2017.6　159p 図版16p　20cm〈文献あり〉　1300円　①978-4-344-03125-8

10521 爺は旅で若返る　吉川潮, 島敏光著　牧野出版　2017.7　253p　19cm　1600円　①978-4-89500-215-8

一身田寺内町（津市）

10522 ニッポン周遊記―町の見つけ方・歩き方・つくり方　池内紀著　青土社　2014.7　325p　20cm　2400円　①978-4-7917-6777-9

員弁町（いなべ市）

10523 天白紀行　増補改訂版　山田宗睦著　名古屋　人間社　2016.6　284p　15cm　(人間社文庫―日本の古層 1)　800円　①978-4-908627-00-2

上野（伊賀市）

10524 エンピツ絵描きの一人旅　安西水丸著　新潮社　1991.10　213p　19cm　1300円　①4-10-373602-X

10525 ら・ら・ら「奥の細道」　黛まどか著　光文社　1998.3　221p　20cm　1600円　①4-334-97168-7

10526 ニッポン・あっちこっち　安西水丸著　家の光協会　1999.11　205p　17cm　1800円　①4-259-54570-1

10527 東海道徒歩38日間ひとり旅　糸川燿史著　小学館　2001.8　282p　15cm　(小学館文庫)〈「パラダイス街道」(双葉社1994年刊)の改題〉　552円　①4-09-411401-7

10528 日本全国ローカル線おいしい旅　嵐山光三郎著　講談社　2004.3　246p　18cm　(講談社現代新書)　700円　①4-06-149710-3

10529 芭蕉紀行　嵐山光三郎著　新潮社　2004.4　381p　16cm　(新潮文庫)〈「芭蕉の誘惑」(JTB2000年刊)の増訂　年譜あり〉　552円　①4-10-141907-8

10530 街道をゆく夜話　司馬遼太郎著　朝日新聞社　2007.10　381p　15cm　(朝日文庫)　700円　①978-4-02-264419-0

10531 自転車で行く「野ざらし紀行」逆まわり―俳句の生まれる現場 団塊世代がんばれ！　大竹多可志著　東村山　東京四季出版　2015.2　329p　16cm　(俳句四季文庫)　1500円　①978-4-8129-0829-7

産田神社

10532 聖地巡礼 ライジング 熊野紀行　内田樹, 釈徹宗著　東京書籍　2015.3　291p　19cm　1500円　①978-4-487-80639-3

大津町（松阪市）

10533 イザベラ・バードの日本紀行　下　イザベラ・バード著, 時岡敬子訳　講談社　2008.6　416p　15cm　(講談社学術文庫)　1250円　①978-4-06-159872-0

10534 完訳 日本奥地紀行　4　東京―関西―伊勢 日本の国政　イザベラ・バード著, 金坂清則訳注　平凡社　2013.3　446p　18cm　(東洋文庫)〈布装　索引あり〉　3200円　①978-4-582-80833-9

大馬神社

10535 陰陽師ロード―安倍晴明名所案内　荒俣宏著　平凡社　2001.9　237p　19cm　1400円　①4-582-82974-0

御斎峠

10536 街道をゆく　7　甲賀と伊賀のみち、砂鉄のみち ほか　新装版　司馬遼太郎著　朝日新聞出版　2008.9　339, 8p　15cm　(朝日文庫)　660円　①978-4-02-264446-6

鬼ヶ城

10537 井上靖歴史紀行文集　第1巻　日本の旅　井上靖著　岩波書店　1992.1　23cm
[作品] 南紀の海に魅せられて

10538 日本紀行　井上靖著　岩波書店　1993.12　252p　16cm　(同時代ライブラリー)　1000円　①4-00-260169-2
[作品] 南紀の海に魅せられて

尾呂志

10539 紀州―木の国・根の国物語　改版　中上健次著　角川書店　2009.1　308p　15cm　(角川文庫)〈発売：角川グループパブリッシング〉　552円　①978-4-04-145611-8

尾鷲市

10540 日本の旅ごはん―平成食の風土記　向笠千恵子著　小学館　2006.11　191p　19cm　1500円　①4-09-387688-6

10541 渚の旅人　2　ヒラメのあぶない妄想　森沢明夫著　東京地図出版　2008.12　427p　19cm　1450円　①978-4-8085-8535-8

10542 紀州―木の国・根の国物語　改版　中上健次著　角川書店　2009.1　308p　15cm　(角川文庫)〈発売：角川グループパブリッシング〉

552円　①978-4-04-145611-8

加佐登神社

10543　沈黙の神々　佐藤洋二郎著　松柏社　2005.11　270p　19cm　1800円　①978-4-7754-0093-2

賢島

10544　閑古堂の絵葉書散歩　西編　林丈二著　小学館　1999.5　123p　21cm　（SHOTOR TRAVEL）　1500円　①4-09-343139-6
作品　伊勢志摩の夏の日―三重

加太駅

10545　ぞっこん鉄道今昔―昭和の鉄道撮影地への旅　櫻井寛写真・文　朝日新聞出版　2012.8　205p　21cm　2300円　①978-4-02-331112-1

神島

10546　植民地のアリス　島田雅彦著　朝日新聞社　1996.6　231p　15cm　（朝日文芸文庫）〈1993年刊の文庫化〉　650円　①4-02-264111-8

10547　関西こころの旅路　山と渓谷社　2000.1　285p　20cm　（旅の紀行＆エッセイ）　1400円　①4-635-28045-4
作品　思い出の神島へ〔堀ちえみ〕

10548　日本《島旅》紀行　斎藤潤著　光文社　2005.3　284p　18cm　（光文社新書）　780円　①4-334-03299-0

10549　1泊2日の小島旅　カベルナリア吉田文・写真　阪急コミュニケーションズ　2009.4　199p　19cm　1600円　①978-4-484-09207-2

10550　遠藤ケイの島旅日和　遠藤ケイ著　千早書房　2009.8　124p　21cm〈索引あり〉　1600円　①978-4-88492-439-3

10551　シェルパ斉藤の島旅はいつも自転車で　斉藤政喜著　二玄社　2010.3　191p　21cm　1500円　①978-4-544-40046-5

亀山市

10552　東海道 居酒屋五十三次　太田和彦著, 村松誠画　小学館　2007.6　322p　15cm　（小学館文庫）〈2003年刊の単行本「東海道居酒屋膝栗毛」の改題、文庫化〉　571円　①978-4-09-408176-3

10553　ちいさな城下町　安西水丸著　文藝春秋　2016.11　267p　16cm　（文春文庫）〈2014年刊の文庫化〉　630円　①978-4-16-790734-1

加茂神社（鳥羽市）

10554　陰陽師ロード―安倍晴明名所案内　荒俣宏著　平凡社　2001.9　237p　19cm　1400円　①4-582-82974-0

観菩提寺

10555　十一面観音巡礼　愛蔵版　白洲正子著　新潮社　2010.9　317p　22cm〈講談社文芸文庫1992年刊, 新潮社2002年刊あり〉　3000円　①978-4-10-310720-0
作品　木津川にそって

紀伊長島（紀北町）

10556　魚派列島―にっぽん雑魚紀行　甲斐崎圭著　中央公論社　1997.10　309p　15cm　（中公文庫）〈日本交通公社出版事業局1992年刊あり〉　762円　①4-12-202970-8

10557　紀州―木の国・根の国物語　改版　中上健次著　角川書店　2009.1　308p　15cm　（角川文庫）〈発売：角川グループパブリッシング〉　552円　①978-4-04-145611-8

木本町（熊野市）

10558　井上靖歴史紀行文集　第1巻　日本の旅　井上靖著　岩波書店　1992.1　23cm
作品　南紀の海に魅せられて

10559　日本紀行　井上靖著　岩波書店　1993.12　252p　16cm　（同時代ライブラリー）　1000円　①4-00-260169-2
作品　南紀の海に魅せられて

紀北町

10560　渚の旅人　2　ヒラメのあぶない妄想　森沢明夫著　東京地図出版　2008.12　427p　19cm　1450円　①978-4-8085-8535-8

近長谷寺

10561　十一面観音巡礼　愛蔵版　白洲正子著　新潮社　2010.9　317p　22cm〈講談社文芸文庫1992年刊, 新潮社2002年刊あり〉　3000円　①978-4-10-310720-0
作品　熊野詣

近鉄「伊勢志摩ライナー」

10562　全国私鉄特急の旅　小川裕夫著　平凡社　2006.10　229p　18cm　（平凡社新書）　840円　①4-582-85343-9

近鉄志摩線

10563　日本縦断「ローカル列車」を乗りこなす　種村直樹著　青春出版社　2006.6　205p　18cm　（青春新書インテリジェンス）　730円　①4-413-04147-X

近鉄北勢線

10564　朝湯、昼酒、ローカル線―かっちゃんの鉄修行　勝谷誠彦著　文芸春秋　2007.12　321p　16cm　（文春文庫plus）〈「勝谷誠彦の地列車大作戦」（JTB2002年刊）の改題〉　629円　①978-4-16-771320-1

近鉄山田線

10565　日本縦断「ローカル列車」を乗りこなす　種村直樹著　青春出版社　2006.6　205p　18cm　（青春新書インテリジェンス）　730円　①4-413-04147-X

九木神社

10566　陰陽師ロード―安倍晴明名所案内　荒俣宏著　平凡社　2001.9　237p　19cm　1400円

①4-582-82974-0

九鬼町（尾鷲市）

10567 ニッポン周遊記—町の見つけ方・歩き方・つくり方 池内紀著 青土社 2014.7 325p 20cm 2400円 ①978-4-7917-6777-9

熊野（三重県域）

10568 行きつ戻りつ 乃南アサ著 文化出版局 2000.5 237p 21cm 1500円 ①4-579-30386-5

作品 泣き虫（三重・熊野）

熊野古道（馬越峠コース）

10569 お友だちからお願いします 三浦しをん著 大和書房 2012.8 290p 20cm 1400円 ①978-4-479-68171-7

作品 ヒノキがうつくしい熊野古道

桑名市

10570 日本の不思議な宿 巌谷国士著 中央公論新社 1999.4 353p 16cm （中公文庫） 838円 ①4-12-203396-9

作品 桑名・船津屋—泉鏡花と名物・焼蛤

10571 中部日本を歩く 立松和平著, 黒古一夫編 勉誠出版 2006.4 389p 22cm （立松和平日本を歩く 第3巻） 2600円 ①4-585-01173-0

作品 桑名のシジミ

10572 東海道 居酒屋五十三次 太田和彦著, 村松誠画 小学館 2007.6 322p 15cm （小学館文庫）〈2003年刊の単行本「東海道居酒屋膝栗毛」の改題、文庫化〉 571円 ①978-4-09-408176-3

作品 桑名宿之巻—行灯ともる寄りあい渡し蛤いかがと甘い声

10573 長良川をたどる—美濃から奥美濃、さらに白川郷へ 山野肆朗著 ウェッジ 2010.11 138p 21cm〈文献あり〉 1800円 ①978-4-86310-078-7

作品 治水の歴史を刻む桑名市、海津市

10574 徒歩旅行—今日読んで明日旅する12の町 若菜晃子編著 暮しの手帖社 2011.9 136p 28cm （暮しの手帖別冊） 762円

10575 池波正太郎を歩く 須藤靖貴著 講談社 2012.9 326p 15cm （講談社文庫）〈毎日新聞社 2009年刊の加筆・修正〉 648円 ①978-4-06-277363-8

作品 『雲霧仁左衛門』を歩く

10576 近松秋江全集 第7巻 オンデマンド版 近松秋江著 紅野敏郎, 和田謹吾, 中尾務, 遠藤英雄, 田沢基久, 笹瀬王子編集委員 八木書店古書出版部 2014.2 502, 34p 21cm〈初版：八木書店 1993年刊 印刷・製本：デジタルパブリッシングサービス 発売：八木書店〉 12000円 ①978-4-8406-3492-2

作品 舟津屋

花井（熊野市）

10577 誰も知らない熊野の遺産 栂嶺レイ著 筑摩書房 2017.8 254p 18cm （ちくま新書—カラー新書）〈文献あり〉 980円 ①978-4-480-06974-0

目次 第1章 はじめて知った熊野（百夜月, 九重—森に広大な棚田が眠る, 竹筒—幻の玉置街道, 花井—美濃の姫と熊野比丘尼）, 第2章 祈りの系譜（楊枝—三十三間堂説話変容のダイナミズム, 謎のミミイシ（耳石）、ミミジマ（耳島）さん, 十津川の廃仏毀釈, 前鬼, 樫原/小瀬, 徐福は実在するか, 那智の火祭り「扇祭り」 ほか）, 第3章 近代化の果てに（湯峰—豊穣の源となったハンセン病患者, 春露童子—黄金の森に生きた鉱夫たち, 二木島—神武東征ルートとされた土地, 太地—捕鯨と日本の心、太地の心 ほか）, 第4章 熊野を生きる（瀧—高齢者が暮らす力, 口色川—消費社会からの脱出, 畝畑—日本の暮らしの過去と未来）

金剛証寺

10578 孤猿随筆 柳田国男著 岩波書店 2011.3 259p 15cm （岩波文庫） 720円 ①978-4-00-331389-3

作品 旅二題（有井堂, 金剛証寺）

目次 猿の皮, 松島の狐, 狐飛脚の話, 坂川彦左衛門, サン・セバスチャン, 対州の猪, 猫の島, どら猫観察記, 旅二題（有井堂, 金剛証寺）, モリの実験, 狼のゆくえ, 狼史雑話

榊原温泉

10579 東海道徒歩38日間ひとり旅 糸川燿史著 小学館 2001.8 282p 15cm （小学館文庫）〈「パラダイス街道」（双葉社1994年刊）の改題〉 552円 ①4-09-411401-7

10580 人情温泉紀行—演歌歌手・鏡五郎が訪ねた全国の名湯47選 鏡五郎著 マガジンランド 2008.5 235p 19cm〈年譜あり〉 1238円 ①978-4-944101-37-5

坂手島

10581 1泊2日の小島旅 カベルナリア吉田文・写真 阪急コミュニケーションズ 2009.4 199p 19cm 1600円 ①978-4-484-09207-2

猿田彦神社

10582 江原啓之 神紀行 1（伊勢・熊野・奈良） 江原啓之著 マガジンハウス 2005.10 95p 21cm （スピリチュアル・サンクチュアリシリーズ） 952円 ①4-8387-1620-6

三岐鉄道

10583 朝湯、昼酒、ローカル線—かっちゃんの鉄修行 勝谷誠彦著 文芸春秋 2007.12 321p 16cm （文春文庫plus）〈「勝谷誠彦の地列車大作戦」（JTB2002年刊）の改題〉 629円 ①978-4-16-771320-1

三岐鉄道北勢線

10584 日本全国ローカル列車ひとり旅 遠森慶文・イラスト・写真 双葉社 2005.11 253p 19cm 1500円 ①4-575-29847-6

参宮線

10585 日本縦断「ローカル列車」を乗りこなす　種村直樹著　青春出版社　2006.6　205p　18cm（青春新書インテリジェンス）　730円　①4-413-04147-X

三郷山（伊勢市）

10586 閑古堂の絵葉書散歩　西編　林丈二著　小学館　1999.5　123p　21cm　（SHOTOR TRAVEL）　1500円　①4-09-343139-6
作品 伊勢志摩の夏の日―三重

志摩市

10587 家（うち）もいいけど旅も好き　岸本葉子著　講談社　2002.5　273p　15cm　（講談社文庫）〈河出書房新社1998年刊にエッセイを増補し文庫化〉　495円　①4-06-273429-X

10588 名探偵浅見光彦のニッポン不思議紀行　内田康夫著　集英社　2006.2　270p　16cm（集英社文庫）〈学習研究社2001年刊あり〉　600円　①4-08-746013-4

10589 旬紀行―「とびきり」を味わうためだけの旅　寄本好則著　ディノス　2006.8　167p　20cm〈扶桑社（発売）〉　1667円　①4-594-05210-X

10590 掌の中の月―光 流れ 救い　立松和平著　サンガ　2008.7　274p　18cm　（サンガ新書）〈文献あり〉　850円　①978-4-901679-83-1

10591 渚の旅人　2　ヒラメのあぶない妄想　森沢明夫著　東京地図出版　2008.12　427p　19cm　1450円　①978-4-8085-8535-8

10592 谷川健一全集　第10巻（民俗 2）　女の風土記　埋もれた日本地図（抄録）　黒潮の民俗学（抄録）　谷川健一著　冨山房インターナショナル　2010.1　574, 27p　23cm〈付属資料：8p：月報 no.14　索引あり〉　6500円　①978-4-902385-84-7
作品 志摩

10593 名探偵浅見光彦の食いしん坊紀行　内田康夫著　実業之日本社　2010.10　257p　16cm（実業之日本社文庫）〈2000年刊の再編集〉　724円　①978-4-408-55000-8

10594 天白紀行　増補改訂版　山田宗睦著　名古屋　人間社　2016.6　284p　15cm　（人間社文庫―日本の古層 1）　800円　①978-4-908627-00-2

志摩半島

10595 旅は青空 小沢昭一的こころ　小沢昭一，宮腰太郎著　新潮社　1991.8　317p　15cm（新潮文庫）　400円　①4-10-131308-3

10596 ニッポン豊饒紀行　甲斐崎圭著　小沢書店　1997.8　206p　20cm　1900円　①4-7551-0349-5

10597 半島をゆく　第1巻　信長と戦国興亡編　安部龍太郎，藤田達生著　小学館　2016.11　321p　19cm　1500円　①978-4-09-343442-3

丈六寺

10598 十一面観音巡礼　愛蔵版　白洲正子著　新潮社　2010.9　317p　22cm〈講談社文芸文庫1992年刊，新潮社2002年刊あり〉　3000円　①978-4-10-310720-0
作品 水神の里

崇広堂

10599 全国藩校紀行―日本人の精神の原点を訪ねて　中村彰彦著　PHP研究所　2014.12　314p　15cm　（PHP文庫）〈「捜魂記」（文藝春秋 2004年刊）の改題〉　680円　①978-4-569-76280-7

菅島

10600 陰陽師ロード―安倍晴明名所案内　荒俣宏著　平凡社　2001.9　237p　19cm　1400円　①4-582-82974-0

鈴鹿市

10601 近江山河抄　白洲正子著　講談社　1994.3　215p　15cm　（講談社文芸文庫―現代日本のエッセイ）　880円　①4-06-196264-7
目次 近江路，逢坂越，大津の京，紫香楽の宮，日枝の山道，比良の暮雪，あかねさす紫野，沖つ島山，鈴鹿の流れ星，伊吹の荒ぶる神

10602 シェルパ斉藤の東海自然歩道全踏破―213万歩の旅　斉藤政喜著　小学館　2001.1　301p　15cm　（小学館文庫）〈「213万歩の旅」（1992年刊）の改題〉　533円　①4-09-411006-2

関（亀山市）

10603 ニッポン旅みやげ　池内紀著　青土社　2015.4　162p　20cm　1800円　①978-4-7917-6852-3

専修寺

10604 百寺巡礼　第4巻　滋賀・東海　五木寛之著　講談社　2008.12　267p　15cm　（講談社文庫）〈文献あり　2004年刊の文庫化〉　562円　①978-4-06-276214-4

大王崎

10605 谷川健一全集　第10巻（民俗 2）　女の風土記　埋もれた日本地図（抄録）　黒潮の民俗学（抄録）　谷川健一著　冨山房インターナショナル　2010.1　574, 27p　23cm〈付属資料：8p：月報 no.14　索引あり〉　6500円　①978-4-902385-84-7
作品 大王崎紀行

10606 私の海の地図　石原慎太郎著　世界文化社　2015.10　319p　20cm　3000円　①978-4-418-15514-9
作品 波切大王なけりゃいい 大王崎

瀧原宮

10607 脳で旅する日本のクオリア　茂木健一郎著　小学館　2009.7　255p　19cm　1500円　①978-4-09-387855-5

10608 十一面観音巡礼　愛蔵版　白洲正子著

新潮社　2010.9　317p　22cm〈講談社文芸文庫1992年刊, 新潮社2002年刊あり〉　3000円　①978-4-10-310720-0
作品 熊野詣

月読宮

10609　江原啓之 神紀行　1(伊勢・熊野・奈良)　江原啓之著　マガジンハウス　2005.10　95p　21cm　(スピリチュアル・サンクチュアリシリーズ)　952円　①4-8387-1620-6

津市

10610　東海道徒歩38日間ひとり旅　糸川燿史著　小学館　2001.8　282p　15cm　(小学館文庫)〈「パラダイス街道」(双葉社1994年刊)の改題〉　552円　①4-09-411401-7

10611　バード日本紀行　I.L.バード著, 楠家重敏, 橋本かほる, 宮崎路子訳　雄松堂出版　2002.8　376, 11p 図版12枚　23cm　(新異国叢書 第3輯 3)　5500円　①4-8419-0295-3

答志島

10612　風のかなたのひみつ島　椎名誠著, 垂見健吾写真　新潮社　2005.6　253p　16cm　(新潮文庫)〈2002年刊の文庫化〉　514円　①4-10-144827-2

10613　遠藤ケイの島旅日和　遠藤ケイ著　千早書房　2009.8　124p　21cm〈索引あり〉　1600円　①978-4-88492-439-3

鳥羽駅

10614　終着駅への旅　JR編　櫻井寛著　JTBパブリッシング　2013.8　222p　19cm　1300円　①978-4-533-09285-5

鳥羽市

10615　名探偵浅見光彦のニッポン不思議紀行　内田康夫著　集英社　2006.2　270p　16cm　(集英社文庫)〈学習研究社2001年刊あり〉　600円　①4-08-746013-4

10616　吉田電車　吉田戦車著　講談社　2007.1　227p　15cm　(講談社文庫)　514円　①978-4062756310

10617　日本ボロ宿紀行―懐かしの人情宿でホッコリしよう　上明戸聡著　鉄人社　2017.7　287p　15cm　(鉄人文庫)　680円　①978-4-86537-092-8

トロトロ坂(熊野古道)

10618　もうひとつの熊野古道「伊勢路」物語　甲斐崎圭著　大阪　創元社　2009.11　263p　19cm　1600円　①978-4-422-25056-4

長野峠

10619　東海道徒歩38日間ひとり旅　糸川燿史著　小学館　2001.8　282p　15cm　(小学館文庫)〈「パラダイス街道」(双葉社1994年刊)の改題〉　552円　①4-09-411401-7

長良川

10620　本日釣り日和―釣行大全　夢枕獏著　あんず堂　1997.2　333p　19cm　1650円　①4-87282-201-3

10621　南の川まで　野田知佑著　新潮社　1999.2　237p　16cm　(新潮文庫)〈小学館1996年刊あり〉　400円　①4-10-141011-9

長良川河口堰

10622　川からの眺め　野田知佑著　新潮社　1995.10　188p　15cm　(新潮文庫)〈ブロンズ新社1992年刊あり〉　360円　①4-10-141008-9

名張市

10623　日本探見二泊三日　宮脇俊三著　角川書店　1994.3　231p　15cm　(角川文庫)　430円　①4-04-159807-9

10624　ニッポン・あっちこっち　安西水丸著　家の光協会　1999.11　205p　17cm　1800円　①4-259-54570-1

10625　作家の犯行現場　有栖川有栖著　新潮社　2005.2　406p　16cm　(新潮文庫)〈メディアファクトリー ダ・ヴィンチ編集部2002年刊あり〉　667円　①4-10-120434-9
作品 巨星のふるさと

二木島町(熊野市)

10626　誰も知らない熊野の遺産　栂嶺レイ著　筑摩書房　2017.8　254p　18cm　(ちくま新書―カラー新書)〈文献あり〉　980円　①978-4-480-06974-0

西高倉(伊賀市)

10627　街道をゆく　7　甲賀と伊賀のみち、砂鉄のみち ほか　新装版　司馬遼太郎著　朝日新聞出版　2008.9　339, 8p　15cm　(朝日文庫)　660円　①978-4-02-264446-6

花窟神社

10628　陰陽師ロード―安倍晴明名所案内　荒俣宏著　平凡社　2001.9　237p　19cm　1400円　①4-582-82974-0

10629　十一面観音巡礼　愛蔵版　白洲正子著　新潮社　2010.9　317p　22cm〈講談社文芸文庫1992年刊, 新潮社2002年刊あり〉　3000円　①978-4-10-310720-0
作品 熊野詣

10630　神結び―日本の聖地をめぐる旅　相川七瀬著　実業之日本社　2014.8　133p　19cm〈文献あり〉　1500円　①978-4-408-11084-4

10631　聖地巡礼 ライジング 熊野紀行　内田樹, 釈徹宗著　東京書籍　2015.3　291p　19cm　1500円　①978-4-487-80639-3

10632　「死の国」熊野と巡礼の道　関裕二著　新潮社　2017.11　266p　16cm　(新潮文庫―古代史謎解き紀行)〈文献あり〉　520円　①978-4-10-136481-0

二見浦

10633 閑古堂の絵葉書散歩 西編 林丈二著 小学館 1999.5 123p 21cm (SHOTOR TRAVEL) 1500円 ①4-09-343139-6
作品 伊勢志摩の夏の日―三重

10634 家(うち)もいいけど旅も好き 岸本葉子著 講談社 2002.5 273p 15cm (講談社文庫)〈河出書房新社1998年刊にエッセイを増補し文庫化〉 495円 ①4-06-273429-X

二見町(伊勢市)

10635 名探偵浅見光彦のニッポン不思議紀行 内田康夫著 集英社 2006.2 270p 16cm (集英社文庫)〈学習研究社2001年刊あり〉 600円 ①4-08-746013-4

駅部田(松阪市)

10636 ふらり珍地名の旅 今尾恵介著 筑摩書房 2015.2 216, 4p 19cm〈索引あり〉 1500円 ①978-4-480-87882-3

間崎島

10637 掌の中の月―光 流れ 救い 立松和平著 サンガ 2008.7 274p 18cm (サンガ新書)〈文献あり〉 850円 ①978-4-901679-83-1

10638 1泊2日の小島旅 カベルナリア吉田文・写真 阪急コミュニケーションズ 2009.4 199p 19cm 1600円 ①978-4-484-09207-2

松阪市

10639 安吾新日本地理 坂口安吾著 河出書房新社 1988.5 318p 15cm (河出文庫) 580円 ①4-309-40218-6
作品 安吾・伊勢神宮にゆく

10640 坂口安吾全集 18 坂口安吾著 筑摩書房 1991.9 794p 15cm (ちくま文庫) 1340円 ①4-480-02478-6
作品 安吾新日本地理―安吾・伊勢神宮にゆく

10641 バード日本紀行 I.L.バード著, 楠家重敏, 橋本かほる, 宮崎路子訳 雄松堂出版 2002.8 376, 11p 図版12枚 23cm (新異国叢書 第3輯 3) 5500円 ①4-8419-0295-3

10642 紀州―木の国・根の国物語 改版 中上健次著 角川書店 2009.1 308p 15cm (角川文庫)〈発売:角川グループパブリッシング〉 552円 ①978-4-04-145611-8

10643 名探偵浅見光彦の食いしん坊紀行 内田康夫著 実業之日本社 2010.10 257p 16cm (実業之日本社文庫)〈2000年刊の再編集〉 724円 ①978-4-408-55000-8

10644 色紀行―日本の美しい風景 吉岡幸雄著, 岡田克敏写真 清流出版 2011.12 241p 22cm 3500円 ①978-4-86029-374-1

10645 極みのローカルグルメ旅 柏井壽著 光文社 2012.2 301p 18cm (光文社新書) 840円 ①978-4-334-03671-3

10646 おいしいものは田舎にある―日本ふーど記 改版 玉村豊男著 中央公論新社 2017.1 245p 16cm (中公文庫)〈初版のタイトル等:日本ふーど記(日本交通公社 1984年刊)〉 700円 ①978-4-12-206351-8

松下社

10647 安吾新日本地理 坂口安吾著 河出書房新社 1988.5 318p 15cm (河出文庫) 580円 ①4-309-40218-6
作品 安吾・伊勢神宮にゆく

10648 坂口安吾全集 18 坂口安吾著 筑摩書房 1991.9 794p 15cm (ちくま文庫) 1340円 ①4-480-02478-6
作品 安吾新日本地理―安吾・伊勢神宮にゆく

10649 沈黙の神々 2 佐藤洋二郎著 松柏社 2008.9 220p 19cm 1600円 ①978-4-7754-0153-8

磨洞温泉

10650 いで湯浴泉記 大石真人著 新ハイキング社 1990.12 316p 19cm (新ハイキング選書 第11巻) 1700円 ①4-915184-12-9

的矢(志摩市)

10651 掌の中の月―光 流れ 救い 立松和平著 サンガ 2008.7 274p 18cm (サンガ新書)〈文献あり〉 850円 ①978-4-901679-83-1

宮川〔宮川水系〕

10652 「飛山濃水」の釣り―写真紀行 鮎釣り編 竹内宏写真・文 名古屋 中日新聞社(発売) 2010.7 86p 31cm 2381円 ①978-4-8062-0613-2

宮川地域(大台町)

10653 ローカルバスの終点へ 宮脇俊三著 洋泉社 2010.12 303p 18cm (新書y)〈1991年刊の新潮文庫を底本とする 日本交通公社出版事業局 1989年刊あり〉 840円 ①978-4-86248-626-4

名松線

10654 各駅下車で行こう!―スロー・トラベル カベルナリア吉田文・写真 東京書籍 2003.4 197p 21cm 1500円 ①4-487-79883-3

10655 いきどまり鉄道の旅 北尾トロ著 河出書房新社 2017.8 278p 15cm (河出文庫)〈「駅長さん! これ以上先には行けないんすか」(2011年刊)の改題、加筆・修正〉 780円 ①978-4-309-41559-8

百夜月(紀和町花井)

10656 誰も知らない熊野の遺産 栂嶺レイ著 筑摩書房 2017.8 254p 18cm (ちくま新書―カラー新書)〈文献あり〉 980円 ①978-4-480-06974-0

矢ノ川峠

10657 もうひとつの熊野古道「伊勢路」物語 甲斐崎圭著 大阪 創元社 2009.11 263p 19cm 1600円 ①978-4-422-25056-4

湯の山温泉

10658 廃墟旅　中田薫構成, 中筋純撮影　アスペクト　2009.11　127p　19×23cm　2000円　①978-4-7572-1724-9

楊枝薬師堂

10659 誰も知らない熊野の遺産　栂嶺レイ著　筑摩書房　2017.8　254p　18cm　(ちくま新書—カラー新書)〈文献あり〉　980円　①978-4-480-06974-0

養老線

10660 朝湯、昼酒、ローカル線—かっちゃんの鉄修行　勝谷誠彦著　文芸春秋　2007.12　321p　16cm　(文春文庫plus)〈「勝谷誠彦の地列車大作戦」(JTB2002年刊) の改題〉　629円　①978-4-16-771320-1

四日市市

10661 日本旅行日記　2　アーネスト・メイスン・サトウ著, 庄田元男訳　平凡社　1992.6　334p　18cm　(東洋文庫)　2884円　①4-582-80550-7

作品 伊勢・紀和・京阪に歴史をたずねる

10662 にっぽん全国 百年食堂　椎名誠著　講談社　2013.1　222p　19cm　1400円　①978-4-06-217814-3

10663 肉の旅—まだ見ぬ肉料理を求めて全国縦断！　カベルナリア吉田著　イカロス出版　2016.8　235p　21cm　1600円　①978-4-8022-0222-0

滋賀県

10664 みだれ籠—旅の手帖　津村節子著　文芸春秋　1989.11　285p　15cm　(文春文庫)　400円　①4-16-726507-9

10665 新・円空風土記　丸山尚一著　里文出版　1994.9　522p　21cm　4800円　①4-947546-72-7

10666 ニッポン豊饒紀行　甲斐崎圭著　小沢書店　1997.8　206p　20cm　1900円　①4-7551-0349-5

作品 湖西・湖上の月

10667 関西こころの旅路　山と渓谷社　2000.1　285p　20cm　(旅の紀行&エッセイ)　1400円　①4-635-28045-4

作品 消えゆく近江の技を訪ねて〔吉田知子〕

10668 明治十八年の旅は道連れ　塩谷和子著　源流社　2001.11　376p　20cm　1800円　①4-7739-0105-5

10669 旅と絵でたどる万葉心の旅　永井郁著・画　日本教文社　2002.1　339p　19cm〈年表あり〉　2286円　①4-531-06367-8

10670 禅の旅　越中文俊著　心交社　2002.12　227p　19cm　(日本つれづれ紀行 1)　1500円　①4-88302-806-2

10671 ちいさい旅みーつけた　俵万智著, 平地勲写真　集英社　2003.5　251p　16cm　(集英社be文庫)　695円　①4-08-650028-0

10672 ものがたり風土記　阿刀田高著　集英社　2003.8　388p　16cm　(集英社文庫)〈文献あり　著作目録あり　2000年刊の文庫化〉　667円　①4-08-747604-9

10673 万葉の旅　中　改訂新版　犬養孝著　平凡社　2004.1　361p　16cm　(平凡社ライブラリー)〈初版：社会思想社1964年刊　文献あり〉　1200円　①4-582-76489-4

10674 樹木街道を歩く—縄文杉への道　縄文剣著　碧天舎　2004.8　187p　19cm　1000円　①4-88346-785-6

10675 万葉を旅する　中西進著　ウェッジ　2005.2　229p　19cm　(ウェッジ選書)　1400円　①4-900594-80-6

10676 グ印関西めぐり濃口　グレゴリ青山著　メディアファクトリー　2007.10　125p　21cm　1000円　①978-4-8401-2054-8

目次 大阪篇(梅田大魔境, 梅田のはらわた ほか), 京都篇(東映太秦映画村, 大映通り商店街 ほか), 兵庫・奈良・滋賀・和歌山篇(船と元町, 探偵小説的神戸案内 ほか), グレ高かおる現実逃避の旅篇(京都府立植物園, 切手世界 ほか)

10677 一宿一通—こころを紡ぐふれ愛のたび　金澤智行著　講談社　2007.11　190p　19cm　1200円　①978-4-06-214301-1

10678 街道をゆく　24　近江散歩、奈良散歩　新装版　司馬遼太郎著　朝日新聞出版　2009.1　378, 8p　15cm　(朝日文庫)〈初版：朝日新聞社1988年刊〉　800円　①978-4-02-264477-0

10679 近江古事風物誌—さざなみの回廊めぐり　高橋真名子著　河出書房新社　2009.12　195p　20cm　1600円　①978-4-309-22520-3

目次 1 十一面観音から白山の女神へ(近江へ, 春照で出会った円空仏 ほか), 2 オコナイさんから左義長祭へ(予祝の神事 オコナイさん, 小谷山の風景 ほか), 3 穴太衆から山王祭へ(近江八景今昔, 虹色の大津 ほか), 4 シコブチ神社から鯖街道へ(甲賀の花傘太鼓踊り, 比良山という聖地 ほか)

10680 渡る世間は神仏ばかり—日日是お参りです。　吉田さらさ著　新宿書房　2010.1　261p　20cm　1800円　①978-4-88008-401-5

目次 第1章 お参りの楽しみ, 第2章 お参りの友, 第3章 日本三大お参りスポットを行く, 第4章 あわあわと滋賀を行く, 第5章 お寺に泊まる韓流散歩, 終章 極楽浄土への道

10681 歴史を紀行する　新装版　司馬遼太郎著　文藝春秋　2010.2　294p　16cm　(文春文庫)　581円　①978-4-16-766335-3

10682 愛しのローカルごはん旅 もう一杯！—2009-2011　たかぎなおこ著　メディアファクトリー　2011.7　175p　21cm　1100円　①978-4-8401-3982-3

10683 日本の路地を旅する　上原善広著　文藝春秋　2012.6　383p　16cm　(文春文庫)〈文献

あり〉 667円 ①978-4-16-780196-0

10684 おいしいものは田舎にある―日本ふーど記 改版 玉村豊男著 中央公論新社 2017.1 245p 16cm (中公文庫)〈初版のタイトル等:日本ふーど記(日本交通公社 1984年刊)〉 700円 ①978-4-12-206351-8

安土城

10685 日本名城紀行 4 畿内 歴史を生む巨城 小学館 1989.5 293p 15cm 600円 ①4-09-401204-4

(内容) 明智光秀と織田信長の反逆のドラマを生んだ安土城、大老井伊直弼を生んだ彦根城、大政奉還の舞台二条城、秀吉が築き徳川が再建した大坂城、戦国の梟雄松永久秀が築き、近世城郭の祖とされる多聞城、楠木正成の英雄伝説を生んだ千早・赤坂城、そして和歌山城、茨木城など、歴史の転回点となった巨城を山田風太郎、邦光史郎、村上元三、藤本義一らの一流作家がドラマチックに描く、城物語と紀行。

10686 戦国の山城をゆく―信長や秀吉に滅ぼされた世界 安部龍太郎著 集英社 2004.4 234p 18cm (集英社新書)〈年表あり〉 680円 ①4-08-720237-2

10687 街道をゆく 24 近江散歩、奈良散歩 新装版 司馬遼太郎著 朝日新聞出版 2009.1 378, 8p 15cm (朝日文庫)〈初版:朝日新聞社1988年刊〉 800円 ①978-4-02-264477-0

10688 廃墟となった戦国名城 澤宮優著 河出書房新社 2010.12 193p 20cm〈文献あり〉 1700円 ①978-4-309-22535-7

安土町(近江八幡市)

10689 銅像めぐり旅―ニッポン蘊蓄紀行 清水義範著 祥伝社 2006.9 306p 16cm (祥伝社文庫)〈2002年刊の文庫化〉 619円 ①4-396-33308-0

安曇川町

10690 街道をゆく 1 湖西のみち、甲州街道、長州路 ほか 新装版 司馬遼太郎著 朝日新聞出版 2008.8 291, 8p 15cm (朝日文庫) 600円 ①978-4-02-264440-4

姉川古戦場

10691 街道をゆく 24 近江散歩、奈良散歩 新装版 司馬遼太郎著 朝日新聞出版 2009.1 378, 8p 15cm (朝日文庫)〈初版:朝日新聞社1988年刊〉 800円 ①978-4-02-264477-0

油日神社

10692 かくれ里 愛蔵版 白洲正子著 新潮社 2010.9 349p 22cm〈講談社文芸文庫 1991年刊あり〉 3000円 ①978-4-10-310719-4

(作品) 油日の古面

粟津原(大津市)

10693 平家れくいえむ紀行 中石孝著 新潮社 1999.7 269p 20cm 1800円 ①4-10-431101-4

(内容) 働き盛りの仕事をなしとげ、人生のセカンド・ステージに立った夫婦が選んだ、生き甲斐の時間、平家への旅―。建礼門院の京都寂光院、平清盛・妻時子の厳島神社、木曾義仲の粟津が原、平知盛の壇ノ浦…。栄枯をしのべば重なるように、わが冬、わが春、わが夏が茜の空によみがえる。

安養寺跡

10694 土門拳の古寺巡礼 別巻 第2巻 西日本 土門拳著 小学館 1990.5 147p 26cm 1950円 ①4-09-559107-2

(作品) ぼくの古寺巡礼

医王寺

10695 見仏記 メディアミックス篇 いとうせいこう, みうらじゅん著 KADOKAWA 2015.3 245p 20cm 1600円 ①978-4-04-101459-2

(目次) 滋賀―石道寺・医王寺・菅山寺, 滋賀・兵庫―高月観音の里歴史民俗資料館・赤後寺・神積寺, 兵庫―随願寺・斑鳩寺・圓教寺・弥勒寺, 広島―光明寺・宝土寺・信行寺・天寧寺, 広島―耕三寺・浄土寺・海龍寺, 広島―福禅寺・阿弥陀寺・南禅坊・静観寺・正法寺・安国寺, 奈良―世尊寺・櫻本坊・大日寺, 奈良―金峯山寺・室生寺, 奈良―壺阪寺・當麻寺, 京都―東寺, 奈良―新薬師寺・福智院・五劫院・東大寺, 奈良―東大寺・醍醐寺(奈良国立博物館)

石塔寺

10696 土門拳の古寺巡礼 別巻 第2巻 西日本 土門拳著 小学館 1990.5 147p 26cm 1950円 ①4-09-559107-2

(作品) ぼくの古寺巡礼

10697 山に彷徨う心 古井由吉著 アリアドネ企画, 三修社〔発売〕 1996.8 207p 19cm (ARIADNE ENTERTAINMENT) 1700円 ①4-384-02316-2

10698 百寺巡礼 第4巻 滋賀・東海 五木寛之著 講談社 2008.12 267p 15cm (講談社文庫)〈文献あり 2004年刊の文庫化〉 562円 ①978-4-06-276214-4

10699 かくれ里 愛蔵版 白洲正子著 新潮社 2010.9 349p 22cm〈講談社文芸文庫 1991年刊あり〉 3000円 ①978-4-10-310719-4

(作品) 石をたずねて

石馬寺

10700 見仏記 4 親孝行篇 いとうせいこう著, みうらじゅん画 角川書店 2006.1 262p 15cm (角川文庫)〈2002年刊の文庫化〉 514円 ①4-04-184605-6

10701 かくれ里 愛蔵版 白洲正子著 新潮社 2010.9 349p 22cm〈講談社文芸文庫 1991年刊あり〉 3000円 ①978-4-10-310719-4

(作品) 石の寺

石山寺

10702 山に彷徨う心 古井由吉著 アリアドネ企画, 三修社〔発売〕 1996.8 207p 19cm (ARIADNE ENTERTAINMENT) 1700円 ①4-384-02316-2

10703 碧い眼の太郎冠者 ドナルド・キーン著

中央公論新社 2001.7 188p 21cm (Chuko on demand books) 2000円 ①4-12-550026-6
作品 おさん・茂右衛門の道行

10704 見仏記 4 親孝行篇 いとうせいこう著, みうらじゅん画 角川書店 2006.1 262p 15cm (角川文庫)〈2002年刊の文庫化〉 514円 ①4-04-184605-6

10705 西国札所古道巡礼―「母なる道」を歩む 新装版 松尾心空著 春秋社 2006.11 300p 19cm 1700円 ①4-393-13356-0

10706 中西進と歩く 百人一首の京都 中西進著, 京都新聞社編 京都 京都新聞出版センター 2007.11 164p 19cm 1400円 ①978-4-7638-0594-2
目次 はじめに, 三井寺, 随心院, 逢坂山, 六道珍皇寺, 雲林院, 清凉寺, 十輪寺, 北野天満宮, 仙洞御所, 般若寺, 名古曽滝, 誠心院, 石山寺, 大江山, 崇徳天皇御廟所, 勝持寺, 小倉山, 上賀茂神社, 水無瀬, あとがき

10707 百寺巡礼 第4巻 滋賀・東海 五木寛之著 講談社 2008.12 267p 15cm (講談社文庫)〈文献あり 2004年刊の文庫化〉 562円 ①978-4-06-276214-4

10708 かくれ里 愛蔵版 白洲正子著 新潮社 2010.9 349p 22cm〈講談社文芸文庫 1991年刊あり〉 3000円 ①978-4-10-310719-4
作品 金勝山をめぐって

10709 にっぽん聖地巡拝の旅 玉岡かおる著 大法輪閣 2014.4 277p 19cm 1800円 ①978-4-8046-1360-4

伊吹(米原市)

10710 近江山河抄 白洲正子著 講談社 1994.3 215p 15cm (講談社文芸文庫―現代日本のエッセイ) 880円 ①4-06-196264-7

伊吹山

10711 百霊峰巡礼 第3集 立松和平著 東京新聞出版部 2010.8 307p 20cm〈第2集までの出版者:東京新聞出版局〉 1800円 ①978-4-8083-0933-6

10712 色紀行―日本の美しい風景 吉岡幸雄著, 岡田克敏写真 清流出版 2011.12 241p 22cm 3500円 ①978-4-86029-374-1

鵜川四十八体石仏

10713 かくれ里 愛蔵版 白洲正子著 新潮社 2010.9 349p 22cm〈講談社文芸文庫 1991年刊あり〉 3000円 ①978-4-10-310719-4
作品 石をたずねて

浮御堂(満月寺)

10714 碧い眼の太郎冠者 ドナルド・キーン著 中央公論新社 2001.7 188p 21cm (Chuko on demand books) 2000円 ①4-12-550026-6
作品 おさん・茂右衛門の道行

永源寺

10715 私の古寺巡礼 4(諸国) 井上靖監修 光文社 2005.1 306p 16cm (知恵の森文庫)〈淡交社1987年刊の改訂〉 686円 ①4-334-78333-3
目次 三井寺―三井寺(滋賀)(瀬戸内寂聴),「六道絵」私見―聖衆来迎寺(滋賀)(井上靖), 光秀ゆかりの念仏道場―西教寺(滋賀)(邦光史郎), 竹生島宝厳寺―宝厳寺(滋賀)(陳舜臣), 霜葉は二月の花よりも紅い―永源寺(滋賀)(柳田聖山), 湖東三山―百済寺・金剛輪寺・西明寺(滋賀)(岡部伊都子), 街の中の寺―四天王寺(大阪)(宮本輝), 太子堂の夢―鶴林寺(兵庫)(野口武彦), 観心寺 首塚・星塚―観心寺(大阪)(前登志夫), 高野山管見―金剛峯寺(和歌山)(司馬遼太郎)〔ほか〕

延暦寺

10716 とっておきの寺社詣で 三木露風ほか著, 作品社編集部編 作品社 1998.4 251p 22cm (新編・日本随筆紀行 大きな活字で読みやすい本―心にふるさとがある 14) ①4-87893-895-1, 4-87893-807-2
作品 雪の延暦寺〔鷲谷七菜子〕

10717 戦国の山城をゆく―信長や秀吉に滅ぼされた世界 安部龍太郎著 集英社 2004.4 234p 18cm (集英社新書)〈年表あり〉 680円 ①4-08-720237-2

10718 寂聴の古寺礼讃 瀬戸内寂聴文, 永井吐無画 講談社 2004.5 119p 21cm (The new fifties) 1800円 ①4-06-268370-9
目次 <洛東>三十三間堂/永観堂/清水寺/銀閣寺/建仁寺/金戒光明寺/高台寺/青蓮院/真如堂/知恩院/南禅寺/法然院, <洛中>東寺/東本願寺, <比叡山>延暦寺, <洛北>鞍馬寺/三千院/詩仙堂/寂光院/曼殊院, <洛西>常寂光寺/神護寺/清凉寺/天龍寺/仁和寺/妙心寺/善峯寺/落柿舎/龍安寺, <洛南>泉涌寺/醍醐寺/東福寺, <宇治>平等院

10719 私の古寺巡礼 2(京都 2) 井上靖監修 光文社 2004.11 256p 16cm (知恵の森文庫)〈淡交社1987年刊の改訂〉 667円 ①4-334-78322-8
作品 比叡山記―延暦寺〔安岡章太郎〕
目次 天龍寺幻想―天龍寺(水上勉), 五台山 清凉寺(瀬戸内寂聴), 嵯峨野大覚寺―大覚寺(巌谷大四), 高雄の史的回想―神護寺(林屋辰三郎),「華厳縁起・義湘絵」の周辺―高山寺(井上靖), 大徳寺で考えたこと―大徳寺(有吉佐和子), 少年の日・老年の日―金閣寺・銀閣寺(竹中郁), 御室における雅びの伝統―仁和寺(山本健吉), 妙心寺界隈―妙心寺・長泉寺・法金剛院(安東次男), 広隆寺―広隆寺(矢内原伊作), 若冲と大典―相国寺(足立巻一), 色・時・光―曼殊院(野口武彦), くらまの光り―鞍馬寺(遠藤周作), 往生極楽院―三千院(瀬戸内寂聴), 比叡山記―延暦寺(安岡章太郎)

10720 寂聴ほとけ径―私の好きな寺 2 瀬戸内寂聴著 光文社 2007.6 185p 15cm (光文社文庫) 686円 ①978-4-334-74258-4

10721 百寺巡礼 第4巻 滋賀・東海 五木寛之著 講談社 2008.12 267p 15cm (講談社文庫)〈文献あり 2004年刊の文庫化〉 562円 ①978-4-06-276214-4

10722 脳で旅する日本のクオリア 茂木健一郎著 小学館 2009.7 255p 19cm 1500円 ①978-4-09-387855-5

10723 新版 私の古寺巡礼・京都 上 梅原猛監

修　京都　淡交社　2010.2　231p　21cm　1800円　Ⓘ978-4-473-03646-9

作品 延暦寺 わが心のふるさと〔瀬戸内寂聴〕

目次 延暦寺—延暦寺 わが心のふるさと（瀬戸内寂聴），三千院—花浄土（黛まどか），寂光院—大原、小浜、男鹿半島（坪内稔典），鞍馬寺—晶子が愛した気の山（道浦母都子），曼殊院—空中の美味（赤瀬川原平），大徳寺—墨絵の寺（千宗室），相國寺—般若林に青年僧が集う日（真野響子），建仁寺—静寂の促し（竹西寛子），六波羅蜜寺—六波羅蜜寺を訪ねて（高城修三），西本願寺—わが心の大屋根（五木寛之），東本願寺—本願寺と日本人（井沢元彦），金閣寺—華麗なる権力と美の力（梅原猛），龍安寺—石庭素描（杉本秀太郎），等持院—等持院今昔物語（今谷明），妙心寺—妙心寺松籟（長田弘），仁和寺—仁和寺の懐に抱かれて（草野満代），大覚寺—嵯峨天皇のいのり、空海のおもかげ（山折哲雄），清凉寺—五台山 清凉寺（瀬戸内寂聴），神護寺—つづいてゆくもの（川上弘美），高山寺—高山寺探訪 残り紅葉まで（阿川佐和子）

10724 にっぽん聖地巡拝の旅　玉岡かおる著　大法輪閣　2014.4　277p　19cm　1800円　Ⓘ978-4-8046-1360-4

奥石神社

10725 かくれ里　愛蔵版　白洲正子著　新潮社　2010.9　349p　22cm〈講談社文芸文庫 1991年刊あり〉　3000円　Ⓘ978-4-10-310719-4

作品 石の寺

逢坂山

10726 中西進と歩く 百人一首の京都　中西進著, 京都新聞社編　京都　京都新聞出版センター　2007.11　164p　19cm　1400円　Ⓘ978-4-7638-0594-2

近江路

10727 定本 七つの街道　井伏鱒二著　永田書房　1990.2

10728 古道紀行 近江路　小山和著　（大阪）保育社　1991.12　186p　19cm　1800円　Ⓘ4-586-61302-5

内容 古文化財の宝庫であり、古代百済人定着以来の伝承と歴史を秘める里、近江を訪ね、湖国の人々のくらしを描く。

10729 近江山河抄　白洲正子著　講談社　1994.3　215p　15cm　（講談社文芸文庫—現代日本のエッセイ）　880円　Ⓘ4-06-196264-7

10730 ら・ら・ら「奥の細道」　黛まどか著　光文社　1998.3　221p　20cm　1600円　Ⓘ4-334-97168-7

10731 地の記憶をあるく　出雲・近江篇　松本健一著　中央公論新社　2001.9　281p　20cm〈奥付の出版年月（誤植）：2000.9〉　2000円　Ⓘ4-12-003184-5

目次 海のみちの都—松江周遊, 斐伊川へ, 出雲まで, 東西文化のフォッサ・マグナ—鞍馬から, 南禅寺のあたり, 近江路へ

10732 歴史をあるく、文学をゆく　半藤一利著　文芸春秋　2004.5　333p　16cm　（文春文庫）　648円　Ⓘ4-16-748313-0

近江塩津駅

10733 鉄道の旅　西日本編　真島満秀写真・文　小学館　2008.4　207p　27cm　2600円　Ⓘ978-4-09-395502-7

近江八幡市

10734 日本辺境ふーらり紀行　鈴木喜一著, アユミギャラリー悠風舎編　秋山書店　2007.12　199p　19cm　1700円　Ⓘ978-4-87023-621-9

10735 日本風景論　池内紀著　角川学芸出版　2009.3　279p　19cm　（角川選書）〈発売：角川グループパブリッシング〉　1600円　Ⓘ978-4-04-703442-6

大津市

10736 近江山河抄　白洲正子著　講談社　1994.3　215p　15cm　（講談社文芸文庫—現代日本のエッセイ）　880円　Ⓘ4-06-196264-7

10737 夢は枯野を—競輪躁鬱旅行　伊集院静著　講談社　1994.12　343p　15cm　（講談社文庫）〈1993年刊の文庫化〉　560円　Ⓘ4-06-185833-5

10738 良寛を歩く 一休を歩く　水上勉著　日本放送出版協会　2004.4　317p　16cm　（NHKライブラリー）〈「良寛を歩く」（1986年刊）と「一休を歩く」（1988年刊）の改題、合本〉　970円　Ⓘ4-14-084182-6

作品 一休を歩く

10739 古都古寺巡礼　奈良本辰也著　たちばな出版　2004.12　317p　19cm　1600円　Ⓘ4-8133-1859-2

目次 第1部 女人哀歓（大津京のほとりに立ちて, 理想の化身・伎芸天—秋篠寺 ほか）, 第2部 女人さまざま（赤穂浪士の妻たち, 京の舞妓 ほか）, 第3部 心ぞ翔ばん（絵島と高遠）, 第4部 京都の庭（竜安寺の庭—幻想への門, 金閣寺の庭園 ほか）

10740 オーストリア皇太子の日本日記—明治二十六年夏の記録　フランツ・フェルディナント著, 安藤勉訳　講談社　2005.9　237p　15cm　（講談社学術文庫）〈肖像あり〉　840円　Ⓘ4-06-159725-6

10741 東海道 居酒屋五十三次　太田和彦著, 村松誠画　小学館　2007.6　322p　15cm　（小学館文庫）〈2003年刊の単行本「東海道居酒屋膝栗毛」の改題、文庫化〉　571円　Ⓘ978-4-09-408176-3

作品 大津宿之巻—峠下れば湖の国近江八珍さがした夜は

10742 廃墟旅　中田薫構成, 中筋純撮影　アスペクト　2009.11　127p　19×23cm　2000円　Ⓘ978-4-7572-1724-9

10743 近江古事風物誌—さざなみの回廊めぐり　高橋真名子著　河出書房新社　2009.12　195p　20cm　1600円　Ⓘ978-4-309-22520-3

10744 みどりの国滞在日記　エリック・ファーユ著, 三野博司訳　水声社　2014.12　195p　20cm　（批評の小径）　2500円　Ⓘ978-4-8010-0077-3

10745 自転車で行く「野ざらし紀行」逆まわり

—俳句の生まれる現場 団塊世代がんばれ！ 大竹多可志著 東村山 東京四季出版 2015.2 329p 16cm （俳句四季文庫） 1500円 ①978-4-8129-0829-7

10746 来ちゃった 酒井順子文, ほしよりこ画 小学館 2016.3 317p 15cm （小学館文庫）〈2011年刊の増補〉 620円 ①978-4-09-406277-9

10747 山の宿のひとり酒 太田和彦著 集英社 2017.4 289p 16cm （集英社文庫—ニッポンぶらり旅） 660円 ①978-4-08-745577-9

大音（長浜市）

10748 近江・大和 水上勉著 河出書房新社 2000.5 205p 20cm （日本の風景を歩く） 1600円 ①4-309-62134-1

目次 湖北巡礼, 近江六ヶ畑, 近江大音・西山, 近江三井寺, 近江石山晴嵐町, 湖岸暮色, 忘れられた巨桜, 壺坂幻想, 大和月瀬

沖島

10749 近江山河抄 白洲正子著 講談社 1994.3 215p 15cm （講談社文芸文庫—現代日本のエッセイ） 880円 ①4-06-196264-7

10750 魚派列島—にっぽん雑魚紀行 甲斐崎圭著 中央公論社 1997.10 309p 15cm （中公文庫）〈日本交通公社出版事業局1992年刊あり〉 762円 ①4-12-202970-8

10751 関西こころの旅路 山と渓谷社 2000.1 285p 20cm （旅の紀行＆エッセイ） 1400円 ①4-635-28045-4

作品 唯一、人々が暮らす湖の島〔高城修三〕

10752 日本《島旅》紀行 斎藤潤著 光文社 2005.3 284p 18cm （光文社新書） 780円 ①4-334-03299-0

10753 1泊2日の小島旅 カベルナリア吉田文・写真 阪急コミュニケーションズ 2009.4 199p 19cm 1600円 ①978-4-484-09207-2

10754 遠藤ケイの島旅日和 遠藤ケイ著 千早書房 2009.8 124p 21cm〈索引あり〉 1600円 ①978-4-88492-439-3

小谷寺

10755 見仏記 2 仏友篇 いとうせいこう, みうらじゅん著 角川書店 1999.1 332p 15cm （角川文庫）〈中央公論社 1995年刊の文庫化〉 724円 ①4-04-184603-X

小谷城

10756 日本名城紀行 3 中部・北陸 戦国武将の堅城 小学館 1989.5 293p 15cm〈『探訪日本の城』シリーズ4 中山道・5北陸道より再録〉 600円 ①4-09-401203-6

10757 戦国の山城をゆく—信長や秀吉に滅ぼされた世界 安部龍太郎著 集英社 2004.4 234p 18cm （集英社新書）〈年表あり〉 680円 ①4-08-720237-2

小谷山

10758 近江古事風物誌—さざなみの回廊めぐり 高橋真名子著 河出書房新社 2009.12 195p 20cm 1600円 ①978-4-309-22520-3

海津（高島市）

10759 街道をゆく 4 郡上・白川街道、堺・紀州街道 ほか 新装版 司馬遼太郎著 朝日新聞出版 2008.8 319, 8p 15cm （朝日文庫） 620円 ①978-4-02-264443-5

柏原宿

10760 旧街道 高野慎三文・写真 北冬書房 1990.11 213p 21cm （風景とくらし叢書 3） 1800円 ①4-89289-084-7

鹿関橋

10761 山の宿のひとり酒 太田和彦著 集英社 2017.4 289p 16cm （集英社文庫—ニッポンぶらり旅） 660円 ①978-4-08-745577-9

堅田（大津市）

10762 碧い眼の太郎冠者 ドナルド・キーン著 中央公論新社 2001.7 188p 21cm （Chuko on demand books） 2000円 ①4-12-550026-6

作品 おさん・茂右衛門の道行

10763 良寛を歩く 一休を歩く 水上勉著 日本放送出版協会 2004.4 317p 16cm （NHKライブラリー）〈「良寛を歩く」(1986年刊)と「一休を歩く」(1988年刊)の改題、合本〉 970円 ①4-14-084182-6

作品 一休を歩く

葛川息障明王院

10764 かくれ里 愛蔵版 白洲正子著 新潮社 2010.9 349p 22cm〈講談社文芸文庫 1991年刊あり〉 3000円 ①978-4-10-310719-4

作品 葛川 明王院

菅山寺

10765 見仏記 メディアミックス篇 いとうせいこう, みうらじゅん著 KADOKAWA 2015.3 245p 20cm 1600円 ①978-4-04-101459-2

観音寺城

10766 歴史のねむる里へ 永井路子著 PHP研究所 1988.3 234p 19cm 1200円 ①4-569-22196-3

10767 戦国の山城をゆく—信長や秀吉に滅ぼされた世界 安部龍太郎著 集英社 2004.4 234p 18cm （集英社新書）〈年表あり〉 680円 ①4-08-720237-2

10768 かくれ里 愛蔵版 白洲正子著 新潮社 2010.9 349p 22cm〈講談社文芸文庫 1991年刊あり〉 3000円 ①978-4-10-310719-4

作品 石の寺

観音正寺

10769 かくれ里 愛蔵版 白洲正子著 新潮社

2010.9　349p　22cm〈講談社文芸文庫 1991年刊あり〉　3000円　Ⓘ978-4-10-310719-4
作品 石の寺

北小松（大津市）

10770 街道をゆく　1　湖西のみち、甲州街道、長州路 ほか　新装版　司馬遼太郎著　朝日新聞出版　2008.8　291, 8p　15cm　（朝日文庫）　600円　Ⓘ978-4-02-264440-4

義仲寺

10771 奥の細道 温泉紀行　嵐山光三郎著　小学館　2006.6　221p　15cm　（小学館文庫）〈1999年 平凡社刊あり〉　695円　Ⓘ4-09-408082-1

木之本地蔵院

10772 古寺巡礼　辻井喬著　角川春樹事務所　2011.5　253p　16cm　（ハルキ文庫）〈2009年刊の文庫化〉　667円　Ⓘ978-4-7584-3556-7

木之本町

10773 なぜかいい町一泊旅行　池内紀著　光文社　2006.6　227p　18cm　（光文社新書）　700円　Ⓘ4-334-03360-1

君ヶ畑（東近江市）

10774 かくれ里　愛蔵版　白洲正子著　新潮社　2010.9　349p　22cm〈講談社文芸文庫 1991年刊あり〉　3000円　Ⓘ978-4-10-310719-4
作品 木地師の村

教林坊

10775 かくれ里　愛蔵版　白洲正子著　新潮社　2010.9　349p　22cm〈講談社文芸文庫 1991年刊あり〉　3000円　Ⓘ978-4-10-310719-4
作品 石の寺

草津市

10776 極みのローカルグルメ旅　柏井壽著　光文社　2012.2　301p　18cm　（光文社新書）　840円　Ⓘ978-4-334-03671-3

朽木（高島市）

10777 近江・大和　水上勉著　河出書房新社　2000.5　205p　20cm　（日本の風景を歩く）　1600円　Ⓘ4-309-62134-1
作品 近江六ヶ畑

10778 かくれ里　愛蔵版　白洲正子著　新潮社　2010.9　349p　22cm〈講談社文芸文庫 1991年刊あり〉　3000円　Ⓘ978-4-10-310719-4
作品 木地師の村

朽木野尻（高島市）

10779 街道をゆく　1　湖西のみち、甲州街道、長州路 ほか　新装版　司馬遼太郎著　朝日新聞出版　2008.8　291, 8p　15cm　（朝日文庫）　600円　Ⓘ978-4-02-264440-4

国友（長浜市）

10780 街道をゆく　24　近江散歩、奈良散歩　新装版　司馬遼太郎著　朝日新聞出版　2009.1　378, 8p　15cm　（朝日文庫）〈初版：朝日新聞社1988年刊〉　800円　Ⓘ978-4-02-264477-0

黒田観音寺

10781 寂聴ほとけ径―私の好きな寺　1　瀬戸内寂聴著　光文社　2007.6　185p　15cm　（光文社文庫）　686円　Ⓘ978-4-334-74257-7

桑実寺

10782 かくれ里　愛蔵版　白洲正子著　新潮社　2010.9　349p　22cm〈講談社文芸文庫 1991年刊あり〉　3000円　Ⓘ978-4-10-310719-4
作品 石の寺

鶏足寺

10783 十一面観音巡礼　愛蔵版　白洲正子著　新潮社　2010.9　317p　22cm〈講談社文芸文庫 1992年刊, 新潮社2002年刊あり〉　3000円　Ⓘ978-4-10-310720-0
作品 湖北の旅

10784 古寺巡礼　辻井喬著　角川春樹事務所　2011.5　253p　16cm　（ハルキ文庫）〈2009年刊の文庫化〉　667円　Ⓘ978-4-7584-3556-7

10785 美しいもの　白洲正子著, 青柳恵介編　KADOKAWA　2015.5　233p　15cm　（〔角川ソフィア文庫〕―白洲正子エッセイ集 美術）　760円　Ⓘ978-4-04-409484-3
作品 湖北の旅
目次 飛鳥散歩, 美術に見るさくら, 雪月花, つらつら椿, 椿の意匠, 樟, 木と石と水の国, 聖林寺から観音寺へ, 湖北の旅, 日本の橋〔ほか〕

京阪電気鉄道石坂線

10786 遙かなる汽車旅　種村直樹著　日本交通公社出版事業局　1996.8　270p　19cm　1500円　Ⓘ4-533-02531-5

月心寺

10787 海へ、山へ、森へ、町へ　小川糸著　幻冬舎　2013.8　227p　16cm　（幻冬舎文庫）〈「ようこそ、ちきゅう食堂へ」(2010年刊)を改題、「命をかけて、命をつなぐ」・「陽だまりの家、庭の緑」ほかを収録〉　533円　Ⓘ978-4-344-42058-8
作品 月心寺

甲賀市

10788 シェルパ斉藤の東海自然歩道全踏破―213万歩の旅　斉藤政喜著　小学館　2001.1　301p　15cm　（小学館文庫）〈「213万歩の旅」(1992年刊)の改題〉　533円　Ⓘ4-09-411006-2

10789 街道をゆく　7　甲賀と伊賀のみち、砂鉄のみち ほか　新装版　司馬遼太郎著　朝日新聞出版　2008.9　339, 8p　15cm　（朝日文庫）　660円　Ⓘ978-4-02-264446-6

10790 近江古事風物誌―さざなみの回廊めぐり　高橋真名子著　河出書房新社　2009.12　195p　20cm　1600円　Ⓘ978-4-309-22520-3

向源寺

10791 土門拳の古寺巡礼 別巻 第2巻 西日本 土門拳著 小学館 1990.5 147p 26cm 1950円 ①4-09-559107-2
作品 ぼくの古寺巡礼

10792 名文で巡る国宝の十一面観音 白洲正子, 佐多稲子, 陳舜臣, 亀井勝一郎, 和辻哲郎, 杉本苑子, 会津八一, 永井路子, 立原正秋, 梅原猛, 吉村貞司, 津田さち子, 井上靖著 青草書房 2007.3 249p 20cm (Seisouおとなの図書館) 1600円 ①978-4-903735-01-6
目次 室生寺十一面観音立像(奈良県), 法華寺十一面観音立像(奈良県), 聖林寺十一面観音立像(奈良県), 向源寺「渡岸寺観音堂」十一面観音立像(滋賀県), 観音寺十一面観音立像(京都府), 六波羅蜜寺十一面観音立像(京都府), 道明寺十一面観音立像(大阪府)

10793 古寺巡礼 辻井喬著 角川春樹事務所 2011.5 253p 16cm (ハルキ文庫)〈2009年刊の文庫化〉 667円 ①978-4-7584-3556-7

10794 北陸の古寺 下 新装版 井上雪著 金沢 北國新聞社 2012.6 165p 19cm〈北国出版社 1983年刊の2分冊〉 1200円 ①978-4-8330-1870-8

江若鉄道線

10795 遙かなる汽車旅 種村直樹著 日本交通公社出版事業局 1996.8 270p 19cm 1500円 ①4-533-02531-5

興聖寺

10796 かくれ里 愛蔵版 白洲正子著 新潮社 2010.9 349p 22cm〈講談社文芸文庫 1991年刊あり〉 3000円 ①978-4-10-310719-4
作品 石をたずねて

興聖寺 旧秀隣寺庭園〔足利庭園〕

10797 私の古寺巡礼 白洲正子著 講談社 2000.4 237p 15cm (講談社文芸文庫)〈年譜あり 法蔵館1997年刊あり〉 1100円 ①4-06-198208-7
作品 近江の庭園―旧秀隣寺と大池寺

10798 街道をゆく 1 湖西のみち、甲州街道、長州路 ほか 新装版 司馬遼太郎著 朝日新聞出版 2008.8 291, 8p 15cm (朝日文庫) 600円 ①978-4-02-264440-4

己高閣

10799 見仏記 2 仏友篇 いとうせいこう, みうらじゅん著 角川書店 1999.1 332p 15cm (角川文庫)〈中央公論社 1995年刊の文庫化〉 724円 ①4-04-184603-X

10800 寂聴ほとけ径―私の好きな寺 1 瀬戸内寂聴著 光文社 2007.6 185p 15cm (光文社文庫) 686円 ①978-4-334-74257-7

孤篷庵

10801 かくれ里 愛蔵版 白洲正子著 新潮社 2010.9 349p 22cm〈講談社文芸文庫 1991年刊あり〉 3000円 ①978-4-10-310719-4
作品 石をたずねて

湖北

10802 負籠の細道 水上勉著 集英社 1997.10 232p 16cm (集英社文庫) 476円 ①4-08-748697-4
作品 湖北巡礼

10803 近江・大和 水上勉著 河出書房新社 2000.5 205p 20cm (日本の風景を歩く) 1600円 ①4-309-62134-1
作品 湖北巡礼

10804 良寛を歩く 一休を歩く 水上勉著 日本放送出版協会 2004.4 317p 16cm (NHKライブラリー)〈「良寛を歩く」(1986年刊)と「一休を歩く」(1988年刊)の改題、合本〉 970円 ①4-14-084182-6
作品 一休を歩く

10805 歴史をあるく、文学をゆく 半藤一利著 文芸春秋 2004.5 333p 16cm (文春文庫) 648円 ①4-16-748313-0

10806 十一面観音巡礼 愛蔵版 白洲正子著 新潮社 2010.9 317p 22cm〈講談社文芸文庫 1992年刊, 新潮社2002年刊あり〉 3000円 ①978-4-10-310720-0
作品 湖北の旅

10807 美しいもの 白洲正子著, 青柳恵介編 KADOKAWA 2015.5 233p 15cm (〔角川ソフィア文庫〕―白洲正子エッセイ集 美術) 760円 ①978-4-04-409484-3
作品 湖北の旅

狛坂磨崖仏

10808 かくれ里 愛蔵版 白洲正子著 新潮社 2010.9 349p 22cm〈講談社文芸文庫 1991年刊あり〉 3000円 ①978-4-10-310719-4
作品 金勝山をめぐって

金剛輪寺

10809 私の古寺巡礼 4(諸国) 井上靖監修 光文社 2005.1 306p 16cm (知恵の森文庫)〈淡交社1987年刊の改訂〉 686円 ①4-334-78333-3

10810 見仏記 4 親孝行篇 いとうせいこう著, みうらじゅん画 角川書店 2006.1 262p 15cm (角川文庫)〈2002年刊の文庫化〉 514円 ①4-04-184605-6

10811 古寺巡礼 辻井喬著 角川春樹事務所 2011.5 253p 16cm (ハルキ文庫)〈2009年刊の文庫化〉 667円 ①978-4-7584-3556-7

金勝寺

10812 見仏記 4 親孝行篇 いとうせいこう著, みうらじゅん画 角川書店 2006.1 262p 15cm (角川文庫)〈2002年刊の文庫化〉 514円 ①4-04-184605-6

10813 かくれ里 愛蔵版 白洲正子著 新潮社 2010.9 349p 22cm〈講談社文芸文庫 1991年刊あり〉 3000円 ①978-4-10-310719-4

作品 金勝山をめぐって

西教寺

10814 私の古寺巡礼 4（諸国） 井上靖監修 光文社 2005.1 306p 16cm （知恵の森文庫）〈淡交社1987年刊の改訂〉 686円 ①4-334-78333-3

10815 古寺巡礼 辻井喬著 角川春樹事務所 2011.5 253p 16cm （ハルキ文庫）〈2009年刊の文庫化〉 667円 ①978-4-7584-3556-7

西明寺

10816 私の古寺巡礼 4（諸国） 井上靖監修 光文社 2005.1 306p 16cm （知恵の森文庫）〈淡交社1987年刊の改訂〉 686円 ①4-334-78333-3

10817 メルヘン紀行 みやこうせい著 未知谷 2005.5 237p 20cm 2200円 ①4-89642-129-9

10818 見仏記 4 親孝行篇 いとうせいこう著, みうらじゅん画 角川書店 2006.1 262p 15cm （角川文庫）〈2002年刊の文庫化〉 514円 ①4-04-184605-6

10819 百寺巡礼 第4巻 滋賀・東海 五木寛之著 講談社 2008.12 267p 15cm （講談社文庫）〈文献あり 2004年刊の文庫化〉 562円 ①978-4-06-276214-4

10820 古寺巡礼 辻井喬著 角川春樹事務所 2011.5 253p 16cm （ハルキ文庫）〈2009年刊の文庫化〉 667円 ①978-4-7584-3556-7

坂本（大津市）

10821 江原啓之 神紀行 3（京都） 江原啓之著 マガジンハウス 2006.4 95p 21cm （スピリチュアル・サンクチュアリシリーズ） 1048円 ①4-8387-1622-2

10822 街道をゆく 16 叡山の諸道 新装版 司馬遼太郎著 朝日新聞出版 2008.11 270, 8p 15cm （朝日文庫） 580円 ①978-4-02-264462-6

目次 最澄, そば, 石垣の町, わが立つ杣, 日吉の神輿, 円仁入唐, 赤山明神, 泰山府君, 曼殊院門跡, 数寄の系譜, 水景の庭, ギヤマンの茶碗, 横川へ, 元三大師, タクワンの歴史, お不動さん, 回峯行, 木雞, 大虐殺, 探題, 黒谷別所, 鬱金色の世界, 問答, 法眼さん

沙沙貴神社

10823 かくれ里 愛蔵版 白洲正子著 新潮社 2010.9 349p 22cm〈講談社文芸文庫 1991年刊あり〉 3000円 ①978-4-10-310719-4

作品 石の寺

佐和山城

10824 戦国廃城紀行—敗者の城を探る 澤宮優著 河出書房新社 2010.1 202p 20cm〈文献あり〉 1700円 ①978-4-309-22522-7

滋賀会館

10825 ニッポンの穴紀行—近代史を彩る光と影 西牟田靖著 光文社 2010.12 324p 19cm 〈文献あり〉 1500円 ①978-4-334-97634-7

志賀地区（大津市）

10826 味な旅 舌の旅 改版 宇能鴻一郎著 中央公論新社 2010.10 239p 16cm （中公文庫）〈初版：中央公論社1980年刊〉 705円 ①978-4-12-205391-5

信楽町（甲賀市）

10827 街道をゆく 7 甲賀と伊賀のみち、砂鉄のみち ほか 新装版 司馬遼太郎著 朝日新聞出版 2008.9 339, 8p 15cm （朝日文庫） 660円 ①978-4-02-264446-6

10828 ニッポン発見記 池内紀著 中央公論新社 2012.4 211p 16cm （中公文庫）〈講談社現代新書 2004年刊の再刊〉 590円 ①978-4-12-205630-5

紫香楽宮跡

10829 街道をゆく 7 甲賀と伊賀のみち、砂鉄のみち ほか 新装版 司馬遼太郎著 朝日新聞出版 2008.9 339, 8p 15cm （朝日文庫） 660円 ①978-4-02-264446-6

10830 かくれ里 愛蔵版 白洲正子著 新潮社 2010.9 349p 22cm〈講談社文芸文庫 1991年刊あり〉 3000円 ①978-4-10-310719-4

作品 金勝山をめぐって

思子淵神社

10831 近江古事風物誌—さざなみの回廊めぐり 高橋真名子著 河出書房新社 2009.12 195p 20cm 1600円 ①978-4-309-22520-3

赤後寺

10832 見仏記 2 仏友篇 いとうせいこう, みうらじゅん著 角川書店 1999.1 332p 15cm （角川文庫）〈中央公論社 1995年刊の文庫化〉 724円 ①4-04-184603-X

10833 見仏記 メディアミックス篇 いとうせいこう, みうらじゅん著 KADOKAWA 2015.3 245p 20cm 1600円 ①978-4-04-101459-2

石道寺

10834 見仏記 2 仏友篇 いとうせいこう, みうらじゅん著 角川書店 1999.1 332p 15cm （角川文庫）〈中央公論社 1995年刊の文庫化〉 724円 ①4-04-184603-X

10835 寂聴ほとけ径—私の好きな寺 1 瀬戸内寂聴著 光文社 2007.6 185p 15cm （光文社文庫） 686円 ①978-4-334-74257-7

10836 十一面観音巡礼 愛蔵版 白洲正子著 新潮社 2010.9 317p 22cm〈講談社文芸文庫 1992年刊, 新潮社2002年刊あり〉 3000円 ①978-4-10-310720-0

作品 湖北の旅

10837 古寺巡礼 辻井喬著 角川春樹事務所 2011.5 253p 16cm （ハルキ文庫）〈2009年刊の文庫化〉 667円 ①978-4-7584-3556-7

10838 見仏記 メディアミックス篇 いとうせ

いこう, みうらじゅん著　KADOKAWA　2015.3　245p　20cm　1600円　①978-4-04-101459-2

10839　美しいもの　白洲正子著, 青柳恵介編　KADOKAWA　2015.5　233p　15cm　(〔角川ソフィア文庫〕―白洲正子エッセイ集 美術)　760円　①978-4-04-409484-3
作品 湖北の旅

聖衆来迎寺

10840　私の古寺巡礼　4(諸国)　井上靖監修　光文社　2005.1　306p　16cm　(知恵の森文庫)〈淡交社1987年刊の改訂〉　686円　①4-334-78333-3

白鬚神社

10841　街道をゆく　1　湖西のみち、甲州街道、長州路 ほか　新装版　司馬遼太郎著　朝日新聞出版　2008.8　291, 8p　15cm　(朝日文庫)　600円　①978-4-02-264440-4

新旭町(高島市)

10842　ニッポン発見記　池内紀著　中央公論新社　2012.4　211p　16cm　(中公文庫)〈講談社現代新書 2004年刊の再刊〉　590円　①978-4-12-205630-5

神照寺

10843　寂聴ほとけ径―私の好きな寺　2　瀬戸内寂聴著　光文社　2007.6　185p　15cm　(光文社文庫)　686円　①978-4-334-74258-4

10844　古寺巡礼　辻井喬著　角川春樹事務所　2011.5　253p　16cm　(ハルキ文庫)〈2009年刊の文庫化〉　667円　①978-4-7584-3556-7

菅浦(長浜市)

10845　谷川健一全集　第10巻(民俗 2)　女の風土記　埋もれた日本地図(抄録)　黒潮の民俗学(抄録)　谷川健一著　冨山房インターナショナル　2010.1　574, 27p　23cm〈付属資料：8p：月報 no.14　索引あり〉　6500円　①978-4-902385-84-7
作品 かくれ里菅浦

10846　かくれ里　愛蔵版　白洲正子著　新潮社　2010.9　349p　22cm〈講談社文芸文庫 1991年刊あり〉　3000円　①978-4-10-310719-4
作品 湖北 菅浦

盛安寺

10847　十一面観音巡礼　愛蔵版　白洲正子著　新潮社　2010.9　317p　22cm〈講談社文芸文庫 1992年刊, 新潮社2002年刊あり〉　3000円　①978-4-10-310720-0
作品 こもりく 泊瀬

晴嵐(大津市)

10848　近江・大和　水上勉著　河出書房新社　2000.5　205p　20cm　(日本の風景を歩く)　1600円　①4-309-62134-1
作品 近江石山晴嵐町

関寺の牛塔(大津市)

10849　かくれ里　愛蔵版　白洲正子著　新潮社　2010.9　349p　22cm〈講談社文芸文庫 1991年刊あり〉　3000円　①978-4-10-310719-4
作品 石をたずねて

瀬田川

10850　近松秋江全集　第7巻　オンデマンド版　近松秋江著, 紅野敏郎, 和田謹吾, 中尾務, 遠藤英雄, 田沢基久, 笹瀬王子編集委員　八木書店古書出版部　2014.2　502, 34p　21cm〈初版：八木書店 1993年刊　印刷・製本：デジタルパブリッシングサービス　発売：八木書店〉　12000円　①978-4-8406-3492-2
作品 瀬田川

瀬田の唐橋

10851　碧い眼の太郎冠者　ドナルド・キーン著　中央公論新社　2001.7　188p　21cm　(Chuko on demand books)　2000円　①4-12-550026-6
作品 おさん・茂右衛門の道行

10852　中部日本を歩く　立松和平著, 黒古一夫編　勉誠出版　2006.4　389p　22cm　(立松和平日本を歩く 第3巻)　2600円　①4-585-01173-0

善水寺

10853　見仏記　4　親孝行篇　いとうせいこう著, みうらじゅん画　角川書店　2006.1　262p　15cm　(角川文庫)〈2002年刊の文庫化〉　514円　①4-04-184605-6

総持寺

10854　古寺巡礼　辻井喬著　角川春樹事務所　2011.5　253p　16cm　(ハルキ文庫)〈2009年刊の文庫化〉　667円　①978-4-7584-3556-7

大善寺

10855　古寺巡礼　辻井喬著　角川春樹事務所　2011.5　253p　16cm　(ハルキ文庫)〈2009年刊の文庫化〉　667円　①978-4-7584-3556-7

大池寺

10856　私の古寺巡礼　白洲正子著　講談社　2000.4　237p　15cm　(講談社文芸文庫)〈年譜あり　法蔵館1997年刊あり〉　1100円　①4-06-198208-7

高月(長浜市)

10857　来ちゃった　酒井順子文, ほしよりこ画　小学館　2016.3　317p　15cm　(小学館文庫)〈2011年刊の増補〉　620円　①978-4-09-406277-9

多田幸寺

10858　寂聴ほとけ径―私の好きな寺　2　瀬戸内寂聴著　光文社　2007.6　185p　15cm　(光文社文庫)　686円　①978-4-334-74258-4

田上山

10859 動くとき、動くもの　青木奈緒著　講談社　2005.11　333p　15cm　(講談社文庫)〈2002年刊の文庫化〉　600円　①4-06-275236-0

田村神社

10860 十一面観音巡礼　愛蔵版　白洲正子著　新潮社　2010.9　317p　22cm〈講談社文芸文庫1992年刊, 新潮社2002年刊あり〉　3000円　①978-4-10-310720-0
作品 清水の流れ

多羅尾(甲賀市)

10861 街道をゆく　7　甲賀と伊賀のみち、砂鉄のみち ほか　新装版　司馬遼太郎著　朝日新聞出版　2008.9　339, 8p　15cm　(朝日文庫)　660円　①978-4-02-264446-6

太郎坊宮

10862 かくれ里　愛蔵版　白洲正子著　新潮社　2010.9　349p　22cm〈講談社文芸文庫 1991年刊あり〉　3000円　①978-4-10-310719-4
作品 石をたずねて

竹生島

10863 あやしい探検隊 不思議島へ行く　椎名誠著　角川書店　1993.7　307p　15cm　(角川文庫)　560円　①4-04-151008-2

10864 近江山河抄　白洲正子著　講談社　1994.3　215p　15cm　(講談社文芸文庫―現代日本のエッセイ)　880円　①4-06-196264-7

10865 西国札所古道巡礼―「母なる道」を歩む　新装版　松尾心空著　春秋社　2006.11　300p　19cm　1700円　①4-393-13356-0

10866 かくれ里　愛蔵版　白洲正子著　新潮社　2010.9　349p　22cm〈講談社文芸文庫 1991年刊あり〉　3000円　①978-4-10-310719-4
作品 石をたずねて

10867 色紀行―日本の美しい風景　吉岡幸雄著, 岡田克敏写真　清流出版　2011.12　241p　22cm　3500円　①978-4-86029-374-1

10868 平家巡礼　上原まり著　光文社　2011.12　240p　16cm　(光文社知恵の森文庫)　667円　①978-4-334-78595-6

知善院

10869 見仏記　2　仏友篇　いとうせいこう, みうらじゅん著　角川書店　1999.1　332p　15cm　(角川文庫)〈中央公論社 1995年刊の文庫化〉　724円　①4-04-184603-X

長命寺

10870 西国札所古道巡礼―「母なる道」を歩む　新装版　松尾心空著　春秋社　2006.11　300p　19cm　1700円　①4-393-13356-0

10871 近松秋江全集　第7巻　オンデマンド版　近松秋江著, 紅野敏郎, 和田謹吾, 中尾務, 遠藤英雄, 田沢基久, 笹瀬王子編集委員　八木書店古書出版部　2014.2　502, 34p　21cm〈初版：八木書店 1993年刊　印刷・製本：デジタルパブリッシングサービス　発売：八木書店〉　12000円　①978-4-8406-3492-2
作品 長命寺の夏の月

天狗岩

10872 かくれ里　愛蔵版　白洲正子著　新潮社　2010.9　349p　22cm〈講談社文芸文庫 1991年刊あり〉　3000円　①978-4-10-310719-4
作品 金勝山をめぐって

渡岸寺観音堂

10873 見仏記　2　仏友篇　いとうせいこう, みうらじゅん著　角川書店　1999.1　332p　15cm　(角川文庫)〈中央公論社 1995年刊の文庫化〉　724円　①4-04-184603-X

10874 十一面観音巡礼　愛蔵版　白洲正子著　新潮社　2010.9　317p　22cm〈講談社文芸文庫 1992年刊, 新潮社2002年刊あり〉　3000円　①978-4-10-310720-0
作品 湖北の旅

10875 美しいもの　白洲正子著, 青柳恵介編　KADOKAWA　2015.5　233p　15cm　(〔角川ソフィア文庫〕―白洲正子エッセイ集 美術)　760円　①978-4-04-409484-3
作品 湖北の旅

冨川磨崖仏

10876 かくれ里　愛蔵版　白洲正子著　新潮社　2010.9　349p　22cm〈講談社文芸文庫 1991年刊あり〉　3000円　①978-4-10-310719-4
作品 石をたずねて

中之庄町(近江八幡市)

10877 新編 日本の旅あちこち　木山捷平著　講談社　2015.4　304p　16cm　(講談社文芸文庫)〈著作目録あり 年譜あり〉　1600円　①978-4-06-290268-7
作品 "おのころ島"タンケン記

長浜市

10878 日本ぶらり　1　2000年の旅　山下一正著　大阪　サンセン出版　2001.4　204p　19cm　(日本紀行シリーズ 1)　1800円　①4-921038-04-X
目次 1 長浜―盆梅展の頃, 2 明石海峡大橋―早春, 3 大川遊歩道―桜咲く頃, 4 伊根―夏の海岸線, 5 淀川―毛馬から河口へ, 6 泉南―秋の海岸を行く, 7 奈良―初冬の南都

10879 旅は人生―日本人の風景を歩く　森本哲郎著　PHP研究所　2006.12　372p　15cm　(PHP文庫)〈「旅の半空」(新潮社1997年刊)の改題〉　648円　①4-569-66745-7

10880 ひとり旅 ひとり酒　太田和彦著　大阪　京阪神エルマガジン社　2009.11　237p　21cm　1600円　①978-4-87435-306-6

10881 極みのローカルグルメ旅　柏井壽著　光文社　2012.2　301p　18cm　(光文社新書)

840円 ①978-4-334-03671-3

10882 池波正太郎を歩く 須藤靖貴著 講談社 2012.9 326p 15cm (講談社文庫)〈毎日新聞社 2009年刊の加筆・修正〉 648円 ①978-4-06-277363-8

10883 ふらり旅 いい酒 いい肴 3 太田和彦著 主婦の友社 2016.5 135p 21cm 1400円 ①978-4-07-403235-8

長浜太閤温泉

10884 いで湯浴泉記 大石真人著 新ハイキング社 1990.12 316p 19cm (新ハイキング選書 第11巻) 1700円 ①4-915184-12-9

10885 人情温泉紀行―演歌歌手・鏡五郎が訪ねた全国の名湯47選 鏡五郎著 マガジンランド 2008.5 235p 19cm〈年譜あり〉 1238円 ①978-4-944101-37-5

長浜びわこ大仏

10886 にっぽん大仏さがし 坂原弘康著 新風舎 1999.8 54p 16×13cm (新風選書) 580円 ①4-7974-0994-0

西近江路

10887 街道をゆく 1 湖西のみち、甲州街道、長州路 ほか 新装版 司馬遼太郎著 朝日新聞出版 2008.8 291, 8p 15cm (朝日文庫) 600円 ①978-4-02-264440-4

10888 街道をゆく 4 郡上・白川街道、堺・紀州街道 ほか 新装版 司馬遼太郎著 朝日新聞出版 2008.8 319, 8p 15cm (朝日文庫) 620円 ①978-4-02-264443-5

西野薬師堂〔充満寺〕

10889 見仏記 2 仏友篇 いとうせいこう, みうらじゅん著 角川書店 1999.1 332p 15cm (角川文庫)〈中央公論社 1995年刊の文庫化〉 724円 ①4-04-184603-X

西山（長浜市）

10890 近江・大和 水上勉著 河出書房新社 2000.5 205p 20cm (日本の風景を歩く) 1600円 ①4-309-62134-1

寝物語の里

10891 街道をゆく 24 近江散歩、奈良散歩 新装版 司馬遼太郎著 朝日新聞出版 2009.1 378, 8p 15cm (朝日文庫)〈初版：朝日新聞社1988年刊〉 800円 ①978-4-02-264477-0

花折峠

10892 かくれ里 愛蔵版 白洲正子著 新潮社 2010.9 349p 22cm〈講談社文芸文庫 1991年刊あり〉 3000円 ①978-4-10-310719-4

作品 葛川 明王院

針畑越〔根来坂峠〕

10893 百年前の山を旅する 服部文祥著 新潮社 2014.1 236p 16cm (新潮文庫)〈東京新聞出版部 2010年刊の再刊 文献あり〉 630円 ①978-4-10-125321-3

彦根市

10894 ふれあいの旅紀行 新田健次著 東京新聞出版局 1992.5 203p 19cm 1300円 ①4-8083-0437-6

10895 関西こころの旅路 山と渓谷社 2000.1 285p 20cm (旅の紀行＆エッセイ) 1400円 ①4-635-28045-4

作品 青春の城下町〔若一光司〕

彦根城

10896 日本名城紀行 4 畿内 歴史を生む巨城 小学館 1989.5 293p 15cm 600円 ①4-09-401204-4

10897 メルヘン紀行 みやこうせい著 未知谷 2005.5 237p 20cm 2200円 ①4-89642-129-9

10898 街道をゆく 24 近江散歩、奈良散歩 新装版 司馬遼太郎著 朝日新聞出版 2009.1 378, 8p 15cm (朝日文庫)〈初版：朝日新聞社1988年刊〉 800円 ①978-4-02-264477-0

10899 三津五郎 城めぐり 坂東三津五郎著 三月書房 2010.11 117p 22cm 2200円 ①978-4-7826-0211-9

10900 「現存」12天守めぐりの旅―歴史ある国宝・重文のお城をたずねる 萩原さちこ著 学研パブリッシング 2014.5 183p 21cm〈文献あり 発売：学研マーケティング〉 1300円 ①978-4-05-800268-1

10901 爺は旅で若返る 吉川潮, 島敏光著 牧野出版 2017.7 253p 19cm 1600円 ①978-4-89500-215-8

百済寺

10902 私の古寺巡礼 4（諸国） 井上靖監修 光文社 2005.1 306p 16cm (知恵の森文庫)〈淡交社1987年刊の改訂〉 686円 ①4-334-78333-3

10903 百寺巡礼 第4巻 滋賀・東海 五木寛之著 講談社 2008.12 267p 15cm (講談社文庫)〈文献あり 2004年刊の文庫化〉 562円 ①978-4-06-276214-4

10904 古寺巡礼 辻井喬著 角川春樹事務所 2011.5 253p 16cm (ハルキ文庫)〈2009年刊の文庫化〉 667円 ①978-4-7584-3556-7

日吉大社

10905 街道をゆく 16 叡山の諸道 新装版 司馬遼太郎著 朝日新聞出版 2008.11 270, 8p 15cm (朝日文庫) 580円 ①978-4-02-264462-6

10906 かくれ里 愛蔵版 白洲正子著 新潮社 2010.9 349p 22cm〈講談社文芸文庫 1991年刊あり〉 3000円 ①978-4-10-310719-4

作品 石をたずねて

比良山

10907 近江山河抄 白洲正子著 講談社

1994.3 215p 15cm (講談社文芸文庫—現代日本のエッセイ) 880円 ①4-06-196264-7

10908 近江古事風物誌—さざなみの回廊めぐり 高橋真名子著 河出書房新社 2009.12 195p 20cm 1600円 ①978-4-309-22520-3

琵琶湖

10909 みずうみ紀行 渡辺淳一著 光文社 1988.5 181p 15cm (光文社文庫) 520円 ①4-334-70746-7

10910 オーストリア外交官の明治維新—世界周遊記 日本篇 アレクサンダー・F.V.ヒューブナー著, 市川慎一, 松本雅弘訳 新人物往来社 1988.7 276p 19cm 2000円 ①4-404-01508-9

10911 遊覧街道 中沢けい著 リクルート出版 1989.5 206p 18cm 1200円

10912 のんびり行こうぜ—こぎおろしエッセイ 野田知佑著 新潮社 1990.2 253p 15cm (新潮文庫) 360円 ①4-1-0141003-8

10913 ヤポネシア讃歌 立松和平著 講談社 1990.6 261p 19cm 1200円 ①4-06-204887-6

10914 にっぽん青春巡礼行 岳真也著 廣済堂出版 1990.12 330p 16cm (廣済堂文庫) 470円 ①4-331-65084-7

10915 水の旅 川の漁 立松和平文, 大塚高雄写真 世界文化社 1993.8 250p 19cm 1600円 ①4-418-93509-6

10916 バス旅 春夏秋冬 種村直樹著 中央書院 1997.3 285p 19cm 1700円 ①4-88732-031-0

10917 川に遊び 湖をめぐる 千葉七郎ほか著, 作品社編集部編 作品社 1998.4 254p 22cm (新編・日本随筆紀行 大きな活字で読みやすい本—心にふるさとがある 3) ①4-87893-809-9, 4-87893-807-2

作品 琵琶湖〔横光利一〕

10918 関西こころの旅路 山と渓谷社 2000.1 285p 20cm (旅の紀行&エッセイ) 1400円 ①4-635-28045-4

作品 びわこ一周列車の旅〔ひさうちみちお〕 近江西国吟行〔黒田杏子〕 湖の語り部たち〔中島千恵子〕 湖は珍味の宝庫〔松山猛〕 湖北の隠れ里を訪ねて〔高城修三〕 湖北の朝の道〔森崎和江〕 私の琵琶湖十二カ月〔今森光彦〕 琵琶湖とわたし〔田原総一朗〕

10919 シェルパ斉藤の東海自然歩道全踏破—213万歩の旅 斉藤政喜著 小学館 2001.1 301p 15cm (小学館文庫)〈「213万歩の旅」(1992年刊)の改題〉 533円 ①4-09-411006-2

10920 52%調子のいい旅 宮田珠己著 旅行人 2003.6 237p 19cm 1300円 ①4-947702-50-8

10921 メルヘン紀行 みやこうせい著 未知谷 2005.5 237p 20cm 2200円 ①4-89642-129-9

10922 中部日本を歩く 立松和平著, 黒古一夫編 勉誠出版 2006.4 389p 22cm (立松和平日本を歩く 第3巻) 2600円 ①4-585-01173-0

10923 イザベラ・バードの日本紀行 下 イザベラ・バード著, 時岡敬子訳 講談社 2008.6 416p 15cm (講談社学術文庫) 1250円 ①978-4-06-159872-0

10924 日本タナゴ釣り紀行—小さな野性美を求めて列島縦断 葛島一美, 熊谷正裕著 つり人社 2011.1 176p 28cm 2500円 ①978-4-88536-188-3

10925 愛しのローカルごはん旅 もう一杯!—2009-2011 たかぎなおこ著 メディアファクトリー 2011.7 175p 21cm 1100円 ①978-4-8401-3982-3

10926 完訳 日本奥地紀行 4 東京—関西—伊勢 日本の国政 イザベラ・バード著, 金坂清則訳注 平凡社 2013.3 446p 18cm (東洋文庫)〈布装 索引あり〉 3200円 ①978-4-582-80833-9

10927 近松秋江全集 第7巻 オンデマンド版 近松秋江著, 紅野敏郎, 和田謹吾, 中尾務, 遠藤英雄, 田沢基久, 笹瀬王子編集委員 八木書店古書出版部 2014.2 502, 34p 21cm〈初版:八木書店 1993年刊 印刷・製本:デジタルパブリッシングサービス 発売:八木書店〉 12000円 ①978-4-8406-3492-2

作品 比叡山から琵琶湖へ 湖光島影(琵琶湖めぐり)

10928 鍋釜天幕団フライパン戦記—あやしい探検隊青春篇 椎名誠編 KADOKAWA 2015.1 229p 15cm (角川文庫)〈本の雑誌社 1996年刊の加筆修正〉 480円 ①978-4-04-102322-8

10929 鍋釜天幕団ジープ焚き火旅—あやしい探検隊さすらい篇 椎名誠編 KADOKAWA 2015.2 187p 15cm (角川文庫)〈本の雑誌社 1999年刊の加筆修正〉 440円 ①978-4-04-102321-1

10930 うつくしい列島—地理学的名所紀行 池澤夏樹著 河出書房新社 2015.11 308p 20cm 1800円 ①978-4-309-02425-7

10931 そこらじゅうにて—日本どこでも紀行 宮田珠己著 幻冬舎 2017.6 274p 16cm (幻冬舎文庫)〈「日本全国もっと津々うりゃうりゃ」(廣済堂出版 2013年刊)の改題、修正〉 600円 ①978-4-344-42618-4

10932 爺は旅で若返る 吉川潮, 島敏光著 牧野出版 2017.7 253p 19cm 1600円 ①978-4-89500-215-8

10933 世界の果てに、ぼくは見た 長沼毅著 幻冬舎 2017.8 230p 16cm (幻冬舎文庫)〈「時空の旅人 辺境の地をゆく」(MOKU出版 2012年刊)の改題、大幅に加筆・修正〉 580円 ①978-4-344-42641-2

宝厳寺

10934 私の古寺巡礼 4(諸国) 井上靖監修 光文社 2005.1 306p 16cm (知恵の森文庫)〈淡交社1987年刊の改訂〉 686円 ①4-334-

78333-3

10935 古寺巡礼 辻井喬著 角川春樹事務所 2011.5 253p 16cm (ハルキ文庫)〈2009年刊の文庫化〉 667円 ①978-4-7584-3556-7

米原駅

10936 快速特急記者の旅—レイルウェイ・ライターの本 種村直樹著 日本交通公社出版事業局 1993.5 334p 19cm 1400円 ①4-533-01973-0

10937 東海道新幹線各駅停車の旅 甲斐みのり著 ウェッジ 2013.6 175p 21cm 1400円 ①978-4-86310-111-1

米原市

10938 ジャポンヤ—イブラヒムの明治日本探訪記 アブデュルレシト・イブラヒム著, 小松香織, 小松久男訳 岩波書店 2013.7 517, 3p 22cm (イスラーム原典叢書)〈第三書館 1991年刊の増補改訂版 布装 索引あり〉 9400円 ①978-4-00-028418-9

10939 海へ、山へ、森へ、町へ 小川糸著 幻冬舎 2013.8 227p 16cm (幻冬舎文庫)〈「ようこそ、ちきゅう食堂へ」(2010年刊)を改題、「命をかけて、命をつなぐ」・「陽だまりの家、庭の緑」ほかを収録〉 533円 ①978-4-344-42058-8

作品 レストラン「ベルソー」

満月寺

10940 古寺巡礼 辻井喬著 角川春樹事務所 2011.5 253p 16cm (ハルキ文庫)〈2009年刊の文庫化〉 667円 ①978-4-7584-3556-7

三井寺〔園城寺〕

10941 古寺巡礼—日本精神の風景 栗田勇著 春秋社 1990.10 265p 19cm 1900円 ①4-393-13624-1

目次 1 海と山の聖地, 2 浄火・切り火の思想(嵯峨大念仏狂言), 3 播磨・国宝のかくれ里(神護寺の影, 西芳寺にて), 4 叡山と三井寺(三井寺の秘宝, 日本精神の背景, 円珍の生涯, 三井寺園城学)

10942 近江・大和 水上勉著 河出書房新社 2000.5 205p 20cm (日本の風景を歩く) 1600円 ①4-309-62134-1

10943 お寺散歩—もう一度あのお寺に行こう 沢野ひとし著 新日本出版社 2005.1 134p 18cm 1600円 ①4-406-03130-8

10944 私の古寺巡礼 4(諸国) 井上靖監修 光文社 2005.1 306p 16cm (知恵の森文庫)〈淡交社1987年刊の改訂〉 686円 ①4-334-78333-3

10945 中西進と歩く 百人一首の京都 中西進著, 京都新聞社編 京都 京都新聞出版センター 2007.11 164p 19cm 1400円 ①978-4-7638-0594-2

10946 百寺巡礼 第4巻 滋賀・東海 五木寛之著 講談社 2008.12 267p 15cm (講談社文庫)〈文献あり 2004年刊の文庫化〉 562円 ①978-4-06-276214-4

10947 山の宿のひとり酒 太田和彦著 集英社 2017.4 289p 16cm (集英社文庫—ニッポンぶらり旅) 660円 ①978-4-08-745577-9

美江寺

10948 十一面観音巡礼 愛蔵版 白洲正子著 新潮社 2010.9 317p 22cm〈講談社文芸文庫1992年刊, 新潮社2002年刊あり〉 3000円 ①978-4-10-310720-0

作品 白山比咩の幻像

三上山

10949 百霊峰巡礼 第1集 立松和平著 東京新聞出版局 2006.7 299p 20cm 1800円 ①4-8083-0854-1

10950 かくれ里 愛蔵版 白洲正子著 新潮社 2010.9 349p 22cm〈講談社文芸文庫 1991年刊あり〉 3000円 ①978-4-10-310719-4

作品 石の寺

水口町(甲賀市)

10951 ニッポン旅みやげ 池内紀著 青土社 2015.4 162p 20cm 1800円 ①978-4-7917-6852-3

明王院

10952 私の古寺巡礼 白洲正子著 講談社 2000.4 237p 15cm (講談社文芸文庫)〈年譜あり 法蔵館1997年刊あり〉 1100円 ①4-06-198208-7

妙光寺山

10953 かくれ里 愛蔵版 白洲正子著 新潮社 2010.9 349p 22cm〈講談社文芸文庫 1991年刊あり〉 3000円 ①978-4-10-310719-4

作品 石をたずねて

無動寺谷

10954 街道をゆく 16 叡山の諸道 新装版 司馬遼太郎著 朝日新聞出版 2008.11 270, 8p 15cm (朝日文庫) 580円 ①978-4-02-264462-6

横川(大津市)

10955 街道をゆく 16 叡山の諸道 新装版 司馬遼太郎著 朝日新聞出版 2008.11 270, 8p 15cm (朝日文庫) 580円 ①978-4-02-264462-6

余呉湖

10956 川に遊び 湖をめぐる 千葉七郎ほか著, 作品社編集部編 作品社 1998.4 254p 22cm (新編・日本随筆紀行 大きな活字で読みやすい本—心にふるさとがある 3) ①4-87893-809-9, 4-87893-807-2

作品 余呉湖〔中村直勝〕

10957 ものがたり風土記 阿刀田高著 集英社 2003.8 388p 16cm (集英社文庫)〈文献あり 著作目録あり 2000年刊の文庫化〉 667円

近畿

①4-08-747604-9

10958 街道をゆく 4 郡上・白川街道、堺・紀州街道 ほか 新装版 司馬遼太郎著 朝日新聞出版 2008.8 319, 8p 15cm (朝日文庫) 620円 ①978-4-02-264443-5

余呉町（長浜市）

10959 文豪、偉人の「愛」をたどる旅 黛まどか著 集英社 2009.8 255p 18cm 1048円 ①978-4-08-781427-9

10960 来ちゃった 酒井順子文, ほしよりこ画 小学館 2016.3 317p 15cm (小学館文庫)〈2011年刊の増補〉 620円 ①978-4-09-406277-9

世代閣

10961 見仏記 2 仏友篇 いとうせいこう, みうらじゅん著 角川書店 1999.1 332p 15cm (角川文庫)〈中央公論社 1995年刊の文庫化〉 724円 ①4-04-184603-X

10962 寂聴ほとけ径―私の好きな寺 1 瀬戸内寂聴著 光文社 2007.6 185p 15cm (光文社文庫) 686円 ①978-4-334-74257-7

櫟野寺

10963 見仏記 4 親孝行篇 いとうせいこう著, みうらじゅん画 角川書店 2006.1 262p 15cm (角川文庫)〈2002年刊の文庫化〉 514円 ①4-04-184605-6

10964 かくれ里 愛蔵版 白洲正子著 新潮社 2010.9 349p 22cm〈講談社文芸文庫 1991年刊あり〉 3000円 ①978-4-10-310719-4

作品 油日から櫟野へ

10965 十一面観音巡礼 愛蔵版 白洲正子著 新潮社 2010.9 317p 22cm〈講談社文芸文庫 1992年刊, 新潮社2002年刊あり〉 3000円 ①978-4-10-310720-0

作品 清水の流れ

京都府

10966 ドイツ貴族の明治宮廷記 オットマール・フォン・モール著, 金森誠也訳 新人物往来社 1988.4 206p 19cm 1800円 ①4-404-01496-1

作品 古都への旅―京都・御所

10967 俳句旅行のすすめ 江国滋著 朝日新聞社 1988.5 255p 19cm 1200円 ①4-02-255834-2

10968 オーストリア外交官の明治維新―世界周遊記 日本篇 アレクサンダー・F.V.ヒューブナー著, 市川慎一, 松本雅弘訳 新人物往来社 1988.7 276p 19cm 2000円 ①4-404-01508-9

10969 旅しました。―スター旅紀行 (大阪)関西テレビ放送 1988.9 80p 30cm 980円 ①4-906256-06-6

作品 往にし方の都 京都〔汀夏子〕

10970 愛情旅行 荒木経惟, 荒木陽子著 マガジンハウス 1989.3 203p 21cm (クロワッサンの本) 1100円 ①4-8387-0058-X

目次 バルテュスの夏, 旅行性元気症, 幸福な日々の造り主, 湯上り登山, 追憶〈センチメンタルな旅〉, 節分、温泉、食の祭典, ゲージツになった空岳, 至福のハーフ&ハーフ, 本日はお日柄もよく, 京の夜に散る山桜, 雷鳴プールで平泳ぎ, 41歳の誕生日, 2人だけの時空間

10971 明治滞在日記 アンドレ・ベルソール著, 大久保昭男訳 新人物往来社 1989.4 198p 19cm 2000円 ①4-404-01597-6

10972 日本その日その日 3 E.S.モース著, 石川欣一訳 平凡社 1990.1 236p 18cm (東洋文庫)〈第16刷（第1刷：1971年）著者の肖像あり〉 1800円 ①4-582-80179-X

内容 大森貝塚の発見者、日本動物学の開祖として名高いモースが、西洋文明の波に洗われる以前の日本と日本人の素朴な姿を、限りない愛着と科学者の眼で捉えた名著の全訳。自筆スケッチ800点を掲載。最終第3巻は、第17章から第26章まで。九州から瀬戸内、京都への旅などを語る。

10973 詩人の旅 田村隆一著 中央公論社 1991.9 216p 15cm (中公文庫) 420円 ①4-12-201836-6

10974 第二阿房列車 内田百閒著 福武書店 1991.11 197p 15cm (福武文庫) 500円 ①4-8288-3224-6

10975 遊覧日記 武田百合子著, 武田花写真 筑摩書房 1993.1 185p 15cm (ちくま文庫) 470円 ①4-480-02684-3

10976 道―たびびと日記 渡辺文雄著 青竜社 1994.1 261p 19cm 1200円 ①4-88258-601-0

目次 年中、旅人の僕としてはまず、道について, よそゆきでない京都, 食べるという事、美味という事, 豊前路、早春山鹿カタログ, 左手一本, 花, コロッケ・ジョガ芋, 庭木, 海辺の郷土料理, 島〔ほか〕

10977 サッド・カフェで朝食を 谷村志穂著 メディアパル 1994.10 228p 19cm 1300円 ①4-89610-016-6

10978 あっちへ行ったりこっちを見たり―諸国探訪・俳諧記 渡辺文雄著 朝日新聞社 1999.4 169p 20cm 1600円 ①4-02-330577-4

10979 閑古堂の絵葉書散歩 西編 林丈二著 小学館 1999.5 123p 21cm (SHOTOR TRAVEL) 1500円 ①4-09-343139-6

作品 京都の鉄柱とココア―京都

10980 ミットフォード日本日記―英国貴族の見た明治 A.B.ミットフォード著, 長岡祥三訳 講談社 2001.2 298p 15cm (講談社学術文庫)〈肖像あり〉 960円 ①4-06-159474-5

作品 京都での墓参と佐世保軍港 京都再訪

10981 うわさの神仏―日本闇世界めぐり 加門七海著 集英社 2001.6 251p 16cm (集英社文庫)〈1998年刊の文庫化〉 457円 ①4-08-747332-5

10982 京都色彩紀行 吉岡幸雄著, 岡田克敏写真 PHP研究所 2001.11 209p 21cm 2400円 ①4-569-60812-4

目次 四季散策の章（新春の色—常磐なる松の緑と日本人の心, 立春の色—「天神さん」の梅と月ケ瀬の烏梅, 早春の色—桜花にさきがける柳の緑, 春の色—「都の都たるところ」の桜を楽しむ, 陽春の色—紫の色に華やぐ上賀茂の里, 初夏の色—宇治を彩る藤の色と新茶の色, 仲夏の色—雨ごとに色の冴える竹林の里, 夏の色—祇園祭の山鉾町を歩く, 盛夏の色—涼をもとめて洛北の「水と火」周遊, 秋の色—都の樹木が秋の色に染まる頃, 中秋の色—東山の秋色こそ京洛の七彩, 季秋の色—葉の色の移ろいを大原野に愛でる, 晩秋の色—暮れる秋の風情を嵯峨野に味わう, 初冬の色—京の街に風花の舞うころ), 色とかたちの章（木の造形, 土の色彩, 水の変容, 火の情景, 紙の光彩, 石の意匠, 金の様相）

10983 明治十八年の旅は道連れ 塩谷和子著 源流社 2001.11 376p 20cm 1800円 ①4-7739-0105-5

10984 旅と絵でたどる万葉心の旅 永井郁著・画 日本教文社 2002.1 339p 19cm〈年表あり〉 2286円 ①4-531-06367-8

10985 うわさの神仏 其ノ2 あやし紀行 加門七海著 集英社 2002.8 256p 15cm （集英社文庫） 495円 ①4-08-747481-X

10986 ちいさい旅みーつけた 俵万智著, 平地勲写真 集英社 2003.5 251p 16cm （集英社be文庫） 695円 ①4-08-650028-0

10987 オーケンの散歩マン旅マン 大槻ケンヂ著 新潮社 2003.6 245p 16cm （新潮文庫）〈初版：学習研究社1999年刊〉 438円 ①4-10-142925-1

10988 熊野古道—みちくさひとりある記 細谷昌子著 新評論 2003.8 363p 21cm〈年表あり 文献あり〉 3200円 ①4-7948-0610-8

目次 京都編（はるかなる熊野, 古道の起点 ほか), 大阪編（上町台地, 三十石船とくらわんか舟 ほか), 紀伊路編（紀三井寺に立ち寄る, 紀ノ川の渡し場の王子 ほか), 中辺路編（南方熊楠を訪ねて, 花と西行 ほか), 熊野三山編（遠くからトトロの歌が聞こえる…, もうすぐ本宮大社 ほか), 終章（紀州の郷土食「茶がゆ」—川湯, 湯の花が創り出した本草—湯ノ峯 ほか）

10989 泣いてくれるなほろほろ鳥よ 小沢昭一著 晶文社 2003.11 381p 20cm （小沢昭一百景 随筆随談選集 1）〈シリーズ責任表示：小沢昭一著〉 2400円 ①4-7949-1791-0

10990 万葉の旅 中 改訂新版 犬養孝著 平凡社 2004.1 361p 16cm （平凡社ライブラリー）〈初版：社会思想社1964年刊 文献あり〉 1200円 ①4-582-76489-4

10991 良寛を歩く 一休を歩く 水上勉著 日本放送出版協会 2004.4 317p 16cm （NHKライブラリー）〈「良寛を歩く」(1986年刊）と「一休を歩く」(1988年刊）の改題、合本〉 970円 ①4-14-084182-6

作品 一休を歩く

10992 樹木街道を歩く—縄文杉への道 縄文剣著 碧天舎 2004.8 187p 19cm 1000円 ①4-88346-785-6

10993 熊野古道巡礼 吉田智彦著 大阪 東方出版 2004.10 241p 21cm 2000円 ①4-88591-915-0

10994 雨のち晴れて、山日和 唐仁原教久著 山と渓谷社 2005.8 141p 21cm 1800円 ①4-635-17167-1

10995 日本全国ローカル列車ひとり旅 遠森慶文・イラスト・写真 双葉社 2005.11 253p 19cm 1500円 ①4-575-29847-6

10996 旬紀行—「とびきり」を味わうためだけの旅 寄本好則著 ディノス 2006.8 167p 20cm〈扶桑社（発売）〉 1667円 ①4-594-05210-X

10997 樋口可南子のものものがたり 清野恵里子著 集英社 2006.11 221p 22cm〈写真：小泉佳春〉 2700円 ①4-08-781359-2

目次 プロローグ 木の声—蓮華寺から、朽木の村へ, 第1章 つくる心にふれて, 第2章 季節を感じて, 挿話 丹後を訪ねて, 第3章 食をめぐって, エピローグ 京の家—木の香りにつつまれて

10998 旅は人生—日本人の風景を歩く 森本哲郎著 PHP研究所 2006.12 372p 15cm （PHP文庫）〈「旅の半空」(新潮社1997年刊）の改題〉 648円 ①4-569-66745-7

10999 瀬戸内寂聴紀行文集 1 京のみち 瀬戸内寂聴著 平凡社 2007.1 304p 16cm （平凡社ライブラリー）〈肖像あり〉 900円 ①978-4-582-76600-4

11000 グ印関西めぐり濃口 グレゴリ青山著 メディアファクトリー 2007.10 125p 21cm 1000円 ①978-4-8401-2054-8

11001 一宿一通—こころを紡ぐふれ愛のたび 金澤智行著 講談社 2007.11 190p 19cm 1200円 ①978-4-06-214301-1

11002 もいちど修学旅行をしてみたいと思ったのだ 北尾トロ著, 中川カンゴロー写真 小学館 2008.4 239p 19cm 1300円 ①978-4-09-379784-9

11003 鉄子の旅写真日記 矢野直美著 阪急コミュニケーションズ 2008.8 182p 19cm 1500円 ①978-4-484-08219-6

11004 賀曽利隆の300日3000湯めぐり日本一周—6万5000キロのバイク旅 下巻 賀曽利隆著 昭文社 2008.9 286p 21cm 1600円 ①978-4-398-21117-0

11005 美しき日本の面影 さだまさし著 新潮社 2008.12 357p 16cm （新潮文庫） 514円 ①978-4-10-122905-8

目次 妖精の樹の下で, 百花繚乱の琉球, 十津川、秘密の滝, "一日三食朝食"主義のある作詞・作曲・偏食家について, 神の恵みと戦った、長崎の少年, 夏・長崎から, 昨日・京・奈良、飛鳥・明後日。, 月の国の物語, 酒はしづかに飲むべかりけり, 帰郷, "さくら"散る, 「先生」の旅立ち, 青衣の女人, 卒業, 大神島の「約束」, 妖精の国

11006 『源氏物語』の京都を歩く 山折哲雄監修, 槙野修著 PHP研究所 2008.12 373p 18cm （PHP新書） 950円 ①978-4-569-70572-9

目次 『源氏物語』の場景を訪ねる前に, 第1章 冒頭巻の「桐壷」から「帚木」「空蝉」「夕顔」を読む(『物語』の時代背景と「京都御所」, 若き源氏の恋と「京都御苑」周辺, 源氏の女人彷徨と東山山ろくの寺社), 第2章 幼妻をえる「若紫」から失意の「須磨」「明石」までを読む(紫の君の登場と洛北の山寺, 危険な情愛に溺れる若き源氏, 源氏の光と影を映す洛外の地, 『源氏物語』はどのように執筆されたのか, 流離生活を余儀なくされる源氏の君), 第3章 復権の「澪標」から華麗な六条院の巻と「玉鬘十帖」を読む(政権に復活して権門家への道を歩む, 『物語』の主人公が源氏の次世代に, 「玉鬘十帖」にみる源氏の変容, 華麗な六条院での愛の暮らし, 玉鬘に悩まされる男君と女君), 第4章 『物語』の白眉「若菜上下」から次世代の巻と源氏の終末を読む(『物語』の最長編となる「若菜」の上下巻, 「盈つれば虧くる」—たちこめる暗雲, 光源氏の長大な物語の終焉), 終章 三世代目の巻々と「宇治十帖」の男女を読む(源氏亡きあと『物語』はなにを描く, 宇治十帖と宇治の風光)

11007 東の国から 心 オンデマンド版 小泉八雲著, 平井呈一訳 恒文社 2009.10 663p 21cm〈初版：1975年刊〉 6300円 ①978-4-7704-1140-2
作品 旅日記から

11008 随筆日本(にっぽん)—イタリア人の見た昭和の日本 フォスコ・マライーニ著, 岡田温司監訳, 井上昭彦, 鈴木真由美, 住岳夫, 柱本元彦, 山崎彩訳 京都 松籟社 2009.11 725p 22cm〈文献あり 著作目録あり〉 7500円 ①978-4-87984-274-9

11009 日曜日は自転車に乗って 前島勝義著 平原社 2009.12 263p 20cm 1200円 ①978-4-938391-47-8

11010 歴史を紀行する 新装版 司馬遼太郎著 文藝春秋 2010.2 294p 16cm (文春文庫) 581円 ①978-4-16-766335-3

11011 私の日本地図 14 京都 宮本常一著, 香月洋一郎編 未来社 2010.2 274, 3p 19cm (宮本常一著作集別集)〈索引あり〉 2200円 ①978-4-624-92499-7

11012 夢幻抄 白洲正子著 世界文化社 2010.11 322p 21cm〈5刷 1997年刊の造本変更〉 1600円 ①978-4-418-10514-4
作品 浅野喜市と京都

11013 旨い定食途中下車 今柊二著 光文社 2011.5 238p 18cm (光文社新書)〈索引あり〉 780円 ①978-4-334-03623-2

11014 みちくさ 2 菊池亜希子著 小学館 2011.5 127p 21cm 1200円 ①978-4-09-342387-8

11015 色紀行—日本の美しい風景 吉岡幸雄著, 岡田克敏写真 清流出版 2011.12 241p 22cm 3500円 ①978-4-86029-374-1

11016 きよのさんと歩く大江戸道中記—日光・江戸・伊勢・京都・新潟…六百里 金森敦子著 筑摩書房 2012.2 413p 15cm (ちくま文庫)〈文献あり 『"きよのさん"と歩く江戸六百里』(バジリコ2006年刊)の加筆・訂正〉 950円 ①978-4-480-42915-5

11017 極めよ、ソフテツ道！—素顔になれる鉄道旅 村井美樹著 小学館 2012.8 186p 19cm (IKKI BOOKS) 1400円 ①978-4-09-359208-6

11018 明治紀行文學集 筑摩書房 2013.1 410p 21cm (明治文學全集 94) 7500円 ①978-4-480-10394-9
作品 秋の京都〔遅塚麗水〕

11019 日本その日その日 エドワード・シルヴェスター・モース著, 石川欣一訳 講談社 2013.6 339p 15cm (講談社学術文庫)〈文献あり 著作目録あり〉 960円 ①978-4-06-292178-7

11020 旅の途中で 改版 高倉健著 新潮社 2014.12 235p 15cm (新潮文庫) 550円 ①978-4-10-125411-1

11021 スコット親子、日本を駆ける—父と息子の自転車縦断4000キロ チャールズ・R.スコット著, 児島修訳 紀伊國屋書店 2015.1 365p 19cm 1900円 ①978-4-314-01123-5

11022 自転車で行く「野ざらし紀行」逆まわり—俳句の生まれる現場 団塊世代がんばれ！ 大竹多可志著 東村山 東京四季出版 2015.2 329p 16cm (俳句四季文庫) 1500円 ①978-4-8129-0829-7

11023 新選組紀行 増補決定版 中村彰彦著 PHP研究所 2015.7 345p 15cm (PHP文庫)〈初版：文藝春秋 2003年刊 文献あり〉 720円 ①978-4-569-76398-9

11024 日本ザンテイ世界遺産に行ってみた。 宮田珠己著 京都 淡交社 2015.7 214p 19cm 1600円 ①978-4-473-04029-9

11025 来ちゃった 酒井順子文, ほしよりこ画 小学館 2016.3 317p 15cm (小学館文庫)〈2011年刊の増補〉 620円 ①978-4-09-406277-9

11026 心—日本の内面生活がこだまする暗示的諸編 小泉八雲著, 平川祐弘訳 河出書房新社 2016.5 421p 20cm (個人完訳小泉八雲コレクション) 2400円 ①978-4-309-02434-9
作品 旅日記から
目次 停車場にて, 日本文明の真髄, 門づけ, 旅日記から, 阿弥陀寺の比丘尼, 戦後に, 春, 趨勢一瞥, 業の力, ある保守主義者, 神々の黄昏, 前世の観念, コレラの流行期に, 祖先崇拝についての若干の考察

11027 祈りは響く—京都・奈良を巡る音楽エッセイ 保延裕史著 芸術現代社 2016.6 169p 19cm 1600円 ①978-4-87463-204-8
目次 京都にクラシックはよく似合う, 仏さまと出会う旅, 天啓のラルゲット, 保延裕史さんのこと, 掲載楽曲のCD一覧表, 交通アクセス案内

11028 はじめての輪行—自転車をバッグにつめて旅に出よう 内藤孝宏著 洋泉社 2016.6 175p 21cm 1500円 ①978-4-8003-0966-2

11029 もうひとつの京都 アレックス・カー著 世界文化社 2016.9 328p 19cm 1700円 ①978-4-418-16510-0
目次 第1章 門, 第2章 塀, 第3章 真行草, 第4章 床, 第5章 畳, 第6章 額, 第7章 襖, 第8章 屏風, 第9章 閻魔堂

11030 旅は道づれ雪月花　高峰秀子, 松山善三著　中央公論新社　2016.11　306p　16cm　（中公文庫）〈ハースト婦人画報社 2012年刊の再刊〉　760円　①978-4-12-206315-0

11031 またたび　菊池亜希子著　宝島社　2016.12　190p　19×19cm　1400円　①978-4-8002-5815-1

11032 私なりに絶景―ニッポンわがまま観光記　宮田珠己著　廣済堂出版　2017.2　244p　19cm　1600円　①978-4-331-52080-2

11033 希望の鎮魂歌（レクイエム）―ホロコースト第二世代が訪れた広島、長崎、福島　エヴァ・ホフマン著, 早川敦子編訳　岩波書店　2017.3　163p　22cm　3700円　①978-4-00-061189-3

11034 ちょっとそこまで旅してみよう　益田ミリ著　幻冬舎　2017.4　186p　16cm　（幻冬舎文庫）〈「ちょっとそこまでひとり旅だれかと旅」（2013年刊）の改題、書き下ろしを加え再刊〉　460円　①978-4-344-42598-9

青葉山

11035 想い遙かな山々　中西悟堂ほか著, 作品社編集部編　作品社　1998.4　245p　22cm　（新編・日本随筆紀行 大きな活字で読みやすい本―心にふるさとがある 1）〈付属資料：63p：著者紹介・出典一覧〉　①4-87893-806-4, 4-87893-807-2

作品 青葉山〔水上勉〕

11036 若狭　水上勉著　河出書房新社　2000.3　205p　20cm　（日本の風景を歩く）　1600円　①4-309-62131-7

作品 青葉山〔水上勉〕

芦生の森

11037 日本の森を歩く　池内紀文, 柳木昭信写真　山と渓谷社　2001.6　277p　22cm　1800円　①4-635-28047-0

愛宕山

11038 百霊峰巡礼　第2集　立松和平著　東京新聞出版局　2008.4　307p　20cm　1800円　①978-4-8083-0893-3

化野（京都市右京区）

11039 大和仏心紀行　榊莫山著　毎日新聞社　2000.4　215p　21cm　1800円　①4-620-60558-1

目次 諸行無常―良寛さんと花と蝶, 長谷寺詣り―女性たちがのぼった石段, 峠ノ地蔵サン―夕陽にほほえむお顔, 古キ仏ハ―寛容さに救われて, トルソー如来―その豊かさにひたる, 大蔵寺―千年、俗にそまらず, 観音経―青い風に流れるリズム, アダシ野ノ石仏―めぐる季節にまどろむ, 寺町界隈―ゆっくり、じんわり, 天平ノ首飾リ―おしゃれな仏さん〔ほか〕

穴太寺

11040 西国札所古道巡礼―「母なる道」を歩む　新装版　松尾心空著　春秋社　2006.11　300p　19cm　1700円　①4-393-13356-0

天橋立

11041 紀行文集 無明一枝　上甲平谷著　谷沢書房　1988.7　339p　19cm　2500円

作品 天の橋立へ

11042 日本全国ローカル線おいしい旅　嵐山光三郎著　講談社　2004.3　246p　18cm　（講談社現代新書）　700円　①4-06-149710-3

11043 「極み」のひとり旅　柏井壽著　光文社　2004.9　318p　18cm　（光文社新書）　780円　①4-334-03270-2

11044 江原啓之 神紀行　3（京都）　江原啓之著　マガジンハウス　2006.4　95p　21cm　（スピリチュアル・サンクチュアリシリーズ）　1048円　①4-8387-1622-2

11045 旅は人生―日本人の風景を歩く　森本哲郎著　PHP研究所　2006.12　372p　15cm　（PHP文庫）〈「旅の半空」（新潮社1997年刊）の改題〉　648円　①4-569-66745-7

11046 まんが日本昔ばなし今むかし　川内彩友美著　展望社　2014.10　254p　19cm　1400円　①978-4-88546-289-4

作品 天のはしご天橋立―京都府

11047 みどりの国滞在日記　エリック・ファーユ著, 三野博司訳　水声社　2014.12　195p　20cm　（批評の小径）　2500円　①978-4-8010-0077-3

11048 来ちゃった　酒井順子文, ほしよりこ画　小学館　2016.3　317p　15cm　（小学館文庫）〈2011年刊の増補〉　620円　①978-4-09-406277-9

阿弥陀寺（古知谷）

11049 紀行文集 無明一枝　上甲平谷著　谷沢書房　1988.7　339p　19cm　2500円

作品 冬紅葉

網野（京丹後市）

11050 島からの手紙、海からの返事。　杉山清貴文, 田中丈晴写真　ゴマブックス　2004.5　239p　19cm　2190円　①4-7771-0043-X

天岩戸神社

11051 導かれて、旅　横尾忠則著　文藝春秋　1995.7　286p　16cm　（文春文庫）〈日本交通公社出版事業局 1992年刊の文庫化〉　480円　①4-16-729703-5

作品 大江山 酒呑童子奇談

嵐山（京都市）

11052 かわいい自分には旅をさせろ　嵐山光三郎著　講談社　1991.8　253p　18cm　1100円　①4-06-205402-7

11053 京都うたものがたり　水原紫苑著　ウェッジ　2003.12　224p　21cm　1600円　①4-900594-70-9

目次 貴船幻視行, 小野変相記, 東山桜花行, 寂光院顕現, 小塩山遊魂, 嵯峨野春秋（天竜寺変化, 時雨亭口伝, 祇王寺猫語, 嵐山聴聞記, 野宮魔界録）, 宇治川私抄

近畿

11054 旅する漱石先生—文豪と歩く名作の道 牧村健一郎著 小学館 2011.9 271p 19cm 〈文献あり 年譜あり〉 1500円 ①978-4-09-388204-0

11055 平家巡礼 上原まり著 光文社 2011.12 240p 16cm (光文社知恵の森文庫) 667円 ①978-4-334-78595-6

安寿姫塚(舞鶴市)

11056 伝説を旅する 鳥居フミ子著 川崎 みやび出版 2007.3 238p 20cm〈創英社(発売) 著作目録あり〉 1800円 ①978-4-903507-01-9

一条戻橋(京都市上京区)

11057 聖地巡礼 リターンズ 内田樹,釈徹宗著 東京書籍 2016.12 301p 19cm 1600円 ①978-4-487-80841-0

(目次) 1日目 長崎とキリシタン(長崎とキリシタン,春徳寺(トードス・オス・サントス教会跡),当時の岬の突端まで歩く(サント・ドミンゴ教会跡資料館) ほか),2日目 隠れキリシタンの里へ(外海へと向かう,サン・ジワン枯松神社,カトリック黒崎教会と遠藤周作 ほか),3日目 京都と大阪のキリシタン(京都・大阪とキリシタン(バスの中で),二十六聖人の足跡(二十六聖人発祥の地と一条戻橋),西ノ京ダイウス町を歩く(椿寺) ほか)

伊根町

11058 導かれて、旅 横尾忠則著 文藝春秋 1995.7 286p 16cm (文春文庫)〈日本交通公社出版事業局 1992年刊の文庫化〉 480円 ①4-16-729703-5

[作品] 丹後、天女の里へ

11059 負籠の細道 水上勉著 集英社 1997.10 232p 16cm (集英社文庫) 476円 ①4-08-748697-4

[作品] 波暗き与謝の細道

11060 日本ぶらり 1 2000年の旅 山下一正著 大阪 サンセン出版 2001.4 204p 19cm (日本紀行シリーズ 1) 1800円 ①4-921038-04-X

11061 メルヘン紀行 みやこうせい著 未知谷 2005.5 237p 20cm 2200円 ①4-89642-129-9

11062 「男はつらいよ」を旅する 川本三郎著 新潮社 2017.5 286p 20cm (新潮選書) 1400円 ①978-4-10-603808-2

[作品] 伊根の恋

今宮(京都市北区)

11063 京都 水上勉著 河出書房新社 2000.6 210p 20cm (日本の風景を歩く) 1600円 ①4-309-62135-X

[作品] 古き京菓子—今宮界隈他

(目次) 京の冬,古き京菓子—今宮界隈他,樒の里 柚子の里—水尾・原,伏見の土人形,日本の表具師—富小路,椿寺—大将軍西町,遊郭の女—五番町,八条坊城界隈,墨染,醍醐の桜

石清水八幡宮

11064 にっぽん聖地巡拝の旅 玉岡かおる著 大法輪閣 2014.4 277p 19cm 1800円 ①978-4-8046-1360-4

宇治川

11065 京都うたものがたり 水原紫苑著 ウェッジ 2003.12 224p 21cm 1600円 ①4-900594-70-9

宇治市

11066 碧い眼の太郎冠者 ドナルド・キーン著 中央公論新社 2001.7 188p 21cm (Chuko on demand books) 2000円 ①4-12-550026-6

[作品] 十二の印象

11067 京都色彩紀行 吉岡幸雄著,岡田克敏写真 PHP研究所 2001.11 209p 21cm 2400円 ①4-569-60812-4

11068 京の寺 奈良の寺—自選随想集 竹西寛子著 京都 淡交社 2006.9 207p 20cm 1800円 ①4-473-03335-X

11069 イザベラ・バードの日本紀行 下 イザベラ・バード著,時岡敬子訳 講談社 2008.6 416p 15cm (講談社学術文庫) 1250円 ①978-4-06-159872-0

11070 食の街道を行く 向笠千恵子著 平凡社 2010.7 276p 18cm (平凡社新書)〈文献あり〉 820円 ①978-4-582-85536-4

11071 完訳 日本奥地紀行 4 東京—関西—伊勢 日本の国政 イザベラ・バード著,金坂清則訳注 平凡社 2013.3 446p 18cm (東洋文庫)〈布装 索引あり〉 3200円 ①978-4-582-80833-9

11072 パン欲—日本全国パンの聖地を旅する 池田浩明著 世界文化社 2013.12 128p 26cm〈タイトルは奥付等による。標題紙のタイトル:私はパン欲に逆らうことができない……〉 1400円 ①978-4-418-13234-8

11073 近松秋江全集 第7巻 オンデマンド版 近松秋江著,紅野敏郎,和田謹吾,中尾務,遠藤英雄,田沢基久,笹瀬王子編集委員 八木書店古書出版部 2014.2 502,34p 21cm〈初版:八木書店 1993年刊 印刷・製本:デジタルパブリッシングサービス 発売:八木書店〉 12000円 ①978-4-8406-3492-2

[作品] 山吹の咲く頃

11074 みどりの国滞在日記 エリック・ファーユ著,三野博司訳 水声社 2014.12 195p 20cm (批評の小径) 2500円 ①978-4-8010-0077-3

宇治田原町

11075 かくれ里 愛蔵版 白洲正子著 新潮社 2010.9 349p 22cm〈講談社文芸文庫 1991年刊あり〉 3000円 ①978-4-10-310719-4

[作品] 田原の古道

宇良神社〔浦嶋神社〕

11076 導かれて、旅 横尾忠則著 文藝春秋 1995.7 286p 16cm (文春文庫)〈日本交通公社出版事業局 1992年刊の文庫化〉 480円 ①4-

16-729703-5
作品 丹後、天女の里へ

雲林院

11077 中西進と歩く 百人一首の京都 中西進著, 京都新聞社編 京都 京都新聞出版センター 2007.11 164p 19cm 1400円 ①978-4-7638-0594-2

永観堂

11078 とっておきの寺社詣で 三木露風ほか著, 作品社編集部編 作品社 1998.4 251p 22cm（新編・日本随筆紀行 大きな活字で読みやすい本―心にふるさとがある 14） ①4-87893-895-1, 4-87893-807-2
作品 永観堂夢告譚〔杉本秀太郎〕

11079 寂聴の古寺礼讃 瀬戸内寂聴文, 永井吐無画 講談社 2004.5 119p 21cm （The new fifties） 1800円 ①4-06-268370-9

11080 百寺巡礼 第9巻 京都 2 五木寛之著 講談社 2009.5 270p 15cm （講談社文庫）〈文献あり 2005年刊の文庫化〉 562円 ①978-4-06-276318-9
目次 第八十一番 三千院―声明が響く隠れ里, 第八十二番 知恩院―壮大な伽藍に念仏の水脈が流れる, 第八十三番 二尊院―送る仏と迎える仏がならぶ寺, 第八十四番 相国寺―著名な人びとを惹きつけた禅宗の魅力, 第八十五番 萬福寺―中国僧の思いが生きつづける大寺, 第八十六番 永観堂―紅葉の向こうの「みかえり阿弥陀」, 第八十七番 本法寺―"なべかむり日親"の伝説を支える力, 第八十八番 高台寺―戦国女性の思い出を包む堂宇, 第八十九番 東福寺―紅葉の橋を渡る人びとと大伽藍, 第九十番 法然院―念仏の原点に戻ろうとする寺のいま

11081 マンボウ最後の家族旅行 北杜夫著 実業之日本社 2014.10 253p 16cm （実業之日本社文庫）〈2012年刊の増補〉 574円 ①978-4-408-55189-0
作品 紅葉の京都

叡山電鉄

11082 おんなひとりの鉄道旅 西日本編 矢野直美著 小学館 2008.7 193p 15cm （小学館文庫）〈2005年刊の単行本を2分冊にして文庫化〉 571円 ①978-4-09-408287-6

円光寺（京都市下京区）

11083 陰陽師ロード―安倍晴明名所案内 荒俣宏著 平凡社 2001.9 237p 19cm 1400円 ①4-582-82974-0

厭離庵 時雨亭

11084 京都うたものがたり 水原紫苑著 ウェッジ 2003.12 224p 21cm 1600円 ①4-900594-70-9

大石神社

11085 マンボウ最後の家族旅行 北杜夫著 実業之日本社 2014.10 253p 16cm （実業之日本社文庫）〈2012年刊の増補〉 574円 ①978-4-408-55189-0
作品 京都の親戚を訪ねる

大江山

11086 導かれて、旅 横尾忠則著 文藝春秋 1995.7 286p 16cm （文春文庫）〈日本交通公社出版事業局 1992年刊の文庫化〉 480円 ①4-16-729703-5
作品 大江山 酒呑童子奇談

11087 「お伽草子」謎解き紀行 神一行著 学習研究社 2001.6 259p 15cm （学研M文庫） 560円 ①4-05-901059-6
目次 プロローグ 「お伽草子」が描くのは架空の世界ではない, 第1章 桃太郎伝説―謎解き紀行 岡山・吉備路, 第2章 浦島太郎伝説―謎解き紀行 京都・丹後半島, 第3章 一寸法師伝説―謎解き紀行 淀川・鳥羽の津, 第4章 酒呑童子伝説―謎解き紀行 丹波・大江山, エピローグ 旅の果てに謎の古代王朝が見えてきた

11088 中西進と歩く 百人一首の京都 中西進著, 京都新聞社編 京都 京都新聞出版センター 2007.11 164p 19cm 1400円 ①978-4-7638-0594-2

大原（京都市左京区）

11089 とっておきの寺社詣で 三木露風ほか著, 作品社編集部編 作品社 1998.4 251p 22cm（新編・日本随筆紀行 大きな活字で読みやすい本―心にふるさとがある 14） ①4-87893-895-1, 4-87893-807-2
作品 大原の里と寂光院〔奈良本辰也〕

11090 碧い眼の太郎冠者 ドナルド・キーン著 中央公論新社 2001.7 188p 21cm （Chuko on demand books） 2000円 ①4-12-550026-6
作品 大原への道行

11091 京都うたものがたり 水原紫苑著 ウェッジ 2003.12 224p 21cm 1600円 ①4-900594-70-9

11092 ショージ君の旅行鞄―東海林さだお自選 東海林さだお著 文芸春秋 2005.2 905p 16cm （文春文庫） 933円 ①4-16-717760-9
作品 京都おおはら三千円

11093 飯田龍太全集 第10巻 紀行・雑纂 飯田龍太著 角川学芸出版, 角川書店〔発売〕 2005.12 422p 19cm 2667円 ①4-04-651940-1
作品 西の旅

11094 京の寺 奈良の寺―自選随想集 竹西寛子著 京都 淡交社 2006.9 207p 20cm 1800円 ①4-473-03335-X

11095 ベニシアの京都里山日記―大原で出逢った宝物たち ベニシア・スタンリー・スミス著, 梶山正写真・訳 世界文化社 2009.10 167p 21cm 1100円 ①978-4-418-09507-0
目次 第1章 古きものを愛する日本の心、イギリスの心（カーゾン卿が記した日本の姿, 築一〇〇年の農家を改築 ほか）, 第2章 出会いの場、集いの場（大原朝市とカントリーマーケット, 祭りは大人への通過儀礼 ほか）, 第3章 子供たちに夢と力を（夢と希望の源, 家庭で学ぶ知恵 ほか）, 第4章 近所の山を歩く喜び（我が家の「登山の日」, 琴平おばあちゃん ほか）, 第5章 大原の冬休み（ク

リスマスの支度, 宗教を超えた地球のお祭り ほか)

大原野(京都市西京区)

11096 京都色彩紀行 吉岡幸雄著, 岡田克敏写真 PHP研究所 2001.11 209p 21cm 2400円 ①4-569-60812-4

大原野神社

11097 街道をゆく 4 郡上・白川街道、堺・紀州街道 ほか 新装版 司馬遼太郎著 朝日新聞出版 2008.8 319, 8p 15cm (朝日文庫) 620円 ①978-4-02-264443-5

奥丹後半島〔丹後半島〕

11098 メルヘン紀行 みやこうせい著 未知谷 2005.5 237p 20cm 2200円 ①4-89642-129-9

小倉山

11099 瀬戸内寂聴紀行文集 2 嵯峨野みち 瀬戸内寂聴著 平凡社 2007.3 305p 16cm (平凡社ライブラリー) 900円 ①978-4-582-76606-6
(目次) 嵯峨野讃歌, 雪大文字, あたご千日詣り, 貴船菊, 花まつり, 古都旅情

11100 中西進と歩く 百人一首の京都 中西進著, 京都新聞社編 京都 京都新聞出版センター 2007.11 164p 19cm 1400円 ①978-4-7638-0594-2

小塩山

11101 京都うたものがたり 水原紫苑著 ウェッジ 2003.12 224p 21cm 1600円 ①4-900594-70-9

乙女神社

11102 導かれて、旅 横尾忠則著 文藝春秋 1995.7 286p 16cm (文春文庫)〈日本交通公社出版事業局 1992年刊の文庫化〉 480円 ①4-16-729703-5
[作品] 丹後、天女の里へ

音羽珍事町(京都市山科区)

11103 ふらり珍地名の旅 今尾恵介著 筑摩書房 2015.2 216, 4p 19cm〈索引あり〉 1500円 ①978-4-480-87882-3

小浜街道

11104 百年前の山を旅する 服部文祥著 新潮社 2014.1 236p 16cm (新潮文庫)〈東京新聞出版部 2010年刊の再刊 文献あり〉 630円 ①978-4-10-125321-3

海住山寺

11105 十一面観音巡礼 愛蔵版 白洲正子著 新潮社 2010.9 317p 22cm〈講談社文芸文庫 1992年刊, 新潮社2002年刊あり〉 3000円 ①978-4-10-310720-0
[作品] 木津川にそって

11106 見仏記 5 ゴールデンガイド篇 いとうせいこう, みうらじゅん著 角川書店 2011.10 233p 15cm (角川文庫)〈発売:角川グループパブリッシング〉 514円 ①978-4-04-184606-3

笠置町

11107 太平記紀行—鎌倉・吉野・笠置・河内 永井路子著 中央公論社 1990.12 205p 15cm (中公文庫) 420円 ①4-12-201770-X

11108 東海道徒歩38日間ひとり旅 糸川燿史著 小学館 2001.8 282p 15cm (小学館文庫)〈「パラダイス街道」(双葉社1994年刊)の改題〉 552円 ①4-09-411401-7

11109 釣師・釣場 井伏鱒二著 講談社 2013.10 236p 16cm (講談社文芸文庫)〈著作目録あり 年譜あり〉 1300円 ①978-4-06-290208-3

笠置寺

11110 脳で旅する日本のクオリア 茂木健一郎著 小学館 2009.7 255p 19cm 1500円 ①978-4-09-387855-5

11111 十一面観音巡礼 愛蔵版 白洲正子著 新潮社 2010.9 317p 22cm〈講談社文芸文庫 1992年刊, 新潮社2002年刊あり〉 3000円 ①978-4-10-310720-0
[作品] 木津川にそって

桂離宮

11112 日本紀行 井上靖著 岩波書店 1993.12 252p 16cm (同時代ライブラリー) 1000円 ①4-00-260169-2
[作品] 京の春

11113 ニッポン—ヨーロッパ人の眼で観た 新版 ブルーノ・タウト著, 篠田英雄訳 春秋社 2008.9 182p 20cm〈肖像あり 著作目録あり 講談社学術文庫「ニッポン ヨーロッパ人の眼で見た」1991年刊あり〉 2000円 ①978-4-393-42454-4

蟹満寺

11114 大和の美と風土—街道をあるく 高橋隆博著 吹田 関西大学出版部 2011.1 385p 20cm 2100円 ①978-4-87354-506-6

11115 見仏記 5 ゴールデンガイド篇 いとうせいこう, みうらじゅん著 角川書店 2011.10 233p 15cm (角川文庫)〈発売:角川グループパブリッシング〉 514円 ①978-4-04-184606-3

上賀茂(京都市北区)

11116 京都色彩紀行 吉岡幸雄著, 岡田克敏写真 PHP研究所 2001.11 209p 21cm 2400円 ①4-569-60812-4

上賀茂神社〔賀茂別雷神社〕

11117 中世を歩く—京都の古寺 饗庭孝男著 京都 淡交社 2006.4 183p 20cm〈小沢書店 1978年刊の改装版 1994年刊(小沢コレクショ

ン）あり〉 1800円 ①4-473-03313-9

11118 中西進と歩く 百人一首の京都 中西進著, 京都新聞社編 京都 京都新聞出版センター 2007.11 164p 19cm 1400円 ①978-4-7638-0594-2

11119 にっぽん聖地巡拝の旅 玉岡かおる著 大法輪閣 2014.4 277p 19cm 1800円 ①978-4-8046-1360-4

上木屋町（京都市中京区）

11120 芥川竜之介紀行文集 芥川竜之介著, 山田俊治編 岩波書店 2017.8 394p 15cm （岩波文庫） 850円 ①978-4-00-360030-6

作品 京都日記

上世屋（宮津市）

11121 色紀行―日本の美しい風景 吉岡幸雄著, 岡田克敏写真 清流出版 2011.12 241p 22cm 3500円 ①978-4-86029-374-1

上醍醐寺

11122 西国観音霊場・新紀行 松本章男著 大法輪閣 2004.5 293p 20cm 2100円 ①4-8046-1207-6

亀山城跡

11123 街道をゆく 4 郡上・白川街道、堺・紀州街道 ほか 新装版 司馬遼太郎著 朝日新聞出版 2008.8 319, 8p 15cm （朝日文庫） 620円 ①978-4-02-264443-5

加茂町（木津川市）

11124 東海道徒歩38日間ひとり旅 糸川燿史著 小学館 2001.8 282p 15cm （小学館文庫）〈「パラダイス街道」（双葉社1994年刊）の改題〉 552円 ①4-09-411401-7

加悦駅

11125 駅を旅する 種村直樹著 和光 SiGnal 2007.12 245p 19cm〈中央公論社1984年刊の新装版〉 1300円 ①978-4-902658-10-1

加悦鉄道

11126 廃線探訪の旅―日本の鉄道 原口隆行編著 ダイヤモンド社 2004.6 158p 21cm 1800円 ①4-478-96089-5

官休庵

11127 脳で旅する日本のクオリア 茂木健一郎著 小学館 2009.7 255p 19cm 1500円 ①978-4-09-387855-5

岩船寺

11128 寂聴ほとけ径―私の好きな寺 1 瀬戸内寂聴著 光文社 2007.6 185p 15cm （光文社文庫） 686円 ①978-4-334-74257-7

11129 見仏記 5 ゴールデンガイド篇 いとうせいこう, みうらじゅん著 角川書店 2011.10 233p 15cm （角川文庫）〈発売：角川グループパブリッシング〉 514円 ①978-4-04-184606-3

観智院

11130 土門拳の古寺巡礼 第3巻 京都 1 土門拳著 小学館 1989.10 146p 26cm 1950円 ①4-09-559103-X

作品 ぼくの古寺巡礼

目次 平等院と洛南, 洛中, 西芳寺と洛西, ぼくの古寺巡礼, 評伝・土門拳〈3〉室生寺・文楽との出会い, 古寺巡礼ガイド―京都 1, 京都〈1〉関連地図, 平等院と洛南, 洛中, 西芳寺と洛西

観音寺（京田辺市）

11131 日本紀行 井上靖著 岩波書店 1993.12 252p 16cm （同時代ライブラリー） 1000円 ①4-00-260169-2

作品 十一面観音の旅

11132 名文で巡る国宝の十一面観音 白洲正子, 佐多稲子, 陳舜臣, 亀井勝一郎, 和辻哲郎, 杉本苑子, 会津八一, 永井路子, 立原正秋, 梅原猛, 吉村貞司, 津田さち子, 井上靖著 青草書房 2007.3 249p 20cm （Seisouおとなの図書館） 1600円 ①978-4-903735-01-6

11133 十一面観音巡礼 愛蔵版 白洲正子著 新潮社 2010.9 317p 22cm〈講談社文芸文庫1992年刊, 新潮社2002年刊あり〉 3000円 ①978-4-10-310720-0

作品 聖林寺から観音寺へ

11134 見仏記 5 ゴールデンガイド篇 いとうせいこう, みうらじゅん著 角川書店 2011.10 233p 15cm （角川文庫）〈発売：角川グループパブリッシング〉 514円 ①978-4-04-184606-3

11135 美しいもの 白洲正子著, 青柳恵介編 KADOKAWA 2015.5 233p 15cm （〔角川ソフィア文庫〕―白洲正子エッセイ集 美術） 760円 ①978-4-04-409484-3

作品 聖林寺から観音寺へ

祇王寺

11136 京都うたものがたり 水原紫苑著 ウェッジ 2003.12 224p 21cm 1600円 ①4-900594-70-9

11137 寂聴と巡る京都 瀬戸内寂聴著 集英社インターナショナル 2006.10 237p 20cm 〈集英社（発売） 折り込1枚〉 1300円 ①4-7976-7151-3

目次 常照皇寺, 高山寺, 神護寺, 清凉寺, 祇王寺, 落柿舎, 常寂光寺, 天竜寺, 竜安寺, 仁和寺〔ほか〕

11138 平家巡礼 上原まり著 光文社 2011.12 240p 16cm （光文社知恵の森文庫） 667円 ①978-4-334-78595-6

祇園（京都市東山区）

11139 東京育ちの京都探訪―火水さまの京 麻生圭子著 文芸春秋 2007.11 253p 19cm 1524円 ①978-4-16-369600-3

目次 第1章 「水」物語（水物語のはじまり, 金閣寺の銀世界「睦月」, 祇園遊びと御神水「如月」 ほか）, 第2

章「火」物語(小正月のとんど祭「睦月」, 吉田神社の火炉祭「如月」, 修二会のお松明「弥生」ほか), 第3章「掌」物語(火水さまに出逢う、糺の森, 葵祭 社頭の儀, 妙心寺 退蔵院の水琴窟 ほか)

11140 石田ゆり子 京の手習いはじめ 石田ゆり子著 講談社 2008.11 143p 22cm 1800円 ①978-4-06-215065-1
目次 職人の誇り, 夏を楽しむ, 京都の美意識, 食を訪ねて, 暮らしの道具, お気に入りのお店

11141 色紀行―日本の美しい風景 吉岡幸雄著, 岡田克敏写真 清流出版 2011.12 241p 22cm 3500円 ①978-4-86029-374-1

11142 芥川竜之介紀行文集 芥川竜之介著, 山田俊治編 岩波書店 2017.8 394p 15cm (岩波文庫) 850円 ①978-4-00-360030-6
作品 京都日記

北野天満宮

11143 中世を歩く―京都の古寺 饗庭孝男著 京都 淡交社 2006.4 183p 20cm〈小沢書店1978年刊の改装版 1994年刊(小沢コレクション)あり〉 1800円 ①4-473-03313-9

11144 中西進と歩く 百人一首の京都 中西進著, 京都新聞社編 京都 京都新聞出版センター 2007.11 164p 19cm 1400円 ①978-4-7638-0594-2

北山(京都市北区)

11145 山に親しむ 川端康成ほか著, 作品社編集部編 作品社 1998.4 246p 22cm (新編・日本随筆紀行 大きな活字で読みやすい本―心にふるさとがある 2) ①4-87893-808-0, 4-87893-807-2
作品 北山小屋〔今西錦司〕

11146 山の随筆 今西錦司著 河出書房新社 2002.5 253p 19cm (Kawade山の紀行) 1600円 ①4-309-70421-2

11147 森の旅 森の人―北海道から沖縄まで日本の森林を旅する 軽装版 稲本正文, 姉崎一馬写真 世界文化社 2005.11 271p 21cm (ほたるの本)〈1994年刊行版に一部修正を加え軽装版にしたもの 1990年刊あり〉 1800円 ①4-418-05518-5

11148 『源氏物語』の京都を歩く 山折哲雄監修, 槇野修著 PHP研究所 2008.12 373p 18cm (PHP新書) 950円 ①978-4-569-70572-9

11149 百年前の山を旅する 服部文祥著 新潮社 2014.1 236p 16cm (新潮文庫)〈東京新聞出版部 2010年刊の再刊 文献あり〉 630円 ①978-4-10-125321-3

11150 なんで山登るねん―わが自伝的登山論 高田直樹著 山と溪谷社 2014.5 365p 15cm (ヤマケイ文庫)〈1995年刊の再刊〉 880円 ①978-4-635-04777-7

木津温泉

11151 駅前温泉汽車の旅 PART1 九州・四国・中国・近畿・東海・北陸・首都圏周辺篇 種村直樹著 徳間書店 1993.4 236p 19cm 1300円 ①4-19-555163-3

貴船町

11152 京都うたものがたり 水原紫苑著 ウェッジ 2003.12 224p 21cm 1600円 ①4-900594-70-9

11153 ショージ君の旅行鞄―東海林さだお自選 東海林さだお著 文芸春秋 2005.2 905p 16cm (文春文庫) 933円 ①4-16-717760-9
作品 流しソーメン初体験記

貴船山

11154 百霊峰巡礼 第1集 立松和平著 東京新聞出版局 2006.7 299p 20cm 1800円 ①4-8083-0854-1

経ヶ岬

11155 負籠の細道 水上勉著 集英社 1997.10 232p 16cm (集英社文庫) 476円 ①4-08-748697-4
作品 波暗き与謝の細道

京都駅

11156 東京を歩く 立松和平著, 黒古一夫編 勉誠出版 2006.4 343p 22cm (立松和平日本を歩く 第7巻) 2600円 ①4-585-01177-3

11157 京都の平熱―哲学者の都市案内 鷲田清一著 講談社 2007.3 254p 20cm〈写真:鈴木理策〉 1700円 ①978-4-06-213812-3
目次 東へ(京都駅に降り立つ, ラーメン文化 ほか), 北へ(清水の坂, 京都は「古都」か? ほか), 西へ(下鴨―ここにも奇人伝説が, 京都人のきわもの好き、新しもん好き ほか), 南へ(京の縦軸, 生活世界の神仏たち ほか), 終着駅へ(旅の終わり, 京都だけの問題ではない ほか)

11158 鉄道の旅 西日本編 真島満秀写真・文 小学館 2008.4 207p 27cm 2600円 ①978-4-09-395502-7

11159 東海道新幹線各駅停車の旅 甲斐みのり著 ウェッジ 2013.6 175p 21cm 1400円 ①978-4-86310-111-1

京都御所

11160 『源氏物語』の京都を歩く 山折哲雄監修, 槇野修著 PHP研究所 2008.12 373p 18cm (PHP新書) 950円 ①978-4-569-70572-9

京都市

11161 英国特派員の明治紀行 ハーバート・ジョージ・ポンティング著, 長岡祥三訳 新人物往来社 1988.2 217p 19cm 1800円 ①4-404-01470-8

11162 土方歳三への旅 村松友視著 PHP研究所 1988.3 258p 15cm (PHP文庫)〈『風を追う』改題書〉 450円 ①4-569-26142-6

11163 紀行文集 無明一杖 上甲平谷著 谷沢書房 1988.7 339p 19cm 2500円
作品 雨と寺 冬麗

11164 日本地酒紀行 奈良本辰也著 河出書房新社 1988.7 273p 15cm (河出文庫) 520円 ①4-309-47138-2

11165 旅は靴ずれ、夜は寝酒 林真理子著 角川書店 1989.1 319p 15cm (角川文庫) 420円 ①4-04-157917-1

11166 みだれ籠—旅の手帖 津村節子著 文芸春秋 1989.11 285p 15cm (文春文庫) 400円 ①4-16-726507-9

11167 黄金伝説—「近代成金たちの夢の跡」探訪記 荒俣宏著, 高橋昇写真 集英社 1990.4 253p 21cm 1500円 ①4-08-772731-9

作品 好敵手物語・ニッポン宣伝事始—たばこ王(岩谷松平、村井吉兵衛 東京・京都篇)

11168 新選組 女ひとり旅 赤間倭子著 鷹書房 1990.7 250p 19cm (女ひとり旅シリーズ) 1000円 ①4-8034-0370-8

11169 浦島太郎の馬鹿—旅の書きおき 立松和平著 マガジンハウス 1990.10 251p 21cm 1400円 ①4-8387-0189-6

作品 淋しい京都

11170 明治日本の面影 小泉八雲著, 平川祐弘編 講談社 1990.10 489p 15cm (講談社学術文庫) 1200円 ①4-06-158943-1

作品 京都旅行記

11171 秋の日本 ピエール・ロチ著, 村上菊一郎訳, 吉氷清訳 角川書店 1990.11 254p 15cm (角川文庫)〈第5刷(第1刷:昭和28年)〉 495円 ①4-04-203101-3

11172 日本旅行日記 2 アーネスト・メイスン・サトウ著, 庄田元男訳 平凡社 1992.6 334p 18cm (東洋文庫) 2884円 ①4-582-80550-7

作品 伊勢・紀和・京阪に歴史をたずねる

11173 東洋紀行 1 グスタフ・クライトナー著, 小谷裕幸, 森田明訳 平凡社 1992.9 358p 18cm (東洋文庫) 3090円 ①4-582-80555-8

11174 京都遍歴 水上勉著 立風書房 1994.5 249p 21cm 2600円 ①4-651-71039-5

目次 相国寺塔頭瑞春院, 東山二条産寧坂, 今宮神社界隈, 衣笠山等持院, 六孫王神社界隈, 五番町遊廓付近, 千本丸太町付近, 樒の里、柚子の里, 京都上七軒, 醍醐への道, 瑞春院ふたたび, 保津峡曲がり淵, 嵯峨鳥居本界隈, 大原桂徳院界隈, 東寺付近, 八条坊城付近, 広沢池畔にて, 京の五番町にて, 秋末の町歩き, 京の初雪, 冬、桂川, 今宮神社のあぶり餅, 鴨川、出町界隈

11175 町の誘惑 安西水丸, 稲越功一著 宝島社 1994.9 189p 21cm 2400円 ①4-7966-0817-6

11176 こんにちは、ふるさと 俵万智著 河出書房新社 1995.5 76p 20×18cm 1500円 ①4-309-00983-2

作品 古都に生きる新しさ—京都

11177 京都の旅—今日の風土記 第1集 松本清張, 樋口清之著 光文社 1995.11 267p 17cm (カッパ・ブックス—名著復刻シリーズ) 980円 ①4-334-04110-8

内容 千二百年の歳月が築いた古都。京都。推理小説から日本歴史の謎に挑んだ巨匠・松本清張と、民族の心性の奥深く分け入った歴史学の泰斗・樋口清之の二人の共同作業が生んだ京都のガイド書。東山、洛中、西山、洛北、洛南を案内。

11178 京都の旅—今日の風土記 第2集 松本清張, 樋口清之著 光文社 1995.11 262p 17cm (カッパ・ブックス—名著復刻シリーズ) 980円 ①4-334-04111-6

内容 千二百年の歳月が築いた古都・京都。推理小説から日本歴史の謎に挑んだ巨匠松本清張と、民族の心性の奥深く分け入った歴史学の泰斗樋口清之、二人の共同作業が生んだ、類をみないガイド書。

11179 大佛次郎エッセイ・セレクション 1 歴史を紀行する 大佛次郎著, 村上光彦, 福島行一, 八尋舜右編 小学館 1996.7 285p 19cm 2000円 ①4-09-387181-7

11180 京都・歴史の紡ぎ糸 安森ソノ子著 ふるさと紀行編集部 1997.4 303p 22cm (ふるさと紀行エッセイ選書 ふるさと京都)〈酣灯社(発売)〉 2000円 ①4-87357-030-1

内容 四季折々に綴られた京都の今昔を巡る彩りが、この一冊に実る。季刊「ふるさと紀行」に掲載されたエッセイのほか、新聞等に連載した短文を収録。

11181 平安鎌倉史紀行 宮脇俊三著 講談社 1997.12 447p 15cm (講談社文庫)〈年表あり 1994年刊の文庫化〉 657円 ①4-06-263660-3

11182 時を超える旅—世界遺産をたずねて 平山郁夫著 朝日出版社 1998.1 155p 20cm 〈年譜あり〉 1900円 ①4-255-97032-7

目次 第1章 悠久の旅への誘い, 第2章 イタリア、ギリシャ、エジプトへの旅, 第3章 中近東への旅, 第4章 アジアへの旅, 第5章 日本の「世界遺産」をめぐって, 第6章 京都に息づく伝統と未来への懸け橋

11183 望郷を旅する 石川啄木ほか著, 作品社編集部編 作品社 1998.4 251p 22cm (新編・日本随筆紀行 大きな活字で読みやすい本—心にふるさとがある 15) ①4-87893-896-X, 4-87893-807-2

作品 京に着ける夕〔夏目漱石〕

11184 ボンジュール・ジャポン—フランス青年が活写した1882年 ウーグ・クラフト著, 後藤和雄編 朝日新聞社 1998.6 177p 27cm 3600円 ①4-02-257263-9

11185 「枕草子」を旅しよう 田中澄江著 講談社 1998.8 226p 15cm (講談社文庫—古典を歩く 3)〈「枕草子」(1989年刊)の改題〉 552円 ①4-06-263646-8

目次 清少納言というひと, 「春はあけぼの」と東山, 宮詣でと寺詣り, 「夏はよる」と賀茂あたり, 「秋は夕暮」と東国への夢, 「枕草子」と畿内, 「冬はつとめて」と「枕草子」の成立

11186 関西こころの旅路 山と渓谷社 2000.1 285p 20cm (旅の紀行&エッセイ) 1400円 ①4-635-28045-4

作品 京の町家に暮らして〔ひらのりょうこ〕 寺の町に住んでみて〔西村京太郎〕

11187 三文役者のニッポンひとり旅 殿山泰司

著　筑摩書房　2000.2　287p　15cm　（ちくま文庫）　640円　①4-480-03551-6

11188　仙人の桜、俗人の桜　赤瀬川原平著　平凡社　2000.3　270p　16cm　（平凡社ライブラリー）〈日本交通公社出版事業局1993年刊あり〉　1100円　①4-582-76332-4
作品 ベルリンの壁の跡に桜並木を―京都

11189　染めと織りと祈り　立松和平著　アスペクト　2000.3　261p　21cm　2200円　①4-7572-0705-0

11190　夫婦旅せむ　高橋揆一郎著　札幌　北海道新聞社　2000.5　235p　20cm　1800円　①4-89453-092-9

11191　京都　水上勉著　河出書房新社　2000.6　210p　20cm　（日本の風景を歩く）　1600円　①4-309-62135-X

11192　旅の面影　榎木孝明著　JTB　2001.5　95p　26cm　3500円　①4-533-03875-1

11193　「お伽草子」謎解き紀行　神一行著　学習研究社　2001.6　259p　15cm　（学研M文庫）　560円　①4-05-901059-6

11194　碧い眼の太郎冠者　ドナルド・キーン著　中央公論新社　2001.7　188p　21cm　（Chuko on demand books）　2000円　①4-12-550026-6
作品 熊野（ゆや）の道行　十二の印象

11195　地の記憶をあるく　出雲・近江篇　松本健一著　中央公論新社　2001.9　281p　20cm　〈奥付の出版年月（誤植）：2000.9〉　2000円　①4-12-003184-5

11196　青年小泉信三の日記―東京‐ロンドン‐ベルリン 明治44年‐大正3年　小泉信三著　慶応義塾大学出版会　2001.11　592p　19cm　3800円　①4-7664-0865-9
作品 旅日記
目次 明治44年の日記―1月1日～11月21日, 明治45年の日記―1月1日～9月3日, 旅日記―大正元年9月11日～11月7日, 倫敦日記―大正元年11月8日―大正2年11月15日, 伯林日記―大正2年11月22日―大正3年8月12日

11197　雪舟の旅路　岡田喜秋著　秀作社出版　2002.3　316p　22cm　1800円　①4-88265-307-9

11198　金沢はいまも雪か　五木寛之著　東京書籍　2002.4　483p　20cm　（五木寛之全紀行 5（金沢・京都・日本各地編））〈シリーズ責任表示：五木寛之著　肖像あり〉　2100円　①4-487-79766-7

11199　バード日本紀行　I.L.バード著, 楠家重敏, 橋本かほる, 宮崎路子訳　雄松堂出版　2002.8　376, 11p 図版12枚　23cm　（新異国叢書 第3輯 3）　5500円　①4-8419-0295-3

11200　バーナード・リーチ日本絵日記　バーナード・リーチ著, 柳宗悦訳, 水尾比呂志補訳　講談社　2002.10　354p　15cm　（講談社学術文庫）〈肖像あり　年譜あり〉　①4-06-159569-5

11201　旅に夢みる　吉永小百合著　講談社　2003.3　223p　22cm〈肖像あり〉　1600円　①4-06-211652-9

11202　晴れた空 曇った顔―私の文学散歩　安岡章太郎著　幻戯書房　2003.7　200p　20cm　2500円　①4-901998-04-8

11203　時速8キロニッポン縦断　斉藤政喜著　小学館　2003.10　397p　19cm　（Be-pal books）〈折り込1枚〉　1500円　①4-09-366067-0

11204　「新選組」ふれあいの旅―人や史跡との出逢いを求めて　岳真也著　PHP研究所　2003.12　249p　19cm　1200円　①4-569-63235-1

11205　ロングフェロー日本滞在記―明治初年、アメリカ青年の見たニッポン　チャールズ・アップルトン・ロングフェロー著, 山田久美子訳　平凡社　2004.1　404p　22cm〈文献あり〉　3600円　①4-582-83202-4

11206　梅棹忠夫の京都案内　梅棹忠夫著　角川書店　2004.9　282p　15cm　（角川文庫―角川ソフィア文庫）〈1987年刊の増訂〉　629円　①4-04-376401-4
目次 1 京都案内（京都へのいざない, 京都案内―洛中ほか）, 2 京都の性格（京都という名, 儀典都市 ほか）, 3 京都の市民（京わらべ・京おんな・京おとこ, 京都人を診断する ほか）, 4 京ことば（京ことばと京文化, 京ことばのしおり ほか）, 5 京都点描（映画祭と羅城門, 菊地寛著『無名作家の日記』―書評 ほか）

11207　スローな旅で行こう―シェルパ斉藤の週末ニッポン再発見　斉藤政喜著　小学館　2004.10　255p　19cm　（Dime books）　1200円　①4-09-366068-9

11208　旅の出会い　井伏鱒二著, 東郷克美, 前田貞昭編　筑摩書房　2004.10　334p　15cm　（ちくま文庫―井伏鱒二文集 2）　1100円　①4-480-03982-1

11209　きもの紀行―染め人織り人を訪ねて　立松和平著　家の光協会　2005.1　223p　21cm　2200円　①4-259-54669-4

11210　わたしの旅人生「最終章」　渡辺文雄著　アートデイズ　2005.2　267p　20cm〈肖像あり〉　1600円　①4-86119-033-9
作品 先祖帰りした調味料

11211　英国人写真家の見た明治日本―この世の楽園・日本　ハーバート・G.ポンティング著, 長岡祥三訳　講談社　2005.5　330p　15cm　（講談社学術文庫）〈肖像あり〉　1100円　①4-06-159710-8

11212　オーストリア皇太子の日本日記―明治二十六年夏の記録　フランツ・フェルディナント著, 安藤勉訳　講談社　2005.9　237p　15cm　（講談社学術文庫）〈肖像あり〉　840円　①4-06-159725-6

11213　ひとりたび1年生―2005-2006　たかぎなおこ著　メディアファクトリー　2006.12　144p　21cm　1000円　①4-8401-1754-3

11214　京都の平熱―哲学者の都市案内　鷲田清一著　講談社　2007.3　254p　20cm〈写真：鈴木理策〉　1700円　①978-4-06-213812-3

11215　わたくしの旅　池波正太郎著　講談社　2007.4　248p　15cm　（講談社文庫）〈2003年刊の文庫化〉　495円　①978-4-06-275692-1

11216 五足の靴　五人づれ著　岩波書店　2007.5　140p　15cm　（岩波文庫）　460円　①978-4-00-311771-2

目次 厳島, 赤間が関, 福岡, 砂丘, 潮, 雨の日, 領巾振山, 佐世保, 平戸, 荒れの日, 蛇と蟇, 大失敗, 大江村, 海の上, 有馬城址, 長洲, 熊本, 阿蘇登山, 噴火口, 画津湖, 三池炭鉱, みやびお, 柳河, 徳山, 月光, 西京, 京の朝, 京の山, 彗星

11217 東海道 居酒屋五十三次　太田和彦著, 村松誠画　小学館　2007.6　322p　15cm　（小学館文庫）〈2003年刊の単行本「東海道居酒屋膝栗毛」の改題、文庫化〉　571円　①978-4-09-408176-3

11218 イザベラ・バードの日本紀行　下　イザベラ・バード著, 時岡敬子訳　講談社　2008.6　416p　15cm　（講談社学術文庫）　1250円　①978-4-06-159872-0

11219 新発見 より道街あるき　大竹誠著　パロル舎　2008.6　187p　21cm　1600円　①978-4-89419-073-3

11220 石田ゆり子 京の手習いはじめ　石田ゆり子著　講談社　2008.11　143p　22cm　1800円　①978-4-06-215065-1

11221 世界のシワに夢を見ろ！　高野秀行著　小学館　2009.1　237p　15cm　（小学館文庫）　495円　①978-4-09-408345-3

11222 瀬戸内寂聴随筆選　第5巻　旅・見はてぬ地図　瀬戸内寂聴著　ゆまに書房　2009.4　219p　19cm　（大きな活字で読みやすい本）〈発売：リブリオ出版〉　①978-4-86057-384-3

目次 嵯峨野讃歌, 京の正月, 高野川, 京の冬, 古式の微笑, 流域紀行, 萩焼と白壁と夏ミカンの町, 室戸岬, 花の旅情, 新「夏の夜の夢」, 追憶の旅愁, 幻ならず

11223 にっぽん入門　柴門ふみ著　文藝春秋　2009.4　282p　16cm　（文春文庫）〈2007年刊の増補〉　552円　①978-4-16-757903-6

11224 脳で旅する日本のクオリア　茂木健一郎著　小学館　2009.7　255p　19cm　1500円　①978-4-09-387855-5

11225 文豪、偉人の「愛」をたどる旅　黛まどか著　集英社　2009.8　255p　18cm　1048円　①978-4-08-781427-9

11226 ひとり旅 ひとり酒　太田和彦著　大阪　京阪神エルマガジン社　2009.11　237p　21cm　1600円　①978-4-87435-306-6

11227 食の街道を行く　向笠千恵子著　平凡社　2010.7　276p　18cm　（平凡社新書）〈文献あり〉　820円　①978-4-582-85536-4

11228 旅へ—新・放浪記　野田知佑著　ポプラ社　2010.8　269p　16cm　（ポプラ文庫）〈文春文庫1999年の新版　年譜あり〉　600円　①978-4-591-11996-9

11229 すすれ！麺の甲子園　椎名誠著　新潮社　2010.10　365p　16cm　（新潮文庫）　590円　①978-4-10-144836-7

11230 名探偵浅見光彦の食いしん坊紀行　内田康夫著　実業之日本社　2010.10　257p　16cm　（実業之日本社文庫）〈2000年刊の再編集〉　724円　①978-4-408-55000-8

11231 親友はいますか—あとの祭り　渡辺淳一著　新潮社　2011.8　262p　16cm　（新潮文庫）〈2009年刊の文庫化〉　438円　①978-4-10-117638-3

目次 出雲・隠岐への旅, 渡邉淳一の店？ , 講演会あれこれ, 交通違反あれこれ, リゾート地で考える, 点滴癖に注意, お腹のなかの忘れもの, 取り違えで思うこと, 素朴な疑問, 真夏の夜の夢, 谷崎記念館へ行く, スポーツ疲れ, 野球と人生, 消えた栄華, 後継総理の条件, 定年を書く, 親友はいますか？ , 数字の一人歩き, 事件の根幹には, 八百長はなぜいけないの, 愛読書とは, 間もなく誕生日, 会議は立って, ドラフト会議に思う, なぜ、田母神論文が生まれたか, 神の国、出雲へ, 人間でもない、動物でもない生きもの, 不思議な法律用語, ファンタジーの裏側, 医者は患者になれない, 不況の年だが, アンチエイジング考, 佐多岬紀行, 学位謝礼はなぜいけないの, 情緒がないねぇ, もったいない人材, 医学は科学ではない, レキジョブームの先, 新たな宇宙系の男たち, こんな男にならぬよう, 美しき尼僧との対話, 卑近なかたちよ倖せといふは, 結核菌・俺のことを忘れるな, 平安の京都を求めて, 四月の京都

11232 極みのローカルグルメ旅　柏井壽著　光文社　2012.2　301p　18cm　（光文社新書）　840円　①978-4-334-03671-3

11233 下駄で歩いた巴里—林芙美子紀行集　林芙美子著, 立松和平編　岩波書店　2012.4　331p　15cm　（岩波文庫）〈第5刷（第1刷2003年）〉　700円　①4-00-311692-5

作品 京都

11234 池波正太郎を歩く　須藤靖貴著　講談社　2012.9　326p　15cm　（講談社文庫）〈毎日新聞社 2009年刊の加筆・修正〉　648円　①978-4-06-277363-8

11235 明治紀行文學集　筑摩書房　2013.1　410p　21cm　（明治文學全集 94）　7500円　①978-4-480-10394-9

作品 五足の靴〔与謝野鉄幹・木下杢太郎・北原白秋・平野万里・吉井勇篇〕

11236 完訳 日本奥地紀行　4　東京—関西—伊勢 日本の国政　イザベラ・バード著, 金坂清則訳注　平凡社　2013.3　446p　18cm　（東洋文庫）〈布装　索引あり〉　3200円　①978-4-582-80833-9

11237 英国一家、日本を食べる　マイケル・ブース著, 寺西のぶ子訳　亜紀書房　2013.4　278p　19cm　1900円　①978-4-7505-1304-1

11238 鏡花紀行文集　泉鏡花著, 田中励儀編　岩波書店　2013.12　454p　15cm　（岩波文庫）〈底本：鏡花全集 第27巻・第28巻（1942年刊）〉　900円　①978-4-00-312719-3

作品 一銚子　玉造日記

11239 近松秋江全集　第7巻　オンデマンド版　近松秋江著, 紅野敏郎, 和田謹吾, 中尾務, 遠藤英雄, 田沢基久, 笹瀬王子編集委員　八木書店古書出版部　2014.2　502, 34p　21cm〈初版：八木書店 1993年刊　印刷・製本：デジタルパブリッシングサービス　発売：八木書店〉　12000円　①978-4-8406-3492-2

作品 京の夏 わが仮寓の記 ほか

11240 ぼくらは怪談巡礼団 加門七海, 東雅夫著 KADOKAWA 2014.6 301p 19cm (〔幽BOOKS〕) 1400円 ①978-4-04-066760-7

11241 ガリヴァーの訪れた国―マリアンヌ・ノースの明治八年日本紀行 柄戸正著 万来舎 2014.9 171p 19cm〈文献あり〉 1200円 ①978-4-901221-81-8

11242 みどりの国滞在日記 エリック・ファーユ著, 三野博司訳 水声社 2014.12 195p 20cm (批評の小径) 2500円 ①978-4-8010-0077-3

11243 川村万梨阿と椋本夏夜の淑女的日常 川村万梨阿, 椋本夏夜著 ホビージャパン 2015.1 111p 21cm 1800円 ①978-4-7986-0921-8

11244 日本再発見―芸術風土記 岡本太郎著 KADOKAWA 2015.7 293p 15cm (角川ソフィア文庫)〈新潮社 1958年刊の再刊〉 1000円 ①978-4-04-409488-1

11245 ふらり旅 いい酒 いい肴 2 太田和彦著 主婦の友社 2015.8 135p 21cm 1400円 ①978-4-07-299938-7

11246 ひとり飲む、京都 太田和彦著 新潮社 2016.4 313p 16cm (新潮文庫)〈マガジンハウス 2011年刊の再刊〉 550円 ①978-4-10-133339-7

目次 夏編(ヨコワ造りとハイボール, アラビアの真珠と鱧の焙り, きざみきつねと乙女喫茶, きずしとレッドアイ, 冬瓜とずいきの冷しあんかけとジャックローズ, カレーそばとにごり酒お燗, ぐじ焼とネグローニ), 冬編(焼もろこと舞妓さん, 九条葱とホットバタード・ラム, 甘鯛とホワイトレディ, ミモザとタコぶつ, フレンチキスとにゅうめん, ミネストローネと牛すじ大根, 油揚げとリニエ・アクアビット)

11247 漱石紀行文集 夏目漱石著, 藤井淑禎編 岩波書店 2016.7 276p 15cm (岩波文庫)〈「漱石全集 第12巻・第16巻」(2003年刊)の改題、抜粋〉 700円 ①978-4-00-360023-8

作品 京に着ける夕

目次 1 紀行文(満韓ところどころ, 倫敦消息, 自転車日記, 京に着ける夕), 2 小品(入社の辞, 元日, 病院の春, 余と万年筆, 初秋の一日)

11248 聖地巡礼 リターンズ 内田樹, 釈徹宗著 東京書籍 2016.12 301p 19cm 1600円 ①978-4-487-80841-0

11249 「男はつらいよ」を旅する 川本三郎著 新潮社 2017.5 286p 20cm (新潮選書) 1400円 ①978-4-10-603808-2

作品 瞼の母と出会った京都

11250 爺は旅で若返る 吉川潮, 島敏光著 牧野出版 2017.7 253p 19cm 1600円 ①978-4-89500-215-8

11251 ときどき、京都人。―東京⇔京都 二都の生活 永江朗著 徳間書店 2017.9 277p 19cm 1200円 ①978-4-19-864477-2

目次 第1章 ときどき、暮らして見えてきた(水の都, 鴨川とペタンク ほか), 第2章 京都人という生き方は(京都人は『京都ぎらい』が好き, 京阪神は仲が悪い ほか), 第3章 ここで良い時間を過ごす(人生に疲れたら冬の動物園へ, 京都国立博物館 ほか), 第4章 文化と歴史の底力(文化庁がやってくる, 学都としての京都 ほか), 第5章 京都の四季の時の時(中年になると梅が好きになった(一月), 春はたけのこ(三月) ほか)

清水寺

11252 ひろさちやの古寺巡礼 ひろさちや著 小学館 2002.6 207p 20cm 1400円 ①4-09-386094-7

11253 寂聴の古寺礼讃 瀬戸内寂聴文, 永井吐無画 講談社 2004.5 119p 21cm (The new fifties) 1800円 ①4-06-268370-9

11254 私の古寺巡礼 1(京都 1) 井上靖監修 光文社 2004.10 258p 16cm (知恵の森文庫)〈淡交社1987年刊の改訂〉 667円 ①4-334-78317-1

作品 清水の心―清水寺〔大庭みな子〕

目次 清水の心―清水寺(大庭みな子), ろくはら散策―六波羅蜜寺・六道珍皇寺・西福寺(杉本苑子), けんねんさん―建仁寺(秦恒平), 知恩院の二つの顔―知恩院(梅原猛), 南禅寺―南禅寺(杉森久英), 永観堂夢告譚―禅林寺(杉本秀太郎), 歴史の充満する境域―東寺(司馬遼太郎), 三十三間堂の仏さま―妙法院・三十三間堂(宇佐見英治), 泉涌寺―泉涌寺(田中澄江), 東福寺周辺―東福寺(大岡信)〔ほか〕

11255 西国札所古道巡礼―「母なる道」を歩む 新装版 松尾心空著 春秋社 2006.11 300p 19cm 1700円 ①4-393-13356-0

11256 古寺巡礼京都 26 清水寺 新版 梅原猛監修 森清範, 田辺聖子著 京都 淡交社 2008.10 142p 21cm〈年表あり〉 1600円 ①978-4-473-03496-0

作品 清水寺―きよみずさんのこと〔田辺聖子〕

目次 巻頭エッセイ 清水寺―きよみずさんのこと, 口絵カラー, 現代へのメッセージ いつの時代にも清水観音, 清水寺の歴史―南を去って北へゆけ, 田村麻呂とアテルイ―古代東北の英雄, 清水寺文学散歩, 清水寺参詣曼荼羅, 清水寺本堂, 清水寺の文化財

11257 百寺巡礼 第3巻 京都 1 五木寛之著 講談社 2008.11 276p 15cm (講談社文庫)〈文献あり 2003年刊の文庫化〉 562円 ①978-4-06-276191-8

目次 第21番 金閣寺―目もくらむような亀裂に輝く寺, 第22番 銀閣寺―暗愁の四畳半でため息をつく将軍, 第23番 神護寺―二つの巨星が出会い、別れた舞台, 第24番 東寺―空海がプロデュースした立体曼荼羅, 第25番 真如堂―物語の寺に念仏がはじまる, 第26番 東本願寺―親鸞の思いが生きつづける大寺, 第27番 西本願寺―信じる力が生みだすエネルギー, 第28番 浄瑠璃寺―いのちの尊さを知る、浄瑠璃浄土, 第29番 南禅寺―懐深き寺に流れた盛衰の時, 第30番 清水寺―仏教の大海をゆうゆうと泳ぐ巨鯨

11258 脳で旅する日本のクオリア 茂木健一郎著 小学館 2009.7 255p 19cm 1500円 ①978-4-09-387855-5

11259 新版 私の古寺巡礼・京都 下 梅原猛監修 京都 淡交社 2010.2 229p 21cm 1800円 ①978-4-473-03647-6

近畿

作品 清水寺…きよみずさんのこと〔田辺聖子〕
目次 銀閣寺—銀閣寺 心ひとつの輝き(久我なつみ), 法然院—生かされている私たち(道浦母都子), 禅林寺—終わり思うぞ嬉しかりける(安部龍太郎), 南禅寺—南禅寺回想にふける(児玉清), 青蓮院—青蓮院—現在・過去・未来(藤本義一), 知恩院—知恩院と私(浅田次郎), 高台寺—ねがひ(飯星景子), 清水寺—清水寺…きよみずさんのこと(田辺聖子), 妙法院・三十三間堂—京都に居ることが分った。(みうらじゅん), 智積院—剝落の中に発見した等伯の近代性(横尾忠則), 泉涌寺—御寺の風格(芳賀徹), 東福寺—東福寺散策(檀ふみ), 東寺—立体曼荼羅の寺(梅原猛), 天龍寺—天龍の大慈(玄侑宗久), 西芳寺—生きとし生けるもの集う(下重暁子), 醍醐寺—花の寺、水の寺に歴史を重ねて(永井路子), 法界寺—法界寺あるいは民俗にささえられた寺(井上章一), 萬福寺—黄檗宗あれこれのこと(夢枕獏), 平等院—古今平等院(志村ふくみ), 浄瑠璃寺—美と切実 浄瑠璃寺参拝(立松和平)

11260 十一面観音巡礼 愛蔵版 白洲正子著 新潮社 2010.9 317p 22cm〈講談社文芸文庫 1992年刊, 新潮社2002年刊あり〉 3000円 ①978-4-10-310720-0
作品 清水の流れ

11261 見仏記 5 ゴールデンガイド篇 いとうせいこう, みうらじゅん著 角川書店 2011.10 233p 15cm (角川文庫)〈発売：角川グループパブリッシング〉 514円 ①978-4-04-184606-3

金閣寺〔鹿苑寺〕

11262 室町戦国史紀行 宮脇俊三著 講談社 2003.12 405p 15cm (講談社文庫)〈年表あり 2000年刊の文庫化〉 695円 ①4-06-273918-6

11263 私の古寺巡礼 2(京都 2) 井上靖監修 光文社 2004.11 256p 16cm (知恵の森文庫)〈淡交社1987年刊の改訂〉 667円 ①4-334-78322-8
作品 少年の目・老年の目—金閣寺・銀閣寺〔竹中郁〕

11264 古都古寺巡礼 奈良本辰也著 たちばな出版 2004.12 317p 19cm 1600円 ①4-8133-1859-2

11265 東京育ちの京都探訪—火水さまの京 麻生圭子著 文芸春秋 2007.11 253p 19cm 1524円 ①978-4-16-369600-3

11266 古寺巡礼京都 21 金閣寺 新版 梅原猛監修 有馬頼底, 梅原猛著 京都 淡交社 2008.5 142p 21cm〈年表あり〉 1600円 ①978-4-473-03491-5
作品 華麗なる権力と美の寺〔梅原猛〕
目次 巻頭エッセイ 華麗なる権力と美の寺, 現代へのメッセージ 北山鹿苑寺, 金閣寺の歴史, 会所の文化—「北山の時分」, 金閣寺文学散歩, 金閣寺庭園の栄光と謎, 金閣, 鹿苑寺の文化財

11267 百寺巡礼 第3巻 京都 1 五木寛之著 講談社 2008.11 276p 15cm (講談社文庫)〈文献あり 2003年刊の文庫化〉 562円 ①978-4-06-276191-8

11268 新版 私の古寺巡礼・京都 上 梅原猛監修 京都 淡交社 2010.2 231p 21cm 1800円 ①978-4-473-03646-9
作品 華麗なる権力と美の力〔梅原猛〕

11269 近松秋江全集 第7巻 オンデマンド版 近松秋江著, 紅野敏郎, 和田謹吾, 中尾務, 遠藤英雄, 田沢基久, 笹瀬王子編集委員 八木書店古書出版部 2014.2 502, 34p 21cm〈初版：八木書店 1993年刊 印刷・製本：デジタルパブリッシングサービス 発売：八木書店〉 12000円 ①978-4-8406-3492-2
作品 瀬戸内海

銀閣寺〔慈照寺〕

11270 とっておきの寺社詣で 三木露風ほか著, 作品社編集部編 作品社 1998.4 251p 22cm (新編・日本随筆紀行 大きな活字で読みやすい本—心にふるさとがある 14) ①4-87893-895-1, 4-87893-807-2
作品 銀閣寺〔吉井勇〕

11271 「銀づくし」乗り継ぎ旅—銀水発・銀山ゆき5泊6日3300キロ 列車に揺られて25年 種村直樹著 徳間書店 2000.7 258p 19cm 1400円 ①4-19-861211-0

11272 寂聴の古寺礼讃 瀬戸内寂聴文, 永井吐無画 講談社 2004.5 119p 21cm (The new fifties) 1800円 ①4-06-268370-9

11273 私の古寺巡礼 2(京都 2) 井上靖監修 光文社 2004.11 256p 16cm (知恵の森文庫)〈淡交社1987年刊の改訂〉 667円 ①4-334-78322-8
作品 少年の目・老年の目—金閣寺・銀閣寺〔竹中郁〕

11274 百寺巡礼 第3巻 京都 1 五木寛之著 講談社 2008.11 276p 15cm (講談社文庫)〈文献あり 2003年刊の文庫化〉 562円 ①978-4-06-276191-8

11275 新版 私の古寺巡礼・京都 下 梅原猛監修 京都 淡交社 2010.2 229p 21cm 1800円 ①978-4-473-03647-6
作品 銀閣寺 心ひとつの輝き〔久我なつみ〕

11276 下駄で歩いた巴里—林芙美子紀行集 林芙美子著, 立松和平編 岩波書店 2012.4 331p 15cm (岩波文庫)〈第5刷(第1刷2003年)〉 700円 ①4-00-311692-5
作品 京都

11277 近松秋江全集 第7巻 オンデマンド版 近松秋江著, 紅野敏郎, 和田謹吾, 中尾務, 遠藤英雄, 田沢基久, 笹瀬王子編集委員 八木書店古書出版部 2014.2 502, 34p 21cm〈初版：八木書店 1993年刊 印刷・製本：デジタルパブリッシングサービス 発売：八木書店〉 12000円 ①978-4-8406-3492-2
作品 瀬戸内海

九体寺

11278 文学の中の風景 大竹新助著 メディア・パル 1990.11 293p 21cm 2000円 ①4-89610-003-4

近畿

久美浜温泉

11279 秘湯を求めて 2 ないしょの秘湯 藤嶽彰英著 (大阪)保育社 1989.12 185p 19cm 1350円 ①4-586-61102-2

鞍馬街道

11280 街道をゆく 4 郡上・白川街道、堺・紀州街道 ほか 新装版 司馬遼太郎著 朝日新聞出版 2008.8 319, 8p 15cm (朝日文庫) 620円 ①978-4-02-264443-5

鞍馬寺

11281 土門拳の古寺巡礼 第4巻 京都 2 土門拳著 小学館 1989.12 146p 26cm 1950円 ①4-09-559104-8
作品 ぼくの古寺巡礼
目次 神護寺と高山寺, 洛西 嵯峨野周辺, 洛北, ぼくの古寺巡礼(土門拳), 評伝・土門拳〈4〉敗戦直後とリアリズム写真の頃(重森弘淹), 古寺巡礼ガイド 京都〈2〉, 京都〈2〉関連地図

11282 寂聴の古寺礼讃 瀬戸内寂聴文, 永井吐無画 講談社 2004.5 119p 21cm (The new fifties) 1800円 ①4-06-268370-9

11283 私の古寺巡礼 2(京都 2) 井上靖監修 光文社 2004.11 256p 16cm (知恵の森文庫)〈淡交社1987年刊の改訂〉 667円 ①4-334-78322-8
作品 くらまの光り―鞍馬寺〔遠藤周作〕

11284 見仏記 4 親孝行篇 いとうせいこう著, みうらじゅん画 角川書店 2006.1 262p 15cm (角川文庫)〈2002年刊の文庫化〉 514円 ①4-04-184605-6

11285 寂聴ほとけ径―私の好きな寺 2 瀬戸内寂聴著 光文社 2007.6 185p 15cm (光文社文庫) 686円 ①978-4-334-74258-4

11286 新版 私の古寺巡礼・京都 上 梅原猛監修 京都 淡交社 2010.2 231p 21cm 1800円 ①978-4-473-03646-9
作品 晶子が愛した気の山〔道浦母都子〕

鞍馬山

11287 導かれて、旅 横尾忠則著 文藝春秋 1995.7 286p 16cm (文春文庫)〈日本交通公社出版事業局 1992年刊の文庫化〉 480円 ①4-16-729703-5
作品 鞍馬 シャンバラ伝説

11288 百霊峰巡礼 第1集 立松和平著 東京新聞出版局 2006.7 299p 20cm 1800円 ①4-8083-0854-1

11289 義経とみちのく―その史実と伝説 関河惇著 講談社出版サービスセンター 2006.8 273p 19cm 2000円 ①4-87601-762-X

車折神社

11290 街道をゆく 26 嵯峨散歩、仙台・石巻 新装版 司馬遼太郎著 朝日新聞出版 2009.2 310, 8p 15cm (朝日文庫)〈初版：朝日新聞社1990年刊〉 660円 ①978-4-02-264479-4

黒谷町(綾部市)

11291 ニッポンの山里 池内紀著 山と溪谷社 2013.1 254p 20cm 1500円 ①978-4-635-28067-9

京福電鉄嵐山線

11292 路面電車全線探訪記 再版 柳沢道生著, 旅行作家の会編 現代旅行研究所 2008.6 224p 21cm (旅行作家文庫) 1800円 ①978-4-87482-096-4

建仁寺

11293 寂聴の古寺礼讃 瀬戸内寂聴文, 永井吐無画 講談社 2004.5 119p 21cm (The new fifties) 1800円 ①4-06-268370-9

11294 私の古寺巡礼 1(京都 1) 井上靖監修 光文社 2004.10 258p 16cm (知恵の森文庫)〈淡交社1987年刊の改訂〉 667円 ①4-334-78317-1
作品 けんねんさん―建仁寺〔秦恒平〕

11295 飯田龍太全集 第10巻 紀行・雑纂 飯田龍太著 角川学芸出版, 角川書店〔発売〕 2005.12 422p 19cm 2667円 ①4-04-651940-1
作品 西の旅

11296 新版 私の古寺巡礼・京都 上 梅原猛監修 京都 淡交社 2010.2 231p 21cm 1800円 ①978-4-473-03646-9
作品 静寂の促し〔竹西寛子〕

11297 海のうた 山のこえ―書家・金澤翔子祈りの旅 金澤泰子, 金澤翔子著 佼成出版社 2013.3 126p 図版16p 20cm 1500円 ①978-4-333-02598-5

11298 芥川竜之介紀行文集 芥川竜之介著, 山田俊治編 岩波書店 2017.8 394p 15cm (岩波文庫) 850円 ①978-4-00-360030-6
作品 京都日記

光悦寺

11299 紀行文集 無明一杖 上甲平谷著 谷沢書房 1988.7 339p 19cm 2500円
作品 冬麗

11300 芥川竜之介紀行文集 芥川竜之介著, 山田俊治編 岩波書店 2017.8 394p 15cm (岩波文庫) 850円 ①978-4-00-360030-6
作品 京都日記

高山寺

11301 土門拳の古寺巡礼 第4巻 京都 2 土門拳著 小学館 1989.12 146p 26cm 1950円 ①4-09-559104-8
作品 ぼくの古寺巡礼

11302 土門拳 古寺を訪ねて―京・洛北から宇治へ 土門拳写真・文 小学館 2001.12 205p 15cm (小学館文庫)〈奥付のタイトル：古寺を訪ねて〉 838円 ①4-09-411423-8
目次 神護寺と高山寺(小川義章師のこと), 西芳寺と洛北・洛西(西芳寺と夢窓疎石), 東寺と三十三間堂(観智

院の和釘），平等院（平等院について），若き日の土門拳（藤本四八）〔ほか〕

11303 私の古寺巡礼 2（京都 2） 井上靖監修 光文社 2004.11 256p 16cm （知恵の森文庫）〈淡交社1987年刊の改訂〉 667円 ①4-334-78322-8
作品 「華厳縁起・義湘絵」の周辺―高山寺〔井上靖〕

11304 中世を歩く―京都の古寺 饗庭孝男著 京都 淡交社 2006.4 183p 20cm〈小沢書店1978年刊の改装版 1994年刊（小沢コレクション）あり〉 1800円 ①4-473-03313-9

11305 寂聴と巡る京都 瀬戸内寂聴著 集英社インターナショナル 2006.10 237p 20cm〈集英社（発売） 折り込1枚〉 1300円 ①4-7976-7151-3

11306 寂聴ほとけ径―私の好きな寺 2 瀬戸内寂聴著 光文社 2007.6 185p 15cm （光文社文庫） 686円 ①978-4-334-74258-4

11307 妣（にほ）の国への旅―私の履歴書 谷川健一著 日本経済新聞出版社 2009.1 309p 20cm 2600円 ①978-4-532-16680-9

11308 古寺巡礼京都 32 高山寺 新版 梅原猛監修 小川千恵，阿川佐和子著 京都 淡交社 2009.4 142p 21cm〈年表あり〉 1600円 ①978-4-473-03502-8
作品 高山寺探訪 残り紅葉まで〔阿川佐和子〕
目次 巻頭エッセイ 高山寺探訪残り紅葉まで，口絵カラー，現代へのメッセージ 明恵上人「あるべきやうわ」，高山寺と明恵上人，高山寺「茶の実」考―明恵と栄西，高山寺文学散歩，「鳥獣戯画」と高山寺，高山寺石水院，高山寺の寺宝

11309 谷川健一全集 第10巻（民俗 2） 女の風土記 埋もれた日本地図（抄録） 黒潮の民俗学（抄録） 谷川健一著 冨山房インターナショナル 2010.1 574, 27p 23cm〈付属資料：8p：月報 no.14 索引あり〉 6500円 ①978-4-902385-84-7
作品 高山寺

11310 新版 私の古寺巡礼・京都 上 梅原猛監修 京都 淡交社 2010.2 231p 21cm 1800円 ①978-4-473-03646-9
作品 高山寺探訪 残り紅葉まで〔阿川佐和子〕

11311 夢幻抄 白洲正子著 世界文化社 2010.11 322p 21cm〈5刷 1997年刊の造本変更〉 1600円 ①978-4-418-10514-4
作品 高山寺慕情

興聖寺

11312 紀行文集 無明一杖 上甲平谷著 谷沢書房 1988.7 339p 19cm 2500円
作品 冬麗

高台寺

11313 寂聴の古寺礼讃 瀬戸内寂聴文，永井吐無画 講談社 2004.5 119p 21cm （The new fifties） 1800円 ①4-06-268370-9

11314 百寺巡礼 第9巻 京都 2 五木寛之著 講談社 2009.5 270p 15cm （講談社文庫）〈文献あり 2005年刊の文庫化〉 562円 ①978-4-06-276318-9

11315 新版 私の古寺巡礼・京都 下 梅原猛監修 京都 淡交社 2010.2 229p 21cm 1800円 ①978-4-473-03647-6
作品 ねがひ〔飯星景子〕

11316 マンボウ最後の家族旅行 北杜夫著 実業之日本社 2014.10 253p 16cm （実業之日本社文庫）〈2012年刊の増補〉 574円 ①978-4-408-55189-0
作品 紅葉の京都

皇大神社〔元伊勢内宮〕

11317 導かれて、旅 横尾忠則著 文藝春秋 1995.7 286p 16cm （文春文庫）〈日本交通公社出版事業局 1992年刊の文庫化〉 480円 ①4-16-729703-5
作品 大江山 酒呑童子奇談

高桐院（大徳寺塔頭）

11318 街道をゆく 34 大徳寺散歩、中津・宇佐のみち 新装版 司馬遼太郎著 朝日新聞出版 2009.4 303, 8p 15cm （朝日文庫）〈初版：朝日新聞社1994年刊〉 680円 ①978-4-02-264488-6
目次 大徳寺散歩（紫野，高橋新吉と大徳寺，念仏と禅，真珠庵 ほか），中津・宇佐のみち（八幡大菩薩，みすみ池，宇佐八幡，宇佐の杜 ほか）

光明院（東福寺塔頭）

11319 マンボウ最後の家族旅行 北杜夫著 実業之日本社 2014.10 253p 16cm （実業之日本社文庫）〈2012年刊の増補〉 574円 ①978-4-408-55189-0
作品 紅葉の京都

広隆寺

11320 土門拳の古寺巡礼 第4巻 京都 2 土門拳著 小学館 1989.12 146p 26cm 1950円 ①4-09-559104-8
作品 ぼくの古寺巡礼

11321 見仏記 いとうせいこう，みうらじゅん著 角川書店 1997.6 293p 15cm （角川文庫）〈中央公論新社 1993年刊の文庫化〉 640円 ①4-04-184602-1

11322 私の古寺巡礼 2（京都 2） 井上靖監修 光文社 2004.11 256p 16cm （知恵の森文庫）〈淡交社1987年刊の改訂〉 667円 ①4-334-78322-8
作品 広隆寺〔矢内原伊作〕

11323 中部日本を歩く 立松和平著，黒古一夫編 勉誠出版 2006.4 389p 22cm （立松和平日本を歩く 第3巻） 2600円 ①4-585-01173-0

郡山街道

11324 街道をゆく 4 郡上・白川街道、堺・紀州街道 ほか 新装版 司馬遼太郎著 朝日新聞

出版　2008.8　319, 8p　15cm　(朝日文庫)　620円　①978-4-02-264443-5

五条楽園(京都市下京区)

11325　色街を呑む！―日本列島レトロ紀行　勝谷誠彦著　祥伝社　2006.2　284p　15cm　(祥伝社文庫)　600円　①4-396-33271-8

籠神社

11326　神社めぐりをしていたらエルサレムに立っていた　鶴田真由著　幻冬舎　2017.6　159p 図版16p　20cm〈文献あり〉　1300円　①978-4-344-03125-8

五番町(京都市上京区)

11327　京都　水上勉著　河出書房新社　2000.6　210p　20cm　(日本の風景を歩く)　1600円　①4-309-62135-X

孤篷庵(大徳寺塔頭)

11328　街道をゆく　34　大徳寺散歩、中津・宇佐のみち　新装版　司馬遼太郎著　朝日新聞出版　2009.4　303, 8p　15cm　(朝日文庫)〈初版：朝日新聞社1994年刊〉　680円　①978-4-02-264488-6

蒲生野(京丹波町)

11329　寂聴巡礼　改版　瀬戸内寂聴著　集英社　2003.3　365p　16cm　(集英社文庫)　629円　①4-08-747552-2

金戒光明寺

11330　寂聴の古寺礼讃　瀬戸内寂聴文, 永井吐無画　講談社　2004.5　119p　21cm　(The new fifties)　1800円　①4-06-268370-9

11331　見仏記　6　ぶらり旅篇　いとうせいこう, みうらじゅん著　角川書店　2012.8　276p　15cm　(角川文庫)〈発売：角川グループパブリッシング　2011年刊の文庫化〉　552円　①978-4-04-100475-3

金蔵寺

11332　かくれ里　愛蔵版　白洲正子著　新潮社　2010.9　349p　22cm〈講談社文芸文庫 1991年刊あり〉　3000円　①978-4-10-310719-4

作品　西岩倉の金蔵寺

西光寺

11333　十一面観音巡礼　愛蔵版　白洲正子著　新潮社　2010.9　317p　22cm〈講談社文芸文庫 1992年刊, 新潮社2002年刊あり〉　3000円　①978-4-10-310720-0

作品　市の聖

11334　見仏記　6　ぶらり旅篇　いとうせいこう, みうらじゅん著　角川書店　2012.8　276p　15cm　(角川文庫)〈発売：角川グループパブリッシング　2011年刊の文庫化〉　552円　①978-4-04-100475-3

西福寺(東山区)

11335　私の古寺巡礼　1(京都 1)　井上靖監修　光文社　2004.10　258p　16cm　(知恵の森文庫)〈淡交社1987年刊の改訂〉　667円　①4-334-78317-1

作品　ろくはら散策―六波羅蜜寺・六道珍皇寺・西福寺〔杉本苑子〕

11336　寂聴ほとけ径―私の好きな寺　2　瀬戸内寂聴著　光文社　2007.6　185p　15cm　(光文社文庫)　686円　①978-4-334-74258-4

西芳寺

11337　土門拳の古寺巡礼　第3巻　京都 1　土門拳著　小学館　1989.10　146p　26cm　1950円　①4-09-559103-X

作品　ぼくの古寺巡礼

11338　古寺巡礼―日本精神の風景　栗田勇著　春秋社　1990.10　265p　19cm　1900円　①4-393-13624-1

11339　ふるさと―この国は特別に美しい　ジョニー・ハイマス著　ユーリーグ　1995.4　193p　18cm　(U・LEAG BOOK)　1200円　①4-946491-01-5

11340　土門拳 古寺を訪ねて―京・洛北から宇治へ　土門拳写真・文　小学館　2001.12　205p　15cm　(小学館文庫)〈奥付のタイトル：古寺を訪ねて〉　838円　①4-09-411423-8

11341　新版 私の古寺巡礼・京都　下　梅原猛監修　京都　淡交社　2010.2　229p　21cm　1800円　①978-4-473-03647-6

作品　生きとし生けるもの集う〔下重暁子〕

西方尼寺

11342　とっておきの寺社詣で　三木露風ほか著, 作品社編集部編　作品社　1998.4　251p　22cm　(新編・日本随筆紀行 大きな活字で読みやすい本―心にふるさとがある 14)　①4-87893-895-1, 4-87893-807-2

作品　西方寺〔今東光〕

嵯峨野

11343　京都色彩紀行　吉岡幸雄著, 岡田克敏写真　PHP研究所　2001.11　209p　21cm　2400円　①4-569-60812-4

11344　良寛を歩く 一休を歩く　水上勉著　日本放送出版協会　2004.4　317p　16cm　(NHKライブラリー)〈「良寛を歩く」(1986年刊)と「一休を歩く」(1988年刊)の改題、合本〉　970円　①4-14-084182-6

作品　一休を歩く

11345　メルヘン紀行　みやこうせい著　未知谷　2005.5　237p　20cm　2200円　①4-89642-129-9

11346　瀬戸内寂聴紀行文集　2　嵯峨野みち　瀬戸内寂聴著　平凡社　2007.3　305p　16cm　(平凡社ライブラリー)　900円　①978-4-582-76606-6

11347　『源氏物語』の京都を歩く　山折哲雄監

修, 槙野修著　PHP研究所　2008.12　373p　18cm　（PHP新書）　950円　①978-4-569-70572-9

11348 街道をゆく　26　嵯峨散歩、仙台・石巻　新装版　司馬遼太郎著　朝日新聞出版　2009.2　310, 8p　15cm　（朝日文庫）〈初版：朝日新聞社1990年刊〉　660円　①978-4-02-264479-4

11349 瀬戸内寂聴随筆選　第5巻　旅・見はてぬ地図　瀬戸内寂聴著　ゆまに書房　2009.4　219p　19cm　（大きな活字で読みやすい本）〈発売：リブリオ出版〉　①978-4-86057-384-3

嵯峨野観光線

11350 絶景 秋列車の旅―陸羽東線西線から山陰本線まで　櫻井寛文・写真　東京書籍　2000.9　159p　21cm　2200円　①4-487-79474-9

11351 鉄道全線三十年―車窓紀行 昭和・平成……乗った、撮った、また乗った!!　田中正恭著　心交社　2002.6　371p　19cm　1600円　①4-88302-741-4

11352 ぞっこん鉄道今昔―昭和の鉄道撮影地への旅　櫻井寛写真・文　朝日新聞出版　2012.8　205p　21cm　2300円　①978-4-02-331112-1

嵯峨野石仏群

11353 土門拳の古寺巡礼　第4巻　京都 2　土門拳著　小学館　1989.12　146p　26cm　1950円　①4-09-559104-8

作品 ぼくの古寺巡礼

嵯峨陵〔嵯峨天皇皇后嘉智子嵯峨陵〕

11354 十一面観音巡礼　愛蔵版　白洲正子著　新潮社　2010.9　317p　22cm〈講談社文芸文庫1992年刊, 新潮社2002年刊あり〉　3000円　①978-4-10-310720-0

作品 幻の寺

篠山街道

11355 定本 七つの街道　井伏鱒二著　永田書房　1990.2

鯖街道

11356 百年前の山を旅する　服部文祥著　新潮社　2014.1　236p　16cm　（新潮文庫）〈東京新聞出版部 2010年刊の再刊　文献あり〉　630円　①978-4-10-125321-3

三十三間堂〔蓮華王院〕

11357 土門拳の古寺巡礼　第3巻　京都 1　土門拳著　小学館　1989.10　146p　26cm　1950円　①4-09-559103-X

作品 ぼくの古寺巡礼

11358 見仏記　いとうせいこう, みうらじゅん著　角川書店　1997.6　293p　15cm　（角川文庫）〈中央公論新社 1993年刊の文庫化〉　640円　①4-04-184602-1

11359 土門拳 古寺を訪ねて―京・洛北から宇治へ　土門拳写真・文　小学館　2001.12　205p　15cm　（小学館文庫）〈奥付のタイトル：古寺を訪ねて〉　838円　①4-09-411423-8

11360 寂聴の古寺礼讃　瀬戸内寂聴文, 永井吐無画　講談社　2004.5　119p　21cm　（The new fifties）　1800円　①4-06-268370-9

11361 私の古寺巡礼　1（京都 1）　井上靖監修　光文社　2004.10　258p　16cm　（知恵の森文庫）〈淡交社1987年刊の改訂〉　667円　①4-334-78317-1

作品 三十三間堂の仏さま―妙法院・三十三間堂〔宇佐見英治〕

11362 脳で旅する日本のクオリア　茂木健一郎著　小学館　2009.7　255p　19cm　1500円　①978-4-09-387855-5

11363 新版 私の古寺巡礼・京都　下　梅原猛監修　京都　淡交社　2010.2　229p　21cm　1800円　①978-4-473-03647-6

作品 京都に居ることが分った。〔みうらじゅん〕

三千院

11364 寂聴の古寺礼讃　瀬戸内寂聴文, 永井吐無画　講談社　2004.5　119p　21cm　（The new fifties）　1800円　①4-06-268370-9

11365 私の古寺巡礼　2（京都 2）　井上靖監修　光文社　2004.11　256p　16cm　（知恵の森文庫）〈淡交社1987年刊の改訂〉　667円　①4-334-78322-8

作品 往生極楽院―三千院〔瀬戸内寂聴〕

11366 中世を歩く―京都の古寺　饗庭孝男著　京都　淡交社　2006.4　183p　20cm〈小沢書店1978年刊の改装版　1994年刊（小沢コレクション）あり〉　1800円　①4-473-03313-9

11367 百寺巡礼　第9巻　京都 2　五木寛之著　講談社　2009.5　270p　15cm　（講談社文庫）〈文献あり　2005年刊の文庫化〉　562円　①978-4-06-276318-9

11368 新版 私の古寺巡礼・京都　上　梅原猛監修　京都　淡交社　2010.2　231p　21cm　1800円　①978-4-473-03646-9

作品 花浄土〔黛まどか〕

三宝院

11369 近松秋江全集　第7巻　オンデマンド版　近松秋江著, 紅野敏郎, 和田謹吾, 中尾務, 遠藤英雄, 田沢基久, 笹瀬王子編集委員　八木書店古書出版部　2014.2　502, 34p　21cm〈初版：八木書店 1993年刊　印刷・製本：デジタルパブリッシングサービス　発売：八木書店〉　12000円　①978-4-8406-3492-2

作品 畿内の桜

樒原（京都市右京区）

11370 京都　水上勉著　河出書房新社　2000.6　210p　20cm　（日本の風景を歩く）　1600円　①4-309-62135-X

作品 樒の里 柚子の里―水尾・原

11371 街道をゆく　26　嵯峨散歩、仙台・石巻　新装版　司馬遼太郎著　朝日新聞出版　2009.2　310, 8p　15cm　（朝日文庫）〈初版：朝日新聞

社1990年刊〉 660円 ①978-4-02-264479-4

詩仙堂

11372 寂聴の古寺礼讃 瀬戸内寂聴文, 永井吐無画 講談社 2004.5 119p 21cm (The new fifties) 1800円 ①4-06-268370-9

地蔵院〔椿寺〕

11373 京都 水上勉著 河出書房新社 2000.6 210p 20cm (日本の風景を歩く) 1600円 ①4-309-62135-X

11374 聖地巡礼 リターンズ 内田樹, 釈徹宗著 東京書籍 2016.12 301p 19cm 1600円 ①978-4-487-80841-0

地蔵禅院

11375 大和の美と風土―街道をあるく 高橋隆博著 吹田 関西大学出版部 2011.1 385p 20cm 2100円 ①978-4-87354-506-6

島原（京都市下京区）

11376 「新選組」ふれあいの旅―人や史跡との出逢いを求めて 岳真也著 PHP研究所 2003.12 249p 19cm 1200円 ①4-569-63235-1

志明院

11377 山釣り―山本素石傑作集 山本素石著 山と溪谷社 2016.10 291p 15cm (ヤマケイ文庫)〈朔風社 1992年刊の再刊〉 890円 ①978-4-635-04820-0

下鴨神社〔賀茂御祖神社〕

11378 にっぽん聖地巡拝の旅 玉岡かおる著 大法輪閣 2014.4 277p 19cm 1800円 ①978-4-8046-1360-4

寂庵

11379 寂聴ほとけ径―私の好きな寺 2 瀬戸内寂聴著 光文社 2007.6 185p 15cm (光文社文庫) 686円 ①978-4-334-74258-4

寂光院

11380 とっておきの寺社詣で 三木露風ほか著, 作品社編集部編 作品社 1998.4 251p 22cm (新編・日本随筆紀行 大きな活字で読みやすい本―心にふるさとがある 14) ①4-87893-895-1, 4-87893-807-2

〔作品〕大原の里と寂光院〔奈良本辰也〕

11381 平家れくいえむ紀行 中石孝著 新潮社 1999.7 269p 20cm 1800円 ①4-10-431101-4

11382 碧い眼の太郎冠者 ドナルド・キーン著 中央公論新社 2001.7 188p 21cm (Chuko on demand books) 2000円 ①4-12-550026-6

〔作品〕大原への道行

11383 京都うたものがたり 水原紫苑著 ウェッジ 2003.12 224p 21cm 1600円 ①4-900594-70-9

11384 寂聴の古寺礼讃 瀬戸内寂聴文, 永井吐無画 講談社 2004.5 119p 21cm (The new fifties) 1800円 ①4-06-268370-9

11385 中世を歩く―京都の古寺 饗庭孝男著 京都 淡交社 2006.4 183p 20cm〈小沢書店1978年刊の改装版 1994年刊(小沢コレクション)あり〉 1800円 ①4-473-03313-9

11386 古寺巡礼京都 38 寂光院 新版 梅原猛監修 瀧澤智明, 坪内稔典著 京都 淡交社 2009.10 142p 21cm〈年表あり〉 1600円 ①978-4-473-03508-0

〔作品〕大原、小浜、男鹿半島〔坪内稔典〕

〔目次〕巻頭エッセイ 大原、小浜、男鹿半島, 口絵カラー, 現代へのメッセージ 寂光院つれづれ, 王朝の悲しみに彩られた尼寺, さまよえる王権―建礼門院の悲劇, 寂光院文学散歩, 寂光院と建礼門院, 常値の地蔵尊―寂光院地蔵菩薩立像をめぐって, 建礼門院の花園―寂光院の庭, 寂光院の文化財

11387 新版 私の古寺巡礼・京都 上 梅原猛監修 京都 淡交社 2010.2 231p 21cm 1800円 ①978-4-473-03646-9

〔作品〕大原、小浜、男鹿半島〔坪内稔典〕

11388 平家巡礼 上原まり著 光文社 2011.12 240p 16cm (光文社知恵の森文庫) 667円 ①978-4-334-78595-6

11389 原風景のなかへ 安野光雅著 山川出版社 2013.7 215p 20cm 1600円 ①978-4-634-15044-7

石像寺

11390 見仏記 6 ぶらり旅篇 いとうせいこう, みうらじゅん著 角川書店 2012.8 276p 15cm (角川文庫)〈発売：角川グループパブリッシング 2011年刊の文庫化〉 552円 ①978-4-04-100475-3

周山

11391 丹波・丹後 水上勉著 河出書房新社 2000.4 189p 20cm (日本の風景を歩く) 1600円 ①4-309-62133-3

〔目次〕丹波周山, 丹波篠山, 福知山, 山寺, 与謝, 与謝・再訪, 丹後路, 短かい旅―峰山

周山街道

11392 街道をゆく 4 郡上・白川街道、堺・紀州街道 ほか 新装版 司馬遼太郎著 朝日新聞出版 2008.8 319, 8p 15cm (朝日文庫) 620円 ①978-4-02-264443-5

鷲峰山

11393 百霊峰巡礼 第3集 立松和平著 東京新聞出版部 2010.8 307p 20cm〈第2集までの出版者：東京新聞出版局〉 1800円 ①978-4-8083-0933-6

十輪寺

11394 中西進と歩く 百人一首の京都 中西進著, 京都新聞社編 京都 京都新聞出版センター 2007.11 164p 19cm 1400円 ①978-4-7638-0594-2

聚光院（大徳寺塔頭）

11395 街道をゆく 34 大徳寺散歩、中津・宇佐のみち 新装版 司馬遼太郎著 朝日新聞出版 2009.4 303, 8p 15cm （朝日文庫）〈初版：朝日新聞社1994年刊〉 680円 ①978-4-02-264488-6

朱智神社

11396 十一面観音巡礼 愛蔵版 白洲正子著 新潮社 2010.9 317p 22cm〈講談社文芸文庫1992年刊, 新潮社2002年刊あり〉 3000円 ①978-4-10-310720-0
作品 聖林寺から観音寺へ

11397 美しいもの 白洲正子著, 青柳恵介編 KADOKAWA 2015.5 233p 15cm （〔角川ソフィア文庫〕―白洲正子エッセイ集 美術） 760円 ①978-4-04-409484-3
作品 聖林寺から観音寺へ

聚楽第

11398 廃墟となった戦国名城 澤宮優著 河出書房新社 2010.12 193p 20cm〈文献あり〉 1700円 ①978-4-309-22535-7

順正清水店〔旧松風嘉定邸〕

11399 作家の犯行現場 有栖川有栖著 新潮社 2005.2 406p 16cm （新潮文庫）〈メディアファクトリー ダ・ヴィンチ編集部2002年刊あり〉 667円 ①4-10-120434-9
作品 建築探偵入門

将軍塚大日堂

11400 マンボウ最後の家族旅行 北杜夫著 実業之日本社 2014.10 253p 16cm （実業之日本社文庫）〈2012年刊の増補〉 574円 ①978-4-408-55189-0
作品 紅葉の京都

聖護院

11401 にっぽん聖地巡拝の旅 玉岡かおる著 大法輪閣 2014.4 277p 19cm 1800円 ①978-4-8046-1360-4

相国寺

11402 私の古寺巡礼 2（京都 2） 井上靖監修 光文社 2004.11 256p 16cm （知恵の森文庫）〈淡交社1987年刊の改訂〉 667円 ①4-334-78322-8
作品 若冲と大典―相国寺〔足立巻一〕

11403 百寺巡礼 第9巻 京都 2 五木寛之著 講談社 2009.5 270p 15cm （講談社文庫）〈文献あり 2005年刊の文庫化〉 562円 ①978-4-06-276318-9

11404 新版 私の古寺巡礼・京都 上 梅原猛監修 京都 淡交社 2010.2 231p 21cm 1800円 ①978-4-473-03646-9
作品 般若林に青年僧が集う日〔真野響子〕

勝持寺

11405 土門拳の古寺巡礼 第3巻 京都 1 土門拳著 小学館 1989.10 146p 26cm 1950円 ①4-09-559103-X
作品 ぼくの古寺巡礼

11406 中西進と歩く 百人一首の京都 中西進著, 京都新聞社編 京都 京都新聞出版センター 2007.11 164p 19cm 1400円 ①978-4-7638-0594-2

常寂光寺

11407 寂聴の古寺礼讃 瀬戸内寂聴文, 永井吐無画 講談社 2004.5 119p 21cm （The new fifties） 1800円 ①4-06-268370-9

11408 寂聴と巡る京都 瀬戸内寂聴著 集英社インターナショナル 2006.10 237p 20cm 〈集英社（発売） 折り込1枚〉 1300円 ①4-7976-7151-3

常照皇寺

11409 室町戦国史紀行 宮脇俊三著 講談社 2003.12 405p 15cm （講談社文庫）〈年表あり 2000年刊の文庫化〉 695円 ①4-06-273918-6

11410 寂聴と巡る京都 瀬戸内寂聴著 集英社インターナショナル 2006.10 237p 20cm 〈集英社（発売） 折り込1枚〉 1300円 ①4-7976-7151-3

11411 街道をゆく 4 郡上・白川街道、堺・紀州街道 ほか 新装版 司馬遼太郎著 朝日新聞出版 2008.8 319, 8p 15cm （朝日文庫） 620円 ①978-4-02-264443-5

11412 かくれ里 愛蔵版 白洲正子著 新潮社 2010.9 349p 22cm〈講談社文芸文庫 1991年刊あり〉 3000円 ①978-4-10-310719-4
作品 常照皇寺

城南宮

11413 京の寺 奈良の寺―自選随想集 竹西寛子著 京都 淡交社 2006.9 207p 20cm 1800円 ①4-473-03335-X

浄瑠璃寺

11414 土門拳の古寺巡礼 第2巻 大和 2 土門拳著 小学館 1990.1 246p 26cm 1950円 ①4-09-559102-1
作品 ぼくの古寺巡礼
目次 東大寺, 平城京と唐招提寺, 浄瑠璃寺と石仏・石塔, ぼくの古寺巡礼, 古寺巡礼ガイド, 平城京と唐招提寺, 東大寺, 浄瑠璃寺と石仏・石塔

11415 見仏記 いとうせいこう, みうらじゅん著 角川書店 1997.6 293p 15cm （角川文庫）〈中央公論新社 1993年刊の文庫化〉 640円 ①4-04-184602-1

11416 土門拳 古寺を訪ねて―斑鳩から奈良へ 土門拳写真・文 小学館 2001.8 205p 15cm （小学館文庫） 838円 ①4-09-411421-1
目次 法隆寺と斑鳩（五重塔の邪鬼, 聖徳太子は生きている）, 東大寺と平城京（東大寺について）, 浄瑠璃寺と

石仏(ぼくの古寺巡礼)

11417 中世を歩く―京都の古寺 饗庭孝男著 京都 淡交社 2006.4 183p 20cm〈小沢書店1978年刊の改装版 1994年刊(小沢コレクション)あり〉 1800円 ①4-473-03313-9

11418 京の寺 奈良の寺―自選随想集 竹西寛子著 京都 淡交社 2006.9 207p 20cm 1800円 ①4-473-03335-X

11419 寂聴ほとけ径―私の好きな寺 1 瀬戸内寂聴著 光文社 2007.6 185p 15cm (光文社文庫) 686円 ①978-4-334-74257-7

11420 奈良 寺あそび、仏像ばなし 吉田さらさ文・写真 岳陽舎 2007.12 330p 21cm 2200円 ①978-4-907737-96-2

目次 第1章 世界遺産を歩こう(大仏様からはじめよう―東大寺と興福寺で仏像道入門, 昼間と違ってお色気たっぷり―奈良公園の夜の顔, 西ノ京の二大スター―薬師寺と唐招提寺, 優秀な案内人と歩く―法隆寺と斑鳩, 古くて新しい市内の名所―元興寺と奈良町), 第2章 奈良駅発日帰りウォーキングツアー(土塀沿いの畑道を歩こう―新薬師寺と高畑界隈, コスモスと美人仏巡り―佐保路・佐紀路, 極楽浄土へのプチ旅行―浄瑠璃寺と当尾, 剣豪の里で謎の巨岩を発見―円成寺と柳生の里), 第3章 古代日本を探しに南に向かう(寺好き女の聖地―室生寺と長谷寺, 古代ロードでハローグッバイ―山の辺の道, 消えた古寺と謎の石造物―飛鳥自転車ツアー), 第4章 さらに南へ、奈良を極める(山伏さんと歩く―吉野と金峯山寺)

11421 百寺巡礼 第3巻 京都 1 五木寛之著 講談社 2008.11 276p 15cm (講談社文庫)〈文献あり 2003年刊の文庫化〉 562円 ①978-4-06-276191-8

11422 新版 私の古寺巡礼・京都 下 梅原猛監修 京都 淡交社 2010.2 229p 21cm 1800円 ①978-4-473-03647-6

作品 美と切実 浄瑠璃寺参拝〔立松和平〕

11423 大和の美と風土―街道をあるく 高橋隆博著 吹田 関西大学出版部 2011.1 385p 20cm 2100円 ①978-4-87354-506-6

11424 古寺巡礼 辻井喬著 角川春樹事務所 2011.5 253p 16cm (ハルキ文庫)〈2009年刊の文庫化〉 667円 ①978-4-7584-3556-7

青蓮院

11425 寂聴の古寺礼讃 瀬戸内寂聴文, 永井吐無画 講談社 2004.5 119p 21cm (The new fifties) 1800円 ①4-06-268370-9

11426 古寺巡礼京都 30 青蓮院 新版 梅原猛監修 東伏見慈晃, 藤本義一著 京都 淡交社 2009.2 142p 21cm〈年表あり〉 1600円 ①978-4-473-03500-4

作品 青蓮院―現在・過去・未来〔藤本義一〕

目次 巻頭エッセイ 青蓮院―現在・過去・未来, 口絵カラー, 現代へのメッセージ 若き慈円の仏教を、時空を超えて, 青蓮院の歴史―皇室と延暦寺をつないだ門跡寺院, 山坊と里坊―三門跡の成立, 青蓮院文学散歩, 古寺巡礼青蓮院青不動, 青蓮院の庭園, 青蓮院の文化財

11427 新版 私の古寺巡礼・京都 下 梅原猛監修 京都 淡交社 2010.2 229p 21cm 1800円 ①978-4-473-03647-6

作品 青蓮院―現在・過去・未来〔藤本義一〕

神護寺

11428 土門拳の古寺巡礼 第4巻 京都 2 土門拳著 小学館 1989.12 146p 26cm 1950円 ①4-09-559104-8

作品 ぼくの古寺巡礼

11429 マンダラ紀行 森敦著 筑摩書房 1989.12 160p 15cm (ちくま文庫) 460円 ①4-480-02358-5

作品 大日はいまだ雲霧におはすれどひかり漏れ来よ橋を渡らむ

11430 古寺巡礼―日本精神の風景 栗田勇著 春秋社 1990.10 265p 19cm 1900円 ①4-393-13624-1

11431 導かれて、旅 横尾忠則著 文藝春秋 1995.7 286p 16cm (文春文庫)〈日本交通公社出版事業局 1992年刊の文庫化〉 480円 ①4-16-729703-5

作品 明恵上人夢中紀行

11432 見仏記 いとうせいこう, みうらじゅん著 角川書店 1997.6 293p 15cm (角川文庫)〈中央公論新社 1993年刊の文庫化〉 640円 ①4-04-184602-1

11433 土門拳 古寺を訪ねて―京・洛北から宇治へ 土門拳写真・文 小学館 2001.12 205p 15cm (小学館文庫)〈奥付のタイトル:古寺を訪ねて〉 838円 ①4-09-411423-8

11434 寂聴の古寺礼讃 瀬戸内寂聴文, 永井吐無画 講談社 2004.5 119p 21cm (The new fifties) 1800円 ①4-06-268370-9

11435 私の古寺巡礼 2(京都 2) 井上靖監修 光文社 2004.11 256p 16cm (知恵の森文庫)〈淡交社1987年刊の改訂〉 667円 ①4-334-78322-8

作品 高雄の史的回想―神護寺〔林屋辰三郎〕

11436 中世を歩く―京都の古寺 饗庭孝男著 京都 淡交社 2006.4 183p 20cm〈小沢書店1978年刊の改装版 1994年刊(小沢コレクション)あり〉 1800円 ①4-473-03313-9

11437 寂聴と巡る京都 瀬戸内寂聴著 集英社インターナショナル 2006.10 237p 20cm〈集英社(発売) 折り込1枚〉 1300円 ①4-7976-7151-3

11438 寂聴ほとけ径―私の好きな寺 1 瀬戸内寂聴著 光文社 2007.6 185p 15cm (光文社文庫) 686円 ①978-4-334-74257-7

11439 百寺巡礼 第3巻 京都 1 五木寛之著 講談社 2008.11 276p 15cm (講談社文庫)〈文献あり 2003年刊の文庫化〉 562円 ①978-4-06-276191-8

11440 新版 私の古寺巡礼・京都 上 梅原猛監修 京都 淡交社 2010.2 231p 21cm 1800円 ①978-4-473-03646-9

作品 つづいてゆくもの〔川上弘美〕

11441 意味の変容 マンダラ紀行 森敦著 講談社 2012.1 276p 16cm (講談社文芸文庫)

〈年譜あり　著作目録あり〉 1400円 ①978-4-06-290147-5
作品 マンダラ紀行—大日はいまだ雲霧におはすれどひかり漏れ来よ橋を渡らむ

11442 にっぽん聖地巡拝の旅　玉岡かおる著　大法輪閣　2014.4　277p　19cm　1800円　①978-4-8046-1360-4

11443 神秘日本　岡本太郎著　KADOKAWA　2015.7　260p 図版24p　15cm　（角川ソフィア文庫）〈中央公論社 1964年刊の再刊〉 1000円　①978-4-04-409487-4
作品 曼陀羅頌

真珠庵（大徳寺塔頭）

11444 街道をゆく　34　大徳寺散歩、中津・宇佐のみち　新装版　司馬遼太郎著　朝日新聞出版　2009.4　303, 8p　15cm　（朝日文庫）〈初版：朝日新聞社1994年刊〉 680円　①978-4-02-264488-6

神童寺

11445 大和の美と風土—街道をあるく　高橋隆博著　吹田　関西大学出版部　2011.1　385p　20cm　2100円　①978-4-87354-506-6

真如堂

11446 寂聴の古寺礼讃　瀬戸内寂聴文, 永井吐無画　講談社　2004.5　119p　21cm　（The new fifties）　1800円　①4-06-268370-9

11447 百寺巡礼　第3巻　京都 1　五木寛之著　講談社　2008.11　276p　15cm　（講談社文庫）〈文献あり　2003年刊の文庫化〉 562円　①978-4-06-276191-8

随心院

11448 京都うたものがたり　水原紫苑著　ウェッジ　2003.12　224p　21cm　1600円　①4-900594-70-9

11449 中西進と歩く 百人一首の京都　中西進著, 京都新聞社編　京都　京都新聞出版センター　2007.11　164p　19cm　1400円　①978-4-7638-0594-2

11450 見仏記　5　ゴールデンガイド篇　いとうせいこう, みうらじゅん著　角川書店　2011.10　233p　15cm　（角川文庫）〈発売：角川グループパブリッシング〉 514円　①978-4-04-184606-3

崇徳天皇御廟

11451 中西進と歩く 百人一首の京都　中西進著, 京都新聞社編　京都　京都新聞出版センター　2007.11　164p　19cm　1400円　①978-4-7638-0594-2

墨染（京都市伏見区）

11452 京都　水上勉著　河出書房新社　2000.6　210p　20cm　（日本の風景を歩く）　1600円　①4-309-62135-X

誓願寺

11453 見仏記　6　ぶらり旅篇　いとうせいこう, みうらじゅん著　角川書店　2012.8　276p　15cm　（角川文庫）〈発売：角川グループパブリッシング　2011年刊の文庫化〉 552円　①978-4-04-100475-3

誠心院

11454 中西進と歩く 百人一首の京都　中西進著, 京都新聞社編　京都　京都新聞出版センター　2007.11　164p　19cm　1400円　①978-4-7638-0594-2

晴明神社

11455 陰陽師ロード—安倍晴明名所案内　荒俣宏著　平凡社　2001.9　237p　19cm　1400円　①4-582-82974-0

清凉寺

11456 古寺巡礼—日本精神の風景　栗田勇著　春秋社　1990.10　265p　19cm　1900円　①4-393-13624-1

11457 見仏記　いとうせいこう, みうらじゅん著　角川書店　1997.6　293p　15cm　（角川文庫）〈中央公論新社 1993年刊の文庫化〉 640円　①4-04-184602-1

11458 寂聴の古寺礼讃　瀬戸内寂聴文, 永井吐無画　講談社　2004.5　119p　21cm　（The new fifties）　1800円　①4-06-268370-9

11459 私の古寺巡礼　2（京都 2）　井上靖監修　光文社　2004.11　256p　16cm　（知恵の森文庫）〈淡交社1987年刊の改訂〉 667円　①4-334-78322-8
作品 五台山 清凉寺〔瀬戸内寂聴〕

11460 京の寺 奈良の寺—自選随想集　竹西寛子著　京都　淡交社　2006.9　207p　20cm　1800円　①4-473-03335-X

11461 寂聴と巡る京都　瀬戸内寂聴著　集英社インターナショナル　2006.10　237p　20cm〈集英社（発売）　折り込1枚〉 1300円　①4-7976-7151-3

11462 寂聴ほとけ径—私の好きな寺　2　瀬戸内寂聴著　光文社　2007.6　185p　15cm　（光文社文庫）　686円　①978-4-334-74258-4

11463 中西進と歩く 百人一首の京都　中西進著, 京都新聞社編　京都　京都新聞出版センター　2007.11　164p　19cm　1400円　①978-4-7638-0594-2

11464 古寺巡礼京都　39　清凉寺　新版　梅原猛監修　鵜飼光昌, 瀬戸内寂聴著　京都　淡交社　2009.11　142p　21cm〈年表あり〉 1600円　①978-4-473-03509-7
作品 五台山 清凉寺〔瀬戸内寂聴〕
目次 巻頭エッセイ 五台山 清凉寺（瀬戸内寂聴）, 口絵カラー（解説・石川登志雄, 写真・中田昭）, 現代へのメッセージ 五台山からのことづて（鵜飼光昌）, 清凉寺の歴史—清凉寺の南無や大聖釈迦如来（高野澄）, 入宋僧の母—奝然と成尋（村井康彦）, 清凉寺文学散歩（蔵田敏明）, 栴檀瑞像の秘密—清凉寺釈迦如来立像をめぐって（井上

一稔), 清凉寺を詠む(片山由美子), 清凉寺の文化財(石川登志雄)

11465 新版 私の古寺巡礼・京都 上 梅原猛監修 京都 淡交社 2010.2 231p 21cm 1800円 ①978-4-473-03646-9
作品 五台山 清凉寺〔瀬戸内寂聴〕

赤山禅院

11466 街道をゆく 16 叡山の諸道 新装版 司馬遼太郎著 朝日新聞出版 2008.11 270, 8p 15cm (朝日文庫) 580円 ①978-4-02-264462-6

石峰寺

11467 土門拳の古寺巡礼 第3巻 京都 1 土門拳著 小学館 1989.10 146p 26cm 1950円 ①4-09-559103-X
作品 ぼくの古寺巡礼

禅定寺

11468 見仏記 5 ゴールデンガイド篇 いとうせいこう, みうらじゅん著 角川書店 2011.10 233p 15cm (角川文庫)〈発売:角川グループパブリッシング〉 514円 ①978-4-04-184606-3

仙洞御所

11469 土門拳の古寺巡礼 第3巻 京都 1 土門拳著 小学館 1989.10 146p 26cm 1950円 ①4-09-559103-X
作品 ぼくの古寺巡礼

11470 中西進と歩く 百人一首の京都 中西進著, 京都新聞社編 京都 京都新聞出版センター 2007.11 164p 19cm 1400円 ①978-4-7638-0594-2

泉涌寺

11471 わが町わが旅 永井路子著 中央公論社 1990.1 292p 15cm (中公文庫) 440円 ①4-12-201677-0

11472 見仏記 いとうせいこう, みうらじゅん著 角川書店 1997.6 293p 15cm (角川文庫)〈中央公論新社 1993年刊の文庫化〉 640円 ①4-04-184602-1

11473 寂聴の古寺礼讃 瀬戸内寂聴文, 永井吐無画 講談社 2004.5 119p 21cm (The new fifties) 1800円 ①4-06-268370-9

11474 私の古寺巡礼 1(京都 1) 井上靖監修 光文社 2004.10 258p 16cm (知恵の森文庫)〈淡交社1987年刊の改訂〉 667円 ①4-334-78317-1
作品 泉涌寺—泉涌寺〔田中澄江〕

11475 寂聴ほとけ径—私の好きな寺 1 瀬戸内寂聴著 光文社 2007.6 185p 15cm (光文社文庫) 686円 ①978-4-334-74257-7

11476 古寺巡礼京都 27 泉涌寺 新版 梅原猛監修 上村貞郎, 芳賀徹著 京都 淡交社 2008.11 142p 21cm〈年表あり〉 1600円 ①978-4-473-03497-7
作品 御寺の風格〔芳賀徹〕
目次 巻頭エッセイ 御寺の風格, 現代へのメッセージ 人生、プラスマイナスゼロ, 泉涌寺の歴史—伽藍の美と雅, 京の天皇陵—「御寺」への道程, 泉涌寺文学散歩, 泉涌寺と宋代彫刻—楊貴妃観音像を中心として, 泉涌寺の「庭園」—仏の庭と神の庭, 泉涌寺の文化財

11477 新版 私の古寺巡礼・京都 下 梅原猛監修 京都 淡交社 2010.2 229p 21cm 1800円 ①978-4-473-03647-6
作品 御寺の風格〔芳賀徹〕

11478 にっぽん聖地巡拝の旅 玉岡かおる著 大法輪閣 2014.4 277p 19cm 1800円 ①978-4-8046-1360-4

禅林寺

11479 私の古寺巡礼 1(京都 1) 井上靖監修 光文社 2004.10 258p 16cm (知恵の森文庫)〈淡交社1987年刊の改訂〉 667円 ①4-334-78317-1
作品 永観堂夢告譚—禅林寺〔杉本秀太郎〕

11480 新版 私の古寺巡礼・京都 下 梅原猛監修 京都 淡交社 2010.2 229p 21cm 1800円 ①978-4-473-03647-6
作品 終わり思うぞ嬉しかりける〔安部龍太郎〕

11481 見仏記 6 ぶらり旅篇 いとうせいこう, みうらじゅん著 角川書店 2012.8 276p 15cm (角川文庫)〈発売:角川グループパブリッシング 2011年刊の文庫化〉 552円 ①978-4-04-100475-3

大映通り商店街

11482 グ印関西めぐり濃口 グレゴリ青山著 メディアファクトリー 2007.10 125p 21cm 1000円 ①978-4-8401-2054-8

大覚寺

11483 私の古寺巡礼 白洲正子著 講談社 2000.4 237p 15cm (講談社文芸文庫)〈年譜あり 法蔵館1997年刊あり〉 1100円 ①4-06-198208-7

11484 私の古寺巡礼 2(京都 2) 井上靖監修 光文社 2004.11 256p 16cm (知恵の森文庫)〈淡交社1987年刊の改訂〉 667円 ①4-334-78322-8
作品 嵯峨野大覚寺—大覚寺〔巌谷大四〕

11485 京の寺 奈良の寺—自選随想集 竹西寛子著 京都 淡交社 2006.9 207p 20cm 1800円 ①4-473-03335-X

11486 古寺巡礼京都 28 大覚寺 新版 梅原猛監修 下泉恵尚, 山折哲雄著 京都 淡交社 2008.12 142p 21cm〈年表あり〉 1600円 ①978-4-473-03498-4
作品 嵯峨天皇のいのり、空海のおもかげ〔山折哲雄〕
目次 巻頭エッセイ 嵯峨天皇のいのり、空海のおもかげ, 現代へのメッセージ 仏法はるかにあらず, 大覚寺の歴史, 王朝文華の土壌—「薬子の変」前後, 大覚寺文学散歩, 大覚寺の般若心経—天皇と貴紳の祈り, 大覚寺の庭園—嵯峨院と大沢池, 狩野山楽による大覚寺の障壁画

近畿

11487 新版 私の古寺巡礼・京都 上 梅原猛監修 京都 淡交社 2010.2 231p 21cm 1800円 ①978-4-473-03646-9
作品 嵯峨天皇のいのり、空海のおもかげ〔山折哲雄〕

醍醐（京都市伏見区）

11488 京都 水上勉著 河出書房新社 2000.6 210p 20cm （日本の風景を歩く） 1600円 ①4-309-62135-X

醍醐寺

11489 日本紀行 井上靖著 岩波書店 1993.12 252p 16cm （同時代ライブラリー） 1000円 ①4-00-260169-2
作品 京の春 塔・桜・上醍醐

11490 ひろさちやの古寺巡礼 ひろさちや著 小学館 2002.6 207p 20cm 1400円 ①4-09-386094-7

11491 寂聴の古寺礼讃 瀬戸内寂聴文, 永井吐無画 講談社 2004.5 119p 21cm （The new fifties） 1800円 ①4-06-268370-9

11492 江原啓之 神紀行 3（京都） 江原啓之著 マガジンハウス 2006.4 95p 21cm （スピリチュアル・サンクチュアリシリーズ） 1048円 ①4-8387-1522-2

11493 中世を歩く―京都の古寺 饗庭孝男著 京都 淡交社 2006.4 183p 20cm〈小沢書店1978年刊の改装版 1994年刊（小沢コレクション）あり〉 1800円 ①4-473-03313-9

11494 聖地へ 家田荘子著 幻冬舎 2009.12 262p 16cm （幻冬舎アウトロー文庫）〈『女霊』（リヨン社2006年刊）の改題〉 600円 ①978-4-344-41404-4

11495 新版 私の古寺巡礼・京都 下 梅原猛監修 京都 淡交社 2010.2 229p 21cm 1800円 ①978-4-473-03647-6
作品 花の寺、水の寺に歴史を重ねて〔永井路子〕

11496 見仏記 5 ゴールデンガイド篇 いとうせいこう, みうらじゅん著 角川書店 2011.10 233p 15cm （角川文庫）〈発売：角川グループパブリッシング〉 514円 ①978-4-04-184606-3

11497 マンボウ最後の家族旅行 北杜夫著 実業之日本社 2014.10 253p 16cm （実業之日本社文庫）〈2012年刊の増補〉 574円 ①978-4-408-55189-0
作品 京都の親戚を訪ねる

間人（京丹後市）

11498 魚派列島―にっぽん雑魚紀行 甲斐崎圭著 中央公論社 1997.10 309p 15cm （中公文庫）〈日本交通公社出版事業局1992年刊あり〉 762円 ①4-12-202970-8

大将軍八神社

11499 陰陽師ロード―安倍晴明名所案内 荒俣宏著 平凡社 2001.9 237p 19cm 1400円 ①4-582-82974-0

大仙院（大徳寺塔頭）

11500 土門拳の古寺巡礼 第4巻 京都 2 土門拳著 小学館 1989.12 146p 26cm 1950円 ①4-09-559104-8
作品 ぼくの古寺巡礼

11501 街道をゆく 34 大徳寺散歩、中津・宇佐のみち 新装版 司馬遼太郎著 朝日新聞出版 2009.4 303, 8p 15cm （朝日文庫）〈初版：朝日新聞社1994年刊〉 680円 ①978-4-02-264488-6

退蔵院

11502 東京育ちの京都探訪―火水さまの京 麻生圭子著 文芸春秋 2007.11 253p 19cm 1524円 ①978-4-16-369600-3

大徳寺

11503 紀行文集 無明一杖 上甲平谷著 谷沢書房 1988.7 339p 19cm 2500円
作品 冬紅葉

11504 私の古寺巡礼 2（京都 2） 井上靖監修 光文社 2004.11 256p 16cm （知恵の森文庫）〈淡交社1987年刊の改訂〉 667円 ①4-334-78322-8
作品 大徳寺で考えたこと―大徳寺〔有吉佐和子〕

11505 ショージ君の旅行鞄―東海林さだお自選 東海林さだお著 文芸春秋 2005.2 905p 16cm （文春文庫） 933円 ①4-16-717760-9
作品 京都おおはら三千円

11506 街道をゆく 34 大徳寺散歩、中津・宇佐のみち 新装版 司馬遼太郎著 朝日新聞出版 2009.4 303, 8p 15cm （朝日文庫）〈初版：朝日新聞社1994年刊〉 680円 ①978-4-02-264488-6

11507 新版 私の古寺巡礼・京都 上 梅原猛監修 京都 淡交社 2010.2 231p 21cm 1800円 ①978-4-473-03646-9
作品 墨絵の寺〔千宗室〕

11508 小堀遠州の美を訪ねて 小堀宗慶著 集英社 2010.11 205p 22cm〈文献あり 年譜あり〉 1800円 ①978-4-08-781468-2
目次 第1章 遠州の庭・茶室・城をめぐる（流祖・小堀遠州の人となり, 遠州庭園の原点―頼久寺「鶴亀の庭」, 遠州ならではの書院風茶室―大徳寺・龍光院茶室「密庵」ほか）, 第2章 卓越したセンス「綺麗さび」を観る（「綺麗さび」とは, 茶碗と茶道具―綺麗さびの心を表す「遠州好み」, 書―藤原定家の歌と書風を愛した遠州 ほか）, 第3章 遠州の心とともに伝えたいこと（いつの時代も「竹の心」をもち、清々しく、しなやかに生きることが大切です, お茶は心気を爽やかにする「薬」でした。ゆえに、今でも「一服」「二服」と数えます, 心がけたい、日常の大事なマナー「いただきます」と「ごちそうさま」 ほか）

11509 下駄で歩いた巴里―林芙美子紀行集 林芙美子著, 立松和平編 岩波書店 2012.4 331p 15cm （岩波文庫）〈第5刷（第1刷2003年）〉

700円 ①4-00-311692-5
作品 京都

大悲閣千光寺

11510 街道をゆく 26 嵯峨散歩、仙台・石巻 新装版 司馬遼太郎著 朝日新聞出版 2009.2 310, 8p 15cm (朝日文庫)〈初版：朝日新聞社1990年刊〉 660円 ①978-4-02-264479-4

大報恩寺

11511 見仏記 いとうせいこう, みうらじゅん著 角川書店 1997.6 293p 15cm (角川文庫)〈中央公論新社 1993年刊の文庫化〉 640円 ①4-04-184602-1

11512 見仏記 6 ぶらり旅篇 いとうせいこう, みうらじゅん著 角川書店 2012.8 276p 15cm (角川文庫)〈発売：角川グループパブリッシング 2011年刊の文庫化〉 552円 ①978-4-04-100475-3

高雄山

11513 神秘日本 岡本太郎著 KADOKAWA 2015.7 260p 図版24p 15cm (角川ソフィア文庫)〈中央公論社 1964年刊の再刊〉 1000円 ①978-4-04-409487-4
作品 曼陀羅頌

高野川

11514 瀬戸内寂聴随筆選 第5巻 旅・見はてぬ地図 瀬戸内寂聴著 ゆまに書房 2009.4 219p 19cm (大きな活字で読みやすい本)〈発売：リブリオ出版〉 ①978-4-86057-384-3

宝ヶ池

11515 みずうみ紀行 渡辺淳一著 光文社 1988.5 181p 15cm (光文社文庫) 520円 ①4-334-70746-7

糺の森

11516 東京育ちの京都探訪―火水さまの京 麻生圭子著 文芸春秋 2007.11 253p 19cm 1524円 ①978-4-16-369600-3

丹後

11517 ニッポン豊饒紀行 甲斐崎圭著 小沢書店 1997.8 206p 20cm 1900円 ①4-7551-0349-5
作品 丹後・流浪の海

11518 丹波・丹後 水上勉著 河出書房新社 2000.4 189p 20cm (日本の風景を歩く) 1600円 ①4-309-62133-3
作品 丹後路

11519 樋口可南子のものものがたり 清野恵里子著 集英社 2006.11 221p 22cm〈写真：小泉佳春〉 2700円 ①4-08-781359-2
作品 挿話 丹後を訪ねて

丹後半島

11520 「お伽草子」謎解き紀行 神一行著 学習研究社 2001.6 259p 15cm (学研M文庫) 560円 ①4-05-901059-6

11521 新発見 より道街あるき 大竹誠著 パロル舎 2008.6 187p 21cm 1600円 ①978-4-89419-073-3

知恩院

11522 明治日本印象記―オーストリア人の見た百年前の日本 アドルフ・フィッシャー著, 金森誠也, 安藤勉訳 講談社 2001.12 455p 15cm (講談社学術文庫)〈「100年前の日本文化」(中央公論社1994年刊)の改題〉 1200円 ①4-06-159524-5

11523 ひろさちやの古寺巡礼 ひろさちや著 小学館 2002.6 207p 20cm 1400円 ①4-09-386094-7

11524 寂聴の古寺礼讃 瀬戸内寂聴文, 永井吐無画 講談社 2004.5 119p 21cm (The new fifties) 1800円 ①4-06-268370-9

11525 私の古寺巡礼 1(京都 1) 井上靖監修 光文社 2004.10 258p 16cm (知恵の森文庫)〈淡交社1987年刊の改訂〉 667円 ①4-334-78317-1
作品 知恩院の二つの顔―知恩院〔梅原猛〕

11526 京の寺 奈良の寺―自選随想集 竹西寛子著 京都 淡交社 2006.9 207p 20cm 1800円 ①4-473-03335-X

11527 百寺巡礼 第9巻 京都 2 五木寛之著 講談社 2009.5 270p 15cm (講談社文庫)〈文献あり 2005年刊の文庫化〉 562円 ①978-4-06-276318-9

11528 新版 私の古寺巡礼・京都 下 梅原猛監修 京都 淡交社 2010.2 229p 21cm 1800円 ①978-4-473-03647-6
作品 知恩院と私〔浅田次郎〕

11529 見仏記 6 ぶらり旅篇 いとうせいこう, みうらじゅん著 角川書店 2012.8 276p 15cm (角川文庫)〈発売：角川グループパブリッシング 2011年刊の文庫化〉 552円 ①978-4-04-100475-3

11530 にっぽん聖地巡拝の旅 玉岡かおる著 大法輪閣 2014.4 277p 19cm 1800円 ①978-4-8046-1360-4

智積院

11531 古寺巡礼京都 29 智積院 新版 梅原猛監修 阿部龍文, 横尾忠則著 京都 淡交社 2009.1 142p 21cm〈年表あり〉 1600円 ①978-4-473-03499-1
作品 剝落の中に発見した等伯の近代性〔横尾忠則〕
目次 巻頭エッセイ 剝落の中に発見した等伯の近代性, 口絵カラー, 現代へのメッセージ 十善の大いなる道, 智積院の歴史, 仏教系大学の源流―智積院の学寮, 智積院文学散歩, 長谷川等伯の挑戦, 智積院の庭園, 智積院の文化財

11532 新版 私の古寺巡礼・京都 下 梅原猛監修 京都 淡交社 2010.2 229p 21cm 1800円 ①978-4-473-03647-6

作品 剥落の中に発見した等伯の近代性〔横尾忠則〕

11533 にっぽん聖地巡拝の旅　玉岡かおる著　大法輪閣　2014.4　277p　19cm　1800円　①978-4-8046-1360-4

千鳥ケ淵

11534 街道をゆく　26　嵯峨散歩、仙台・石巻　新装版　司馬遼太郎著　朝日新聞出版　2009.2　310, 8p　15cm　（朝日文庫）〈初版：朝日新聞社1990年刊〉　660円　①978-4-02-264479-4

中書島（京都市伏見区）

11535 ニッポン旅みやげ　池内紀著　青土社　2015.4　162p　20cm　1800円　①978-4-7917-6852-3

長講堂

11536 見仏記　6　ぶらり旅篇　いとうせいこう, みうらじゅん著　角川書店　2012.8　276p　15cm　（角川文庫）〈発売：角川グループパブリッシング　2011年刊の文庫化〉　552円　①978-4-04-100475-3

長泉寺

11537 私の古寺巡礼　2（京都 2）　井上靖監修　光文社　2004.11　256p　16cm　（知恵の森文庫）〈淡交社1987年刊の改訂〉　667円　①4-334-78322-8

作品 妙心寺界隈―妙心寺・長泉寺・法金剛院〔安東次男〕

長楽寺

11538 碧い眼の太郎冠者　ドナルド・キーン著　中央公論新社　2001.7　188p　21cm　（Chuko on demand books）　2000円　①4-12-550026-6

作品 大原への道行

11539 見仏記　6　ぶらり旅篇　いとうせいこう, みうらじゅん著　角川書店　2012.8　276p　15cm　（角川文庫）〈発売：角川グループパブリッシング　2011年刊の文庫化〉　552円　①978-4-04-100475-3

月輪寺

11540 十一面観音巡礼　愛蔵版　白洲正子著　新潮社　2010.9　317p　22cm〈講談社文芸文庫1992年刊, 新潮社2002年刊あり〉　3000円　①978-4-10-310720-0

作品 市の聖

寺田屋騒動址

11541 きまぐれ歴史散歩　池内紀著　中央公論新社　2013.9　228p　18cm　（中公新書）　760円　①978-4-12-102234-9

天龍寺

11542 土門拳の古寺巡礼　第4巻　京都 2　土門拳著　小学館　1989.12　146p　26cm　1950円　①4-09-559104-8

作品 ぼくの古寺巡礼

11543 京都うたものがたり　水原紫苑著　ウェッジ　2003.12　224p　21cm　1600円　①4-900594-70-9

11544 室町戦国史紀行　宮脇俊三著　講談社　2003.12　405p　15cm　（講談社文庫）〈年表あり　2000年刊の文庫化〉　695円　①4-06-273918-6

11545 寂聴の古寺礼讃　瀬戸内寂聴文, 永井吐無画　講談社　2004.5　119p　21cm　（The new fifties）　1800円　①4-06-268370-9

11546 私の古寺巡礼　2（京都 2）　井上靖監修　光文社　2004.11　256p　16cm　（知恵の森文庫）〈淡交社1987年刊の改訂〉　667円　①4-334-78322-8

作品 天龍寺幻想―天龍寺〔水上勉〕

11547 寂聴と巡る京都　瀬戸内寂聴著　集英社インターナショナル　2006.10　237p　20cm　〈集英社（発売）　折り込1枚〉　1300円　①4-7976-7151-3

11548 街道をゆく　26　嵯峨散歩、仙台・石巻　新装版　司馬遼太郎著　朝日新聞出版　2009.2　310, 8p　15cm　（朝日文庫）〈初版：朝日新聞社1990年刊〉　660円　①978-4-02-264479-4

11549 新版 私の古寺巡礼・京都　下　梅原猛監修　京都　淡交社　2010.2　229p　21cm　1800円　①978-4-473-03647-6

作品 天龍の大慈〔玄侑宗久〕

11550 十一面観音巡礼　愛蔵版　白洲正子著　新潮社　2010.9　317p　22cm〈講談社文芸文庫1992年刊, 新潮社2002年刊あり〉　3000円　①978-4-10-310720-0

作品 幻の寺

東映太秦映画村

11551 褌の旅　越中文俊著　心交社　2002.12　227p　19cm　（日本つれづれ紀行 1）　1500円　①4-88302-806-2

11552 グ印関西めぐり濃口　グレゴリ青山著　メディアファクトリー　2007.10　125p　21cm　1000円　①978-4-8401-2054-8

等持院

11553 古寺巡礼京都　34　等持院　新版　梅原猛監修　川勝承哲, 今谷明著　京都　淡交社　2009.6　142p　21cm〈年表あり〉　1600円　①978-4-473-03504-2

作品 等持院今昔物語〔今谷明〕

目次 巻頭エッセイ 等持院今昔物語, 口絵カラー, 現代へのメッセージ 自然のありさまを心に止めて, 等持院の歴史―"朝敵"の寺といわれた足利氏の菩提寺, 二条河原落首―等持院と等持寺, 等持院文学散歩, 「等持寺境内絵図」考, 等持院の庭園―二つの庭, 等持院の文化財

11554 新版 私の古寺巡礼・京都　上　梅原猛監修　京都　淡交社　2010.2　231p　21cm　1800円　①978-4-473-03646-9

作品 等持院今昔物語〔今谷明〕

東寺〔教王護国寺〕

11555 土門拳の古寺巡礼 第3巻 京都 1 土門拳著 小学館 1989.10 146p 26cm 1950円 ①4-09-559103-X
作品 ぼくの古寺巡礼

11556 マンダラ紀行 森敦著 筑摩書房 1989.12 160p 15cm (ちくま文庫) 460円 ①4-480-02358-5
作品 大日のもとに至るか弘法の市にぎはひて心たのしむ

11557 日本紀行 井上靖著 岩波書店 1993.12 252p 16cm (同時代ライブラリー) 1000円 ①4-00-260169-2
作品 京の春

11558 見仏記 いとうせいこう,みうらじゅん著 角川書店 1997.6 293p 15cm (角川文庫)〈中央公論新社 1993年刊の文庫化〉 640円 ①4-04-184602-1

11559 見仏記 2 仏友篇 いとうせいこう,みうらじゅん著 角川書店 1999.1 332p 15cm (角川文庫)〈中央公論社 1995年刊の文庫化〉 724円 ①4-04-184603-X

11560 土門拳 古寺を訪ねて—京・洛北から宇治へ 土門拳写真・文 小学館 2001.12 205p 15cm (小学館文庫)〈奥付のタイトル：古寺を訪ねて〉 838円 ①4-09-411423-8

11561 ひろさちやの古寺巡礼 ひろさちや著 小学館 2002.6 207p 20cm 1400円 ①4-09-386094-7

11562 寂聴の古寺礼讃 瀬戸内寂聴文,永井吐無画 講談社 2004.5 119p 21cm (The new fifties) 1800円 ①4-06-268370-9

11563 私の古寺巡礼 1(京都 1) 井上靖監修 光文社 2004.10 258p 16cm (知恵の森文庫)〈淡交社1987年刊の改訂〉 667円 ①4-334-78317-1
作品 歴史の充満する境域—東寺〔司馬遼太郎〕

11564 中部日本を歩く 立松和平著,黒古一夫編 勉誠出版 2006.4 389p 22cm (立松和平日本を歩く 第3巻) 2600円 ①4-585-01173-0

11565 百寺巡礼 第3巻 京都 1 五木寛之著 講談社 2008.11 276p 15cm (講談社文庫)〈文献あり 2003年刊の文庫化〉 562円 ①978-4-06-276191-8

11566 新版 私の古寺巡礼・京都 下 梅原猛監修 京都 淡交社 2010.2 229p 21cm 1800円 ①978-4-473-03647-6
作品 立体曼荼羅の寺〔梅原猛〕

11567 意味の変容 マンダラ紀行 森敦著 講談社 2012.1 276p 16cm (講談社文芸文庫)〈年譜あり 著作目録あり〉 1400円 ①978-4-06-290147-5
作品 マンダラ紀行—大日のもとに至るか弘法の市にぎはひて心たのしむ

11568 見仏記 6 ぶらり旅篇 いとうせいこう,みうらじゅん著 角川書店 2012.8 276p 15cm (角川文庫)〈発売：角川グループパブリッシング 2011年刊の文庫化〉 552円 ①978-4-04-100475-3

11569 見仏記 メディアミックス篇 いとうせいこう,みうらじゅん著 KADOKAWA 2015.3 245p 20cm 1600円 ①978-4-04-101459-2

東福寺

11570 寂聴の古寺礼讃 瀬戸内寂聴文,永井吐無画 講談社 2004.5 119p 21cm (The new fifties) 1800円 ①4-06-268370-9

11571 私の古寺巡礼 1(京都 1) 井上靖監修 光文社 2004.10 258p 16cm (知恵の森文庫)〈淡交社1987年刊の改訂〉 667円 ①4-334-78317-1
作品 東福寺周辺—東福寺〔大岡信〕

11572 古寺巡礼京都 3 東福寺 新版 梅原猛監修 福島慶道,檀ふみ著 京都 淡交社 2006.11 143p 21cm〈年表あり〉 1600円 ①4-473-03353-8
作品 東福寺散策〔檀ふみ〕
目次 巻頭エッセイ 東福寺散策,現代へのメッセージ 東福寺と径山万寿寺,慧日山東福寺の歴史,東福寺のDNA,東福寺文学散歩,東福寺明兆,東福寺の「伽藍面」と塔頭庭園,東福寺の塔頭,東福寺の文化財

11573 百寺巡礼 第9巻 京都 2 五木寛之著 講談社 2009.5 270p 15cm (講談社文庫)〈文献あり 2005年刊の文庫化〉 562円 ①978-4-06-276318-9

11574 新版 私の古寺巡礼・京都 下 梅原猛監修 京都 淡交社 2010.2 229p 21cm 1800円 ①978-4-473-03647-6
作品 東福寺散策〔檀ふみ〕

11575 マンボウ最後の家族旅行 北杜夫著 実業之日本社 2014.10 253p 16cm (実業之日本社文庫)〈2012年刊の増補〉 574円 ①978-4-408-55189-0
作品 紅葉の京都

当尾(木津川市)

11576 奈良 寺あそび、仏像ばなし 吉田さらさ文・写真 岳陽舎 2007.12 330p 21cm 2200円 ①978-4-907737-96-2

渡月橋

11577 街道をゆく 26 嵯峨散歩、仙台・石巻 新装版 司馬遼太郎著 朝日新聞出版 2009.2 310, 8p 15cm (朝日文庫)〈初版：朝日新聞社1990年刊〉 660円 ①978-4-02-264479-4

富小路(京都市)

11578 京都 水上勉著 河出書房新社 2000.6 210p 20cm (日本の風景を歩く) 1600円 ①4-309-62135-X

豊受大神社〔元伊勢外宮〕

11579 導かれて、旅 横尾忠則著 文藝春秋 1995.7 286p 16cm (文春文庫)〈日本交通公社出版事業局 1992年刊の文庫化〉 480円 ①4-

16-729703-5
作品 大江山 酒呑童子奇談

鳥辺野（京都市）

11580 聖地巡礼 ビギニング 内田樹, 釈徹宗著 東京書籍 2013.8 322p 19cm 1500円 ①978-4-487-80638-6

目次 0 キックオフトーク―どこに行こうか？ 聖地巡礼, 1 大阪・上町台地―かすかな霊性に耳をすませる（大阪天満宮, 上町台地へ, 難波宮跡公園, 生國魂神社, 寺町から合邦辻へ, 四天王寺）, 2 京都・蓮台野と鳥辺野―異界への入り口（船岡山, 千本ゑんま堂（引接寺）, スペースALS - D, 鳥辺野）, 3 奈良・飛鳥地方―日本の子宮へ（橘寺, 三輪山と大神神社）

名古曽滝

11581 中西進と歩く 百人一首の京都 中西進著, 京都新聞社編 京都 京都新聞出版センター 2007.11 164p 19cm 1400円 ①978-4-7638-0594-2

成相山

11582 西国札所古道巡礼―「母なる道」を歩む 新装版 松尾心空著 春秋社 2006.11 300p 19cm 1700円 ①4-393-13356-0

南禅寺

11583 古寺巡礼 和辻哲郎著 岩波書店 2002.10 287p 15cm （岩波文庫）〈第47刷〉 660円 ①4-00-331441-7

目次 アジャンター壁画の模写, ギリシアとの関係, 宗教画としての意味, ペルシア使臣の画, 哀愁のこころ, 南禅寺の夜, 若王子の家, 博物館、西域の壁画, 西域の仏頭, ガンダーラ仏頭と広隆寺の弥勒〔ほか〕

11584 寂聴の古寺礼讃 瀬戸内寂聴文, 永井吐無画 講談社 2004.5 119p 21cm （The new fifties） 1800円 ①4-06-268370-9

11585 私の古寺巡礼 1（京都 1） 井上靖監修 光文社 2004.10 258p 16cm （知恵の森文庫）〈淡交社1987年刊の改訂〉 667円 ①4-334-78317-1
作品 南禅寺〔杉森久英〕

11586 お寺散歩―もう一度あのお寺に行こう 沢野ひとし著 新日本出版社 2005.1 134p 18cm 1600円 ①4-406-03130-8

11587 古寺巡礼京都 24 南禅寺 新版 梅原猛監修 中村文峰, 児玉清著 京都 淡交社 2008.8 142p 21cm〈年表あり〉 1600円 ①978-4-473-03494-6
作品 南禅寺 回想にふける〔児玉清〕

目次 巻頭エッセイ 南禅寺 回想にふける, 南禅寺の禅風, 南禅寺の歴史 有為と無為の因縁―妖怪事件から禅宗寺院へと, 「桐」と「菊」と「葵」―文様の政治力学, 南禅寺文学散歩, 南禅寺狩野探幽画の世界, 南禅寺の庭園, 南禅寺の文化財

11588 百寺巡礼 第3巻 京都 1 五木寛之著 講談社 2008.11 276p 15cm （講談社文庫）〈文献あり 2003年刊の文庫化〉 562円 ①978-4-06-276191-8

11589 新版 私の古寺巡礼・京都 下 梅原猛監修 京都 淡交社 2010.2 229p 21cm 1800円 ①978-4-473-03647-6
作品 南禅寺 回想にふける〔児玉清〕

11590 初版 古寺巡礼 和辻哲郎著 筑摩書房 2012.4 316p 15cm （ちくま学芸文庫）〈底本：古寺巡礼（岩波書店 1920年刊） 索引あり〉 1200円 ①978-4-480-09454-4

目次 アジャンター壁画の模写, 希臘との関係, 宗教画としての意味, 波斯使臣の画, 哀愁のこころ, 南禅寺の夜, 若王寺の家, 博物館、西域の壁画, 西域の仏頭, アジャンター壁画について〔ほか〕

西陣（京都市）

11591 ああ天地の神ぞ知る―ニッポン発見旅 池内紀著 講談社 1995.4 265p 19cm 1600円 ①4-06-207580-6

11592 スローな旅で行こう―シェルパ斉藤の週末ニッポン再発見 斉藤政喜著 小学館 2004.10 255p 19cm （Dime books） 1200円 ①4-09-366068-9

11593 中部日本を歩く 立松和平著, 黒古一夫編 勉誠出版 2006.4 389p 22cm （立松和平日本を歩く 第3巻） 2600円 ①4-585-01173-0

西本願寺

11594 古寺巡礼京都 20 西本願寺 新版 梅原猛監修 大谷光真, 五木寛之著 京都 淡交社 2008.4 143p 21cm〈年表あり〉 1600円 ①978-4-473-03370-3
作品 わが心の大屋根〔五木寛之〕

目次 巻頭エッセイ わが心の大屋根, 口絵カラー, 現代へのメッセージ 世のなか安穏なれ, 親鸞と本願寺の歴史, 三具足と置押板―室礼の系譜, 西本願寺文学散歩, 多彩な障壁画, 虎渓の庭, 本願寺の文化財

11595 百寺巡礼 第3巻 京都 1 五木寛之著 講談社 2008.11 276p 15cm （講談社文庫）〈文献あり 2003年刊の文庫化〉 562円 ①978-4-06-276191-8

11596 新版 私の古寺巡礼・京都 上 梅原猛監修 京都 淡交社 2010.2 231p 21cm 1800円 ①978-4-473-03646-9
作品 わが心の大屋根〔五木寛之〕

11597 にっぽん聖地巡拝の旅 玉岡かおる著 大法輪閣 2014.4 277p 19cm 1800円 ①978-4-8046-1360-4

二条城

11598 日本名城紀行 4 畿内 歴史を生む巨城 小学館 1989.5 293p 15cm 600円 ①4-09-401204-4

11599 三津五郎 城めぐり 坂東三津五郎著 三月書房 2010.11 117p 22cm 2200円 ①978-4-7826-0211-9

二尊院

11600 百寺巡礼 第9巻 京都 2 五木寛之著 講談社 2009.5 270p 15cm （講談社文庫）〈文献あり 2005年刊の文庫化〉 562円

近畿

①978-4-06-276318-9

仁和寺

11601 見仏記 2 仏友篇 いとうせいこう, みうらじゅん著 角川書店 1999.1 332p 15cm (角川文庫)〈中央公論社 1995年刊の文庫化〉 724円 ①4-04-184603-X

11602 寂聴の古寺礼讃 瀬戸内寂聴文, 永井吐無画 講談社 2004.5 119p 21cm (The new fifties) 1800円 ①4-06-268370-9

11603 私の古寺巡礼 2(京都 2) 井上靖監修 光文社 2004.11 256p 16cm (知恵の森文庫)〈淡交社1987年刊の改訂〉 667円 ①4-334-78322-8

作品 御室における雅びの伝統—仁和寺〔山本健吉〕

11604 中世を歩く—京都の古寺 饗庭孝男著 京都 淡交社 2006.4 183p 20cm〈小沢書店1978年刊の改装版 1994年刊(小沢コレクション)あり〉 1800円 ①4-473-03313-9

11605 寂聴と巡る京都 瀬戸内寂聴著 集英社インターナショナル 2006.10 237p 20cm〈集英社(発売) 折り込1枚〉 1300円 ①4-7976-7151-3

11606 寂聴ほとけ径—私の好きな寺 1 瀬戸内寂聴著 光文社 2007.6 185p 15cm (光文社文庫) 686円 ①978-4-334-74257-7

11607 古寺巡礼京都 22 仁和寺 新版 梅原猛監修 佐藤令宜, 草野満代著 京都 淡交社 2008.6 142p 21cm〈文献あり 年表あり〉 1600円 ①978-4-473-03492-2

作品 仁和寺の懐に抱かれて〔草野満代〕

目次 巻頭エッセイ 仁和寺の懐に抱かれて, 口絵カラー, 現代へのメッセージ 人の生き方と密教, 仁和寺の歴史, 「仁和寺御室御物実録」—「かぐや姫」物語の時代, 仁和寺文学散歩, 書と本のカタチから見た国宝「三十帖冊子」の世界, 御室桜と仁和寺の庭園, 仁和寺の歴代御室と宝物

11608 新版 私の古寺巡礼・京都 上 梅原猛監修 京都 淡交社 2010.2 231p 21cm 1800円 ①978-4-473-03646-9

作品 仁和寺の懐に抱かれて〔草野満代〕

野宮神社

11609 京都うたものがたり 水原紫苑著 ウェッジ 2003.12 224p 21cm 1600円 ①4-900594-70-9

梅林寺

11610 陰陽師ロード—安倍晴明名所案内 荒俣宏著 平凡社 2001.9 237p 19cm 1400円 ①4-582-82974-0

橋寺

11611 見仏記 5 ゴールデンガイド篇 いとうせいこう, みうらじゅん著 角川書店 2011.10 233p 15cm (角川文庫)〈発売：角川グループパブリッシング〉 514円 ①978-4-04-184606-3

八条坊

11612 京都 水上勉著 河出書房新社 2000.6 210p 20cm (日本の風景を歩く) 1600円 ①4-309-62135-X

花脊(京都市左京区)

11613 街道をゆく 4 郡上・白川街道、堺・紀州街道 ほか 新装版 司馬遼太郎著 朝日新聞出版 2008.8 319, 8p 15cm (朝日文庫) 620円 ①978-4-02-264443-5

11614 かくれ里 愛蔵版 白洲正子著 新潮社 2010.9 349p 22cm〈講談社文芸文庫 1991年刊あり〉 3000円 ①978-4-10-310719-4

作品 山国の火祭

般若寺跡

11615 中西進と歩く 百人一首の京都 中西進著, 京都新聞社編 京都 京都新聞出版センター 2007.11 164p 19cm 1400円 ①978-4-7638-0594-2

東本願寺

11616 寂聴の古寺礼讃 瀬戸内寂聴文, 永井吐無画 講談社 2004.5 119p 21cm (The new fifties) 1800円 ①4-06-268370-9

11617 百寺巡礼 第3巻 京都 1 五木寛之著 講談社 2008.11 276p 15cm (講談社文庫)〈文献あり 2003年刊の文庫化〉 562円 ①978-4-06-276191-8

11618 古寺巡礼京都 40 東本願寺 新版 梅原猛監修 大谷暢顕, 井沢元彦著 京都 淡交社 2009.12 142p 21cm〈年表あり〉 1600円 ①978-4-473-03510-3

作品 本願寺と日本人〔井沢元彦〕

目次 巻頭エッセイ 本願寺と日本人, 宗教の意味・お寺の意味, 東本願寺の歴史, 祖廟小史—鳥辺野の東西本願寺, 東本願寺文学散歩, 明治再建の東本願寺両堂建築, 東本願寺の庭園—渉成園(枳殻邸), 東本願寺の文化財

11619 新版 私の古寺巡礼・京都 上 梅原猛監修 京都 淡交社 2010.2 231p 21cm 1800円 ①978-4-473-03646-9

作品 本願寺と日本人〔井沢元彦〕

東山(京都市)

11620 京都の旅—今日の風土記 第1集 松本清張, 樋口清之著 光文社 1995.11 267p 17cm (カッパ・ブックス—名著復刻シリーズ) 980円 ①4-334-04110-8

11621 京都色彩紀行 吉岡幸雄著, 岡田克敏写真 PHP研究所 2001.11 209p 21cm 2400円 ①4-569-60812-4

11622 『源氏物語』の京都を歩く 山折哲雄監修, 槇野修著 PHP研究所 2008.12 373p 18cm (PHP新書) 950円 ①978-4-569-70572-9

平等院

11623 土門拳の古寺巡礼 第3巻 京都 1 土門拳著 小学館 1989.10 146p 26cm 1950

円 ①4-09-559103-X
作品 ぼくの古寺巡礼

11624 見仏記 いとうせいこう, みうらじゅん著 角川書店 1997.6 293p 15cm (角川文庫)〈中央公論新社 1993年刊の文庫化〉 640円 ①4-04-184602-1

11625 平安鎌倉史紀行 宮脇俊三著 講談社 1997.12 447p 15cm (講談社文庫)〈年表あり 1994年刊の文庫化〉 657円 ①4-06-263660-3

11626 私の古寺巡礼 白洲正子著 講談社 2000.4 237p 15cm (講談社文芸文庫)〈年譜あり 法蔵館1997年刊あり〉 1100円 ①4-06-198208-7

11627 土門拳 古寺を訪ねて―京・洛北から宇治へ 土門拳写真・文 小学館 2001.12 205p 15cm (小学館文庫)〈奥付のタイトル：古寺を訪ねて〉 838円 ①4-09-411423-8

11628 寂聴の古寺礼讃 瀬戸内寂聴文, 永井吐無画 講談社 2004.5 119p 21cm (The new fifties) 1800円 ①4-06-268370-9

11629 中世を歩く―京都の古寺 饗庭孝男著 京都 淡交社 2006.4 183p 20cm〈小沢書店1978年刊の改装版 1994年刊(小沢コレクション)あり〉 1800円 ①4-473-03313-9

11630 古寺巡礼京都 13 平等院 新版 梅原猛監修 神居文彰, 志村ふくみ著 京都 淡交社 2007.9 143p 21cm〈年表あり〉 1600円 ①978-4-473-03363-5
作品 古今平等院〔志村ふくみ〕
目次 巻頭エッセイ 古今平等院, 現代へのメッセージ シンメトリカルな、恋ひ, 平等院の歴史, 宇治関白の周縁―摂関家の女たち, 平等院文学散歩, 鳳凰堂の彫刻, 末法時代の浄土庭園―初期平等院庭園の実像, 平等院の文化財

11631 風貌・私の美学―土門拳エッセイ選 土門拳著, 酒井忠康編 講談社 2008.4 349p 16cm (講談社文芸文庫)〈年譜あり 著作目録あり〉 1600円 ①978-4-06-290011-9

11632 新版 私の古寺巡礼・京都 下 梅原猛監修 京都 淡交社 2010.2 229p 21cm 1800円 ①978-4-473-03647-6
作品 古今平等院〔志村ふくみ〕

11633 見仏記 5 ゴールデンガイド篇 いとうせいこう, みうらじゅん著 角川書店 2011.10 233p 15cm (角川文庫)〈発売：角川グループパブリッシング〉 514円 ①978-4-04-184606-3

11634 道 白洲正子著 新潮社 2012.1 248p 16cm (新潮文庫)〈2007年刊(1979年刊の新装版)の文庫化〉 550円 ①978-4-10-137912-8

11635 にっぽん聖地巡拝の旅 玉岡かおる著 大法輪閣 2014.4 277p 19cm 1800円 ①978-4-8046-1360-4

広河原(京都市左京区)

11636 バスで田舎へ行く 泉麻人著 筑摩書房 2005.5 296p 15cm (ちくま文庫)〈「バスで、田舎へ行く」(JTB 2001年刊)の改題〉 740円 ①4-480-42079-7

11637 かくれ里 愛蔵版 白洲正子著 新潮社 2010.9 349p 22cm〈講談社文芸文庫 1991年刊あり〉 3000円 ①978-4-10-310719-4
作品 山国の火祭

福知山市

11638 丹波・丹後 水上勉著 河出書房新社 2000.4 189p 20cm (日本の風景を歩く) 1600円 ①4-309-62133-3

11639 鉄道を書く 種村直樹著 中央書院 2002.11 318p 20cm (種村直樹自選作品集5 (1977-1979)) 2500円 ①4-88732-122-8

福田寺(京都市南区)

11640 見仏記 6 ぶらり旅篇 いとうせいこう, みうらじゅん著 角川書店 2012.8 276p 15cm (角川文庫)〈発売：角川グループパブリッシング 2011年刊の文庫化〉 552円 ①978-4-04-100475-3

伏見稲荷大社

11641 英国特派員の明治紀行 ハーバート・ジョージ・ポンティング著, 長岡祥三訳 新人物往来社 1988.2 217p 19cm 1800円 ①4-404-01470-8

11642 土門拳の古寺巡礼 第3巻 京都 1 土門拳著 小学館 1989.10 146p 26cm 1950円 ①4-09-559103-X
作品 ぼくの古寺巡礼

11643 陰陽師ロード―安倍晴明名所案内 荒俣宏著 平凡社 2001.9 237p 19cm 1400円 ①4-582-82974-0

11644 川村万梨阿と椋本夏夜の淑女的日常 川村万梨阿, 椋本夏夜著 ホビージャパン 2015.1 111p 21cm 1800円 ①978-4-7986-0921-8

伏見(京都市)

11645 京都 水上勉著 河出書房新社 2000.6 210p 20cm (日本の風景を歩く) 1600円 ①4-309-62135-X

11646 良寛を歩く 一休を歩く 水上勉著 日本放送出版協会 2004.4 317p 16cm (NHKライブラリー)〈「良寛を歩く」(1986年刊)と「一休を歩く」(1988年刊)の改題、合本〉 970円 ①4-14-084182-6
作品 一休を歩く 良寛を歩く

11647 日本十六景―四季を旅する 森本哲郎著 PHP研究所 2008.8 336p 15cm (PHP文庫)〈「ぼくの日本十六景」(新潮社2001年刊)の改題〉 648円 ①978-4-569-67070-6

11648 新選組紀行 増補決定版 中村彰彦著 PHP研究所 2015.7 345p 15cm (PHP文庫)〈初版：文藝春秋 2003年刊 文献あり〉 720円 ①978-4-569-76398-9

伏見城

11649 廃墟となった戦国名城 澤宮優著 河出

近畿

書房新社 2010.12 193p 20cm〈文献あり〉 1700円 ①978-4-309-22535-7

峰定寺

11650 街道をゆく 4 郡上・白川街道、堺・紀州街道 ほか 新装版 司馬遼太郎著 朝日新聞出版 2008.8 319, 8p 15cm (朝日文庫) 620円 ①978-4-02-264443-5

11651 かくれ里 愛蔵版 白洲正子著 新潮社 2010.9 349p 22cm〈講談社文芸文庫 1991年刊あり〉 3000円 ①978-4-10-310719-4

作品 山国の火祭

法界寺

11652 中世を歩く—京都の古寺 饗庭孝男著 京都 淡交社 2006.4 183p 20cm〈小沢書店 1978年刊の改装版 1994年刊(小沢コレクション)あり〉 1800円 ①4-473-03313-9

11653 寂聴ほとけ径—私の好きな寺 2 瀬戸内寂聴著 光文社 2007.6 185p 15cm (光文社文庫) 686円 ①978-4-334-74258-4

11654 古寺巡礼京都 25 法界寺 新版 梅原猛監修 岩城秀親, 井上章一著 京都 淡交社 2008.9 142p 21cm〈年表あり〉 1600円 ①978-4-473-03495-3

作品 法界寺—あるいは民俗にささえられた寺〔井上章一〕

目次 巻頭エッセイ 法界寺—あるいは民俗にささえられた寺, 口絵カラー, 現代へのメッセージ 日野のお薬師さん, 「日野法界寺」の歴史, 遁世の条件—日野山の長明, 法界寺文学散歩, 法界寺の仏像, 法界寺の女人信仰と裸踊り, 法界寺の寺宝—薬師仏の桜と定朝仏の面影に迫る

11655 新版 私の古寺巡礼・京都 下 梅原猛監修 京都 淡交社 2010.2 229p 21cm 1800円 ①978-4-473-03647-6

作品 法界寺あるいは民俗にささえられた寺〔井上章一〕

11656 見仏記 5 ゴールデンガイド篇 いとうせいこう, みうらじゅん著 角川書店 2011.10 233p 15cm (角川文庫)〈発売:角川グループパブリッシング〉 514円 ①978-4-04-184606-3

方広寺

11657 お寺散歩—もう一度あのお寺に行こう 沢野ひとし著 新日本出版社 2005.1 134p 18cm 1600円 ①4-406-03130-8

法金剛院

11658 見仏記 2 仏友篇 いとうせいこう, みうらじゅん著 角川書店 1999.1 332p 15cm (角川文庫)〈中央公論社 1995年刊の文庫化〉 724円 ①4-04-184603-X

11659 私の古寺巡礼 2(京都 2) 井上靖監修 光文社 2004.11 256p 16cm (知恵の森文庫)〈淡交社1987年刊の改訂〉 667円 ①4-334-78322-8

作品 妙心寺界隈—妙心寺・長泉寺・法金剛院〔安東次男〕

法然院

11660 寂聴の古寺礼讃 瀬戸内寂聴文, 永井吐無画 講談社 2004.5 119p 21cm (The new fifties) 1800円 ①4-06-268370-9

11661 百寺巡礼 第9巻 京都 2 五木寛之著 講談社 2009.5 270p 15cm (講談社文庫)〈文献あり 2005年刊の文庫化〉 562円 ①978-4-06-276318-9

11662 古寺巡礼京都 35 法然院 新版 梅原猛監修 梶田真章, 道浦母都子著 京都 淡交社 2009.7 142p 21cm〈年表あり〉 1600円 ①978-4-473-03505-9

作品 生かされている私たち〔道浦母都子〕

目次 巻頭エッセイ 生かされている私たち(道浦母都子), 口絵カラー(解説・梶田真章, 写真・溝縁ひろし), 現代へのメッセージ 法然・親鸞の人間観—善人・悪人(梶田真章), 法然の旧跡に開いた持戒清浄の寺(坂井輝久), 重盛幻想—法然院断章(村井康彦), 法然院—文学散歩(蔵田敏明), 善気山の恵み(久山喜久雄), 法然院と堂本印象(山田由希代), 法然院の庭園(白幡洋三郎), 法然院の文化財(梶田真章)

11663 新版 私の古寺巡礼・京都 下 梅原猛監修 京都 淡交社 2010.2 229p 21cm 1800円 ①978-4-473-03647-6

作品 生かされている私たち〔道浦母都子〕

保津川

11664 英国特派員の明治紀行 ハーバート・ジョージ・ポンティング著, 長岡祥三訳 新人物往来社 1988.2 217p 19cm 1800円 ①4-404-01470-8

11665 悪ガキオヤジが川に行く!—サラリーマン転覆隊 本田亮著 小学館 2004.4 253p 20cm (Be-pal books) 1600円 ①4-09-366463-3

11666 英国人写真家の見た明治日本—この世の楽園・日本 ハーバート・G.ポンティング著, 長岡祥三訳 講談社 2005.5 330p 15cm (講談社学術文庫)〈肖像あり〉 1100円 ①4-06-159710-8

保津峡

11667 汽車旅十五題 種村直樹著 日本交通公社 1992.4 230p 19cm 1300円 ①4-533-01899-8

11668 ぞっこん鉄道今昔—昭和の鉄道撮影地への旅 櫻井寛写真・文 朝日新聞出版 2012.8 205p 21cm 2300円 ①978-4-02-331112-1

本法寺

11669 百寺巡礼 第9巻 京都 2 五木寛之著 講談社 2009.5 270p 15cm (講談社文庫)〈文献あり 2005年刊の文庫化〉 562円 ①978-4-06-276318-9

舞鶴市

11670 ボーダーを歩く—「境」にみる日本の今 岸本葉子著 コスモの本 1990.12 239p 19cm (COSMO BOOKS) 1200円 ①4-

906380-01-8

11671 異国の見える旅―与那国、舞鶴、そして… 岸本葉子著 小学館 1998.6 219p 15cm (小学館文庫) 419円 ①4-09-402471-9

11672 日本の不思議な宿 巌谷国士著 中央公論新社 1999.4 353p 16cm (中公文庫) 838円 ①4-12-203396-9

11673 肉の旅―まだ見ぬ肉料理を求めて全国縦断! カベルナリア吉田著 イカロス出版 2016.8 235p 21cm 1600円 ①978-4-8022-0222-0

末慶寺

11674 明治日本の面影 小泉八雲著, 平川祐弘編 講談社 1990.10 489p 15cm (講談社学術文庫) 1200円 ①4-06-158943-1

作品 京都旅行記

松尾大社

11675 土門拳の古寺巡礼 第3巻 京都 1 土門拳著 小学館 1989.10 146p 26cm 1950円 ①4-09-559103-X

作品 ぼくの古寺巡礼

11676 街道をゆく 26 嵯峨散歩、仙台・石巻 新装版 司馬遼太郎著 朝日新聞出版 2009.2 310, 8p 15cm (朝日文庫)〈初版:朝日新聞社1990年刊〉 660円 ①978-4-02-264479-4

松尾寺

11677 西国札所古道巡礼―「母なる道」を歩む 新装版 松尾心空著 春秋社 2006.11 300p 19cm 1700円 ①4-393-13356-0

曼殊院

11678 寂聴の古寺礼讃 瀬戸内寂聴文, 永井吐無画 講談社 2004.5 119p 21cm (The new fifties) 1800円 ①4-06-268370-9

11679 私の古寺巡礼 2(京都 2) 井上靖監修 光文社 2004.11 256p 16cm (知恵の森文庫)〈淡交社1987年刊の改訂〉 667円 ①4-334-78322-8

作品 色・時・光―曼殊院〔野口武彦〕

11680 街道をゆく 16 叡山の諸道 新装版 司馬遼太郎著 朝日新聞出版 2008.11 270, 8p 15cm (朝日文庫) 580円 ①978-4-02-264462-6

11681 新版 私の古寺巡礼・京都 上 梅原猛監修 京都 淡交社 2010.2 231p 21cm 1800円 ①978-4-473-03646-9

作品 空中の美味〔赤瀬川原平〕

萬福寺

11682 百寺巡礼 第9巻 京都 2 五木寛之著 講談社 2009.5 270p 15cm (講談社文庫)〈文献あり 2005年刊の文庫化〉 562円 ①978-4-06-276318-9

11683 形なきものの影―上村武男写真文集 上村武男著 京都 白地社 2015.11 175p 21cm 2000円 ①978-4-89359-278-1

目次 日記・詩篇・書簡抄―スサノオの刻(日記から, 詩篇から ほか), 紀行抄―認識者の旅(修学旅行後記, 静寂の別天地―黄檗山萬福寺 ほか), 書評抄―またいでは通れぬ(折口信夫『国文学の発生』読後に, 倫理のけむり 浦島太郎断想 ほか), 追悼抄―幽明を隔てたひとよ(落葉、アタラ吾ガカナシミヲ散ラスノミ。, 弔辞 ほか)

水尾(京都市右京区)

11684 京都 水上勉著 河出書房新社 2000.6 210p 20cm (日本の風景を歩く) 1600円 ①4-309-62135-X

作品 樒の里 柚子の里―水尾・原

11685 街道をゆく 26 嵯峨散歩、仙台・石巻 新装版 司馬遼太郎著 朝日新聞出版 2009.2 310, 8p 15cm (朝日文庫)〈初版:朝日新聞社1990年刊〉 660円 ①978-4-02-264479-4

峰山町(京丹後市)

11686 導かれて、旅 横尾忠則著 文藝春秋 1995.7 286p 16cm (文春文庫)〈日本交通公社出版事業局 1992年刊の文庫化〉 480円 ①4-16-729703-5

作品 丹後、天女の里へ

11687 丹波・丹後 水上勉著 河出書房新社 2000.4 189p 20cm (日本の風景を歩く) 1600円 ①4-309-62133-3

壬生(京都市中京区)

11688 沖田総司を歩く 大路和子著 新潮社 2003.12 313p 16cm (新潮文庫)〈年表あり 文献あり 新人物往来社1989年刊あり〉 514円 ①4-10-127521-1

11689 紀行新選組 尾崎秀樹文, 榊原和夫写真 光文社 2003.12 179p 16cm (知恵の森文庫) 552円 ①4-334-78256-6

11690 「新選組」ふれあいの旅―人や史跡との出逢いを求めて 岳真也著 PHP研究所 2003.12 249p 19cm 1200円 ①4-569-63235-1

三室戸寺

11691 西国観音霊場・新紀行 松本章男著 大法輪閣 2004.5 293p 20cm 2100円 ①4-8046-1207-6

宮津市

11692 旅は人生―日本人の風景を歩く 森本哲郎著 PHP研究所 2006.12 372p 15cm (PHP文庫)〈「旅の半空」(新潮社1997年刊)の改題〉 648円 ①4-569-66745-7

宮福鉄道

11693 新顔鉄道乗り歩き 種村直樹著 中央書院 1990.2 302p 19cm 1400円 ①4-924420-44-1

11694 車窓はテレビより面白い 宮脇俊三著 徳間書店 1992.8 254p 15cm (徳間文庫)〈1989年刊の文庫化〉 460円 ①4-19-597265-5

美山町

11695 関西こころの旅路　山と渓谷社　2000.1　285p　20cm　（旅の紀行＆エッセイ）　1400円　①4-635-28045-4
作品 京の隠れ里、美山での一夜〔玉岡かおる〕

11696 ローカルバスの終点へ　宮脇俊三著　洋泉社　2010.12　303p　18cm　（新書y）〈1991年刊の新潮文庫を底本とする　日本交通公社出版事業局 1989年刊あり〉　840円　①978-4-86248-626-4

妙喜庵

11697 土門拳の古寺巡礼　第3巻　京都 1　土門拳著　小学館　1989.10　146p　26cm　1950円　①4-09-559103-X
作品 ぼくの古寺巡礼

妙心寺

11698 寂聴の古寺礼讃　瀬戸内寂聴文, 永井吐無画　講談社　2004.5　119p　21cm　（The new fifties）　1800円　①4-06-268370-9

11699 私の古寺巡礼　2（京都 2）　井上靖監修　光文社　2004.11　256p　16cm　（知恵の森文庫）〈淡交社1987年刊の改訂〉　667円　①4-334-78322-8
作品 妙心寺界隈―妙心寺・長泉寺・法金剛院〔安東次男〕

11700 中世を歩く―京都の古寺　饗庭孝男著　京都　淡交社　2006.4　183p　20cm〈小沢書店1978年刊の改装版　1994年刊（小沢コレクション）あり〉　1800円　①4-473-03313-9

11701 東京育ちの京都探訪―火水さまの京　麻生圭子著　文芸春秋　2007.11　253p　19cm　1524円　①978-4-16-369600-3

11702 古寺巡礼京都　31　妙心寺　新版　梅原猛監修　東海大光, 長田弘著　京都　淡交社　2009.3　142p　21cm〈年表あり〉　1600円　①978-4-473-03501-1
作品 妙心寺松籟〔長田弘〕
目次 巻頭エッセイ 妙心寺松籟, 現代へのメッセージ 一筋の道, 花園仙院御願の蘭若 妙心寺, 妙心寺の「算盤面」―雪江宗深の事績, 妙心寺文学散歩, 草庵以前の点茶装置―海福院の丸炉, 妙心寺の庭園, 妙心寺の文化財

11703 新版 私の古寺巡礼・京都　上　梅原猛監修　京都　淡交社　2010.2　231p　21cm　1800円　①978-4-473-03646-9
作品 妙心寺松籟〔長田弘〕

妙法院

11704 新版 私の古寺巡礼・京都　下　梅原猛監修　京都　淡交社　2010.2　229p　21cm　1800円　①978-4-473-03647-6
作品 京都に居ることが分った。〔みうらじゅん〕

向日市

11705 文豪、偉人の「愛」をたどる旅　黛まどか著　集英社　2009.8　255p　18cm　1048円　①978-4-08-781427-9

無鄰菴

11706 マンボウ最後の家族旅行　北杜夫著　実業之日本社　2014.10　253p　16cm　（実業之日本社文庫）〈2012年刊の増補〉　574円　①978-4-408-55189-0
作品 紅葉の京都

八坂神社

11707 江原啓之 神紀行　3（京都）　江原啓之著　マガジンハウス　2006.4　95p　21cm　（スピリチュアル・サンクチュアリシリーズ）　1048円　①4-8387-1622-2

山国神社

11708 街道をゆく　4　郡上・白川街道、堺・紀州街道 ほか　新装版　司馬遼太郎著　朝日新聞出版　2008.8　319, 8p　15cm　（朝日文庫）　620円　①978-4-02-264443-5

山国陵〔光厳天皇陵〕

11709 街道をゆく　4　郡上・白川街道、堺・紀州街道 ほか　新装版　司馬遼太郎著　朝日新聞出版　2008.8　319, 8p　15cm　（朝日文庫）　620円　①978-4-02-264443-5

山崎（大山崎町）

11710 旅する漱石先生―文豪と歩く名作の道　牧村健一郎著　小学館　2011.9　271p　19cm〈文献あり 年譜あり〉　1500円　①978-4-09-388204-0

山科駅

11711 文学の中の駅―名作が語る“もうひとつの鉄道史”　原口隆行著　国書刊行会　2006.7　327p　20cm　2000円　①4-336-04785-5

11712 鉄道の旅　西日本編　真島満秀写真・文　小学館　2008.4　207p　27cm　2600円　①978-4-09-395502-7

山科（京都市）

11713 勘九郎ぶらり旅―因果はめぐる歌舞伎の不思議　中村勘九郎著　集英社　2005.2　285p　16cm　（集英社文庫）　571円　①4-08-747795-9

山城国分寺跡

11714 土門拳の古寺巡礼　第2巻　大和 2　土門拳著　小学館　1990.1　246p　26cm　1950円　①4-09-559102-1
作品 ぼくの古寺巡礼

湯の花温泉

11715 雲は旅人のように―湯の花紀行　池内紀著, 田淵裕一写真　日本交通公社出版事業局　1995.5　284p　19cm　1600円　①4-533-02163-8
作品 傾く月の影さえて

11716 人情温泉紀行―演歌歌手・鏡五郎が訪ねた全国の名湯47選　鏡五郎著　マガジンランド　2008.5　235p　19cm〈年譜あり〉　1238円

①978-4-944101-37-5

与謝野町

11717 丹波・丹後　水上勉著　河出書房新社　2000.4　189p　20cm　(日本の風景を歩く)　1600円　①4-309-62133-3

吉田神社

11718 東京育ちの京都探訪―火水さまの京　麻生圭子著　文芸春秋　2007.11　253p　19cm　1524円　①978-4-16-369600-3

善峯寺

11719 寂聴の古寺礼讃　瀬戸内寂聴文, 永井吐無画　講談社　2004.5　119p　21cm　(The new fifties)　1800円　①4-06-268370-9

落柿舎

11720 寂聴の古寺礼讃　瀬戸内寂聴文, 永井吐無画　講談社　2004.5　119p　21cm　(The new fifties)　1800円　①4-06-268370-9

11721 寂聴と巡る京都　瀬戸内寂聴著　集英社インターナショナル　2006.10　237p　20cm　〈集英社(発売)　折り込1枚〉　1300円　①4-7976-7151-3

龍安寺

11722 土門拳の古寺巡礼　第4巻　京都 2　土門拳著　小学館　1989.12　146p　26cm　1950円　①4-09-559104-8

作品 ぼくの古寺巡礼

11723 寂聴の古寺礼讃　瀬戸内寂聴文, 永井吐無画　講談社　2004.5　119p　21cm　(The new fifties)　1800円　①4-06-268370-9

11724 古都古寺巡礼　奈良本辰也著　たちばな出版　2004.12　317p　19cm　1600円　①4-8133-1859-2

11725 ショージ君の旅行鞄―東海林さだお自選　東海林さだお著　文芸春秋　2005.2　905p　16cm　(文春文庫)　933円　①4-16-717760-9

作品 京都おおはら三千円

11726 中世を歩く―京都の古寺　饗庭孝男著　京都　淡交社　2006.4　183p　20cm〈小沢書店1978年刊の改装版　1994年刊(小沢コレクション)あり〉　1800円　①4-473-03313-9

11727 寂聴と巡る京都　瀬戸内寂聴著　集英社インターナショナル　2006.10　237p　20cm　〈集英社(発売)　折り込1枚〉　1300円　①4-7976-7151-3

11728 風貌・私の美学―土門拳エッセイ選　土門拳著, 酒井忠康編　講談社　2008.4　349p　16cm　(講談社文芸文庫)〈年譜あり　著作目録あり〉　1600円　①978-4-06-290011-9

11729 新版 私の古寺巡礼・京都　上　梅原猛監修　京都　淡交社　2010.2　231p　21cm　1800円　①978-4-473-03646-9

作品 石庭素描〔杉本秀太郎〕

蓮華寺

11730 樋口可南子のものものがたり　清野恵里子著　集英社　2006.11　221p　22cm〈写真：小泉佳春〉　2700円　①4-08-781359-2

蓮台野(京都市北区)

11731 聖地巡礼 ビギニング　内田樹, 釈徹宗著　東京書籍　2013.8　322p　19cm　1500円　①978-4-487-80638-6

鹿王院

11732 見仏記　6　ぶらり旅篇　いとうせいこう, みうらじゅん著　角川書店　2012.8　276p　15cm　(角川文庫)〈発売：角川グループパブリッシング　2011年刊の文庫化〉　552円　①978-4-04-100475-3

六道珍皇寺

11733 碧い眼の太郎冠者　ドナルド・キーン著　中央公論新社　2001.7　188p　21cm　(Chuko on demand books)　2000円　①4-12-550026-6

作品 熊野(ゆや)の道行

11734 私の古寺巡礼　1(京都 1)　井上靖監修　光文社　2004.10　258p　16cm　(知恵の森文庫)〈淡交社1987年刊の改訂〉　667円　①4-334-78317-1

作品 ろくはら散策―六波羅蜜寺・六道珍皇寺・西福寺〔杉本苑子〕

11735 寂聴ほとけ径―私の好きな寺　2　瀬戸内寂聴著　光文社　2007.6　185p　15cm　(光文社文庫)　686円　①978-4-334-74258-4

11736 中西進と歩く 百人一首の京都　中西進著, 京都新聞社編　京都　京都新聞出版センター　2007.11　164p　19cm　1400円　①978-4-7638-0594-2

六波羅(京都市東山区)

11737 碧い眼の太郎冠者　ドナルド・キーン著　中央公論新社　2001.7　188p　21cm　(Chuko on demand books)　2000円　①4-12-550026-6

作品 熊野(ゆや)の道行

11738 平家巡礼　上原まり著　光文社　2011.12　240p　16cm　(光文社知恵の森文庫)　667円　①978-4-334-78595-6

六波羅蜜寺

11739 見仏記　いとうせいこう, みうらじゅん著　角川書店　1997.6　293p　15cm　(角川文庫)〈中央公論新社 1993年刊の文庫化〉　640円　①4-04-184602-1

11740 平安鎌倉史紀行　宮脇俊三著　講談社　1997.12　447p　15cm　(講談社文庫)〈年表あり　1994年刊の文庫化〉　657円　①4-06-263660-3

11741 碧い眼の太郎冠者　ドナルド・キーン著　中央公論新社　2001.7　188p　21cm　(Chuko on demand books)　2000円　①4-12-550026-6

11742 私の古寺巡礼　1(京都 1)　井上靖監修　光文社　2004.10　258p　16cm　(知恵の森文

庫）〈淡交社1987年刊の改訂〉 667円 ①4-334-78317-1
作品 ろくはら散策—六波羅蜜寺・六道珍皇寺・西福寺〔杉本苑子〕

11743 古寺巡礼京都 5 六波羅蜜寺 新版 梅原猛監修 川崎純性, 高城修三著 京都 淡交社 2007.1 143p 21cm〈年表あり〉 1600円 ①4-473-03355-4
作品 六波羅蜜寺を訪ねて〔高城修三〕
目次 巻頭エッセイ 六波羅蜜寺を訪ねて, パーラミターへ—一千年の四季を繰り返して, 六波羅蜜寺の歴史—庶民の中に生きた千年,「オブクチャ」物語—正月・皇服茶授与に寄せて, 六波羅蜜寺文学散歩, 空也上人像—史実と伝説とのあいだ, 六道の辻—熊野比丘尼の絵解き場所, 仏像の宝庫・六波羅蜜寺の文化財

11744 名文で巡る国宝の十一面観音 白洲正子, 佐多稲子, 陳舜臣, 亀井勝一郎, 和辻哲郎, 杉本苑子, 会津八一, 永井路子, 立原正秋, 梅原猛, 吉村貞司, 津田さち子, 井上靖著 青草書房 2007.3 249p 20cm （Seisouおとなの図書館） 1600円 ①978-4-903735-01-6

11745 寂聴ほとけ径—私の好きな寺 2 瀬戸内寂聴著 光文社 2007.6 185p 15cm （光文社文庫） 686円 ①978-4-334-74258-4

11746 新版 私の古寺巡礼・京都 上 梅原猛監修 京都 淡交社 2010.2 231p 21cm 1800円 ①978-4-473-03646-9
作品 六波羅蜜寺を訪ねて〔高城修三〕

11747 十一面観音巡礼 愛蔵版 白洲正子著 新潮社 2010.9 317p 22cm〈講談社文芸文庫1992年刊, 新潮社2002年刊あり〉 3000円 ①978-4-10-310720-0
作品 市の聖

11748 にっぽん聖地巡拝の旅 玉岡かおる著 大法輪閣 2014.4 277p 19cm 1800円 ①978-4-8046-1360-4

廬山寺

11749 寂聴ほとけ径—私の好きな寺 1 瀬戸内寂聴著 光文社 2007.6 185p 15cm （光文社文庫） 686円 ①978-4-334-74257-7

若狭湾

11750 ヤポネシア讃歌 立松和平著 講談社 1990.6 261p 19cm 1200円 ①4-06-204887-6

11751 中部日本を歩く 立松和平著, 黒古一夫編 勉誠出版 2006.4 389p 22cm （立松和平日本を歩く 第3巻） 2600円 ①4-585-01173-0

湧出宮〔和伎坐天乃夫支売神社〕

11752 大和の美と風土—街道をあるく 高橋隆博著 吹田 関西大学出版部 2011.1 385p 20cm 2100円 ①978-4-87354-506-6

大阪府

11753 ドイツ貴族の明治宮廷記 オットマール・フォン・モール著, 金森誠也訳 新人物往来社 1988.4 206p 19cm 1800円 ①4-404-01496-1
作品 古都への旅—関西への旅・神戸と大阪

11754 オーストリア外交官の明治維新—世界周遊記 日本篇 アレクサンダー・F.V.ヒューブナー著, 市川慎一, 松本雅弘訳 新人物往来社 1988.7 276p 19cm 2000円 ①4-404-01508-9

11755 かわいい自分には旅をさせろ 嵐山光三郎著 講談社 1991.8 253p 18cm 1100円 ①4-06-205402-7

11756 日本旅行日記 2 アーネスト・メイスン・サトウ著, 庄田元男訳 平凡社 1992.6 334p 18cm （東洋文庫） 2884円 ①4-582-80550-7
作品 伊勢・紀和・京阪に歴史をたずねる

11757 くりこ姫のトラブル・トラベリング くりこ姫著 桜桃書房 1997.6 135p 19cm 1000円 ①4-7567-0454-9
目次 はじめに。, はじめまして編, 野茂&マレーシア編, マレーシア編, タイ編, 中国編, イギリス編, カナダ・アン編, 讃岐・うどん編, 大阪に来て下さい編, くりこ姫と旅のとも, 荷ほどきが大嫌い

11758 スタジアムから喝采が聞こえる 藤島大著 洋泉社 1997.11 229p 19cm 1600円 ①4-89691-286-1

11759 ら・ら・ら「奥の細道」 黛まどか著 光文社 1998.3 221p 20cm 1600円 ①4-334-97168-7
作品『奥の細道』贋作説を追う—大阪

11760 川に遊び 湖をめぐる 千葉七郎ほか著, 作品社編集部編 作品社 1998.4 254p 22cm （新編・日本随筆紀行 大きな活字で読みやすい本—心にふるさとがある 3） ①4-87893-809-9, 4-87893-807-2
作品 大阪ところどころ（抄）〔宮本又次〕

11761 関西こころの旅路 山と渓谷社 2000.1 285p 20cm （旅の紀行&エッセイ） 1400円 ①4-635-28045-4
作品 今も生きつづける浪花旅情〔難波利三〕

11762 うわさの神仏—日本闇世界めぐり 加門七海著 集英社 2001.6 251p 16cm （集英社文庫）〈1998年刊の文庫化〉 457円 ①4-08-747332-5

11763 東海道徒歩38日間ひとり旅 糸川燿史著 小学館 2001.8 282p 15cm （小学館文庫）〈「パラダイス街道」（双葉社1994年刊）の改題〉 552円 ①4-09-411401-7

11764 明治十八年の旅は道連れ 塩谷和子著 源流社 2001.11 376p 20cm 1800円 ①4-7739-0105-5

11765 旅と絵でたどる万葉心の旅　永井郁著・画　日本教文社　2002.1　339p　19cm〈年表あり〉　2286円　①4-531-06367-8

11766 やっぱり、旅は楽しい。　松本侑子著　双葉社　2002.4　213p　15cm　(双葉文庫)〈『ヴァカンスの季節』加筆訂正・改題書〉　457円　①4-575-71207-8

作品 大阪暮らし

11767 鉄道全線三十年一車窓紀行 昭和・平成……乗った、撮った、また乗った!!　田中正恭著　心交社　2002.6　371p　19cm　1600円　①4-88302-741-4

作品 大阪兵庫・未乗線乗りつぶし

11768 うわさの神仏　其ノ2　あやし紀行　加門七海著　集英社　2002.8　256p　15cm　(集英社文庫)　495円　①4-08-747481-X

11769 朝鮮通信使紀行　杉洋子著　集英社　2002.8　238p　20cm　1800円　①4-08-774603-8

11770 熊野古道―みちくさひとりある記　細谷昌子著　新評論　2003.8　363p　21cm〈年表あり　文献あり〉　3200円　①4-7948-0610-8

11771 泣いてくれるなほろほろ鳥よ　小沢昭一著　晶文社　2003.11　381p　20cm　(小沢昭一百景 随筆随談選集 1)〈シリーズ責任表示：小沢昭一著〉　2400円　①4-7949-1791-0

11772 万葉の旅　中　改訂新版　犬養孝著　平凡社　2004.1　361p　16cm　(平凡社ライブラリー)〈初版：社会思想社1964年刊　文献あり〉　1200円　①4-582-76489-4

11773 美味放浪記　檀一雄著　中央公論新社　2004.4　363p　15cm　(中公文庫BIBLIO)　895円　①4-12-204356-5

11774 大阪再発見の旅―摂河泉・歴史のふるさとをゆく　高木美千子著　角川書店　2004.6　222p　19cm　1400円　①4-04-883888-1

目次 平野郷, 北河内, 中河内, 南河内, 北摂, 泉州

11775 日本紀行「開戦前夜」　フェレイラ・デ・カストロ著, 阿部孝次訳　彩流社　2006.2　202p　20cm〈文献あり〉　1900円　①4-7791-1143-9

目次 序章 日本史の概略, 第2章 入国・神戸編(瀬戸内海の船旅と入国手続き―日本を訪れる者が最初に出会う驚きの風景, 神戸の町と日本人の生活―西洋と東洋が結合した清潔な街), 第3章 関西編(大阪―巨大な「監獄工場」の労働者たち, 奈良―中国兵との戦いに出発する兵士の祈り, 農村訪問―日本家屋の優美さは、ほとんど見られなかった ほか), 第4章 関東編(東京―アメリカの影響がすべてにおよんでいる街, 夜の街を訪問―縁日とアラブのバザールの様相が混然一体, 歌舞伎を鑑賞―真に日本的な国民演劇 ほか), 終章 日本とアジアの旅を終えて

11776 ある出版人の日本紀行　尹炯斗著, 舘野晳訳　出版ニュース社　2006.10　237p　20cm〈年譜あり〉　2000円　①4-7852-0124-X

11777 幻景の街―文学の都市を歩く　前田愛著　岩波書店　2006.12　310p　15cm　(岩波現代文庫)　1000円　①4-00-602110-0

11778 グ印関西めぐり濃口　グレゴリ青山著　メディアファクトリー　2007.10　125p　21cm　1000円　①978-4-8401-2054-8

11779 シローの旅　続　速水史朗著　生活の友社　2007.10　289p　19cm〈肖像あり〉　2500円　①978-4-915919-62-6

11780 歴史を紀行する　新装版　司馬遼太郎著　文藝春秋　2010.2　294p　16cm　(文春文庫)　581円　①978-4-16-766335-3

11781 旅の終りは個室寝台車　宮脇俊三著　河出書房新社　2010.3　237p　15cm　(河出文庫)　680円　①978-4-309-41008-1

11782 大阪のぞき　木村衣有子文・写真　大阪　京阪神エルマガジン社　2010.4　175p　21cm　1200円　①978-4-87435-321-9

目次 観光, 甘辛, 喫茶, 鑑賞, 定番, 対談 大阪のぞいたもん放談, data & map大阪のぞきノート

11783 食の街道を行く　向笠千恵子著　平凡社　2010.7　276p　18cm　(平凡社新書)〈文献あり〉　820円　①978-4-582-85536-4

11784 旨い定食途中下車　今柊二著　光文社　2011.5　238p　18cm　(光文社新書)〈索引あり〉　780円　①978-4-334-03623-2

11785 きよのさんと歩く大江戸道中記―日光・江戸・伊勢・京都・新潟…六百里　金森敦子著　筑摩書房　2012.2　413p　15cm　(ちくま文庫)〈文献あり　『"きよのさん"と歩く江戸六百里』(バジリコ2006年刊)の加筆・訂正〉　950円　①978-4-480-42915-5

11786 日本の路地を旅する　上原善広著　文藝春秋　2012.6　383p　16cm　(文春文庫)〈文献あり〉　667円　①978-4-16-780196-0

11787 極めよ、ソフテツ道！―素顔になれる鉄道旅　村井美樹著　小学館　2012.8　186p　19cm　(IKKI BOOKS)　1400円　①978-4-09-359208-6

11788 鏡花紀行文集　泉鏡花著, 田中励儀編　岩波書店　2013.12　454p　15cm　(岩波文庫)〈底本：鏡花全集 第27巻・第28巻(1942年刊)〉　900円　①978-4-00-312719-3

11789 まんが日本昔ばなし今むかし　川内彩友美著　展望社　2014.10　254p　19cm　1400円　①978-4-88546-289-4

作品 一寸法師―大阪府

11790 唄めぐり　石田千著　新潮社　2015.4　401p　20cm〈文献あり〉　2300円　①978-4-10-303453-7

11791 新選組紀行　増補決定版　中村彰彦著　PHP研究所　2015.7　345p　15cm　(PHP文庫)〈初版：文藝春秋 2003年刊　文献あり〉　720円　①978-4-569-76398-9

11792 来ちゃった　酒井順子文, ほしよりこ画　小学館　2016.3　317p　15cm　(小学館文庫)〈2011年刊の増補〉　620円　①978-4-09-406277-9

11793 旅の食卓　池内紀著　亜紀書房　2016.8　233p　19cm　1600円　①978-4-7505-1480-2

11794 旅は道づれ雪月花　高峰秀子, 松山善三

著　中央公論新社　2016.11　306p　16cm　（中公文庫）〈ハースト婦人画報社 2012年刊の再刊〉　760円　①978-4-12-206315-0

11795　私なりに絶景—ニッポンわがまま観光記　宮田珠己著　廣済堂出版　2017.2　244p　19cm　1600円　①978-4-331-52080-2

赤坂城

11796　日本名城紀行　4　畿内 歴史を生む巨城　小学館　1989.5　293p　15cm　600円　①4-09-401204-4

阿倍王子神社

11797　陰陽師ロード—安倍晴明名所案内　荒俣宏著　平凡社　2001.9　237p　19cm　1400円　①4-582-82974-0

天見温泉

11798　人情温泉紀行—演歌歌手・鏡五郎が訪ねた全国の名湯47選　鏡五郎著　マガジンランド　2008.5　235p　19cm〈年譜あり〉　1238円　①978-4-944101-37-5

アメリカ村

11799　大阪不案内　森まゆみ文, 太田順一写真　筑摩書房　2009.6　249p　15cm　（ちくま文庫）〈『森まゆみの大阪不案内』(2003年刊) の改題〉　780円　①978-4-480-42610-9

目次 アメリカ村—正反対がチャンプルーする町, 道頓堀から法善寺横丁—あれもこれも食べたい心情、見抜かれて, 天神橋筋商店街—全長三千メートル、元気のモト, 中之島かいわい—旦那衆の心意気と女言葉の美しさ, 梅田かいわい—梅田周辺の古くて、新しい貌, 鶴橋—東京人、なすすべを知らず, 上町台地—寺と坂の散歩道を歩く, 住吉大社—千年二千年のいにしえに心とぶ, 新世界—華やかなりし時の、まぼろしを見た, 京橋—七変化する町での遊びたおし〔ほか〕

坐摩神社

11800　にっぽん聖地巡拝の旅　玉岡かおる著　大法輪閣　2014.4　277p　19cm　1800円　①978-4-8046-1360-4

和泉市

11801　禅の旅　越中文俊著　心交社　2002.12　227p　19cm　（日本つれづれ紀行 1）　1500円　①4-88302-806-2

茨木市

11802　禅の旅　越中文俊著　心交社　2002.12　227p　19cm　（日本つれづれ紀行 1）　1500円　①4-88302-806-2

茨木城

11803　日本名城紀行　4　畿内 歴史を生む巨城　小学館　1989.5　293p　15cm　600円　①4-09-401204-4

磐船神社

11804　陰陽師ロード—安倍晴明名所案内　荒俣宏著　平凡社　2001.9　237p　19cm　1400円　①4-582-82974-0

上町台地

11805　大阪不案内　森まゆみ文, 太田順一写真　筑摩書房　2009.6　249p　15cm　（ちくま文庫）〈『森まゆみの大阪不案内』(2003年刊) の改題〉　780円　①978-4-480-42610-9

11806　文豪、偉人の「愛」をたどる旅　黛まどか著　集英社　2009.8　255p　18cm　1048円　①978-4-08-781427-9

11807　聖地巡礼 ビギニング　内田樹, 釈徹宗著　東京書籍　2013.8　322p　19cm　1500円　①978-4-487-80638-6

梅田（大阪市北区）

11808　グ印関西めぐり濃口　グレゴリ青山著　メディアファクトリー　2007.10　125p　21cm　1000円　①978-4-8401-2054-8

11809　大阪不案内　森まゆみ文, 太田順一写真　筑摩書房　2009.6　249p　15cm　（ちくま文庫）〈『森まゆみの大阪不案内』(2003年刊) の改題〉　780円　①978-4-480-42610-9

応神天皇陵

11810　古代史紀行　宮脇俊三著　講談社　1994.9　404p　15cm　（講談社文庫）　620円　①4-06-185773-8

大阪駅

11811　関西こころの旅路　山と渓谷社　2000.1　285p　20cm　（旅の紀行＆エッセイ）　1400円　①4-635-28045-4

作品 大阪駅にある「結界」〔川崎ゆきお〕

11812　日本縦断個室寝台特急の旅—Yumekuukan/Fuji/Cassiopeia/Twilight　櫻井寛写真・文　世界文化社　2005.11　183p　21cm　（ほたるの本）〈2001年刊の軽装版〉　1800円　①4-418-05517-7

大阪市

11813　安吾新日本地理　坂口安吾著　河出書房新社　1988.5　318p　15cm　（河出文庫）　580円　①4-309-40218-6

作品 道頓堀罷り通る

11814　坂口安吾全集　18　坂口安吾著　筑摩書房　1991.9　794p　15cm　（ちくま文庫）　1340円　①4-480-02478-6

作品 安吾新日本地理—道頓堀罷り通る

11815　文学の街—名作の舞台を歩く　前田愛著　小学館　1991.12　315p　16cm　（小学館ライブラリー）　780円　①4-09-460015-9

11816　ふわふわワウワウ—唄とカメラと時刻表　みなみらんぼう著　旅行読売出版社　1996.7　207p　19cm　1100円　①4-89752-601-9

作品 好っきゃねん大阪

11817　閑古堂の絵葉書散歩　西編　林丈二著　小学館　1999.5　123p　21cm　（SHOTOR TRAVEL）　1500円　①4-09-343139-6

作品 大阪百橋巡り―大阪

11818 居酒屋かもめ唄　太田和彦著　小学館　2000.12　276p　19cm　1400円　①4-09-379177-5

11819 バード日本紀行　I.L.バード著, 楠家重敏, 橋本かほる, 宮崎路子訳　雄松堂出版　2002.8　376, 11p 図版12枚　23cm　（新異国叢書 第3輯 3）　5500円　①4-8419-0295-3

11820 時速8キロニッポン縦断　斉藤政喜著　小学館　2003.10　397p　19cm　（Be-pal books）〈折り込1枚〉　1500円　①4-09-366067-0

11821 ロングフェロー日本滞在記―明治初年、アメリカ青年の見たニッポン　チャールズ・アップルトン・ロングフェロー著, 山田久美子訳　平凡社　2004.1　404p　22cm〈文献あり〉　3600円　①4-582-83202-4

11822 大阪人のプライド　本渡章著　大阪　東方出版　2005.1　194p　19cm　1400円　①4-88591-918-5

目次 イントロダクション 体験記風、大阪人のめざめ。, 1 歴史編, 2 紀行編, 3 文化編, 4 言葉編, 明日のためのイントロダクション 大阪人のプライド。

11823 オーストリア皇太子の日本日記―明治二十六年夏の記録　フランツ・フェルディナント著, 安藤勉訳　講談社　2005.9　237p　15cm　（講談社学術文庫）〈肖像あり〉　840円　①4-06-159725-6

11824 食い道楽ひとり旅　柏井壽著　光文社　2005.11　260p　18cm　（光文社新書）　720円　①4-334-03332-6

11825 ビルマ商人の日本訪問記　ウ・フラ著, 土橋泰子訳　連合出版　2007.10　238p　20cm　（別世界との出会い 2）　2500円　①978-4-89772-226-9

11826 路面電車全線探訪記　再版　柳沢道生著, 旅行作家の会編　現代旅行研究所　2008.6　224p　21cm　（旅行作家文庫）　1800円　①978-4-87482-096-4

11827 吉田観覧車　吉田戦車著　講談社　2009.12　179p　15cm　（講談社文庫）　524円　①978-4-06-276543-5

11828 すすれ！麺の甲子園　椎名誠著　新潮社　2010.10　365p　16cm　（新潮文庫）　590円　①978-4-10-144836-7

11829 下駄で歩いた巴里―林芙美子紀行集　林芙美子著, 立松和平編　岩波書店　2012.4　331p　15cm　（岩波文庫）〈第5刷（第1刷2003年）〉　700円　①4-00-311692-5

作品 京都　大阪紀行

11830 池波正太郎を歩く　須藤靖貴著　講談社　2012.9　326p　15cm　（講談社文庫）〈毎日新聞社 2009年刊の加筆・修正〉　648円　①978-4-06-277363-8

11831 サンドウィッチは銀座で　平松洋子著, 谷口ジロー画　文藝春秋　2013.7　245p　16cm　（文春文庫）〈2011年刊の文庫化〉　550円　①978-4-16-783869-0

11832 ガリヴァーの訪れた国―マリアンヌ・ノースの明治八年日本紀行　柄戸正著　万来舎　2014.9　171p　19cm〈文献あり〉　1200円　①978-4-901221-81-8

11833 黒田知永子 大人のための小さな旅―日本のいいとこ見つけた　黒田知永子著　集英社　2014.9　159p　21cm　1600円　①978-4-08-780732-5

11834 日本再発見―芸術風土記　岡本太郎著　KADOKAWA　2015.7　293p　15cm　（角川ソフィア文庫）〈新潮社 1958年刊の再刊〉　1000円　①978-4-04-409488-1

作品 大阪

11835 ふらり旅 いい酒 いい肴　2　太田和彦著　主婦の友社　2015.8　135p　21cm　1400円　①978-4-07-299938-7

11836 熊本の桜納豆は下品でうまい　太田和彦著　集英社　2015.10　245p　16cm　（集英社文庫―ニッポンぶらり旅）　600円　①978-4-08-745376-8

11837 聖地巡礼 リターンズ　内田樹, 釈徹宗著　東京書籍　2016.12　301p　19cm　1600円　①978-4-487-80841-0

作品 京都と大阪のキリシタン

大阪城

11838 日本名城紀行　4　畿内 歴史を生む巨城　小学館　1989.5　293p　15cm　600円　①4-09-401204-4

11839 沖田総司を歩く　大路和子著　新潮社　2003.12　313p　16cm　（新潮文庫）〈年表あり 文献あり　新人物往来社1989年刊あり〉　514円　①4-10-127521-1

11840 三津五郎 城めぐり　坂東三津五郎著　三月書房　2010.11　117p　22cm　2200円　①978-4-7826-0211-9

11841 廃墟となった戦国名城　澤宮優著　河出書房新社　2010.12　193p　20cm〈文献あり〉　1700円　①978-4-309-22535-7

11842 日本再発見―芸術風土記　岡本太郎著　KADOKAWA　2015.7　293p　15cm　（角川ソフィア文庫）〈新潮社 1958年刊の再刊〉　1000円　①978-4-04-409488-1

織物神社

11843 陰陽師ロード―安倍晴明名所案内　荒俣宏著　平凡社　2001.9　237p　19cm　1400円　①4-582-82974-0

貝塚市

11844 斑猫の宿　奥本大三郎著　中央公論新社　2011.11　305p　16cm　（中公文庫）〈JTB2001年刊あり〉　705円　①978-4-12-205565-0

交野市

11845 男の居場所―酒と料理の旨い店の話　勝谷誠彦著　吹田　西日本出版社　2008.12　238p　19cm　1300円　①978-4-901908-40-5

近畿

片町駅

11846 終着駅　宮脇俊三著　河出書房新社　2012.1　232p　15cm　（河出文庫）〈2009年刊の文庫化〉　680円　Ⓘ978-4-309-41122-4

勝尾寺

11847 良寛へ歩く　小林新一文・写真　二玄社　2002.12　173p　26cm　2800円　Ⓘ4-544-02039-5

雁多尾畑（柏原市）

11848 導かれて、旅　横尾忠則著　文藝春秋　1995.7　286p　16cm　（文春文庫）〈日本交通公社出版事業局 1992年刊の文庫化〉　480円　Ⓘ4-16-729703-5
作品 父のふるさと雁多尾畑（かりんどうばた）へ

関西空港駅

11849 終着駅への旅　JR編　櫻井寛著　JTBパブリッシング　2013.8　222p　19cm　1300円　Ⓘ978-4-533-09285-5

観心寺

11850 土門拳の古寺巡礼　別巻 第2巻　西日本　土門拳著　小学館　1990.5　147p　26cm　1950円　Ⓘ4-09-559107-2
作品 ぼくの古寺巡礼

11851 私の古寺巡礼　4（諸国）　井上靖監修　光文社　2005.1　306p　16cm　（知恵の森文庫）〈淡交社1987年刊の改訂〉　686円　Ⓘ4-334-78333-3

11852 街道をゆく　3　陸奥のみち、肥薩のみち ほか　新装版　司馬遼太郎著　朝日新聞出版　2008.8　315, 8p　15cm　（朝日文庫）　620円　Ⓘ978-4-02-264442-8

11853 百寺巡礼　第6巻　関西　五木寛之著　講談社　2009.2　274p　15cm　（講談社文庫）〈文献あり　2004年刊の文庫化〉　562円　Ⓘ978-4-06-276267-0
目次 第51番 高野山―空海が猟師から譲り受けた聖地, 第52番 青岸渡寺―海の浄土と山の浄土のつらなり, 第53番 道成寺―女性の情熱と強さを伝える物語, 第54番 粉河寺―焼き討ちから甦った寺に、なごむ心, 第55番 観心寺―心惹かれる三人の足跡が残る寺, 第56番 弘川寺―西行と役行者を結ぶ山, 第57番 鶴林寺―勇ましい聖徳太子と愛らしい聖観音, 第58番 亀山本徳寺―往時の宗教都市の面影が生きる寺, 第59番 大念佛寺―衆生のもとへ歩み寄る本尊, 第60番 四天王寺―すべてを包みこむ「和宗」の祈り

11854 古寺巡礼　辻井喬著　角川春樹事務所　2011.5　253p　16cm　（ハルキ文庫）〈2009年刊の文庫化〉　667円　Ⓘ978-4-7584-3556-7

11855 近松秋江全集　第7巻　オンデマンド版　近松秋江著, 紅野敏郎, 和田謹吾, 中尾務, 遠藤英雄, 田沢基久, 笹瀬王子編集委員　八木書店古書出版部　2014.2　502, 34p　21cm〈初版：八木書店 1993年刊　印刷・製本：デジタルパブリッシングサービス　発売：八木書店〉　12000円　Ⓘ978-4-8406-3492-2
作品 春興

11856 にっぽん聖地巡拝の旅　玉岡かおる著　大法輪閣　2014.4　277p　19cm　1800円　Ⓘ978-4-8046-1360-4

岸和田市

11857 夢は枯野を―競輪躁鬱旅行　伊集院静著　講談社　1994.12　343p　15cm　（講談社文庫）〈1993年刊の文庫化〉　560円　Ⓘ4-06-185833-5

11858 ちいさな城下町　安西水丸著　文藝春秋　2016.11　267p　16cm　（文春文庫）〈2014年刊の文庫化〉　630円　Ⓘ978-4-16-790734-1

北新地（大阪市北区）

11859 難波利三 私の大阪散歩　難波利三著　山と渓谷社　2002.7　141p　21cm　（歩く旅シリーズ 町歩き）　1400円　Ⓘ4-635-60012-2
目次 「ミナミ」散歩（ぶらり道頓堀散歩松竹座から法善寺横丁、NGKへ, 大阪の背骨を歩く夕陽ヶ丘から七坂を巡って ほか）, 「キタ」散歩（近松の物語を追って大阪きっての歓楽街「北の新地」, 大塩平八郎決起の地反骨と反権力、大阪人気質を生んだ ほか）, 「大阪郊外」散歩（くらわんかの町、枚方東海道五十六番目の宿場, 野崎観音参り大評判をとった恋物語も今は昔 ほか）, 大阪よもやまばなし（ぬめりこそ文章の身上, 「まいど」と「おおきに」 ほか）

11860 英国一家、日本を食べる　マイケル・ブース著, 寺西のぶ子訳　亜紀書房　2013.4　278p　19cm　1900円　Ⓘ978-4-7505-1304-1

京橋（大阪市）

11861 大阪不案内　森まゆみ文, 太田順一写真　筑摩書房　2009.6　249p　15cm　（ちくま文庫）〈『森まゆみの大阪不案内』（2003年刊）の改題〉　780円　Ⓘ978-4-480-42610-9

九条（大阪市西区）

11862 英国一家、日本を食べる　マイケル・ブース著, 寺西のぶ子訳　亜紀書房　2013.4　278p　19cm　1900円　Ⓘ978-4-7505-1304-1

毛馬（大阪市北区・都島区）

11863 日本ぶらり　1　2000年の旅　山下一正著　大阪　サンセン出版　2001.4　204p　19cm　（日本紀行シリーズ 1）　1800円　Ⓘ4-921038-04-X

高貴寺

11864 街道をゆく　3　陸奥のみち、肥薩のみち ほか　新装版　司馬遼太郎著　朝日新聞出版　2008.8　315, 8p　15cm　（朝日文庫）　620円　Ⓘ978-4-02-264442-8

庚申街道

11865 神仏に祈る　金田一京助ほか著, 作品社編集部編　作品社　1998.4　243p　22cm　（新編・日本随筆紀行 大きな活字で読みやすい本―心にふるさとがある 13）　Ⓘ4-87893-894-3, 4-87893-807-2

作品 庚申街道〔阪田寛夫〕

高代寺

11866 良寛へ歩く　小林新一文・写真　二玄社　2002.12　173p　26cm　2800円　①4-544-02039-5

光林寺

11867 陰陽師ロード―安倍晴明名所案内　荒俣宏著　平凡社　2001.9　237p　19cm　1400円　①4-582-82974-0

金剛寺

11868 古寺巡礼　辻井喬著　角川春樹事務所　2011.5　253p　16cm　（ハルキ文庫）〈2009年刊の文庫化〉　667円　①978-4-7584-3556-7

11869 にっぽん聖地巡拝の旅　玉岡かおる著　大法輪閣　2014.4　277p　19cm　1800円　①978-4-8046-1360-4

堺市

11870 良寛を歩く 一休を歩く　水上勉著　日本放送出版協会　2004.4　317p　16cm　（NHKライブラリー）〈「良寛を歩く」(1986年刊)と「一休を歩く」(1988年刊)の改題、合本〉　970円　①4-14-084182-6

作品 一休を歩く

11871 街道をゆく　4　郡上・白川街道、堺・紀州街道 ほか　新装版　司馬遼太郎著　朝日新聞出版　2008.8　319, 8p　15cm　（朝日文庫）　620円　①978-4-02-264443-5

11872 渚の旅人　2　ヒラメのあぶない妄想　森沢明夫著　東京地図出版　2008.12　427p　19cm　1450円　①978-4-8085-8535-8

桜島駅

11873 終着駅への旅　JR編　櫻井寛著　JTBパブリッシング　2013.8　222p　19cm　1300円　①978-4-533-09285-5

獅子窟寺

11874 陰陽師ロード―安倍晴明名所案内　荒俣宏著　平凡社　2001.9　237p　19cm　1400円　①4-582-82974-0

四條畷市

11875 室町戦国史紀行　宮脇俊三著　講談社　2003.12　405p　15cm　（講談社文庫）〈年表あり　2000年刊の文庫化〉　695円　①4-06-273918-6

四天王寺

11876 私の古寺巡礼　4（諸国）　井上靖監修　光文社　2005.1　306p　16cm　（知恵の森文庫）〈淡交社1987年刊の改訂〉　686円　①4-334-78333-3

11877 中部日本を歩く　立松和平著, 黒古一夫編　勉誠出版　2006.4　389p　22cm　（立松和平日本を歩く 第3巻）　2600円　①4-585-01173-0

11878 百寺巡礼　第6巻　関西　五木寛之著　講談社　2009.2　274p　15cm　（講談社文庫）〈文献あり　2004年刊の文庫化〉　562円　①978-4-06-276267-0

11879 にっぽん聖地巡拝の旅　玉岡かおる著　大法輪閣　2014.4　277p　19cm　1800円　①978-4-8046-1360-4

信太森（和泉市）

11880 陰陽師ロード―安倍晴明名所案内　荒俣宏著　平凡社　2001.9　237p　19cm　1400円　①4-582-82974-0

宿久庄（茨木市）

11881 川端康成随筆集　川端康成著, 川西政明編　岩波書店　2013.12　485p　15cm　（岩波文庫）　900円　①978-4-00-310815-4

作品 私のふるさと

松竹座

11882 難波利三 私の大阪散歩　難波利三著　山と渓谷社　2002.7　141p　21cm　（歩く旅シリーズ 町歩き）　1400円　①4-635-60012-2

新大阪駅

11883 東海道新幹線各駅停車の旅　甲斐みのり著　ウェッジ　2013.6　175p　21cm　1400円　①978-4-86310-111-1

新世界（大阪市浪速区）

11884 難波利三 私の大阪散歩　難波利三著　山と渓谷社　2002.7　141p　21cm　（歩く旅シリーズ 町歩き）　1400円　①4-635-60012-2

11885 大阪不案内　森まゆみ文, 太田順一写真　筑摩書房　2009.6　249p　15cm　（ちくま文庫）〈『森まゆみの大阪不案内』(2003年刊)の改題〉　780円　①978-4-480-42610-9

吹田市

11886 パン欲―日本全国パンの聖地を旅する　池田浩明著　世界文化社　2013.12　128p　26cm〈タイトルは奥付等による。標題紙のタイトル：私はパン欲に逆らうことができない……〉　1400円　①978-4-418-13234-8

住吉区（大阪市）

11887 良寛を歩く 一休を歩く　水上勉著　日本放送出版協会　2004.4　317p　16cm　（NHKライブラリー）〈「良寛を歩く」(1986年刊)と「一休を歩く」(1988年刊)の改題、合本〉　970円　①4-14-084182-6

作品 一休を歩く

住吉大社

11888 大阪不案内　森まゆみ文, 太田順一写真　筑摩書房　2009.6　249p　15cm　（ちくま文庫）〈『森まゆみの大阪不案内』(2003年刊)の改題〉　780円　①978-4-480-42610-9

11889 にっぽん聖地巡拝の旅　玉岡かおる著

大法輪閣　2014.4　277p　19cm　1800円
①978-4-8046-1360-4

施福寺〔槙尾寺〕

11890　西国観音霊場・新紀行　松本章男著　大法輪閣　2004.5　293p　20cm　2100円　①4-8046-1207-6

泉南地域

11891　日本ぶらり　1　2000年の旅　山下一正著　大阪　サンセン出版　2001.4　204p　19cm　（日本紀行シリーズ 1）　1800円　①4-921038-04-X

千日前（大阪市中央区）

11892　安吾新日本地理　坂口安吾著　河出書房新社　1988.5　318p　15cm　（河出文庫）　580円　①4-309-40218-6
作品　道頓堀罷り通る

11893　坂口安吾全集　18　坂口安吾著　筑摩書房　1991.9　794p　15cm　（ちくま文庫）　1340円　①4-480-02478-6
作品　安吾新日本地理—道頓堀罷り通る

千里ニュータウン

11894　日本全国津々うりゃうりゃ　宮田珠己著　幻冬舎　2016.6　315p　16cm　（幻冬舎文庫）〈廣済堂出版 2012年刊の再刊　文献あり〉　690円　①978-4-344-42482-1

造幣局（桜の通り抜け）

11895　仙人の桜、俗人の桜　赤瀬川原平著　平凡社　2000.3　270p　16cm　（平凡社ライブラリー）〈日本交通公社出版事業局1993年刊あり〉　1100円　①4-582-76332-4
作品　仙人の桜、俗人の桜—吉野

大ケ塚（河南町）

11896　街道をゆく　3　陸奥のみち、肥薩のみち ほか　新装版　司馬遼太郎著　朝日新聞出版　2008.8　315, 8p　15cm　（朝日文庫）　620円　①978-4-02-264442-8

大念佛寺

11897　百寺巡礼　第6巻　関西　五木寛之著　講談社　2009.2　274p　15cm　（講談社文庫）〈文献あり　2004年刊の文庫化〉　562円　①978-4-06-276267-0

太陽の塔

11898　晴れた日は巨大仏を見に　宮田珠己著　幻冬舎　2009.10　342p　16cm　（幻冬舎文庫）〈文献あり　白水社2004年刊あり〉　648円　①978-4-344-41380-1

高槻市

11899　良寛を歩く 一休を歩く　水上勉著　日本放送出版協会　2004.4　317p　16cm　（NHKライブラリー）〈「良寛を歩く」（1986年刊）と「一休を歩く」（1988年刊）の改題、合本〉　970円　①4-14-084182-6
作品　一休を歩く

滝畑（河内長野市）

11900　『忘れられた日本人』の舞台を旅する—宮本常一の軌跡　木村哲也著　河出書房新社　2006.2　253p　20cm〈文献あり〉　1800円　①4-309-22444-X

11901　かくれ里　愛蔵版　白洲正子著　新潮社　2010.9　349p　22cm〈講談社文芸文庫 1991年刊あり〉　3000円　①978-4-10-310719-4
作品　滝の畑

千早城

11902　日本名城紀行　4　畿内 歴史を生む巨城　小学館　1989.5　293p　15cm　600円　①4-09-401204-4

11903　平安鎌倉史紀行　宮脇俊三著　講談社　1997.12　447p　15cm　（講談社文庫）〈年表あり　1994年刊の文庫化〉　657円　①4-06-263660-3

通天閣

11904　漂う—古い土地 新しい場所　黒井千次著　毎日新聞社　2013.8　175p　20cm　1600円　①978-4-620-32221-6

鶴橋（大阪市生野区）

11905　大阪不案内　森まゆみ文, 太田順一写真　筑摩書房　2009.6　249p　15cm　（ちくま文庫）〈『森まゆみの大阪不案内』（2003年刊）の改題〉　780円　①978-4-480-42610-9

天神橋筋商店街（大阪市北区）

11906　大阪不案内　森まゆみ文, 太田順一写真　筑摩書房　2009.6　249p　15cm　（ちくま文庫）〈『森まゆみの大阪不案内』（2003年刊）の改題〉　780円　①978-4-480-42610-9

天王寺区（大阪市）

11907　紀州—木の国・根の国物語　改版　中上健次著　角川書店　2009.1　308p　15cm　（角川文庫）〈発売：角川グループパブリッシング〉　552円　①978-4-04-145611-8

天満（大阪市北区）

11908　男の居場所—酒と料理の旨い店の話　勝谷誠彦著　吹田　西日本出版社　2008.12　238p　19cm　1300円　①978-4-901908-40-5

道頓堀（大阪市中央区）

11909　難波利三 私の大阪散歩　難波利三著　山と渓谷社　2002.7　141p　21cm　（歩く旅シリーズ 町歩き）　1400円　①4-635-60012-2

11910　大阪不案内　森まゆみ文, 太田順一写真　筑摩書房　2009.6　249p　15cm　（ちくま文庫）〈『森まゆみの大阪不案内』（2003年刊）の改題〉　780円　①978-4-480-42610-9

11911　英国一家、日本を食べる　マイケル・ブース著, 寺西のぶ子訳　亜紀書房　2013.4

278p 19cm 1900円 ①978-4-7505-1304-1

道明寺

11912 名文で巡る国宝の十一面観音 白洲正子, 佐多稲子, 陳舜臣, 亀井勝一郎, 和辻哲郎, 杉本苑子, 会津八一, 永井路子, 立原正秋, 梅原猛, 吉村貞司, 津田さち子, 井上靖著 青草書房 2007.3 249p 20cm (Seisouおとなの図書館) 1600円 ①978-4-903735-01-6

特急「ラピート」

11913 全国私鉄特急の旅 小川裕夫著 平凡社 2006.10 229p 18cm (平凡社新書) 840円 ①4-582-85343-9

飛田新地(大阪市西成区)

11914 色街を呑む!—日本列島レトロ紀行 勝谷誠彦著 祥伝社 2006.2 284p 15cm (祥伝社文庫) 600円 ①4-396-33271-8

豊中市

11915 良寛を歩く 一休を歩く 水上勉著 日本放送出版協会 2004.4 317p 16cm (NHKライブラリー)〈「良寛を歩く」(1986年刊)と「一休を歩く」(1988年刊)の改題、合本〉 970円 ①4-14-084182-6
作品 一休を歩く

富田林市

11916 行きつ戻りつ 乃南アサ著 文化出版局 2000.5 237p 21cm 1500円 ①4-579-30386-5

中之島(大阪市北区)

11917 大阪不案内 森まゆみ文, 太田順一写真 筑摩書房 2009.6 249p 15cm (ちくま文庫)〈『森まゆみの大阪不案内』(2003年刊)の改題〉 780円 ①978-4-480-42610-9

南宗寺

11918 街道をゆく 4 郡上・白川街道、堺・紀州街道 ほか 新装版 司馬遼太郎著 朝日新聞出版 2008.8 319, 8p 15cm (朝日文庫) 620円 ①978-4-02-264443-5

難波(大阪市中央区)

11919 うわさの神仏 其ノ2 あやし紀行 加門七海著 集英社 2002.8 256p 15cm (集英社文庫) 495円 ①4-08-747481-X

難波駅

11920 終着駅への旅 JR編 櫻井寛著 JTBパブリッシング 2013.8 222p 19cm 1300円 ①978-4-533-09285-5

西成区(大阪市)

11921 この町へ行け 嵐山光三郎著 ティビーエス・ブリタニカ 1995.10 284p 18cm 1300円 ①4-484-95222-X

仁徳天皇陵

11922 聖地紀行—世界と日本の、「神々」を求める旅 松永伍一著 角川書店 1988.3 212p 19cm (角川選書) 880円 ①4-04-703007-4

11923 古代史紀行 宮脇俊三著 講談社 1994.9 404p 15cm (講談社文庫) 620円 ①4-06-185773-8

野崎観音

11924 難波利三 私の大阪散歩 難波利三著 山と溪谷社 2002.7 141p 21cm (歩く旅シリーズ 町歩き) 1400円 ①4-635-60012-2

能勢町

11925 バスで田舎へ行く 泉麻人著 筑摩書房 2005.5 296p 15cm (ちくま文庫)〈「バスで、田舎へ行く」(JTB 2001年刊)の改題〉 740円 ①4-480-42079-7

浜寺駅前

11926 有栖川有栖の鉄道ミステリー旅 有栖川有栖著 山と溪谷社 2008.9 227p 20cm 2000円 ①978-4-635-33031-2

春木競馬場

11927 花嫁化鳥 改版 寺山修司著 中央公論社 2008.11 258p 16cm (中公文庫)〈1990年刊の改版〉 705円 ①978-4-12-205073-0
作品 馬染かつら

阪堺電気軌道

11928 関西こころの旅路 山と溪谷社 2000.1 285p 20cm (旅の紀行&エッセイ) 1400円 ①4-635-28045-4
作品 健在なり、大阪のチンチン電車〔眉村卓〕

阪南市

11929 廃墟旅 中田薫構成, 中筋純撮影 アスペクト 2009.11 127p 19×23cm 2000円 ①978-4-7572-1724-9

東羽衣駅

11930 終着駅への旅 JR編 櫻井寛著 JTBパブリッシング 2013.8 222p 19cm 1300円 ①978-4-533-09285-5

平石峠

11931 街道をゆく 3 陸奥のみち、肥薩のみち ほか 新装版 司馬遼太郎著 朝日新聞出版 2008.8 315, 8p 15cm (朝日文庫) 620円 ①978-4-02-264442-8

枚方市

11932 にっぽん入門 柴門ふみ著 文藝春秋 2009.4 282p 16cm (文春文庫)〈2007年刊の増補〉 552円 ①978-4-16-757903-6

枚方宿

11933 難波利三 私の大阪散歩 難波利三著 山と溪谷社 2002.7 141p 21cm (歩く旅シ

リーズ 町歩き） 1400円 ①4-635-60012-2

平野区（大阪市）

11934 大阪再発見の旅―摂河泉・歴史のふるさとをゆく 高木美千子著 角川書店 2004.6 222p 19cm 1400円 ①4-04-883888-1

弘川寺

11935 良寛へ歩く 小林新一文・写真 二玄社 2002.12 173p 26cm 2800円 ①4-544-02039-5

11936 街道をゆく 3 陸奥のみち、肥薩のみち ほか 新装版 司馬遼太郎著 朝日新聞出版 2008.8 315, 8p 15cm （朝日文庫） 620円 ①978-4-02-264442-8

11937 百寺巡礼 第6巻 関西 五木寛之著 講談社 2009.2 274p 15cm （講談社文庫）〈文献あり 2004年刊の文庫化〉 562円 ①978-4-06-276267-0

葛井寺

11938 西国観音霊場・新紀行 松本章男著 大法輪閣 2004.5 293p 20cm 2100円 ①4-8046-1207-6

11939 にっぽん聖地巡拝の旅 玉岡かおる著 大法輪閣 2014.4 277p 19cm 1800円 ①978-4-8046-1360-4

船待神社

11940 街道をゆく 4 郡上・白川街道、堺・紀州街道 ほか 新装版 司馬遼太郎著 朝日新聞出版 2008.8 319, 8p 15cm （朝日文庫） 620円 ①978-4-02-264443-5

法善寺横丁（大阪市中央区）

11941 難波利三 私の大阪散歩 難波利三著 山と渓谷社 2002.7 141p 21cm （歩く旅シリーズ 町歩き） 1400円 ①4-635-60012-2

11942 大阪不案内 森まゆみ文, 太田順一写真 筑摩書房 2009.6 249p 15cm （ちくま文庫）〈『森まゆみの大阪不案内』（2003年刊）の改題〉 780円 ①978-4-480-42610-9

星田神社

11943 陰陽師ロード―安倍晴明名所案内 荒俣宏著 平凡社 2001.9 237p 19cm 1400円 ①4-582-82974-0

槙尾山

11944 西国札所古道巡礼―「母なる道」を歩む 新装版 松尾心空著 春秋社 2006.11 300p 19cm 1700円 ①4-393-13356-0

岬町

11945 渚の旅人 2 ヒラメのあぶない妄想 森沢明夫著 東京地図出版 2008.12 427p 19cm 1450円 ①978-4-8085-8535-8

水間鉄道水間線

11946 各駅下車で行こう！―スロー・トラベル カベルナリア吉田文・写真 東京書籍 2003.4 197p 21cm 1500円 ①4-487-79883-3

11947 いきどまり鉄道の旅 北尾トロ著 河出書房新社 2017.8 278p 15cm （河出文庫）〈「駅長さん！ これ以上先には行けないんすか」（2011年刊）の改題、加筆・修正〉 780円 ①978-4-309-41559-8

御堂筋（大阪市）

11948 関西こころの旅路 山と渓谷社 2000.1 285p 20cm （旅の紀行＆エッセイ） 1400円 ①4-635-28045-4
作品 浪花っ子の原点、御堂筋一直線〔河島あみる〕

水無瀬（島本町）

11949 中西進と歩く 百人一首の京都 中西進著, 京都新聞社編 京都 京都新聞出版センター 2007.11 164p 19cm 1400円 ①978-4-7638-0594-2

ミナミ（大阪市中央区・浪速区）

11950 晴浴雨浴日記 種村季弘著 河出書房新社 1989.3 250p 19cm 2500円 ①4-309-00554-3

11951 ひとり旅 ひとり酒 太田和彦著 大阪 京阪神エルマガジン社 2009.11 237p 21cm 1600円 ①978-4-87435-306-6

夕陽丘（大阪市天王寺区）

11952 難波利三 私の大阪散歩 難波利三著 山と渓谷社 2002.7 141p 21cm （歩く旅シリーズ 町歩き） 1400円 ①4-635-60012-2

淀川

11953 日本ぶらり 1 2000年の旅 山下一正著 大阪 サンセン出版 2001.4 204p 19cm （日本紀行シリーズ 1） 1800円 ①4-921038-04-X

龍王山（交野市）

11954 十一面観音巡礼 愛蔵版 白洲正子著 新潮社 2010.9 317p 22cm〈講談社文芸文庫1992年刊, 新潮社2002年刊あり〉 3000円 ①978-4-10-310720-0
作品 登美の小河

鹿谷寺址

11955 土門拳の古寺巡礼 第1巻 大和 1 土門拳著 小学館 1989.8 146p 26cm 1950円 ①4-09-559101-3
作品 ぼくの古寺巡礼
目次 法隆寺と斑鳩, 飛鳥から二上山へ, 薬師寺, ぼくの古寺巡礼（法隆寺, 中宮寺, 法起寺, 飛鳥, 聖林寺, 世尊寺・鹿谷寺址, 薬師寺）, 土門師の愛すべき人柄, 評伝・土門拳―ふる里から写真師までの道, 古寺巡礼ガイド, 大和（1）関連地図

若江（東大阪市）

11956 街道をゆく 3 陸奥のみち、肥薩のみ

ち ほか 新装版 司馬遼太郎著 朝日新聞出版 2008.8 315, 8p 15cm (朝日文庫) 620円 ①978-4-02-264442-8

兵庫県

11957 線路のない時刻表 宮脇俊三著 新潮社 1989.4 204p 15cm (新潮文庫) 280円 ①4-10-126807-X
作品 陰陽連絡新線の夢と現実 智頭線

11958 西国巡礼 白洲正子著 講談社 1999.6 211p 16cm (講談社文芸文庫)〈年譜あり 著作目録あり 風媒社1997年刊あり〉 980円 ①4-06-197667-2

11959 鉄道全線三十年―車窓紀行 昭和・平成……乗った、撮った、また乗った!! 田中正恭著 心交社 2002.6 371p 19cm 1600円 ①4-88302-741-4

11960 樹木街道を歩く―縄文杉への道 縄文剣著 碧天舎 2004.8 187p 19cm 1000円 ①4-88346-785-6

11961 グ印関西めぐり濃口 グレゴリ青山著 メディアファクトリー 2007.10 125p 21cm 1000円 ①978-4-8401-2054-8

11962 一宿一通―こころを紡ぐふれ愛のたび 金澤智行著 講談社 2007.11 190p 19cm 1200円 ①978-4-06-214301-1

11963 旨い定食途中下車 今柊二著 光文社 2011.5 238p 18cm (光文社新書)〈索引あり〉 780円 ①978-4-334-03623-2

11964 新島襄自伝―手記・紀行文・日記 新島襄著, 同志社編 岩波書店 2013.3 417, 11p 15cm (岩波文庫)〈「新島襄全集 全十巻」(同朋舎 1983-96年刊)の抜粋 年譜あり 索引あり〉 1020円 ①978-4-00-331063-2

11965 旅の食卓 池内紀著 亜紀書房 2016.8 233p 19cm 1600円 ①978-4-7505-1480-2
作品 播州のそうめん丼

青垣町(丹波市)

11966 まちづくり紀行―地域と人と出会いの旅から 亀地宏著 ぎょうせい 1991.10 307p 19cm 1500円 ①4-324-02880-X

明石海峡

11967 街道をゆく 7 甲賀と伊賀のみち、砂鉄のみち ほか 新装版 司馬遼太郎著 朝日新聞出版 2008.9 339, 8p 15cm (朝日文庫) 660円 ①978-4-02-264446-6

明石海峡大橋

11968 日本ぶらり 1 2000年の旅 山下一正著 大阪 サンセン出版 2001.4 204p 19cm (日本紀行シリーズ 1) 1800円 ①4-921038-04-X

11969 作家の犯行現場 有栖川有栖著 新潮社 2005.2 406p 16cm (新潮文庫)〈メディアファクトリー ダ・ヴィンチ編集部2002年刊あり〉 667円 ①4-10-120434-9
作品 マジック・ブリッジ

明石市

11970 良寛へ歩く 小林新一文・写真 二玄社 2002.12 173p 26cm 2800円 ①4-544-02039-5

11971 旬紀行―「とびきり」を味わうためだけの旅 寄本好則著 ディノス 2006.8 167p 20cm〈扶桑社(発売)〉 1667円 ①4-594-05210-X

11972 渚の旅人 2 ヒラメのあぶない妄想 森沢明夫著 東京地図出版 2008.12 427p 19cm 1450円 ①978-4-8085-8535-8

11973 来ちゃった 酒井順子文, ほしよりこ画 小学館 2016.3 317p 15cm (小学館文庫)〈2011年刊の増補〉 620円 ①978-4-09-406277-9

赤谷山

11974 新編 単独行 加藤文太郎著 山と溪谷社 2010.11 349p 15cm (ヤマケイ文庫)〈年譜あり 2000年刊の文庫化〉 940円 ①978-4-635-04725-8
作品 兵庫乗鞍―御嶽―焼登山記

赤穂市

11975 良寛へ歩く 小林新一文・写真 二玄社 2002.12 173p 26cm 2800円 ①4-544-02039-5

11976 勘九郎ぶらり旅―因果はめぐる歌舞伎の不思議 中村勘九郎著 集英社 2005.2 285p 16cm (集英社文庫) 571円 ①4-08-747795-9

11977 わたくしの旅 池波正太郎著 講談社 2007.4 248p 15cm (講談社文庫)〈2003年刊の文庫化〉 495円 ①978-4-06-275692-1

11978 池波正太郎を歩く 須藤靖貴著 講談社 2012.9 326p 15cm (講談社文庫)〈毎日新聞社 2009年刊の加筆・修正〉 648円 ①978-4-06-277363-8

赤穂城

11979 きまぐれ歴史散歩 池内紀著 中央公論新社 2013.9 228p 18cm (中公新書) 760円 ①978-4-12-102234-9

芦屋市

11980 典奴の日本遊覧 森下典子著 文芸春秋 1991.2 246p 19cm 1300円 ①4-16-344950-7

11981 親友はいますか―あとの祭り 渡辺淳一著 新潮社 2011.8 262p 16cm (新潮文庫)〈2009年刊の文庫化〉 438円 ①978-4-10-117638-3
作品 谷崎記念館へ行く

11982 パン欲―日本全国パンの聖地を旅する 池田浩明著 世界文化社 2013.12 128p 26cm〈タイトルは奥付等による。標題紙のタイトル：私はパン欲に逆らうことができない……〉 1400円 ①978-4-418-13234-8

余部（香美町）

11983 来ちゃった 酒井順子文, ほしよりこ画 小学館 2016.3 317p 15cm （小学館文庫）〈2011年刊の増補〉 620円 ①978-4-09-406277-9

有井堂（福崎町）

11984 孤猿随筆 柳田国男著 岩波書店 2011.3 259p 15cm （岩波文庫） 720円 ①978-4-00-331389-3
作品 旅二題（有井堂, 金剛証寺）

有馬（神戸市）

11985 良寛へ歩く 小林新一文・写真 二玄社 2002.12 173p 26cm 2800円 ①4-544-02039-5

有馬温泉

11986 雲は旅人のように―湯の花紀行 池内紀著, 田淵裕一写真 日本交通公社出版事業局 1995.5 284p 19cm 1600円 ①4-533-02163-8
作品 イッヒ・シュテルベ・リーバー・ヒヤー

11987 温泉旅日記 池内紀著 徳間書店 1996.9 277p 15cm （徳間文庫）〈河出書房新社1988年刊あり〉 540円 ①4-19-890559-2

11988 「銀づくし」乗り継ぎ旅―銀水発・銀山ゆき5泊6日3300キロ 列車に揺られて25年 種村直樹著 徳間書店 2000.7 258p 19cm 1400円 ①4-19-861211-0

11989 人情温泉紀行―演歌歌手・鏡五郎が訪ねた全国の名湯47選 鏡五郎著 マガジンランド 2008.5 235p 19cm〈年譜あり〉 1238円 ①978-4-944101-37-5

11990 枕頭山水 幸田露伴著 立川 人間文化研究機構国文学研究資料館 2012.3 241p 19cm （リプリント日本近代文学）〈原本：博文館 明治26年刊 発売：平凡社〉 3000円 ①978-4-256-90230-1
作品 まき筆日記

11991 明治紀行文學集 筑摩書房 2013.1 410p 21cm （明治文學全集 94） 7500円 ①978-4-480-10394-9
作品 まき筆日記〔幸田露伴〕

11992 湯探歩―お気楽極楽ヌルくてユル〜い温泉紀行 山崎一夫文, 西原理恵子絵 日本文芸社 2014.12 175p 21cm 1000円 ①978-4-537-26096-0

淡路国分寺

11993 街道をゆく 7 甲賀と伊賀のみち、砂鉄のみち ほか 新装版 司馬遼太郎著 朝日新聞出版 2008.9 339, 8p 15cm （朝日文庫） 660円 ①978-4-02-264446-6

淡路島

11994 旅しました。―スター旅紀行 （大阪）関西テレビ放送 1988.9 80p 30cm 980円 ①4-906256-06-6
作品 日本の情緒味わいに淡路島・西海岸〔新井春美〕

11995 マンダラ紀行 森敦著 筑摩書房 1989.12 160p 15cm （ちくま文庫） 460円 ①4-480-02358-5
作品 大日の分かつ金胎求め来て坂を下ればへうべうの海

11996 古代史紀行 宮脇俊三著 講談社 1994.9 404p 15cm （講談社文庫） 620円 ①4-06-185773-8

11997 歴史の島 旅情の島 鈴木亨著 東洋書院 1997.10 260p 22cm 1900円 ①4-88594-262-4

11998 いつか旅するひとへ 勝谷誠彦著 潮出版社 1998.8 234p 20cm 1200円 ①4-267-01499-X

11999 お徒歩 ニッポン再発見 岩見隆夫著 アールズ出版 2001.5 299p 20cm 1600円 ①4-901226-20-7

12000 わたしの旅人生「最終章」 渡辺文雄著 アートデイズ 2005.2 267p 20cm〈肖像あり〉 1600円 ①4-86119-033-9

12001 旬紀行―「とびきり」を味わうためだけの旅 寄本好則著 ディノス 2006.8 167p 20cm〈扶桑社（発売）〉 1667円 ①4-594-05210-X

12002 シローの旅 続 速水史朗著 生活の友社 2007.10 289p 19cm〈肖像あり〉 2500円 ①978-4-915919-62-6

12003 にっぽん・海風魚旅 4（大漁旗ぶるぶる乱風編） 椎名誠著 講談社 2008.7 394p 15cm （講談社文庫）〈2005年刊の文庫化〉 857円 ①978-4-06-276097-3

12004 賀曽利隆の300日3000湯めぐり日本一周―6万5000キロのバイク旅 上巻 賀曽利隆著 昭文社 2008.9 286p 21cm 1600円 ①978-4-398-21116-3

12005 お徳用愛子の詰め合わせ 佐藤愛子著 文藝春秋 2011.1 298p 20cm 1429円 ①978-4-16-373420-0
目次 私の交友録・忘れ得ぬ人たち, 旅・場所の記憶, 身近・近況, 時代, 佐藤家のこと, いま「皇室」を考える, 対談・往復書簡

12006 宮本常一 旅の手帖 愛しき島々 宮本常一著, 田村善次郎編 八坂書房 2011.10 213p 20cm 2000円 ①978-4-89694-983-4

12007 意味の変容 マンダラ紀行 森敦著 講談社 2012.1 276p 16cm （講談社文芸文庫）〈年譜あり 著作目録あり〉 1400円 ①978-4-06-290147-5
作品 マンダラ紀行―大日の分かつ金胎求め来て坂を下ればへうべうの海

12008 釣師・釣場 井伏鱒二著 講談社 2013.10 236p 16cm (講談社文芸文庫)〈著作目録あり 年譜あり〉 1300円 ①978-4-06-290208-3

淡路島世界平和大観音

12009 晴れた日は巨大仏を見に 宮田珠己著 幻冬舎 2009.10 342p 16cm (幻冬舎文庫)〈文献あり 白水社2004年刊あり〉 648円 ①978-4-344-41380-1

家島

12010 日本史紀行 奈良本辰也著 たちばな出版 2005.6 357p 19cm 1600円 ①4-8133-1878-9

12011 遠藤ケイの島旅日和 遠藤ケイ著 千早書房 2009.8 124p 21cm〈索引あり〉 1600円 ①978-4-88492-439-3

斑鳩寺

12012 見仏記 メディアミックス篇 いとうせいこう,みうらじゅん著 KADOKAWA 2015.3 245p 20cm 1600円 ①978-4-04-101459-2

生田川

12013 街道をゆく 21 神戸・横浜散歩、芸備の道 新装版 司馬遼太郎著 朝日新聞出版 2009.1 287, 8p 15cm (朝日文庫)〈初版：朝日新聞社1988年刊〉 640円 ①978-4-02-264474-9

生田神社

12014 にっぽん聖地巡拝の旅 玉岡かおる著 大法輪閣 2014.4 277p 19cm 1800円 ①978-4-8046-1360-4

伊弉諾神宮

12015 ほろ酔い旅 たつみ都志著 新風舎 2003.11 126p 19cm 1200円 ①4-7974-3527-5

12016 街道をゆく 7 甲賀と伊賀のみち、砂鉄のみち ほか 新装版 司馬遼太郎著 朝日新聞出版 2008.9 339, 8p 15cm (朝日文庫) 660円 ①978-4-02-264446-6

出石町(豊岡市)

12017 旅の面影 榎木孝明著 JTB 2001.5 95p 26cm 3500円 ①4-533-03875-1

市川

12018 川を旅する 池内紀著 筑摩書房 2007.7 207p 18cm (ちくまプリマー新書) 780円 ①978-4-480-68763-0

一乗寺

12019 にっぽん聖地巡拝の旅 玉岡かおる著 大法輪閣 2014.4 277p 19cm 1800円 ①978-4-8046-1360-4

揖保川

12020 川に遊び 湖をめぐる 千葉七郎ほか著, 作品社編集部編 作品社 1998.4 254p 22cm (新編・日本随筆紀行 大きな活字で読みやすい本―心にふるさとがある 3) ①4-87893-809-9, 4-87893-807-2

作品 揖保川の月夜〔岩野泡鳴〕

12021 異郷をゆく 西江雅之著 清流出版 2001.8 172p 21cm 1400円 ①4-916028-94-5

目次 揖保川(日本)―河原に見たこの世の縮図, マラケシュ(モロッコ)―混沌の広場に見る未来都市の姿, クラトソップ砦(アメリカ)―アメリカ史の影となった一人の女性, 泉州(中国)―中国大航海時代の故郷, ブラノ島(イタリア)―水と太陽からの贈り物 "影"を訪ねて, モロニ(コモロ)―"コモロの母"との再会, ニューオーリンズ(アメリカ)―様々な時代、あらゆる人種が混在する町, ンゴング・ヒル(ケニア)―荒野の目 "ンゴング"が見続けるサバンナ, ミハス(スペイン)―観光化で成功を収めた村の光と影, ポルトープランス(ハイチ)―貧困の中、人も景色も明るく輝く島, ポート・ルイス, モリシャス 多民族社会が織りなす地球の未来像, 烏来, 台湾 山間の村に流れた三十年の時, ニューメキシコ, アメリカ "もう一つのアメリカ"を行く, ロドリゲス島, モリシャス インド洋の果て、絶海の孤島

揖保川町

12022 街道をゆく 9 信州佐久平みち、潟のみち ほか 新装版 司馬遼太郎著 朝日新聞出版 2008.10 357, 8p 15cm (朝日文庫) 700円 ①978-4-02-264454-1

伊和神社

12023 街道をゆく 9 信州佐久平みち、潟のみち ほか 新装版 司馬遼太郎著 朝日新聞出版 2008.10 357, 8p 15cm (朝日文庫) 700円 ①978-4-02-264454-1

石屋神社

12024 街道をゆく 7 甲賀と伊賀のみち、砂鉄のみち ほか 新装版 司馬遼太郎著 朝日新聞出版 2008.9 339, 8p 15cm (朝日文庫) 660円 ①978-4-02-264446-6

後山

12025 新編 単独行 加藤文太郎著 山と溪谷社 2010.11 349p 15cm (ヤマケイ文庫)〈年譜あり 2000年刊の文庫化〉 940円 ①978-4-635-04725-8

作品 兵庫乗鞍―御嶽―焼登山記

圓教寺

12026 ほろ酔い旅 たつみ都志著 新風舎 2003.11 126p 19cm 1200円 ①4-7974-3527-5

12027 西国札所古道巡礼―「母なる道」を歩む 新装版 松尾心空著 春秋社 2006.11 300p 19cm 1700円 ①4-393-13356-0

12028 にっぽん聖地巡拝の旅 玉岡かおる著 大法輪閣 2014.4 277p 19cm 1800円

近畿

①978-4-8046-1360-4

12029 見仏記 メディアミックス篇 いとうせいこう, みうらじゅん著 KADOKAWA 2015.3 245p 20cm 1600円 ①978-4-04-101459-2

扇ノ山

12030 新編 単独行 加藤文太郎著 山と溪谷社 2010.11 349p 15cm (ヤマケイ文庫)〈年譜あり 2000年刊の文庫化〉 940円 ①978-4-635-04725-8

鶴林寺

12031 私の古寺巡礼 4(諸国) 井上靖監修 光文社 2005.1 306p 16cm (知恵の森文庫)〈淡交社1987年刊の改訂〉 686円 ①4-334-78333-3

12032 百寺巡礼 第6巻 関西 五木寛之著 講談社 2009.2 274p 15cm (講談社文庫)〈文献あり 2004年刊の文庫化〉 562円 ①978-4-06-276267-0

12033 見仏記 5 ゴールデンガイド篇 いとうせいこう, みうらじゅん著 角川書店 2011.10 233p 15cm (角川文庫)〈発売:角川グループパブリッシング〉 514円 ①978-4-04-184606-3

籠坊温泉

12034 温泉旅日記 池内紀著 徳間書店 1996.9 277p 15cm (徳間文庫)〈河出書房新社1988年刊あり〉 540円 ①4-19-890559-2

香住(香美町)

12035 男の居場所―酒と料理の旨い店の話 勝谷誠彦著 吹田 西日本出版社 2008.12 238p 19cm 1300円 ①978-4-901908-40-5

香美町

12036 旬紀行―「とびきり」を味わうためだけの旅 寄本好則著 ディノス 2006.8 167p 20cm〈扶桑社(発売)〉 1667円 ①4-594-05210-X

亀山本徳寺

12037 百寺巡礼 第6巻 関西 五木寛之著 講談社 2009.2 274p 15cm (講談社文庫)〈文献あり 2004年刊の文庫化〉 562円 ①978-4-06-276267-0

賀茂神社(たつの市)

12038 街道をゆく 9 信州佐久平みち、潟のみち ほか 新装版 司馬遼太郎著 朝日新聞出版 2008.10 357, 8p 15cm (朝日文庫) 700円 ①978-4-02-264454-1

城崎温泉

12039 温泉百話―西の旅 種村季弘, 池内紀編 筑摩書房 1988.2 471p 15cm (ちくま文庫) 680円 ①4-480-02201-5

作品 ふるさと城崎温泉〔植村直己〕 山陰土産抄〔島崎藤村〕 城崎温泉〔木下利玄〕 城崎温泉の七日〔大町桂月〕 釣銭の中に1万円札が入ってた〔田中小実昌〕

12040 温泉旅日記 池内紀著 徳間書店 1996.9 277p 15cm (徳間文庫)〈河出書房新社1988年刊あり〉 540円 ①4-19-890559-2

12041 日本の不思議な宿 巌谷国士著 中央公論新社 1999.4 353p 16cm (中公文庫) 838円 ①4-12-203396-9

12042 温泉旅行記 嵐山光三郎著 筑摩書房 2000.12 315p 15cm (ちくま文庫)〈初版:JTB1997年刊〉 760円 ①4-480-03589-3

12043 日本全国ローカル線おいしい旅 嵐山光三郎著 講談社 2004.3 246p 18cm (講談社現代新書) 700円 ①4-06-149710-3

12044 鏡花紀行文集 泉鏡花著, 田中励儀編 岩波書店 2013.12 454p 15cm (岩波文庫)〈底本:鏡花全集 第27巻・第28巻(1942年刊)〉 900円 ①978-4-00-312719-3

12045 新編 日本の旅あちこち 木山捷平著 講談社 2015.4 304p 16cm (講談社文芸文庫)〈著作目録あり 年譜あり〉 1600円 ①978-4-06-290268-7

作品 城崎の思い出―兵庫

12046 温泉天国 嵐山光三郎, 荒俣宏, 池内紀, 池波正太郎, 井伏鱒二, 植村直己, 岡本かの子, 岡本綺堂, 小川未明, 角田光代, 川端康成, 川本三郎, 北杜夫, 斎藤茂太, 坂口安吾, 高村光太郎, 武田百合子, 太宰治, 田辺聖子, 種村季弘, 田村隆一, 田山花袋, つげ義春, 平林たい子, 松本英子, 村上春樹, 室生犀星, 山下清, 柳美里, 横尾忠則, 吉川英治, 四谷シモン著 河出書房新社 2017.12 237p 19cm (ごきげん文藝) 1600円 ①978-4-309-02642-8

作品 ふるさと城崎温泉〔植村直己〕

城崎町(豊岡市)

12047 エンピツ絵描きの一人旅 安西水丸著 新潮社 1991.10 213p 19cm 1300円 ①4-10-373602-X

12048 わたしの旅人生「最終章」 渡辺文雄著 アートデイズ 2005.2 267p 20cm〈肖像あり〉 1600円 ①4-86119-033-9

慶野松原

12049 街道をゆく 7 甲賀と伊賀のみち、砂鉄のみち ほか 新装版 司馬遼太郎著 朝日新聞出版 2008.9 339, 8p 15cm (朝日文庫) 660円 ①978-4-02-264446-6

神戸駅

12050 鉄道の旅 西日本編 真島満秀写真・文 小学館 2008.4 207p 27cm 2600円 ①978-4-09-395502-7

神戸雅叙園ホテル

12051 ホテル物語―十二のホテルと一人の旅人 山口泉著 NTT出版 1993.8 221p 19cm 1800円 ①4-87188-235-7

神戸旧居留地

12052 街道をゆく 21 神戸・横浜散歩、芸備の道 新装版 司馬遼太郎著 朝日新聞出版 2009.1 287, 8p 15cm (朝日文庫)〈初版：朝日新聞社1988年刊〉 640円 ①978-4-02-264474-9

神戸市

12053 ドイツ貴族の明治宮廷記 オットマール・フォン・モール著, 金森誠也訳 新人物往来社 1988.4 206p 19cm 1800円 ①4-404-01496-1

作品 古都への旅―関西への旅・神戸と大阪

12054 極楽トンボのハミング紀行 岳真也著 廣済堂出版 1990.7 267p 19cm (TRAVEL ESSAYS'80) 1000円 ①4-331-50292-9

12055 神戸 女ひとり旅 野添梨麻著 鷹書房 1990.10 250p 19cm (女ひとり旅シリーズ) 1000円 ①4-8034-0371-6

内容 豊かな歴史に彩られ, ファッション感覚にあふれ、静かに気品の漂う街。どれも神戸です。港があり、丘があり、異人館街のある街。どれも神戸です。そんな神戸を、女ひとり旅をしてみました。

12056 歩く人 久住昌之著 マガジンハウス 1993.2 171p 19cm 1300円 ①4-8387-0384-8

12057 シェルパ斉藤の行きあたりばっ旅 2 斉藤政喜著 小学館 1998.4 253p 15cm (小学館文庫) 457円 ①4-09-411002-X

12058 アジアに落ちる AKIRA著 新潮社 1999.2 274p 20cm 1400円 ①4-10-428601-X

目次 日本, 中国, チベット, ネパール, インド, タイ

12059 にっぽん虫の眼紀行―中国人青年が見た「日本の心」 毛丹青著 文芸春秋 2001.11 250p 15cm (文春文庫)〈1998年 法蔵館刊〉 543円 ①4-16-765619-1

目次 序 体験としての日本, 1 私のめぐりあい (イワナ, わが町、神戸よ, ルミナリエ ほか), 2 虫の眼で日本を歩く (開花予報, 夜山桜, 落桜抄 ほか), 3 北京の風光 (鉛筆, 湖畔の逸事, 祖父のスケッチ ほか)

12060 キプリングの日本発見 ラドヤード・キプリング著, ヒュー・コータッツィ, ジョージ・ウェッブ編, 加納孝代訳 中央公論新社 2002.6 535p 20cm 4500円 ①4-12-003282-5

12061 バード日本紀行 I.L.バード著, 楠家重敏, 橋本かほる, 宮崎路子訳 雄松堂出版 2002.8 376, 11p 図版12枚 23cm (新異国叢書 第3輯 3) 5500円 ①4-8419-0295-3

12062 ちいさい旅みーつけた 俵万智著, 平地勲写真 集英社 2003.5 251p 16cm (集英社be文庫) 695円 ①4-08-650028-0

12063 植物学者モーリッシュの大正ニッポン観察記 ハンス・モーリッシュ著, 瀬野文教訳 草思社 2003.8 421p 20cm 2400円 ①4-7942-1238-0

12064 室町戦国史紀行 宮脇俊三著 講談社 2003.12 405p 15cm (講談社文庫)〈年表あり 2000年刊の文庫化〉 695円 ①4-06-273918-6

12065 東京〜奄美 損なわれた時を求めて 島尾伸三著 河出書房新社 2004.3 134p 21cm (Lands & memory) 1800円 ①4-309-01619-7

12066 美味放浪記 檀一雄著 中央公論新社 2004.4 363p 15cm (中公文庫BIBLIO) 895円 ①4-12-204356-5

12067 日本紀行「開戦前夜」 フェレイラ・デ・カストロ著, 阿部孝次訳 彩流社 2006.2 202p 20cm〈文献あり〉 1900円 ①4-7791-1143-9

12068 中部日本を歩く 立松和平著, 黒古一夫編 勉誠出版 2006.4 389p 22cm (立松和平日本を歩く 第3巻) 2600円 ①4-585-01173-0

作品 三年後の神戸市長田区

12069 肴(あて)のある旅―神戸居酒屋巡回記 中村よお著 大阪 創元社 2006.8 285p 19cm 1600円 ①4-422-25045-0

目次 1 居酒屋彷徨 DA DOO RON RON (八島食堂中店 (元町)―ねぎ入りという贅沢 WE'RE ALL ALONE, 藤原 (二宮)―二宮町の至福 YOU'RE GOT A FRIEND, 高田屋旭店 (王子公園)―我が町の聖地 MY LITTLE TOWN, 観山亭 (三宮)―女将と包丁 AN OLD FASHIONED LOVE SONG ほか), 2 飲酒的日常 TO KNOW HIM IS TO LOVE HIM (神戸追憶居酒屋 THE TIMES THEY ARE A - CHANGIN', 元町散歩 SAIL AWAY, 僕たちのバー MY GENERATION, 大阪回顧酒場 THESE DAYS ほか)

12070 銅像めぐり旅―ニッポン蘊蓄紀行 清水義範著 祥伝社 2006.9 306p 16cm (祥伝社文庫)〈2002年刊の文庫化〉 619円 ①4-396-33308-0

12071 ビルマ商人の日本訪問記 ウ・フラ著, 土橋泰子訳 連合出版 2007.10 238p 20cm (別世界との出会い 2) 2500円 ①978-4-89772-226-9

12072 辺境・近境 新装版 村上春樹著 新潮社 2008.2 252p 20cm〈1998年刊, 2000年刊 (文庫) あり〉 1600円 ①978-4-10-353421-1

作品 神戸まで歩く

目次 イースト・ハンプトン 作家たちの静かな聖地, 無人島・からす島の秘密, メキシコ大旅行, 讃岐・超ディープうどん紀行, ノモンハンの鉄の墓場, アメリカ大陸を横断しよう, 神戸まで歩く, 辺境を旅する

12073 にっぽん・海風魚旅 4 (大漁旗ぶるぶる乱風編) 椎名誠著 講談社 2008.7 394p 15cm (講談社文庫)〈2005年刊の文庫化〉 857円 ①978-4-06-276097-3

作品 鳴門から淡路島をぬけて神戸に行った

12074 街道をゆく 21 神戸・横浜散歩、芸備の道 新装版 司馬遼太郎著 朝日新聞出版 2009.1 287, 8p 15cm (朝日文庫)〈初版：朝日新聞社1988年刊〉 640円 ①978-4-02-264474-9

12075 ぶらぶらヂンヂン古書の旅 北尾トロ著 文藝春秋 2009.6 239p 16cm (文春文庫)〈風塵社2007年刊の増補〉 590円 ①978-4-16-

775383-2
作品 神戸でイモヅル式“黒豹作戦”

12076 文豪、偉人の「愛」をたどる旅 黛まどか著 集英社 2009.8 255p 18cm 1048円 ①978-4-08-781427-9
作品 恋の争い 菟原処女と男たち 兵庫県神戸市

12077 東の国から 心 オンデマンド版 小泉八雲著, 平井呈一訳 恒文社 2009.10 663p 21cm〈初版：1975年刊〉 6300円 ①978-4-7704-1140-2
作品 旅日記から

12078 ひとり旅 ひとり酒 太田和彦著 大阪 京阪神エルマガジン社 2009.11 237p 21cm 1600円 ①978-4-87435-306-6

12079 吉田観覧車 吉田戦車著 講談社 2009.12 179p 15cm (講談社文庫) 524円 ①978-4-06-276543-5

12080 食通知つたかぶり 丸谷才一著 中央公論新社 2010.2 276p 16cm (中公文庫) 781円 ①978-4-12-205284-0

12081 すすれ！麵の甲子園 椎名誠著 新潮社 2010.10 365p 16cm (新潮文庫) 590円 ①978-4-10-144836-7

12082 みちくさ 2 菊池亜希子著 小学館 2011.5 127p 21cm 1200円 ①978-4-09-342387-8

12083 漂う―古い土地 新しい場所 黒井千次著 毎日新聞社 2013.8 175p 20cm 1600円 ①978-4-620-32221-6

12084 松崎天民選集 第10巻 人間見物 松崎天民著, 後藤正人監修・解説 クレス出版 2013.11 395, 3p 19cm〈騒人社書局 昭和二年刊の複製〉 6000円 ①978-4-87733-795-7
作品 縄暖簾四方山

12085 パン欲―日本全国パンの聖地を旅する 池田浩明著 世界文化社 2013.12 128p 26cm〈タイトルは奥付等による。標題紙のタイトル：私はパン欲に逆らうことができない……〉 1400円 ①978-4-418-13234-8

12086 ガリヴァーの訪れた国―マリアンヌ・ノースの明治八年日本紀行 柄戸正著 万来舎 2014.9 171p 19cm〈文献あり〉 1200円 ①978-4-901221-81-8

12087 紀行せよ、と村上春樹は言う 鈴村和成著 未来社 2014.9 360p 20cm〈著作目録あり〉 2800円 ①978-4-624-60116-4
作品 地震の後、村上春樹の神戸を行く

12088 ふらり旅 いい酒 いい肴 1 太田和彦著 主婦の友社 2015.1 135p 21cm 1400円 ①978-4-07-299000-1

12089 ニッポン旅みやげ 池内紀著 青土社 2015.4 162p 20cm 1800円 ①978-4-7917-6852-3

12090 さらば新宿赤マント 椎名誠著 文藝春秋 2015.9 445p 16cm (文春文庫)〈2013年刊の文庫化〉 770円 ①978-4-16-790449-4
作品 元気な神戸

12091 熊本の桜納豆は下品でうまい 太田和彦著 集英社 2015.10 245p 16cm (集英社文庫―ニッポンぶらり旅) 600円 ①978-4-08-745376-8

12092 心―日本の内面生活がこだまする暗示的諸編 小泉八雲著, 平川祐弘訳 河出書房新社 2016.5 421p 20cm (個人完訳小泉八雲コレクション) 2400円 ①978-4-309-02434-9
作品 旅日記から

12093 旅は道づれ雪月花 高峰秀子, 松山善三著 中央公論新社 2016.11 306p 16cm (中公文庫)〈ハースト婦人画報社 2012年刊の再刊〉 760円 ①978-4-12-206315-0

12094 日本旅行者―新・完訳 来日100周年記念 ラビーンドラナート・タゴール著, 丹羽京子訳 本郷書森 2016.12 222p 20cm 1500円 ①978-4-9907231-1-8
内容 アジア初ノーベル文学賞受賞者、時代の予言者、芸術家タゴールの、初めての日本訪問印象

12095 神戸ものがたり 陳舜臣著 神戸 神戸新聞総合出版センター 2017.4 295p 19cm (のじぎく文庫)〈平凡社 1998年刊に「わが心の自叙伝」を加え、再刊〉 1800円 ①978-4-343-00945-6
目次 神戸ものがたり (まえがき, 新しい土地, 金星台から, 異人館地帯, 南北の道 ほか), わが心の自叙伝 (少数派―台湾での情景鮮明に, 作家としての原点―子供心に抱いた混乱、疑問, 神戸校のころ―大家族と友人に囲まれて, 三色の家―船と港を眺め、夢見た海外, 祖父のこと―フィクションに生きた気質 ほか)

今田町(篠山市)

12096 ニッポン・あっちこっち 安西水丸著 家の光協会 1999.11 205p 17cm 1800円 ①4-259-54570-1

坂越(赤穂市)

12097 瀬戸内こころの旅路 山と渓谷社 2000.1 285p 20cm (旅の紀行&エッセイ) 1400円 ①4-635-28044-6
作品 港町のとびきりの地酒―坂越〔吉田知子〕
目次 私のせとうち紀行―山陽路・四国路 (敗者たちの美学が眠る海 (高城修三), 海の見えるローカル線―呉線 (見延典子), 伊予路の小さな町を歩く―大洲・内子・宇和島 (高橋洋子), 青春の思い出が詰まった町―日生 (眉村卓), 港町のとびきりの地酒―坂越 (吉田知子), 時空を超えてさまよえる町―尾道 (山中恒), 竹久夢二のふるさとを訪ねて―邑久 (堀ちえみ), 絵のような入江の町―室津 (鈴木喜一), 北前船の歴史が眠る港町―下津井 (太田耕治), 吉野川溯って卯建の町へ―脇町 (竹内紘子), 平家落人の道をたどる (みなみらんぼう), 奉公さんが語る歴史―高松 (北条令子), 阿波、藍色紀行 (入江織美), 瀬戸内魚たちの四季 (鷲尾圭司)), 瀬戸内への手紙 (段々畑とあの白い道はいま (新藤兼人), ふるさとの夕陽は今日も変わらず (阿久悠), 淡路島の未来を夢見る (兼高かおる), 瀬戸内に生まれた者の幸せ (池内紀), 二つの海がせめぎあう故郷 (柴門ふみ), 懺悔と歓喜の海 (藤田美保子), 涙の記憶をたどりあの島へ (中尾彬), 島の地獄絵図がボクに教えたこと (衣笠祥雄), 腕白坊主が故郷の島を発った日 (中田カウス), ホームタウンはヒロシマ (森下洋子), 広島瀬戸内への手紙 (段々畑とあの白い道はいま (新藤兼人), ふるさとの夕陽は今日も変わらず (阿久

悠）ほか），私のせとうち紀行―瀬戸内海、魅惑の島旅（二十四の瞳たちの海と空―小豆島（森崎和江），しまなみ海道ひとり旅（仁喜和彦），広島湾、潮流迅し（立松和平），海人族の島―沼島（山口崇），島旅トランピングのすすめ（河田真智子），海に向かってつまびくギター―弓削島・豊島（河島英五），花あり味あり人情あり―真鍋島（風巻俊），鯛に囲まれた安らぎの島―情島（阿南満三），一枚の写真から―大崎下島（山本純二），しまなみ海道、六つのピークを踏む（竹内鉄二），瀬戸内を彷徨った男たち（唯一人、戦争に反対した軍人・水野広徳（早坂暁），日本が生んだ天下の奇才、平賀源内（高城修三）ほか）

篠山市

12098 日本の風景を歩く―歴史・人・風土　井出孫六著　大修館書店　1992.11　19cm

12099 負籠の細道　水上勉著　集英社　1997.10　232p　16cm　（集英社文庫）　476円　①4-08-748697-4

12100 望郷を旅する　石川啄木ほか著，作品社編集部編　作品社　1998.4　251p　22cm　（新編・日本随筆紀行 大きな活字で読みやすい本―心にふるさとがある 15）　①4-87893-896-X, 4-87893-807-2
　作品 御徒士町と河原町〔岡部伊都子〕

12101 ニッポン・あっちこっち　安西水丸著　家の光協会　1999.11　205p　17cm　1800円　①4-259-54570-1

12102 関西こころの旅路　山と渓谷社　2000.1　285p　20cm　（旅の紀行＆エッセイ）　1400円　①4-635-28045-4
　作品 丹波杜氏のふるさと、篠山の男たち〔峰順一〕

12103 丹波・丹後　水上勉著　河出書房新社　2000.4　189p　20cm　（日本の風景を歩く）　1600円　①4-309-62133-3

12104 民謡秘宝紀行　斎藤完著　白水社　2004.11　213p　19cm　1800円　①4-560-02660-2

12105 メルヘン紀行　みやこうせい著　未知谷　2005.5　237p　20cm　2200円　①4-89642-129-9

12106 日本風景論　池内紀著　角川学芸出版　2009.3　279p　19cm　（角川選書）〈発売：角川グループパブリッシング〉　1600円　①978-4-04-703442-6

篠山城跡

12107 街道をゆく　4　郡上・白川街道、堺・紀州街道 ほか　新装版　司馬遼太郎著　朝日新聞出版　2008.8　319, 8p　15cm　（朝日文庫）　620円　①978-4-02-264443-5

篠山線

12108 消えゆく鉄道の風景―さらば、良き時代の列車たち 終焉間近のローカル線と、廃線跡をたどる旅　田中正恭著　自由国民社　2006.11　231p　19cm　1600円　①4-426-75302-3

三田市

12109 街道をゆく　4　郡上・白川街道、堺・紀州街道 ほか　新装版　司馬遼太郎著　朝日新聞出版　2008.8　319, 8p　15cm　（朝日文庫）　620円　①978-4-02-264443-5

三ノ宮（神戸市）

12110 ある出版人の日本紀行　尹炯斗著，舘野晳訳　出版ニュース社　2006.10　237p　20cm〈年譜あり〉　2000円　①4-7852-0124-X

塩田温泉

12111 温泉旅日記　池内紀著　徳間書店　1996.9　277p　15cm　（徳間文庫）〈河出書房新社1988年刊あり〉　540円　①4-19-890559-2

浄運寺

12112 街道をゆく　9　信州佐久平みち、潟のみち ほか　新装版　司馬遼太郎著　朝日新聞出版　2008.10　357, 8p　15cm　（朝日文庫）　700円　①978-4-02-264454-1

浄土寺

12113 見仏記　5　ゴールデンガイド篇　いとうせいこう，みうらじゅん著　角川書店　2011.10　233p　15cm　（角川文庫）〈発売：角川グループパブリッシング〉　514円　①978-4-04-184606-3

12114 にっぽん聖地巡拝の旅　玉岡かおる著　大法輪閣　2014.4　277p　19cm　1800円　①978-4-8046-1360-4

神積寺

12115 見仏記　メディアミックス篇　いとうせいこう，みうらじゅん著　KADOKAWA　2015.3　245p　20cm　1600円　①978-4-04-101459-2

随願寺

12116 見仏記　メディアミックス篇　いとうせいこう，みうらじゅん著　KADOKAWA　2015.3　245p　20cm　1600円　①978-4-04-101459-2

須磨区（神戸市）

12117 良寛へ歩く　小林新一文・写真　二玄社　2002.12　173p　26cm　2800円　①4-544-02039-5

12118 飯田龍太全集　第10巻　紀行・雑纂　飯田龍太著　角川学芸出版，角川書店〔発売〕　2005.12　422p　19cm　2667円　①4-04-651940-1
　作品 西の旅

12119 平家巡礼　上原まり著　光文社　2011.12　240p　16cm　（光文社知恵の森文庫）　667円　①978-4-334-78595-6

須磨寺

12120 シローの旅　続　速水史朗著　生活の友社　2007.10　289p　19cm〈肖像あり〉　2500円　①978-4-915919-62-6

洲本城

12121 戦国の山城をゆく―信長や秀吉に滅ぼされた世界　安部龍太郎著　集英社　2004.4

234p 18cm (集英社新書)〈年表あり〉 680円 ①4-08-720237-2

12122 街道をゆく 7 甲賀と伊賀のみち、砂鉄のみち ほか 新装版 司馬遼太郎著 朝日新聞出版 2008.9 339, 8p 15cm (朝日文庫) 660円 ①978-4-02-264446-6

清明塚(佐用町)

12123 陰陽師ロード—安倍晴明名所案内 荒俣宏著 平凡社 2001.9 237p 19cm 1400円 ①4-582-82974-0

雪彦山

12124 ひとつとなりの山 池内紀著 光文社 2008.10 269p 18cm (光文社新書) 800円 ①978-4-334-03476-4

大乗寺

12125 とっておきの寺社詣で 三木露風ほか著, 作品社編集部編 作品社 1998.4 251p 22cm (新編・日本随筆紀行 大きな活字で読みやすい本—心にふるさとがある 14) ①4-87893-895-1, 4-87893-807-2

[作品] 大乗寺を訪ふ〔島崎藤村〕

12126 脳で旅する日本のクオリア 茂木健一郎著 小学館 2009.7 255p 19cm 1500円 ①978-4-09-387855-5

高砂市

12127 良寛へ歩く 小林新一文・写真 二玄社 2002.12 173p 26cm 2800円 ①4-544-02039-5

12128 ニッポン旅みやげ 池内紀著 青土社 2015.4 162p 20cm 1800円 ①978-4-7917-6852-3

宝塚市

12129 安吾新日本地理 坂口安吾著 河出書房新社 1988.5 318p 15cm (河出文庫) 580円 ①4-309-40218-6

[作品] 宝塚女子占領軍

12130 坂口安吾全集 18 坂口安吾著 筑摩書房 1991.9 794p 15cm (ちくま文庫) 1340円 ①4-480-02478-6

[作品] 安吾新日本地理—宝塚女子占領軍

12131 日本の不思議な宿 巌谷国士著 中央公論新社 1999.4 353p 16cm (中公文庫) 838円 ①4-12-203396-9

12132 サイマー! 浅田次郎著 集英社 2005.12 299p 16cm (集英社文庫)〈写真:久保吉輝〉 648円 ①4-08-747891-2

12133 ちょっとそこまで旅してみよう 益田ミリ著 幻冬舎 2017.4 186p 16cm (幻冬舎文庫)〈「ちょっとそこまでひとり旅だれかと旅」(2013年刊)の改題、書き下ろしを加え再刊〉 460円 ①978-4-344-42598-9

竹野町(豊岡市)

12134 渚の旅人 2 ヒラメのあぶない妄想 森沢明夫著 東京地図出版 2008.12 427p 19cm 1450円 ①978-4-8085-8535-8

立杭(篠山市)

12135 街道をゆく 4 郡上・白川街道、堺・紀州街道 ほか 新装版 司馬遼太郎著 朝日新聞出版 2008.8 319, 8p 15cm (朝日文庫) 620円 ①978-4-02-264443-5

龍野公園〔龍野城跡〕

12136 街道をゆく 9 信州佐久平みち、潟のみち ほか 新装版 司馬遼太郎著 朝日新聞出版 2008.10 357, 8p 15cm (朝日文庫) 700円 ①978-4-02-264454-1

たつの市

12137 心の虹—詩人のふるさと紀行 増田れい子著 労働旬報社 1996.8 247p 19cm 1800円 ①4-8451-0441-5

12138 ほろ酔い旅 たつみ都志著 新風舎 2003.11 126p 19cm 1200円 ①4-7974-3527-5

12139 「男はつらいよ」を旅する 川本三郎著 新潮社 2017.5 286p 20cm (新潮選書) 1400円 ①978-4-10-603808-2

[作品] 播州の小京都と大阪へ

丹波八上城

12140 戦国の山城をゆく—信長や秀吉に滅ぼされた世界 安部龍太郎著 集英社 2004.4 234p 18cm (集英社新書)〈年表あり〉 680円 ①4-08-720237-2

道満塚(佐用町)

12141 陰陽師ロード—安倍晴明名所案内 荒俣宏著 平凡社 2001.9 237p 19cm 1400円 ①4-582-82974-0

忉利天上寺

12142 にっぽん聖地巡拝の旅 玉岡かおる著 大法輪閣 2014.4 277p 19cm 1800円 ①978-4-8046-1360-4

豊岡市

12143 関西こころの旅路 山と渓谷社 2000.1 285p 20cm (旅の紀行&エッセイ) 1400円 ①4-635-28045-4

[作品] 山陰のある朝市にて〔橘右佐喜〕

鳴門海峡

12144 紀行文集 無明一杖 上甲平谷著 谷沢書房 1988.7 339p 19cm 2500円

[作品] 紀南から四国へ

12145 マンダラ紀行 森敦著 筑摩書房 1989.12 160p 15cm (ちくま文庫) 460円 ①4-480-02358-5

[作品] 大日の分かつ金胎求め来て坂を下ればへうべうの海

12146 碧い眼の太郎冠者 ドナルド・キーン著

中央公論新社　2001.7　188p　21cm　(Chuko on demand books)　2000円　Ⓘ4-12-550026-6
作品 四国さかさ巡礼記

12147　四国霊場徒歩遍路　小野庄一著　中央公論新社　2002.4　172p　21cm　1700円　Ⓘ4-12-003260-4
目次 徳島―発心の道場へ(擬死再生の産道、鳴門の渦潮, 一番札所―旅の始まり ほか), 高知―修行の道場へ(寝付かれぬ夜, 室戸岬の札所を「打つ」 ほか), 愛媛―菩提の道場へ(お陰をいただく, トイレに関する恐怖体験 ほか), 香川―涅槃の道場へ(真っ赤に染まった納経帳, 生き続ける空海 ほか)

12148　ほろ酔い旅　たつみ都志著　新風舎　2003.11　126p　19cm　1200円　Ⓘ4-7974-3527-5

12149　シローの旅　続　速水史朗著　生活の友社　2007.10　289p　19cm〈肖像あり〉　2500円　Ⓘ978-4-915919-62-6

12150　にっぽん・海風魚旅　4(大漁旗ぶるぶる乱風編)　椎名誠著　講談社　2008.7　394p　15cm　(講談社文庫)〈2005年刊の文庫化〉　857円　Ⓘ978-4-06-276097-3

12151　意味の変容 マンダラ紀行　森敦著　講談社　2012.1　276p　16cm　(講談社文芸文庫)〈年譜あり　著作目録あり〉　1400円　Ⓘ978-4-06-290147-5
作品 マンダラ紀行―大日の分かつ金胎求め来て坂を下ればへうべうの海

西宮市

12152　パン欲―日本全国パンの聖地を旅する　池田浩明著　世界文化社　2013.12　128p　26cm〈タイトルは奥付等による。標題紙のタイトル：私はパン欲に逆らうことができない……〉　1400円　Ⓘ978-4-418-13234-8

西脇市

12153　導かれて、旅　横尾忠則著　文藝春秋　1995.7　286p　16cm　(文春文庫)〈日本交通公社出版事業局 1992年刊の文庫化〉　480円　Ⓘ4-16-729703-5
作品 丹後、天女の里へ

沼島

12154　瀬戸内こころの旅路　山と渓谷社　2000.1　285p　20cm　(旅の紀行&エッセイ)　1400円　Ⓘ4-635-28044-6
作品 海人族の島―沼島〔山口崇〕

12155　ニッポン西遊記　古事記編　鶴田真由著　幻冬舎　2013.9　214p　20cm〈文献あり〉　1300円　Ⓘ978-4-344-02448-9

12156　島―瀬戸内海をあるく　第3集　2007-2008　斎藤潤著, 全国離島振興協議会, 日本離島センター監修　周防大島町(山口県)　みずのわ出版　2014.6　255p　22cm〈索引あり〉　3000円　Ⓘ978-4-86426-009-1
目次 2007年(手島・小手島 知られざる塩飽のテシマの現状と課題, 青島 辿りつけない島で、医療の理想型について考える, 沼島「沼島の春」、その後――四年を経た沼島の現状, 六口島・松島・釜島 観光と漁業で踏みとどまる島と風前の灯の島), 2008年(岩城島・赤穂根島 島の農業をめぐるさまざまな試み, 馬島・佐合島 自治体をまたいだ航路合併とその後の現状を探る, 与島・小与島・岩黒島・櫃石島 本州と四国を繋ぐ橋脚にされた島々の二〇年, 岡村島・大下島・小大下島 遠く離れた都市に呑みこまれた小さな島々)

布引の滝

12157　街道をゆく　21　神戸・横浜散歩、芸備の道　新装版　司馬遼太郎著　朝日新聞出版　2009.1　287, 8p　15cm　(朝日文庫)〈初版：朝日新聞社1988年刊〉　640円　Ⓘ978-4-02-264474-9

鉢伏山

12158　新編 単独行　加藤文太郎著　山と溪谷社　2010.11　349p　15cm　(ヤマケイ文庫)〈年譜あり　2000年刊の文庫化〉　940円　Ⓘ978-4-635-04725-8

林崎(明石市)

12159　街道をゆく　7　甲賀と伊賀のみち、砂鉄のみち ほか　新装版　司馬遼太郎著　朝日新聞出版　2008.9　339, 8p　15cm　(朝日文庫)　660円　Ⓘ978-4-02-264446-6

播州清水寺

12160　十一面観音巡礼　愛蔵版　白洲正子著　新潮社　2010.9　317p　22cm〈講談社文芸文庫1992年刊, 新潮社2002年刊あり〉　3000円　Ⓘ978-4-10-310720-0
作品 清水の流れ

氷室神社

12161　禁足地帯の歩き方　吉田悠軌著　学研プラス　2017.11　175p　19cm　1000円　Ⓘ978-4-05-406602-1

姫路市

12162　日本ぶらり　2　2001年の旅　山下一正著　大阪　サンセン出版　2002.10　228p　19cm　(日本紀行シリーズ 2)　1905円　Ⓘ4-921038-05-8
目次 1 姫路―桜咲く白鷺城, 2 室津―春の港, 3 湯郷―美作の温泉郷, 4 林野―合流河畔の町, 5 粟井―作東山間の農村, 6 下関―関門海峡の北岸, 7 門司―関門海峡の南岸

姫路城

12163　日本名城紀行　5　山陽・山陰 そびえたつ天守　小学館　1989.5　293p　15cm　600円　Ⓘ4-09-401205-2
内容 白鷺にたとえられる天下の名城姫路城、烏の名で呼ばれる岡山城、鯉の城広島城、千鳥の異名をもつ松江城、さらに福山城、備中松山城など中国路には美しき天守が競い合う。また維新の志士たちを育んだ萩城、静かなたたずまいの城下町をもつ津和野城、秀吉の城攻めで知られる鳥取城などを南条範夫、藤原審爾、早乙女貢、奈良本辰也らの一流作家・史家がドラマチックに描く、城物語と紀行。

12164 日本ぶらり 2 2001年の旅 山下一正著 大阪 サンセン出版 2002.10 228p 19cm (日本紀行シリーズ 2) 1905円 ①4-921038-05-8

12165 三津五郎 城めぐり 坂東三津五郎著 三月書房 2010.11 117p 22cm 2200円 ①978-4-7826-0211-9

12166 「現存」12天守めぐりの旅—歴史ある国宝・重文のお城をたずねる 萩原さちこ著 学研パブリッシング 2014.5 183p 21cm〈文献あり 発売:学研マーケティング〉 1300円 ①978-4-05-800268-1

12167 豪州人歴史愛好家、名城を行く クリス・グレン著 宝島社 2015.3 254p 19cm〈文献あり〉 1400円 ①978-4-8002-3702-6

氷ノ山

12168 新編 単独行 加藤文太郎著 山と溪谷社 2010.11 349p 15cm (ヤマケイ文庫)〈年譜あり 2000年刊の文庫化〉 940円 ①978-4-635-04725-8
作品 兵庫槍—大天井—鷲羽登山 冬の氷ノ山と鉢伏山

広峯神社

12169 陰陽師ロード—安倍晴明名所案内 荒俣宏著 平凡社 2001.9 237p 19cm 1400円 ①4-582-82974-0

福崎町

12170 ニッポン旅みやげ 池内紀著 青土社 2015.4 162p 20cm 1800円 ①978-4-7917-6852-3

福知山線旧線

12171 廃線探訪の旅—日本の鉄道 原口隆行編著 ダイヤモンド社 2004.6 158p 21cm 1800円 ①4-478-96089-5

福泊(姫路市)

12172 良寛へ歩く 小林新一文・写真 二玄社 2002.12 173p 26cm 2800円 ①4-544-02039-5

保久良山

12173 沈黙の神々 佐藤洋二郎著 松柏社 2005.11 270p 19cm 1800円 ①978-4-7754-0093-2

円山川

12174 中部日本を歩く 立松和平著, 黒古一夫編 勉誠出版 2006.4 389p 22cm (立松和平日本を歩く 第3巻) 2600円 ①4-585-01173-0

満願寺

12175 見仏記 4 親孝行篇 いとうせいこう著, みうらじゅん画 角川書店 2006.1 262p 15cm (角川文庫)〈2002年刊の文庫化〉 514円 ①4-04-184605-6

三尾(新温泉町)

12176 忘れられた日本の村 筒井功著 河出書房新社 2016.5 237p 20cm 1800円 ①978-4-309-22668-2
作品 断崖の漁村「御火浦」略史

三木城

12177 戦国の山城をゆく—信長や秀吉に滅ぼされた世界 安部龍太郎著 集英社 2004.4 234p 18cm (集英社新書)〈年表あり〉 680円 ①4-08-720237-2

湊川神社

12178 にっぽん聖地巡拝の旅 玉岡かおる著 大法輪閣 2014.4 277p 19cm 1800円 ①978-4-8046-1360-4

南あわじ市

12179 日本探見二泊三日 宮脇俊三著 角川書店 1994.3 231p 15cm (角川文庫) 430円 ①4-04-159807-9

12180 ほろ酔い旅 たつみ都志著 新風舎 2003.11 126p 19cm 1200円 ①4-7974-3527-5
作品 うず潮見て、元気になりましょ(淡路人形浄瑠璃館と鳴門)

三室山

12181 新編 単独行 加藤文太郎著 山と溪谷社 2010.11 349p 15cm (ヤマケイ文庫)〈年譜あり 2000年刊の文庫化〉 940円 ①978-4-635-04725-8
作品 兵庫乗鞍—御嶽—焼登山記

弥勒寺(姫路市)

12182 見仏記 メディアミックス篇 いとうせいこう, みうらじゅん著 KADOKAWA 2015.3 245p 20cm 1600円 ①978-4-04-101459-2

村岡(香美町)

12183 関西こころの旅路 山と渓谷社 2000.1 285p 20cm (旅の紀行&エッセイ) 1400円 ①4-635-28045-4
作品 水美し国、村岡名水紀行〔田中淳夫〕

室津(たつの市)

12184 瀬戸内こころの旅路 山と渓谷社 2000.1 285p 20cm (旅の紀行&エッセイ) 1400円 ①4-635-28044-6
作品 絵のような入江の町—室津〔鈴木喜一〕

12185 日本ぶらり 2 2001年の旅 山下一正著 大阪 サンセン出版 2002.10 228p 19cm (日本紀行シリーズ 2) 1905円 ①4-921038-05-8

12186 ほろ酔い旅 たつみ都志著 新風舎 2003.11 126p 19cm 1200円 ①4-7974-3527-5

12187 バスで田舎へ行く 泉麻人著 筑摩書房 2005.5 296p 15cm (ちくま文庫)〈「バスで、

田舎へ行く」(JTB 2001年刊) の改題〉 740円 ①4-480-42079-7

12188 日本史紀行 奈良本辰也著 たちばな出版 2005.6 357p 19cm 1600円 ①4-8133-1878-9

12189 伝説を旅する 鳥居フミ子著 川崎 みやび出版 2007.3 238p 20cm〈創英社(発売) 著作目録あり〉 1800円 ①978-4-903507-01-9

12190 街道をゆく 9 信州佐久平みち、潟のみち ほか 新装版 司馬遼太郎著 朝日新聞出版 2008.10 357, 8p 15cm (朝日文庫) 700円 ①978-4-02-264454-1

室津漁港

12191 原風景のなかへ 安野光雅著 山川出版社 2013.7 215p 20cm 1600円 ①978-4-634-15044-7

山崎城跡 (宍粟市)

12192 街道をゆく 9 信州佐久平みち、潟のみち ほか 新装版 司馬遼太郎著 朝日新聞出版 2008.10 357, 8p 15cm (朝日文庫) 700円 ①978-4-02-264454-1

湯村温泉

12193 温泉百話—西の旅 種村季弘, 池内紀編 筑摩書房 1988.2 471p 15cm (ちくま文庫) 680円 ①4-480-02201-5

作品 但馬衆寄れば牛と唄〔野坂昭如〕 釣銭の中に1万円札が入ってた〔田中小実昌〕

由良要塞

12194 戦争廃墟行—DVD BOOK 田中昭二著 学研パブリッシング 2010.10 117p 21cm〈発売:学研マーケティング〉 2800円 ①978-4-05-404683-2

六甲山

12195 想い遙かな山々 中西悟堂ほか著, 作品社編集部編 作品社 1998.4 245p 22cm (新編・日本随筆紀行 大きな活字で読みやすい本—心にふるさとがある 1)〈付属資料:63p: 著者紹介・出典一覧〉 ①4-87893-806-4, 4-87893-807-2

作品 六甲裏山の美〔賀川豊彦〕

12196 動くとき、動くもの 青木奈緒著 講談社 2005.11 333p 15cm (講談社文庫)〈2002年刊の文庫化〉 600円 ①4-06-275236-0

和田岬駅

12197 終着駅への旅 JR編 櫻井寛著 JTBパブリッシング 2013.8 222p 19cm 1300円 ①978-4-533-09285-5

奈良県

12198 ドイツ貴族の明治宮廷記 オットマール・フォン・モール著, 金森誠也訳 新人物往来社 1988.4 206p 19cm 1800円 ①4-404-01496-1

作品 古都への旅—奈良

12199 会津八一と奈良 小笠原忠編著 宝文館出版 1989.6 178p 19cm〈『会津八一歌がたみ・奈良』改題書〉 1300円 ①4-8320-1341-6

目次 南京新唱, 放浪唫草, 南京余唱, 斑鳩, 旅愁, 南京続唱, 比叡山, 観仏三昧, 草露, 観音院, 溷濁, 歌碑, 大仏讃歌, 鐘楼, 平城宮址, 香薬師, 海上, 春日野, 西の京, 霜葉, 白雪, 病間, 彩痕, このごろ, 銅鑼, あさつゆ, 会津八一素描

12200 日本旅行日記 2 アーネスト・メイスン・サトウ著, 庄田元男訳 平凡社 1992.6 334p 18cm (東洋文庫) 2884円 ①4-582-80550-7

作品 伊勢・紀和・京阪に歴史をたずねる

12201 日本の風景を歩く—歴史・人・風土 井出孫六著 大修館書店 1992.11 19cm

12202 飛鳥大和 美の巡礼 栗田勇著 講談社 1996.5 292p 15cm (講談社学術文庫) 900円 ①4-06-159227-0

目次 1 弥勒の微笑, 2 飛鳥人の夢, 3 常世の国・黄泉の国, 4 浄土曼荼羅, 5 死の国の生者, 6 竜樹の下に, 7 現世の荘厳, 8 大和路をゆく, 9 室生への道, 10 女人高野, 11 はつせ・こもりく, 12 十一面観音の謎, 13 遊行する神々, 14 ナタラージャの舞踏

12203 いつか旅するひとへ 勝谷誠彦著 潮出版社 1998.8 234p 20cm 1200円 ①4-267-01499-X

12204 日本映画を歩く—ロケ地を訪ねて 川本三郎著 JTB 1998.8 239p 20cm 1600円 ①4-533-03066-1

12205 閑古堂の絵葉書散歩 西編 林丈二著 小学館 1999.5 123p 21cm (SHOTOR TRAVEL) 1500円 ①4-09-343139-6

作品 静かな奈良を歩く—奈良

12206 シェルパ斉藤の東海自然歩道全踏破—213万歩の旅 斉藤政喜著 小学館 2001.1 301p 15cm (小学館文庫)〈「213万歩の旅」(1992年刊) の改題〉 533円 ①4-09-411006-2

12207 ミットフォード日本日記—英国貴族の見た明治 A.B.ミットフォード著, 長岡祥三訳 講談社 2001.2 298p 15cm (講談社学術文庫)〈肖像あり〉 960円 ①4-06-159474-5

作品 銀閣寺と奈良見物

12208 東海道徒歩38日間ひとり旅 糸川燿史著 小学館 2001.8 282p 15cm (小学館文庫)〈「パラダイス街道」(双葉社1994年刊) の改題〉 552円 ①4-09-411401-7

12209 旅と絵でたどる万葉心の旅 永井郁著・画 日本教文社 2002.1 339p 19cm〈年表あ

近畿

り〉 2286円 ①4-531-06367-8

12210 うわさの神仏 其ノ2 あやし紀行 加門七海著 集英社 2002.8 256p 15cm (集英社文庫) 495円 ①4-08-747481-X

12211 時速8キロニッポン縦断 斉藤政喜著 小学館 2003.10 397p 19cm (Be-pal books)〈折り込1枚〉 1500円 ①4-09-366067-0

12212 万葉の旅 上 改訂新版 犬養孝著 平凡社 2003.11 366p 16cm (平凡社ライブラリー)〈初版：社会思想社1964年刊 文献あり〉 1200円 ①4-582-76483-5

目次 初瀬・桜井, 山の辺の道, 飛鳥・藤原京, 宇陀, 葛城・宇智, 吉野, 平野南部, 奈良, 生駒・竜田

12213 夢追い俳句紀行 大高翔著 日本放送出版協会 2004.4 237p 19cm 1300円 ①4-14-016126-4

12214 万葉を旅する 中西進著 ウェッジ 2005.2 229p 19cm (ウェッジ選書) 1400円 ①4-900594-80-6

12215 奈良慕情 津田さち子著 沖積舎 2005.12 155p 20cm 1800円 ①4-8060-4096-7

目次 纒向の歌, 吉祥草寺, 竜田川幻想, 夕月, 最古のみろくさま, 鹿あわれ, ひとつのねがい, 春日大社のあたり, 巨勢の塔址〔ほか〕

12216 日本紀行「開戦前夜」 フェレイラ・デ・カストロ著, 阿部孝次訳 彩流社 2006.2 202p 20cm〈文献あり〉 1900円 ①4-7791-1143-9

12217 中西進の万葉こゝろ旅 中西進編著 奈良 奈良テレビ放送 2006.3 182p 21cm 1800円 ①4-903373-00-2

内容 太陽を拝む聖地にきて、そこに沈みゆく月をとりあわせたその巧みさ、すばらしさ…。古典をめぐる旅は、心の旅以外にはない。歌心を美しい写真とともに語る万葉紀行。奈良テレビ放送番組24回分を加筆修正して書籍化。

12218 京の寺 奈良の寺—自選随想集 竹西寛子著 京都 淡交社 2006.9 207p 20cm 1800円 ①4-473-03335-X

12219 奈良のチカラ 多田みのり著 現代旅行研究所 2007.4 227p 21cm (旅行作家文庫) 1800円 ①978-4-87482-093-3

目次 鹿の話, 盛夏を凌ぐ郷土の味—柿の葉寿司, ならまち北散策—奈良まちかど博物館を訪ねる, そうめん—神事で値段が決まる由緒正しい伝統食, 飛鳥の古墳をめぐる—ちょっとディープな古墳の世界, 奈良が1番！—ルーツを探る, 東大寺修二会, 奈良で生まれた饅頭, 奈良の近代遺産—大仏線を歩く, 大宇陀の吉野葛, 歳時記—うつろう奈良の彩模様

12220 日本の秘境ツーリング—よりぬき「日本一を探す旅」 末飛登著, 培倶人編集部編 枻出版社 2007.5 187p 15cm (枻文庫)〈標題紙の責任表示（誤植）：末飛人〉 650円 ①978-4-7779-0765-6

12221 グ印関西めぐり濃口 グレゴリ青山著 メディアファクトリー 2007.10 125p 21cm 1000円 ①978-4-8401-2054-8

12222 もいちど修学旅行をしてみたいと思ったのだ 北尾トロ著, 中川カンゴロー写真 小学館 2008.4 239p 19cm 1300円 ①978-4-09-379784-9

12223 美しき日本の面影 さだまさし著 新潮社 2008.12 357p 16cm (新潮文庫) 514円 ①978-4-10-122905-8

12224 随筆日本（にっぽん）—イタリア人の見た昭和の日本 フォスコ・マライーニ著, 岡田温司監訳, 井上昭彦, 鈴木真由美, 住岳夫, 柱本元彦, 山崎彩訳 京都 松籟社 2009.11 725p 22cm〈文献あり 著作目録あり〉 7500円 ①978-4-87984-274-9

12225 日本（にっぽん）はじっこ自滅旅 鴨志田穣著 講談社 2011.1 331p 15cm (講談社文庫)〈2005年刊の文庫化〉 581円 ①978-4-06-276871-9

作品 奈良、南紀、断酒の旅

12226 色紀行—日本の美しい風景 吉岡幸雄著, 岡田克敏写真 清流出版 2011.12 241p 22cm 3500円 ①978-4-86029-374-1

12227 きよのさんと歩く大江戸道中記—日光・江戸・伊勢・京都・新潟…六百里 金森敦子著 筑摩書房 2012.2 413p 15cm (ちくま文庫)〈文献あり 『"きよのさん"と歩く江戸六百里』(バジリコ2006年刊)の加筆・訂正〉 950円 ①978-4-480-42915-5

12228 近松秋江全集 第7巻 オンデマンド版 近松秋江著, 紅野敏郎, 和田謹吾, 中尾務, 遠藤英雄, 田沢基久, 笹瀬王子編集委員 八木書店古書出版部 2014.2 502, 34p 21cm〈初版：八木書店 1993年刊 印刷・製本：デジタルパブリッシングサービス 発売：八木書店〉 12000円 ①978-4-8406-3492-2

作品 高野山から 吉野路 大和路の春

12229 古代史謎解き紀行 1 封印されたヤマト編 関裕二著 新潮社 2014.6 301p 16cm (新潮文庫)〈ポプラ社 2006年刊の再刊 文献あり〉 550円 ①978-4-10-136476-6

目次 第1章 神々の故郷奈良の魅力, 第2章 元興寺界隈の夕闇, 第3章 法隆寺夢殿の亡霊, 第4章 多武峰談山神社の城壁, 第5章 反骨の寺東大寺の頑固な茶店, 第6章 當麻寺と中将姫伝説の秘密, 第7章 日本の神・三輪山の正体

12230 まんが日本昔ばなし今むかし 川内彩友美著 展望社 2014.10 254p 19cm 1400円 ①978-4-88546-289-4

作品 かぐや姫—奈良県

12231 自転車で行く「野ざらし紀行」逆まわり—俳句の生まれる現場 団塊世代がんばれ！ 大竹多可志著 東村山 東京四季出版 2015.2 329p 16cm (俳句四季文庫) 1500円 ①978-4-8129-0829-7

12232 みちくさ 3 菊池亜希子著 小学館 2015.5 127p 21cm 1200円 ①978-4-09-388418-1

12233 アゴの竹輪とドイツビール—ニッポンぶらり旅 太田和彦著 集英社 2015.7 259p 16cm (集英社文庫)〈「太田和彦のニッポンぶらり旅 2」(毎日新聞社 2013年刊)の改題〉 600

円 ①978-4-08-745342-3

12234 日本ザンテイ世界遺産に行ってみた。 宮田珠己著 京都 淡交社 2015.7 214p 19cm 1600円 ①978-4-473-04029-9

12235 祈りは響く―京都・奈良を巡る音楽エッセイ 保延裕史著 芸術現代社 2016.6 169p 19cm 1600円 ①978-4-87463-204-8

12236 ちょっとそこまで旅してみよう 益田ミリ著 幻冬舎 2017.4 186p 16cm (幻冬舎文庫)〈「ちょっとそこまでひとり旅だれかと旅」(2013年刊)の改題、書き下ろしを加え再刊〉 460円 ①978-4-344-42598-9

12237 そこらじゅうにて―日本どこでも紀行 宮田珠己著 幻冬舎 2017.6 274p 16cm (幻冬舎文庫)〈「日本全国もっと津々うりゃうりゃ」(廣済堂出版 2013年刊)の改題、修正〉 600円 ①978-4-344-42618-4

秋篠川

12238 十一面観音巡礼 愛蔵版 白洲正子著 新潮社 2010.9 317p 22cm〈講談社文芸文庫 1992年刊, 新潮社2002年刊あり〉 3000円 ①978-4-10-310720-0

作品 秋篠のあたり

秋篠寺

12239 古都古寺巡礼 奈良本辰也著 たちばな出版 2004.12 317p 19cm 1600円 ①4-8133-1859-2

12240 百寺巡礼 第1巻 奈良 五木寛之著 講談社 2008.9 277p 15cm (講談社文庫)〈文献あり 2003年刊の文庫化〉 562円 ①978-4-06-276141-3

目次 第一番 室生寺―女たちの思いを包みこむ寺, 第二番 長谷寺―現世での幸せを祈る観音信仰, 第三番 薬師寺―時をスイングする二つの塔, 第四番 唐招提寺―鑑真の精神が未来へ受け継がれていく, 第五番 秋篠寺―市井にひっそりとある宝石のような寺, 第六番 法隆寺―聖徳太子への信仰の聖地, 第七番 中宮寺―半跏思惟像に自己を許されるひととき, 第八番 飛鳥寺―日本で最初の宗教戦争の舞台, 第九番 當麻寺―浄土への思いがつのる不思議な寺, 第十番 東大寺―日本が日本となるための大仏

12241 十一面観音巡礼 愛蔵版 白洲正子著 新潮社 2010.9 317p 22cm〈講談社文芸文庫 1992年刊, 新潮社2002年刊あり〉 3000円 ①978-4-10-310720-0

作品 秋篠のあたり

12242 古寺巡礼 辻井喬著 角川春樹事務所 2011.5 253p 16cm (ハルキ文庫)〈2009年刊の文庫化〉 667円 ①978-4-7584-3556-7

12243 見仏記 6 ぶらり旅篇 いとうせいこう, みうらじゅん著 角川書店 2012.8 276p 15cm (角川文庫)〈発売:角川グループパブリッシング 2011年刊の文庫化〉 552円 ①978-4-04-100475-3

12244 近松秋江全集 第7巻 オンデマンド版 近松秋江著, 紅野敏郎, 和田謹吾, 中尾務, 遠藤英雄, 田沢基久, 笹瀬王子編集委員 八木書店古書出版部 2014.2 502, 34p 21cm〈初版:八木書店 1993年刊 印刷・製本:デジタルパブリッシングサービス 発売:八木書店〉 12000円 ①978-4-8406-3492-2

作品 廃滅の寺々

飽波神社

12245 十一面観音巡礼 愛蔵版 白洲正子著 新潮社 2010.9 317p 22cm〈講談社文芸文庫 1992年刊, 新潮社2002年刊あり〉 3000円 ①978-4-10-310720-0

作品 登美の小河

飛鳥寺

12246 見仏記 4 親孝行篇 いとうせいこう著, みうらじゅん画 角川書店 2006.1 262p 15cm (角川文庫)〈2002年刊の文庫化〉 514円 ①4-04-184605-6

12247 百寺巡礼 第1巻 奈良 五木寛之著 講談社 2008.9 277p 15cm (講談社文庫)〈文献あり 2003年刊の文庫化〉 562円 ①978-4-06-276141-3

明日香村

12248 土門拳の古寺巡礼 第1巻 大和 1 土門拳著 小学館 1989.8 146p 26cm 1950円 ①4-09-559101-3

作品 ぼくの古寺巡礼

12249 わが町わが旅 永井路子著 中央公論社 1990.1 292p 15cm (中公文庫) 440円 ①4-12-201677-0

12250 大和古寺幻想 飛鳥・白鳳篇 上原和著 講談社 1999.4 386p 19cm 3200円 ①4-06-209508-4

目次 大いなる西方からの旅人, 1章 仏教の伝来, 2章 前の飛鳥, 3章 斑鳩の里, 4章 後の飛鳥

12251 中西進と歩く万葉の大和路 中西進著 ウェッジ 2001.10 229p 19cm (ウェッジ選書) 1200円 ①4-900594-45-8

目次 第1章 斑鳩を歩く(法隆寺で、いにしえの仏たちにまみえる, 龍田越に、古代の道の記憶をたどる), 第2章 飛鳥を歩く(甘樫丘から、飛鳥を一望する, 鬼の俎と雪隠を前に、鬼の話に花が咲く, 天香久山に、太陽の出てくる穴を探す ほか), 第3章 寧楽を歩く(平城宮跡に立ち、古都の情景に思いをはせる, 東大寺で、大仏さまを見上げる, 元興寺を歩きながら、ふるさとを思う)

12252 歴史をあるく、文学をゆく 半藤一利著 文芸春秋 2004.5 333p 16cm (文春文庫) 648円 ①4-16-748313-0

12253 万葉体感紀行―飛鳥・藤原・平城の三都物語 上野誠著 小学館 2004.9 143p 21cm〈年表あり〉 1800円 ①4-09-387524-3

目次 第1章 旅のはじまりは飛鳥から(飛鳥京から万葉の世界を考える, 飛鳥マップ, よみがえる飛鳥京, 飛鳥の旅は石舞台古墳から ほか), 第2章 律令国家始動の地、藤原京(藤原京から万葉の世界を考える, 藤原マップ, よみがえる藤原京, 木簡の声に耳をかたむけて―藤原の暮らしを想像する)

12254 美しき日本の面影 さだまさし著 新潮社 2008.12 357p 16cm (新潮文庫) 514

円 ①978-4-10-122905-8
作品 昨日・京・奈良、飛鳥・明後日。

12255 夢幻抄 白洲正子著 世界文化社 2010.11 322p 21cm〈5刷 1997年刊の造本変更〉 1600円 ①978-4-418-10514-4
作品 飛鳥散歩

12256 大和の美と風土―街道をあるく 高橋隆博著 吹田 関西大学出版部 2011.1 385p 20cm 2100円 ①978-4-87354-506-6

12257 原風景のなかへ 安野光雅著 山川出版社 2013.7 215p 20cm 1600円 ①978-4-634-15044-7

12258 大和路の謎を解く―古代史巡礼の旅 関裕二著 ポプラ社 2014.3 267p 18cm (ポプラ新書)〈文献あり〉 780円 ①978-4-591-13970-7
目次 序章 なぜヤマトは美しいのか, 第1章 東大寺と法華寺の謎, 第2章 法隆寺と薬師寺の不思議, 第3章 興福寺と元興寺の裏側, 第4章 山辺の道と飛鳥の歩き方, 第5章 葛城古道と當麻寺

12259 日本の中の朝鮮をゆく 飛鳥・奈良編 飛鳥の原に百済の花が咲きました 兪弘濬著, 橋本繁訳 岩波書店 2015.2 224p 20cm 2600円 ①978-4-00-061024-7
目次 飛鳥・奈良踏査―渡来文化の足跡, 第1部 飛鳥(近つ飛鳥―百済人、加耶人の移民開拓史, 高松塚古墳と石舞台―渡来人神社に捧げる一輪のツバキ, 橘寺と飛鳥寺―飛鳥の原に百済の花が咲きました, 斑鳩の法隆寺―私はそこに長く留まらざるをえなかった), 第2部 奈良(奈良の名勝と博物館―我々の昔の姿をここに見る, 興福寺―廃仏毀釈も犯せなかった美, 東大寺―東大寺に行ったら三月堂まで上がりなさい, 薬師寺と唐招提寺―東塔は歌い、彫刻像は呼吸する)

12260 おじいさんになったね 南伸坊著 海竜社 2015.5 191p 19cm 1400円 ①978-4-7593-1425-0
目次 1 おじいさんになったね(オウンゴール, 私のにほんご論, 目がまわったはなし ほか), 2 おじいさんは山に柴刈りに(奈良に行ってきた, 動物園に行ってきた, お墓参りに行ってきた ほか), 3 おじいさんが掘ってみると(かつら論, 孫ほめ, 遠足の水筒 ほか)

12261 紀行とエッセーで読む 作家の山旅 山と溪谷社編 山と溪谷社 2017.3 357p 15cm (ヤマケイ文庫) 930円 ①978-4-635-04828-6
作品 古事記の空 古事記の山〔折口信夫〕

安倍文殊院

12262 密教古寺巡礼 3 小山和著 (大阪)東方出版 1988.11 302p 19cm 1600円 ①4-88591-204-0
目次 女人高野・室生寺, 白鳳の観音霊場・長谷寺, 幽境の重文精舎・大蔵寺, 国宝観音の聖林寺, 大和桜井の文殊院, 飛鳥大仏の寺・安居院, 斉明帝皇居跡の川原寺〔ほか〕

12263 陰陽師ロード―安倍晴明名所案内 荒俣宏著 平凡社 2001.9 237p 19cm 1400円 ①4-582-82974-0

12264 見仏記 5 ゴールデンガイド篇 いとうせいこう, みうらじゅん著 角川書店 2011.10 233p 15cm (角川文庫)〈発売:角川グループパブリッシング〉 514円 ①978-4-04-184606-3

12265 見仏記 6 ぶらり旅篇 いとうせいこう, みうらじゅん著 角川書店 2012.8 276p 15cm (角川文庫)〈発売:角川グループパブリッシング 2011年刊の文庫化〉 552円 ①978-4-04-100475-3

甘樫丘(明日香村)

12266 中西進と歩く万葉の大和路 中西進著 ウェッジ 2001.10 229p 19cm (ウェッジ選書) 1200円 ①4-900594-45-8

安居院

12267 密教古寺巡礼 3 小山和著 (大阪)東方出版 1988.11 302p 19cm 1600円 ①4-88591-204-0

井光(吉野郡川上村)

12268 かくれ里 愛蔵版 白洲正子著 新潮社 2010.9 349p 22cm〈講談社文芸文庫 1991年刊あり〉 3000円 ①978-4-10-310719-4
作品 吉野の川上

斑鳩町

12269 旅人よ!―五木寛之自選文庫 エッセイシリーズ 五木寛之著 角川書店 1996.12 234p 15cm (角川文庫)〈『風の旅人への手紙』改題書〉 500円 ①4-04-129426-6

12270 大和古寺幻想 飛鳥・白鳳篇 上原和著 講談社 1999.4 386p 19cm 3200円 ①4-06-209508-4

12271 中西進と歩く万葉の大和路 中西進著 ウェッジ 2001.10 229p 19cm (ウェッジ選書) 1200円 ①4-900594-45-8

12272 奈良 寺あそび、仏像ばなし 吉田さらさ文・写真 岳陽舎 2007.12 330p 21cm 2200円 ①978-4-907737-96-2

12273 大和古寺風物誌 改版 亀井勝一郎著 新潮社 2015.12 232p 15cm (新潮文庫) 460円 ①978-4-10-101301-5
目次 斑鳩宮, 法隆寺, 中宮寺, 法輪寺, 薬師寺, 唐招提寺, 東大寺, 新薬師寺

往馬大社〔生駒神社〕

12274 十一面観音巡礼 愛蔵版 白洲正子著 新潮社 2010.9 317p 22cm〈講談社文芸文庫 1992年刊, 新潮社2002年刊あり〉 3000円 ①978-4-10-310720-0
作品 龍田の川上

生駒谷(生駒市)

12275 大和の美と風土―街道をあるく 高橋隆博著 吹田 関西大学出版部 2011.1 385p 20cm 2100円 ①978-4-87354-506-6

石舞台古墳

12276 万葉体感紀行―飛鳥・藤原・平城の三都

物語　上野誠著　小学館　2004.9　143p　21cm〈年表あり〉　1800円　①4-09-387524-3

12277　日本の中の朝鮮をゆく　飛鳥・奈良編　飛鳥の原に百済の花が咲きました　兪弘濬著, 橋本繁訳　岩波書店　2015.2　224p　20cm　2600円　①978-4-00-061024-7

石上神宮

12278　江原啓之 神紀行　1（伊勢・熊野・奈良）　江原啓之著　マガジンハウス　2005.10　95p　21cm　（スピリチュアル・サンクチュアリシリーズ）　952円　①4-8387-1620-6

12279　街道をゆく　1　湖西のみち、甲州街道、長州路 ほか　新装版　司馬遼太郎著　朝日新聞出版　2008.8　291, 8p　15cm　（朝日文庫）　600円　①978-4-02-264440-4

12280　大和の美と風土―街道をあるく　高橋隆博著　吹田　関西大学出版部　2011.1　385p　20cm　2100円　①978-4-87354-506-6

12281　にっぽん聖地巡拝の旅　玉岡かおる著　大法輪閣　2014.4　277p　19cm　1800円　①978-4-8046-1360-4

犬取谷

12282　大峰を巡る　熊谷榧絵と文　八王子　白山書房　2011.3　197p　19cm　1900円　①978-4-89475-146-0

今井町（橿原市）

12283　スローな旅で行こう―シェルパ斉藤の週末ニッポン再発見　斉藤政喜著　小学館　2004.10　255p　19cm　（Dime books）　1200円　①4-09-366068-9

12284　街道をゆく　7　甲賀と伊賀のみち、砂鉄のみち ほか　新装版　司馬遼太郎著　朝日新聞出版　2008.9　339, 8p　15cm　（朝日文庫）　660円　①978-4-02-264446-6

妹背山

12285　ほろ酔い旅　たつみ都志著　新風舎　2003.11　126p　19cm　1200円　①4-7974-3527-5

内山永久寺

12286　大和の美と風土―街道をあるく　高橋隆博著　吹田　関西大学出版部　2011.1　385p　20cm　2100円　①978-4-87354-506-6

宇奈多理坐高御魂神社

12287　十一面観音巡礼　愛蔵版　白洲正子著　新潮社　2010.9　317p　22cm〈講談社文芸文庫1992年刊, 新潮社2002年刊あり〉　3000円　①978-4-10-310720-0

作品　幻の寺

栄山寺

12288　大和の美と風土―街道をあるく　高橋隆博著　吹田　関西大学出版部　2011.1　385p　20cm　2100円　①978-4-87354-506-6

円照寺

12289　かくれ里　愛蔵版　白洲正子著　新潮社　2010.9　349p　22cm〈講談社文芸文庫 1991年刊あり〉　3000円　①978-4-10-310719-4

作品　山村の円照寺

12290　大和の美と風土―街道をあるく　高橋隆博著　吹田　関西大学出版部　2011.1　385p　20cm　2100円　①978-4-87354-506-6

円成寺

12291　土門拳の古寺巡礼　第2巻　大和 2　土門拳著　小学館　1990.1　246p　26cm　1950円　①4-09-559102-1

作品　ぼくの古寺巡礼

12292　私の古寺巡礼　3（奈良）　井上靖監修　光文社　2004.12　262p　16cm　（知恵の森文庫）〈淡交社1987年刊の改訂〉　667円　①4-334-78327-9

目次　俗と聖の間の寺―西大寺（梅原猛）, 鑑真和上坐像―唐招提寺（井上靖）, 変りゆく伽藍と塔の雪―薬師寺（大岡信）, 銀色の甍―東大寺（足立巻一）, わたしの興福寺―興福寺（大原富枝）, 浄土は市井にあり―元興寺（野口武彦）, 新薬師寺―新薬師寺（杉本秀太郎）, 般若寺遊記―般若寺（杉浦明平）, 冬の茜―法華寺・不退寺（杉本苑子）, 初瀬の王朝―長谷寺・法起院（竹西寛子）, 室生寺―室生寺（田中澄江）, 法隆寺漫歩―法隆寺・中宮寺（伊藤桂一）, 菩薩が歩く練供養―当麻寺（富岡多恵子）, キンキンマンマンの寺―霊山寺（田辺聖子）, 円成寺の秋―円成寺（宇佐美英治）

12293　奈良 寺あそび、仏像ばなし　吉田さらさ文・写真　岳陽舎　2007.12　330p　21cm　2200円　①978-4-907737-96-2

12294　脳で旅する日本のクオリア　茂木健一郎著　小学館　2009.7　255p　19cm　1500円　①978-4-09-387855-5

12295　大和の美と風土―街道をあるく　高橋隆博著　吹田　関西大学出版部　2011.1　385p　20cm　2100円　①978-4-87354-506-6

12296　見仏記　5　ゴールデンガイド篇　いとうせいこう, みうらじゅん著　角川書店　2011.10　233p　15cm　（角川文庫）〈発売：角川グループパブリッシング〉　514円　①978-4-04-184606-3

円福寺

12297　十一面観音巡礼　愛蔵版　白洲正子著　新潮社　2010.9　317p　22cm〈講談社文芸文庫1992年刊, 新潮社2002年刊あり〉　3000円　①978-4-10-310720-0

作品　龍田の川上

王龍寺

12298　十一面観音巡礼　愛蔵版　白洲正子著　新潮社　2010.9　317p　22cm〈講談社文芸文庫1992年刊, 新潮社2002年刊あり〉　3000円　①978-4-10-310720-0

作品　登美の小河

大蔵寺

12299 密教古寺巡礼 3 小山和著 (大阪)東方出版 1988.11 302p 19cm 1600円 ①4-88591-204-0

12300 大和仏心紀行 榊莫山著 毎日新聞社 2000.4 215p 21cm 1800円 ①4-620-60558-1

12301 かくれ里 愛蔵版 白洲正子著 新潮社 2010.9 349p 22cm〈講談社文芸文庫 1991年刊あり〉 3000円 ①978-4-10-310719-4
作品 宇陀の大蔵寺

大台ヶ原

12302 日本へんきょう紀行 岳真也著 廣済堂出版 1991.6 299p 15cm (廣済堂文庫) 460円 ①4-331-65099-5

12303 秘境ごくらく日記―辺境中毒オヤジの冒険指南 敷島悦朗著 JTB 2003.1 230p 19cm 1700円 ①4-533-04569-3

12304 ツーリング・ライフ―自由に、そして孤独に 新装増補版 斎藤純著 春秋社 2004.3 274p 20cm〈2001年刊の新装増補〉 1800円 ①4-393-43624-5
作品 音楽

12305 オートバイの旅は、いつもすこし寂しい。―モノクロームの記憶 斎藤純著 ネコ・パブリッシング 2004.9 207p 21cm 1700円 ①4-7770-5065-3

12306 樹をめぐる旅 高橋秀樹著 宝島社 2009.8 125p 16cm (宝島sugoi文庫) 457円 ①978-4-7966-7357-0

12307 わが愛する山々 深田久弥著 山と溪谷社 2011.6 381p 15cm (ヤマケイ文庫)〈年譜あり〉 1000円 ①978-4-635-04730-2

大塔町(五條市)

12308 街道をゆく 12 十津川街道 新装版 司馬遼太郎著 朝日新聞出版 2008.10 183, 8p 15cm (朝日文庫) 500円 ①978-4-02-264457-2
目次 五條・大塔村(中井庄五郎のことなど, 五條へ, 下界への懸橋,「十津川」の散見, 天辻峠 ほか), 十津川(十津川へ入る, 村役場, 安堵の果て, 新選組に追われた話, 刺客たち ほか)

12309 谷川健一全集 第10巻(民俗 2) 女の風土記 埋もれた日本地図(抄録) 黒潮の民俗学(抄録) 谷川健一著 冨山房インターナショナル 2010.1 574, 27p 23cm〈付属資料:8p:月報 no.14 索引あり〉 6500円 ①978-4-902385-84-7
作品 山人と平地人のたたかい

12310 来ちゃった 酒井順子文, ほしよりこ画 小学館 2016.3 317p 15cm (小学館文庫)〈2011年刊の増補〉 620円 ①978-4-09-406277-9

大野寺

12311 土門拳の古寺巡礼 第5巻 室生寺 土門拳著 小学館 1990.2 147p 26cm 1950円 ①4-09-559105-6
作品 ぼくの古寺巡礼
目次 室生の里, 室生寺雪景色, 室生寺, 奥の院と龍穴神社, ぼくの古寺巡礼(土門拳), 評伝・土門拳〈5〉『古寺巡礼』に向けて(重森弘淹), 古寺巡礼ガイド―室生寺, 室生寺関連地図, 土門拳年譜

12312 見仏記 4 親孝行篇 いとうせいこう著, みうらじゅん画 角川書店 2006.1 262p 15cm (角川文庫)〈2002年刊の文庫化〉 514円 ①4-04-184605-6

12313 十一面観音巡礼 愛蔵版 白洲正子著 新潮社 2010.9 317p 22cm〈講談社文芸文庫 1992年刊, 新潮社2002年刊あり〉 3000円 ①978-4-10-310720-0
作品 水神の里

大峰山

12314 山に彷徨う心 古井由吉著 アリアドネ企画, 三修社〔発売〕 1996.8 207p 19cm (ARIADNE ENTERTAINMENT) 1700円 ①4-384-02316-2

12315 熊野修験の森―大峯山脈奥駈け記 宇江敏勝著 新宿書房 2004.4 260p 20cm (宇江敏勝の本 第2期 1)〈シリーズ責任表示:宇江敏勝著 折り込1枚 岩波書店1999年刊の増補〉 2200円 ①4-88008-307-0

12316 熊野、修験の道を往く―「大峯奥駈」完全踏破 藤田庄市写真・文 京都 淡交社 2005.7 214p 21cm 1800円 ①4-473-03250-7

12317 行き暮れて、山。 正津勉著 アーツアンドクラフツ 2006.6 203p 19cm 1900円 ①4-901592-33-5

12318 聖地へ 家田荘子著 幻冬舎 2009.12 262p 16cm (幻冬舎アウトロー文庫)〈『女霊』(リヨン社2006年刊)の改題〉 600円 ①978-4-344-41404-4

12319 アーネスト・サトウの明治日本山岳記 アーネスト・メイスン・サトウ著, 庄田元男訳 講談社 2017.4 285p 15cm (講談社学術文庫)〈「日本旅行日記」(平凡社 1992年刊)と「明治日本旅行案内」(平凡社 1996年刊)の改題、抜粋し新たに編集〉 980円 ①978-4-06-292382-8

大神神社

12320 山河あり 平泉澄著 錦正社 2005.3 484p 22cm 2500円 ①4-7646-0266-0

12321 江原啓之 神紀行 1(伊勢・熊野・奈良) 江原啓之著 マガジンハウス 2005.10 95p 21cm (スピリチュアル・サンクチュアリシリーズ) 952円 ①4-8387-1620-6

12322 街道をゆく 1 湖西のみち、甲州街道、長州路 ほか 新装版 司馬遼太郎著 朝日新聞出版 2008.8 291, 8p 15cm (朝日文庫) 600円 ①978-4-02-264440-4

12323 脳で旅する日本のクオリア 茂木健一郎著 小学館 2009.7 255p 19cm 1500円

①978-4-09-387855-5

12324 十一面観音巡礼 愛蔵版 白洲正子著 新潮社 2010.9 317p 22cm〈講談社文芸文庫 1992年刊, 新潮社2002年刊あり〉 3000円 ①978-4-10-310720-0
作品 聖林寺から観音寺へ

12325 聖地巡礼 ビギニング 内田樹, 釈徹宗著 東京書籍 2013.8 322p 19cm 1500円 ①978-4-487-80638-6

12326 にっぽん聖地巡拝の旅 玉岡かおる著 大法輪閣 2014.4 277p 19cm 1800円 ①978-4-8046-1360-4

12327 美しいもの 白洲正子著, 青柳恵介編 KADOKAWA 2015.5 233p 15cm (〔角川ソフィア文庫〕―白洲正子エッセイ集 美術) 760円 ①978-4-04-409484-3
作品 聖林寺から観音寺へ

岡寺〔龍蓋寺〕

12328 西国観音霊場・新紀行 松本章男著 大法輪閣 2004.5 293p 20cm 2100円 ①4-8046-1207-6

12329 見仏記 4 親孝行篇 いとうせいこう著, みうらじゅん画 角川書店 2006.1 262p 15cm (角川文庫)〈2002年刊の文庫化〉 514円 ①4-04-184605-6

12330 寂聴ほとけ径―私の好きな寺 2 瀬戸内寂聴著 光文社 2007.6 185p 15cm (光文社文庫) 686円 ①978-4-334-74258-4

押熊町(奈良市)

12331 十一面観音巡礼 愛蔵版 白洲正子著 新潮社 2010.9 317p 22cm〈講談社文芸文庫 1992年刊, 新潮社2002年刊あり〉 3000円 ①978-4-10-310720-0
作品 秋篠のあたり

伯母谷(川上村)

12332 ニッポンの山里 池内紀著 山と溪谷社 2013.1 254p 20cm 1500円 ①978-4-635-28067-9

帯解駅

12333 途中下車の愉しみ 櫻井寛著 日本経済新聞出版社 2011.2 229p 18cm (日経プレミアシリーズ) 850円 ①978-4-532-26110-8

帯解寺

12334 大和の美と風土―街道をあるく 髙橋隆博著 吹田 関西大学出版部 2011.1 385p 20cm 2100円 ①978-4-87354-506-6

12335 見仏記 6 ぶらり旅篇 いとうせいこう, みうらじゅん著 角川書店 2012.8 276p 15cm (角川文庫)〈発売:角川グループパブリッシング 2011年刊の文庫化〉 552円 ①978-4-04-100475-3

海龍王寺

12336 見仏記 4 親孝行篇 いとうせいこう著, みうらじゅん画 角川書店 2006.1 262p 15cm (角川文庫)〈2002年刊の文庫化〉 514円 ①4-04-184605-6

12337 寂聴ほとけ径―私の好きな寺 1 瀬戸内寂聴著 光文社 2007.6 185p 15cm (光文社文庫) 686円 ①978-4-334-74257-7

かぎろひの丘万葉公園

12338 かくれ里 愛蔵版 白洲正子著 新潮社 2010.9 349p 22cm〈講談社文芸文庫 1991年刊あり〉 3000円 ①978-4-10-310719-4
作品 薬草のふる里

香久山〔天香久山〕

12339 歴史のねむる里へ 永井路子著 PHP研究所 1988.3 234p 19cm 1200円 ①4-569-22196-3

12340 中西進と歩く万葉の大和路 中西進著 ウェッジ 2001.10 229p 19cm (ウェッジ選書) 1200円 ①4-900594-45-8

12341 谷川健一全集 第10巻(民俗 2) 女の風土記 埋もれた日本地図(抄録) 黒潮の民俗学(抄録) 谷川健一著 冨山房インターナショナル 2010.1 574, 27p 23cm〈付属資料:8p:月報 no.14 索引あり〉 6500円 ①978-4-902385-84-7
作品 大和―三輪山・香具山・二上山

橿原市

12342 ニッポン・あっちこっち 安西水丸著 家の光協会 1999.11 205p 17cm 1800円 ①4-259-54570-1

橿原神宮

12343 テツはこんな旅をしている―鉄道旅行再発見 野田隆著 平凡社 2014.3 222p 18cm (平凡社新書) 760円 ①978-4-582-85722-1

春日大社

12344 日本雑記 ブルーノ・タウト著, 篠田英雄訳 中央公論新社 2008.11 368p 18cm (中公クラシックス)〈育生社弘道閣昭和18年刊の復刻版 年譜あり〉 1800円 ①978-4-12-160106-3
作品 奈良

12345 色紀行―日本の美しい風景 吉岡幸雄著, 岡田克敏写真 清流出版 2011.12 241p 22cm 3500円 ①978-4-86029-374-1

12346 見仏記 6 ぶらり旅篇 いとうせいこう, みうらじゅん著 角川書店 2012.8 276p 15cm (角川文庫)〈発売:角川グループパブリッシング 2011年刊の文庫化〉 552円 ①978-4-04-100475-3

12347 古代史謎解き紀行 2 神々の故郷 出雲編 関裕二著 新潮社 2014.7 293p 16cm (新潮文庫)〈ポプラ社 2006年刊の再刊 文献あり〉 550円 ①978-4-10-136477-3

12348 神結び―日本の聖地をめぐる旅 相川七瀬著 実業之日本社 2014.8 133p 19cm〈文

献あり〉 1500円 ①978-4-408-11084-4

春日山石窟仏

12349 土門拳の古寺巡礼 第2巻 大和 2 土門拳著 小学館 1990.1 246p 26cm 1950円 ①4-09-559102-1
作品 ぼくの古寺巡礼

風の森峠

12350 大和の美と風土―街道をあるく 高橋隆博著 吹田 関西大学出版部 2011.1 385p 20cm 2100円 ①978-4-87354-506-6

葛城古道

12351 旅人よ!―五木寛之自選文庫 エッセイシリーズ 五木寛之著 角川書店 1996.12 234p 15cm (角川文庫)〈『風の旅人への手紙』改題書〉 500円 ①4-04-129426-6
12352 街道をゆく 1 湖西のみち、甲州街道、長州路 ほか 新装版 司馬遼太郎著 朝日新聞出版 2008.8 291, 8p 15cm (朝日文庫) 600円 ①978-4-02-264440-4
12353 大和路の謎を解く―古代史巡礼の旅 関裕二著 ポプラ社 2014.3 267p 18cm (ポプラ新書)〈文献あり〉 780円 ①978-4-591-13970-7

葛城市

12354 大和の美と風土―街道をあるく 高橋隆博著 吹田 関西大学出版部 2011.1 385p 20cm 2100円 ①978-4-87354-506-6

葛城高宮

12355 かくれ里 愛蔵版 白洲正子著 新潮社 2010.9 349p 22cm〈講談社文芸文庫 1991年刊あり〉 3000円 ①978-4-10-310719-4
作品 葛城のあたり

葛城坐一言主神社

12356 街道をゆく 1 湖西のみち、甲州街道、長州路 ほか 新装版 司馬遼太郎著 朝日新聞出版 2008.8 291, 8p 15cm (朝日文庫) 600円 ①978-4-02-264440-4
12357 かくれ里 愛蔵版 白洲正子著 新潮社 2010.9 349p 22cm〈講談社文芸文庫 1991年刊あり〉 3000円 ①978-4-10-310719-4
作品 葛城のあたり

鴨都波神社

12358 かくれ里 愛蔵版 白洲正子著 新潮社 2010.9 349p 22cm〈講談社文芸文庫 1991年刊あり〉 3000円 ①978-4-10-310719-4
作品 葛城のあたり

栢森(明日香村)

12359 大和の美と風土―街道をあるく 高橋隆博著 吹田 関西大学出版部 2011.1 385p 20cm 2100円 ①978-4-87354-506-6

川原寺

12360 密教古寺巡礼 3 小山和著 (大阪)東方出版 1988.11 302p 19cm 1600円 ①4-88591-204-0

元興寺

12361 ガラメキ温泉探険記 池内紀著 リクルート出版 1990.10 203p 19cm 1165円 ①4-88991-196-0
12362 中西進と歩く万葉の大和路 中西進著 ウェッジ 2001.10 229p 19cm (ウェッジ選書) 1200円 ①4-900594-45-8
12363 私の古寺巡礼 3(奈良) 井上靖監修 光文社 2004.12 262p 16cm (知恵の森文庫)〈淡交社1987年刊の改訂〉 667円 ①4-334-78327-9
12364 奈良 寺あそび、仏像ばなし 吉田さらさ文・写真 岳陽舎 2007.12 330p 21cm 2200円 ①978-4-907737-96-2
12365 見仏記 6 ぶらり旅篇 いとうせいこう, みうらじゅん著 角川書店 2012.8 276p 15cm (角川文庫)〈発売:角川グループパブリッシング 2011年刊の文庫化〉 552円 ①978-4-04-100475-3
12366 大和路の謎を解く―古代史巡礼の旅 関裕二著 ポプラ社 2014.3 267p 18cm (ポプラ新書)〈文献あり〉 780円 ①978-4-591-13970-7
12367 古代史謎解き紀行 1 封印されたヤマト編 関裕二著 新潮社 2014.6 301p 16cm (新潮文庫)〈ポプラ社 2006年刊の再刊 文献あり〉 550円 ①978-4-10-136476-6

観音院〔東大寺塔頭〕

12368 十一面観音巡礼 愛蔵版 白洲正子著 新潮社 2010.9 317p 22cm〈講談社文芸文庫 1992年刊, 新潮社2002年刊あり〉 3000円 ①978-4-10-310720-0
作品 奈良のお水取

喜光寺〔菅原寺〕

12369 十一面観音巡礼 愛蔵版 白洲正子著 新潮社 2010.9 317p 22cm〈講談社文芸文庫 1992年刊, 新潮社2002年刊あり〉 3000円 ①978-4-10-310720-0
作品 秋篠のあたり

吉祥草寺

12370 かくれ里 愛蔵版 白洲正子著 新潮社 2010.9 349p 22cm〈講談社文芸文庫 1991年刊あり〉 3000円 ①978-4-10-310719-4
作品 葛城から吉野へ

金峯山寺

12371 見仏記 4 親孝行篇 いとうせいこう著, みうらじゅん画 角川書店 2006.1 262p 15cm (角川文庫)〈2002年刊の文庫化〉 514円 ①4-04-184605-6
12372 寂聴ほとけ径―私の好きな寺 2 瀬戸

内寂聴著　光文社　2007.6　185p　15cm　（光文社文庫）　686円　①978-4-334-74258-4

12373　奈良 寺あそび、仏像ばなし　吉田さらさ文・写真　岳陽舎　2007.12　330p　21cm　2200円　①978-4-907737-96-2

12374　かくれ里　愛蔵版　白洲正子著　新潮社　2010.9　349p　22cm〈講談社文芸文庫 1991年刊あり〉　3000円　①978-4-10-310719-4

作品 葛城から吉野へ

12375　古寺巡礼　辻井喬著　角川春樹事務所　2011.5　253p　16cm　（ハルキ文庫）〈2009年刊の文庫化〉　667円　①978-4-7584-3556-7

12376　にっぽん聖地巡拝の旅　玉岡かおる著　大法輪閣　2014.4　277p　19cm　1800円　①978-4-8046-1360-4

12377　見仏記　メディアミックス篇　いとうせいこう, みうらじゅん著　KADOKAWA　2015.3　245p　20cm　1600円　①978-4-04-101459-2

12378　おじいさんになったね　南伸坊著　海竜社　2015.5　191p　19cm　1400円　①978-4-7593-1425-0

12379　神秘日本　岡本太郎著　KADOKAWA　2015.7　260p 図版24p　15cm　（角川ソフィア文庫）〈中央公論社 1964年刊の再刊〉　1000円　①978-4-04-409487-4

作品 火、水、海賊―熊野文化論

国栖（吉野郡吉野町）

12380　ほろ酔い旅　たつみ都志著　新風舎　2003.11　126p　19cm　1200円　①4-7974-3527-5

九品寺

12381　かくれ里　愛蔵版　白洲正子著　新潮社　2010.9　349p　22cm〈講談社文芸文庫 1991年刊あり〉　3000円　①978-4-10-310719-4

作品 葛城のあたり

久米寺

12382　見仏記　4　親孝行篇　いとうせいこう著, みうらじゅん画　角川書店　2006.1　262p　15cm　（角川文庫）〈2002年刊の文庫化〉　514円　①4-04-184605-6

興福寺

12383　土門拳の古寺巡礼　第2巻　大和 2　土門拳著　小学館　1990.1　246p　26cm　1950円　①4-09-559102-1

作品 ぼくの古寺巡礼

12384　わが町わが旅　永井路子著　中央公論社　1990.1　292p　15cm　（中公文庫）　440円　①4-12-201677-0

12385　見仏記　いとうせいこう, みうらじゅん著　角川書店　1997.6　293p　15cm　（角川文庫）〈中央公論新社 1993年刊の文庫化〉　640円　①4-04-184602-1

12386　ひろさちやの古寺巡礼　ひろさちや著　小学館　2002.6　207p　20cm　1400円　①4-09-386094-7

12387　準急特快 記者の旅―レイルウェイ・ライターの本　種村直樹著　JTB　2003.5　318p　19cm〈肖像あり　著作目録あり〉　1600円　①4-533-04777-7

作品 奈交バス乗り継ぎ 初秋の大和路紀行 国宝の塔をめぐる

12388　私の古寺巡礼　3（奈良）　井上靖監修　光文社　2004.12　262p　16cm　（知恵の森文庫）〈淡交社1987年刊の改訂〉　667円　①4-334-78327-9

12389　ショージ君の旅行鞄―東海林さだお自選　東海林さだお著　文芸春秋　2005.2　905p　16cm　（文春文庫）　933円　①4-16-717760-9

作品 奈良よ！

12390　見仏記　4　親孝行篇　いとうせいこう著, みうらじゅん画　角川書店　2006.1　262p　15cm　（角川文庫）〈2002年刊の文庫化〉　514円　①4-04-184605-6

12391　京の寺 奈良の寺―自選随想集　竹西寛子著　京都　淡交社　2006.9　207p　20cm　1800円　①4-473-03335-X

12392　奈良 寺あそび、仏像ばなし　吉田さらさ文・写真　岳陽舎　2007.12　330p　21cm　2200円　①978-4-907737-96-2

12393　街道をゆく　24　近江散歩、奈良散歩　新装版　司馬遼太郎著　朝日新聞出版　2009.1　378, 8p　15cm　（朝日文庫）〈初版：朝日新聞社1988年刊〉　800円　①978-4-02-264477-0

12394　古寺巡礼　辻井喬著　角川春樹事務所　2011.5　253p　16cm　（ハルキ文庫）〈2009年刊の文庫化〉　667円　①978-4-7584-3556-7

12395　見仏記　6　ぶらり旅篇　いとうせいこう, みうらじゅん著　角川書店　2012.8　276p　15cm　（角川文庫）〈発売：角川グループパブリッシング　2011年刊の文庫化〉　552円　①978-4-04-100475-3

12396　大和路の謎を解く―古代史巡礼の旅　関裕二著　ポプラ社　2014.3　267p　18cm　（ポプラ新書）〈文献あり〉　780円　①978-4-591-13970-7

12397　にっぽん聖地巡拝の旅　玉岡かおる著　大法輪閣　2014.4　277p　19cm　1800円　①978-4-8046-1360-4

12398　日本の中の朝鮮をゆく　飛鳥・奈良編　飛鳥の原に百済の花が咲きました　兪弘濬著, 橋本繁訳　岩波書店　2015.2　224p　20cm　2600円　①978-4-00-061024-7

興福寺 南円堂

12399　西国観音霊場・新紀行　松本章男著　大法輪閣　2004.5　293p　20cm　2100円　①4-8046-1207-6

12400　西国札所古道巡礼―「母なる道」を歩む　新装版　松尾心空著　春秋社　2006.11　300p　19cm　1700円　①4-393-13356-0

郡山城址

12401 大和の美と風土—街道をあるく 高橋隆博著 吹田 関西大学出版部 2011.1 385p 20cm 2100円 Ⓘ978-4-87354-506-6

五劫院

12402 見仏記 いとうせいこう, みうらじゅん著 角川書店 1997.6 293p 15cm (角川文庫)〈中央公論新社 1993年刊の文庫化〉 640円 Ⓘ4-04-184602-1

12403 歌人一人旅 林怜子著 国民みらい出版 2011.7 162p 20cm〈発売：サンクチュアリ出版〉 1200円 Ⓘ978-4-86113-621-4

12404 見仏記 メディアミックス篇 いとうせいこう, みうらじゅん著 KADOKAWA 2015.3 245p 20cm 1600円 Ⓘ978-4-04-101459-2

子嶋寺

12405 十一面観音巡礼 愛蔵版 白洲正子著 新潮社 2010.9 317p 22cm〈講談社文芸文庫 1992年刊, 新潮社2002年刊あり〉 3000円 Ⓘ978-4-10-310720-0
[作品] 清水の流れ

五條市

12406 街道をゆく 12 十津川街道 新装版 司馬遼太郎著 朝日新聞出版 2008.10 183, 8p 15cm (朝日文庫) 500円 Ⓘ978-4-02-264457-2

五條代官所址

12407 大和の美と風土—街道をあるく 高橋隆博著 吹田 関西大学出版部 2011.1 385p 20cm 2100円 Ⓘ978-4-87354-506-6

巨勢谷

12408 大和の美と風土—街道をあるく 高橋隆博著 吹田 関西大学出版部 2011.1 385p 20cm 2100円 Ⓘ978-4-87354-506-6

小処温泉

12409 旅あそび—朝日新聞連載「気まま旅」より 河村立司著 大阪 JDC 1997.10 221p 19×19cm〈1989年刊の改訂〉 1300円 Ⓘ4-89008-220-4

金剛寺

12410 かくれ里 愛蔵版 白洲正子著 新潮社 2010.9 349p 22cm〈講談社文芸文庫 1991年刊あり〉 3000円 Ⓘ978-4-10-310719-4
[作品] 吉野の川上

西大寺

12411 見仏記 いとうせいこう, みうらじゅん著 角川書店 1997.6 293p 15cm (角川文庫)〈中央公論新社 1993年刊の文庫化〉 640円 Ⓘ4-04-184602-1

12412 私の古寺巡礼 3(奈良) 井上靖監修 光文社 2004.12 262p 16cm (知恵の森文庫)〈淡交社1987年刊の改訂〉 667円 Ⓘ4-334-78327-9

12413 古寺巡礼奈良 4 西大寺 新版 梅原猛監修 大矢實圓, 道浦母都子著 京都 淡交社 2010.8 142p 21cm〈年表あり〉 1600円 Ⓘ978-4-473-03634-6
[作品] 答えのない旅〔道浦母都子〕
(目次) 巻頭エッセイ 答えのない旅, 口絵カラー, 現代へのメッセージ 持戒波羅蜜と十善戒, 西大寺の歴史—聖武天皇が娘阿倍内親王に懸けた夢, 女帝の心, 西大寺文学散歩, 慈父の造形—西大寺釈迦如来立像, 経を篭めて、願いを込める, 「矢の根」の絵馬, 西大寺の法燈

12414 近松秋江全集 第7巻 オンデマンド版 近松秋江著, 紅野敏郎, 和田謹吾, 中尾務, 遠藤英雄, 田沢基久, 笹瀬王子編集委員 八木書店古書出版部 2014.2 502, 34p 21cm〈初版：八木書店 1993年刊 印刷・製本：デジタルパブリッシングサービス 発売：八木書店〉 12000円 Ⓘ978-4-8406-3492-2
[作品] 廃滅の寺々

12415 にっぽん聖地巡拝の旅 玉岡かおる著 大法輪閣 2014.4 277p 19cm 1800円 Ⓘ978-4-8046-1360-4

佐紀路

12416 奈良 寺あそび、仏像ばなし 吉田さらさ文・写真 岳陽舎 2007.12 330p 21cm 2200円 Ⓘ978-4-907737-96-2

桜井市

12417 碧い眼の太郎冠者 ドナルド・キーン著 中央公論新社 2001.7 188p 21cm (Chuko on demand books) 2000円 Ⓘ4-12-550026-6
[作品] 十二の印象

12418 文豪、偉人の「愛」をたどる旅 黛まどか著 集英社 2009.8 255p 18cm 1048円 Ⓘ978-4-08-781427-9

桜本坊

12419 見仏記 4 親孝行篇 いとうせいこう著, みうらじゅん画 角川書店 2006.1 262p 15cm (角川文庫)〈2002年刊の文庫化〉 514円 Ⓘ4-04-184605-6

12420 かくれ里 愛蔵版 白洲正子著 新潮社 2010.9 349p 22cm〈講談社文芸文庫 1991年刊あり〉 3000円 Ⓘ978-4-10-310719-4
[作品] 葛城から吉野へ

12421 見仏記 メディアミックス篇 いとうせいこう, みうらじゅん著 KADOKAWA 2015.3 245p 20cm 1600円 Ⓘ978-4-04-101459-2

佐保路

12422 奈良 寺あそび、仏像ばなし 吉田さらさ文・写真 岳陽舎 2007.12 330p 21cm 2200円 Ⓘ978-4-907737-96-2

12423 大和の美と風土—街道をあるく 高橋隆博著 吹田 関西大学出版部 2011.1 385p 20cm 2100円 Ⓘ978-4-87354-506-6

猿沢池

12424 街道をゆく 24 近江散歩、奈良散歩 新装版 司馬遼太郎著 朝日新聞出版 2009.1 378, 8p 15cm (朝日文庫)〈初版：朝日新聞社1988年刊〉 800円 ①978-4-02-264477-0

山上ヶ岳

12425 大峰を巡る 熊谷榧絵と文 八王子 白山書房 2011.3 197p 19cm 1900円 ①978-4-89475-146-0

入之波温泉

12426 秘湯を求めて 2 ないしょの秘湯 藤嶽彰英著 (大阪)保育社 1989.12 185p 19cm 1350円 ①4-586-61102-2

12427 ガラメキ温泉探険記 池内紀著 リクルート出版 1990.10 203p 19cm 1165円 ①4-88991-196-0

12428 温泉旅日記 池内紀著 徳間書店 1996.9 277p 15cm (徳間文庫)〈河出書房新社1988年刊あり〉 540円 ①4-19-890559-2

12429 ほろ酔い旅 たつみ都志著 新風舎 2003.11 126p 19cm 1200円 ①4-7974-3527-5

信貴山

12430 中部日本を歩く 立松和平著, 黒古一夫編 勉誠出版 2006.4 389p 22cm (立松和平日本を歩く 第3巻) 2600円 ①4-585-01173-0

12431 大和の美と風土―街道をあるく 高橋隆博著 吹田 関西大学出版部 2011.1 385p 20cm 2100円 ①978-4-87354-506-6

信貴山城

12432 戦国の山城をゆく―信長や秀吉に滅ぼされた世界 安部龍太郎著 集英社 2004.4 234p 18cm (集英社新書)〈年表あり〉 680円 ①4-08-720237-2

下北山村

12433 まちづくり紀行―地域と人と出会いの旅から 亀地宏著 ぎょうせい 1991.10 307p 19cm 1500円 ①4-324-02880-X

釈迦ヶ岳

12434 アーネスト・サトウの明治日本山岳記 アーネスト・メイスン・サトウ著, 庄田元男訳 講談社 2017.4 285p 15cm (講談社学術文庫)〈「日本旅行日記」(平凡社 1992年刊)と「明治日本旅行案内」(平凡社 1996年刊)の改題、抜粋し新たに編集〉 980円 ①978-4-06-292382-8

十輪院

12435 日本雑記 ブルーノ・タウト著, 篠田英雄訳 中央公論新社 2008.11 368p 18cm (中公クラシックス)〈育生社弘道閣昭和18年刊の復刻版 年譜あり〉 1800円 ①978-4-12-160106-3

[作品] 奈良 二

12436 見仏記 6 ぶらり旅篇 いとうせいこう, みうらじゅん著 角川書店 2012.8 276p 15cm (角川文庫)〈発売：角川グループパブリッシング 2011年刊の文庫化〉 552円 ①978-4-04-100475-3

正暦寺

12437 大和の美と風土―街道をあるく 高橋隆博著 吹田 関西大学出版部 2011.1 385p 20cm 2100円 ①978-4-87354-506-6

聖林寺

12438 密教古寺巡礼 3 小山和著 (大阪)東方出版 1988.11 302p 19cm 1600円 ①4-88591-204-0

12439 土門拳の古寺巡礼 第1巻 大和 1 土門拳著 小学館 1989.8 146p 26cm 1950円 ①4-09-559101-3

[作品] ぼくの古寺巡礼

12440 日本紀行 井上靖著 岩波書店 1993.12 252p 16cm (同時代ライブラリー) 1000円 ①4-00-260169-2

[作品] 十一面観音の旅

12441 見仏記 いとうせいこう, みうらじゅん著 角川書店 1997.6 293p 15cm (角川文庫)〈中央公論新社 1993年刊の文庫化〉 640円 ①4-04-184602-1

12442 名文で巡る国宝の十一面観音 白洲正子, 佐多稲子, 陳舜臣, 亀井勝一郎, 和辻哲郎, 杉本苑子, 会津八一, 永井路子, 立原正秋, 梅原猛, 吉村貞司, 津田さち子, 井上靖著 青草書房 2007.3 249p 20cm (Seisouおとなの図書館) 1600円 ①978-4-903735-01-6

12443 十一面観音巡礼 愛蔵版 白洲正子著 新潮社 2010.9 317p 22cm〈講談社文芸文庫1992年刊, 新潮社2002年刊あり〉 3000円 ①978-4-10-310720-0

[作品] 聖林寺から観音寺へ

12444 大和の美と風土―街道をあるく 高橋隆博著 吹田 関西大学出版部 2011.1 385p 20cm 2100円 ①978-4-87354-506-6

12445 見仏記 6 ぶらり旅篇 いとうせいこう, みうらじゅん著 角川書店 2012.8 276p 15cm (角川文庫)〈発売：角川グループパブリッシング 2011年刊の文庫化〉 552円 ①978-4-04-100475-3

12446 美しいもの 白洲正子著, 青柳恵介編 KADOKAWA 2015.5 233p 15cm (〔角川ソフィア文庫〕―白洲正子エッセイ集 美術) 760円 ①978-4-04-409484-3

[作品] 聖林寺から観音寺へ

勝林寺

12447 十一面観音巡礼 愛蔵版 白洲正子著 新潮社 2010.9 317p 22cm〈講談社文芸文庫1992年刊, 新潮社2002年刊あり〉 3000円

①978-4-10-310720-0
作品 登美の小河

深仙ノ宿（十津川村）

12448 熊野修験の森―大峯山脈奥駈け記 宇江敏勝著 新宿書房 2004.4 260p 20cm （宇江敏勝の本 第2期 1）〈シリーズ責任表示：宇江敏勝著 折り込1枚 岩波書店1999年刊の増補〉 2200円 ①4-88008-307-0

神童子谷

12449 大峰を巡る 熊谷槪絵と文 八王子 白山書房 2011.3 197p 19cm 1900円 ①978-4-89475-146-0

新薬師寺

12450 土門拳の古寺巡礼 第2巻 大和 2 土門拳著 小学館 1990.1 246p 26cm 1950円 ①4-09-559102-1
作品 ぼくの古寺巡礼

12451 見仏記 いとうせいこう, みうらじゅん著 角川書店 1997.6 293p 15cm （角川文庫）〈中央公論新社 1993年刊の文庫化〉 640円 ①4-04-184602-1

12452 私の古寺巡礼 3（奈良） 井上靖監修 光文社 2004.12 262p 16cm （知恵の森文庫）〈淡交社1987年刊の改訂〉 667円 ①4-334-78327-9

12453 見仏記 4 親孝行篇 いとうせいこう著, みうらじゅん画 角川書店 2006.1 262p 15cm （角川文庫）〈2002年刊の文庫化〉 514円 ①4-04-184605-6

12454 奈良 寺あそび、仏像ばなし 吉田さらさ文・写真 岳陽舎 2007.12 330p 21cm 2200円 ①978-4-907737-96-2

12455 日本雑記 ブルーノ・タウト著, 篠田英雄訳 中央公論新社 2008.11 368p 18cm （中公クラシックス）〈育生社弘道閣昭和18年刊の復刻版 年譜あり〉 1800円 ①978-4-12-160106-3
作品 奈良 二

12456 古寺巡礼奈良 10 新薬師寺 新版 梅原猛監修 中田定観, 末木文美士著 京都 淡交社 2011.2 142p 21cm〈年表あり〉 1600円 ①978-4-473-03640-7
作品 新薬師寺という異空間〔末木文美士〕
目次 巻頭エッセイ 新薬師寺という異空間, 現代へのメッセージ あらたかな寺、あらたかな願い, 新薬師寺の歴史―"薬師如来"民衆信仰の寺, 薬師の浄土―東方浄瑠璃世界, 新薬師寺文学散歩, 鎌倉仏教のなかの新薬師寺, 新薬師寺旧境内発掘調査, 春日野の薬師浄土

12457 古寺巡礼 辻井喬著 角川春樹事務所 2011.5 253p 16cm （ハルキ文庫）〈2009年刊の文庫化〉 667円 ①978-4-7584-3556-7

12458 見仏記 5 ゴールデンガイド篇 いとうせいこう, みうらじゅん著 角川書店 2011.10 233p 15cm （角川文庫）〈発売：角川グループパブリッシング〉 514円 ①978-4-04-184606-3

12459 見仏記 6 ぶらり旅篇 いとうせいこう, みうらじゅん著 角川書店 2012.8 276p 15cm （角川文庫）〈発売：角川グループパブリッシング 2011年刊の文庫化〉 552円 ①978-4-04-100475-3

12460 見仏記 メディアミックス篇 いとうせいこう, みうらじゅん著 KADOKAWA 2015.3 245p 20cm 1600円 ①978-4-04-101459-2

12461 大和古寺風物誌 改版 亀井勝一郎著 新潮社 2015.12 232p 15cm （新潮文庫） 460円 ①978-4-10-101301-5

頭塔（奈良市）

12462 土門拳の古寺巡礼 第2巻 大和 2 土門拳著 小学館 1990.1 246p 26cm 1950円 ①4-09-559102-1
作品 ぼくの古寺巡礼

12463 見仏記 6 ぶらり旅篇 いとうせいこう, みうらじゅん著 角川書店 2012.8 276p 15cm （角川文庫）〈発売：角川グループパブリッシング 2011年刊の文庫化〉 552円 ①978-4-04-100475-3

12464 隅の風景 恩田陸著 新潮社 2013.11 230p 16cm （新潮文庫）〈2011年刊の加筆 文献あり〉 520円 ①978-4-10-123422-9

世尊寺

12465 土門拳の古寺巡礼 第1巻 大和 1 土門拳著 小学館 1989.8 146p 26cm 1950円 ①4-09-559101-3
作品 ぼくの古寺巡礼

12466 見仏記 メディアミックス篇 いとうせいこう, みうらじゅん著 KADOKAWA 2015.3 245p 20cm 1600円 ①978-4-04-101459-2

前鬼（下北山村）

12467 熊野、修験の道を往く―「大峯奥駈」完全踏破 藤田庄市写真・文 京都 淡交社 2005.7 214p 21cm 1800円 ①4-473-03250-7

12468 誰も知らない熊野の遺産 栂嶺レイ著 筑摩書房 2017.8 254p 18cm （ちくま新書―カラー新書）〈文献あり〉 980円 ①978-4-480-06974-0

蘇我入鹿首塚（明日香村）

12469 隅の風景 恩田陸著 新潮社 2013.11 230p 16cm （新潮文庫）〈2011年刊の加筆 文献あり〉 520円 ①978-4-10-123422-9

大安寺

12470 土門拳の古寺巡礼 第2巻 大和 2 土門拳著 小学館 1990.1 246p 26cm 1950円 ①4-09-559102-1
作品 ぼくの古寺巡礼

大日寺

12471 見仏記 メディアミックス篇 いとうせいこう, みうらじゅん著 KADOKAWA 2015.3 245p 20cm 1600円 ①978-4-04-101459-2

大普賢岳

12472 大峰を巡る 熊谷榧絵と文 八王子 白山書房 2011.3 197p 19cm 1900円 ①978-4-89475-146-0

當麻寺

12473 導かれて、旅 横尾忠則著 文藝春秋 1995.7 286p 16cm (文春文庫)〈日本交通公社出版事業局 1992年刊の文庫化〉 480円 ①4-16-729703-5
作品 弥勒仏幻想

12474 見仏記 いとうせいこう,みうらじゅん著 角川書店 1997.6 293p 15cm (角川文庫)〈中央公論新社 1993年刊の文庫化〉 640円 ①4-04-184602-1

12475 準急特快 記者の旅―レイルウェイ・ライターの本 種村直樹著 JTB 2003.5 318p 19cm〈肖像あり 著作目録あり〉 1600円 ①4-533-04777-7
作品 奈交バス乗り継ぎ 初秋の大和路紀行 国宝の塔をめぐる

12476 私の古寺巡礼 3(奈良) 井上靖監修 光文社 2004.12 262p 16cm (知恵の森文庫)〈淡交社1987年刊の改訂〉 667円 ①4-334-78327-9

12477 百寺巡礼 第1巻 奈良 五木寛之著 講談社 2008.9 277p 15cm (講談社文庫)〈文献あり 2003年刊の文庫化〉 562円 ①978-4-06-276141-3

12478 古寺巡礼 辻井喬著 角川春樹事務所 2011.5 253p 16cm (ハルキ文庫)〈2009年刊の文庫化〉 667円 ①978-4-7584-3556-7

12479 大和路の謎を解く―古代史巡礼の旅 関裕二著 ポプラ社 2014.3 267p 18cm (ポプラ新書)〈文献あり〉 780円 ①978-4-591-13970-7

12480 にっぽん聖地巡拝の旅 玉岡かおる著 大法輪閣 2014.4 277p 19cm 1800円 ①978-4-8046-1360-4

12481 古代史謎解き紀行 1 封印されたヤマト編 関裕二著 新潮社 2014.6 301p 16cm (新潮文庫)〈ポプラ社 2006年刊の再刊 文献あり〉 550円 ①978-4-10-136476-6

12482 見仏記 メディアミックス篇 いとうせいこう,みうらじゅん著 KADOKAWA 2015.3 245p 20cm 1600円 ①978-4-04-101459-2

高鴨神社

12483 街道をゆく 1 湖西のみち、甲州街道、長州路 ほか 新装版 司馬遼太郎著 朝日新聞出版 2008.8 291, 8p 15cm (朝日文庫) 600円 ①978-4-02-264440-4

12484 かくれ里 愛蔵版 白洲正子著 新潮社 2010.9 349p 22cm〈講談社文芸文庫 1991年刊あり〉 3000円 ①978-4-10-310719-4
作品 葛城のあたり

高天神社

12485 大和の美と風土―街道をあるく 高橋隆博著 吹田 関西大学出版部 2011.1 385p 20cm 2100円 ①978-4-87354-506-6

高取城跡

12486 街道をゆく 7 甲賀と伊賀のみち、砂鉄のみち ほか 新装版 司馬遼太郎著 朝日新聞出版 2008.9 339, 8p 15cm (朝日文庫) 660円 ①978-4-02-264446-6

12487 大和の美と風土―街道をあるく 高橋隆博著 吹田 関西大学出版部 2011.1 385p 20cm 2100円 ①978-4-87354-506-6

高取土佐(高取町)

12488 街道をゆく 7 甲賀と伊賀のみち、砂鉄のみち ほか 新装版 司馬遼太郎著 朝日新聞出版 2008.9 339, 8p 15cm (朝日文庫) 660円 ①978-4-02-264446-6

高畑(奈良市)

12489 奈良 寺あそび、仏像ばなし 吉田さらさ文・写真 岳陽舎 2007.12 330p 21cm 2200円 ①978-4-907737-96-2

12490 大和の美と風土―街道をあるく 高橋隆博著 吹田 関西大学出版部 2011.1 385p 20cm 2100円 ①978-4-87354-506-6

高松塚古墳

12491 街道をゆく 7 甲賀と伊賀のみち、砂鉄のみち ほか 新装版 司馬遼太郎著 朝日新聞出版 2008.9 339, 8p 15cm (朝日文庫) 660円 ①978-4-02-264446-6

12492 日本の中の朝鮮をゆく 飛鳥・奈良編 飛鳥の原に百済の花が咲きました 兪弘濬著, 橋本繁訳 岩波書店 2015.2 224p 20cm 2600円 ①978-4-00-061024-7

高天彦神社

12493 かくれ里 愛蔵版 白洲正子著 新潮社 2010.9 349p 22cm〈講談社文芸文庫 1991年刊あり〉 3000円 ①978-4-10-310719-4
作品 葛城のあたり

高山八幡宮

12494 十一面観音巡礼 愛蔵版 白洲正子著 新潮社 2010.9 317p 22cm〈講談社文芸文庫 1992年刊, 新潮社2002年刊あり〉 3000円 ①978-4-10-310720-0
作品 登美の小河

瀧蔵神社

12495 十一面観音巡礼 愛蔵版 白洲正子著 新潮社 2010.9 317p 22cm〈講談社文芸文庫 1992年刊, 新潮社2002年刊あり〉 3000円 ①978-4-10-310720-0
作品 こもりく 泊瀬

滝坂道

12496 大和の美と風土—街道をあるく　高橋隆博著　吹田　関西大学出版部　2011.1　385p　20cm　2100円　Ⓘ978-4-87354-506-6

竹筒（十津川村）

12497 誰も知らない熊野の遺産　栂嶺レイ著　筑摩書房　2017.8　254p　18cm　（ちくま新書—カラー新書）〈文献あり〉　980円　Ⓘ978-4-480-06974-0

竹内街道

12498 街道をゆく　1　湖西のみち、甲州街道、長州路 ほか　新装版　司馬遼太郎著　朝日新聞出版　2008.8　291, 8p　15cm　（朝日文庫）　600円　Ⓘ978-4-02-264440-4

12499 大和の美と風土—街道をあるく　高橋隆博著　吹田　関西大学出版部　2011.1　385p　20cm　2100円　Ⓘ978-4-87354-506-6

橘寺

12500 見仏記　4　親孝行篇　いとうせいこう著, みうらじゅん画　角川書店　2006.1　262p　15cm　（角川文庫）〈2002年刊の文庫化〉　514円　Ⓘ4-04-184605-6

12501 寂聴ほとけ径—私の好きな寺　2　瀬戸内寂聴著　光文社　2007.6　185p　15cm　（光文社文庫）　686円　Ⓘ978-4-334-74258-4

12502 聖地巡礼 ビギニング　内田樹, 釈徹宗著　東京書籍　2013.8　322p　19cm　1500円　Ⓘ978-4-487-80638-6

12503 日本の中の朝鮮をゆく　飛鳥・奈良編　飛鳥の原に百済の花が咲きました　兪弘濬著, 橋本繁訳　岩波書店　2015.2　224p　20cm　2600円　Ⓘ978-4-00-061024-7

竜田川

12504 奈良慕情　津田さち子著　沖積舎　2005.12　155p　20cm　1800円　Ⓘ4-8060-4096-7

12505 十一面観音巡礼　愛蔵版　白洲正子著　新潮社　2010.9　317p　22cm〈講談社文芸文庫1992年刊, 新潮社2002年刊あり〉　3000円　Ⓘ978-4-10-310720-0

作品 龍田の川上

谷瀬（十津川村）

12506 ニッポンの山里　池内紀著　山と溪谷社　2013.1　254p　20cm　1500円　Ⓘ978-4-635-28067-9

谷瀬の吊り橋

12507 街道をゆく　12　十津川街道　新装版　司馬遼太郎著　朝日新聞出版　2008.10　183, 8p　15cm　（朝日文庫）　500円　Ⓘ978-4-02-264457-2

玉置神社

12508 導かれて、旅　横尾忠則著　文藝春秋　1995.7　286p　16cm　（文春文庫）〈日本交通公社出版事業局 1992年刊の文庫化〉　480円　Ⓘ4-16-729703-5

作品 炎と化した那智の竜神

12509 街道をゆく　12　十津川街道　新装版　司馬遼太郎著　朝日新聞出版　2008.10　183, 8p　15cm　（朝日文庫）　500円　Ⓘ978-4-02-264457-2

12510 神結び—日本の聖地をめぐる旅　相川七瀬著　実業之日本社　2014.8　133p　19cm〈文献あり〉　1500円　Ⓘ978-4-408-11084-4

12511 誰も知らない熊野の遺産　栂嶺レイ著　筑摩書房　2017.8　254p　18cm　（ちくま新書—カラー新書）〈文献あり〉　980円　Ⓘ978-4-480-06974-0

12512 禁足地帯の歩き方　吉田悠軌著　学研プラス　2017.11　175p　19cm　1000円　Ⓘ978-4-05-406602-1

玉置山

12513 街道をゆく　12　十津川街道　新装版　司馬遼太郎著　朝日新聞出版　2008.10　183, 8p　15cm　（朝日文庫）　500円　Ⓘ978-4-02-264457-2

多聞城

12514 日本名城紀行　4　畿内 歴史を生む巨城　小学館　1989.5　293p　15cm　600円　Ⓘ4-09-401204-4

談山神社

12515 街道をゆく　24　近江散歩、奈良散歩　新装版　司馬遼太郎著　朝日新聞出版　2009.1　378, 8p　15cm　（朝日文庫）〈初版：朝日新聞社1988年刊〉　800円　Ⓘ978-4-02-264477-0

12516 大和の美と風土—街道をあるく　高橋隆博著　吹田　関西大学出版部　2011.1　385p　20cm　2100円　Ⓘ978-4-87354-506-6

12517 見仏記　6　ぶらり旅篇　いとうせいこう, みうらじゅん著　角川書店　2012.8　276p　15cm　（角川文庫）〈発売：角川グループパブリッシング　2011年刊の文庫化〉　552円　Ⓘ978-4-04-100475-3

12518 古代史謎解き紀行　1　封印されたヤマト編　関裕二著　新潮社　2014.6　301p　16cm　（新潮文庫）〈ポプラ社 2006年刊の再刊　文献あり〉　550円　Ⓘ978-4-10-136476-6

12519 神結び—日本の聖地をめぐる旅　相川七瀬著　実業之日本社　2014.8　133p　19cm〈文献あり〉　1500円　Ⓘ978-4-408-11084-4

丹波市町（天理市）

12520 柳田國男全集　2　柳田國男著　筑摩書房　1989.9　662p　15cm　（ちくま文庫）　1130円　Ⓘ4-480-02402-6

作品 丹波市記

目次 雪国の春, 秋風帖, 東国古道記, 豆の葉と太陽, 旅中小景, 丹波市記, 樺太紀行, 遊海島記, 海上文化

近畿

竹林院（吉野町）

12521 見仏記 4 親孝行篇 いとうせいこう著, みうらじゅん画 角川書店 2006.1 262p 15cm （角川文庫）〈2002年刊の文庫化〉 514円 Ⓘ4-04-184605-6

竹林寺（生駒市）

12522 十一面観音巡礼 愛蔵版 白洲正子著 新潮社 2010.9 317p 22cm〈講談社文芸文庫1992年刊, 新潮社2002年刊あり〉 3000円 Ⓘ978-4-10-310720-0
作品 龍田の川上

中宮寺

12523 土門拳の古寺巡礼 第1巻 大和 1 土門拳著 小学館 1989.8 146p 26cm 1950円 Ⓘ4-09-559101-3
作品 ぼくの古寺巡礼

12524 ふれあいの旅紀行 新田健次著 東京新聞出版局 1992.5 203p 19cm 1300円 Ⓘ4-8083-0437-6

12525 見仏記 いとうせいこう, みうらじゅん著 角川書店 1997.6 293p 15cm （角川文庫）〈中央公論新社 1993年刊の文庫化〉 640円 Ⓘ4-04-184602-1

12526 古寺巡礼 和辻哲郎著 岩波書店 2002.10 287p 15cm （岩波文庫）〈第47刷〉 660円 Ⓘ4-00-331441-7

12527 私の古寺巡礼 3（奈良） 井上靖監修 光文社 2004.12 262p 16cm （知恵の森文庫）〈淡交社1987年刊の改訂〉 667円 Ⓘ4-334-78327-9

12528 百寺巡礼 第1巻 奈良 五木寛之著 講談社 2008.9 277p 15cm （講談社文庫）〈文献あり 2003年刊の文庫化〉 562円 Ⓘ978-4-06-276141-3

12529 隅の風景 恩田陸著 新潮社 2013.11 230p 16cm （新潮文庫）〈2011年刊の加筆 文献あり〉 520円 Ⓘ978-4-10-123422-9

12530 大和古寺風物誌 改版 亀井勝一郎著 新潮社 2015.12 232p 15cm （新潮文庫） 460円 Ⓘ978-4-10-101301-5

長岳寺

12531 見仏記 6 ぶらり旅篇 いとうせいこう, みうらじゅん著 角川書店 2012.8 276p 15cm （角川文庫）〈発売：角川グループパブリッシング 2011年刊の文庫化〉 552円 Ⓘ978-4-04-100475-3

長弓寺

12532 十一面観音巡礼 愛蔵版 白洲正子著 新潮社 2010.9 317p 22cm〈講談社文芸文庫1992年刊, 新潮社2002年刊あり〉 3000円 Ⓘ978-4-10-310720-0
作品 登美の小河

月ヶ瀬（奈良市）

12533 近江・大和 水上勉著 河出書房新社 2000.5 205p 20cm （日本の風景を歩く） 1600円 Ⓘ4-309-62134-1

12534 中部日本を歩く 立松和平著, 黒古一夫編 勉誠出版 2006.4 389p 22cm （立松和平日本を歩く 第3巻） 2600円 Ⓘ4-585-01173-0

12535 色紀行―日本の美しい風景 吉岡幸雄著, 岡田克敏写真 清流出版 2011.12 241p 22cm 3500円 Ⓘ978-4-86029-374-1

12536 明治紀行文學集 筑摩書房 2013.1 410p 21cm （明治文學全集 94） 7500円 Ⓘ978-4-480-10394-9
作品 月瀬紀遊〔田山花袋〕

壺阪（高取町）

12537 近江・大和 水上勉著 河出書房新社 2000.5 205p 20cm （日本の風景を歩く） 1600円 Ⓘ4-309-62134-1
作品 壺坂幻想

12538 街道をゆく 7 甲賀と伊賀のみち、砂鉄のみち ほか 新装版 司馬遼太郎著 朝日新聞出版 2008.9 339, 8p 15cm （朝日文庫） 660円 Ⓘ978-4-02-264446-6

壺阪寺〔南法華寺〕

12539 西国観音霊場・新紀行 松本章男著 大法輪閣 2004.5 293p 20cm 2100円 Ⓘ4-8046-1207-6

12540 西国札所古道巡礼―「母なる道」を歩む 新装版 松尾心空著 春秋社 2006.11 300p 19cm 1700円 Ⓘ4-393-13356-0

12541 街道をゆく 7 甲賀と伊賀のみち、砂鉄のみち ほか 新装版 司馬遼太郎著 朝日新聞出版 2008.9 339, 8p 15cm （朝日文庫） 660円 Ⓘ978-4-02-264446-6

12542 大和の美と風土―街道をあるく 高橋隆博著 吹田 関西大学出版部 2011.1 385p 20cm 2100円 Ⓘ978-4-87354-506-6

12543 見仏記 6 ぶらり旅篇 いとうせいこう, みうらじゅん著 角川書店 2012.8 276p 15cm （角川文庫）〈発売：角川グループパブリッシング 2011年刊の文庫化〉 552円 Ⓘ978-4-04-100475-3

12544 見仏記 メディアミックス篇 いとうせいこう, みうらじゅん著 KADOKAWA 2015.3 245p 20cm 1600円 Ⓘ978-4-04-101459-2

天河大弁財天社〔天河神社〕

12545 聖地巡礼 田口ランディ著, 森豊写真 メディアファクトリー 2003.4 353p 18cm 1600円 Ⓘ4-8401-0755-6

12546 江原啓之 神紀行 1（伊勢・熊野・奈良） 江原啓之著 マガジンハウス 2005.10 95p 21cm （スピリチュアル・サンクチュアリシリーズ） 952円 Ⓘ4-8387-1620-6

12547 水の巡礼 田口ランディ著, 森豊写真 角川書店 2006.2 270p 15cm （角川文庫） 952円 Ⓘ4-04-375303-9

12548 禁足地帯の歩き方 吉田悠軌著 学研プラス 2017.11 175p 19cm 1000円 ①978-4-05-406602-1

天川村

12549 導かれて、旅 横尾忠則著 文藝春秋 1995.7 286p 16cm (文春文庫)〈日本交通公社出版事業局 1992年刊の文庫化〉 480円 ①4-16-729703-5
作品 異界への懸け橋

12550 バスで田舎へ行く 泉麻人著 筑摩書房 2005.5 296p 15cm (ちくま文庫)〈「バスで、田舎へ行く」(JTB 2001年刊)の改題〉 740円 ①4-480-42079-7

伝香寺

12551 歌人一人旅 林怜子著 国民みらい出版 2011.7 162p 20cm〈発売:サンクチュアリ出版〉 1200円 ①978-4-86113-621-4

天辻峠

12552 街道をゆく 12 十津川街道 新装版 司馬遼太郎著 朝日新聞出版 2008.10 183, 8p 15cm (朝日文庫) 500円 ①978-4-02-264457-2

天ノ川渓谷

12553 アーネスト・サトウの明治日本山岳記 アーネスト・メイスン・サトウ著, 庄田元男訳 講談社 2017.4 285p 15cm (講談社学術文庫)〈「日本旅行日記」(平凡社 1992年刊)と「明治日本旅行案内」(平凡社 1996年刊)の改題、抜粋し新たに編集〉 980円 ①978-4-06-292382-8

天理市

12554 新編 日本の旅あちこち 木山捷平著 講談社 2015.4 304p 16cm (講談社文芸文庫)〈著作目録あり 年譜あり〉 1600円 ①978-4-06-290268-7
作品 天理と高野山の春—奈良

唐招提寺

12555 土門拳の古寺巡礼 第2巻 大和 2 土門拳著 小学館 1990.1 246p 26cm 1950円 ①4-09-559102-1
作品 ぼくの古寺巡礼

12556 見仏記 いとうせいこう, みうらじゅん著 角川書店 1997.6 293p 15cm (角川文庫)〈中央公論新社 1993年刊の文庫化〉 640円 ①4-04-184602-1

12557 とっておきの寺社詣で 三木露風ほか著, 作品社編集部編 作品社 1998.4 251p 22cm (新編・日本随筆紀行 大きな活字で読みやすい本—心にふるさとがある 14) ①4-87893-895-1, 4-87893-807-2
作品 唐招提寺開山堂跡〔安藤更生〕

12558 土門拳 古寺を訪ねて—奈良西ノ京から室生へ 土門拳写真・文 小学館 2001.10 205p 15cm (小学館文庫)〈奥付のタイトル:古寺を訪ねて〉 838円 ①4-09-411422-X
目次 薬師寺, 唐招提寺, 飛鳥の里と南大和の寺, 室生寺と室生の里, 土門の思い出(土門たみ)

12559 古寺巡礼 和辻哲郎著 岩波書店 2002.10 287p 15cm (岩波文庫)〈第47刷〉 660円 ①4-00-331441-7

12560 私の古寺巡礼 3(奈良) 井上靖監修 光文社 2004.12 262p 16cm (知恵の森文庫)〈淡交社1987年刊の改訂〉 667円 ①4-334-78327-9

12561 寂聴ほとけ径—私の好きな寺 2 瀬戸内寂聴著 光文社 2007.6 185p 15cm (光文社文庫) 686円 ①978-4-334-74258-4

12562 奈良 寺あそび、仏像ばなし 吉田さらさ文・写真 岳陽舎 2007.12 330p 21cm 2200円 ①978-4-907737-96-2

12563 風貌・私の美学—土門拳エッセイ選 土門拳著, 酒井忠康編 講談社 2008.4 349p 16cm (講談社文芸文庫)〈年譜あり 著作目録あり〉 1600円 ①978-4-06-290011-9

12564 百寺巡礼 第1巻 奈良 五木寛之著 講談社 2008.9 277p 15cm (講談社文庫)〈文献あり 2003年刊の文庫化〉 562円 ①978-4-06-276141-3

12565 十一面観音巡礼 愛蔵版 白洲正子著 新潮社 2010.9 317p 22cm〈講談社文芸文庫 1992年刊, 新潮社2002年刊あり〉 3000円 ①978-4-10-310720-0
作品 秋篠のあたり

12566 古寺巡礼奈良 8 唐招提寺 新版 梅原猛監修 西山明彦, 滝田栄著 京都 淡交社 2010.12 142p 21cm〈年表あり〉 1600円 ①978-4-473-03638-4
作品 唐招提寺の蓮〔滝田栄〕
目次 巻頭エッセイ 唐招提寺の蓮, 現代へのメッセージ 鑑真和上の教え, 唐招提寺の歴史, 鑑真入京—難波から平城京へ, 唐招提寺文学散歩, 鑑真和上の手紙, 鑑真和上の死と肖像, 金堂平成修理工事に於ける調査の成果, 貞慶・覚盛と釈迦念仏

12567 見仏記 6 ぶらり旅篇 いとうせいこう, みうらじゅん著 角川書店 2012.8 276p 15cm (角川文庫)〈発売:角川グループパブリッシング 2011年刊の文庫化〉 552円 ①978-4-04-100475-3

12568 近松秋江全集 第7巻 オンデマンド版 近松秋江著, 紅野敏郎, 和田謹吾, 中尾務, 遠藤英雄, 田沢基久, 笹瀬王子編集委員 八木書店古書出版部 2014.2 502, 34p 21cm〈初版:八木書店 1993年刊 印刷・製本:デジタルパブリッシングサービス 発売:八木書店〉 12000円 ①978-4-8406-3492-2
作品 廃滅の寺々

12569 日本の中の朝鮮をゆく 飛鳥・奈良編 飛鳥の原に百済の花が咲きました 兪弘濬著, 橋本繁訳 岩波書店 2015.2 224p 20cm 2600円 ①978-4-00-061024-7

12570 大和古寺風物誌 改版 亀井勝一郎著

新潮社 2015.12 232p 15cm （新潮文庫） 460円 ①978-4-10-101301-5

湯泉地温泉

12571 いで湯浴泉記 大石真人著 新ハイキング社 1990.12 316p 19cm （新ハイキング選書 第11巻） 1700円 ①4-915184-12-9

12572 導かれて、旅 横尾忠則著 文藝春秋 1995.7 286p 16cm （文春文庫）〈日本交通公社出版事業局 1992年刊の文庫化〉 480円 ①4-16-729703-5

作品 炎と化した那智の竜神

東大寺

12573 歴史のねむる里へ 永井路子著 PHP研究所 1988.3 234p 19cm 1200円 ①4-569-22196-3

12574 マンダラ紀行 森敦著 筑摩書房 1989.12 160p 15cm （ちくま文庫） 460円 ①4-480-02358-5

作品 大日のいますところにありながらそれとも知らず去りにけるかな 大日は大仏なりや半眼にいとおほらけくここにまします

12575 土門拳の古寺巡礼 第2巻 大和 2 土門拳著 小学館 1990.1 246p 26cm 1950円 ①4-09-559102-1

作品 ぼくの古寺巡礼

12576 日本紀行 井上靖著 岩波書店 1993.12 252p 16cm （同時代ライブラリー） 1000円 ①4-00-260169-2

作品 お水取りと私

12577 導かれて、旅 横尾忠則著 文藝春秋 1995.7 286p 16cm （文春文庫）〈日本交通公社出版事業局 1992年刊の文庫化〉 480円 ①4-16-729703-5

作品 弥勒仏幻想

12578 見仏記 いとうせいこう，みうらじゅん著 角川書店 1997.6 293p 15cm （角川文庫）〈中央公論新社 1993年刊の文庫化〉 640円 ①4-04-184602-1

12579 大和仏心紀行 榊莫山著 毎日新聞社 2000.4 215p 21cm 1800円 ①4-620-60558-1

12580 土門拳 古寺を訪ねて―斑鳩から奈良へ 土門拳写真・文 小学館 2001.8 205p 15cm （小学館文庫） 838円 ①4-09-411421-1

12581 中西進と歩く万葉の大和路 中西進著 ウェッジ 2001.10 229p 19cm （ウェッジ選書） 1200円 ①4-900594-45-8

12582 ひろさちやの古寺巡礼 ひろさちや著 小学館 2002.6 207p 20cm 1400円 ①4-09-386094-7

12583 入江泰吉 私の大和路 秋冬紀行 入江泰吉写真・文 小学館 2002.11 203p 15cm （小学館文庫）〈奥付のタイトル：私の大和路〉 838円 ①4-09-411482-3

目次 秋色大和，回想の大和路，仏像礼讃，“あいまい”さの美学（重森弘淹），大和路冬景，撮影前の長い助走―入江泰吉のノートより

12584 私の古寺巡礼 3（奈良） 井上靖監修 光文社 2004.12 262p 16cm （知恵の森文庫）〈淡交社1987年刊の改訂〉 667円 ①4-334-78327-9

12585 お寺散歩―もう一度あのお寺に行こう 沢野ひとし著 新日本出版社 2005.1 134p 18cm 1600円 ①4-406-03130-8

12586 ショージ君の旅行鞄―東海林さだお自選 東海林さだお著 文芸春秋 2005.2 905p 16cm （文春文庫） 933円 ①4-16-717760-9

作品 奈良よ！

12587 見仏記 4 親孝行篇 いとうせいこう著，みうらじゅん画 角川書店 2006.1 262p 15cm （角川文庫）〈2002年刊の文庫化〉 514円 ①4-04-184605-6

12588 奈良のチカラ 多田みのり著 現代旅行研究所 2007.4 227p 21cm （旅行作家文庫） 1800円 ①978-4-87482-093-3

12589 寂聴ほとけ径―私の好きな寺 1 瀬戸内寂聴著 光文社 2007.6 185p 15cm （光文社文庫） 686円 ①978-4-334-74257-7

12590 奈良 寺あそび、仏像ばなし 吉田さらさ文・写真 岳陽舎 2007.12 330p 21cm 2200円 ①978-4-907737-96-2

12591 百寺巡礼 第1巻 奈良 五木寛之著 講談社 2008.9 277p 15cm （講談社文庫）〈文献あり 2003年刊の文庫化〉 562円 ①978-4-06-276141-3

12592 日本雑記 ブルーノ・タウト著，篠田英雄訳 中央公論新社 2008.11 368p 18cm （中公クラシックス）〈育生社弘道閣昭和18年刊の復刻版 年譜あり〉 1800円 ①978-4-12-160106-3

作品 奈良 二

12593 街道をゆく 24 近江散歩、奈良散歩 新装版 司馬遼太郎著 朝日新聞出版 2009.1 378, 8p 15cm （朝日文庫）〈初版：朝日新聞社1988年刊〉 800円 ①978-4-02-264477-0

12594 古寺巡礼奈良 3 東大寺 新版 梅原猛監修 狭川宗玄，吉岡幸雄著 京都 淡交社 2010.7 142p 21cm〈年表あり〉 1600円 ①978-4-473-03633-9

作品 東大寺修二会の彩り〔吉岡幸雄〕

目次 巻頭エッセイ 東大寺修二会の彩り，現代へのメッセージ 現代人と華厳の教え，東大寺の歴史―創建の心を現代も受け継ぐ寺，東大寺と周防国府―重源の勧進，東大寺文学散歩，東大寺の建物と景観，法華堂安置の諸尊，二月堂の修二会―本質とその周辺

12595 十一面観音巡礼 愛蔵版 白洲正子著 新潮社 2010.9 317p 22cm〈講談社文芸文庫1992年刊，新潮社2002年刊あり〉 3000円 ①978-4-10-310720-0

作品 奈良のお水取

12596 意味の変容 マンダラ紀行 森敦著 講談社 2012.1 276p 16cm （講談社文芸文庫）〈年譜あり 著作目録あり〉 1400円 ①978-4-06-290147-5

作品 マンダラ紀行—大日のいますところにありながらそれとも知らず去りにけるかな　大日は大仏なりや半眼にいとおほらけくここにましますし

12597 見仏記　6　ぶらり旅篇　いとうせいこう,みうらじゅん著　角川書店　2012.8　276p　15cm　(角川文庫)〈発売：角川グループパブリッシング　2011年刊の文庫化〉　552円　①978-4-04-100475-3

12598 大和路の謎を解く—古代史巡礼の旅　関裕二著　ポプラ社　2014.3　267p　18cm　(ポプラ新書)〈文献あり〉　780円　①978-4-591-13970-7

12599 にっぽん聖地巡拝の旅　玉岡かおる著　大法輪閣　2014.4　277p　19cm　1800円　①978-4-8046-1360-4

12600 古代史謎解き紀行　1　封印されたヤマト編　関裕二著　新潮社　2014.6　301p　16cm　(新潮文庫)〈ポプラ社 2006年刊の再刊　文献あり〉　550円　①978-4-10-136476-6

12601 日本の中の朝鮮をゆく　飛鳥・奈良編　飛鳥の原に百済の花が咲きました　兪弘濬著,橋本繁訳　岩波書店　2015.2　224p　20cm　2600円　①978-4-00-061024-7

12602 見仏記　メディアミックス篇　いとうせいこう,みうらじゅん著　KADOKAWA　2015.3　245p　20cm　1600円　①978-4-04-101459-2

12603 大和古寺風物誌　改版　亀井勝一郎著　新潮社　2015.12　232p　15cm　(新潮文庫)　460円　①978-4-10-101301-5

東大寺戒壇院

12604 見仏記　いとうせいこう,みうらじゅん著　角川書店　1997.6　293p　15cm　(角川文庫)〈中央公論新社 1993年刊の文庫化〉　640円　①4-04-184602-1

東大寺三月堂

12605 日本の中の朝鮮をゆく　飛鳥・奈良編　飛鳥の原に百済の花が咲きました　兪弘濬著,橋本繁訳　岩波書店　2015.2　224p　20cm　2600円　①978-4-00-061024-7

東大寺二月堂

12606 とっておきの寺社詣で　三木露風ほか著,作品社編集部編　作品社　1998.4　251p　22cm　(新編・日本随筆紀行 大きな活字で読みやすい本—心にふるさとがある 14)　①4-87893-895-1, 4-87893-807-2

作品 二月堂の夕〔谷崎潤一郎〕

12607 新編 日本の旅あちこち　木山捷平著　講談社　2015.4　304p　16cm　(講談社文芸文庫)〈著作目録あり 年譜あり〉　1600円　①978-4-06-290268-7

作品 おみくじ巡り—奈良

多武峯(桜井市)

12608 街道をゆく　24　近江散歩、奈良散歩　新装版　司馬遼太郎著　朝日新聞出版　2009.1　378, 8p　15cm　(朝日文庫)〈初版：朝日新聞社1988年刊〉　800円　①978-4-02-264477-0

12609 大和の美と風土—街道をあるく　高橋隆博著　吹田　関西大学出版部　2011.1　385p　20cm　2100円　①978-4-87354-506-6

塔の森(奈良市)

12610 土門拳の古寺巡礼　第2巻　大和 2　土門拳著　小学館　1990.1　246p　26cm　1950円　①4-09-559102-1

作品 ぼくの古寺巡礼

十日市(五條市)

12611 街道をゆく　8　熊野・古座街道、種子島みち ほか　新装版　司馬遼太郎著　朝日新聞出版　2008.9　329, 8p　15cm　(朝日文庫)　640円　①978-4-02-264447-3

十津川温泉

12612 秘湯を求めて　1　はじめての秘湯　藤嶽彰英著　(大阪)保育社　1989.11　194p　19cm　1350円　①4-586-61101-4

十津川街道

12613 街道をゆく　12　十津川街道　新装版　司馬遼太郎著　朝日新聞出版　2008.10　183, 8p　15cm　(朝日文庫)　500円　①978-4-02-264457-2

十津川村

12614 太平記紀行—鎌倉・吉野・笠置・河内　永井路子著　中央公論社　1990.12　205p　15cm　(中公文庫)　420円　①4-12-201770-X

12615 渓流巡礼三三ヶ所　植野稔著　山と渓谷社　1991.9　253p　21cm　1800円　①4-635-36026-1

12616 導かれて、旅　横尾忠則著　文藝春秋　1995.7　286p　16cm　(文春文庫)〈日本交通公社出版事業局 1992年刊の文庫化〉　480円　①4-16-729703-5

作品 異界への懸け橋

12617 熊野修験の森—大峯山脈奥駈け記　宇江敏勝著　新宿書房　2004.4　260p　20cm　(宇江敏勝の本 第2期 1)〈シリーズ責任表示：宇江敏勝著　折り込1枚　岩波書店1999年刊の増補〉　2200円　①4-88008-307-0

12618 街道をゆく　12　十津川街道　新装版　司馬遼太郎著　朝日新聞出版　2008.10　183, 8p　15cm　(朝日文庫)　500円　①978-4-02-264457-2

12619 美しき日本の面影　さだまさし著　新潮社　2008.12　357p　16cm　(新潮文庫)　514円　①978-4-10-122905-8

作品 十津川、秘密の滝

12620 紀州—木の国・根の国物語　改版　中上健次著　角川書店　2009.1　308p　15cm　(角川文庫)〈発売：角川グループパブリッシング〉　552円　①978-4-04-145611-8

12621 神秘日本　岡本太郎著　KADOKAWA

2015.7 260p 図版24p 15cm (角川ソフィア文庫)〈中央公論社 1964年刊の再刊〉 1000円 Ⓘ978-4-04-409487-4
作品 火、水、海賊—熊野文化論

12622 誰も知らない熊野の遺産 栂嶺レイ著 筑摩書房 2017.8 254p 18cm (ちくま新書—カラー新書)〈文献あり〉 980円 Ⓘ978-4-480-06974-0

富雄川

12623 大和の美と風土—街道をあるく 高橋隆博著 吹田 関西大学出版部 2011.1 385p 20cm 2100円 Ⓘ978-4-87354-506-6

洞川温泉

12624 山に彷徨う心 古井由吉著 アリアドネ企画, 三修社〔発売〕 1996.8 207p 19cm (ARIADNE ENTERTAINMENT) 1700円 Ⓘ4-384-02316-2
作品 行者の峯

奈良公園

12625 奈良 寺あそび、仏像ばなし 吉田さらさ文・写真 岳陽舎 2007.12 330p 21cm 2200円 Ⓘ978-4-907737-96-2

12626 日本雑記 ブルーノ・タウト著, 篠田英雄訳 中央公論新社 2008.11 368p 18cm (中公クラシックス)〈育生社弘道閣昭和18年刊の復刻版 年譜あり〉 1800円 Ⓘ978-4-12-160106-3
作品 奈良 奈良 一

奈良坂

12627 大和の美と風土—街道をあるく 高橋隆博著 吹田 関西大学出版部 2011.1 385p 20cm 2100円 Ⓘ978-4-87354-506-6

奈良市

12628 紀行文集 無明一杖 上甲平谷著 谷沢書房 1988.7 339p 19cm 2500円
作品 雨と寺

12629 日本地酒紀行 奈良本辰也著 河出書房新社 1988.7 273p 15cm (河出文庫) 520円 Ⓘ4-309-47138-2

12630 ナチュラル・ツーリング 続 寺崎勉文, 太田潤写真 ミリオン出版, 大洋図書〔発売〕 1989.4 197p 21cm (OUTRIDER BOOK) 1700円 Ⓘ4-88672-042-0

12631 日本の不思議な宿 巌谷国士著 中央公論新社 1999.4 353p 16cm (中公文庫) 838円 Ⓘ4-12-203396-9

12632 日本ぶらり 1 2000年の旅 山下一正著 大阪 サンセン出版 2001.4 204p 19cm (日本紀行シリーズ 1) 1800円 Ⓘ4-921038-04-X

12633 碧い眼の太郎冠者 ドナルド・キーン著 中央公論新社 2001.7 188p 21cm (Chuko on demand books) 2000円 Ⓘ4-12-550026-6
作品 十二の印象

12634 バード日本紀行 I.L.バード著, 楠家重敏, 橋本かほる, 宮崎路子訳 雄松堂出版 2002.8 376, 11p 図版12枚 23cm (新異国叢書 第3輯 3) 5500円 Ⓘ4-8419-0295-3

12635 ショージ君の旅行鞄—東海林さだお自選 東海林さだお著 文芸春秋 2005.2 905p 16cm (文春文庫) 933円 Ⓘ4-16-717760-9

12636 オーストリア皇太子の日本日記—明治二十六年夏の記録 フランツ・フェルディナント著, 安藤勉訳 講談社 2005.9 237p 15cm (講談社学術文庫)〈肖像あり〉 840円 Ⓘ4-06-159725-6

12637 日本の色を歩く 吉岡幸雄著 平凡社 2007.10 230p 18cm (平凡社新書) 840円 Ⓘ978-4-582-85396-4

12638 神に頼って走れ!—自転車爆走日本南下旅日記 高野秀行著 集英社 2008.3 242p 16cm (集英社文庫) 476円 Ⓘ978-4-08-746278-4

12639 日本雑記 ブルーノ・タウト著, 篠田英雄訳 中央公論新社 2008.11 368p 18cm (中公クラシックス)〈育生社弘道閣昭和18年刊の復刻版 年譜あり〉 1800円 Ⓘ978-4-12-160106-3

12640 奈良の平日—誰も知らない深いまち 浅野詠子著 講談社 2011.10 246p 19cm 1500円 Ⓘ978-4-06-217021-5
目次 第1章 生活感あふれる「きたまち」, 第2章「ならまち」界隈, 第3章 まちなか地蔵さん, 第4章 高畑の洋館秘話, 第5章 古都に息づく近代化遺産, 第6章 まちを彩る乗り物, 第7章 大和の水景, 第8章 大和の食べもの雑記帳

12641 道 白洲正子著 新潮社 2012.1 248p 16cm (新潮文庫)〈2007年刊(1979年刊の新装版)の文庫化〉 550円 Ⓘ978-4-10-137912-8

12642 下駄で歩いた巴里—林芙美子紀行集 林芙美子著, 立松和平編 岩波書店 2012.4 331p 15cm (岩波文庫)〈第5刷(第1刷2003年)〉 700円 Ⓘ4-00-311692-5
作品 私の好きな奈良

12643 海へ、山へ、森へ、町へ 小川糸著 幻冬舎 2013.8 227p 16cm (幻冬舎文庫)〈「ようこそ、ちきゅう食堂へ」(2010年刊)を改題、「命をかけて、命をつなぐ」・「陽だまりの家、庭の緑」ほかを収録〉 533円 Ⓘ978-4-344-42058-8
作品 バウムクーヘン「デルベア」

12644 ニッポン旅みやげ 池内紀著 青土社 2015.4 162p 20cm 1800円 Ⓘ978-4-7917-6852-3

12645 おじいさんになったね 南伸坊著 海竜社 2015.5 191p 19cm 1400円 Ⓘ978-4-7593-1425-0

12646 ふらり旅 いい酒 いい肴 3 太田和彦著 主婦の友社 2016.5 135p 21cm 1400円 Ⓘ978-4-07-403235-8

奈良ホテル

12647 ホテル物語—十二のホテルと一人の旅人

山口泉著　NTT出版　1993.8　221p　19cm　1800円　①4-87188-235-7

12648　ショージ君の旅行鞄―東海林さだお自選　東海林さだお著　文芸春秋　2005.2　905p　16cm　（文春文庫）　933円　①4-16-717760-9
作品　奈良よ！

12649　日本雑記　ブルーノ・タウト著, 篠田英雄訳　中央公論新社　2008.11　368p　18cm　（中公クラシックス）〈育生社弘道閣昭和18年刊の復刻版　年譜あり〉　1800円　①978-4-12-160106-3
作品　奈良 二

12650　下駄で歩いた巴里―林芙美子紀行集　林芙美子著, 立松和平編　岩波書店　2012.4　331p　15cm　（岩波文庫）〈第5刷（第1刷2003年）〉　700円　①4-00-311692-5
作品　私の好きな奈良

ならまち（奈良市）

12651　奈良 寺あそび、仏像ばなし　吉田さらさ文・写真　岳陽舎　2007.12　330p　21cm　2200円　①978-4-907737-96-2

12652　大和の美と風土―街道をあるく　高橋隆博著　吹田　関西大学出版部　2011.1　385p　20cm　2100円　①978-4-87354-506-6

平城山

12653　大和の美と風土―街道をあるく　高橋隆博著　吹田　関西大学出版部　2011.1　385p　20cm　2100円　①978-4-87354-506-6

丹生川上神社

12654　中部日本を歩く　立松和平著, 黒古一夫編　勉誠出版　2006.4　389p　22cm　（立松和平日本を歩く 第3巻）　2600円　①4-585-01173-0

丹生川上神社上社

12655　かくれ里　愛蔵版　白洲正子著　新潮社　2010.9　349p　22cm〈講談社文芸文庫 1991年刊あり〉　3000円　①978-4-10-310719-4
作品　吉野の川上

西ノ京町（奈良市）

12656　奈良 寺あそび、仏像ばなし　吉田さらさ文・写真　岳陽舎　2007.12　330p　21cm　2200円　①978-4-907737-96-2

如意輪寺

12657　見仏記　4　親孝行篇　いとうせいこう著, みうらじゅん画　角川書店　2006.1　262p　15cm　（角川文庫）〈2002年刊の文庫化〉　514円　①4-04-184605-6

12658　寂聴ほとけ径―私の好きな寺　2　瀬戸内寂聴著　光文社　2007.6　185p　15cm　（光文社文庫）　686円　①978-4-334-74258-4

榛原（宇陀市）

12659　大和の美と風土―街道をあるく　高橋隆博著　吹田　関西大学出版部　2011.1　385p　20cm　2100円　①978-4-87354-506-6

初瀬（桜井市）

12660　私の古寺巡礼　白洲正子著　講談社　2000.4　237p　15cm　（講談社文芸文庫）〈年譜あり　法蔵館1997年刊あり〉　1100円　①4-06-198208-7

12661　十一面観音巡礼　愛蔵版　白洲正子著　新潮社　2010.9　317p　22cm〈講談社文芸文庫1992年刊, 新潮社2002年刊あり〉　3000円　①978-4-10-310720-0
作品　こもりく 泊瀬

初瀬街道

12662　大和の美と風土―街道をあるく　高橋隆博著　吹田　関西大学出版部　2011.1　385p　20cm　2100円　①978-4-87354-506-6

長谷寺

12663　密教古寺巡礼　3　小山和著　（大阪）東方出版　1988.11　302p　19cm　1600円　①4-88591-204-0

12664　大和仏心紀行　榊莫山著　毎日新聞社　2000.4　215p　21cm　1800円　①4-620-60558-1

12665　入江泰吉 私の大和路　秋冬紀行　入江泰吉写真・文　小学館　2002.11　203p　15cm　（小学館文庫）〈奥付のタイトル：私の大和路〉　838円　①4-09-411482-3

12666　西国観音霊場・新紀行　松本章男著　大法輪閣　2004.5　293p　20cm　2100円　①4-8046-1207-6

12667　私の古寺巡礼　3（奈良）　井上靖監修　光文社　2004.12　262p　16cm　（知恵の森文庫）〈淡交社1987年刊の改訂〉　667円　①4-334-78327-9

12668　京の寺 奈良の寺―自選随想集　竹西寛子著　京都　淡交社　2006.9　207p　20cm　1800円　①4-473-03335-X

12669　寂聴ほとけ径―私の好きな寺　1　瀬戸内寂聴著　光文社　2007.6　185p　15cm　（光文社文庫）　686円　①978-4-334-74257-7

12670　奈良 寺あそび、仏像ばなし　吉田さらさ文・写真　岳陽舎　2007.12　330p　21cm　2200円　①978-4-907737-96-2

12671　百寺巡礼　第1巻　奈良　五木寛之著　講談社　2008.9　277p　15cm　（講談社文庫）〈文献あり　2003年刊の文庫化〉　562円　①978-4-06-276141-3

12672　古寺巡礼奈良　2　長谷寺　新版　梅原猛監修　小野塚幾澄, 梅原猛著　京都　淡交社　2010.5　142p　21cm〈年表あり〉　1600円　①978-4-473-03632-2
作品　聖なるもの俗なるもの〔梅原猛〕
目次　巻頭エッセイ 聖なるもの俗なるもの, 口絵カラー, 現代へのメッセージ 長谷の観音さまの大慈大悲のみ心, 長谷寺の歴史―大和の長谷寺、二つの顔, 長谷寺のあるところ, 長谷寺文学散歩, 長谷寺観音巡礼と徳道上人, 花

近畿

の寺「長谷寺」を詠む，登廊—懸崖に建つ本堂への道

12673 十一面観音巡礼　愛蔵版　白洲正子著　新潮社　2010.9　317p　22cm〈講談社文芸文庫 1992年刊，新潮社2002年刊あり〉　3000円　Ⓘ978-4-10-310720-0
作品 こもりく 泊瀬

12674 大和の美と風土—街道をあるく　高橋隆博著　吹田　関西大学出版部　2011.1　385p　20cm　2100円　Ⓘ978-4-87354-506-6

12675 見仏記　5　ゴールデンガイド篇　いとうせいこう，みうらじゅん著　角川書店　2011.10　233p　15cm　（角川文庫）〈発売：角川グループパブリッシング〉　514円　Ⓘ978-4-04-184606-3

12676 にっぽん聖地巡拝の旅　玉岡かおる著　大法輪閣　2014.4　277p　19cm　1800円　Ⓘ978-4-8046-1360-4

12677 おじいさんになったね　南伸坊著　海竜社　2015.5　191p　19cm　1400円　Ⓘ978-4-7593-1425-0

般若寺

12678 土門拳の古寺巡礼　第2巻　大和 2　土門拳著　小学館　1990.1　246p　26cm　1950円　Ⓘ4-09-559102-1
作品 ぼくの古寺巡礼

12679 私の古寺巡礼　3（奈良）　井上靖監修　光文社　2004.12　262p　16cm　（知恵の森文庫）〈淡交社1987年刊の改訂〉　667円　Ⓘ4-334-78327-9

12680 歌人一人旅　林怜子著　国民みらい出版　2011.7　162p　20cm〈発売：サンクチュアリ出版〉　1200円　Ⓘ978-4-86113-621-4

12681 見仏記　5　ゴールデンガイド篇　いとうせいこう，みうらじゅん著　角川書店　2011.10　233p　15cm　（角川文庫）〈発売：角川グループパブリッシング〉　514円　Ⓘ978-4-04-184606-3

白毫寺

12682 見仏記　5　ゴールデンガイド篇　いとうせいこう，みうらじゅん著　角川書店　2011.10　233p　15cm　（角川文庫）〈発売：角川グループパブリッシング〉　514円　Ⓘ978-4-04-184606-3

笛吹神社

12683 街道をゆく　1　湖西のみち、甲州街道、長州路 ほか　新装版　司馬遼太郎著　朝日新聞出版　2008.8　291, 8p　15cm　（朝日文庫）　600円　Ⓘ978-4-02-264440-4

不空院

12684 見仏記　6　ぶらり旅篇　いとうせいこう，みうらじゅん著　角川書店　2012.8　276p　15cm　（角川文庫）〈発売：角川グループパブリッシング　2011年刊の文庫化〉　552円　Ⓘ978-4-04-100475-3

福智院

12685 見仏記　メディアミックス篇　いとうせいこう，みうらじゅん著　KADOKAWA　2015.3　245p　20cm　1600円　Ⓘ978-4-04-101459-2

不退寺

12686 私の古寺巡礼　3（奈良）　井上靖監修　光文社　2004.12　262p　16cm　（知恵の森文庫）〈淡交社1987年刊の改訂〉　667円　Ⓘ4-334-78327-9

12687 見仏記　4　親孝行篇　いとうせいこう著，みうらじゅん画　角川書店　2006.1　262p　15cm　（角川文庫）〈2002年刊の文庫化〉　514円　Ⓘ4-04-184605-6

仏隆寺

12688 十一面観音巡礼　愛蔵版　白洲正子著　新潮社　2010.9　317p　22cm〈講談社文芸文庫 1992年刊，新潮社2002年刊あり〉　3000円　Ⓘ978-4-10-310720-0
作品 水神の里

12689 大和の美と風土—街道をあるく　高橋隆博著　吹田　関西大学出版部　2011.1　385p　20cm　2100円　Ⓘ978-4-87354-506-6

不動寺

12690 かくれ里　愛蔵版　白洲正子著　新潮社　2010.9　349p　22cm〈講談社文芸文庫 1991年刊あり〉　3000円　Ⓘ978-4-10-310719-4
作品 葛城から吉野へ

平城宮跡

12691 中西進と歩く万葉の大和路　中西進著　ウェッジ　2001.10　229p　19cm　（ウェッジ選書）　1200円　Ⓘ4-900594-45-8

12692 大和の美と風土—街道をあるく　高橋隆博著　吹田　関西大学出版部　2011.1　385p　20cm　2100円　Ⓘ978-4-87354-506-6

平群谷（平群町）

12693 大和の美と風土—街道をあるく　高橋隆博著　吹田　関西大学出版部　2011.1　385p　20cm　2100円　Ⓘ978-4-87354-506-6

法起院

12694 私の古寺巡礼　3（奈良）　井上靖監修　光文社　2004.12　262p　16cm　（知恵の森文庫）〈淡交社1987年刊の改訂〉　667円　Ⓘ4-334-78327-9

宝山寺

12695 十一面観音巡礼　愛蔵版　白洲正子著　新潮社　2010.9　317p　22cm〈講談社文芸文庫 1992年刊，新潮社2002年刊あり〉　3000円　Ⓘ978-4-10-310720-0
作品 龍田の川上

12696 大和の美と風土—街道をあるく　高橋隆博著　吹田　関西大学出版部　2011.1　385p　20cm　2100円　Ⓘ978-4-87354-506-6

法隆寺

12697 土門拳の古寺巡礼　第1巻　大和 1　土門拳著　小学館　1989.8　146p　26cm　1950円　①4-09-559101-3
作品 ぼくの古寺巡礼

12698 ふれあいの旅紀行　新田健次著　東京新聞出版局　1992.5　203p　19cm　1300円　①4-8083-0437-6

12699 日本紀行　井上靖著　岩波書店　1993.12　252p　16cm　(同時代ライブラリー)　1000円　①4-00-260169-2
作品 法隆寺のこと

12700 導かれて、旅　横尾忠則著　文藝春秋　1995.7　286p　16cm　(文春文庫)〈日本交通公社出版事業局 1992年刊の文庫化〉　480円　①4-16-729703-5
作品 弥勒仏幻想

12701 見仏記　いとうせいこう, みうらじゅん著　角川書店　1997.6　293p　15cm　(角川文庫)〈中央公論新社 1993年刊の文庫化〉　640円　①4-04-184602-1

12702 大和古寺幻想 飛鳥・白鳳篇　上原和著　講談社　1999.4　386p　19cm　3200円　①4-06-209508-4

12703 土門拳 古寺を訪ねて—斑鳩から奈良へ　土門拳写真・文　小学館　2001.8　205p　15cm　(小学館文庫)　838円　①4-09-411421-1

12704 中西進と歩く万葉の大和路　中西進著　ウェッジ　2001.10　229p　19cm　(ウェッジ選書)　1200円　①4-900594-45-8

12705 明治日本印象記—オーストリア人の見た百年前の日本　アドルフ・フィッシャー著, 金森誠也, 安藤勉訳　講談社　2001.12　455p　15cm　(講談社学術文庫)〈「100年前の日本文化」(中央公論社1994年刊)の改題〉　1200円　①4-06-159524-5

12706 ひろさちやの古寺巡礼　ひろさちや著　小学館　2002.6　207p　20cm　1400円　①4-09-386094-7

12707 美しいものしか見まい　立松和平著　恒文社21　2002.9　238p　19cm〈恒文社(発売)〉　1600円　①4-7704-1077-8

12708 古寺巡礼　和辻哲郎著　岩波書店　2002.10　287p　15cm　(岩波文庫)〈第47刷〉　660円　①4-00-331441-7

12709 準急特快 記者の旅—レイルウェイ・ライターの本　種村直樹著　JTB　2003.5　318p　19cm〈肖像あり　著作目録あり〉　1600円　①4-533-04777-7
作品 奈交バス乗り継ぎ 初秋の大和路紀行 国宝の塔をめぐる

12710 私の古寺巡礼　3(奈良)　井上靖監修　光文社　2004.12　262p　16cm　(知恵の森文庫)〈淡交社1987年刊の改訂〉　667円　①4-334-78327-9

12711 お寺散歩—もう一度あのお寺に行こう　沢野ひとし著　新日本出版社　2005.1　134p　18cm　1600円　①4-406-03130-8

12712 中部日本を歩く　立松和平著, 黒古一夫編　勉誠出版　2006.4　389p　22cm　(立松和平日本を歩く 第3巻)　2600円　①4-585-01173-0

12713 奈良 寺あそび、仏像ばなし　吉田さらさ文・写真　岳陽舎　2007.12　330p　21cm　2200円　①978-4-907737-96-2

12714 百寺巡礼　第1巻　奈良　五木寛之著　講談社　2008.9　277p　15cm　(講談社文庫)〈文献あり　2003年刊の文庫化〉　562円　①978-4-06-276141-3

12715 日本雑記　ブルーノ・タウト著, 篠田英雄訳　中央公論新社　2008.11　368p　18cm　(中公クラシックス)〈育生社弘道閣昭和18年刊の復刻版　年譜あり〉　1800円　①978-4-12-160106-3
作品 奈良

12716 古寺巡礼奈良　1　法隆寺　新版　梅原猛監修　大野玄妙, 立松和平著　京都　淡交社　2010.5　142p　21cm〈年表あり〉　1600円　①978-4-473-03631-5
作品 法隆寺、千四百年の祈り〔立松和平〕
目次 巻頭エッセイ 法隆寺、千四百年の祈り, 口絵カラー, 現代へのメッセージ聖徳太子の理想—「和」の社会づくり, 法隆寺の歴史, 仏教伝来—古代の文明開化, 法隆寺文学散歩, 法隆寺の仏像, 法隆寺金堂の謎, 法隆寺の絵画—金堂旧壁画など, 聖徳太子ゆかりの法隆寺の文化財

12717 十一面観音巡礼　愛蔵版　白洲正子著　新潮社　2010.9　317p　22cm〈講談社文芸文庫 1992年刊, 新潮社2002年刊あり〉　3000円　①978-4-10-310720-0
作品 龍田の川上

12718 古寺巡礼　辻井喬著　角川春樹事務所　2011.5　253p　16cm　(ハルキ文庫)〈2009年刊の文庫化〉　667円　①978-4-7584-3556-7

12719 きまぐれ歴史散歩　池内紀著　中央公論新社　2013.9　228p　18cm　(中公新書)　760円　①978-4-12-102234-9

12720 隅の風景　恩田陸著　新潮社　2013.11　230p　16cm　(新潮文庫)〈2011年刊の加筆　文献あり〉　520円　①978-4-10-123422-9

12721 大和路の謎を解く—古代史巡礼の旅　関裕二著　ポプラ社　2014.3　267p　18cm　(ポプラ新書)〈文献あり〉　780円　①978-4-591-13970-7

12722 古代史謎解き紀行　1　封印されたヤマト編　関裕二著　新潮社　2014.6　301p　16cm　(新潮文庫)〈ポプラ社 2006年刊の再刊　文献あり〉　550円　①978-4-10-136476-6

12723 日本の中の朝鮮をゆく　飛鳥・奈良編　飛鳥の原に百済の花が咲きました　兪弘濬著, 橋本繁訳　岩波書店　2015.2　224p　20cm　2600円　①978-4-00-061024-7

12724 大和古寺風物誌　改版　亀井勝一郎著　新潮社　2015.12　232p　15cm　(新潮文庫)　460円　①978-4-10-101301-5

12725 肉の旅—まだ見ぬ肉料理を求めて全国縦断!　カベルナリア吉田著　イカロス出版

近畿

2016.8 235p 21cm 1600円 ①978-4-8022-0222-0

法輪寺

12726 ふれあいの旅紀行 新田健次著 東京新聞出版局 1992.5 203p 19cm 1300円 ①4-8083-0437-6

12727 見仏記 いとうせいこう, みうらじゅん著 角川書店 1997.6 293p 15cm （角川文庫）〈中央公論新社 1993年刊の文庫化〉 640円 ①4-04-184602-1

12728 十一面観音巡礼 愛蔵版 白洲正子著 新潮社 2010.9 317p 22cm〈講談社文芸文庫1992年刊, 新潮社2002年刊あり〉 3000円 ①978-4-10-310720-0
 作品 登美の小河

12729 大和の美と風土―街道をあるく 高橋隆博著 吹田 関西大学出版部 2011.1 385p 20cm 2100円 ①978-4-87354-506-6

12730 古寺巡礼 辻井喬著 角川春樹事務所 2011.5 253p 16cm （ハルキ文庫）〈2009年刊の文庫化〉 667円 ①978-4-7584-3556-7

12731 大和古寺風物誌 改版 亀井勝一郎著 新潮社 2015.12 232p 15cm （新潮文庫） 460円 ①978-4-10-101301-5

法起寺

12732 土門拳の古寺巡礼 第1巻 大和 1 土門拳著 小学館 1989.8 146p 26cm 1950円 ①4-09-559101-3
 作品 ぼくの古寺巡礼

12733 見仏記 いとうせいこう, みうらじゅん著 角川書店 1997.6 293p 15cm （角川文庫）〈中央公論新社 1993年刊の文庫化〉 640円 ①4-04-184602-1

12734 準急特快 記者の旅―レイルウェイ・ライターの本 種村直樹著 JTB 2003.5 318p 19cm〈肖像あり 著作目録あり〉 1600円 ①4-533-04777-7
 作品 奈交バス乗り継ぎ 初秋の大和路紀行 国宝の塔をめぐる

12735 十一面観音巡礼 愛蔵版 白洲正子著 新潮社 2010.9 317p 22cm〈講談社文芸文庫1992年刊, 新潮社2002年刊あり〉 3000円 ①978-4-10-310720-0
 作品 登美の小河

12736 古寺巡礼 辻井喬著 角川春樹事務所 2011.5 253p 16cm （ハルキ文庫）〈2009年刊の文庫化〉 667円 ①978-4-7584-3556-7

法華寺

12737 土門拳の古寺巡礼 第2巻 大和 2 土門拳著 小学館 1990.1 246p 26cm 1950円 ①4-09-559102-1
 作品 ぼくの古寺巡礼

12738 日本紀行 井上靖著 岩波書店 1993.12 252p 16cm （同時代ライブラリー） 1000円 ①4-00-260169-2
 作品 十一面観音の旅

12739 とっておきの寺社詣で 三木露風ほか著, 作品社編集部編 作品社 1998.4 251p 22cm （新編・日本随筆紀行 大きな活字で読みやすい本―心にふるさとがある 14） ①4-87893-895-1, 4-87893-807-2
 作品 法華滅罪寺〔井上政次〕

12740 私の古寺巡礼 3（奈良） 井上靖監修 光文社 2004.12 262p 16cm （知恵の森文庫）〈淡交社1987年刊の改訂〉 667円 ①4-334-78327-9

12741 見仏記 4 親孝行篇 いとうせいこう著, みうらじゅん画 角川書店 2006.1 262p 15cm （角川文庫）〈2002年刊の文庫化〉 514円 ①4-04-184605-6

12742 名文で巡る国宝の十一面観音 白洲正子, 佐多稲子, 陳舜臣, 亀井勝一郎, 和辻哲郎, 杉本苑子, 会津八一, 永井路子, 立原正秋, 梅原猛, 吉村貞司, 津田さち子, 井上靖著 青草書房 2007.3 249p 20cm （Seisouおとなの図書館） 1600円 ①978-4-903735-01-6

12743 寂聴ほとけ径―私の好きな寺 1 瀬戸内寂聴著 光文社 2007.6 185p 15cm （光文社文庫） 686円 ①978-4-334-74257-7

12744 十一面観音巡礼 愛蔵版 白洲正子著 新潮社 2010.9 317p 22cm〈講談社文芸文庫1992年刊, 新潮社2002年刊あり〉 3000円 ①978-4-10-310720-0
 作品 幻の寺

12745 大和路の謎を解く―古代史巡礼の旅 関裕二著 ポプラ社 2014.3 267p 18cm （ポプラ新書）〈文献あり〉 780円 ①978-4-591-13970-7

松尾寺

12746 見仏記 いとうせいこう, みうらじゅん著 角川書店 1997.6 293p 15cm （角川文庫）〈中央公論新社 1993年刊の文庫化〉 640円 ①4-04-184602-1

12747 十一面観音巡礼 愛蔵版 白洲正子著 新潮社 2010.9 317p 22cm〈講談社文芸文庫1992年刊, 新潮社2002年刊あり〉 3000円 ①978-4-10-310720-0
 作品 龍田の川上

12748 大和の美と風土―街道をあるく 高橋隆博著 吹田 関西大学出版部 2011.1 385p 20cm 2100円 ①978-4-87354-506-6

真弓塚

12749 十一面観音巡礼 愛蔵版 白洲正子著 新潮社 2010.9 317p 22cm〈講談社文芸文庫1992年刊, 新潮社2002年刊あり〉 3000円 ①978-4-10-310720-0
 作品 登美の小河

万行寺

12750 十一面観音巡礼 愛蔵版 白洲正子著 新潮社 2010.9 317p 22cm〈講談社文芸文庫

1992年刊, 新潮社2002年刊あり〉 3000円 ①978-4-10-310720-0
作品 水神の里

弥山

12751 アーネスト・サトウの明治日本山岳記 アーネスト・メイスン・サトウ著, 庄田元男訳 講談社 2017.4 285p 15cm (講談社学術文庫)〈「日本旅行日記」(平凡社 1992年刊)と「明治日本旅行案内」(平凡社 1996年刊)の改題、抜粋し新たに編集〉 980円 ①978-4-06-292382-8

三輪山

12752 旅のあとさき 岡田喜秋著 牧羊社 1988.6 243p 19cm 1500円 ①4-8333-0015-X
目次 留学生と百人一首, 合理的な旅の功罪, スケッチのたのしみ, 地酒と銘茶の味わい, 山頂への道・今昔, 旅支度の再認識, 旅へのいざない・裏おもて, 夢と死の旅路, 年たけての旅心, 謎の神山・三輪山に登る, 五月雨の旬の実感, 五感ゆたかな旅, 余暇時代の覚悟, 日本列島を描く"鶴の歌", ふるさとのイメージ, 紀行文を書く苦労, 芭蕉の秋〔ほか〕

12753 万葉を旅する 中西進著 ウェッジ 2005.2 229p 19cm (ウェッジ選書) 1400円 ①4-900594-80-6

12754 中部日本を歩く 立松和平著, 黒古一夫編 勉誠出版 2006.4 389p 22cm (立松和平日本を歩く 第3巻) 2600円 ①4-585-01173-0

12755 脳で旅する日本のクオリア 茂木健一郎著 小学館 2009.7 255p 19cm 1500円 ①978-4-09-387855-5

12756 谷川健一全集 第10巻(民俗 2) 女の風土記 埋もれた日本地図(抄録) 黒潮の民俗学(抄録) 谷川健一著 冨山房インターナショナル 2010.1 574, 27p 23cm〈付属資料：8p：月報 no.14 索引あり〉 6500円 ①978-4-902385-84-7

12757 百霊峰巡礼 第3集 立松和平著 東京新聞出版部 2010.8 307p 20cm〈第2集までの出版者：東京新聞出版局〉 1800円 ①978-4-8083-0933-6

12758 聖地巡礼 ビギニング 内田樹, 釈徹宗著 東京書籍 2013.8 322p 19cm 1500円 ①978-4-487-80638-6

12759 古代史謎解き紀行 1 封印されたヤマト編 関裕二著 新潮社 2014.6 301p 16cm (新潮文庫)〈ポプラ社 2006年刊の再刊 文献あり〉 550円 ①978-4-10-136476-6

室生(宇陀市)

12760 文学の中の風景 大竹新助著 メディア・パル 1990.11 293p 21cm 2000円 ①4-89610-003-4

12761 随筆日本(にっぽん)―イタリア人の見た昭和の日本 フォスコ・マライーニ著, 岡田温司監訳, 井上昭彦, 鈴木真由美, 住岳夫, 柱本元彦, 山崎彩訳 京都 松籟社 2009.11 725p 22cm〈文献あり 著作目録あり〉 7500円 ①978-4-87984-274-9

12762 大和の美と風土―街道をあるく 高橋隆博著 吹田 関西大学出版部 2011.1 385p 20cm 2100円 ①978-4-87354-506-6

室生寺

12763 紀行文集 無明一杖 上甲平谷著 谷沢書房 1988.7 339p 19cm 2500円
作品 紀南・中国・四国

12764 密教古寺巡礼 3 小山和著 (大阪)東方出版 1988.11 302p 19cm 1600円 ①4-88591-204-0

12765 土門拳の古寺巡礼 第5巻 室生寺 土門拳著 小学館 1990.2 147p 26cm 1950円 ①4-09-559105-6
作品 ぼくの古寺巡礼

12766 見仏記 いとうせいこう, みうらじゅん著 角川書店 1997.6 293p 15cm (角川文庫)〈中央公論新社 1993年刊の文庫化〉 640円 ①4-04-184602-1

12767 私の古寺巡礼 白洲正子著 講談社 2000.4 237p 15cm (講談社文芸文庫)〈年譜あり 法蔵館1997年刊あり〉 1100円 ①4-06-198208-7

12768 土門拳 古寺を訪ねて―奈良西ノ京から室生へ 土門拳写真・文 小学館 2001.10 205p 15cm (小学館文庫)〈奥付のタイトル：古寺を訪ねて〉 838円 ①4-09-411422-X

12769 入江泰吉 私の大和路 秋冬紀行 入江泰吉写真・文 小学館 2002.11 203p 15cm (小学館文庫)〈奥付のタイトル：私の大和路〉 838円 ①4-09-411482-3

12770 私の古寺巡礼 3(奈良) 井上靖監修 光文社 2004.12 262p 16cm (知恵の森文庫)〈淡交社1987年刊の改訂〉 667円 ①4-334-78327-9

12771 見仏記 4 親孝行篇 いとうせいこう著, みうらじゅん画 角川書店 2006.1 262p 15cm (角川文庫)〈2002年刊の文庫化〉 514円 ①4-04-184605-6

12772 京の寺 奈良の寺―自選随想集 竹西寛子著 京都 淡交社 2006.9 207p 20cm 1800円 ①4-473-03335-X

12773 名文で巡る国宝の十一面観音 白洲正子, 佐多稲子, 陳舜臣, 亀井勝一郎, 和辻哲郎, 杉本苑子, 会津八一, 永井路子, 立原正秋, 梅原猛, 吉村貞司, 津田さち子, 井上靖著 青草書房 2007.3 249p 20cm (Seisouおとなの図書館) 1600円 ①978-4-903735-01-6

12774 奈良 寺あそび、仏像ばなし 吉田さらさ文・写真 岳陽舎 2007.12 330p 21cm 2200円 ①978-4-907737-96-2

12775 風貌・私の美学―土門拳エッセイ選 土門拳著, 酒井忠康編 講談社 2008.4 349p 16cm (講談社文芸文庫)〈年譜あり 著作目録あり〉 1600円 ①978-4-06-290011-9

12776 百寺巡礼　第1巻　奈良　五木寛之著　講談社　2008.9　277p　15cm　(講談社文庫)〈文献あり　2003年刊の文庫化〉　562円　①978-4-06-276141-3

12777 十一面観音巡礼　愛蔵版　白洲正子著　新潮社　2010.9　317p　22cm〈講談社文芸文庫 1992年刊, 新潮社2002年刊あり〉　3000円　①978-4-10-310720-0

作品 水神の里

12778 古寺巡礼奈良　6　室生寺　新版　梅原猛監修　網代智等, 河野裕子著　京都　淡交社　2010.10　142p　21cm〈年表あり〉　1600円　①978-4-473-03636-0

作品 室生寺再訪〔河野裕子〕

目次 巻頭エッセイ 室生寺再訪, 口絵カラー, 現代へのメッセージ 生命と思いやりを大切に, 室生寺の歴史―龍穴信仰から抗争のはて女人高野へ, 霊地室生, 室生寺文学散歩, 室生寺と宝珠, 室生寺金堂本尊像の由来, 室生寺五重塔―その技と美, 優美な聖域―室生寺境内の花と木

12779 古寺巡礼　辻井喬著　角川春樹事務所　2011.5　253p　16cm　(ハルキ文庫)〈2009年刊の文庫化〉　667円　①978-4-7584-3556-7

12780 土門拳の古寺巡礼　土門拳撮影, 池田真魚監修　クレヴィス　2011.7　199p　26cm〈年譜あり〉　2400円　①978-4-904845-13-4

目次 ぼくの好きなもの, 『古寺巡礼』, 仏像行脚, 母なる寺・室生寺, 雪の室生寺, レンズと一体化した土門拳の肉眼(山折哲雄), 仏像の中に自己を発見する創造の旅(横尾忠則), 「弘仁仏」と土門拳(水澤澄夫), 土門拳と古寺巡礼(伊藤由美子), エッセイ 土門拳

12781 見仏記　メディアミックス篇　いとうせいこう, みうらじゅん著　KADOKAWA　2015.3　245p　20cm　1600円　①978-4-04-101459-2

森野旧薬園

12782 かくれ里　愛蔵版　白洲正子著　新潮社　2010.9　349p　22cm〈講談社文芸文庫 1991年刊あり〉　3000円　①978-4-10-310719-4

作品 薬草のふる里

柳生街道

12783 時速8キロニッポン縦断　斉藤政喜著　小学館　2003.10　397p　19cm　(Be-pal books)〈折り込1枚〉　1500円　①4-09-366067-0

12784 大和の美と風土―街道をあるく　高橋隆博著　吹田　関西大学出版部　2011.1　385p　20cm　2100円　①978-4-87354-506-6

柳生の里(奈良市)

12785 奈良 寺あそび、仏像ばなし　吉田さらさ文・写真　岳陽舎　2007.12　330p　21cm　2200円　①978-4-907737-96-2

薬師寺(奈良市)

12786 土門拳の古寺巡礼　第1巻　大和 1　土門拳著　小学館　1989.8　146p　26cm　1950円　①4-09-559101-3

作品 ぼくの古寺巡礼

12787 見仏記　いとうせいこう, みうらじゅん著　角川書店　1997.6　293p　15cm　(角川文庫)〈中央公論新社 1993年刊の文庫化〉　640円　①4-04-184602-1

12788 土門拳 古寺を訪ねて―奈良西ノ京から室生へ　土門拳写真・文　小学館　2001.10　205p　15cm　(小学館文庫)〈奥付のタイトル：古寺を訪ねて〉　838円　①4-09-411422-X

12789 古寺巡礼　和辻哲郎著　岩波書店　2002.10　287p　15cm　(岩波文庫)〈第47刷〉　660円　①4-00-331441-7

12790 入江泰吉 私の大和路　秋冬紀行　入江泰吉写真・文　小学館　2002.11　203p　15cm　(小学館文庫)〈奥付のタイトル：私の大和路〉　838円　①4-09-411482-3

12791 準急特快 記者の旅―レイルウェイ・ライターの本　種村直樹著　JTB　2003.5　318p　19cm〈肖像あり　著作目録あり〉　1600円　①4-533-04777-7

作品 奈交バス乗り継ぎ 初秋の大和路紀行 国宝の塔をめぐる

12792 私の古寺巡礼　3(奈良)　井上靖監修　光文社　2004.12　262p　16cm　(知恵の森文庫)〈淡交社1987年刊の改訂〉　667円　①4-334-78327-9

12793 奈良 寺あそび、仏像ばなし　吉田さらさ文・写真　岳陽舎　2007.12　330p　21cm　2200円　①978-4-907737-96-2

12794 百寺巡礼　第1巻　奈良　五木寛之著　講談社　2008.9　277p　15cm　(講談社文庫)〈文献あり　2003年刊の文庫化〉　562円　①978-4-06-276141-3

12795 十一面観音巡礼　愛蔵版　白洲正子著　新潮社　2010.9　317p　22cm〈講談社文芸文庫 1992年刊, 新潮社2002年刊あり〉　3000円　①978-4-10-310720-0

作品 秋篠のあたり

12796 古寺巡礼奈良　9　薬師寺　新版　梅原猛監修　山田法胤, 平山郁夫著　京都　淡交社　2010.12　142p　21cm〈年表あり〉　1600円　①978-4-473-03639-1

作品 薬師寺と私〔平山郁夫〕

目次 巻頭エッセイ 薬師寺と私, 現代へのメッセージ 忘れている日本の心, 薬師寺の歴史, 薬師寺と四神, 薬師寺文学散歩, 国宝「吉祥天画像」について, 薬師寺の東塔と西塔, 薬師寺伽藍と花, 薬師寺の花会式

12797 見仏記　6　ぶらり旅篇　いとうせいこう, みうらじゅん著　角川書店　2012.8　276p　15cm　(角川文庫)〈発売：角川グループパブリッシング　2011年刊の文庫化〉　552円　①978-4-04-100475-3

12798 近松秋江全集　第7巻　オンデマンド版　近松秋江著, 紅野敏郎, 和田謹吾, 中尾務, 遠藤英雄, 田沢基久, 笹瀬王子編集委員　八木書店古書出版部　2014.2　502, 34p　21cm〈初版：八木書店 1993年刊　印刷・製本：デジタルパブリッシングサービス　発売：八木書店〉　12000円　①978-4-8406-3492-2

作品 廃滅の寺々

12799 大和路の謎を解く―古代史巡礼の旅 関裕二著 ポプラ社 2014.3 267p 18cm (ポプラ新書)〈文献あり〉 780円 ①978-4-591-13970-7

12800 神結び―日本の聖地をめぐる旅 相川七瀬著 実業之日本社 2014.8 133p 19cm〈文献あり〉 1500円 ①978-4-408-11084-4

12801 日本の中の朝鮮をゆく 飛鳥・奈良編 飛鳥の原に百済の花が咲きました 兪弘濬著, 橋本繁訳 岩波書店 2015.2 224p 20cm 2600円 ①978-4-00-061024-7

12802 大和古寺風物誌 改版 亀井勝一郎著 新潮社 2015.12 232p 15cm (新潮文庫) 460円 ①978-4-10-101301-5

矢田丘陵

12803 大和の美と風土―街道をあるく 高橋隆博著 吹田 関西大学出版部 2011.1 385p 20cm 2100円 ①978-4-87354-506-6

矢田筋

12804 大和の美と風土―街道をあるく 高橋隆博著 吹田 関西大学出版部 2011.1 385p 20cm 2100円 ①978-4-87354-506-6

矢田寺

12805 十一面観音巡礼 愛蔵版 白洲正子著 新潮社 2010.9 317p 22cm〈講談社文芸文庫 1992年刊, 新潮社2002年刊あり〉 3000円 ①978-4-10-310720-0

作品 登美の小河

柳の渡し跡(大淀町)

12806 かくれ里 愛蔵版 白洲正子著 新潮社 2010.9 349p 22cm〈講談社文芸文庫 1991年刊あり〉 3000円 ①978-4-10-310719-4

作品 葛城から吉野へ

大和路

12807 わが町わが旅 永井路子著 中央公論社 1990.1 292p 15cm (中公文庫) 440円 ①4-12-201677-0

12808 入江泰吉 私の大和路 春夏紀行 入江泰吉写真・文 小学館 2002.5 205p 15cm (小学館文庫)〈奥付のタイトル:私の大和路〉 838円 ①4-09-411481-5

目次 春陽大和路, 追憶の大和, 祈りのほとけ, 人間のいない風景(白洲正子), 大和路の夏, 回想・カメラで絵を描く人(杉本健吉)

12809 入江泰吉 私の大和路 秋冬紀行 入江泰吉写真・文 小学館 2002.11 203p 15cm (小学館文庫)〈奥付のタイトル:私の大和路〉 838円 ①4-09-411482-3

12810 名探偵浅見光彦のニッポン不思議紀行 内田康夫著 集英社 2006.2 270p 16cm (集英社文庫)〈学習研究社2001年刊あり〉 600円 ①4-08-746013-4

12811 夢幻抄 白洲正子著 世界文化社 2010.11 322p 21cm〈5刷 1997年刊の造本変更〉 1600円 ①978-4-418-10514-4

作品 入江さんと歩く大和路

12812 大和の美と風土―街道をあるく 高橋隆博著 吹田 関西大学出版部 2011.1 385p 20cm 2100円 ①978-4-87354-506-6

12813 大和路の謎を解く―古代史巡礼の旅 関裕二著 ポプラ社 2014.3 267p 18cm (ポプラ新書)〈文献あり〉 780円 ①978-4-591-13970-7

大和丹生川街道〔西吉野街道〕

12814 街道をゆく 8 熊野・古座街道、種子島みち ほか 新装版 司馬遼太郎著 朝日新聞出版 2008.9 329, 8p 15cm (朝日文庫) 640円 ①978-4-02-264447-3

湯盛温泉 杉の湯

12815 秘湯を求めて 2 ないしょの秘湯 藤嶽彰英著 (大阪)保育社 1989.12 185p 19cm 1350円 ①4-586-61102-2

與喜天満神社

12816 十一面観音巡礼 愛蔵版 白洲正子著 新潮社 2010.9 317p 22cm〈講談社文芸文庫 1992年刊, 新潮社2002年刊あり〉 3000円 ①978-4-10-310720-0

作品 こもりく 泊瀬

吉野川

12817 ほろ酔い旅 たつみ都志著 新風舎 2003.11 126p 19cm 1200円 ①4-7974-3527-5

吉野地域

12818 太平記紀行―鎌倉・吉野・笠置・河内 永井路子著 中央公論社 1990.12 205p 15cm (中公文庫) 420円 ①4-12-201770-X

12819 新・円空風土記 丸山尚一著 里文出版 1994.9 522p 21cm 4800円 ①4-947546-72-7

12820 ふるさと―この国は特別に美しい ジョニー・ハイマス著 ユーリーグ 1995.4 193p 18cm (U・LEAG BOOK) 1200円 ①4-946491-01-5

12821 ニッポン豊饒紀行 甲斐崎圭著 小沢書店 1997.8 206p 20cm 1900円 ①4-7551-0349-5

12822 関西こころの旅路 山と渓谷社 2000.1 285p 20cm (旅の紀行&エッセイ) 1400円 ①4-635-28045-4

作品 吉野へ通じる峠〔吉田知子〕 日本人が自分の魂に出会う吉野〔前登志夫〕

12823 良寛へ歩く 小林新一文・写真 二玄社 2002.12 173p 26cm 2800円 ①4-544-02039-5

12824 室町戦国史紀行 宮脇俊三著 講談社 2003.12 405p 15cm (講談社文庫)〈年表あり 2000年刊の文庫化〉 695円 ①4-06-

273918-6

12825 熊野古道巡礼　吉田智彦著　大阪　東方出版　2004.10　241p　21cm　2000円　①4-88591-915-0

12826 森の旅 森の人—北海道から沖縄まで日本の森林を旅する　軽装版　稲本正文, 姉崎一馬写真　世界文化社　2005.11　271p　21cm　（ほたるの本）〈1994年刊行版に一部修正を加え軽装版にしたもの　1990年刊あり〉　1800円　①4-418-05518-5

12827 奈良 寺あそび、仏像ばなし　吉田さらさ文・写真　岳陽舎　2007.12　330p　21cm　2200円　①978-4-907737-96-2

12828 紀州—木の国・根の国物語　改版　中上健次著　角川書店　2009.1　308p　15cm　（角川文庫）〈発売：角川グループパブリッシング〉　552円　①978-4-04-145611-8

12829 釣師・釣場　井伏鱒二著　講談社　2013.10　236p　16cm　（講談社文芸文庫）〈著作目録あり 年譜あり〉　1300円　①978-4-06-290208-3

12830 川村万梨阿と椋本夏夜の淑女的日常　川村万梨阿, 椋本夏夜著　ホビージャパン　2015.1　111p　21cm　1800円　①978-4-7986-0921-8

12831 アーネスト・サトウの明治日本山岳記　アーネスト・メイスン・サトウ著, 庄田元男訳　講談社　2017.4　285p　15cm　（講談社学術文庫）〈「日本旅行日記」（平凡社 1992年刊）と「明治日本旅行案内」（平凡社 1996年刊）の改題、抜粋し新たに編集〉　980円　①978-4-06-292382-8

吉野町

12832 ニッポン・あっちこっち　安西水丸著　家の光協会　1999.11　205p　17cm　1800円　①4-259-54570-1

12833 関西こころの旅路　山と渓谷社　2000.1　285p　20cm　（旅の紀行＆エッセイ）　1400円　①4-635-28045-4
　作品 宮滝万葉の道〔高木修三〕

12834 うわさの神仏　其ノ2　あやし紀行　加門七海著　集英社　2002.8　256p　15cm　（集英社文庫）　495円　①4-08-747481-X

12835 京の寺 奈良の寺—自選随想集　竹西寛子著　京都　淡交社　2006.9　207p　20cm　1800円　①4-473-03335-X

吉野水分神社

12836 沈黙の神々　2　佐藤洋二郎著　松柏社　2008.9　220p　19cm　1600円　①978-4-7754-0153-8

12837 かくれ里　愛蔵版　白洲正子著　新潮社　2010.9　349p　22cm〈講談社文芸文庫 1991年刊あり〉　3000円　①978-4-10-310719-4
　作品 葛城から吉野へ

吉野山

12838 安吾新日本地理　坂口安吾著　河出書房新社　1988.5　318p　15cm　（河出文庫）　580円　①4-309-40218-6
　作品 飛鳥の幻

12839 紀行文集 無明一杖　上甲平谷著　谷沢書房　1988.7　339p　19cm　2500円
　作品 紀南頭陀

12840 坂口安吾全集　18　坂口安吾著　筑摩書房　1991.9　794p　15cm　（ちくま文庫）　1340円　①4-480-02478-6
　作品 安吾新日本地理—飛鳥の幻

12841 関西こころの旅路　山と渓谷社　2000.1　285p　20cm　（旅の紀行＆エッセイ）　1400円　①4-635-28045-4
　作品 シーズンオフの吉野山もまたオツ〔キダタロー〕

12842 仙人の桜、俗人の桜　赤瀬川原平著　平凡社　2000.3　270p　16cm　（平凡社ライブラリー）〈日本交通公社出版事業局1993年刊あり〉　1100円　①4-582-76332-4
　作品 仙人の桜、俗人の桜—吉野

12843 熊野、修験の道を往く—「大峯奥駈」完全踏破　藤田庄市写真・文　京都　淡交社　2005.7　214p　21cm　1800円　①4-473-03250-7

12844 雨のち晴れて、山日和　唐仁原教久著　山と渓谷社　2005.8　141p　21cm　1800円　①4-635-17167-1

12845 京の寺 奈良の寺—自選随想集　竹西寛子著　京都　淡交社　2006.9　207p　20cm　1800円　①4-473-03335-X

12846 百霊峰巡礼　第2集　立松和平著　東京新聞出版局　2008.4　307p　20cm　1800円　①978-4-8083-0893-3

12847 日本十六景—四季を旅する　森本哲郎著　PHP研究所　2008.8　336p　15cm　（PHP文庫）〈「ぼくの日本十六景」（新潮社2001年刊）の改題〉　648円　①978-4-569-67070-6

12848 樹をめぐる旅　高橋秀樹著　宝島社　2009.8　125p　16cm　（宝島sugoi文庫）　457円　①978-4-7966-7357-0

12849 かくれ里　愛蔵版　白洲正子著　新潮社　2010.9　349p　22cm〈講談社文芸文庫 1991年刊あり〉　3000円　①978-4-10-310719-4
　作品 葛城から吉野へ

吉野山温泉

12850 人情温泉紀行—演歌歌手・鏡五郎が訪ねた全国の名湯47選　鏡五郎著　マガジンランド　2008.5　235p　19cm〈年譜あり〉　1238円　①978-4-944101-37-5

吉水神社

12851 安吾新日本地理　坂口安吾著　河出書房新社　1988.5　318p　15cm　（河出文庫）　580円　①4-309-40218-6
　作品 飛鳥の幻

12852 坂口安吾全集　18　坂口安吾著　筑摩書房　1991.9　794p　15cm　（ちくま文庫）　1340円　①4-480-02478-6

作品 安吾新日本地理─飛鳥の幻

龍穴神社

12853 土門拳の古寺巡礼 第5巻 室生寺 土門拳著 小学館 1990.2 147p 26cm 1950円 ①4-09-559105-6
作品 ぼくの古寺巡礼

霊山寺

12854 私の古寺巡礼 3(奈良) 井上靖監修 光文社 2004.12 262p 16cm (知恵の森文庫)〈淡交社1987年刊の改訂〉 667円 ①4-334-78327-9

璉珹寺

12855 見仏記 6 ぶらり旅篇 いとうせいこう,みうらじゅん著 角川書店 2012.8 276p 15cm (角川文庫)〈発売:角川グループパブリッシング 2011年刊の文庫化〉 552円 ①978-4-04-100475-3

若草山

12856 入江泰吉 私の大和路 秋冬紀行 入江泰吉写真・文 小学館 2002.11 203p 15cm (小学館文庫)〈奥付のタイトル:私の大和路〉 838円 ①4-09-411482-3

和歌山県

12857 日本旅行日記 2 アーネスト・メイスン・サトウ著,庄田元男訳 平凡社 1992.6 334p 18cm (東洋文庫) 2884円 ①4-582-80550-7
作品 伊勢・紀和・京阪に歴史をたずねる

12858 時空浴─熊野高野から 神坂次郎著 日本放送出版協会 2003.9 269p 20cm 1700円 ①4-14-005434-4

12859 万葉の旅 中 改訂新版 犬養孝著 平凡社 2004.1 361p 16cm (平凡社ライブラリー)〈初版:社会思想社1964年刊 文献あり〉 1200円 ①4-582-76489-4

12860 森の旅 森の人─北海道から沖縄まで日本の森林を旅する 軽装版 稲本正文,姉崎一馬写真 世界文化社 2005.11 271p 21cm (ほたるの本)〈1994年刊行版に一部修正を加え軽装版にしたもの 1990年刊あり〉 1800円 ①4-418-05518-5

12861 グ印関西めぐり濃口 グレゴリ青山著 メディアファクトリー 2007.10 125p 21cm 1000円 ①978-4-8401-2054-8

12862 にっぽん・海風魚旅 4(大漁旗ぶるぶる乱風編) 椎名誠著 講談社 2008.7 394p 15cm (講談社文庫)〈2005年刊の文庫化〉 857円 ①978-4-06-276097-3

12863 夢幻抄 白洲正子著 世界文化社 2010.11 322p 21cm〈5刷 1997年刊の造本変更〉 1600円 ①978-4-418-10514-4
作品 明恵上人─紀州遺跡

12864 まんが日本昔ばなし今むかし 川内彩友美著 展望社 2014.10 254p 19cm 1400円 ①978-4-88546-289-4
作品 安珍清姫・髪長姫─和歌山県

12865 日本全国津々うりゃうりゃ 仕事逃亡編 宮田珠己著 廣済堂出版 2015.10 245p 19cm 1500円 ①978-4-331-51963-9

12866 おいしいものは田舎にある─日本ふーど記 改版 玉村豊男著 中央公論新社 2017.1 245p 16cm (中公文庫)〈初版のタイトル等:日本ふーど記(日本交通公社 1984年刊)〉 700円 ①978-4-12-206351-8

阿須賀神社

12867 十一面観音巡礼 愛蔵版 白洲正子著 新潮社 2010.9 317p 22cm〈講談社文芸文庫1992年刊,新潮社2002年刊あり〉 3000円 ①978-4-10-310720-0
作品 熊野詣

12868 誰も知らない熊野の遺産 栂嶺レイ著 筑摩書房 2017.8 254p 18cm (ちくま新書─カラー新書)〈文献あり〉 980円 ①978-4-480-06974-0

12869 「死の国」熊野と巡礼の道 関裕二著 新潮社 2017.11 266p 16cm (新潮文庫─古代史謎解き紀行)〈文献あり〉 520円 ①978-4-10-136481-0

朝来(上富田町)

12870 紀州─木の国・根の国物語 改版 中上健次著 角川書店 2009.1 308p 15cm (角川文庫)〈発売:角川グループパブリッシング〉 552円 ①978-4-04-145611-8

朝来駅

12871 日本縦断朝やけ乗り継ぎ列車─「夜明」発「日ノ出」ゆき7泊8日5200キロ 種村直樹著 徳間書店 1998.10 245p 19cm 1400円 ①4-19-860924-1

有田温泉

12872 温泉百話─西の旅 種村季弘,池内紀編 筑摩書房 1988.2 471p 15cm (ちくま文庫) 680円 ①4-480-02201-5
作品 南紀・有田温泉の空中浴場〔田辺聖子〕

有田市

12873 漂う─古い土地 新しい場所 黒井千次著 毎日新聞社 2013.8 175p 20cm 1600円 ①978-4-620-32221-6

有田鉄道

12874 朝湯、昼酒、ローカル線─かっちゃんの鉄修行 勝谷誠彦著 文芸春秋 2007.12 321p 16cm (文春文庫plus)〈「勝谷誠彦の地列車大作戦」(JTB2002年刊)の改題〉 629円 ①978-4-16-771320-1

井関温泉

12875 誰も行けない温泉 最後の聖(泉) 大原利雄著 小学館 2005.1 167p 15cm (小学館文庫) 733円 ①4-09-411527-7
(目次) 近畿(湯の谷ボリバス温泉, 井関温泉 ほか), 中国(亀嵩温泉, 出雲湯村温泉 ほか), 九州北部(大叫喚地獄, すずめ地獄 ほか), 九州南部(鹿川湯の谷温泉, えびの噴気湯 ほか), 島編(立神海中温泉, 大谷温泉 ほか)

一枚岩(古座川町)

12876 街道をゆく 8 熊野・古座街道、種子島みち ほか 新装版 司馬遼太郎著 朝日新聞出版 2008.9 329, 8p 15cm (朝日文庫) 640円 ①978-4-02-264447-3

伊都郡

12877 池波正太郎を歩く 須藤靖貴著 講談社 2012.9 326p 15cm (講談社文庫)〈毎日新聞社 2009年刊の加筆・修正〉 648円 ①978-4-06-277363-8
[作品]『真田太平記』を歩く

印南町

12878 海山のあいだ 池内紀著 中央公論新社 2011.3 217p 16cm (中公文庫)〈マガジンハウス 1994年刊, 角川書店 1997年刊あり〉 590円 ①978-4-12-205458-5
[作品] 海山のあいだ―伊勢・熊野放浪記

岩出市

12879 来ちゃった 酒井順子文, ほしよりこ画 小学館 2016.3 317p 15cm (小学館文庫)〈2011年刊の増補〉 620円 ①978-4-09-406277-9

畝畑(新宮市)

12880 誰も知らない熊野の遺産 栂嶺レイ著 筑摩書房 2017.8 254p 18cm (ちくま新書―カラー新書)〈文献あり〉 980円 ①978-4-480-06974-0

円通律寺〔真別処〕

12881 街道をゆく 9 信州佐久平みち、潟のみち ほか 新装版 司馬遼太郎著 朝日新聞出版 2008.10 357, 8p 15cm (朝日文庫) 700円 ①978-4-02-264454-1

大塔山

12882 日本の森を歩く 池内紀文, 柳木昭信写真 山と渓谷社 2001.6 277p 22cm 1800円 ①4-635-28047-0

大斎原

12883 神結び―日本の聖地をめぐる旅 相川七瀬著 実業之日本社 2014.8 133p 19cm〈文献あり〉 1500円 ①978-4-408-11084-4

12884 聖地巡礼 ライジング 熊野紀行 内田樹, 釈徹宗著 東京書籍 2015.3 291p 19cm 1500円 ①978-4-487-80639-3

12885 神秘日本 岡本太郎著 KADOKAWA 2015.7 260p 図版24p 15cm (角川ソフィア文庫)〈中央公論社 1964年刊の再刊〉 1000円 ①978-4-04-409487-4
[作品] 火、水、海賊―熊野文化論

沖ノ島〔友ヶ島〕

12886 1泊2日の小島旅 カベルナリア吉田文・写真 阪急コミュニケーションズ 2009.4 199p 19cm 1600円 ①978-4-484-09207-2

海南市

12887 古道紀行 熊野路 小山和著 大阪 保育社 1992.8 186p 19cm 1800円 ①4-586-61304-1

籠(那智勝浦町)

12888 誰も知らない熊野の遺産 栂嶺レイ著 筑摩書房 2017.8 254p 18cm (ちくま新書―カラー新書)〈文献あり〉 980円 ①978-4-480-06974-0

樫原(那智勝浦町)

12889 誰も知らない熊野の遺産 栂嶺レイ著 筑摩書房 2017.8 254p 18cm (ちくま新書―カラー新書)〈文献あり〉 980円 ①978-4-480-06974-0

勝浦温泉

12890 温泉旅行記 嵐山光三郎著 筑摩書房 2000.12 315p 15cm (ちくま文庫)〈初版：JTB1997年刊〉 760円 ①4-480-03589-3

神倉神社

12891 日本の色を歩く 吉岡幸雄著 平凡社 2007.10 230p 18cm (平凡社新書) 840円 ①978-4-582-85396-4

12892 神結び―日本の聖地をめぐる旅 相川七瀬著 実業之日本社 2014.8 133p 19cm〈文献あり〉 1500円 ①978-4-408-11084-4

12893 本は旅をつれて―旅本コンシェルジュの旅行記 森本剛史著 彩流社 2015.1 239p 19cm〈著作目録あり 年譜あり〉 2000円 ①978-4-7791-2067-1

12894 聖地巡礼 ライジング 熊野紀行 内田樹, 釈徹宗著 東京書籍 2015.3 291p 19cm 1500円 ①978-4-487-80639-3

苅萱堂

12895 街道をゆく 9 信州佐久平みち、潟のみち ほか 新装版 司馬遼太郎著 朝日新聞出版 2008.10 357, 8p 15cm (朝日文庫) 700円 ①978-4-02-264454-1

枯木灘

12896 紀行文集 無明一杖 上甲平谷著 谷沢書房 1988.7 339p 19cm 2500円
[作品] 暖冬満悦

河内神社

12897 街道をゆく 8 熊野・古座街道、種子

島みち ほか 新装版 司馬遼太郎著 朝日新聞出版 2008.9 329, 8p 15cm (朝日文庫) 640円 ①978-4-02-264447-3

川湯温泉

12898 雲は旅人のように―湯の花紀行 池内紀著, 田淵裕一写真 日本交通公社出版事業局 1995.5 284p 19cm 1600円 ①4-533-02163-8
作品 宙を歩く白衣婦人や夏の月

12899 温泉旅行記 嵐山光三郎著 筑摩書房 2000.12 315p 15cm (ちくま文庫)〈初版:JTB1997年刊〉 760円 ①4-480-03589-3

紀伊大島

12900 紀行文集 無明一枝 上甲平谷著 谷沢書房 1988.7 339p 19cm 2500円
作品 紀南から四国へ

12901 紀州―木の国・根の国物語 改版 中上健次著 角川書店 2009.1 308p 15cm (角川文庫)〈発売:角川グループパブリッシング〉 552円 ①978-4-04-145611-8

紀伊路

12902 熊野古道―みちくさひとりある記 細谷昌子著 新評論 2003.8 363p 21cm〈年表あり 文献あり〉 3200円 ①4-7948-0610-8

12903 熊野古道巡礼 吉田智彦著 大阪 東方出版 2004.10 241p 21cm 2000円 ①4-88591-915-0

貴志川

12904 関西こころの旅路 山と渓谷社 2000.1 285p 20cm (旅の紀行&エッセイ) 1400円 ①4-635-28045-4
作品 生まれ故郷の川を想う〔東陽一〕

紀州鉄道

12905 朝湯、昼酒、ローカル線―かっちゃんの鉄修行 勝谷誠彦著 文芸春秋 2007.12 321p 16cm (文春文庫plus)〈「勝谷誠彦の地列車大作戦」(JTB2002年刊) の改題〉 629円 ①978-4-16-771320-1

12906 おんなひとりの鉄道旅 西日本編 矢野直美著 小学館 2008.7 193p 15cm (小学館文庫)〈2005年刊の単行本を2分冊にして文庫化〉 571円 ①978-4-09-408287-6

北山川

12907 サラリーマン転覆隊が行く! 下巻 本田亮著 フレーベル館 1997.4 338p 20cm 1600円 ①4-577-70121-9

12908 中部日本を歩く 立松和平著, 黒古一夫編 勉誠出版 2006.4 389p 22cm (立松和平日本を歩く 第3巻) 2600円 ①4-585-01173-0

紀ノ川

12909 街道をゆく 32 阿波紀行、紀ノ川流域 新装版 司馬遼太郎著 朝日新聞出版 2009.3 266, 8p 15cm (朝日文庫)〈初版:朝日新聞社1993年刊〉 640円 ①978-4-02-264486-2
目次 阿波紀行(淡路を経て, 浪風ぞなき, 地に遺すもの, 地獄の釜, 水陸両用の屋根, 阿波おどり, お遍路さん, 三好長慶の風韻, 脇町のよさ, 池田への行路,『孫子』の地, 祖谷のかづら橋), 紀ノ川流域(根来, この僧, 鉄砲の「杉之坊」, 秀吉軍の弾痕, 中世像の光源, 雑賀の宴, 鶴の渓, 森の神々)

紀三井寺

12910 関西こころの旅路 山と渓谷社 2000.1 285p 20cm (旅の紀行&エッセイ) 1400円 ①4-635-28045-4
作品 桜に霞む紀三井寺〔神坂次郎〕

12911 熊野古道―みちくさひとりある記 細谷昌子著 新評論 2003.8 363p 21cm〈年表あり 文献あり〉 3200円 ①4-7948-0610-8

12912 西国観音霊場・新紀行 松本章男著 大法輪閣 2004.5 293p 20cm 2100円 ①4-8046-1207-6

12913 西国札所古道巡礼―「母なる道」を歩む 新装版 松尾心空著 春秋社 2006.11 300p 19cm 1700円 ①4-393-13356-0

串本町

12914 ワッキーの地名しりとり―日本中を飛ばされ続ける男 脇田寧人著 名古屋 ぴあ 2004.3 222p 19cm 1300円 ①4-8356-0924-7

12915 ウはウミウシのウ―シュノーケル偏愛旅行記 特別増補版 宮田珠己著 幻冬舎 2014.7 288p 16cm (幻冬舎文庫)〈初版:小学館2000年刊〉 600円 ①978-4-344-42223-0

九重(新宮市)

12916 誰も知らない熊野の遺産 栂嶺レイ著 筑摩書房 2017.8 254p 18cm (ちくま新書―カラー新書)〈文献あり〉 980円 ①978-4-480-06974-0

口色川

12917 誰も知らない熊野の遺産 栂嶺レイ著 筑摩書房 2017.8 254p 18cm (ちくま新書―カラー新書)〈文献あり〉 980円 ①978-4-480-06974-0

熊谷寺〔持宝院〕

12918 街道をゆく 9 信州佐久平みち、潟のみち ほか 新装版 司馬遼太郎著 朝日新聞出版 2008.10 357, 8p 15cm (朝日文庫) 700円 ①978-4-02-264454-1

熊野(和歌山県域)

12919 日本浪漫紀行―風景、歴史、人情に魅せられて 呉善花著 PHP研究所 2005.10 259p 18cm (PHP新書) 740円 ①4-569-64157-1

12920 熊野の森だより 小黒世茂著 本阿弥書店 2008.8 191p 21cm 2200円 ①978-4-7768-0457-4

目次 1 隠国へ, 2 熊野の森だより, 3 海山あちこち, 4 わくわく秘境の旅、夏, 5 秘境の旅、冬, 6 対談―秋道智彌×小黒世茂

熊野川温泉

12921 温泉旅行記　嵐山光三郎著　筑摩書房　2000.12　315p　15cm　(ちくま文庫)〈初版：JTB1997年刊〉　760円　①4-480-03589-3

熊野古道

12922 日本すみずみ紀行　川本三郎著　社会思想社　1997.9　258p　15cm　(現代教養文庫)〈文元社2004年刊 (1998年刊 (2刷) を原本としたOD版) あり〉　640円　①4-390-11613-4

12923 山の旅　大正・昭和篇　近藤信行編　岩波書店　2003.11　457p　15cm　(岩波文庫)　700円　①4-00-311701-8
作品 遍路〔斎藤茂吉〕

12924 日本近代随筆選　1　出会いの時　千葉俊二, 長谷川郁夫, 宗像和重編　岩波書店　2016.4　339p　15cm　(岩波文庫)　810円　①978-4-00-312031-6
作品 遍路〔斎藤茂吉〕

熊野古道 大辺路

12925 古道紀行 熊野路　小山和著　大阪　保育社　1992.8　186p　19cm　1800円　①4-586-61304-1

12926 熊野古道巡礼　吉田智彦著　大阪　東方出版　2004.10　241p　21cm　2000円　①4-88591-915-0

熊野古道 中辺路

12927 古道紀行 熊野路　小山和著　大阪　保育社　1992.8　186p　19cm　1800円　①4-586-61304-1

12928 熊野古道―みちくさひとりある記　細谷昌子著　新評論　2003.8　363p　21cm〈年表あり　文献あり〉　3200円　①4-7948-0610-8

12929 熊野古道巡礼　吉田智彦著　大阪　東方出版　2004.10　241p　21cm　2000円　①4-88591-915-0

熊野三山

12930 熊野古道―みちくさひとりある記　細谷昌子著　新評論　2003.8　363p　21cm〈年表あり　文献あり〉　3200円　①4-7948-0610-8

12931 熊野古道巡礼　吉田智彦著　大阪　東方出版　2004.10　241p　21cm　2000円　①4-88591-915-0

12932 もうひとつの熊野古道「伊勢路」物語　甲斐崎圭著　大阪　創元社　2009.11　263p　19cm　1600円　①978-4-422-25056-4

熊野那智大社

12933 陰陽師ロード―安倍晴明名所案内　荒俣宏著　平凡社　2001.9　237p　19cm　1400円　①4-582-82974-0

12934 山の旅　大正・昭和篇　近藤信行編　岩波書店　2003.11　457p　15cm　(岩波文庫)　700円　①4-00-311701-8
作品 遍路〔斎藤茂吉〕

12935 江原啓之 神紀行　1 (伊勢・熊野・奈良)　江原啓之著　マガジンハウス　2005.10　95p　21cm　(スピリチュアル・サンクチュアリシリーズ)　952円　①4-8387-1620-6

12936 古寺巡礼　辻井喬著　角川春樹事務所　2011.5　253p　16cm　(ハルキ文庫)〈2009年刊の文庫化〉　667円　①978-4-7584-3556-7

12937 にっぽん聖地巡拝の旅　玉岡かおる著　大法輪閣　2014.4　277p　19cm　1800円　①978-4-8046-1360-4

12938 神結び―日本の聖地をめぐる旅　相川七瀬著　実業之日本社　2014.8　133p　19cm〈文献あり〉　1500円　①978-4-408-11084-4

12939 聖地巡礼 ライジング 熊野紀行　内田樹, 釈徹宗著　東京書籍　2015.3　291p　19cm　1500円　①978-4-487-80639-3

12940 神秘日本　岡本太郎著　KADOKAWA　2015.7　260p 図版24p　15cm　(角川ソフィア文庫)〈中央公論社 1964年刊の再刊〉　1000円　①978-4-04-409487-4
作品 火、水、海賊―熊野文化論

12941 日本近代随筆選　1　出会いの時　千葉俊二, 長谷川郁夫, 宗像和重編　岩波書店　2016.4　339p　15cm　(岩波文庫)　810円　①978-4-00-312031-6
作品 遍路〔斎藤茂吉〕

12942 「死の国」熊野と巡礼の道　関裕二著　新潮社　2017.11　266p　16cm　(新潮文庫―古代史謎解き紀行)〈文献あり〉　520円　①978-4-10-136481-0

熊野速玉大社

12943 日本すみずみ紀行　川本三郎著　社会思想社　1997.9　258p　15cm　(現代教養文庫)〈文元社2004年刊 (1998年刊 (2刷) を原本としたOD版) あり〉　640円　①4-390-11613-4
作品 熊野

12944 江原啓之 神紀行　1 (伊勢・熊野・奈良)　江原啓之著　マガジンハウス　2005.10　95p　21cm　(スピリチュアル・サンクチュアリシリーズ)　952円　①4-8387-1620-6

12945 古寺巡礼　辻井喬著　角川春樹事務所　2011.5　253p　16cm　(ハルキ文庫)〈2009年刊の文庫化〉　667円　①978-4-7584-3556-7

12946 神結び―日本の聖地をめぐる旅　相川七瀬著　実業之日本社　2014.8　133p　19cm〈文献あり〉　1500円　①978-4-408-11084-4

12947 神秘日本　岡本太郎著　KADOKAWA　2015.7　260p 図版24p　15cm　(角川ソフィア文庫)〈中央公論社 1964年刊の再刊〉　1000円　①978-4-04-409487-4
作品 火、水、海賊―熊野文化論

12948 「死の国」熊野と巡礼の道　関裕二著　新潮社　2017.11　266p　16cm　(新潮文庫―古代史謎解き紀行)〈文献あり〉　520円　①978-4-10-136481-0

熊野本宮大社

12949 古道紀行 熊野路 小山和著 大阪 保育社 1992.8 186p 19cm 1800円 ①4-586-61304-1

12950 導かれて、旅 横尾忠則著 文藝春秋 1995.7 286p 16cm (文春文庫)〈日本交通公社出版事業局 1992年刊の文庫化〉 480円 ①4-16-729703-5

作品 炎と化した那智の竜神

12951 日本すみずみ紀行 川本三郎著 社会思想社 1997.9 258p 15cm (現代教養文庫)〈文元社2004年刊(1998年刊(2刷)を原本としたOD版)あり〉 640円 ①4-390-11613-4

作品 熊野

12952 熊野古道―みちくさひとりある記 細谷昌子著 新評論 2003.8 363p 21cm〈年表あり 文献あり〉 3200円 ①4-7948-0610-8

12953 熊野古道巡礼 吉田智彦著 大阪 東方出版 2004.10 241p 21cm 2000円 ①4-88591-915-0

12954 江原啓之 神紀行 1(伊勢・熊野・奈良) 江原啓之著 マガジンハウス 2005.10 95p 21cm (スピリチュアル・サンクチュアリシリーズ) 952円 ①4-8387-1620-6

12955 古寺巡礼 辻井喬著 角川春樹事務所 2011.5 253p 16cm (ハルキ文庫)〈2009年刊の文庫化〉 667円 ①978-4-7584-3556-7

12956 神結び―日本の聖地をめぐる旅 相川七瀬著 実業之日本社 2014.8 133p 19cm〈文献あり〉 1500円 ①978-4-408-11084-4

12957 聖地巡礼 ライジング 熊野紀行 内田樹, 釈徹宗著 東京書籍 2015.3 291p 19cm 1500円 ①978-4-487-80639-3

12958 神秘日本 岡本太郎著 KADOKAWA 2015.7 260p 図版24p 15cm (角川ソフィア文庫)〈中央公論社 1964年刊の再刊〉 1000円 ①978-4-04-409487-4

作品 火、水、海賊―熊野文化論

12959 「死の国」熊野と巡礼の道 関裕二著 新潮社 2017.11 266p 16cm (新潮文庫―古代史謎解き紀行)〈文献あり〉 520円 ①978-4-10-136481-0

興国寺

12960 時空浴―熊野高野から 神坂次郎著 日本放送出版協会 2003.9 269p 20cm 1700円 ①4-14-005434-4

高野山

12961 マンダラ紀行 森敦著 筑摩書房 1989.12 160p 15cm (ちくま文庫) 460円 ①4-480-02358-5

作品 絶巓にいます大日いや遠く足なへわれにいよよ幽し

12962 とっておきの寺社詣で 三木露風ほか著, 作品社編集部編 作品社 1998.4 251p 22cm (新編・日本随筆紀行 大きな活字で読みやすい本―心にふるさとがある 14) ①4-87893-895-1, 4-87893-807-2

作品 高野山〔亀井勝一郎〕

12963 関西こころの旅路 山と渓谷社 2000.1 285p 20cm (旅の紀行&エッセイ) 1400円 ①4-635-28045-4

作品 高野山をとりまく幻の女人道〔吉田知子〕

12964 わたしの旅に何をする。 宮田珠己著 旅行人 2000.5 251p 19cm 1400円 ①4-947702-28-1

目次 第1部 有給の旅人(大型連休は全力でリラックスだ, ありがとうバッテラ, 一世一代アメリカ視察 ほか), 第2部 旅立ちと陰謀(それからの私, 男のテレビデビュー, リムジンバス、それはバス ほか), 第3部 旅人人生大器晩成化計画(核と私, 高野山のへっちゃら, 仮面の森 ほか)

12965 明治十八年の旅は道連れ 塩谷和子著 源流社 2001.11 376p 20cm 1800円 ①4-7739-0105-5

12966 良寛へ歩く 小林新一文・写真 二玄社 2002.12 173p 26cm 2800円 ①4-544-02039-5

12967 時空浴―熊野高野から 神坂次郎著 日本放送出版協会 2003.9 269p 20cm 1700円 ①4-14-005434-4

12968 熊野古道巡礼 吉田智彦著 大阪 東方出版 2004.10 241p 21cm 2000円 ①4-88591-915-0

12969 百霊峰巡礼 第1集 立松和平著 東京新聞出版局 2006.7 299p 20cm 1800円 ①4-8083-0854-1

12970 街道をゆく 9 信州佐久平みち、潟のみち ほか 新装版 司馬遼太郎著 朝日新聞出版 2008.10 357, 8p 15cm (朝日文庫) 700円 ①978-4-02-264454-1

12971 百寺巡礼 第6巻 関西 五木寛之著 講談社 2009.2 274p 15cm (講談社文庫)〈文献あり 2004年刊の文庫化〉 562円 ①978-4-06-276267-0

12972 ぶらりおへんろ旅―空海と仏像に会いにいく! 田中ひろみ著 吹田 西日本出版社 2010.3 159p 19cm〈文献あり〉 1300円 ①978-4-901908-56-6

目次 お遍路スタート! 発心の道場 徳島(霊山寺, 極楽寺 ほか), そろそろ慣れてきた修行の道場 高知(最御崎寺, 津照寺 ほか), 道後温泉だぁ〜菩提の道場 愛媛(観自在寺, 龍光寺 ほか), あと少しでゴール! 涅槃の道場 香川(雲辺寺, 大興寺 ほか), いにしえに出会う道 高野山

12973 鉄道旅へ行ってきます 酒井順子, 関川夏央, 原武史著 講談社 2010.12 229p 20cm 1600円 ①978-4-06-216693-5

12974 意味の変容 マンダラ紀行 森敦著 講談社 2012.1 276p 16cm (講談社文芸文庫)〈年譜あり 著作目録あり〉 1400円 ①978-4-06-290147-5

作品 マンダラ紀行―絶巓にいます大日いや遠く足なへわれにいよよ幽し

12975 近松秋江全集 第7巻 オンデマンド版 近松秋江著, 紅野敏郎, 和田謹吾, 中尾務, 遠藤英

近畿

雄, 田沢基久 笹瀬王子編集委員 八木書店古書出版部 2014.2 502, 34p 21cm〈初版:八木書店 1993年刊 印刷・製本:デジタルパブリッシングサービス 発売:八木書店〉 12000円 ①978-4-8406-3492-2
作品 野峰日記 高野山

12976 にっぽん聖地巡拝の旅 玉岡かおる著 大法輪閣 2014.4 277p 19cm 1800円 ①978-4-8046-1360-4

12977 ど・スピリチュアル日本旅 たかのてるこ著 幻冬舎 2014.8 353p 図版8枚 19cm 1400円 ①978-4-344-02618-6

12978 ガス燈酒場によろしく 椎名誠著 文藝春秋 2015.2 332p 16cm (文春文庫)〈2012年刊の文庫化〉 550円 ①978-4-16-790303-9
目次 異次元へのほっつき歩き,『脳単』を知っているか, でっかい焚き火をしたいなあ, さまよえる家, 発作的モデル体験記, かみつ木の愛, マグロを釣った, 泣き叫ぶ地球, 春は海苔サン, 高野山で考えたこと〔ほか〕

12979 新編 日本の旅あちこち 木山捷平著 講談社 2015.4 304p 16cm (講談社文芸文庫)〈著作目録あり 年譜あり〉 1600円 ①978-4-06-290268-7
作品 天理と高野山の春―奈良

12980 そうだ、高野山がある。 片山恭一, 小平尚典著 バジリコ 2015.4 212p 21cm〈文献あり〉 1600円 ①978-4-86238-216-0
目次 なぜ、いま高野山か(かくも多くの人が, 小さな鈴の音とともに, いざ、高野山へ, 大門にたたずんで), 高野山をめぐる物語(開創の前後, 密教思想の具現化, 西行桜をめぐって), この行き詰まり感はなぜ?(空海が追い求めたもの, 真言密教の実効性), 魂の帰っていくところ(宿坊に泊まる, 朝の勤行、あれこれ,『理趣経』にたじろぐ, 生きとし生けるもの), 私たちはどこへ行くのか(町石道を歩きながら, 瞑想は迷想に通ず,「自由」を定義しなおす, 信仰という心のかたち, いまだ人間は発明されていない)

12981 神秘日本 岡本太郎著 KADOKAWA 2015.7 260p 図版24p 15cm (角川ソフィア文庫)〈中央公論社 1964年刊の再刊〉 1000円 ①978-4-04-409487-4
作品 秘密荘厳

12982 雨の匂いのする夜に 椎名誠写真と文 朝日新聞出版 2015.11 222p 20cm 2100円 ①978-4-02-331450-4
作品 高野山入門篇

12983 死者が立ち止まる場所―日本人の死生観 マリー・ムツキ・モケット著, 高月園子訳 晶文社 2016.1 371p 20cm 2500円 ①978-4-7949-6914-9

12984 アーネスト・サトウの明治日本山岳記 アーネスト・メイスン・サトウ著, 庄田元男訳 講談社 2017.4 285p 15cm (講談社学術文庫)〈「日本旅行日記」(平凡社 1992年刊)と「明治日本旅行案内」(平凡社 1996年刊)の改題、抜粋し新たに編集〉 980円 ①978-4-06-292382-8

高野山霊宝館

12985 神秘日本 岡本太郎著 KADOKAWA 2015.7 260p 図版24p 15cm (角川ソフィア文庫)〈中央公論社 1964年刊の再刊〉 1000円 ①978-4-04-409487-4
作品 秘密荘厳

高野町

12986 紀州―木の国・根の国物語 改版 中上健次著 角川書店 2009.1 308p 15cm (角川文庫)〈発売:角川グループパブリッシング〉 552円 ①978-4-04-145611-8

12987 ニッポン周遊記―町の見つけ方・歩き方・つくり方 池内紀著 青土社 2014.7 325p 20cm 2400円 ①978-4-7917-6777-9

粉河寺

12988 西国観音霊場・新紀行 松本章男著 大法輪閣 2004.5 293p 20cm 2100円 ①4-8046-1207-6

12989 百寺巡礼 第6巻 関西 五木寛之著 講談社 2009.2 274p 15cm (講談社文庫)〈文献あり 2004年刊の文庫化〉 562円 ①978-4-06-276267-0

12990 古寺巡礼 辻井喬著 角川春樹事務所 2011.5 253p 16cm (ハルキ文庫)〈2009年刊の文庫化〉 667円 ①978-4-7584-3556-7

古座(串本町)

12991 河口の町へ 飯田辰彦著 JICC出版局 1991.9 204p 21cm 2080円 ①4-7966-0190-2
作品 水軍の血は心優しき末裔に流れ…

12992 街道をゆく 8 熊野・古座街道、種子島みち ほか 新装版 司馬遼太郎著 朝日新聞出版 2008.9 329, 8p 15cm (朝日文庫) 640円 ①978-4-02-264447-3

12993 紀州―木の国・根の国物語 改版 中上健次著 角川書店 2009.1 308p 15cm (角川文庫)〈発売:角川グループパブリッシング〉 552円 ①978-4-04-145611-8

古座街道

12994 街道をゆく 8 熊野・古座街道、種子島みち ほか 新装版 司馬遼太郎著 朝日新聞出版 2008.9 329, 8p 15cm (朝日文庫) 640円 ①978-4-02-264447-3

古座川町

12995 紀州―木の国・根の国物語 改版 中上健次著 角川書店 2009.1 308p 15cm (角川文庫)〈発売:角川グループパブリッシング〉 552円 ①978-4-04-145611-8

12996 神秘日本 岡本太郎著 KADOKAWA 2015.7 260p 図版24p 15cm (角川ソフィア文庫)〈中央公論社 1964年刊の再刊〉 1000円 ①978-4-04-409487-4
作品 火、水、海賊―熊野文化論

古座神社

12997 神秘日本　岡本太郎著　KADOKAWA　2015.7　260p 図版24p　15cm　（角川ソフィア文庫）〈中央公論社 1964年刊の再刊〉　1000円　①978-4-04-409487-4
作品 火、水、海賊―熊野文化論

御坊駅

12998 関西こころの旅路　山と渓谷社　2000.1　285p　20cm　（旅の紀行＆エッセイ）　1400円　①4-635-28045-4
作品 日本最短のローカル線〔神坂次郎〕

御坊市

12999 古道紀行 熊野路　小山和著　大阪　保育社　1992.8　186p　19cm　1800円　①4-586-61304-1

13000 紀州―木の国・根の国物語　改版　中上健次著　角川書店　2009.1　308p　15cm　（角川文庫）〈発売：角川グループパブリッシング〉　552円　①978-4-04-145611-8

金剛峯寺

13001 私の古寺巡礼　4（諸国）　井上靖監修　光文社　2005.1　306p　16cm　（知恵の森文庫）〈淡交社1987年刊の改訂〉　686円　①4-334-78333-3

13002 街道をゆく　9　信州佐久平みち、潟のみち ほか　新装版　司馬遼太郎著　朝日新聞出版　2008.10　357, 8p　15cm　（朝日文庫）　700円　①978-4-02-264454-1

13003 神秘日本　岡本太郎著　KADOKAWA　2015.7　260p 図版24p　15cm　（角川ソフィア文庫）〈中央公論社 1964年刊の再刊〉　1000円　①978-4-04-409487-4
作品 秘密荘厳

西南院

13004 街道をゆく　9　信州佐久平みち、潟のみち ほか　新装版　司馬遼太郎著　朝日新聞出版　2008.10　357, 8p　15cm　（朝日文庫）　700円　①978-4-02-264454-1

真田庵〔善名称院〕

13005 街道をゆく　9　信州佐久平みち、潟のみち ほか　新装版　司馬遼太郎著　朝日新聞出版　2008.10　357, 8p　15cm　（朝日文庫）　700円　①978-4-02-264454-1

三重の滝

13006 熊野修験の森―大峯山脈奥駈け記　宇江敏勝著　新宿書房　2004.4　260p　20cm　（宇江敏勝の本 第2期 1）〈シリーズ責任表示：宇江敏勝著　折り込1枚　岩波書店1999年刊の増補〉　2200円　①4-88008-307-0

潮岬

13007 紀行文集 無明一杖　上甲平谷著　谷沢書房　1988.7　339p　19cm　2500円
作品 紀南から四国へ

13008 ヤポネシア讃歌　立松和平著　講談社　1990.6　261p　19cm　1200円　①4-06-204887-6

13009 井上靖歴史紀行文集　第1巻　日本の旅　井上靖著　岩波書店　1992.1　23cm
作品 南紀の海に魅せられて

13010 日本紀行　井上靖著　岩波書店　1993.12　252p　16cm　（同時代ライブラリー）　1000円　①4-00-260169-2
作品 南紀の海に魅せられて

慈光円福院

13011 見仏記　5　ゴールデンガイド篇　いとうせいこう, みうらじゅん著　角川書店　2011.10　233p　15cm　（角川文庫）〈発売：角川グループパブリッシング〉　514円　①978-4-04-184606-3

雫の滝

13012 街道をゆく　8　熊野・古座街道、種子島みち ほか　新装版　司馬遼太郎著　朝日新聞出版　2008.9　329, 8p　15cm　（朝日文庫）　640円　①978-4-02-264447-3

慈尊院

13013 マンダラ紀行　森敦著　筑摩書房　1989.12　160p　15cm　（ちくま文庫）　460円　①4-480-02358-5
作品 絶巓にいます大日いや遠く足なへわれにいよよ幽し

13014 街道をゆく　9　信州佐久平みち、潟のみち ほか　新装版　司馬遼太郎著　朝日新聞出版　2008.10　357, 8p　15cm　（朝日文庫）　700円　①978-4-02-264454-1

13015 意味の変容 マンダラ紀行　森敦著　講談社　2012.1　276p　16cm　（講談社文芸文庫）〈年譜あり　著作目録あり〉　1400円　①978-4-06-290147-5
作品 マンダラ紀行―絶巓にいます大日いや遠く足なへわれにいよよ幽し

浄教寺

13016 見仏記　5　ゴールデンガイド篇　いとうせいこう, みうらじゅん著　角川書店　2011.10　233p　15cm　（角川文庫）〈発売：角川グループパブリッシング〉　514円　①978-4-04-184606-3

聖天宮法輪寺

13017 街道をゆく　32　阿波紀行、紀ノ川流域　新装版　司馬遼太郎著　朝日新聞出版　2009.3　266, 8p　15cm　（朝日文庫）〈初版：朝日新聞社1993年刊〉　640円　①978-4-02-264486-2

白浜温泉

13018 古道紀行 熊野路　小山和著　大阪　保育社　1992.8　186p　19cm　1800円　①4-586-61304-1

13019 関西こころの旅路 山と渓谷社 2000.1 285p 20cm (旅の紀行&エッセイ) 1400円 ①4-635-28045-4
作品 たまのぜいたく、離れのある温泉宿〔桂小米朝〕
13020 温泉旅行記 嵐山光三郎著 筑摩書房 2000.12 315p 15cm (ちくま文庫)〈初版:JTB1997年刊〉 760円 ①4-480-03589-3

白浜町

13021 夢追い俳句紀行 大高翔著 日本放送出版協会 2004.4 237p 19cm 1300円 ①4-14-016126-4
作品 南方熊楠(和歌山県・南紀白浜)

新宮市

13022 日本旅行日記 2 アーネスト・メイスン・サトウ著, 庄田元男訳 平凡社 1992.6 334p 18cm (東洋文庫) 2884円 ①4-582-80550-7
作品 伊勢・紀和・京阪に歴史をたずねる
13023 古道紀行 熊野路 小山和著 大阪 保育社 1992.8 186p 19cm 1800円 ①4-586-61304-1
13024 日本すみずみ紀行 川本三郎著 社会思想社 1997.9 258p 15cm (現代教養文庫)〈文元社2004年刊(1998年刊(2刷)を原本としたOD版)あり〉 640円 ①4-390-11613-4
作品 熊野
13025 熊野古道巡礼 吉田智彦著 大阪 東方出版 2004.10 241p 21cm 2000円 ①4-88591-915-0
13026 新発見 より道街あるき 大竹誠著 パロル舎 2008.6 187p 21cm 1600円 ①978-4-89419-073-3
13027 紀州—木の国・根の国物語 改版 中上健次著 角川書店 2009.1 308p 15cm (角川文庫)〈発売:角川グループパブリッシング〉 552円 ①978-4-04-145611-8
13028 日本の路地を旅する 上原善広著 文藝春秋 2012.6 383p 16cm (文春文庫)〈文献あり〉 667円 ①978-4-16-780196-0
13029 神秘日本 岡本太郎著 KADOKAWA 2015.7 260p 図版24p 15cm (角川ソフィア文庫)〈中央公論社 1964年刊の再刊〉 1000円 ①978-4-04-409487-4
作品 火、水、海賊—熊野文化論
13030 来ちゃった 酒井順子文, ほしよりこ画 小学館 2016.3 317p 15cm (小学館文庫)〈2011年刊の増補〉 620円 ①978-4-09-406277-9
13031 ちいさな城下町 安西水丸著 文藝春秋 2016.11 267p 16cm (文春文庫)〈2014年刊の文庫化〉 630円 ①978-4-16-790734-1

すさみ温泉

13032 温泉旅行記 嵐山光三郎著 筑摩書房 2000.12 315p 15cm (ちくま文庫)〈初版:JTB1997年刊〉 760円 ①4-480-03589-3

すさみ町

13033 街道をゆく 8 熊野・古座街道、種子島みち ほか 新装版 司馬遼太郎著 朝日新聞出版 2008.9 329, 8p 15cm (朝日文庫) 640円 ①978-4-02-264447-3

青岸渡寺

13034 西国観音霊場・新紀行 松本章男著 大法輪閣 2004.5 293p 20cm 2100円 ①4-8046-1207-6
13035 百寺巡礼 第6巻 関西 五木寛之著 講談社 2009.2 274p 15cm (講談社文庫)〈文献あり 2004年刊の文庫化〉 562円 ①978-4-06-276267-0
13036 古寺巡礼 辻井喬著 角川春樹事務所 2011.5 253p 16cm (ハルキ文庫)〈2009年刊の文庫化〉 667円 ①978-4-7584-3556-7
13037 にっぽん聖地巡拝の旅 玉岡かおる著 大法輪閣 2014.4 277p 19cm 1800円 ①978-4-8046-1360-4

施無畏寺

13038 導かれて、旅 横尾忠則著 文藝春秋 1995.7 286p 16cm (文春文庫)〈日本交通公社出版事業局 1992年刊の文庫化〉 480円 ①4-16-729703-5
作品 明恵上人夢中紀行

潜水橋

13039 街道をゆく 8 熊野・古座街道、種子島みち ほか 新装版 司馬遼太郎著 朝日新聞出版 2008.9 329, 8p 15cm (朝日文庫) 640円 ①978-4-02-264447-3

草堂寺

13040 紀行文集 無明一杖 上甲平谷著 谷沢書房 1988.7 339p 19cm 2500円
作品 紀南頭陀

太地温泉

13041 温泉旅行記 嵐山光三郎著 筑摩書房 2000.12 315p 15cm (ちくま文庫)〈初版:JTB1997年刊〉 760円 ①4-480-03589-3

太地町

13042 旅しました。—スター旅紀行 (大阪) 関西テレビ放送 1988.9 80p 30cm 980円 ①4-906256-06-6
作品 ファンタスティックな南紀・太地〔太地喜和子〕
13043 日本列島を往く 3 海に生きるひとびと 鎌田慧著 岩波書店 2001.12 299p 15cm (岩波現代文庫) 900円 ①4-00-603049-5
13044 野生めぐり—列島神話の源流に触れる12の旅 石倉敏明文, 田附勝写真 京都 淡交社 2015.11 255p 19cm 2000円 ①978-4-473-

04045-9

13045 肉の旅―まだ見ぬ肉料理を求めて全国縦断！ カベルナリア吉田著 イカロス出版 2016.8 235p 21cm 1600円 ①978-4-8022-0222-0

13046 誰も知らない熊野の遺産 栂嶺レイ著 筑摩書房 2017.8 254p 18cm （ちくま新書―カラー新書）〈文献あり〉 980円 ①978-4-480-06974-0

大門坂

13047 「死の国」熊野と巡礼の道 関裕二著 新潮社 2017.11 266p 16cm （新潮文庫―古代史謎解き紀行）〈文献あり〉 520円 ①978-4-10-136481-0

田辺市

13048 黄昏のムービー・パレス 村松友視著, 横山良一写真 平凡社 1989.7 218p 19cm 1240円 ①4-582-28215-6

13049 古道紀行 熊野路 小山和著 大阪 保育社 1992.8 186p 19cm 1800円 ①4-586-61304-1

13050 関西こころの旅路 山と渓谷社 2000.1 285p 20cm （旅の紀行＆エッセイ） 1400円 ①4-635-28045-4

作品 平安時代からしられていた秀衡桜〔高城修三〕

13051 良寛を歩く 一休を歩く 水上勉著 日本放送出版協会 2004.4 317p 16cm （NHKライブラリー）〈「良寛を歩く」(1986年刊)と「一休を歩く」(1988年刊)の改題、合本〉 970円 ①4-14-084182-6

作品 一休を歩く

13052 熊野古道巡礼 吉田智彦著 大阪 東方出版 2004.10 241p 21cm 2000円 ①4-88591-915-0

13053 メルヘン紀行 みやこうせい著 未知谷 2005.5 237p 20cm 2200円 ①4-89642-129-9

13054 紀州―木の国・根の国物語 改版 中上健次著 角川書店 2009.1 308p 15cm （角川文庫）〈発売：角川グループパブリッシング〉 552円 ①978-4-04-145611-8

13055 斑猫の宿 奥本大三郎著 中央公論新社 2011.11 305p 16cm （中公文庫）〈JTB2001年刊あり〉 705円 ①978-4-12-205565-0

13056 ウはウミウシのウ―シュノーケル偏愛旅行記 特別増補版 宮田珠己著 幻冬舎 2014.7 288p 16cm （幻冬舎文庫）〈初版：小学館2000年刊〉 600円 ①978-4-344-42223-0

13057 ニッポン周遊記―町の見つけ方・歩き方・つくり方 池内紀著 青土社 2014.7 325p 20cm 2400円 ①978-4-7917-6777-9

継桜王子

13058 浦島太郎の馬鹿―旅の書きおき 立松和平著 マガジンハウス 1990.10 251p 21cm 1400円 ①4-8387-0189-6

作品 やまんばの宿へ

天王新地

13059 色街を呑む！―日本列島レトロ紀行 勝谷誠彦著 祥伝社 2006.2 284p 15cm （祥伝社文庫） 600円 ①4-396-33271-8

天満（那智勝浦町）

13060 紀州―木の国・根の国物語 改版 中上健次著 角川書店 2009.1 308p 15cm （角川文庫）〈発売：角川グループパブリッシング〉 552円 ①978-4-04-145611-8

道成寺

13061 古道紀行 熊野路 小山和著 大阪 保育社 1992.8 186p 19cm 1800円 ①4-586-61304-1

13062 百寺巡礼 第6巻 関西 五木寛之著 講談社 2009.2 274p 15cm （講談社文庫）〈文献あり 2004年刊の文庫化〉 562円 ①978-4-06-276267-0

13063 十一面観音巡礼 愛蔵版 白洲正子著 新潮社 2010.9 317p 22cm〈講談社文芸文庫1992年刊, 新潮社2002年刊あり〉 3000円 ①978-4-10-310720-0

作品 熊野詣

13064 見仏記 5 ゴールデンガイド篇 いとうせいこう, みうらじゅん著 角川書店 2011.10 233p 15cm （角川文庫）〈発売：角川グループパブリッシング〉 514円 ①978-4-04-184606-3

13065 にっぽん聖地巡拝の旅 玉岡かおる著 大法輪閣 2014.4 277p 19cm 1800円 ①978-4-8046-1360-4

とがの木茶屋

13066 浦島太郎の馬鹿―旅の書きおき 立松和平著 マガジンハウス 1990.10 251p 21cm 1400円 ①4-8387-0189-6

作品 やまんばの宿の一夜

友ヶ島第3砲台跡

13067 ニッポンの穴紀行―近代史を彩る光と影 西牟田靖著 光文社 2010.12 324p 19cm 〈文献あり〉 1500円 ①978-4-334-97634-7

虎島〔友ヶ島〕

13068 1泊2日の小島旅 カベルナリア吉田文・写真 阪急コミュニケーションズ 2009.4 199p 19cm 1600円 ①978-4-484-09207-2

那智駅

13069 井上靖歴史紀行文集 第1巻 日本の旅 井上靖著 岩波書店 1992.1 23cm

作品 南紀の海に魅せられて

13070 日本紀行 井上靖著 岩波書店 1993.12 252p 16cm （同時代ライブラリー） 1000円 ①4-00-260169-2

作品 南紀の海に魅せられて

那智勝浦町

13071 井上靖歴史紀行文集 第1巻 日本の旅 井上靖著 岩波書店 1992.1 23cm
作品 南紀の海に魅せられて

13072 日本紀行 井上靖著 岩波書店 1993.12 252p 16cm (同時代ライブラリー) 1000円 ①4-00-260169-2
作品 南紀の海に魅せられて

13073 みなかみ紀行 新編 若山牧水著, 池内紀編 岩波書店 2002.3 266p 15cm (岩波文庫) 600円 ①4-00-310522-2
作品 熊野奈智山

13074 熊野古道巡礼 吉田智彦著 大阪 東方出版 2004.10 241p 21cm 2000円 ①4-88591-915-0

13075 渚の旅人 2 ヒラメのあぶない妄想 森沢明夫著 東京地図出版 2008.12 427p 19cm 1450円 ①978-4-8085-8535-8

13076 日本風景論 池内紀著 角川学芸出版 2009.3 279p 19cm (角川選書)〈発売：角川グループパブリッシング〉 1600円 ①978-4-04-703442-6

那智山

13077 古道紀行 熊野路 小山和著 大阪 保育社 1992.8 186p 19cm 1800円 ①4-586-61304-1

13078 みなかみ紀行 新編 若山牧水著, 池内紀編 岩波書店 2002.3 266p 15cm (岩波文庫) 600円 ①4-00-310522-2
作品 熊野奈智山

13079 熊野古道巡礼 吉田智彦著 大阪 東方出版 2004.10 241p 21cm 2000円 ①4-88591-915-0

13080 西国札所古道巡礼―「母なる道」を歩む 新装版 松尾心空著 春秋社 2006.11 300p 19cm 1700円 ①4-393-13356-0

13081 百霊峰巡礼 第3集 立松和平著 東京新聞出版部 2010.8 307p 20cm〈第2集までの出版者：東京新聞出版局〉 1800円 ①978-4-8083-0933-6

那智四十八滝

13082 熊野修験の森―大峯山脈奥駈け記 宇江敏勝著 新宿書房 2004.4 260p 20cm (宇江敏勝の本 第2期 1)〈シリーズ責任表示：宇江敏勝著 折り込1枚 岩波書店1999年刊の増補〉 2200円 ①4-88008-307-0

那智の滝

13083 聖地紀行―世界と日本の、「神々」を求める旅 松永伍一著 角川書店 1988.3 212p 19cm (角川選書) 880円 ①4-04-703007-4

13084 紀行文集 無明一杖 上甲平谷著 谷沢書房 1988.7 339p 19cm 2500円
作品 紀南・中国・四国 紀南から四国へ

13085 土門拳の古寺巡礼 別巻 第2巻 西日本 土門拳著 小学館 1990.5 147p 26cm 1950円 ①4-09-559107-2
作品 ぼくの古寺巡礼

13086 導かれて、旅 横尾忠則著 文藝春秋 1995.7 286p 16cm (文春文庫)〈日本交通公社出版事業局 1992年刊の文庫化〉 480円 ①4-16-729703-5
作品 炎と化した那智の竜神

13087 みなかみ紀行 新編 若山牧水著, 池内紀編 岩波書店 2002.3 266p 15cm (岩波文庫) 600円 ①4-00-310522-2
作品 熊野奈智山

13088 山の旅 大正・昭和篇 近藤信行編 岩波書店 2003.11 457p 15cm (岩波文庫) 700円 ①4-00-311701-8
作品 遍路〔斎藤茂吉〕

13089 十一面観音巡礼 愛蔵版 白洲正子著 新潮社 2010.9 317p 22cm〈講談社文芸文庫1992年刊, 新潮社2002年刊あり〉 3000円 ①978-4-10-310720-0
作品 熊野詣

13090 聖地巡礼 ライジング 熊野紀行 内田樹, 釈徹宗著 東京書籍 2015.3 291p 19cm 1500円 ①978-4-487-80639-3

13091 神秘日本 岡本太郎著 KADOKAWA 2015.7 260p 図版24p 15cm (角川ソフィア文庫)〈中央公論社 1964年刊の再刊〉 1000円 ①978-4-04-409487-4
作品 火、水、海賊―熊野文化論

13092 外道クライマー 宮城公博著 集英社インターナショナル 2016.3 277p 20cm〈発売：集英社〉 1600円 ①978-4-7976-7317-3
目次 逮捕！ 日本一の直瀑・那智の滝, タイのジャングル四六日間の沢登り, 日本最後の地理的空白部と現代の冒険, 台湾最強の渓谷チャーカンシー, 二つの日本一への挑戦, 沢ヤの祭典ゴルジュ感謝祭

13093 日本近代随筆選 1 出会いの時 千葉俊二, 長谷川郁夫, 宗像和重編 岩波書店 2016.4 339p 15cm (岩波文庫) 810円 ①978-4-00-312031-6
作品 遍路〔斎藤茂吉〕

13094 「死の国」熊野と巡礼の道 関裕二著 新潮社 2017.11 266p 16cm (新潮文庫―古代史謎解き紀行)〈文献あり〉 520円 ①978-4-10-136481-0

南海電気鉄道加太線

13095 いきどまり鉄道の旅 北尾トロ著 河出書房新社 2017.8 278p 15cm (河出文庫)〈「駅長さん！ これ以上先には行けないんすか」(2011年刊)の改題、加筆・修正〉 780円 ①978-4-309-41559-8

丹生官省符神社

13096 街道をゆく 9 信州佐久平みち、潟のみち ほか 新装版 司馬遼太郎著 朝日新聞出版 2008.10 357, 8p 15cm (朝日文庫) 700円 ①978-4-02-264454-1

丹生都比売神社

13097 マンダラ紀行　森敦著　筑摩書房　1989.12　160p　15cm　（ちくま文庫）　460円　①4-480-02358-5
作品 絶巓にいます大日いや遠く足なへわれにいよよ幽し

13098 沈黙の神々　2　佐藤洋二郎著　松柏社　2008.9　220p　19cm　1600円　①978-4-7754-0153-8

13099 かくれ里　愛蔵版　白洲正子著　新潮社　2010.9　349p　22cm〈講談社文芸文庫 1991年刊あり〉　3000円　①978-4-10-310719-4
作品 丹生都比売神社

13100 意味の変容 マンダラ紀行　森敦著　講談社　2012.1　276p　16cm　（講談社文芸文庫）〈年譜あり　著作目録あり〉　1400円　①978-4-06-290147-5
作品 マンダラ紀行―絶巓にいます大日いや遠く足なへわれにいよよ幽し

根来街道

13101 街道をゆく　32　阿波紀行、紀ノ川流域　新装版　司馬遼太郎著　朝日新聞出版　2009.3　266, 8p　15cm　（朝日文庫）〈初版：朝日新聞社1993年刊〉　640円　①978-4-02-264486-2

根来寺

13102 戦国の山城をゆく―信長や秀吉に滅ぼされた世界　安部龍太郎著　集英社　2004.4　234p　18cm　（集英社新書）〈年表あり〉　680円　①4-08-720237-2

13103 街道をゆく　32　阿波紀行、紀ノ川流域　新装版　司馬遼太郎著　朝日新聞出版　2009.3　266, 8p　15cm　（朝日文庫）〈初版：朝日新聞社1993年刊〉　640円　①978-4-02-264486-2

13104 古寺巡礼　辻井喬著　角川春樹事務所　2011.5　253p　16cm　（ハルキ文庫）〈2009年刊の文庫化〉　667円　①978-4-7584-3556-7

13105 にっぽん聖地巡拝の旅　玉岡かおる著　大法輪閣　2014.4　277p　19cm　1800円　①978-4-8046-1360-4

野上電気鉄道野上線

13106 地図あるきの旅　今尾恵介著　朝日ソノラマ　1996.5　194p　21cm　1600円　①4-257-03483-1

浜の宮王子

13107 十一面観音巡礼　愛蔵版　白洲正子著　新潮社　2010.9　317p　22cm〈講談社文芸文庫 1992年刊, 新潮社2002年刊あり〉　3000円　①978-4-10-310720-0
作品 熊野詣

日置（白浜町）

13108 紀州―木の国・根の国物語　改版　中上健次著　角川書店　2009.1　308p　15cm　（角川文庫）〈発売：角川グループパブリッシング〉　552円　①978-4-04-145611-8

日高川

13109 消えゆく鉄道の風景―さらば、良き時代の列車たち 終焉間近のローカル線と、廃線跡をたどる旅　田中正恭著　自由国民社　2006.11　231p　19cm　1600円　①4-426-75302-3

日前国懸神宮

13110 街道をゆく　32　阿波紀行、紀ノ川流域　新装版　司馬遼太郎著　朝日新聞出版　2009.3　266, 8p　15cm　（朝日文庫）〈初版：朝日新聞社1993年刊〉　640円　①978-4-02-264486-2

広川町

13111 古道紀行 熊野路　小山和著　大阪　保育社　1992.8　186p　19cm　1800円　①4-586-61304-1

補陀洛山寺

13112 十一面観音巡礼　愛蔵版　白洲正子著　新潮社　2010.9　317p　22cm〈講談社文芸文庫 1992年刊, 新潮社2002年刊あり〉　3000円　①978-4-10-310720-0
作品 熊野詣

13113 古寺巡礼　辻井喬著　角川春樹事務所　2011.5　253p　16cm　（ハルキ文庫）〈2009年刊の文庫化〉　667円　①978-4-7584-3556-7

船玉神社

13114 聖地巡礼 ライジング 熊野紀行　内田樹，釈徹宗著　東京書籍　2015.3　291p　19cm　1500円　①978-4-487-80639-3

本宮町

13115 日本列島を往く　6　故郷の山河で　鎌田慧著　岩波書店　2005.7　331p　15cm　（岩波現代文庫 社会）〈『いま, この地に生きる』の改題・再編集〉　1000円　①4-00-603115-7

13116 紀州―木の国・根の国物語　改版　中上健次著　角川書店　2009.1　308p　15cm　（角川文庫）〈発売：角川グループパブリッシング〉　552円　①978-4-04-145611-8

真砂（古座川町）

13117 街道をゆく　8　熊野・古座街道、種子島みち ほか　新装版　司馬遼太郎著　朝日新聞出版　2008.9　329, 8p　15cm　（朝日文庫）　640円　①978-4-02-264447-3

皆ノ川

13118 紀州―木の国・根の国物語　改版　中上健次著　角川書店　2009.1　308p　15cm　（角川文庫）〈発売：角川グループパブリッシング〉　552円　①978-4-04-145611-8

みなべ町

13119 渚の旅人　2　ヒラメのあぶない妄想　森沢明夫著　東京地図出版　2008.12　427p　19cm　1450円　①978-4-8085-8535-8

明王院

13120 神秘日本 岡本太郎著 KADOKAWA 2015.7 260p 図版24p 15cm （角川ソフィア文庫）〈中央公論社 1964年刊の再刊〉 1000円 ①978-4-04-409487-4
作品 秘密荘厳

明神の若衆宿

13121 街道をゆく 8 熊野・古座街道、種子島みち ほか 新装版 司馬遼太郎著 朝日新聞出版 2008.9 329, 8p 15cm （朝日文庫） 640円 ①978-4-02-264447-3

無量寺

13122 紀行文集 無明一杖 上甲平谷著 谷沢書房 1988.7 339p 19cm 2500円
作品 紀南・中国・四国 紀南から四国へ 紀南頭陀 冬紅葉 暖冬満悦

湯浅町

13123 導かれて、旅 横尾忠則著 文藝春秋 1995.7 286p 16cm （文春文庫）〈日本交通公社出版事業局 1992年刊の文庫化〉 480円 ①4-16-729703-5
作品 明恵上人夢中紀行

湯川温泉

13124 日本すみずみ紀行 川本三郎著 社会思想社 1997.9 258p 15cm （現代教養文庫）〈文元社2004年刊（1998年刊（2刷）を原本としたOD版）あり〉 640円 ①4-390-11613-4
作品 熊野

湯の谷ポリバス温泉

13125 誰も行けない温泉 最後の聖（泉） 大原利雄著 小学館 2005.1 167p 15cm （小学館文庫） 733円 ①4-09-411527-7

湯の峰温泉

13126 温泉百話―西の旅 種村季弘, 池内紀編 筑摩書房 1988.2 471p 15cm （ちくま文庫） 680円 ①4-480-02201-5
作品 熊野路、湯の峯まで〔中里恒子〕

13127 秘湯を求めて 3 きわめつけの秘湯 藤嶽彰英著 （大阪）保育社 1990.1 194p 19cm 1350円 ①4-586-61103-0

13128 日本すみずみ紀行 川本三郎著 社会思想社 1997.9 258p 15cm （現代教養文庫）〈文元社2004年刊（1998年刊（2刷）を原本としたOD版）あり〉 640円 ①4-390-11613-4
作品 熊野

13129 温泉旅行記 嵐山光三郎著 筑摩書房 2000.12 315p 15cm （ちくま文庫）〈初版：JTB1997年刊〉 760円 ①4-480-03589-3

13130 文豪、偉人の「愛」をたどる旅 黛まどか著 集英社 2009.8 255p 18cm 1048円 ①978-4-08-781427-9

13131 十一面観音巡礼 愛蔵版 白洲正子著 新潮社 2010.9 317p 22cm〈講談社文芸文庫1992年刊, 新潮社2002年刊あり〉 3000円 ①978-4-10-310720-0
作品 熊野詣

13132 四次元温泉日記 宮田珠己著 筑摩書房 2015.1 294p 15cm （ちくま文庫）〈2011年刊の文庫化〉 720円 ①978-4-480-43238-4

13133 聖地巡礼 ライジング 熊野紀行 内田樹, 釈徹宗著 東京書籍 2015.3 291p 19cm 1500円 ①978-4-487-80639-3

13134 誰も知らない熊野の遺産 栂嶺レイ著 筑摩書房 2017.8 254p 18cm （ちくま新書―カラー新書）〈文献あり〉 980円 ①978-4-480-06974-0

13135 温泉天国 嵐山光三郎, 荒俣宏, 池内紀, 池波正太郎, 井伏鱒二, 植村直己, 岡本かの子, 岡本綺堂, 小川未明, 角田光代, 川端康成, 川本三郎, 北杜夫, 斎藤茂太, 坂口安吾, 高村光太郎, 武田百合子, 太宰治, 田辺聖子, 種村季弘, 田村隆一, 田山花袋, つげ義春, 平林たい子, 松本英子, 村上春樹, 室生犀星, 山下清, 柳美里, 横尾忠則, 吉川英治, 四谷シモン著 河出書房新社 2017.12 237p 19cm （ごきげん文藝） 1600円 ①978-4-309-02642-8
作品 濃き闇の空間に湧く「再生の湯」和歌山県・湯の峯温泉〔荒俣宏〕

龍神温泉

13136 温泉百話―西の旅 種村季弘, 池内紀編 筑摩書房 1988.2 471p 15cm （ちくま文庫） 680円 ①4-480-02201-5
作品 日高川にひそむ竜神温泉〔有吉佐和子〕

13137 温泉旅日記 池内紀著 徳間書店 1996.9 277p 15cm （徳間文庫）〈河出書房新社1988年刊あり〉 540円 ①4-19-890559-2

13138 人情温泉紀行―演歌歌手・鏡五郎が訪ねた全国の名湯47選 鏡五郎著 マガジンランド 2008.5 235p 19cm〈年譜あり〉 1238円 ①978-4-944101-37-5

龍神村（田辺市）

13139 バスで田舎へ行く 泉麻人著 筑摩書房 2005.5 296p 15cm （ちくま文庫）〈「バスで、田舎へ行く」（JTB 2001年刊）の改題〉 740円 ①4-480-42079-7

13140 海山のあいだ 池内紀著 中央公論新社 2011.3 217p 16cm （中公文庫）〈マガジンハウス 1994年刊, 角川書店 1997年刊あり〉 590円 ①978-4-12-205458-5
作品 海山のあいだ―伊勢・熊野放浪記

龍門山

13141 すべての山を登れ。 井賀孝著 京都 淡交社 2014.4 255p 19cm 1700円 ①978-4-473-03924-8

和歌浦

13142 旅は人生―日本人の風景を歩く 森本哲郎著 PHP研究所 2006.12 372p 15cm

（PHP文庫）〈「旅の半空」（新潮社1997年刊）の改題〉 648円 ①4-569-66745-7

和歌山市

13143 紀州―木の国・根の国物語 改版 中上健次著 角川書店 2009.1 308p 15cm （角川文庫）〈発売：角川グループパブリッシング〉 552円 ①978-4-04-145611-8

13144 ひとり旅 ひとり酒 太田和彦著 大阪 京阪神エルマガジン社 2009.11 237p 21cm 1600円 ①978-4-87435-306-6

13145 ふらり旅 いい酒 いい肴 3 太田和彦著 主婦の友社 2016.5 135p 21cm 1400円 ①978-4-07-403235-8

和歌山市駅

13146 終着駅への旅 JR編 櫻井寛著 JTBパブリッシング 2013.8 222p 19cm 1300円 ①978-4-533-09285-5

和歌山城

13147 日本名城紀行 4 畿内 歴史を生む巨城 小学館 1989.5 293p 15cm 600円 ①4-09-401204-4

13148 街道をゆく 32 阿波紀行、紀ノ川流域 新装版 司馬遼太郎著 朝日新聞出版 2009.3 266, 8p 15cm （朝日文庫）〈初版：朝日新聞社1993年刊〉 640円 ①978-4-02-264486-2

渡瀬温泉

13149 秘湯を求めて 1 はじめての秘湯 藤嶽彰英著 （大阪）保育社 1989.11 194p 19cm 1350円 ①4-586-61101-4

13150 温泉旅行記 嵐山光三郎著 筑摩書房 2000.12 315p 15cm （ちくま文庫）〈初版：JTB1997年刊〉 760円 ①4-480-03589-3

和深（串本町）

13151 紀州―木の国・根の国物語 改版 中上健次著 角川書店 2009.1 308p 15cm （角川文庫）〈発売：角川グループパブリッシング〉 552円 ①978-4-04-145611-8

中　国

13152 汽車旅十五題　種村直樹著　日本交通公社　1992.4　230p　19cm　1300円　①4-533-01899-8

13153 バーナード・リーチ日本絵日記　バーナード・リーチ著, 柳宗悦訳, 水尾比呂志補訳　講談社　2002.10　354p　15cm　（講談社学術文庫）〈肖像あり　年譜あり〉　①4-06-159569-5
　作品 山陰・山陽の旅

13154 日本の食材おいしい旅　向笠千恵子著　集英社　2003.7　250p　18cm　（集英社新書）　700円　①4-08-720202-X
　作品 食の原点を訪ねて西国へ（四国・中国）

13155 時速8キロニッポン縦断　斉藤政喜著　小学館　2003.10　397p　19cm　（Be-pal books）〈折り込1枚〉　1500円　①4-09-366067-0

13156 万葉の旅　下　改訂新版　犬養孝著　平凡社　2004.4　379p　16cm　（平凡社ライブラリー）〈社会思想社1964年刊の増訂　文献あり〉　1200円　①4-582-76494-0

13157 列島縦断 鉄道乗りつくしの旅 JR20000km全線走破―春編 絵日記でめぐる35日間　関口知宏著　徳間書店　2005.7　102p　15×21cm　1400円　①4-19-862033-4

13158 お札行脚　フレデリック・スタール著, 山口昌男監修　国書刊行会　2007.3　702p　22cm　（知の自由人叢書）　12000円　①978-4-336-04716-8
　作品 山陽行脚

13159 鉄道の旅　西日本編　真島満秀写真・文　小学館　2003.4　207p　27cm　2600円　①978-4-09-395502-7

13160 賀曽利隆の300日3000湯めぐり日本一周―6万5000キロのバイク旅　上巻　賀曽利隆著　昭文社　2008.9　286p　21cm　1600円　①978-4-398-21116-3

13161 紀行せよ、と村上春樹は言う　鈴村和成著　未来社　2014.9　360p　20cm〈著作目録あり〉　2800円　①978-4-624-60116-4
　作品 村上春樹の四国、中国を行く

井原鉄道

13162 鉄道全線三十年―車窓紀行 昭和・平成……乗った、撮った、また乗った!!　田中正恭著　心交社　2002.6　371p　19cm　1600円　①4-88302-741-4

13163 にっぽんローカル鉄道の旅　野田隆著　平凡社　2005.10　210p　18cm　（平凡社新書）　780円　①4-582-85292-0

13164 朝湯、昼酒、ローカル線―かっちゃんの鉄修行　勝谷誠彦著　文芸春秋　2007.12　321p　16cm　（文春文庫plus）〈「勝谷誠彦の地列車大作戦」(JTB2002年刊）の改題〉　629円　①978-4-16-771320-1

SLやまぐち号

13165 汽車旅12カ月　宮脇俊三著　河出書房新社　2010.1　231p　15cm　（河出文庫）　680円　①978-4-309-40999-3

木次線

13166 日本へんきょう紀行　岳真也著　廣済堂出版　1991.6　299p　15cm　（廣済堂文庫）　460円　①4-331-65099-5

13167 絶景 秋列車の旅―陸羽東線西線から山陰本線まで　櫻井寛文・写真　東京書籍　2000.9　159p　21cm　2200円　①4-487-79474-9

13168 作家の犯行現場　有栖川有栖著　新潮社　2005.2　406p　16cm　（新潮文庫）〈メディアファクトリー ダ・ヴィンチ編集部2002年刊あり〉　667円　①4-10-120434-9
　作品 ミステリー列車で行こう

13169 郷愁の鈍行列車　種村直樹著　和光　SiGnal　2005.9　235p　19cm　1143円　①4-902658-05-4

13170 おんなひとりの鉄道旅　西日本編　矢野直美著　小学館　2008.7　193p　15cm　（小学館文庫）〈2005年刊の単行本を2分冊にして文庫化〉　571円　①978-4-09-408287-6

急行「さんべ」

13171 鉄道を書く　種村直樹著　中央書院　2002.11　318p　20cm　（種村直樹自選作品集5（1977-1979））　2500円　①4-88732-122-8

13172 追憶の夜行列車　2　さよなら〈銀河〉　種村直樹著　和光　SiGnal　2008.12　233p　19cm　1300円　①978-4-902658-11-8

芸備線

13173 作家の犯行現場　有栖川有栖著　新潮社　2005.2　406p　16cm　（新潮文庫）〈メディアファクトリー ダ・ヴィンチ編集部2002年刊あり〉　667円　①4-10-120434-9
　作品 ミステリー列車で行こう

江の川

13174 日本の川を旅する―カヌー単独行　野田知佑著　講談社　1989.7　349p　19cm　1200円　①4-06-204362-9

13175 川からの眺め　野田知佑著　新潮社　1995.10　188p　15cm　（新潮文庫）〈ブロンズ

新社1992年刊あり〉 360円 ①4-10-141008-9
13176 カヌー犬・ガク 野田知佑著 小学館 1998.1 218p 16cm (小学館文庫) 438円 ①4-09-411021-6
作品 江の川を行く('88年春)

山陰地方

13177 渓流巡礼三三ヶ所 植野稔著 山と渓谷社 1991.9 253p 21cm 1800円 ①4-635-36026-1
13178 風のオデッセイ―本州沿岸ぐるり徒歩の旅 榛谷泰明著 光雲社,星雲社〔発売〕 1994.2 192p 19cm 1600円 ①4-7952-7313-8
13179 やっぱり、旅は楽しい。 松本侑子著 双葉社 2002.4 213p 15cm (双葉文庫)〈『ヴァカンスの季節』加筆訂正・改題書〉 457円 ①4-575-71207-8
13180 鉄路の美学―名作が描く鉄道のある風景 原口隆行著 国書刊行会 2006.9 358p 20cm 2000円 ①4-336-04786-3
13181 にっぽん・海風魚旅 2(くじら雲追跡編) 椎名誠著 講談社 2007.2 346p 15cm (講談社文庫)〈2003年刊の文庫化〉 800円 ①978-4-06-275647-1
13182 賀曽利隆の300日3000湯めぐり日本一周―6万5000キロのバイク旅 下巻 賀曽利隆著 昭文社 2008.9 286p 21cm 1600円 ①978-4-398-21117-0
13183 列車三昧日本のはしっこに行ってみた 吉本由美著 講談社 2009.12 232p 16cm (講談社+α文庫)〈『日本のはしっこへ行ってみた』(日本放送出版協会2003年刊)の改題、加筆・再編集〉 667円 ①978-4-06-281334-1
13184 週末夜汽車紀行 西村健太郎著 アルファポリス 2011.5 303p 15cm (アルファポリス文庫)〈発売:星雲社 2010年刊の文庫化〉 620円 ①978-4-434-15582-6
13185 古代史謎解き紀行 2 神々の故郷 出雲編 関裕二著 新潮社 2014.7 293p 16cm (新潮文庫)〈ポプラ社 2006年刊の再刊 文献あり〉 550円 ①978-4-10-136477-3

山陰道

13186 日本漫遊記 種村季弘著 筑摩書房 1989.6 236p 19cm 1540円 ①4-480-82267-4
13187 ぶらり鉄道、街道散歩 芦原伸著 ベストセラーズ 2010.11 237p 18cm (ベスト新書) 819円 ①978-4-584-12308-9

山陰本線

13188 絶景 秋列車の旅―陸羽東線西線から山陰本線まで 櫻井寛文・写真 東京書籍 2000.9 159p 21cm 2200円 ①4-487-79474-9
13189 鉄道の旅 西日本編 真島満秀写真・文 小学館 2008.4 207p 27cm 2600円 ①978-4-09-395502-7
13190 のんびり山陰本線で行こう!―幸せな生き方探しの旅の本 野村正樹著 東洋経済新報社 2008.5 253p 20cm 1500円 ①978-4-492-04309-7
13191 父・宮脇俊三が愛したレールの響きを追って 宮脇灯子著 JTBパブリッシング 2008.8 223p 19cm〈写真:小林写函〉 1500円 ①978-4-533-07200-0
13192 青春18きっぷで愉しむぶらり鈍行の旅 所澤秀樹著 光文社 2015.7 285p 16cm (光文社知恵の森文庫)〈「鉄道を愉しむ鈍行の旅」(ベストセラーズ 2010年刊)の改題、大幅に修正加筆〉 680円 ①978-4-334-78677-9

三江線

13193 汽車旅放浪記 関川夏央著 新潮社 2006.6 282p 20cm 1700円 ①4-10-387603-4
13194 乗ってけ鉄道―列島なりゆき日誌 伊東徹秀著 札幌 柏艪舎 2007.7 187p 19cm 〈星雲社(発売)〉 1300円 ①978-4-434-10860-0

山陽・九州新幹線「さくら」

13195 山とそば ほしよりこ著 新潮社 2014.8 183p 16cm (新潮文庫)〈2011年刊の文庫化〉 460円 ①978-4-10-126091-4

山陽道

13196 コミさんほのぼの路線バスの旅 田中小実昌著 JTB日本交通公社出版事業局 1996.5 202p 19cm 1600円 ①4-533-02476-9
13197 明治十八年の旅は道連れ 塩谷和子著 源流社 2001.11 376p 20cm 1800円 ①4-7739-0105-5

山陽本線

13198 鉄道の旅 西日本編 真島満秀写真・文 小学館 2008.4 207p 27cm 2600円 ①978-4-09-395502-7
13199 鉄道文学の旅 野村智之著 郁朋社 2009.9 183p 19cm〈文献あり〉 1000円 ①978-4-87302-450-9

四十曲峠

13200 街道をゆく 7 甲賀と伊賀のみち、砂鉄のみち ほか 新装版 司馬遼太郎著 朝日新聞出版 2008.9 339,8p 15cm (朝日文庫) 660円 ①978-4-02-264446-6

寝台特急「出雲」

13201 汽車旅12カ月 宮脇俊三著 河出書房新社 2010.1 231p 15cm (河出文庫) 680円 ①978-4-309-40999-3
13202 テツはこんな旅をしている―鉄道旅行再発見 野田隆著 平凡社 2014.3 222p 18cm (平凡社新書) 760円 ①978-4-582-85722-1

寝台急行「雲仙」

13203 去りゆく星空の夜行列車 小牟田哲彦著 草思社 2015.2 294p 16cm (草思社文庫)

〈扶桑社 2009年刊の再刊〉 850円 ①978-4-7942-2105-6

寝台特急「あかつき」

13204 追憶の夜行列車 種村直樹著 和光 SiGnal 2005.2 237p 19cm 1143円 ①4-902658-04-6

13205 追憶の夜行列車 2 さよなら〈銀河〉 種村直樹著 和光 SiGnal 2008.12 233p 19cm 1300円 ①978-4-902658-11-8

13206 去りゆく星空の夜行列車 小牟田哲彦著 草思社 2015.2 294p 16cm （草思社文庫）〈扶桑社 2009年刊の再刊〉 850円 ①978-4-7942-2105-6

寝台特急「サンライズ出雲」

13207 作家の犯行現場 有栖川有栖著 新潮社 2005.2 406p 16cm （新潮文庫）〈メディアファクトリー ダ・ヴィンチ編集部2002年刊あり〉 667円 ①4-10-120434-9

作品 ミステリー列車で行こう

13208 去りゆく星空の夜行列車 小牟田哲彦著 草思社 2015.2 294p 16cm （草思社文庫）〈扶桑社 2009年刊の再刊〉 850円 ①978-4-7942-2105-6

寝台特急「なは」

13209 去りゆく星空の夜行列車 小牟田哲彦著 草思社 2015.2 294p 16cm （草思社文庫）〈扶桑社 2009年刊の再刊〉 850円 ①978-4-7942-2105-6

瀬戸内地方

13210 日本その日その日 3 E.S.モース著, 石川欣一訳 平凡社 1990.1 236p 18cm （東洋文庫）〈第16刷（第1刷：1971年）著者の肖像あり〉 1800円 ①4-582-80179-X

13211 時刻表すみずみ紀行 2 西日本編 櫻井寛写真・文 トラベルジャーナル 1996.11 117p 21cm 1545円 ①4-89559-372-X

目次 「コテコテ電車」は今日もゆく, 縁起づくしの「最長ケーブルカー」, 明日に駆ける電車「アストラムライン」&「ひろでん」, 出雲路を満喫する「縁結び電車」, 「瀬戸内連絡船」の謎を追う, ほのぼの丸顔「温泉電車」, 海上に道あり「国道フェリー」, 頑張れ！「鉄道代行バス」, 信頼の小さな翼「絶海孤島便」, YS11で行く「日本最西航空路」, 「日本最南航路」は神出鬼没!?, 憧れの台湾航路「飛竜21」

13212 にっぽん・海風魚旅 怪し火さすらい編 椎名誠著 講談社 2003.7 325p 15cm （講談社文庫）〈2000年刊の文庫化〉 800円 ①4-06-273797-3

目次 土佐の三角ミステリーゾーン, 海女島ふんせん記, ヤマネコ島演歌旅, 瀬戸内きまぐれジグザグ旅, 五島列島かけのぼりハシゴ旅, カニ這い前進日本海, まぼろし半島吹雪旅, 甑島でたとこ行脚

13213 鉄子の旅写真日記 矢野直美著 阪急コミュニケーションズ 2008.8 182p 19cm 1500円 ①978-4-484-08219-6

13214 新編 幻視の旅―安水稔和初期散文集 安水稔和著 沖積舎 2010.3 239p 20cm 3000円 ①978-4-8060-4113-9

13215 鍋釜天幕団ジープ焚き火旅―あやしい探検隊さすらい篇 椎名誠編 KADOKAWA 2015.2 187p 15cm （角川文庫）〈本の雑誌社1999年刊の加筆修正〉 440円 ①978-4-04-102321-1

13216 旅の食卓 池内紀著 亜紀書房 2016.8 233p 19cm 1600円 ①978-4-7505-1480-2

13217 日本ボロ宿紀行―懐かしの人情宿でホッコリしよう 上明戸聡著 鉄人社 2017.7 287p 15cm （鉄人文庫） 680円 ①978-4-86537-092-8

瀬戸内海

13218 日本漫遊記 種村季弘著 筑摩書房 1989.6 236p 19cm 1540円 ①4-480-82267-4

13219 ヤポネシア讃歌 立松和平著 講談社 1990.6 261p 19cm 1200円 ①4-06-204887-6

13220 極楽トンボのハミング紀行 岳真也著 廣済堂出版 1990.7 267p 19cm （TRAVEL ESSAYS'80） 1000円 ①4-331-50292-9

13221 泊酒喝采―美味、美酒、佳宿、掘り出し旅行記 柏井寿著 大阪 朱鷺書房 1992.1 209p 18cm 1000円 ①4-88602-904-3

13222 風のオデッセイ―本州沿岸ぐるり徒歩の旅 榛谷泰明著 光雲社, 星雲社〔発売〕 1994.2 192p 19cm 1600円 ①4-7952-7313-8

13223 シェルパ斉藤の行きあたりばっ旅 3 斉藤政喜著 小学館 1998.8 253p 16cm （小学館文庫） 457円 ①4-09-411003-8

13224 シェルパ斉藤の行きあたりばっ旅 5 斉藤政喜著 小学館 1999.8 253p 15cm （小学館文庫） 457円 ①4-09-411005-4

13225 キプリングの日本発見 ラドヤード・キプリング著, ヒュー・コータッツィ, ジョージ・ウェッブ編, 加納孝代訳 中央公論新社 2002.6 535p 20cm 4500円 ①4-12-003282-5

13226 ちいさい旅みーつけた 俵万智著, 平地勲写真 集英社 2003.5 251p 16cm （集英社be文庫） 695円 ①4-08-650028-0

13227 日本史紀行 奈良本辰也著 たちばな出版 2005.6 357p 19cm 1600円 ①4-8133-1878-9

13228 日本浪漫紀行―風景、歴史、人情に魅せられて 呉善花著 PHP研究所 2005.10 259p 18cm （PHP新書） 740円 ①4-569-64157-1

13229 日本紀行「開戦前夜」 フェレイラ・デ・カストロ著, 阿部孝次訳 彩流社 2006.2 202p 20cm〈文献あり〉 1900円 ①4-7791-1143-9

13230 東京を歩く 立松和平著, 黒古一夫編 勉誠出版 2006.4 343p 22cm （立松和平日本を歩く 第7巻） 2600円 ①4-585-01177-3

13231 西日本を歩く 立松和平著, 黒古一夫編 勉誠出版 2006.4 372p 22cm （立松和平日本を歩く 第4巻） 2600円 ①4-585-01174-9

中国

(目次) 岡山(後楽園の桜, 宮本武蔵は、二度生きた), 広島(瀬戸内の労苦, 広島のおばさん, 宮島の大鳥居, 春の瀬戸内海, 広島湾のカキ筏), 山口(樟の森), 鳥取(砂丘のラッキョウ, らっきょう, 梨とラッキョウの鳥取砂丘, 竹野川のツルヨシ, ゆみはま絣), 島根(宍道湖の漁師, 島根半島, 男のロマンを載せて—宍道湖, 自然にあるがままに生きる), 徳島(たけのこ, 遠い道, 四国遍路紀行—第一番霊山寺まで, 四国遍路紀行—第二番極楽寺にて, 愛染院のお住持さん, 四国八十八カ所巡りとお接待, お遍路の装束, 桜鯛の海), 香川(桃太郎伝説, 金毘羅で霊場を思う), 愛媛(日振島—海上の城, 佐田岬の突端にて, 佐田岬半島, 夜の一人舞台, 雨を待つ, 遍路道, 高速道路と仙人, 山の遍路), 高知(高知紀行—龍馬、土佐の青春, いごっそう—坂本竜馬, 四万十川の船遊び, 四万十川, 母なる川, 最後の清流四万十川, 四万十の青き流れ, 四万十川の漁師の言葉, 風になり、光になりして), 福岡(柳川の昼ねずみ, 中洲のうなぎ, 天満宮と温泉, 太宰府で考え、天神で飲む, 筑後川のエツ流し漁, 筑後川を下る, 筑後を歩く, 沖ノ島の森, 海女と女人禁制の島, アジアへの味, ならぶ, 玄界灘の街, みどり織りなす久留米, 有明海の投げ網, 水のピラミッド, 献上博多織), 佐賀(厳木, 松茸の便り, イカの舟, 呼子の朝市, 鷹島・元寇の海底遺跡), 長崎(長崎チャンポンの旅, 対馬の石屋根, 海と心して付き合う一〇〇〇匹に一匹の漁法, 魚の気持, 自然と付き合う極意—絵本「海の命」について, ムツゴロウの故郷—諫早湾, 生命の海にそそぐ—本明川, 有明海, 諫早湾の夕暮れ), 熊本(美しいもの, 熊本の色, 未来への意志, 生命の森, れんこん, 岳湯の白菜の味, 極楽のような隠れ里, 父の夢・娘の夢), 大分(豊予海峡, 我が心の旅, 人の心が美味しい別府, ツバメすむ温泉の町—別府, 緋寒桜と甘酒, 普通が尊くて美しい, 大分・すみつけ祭, 土と海のつくる味), 宮崎(野球とシャンシャン馬, 五家荘、椎葉、思索行, ひゅうがなつ, 宮崎の木喰), 鹿児島(龍馬を生かした鹿児島, アユとシラスの天降川, 西郷さんの足元で, 流されていく島, 紅梅白梅, 屋久島を見て, 自分の樹, 屋久杉の個性), 九州(九州湯けむり酔夢行, ほかにおらんけんの, 美味なるサバ)

13232 にっぽん・海風魚旅 4(大漁旗ぶるぶる乱風編) 椎名誠著 講談社 2008.7 394p 15cm (講談社文庫)〈2005年刊の文庫化〉 857円 ①978-4-06-276097-3

13233 島—瀬戸内海をあるく 第1集(1999-2002) 斎藤潤著, 全国離島振興協議会, 日本離島センター監修 神戸 みずのわ出版 2009.10 236p 22cm〈索引あり〉 2800円 ①978-4-944173-72-3

(目次) 1999年(二神島 渡海船の存在を通して見えてくる、瀬戸内の交通事情), 2000年(上蒲刈島・下蒲刈島 橋が架かった島々で、味と歴史の関係を見詰める, 高井神島・魚島 新しい村民を募集することの意義と問題, 牛島「何もない」過疎の島で、秘められた潜在力を考える, 柱島諸島—柱島・端島・黒島 柱島三島ふれあいツアー 島おこしの試みと、継続する力), 2001年(犬島 ふるさと再発見の試みと楽しみ, 走島 公的サービス自給自足の試み, 小佐木島 定期航路確保と維持の難しさ, 犬島・石島 瀬戸の海を渡る伊勢大神楽), 2002年(伊吹島 イリコを中心にまわる島, 宮島 千年後に、結ぶ夢をみて, 比岐島 島人六名の小さな島)

13234 私の日本地図 6 芸予の海 瀬戸内海 2 宮本常一著, 香月洋一郎編 未来社 2011.2 287, 5p 19cm (宮本常一著作集別集)〈索引あり〉 2200円 ①978-4-624-92491-1

13235 日本その日その日 エドワード・シルヴェスター・モース著, 石川欣一訳 講談社 2013.6 339p 15cm (講談社学術文庫)〈文献あり 著作目録あり〉 960円 ①978-4-06-292178-7

13236 近松秋江全集 第7巻 オンデマンド版 近松秋江著, 紅野敏郎, 和田謹吾, 中尾務, 遠藤英雄, 田沢基久, 笹瀬王子編集委員 八木書店古書出版部 2014.2 502, 34p 21cm〈初版：八木書店 1993年刊 印刷・製本：デジタルパブリッシングサービス 発売：八木書店〉 12000円 ①978-4-8406-3492-2

(作品) 瀬戸内海

13237 島—瀬戸内海をあるく 第3集 2007-2008 斎藤潤著, 全国離島振興協議会, 日本離島センター監修 周防大島町(山口県) みずのわ出版 2014.6 255p 22cm〈索引あり〉 3000円 ①978-4-86426-009-1

13238 私の日本地図 4 瀬戸内海 1(広島湾付近) 宮本常一著, 香月洋一郎編 未来社 2014.7 306, 4p 19cm (宮本常一著作集別集)〈同友館 1968年刊の再刊 索引あり〉 2400円 ①978-4-624-92489-8

(目次) 広島湾というところ, 広島, 広島以西, 宮島, 岩国, 岩国以西・柳井, 室津, 周南の島々, 横浜付近, 倉橋島, 能美・江田島, 柱島, 端島・黒島, 津和地島・怒和島, 二神島, 由利島

13239 うつくしい列島—地理学的名所紀行 池澤夏樹著 河出書房新社 2015.11 308p 20cm 1800円 ①978-4-309-02425-7

船通山〔鳥上山〕

13240 街道をゆく 7 甲賀と伊賀のみち、砂鉄のみち ほか 新装版 司馬遼太郎著 朝日新聞出版 2008.9 339, 8p 15cm (朝日文庫) 660円 ①978-4-02-264446-6

大山隠岐国立公園

13241 東京を歩く 立松和平著, 黒古一夫編 勉誠出版 2006.4 343p 22cm (立松和平日本を歩く 第7巻) 2600円 ①4-585-01177-3

中国山地

13242 ナチュラル・ツーリング 続 寺崎勉文, 太田潤写真 ミリオン出版, 大洋図書〔発売〕 1989.4 197p 21cm (OUTRIDER BOOK) 1700円 ①4-88672-042-0

13243 樹木街道を歩く—縄文杉への道 縄文剣著 碧天舎 2004.8 187p 19cm 1000円 ①4-88346-785-6

13244 山で見た夢—ある山岳雑誌編集者の記憶 勝峰富雄著 みすず書房 2010.5 285p 20cm 2600円 ①978-4-622-07542-4

中国自然歩道

13245 シェルパ斉藤の行きあたりばっ旅 4 斉藤政喜著 小学館 1998.12 253p 15cm (小学館文庫) 457円 ①4-09-411004-6

中海

13246 神々の国の旅案内 新版 ラフカディオ・ハーン文, 村松真吾訳編 松江 八雲会 2014.2 108p 21cm (へるんさんの旅文庫)〈ラフカディオ・ハーン没後110年記念出版〉 1200円

作品 中海

目次 第一章 松江(松江の朝, 宍道湖の夕日, 嫁ヶ島, 宍道湖と一畑薬師, 松江城, 源助柱, 下駄の音, 城山稲荷, 荒神さん, 松江の正月, 八雲旧居の庭, 普門院, 大雄寺, 月照寺), 第二章 松江近郊(嵩山, 八重垣神社, 加賀, 中海, 美保関, 加鼻), 第三章 出雲(出雲大社, 巫女神楽, 日御碕), 第四章 伯耆・隠岐(花見潟墓地, 境港, 海の怪談, 西郷, 西ノ島, 菱浦と海士, 神代の国への旅, 盆踊り―下市・妙元寺), 終章 さようなら!(さようなら!, 松江再訪)

二本松峠

13247 文学の中の風景 大竹新助著 メディア・パル 1990.11 293p 21cm 2000円 ①4-89610-003-4

蒜山

13248 日本の名山 19 大山 串田孫一, 今井通子, 今福龍太編 博品社 1998.9 251p 20cm 1600円 ①4-938706-56-3

作品 蒜山〔串田孫一〕

目次 大山と文学―松江(阪本越郎), 暗夜行路 十九(志賀直哉), 大山考―大山(河東碧梧桐), 大山(深田久弥), 大山と私(山口誓子), 伯耆大山開山(松下順一), 我が大山―伯耆大山のふもとで育つ(岡本喜八), 伯耆大山(司葉子), 黄金色に染められて(立松和平), 伯耆の若葉(村上巌), 大山登山考―大山より船上山へ(北尾鐐之助), 伯耆大山(三田尾松太郎), 蒜山(串田孫一), 甲ケ山と矢筈ケ山〈鳥取・岡山〉(石井光造), 大山のヴァリエーション・ルート―伯耆大山(小出博), 大山のぬし大山に逝く(春日俊吉), 冬の大山縦走(港叶), 伯耆大山 甲川完全溯行(中庄谷直), 大山の壁を攀じる(澤昭三郎), 地獄滝(幻の滝)から大山天狗ケ峰へ(林原健蔵), 生還(高見和成), 大山信仰―大山寺縁起(了阿), 伯耆大山の地蔵信仰と如法経(五来重), 大山の歴史と信仰(宮家準), 大山の自然―大山との関わり(四手井綱英), 大山から隠岐へ(西口親雄), 伯耆大山の四季(吉田昭市), 大山の動物(山本賢二), 山の人生―鍵掛峠(白石悌三), 大山の天狗, 海を翔ぶ(鷲見貞雄), 大山口碑伝説(木山愛精), チマ・エテルナ―心残りの大山への尾根(串田孫一)

山口線

13249 日本全国ローカル列車ひとり旅 遠森慶文・イラスト・写真 双葉社 2005.11 253p 19cm 1500円 ①4-575-29847-6

鳥取県

13250 線路のない時刻表 宮脇俊三著 新潮社 1989.4 204p 15cm (新潮文庫) 280円 ①4-10-126807-X

作品 陰陽連絡新線の夢と現実 智頭線

13251 汽車旅十五題 種村直樹著 日本交通公社 1992.4 230p 19cm 1300円 ①4-533-01899-8

13252 一宿一通―こころを紡ぐふれ愛のたび 金澤智行著 講談社 2007.11 190p 19cm 1200円 ①978-4-06-214301-1

13253 日本瞥見記 下 オンデマンド版 小泉八雲著, 平井呈一訳 恒文社 2009.10 454p 21cm〈初版:1975年刊〉 5100円 ①978-4-7704-1138-9

目次 第16章 日本の庭, 第17章 家庭の祭壇, 第18章 女の髪, 第19章 英語教師の日記から, 第20章 二つの珍しい祭日, 第21章 日本海に沿うて, 第22章 舞妓, 第23章 伯耆から隠岐へ, 第24章 魂について, 第25章 幽霊と化けもの, 第26章 日本人の微笑, 第27章 さようなら

13254 ほんとうのニッポンに出会う旅 藤本智士著 リトルモア 2012.3 207p 19cm 1500円 ①978-4-89815-335-2

13255 日本の路地を旅する 上原善広著 文藝春秋 2012.6 383p 16cm (文春文庫)〈文献あり〉 667円 ①978-4-16-780196-0

13256 アゴの竹輪とドイツビール―ニッポンぶらり旅 太田和彦著 集英社 2015.7 259p 16cm (集英社文庫)〈「太田和彦のニッポンぶらり旅 2」(毎日新聞社 2013年刊)の改題〉 600円 ①978-4-08-745342-3

13257 またたび 菊池亜希子著 宝島社 2016.12 190p 19×19cm 1400円 ①978-4-8002-5815-1

板井原地区(智頭町)

13258 ニッポンの山里 池内紀著 山と溪谷社 2013.1 254p 20cm 1500円 ①978-4-635-28067-9

因幡国庁跡

13259 街道をゆく 27 因幡・伯耆のみち、檮原街道 新装版 司馬遼太郎著 朝日新聞出版 2009.2 332, 8p 15cm (朝日文庫)〈初版:朝日新聞社1990年刊〉 680円 ①978-4-02-264480-0

目次 因幡・伯耆のみち(安住先生の穴, 源流の村, 家持の歌, 鳥取のこころ, 因幡采女のうた ほか), 檮原街道(脱藩のみち)(遺産としての水田構造, 自由のための脱藩, 土佐人の心, 佐川夜話, 世間への黙劇 ほか)

岩井温泉

13260 温泉旅行記 嵐山光三郎著 筑摩書房 2000.12 315p 15cm (ちくま文庫)〈初版:JTB1997年刊〉 760円 ①4-480-03589-3

岩美町

13261 なぜかいい町一泊旅行 池内紀著 光文社 2006.6 227p 18cm (光文社新書) 700円 ①4-334-03360-1

扇ノ山

13262 新編 単独行 加藤文太郎著 山と溪谷社 2010.11 349p 15cm (ヤマケイ文庫)〈年譜あり 2000年刊の文庫化〉 940円

①978-4-635-04725-8

大ズッコ

13263 新編 単独行 加藤文太郎著 山と溪谷社 2010.11 349p 15cm (ヤマケイ文庫)〈年譜あり 2000年刊の文庫化〉 940円 ①978-4-635-04725-8
作品 兵庫立山登山

岡益の石堂

13264 土門拳の古寺巡礼 別巻 第2巻 西日本 土門拳著 小学館 1990.5 147p 26cm 1950円 ①4-09-559107-2
作品 ぼくの古寺巡礼

皆生温泉

13265 温泉百話―西の旅 種村季弘, 池内紀編 筑摩書房 1988.2 471p 15cm (ちくま文庫) 680円 ①4-480-02201-5
作品 皆生温泉の巫女ヌード〔野坂昭如〕

鍵掛峠

13266 日本の名山 19 大山 串田孫一, 今井通子, 今福龍太編 博品社 1998.9 251p 20cm 1600円 ①4-938706-56-3
作品 鍵掛峠〔白石悌三〕

甲ケ山

13267 日本の名山 19 大山 串田孫一, 今井通子, 今福龍太編 博品社 1998.9 251p 20cm 1600円 ①4-938706-56-3
作品 甲ケ山と矢筈ケ山〈鳥取・岡山〉〔石井光造〕

甲川

13268 日本の名山 19 大山 串田孫一, 今井通子, 今福龍太編 博品社 1998.9 251p 20cm 1600円 ①4-938706-56-3
作品 伯耆大山 甲川完全溯行〔中庄谷直〕

金門

13269 土門拳の古寺巡礼 別巻 第2巻 西日本 土門拳著 小学館 1990.5 147p 26cm 1950円 ①4-09-559107-2
作品 ぼくの古寺巡礼

倉吉市

13270 黄昏のムービー・パレス 村松友視著, 横山良一写真 平凡社 1989.7 218p 19cm 1240円 ①4-582-28215-6

13271 この町へ行け 嵐山光三郎著 ティビーエス・ブリタニカ 1995.10 284p 18cm 1300円 ①4-484-95222-X

13272 名探偵浅見光彦のニッポン不思議紀行 内田康夫著 集英社 2006.2 270p 16cm (集英社文庫)〈学習研究社2001年刊あり〉 600円 ①4-08-746013-4

13273 街道をゆく 27 因幡・伯耆のみち、檮原街道 新装版 司馬遼太郎著 朝日新聞出版 2009.2 332, 8p 15cm (朝日文庫)〈初版：朝日新聞社1990年刊〉 680円 ①978-4-02-264480-0

13274 来ちゃった 酒井順子文, ほしよりこ画 小学館 2016.3 317p 15cm (小学館文庫)〈2011年刊の増補〉 620円 ①978-4-09-406277-9

琴浦町

13275 日本風景論 池内紀著 角川学芸出版 2009.3 279p 19cm (角川選書)〈発売：角川グループパブリッシング〉 1600円 ①978-4-04-703442-6

境線

13276 乗ってけ鉄道―列島なりゆき日誌 伊東徹秀著 札幌 柏艪舎 2007.7 187p 19cm〈星雲社(発売)〉 1300円 ①978-4-434-10860-0

境港駅

13277 駅を楽しむ！ テツ道の旅 野田隆著 平凡社 2007.5 237p 18cm (平凡社新書) 760円 ①978-4-582-85374-2

13278 終着駅への旅 JR編 櫻井寛著 JTBパブリッシング 2013.8 222p 19cm 1300円 ①978-4-533-09285-5

境港市

13279 ひとり旅 ひとり酒 太田和彦著 大阪 京阪神エルマガジン社 2009.11 237p 21cm 1600円 ①978-4-87435-306-6

13280 神々の国の旅案内 新版 ラフカディオ・ハーン文, 村松真吾訳編 松江 八雲会 2014.2 108p 21cm (へるんさんの旅文庫)〈ラフカディオ・ハーン没後110年記念出版〉 1200円
作品 境港

山陰海岸国立公園

13281 東京を歩く 立松和平著, 黒古一夫編 勉誠出版 2006.4 343p 22cm (立松和平日本を歩く 第7巻) 2600円 ①4-585-01177-3

三仏寺

13282 土門拳の古寺巡礼 別巻 第2巻 西日本 土門拳著 小学館 1990.5 147p 26cm 1950円 ①4-09-559107-2
作品 ぼくの古寺巡礼

13283 土門拳 古寺を訪ねて―東へ西へ 土門拳写真・文 小学館 2002.3 205p 15cm (小学館文庫)〈奥付のタイトル：古寺を訪ねて 年譜あり〉 838円 ①4-09-411424-6

13284 街道をゆく 27 因幡・伯耆のみち、檮原街道 新装版 司馬遼太郎著 朝日新聞出版 2009.2 332, 8p 15cm (朝日文庫)〈初版：朝日新聞社1990年刊〉 680円 ①978-4-02-264480-0

13285 百寺巡礼 第8巻 山陰・山陽 五木寛

之著　講談社　2009.4　271p　15cm　（講談社文庫）〈文献あり　2005年刊の文庫化〉　562円　①978-4-06-276317-2

目次 第七十一番 三佛寺―役行者が建てた断崖の堂宇をめざして, 第七十二番 大山寺―霊山を仰ぎ、神仏を信仰する寺, 第七十三番 清水寺―山陰の「キヨミズさん」に幟がはためく, 第七十四番 一畑薬師―"目のお薬師さま"に詣でる人びと, 第七十五番 永明寺―津和野の歴史を物語る小寺の静けさ, 第七十六番 東光寺―萩の町にたたずむ中国風の菩提寺, 第七十七番 瑠璃光寺―嵐の翌日に見た五重塔の美しさ, 第七十八番 阿弥陀寺―東大寺を再建した老僧のパワー, 第七十九番 浄土寺―海の見える寺に息づく共生のこころ, 第八十番 明王院―"東洋のポンペイ"と隣りあった古寺

鹿野温泉

13286 雲は旅人のように―湯の花紀行　池内紀著, 田淵裕一写真　日本交通公社出版事業局　1995.5　284p　19cm　1600円　①4-533-02163-8

作品 両の脚、天を踏む

鹿野城跡

13287 街道をゆく　27　因幡・伯耆のみち、檮原街道　新装版　司馬遼太郎著　朝日新聞出版　2009.2　332, 8p　15cm　（朝日文庫）〈初版：朝日新聞社1990年刊〉　680円　①978-4-02-264480-0

鹿野町

13288 街道をゆく　27　因幡・伯耆のみち、檮原街道　新装版　司馬遼太郎著　朝日新聞出版　2009.2　332, 8p　15cm　（朝日文庫）〈初版：朝日新聞社1990年刊〉　680円　①978-4-02-264480-0

13289 お友だちからお願いします　三浦しをん著　大和書房　2012.8　290p　20cm　1400円　①978-4-479-68171-7

作品 鳥取のおじいさんとピザ

倭文神社

13290 沈黙の神々　2　佐藤洋二郎著　松柏社　2008.9　220p　19cm　1600円　①978-4-7754-0153-8

13291 街道をゆく　27　因幡・伯耆のみち、檮原街道　新装版　司馬遼太郎著　朝日新聞出版　2009.2　332, 8p　15cm　（朝日文庫）〈初版：朝日新聞社1990年刊〉　680円　①978-4-02-264480-0

下市（大山町）

13292 神々の国の旅案内　新版　ラフカディオ・ハーン文, 村松真吾訳編　松江　八雲会　2014.2　108p　21cm　（へるんさんの旅文庫）〈ラフカディオ・ハーン没後110年記念出版〉　1200円

作品 盆踊り―下市・妙元寺

関金温泉

13293 秘湯を求めて　1　はじめての秘湯　藤嶽彰英著　（大阪）保育社　1989.11　194p　19cm　1350円　①4-586-61101-4

13294 温泉旅行記　嵐山光三郎著　筑摩書房　2000.12　315p　15cm　（ちくま文庫）〈初版：JTB1997年刊〉　760円　①4-480-03589-3

船上山

13295 日本の名山　19　大山　串田孫一, 今井通子, 今福龍太編　博品社　1998.9　251p　20cm　1600円　①4-938706-56-3

作品 大山より船上山へ〔北尾鐐之助〕

13296 むかしの山旅　今福龍太編　河出書房新社　2012.4　304p　15cm　（河出文庫）　760円　①978-4-309-41144-6

作品 大山より船上山へ〔北尾鐐之助〕

大山

13297 想い遙かな山々　中西悟堂ほか著, 作品社編集部編　作品社　1998.4　245p　22cm　（新編・日本随筆紀行 大きな活字で読みやすい本―心にふるさとがある 1）〈付属資料：63p：著者紹介・出典一覧〉　①4-87893-806-4, 4-87893-807-2

作品 伯耆大山〔司葉子〕

13298 日本の名山　19　大山　串田孫一, 今井通子, 今福龍太編　博品社　1998.9　251p　20cm　1600円　①4-938706-56-3

作品 黄金色に染められて〔立松和平〕　心残りの大山への尾根〔串田孫一〕　生還〔高見和成〕　大山〔河東碧梧桐〕　大山〔深田久弥〕　大山から隠岐へ〔西口親雄〕　大山との関わり〔四手井綱英〕　大山と私〔山口誓子〕　大山のぬし大山に逝く〔春日俊吉〕　大山の動物〔山本賢二〕　大山の壁を攀じる〔澤昭三郎〕　大山より船上山へ〔北尾鐐之助〕　地獄滝（幻の滝）から大山天狗ケ峰へ〔林原健蔵〕　冬の大山縦走〔港叶〕　伯耆の若葉〔村上巌〕　伯耆大山 甲川完全溯行〔中庄谷直〕　伯耆大山〔三田尾松太郎〕　伯耆大山〔司葉子〕　伯耆大山〔小出博〕　伯耆大山のふもとで育つ〔岡本喜八〕　伯耆大山の四季〔吉田昭市〕　伯耆大山開山〔松下順一〕

13299 日本の森を歩く　池内紀文, 柳木昭信写真　山と渓谷社　2001.6　277p　22cm　1800円　①4-635-28047-0

13300 百霊峰巡礼　第2集　立松和平著　東京新聞出版局　2008.4　307p　20cm　1800円　①978-4-8083-0893-3

13301 山で見た夢―ある山岳雑誌編集者の記憶　勝峰富雄著　みすず書房　2010.5　285p　20cm　2600円　①978-4-622-07542-4

13302 むかしの山旅　今福龍太編　河出書房新社　2012.4　304p　15cm　（河出文庫）　760円　①978-4-309-41144-6

作品 大山より船上山へ〔北尾鐐之助〕

13303 うつくしい列島―地理学的名所紀行　池澤夏樹著　河出書房新社　2015.11　308p　20cm　1800円　①978-4-309-02425-7

中国

大山寺

13304 街道をゆく 27 因幡・伯耆のみち、檮原街道 新装版 司馬遼太郎著 朝日新聞出版 2009.2 332, 8p 15cm (朝日文庫)〈初版:朝日新聞社1990年刊〉 680円 ①978-4-02-264480-0

13305 百寺巡礼 第8巻 山陰・山陽 五木寛之著 講談社 2009.4 271p 15cm (講談社文庫)〈文献あり 2005年刊の文庫化〉 562円 ①978-4-06-276317-2

竹野川

13306 西日本を歩く 立松和平著, 黒古一夫編 勉誠出版 2006.4 372p 22cm (立松和平日本を歩く 第4巻) 2600円 ①4-585-01174-9

智頭駅

13307 途中下車の愉しみ 櫻井寛著 日本経済新聞出版社 2011.2 229p 18cm (日経プレミアシリーズ) 850円 ①978-4-532-26110-8

13308 お友だちからお願いします 三浦しをん著 大和書房 2012.8 290p 20cm 1400円 ①978-4-479-68171-7
作品 はじめての鳥取砂丘

智頭町

13309 ニッポン周遊記―町の見つけ方・歩き方・つくり方 池内紀著 青土社 2014.7 325p 20cm 2400円 ①978-4-7917-6777-9

鳥取砂丘

13310 ヤポネシア讃歌 立松和平著 講談社 1990.6 261p 19cm 1200円 ①4-06-204887-6

13311 50ccバイク日本一周2万キロ 賀曽利隆著 日本交通公社出版事業局 1990.11 285p 19cm 1300円 ①4-533-01631-6

13312 旅を慕いて 木内宏著 朝日新聞社 1994.2 245p 19cm 1500円 ①4-02-256685-X

13313 作家の犯行現場 有栖川有栖著 新潮社 2005.2 406p 16cm (新潮文庫)〈メディアファクトリー ダ・ヴィンチ編集部2002年刊あり〉 667円 ①4-10-120434-9
作品 砂丘のシュルレアリスム

13314 西日本を歩く 立松和平著, 黒古一夫編 勉誠出版 2006.4 372p 22cm (立松和平日本を歩く 第4巻) 2600円 ①4-585-01174-9

13315 五足の靴 五人づれ著 岩波書店 2007.5 140p 15cm (岩波文庫) 460円 ①978-4-00-311771-2

13316 街道をゆく 27 因幡・伯耆のみち、檮原街道 新装版 司馬遼太郎著 朝日新聞出版 2009.2 332, 8p 15cm (朝日文庫)〈初版:朝日新聞社1990年刊〉 680円 ①978-4-02-264480-0

13317 お友だちからお願いします 三浦しをん著 大和書房 2012.8 290p 20cm 1400円 ①978-4-479-68171-7
作品 はじめての鳥取砂丘

13318 明治紀行文學集 筑摩書房 2013.1 410p 21cm (明治文學全集 94) 7500円 ①978-4-480-10394-9
作品 五足の靴〔与謝野鉄幹・木下杢太郎・北原白秋・平野万里・吉井勇篇〕

13319 みどりの国滞在日記 エリック・ファーユ著, 三野博司訳 水声社 2014.12 195p 20cm (批評の小径) 2500円 ①978-4-8010-0077-3

鳥取市

13320 エンピツ絵描きの一人旅 安西水丸著 新潮社 1991.10 213p 19cm 1300円 ①4-10-373602-X

13321 旅の紙芝居 椎名誠写真・文 朝日新聞社 2002.10 350p 15cm (朝日文庫)〈1998年刊の文庫化〉 820円 ①4-02-264298-X
作品 しあわせラーメン

13322 名探偵浅見光彦のニッポン不思議紀行 内田康夫著 集英社 2006.2 270p 16cm (集英社文庫)〈学習研究社2001年刊あり〉 600円 ①4-08-746013-4

13323 終着駅は始発駅 宮脇俊三著 グラフ社 2007.4 257p 19cm〈新潮社1985年刊の改訂復刊 文献あり〉 1238円 ①978-4-7662-1054-5

13324 渚の旅人 2 ヒラメのあぶない妄想 森沢明夫著 東京地図出版 2008.12 427p 19cm 1450円 ①978-4-8085-8535-8

13325 街道をゆく 27 因幡・伯耆のみち、檮原街道 新装版 司馬遼太郎著 朝日新聞出版 2009.2 332, 8p 15cm (朝日文庫)〈初版:朝日新聞社1990年刊〉 680円 ①978-4-02-264480-0

13326 徒歩旅行―今日読んで明日旅する12の町 若菜晃子編著 暮しの手帖社 2011.9 136p 28cm (暮しの手帖別冊) 762円

13327 妙好人めぐりの旅―親鸞と生きた人々 伊藤智誠著 京都 法蔵館 2012.10 158p 19cm 1800円 ①978-4-8318-2353-3
作品 因幡の源左さん

13328 日本ボロ宿紀行―懐かしの人情宿でホッコリしよう 上明戸聡著 鉄人社 2017.7 287p 15cm (鉄人文庫) 680円 ①978-4-86537-092-8

鳥取城

13329 日本名城紀行 5 山陽・山陰 そびえたつ天守 小学館 1989.5 293p 15cm 600円 ①4-09-401205-2

夏泊(鳥取市)

13330 男の居場所―酒と料理の旨い店の話 勝谷誠彦著 吹田 西日本出版社 2008.12 238p 19cm 1300円 ①978-4-901908-40-5

夏泊港

13331 街道をゆく 27 因幡・伯耆のみち、檮

中国

原街道　新装版　司馬遼太郎著　朝日新聞出版　2009.2　332, 8p　15cm　（朝日文庫）〈初版：朝日新聞社1990年刊〉　680円　①978-4-02-264480-0

白兎海岸

13332　街道をゆく　27　因幡・伯耆のみち、檮原街道　新装版　司馬遼太郎著　朝日新聞出版　2009.2　332, 8p　15cm　（朝日文庫）〈初版：朝日新聞社1990年刊〉　680円　①978-4-02-264480-0

花見潟墓地

13333　神々の国の旅案内　新版　ラフカディオ・ハーン文, 村松真吾訳編　松江　八雲会　2014.2　108p　21cm　（へるんさんの旅文庫）〈ラフカディオ・ハーン没後110年記念出版〉　1200円

作品　花見潟墓地

浜村温泉

13334　雲は旅人のように—湯の花紀行　池内紀著, 田淵裕一写真　日本交通公社出版事業局　1995.5　284p　19cm　1600円　①4-533-02163-8

作品　両の脚、天を踏む

早野（智頭町）

13335　街道をゆく　27　因幡・伯耆のみち、檮原街道　新装版　司馬遼太郎著　朝日新聞出版　2009.2　332, 8p　15cm　（朝日文庫）〈初版：朝日新聞社1990年刊〉　680円　①978-4-02-264480-0

日野川

13336　悪ガキオヤジが川に行く！—サラリーマン転覆隊　本田亮著　小学館　2004.4　253p　20cm　（Be-pal books）　1600円　①4-09-366463-3

氷ノ山

13337　新編 単独行　加藤文太郎著　山と溪谷社　2010.11　349p　15cm　（ヤマケイ文庫）〈年譜あり　2000年刊の文庫化〉　940円　①978-4-635-04725-8

作品　兵庫檜—大天井—鷲羽登山　冬の氷ノ山と鉢伏山

伯耆町

13338　パン欲—日本全国パンの聖地を旅する　池田浩明著　世界文化社　2013.12　128p　26cm〈タイトルは奥付等による。標題紙のタイトル：私はパン欲に逆らうことができない……〉　1400円　①978-4-418-13234-8

13339　旅の食卓　池内紀著　亜紀書房　2016.8　233p　19cm　1600円　①978-4-7505-1480-2

三朝温泉

13340　温泉百話—西の旅　種村季弘, 池内紀編　筑摩書房　1988.2　471p　15cm　（ちくま文庫）　680円　①4-480-02201-5

作品　山陰の温泉二つの顔〔城山三郎〕　山陰土産抄〔島崎藤村〕

13341　人情温泉紀行—演歌歌手・鏡五郎が訪ねた全国の名湯47選　鏡五郎著　マガジンランド　2008.5　235p　19cm〈年譜あり〉　1238円　①978-4-944101-37-5

13342　四次元温泉日記　宮田珠己著　筑摩書房　2015.1　294p　15cm　（ちくま文庫）〈2011年刊の文庫化〉　720円　①978-4-480-43238-4

三朝町

13343　来ちゃった　酒井順子文, ほしよりこ画　小学館　2016.3　317p　15cm　（小学館文庫）〈2011年刊の増補〉　620円　①978-4-09-406277-9

三室山

13344　新編 単独行　加藤文太郎著　山と溪谷社　2010.11　349p　15cm　（ヤマケイ文庫）〈年譜あり　2000年刊の文庫化〉　940円　①978-4-635-04725-8

作品　兵庫乗鞍—御嶽—焼登山記

妙元寺

13345　神々の国の旅案内　新版　ラフカディオ・ハーン文, 村松真吾訳編　松江　八雲会　2014.2　108p　21cm　（へるんさんの旅文庫）〈ラフカディオ・ハーン没後110年記念出版〉　1200円

作品　盆踊り—下市・妙元寺

矢筈ヶ山

13346　日本の名山　19　大山　串田孫一, 今井通子, 今福龍太編　博品社　1998.9　251p　20cm　1600円　①4-938706-56-3

作品　甲ヶ山と矢筈ヶ山〈鳥取・岡山〉〔石井光造〕

吉岡温泉

13347　雲は旅人のように—湯の花紀行　池内紀著, 田淵裕一写真　日本交通公社出版事業局　1995.5　284p　19cm　1600円　①4-533-02163-8

作品　両の脚、天を踏む

米子駅

13348　駅を楽しむ！　テツ道の旅　野田隆著　平凡社　2007.5　237p　18cm　（平凡社新書）　760円　①978-4-582-85374-2

米子市

13349　熊本の桜納豆は下品でうまい　太田和彦著　集英社　2015.10　245p　16cm　（集英社文庫—ニッポンぶらり旅）　600円　①978-4-08-745376-8

13350　ちいさな城下町　安西水丸著　文藝春秋　2016.11　267p　16cm　（文春文庫）〈2014年刊の文庫化〉　630円　①978-4-16-790734-1

13351 おれたちを跨ぐな！―わしらは怪しい雑魚釣り隊　椎名誠著　小学館　2017.8　275p　19cm　1400円　①978-4-09-379895-2

若桜町

13352 ニッポン旅みやげ　池内紀著　青土社　2015.4　162p　20cm　1800円　①978-4-7917-6852-3

若桜鉄道

13353 朝湯、昼酒、ローカル線―かっちゃんの鉄修行　勝谷誠彦著　文芸春秋　2007.12　321p　16cm　（文春文庫plus）〈「勝谷誠彦の地列車大作戦」（JTB2002年刊）の改題〉　629円　①978-4-16-771320-1

島根県

13354 日本全国ローカル列車ひとり旅　遠森慶文・イラスト・写真　双葉社　2005.11　253p　19cm　1500円　①4-575-29847-6

13355 一宿一通―こころを紡ぐふれ愛のたび　金澤智行著　講談社　2007.11　190p　19cm　1200円　①978-4-06-214301-1

13356 ローカル線五感で楽しむおいしい旅―スローな時間を求めて　金久保茂樹著　グラフ社　2008.1　237p　19cm　1143円　①978-4-7662-1113-9

13357 失われた鉄道を求めて　新装版　宮脇俊三著　文藝春秋　2011.5　260p　16cm　（文春文庫）〈1992年刊の新装版〉　552円　①978-4-16-733107-8

13358 神々のくに そのくにびと―古事記・出雲国風土記の旅　改訂版　川島芙美子著　広島　中国新聞社　2012.6　267p　18cm〈年表あり 索引あり〉　1143円　①978-4-88517-383-7

13359 唄めぐり　石田千著　新潮社　2015.4　401p　20cm〈文献あり〉　2300円　①978-4-10-303453-7

海士町

13360 神々の国の旅案内　新版　ラフカディオ・ハーン文, 村松真吾訳編　松江　八雲会　2014.2　108p　21cm　（へるんさんの旅文庫）〈ラフカディオ・ハーン没後110年記念出版〉　1200円

作品 菱浦と海士

池田ラジウム鉱泉

13361 温泉百話―西の旅　種村季弘, 池内紀編　筑摩書房　1988.2　471p　15cm　（ちくま文庫）　680円　①4-480-02201-5

作品 老女が語る池田ラジウム鉱泉史〔渡辺喜恵子〕

医光寺

13362 街道をゆく　1　湖西のみち、甲州街道、長州路 ほか　新装版　司馬遼太郎著　朝日新聞出版　2008.8　291, 8p　15cm　（朝日文庫）　600円　①978-4-02-264440-4

13363 阿呆者　車谷長吉著　新書館　2009.3　227p　20cm〈著作目録あり〉　1600円　①978-4-403-21099-0

作品 石見紀行

目次 愛別離苦, 怨憎会苦, 求不得苦, 五陰盛苦, 文学の基本, 石見紀行, 西行, 源実朝, 一休, もう人間ではいたくないな〔ほか〕

出雲地方

13364 古道紀行 出雲路　小山和著　大阪　保育社　1992.11　187p　19cm　1800円　①4-586-61305-X

目次 大山―松江（大山と山麓―天台の法城と古代の船, 美保と島根―神の里と荒海の村, 松江周辺―八雲立つ出雲の国）, 神話の原郷（宍道湖と出雲―神々の集う地, 奥出雲―タタラと神話の原郷）

13365 日本の風景を歩く―歴史・人・風土　井出孫六著　大修館書店　1992.11　19cm

13366 古代史紀行　宮脇俊三著　講談社　1994.9　404p　15cm　（講談社文庫）　620円　①4-06-185773-8

13367 時刻表すみずみ紀行　2　西日本編　櫻井寛写真・文　トラベルジャーナル　1996.11　117p　21cm　1545円　①4-89559-372-X

13368 地の記憶をあるく　出雲・近江篇　松本健一著　中央公論新社　2001.9　281p　20cm〈奥付の出版年月（誤植）：2000.9〉　2000円　①4-12-003184-5

13369 やっぱり、旅は楽しい。　松本侑子著　双葉社　2002.4　213p　15cm　（双葉文庫）〈『ヴァカンスの季節』加筆訂正・改題書〉　457円　①4-575-71207-8

13370 街道をゆく夜話　司馬遼太郎著　朝日新聞社　2007.10　381p　15cm　（朝日文庫）　700円　①978-4-02-264419-0

13371 谷川健一全集　第10巻（民俗 2）　女の風土記　埋もれた日本地図（抄録）　黒潮の民俗学（抄録）　谷川健一著　冨山房インターナショナル　2010.1　574, 27p　23cm〈付属資料：8p：月報 no.14　索引あり〉　6500円　①978-4-902385-84-7

作品 出雲

13372 P.ケンパーマンの「明治10年山陰道紀行」―ドイツ人が見た明治初期の山陰地方 神在月の出雲・松江を訪ねて　P.ケンパーマン著, 島根の近代化産業遺産研究グループ編　〔松江〕　島根の近代化産業遺産研究グループ　2010.7　128p　21cm〈松江開府400年祭市民支援事業〉

13373 ケンパーマンの明治10年山陰紀行（全訳）―あるドイツ人が見た明治初期の山陰 神在月の出雲・松江を訪ねて　ケンパーマン著, 長沢敬訳　〔米子〕　今井出版（発売）　2010.11　215p　21cm　1800円　①978-4-901951-70-8

13374 親友はいますか―あとの祭り　渡辺淳一著　新潮社　2011.8　262p　16cm　(新潮文庫)〈2009年刊の文庫化〉　438円　①978-4-10-117638-3
作品 出雲・隠岐への旅
13375 色紀行―日本の美しい風景　吉岡幸雄著, 岡田克敏写真　清流出版　2011.12　241p　22cm　3500円　①978-4-86029-374-1
13376 ニッポン西遊記　古事記編　鶴田真由著　幻冬舎　2013.9　214p　20cm〈文献あり〉　1300円　①978-4-344-02448-9
13377 古代史謎解き紀行　2　神々の故郷 出雲編　関裕二著　新潮社　2014.7　293p　16cm　(新潮文庫)〈ポプラ社 2006年刊の再刊　文献あり〉　550円　①978-4-10-136477-3
13378 日本ボロ宿紀行―懐かしの人情宿でホッコリしよう　上明戸聡著　鉄人社　2017.7　287p　15cm　(鉄人文庫)　680円　①978-4-86537-092-8
13379 石川九楊著作集　別巻3　遠望の地平 未収録論考　石川九楊著　京都　ミネルヴァ書房　2017.12　843p　22cm〈布装　著作目録あり 年譜あり〉　9000円　①978-4-623-07758-8
作品 寝台車の旅
目次 1 評論・エッセイ―一九九六～二〇一六(書という運動,「日本語」って、中国語ですよ。, 東京一年生。, 漢字文化圏では、書きぶり、すなわち「筆触」も含めて「文学」なのである。 ほか), 2 書評・追悼(線性の思考と迫力―白川静の字, 古代宗教国家の実証的解読―白川静著『説文新義』にふれて, 太陽は残った―白川静さんを悼む, 言葉と文字と書字と―白川静頌 ほか)

出雲市

13380 明治日本の面影　小泉八雲著, 平川祐弘編　講談社　1990.10　489p　15cm　(講談社学術文庫)　1200円　①4-06-158943-1
作品 出雲再訪
13381 柳宗悦 民芸紀行　柳宗悦著, 水尾比呂志編　岩波書店　1995.2　314p　15cm　(岩波文庫)　620円　①4-00-331695-9
作品 雲石紀行
13382 ニッポン・あっちこっち　安西水丸著　家の光協会　1999.11　205p　17cm　1800円　①4-259-54570-1
13383 うわさの神仏　其ノ2　あやし紀行　加門七海著　集英社　2002.8　256p　15cm　(集英社文庫)　495円　①4-08-747481-X
13384 名探偵浅見光彦のニッポン不思議紀行　内田康夫著　集英社　2006.2　270p　16cm　(集英社文庫)〈学習研究社2001年刊あり〉　600円　①4-08-746013-4

出雲大社

13385 土門拳の古寺巡礼　別巻 第2巻　西日本　土門拳著　小学館　1990.5　147p　26cm　1950円　①4-09-559107-2
作品 ぼくの古寺巡礼
13386 梅棹忠夫著作集　第7巻　日本研究　梅棹忠夫著, 石毛直道ほか編　中央公論社　1990.8　663p　21cm　7400円　①4-12-402857-1
13387 仙人の桜、俗人の桜　赤瀬川原平著　平凡社　2000.3　270p　16cm　(平凡社ライブラリー)〈日本交通公社出版事業局1993年刊あり〉　1100円　①4-582-76332-4
作品 出雲大社の中の空っぽ―出雲
13388 新編 日本の面影　ラフカディオ・ハーン著, 池田雅之訳　角川書店　2000.9　351p　15cm　(角川ソフィア文庫)〈年譜あり〉　724円　①4-04-212004-0
作品 杵築―日本最古の神社
目次 東洋の第一日目, 盆踊り, 神々の国の首都, 杵築―日本最古の神社, 子供たちの死霊の岩屋で―加賀の潜戸, 日本海に沿って, 日本の庭にて, 英語教師の日記から, 日本人の微笑, さようなら
13389 聖地巡礼　田口ランディ著, 森豊写真　メディアファクトリー　2003.4　353p　18cm　1600円　①4-8401-0755-6
13390 江原啓之 神紀行　2(四国・出雲・広島)　江原啓之著　マガジンハウス　2005.12　95p　21cm　(スピリチュアル・サンクチュアリシリーズ)　952円　①4-8387-1621-4
目次 四国編(お遍路 八十八箇所のお寺を訪ね歩く―霊山寺/極楽寺/金泉寺/大日寺/地蔵寺/安楽寺/十楽寺/熊谷寺/法輪寺, 金刀比羅宮―思いがけず鋭いご神気だった ほか), 出雲編(須佐神社―浄化のパワーが強い現代の神域, 出雲大社―「むすび」の霊力に溢れた神社, 八重垣神社, 神魂神社), 広島編(厳島神社―すべてを浄化してくれる神の島), あなたの願いを導くスピリチュアル・サンクチュアリ案内
13391 水の巡礼　田口ランディ著, 森豊写真　角川書店　2006.2　270p　15cm　(角川文庫)　952円　①4-04-375303-9
13392 日本瞥見記　上　オンデマンド版　小泉八雲著, 平井呈一訳　恒文社　2009.10　438p　21cm〈初版：1975年刊〉　5100円　①978-4-7704-1137-2
作品 杵築―日本最古の神社
13393 神々のくに そのくにびと―古事記・出雲国風土記の旅　改訂版　川島芙美子著　広島　中国新聞社　2012.6　267p　18cm〈年表あり 索引あり〉　1143円　①978-4-88517-383-7
13394 神々の国の旅案内　新版　ラフカディオ・ハーン文, 村松真吾訳編　松江　八雲会　2014.2　108p　21cm　(へるんさんの旅文庫)〈ラフカディオ・ハーン没後110年記念出版〉　1200円
13395 にっぽん聖地巡拝の旅　玉岡かおる著　大法輪閣　2014.4　277p　19cm　1800円　①978-4-8046-1360-4
13396 古代史謎解き紀行　2　神々の故郷 出雲編　関裕二著　新潮社　2014.7　293p　16cm　(新潮文庫)〈ポプラ社 2006年刊の再刊　文献あり〉　550円　①978-4-10-136477-3
13397 神結び―日本の聖地をめぐる旅　相川七瀬著　実業之日本社　2014.8　133p　19cm〈文献あり〉　1500円　①978-4-408-11084-4

13398 日本探検 梅棹忠夫著 講談社 2014.9 441p 15cm (講談社学術文庫) 1330円 ①978-4-06-292254-8

13399 日本再発見—芸術風土記 岡本太郎著 KADOKAWA 2015.7 293p 15cm (角川ソフィア文庫)〈新潮社 1958年刊の再刊〉 1000円 ①978-4-04-409488-1

出雲日御碕灯台

13400 作家の犯行現場 有栖川有栖著 新潮社 2005.2 406p 16cm (新潮文庫)〈メディアファクトリー ダ・ヴィンチ編集部2002年刊あり〉 667円 ①4-10-120434-9
[作品] 白い塔の記憶

出雲湯村温泉

13401 秘湯を求めて 2 ないしょの秘湯 藤嶽彰英著 (大阪)保育社 1989.12 185p 19cm 1350円 ①4-586-61102-2

13402 誰も行けない温泉 最後の聖(泉) 大原利雄著 小学館 2005.1 167p 15cm (小学館文庫) 733円 ①4-09-411527-7

出羽川

13403 カヌー犬・ガク 野田知佑著 小学館 1998.1 218p 16cm (小学館文庫) 438円 ①4-09-411021-6
[作品] 江の川を行く('88年春)

一畑電車

13404 おんなひとりの鉄道旅 西日本編 矢野直美著 小学館 2008.7 193p 15cm (小学館文庫)〈2005年刊の単行本を2分冊にして文庫化〉 571円 ①978-4-09-408287-6

一畑電車北松江線

13405 日本縦断「ローカル列車」を乗りこなす 種村直樹著 青春出版社 2006.6 205p 18cm (青春新書インテリジェンス) 730円 ①4-413-04147-X

一畑薬師〔一畑寺〕

13406 百寺巡礼 第8巻 山陰・山陽 五木寛之著 講談社 2009.4 271p 15cm (講談社文庫)〈文献あり 2005年刊の文庫化〉 562円 ①978-4-06-276317-2

猪目町(出雲市)

13407 妣(はは)の国への旅—私の履歴書 谷川健一著 日本経済新聞出版社 2009.1 309p 20cm 2600円 ①978-4-532-16680-9
[作品] 出雲

揖夜神社

13408 街道をゆく 7 甲賀と伊賀のみち、砂鉄のみち ほか 新装版 司馬遼太郎著 朝日新聞出版 2008.9 339, 8p 15cm (朝日文庫) 660円 ①978-4-02-264446-6

石見一宮物部神社

13409 沈黙の神々 佐藤洋二郎著 松柏社 2005.11 270p 19cm 1800円 ①978-4-7754-0093-2

石見銀山

13410 日本漫遊記 種村季弘著 筑摩書房 1989.6 236p 19cm 1540円 ①4-480-82267-4

13411 「銀づくし」乗り継ぎ旅—銀水発・銀山ゆき5泊6日3300キロ 列車に揺られて25年 種村直樹著 徳間書店 2000.7 258p 19cm 1400円 ①4-19-861211-0

13412 温泉津紀行—石見銀山の港町 伊藤ユキ子著 出雲 ワン・ライン 2007.2 271p 19cm 1300円 ①978-4-948756-39-7
(目次) 第1章 温泉街は谷あいの小路(山の狭間に赤瓦の川を望む, 温泉浴場、元湯と震湯, 古さに価値を見いだす), 第2章 銀の道、はるかなり(出船入船のにぎわい, 銀山街道を歩いてみた), 第3章 季節がつづる詩(海と空が仲のよい日に—板わかめ, 新緑とともに味わう—端午の節句のちまき, お寺の境内にやぐらを組んで—今浦の盆踊り, 秋の田んぼに舞い降りる—よずくはで, 一番のごっつぉをふるまいたくて—秋祭りの準備,「起～こせ起こせ、寝～たら起こせ」—御日待祭), 第4章 人それぞれの温泉津讃歌(ここにしかない海で遊ぶ、学ぶ—ダイブステーション経営・浅田昌平さん, いいとこどりで温泉津を楽しむ—震湯ギャラリー・内藤陽子さん, ふるさとの伝統を消さないように—湯里公民館長・中井秀三さん, HBの鉛筆に思いをのせて—アマチュア画家・森守さん, 交流人口を増やせ、亀五郎—「酒仙蔵人・五郎之会」代表世話人・若林邦宏さん), 第5章 浅原才市さんを知っていますか?(感銘の連鎖, 才市さんとその詩歌, 風土と貧困と信仰と)

13413 江戸の金山奉行大久保長安の謎 川上隆志著 現代書館 2012.3 222p 20cm〈年譜あり 文献あり〉 2000円 ①978-4-7684-5669-9

海潮温泉

13414 秘湯を求めて 2 ないしょの秘湯 藤嶽彰英著 (大阪)保育社 1989.12 185p 19cm 1350円 ①4-586-61102-2

大森町(大田市)

13415 日本すみずみ紀行 川本三郎著 社会思想社 1997.9 258p 15cm (現代教養文庫)〈文元社2004年刊(1998年刊(2刷)を原本としたOD版)あり〉 640円 ①4-390-11613-4

隠岐島

13416 明治日本の面影 小泉八雲著, 平川祐弘編 講談社 1990.10 489p 15cm (講談社学術文庫) 1200円 ①4-06-158943-1
[作品] 伯耆から隠岐へ

13417 詩人の旅 田村隆一著 中央公論社 1991.9 216p 15cm (中公文庫) 420円 ①4-12-201836-6

13418 まちづくり紀行—地域と人と出会いの旅から 亀地宏著 ぎょうせい 1991.10 307p 19cm 1500円 ①4-324-02880-X

13419 歴史の島 旅情の島　鈴木亨著　東洋書院　1997.10　260p　22cm　1900円　①4-88594-262-4

13420 島めぐり フェリーで行こう！―スロー・トラベル　カベルナリア吉田文・写真　東京書籍　2003.8　207p　21cm　1500円　①4-487-79884-1

13421 日本列島を往く　4　孤島の挑戦　鎌田慧著　岩波書店　2003.12　305p　15cm　（岩波現代文庫 社会）　900円　①400603086X

13422 日本全国 離島を旅する　向一陽著　講談社　2004.7　307p　18cm　（講談社現代新書）　780円　①4-06-149727-8

13423 日本風景論　池内紀著　角川学芸出版　2009.3　279p　19cm　（角川選書）〈発売：角川グループパブリッシング〉　1600円　①978-4-04-703442-6

13424 遠藤ケイの島旅日和　遠藤ケイ著　千早書房　2009.8　124p　21cm〈索引あり〉　1600円　①978-4-88492-439-3
作品 角と角、白熱の舞台 隠岐・島後（島根県隠岐郡）

13425 日本瞥見記　下　オンデマンド版　小泉八雲著, 平井呈一訳　恒文社　2009.10　454p　21cm〈初版：1975年刊〉　5100円　①978-4-7704-1138-9

13426 シェルパ斉藤の島旅はいつも自転車で　斉藤政喜著　二玄社　2010.3　191p　21cm　1500円　①978-4-544-40046-5

13427 宮本常一 旅の手帖―村里の風物　宮本常一著, 田村善次郎編　八坂書房　2010.10　259p　20cm　2000円　①978-4-89694-965-0

13428 親友はいますか―あとの祭り　渡辺淳一著　新潮社　2011.8　262p　16cm　（新潮文庫）〈2009年刊の文庫化〉　438円　①978-4-10-117638-3
作品 出雲・隠岐への旅

13429 宮本常一 旅の手帖　愛しき島々　宮本常一著, 田村善次郎編　八坂書房　2011.10　213p　20cm　2000円　①978-4-89694-983-4

13430 新編 日本の面影　2　ラフカディオ・ハーン著, 池田雅之訳　KADOKAWA　2015.6　241p　15cm　（角川ソフィア文庫）〈1の出版者：角川書店　年譜あり〉　760円　①978-4-04-409486-7
作品 伯耆から隠岐へ

13431 来ちゃった　酒井順子文, ほしよりこ画　小学館　2016.3　317p　15cm　（小学館文庫）〈2011年刊の増補〉　620円　①978-4-09-406277-9

13432 旅の食卓　池内紀著　亜紀書房　2016.8　233p　19cm　1600円　①978-4-7505-1480-2
作品 隠岐周遊記

13433 ニッポン島遺産　斎藤潤著　実業之日本社　2016.8　191p　19cm　1600円　①978-4-408-00889-9

13434 私なりに絶景―ニッポンわがまま観光記　宮田珠己著　廣済堂出版　2017.2　244p　19cm　1600円　①978-4-331-52080-2

13435 狙われた島―数奇な運命に弄ばれた19の島　カベルナリア吉田著　アルファベータブックス　2018.2　222p　21cm　1800円　①978-4-86598-048-6

加賀（松江市）

13436 神々の国の旅案内　新版　ラフカディオ・ハーン文, 村松真吾訳編　松江　八雲会　2014.2　108p　21cm　（へるんさんの旅文庫）〈ラフカディオ・ハーン没後110年記念出版〉　1200円
作品 加賀

加賀の潜戸

13437 日本の面影　ラフカディオ・ハーン著, 田代三千稔訳　角川書店　1989.6　245p　15cm　（角川文庫）〈第15刷（第1刷：1958年2月）〉　480円　①4-04-212002-4
作品 子供の霊の洞窟―潜戸

13438 新編 日本の面影　ラフカディオ・ハーン著, 池田雅之訳　角川書店　2000.9　351p　15cm　（角川ソフィア文庫）〈年譜あり〉　724円　①4-04-212004-0
作品 子供たちの死霊の岩屋で―加賀の潜戸

13439 脳で旅する日本のクオリア　茂木健一郎著　小学館　2009.7　255p　19cm　1500円　①978-4-09-387855-5
作品 シラサギは舞う/加賀の潜戸

13440 日本瞥見記　上　オンデマンド版　小泉八雲著, 平井呈一訳　恒文社　2009.10　438p　21cm〈初版：1975年刊〉　5100円　①978-4-7704-1137-2
作品 潜戸―子供の亡霊岩屋

13441 神結び―日本の聖地をめぐる旅　相川七瀬著　実業之日本社　2014.8　133p　19cm〈文献あり〉　1500円　①978-4-408-11084-4

柿本神社〔人丸神社〕（益田市）

13442 阿呆者　車谷長吉著　新書館　2009.3　227p　20cm〈著作目録あり〉　1600円　①978-4-403-21099-0
作品 石見紀行

柿本神社（江津市）

13443 阿呆者　車谷長吉著　新書館　2009.3　227p　20cm〈著作目録あり〉　1600円　①978-4-403-21099-0
作品 石見紀行

佳翠苑（松江市）

13444 阿川弘之自選紀行集　阿川弘之著　JTB　2001.12　317p　20cm　2200円　①4-533-04030-6
作品 比婆山紀行

加鼻（松江市）

13445 神々の国の旅案内　新版　ラフカディオ・ハーン文, 村松真吾訳編　松江　八雲会

中国

2014.2 108p 21cm (へるんさんの旅文庫)〈ラフカディオ・ハーン没後110年記念出版〉 1200円
作品 加鼻

亀嵩温泉

13446 誰も行けない温泉 最後の聖(泉) 大原利雄著 小学館 2005.1 167p 15cm (小学館文庫) 733円 ①4-09-411527-7

神魂神社

13447 江原啓之 神紀行 2(四国・出雲・広島) 江原啓之著 マガジンハウス 2005.12 95p 21cm (スピリチュアル・サンクチュアリシリーズ) 952円 ①4-8387-1621-4

13448 日本再発見―芸術風土記 岡本太郎著 KADOKAWA 2015.7 293p 15cm (角川ソフィア文庫)〈新潮社 1958年刊の再刊〉 1000円 ①978-4-04-409488-1

韓島神社

13449 阿呆者 車谷長吉著 新書館 2009.3 227p 20cm〈著作目録あり〉 1600円 ①978-4-403-21099-0
作品 石見紀行

川本町

13450 日本すみずみ紀行 川本三郎著 社会思想社 1997.9 258p 15cm (現代教養文庫)〈文元社2004年刊(1998年刊(2刷)を原本としたOD版)あり〉 640円 ①4-390-11613-4

清水寺(安来市)

13451 百寺巡礼 第8巻 山陰・山陽 五木寛之著 講談社 2009.4 271p 15cm (講談社文庫)〈文献あり 2005年刊の文庫化〉 562円 ①978-4-06-276317-2

久城ヶ浜

13452 阿呆者 車谷長吉著 新書館 2009.3 227p 20cm〈著作目録あり〉 1600円 ①978-4-403-21099-0
作品 石見紀行

江津市

13453 日本風景論 池内紀著 角川学芸出版 2009.3 279p 19cm (角川選書)〈発売:角川グループパブリッシング〉 1600円 ①978-4-04-703442-6

光明寺(雲南市)

13454 街道をゆく 7 甲賀と伊賀のみち、砂鉄のみち ほか 新装版 司馬遼太郎著 朝日新聞出版 2008.9 339, 8p 15cm (朝日文庫) 660円 ①978-4-02-264446-6

西郷地区(隠岐の島町)

13455 神々の国の旅案内 新版 ラフカディオ・ハーン文, 村松真吾訳編 松江 八雲会 2014.2 108p 21cm (へるんさんの旅文庫)〈ラフカディオ・ハーン没後110年記念出版〉 1200円
作品 西郷

さぎの湯温泉

13456 秘湯を求めて 1 はじめての秘湯 藤嶽彰英著 (大阪)保育社 1989.11 194p 19cm 1350円 ①4-586-61101-4

佐太神社

13457 沈黙の神々 2 佐藤洋二郎著 松柏社 2008.9 220p 19cm 1600円 ①978-4-7754-0153-8

13458 神結び―日本の聖地をめぐる旅 相川七瀬著 実業之日本社 2014.8 133p 19cm〈文献あり〉 1500円 ①978-4-408-11084-4

三瓶温泉

13459 人情温泉紀行―演歌歌手・鏡五郎が訪ねた全国の名湯47選 鏡五郎著 マガジンランド 2008.5 235p 19cm〈年譜あり〉 1238円 ①978-4-944101-37-5

静之窟

13460 沈黙の神々 佐藤洋二郎著 松柏社 2005.11 270p 19cm 1800円 ①978-4-7754-0093-2

七類港

13461 島めぐり フェリーで行こう!―スロー・トラベル カベルナリア吉田文・写真 東京書籍 2003.8 207p 21cm 1500円 ①4-487-79884-1

島根町(松江市)

13462 ローカルバスの終点へ 宮脇俊三著 洋泉社 2010.12 303p 18cm (新書y)〈1991年刊の新潮文庫を底本とする 日本交通公社出版事業局 1989年刊あり〉 840円 ①978-4-86248-626-4

島根半島

13463 西日本を歩く 立松和平著, 黒古一夫編 勉誠出版 2006.4 372p 22cm (立松和平日本を歩く 第4巻) 2600円 ①4-585-01174-9

宍道湖

13464 みずうみ紀行 渡辺淳一著 光文社 1988.5 181p 15cm (光文社文庫) 520円 ①4-334-70746-7

13465 水の旅 川の漁 立松和平文, 大塚高雄写真 世界文化社 1993.8 250p 19cm 1600円 ①4-418-93509-6

13466 西日本を歩く 立松和平著, 黒古一夫編 勉誠出版 2006.4 372p 22cm (立松和平日本を歩く 第4巻) 2600円 ①4-585-01174-9

菅谷たたら(雲南市)

13467 街道をゆく 7 甲賀と伊賀のみち、砂鉄のみち ほか 新装版 司馬遼太郎著 朝日新

聞出版　2008.9　339, 8p　15cm　（朝日文庫）　660円　①978-4-02-264446-6

須佐神社

13468　江原啓之 神紀行　2（四国・出雲・広島）　江原啓之著　マガジンハウス　2005.12　95p　21cm　（スピリチュアル・サンクチュアリシリーズ）　952円　①4-8387-1621-4

大喜庵（益田市）

13469　阿呆者　車谷長吉著　新書館　2009.3　227p　20cm〈著作目録あり〉　1600円　①978-4-403-21099-0
作品　石見紀行

大社駅

13470　終着駅　宮脇俊三著　河出書房新社　2012.1　232p　15cm　（河出文庫）〈2009年刊の文庫化〉　680円　①978-4-309-41122-4

大社線

13471　日本縦断「ローカル列車」を乗りこなす　種村直樹著　青春出版社　2006.6　205p　18cm（青春新書インテリジェンス）　730円　①4-413-04147-X

宅野（大田市）

13472　阿呆者　車谷長吉著　新書館　2009.3　227p　20cm〈著作目録あり〉　1600円　①978-4-403-21099-0
作品　石見紀行

嵩山（松江市）

13473　神々の国の旅案内　新版　ラフカディオ・ハーン文, 村松真吾訳編　松江　八雲会　2014.2　108p　21cm　（へるんさんの旅文庫）〈ラフカディオ・ハーン没後110年記念出版〉　1200円
作品　嵩山

田所（邑南町）

13474　『忘れられた日本人』の舞台を旅する―宮本常一の軌跡　木村哲也著　河出書房新社　2006.2　253p　20cm〈文献あり〉　1800円　①4-309-22444-X

玉造温泉

13475　温泉百話―西の旅　種村季弘, 池内紀編　筑摩書房　1988.2　471p　15cm　（ちくま文庫）　680円　①4-480-02201-5
作品　山陰の温泉二つの顔〔城山三郎〕

13476　阿川弘之自選紀行集　阿川弘之著　JTB　2001.12　317p　20cm　2200円　①4-533-04030-6
作品　比婆山紀行

玉山（安来市）

13477　忘れられた日本の村　筒井功著　河出書房新社　2016.5　237p　20cm　1800円　①978-4-309-22668-2
作品　出雲国の水晶山と「たたら村」

知夫利島〔知夫里島〕

13478　沈黙の神々　佐藤洋二郎著　松柏社　2005.11　270p　19cm　1800円　①978-4-7754-0093-2

津和野城

13479　日本名城紀行　5　山陽・山陰 そびえたつ天守　小学館　1989.5　293p　15cm　600円　①4-09-401205-2

津和野町

13480　ふれあいの旅紀行　新田健次著　東京新聞出版局　1992.5　203p　19cm　1300円　①4-8083-0437-6

13481　柳宗悦 民芸紀行　柳宗悦著, 水尾比呂志編　岩波書店　1995.2　314p　15cm　（岩波文庫）　620円　①4-00-331695-9
作品　雲石紀行

13482　金沢はいまも雪か　五木寛之著　東京書籍　2002.4　483p　20cm　（五木寛之全紀行 5（金沢・京都・日本各地編））〈シリーズ責任表示：五木寛之著　肖像あり〉　2100円　①4-487-79766-7

13483　時速8キロニッポン縦断　斉藤政喜著　小学館　2003.10　397p　19cm　（Be-pal books）〈折り込1枚〉　1500円　①4-09-366067-0

13484　わたしの旅人生「最終章」　渡辺文雄著　アートデイズ　2005.2　267p　20cm〈肖像あり〉　1600円　①4-86119-033-9
作品　赤井屋根の街並み

13485　日本史紀行　奈良本辰也著　たちばな出版　2005.6　357p　19cm　1600円　①4-8133-1878-9

13486　名探偵浅見光彦のニッポン不思議紀行　内田康夫著　集英社　2006.2　270p　16cm（集英社文庫）〈学習研究社2001年刊あり〉　600円　①4-08-746013-4

戸田柿本神社（益田市）

13487　阿呆者　車谷長吉著　新書館　2009.3　227p　20cm〈著作目録あり〉　1600円　①978-4-403-21099-0
作品　石見紀行

殿町（津和野町）

13488　街道をゆく　1　湖西のみち、甲州街道、長州路 ほか　新装版　司馬遼太郎著　朝日新聞出版　2008.8　291, 8p　15cm　（朝日文庫）　600円　①978-4-02-264440-4

中ノ島

13489　島めぐり フェリーで行こう！―スロー・トラベル　カベルナリア吉田文・写真　東京書籍　2003.8　207p　21cm　1500円　①4-487-79884-1

長久町（大田市）

13490 日本再発見―芸術風土記　岡本太郎著　KADOKAWA　2015.7　293p　15cm　（角川ソフィア文庫）〈新潮社 1958年刊の再刊〉　1000円　①978-4-04-409488-1

西ノ島町

13491 島めぐり フェリーで行こう！―スロー・トラベル　カベルナリア吉田文・写真　東京書籍　2003.8　207p　21cm　1500円　①4-487-79884-1

13492 神々の国の旅案内　新版　ラフカディオ・ハーン文，村松真吾訳編　松江　八雲会　2014.2　108p　21cm　（へるんさんの旅文庫）〈ラフカディオ・ハーン没後110年記念出版〉　1200円

作品 西ノ島

仁摩町（大田市）

13493 日本すみずみ紀行　川本三郎著　社会思想社　1997.9　258p　15cm　（現代教養文庫）〈文元社2004年刊（1998年刊（2刷）を原本としたOD版）あり〉　640円　①4-390-11613-4

作品 川本町・大森・温泉津

13494 渚の旅人　2　ヒラメのあぶない妄想　森沢明夫著　東京地図出版　2008.12　427p　19cm　1450円　①978-4-8085-8535-8

野坂峠

13495 街道をゆく　1　湖西のみち、甲州街道、長州路 ほか　新装版　司馬遼太郎著　朝日新聞出版　2008.8　291, 8p　15cm　（朝日文庫）　600円　①978-4-02-264440-4

浜田市

13496 旅は道づれ湯はなさけ　辻真先著　徳間書店　1989.5　348p　15cm　（徳間文庫）　580円　①4-19-568760-8

浜田城跡

13497 阿呆者　車谷長吉著　新書館　2009.3　227p　20cm〈著作目録あり〉　1600円　①978-4-403-21099-0

作品 石見紀行

菱浦（海士町）

13498 神々の国の旅案内　新版　ラフカディオ・ハーン文，村松真吾訳編　松江　八雲会　2014.2　108p　21cm　（へるんさんの旅文庫）〈ラフカディオ・ハーン没後110年記念出版〉　1200円

作品 菱浦と海士

日登駅

13499 日本縦断朝やけ乗り継ぎ列車―「夜明」発「日ノ出」ゆき7泊8日5200キロ　種村直樹著　徳間書店　1998.10　245p　19cm　1400円　①4-19-860924-1

日御碕（出雲市）

13500 日本瞥見記　上　オンデマンド版　小泉八雲著，平井呈一訳　恒文社　2009.10　438p　21cm〈初版：1975年刊〉　5100円　①978-4-7704-1137-2

作品 日ノ御碕

13501 神々の国の旅案内　新版　ラフカディオ・ハーン文，村松真吾訳編　松江　八雲会　2014.2　108p　21cm　（へるんさんの旅文庫）〈ラフカディオ・ハーン没後110年記念出版〉　1200円

作品 日御碕

13502 新編 日本の面影　2　ラフカディオ・ハーン著，池田雅之訳　KADOKAWA　2015.6　241p　15cm　（角川ソフィア文庫）〈1の出版者：角川書店　年譜あり〉　760円　①978-4-04-409486-7

作品 日御碕にて

日御碕神社

13503 古代史謎解き紀行　2　神々の故郷 出雲編　関裕二著　新潮社　2014.7　293p　16cm　（新潮文庫）〈ポプラ社 2006年刊の再刊　文献あり〉　550円　①978-4-10-136477-3

13504 神結び―日本の聖地をめぐる旅　相川七瀬著　実業之日本社　2014.8　133p　19cm〈文献あり〉　1500円　①978-4-408-11084-4

広瀬町

13505 バスで田舎へ行く　泉麻人著　筑摩書房　2005.5　296p　15cm　（ちくま文庫）〈「バスで、田舎へ行く」（JTB 2001年刊）の改題〉　740円　①4-480-42079-7

13506 人と森の物語―日本人と都市林　池内紀著　集英社　2011.7　216p　18cm　（集英社新書）〈文献あり〉　740円　①978-4-08-720599-2

13507 ニッポン周遊記―町の見つけ方・歩き方・つくり方　池内紀著　青土社　2014.7　325p　20cm　2400円　①978-4-7917-6777-9

末明（安来市）

13508 ふらり珍地名の旅　今尾恵介著　筑摩書房　2015.2　216, 4p　19cm〈索引あり〉　1500円　①978-4-480-87882-3

益田市

13509 旅を慕いて　木内宏著　朝日新聞社　1994.2　245p　19cm　1500円　①4-02-256685-X

13510 柳宗悦 民芸紀行　柳宗悦著，水尾比呂志編　岩波書店　1995.2　314p　15cm　（岩波文庫）　620円　①4-00-331695-9

作品 雲石紀行

13511 阿呆者　車谷長吉著　新書館　2009.3　227p　20cm〈著作目録あり〉　1600円　①978-4-403-21099-0

作品 石見紀行

13512 ひとり旅 ひとり酒　太田和彦著　大阪

京阪神エルマガジン社 2009.11 237p 21cm 1600円 ①978-4-87435-306-6

13513 ふらり旅 いい酒 いい肴 2 太田和彦著 主婦の友社 2015.8 135p 21cm 1400円 ①978-4-07-299938-7

13514 ふらり旅 いい酒 いい肴 3 太田和彦著 主婦の友社 2016.5 135p 21cm 1400円 ①978-4-07-403235-8

鱒淵(邑南町)

13515 『忘れられた日本人』の舞台を旅する―宮本常一の軌跡 木村哲也著 河出書房新社 2006.2 253p 20cm〈文献あり〉 1800円 ①4-309-22444-X

松江温泉

13516 駅前温泉汽車の旅 PART1 九州・四国・中国・近畿・東海・北陸・首都圏周辺篇 種村直樹著 徳間書店 1993.4 236p 19cm 1300円 ①4-19-555163-3

13517 雲は旅人のように―湯の花紀行 池内紀著, 田淵裕一写真 日本交通公社出版事業局 1995.5 284p 19cm 1600円 ①4-533-02163-8

作品 しめくくりは鯛めし

13518 温泉旅行記 嵐山光三郎著 筑摩書房 2000.12 315p 15cm (ちくま文庫)〈初版:JTB1997年刊〉 760円 ①4-480-03589-3

松江市

13519 芥川龍之介全集 8 紀行・日記・詩歌ほか 芥川龍之介著 筑摩書房 1989.8 566p 15cm (ちくま文庫) 740円 ①4-480-02335-6

13520 文学の中の風景 大竹新助著 メディア・パル 1990.11 293p 21cm 2000円 ①4-89610-003-4

13521 第三阿房列車 内田百閒著 福武書店 1992.1 261p 15cm (福武文庫) 600円 ①4-8288-3237-8

作品 菅田庵の狐―松江阿房列車

13522 旅を慕いて 木内宏著 朝日新聞社 1994.2 245p 19cm 1500円 ①4-02-256685-X

13523 ニッポン・あっちこっち 安西水丸著 家の光協会 1999.11 205p 17cm 1800円 ①4-259-54570-1

13524 居酒屋かもめ唄 太田和彦著 小学館 2000.12 276p 19cm 1400円 ①4-09-379177-5

13525 地の記憶をあるく 出雲・近江篇 松本健一著 中央公論新社 2001.9 281p 20cm〈奥付の出版年月(誤植):2000.9〉 2000円 ①4-12-003184-5

13526 道ばたで出会った日本―松江・ハーン・ヒロシマ ケネス・M.ローマー著, 市川博彬訳 彩流社 2002.9 255p 20cm 1900円 ①4-88202-765-8

目次 1章 教育の始まり, 2章 旅の始まり, 3章 ま・ちがった, 4章 日本を感じ取る, 5章 出る杭, 6章 働く女性, 7章 広島・ヒロシマ後遺症, 8章 終わりと始まり―行く年、来る年

13527 名探偵浅見光彦のニッポン不思議紀行 内田康夫著 集英社 2006.2 270p 16cm (集英社文庫)〈学習研究社2001年刊あり〉 600円 ①4-08-746013-4

13528 ひとり旅 ひとり酒 太田和彦著 大阪 京阪神エルマガジン社 2009.11 237p 21cm 1600円 ①978-4-87435-306-6

13529 P.ケンパーマンの「明治10年山陰道紀行」―ドイツ人が見た明治初期の山陰地方 神在月の出雲・松江を訪ねて P.ケンパーマン著, 島根の近代化産業遺産研究グループ編 〔松江〕 島根の近代化産業遺産研究グループ 2010.7 128p 21cm〈松江開府400年祭市民支援事業〉

13530 ケンパーマンの明治10年山陰紀行(全訳)―あるドイツ人が見た明治初期の山陰 神在月の出雲・松江を訪ねて ケンパーマン著, 長沢敬訳 〔米子〕 今井出版(発売) 2010.11 215p 21cm 1800円 ①978-4-901951-70-8

13531 お徳用愛子の詰め合わせ 佐藤愛子著 文藝春秋 2011.1 298p 20cm 1429円 ①978-4-16-373420-0

13532 神々の国の旅案内 新版 ラフカディオ・ハーン文, 村松真吾訳編 松江 八雲会 2014.2 108p 21cm (へるんさんの旅文庫)〈ラフカディオ・ハーン没後110年記念出版〉 1200円

13533 日本再発見―芸術風土記 岡本太郎著 KADOKAWA 2015.7 293p 15cm (角川ソフィア文庫)〈新潮社 1958年刊の再刊〉 1000円 ①978-4-04-409488-1

作品 出雲

13534 ふらり旅 いい酒 いい肴 2 太田和彦著 主婦の友社 2015.8 135p 21cm 1400円 ①978-4-07-299938-7

13535 熊本の桜納豆は下品でうまい 太田和彦著 集英社 2015.10 245p 16cm (集英社文庫―ニッポンぶらり旅) 600円 ①978-4-08-745376-8

13536 旅の食卓 池内紀著 亜紀書房 2016.8 233p 19cm 1600円 ①978-4-7505-1480-2

13537 芥川竜之介紀行文集 芥川竜之介著, 山田俊治編 岩波書店 2017.8 394p 15cm (岩波文庫) 850円 ①978-4-00-360030-6

松江城

13538 日本名城紀行 5 山陽・山陰 そびえたつ天守 小学館 1989.5 293p 15cm 600円 ①4-09-401205-2

13539 三津五郎 城めぐり 坂東三津五郎著 三月書房 2010.11 117p 22cm 2200円 ①978-4-7826-0211-9

万九千神社

13540 神結び―日本の聖地をめぐる旅 相川七瀬著 実業之日本社 2014.8 133p 19cm〈文

献あり〉 1500円 ①978-4-408-11084-4

萬福寺

13541 阿呆者 車谷長吉著 新書館 2009.3 227p 20cm〈著作目録あり〉 1600円 ①978-4-403-21099-0
作品 石見紀行

13542 新版 私の古寺巡礼・京都 下 梅原猛監修 京都 淡交社 2010.2 229p 21cm 1800円 ①978-4-473-03647-6
作品 黄檗宗あれこれのこと〔夢枕獏〕

三刀屋神社

13543 沈黙の神々 佐藤洋二郎著 松柏社 2005.11 270p 19cm 1800円 ①978-4-7754-0093-2

美保神社

13544 妣（はは）の国への旅―私の履歴書 谷川健一著 日本経済新聞出版社 2009.1 309p 20cm 2600円 ①978-4-532-16680-9
作品 出雲

13545 街道をゆく 27 因幡・伯耆のみち、檮原街道 新装版 司馬遼太郎著 朝日新聞出版 2009.2 332, 8p 15cm （朝日文庫）〈初版：朝日新聞社1990年刊〉 680円 ①978-4-02-264480-0

13546 脳で旅する日本のクオリア 茂木健一郎著 小学館 2009.7 255p 19cm 1500円 ①978-4-09-387855-5

13547 神結び―日本の聖地をめぐる旅 相川七瀬著 実業之日本社 2014.8 133p 19cm〈文献あり〉 1500円 ①978-4-408-11084-4

美保関町

13548 日本瞥見記 上 オンデマンド版 小泉八雲著, 平井呈一訳 恒文社 2009.10 438p 21cm〈初版：1975年刊〉 5100円 ①978-4-7704-1137-2
作品 美保の関

13549 神々の国の旅案内 新版 ラフカディオ・ハーン文, 村松真吾訳編 松江 八雲会 2014.2 108p 21cm （へるんさんの旅文庫）〈ラフカディオ・ハーン没後110年記念出版〉 1200円
作品 美保関

13550 新編 日本の面影 2 ラフカディオ・ハーン著, 池田雅之訳 KADOKAWA 2015.6 241p 15cm （角川ソフィア文庫）〈1の出版者：角川書店 年譜あり〉 760円 ①978-4-04-409486-7
作品 美保関にて

美保関灯台

13551 街道をゆく 27 因幡・伯耆のみち、檮原街道 新装版 司馬遼太郎著 朝日新聞出版 2009.2 332, 8p 15cm （朝日文庫）〈初版：朝日新聞社1990年刊〉 680円 ①978-4-02-264480-0

母里（安来市）

13552 バスで田舎へ行く 泉麻人著 筑摩書房 2005.5 296p 15cm （ちくま文庫）〈「バスで、田舎へ行く」（JTB 2001年刊）の改題〉 740円 ①4-480-42079-7

森鷗外旧宅

13553 街道をゆく 1 湖西のみち、甲州街道、長州路 ほか 新装版 司馬遼太郎著 朝日新聞出版 2008.8 291, 8p 15cm （朝日文庫） 600円 ①978-4-02-264440-4

八重垣神社

13554 江原啓之 神紀行 2（四国・出雲・広島） 江原啓之著 マガジンハウス 2005.12 95p 21cm （スピリチュアル・サンクチュアリシリーズ） 952円 ①4-8387-1621-4

13555 日本瞥見記 上 オンデマンド版 小泉八雲著, 平井呈一訳 恒文社 2009.10 438p 21cm〈初版：1975年刊〉 5100円 ①978-4-7704-1137-2
作品 八重垣神社

13556 神々の国の旅案内 新版 ラフカディオ・ハーン文, 村松真吾訳編 松江 八雲会 2014.2 108p 21cm （へるんさんの旅文庫）〈ラフカディオ・ハーン没後110年記念出版〉 1200円
作品 八重垣神社

13557 新編 日本の面影 2 ラフカディオ・ハーン著, 池田雅之訳 KADOKAWA 2015.6 241p 15cm （角川ソフィア文庫）〈1の出版者：角川書店 年譜あり〉 760円 ①978-4-04-409486-7
作品 八重垣神社

13558 日本再発見―芸術風土記 岡本太郎著 KADOKAWA 2015.7 293p 15cm （角川ソフィア文庫）〈新潮社 1958年刊の再刊〉 1000円 ①978-4-04-409488-1
作品 出雲

矢田の渡し

13559 原風景のなかへ 安野光雅著 山川出版社 2013.7 215p 20cm 1600円 ①978-4-634-15044-7

湯抱温泉

13560 阿呆者 車谷長吉著 新書館 2009.3 227p 20cm〈著作目録あり〉 1600円 ①978-4-403-21099-0
作品 石見紀行

温泉津温泉

13561 温泉百話―西の旅 種村季弘, 池内紀編 筑摩書房 1988.2 471p 15cm （ちくま文庫） 680円 ①4-480-02201-5
作品 温泉津〔池内紀〕

13562 温泉旅日記 池内紀著 徳間書店 1996.9 277p 15cm （徳間文庫）〈河出書房新社1988年刊あり〉 540円 ①4-19-890559-2

13563 日本すみずみ紀行 川本三郎著 社会思想社 1997.9 258p 15cm (現代教養文庫)〈文元社2004年刊(1998年刊(2刷)を原本としたOD版)あり〉 640円 ①4-390-11613-4
作品 川本町・大森・温泉津

13564 幻想秘湯巡り 南條竹則著 同朋舎,角川書店〔発売〕 2001.10 205p 21cm (ホラージャパネスク叢書) 1400円 ①4-8104-2717-X

13565 温泉津紀行―石見銀山の港町 伊藤ユキ子著 出雲 ワン・ライン 2007.2 271p 19cm 1300円 ①978-4-948756-39-7

温泉津町

13566 内観紀行―山頭火・才市・啄木・井月 村松基之亮著 富士書店 2003.4 279p 20cm 2300円 ①4-89227-053-9
作品 ご恩うれしや―下駄づくり妙好人・才市のまち温泉津をゆく

永明寺

13567 百寺巡礼 第8巻 山陰・山陽 五木寛之著 講談社 2009.4 271p 15cm (講談社文庫)〈文献あり 2005年刊の文庫化〉 562円 ①978-4-06-276317-2

養老館

13568 藩校を歩く―温故知新の旅ガイド 河合敦著 アーク出版 2004.5 259p 22cm 1800円 ①4-86059-025-2

13569 全国藩校紀行―日本人の精神の原点を訪ねて 中村彰彦著 PHP研究所 2014.12 314p 15cm (PHP文庫)〈「捜魂記」(文藝春秋 2004年刊)の改題〉 680円 ①978-4-569-76280-7

横田(奥出雲町)

13570 日本列島を往く 2 地下王国の輝き 鎌田慧著 岩波書店 2000.4 283p 15cm (岩波現代文庫) 900円 ①4-00-603011-8

岡山県

13571 線路のない時刻表 宮脇俊三著 新潮社 1989.4 204p 15cm (新潮文庫) 280円 ①4-10-126807-X
作品 陰陽連絡新線の夢と現実 智頭線

13572 古道紀行 吉備路 小山和著 大阪 保育社 1992.6 186p 19cm 1800円 ①4-586-61303-3
目次 山陽道・備前 旅情濃い吉飛の道のくち(牛窓,邑久・長船,備前,岡山),ロマンの吉備路 吉備の中心とその周辺(吉備路,真備の里,倉敷)

13573 閑古堂の絵葉書散歩 西編 林丈二著 小学館 1999.5 123p 21cm (SHOTOR TRAVEL) 1500円 ①4-09-343139-6
作品 備前狛犬、道草と出会い―岡山

13574 「お伽草子」謎解き紀行 神一行著 学習研究社 2001.6 259p 15cm (学研M文庫) 560円 ①4-05-901059-6
作品 桃太郎伝説―謎解き紀行 岡山・吉備路

13575 時速8キロニッポン縦断 斉藤政喜著 小学館 2003.10 397p 19cm (Be-pal books)〈折り込1枚〉 1500円 ①4-09-366067-0

13576 にっぽん鉄道旅行の魅力 野田隆著 平凡社 2004.5 193p 18cm (平凡社新書) 780円 ①4-582-85227-0

13577 樹木街道を歩く―縄文杉への道 縄文剣著 碧天舎 2004.8 187p 19cm 1000円 ①4-88346-785-6

13578 「寅さん」が愛した汽車旅 南正時著 講談社 2008.4 199p 18cm (講談社+α新書) 800円 ①978-4-06-272494-4

13579 ぶらぶらヂンヂン古書の旅 北尾トロ著 文藝春秋 2009.6 239p 16cm (文春文庫)〈風塵社2007年刊の増補〉 590円 ①978-4-16-775383-2

13580 食通知つたかぶり 丸谷才一著 中央公論新社 2010.2 276p 16cm (中公文庫) 781円 ①978-4-12-205284-0

13581 歴史を紀行する 新装版 司馬遼太郎著 文藝春秋 2010.2 294p 16cm (文春文庫) 581円 ①978-4-16-766335-3

13582 まんが日本昔ばなし今むかし 川内彩友美著 展望社 2014.10 254p 19cm 1400円 ①978-4-88546-289-4
作品 桃太郎―岡山県

13583 私の日本地図 12 瀬戸内海 4(備讃の瀬戸付近) 宮本常一著,香月洋一郎編 未来社 2015.1 290,4p 19cm (宮本常一著作集別集)〈同友館 1973年刊の再刊 索引あり〉 2400円 ①978-4-624-92497-3
目次 家島付近,小豆島,飯ノ山,児島半島,直島付近,高松・屋島・坂出,備讃の島,丸亀,塩飽本島,牛島,手島・小手島,広島・佐柳島,笠岡付近,神ノ島,白石島,北木島,真鍋島,赤穂・坂越,室津

粟井村

13584 日本ぶらり 2 2001年の旅 山下一正著 大阪 サンセン出版 2002.10 228p 19cm (日本紀行シリーズ 2) 1905円 ①4-921038-05-8

粟倉温泉

13585 秘湯を求めて 2 ないしょの秘湯 藤嶽彰英著 (大阪)保育社 1989.12 185p 19cm 1350円 ①4-586-61102-2

石島

13586 島―瀬戸内海をあるく 第1集(1999-2002) 斎藤潤著,全国離島振興協議会,日本離島センター監修 神戸 みずのわ出版 2009.10 236p 22cm〈索引あり〉 2800円 ①978-4-944173-72-3

犬島

13587 島―瀬戸内海をあるく 第1集(1999–2002) 斎藤潤著, 全国離島振興協議会, 日本離島センター監修 神戸 みずのわ出版 2009.10 236p 22cm〈索引あり〉 2800円 ①978-4-944173-72-3

13588 今日の空の色 小川糸著 幻冬舎 2015.8 166p 16cm (幻冬舎文庫) 460円 ①978-4-344-42370-1
作品 四国へ

犬ノ島

13589 ニッポン島遺産 斎藤潤著 実業之日本社 2016.8 191p 19cm 1600円 ①978-4-408-00889-9

浮田温泉

13590 雲は旅人のように―湯の花紀行 池内紀著, 田淵裕一写真 日本交通公社出版事業局 1995.5 284p 19cm 1600円 ①4-533-02163-8
作品 鬼棲む里

宇高連絡船

13591 遙かなる汽車旅 種村直樹著 日本交通公社出版事業局 1996.8 270p 19cm 1500円 ①4-533-02531-5

牛窓

13592 晩春の旅・山の宿 井伏鱒二著 講談社 1990.10 337p 15cm (講談社文芸文庫) 900円 ①4-06-196098-9

13593 日本すみずみ紀行 川本三郎著 社会思想社 1997.9 258p 15cm (現代教養文庫)〈文元社2004年刊(1998年刊(2刷)を原本としたOD版)あり〉 640円 ①4-390-11613-4

13594 旅の出会い 井伏鱒二著, 東郷克美, 前田貞昭編 筑摩書房 2004.10 334p 15cm (ちくま文庫―井伏鱒二文集 2) 1100円 ①4-480-03982-1

13595 旅は人生―日本人の風景を歩く 森本哲郎著 PHP研究所 2006.12 372p 15cm (PHP文庫)〈「旅の半空」(新潮社1997年刊)の改題〉 648円 ①4-569-66745-7

後山

13596 新編 単独行 加藤文太郎著 山と溪谷社 2010.11 349p 15cm (ヤマケイ文庫)〈年譜あり 2000年刊の文庫化〉 940円 ①978-4-635-04725-8
作品 兵庫乗鞍―御嶽―焼登山記

宇野駅

13597 終着駅への旅 JR編 櫻井寛著 JTBパブリッシング 2013.8 222p 19cm 1300円 ①978-4-533-09285-5

円通寺(倉敷市)

13598 良寛へ歩く 小林新一文・写真 二玄社 2002.12 173p 26cm 2800円 ①4-544-02039-5

13599 日本近代随筆選 1 出会いの時 千葉俊二, 長谷川郁夫, 宗像和重編 岩波書店 2016.4 339p 15cm (岩波文庫) 810円 ①978-4-00-312031-6
作品 玉島円通寺〔吉井勇〕

岡山駅

13600 文学の中の駅―名作が語る“もうひとつの鉄道史” 原口隆行著 国書刊行会 2006.7 327p 20cm 2000円 ①4-336-04785-5

岡山市

13601 ふれあいの旅紀行 新田健次著 東京新聞出版局 1992.5 203p 19cm 1300円 ①4-8083-0437-6

13602 田中小実昌紀行集 田中小実昌著, 山本容朗選 JTB 2001.12 318p 20cm 2200円 ①4-533-04032-2
作品 瀬戸内美味放浪

13603 晴れた空 曇った顔―私の文学散歩 安岡章太郎著 幻戯書房 2003.7 200p 20cm 2500円 ①4-901998-04-8

13604 旬紀行―「とびきり」を味わうためだけの旅 寄本好則著 ディノス 2006.8 167p 20cm〈扶桑社(発売)〉 1667円 ①4-594-05210-X

13605 もいちど修学旅行をしてみたいと思ったのだ 北尾トロ著, 中川カンゴロー写真 小学館 2008.4 239p 19cm 1300円 ①978-4-09-379784-9

13606 路面電車全線探訪記 再版 柳沢道生著, 旅行作家の会編 現代旅行研究所 2008.6 224p 21cm (旅行作家文庫) 1800円 ①978-4-87482-096-4

13607 ひとり旅 ひとり酒 太田和彦著 大阪 京阪神エルマガジン社 2009.11 237p 21cm 1600円 ①978-4-87435-306-6

13608 老嬢は今日も上機嫌 吉行和子著 新潮社 2011.2 283p 16cm (新潮文庫) 438円 ①978-4-10-134535-2

13609 極みのローカルグルメ旅 柏井壽著 光文社 2012.2 301p 18cm (光文社新書) 840円 ①978-4-334-03671-3

13610 ふらり旅 いい酒 いい肴 2 太田和彦著 主婦の友社 2015.8 135p 21cm 1400円 ①978-4-07-299938-7

13611 北の居酒屋の美人ママ 太田和彦著 集英社 2016.5 250p 16cm (集英社文庫―ニッポンぶらり旅) 600円 ①978-4-08-745450-5

岡山城

13612 日本名城紀行 5 山陽・山陰 そびえたつ天守 小学館 1989.5 293p 15cm 600円 ①4-09-401205-2

13613 三津五郎 城めぐり 坂東三津五郎著 三月書房 2010.11 117p 22cm 2200円

①978-4-7826-0211-9

邑久町

13614 瀬戸内こころの旅路　山と渓谷社　2000.1　285p　20cm　（旅の紀行＆エッセイ）　1400円　①4-635-28044-6
作品 竹久夢二のふるさとを訪ねて―邑久〔堀ちえみ〕

13615 文豪、偉人の「愛」をたどる旅　黛まどか著　集英社　2009.8　255p　18cm　1048円　①978-4-08-781427-9

奥津温泉

13616 温泉百話―西の旅　種村季弘，池内紀編　筑摩書房　1988.2　471p　15cm　（ちくま文庫）　680円　①4-480-02201-5
作品 奥津温泉雪見酒〔田村隆一〕

13617 新編 日本の旅あちこち　木山捷平著　講談社　2015.4　304p　16cm　（講談社文芸文庫）〈著作目録あり 年譜あり〉　1600円　①978-4-06-290268-7
作品 奥津と湯郷―岡山

13618 温泉天国　嵐山光三郎，荒俣宏，池内紀，池波正太郎，井伏鱒二，植村直己，岡本かの子，岡本綺堂，小川未明，角田光代，川端康成，川本三郎，北杜夫，斎藤茂太，坂口安吾，高村光太郎，武田百合子，太宰治，田辺聖子，種村季弘，田村隆一，田山花袋，つげ義春，平林たい子，松本英子，村上春樹，室生犀星，山下清，柳美里，横尾忠則，吉川英治，四谷シモン著　河出書房新社　2017.12　237p　19cm　（ごきげん文藝）　1600円　①978-4-309-02642-8
作品 奥津温泉雪見酒〔田村隆一〕

鬼ヶ嶽温泉

13619 雲は旅人のように―湯の花紀行　池内紀著，田淵裕一写真　日本交通公社出版事業局　1995.5　284p　19cm　1600円　①4-533-02163-8
作品 鬼棲む里

笠岡諸島

13620 島―瀬戸内海をあるく　第2集（2003-2006）　斎藤潤著，全国離島振興協議会，日本離島センター監修　神戸　みずのわ出版　2010.9　211p　22cm〈索引あり〉　2800円　①978-4-86426-002-2
目次 2003年（前島 国立公園の前に潰えた夢，笠岡諸島 多島海の交通事情と海の可能性），2004年（豊島 お接待に感じた豊島の豊かさ，長島・大島 島であることの隔絶性を考える），2005年（豊島 時代とともに変わりゆく豊浜学寮，釣島 分校の行方はいかに？　ゆれる小規模校の合併・小中一貫化），2006年（笠岡諸島 移住者たちの声と「空家巡りツアー」，本島 重要伝統的建造物群保存地区の古民家民宿が秘めた可能性，直島 新旧文化と文明が交錯する島は、日本の縮図，大崎下島 ミカン輝く黄金の島、大長に奇跡の足跡をたどる）

釜島

13621 島―瀬戸内海をあるく　第3集　2007-2008　斎藤潤著，全国離島振興協議会，日本離島センター監修　周防大島町（山口県）　みずのわ出版　2014.6　255p　22cm〈索引あり〉　3000円　①978-4-86426-009-1

吉ヶ原駅

13622 おんなひとりの鉄道旅　西日本編　矢野直美著　小学館　2008.7　193p　15cm　（小学館文庫）〈2005年刊の単行本を2分冊にして文庫化〉　571円　①978-4-09-408287-6

鬼ノ城

13623 東海道寄り道紀行　種村季弘著　河出書房新社　2012.7　156p　20cm　1600円　①978-4-309-02121-8

吉備線

13624 テツはこんな旅をしている―鉄道旅行再発見　野田隆著　平凡社　2014.3　222p　18cm　（平凡社新書）　760円　①978-4-582-85722-1

金甲山温泉

13625 旅は道づれ湯はなさけ　辻真先著　徳間書店　1989.5　348p　15cm　（徳間文庫）　580円　①4-19-568760-8

金山寺

13626 猫めぐり日本列島　中田謹介著　筑波書房　2005.4　172p　21cm　2200円　①4-8119-0281-5

倉敷アイビースクエア

13627 ホテル物語―十二のホテルと一人の旅人　山口泉著　NTT出版　1993.8　221p　19cm　1800円　①4-87188-235-7

倉敷市

13628 ふれあいの旅紀行　新田健次著　東京新聞出版局　1992.5　203p　19cm　1300円　①4-8083-0437-6

13629 街道をゆく夜話　司馬遼太郎著　朝日新聞社　2007.10　381p　15cm　（朝日文庫）　700円　①978-4-02-264419-0

13630 もいちど修学旅行をしてみたいと思ったのだ　北尾トロ著，中川カンゴロー写真　小学館　2008.4　239p　19cm　1300円　①978-4-09-379784-9

13631 新発見 より道街あるき　大竹誠著　パロル舎　2008.6　187p　21cm　1600円　①978-4-89419-073-3

13632 文豪、偉人の「愛」をたどる旅　黛まどか著　集英社　2009.8　255p　18cm　1048円　①978-4-08-781427-9

13633 ひとり旅 ひとり酒　太田和彦著　大阪　京阪神エルマガジン社　2009.11　237p　21cm　1600円　①978-4-87435-306-6

13634 ふらり旅 いい酒 いい肴　1　太田和彦著　主婦の友社　2015.1　135p　21cm　1400円　①978-4-07-299000-1

桑谷たたら遺跡

13635 街道をゆく 7 甲賀と伊賀のみち、砂鉄のみち ほか 新装版 司馬遼太郎著 朝日新聞出版 2008.9 339, 8p 15cm (朝日文庫) 660円 Ⓘ978-4-02-264446-6

後楽園〔岡山後楽園〕

13636 西日本を歩く 立松和平著, 黒古一夫編 勉誠出版 2006.4 372p 22cm (立松和平日本を歩く 第4巻) 2600円 Ⓘ4-585-01174-9

西大寺

13637 花嫁化鳥 改版 寺山修司著 中央公論社 2008.11 258p 16cm (中公文庫)〈1990年刊の改版〉 705円 Ⓘ978-4-12-205073-0
作品 裸まつり男歌

鷺の巣温泉

13638 雲は旅人のように―湯の花紀行 池内紀著, 田淵裕一写真 日本交通公社出版事業局 1995.5 284p 19cm 1600円 Ⓘ4-533-02163-8
作品 鬼棲む里

作東

13639 日本ぶらり 2 2001年の旅 山下一正著 大阪 サンセン出版 2002.10 228p 19cm (日本紀行シリーズ 2) 1905円 Ⓘ4-921038-05-8

閑谷学校

13640 度々の旅 宮脇檀文・写真 PHP研究所 1993.11 221p 19cm 1600円 Ⓘ4-569-54125-9

13641 全国藩校紀行―日本人の精神の原点を訪ねて 中村彰彦著 PHP研究所 2014.12 314p 15cm (PHP文庫)〈「捜魂記」(文藝春秋 2004年刊) の改題〉 680円 Ⓘ978-4-569-76280-7

下津井(倉敷市)

13642 瀬戸内こころの旅路 山と渓谷社 2000.1 285p 20cm (旅の紀行&エッセイ) 1400円 Ⓘ4-635-28044-6
作品 北前船の歴史が眠る港町―下津井〔太田耕治〕

13643 田中小実昌紀行集 田中小実昌著, 山本容朗選 JTB 2001.12 318p 20cm 2200円 Ⓘ4-533-04032-2
作品 瀬戸内美味放浪

下津井電鉄

13644 鉄道廃線跡の旅 宮脇俊三著 角川書店 2003.4 187p 15cm (角川文庫)〈「七つの廃線跡」(JTB2001年刊) の改題〉 438円 Ⓘ4-04-159810-9

塩飽諸島

13645 宮本常一 旅の手帖 愛しき島々 宮本常一著, 田村善次郎編 八坂書房 2011.10 213p 20cm 2000円 Ⓘ978-4-89694-983-4

神道山

13646 初めての山へ六〇年後に 本多勝一著 山と溪谷社 2009.11 221p 22cm 2000円 Ⓘ978-4-635-33044-2

清水寺(久米南町)

13647 禁足地帯の歩き方 吉田悠軌著 学研プラス 2017.11 175p 19cm 1000円 Ⓘ978-4-05-406602-1

瀬戸大橋

13648 線路のない時刻表 宮脇俊三著 新潮社 1989.4 204p 15cm (新潮文庫) 280円 Ⓘ4-10-126807-X

13649 旅は自由席 宮脇俊三著 新潮社 1995.3 283p 15cm (新潮文庫)〈1991年刊の文庫化〉 440円 Ⓘ4-10-126811-8

瀬戸大橋線

13650 新顔鉄道乗り歩き 種村直樹著 中央書院 1990.2 302p 19cm 1400円 Ⓘ4-924420-44-1

13651 車窓はテレビより面白い 宮脇俊三著 徳間書店 1992.8 254p 15cm (徳間文庫)〈1989年刊の文庫化〉 460円 Ⓘ4-19-597265-5

13652 線路の果てに旅がある 宮脇俊三著 新潮社 1997.1 227p 15cm (新潮文庫)〈小学館1994年刊あり〉 400円 Ⓘ4-10-126813-4

13653 日本縦断「ローカル列車」を乗りこなす 種村直樹著 青春出版社 2006.6 205p 18cm (青春新書インテリジェンス) 730円 Ⓘ4-413-04147-X

妹尾川

13654 日本列島 野生のヘラを求めて 大崎紀夫著 三樹書房 2004.11 230p 21cm 1400円 Ⓘ4-89522-441-4

千町川

13655 日本列島 野生のヘラを求めて 大崎紀夫著 三樹書房 2004.11 230p 21cm 1400円 Ⓘ4-89522-441-4

高島

13656 1泊2日の小島旅 カベルナリア吉田文・写真 阪急コミュニケーションズ 2009.4 199p 19cm 1600円 Ⓘ978-4-484-09207-2

高梁川

13657 サラリーマン転覆隊門前払い 本田亮著 フレーベル館 2000.3 273p 20cm 1600円 Ⓘ4-577-70183-9

13658 旅の紙芝居 椎名誠写真・文 朝日新聞社 2002.10 350p 15cm (朝日文庫)〈1998年刊の文庫化〉 820円 Ⓘ4-02-264298-X
作品 水辺の夏

高梁市

13659 エンピツ絵描きの一人旅　安西水丸著　新潮社　1991.10　213p　19cm　1300円　①4-10-373602-X

13660 地の記憶をあるく　盛岡・山陽道篇　松本健一著　中央公論新社　2002.3　322p　20cm　2700円　①4-12-003259-0

13661 大人のまち歩き　秋山秀一著　新典社　2013.5　231p　21cm　1600円　①978-4-7879-7851-6

13662 ちいさな城下町　安西水丸著　文藝春秋　2016.11　267p　16cm　(文春文庫)〈2014年刊の文庫化〉　630円　①978-4-16-790734-1

玉島

13663 良寛へ歩く　小林新一文・写真　二玄社　2002.12　173p　26cm　2800円　①4-544-02039-5

13664 良寛を歩く 一休を歩く　水上勉著　日本放送出版協会　2004.4　317p　16cm　(NHKライブラリー)〈「良寛を歩く」(1986年刊)と「一休を歩く」(1988年刊)の改題、合本〉　970円　①4-14-084182-6

作品 良寛を歩く

13665 新島襄自伝―手記・紀行文・日記　新島襄著, 同志社編　岩波書店　2013.3　417, 11p　15cm　(岩波文庫)〈「新島襄全集 全十巻」(同朋舎 1983-96年刊)の抜粋　年譜あり 索引あり〉　1020円　①978-4-00-331063-2

茶屋町駅

13666 鉄道の旅　西日本編　真島満秀写真・文　小学館　2008.4　207p　27cm　2600円　①978-4-09-395502-7

月の原温泉

13667 雲は旅人のように―湯の花紀行　池内紀著, 田淵裕一写真　日本交通公社出版事業局　1995.5　284p　19cm　1600円　①4-533-02163-8

作品 鬼棲む里

津山市

13668 ふれあいの旅紀行　新田健次著　東京新聞出版局　1992.5　203p　19cm　1300円　①4-8083-0437-6

13669 ニッポン・あっちこっち　安西水丸著　家の光協会　1999.11　205p　17cm　1800円　①4-259-54570-1

13670 準急特快 記者の旅―レイルウェイ・ライターの本　種村直樹著　JTB　2003.5　318p　19cm〈肖像あり　著作目録あり〉　1600円　①4-533-04777-7

作品 小京都飲み継ぎ紀行

13671 「男はつらいよ」を旅する　川本三郎著　新潮社　2017.5　286p　20cm　(新潮選書)　1400円　①978-4-10-603808-2

作品 岡山の城下町へ

長島

13672 島―瀬戸内海をあるく　第2集(2003-2006)　斎藤潤著, 全国離島振興協議会, 日本離島センター監修　神戸　みずのわ出版　2010.9　211p　22cm〈索引あり〉　2800円　①978-4-86426-002-2

13673 狙われた島―数奇な運命に弄ばれた19の島　カベルナリア吉田著　アルファベータブックス　2018.2　222p　21cm　1800円　①978-4-86598-048-6

成羽町

13674 ローカルバスの終点へ　宮脇俊三著　洋泉社　2010.12　303p　18cm　(新書y)〈1991年刊の新潮文庫を底本とする　日本交通公社出版事業局 1989年刊あり〉　840円　①978-4-86248-626-4

新見市

13675 文豪、偉人の「愛」をたどる旅　黛まどか著　集英社　2009.8　255p　18cm　1048円　①978-4-08-781427-9

人形峠夜次南第2号坑

13676 ニッポンの穴紀行―近代史を彩る光と影　西牟田靖著　光文社　2010.12　324p　19cm〈文献あり〉　1500円　①978-4-334-97634-7

林野

13677 日本ぶらり　2　2001年の旅　山下一正著　大阪　サンセン出版　2002.10　228p　19cm　(日本紀行シリーズ 2)　1905円　①4-921038-05-8

般若寺温泉

13678 雲は旅人のように―湯の花紀行　池内紀著, 田淵裕一写真　日本交通公社出版事業局　1995.5　284p　19cm　1600円　①4-533-02163-8

作品 ダヴィデのお宿　鬼棲む里

備前街道

13679 定本 七つの街道　井伏鱒二著　永田書房　1990.2

備前市

13680 行きつ戻りつ　乃南アサ著　文化出版局　2000.5　237p　21cm　1500円　①4-579-30386-5

備中松山城

13681 日本名城紀行　5　山陽・山陰 そびえたつ天守　小学館　1989.5　293p　15cm　600円　①4-09-401205-2

13682 三津五郎 城めぐり　坂東三津五郎著　三月書房　2010.11　117p　22cm　2200円　①978-4-7826-0211-9

13683 「現存」12天守めぐりの旅―歴史ある国宝・重文のお城をたずねる　萩原さちこ著　学研パブリッシング　2014.5　183p　21cm〈文献

あり　発売：学研マーケティング〉 1300円 ①978-4-05-800268-1

日生町（備前市）

13684 瀬戸内こころの旅路　山と渓谷社　2000.1　285p　20cm　（旅の紀行＆エッセイ） 1400円　①4-635-28044-6
作品 青春の思い出が詰まった町—日生〔眉村卓〕

広兼邸（高梁市）

13685 作家の犯行現場　有栖川有栖著　新潮社　2005.2　406p　16cm　（新潮文庫）〈メディアファクトリー ダ・ヴィンチ編集部2002年刊あり〉 667円　①4-10-120434-9
作品 横溝正史への旅 Part1

吹屋（高梁市）

13686 色紀行—日本の美しい風景　吉岡幸雄著，岡田克敏写真　清流出版　2011.12　241p　22cm　3500円　①978-4-86029-374-1

13687 ニッポン発見記　池内紀著　中央公論新社　2012.4　211p　16cm　（中公文庫）〈講談社現代新書 2004年刊の再刊〉 590円　①978-4-12-205630-5

吹屋町（津山市）

13688 街道をゆく　7　甲賀と伊賀のみち、砂鉄のみち ほか　新装版　司馬遼太郎著　朝日新聞出版　2008.9　339, 8p　15cm　（朝日文庫） 660円　①978-4-02-264446-6

本四備讃線

13689 鉄道の旅　西日本編　真島満秀写真・文　小学館　2008.4　207p　27cm　2600円　①978-4-09-395502-7

前島

13690 島—瀬戸内海をあるく　第2集（2003-2006）　斎藤潤著，全国離島振興協議会，日本離島センター監修　神戸　みずのわ出版　2010.9　211p　22cm〈索引あり〉 2800円　①978-4-86426-002-2

満奇洞

13691 作家の犯行現場　有栖川有栖著　新潮社　2005.2　406p　16cm　（新潮文庫）〈メディアファクトリー ダ・ヴィンチ編集部2002年刊あり〉 667円　①4-10-120434-9
作品 横溝正史への旅 Part1

松島

13692 島—瀬戸内海をあるく　第3集　2007-2008　斎藤潤著，全国離島振興協議会，日本離島センター監修　周防大島町（山口県）　みずのわ出版　2014.6　255p　22cm〈索引あり〉 3000円　①978-4-86426-009-1

真鍋島

13693 瀬戸内こころの旅路　山と渓谷社　2000.1　285p　20cm　（旅の紀行＆エッセイ） 1400円　①4-635-28044-6
作品 花あり味あり人情あり—真鍋島〔風巻俊〕

13694 日本《島旅》紀行　斎藤潤著　光文社　2005.3　284p　18cm　（光文社新書） 780円　①4-334-03299-0

13695 1泊2日の小島旅　カベルナリア吉田文・写真　阪急コミュニケーションズ　2009.4　199p　19cm　1600円　①978-4-484-09207-2

13696 ぶらりニッポンの島旅　管洋志著　講談社　2011.7　253p　15cm　（講談社文庫） 838円　①978-4-06-276988-4

13697 にっぽん猫島紀行　瀬戸内みなみ著　イースト・プレス　2017.6　238p　18cm　（イースト新書）〈文献あり〉 861円　①978-4-7816-5087-6

真庭市

13698 パン欲—日本全国パンの聖地を旅する　池田浩明著　世界文化社　2013.12　128p　26cm〈タイトルは奥付等による。標題紙のタイトル：私はパン欲に逆らうことができない……〉 1400円　①978-4-418-13234-8

真備町

13699 作家の犯行現場　有栖川有栖著　新潮社　2005.2　406p　16cm　（新潮文庫）〈メディアファクトリー ダ・ヴィンチ編集部2002年刊あり〉 667円　①4-10-120434-9
作品 横溝正史への旅 Part1

美作市

13700 西日本を歩く　立松和平著，黒古一夫編　勉誠出版　2006.4　372p　22cm　（立松和平日本を歩く 第4巻） 2600円　①4-585-01174-9

13701 お友だちからお願いします　三浦しをん著　大和書房　2012.8　290p　20cm　1400円　①978-4-479-68171-7
作品 愛される宮本武蔵

六口島

13702 島—瀬戸内海をあるく　第3集　2007-2008　斎藤潤著，全国離島振興協議会，日本離島センター監修　周防大島町（山口県）　みずのわ出版　2014.6　255p　22cm〈索引あり〉 3000円　①978-4-86426-009-1

六島

13703 作家の犯行現場　有栖川有栖著　新潮社　2005.2　406p　16cm　（新潮文庫）〈メディアファクトリー ダ・ヴィンチ編集部2002年刊あり〉 667円　①4-10-120434-9
作品 横溝正史への旅 Part2

湯郷温泉

13704 おろかな日々　椎名誠著　文芸春秋　1996.6　286p　15cm　（文春文庫）〈1993年刊の文庫化〉 450円　①4-16-733407-0
作品 キビの国の混浴悲話

13705 日本ぶらり 2 2001年の旅 山下一正著 大阪 サンセン出版 2002.10 228p 19cm (日本紀行シリーズ 2) 1905円 ①4-921038-05-8

13706 人情温泉紀行—演歌歌手・鏡五郎が訪ねた全国の名湯47選 鏡五郎著 マガジンランド 2008.5 235p 19cm〈年譜あり〉 1238円 ①978-4-944101-37-5

13707 新編 日本の旅あちこち 木山捷平著 講談社 2015.4 304p 16cm (講談社文芸文庫)〈著作目録あり 年譜あり〉 1600円 ①978-4-06-290268-7

作品 奥津と湯郷—岡山

湯原温泉

13708 街道をゆく 7 甲賀と伊賀のみち、砂鉄のみち ほか 新装版 司馬遼太郎著 朝日新聞出版 2008.9 339, 8p 15cm (朝日文庫) 660円 ①978-4-02-264446-6

13709 来ちゃった 酒井順子文, ほしよりこ画 小学館 2016.3 317p 15cm (小学館文庫)〈2011年刊の増補〉 620円 ①978-4-09-406277-9

吉井川

13710 日本の川を旅する—カヌー単独行 野田知佑著 講談社 1989.7 349p 19cm 1200円 ①4-06-204362-9

13711 旅の紙芝居 椎名誠写真・文 朝日新聞社 2002.10 350p 15cm (朝日文庫)〈1998年刊の文庫化〉 820円 ①4-02-264298-X

作品 川ぞいの町で

13712 メルヘン紀行 みやこうせい著 未知谷 2005.5 237p 20cm 2200円 ①4-89642-129-9

頼久寺

13713 小堀遠州の美を訪ねて 小堀宗慶著 集英社 2010.11 205p 22cm〈文献あり 年譜あり〉 1800円 ①978-4-08-781468-2

広島県

13714 明治滞在日記 アンドレ・ベルソール著, 大久保昭男訳 新人物往来社 1989.4 198p 19cm 2000円 ①4-404-01597-6

13715 晩春の旅・山の宿 井伏鱒二著 講談社 1990.10 337p 15cm (講談社文芸文庫) 900円 ①4-06-196098-9

13716 閑古堂の絵葉書散歩 西編 林丈二著 小学館 1999.5 123p 21cm (SHOTOR TRAVEL) 1500円 ①4-09-343139-6

作品 尾道今治ルートを行く—広島

13717 ミットフォード日本日記—英国貴族の見た明治 A.B.ミットフォード著, 長岡祥三訳 講談社 2001.2 298p 15cm (講談社学術文庫)〈肖像あり〉 960円 ①4-06-159474-5

作品 江田島の海軍兵学校と広島での陸軍野外演習

13718 ものがたり風土記 続 阿刀田高著 集英社 2003.9 385p 16cm (集英社文庫)〈著作目録あり 2001年刊の文庫化〉 667円 ①4-08-747617-0

13719 樹木街道を歩く—縄文杉への道 縄文剣著 碧天舎 2004.8 187p 19cm 1000円 ①4-88346-785-6

13720 山河あり 平泉澄著 錦正社 2005.3 484p 22cm 2500円 ①4-7646-0266-0

13721 野球の国 奥田英朗著 光文社 2005.3 244p 16cm (光文社文庫) 476円 ①4-334-73841-9

13722 水の巡礼 田口ランディ著, 森豊写真 角川書店 2006.2 270p 15cm (角川文庫) 952円 ①4-04-375303-9

13723 ある出版人の日本紀行 尹炯斗著, 舘野晳訳 出版ニュース社 2006.10 237p 20cm〈年譜あり〉 2000円 ①4-7852-0124-X

13724 旅人の心得 田口ランディ著 角川書店, 角川グループパブリッシング〔発売〕 2007.9 270p 15cm (角川文庫)〈2003年刊の文庫化〉 514円 ①978-4-04-375305-5

目次 旅人の心得, オハルズの神様, 石垣島の宝物, みんな宇宙なんだね, 天の岩戸伝説の謎, 久米島のちんべえさん, ほら、神さまが行く, マースーヤーに行かんかの, 神さまに一番近い島, アルタイのギフト〔ほか〕

13725 唄めぐり 石田千著 新潮社 2015.4 401p 20cm〈文献あり〉 2300円 ①978-4-10-303453-7

13726 旅は道づれ雪月花 高峰秀子, 松山善三著 中央公論新社 2016.11 306p 16cm (中公文庫)〈ハースト婦人画報社 2012年刊の再刊〉 760円 ①978-4-12-206315-0

13727 希望の鎮魂歌(レクイエム)—ホロコースト第二世代が訪れた広島、長崎、福島 エヴァ・ホフマン著, 早川敦子編訳 岩波書店 2017.3 163p 22cm 3700円 ①978-4-00-061189-3

安芸津町

13728 瀬戸内・四国スローにお遍路—気まぐれ列車で行こう 種村直樹著 実業之日本社 2005.12 439p 19cm 1800円 ①4-408-00798-6

阿品(廿日市市)

13729 神仏に祈る 金田一京助ほか著, 作品社編集部編 作品社 1998.4 243p 22cm (新編・日本随筆紀行 大きな活字で読みやすい本—心にふるさとがある 13) ①4-87893-894-3, 4-87893-807-2

作品 阿品のお大師さま〔宇野千代〕

阿弥陀寺(福山市)

13730 見仏記 メディアミックス篇 いとうせ

中国

いこう,みうらじゅん著　KADOKAWA　2015.3　245p　20cm　1600円　①978-4-04-101459-2

安国寺(福山市)

13731　見仏記　メディアミックス篇　いとうせいこう,みうらじゅん著　KADOKAWA　2015.3　245p　20cm　1600円　①978-4-04-101459-2

生口島

13732　遠藤ケイの島旅日和　遠藤ケイ著　千早書房　2009.8　124p　21cm〈索引あり〉　1600円　①978-4-88492-439-3

13733　瀬戸内しまなみ海道 歴史と文学の旅　森本繁著　大阪　浪速社　2009.8　446p　19cm　1900円　①978-4-88854-441-2

(目次) 尾道(尾道市), 向島(尾道市), 因島(尾道市), 愛媛県越智郡上島町, 生口島(尾道市), 大三島(今治市), 関前(今治市), 伯方島(今治市), 大島(今治市), 今治(今治市)

厳島〔宮島〕

13734　英国特派員の明治紀行　ハーバート・ジョージ・ポンティング著, 長岡祥三訳　新人物往来社　1988.2　217p　19cm　1800円　①4-404-01470-8

13735　歴史の島 旅情の島　鈴木亨著　東洋書院　1997.10　260p　22cm　1900円　①4-88594-262-4

13736　田中小実昌紀行集　田中小実昌著, 山本容朗選　JTB　2001.12　318p　20cm　2200円　①4-533-04032-2

[作品] 瀬戸内美味放浪

13737　英国人写真家の見た明治日本―この世の楽園・日本　ハーバート・G.ポンティング著, 長岡祥三訳　講談社　2005.5　330p　15cm　(講談社学術文庫)〈肖像あり〉　1100円　①4-06-159710-8

13738　オーストリア皇太子の日本日記―明治二十六年夏の記録　フランツ・フェルディナント著, 安藤勉訳　講談社　2005.9　237p　15cm　(講談社学術文庫)〈肖像あり〉　840円　①4-06-159725-6

13739　瀬戸内・四国スローにお遍路―気まぐれ列車で行こう　種村直樹著　実業之日本社　2005.12　439p　19cm　1800円　①4-408-00798-6

13740　西日本を歩く　立松和平著, 黒古一夫編　勉誠出版　2006.4　372p　22cm　(立松和平日本を歩く 第4巻)　2600円　①4-585-01174-9

13741　もいちど修学旅行をしてみたいと思ったのだ　北尾トロ著, 中川カンゴロー写真　小学館　2008.4　239p　19cm　1300円　①978-4-09-379784-9

13742　遠藤ケイの島旅日和　遠藤ケイ著　千早書房　2009.8　124p　21cm〈索引あり〉　1600円　①978-4-88492-439-3

13743　島―瀬戸内海をあるく　第1集(1999-2002)　斎藤潤著, 全国離島振興協議会, 日本離島センター監修　神戸　みずのわ出版　2009.10　236p　22cm〈索引あり〉　2800円　①978-4-944173-72-3

13744　平家巡礼　上原まり著　光文社　2011.12　240p　16cm　(光文社知恵の森文庫)　667円　①978-4-334-78595-6

13745　山とそば　ほしよりこ著　新潮社　2014.8　183p　16cm　(新潮文庫)〈2011年刊の文庫化〉　460円　①978-4-10-126091-4

13746　来ちゃった　酒井順子文, ほしよりこ画　小学館　2016.3　317p　15cm　(小学館文庫)〈2011年刊の増補〉　620円　①978-4-09-406277-9

厳島神社

13747　平家れくいえむ紀行　中石孝著　新潮社　1999.7　269p　20cm　1800円　①4-10-431101-4

13748　江原啓之 神紀行　2(四国・出雲・広島)　江原啓之著　マガジンハウス　2005.12　95p　21cm　(スピリチュアル・サンクチュアリシリーズ)　952円　①4-8387-1621-4

13749　五足の靴　五人づれ著　岩波書店　2007.5　140p　15cm　(岩波文庫)　460円　①978-4-00-311771-2

13750　明治紀行文學集　筑摩書房　2013.1　410p　21cm　(明治文學全集 94)　7500円　①978-4-480-10394-9

[作品] 五足の靴〔与謝野鉄幹・木下杢太郎・北原白秋・平野万里・吉井勇篇〕

13751　スコット親子、日本を駆ける―父と息子の自転車縦断4000キロ　チャールズ・R.スコット著, 児島修訳　紀伊國屋書店　2015.1　365p　19cm　1900円　①978-4-314-01123-5

岩脇古墳

13752　街道をゆく　21　神戸・横浜散歩、芸備の道　新装版　司馬遼太郎著　朝日新聞出版　2009.1　287, 8p　15cm　(朝日文庫)〈初版：朝日新聞社1988年刊〉　640円　①978-4-02-264474-9

因島

13753　黄昏のムービー・パレス　村松友視著, 横山良一写真　平凡社　1989.7　218p　19cm　1240円　①4-582-28215-6

13754　瀬戸内こころの旅路　山と渓谷社　2000.1　285p　20cm　(旅の紀行＆エッセイ)　1400円　①4-635-28044-6

[作品] 島旅トランピングのすすめ〔河田真智子〕

13755　島めぐり フェリーで行こう！―スロー・トラベル　カベルナリア吉田文・写真　東京書籍　2003.8　207p　21cm　1500円　①4-487-79884-1

13756　日本列島を往く　5　鎌田慧著　岩波書店　2004.5　301p　15cm　(岩波現代文庫 社会)　1000円　①4-00-603092-4

13757　村上水軍全紀行　森本繁著　新人物往来社　2009.2　268p　20cm〈史跡案内人：森本英樹〉　3000円　①978-4-404-03577-6

(目次) 前編 前期村上水軍の史跡(村上水軍のルーツを追う, 村上氏発祥ゆかりの地, 源平合戦と村上水軍, 鎌倉期の村上水軍 ほか), 後編 三島村上水軍の史跡(三島村上氏成立の由来と系譜, 能島村上水軍の史跡, 能島村上落日紀行, 来島村上水軍の史跡 ほか)

13758 瀬戸内しまなみ海道 歴史と文学の旅 森本繁著 大阪 浪速社 2009.8 446p 19cm 1900円 Ⓘ978-4-88854-441-2

因島土生町

13759 ニッポン周遊記―町の見つけ方・歩き方・つくり方 池内紀著 青土社 2014.7 325p 20cm 2400円 Ⓘ978-4-7917-6777-9

江田島

13760 ミットフォード日本日記―英国貴族の見た明治 A.B.ミットフォード著, 長岡祥三訳 講談社 2001.2 298p 15cm (講談社学術文庫)〈肖像あり〉 960円 Ⓘ4-06-159474-5
(作品) 江田島の海軍兵学校と広島での陸軍野外演習

13761 瀬戸内・四国スローにお遍路―気まぐれ列車で行こう 種村直樹著 実業之日本社 2005.12 439p 19cm 1800円 Ⓘ4-408-00798-6

13762 狙われた島―数奇な運命に弄ばれた19の島 カベルナリア吉田著 アルファベータブックス 2018.2 222p 21cm 1800円 Ⓘ978-4-86598-048-6

猿猴川

13763 猿猴 川に死す―現代によみがえった幻の釣りエッセイ 森下雨村著 小学館 2005.4 318p 15cm (小学館文庫) 571円 Ⓘ4-09-411631-1
(目次) 第1部 雨村の世界ふたたび(猿猴川に死す, 大漁不満, 鎌井田の瀬, 面河行, とおい昔, 少年の日, 種田先生, 園さんと狸 ほか), 第2部 川に生まれて川に帰る―評伝・森下雨村(かくまつとむ)

大久野島

13764 瀬戸内・四国スローにお遍路―気まぐれ列車で行こう 種村直樹著 実業之日本社 2005.12 439p 19cm 1800円 Ⓘ4-408-00798-6

13765 戦争廃墟行―DVD BOOK 田中昭二著 学研パブリッシング 2010.10 117p 21cm〈発売：学研マーケティング〉 2800円 Ⓘ978-4-05-404683-2

13766 狙われた島―数奇な運命に弄ばれた19の島 カベルナリア吉田著 アルファベータブックス 2018.2 222p 21cm 1800円 Ⓘ978-4-86598-048-6

大崎上島

13767 瀬戸内・四国スローにお遍路―気まぐれ列車で行こう 種村直樹著 実業之日本社 2005.12 439p 19cm 1800円 Ⓘ4-408-00798-6

大崎下島

13768 瀬戸内こころの旅路 山と渓谷社 2000.1 285p 20cm (旅の紀行&エッセイ) 1400円 Ⓘ4-635-28044-6
(作品) 一枚の写真から―大崎下島〔山本純二〕

13769 メルヘン紀行 みやこうせい著 未知谷 2005.5 237p 20cm 2200円 Ⓘ4-89642-129-9

13770 瀬戸内・四国スローにお遍路―気まぐれ列車で行こう 種村直樹著 実業之日本社 2005.12 439p 19cm 1800円 Ⓘ4-408-00798-6

13771 遠藤ケイの島旅日和 遠藤ケイ著 千早書房 2009.8 124p 21cm〈索引あり〉 1600円 Ⓘ978-4-88492-439-3

13772 島―瀬戸内海をあるく 第2集(2003-2006) 斎藤潤著, 全国離島振興協議会, 日本離島センター監修 神戸 みずのわ出版 2010.9 211p 22cm〈索引あり〉 2800円 Ⓘ978-4-86426-002-2

大沢田池

13773 日本列島 野生のヘラを求めて 大崎紀夫著 三樹書房 2004.11 230p 21cm 1400円 Ⓘ4-89522-441-4

太田川

13774 日本川紀行―流域の人と自然 向一陽著 中央公論新社 2003.5 277p 18cm (中公新書)〈文献あり〉 980円 Ⓘ4-12-101698-X

尾道市

13775 遊覧街道 中沢けい著 リクルート出版 1989.5 206p 18cm 1200円

13776 晩春の旅・山の宿 井伏鱒二著 講談社 1990.10 337p 15cm (講談社文芸文庫) 900円 Ⓘ4-06-196098-9

13777 日本映画を歩く―ロケ地を訪ねて 川本三郎著 JTB 1998.8 239p 20cm 1600円 Ⓘ4-533-03066-1

13778 瀬戸内こころの旅路 山と渓谷社 2000.1 285p 20cm (旅の紀行&エッセイ) 1400円 Ⓘ4-635-28044-6
(作品) 時空を超えてさまよえる町―尾道〔山中恒〕

13779 マツモトヨーコの脱日常紀行―旅する絵描き マツモトヨーコ絵・文 飛鳥新社 2001.8 225p 19cm 1400円 Ⓘ4-87031-475-4
(目次) 人情あふれる美味し国 イタリアの巻(これぞ南欧、ここぞイタリア!―ナポリ/イタリア, ナポリ名物といえば―ナポリ/イタリア ほか), 出たとこ勝負の情熱の国 スペインとポルトガルの巻(旅は道連れ、おじいさんとデート―マドリッド/スペイン, 今日やれることも明日にまわそう―グラナダ/スペイン ほか), のんびりしても油断は禁物 アフリカ諸国の巻(ゾウはいつ来るか―ナショナルパーク/ケニア, マサイにナンパされた!―ナショナルパーク/ケニア ほか), 地球最後の秘境 日本の巻(私は夕方評論家―中泊/愛媛, 誇り高きボート屋のオヤジ―鹿島/愛媛, 道後温泉の楽しみかた―松山/愛媛,

凸凹神社ってなーに？―宇和島/愛媛, チョー親切なタクシー運転手さん―桂浜/高知,「広島風お好み焼き屋」で見たものは…―尾道/広島, 主役はシニア・アーティスト（西陣/京都, 命がけのお花見 根尾村/岐阜）, 不思議な町、愉快な人々 アジアとその他の諸国の巻（マカ不思議な観光夜市―台北/台湾, エンジョイ！ B級グルメ―台北/台湾 ほか）

13780 日本全国ローカル線おいしい旅　嵐山光三郎著　講談社　2004.3　246p　18cm　（講談社現代新書）　700円　①4-06-149710-3

13781 夢追い俳句紀行　大高翔著　日本放送出版協会　2004.4　237p　19cm　1300円　①4-14-016126-4

13782 「極み」のひとり旅　柏井壽著　光文社　2004.9　318p　18cm　（光文社新書）　780円　①4-334-03270-2

13783 瀬戸内・四国スローにお遍路―気まぐれ列車で行こう　種村直樹著　実業之日本社　2005.12　439p　19cm　1800円　①4-408-00798-6

13784 名探偵浅見光彦のニッポン不思議紀行　内田康夫著　集英社　2006.2　270p　16cm　（集英社文庫）〈学習研究社2001年刊あり〉　600円　①4-08-746013-4

13785 鉄路の美学―名作が描く鉄道のある風景　原口隆行著　国書刊行会　2006.9　358p　20cm　2000円　①4-336-04786-3

13786 にっぽん・海風魚旅　4（大漁旗ぶるぶる乱風編）　椎名誠著　講談社　2008.7　394p　15cm　（講談社文庫）〈2005年刊の文庫化〉　857円　①978-4-06-276097-3

13787 渚の旅人　2　ヒラメのあぶない妄想　森沢明夫著　東京地図出版　2008.12　427p　19cm　1450円　①978-4-8085-8535-8

13788 瀬戸内しまなみ海道 歴史と文学の旅　森本繁著　大阪　浪速社　2009.8　446p　19cm　1900円　①978-4-88854-441-2

13789 文豪、偉人の「愛」をたどる旅　黛まどか著　集英社　2009.8　255p　18cm　1048円　①978-4-08-781427-9

13790 列車三昧日本のはしっこに行ってみた　吉本由美著　講談社　2009.12　232p　16cm　（講談社+α文庫）〈『日本のはしっこへ行ってみた』（日本放送出版協会2003年刊）の改題、加筆・再編集〉　667円　①978-4-06-281334-1

13791 釣師・釣場　井伏鱒二著　講談社　2013.10　236p　16cm　（講談社文芸文庫）〈著作目録あり 年譜あり〉　1300円　①978-4-06-290208-3

13792 近松秋江全集　第7巻　オンデマンド版　近松秋江著, 紅野敏郎, 和田謹吾, 中尾務, 遠藤英雄, 田沢基久, 笹瀬王子編集委員　八木書店古書出版部　2014.2　502, 34p　21cm〈初版：八木書店 1993年刊　印刷・製本：デジタルパブリッシングサービス　発売：八木書店〉　12000円　①978-4-8406-3492-2

［作品］瀬戸内海

13793 ふらり旅 いい酒 いい肴　1　太田和彦著　主婦の友社　2015.1　135p　21cm　1400円　①978-4-07-299000-1

13794 日本ボロ宿紀行―懐かしの人情宿でホッコリしよう　上明戸聡著　鉄人社　2017.7　287p　15cm　（鉄人文庫）　680円　①978-4-86537-092-8

音戸（呉市）

13795 瀬戸内・四国スローにお遍路―気まぐれ列車で行こう　種村直樹著　実業之日本社　2005.12　439p　19cm　1800円　①4-408-00798-6

海龍寺

13796 見仏記　メディアミックス篇　いとうせいこう, みうらじゅん著　KADOKAWA　2015.3　245p　20cm　1600円　①978-4-04-101459-2

加計町

13797 そばづくし汽車の旅―加計<広島>発・森<北海道>ゆき そばに徹した8日間全長4500キロの旅　種村直樹著　徳間書店　1991.4　245p　19cm　1300円　①4-19-554533-1

加島

13798 シェルパ斉藤の行きあたりばっ旅　3　斉藤政喜著　小学館　1998.8　253p　16cm　（小学館文庫）　457円　①4-09-411003-8

銀山町駅

13799 「銀づくし」乗り継ぎ旅―銀水発・銀山ゆき5泊6日3300キロ 列車に揺られて25年　種村直樹著　徳間書店　2000.7　258p　19cm　1400円　①4-19-861211-0

金輪島

13800 狙われた島―数奇な運命に弄ばれた19の島　カベルナリア吉田著　アルファベータブックス　2018.2　222p　21cm　1800円　①978-4-86598-048-6

可部駅

13801 各駅下車で行こう！―スロー・トラベル　カベルナリア吉田文・写真　東京書籍　2003.4　197p　21cm　1500円　①4-487-79883-3

13802 終着駅への旅　JR編　櫻井寛著　JTBパブリッシング　2013.8　222p　19cm　1300円　①978-4-533-09285-5

蒲刈群島

13803 わたしの旅人生「最終章」　渡辺文雄著　アートデイズ　2005.2　267p　20cm〈肖像あり〉　1600円　①4-86119-033-9

［作品］古代塩、藻塩

13804 瀬戸内・四国スローにお遍路―気まぐれ列車で行こう　種村直樹著　実業之日本社　2005.12　439p　19cm　1800円　①4-408-00798-6

上蒲刈島

13805 遠藤ケイの島旅日和　遠藤ケイ著　千早書房　2009.8　124p　21cm〈索引あり〉　1600円　①978-4-88492-439-3

13806 島―瀬戸内海をあるく　第1集(1999-2002)　斎藤潤著, 全国離島振興協議会, 日本離島センター監修　神戸　みずのわ出版　2009.10　236p　22cm〈索引あり〉　2800円　①978-4-944173-72-3

上根の分水嶺

13807 街道をゆく　21　神戸・横浜散歩、芸備の道　新装版　司馬遼太郎著　朝日新聞出版　2009.1　287, 8p　15cm　(朝日文庫)〈初版：朝日新聞社1988年刊〉　640円　①978-4-02-264474-9

加茂町(福山市)

13808 晴れた空 曇った顔―私の文学散歩　安岡章太郎著　幻戯書房　2003.7　200p　20cm　2500円　①4-901998-04-8

草戸千軒町遺跡

13809 平安鎌倉史紀行　宮脇俊三著　講談社　1997.12　447p　15cm　(講談社文庫)〈年表あり　1994年刊の文庫化〉　657円　①4-06-263660-3

13810 日本史紀行　奈良本辰也著　たちばな出版　2005.6　357p　19cm　1600円　①4-8133-1878-9

熊野神社(広島市)

13811 阿川弘之自選紀行集　阿川弘之著　JTB　2001.12　317p　20cm　2200円　①4-533-04030-6
[作品] 比婆山紀行

倉橋島

13812 瀬戸内・四国スローにお遍路―気まぐれ列車で行こう　種村直樹著　実業之日本社　2005.12　439p　19cm　1800円　①4-408-00798-6

13813 ローカルバスの終点へ　宮脇俊三著　洋泉社　2010.12　303p　18cm　(新書y)〈1991年刊の新潮文庫を底本とする　日本交通公社出版事業局 1989年刊あり〉　840円　①978-4-86248-626-4

呉市

13814 瀬戸内・四国スローにお遍路―気まぐれ列車で行こう　種村直樹著　実業之日本社　2005.12　439p　19cm　1800円　①4-408-00798-6

13815 日本風景論　池内紀著　角川学芸出版　2009.3　279p　19cm　(角川選書)〈発売：角川グループパブリッシング〉　1600円　①978-4-04-703442-6

13816 肉の旅―まだ見ぬ肉料理を求めて全国縦断！　カベルナリア吉田著　イカロス出版　2016.8　235p　21cm　1600円　①978-4-8022-0222-0

13817 消えた海洋王国 吉備物部一族の正体　関裕二著　新潮社　2016.12　296p　16cm　(新潮文庫―古代史謎解き紀行)〈「古代史謎解き紀行 4」(ポプラ社 2007年刊)の改題　文献あり〉　550円　①978-4-10-136480-3
(目次) 第1章 日本史を変えた関門海峡(下関に行く前に香椎宮, 隠れた穴場の博多住吉神社 ほか), 第2章 ヤマト建国と吉備の活躍(吉備の空は天邪鬼, その大きさに圧倒される鬼ノ城 ほか), 第3章 しまなみ海道と水軍の話(邪馬台国東遷を吉備が助けた？ , 日本の地理の特殊事情 ほか), 第4章 吉備の謎 物部の正体(山陽道の複雑な地形, 海人の楽園・呉 ほか), 第5章 没落する瀬戸内海・吉備(突然お好み焼きが食べたくなって, お好み焼きは広島に限る？ ほか)

呉線

13818 瀬戸内こころの旅路　山と渓谷社　2000.1　285p　20cm　(旅の紀行&エッセイ)　1400円　①4-635-28044-6
[作品] 海の見えるローカル線―呉線〔見延典子〕

13819 ニッポン線路つたい歩き　久住昌之著　カンゼン　2017.6　246p　19cm　1500円　①978-4-86255-398-0

耕三寺

13820 晴浴雨浴日記　種村季弘著　河出書房新社　1989.3　250p　19cm　2500円　①4-309-00554-3

13821 見仏記　メディアミックス篇　いとうせいこう, みうらじゅん著　KADOKAWA　2015.3　245p　20cm　1600円　①978-4-04-101459-2

光明寺(尾道市)

13822 見仏記　メディアミックス篇　いとうせいこう, みうらじゅん著　KADOKAWA　2015.3　245p　20cm　1600円　①978-4-04-101459-2

高林坊

13823 街道をゆく　21　神戸・横浜散歩、芸備の道　新装版　司馬遼太郎著　朝日新聞出版　2009.1　287, 8p　15cm　(朝日文庫)〈初版：朝日新聞社1988年刊〉　640円　①978-4-02-264474-9

郡山城趾〔吉田郡山城〕

13824 街道をゆく　21　神戸・横浜散歩、芸備の道　新装版　司馬遼太郎著　朝日新聞出版　2009.1　287, 8p　15cm　(朝日文庫)〈初版：朝日新聞社1988年刊〉　640円　①978-4-02-264474-9

佐木島

13825 瀬戸内・四国スローにお遍路―気まぐれ列車で行こう　種村直樹著　実業之日本社　2005.12　439p　19cm　1800円　①4-408-00798-6

猿掛城跡

13826 街道をゆく　21　神戸・横浜散歩、芸備の道　新装版　司馬遼太郎著　朝日新聞出版

2009.1 287, 8p 15cm （朝日文庫）〈初版：朝日新聞社1988年刊〉 640円 ①978-4-02-264474-9

三段峡駅

13827 各駅下車で行こう！―スロー・トラベル カベルナリア吉田文・写真 東京書籍 2003.4 197p 21cm 1500円 ①4-487-79883-3

しまなみ海道

13828 瀬戸内こころの旅路 山と渓谷社 2000.1 285p 20cm （旅の紀行＆エッセイ） 1400円 ①4-635-28044-6
作品 しまなみ海道ひとり旅〔仁喜和彦〕 しまなみ海道、六つのピークを踏む〔竹内鉄二〕

13829 時速8キロニッポン縦断 斉藤政喜著 小学館 2003.10 397p 19cm （Be-pal books）〈折り込1枚〉 1500円 ①4-09-366067-0

13830 スローな旅で行こう―シェルパ斉藤の週末ニッポン再発見 斉藤政喜著 小学館 2004.10 255p 19cm （Dime books） 1200円 ①4-09-366068-9

13831 にっぽん・海風魚旅 5（南シナ海ドラゴン編） 椎名誠著 講談社 2005.10 305p 19cm 1800円 ①4-06-212781-4

13832 名探偵浅見光彦のニッポン不思議紀行 内田康夫著 集英社 2006.2 270p 16cm （集英社文庫）〈学習研究社2001年刊あり〉 600円 ①4-08-746013-4

13833 七つの自転車の旅 白鳥和也著 平凡社 2008.11 301p 20cm 1600円 ①978-4-582-83415-4

13834 にっぽん・海風魚（さかな）旅 5（南シナ海ドラゴン編） 椎名誠著 講談社 2009.1 333p 15cm （講談社文庫） 819円 ①978-4-06-276248-9

13835 スコット親子、日本を駆ける―父と息子の自転車縦断4000キロ チャールズ・R.スコット著, 児島修訳 紀伊國屋書店 2015.1 365p 19cm 1900円 ①978-4-314-01123-5

13836 日本全国津々うりゃうりゃ 宮田珠己著 幻冬舎 2016.6 315p 16cm （幻冬舎文庫）〈廣済堂出版 2012年刊の再刊 文献あり〉 690円 ①978-4-344-42482-1

13837 はじめての輪行―自転車をバッグにつめて旅に出よう 内藤孝宏著 洋泉社 2016.6 175p 21cm 1500円 ①978-4-8003-0966-2

下蒲刈島

13838 島―瀬戸内海をあるく 第1集（1999-2002） 斎藤潤著, 全国離島振興協議会, 日本離島センター監修 神戸 みずのわ出版 2009.10 236p 22cm〈索引あり〉 2800円 ①978-4-944173-72-3

上下駅

13839 途中下車の愉しみ 櫻井寛著 日本経済新聞出版社 2011.2 229p 18cm （日経プレミアシリーズ） 850円 ①978-4-532-26110-8

浄土寺（尾道市）

13840 百寺巡礼 第8巻 山陰・山陽 五木寛之著 講談社 2009.4 271p 15cm （講談社文庫）〈文献あり 2005年刊の文庫化〉 562円 ①978-4-06-276317-2

13841 見仏記 メディアミックス篇 いとうせいこう, みうらじゅん著 KADOKAWA 2015.3 245p 20cm 1600円 ①978-4-04-101459-2

正法寺（福山市）

13842 見仏記 メディアミックス篇 いとうせいこう, みうらじゅん著 KADOKAWA 2015.3 245p 20cm 1600円 ①978-4-04-101459-2

信行寺

13843 見仏記 メディアミックス篇 いとうせいこう, みうらじゅん著 KADOKAWA 2015.3 245p 20cm 1600円 ①978-4-04-101459-2

静観寺

13844 見仏記 メディアミックス篇 いとうせいこう, みうらじゅん著 KADOKAWA 2015.3 245p 20cm 1600円 ①978-4-04-101459-2

仙酔島

13845 1泊2日の小島旅 カベルナリア吉田文・写真 阪急コミュニケーションズ 2009.4 199p 19cm 1600円 ①978-4-484-09207-2

大願寺

13846 みどりの国滞在日記 エリック・ファーユ著, 三野博司訳 水声社 2014.12 195p 20cm （批評の小径） 2500円 ①978-4-8010-0077-3

竹原市

13847 地の記憶をあるく 盛岡・山陽道篇 松本健一著 中央公論新社 2002.3 322p 20cm 2700円 ①4-12-003259-0

13848 準急特快 記者の旅―レイルウェイ・ライターの本 種村直樹著 JTB 2003.5 318p 19cm〈肖像あり 著作目録あり〉 1600円 ①4-533-04777-7
作品 小京都飲み継ぎ紀行

13849 瀬戸内・四国スローにお遍路―気まぐれ列車で行こう 種村直樹著 実業之日本社 2005.12 439p 19cm 1800円 ①4-408-00798-6

13850 渚の旅人 2 ヒラメのあぶない妄想 森沢明夫著 東京地図出版 2008.12 427p 19cm 1450円 ①978-4-8085-8535-8

天寧寺

13851 見仏記 メディアミックス篇 いとうせいこう, みうらじゅん著 KADOKAWA 2015.3 245p 20cm 1600円 ①978-4-04-101459-2

道後山

13852 阿川弘之自選紀行集　阿川弘之著　JTB　2001.12　317p　20cm　2200円　①4-533-04030-6
作品 比婆山紀行

鞆の津

13853 旅の出会い　井伏鱒二著, 東郷克美, 前田貞昭編　筑摩書房　2004.10　334p　15cm　（ちくま文庫―井伏鱒二文集 2）　1100円　①4-480-03982-1

13854 釣師・釣場　井伏鱒二著　講談社　2013.10　236p　16cm　（講談社文芸文庫）〈著作目録あり 年譜あり〉　1300円　①978-4-06-290208-3

豊島（呉市）

13855 旅あそび―朝日新聞連載「気まま旅」より　河村立司著　大阪　JDC　1997.10　221p　19×19cm〈1989年刊の改訂〉　1300円　①4-89008-220-4

13856 瀬戸内・四国スローにお遍路―気まぐれ列車で行こう　種村直樹著　実業之日本社　2005.12　439p　19cm　1800円　①4-408-00798-6

13857 島―瀬戸内海をあるく　第2集（2003-2006）　斎藤潤著, 全国離島振興協議会, 日本離島センター監修　神戸　みずのわ出版　2010.9　211p　22cm〈索引あり〉　2800円　①978-4-86426-002-2

情島（呉市）

13858 瀬戸内こころの旅路　山と渓谷社　2000.1　285p　20cm　（旅の紀行＆エッセイ）　1400円　①4-635-28044-6
作品 鯛に匿まれた安らぎの島―情島〔阿南満三〕

南禅坊

13859 見仏記　メディアミックス篇　いとうせいこう, みうらじゅん著　KADOKAWA　2015.3　245p　20cm　1600円　①978-4-04-101459-2

似島

13860 瀬戸内・四国スローにお遍路―気まぐれ列車で行こう　種村直樹著　実業之日本社　2005.12　439p　19cm　1800円　①4-408-00798-6

13861 狙われた島―数奇な運命に弄ばれた19の島　カベルナリア吉田著　アルファベータブックス　2018.2　222p　21cm　1800円　①978-4-86598-048-6

沼田川

13862 日本列島 野生のヘラを求めて　大崎紀夫著　三樹書房　2004.11　230p　21cm　1400円　①4-89522-441-4

沼隈半島

13863 半島をゆく　第1巻　信長と戦国興亡編　安部龍太郎, 藤田達生著　小学館　2016.11　321p　19cm　1500円　①978-4-09-343442-3

能美島

13864 瀬戸内・四国スローにお遍路―気まぐれ列車で行こう　種村直樹著　実業之日本社　2005.12　439p　19cm　1800円　①4-408-00798-6

走島

13865 1泊2日の小島旅　カベルナリア吉田文・写真　阪急コミュニケーションズ　2009.4　199p　19cm　1600円　①978-4-484-09207-2

廿日市市

13866 渚の旅人　2　ヒラメのあぶない妄想　森沢明夫著　東京地図出版　2008.12　427p　19cm　1450円　①978-4-8085-8535-8

比婆山

13867 阿川弘之自選紀行集　阿川弘之著　JTB　2001.12　317p　20cm　2200円　①4-533-04030-6
作品 比婆山紀行

13868 花嫁化鳥　改版　寺山修司著　中央公論社　2008.11　258p　16cm　（中公文庫）〈1990年刊の改版〉　705円　①978-4-12-205073-0
作品 比婆山伝綺

瓢箪島

13869 あやしい探検隊 不思議島へ行く　椎名誠著　角川書店　1993.7　307p　15cm　（角川文庫）　560円　①4-04-151008-2

広島市

13870 田中小実昌紀行集　田中小実昌著, 山本容朗選　JTB　2001.12　318p　20cm　2200円　①4-533-04032-2
作品 瀬戸内美味放浪

13871 鉄道全線三十年―車窓紀行 昭和・平成……乗った、撮った、また乗った!!　田中正恭著　心交社　2002.6　371p　19cm　1600円　①4-88302-741-4

13872 道ばたで出会った日本―松江・ハーン・ヒロシマ　ケネス・M.ローマー著, 市川博彬訳　彩流社　2002.9　255p　20cm　1900円　①4-88202-765-8

13873 旅の紙芝居　椎名誠写真・文　朝日新聞社　2002.10　350p　15cm　（朝日文庫）〈1998年刊の文庫化〉　820円　①4-02-264298-X
作品 北のメジマグロ

13874 聖地巡礼　田口ランディ著, 森豊写真　メディアファクトリー　2003.4　353p　18cm　1600円　①4-8401-0755-6

13875 オーケンの散歩マン旅マン　大槻ケンヂ著　新潮社　2003.6　245p　16cm　（新潮文庫）〈初版：学習研究社1999年刊〉　438円　①4-10-142925-1

13876 日本全国ローカル線おいしい旅　嵐山光

三郎著　講談社　2004.3　246p　18cm　（講談社現代新書）　700円　①4-06-149710-3

13877　「極み」のひとり旅　柏井壽著　光文社　2004.9　318p　18cm　（光文社新書）　780円　①4-334-03270-2

13878　旅の出会い　井伏鱒二著, 東郷克美, 前田貞昭編　筑摩書房　2004.10　334p　15cm　（ちくま文庫―井伏鱒二文集 2）　1100円　①4-480-03982-1

13879　瀬戸内・四国スローにお遍路―気まぐれ列車で行こう　種村直樹著　実業之日本社　2005.12　439p　19cm　1800円　①4-408-00798-6

13880　西日本を歩く　立松和平著, 黒古一夫編　勉誠出版　2006.4　372p　22cm　（立松和平日本を歩く 第4巻）　2600円　①4-585-01174-9

13881　もいちど修学旅行をしてみたいと思ったのだ　北尾トロ著, 中川カンゴロー写真　小学館　2008.4　239p　19cm　1300円　①978-4-09-379784-9

13882　路面電車全線探訪記　再版　柳沢道生著, 旅行作家の会編　現代旅行研究所　2008.6　224p　21cm　（旅行作家文庫）　1800円　①978-4-87482-096-4

13883　ひとり旅 ひとり酒　太田和彦著　大阪　京阪神エルマガジン社　2009.11　237p　21cm　1600円　①978-4-87435-306-6

作品 広島の鯛の鯛とフランス文学。

13884　洗面器でヤギごはん―世界9万5000km自転車ひとり旅 3　石田ゆうすけ著　幻冬舎　2012.7　370p　16cm　（幻冬舎文庫）〈実業之日本社 2006年刊の加筆・訂正〉　648円　①978-4-344-41886-8

作品 日本の味―日本

目次 第1章 北米編―極寒のオレンジ（極彩色ケーキ―アラスカ, ジビエハンバーグ―アラスカ, ジャネットのえんどう豆スープ―アメリカ, 氷のないコーラ―アメリカ, マイナス二十度のオレンジ―アメリカ ほか）, 第2章 南米編―最果てのごちそう（バナナの森のなかで―エクアドル, 夜行バスの弁当―ペルー, ペンション西海の日本食―ペルー, 野菜スープとアンデスの食堂―ペルー, スープパスタ―ペルー ほか）, 第3章 ヨーロッパ編―グルメ国の真実（祝いのメニュー―デンマーク, サバナンパ―ノルウェー, 森のブルーベリー―フィンランド, スイーツメシ―ポーランド, テレザのグヤーシュ―ハンガリー ほか）, 第4章 アフリカ編―ヤギの香り（サハラに住む人々の食べもの―西サハラ, サハラ砂漠のピザ―モーリタニア, 乳と茶―モーリタニア, リソース―セネガル, ヤギと水―ギニア ほか）, 第5章 アジア編―郷愁の味（家庭のフルコース―イタリア, ナポリのピッツァ―イタリア, ヨーグルトの国―ブルガリア, ドルマ―トルコ, ヤギ乳ヨーグルト―シリア, 日本の味―日本 ほか）

13885　英国一家、日本を食べる　マイケル・ブース著, 寺西のぶ子訳　亜紀書房　2013.4　278p　19cm　1900円　①978-4-7505-1304-1

13886　漂う―古い土地 新しい場所　黒井千次著　毎日新聞社　2013.8　175p　20cm　1600円　①978-4-620-32221-6

13887　スコット親子、日本を駆ける―父と息子の自転車縦断4000キロ　チャールズ・R.スコット著, 児島修訳　紀伊國屋書店　2015.1　365p　19cm　1900円　①978-4-314-01123-5

13888　来ちゃった　酒井順子文, ほしよりこ画　小学館　2016.3　317p　15cm　（小学館文庫）〈2011年刊の増補〉　620円　①978-4-09-406277-9

13889　日中の120年文芸・評論作品選 4　断交と連帯 1945-1971　張競, 村田雄二郎編　岩波書店　2016.6　327p　22cm　4200円　①978-4-00-027224-7

作品 日本紀行〔謝冰心〕

広島城

13890　日本名城紀行 5　山陽・山陰 そびえたつ天守　小学館　1989.5　293p　15cm　600円　①4-09-401205-2

広島湾

13891　瀬戸内こころの旅路　山と渓谷社　2000.1　285p　20cm　（旅の紀行＆エッセイ）　1400円　①4-635-28044-6

作品 広島湾、潮流迅し〔立松和平〕

13892　西日本を歩く　立松和平著, 黒古一夫編　勉誠出版　2006.4　372p　22cm　（立松和平日本を歩く 第4巻）　2600円　①4-585-01174-9

広島湾要塞

13893　戦争廃墟行―DVD BOOK　田中昭二著　学研パブリッシング　2010.10　117p　21cm　〈発売：学研マーケティング〉　2800円　①978-4-05-404683-2

比和町（庄原市）

13894　神秘日本　岡本太郎著　KADOKAWA　2015.7　260p 図版24p　15cm　（角川ソフィア文庫）〈中央公論社 1964年刊の再刊〉　1000円　①978-4-04-409487-4

作品 花田植―農事のエロティスム

備後落合駅

13895　阿川弘之自選紀行集　阿川弘之著　JTB　2001.12　317p　20cm　2200円　①4-533-04030-6

作品 比婆山紀行

福禅寺

13896　見仏記　メディアミックス篇　いとうせいこう, みうらじゅん著　KADOKAWA　2015.3　245p　20cm　1600円　①978-4-04-101459-2

福山市

13897　梅棹忠夫著作集　第7巻　日本研究　梅棹忠夫著, 石毛直道ほか編　中央公論社　1990.8　663p　21cm　7400円　①4-12-402857-1

作品 福山誠之館

13898　地の記憶をあるく　盛岡・山陽道篇　松本健一著　中央公論新社　2002.3　322p　20cm　2700円　①4-12-003259-0

13899 色街を呑む！―日本列島レトロ紀行　勝谷誠彦著　祥伝社　2006.2　284p　15cm　（祥伝社文庫）　600円　①4-396-33271-8

13900 日本探検　梅棹忠夫著　講談社　2014.9　441p　15cm　（講談社学術文庫）　1330円　①978-4-06-292254-8
作品 福山誠之館

福山城

13901 日本名城紀行　5　山陽・山陰 そびえたつ天守　小学館　1989.5　293p　15cm　600円　①4-09-401205-2

鳳源寺

13902 街道をゆく　21　神戸・横浜散歩、芸備の道　新装版　司馬遼太郎著　朝日新聞出版　2009.1　287, 8p　15cm　（朝日文庫）〈初版：朝日新聞社1988年刊〉　640円　①978-4-02-264474-9

宝土寺

13903 見仏記　メディアミックス篇　いとうせいこう, みうらじゅん著　KADOKAWA　2015.3　245p　20cm　1600円　①978-4-04-101459-2

松永町

13904 家（うち）もいいけど旅も好き　岸本葉子著　講談社　2002.5　273p　15cm　（講談社文庫）〈河出書房新社1998年刊にエッセイを増補し文庫化〉　495円　①4-06-273429-X

弥山

13905 百霊峰巡礼　第3集　立松和平著　東京新聞出版部　2010.8　307p　20cm〈第2集までの出版者：東京新聞出版局〉　1800円　①978-4-8083-0933-6

弥山原始林

13906 樹をめぐる旅　高橋秀樹著　宝島社　2009.8　125p　16cm　（宝島sugoi文庫）　457円　①978-4-7966-7357-0

御手洗（呉市）

13907 日本すみずみ紀行　川本三郎著　社会思想社　1997.9　258p　15cm　（現代教養文庫）〈文元社2004年刊（1998年刊（2刷）を原本としたOD版）あり〉　640円　①4-390-11613-4

三原市

13908 瀬戸内・四国スローにお遍路―気まぐれ列車で行こう　種村直樹著　実業之日本社　2005.12　439p　19cm　1800円　①4-408-00798-6

壬生（北広島町）

13909 神秘日本　岡本太郎著　KADOKAWA　2015.7　260p 図版24p　15cm　（角川ソフィア文庫）〈中央公論社 1964年刊の再刊〉　1000円　①978-4-04-409487-4
作品 花田植―農事のエロティスム

明王院

13910 百寺巡礼　第8巻　山陰・山陽　五木寛之著　講談社　2009.4　271p　15cm　（講談社文庫）〈文献あり　2005年刊の文庫化〉　562円　①978-4-06-276317-2

三次駅

13911 東海道寄り道紀行　種村季弘著　河出書房新社　2012.7　156p　20cm　1600円　①978-4-309-02121-8

三次市

13912 名探偵浅見光彦のニッポン不思議紀行　内田康夫著　集英社　2006.2　270p　16cm　（集英社文庫）〈学習研究社2001年刊あり〉　600円　①4-08-746013-4

13913 街道をゆく　21　神戸・横浜散歩、芸備の道　新装版　司馬遼太郎著　朝日新聞出版　2009.1　287, 8p　15cm　（朝日文庫）〈初版：朝日新聞社1988年刊〉　640円　①978-4-02-264474-9

13914 原風景のなかへ　安野光雅著　山川出版社　2013.7　215p　20cm　1600円　①978-4-634-15044-7

向島（尾道市）

13915 瀬戸内・四国スローにお遍路―気まぐれ列車で行こう　種村直樹著　実業之日本社　2005.12　439p　19cm　1800円　①4-408-00798-6

13916 瀬戸内しまなみ海道 歴史と文学の旅　森本繁著　大阪　浪速社　2009.8　446p　19cm　1900円　①978-4-88854-441-2

安浦町

13917 瀬戸内・四国スローにお遍路―気まぐれ列車で行こう　種村直樹著　実業之日本社　2005.12　439p　19cm　1800円　①4-408-00798-6

矢野駅

13918 鉄子の旅写真日記　矢野直美著　阪急コミュニケーションズ　2008.8　182p　19cm　1500円　①978-4-484-08219-6

矢野温泉

13919 温泉旅日記　池内紀著　徳間書店　1996.9　277p　15cm　（徳間文庫）〈河出書房新社1988年刊あり〉　540円　①4-19-890559-2

八幡町（三原市）

13920 ニッポンの山里　池内紀著　山と溪谷社　2013.1　254p　20cm　1500円　①978-4-635-28067-9

湯来温泉

13921 人情温泉紀行―演歌歌手・鏡五郎が訪ねた全国の名湯47選　鏡五郎著　マガジンランド　2008.5　235p　19cm〈年譜あり〉　1238円　①978-4-944101-37-5

豊町

13922 日本列島を往く 6 故郷の山河で 鎌田慧著 岩波書店 2005.7 331p 15cm (岩波現代文庫 社会)〈『いま,この地に生きる』の改題・再編集〉 1000円 ①4-00-603115-7

湯の山温泉

13923 秘湯を求めて 3 きわめつけの秘湯 藤嶽彰英著 (大阪)保育社 1990.1 194p 19cm 1350円 ①4-586-61103-0

龍王山

13924 阿川弘之自選紀行集 阿川弘之著 JTB 2001.12 317p 20cm 2200円 ①4-533-04030-6
作品 比婆山紀行

中国

山口県

13925 お徒歩 ニッポン再発見 岩見隆夫著 アールズ出版 2001.5 299p 20cm 1600円 ①4-901226-20-7

13926 にっぽん鉄道旅行の魅力 野田隆著 平凡社 2004.5 193p 18cm (平凡社新書) 780円 ①4-582-85227-0

13927 樹木街道を歩く―縄文杉への道 縄文剣著 碧天舎 2004.8 187p 19cm 1000円 ①4-88346-785-6

13928 一宿一通―こころを紡ぐふれ愛のたび 金澤智行著 講談社 2007.11 190p 19cm 1200円 ①978-4-06-214301-1

13929 日本の路地を旅する 上原善広著 文藝春秋 2012.6 383p 16cm (文春文庫)〈文献あり〉 667円 ①978-4-16-780196-0

13930 私の日本地図 13 萩付近 宮本常一著, 香月洋一郎編 未来社 2013.9 291, 3p 19cm (宮本常一著作集別集)〈同友館 1974年刊の再刊 索引あり〉 2200円 ①978-4-624-92498-0
目次 萩, 見島へ, 見島のくらし, 見島の昔, 羽島, 相島, 尾島, 櫃島, 大島, 川上, 石と宮座, 佐々並から藤蔵へ, 仙崎付近

13931 まんが日本昔ばなし今むかし 川内彩友美著 展望社 2014.10 254p 19cm 1400円 ①978-4-88546-289-4
作品 耳なし芳一―山口県

13932 そこらじゅうにて―日本どこでも紀行 宮田珠己著 幻冬舎 2017.6 274p 16cm (幻冬舎文庫)〈「日本全国もっと津々うりゃうりゃ」(廣済堂出版 2013年刊)の改題、修正〉 600円 ①978-4-344-42618-4

秋穂

13933 瀬戸内・四国スローにお遍路―気まぐれ列車で行こう 種村直樹著 実業之日本社 2005.12 439p 19cm 1800円 ①4-408-00798-6

赤間神宮

13934 街道をゆく 1 湖西のみち、甲州街道、長州路 ほか 新装版 司馬遼太郎著 朝日新聞出版 2008.8 291, 8p 15cm (朝日文庫) 600円 ①978-4-02-264440-4

阿弥陀寺(防府市)

13935 百寺巡礼 第8巻 山陰・山陽 五木寛之著 講談社 2009.4 271p 15cm (講談社文庫)〈文献あり 2005年刊の文庫化〉 562円 ①978-4-06-276317-2

忌宮神社

13936 沈黙の神々 2 佐藤洋二郎著 松柏社 2008.9 220p 19cm 1600円 ①978-4-7754-0153-8

祝島

13937 瀬戸内・四国スローにお遍路―気まぐれ列車で行こう 種村直樹著 実業之日本社 2005.12 439p 19cm 1800円 ①4-408-00798-6

13938 ニッポン島遺産 斎藤潤著 実業之日本社 2016.8 191p 19cm 1600円 ①978-4-408-00889-9

岩国市

13939 エンピツ絵描きの一人旅 安西水丸著 新潮社 1991.10 213p 19cm 1300円 ①4-10-373602-X

13940 瀬戸内・四国スローにお遍路―気まぐれ列車で行こう 種村直樹著 実業之日本社 2005.12 439p 19cm 1800円 ①4-408-00798-6

13941 山とそば ほしよりこ著 新潮社 2014.8 183p 16cm (新潮文庫)〈2011年刊の文庫化〉 460円 ①978-4-10-126091-4

浮島

13942 あやしい探検隊 不思議島へ行く 椎名誠著 角川書店 1993.7 307p 15cm (角川文庫) 560円 ①4-04-151008-2

13943 瀬戸内・四国スローにお遍路―気まぐれ列車で行こう 種村直樹著 実業之日本社 2005.12 439p 19cm 1800円 ①4-408-00798-6

宇部市

13944 三文役者のニッポンひとり旅 殿山泰司著 筑摩書房 2000.2 287p 15cm (ちくま文庫) 640円 ①4-480-03551-6

13945 瀬戸内・四国スローにお遍路―気まぐれ列車で行こう 種村直樹著 実業之日本社 2005.12 439p 19cm 1800円 ①4-408-00798-6

大島(萩市)

13946 1泊2日の小島旅 カベルナリア吉田文・

写真　阪急コミュニケーションズ　2009.4　199p　19cm　1600円　①978-4-484-09207-2

大島〔屋代島〕(周防大島町)

13947　瀬戸内・四国スローにお遍路―気まぐれ列車で行こう　種村直樹著　実業之日本社　2005.12　439p　19cm　1800円　①4-408-00798-6

大津島

13948　瀬戸内・四国スローにお遍路―気まぐれ列車で行こう　種村直樹著　実業之日本社　2005.12　439p　19cm　1800円　①4-408-00798-6

13949　狙われた島―数奇な運命に弄ばれた19の島　カベルナリア吉田著　アルファベータブックス　2018.2　222p　21cm　1800円　①978-4-86598-048-6

大畠(柳井市)

13950　瀬戸内・四国スローにお遍路―気まぐれ列車で行こう　種村直樹著　実業之日本社　2005.12　439p　19cm　1800円　①4-408-00798-6

青海島

13951　花嫁化鳥　改版　寺山修司著　中央公論社　2008.11　258p　16cm　(中公文庫)〈1990年刊の改版〉　705円　①978-4-12-205073-0
　作品 くじら霊異記

13952　遠藤ケイの島旅日和　遠藤ケイ著　千早書房　2009.8　124p　21cm〈索引あり〉　1600円　①978-4-88492-439-3

大嶺支線

13953　消えゆく鉄道の風景―さらば、良き時代の列車たち 終焉間近のローカル線と、廃線跡をたどる旅　田中正恭著　自由国民社　2006.11　231p　19cm　1600円　①4-426-75302-3

沖家室島

13954　『忘れられた日本人』の舞台を旅する―宮本常一の軌跡　木村哲也著　河出書房新社　2006.2　253p　20cm〈文献あり〉　1800円　①4-309-22444-X

小郡(山口市)

13955　瀬戸内・四国スローにお遍路―気まぐれ列車で行こう　種村直樹著　実業之日本社　2005.12　439p　19cm　1800円　①4-408-00798-6

小野田

13956　瀬戸内・四国スローにお遍路―気まぐれ列車で行こう　種村直樹著　実業之日本社　2005.12　439p　19cm　1800円　①4-408-00798-6

笠佐島

13957　日本《島旅》紀行　斎藤潤著　光文社　2005.3　284p　18cm　(光文社新書)　780円　①4-334-03299-0

笠戸島

13958　瀬戸内・四国スローにお遍路―気まぐれ列車で行こう　種村直樹著　実業之日本社　2005.12　439p　19cm　1800円　①4-408-00798-6

上関町

13959　瀬戸内・四国スローにお遍路―気まぐれ列車で行こう　種村直樹著　実業之日本社　2005.12　439p　19cm　1800円　①4-408-00798-6

烏島

13960　辺境・近境　新装版　村上春樹著　新潮社　2008.2　252p　20cm〈1998年刊, 2000年刊(文庫)あり〉　1600円　①978-4-10-353421-1

川棚のクスの森

13961　浦島太郎の馬鹿―旅の書きおき　立松和平著　マガジンハウス　1990.10　251p　21cm　1400円　①4-8387-0189-6
　作品 樟の森

13962　西日本を歩く　立松和平著, 黒古一夫編　勉誠出版　2006.4　372p　22cm　(立松和平日本を歩く 第4巻)　2600円　①4-585-01174-9
　作品 樟の森

関門海峡

13963　田中小実昌紀行集　田中小実昌著, 山本容朗選　JTB　2001.12　318p　20cm　2200円　①4-533-04032-2
　作品 海峡の橋をわたって

13964　鉄道全線三十年―車窓紀行 昭和・平成……乗った、撮った、また乗った!!　田中正恭著　心交社　2002.6　371p　19cm　1600円　①4-88302-741-4

13965　日本ぶらり　2　2001年の旅　山下一正著　大阪　サンセン出版　2002.10　228p　19cm　(日本紀行シリーズ 2)　1905円　①4-921038-05-8

13966　ローカル線五感で楽しむおいしい旅―スローな時間を求めて　金久保茂樹著　グラフ社　2008.1　237p　19cm　1143円　①978-4-7662-1113-9

13967　消えた海洋王国 吉備物部一族の正体　関裕二著　新潮社　2016.12　296p　16cm　(新潮文庫―古代史謎解き紀行)〈「古代史謎解き紀行 4」(ポプラ社 2007年刊)の改題　文献あり〉　550円　①978-4-10-136480-3

13968　ニッポン線路つたい歩き　久住昌之著　カンゼン　2017.6　246p　19cm　1500円　①978-4-86255-398-0

旧山口藩庁門

13969　街道をゆく　1　湖西のみち、甲州街道、長州路 ほか　新装版　司馬遼太郎著　朝日新聞

出版 2008.8 291, 8p 15cm (朝日文庫) 600円 ①978-4-02-264440-4

錦帯橋

13970 日本ザンテイ世界遺産に行ってみた。 宮田珠己著 京都 淡交社 2015.7 214p 19cm 1600円 ①978-4-473-04029-9

久賀(周防大島町)

13971 『忘れられた日本人』の舞台を旅する―宮本常一の軌跡 木村哲也著 河出書房新社 2006.2 253p 20cm〈文献あり〉 1800円 ①4-309-22444-X

下松市

13972 瀬戸内・四国スローにお遍路―気まぐれ列車で行こう 種村直樹著 実業之日本社 2005.12 439p 19cm 1800円 ①4-408-00798-6

黒島

13973 島―瀬戸内海をあるく 第1集(1999-2002) 斎藤潤著, 全国離島振興協議会, 日本離島センター監修 神戸 みずのわ出版 2009.10 236p 22cm〈索引あり〉 2800円 ①978-4-944173-72-3

向岸寺

13974 花嫁化鳥 改版 寺山修司著 中央公論社 2008.11 258p 16cm (中公文庫)〈1990年刊の改版〉 705円 ①978-4-12-205073-0
作品 くじら霊異記

佐合島

13975 島―瀬戸内海をあるく 第3集 2007-2008 斎藤潤著, 全国離島振興協議会, 日本離島センター監修 周防大島町(山口県) みずのわ出版 2014.6 255p 22cm〈索引あり〉 3000円 ①978-4-86426-009-1

山陽小野田市

13976 瀬戸内・四国スローにお遍路―気まぐれ列車で行こう 種村直樹著 実業之日本社 2005.12 439p 19cm 1800円 ①4-408-00798-6

下関駅

13977 おんなひとりの鉄道旅 西日本編 矢野直美著 小学館 2008.7 193p 15cm (小学館文庫)〈2005年刊の単行本を2分冊にして文庫化〉 571円 ①978-4-09-408287-6

下関市

13978 旅は道づれ湯はなさけ 辻真先著 徳間書店 1989.5 348p 15cm (徳間文庫) 580円 ①4-19-568760-8

13979 ボーダーを歩く―「境」にみる日本の今 岸本葉子著 コスモの本 1990.12 239p 19cm (COSMO BOOKS) 1200円 ①4-906380-01-8

13980 ふれあいの旅紀行 新田健次著 東京新聞出版局 1992.5 203p 19cm 1300円 ①4-8083-0437-6

13981 異国の見える旅―与那国、舞鶴、そして… 岸本葉子著 小学館 1998.6 219p 15cm (小学館文庫) 419円 ①4-09-402471-9

13982 日本ぶらり 2 2001年の旅 山下一正著 大阪 サンセン出版 2002.10 228p 19cm (日本紀行シリーズ 2) 1905円 ①4-921038-05-8

13983 日本全国ローカル線おいしい旅 嵐山光三郎著 講談社 2004.3 246p 18cm (講談社現代新書) 700円 ①4-06-149710-3

13984 オーストリア皇太子の日本日記―明治二十六年夏の記録 フランツ・フェルディナント著, 安藤勉訳 講談社 2005.9 237p 15cm (講談社学術文庫)〈肖像あり〉 840円 ①4-06-159725-6

13985 瀬戸内・四国スローにお遍路―気まぐれ列車で行こう 種村直樹著 実業之日本社 2005.12 439p 19cm 1800円 ①4-408-00798-6

13986 旬紀行―「とびきり」を味わうためだけの旅 寄本好則著 ディノス 2006.8 167p 20cm〈扶桑社(発売)〉 1667円 ①4-594-05210-X

13987 五足の靴 五人づれ著 岩波書店 2007.5 140p 15cm (岩波文庫) 460円 ①978-4-00-311771-2

13988 渚の旅人 2 ヒラメのあぶない妄想 森沢明夫著 東京地図出版 2008.12 427p 19cm 1450円 ①978-4-8085-8535-8

13989 文豪、偉人の「愛」をたどる旅 黛まどか著 集英社 2009.8 255p 18cm 1048円 ①978-4-08-781427-9

13990 明治紀行文學集 筑摩書房 2013.1 410p 21cm (明治文學全集 94) 7500円 ①978-4-480-10394-9
作品 五足の靴〔与謝野鉄幹・木下杢太郎・北原白秋・平野万里・吉井勇篇〕

13991 ニッポン旅みやげ 池内紀著 青土社 2015.4 162p 20cm 1800円 ①978-4-7917-6852-3

13992 ホリプロ南田の鉄道たずねて三千里 南田裕介著 主婦と生活社 2015.9 143p 21cm 1296円 ①978-4-391-14678-3
目次 1 絶滅危惧車両を追いかけろ!(九州の異端電車103系1500番台, 見学ルポ/下関総合車両所 ほか), 2 レア貨物を追いかけろ!(見学ルポ/大牟田の三井化学専用線, 深夜の博多駅と銀がま ほか), 3 復活してほしい絶滅鉄道(復活してほしい車両, 復活してほしい列車 ほか), 4 ホリプロマネージャー南田裕介ができるまで(連結部に乗るのが好きだった, 王寺駅手前の交響曲に酔いしれた ほか)

下関要塞

13993 戦争廃墟行―DVD BOOK 田中昭二著 学研パブリッシング 2010.10 117p 21cm

中国

〈発売：学研マーケティング〉 2800円 ①978-4-05-404683-2

周南市

13994 極みのローカルグルメ旅 柏井壽著 光文社 2012.2 301p 18cm (光文社新書) 840円 ①978-4-334-03671-3

市立しものせき水族館 海響館

13995 シローの旅 続 速水史朗著 生活の友社 2007.10 289p 19cm〈肖像あり〉 2500円 ①978-4-915919-62-6

新南陽（周南市）

13996 瀬戸内・四国スローにお遍路―気まぐれ列車で行こう 種村直樹著 実業之日本社 2005.12 439p 19cm 1800円 ①4-408-00798-6

周防大島町

13997 私の日本地図 9 瀬戸内海3（周防大島） 宮本常一著, 香月洋一郎編 未来社 2008.3 285, 4p 19cm (宮本常一著作集別集) 2200円 ①978-4-624-92494-2
目次 ふるさとの村, 大畠瀬戸付近, 久賀付近, 内海・浮島, 沖浦・安下庄・立島, 船越・外入・伊崎, 地下室・佐連・沖家室・小積, 森野, 神浦・和佐・小泊, 和田・内入, 馬ケ原・油宇, 伊保田・情島

13998 シェルパ斉藤の島旅はいつも自転車で 斉藤政喜著 二玄社 2010.3 191p 21cm 1500円 ①978-4-544-40046-5

13999 ニッポン周遊記―町の見つけ方・歩き方・つくり方 池内紀著 青土社 2014.7 325p 20cm 2400円 ①978-4-7917-6777-9

粭島

14000 瀬戸内・四国スローにお遍路―気まぐれ列車で行こう 種村直樹著 実業之日本社 2005.12 439p 19cm 1800円 ①4-408-00798-6

仙崎（長門市）

14001 心の虹―詩人のふるさと紀行 増田れい子著 労働旬報社 1996.8 247p 19cm 1800円 ①4-8451-0441-5

仙崎駅

14002 終着駅への旅 JR編 櫻井寛著 JTBパブリッシング 2013.8 222p 19cm 1300円 ①978-4-533-09285-5

袖解橋

14003 街道をゆく 1 湖西のみち、甲州街道、長州路 ほか 新装版 司馬遼太郎著 朝日新聞出版 2008.8 291, 8p 15cm (朝日文庫) 600円 ①978-4-02-264440-4

大寧寺

14004 新編 日本の旅あちこち 木山捷平著 講談社 2015.4 304p 16cm (講談社文芸文庫)〈著作目録あり 年譜あり〉 1600円 ①978-4-06-290268-7

田布施町

14005 瀬戸内・四国スローにお遍路―気まぐれ列車で行こう 種村直樹著 実業之日本社 2005.12 439p 19cm 1800円 ①4-408-00798-6

俵山温泉

14006 いで湯浴泉記 大石真人著 新ハイキング社 1990.12 316p 19cm (新ハイキング選書 第11巻) 1700円 ①4-915184-12-9

壇ノ浦

14007 平家れくいえむ紀行 中石孝著 新潮社 1999.7 269p 20cm 1800円 ①4-10-431101-4

14008 伝説の旅 谷真介著 梟社 2003.9 297p 20cm〈新泉社（発売） 創林社1980年刊の増訂〉 1900円 ①4-7877-6312-1

14009 街道をゆく 1 湖西のみち、甲州街道、長州路 ほか 新装版 司馬遼太郎著 朝日新聞出版 2008.8 291, 8p 15cm (朝日文庫) 600円 ①978-4-02-264440-4

14010 平家巡礼 上原まり著 光文社 2011.12 240p 16cm (光文社知恵の森文庫) 667円 ①978-4-334-78595-6

14011 きまぐれ歴史散歩 池内紀著 中央公論新社 2013.9 228p 18cm (中公新書) 760円 ①978-4-12-102234-9

東光寺（萩市）

14012 百寺巡礼 第8巻 山陰・山陽 五木寛之著 講談社 2009.4 271p 15cm (講談社文庫)〈文献あり 2005年刊の文庫化〉 562円 ①978-4-06-276317-2

徳山（周南市）

14013 準急特快 記者の旅―レイルウェイ・ライターの本 種村直樹著 JTB 2003.5 318p 19cm〈肖像あり 著作目録あり〉 1600円 ①4-533-04777-7

14014 瀬戸内・四国スローにお遍路―気まぐれ列車で行こう 種村直樹著 実業之日本社 2005.12 439p 19cm 1800円 ①4-408-00798-6

14015 五足の靴 五人づれ著 岩波書店 2007.5 140p 15cm (岩波文庫) 460円 ①978-4-00-311771-2

14016 明治紀行文學集 筑摩書房 2013.1 410p 21cm (明治文學全集 94) 7500円 ①978-4-480-10394-9
作品 五足の靴〔与謝野鉄幹・木下杢太郎・北原白秋・平野万里・吉井勇篇〕

長崎（周防大島町）

14017 『忘れられた日本人』の舞台を旅する―宮本常一の軌跡 木村哲也著 河出書房新社

2006.2 253p 20cm〈文献あり〉 1800円 ①4-309-22444-X

長島

14018 瀬戸内・四国スローにお遍路―気まぐれ列車で行こう 種村直樹著 実業之日本社 2005.12 439p 19cm 1800円 ①4-408-00798-6

長門市

14019 バスで田舎へ行く 泉麻人著 筑摩書房 2005.5 296p 15cm （ちくま文庫）〈「バスで、田舎へ行く」(JTB 2001年刊) の改題〉 740円 ①4-480-42079-7

14020 名探偵浅見光彦のニッポン不思議紀行 内田康夫著 集英社 2006.2 270p 16cm （集英社文庫）〈学習研究社2001年刊あり〉 600円 ①4-08-746013-4

14021 渚の旅人 2 ヒラメのあぶない妄想 森沢明夫著 東京地図出版 2008.12 427p 19cm 1450円 ①978-4-8085-8535-8

長門本山駅

14022 終着駅への旅 JR編 櫻井寛著 JTBパブリッシング 2013.8 222p 19cm 1300円 ①978-4-533-09285-5

長門湯本温泉

14023 新編 日本の旅あちこち 木山捷平著 講談社 2015.4 304p 16cm （講談社文芸文庫）〈著作目録あり 年譜あり〉 1600円 ①978-4-06-290268-7

情島（周防大島町）

14024 瀬戸内・四国スローにお遍路―気まぐれ列車で行こう 種村直樹著 実業之日本社 2005.12 439p 19cm 1800円 ①4-408-00798-6

14025 列車三昧日本のはしっこに行ってみた 吉本由美著 講談社 2009.12 232p 16cm （講談社+α文庫）〈『日本のはしっこへ行ってみた』(日本放送出版協会2003年刊) の改題、加筆・再編集〉 667円 ①978-4-06-281334-1

錦川鉄道

14026 車窓はテレビより面白い 宮脇俊三著 徳間書店 1992.8 254p 15cm （徳間文庫）〈1989年刊の文庫化〉 460円 ①4-19-597265-5

14027 各駅下車で行こう！―スロー・トラベル カベルナリア吉田文・写真 東京書籍 2003.4 197p 21cm 1500円 ①4-487-79883-3

野島

14028 瀬戸内・四国スローにお遍路―気まぐれ列車で行こう 種村直樹著 実業之日本社 2005.12 439p 19cm 1800円 ①4-408-00798-6

萩港

14029 島めぐり フェリーで行こう！―スロー・トラベル カベルナリア吉田文・写真 東京書籍 2003.8 207p 21cm 1500円 ①4-487-79884-1

萩市

14030 心の虹―詩人のふるさと紀行 増田れい子著 労働旬報社 1996.8 247p 19cm 1800円 ①4-8451-0441-5

14031 碧い眼の太郎冠者 ドナルド・キーン著 中央公論新社 2001.7 188p 21cm （Chuko on demand books） 2000円 ①4-12-550026-6
作品 十二の印象

14032 時速8キロニッポン縦断 斉藤政喜著 小学館 2003.10 397p 19cm （Be-pal books）〈折り込1枚〉 1500円 ①4-09-366067-0

14033 日本史紀行 奈良本辰也著 たちばな出版 2005.6 357p 19cm 1600円 ①4-8133-1878-9

14034 名探偵浅見光彦のニッポン不思議紀行 内田康夫著 集英社 2006.2 270p 16cm （集英社文庫）〈学習研究社2001年刊あり〉 600円 ①4-08-746013-4

14035 渚の旅人 2 ヒラメのあぶない妄想 森沢明夫著 東京地図出版 2008.12 427p 19cm 1450円 ①978-4-8085-8535-8

14036 瀬戸内寂聴随筆選 第5巻 旅・見はてぬ地図 瀬戸内寂聴著 ゆまに書房 2009.4 219p 19cm （大きな活字で読みやすい本）〈発売：リブリオ出版〉 ①978-4-86057-384-3

14037 歴史を紀行する 新装版 司馬遼太郎著 文藝春秋 2010.2 294p 16cm （文春文庫） 581円 ①978-4-16-766335-3

14038 斑猫の宿 奥本大三郎著 中央公論新社 2011.11 305p 16cm （中公文庫）〈JTB2001年刊あり〉 705円 ①978-4-12-205565-0

14039 私の日本地図 13 萩付近 宮本常一著, 香月洋一郎編 未来社 2013.9 291, 3p 19cm （宮本常一著作集別集）〈同友館 1974年刊の再刊 索引あり〉 2200円 ①978-4-624-92498-0

14040 ちょっとそこまで旅してみよう 益田ミリ著 幻冬舎 2017.4 186p 16cm （幻冬舎文庫）〈「ちょっとそこまでひとり旅だれかと旅」(2013年刊) の改題、書き下ろしを加え再刊〉 460円 ①978-4-344-42598-9

萩城

14041 日本名城紀行 5 山陽・山陰 そびえたつ天守 小学館 1989.5 293p 15cm 600円 ①4-09-401205-2

端島

14042 島―瀬戸内海をあるく 第1集 (1999-2002) 斎藤潤著, 全国離島振興協議会, 日本離島センター監修 神戸 みずのわ出版 2009.10 236p 22cm〈索引あり〉 2800円 ①978-4-944173-72-3

柱島

14043 瀬戸内・四国スローにお遍路―気まぐれ列車で行こう　種村直樹著　実業之日本社　2005.12　439p　19cm　1800円　①4-408-00798-6

14044 島―瀬戸内海をあるく　第1集(1999-2002)　斎藤潤著, 全国離島振興協議会, 日本離島センター監修　神戸　みずのわ出版　2009.10　236p　22cm〈索引あり〉　2800円　①978-4-944173-72-3

幡生駅

14045 鉄道の旅　西日本編　真島満秀写真・文　小学館　2008.4　207p　27cm　2600円　①978-4-09-395502-7

光市

14046 瀬戸内・四国スローにお遍路―気まぐれ列車で行こう　種村直樹著　実業之日本社　2005.12　439p　19cm　1800円　①4-408-00798-6

櫃島

14047 日本《島旅》紀行　斎藤潤著　光文社　2005.3　284p　18cm　(光文社新書)　780円　①4-334-03299-0

平生町

14048 瀬戸内・四国スローにお遍路―気まぐれ列車で行こう　種村直樹著　実業之日本社　2005.12　439p　19cm　1800円　①4-408-00798-6

蓋井島

14049 日本《島旅》紀行　斎藤潤著　光文社　2005.3　284p　18cm　(光文社新書)　780円　①4-334-03299-0

14050 遠藤ケイの島旅日和　遠藤ケイ著　千早書房　2009.8　124p　21cm〈索引あり〉　1600円　①978-4-88492-439-3

船島〔巌流島〕

14051 1泊2日の小島旅　カベルナリア吉田文・写真　阪急コミュニケーションズ　2009.4　199p　19cm　1600円　①978-4-484-09207-2

平郡島

14052 瀬戸内・四国スローにお遍路―気まぐれ列車で行こう　種村直樹著　実業之日本社　2005.12　439p　19cm　1800円　①4-408-00798-6

防府市

14053 夢は枯野を―競輪躁鬱旅行　伊集院静著　講談社　1994.12　343p　15cm　(講談社文庫)〈1993年刊の文庫化〉　560円　①4-06-185833-5

14054 旅あそび―朝日新聞連載「気まま旅」より　河村立司著　大阪　JDC　1997.10　221p　19×19cm〈1989年刊の改訂〉　1300円　①4-89008-220-4

14055 内観紀行―山頭火・才市・啄木・井月　村松基之亮著　富士書店　2003.4　279p　20cm　2300円　①4-89227-053-9

14056 瀬戸内・四国スローにお遍路―気まぐれ列車で行こう　種村直樹著　実業之日本社　2005.12　439p　19cm　1800円　①4-408-00798-6

前島

14057 日本《島旅》紀行　斎藤潤著　光文社　2005.3　284p　18cm　(光文社新書)　780円　①4-334-03299-0

松田屋ホテル

14058 街道をゆく　1　湖西のみち、甲州街道、長州路 ほか　新装版　司馬遼太郎著　朝日新聞出版　2008.8　291, 8p　15cm　(朝日文庫)　600円　①978-4-02-264440-4

見島

14059 島めぐり フェリーで行こう！―スロー・トラベル　カベルナリア吉田文・写真　東京書籍　2003.8　207p　21cm　1500円　①4-487-79884-1

14060 遠藤ケイの島旅日和　遠藤ケイ著　千早書房　2009.8　124p　21cm〈索引あり〉　1600円　①978-4-88492-439-3

14061 斑猫の宿　奥本大三郎著　中央公論新社　2011.11　305p　16cm　(中公文庫)〈JTB2001年刊あり〉　705円　①978-4-12-205565-0

14062 私の日本地図　13　萩付近　宮本常一著, 香月洋一郎編　未来社　2013.9　291, 3p　19cm　(宮本常一著作集別集)〈同友館 1974年刊の再刊　索引あり〉　2200円　①978-4-624-92498-0

向島(防府市)

14063 瀬戸内・四国スローにお遍路―気まぐれ列車で行こう　種村直樹著　実業之日本社　2005.12　439p　19cm　1800円　①4-408-00798-6

六連島

14064 妙好人めぐりの旅―親鸞と生きた人々　伊藤智誠著　京都　法蔵館　2012.10　158p　19cm　1800円　①978-4-8318-2353-3

明倫館

14065 藩校を歩く―温故知新の旅ガイド　河合敦著　アーク出版　2004.5　259p　22cm　1800円　①4-86059-025-2

14066 全国藩校紀行―日本人の精神の原点を訪ねて　中村彰彦著　PHP研究所　2014.12　314p　15cm　(PHP文庫)〈「捜魂記」(文藝春秋 2004年刊)の改題〉　680円　①978-4-569-76280-7

柳井市

14067 行きつ戻りつ　乃南アサ著　文化出版局　2000.5　237p　21cm　1500円　①4-579-30386-5

14068 瀬戸内・四国スローにお遍路―気まぐれ

中国

列車で行こう　種村直樹著　実業之日本社　2005.12　439p　19cm　1800円　①4-408-00798-6

山口市

14069　望郷を旅する　石川啄木ほか著, 作品社編集部編　作品社　1998.4　251p　22cm　(新編・日本随筆紀行 大きな活字で読みやすい本一心にふるさとがある 15)　①4-87893-896-X, 4-87893-807-2

作品　山口の町に花ひらいた青春〔荒正人〕

14070　瀬戸内・四国スローにお遍路―気まぐれ列車で行こう　種村直樹著　実業之日本社　2005.12　439p　19cm　1800円　①4-408-00798-6

14071　日本風景論　池内紀著　角川学芸出版　2009.3　279p　19cm　(角川選書)〈発売：角川グループパブリッシング〉　1600円　①978-4-04-703442-6

湯田温泉

14072　心の虹―詩人のふるさと紀行　増田れい子著　労働旬報社　1996.8　247p　19cm　1800円　①4-8451-0441-5

14073　大変結構、結構大変。―ハラダ九州温泉三昧の旅　原田宗典著　集英社　2003.6　280p　16cm　(集英社文庫)〈1999年刊の文庫化〉　514円　①4-08-747587-5

作品　MOTORCYCLE―波乱万丈のバイク・ツーリング

目次　ADVENTURE―ああ大忙しの別府温泉巡り, BIG―霧島のでっかい温泉を訪ねて, COOKING―南阿蘇のおいしい湯治場, DISCOVER―よおし、福岡を発見してやるぞ, ELEGANT―西海橋にエレガントな温泉を求めて, FISHING―五島で温泉＆釣り三昧の旅, GOLF―阿蘇で初ゴルフに挑戦だ, HERB―おじさん軍団の乙女チックなゆふいん巡り, JAPANESE―嬉野に究極の和を見つけたり, LEGEND―桜島・指宿の伝説を追え, MOTORCYCLE―波乱万丈のバイク・ツーリング, NICE―ナ～イスな旅と言えば長崎, OPEN―オープンでいいじゃないの宮崎, PICTURE―絵になる屋久島, SPECIAL―黒川温泉にてスペシャルな巻末対談

14074　人情温泉紀行―演歌歌手・鏡五郎が訪ねた全国の名湯47選　鏡五郎著　マガジンランド　2008.5　235p　19cm〈年譜あり〉　1238円　①978-4-944101-37-5

14075　山頭火 其中日記　種田山頭火著, 村上護編　春陽堂書店　2011.8　573p　15cm　(山頭火文庫)〈索引あり〉　1200円　①978-4-394-70056-2

瑠璃光寺

14076　街道をゆく　1　湖西のみち、甲州街道、長州路 ほか　新装版　司馬遼太郎著　朝日新聞出版　2008.8　291, 8p　15cm　(朝日文庫)　600円　①978-4-02-264440-4

14077　百寺巡礼　第8巻　山陰・山陽　五木寛之著　講談社　2009.4　271p　15cm　(講談社文庫)〈文献あり　2005年刊の文庫化〉　562円　①978-4-06-276317-2

和木町

14078　瀬戸内・四国スローにお遍路―気まぐれ列車で行こう　種村直樹著　実業之日本社　2005.12　439p　19cm　1800円　①4-408-00798-6

四 国

14079 気まぐれ列車に御招待 種村直樹著 実業之日本社 1989.3 351p 19cm 1200円 ①4-408-00721-8

14080 ナチュラル・ツーリング 続 寺崎勉文, 太田潤写真 ミリオン出版, 大洋図書〔発売〕 1989.4 197p 21cm (OUTRIDER BOOK) 1700円 ①4-88672-042-0

14081 時実新子のじぐざぐ遍路 時実新子著 朝日新聞社 1991.6 295p 19cm 1350円 ①4-02-256314-1

(目次) 春(団蔵入水, さいごの舞台, モラエスの愛, おヨネかコハルか, 高知日曜市 ほか), 夏(鵜小屋の鵜, 山頭火, 行乞行脚, 内子座, 和蠟燭, ウミガメよ ほか), 秋(本島, 太鼓台, 夫婦舟の味, トンボ博士, 龍串散策, 足摺岬, 船大工さん ほか), 冬(嫁入り人形, 銚子渓の猿, サヌカイト, 地獄絵, 杉の大杉, 池田高校・蔦監督 ほか)

14082 第二阿房列車 内田百閒著 福武書店 1991.11 197p 15cm (福武文庫) 500円 ①4-8288-3224-6

14083 第三阿房列車 内田百閒著 福武書店 1992.1 261p 15cm (福武文庫) 600円 ①4-8288-3237-8

(作品) 隧道の白百合—四国阿房列車

14084 汽車旅十五題 種村直樹著 日本交通公社 1992.4 230p 19cm 1300円 ①4-533-01899-8

14085 途中下車の味 宮脇俊三著 新潮社 1992.6 240p 15cm (新潮文庫)〈1988年刊の文庫化〉 360円 ①4-10-126810-X

14086 超貧乏旅 田中良成著 扶桑社 1996.5 302p 15cm (扶桑社文庫)〈1994年刊の文庫化〉 520円 ①4-594-01985-4

14087 山の朝霧 里の湯煙 池内紀著 山と渓谷社 1998.9 254p 20cm 1600円 ①4-635-17132-9

14088 シェルパ斉藤の行きあたりばっ旅 5 斉藤政喜著 小学館 1999.8 253p 15cm (小学館文庫) 457円 ①4-09-411005-4

14089 駅の旅 その2 種村直樹著 自由国民社 2000.1 307p 19cm 1600円 ①4-426-87902-7

14090 夫婦旅せむ 高橋揆一郎著 札幌 北海道新聞社 2000.5 235p 20cm 1800円 ①4-89453-092-9

14091 鉄道全線三十年—車窓紀行 昭和・平成……乗った、撮った、また乗った!! 田中正恭著 心交社 2002.6 371p 19cm 1600円 ①4-88302-741-4

14092 放浪レディ 国井律子著, 倉智成典写真 求龍堂 2002.6 159p 21cm〈肖像あり〉 1400円 ①4-7630-0213-9

(目次) 放浪レディ, 続・放浪レディ, 得手・不得手, 突然の展開, よく訊かれる質問, 北上記, バイト四方山話, トラブル・トラベル, 17歳の日記, 四国の誓い, 最後に最初の沖縄

14093 良寛へ歩く 小林新一文・写真 二玄社 2002.12 173p 26cm 2800円 ①4-544-02039-5

14094 西行巡礼 山折哲雄著 新潮社 2003.1 260p 15cm (新潮文庫)〈「巡礼の思想」(弘文堂1995年刊)の改題〉 438円 ①4-10-108121-2

14095 アタシはバイクで旅に出る。—お湯・酒・鉄馬三拍子紀行 2 国井律子著 枻出版社 2003.3 173p 15cm (枻文庫) 600円 ①4-87099-824-6

14096 日本の食材おいしい旅 向笠千恵子著 集英社 2003.7 250p 18cm (集英社新書) 700円 ①4-08-720202-X

14097 鉄道を書く 種村直樹著 中央書院 2003.8 318p 20cm (種村直樹自選作品集6 (1980-1983)) 2500円 ①4-88732-134-1

14098 時速8キロニッポン縦断 斉藤政喜著 小学館 2003.10 397p 19cm (Be-pal books)〈折り込1枚〉 1500円 ①4-09-366067-0

14099 万葉の旅 下 改訂新版 犬養孝著 平凡社 2004.4 379p 16cm (平凡社ライブラリー)〈社会思想社1964年刊の増訂 文献あり〉 1200円 ①4-582-76494-0

14100 出たとこ勝負のバイク日本一周 実践編 小林ゆき著 枻出版社 2004.10 155p 15cm (枻文庫) 650円 ①4-7779-0199-8

14101 野球の国 奥田英朗著 光文社 2005.3 244p 16cm (光文社文庫) 476円 ①4-334-73841-9

14102 いしかわ世界紀行 いしかわじゅん著 毎日新聞社 2005.9 229p 19cm 1500円 ①4-620-31737-3

14103 お札行脚 フレデリック・スタール著, 山口昌男監修 国書刊行会 2007.3 702p 22cm (知の自由人叢書) 12000円 ①978-4-336-04716-8

(作品) 御札行脚—四国行脚

14104 鉄道の旅 西日本編 真島満秀写真・文 小学館 2008.4 207p 27cm 2600円 ①978-4-09-395502-7

14105 鉄子の旅写真日記 矢野直美著 阪急コミュニケーションズ 2008.8 182p 19cm 1500円 ①978-4-484-08219-6

14106 賀曽利隆の300日3000湯めぐり日本一周

—6万5000キロのバイク旅　上巻　賀曽利隆著　昭文社　2008.9　286p　21cm　1600円　①978-4-398-21116-3

14107　ぶらぶらヂンヂン古書の旅　北尾トロ著　文藝春秋　2009.6　239p　16cm　（文春文庫）〈風塵社2007年刊の増補〉　590円　①978-4-16-775383-2

14108　味な旅 舌の旅　改版　宇能鴻一郎著　中央公論新社　2010.10　239p　16cm　（中公文庫）〈初版：中央公論社1980年刊〉　705円　①978-4-12-205391-5

14109　宮本常一 旅の手帖—村里の風物　宮本常一著, 田村善次郎編　八坂書房　2010.10　259p　20cm　2000円　①978-4-89694-965-0

作品 四国民俗採訪録抄

14110　山折哲雄の新・四国遍路　山折哲雄著, 黒田仁朗同行人　PHP研究所　2014.7　205p　18cm　（PHP新書）　800円　①978-4-569-81963-1

目次 第1章 新しい四国遍路の提案（ひとりで歩いても「同行二人」, 弘法大師空海生誕の地, 留学で得た密教を広める, 私が四国へ向かったいきさつ ほか）, 第2章 四国文化へのまなざし（海の民と遍路始祖, 幕末・明治の道標 ほか）, 第3章 同行人・黒田仁朗の道中雑記（愛媛県今治市, 愛媛県松山市 ほか）, 第4章 四国、神の道と仏の道（先祖崇拝と氏神信仰…伊豫豆比古命神社、長曽我部延昭氏との対談, 四国霊場開創千二百年を迎えて…善通寺樫原禅澄氏との対談）

14111　紀行せよ、と村上春樹は言う　鈴村和成著　未来社　2014.9　360p　20cm〈著作目録あり〉　2800円　①978-4-624-60116-4

作品 村上春樹の四国、中国を行く

14112　日本ザンテイ世界遺産に行ってみた。　宮田珠己著　京都　淡交社　2015.7　214p　19cm　1600円　①978-4-473-04029-9

14113　来ちゃった　酒井順子文, ほしよりこ画　小学館　2016.3　317p　15cm　（小学館文庫）〈2011年刊の増補〉　620円　①978-4-09-406277-9

14114　私なりに絶景—ニッポンわがまま観光記　宮田珠己著　廣済堂出版　2017.2　244p　19cm　1600円　①978-4-331-52080-2

14115　日本ボロ宿紀行—懐かしの人情宿でホッコリしよう　上明戸聡著　鉄人社　2017.7　287p　15cm　（鉄人文庫）　680円　①978-4-86537-092-8

阿佐線

14116　駅の旅　その2　種村直樹著　自由国民社　2000.1　307p　19cm　1600円　①4-426-87902-7

足摺宇和海国立公園

14117　東京を歩く　立松和平著, 黒古一夫編　勉誠出版　2006.4　343p　22cm　（立松和平日本を歩く 第7巻）　2600円　①4-585-01177-3

高徳線

14118　のんびり各駅停車　谷崎竜著　講談社　2009.6　229p　15cm　（講談社文庫）　857円　①978-4-06-276382-0

四国八十八箇所

14119　日本探見二泊三日　宮脇俊三著　角川書店　1994.3　231p　15cm　（角川文庫）　430円　①4-04-159807-9

14120　今夜も空の下—シェルパ斉藤の行きあたりばっ旅　2　斉藤政喜著　小学館　1996.3　287p　19cm　（BE-PAL BOOKS）　1100円　①4-09-366063-8

14121　神仏に祈る　金田一京助ほか著, 作品社編集部編　作品社　1998.4　243p　22cm　（新編・日本随筆紀行 大きな活字で読みやすい本—心にふるさとがある 13）　①4-87893-894-3, 4-87893-807-2

作品 四国遍路〔佃実夫〕

14122　シェルパ斉藤の行きあたりばっ旅　3　斉藤政喜著　小学館　1998.8　253p　16cm　（小学館文庫）　457円　①4-09-411003-8

14123　人は何によって輝くのか　神渡良平著　PHP研究所　1999.5　277p　19cm　1500円　①4-569-60589-3

目次 プロローグ 人は何によって輝くのか, 第1章 四国遍路は内面の旅路だった—魂にささやきかける声, 第2章 根雪が解けて、水がぬるむと…—過去へのこだわりを捨てる旅, 第3章 絶望を超えてつかむ希望—アウシュビッツからイスラエルへの旅, 第4章 神々の住処への旅—ヒマラヤ、そしてフィンドホーン, エピローグ 人生の主人公になる

14124　四国八十八か所ガイジン夏遍路　クレイグ・マクラクラン著, 橋本恵訳　小学館　2000.7　346p　15cm　（小学館文庫）　638円　①4-09-411153-0

目次 第1章 外人お遍路さん, 第2章 嘆く坊主, 第3章 室戸岬へ, 第4章 土佐での挑戦, 第5章 山中での悪戦苦闘, 第6章 急ぎ遍路と歩き遍路, 第7章 しきたり通りの遍路, 第8章 つながる輪

14125　四国遍路　辰濃和男著　岩波書店　2001.4　248p　18cm　（岩波新書）　780円　①4-00-430727-9

目次 1 徳島・へんろ道（誘われる, 着る ほか）, 2 高知・へんろ道（解き放つ, 突き破る ほか）, 3 愛媛・へんろ道（痛む, 泊まる ほか）, 4 香川・へんろ道（哭く, 死ぬ ほか）, 番外 登る

14126　きょうはお遍路日和　馬淵公介著　双葉社　2001.11　273p　19cm　1500円　①4-575-29278-8

目次 除夜の鐘ではじまる星遍路・徳島県, 善根宿の肝っ玉母さんに呼び止められて, 木漏れ日の道で聞く、大人の夢, 室戸岬で夜明けの洞窟に入ってみる, お遍路最大の難所は、国道とトンネルである, 六月は四万十川でカヌー初体験, 愛媛県、菩提の道場で考える日本のお父さんのノルマと効率, 理想の民宿にて、久方ぶりの二日酔い, 夏遍路、内子町の美しき家並みに寄る, カヌー仲間と再会する, 秋遍路の伊予路で手記に親しむ, お遍路で男が泣くとき, お遍路最後の難所は女体山

14127　四国遍路　1（阿波・徳島編）　発心　横山良一写真・文　角川書店　2002.3　188p

四国

21cm 2900円 ①4-04-883732-X
(目次) 霊山寺, 極楽寺, 金泉寺, 大日寺, 地蔵寺, 安楽寺, 十楽寺, 熊谷寺, 法輪寺, 切幡寺〔ほか〕

14128 四国遍路 2(土佐・高知編) 修行 横山良一写真・文 角川書店 2002.3 132p 21cm 2500円 ①4-04-883733-8
(目次) 最御崎寺, 津照寺, 金剛頂寺, 神峯寺, 大日寺, 国分寺, 善楽寺, 竹林寺, 禅師峰寺, 雪蹊寺〔ほか〕

14129 四国霊場徒歩遍路 小野庄一著 中央公論新社 2002.4 172p 21cm 1700円 ①4-12-003260-4

14130 四国遍路 3(伊予愛媛編) 菩提 横山良一写真・文 角川書店 2002.7 212p 21cm 2900円 ①4-04-883758-3

14131 四国遍路 4(讃岐香川編) 涅槃 横山良一写真・文 角川書店 2002.7 188p 21cm 2900円 ①4-04-883759-1

14132 「お四国さん」の快楽―It's a beautiful day 横山良一著 講談社 2002.11 270p 20cm 1600円 ①4-06-211557-3
(目次) 第1章 阿波之国・徳島(ラッシュアワーの旅立ち, 何を持っていけばいいのか ほか), 第2章 土佐之国・高知(隣の寺まで八十キロメートル!, サーファーがくれた菓子パン ほか), 第3章 伊予之国・愛媛(二回目の国境越え, お接待する立場 ほか), 第4章 讃岐之国・香川(四国霊場最高峰に辿り着く, 同行二人はいつから始まるのか ほか)

14133 内観紀行―山頭火・才市・啄木・井月 村松基之亮著 富士書店 2003.4 279p 20cm 2300円 ①4-89227-053-9

14134 山頭火と四国遍路 横山良一文・写真 平凡社 2003.9 129p 22cm (コロナ・ブックス)〈年譜あり〉 1600円 ①4-582-63406-0
(目次) 山頭火最後の放浪, 種田山頭火とは, 始まりは母の自殺, 尾崎放哉と金子光晴, 放浪行乞, 再び、魂の旅へ、そして庵住, 山頭火を知る最後の俳友, ひよいと四国へ, 松山にて, 句日記つけつつ, 遍路日記, 再び、松山へ, 終の栖「一草庵」の日々

14135 時速8キロニッポン縦断 斉藤政喜著 小学館 2003.10 397p 19cm (Be-pal books)〈折り込1枚〉 1500円 ①4-09-366067-0

14136 娘巡礼記 高群逸枝著, 堀場清子校注 岩波書店 2004.5 334p 15cm (岩波文庫) 760円 ①4-00-381061-9
(目次) 出立(巡礼前記, 大津より, 大津から立野へ ほか), いよいよ四国へ(八幡浜へ, 月夜の野宿, 明石寺へ ほか), 瀬戸内のみち(始めて瀬戸内海に, 屋島見ゆ, 八栗屋島 ほか)

14137 お遍路 高群逸枝著 中央公論新社 2004.9 275p 16cm (中公文庫) 1286円 ①4-12-204414-6
(目次) 発端(八十八ケ所由来, 私の家, 遍路の支度), 伊予〔上〕(出立, 大窪越え, 善根宿), 土佐(大和丸, 雨ごもり, 遍路墓), 阿波(曼珠沙華, 苦難のはて, 山林仏教), 讃岐(大坂越え, 乞食宿の感想, 那是ヶ嶺), 伊予〔下〕(秋暁早発, 石槌山にて, 道後湯の町), 帰路(八幡浜まで, 豊後へ), 後記

14138 準・歩き遍路のすすめ 横井寛著 講談社 2005.3 237p 18cm (講談社+α新書) 876円 ①4-06-272304-2
(目次) 第1章 発心の道場―阿波の札所を歩く(一日目―第一番霊山寺、第二番極楽寺、第三番金泉寺、番外愛染院、第四番大日寺、番外五百羅漢、第五番地蔵寺、第六番安楽寺, 二日目―第七番十楽寺、第八番熊谷寺、第九番法輪寺、第十番切幡寺、第十一番藤井寺 ほか), 第2章 修行の道場―土佐の札所を歩く(八日目―番外御厨人窟、第二十四番最御崎寺, 九日目―第二十五番津照寺、第二十六番金剛頂寺、第二十七番神峰寺 ほか), 第3章 菩提の道場―伊予の札所を歩く(十九日目―第四十四番大宝寺、第四十五番岩屋寺、逼割禅定, 二十日目―番外於久万大師堂、第四十六番浄瑠璃寺 ほか), 第4章 涅槃の道場―讃岐の札所を歩く(二十六日目―第六十五番三角寺、番外別格十四番常福寺「椿堂」, 二十七日目―第六十六番雲辺寺、第六十七番大興寺、第七十番本山寺 ほか)

14139 私のお遍路日記―歩いて回る四国88カ所 佐藤光代文 吹田 西日本出版社 2005.3 296p 19cm〈絵:浦谷さおり〉 1400円 ①4-901908-08-1
(目次) お遍路1日め「一番札所霊山寺～五番札所地蔵寺」, お遍路2日め「六番札所安楽山寺～十番札所切幡寺」, お遍路3日め「十一番札所藤井寺～十二番札所焼山寺」, お遍路4日め「十三番札所大日寺～十五番札所国分寺」, お遍路5日め「十六番札所観音寺～十八番札所恩山寺」, お遍路6日め「十九番札所立江寺」, お遍路7日め「二十番札所鶴林寺～二十一番札所太竜寺」, お遍路8日め「二十二番札所平等寺～二十三番札所薬王寺」, お遍路9日め「番外道場鯖大師～二十四番札所最御崎寺へ」, お遍路10日め「二十四番札所最御崎寺へ」〔ほか〕

14140 シェルパ斉藤の犬と旅に出よう 斉藤政喜著 新潮社 2005.7 269p 16cm (新潮文庫) 476円 ①4-10-100422-6
(目次) はじめに, コラム 犬との旅に欠かせない装備, 第一章 サンポと行く九州耕うん機の旅, コラム 交通機関を使いこなす, 1. 犬を列車やバスに乗せるには, 2. 犬連れヒッチハイクの極意, 3. タクシーはドライバー次第, 4. レンタカーはどうか, 5. 改善された飛行機の旅, 6. フェリーはペットルームがお奨め, 第二章 ヒマラヤの犬, コラム 海外に連れていく, 第三章 トッポ初登山, コラム 「犬連れ登山禁止」って何?, 第四章 トッポお遍路の旅, コラム クルマは犬連れ旅の基本, 1. 犬を自家用車に乗せる, 2. 犬連れ旅仕様のクルマ, コラム 「犬連れOK」の宿が増えている, コラム 野宿もまた楽し, 第五章 ニホ追悼の旅に出た, あとがきにかえて, 犬のプロフィール, 解説 野田知佑

14141 西日本を歩く 立松和平著, 黒古一夫編 勉誠出版 2006.4 372p 22cm (立松和平日本を歩く 第4巻) 2600円 ①4-585-01174-9

14142 歩き遍路―土を踏み風に祈る。それだけでいい。 辰濃和男著 海竜社 2006.7 342p 20cm 1700円 ①4-7593-0935-7
(目次) へんろ道の人びと(もう、あの日には戻らない, 元はみなお遍路さんだった, 満足行, 「善根宿」と「ねぐら」), 徳島(気楽に、歩いて、自然にとけこむ ほか), 高知(なぜお遍路に?, 海よ ほか), へんろ道の人びと(ヘンロ小屋を創る, 一泊666円 ほか), 愛媛(歩くことは苦しくて楽しい, つらいぶん、いいこともある ほか), 香川(残りの姿, 再生 ほか)

14143 風に抱かれて―本谷美加子の四国巡礼

本谷美加子著　高知　高知新聞社　2006.11　212p　21cm〈高知 高知新聞企業(発売)〉　1714円　①4-87503-162-9
(内容) オカリナ奏者・本谷美加子の四国八十八カ所遍路紀行文。

14144　出会いを求めて同行二人―漢詩で綴る・四国八十八寺歩き遍路紀行　堀内秀雄著　中野　北信エルシーネット北信ローカル事業部　2006.11　320p　21cm　1500円　①4-9903302-0-X

14145　時計回りの遊行―歌人のゆく四国遍路　玉井清弘著　本阿弥書店　2007.6　184p　19cm　1800円　①978-4-7768-0363-8
(目次) どこで寝るの, 同行三人, 同行二人, スタンプラリー, 歩いて四国遍路, いよいよ出発, 金剛杖, 先へ先への思い, 巧みな遍路道の配置, 益子のぬくもり〔ほか〕

14146　幸福論　須藤元気著　ランダムハウス講談社　2007.10　198p　15cm〈ネコ・パブリッシング2005年刊あり〉　760円　①978-4-270-10131-5
(目次) 序章 Prologue, 第1章 The Long And Winding Road, 第2章 Honesty, 第3章 Never Mind, 第4章 Time To Say Goodbye, 終章 Epilogue, あとがき Postscript

14147　ママチャリお遍路1200km―サラリーマン転覆隊　本田亮著　小学館　2008.7　223p　19cm　1600円　①978-4-09-366464-6
(目次) 1番・霊山寺, 2番・極楽寺, 3番・金泉寺, 4番・大日寺, 5番・地蔵寺, 6番・安楽寺, 7番・十楽寺, 8番・熊谷寺, 9番・法輪寺, 10番・切幡寺〔ほか〕

14148　四国八十八ケ所 感情巡礼　車谷長吉著　文藝春秋　2008.9　142p　20cm〈著作目録あり〉　1200円　①978-4-16-370570-5
(目次) 阿波の雪, 土佐の風, 伊予の桜, 讃岐の霞, 附録 お四国巡礼の記

14149　四国八十八カ所―わたしの遍路旅 カラー版　石川文洋著　岩波書店　2008.9　198p　18cm　(岩波新書)　1000円　①978-4-00-431151-5
(目次) 序にかえて―戦争と命を考える旅, 第1章 冬の阿波徳島県1番札所霊山寺～23番札所薬王寺, 第2章 春の土佐高知県24番札所最御崎寺～39番札所延光寺, 第3章 真夏の伊予愛媛県40番札所観自在寺～65番札所三角寺, 第4章 初夏の讃岐香川県66番札所雲辺寺～88番札所大窪寺, 終章 晩秋のお礼参り

14150　僕が遍路になった理由(わけ)―野宿で行く四国霊場巡りの旅　新装版　早坂隆著　連合出版　2009.2　227p　19cm　1700円　①978-4-89772-242-9

14151　男は遍路に立ち向かえ―歩き遍路四十二日間の挑戦　森哲志著　長崎出版　2009.4　323p　19cm　1800円　①978-4-86095-323-2
(目次) 第1章 発心の道場 阿波・二十三札所、二二〇・五キロ(第一日・六月二十九日 苦悶の十六キロ, 第二日・六月三十日 若者たちとの出会い ほか), 第2章 修業の道場 土佐・十六札所、三八三・四キロ(第九日・七月七日 怪物の雄叫び, 第十日・七月八日 友ができる道 ほか), 第3章 菩薩の道場 伊予・二十六札所、三五九・七キロ(第二十五日・七月二十三日 空を求める心, 第二十六日・七月二十四日 壮絶なる闘い ほか), 第4章 涅槃の道場 讃岐・二十三札所、一五二・八キロ(第三十七日・八月四日 告白, 第三十八日・八月五日 幻現る ほか)

14152　ぶらりおへんろ旅―空海と仏像に会いにいく!　田中ひろみ著　吹田　西日本出版社　2010.3　159p　19cm〈文献あり〉　1300円　①978-4-901908-56-6

14153　四元奈生美の四国遍路に行ってきマッシュ!　四元奈生美著　PHP研究所　2010.3　140p　21cm　1500円　①978-4-569-70887-4
(目次) 第1章 お遍路への目覚め 徳島(1200キロの旅の始まり, 春爛漫の阿波の路をゆく ほか), 第2章 厳しくてあたたかい道場 高知(いざ、修行の道場へ, お大師さまの「空と海」 ほか), 第3章 自分らしさを見つける旅 愛媛(修行から菩提へ, 食欲の秋・伊予の秋 ほか), 第4章 笑顔と感謝の遍路道 香川(八十八か所の最高峰へ, おいしい香川 ほか)

14154　行かねばなるまい　杉山久子著　松山　創風社出版　2011.6　179p　19cm　1200円　①978-4-86037-161-6

14155　山頭火 一草庵日記・随筆　種田山頭火著, 村上護編　春陽堂書店　2011.8　534p　15cm　(山頭火文庫)〈索引あり〉　1200円　①978-4-394-70057-9
[作品] 四国遍路日記
(目次) 四国遍路日記, 松山日記, 一草庵日記, 随筆(個人誌「三八九」全六集,「其中日記」所収の手記・随想, 諸誌掲載の随筆, 寸言集(「層雲」掲載))

14156　バツイチおへんろ　森知子著　双葉社　2011.9　283p　19cm〈文献あり〉　1600円　①978-4-575-30355-1
(目次) おへんろへの道, てくてく徳島編―1番霊山寺～23番薬王寺, くらくら高知編―24番最御崎寺～39番延光寺, ちくちく愛媛編―40番観自在寺～65番三角寺, うふうふ香川編―66番雲辺寺～88番大窪寺, 高野山、そしてお礼参り

14157　用もないのに　奥田英朗著　文藝春秋　2012.1　221p　16cm　(文春文庫)〈2009年刊の文庫化〉　467円　①978-4-16-771104-7
[作品] 四国お遍路歩き旅

14158　だいたい四国八十八ケ所　宮田珠己著　集英社　2014.1　349p　16cm　(集英社文庫)〈本の雑誌社 2011年刊の再刊〉　700円　①978-4-08-745153-5
(目次) 1章 一番霊山寺から、徳島駅まで, 2章 徳島駅から、土佐一宮駅まで, 3章 土佐一宮駅から、四万十大橋まで, 4章 宇和島駅から、今治駅まで, 5章 土佐昭和から、南レク御荘公園前バス停まで, 6章 尾道から、伊予三島駅まで, 7章 伊予三島駅から、高松駅まで, 8章 南レク御荘公園前バス停から、宇和島駅まで/高松駅から、六番安楽寺まで

14159　総理とお遍路　菅直人著　KADOKAWA　2015.10　211p　18cm　(角川新書)〈年譜あり〉　820円　①978-4-04-082016-3
(目次) 第1章「お遍路」前史―司馬遼太郎、空海、高野山, 第2章「お遍路」の始まり, 第3章 お遍路の間は、不悪口, 第4章 高知県との縁が深まる, 第5章 遠くて近かった政権交代, 第6章 政権時代, 第7章 総理退任後のお遍路, 第8章 結願

14160　フランスからお遍路にきました。　マ

リー＝エディット・ラヴァル著, 鈴木孝弥訳 イースト・プレス 2016.7 277p 19cm 1600円 ①978-4-7816-1450-2
(目次) 第1章 "自由の鍵"第一霊場～第二十三霊場(阿波(現：徳島県))―発心の道場(敷居の向こうに, 東洋の光, 地面を踏みしめて, シンプルな歓喜), 第2章 "軽やかさの鍵"第二十四霊場～第三十九霊場(土佐(現：高知県))―修行の道場(自然の学舎で, 進行中の人生, 世界に目がくらむ, 光(菩薩)へ向かうタラップ), 第3章 "この地の鍵"第四十霊場～第六十五霊場(伊予(現：愛媛県))―菩提の道場(存在することの味わい, あるがままの道, 英知の断片, 生命の歌), 第4章 "天国の鍵"第六十六霊場～第八十八霊場(讃岐(現：香川県))―涅槃の道場(不思議の糸, 絶対的なものに対するおののき, 無限の祝賀), 第5章 "常にもっと先へ、常にもっと高く！"(ULTREIA E SUS EIA！)(わたしの歩みの向こうに, 天空の鍵, 通過儀礼の道、変化の鍵)

瀬戸内地方

14161 日本その日その日 3 E.S.モース著, 石川欣一訳 平凡社 1990.1 236p 18cm (東洋文庫)〈第16刷(第1刷：1971年) 著者の肖像あり〉 1800円 ①4-582-80179-X

14162 時刻表すみずみ紀行 2 西日本編 櫻井寛写真・文 トラベルジャーナル 1996.11 117p 21cm 1545円 ①4-89559-372-X

14163 にっぽん・海風魚旅 怪し火さすらい編 椎名誠著 講談社 2003.7 325p 15cm (講談社文庫)〈2000年刊の文庫化〉 800円 ①4-06-273797-3

14164 鉄子の旅写真日記 矢野直美著 阪急コミュニケーションズ 2008.8 182p 19cm 1500円 ①978-4-484-08219-6

14165 新編 幻視の旅―安水稔和初期散文集 安水稔和著 沖積舎 2010.3 239p 20cm 3000円 ①978-4-8060-4113-9

14166 鍋釜天幕団ジープ焚き火旅―あやしい探検隊さすらい篇 椎名誠編 KADOKAWA 2015.2 187p 15cm (角川文庫)〈本の雑誌社1999年刊の加筆修正〉 440円 ①978-4-04-102321-1

14167 旅の食卓 池内紀著 亜紀書房 2016.8 233p 19cm 1600円 ①978-4-7505-1480-2

14168 日本ボロ宿紀行―懐かしの人情宿でホッコリしよう 上明戸聡著 鉄人社 2017.7 287p 15cm (鉄人文庫) 680円 ①978-4-86537-092-8

瀬戸内海

14169 日本漫遊記 種村季弘著 筑摩書房 1989.6 236p 19cm 1540円 ①4-480-82267-4

14170 ヤポネシア讃歌 立松和平著 講談社 1990.6 261p 19cm 1200円 ①4-06-204887-6

14171 極楽トンボのハミング紀行 岳真也著 廣済堂出版 1990.7 267p 19cm (TRAVEL ESSAYS'80) 1000円 ①4-331-50292-9

14172 泊酒喝采―美味、美酒、佳宿、掘り出し旅行記 相井寿著 大阪 朱鷺書房 1992.1 209p 18cm 1000円 ①4-88602-904-3

14173 風のオデッセイ―本州沿岸ぐるり徒歩の旅 榛谷泰明著 光雲社, 星雲社〔発売〕 1994.2 192p 19cm 1600円 ①4-7952-7313-8

14174 シェルパ斉藤の行きあたりばっ旅 3 斉藤政喜著 小学館 1998.8 253p 16cm (小学館文庫) 457円 ①4-09-411003-8

14175 シェルパ斉藤の行きあたりばっ旅 5 斉藤政喜著 小学館 1999.8 253p 15cm (小学館文庫) 457円 ①4-09-411005-4

14176 キプリングの日本発見 ラドヤード・キプリング著, ヒュー・コータッツィ, ジョージ・ウェッブ編, 加納孝代訳 中央公論新社 2002.6 535p 20cm 4500円 ①4-12-003282-5

14177 ちいさい旅みーつけた 俵万智著, 平地勲写真 集英社 2003.5 251p 16cm (集英社be文庫) 695円 ①4-08-650028-0

14178 日本史紀行 奈良本辰也著 たちばな出版 2005.6 357p 19cm 1600円 ①4-8133-1878-9

14179 日本浪漫紀行―風景、歴史、人情に魅せられて 呉善花著 PHP研究所 2005.10 259p 18cm (PHP新書) 740円 ①4-569-64157-1

14180 日本紀行「開戦前夜」 フェレイラ・デ・カストロ著, 阿部孝次訳 彩流社 2006.2 202p 20cm〈文献あり〉 1900円 ①4-7791-1143-9

14181 東京を歩く 立松和平著, 黒古一夫編 勉誠出版 2006.4 343p 22cm (立松和平日本を歩く 第7巻) 2600円 ①4-585-01177-3

14182 西日本を歩く 立松和平著, 黒古一夫編 勉誠出版 2006.4 372p 22cm (立松和平日本を歩く 第4巻) 2600円 ①4-585-01174-9

14183 にっぽん・海風魚旅 4(大漁旗ぶるぶる乱風編) 椎名誠著 講談社 2008.7 394p 15cm (講談社文庫)〈2005年刊の文庫化〉 857円 ①978-4-06-276097-3

14184 島―瀬戸内海をあるく 第1集(1999-2002) 斎藤潤著, 全国離島振興協議会, 日本離島センター監修 神戸 みずのわ出版 2009.10 236p 22cm〈索引あり〉 2800円 ①978-4-944173-72-3

14185 私の日本地図 6 芸予の海 瀬戸内海 2 宮本常一著, 香月洋一郎編 未来社 2011.2 287, 5p 19cm (宮本常一著作集別集)〈索引あり〉 2200円 ①978-4-624-92491-1

14186 日本その日その日 エドワード・シルヴェスター・モース著, 石川欣一訳 講談社 2013.6 339p 15cm (講談社学術文庫)〈文献あり 著作目録あり〉 960円 ①978-4-06-292178-7

14187 近松秋江全集 第7巻 オンデマンド版 近松秋江著, 紅野敏郎, 和田謹吾, 中尾務, 遠藤英雄, 田沢基久, 笹瀬王子編集委員 八木書店古書出版部 2014.2 502, 34p 21cm〈初版：八木書店 1993年刊 印刷・製本：デジタルパブリッシングサービス 発売：八木書店〉 12000円 ①978-4-8406-3492-2

作品 瀬戸内海

14188 島―瀬戸内海をあるく 第3集 2007–2008 斎藤潤著, 全国離島振興協議会, 日本離島センター監修 周防大島町(山口県) みずのわ出版 2014.6 255p 22cm〈索引あり〉 3000円 ①978-4-86426-009-1

14189 私の日本地図 4 瀬戸内海 1(広島湾付近) 宮本常一著, 香月洋一郎編 未来社 2014.7 306, 4p 19cm (宮本常一著作集別集)〈同友館 1968年刊の再刊 索引あり〉 2400円 ①978-4-624-92489-8

14190 うつくしい列島―地理学的名所紀行 池澤夏樹著 河出書房新社 2015.11 308p 20cm 1800円 ①978-4-309-02425-7

土讃線

14191 日本縦断「ローカル列車」を乗りこなす 種村直樹著 青春出版社 2006.6 205p 18cm (青春新書インテリジェンス) 730円 ①4-413-04147-X

14192 鉄道の旅 西日本編 真島満秀写真・文 小学館 2008.4 207p 27cm 2600円 ①978-4-09-395502-7

14193 父・宮脇俊三が愛したレールの響きを追って 宮脇灯子著 JTBパブリッシング 2008.8 223p 19cm〈写真：小林写函〉 1500円 ①978-4-533-07200-0

仁淀川

14194 サラリーマン転覆隊門前払い 本田亮著 フレーベル館 2000.3 273p 20cm 1600円 ①4-577-70183-9

14195 カワムツの朝、テナガエビの夜―こぎおろしエッセイ 野田知佑著 小学館 2003.10 262p 20cm 1200円 ①4-09-366330-0

予讃線

14196 日本縦断「ローカル列車」を乗りこなす 種村直樹著 青春出版社 2006.6 205p 18cm (青春新書インテリジェンス) 730円 ①4-413-04147-X

14197 ローカル線五感で楽しむおいしい旅―スローな時間を求めて 金久保茂樹著 グラフ社 2008.1 237p 19cm 1143円 ①978-4-7662-1113-9

14198 鉄道の旅 西日本編 真島満秀写真・文 小学館 2008.4 207p 27cm 2600円 ①978-4-09-395502-7

14199 おんなひとりの鉄道旅 西日本編 矢野直美著 小学館 2008.7 193p 15cm (小学館文庫)〈2005年刊の単行本を2分冊にして文庫化〉 571円 ①978-4-09-408287-6

吉野川

14200 川からの眺め 野田知佑著 新潮社 1995.10 188p 15cm (新潮文庫)〈ブロンズ新社1992年刊あり〉 360円 ①4-10-141008-9

14201 サラリーマン転覆隊が行く！ 上巻 本田亮著 フレーベル館 1997.4 315p 20cm 1600円 ①4-577-70120-0

14202 カヌー犬・ガク 野田知佑著 小学館 1998.1 218p 16cm (小学館文庫) 438円 ①4-09-411021-6

作品 吾輩はガクであるII

14203 川へふたたび 野田知佑著 小学館 1998.7 361p 15cm (小学館文庫)〈1993年刊の文庫化〉 571円 ①4-09-411022-4

14204 ハーモニカとカヌー 野田知佑著 新潮社 2002.6 303p 16cm (新潮文庫)〈小学館1999年刊あり〉 552円 ①4-10-141012-7

14205 日本タナゴ釣り紀行―小さな野性美を求めて列島縦断 葛島一美, 熊谷正裕著 つり人社 2011.1 176p 28cm 2500円 ①978-4-88536-188-3

予土線

14206 乗ってけ鉄道―列島なりゆき日誌 伊東徹秀著 札幌 柏艪舎 2007.7 187p 19cm〈星雲社(発売)〉 1300円 ①978-4-434-10860-0

14207 一両列車のゆるり旅 下川裕治, 中田浩資著 双葉社 2015.6 364p 15cm (双葉文庫) 694円 ①978-4-575-71436-4

徳島県

14208 いつか旅するひとへ 勝谷誠彦著 潮出版社 1998.8 234p 20cm 1200円 ①4-267-01499-X

14209 ちいさい旅みーつけた 俵万智著, 平地勲写真 集英社 2003.5 251p 16cm (集英社be文庫) 695円 ①4-08-650028-0

14210 ものがたり風土記 続 阿刀田高著 集英社 2003.9 385p 16cm (集英社文庫)〈著作目録あり 2001年刊の文庫化〉 667円 ①4-08-747617-0

14211 妣(はは)の国への旅―私の履歴書 谷川健一著 日本経済新聞出版社 2009.1 309p 20cm 2600円 ①978-4-532-16680-9

作品 阿波

14212 谷川健一全集 第10巻(民俗 2) 女の風土記 埋もれた日本地図(抄録) 黒潮の民俗学(抄録) 谷川健一著 冨山房インターナショナル 2010.1 574, 27p 23cm〈付属資料：8p：月報 no.14 索引あり〉 6500円 ①978-4-902385-84-7

作品 阿波―粟の信仰と海人族の足音

14213 週末夜汽車紀行 西村健太郎著 アルファポリス 2011.5 303p 15cm (アルファポリス文庫)〈発売：星雲社 2010年刊の文庫化〉 620円 ①978-4-434-15582-6

14214 唄めぐり 石田千著 新潮社 2015.4 401p 20cm〈文献あり〉 2300円 ①978-4-10-303453-7

14215 日本全国津々うりゃうりゃ 仕事逃亡編 宮田珠己著 廣済堂出版 2015.10 245p 19cm 1500円 ①978-4-331-51963-9

14216 ふらり旅 いい酒 いい肴 3 太田和彦著 主婦の友社 2016.5 135p 21cm 1400円 ①978-4-07-403235-8

藍住町

14217 瀬戸内こころの旅路 山と渓谷社 2000.1 285p 20cm (旅の紀行&エッセイ) 1400円 ①4-635-28044-6
作品 阿波、藍色紀行〔入江織美〕

愛染院

14218 西日本を歩く 立松和平著, 黒古一夫編 勉誠出版 2006.4 372p 22cm (立松和平日本を歩く 第4巻) 2600円 ①4-585-01174-9

阿佐海岸鉄道

14219 ぶらり全国乗り歩き 種村直樹著 中央書院 1994.9 221p 19cm 1500円 ①4-924420-98-0

阿波市

14220 日本の色を歩く 吉岡幸雄著 平凡社 2007.10 230p 18cm (平凡社新書) 840円 ①978-4-582-85396-4

安楽寺

14221 江原啓之 神紀行 2(四国・出雲・広島) 江原啓之著 マガジンハウス 2005.12 95p 21cm (スピリチュアル・サンクチュアリシリーズ) 952円 ①4-8387-1621-4

池田(三好市)

14222 街道をゆく 32 阿波紀行、紀ノ川流域 新装版 司馬遼太郎著 朝日新聞出版 2009.3 266, 8p 15cm (朝日文庫)〈初版:朝日新聞社1993年刊〉 640円 ①978-4-02-264486-2

石井町

14223 瀬戸内こころの旅路 山と渓谷社 2000.1 285p 20cm (旅の紀行&エッセイ) 1400円 ①4-635-28044-6
作品 阿波、藍色紀行〔入江織美〕

井戸寺

14224 見仏記 2 仏友篇 いとうせいこう, みうらじゅん著 角川書店 1999.1 332p 15cm (角川文庫)〈中央公論社 1995年刊の文庫化〉 724円 ①4-04-184603-X

祖谷(三好市)

14225 日本列島幸せ探し 山根基世著 講談社 1993.9 271p 19cm 1400円 ①4-06-204994-5

14226 汽車旅12カ月 宮脇俊三著 河出書房新社 2010.1 231p 15cm (河出文庫) 680円 ①978-4-309-40999-3

14227 ニッポンの山里 池内紀著 山と渓谷社 2013.1 254p 20cm 1500円 ①978-4-635-28067-9

14228 原風景のなかへ 安野光雅著 山川出版社 2013.7 215p 20cm 1600円 ①978-4-634-15044-7

祖谷温泉

14229 秘湯を求めて 2 ないしょの秘湯 藤嶽彰英著 (大阪)保育社 1989.12 185p 19cm 1350円 ①4-586-61102-2

14230 いで湯浴泉記 大石真人著 新ハイキング社 1990.12 316p 19cm (新ハイキング選書 第11巻) 1700円 ①4-915184-12-9

14231 人情温泉紀行―演歌歌手・鏡五郎が訪ねた全国の名湯47選 鏡五郎著 マガジンランド 2008.5 235p 19cm〈年譜あり〉 1238円 ①978-4-944101-37-5

祖谷のかずら橋

14232 街道をゆく 32 阿波紀行、紀ノ川流域 新装版 司馬遼太郎著 朝日新聞出版 2009.3 266, 8p 15cm (朝日文庫)〈初版:朝日新聞社1993年刊〉 640円 ①978-4-02-264486-2

雲辺寺

14233 用もないのに 奥田英朗著 文藝春秋 2012.1 221p 16cm (文春文庫)〈2009年刊の文庫化〉 467円 ①978-4-16-771104-7
作品 四国お遍路歩き旅

大麻比古神社

14234 街道をゆく 32 阿波紀行、紀ノ川流域 新装版 司馬遼太郎著 朝日新聞出版 2009.3 266, 8p 15cm (朝日文庫)〈初版:朝日新聞社1993年刊〉 640円 ①978-4-02-264486-2

大谷(鳴門市)

14235 瀬戸内こころの旅路 山と渓谷社 2000.1 285p 20cm (旅の紀行&エッセイ) 1400円 ①4-635-28044-6
作品 阿波、藍色紀行〔入江織美〕

落合峠

14236 瀬戸内こころの旅路 山と渓谷社 2000.1 285p 20cm (旅の紀行&エッセイ) 1400円 ①4-635-28044-6
作品 平家落人の道をたどる〔みなみらんぼう〕

お松大権現

14237 猫めぐり日本列島 中田謹介著 筑波書房 2005.4 172p 21cm 2200円 ①4-8119-0281-5

海部駅

14238 終着駅への旅 JR編 櫻井寛著 JTBパブリッシング 2013.8 222p 19cm 1300円 ①978-4-533-09285-5

上板町

14239 染めと織りと祈り 立松和平著 アスペ

クト　2000.3　261p　21cm　2200円　①4-7572-0705-0

熊谷寺

14240　江原啓之 神紀行　2（四国・出雲・広島）　江原啓之著　マガジンハウス　2005.12　95p　21cm　（スピリチュアル・サンクチュアリシリーズ）　952円　①4-8387-1621-4

極楽寺

14241　見仏記　2　仏友篇　いとうせいこう, みうらじゅん著　角川書店　1999.1　332p　15cm　（角川文庫）〈中央公論社 1995年刊の文庫化〉　724円　①4-04-184603-X

14242　江原啓之 神紀行　2（四国・出雲・広島）　江原啓之著　マガジンハウス　2005.12　95p　21cm　（スピリチュアル・サンクチュアリシリーズ）　952円　①4-8387-1621-4

14243　西日本を歩く　立松和平著, 黒古一夫編　勉誠出版　2006.4　372p　22cm　（立松和平日本を歩く 第4巻）　2600円　①4-585-01174-9

木屋平

14244　忘れられた日本の村　筒井功著　河出書房新社　2016.5　237p　20cm　1800円　①978-4-309-22668-2

作品 阿波山岳武士の村と天皇家を結ぶ糸

金泉寺

14245　江原啓之 神紀行　2（四国・出雲・広島）　江原啓之著　マガジンハウス　2005.12　95p　21cm　（スピリチュアル・サンクチュアリシリーズ）　952円　①4-8387-1621-4

地蔵寺

14246　江原啓之 神紀行　2（四国・出雲・広島）　江原啓之著　マガジンハウス　2005.12　95p　21cm　（スピリチュアル・サンクチュアリシリーズ）　952円　①4-8387-1621-4

十楽寺

14247　江原啓之 神紀行　2（四国・出雲・広島）　江原啓之著　マガジンハウス　2005.12　95p　21cm　（スピリチュアル・サンクチュアリシリーズ）　952円　①4-8387-1621-4

勝瑞城跡

14248　街道をゆく　32　阿波紀行、紀ノ川流域　新装版　司馬遼太郎著　朝日新聞出版　2009.3　266, 8p　15cm　（朝日文庫）〈初版：朝日新聞社1993年刊〉　640円　①978-4-02-264486-2

丈六寺

14249　見仏記　2　仏友篇　いとうせいこう, みうらじゅん著　角川書店　1999.1　332p　15cm　（角川文庫）〈中央公論社 1995年刊の文庫化〉　724円　①4-04-184603-X

大日寺（板野町）

14250　江原啓之 神紀行　2（四国・出雲・広島）　江原啓之著　マガジンハウス　2005.12　95p　21cm　（スピリチュアル・サンクチュアリシリーズ）　952円　①4-8387-1621-4

太龍寺

14251　マンダラ紀行　森敦著　筑摩書房　1989.12　160p　15cm　（ちくま文庫）　460円　①4-480-02358-5

作品 大日の分かつ金胎求め来て坂を下ればへうべうの海

14252　意味の変容 マンダラ紀行　森敦著　講談社　2012.1　276p　16cm　（講談社文芸文庫）〈年譜あり　著作目録あり〉　1400円　①978-4-06-290147-5

作品 マンダラ紀行―大日の分かつ金胎求め来て坂を下ればへうべうの海

長久館

14253　全国藩校紀行―日本人の精神の原点を訪ねて　中村彰彦著　PHP研究所　2014.12　314p　15cm　（PHP文庫）〈「捜魂記」（文藝春秋 2004年刊）の改題〉　680円　①978-4-569-76280-7

潮明寺

14254　街道をゆく　32　阿波紀行、紀ノ川流域　新装版　司馬遼太郎著　朝日新聞出版　2009.3　266, 8p　15cm　（朝日文庫）〈初版：朝日新聞社1993年刊〉　640円　①978-4-02-264486-2

剣山

14255　山の朝霧 里の湯煙　池内紀著　山と渓谷社　1998.9　254p　20cm　1600円　①4-635-17132-9

14256　百霊峰巡礼　第2集　立松和平著　東京新聞出版局　2008.4　307p　20cm　1800円　①978-4-8083-0893-3

14257　ひとつとなりの山　池内紀著　光文社　2008.10　269p　18cm　（光文社新書）　800円　①978-4-334-03476-4

14258　わが愛する山々　深田久弥著　山と溪谷社　2011.6　381p　15cm　（ヤマケイ文庫）〈年譜あり〉　1000円　①978-4-635-04730-2

14259　神社めぐりをしていたらエルサレムに立っていた　鶴田真由著　幻冬舎　2017.6　159p 図版16p　20cm〈文献あり〉　1300円　①978-4-344-03125-8

堂浦（鳴門市）

14260　街道をゆく　32　阿波紀行、紀ノ川流域　新装版　司馬遼太郎著　朝日新聞出版　2009.3　266, 8p　15cm　（朝日文庫）〈初版：朝日新聞社1993年刊〉　640円　①978-4-02-264486-2

徳島市

14261　遊覧街道　中沢けい著　リクルート出版　1989.5　206p　18cm　1200円

14262　碧い眼の太郎冠者　ドナルド・キーン著　中央公論新社　2001.7　188p　21cm　（Chuko on demand books）　2000円　①4-12-550026-6

作品 四国さかさ巡礼記

14263 文豪、偉人の「愛」をたどる旅　黛まどか著　集英社　2009.8　255p　18cm　1048円　①978-4-08-781427-9

14264 日本再発見―芸術風土記　岡本太郎著　KADOKAWA　2015.7　293p　15cm　（角川ソフィア文庫）〈新潮社 1958年刊の再刊〉　1000円　①978-4-04-409488-1

徳島線

14265 一両列車のゆるり旅　下川裕治, 中田浩資著　双葉社　2015.6　364p　15cm　（双葉文庫）　694円　①978-4-575-71436-4

徳島鳴門線

14266 ニッポン線路つたい歩き　久住昌之著　カンゼン　2017.6　246p　19cm　1500円　①978-4-86255-398-0

土讃線旧線

14267 日本廃線鉄道紀行　大倉乾吾著　文芸春秋　2004.10　239p　16cm　（文春文庫plus）　562円　①4-16-766066-0

那珂川

14268 カヌー犬・ガク　野田知佑著　小学館　1998.1　218p　16cm　（小学館文庫）　438円　①4-09-411021-6

作品 犬の人生

14269 カヌー式生活　野田知佑著　文芸春秋　1999.8　259p　20cm　1381円　①4-16-355550-1

鳴門駅

14270 終着駅への旅　JR編　櫻井寛著　JTBパブリッシング　2013.8　222p　19cm　1300円　①978-4-533-09285-5

鳴門海峡

14271 紀行文集 無明一杖　上甲平谷著　谷沢書房　1988.7　339p　19cm　2500円

作品 紀南から四国へ

14272 マンダラ紀行　森敦著　筑摩書房　1989.12　160p　15cm　（ちくま文庫）　460円　①4-480-02358-5

作品 大日の分かつ金胎求め来て坂を下ればへうべうの海

14273 碧い眼の太郎冠者　ドナルド・キーン著　中央公論新社　2001.7　188p　21cm　（Chuko on demand books）　2000円　①4-12-550026-6

作品 四国さかさ巡礼記

14274 四国霊場徒歩遍路　小野庄一著　中央公論新社　2002.4　172p　21cm　1700円　①4-12-003260-4

14275 ほろ酔い旅　たつみ都志著　新風舎　2003.11　126p　19cm　1200円　①4-7974-3527-5

14276 シローの旅　続　速水史朗著　生活の友社　2007.10　289p　19cm〈肖像あり〉　2500円　①978-4-915919-62-6

14277 にっぽん・海風魚旅　4（大漁旗ぶるぶる乱風編）　椎名誠著　講談社　2008.7　394p　15cm　（講談社文庫）〈2005年刊の文庫化〉　857円　①978-4-06-276097-3

14278 意味の変容 マンダラ紀行　森敦著　講談社　2012.1　276p　16cm　（講談社文芸文庫）〈年譜あり　著作目録あり〉　1400円　①978-4-06-290147-5

作品 マンダラ紀行―大日の分かつ金胎求め来て坂を下ればへうべうの海

鳴門市

14279 街道をゆく　32　阿波紀行、紀ノ川流域　新装版　司馬遼太郎著　朝日新聞出版　2009.3　266, 8p　15cm　（朝日文庫）〈初版：朝日新聞社1993年刊〉　640円　①978-4-02-264486-2

14280 きまぐれ歴史散歩　池内紀著　中央公論新社　2013.9　228p　18cm　（中公新書）　760円　①978-4-12-102234-9

鳴門線

14281 一両列車のゆるり旅　下川裕治, 中田浩資著　双葉社　2015.6　364p　15cm　（双葉文庫）　694円　①978-4-575-71436-4

眉山

14282 日本十六景―四季を旅する　森本哲郎著　PHP研究所　2008.8　336p　15cm　（PHP文庫）〈「ぼくの日本十六景」（新潮社2001年刊）の改題〉　648円　①978-4-569-67070-6

14283 文豪、偉人の「愛」をたどる旅　黛まどか著　集英社　2009.8　255p　18cm　1048円　①978-4-08-781427-9

日和佐町

14284 なつかしい川、ふるさとの流れ　野田知佑著　新潮社　2005.6　263p　16cm　（新潮文庫）〈「ぼくの還る川 pt.2」（小学館2001年刊）の改題〉　514円　①4-10-141014-3

目次 第1章 北薩の暖流（南国の川, 川内川のボタテ漁ほか）, 第2章 ユーコンの川旅（テズリン川（前編）, テズリン川（後編））, 第3章 日和佐へ（浮き球野球と薩摩軍, リバーキーパー ほか）, 第4章 世界の川、日本の川（夜ボリ, 火振り漁と彼岸花 ほか）

宝蔵石神社

14285 神社めぐりをしていたらエルサレムに立っていた　鶴田真由著　幻冬舎　2017.6　159p 図版16p　20cm〈文献あり〉　1300円　①978-4-344-03125-8

法輪寺

14286 江原啓之 神紀行　2（四国・出雲・広島）　江原啓之著　マガジンハウス　2005.12　95p　21cm　（スピリチュアル・サンクチュアリシリーズ）　952円　①4-8387-1621-4

牟岐線

14287 一両列車のゆるり旅　下川裕治, 中田浩

四国

資著　双葉社　2015.6　364p　15cm　(双葉文庫)　694円　①978-4-575-71436-4

撫養街道

14288　街道をゆく　32　阿波紀行、紀ノ川流域　新装版　司馬遼太郎著　朝日新聞出版　2009.3　266, 8p　15cm　(朝日文庫)〈初版：朝日新聞社1993年刊〉　640円　①978-4-02-264486-2

霊山寺

14289　マンダラ紀行　森敦著　筑摩書房　1989.12　160p　15cm　(ちくま文庫)　460円　①4-480-02358-5

作品 大日の分かつ金胎求め来て坂を下ればへうべうの海

14290　江原啓之 神紀行　2(四国・出雲・広島)　江原啓之著　マガジンハウス　2005.12　95p　21cm　(スピリチュアル・サンクチュアリシリーズ)　952円　①4-8387-1621-4

14291　西日本を歩く　立松和平著, 黒古一夫編　勉誠出版　2006.4　372p　22cm　(立松和平日本を歩く 第4巻)　2600円　①4-585-01174-9

14292　街道をゆく　32　阿波紀行、紀ノ川流域　新装版　司馬遼太郎著　朝日新聞出版　2009.3　266, 8p　15cm　(朝日文庫)〈初版：朝日新聞社1993年刊〉　640円　①978-4-02-264486-2

14293　百寺巡礼　第10巻　四国・九州　五木寛之著　講談社　2009.6　272p　15cm　(講談社文庫)〈文献あり　2005年刊の文庫化〉　562円　①978-4-06-276319-6

(目次) 第九十一番 観世音寺―境内に響く千三百年の鐘の余韻, 第九十二番 梅林寺―托鉢の雲水に雪が降りしきる, 第九十三番 善通寺―空海の生地に根をはる原日本のすがた, 第九十四番 霊山寺―遍路の旅の出発点「一番さん」, 第九十五番 興福寺―隠元が来日してはじめて訪れた唐寺, 第九十六番 崇福寺―海を渡る中国の人びとが信じた媽祖神, 第九十七番 本妙寺―加藤清正が眠る庶民信仰の寺, 第九十八番 人吉別院―命がけで守りつづけた「隠れ念仏」, 第九十九番 富貴寺―自然のなかで育まれた仏教のかたち, 第百番 羅漢寺―石段をのぼりつづけて、満願成就

14294　意味の変容 マンダラ紀行　森敦著　講談社　2012.1　276p　16cm　(講談社文芸文庫)〈年譜あり　著作目録あり〉　1400円　①978-4-06-290147-5

作品 マンダラ紀行―大日の分かつ金胎求め来て坂を下ればへうべうの海

脇町(美馬市)

14295　瀬戸内こころの旅路　山と渓谷社　2000.1　285p　20cm　(旅の紀行&エッセイ)　1400円　①4-635-28044-6

作品 吉野川溯って卯建の町へ―脇町〔竹内紘子〕

14296　スローな旅で行こう―シェルパ斉藤の週末ニッポン再発見　斉藤政喜著　小学館　2004.10　255p　19cm　(Dime books)　1200円　①4-09-366068-9

14297　街道をゆく　32　阿波紀行、紀ノ川流域　新装版　司馬遼太郎著　朝日新聞出版　2009.3　266, 8p　15cm　(朝日文庫)〈初版：朝日新聞社1993年刊〉　640円　①978-4-02-264486-2

14298　ニッポン発見記　池内紀著　中央公論新社　2012.4　211p　16cm　(中公文庫)〈講談社現代新書 2004年刊の再刊〉　590円　①978-4-12-205630-5

香川県

14299　くりこ姫のトラブル・トラベリング　くりこ姫著　桜桃書房　1997.6　135p　19cm　1000円　①4-7567-0454-9

14300　いつか旅するひとへ　勝谷誠彦著　潮出版社　1998.8　234p　20cm　1200円　①4-267-01499-X

14301　碧い眼の太郎冠者　ドナルド・キーン著　中央公論新社　2001.7　188p　21cm　(Chuko on demand books)　2000円　①4-12-550026-6

作品 讃岐たぬき紀行

14302　にっぽん鉄道旅行の魅力　野田隆著　平凡社　2004.5　193p　18cm　(平凡社新書)　780円　①4-582-85227-0

14303　辺境・近境　新装版　村上春樹著　新潮社　2008.2　252p　20cm〈1998年刊, 2000年刊(文庫)あり〉　1600円　①978-4-10-353421-1

14304　道の先まで行ってやれ！―自転車で、飲んで笑って、涙する旅　石田ゆうすけ著　幻冬舎　2009.7　303p　20cm　1500円　①978-4-344-01710-8

14305　すすれ！麺の甲子園　椎名誠著　新潮社　2010.10　365p　16cm　(新潮文庫)　590円　①978-4-10-144836-7

14306　夢幻抄　白洲正子著　世界文化社　2010.11　322p　21cm〈5刷 1997年刊の造本変更〉　1600円　①978-4-418-10514-4

作品 西行―讃岐への旅

14307　妙好人めぐりの旅―親鸞と生きた人々　伊藤智誠著　京都　法蔵館　2012.10　158p　19cm　1800円　①978-4-8318-2353-3

14308　私の日本地図　12　瀬戸内海 4(備讃の瀬戸付近)　宮本常一著, 香月洋一郎編　未来社　2015.1　290, 4p　19cm　(宮本常一著作集別集)〈同友館 1973年刊の再刊　索引あり〉　2400円　①978-4-624-92497-3

14309　唄めぐり　石田千著　新潮社　2015.4　401p　20cm〈文献あり〉　2300円　①978-4-10-303453-7

14310　またたび　菊池亜希子著　宝島社　2016.12　190p　19×19cm　1400円　①978-4-8002-5815-1

14311　おいしいものは田舎にある―日本ふーど記　改版　玉村豊男著　中央公論新社　2017.1　245p　16cm　(中公文庫)〈初版のタイトル等：日本ふーど記(日本交通公社 1984年刊)〉　700

円 ①978-4-12-206351-8

浅野地区(高松市)

14312 愛の手紙―青い地球を駆ける芸術家・ライールさん発 〔新装版〕 クロード・ライール著, 宇田英男訳 アドリブ 1993.12 254p 19cm 2300円 ①4-900632-72-4

伊吹島

14313 遠藤ケイの島旅日和 遠藤ケイ著 千早書房 2009.8 124p 21cm〈索引あり〉 1600円 ①978-4-88492-439-3

14314 島―瀬戸内海をあるく 第1集(1999-2002) 斎藤潤著, 全国離島振興協議会, 日本離島センター監修 神戸 みずのわ出版 2009.10 236p 22cm〈索引あり〉 2800円 ①978-4-944173-72-3

14315 ニッポン島遺産 斎藤潤著 実業之日本社 2016.8 191p 19cm 1600円 ①978-4-408-00889-9

弥谷寺

14316 用もないのに 奥田英朗著 文藝春秋 2012.1 221p 16cm (文春文庫)〈2009年刊の文庫化〉 467円 ①978-4-16-771104-7
作品 四国お遍路歩き旅

岩黒島

14317 1泊2日の小島旅 カベルナリア吉田文・写真 阪急コミュニケーションズ 2009.4 199p 19cm 1600円 ①978-4-484-09207-2

14318 島―瀬戸内海をあるく 第3集 2007-2008 斎藤潤著, 全国離島振興協議会, 日本離島センター監修 周防大島町(山口県) みずのわ出版 2014.6 255p 22cm〈索引あり〉 3000円 ①978-4-86426-009-1

宇高連絡船

14319 遙かなる汽車旅 種村直樹著 日本交通公社出版事業局 1996.8 270p 19cm 1500円 ①4-533-02531-5

14320 ぞっこん鉄道今昔―昭和の鉄道撮影地への旅 櫻井寛写真・文 朝日新聞出版 2012.8 205p 21cm 2300円 ①978-4-02-331112-1

牛島

14321 島―瀬戸内海をあるく 第1集(1999-2002) 斎藤潤著, 全国離島振興協議会, 日本離島センター監修 神戸 みずのわ出版 2009.10 236p 22cm〈索引あり〉 2800円 ①978-4-944173-72-3

宇多津

14322 鉄道の旅 西日本編 真島満秀写真・文 小学館 2008.4 207p 27cm 2600円 ①978-4-09-395502-7

大窪寺

14323 マンダラ紀行 森敦著 筑摩書房 1989.12 160p 15cm (ちくま文庫) 460円 ①4-480-02358-5
作品 大日の分かつ金胎求め来て坂を下ればへうべうの海

14324 意味の変容 マンダラ紀行 森敦著 講談社 2012.1 276p 16cm (講談社文芸文庫)〈年譜あり 著作目録あり〉 1400円 ①978-4-06-290147-5
作品 マンダラ紀行―大日の分かつ金胎求め来て坂を下ればへうべうの海

大島(高松市)

14325 島―瀬戸内海をあるく 第2集(2003-2006) 斎藤潤著, 全国離島振興協議会, 日本離島センター監修 神戸 みずのわ出版 2010.9 211p 22cm〈索引あり〉 2800円 ①978-4-86426-002-2

14326 狙われた島―数奇な運命に弄ばれた19の島 カベルナリア吉田著 アルファベータブックス 2018.2 222p 21cm 1800円 ①978-4-86598-048-6

男木島

14327 にっぽん猫島紀行 瀬戸内みなみ著 イースト・プレス 2017.6 238p 18cm (イースト新書)〈文献あり〉 861円 ①978-4-7816-5087-6

小手島

14328 島―瀬戸内海をあるく 第3集 2007-2008 斎藤潤著, 全国離島振興協議会, 日本離島センター監修 周防大島町(山口県) みずのわ出版 2014.6 255p 22cm〈索引あり〉 3000円 ①978-4-86426-009-1

観音寺(観音寺市)

14329 用もないのに 奥田英朗著 文藝春秋 2012.1 221p 16cm (文春文庫)〈2009年刊の文庫化〉 467円 ①978-4-16-771104-7
作品 四国お遍路歩き旅

甲山寺

14330 用もないのに 奥田英朗著 文藝春秋 2012.1 221p 16cm (文春文庫)〈2009年刊の文庫化〉 467円 ①978-4-16-771104-7
作品 四国お遍路歩き旅

金刀比羅宮

14331 遊覧街道 中沢けい著 リクルート出版 1989.5 206p 18cm 1200円

14332 50ccバイク日本一周2万キロ 賀曽利隆著 日本交通公社出版事業局 1990.11 285p 19cm 1300円 ①4-533-01631-6

14333 旅は青空 小沢昭一的こころ 小沢昭一, 宮腰太郎著 新潮社 1991.8 317p 15cm (新潮文庫) 400円 ①4-10-131308-3

14334 江原啓之 神紀行 2(四国・出雲・広島) 江原啓之著 マガジンハウス 2005.12 95p 21cm (スピリチュアル・サンクチュアリシリーズ) 952円 ①4-8387-1621-4

14335 西日本を歩く　立松和平著, 黒古一夫編　勉誠出版　2006.4　372p　22cm　(立松和平日本を歩く 第4巻)　2600円　①4-585-01174-9

14336 脳で旅する日本のクオリア　茂木健一郎著　小学館　2009.7　255p　19cm　1500円　①978-4-09-387855-5

琴平参宮電鉄

14337 鉄道廃線跡の旅　宮脇俊三著　角川書店　2003.4　187p　15cm　(角川文庫)〈「七つの廃線跡」(JTB2001年刊)の改題〉　438円　①4-04-159810-9

琴平町

14338 遊覧街道　中沢けい著　リクルート出版　1989.5　206p　18cm　1200円

14339 碧い眼の太郎冠者　ドナルド・キーン著　中央公論新社　2001.7　188p　21cm　(Chuko on demand books)　2000円　①4-12-550026-6
作品 四国さかさ巡礼記

14340 役者気取り　三谷幸喜著　朝日新聞社　2008.3　209p　19cm　(三谷幸喜のありふれた生活 6)　1100円　①978-4-02-250324-4
目次 助演絶品のミュージカル映画, 他人の日記の中の僕って, 久しぶりに妻と向かい合って, こんぴら歌舞伎へ一人旅, 芝居小屋で江戸時代を体感, あこがれていた特殊メーク, マスク装着、老人に近づく, 自由で幸せだった老人体験, 何が変わった？ 模様替え, 掻き揚げに心安らぎ、胸痛み〔ほか〕

14341 もいちど修学旅行をしてみたいと思ったのだ　北尾トロ著, 中川カンゴロー写真　小学館　2008.4　239p　19cm　1300円　①978-4-09-379784-9

14342 新発見 より道街あるき　大竹誠著　パロル舎　2008.6　187p　21cm　1600円　①978-4-89419-073-3

14343 日本風景論　池内紀著　角川学芸出版　2009.3　279p　19cm　(角川選書)〈発売：角川グループパブリッシング〉　1600円　①978-4-04-703442-6

14344 来ちゃった　酒井順子文, ほしよりこ画　小学館　2016.3　317p　15cm　(小学館文庫)〈2011年刊の増補〉　620円　①978-4-09-406277-9

小与島

14345 島—瀬戸内海をあるく　第3集　2007-2008　斎藤潤著, 全国離島振興協議会, 日本離島センター監修　周防大島町(山口県)　みずのわ出版　2014.6　255p　22cm〈索引あり〉　3000円　①978-4-86426-009-1

こんぴら温泉郷

14346 人情温泉紀行—演歌歌手・鏡五郎が訪ねた全国の名湯47選　鏡五郎著　マガジンランド　2008.5　235p　19cm〈年譜あり〉　1238円　①978-4-944101-37-5

坂出臨港線

14347 日本廃線鉄道紀行　大倉乾吾著　文芸春秋　2004.10　239p　16cm　(文春文庫plus)　562円　①4-16-766066-0

佐柳島

14348 にっぽん猫島紀行　瀬戸内みなみ著　イースト・プレス　2017.6　238p　18cm　(イースト新書)〈文献あり〉　861円　①978-4-7816-5087-6

志々島

14349 にっぽん猫島紀行　瀬戸内みなみ著　イースト・プレス　2017.6　238p　18cm　(イースト新書)〈文献あり〉　861円　①978-4-7816-5087-6

出釈迦寺

14350 用もないのに　奥田英朗著　文藝春秋　2012.1　221p　16cm　(文春文庫)〈2009年刊の文庫化〉　467円　①978-4-16-771104-7
作品 四国お遍路歩き旅

小豆島

14351 イトシンののんびりツーリング　伊東信著　造形社　1988.5　175p　21cm　1300円　①4-88172-031-7

14352 瀬戸内こころの旅路　山と渓谷社　2000.1　285p　20cm　(旅の紀行＆エッセイ)　1400円　①4-635-28044-6
作品 二十四の瞳たちの海と空—小豆島〔森崎和江〕

14353 文学の風景をゆく—カメラ紀行　小松健一著　PHP研究所　2003.6　238p　18cm　(PHPエル新書)　950円　①4-569-62977-6

14354 時速8キロニッポン縦断　斉藤政喜著　小学館　2003.10　397p　19cm　(Be-pal books)〈折り込1枚〉　1500円　①4-09-366067-0

14355 日本史紀行　奈良本辰也著　たちばな出版　2005.6　357p　19cm　1600円　①4-8133-1878-9

14356 国井律子のハーレー日本一周—20代最後のひとり旅　国井律子著　小学館　2007.1　155p　21cm　1500円　①4-09-366534-6

14357 もいちど修学旅行をしてみたいと思ったのだ　北尾トロ著, 中川カンゴロー写真　小学館　2008.4　239p　19cm　1300円　①978-4-09-379784-9

14358 僕が遍路になった理由(わけ)—野宿で行く四国霊場巡りの旅　新装版　早坂隆著　連合出版　2009.2　227p　19cm　1700円　①978-4-89772-242-9

14359 遠藤ケイの島旅日和　遠藤ケイ著　千早書房　2009.8　124p　21cm〈索引あり〉　1600円　①978-4-88492-439-3

14360 釣って開いて干して食う。　嵐山光三郎著　光文社　2010.4　274p　16cm　(光文社文庫)　571円　①978-4-334-74769-5

14361 原風景のなかへ 安野光雅著 山川出版社 2013.7 215p 20cm 1600円 ①978-4-634-15044-7

14362 ニッポン島遺産 斎藤潤著 実業之日本社 2016.8 191p 19cm 1600円 ①978-4-408-00889-9

14363 旅は道づれ雪月花 高峰秀子, 松山善三著 中央公論新社 2016.11 306p 16cm (中公文庫)〈ハースト婦人画報社 2012年刊の再刊〉 760円 ①978-4-12-206315-0

小豆島大観音

14364 晴れた日は巨大仏を見に 宮田珠己著 幻冬舎 2009.10 342p 16cm (幻冬舎文庫)〈文献あり 白水社2004年刊あり〉 648円 ①978-4-344-41380-1

白峯寺

14365 妣(はは)の国への旅—私の履歴書 谷川健一著 日本経済新聞出版社 2009.1 309p 20cm 2600円 ①978-4-532-16680-9
[作品] 白峯紀行

14366 谷川健一全集 第10巻(民俗 2) 女の風土記 埋もれた日本地図(抄録) 黒潮の民俗学(抄録) 谷川健一著 冨山房インターナショナル 2010.1 574, 27p 23cm〈付属資料:8p: 月報 no.14 索引あり〉 6500円 ①978-4-902385-84-7
[作品] 白峯紀行

塩飽諸島

14367 宮本常一 旅の手帖 愛しき島々 宮本常一著, 田村善次郎編 八坂書房 2011.10 213p 20cm 2000円 ①978-4-89694-983-4

神恵院

14368 用もないのに 奥田英朗著 文藝春秋 2012.1 221p 16cm (文春文庫)〈2009年刊の文庫化〉 467円 ①978-4-16-771104-7
[作品] 四国お遍路歩き旅

瀬戸大橋

14369 線路のない時刻表 宮脇俊三著 新潮社 1989.4 204p 15cm (新潮文庫) 280円 ①4-10-126807-X

14370 旅は自由席 宮脇俊三著 新潮社 1995.3 283p 15cm (新潮文庫)〈1991年刊の文庫化〉 440円 ①4-10-126811-8

瀬戸大橋線

14371 新顔鉄道乗り歩き 種村直樹著 中央書院 1990.2 302p 19cm 1400円 ①4-924420-44-1

14372 車窓はテレビより面白い 宮脇俊三著 徳間書店 1992.8 254p 15cm (徳間文庫)〈1989年刊の文庫化〉 460円 ①4-19-597265-5

14373 線路の果てに旅がある 宮脇俊三著 新潮社 1997.1 227p 15cm (新潮文庫)〈小学館1994年刊あり〉 400円 ①4-10-126813-4

14374 日本縦断「ローカル列車」を乗りこなす 種村直樹著 青春出版社 2006.6 205p 18cm (青春新書インテリジェンス) 730円 ①4-413-04147-X

善通寺

14375 マンダラ紀行 森敦著 筑摩書房 1989.12 160p 15cm (ちくま文庫) 460円 ①4-480-02358-5
[作品] 大日の分かつ金胎求め来て坂を下ればへうべうの海

14376 百寺巡礼 第10巻 四国・九州 五木寛之著 講談社 2009.6 272p 15cm (講談社文庫)〈文献あり 2005年刊の文庫化〉 562円 ①978-4-06-276319-6

14377 意味の変容 マンダラ紀行 森敦著 講談社 2012.1 276p 16cm (講談社文芸文庫)〈年譜あり 著作目録あり〉 1400円 ①978-4-06-290147-5
[作品] マンダラ紀行—大日の分かつ金胎求め来て坂を下ればへうべうの海

14378 用もないのに 奥田英朗著 文藝春秋 2012.1 221p 16cm (文春文庫)〈2009年刊の文庫化〉 467円 ①978-4-16-771104-7
[作品] 四国お遍路歩き旅

善通寺市

14379 田中小実昌紀行集 田中小実昌著, 山本容朗選 JTB 2001.12 318p 20cm 2200円 ①4-533-04032-2
[作品] さくら・さくら

14380 日本風景論 池内紀著 角川学芸出版 2009.3 279p 19cm (角川選書)〈発売:角川グループパブリッシング〉 1600円 ①978-4-04-703442-6

大興寺

14381 用もないのに 奥田英朗著 文藝春秋 2012.1 221p 16cm (文春文庫)〈2009年刊の文庫化〉 467円 ①978-4-16-771104-7
[作品] 四国お遍路歩き旅

高松駅

14382 鉄道の旅 西日本編 真島満秀写真・文 小学館 2008.4 207p 27cm 2600円 ①978-4-09-395502-7

14383 終着駅への旅 JR編 櫻井寛著 JTBパブリッシング 2013.8 222p 19cm 1300円 ①978-4-533-09285-5

高松琴平電気鉄道

14384 日本縦断「ローカル列車」を乗りこなす 種村直樹著 青春出版社 2006.6 205p 18cm (青春新書インテリジェンス) 730円 ①4-413-04147-X

14385 朝湯、昼酒、ローカル線—かっちゃんの鉄修行 勝谷誠彦著 文芸春秋 2007.12 321p 16cm (文春文庫plus)〈「勝谷誠彦の地列車大作戦」(JTB2002年刊)の改題〉 629円 ①978-

4-16-771320-1

高松市

14386 行くぞ！ 冷麺探険隊 東海林さだお著 文芸春秋 1996.1 253p 18cm 1100円 ①4-16-351110-5
作品 うどん王国・讃岐

14387 おろかな日々 椎名誠著 文芸春秋 1996.6 286p 15cm （文春文庫）〈1993年刊の文庫化〉 450円 ①4-16-733407-0
作品 うどんを食いつつ考えた

14388 瀬戸内こころの旅路 山と渓谷社 2000.1 285p 20cm （旅の紀行＆エッセイ） 1400円 ①4-635-28044-6
作品 奉公さんが語る歴史―高松〔北条令子〕

14389 ニッポン居酒屋放浪記 望郷篇 太田和彦著 新潮社 2001.12 282p 15cm （新潮文庫）〈『日本の居酒屋をゆく 望郷篇』改題書〉 476円 ①4-10-133333-5

14390 文学の風景をゆく―カメラ紀行 小松健一著 PHP研究所 2003.6 238p 18cm （PHPエル新書） 950円 ①4-569-62977-6

14391 時速8キロニッポン縦断 斉藤政喜著 小学館 2003.10 397p 19cm （Be-pal books）〈折り込1枚〉 1500円 ①4-09-366067-0

14392 日本全国ローカル線おいしい旅 嵐山光三郎著 講談社 2004.3 246p 18cm （講談社現代新書） 700円 ①4-06-149710-3

14393 ショージ君の旅行鞄―東海林さだお自選 東海林さだお著 文芸春秋 2005.2 905p 16cm （文春文庫） 933円 ①4-16-717760-9
作品 うどん王国・讃岐

14394 西日本を歩く 立松和平著，黒古一夫編 勉誠出版 2006.4 372p 22cm （立松和平日本を歩く 第4巻） 2600円 ①4-585-01174-9

14395 文豪、偉人の「愛」をたどる旅 黛まどか著 集英社 2009.8 255p 18cm 1048円 ①978-4-08-781427-9

14396 漂う―古い土地 新しい場所 黒井千次著 毎日新聞社 2013.8 175p 20cm 1600円 ①978-4-620-32221-6

14397 ふらり旅 いい酒 いい肴 2 太田和彦著 主婦の友社 2015.8 135p 21cm 1400円 ①978-4-07-299938-7

高松城

14398 三津五郎 城めぐり 坂東三津五郎著 三月書房 2010.11 117p 22cm 2200円 ①978-4-7826-0211-9

高見島

14399 1泊2日の小島旅 カベルナリア吉田文・写真 阪急コミュニケーションズ 2009.4 199p 19cm 1600円 ①978-4-484-09207-2

多度津駅

14400 鉄道の旅 西日本編 真島満秀写真・文 小学館 2008.4 207p 27cm 2600円 ①978-4-09-395502-7

銚子渓

14401 時実新子のじぐざぐ遍路 時実新子著 朝日新聞社 1991.6 295p 19cm 1350円 ①4-02-256314-1

豊島（土庄町）

14402 瀬戸内こころの旅路 山と渓谷社 2000.1 285p 20cm （旅の紀行＆エッセイ） 1400円 ①4-635-28044-6
作品 海に向かってつまびくギター―弓削島・豊島〔河島英五〕

14403 島―瀬戸内海をあるく 第2集（2003-2006） 斎藤潤著，全国離島振興協議会，日本離島センター監修 神戸 みずのわ出版 2010.9 211p 22cm〈索引あり〉 2800円 ①978-4-86426-002-2

14404 狙われた島―数奇な運命に弄ばれた19の島 カベルナリア吉田著 アルファベータブックス 2018.2 222p 21cm 1800円 ①978-4-86598-048-6

手島

14405 島―瀬戸内海をあるく 第3集 2007-2008 斎藤潤著，全国離島振興協議会，日本離島センター監修 周防大島町（山口県） みずのわ出版 2014.6 255p 22cm〈索引あり〉 3000円 ①978-4-86426-009-1

14406 ニッポン島遺産 斎藤潤著 実業之日本社 2016.8 191p 19cm 1600円 ①978-4-408-00889-9

直島

14407 島―瀬戸内海をあるく 第2集（2003-2006） 斎藤潤著，全国離島振興協議会，日本離島センター監修 神戸 みずのわ出版 2010.9 211p 22cm〈索引あり〉 2800円 ①978-4-86426-002-2

14408 脳がいちばん元気になる場所 米山公啓著 PILAR PRESS 2011.6 221p 19cm 1800円 ①978-4-86194-029-3

14409 ビ 大竹伸朗著 新潮社 2013.6 279p 20cm〈作品目録あり〉 1900円 ①978-4-10-431003-6

14410 みどりの国滞在日記 エリック・ファーユ著，三野博司訳 水声社 2014.12 195p 20cm （批評の小径） 2500円 ①978-4-8010-0077-3

14411 今日の空の色 小川糸著 幻冬舎 2015.8 166p 16cm （幻冬舎文庫） 460円 ①978-4-344-42370-1
作品 四国へ

14412 狙われた島―数奇な運命に弄ばれた19の島 カベルナリア吉田著 アルファベータブックス 2018.2 222p 21cm 1800円 ①978-4-86598-048-6

仁尾

14413 ニッポン周遊記―町の見つけ方・歩き方・つくり方　池内紀著　青土社　2014.7　325p　20cm　2400円　①978-4-7917-6777-9

櫃石島

14414 島―瀬戸内海をあるく　第3集　2007-2008　斎藤潤著, 全国離島振興協議会, 日本離島センター監修　周防大島町(山口県)　みずのわ出版　2014.6　255p　22cm〈索引あり〉　3000円　①978-4-86426-009-1

本四備讃線

14415 鉄道の旅　西日本編　真島満秀写真・文　小学館　2008.4　207p　27cm　2600円　①978-4-09-395502-7

本島

14416 作家の犯行現場　有栖川有栖著　新潮社　2005.2　406p　16cm　(新潮文庫)〈メディアファクトリー ダ・ヴィンチ編集部2002年刊あり〉　667円　①4-10-120434-9
作品 横溝正史への旅 Part2

14417 島―瀬戸内海をあるく　第2集(2003-2006)　斎藤潤著, 全国離島振興協議会, 日本離島センター監修　神戸　みずのわ出版　2010.9　211p　22cm〈索引あり〉　2800円　①978-4-86426-002-2

丸亀市

14418 エンピツ絵描きの一人旅　安西水丸著　新潮社　1991.10　213p　19cm　1300円　①4-10-373602-X

14419 町の誘惑　安西水丸, 稲越功一著　宝島社　1994.9　189p　21cm　2400円　①4-7966-0817-6

丸亀城

14420 三津五郎 城めぐり　坂東三津五郎著　三月書房　2010.11　117p　22cm　2200円　①978-4-7826-0211-9

14421 「現存」12天守めぐりの旅―歴史ある国宝・重文のお城をたずねる　萩原さちこ著　学研パブリッシング　2014.5　183p　21cm〈文献あり　発売：学研マーケティング〉　1300円　①978-4-05-800268-1

曼荼羅寺

14422 用もないのに　奥田英朗著　文藝春秋　2012.1　221p　16cm　(文春文庫)〈2009年刊の文庫化〉　467円　①978-4-16-771104-7
作品 四国お遍路歩き旅

女木島

14423 浦島太郎の馬鹿―旅の書きおき　立松和平著　マガジンハウス　1990.10　251p　21cm　1400円　①4-8387-0189-6
作品 桃太郎伝説

本山寺

14424 用もないのに　奥田英朗著　文藝春秋　2012.1　221p　16cm　(文春文庫)〈2009年刊の文庫化〉　467円　①978-4-16-771104-7
作品 四国お遍路歩き旅

屋島

14425 碧い眼の太郎冠者　ドナルド・キーン著　中央公論新社　2001.7　188p　21cm　(Chuko on demand books)　2000円　①4-12-550026-6
作品 四国さかさ巡礼記

14426 脳で旅する日本のクオリア　茂木健一郎著　小学館　2009.7　255p　19cm　1500円　①978-4-09-387855-5

14427 文豪、偉人の「愛」をたどる旅　黛まどか著　集英社　2009.8　255p　18cm　1048円　①978-4-08-781427-9

14428 平家巡礼　上原まり著　光文社　2011.12　240p　16cm　(光文社知恵の森文庫)　667円　①978-4-334-78595-6

屋島寺

14429 碧い眼の太郎冠者　ドナルド・キーン著　中央公論新社　2001.7　188p　21cm　(Chuko on demand books)　2000円　①4-12-550026-6
作品 四国さかさ巡礼記

14430 脳で旅する日本のクオリア　茂木健一郎著　小学館　2009.7　255p　19cm　1500円　①978-4-09-387855-5

与島

14431 島―瀬戸内海をあるく　第3集　2007-2008　斎藤潤著, 全国離島振興協議会, 日本離島センター監修　周防大島町(山口県)　みずのわ出版　2014.6　255p　22cm〈索引あり〉　3000円　①978-4-86426-009-1

栗林公園

14432 碧い眼の太郎冠者　ドナルド・キーン著　中央公論新社　2001.7　188p　21cm　(Chuko on demand books)　2000円　①4-12-550026-6
作品 四国さかさ巡礼記

14433 脳がいちばん元気になる場所　米山公啓著　PILAR PRESS　2011.6　221p　19cm　1800円　①978-4-86194-029-3

愛媛県

14434 紀行文集 無明一杖　上甲平谷著　谷沢書房　1988.7　339p　19cm　2500円
作品 伊予路　故里纏綿　続・故里纏綿

14435 にっぽん鉄道旅行の魅力　野田隆著　平凡社　2004.5　193p　18cm　(平凡社新書)　780円　①4-582-85227-0

青島（大洲市）

14436 島―瀬戸内海をあるく 第3集 2007–2008 斎藤潤著, 全国離島振興協議会, 日本離島センター監修 周防大島町（山口県） みずのわ出版 2014.6 255p 22cm〈索引あり〉 3000円 ①978-4-86426-009-1

14437 にっぽん猫島紀行 瀬戸内みなみ著 イースト・プレス 2017.6 238p 18cm（イースト新書）〈文献あり〉 861円 ①978-4-7816-5087-6

赤穂根島

14438 島―瀬戸内海をあるく 第3集 2007–2008 斎藤潤著, 全国離島振興協議会, 日本離島センター監修 周防大島町（山口県） みずのわ出版 2014.6 255p 22cm〈索引あり〉 3000円 ①978-4-86426-009-1

明浜町

14439 瀬戸内・四国スローにお遍路―気まぐれ列車で行こう 種村直樹著 実業之日本社 2005.12 439p 19cm 1800円 ①4-408-00798-6

愛宕公園

14440 街道をゆく 14 南伊予・西土佐の道 新装版 司馬遼太郎著 朝日新聞出版 2008.11 212, 8p 15cm（朝日文庫） 520円 ①978-4-02-264460-2

(目次) 伊予と愛媛, 重信川, 大森彦七のこと, 砥部焼, 大洲の旧城下, 冨士山, 卯之町, 敬作の露地, 法華津峠, 宇和島の神, 古田でのこと, 城の山, 新・宇和島騒動, 微妙な季節, 神田川原, 松丸街道, 松丸と土佐, お道を

五十崎

14441 伊予の山河 畦地梅太郎著 平凡社 2003.5 221p 16cm（平凡社ライブラリー） 1000円 ①4-582-76467-3

(目次) 松山の町, 道後平野, 松前の町, 郡中の町, 犬寄峠, 中山町, 内子町, 五十崎町, 肱川, 鹿野川, 鹿野川湖, 惣川谷, 大野ヶ原, 日吉村, 広見川, 松野町, 広見町, 宇和島市

伊方町

14442 瀬戸内・四国スローにお遍路―気まぐれ列車で行こう 種村直樹著 実業之日本社 2005.12 439p 19cm 1800円 ①4-408-00798-6

生名島

14443 島めぐり フェリーで行こう！―スロー・トラベル カベルナリア吉田文・写真 東京書籍 2003.8 207p 21cm 1500円 ①4-487-79884-1

石鎚山

14444 紀行文集 無明一杖 上甲平谷著 谷沢書房 1988.7 339p 19cm 2500円

作品 石鎚山

14445 日本の森を歩く 池内紀文, 柳木昭信写真 山と渓谷社 2001.6 277p 22cm 1800円 ①4-635-28047-0

14446 行き暮れて、山。 正津勉著 アーツアンドクラフツ 2006.6 203p 19cm 1900円 ①4-901592-33-5

14447 百霊峰巡礼 第2集 立松和平著 東京新聞出版局 2008.4 307p 20cm 1800円 ①978-4-8083-0893-3

14448 聖地へ 家田荘子著 幻冬舎 2009.12 262p 16cm（幻冬舎アウトロー文庫）〈『女霊』（リヨン社2006年刊）の改題〉 600円 ①978-4-344-41404-4

犬寄峠

14449 伊予の山河 畦地梅太郎著 平凡社 2003.5 221p 16cm（平凡社ライブラリー） 1000円 ①4-582-76467-3

今治市

14450 島めぐり フェリーで行こう！―スロー・トラベル カベルナリア吉田文・写真 東京書籍 2003.8 207p 21cm 1500円 ①4-487-79884-1

14451 日本全国ローカル線おいしい旅 嵐山光三郎著 講談社 2004.3 246p 18cm（講談社現代新書） 700円 ①4-06-149710-3

14452 飯田龍太全集 第10巻 紀行・雑纂 飯田龍太著 角川学芸出版, 角川書店〔発売〕 2005.12 422p 19cm 2667円 ①4-04-651940-1

作品 伊予路の旅

14453 瀬戸内・四国スローにお遍路―気まぐれ列車で行こう 種村直樹著 実業之日本社 2005.12 439p 19cm 1800円 ①4-408-00798-6

14454 瀬戸内しまなみ海道 歴史と文学の旅 森本繁著 大阪 浪速社 2009.8 446p 19cm 1900円 ①978-4-88854-441-2

14455 パン欲―日本全国パンの聖地を旅する 池田浩明著 世界文化社 2013.12 128p 26cm〈タイトルは奥付等による。標題紙のタイトル：私はパン欲に逆らうことができない……〉 1400円 ①978-4-418-13234-8

14456 肉の旅―まだ見ぬ肉料理を求めて全国縦断！ カベルナリア吉田著 イカロス出版 2016.8 235p 21cm 1600円 ①978-4-8022-0222-0

今治城

14457 飯田龍太全集 第10巻 紀行・雑纂 飯田龍太著 角川学芸出版, 角川書店〔発売〕 2005.12 422p 19cm 2667円 ①4-04-651940-1

作品 伊予路の旅

伊予国分寺

14458 浦島太郎の馬鹿―旅の書きおき 立松和平著 マガジンハウス 1990.10 251p 21cm 1400円 ①4-8387-0189-6

作品 高速道路と仙人

伊予市

14459 瀬戸内・四国スローにお遍路―気まぐれ列車で行こう　種村直樹著　実業之日本社　2005.12　439p　19cm　1800円　①4-408-00798-6

14460 旅の食卓　池内紀著　亜紀書房　2016.8　233p　19cm　1600円　①978-4-7505-1480-2

伊予豆比古命神社

14461 街道をゆく　14　南伊予・西土佐の道　新装版　司馬遼太郎著　朝日新聞出版　2008.11　212, 8p　15cm　(朝日文庫)　520円　①978-4-02-264460-2

伊予鉄道

14462 朝湯、昼酒、ローカル線―かっちゃんの鉄修行　勝谷誠彦著　文芸春秋　2007.12　321p　16cm　(文春文庫plus)〈「勝谷誠彦の地列車大作戦」(JTB2002年刊)の改題〉　629円　①978-4-16-771320-1

伊予鉄道市内線

14463 日本縦断「ローカル列車」を乗りこなす　種村直樹著　青春出版社　2006.6　205p　18cm　(青春新書インテリジェンス)　730円　①4-413-04147-X

14464 路面電車全線探訪記　再版　柳沢道生著, 旅行作家の会編　現代旅行研究所　2008.6　224p　21cm　(旅行作家文庫)　1800円　①978-4-87482-096-4

岩城島

14465 瀬戸内こころの旅路　山と渓谷社　2000.1　285p　20cm　(旅の紀行&エッセイ)　1400円　①4-635-28044-6
　作品 島旅トランピングのすすめ〔河田真智子〕

14466 島めぐり フェリーで行こう!―スロー・トラベル　カベルナリア吉田文・写真　東京書籍　2003.8　207p　21cm　1500円　①4-487-79884-1

14467 島―瀬戸内海をあるく　第3集　2007-2008　斎藤潤著, 全国離島振興協議会, 日本離島センター監修　周防大島町(山口県)　みずのわ出版　2014.6　255p　22cm〈索引あり〉　3000円　①978-4-86426-009-1

魚島

14468 日本《島旅》紀行　斎藤潤著　光文社　2005.3　284p　18cm　(光文社新書)　780円　①4-334-03299-0

14469 1泊2日の小島旅　カベルナリア吉田文・写真　阪急コミュニケーションズ　2009.4　199p　19cm　1600円　①978-4-484-09207-2

14470 島―瀬戸内海をあるく　第1集(1999-2002)　斎藤潤著, 全国離島振興協議会, 日本離島センター監修　神戸　みずのわ出版　2009.10　236p　22cm〈索引あり〉　2800円　①978-4-944173-72-3

内子座

14471 スローな旅で行こう―シェルパ斉藤の週末ニッポン再発見　斉藤政喜著　小学館　2004.10　255p　19cm　(Dime books)　1200円　①4-09-366068-9

内子線

14472 一両列車のゆるり旅　下川裕治, 中田浩資著　双葉社　2015.6　364p　15cm　(双葉文庫)　694円　①978-4-575-71436-4

内子町

14473 時実新子のじぐざぐ遍路　時実新子著　朝日新聞社　1991.6　295p　19cm　1350円　①4-02-256314-1

14474 日本すみずみ紀行　川本三郎著　社会思想社　1997.9　258p　15cm　(現代教養文庫)〈文元社2004年刊(1998年刊(2刷)を原本としたOD版)あり〉　640円　①4-390-11613-4

14475 瀬戸内こころの旅路　山と渓谷社　2000.1　285p　20cm　(旅の紀行&エッセイ)　1400円　①4-635-28044-6
　作品 伊予路の小さな町を歩く―大洲・内子・宇和島〔高橋洋子〕

14476 家(うち)もいいけど旅も好き　岸本葉子著　講談社　2002.5　273p　15cm　(講談社文庫)〈河出書房新社1998年刊にエッセイを増補し文庫化〉　495円　①4-06-273429-X

14477 伊予の山河　畦地梅太郎著　平凡社　2003.5　221p　16cm　(平凡社ライブラリー)　1000円　①4-582-76467-3

14478 スローな旅で行こう―シェルパ斉藤の週末ニッポン再発見　斉藤政喜著　小学館　2004.10　255p　19cm　(Dime books)　1200円　①4-09-366068-9

14479 メルヘン紀行　みやこうせい著　未知谷　2005.5　237p　20cm　2200円　①4-89642-129-9

14480 街道をゆく　14　南伊予・西土佐の道　新装版　司馬遼太郎著　朝日新聞出版　2008.11　212, 8p　15cm　(朝日文庫)　520円　①978-4-02-264460-2

卯之町(西予市)

14481 街道をゆく　14　南伊予・西土佐の道　新装版　司馬遼太郎著　朝日新聞出版　2008.11　212, 8p　15cm　(朝日文庫)　520円　①978-4-02-264460-2

馬島

14482 植民地のアリス　島田雅彦著　朝日新聞社　1996.6　231p　15cm　(朝日文芸文庫)〈1993年刊の文庫化〉　650円　①4-02-264111-8

14483 島―瀬戸内海をあるく　第3集　2007-2008　斎藤潤著, 全国離島振興協議会, 日本離島センター監修　周防大島町(山口県)　みずのわ出版　2014.6　255p　22cm〈索引あり〉　3000円　①978-4-86426-009-1

宇和島駅

14484 鉄道の旅 西日本編 真島満秀写真・文 小学館 2008.4 207p 27cm 2600円 ①978-4-09-395502-7

14485 終着駅への旅 JR編 櫻井寛著 JTBパブリッシング 2013.8 222p 19cm 1300円 ①978-4-533-09285-5

宇和島市

14486 旅行鞄のなか 吉村昭著 毎日新聞社 1989.6 215p 19cm 1200円 ①4-620-30684-3

(目次) 小説と旅(高熱隧道と私, 長英逃亡, 鯨と鎖国, 闇の絵巻を読む, 煙草と色紙, 読者からの手紙, 不思議な世界, 臼井吉見先生, 森鷗外の「高瀬舟」 ほか), 旅さまざま(義妹との旅, 宇和島への旅, お伽ぎの国, 私と鉄道 ほか)

14487 日本すみずみ紀行 川本三郎著 社会思想社 1997.9 258p 15cm (現代教養文庫)〈文元社2004年刊(1998年刊(2刷)を原本としたOD版)あり〉 640円 ①4-390-11613-4

14488 日本映画を歩く―ロケ地を訪ねて 川本三郎著 JTB 1998.8 239p 20cm 1600円 ①4-533-03066-1

14489 瀬戸内こころの旅路 山と渓谷社 2000.1 285p 20cm (旅の紀行&エッセイ) 1400円 ①4-635-28044-6

[作品] 伊予路の小さな町を歩く―大洲・内子・宇和島〔高橋洋子〕

14490 碧い眼の太郎冠者 ドナルド・キーン著 中央公論新社 2001.7 188p 21cm (Chuko on demand books) 2000円 ①4-12-550026-6

[作品] 四国さかさ巡礼記

14491 伊予の山河 畦地梅太郎著 平凡社 2003.5 221p 16cm (平凡社ライブラリー) 1000円 ①4-582-76467-3

14492 瀬戸内・四国スローにお遍路―気まぐれ列車で行こう 種村直樹著 実業之日本社 2005.12 439p 19cm 1800円 ①4-408-00798-6

14493 街道をゆく 14 南伊予・西土佐の道 新装版 司馬遼太郎著 朝日新聞出版 2008.11 212, 8p 15cm (朝日文庫) 520円 ①978-4-02-264460-2

14494 味を追う旅 吉村昭著 河出書房新社 2013.11 183p 15cm (河出文庫)〈「味を訪ねて」(2010年刊)の改題〉 660円 ①978-4-309-41258-0

14495 ふらり旅 いい酒 いい肴 2 太田和彦著 主婦の友社 2015.8 135p 21cm 1400円 ①978-4-07-299938-7

宇和島城

14496 日本名城紀行 6 四国・九州 陽光きらめく名城 小学館 1989.5 293p 15cm 600円 ①4-09-401206-0

(内容) 南国の陽光を受けて立つ高知城、松山城、伊達氏の宇和島城、加藤清正が築き、西南戦争に炎上した熊本城、秀吉の果たせぬ夢の跡名護屋城、化け猫伝説を秘めた佐賀城、キリシタンの悲劇に沈む島原城・原城、荒城の月のふるさと岡城、琉球王朝の府首里城など、四国・九州にひろがる名城を大原富枝、杉森久英、戸川幸夫、豊田有恒、富士正晴らの一流作家がドラマチックに描く、城物語と紀行。

14497 飯田龍太全集 第10巻 紀行・雑纂 飯田龍太著 角川学芸出版, 角川書店〔発売〕 2005.12 422p 19cm 2667円 ①4-04-651940-1

[作品] 伊予路の旅

14498 三津五郎 城めぐり 坂東三津五郎著 三月書房 2010.11 117p 22cm 2200円 ①978-4-7826-0211-9

14499 「現存」12天守めぐりの旅―歴史ある国宝・重文のお城をたずねる 萩原さちこ著 学研パブリッシング 2014.5 183p 21cm〈文献あり 発売:学研マーケティング〉 1300円 ①978-4-05-800268-1

栄福寺

14500 浦島太郎の馬鹿―旅の書きおき 立松和平著 マガジンハウス 1990.10 251p 21cm 1400円 ①4-8387-0189-6

[作品] 遍路道

大下島

14501 瀬戸内・四国スローにお遍路―気まぐれ列車で行こう 種村直樹著 実業之日本社 2005.12 439p 19cm 1800円 ①4-408-00798-6

14502 島―瀬戸内海をあるく 第3集 2007-2008 斎藤潤著, 全国離島振興協議会, 日本離島センター監修 周防大島町(山口県) みずのわ出版 2014.6 255p 22cm〈索引あり〉 3000円 ①978-4-86426-009-1

大島(今治市)

14503 島めぐり フェリーで行こう!―スロー・トラベル カベルナリア吉田文・写真 東京書籍 2003.8 207p 21cm 1500円 ①4-487-79884-1

14504 瀬戸内しまなみ海道 歴史と文学の旅 森本繁著 大阪 浪速社 2009.8 446p 19cm 1900円 ①978-4-88854-441-2

大洲市

14505 紀行文集 無明一杖 上甲平谷著 谷沢書房 1988.7 339p 19cm 2500円

[作品] 伊予路 明月

14506 日本すみずみ紀行 川本三郎著 社会思想社 1997.9 258p 15cm (現代教養文庫)〈文元社2004年刊(1998年刊(2刷)を原本としたOD版)あり〉 640円 ①4-390-11613-4

14507 瀬戸内こころの旅路 山と渓谷社 2000.1 285p 20cm (旅の紀行&エッセイ) 1400円 ①4-635-28044-6

[作品] 伊予路の小さな町を歩く―大洲・内子・宇和島〔高橋洋子〕

14508 飯田龍太全集 第10巻 紀行・雑纂 飯

田龍太著　角川学芸出版, 角川書店〔発売〕 2005.12　422p　19cm　2667円　①4-04-651940-1
作品　伊予路の旅

14509　街道をゆく　14　南伊予・西土佐の道　新装版　司馬遼太郎著　朝日新聞出版　2008.11　212, 8p　15cm　（朝日文庫）　520円　①978-4-02-264460-2

14510　ちいさな城下町　安西水丸著　文藝春秋　2016.11　267p　16cm　（文春文庫）〈2014年刊の文庫化〉　630円　①978-4-16-790734-1

大洲城

14511　飯田龍太全集　第10巻　紀行・雑纂　飯田龍太著　角川学芸出版, 角川書店〔発売〕 2005.12　422p　19cm　2667円　①4-04-651940-1
作品　伊予路の旅

大野ヶ原

14512　伊予の山河　畦地梅太郎著　平凡社　2003.5　221p　16cm　（平凡社ライブラリー）　1000円　①4-582-76467-3

14513　山の眼玉　畦地梅太郎著　山と溪谷社　2013.10　221p 図版16p　15cm　（ヤマケイ文庫）〈「山の目玉」（美術出版社 1986年刊）の改題　平凡社 1999年刊あり〉　950円　①978-4-635-04759-3

大三島

14514　晩春の旅・山の宿　井伏鱒二著　講談社　1990.10　337p　15cm　（講談社文芸文庫）　900円　①4-06-196098-9

14515　旅の出会い　井伏鱒二著, 東郷克美, 前田貞昭編　筑摩書房　2004.10　334p　15cm　（ちくま文庫―井伏鱒二文集 2）　1100円　①4-480-03982-1

14516　遠藤ケイの島旅日和　遠藤ケイ著　千早書房　2009.8　124p　21cm〈索引あり〉　1600円　①978-4-88492-439-3

14517　瀬戸内しまなみ海道 歴史と文学の旅　森本繁著　大阪　浪速社　2009.8　446p　19cm　1900円　①978-4-88854-441-2

岡村島

14518　瀬戸内・四国スローにお遍路―気まぐれ列車で行こう　種村直樹著　実業之日本社　2005.12　439p　19cm　1800円　①4-408-00798-6

14519　島―瀬戸内海をあるく　第3集　2007-2008　斎藤潤著, 全国離島振興協議会, 日本離島センター監修　周防大島町（山口県）　みずのわ出版　2014.6　255p　22cm〈索引あり〉　3000円　①978-4-86426-009-1

奥道後温泉

14520　飯田龍太全集　第10巻　紀行・雑纂　飯田龍太著　角川学芸出版, 角川書店〔発売〕 2005.12　422p　19cm　2667円　①4-04-651940-1
作品　伊予路の旅

面河

14521　猿猴 川に死す―現代によみがえった幻の釣りエッセイ　森下雨村著　小学館　2005.4　318p　15cm　（小学館文庫）　571円　①4-09-411631-1

開明学校

14522　街道をゆく　14　南伊予・西土佐の道　新装版　司馬遼太郎著　朝日新聞出版　2008.11　212, 8p　15cm　（朝日文庫）　520円　①978-4-02-264460-2

鹿島（松山市）

14523　マツモトヨーコの脱日常紀行―旅する絵描き　マツモトヨーコ絵・文　飛鳥新社　2001.8　225p　19cm　1400円　①4-87031-475-4

鹿野川

14524　伊予の山河　畦地梅太郎著　平凡社　2003.5　221p　16cm　（平凡社ライブラリー）　1000円　①4-582-76467-3

鹿野川湖

14525　伊予の山河　畦地梅太郎著　平凡社　2003.5　221p　16cm　（平凡社ライブラリー）　1000円　①4-582-76467-3

上島町

14526　瀬戸内しまなみ海道 歴史と文学の旅　森本繁著　大阪　浪速社　2009.8　446p　19cm　1900円　①978-4-88854-441-2

九島

14527　瀬戸内・四国スローにお遍路―気まぐれ列車で行こう　種村直樹著　実業之日本社　2005.12　439p　19cm　1800円　①4-408-00798-6

忽那諸島

14528　瀬戸内・四国スローにお遍路―気まぐれ列車で行こう　種村直樹著　実業之日本社　2005.12　439p　19cm　1800円　①4-408-00798-6

久万高原町

14529　ニッポン周遊記―町の見つけ方・歩き方・つくり方　池内紀著　青土社　2014.7　325p　20cm　2400円　①978-4-7917-6777-9

来島

14530　歴史紀行―海よ島よ　白石一郎著　講談社　1997.11　236p　15cm　（講談社文庫）〈1994年刊の文庫化〉　438円　①4-06-263639-5

14531　村上水軍全紀行　森本繁著　新人物往来社　2009.2　268p　20cm〈史跡案内人：森本英樹〉　3000円　①978-4-404-03577-6

郡中

14532 伊予の山河　畦地梅太郎著　平凡社　2003.5　221p　16cm　（平凡社ライブラリー）　1000円　①4-582-76467-3

小大下島

14533 島―瀬戸内海をあるく　第3集　2007-2008　斎藤潤著, 全国離島振興協議会, 日本離島センター監修　周防大島町（山口県）　みずのわ出版　2014.6　255p　22cm〈索引あり〉　3000円　①978-4-86426-009-1

西条市

14534 ニッポン旅みやげ　池内紀著　青土社　2015.4　162p　20cm　1800円　①978-4-7917-6852-3

西条陣屋

14535 飯田龍太全集　第10巻　紀行・雑纂　飯田龍太著　角川学芸出版, 角川書店〔発売〕　2005.12　422p　19cm　2667円　①4-04-651940-1
作品 伊予路の旅

佐川

14536 日本すみずみ紀行　川本三郎著　社会思想社　1997.9　258p　15cm　（現代教養文庫）〈文元社2004年刊（1998年刊（2刷）を原本としたOD版）あり〉　640円　①4-390-11613-4

佐島

14537 島めぐり フェリーで行こう！―スロー・トラベル　カベルナリア吉田文・写真　東京書籍　2003.8　207p　21cm　1500円　①4-487-79884-1

佐田岬

14538 西日本を歩く　立松和平著, 黒古一夫編　勉誠出版　2006.4　372p　22cm　（立松和平日本を歩く 第4巻）　2600円　①4-585-01174-9

子規堂

14539 飯田龍太全集　第10巻　紀行・雑纂　飯田龍太著　角川学芸出版, 角川書店〔発売〕　2005.12　422p　19cm　2667円　①4-04-651940-1
作品 伊予路の旅

重信川

14540 街道をゆく　14　南伊予・西土佐の道　新装版　司馬遼太郎著　朝日新聞出版　2008.11　212, 8p　15cm　（朝日文庫）　520円　①978-4-02-264460-2

四阪島

14541 ニッポン島遺産　斎藤潤著　実業之日本社　2016.8　191p　19cm　1600円　①978-4-408-00889-9

しまなみ海道

14542 瀬戸内こころの旅路　山と渓谷社　2000.1　285p　20cm　（旅の紀行&エッセイ）　1400円　①4-635-28044-6
作品 しまなみ海道ひとり旅〔仁喜和彦〕　しまなみ海道、六つのピークを踏む〔竹内鉄二〕

14543 時速8キロニッポン縦断　斉藤政喜著　小学館　2003.10　397p　19cm　（Be-pal books）〈折り込1枚〉　1500円　①4-09-366067-0

14544 スローな旅で行こう―シェルパ斉藤の週末ニッポン再発見　斉藤政喜著　小学館　2004.10　255p　19cm　（Dime books）　1200円　①4-09-366068-9

14545 にっぽん・海風魚旅　5（南シナ海ドラゴン編）　椎名誠著　講談社　2005.10　305p　19cm　1800円　①4-06-212781-4

14546 名探偵浅見光彦のニッポン不思議紀行　内田康夫著　集英社　2006.2　270p　16cm　（集英社文庫）〈学習研究社2001年刊あり〉　600円　①4-08-746013-4

14547 七つの自転車の旅　白鳥和也著　平凡社　2008.11　301p　20cm　1600円　①978-4-582-83415-4

14548 にっぽん・海風魚（さかな）旅　5（南シナ海ドラゴン編）　椎名誠著　講談社　2009.1　333p　15cm　（講談社文庫）　819円　①978-4-06-276248-9

14549 スコット親子、日本を駆ける―父と息子の自転車縦断4000キロ　チャールズ・R.スコット著, 児島修訳　紀伊國屋書店　2015.1　365p　19cm　1900円　①978-4-314-01123-5

14550 日本全国津々うりゃうりゃ　宮田珠己著　幻冬舎　2016.6　315p　16cm　（幻冬舎文庫）〈廣済堂出版 2012年刊の再刊　文献あり〉　690円　①978-4-344-42482-1

14551 はじめての輪行―自転車をバッグにつめて旅に出よう　内藤孝宏著　洋泉社　2016.6　175p　21cm　1500円　①978-4-8003-0966-2

神田川原

14552 街道をゆく　14　南伊予・西土佐の道　新装版　司馬遼太郎著　朝日新聞出版　2008.11　212, 8p　15cm　（朝日文庫）　520円　①978-4-02-264460-2

西予市

14553 色紀行―日本の美しい風景　吉岡幸雄著, 岡田克敏写真　清流出版　2011.12　241p　22cm　3500円　①978-4-86029-374-1

関前

14554 瀬戸内しまなみ海道 歴史と文学の旅　森本繁著　大阪　浪速社　2009.8　446p　19cm　1900円　①978-4-88854-441-2

瀬戸

14555 瀬戸内・四国スローにお遍路―気まぐれ

列車で行こう　種村直樹著　実業之日本社　2005.12　439p　19cm　1800円　①4-408-00798-6

千町

14556　ニッポンの山里　池内紀著　山と溪谷社　2013.1　254p　20cm　1500円　①978-4-635-28067-9

仙遊寺

14557　浦島太郎の馬鹿―旅の書きおき　立松和平著　マガジンハウス　1990.10　251p　21cm　1400円　①4-8387-0189-6

作品　高速道路と仙人

惣川谷

14558　伊予の山河　畦地梅太郎著　平凡社　2003.5　221p　16cm　(平凡社ライブラリー)　1000円　①4-582-76467-3

外泊

14559　日本すみずみ紀行　川本三郎著　社会思想社　1997.9　258p　15cm　(現代教養文庫)　〈文元社2004年刊(1998年刊(2刷)を原本としたOD版)あり〉　640円　①4-390-11613-4

泰山寺

14560　浦島太郎の馬鹿―旅の書きおき　立松和平著　マガジンハウス　1990.10　251p　21cm　1400円　①4-8387-0189-6

作品　遍路道

高井神島

14561　日本《島旅》紀行　斎藤潤著　光文社　2005.3　284p　18cm　(光文社新書)　780円　①4-334-03299-0

14562　島―瀬戸内海をあるく　第1集(1999-2002)　斎藤潤著, 全国離島振興協議会, 日本離島センター監修　神戸　みずのわ出版　2009.10　236p　22cm〈索引あり〉　2800円　①978-4-944173-72-3

多賀神社

14563　マツモトヨーコの脱日常紀行―旅する絵描き　マツモトヨーコ絵・文　飛鳥新社　2001.8　225p　19cm　1400円　①4-87031-475-4

津島町(宇和島市)

14564　日本映画を歩く―ロケ地を訪ねて　川本三郎著　JTB　1998.8　239p　20cm　1600円　①4-533-03066-1

釣島

14565　日本《島旅》紀行　斎藤潤著　光文社　2005.3　284p　18cm　(光文社新書)　780円　①4-334-03299-0

14566　島―瀬戸内海をあるく　第2集(2003-2006)　斎藤潤著, 全国離島振興協議会, 日本離島センター監修　神戸　みずのわ出版　2010.9　211p　22cm〈索引あり〉　2800円　①978-4-86426-002-2

天赦園

14567　街道をゆく　14　南伊予・西土佐の道　新装版　司馬遼太郎著　朝日新聞出版　2008.11　212, 8p　15cm　(朝日文庫)　520円　①978-4-02-264460-2

道後温泉

14568　温泉百話―西の旅　種村季弘, 池内紀編　筑摩書房　1988.2　471p　15cm　(ちくま文庫)　680円　①4-480-02201-5

作品　温泉建築ウォッチング〔藤森照信〕　道後温泉の夜〔吉行淳之介〕

14569　ふれあいの旅紀行　新田健次著　東京新聞出版局　1992.5　203p　19cm　1300円　①4-8083-0437-6

14570　雲は旅人のように―湯の花紀行　池内紀著, 田淵裕一写真　日本交通公社出版事業局　1995.5　284p　19cm　1600円　①4-533-02163-8

作品　ネオン坂月あかり

14571　温泉旅行記　嵐山光三郎著　筑摩書房　2000.12　315p　15cm　(ちくま文庫)〈初版：JTB1997年刊〉　760円　①4-480-03589-3

14572　碧い眼の太郎冠者　ドナルド・キーン著　中央公論新社　2001.7　188p　21cm　(Chuko on demand books)　2000円　①4-12-550026-6

作品　四国さかさ巡礼記

14573　マツモトヨーコの脱日常紀行―旅する絵描き　マツモトヨーコ絵・文　飛鳥新社　2001.8　225p　19cm　1400円　①4-87031-475-4

14574　飯田龍太全集　第10巻　紀行・雑纂　飯田龍太著　角川学芸出版, 角川書店〔発売〕　2005.12　422p　19cm　2667円　①4-04-651940-1

作品　伊予路の旅

道後平野

14575　伊予の山河　畦地梅太郎著　平凡社　2003.5　221p　16cm　(平凡社ライブラリー)　1000円　①4-582-76467-3

戸島

14576　瀬戸内・四国スローにお遍路―気まぐれ列車で行こう　種村直樹著　実業之日本社　2005.12　439p　19cm　1800円　①4-408-00798-6

砥部町

14577　街道をゆく　14　南伊予・西土佐の道　新装版　司馬遼太郎著　朝日新聞出版　2008.11　212, 8p　15cm　(朝日文庫)　520円　①978-4-02-264460-2

冨士山

14578　街道をゆく　14　南伊予・西土佐の道　新装版　司馬遼太郎著　朝日新聞出版　2008.11　212, 8p　15cm　(朝日文庫)　520円　①978-4-

02-264460-2

豊島（上島町）

14579 日本《島旅》紀行　斎藤潤著　光文社　2005.3　284p　18cm　（光文社新書）　780円　①4-334-03299-0

中泊（愛南町）

14580 マツモトヨーコの脱日常紀行―旅する絵描き　マツモトヨーコ絵・文　飛鳥新社　2001.8　225p　19cm　1400円　①4-87031-475-4

長浜町

14581 瀬戸内・四国スローにお遍路―気まぐれ列車で行こう　種村直樹著　実業之日本社　2005.12　439p　19cm　1800円　①4-408-00798-6

中山町

14582 伊予の山河　畦地梅太郎著　平凡社　2003.5　221p　16cm　（平凡社ライブラリー）　1000円　①4-582-76467-3

滑床渓谷

14583 街道をゆく　14　南伊予・西土佐の道　新装版　司馬遼太郎著　朝日新聞出版　2008.11　212, 8p　15cm　（朝日文庫）　520円　①978-4-02-264460-2

新居大島

14584 ニッポン島遺産　斎藤潤著　実業之日本社　2016.8　191p　19cm　1600円　①978-4-408-00889-9

新居浜市

14585 黄金伝説―「近代成金たちの夢の跡」探訪記　荒俣宏著, 高橋昇写真　集英社　1990.4　253p　21cm　1500円　①4-08-772731-9

14586 人と森の物語―日本人と都市林　池内紀著　集英社　2011.7　216p　18cm　（集英社新書）〈文献あり〉　740円　①978-4-08-720599-2

鈍川温泉

14587 ガラメキ温泉探険記　池内紀著　リクルート出版　1990.10　203p　19cm　1165円　①4-88991-196-0

作品 伊予の一夜

14588 人情温泉紀行―演歌歌手・鏡五郎が訪ねた全国の名湯47選　鏡五郎著　マガジンランド　2008.5　235p　19cm〈年譜あり〉　1238円　①978-4-944101-37-5

怒和島

14589 風のかなたのひみつ島　椎名誠著, 垂見健吾写真　新潮社　2005.6　253p　16cm　（新潮文庫）〈2002年刊の文庫化〉　514円　①4-10-144827-2

能島

14590 村上水軍全紀行　森本繁著　新人物往来社　2009.2　268p　20cm〈史跡案内人：森本英樹〉　3000円　①978-4-404-03577-6

14591 山折哲雄の新・四国遍路　山折哲雄著, 黒田仁朗同行人　PHP研究所　2014.7　205p　18cm　（PHP新書）　800円　①978-4-569-81963-1

伯方島

14592 島めぐり フェリーで行こう！―スロー・トラベル　カベルナリア吉田文・写真　東京書籍　2003.8　207p　21cm　1500円　①4-487-79884-1

14593 瀬戸内しまなみ海道 歴史と文学の旅　森本繁著　大阪　浪速社　2009.8　446p　19cm　1900円　①978-4-88854-441-2

八幡浜大島

14594 瀬戸内・四国スローにお遍路―気まぐれ列車で行こう　種村直樹著　実業之日本社　2005.12　439p　19cm　1800円　①4-408-00798-6

比岐島

14595 島―瀬戸内海をあるく　第1集（1999-2002）　斎藤潤著, 全国離島振興協議会, 日本離島センター監修　神戸　みずのわ出版　2009.10　236p　22cm〈索引あり〉　2800円　①978-4-944173-72-3

肱川

14596 伊予の山河　畦地梅太郎著　平凡社　2003.5　221p　16cm　（平凡社ライブラリー）　1000円　①4-582-76467-3

日振島

14597 瀬戸内・四国スローにお遍路―気まぐれ列車で行こう　種村直樹著　実業之日本社　2005.12　439p　19cm　1800円　①4-408-00798-6

14598 西日本を歩く　立松和平著, 黒古一夫編　勉誠出版　2006.4　372p　22cm　（立松和平日本を歩く 第4巻）　2600円　①4-585-01174-9

姫鶴平

14599 街道をゆく　27　因幡・伯耆のみち、檮原街道　新装版　司馬遼太郎著　朝日新聞出版　2009.2　332, 8p　15cm　（朝日文庫）〈初版：朝日新聞社1990年刊〉　680円　①978-4-02-264480-0

瓢簞島

14600 あやしい探検隊 不思議島へ行く　椎名誠著　角川書店　1993.7　307p　15cm　（角川文庫）　560円　①4-04-151008-2

日吉地区（鬼北町）

14601 伊予の山河　畦地梅太郎著　平凡社　2003.5　221p　16cm　（平凡社ライブラリー）　1000円　①4-582-76467-3

広見（北宇和郡鬼北町）

14602 伊予の山河　畦地梅太郎著　平凡社　2003.5　221p　16cm　（平凡社ライブラリー）　1000円　①4-582-76467-3

広見川

14603 伊予の山河　畦地梅太郎著　平凡社　2003.5　221p　16cm　（平凡社ライブラリー）　1000円　①4-582-76467-3

二神島

14604 島―瀬戸内海をあるく　第1集（1999-2002）　斎藤潤著，全国離島振興協議会，日本離島センター監修　神戸　みずのわ出版　2009.10　236p　22cm〈索引あり〉　2800円　①978-4-944173-72-3

豊後水道

14605 日本探見二泊三日　宮脇俊三著　角川書店　1994.3　231p　15cm　（角川文庫）　430円　①4-04-159807-9

14606 鉄道全線三十年―車窓紀行 昭和・平成……乗った、撮った、また乗った!!　田中正恭著　心交社　2002.6　371p　19cm　1600円　①4-88302-741-4

別子銅山

14607 黄金伝説―「近代成金たちの夢の跡」探訪記　荒俣宏著，高橋曻写真　集英社　1990.4　253p　21cm　1500円　①4-08-772731-9

北条鹿島

14608 瀬戸内・四国スローにお遍路―気まぐれ列車で行こう　種村直樹著　実業之日本社　2005.12　439p　19cm　1800円　①4-408-00798-6

法華津峠

14609 街道をゆく　14　南伊予・西土佐の道　新装版　司馬遼太郎著　朝日新聞出版　2008.11　212, 8p　15cm　（朝日文庫）　520円　①978-4-02-264460-2

星ヶ森（石鎚山遥拝所）

14610 沈黙の神々　佐藤洋二郎著　松柏社　2005.11　270p　19cm　1800円　①978-4-7754-0093-2

松前町

14611 伊予の山河　畦地梅太郎著　平凡社　2003.5　221p　16cm　（平凡社ライブラリー）　1000円　①4-582-76467-3

松ヶ枝町（松山市）

14612 温泉百話―西の旅　種村季弘，池内紀編　筑摩書房　1988.2　471p　15cm　（ちくま文庫）　680円　①4-480-02201-5

［作品］道後温泉の夜〔吉行淳之介〕

松野町

14613 伊予の山河　畦地梅太郎著　平凡社　2003.5　221p　16cm　（平凡社ライブラリー）　1000円　①4-582-76467-3

14614 街道をゆく　14　南伊予・西土佐の道　新装版　司馬遼太郎著　朝日新聞出版　2008.11　212, 8p　15cm　（朝日文庫）　520円　①978-4-02-264460-2

松丸街道

14615 街道をゆく　14　南伊予・西土佐の道　新装版　司馬遼太郎著　朝日新聞出版　2008.11　212, 8p　15cm　（朝日文庫）　520円　①978-4-02-264460-2

松山市

14616 浦島太郎の馬鹿―旅の書きおき　立松和平著　マガジンハウス　1990.10　251p　21cm　1400円　①4-8387-0189-6

［作品］夜の一人舞台

14617 夢は枯野を―競輪躁鬱旅行　伊集院静著　講談社　1994.12　343p　15cm　（講談社文庫）〈1993年刊の文庫化〉　560円　①4-06-185833-5

14618 伊予の山河　畦地梅太郎著　平凡社　2003.5　221p　16cm　（平凡社ライブラリー）　1000円　①4-582-76467-3

14619 夢追い俳句紀行　大高翔著　日本放送出版協会　2004.4　237p　19cm　1300円　①4-14-016126-4

14620 「極み」のひとり旅　柏井壽著　光文社　2004.9　318p　18cm　（光文社新書）　780円　①4-334-03270-2

14621 飯田龍太全集　第10巻　紀行・雑纂　飯田龍太著　角川学芸出版，角川書店〔発売〕　2005.12　422p　19cm　2667円　①4-04-651940-1

［作品］伊予路の旅

14622 瀬戸内・四国スローにお遍路―気まぐれ列車で行こう　種村直樹著　実業之日本社　2005.12　439p　19cm　1800円　①4-408-00798-6

14623 文豪、偉人の「愛」をたどる旅　黛まどか著　集英社　2009.8　255p　18cm　1048円　①978-4-08-781427-9

14624 ひとり旅 ひとり酒　太田和彦著　大阪　京阪神エルマガジン社　2009.11　237p　21cm　1600円　①978-4-87435-306-6

14625 海山のあいだ　池内紀著　中央公論新社　2011.3　217p　16cm　（中公文庫）〈マガジンハウス 1994年刊，角川書店 1997年刊あり〉　590円　①978-4-12-205458-5

［作品］風景読本―足の向くまま

14626 山頭火 一草庵日記・随筆　種田山頭火著，村上護編　春陽堂書店　2011.8　534p　15cm　（山頭火文庫）〈索引あり〉　1200円　①978-4-394-70057-9

［作品］松山日記　一草庵日記

14627 海へ、山へ、森へ、町へ　小川糸著　幻

冬舎　2013.8　227p　16cm　（幻冬舎文庫）〈「ようこそ、ちきゅう食堂へ」(2010年刊) を改題、「命をかけて、命をつなぐ」・「陽だまりの家、庭の緑」ほかを収録〉　533円　①978-4-344-42058-8
作品 喫茶の町 ぬくもり紀行

14628　黒田知永子 大人のための小さな旅―日本のいいとこ見つけた　黒田知永子著　集英社　2014.9　159p　21cm　1600円　①978-4-08-780732-5

14629　湯探歩―お気楽極楽ヌルくてユル～い温泉紀行　山崎一夫文, 西原理恵子絵　日本文芸社　2014.12　175p　21cm　1000円　①978-4-537-26096-0

14630　ふらり旅 いい酒 いい肴　1　太田和彦著　主婦の友社　2015.1　135p　21cm　1400円　①978-4-07-299000-1

松山城

14631　日本名城紀行　6　四国・九州 陽光きらめく名城　小学館　1989.5　293p　15cm　600円　①4-09-401206-0

14632　飯田龍太全集　第10巻　紀行・雑纂　飯田龍太著　角川学芸出版, 角川書店〔発売〕　2005.12　422p　19cm　2667円　①4-04-651940-1
作品 伊予路の旅

14633　三津五郎 城めぐり　坂東三津五郎著　三月書房　2010.11　117p　22cm　2200円　①978-4-7826-0211-9

14634　「現存」12天守めぐりの旅―歴史ある国宝・重文のお城をたずねる　萩原さちこ著　学研パブリッシング　2014.5　183p　21cm〈文献あり　発売：学研マーケティング〉　1300円　①978-4-05-800268-1

三瓶

14635　瀬戸内・四国スローにお遍路―気まぐれ列車で行こう　種村直樹著　実業之日本社　2005.12　439p　19cm　1800円　①4-408-00798-6

三崎（伊方町）

14636　瀬戸内・四国スローにお遍路―気まぐれ列車で行こう　種村直樹著　実業之日本社　2005.12　439p　19cm　1800円　①4-408-00798-6

宮窪町友浦

14637　こんにちは、ふるさと　俵万智著　河出書房新社　1995.5　76p　20×18cm　1500円　①4-309-00983-2
作品 島を結ぶ二十七年―愛媛

八幡浜市

14638　娘巡礼記　高群逸枝著, 堀場清子校注　岩波書店　2004.5　334p　15cm　（岩波文庫）　760円　①4-00-381061-9

14639　お遍路　高群逸枝著　中央公論新社　2004.9　275p　16cm　（中公文庫）　1286円　①4-12-204414-6

14640　瀬戸内・四国スローにお遍路―気まぐれ列車で行こう　種村直樹著　実業之日本社　2005.12　439p　19cm　1800円　①4-408-00798-6

弓削島

14641　瀬戸内こころの旅路　山と渓谷社　2000.1　285p　20cm　（旅の紀行＆エッセイ）　1400円　①4-635-28044-6
作品 海に向かってつまびくギター―弓削島・豊島〔河島英五〕

14642　島めぐり フェリーで行こう！―スロー・トラベル　カベルナリア吉田文・写真　東京書籍　2003.8　207p　21cm　1500円　①4-487-79884-1

由良半島

14643　地図あるきの旅　今尾恵介著　朝日ソノラマ　1996.5　194p　21cm　1600円　①4-257-03483-1

由利島

14644　あやしい探検隊 不思議島へ行く　椎名誠著　角川書店　1993.7　307p　15cm　（角川文庫）　560円　①4-04-151008-2

吉田町

14645　瀬戸内・四国スローにお遍路―気まぐれ列車で行こう　種村直樹著　実業之日本社　2005.12　439p　19cm　1800円　①4-408-00798-6

14646　街道をゆく　14　南伊予・西土佐の道　新装版　司馬遼太郎著　朝日新聞出版　2008.11　212, 8p　15cm　（朝日文庫）　520円　①978-4-02-264460-2

蓮華寺（松山市）

14647　見仏記　2　仏友篇　いとうせいこう, みうらじゅん著　角川書店　1999.1　332p　15cm　（角川文庫）〈中央公論社 1995年刊の文庫化〉　724円　①4-04-184603-X

高知県

14648　安吾新日本風土記　坂口安吾著　河出書房新社　1988.11　246p　15cm　（河出文庫）　480円　①4-309-40227-5
作品 回想 書かれなかった安吾風土記〈高知県の巻〉

14649　超貧乏旅　2　田中良成著　扶桑社　1995.7　325p　19cm　1200円　①4-594-01788-6

14650　鉄道全線三十年―車窓紀行 昭和・平成……乗った、撮った、また乗った!!　田中正恭

著　心交社　2002.6　371p　19cm　1600円　①4-88302-741-4

14651　ちいさい旅みーつけた　俵万智著, 平地勲写真　集英社　2003.5　251p　16cm　(集英社be文庫)　695円　①4-08-650028-0

14652　にっぽん・海風魚旅　怪し火さすらい編　椎名誠著　講談社　2003.7　325p　15cm　(講談社文庫)〈2000年刊の文庫化〉　800円　①4-06-273797-3

14653　時速8キロニッポン縦断　斉藤政喜著　小学館　2003.10　397p　19cm　(Be-pal books)〈折り込1枚〉　1500円　①4-09-366067-0

14654　美味放浪記　檀一雄著　中央公論新社　2004.4　363p　15cm　(中公文庫BIBLIO)　895円　①4-12-204356-5

14655　旅の出会い　井伏鱒二著, 東郷克美, 前田貞昭編　筑摩書房　2004.10　334p　15cm　(ちくま文庫—井伏鱒二文集 2)　1100円　①4-480-03982-1

14656　歴史を紀行する　新装版　司馬遼太郎著　文藝春秋　2010.2　294p　16cm　(文春文庫)　581円　①978-4-16-766335-3

14657　なにもない旅 なにもしない旅　雨宮処凛著　光文社　2010.9　222p　16cm　(光文社知恵の森文庫)　686円　①978-4-334-78564-2

14658　愛しのローカルごはん旅 もう一杯！—2009-2011　たかぎなおこ著　メディアファクトリー　2011.7　175p　21cm　1100円　①978-4-8401-3982-3

14659　麹巡礼—おいしい麹と出会う9つの旅　おのみさ著　集英社　2013.4　125p　19cm　1300円　①978-4-08-771509-5

14660　酒場詩人の流儀　吉田類著　中央公論新社　2014.10　233p　18cm　(中公新書)〈索引あり〉　780円　①978-4-12-102290-5

作品　黒潮の匂う岬

14661　日本全国津々うりゃうりゃ　仕事逃亡編　宮田珠己著　廣済堂出版　2015.10　245p　19cm　1500円　①978-4-331-51963-9

14662　またたび　菊池亜希子著　宝島社　2016.12　190p　19×19cm　1400円　①978-4-8002-5815-1

14663　おいしいものは田舎にある—日本ふーど記　改版　玉村豊男著　中央公論新社　2017.1　245p　16cm　(中公文庫)〈初版のタイトル等：日本ふーど記(日本交通公社 1984年刊)〉　700円　①978-4-12-206351-8

14664　おれたちを笑え！—わしらは怪しい雑魚釣り隊　椎名誠著　小学館　2017.6　354p　15cm　(小学館文庫)〈2015年刊の加筆・修正〉　670円　①978-4-09-406425-4

赤岡町

14665　新発見 より道街あるき　大竹誠著　パロル舎　2008.6　187p　21cm　1600円　①978-4-89419-073-3

曙町駅

14666　日本縦断朝やけ乗り継ぎ列車—「夜明」発「日ノ出」ゆき7泊8日5200キロ　種村直樹著　徳間書店　1998.10　245p　19cm　1400円　①4-19-860924-1

旭駅

14667　日本縦断朝やけ乗り継ぎ列車—「夜明」発「日ノ出」ゆき7泊8日5200キロ　種村直樹著　徳間書店　1998.10　245p　19cm　1400円　①4-19-860924-1

足摺岬

14668　マンダラ紀行　森敦著　筑摩書房　1989.12　160p　15cm　(ちくま文庫)　460円　①4-480-02358-5

作品　大日の分かつ金胎求め来て坂を下ればへうべうの海

14669　時実新子のじぐざぐ遍路　時実新子著　朝日新聞社　1991.6　295p　19cm　1350円　①4-02-256314-1

14670　日本列島幸せ探し　山根基世著　講談社　1993.9　271p　19cm　1400円　①4-06-204994-5

14671　日本映画を歩く—ロケ地を訪ねて　川本三郎著　JTB　1998.8　239p　20cm　1600円　①4-533-03066-1

14672　碧い眼の太郎冠者　ドナルド・キーン著　中央公論新社　2001.7　188p　21cm　(Chuko on demand books)　2000円　①4-12-550026-6

作品　四国さかさ巡礼記

14673　斑猫の宿　奥本大三郎著　中央公論新社　2011.11　305p　16cm　(中公文庫)〈JTB2001年刊あり〉　705円　①978-4-12-205565-0

14674　意味の変容 マンダラ紀行　森敦著　講談社　2012.1　276p　16cm　(講談社文芸文庫)〈年譜あり　著作目録あり〉　1400円　①978-4-06-290147-5

作品　マンダラ紀行—大日の分かつ金胎求め来て坂を下ればへうべうの海

鵜来島

14675　日本《島旅》紀行　斎藤潤著　光文社　2005.3　284p　18cm　(光文社新書)　780円　①4-334-03299-0

14676　絶海の孤島—驚愕の日本がそこにある　増補改訂版　カベルナリア吉田著　イカロス出版　2015.12　233p　21cm　1600円　①978-4-8022-0118-6

馬路村

14677　駅の旅　その2　種村直樹著　自由国民社　2000.1　307p　19cm　1600円　①4-426-87902-7

14678　バスで田舎へ行く　泉麻人著　筑摩書房　2005.5　296p　15cm　(ちくま文庫)〈「バスで、田舎へ行く」(JTB 2001年刊)の改題〉　740円　①4-480-42079-7

大豊町

14679 禅の旅 越中文俊著 心交社 2002.12 227p 19cm (日本つれづれ紀行 1) 1500円 ①4-88302-806-2

沖の島

14680 仙人の桜、俗人の桜 赤瀬川原平著 平凡社 2000.3 270p 16cm (平凡社ライブラリー)〈日本交通公社出版事業局1993年刊あり〉 1100円 ①4-582-76332-4
作品 鰹をたたきつづけている港町—高知

柏島

14681 ウはウミウシのウ—シュノーケル偏愛旅行記 特別増補版 宮田珠己著 幻冬舎 2014.7 288p 16cm (幻冬舎文庫)〈初版：小学館2000年刊〉 600円 ①978-4-344-42223-0

桂浜

14682 マツモトヨーコの脱日常紀行—旅する絵描き マツモトヨーコ絵・文 飛鳥新社 2001.8 225p 19cm 1400円 ①4-87031-475-4

鎌井田

14683 猿猴 川に死す—現代によみがえった幻の釣りエッセイ 森下雨村著 小学館 2005.4 318p 15cm (小学館文庫) 571円 ①4-09-411631-1

甲浦

14684 神に頼って走れ！—自転車爆走日本南下旅日記 高野秀行著 集英社 2008.3 242p 16cm (集英社文庫) 476円 ①978-4-08-746278-4

北寺

14685 見仏記 2 仏友篇 いとうせいこう, みうらじゅん著 角川書店 1999.1 332p 15cm (角川文庫)〈中央公論社 1995年刊の文庫化〉 724円 ①4-04-184603-X

窪川駅

14686 鉄道の旅 西日本編 真島満秀写真・文 小学館 2008.4 207p 27cm 2600円 ①978-4-09-395502-7

14687 終着駅への旅 JR編 櫻井寛著 JTBパブリッシング 2013.8 222p 19cm 1300円 ①978-4-533-09285-5

窪川町

14688 まちづくり紀行—地域と人と出会いの旅から 亀地宏著 ぎょうせい 1991.10 307p 19cm 1500円 ①4-324-02880-X

高知市

14689 時実新子のじぐざぐ遍路 時実新子著 朝日新聞社 1991.6 295p 19cm 1350円 ①4-02-256314-1

14690 こんにちは、ふるさと 俵万智著 河出書房新社 1995.5 76p 20×18cm 1500円 ①4-309-00983-2
作品 祭りはアート—高知

14691 行きつ戻りつ 乃南アサ著 文化出版局 2000.5 237p 21cm 1500円 ①4-579-30386-5

14692 禅の旅 越中文俊著 心交社 2002.12 227p 19cm (日本つれづれ紀行 1) 1500円 ①4-88302-806-2

14693 銅像めぐり旅—ニッポン蘊蓄紀行 清水義範著 祥伝社 2006.9 306p 16cm (祥伝社文庫)〈2002年刊の文庫化〉 619円 ①4-396-33308-0

14694 人情温泉紀行—演歌歌手・鏡五郎が訪ねた全国の名湯47選 鏡五郎著 マガジンランド 2008.5 235p 19cm〈年譜あり〉 1238円 ①978-4-944101-37-5

14695 路面電車全線探訪記 再版 柳沢道生著, 旅行作家の会編 現代旅行研究所 2008.6 224p 21cm (旅行作家文庫) 1800円 ①978-4-87482-096-4

14696 花嫁化鳥 改版 寺山修司著 中央公論社 2008.11 258p 16cm (中公文庫)〈1990年刊の改版〉 705円 ①978-4-12-205073-0
作品 闘犬賤者考

14697 街道をゆく 27 因幡・伯耆のみち、檮原街道 新装版 司馬遼太郎著 朝日新聞出版 2009.2 332, 8p 15cm (朝日文庫)〈初版：朝日新聞社1990年刊〉 680円 ①978-4-02-264480-0

14698 ひとり旅 ひとり酒 太田和彦著 大阪 京阪神エルマガジン社 2009.11 237p 21cm 1600円 ①978-4-87435-306-6

14699 坂本龍馬脱藩の道をゆく 左古文男著, 小島真也撮影 学研パブリッシング 2010.1 135p 21cm (Koinkyo books)〈文献あり 年表あり 発売：学研マーケティング〉 1500円 ①978-4-05-404425-8
目次 龍馬が生まれ育った町を歩く (坂本龍馬誕生地碑, 才谷屋跡地 ほか), 坂本龍馬ゆかりの地を訪ねる (お龍, 岩崎弥太郎 ほか), 坂本龍馬を知る施設 (坂本龍馬記念館, 龍馬の生まれたまち記念館 ほか), 歩き、ふれて、食べる。土佐のおいしい風土 (土佐の日曜市, ひろめ市場 ほか), 脱藩の道をゆく (脱藩の道概説, 前夜 ほか)

14700 極みのローカルグルメ旅 柏井壽著 光文社 2012.2 301p 18cm (光文社新書) 840円 ①978-4-334-03671-3

14701 ふらり旅 いい酒 いい肴 1 太田和彦著 主婦の友社 2015.1 135p 21cm 1400円 ①978-4-07-299000-1

高知城

14702 日本名城紀行 6 四国・九州 陽光きらめく名城 小学館 1989.5 293p 15cm 600円 ①4-09-401206-0

14703 三津五郎 城めぐり 坂東三津五郎著 三月書房 2010.11 117p 22cm 2200円 ①978-4-7826-0211-9

14704 「現存」12天守めぐりの旅—歴史ある国

宝・重文のお城をたずねる　萩原さちこ著　学研パブリッシング　2014.5　183p　21cm〈文献あり　発売：学研マーケティング〉　1300円　Ⓘ978-4-05-800268-1

後免駅

14705　途中下車の愉しみ　櫻井寛著　日本経済新聞出版社　2011.2　229p　18cm　（日経プレミアシリーズ）　850円　Ⓘ978-4-532-26110-8

金剛福寺

14706　マンダラ紀行　森敦著　筑摩書房　1989.12　160p　15cm　（ちくま文庫）　460円　Ⓘ4-480-02358-5

作品 大日の分かつ金胎求め来て坂を下ればへうべうの海

14707　意味の変容 マンダラ紀行　森敦著　講談社　2012.1　276p　16cm　（講談社文芸文庫）〈年譜あり　著作目録あり〉　1400円　Ⓘ978-4-06-290147-5

作品 マンダラ紀行―大日の分かつ金胎求め来て坂を下ればへうべうの海

酒蔵通り

14708　街道をゆく　27　因幡・伯耆のみち、檮原街道　新装版　司馬遼太郎著　朝日新聞出版　2009.2　332, 8p　15cm　（朝日文庫）〈初版：朝日新聞社1990年刊〉　680円　Ⓘ978-4-02-264480-0

佐川町

14709　酒場詩人の流儀　吉田類著　中央公論新社　2014.10　233p　18cm　（中公新書）〈索引あり〉　780円　Ⓘ978-4-12-102290-5

作品 巨石伝説を追って

四万十川

14710　川を下って都会の中へ―こぎおろしエッセイ　野田知佑著　小学館　1988.10　237p　20cm　（Be-pal books）〈著者の肖像あり〉　1200円　Ⓘ4-09-366322-X

14711　日本の川を旅する―カヌー単独行　野田知佑著　講談社　1989.7　349p　19cm　1200円　Ⓘ4-06-204362-9

14712　ヤポネシア讃歌　立松和平著　講談社　1990.6　261p　19cm　1200円　Ⓘ4-06-204887-6

14713　ハーケンと夏みかん　椎名誠著　集英社　1991.3　209p　16cm　（集英社文庫）〈山と渓谷社1988年刊の文庫化〉　320円　Ⓘ4-08-749688-0

14714　水の旅 川の漁　立松和平文, 大塚高雄写真　世界文化社　1993.8　250p　19cm　1600円　Ⓘ4-418-93509-6

14715　僕は旅で生まれかわる　立松和平著　PHP研究所　1993.12　235p　18cm　1300円　Ⓘ4-569-54201-8

目次 第1章 青春はアジアの旅が似合う, 第2章 日本列島（ヤポネシア）にそよぐ風（先の見えない迷路, プラットホーム, カニ族だった頃, やり直しのきかない旅, ツバキの咲き誇る島へ, 四万十の青き流れ, 西郷さんの足元で, 波之上の浜千鳥, アジアから見える日本）, 第3章 人はなぜ旅に出るのか, 第4章 自然の癒し, 第5章 旅の中に無数の表情

14716　川からの眺め　野田知佑著　新潮社　1995.10　188p　15cm　（新潮文庫）〈ブロンズ新社1992年刊あり〉　360円　Ⓘ4-10-141008-9

14717　ふわふわワウワウ―唄とカメラと時刻表　みなみらんぼう著　旅行読売出版社　1996.7　207p　19cm　1100円　Ⓘ4-89752-601-9

作品 四万十川カワウソ物語

14718　サラリーマン転覆隊が行く！　上巻　本田亮著　フレーベル館　1997.4　315p　20cm　1600円　Ⓘ4-577-70120-0

14719　カヌー犬・ガク　野田知佑著　小学館　1998.1　218p　16cm　（小学館文庫）　438円　Ⓘ4-09-411021-6

作品 映画『ガクの冒険』撮影日記（'90年春）

14720　四万十川―光る清流　松岡達英作　大日本図書　1998.2　47p　31×22cm　（日本自然探険の旅 5）　3000円　Ⓘ4-477-00760-4

14721　川へふたたび　野田知佑著　小学館　1998.7　361p　15cm　（小学館文庫）〈1993年刊の文庫化〉　571円　Ⓘ4-09-411022-4

14722　春夏秋冬いやはや隊が行く　椎名誠著　講談社　1999.9　317p　19cm　1500円　Ⓘ4-06-338951-0

14723　サラリーマン転覆隊が来た！　本田亮著　小学館　2001.11　255p　20cm〈付属資料：CD-ROM1枚（12cm）〉　1600円　Ⓘ4-09-366461-7

14724　ハーモニカとカヌー　野田知佑著　新潮社　2002.6　303p　16cm　（新潮文庫）〈小学館1999年刊あり〉　552円　Ⓘ4-10-141012-7

14725　旅の紙芝居　椎名誠写真・文　朝日新聞社　2002.10　350p　15cm　（朝日文庫）〈1998年刊の文庫化〉　820円　Ⓘ4-02-264298-X

作品 沈下橋の記憶

14726　褌の旅　越中文俊著　心交社　2002.12　227p　19cm　（日本つれづれ紀行 1）　1500円　Ⓘ4-88302-806-2

14727　ぼくの還る川　野田知佑著　新潮社　2003.7　302p　16cm　（新潮文庫）〈2000年刊の文庫化〉　552円　Ⓘ4-10-141013-5

14728　日本“汽水”紀行―「森は海の恋人」の世界を尋ねて　畠山重篤著　文芸春秋　2003.9　302p　19cm　1714円　Ⓘ4-16-365280-9

14729　時速8キロニッポン縦断　斉藤政喜著　小学館　2003.10　397p　19cm　（Be-pal books）〈折り込1枚〉　1500円　Ⓘ4-09-366067-0

14730　なつかしい川、ふるさとの流れ　野田知佑著　新潮社　2005.6　263p　16cm　（新潮文庫）〈「ぼくの還る川 pt.2」（小学館2001年刊）の改題〉　514円　Ⓘ4-10-141014-3

14731　西日本を歩く　立松和平著, 黒古一夫編　勉誠出版　2006.4　372p　22cm　（立松和平日

本を歩く 第4巻) 2600円 ①4-585-01174-9

14732 旬紀行―「とびきり」を味わうためだけの旅 寄本好則著 ディノス 2006.8 167p 20cm〈扶桑社(発売)〉 1667円 ①4-594-05210-X

14733 谷川健一全集 第10巻(民俗 2) 女の風土記 埋もれた日本地図(抄録) 黒潮の民俗学(抄録) 谷川健一著 冨山房インターナショナル 2010.1 574, 27p 23cm〈付属資料：8p：月報 no.14 索引あり〉 6500円 ①978-4-902385-84-7
 作品 四万十川

14734 ダムはいらない！―新・日本の川を旅する 野田知佑著 小学館 2010.2 255p 19cm 1500円 ①978-4-09-366540-7

14735 あおぞらビール 森沢明夫著 双葉社 2012.7 351p 15cm (双葉文庫)〈オーシャンライフ 2003年刊の加筆修正・再構成〉 648円 ①978-4-575-71391-6

14736 風景は記憶の順にできていく 椎名誠著 集英社 2013.7 254p 18cm (集英社新書―ノンフィクション) 760円 ①978-4-08-720697-5

14737 酒場詩人の流儀 吉田類著 中央公論新社 2014.10 233p 18cm (中公新書)〈索引あり〉 780円 ①978-4-12-102290-5
 作品 四万十川の揺り籠に揺られて

14738 さらば新宿赤マント 椎名誠著 文藝春秋 2015.9 445p 16cm (文春文庫)〈2013年刊の文庫化〉 770円 ①978-4-16-790449-4
 作品 雨の四万十川再訪記

14739 雨の匂いのする夜に 椎名誠写真と文 朝日新聞出版 2015.11 222p 20cm 2100円 ①978-4-02-331450-4
 作品 雨の沈下橋

14740 ナマコもいつか月を見る 椎名誠著 PHP研究所 2017.1 298p 15cm (PHP文芸文庫)〈本の雑誌社 1991年刊の再刊〉 680円 ①978-4-569-76679-9

14741 おれたちを笑え！―わしらは怪しい雑魚釣り隊 椎名誠著 小学館 2017.6 354p 15cm (小学館文庫)〈2015年刊の加筆・修正〉 670円 ①978-4-09-406425-4

四万十市

14742 神に頼って走れ！―自転車爆走日本南下旅日記 高野秀行著 集英社 2008.3 242p 16cm (集英社文庫) 476円 ①978-4-08-746278-4

14743 文豪、偉人の「愛」をたどる旅 黛まどか著 集英社 2009.8 255p 18cm 1048円 ①978-4-08-781427-9

14744 斑猫の宿 奥本大三郎著 中央公論新社 2011.11 305p 16cm (中公文庫)〈JTB2001年刊あり〉 705円 ①978-4-12-205565-0

宿毛市

14745 線路のない時刻表 宮脇俊三著 新潮社 1989.4 204p 15cm (新潮文庫) 280円 ①4-10-126807-X
 作品 落日と流刑の港町にて 宿毛線

14746 負籠の細道 水上勉著 集英社 1997.10 232p 16cm (集英社文庫) 476円 ①4-08-748697-4

雪蹊寺

14747 見仏記 2 仏友篇 いとうせいこう, みうらじゅん著 角川書店 1999.1 332p 15cm (角川文庫)〈中央公論社 1995年刊の文庫化〉 724円 ①4-04-184603-X

千枚田(檮原町)

14748 街道をゆく 27 因幡・伯耆のみち、檮原街道 新装版 司馬遼太郎著 朝日新聞出版 2009.2 332, 8p 15cm (朝日文庫)〈初版：朝日新聞社1990年刊〉 680円 ①978-4-02-264480-0

高野の茶堂(津野町)

14749 街道をゆく 27 因幡・伯耆のみち、檮原街道 新装版 司馬遼太郎著 朝日新聞出版 2009.2 332, 8p 15cm (朝日文庫)〈初版：朝日新聞社1990年刊〉 680円 ①978-4-02-264480-0

竜串(土佐清水市)

14750 時実新子のじぐざぐ遍路 時実新子著 朝日新聞社 1991.6 295p 19cm 1350円 ①4-02-256314-1

玉水町

14751 三文役者のニッポンひとり旅 殿山泰司著 筑摩書房 2000.2 287p 15cm (ちくま文庫) 640円 ①4-480-03551-6

14752 色街を呑む！―日本列島レトロ紀行 勝谷誠彦著 祥伝社 2006.2 284p 15cm (祥伝社文庫) 600円 ①4-396-33271-8

竹林寺(高知市)

14753 見仏記 2 仏友篇 いとうせいこう, みうらじゅん著 角川書店 1999.1 332p 15cm (角川文庫)〈中央公論社 1995年刊の文庫化〉 724円 ①4-04-184603-X

茶屋谷

14754 『忘れられた日本人』の舞台を旅する―宮本常一の軌跡 木村哲也著 河出書房新社 2006.2 253p 20cm〈文献あり〉 1800円 ①4-309-22444-X

寺川(いの町)

14755 『忘れられた日本人』の舞台を旅する―宮本常一の軌跡 木村哲也著 河出書房新社 2006.2 253p 20cm〈文献あり〉 1800円 ①4-309-22444-X

土佐くろしお鉄道

14756 新顔鉄道乗り歩き 種村直樹著 中央書

院 1990.2 302p 19cm 1400円 ①4-924420-44-1

土佐くろしお鉄道阿佐線〔ごめん・なはり線〕

14757 各駅下車で行こう！―スロー・トラベル カベルナリア吉田文・写真 東京書籍 2003.4 197p 21cm 1500円 ①4-487-79883-3

14758 日本全国ローカル列車ひとり旅 遠森慶文・イラスト・写真 双葉社 2005.11 253p 19cm 1500円 ①4-575-29847-6

14759 日本縦断「ローカル列車」を乗りこなす 種村直樹著 青春出版社 2006.6 205p 18cm （青春新書インテリジェンス） 730円 ①4-413-04147-X

14760 おいしいローカル線の旅 金久保茂樹著 朝日新聞社 2006.7 264p 15cm （朝日文庫―シリーズオトナ悠遊） 600円 ①4-02-261508-7

14761 駅を楽しむ！ テツ道の旅 野田隆著 平凡社 2007.5 237p 18cm （平凡社新書） 760円 ①978-4-582-85374-2

14762 おんなひとりの鉄道旅 西日本編 矢野直美著 小学館 2008.7 193p 15cm （小学館文庫）〈2005年刊の単行本を2分冊にして文庫化〉 571円 ①978-4-09-408287-6

土佐清水市

14763 仙人の桜、俗人の桜 赤瀬川原平著 平凡社 2000.3 270p 16cm （平凡社ライブラリー）〈日本交通公社出版事業局1993年刊あり〉 1100円 ①4-582-76332-4
作品 鰹をたたきつづけている港町―高知

14764 碧い眼の太郎冠者 ドナルド・キーン著 中央公論新社 2001.7 188p 21cm （Chuko on demand books） 2000円 ①4-12-550026-6
作品 四国さかさ巡礼記

14765 日本列島を往く 3 海に生きるひとびと 鎌田慧著 岩波書店 2001.12 299p 15cm （岩波現代文庫） 900円 ①4-00-603049-5

14766 港町食堂 奥田英朗著 新潮社 2008.5 256p 16cm （新潮文庫）〈2005年刊の文庫化〉 438円 ①978-4-10-134471-3

土佐電気鉄道〔とさでん交通〕

14767 うっかり鉄道―おんなふたり、ローカル線めぐり旅 能町みね子著 メディアファクトリー 2010.10 205p 19cm 1100円 ①978-4-8401-3545-0

中島観音堂

14768 見仏記 2 仏友篇 いとうせいこう，みうらじゅん著 角川書店 1999.1 332p 15cm （角川文庫）〈中央公論社 1995年刊の文庫化〉 724円 ①4-04-184603-X

中土佐町

14769 旬紀行―「とびきり」を味わうためだけの旅 寄本好則著 ディノス 2006.8 167p 20cm 〈扶桑社（発売）〉 1667円 ①4-594-05210-X

14770 日本の旅ごはん―平成食の風土記 向笠千恵子著 小学館 2006.11 191p 19cm 1500円 ①4-09-387688-6

中村（四万十市）

14771 線路のない時刻表 宮脇俊三著 新潮社 1989.4 204p 15cm （新潮文庫） 280円 ①4-10-126807-X
作品 落日と流刑の港町にて 宿毛線

14772 おろかな日々 椎名誠著 文芸春秋 1996.6 286p 15cm （文春文庫）〈1993年刊の文庫化〉 450円 ①4-16-733407-0
作品 悲喜こもごも土佐の旅

14773 碧い眼の太郎冠者 ドナルド・キーン著 中央公論新社 2001.7 188p 21cm （Chuko on demand books） 2000円 ①4-12-550026-6
作品 四国さかさ巡礼記

14774 街道をゆく 14 南伊予・西土佐の道 新装版 司馬遼太郎著 朝日新聞出版 2008.11 212, 8p 15cm （朝日文庫） 520円 ①978-4-02-264460-2

中村駅

14775 終着駅 宮脇俊三著 河出書房新社 2012.1 232p 15cm （河出文庫）〈2009年刊の文庫化〉 680円 ①978-4-309-41122-4

西土佐

14776 日本列島を往く 3 海に生きるひとびと 鎌田慧著 岩波書店 2001.12 299p 15cm （岩波現代文庫） 900円 ①4-00-603049-5

14777 街道をゆく 14 南伊予・西土佐の道 新装版 司馬遼太郎著 朝日新聞出版 2008.11 212, 8p 15cm （朝日文庫） 520円 ①978-4-02-264460-2

野根山街道

14778 シェルパ斉藤の行きあたりばっ旅 4 斉藤政喜著 小学館 1998.12 253p 15cm （小学館文庫） 457円 ①4-09-411004-6

波介川

14779 日本列島 野生のヘラを求めて 大崎紀夫著 三樹書房 2004.11 230p 21cm 1400円 ①4-89522-441-4

東津野地区（津野町）

14780 街道をゆく 27 因幡・伯耆のみち、檮原街道 新装版 司馬遼太郎著 朝日新聞出版 2009.2 332, 8p 15cm （朝日文庫）〈初版：朝日新聞社1990年刊〉 680円 ①978-4-02-264480-0

豊楽寺

14781 見仏記 2 仏友篇 いとうせいこう，みうらじゅん著 角川書店 1999.1 332p 15cm

（角川文庫）〈中央公論社 1995年刊の文庫化〉 724円 ①4-04-184603-X

戸島

14782 日本《島旅》紀行　斎藤潤著　光文社 2005.3 284p 18cm （光文社新書） 780円 ①4-334-03299-0

最御崎寺

14783 マンダラ紀行　森敦著　筑摩書房 1989.12 160p 15cm （ちくま文庫） 460円 ①4-480-02358-5

作品 大日の分かつ金胎求め来て坂を下ればへうべうの海

14784 意味の変容 マンダラ紀行　森敦著　講談社 2012.1 276p 16cm （講談社文芸文庫）〈年譜あり　著作目録あり〉 1400円 ①978-4-06-290147-5

作品 マンダラ紀行―大日の分かつ金胎求め来て坂を下ればへうべうの海

本川地区（いの町）

14785 ローカルバスの終点へ　宮脇俊三著　洋泉社 2010.12 303p 18cm （新書y）〈1991年刊の新潮文庫を底本とする　日本交通公社出版事業局 1989年刊あり〉 840円 ①978-4-86248-626-4

松葉川温泉

14786 温泉旅日記　池内紀著　徳間書店 1996.9 277p 15cm （徳間文庫）〈河出書房新社1988年刊あり〉 540円 ①4-19-890559-2

三嶋神社

14787 街道をゆく 27 因幡・伯耆のみち、檮原街道　新装版　司馬遼太郎著　朝日新聞出版 2009.2 332, 8p 15cm （朝日文庫）〈初版：朝日新聞社1990年刊〉 680円 ①978-4-02-264480-0

宮野々番所跡

14788 街道をゆく 27 因幡・伯耆のみち、檮原街道　新装版　司馬遼太郎著　朝日新聞出版 2009.2 332, 8p 15cm （朝日文庫）〈初版：朝日新聞社1990年刊〉 680円 ①978-4-02-264480-0

室戸岬

14789 四国八十八か所ガイジン夏遍路　クレイグ・マクラクラン著, 橋本恵訳　小学館 2000.7 346p 15cm （小学館文庫） 638円 ①4-09-411153-0

14790 四国霊場徒歩遍路　小野庄一著　中央公論新社 2002.4 172p 21cm 1700円 ①4-12-003260-4

14791 日本八景―八大家執筆　幸田露伴, 吉田紘二郎, 河東碧梧桐, 田山花袋, 北原白秋, 高浜虚子, 菊池幽芳, 泉鏡花著　平凡社 2005.3 280p 16cm （平凡社ライブラリー） 1200円 ①4-582-76531-9

14792 瀬戸内寂聴随筆選　第5巻　旅・見はてぬ地図　瀬戸内寂聴著　ゆまに書房 2009.4 219p 19cm （大きな活字で読みやすい本）〈発売：リブリオ出版〉 ①978-4-86057-384-3

14793 旅の窓から―ワイルドとラグジュアリー　山口由美著　千早書房 2010.6 205p 19cm 1500円 ①978-4-88492-443-0

室戸市

14794 日本風景論　池内紀著　角川学芸出版 2009.3 279p 19cm （角川選書）〈発売：角川グループパブリッシング〉 1600円 ①978-4-04-703442-6

14795 日本再発見―芸術風土記　岡本太郎著 KADOKAWA 2015.7 293p 15cm （角川ソフィア文庫）〈新潮社 1958年刊の再刊〉 1000円 ①978-4-04-409488-1

14796 荒ぶる自然―日本列島天変地異録　高田宏著　神戸　苦楽堂 2016.6 303, 7p 19cm 〈新潮社 1997年刊の再刊　年表あり 索引あり〉 1800円 ①978-4-908087-03-5

檮原街道

14797 街道をゆく 27 因幡・伯耆のみち、檮原街道　新装版　司馬遼太郎著　朝日新聞出版 2009.2 332, 8p 15cm （朝日文庫）〈初版：朝日新聞社1990年刊〉 680円 ①978-4-02-264480-0

檮原町

14798 街道をゆく 27 因幡・伯耆のみち、檮原街道　新装版　司馬遼太郎著　朝日新聞出版 2009.2 332, 8p 15cm （朝日文庫）〈初版：朝日新聞社1990年刊〉 680円 ①978-4-02-264480-0

若井駅

14799 終着駅への旅　JR編　櫻井寛著　JTBパブリッシング 2013.8 222p 19cm 1300円 ①978-4-533-09285-5

海津見神社

14800 街道をゆく 27 因幡・伯耆のみち、檮原街道　新装版　司馬遼太郎著　朝日新聞出版 2009.2 332, 8p 15cm （朝日文庫）〈初版：朝日新聞社1990年刊〉 680円 ①978-4-02-264480-0

九州・沖縄

九　州

14801　イエロー・センター・ライン―微熱夜'88　小山卓治著　自由国民社　1988.7　212p　19cm　1500円　①4-426-82701-9
14802　日本その日その日　2　E.S.モース著, 石川欣一訳　平凡社　1989.2　296p　18cm　（東洋文庫）〈第18刷（第1刷：1970年）〉　2100円　①4-582-80172-2
14803　日本その日その日　3　E.S.モース著, 石川欣一訳　平凡社　1990.1　236p　18cm　（東洋文庫）〈第16刷（第1刷：1971年）著者の肖像あり〉　1800円　①4-582-80179-X
14804　新顔鉄道乗り歩き　種村直樹著　中央書院　1990.2　302p　19cm　1400円　①4-924420-44-2
14805　風になりたや旅ごころ　森崎和江著　（福岡）葦書房　1991.6　190p　19cm　1380円
目次 蘇生を求めて, 旅の小道, 青天井の薩摩半島, 天草草紙, 暮らしの中の温泉, 江湖の流れと干潟と, ジャガタラ文の島, 火の山の城下町, 天を仰ぐ人々, 五木の子守唄と落人伝説, 九州の仏たち〔ほか〕

14806　汽車旅十五題　種村直樹著　日本交通公社　1992.4　230p　19cm　1300円　①4-533-01899-8
14807　南のオデッセイ―九州沿岸ぐるり徒歩の旅　榛谷泰明著　南日本新聞社,（鹿児島）南日本新聞開発センター〔発売〕　1995.12　168p　21cm　1500円　①4-944075-08-1
目次 1 西まわりで北から南へ（人の環, 忍び寄る怪異, 語り継がれたもの, 領巾振り続けて ほか）, 2 南から北へ旅は続く（再び人の環, 潮の流れに, 桜島をめぐる, 大隅半島にて ほか）

14808　今夜も空の下―シェルパ斉藤の行きあたりばっ旅　2　斉藤政喜著　小学館　1996.3　287p　19cm　（BE‐PAL BOOKS）　1100円　①4-09-366063-8
14809　気まぐれ列車が大活躍　種村直樹著　実業之日本社　1996.8　319p　19cm　1600円　①4-408-00736-6
14810　駅は見ている　宮脇俊三著　小学館　1997.11　205p　19cm　1400円　①4-09-387237-6
14811　シェルパ斉藤の行きあたりばっ旅　斉藤政喜著　小学館　1998.1　349p　16cm　（小学館文庫）〈1994年刊の増訂〉　600円　①4-09-411001-1
14812　シェルパ斉藤の行きあたりばっ旅　2　斉藤政喜著　小学館　1998.4　253p　15cm　（小学館文庫）　457円　①4-09-411002-X
14813　シェルパ斉藤の行きあたりばっ旅　3　斉藤政喜著　小学館　1998.8　253p　16cm　（小学館文庫）　457円　①4-09-411003-8
14814　こだわりの鉄道ひとり旅　池田光雅著　光人社　2000.1　225p　19cm　1700円　①4-7698-0948-4
14815　九州・南西諸島渡り鳥―気まぐれ列車だ僕の旅　種村直樹著　実業之日本社　2000.3　533p　19cm　1800円　①4-408-00760-9
目次 第1部 ようこそ日本列島外周気まぐれ列車の旅へ（日本橋から九州・阿久根市まで一五年の歩み, 東奔西走一七九日のハイライト）, 第2部 日本列島外周気まぐれ列車 九州・南西諸島渡り鳥（甑島列島、吹上浜（鹿児島県）, 野間半島、坊津、枕崎、開聞岳（鹿児島県）, 指宿温泉、鹿児島、桜島、佐多岬（鹿児島県）, 大隅半島、内之浦（鹿児島県）、日南海岸（宮崎県） ほか）

14816　西日本古代紀行―神功皇后風土記　河村哲夫著　福岡　西日本新聞社　2001.10　366p　22cm　2800円　①4-8167-0531-7
内容 神功皇后は実在したか。伝説の中に真実がある。記紀の舞台を歩き、地名の由来から地域の歴史を掘り起こす堂々の古代ロマン。

14817　フェリーボートで行こう！―スロー・トラベル　カベルナリア吉田文・写真　東京書籍　2002.7　243p　21cm　1700円　①4-487-79783-7
14818　江戸の旅人 吉田松陰―遊歴の道を辿る　海原徹著　京都　ミネルヴァ書房　2003.2　378p　22cm〈年譜あり〉　4800円　①4-623-03704-5
14819　アタシはバイクで旅に出る。―お湯・酒・鉄馬三拍子紀行　2　国井律子著　枻出版社　2003.3　173p　15cm　（枻文庫）　600円　①4-87099-824-6
14820　日本の食材おいしい旅　向笠千恵子著　集英社　2003.7　250p　18cm　（集英社新書）　700円　①4-08-720202-X
14821　鉄道を書く　種村直樹著　中央書院　2003.8　318p　20cm　（種村直樹自選作品集6（1980-1983））〈シリーズ責任表示：種村直樹著〉　2500円　①4-88732-134-1
14822　時速8キロニッポン縦断　斉藤政喜著　小学館　2003.10　397p　19cm　（Be-pal books）〈折り込1枚〉　1500円　①4-09-366067-0
14823　美味放浪記　檀一雄著　中央公論新社　2004.4　363p　15cm　（中公文庫BIBLIO）

895円 ①4-12-204356-5
14824 万葉の旅 下 改訂新版 犬養孝著 平凡社 2004.4 379p 16cm (平凡社ライブラリー)〈社会思想社1964年刊の増訂 文献あり〉 1200円 ①4-582-76494-0
14825 出たとこ勝負のバイク日本一周 準備編 小林ゆき著 枻出版社 2004.8 155p 15cm (枻文庫) 650円 ①4-7779-0148-3
14826 出たとこ勝負のバイク日本一周 実践編 小林ゆき著 枻出版社 2004.10 155p 15cm (枻文庫) 650円 ①4-7779-0199-8
14827 野球の国 奥田英朗著 光文社 2005.3 244p 16cm (光文社文庫) 476円 ①4-334-73841-9
14828 シェルパ斉藤の犬と旅に出よう 斉藤政喜著 新潮社 2005.7 269p 16cm (新潮文庫) 476円 ①4-10-100422-6
14829 列島縦断 鉄道乗りつくしの旅 JR20000km全線走破―春編 絵日記でめぐる35日間 関口知宏著 徳間書店 2005.7 102p 15×21cm 1400円 ①4-19-862033-4
14830 日本縦断個室寝台特急の旅 続 櫻井寛写真・文 世界文化社 2005.11 207p 22cm 2800円 ①4-418-05519-3
14831 西日本を歩く 立松和平著, 黒古一夫編 勉誠出版 2006.4 372p 22cm (立松和平日本を歩く 第4巻) 2600円 ①4-585-01174-9
14832 お札行脚 フレデリック・スタール著, 山口昌男監修 国書刊行会 2007.3 702p 22cm (知の自由人叢書) 12000円 ①978-4-336-04716-8
作品 御札行脚―九州行脚
14833 鉄道の旅 西日本編 真島満秀写真・文 小学館 2008.4 207p 27cm 2600円 ①978-4-09-395502-7
14834 鉄子の旅写真日記 矢野直美著 阪急コミュニケーションズ 2008.8 182p 19cm 1500円 ①978-4-484-08219-6
14835 賀曽利隆の300日3000湯めぐり日本一周―6万5000キロのバイク旅 下巻 賀曽利隆著 昭文社 2008.9 286p 21cm 1600円 ①978-4-398-21117-0
14836 一食一会―フードマインドをたずねて 向笠千恵子著 小学館 2008.12 253p 18cm (小学館101新書) 740円 ①978-4-09-825016-5
14837 吉田観覧車 吉田戦車著 講談社 2009.12 179p 15cm (講談社文庫) 524円 ①978-4-06-276543-5
14838 旅の終りは個室寝台車 宮脇俊三著 河出書房新社 2010.3 237p 15cm (河出文庫) 680円 ①978-4-309-41008-1
14839 極みのローカルグルメ旅 柏井壽著 光文社 2012.2 301p 18cm (光文社新書) 840円 ①978-4-334-03671-3
14840 日本山岳紀行―ドイツ人が見た明治末の信州 W・シュタイニッツァー著, 安藤勉訳 長野 信濃毎日新聞社 2013.10 305p 19cm (信毎選書 5)〈1992年刊の改訂 文献あり〉 1400円 ①978-4-7840-7222-4
14841 四次元温泉日記 宮田珠己著 筑摩書房 2015.1 294p 15cm (ちくま文庫)〈2011年刊の文庫化〉 720円 ①978-4-480-43238-4
14842 「男はつらいよ」を旅する 川本三郎著 新潮社 2017.5 286p 20cm (新潮選書) 1400円 ①978-4-10-603808-2
作品 九州の温泉めぐり

阿蘇くじゅう国立公園

14843 東京を歩く 立松和平著, 黒古一夫編 勉誠出版 2006.4 343p 22cm (立松和平日本を歩く 第7巻) 2600円 ①4-585-01177-3

天草諸島

14844 樹木街道を歩く―縄文杉への道 縄文剣著 碧天舎 2004.8 187p 19cm 1000円 ①4-88346-785-6
14845 にっぽん・海風魚旅 4(大漁旗ぶるぶる乱風編) 椎名誠著 講談社 2008.7 394p 15cm (講談社文庫)〈2005年刊の文庫化〉 857円 ①978-4-06-276097-3

有明海

14846 日本の食材おいしい旅 向笠千恵子著 集英社 2003.7 250p 18cm (集英社新書) 700円 ①4-08-720202-X
作品 江戸っ子が残したい味…海苔紀行(東京湾・有明海・厚岸湖)
14847 日本"汽水"紀行―「森は海の恋人」の世界を尋ねて 畠山重篤著 文芸春秋 2003.9 302p 19cm 1714円 ①4-16-365280-9
14848 ツーリング・ライフ―自由に、そして孤独に 新装増補版 斎藤純著 春秋社 2004.3 274p 20cm〈2001年刊の新装増補〉 1800円 ①4-393-43624-5
作品 初冬の九州を行く
14849 日本全国ローカル線おいしい旅 嵐山光三郎著 講談社 2004.3 246p 18cm (講談社現代新書) 700円 ①4-06-149710-3
14850 西日本を歩く 立松和平著, 黒古一夫編 勉誠出版 2006.4 372p 22cm (立松和平日本を歩く 第4巻) 2600円 ①4-585-01174-9
14851 釣りキチ三平の釣れづれの記 青春奮闘編 矢口高雄著 講談社 2009.5 327p 16cm (講談社+α文庫) 781円 ①978-4-06-281288-7
14852 南へと、あくがれる―名作とゆく山河 乳井昌史著 福岡 弦書房 2010.12 246p 19cm〈文献あり〉 1800円 ①978-4-86329-049-5
(目次) 第1章 有明海から阿蘇まで, 第2章 魚湧く海とやわらかな風景, 第3章 背振山地の麓にて, 第4章 北九州文化圏を行く, 第5章 島々へ飛ぶ, 第6章 霧立越の西と東

雲仙天草国立公園

14853 東京を歩く 立松和平著, 黒古一夫編 勉誠出版 2006.4 343p 22cm (立松和平日

本を歩く 第7巻） 2600円 ①4-585-01177-3

傾山

14854 山で見た夢―ある山岳雑誌編集者の記憶 勝峰富雄著 みすず書房 2010.5 285p 20cm 2600円 ①978-4-622-07542-4

唐津街道

14855 街道をゆく 11 肥前の諸街道 新装版 司馬遼太郎著 朝日新聞出版 2008.10 227, 8p 15cm （朝日文庫） 540円 ①978-4-02-264456-5

(目次) 蒙古塚・唐津（震天雷など, 今津の松原, 虹の松原ほか）, 平戸（平戸の蘭館, 船首像, 尾根と窪地の屋敷町ほか）, 横瀬・長崎（開花楼の豪傑たち, 横瀬の浦, パードレ・トーレス ほか）

急行「さんべ」

14856 鉄道を書く 種村直樹著 中央書院 2002.11 318p 20cm （種村直樹自選作品集5 (1977-1979)）〈シリーズ責任表示：種村直樹著〉 2500円 ①4-88732-122-8

14857 追憶の夜行列車 2 さよなら〈銀河〉 種村直樹著 和光 SiGnal 2008.12 233p 19cm 1300円 ①978-4-902658-11-8

久七峠

14858 街道をゆく 3 陸奥のみち、肥薩のみち ほか 新装版 司馬遼太郎著 朝日新聞出版 2008.8 315, 8p 15cm （朝日文庫） 620円 ①978-4-02-264442-8

九州自然歩道

14859 九州自然歩道を歩く 田嶋直樹著 福岡 葦書房 2001.11 226p 19cm〈折り込1枚〉 1600円 ①4-7512-0819-5

(内容) 2001年2月1日から5月13日まで102日間、佐多岬から九州自然歩道を縦断して、北九州市皿倉山山頂の「九州自然歩道の起点の碑」を目指した旅の記録。

九州新幹線「つばめ」

14860 おんなひとりの鉄道旅 西日本編 矢野直美著 小学館 2008.7 193p 15cm （小学館文庫）〈2005年刊の単行本を2分冊にして文庫化〉 571円 ①978-4-09-408287-6

14861 旅の闇にとける 乃南アサ著 文藝春秋 2015.8 327p 16cm （文春文庫） 670円 ①978-4-16-790428-9

[作品] たまて箱列車で見る夢は

九州八十八ヶ所

14862 シェルパ斉藤のリッター60kmで行く！日本全国スーパーカブの旅 斉藤政喜著 小学館 2009.8 253p 19cm 1300円 ①978-4-09-366538-4

久大本線

14863 日本縦断「ローカル列車」を乗りこなす 種村直樹著 青春出版社 2006.6 205p 18cm （青春新書インテリジェンス） 730円 ①4-413-04147-X

14864 一両列車のゆるり旅 下川裕治, 中田浩資著 双葉社 2015.6 364p 15cm （双葉文庫） 694円 ①978-4-575-71436-4

霧島山

14865 雨のち晴れて、山日和 唐仁原教久著 山と渓谷社 2005.8 141p 21cm 1800円 ①4-635-17167-1

国見岳

14866 山で見た夢―ある山岳雑誌編集者の記憶 勝峰富雄著 みすず書房 2010.5 285p 20cm 2600円 ①978-4-622-07542-4

玄界灘

14867 野生の水―ヤポネシア水紀行 立松和平著 スコラ 1991.10 299p 20cm 1400円 ①4-7962-0048-7

14868 西日本を歩く 立松和平著, 黒古一夫編 勉誠出版 2006.4 372p 22cm （立松和平日本を歩く 第4巻） 2600円 ①4-585-01174-9

14869 味な旅 舌の旅 改版 宇能鴻一郎著 中央公論新社 2010.10 239p 16cm （中公文庫）〈初版：中央公論社1980年刊〉 705円 ①978-4-12-205391-5

14870 日本の中の朝鮮をゆく 九州編 光は朝鮮半島から 兪弘濬著, 橋本繁訳 岩波書店 2015.1 257p 20cm 2800円 ①978-4-00-061009-4

(目次) 第1部 北部九州（吉野ヶ里―光は朝鮮半島から, 肥前名護屋城と玄海灘―玄海灘の海は傷みの歴史を秘して, 唐津―日本の関門に残っている朝鮮文化の痕跡, 有田―陶磁の神、朝鮮陶工李参平, 有田・伊万里―秘窯の村には陶工無縁塔が, 武雄・太宰府―その時そんなことがあったのか）, 第2部 南部九州（鹿児島―桜島の火山灰はいまも飛んでいる, 美山の薩摩焼―故郷難忘, 宮崎南郷村―そこにそれがあるので私は行く）

14871 旅は道づれ雪月花 高峰秀子, 松山善三著 中央公論新社 2016.11 306p 16cm （中公文庫）〈ハースト婦人画報社 2012年刊の再刊〉 760円 ①978-4-12-206315-0

山陽道

14872 コミさんほのぼの路線バスの旅 田中小実昌著 JTB日本交通公社出版事業局 1996.5 202p 19cm 1600円 ①4-533-02476-9

14873 明治十八年の旅は道連れ 塩谷和子著 源流社 2001.11 376p 20cm 1800円 ①4-7739-0105-5

山陽・九州新幹線「さくら」

14874 山とそば ほしよりこ著 新潮社 2014.8 183p 16cm （新潮文庫）〈2011年刊の文庫化〉 460円 ①978-4-10-126091-4

寝台急行「雲仙」

14875 去りゆく星空の夜行列車 小牟田哲彦著 草思社 2015.2 294p 16cm （草思社文庫）〈扶桑社 2009年刊の再刊〉 850円 ①978-4-

7942–2105–6

寝台特急「あかつき」

14876 追憶の夜行列車 種村直樹著 和光 SiGnal 2005.2 237p 19cm 1143円 ①4–902658–04–6

14877 追憶の夜行列車 2 さよなら〈銀河〉 種村直樹著 和光 SiGnal 2008.12 233p 19cm 1300円 ①978–4–902658–11–8

14878 去りゆく星空の夜行列車 小牟田哲彦著 草思社 2015.2 294p 16cm (草思社文庫)〈扶桑社 2009年刊の再刊〉 850円 ①978–4–7942–2105–6

寝台特急「さくら」

14879 追憶の夜行列車 種村直樹著 和光 SiGnal 2005.2 237p 19cm 1143円 ①4–902658–04–6

14880 美しき日本の面影 さだまさし著 新潮社 2008.12 357p 16cm (新潮文庫) 514円 ①978–4–10–122905–8

寝台特急「なは」

14881 去りゆく星空の夜行列車 小牟田哲彦著 草思社 2015.2 294p 16cm (草思社文庫)〈扶桑社 2009年刊の再刊〉 850円 ①978–4–7942–2105–6

寝台特急「はやぶさ」

14882 追憶の夜行列車 種村直樹著 和光 SiGnal 2005.2 237p 19cm 1143円 ①4–902658–04–6

14883 追憶の夜行列車 2 さよなら〈銀河〉 種村直樹著 和光 SiGnal 2008.12 233p 19cm 1300円 ①978–4–902658–11–8

寝台特急「富士」

14884 日本縦断個室寝台特急の旅 続 櫻井寛写真・文 世界文化社 2005.11 207p 22cm 2800円 ①4–418–05519–3

14885 追憶の夜行列車 2 さよなら〈銀河〉 種村直樹著 和光 SiGnal 2008.12 233p 19cm 1300円 ①978–4–902658–11–8

14886 去りゆく星空の夜行列車 小牟田哲彦著 草思社 2015.2 294p 16cm (草思社文庫)〈扶桑社 2009年刊の再刊〉 850円 ①978–4–7942–2105–6

背振山地

14887 南へと、あくがれる—名作とゆく山河 乳井昌史著 福岡 弦書房 2010.12 246p 19cm〈文献あり〉 1800円 ①978–4–86329–049–5

川内川

14888 日本の川を旅する—カヌー単独行 野田知佑著 講談社 1989.7 349p 19cm 1200円 ①4–06–204362–9

14889 なつかしい川、ふるさとの流れ 野田知佑著 新潮社 2005.6 263p 16cm (新潮文庫)〈「ぼくの還る川 pt.2」(小学館2001年刊)の改題〉 514円 ①4–10–141014–3

14890 ダムはいらない！—新・日本の川を旅する 野田知佑著 小学館 2010.2 255p 19cm 1500円 ①978–4–09–366540–7

高千穂峰

14891 百霊峰巡礼 第2集 立松和平著 東京新聞出版局 2008.4 307p 20cm 1800円 ①978–4–8083–0893–3

筑後川

14892 川を下って都会の中へ—こぎおろしエッセイ 野田知佑著 小学館 1988.10 237p 20cm (Be-pal books)〈著者の肖像あり〉 1200円 ①4–09–366322–X

14893 日本の川を旅する—カヌー単独行 野田知佑著 講談社 1989.7 349p 19cm 1200円 ①4–06–204362–9

14894 水の旅 川の漁 立松和平文, 大塚高雄写真 世界文化社 1993.8 250p 19cm 1600円 ①4–418–93509–6

14895 美しいものしか見まい 立松和平著 恒文社21 2002.9 238p 19cm〈恒文社(発売)〉 1600円 ①4–7704–1077–8

14896 日本川紀行—流域の人と自然 向一陽著 中央公論新社 2003.5 277p 18cm (中公新書)〈文献あり〉 980円 ①4–12–101698–X

14897 ダムはいらない！—新・日本の川を旅する 野田知佑著 小学館 2010.2 255p 19cm 1500円 ①978–4–09–366540–7

特急「いさぶろう」「しんぺい」

14898 はなさんのまだ行ったことのない南九州 はなナビゲーター, 平間至フォトグラファー 扶桑社 2004.12 141p 21cm 1400円 ①4–594–04851–X

(目次) The first day—鹿児島・桜島(それはちょっと不安な旅立ちでした, 平間さんは深夜の大地震に遭遇 ほか), The Second day—人吉(台風直撃のすさまじさに呆然, 台風でナイアガラと化した滝を発見 ほか), The last day—霧島(『いさぶろう号』で鹿児島へ, 日本三大車窓もばっちり楽しみました ほか), 南九州みち案内(鹿児島・桜島エリア, えびの・霧島エリア ほか)

14899 テツはこんな旅をしている—鉄道旅行再発見 野田隆著 平凡社 2014.3 222p 18cm (平凡社新書) 760円 ①978–4–582–85722–1

特急「かもめ」

14900 阿川弘之自選紀行集 阿川弘之著 JTB 2001.12 317p 20cm 2200円 ①4–533–04030–6

[作品] 狐狸庵偲ぶ長崎特急

特急「ドリームにちりん」

14901 去りゆく星空の夜行列車 小牟田哲彦著 草思社 2015.2 294p 16cm (草思社文庫)〈扶桑社 2009年刊の再刊〉 850円 ①978–4–7942–2105–6

特急「ゆふいんの森」

14902 鉄道全線三十年―車窓紀行 昭和・平成……乗った、撮った、また乗った!! 田中正恭著 心交社 2002.6 371p 19cm 1600円 ①4-88302-741-4

日南線

14903 おんなひとりの鉄道旅 西日本編 矢野直美著 小学館 2008.7 193p 15cm (小学館文庫)〈2005年刊の単行本を2分冊にして文庫化〉 571円 ①978-4-09-408287-6

日豊海岸

14904 日本深見二泊三日 宮脇俊三著 角川書店 1994.3 231p 15cm (角川文庫) 430円 ①4-04-159807-9

日豊本線

14905 日本縦断「ローカル列車」を乗りこなす 種村直樹著 青春出版社 2006.6 205p 18cm (青春新書インテリジェンス) 730円 ①4-413-04147-X

14906 おんなひとりの鉄道旅 西日本編 矢野直美著 小学館 2008.7 193p 15cm (小学館文庫)〈2005年刊の単行本を2分冊にして文庫化〉 571円 ①978-4-09-408287-6

14907 鉄道文学の旅 野村智之著 郁朋社 2009.9 183p 19cm〈文献あり〉 1000円 ①978-4-87302-450-9

英彦山

14908 導かれて、旅 横尾忠則著 文藝春秋 1995.7 286p 16cm (文春文庫)〈日本交通公社出版事業局 1992年刊の文庫化〉 480円 ①4-16-729703-5

作品 霧の英彦山、異界体験

14909 ツーリング・ライフ―自由に、そして孤独に 新装増補版 斎藤純著 春秋社 2004.3 274p 20cm〈2001年刊の新装増補〉 1800円 ①4-393-43624-5

作品 初冬の九州を行く

14910 百霊峰巡礼 第1集 立松和平著 東京新聞出版局 2006.7 299p 20cm 1800円 ①4-8083-0854-1

肥薩線

14911 絶景 秋列車の旅―陸羽東線西線から山陰本線まで 櫻井寛文・写真 東京書籍 2000.9 159p 21cm 2200円 ①4-487-79474-9

14912 日本全国ローカル列車ひとり旅 遠森慶文・イラスト・写真 双葉社 2005.11 253p 19cm 1500円 ①4-575-29847-6

14913 ローカル線五感で楽しむおいしい旅―スローな時間を求めて 金久保茂樹著 グラフ社 2008.1 237p 19cm 1143円 ①978-4-7662-1113-9

14914 おんなひとりの鉄道旅 西日本編 矢野直美著 小学館 2008.7 193p 15cm (小学館文庫)〈2005年刊の単行本を2分冊にして文庫化〉 571円 ①978-4-09-408287-6

14915 父・宮脇俊三が愛したレールの響きを追って 宮脇灯子著 JTBパブリッシング 2008.8 223p 19cm〈写真:小林写函〉 1500円 ①978-4-533-07200-0

14916 うっかり鉄道―おんなふたり、ローカル線めぐり旅 能町みね子著 メディアファクトリー 2010.10 205p 19cm 1100円 ①978-4-8401-3545-0

14917 テツはこんな旅をしている―鉄道旅行再発見 野田隆著 平凡社 2014.3 222p 18cm (平凡社新書) 760円 ①978-4-582-85722-1

14918 一両列車のゆるり旅 下川裕治, 中田浩資著 双葉社 2015.6 364p 15cm (双葉文庫) 694円 ①978-4-575-71436-4

日田街道

14919 街道をゆく 8 熊野・古座街道、種子島みち ほか 新装版 司馬遼太郎著 朝日新聞出版 2008.9 329, 8p 15cm (朝日文庫) 640円 ①978-4-02-264447-3

日田彦山線

14920 一両列車のゆるり旅 下川裕治, 中田浩資著 双葉社 2015.6 364p 15cm (双葉文庫) 694円 ①978-4-575-71436-4

豊後街道

14921 街道をゆく 8 熊野・古座街道、種子島みち ほか 新装版 司馬遼太郎著 朝日新聞出版 2008.9 329, 8p 15cm (朝日文庫) 640円 ①978-4-02-264447-3

豊肥本線

14922 絶景 秋列車の旅―陸羽東線西線から山陰本線まで 櫻井寛文・写真 東京書籍 2000.9 159p 21cm 2200円 ①4-487-79474-9

14923 父・宮脇俊三が愛したレールの響きを追って 宮脇灯子著 JTBパブリッシング 2008.8 223p 19cm〈写真:小林写函〉 1500円 ①978-4-533-07200-0

14924 一両列車のゆるり旅 下川裕治, 中田浩資著 双葉社 2015.6 364p 15cm (双葉文庫) 694円 ①978-4-575-71436-4

松浦鉄道

14925 新顔鉄道乗り歩き 種村直樹著 中央書院 1990.2 302p 19cm 1400円 ①4-924420-44-1

14926 線路の果てに旅がある 宮脇俊三著 新潮社 1997.1 227p 15cm (新潮文庫)〈小学館1994年刊あり〉 400円 ①4-10-126813-4

14927 朝湯、昼酒、ローカル線―かっちゃんの鉄修行 勝谷誠彦著 文芸春秋 2007.12 321p 16cm (文春文庫plus)〈「勝谷誠彦の地列車大作戦」(JTB2002年刊)の改題〉 629円 ①978-4-16-771320-1

14928 おんなひとりの鉄道旅 西日本編 矢野直美著 小学館 2008.7 193p 15cm (小学

館文庫)〈2005年刊の単行本を2分冊にして文庫化〉 571円 ①978-4-09-408287-6

三池炭鉱

14929 五足の靴 五人づれ著 岩波書店 2007.5 140p 15cm (岩波文庫) 460円 ①978-4-00-311771-2

14930 明治紀行文學集 筑摩書房 2013.1 410p 21cm (明治文學全集 94) 7500円 ①978-4-480-10394-9
作品 五足の靴〔与謝野鉄幹・木下杢太郎・北原白秋・平野万里・吉井勇篇〕

夜行快速「ムーンライト九州」

14931 去りゆく星空の夜行列車 小牟田哲彦著 草思社 2015.2 294p 16cm (草思社文庫)〈扶桑社 2009年刊の再刊〉 850円 ①978-4-7942-2105-6

夜行急行「日南」

14932 追憶の夜行列車 種村直樹著 和光 SiGnal 2005.2 237p 19cm 1143円 ①4-902658-04-6

夜行列車「ながさき号」

14933 郷愁の鈍行列車 種村直樹著 和光 SiGnal 2005.9 235p 19cm 1143円 ①4-902658-05-4

八代海〔不知火海〕

14934 不知火紀行 岡田哲也著 砂子屋書房 1990.6 282p 21cm 2500円
目次 第1章 薩摩と肥後, 第2章 流離と土着, 第3章 異端の残照, 第4章 流浪の名残, 第5章 広瀬川有情, 第6章 海の翳光, 第7章 天と地の間で

14935 石牟礼道子全集・不知火 別巻 自伝 石牟礼道子著 藤原書店 2014.5 469p 22cm〈布装 年譜あり〉 8500円 ①978-4-89434-970-4
目次 1 葭の渚—石牟礼道子自伝(水俣の栄町での日々, 父祖の地・天草, 祖父・松太郎と事業の夢, 祖母・おもかさま, 天草を遡る旅, 「末廣」のすみれの悲劇, 水俣川河口に移り住む, 原郷としての不知火海, 戦争の影, 実務学校期 ほか), 2 詳伝年譜(1969 - 2013)渡辺京二著, 3 資料

福岡県

14936 お徒歩 ニッポン再発見 岩見隆夫著 アールズ出版 2001.5 299p 20cm 1600円 ①4-901226-20-7

14937 碧い眼の太郎冠者 ドナルド・キーン著 中央公論新社 2001.7 188p 21cm (Chuko on demand books) 2000円 ①4-12-550026-6
作品 十二の印象

14938 泣いてくれるなほろほろ鳥よ 小沢昭一著 晶文社 2003.11 381p 20cm (小沢昭一百景 随筆随談選集 1)〈シリーズ責任表示:小沢昭一著〉 2400円 ①4-7949-1791-0

14939 樹木街道を歩く—縄文杉への道 縄文剣著 碧天舎 2004.8 187p 19cm 1000円 ①4-88346-785-6

14940 オバハン流 旅のつくり方 吉永みち子著 中央公論新社 2007.2 235p 19cm 1500円 ①978-4-12-003803-7

14941 一宿一通—こころを紡ぐふれ愛のたび 金澤智行著 講談社 2007.11 190p 19cm 1200円 ①978-4-06-214301-1

14942 ぶらぶらヂンヂン古書の旅 北尾トロ著 文藝春秋 2009.6 239p 16cm (文春文庫)〈風塵社2007年刊の増補〉 590円 ①978-4-16-775383-2

14943 唄めぐり 石田千著 新潮社 2015.4 401p 20cm〈文献あり〉 2300円 ①978-4-10-303453-7

相島

14944 1泊2日の小島旅 カベルナリア吉田文・写真 阪急コミュニケーションズ 2009.4 199p 19cm 1600円 ①978-4-484-09207-2

14945 にっぽん猫島紀行 瀬戸内みなみ著 イースト・プレス 2017.6 238p 18cm (イースト新書)〈文献あり〉 861円 ①978-4-7816-5087-6

赤村

14946 導かれて、旅 横尾忠則著 文藝春秋 1995.7 286p 16cm (文春文庫)〈日本交通公社出版事業局 1992年刊の文庫化〉 480円 ①4-16-729703-5
作品 霧の英彦山、異界体験

朝倉市

14947 ちいさな城下町 安西水丸著 文藝春秋 2016.11 267p 16cm (文春文庫)〈2014年刊の文庫化〉 630円 ①978-4-16-790734-1

甘木朝倉

14948 日本の旅ごはん—平成食の風土記 向笠千恵子著 小学館 2006.11 191p 19cm 1500円 ①4-09-387688-6

飯塚市

14949 黄金伝説—「近代成金たちの夢の跡」探訪記 荒俣宏著, 高橋昇写真 集英社 1990.4 253p 21cm 1500円 ①4-08-772731-9
作品 "黒ダイヤ王"の大いなる遺産—石炭王成りあがり"炭坑王"の悲恋—石炭王

14950 花嫁化鳥 改版 寺山修司著 中央公論社 2008.11 258p 16cm (中公文庫)〈1990年刊の改版〉 705円 ①978-4-12-205073-0
作品 筑豊むらさき小唄

14951 文豪、偉人の「愛」をたどる旅 黛まどか著 集英社 2009.8 255p 18cm 1048円 ①978-4-08-781427-9

今津の元寇防塁

14952 街道をゆく 11 肥前の諸街道 新装版 司馬遼太郎著 朝日新聞出版 2008.10 227, 8p 15cm (朝日文庫) 540円 ①978-4-02-264456-5

宇美駅

14953 終着駅への旅 JR編 櫻井寛著 JTBパブリッシング 2013.8 222p 19cm 1300円 ①978-4-533-09285-5

漆生線

14954 鉄道廃線跡の旅 宮脇俊三著 角川書店 2003.4 187p 15cm (角川文庫)〈「七つの廃線跡」(JTB2001年刊)の改題〉 438円 ①4-04-159810-9

大牟田市

14955 明治滞在日記 アンドレ・ベルソール著, 大久保昭男訳 新人物往来社 1989.4 198p 19cm 2000円 ①4-404-01597-6

14956 日本列島を往く 6 故郷の山河で 鎌田慧著 岩波書店 2005.7 331p 15cm (岩波現代文庫 社会)〈『いま, この地に生きる』の改題・再編集〉 1000円 ①4-00-603115-7

14957 五足の靴 五人づれ著 岩波書店 2007.5 140p 15cm (岩波文庫) 460円 ①978-4-00-311771-2

14958 明治紀行文學集 筑摩書房 2013.1 410p 21cm (明治文學全集 94) 7500円 ①978-4-480-10394-9

作品 五足の靴〔与謝野鉄幹・木下杢太郎・北原白秋・平野万里・吉井勇篇〕

14959 ホリプロ南田の鉄道たずねて三千里 南田裕介著 主婦と生活社 2015.9 143p 21cm 1296円 ①978-4-391-14678-3

岡湊神社

14960 沈黙の神々 佐藤洋二郎著 松柏社 2005.11 270p 19cm 1800円 ①978-4-7754-0093-2

沖ノ島

14961 島の時間—九州・沖縄 謎の始まり 赤瀬川原平著 平凡社 1999.3 231p 16cm (平凡社ライブラリー)〈平凡社 1993年刊の再刊〉 740円 ①4-582-76283-2

目次 韓国にいちばん近い島—対馬, お言わずの島—沖ノ島, 水イカの生きている島—五島, 樹齢七千年の生きる島—屋久島, 飛び道具の島—種子島, 緑のパンチパーマをかけた島—奄美大島, 西方浄土の島—西表島, 日本最西端の島—与那国島, 風水明媚な沖縄首里城—沖縄本島, 真珠買いの集まる島—対馬, 朝鮮信使迎接所のあった島—壱岐, 巨大墓のある島—沖縄・伊計島, イザイホーのあった島—久高島, ユタのいる島—沖縄本島, 島ともいえない島—桜島

14962 西日本を歩く 立松和平著, 黒古一夫編 勉誠出版 2006.4 372p 22cm (立松和平日本を歩く 第4巻) 2600円 ①4-585-01174-9

14963 古代史謎解き紀行 3 九州邪馬台国編 関裕二著 新潮社 2014.8 284p 16cm (新潮文庫)〈ポプラ社 2006年刊の再刊 文献あり〉 520円 ①978-4-10-136478-0

目次 第1章 久留米の謎と邪馬台国論争(腕白自然児・松村朋実君の冒険, 高良山に漂う妖気 ほか), 第2章 大和の台与と山門の卑弥呼(獣の匂いがした博多の豚骨ラーメン, なぜ朝鮮半島に近い対馬が日本的なのか ほか), 第3章 宗像三神と北部九州の秘密(雨具と沖ノ島の話, 沖ノ島でヌード初公開? ほか), 第4章 宇佐八幡と応神天皇の秘密(東京と九州の文化の違い, 金銀錯嵌珠龍文鉄鏡と日田の話 ほか), 第5章 天孫降臨神話と脱解王の謎(耶馬溪には魔物が棲んでいる, うらめしや湯布院の一夜 ほか)

小呂島

14964 ぶらりニッポンの島旅 管洋志著 講談社 2011.7 253p 15cm (講談社文庫) 838円 ①978-4-06-276988-4

香椎(福岡市東区)

14965 日本映画を歩く—ロケ地を訪ねて 川本三郎著 JTB 1998.8 239p 20cm 1600円 ①4-533-03066-1

14966 南へと、あくがれる—名作とゆく山河 乳井昌史著 福岡 弦書房 2010.12 246p 19cm〈文献あり〉 1800円 ①978-4-86329-049-5

作品 北九州文化圏を行く

香椎駅

14967 文学の中の駅—名作が語る“もうひとつの鉄道史” 原口隆行著 国書刊行会 2006.7 327p 20cm 2000円 ①4-336-04785-5

香椎宮

14968 消えた海洋王国 吉備物部一族の正体 関裕二著 新潮社 2016.12 296p 16cm (新潮文庫—古代史謎解き紀行)〈「古代史謎解き紀行 4」(ポプラ社 2007年刊)の改題 文献あり〉 550円 ①978-4-10-136480-3

嘉穂劇場

14969 黄金伝説—「近代成金たちの夢の跡」探訪記 荒俣宏著, 高橋昇写真 集英社 1990.4 253p 21cm 1500円 ①4-08-772731-9

作品 “黒ダイヤ王”の大いなる遺産—石炭王成りあがり “炭坑王”の悲恋—石炭王

14970 花嫁化鳥 改版 寺山修司著 中央公論社 2008.11 258p 16cm (中公文庫)〈1990年刊の改版〉 705円 ①978-4-12-205073-0

作品 筑豊むらさき小唄

上山田線

14971 鉄道廃線跡の旅 宮脇俊三著 角川書店 2003.4 187p 15cm (角川文庫)〈「七つの廃線跡」(JTB2001年刊)の改題〉 438円 ①4-04-159810-9

九州・沖縄

香春町

14972 ニッポン旅みやげ 池内紀著 青土社 2015.4 162p 20cm 1800円 ①978-4-7917-6852-3

観世音寺

14973 土門拳の古寺巡礼 別巻 第2巻 西日本 土門拳著 小学館 1990.5 147p 26cm 1950円 ①4-09-559107-2
作品 ぼくの古寺巡礼

14974 見仏記 いとうせいこう, みうらじゅん著 角川書店 1997.6 293p 15cm (角川文庫)〈中央公論新社 1993年刊の文庫化〉 640円 ①4-04-184602-1

14975 百寺巡礼 第10巻 四国・九州 五木寛之著 講談社 2009.6 272p 15cm (講談社文庫)〈文献あり 2005年刊の文庫化〉 562円 ①978-4-06-276319-6

関門海峡

14976 鉄道全線三十年―車窓紀行 昭和・平成……乗った、撮った、また乗った!! 田中正恭著 心交社 2002.6 371p 19cm 1600円 ①4-88302-741-4

14977 日本ぶらり 2 2001年の旅 山下一正著 大阪 サンセン出版 2002.10 228p 19cm (日本紀行シリーズ 2) 1905円 ①4-921038-05-8

14978 ローカル線五感で楽しむおいしい旅―スローな時間を求めて 金久保茂樹著 グラフ社 2008.1 237p 19cm 1143円 ①978-4-7662-1113-9

14979 消えた海洋王国 吉備物部一族の正体 関裕二著 新潮社 2016.12 296p 16cm (新潮文庫―古代史謎解き紀行)〈「古代史謎解き紀行 4」(ポプラ社 2007年刊)の改題 文献あり〉 550円 ①978-4-10-136480-3

14980 ニッポン線路つたい歩き 久住昌之著 カンゼン 2017.6 246p 19cm 1500円 ①978-4-86255-398-0

14981 田中小実昌紀行集 田中小実昌著, 山本容朗選 JTB 2001.12 318p 20cm 2200円 ①4-533-04032-2
作品 海峡の橋をわたって

北九州市

14982 鎌田慧の記録 1 日本列島を往く 鎌田慧著 岩波書店 1991.5 321p 19cm 2500円 ①4-00-004111-8

14983 シェルパ斉藤の行きあたりばっ旅 斉藤政喜著 小学館 1998.1 349p 16cm (小学館文庫)〈1994年刊の増訂〉 600円 ①4-09-411001-1

14984 お徒歩 ニッポン再発見 岩見隆夫著 アールズ出版 2001.5 299p 20cm 1600円 ①4-901226-20-7

14985 にっぽん全国 百年食堂 椎名誠著 講談社 2013.1 222p 19cm 1400円 ①978-4-06-217814-3

14986 パン欲―日本全国パンの聖地を旅する 池田浩明著 世界文化社 2013.12 128p 26cm〈タイトルは奥付等による。標題紙のタイトル：私はパン欲に逆らうことができない……〉 1400円 ①978-4-418-13234-8

14987 テツはこんな旅をしている―鉄道旅行再発見 野田隆著 平凡社 2014.3 222p 18cm (平凡社新書) 760円 ①978-4-582-85722-1

14988 いい感じの石ころを拾いに 宮田珠己著 河出書房新社 2014.5 135p 21cm〈文献あり〉 1600円 ①978-4-309-02291-8

銀水駅

14989 「銀づくし」乗り継ぎ旅―銀水発・銀山ゆき5泊6日3300キロ 列車に揺られて25年 種村直樹著 徳間書店 2000.7 258p 19cm 1400円 ①4-19-861211-0

久留米救世慈母大観音

14990 晴れた日は巨大仏を見に 宮田珠己著 幻冬舎 2009.10 342p 16cm (幻冬舎文庫)〈文献あり 白水社2004年刊あり〉 648円 ①978-4-344-41380-1

久留米市

14991 エンピツ絵描きの一人旅 安西水丸著 新潮社 1991.10 213p 19cm 1300円 ①4-10-373602-X

14992 西日本を歩く 立松和平著, 黒古一夫編 勉誠出版 2006.4 372p 22cm (立松和平日本を歩く 第4巻) 2600円 ①4-585-01174-9

14993 にっぽん全国 百年食堂 椎名誠著 講談社 2013.1 222p 19cm 1400円 ①978-4-06-217814-3

14994 古代史謎解き紀行 3 九州邪馬台国編 関裕二著 新潮社 2014.8 284p 16cm (新潮文庫)〈ポプラ社 2006年刊の再刊 文献あり〉 520円 ①978-4-10-136478-0

高良山

14995 古代史謎解き紀行 3 九州邪馬台国編 関裕二著 新潮社 2014.8 284p 16cm (新潮文庫)〈ポプラ社 2006年刊の再刊 文献あり〉 520円 ①978-4-10-136478-0

小倉(北九州市)

14996 夢は枯野を―競輪躁鬱旅行 伊集院静著 講談社 1994.12 343p 15cm (講談社文庫)〈1993年刊の文庫化〉 560円 ①4-06-185833-5

14997 貧困旅行記 新版 つげ義春著 新潮社 1995.4 281p 15cm (新潮文庫)〈晶文社 1991年刊あり〉 520円 ①4-10-132812-9
作品 蒸発旅日記

14998 日本映画を歩く―ロケ地を訪ねて 川本三郎著 JTB 1998.8 239p 20cm 1600円 ①4-533-03066-1

14999 小倉日記 再版 森鷗外著 北九州 北九州森鷗外記念会 1999.6 250p 21cm〈年譜

あり〉 1800円

15000 田中小実昌紀行集　田中小実昌著, 山本容朗選　JTB　2001.12　318p　20cm　2200円　①4-533-04032-2

15001 名探偵浅見光彦のニッポン不思議紀行　内田康夫著　集英社　2006.2　270p　16cm　(集英社文庫)〈学習研究社2001年刊あり〉　600円　①4-08-746013-4

15002 五足の靴　五人づれ著　岩波書店　2007.5　140p　15cm　(岩波文庫)　460円　①978-4-00-311771-2

15003 南へと、あくがれる―名作とゆく山河　乳井昌史著　福岡　弦書房　2010.12　246p　19cm〈文献あり〉　1800円　①978-4-86329-049-5

作品 北九州文化圏を行く

15004 極みのローカルグルメ旅　柏井壽著　光文社　2012.2　301p　18cm　(光文社新書)　840円　①978-4-334-03671-3

15005 洗面器でヤギごはん―世界9万5000km自転車ひとり旅 3　石田ゆうすけ著　幻冬舎　2012.7　370p　16cm　(幻冬舎文庫)〈実業之日本社 2006年刊の加筆・訂正〉　648円　①978-4-344-41886-8

作品 日本の味―日本

15006 明治紀行文學集　筑摩書房　2013.1　410p　21cm　(明治文學全集 94)　7500円　①978-4-480-10394-9

作品 五足の靴〔与謝野鉄幹・木下杢太郎・北原白秋・平野万里・吉井勇篇〕

15007 ふらり旅 いい酒 いい肴　3　太田和彦著　主婦の友社　2016.5　135p　21cm　1400円　①978-4-07-403235-8

採銅所(田川郡香春町)

15008 ふらり珍地名の旅　今尾恵介著　筑摩書房　2015.2　216, 4p　19cm〈索引あり〉　1500円　①978-4-480-87882-3

西戸崎駅

15009 終着駅への旅　JR編　櫻井寛著　JTBパブリッシング　2013.8　222p　19cm　1300円　①978-4-533-09285-5

佐賀線

15010 日本廃線鉄道紀行　大倉乾吾著　文芸春秋　2004.10　239p　16cm　(文春文庫plus)　562円　①4-16-766066-0

篠栗南蔵院釈迦涅槃像

15011 晴れた日は巨大仏を見に　宮田珠己著　幻冬舎　2009.10　342p　16cm　(幻冬舎文庫)〈文献あり　白水社2004年刊あり〉　648円　①978-4-344-41380-1

山陽本線

15012 鉄道の旅　西日本編　真島満秀写真・文　小学館　2008.4　207p　27cm　2600円　①978-4-09-395502-7

15013 鉄道文学の旅　野村智之著　郁朋社　2009.9　183p　19cm〈文献あり〉　1000円　①978-4-87302-450-9

志賀島

15014 旅の紙芝居　椎名誠写真・文　朝日新聞社　2002.10　350p　15cm　(朝日文庫)〈1998年刊の文庫化〉　820円　①4-02-264298-X

作品 またモンパの木の下へ

15015 遠藤ケイの島旅日和　遠藤ケイ著　千早書房　2009.8　124p　21cm〈索引あり〉　1600円　①978-4-88492-439-3

15016 日本全国津々うりゃうりゃ　宮田珠己著　幻冬舎　2016.6　315p　16cm　(幻冬舎文庫)〈廣済堂出版 2012年刊の再刊　文献あり〉　690円　①978-4-344-42482-1

地島

15017 にっぽん猫島紀行　瀬戸内みなみ著　イースト・プレス　2017.6　238p　18cm　(イースト新書)〈文献あり〉　861円　①978-4-7816-5087-6

住吉神社

15018 消えた海洋王国 吉備物部一族の正体　関裕二著　新潮社　2016.12　296p　16cm　(新潮文庫―古代史謎解き紀行)〈「古代史謎解き紀行 4」(ポプラ社 2007年刊)の改題　文献あり〉　550円　①978-4-10-136480-3

添田町

15019 導かれて、旅　横尾忠則著　文藝春秋　1995.7　286p　16cm　(文春文庫)〈日本交通公社出版事業局 1992年刊の文庫化〉　480円　①4-16-729703-5

作品 霧の英彦山、異界体験

田川市

15020 禅の旅　越中文俊著　心交社　2002.12　227p　19cm　(日本つれづれ紀行 1)　1500円　①4-88302-806-2

太宰府市

15021 旅のあとさき　山根基世著　文化出版局　1991.11　221p　19cm　1200円　①4-579-30332-6

15022 古代史紀行　宮脇俊三著　講談社　1994.9　404p　15cm　(講談社文庫)　620円　①4-06-185773-8

15023 西日本を歩く　立松和平著, 黒古一夫編　勉誠出版　2006.4　372p　22cm　(立松和平日本を歩く 第4巻)　2600円　①4-585-01174-9

15024 日本の中の朝鮮をゆく　九州編　光は朝鮮半島から　兪弘濬著, 橋本繁訳　岩波書店　2015.1　257p　20cm　2800円　①978-4-00-061009-4

太宰府天満宮

15025 浦島太郎の馬鹿―旅の書きおき　立松和平著　マガジンハウス　1990.10　251p　21cm

1400円 ①4-8387-0189-6
作品 天満宮と温泉

15026 ふれあいの旅紀行 新田健次著 東京新聞出版局 1992.5 203p 19cm 1300円 ①4-8083-0437-6

15027 見仏記 いとうせいこう,みうらじゅん著 角川書店 1997.6 293p 15cm (角川文庫)〈中央公論新社 1993年刊の文庫化〉 640円 ①4-04-184602-1

15028 西日本を歩く 立松和平著,黒古一夫編 勉誠出版 2006.4 372p 22cm (立松和平日本を歩く 第4巻) 2600円 ①4-585-01174-9

15029 沈黙の神々 2 佐藤洋二郎著 松柏社 2008.9 220p 19cm 1600円 ①978-4-7754-0153-8

大刀洗町

15030 風の天主堂 内田洋一著 日本経済新聞出版社 2008.3 239p 20cm〈文献あり〉 2000円 ①978-4-532-16655-7
目次 1 ロマネスクの落とし物―黒島,2 西海のディアスポラ―野崎島,3 御堂炎上―中通島,4 心から心に伝える花―頭ヶ島,5 オラショは潮風に消え―下五島,6 バスチャンの椿―外海,7 天に射こむ言葉―平戸,8 医師三代の旅路―大刀洗,9 大乱の後で―天草

立花山

15031 樹をめぐる旅 高橋秀樹著 宝島社 2009.8 125p 16cm (宝島sugoi文庫) 457円 ①978-4-7966-7357-0

筑後

15032 西日本を歩く 立松和平著,黒古一夫編 勉誠出版 2006.4 372p 22cm (立松和平日本を歩く 第4巻) 2600円 ①4-585-01174-9

筑後川(福岡県域)

15033 西日本を歩く 立松和平著,黒古一夫編 勉誠出版 2006.4 372p 22cm (立松和平日本を歩く 第4巻) 2600円 ①4-585-01174-9

15034 日本タナゴ釣り紀行―小さな野性美を求めて列島縦断 葛島一美,熊谷正裕著 つり人社 2011.1 176p 28cm 2500円 ①978-4-88536-188-3

筑豊電気鉄道線

15035 路面電車全線探訪記 再版 柳沢道生著,旅行作家の会編 現代旅行研究所 2008.6 224p 21cm (旅行作家文庫) 1800円 ①978-4-87482-096-4

対馬

15036 宮本常一 旅の手帖 愛しき島々 宮本常一著,田村善次郎編 八坂書房 2011.10 213p 20cm 2000円 ①978-4-89694-983-4

東長寺

15037 見仏記 いとうせいこう,みうらじゅん著 角川書店 1997.6 293p 15cm (角川文庫)〈中央公論新社 1993年刊の文庫化〉 640円 ①4-04-184602-1

中洲

15038 野生の水―ヤポネシア水紀行 立松和平著 スコラ 1991.10 299p 20cm 1400円 ①4-7962-0048-7

15039 西日本を歩く 立松和平著,黒古一夫編 勉誠出版 2006.4 372p 22cm (立松和平日本を歩く 第4巻) 2600円 ①4-585-01174-9

西新町

15040 柳宗悦 民芸紀行 柳宗悦著,水尾比呂志編 岩波書店 1995.2 314p 15cm (岩波文庫) 620円 ①4-00-331695-9
作品 北九州の窯

能古島

15041 遠藤ケイの島旅日和 遠藤ケイ著 千早書房 2009.8 124p 21cm〈索引あり〉 1600円 ①978-4-88492-439-3

梅林寺

15042 百寺巡礼 第10巻 四国・九州 五木寛之著 講談社 2009.6 272p 15cm (講談社文庫)〈文献あり 2005年刊の文庫化〉 562円 ①978-4-06-276319-6

博多

15043 行くぞ! 冷麺探険隊 東海林さだお著 文芸春秋 1996.1 253p 18cm 1100円 ①4-16-351110-5

15044 スタジアムから喝采が聞こえる 藤島大著 洋泉社 1997.11 229p 19cm 1600円 ①4-89691-286-1

15045 たびたびの旅 安西水丸著 フレーベル館 1998.10 19cm

15046 ニッポン居酒屋放浪記 望郷篇 太田和彦著 新潮社 2001.12 282p 15cm (新潮文庫)〈『日本の居酒屋をゆく 望郷篇』改題書〉 476円 ①4-10-133333-5

15047 旅の紙芝居 椎名誠写真・文 朝日新聞社 2002.10 350p 15cm (朝日文庫)〈1998年刊の文庫化〉 820円 ①4-02-264298-X
作品 酔って候 博多の女

15048 とことんおでん紀行 新井由己著 光文社 2002.12 347p 15cm (知恵の森文庫) 648円 ①4-334-78198-5

15049 東京〜奄美 損なわれた時を求めて 島尾伸三著 河出書房新社 2004.3 134p 21cm (Lands & memory) 1800円 ①4-309-01619-7

15050 日本全国ローカル線おいしい旅 嵐山光三郎著 講談社 2004.3 246p 18cm (講談社現代新書) 700円 ①4-06-149710-3

15051 食い道楽ひとり旅 柏井壽著 光文社 2005.11 260p 18cm (光文社新書) 720円 ①4-334-03332-6

15052 ひとりたび1年生―2005-2006 たかぎなおこ著 メディアファクトリー 2006.12 144p

21cm 1000円 ①4-8401-1754-3

15053 かわいい子には旅をさせるな 鷺沢萠著 角川書店 2008.4 218p 15cm (角川文庫)〈発売：角川グループパブリッシング〉 476円 ①978-4-04-185313-9

(目次) 平成のツボ, 緑色の楊枝, 良い子は決してマネしないでね！, とてもオソロしいグリム童話, 博多にて, カニになった日, エビになった日, メシのモンダイ, ありがとう、おっちゃん, 今日も黒い服〔ほか〕

15054 男の居場所―酒と料理の旨い店の話 勝谷誠彦著 吹田 西日本出版社 2008.12 238p 19cm 1300円 ①978-4-901908-40-5

15055 東の国から 心 オンデマンド版 小泉八雲著, 平井呈一訳 恒文社 2009.10 663p 21cm〈初版：1975年刊〉 6300円 ①978-4-7704-1140-2

[作品] 博多で

15056 ひとり旅 ひとり酒 太田和彦著 大阪 京阪神エルマガジン社 2009.11 237p 21cm 1600円 ①978-4-87435-306-6

15057 南蛮伴天連の道―長崎 高瀬・菊池・小国 菊池・山鹿 飫肥 黒島 博多 森禮子著 教文館 2010.6 221p 20cm〈文献あり〉 1900円 ①978-4-7642-6929-3

(目次) 長崎, 高瀬・菊池・小国, 菊池・山鹿, 飫肥, 黒島, 博多

15058 妙好人めぐりの旅―親鸞と生きた人々 伊藤智誠著 京都 法蔵館 2012.10 158p 19cm 1800円 ①978-4-8318-2353-3

15059 古代史謎解き紀行 3 九州邪馬台国編 関裕二著 新潮社 2014.8 284p 16cm (新潮文庫)〈ポプラ社 2006年刊の再刊 文献あり〉 520円 ①978-4-10-136478-0

15060 ふらり旅 いい酒 いい肴 2 太田和彦著 主婦の友社 2015.8 135p 21cm 1400円 ①978-4-07-299938-7

15061 おいしいものは田舎にある―日本ふーど記 改版 玉村豊男著 中央公論新社 2017.1 245p 16cm (中公文庫)〈初版のタイトル等：日本ふーど記(日本交通公社 1984年刊)〉 700円 ①978-4-12-206351-8

博多駅

15062 阿川弘之自選紀行集 阿川弘之著 JTB 2001.12 317p 20cm 2200円 ①4-533-04030-6

[作品] 狐狸庵偲ぶ長崎特急

15063 ホリプロ南田の鉄道たずねて三千里 南田裕介著 主婦と生活社 2015.9 143p 21cm 1296円 ①978-4-391-14678-3

博多南駅

15064 終着駅への旅 JR編 櫻井寛著 JTBパブリッシング 2013.8 222p 19cm 1300円 ①978-4-533-09285-5

福岡市

15065 安吾新日本地理 坂口安吾著 河出書房新社 1988.5 318p 15cm (河出文庫) 580円 ①4-309-40218-6

[作品] 長崎チャンポン

15066 坂口安吾全集 18 坂口安吾著 筑摩書房 1991.9 794p 15cm (ちくま文庫) 1340円 ①4-480-02478-6

[作品] 安吾新日本地理―長崎チャンポン

15067 シェルパ斉藤の行きあたりばっ旅 斉藤政喜著 小学館 1998.1 349p 16cm (小学館文庫)〈1994年刊の増訂〉 600円 ①4-09-411001-1

15068 大変結構、結構大変。―ハラダ九州温泉三昧の旅 原田宗典著 集英社 2003.6 280p 16cm (集英社文庫)〈1999年刊の文庫化〉 514円 ①4-08-747587-5

15069 オバハン流 旅のつくり方 吉永みち子著 中央公論新社 2007.2 235p 19cm 1500円 ①978-4-12-003803-7

15070 五足の靴 五人づれ著 岩波書店 2007.5 140p 15cm (岩波文庫) 460円 ①978-4-00-311771-2

15071 明治紀行文學集 筑摩書房 2013.1 410p 21cm (明治文學全集 94) 7500円 ①978-4-480-10394-9

[作品] 五足の靴〔与謝野鉄幹・木下杢太郎・北原白秋・平野万里・吉井勇篇〕

15072 英国一家、日本を食べる マイケル・ブース著, 寺西のぶ子訳 亜紀書房 2013.4 278p 19cm 1900円 ①978-4-7505-1304-1

15073 パン欲―日本全国パンの聖地を旅する 池田浩明著 世界文化社 2013.12 128p 26cm〈タイトルは奥付等による。標題紙のタイトル：私はパン欲に逆らうことができない……〉 1400円 ①978-4-418-13234-8

15074 北の居酒屋の美人ママ 太田和彦著 集英社 2016.5 250p 16cm (集英社文庫―ニッポンぶらり旅) 600円 ①978-4-08-745450-5

二日市温泉

15075 浦島太郎の馬鹿―旅の書きおき 立松和平著 マガジンハウス 1990.10 251p 21cm 1400円 ①4-8387-0189-6

[作品] 天満宮と温泉

15076 人情温泉紀行―演歌歌手・鏡五郎が訪ねた全国の名湯47選 鏡五郎著 マガジンランド 2008.5 235p 19cm〈年譜あり〉 1238円 ①978-4-944101-37-5

平成筑豊鉄道

15077 朝湯、昼酒、ローカル線―かっちゃんの鉄修行 勝谷誠彦著 文芸春秋 2007.12 321p 16cm (文春文庫plus)〈「勝谷誠彦の地列車大作戦」(JTB2002年刊) の改題〉 629円 ①978-4-16-771320-1

平成筑豊鉄道田川線

15078 鉄道文学の旅 野村智之著 郁朋社

2009.9　183p　19cm〈文献あり〉　1000円　①978-4-87302-450-9

宝満山

15079　百霊峰巡礼　第3集　立松和平著　東京新聞出版部　2010.8　307p　20cm〈第2集までの出版者：東京新聞出版局〉　1800円　①978-4-8083-0933-6

星野村

15080　来ちゃった　酒井順子文，ほしよりこ画　小学館　2016.3　317p　15cm　（小学館文庫）〈2011年刊の増補〉　620円　①978-4-09-406277-9

ホテル・イル・パラッツォ

15081　ホテル物語―十二のホテルと一人の旅人　山口泉著　NTT出版　1993.8　221p　19cm　1800円　①4-87188-235-7

宮田（宮若市）

15082　禅の旅　越中文俊著　心交社　2002.12　227p　19cm　（日本つれづれ紀行 1）　1500円　①4-88302-806-2

宮若市

15083　黄金伝説―「近代成金たちの夢の跡」探訪記　荒俣宏著，高橋昇写真　集英社　1990.4　253p　21cm　1500円　①4-08-772731-9
作品　成りあがり“炭坑王”の悲恋―石炭王

姪浜駅

15084　終着駅への旅　JR編　櫻井寛著　JTBパブリッシング　2013.8　222p　19cm　1300円　①978-4-533-09285-5

蒙古塚

15085　街道をゆく　11　肥前の諸街道　新装版　司馬遼太郎著　朝日新聞出版　2008.10　227, 8p　15cm　（朝日文庫）　540円　①978-4-02-264456-5

門司

15086　青年小泉信三の日記―東京‐ロンドン‐ベルリン 明治44年‐大正3年　小泉信三著　慶応義塾大学出版会　2001.11　592p　19cm　3800円　①4-7664-0865-9
作品　旅日記

15087　日本ぶらり　2　2001年の旅　山下一正著　大阪　サンセン出版　2002.10　228p　19cm　（日本紀行シリーズ 2）　1905円　①4-921038-05-8

15088　鉄道を書く　種村直樹著　中央書院　2002.11　318p　20cm　（種村直樹自選作品集5（1977-1979））〈シリーズ責任表示：種村直樹著〉　2500円　①4-88732-122-8

15089　名探偵浅見光彦のニッポン不思議紀行　内田康夫著　集英社　2006.2　270p　16cm　（集英社文庫）〈学習研究社2001年刊あり〉　600円　①4-08-746013-4

門司駅

15090　鉄道の旅　西日本編　真島満秀写真・文　小学館　2008.4　207p　27cm　2600円　①978-4-09-395502-7

門司港

15091　日本全国ローカル線おいしい旅　嵐山光三郎著　講談社　2004.3　246p　18cm　（講談社現代新書）　700円　①4-06-149710-3

15092　乗ってけ鉄道―列島なりゆき日誌　伊東徹秀著　札幌　柏艪舎　2007.7　187p　19cm　〈星雲社（発売）〉　1300円　①978-4-434-10860-0

門司港駅

15093　ぞっこん鉄道今昔―昭和の鉄道撮影地への旅　櫻井寛写真・文　朝日新聞出版　2012.8　205p　21cm　2300円　①978-4-02-331112-1

15094　終着駅への旅　JR編　櫻井寛著　JTBパブリッシング　2013.8　222p　19cm　1300円　①978-4-533-09285-5

柳川市

15095　どこかへ行きたい　林真理子著　角川書店　1988.4　228p　15cm　（角川文庫）　340円　①4-04-157916-3

15096　野生の水―ヤポネシア水紀行　立松和平著　スコラ　1991.10　299p　20cm　1400円　①4-7962-0048-7

15097　ふれあいの旅紀行　新田健次著　東京新聞出版局　1992.5　203p　19cm　1300円　①4-8083-0437-6

15098　ふるさとの風の中には―詩人の風景を歩く　俵万智著，内山英明写真　河出書房新社　1992.11　125p　20×18cm　1500円　①4-309-00796-1

15099　心の虹―詩人のふるさと紀行　増田れい子著　労働旬報社　1996.8　247p　19cm　1800円　①4-8451-0441-5

15100　日本すみずみ紀行　川本三郎著　社会思想社　1997.9　258p　15cm　（現代教養文庫）〈文元社2004年刊（1998年刊（2刷）を原本としたOD版）あり〉　640円　①4-390-11613-4
作品　柳川・佐賀平野

15101　川に遊び 湖をめぐる　千葉七郎ほか著，作品社編集部編　作品社　1998.4　254p　22cm　（新編・日本随筆紀行 大きな活字で読みやすい本―心にふるさとがある 3）　①4-87893-809-9, 4-87893-807-2
作品　水郷柳河〔北原白秋〕

15102　ツーリング・ライフ―自由に、そして孤独に　新装増補版　斎藤純著　春秋社　2004.3　274p　20cm〈2001年刊の新装増補〉　1800円　①4-393-43624-5
作品　初冬の九州を行く

15103　夢追い俳句紀行　大高翔著　日本放送出版協会　2004.4　237p　19cm　1300円　①4-14-016126-4

15104 メルヘン紀行　みやこうせい著　未知谷　2005.5　237p　20cm　2200円　①4-89642-129-9

15105 西日本を歩く　立松和平著, 黒古一夫編　勉誠出版　2006.4　372p　22cm　(立松和平日本を歩く 第4巻)　2600円　①4-585-01174-9

15106 五足の靴　五人づれ著　岩波書店　2007.5　140p　15cm　(岩波文庫)　460円　①978-4-00-311771-2

15107 日本十六景—四季を旅する　森本哲郎著　PHP研究所　2008.8　336p　15cm　(PHP文庫)〈「ぼくの日本十六景」(新潮社2001年刊) の改題〉　648円　①978-4-569-67070-6

15108 日本タナゴ釣り紀行—小さな野性美を求めて列島縦断　葛島一美, 熊谷正裕著　つり人社　2011.1　176p　28cm　2500円　①978-4-88536-188-3

15109 明治紀行文學集　筑摩書房　2013.1　410p　21cm　(明治文學全集 94)　7500円　①978-4-480-10394-9
作品 五足の靴〔与謝野鉄幹・木下杢太郎・北原白秋・平野万里・吉井勇篇〕

油須原線

15110 鉄道廃線跡の旅　宮脇俊三著　角川書店　2003.4　187p　15cm　(角川文庫)〈「七つの廃線跡」(JTB2001年刊) の改題〉　438円　①4-04-159810-9

若松駅

15111 終着駅への旅　JR編　櫻井寛著　JTBパブリッシング　2013.8　222p　19cm　1300円　①978-4-533-09285-5

佐賀県

15112 樹木街道を歩く—縄文杉への道　縄文剣著　碧天舎　2004.8　187p　19cm　1000円　①4-88346-785-6

15113 一宿一通—こころを紡ぐふれ愛のたび　金澤智行著　講談社　2007.11　190p　19cm　1200円　①978-4-06-214301-1

15114 歴史を紀行する　新装版　司馬遼太郎著　文藝春秋　2010.2　294p　16cm　(文春文庫)　581円　①978-4-16-766335-3

有田町

15115 みだれ籠—旅の手帖　津村節子著　文芸春秋　1989.11　285p　15cm　(文春文庫)　400円　①4-16-726507-9

15116 柳宗悦 民芸紀行　柳宗悦著, 水尾比呂志編　岩波書店　1995.2　314p　15cm　(岩波文庫)　620円　①4-00-331695-9

15117 オバハン流 旅のつくり方　吉永みち子著　中央公論新社　2007.2　235p　19cm　1500円　①978-4-12-003803-7

15118 五足の靴　五人づれ著　岩波書店　2007.5　140p　15cm　(岩波文庫)　460円　①978-4-00-311771-2

15119 明治紀行文學集　筑摩書房　2013.1　410p　21cm　(明治文學全集 94)　7500円　①978-4-480-10394-9
作品 五足の靴〔与謝野鉄幹・木下杢太郎・北原白秋・平野万里・吉井勇篇〕

15120 ニッポン周遊記—町の見つけ方・歩き方・つくり方　池内紀著　青土社　2014.7　325p　20cm　2400円　①978-4-7917-6777-9

15121 日本の中の朝鮮をゆく　九州編　光は朝鮮半島から　兪弘濬著, 橋本繁訳　岩波書店　2015.1　257p　20cm　2800円　①978-4-00-061009-4

伊万里駅

15122 終着駅への旅　JR編　櫻井寛著　JTBパブリッシング　2013.8　222p　19cm　1300円　①978-4-533-09285-5

伊万里市

15123 五足の靴　五人づれ著　岩波書店　2007.5　140p　15cm　(岩波文庫)　460円　①978-4-00-311771-2

15124 明治紀行文學集　筑摩書房　2013.1　410p　21cm　(明治文學全集 94)　7500円　①978-4-480-10394-9
作品 五足の靴〔与謝野鉄幹・木下杢太郎・北原白秋・平野万里・吉井勇篇〕

15125 日本の中の朝鮮をゆく　九州編　光は朝鮮半島から　兪弘濬著, 橋本繁訳　岩波書店　2015.1　257p　20cm　2800円　①978-4-00-061009-4

嬉野温泉

15126 モダン都市文学　5　観光と乗物　川本三郎編　平凡社　1990.5　477p　21cm　2800円　①4-582-30085-5
作品 温泉めぐり (抄)〔田山花袋〕

15127 日本温泉めぐり　田山花袋著　角川春樹事務所　1997.11　324p　16cm　(ランティエ叢書 8)〈「温泉めぐり」(博文館1991年刊) の改題〉　1000円　①4-89456-087-9

15128 大変結構、結構大変。—ハラダ九州温泉三昧の旅　原田宗典著　集英社　2003.6　280p　16cm　(集英社文庫)〈1999年刊の文庫化〉　514円　①4-08-747587-5

15129 温泉めぐり　田山花袋著　岩波書店　2007.6　379p　15cm　(岩波文庫)　800円　①978-4-00-310217-6

15130 人情温泉紀行—演歌歌手・鏡五郎が訪ねた全国の名湯47選　鏡五郎著　マガジンランド　2008.5　235p　19cm〈年譜あり〉　1238円　①978-4-944101-37-5

嬉野市

15131 シェルパ斉藤の行きあたりばっ旅　斉藤政喜著　小学館　1998.1　349p　16cm　(小学館文庫)〈1994年刊の増訂〉　600円　①4-09-411001-1

小城市

15132 準急特快 記者の旅―レイルウェイ・ライターの本　種村直樹著　JTB　2003.5　318p　19cm〈肖像あり　著作目録あり〉　1600円　①4-533-04777-7
　作品 小京都飲み継ぎ紀行

鏡山〔領巾振山〕

15133 五足の靴　五人づれ著　岩波書店　2007.5　140p　15cm　(岩波文庫)　460円　①978-4-00-311771-2

15134 明治紀行文學集　筑摩書房　2013.1　410p　21cm　(明治文學全集 94)　7500円　①978-4-480-10394-9
　作品 五足の靴〔与謝野鉄幹・木下杢太郎・北原白秋・平野万里・吉井勇篇〕

加唐島

15135 風のかなたのひみつ島　椎名誠著, 垂見健吾写真　新潮社　2005.6　253p　16cm　(新潮文庫)〈2002年刊の文庫化〉　514円　①4-10-144827-2

15136 遠藤ケイの島旅日和　遠藤ケイ著　千早書房　2009.8　124p　21cm〈索引あり〉　1600円　①978-4-88492-439-3

15137 谷川健一全集　第10巻(民俗 2)　女の風土記　埋もれた日本地図(抄録)　黒潮の民俗学(抄録)　谷川健一著　冨山房インターナショナル　2010.1　574, 27p　23cm〈付属資料：8p：月報 no.14　索引あり〉　6500円　①978-4-902385-84-7
　作品 記紀の世界―加羅(韓国)・唐津

鹿島市

15138 にっぽん入門　柴門ふみ著　文藝春秋　2009.4　282p　16cm　(文春文庫)〈2007年刊の増補〉　552円　①978-4-16-757903-6

神集島

15139 日本《島旅》紀行　斎藤潤著　光文社　2005.3　284p　18cm　(光文社新書)　780円　①4-334-03299-0

15140 遠藤ケイの島旅日和　遠藤ケイ著　千早書房　2009.8　124p　21cm〈索引あり〉　1600円　①978-4-88492-439-3

嘉瀬川

15141 日本タナゴ釣り紀行―小さな野性美を求めて列島縦断　葛島一美, 熊谷正裕著　つり人社　2011.1　176p　28cm　2500円　①978-4-88536-188-3

唐津市

15142 ニッポン・あっちこっち　安西水丸著　家の光協会　1999.11　205p　17cm　1800円　①4-259-54570-1

15143 日本全国ローカル線おいしい旅　嵐山光三郎著　講談社　2004.3　246p　18cm　(講談社現代新書)　700円　①4-06-149710-3

15144 わたしの旅人生「最終章」　渡辺文雄著　アートデイズ　2005.2　267p　20cm〈肖像あり〉　1600円　①4-86119-033-9

15145 五足の靴　五人づれ著　岩波書店　2007.5　140p　15cm　(岩波文庫)　460円　①978-4-00-311771-2

15146 街道をゆく　11　肥前の諸街道　新装版　司馬遼太郎著　朝日新聞出版　2008.10　227, 8p　15cm　(朝日文庫)　540円　①978-4-02-264456-5

15147 明治紀行文學集　筑摩書房　2013.1　410p　21cm　(明治文學全集 94)　7500円　①978-4-480-10394-9
　作品 五足の靴〔与謝野鉄幹・木下杢太郎・北原白秋・平野万里・吉井勇篇〕

15148 日本の中の朝鮮をゆく　九州編　光は朝鮮半島から　兪弘濬著, 橋本繁訳　岩波書店　2015.1　257p　20cm　2800円　①978-4-00-061009-4

厳木町(唐津市)

15149 浦島太郎の馬鹿―旅の書きおき　立松和平著　マガジンハウス　1990.10　251p　21cm　1400円　①4-8387-0189-6
　作品 厳木

15150 西日本を歩く　立松和平著, 黒古一夫編　勉誠出版　2006.4　372p　22cm　(立松和平日本を歩く 第4巻)　2600円　①4-585-01174-9
　作品 厳木

佐賀市

15151 シェルパ斉藤の行きあたりばっ旅　斉藤政喜著　小学館　1998.1　349p　16cm　(小学館文庫)〈1994年刊の増訂〉　600円　①4-09-411001-1

15152 日本映画を歩く―ロケ地を訪ねて　川本三郎著　JTB　1998.8　239p　20cm　1600円　①4-533-03066-1

15153 五足の靴　五人づれ著　岩波書店　2007.5　140p　15cm　(岩波文庫)　460円　①978-4-00-311771-2

15154 明治紀行文學集　筑摩書房　2013.1　410p　21cm　(明治文學全集 94)　7500円　①978-4-480-10394-9
　作品 五足の靴〔与謝野鉄幹・木下杢太郎・北原白秋・平野万里・吉井勇篇〕

15155 原風景のなかへ　安野光雅著　山川出版社　2013.7　215p　20cm　1600円　①978-4-634-15044-7

佐賀城

15156 日本名城紀行 6 四国・九州 陽光きらめく名城 小学館 1989.5 293p 15cm 600円 ①4-09-401206-0

15157 五足の靴 五人づれ著 岩波書店 2007.5 140p 15cm (岩波文庫) 460円 ①978-4-00-311771-2

15158 明治紀行文學集 筑摩書房 2013.1 410p 21cm (明治文學全集 94) 7500円 ①978-4-480-10394-9
作品 五足の靴〔与謝野鉄幹・木下杢太郎・北原白秋・平野万里・吉井勇篇〕

実相院

15159 歌人一人旅 林怜子著 国民みらい出版 2011.7 162p 20cm〈発売:サンクチュアリ出版〉 1200円 ①978-4-86113-621-4

大興善寺

15160 見仏記 いとうせいこう, みうらじゅん著 角川書店 1997.6 293p 15cm (角川文庫)〈中央公論新社 1993年刊の文庫化〉 640円 ①4-04-184602-1

高島

15161 遠藤ケイの島旅日和 遠藤ケイ著 千早書房 2009.8 124p 21cm〈索引あり〉 1600円 ①978-4-88492-439-3

多久聖廟

15162 全国藩校紀行—日本人の精神の原点を訪ねて 中村彰彦著 PHP研究所 2014.12 314p 15cm (PHP文庫)〈「捜魂記」(文藝春秋 2004年刊)の改題〉 680円 ①978-4-569-76280-7

武雄温泉

15163 温泉百話—西の旅 種村季弘, 池内紀編 筑摩書房 1988.2 471p 15cm (ちくま文庫) 680円 ①4-480-02201-5
作品 温泉建築ウォッチング〔藤森照信〕

15164 ふらっと朝湯酒 久住昌之著 カンゼン 2014.2 199p 19cm 1300円 ①978-4-86255-226-6

武雄市

15165 シェルパ斉藤の行きあたりばっ旅 斉藤政喜著 小学館 1998.1 349p 16cm (小学館文庫)〈1994年刊の増訂〉 600円 ①4-09-411001-1

15166 日本の中の朝鮮をゆく 九州編 光は朝鮮半島から 兪弘濬著, 橋本繁訳 岩波書店 2015.1 257p 20cm 2800円 ①978-4-00-061009-4

名護屋城

15167 日本名城紀行 6 四国・九州 陽光きらめく名城 小学館 1989.5 293p 15cm 600円 ①4-09-401206-0

15168 廃墟となった戦国名城 澤宮優著 河出書房新社 2010.12 193p 20cm〈文献あり〉 1700円 ①978-4-309-22535-7

15169 日本の中の朝鮮をゆく 九州編 光は朝鮮半島から 兪弘濬著, 橋本繁訳 岩波書店 2015.1 257p 20cm 2800円 ①978-4-00-061009-4

七山

15170 ガリバーが行く 野田知佑著 新潮社 1993.5 237p 15cm (新潮文庫)〈1988年刊の文庫化〉 360円 ①4-10-141005-4
目次 "遊び心"のない奴とは何を話せばいいのか, 佐賀県の七山村の廃校に行った, アリス・ファームには『ぼくの部屋』がある, 強面の男が三人で何を討論しているのかというと, 今年はガレナを出発点にした, インディアンと米のメシ, ローリーの『センチメンタル・ジャーニー』, 遭難事件の真相, 子供の世界は失くなったのか, 澄んだ川の中を乱舞する魚を見せたかったのだ, ガクの子供たち, 人はどんなカヌーをしてもいいのである〔ほか〕

西唐津駅

15171 終着駅への旅 JR編 櫻井寛著 JTBパブリッシング 2013.8 222p 19cm 1300円 ①978-4-533-09285-5

虹の松原

15172 五足の靴 五人づれ著 岩波書店 2007.5 140p 15cm (岩波文庫) 460円 ①978-4-00-311771-2

15173 街道をゆく 11 肥前の諸街道 新装版 司馬遼太郎著 朝日新聞出版 2008.10 227, 8p 15cm (朝日文庫) 540円 ①978-4-02-264456-5

15174 明治紀行文學集 筑摩書房 2013.1 410p 21cm (明治文學全集 94) 7500円 ①978-4-480-10394-9
作品 五足の靴〔与謝野鉄幹・木下杢太郎・北原白秋・平野万里・吉井勇篇〕

日韓トンネル

15175 ニッポンの穴紀行—近代史を彩る光と影 西牟田靖著 光文社 2010.12 324p 19cm〈文献あり〉 1500円 ①978-4-334-97634-7

東与賀町

15176 日本すみずみ紀行 川本三郎著 社会思想社 1997.9 258p 15cm (現代教養文庫)〈文元社2004年刊(1998年刊(2刷)を原本としたOD版)あり〉 640円 ①4-390-11613-4
作品 柳川・佐賀平野

福富(白石町)

15177 日本すみずみ紀行 川本三郎著 社会思想社 1997.9 258p 15cm (現代教養文庫)〈文元社2004年刊(1998年刊(2刷)を原本としたOD版)あり〉 640円 ①4-390-11613-4
作品 柳川・佐賀平野

古湯温泉

15178 秘湯を求めて 3 きわめつけの秘湯

九州・沖縄

藤嶽彰英著 (大阪)保育社 1990.1 194p 19cm 1350円 ①4-586-61103-0

馬渡島

15179 キリシタン海の道紀行―馬渡島・壱岐・国東半島・川棚・波佐見・大村・野津・臼杵・小浜・北有馬・口之津・加津佐・西彼杵半島 森禮子著 教文館 2008.1 258p 20cm〈文献あり〉 1800円 ①978-4-7642-6906-4

(内容) 九州各地のキリシタン史跡を訪ね歩いて6年。「書かれた歴史」の彼方に、禁教後も命がけで信仰を守った底辺の人びとの生きた姿が浮かび上がる。九州西岸から壱岐、国東半島へ、キリシタンたちが舟で行き来した海の道を辿る。

15180 遠藤ケイの島旅日和 遠藤ケイ著 千早書房 2009.8 124p 21cm〈索引あり〉 1600円 ①978-4-88492-439-3

松島

15181 日本《島旅》紀行 斎藤潤著 光文社 2005.3 284p 18cm (光文社新書) 780円 ①4-334-03299-0

三瀬村

15182 ど・スピリチュアル日本旅 たかのてるこ著 幻冬舎 2014.8 353p 図版8枚 19cm 1400円 ①978-4-344-02618-6

吉野ヶ里遺跡

15183 ツーリング・ライフ―自由に、そして孤独に 新装増補版 斎藤純著 春秋社 2004.3 274p 20cm〈2001年刊の新装増補〉 1800円 ①4-393-43624-5

[作品] 初冬の九州を行く

15184 にっぽん入門 柴門ふみ著 文藝春秋 2009.4 282p 16cm (文春文庫)〈2007年刊の増補〉 552円 ①978-4-16-757903-6

15185 日本の中の朝鮮をゆく 九州編 光は朝鮮半島から 兪弘濬著, 橋本繁訳 岩波書店 2015.1 257p 20cm 2800円 ①978-4-00-061009-4

呼子町

15186 浦島太郎の馬鹿―旅の書きおき 立松和平著 マガジンハウス 1990.10 251p 21cm 1400円 ①4-8387-0189-6

[作品] イカの舟

15187 野生の水―ヤポネシア水紀行 立松和平著 スコラ 1991.10 299p 20cm 1400円 ①4-7962-0048-7

15188 ふわふわワウワウ―唄とカメラと時刻表 みなみらんぼう著 旅行読売出版社 1996.7 207p 19cm 1100円 ①4-89752-601-9

[作品] 冬の玄海呼子の旅

15189 西日本を歩く 立松和平著, 黒古一夫編 勉誠出版 2006.4 372p 22cm (立松和平日本を歩く 第4巻) 2600円 ①4-585-01174-9

15190 五足の靴 五人づれ著 岩波書店 2007.5 140p 15cm (岩波文庫) 460円 ①978-4-00-311771-2

15191 街道をゆく 11 肥前の諸街道 新装版 司馬遼太郎著 朝日新聞出版 2008.10 227, 8p 15cm (朝日文庫) 540円 ①978-4-02-264456-5

15192 明治紀行文學集 筑摩書房 2013.1 410p 21cm (明治文學全集 94) 7500円 ①978-4-480-10394-9

[作品] 五足の靴〔与謝野鉄幹・木下杢太郎・北原白秋・平野万里・吉井勇篇〕

長崎県

15193 明治滞在日記 アンドレ・ベルソール著, 大久保昭男訳 新人物往来社 1989.4 198p 19cm 2000円 ①4-404-01597-6

15194 芥川龍之介全集 8 紀行・日記・詩歌ほか 芥川龍之介著 筑摩書房 1989.8 566p 15cm (ちくま文庫) 740円 ①4-480-02335-6

15195 みだれ籠―旅の手帖 津村節子著 文芸春秋 1989.11 285p 15cm (文春文庫) 400円 ①4-16-726507-9

15196 望郷を旅する 石川啄木ほか著, 作品社編集部編 作品社 1998.4 251p 22cm (新編・日本随筆紀行 大きな活字で読みやすい本―心にふるさとがある 15) ①4-87893-896-X, 4-87893-807-2

[作品] 長崎再遊記〔神近市子〕

15197 閑古堂の絵葉書散歩 西編 林丈二著 小学館 1999.5 123p 21cm (SHOTOR TRAVEL) 1500円 ①4-09-343139-6

[作品] 長崎の鉄とミルクセーキ―長崎1

15198 お徒歩 ニッポン再発見 岩見隆夫著 アールズ出版 2001.5 299p 20cm 1600円 ①4-901226-20-7

15199 キプリングの日本発見 ラドヤード・キプリング著, ヒュー・コータッツィ, ジョージ・ウェッブ編, 加納孝代訳 中央公論新社 2002.6 535p 20cm 4500円 ①4-12-003282-5

15200 良寛へ歩く 小林新一文・写真 二玄社 2002.12 173p 26cm 2800円 ①4-544-02039-5

15201 樹木街道を歩く―縄文杉への道 縄文剣著 碧天舎 2004.8 187p 19cm 1000円 ①4-88346-785-6

15202 西日本を歩く 立松和平著, 黒古一夫編 勉誠出版 2006.4 372p 22cm (立松和平日本を歩く 第4巻) 2600円 ①4-585-01174-9

15203 一宿一通―こころを紡ぐふれ愛のたび 金澤智行著 講談社 2007.11 190p 19cm 1200円 ①978-4-06-214301-1

15204 ローカル線五感で楽しむおいしい旅―スローな時間を求めて 金久保茂樹著 グラフ社 2008.1 237p 19cm 1143円 ①978-4-7662-

1113–9

15205 南蛮伴天連の道―長崎 高瀬・菊池・小国 菊池・山鹿 飫肥 黒島 博多 森禮子著 教文館 2010.6 221p 20cm〈文献あり〉 1900円 ①978-4-7642-6929-3

15206 すすれ！麺の甲子園 椎名誠著 新潮社 2010.10 365p 16cm （新潮文庫） 590円 ①978-4-10-144836-7

15207 ごっくん青空 椎名誠著 文藝春秋 2011.5 313p 18cm 1667円 ①978-4-16-374070-6

(目次) 気がつけば契約業者, 海獣むかしばなし, クルマで回ってくるもの, まつり演歌の夜がふける, カバー考, 正義の小便ぐるんぐるん男, 好きなもの, 長崎は今日もレインだった, メールめくのも春の宵, 奇怪面妖驚愕生物〔ほか〕

15208 日本の路地を旅する 上原善広著 文藝春秋 2012.6 383p 16cm （文春文庫）〈文献あり〉 667円 ①978-4-16-780196-0

15209 日本その日その日 エドワード・シルヴェスター・モース著, 石川欣一訳 講談社 2013.6 339p 15cm （講談社学術文庫）〈文献あり 著作目録あり〉 960円 ①978-4-06-292178-7

15210 ごっくん青空ビール雲 椎名誠著 文藝春秋 2013.10 323p 16cm （文春文庫）〈「ごっくん青空」(2011年刊) の改題〉 620円 ①978-4-16-733437-6

(目次) 気がつけば契約業者, 海獣むかしばなし, クルマで回ってくるもの, まつり演歌の夜がふける, カバー考, 正義の小便ぐるんぐるん男, 好きなもの, 長崎は今日もレインだった, メールめくのも春の宵, 奇怪面妖驚愕生物〔ほか〕

15211 にっぽん聖地巡拝の旅 玉岡かおる著 大法輪閣 2014.4 277p 19cm 1800円 ①978-4-8046-1360-4

15212 日本ザンテイ世界遺産に行ってみた。 宮田珠己著 京都 淡交社 2015.7 214p 19cm 1600円 ①978-4-473-04029-9

15213 旅の食卓 池内紀著 亜紀書房 2016.8 233p 19cm 1600円 ①978-4-7505-1480-2

15214 再発！ それでもわたしは山に登る 田部井淳子著 文藝春秋 2016.12 223p 19cm〈年譜あり〉 1400円 ①978-4-16-390588-4

15215 おいしいものは田舎にある―日本ふーど記 改版 玉村豊男著 中央公論新社 2017.1 245p 16cm （中公文庫）〈初版のタイトル等：日本ふーど記 (日本交通公社 1984年刊)〉 700円 ①978-4-12-206351-8

15216 希望の鎮魂歌(レクイエム)―ホロコースト第二世代が訪れた広島、長崎、福島 エヴァ・ホフマン著, 早川敦子編訳 岩波書店 2017.3 163p 22cm 3700円 ①978-4-00-061189-3

15217 そこらじゅうにて―日本どこでも紀行 宮田珠己著 幻冬舎 2017.6 274p 16cm （幻冬舎文庫）〈「日本全国もっと津々うりゃうりゃ」(廣済堂出版 2013年刊) の改題、修正〉 600円 ①978-4-344-42618-4

15218 芥川竜之介紀行文集 芥川竜之介著, 山田俊治編 岩波書店 2017.8 394p 15cm （岩波文庫） 850円 ①978-4-00-360030-6

浅藻（対馬市厳原町）

15219 『忘れられた日本人』の舞台を旅する―宮本常一の軌跡 木村哲也著 河出書房新社 2006.2 253p 20cm〈文献あり〉 1800円 ①4-309-22444-X

天神多久頭魂神社

15220 街道をゆく 13 壱岐・対馬の道 新装版 司馬遼太郎著 朝日新聞出版 2008.11 274, 8p 15cm （朝日文庫） 580円 ①978-4-02-264459-6

(目次) 対馬の人, 壱岐の卜部, 唐人神, 宅麿のこと, 壱岐の田原, 郷ノ浦, 豆腐譚, 曾良の墓, 曾祖父の流刑地, 神皇寺跡の秘仏, 風濤, 志賀の荒雄, 厳原, 国昌寺, 対馬の"所属", 雨森芳洲, 告身, 溺谷, 祭天の古俗, 巨済島, 山ぶどう, 佐護の野, 赤い米, 千俵蒔山, 佐須奈の浦

荒川温泉

15221 遙かなる秘湯をゆく 桂博史著 主婦と生活社 1990.3 222p 19cm 980円 ①4-391-11232-9

15222 大変結構、結構大変。―ハラダ九州温泉三昧の旅 原田宗典著 集英社 2003.6 280p 16cm （集英社文庫）〈1999年刊の文庫化〉 514円 ①4-08-747587-5

伊王島

15223 狙われた島―数奇な運命に弄ばれた19の島 カベルナリア吉田著 アルファベータブックス 2018.2 222p 21cm 1800円 ①978-4-86598-048-6

壱岐

15224 歴史の島 旅情の島 鈴木亨著 東洋書院 1997.10 260p 22cm 1900円 ①4-88594-262-4

15225 歴史紀行―海よ島よ 白石一郎著 講談社 1997.11 236p 15cm （講談社文庫）〈1994年刊の文庫化〉 438円 ①4-06-263639-5

15226 ニッポン居酒屋放浪記 望郷篇 太田和彦著 新潮社 2001.12 282p 15cm （新潮文庫）〈『日本の居酒屋をゆく 望郷篇』改題書〉 476円 ①4-10-133333-5

15227 日本の旅ごはん―平成食の風土記 向笠千恵子著 小学館 2006.11 191p 19cm 1500円 ①4-09-387688-6

15228 キリシタン海の道紀行―馬渡島・壱岐・国東半島・川棚・波佐見・大村・野津・臼杵・小浜・北有馬・口之津・加津佐・西彼杵半島 森禮子著 教文館 2008.1 258p 20cm〈文献あり〉 1800円 ①978-4-7642-6906-4

15229 にっぽん・海風魚旅 4 (大漁旗ぶるぶる乱風編) 椎名誠著 講談社 2008.7 394p 15cm （講談社文庫）〈2005年刊の文庫化〉 857円 ①978-4-06-276097-3

15230 街道をゆく 13 壱岐・対馬の道 新装

版　司馬遼太郎著　朝日新聞出版　2008.11　274, 8p　15cm　（朝日文庫）　580円　①978-4-02-264459-6

15231　男の居場所―酒と料理の旨い店の話　勝谷誠彦著　吹田　西日本出版社　2008.12　238p　19cm　1300円　①978-4-901908-40-5

15232　私の日本地図　15　壱岐・対馬紀行　宮本常一著, 香月洋一郎編　未來社　2009.3　277, 3p　19cm　（宮本常一著作集別集）〈索引あり〉　2200円　①978-4-624-92500-0

15233　遠藤ケイの島旅日和　遠藤ケイ著　千早書房　2009.8　124p　21cm〈索引あり〉　1600円　①978-4-88492-439-3

15234　辺海放浪―東シナ海国境なき島々　日高恒太朗著　新人物往来社　2009.9　270p　20cm　1800円　①978-4-404-03749-7

（目次）第1章 逡巡の島―伊平屋島, 第2章 故郷は何処にありや―朝鮮半島・美山, 第3章 倭寇と『若狭』伝説―種子島, 第4章 王直・鉄炮伝来・信長―福江島, 第5章 南洲幻視行―奄美大島・沖永良部島, 第6章 壱岐・対馬紀行―壱岐・対馬, 第7章 カミーチャと大尉の恋―伊是名島

15235　ぶらりニッポンの島旅　管洋志著　講談社　2011.7　253p　15cm　（講談社文庫）　838円　①978-4-06-276988-4

15236　宮本常一 旅の手帖　愛しき島々　宮本常一著, 田村善次郎編　八坂書房　2011.10　213p　20cm　2000円　①978-4-89694-983-4

15237　禁足地帯の歩き方　吉田悠軌著　学研プラス　2017.11　175p　19cm　1000円　①978-4-05-406602-1

壱岐国分寺跡

15238　街道をゆく　13　壱岐・対馬の道　新装版　司馬遼太郎著　朝日新聞出版　2008.11　274, 8p　15cm　（朝日文庫）　580円　①978-4-02-264459-6

生月島

15239　旅を慕いて　木内宏著　朝日新聞社　1994.2　245p　19cm　1500円　①4-02-256685-X

15240　旅あそび―朝日新聞連載「気まま旅」より　河村立司著　大阪　JDC　1997.10　221p　19×19cm〈1989年刊の改訂〉　1300円　①4-89008-220-4

15241　谷川健一全集　第11巻（民俗 3）　わたしの民俗学　わたしの「天地始之事」―他　谷川健一著　冨山房インターナショナル　2009.2　467, 22p　23cm〈付属資料：8p：月報 no.11　索引あり〉　6500円　①978-4-902385-68-7

（目次）わたしの民俗学, わたしの「天地始之事」, 私の履歴書, かくれキリシタン紀行―生月・外海, 火の国の譜, 成熟へのひとしずく―柳田国男との出会い, 水俣再生への道, 事大主義と事小主義

15242　狙われた島―数奇な運命に弄ばれた19の島　カベルナリア吉田著　アルファベータブックス　2018.2　222p　21cm　1800円　①978-4-86598-048-6

池島

15243　ニッポン島遺産　斎藤潤著　実業之日本社　2016.8　191p　19cm　1600円　①978-4-408-00889-9

15244　狙われた島―数奇な運命に弄ばれた19の島　カベルナリア吉田著　アルファベータブックス　2018.2　222p　21cm　1800円　①978-4-86598-048-6

諫早市

15245　シェルパ斉藤の行きあたりばっ旅　斉藤政喜著　小学館　1998.1　349p　16cm　（小学館文庫）〈1994年刊の増訂〉　600円　①4-09-411001-1

15246　地の記憶をあるく　平戸・長崎篇　松本健一著　中央公論新社　2001.11　268p　20cm　2000円　①4-12-003208-6

（目次）平戸小景（籠手田安定の事蹟, 鄭成功のこと）, 大村湾から（大村城, 「免」とは何か ほか）, 諫早へ（河井継之助の見た橋, 島尾さんのこと ほか）, 佐世保から再び平戸へ（伊東祐亨, 異色の兵士 ほか）, 坂の町（長崎氏登場, 海の都 ほか）

諫早湾

15247　西日本を歩く　立松和平著, 黒古一夫編　勉誠出版　2006.4　372p　22cm　（立松和平日本を歩く 第4巻）　2600円　①4-585-01174-9

厳原（対馬市）

15248　街道をゆく　13　壱岐・対馬の道　新装版　司馬遼太郎著　朝日新聞出版　2008.11　274, 8p　15cm　（朝日文庫）　580円　①978-4-02-264459-6

維和島

15249　遠藤ケイの島旅日和　遠藤ケイ著　千早書房　2009.8　124p　21cm〈索引あり〉　1600円　①978-4-88492-439-3

宇久島

15250　島めぐり フェリーで行こう！―スロー・トラベル　カベルナリア吉田文・写真　東京書籍　2003.8　207p　21cm　1500円　①4-487-79884-1

浦上（長崎市）

15251　安吾新日本地理　坂口安吾著　河出書房新社　1988.5　318p　15cm　（河出文庫）　580円　①4-309-40218-6

［作品］長崎チャンポン

15252　坂口安吾全集　18　坂口安吾著　筑摩書房　1991.9　794p　15cm　（ちくま文庫）　1340円　①4-480-02478-6

［作品］安吾新日本地理―長崎チャンポン

雲仙温泉

15253　温泉百話―西の旅　種村季弘, 池内紀編　筑摩書房　1988.2　471p　15cm　（ちくま文庫）　680円　①4-480-02201-5

［作品］温泉建築ウォッチング〔藤森照信〕

15254 大変結構、結構大変。―ハラダ九州温泉三昧の旅　原田宗典著　集英社　2003.6　280p　16cm　（集英社文庫）〈1999年刊の文庫化〉　514円　①4-08-747587-5
作品 NICE―ナ～イスな旅と言えば長崎

雲仙市

15255 シェルパ斉藤の行きあたりばっ旅　斉藤政喜著　小学館　1998.1　349p　16cm　（小学館文庫）〈1994年刊の増訂〉　600円　①4-09-411001-1

15256 日本全国ローカル線おいしい旅　嵐山光三郎著　講談社　2004.3　246p　18cm　（講談社現代新書）　700円　①4-06-149710-3

15257 名探偵浅見光彦のニッポン不思議紀行　内田康夫著　集英社　2006.2　270p　16cm　（集英社文庫）〈学習研究社2001年刊あり〉　600円　①4-08-746013-4

雲仙岳

15258 放浪カメラマン―酒と旅の人生　石川文洋著　創和出版　1995.4　254p　19cm　2060円　①4-915661-60-1

15259 時速8キロニッポン縦断　斉藤政喜著　小学館　2003.10　397p　19cm　（Be-pal books）〈折り込1枚〉　1500円　①4-09-366067-0

15260 日本八景―八大家執筆　幸田露伴, 吉田紘二郎, 河東碧梧桐, 田山花袋, 北原白秋, 高浜虚子, 菊池幽芳, 泉鏡花著　平凡社　2005.3　280p　16cm　（平凡社ライブラリー）　1200円　①4-582-76531-9

15261 動くとき、動くもの　青木奈緒著　講談社　2005.11　333p　15cm　（講談社文庫）〈2002年刊の文庫化〉　600円　①4-06-275236-0

15262 おんなひとりの鉄道旅　西日本編　矢野直美著　小学館　2008.7　193p　15cm　（小学館文庫）〈2005年刊の単行本を2分冊にして文庫化〉　571円　①978-4-09-408287-6

15263 百霊峰巡礼　第3集　立松和平著　東京新聞出版部　2010.8　307p　20cm〈第2集までの出版者：東京新聞出版局〉　1800円　①978-4-8083-0933-6

15264 鈴木みきの山の足あと　ステップアップ編　鈴木みき著　山と溪谷社　2014.8　127p　21cm　1200円　①978-4-635-33064-0

江島

15265 絶海の孤島―驚愕の日本がそこにある　増補改訂版　カベルナリア吉田著　イカロス出版　2015.12　233p　21cm　1600円　①978-4-8022-0118-6

大浦天主堂

15266 安吾新日本地理　坂口安吾著　河出書房新社　1988.5　318p　15cm　（河出文庫）　580円　①4-309-40218-6
作品 長崎チャンポン

15267 坂口安吾全集　18　坂口安吾著　筑摩書房　1991.9　794p　15cm　（ちくま文庫）　1340円　①4-480-02478-6
作品 安吾新日本地理―長崎チャンポン

15268 ショージ君の旅行鞄―東海林さだお自選　東海林さだお著　文芸春秋　2005.2　905p　16cm　（文春文庫）　933円　①4-16-717760-9
作品 長崎チャンポン旅行

15269 長崎と天草の教会を旅して―教会のある集落とキリシタン史跡　繁延あづさ著　マイナビ出版　2017.1　143p　21cm　1680円　①978-4-8399-5544-1
目次 第1章 長崎市の教会と集落（大浦天主堂, 外海の出津集落 ほか）, 第2章 野崎島の集落跡へ―KIKIさんとの旅（野崎島の集落跡）, 第3章 五島の教会と集落（久賀島の集落, 奈留島の江上集落 ほか）, 第4章 平戸・九十九島の教会と集落（黒島の集落, 番外・田平天主堂 ほか）, 第5章 島原と天草地方のキリシタン史跡と集落（原城跡, 番外・日野江城跡 ほか）

大島（西海市）

15270 日本列島を往く　2　地下王国の輝き　鎌田慧著　岩波書店　2000.4　283p　15cm　（岩波現代文庫）　900円　①4-00-603011-8

15271 遠藤ケイの島旅日和　遠藤ケイ著　千早書房　2009.8　124p　21cm〈索引あり〉　1600円　①978-4-88492-439-3

大野町（佐世保市）

15272 日本その日その日　3　E.S.モース著, 石川欣一訳　平凡社　1990.1　236p　18cm　（東洋文庫）〈第16刷（第1刷：1971年）著者の肖像あり〉　1800円　①4-582-80179-X

大村市

15273 地の記憶をあるく　平戸・長崎篇　松本健一著　中央公論新社　2001.11　268p　20cm　2000円　①4-12-003208-6

15274 キリシタン海の道紀行―馬渡島・壱岐・国東半島・川棚・波佐見・大村・野津・臼杵・小浜・北有馬・口之津・加津佐・西彼杵半島　森禮子著　教文館　2008.1　258p　20cm〈文献あり〉　1800円　①978-4-7642-6906-4

大村城

15275 地の記憶をあるく　平戸・長崎篇　松本健一著　中央公論新社　2001.11　268p　20cm　2000円　①4-12-003208-6

大村湾

15276 地の記憶をあるく　平戸・長崎篇　松本健一著　中央公論新社　2001.11　268p　20cm　2000円　①4-12-003208-6

小値賀島

15277 島めぐり フェリーで行こう！―スロー・トラベル　カベルナリア吉田文・写真　東京書籍　2003.8　207p　21cm　1500円　①4-487-79884-1

15278 みちくさ　3　菊池亜希子著　小学館　2015.5　127p　21cm　1200円　①978-4-09-

388418-1

鬼木の棚田（波佐見町）

15279 原風景のなかへ　安野光雅著　山川出版社　2013.7　215p　20cm　1600円　①978-4-634-15044-7

小浜町（雲仙市）

15280 モダン都市文学　5　観光と乗物　川本三郎編　平凡社　1990.5　477p　21cm　2800円　①4-582-30085-5
作品 温泉めぐり（抄）〔田山花袋〕

15281 日本温泉めぐり　田山花袋著　角川春樹事務所　1997.11　324p　16cm　（ランティエ叢書 8）〈「温泉めぐり」（博文館1991年刊）の改題〉1000円　①4-89456-087-9

15282 褌の旅　越中文俊著　心交社　2002.12　227p　19cm　（日本つれづれ紀行 1）　1500円　①4-88302-806-2

15283 温泉めぐり　田山花袋著　岩波書店　2007.6　379p　15cm　（岩波文庫）　800円　①978-4-00-310217-6

15284 キリシタン海の道紀行―馬渡島・壱岐・国東半島・川棚・波佐見・大村・野津・臼杵・小浜・北有馬・口之津・加津佐・西彼杵半島　森禮子著　教文館　2008.1　258p　20cm〈文献あり〉　1800円　①978-4-7642-6906-4

オランダ商館跡

15285 街道をゆく　11　肥前の諸街道　新装版　司馬遼太郎著　朝日新聞出版　2008.10　227, 8p　15cm　（朝日文庫）　540円　①978-4-02-264456-5

海神神社

15286 街道をゆく　13　壱岐・対馬の道　新装版　司馬遼太郎著　朝日新聞出版　2008.11　274, 8p　15cm　（朝日文庫）　580円　①978-4-02-264459-6

頭ヶ島

15287 風の天主堂　内田洋一著　日本経済新聞出版社　2008.3　239p　20cm〈文献あり〉　2000円　①978-4-532-16655-7

15288 ニッポン島遺産　斎藤潤著　実業之日本社　2016.8　191p　19cm　1600円　①978-4-408-00889-9

15289 長崎と天草の教会を旅して―教会のある集落とキリシタン史跡　繁延あづさ著　マイナビ出版　2017.1　143p　21cm　1680円　①978-4-8399-5544-1

加津佐町（南島原市）

15290 キリシタン海の道紀行―馬渡島・壱岐・国東半島・川棚・波佐見・大村・野津・臼杵・小浜・北有馬・口之津・加津佐・西彼杵半島　森禮子著　教文館　2008.1　258p　20cm〈文献あり〉　1800円　①978-4-7642-6906-4

15291 街道をゆく　17　島原・天草の諸道　新装版　司馬遼太郎著　朝日新聞出版　2008.12　328, 8p　15cm　（朝日文庫）　660円　①978-4-02-264463-3
目次 松倉重政, 城をつくる, がんまつ, サン・フェリペ号の失言, 沖田畷の合戦, 明暗, 侍と百姓, 南目へ, 北有馬, 口之津の蜂起〔ほか〕

勝本浦

15292 街道をゆく　13　壱岐・対馬の道　新装版　司馬遼太郎著　朝日新聞出版　2008.11　274, 8p　15cm　（朝日文庫）　580円　①978-4-02-264459-6

勝本町（壱岐市）

15293 島の時間―九州・沖縄 謎の始まり　赤瀬川原平著　平凡社　1999.3　231p　16cm　（平凡社ライブラリー）　740円　①4-582-76283-2
作品 朝鮮信使迎接所のあった島

上県町（対馬市）

15294 『忘れられた日本人』の舞台を旅する―宮本常一の軌跡　木村哲也著　河出書房新社　2006.2　253p　20cm〈文献あり〉　1800円　①4-309-22444-X

枯松神社

15295 聖地巡礼 リターンズ　内田樹, 釈徹宗著　東京書籍　2016.12　301p　19cm　1600円　①978-4-487-80841-0

河合曾良の墓

15296 島の時間―九州・沖縄 謎の始まり　赤瀬川原平著　平凡社　1999.3　231p　16cm　（平凡社ライブラリー）　740円　①4-582-76283-2
作品 朝鮮信使迎接所のあった島

15297 街道をゆく　13　壱岐・対馬の道　新装版　司馬遼太郎著　朝日新聞出版　2008.11　274, 8p　15cm　（朝日文庫）　580円　①978-4-02-264459-6

川棚魚雷発射試験場

15298 戦争廃墟行―DVD BOOK　田中昭二著　学研パブリッシング　2010.10　117p　21cm〈発売：学研マーケティング〉　2800円　①978-4-05-404683-2

川棚町

15299 キリシタン海の道紀行―馬渡島・壱岐・国東半島・川棚・波佐見・大村・野津・臼杵・小浜・北有馬・口之津・加津佐・西彼杵半島　森禮子著　教文館　2008.1　258p　20cm〈文献あり〉　1800円　①978-4-7642-6906-4

北有馬町（南島原市）

15300 キリシタン海の道紀行―馬渡島・壱岐・国東半島・川棚・波佐見・大村・野津・臼杵・小浜・北有馬・口之津・加津佐・西彼杵半島　森禮子著　教文館　2008.1　258p　20cm〈文献あり〉　1800円　①978-4-7642-6906-4

桐教会(新上五島町)

15301 脳がいちばん元気になる場所　米山公啓著　PILAR PRESS　2011.6　221p　19cm　1800円　①978-4-86194-029-3

九十九島

15302 原風景のなかへ　安野光雅著　山川出版社　2013.7　215p　20cm　1600円　①978-4-634-15044-7

口之津(南島原市)

15303 神仏に祈る　金田一京助ほか著, 作品社編集部編　作品社　1998.4　243p　22cm　(新編・日本随筆紀行 大きな活字で読みやすい本―心にふるさとがある 13)　①4-87893-894-3, 4-87893-807-2

作品 横瀬浦、島原、口ノ津〔遠藤周作〕

15304 キリシタン海の道紀行―馬渡島・壱岐・国東半島・川棚・波佐見・大村・野津・臼杵・小浜・北有馬・口之津・加津佐・西彼杵半島　森禮子著　教文館　2008.1　258p　20cm〈文献あり〉　1800円　①978-4-7642-6906-4

15305 街道をゆく　17　島原・天草の諸道　新装版　司馬遼太郎著　朝日新聞出版　2008.12　328, 8p　15cm　(朝日文庫)　660円　①978-4-02-264463-3

国見町(雲仙市)

15306 禪の旅　越中文俊著　心交社　2002.12　227p　19cm　(日本つれづれ紀行 1)　1500円　①4-88302-806-2

黒崎教会(長崎市)

15307 聖地巡礼 リターンズ　内田樹, 釈徹宗著　東京書籍　2016.12　301p　19cm　1600円　①978-4-487-80841-0

黒島

15308 風の天主堂　内田洋一著　日本経済新聞出版社　2008.3　239p　20cm〈文献あり〉　2000円　①978-4-532-16655-7

15309 南蛮伴天連の道―長崎 高瀬・菊池・小国菊池・山鹿 飫肥 黒島 博多　森禮子著　教文館　2010.6　221p　20cm〈文献あり〉　1900円　①978-4-7642-6929-3

雞知(対馬市)

15310 街道をゆく　13　壱岐・対馬の道　新装版　司馬遼太郎著　朝日新聞出版　2008.11　274, 8p　15cm　(朝日文庫)　580円　①978-4-02-264459-6

郷ノ浦(壱岐市)

15311 街道をゆく　13　壱岐・対馬の道　新装版　司馬遼太郎著　朝日新聞出版　2008.11　274, 8p　15cm　(朝日文庫)　580円　①978-4-02-264459-6

興福寺(長崎市)

15312 百寺巡礼　第10巻　四国・九州　五木寛之著　講談社　2009.6　272p　15cm　(講談社文庫)〈文献あり　2005年刊の文庫化〉　562円　①978-4-06-276319-6

国昌寺

15313 街道をゆく　13　壱岐・対馬の道　新装版　司馬遼太郎著　朝日新聞出版　2008.11　274, 8p　15cm　(朝日文庫)　580円　①978-4-02-264459-6

五島列島

15314 極楽トンボのハミング紀行　岳真也著　廣済堂出版　1990.7　267p　19cm　(TRAVEL ESSAYS'80)　1000円　①4-331-50292-9

15315 にっぽん青春巡礼行　岳真也著　廣済堂出版　1990.12　330p　16cm　(廣済堂文庫)　470円　①4-331-65084-7

15316 南鳥島特別航路　池澤夏樹著　日本交通公社出版事業局　1991.3　253p　19cm　1600円　①4-533-01667-7

15317 日本探見二泊三日　宮脇俊三著　角川書店　1994.3　231p　15cm　(角川文庫)　430円　①4-04-159807-9

15318 にっぽん・海風魚旅　怪し火さすらい編　椎名誠著　講談社　2003.7　325p　15cm　(講談社文庫)〈2000年刊の文庫化〉　800円　①4-06-273797-3

15319 港町食堂　奥田英朗著　新潮社　2008.5　256p　16cm　(新潮文庫)〈2005年刊の文庫化〉　438円　①978-4-10-134471-3

15320 脳で旅する日本のクオリア　茂木健一郎著　小学館　2009.7　255p　19cm　1500円　①978-4-09-387855-5

15321 宮本常一 旅の手帖　愛しき島々　宮本常一著, 田村善次郎編　八坂書房　2011.10　213p　20cm　2000円　①978-4-89694-983-4

15322 私の日本地図　5　五島列島　宮本常一著, 香月洋一郎編　未来社　2015.7　290, 4p　19cm　(宮本常一著作集別集)〈同友館 1968年刊の再刊　索引あり〉　2400円　①978-4-624-92490-4

目次 1 五島への旅, 2 宇久島, 3 小値賀島, 4 小値賀の属島, 5 魚目海岸, 6 有川, 7 友住・頭ケ島, 8 中野・奈摩・太田, 9 鯛ノ浦から福江へ, 10 福江, 11 福江島をゆく, 12 富江, 13 岐宿, 14 日ノ島・男女群島

15323 うつくしい列島―地理学的名所紀行　池澤夏樹著　河出書房新社　2015.11　308p　20cm　1800円　①978-4-309-02425-7

15324 「男はつらいよ」を旅する　川本三郎著　新潮社　2017.5　286p　20cm　(新潮選書)　1400円　①978-4-10-603808-2

作品 寅が祈った五島列島

琴平大神

15325 街道をゆく　17　島原・天草の諸道　新装版　司馬遼太郎著　朝日新聞出版　2008.12　328, 8p　15cm　(朝日文庫)　660円　①978-4-02-264463-3

小茂田漁港

15326 浦島太郎の馬鹿―旅の書きおき　立松和平著　マガジンハウス　1990.10　251p　21cm　1400円　①4-8387-0189-6
作品 魚の気持

西海国立公園

15327 東京を歩く　立松和平著, 黒古一夫編　勉誠出版　2006.4　343p　22cm　(立松和平日本を歩く 第7巻)　2600円　①4-585-01177-3

西海橋温泉

15328 大変結構、結構大変。―ハラダ九州温泉三昧の旅　原田宗典著　集英社　2003.6　280p　16cm　(集英社文庫)〈1999年刊の文庫化〉　514円　①4-08-747587-5

佐須奈

15329 街道をゆく　13　壱岐・対馬の道　新装版　司馬遼太郎著　朝日新聞出版　2008.11　274, 8p　15cm　(朝日文庫)　580円　①978-4-02-264459-6

佐世保駅

15330 終着駅への旅　JR編　櫻井寛著　JTBパブリッシング　2013.8　222p　19cm　1300円　①978-4-533-09285-5

佐世保市

15331 ミットフォード日本日記―英国貴族の見た明治　A.B.ミットフォード著, 長岡祥三訳　講談社　2001.2　298p　15cm　(講談社学術文庫)〈肖像あり〉　960円　①4-06-159474-5
作品 京都での墓参と佐世保軍港

15332 地の記憶をあるく　平戸・長崎篇　松本健一著　中央公論新社　2001.11　268p　20cm　2000円　①4-12-003208-6

15333 田中小実昌紀行集　田中小実昌著, 山本容朗選　JTB　2001.12　318p　20cm　2200円　①4-533-04032-2

15334 五足の靴　五人づれ著　岩波書店　2007.5　140p　15cm　(岩波文庫)　460円　①978-4-00-311771-2

15335 ひとり旅 ひとり酒　太田和彦著　大阪　京阪神エルマガジン社　2009.11　237p　21cm　1600円　①978-4-87435-306-6

15336 明治紀行文學集　筑摩書房　2013.1　410p　21cm　(明治文學全集 94)　7500円　①978-4-480-10394-9
作品 五足の靴〔与謝野鉄幹・木下杢太郎・北原白秋・平野万里・吉井勇篇〕

15337 ニッポン周遊記―町の見つけ方・歩き方・つくり方　池内紀著　青土社　2014.7　325p　20cm　2400円　①978-4-7917-6777-9

15338 新編 日本の旅あちこち　木山捷平著　講談社　2015.4　304p　16cm　(講談社文芸文庫)〈著作目録あり 年譜あり〉　1600円　①978-4-06-290268-7
作品 西海の落日―長崎

佐世保線

15339 ニッポン線路つたい歩き　久住昌之著　カンゼン　2017.6　246p　19cm　1500円　①978-4-86255-398-0

佐世保要塞

15340 戦争廃墟行―DVD BOOK　田中昭二著　学研パブリッシング　2010.10　117p　21cm　〈発売：学研マーケティング〉　2800円　①978-4-05-404683-2

島原市

15341 日本列島幸せ探し　山根基世著　講談社　1993.9　271p　19cm　1400円　①4-06-204994-5

15342 神仏に祈る　金田一京助ほか著, 作品社編集部編　作品社　1998.4　243p　22cm　(新編・日本随筆紀行 大きな活字で読みやすい本―心にふるさとがある 13)　①4-87893-894-3, 4-87893-807-2
作品 横瀬浦、島原、口ノ津〔遠藤周作〕

15343 閑古堂の絵葉書散歩　西編　林丈二著　小学館　1999.5　123p　21cm　(SHOTOR TRAVEL)　1500円　①4-09-343139-6
作品 ミルクセーキの謎をちょっと噛りに長崎島原へ―長崎2

15344 ニッポン・あっちこっち　安西水丸著　家の光協会　1999.11　205p　17cm　1800円　①4-259-54570-1

15345 煤の中のマリア―島原・椎葉・不知火紀行　石牟礼道子著　平凡社　2001.2　334p　20cm　2000円　①4-582-82947-3
目次 第1章 草の道―島原の乱紀行(天草・東向寺, 草の道, ちちははこひし, それぞれの旅 ほか), 第2章 湖底の村―人吉・椎葉紀行(湖底の声, 声音, 土の創世記, 墓の下の団欒 ほか), 第3章 不知火追憶(ごん太の浄瑠璃, 柳の川, ご飯のお碗, 蟻の飴 ほか)

15346 飯田龍太全集　第10巻　紀行・雑纂　飯田龍太著　角川学芸出版, 角川書店〔発売〕　2005.12　422p　19cm　2667円　①4-04-651940-1
作品 ふたつの言葉

15347 名探偵浅見光彦のニッポン不思議紀行　内田康夫著　集英社　2006.2　270p　16cm　(集英社文庫)〈学習研究社2001年刊あり〉　600円　①4-08-746013-4

15348 五足の靴　五人づれ著　岩波書店　2007.5　140p　15cm　(岩波文庫)　460円　①978-4-00-311771-2

15349 街道をゆく　17　島原・天草の諸道　新装版　司馬遼太郎著　朝日新聞出版　2008.12　328, 8p　15cm　(朝日文庫)　660円　①978-4-02-264463-3

15350 文豪、偉人の「愛」をたどる旅　黛まどか著　集英社　2009.8　255p　18cm　1048円　①978-4-08-781427-9

15351 明治紀行文學集　筑摩書房　2013.1

410p 21cm (明治文學全集 94) 7500円 ①978-4-480-10394-9
作品 五足の靴〔与謝野鉄幹・木下杢太郎・北原白秋・平野万里・吉井勇篇〕

15352 長崎と天草の教会を旅して—教会のある集落とキリシタン史跡 繁延あづさ著 マイナビ出版 2017.1 143p 21cm 1680円 ①978-4-8399-5544-1

島原城

15353 日本名城紀行 6 四国・九州 陽光きらめく名城 小学館 1989.5 293p 15cm 600円 ①4-09-401206-0

15354 五足の靴 五人づれ著 岩波書店 2007.5 140p 15cm (岩波文庫) 460円 ①978-4-00-311771-2

15355 街道をゆく 17 島原・天草の諸道 新装版 司馬遼太郎著 朝日新聞出版 2008.12 328, 8p 15cm (朝日文庫) 660円 ①978-4-02-264463-3

15356 明治紀行文學集 筑摩書房 2013.1 410p 21cm (明治文學全集 94) 7500円 ①978-4-480-10394-9
作品 五足の靴〔与謝野鉄幹・木下杢太郎・北原白秋・平野万里・吉井勇篇〕

島原鉄道

15357 各駅下車で行こう!—スロー・トラベル カベルナリア吉田文・写真 東京書籍 2003.4 197p 21cm 1500円 ①4-487-79883-3

15358 日本全国ローカル線おいしい旅 嵐山光三郎著 講談社 2004.3 246p 18cm (講談社現代新書) 700円 ①4-06-149710-3

15359 おいしいローカル線の旅 金久保茂樹著 朝日新聞社 2006.7 264p 15cm (朝日文庫—シリーズオトナ悠遊) 600円 ①4-02-261508-7

15360 朝湯、昼酒、ローカル線—かっちゃんの鉄修行 勝谷誠彦著 文芸春秋 2007.12 321p 16cm (文春文庫plus)〈「勝谷誠彦の地列車大作戦」(JTB2002年刊)の改題〉 629円 ①978-4-16-771320-1

15361 おんなひとりの鉄道旅 西日本編 矢野直美著 小学館 2008.7 193p 15cm (小学館文庫)〈2005年刊の単行本を2分冊にして文庫化〉 571円 ①978-4-09-408287-6

島原半島

15362 天下を獲り損ねた男たち—続・日本史の旅は、自転車に限る! 疋田智著 枻出版社 2005.12 299p 19cm〈文献あり〉 1400円 ①4-7779-0460-1

下五島

15363 風の天主堂 内田洋一著 日本経済新聞出版社 2008.3 239p 20cm〈文献あり〉 2000円 ①978-4-532-16655-7

春徳寺

15364 街道をゆく 11 肥前の諸街道 新装版 司馬遼太郎著 朝日新聞出版 2008.10 227, 8p 15cm (朝日文庫) 540円 ①978-4-02-264456-5

15365 聖地巡礼 リターンズ 内田樹, 釈徹宗著 東京書籍 2016.12 301p 19cm 1600円 ①978-4-487-80841-0

神皇寺跡〔朝鮮通信使の迎接所〕

15366 島の時間—九州・沖縄 謎の始まり 赤瀬川原平著 平凡社 1999.3 231p 16cm (平凡社ライブラリー) 740円 ①4-582-76283-2
作品 朝鮮信使迎接所のあった島

15367 街道をゆく 13 壱岐・対馬の道 新装版 司馬遼太郎著 朝日新聞出版 2008.11 274, 8p 15cm (朝日文庫) 580円 ①978-4-02-264459-6

崇福寺

15368 百寺巡礼 第10巻 四国・九州 五木寛之著 講談社 2009.6 272p 15cm (講談社文庫)〈文献あり 2005年刊の文庫化〉 562円 ①978-4-06-276319-6

外海(長崎市)

15369 日本列島を往く 6 故郷の山河で 鎌田慧著 岩波書店 2005.7 331p 15cm (岩波現代文庫 社会)〈『いま, この地に生きる』の改題・再編集〉 1000円 ①4-00-603115-7

15370 風の天主堂 内田洋一著 日本経済新聞出版社 2008.3 239p 20cm〈文献あり〉 2000円 ①978-4-532-16655-7

15371 谷川健一全集 第11巻(民俗 3) わたしの民俗学 わたしの「天地始之事」—他 谷川健一著 冨山房インターナショナル 2009.2 467, 22p 23cm〈付属資料:8p:月報 no.11 索引あり〉 6500円 ①978-4-902385-68-7
作品 かくれキリシタン紀行

大叫喚地獄

15372 誰も行けない温泉 最後の聖(泉) 大原利雄著 小学館 2005.1 167p 15cm (小学館文庫) 733円 ①4-09-411527-7

高島

15373 植民地のアリス 島田雅彦著 朝日新聞社 1996.6 231p 15cm (朝日文芸文庫)〈1993年刊の文庫化〉 650円 ①4-02-264111-8

15374 1泊2日の小島旅 カベルナリア吉田文・写真 阪急コミュニケーションズ 2009.4 199p 19cm 1600円 ①978-4-484-09207-2

鷹島

15375 西日本を歩く 立松和平著, 黒古一夫編 勉誠出版 2006.4 372p 22cm (立松和平日本を歩く 第4巻) 2600円 ①4-585-01174-9
作品 鷹島・元寇の海底遺跡

15376 遠藤ケイの島旅日和 遠藤ケイ著 千早

書房　2009.8　124p　21cm〈索引あり〉　1600円　①978-4-88492-439-3

対馬

15377　ヤポネシア讃歌　立松和平著　講談社　1990.6　261p　19cm　1200円　①4-06-204887-6

15378　南鳥島特別航路　池澤夏樹著　日本交通公社出版事業局　1991.3　253p　19cm　1600円　①4-533-01667-7

15379　鳥に会う旅　叶内拓哉著　世界文化社　1991.6　264p　21cm　(ネイチャーブックス)　2400円　①4-418-91506-0

15380　日本の風景を歩く―歴史・人・風土　井出孫六著　大修館書店　1992.11　19cm

15381　古代史紀行　宮脇俊三著　講談社　1994.9　404p　15cm　(講談社文庫)　620円　①4-06-185773-8

15382　歴史の島 旅情の島　鈴木亨著　東洋書院　1997.10　260p　22cm　1900円　①4-88594-262-4

15383　歴史紀行―海よ島よ　白石一郎著　講談社　1997.11　236p　15cm　(講談社文庫)〈1994年刊の文庫化〉　438円　①4-06-263639-5

15384　島の時間―九州・沖縄 謎の始まり　赤瀬川原平著　平凡社　1999.3　231p　16cm　(平凡社ライブラリー)　740円　①4-582-76283-2

15385　日本列島を往く　1　国境の島々　鎌田慧著　岩波書店　2000.1　331p　15cm　(岩波現代文庫 社会)　900円　①4006030010

15386　のんきに島旅　本山賢司著　河出書房新社　2000.4　229p　15cm　(河出文庫)〈「海流に乗って」(山と渓谷社1987年刊)の増補〉　680円　①4-309-40607-6

15387　波のむこうのかくれ島　椎名誠著　新潮社　2004.4　254p　16cm　(新潮文庫)〈写真：垂見健吾　2001年刊の文庫化〉　514円　①4-10-144825-6

15388　西日本を歩く　立松和平著, 黒古一夫編　勉誠出版　2006.4　372p　22cm　(立松和平日本を歩く 第4巻)　2600円　①4-585-01174-9

15389　日本の旅ごはん―平成食の風土記　向笠千恵子著　小学館　2006.11　191p　19cm　1500円　①4-09-387688-6

15390　街道をゆく　13　壱岐・対馬の道　新装版　司馬遼太郎著　朝日新聞出版　2008.11　274, 8p　15cm　(朝日文庫)　580円　①978-4-02-264459-6

15391　男の居場所―酒と料理の旨い店の話　勝谷誠彦著　吹田　西日本出版社　2008.12　238p　19cm　1300円　①978-4-901908-40-5

15392　私の日本地図　15　壱岐・対馬紀行　宮本常一著, 香月洋一郎編　未來社　2009.3　277, 3p　19cm　(宮本常一著作集別集)〈索引あり〉　2200円　①978-4-624-92500-0

15393　辺海放浪―東シナ海国境なき島々　日高恒太朗著　新人物往来社　2009.9　270p　20cm　1800円　①978-4-404-03749-7

15394　谷川健一全集　第10巻(民俗 2)　女の風土記　埋もれた日本地図(抄録)　黒潮の民俗学(抄録)　谷川健一著　冨山房インターナショナル　2010.1　574, 27p　23cm〈付属資料：8p：月報 no.14　索引あり〉　6500円　①978-4-902385-84-7

作品　対馬

15395　シェルパ斉藤の島旅はいつも自転車で　斉藤政喜著　二玄社　2010.3　191p　21cm　1500円　①978-4-544-40046-5

15396　日本の路地を旅する　上原善広著　文藝春秋　2012.6　383p　16cm　(文春文庫)〈文献あり〉　667円　①978-4-16-780196-0

15397　「幻の街道」をゆく　七尾和晃著　東海教育研究所　2012.7　193p　19cm〈発売：東海大学出版会〔秦野〕〉　1600円　①978-4-486-03744-6

15398　古代史謎解き紀行　3　九州邪馬台国編　関裕二著　新潮社　2014.8　284p　16cm　(新潮文庫)〈ポプラ社 2006年刊の再刊　文献あり〉　520円　①978-4-10-136478-0

15399　うつくしい列島―地理学的名所紀行　池澤夏樹著　河出書房新社　2015.11　308p　20cm　1800円　①978-4-309-02425-7

15400　絶海の孤島―驚愕の日本がそこにある　増補改訂版　カベルナリア吉田著　イカロス出版　2015.12　233p　21cm　1600円　①978-4-8022-0118-6

15401　聖地巡礼 コンティニュード　内田樹, 釈徹宗著　東京書籍　2017.9　359p　19cm　1800円　①978-4-487-80842-7

目次　1日目 時空の交差点(はじまりの対馬(概略 魏志倭人伝), 小茂田浜(元寇、日露戦争), 法清寺(お胴塚、平安時代の仏像) ほか), 2日目 日本の源流と海民(海を走る人々, 雞知(けち)(古墳時代遺跡), 大船越 ほか), 3日目 天と海と地と人と(亀卜の雷神社, 多久頭魂神社, 龍良山 ほか)

15402　禁足地帯の歩き方　吉田悠軌著　学研プラス　2017.11　175p　19cm　1000円　①978-4-05-406602-1

鉄砲町 武家屋敷

15403　街道をゆく　17　島原・天草の諸道　新装版　司馬遼太郎著　朝日新聞出版　2008.12　328, 8p　15cm　(朝日文庫)　660円　①978-4-02-264463-3

堂崎教会

15404　脳で旅する日本のクオリア　茂木健一郎著　小学館　2009.7　255p　19cm　1500円　①978-4-09-387855-5

特急「シーボルト」

15405　テツはこんな旅をしている―鉄道旅行再発見　野田隆著　平凡社　2014.3　222p　18cm　(平凡社新書)　760円　①978-4-582-85722-1

飛島(松浦市)

15406　日本《島旅》紀行　斎藤潤著　光文社

2005.3 284p 18cm (光文社新書) 780円 ①4-334-03299-0

長崎駅

15407 文学の中の駅―名作が語る“もうひとつの鉄道史” 原口隆行著 国書刊行会 2006.7 327p 20cm 2000円 ①4-336-04785-5

15408 終着駅への旅 JR編 櫻井寛著 JTBパブリッシング 2013.8 222p 19cm 1300円 ①978-4-533-09285-5

長崎街道

15409 食の街道を行く 向笠千恵子著 平凡社 2010.7 276p 18cm (平凡社新書)〈文献あり〉 820円 ①978-4-582-85536-4

長崎西海七つ釜聖観音

15410 晴れた日は巨大仏を見に 宮田珠己著 幻冬舎 2009.10 342p 16cm (幻冬舎文庫)〈文献あり 白水社2004年刊あり〉 648円 ①978-4-344-41380-1

長崎市

15411 安吾新日本地理 坂口安吾著 河出書房新社 1988.5 318p 15cm (河出文庫) 580円 ①4-309-40218-6
作品 長崎チャンポン

15412 オーストリア外交官の明治維新―世界周遊記 日本篇 アレクサンダー・F.V.ヒューブナー著, 市川慎一, 松本雅弘訳 新人物往来社 1988.7 276p 19cm 2000円 ①4-404-01508-9

15413 坂口安吾全集 18 坂口安吾著 筑摩書房 1991.9 794p 15cm (ちくま文庫) 1340円 ①4-480-02478-6
作品 安吾新日本地理―長崎チャンポン

15414 第三阿房列車 内田百閒著 福武書店 1992.1 261p 15cm (福武文庫) 600円 ①4-8288-3237-8
作品 長崎の鴉―長崎阿房列車

15415 途中下車の味 宮脇俊三著 新潮社 1992.6 240p 15cm (新潮文庫)〈1988年刊の文庫化〉 360円 ①4-10-126810-X

15416 東洋紀行 1 グスタフ・クライトナー著, 小谷裕幸, 森田明訳 平凡社 1992.9 358p 18cm (東洋文庫) 3090円 ①4-582-80555-8

15417 ニッポン・あっちこっち 安西水丸著 家の光協会 1999.11 205p 17cm 1800円 ①4-259-54570-1

15418 碧い眼の太郎冠者 ドナルド・キーン著 中央公論新社 2001.7 188p 21cm (Chuko on demand books) 2000円 ①4-12-550026-6
作品 十二の印象

15419 地の記憶をあるく 平戸・長崎篇 松本健一著 中央公論新社 2001.11 268p 20cm 2000円 ①4-12-003208-6

15420 阿川弘之自選紀行集 阿川弘之著 JTB 2001.12 317p 20cm 2200円 ①4-533-04030-6
作品 狐狸庵偲ぶ長崎特急

15421 旅に夢みる 吉永小百合著 講談社 2003.3 223p 22cm〈肖像あり〉 1600円 ①4-06-211652-9

15422 ロングフェロー日本滞在記―明治初年、アメリカ青年の見たニッポン チャールズ・アップルトン・ロングフェロー著, 山田久美子訳 平凡社 2004.1 404p 22cm〈文献あり〉 3600円 ①4-582-83202-4

15423 ショージ君の旅行鞄―東海林さだお自選 東海林さだお著 文芸春秋 2005.2 905p 16cm (文春文庫) 933円 ①4-16-717760-9

15424 オーストリア皇太子の日本日記―明治二十六年夏の記録 フランツ・フェルディナント著, 安藤勉訳 講談社 2005.9 237p 15cm (講談社学術文庫)〈肖像あり〉 840円 ①4-06-159725-6

15425 食い道楽ひとり旅 柏井壽著 光文社 2005.11 260p 18cm (光文社新書) 720円 ①4-334-03332-6

15426 日本紀行―「埋もれた古城」と「切支丹の里」 遠藤周作著 光文社 2006.2 405p 16cm (知恵の森文庫) 724円 ①4-334-78407-0

15427 名探偵浅見光彦のニッポン不思議紀行 内田康夫著 集英社 2006.2 270p 16cm (集英社文庫)〈学習研究社2001年刊あり〉 600円 ①4-08-746013-4

15428 五足の靴 五人づれ著 岩波書店 2007.5 140p 15cm (岩波文庫) 460円 ①978-4-00-311771-2

15429 もいちど修学旅行をしてみたいと思ったのだ 北尾トロ著, 中川カンゴロー写真 小学館 2008.4 239p 19cm 1300円 ①978-4-09-379784-9

15430 美しき日本の面影 さだまさし著 新潮社 2008.12 357p 16cm (新潮文庫) 514円 ①978-4-10-122905-8

15431 ひとり旅 ひとり酒 太田和彦著 大阪 京阪神エルマガジン社 2009.11 237p 21cm 1600円 ①978-4-87435-306-6

15432 食通知つたかぶり 丸谷才一著 中央公論新社 2010.2 276p 16cm (中公文庫) 781円 ①978-4-12-205284-0

15433 極みのローカルグルメ旅 柏井壽著 光文社 2012.2 301p 18cm (光文社新書) 840円 ①978-4-334-03671-3

15434 私の長崎地図 佐多稲子著 講談社 2012.7 315p 16cm (講談社文芸文庫)〈底本:佐多稲子全集(昭和52年~54年刊)ほか 著作目録あり 年譜あり〉 1500円 ①978-4-06-290162-8
目次 私の長崎地図, 長崎の歌, 長崎と文学, 故郷の言葉, 花について―おもい浮ぶこと, 海の旅情, 雛人形へのわが思い, 歴訪, 色のない画, 長崎の具雑煮〔ほか〕

15435 明治紀行文學集 筑摩書房 2013.1 410p 21cm (明治文學全集 94) 7500円

九州・沖縄

①978-4-480-10394-9
作品 五足の靴〔与謝野鉄幹・木下杢太郎・北原白秋・平野万里・吉井勇篇〕

15436 漂う―古い土地 新しい場所 黒井千次著 毎日新聞社 2013.8 175p 20cm 1600円 ①978-4-620-32221-6

15437 日本再発見―芸術風土記 岡本太郎著 KADOKAWA 2015.7 293p 15cm （角川ソフィア文庫）〈新潮社 1958年刊の再刊〉 1000円 ①978-4-04-409488-1

15438 ふらり旅 いい酒 いい肴 2 太田和彦著 主婦の友社 2015.8 135p 21cm 1400円 ①978-4-07-299938-7

15439 北の居酒屋の美人ママ 太田和彦著 集英社 2016.5 250p 16cm （集英社文庫―ニッポンぶらり旅） 600円 ①978-4-08-745450-5

15440 日中の120年文芸・評論作品選 4 断交と連帯 1945-1971 張競, 村田雄二郎編 岩波書店 2016.6 327p 22cm 4200円 ①978-4-00-027224-7
作品 日本紀行〔謝冰心〕

15441 聖地巡礼 リターンズ 内田樹, 釈徹宗著 東京書籍 2016.12 301p 19cm 1600円 ①978-4-487-80841-0

15442 長崎と天草の教会を旅して―教会のある集落とキリシタン史跡 繁延あづさ著 マイナビ出版 2017.1 143p 21cm 1680円 ①978-4-8399-5544-1

15443 沈黙と美―遠藤周作・トラウマ・踏絵文化 マコト フジムラ著, 篠儀直子訳 晶文社 2017.2 308p 20cm 2500円 ①978-4-7949-6954-5
目次 巡礼,『沈黙』への旅―粉砕, 美の文化―『沈黙』の文化的コンテクスト, 曖昧さと信仰―曖昧な日本のわたし, グラウンド・ゼロ, 踏絵文化, 隠れた信仰が露わになるとき, ロドリゴ司祭の贖い, 孤児から王女へ―トラウマの解消に向けて, 波を越える沈黙, 遠藤周作と川端康成, 大江健三郎の「人間の羊」

長崎半島

15444 味を追う旅 吉村昭著 河出書房新社 2013.11 183p 15cm （河出文庫）〈「味を訪ねて」(2010年刊)の改題〉 660円 ①978-4-309-41258-0

長崎路面電車

15445 路面電車全線探訪記 再版 柳沢道生著, 旅行作家の会編 現代旅行研究所 2008.6 224p 21cm （旅行作家文庫） 1800円 ①978-4-87482-096-4

中通島

15446 島めぐり フェリーで行こう！―スロー・トラベル カベルナリア吉田文・写真 東京書籍 2003.8 207p 21cm 1500円 ①4-487-79884-1

15447 風の天主堂 内田洋一著 日本経済新聞出版社 2008.3 239p 20cm〈文献あり〉 2000円 ①978-4-532-16655-7

15448 ニッポン島遺産 斎藤潤著 実業之日本社 2016.8 191p 19cm 1600円 ①978-4-408-00889-9

奈良尾町（新上五島町）

15449 日本列島を往く 3 海に生きるひとびと 鎌田慧著 岩波書店 2001.12 299p 15cm （岩波現代文庫） 900円 ①4-00-603049-5

奈留島

15450 長崎と天草の教会を旅して―教会のある集落とキリシタン史跡 繁延あづさ著 マイナビ出版 2017.1 143p 21cm 1680円 ①978-4-8399-5544-1

西彼杵半島

15451 キリシタン海の道紀行―馬渡島・壱岐・国東半島・川棚・波佐見・大村・野津・臼杵・小浜・北有馬・口之津・加津佐・西彼杵半島 森禮子著 教文館 2008.1 258p 20cm〈文献あり〉 1800円 ①978-4-7642-6906-4

鼠島

15452 新編 日本の旅あちこち 木山捷平著 講談社 2015.4 304p 16cm （講談社文芸文庫）〈著作目録あり 年譜あり〉 1600円 ①978-4-06-290268-7
作品 西海の落日―長崎

野崎島

15453 風の天主堂 内田洋一著 日本経済新聞出版社 2008.3 239p 20cm〈文献あり〉 2000円 ①978-4-532-16655-7

15454 長崎と天草の教会を旅して―教会のある集落とキリシタン史跡 繁延あづさ著 マイナビ出版 2017.1 143p 21cm 1680円 ①978-4-8399-5544-1

ハウステンボス

15455 仙人の桜、俗人の桜 赤瀬川原平著 平凡社 2000.3 270p 16cm （平凡社ライブラリー）〈日本交通公社出版事業局1993年刊あり〉 1100円 ①4-582-76332-4
作品 ハウステンボスとお手本の関係―長崎

波佐見町

15456 キリシタン海の道紀行―馬渡島・壱岐・国東半島・川棚・波佐見・大村・野津・臼杵・小浜・北有馬・口之津・加津佐・西彼杵半島 森禮子著 教文館 2008.1 258p 20cm〈文献あり〉 1800円 ①978-4-7642-6906-4

端島〔軍艦島〕

15457 植民地のアリス 島田雅彦著 朝日新聞社 1996.6 231p 15cm （朝日文芸文庫）〈1993年刊の文庫化〉 650円 ①4-02-264111-8

15458 旅々オートバイ 素樹文生著 新潮社 2002.8 410p 16cm （新潮文庫）〈1999年刊の文庫化〉 590円 ①4-10-127422-3

作品 コーヒー
15459 作家の犯行現場 有栖川有栖著 新潮社 2005.2 406p 16cm (新潮文庫)〈メディアファクトリー ダ・ヴィンチ編集部2002年刊あり〉 667円 ①4-10-120434-9
作品 セピアの島の幻想
15460 日本《島旅》紀行 斎藤潤著 光文社 2005.3 284p 18cm (光文社新書) 780円 ①4-334-03299-0
15461 ニッポンの穴紀行―近代史を彩る光と影 西牟田靖著 光文社 2010.12 324p 19cm 〈文献あり〉 1500円 ①978-4-334-97634-7
15462 脳がいちばん元気になる場所 米山公啓著 PILAR PRESS 2011.6 221p 19cm 1800円 ①978-4-86194-029-3
15463 ぶらりニッポンの島旅 管洋志著 講談社 2011.7 253p 15cm (講談社文庫) 838円 ①978-4-06-276988-4
15464 ニッポン島遺産 斎藤潤著 実業之日本社 2016.8 191p 19cm 1600円 ①978-4-408-00889-9
15465 禁足地帯の歩き方 吉田悠軌著 学研プラス 2017.11 175p 19cm 1000円 ①978-4-05-406602-1

原城跡

15466 日本名城紀行 6 四国・九州 陽光きらめく名城 小学館 1989.5 293p 15cm 600円 ①4-09-401206-0
15467 飯田龍太全集 第10巻 紀行・雑纂 飯田龍太著 角川学芸出版, 角川書店〔発売〕 2005.12 422p 19cm 2667円 ①4-04-651940-1
作品 ふたつの言葉
15468 街道をゆく 17 島原・天草の諸道 新装版 司馬遼太郎著 朝日新聞出版 2008.12 328, 8p 15cm (朝日文庫) 660円 ①978-4-02-264463-3
15469 廃墟となった戦国名城 澤宮優著 河出書房新社 2010.12 193p 20cm〈文献あり〉 1700円 ①978-4-309-22535-7
15470 長崎と天草の教会を旅して―教会のある集落とキリシタン史跡 繁延あづさ著 マイナビ出版 2017.1 143p 21cm 1680円 ①978-4-8399-5544-1

原の辻遺跡

15471 街道をゆく 13 壱岐・対馬の道 新装版 司馬遼太郎著 朝日新聞出版 2008.11 274, 8p 15cm (朝日文庫) 580円 ①978-4-02-264459-6

東彼杵町

15472 シェルパ斉藤の行きあたりばっ旅 斉藤政喜著 小学館 1998.1 349p 16cm (小学館文庫)〈1994年刊の増訂〉 600円 ①4-09-411001-1

久賀島

15473 長崎と天草の教会を旅して―教会のある集落とキリシタン史跡 繁延あづさ著 マイナビ出版 2017.1 143p 21cm 1680円 ①978-4-8399-5544-1
15474 狙われた島―数奇な運命に弄ばれた19の島 カベルナリア吉田著 アルファベータブックス 2018.2 222p 21cm 1800円 ①978-4-86598-048-6

日之枝城

15475 日本紀行―「埋もれた古城」と「切支丹の里」 遠藤周作著 光文社 2006.2 405p 16cm (知恵の森文庫) 724円 ①4-334-78407-0

平戸温泉

15476 人情温泉紀行―演歌歌手・鏡五郎が訪ねた全国の名湯47選 鏡五郎著 マガジンランド 2008.5 235p 19cm〈年譜あり〉 1238円 ①978-4-944101-37-5

平戸市

15477 ふれあいの旅紀行 新田健次著 東京新聞出版局 1992.5 203p 19cm 1300円 ①4-8083-0437-6
15478 地の記憶をあるく 平戸・長崎篇 松本健一著 中央公論新社 2001.11 268p 20cm 2000円 ①4-12-003208-6
15479 バスで田舎へ行く 泉麻人著 筑摩書房 2005.5 296p 15cm (ちくま文庫)〈「バスで、田舎へ行く」(JTB 2001年刊) の改題〉 740円 ①4-480-42079-7
15480 風の天主堂 内田洋一著 日本経済新聞出版社 2008.3 239p 20cm〈文献あり〉 2000円 ①978-4-532-16655-7
15481 もいちど修学旅行をしてみたいと思ったのだ 北尾トロ著, 中川カンゴロー写真 小学館 2008.4 239p 19cm 1300円 ①978-4-09-379784-9
15482 街道をゆく 11 肥前の諸街道 新装版 司馬遼太郎著 朝日新聞出版 2008.10 227, 8p 15cm (朝日文庫) 540円 ①978-4-02-264456-5
15483 長崎と天草の教会を旅して―教会のある集落とキリシタン史跡 繁延あづさ著 マイナビ出版 2017.1 143p 21cm 1680円 ①978-4-8399-5544-1

平戸島

15484 歴史の島 旅情の島 鈴木亨著 東洋書院 1997.10 260p 22cm 1900円 ①4-88594-262-4
15485 どくとるマンボウ途中下車 改版 北杜夫著 中央公論新社 2012.4 245p 16cm (中公文庫) 571円 ①978-4-12-205628-2
作品 じゃがたら文の島

平戸城

15486 街道をゆく 11 肥前の諸街道 新装版 司馬遼太郎著 朝日新聞出版 2008.10 227, 8p 15cm （朝日文庫） 540円 ①978-4-02-264456-5

福江島

15487 エンピツ絵描きの一人旅 安西水丸著 新潮社 1991.10 213p 19cm 1300円 ①4-10-373602-X

15488 島の時間―九州・沖縄 謎の始まり 赤瀬川原平著 平凡社 1999.3 231p 16cm （平凡社ライブラリー） 740円 ①4-582-76283-2
作品 水イカの生きている島―五島

15489 島めぐり フェリーで行こう！―スロー・トラベル カベルナリア吉田文・写真 東京書籍 2003.8 207p 21cm 1500円 ①4-487-79884-1

15490 日本《島旅》紀行 斎藤潤著 光文社 2005.3 284p 18cm （光文社新書） 780円 ①4-334-03299-0

15491 妣（はは）の国への旅―私の履歴書 谷川健一著 日本経済新聞出版社 2009.1 309p 20cm 2600円 ①978-4-532-16680-9
作品 五島

15492 辺海放浪―東シナ海国境なき島々 日高恒太朗著 新人物往来社 2009.9 270p 20cm 1800円 ①978-4-404-03749-7

15493 谷川健一全集 第10巻（民俗 2） 女の風土記 埋もれた日本地図（抄録） 黒潮の民俗学（抄録） 谷川健一著 冨山房インターナショナル 2010.1 574, 27p 23cm〈付属資料：8p：月報 no.14 索引あり〉 6500円 ①978-4-902385-84-7
作品 五島

福田浦（長崎市）

15494 街道をゆく 11 肥前の諸街道 新装版 司馬遼太郎著 朝日新聞出版 2008.10 227, 8p 15cm （朝日文庫） 540円 ①978-4-02-264456-5

本明川

15495 西日本を歩く 立松和平著, 黒古一夫編 勉誠出版 2006.4 372p 22cm （立松和平日本を歩く 第4巻） 2600円 ①4-585-01174-9

万関瀬戸

15496 街道をゆく 13 壱岐・対馬の道 新装版 司馬遼太郎著 朝日新聞出版 2008.11 274, 8p 15cm （朝日文庫） 580円 ①978-4-02-264459-6

水之浦教会

15497 脳で旅する日本のクオリア 茂木健一郎著 小学館 2009.7 255p 19cm 1500円 ①978-4-09-387855-5

三菱重工業長崎造船所

15498 回り灯籠 吉村昭著 筑摩書房 2009.11 231p 15cm （ちくま文庫） 660円 ①978-4-480-42655-0
作品 客船は「武蔵」の姿を

茂木町（長崎市）

15499 五足の靴 五人づれ著 岩波書店 2007.5 140p 15cm （岩波文庫） 460円 ①978-4-00-311771-2

15500 明治紀行文學集 筑摩書房 2013.1 410p 21cm （明治文學全集 94） 7500円 ①978-4-480-10394-9
作品 五足の靴〔与謝野鉄幹・木下杢太郎・北原白秋・平野万里・吉井勇篇〕

湯ノ本温泉

15501 旅は道づれ湯はなさけ 辻真先著 徳間書店 1989.5 348p 15cm （徳間文庫） 580円 ①4-19-568760-8

横瀬浦（西海市）

15502 神仏に祈る 金田一京助ほか著, 作品社編集部編 作品社 1998.4 243p 22cm （新編・日本随筆紀行 大きな活字で読みやすい本―心にふるさとがある 13） ①4-87893-894-3, 4-87893-807-2
作品 横瀬浦、島原、口ノ津〔遠藤周作〕

15503 街道をゆく 11 肥前の諸街道 新装版 司馬遼太郎著 朝日新聞出版 2008.10 227, 8p 15cm （朝日文庫） 540円 ①978-4-02-264456-5

万屋町（長崎市）

15504 阿川弘之自選紀行集 阿川弘之著 JTB 2001.12 317p 20cm 2200円 ①4-533-04030-6
作品 狐狸庵偲ぶ長崎特急

和多都美神社

15505 沈黙の神々 2 佐藤洋二郎著 松柏社 2008.9 220p 19cm 1600円 ①978-4-7754-0153-8

熊本県

15506 明治滞在日記 アンドレ・ベルソール著, 大久保昭男訳 新人物往来社 1989.4 198p 19cm 2000円 ①4-404-01597-6

15507 不知火紀行 岡田哲也著 砂子屋書房 1990.6 282p 21cm 2500円

15508 この町へ行け 嵐山光三郎著 ティビーエス・ブリタニカ 1995.10 284p 18cm 1300円 ①4-484-95222-X

15509 超貧乏旅 田中良成著 扶桑社 1996.5 302p 15cm （扶桑社文庫）〈1994年刊の文庫

化〉 520円 ①4-594-01985-4

15510 南へ 野田知佑著 文芸春秋 2000.7 245p 16cm (文春文庫―新・放浪記 2) 600円 ①4-16-726911-2

(内容) 熊本、鹿児島、沖永良部、そして豪州、フィージーへ。南へ惹かれるこの衝動はいったい何か？ 円熟期に達した著者の心象風景を綴る

15511 お徒歩 ニッポン再発見 岩見隆夫著 アールズ出版 2001.5 299p 20cm 1600円 ①4-901226-20-7

15512 おてもやん―くまもと人物紀行 小山良著 熊本 熊本出版文化会館 2005.6 268p 20cm〈創流出版(発売)〉 1500円 ①4-915796-51-5

(目次) 1 今までに判かっていること, 2 通説の検証に走る, 3 チモとイヱ, 4 民謡『おてもやん』の成立, 5 「おてもやん」をめぐる人びと, 6 「おてもやん」の真実

15513 水の巡礼 田口ランディ著, 森豊写真 角川書店 2006.2 270p 15cm (角川文庫) 952円 ①4-04-375303-9

15514 私の日本地図 11 阿蘇・球磨 宮本常一著, 香月洋一郎編 未来社 2010.7 279, 3p 19cm (宮本常一著作集別集)〈索引あり〉 2200円 ①978-4-624-92496-6

(目次) 合志義塾の周辺, 肥後の石橋, 阿蘇の牧場, ボタ山地帯をゆく, 阿蘇にのぼる, 球磨, 五木・五家荘, 矢部・入佐, 馬見原, 蘇陽峡, 阿蘇高森から小国へ, 初冬の阿蘇, 久留米から日田へ, 由布から阿蘇まで, 阿蘇から日田へ, 日田・英彦山, 米良・椎葉の旅

15515 すすれ！麺の甲子園 椎名誠著 新潮社 2010.10 365p 16cm (新潮文庫) 590円 ①978-4-10-144836-7

15516 日本の路地を旅する 上原善広著 文藝春秋 2012.6 383p 16cm (文春文庫)〈文献あり〉 667円 ①978-4-16-780196-0

15517 麹巡礼―おいしい麹と出会う9つの旅 おのみさ著 集英社 2013.4 125p 19cm 1300円 ①978-4-08-771509-5

15518 唄めぐり 石田千著 新潮社 2015.4 401p 20cm〈文献あり〉 2300円 ①978-4-10-303453-7

青井阿蘇神社

15519 街道をゆく 3 陸奥のみち、肥薩のみち ほか 新装版 司馬遼太郎著 朝日新聞出版 2008.8 315, 8p 15cm (朝日文庫) 620円 ①978-4-02-264442-8

阿蘇山

15520 英国特派員の明治紀行 ハーバート・ジョージ・ポンティング著, 長岡祥三訳 新人物往来社 1988.2 217p 19cm 1800円 ①4-404-01470-8

15521 温泉百話―西の旅 種村季弘, 池内紀編 筑摩書房 1988.2 471p 15cm (ちくま文庫) 680円 ①4-480-02201-5

[作品] 五足の靴 抄

15522 紀行文集 無明一杖 上甲平谷著 谷沢書房 1988.7 339p 19cm 2500円

[作品] 阿蘇へ

15523 日本の名山 20 阿蘇山 串田孫一, 今井通子, 今福龍太編 博品社 1998.1 253p 19cm〈年表あり 文献あり〉 1600円 ①4-938706-51-2

[作品] ハンググライダーと阿蘇〔今井通子〕 阿蘇 荻須高徳への手紙〔草野心平〕 阿蘇と高千穂〔関口泰〕 阿蘇に登る〔木下順二〕 阿蘇の岩壁・高岳北面を攀じる〔吉田学〕 阿蘇の山〔村上明, 村上カスミ〕 阿蘇の野宿〔畦地梅太郎〕 阿蘇外輪〔小杉放庵〕 阿蘇高岳〔今西錦司〕 阿蘇山〔志賀重昂〕 阿蘇山〔松岡実〕 阿蘇山〔深田久弥〕 阿蘇山〔北田正三〕 阿蘇鷲ケ峰の切れた綱〔春日俊吉〕 一二〇キロの縦走路 阿蘇の外輪山〔本田誠也〕 火口原の人々の生活 阿蘇行〔加藤楸邨〕 春昼の噴煙真白間を置きて〔中村汀女〕 神の国・阿蘇〔光岡明〕 動き始めた阿蘇の春〔佐藤武之〕 鷲ケ峰北壁〔折元秀穂〕

(目次) 艸千里浜(三好達治), ひもじい朝(吉野弘), 阿蘇ぶり(佐佐木信綱), 阿蘇 五句(野見山朱鳥), 大阿蘇行 五四句(山口誓子), 老女白菊の歌(落合直文), 阿蘇 荻須高徳への手紙(草野心平), 神の国・阿蘇(光岡明), 春昼の噴煙真白間を置きて(中村汀女), 阿蘇山(志賀重昂), 阿蘇山(松岡実), 阿蘇山(深田久弥), 阿蘇山(北田正三), 阿蘇高岳(今西錦司), 阿蘇の野宿(畦地梅太郎), 根子岳 雨の火ノ尾峠(北尾鐐之助), 阿蘇外輪(小杉放庵), 一二〇キロの縦走路 阿蘇の外輪山(本田誠也), 阿蘇の山(村上明, 村上カスミ), 阿蘇に登る(木下順二), 阿蘇鷲ケ峰の切れた綱(春日俊吉), 鷲ケ峰北壁(折元秀穂), 阿蘇の岩壁・高岳北面を攀じる(吉田学), 阿蘇の岩場と谷(坂井徹也, 土森大海, 吉川満), 阿蘇外輪山の中の活動分子 中央火口丘群(松本幡郎), 阿蘇の昆虫(白水隆), 阿蘇の獣たち(荒井秋晴), 阿蘇の植物景観(竹内亮), 阿蘇の三名水 白川水源・池ノ川水源・湧沢津水源(山下喜一郎), 火口原の人々の生活 阿蘇行(加藤楸邨), 阿蘇と高千穂(関口泰), 動き始めた阿蘇の春(佐藤武之), 日ノ尾峠(下重暁子), 鬼八の首(荒木精之), 二百十日 抄(夏目漱石), チマ・エテルナ―ハンググライダーと阿蘇(今井通子)

15524 想い遙かな山々 中西悟堂ほか著, 作品社編集部編 作品社 1998.4 245p 22cm (新編・日本随筆紀行 大きな活字で読みやすい本―心にふるさとがある 1)〈付属資料：63p：著者紹介・出典一覧〉 ①4-87893-806-4, 4-87893-807-2

[作品] 春昼の噴煙真白間を置きて〔中村汀女〕

15525 ツーリング・ライフ―自由に、そして孤独に 新装増補版 斎藤純著 春秋社 2004.3 274p 20cm〈2001年刊の新装増補〉 1800円 ①4-393-43624-5

[作品] 初冬の九州を行く

15526 英国人写真家の見た明治日本―この世の楽園・日本 ハーバート・G.ポンティング著, 長岡祥三訳 講談社 2005.5 330p 15cm (講談社学術文庫)〈肖像あり〉 1100円 ①4-06-159710-8

15527 五足の靴 五人づれ著 岩波書店 2007.5 140p 15cm (岩波文庫) 460円

①978-4-00-311771-2

15528 街道をゆく 3 陸奥のみち、肥薩のみち ほか 新装版 司馬遼太郎著 朝日新聞出版 2008.8 315, 8p 15cm (朝日文庫) 620円 ①978-4-02-264442-8

15529 百霊峰巡礼 第3集 立松和平著 東京新聞出版部 2010.8 307p 20cm〈第2集までの出版者：東京新聞出版局〉 1800円 ①978-4-8083-0933-6

15530 むかしの山旅 今福龍太編 河出書房新社 2012.4 304p 15cm (河出文庫) 760円 ①978-4-309-41144-6

作品 阿蘇外輪〔小杉放庵〕

15531 明治紀行文學集 筑摩書房 2013.1 410p 21cm (明治文學全集 94) 7500円 ①978-4-480-10394-9

作品 五足の靴〔与謝野鉄幹・木下杢太郎・北原白秋・平野万里・吉井勇篇〕

15532 山の眼玉 畦地梅太郎著 山と溪谷社 2013.10 221p 図版16p 15cm (ヤマケイ文庫)〈「山の目玉」(美術出版社 1986年刊)の改題 平凡社 1999年刊あり〉 950円 ①978-4-635-04759-3

阿蘇市

15533 にっぽん全国 百年食堂 椎名誠著 講談社 2013.1 222p 19cm 1400円 ①978-4-06-217814-3

15534 山とそば ほしよりこ著 新潮社 2014.8 183p 16cm (新潮文庫)〈2011年刊の文庫化〉 460円 ①978-4-10-126091-4

15535 ラオスにいったい何があるというんですか?―紀行文集 村上春樹著 文藝春秋 2015.11 252p 20cm 1650円 ①978-4-16-390364-4

(目次) チャールズ河畔の小径―ボストン1, 緑の苔と温泉のあるところ―アイスランド, おいしいものが食べたい―オレゴン州ポートランド・メイン州ポートランド, 懐かしいふたつの島で―ミコノス島・スペッツェス島, もしタイムマシーンがあったなら―ニューヨークのジャズ・クラブ, シベリウスとカウリスマキを訪ねて―フィンランド, 大いなるメコン川の畔で―ルアンプラバン(ラオス), 野球と鯨とドーナッツ―ボストン2, 白い道と赤いワイン―トスカナ(イタリア), 漱石からくまモンまで―熊本県(日本)

阿蘇神社

15536 沈黙の神々 2 佐藤洋二郎著 松柏社 2008.9 220p 19cm 1600円 ①978-4-7754-0153-8

15537 隅の風景 恩田陸著 新潮社 2013.11 230p 16cm (新潮文庫)〈2011年刊の加筆 文献あり〉 520円 ①978-4-10-123422-9

阿蘇地域

15538 50ccバイク日本一周2万キロ 賀曽利隆著 日本交通公社出版事業局 1990.11 285p 19cm 1300円 ①4-533-01631-6

15539 もいちど修学旅行をしてみたいと思ったのだ 北尾トロ著, 中川カンゴロー写真 小学館 2008.4 239p 19cm 1300円 ①978-4-09-379784-9

15540 私の日本地図 11 阿蘇・球磨 宮本常一著, 香月洋一郎編 未来社 2010.7 279, 3p 19cm (宮本常一著作集別集)〈索引あり〉 2200円 ①978-4-624-92496-6

15541 南へと、あくがれる―名作とゆく山河 乳井昌史著 福岡 弦書房 2010.12 246p 19cm〈文献あり〉 1800円 ①978-4-86329-049-5

15542 日本ザンテイ世界遺産に行ってみた。 宮田珠己著 京都 淡交社 2015.7 214p 19cm 1600円 ①978-4-473-04029-9

天草上島

15543 ニッポン島遺産 斎藤潤著 実業之日本社 2016.8 191p 19cm 1600円 ①978-4-408-00889-9

天草市

15544 いつか旅するひとへ 勝谷誠彦著 潮出版社 1998.8 234p 20cm 1200円 ①4-267-01499-X

15545 行きつ戻りつ 乃南アサ著 文化出版局 2000.5 237p 21cm 1500円 ①4-579-30386-5

15546 煤の中のマリア―島原・椎葉・不知火紀行 石牟礼道子著 平凡社 2001.2 334p 20cm 2000円 ①4-582-82947-3

15547 ツーリング・ライフ―自由に、そして孤独に 新装増補版 斎藤純著 春秋社 2004.3 274p 20cm〈2001年刊の新装増補〉 1800円 ①4-393-43624-5

作品 初冬の九州を行く

15548 日本全国ローカル線おいしい旅 嵐山光三郎著 講談社 2004.3 246p 18cm (講談社現代新書) 700円 ①4-06-149710-3

15549 五足の靴 五人づれ著 岩波書店 2007.5 140p 15cm (岩波文庫) 460円 ①978-4-00-311771-2

15550 風の天主堂 内田洋一著 日本経済新聞出版社 2008.3 239p 20cm〈文献あり〉 2000円 ①978-4-532-16655-7

15551 街道をゆく 17 島原・天草の諸道 新装版 司馬遼太郎著 朝日新聞出版 2008.12 328, 8p 15cm (朝日文庫) 660円 ①978-4-02-264463-3

15552 文豪、偉人の「愛」をたどる旅 黛まどか著 集英社 2009.8 255p 18cm 1048円 ①978-4-08-781427-9

15553 谷川健一全集 第10巻(民俗 2) 女の風土記 埋もれた日本地図(抄録) 黒潮の民俗学(抄録) 谷川健一著 冨山房インターナショナル 2010.1 574, 27p 23cm〈付属資料：8p：月報 no.14 索引あり〉 6500円 ①978-4-902385-84-7

作品 天草行

15554 明治紀行文學集 筑摩書房 2013.1

410p　21cm　（明治文學全集 94）　7500円　①978-4-480-10394-9
作品 五足の靴〔与謝野鉄幹・木下杢太郎・北原白秋・平野万里・吉井勇篇〕

15555 石牟礼道子全集・不知火　別巻　自伝　石牟礼道子著　藤原書店　2014.5　469p　22cm　〈布装　年譜あり〉　8500円　①978-4-89434-970-4

15556 黒田知永子 大人のための小さな旅―日本のいいとこ見つけた　黒田知永子著　集英社　2014.9　159p　21cm　1600円　①978-4-08-780732-5

15557 日本全国津々うりゃうりゃ　宮田珠己著　幻冬舎　2016.6　315p　16cm　（幻冬舎文庫）〈廣済堂出版 2012年刊の再刊　文献あり〉　690円　①978-4-344-42482-1

15558 長崎と天草の教会を旅して―教会のある集落とキリシタン史跡　繁延あづさ著　マイナビ出版　2017.1　143p　21cm　1680円　①978-4-8399-5544-1

天草下島

15559 天下を獲り損ねた男たち―続・日本史の旅は、自転車に限る！　疋田智著　枻出版社　2005.12　299p　19cm〈文献あり〉　1400円　①4-7779-0460-1

15560 埋蔵金伝説を歩く―ボクはトレジャーハンター　八重野充弘著　角川学芸出版　2007.11　187p　19cm　（角川地球人books）〈角川グループパブリッシング（発売）〉　1500円　①978-4-04-621305-1

15561 ぶらりニッポンの島旅　管洋志著　講談社　2011.7　253p　15cm　（講談社文庫）　838円　①978-4-06-276988-4

荒尾市

15562 ラオスにいったい何があるというんですか？―紀行文集　村上春樹著　文藝春秋　2015.11　252p　20cm　1650円　①978-4-16-390364-4

泉町（八代市）

15563 染めと織りと祈り　立松和平著　アスペクト　2000.3　261p　21cm　2200円　①4-7572-0705-0

五木村

15564 ふるさと―この国は特別に美しい　ジョニー・ハイマス著　ユーリーグ　1995.4　193p　18cm　（U・LEAG BOOK）　1200円　①4-946491-01-5

15565 カヌー犬・ガク　野田知佑著　小学館　1998.1　218p　16cm　（小学館文庫）　438円　①4-09-411021-6
作品 ガクの冒険

一心行の大桜（南阿蘇村）

15566 作家の犯行現場　有栖川有栖著　新潮社　2005.2　406p　16cm　（新潮文庫）〈メディアファクトリー ダ・ヴィンチ編集部2002年刊あり〉　667円　①4-10-120434-9
作品 桜の樹の満開の下には

植木町（熊本市北区）

15567 飯田龍太全集　第10巻　紀行・雑纂　飯田龍太著　角川学芸出版，角川書店〔発売〕　2005.12　422p　19cm　2667円　①4-04-651940-1
作品 熊本の秋

牛深町（天草市）

15568 五足の靴　五人づれ著　岩波書店　2007.5　140p　15cm　（岩波文庫）　460円　①978-4-00-311771-2

15569 明治紀行文學集　筑摩書房　2013.1　410p　21cm　（明治文學全集 94）　7500円　①978-4-480-10394-9
作品 五足の靴〔与謝野鉄幹・木下杢太郎・北原白秋・平野万里・吉井勇篇〕

浦島屋（宇城市）

15570 日本の面影　ラフカディオ・ハーン著，田代三千稔訳　角川書店　1989.6　245p　15cm　（角川文庫）〈第15刷（第1刷：1958年2月）〉　480円　①4-04-212002-4
作品 夏の日の夢

15571 東の国から 心　オンデマンド版　小泉八雲著，平井呈一訳　恒文社　2009.10　663p　21cm〈初版：1975年刊〉　6300円　①978-4-7704-1140-2
作品 夏の日の夢

永国寺〔幽霊寺〕

15572 はなさんのまだ行ったことのない南九州　はなナビゲーター，平間至フォトグラファー　扶桑社　2004.12　141p　21cm　1400円　①4-594-04851-X

江津湖

15573 心の虹―詩人のふるさと紀行　増田れい子著　労働旬報社　1996.8　247p　19cm　1800円　①4-8451-0441-5

15574 五足の靴　五人づれ著　岩波書店　2007.5　140p　15cm　（岩波文庫）　460円　①978-4-00-311771-2

15575 明治紀行文學集　筑摩書房　2013.1　410p　21cm　（明治文學全集 94）　7500円　①978-4-480-10394-9
作品 五足の靴〔与謝野鉄幹・木下杢太郎・北原白秋・平野万里・吉井勇篇〕

延慶寺

15576 街道をゆく　17　島原・天草の諸道　新装版　司馬遼太郎著　朝日新聞出版　2008.12　328, 8p　15cm　（朝日文庫）　660円　①978-4-02-264463-3

小天温泉

15577 ガラメキ温泉探険記　池内紀著　リクルート出版　1990.10　203p　19cm　1165円　①4-88991-196-0
作品 月見風呂

15578 温泉旅日記　池内紀著　徳間書店　1996.9　277p　15cm　(徳間文庫)〈河出書房新社1988年刊あり〉　540円　①4-19-890559-2

15579 日本十六景―四季を旅する　森本哲郎著　PHP研究所　2008.8　336p　15cm　(PHP文庫)〈「ぼくの日本十六景」(新潮社2001年刊)の改題〉　648円　①978-4-569-67070-6

大江(天草市)

15580 五足の靴　五人づれ著　岩波書店　2007.5　140p　15cm　(岩波文庫)　460円　①978-4-00-311771-2

15581 明治紀行文學集　筑摩書房　2013.1　410p　21cm　(明治文學全集 94)　7500円　①978-4-480-10394-9
作品 五足の靴〔与謝野鉄幹・木下杢太郎・北原白秋・平野万里・吉井勇篇〕

大江天主堂

15582 街道をゆく　17　島原・天草の諸道　新装版　司馬遼太郎著　朝日新聞出版　2008.12　328, 8p　15cm　(朝日文庫)　660円　①978-4-02-264463-3

大津町

15583 娘巡礼記　高群逸枝著, 堀場清子校注　岩波書店　2004.5　334p　15cm　(岩波文庫)　760円　①4-00-381061-9

小国町

15584 南蛮伴天連の道―長崎 高瀬・菊池・小国 菊池・山鹿 飫肥 黒島 博多　森禮子著　教文館　2010.6　221p　20cm〈文献あり〉　1900円　①978-4-7642-6929-3

雄亀滝橋

15585 隅の風景　恩田陸著　新潮社　2013.11　230p　16cm　(新潮文庫)〈2011年刊の加筆　文献あり〉　520円　①978-4-10-123422-9

大畑駅

15586 車窓はテレビより面白い　宮脇俊三著　徳間書店　1992.8　254p　15cm　(徳間文庫)〈1989年刊の文庫化〉　460円　①4-19-597265-5

鬼池(天草市)

15587 街道をゆく　17　島原・天草の諸道　新装版　司馬遼太郎著　朝日新聞出版　2008.12　328, 8p　15cm　(朝日文庫)　660円　①978-4-02-264463-3

川辺川

15588 川を下って都会の中へ―こぎおろしエッセイ　野田知佑著　小学館　1988.10　237p　20cm　(Be-pal books)〈著者の肖像あり〉　1200円　①4-09-366322-X

15589 旅に果てたし―獏の夢喰い浪漫　夢枕獏著　廣済堂出版　1990.5　251p　19cm　1200円　①4-331-05405-5
目次 旅と釣・アウトドアの極致を見きわめる(最近、能本の球磨川に通っているのである, 川辺川の鮎, いそがしいと、おれは釣りに行ってしまうのである, 鮎の毛鉤に狂っています, 鮎のパズル的楽しみ方 ほか), 昔を語り、現在の壮大なロマンを見る(このての話に必要な理が本書にはあるのである, 天山についてのぼくの個人的な事情, 『柔侠伝』の大河性に魅かれるのである, 『陰陽師』のこと, 本のタイトルについて, なれのはてのこと, 『日本の呪い』について, 鬼書きの視点から, 私も投稿マニアだった ほか), 出合いと惜別、すばらしき人間に乾杯(暗く美しい物語の群, 天魔降臨 “万源八郎初仕事”に寄せて, 氷河古道をゆく, 賢治の詩句は天の言葉だ, 高田師匠、早く病気を治してまた前田のおっかけしようね, 大友克洋はすげえぞ, 走り続けた漫画家手塚治虫, 天翔けるもの, 混沌の絵師, 立松文学の新たな結晶), 時代を駆け抜ける格闘技(1年目のUWF, 力道山VS前田日明, 超肉体・超虚構, 人柄プロレスがおもしろい, 困ったことにプロレスから足を洗えないのだった, 80年代のスーパースター達, 明治・大正の異種格闘技戦)

15590 カヌー犬・ガク　野田知佑著　小学館　1998.1　218p　16cm　(小学館文庫)　438円　①4-09-411021-6
作品 江の川を行く('88年春)　ガクの冒険

15591 ハーモニカとカヌー　野田知佑著　新潮社　2002.6　303p　16cm　(新潮文庫)〈小学館1999年刊あり〉　552円　①4-10-141012-7

願成寺

15592 街道をゆく　3　陸奥のみち、肥薩のみち ほか　新装版　司馬遼太郎著　朝日新聞出版　2008.8　315, 8p　15cm　(朝日文庫)　620円　①978-4-02-264442-8

菊池温泉

15593 人情温泉紀行―演歌歌手・鏡五郎が訪ねた全国の名湯47選　鏡五郎著　マガジンランド　2008.5　235p　19cm〈年譜あり〉　1238円　①978-4-944101-37-5

菊池川

15594 日本の川を旅する―カヌー単独行　野田知佑著　講談社　1989.7　349p　19cm　1200円　①4-06-204362-9

15595 天下を獲り損ねた男たち―続・日本史の旅は、自転車に限る！　疋田智著　枻出版社　2005.12　299p　19cm〈文献あり〉　1400円　①4-7779-0460-1

15596 ダムはいらない！―新・日本の川を旅する　野田知佑著　小学館　2010.2　255p　19cm　1500円　①978-4-09-366540-7

15597 日本タナゴ釣り紀行―小さな野性美を求めて列島縦断　葛島一美, 熊谷正裕著　つり人社　2011.1　176p　28cm　2500円　①978-4-88536-188-3

菊池市

15598 南蛮伴天連の道―長崎 高瀬・菊池・小国 菊池・山鹿 飫肥 黒島 博多　森禮子著　教文館 2010.6　221p　20cm〈文献あり〉 1900円 ①978-4-7642-6929-3

球磨川

15599 のんびり行こうぜ―こぎおろしエッセイ　野田知佑著　新潮社　1990.2　253p　15cm （新潮文庫） 360円 ①4-1-0141003-8

15600 旅に果てたし―獏の夢喰い浪漫　夢枕獏著　廣済堂出版　1990.5　251p　19cm　1200円 ①4-331-05405-5

15601 川からの眺め　野田知佑著　新潮社 1995.10　188p　15cm （新潮文庫）〈ブロンズ新社1992年刊あり〉 360円 ①4-10-141008-9

15602 サラリーマン転覆隊が行く！　上巻 本田亮著　フレーベル館　1997.4　315p　20cm 1600円 ①4-577-70120-0

15603 カヌー犬・ガク　野田知佑著　小学館 1998.1　218p　16cm （小学館文庫） 438円 ①4-09-411021-6

作品 ガクの冒険　球磨川を下る（'88年秋）

15604 川へふたたび　野田知佑著　小学館 1998.7　361p　15cm （小学館文庫）〈1993年刊の文庫化〉 571円 ①4-09-411022-4

15605 南の川まで　野田知佑著　新潮社 1999.2　237p　16cm （新潮文庫）〈小学館1996年刊あり〉 400円 ①4-10-141011-9

くま川鉄道

15606 日本あちこち乗り歩き　種村直樹著　中央書院　1993.10　310p　19cm　1600円 ①4-924420-84-0

球磨村

15607 まちづくり紀行―地域と人と出会いの旅から　亀地宏著　ぎょうせい　1991.10　307p 19cm　1500円 ①4-324-02880-X

熊本市

15608 紀行文集 無明一杖　上甲平谷著　谷沢書房　1988.7　339p　19cm　2500円

作品 阿蘇へ

15609 ふわふわワウワウ―唄とカメラと時刻表　みなみらんぼう著　旅行読売出版社　1996.7 207p　19cm　1100円 ①4-89752-601-9

作品 火の国熊本水の国

15610 ニッポン居酒屋放浪記 望郷篇　太田和彦著　新潮社　2001.12　282p　15cm （新潮文庫）〈『日本の居酒屋をゆく 望郷篇』改題書〉 476円 ①4-10-133333-5

15611 旅の紙芝居　椎名誠写真・文　朝日新聞社　2002.10　350p　15cm （朝日文庫）〈1998年刊の文庫化〉 820円 ①4-02-264298-X

作品 しあわせラーメン

15612 聖地巡礼　田口ランディ著, 森豊写真 メディアファクトリー　2003.4　353p　18cm 1600円 ①4-8401-0755-6

15613 東京～奄美 損なわれた時を求めて　島尾伸三著　河出書房新社　2004.3　134p　21cm （Lands & memory） 1800円 ①4-309-01619-7

15614 オーストリア皇太子の日本日記―明治二十六年夏の記録　フランツ・フェルディナント著, 安藤勉訳　講談社　2005.9　237p　15cm （講談社学術文庫）〈肖像あり〉 840円 ①4-06-159725-6

15615 飯田龍太全集　第10巻　紀行・雑纂　飯田龍太著　角川学芸出版, 角川書店〔発売〕 2005.12　422p　19cm　2667円 ①4-04-651940-1

作品 熊本の秋

15616 西日本を歩く　立松和平著, 黒古一夫編 勉誠出版　2006.4　372p　22cm （立松和平日本を歩く 第4巻） 2600円 ①4-585-01174-9

15617 五足の靴　五人づれ著　岩波書店 2007.5　140p　15cm （岩波文庫） 460円 ①978-4-00-311771-2

15618 もいちど修学旅行をしてみたいと思ったのだ　北尾トロ著, 中川カンゴロー写真　小学館 2008.4　239p　19cm　1300円 ①978-4-09-379784-9

15619 日本風景論　池内紀著　角川学芸出版 2009.3　279p　19cm （角川選書）〈発売：角川グループパブリッシング〉 1600円 ①978-4-04-703442-6

15620 極みのローカルグルメ旅　柏井壽著　光文社　2012.2　301p　18cm （光文社新書） 840円 ①978-4-334-03671-3

15621 にっぽん全国 百年食堂　椎名誠著　講談社　2013.1　222p　19cm　1400円 ①978-4-06-217814-3

15622 明治紀行文學集　筑摩書房　2013.1 410p　21cm （明治文學全集 94） 7500円 ①978-4-480-10394-9

作品 五足の靴〔与謝野鉄幹・木下杢太郎・北原白秋・平野万里・吉井勇篇〕

15623 黒田知永子 大人のための小さな旅―日本のいいとこ見つけた　黒田知永子著　集英社 2014.9　159p　21cm　1600円 ①978-4-08-780732-5

15624 ふらり旅 いい酒 いい肴　1　太田和彦著 主婦の友社　2015.1　135p　21cm　1400円 ①978-4-07-299000-1

15625 熊本の桜納豆は下品でうまい　太田和彦著　集英社　2015.10　245p　16cm （集英社文庫―ニッポンぶらり旅） 600円 ①978-4-08-745376-8

15626 ラオスにいったい何があるというんですか？―紀行文集　村上春樹著　文藝春秋　2015.11　252p　20cm　1650円 ①978-4-16-390364-4

熊本市電

15627 路面電車全線探訪記　再版　柳沢道生著,

旅行作家の会編　現代旅行研究所　2008.6　224p　21cm　（旅行作家文庫）　1800円　①978-4-87482-096-4

熊本城

15628　日本名城紀行　6　四国・九州 陽光きらめく名城　小学館　1989.5　293p　15cm　600円　①4-09-401206-0

15629　三津五郎 城めぐり　坂東三津五郎著　三月書房　2010.11　117p　22cm　2200円　①978-4-7826-0211-9

15630　隅の風景　恩田陸著　新潮社　2013.11　230p　16cm　（新潮文庫）〈2011年刊の加筆 文献あり〉　520円　①978-4-10-123422-9

15631　ラオスにいったい何があるというんですか？―紀行文集　村上春樹著　文藝春秋　2015.11　252p　20cm　1650円　①978-4-16-390364-4

熊本電気鉄道

15632　各駅下車で行こう！―スロー・トラベル　カベルナリア吉田文・写真　東京書籍　2003.4　197p　21cm　1500円　①4-487-79883-3

黒川温泉

15633　温泉旅行記　嵐山光三郎著　筑摩書房　2000.12　315p　15cm　（ちくま文庫）〈初版：JTB1997年刊〉　760円　①4-480-03589-3

15634　大変結構、結構大変。―ハラダ九州温泉三昧の旅　原田宗典著　集英社　2003.6　280p　16cm　（集英社文庫）〈1999年刊の文庫化〉　514円　①4-08-747587-5

五家荘（八代市）

15635　日本へんきょう紀行　岳真也著　廣済堂出版　1991.6　299p　15cm　（廣済堂文庫）　460円　①4-331-65099-5

15636　日本の風景を歩く―歴史・人・風土　井出孫六著　大修館書店　1992.11　19cm

15637　こんにちは、ふるさと　俵万智著　河出書房新社　1995.5　76p　20×18cm　1500円　①4-309-00983-2

作品 知恵としての焼き畑―熊本

15638　西日本を歩く　立松和平著, 黒古一夫編　勉誠出版　2006.4　372p　22cm　（立松和平日本を歩く 第4巻）　2600円　①4-585-01174-9

小筵橋

15639　隅の風景　恩田陸著　新潮社　2013.11　230p　16cm　（新潮文庫）〈2011年刊の加筆 文献あり〉　520円　①978-4-10-123422-9

際崎（宇城市）

15640　五足の靴　五人づれ著　岩波書店　2007.5　140p　15cm　（岩波文庫）　460円　①978-4-00-311771-2

15641　明治紀行文學集　筑摩書房　2013.1　410p　21cm　（明治文學全集 94）　7500円　①978-4-480-10394-9

作品 五足の靴〔与謝野鉄幹・木下杢太郎・北原白秋・平野万里・吉井勇篇〕

崎津天主堂

15642　街道をゆく　17　島原・天草の諸道　新装版　司馬遼太郎著　朝日新聞出版　2008.12　328, 8p　15cm　（朝日文庫）　660円　①978-4-02-264463-3

地獄温泉

15643　温泉百話―西の旅　種村季弘, 池内紀編　筑摩書房　1988.2　471p　15cm　（ちくま文庫）　680円　①4-480-02201-5

作品 日田・南阿蘇の旅〔種村季弘〕

15644　晴浴雨浴日記　種村季弘著　河出書房新社　1989.3　250p　19cm　2500円　①4-309-00554-3

作品 フリークVS.ハードボイルド道中記―日田・南阿蘇の旅

15645　雲は旅人のように―湯の花紀行　池内紀著, 田淵裕一写真　日本交通公社出版事業局　1995.5　284p　19cm　1600円　①4-533-02163-8

作品 くちづけの香ののこるとも

15646　大変結構、結構大変。―ハラダ九州温泉三昧の旅　原田宗典著　集英社　2003.6　280p　16cm　（集英社文庫）〈1999年刊の文庫化〉　514円　①4-08-747587-5

作品 COOKING―南阿蘇のおいしい湯治場

15647　隅の風景　恩田陸著　新潮社　2013.11　230p　16cm　（新潮文庫）〈2011年刊の加筆 文献あり〉　520円　①978-4-10-123422-9

水前寺（熊本市）

15648　紀行文集 無明一杖　上甲平谷著　谷沢書房　1988.7　339p　19cm　2500円

作品 阿蘇へ

水前寺成趣園〔水前寺公園〕

15649　飯田龍太全集　第10巻　紀行・雑纂　飯田龍太著　角川学芸出版, 角川書店〔発売〕　2005.12　422p　19cm　2667円　①4-04-651940-1

作品 熊本の秋

すずめ地獄（南小国町）

15650　誰も行けない温泉 最後の聖（泉）　大原利雄著　小学館　2005.1　167p　15cm　（小学館文庫）　733円　①4-09-411527-7

仙酔峡

15651　隅の風景　恩田陸著　新潮社　2013.11　230p　16cm　（新潮文庫）〈2011年刊の加筆 文献あり〉　520円　①978-4-10-123422-9

高瀬（玉名市）

15652　南蛮伴天連の道―長崎 高瀬・菊池・小国 菊池・山鹿 飫肥 黒島 博多　森禮子著　教文館　2010.6　221p　20cm〈文献あり〉　1900円

①978-4-7642-6929-3

鷹ノ原城

15653 戦国廃城紀行—敗者の城を探る　澤宮優著　河出書房新社　2010.1　202p　20cm〈文献あり〉　1700円　①978-4-309-22522-7

高森町

15654 大変結構、結構大変。—ハラダ九州温泉三昧の旅　原田宗典著　集英社　2003.6　280p　16cm　(集英社文庫)〈1999年刊の文庫化〉　514円　①4-08-747587-5

作品 GOLF—阿蘇で初ゴルフに挑戦だ

15655 原風景のなかへ　安野光雅著　山川出版社　2013.7　215p　20cm　1600円　①978-4-634-15044-7

岳ノ湯温泉

15656 西日本を歩く　立松和平著, 黒古一夫編　勉誠出版　2006.4　372p　22cm　(立松和平日本を歩く 第4巻)　2600円　①4-585-01174-9

立野(南阿蘇村)

15657 娘巡礼記　高群逸枝著, 堀場清子校注　岩波書店　2004.5　334p　15cm　(岩波文庫)　760円　①4-00-381061-9

立野駅

15658 車窓はテレビより面白い　宮脇俊三著　徳間書店　1992.8　254p　15cm　(徳間文庫)〈1989年刊の文庫化〉　460円　①4-19-597265-5

田原坂(熊本市)

15659 飯田龍太全集　第10巻　紀行・雑纂　飯田龍太著　角川学芸出版, 角川書店〔発売〕　2005.12　422p　19cm　2667円　①4-04-651940-1

作品 熊本の秋

15660 街道をゆく　3　陸奥のみち、肥薩のみち ほか　新装版　司馬遼太郎著　朝日新聞出版　2008.8　315, 8p　15cm　(朝日文庫)　620円　①978-4-02-264442-8

垂玉温泉

15661 温泉百話—西の旅　種村季弘, 池内紀編　筑摩書房　1988.2　471p　15cm　(ちくま文庫)　680円　①4-480-02201-5

作品 五足の靴 抄　　日田・南阿蘇の旅〔種村季弘〕

15662 晴浴雨浴日記　種村季弘著　河出書房新社　1989.3　250p　19cm　2500円　①4-309-00554-3

作品 フリークVS.ハードボイルド道中記—日田・南阿蘇の旅

15663 雲は旅人のように—湯の花紀行　池内紀著, 田淵裕一写真　日本交通公社出版事業局　1995.5　284p　19cm　1600円　①4-533-02163-8

作品 くちづけの香ののこるとも

15664 温泉旅行記　嵐山光三郎著　筑摩書房　2000.12　315p　15cm　(ちくま文庫)〈初版：JTB1997年刊〉　760円　①4-480-03589-3

15665 五足の靴　五人づれ著　岩波書店　2007.5　140p　15cm　(岩波文庫)　460円　①978-4-00-311771-2

15666 明治紀行文學集　筑摩書房　2013.1　410p　21cm　(明治文學全集 94)　7500円　①978-4-480-10394-9

作品 五足の靴〔与謝野鉄幹・木下杢太郎・北原白秋・平野万里・吉井勇篇〕

チブサン古墳

15667 脳で旅する日本のクオリア　茂木健一郎著　小学館　2009.7　255p　19cm　1500円　①978-4-09-387855-5

鎮道寺

15668 街道をゆく　17　島原・天草の諸道　新装版　司馬遼太郎著　朝日新聞出版　2008.12　328, 8p　15cm　(朝日文庫)　660円　①978-4-02-264463-3

通潤橋

15669 大変結構、結構大変。—ハラダ九州温泉三昧の旅　原田宗典著　集英社　2003.6　280p　16cm　(集英社文庫)〈1999年刊の文庫化〉　514円　①4-08-747587-5

作品 OPEN—オープンでいいじゃないの宮崎

15670 隅の風景　恩田陸著　新潮社　2013.11　230p　16cm　(新潮文庫)〈2011年刊の加筆　文献あり〉　520円　①978-4-10-123422-9

杖立温泉

15671 文学の中の風景　大竹新助著　メディア・パル　1990.11　293p　21cm　2000円　①4-89610-003-4

15672 貧困旅行記　新版　つげ義春著　新潮社　1995.4　281p　15cm　(新潮文庫)〈晶文社1991年刊あり〉　520円　①4-10-132812-9

作品 蒸発旅日記

津奈木町

15673 ラオスにいったい何があるというんですか？—紀行文集　村上春樹著　文藝春秋　2015.11　252p　20cm　1650円　①978-4-16-390364-4

東向寺

15674 煤の中のマリア—島原・椎葉・不知火紀行　石牟礼道子著　平凡社　2001.2　334p　20cm　2000円　①4-582-82947-3

栃木温泉

15675 温泉百話—西の旅　種村季弘, 池内紀編　筑摩書房　1988.2　471p　15cm　(ちくま文庫)　680円　①4-480-02201-5

作品 五足の靴 抄

15676 五足の靴　五人づれ著　岩波書店

2007.5　140p　15cm　（岩波文庫）　460円　①978-4-00-311771-2

15677　明治紀行文學集　筑摩書房　2013.1　410p　21cm　（明治文學全集 94）　7500円　①978-4-480-10394-9
[作品] 五足の靴〔与謝野鉄幹・木下杢太郎・北原白秋・平野万里・吉井勇篇〕

富岡（苓北町）

15678　五足の靴　五人づれ著　岩波書店　2007.5　140p　15cm　（岩波文庫）　460円　①978-4-00-311771-2

15679　明治紀行文學集　筑摩書房　2013.1　410p　21cm　（明治文學全集 94）　7500円　①978-4-480-10394-9
[作品] 五足の靴〔与謝野鉄幹・木下杢太郎・北原白秋・平野万里・吉井勇篇〕

富岡城跡

15680　街道をゆく　17　島原・天草の諸道　新装版　司馬遼太郎著　朝日新聞出版　2008.12　328, 8p　15cm　（朝日文庫）　660円　①978-4-02-264463-3

トンカラリン遺跡

15681　脳で旅する日本のクオリア　茂木健一郎著　小学館　2009.7　255p　19cm　1500円　①978-4-09-387855-5

長洲町

15682　五足の靴　五人づれ著　岩波書店　2007.5　140p　15cm　（岩波文庫）　460円　①978-4-00-311771-2

15683　明治紀行文學集　筑摩書房　2013.1　410p　21cm　（明治文學全集 94）　7500円　①978-4-480-10394-9
[作品] 五足の靴〔与謝野鉄幹・木下杢太郎・北原白秋・平野万里・吉井勇篇〕

中岳

15684　隅の風景　恩田陸著　新潮社　2013.11　230p　16cm　（新潮文庫）〈2011年刊の加筆　文献あり〉　520円　①978-4-10-123422-9

七滝温泉

15685　隅の風景　恩田陸著　新潮社　2013.11　230p　16cm　（新潮文庫）〈2011年刊の加筆　文献あり〉　520円　①978-4-10-123422-9

根子岳

15686　日本の名山　20　阿蘇山　串田孫一, 今井通子, 今福龍太編　博品社　1998.1　253p　19cm〈年表あり 文献あり〉　1600円　①4-938706-51-2
[作品] 根子岳 雨の火ノ尾峠〔北尾鐐之助〕

15687　原風景のなかへ　安野光雅著　山川出版社　2013.7　215p　20cm　1600円　①978-4-634-15044-7

肥後小国駅

15688　終着駅　宮脇俊三著　河出書房新社　2012.1　232p　15cm　（河出文庫）〈2009年刊の文庫化〉　680円　①978-4-309-41122-4

聖橋

15689　隅の風景　恩田陸著　新潮社　2013.11　230p　16cm　（新潮文庫）〈2011年刊の加筆　文献あり〉　520円　①978-4-10-123422-9

人吉市

15690　はなさんのまだ行ったことのない南九州　はなナビゲーター, 平間至フォトグラファー　扶桑社　2004.12　141p　21cm　1400円　①4-594-04851-X

15691　ラオスにいったい何があるというんですか？―紀行文集　村上春樹著　文藝春秋　2015.11　252p　20cm　1650円　①978-4-16-390364-4

人吉城跡

15692　街道をゆく　3　陸奥のみち、肥薩のみち ほか　新装版　司馬遼太郎著　朝日新聞出版　2008.8　315, 8p　15cm　（朝日文庫）　620円　①978-4-02-264442-8

日奈久（八代市）

15693　ニッポン周遊記―町の見つけ方・歩き方・つくり方　池内紀著　青土社　2014.7　325p　20cm　2400円　①978-4-7917-6777-9

日奈久温泉

15694　ラオスにいったい何があるというんですか？―紀行文集　村上春樹著　文藝春秋　2015.11　252p　20cm　1650円　①978-4-16-390364-4

15695　日本ボロ宿紀行―懐かしの人情宿でホッコリしよう　上明戸聡著　鉄人社　2017.7　287p　15cm　（鉄人文庫）　680円　①978-4-86537-092-8

日ノ尾峠

15696　日本の名山　20　阿蘇山　串田孫一, 今井通子, 今福龍太編　博品社　1998.1　253p　19cm〈年表あり 文献あり〉　1600円　①4-938706-51-2
[作品] 根子岳 雨の火ノ尾峠〔北尾鐐之助〕　日ノ尾峠〔下重暁子〕

二俣橋

15697　隅の風景　恩田陸著　新潮社　2013.11　230p　16cm　（新潮文庫）〈2011年刊の加筆　文献あり〉　520円　①978-4-10-123422-9

幣立神社

15698　禁足地帯の歩き方　吉田悠軌著　学研プラス　2017.11　175p　19cm　1000円　①978-4-05-406602-1

本願寺人吉別院

15699 百寺巡礼 第10巻 四国・九州 五木寛之著 講談社 2009.6 272p 15cm (講談社文庫)〈文献あり 2005年刊の文庫化〉 562円 ①978-4-06-276319-6

本妙寺

15700 百寺巡礼 第10巻 四国・九州 五木寛之著 講談社 2009.6 272p 15cm (講談社文庫)〈文献あり 2005年刊の文庫化〉 562円 ①978-4-06-276319-6

馬門橋

15701 隅の風景 恩田陸著 新潮社 2013.11 230p 16cm (新潮文庫)〈2011年刊の加筆 文献あり〉 520円 ①978-4-10-123422-9

マゼノ渓谷

15702 隅の風景 恩田陸著 新潮社 2013.11 230p 16cm (新潮文庫)〈2011年刊の加筆 文献あり〉 520円 ①978-4-10-123422-9

万田抗(荒尾市)

15703 ラオスにいったい何があるというんですか?—紀行文集 村上春樹著 文藝春秋 2015.11 252p 20cm 1650円 ①978-4-16-390364-4

三角駅

15704 終着駅への旅 JR編 櫻井寛著 JTBパブリッシング 2013.8 222p 19cm 1300円 ①978-4-533-09285-5

三角西港

15705 日本の面影 ラフカディオ・ハーン著, 田代三千稔訳 角川書店 1989.6 245p 15cm (角川文庫)〈第15刷(第1刷:1958年2月)〉 480円 ①4-04-212002-4
作品 夏の日の夢

15706 東の国から 心 オンデマンド版 小泉八雲著, 平井呈一訳 恒文社 2009.10 663p 21cm〈初版:1975年刊〉 6300円 ①978-4-7704-1140-2
作品 夏の日の夢

三角町(宇城市)

15707 五足の靴 五人づれ著 岩波書店 2007.5 140p 15cm (岩波文庫) 460円 ①978-4-00-311771-2

15708 明治紀行文學集 筑摩書房 2013.1 410p 21cm (明治文學全集 94) 7500円 ①978-4-480-10394-9
作品 五足の靴〔与謝野鉄幹・木下杢太郎・北原白秋・平野万里・吉井勇篇〕

緑川

15709 日本タナゴ釣り紀行—小さな野性美を求めて列島縦断 葛島一美, 熊谷正裕著 つり人社 2011.1 176p 28cm 2500円 ①978-4-88536-188-3

水俣市

15710 谷川健一全集 第10巻(民俗 2) 女の風土記 埋もれた日本地図(抄録) 黒潮の民俗学(抄録) 谷川健一著 冨山房インターナショナル 2010.1 574, 27p 23cm〈付属資料:8p:月報 no.14 索引あり〉 6500円 ①978-4-902385-84-7
作品 猪狩

水俣湾

15711 うつくしい列島—地理学的名所紀行 池澤夏樹著 河出書房新社 2015.11 308p 20cm 1800円 ①978-4-309-02425-7

南阿蘇鉄道

15712 車窓はテレビより面白い 宮脇俊三著 徳間書店 1992.8 254p 15cm (徳間文庫)〈1989年刊の文庫化〉 460円 ①4-19-597265-5

15713 日本全国ローカル列車ひとり旅 遠森慶文・イラスト・写真 双葉社 2005.11 253p 19cm 1500円 ①4-575-29847-6

明徳寺

15714 街道をゆく 17 島原・天草の諸道 新装版 司馬遼太郎著 朝日新聞出版 2008.12 328, 8p 15cm (朝日文庫) 660円 ①978-4-02-264463-3

門前川目鑑橋

15715 隅の風景 恩田陸著 新潮社 2013.11 230p 16cm (新潮文庫)〈2011年刊の加筆 文献あり〉 520円 ①978-4-10-123422-9

八勢目鑑橋

15716 隅の風景 恩田陸著 新潮社 2013.11 230p 16cm (新潮文庫)〈2011年刊の加筆 文献あり〉 520円 ①978-4-10-123422-9

八代市

15717 第一阿房列車 内田百閒著 福武書店 1991.9 275p 15cm (福武文庫) 600円 ①4-8288-3212-2
作品 鹿児島阿房列車

15718 第二阿房列車 内田百閒著 福武書店 1991.11 197p 15cm (福武文庫) 500円 ①4-8288-3224-6
作品 雷九州阿房列車

15719 第三阿房列車 内田百閒著 福武書店 1992.1 261p 15cm (福武文庫) 600円 ①4-8288-3237-8
作品 長崎の鴉—長崎阿房列車 列車寝台の猿—不知火阿房列車

15720 街道をゆく 3 陸奥のみち、肥薩のみち ほか 新装版 司馬遼太郎著 朝日新聞出版 2008.8 315, 8p 15cm (朝日文庫) 620円 ①978-4-02-264442-8

15721 ラオスにいったい何があるというんです

か？—紀行文集　村上春樹著　文藝春秋　2015.11　252p　20cm　1650円　①978-4-16-390364-4

15722　来ちゃった　酒井順子文, ほしよりこ画　小学館　2016.3　317p　15cm　（小学館文庫）〈2011年刊の増補〉　620円　①978-4-09-406277-9

八代城跡

15723　街道をゆく　3　陸奥のみち、肥薩のみち ほか　新装版　司馬遼太郎著　朝日新聞出版　2008.8　315, 8p　15cm　（朝日文庫）　620円　①978-4-02-264442-8

山鹿市

15724　道—たびびと日記　渡辺文雄著　青竜社　1994.1　261p　19cm　1200円　①4-88258-601-0

15725　南蛮伴天連の道—長崎 高瀬・菊池・小国 菊池・山鹿 飫肥 黒島 博多　森禮子著　教文館　2010.6　221p　20cm〈文献あり〉　1900円　①978-4-7642-6929-3

山伏塚（熊本市）

15726　飯田龍太全集　第10巻　紀行・雑纂　飯田龍太著　角川学芸出版, 角川書店〔発売〕　2005.12　422p　19cm　2667円　①4-04-651940-1

作品　熊本の秋

湯島

15727　1泊2日の小島旅　カベルナリア吉田文・写真　阪急コミュニケーションズ　2009.4　199p　19cm　1600円　①978-4-484-09207-2

横浦島

15728　1泊2日の小島旅　カベルナリア吉田文・写真　阪急コミュニケーションズ　2009.4　199p　19cm　1600円　①978-4-484-09207-2

15729　ニッポン島遺産　斎藤潤著　実業之日本社　2016.8　191p　19cm　1600円　①978-4-408-00889-9

霊台橋

15730　隅の風景　恩田陸著　新潮社　2013.11　230p　16cm　（新潮文庫）〈2011年刊の加筆 文献あり〉　520円　①978-4-10-123422-9

大分県

15731　柳田國男全集　1　柳田國男著　筑摩書房　1989.9　704p　15cm　（ちくま文庫）　1130円　①4-480-02401-8

作品　海南小記

目次　海上の道, 海南小記, 島の人生, 海女部史のエチュウド

15732　あっちへ行ったりこっちを見たり—諸国探訪・俳諧記　渡辺文雄著　朝日新聞社　1999.4　169p　20cm　1600円　①4-02-330577-4

15733　お徒歩 ニッポン再発見　岩見隆夫著　アールズ出版　2001.5　299p　20cm　1600円　①4-901226-20-7

15734　ちいさい旅みーつけた　俵万智著, 平地勲写真　集英社　2003.5　251p　16cm　（集英社be文庫）　695円　①4-08-650028-0

15735　泣いてくれるなほろほろ鳥よ　小沢昭一著　晶文社　2003.11　381p　20cm　（小沢昭一百景 随筆随談選集 1）〈シリーズ責任表示：小沢昭一著〉　2400円　①4-7949-1791-0

15736　私の日本地図　11　阿蘇・球磨　宮本常一著, 香月洋一郎編　未来社　2010.7　279, 3p　19cm　（宮本常一著作集別集）〈索引あり〉　2200円　①978-4-624-92496-6

15737　日本の路地を旅する　上原善広著　文藝春秋　2012.6　383p　16cm　（文春文庫）〈文献あり〉　667円　①978-4-16-780196-0

15738　海南小記　新版　柳田国男著　角川学芸出版　2013.6　283p　15cm　（角川ソフィア文庫）〈改版：角川書店 1972年刊　発売：角川グループホールディングス〉　667円　①978-4-04-408314-4

目次　海南小記（からいも地帯, 穂門の二夜, 海ゆかば, ひじりの家, 水煙る川のほとり, 地の島, 佐多へ行く路, いれずみの南北, 三太郎坂, 今何時ですか ほか）, 与那国の女たち, 南の島の清水, 炭焼小五郎が事, 阿遅摩佐の島

15739　またたび　菊池亜希子著　宝島社　2016.12　190p　19×19cm　1400円　①978-4-8002-5815-1

青の洞門

15740　忘れられた日本の村　筒井功著　河出書房新社　2016.5　237p　20cm　1800円　①978-4-309-22668-2

作品　大分県「青の洞門」の虚と実

安心院町（宇佐市）

15741　肉の旅—まだ見ぬ肉料理を求めて全国縦断！　カベルナリア吉田著　イカロス出版　2016.8　235p　21cm　1600円　①978-4-8022-0222-0

天ヶ瀬温泉

15742　温泉百話—西の旅　種村季弘, 池内紀編　筑摩書房　1988.2　471p　15cm　（ちくま文庫）　680円　①4-480-02201-5

作品　水郷日田〔田山花袋〕

院内町（宇佐市）

15743　ニッポン発見記　池内紀著　中央公論新社　2012.4　211p　16cm　（中公文庫）〈講談社現代新書 2004年刊の再刊〉　590円　①978-4-12-205630-5

筌の口温泉

15744　温泉百話—西の旅　種村季弘, 池内紀編

筑摩書房 1988.2 471p 15cm （ちくま文庫） 680円 ①4-480-02201-5
作品 九重山麓湯巡り宿巡り〔安西水丸〕

15745 秘湯を求めて 1 はじめての秘湯 藤嶽彰英著 （大阪）保育社 1989.11 194p 19cm 1350円 ①4-586-61101-4

15746 温泉旅行記 嵐山光三郎著 筑摩書房 2000.12 315p 15cm （ちくま文庫）〈初版：JTB1997年刊〉 760円 ①4-480-03589-3

宇佐市

15747 街道をゆく 34 大徳寺散歩、中津・宇佐のみち 新装版 司馬遼太郎著 朝日新聞出版 2009.4 303, 8p 15cm （朝日文庫）〈初版：朝日新聞社1994年刊〉 680円 ①978-4-02-264488-6

宇佐神宮

15748 街道をゆく 34 大徳寺散歩、中津・宇佐のみち 新装版 司馬遼太郎著 朝日新聞出版 2009.4 303, 8p 15cm （朝日文庫）〈初版：朝日新聞社1994年刊〉 680円 ①978-4-02-264488-6

15749 古代史謎解き紀行 3 九州邪馬台国編 関裕二著 新潮社 2014.8 284p 16cm （新潮文庫）〈ポプラ社 2006年刊の再刊 文献あり〉 520円 ①978-4-10-136478-0

臼杵市

15750 文学の中の風景 大竹新助著 メディア・パル 1990.11 293p 21cm 2000円 ①4-89610-003-4

15751 キリシタン海の道紀行―馬渡島・壱岐・国東半島・川棚・波佐見・大村・野津・臼杵・小浜・北有馬・口之津・加津佐・西彼杵半島 森禮子著 教文館 2008.1 258p 20cm〈文献あり〉 1800円 ①978-4-7642-6906-4

臼杵石仏群

15752 土門拳の古寺巡礼 別巻 第2巻 西日本 土門拳著 小学館 1990.5 147p 26cm 1950円 ①4-09-559107-2
作品 ぼくの古寺巡礼

宇目（佐伯市）

15753 民謡秘宝紀行 斎藤完著 白水社 2004.11 213p 19cm 1800円 ①4-560-02660-2

大分交通耶馬渓線

15754 失われた鉄道を求めて 新装版 宮脇俊三著 文藝春秋 2011.5 260p 16cm （文春文庫）〈1992年刊の新装版〉 552円 ①978-4-16-733107-8

大分市

15755 おろかな日々 椎名誠著 文芸春秋 1996.6 286p 15cm （文春文庫）〈1993年刊の文庫化〉 450円 ①4-16-733407-0
作品 川の見えないホテルの部屋で

15756 居酒屋かもめ唄 太田和彦著 小学館 2000.12 276p 19cm 1400円 ①4-09-379177-5

岡城址

15757 日本名城紀行 6 四国・九州 陽光きらめく名城 小学館 1989.5 293p 15cm 600円 ①4-09-401206-0

15758 旅は人生―日本人の風景を歩く 森本哲郎著 PHP研究所 2006.12 372p 15cm （PHP文庫）〈「旅の半空」（新潮社1997年刊）の改題〉 648円 ①4-569-66745-7

小鹿田（日田市）

15759 柳宗悦 民芸紀行 柳宗悦著, 水尾比呂志編 岩波書店 1995.2 314p 15cm （岩波文庫） 620円 ①4-00-331695-9
作品 日田の皿山

15760 バーナード・リーチ日本絵日記 バーナード・リーチ著, 柳宗悦訳, 水尾比呂志補訳 講談社 2002.10 354p 15cm （講談社学術文庫）〈肖像あり 年譜あり〉 ①4-06-159569-5

掻懐（臼杵市）

15761 ふらり珍地名の旅 今尾恵介著 筑摩書房 2015.2 216, 4p 19cm〈索引あり〉 1500円 ①978-4-480-87882-3

壁湯温泉

15762 温泉百話―西の旅 種村季弘, 池内紀編 筑摩書房 1988.2 471p 15cm （ちくま文庫） 680円 ①4-480-02201-5
作品 壁湯岳の湯ひとり旅〔川本三郎〕

15763 ちょっとそこまで 川本三郎著 講談社 1990.12 242p 15cm （講談社文庫） 420円 ①4-06-184819-4

15764 温泉旅行記 嵐山光三郎著 筑摩書房 2000.12 315p 15cm （ちくま文庫）〈初版：JTB1997年刊〉 760円 ①4-480-03589-3

亀川温泉

15765 日本温泉めぐり 田山花袋著 角川春樹事務所 1997.11 324p 16cm （ランティエ叢書 8）〈「温泉めぐり」（博文館1991年刊）の改題〉 1000円 ①4-89456-087-9
作品 街道に添った温泉

川底温泉

15766 温泉百話―西の旅 種村季弘, 池内紀編 筑摩書房 1988.2 471p 15cm （ちくま文庫） 680円 ①4-480-02201-5
作品 九重山麓湯巡り宿巡り〔安西水丸〕

15767 温泉旅行記 嵐山光三郎著 筑摩書房 2000.12 315p 15cm （ちくま文庫）〈初版：JTB1997年刊〉 760円 ①4-480-03589-3

咸宜園跡

15768 温泉百話―西の旅 種村季弘, 池内紀編 筑摩書房 1988.2 471p 15cm （ちくま文庫）

680円 ①4-480-02201-5
作品 日田・南阿蘇の旅〔種村季弘〕

15769 晴浴雨浴日記 種村季弘著 河出書房新社 1989.3 250p 19cm 2500円 ①4-309-00554-3
作品 フリークVS.ハードボイルド道中記—日田・南阿蘇の旅

15770 街道をゆく 8 熊野・古座街道、種子島みち ほか 新装版 司馬遼太郎著 朝日新聞出版 2008.9 329, 8p 15cm (朝日文庫) 640円 ①978-4-02-264447-3

鉄輪温泉

15771 四次元温泉日記 宮田珠己著 筑摩書房 2015.1 294p 15cm (ちくま文庫)〈2011年刊の文庫化〉 720円 ①978-4-480-43238-4

寒の地獄温泉

15772 温泉百話—西の旅 種村季弘, 池内紀編 筑摩書房 1988.2 471p 15cm (ちくま文庫) 680円 ①4-480-02201-5
作品 "寒の地獄"冷水浴体験記〔田中小実昌〕

15773 温泉旅日記 池内紀著 徳間書店 1996.9 277p 15cm (徳間文庫)〈河出書房新社1988年刊あり〉 540円 ①4-19-890559-2

15774 温泉旅行記 嵐山光三郎著 筑摩書房 2000.12 315p 15cm (ちくま文庫)〈初版：JTB1997年刊〉 760円 ①4-480-03589-3

九重温泉郷

15775 雲は旅人のように—湯の花紀行 池内紀著, 田淵裕一写真 日本交通公社出版事業局 1995.5 284p 19cm 1600円 ①4-533-02163-8
作品 くちづけの香ののこるとも

久住山

15776 紀行文集 無明一杖 上甲平谷著 谷沢書房 1988.7 339p 19cm 2500円
作品 久住山

九重連山

15777 行き暮れて、山。 正津勉著 アーツアンドクラフツ 2006.6 203p 19cm 1900円 ①4-901592-33-5

15778 樹をめぐる旅 高橋秀樹著 宝島社 2009.8 125p 16cm (宝島sugoi文庫) 457円 ①978-4-7966-7357-0

15779 わが愛する山々 深田久弥著 山と溪谷社 2011.6 381p 15cm (ヤマケイ文庫)〈年譜あり〉 1000円 ①978-4-635-04730-2

15780 山なんて嫌いだった 市毛良枝著 山と溪谷社 2012.2 286p 15cm (ヤマケイ文庫) 880円 ①978-4-635-04739-5

国東市

15781 日本地酒紀行 奈良本辰也著 河出書房新社 1988.7 273p 15cm (河出文庫) 520円 ①4-309-47138-2

国東半島

15782 キリシタン海の道紀行—馬渡島・壱岐・国東半島・川棚・波佐見・大村・野津・臼杵・小浜・北有馬・口之津・加津佐・西彼杵半島 森禮子著 教文館 2008.1 258p 20cm〈文献あり〉 1800円 ①978-4-7642-6906-4

黒島

15783 1泊2日の小島旅 カベルナリア吉田文・写真 阪急コミュニケーションズ 2009.4 199p 19cm 1600円 ①978-4-484-09207-2

桂昌寺跡

15784 禁足地帯の歩き方 吉田悠軌著 学研プラス 2017.11 175p 19cm 1000円 ①978-4-05-406602-1

合元寺

15785 街道をゆく 34 大徳寺散歩、中津・宇佐のみち 新装版 司馬遼太郎著 朝日新聞出版 2009.4 303, 8p 15cm (朝日文庫)〈初版：朝日新聞社1994年刊〉 680円 ①978-4-02-264488-6

九重町

15786 雨のち晴れて、山日和 唐仁原教久著 山と溪谷社 2005.8 141p 21cm 1800円 ①4-635-17167-1

薦神社

15787 街道をゆく 34 大徳寺散歩、中津・宇佐のみち 新装版 司馬遼太郎著 朝日新聞出版 2009.4 303, 8p 15cm (朝日文庫)〈初版：朝日新聞社1994年刊〉 680円 ①978-4-02-264488-6

佐伯市

15788 西日本を歩く 立松和平著, 黒古一夫編 勉誠出版 2006.4 372p 22cm (立松和平日本を歩く 第4巻) 2600円 ①4-585-01174-9

柴石温泉

15789 温泉百話—西の旅 種村季弘, 池内紀編 筑摩書房 1988.2 471p 15cm (ちくま文庫) 680円 ①4-480-02201-5
作品 哀史を秘める柴石温泉〔渡辺喜恵子〕

神宮寺(国東市)

15790 見仏記 いとうせいこう, みうらじゅん著 角川書店 1997.6 293p 15cm (角川文庫)〈中央公論新社 1993年刊の文庫化〉 640円 ①4-04-184602-1

筋湯温泉

15791 温泉百話—西の旅 種村季弘, 池内紀編 筑摩書房 1988.2 471p 15cm (ちくま文庫) 680円 ①4-480-02201-5
作品 九重山麓湯巡り宿巡り〔安西水丸〕

15792 温泉旅行記 嵐山光三郎著 筑摩書房 2000.12 315p 15cm (ちくま文庫)〈初版：

JTB1997年刊〉 760円 ①4-480-03589-3

高崎山

15793 梅棹忠夫著作集 第7巻 日本研究 梅棹忠夫著, 石毛直道ほか編 中央公論社 1990.8 663p 21cm 7400円 ①4-12-402857-1

15794 日本探検 梅棹忠夫著 講談社 2014.9 441p 15cm (講談社学術文庫) 1330円 ①978-4-06-292254-8

竹田市

15795 夢追い俳句紀行 大高翔著 日本放送出版協会 2004.4 237p 19cm 1300円 ①4-14-016126-4

15796 日本風景論 池内紀著 角川学芸出版 2009.3 279p 19cm (角川選書)〈発売:角川グループパブリッシング〉 1600円 ①978-4-04-703442-6

15797 色紀行—日本の美しい風景 吉岡幸雄著, 岡田克敏写真 清流出版 2011.12 241p 22cm 3500円 ①978-4-86029-374-1

長者原(九重町)

15798 街道をゆく 8 熊野・古座街道、種子島みち ほか 新装版 司馬遼太郎著 朝日新聞出版 2008.9 329, 8p 15cm (朝日文庫) 640円 ①978-4-02-264447-3

角牟礼城跡

15799 街道をゆく 8 熊野・古座街道、種子島みち ほか 新装版 司馬遼太郎著 朝日新聞出版 2008.9 329, 8p 15cm (朝日文庫) 640円 ①978-4-02-264447-3

中津市

15800 街道をゆく 34 大徳寺散歩、中津・宇佐のみち 新装版 司馬遼太郎著 朝日新聞出版 2009.4 303, 8p 15cm (朝日文庫)〈初版:朝日新聞社1994年刊〉 680円 ①978-4-02-264488-6

15801 南へと、あくがれる—名作とゆく山河 乳井昌史著 福岡 弦書房 2010.12 246p 19cm〈文献あり〉 1800円 ①978-4-86329-049-5

作品 北九州文化圏を行く

15802 肉の旅—まだ見ぬ肉料理を求めて全国縦断! カベルナリア吉田著 イカロス出版 2016.8 235p 21cm 1600円 ①978-4-8022-0222-0

15803 ちいさな城下町 安西水丸著 文藝春秋 2016.11 267p 16cm (文春文庫)〈2014年刊の文庫化〉 630円 ①978-4-16-790734-1

中津城

15804 街道をゆく 34 大徳寺散歩、中津・宇佐のみち 新装版 司馬遼太郎著 朝日新聞出版 2009.4 303, 8p 15cm (朝日文庫)〈初版:朝日新聞社1994年刊〉 680円 ①978-4-02-264488-6

野津町(臼杵市)

15805 キリシタン海の道紀行—馬渡島・壱岐・国東半島・川棚・波佐見・大村・野津・臼杵・小浜・北有馬・口之津・加津佐・西彼杵半島 森禮子著 教文館 2008.1 258p 20cm〈文献あり〉 1800円 ①978-4-7642-6906-4

日出町

15806 日本縦断朝やけ乗り継ぎ列車—「夜明」発「日ノ出」ゆき7泊8日5200キロ 種村直樹著 徳間書店 1998.10 245p 19cm 1400円 ①4-19-860924-1

15807 旬紀行—「とびきり」を味わうためだけの旅 寄本好則著 ディノス 2006.8 167p 20cm〈扶桑社(発売)〉 1667円 ①4-594-05210-X

日田温泉

15808 街道をゆく 8 熊野・古座街道、種子島みち ほか 新装版 司馬遼太郎著 朝日新聞出版 2008.9 329, 8p 15cm (朝日文庫) 640円 ①978-4-02-264447-3

日田市

15809 温泉百話—西の旅 種村季弘, 池内紀編 筑摩書房 1988.2 471p 15cm (ちくま文庫) 680円 ①4-480-02201-5

作品 日田・南阿蘇の旅〔種村季弘〕

15810 晴浴雨浴日記 種村季弘著 河出書房新社 1989.3 250p 19cm 2500円 ①4-309-00554-3

作品 フリークVS.ハードボイルド道中記—日田・南阿蘇の旅

15811 柳宗悦 民芸紀行 柳宗悦著, 水尾比呂志編 岩波書店 1995.2 314p 15cm (岩波文庫) 620円 ①4-00-331695-9

作品 北九州の窯

15812 準急特快 記者の旅—レイルウェイ・ライターの本 種村直樹著 JTB 2003.5 318p 19cm〈肖像あり 著作目録あり〉 1600円 ①4-533-04777-7

作品 小京都飲み継ぎ紀行

15813 ニッポン周遊記—町の見つけ方・歩き方・つくり方 池内紀著 青土社 2014.7 325p 20cm 2400円 ①978-4-7917-6777-9

15814 古代史謎解き紀行 3 九州邪馬台国編 関裕二著 新潮社 2014.8 284p 16cm (新潮文庫)〈ポプラ社 2006年刊の再刊 文献あり〉 520円 ①978-4-10-136478-0

15815 旅の食卓 池内紀著 亜紀書房 2016.8 233p 19cm 1600円 ①978-4-7505-1480-2

比売語曽神社

15816 沈黙の神々 2 佐藤洋二郎著 松柏社 2008.9 220p 19cm 1600円 ①978-4-7754-0153-8

姫島

15817 日本列島を往く 3 海に生きるひとびと 鎌田慧著 岩波書店 2001.12 299p 15cm (岩波現代文庫) 900円 ①4-00-603049-5

15818 列車三昧日本のはしっこに行ってみた 吉本由美著 講談社 2009.12 232p 16cm (講談社+α文庫)〈『日本のはしっこへ行ってみた』(日本放送出版協会2003年刊)の改題、加筆・再編集〉 667円 ①978-4-06-281334-1

15819 ニッポン島遺産 斎藤潤著 実業之日本社 2016.8 191p 19cm 1600円 ①978-4-408-00889-9

富貴寺

15820 見仏記 いとうせいこう, みうらじゅん著 角川書店 1997.6 293p 15cm (角川文庫)〈中央公論新社 1993年刊の文庫化〉 640円 ①4-04-184602-1

15821 私の古寺巡礼 4(諸国) 井上靖監修 光文社 2005.1 306p 16cm (知恵の森文庫)〈淡交社1987年刊の改訂〉 686円 ①4-334-78333-3

15822 百寺巡礼 第10巻 四国・九州 五木寛之著 講談社 2009.6 272p 15cm (講談社文庫)〈文献あり 2005年刊の文庫化〉 562円 ①978-4-06-276319-6

豊後水道

15823 日本探見二泊三日 宮脇俊三著 角川書店 1994.3 231p 15cm (角川文庫) 430円 ①4-04-159807-9

15824 鉄道全線三十年—車窓紀行 昭和・平成……乗った、撮った、また乗った!! 田中正恭著 心交社 2002.6 371p 19cm 1600円 ①4-88302-741-4

豊後高田市

15825 スローな旅で行こう—シェルパ斉藤の週末ニッポン再発見 斉藤政喜著 小学館 2004.10 255p 19cm (Dime books) 1200円 ①4-09-366068-9

豊後竹田

15826 日本史紀行 奈良本辰也著 たちばな出版 2005.6 357p 19cm 1600円 ①4-8133-1878-9

別府温泉

15827 温泉百話—西の旅 種村季弘, 池内紀編 筑摩書房 1988.2 471p 15cm (ちくま文庫) 680円 ①4-480-02201-5
作品 子どもの目をたどってもう一度地獄めぐり〔尾辻克彦〕

15828 旅は道づれ湯はなさけ 辻真先著 徳間書店 1989.5 348p 15cm (徳間文庫) 580円 ①4-19-568760-8

15829 雲は旅人のように—湯の花紀行 池内紀著, 田淵裕一写真 日本交通公社出版事業局 1995.5 284p 19cm 1600円 ①4-533-02163-8
作品 もはや上下に貴賤なく

15830 ふわふわワウワウ—唄とカメラと時刻表 みなみらんぼう著 旅行読売出版社 1996.7 207p 19cm 1100円 ①4-89752-601-9
作品 別府腰痛治療紀行

15831 大変結構、結構大変。—ハラダ九州温泉三昧の旅 原田宗典著 集英社 2003.6 280p 16cm (集英社文庫)〈1999年刊の文庫化〉 514円 ①4-08-747587-5

15832 日本八景—八大家執筆 幸田露伴, 吉田絃二郎, 河東碧梧桐, 田山花袋, 北原白秋, 高浜虚子, 菊池幽芳, 泉鏡花著 平凡社 2005.3 280p 16cm (平凡社ライブラリー) 1200円 ①4-582-76531-9

15833 温泉天国 嵐山光三郎, 荒俣宏, 池内紀, 池波正太郎, 井伏鱒二, 植村直己, 岡本かの子, 岡本綺堂, 小川未明, 角田光代, 川端康成, 川本三郎, 北杜夫, 斎藤茂太, 坂口安吾, 高村光太郎, 武田百合子, 太宰治, 田辺聖子, 種村季弘, 田村隆一, 田山花袋, つげ義春, 平林たい子, 松本英子, 村上春樹, 室生犀星, 山下清, 柳美里, 横尾忠則, 吉川英治, 四谷シモン著 河出書房新社 2017.12 237p 19cm (ごきげん文藝) 1600円 ①978-4-309-02642-8
作品 別府の地獄めぐり〔田辺聖子〕

別府市

15834 温泉百話—西の旅 種村季弘, 池内紀編 筑摩書房 1988.2 471p 15cm (ちくま文庫) 680円 ①4-480-02201-5
作品 別府・紀行〔吉行淳之介〕

15835 ああ天地の神ぞ知る—ニッポン発見旅 池内紀著 講談社 1995.4 265p 19cm 1600円 ①4-06-207580-6

15836 西日本を歩く 立松和平著, 黒古一夫編 勉誠出版 2006.4 372p 22cm (立松和平日本を歩く 第4巻) 2600円 ①4-585-01174-9

15837 国井律子のハーレー日本一周—20代最後のひとり旅 国井律子著 小学館 2007.1 155p 21cm 1500円 ①4-09-366534-6

15838 もいちど修学旅行をしてみたいと思ったのだ 北尾トロ著, 中川カンゴロー写真 小学館 2008.4 239p 19cm 1300円 ①978-4-09-379784-9

15839 文豪、偉人の「愛」をたどる旅 黛まどか著 集英社 2009.8 255p 18cm 1048円 ①978-4-08-781427-9

15840 そのように見えた いしいしんじ作 イースト・プレス 2014.1 137p 20cm 1800円 ①978-4-7816-1089-4

15841 ふらり旅 いい酒 いい肴 2 太田和彦著 主婦の友社 2015.8 135p 21cm 1400円 ①978-4-07-299938-7

宝泉寺温泉

15842 紀行文集 無明一杖 上甲平谷著 谷沢

書房　1988.7　339p　19cm　2500円
作品 久住山

15843　温泉旅行記　嵐山光三郎著　筑摩書房　2000.12　315p　15cm　（ちくま文庫）〈初版：JTB1997年刊〉　760円　①4-480-03589-3

豊予海峡

15844　西日本を歩く　立松和平著, 黒古一夫編　勉誠出版　2006.4　372p　22cm　（立松和平日本を歩く 第4巻）　2600円　①4-585-01174-9

法華院温泉

15845　秘湯を求めて　2　ないしょの秘湯　藤嶽彰英著　（大阪）保育社　1989.12　185p　19cm　1350円　①4-586-61102-2

星生温泉

15846　温泉旅行記　嵐山光三郎著　筑摩書房　2000.12　315p　15cm　（ちくま文庫）〈初版：JTB1997年刊〉　760円　①4-480-03589-3

保戸島

15847　日本《島旅》紀行　斎藤潤著　光文社　2005.3　284p　18cm　（光文社新書）　780円　①4-334-03299-0

15848　1泊2日の小島旅　カベルナリア吉田文・写真　阪急コミュニケーションズ　2009.4　199p　19cm　1600円　①978-4-484-09207-2

真木大堂

15849　見仏記　いとうせいこう, みうらじゅん著　角川書店　1997.6　293p　15cm　（角川文庫）〈中央公論新社 1993年刊の文庫化〉　640円　①4-04-184602-1

牧の戸温泉〔中野温泉〕

15850　紀行文集 無明一杖　上甲平谷著　谷沢書房　1988.7　339p　19cm　2500円
作品 久住山

豆田町（日田市）

15851　街道をゆく　8　熊野・古座街道、種子島みち ほか　新装版　司馬遼太郎著　朝日新聞出版　2008.9　329, 8p　15cm　（朝日文庫）　640円　①978-4-02-264447-3

明礬温泉

15852　色紀行―日本の美しい風景　吉岡幸雄著, 岡田克敏写真　清流出版　2011.12　241p　22cm　3500円　①978-4-86029-374-1

15853　つげ義春の温泉　つげ義春著　筑摩書房　2012.6　222p　15cm　（ちくま文庫）〈カタログハウス 2003年刊の再編集〉　780円　①978-4-480-42953-7

ムコウカマド谷

15854　山で見た夢―ある山岳雑誌編集者の記憶　勝峰富雄著　みすず書房　2010.5　285p　20cm　2600円　①978-4-622-07542-4

屋形島

15855　日本《島旅》紀行　斎藤潤著　光文社　2005.3　284p　18cm　（光文社新書）　780円　①4-334-03299-0

耶馬渓

15856　古代史謎解き紀行　3　九州邪馬台国編　関裕二著　新潮社　2014.8　284p　16cm　（新潮文庫）〈ポプラ社 2006年刊の再刊　文献あり〉　520円　①978-4-10-136478-0

やまなみハイウェイ

15857　みだれ籠―旅の手帖　津村節子著　文芸春秋　1989.11　285p　15cm　（文春文庫）　400円　①4-16-726507-9

湯坪温泉

15858　温泉百話―西の旅　種村季弘, 池内紀編　筑摩書房　1988.2　471p　15cm　（ちくま文庫）　680円　①4-480-02201-5
作品 九重山麓湯巡り宿巡り〔安西水丸〕

湯平温泉

15859　温泉百話―西の旅　種村季弘, 池内紀編　筑摩書房　1988.2　471p　15cm　（ちくま文庫）　680円　①4-480-02201-5
作品 九重山麓湯巡り宿巡り〔安西水丸〕

15860　貧困旅行記　新版　つげ義春著　新潮社　1995.4　281p　15cm　（新潮文庫）〈晶文社 1991年刊あり〉　520円　①4-10-132812-9
作品 蒸発旅日記

湯布院（由布市）

15861　美しいものしか見まい　立松和平著　恒文社21　2002.9　238p　19cm〈恒文社（発売）〉　1600円　①4-7704-1077-8

15862　古代史謎解き紀行　3　九州邪馬台国編　関裕二著　新潮社　2014.8　284p　16cm　（新潮文庫）〈ポプラ社 2006年刊の再刊　文献あり〉　520円　①978-4-10-136478-0

由布院温泉

15863　温泉百話―西の旅　種村季弘, 池内紀編　筑摩書房　1988.2　471p　15cm　（ちくま文庫）　680円　①4-480-02201-5
作品 朝霧と蛍の宿〔永井龍男〕

15864　門灯（ポーチライト）が眼ににじむ　常盤新平著　作品社　1993.5　235p　19cm　1300円　①4-87893-179-5

15865　旅あそび―朝日新聞連載「気まま旅」より　河村立司著　大阪　JDC　1997.10　221p　19×19cm〈1989年刊の改訂〉　1300円　①4-89008-220-4

15866　大変結構、結構大変。―ハラダ九州温泉三昧の旅　原田宗典著　集英社　2003.6　280p　16cm　（集英社文庫）〈1999年刊の文庫化〉　514円　①4-08-747587-5

15867　ツーリング・ライフ―自由に、そして孤

独に　新装増補版　斎藤純著　春秋社　2004.3　274p　20cm〈2001年刊の新装増補〉　1800円　①4-393-43624-5
作品 初冬の九州を行く

15868 人情温泉紀行―演歌歌手・鏡五郎が訪ねた全国の名湯47選　鏡五郎著　マガジンランド　2008.5　235p　19cm〈年譜あり〉　1238円　①978-4-944101-37-5

15869 原風景のなかへ　安野光雅著　山川出版社　2013.7　215p　20cm　1600円　①978-4-634-15044-7

夜明駅

15870 日本縦断朝やけ乗り継ぎ列車―「夜明」発「日ノ出」ゆき7泊8日5200キロ　種村直樹著　徳間書店　1998.10　245p　19cm　1400円　①4-19-860924-1

夜明温泉

15871 日本縦断朝やけ乗り継ぎ列車―「夜明」発「日ノ出」ゆき7泊8日5200キロ　種村直樹著　徳間書店　1998.10　245p　19cm　1400円　①4-19-860924-1

羅漢寺

15872 百寺巡礼　第10巻　四国・九州　五木寛之著　講談社　2009.6　272p　15cm　（講談社文庫）〈文献あり　2005年刊の文庫化〉　562円　①978-4-06-276319-6

龍岩寺

15873 見仏記　いとうせいこう, みうらじゅん著　角川書店　1997.6　293p　15cm　（角川文庫）〈中央公論新社 1993年刊の文庫化〉　640円　①4-04-184602-1

竜門温泉

15874 温泉旅行記　嵐山光三郎著　筑摩書房　2000.12　315p　15cm　（ちくま文庫）〈初版：JTB1997年刊〉　760円　①4-480-03589-3

和間神社

15875 街道をゆく　34　大徳寺散歩、中津・宇佐のみち　新装版　司馬遼太郎著　朝日新聞出版　2009.4　303, 8p　15cm　（朝日文庫）〈初版：朝日新聞社1994年刊〉　680円　①978-4-02-264488-6

宮崎県

15876 柳田國男全集　1　柳田國男著　筑摩書房　1989.9　704p　15cm　（ちくま文庫）　1130円　①4-480-02401-8
作品 海南小記

15877 今夜も空の下―シェルパ斉藤の行きあたりばっ旅　2　斉藤政喜著　小学館　1996.3　287p　19cm　（BE-PAL BOOKS）　1100円　①4-09-366063-8

15878 シェルパ斉藤の行きあたりばっ旅　3　斉藤政喜著　小学館　1998.8　253p　16cm　（小学館文庫）　457円　①4-09-411003-8

15879 閑古堂の絵葉書散歩　西編　林丈二著　小学館　1999.5　123p　21cm　（SHOTOR TRAVEL）　1500円　①4-09-343139-6
作品 宮崎の牛巡り―宮崎

15880 お徒歩 ニッポン再発見　岩見隆夫著　アールズ出版　2001.5　299p　20cm　1600円　①4-901226-20-7

15881 森の旅 森の人―北海道から沖縄まで日本の森林を旅する　軽装版　稲本正文, 姉崎一馬写真　世界文化社　2005.11　271p　21cm　（ほたるの本）〈1994年刊行版に一部修正を加え軽装版にしたもの　1990年刊あり〉　1800円　①4-418-05518-5

15882 もいちど修学旅行をしてみたいと思ったのだ　北尾トロ著, 中川カンゴロー写真　小学館　2008.4　239p　19cm　1300円　①978-4-09-379784-9

15883 道の先まで行ってやれ！―自転車で、飲んで笑って、涙する旅　石田ゆうすけ著　幻冬舎　2009.7　303p　20cm　1500円　①978-4-344-01710-8

15884 愛しのローカルごはん旅 もう一杯！―2009-2011　たかぎなおこ著　メディアファクトリー　2011.7　175p　21cm　1100円　①978-4-8401-3982-3

15885 海南小記　新版　柳田国男著　角川学芸出版　2013.6　283p　15cm　（角川ソフィア文庫）〈改版：角川書店 1972年刊　発売：角川グループホールディングス〉　667円　①978-4-04-408314-4

15886 唄めぐり　石田千著　新潮社　2015.4　401p　20cm〈文献あり〉　2300円　①978-4-10-303453-7

15887 日本全国津々うりゃうりゃ　仕事逃亡編　宮田珠己著　廣済堂出版　2015.10　245p　19cm　1500円　①978-4-331-51963-9

青島温泉

15888 人情温泉紀行―演歌歌手・鏡五郎が訪ねた全国の名湯47選　鏡五郎著　マガジンランド　2008.5　235p　19cm〈年譜あり〉　1238円　①978-4-944101-37-5

天岩戸神社

15889 仙人の桜、俗人の桜　赤瀬川原平著　平凡社　2000.3　270p　16cm　（平凡社ライブラリー）〈日本交通公社出版事業局1993年刊あり〉　1100円　①4-582-76332-4
作品 神々の隠れ里―高千穂

綾町

15890 人と森の物語―日本人と都市林　池内紀著　集英社　2011.7　216p　18cm　（集英社新書）〈文献あり〉　740円　①978-4-08-720599-2

綾の森

15891 樹をめぐる旅 高橋秀樹著 宝島社 2009.8 125p 16cm （宝島sugoi文庫） 457円 Ⓘ978-4-7966-7357-0

鵜戸神宮

15892 安吾新日本風土記 坂口安吾著 河出書房新社 1988.11 246p 15cm （河出文庫） 480円 Ⓘ4-309-40227-5

作品 高千穂に冬雨ふれり

15893 坂口安吾全集 18 坂口安吾著 筑摩書房 1991.9 794p 15cm （ちくま文庫） 1340円 Ⓘ4-480-02478-6

作品 安吾新日本風土記—高千穂に冬雨ふれり

15894 家族旅行あっちこっち 銀色夏生著 幻冬舎 2009.2 158p 16cm （幻冬舎文庫） 571円 Ⓘ978-4-344-41253-8

作品 宮崎・都井岬 2006年夏

江田神社

15895 江原啓之 神紀行 4（九州・沖縄） 江原啓之著 マガジンハウス 2006.6 95p 21cm （スピリチュアル・サンクチュアリシリーズ） 1048円 Ⓘ4-8387-1623-0

目次 九州編（江田神社—この神社こそがみそぎの原点, 都萬神社—縁を結び、縁を戻す神社, 高千穂神社—まさに天孫降臨伝説の舞台 ほか）, 沖縄編（首里城〜金城石畳—琉球王朝の歴史と今を知る道筋, 斎場御嶽〜久高島—祈りの聖地と神の島を訪ねる, おすすめ立ち寄りスポット沖縄 ほか）, あなたの願いを導くスピリチュアル・サンクチュアリ案内（Charm編, Health編）, ミニ知識

えびの高原

15896 大変結構、結構大変。—ハラダ九州温泉三昧の旅 原田宗典著 集英社 2003.6 280p 16cm （集英社文庫）〈1999年刊の文庫化〉 514円 Ⓘ4-08-747587-5

作品 OPEN—オープンでいいじゃないの宮崎

15897 新編 日本の旅あちこち 木山捷平著 講談社 2015.4 304p 16cm （講談社文芸文庫）〈著作目録あり 年譜あり〉 1600円 Ⓘ978-4-06-290268-7

作品 旧婚旅行—宮崎・鹿児島

15898 あやしい探検隊 焚火酔虎伝 椎名誠著 山と溪谷社 2016.10 278p 図版16p 15cm （ヤマケイ文庫）〈角川文庫 1998年刊の再編集, 単行本は1995年刊〉 700円 Ⓘ978-4-635-04819-4

作品 南九州ばか湯ばか酒ばか唄旅

えびの噴気湯

15899 誰も行けない温泉 最後の聖（泉） 大原利雄著 小学館 2005.1 167p 15cm （小学館文庫） 733円 Ⓘ4-09-411527-7

飫肥（日南市）

15900 わたしの旅人生「最終章」 渡辺文雄著 アートデイズ 2005.2 267p 20cm〈肖像あり〉 1600円 Ⓘ4-86119-033-9

15901 南蛮伴天連の道—長崎 高瀬・菊池・小国 菊池・山鹿 飫肥 黒島 博多 森禮子著 教文館 2010.6 221p 20cm〈文献あり〉 1900円 Ⓘ978-4-7642-6929-3

15902 斑猫の宿 奥本大三郎著 中央公論新社 2011.11 305p 16cm （中公文庫）〈JTB2001年刊あり〉 705円 Ⓘ978-4-12-205565-0

月山日和城

15903 晩春の旅・山の宿 井伏鱒二著 講談社 1990.10 337p 15cm （講談社文芸文庫） 900円 Ⓘ4-06-196098-9

上ノ小屋谷

15904 山で見た夢—ある山岳雑誌編集者の記憶 勝峰富雄著 みすず書房 2010.5 285p 20cm 2600円 Ⓘ978-4-622-07542-4

上野町（宮崎市）

15905 色街を呑む！—日本列島レトロ紀行 勝谷誠彦著 祥伝社 2006.2 284p 15cm （祥伝社文庫） 600円 Ⓘ4-396-33271-8

京町温泉

15906 駅前温泉汽車の旅 PART1 九州・四国・中国・近畿・東海・北陸・首都圏周辺篇 種村直樹著 徳間書店 1993.4 236p 19cm 1300円 Ⓘ4-19-555163-3

霧島

15907 天皇家の“ふるさと”日向をゆく 梅原猛著 新潮社 2005.7 284p 16cm （新潮文庫）〈2000年刊の文庫化〉 629円 Ⓘ4-10-124411-1

目次 1 日向神話のタブーに挑む, 2 高千穂論争、私はこう考える, 3 神代の国際都市・高千穂を歩く, 4 妻をめとらば西都原, 5 アマテラスは宮崎出身？ , 6 天孫族、海へ, 7 火を噴く神の山・霧島, 8 乾坤一擲、東征の旅へ, 9 薩摩半島はワタツミの国か, 10 旅の終わりに

霧立越

15908 南へと、あくがれる—名作とゆく山河 乳井昌史著 福岡 弦書房 2010.12 246p 19cm〈文献あり〉 1800円 Ⓘ978-4-86329-049-5

幸島

15909 梅棹忠夫著作集 第7巻 日本研究 梅棹忠夫著, 石毛直道ほか編 中央公論社 1990.8 663p 21cm 7400円 Ⓘ4-12-402857-1

作品 高崎山

15910 日本探検 梅棹忠夫著 講談社 2014.9 441p 15cm （講談社学術文庫） 1330円 Ⓘ978-4-06-292254-8

作品 高崎山

西都原（西都市）

15911 天皇家の“ふるさと”日向をゆく 梅原猛著 新潮社 2005.7 284p 16cm （新潮文庫）〈2000年刊の文庫化〉 629円 Ⓘ4-10-124411-1

椎葉村

15912 日本の風景を歩く―歴史・人・風土 井出孫六著 大修館書店 1992.11 19cm

15913 仙人の桜、俗人の桜 赤瀬川原平著 平凡社 2000.3 270p 16cm (平凡社ライブラリー)〈日本交通公社出版事業局1993年刊あり〉 1100円 ①4-582-76332-4

作品 神々の隠れ里―高千穂

15914 煤の中のマリア―島原・椎葉・不知火紀行 石牟礼道子著 平凡社 2001.2 334p 20cm 2000円 ①4-582-82947-3

15915 ツーリング・ライフ―自由に、そして孤独に 新装増補版 斎藤純著 春秋社 2004.3 274p 20cm〈2001年刊の新装増補〉 1800円 ①4-393-43624-5

作品 初冬の九州を行く

15916 西日本を歩く 立松和平著, 黒古一夫編 勉誠出版 2006.4 372p 22cm (立松和平日本を歩く 第4巻) 2600円 ①4-585-01174-9

15917 千年を耕す椎葉焼き畑村紀行 上野敏彦著 平凡社 2011.1 253p 20cm〈文献あり〉 1800円 ①978-4-582-82456-8

(目次) まえがき 悠久のシステムに生きる村, 第1章 縄文ソバの味, 第2章 奥山のスローフード, 第3章 柳田国男の真実, 第4章 奇跡の有機農法, 第5章 「かてーり(結い)」で再生目指す, あとがき 立松和平さんへの鎮魂歌

15918 来ちゃった 酒井順子文, ほしよりこ画 小学館 2016.3 317p 15cm (小学館文庫)〈2011年刊の増補〉 620円 ①978-4-09-406277-9

鹿川湯の谷温泉

15919 誰も行けない温泉 最後の聖(泉) 大原利雄著 小学館 2005.1 167p 15cm (小学館文庫) 733円 ①4-09-411527-7

島野浦島

15920 ニッポン島遺産 斎藤潤著 実業之日本社 2016.8 191p 19cm 1600円 ①978-4-408-00889-9

白鳥温泉

15921 秘湯を求めて 3 きわめつけの秘湯 藤嶽彰英著 (大阪)保育社 1990.1 194p 19cm 1350円 ①4-586-61103-0

高千穂橋梁

15922 汽車旅12カ月 宮脇俊三著 河出書房新社 2010.1 231p 15cm (河出文庫) 680円 ①978-4-309-40999-3

高千穂神社

15923 江原啓之 神紀行 4(九州・沖縄) 江原啓之著 マガジンハウス 2006.6 95p 21cm (スピリチュアル・サンクチュアリシリーズ) 1048円 ①4-8387-1623-0

高千穂町

15924 聖地紀行―世界と日本の、「神々」を求める旅 松永伍一著 角川書店 1988.3 212p 19cm (角川選書) 880円 ①4-04-703007-4

15925 安吾新日本風土記 坂口安吾著 河出書房新社 1988.11 246p 15cm (河出文庫) 480円 ①4-309-40227-5

作品 高千穂に冬雨ふれり

15926 坂口安吾全集 18 坂口安吾著 筑摩書房 1991.9 794p 15cm (ちくま文庫) 1340円 ①4-480-02478-6

作品 安吾新日本風土記―高千穂に冬雨ふれり

15927 導かれて、旅 横尾忠則著 文藝春秋 1995.7 286p 16cm (文春文庫)〈日本交通公社出版事業局 1992年刊の文庫化〉 480円 ①4-16-729703-5

作品 神の里 高千穂の自然

15928 日本の名山 20 阿蘇山 串田孫一, 今井通子, 今福龍太編 博品社 1998.1 253p 19cm〈年表あり 文献あり〉 1600円 ①4-938706-51-2

作品 阿蘇と高千穂〔関口泰〕

15929 想い遙かな山々 中西悟堂ほか著, 作品社編集部編 作品社 1998.4 245p 22cm (新編・日本随筆紀行 大きな活字で読みやすい本―心にふるさとがある 1)〈付属資料:63p:著者紹介・出典一覧〉 ①4-87893-806-4, 4-87893-807-2

作品 高千穂に思う〔豊島与志雄〕

15930 仙人の桜、俗人の桜 赤瀬川原平著 平凡社 2000.3 270p 16cm (平凡社ライブラリー)〈日本交通公社出版事業局1993年刊あり〉 1100円 ①4-582-76332-4

作品 神々の隠れ里―高千穂

15931 大変結構、結構大変。―ハラダ九州温泉三昧の旅 原田宗典著 集英社 2003.6 280p 16cm (集英社文庫)〈1999年刊の文庫化〉 514円 ①4-08-747587-5

作品 OPEN―オープンでいいじゃないの宮崎

15932 旅の出会い 井伏鱒二著, 東郷克美, 前田貞昭編 筑摩書房 2004.10 334p 15cm (ちくま文庫―井伏鱒二文集 2) 1100円 ①4-480-03982-1

15933 メルヘン紀行 みやこうせい著 未知谷 2005.5 237p 20cm 2200円 ①4-89642-129-9

15934 天皇家の“ふるさと”日向をゆく 梅原猛著 新潮社 2005.7 284p 16cm (新潮文庫)〈2000年刊の文庫化〉 629円 ①4-10-124411-1

15935 神に頼って走れ!―自転車爆走日本南下旅日記 高野秀行著 集英社 2008.3 242p 16cm (集英社文庫) 476円 ①978-4-08-746278-4

15936 ニッポン西遊記 古事記編 鶴田真由著 幻冬舎 2013.9 214p 20cm〈文献あり〉 1300円 ①978-4-344-02448-9

15937 ぷらっぷらある記 銀色夏生著 幻冬舎 2014.12 278p 16cm (幻冬舎文庫) 600円 ①978-4-344-42275-9

15938 鬼降る森 高山文彦著 小学館 2016.1

313p 15cm （小学館文庫）〈幻戯書房 2004年刊の加筆〉 620円 ①978-4-09-406251-9
目次 序章 神と鬼と, 第1章 祖母の声, 第2章 草の海, 第3章 だれが王か, 第4章 高千穂残酷物語, 第5章 祭り子の夏, 第6章 精霊たち, 第7章 騒動の果て, 終章 音の谷

高千穂鉄道

15939 鉄道全線三十年―車窓紀行 昭和・平成……乗った、撮った、また乗った!! 田中正恭著 心交社 2002.6 371p 19cm 1600円 ①4-88302-741-4

15940 朝湯、昼酒、ローカル線―かっちゃんの鉄修行 勝谷誠彦著 文芸春秋 2007.12 321p 16cm （文春文庫plus）〈「勝谷誠彦の地列車大作戦」(JTB2002年刊）の改題〉 629円 ①978-4-16-771320-1

15941 おんなひとりの鉄道旅 西日本編 矢野直美著 小学館 2008.7 193p 15cm （小学館文庫）〈2005年刊の単行本を2分冊にして文庫化〉 571円 ①978-4-09-408287-6

立神海中温泉

15942 誰も行けない温泉 最後の聖（泉） 大原利雄著 小学館 2005.1 167p 15cm （小学館文庫） 733円 ①4-09-411527-7

立磐神社

15943 沈黙の神々 佐藤洋二郎著 松柏社 2005.11 270p 19cm 1800円 ①978-4-7754-0093-2

都萬神社

15944 江原啓之 神紀行 4（九州・沖縄） 江原啓之著 マガジンハウス 2006.6 95p 21cm （スピリチュアル・サンクチュアリシリーズ） 1048円 ①4-8387-1623-0

都井岬

15945 梅棹忠夫著作集 第7巻 日本研究 梅棹忠夫著, 石毛直道ほか編 中央公論社 1990.8 663p 21cm 7400円 ①4-12-402857-1
作品 高崎山

15946 家族旅行あっちこっち 銀色夏生著 幻冬舎 2009.2 158p 16cm （幻冬舎文庫） 571円 ①978-4-344-41253-8
作品 宮崎・都井岬 2006年夏

15947 日本探検 梅棹忠夫著 講談社 2014.9 441p 15cm （講談社学術文庫） 1330円 ①978-4-06-292254-8
作品 高崎山

南郷

15948 ローカルバスの終点へ 宮脇俊三著 洋泉社 2010.12 303p 18cm （新書y）〈1991年刊の新潮文庫を底本とする 日本交通公社出版事業局 1989年刊あり〉 840円 ①978-4-86248-626-4

15949 日本の中の朝鮮をゆく 九州編 光は朝鮮半島から 兪弘濬著, 橋本繁訳 岩波書店 2015.1 257p 20cm 2800円 ①978-4-00-061009-4

日南海岸

15950 梅棹忠夫著作集 第7巻 日本研究 梅棹忠夫著, 石毛直道ほか編 中央公論社 1990.8 663p 21cm 7400円 ①4-12-402857-1
作品 高崎山

15951 50ccバイク日本一周2万キロ 賀曽利隆著 日本交通公社出版事業局 1990.11 285p 19cm 1300円 ①4-533-01631-6

15952 日本探検 梅棹忠夫著 講談社 2014.9 441p 15cm （講談社学術文庫） 1330円 ①978-4-06-292254-8
作品 高崎山

日南市

15953 旅は道づれ湯はなさけ 辻真先著 徳間書店 1989.5 348p 15cm （徳間文庫） 580円 ①4-19-568760-8

15954 野生めぐり―列島神話の源流に触れる12の旅 石倉敏明文, 田附勝写真 京都 淡交社 2015.11 255p 19cm 2000円 ①978-4-473-04045-9

延岡市

15955 肉の旅―まだ見ぬ肉料理を求めて全国縦断！ カベルナリア吉田著 イカロス出版 2016.8 235p 21cm 1600円 ①978-4-8022-0222-0

一ツ瀬ダム

15956 日本列島 野生のヘラを求めて 大崎紀夫著 三樹書房 2004.11 230p 21cm 1400円 ①4-89522-441-4

日向市

15957 天皇家の“ふるさと”日向をゆく 梅原猛著 新潮社 2005.7 284p 16cm （新潮文庫）〈2000年刊の文庫化〉 629円 ①4-10-124411-1

宮崎空港駅

15958 終着駅への旅 JR編 櫻井寛著 JTBパブリッシング 2013.8 222p 19cm 1300円 ①978-4-533-09285-5

宮崎空港線

15959 日本縦断「ローカル列車」を乗りこなす 種村直樹著 青春出版社 2006.6 205p 18cm （青春新書インテリジェンス） 730円 ①4-413-04147-X

宮崎市

15960 新編 日本の旅あちこち 木山捷平著 講談社 2015.4 304p 16cm （講談社文芸文庫）〈著作目録あり 年譜あり〉 1600円 ①978-4-06-290268-7
作品 旧婚旅行―宮崎・鹿児島

鹿児島県

15961 晴浴雨浴日記　種村季弘著　河出書房新社　1989.3　250p　19cm　2500円　①4-309-00554-3
作品 生きている—南薩・沖縄陶器と湯の旅
15962 明治滞在日記　アンドレ・ベルソール著，大久保昭男訳　新人物往来社　1989.4　198p　19cm　2000円　①4-404-01597-6
15963 日本漫遊記　種村季弘著　筑摩書房　1989.6　236p　19cm　1540円　①4-480-82267-4
作品 薩摩入国見たい放題
15964 柳田國男全集　1　柳田國男著　筑摩書房　1989.9　704p　15cm　（ちくま文庫）　1130円　①4-480-02401-8
作品 海南小記
15965 不知火紀行　岡田哲也著　砂子屋書房　1990.6　282p　21cm　2500円
15966 第一阿房列車　内田百閒著　福武書店　1991.9　275p　15cm　（福武文庫）　600円　①4-8288-3212-2
作品 鹿児島阿房列車
15967 閑古堂の絵葉書散歩　西編　林丈二著　小学館　1999.5　123p　21cm　（SHOTOR TRAVEL）　1500円　①4-09-343139-6
作品 鹿児島の西郷さん—鹿児島
15968 南へ　野田知佑著　文芸春秋　2000.7　245p　16cm　（文春文庫—新・放浪記 2）　600円　①4-16-726911-2
15969 ミットフォード日本日記—英国貴族の見た明治　A.B.ミットフォード著，長岡祥三訳　講談社　2001.2　298p　15cm　（講談社学術文庫）〈肖像あり〉　960円　①4-06-159474-5
作品 鹿児島訪問
15970 私の好きな日本　林望著　JAF MATE社　2001.7　175p　21cm〈付属資料：図1枚　写真：小泉佳春〉　1600円
15971 フェリーボートで行こう！—スロー・トラベル　カベルナリア吉田文・写真　東京書籍　2002.7　243p　21cm　1700円　①4-487-79783-7
15972 ぼくの還る川　野田知佑著　新潮社　2003.7　302p　16cm　（新潮文庫）〈2000年刊の文庫化〉　552円　①4-10-141013-5
15973 ものがたり風土記　阿刀田高著　集英社　2003.8　388p　16cm　（集英社文庫）〈文献あり　著作目録あり　2000年刊の文庫化〉　667円　①4-08-747604-9
15974 樹木街道を歩く—縄文杉への道　縄文剣著　碧天舎　2004.8　187p　19cm　1000円　①4-88346-785-6
15975 万葉を旅する　中西進著　ウェッジ　2005.2　229p　19cm　（ウェッジ選書）　1400円　①4-900594-80-6
15976 にっぽん・海風魚旅　3（小魚びゅんびゅん荒波編）　椎名誠著　講談社　2008.1　341p　15cm　（講談社文庫）〈2004年刊の文庫化〉　800円　①978-4-06-275865-9
15977 もいちど修学旅行をしてみたいと思ったのだ　北尾トロ著，中川カンゴロー写真　小学館　2008.4　239p　19cm　1300円　①978-4-09-379784-9
15978 かごしま国道をゆく　10号、220号編　清水哲男著　〔鹿児島〕　南日本新聞社　2008.10　123p　21cm　（南日本新聞ブックレット 1）〈製作・発売：南日本新聞開発センター〔鹿児島〕〉　800円　①978-4-86074-132-7
内容 鹿児島の国道を歩く。移動が目的ではない。歩いて、出会ったものをルポする。沿道で生きる人々の生活、歴史、文化、風習、政治…。歩いて、自分の目で確かめれば、鹿児島の実像が結べるかもしれない。
15979 道の先まで行ってやれ！—自転車で、飲んで笑って、涙する旅　石田ゆうすけ著　幻冬舎　2009.7　303p　20cm　1500円　①978-4-344-01710-8
15980 歴史を紀行する　新装版　司馬遼太郎著　文藝春秋　2010.2　294p　16cm　（文春文庫）　581円　①978-4-16-766335-3
15981 かごしま国道をゆく　226号編　清水哲男著　〔鹿児島〕　南日本新聞社　2010.3　133p　21cm　（南日本新聞ブックレット 2）〈制作・発売：南日本新聞開発センター〔鹿児島〕〉　800円　①978-4-86074-157-0
15982 愛しのローカルごはん旅 もう一杯！—2009-2011　たかぎなおこ著　メディアファクトリー　2011.7　175p　21cm　1100円　①978-4-8401-3982-3
15983 麹巡礼—おいしい麹と出会う9つの旅　おのみさ著　集英社　2013.4　125p　19cm　1300円　①978-4-08-771509-5
15984 海南小記　新版　柳田国男著　角川学芸出版　2013.6　283p　15cm　（角川ソフィア文庫）〈改版：角川書店 1972年刊　発売：角川グループホールディングス〉　667円　①978-4-04-408314-4
15985 日本その日その日　エドワード・シルヴェスター・モース著，石川欣一訳　講談社　2013.6　339p　15cm　（講談社学術文庫）〈文献あり 著作目録あり〉　960円　①978-4-06-292178-7
15986 山とそば　ほしよりこ著　新潮社　2014.8　183p　16cm　（新潮文庫）〈2011年刊の文庫化〉　460円　①978-4-10-126091-4
15987 唄めぐり　石田千著　新潮社　2015.4　401p　20cm〈文献あり〉　2300円　①978-4-10-303453-7
15988 来ちゃった　酒井順子文，ほしよりこ画　小学館　2016.3　317p　15cm　（小学館文庫）〈2011年刊の増補〉　620円　①978-4-09-406277-9
15989 おいしいものは田舎にある—日本ふーど

記　改版　玉村豊男著　中央公論新社　2017.1　245p　16cm　（中公文庫）〈初版のタイトル等：日本ふーど記（日本交通公社 1984年刊）〉　700円　Ⓘ978-4-12-206351-8

15990　私なりに絶景—ニッポンわがまま観光記　宮田珠己著　廣済堂出版　2017.2　244p　19cm　1600円　Ⓘ978-4-331-52080-2

15991　ちょっとそこまで旅してみよう　益田ミリ著　幻冬舎　2017.4　186p　16cm　（幻冬舎文庫）〈「ちょっとそこまでひとり旅だれかと旅」（2013年刊）の改題、書き下ろしを加え再刊〉　460円　Ⓘ978-4-344-42598-9

15992　日本ボロ宿紀行—懐かしの人情宿でホッコリしよう　上明戸聡著　鉄人社　2017.7　287p　15cm　（鉄人文庫）　680円　Ⓘ978-4-86537-092-8

始良市

15993　歌人一人旅　林怜子著　国民みらい出版　2011.7　162p　20cm〈発売：サンクチュアリ出版〉　1200円　Ⓘ978-4-86113-621-4

青久（奄美市）

15994　島で空を見ていた—屋久島・トカラ・奄美・加計呂麻島の旅　斎藤潤著　アメーバブックス新社, 幻冬舎〔発売〕　2010.1　286p　19cm　1300円　Ⓘ978-4-344-99158-3

目次 プロローグ, 第1章 屋久島（もののけ姫の森で島と語れば—白谷雲水峡, 素泊まりの宿で過ごした島の夜に想うこと（前・晴耕雨読）, ヘミシンクしながら屋久島一周ドライブを, 素泊まりの宿で過ごした島の夜に想うこと（後・仙の家）, 第2章 トカラ（ラーダー島からでたいと思ったことは一度もないわ, 霊気漂う島の草原で産みました—諏訪之瀬島からカウアイ島へ, トカラのスーパースター・ボゼのゆくえは, トレジャーアイランドでホーストレッキング, 第3章 奄美・加計呂麻島（ハブ棲む森で真夜中のサバイバルツアー, おいしいソテツはどうやって食べるか, 謎の霧につつまれた湯湾岳と不可解な二人, 青久—清冽な気が流れる谷のなぎさへ, 加計呂麻島—神さまがすぐ近くにいる日々の暮らし, 加計呂麻沖で繰りひろげられる勇壮な追い込み漁, エピローグ—無人島で失われた時をながめて

赤尾木城〔種子島城〕

15995　街道をゆく　8　熊野・古座街道、種子島みち ほか　新装版　司馬遼太郎著　朝日新聞出版　2008.9　329, 8p　15cm　（朝日文庫）　640円　Ⓘ978-4-02-264447-3

秋名（龍郷町）

15996　妣（はは）の国への旅—私の履歴書　谷川健一著　日本経済新聞出版社　2009.1　309p　20cm　2600円　Ⓘ978-4-532-16680-9

作品 奄美の新節

悪石島

15997　遙かなる秘湯をゆく　桂博史著　主婦と生活社　1990.3　222p　19cm　980円　Ⓘ4-391-11232-9

15998　最後の冒険家　石川直樹著　集英社　2008.11　199p　20cm〈折り込1枚〉　1600円　Ⓘ978-4-08-781410-1

15999　遠藤ケイの島旅日和　遠藤ケイ著　千早書房　2009.8　124p　21cm〈索引あり〉　1600円　Ⓘ978-4-88492-439-3

16000　絶海の孤島—驚愕の日本がそこにある　増補改訂版　カベルナリア吉田著　イカロス出版　2015.12　233p　21cm　1600円　Ⓘ978-4-8022-0118-6

16001　ニッポン島遺産　斎藤潤著　実業之日本社　2016.8　191p　19cm　1600円　Ⓘ978-4-408-00889-9

奄美大島

16002　虹を翔ける—草の根を紡ぐ旅　伊藤ルイ著　八月書館　1991.2

作品 87年の終り、奄美への旅

16003　ドイツ人のみた明治の奄美　L.ドゥーダーライン著, クライナー・ヨーゼフ, 田畑千秋共訳著　那覇　ひるぎ社　1992.2　226p　18cm　（おきなわ文庫）〈参考文献：p210～226〉　880円

作品 明治期・奄美ヨーロッパ交流史〔クライナー・ヨーゼフ〕　琉球諸島の奄美大島〔L.ドゥーダーライン〕

目次 明治期・奄美ヨーロッパ交流史 クライナー・ヨーゼフ, 田畑千秋著, 琉球諸島の奄美大島 L.ドゥーダーライン著

16004　旅ゆけば日本　ピーター・フランクル著　世界文化社　1994.7　227p　19cm　1300円　Ⓘ4-418-94504-0

作品 島唄の夏—鹿児島県・奄美大島

16005　島の時間—九州・沖縄 謎の始まり　赤瀬川原平著　平凡社　1999.3　231p　16cm　（平凡社ライブラリー）　740円　Ⓘ4-582-76283-2

16006　シェルパ斉藤の行きあたりばっ旅　5　斉藤政喜著　小学館　1999.8　253p　15cm　（小学館文庫）　457円　Ⓘ4-09-411005-4

16007　染めと織りと祈り　立松和平著　アスペクト　2000.3　261p　21cm　2200円　Ⓘ4-7572-0705-0

16008　のんきに島旅　本山賢司著　河出書房新社　2000.4　229p　15cm　（河出文庫）〈「海流に乗って」（山と渓谷社1987年刊）の増補〉　680円　Ⓘ4-309-40607-6

16009　日本の森を歩く　池内紀文, 柳木昭信写真　山と渓谷社　2001.6　277p　22cm　1800円　Ⓘ4-635-28047-0

16010　奄美・テゲテゲで行こう！　西村仁美著　現代書館　2002.11　222p　19cm　1800円　Ⓘ4-7684-6841-1

目次 怒涛の笠利町・赤木名編（酒の席のハナシが…, 長い一日 ほか）, 悪戦苦闘の名瀬市・大熊編（島のタフマン, 帰省 ほか）, すったもんだの沖縄、徳之島、加計呂麻編（沖縄でバスは止まらない, 徳之島PART1・パンチパーマと餅たぼれ ほか）, 極楽パラダイスな笠利町・用編（からだで稼ぐ, 「島」オケ ほか）

16011　ちいさい旅みーつけた　俵万智著, 平地勲写真　集英社　2003.5　251p　16cm　（集英

社be文庫） 695円 ①4-08-650028-0

16012 島めぐり フェリーで行こう！―スロー・トラベル カベルナリア吉田文・写真 東京書籍 2003.8 207p 21cm 1500円 ①4-487-79884-1

16013 時速8キロニッポン縦断 斉藤政喜著 小学館 2003.10 397p 19cm （Be-pal books）〈折り込1枚〉 1500円 ①4-09-366067-0

16014 東京～奄美 損なわれた時を求めて 島尾伸三著 河出書房新社 2004.3 134p 21cm （Lands & memory） 1800円 ①4-309-01619-7

16015 夢追い俳句紀行 大高翔著 日本放送出版協会 2004.4 237p 19cm 1300円 ①4-14-016126-4

16016 ムンユスィ―魂のふるさと 奄美の素顔 山川さら著 しののめ出版 2004.7 127p 26cm〈星雲社（発売）〉 1500円 ①4-434-04620-9

内容 奄美大島、その計り知れない深みとさまざまな素顔。観光情報とは違う奄美の入り口へ、豊富な写真と美しい文章が招く。

16017 日本《島旅》紀行 斎藤潤著 光文社 2005.3 284p 18cm （光文社新書） 780円 ①4-334-03299-0

16018 沖縄・奄美《島旅》紀行 斎藤潤著 光文社 2005.7 243p 18cm （光文社新書） 720円 ①4-334-03316-4

目次 第1章 八重山、その果てへ（与那国島―辺境中の辺境の、世界に一番近い島, 由布島―この島をハワイにするんだ！ ほか）, 第2章 宮古の島々（宮古島―海を眺めつづけたら七年がたっていました, 多良間島―この島の海の素晴らしさを思い知ったさ ほか）, 第3章 奄美の島々（奄美大島―私には、ずっと南への憧れがありました, 与路島―わしらのご先祖さまが一生懸命植えたものなんだ ほか）, 第4章 八重山の島々（竹富島―素足ツアーは、一人でも催行するつもりです, 竹富島―伝統と文化の島にふさわしい産品 ほか）, 第5章 沖縄本島と周辺の島々（備瀬―このフクギ並木はビシンチュの誇りです, 渡名喜島―シマノーシを一緒に見ていったらいいさ ほか）

16019 沖縄・奄美を歩く 立松和平著, 黒古一夫編 勉誠出版 2006.4 322p 22cm （立松和平日本を歩く 第6巻） 2600円 ①4-585-01176-5

目次 沖縄・与那国・奄美（水と砂糖キビ畑, 与那国島の砂糖キビ, 一瞬の間, 郷愁深い砂糖キビ畑, 砂糖キビの甘い香り, 砂糖キビ畑の春, 腹が減っていれば, 力を貸してくれ, 親戚がふえる, 黒潮に洗われる与那国島, すんかに節, いつでも聞こえる与那国の歌, わが心の与那国, 与那国ぬ情, 与那国島鳥瞰図, ケイキ時代, ハイ・ドゥナン, 魅惑の島, 旅の日, 放浪者, 旅の日ごとに知る島の深さ, ある泡盛談義, オジーと孫とマグロ釣り, 「禁忌」の先には神がいる, 石垣島のマンゴー畑, 白保の海人, それでも白保のサンゴは滅びる, 最後の大サンゴ礁石垣島, 那覇の市場, マチグヮー, 那覇の桜坂, 沖縄ロックの青春, 波之上の浜千鳥, 波之上宮, 波之上無頼, 極私的聖地波之上, 悲しいジュークボックス, 瘴癘の悪夢―西表炭坑, 半世紀前の「悪い夢」を覆う自然の生命力に恐怖さえ覚える, 永遠の湧水宮古島の水汲み, 水に浮かぶ宮古島, 水に浮かんだ宮古島, 近づいた海宮古島の海底, 水は島の息だ, 風を織る, 爽やかな海, 着物の力, 紅型, 読谷山花織, 本部町伊豆味の泥藍, 我らが英雄, 青空と地底, 斎場御嶽, 久高島参詣, 星砂の海岸, 豚の霊力, デジャ・ビュ, デジャ・ビュに導かれて, 沖縄へ, 波之上漂泊, 無理矢理の友達, 豊饒の海, わが友・長島平次郎, 朝の砂糖湯, 与那国へ, 与那国ぬ情, 砂糖キビ畑へ, 砂糖キビ畑の服装, ユイマール, 花酒, ヨナクニウマ, 讃える―具志堅用高, 犬神, 砂糖キビ畑から, 土着といわれて, 砂糖キビ畑の新聞紙, 野宿, 妄想と暗澹, 与那国の少年, 電話, 与那国の別嬪さん, 山桃酒, 四十分間の幻の旅, 南島と他界, 与那国ぬ渡海―与那国島試論, 息子の旅立ち, 与那国にすぐこい, 風と渡海, 砂糖キビ畑の不思議な力, 与那国島の一冊の本, 結婚式は横浜で, 与那国島のカーライフ, ヤギ狩り, 与那国の静かな海, 薬草ウミマツ, 与那国より, 与那国の波から, 台風の安否, 島建て伝説を解読する, 旅の日, かんから三線, 歌の島、与那国, 人間死んだら, 無限抱擁の色, 奄美の豊年祭, けんむんの森, 奄美大島・不思議の森, 奄美の黒糖焼酎, 砂糖キビ畑の心, 大島紬の黒, 豊年祭, ケンムン話, アマミノクロウサギ, 森の気配, 異才マングローブ, 奄美の涙, 確かな癒し, ヤポネシアの聖地, 昔のまま, デイゴの並木, ナーナーズ, 唄遊び, 唄者の舟, 海上タクシー, 追込み漁, 与路島, 田中一村の家, 奄美大島の宇宙, 砂糖キビ畑の祈り, 糸繰り節, 民謡日本一, 時が止まる, 竹のやさしさ, 森の三人組, シマグチ, クロマグロ, 何でも時機がある, 台風, 水平線の彼方へ, 島尾敏雄さんの招き, 須子茂小学校, ハブ捕り名人, 油井豊年踊り, 子供に民話を語る, 親子相撲, 日本一のガジュマル, フーチャ, 暗川の水辺, 環境保全型農業, 花つくり, 祭りの後の宴会）

16020 なんくるなく、ない―沖縄（ちょっとだけ奄美）旅の日記ほか よしもとばなな著 新潮社 2006.4 227p 16cm （新潮文庫）〈肖像あり〉 590円 ①4-10-135926-1

目次 1 ばななの夏、はじめての沖縄, 2 波照間島旅の雑記―友は人生の宝, 3 妊婦の旅台風編, 4 子づれ石垣日記, 5 奄美、鶏飯の日々, 那覇のせつない一夜, もずくちゃん

16021 国井律子のハーレー日本一周―20代最後のひとり旅 国井律子著 小学館 2007.1 155p 21cm 1500円 ①4-09-366534-6

16022 神に頼って走れ！―自転車爆走日本南下旅日記 高野秀行著 集英社 2008.3 242p 16cm （集英社文庫） 476円 ①978-4-08-746278-4

16023 辺海放浪―東シナ海国境なき島々 日高恒太朗著 新人物往来社 2009.9 270p 20cm 1800円 ①978-4-404-03749-7

16024 南島旅行見聞記 柳田国男著, 酒井卯作編 森話社 2009.11 265p 20cm 2900円 ①978-4-86405-003-6

目次 出発～大阪（一九二〇年十二月十三日～十二月十五日）, 九州（一九二〇年十二月十五日～一九二一年一月三日）, 沖縄本島（一九二一年一月五日～一月二十一日）, 宮古（一九二一年一月二十二日～一月二十三日）, 八重山（一九二一年一月二十三日～一月三十日）, 宮古（一九二一年一月三十一日～二月一日）, 沖縄本島（一九二一年二月二日～二月七日）, 奄美～帰京（一九二一年二月七日～三月一日）

16025 島で空を見ていた―屋久島・トカラ・奄美・加計呂麻島の旅 斎藤潤著 アメーバブックス新社, 幻冬舎〔発売〕 2010.1 286p

19cm 1300円 ①978-4-344-99158-3

16026 どうせ今夜も波の上 椎名誠著 文藝春秋 2010.3 258p 16cm (文春文庫) 495円 ①978-4-16-733430-7

作品 ハブを食いに行く

16027 味な旅 舌の旅 改版 宇能鴻一郎著 中央公論新社 2010.10 239p 16cm (中公文庫)〈初版：中央公論社1980年刊〉 705円 ①978-4-12-205391-5

16028 ぶらりニッポンの島旅 管洋志著 講談社 2011.7 253p 15cm (講談社文庫) 838円 ①978-4-06-276988-4

16029 日本ザンテイ世界遺産に行ってみた。 宮田珠己著 京都 淡交社 2015.7 214p 19cm 1600円 ①978-4-473-04029-9

16030 来ちゃった 酒井順子文, ほしよりこ画 小学館 2016.3 317p 15cm (小学館文庫)〈2011年刊の増補〉 620円 ①978-4-09-406277-9

16031 あまみの甘み あまみの香り―くじらとくっかるの島めぐり 奄美大島・喜界島・徳之島・沖永良部島・与論島と黒糖焼酎をつくる全25蔵の話 鯨本あつこ, 石原みどり著 吹田 西日本出版社 2016.8 293p 19cm〈文献あり〉 1400円 ①978-4-908443-02-2

目次 奄美大島 (とっても広い奄美大島 (地図), 大きな島 ほか), 喜界島 (蝶が舞う喜界島 (地図), 日本で2番目に短い空の旅 ほか), 徳之島 (わいど！ わいど！ の徳之島 (地図), ベストオブご当地豆腐 ほか), 沖永良部島 (地下にひみつがある沖永良部島 (地図), 文化の境目 ほか), 与論島 (ヨロンケンポウの島。与論島 (地図), 与論島の歴史処 ほか)

16032 肉の旅―まだ見ぬ肉料理を求めて全国縦断！ カベルナリア吉田著 イカロス出版 2016.8 235p 21cm 1600円 ①978-4-8022-0222-0

16033 ニッポン島遺産 斎藤潤著 実業之日本社 2016.8 191p 19cm 1600円 ①978-4-408-00889-9

16034 そこらじゅうにて―日本どこでも紀行 宮田珠己著 幻冬舎 2017.6 274p 16cm (幻冬舎文庫)〈「日本全国もっと津々うりゃうりゃ」(廣済堂出版 2013年刊) の改題、修正〉 600円 ①978-4-344-42618-4

奄美群島

16035 島へ―奄美 立松和平著 河出書房新社 2002.8 117p 23cm (立松和平のふるさと紀行) 2500円 ①4-309-01483-6

目次 砂糖キビ畑の心, 大島紬の黒, 豊年祭, ケンムン話, アマミノクロウサギ, 森の気配, 異才マングローブ, 奄美の涙, 確かな癒し, ヤポネシアの聖地〔ほか〕

16036 琉球弧あまくま語り 中村喬次著 鹿児島 南方新社 2004.9 248p 19cm 1800円 ①4-86124-022-0

目次 第1章 コラム 南風駘蕩 (四季さまざまの, あ・と・乱・だ・む), 第2章 はみんぐ・ぱあと (神様の思し召し, チーパンプー ほか), 第3章 南風の旅 (奄美のアヤナギ, 美しく、長きもの ほか), 第4章 島尾敏雄追想 (島尾敏雄一周忌, カゲロウ島の文学碑 ほか)

16037 沖縄・奄美を歩く 立松和平著, 黒古一夫編 勉誠出版 2006.4 322p 22cm (立松和平日本を歩く 第6巻) 2600円 ①4-585-01176-5

16038 立松和平の日本動物紀行 立松和平文・写真 日経BP社 2006.6 253p 20cm〈日経BP出版センター (発売)〉 1600円 ①4-8222-4515-2

16039 うつくしい列島―地理学的名所紀行 池澤夏樹著 河出書房新社 2015.11 308p 20cm 1800円 ①978-4-309-02425-7

天降川

16040 西日本を歩く 立松和平著, 黒古一夫編 勉誠出版 2006.4 372p 22cm (立松和平日本を歩く 第4巻) 2600円 ①4-585-01174-9

硫黄島〔薩摩硫黄島〕

16041 植民地のアリス 島田雅彦著 朝日新聞社 1996.6 231p 15cm (朝日文芸文庫)〈1993年刊の文庫化〉 650円 ①4-02-264111-8

16042 波のむこうのかくれ島 椎名誠著 新潮社 2004.4 254p 16cm (新潮文庫)〈写真：垂見健吾 2001年刊の文庫化〉 514円 ①4-10-144825-6

16043 遠藤ケイの島旅日和 遠藤ケイ著 千早書房 2009.8 124p 21cm〈索引あり〉 1600円 ①978-4-88492-439-3

16044 絶海の孤島―驚愕の日本がそこにある 増補改訂版 カベルナリア吉田著 イカロス出版 2015.12 233p 21cm 1600円 ①978-4-8022-0118-6

16045 世界の果てに、ぼくは見た 長沼毅著 幻冬舎 2017.8 230p 16cm (幻冬舎文庫)〈「時空の旅人 辺境の地をゆく」(MOKU出版 2012年刊) の改題、大幅に加筆・修正〉 580円 ①978-4-344-42641-2

池田湖

16046 みずうみ紀行 渡辺淳一著 光文社 1988.5 181p 15cm (光文社文庫) 520円 ①4-334-70746-7

出水市

16047 鳥に会う旅 叶内拓哉著 世界文化社 1991.6 264p 21cm (ネイチャーブックス) 2400円 ①4-418-91506-0

いちき串木野市

16048 島めぐり フェリーで行こう！―スロー・トラベル カベルナリア吉田文・写真 東京書籍 2003.8 207p 21cm 1500円 ①4-487-79884-1

16049 どうせ今夜も波の上 椎名誠著 文藝春秋 2010.3 258p 16cm (文春文庫) 495円 ①978-4-16-733430-7

作品 捜しものはなんですか

16050 歌人一人旅 林怜子著 国民みらい出版

2011.7　162p　20cm〈発売：サンクチュアリ出版〉　1200円　①978-4-86113-621-4

市比野温泉

16051　人情温泉紀行―演歌歌手・鏡五郎が訪ねた全国の名湯47選　鏡五郎著　マガジンランド　2008.5　235p　19cm〈年譜あり〉　1238円　①978-4-944101-37-5

指宿温泉

16052　温泉百話―西の旅　種村季弘, 池内紀編　筑摩書房　1988.2　471p　15cm　（ちくま文庫）　680円　①4-480-02201-5
　作品 湯船の歌〔島尾敏雄〕

16053　温泉旅行記　嵐山光三郎著　筑摩書房　2000.12　315p　15cm　（ちくま文庫）〈初版：JTB1997年刊〉　760円　①4-480-03589-3

16054　大変結構、結構大変。―ハラダ九州温泉三昧の旅　原田宗典著　集英社　2003.6　280p　16cm　（集英社文庫）〈1999年刊の文庫化〉　514円　①4-08-747587-5

指宿市

16055　日本紀行　井上靖著　岩波書店　1993.12　252p　16cm　（同時代ライブラリー）　1000円　①4-00-260169-2
　作品 佐多岬紀行

16056　50歳からの歴史の旅―京都、鎌倉には、あえて行かない…　童門冬二著　青春出版社　2004.6　205p　18cm　（プレイブックスインテリジェンス）　700円　①4-413-04094-5

16057　花嫁化鳥　改版　寺山修司著　中央公論社　2008.11　258p　16cm　（中公文庫）〈1990年刊の改版〉　705円　①978-4-12-205073-0
　作品 花嫁化鳥

16058　ニッポン旅みやげ　池内紀著　青土社　2015.4　162p　20cm　1800円　①978-4-7917-6852-3

指宿枕崎線

16059　ニッポン線路つたい歩き　久住昌之著　カンゼン　2017.6　246p　19cm　1500円　①978-4-86255-398-0

入来町（薩摩川内市）

16060　回り灯籠　吉村昭著　筑摩書房　2009.11　231p　15cm　（ちくま文庫）　660円　①978-4-480-42655-0
　作品 不思議な町

請島

16061　沖縄・奄美の小さな島々　カベルナリア吉田著　中央公論新社　2013.7　286p　18cm　（中公新書ラクレ）　860円　①978-4-12-150460-9
目次 本島周辺（瀬底島―巨大リゾート騒動に揺れた、美ら海の島, 今度こそ伊是名島―王様が生まれた島（其の壱）, 伊平屋島・野甫島―王様が生まれた島（其の弐）, 屋我地島, 与勝諸島（平安座島・浜比嘉島・宮城島・伊計島）, 津堅島, 慶留間島・外地島, 奥武島, 渡名喜島, 粟国島）, 宮古・八重山（池間島―インシャ（海人）の島の旧正月にお邪魔！, 下地島―パイロット訓練場の島を歩く, 多良間島―宮古でも八重山でもない孤高の島, 黒島, 鳩間島）, 奄美（加計呂麻島―30の集落に、30通りの島の表情がある, 請島―ハブに遭うかもしれない奄美の小さな島（其の壱）, 与路島―ハブに遭うかもしれない奄美の小さな島（其の弐））

栄之尾温泉

16062　モダン都市文学　5　観光と乗物　川本三郎編　平凡社　1990.5　477p　21cm　2800円　①4-582-30085-5
　作品 温泉めぐり（抄）〔田山花袋〕

16063　日本温泉めぐり　田山花袋著　角川春樹事務所　1997.11　324p　16cm　（ランティエ叢書 8）〈「温泉めぐり」（博文館1991年刊）の改題〉　1000円　①4-89456-087-9

16064　温泉めぐり　田山花袋著　岩波書店　2007.6　379p　15cm　（岩波文庫）　800円　①978-4-00-310217-6

大隅半島

16065　日本紀行　井上靖著　岩波書店　1993.12　252p　16cm　（同時代ライブラリー）　1000円　①4-00-260169-2
　作品 佐多岬紀行

16066　南のオデッセイ―九州沿岸ぐるり徒歩の旅　榛谷泰明著　南日本新聞社,（鹿児島）南日本新聞開発センター〔発売〕　1995.12　168p　21cm　1500円　①4-944075-08-1

16067　山で見た夢―ある山岳雑誌編集者の記憶　勝峰富雄著　みすず書房　2010.5　285p　20cm　2600円　①978-4-622-07542-4

大谷温泉

16068　誰も行けない温泉 最後の聖（泉）　大原利雄著　小学館　2005.1　167p　15cm　（小学館文庫）　733円　①4-09-411527-7

沖永良部島

16069　旅あそび―朝日新聞連載「気まま旅」より　河村立司著　大阪　JDC　1997.10　221p　19×19cm〈1989年刊の改訂〉　1300円　①4-89008-220-4

16070　南へ　野田知佑著　文芸春秋　2000.7　245p　16cm　（文春文庫―新・放浪記 2）　600円　①4-16-726911-2

16071　旅の紙芝居　椎名誠写真・文　朝日新聞社　2002.10　350p　15cm　（朝日文庫）〈1998年刊の文庫化〉　820円　①4-02-264298-X
　作品 エビカニ鍋の夜

16072　秘境ごくらく日記―辺境中毒オヤジの冒険指南　敷島悦朗著　JTB　2003.1　230p　19cm　1700円　①4-533-04569-3

16073　島めぐり フェリーで行こう！―スロー・トラベル　カベルナリア吉田文・写真　東京書籍　2003.8　207p　21cm　1500円　①4-487-79884-1

16074 日本全国 離島を旅する 向一陽著 講談社 2004.7 307p 18cm (講談社現代新書) 780円 ①4-06-149727-8
16075 沖縄・奄美を歩く 立松和平著, 黒古一夫編 勉誠出版 2006.4 322p 22cm (立松和平日本を歩く 第6巻) 2600円 ①4-585-01176-5
16076 辺海放浪―東シナ海国境なき島々 日高恒太朗著 新人物往来社 2009.9 270p 20cm 1800円 ①978-4-404-03749-7
16077 あまみの甘み あまみの香り―くじらとくっかるの島めぐり 奄美大島・喜界島・徳之島・沖永良部島・与論島と黒糖焼酎をつくる全25蔵の話 鯨本あつこ, 石原みどり著 吹田 西日本出版社 2016.8 293p 19cm 〈文献あり〉 1400円 ①978-4-908443-02-2
16078 あやしい探検隊 焚火酔虎伝 椎名誠著 山と溪谷社 2016.10 278p 図版16p 15cm (ヤマケイ文庫)〈角川文庫 1998年刊の再編集, 単行本は1995年刊〉 700円 ①978-4-635-04819-4
16079 素晴らしき洞窟探検の世界 吉田勝次著 筑摩書房 2017.10 253p 18cm (ちくま新書) 920円 ①978-4-480-06997-9

尾之間温泉

16080 秘湯を求めて 3 きわめつけの秘湯 藤嶽彰英著 (大阪)保育社 1990.1 194p 19cm 1350円 ①4-586-61103-0

開聞岳

16081 百霊峰巡礼 第2集 立松和平著 東京新聞出版局 2008.4 307p 20cm 1800円 ①978-4-8083-0893-3
16082 ひとつとなりの山 池内紀著 光文社 2008.10 269p 18cm (光文社新書) 800円 ①978-4-334-03476-4
16083 全ての装備を知恵に置き換えること 石川直樹著 集英社 2009.11 263p 16cm (集英社文庫)〈晶文社2005年刊の加筆・修正〉 552円 ①978-4-08-746500-6
16084 すべての山を登れ。 井賀孝著 京都 淡交社 2014.4 255p 19cm 1700円 ①978-4-473-03924-8
16085 新編 日本の旅あちこち 木山捷平著 講談社 2015.4 304p 16cm (講談社文芸文庫)〈著作目録あり 年譜あり〉 1600円 ①978-4-06-290268-7
作品 旧婚旅行―宮崎・鹿児島

加計呂麻島

16086 植民地のアリス 島田雅彦著 朝日新聞社 1996.6 231p 15cm (朝日文芸文庫)〈1993年刊の文庫化〉 650円 ①4-02-264111-8
16087 奄美・テゲテゲで行こう! 西村仁美著 現代書館 2002.11 222p 19cm 1800円 ①4-7684-6841-1
16088 琉球弧あまくま語り 中村喬次著 鹿児島 南方新社 2004.9 248p 19cm 1800円 ①4-86124-022-0
16089 風のかなたのひみつ島 椎名誠著, 垂見健吾写真 新潮社 2005.6 253p 16cm (新潮文庫)〈2002年刊の文庫化〉 514円 ①4-10-144827-2
16090 沖縄・奄美を歩く 立松和平著, 黒古一夫編 勉誠出版 2006.4 322p 22cm (立松和平日本を歩く 第6巻) 2600円 ①4-585-01176-5
16091 島で空を見ていた―屋久島・トカラ・奄美・加計呂麻島の旅 斎藤潤著 アメーバブックス新社, 幻冬舎〔発売〕 2010.1 286p 19cm 1300円 ①978-4-344-99158-3
16092 日本(にっぽん)はじっこ自滅旅 鴨志田穣著 講談社 2011.1 331p 15cm (講談社文庫)〈2005年刊の文庫化〉 581円 ①978-4-06-276871-9
16093 ぶらりニッポンの島旅 管洋志著 講談社 2011.7 253p 15cm (講談社文庫) 838円 ①978-4-06-276988-4
16094 沖縄・奄美の小さな島々 カベルナリア吉田著 中央公論新社 2013.7 286p 18cm (中公新書ラクレ) 860円 ①978-4-12-150460-9
16095 来ちゃった 酒井順子文, ほしよりこ画 小学館 2016.3 317p 15cm (小学館文庫)〈2011年刊の増補〉 620円 ①978-4-09-406277-9
16096 「男はつらいよ」を旅する 川本三郎著 新潮社 2017.5 286p 20cm (新潮選書) 1400円 ①978-4-10-603808-2
作品 加計呂麻島で暮す寅とリリー
16097 おれたちを笑え!―わしらは怪しい雑魚釣り隊 椎名誠著 小学館 2017.6 354p 15cm (小学館文庫)〈2015年刊の加筆・修正〉 670円 ①978-4-09-406425-4

鹿児島市

16098 詩人の旅 田村隆一著 中央公論社 1991.9 216p 15cm (中公文庫) 420円 ①4-12-201836-6
16099 旅を慕いて 木内宏著 朝日新聞社 1994.2 245p 19cm 1500円 ①4-02-256685-X
16100 こんにちは、ふるさと 俵万智著 河出書房新社 1995.5 76p 20×18cm 1500円 ①4-309-00983-2
作品 暮らしに生きる郷土料理―鹿児島
16101 褌の旅 越中文俊著 心交社 2002.12 227p 19cm (日本つれづれ紀行 1) 1500円 ①4-88302-806-2
16102 ショージ君の旅行鞄―東海林さだお自選 東海林さだお著 文芸春秋 2005.2 905p 16cm (文春文庫) 933円 ①4-16-717760-9
作品 行くぞ! さつま揚げツアー
16103 銅像めぐり旅―ニッポン蘊蓄紀行 清水義範著 祥伝社 2006.9 306p 16cm (祥伝社文庫)〈2002年刊の文庫化〉 619円 ①4-

396–33308–0

16104 オバハン流 旅のつくり方　吉永みち子著　中央公論新社　2007.2　235p　19cm　1500円　①978–4–12–003803–7

16105 わたくしの旅　池波正太郎著　講談社　2007.4　248p　15cm　（講談社文庫）〈2003年刊の文庫化〉　495円　①978–4–06–275692–1

16106 神に頼って走れ！―自転車爆走日本南下旅日記　高野秀行著　集英社　2008.3　242p　16cm　（集英社文庫）　476円　①978–4–08–746278–4

16107 ひとり旅 ひとり酒　太田和彦著　大阪　京阪神エルマガジン社　2009.11　237p　21cm　1600円　①978–4–87435–306–6

16108 池波正太郎を歩く　須藤靖貴著　講談社　2012.9　326p　15cm　（講談社文庫）〈毎日新聞社 2009年刊の加筆・修正〉　648円　①978–4–06–277363–8

16109 黒田知永子 大人のための小さな旅―日本のいいとこ見つけた　黒田知永子著　集英社　2014.9　159p　21cm　1600円　①978–4–08–780732–5

16110 日本の中の朝鮮をゆく　九州編　光は朝鮮半島から　兪弘濬著, 橋本繁訳　岩波書店　2015.1　257p　20cm　2800円　①978–4–00–061009–4

16111 ふらり旅 いい酒 いい肴　1　太田和彦著　主婦の友社　2015.1　135p　21cm　1400円　①978–4–07–299000–1

16112 新編 日本の旅あちこち　木山捷平著　講談社　2015.4　304p　16cm　（講談社文芸文庫）〈著作目録あり 年譜あり〉　1600円　①978–4–06–290268–7

作品 旧婚旅行―宮崎・鹿児島

鹿児島市電

16113 路面電車全線探訪記　再版　柳沢道生著, 旅行作家の会編　現代旅行研究所　2008.6　224p　21cm　（旅行作家文庫）　1800円　①978–4–87482–096–4

鹿児島本線

16114 東京～奄美 損なわれた時を求めて　島尾伸三著　河出書房新社　2004.3　134p　21cm　（Lands & memory）　1800円　①4–309–01619–7

16115 日本縦断「ローカル列車」を乗りこなす　種村直樹著　青春出版社　2006.6　205p　18cm　（青春新書インテリジェンス）　730円　①4–413–04147–X

16116 のんびり各駅停車　谷崎竜著　講談社　2009.6　229p　15cm　（講談社文庫）　857円　①978–4–06–276382–0

16117 ぞっこん鉄道今昔―昭和の鉄道撮影地への旅　櫻井寛写真・文　朝日新聞出版　2012.8　205p　21cm　2300円　①978–4–02–331112–1

16118 ニッポン線路つたい歩き　久住昌之著　カンゼン　2017.6　246p　19cm　1500円　①978–4–86255–398–0

笠沙町（南さつま市）

16119 ローカルバスの終点へ　宮脇俊三著　洋泉社　2010.12　303p　18cm　（新書y）〈1991年刊の新潮文庫を底本とする　日本交通公社出版事業局 1989年刊あり〉　840円　①978–4–86248–626–4

笠利町（奄美市）

16120 奄美・テゲテゲで行こう！　西村仁美著　現代書館　2002.11　222p　19cm　1800円　①4–7684–6841–1

臥蛇島

16121 シェルパ斉藤の行きあたりばっ旅　斉藤政喜著　小学館　1998.1　349p　16cm　（小学館文庫）〈1994年刊の増訂〉　600円　①4–09–411001–1

16122 絶海の孤島―驚愕の日本がそこにある　増補改訂版　カベルナリア吉田著　イカロス出版　2015.12　233p　21cm　1600円　①978–4–8022–0118–6

門倉岬

16123 街道をゆく　8　熊野・古座街道、種子島みち ほか　新装版　司馬遼太郎著　朝日新聞出版　2008.9　329, 8p　15cm　（朝日文庫）　640円　①978–4–02–264447–3

上甑島

16124 島めぐり フェリーで行こう！―スロー・トラベル　カベルナリア吉田文・写真　東京書籍　2003.8　207p　21cm　1500円　①4–487–79884–1

16125 遠藤ケイの島旅日和　遠藤ケイ著　千早書房　2009.8　124p　21cm〈索引あり〉　1600円　①978–4–88492–439–3

蒲生町武家屋敷跡（姶良市）

16126 街道をゆく　3　陸奥のみち、肥薩のみち ほか　新装版　司馬遼太郎著　朝日新聞出版　2008.8　315, 8p　15cm　（朝日文庫）　620円　①978–4–02–264442–8

蒲生八幡神社

16127 街道をゆく　3　陸奥のみち、肥薩のみち ほか　新装版　司馬遼太郎著　朝日新聞出版　2008.8　315, 8p　15cm　（朝日文庫）　620円　①978–4–02–264442–8

喜界島

16128 シェルパ斉藤の行きあたりばっ旅　2　斉藤政喜著　小学館　1998.4　253p　15cm　（小学館文庫）　457円　①4–09–411002–X

16129 あまみの甘み あまみの香り―くじらとくっかるの島めぐり 奄美大島・喜界島・徳之島・沖永良部島・与論島と黒糖焼酎をつくる全25蔵の話　鯨本あつこ, 石原みどり著　吹田　西日本出版社　2016.8　293p　19cm〈文献あり〉　1400円　①978–4–908443–02–2

喜志鹿崎

16130 街道をゆく 8 熊野・古座街道、種子島みち ほか 新装版 司馬遼太郎著 朝日新聞出版 2008.9 329, 8p 15cm (朝日文庫) 640円 ①978-4-02-264447-3

霧島市

16131 遙かなる秘湯をゆく 桂博史著 主婦と生活社 1990.3 222p 19cm 980円 ①4-391-11232-9

16132 大変結構、結構大変。—ハラダ九州温泉三昧の旅 原田宗典著 集英社 2003.6 280p 16cm (集英社文庫)〈1999年刊の文庫化〉 514円 ①4-08-747587-5

16133 文豪、偉人の「愛」をたどる旅 黛まどか著 集英社 2009.8 255p 18cm 1048円 ①978-4-08-781427-9

霧島神宮

16134 はなさんのまだ行ったことのない南九州 はなナビゲーター, 平間至フォトグラファー 扶桑社 2004.12 141p 21cm 1400円 ①4-594-04851-X

錦江湾

16135 南の川まで 野田知佑著 新潮社 1999.2 237p 16cm (新潮文庫)〈小学館1996年刊あり〉 400円 ①4-10-141011-9

16136 サラリーマン転覆隊が来た! 本田亮著 小学館 2001.11 255p 20cm〈付属資料:CD-ROM1枚(12cm)〉 1600円 ①4-09-366461-7

銀水洞

16137 素晴らしき洞窟探検の世界 吉田勝次著 筑摩書房 2017.10 253p 18cm (ちくま新書) 920円 ①978-4-480-06997-9

口永良部島

16138 日本《島旅》紀行 斎藤潤著 光文社 2005.3 284p 18cm (光文社新書) 780円 ①4-334-03299-0

16139 名も知らぬ遠き島より—ひとり身の渚を枕に「種子島・屋久島・吐噶喇」亜熱帯漂流 日高恒太朗著 三五館 2006.6 334p 図版12枚 20cm〈文献あり〉 1800円 ①4-88320-345-X

(目次) 第1章 種子島・馬毛島(西之表, 馬毛島 ほか), 第2章 屋久島・口永良部島(宮之浦, 一湊 ほか), 第3章 三島村(竹島, 硫黄島 ほか), 第4章 十島村(口之島, 中之島 ほか)

口之島

16140 遙かなる秘湯をゆく 桂博史著 主婦と生活社 1990.3 222p 19cm 980円 ①4-391-11232-9

16141 シェルパ斉藤の行きあたりばっ旅 斉藤政喜著 小学館 1998.1 349p 16cm (小学館文庫)〈1994年刊の増訂〉 600円 ①4-09-411001-1

16142 名も知らぬ遠き島より—ひとり身の渚を枕に「種子島・屋久島・吐噶喇」亜熱帯漂流 日高恒太朗著 三五館 2006.6 334p 図版12枚 20cm〈文献あり〉 1800円 ①4-88320-345-X

熊野神社(中種子町)

16143 街道をゆく 8 熊野・古座街道、種子島みち ほか 新装版 司馬遼太郎著 朝日新聞出版 2008.9 329, 8p 15cm (朝日文庫) 640円 ①978-4-02-264447-3

栗野岳温泉

16144 温泉百話—西の旅 種村季弘, 池内紀編 筑摩書房 1988.2 471p 15cm (ちくま文庫) 680円 ①4-480-02201-5

(作品) 西郷ドンは温泉がお好き〔玉村豊男〕

16145 秘湯を求めて 2 ないしょの秘湯 藤嶽彰英著 (大阪)保育社 1989.12 185p 19cm 1350円 ①4-586-61102-2

16146 ガラメキ温泉探険記 池内紀著 リクルート出版 1990.10 203p 19cm 1165円 ①4-88991-196-0

16147 雲は旅人のように—湯の花紀行 池内紀著, 田淵裕一写真 日本交通公社出版事業局 1995.5 284p 19cm 1600円 ①4-533-02163-8

(作品) 神の里、湯けむりの里

16148 温泉旅日記 池内紀著 徳間書店 1996.9 277p 15cm (徳間文庫)〈河出書房新社1988年刊あり〉 540円 ①4-19-890559-2

国分(霧島市)

16149 歌人一人旅 林怜子著 国民みらい出版 2011.7 162p 20cm〈発売:サンクチュアリ出版〉 1200円 ①978-4-86113-621-4

甑島列島

16150 日本すみずみ紀行 川本三郎著 社会思想社 1997.9 258p 15cm (現代教養文庫)〈文元社2004年刊(1998年刊(2刷)を原本としたOD版)あり〉 640円 ①4-390-11613-4

16151 にっぽん・海風魚旅 怪し火さすらい編 椎名誠著 講談社 2003.7 325p 15cm (講談社文庫)〈2000年刊の文庫化〉 800円 ①4-06-273797-3

小宝島

16152 遙かなる秘湯をゆく 桂博史著 主婦と生活社 1990.3 222p 19cm 980円 ①4-391-11232-9

御拝塔墓地〔種子島家墓地〕

16153 街道をゆく 8 熊野・古座街道、種子島みち ほか 新装版 司馬遼太郎著 朝日新聞出版 2008.9 329, 8p 15cm (朝日文庫) 640円 ①978-4-02-264447-3

桜島

16154 南のオデッセイ—九州沿岸ぐるり徒歩の旅 榛谷泰明著 南日本新聞社, (鹿児島)南日

本新聞開発センター〔発売〕 1995.12 168p 21cm 1500円 ①4-944075-08-1

16155 島の時間―九州・沖縄 謎の始まり 赤瀬川原平著 平凡社 1999.3 231p 16cm (平凡社ライブラリー) 740円 ①4-582-76283-2

16156 はなさんのまだ行ったことのない南九州 はなナビゲーター,平間至フォトグラファー 扶桑社 2004.12 141p 21cm 1400円 ①4-594-04851-X

16157 動くとき、動くもの 青木奈緒著 講談社 2005.11 333p 15cm (講談社文庫) 〈2002年刊の文庫化〉 600円 ①4-06-275236-0

16158 街道をゆく 3 陸奥のみち、肥薩のみち ほか 新装版 司馬遼太郎著 朝日新聞出版 2008.8 315, 8p 15cm (朝日文庫) 620円 ①978-4-02-264442-8

16159 日本風景論 池内紀著 角川学芸出版 2009.3 279p 19cm (角川選書)〈発売：角川グループパブリッシング〉 1600円 ①978-4-04-703442-6

16160 うつくしい列島―地理学的名所紀行 池澤夏樹著 河出書房新社 2015.11 308p 20cm 1800円 ①978-4-309-02425-7

16161 荒ぶる自然―日本列島天変地異録 高田宏著 神戸 苦楽堂 2016.6 303, 7p 19cm 〈新潮社 1997年刊の再刊 年表あり 索引あり〉 1800円 ①978-4-908087-03-5

佐多岬

16162 日本紀行 井上靖著 岩波書店 1993.12 252p 16cm (同時代ライブラリー) 1000円 ①4-00-260169-2
　作品 佐多岬紀行

16163 今夜も空の下―シェルパ斉藤の行きあたりばっ旅 2 斉藤政喜著 小学館 1996.3 287p 19cm (BE-PAL BOOKS) 1100円 ①4-09-366063-8

16164 シェルパ斉藤の行きあたりばっ旅 3 斉藤政喜著 小学館 1998.8 253p 16cm (小学館文庫) 457円 ①4-09-411003-8

16165 九州自然歩道を歩く 田嶋直樹著 福岡 葦書房 2001.11 226p 19cm〈折り込1枚〉 1600円 ①4-7512-0819-5

16166 親友はいますか―あとの祭り 渡辺淳一著 新潮社 2011.8 262p 16cm (新潮文庫) 〈2009年刊の文庫化〉 438円 ①978-4-10-117638-3

16167 スコット親子、日本を駆ける―父と息子の自転車縦断4000キロ チャールズ・R.スコット著,児島修訳 紀伊國屋書店 2015.1 365p 19cm 1900円 ①978-4-314-01123-5

16168 日本2百名山ひと筆書き 田中陽希著 NHK出版 2016.6 285p 19cm (グレートトラバース 2) 1700円 ①978-4-14-081700-1

薩摩半島

16169 望郷を旅する 石川啄木ほか著,作品社編集部編 作品社 1998.4 251p 22cm (新編・日本随筆紀行 大きな活字で読みやすい本―心にふるさとがある 15) ①4-87893-896-X, 4-87893-807-2
　作品 薩摩半島ひとめぐり〔森崎和江〕

16170 天皇家の“ふるさと”日向をゆく 梅原猛著 新潮社 2005.7 284p 16cm (新潮文庫) 〈2000年刊の文庫化〉 629円 ①4-10-124411-1

16171 味な旅 舌の旅 改版 宇能鴻一郎著 中央公論新社 2010.10 239p 16cm (中公文庫)〈初版：中央公論社1980年刊〉 705円 ①978-4-12-205391-5

16172 日本(にっぽん)はじっこ自滅旅 鴨志田穣著 講談社 2011.1 331p 15cm (講談社文庫)〈2005年刊の文庫化〉 581円 ①978-4-06-276871-9

16173 新編 日本の旅あちこち 木山捷平著 講談社 2015.4 304p 16cm (講談社文芸文庫)〈著作目録あり 年譜あり〉 1600円 ①978-4-06-290268-7
　作品 旧婚旅行―宮崎・鹿児島

16174 半島をゆく 第1巻 信長と戦国興亡編 安部龍太郎,藤田達生著 小学館 2016.11 321p 19cm 1500円 ①978-4-09-343442-3

獅子島

16175 妣(はは)の国への旅―私の履歴書 谷川健一著 日本経済新聞出版社 2009.1 309p 20cm 2600円 ①978-4-532-16680-9

16176 遠藤ケイの島旅日和 遠藤ケイ著 千早書房 2009.8 124p 21cm〈索引あり〉 1600円 ①978-4-88492-439-3

16177 谷川健一全集 第10巻(民俗 2) 女の風土記 埋もれた日本地図(抄録) 黒潮の民俗学(抄録) 谷川健一著 冨山房インターナショナル 2010.1 574, 27p 23cm〈付属資料：8p：月報 no.14 索引あり〉 6500円 ①978-4-902385-84-7

志布志駅

16178 終着駅への旅 JR編 櫻井寛著 JTBパブリッシング 2013.8 222p 19cm 1300円 ①978-4-533-09285-5

島間港

16179 街道をゆく 8 熊野・古座街道、種子島みち ほか 新装版 司馬遼太郎著 朝日新聞出版 2008.9 329, 8p 15cm (朝日文庫) 640円 ①978-4-02-264447-3

下甑島

16180 島めぐり フェリーで行こう！―スロー・トラベル カベルナリア吉田文・写真 東京書籍 2003.8 207p 21cm 1500円 ①4-487-79884-1

白谷雲水峡

16181 島で空を見ていた―屋久島・トカラ・奄美・加計呂麻島の旅 斎藤潤著 アメーバブックス新社,幻冬舎〔発売〕 2010.1 286p

19cm　1300円　①978-4-344-99158-3

新川渓谷温泉郷

16182　旅は道づれ湯はなさけ　辻真先著　徳間書店　1989.5　348p　15cm　（徳間文庫）　580円　①4-19-568760-8

新島

16183　歴史の島 旅情の島　鈴木亨著　東洋書院　1997.10　260p　22cm　1900円　①4-88594-262-4

16184　日本《島旅》紀行　斎藤潤著　光文社　2005.3　284p　18cm　（光文社新書）　780円　①4-334-03299-0

新湯温泉

16185　温泉百話―西の旅　種村季弘, 池内紀編　筑摩書房　1988.2　471p　15cm　（ちくま文庫）　680円　①4-480-02201-5

作品 西郷ドンは温泉がお好き〔玉村豊男〕

16186　秘湯を求めて　1　はじめての秘湯　藤嶽彰英著　（大阪）保育社　1989.11　194p　19cm　1350円　①4-586-61101-4

16187　ガラメキ温泉探険記　池内紀著　リクルート出版　1990.10　203p　19cm　1165円　①4-88991-196-0

16188　雲は旅人のように―湯の花紀行　池内紀著, 田淵裕一写真　日本交通公社出版事業局　1995.5　284p　19cm　1600円　①4-533-02163-8

作品 神の里、湯けむりの里

16189　温泉旅日記　池内紀著　徳間書店　1996.9　277p　15cm　（徳間文庫）〈河出書房新社1988年刊あり〉　540円　①4-19-890559-2

住吉神社

16190　街道をゆく　8　熊野・古座街道、種子島みち ほか　新装版　司馬遼太郎著　朝日新聞出版　2008.9　329, 8p　15cm　（朝日文庫）　640円　①978-4-02-264447-3

諏訪之瀬島

16191　秘湯を求めて　3　きわめつけの秘湯　藤嶽彰英著　（大阪）保育社　1990.1　194p　19cm　1350円　①4-586-61103-0

16192　遙かなる秘湯をゆく　桂博史著　主婦と生活社　1990.3　222p　19cm　980円　①4-391-11232-9

16193　島で空を見ていた―屋久島・トカラ・奄美・加計呂麻島の旅　斎藤潤著　アメーバブックス新社, 幻冬舎〔発売〕　2010.1　286p　19cm　1300円　①978-4-344-99158-3

16194　ニッポンの穴紀行―近代史を彩る光と影　西牟田靖著　光文社　2010.12　324p　19cm　〈文献あり〉　1500円　①978-4-334-97634-7

16195　ニッポン島遺産　斎藤潤著　実業之日本社　2016.8　191p　19cm　1600円　①978-4-408-00889-9

栖林神社

16196　街道をゆく　8　熊野・古座街道、種子島みち ほか　新装版　司馬遼太郎著　朝日新聞出版　2008.9　329, 8p　15cm　（朝日文庫）　640円　①978-4-02-264447-3

川内駅

16197　終着駅への旅　JR編　櫻井寛著　JTBパブリッシング　2013.8　222p　19cm　1300円　①978-4-533-09285-5

造士館

16198　全国藩校紀行―日本人の精神の原点を訪ねて　中村彰彦著　PHP研究所　2014.12　314p　15cm　（PHP文庫）〈「捜魂記」（文藝春秋 2004年刊）の改題〉　680円　①978-4-569-76280-7

曾木ノ滝

16199　街道をゆく　3　陸奥のみち、肥薩のみち ほか　新装版　司馬遼太郎著　朝日新聞出版　2008.8　315, 8p　15cm　（朝日文庫）　620円　①978-4-02-264442-8

宝島

16200　シェルパ斉藤の行きあたりばっ旅　斉藤政喜著　小学館　1998.1　349p　16cm　（小学館文庫）〈1994年刊の増訂〉　600円　①4-09-411001-1

16201　のんきに島旅　本山賢司著　河出書房新社　2000.4　229p　15cm　（河出文庫）〈「海流に乗って」（山と渓谷社1987年刊）の増補〉　680円　①4-309-40607-6

16202　あるく魚とわらう風　椎名誠著　集英社　2001.2　355p　16cm　（集英社文庫）　619円　①4-08-747290-6

16203　波のむこうのかくれ島　椎名誠著　新潮社　2004.4　254p　16cm　（新潮文庫）〈写真：垂見健吾　2001年刊の文庫化〉　514円　①4-10-144825-6

竹島

16204　波のむこうのかくれ島　椎名誠著　新潮社　2004.4　254p　16cm　（新潮文庫）〈写真：垂見健吾　2001年刊の文庫化〉　514円　①4-10-144825-6

16205　日本《島旅》紀行　斎藤潤著　光文社　2005.3　284p　18cm　（光文社新書）　780円　①4-334-03299-0

16206　名も知らぬ遠き島より―ひとり身の渚を枕に「種子島・屋久島・吐噶喇」亜熱帯漂流　日高恒太朗著　三五館　2006.6　334p 図版12枚　20cm〈文献あり〉　1800円　①4-88320-345-X

16207　ニッポン島遺産　斎藤潤著　実業之日本社　2016.8　191p　19cm　1600円　①978-4-408-00889-9

種子島

16208　島の時間―九州・沖縄 謎の始まり　赤瀬川原平著　平凡社　1999.3　231p　16cm　（平

凡社ライブラリー） 740円 ①4-582-76283-2

16209 晴れた空 曇った顔―私の文学散歩 安岡章太郎著 幻戯書房 2003.7 200p 20cm 2500円 ①4-901998-04-8

16210 日本全国 離島を旅する 向一陽著 講談社 2004.7 307p 18cm （講談社現代新書） 780円 ①4-06-149727-8

16211 バスで田舎へ行く 泉麻人著 筑摩書房 2005.5 296p 15cm （ちくま文庫）〈「バスで、田舎へ行く」（JTB 2001年刊）の改題〉 740円 ①4-480-42079-7

16212 名も知らぬ遠き島より―ひとり身の渚を枕に「種子島・屋久島・吐噶喇」亜熱帯漂流 日高恒太朗著 三五館 2006.6 334p 図版12枚 20cm〈文献あり〉 1800円 ①4-88320-345-X

16213 街道をゆく 8 熊野・古座街道、種子島みち ほか 新装版 司馬遼太郎著 朝日新聞出版 2008.9 329, 8p 15cm （朝日文庫） 640円 ①978-4-02-264447-3

16214 辺海放浪―東シナ海国境なき島々 日高恒太朗著 新人物往来社 2009.9 270p 20cm 1800円 ①978-4-404-03749-7

16215 シェルパ斉藤の島旅はいつも自転車で 斉藤政喜著 二玄社 2010.3 191p 21cm 1500円 ①978-4-544-40046-5

16216 日本（にっぽん）はじっこ自滅旅 鴨志田穣著 講談社 2011.1 331p 15cm （講談社文庫）〈2005年刊の文庫化〉 581円 ①978-4-06-276871-9

千座の岩屋（南種子町）

16217 街道をゆく 8 熊野・古座街道、種子島みち ほか 新装版 司馬遼太郎著 朝日新聞出版 2008.9 329, 8p 15cm （朝日文庫） 640円 ①978-4-02-264447-3

知覧町（南九州市）

16218 ふれあいの旅紀行 新田健次著 東京新聞出版局 1992.5 203p 19cm 1300円 ①4-8083-0437-6

16219 準急特快 記者の旅―レイルウェイ・ライターの本 種村直樹著 JTB 2003.5 318p 19cm〈肖像あり 著作目録あり〉 1600円 ①4-533-04777-7

作品 小京都飲み継ぎ紀行

16220 紀行 失われたものの伝説 立野正裕著 彩流社 2014.11 217p 19cm （フィギュール彩 21） 1900円 ①978-4-7791-7021-8

目次 第1章 ノルマンディへの旅―キース・ダグラスの詩を探して, 第2章 イタリア南部への旅―カルロ・レーヴィの流刑地を行く, 第3章 ウクライナへの旅―ミハイル・スヴェトロフの詩を探して, 第4章 トルコへの旅―ナーズム・ヒクメットの詩とパルチザンの少女, 第5章 知覧への旅―特攻から七十年, 第6章 ドイツ東部への旅―強制収容所と戦略爆撃

沈寿官窯（日置市）

16221 街道をゆく 3 陸奥のみち、肥薩のみち ほか 新装版 司馬遼太郎著 朝日新聞出版 2008.8 315, 8p 15cm （朝日文庫） 620円 ①978-4-02-264442-8

吐噶喇列島

16222 遙かなる秘湯をゆく 桂博史著 主婦と生活社 1990.3 222p 19cm 980円 ①4-391-11232-9

16223 シェルパ斉藤の行きあたりばっ旅 斉藤政喜著 小学館 1998.1 349p 16cm （小学館文庫）〈1994年刊の増訂〉 600円 ①4-09-411001-1

16224 旅の紙芝居 椎名誠写真・文 朝日新聞社 2002.10 350p 15cm （朝日文庫）〈1998年刊の文庫化〉 820円 ①4-02-264298-X

作品 トカラの小さな島で

16225 名も知らぬ遠き島より―ひとり身の渚を枕に「種子島・屋久島・吐噶喇」亜熱帯漂流 日高恒太朗著 三五館 2006.6 334p 図版12枚 20cm〈文献あり〉 1800円 ①4-88320-345-X

16226 太陽と風のダンス 改訂版 ゴルゴ内藤著 太田出版 2009.6 367p 19cm〈写真：半沢健〉 1500円 ①978-4-7783-1178-0

目次 ゴア（インド）、パンガン島（タイ）, 南アフリカ, レイヴ巡礼, オーストラリア, 皆既日食巡礼（2003〜2008）

16227 島で空を見ていた―屋久島・トカラ・奄美・加計呂麻島の旅 斎藤潤著 アメーバブックス新社, 幻冬舎〔発売〕 2010.1 286p 19cm 1300円 ①978-4-344-99158-3

16228 私の海の地図 石原慎太郎著 世界文化社 2015.10 319p 20cm 3000円 ①978-4-418-15514-9

徳之島

16229 奄美・テゲテゲで行こう！ 西村仁美著 現代書館 2002.11 222p 19cm 1800円 ①4-7684-6841-1

16230 島めぐり フェリーで行こう！―スロー・トラベル カベルナリア吉田文・写真 東京書籍 2003.8 207p 21cm 1500円 ①4-487-79884-1

16231 時速8キロニッポン縦断 斉藤政喜著 小学館 2003.10 397p 19cm （Be-pal books）〈折り込1枚〉 1500円 ①4-09-366067-0

16232 スローな旅で行こう―シェルパ斉藤の週末ニッポン再発見 斉藤政喜著 小学館 2004.10 255p 19cm （Dime books） 1200円 ①4-09-366068-9

16233 あまみの甘み あまみの香り―くじらとくっかるの島めぐり 奄美大島・喜界島・徳之島・沖永良部島・与論島と黒糖焼酎をつくる全25蔵の話 鯨本あつこ, 石原みどり著 吹田 西日本出版社 2016.8 293p 19cm〈文献あり〉 1400円 ①978-4-908443-02-2

16234 ニッポン島遺産 斎藤潤著 実業之日本社 2016.8 191p 19cm 1600円 ①978-4-408-00889-9

十島村

16235 名も知らぬ遠き島より―ひとり身の渚を枕に「種子島・屋久島・吐噶喇」亜熱帯漂流 日高恒太朗著 三五館 2006.6 334p 図版12枚 20cm〈文献あり〉 1800円 ①4-88320-345-X

特急「指宿のたまて箱」

16236 旅の闇にとける 乃南アサ著 文藝春秋 2015.8 327p 16cm （文春文庫） 670円 ①978-4-16-790428-9
作品 たまて箱列車で見る夢は

苗代川

16237 柳宗悦 民芸紀行 柳宗悦著，水尾比呂志編 岩波書店 1995.2 314p 15cm （岩波文庫） 620円 ①4-00-331695-9
作品 苗代川の黒物

中之島

16238 名も知らぬ遠き島より―ひとり身の渚を枕に「種子島・屋久島・吐噶喇」亜熱帯漂流 日高恒太朗著 三五館 2006.6 334p 図版12枚 20cm〈文献あり〉 1800円 ①4-88320-345-X

名瀬（奄美市）

16239 奄美・テゲテゲで行こう！ 西村仁美著 現代書館 2002.11 222p 19cm 1800円 ①4-7684-6841-1

南薩鉄道

16240 鉄道廃線跡の旅 宮脇俊三著 角川書店 2003.4 187p 15cm （角川文庫）〈「七つの廃線跡」（JTB2001年刊）の改題〉 438円 ①4-04-159810-9

西大山駅

16241 駅を楽しむ！ テツ道の旅 野田隆著 平凡社 2007.5 237p 18cm （平凡社新書） 760円 ①978-4-582-85374-2

16242 旅の闇にとける 乃南アサ著 文藝春秋 2015.8 327p 16cm （文春文庫） 670円 ①978-4-16-790428-9
作品 たまて箱列車で見る夢は

西之表港

16243 街道をゆく 8 熊野・古座街道、種子島みち ほか 新装版 司馬遼太郎著 朝日新聞出版 2008.9 329, 8p 15cm （朝日文庫） 640円 ①978-4-02-264447-3

新田神社

16244 沈黙の神々 佐藤洋二郎著 松柏社 2005.11 270p 19cm 1800円 ①978-4-7754-0093-2

寝待温泉

16245 温泉旅行記 嵐山光三郎著 筑摩書房 2000.12 315p 15cm （ちくま文庫）〈初版：JTB1997年刊〉 760円 ①4-480-03589-3

野間半島

16246 谷川健一全集 第10巻（民俗 2） 女の風土記 埋もれた日本地図（抄録） 黒潮の民俗学（抄録） 谷川健一著 冨山房インターナショナル 2010.1 574, 27p 23cm〈付属資料：8p：月報 no.14 索引あり〉 6500円 ①978-4-902385-84-7
作品 海人神話の回廊

浜津脇港

16247 街道をゆく 8 熊野・古座街道、種子島みち ほか 新装版 司馬遼太郎著 朝日新聞出版 2008.9 329, 8p 15cm （朝日文庫） 640円 ①978-4-02-264447-3

ハミャ島

16248 ニッポン島遺産 斎藤潤著 実業之日本社 2016.8 191p 19cm 1600円 ①978-4-408-00889-9

東温泉

16249 秘湯を求めて 2 ないしょの秘湯 藤嶽彰英著 （大阪）保育社 1989.12 185p 19cm 1350円 ①4-586-61102-2

16250 いで湯行脚三千湯 美坂哲男著 山と渓谷社 1999.7 311p 19cm 1700円 ①4-635-28041-1

日吉町（日置市）

16251 ふるさと―この国は特別に美しい ジョニー・ハイマス著 ユーリーグ 1995.4 193p 18cm （U・LEAG BOOK） 1200円 ①4-946491-01-5

平内海中温泉

16252 秘湯を求めて 1 はじめての秘湯 藤嶽彰英著 （大阪）保育社 1989.11 194p 19cm 1350円 ①4-586-61101-4

16253 温泉旅行記 嵐山光三郎著 筑摩書房 2000.12 315p 15cm （ちくま文庫）〈初版：JTB1997年刊〉 760円 ①4-480-03589-3

16254 大変結構、結構大変。―ハラダ九州温泉三昧の旅 原田宗典著 集英社 2003.6 280p 16cm （集英社文庫）〈1999年刊の文庫化〉 514円 ①4-08-747587-5
作品 PICTURE―絵になる屋久島

広瀬川

16255 不知火紀行 岡田哲也著 砂子屋書房 1990.6 282p 21cm 2500円

16256 山で見た夢―ある山岳雑誌編集者の記憶 勝峰富雄著 みすず書房 2010.5 285p 20cm 2600円 ①978-4-622-07542-4

古里温泉

16257 温泉旅行記 嵐山光三郎著 筑摩書房 2000.12 315p 15cm （ちくま文庫）〈初版：JTB1997年刊〉 760円 ①4-480-03589-3

16258 大変結構、結構大変。―ハラダ九州温泉

三昧の旅　原田宗典著　集英社　2003.6　280p　16cm　(集英社文庫)〈1999年刊の文庫化〉　514円　①4-08-747587-5
作品 LEGEND—桜島・指宿の伝説を追え

16259　あやしい探検隊 焚火酔虎伝　椎名誠著　山と溪谷社　2016.10　278p 図版16p　15cm　(ヤマケイ文庫)〈角川文庫 1998年刊の再編集, 単行本は1995年刊〉　700円　①978-4-635-04819-4
作品 南九州ばか湯ばか酒ばか唄旅

坊津(南さつま市)

16260　晴れた空 曇った顔—私の文学散歩　安岡章太郎著　幻戯書房　2003.7　200p　20cm　2500円　①4-901998-04-8

前田温泉

16261　遙かなる秘湯をゆく　桂博史著　主婦と生活社　1990.3　222p　19cm　980円　①4-391-11232-9

前之浜(南種子町)

16262　街道をゆく　8　熊野・古座街道、種子島みち ほか　新装版　司馬遼太郎著　朝日新聞出版　2008.9　329, 8p　15cm　(朝日文庫)　640円　①978-4-02-264447-3

牧園町(霧島市)

16263　歌人一人旅　林怜子著　国民みらい出版　2011.7　162p　20cm〈発売：サンクチュアリ出版〉　1200円　①978-4-86113-621-4

枕崎駅

16264　終着駅への旅　JR編　櫻井寛著　JTBパブリッシング　2013.8　222p　19cm　1300円　①978-4-533-09285-5

枕崎市

16265　晴れた空 曇った顔—私の文学散歩　安岡章太郎著　幻戯書房　2003.7　200p　20cm　2500円　①4-901998-04-8

馬毛島

16266　思索紀行—ぼくはこんな旅をしてきた　立花隆著　書籍情報社　2004.10　510p 図版12枚　20cm　1600円　①4-915999-13-0
目次 序論 世界の認識は「旅」から始まる, 第1部 無人島の思索, 第1章 無人島生活六日間, 第2章 モンゴル「皆既日食」体験, 第2部 「ガルガンチュア風」暴飲暴食の旅, 第3章 「ガルガンチュア風」暴飲暴食の旅, 第4章 フランスの岩盤深きところより, 第5章 ヨーロッパ・チーズの旅, 第3部 キリスト教芸術への旅, 第6章 神のための音楽, 第7章 神の王国イグアス紀行, 第4部 ヨーロッパ反核無銭旅行, 第8章 ヨーロッパ反核無銭旅行, 第5部 パレスチナ報告, 第9章 パレスチナ報告, 第10章 独占スクープ・テルアビブ事件, 第11章 アメリカの世論を変えたパレスチナ報道, 第12章 自爆テロの研究, 第6部 ニューヨーク研究, 第13章 ニューヨーク'81, 第14章 AIDSの荒野を行く

16267　名も知らぬ遠き島より—ひとり身の渚を枕に「種子島・屋久島・吐噶喇」亜熱帯漂流　日高恒太朗著　三五館　2006.6　334p 図版12枚　20cm〈文献あり〉　1800円　①4-88320-345-X

三島村

16268　名も知らぬ遠き島より—ひとり身の渚を枕に「種子島・屋久島・吐噶喇」亜熱帯漂流　日高恒太朗著　三五館　2006.6　334p 図版12枚　20cm〈文献あり〉　1800円　①4-88320-345-X

みどり湯

16269　秘湯を求めて　1　はじめての秘湯　藤嶽彰英著　(大阪)保育社　1989.11　194p　19cm　1350円　①4-586-61101-4

南大隅町

16270　日本紀行　井上靖著　岩波書店　1993.12　252p　16cm　(同時代ライブラリー)　1000円　①4-00-260169-2
作品 佐多岬紀行

宮之浦岳

16271　山のぼりおり　石田千著　山と溪谷社　2008.4　149p 図版16枚　20cm　1800円　①978-4-635-17174-8

16272　百霊峰巡礼　第3集　立松和平著　東京新聞出版部　2010.8　307p　20cm〈第2集までの出版者：東京新聞出版局〉　1800円　①978-4-8083-0933-6

美山(日置市)

16273　日本の中の朝鮮をゆく　九州編　光は朝鮮半島から　兪弘濬著, 橋本繁訳　岩波書店　2015.1　257p　20cm　2800円　①978-4-00-061009-4

妙見温泉

16274　秘湯を求めて　1　はじめての秘湯　藤嶽彰英著　(大阪)保育社　1989.11　194p　19cm　1350円　①4-586-61101-4

燃島

16275　負籠の細道　水上勉著　集英社　1997.10　232p　16cm　(集英社文庫)　476円　①4-08-748697-4

モッチョム岳

16276　すべての山を登れ。　井賀孝著　京都　淡交社　2014.4　255p　19cm　1700円　①978-4-473-03924-8

屋久島

16277　梅棹忠夫著作集　第1巻　探検の時代　梅棹忠夫著, 石毛直道ほか編　中央公論社　1990.4　589p　21cm　6200円　①4-12-402851-2
目次 探検隊の見習士官, 山と旅(南海の山旅—屋久島紀行 ほか), 探検の時代, 探検記をよむ

16278　ドキュメント・海の国境線　鎌田慧著　筑摩書房　1994.5　262p　20cm　1800円　①4-

480–85665–X

16279 縄文杉に会う　立松和平文, 日下田紀三写真　講談社　1995.7　44p　21cm　1300円　①4–06–207683–7

（内容）世界遺産にえらばれた屋久島の自然。

16280 癒しの森—The forest of grace ひかりのあめふるしま屋久島　田口ランディ著　ダイヤモンド社　1997.11　235p　20cm　1600円　①4–478–70151–2

（目次）魂の物語の島, 水の音の記憶, ガジュマルの教え, 初めて海と出会う, 大きなのっぽの古時計, ヤクザルさまのお通りだい, 秘密のダクマ協会, 縄文杉と出会う, コケのシンクロニシティ, 遠い街から来た女〔ほか〕

16281 いつか旅するひとへ　勝谷誠彦著　潮出版社　1998.8　234p　20cm　1200円　①4–267–01499–X

16282 日本映画を歩く—ロケ地を訪ねて　川本三郎著　JTB　1998.8　239p　20cm　1600円　①4–533–03066–1

16283 島の時間—九州・沖縄 謎の始まり　赤瀬川原平著　平凡社　1999.3　231p　16cm　（平凡社ライブラリー）　740円　①4–582–76283–2

16284 旅。ときどき戦争—湾岸から南極まで　勝谷誠彦著　ベストセラーズ　2000.4　237p　19cm　1300円　①4–584–18531–X

（目次）1章 酒。娼婦。戦争。その時ぼくはそこにいた。（ぼくはいま、河を渡る。—ノンカイ‐タイ, 湿度のある幻覚。—ビエンチャン‐ラオス ほか）, 2章 南方吟遊詩人の戯れ。（昏いか‐スリランカ, その地でぼくは癒される‐スリランカ ほか）, 3章 美しき国のうつろいに。夢の仮り寝の、宿の夢。（屋久島—屋久島いわさきホテル・六月, 沖縄—ホテル日航アリビラ・七月 ほか）, 4章 南北の極圏を踏む。この惑星の貌、最後のかけらを探して。（蒼き午睡の向こう—マレ‐モルディブ, 海の十字路、迷宮の島—シチリア‐イタリア ほか）

16285 日本の森を歩く　池内紀文, 柳木昭信写真　山と渓谷社　2001.6　277p　22cm　1800円　①4–635–28047–0

16286 ひかりのあめふるしま屋久島　田口ランディ著　幻冬舎　2001.8　267p　16cm　（幻冬舎文庫）〈「癒しの森」（ダイヤモンド社1997年刊）の改題〉　533円　①4–344–40145–X

（内容）「私が自然に興味を持ち出したのは30歳を過ぎてからだった。それまで、アウトドアなどというものにはまったく興味がなく、毎晩ネオンの海にダイブして二日酔いの頭に迎え酒」—仕事に疲れ、海と森と川以外には気のきいたものは何もない屋久島にやってきた著者は、美しい自然や不思議な出会いによって運命が激変した。魂の物語に誘う旅エッセイ。

16287 へなちょこ探検隊—屋久島へ行ってきました　銀色夏生著　幻冬舎　2001.10　158p　16cm　（幻冬舎文庫）　571円　①4–344–40164–6

（内容）「通が言うには、屋久島にはぜひとも船で行ってほしいそうですよ」「ふーん…。その人は、まさに…通だね…。でも、私たち、へなちょこだから、飛行機でいいよね」木や緑が多く、水も空気もきれいで、自然たっぷりの屋久島に、へなちょこ探検隊が行ってきました。ほのぼの楽しく心地いい、オールカラーフォトエッセイ。

16288 秘境ごくらく日記—辺境中毒オヤジの冒険指南　敷島悦朗著　JTB　2003.1　230p　19cm　1700円　①4–533–04569–3

16289 聖地巡礼　田口ランディ著, 森豊写真　メディアファクトリー　2003.4　353p　18cm　1600円　①4–8401–0755–6

16290 大変結構、結構大変。—ハラダ九州温泉三昧の旅　原田宗典著　集英社　2003.6　280p　16cm　（集英社文庫）〈1999年刊の文庫化〉　514円　①4–08–747587–5

16291 日本“汽水”紀行—「森は海の恋人」の世界を尋ねて　畠山重篤著　文芸春秋　2003.9　302p　19cm　1714円　①4–16–365280–9

16292 日本列島を往く　4　孤島の挑戦　鎌田慧著　岩波書店　2003.12　305p　15cm　（岩波現代文庫 社会）　900円　①400603086X

16293 日本全国 離島を旅する　向一陽著　講談社　2004.7　307p　18cm　（講談社現代新書）　780円　①4–06–149727–8

16294 樹木街道を歩く—縄文杉への道　縄文剣著　碧天舎　2004.8　187p　19cm　1000円　①4–88346–785–6

16295 ワッキーの地名しりとり—日本中を飛ばされ続けてついにゴール！　2（完結編）　ペナルティ・ワッキー著　名古屋　ぴあ　2004.11　233p　19cm〈付属資料：1枚〉　1300円　①4–8356–0977–8

16296 日本《島旅》紀行　斎藤潤著　光文社　2005.3　284p　18cm　（光文社新書）　780円　①4–334–03299–0

16297 森の旅 森の人—北海道から沖縄まで日本の森林を旅する　軽装版　稲本正文, 姉崎一馬写真　世界文化社　2005.11　271p　21cm　（ほたるの本）〈1994年刊行版に一部修正を加え軽装版にしたもの　1990年刊あり〉　1800円　①4–418–05518–5

16298 水の巡礼　田口ランディ著, 森豊写真　角川書店　2006.2　270p　15cm　（角川文庫）　952円　①4–04–375303–9

16299 西日本を歩く　立松和平著, 黒古一夫編　勉誠出版　2006.4　372p　22cm　（立松和平日本を歩く 第4巻）　2600円　①4–585–01174–9

16300 名も知らぬ遠き島より—ひとり身の渚を枕に「種子島・屋久島・吐噶喇」亜熱帯漂流　日高恒太朗著　三五館　2006.6　334p 図版12枚　20cm〈文献あり〉　1800円　①4–88320–345–X

16301 屋久島ジュウソウ　森絵都著　集英社　2009.2　227p　16cm　（集英社文庫）〈2006年刊の文庫化〉　514円　①978–4–08–746402–3

（目次）1 屋久島ジュウソウ, 2 slight sight‐seeing（怪しげな黒い鞄, 無縁の縁, モロッコの車窓から, ハッサン, パリのメシア, 海外でキレるとき, トラベル読書術, 一人でお酒を ほか）

16302 遠藤ケイの島旅日和　遠藤ケイ著　千早書房　2009.8　124p　21cm〈索引あり〉　1600円　①978–4–88492–439–3

16303 樹をめぐる旅　高橋秀樹著　宝島社　2009.8　125p　16cm　（宝島sugoi文庫）　457円

Ⓘ978-4-7966-7357-0

16304 吉田観覧車 吉田戦車著 講談社 2009.12 179p 15cm (講談社文庫) 524円 Ⓘ978-4-06-276543-5

16305 島で空を見ていた―屋久島・トカラ・奄美・加計呂麻島の旅 斎藤潤著 アメーバブックス新社, 幻冬舎〔発売〕 2010.1 286p 19cm 1300円 Ⓘ978-4-344-99158-3

16306 ぶらりニッポンの島旅 管洋志著 講談社 2011.7 253p 15cm (講談社文庫) 838円 Ⓘ978-4-06-276988-4

16307 山々を滑る登る 熊谷榧絵と文 八王子 白山書房 2012.11 319p 19cm (〔榧・画文集 12〕) 1900円 Ⓘ978-4-89475-159-0

16308 鈴木みきの山の足あと ステップアップ編 鈴木みき著 山と溪谷社 2014.8 127p 21cm 1200円 Ⓘ978-4-635-33064-0

16309 みどりの国滞在日記 エリック・ファーユ著, 三野博司訳 水声社 2014.12 195p 20cm (批評の小径) 2500円 Ⓘ978-4-8010-0077-3

16310 林芙美子小品集 林芙美子著, 石田忠彦, 大野達郎編 鹿児島 南日本新聞開発センター 2015.4 234p 19cm 1300円 Ⓘ978-4-86074-228-7

作品 屋久島紀行

目次 九州炭坑街放浪記, 風琴と魚の町, 清貧の書, 一粒の葡萄, 下町 ダウン・タウン, 童話, 一人の生涯(抄), 屋久島紀行, 林芙美子と私〔ほか〕

16311 うつくしい列島―地理学的名所紀行 池澤夏樹著 河出書房新社 2015.11 308p 20cm 1800円 Ⓘ978-4-309-02425-7

16312 旅の食卓 池内紀著 亜紀書房 2016.8 233p 19cm 1600円 Ⓘ978-4-7505-1480-2

16313 ニッポン島遺産 斎藤潤著 実業之日本社 2016.8 191p 19cm 1600円 Ⓘ978-4-408-00889-9

16314 世界の果てに、ぼくは見た 長沼毅著 幻冬舎 2017.8 230p 16cm (幻冬舎文庫) 〈「時空の旅人 辺境の地をゆく」(MOKU出版 2012年刊)の改題、大幅に加筆・修正〉 580円 Ⓘ978-4-344-42641-2

屋久島国立公園

16315 東京を歩く 立松和平著, 黒古一夫編 勉誠出版 2006.4 343p 22cm (立松和平日本を歩く 第7巻) 2600円 Ⓘ4-585-01177-3

湯川内温泉

16316 秘湯を求めて 2 ないしょの秘湯 藤嶽彰英著 (大阪)保育社 1989.12 185p 19cm 1350円 Ⓘ4-586-61102-2

湯之谷温泉

16317 遙かなる秘湯をゆく 桂博史著 主婦と生活社 1990.3 222p 19cm 980円 Ⓘ4-391-11232-9

湯湾岳

16318 島で空を見ていた―屋久島・トカラ・奄美・加計呂麻島の旅 斎藤潤著 アメーバブックス新社, 幻冬舎〔発売〕 2010.1 286p 19cm 1300円 Ⓘ978-4-344-99158-3

能野焼窯跡(西之表市)

16319 街道をゆく 8 熊野・古座街道、種子島みち ほか 新装版 司馬遼太郎著 朝日新聞出版 2008.9 329, 8p 15cm (朝日文庫) 640円 Ⓘ978-4-02-264447-3

与路島

16320 沖縄・奄美を歩く 立松和平著, 黒古一夫編 勉誠出版 2006.4 322p 22cm (立松和平日本を歩く 第6巻) 2600円 Ⓘ4-585-01176-5

16321 ぶらりニッポンの島旅 管洋志著 講談社 2011.7 253p 15cm (講談社文庫) 838円 Ⓘ978-4-06-276988-4

16322 沖縄・奄美の小さな島々 カベルナリア吉田著 中央公論新社 2013.7 286p 18cm (中公新書ラクレ) 860円 Ⓘ978-4-12-150460-9

与論島

16323 北見けんいちの面白どもども旅行術 北見けんいち著, さわだ須美聞き書 廣済堂出版 1988.9 237p 19cm 980円 Ⓘ4-331-50256-2

目次 僕は釣りオンチ, 行きはいつも猛イビキ, あったゾ、長春の生家！, 中国が面白い！, けんいち流グアム島の愉しみ方, 僕も行くんデス殿方○×ツアー, ニューカレドニアの新婚さん, 女が地球を闊歩している, 旅のチョットこぼれ話, 与論島わがふるさと, 香港熱でプッツン！, どもども社員・とらぶる戦記(ヤジキタコンビいざ添乗へ, ツアコンの神様戸部万作氏との出会い, ヤジキタコンビと木内課長台湾へ, 殿方の心を知るや名ガイドの陳さん, ヤジさん夫婦喧嘩に巻き込まれる ほか), 北見けんいちのどもどもアドバイス(添乗員とつきあう法, レンタカーを利用しよう, バスルームを使いこなす, ワインの作法, 荷作りのコツ, 買い物のコツ, 国際電話でどもども, タクシーお国ぶり, チップは気楽に！, トイレ事情, 禁煙 ほか)

16324 島めぐり フェリーで行こう！―スロー・トラベル カベルナリア吉田文・写真 東京書籍 2003.8 207p 21cm 1500円 Ⓘ4-487-79884-1

16325 日本全国 離島を旅する 向一陽著 講談社 2004.7 307p 18cm (講談社現代新書) 780円 Ⓘ4-06-149727-8

16326 日本(にっぽん)はじっこ自滅旅 鴨志田穣著 講談社 2011.1 331p 15cm (講談社文庫)〈2005年刊の文庫化〉 581円 Ⓘ978-4-06-276871-9

16327 ぶらりニッポンの島旅 管洋志著 講談社 2011.7 253p 15cm (講談社文庫) 838円 Ⓘ978-4-06-276988-4

16328 あまみの甘み あまみの香り―くじらとくっかるの島めぐり 奄美大島・喜界島・徳之島・沖永良部島・与論島と黒糖焼酎をつくる全

25歳の話　鯨本あつこ,石原みどり著　吹田　西日本出版社　2016.8　293p　19cm〈文献あり〉1400円　①978-4-908443-02-2

竜ケ城磨崖梵字

16329 街道をゆく　3　陸奥のみち、肥薩のみち ほか　新装版　司馬遼太郎著　朝日新聞出版　2008.8　315, 8p　15cm　(朝日文庫)　620円　①978-4-02-264442-8

竜ヶ水(鹿児島市)

16330 動くとき、動くもの　青木奈緒著　講談社　2005.11　333p　15cm　(講談社文庫)〈2002年刊の文庫化〉　600円　①4-06-275236-0

沖縄県

16331 食の地平線　玉村豊男著　文芸春秋　1988.1　265p　15cm　(文春文庫)　360円　①4-16-732203-X

作品 沖縄歳末豚之声

目次 ニラミダイの研究, 貴族から乞食までパリジャンは毎日なにを食べているのか, ハトを撃つ男, 中国に人参の祖先を探しに行く, カリフォルニアのワインメーカーたちは、今, いまアメリカでもっとも哀れな体重の不自由な人々の物語, 沖縄歳末豚之声, ラーメンとマダガスカルのキツネザルに関する九つの断章

16332 砂糖キビ畑のまれびと―沖縄・与那国への旅　立松和平著　筑摩書房　1988.3　217p　15cm　(ちくま文庫)　420円　①4-480-02195-7

目次 沖縄漂泊, 与那国へ, 与那国ぬ情, 砂糖キビ畑へ, 砂糖キビ畑からの便り, 南島論へむけて

16333 晴浴雨浴日記　種村季弘著　河出書房新社　1989.3　250p　19cm　2500円　①4-309-00554-3

作品 生きている―南薩・沖縄陶器と湯の旅

16334 柳田國男全集　1　柳田國男著　筑摩書房　1989.9　704p　15cm　(ちくま文庫)　1130円　①4-480-02401-8

作品 海南小記

16335 鎌田慧の記録　1　日本列島を往く　鎌田慧著　岩波書店　1991.5　321p　19cm　2500円　①4-00-004111-8

16336 鳥に会う旅　叶内拓哉著　世界文化社　1991.6　264p　21cm　(ネイチャーブックス)　2400円　①4-418-91506-0

16337 詩人の旅　田村隆一著　中央公論社　1991.9　216p　15cm　(中公文庫)　420円　①4-12-201836-6

16338 気ままの虫　真尾悦子著　影書房　1991.10　260p　19cm　1854円

16339 ふれあいの旅紀行　新田健次著　東京新聞出版局　1992.5　203p　19cm　1300円　①4-8083-0437-6

作品 沖縄の心を歌った男

16340 日本の風景を歩く―歴史・人・風土　井出孫六著　大修館書店　1992.11　19cm

16341 ふるさと―この国は特別に美しい　ジョニー・ハイマス著　ユーリーグ　1995.4　193p　18cm　(U・LEAG BOOK)　1200円　①4-946491-01-5

作品 海の日の出と日没の島―沖縄県

16342 放浪カメラマン―酒と旅の人生　石川文洋著　創和出版　1995.4　254p　19cm　2060円　①4-915661-60-1

作品 沖縄一周バスの旅

16343 蝶の島―沖縄探蝶紀行　三木卓著, 栗田貞多男撮影　小学館　1995.8　202p　15cm　(小学館ライブラリー―アウトドアエディション)　760円　①4-09-460715-3

内容 おーい海、おーい雲、沖縄の幸を心ゆくまで味わいながら作家と写真家はチョウを求めて、野を行き、山を行く…。著者初の本格書き下ろし紀行。

16344 やさしいオキナワ　垂見健吾写真, 池澤夏樹文　PARCO出版　1997.6　283p　19×15cm　2300円　①4-89194-523-0

内容 沖縄に移り住んで、自然の強さや美しさを身体に受け止め、現実的な問題に心を痛めつつ、あたたかい人々に囲まれて日々を過ごす二人の作家。歴史と風土がはぐくんできた、やさしさの表情を、写真と文章で一冊の本にまとめました。

16345 ばんばふみおの南の島へ…僕のたましい放浪記　馬場章夫著　同朋舎　1997.11　127p　21cm　1600円　①4-8104-2474-X

目次 第1章 僕という人間は, 第2章 魂を解放させる土地、沖縄, 第3章 魔界への扉, 第4章 封じられた闇の叫び, 第5章 秘めたる謎の教え, 第6章 陸封魚、山を越える

16346 好きになっちゃった沖縄―元気をくれる南の島々のフリーク旅　下川裕治, ゼネラルプレス編・著, 下川裕治責任編集　双葉社　1998.4　189p　21cm　(アジア楽園マニュアル)　1500円　①4-575-28817-9

目次 第1章 南の国の沖縄を体験しちゃう, 第2章 いまどき沖縄物語, 第3章 沖縄で神様にご対面, 第4章 沖縄音楽ストリート, 第5章 沖縄を食べつくす, 第6章 沖縄味覚の不思議ゾーン, 第7章 沖縄なんでも体験隊は行く, 第8章 沖縄の正しいはまり方

16347 自然のポケットから　本山賢司文・絵　小学館　1998.8　219p　15cm　(小学館文庫)　419円　①4-09-411161-1

16348 景にあう―地方文化の旅　日高旺著　未来社　1999.12　241p　20cm　2200円　①4-624-20073-X

16349 夫婦旅せむ　高橋揆一郎著　札幌　北海道新聞社　2000.5　235p　20cm　1800円　①4-89453-092-9

16350 沖縄の歴史と旅　陳舜臣著　PHP研究所　2002.4　237p　18cm　(PHPエル新書)　860円　①4-569-62042-6

目次 琉球の歴史(伝説時代の琉球―東アジアの"交易人", 三山時代―多重外交のはじまり, 琉球王国の興隆―交易立国への道 ほか), 沖縄におもう(もてなしの場, 伊

東忠太博士のこと, 沖縄学の父・伊波普猷 ほか), 対談(歴史小説『琉球の風』の世界)

16351 放浪レディ 国井律子著, 倉智成典写真 求龍堂 2002.6 159p 21cm〈肖像あり〉 1400円 ①4-7630-0213-9

16352 フェリーボートで行こう！—スロー・トラベル カベルナリア吉田文・写真 東京書籍 2002.7 243p 21cm 1700円 ①4-487-79783-7

16353 うわさの神仏 其ノ2 あやし紀行 加門七海著 集英社 2002.8 256p 15cm (集英社文庫)〈1999年刊の文庫化〉 495円 ①4-08-747481-X

16354 旅の紙芝居 椎名誠写真・文 朝日新聞社 2002.10 350p 15cm (朝日文庫)〈1998年刊の文庫化〉 820円 ①4-02-264298-X
作品 がんこな人々 夏の少女に

16355 奄美・テゲテゲで行こう！ 西村仁美著 現代書館 2002.11 222p 19cm 1800円 ①4-7684-6841-1

16356 ちいさい旅みーつけた 俵万智著, 平地勲写真 集英社 2003.5 251p 16cm (集英社be文庫) 695円 ①4-08-650028-0

16357 日本の食材おいしい旅 向笠千恵子著 集英社 2003.7 250p 18cm (集英社新書) 700円 ①4-08-720202-X

16358 アタシはバイクで旅に出る。—お湯・酒・鉄馬三拍子紀行 3 国井律子著 枻出版社 2003.12 185p 15cm (枻文庫) 650円 ①4-87099-980-3

16359 沖縄 魂の古層に触れる旅 立松和平著 NTT出版 2004.1 234p 20cm 1800円 ①4-7571-5045-8
目次 第1章 日本でも外国でもない時の「沖縄」(苦しい船旅, 祖先の見た海 ほか), 第2章 Aサイン・バー(仕事を求む, 砂糖キビ畑で見られる ほか), 第3章 国である与那国島(国である島—与那国島, 援農隊のはじめ ほか), 第4章 大城立裕さんのこと(カクテル・パーティー, 沖縄文学と日本という国)

16360 ヌーヤルバーガーなんたることだ—沖縄カルチャーショック 浦谷さおり文・絵 吹田 西日本出版社 2004.7 211p 21cm 1400円 ①4-901908-04-9
目次 第1部 沖縄カルチャーショック—住む(暑くて青いとこ, アパートを決めるまで, 老人とコーク, 生活道具の揃えかた, 電話代は500円 ほか), 第2部 旅する沖縄—うまいものさがし(玉城村を懐かしみつつ南部エリアをめぐる旅, 本部ネタ検証の旅, ミンチの日, がんばるやんばるドライヴィン, そしていつもの那覇)

16361 住まなきゃわからない沖縄 仲村清司著 新潮社 2004.12 365p 15cm (新潮文庫)〈『爆笑 沖縄移住計画』改題書〉 590円 ①4-10-116341-3
目次 沖縄を眺める, 沖縄に住む, 沖縄を食う, 沖縄を知る, 沖縄を歩く, 沖縄を遊ぶ, 沖縄を考える

16362 野球の国 奥田英朗著 光文社 2005.3 244p 16cm (光文社文庫) 476円 ①4-334-73841-9

16363 沖縄手づくり紀行 森南海子著 海竜社 2005.8 195p 19cm 1800円 ①4-7593-0885-7
目次 沖縄・旬・紀行(空を見、桜を見上げて, 「テーゲー」の味わい, 墓が華やぐ清明祭, 野太い風格—クルジナ, 静かに祈る日 ほか), 沖縄・手ぬ華仕事(斜め巻きのいたわり, 手ぬ華の心意気, 生涯のふだん着, 風土が生み、人の手で育ったもの, 素肌に風をまとう—ウシンチー ほか)

16364 いしかわ世界紀行 いしかわじゅん著 毎日新聞社 2005.9 229p 19cm 1500円 ①4-620-31737-3

16365 にっぽん・海風魚旅 5(南シナ海ドラゴン編) 椎名誠著 講談社 2005.10 305p 19cm 1800円 ①4-06-212781-4

16366 琉球の島々—1905年 チャールズ・S.レブンウォース原著, 山口栄鉄, 新川右好訳 那覇 沖縄タイムス社 2005.10 135p 19cm〈肖像あり 文献あり〉 1300円 ①4-87127-173-0
内容 1905年、外交官であり研究家、要人とも会見できる人脈を持つ米国人・レブンウォースが、琉球の島々とそこに暮らす人々を見て、調べた記録。冷静な分析と沖縄への好意的なまなざし。翻訳で読む100年前の沖縄の姿。

16367 わたしの沖縄食紀行 平松洋子著 集英社 2005.10 223p 15cm (集英社be文庫) 743円 ①4-08-650098-1
目次 1 市場へ沖縄の味を探しに, 2 おいしさのつくり手を訪ねて, 3 「てぃーあんだ」の味, 4 門中の旧正月, 5 家庭の味 いつもの味, 6 沖縄に暮らす

16368 天下を獲り損ねた男たち—続・日本史の旅は、自転車に限る！ 疋田智著 枻出版社 2005.12 299p 19cm〈文献あり〉 1400円 ①4-7779-0460-1

16369 辺境を歩いた人々 宮本常一著 河出書房新社 2005.12 224p 19cm 1800円 ①4-309-22438-5

16370 沖縄にとろける 下川裕治著 双葉社 2006.5 278p 15cm (双葉文庫)〈2001年刊の増訂〉 590円 ①4-575-71316-3
目次 沖縄カツ丼はチャンポンだったか, インスタントラーメンを食べにいく, 沖縄式自動販売機、裏街道をゆく, 南の島のサービス論, ルートビアお替り自由という愛の踏み絵, 歩かないウチナーンチュとの虚しい戦い, 非合法島豆腐、沖縄の島々に君臨す, 放っておいてくれない居酒屋物語, 沖縄式ビーチパーティーの顚末, 頼りない男たちのいるビーチ, 宮古島に敷かれる泡盛本位制, カビの匂いを求めて那覇ホテル放浪記, 風の島・沖縄の石敢合当, 沖縄そばを食べてアジアに向かう

16371 沖縄 美味の島—食べる、飲む、聞く 吉村喜彦著 光文社 2006.7 208p 18cm (光文社新書) 700円 ①4-334-03363-6
目次 プロローグ マチグヮーの二階から, 第1章 宮廷料理, 第2章 神さまと食べる, 第3章 ネガティブをポジティブに, 第4章 アメリカから、南米から, 第5章 フルーツのくに、山原へ行こう, 第6章 泡盛ルネッサンス, 第7章 与那国花酒紀行, エピローグ 生きることは食うことや

16372 ひとりたび1年生—2005-2006 たかぎなおこ著 メディアファクトリー 2006.12 144p

21cm　1000円　①4-8401-1754-3

16373　沖縄哀歌　成沢未来著　里文出版　2007.1　141p　20cm〈年譜あり〉　1500円　①978-4-89806-264-7

(目次) 平安座島, 嘉手納基地, さとうきび畑, ひめゆり学徒隊, 集団自決, 国際通り, 摩文仁ヶ丘, 南風原陸軍病院, 沖縄県民斯ク戦ヘリ, 憲法第九条

16374　うたのおくりもの　姜信子著　朝日新聞社　2007.2　221p　20cm　1900円　①978-4-02-250243-8

(目次) ヒトリデテユクララアスノタビ, 猿の歌, ワーリワーリマタワリヨ, この世にたったひとつの歌, 夢の外で会いましょう, 彼らの歌は、私の歌, 歌う森, ここに幸あり, ワンドゥーチジムラノ…, 南島アリラン, 草原の歌, 雨を乞う, わたしたち、チェチェン人, サハリン浪花節, 宙ぶらりんのお話, おろおろと筑豊に流れ着いた旅人は…, だれかリルを知らないか？ , 五本ぬ指買いおうーり十本ぬ指買いおうーり, 太陽系ハ マヒルナリ, 神様、ありがとう, 楽園への道, イサオちゃんの話, ナミイと唄えば…, オモニの夢, ぼくらの誇り, 啄木鳥という名の男, ゆきによろうか, トナカイの人, 物語の名はミナト, 白骨の御文章, あがろうざ

16375　沖縄へこみ旅—mensore Okinawa　カベルナリア吉田著　交通新聞社　2007.7　191p　21cm　1200円　①978-4-330-94707-5

(目次) 1章 海も道路も空も大パニック 交通篇, 2章 衝撃！ オキナワ動物園 動物篇, 3章 今日もどこかで天変地異 気象篇, 4章 住めば都だオキナワンハウス 建物篇, 5章 なんだか落ち着かない食卓 食べ物篇, 6章 街中バミューダトライアングル 街角篇, 7章 安さの向こうに驚愕の一夜 安宿篇

16376　アラキメグミの鉄馬修行　荒木恵著　枻出版社　2007.9　155p　15cm　（枻文庫）　600円　①978-4-7779-0832-5

16377　沖縄24時間—ウチナーンチュの世界を訪ねて　カベルナリア吉田, ヒヤ小林著　ダイヤモンド社　2008.1　358p　21cm　（旅の雑学ノート）　1500円　①978-4-478-00382-4

(目次) 恋する沖縄—スナックの夜は更けて, 昭和のオキナワ (1) 瑞泉の思い出, 深夜劇場「沖縄映画特集」, 昭和のオキナワ (2) 寮生アルバイト体験記, スポーツ「なぜ沖縄で人は走るのか」, 沖縄の伝統と未来が宙に舞う「エイサー」, 昭和のオキナワ (3) 高校野球と具志堅用高, 朝のニュースワイド「新聞」, 昭和のオキナワ (4) ナナサンマルその後, 朝のワイドショー「沖縄流生活術」〔ほか〕

16378　鉄子の旅写真日記　矢野直美著　阪急コミュニケーションズ　2008.8　182p　19cm　1500円　①978-4-484-08219-6

16379　美しき日本の面影　さだまさし著　新潮社　2008.12　357p　16cm　（新潮文庫）　514円　①978-4-10-122905-8

16380　道の先まで行ってやれ！—自転車で、飲んで笑って、涙する旅　石田ゆうすけ著　幻冬舎　2009.7　303p　20cm　1500円　①978-4-344-01710-8

16381　こっこさんの台所　Cocco著　幻冬舎　2009.8　231p　23cm　1800円　①978-4-344-01717-7

(目次) 食材と計量について, 春, 夏, 秋, 冬, こっこさんの沖縄, お料理Q & A, おわりに—こっこさんの日々

16382　いいかげんな青い空　椎名誠写真と文　朝日新聞出版　2010.1　374p　20cm　2500円　①978-4-02-250685-6

(目次) 記憶の濃淡, 懐かしい田舎のナーダム, インレー湖の水上生活者, 爆竹祭りの夜, 七輪酔談, 日差しの強い日, 今日もぱいかじ, 沖縄のいい気持, マゼラン海峡の見える町, パタゴニアの奥地へ〔ほか〕

16383　世界ぐるっとほろ酔い紀行　西川治著　新潮社　2010.2　316p　16cm　（新潮文庫）　590円　①978-4-10-133352-6

(目次) アジア編（ラープの響き—タイ*メコンウィスキー, バナナ林のセンミン屋—タイ*ラオ・カーオ ほか）, ヨーロッパ編（リカールに水を注ぐと—フランス*リカール, スコッチの酔い—スコットランド*スコッチ ほか）, アメリカ・オセアニア編（ぼくらのパーティーにおいでよ—オーストラリア*ビール, ぼくとそっくりなマオリの青年—ニュージーランド*ワイン ほか）, 日本編（泡盛の豊潤—泡盛, ヒージャー汁は沖縄に行く前に食べていた—泡盛 ほか）, 特別編 紹興ほろ酔い紀行—二〇〇九年十月中国・浙江省を訪ねて

16384　沖縄時間—美ら島暮らしは、でーじ上等！　鳥居美砂著　PHP研究所　2010.7　159p　19cm〈写真：ダニエル・ロペス〉　1400円　①978-4-569-79014-5

(目次) 春—うりずんの季節（うりずんの風, お墓でピクニック、清明祭 ほか）, 夏—カーチベーの季節（海はビーチ・パーティ会場, 音楽で街おこし、栄町市場 ほか）, 秋—ミーニシの季節（名月に琉球王朝を想う, 民謡酒場か、民謡スナックか ほか）, 冬—トゥンジビーサの季節（那覇のど真ん中に引っ越し, 沖縄の光と陰 ほか）

16385　旅の柄　花村萬月著　光文社　2010.11　216p　19cm　1300円　①978-4-334-97631-6

16386　カベルナリア吉田の沖縄バカ一代　カベルナリア吉田文・写真　北杜　林檎プロモーション　2011.4　222p　21cm〈奥付のタイトル：沖縄バカ一代〉　1300円　①978-4-947653-90-1

(目次) 沖縄バッタもん天国, 飛び出し注意21連発!!, 沖縄爆裂ネーミングセンスの世界（スナック編）, その他の店&商品編, 迷宮の看板インフォメ, 子ども源語パラダイス！ , かつてのムフフ社交街も、今や脱力標語天国！真栄原で看板ウォッチング, 「やっぱり母ちゃんのホーミーは美味いなー」って、ええっ!?渡嘉敷島でホーミー（お○○こ？）捕って、しかも食べてきたよーん！ , おお漫湖、お前はなぜ漫湖なの!?衝撃名前の謎を探して漫湖1DAY WALK, 怪しすぎるバー「なめくじ」にヌメヌメと潜入〔ほか〕

16387　失われた鉄道を求めて　新装版　宮脇俊三著　文藝春秋　2011.5　260p　16cm　（文春文庫）〈1992年刊の新装版〉　552円　①978-4-16-733107-8

16388　人と森の物語—日本人と都市林　池内紀著　集英社　2011.7　216p　18cm　（集英社新書）〈文献あり〉　740円　①978-4-08-720599-2

16389　色紀行—日本の美しい風景　吉岡幸雄著, 岡田克敏写真　清流出版　2011.12　241p　22cm　3500円　①978-4-86029-374-1

16390　どくとるマンボウ途中下車　改版　北杜夫著　中央公論新社　2012.4　245p　16cm　（中公文庫）　571円　①978-4-12-205628-2

16391　私の日本地図　8　沖縄　宮本常一著, 香

九州・沖縄

月洋一郎編　未来社　2012.4　291, 5p　19cm（宮本常一著作集別集）〈同友館 1970年刊の再刊 索引あり〉　2200円　①978-4-624-92493-5
目次 沖縄と私, 那覇, 那覇から摩文仁まで, 糸満, 保栄茂, 慶良間・粟国, 久米島をまわる, 基地付近の町, 津堅島, 浜比嘉島, 伊江島へ, 琉球博物館, 沖縄雑感

16392 日本の路地を旅する　上原善広著　文藝春秋　2012.6　383p　16cm　（文春文庫）〈文献あり〉　667円　①978-4-16-780196-0

16393 英国一家、日本を食べる　マイケル・ブース著, 寺西のぶ子訳　亜紀書房　2013.4　278p　19cm　1900円　①978-4-7505-1304-1

16394 海南小記　新版　柳田国男著　角川学芸出版　2013.6　283p　15cm　（角川ソフィア文庫）〈改版：角川書店 1972年刊　発売：角川グループホールディングス〉　667円　①978-4-04-408314-4

16395 カベルナリア吉田の沖縄バカ一代　2　カベルナリア吉田文・写真　北杜　林檎プロモーション　2013.9　191p　21cm〈奥付のタイトル：沖縄バカ一代〉　1300円　①978-4-906878-23-9
目次 沖縄・街角のんき写真館, かべるっちの沖縄スキマ観光, かべるっちの沖縄大実験, 島旅雑誌『島へ。』大人気？ 連載『沖縄ぶちくん百科 目がテンさー！』傑作選, 沖縄レア＆珍品CD大集合!!, 沖縄あるある研究所

16396 味を追う旅　吉村昭著　河出書房新社　2013.11　183p　15cm　（河出文庫）〈「味を訪ねて」(2010年刊)の改題〉　660円　①978-4-309-41258-0

16397 ウはウミウシのウーシュノーケル偏愛旅行記　特別増補版　宮田珠己著　幻冬舎　2014.7　288p　16cm　（幻冬舎文庫）〈初版：小学館 2000年刊〉　600円　①978-4-344-42223-0

16398 週末沖縄でちょっとゆるり　下川裕治著　朝日新聞出版　2014.8　303p　15cm　（朝日文庫）　680円　①978-4-02-261806-1
目次 第1章 沖縄そば―食べるそばを求めて国道58号を北上する, 第2章 カチャーシー―カメおばぁが教えてくれる本土の人間の限界, 第3章 LCC―台風欠航で揺れる沖縄フリークの胸のうち, 第4章 琉球王国と県庁―沖縄のタブーに潜む琉球王朝の血, 第5章 波照間島―天文おたくのパイパティローマという居場所, 第6章 農連市場―「午前三時の湯気」の現在を撮る, 第7章 コザ―世替わりを重ねた街の人生の栄枯盛衰, 第8章 沖縄通い者がすすめる週末沖縄, 第9章 在住者がすすめる週末沖縄

16399 川村万梨阿と椋本夏夜の淑女的日常　川村万梨阿, 椋本夏夜著　ホビージャパン　2015.1　111p　21cm　1800円　①978-4-7986-0921-8

16400 唄めぐり　石田千著　新潮社　2015.4　401p　20cm〈文献あり〉　2300円　①978-4-10-303453-7

16401 ステーキを下町で　平松洋子著, 谷口ジロー画　文藝春秋　2015.8　266p　16cm　（文春文庫）　580円　①978-4-16-790429-6

16402 沖縄への短い帰還　池澤夏樹著　那覇　ボーダーインク　2016.5　334p　20cm　2400円　①978-4-89982-302-5
目次 1 沖縄のくらし―エッセイなど（今なら間に合うヤンバル探検隊, 編集は楽しい ほか）, 2 沖縄に関する本のこと―書評・解説など（『おきなわことわざ豆絵本』―貧乏について, 『南島文学発生論』谷川健一 ほか）, 3 沖縄への短い帰還―インタビューと回想（「沖縄は、『鉱山のカナリア』なんですよ」一九九五年, 異文化に向かう姿勢―岡本太郎を例として ほか）, 4 太平洋に属する自分―講演, しーぶん/掌編（オトーシの効き目, マヅルおじいの買い物, 一人寝）

16403 肉の旅―まだ見ぬ肉料理を求めて全国縦断！　カベルナリア吉田著　イカロス出版　2016.8　235p　21cm　1600円　①978-4-8022-0222-0

16404 またたび　菊池亜希子著　宝島社　2016.12　190p　19×19cm　1400円　①978-4-8002-5815-1

16405 「男はつらいよ」を旅する　川本三郎著　新潮社　2017.5　286p　20cm　（新潮選書）　1400円　①978-4-10-603808-2
作品 沖縄のことも何も知らなかった

16406 沖縄プチ移住のススメ―暮らしてみた3カ月　吉田友和著　光文社　2017.7　257p　16cm　（光文社知恵の森文庫）　700円　①978-4-334-78724-0
目次 第1章 沖縄プチ移住の準備と計画, 第2章 沖縄生活はこんなに快適！, 第3章 毎日味わえる沖縄グルメ, 第4章 暮らしたから分かった沖縄, 第5章 移住先でも各種行事を満喫する, 第6章 宮古島にも住んでみたさー

阿嘉島

16407 伝説の旅　谷真介著　梟社　2003.9　297p　20cm〈新泉社（発売）　創林社1980年刊の増訂〉　1900円　①4-7877-6312-1

16408 沖縄の島へ全部行ってみたサー　カベルナリア吉田著　朝日新聞出版　2010.3　319p　15cm　（朝日文庫）〈東京書籍2004年刊の再構成〉　880円　①978-4-02-261659-3
目次 慶良間諸島その(1)渡嘉敷（とかしき）島―青すぎる海を見た瞬間、細かい悩みごとが全て消えた, 慶良間諸島その(2)座間味（ざまみ）島・阿嘉（あか）島・慶留間（げるま）島―リゾートの島々も奥に行くほどトンチンカン, 粟国（あぐに）島―ロマンスの島のはずが、あぐにんちゅーオバアに一杯食わされた, 久米島とその仲間たち 久米島・渡名喜（となき）島・奥武（おう）島（久米島町）・オーハ島―人口1万人の“大島”の目の前に、人口10人以下の“小島”が浮かぶ, 本島北部の島その(1)伊是名（いぜな）島・伊平屋（いへや）島・野甫（のほ）島―沖縄でいちばん北の島も、やっぱり南の島だった, 本島北部の島その(2)古宇利（こうり）島・水納（みんな）島・伊江島―船に乗る前から、島旅はもう始まっていた, 本島北部の島その(3)瀬底島・屋我地（やがじ）島・宮城島（大宜味村）―橋でつながる3つの島、三者三様の“島らしさ”, 海中道路でつながる島 平安座（へんざ）島・浜比嘉（はまひが）島・宮城島（与勝諸島）・伊計島―“海の中”を歩いて歩いて、4つの島にたどり着いた, 本島東部・南部の島 久高島・津堅島・奥武（おう）島（旧・玉城村）―噂を信じちゃいけないよ！ 島は事前に聞いた話と、なんとなく違っていた, 南大東島・北大東島―島にたどり着くかどうかは五分五分？ 絶海の孤島は半端じゃなく遠かった〔ほか〕

粟国島

16409 沖縄自転車！　カベルナリア吉田文・写真　東京書籍　2006.7　199p　21cm　1600円　①4-487-80117-6

目次 北に向かうほどに、なぜか南の風が吹き始めた—本島一周その(1)西海岸縦断 那覇〜恩納〜名護〜本部,「やんばる」の大自然に弄ばれ、坂をひたすら上った—本島一周その(2)やんばる越え 本部〜辺戸岬・奥〜安波,リゾートとは違う、「もう一つの沖縄」に戸惑う—本島一周その(3)東海岸縦断 安波〜辺野古〜海中道路〜コザ,底抜けの明るさが、ゴールを目指す背中を押した—本島一周その(4)南部一周 コザ〜知念〜糸満〜那覇,沖縄最北の島旅は、上陸前からハプニングだらけ！—本島周辺の島へ・その(1)伊平屋島,橋の向こうに2つの島静けさは嵐の前ぶれか!?—本島周辺の島へ・その(2)屋我地島・古宇利島,やってしまったそのあとは、長寿の村で仕切り直し—本島・一本奥の道へ・その(1)大宜味工芸ロード,三食そばを食べまくろう！と意気込んだのは最初だけ!?—本島・一本奥の道へ・その(2)本部半島そば街道,冬の終わりのリゾート島で、自転車旅人は僕ひとり—本島周辺の島へ・その(3)久米島,確か小島に来たはずが、地平線まで一本道！—本島周辺の島へ・その(4)粟国島,那覇を出て、ふと気づけば辺りは島景色—本島周辺の島へ・その(5)奥武島＆南部縦断,初日から大酒の洗礼！果たしてゴールできるのか!?—宮古島一周,まっ平らな孤島の旅は、予想外の山あり谷あり—多良間島一周,そそり立つ山の向こうで、絵にも描けない美ら海が待つ—石垣島一周,7年越しのリベンジなるか!?ジャングル島へいざ突撃！—石垣島周辺の島へ・その(1)西表島,ついにここまで来た！西の端っこ目指して、もうひと走り—石垣島の周辺の島へ・その(2)与那国島・黒島

16410 沖縄の島へ全部行ってみたサー　カベルナリア吉田著　朝日新聞出版　2010.3　319p　15cm　(朝日文庫)〈東京書籍2004年刊の再構成〉　880円　①978-4-02-261659-3

16411 沖縄の島を自転車でとことん走ってみたサー　カベルナリア吉田著　朝日新聞出版　2011.4　319p　15cm　(朝日文庫)〈『沖縄自転車！』(東京書籍2006年刊)の改題、加筆・修正〉　880円　①978-4-02-264600-2

目次 山あり谷ありの600km！まずは本島をグリル制覇する—沖縄本島一周,沖縄最北の島旅は、上陸前からハプニングだらけ！—本島周辺の島へ・その1 伊平屋(いへや)島,橋の向こうに2つの島静けさは嵐の前ぶれか!?—本島周辺の島へ・その2 屋我地(やがじ)島・古宇利(こうり)島,やってしまったそのあとは、気を取り直して再び出発！—本島・一本奥の道へ 大宜味(おおぎみ)工芸ロード,美ら海に囲まれた小島へ、気軽に日帰り一周の旅—本島周辺の島へ・その3 瀬底(せそこ)島,冬の終わりのリゾート島で、自転車旅人は僕ひとり—本島周辺の島へ・その4 久米島,確か小島に来たはずが、地平線まで一本道！—本島周辺の島へ・その5 粟国(あぐに)島,初日から大酒の洗礼！果たしてゴールできるのか!?—宮古島一周,まっ平らな孤島の旅は、予想外の山あり谷あり—多良間(たらま)島一周,そそり立つ山の向こうで、絵にも描けない美ら海が待つ—石垣島一周,7年越しのリベンジなるか!?ジャングル島へいざ突撃！—石垣島周辺の島へ・その1 西表島,ついにここまで来た！西の端っこ目指して、もうひと走り—石垣周辺の島へ・その2 与那国島,旅は終わった？と思ったら最後の悪あがき—石垣周辺の島へ・その3 黒島

16412 沖縄・奄美の小さな島々　カベルナリア吉田著　中央公論新社　2013.7　286p　18cm　(中公新書ラクレ)　860円　①978-4-12-150460-9

アヤマル崎

16413 美しすぎる場所—Castle in Glass　J-WAVE編　扶桑社　1991.1　303p　21cm　1400円　①4-594-00678-7

作品 日本の旅から/南西諸島1〔三木卓〕

新城島

16414 今夜も空の下—シェルパ斉藤の行きあたりばっ旅　2　斉藤政喜著　小学館　1996.3　287p　19cm　(BE-PAL BOOKS)　1100円　①4-09-366063-8

16415 シェルパ斉藤の行きあたりばっ旅　2　斉藤政喜著　小学館　1998.4　253p　15cm　(小学館文庫)　457円　①4-09-411002-X

伊江島

16416 沖縄の島へ全部行ってみたサー　カベルナリア吉田著　朝日新聞出版　2010.3　319p　15cm　(朝日文庫)〈東京書籍2004年刊の再構成〉　880円　①978-4-02-261659-3

16417 わしらは怪しい雑魚釣り隊　サバダバサバダバ篇　椎名誠著　新潮社　2010.5　376p　16cm　(新潮文庫)〈『怪しい雑魚釣り隊 続』(マガジン・マガジン平成21年刊)の改題〉　552円　①978-4-10-144835-0

16418 沖縄戦546日を歩く　カベルナリア吉田著　彩流社　2015.7　220p　21cm〈文献あり 年表あり〉　2000円　①978-4-7791-2138-8

目次 第1章 サイパン望洋—具志川、金武,第2章 首都壊滅—対馬丸撃沈そして10・10大空襲,第3章 ケラマ,第4章 中部戦線,第5章 混沌の北部戦線,第6章 伊江島,第7章 南部戦線1 南進、そして敗走,第8章 南部戦線2 女子学徒の足跡、そして摩文仁へ,第9章 まだ終わらない久米島 スパイ容疑虐殺事件,第10章 マラリア

伊計島

16419 島の時間—九州・沖縄 謎の始まり　赤瀬川原平著　平凡社　1999.3　231p　16cm　(平凡社ライブラリー)　740円　①4-582-76283-2

16420 沖縄の島へ全部行ってみたサー　カベルナリア吉田著　朝日新聞出版　2010.3　319p　15cm　(朝日文庫)〈東京書籍2004年刊の再構成〉　880円　①978-4-02-261659-3

16421 沖縄・奄美の小さな島々　カベルナリア吉田著　中央公論新社　2013.7　286p　18cm　(中公新書ラクレ)　860円　①978-4-12-150460-9

池間島

16422 南鳥島特別航路　池澤夏樹著　日本交通公社出版事業局　1991.3　253p　19cm　1600円　①4-533-01667-7

16423 風のかなたのひみつ島　椎名誠著,垂見健吾写真　新潮社　2005.6　253p　16cm　(新潮文庫)〈2002年刊の文庫化〉　514円　①4-10-

144827–2

16424 妣(はは)の国への旅—私の履歴書　谷川健一著　日本経済新聞出版社　2009.1　309p　20cm　2600円　①978–4–532–16680–9
作品 八重干瀬にて

16425 沖縄・奄美の小さな島々　カベルナリア吉田著　中央公論新社　2013.7　286p　18cm　(中公新書ラクレ)　860円　①978–4–12–150460–9

16426 石垣 宮古 ぐだぐだ散歩　カベルナリア吉田著　イカロス出版　2014.4　221p　21cm　1600円　①978–4–86320–858–2
目次 西里&下里、ときどきイーザト, 久松, 平良→上野, 伊良部島, 池間島, 来間島, 大神島, 多良間島, 与那国島, 竹富島, 西表島, 波照間島, 小浜島, 鳩間島と黒島, 市街, 白保, 川平

石垣島

16427 黄昏のムービー・パレス　村松友視著, 横山良一写真　平凡社　1989.7　218p　19cm　1240円　①4–582–28215–6

16428 浦島太郎の馬鹿—旅の書きおき　立松和平著　マガジンハウス　1990.10　251p　21cm　1400円　①4–8387–0189–6
作品 不意の昏睡　放浪者

16429 鎌田慧の記録　1　日本列島を往く　鎌田慧著　岩波書店　1991.5　321p　19cm　2500円　①4–00–004111–8

16430 むくどり通信　池澤夏樹著　朝日新聞社　1994.5　210p　19cm　1400円　①4–02–256731–7
目次 行儀のいいクレーン, ワサビ大量収穫事件, さらば南西航空, あっちが日本, 書斎の骸骨, エンドレス, オメデトウ, 異文化の毒, 発電所の作りかた, 平成癸酉三月吉日, ハマグリさん、デンサカさん, アンティポデス, ここは税務所通り, チコリかエンダイブか〔ほか〕

16431 街を泳ぐ、海を歩く—カルカッタ、沖縄、イスタンブール　与那原恵著　講談社　1998.8　214p　15cm　(講談社文庫)　400円　①4–06–263853–3
目次 第1章 ハウラー橋にて(インド・カルカッタ), 第2章 遠い島影(ボリビア・オキナワ村), 第3章 デンパサール・ムーン(インドネシア・バリ島), 第4章 風を織る島(沖縄・久米島), 第5章 ゆらてぃく組と過ごした日々(沖縄・石垣島), 第6章 帰郷(中国・黒竜江省), 第7章 家より遠くに(アメリカ・ロスアンゼルス), 第8章「眼」の都市(フランス・パリ), 第9章 クルド人のダンス(トルコ・イスタンブール), 第10章 旅の記憶(タイ・ホア・ヒン)

16432 仙人の桜、俗人の桜　赤瀬川原平著　平凡社　2000.3　270p　16cm　(平凡社ライブラリー)〈日本交通公社出版事業局1993年刊あり〉　1100円　①4–582–76332–4
作品 祖霊と遊ぶ琉球の夜—石垣島

16433 染めと織りと祈り　立松和平著　アスペクト　2000.3　261p　21cm　2200円　①4–7572–0705–0

16434 家(うち)もいいけど旅も好き　岸本葉子著　講談社　2002.5　273p　15cm　(講談社文庫)〈河出書房新社1998年刊にエッセイを増補し文庫化〉　495円　①4–06–273429–X

16435 旅々オートバイ　素樹文生著　新潮社　2002.8　410p　16cm　(新潮文庫)〈1999年刊の文庫化〉　590円　①4–10–127422–3
作品 石垣島へ

16436 旅の紙芝居　椎名誠写真・文　朝日新聞社　2002.10　350p　15cm　(朝日文庫)〈1998年刊の文庫化〉　820円　①4–02–264298–X
作品 島の海風映画会

16437 326とナツの旅日記　ナカムラミツル著　ワニブックス　2003.4　64p　19cm〈付属資料：1冊：旅のしおり+ポストカード12枚　外箱入り〉　1714円　①4–8470–1505–3, 4–8470–1501–0
目次 キャラクター紹介, 西表島の巻, 石垣島の巻, 沖縄本島の巻, 沖縄本島二日目の巻, さいごの日, おまけ, 326の思い出

16438 島めぐり フェリーで行こう！—スロー・トラベル　カベルナリア吉田文・写真　東京書籍　2003.8　207p　21cm　1500円　①4–487–79884–1

16439 日本列島を往く　4　孤島の挑戦　鎌田慧著　岩波書店　2003.12　305p　15cm　(岩波現代文庫 社会)　900円　①400603086X

16440 沖縄・奄美を歩く　立松和平著, 黒古一夫編　勉誠出版　2006.4　322p　22cm　(立松和平日本を歩く 第6巻)　2600円　①4–585–01176–5

16441 なんくるなく、ない—沖縄(ちょっとだけ奄美)旅の日記ほか　よしもとばなな著　新潮社　2006.4　227p　16cm　(新潮文庫)〈肖像あり〉　590円　①4–10–135926–1

16442 沖縄自転車！　カベルナリア吉田文・写真　東京書籍　2006.7　199p　21cm　1600円　①4–487–80117–6

16443 もっと好きになっちゃった沖縄の離島—癒しの国の体あたり紀行　下川裕治責任編集, 下川裕治+好きになっちゃった編集部編著　双葉社　2006.7　191p　21cm　1600円　①4–575–29909–X
目次 1 流れる「島風」にホッ 八重山の島々、西東(スナック体験記, 台風9号でケガ, 石垣牛を買う, 石垣島を歩く, 1泊した竹富島, 竹富島のファンキー, 小浜島の食堂 ほか), 2 やっぱり「不思議？」宮古諸島の流儀って(ミルク酒を飲む, 宮古島でライブ, 宮古島のゲストハウス ほか), 3 沖縄本島周辺の島々—離島度の濃さに完敗(フェリーが運休, ナビィの恋の「？」, ダイビング屋台ほか)

16444 街道をゆく　6　沖縄・先島への道　新装版　司馬遼太郎著　朝日新聞出版　2008.9　236, 8p　15cm　(朝日文庫)　540円　①978–4–02–264445–9
目次 那覇・糸満(那覇へ, 沖縄について, 那覇で ほか), 石垣・竹富島(石垣島, 宮良殿内, 竹富島へ ほか), 与那国島(与那国島へ, 南国食堂, 小さな魚市 ほか)

16445 遠藤ケイの島旅日和　遠藤ケイ著　千早書房　2009.8　124p　21cm〈索引あり〉　1600円　①978–4–88492–439–3

16446 沖縄の島を自転車でとことん走ってみたサー　カベルナリア吉田著　朝日新聞出版　2011.4　319p　15cm　（朝日文庫）〈『沖縄自転車！』（東京書籍2006年刊）の改題、加筆・修正〉　880円　①978-4-02-264600-2

16447 オキナワマヨナカ　カベルナリア吉田著　アスペクト　2011.7　207p　21cm　1600円　①978-4-7572-1945-8

目次 第1章 那覇（国際通り, 首里, 松山 上之蔵通り—前島, 栄町, 開南—与儀, 桜坂, おもろまち）, 第2章 糸満・名護（糸満, 名護）, 第3章 基地の街（北谷, 金武, コザ, 嘉手納）, 第4章 社交街（与那原, 真栄原）, 第5章 宮古・石垣（宮古島平良市街, 石垣島730通り～美崎町）

16448 斑猫の宿　奥本大三郎著　中央公論新社　2011.11　305p　16cm　（中公文庫）〈JTB2001年刊あり〉　705円　①978-4-12-205565-0

16449 私の夢は　小川糸著　幻冬舎　2012.4　243p　16cm　（幻冬舎文庫）　533円　①978-4-344-41838-7

目次 競歩, かたつむり祭, どなたか…, 日曜日, コルテオ, 旅人, 島便り, 会っちゃった, おひな様, 韓国語版〔ほか〕

16450 にっぽん全国 百年食堂　椎名誠著　講談社　2013.1　222p　19cm　1400円　①978-4-06-217814-3

16451 風景は記憶の順にできていく　椎名誠著　集英社　2013.7　254p　18cm　（集英社新書—ノンフィクション）　760円　①978-4-08-720697-5

16452 海へ、山へ、森へ、町へ　小川糸著　幻冬舎　2013.8　227p　16cm　（幻冬舎文庫）〈「ようこそ、ちきゅう食堂へ」（2010年刊）を改題、「命をかけて、命をつなぐ」・「陽だまりの家、庭の緑」ほかを収録〉　533円　①978-4-344-42058-8

作品 ペンギン食堂

16453 石垣 宮古 ぐだぐだ散歩　カベルナリア吉田著　イカロス出版　2014.4　221p　21cm　1600円　①978-4-86320-858-2

16454 ど・スピリチュアル日本旅　たかのてるこ著　幻冬舎　2014.8　353p 図版8枚　19cm　1400円　①978-4-344-02618-6

16455 旅の途中で　改版　高倉健著　新潮社　2014.12　235p　15cm　（新潮文庫）　550円　①978-4-10-125411-1

伊豆味（本部町）

16456 沖縄・奄美を歩く　立松和平著, 黒古一夫編　勉誠出版　2006.4　322p　22cm　（立松和平日本を歩く 第6巻）　2600円　①4-585-01176-5

伊是名島

16457 もっと好きになっちゃった沖縄の離島—癒しの国の体あたり紀行　下川裕治責任編集, 下川裕治+好きになっちゃった編集部編著　双葉社　2006.7　191p　21cm　1600円　①4-575-29909-X

16458 にっぽん・海風魚旅　4（大漁旗ぶるぶる乱風編）　椎名誠著　講談社　2008.7　394p　15cm　（講談社文庫）〈2005年刊の文庫化〉　857円　①978-4-06-276097-3

16459 辺海放浪—東シナ海国境なき島々　日高恒太朗著　新人物往来社　2009.9　270p　20cm　1800円　①978-4-404-03749-7

16460 沖縄の島へ全部行ってみたサー　カベルナリア吉田著　朝日新聞出版　2010.3　319p　15cm　（朝日文庫）〈東京書籍2004年刊の再構成〉　880円　①978-4-02-261659-3

16461 沖縄・奄美の小さな島々　カベルナリア吉田著　中央公論新社　2013.7　286p　18cm　（中公新書ラクレ）　860円　①978-4-12-150460-9

糸数アブチラガマ〔糸数壕〕

16462 ニッポンの穴紀行—近代史を彩る光と影　西牟田靖著　光文社　2010.12　324p　19cm　〈文献あり〉　1500円　①978-4-334-97634-7

糸満港

16463 街道をゆく　6　沖縄・先島への道　新装版　司馬遼太郎著　朝日新聞出版　2008.9　236, 8p　15cm　（朝日文庫）　540円　①978-4-02-264445-9

糸満市

16464 沖縄自転車！　カベルナリア吉田文・写真　東京書籍　2006.7　199p　21cm　1600円　①4-487-80117-6

16465 街道をゆく　6　沖縄・先島への道　新装版　司馬遼太郎著　朝日新聞出版　2008.9　236, 8p　15cm　（朝日文庫）　540円　①978-4-02-264445-9

16466 全ての装備を知恵に置き換えること　石川直樹著　集英社　2009.11　263p　16cm　（集英社文庫）〈晶文社2005年刊の加筆・修正〉　552円　①978-4-08-746500-6

16467 オキナワマヨナカ　カベルナリア吉田著　アスペクト　2011.7　207p　21cm　1600円　①978-4-7572-1945-8

伊平屋島

16468 沖縄自転車！　カベルナリア吉田文・写真　東京書籍　2006.7　199p　21cm　1600円　①4-487-80117-6

16469 もっと好きになっちゃった沖縄の離島—癒しの国の体あたり紀行　下川裕治責任編集, 下川裕治+好きになっちゃった編集部編著　双葉社　2006.7　191p　21cm　1600円　①4-575-29909-X

16470 辺海放浪—東シナ海国境なき島々　日高恒太朗著　新人物往来社　2009.9　270p　20cm　1800円　①978-4-404-03749-7

16471 沖縄の島へ全部行ってみたサー　カベルナリア吉田著　朝日新聞出版　2010.3　319p　15cm　（朝日文庫）〈東京書籍2004年刊の再構成〉　880円　①978-4-02-261659-3

16472 沖縄の島を自転車でとことん走ってみた

サー　カベルナリア吉田著　朝日新聞出版　2011.4　319p　15cm　（朝日文庫）〈『沖縄自転車！』（東京書籍2006年刊）の改題、加筆・修正〉　880円　①978-4-02-264600-2

16473　ぶらりニッポンの島旅　管洋志著　講談社　2011.7　253p　15cm　（講談社文庫）　838円　①978-4-06-276988-4

16474　沖縄・奄美の小さな島々　カベルナリア吉田著　中央公論新社　2013.7　286p　18cm　（中公新書ラクレ）　860円　①978-4-12-150460-9

伊良部島

16475　もっと好きになっちゃった沖縄の離島―癒しの国の体あたり紀行　下川裕治責任編集, 下川裕治+好きになっちゃった編集部編著　双葉社　2006.7　191p　21cm　1600円　①4-575-29909-X

16476　石垣 宮古 ぐだぐだ散歩　カベルナリア吉田著　イカロス出版　2014.4　221p　21cm　1600円　①978-4-86320-858-2

西表石垣国立公園

16477　東京を歩く　立松和平著, 黒古一夫編　勉誠出版　2006.4　343p　22cm　（立松和平日本を歩く 第7巻）　2600円　①4-585-01177-3

西表島

16478　ヤポネシア讃歌　立松和平著　講談社　1990.6　261p　19cm　1200円　①4-06-204887-6

16479　浦島太郎の馬鹿―旅の書きおき　立松和平著　マガジンハウス　1990.10　251p　21cm　1400円　①4-8387-0189-6

作品　青空と地底

16480　美しすぎる場所―Castle in Glass　J-WAVE編　扶桑社　1991.1　303p　21cm　1400円　①4-594-00678-7

作品　日本の旅から/南西諸島2〔三木卓〕

16481　まちづくり紀行―地域と人と出会いの旅から　亀地宏著　ぎょうせい　1991.10　307p　19cm　1500円　①4-324-02880-X

16482　ふわふわワウワウ―唄とカメラと時刻表　みなみらんぼう著　旅行読売出版社　1996.7　207p　19cm　1100円　①4-89752-601-9

作品　西表のでっかい自然に抱かれて

16483　日本のジャングル 西表島　松岡達英作　大日本図書　1996.9　47p　30cm　（日本自然探険の旅 1）　3090円　①4-477-00756-6

内容　自然観察描写の第一人者、ナチュラリストの松岡達英氏が、日本の自然探険に旅立った。その驚きと不思議発見の日々を、心をこめて描きつづった“日本自然探険の旅”。全5巻。

16484　島の時間―九州・沖縄 謎の始まり　赤瀬川原平著　平凡社　1999.3　231p　16cm　（平凡社ライブラリー）　740円　①4-582-76283-2

16485　のんきに島旅　本山賢司著　河出書房新社　2000.4　229p　15cm　（河出文庫）〈「海流に乗って」（山と渓谷社1987年刊）の増補〉　680円　①4-309-40607-6

16486　秘境ごくらく日記―辺境中毒オヤジの冒険指南　敷島悦朗著　JTB　2003.1　230p　19cm　1700円　①4-533-04569-3

16487　326とナツの旅日記　ナカムラミツル著　ワニブックス　2003.4　64p　19cm〈付属資料：1冊：旅のしおり+ポストカード12枚　外箱入り〉　1714円　①4-8470-1505-3, 4-8470-1501-0

16488　島めぐり フェリーで行こう！―スロー・トラベル　カベルナリア吉田文・写真　東京書籍　2003.8　207p　21cm　1500円　①4-487-79884-1

16489　悪ガキオヤジが川に行く！―サラリーマン転覆隊　本田亮著　小学館　2004.4　253p　20cm　（Be-pal books）　1600円　①4-09-366463-3

16490　日本《島旅》紀行　斎藤潤著　光文社　2005.3　284p　18cm　（光文社新書）　780円　①4-334-03299-0

16491　日本百名町　嵐山光三郎著　光文社　2005.4　317p　16cm　（知恵の森文庫）　629円　①4-334-78353-8

16492　森の旅 森の人―北海道から沖縄まで日本の森林を旅する　軽装版　稲本正文, 姉崎一馬写真　世界文化社　2005.11　271p　21cm　（ほたるの本）〈1994年刊行版に一部修正を加え軽装版にしたもの　1990年刊あり〉　1800円　①4-418-05518-5

16493　沖縄・奄美を歩く　立松和平著, 黒古一夫編　勉誠出版　2006.4　322p　22cm　（立松和平日本を歩く 第6巻）　2600円　①4-585-01176-5

16494　沖縄自転車！　カベルナリア吉田文・写真　東京書籍　2006.7　199p　21cm　1600円　①4-487-80117-6

16495　もっと好きになっちゃった沖縄の離島―癒しの国の体あたり紀行　下川裕治責任編集, 下川裕治+好きになっちゃった編集部編著　双葉社　2006.7　191p　21cm　1600円　①4-575-29909-X

16496　住んでびっくり！ 西表島―日本最後の秘境 ニッポン楽楽島めぐり　山下智菜美著　双葉社　2006.10　237p　21cm　1600円　①4-575-29917-0

目次　第1章 西表島 生活編（拾ったりもらったり―身軽でいたい西表島移住のはじまり, NTTもびっくり―家が地図に載っていない!? ほか）, 第2章 西表島の生きもの・自然編（「モズク採りに行った？」―おじい、おばあの頼りになるジンブン, 恐怖の毒餌―放し飼いのかわいいペットが危ない!? ほか）, 第3章 西表島 ご近所編（日々、もらいものの嵐、パイン66個をもらい、愕然, 恐るべしご近所の目！―プライバシーに関するびっくり ほか）, 第4章 西表島のイベント（海神祭―メインイベントはハーリー, 豊年祭―豊作を祝う夏のお祭り ほか）

16497　かわいい子には旅をさせるな　鷺沢萠著　角川書店　2008.4　218p　15cm　（角川文庫）〈発売：角川グループパブリッシング〉　476円　①978-4-04-185313-9

作品 らっきょう譚 その1

16498 脳で旅する日本のクオリア 茂木健一郎著 小学館 2009.7 255p 19cm 1500円 ①978-4-09-387855-5

16499 遠藤ケイの島旅日和 遠藤ケイ著 千早書房 2009.8 124p 21cm〈索引あり〉 1600円 ①978-4-88492-439-3

16500 樹をめぐる旅 高橋秀樹著 宝島社 2009.8 125p 16cm (宝島sugoi文庫) 457円 ①978-4-7966-7357-0

16501 沖縄の島を自転車でとことん走ってみたサー カベルナリア吉田著 朝日新聞出版 2011.4 319p 15cm (朝日文庫)〈『沖縄自転車！』(東京書籍2006年刊) の改題、加筆・修正〉 880円 ①978-4-02-264600-2

16502 ぶらりニッポンの島旅 管洋志著 講談社 2011.7 253p 15cm (講談社文庫) 838円 ①978-4-06-276988-4

16503 斑猫の宿 奥本大三郎著 中央公論新社 2011.11 305p 16cm (中公文庫)〈JTB2001年刊あり〉 705円 ①978-4-12-205565-0

16504 海へ、山へ、森へ、町へ 小川糸著 幻冬舎 2013.8 227p 16cm (幻冬舎文庫)〈「ようこそ、ちきゅう食堂へ」(2010年刊) を改題、「命をかけて、命をつなぐ」・「陽だまりの家、庭の緑」ほかを収録〉 533円 ①978-4-344-42058-8

作品 食堂はてるま

16505 石垣 宮古 ぐだぐだ散歩 カベルナリア吉田著 イカロス出版 2014.4 221p 21cm 1600円 ①978-4-86320-858-2

16506 みどりの国滞在日記 エリック・ファーユ著, 三野博司訳 水声社 2014.12 195p 20cm (批評の小径) 2500円 ①978-4-8010-0077-3

16507 私の海の地図 石原慎太郎著 世界文化社 2015.10 319p 20cm 3000円 ①978-4-418-15514-9

16508 ニッポン島遺産 斎藤潤著 実業之日本社 2016.8 191p 19cm 1600円 ①978-4-408-00889-9

16509 ナマコもいつか月を見る 椎名誠著 PHP研究所 2017.1 298p 15cm (PHP文芸文庫)〈本の雑誌社 1991年刊の再刊〉 680円 ①978-4-569-76679-9

上野(宮古島市)

16510 石垣 宮古 ぐだぐだ散歩 カベルナリア吉田著 イカロス出版 2014.4 221p 21cm 1600円 ①978-4-86320-858-2

浦添市

16511 さらにひたすら歩いた沖縄みちばた紀行 カベルナリア吉田著 彩流社 2013.2 246p 21cm 1800円 ①978-4-7791-1862-3

目次 第1章 那覇・浦添を歩く(意地でも国際通りから始める那覇の旅, おもろまち周辺も意地でも歩く 天久〜安謝 ほか), 第2章 本島中部を歩く(メリークリスマス・イン・コザ！, 砂辺の夜 ほか), 第3章 宮古・八重山を歩く(宮古島 平良市街3泊4日, 久々に竹富島へ ただし日帰り ほか), 第4章 本島南部・北部を歩く(海に面していない小さな街の、激変ぶりに驚いた！ 東風平, パワースポット大流行で、聖地は上へ下への大騒ぎ 斎場御嶽 ほか)

奥武島(久米島町)

16512 沖縄の島へ全部行ってみたサー カベルナリア吉田著 朝日新聞出版 2010.3 319p 15cm (朝日文庫)〈東京書籍2004年刊の再構成〉 880円 ①978-4-02-261659-3

奥武島(南城市)

16513 沖縄自転車！ カベルナリア吉田文・写真 東京書籍 2006.7 199p 21cm 1600円 ①4-487-80117-6

16514 谷川健一全集 第10巻(民俗 2) 女の風土記 埋もれた日本地図(抄録) 黒潮の民俗学(抄録) 谷川健一著 冨山房インターナショナル 2010.1 574, 27p 23cm〈付属資料：8p：月報 no.14 索引あり〉 6500円 ①978-4-902385-84-7

作品 青と白の幻想

16515 沖縄の島へ全部行ってみたサー カベルナリア吉田著 朝日新聞出版 2010.3 319p 15cm (朝日文庫)〈東京書籍2004年刊の再構成〉 880円 ①978-4-02-261659-3

16516 沖縄・奄美の小さな島々 カベルナリア吉田著 中央公論新社 2013.7 286p 18cm (中公新書ラクレ) 860円 ①978-4-12-150460-9

大神島

16517 花嫁化鳥 改版 寺山修司著 中央公論社 2008.11 258p 16cm (中公文庫)〈1990年刊の改版〉 705円 ①978-4-12-205073-0

作品 風葬大神島

16518 美しき日本の面影 さだまさし著 新潮社 2008.12 357p 16cm (新潮文庫) 514円 ①978-4-10-122905-8

作品 大神島の「約束」

16519 妣(はは)の国への旅―私の履歴書 谷川健一著 日本経済新聞出版社 2009.1 309p 20cm 2600円 ①978-4-532-16680-9

16520 石垣 宮古 ぐだぐだ散歩 カベルナリア吉田著 イカロス出版 2014.4 221p 21cm 1600円 ①978-4-86320-858-2

大宜味村

16521 ふわふわワウワウ―唄とカメラと時刻表 みなみらんぼう著 旅行読売出版社 1996.7 207p 19cm 1100円 ①4-89752-601-9

作品 やっぱり沖縄、冬も元気だ

16522 沖縄の島を自転車でとことん走ってみたサー カベルナリア吉田著 朝日新聞出版 2011.4 319p 15cm (朝日文庫)〈『沖縄自転車！』(東京書籍2006年刊) の改題、加筆・修正〉 880円 ①978-4-02-264600-2

沖縄本島

16523 50ccバイク日本一周2万キロ　賀曽利隆著　日本交通公社出版事業局　1990.11　285p　19cm　1300円　①4-533-01631-6

16524 シェルパ斉藤の行きあたりばっ旅　3　斉藤政喜著　小学館　1998.8　253p　16cm　(小学館文庫)　457円　①4-09-411003-8

16525 326とナツの旅日記　ナカムラミツル著　ワニブックス　2003.4　64p　19cm〈付属資料：1冊：旅のしおり+ポストカード12枚　外箱入り〉　1714円　①4-8470-1505-3, 4-8470-1501-0

16526 時速8キロニッポン縦断　斉藤政喜著　小学館　2003.10　397p　19cm　(Be-pal books)〈折り込1枚〉　1500円　①4-09-366067-0

16527 もっと好きになっちゃった沖縄の離島―癒しの国の体あたり紀行　下川裕治責任編集, 下川裕治+好きになっちゃった編集部編著　双葉社　2006.7　191p　21cm　1600円　①4-575-29909-X

16528 かわいい子には旅をさせるな　鷺沢萠著　角川書店　2008.4　218p　15cm　(角川文庫)〈発売：角川グループパブリッシング〉　476円　①978-4-04-185313-9

作品 らっきょう譚 その2

16529 にっぽん・海風魚(さかな)旅　5(南シナ海ドラゴン編)　椎名誠著　講談社　2009.1　333p　15cm　(講談社文庫)　819円　①978-4-06-276248-9

16530 ひたすら歩いた沖縄みちばた紀行　カベルナリア吉田著　彩流社　2009.8　288p　21cm　2000円　①978-4-7791-1459-5

目次 第1章 那覇を歩く, 第2章 本島中部, 第3章 本島北部, 第4章 本島南部, 第5章 宮古諸島, 第6章 八重山諸島

16531 南島旅行見聞記　柳田国男著, 酒井卯作編　森話社　2009.11　265p　20cm　2900円　①978-4-86405-003-6

16532 沖縄の島を自転車でとことん走ってみたサー　カベルナリア吉田著　朝日新聞出版　2011.4　319p　15cm　(朝日文庫)〈『沖縄自転車！』(東京書籍2006年刊)の改題、加筆・修正〉　880円　①978-4-02-264600-2

16533 さらにひたすら歩いた沖縄みちばた紀行　カベルナリア吉田著　彩流社　2013.2　246p　21cm　1800円　①978-4-7791-1862-3

16534 ど・スピリチュアル日本旅　たかのてるこ著　幻冬舎　2014.8　353p 図版8枚　19cm　1400円　①978-4-344-02618-6

16535 神社めぐりをしていたらエルサレムに立っていた　鶴田真由著　幻冬舎　2017.6　159p 図版16p　20cm〈文献あり〉　1300円　①978-4-344-03125-8

奥(国頭村)

16536 オキナワ宿の夜はふけて　カベルナリア吉田文・写真　東京書籍　2005.7　173p　21cm　1600円　①4-487-80050-1

目次 民宿げっとう(那覇)―旅の始まりと終わりが混ざり合う沖縄旅人たちの交差点, ゲストハウスFREEDOM(宜野湾)―人生にふと迷ったら「自由の宿」で夜を明かそう, 民宿 嘉陽荘(コザ)―あったかオバアと一緒にコタツゆんたく(ミニライブ付), なごゲストハウス(名護)―海が目の前に広がる宿で僕は何かを考えるのをやめた, なきじんゲストハウス結家(今帰仁)―予想を超えたくつろぎにもう1泊したくなった, 屋我地荘(屋我地島)―空と海と犬と三線それだけあれば言うことなし, やんばるくいな荘(辺土名)―庭先の小屋に籠り囲炉裏を囲んで終わる1日, 海山木(奥)―極上のメシとダジャレが彩る南の島だけど北の宿, うたごえペンションまーみなー(読谷)―涼しい歌声に身を任せて素直な気持ちになってみようか, 民宿南海(名護)―天下泰平ご主人と笑って笑って1泊2日〔ほか〕

奥間ビーチ(国頭村)

16537 ふわふわワウワウ―唄とカメラと時刻表　みなみらんぼう著　旅行読売出版社　1996.7　207p　19cm　1100円　①4-89752-601-9

作品 やっぱり沖縄、冬も元気だ

オーハ島〔東奥武島〕

16538 あるく魚とわらう風　椎名誠著　集英社　2001.2　355p　16cm　(集英社文庫)　619円　①4-08-747290-6

作品 オーハ島の焚火人生

16539 日本《島旅》紀行　斎藤潤著　光文社　2005.3　284p　18cm　(光文社新書)　780円　①4-334-03299-0

16540 沖縄の島へ全部行ってみたサー　カベルナリア吉田著　朝日新聞出版　2010.3　319p　15cm　(朝日文庫)〈東京書籍2004年刊の再構成〉　880円　①978-4-02-261659-3

恩納村

16541 沖縄自転車！　カベルナリア吉田文・写真　東京書籍　2006.7　199p　21cm　1600円　①4-487-80117-6

カイジ浜〔星砂の浜〕

16542 街道をゆく　6　沖縄・先島への道　新装版　司馬遼太郎著　朝日新聞出版　2008.9　236, 8p　15cm　(朝日文庫)　540円　①978-4-02-264445-9

嘉手納町

16543 沖縄哀歌　成沢未来著　里文出版　2007.1　141p　20cm〈年譜あり〉　1500円　①978-4-89806-264-7

作品 嘉手納基地

16544 オキナワマヨナカ　カベルナリア吉田著　アスペクト　2011.7　207p　21cm　1600円　①978-4-7572-1945-8

川平(石垣市)

16545 石垣 宮古 ぐだぐだ散歩　カベルナリア吉田著　イカロス出版　2014.4　221p　21cm　1600円　①978-4-86320-858-2

川平湾

16546 美しすぎる場所―Castle in Glass　J-

WAVE編　扶桑社　1991.1　303p　21cm　1400円　①4-594-00678-7
作品 日本の旅から/南西諸島2〔三木卓〕

16547 街道をゆく　6　沖縄・先島への道　新装版　司馬遼太郎著　朝日新聞出版　2008.9　236, 8p　15cm　(朝日文庫)　540円　①978-4-02-264445-9

北大東島

16548 旅の紙芝居　椎名誠写真・文　朝日新聞社　2002.10　350p　15cm　(朝日文庫)〈1998年刊の文庫化〉　820円　①4-02-264298-X
作品 痛快面白島

16549 世界おもしろヒコーキ旅　チャーリィ古庄著　枻出版社　2008.9　235p　15cm　(枻文庫)　780円　①978-4-7779-1149-3

16550 沖縄の島へ全部行ってみたサー　カベルナリア吉田著　朝日新聞出版　2010.3　319p　15cm　(朝日文庫)〈東京書籍2004年刊の再構成〉　880円　①978-4-02-261659-3

16551 シェルパ斉藤の島旅はいつも自転車で　斉藤政喜著　二玄社　2010.3　191p　21cm　1500円　①978-4-544-40046-5

16552 混成世界のポルトラーノ　管啓次郎, 林ひふみ, 清岡智比古, 波戸岡景太, 倉石信乃著　左右社　2011.12　315p　19cm　2600円　①978-4-903500-69-0
作品 デリー、大東島、洛山〔倉石信乃〕
目次 巻頭詩 ポルトラーノのために(管啓次郎), 北京、南台湾、ボルネオ(林ひふみ), 大連、モントリオール、パリ(清岡智比古), ダッハウ、ネヴァダ、タスマニア(波戸岡景太), デリー、大東島、洛山(倉石信乃), ヒロ、ラハイナ、ホノルル(管啓次郎)

16553 絶海の孤島―驚愕の日本がそこにある　増補改訂版　カベルナリア吉田著　イカロス出版　2015.12　233p　21cm　1600円　①978-4-8022-0118-6

16554 ニッポン島遺産　斎藤潤著　実業之日本社　2016.8　191p　19cm　1600円　①978-4-408-00889-9

北中城村

16555 パン欲―日本全国パンの聖地を旅する　池田浩明著　世界文化社　2013.12　128p　26cm〈タイトルは奥付等による。標題紙のタイトル：私はパン欲に逆らうことができない……〉　1400円　①978-4-418-13234-8

宜野湾市

16556 オキナワ宿の夜はふけて　カベルナリア吉田文・写真　東京書籍　2005.7　173p　21cm　1600円　①4-487-80050-1

16557 パン欲―日本全国パンの聖地を旅する　池田浩明著　世界文化社　2013.12　128p　26cm〈タイトルは奥付等による。標題紙のタイトル：私はパン欲に逆らうことができない……〉　1400円　①978-4-418-13234-8

玉泉洞

16558 ショージ君の旅行鞄―東海林さだお自選　東海林さだお著　文芸春秋　2005.2　905p　16cm　(文春文庫)　933円　①4-16-717760-9
作品 沖縄旅行

金武町

16559 オキナワマヨナカ　カベルナリア吉田著　アスペクト　2011.7　207p　21cm　1600円　①978-4-7572-1945-8

16560 ニッポン周遊記―町の見つけ方・歩き方・つくり方　池内紀著　青土社　2014.7　325p　20cm　2400円　①978-4-7917-6777-9

16561 沖縄戦546日を歩く　カベルナリア吉田著　彩流社　2015.7　220p　21cm〈文献あり 年表あり〉　2000円　①978-4-7791-2138-8

具志川

16562 沖縄戦546日を歩く　カベルナリア吉田著　彩流社　2015.7　220p　21cm〈文献あり 年表あり〉　2000円　①978-4-7791-2138-8

小城盛(竹富町)

16563 街道をゆく　6　沖縄・先島への道　新装版　司馬遼太郎著　朝日新聞出版　2008.9　236, 8p　15cm　(朝日文庫)　540円　①978-4-02-264445-9

久高島

16564 浦島太郎の馬鹿―旅の書きおき　立松和平著　マガジンハウス　1990.10　251p　21cm　1400円　①4-8387-0189-6
作品 久高島参詣

16565 島の時間―九州・沖縄 謎の始まり　赤瀬川原平著　平凡社　1999.3　231p　16cm　(平凡社ライブラリー)　740円　①4-582-76283-2

16566 沖縄・奄美を歩く　立松和平著, 黒古一夫編　勉誠出版　2006.4　322p　22cm　(立松和平日本を歩く 第6巻)　2600円　①4-585-01176-5

16567 江原啓之 神紀行　4(九州・沖縄)　江原啓之著　マガジンハウス　2006.6　95p　21cm　(スピリチュアル・サンクチュアリシリーズ)　1048円　①4-8387-1623-0

16568 沈黙の神々　2　佐藤洋二郎著　松柏社　2008.9　220p　19cm　1600円　①978-4-7754-0153-8

16569 脳で旅する日本のクオリア　茂木健一郎著　小学館　2009.7　255p　19cm　1500円　①978-4-09-387855-5

16570 沖縄の島へ全部行ってみたサー　カベルナリア吉田著　朝日新聞出版　2010.3　319p　15cm　(朝日文庫)〈東京書籍2004年刊の再構成〉　880円　①978-4-02-261659-3

16571 ど・スピリチュアル日本旅　たかのてるこ著　幻冬舎　2014.8　353p 図版8枚　19cm　1400円　①978-4-344-02618-6

国頭村

16572 沖縄自転車！ カベルナリア吉田文・写真 東京書籍 2006.7 199p 21cm 1600円 Ⓘ4-487-80117-6

16573 ローカルバスの終点へ 宮脇俊三著 洋泉社 2010.12 303p 18cm (新書y)〈1991年刊の新潮文庫を底本とする 日本交通公社出版事業局 1989年刊あり〉 840円 Ⓘ978-4-86248-626-4

久部良バリ(与那国町)

16574 街道をゆく 6 沖縄・先島への道 新装版 司馬遼太郎著 朝日新聞出版 2008.9 236, 8p 15cm (朝日文庫) 540円 Ⓘ978-4-02-264445-9

久米島

16575 街を泳ぐ、海を歩く―カルカッタ、沖縄、イスタンブール 与那原恵著 講談社 1998.8 214p 15cm (講談社文庫) 400円 Ⓘ4-06-263853-3

16576 旅の紙芝居 椎名誠写真・文 朝日新聞社 2002.10 350p 15cm (朝日文庫)〈1998年刊の文庫化〉 820円 Ⓘ4-02-264298-X
作品 オーハ島喜譚

16577 島めぐり フェリーで行こう！―スロー・トラベル カベルナリア吉田文・写真 東京書籍 2003.8 207p 21cm 1500円 Ⓘ4-487-79884-1

16578 沖縄自転車！ カベルナリア吉田文・写真 東京書籍 2006.7 199p 21cm 1600円 Ⓘ4-487-80117-6

16579 もっと好きになっちゃった沖縄の離島―癒しの国の体あたり紀行 下川裕治責任編集, 下川裕治+好きになっちゃった編集部編著 双葉社 2006.7 191p 21cm 1600円 Ⓘ4-575-29909-X

16580 旅人の心得 田口ランディ著 角川書店, 角川グループパブリッシング〔発売〕 2007.9 270p 15cm (角川文庫)〈2003年刊の文庫化〉 514円 Ⓘ978-4-04-375305-5

16581 美しき日本の面影 さだまさし著 新潮社 2008.12 357p 16cm (新潮文庫) 514円 Ⓘ978-4-10-122905-8

16582 にっぽん・海風魚(さかな)旅 5(南シナ海ドラゴン編) 椎名誠著 講談社 2009.1 333p 15cm (講談社文庫) 819円 Ⓘ978-4-06-276248-9

16583 沖縄の島へ全部行ってみたサー カベルナリア吉田著 朝日新聞出版 2010.3 319p 15cm (朝日文庫)〈東京書籍2004年刊の再構成〉 880円 Ⓘ978-4-02-261659-3

16584 沖縄の島を自転車でとことん走ってみたサー カベルナリア吉田著 朝日新聞出版 2011.4 319p 15cm (朝日文庫)〈『沖縄自転車！』(東京書籍2006年刊)の改題、加筆・修正〉 880円 Ⓘ978-4-02-264600-2

16585 沖縄戦546日を歩く カベルナリア吉田著 彩流社 2015.7 220p 21cm〈文献あり 年表あり〉 2000円 Ⓘ978-4-7791-2138-8

16586 私の海の地図 石原慎太郎著 世界文化社 2015.10 319p 20cm 3000円 Ⓘ978-4-418-15514-9

来間島

16587 石垣 宮古 ぐだぐだ散歩 カベルナリア吉田著 イカロス出版 2014.4 221p 21cm 1600円 Ⓘ978-4-86320-858-2

黒島

16588 沖縄自転車！ カベルナリア吉田文・写真 東京書籍 2006.7 199p 21cm 1600円 Ⓘ4-487-80117-6

16589 もっと好きになっちゃった沖縄の離島―癒しの国の体あたり紀行 下川裕治責任編集, 下川裕治+好きになっちゃった編集部編著 双葉社 2006.7 191p 21cm 1600円 Ⓘ4-575-29909-X

16590 沖縄の島を自転車でとことん走ってみたサー カベルナリア吉田著 朝日新聞出版 2011.4 319p 15cm (朝日文庫)〈『沖縄自転車！』(東京書籍2006年刊)の改題、加筆・修正〉 880円 Ⓘ978-4-02-264600-2

16591 沖縄・奄美の小さな島々 カベルナリア吉田著 中央公論新社 2013.7 286p 18cm (中公新書ラクレ) 860円 Ⓘ978-4-12-150460-9

16592 石垣 宮古 ぐだぐだ散歩 カベルナリア吉田著 イカロス出版 2014.4 221p 21cm 1600円 Ⓘ978-4-86320-858-2

16593 ど・スピリチュアル日本旅 たかのてるこ著 幻冬舎 2014.8 353p 図版8枚 19cm 1400円 Ⓘ978-4-344-02618-6

16594 ニッポン島遺産 斎藤潤著 実業之日本社 2016.8 191p 19cm 1600円 Ⓘ978-4-408-00889-9

16595 長崎と天草の教会を旅して―教会のある集落とキリシタン史跡 繁延あづさ著 マイナビ出版 2017.1 143p 21cm 1680円 Ⓘ978-4-8399-5544-1

慶良間諸島

16596 沖縄戦546日を歩く カベルナリア吉田著 彩流社 2015.7 220p 21cm〈文献あり 年表あり〉 2000円 Ⓘ978-4-7791-2138-8

16597 うつくしい列島―地理学的名所紀行 池澤夏樹著 河出書房新社 2015.11 308p 20cm 1800円 Ⓘ978-4-309-02425-7

慶留間島

16598 沖縄の島へ全部行ってみたサー カベルナリア吉田著 朝日新聞出版 2010.3 319p 15cm (朝日文庫)〈東京書籍2004年刊の再構成〉 880円 Ⓘ978-4-02-261659-3

16599 沖縄・奄美の小さな島々 カベルナリア吉田著 中央公論新社 2013.7 286p 18cm (中公新書ラクレ) 860円 Ⓘ978-4-12-

150460-9

古宇利島

16600 沖縄自転車！　カベルナリア吉田文・写真　東京書籍　2006.7　199p　21cm　1600円　①4-487-80117-6

16601 妣(はは)の国への旅―私の履歴書　谷川健一著　日本経済新聞出版社　2009.1　309p　20cm　2600円　①978-4-532-16680-9
[作品] シラサの浜

16602 谷川健一全集　第10巻(民俗 2)　女の風土記　埋もれた日本地図(抄録)　黒潮の民俗学(抄録)　谷川健一著　冨山房インターナショナル　2010.1　574, 27p　23cm〈付属資料：8p：月報 no.14　索引あり〉　6500円　①978-4-902385-84-7
[作品] 青と白の幻想

16603 沖縄の島へ全部行ってみたサー　カベルナリア吉田著　朝日新聞出版　2010.3　319p　15cm　(朝日文庫)〈東京書籍2004年刊の再構成〉　880円　①978-4-02-261659-3

16604 沖縄の島を自転車でとことん走ってみたサー　カベルナリア吉田著　朝日新聞出版　2011.4　319p　15cm　(朝日文庫)〈『沖縄自転車！』(東京書籍2006年刊)の改題、加筆・修正〉　880円　①978-4-02-264600-2

国営沖縄記念公園(海洋博覧会地区)

16605 ショージ君の旅行鞄―東海林さだお自選　東海林さだお著　文芸春秋　2005.2　905p　16cm　(文春文庫)　933円　①4-16-717760-9
[作品] 沖縄旅行

コザ(沖縄市)

16606 沖縄自転車！　カベルナリア吉田文・写真　東京書籍　2006.7　199p　21cm　1600円　①4-487-80117-6

16607 オキナワマヨナカ　カベルナリア吉田著　アスペクト　2011.7　207p　21cm　1600円　①978-4-7572-1945-8

小浜島

16608 ワッキーの地名しりとり―日本中を飛ばされ続ける男　脇田寧人著　名古屋　ぴあ　2004.3　222p　19cm　1300円　①4-8356-0924-7

16609 もっと好きになっちゃった沖縄の離島―癒しの国の体あたり紀行　下川裕治責任編集, 下川裕治+好きになっちゃった編集部編著　双葉社　2006.7　191p　21cm　1600円　①4-575-29909-X

16610 石垣 宮古 ぐだぐだ散歩　カベルナリア吉田著　イカロス出版　2014.4　221p　21cm　1600円　①978-4-86320-858-2

16611 ウははウミウシのウーシュノーケル偏愛旅行記　特別増補版　宮田珠己著　幻冬舎　2014.7　288p　16cm　(幻冬舎文庫)〈初版：小学館2000年刊〉　600円　①978-4-344-42223-0

桜坂(那覇市)

16612 沖縄・奄美を歩く　立松和平著, 黒古一夫編　勉誠出版　2006.4　322p　22cm　(立松和平日本を歩く 第6巻)　2600円　①4-585-01176-5

佐敷(南城市)

16613 谷川健一全集　第10巻(民俗 2)　女の風土記　埋もれた日本地図(抄録)　黒潮の民俗学(抄録)　谷川健一著　冨山房インターナショナル　2010.1　574, 27p　23cm〈付属資料：8p：月報 no.14　索引あり〉　6500円　①978-4-902385-84-7

砂糖鉄道(南大東島)

16614 鉄道廃線跡の旅　宮脇俊三著　角川書店　2003.4　187p　15cm　(角川文庫)〈「七つの廃線跡」(JTB2001年刊)の改題〉　438円　①4-04-159810-9

座間味島

16615 むくどりは飛んでゆく　池澤夏樹著　朝日新聞社　1995.5　218p　19cm　1400円　①4-02-256848-8
[作品] おんぶにだっこ

16616 むくどりは千羽に一羽…　池澤夏樹著　朝日新聞社　1996.5　209p　19cm　1500円　①4-02-256960-3
[目次] バラ色の指、衣はサフラン, 大阪おそるべし, トラック街道, 名簿を前にして, 法隆寺の瓦, 四十一時間の船旅, ある書店への感謝, エルシーおばさんとの会話, 箱つくり, ぼくは体育ができない〔ほか〕

16617 旅の紙芝居　椎名誠写真・文　朝日新聞社　2002.10　350p　15cm　(朝日文庫)〈1998年刊の文庫化〉　820円　①4-02-264298-X
[作品] カープ島のマリちゃん　撮られるモンダイ

16618 全ての装備を知恵に置き換えること　石川直樹著　集英社　2009.11　263p　16cm　(集英社文庫)〈晶文社2005年刊の加筆・修正〉　552円　①978-4-08-746500-6

16619 沖縄の島へ全部行ってみたサー　カベルナリア吉田著　朝日新聞出版　2010.3　319p　15cm　(朝日文庫)〈東京書籍2004年刊の再構成〉　880円　①978-4-02-261659-3

サンニヌ台(与那国町)

16620 街道をゆく　6　沖縄・先島への道　新装版　司馬遼太郎著　朝日新聞出版　2008.9　236, 8p　15cm　(朝日文庫)　540円　①978-4-02-264445-9

下里(宮古島市)

16621 石垣 宮古 ぐだぐだ散歩　カベルナリア吉田著　イカロス出版　2014.4　221p　21cm　1600円　①978-4-86320-858-2

下地島(宮古諸島)

16622 沖縄・奄美の小さな島々　カベルナリア吉田著　中央公論新社　2013.7　286p　18cm

（中公新書ラクレ） 860円 ①978-4-12-150460-9

下地島（八重山諸島）

16623 ニッポン島遺産 斎藤潤著 実業之日本社 2016.8 191p 19cm 1600円 ①978-4-408-00889-9

首里（那覇市）

16624 街道をゆく 6 沖縄・先島への道 新装版 司馬遼太郎著 朝日新聞出版 2008.9 236, 8p 15cm （朝日文庫） 540円 ①978-4-02-264445-9

首里城

16625 日本名城紀行 6 四国・九州 陽光きらめく名城 小学館 1989.5 293p 15cm 600円 ①4-09-401206-0

16626 島の時間―九州・沖縄 謎の始まり 赤瀬川原平著 平凡社 1999.3 231p 16cm （平凡社ライブラリー） 740円 ①4-582-76283-2

16627 江原啓之 神紀行 4（九州・沖縄） 江原啓之著 マガジンハウス 2006.6 95p 21cm （スピリチュアル・サンクチュアリシリーズ） 1048円 ①4-8387-1623-0

白保（石垣市）

16628 旅を喰う―鎌田慧エッセイ集 鎌田慧著 晶文社 1989.11 301p 19cm 1600円 ①4-7949-5858-7

作品 海どぅ宝

16629 魚派列島―にっぽん雑魚紀行 甲斐崎圭著 中央公論社 1997.10 309p 15cm （中公文庫）〈日本交通公社出版事業局1992年刊あり〉 762円 ①4-12-202970-8

16630 旅の紙芝居 椎名誠写真・文 朝日新聞社 2002.10 350p 15cm （朝日文庫）〈1998年刊の文庫化〉 820円 ①4-02-264298-X

作品 白保で雨

16631 沖縄・奄美を歩く 立松和平著, 黒古一夫編 勉誠出版 2006.4 322p 22cm （立松和平日本を歩く 第6巻） 2600円 ①4-585-01176-5

16632 石垣 宮古 ぐだぐだ散歩 カベルナリア吉田著 イカロス出版 2014.4 221p 21cm 1600円 ①978-4-86320-858-2

16633 さらば新宿赤マント 椎名誠著 文藝春秋 2015.9 445p 16cm （文春文庫）〈2013年刊の文庫化〉 770円 ①978-4-16-790449-4

作品 懐かしさを訪ねる旅

16634 雨の匂いのする夜に 椎名誠写真と文 朝日新聞出版 2015.11 222p 20cm 2100円 ①978-4-02-331450-4

作品 白保の元気者

瀬底島

16635 沖縄の島を自転車でとことん走ってみたサー カベルナリア吉田著 朝日新聞出版 2011.4 319p 15cm （朝日文庫）〈『沖縄自転車！』（東京書籍2006年刊）の改題、加筆・修正〉 880円 ①978-4-02-264600-2

16636 沖縄・奄美の小さな島々 カベルナリア吉田著 中央公論新社 2013.7 286p 18cm （中公新書ラクレ） 860円 ①978-4-12-150460-9

斎場御嶽

16637 浦島太郎の馬鹿―旅の書きおき 立松和平著 マガジンハウス 1990.10 251p 21cm 1400円 ①4-8387-0189-6

16638 導かれて、旅 横尾忠則著 文藝春秋 1995.7 286p 16cm （文春文庫）〈日本交通公社出版事業局 1992年刊の文庫化〉 480円 ①4-16-729703-5

作品 沖縄聖地巡礼

16639 沖縄・奄美を歩く 立松和平著, 黒古一夫編 勉誠出版 2006.4 322p 22cm （立松和平日本を歩く 第6巻） 2600円 ①4-585-01176-5

16640 江原啓之 神紀行 4（九州・沖縄） 江原啓之著 マガジンハウス 2006.6 95p 21cm （スピリチュアル・サンクチュアリシリーズ） 1048円 ①4-8387-1623-0

16641 脳で旅する日本のクオリア 茂木健一郎著 小学館 2009.7 255p 19cm 1500円 ①978-4-09-387855-5

16642 沖縄への短い帰還 池澤夏樹著 那覇 ボーダーインク 2016.5 334p 20cm 2400円 ①978-4-89982-302-5

竹富島

16643 伝説の旅 谷真介著 梟社 2003.9 297p 20cm〈新泉社（発売） 創林社1980年刊の増訂〉 1900円 ①4-7877-6312-1

16644 メルヘン紀行 みやこうせい著 未知谷 2005.5 237p 20cm 2200円 ①4-89642-129-9

16645 沖縄・奄美《島旅》紀行 斎藤潤著 光文社 2005.7 243p 18cm （光文社新書） 720円 ①4-334-03316-4

16646 街道をゆく 6 沖縄・先島への道 新装版 司馬遼太郎著 朝日新聞出版 2008.9 236, 8p 15cm （朝日文庫） 540円 ①978-4-02-264445-9

16647 遠藤ケイの島旅日和 遠藤ケイ著 千早書房 2009.8 124p 21cm〈索引あり〉 1600円 ①978-4-88492-439-3

16648 ぶらりニッポンの島旅 管洋志著 講談社 2011.7 253p 15cm （講談社文庫） 838円 ①978-4-06-276988-4

16649 石垣 宮古 ぐだぐだ散歩 カベルナリア吉田著 イカロス出版 2014.4 221p 21cm 1600円 ①978-4-86320-858-2

16650 ど・スピリチュアル日本旅 たかのてるこ著 幻冬舎 2014.8 353p 図版8枚 19cm 1400円 ①978-4-344-02618-6

16651 みどりの国滞在日記 エリック・ファー

ユ著, 三野博司訳　水声社　2014.12　195p　20cm　(批評の小径)　2500円　①978-4-8010-0077-3

16652　にっぽん猫島紀行　瀬戸内みなみ著　イースト・プレス　2017.6　238p　18cm　(イースト新書)〈文献あり〉　861円　①978-4-7816-5087-6

玉城(南城市)

16653　谷川健一全集　第10巻(民俗 2)　女の風土記　埋もれた日本地図(抄録)　黒潮の民俗学(抄録)　谷川健一著　冨山房インターナショナル　2010.1　574, 27p　23cm〈付属資料：8p：月報 no.14　索引あり〉　6500円　①978-4-902385-84-7

作品 おもろの旅

多良間島

16654　沖縄・奄美《島旅》紀行　斎藤潤著　光文社　2005.7　243p　18cm　(光文社新書)　720円　①4-334-03316-4

16655　沖縄自転車！　カベルナリア吉田文・写真　東京書籍　2006.7　199p　21cm　1600円　①4-487-80117-6

16656　もっと好きになっちゃった沖縄の離島―癒しの国の体あたり紀行　下川裕治責任編集, 下川裕治+好きになっちゃった編集部編著　双葉社　2006.7　191p　21cm　1600円　①4-575-29909-X

16657　沖縄の島を自転車でとことん走ってみたサー　カベルナリア吉田著　朝日新聞出版　2011.4　319p　15cm　(朝日文庫)〈『沖縄自転車！』(東京書籍2006年刊)の改題、加筆・修正〉　880円　①978-4-02-264600-2

16658　沖縄・奄美の小さな島々　カベルナリア吉田著　中央公論新社　2013.7　286p　18cm　(中公新書ラクレ)　860円　①978-4-12-150460-9

16659　石垣 宮古 ぐだぐだ散歩　カベルナリア吉田著　イカロス出版　2014.4　221p　21cm　1600円　①978-4-86320-858-2

16660　来ちゃった　酒井順子文, ほしよりこ画　小学館　2016.3　317p　15cm　(小学館文庫)〈2011年刊の増補〉　620円　①978-4-09-406277-9

知念(南城市)

16661　導かれて、旅　横尾忠則著　文藝春秋　1995.7　286p　16cm　(文春文庫)〈日本交通公社出版事業局 1992年刊の文庫化〉　480円　①4-16-729703-5

作品 沖縄聖地巡礼

16662　沖縄自転車！　カベルナリア吉田文・写真　東京書籍　2006.7　199p　21cm　1600円　①4-487-80117-6

16663　谷川健一全集　第10巻(民俗 2)　女の風土記　埋もれた日本地図(抄録)　黒潮の民俗学(抄録)　谷川健一著　冨山房インターナショナル　2010.1　574, 27p　23cm〈付属資料：8p：月報 no.14　索引あり〉　6500円　①978-4-902385-84-7

作品 おもろの旅

北谷町

16664　オキナワマヨナカ　カベルナリア吉田著　アスペクト　2011.7　207p　21cm　1600円　①978-4-7572-1945-8

津堅島

16665　あやしい探検隊 焚火発見伝　椎名誠, 林政明著　小学館　1996.10　270p　19cm　1500円　①4-09-394043-6

目次 第1回 たぬきの道への第一歩, 第2回 格闘技アンコウ鍋, 第3回 大草原の羊大鍋大満足, 第4回 星夜秘密の地ジャガの宴, 第5回 タケノコのムナサワギ, 第6回 変幻アブラアゲの多重攻撃, 第7回 猪突猛進阿鼻叫喚鍋, 第8回 ニンジン島の砂浜チャンプルー, 第9回 チバのバカガイはチバ的だった

16666　沖縄の島へ全部行ってみたサー　カベルナリア吉田著　朝日新聞出版　2010.3　319p　15cm　(朝日文庫)〈東京書籍2004年刊の再構成〉　880円　①978-4-02-261659-3

16667　沖縄・奄美の小さな島々　カベルナリア吉田著　中央公論新社　2013.7　286p　18cm　(中公新書ラクレ)　860円　①978-4-12-150460-9

16668　狙われた島―数奇な運命に弄ばれた19の島　カベルナリア吉田著　アルファベータブックス　2018.2　222p　21cm　1800円　①978-4-86598-048-6

トゥング田(与那国町)

16669　街道をゆく　6　沖縄・先島への道　新装版　司馬遼太郎著　朝日新聞出版　2008.9　236, 8p　15cm　(朝日文庫)　540円　①978-4-02-264445-9

渡嘉敷島

16670　遠藤ケイの島旅日和　遠藤ケイ著　千早書房　2009.8　124p　21cm〈索引あり〉　1600円　①978-4-88492-439-3

16671　沖縄の島へ全部行ってみたサー　カベルナリア吉田著　朝日新聞出版　2010.3　319p　15cm　(朝日文庫)〈東京書籍2004年刊の再構成〉　880円　①978-4-02-261659-3

渡名喜島

16672　島めぐり フェリーで行こう！―スロー・トラベル　カベルナリア吉田文・写真　東京書籍　2003.8　207p　21cm　1500円　①4-487-79884-1

16673　沖縄・奄美《島旅》紀行　斎藤潤著　光文社　2005.7　243p　18cm　(光文社新書)　720円　①4-334-03316-4

16674　もっと好きになっちゃった沖縄の離島―癒しの国の体あたり紀行　下川裕治責任編集, 下川裕治+好きになっちゃった編集部編著　双葉社　2006.7　191p　21cm　1600円　①4-575-29909-X

16675 にっぽん・海風魚（さかな）旅 5（南シナ海ドラゴン編） 椎名誠著 講談社 2009.1 333p 15cm （講談社文庫） 819円 ①978-4-06-276248-9

16676 沖縄の島へ全部行ってみたサー カベルナリア吉田著 朝日新聞出版 2010.3 319p 15cm （朝日文庫）〈東京書籍2004年刊の再構成〉 880円 ①978-4-02-261659-3

16677 沖縄・奄美の小さな島々 カベルナリア吉田著 中央公論新社 2013.7 286p 18cm （中公新書ラクレ） 860円 ①978-4-12-150460-9

16678 ニッポン島遺産 斎藤潤著 実業之日本社 2016.8 191p 19cm 1600円 ①978-4-408-00889-9

中城村

16679 旅の柄 花村萬月著 光文社 2010.11 216p 19cm 1300円 ①978-4-334-97631-6

今帰仁城跡

16680 川村万梨阿と椋本夏夜の淑女的日常 川村万梨阿, 椋本夏夜著 ホビージャパン 2015.1 111p 21cm 1800円 ①978-4-7986-0921-8

今帰仁村

16681 オキナワ宿の夜はふけて カベルナリア吉田文・写真 東京書籍 2005.7 173p 21cm 1600円 ①4-487-80050-1

名護市

16682 オキナワ宿の夜はふけて カベルナリア吉田文・写真 東京書籍 2005.7 173p 21cm 1600円 ①4-487-80050-1

16683 沖縄自転車！ カベルナリア吉田文・写真 東京書籍 2006.7 199p 21cm 1600円 ①4-487-80117-6

16684 『恐怖の報酬』日記―酩酊混乱紀行 恩田陸著 講談社 2008.5 335p 15cm （講談社文庫）〈2005年刊の増補〉 571円 ①978-4-06-276020-1

16685 オキナワマヨナカ カベルナリア吉田著 アスペクト 2011.7 207p 21cm 1600円 ①978-4-7572-1945-8

那覇市

16686 僕は旅で生まれかわる 立松和平著 PHP研究所 1993.12 235p 18cm 1300円 ①4-569-54201-8

16687 柳宗悦 民芸紀行 柳宗悦著, 水尾比呂志編 岩波書店 1995.2 314p 15cm （岩波文庫） 620円 ①4-00-331695-9
［作品］沖縄の思い出 現在の日本民窯

16688 一滴の水から―ヤポネシア春夏秋冬 立松和平著 浩気社 1997.4 238p 20cm 1600円 ①4-906664-02-4

16689 島の時間―九州・沖縄 謎の始まり 赤瀬川原平著 平凡社 1999.3 231p 16cm （平凡社ライブラリー） 740円 ①4-582-76283-2

16690 ニッポン居酒屋放浪記 望郷篇 太田和彦著 新潮社 2001.12 282p 15cm （新潮文庫）〈『日本の居酒屋をゆく 望郷篇』改題書〉 476円 ①4-10-133333-5

16691 旅の紙芝居 椎名誠写真・文 朝日新聞社 2002.10 350p 15cm （朝日文庫）〈1998年刊の文庫化〉 820円 ①4-02-264298-X
［作品］ナハの怪しい夜 エイサーカツオだ

16692 島めぐり フェリーで行こう！―スロー・トラベル カベルナリア吉田文・写真 東京書籍 2003.8 207p 21cm 1500円 ①4-487-79884-1

16693 日本縦断徒歩の旅―65歳の挑戦 石川文洋著 岩波書店 2004.5 226p 18cm （岩波新書） 700円 ①4-00-430891-7

16694 風の道 雲の旅 椎名誠著 集英社 2004.10 287p 15cm （集英社文庫）〈晶文社1996年刊あり〉 600円 ①4-08-747747-9
（目次）那覇のホテルで窓をあけたまま睡ってしまった。, 夜更けまで波の音がきこえていたので。, 犬は少年といる時が一番うれしいようだ。, 夜なのに林のむこうからおはやしがきこえてきた。, ある年の夏、ベカ舟で沖へ流されてしまった。, 零下二〇度の雪原で三つの月を見た。, ここでないもっと遠くの時代の海のはなし。, 蒼すぎる空は時おりずいぶん悲しくみえることがある。, 草原を眺めていたらシャーウッドの森を思いだした。, ゴビ砂漠の上を雲と同じ方向にとびながら考えていたこと。〔ほか〕

16695 きもの紀行―染め人織り人を訪ねて 立松和平著 家の光協会 2005.1 223p 21cm 2200円 ①4-259-54669-4

16696 ショージ君の旅行鞄―東海林さだお自選 東海林さだお著 文芸春秋 2005.2 905p 16cm （文春文庫） 933円 ①4-16-717760-9
［作品］沖縄旅行

16697 オキナワ宿の夜はふけて カベルナリア吉田文・写真 東京書籍 2005.7 173p 21cm 1600円 ①4-487-80050-1

16698 沖縄・奄美を歩く 立松和平著, 黒古一夫編 勉誠出版 2006.4 322p 22cm （立松和平日本を歩く 第6巻） 2600円 ①4-585-01176-5

16699 なんくるなく、ない―沖縄（ちょっとだけ奄美）旅の日記ほか よしもとばなな著 新潮社 2006.4 227p 16cm （新潮文庫）〈肖像あり〉 590円 ①4-10-135926-1

16700 沖縄にとろける 下川裕治著 双葉社 2006.5 278p 15cm （双葉文庫）〈2001年刊の増訂〉 590円 ①4-575-71316-3

16701 沖縄自転車！ カベルナリア吉田文・写真 東京書籍 2006.7 199p 21cm 1600円 ①4-487-80117-6

16702 沖縄 美味の島―食べる、飲む、聞く 吉村喜彦著 光文社 2006.7 208p 18cm （光文社新書） 700円 ①4-334-03363-6

16703 神に頼って走れ！―自転車爆走日本南下旅日記 高野秀行著 集英社 2008.3 242p 16cm （集英社文庫） 476円 ①978-4-08-

746278–4
16704 街道をゆく 6 沖縄・先島への道 新装版 司馬遼太郎著 朝日新聞出版 2008.9 236, 8p 15cm (朝日文庫) 540円 ①978–4–02–264445–9
16705 ひたすら歩いた沖縄みちばた紀行 カベルナリア吉田著 彩流社 2009.8 288p 21cm 2000円 ①978–4–7791–1459–5
16706 文豪、偉人の「愛」をたどる旅 黛まどか著 集英社 2009.8 255p 18cm 1048円 ①978–4–08–781427–9
16707 全ての装備を知恵に置き換えること 石川直樹著 集英社 2009.11 263p 16cm (集英社文庫)〈晶文社2005年刊の加筆・修正〉 552円 ①978–4–08–746500–6
16708 オキナワマヨナカ カベルナリア吉田著 アスペクト 2011.7 207p 21cm 1600円 ①978–4–7572–1945–8
16709 さらにひたすら歩いた沖縄みちばた紀行 カベルナリア吉田著 彩流社 2013.2 246p 21cm 1800円 ①978–4–7791–1862–3
16710 みどりの国滞在日記 エリック・ファーユ著, 三野博司訳 水声社 2014.12 195p 20cm (批評の小径) 2500円 ①978–4–8010–0077–3
16711 ぼくの〈那覇まち〉放浪記―追憶と妄想のまち歩き・自転車散歩 新城和博著 那覇 ボーダーインク 2015.5 221p 19cm 1600円 ①978–4–89982–278–3
目次 すーじ小の角を曲がって―2007～2009(開南のバス停から街に出かけたころ, むつみ橋通りの空き地, ボーダーとして電柱通り, 与儀に隠れていた小さな川の名前ほか), 那覇の町を後ろ向きに漕いで渡る―2011～2014(壷川ホウホウ, 松川の橋を渡る, 今はない岬めぐり―オキナワノタキ, そこに町家があった ほか)

波之上(那覇市)

16712 浦島太郎の馬鹿―旅の書きおき 立松和平著 マガジンハウス 1990.10 251p 21cm 1400円 ①4–8387–0189–6
作品 波之上宮 波之上無頼 二つの悪場所
16713 沖縄・奄美を歩く 立松和平著, 黒古一夫編 勉誠出版 2006.4 322p 22cm (立松和平日本を歩く 第6巻) 2600円 ①4–585–01176–5
作品 波之上宮 波之上無頼

波上宮

16714 浦島太郎の馬鹿―旅の書きおき 立松和平著 マガジンハウス 1990.10 251p 21cm 1400円 ①4–8387–0189–6
作品 波之上宮
16715 沖縄・奄美を歩く 立松和平著, 黒古一夫編 勉誠出版 2006.4 322p 22cm (立松和平日本を歩く 第6巻) 2600円 ①4–585–01176–5
作品 波之上宮

西里(宮古島市)

16716 石垣 宮古 ぐだぐだ散歩 カベルナリア吉田著 イカロス出版 2014.4 221p 21cm 1600円 ①978–4–86320–858–2

野甫島

16717 沖縄の島へ全部行ってみたサー カベルナリア吉田著 朝日新聞出版 2010.3 319p 15cm (朝日文庫)〈東京書籍2004年刊の再構成〉 880円 ①978–4–02–261659–3
16718 沖縄・奄美の小さな島々 カベルナリア吉田著 中央公論新社 2013.7 286p 18cm (中公新書ラクレ) 860円 ①978–4–12–150460–9

南風見田(竹富町)

16719 今夜も空の下―シェルパ斉藤の行きあたりばっ旅 2 斉藤政喜著 小学館 1996.3 287p 19cm (BE‐PAL BOOKS) 1100円 ①4–09–366063–8
16720 シェルパ斉藤の行きあたりばっ旅 2 斉藤政喜著 小学館 1998.4 253p 15cm (小学館文庫) 457円 ①4–09–411002–X

はいむるぶし(竹富町)

16721 ホテル物語―十二のホテルと一人の旅人 山口泉著 NTT出版 1993.8 221p 19cm 1800円 ①4–87188–235–7

波照間島

16722 日本列島を往く 1 国境の島々 鎌田慧著 岩波書店 2000.1 331p 15cm (岩波現代文庫 社会) 900円 ①4–00–603001–0
16723 旅の紙芝居 椎名誠写真・文 朝日新聞社 2002.10 350p 15cm (朝日文庫)〈1998年刊の文庫化〉 820円 ①4–02–264298–X
作品 夜空に満足 またモンパの木の下へ
16724 伝説の旅 谷真介著 梟社 2003.9 297p 20cm〈新泉社(発売) 創林社1980年刊の増訂〉 1900円 ①4–7877–6312–1
16725 時速8キロニッポン縦断 斉藤政喜著 小学館 2003.10 397p 19cm (Be‐pal books)〈折り込1枚〉 1500円 ①4–09–366067–0
16726 日本全国 離島を旅する 向一陽著 講談社 2004.7 307p 18cm (講談社現代新書) 780円 ①4–06–149727–8
16727 なんくるなく、ない―沖縄(ちょっとだけ奄美)旅の日記ほか よしもとばなな著 新潮社 2006.4 227p 16cm (新潮文庫)〈肖像あり〉 590円 ①4–10–135926–1
16728 もっと好きになっちゃった沖縄の離島―癒しの国の体あたり紀行 下川裕治責任編集, 下川裕治+好きになっちゃった編集部編著 双葉社 2006.7 191p 21cm 1600円 ①4–575–29909–X
16729 神に頼って走れ！―自転車爆走日本南下旅日記 高野秀行著 集英社 2008.3 242p

16cm （集英社文庫） 476円 ①978-4-08-746278-4

16730 遠藤ケイの島旅日和 遠藤ケイ著 千早書房 2009.8 124p 21cm〈索引あり〉 1600円 ①978-4-88492-439-3

16731 波照間の怪しい夜 椎名誠著 雷鳥社 2010.2 159p 15×21cm 1500円 ①978-4-8441-3532-6

目次 第1章 通りすぎてしまった風や雲（一枚の写真—父のこと, 舟浮のチンチン少年 ほか）, 第2章 波照間の怪しい夜（海の記憶, ある日ある場所で ほか）, 第3章 葉っぱ仮面の少年（疲弊の荒野に新宿居酒屋, 雑魚釣り隊の焚き火行脚 ほか）, 第4章 南の島のぎらぎら（懐かしいイリオモテ島海浜生活者, 黄金のドロンコ少年たち ほか）

16732 シェルパ斉藤の島旅はいつも自転車で 斉藤政喜著 二玄社 2010.3 191p 21cm 1500円 ①978-4-544-40046-5

16733 ぶらりニッポンの島旅 管洋志著 講談社 2011.7 253p 15cm （講談社文庫） 838円 ①978-4-06-276988-4

16734 斑猫の宿 奥本大三郎著 中央公論新社 2011.11 305p 16cm （中公文庫）〈JTB2001年刊あり〉 705円 ①978-4-12-205565-0

16735 旅に出るゴトゴト揺られて本と酒 椎名誠著 筑摩書房 2014.3 271p 15cm （ちくま文庫）〈「日焼け読書の旅かばん」（本の雑誌社2001年刊）の改題 索引あり〉 720円 ①978-4-480-43146-2

目次 頭の中の宝モノ（ニッポンやれやれ風景, わが愛しの包丁, 海べりの町で ほか）, 行ったり来たり流れたり（めざせ「ウ・リーグ」, 都心の蟄居, すまぬすまぬと波照間島 ほか）, 心惑わす活字生活（漂流記オールタイムベスト20, 一九九九年に読んだ本, 嬉しくてもどかしい「こだわり本」 ほか）

16736 石垣 宮古 ぐだぐだ散歩 カベルナリア吉田著 イカロス出版 2014.4 221p 21cm 1600円 ①978-4-86320-858-2

16737 週末沖縄でちょっとゆるり 下川裕治著 朝日新聞出版 2014.8 303p 15cm （朝日文庫） 680円 ①978-4-02-261806-1

16738 ど・スピリチュアル日本旅 たかのてるこ著 幻冬舎 2014.8 353p 図版8枚 19cm 1400円 ①978-4-344-02618-6

鳩間島

16739 島めぐり フェリーで行こう！—スロー・トラベル カベルナリア吉田文・写真 東京書籍 2003.8 207p 21cm 1500円 ①4-487-79884-1

16740 もっと好きになっちゃった沖縄の離島—癒しの国の体あたり紀行 下川裕治責任編集, 下川裕治+好きになっちゃった編集部編著 双葉社 2006.7 191p 21cm 1600円 ①4-575-29909-X

16741 沖縄・奄美の小さな島々 カベルナリア吉田著 中央公論新社 2013.7 286p 18cm （中公新書ラクレ） 860円 ①978-4-12-150460-9

16742 石垣 宮古 ぐだぐだ散歩 カベルナリア吉田著 イカロス出版 2014.4 221p 21cm 1600円 ①978-4-86320-858-2

16743 パイヌカジ—小さな鳩間島の豊かな暮らし 羽根田治著 山と溪谷社 2016.6 301p 15cm （ヤマケイ文庫） 880円 ①978-4-635-04795-1

目次 序章 バッカスの島, 第1章 島に還る日（約束の地, 酔って候 ほか）, 第2章 豊饒の海（海を歩く, 夜のサメ ほか）, 第3章 仙境の島より（南洋の正月, 祭りの準備 ほか）, 第4章 変わらぬ時間の流れのなかで（島のバッカスは今も健在, 逝く者と、来る者と ほか）

浜比嘉島

16744 導かれて、旅 横尾忠則著 文藝春秋 1995.7 286p 16cm （文春文庫）〈日本交通公社出版事業局 1992年刊の文庫化〉 480円 ①4-16-729703-5

作品 沖縄聖地巡礼

16745 沖縄の島へ全部行ってみたサー カベルナリア吉田著 朝日新聞出版 2010.3 319p 15cm （朝日文庫）〈東京書籍2004年刊の再構成〉 880円 ①978-4-02-261659-3

16746 沖縄・奄美の小さな島々 カベルナリア吉田著 中央公論新社 2013.7 286p 18cm （中公新書ラクレ） 860円 ①978-4-12-150460-9

久松（宮古島市）

16747 石垣 宮古 ぐだぐだ散歩 カベルナリア吉田著 イカロス出版 2014.4 221p 21cm 1600円 ①978-4-86320-858-2

ピナイサーラの滝

16748 脳で旅する日本のクオリア 茂木健一郎著 小学館 2009.7 255p 19cm 1500円 ①978-4-09-387855-5

ひめゆりの塔

16749 ショージ君の旅行鞄—東海林さだお自選 東海林さだお著 文芸春秋 2005.2 905p 16cm （文春文庫） 933円 ①4-16-717760-9

作品 沖縄旅行

平良（宮古島市）

16750 旅ではなぜかよく眠り 大竹昭子著 新潮社 1995.8 235p 19cm 1300円 ①4-10-406701-6

作品 朝日ホテル

目次 ティナが住む町, 夜行列車, チョンキン・マンション, 港町の一家, 塔の上のランチ, 川むこう, 深い闇, 逮捕, 朝日ホテル, 父と息子〔ほか〕

16751 石垣 宮古 ぐだぐだ散歩 カベルナリア吉田著 イカロス出版 2014.4 221p 21cm 1600円 ①978-4-86320-858-2

外地島

16752 沖縄・奄美の小さな島々 カベルナリア吉田著 中央公論新社 2013.7 286p 18cm （中公新書ラクレ） 860円 ①978-4-12-150460-9

ブセナ海中公園 海中展望塔

16753 ショージ君の旅行鞄―東海林さだお自選 東海林さだお著 文芸春秋 2005.2 905p 16cm （文春文庫） 933円 ①4-16-717760-9
作品 沖縄旅行

舟浮（竹富町）

16754 風景は記憶の順にできていく 椎名誠著 集英社 2013.7 254p 18cm （集英社新書―ノンフィクション） 760円 ①978-4-08-720697-5

辺野古市

16755 沖縄自転車！ カベルナリア吉田文・写真 東京書籍 2006.7 199p 21cm 1600円 ①4-487-80117-6

平安座島

16756 沖縄哀歌 成沢未来著 里文出版 2007.1 141p 20cm〈年譜あり〉 1500円 ①978-4-89806-264-7

16757 沖縄の島へ全部行ってみたサー カベルナリア吉田著 朝日新聞出版 2010.3 319p 15cm （朝日文庫）〈東京書籍2004年刊の再構成〉 880円 ①978-4-02-261659-3

16758 沖縄・奄美の小さな島々 カベルナリア吉田著 中央公論新社 2013.7 286p 18cm （中公新書ラクレ） 860円 ①978-4-12-150460-9

辺土名（国頭村）

16759 オキナワ宿の夜はふけて カベルナリア吉田文・写真 東京書籍 2005.7 173p 21cm 1600円 ①4-487-80050-1

真栄原（宜野湾市）

16760 オキナワマヨナカ カベルナリア吉田著 アスペクト 2011.7 207p 21cm 1600円 ①978-4-7572-1945-8

摩文仁ヶ丘

16761 沖縄哀歌 成沢未来著 里文出版 2007.1 141p 20cm〈年譜あり〉 1500円 ①978-4-89806-264-7

16762 沖縄戦546日を歩く カベルナリア吉田著 彩流社 2015.7 220p 21cm〈文献あり 年表あり〉 2000円 ①978-4-7791-2138-8

万座毛

16763 ショージ君の旅行鞄―東海林さだお自選 東海林さだお著 文芸春秋 2005.2 905p 16cm （文春文庫） 933円 ①4-16-717760-9
作品 沖縄旅行

南大東島

16764 黄金伝説―「近代成金たちの夢の跡」探訪記 荒俣宏著, 高橋昇写真 集英社 1990.4 253p 21cm 1500円 ①4-08-772731-9

16765 植民地のアリス 島田雅彦著 朝日新聞社 1996.6 231p 15cm （朝日文芸文庫）〈1993年刊の文庫化〉 650円 ①4-02-264111-8

16766 旅の紙芝居 椎名誠写真・文 朝日新聞社 2002.10 350p 15cm （朝日文庫）〈1998年刊の文庫化〉 820円 ①4-02-264298-X
作品 痛快面白島

16767 日本列島を往く 4 孤島の挑戦 鎌田慧著 岩波書店 2003.12 305p 15cm （岩波現代文庫 社会） 900円 ①400603086X

16768 日本《島旅》紀行 斎藤潤著 光文社 2005.3 284p 18cm （光文社新書） 780円 ①4-334-03299-0

16769 にっぽん・海風魚旅 4（大漁旗ぶるぶる乱風編） 椎名誠著 講談社 2008.7 394p 15cm （講談社文庫）〈2005年刊の文庫化〉 857円 ①978-4-06-276097-3

16770 世界おもしろヒコーキ旅 チャーリィ古庄著 枻出版社 2008.9 235p 15cm （枻文庫） 780円 ①978-4-7779-1149-3

16771 沖縄の島へ全部行ってみたサー カベルナリア吉田著 朝日新聞出版 2010.3 319p 15cm （朝日文庫）〈東京書籍2004年刊の再構成〉 880円 ①978-4-02-261659-3

16772 シェルパ斉藤の島旅はいつも自転車で 斉藤政喜著 二玄社 2010.3 191p 21cm 1500円 ①978-4-544-40046-5

16773 辺境遊記―キューバ、リオ・デ・ジャネイロ、小笠原諸島、ツバル、カトマンズ、サハリン、南大東島、ダラムサラ 田崎健太文, 下田昌克絵 英治出版 2010.4 397p 21cm 2100円 ①978-4-86276-079-1

16774 混成世界のポルトラーノ 管啓次郎, 林ひふみ, 清岡智比古, 波戸岡景太, 倉石信乃著 左右社 2011.12 315p 19cm 2600円 ①978-4-903500-69-0
作品 デリー、大東島、洛山〔倉石信乃〕

16775 絶海の孤島―驚愕の日本がそこにある 増補改訂版 カベルナリア吉田著 イカロス出版 2015.12 233p 21cm 1600円 ①978-4-8022-0118-6

宮城島

16776 沖縄の島へ全部行ってみたサー カベルナリア吉田著 朝日新聞出版 2010.3 319p 15cm （朝日文庫）〈東京書籍2004年刊の再構成〉 880円 ①978-4-02-261659-3

16777 沖縄の島を自転車でとことん走ってみたサー カベルナリア吉田著 朝日新聞出版 2011.4 319p 15cm （朝日文庫）〈『沖縄自転車！』（東京書籍2006年刊）の改題、加筆・修正〉 880円 ①978-4-02-264600-2

16778 沖縄・奄美の小さな島々 カベルナリア吉田著 中央公論新社 2013.7 286p 18cm （中公新書ラクレ） 860円 ①978-4-12-150460-9

宮古島

16779 突然ですが、宮古島に行ってきます！―

トライアスロン200キロへの挑戦　峰岸徹著　ランナーズ　2001.4　247p　19cm〈肖像あり〉　1600円　①4-947537-55-8
目次 プロローグ 再生への扉, 第1章 SWIM—海をひとり占め, 第2章 BIKE—走れる喜び, 第3章 RUN—未知の世界, エピローグ 13時間55分17秒

16780 秘境ごくらく日記—辺境中毒オヤジの冒険指南　敷島悦朗著　JTB　2003.1　230p　19cm　1700円　①4-533-04569-3

16781 島からの手紙、海からの返事。　杉山清貴文, 田中丈晴写真　ゴマブックス　2004.5　239p　19cm　2190円　①4-7771-0043-X

16782 琉球弧あまくま語り　中村喬次著　鹿児島　南方新社　2004.9　248p　19cm　1800円　①4-86124-022-0

16783 沖縄・奄美《島旅》紀行　斎藤潤著　光文社　2005.7　243p　18cm　(光文社新書)　720円　①4-334-03316-4

16784 沖縄・奄美を歩く　立松和平著, 黒古一夫編　勉誠出版　2006.4　322p　22cm　(立松和平日本を歩く 第6巻)　2600円　①4-585-01176-5

16785 沖縄にとろける　下川裕治著　双葉社　2006.5　278p　15cm　(双葉文庫)〈2001年刊の増訂〉　590円　①4-575-71316-3

16786 沖縄自転車！　カベルナリア吉田文・写真　東京書籍　2006.7　199p　21cm　1600円　①4-487-80117-6

16787 もっと好きになっちゃった沖縄の離島—癒しの国の体あたり紀行　下川裕治責任編集, 下川裕治+好きになっちゃった編集部編著　双葉社　2006.7　191p　21cm　1600円　①4-575-29909-X

16788 にっぽん・海風魚旅　2(くじら雲追跡編)　椎名誠著　講談社　2007.2　346p　15cm　(講談社文庫)〈2003年刊の文庫化〉　800円　①978-4-06-275647-1

16789 旅人の心得　田口ランディ著　角川書店, 角川グループパブリッシング〔発売〕　2007.9　270p　15cm　(角川文庫)〈2003年刊の文庫化〉　514円　①978-4-04-375305-5

16790 遺稿集　鴨志田穣著　講談社　2008.3　384p　20cm〈年譜あり　著作目録あり〉　1600円　①978-4-06-214510-7
目次 1 カモのがんばらないぞ, 2 恋のバカっ騒ぎ, 3 年譜, 4 焼き鳥屋修業, 5 旅のつづき—通りお通り宮古島, 6 邂逅, 7 著作一覧

16791 妣(はは)の国への旅—私の履歴書　谷川健一著　日本経済新聞出版社　2009.1　309p　20cm　2600円　①978-4-532-16680-9

16792 南島旅行見聞記　柳田国男著, 酒井卯作編　森話社　2009.11　265p　20cm　2900円　①978-4-86405-003-6

16793 谷川健一全集　第10巻(民俗 2)　女の風土記　埋もれた日本地図(抄録)　黒潮の民俗学(抄録)　谷川健一著　冨山房インターナショナル　2010.1　574, 27p　23cm〈付属資料：8p：月報 no.14　索引あり〉　6500円　①978-4-902385-84-7
作品 宮古島の神女　宮古島の祖神祭

16794 オキナワマヨナカ　カベルナリア吉田著　アスペクト　2011.7　207p　21cm　1600円　①978-4-7572-1945-8

16795 さらにひたすら歩いた沖縄みちばた紀行　カベルナリア吉田著　彩流社　2013.2　246p　21cm　1800円　①978-4-7791-1862-3

宮古諸島

16796 ひたすら歩いた沖縄みちばた紀行　カベルナリア吉田著　彩流社　2009.8　288p　21cm　2000円　①978-4-7791-1459-5

宮鳥御嶽

16797 街道をゆく　6　沖縄・先島への道　新装版　司馬遼太郎著　朝日新聞出版　2008.9　236, 8p　15cm　(朝日文庫)　540円　①978-4-02-264445-9

宮良殿内

16798 街道をゆく　6　沖縄・先島への道　新装版　司馬遼太郎著　朝日新聞出版　2008.9　236, 8p　15cm　(朝日文庫)　540円　①978-4-02-264445-9

水納島(宮古列島)

16799 波のむこうのかくれ島　椎名誠著　新潮社　2004.4　254p　16cm　(新潮文庫)〈写真：垂見健吾　2001年刊の文庫化〉　514円　①4-10-144825-6

水納島(本部町)

16800 波のむこうのかくれ島　椎名誠著　新潮社　2004.4　254p　16cm　(新潮文庫)〈写真：垂見健吾　2001年刊の文庫化〉　514円　①4-10-144825-6

16801 日本《島旅》紀行　斎藤潤著　光文社　2005.3　284p　18cm　(光文社新書)　780円　①4-334-03299-0

16802 沖縄の島へ全部行ってみたサー　カベルナリア吉田著　朝日新聞出版　2010.3　319p　15cm　(朝日文庫)〈東京書籍2004年刊の再構成〉　880円　①978-4-02-261659-3

本部町

16803 島めぐり フェリーで行こう！—スロー・トラベル　カベルナリア吉田文・写真　東京書籍　2003.8　207p　21cm　1500円　①4-487-79884-1

16804 日本列島を往く　5　鎌田慧著　岩波書店　2004.5　301p　15cm　(岩波現代文庫 社会)　1000円　①4-00-603092-4

16805 沖縄自転車！　カベルナリア吉田文・写真　東京書籍　2006.7　199p　21cm　1600円　①4-487-80117-6

16806 パン欲—日本全国パンの聖地を旅する　池田浩明著　世界文化社　2013.12　128p　26cm〈タイトルは奥付等による。標題紙のタイトル：私はパン欲に逆らうことができない……〉

1400円 ①978-4-418-13234-8

八重山諸島

16807 南鳥島特別航路 池澤夏樹著 日本交通公社出版事業局 1991.3 253p 19cm 1600円 ①4-533-01667-7

16808 島からの手紙、海からの返事。 杉山清貴文, 田中丈晴写真 ゴマブックス 2004.5 239p 19cm 2190円 ①4-7771-0043-X

16809 琉球弧あまくま語り 中村喬次著 鹿児島 南方新社 2004.9 248p 19cm 1800円 ①4-86124-022-0

16810 沖縄・奄美《島旅》紀行 斎藤潤著 光文社 2005.7 243p 18cm (光文社新書) 720円 ①4-334-03316-4

16811 辺境を歩いた人々 宮本常一著 河出書房新社 2005.12 224p 19cm 1800円 ①4-309-22438-5

16812 ひたすら歩いた沖縄みちばた紀行 カベルナリア吉田著 彩流社 2009.8 288p 21cm 2000円 ①978-4-7791-1459-5

16813 南島旅行見聞記 柳田国男著, 酒井卯作編 森話社 2009.11 265p 20cm 2900円 ①978-4-86405-003-6

16814 さらにひたすら歩いた沖縄みちばた紀行 カベルナリア吉田著 彩流社 2013.2 246p 21cm 1800円 ①978-4-7791-1862-3

16815 女おとな旅ノート 堀川波著 幻冬舎 2014.2 169p 図版16p 16cm (幻冬舎文庫)〈2011年刊の文庫化〉 600円 ①978-4-344-42159-2

目次 わたしが旅に出る理由, 1 旅の準備もまた楽しい(旅に持っていくもの, 旅のワードローブA to Z ほか), 2 さあ、出発 日本を飛びだして(女子心くすぐるフランス旅, 日本から二時間の極東ロシア旅 ほか), 3 おうちから、もうすこし先まで(日本の手仕事を買いにでかけよう, お気に入り諸国銘菓 ほか)

16816 うつくしい列島―地理学的名所紀行 池澤夏樹著 河出書房新社 2015.11 308p 20cm 1800円 ①978-4-309-02425-7

屋我地島

16817 オキナワ宿の夜はふけて カベルナリア吉田文・写真 東京書籍 2005.7 173p 21cm 1600円 ①4-487-80050-1

16818 沖縄自転車! カベルナリア吉田文・写真 東京書籍 2006.7 199p 21cm 1600円 ①4-487-80117-6

16819 沖縄の島を自転車でとことん走ってみたサー カベルナリア吉田著 朝日新聞出版 2011.4 319p 15cm (朝日文庫)〈『沖縄自転車!』(東京書籍2006年刊)の改題、加筆・修正〉 880円 ①978-4-02-264600-2

16820 沖縄・奄美の小さな島々 カベルナリア吉田著 中央公論新社 2013.7 286p 18cm (中公新書ラクレ) 860円 ①978-4-12-150460-9

八重干瀬

16821 南鳥島特別航路 池澤夏樹著 日本交通公社出版事業局 1991.3 253p 19cm 1600円 ①4-533-01667-7

16822 妣(はは)の国への旅―私の履歴書 谷川健一著 日本経済新聞出版社 2009.1 309p 20cm 2600円 ①978-4-532-16680-9

16823 谷川健一全集 第10巻(民俗 2) 女の風土記 埋もれた日本地図(抄録) 黒潮の民俗学(抄録) 谷川健一著 冨山房インターナショナル 2010.1 574, 27p 23cm〈付属資料:8p:月報 no.14 索引あり〉 6500円 ①978-4-902385-84-7

作品 八重干瀬にて

16824 うつくしい列島―地理学的名所紀行 池澤夏樹著 河出書房新社 2015.11 308p 20cm 1800円 ①978-4-309-02425-7

山城本部壕

16825 ニッポンの穴紀行―近代史を彩る光と影 西牟田靖著 光文社 2010.12 324p 19cm〈文献あり〉 1500円 ①978-4-334-97634-7

山田温泉

16826 旅は道づれ湯はなさけ 辻真先著 徳間書店 1989.5 348p 15cm (徳間文庫) 580円 ①4-19-568760-8

16827 人情温泉紀行―演歌歌手・鏡五郎が訪ねた全国の名湯47選 鏡五郎著 マガジンランド 2008.5 235p 19cm〈年譜あり〉 1238円 ①978-4-944101-37-5

ゆいレール

16828 女子と鉄道 酒井順子著 光文社 2006.11 231p 20cm 1300円 ①4-334-97509-7

16829 おんなひとりの鉄道旅 西日本編 矢野直美著 小学館 2008.7 193p 15cm (小学館文庫)〈2005年刊の単行本を2分冊にして文庫化〉 571円 ①978-4-09-408287-6

16830 うっかり鉄道―おんなふたり、ローカル線めぐり旅 能町みね子著 メディアファクトリー 2010.10 205p 19cm 1100円 ①978-4-8401-3545-0

由布島

16831 沖縄・奄美《島旅》紀行 斎藤潤著 光文社 2005.7 243p 18cm (光文社新書) 720円 ①4-334-03316-4

16832 妣(はは)の国への旅―私の履歴書 谷川健一著 日本経済新聞出版社 2009.1 309p 20cm 2600円 ①978-4-532-16680-9

与那国島

16833 砂糖キビ畑のまれびと―沖縄・与那国への旅 立松和平著 筑摩書房 1988.3 217p 15cm (ちくま文庫) 420円 ①4-480-02195-7

16834 浦島太郎の馬鹿―旅の書きおき 立松和平著 マガジンハウス 1990.10 251p 21cm

1400円 ①4-8387-0189-6
作品 放浪者 ヨナグニウマの頑張り

16835 50ccバイク日本一周2万キロ 賀曽利隆著 日本交通公社出版事業局 1990.11 285p 19cm 1300円 ①4-533-01631-6

16836 ボーダーを歩く―「境」にみる日本の今 岸本葉子著 コスモの本 1990.12 239p 19cm (COSMO BOOKS) 1200円 ①4-906380-01-8

16837 まちづくり紀行―地域と人と出会いの旅から 亀地宏著 ぎょうせい 1991.10 307p 19cm 1500円 ①4-324-02880-X

16838 あやしい探検隊 不思議島へ行く 椎名誠著 角川書店 1993.7 307p 15cm (角川文庫) 560円 ①4-04-151008-2

16839 日本列島幸せ探し 山根基世著 講談社 1993.9 271p 19cm 1400円 ①4-06-204994-5

16840 ドキュメント・海の国境線 鎌田慧著 筑摩書房 1994.5 262p 20cm 1800円 ①4-480-85665-X

16841 異国の見える旅―与那国、舞鶴、そして… 岸本葉子著 小学館 1998.6 219p 15cm (小学館文庫) 419円 ①4-09-402471-9

16842 島の時間―九州・沖縄 謎の始まり 赤瀬川原平著 平凡社 1999.3 231p 16cm (平凡社ライブラリー) 740円 ①4-582-76283-2

16843 風に運ばれた道 西江雅之著 以文社 1999.4 249p 20cm 2400円 ①4-7531-0203-3

目次 国境の町―与那国島/日本, 海上の風の道―東アフリカ沿岸, インド洋の貴婦人―ポート・ルイス/モリシャス, 歴史の陰で―モロニ/コモロ・イスラム連邦共和国, 未知への内省―ポル・トウ・プランス/ハイチ, 既知の未来―ユカタン/メキシコ, 多様性と純粋性の確執―アンダルシア/スペイン, 言語の連続体―オアフ島/ハワイ,「天国」と「地獄」―ヌメア/ニューカレドニア, 遠い国土―ギアナ/フランス, 多様な出会い―マルチニータ/フランス, 神話と現実―リフト・バレー/ケニア, 置き去りにされた刻―モンザバ/ケニア, 埋もれた過去/日本

16844 沖縄 魂の古層に触れる旅 立松和平著 NTT出版 2004.1 234p 20cm 1800円 ①4-7571-5045-8

16845 日本全国 離島を旅する 向一陽著 講談社 2004.7 307p 18cm (講談社現代新書) 780円 ①4-06-149727-8

16846 沖縄・奄美《島旅》紀行 斎藤潤著 光文社 2005.7 243p 18cm (光文社新書) 720円 ①4-334-03316-4

16847 沖縄・奄美を歩く 立松和平著, 黒古一夫編 勉誠出版 2006.4 322p 22cm (立松和平日本を歩く 第6巻) 2600円 ①4-585-01176-5

16848 沖縄自転車! カベルナリア吉田文・写真 東京書籍 2006.7 199p 21cm 1600円 ①4-487-80117-6

16849 もっと好きになっちゃった沖縄の離島―癒しの国の体あたり紀行 下川裕治責任編集, 下川裕治+好きになっちゃった編集部編著 双葉社 2006.7 191p 21cm 1600円 ①4-575-29909-X

16850 にっぽん・海風魚旅 2(くじら雲追跡編) 椎名誠著 講談社 2007.2 346p 15cm (講談社文庫)〈2003年刊の文庫化〉 800円 ①978-4-06-275647-1

16851 街道をゆく 6 沖縄・先島への道 新装版 司馬遼太郎著 朝日新聞出版 2008.9 236, 8p 15cm (朝日文庫) 540円 ①978-4-02-264445-9

16852 ひとりガサゴソ飲む夜は… 椎名誠著 角川書店 2010.1 255p 15cm (角川文庫)〈発売:角川グループパブリッシング〉 514円 ①978-4-04-151024-7

内容 熱帯の禁酒国でこっそり手に入れた、悶え苦しむ“秘密のビール”の味とは!?南の無人島で食べた、ゼイタクな酒シャブシャブについて。初めて行った国で飲んだ酒に、破壊的ダメージを受けた痛恨の二日酔い。与那国島の巨大蜘蛛のようなヤシガニの絶品カニミソなどなど…。一度は飲んでみたい幻のお酒の数々から、ちょっと遠慮しておきたいゲテモノオツマミまで、ありとあらゆる酒と肴を、縦横無尽に書き綴る、極上エッセイ。

16853 沖縄の島を自転車でとことん走ってみたサー カベルナリア吉田著 朝日新聞出版 2011.4 319p 15cm (朝日文庫)〈『沖縄自転車!』(東京書籍2006年刊)の改題、加筆・修正〉 880円 ①978-4-02-264600-2

16854 ぶらりニッポンの島旅 管洋志著 講談社 2011.7 253p 15cm (講談社文庫) 838円 ①978-4-06-276988-4

16855 石垣 宮古 ぐだぐだ散歩 カベルナリア吉田著 イカロス出版 2014.4 221p 21cm 1600円 ①978-4-86320-858-2

16856 黒田知永子 大人のための小さな旅―日本のいいとこ見つけた 黒田知永子著 集英社 2014.9 159p 21cm 1600円 ①978-4-08-780732-5

16857 私の海の地図 石原慎太郎著 世界文化社 2015.10 319p 20cm 3000円 ①978-4-418-15514-9

与那原町

16858 オキナワマヨナカ カベルナリア吉田著 アスペクト 2011.7 207p 21cm 1600円 ①978-4-7572-1945-8

読谷村

16859 旅。ときどき戦争―湾岸から南極まで 勝谷誠彦著 ベストセラーズ 2000.4 237p 19cm 1300円 ①4-584-18531-X

16860 スローな旅で行こう―シェルパ斉藤の週末ニッポン再発見 斉藤政喜著 小学館 2004.10 255p 19cm (Dime books) 1200円 ①4-09-366068-9

16861 きもの紀行―染め人織り人を訪ねて 立松和平著 家の光協会 2005.1 223p 21cm 2200円 ①4-259-54669-4

16862 オキナワ宿の夜はふけて カベルナリア

吉田文・写真　東京書籍　2005.7　173p　21cm　1600円　①4-487-80050-1

16863　沖縄・奄美を歩く　立松和平著，黒古一夫編　勉誠出版　2006.4　322p　22cm　（立松和平日本を歩く 第6巻）　2600円　①4-585-01176-5

16864　パン欲―日本全国パンの聖地を旅する　池田浩明著　世界文化社　2013.12　128p　26cm〈タイトルは奥付等による。標題紙のタイトル：私はパン欲に逆らうことができない……〉　1400円　①978-4-418-13234-8

牛岡の丘

16865　街道をゆく　6　沖縄・先島への道　新装版　司馬遼太郎著　朝日新聞出版　2008.9　236, 8p　15cm　（朝日文庫）　540円　①978-4-02-264445-9

書名・作品名索引

【あ】

ああ天地の神ぞ知る……01723
愛犬との旅……00071
愛される宮本武蔵〔三浦しをん〕……13701
哀史を秘める柴石温泉〔渡辺喜恵子〕……15789
愛情旅行……10970
会津地酒紀行……02908
会津八一と奈良……12199
アイヌの秋……00285
愛の手紙……04347
青い焔の水〔渡辺文雄〕……09507
碧い眼の太郎冠者……00876
青インクの東京地図……04529
青木ヶ原を縦断する〔磯貝浩〕……08556
青空と地底〔立松和平〕……16479
あおぞらビール……04203
青と白の幻想〔谷川健一〕……16514
青葉山〔水上勉〕……08379
赤井屋根の街並み〔渡辺文雄〕……13484
赤城にて或日〔志賀直哉〕……03945
赤岳への足ならしに権現岳を登る 他〔サトウ, アーネスト〕……07152
赤岳西壁主稜〔旣革命〕……07021
吾妻の渓より六里が原へ〔若山牧水〕……03778
灯りにむせぶ、湯のけむり〔池内紀〕……10059
阿川弘之自選紀行集……00639
阿寒〔伊藤整〕……00186
秋がやってきた〔椎名誠〕……01649
秋川〔立松和平〕……06428
晶子が愛した気の山〔道浦母都子〕……11286
秋篠のあたり〔白洲正子〕……12238
秋田犬訪問記〔坂口安吾〕……02363
秋田の居酒屋で〔椎名誠〕……02383
秋田美人冬の孤独―秋田〔木山捷平〕……02381
秋の遠方〔秋谷豊〕……07096
秋の上高地〔加藤楸邨〕……08998
秋の岐蘇路〔田山花袋〕……07127
秋の京都〔遅塚麗水〕……11018
秋の駒ケ岳〔近松秋江〕……06796
秋の山行 丹沢・蛭ガ岳〔不破哲三〕……06745
秋の筑波山〔大町桂月〕……03489
秋の日光山〔田山花袋〕……03673
秋の日本……03677
秋葉山道紀行〔高田宏〕……07024
秋葉みち 信州街道をゆく……07006
秋山秀一の世界旅……04426
秋山村逃亡行〔つげ義春〕……08559
芥川竜之介紀行文集……07542
芥川龍之介全集……00088
あこがれの富士山〔所ジョージ〕……07373
アゴの竹輪とドイツビール……00900
麻を刈る〔泉鏡花〕……07436
朝から晩までローカル列車三昧……00046
朝霧と蛍の宿〔永井龍男〕……15863
浅草観音温泉〔武田百合子〕…… 04651 04653
浅草と高尾山の不思議……05620
浅草放浪記〔寺山修司〕……04622
浅野喜市と京都〔白洲正子〕……11012
朝日岳〔木暮理太郎〕……02576
朝日岳より白馬岳を経て針木峠に至る〔田部重治〕……02576
朝日の中の黒い鳥……04395
朝日ホテル〔大竹昭子〕……16750
麻布の温泉〔川本三郎〕……04669
浅間追分高原〔田部重治〕……03792
浅間紀行〔土居通彦〕……03792
浅間越え〔寺田寅彦〕…… 03788 03792
浅間五景〔後藤明生〕……03792
浅間山麓より〔谷川徹三〕……03792
浅間登山記〔正宗白鳥〕……03792
浅間の四季〔佐藤春夫〕……03792
浅間の影像〔宇佐見英治〕……03792
浅間の麓〔島崎藤村〕……08794
浅間の麓〔丸岡明〕……08794
浅間山〔志賀重昂〕……03792
浅間山〔柴田南雄〕……03792
浅間山〔志村烏嶺〕……03792
浅間山〔深田久弥〕……03792
浅間山回想〔田淵行男〕……03792
浅間山恐怖症〔串田孫一〕……03792
浅間山の初登山〔辻村太郎〕……03792
浅間山のひと夜〔大町桂月〕……03792
浅間六里ケ原〔岸田衿子〕……04049
阿左美冷蔵〔小川糸〕……04147
朝飯前〔加藤泰三〕…… 07373 07407
朝湯、昼酒、ローカル線……00989
アザラシのひげじまん……03114
朝は朝雲、夜は夜星〔池内紀〕……03443
アジアに落ちる……12058
味を追う旅……00509
足軽に扮して大人のチャンバラ〔三浦しをん〕……08563
網地島・牡鹿半島〔川本三郎〕……02107
味な旅 舌の旅……00331
阿品のお大師さま〔宇野千代〕……13729
蘆の湯日誌〔近松秋江〕……06529
飛鳥散歩〔白洲正子〕……12255
飛鳥の幻〔坂口安吾〕……12838
飛鳥大和 美の巡礼……12202
梓川沿いの樹林〔井上靖〕……08837
梓川の上流〔小島烏水〕……08839
アスナロ沢か、農鳥沢か〔西岡一雄〕……08591
吾妻連峰と磐梯山〔川崎精雄〕……01242
阿蘇へ〔上甲平谷〕……15522
阿蘇 荻須高徳への手紙〔草野心平〕……15523
阿蘇外輪〔小杉放庵〕…… 15523 15530
阿蘇山〔北田正三〕……15523
阿蘇山〔志賀重昂〕……15523
阿蘇山〔深田久弥〕……15523
阿蘇山〔松岡実〕……15523
阿蘇高岳〔今西錦司〕……15523
阿蘇と高千穂〔関口泰〕……15523
阿蘇に登る〔木下順二〕……15523
阿蘇の岩壁・高岳北面を攀じる〔吉田学〕……15523
阿蘇の野宿〔畦地梅太郎〕……15523

阿蘇の山〔村上明〕………15523
阿蘇の山〔村上カスミ〕…15523
阿蘇鷲ケ峰の切れた綱〔春日俊吉〕………15523
アタシはバイクで旅に出る。…　00124　01421　02560
熱海線私語〔牧野信一〕…06532
熱海の海岸〔谷内六郎〕…09646
熱海秘湯群漫遊記〔種村季弘〕………09654
あっちへ行ったりこっちを見たり………03484
あっぱれ富士山〔椎名誠〕………07370
肴(あて)のある旅………12069
アーネスト・サトウの明治日本山岳記………03001
あの梶井基次郎の笑い声〔宇野千代〕………10037
阿武隈川の秋〔大橋乙羽〕………01375
阿武隈の国民宿舎—福島〔木山捷平〕………02966
虻の襲う村〔谷川健一〕…　02394　02507
油日から櫟野へ〔白洲正子〕………10964
油日の古面〔白洲正子〕…10692
油屋主人〔加藤周一〕……08794
あふれる山岳美 大雪山〔瓜生卓造〕………00724
阿呆者………13363
天草行〔谷川健一〕………15553
海人神話の回廊〔谷川健一〕………16246
海人族の島—沼島〔山口崇〕………12154
天谷温泉は実在したか〔種村季弘〕……　08383　08384
甘党流れ旅………00055
天の橋立へ〔上甲平谷〕…09427
奄美・テゲテゲで行こう！………16010
あまみの甘み あまみの香り………16031
奄美の新節〔谷川健一〕…15996
阿弥陀南稜での彷徨・ある冬山の憶い出〔池学〕………07033
雨と寺〔上甲平谷〕………11163
雨の上高地〔寺田寅彦〕…08981
雨の四万十川再訪記〔椎名誠〕………14738
雨の水國………03429
雨の丹沢奥山〔上田哲農〕………06745
雨のち晴れて、山日和…01811
雨の沈下橋〔椎名誠〕……14739
雨の匂いのする夜に……01586
あやかり富士〔草森紳一〕………07371
怪しい駅 懐かしい駅……04833
あやしい探検隊 海で笑う………02732
あやしい探検隊 北へ……07604
あやしい探検隊 焚火酔虎伝………03666
あやしい探検隊 焚火発見伝………16665
あやしい探検隊 不思議島へ行く………00236
あやしい探検隊 北海道乱入………00171
アラキメグミの鉄馬修行………00144
嵐山光三郎 ぶらり旅…　07944　08062
荒ぶる自然………00251
荒俣宏・高橋克彦の岩手ふしぎ旅………01956
有久寺温泉〔池内紀〕……10460
有栖川有栖の鉄道ミステリー旅………00840
歩き遍路………14142
あるく魚とわらう風……02557
歩く人………00100
ある出版人の日本紀行…00142
或る旅と絵葉書(抄)〔若山牧水〕………07486
ある単独行〔小田実〕……07455
アルプス銀座漫歩〔上甲平谷〕………09269
ある町の盛衰〔津村節子〕………08438
阿波〔谷川健一〕………14211
阿波、藍色紀行〔入江織美〕………14217
阿波—粟の信仰と海人族の足音〔谷川健一〕……14212
阿波山岳武士の村と天皇家を結ぶ糸〔筒井功〕…14244
安近短、埼玉に秘湯あり〔山口瞳〕………04107
安吾・伊勢神宮にゆく〔坂口安吾〕………10499
鮟鱇鍋の宿〔東海林さだお〕………03507
安吾新日本地理………02218
安吾新日本地理—秋田犬訪問記〔坂口安吾〕……02365
安吾新日本地理—飛鳥の幻〔坂口安吾〕………12840
安吾新日本地理—安吾・伊勢神宮にゆく〔坂口安吾〕………10500
安吾新日本地理—消え失せた沙漠〔坂口安吾〕…04724
安吾新日本地理—高麗神社の祭の笛〔坂口安吾〕………04106
安吾新日本地理—宝塚女子占領軍〔坂口安吾〕…12130
安吾新日本地理—伊達政宗の城へ乗込む〔坂口安吾〕………02220
安吾新日本地理—道頓堀罷り通る〔坂口安吾〕…11814
安吾新日本地理—長崎チャンポン〔坂口安吾〕………15252
安吾新日本地理—飛驒・高山の抹殺〔坂口安吾〕………09515
安吾新日本地理—飛驒の秘密〔坂口安吾〕………09520
安吾新日本風土記………07674
安吾新日本風土記—高千穂に冬雨ふれり〔坂口安吾〕………15893
安吾新日本風土記—富山の薬と越後の毒消し〔坂口安吾〕………07675

【い】

いいかげんな青い空……16382
いい感じの石ころを拾いに………00170
飯倉附近〔島崎藤村〕……04696
飯田線追想紀行〔阿川弘之〕………07036
飯田之記〔日夏耿之介〕…08857
飯田の町に寄す〔岸田国士〕………08861
飯田龍太全集………00524
イエロー・センター・ライン………00081
硫黄岳〔中村朋弘〕………08869
生かされている私たち〔道浦母都子〕…　11662　11663
イカの舟〔立松和平〕……15186

伊香保〔寺田寅彦〕………03803
伊香保へ行って温泉に入ろう〔山下清〕…………03803
伊香保のろ天風呂〔山下清〕………………………03812
生きとし生けるもの集う〔下重暁子〕………………11341
いきどまり鉄道の旅……00667
異郷をゆく………………12021
行くぞ！ さつま揚げツアー〔東海林さだお〕……16102
行くぞ！ 冷麺探険隊……00319
池田満寿夫 おくのほそ道・みちのく紀行……01268
池波正太郎を歩く………03870
遺稿集……………………16790
異国の見える旅…………05733
居ごこちのよい旅………05909
居酒屋〔渡辺文雄〕………09530
居酒屋おくのほそ道……01765
居酒屋かもめ唄…………00267
いざ出発は高尾山から 第一回 高尾山起点から鼠坂〔田中正八郎〕…………05659
いざ出発は高尾山から 第一回 高尾山起点から鼠坂〔田中はるみ〕…………05659
イザベラ・バード『日本奥地紀行』を歩く……00307
イザベラ・バード「日本の未踏路」完全補遺……00306
イザベラ・バードの日本紀行………… 01455 04474
いざ茂吉の故郷、というよりも上山競馬場！〔北杜夫〕…………………02844
石をたずねて〔白洲正子〕…………………………10699
石垣島へ〔素樹文生〕……16435
石垣 宮古 ぐだぐだ散歩……16426
石川九楊著作集…………13379
いしかわ世界紀行………03924
石北峠〔井出孫六〕………00670
石黒清蔵氏の剱岳池ノ谷登攀〔山崎安治〕………08093
石鎚山〔上甲平谷〕………14444
石田波郷全集……………03790
石田ゆり子 京の手習いはじめ……………………11140
石の寺〔白洲正子〕………10701
石牟礼道子全集・不知火……14935
石山寺から石塔寺〔古井由吉〕……………………10416
伊豆天城〔川端康成〕……09672
伊豆紀行〔若山牧水〕……09698
伊豆の旅…………………09643
伊豆の春―静岡〔木山捷平〕………………………09721
伊豆の旅情………………09710
伊豆半島周遊〔つげ義春〕…………………………09997
泉麻人の東京・七福神の町あるき………………04718
出雲〔谷川健一〕…… 13371 13407
出雲・隠岐への旅〔渡辺淳一〕……………………13374
出雲再訪〔小泉八雲〕……13380
出雲大社の中の空っぽ―出雲〔赤瀬川原平〕……13387
出雲国の水晶山と「たたら村」〔筒井功〕………13477
伊豆山 蓬莱旅館〔田中康夫〕………………………09691
伊豆湯ケ島〔川端康成〕……10036
伊勢・紀和・京阪に歴史をたずねる〔サトウ，アーネスト〕……………05658
潮来紀行〔吉田絃二郎〕……03436
頂の憩い〔大島亮吉〕……………… 07523 07535
イタリア軒〔田中小実昌〕…………………………07840
一銚子〔泉鏡花〕…………11238
一ノ倉沢コップ状正面岩壁 抄〔松本龍雄〕………03818
一ノ倉沢正面の登攀〔小川登喜男〕…… 03818 03820
一ノ倉沢滝沢第三スラブ冬季初登〔森田勝〕……03818
一ノ倉沢衝立岩正面を登る〔今井通子〕…………03818
一の倉沢に散った友〔田部井淳子〕………………03818
一ノ倉第二スラブ冬季単独初登〔長谷川恒男〕……03818
市の聖〔白洲正子〕………11333
一枚の絵葉書……………01639
一枚の写真から―大崎下島〔山本純二〕…………13768
一両列車のゆるり旅……00704
いつか行きたい 日本列島 天然純朴の温泉………00018
いつか旅するひとへ……03524
一竿有縁の渓……………01445
一竿釣談…………………07635
五木寛之の金沢さんぽ……08225
一休を歩く〔水上勉〕……10738
一級国道を往く〔阿川弘之〕………………………01231
一宿一通…………………04472
一食一会…………………00151
一千年前から人々が往来した道〔宇江敏勝〕……10324
一草庵日記〔種田山頭火〕…………………………14626
行ったぞ鉄道……………00486
一滴の水から……………00602
1泊2日の小島旅…………00388
イッヒ・シュテルベ・リーバー・ヒヤー〔池内紀〕……………………11986
一筆啓上 旅の空……………… 04432 05149
一本の栃の木から〔立松和平〕……………………03178
いで湯行脚三千湯………00800
いでゆ綺談〔中山義秀〕……02969
いで湯の山旅……………03166
いで湯浴泉記……………00199
伊東へ行くならヨイフロへ〔南伸坊〕……………09727
伊東の一夜〔田山花袋〕……09728
いとしきものたち〔三浦哲郎〕……………………08794
愛しのローカルごはん旅もう一杯！……………02869
イトシンののんびりツーリング…………………00080
絲山秋子の街道（けぇど）を行ぐ………………03774
伊那から木曾へ〔細井吉造〕………………………08878
伊那路……………………07024
伊那谷風のララバイ〔みなみらんぼう〕…………08883
伊那谷の断想―飯田線〔岡田喜秋〕………………07041
猪苗代湖 金塊伝説〔みなみらんぼう〕…………02958
往にし方の都 京都〔汀夏子〕………………………10969
犬連れバックパッカー……01123
犬の人生〔野田知佑〕……14268
井上靖歴史紀行文集……01588
祈りは響く………………11027
意表をついた出会い〔渡辺文雄〕…………………02629
揖保川の月夜〔岩野泡鳴〕…………………………12020
今も生きつづける浪花旅情〔難波利三〕…………11761

今市汽車行〔久保田米僊〕……03712
いまむかし東京町歩き……04766
意味の変容 マンダラ紀行……02705
癒しの森……16280
伊予路〔上甲平谷〕……14434
伊予路の旅〔飯田龍太〕……14452
伊予路の小さな町を歩く—大洲・内子・宇和島〔高橋洋子〕……14475
伊予の一夜〔池内紀〕……14587
伊予の山河……14441
伊良湖岬—愛知〔木山捷平〕……10095
入江さんと歩く大和路〔白洲正子〕……12811
入江泰吉 私の大和路……12583 12808
西表のでっかい自然に抱かれて〔みなみらんぼう〕……16482
色紀行……03723
色・時・光—曼殊院〔野口武彦〕……11679
彩られた残像〔串田孫一〕……07370
色街を呑む！……00431
岩木山〔今官一〕……01481
岩手山〔志賀重昂〕……01845
岩手山〔舘脇操〕……01845
岩手山〔辻村太郎〕……01845
岩手山〔深田久弥〕……01845
岩手山〔藤島敏男〕……01845
岩手山〔三田尾松太郎〕……01845
岩手山〔村井正衛〕……01845
岩手山イタザ沢〔高橋敬一〕……01845
岩手山を眺めた一日〔串田孫一〕……01845
岩手山周辺の湯〔美坂哲男〕……01845
岩手山の沢と岩場〔盛岡山想会〕……01845
岩手は今日も釣り日和……02517
岩と雪の殿堂、あこがれの剣岳を登る〔沢野ひとし〕……08093
岩魚幻照……00101
石見紀行〔車谷長吉〕……13363
陰陽連絡新線の夢と現実 智頭線〔宮脇俊三〕……11957

【う】

ヴァリエーションルート〔山本三郎〕……07371
上野駅—東京〔木山捷平〕……04816
上野近辺〔藤井浩祐〕……04801
魚津から立山へ〔谷川健一〕……08075
魚津と立山〔新田次郎〕……07962
鵜飼見ながら長良川〔東海林さだお〕……09461
動き始めた阿蘇の春〔佐藤武之〕……15523
動くとき、動くもの……00250
失われた影をもとめて〔古井由吉〕……01823
失われた影をもとめて 岩手山群彷徨〔古井由吉〕……01845
失われた鉄道を求めて……00255
碓氷越え〔津村信夫〕……03827
うずまき猫のみつけかた……04292
宇陀の大蔵寺〔白洲正子〕……12301
うたのおくりもの……16374
「歌枕」謎ときの旅……01216
唄めぐり……00172
内なる谷川岳〔中野孝次〕……03962
家(うち)もいいけど旅も好き……01923
うっかり鉄道……00702
美しい景観に寄り添う〔吉田類〕……02178
美しい墓地からの眺め〔尾崎一雄〕……07406
美しいもの……10785
美しいものしか見まい……00447
うつくしい列島……00263
美ヶ原—深田久彌に〔中島健蔵〕……08919
美しき五月の月に 若い女性に向っての山へのいざない〔尾崎喜八〕……05659
美しき旅について〔室生犀星〕……03812
美しき日本の面影……11005
美しすぎる場所……00259
うつしゑ日記〔幸田露伴〕……01322
うどん王国・讃岐〔東海林さだお〕……14386 14393
うどんを食いつつ考えた〔椎名誠〕……14387
姨捨山の月〔白洲正子〕……08854
旨い定食途中下車……00891
馬染かつら〔寺山修司〕……11927
生まれ故郷の川を想う〔東陽一〕……12904
海へ、山へ、森へ、町へ……01767
海を見にいく……06048
海とオートバイ……00057
海鳴りの一夜、つかの間のシアワセ〔椎名誠〕……06030
海に一日山に一日〔幸堂得知〕……06799
海に向かってつまびくギター—弓削島・豊島〔河島英五〕……14402
海猫の島〔北杜夫〕……02130
海のいのちの物語〔森崎和江〕……08430
海のうた 山のこえ……02872
海のきょうだい雪国へ行く〔椎名誠〕……01088
海の見えるローカル線—呉線〔見延典子〕……13818
海・森・人 鎌倉……06619
海山のあいだ……01099
海山のあいだ—愛鷹山〔池内紀〕……10030
海山のあいだ—伊勢・熊野放浪記〔池内紀〕……10412
梅棹忠夫著作集……00482 16277
梅棹忠夫の京都案内……11206
梅祭り〔北杜夫〕……06064
浦島太郎の馬鹿……00422
裏高尾の春〔いだよう〕……05659
裏富士讃〔飯田龍太〕……07373
裏富士の記憶〔今福龍太〕……07373
裏山歩き 明王峠から景信山へ〔北原節子〕……03239
嬉しい街かど……03540
ウはウミウシのウ……06052
うわさの神仏……01420 04437 04573
雲石紀行〔水尾比呂志〕……13381

【え】

映画『ガクの冒険』撮影日記（'90年春）〔野田知佑〕……14719
映画バカ111日 にっぽん旅行記……00064
永観堂夢告譚〔杉本秀太郎〕……11078
永観堂夢告譚―禅林寺〔杉本秀太郎〕……11479
英国一家、日本を食べる……00166
英国人写真家の見た明治日本……03346
英国特派員の明治紀行……03340
エイサーカツオだ〔椎名誠〕……16691
絵をめぐる旅〔椎名誠〕……01648
荏柄天神〔広津桃子〕……06547
駅を楽しむ！ テツ道の旅……01170
駅を旅する……00339
易心後語〔幸田露伴〕……01514
駅の旅……06610 09362
駅弁の究極〔東海林さだお〕……03326
駅前温泉汽車の旅……00102 06764
駅は見ている……01072
江差追分〔林芙美子〕……00245
越前平泉寺〔白洲正子〕……08500
エッセイ三題〔佐藤春夫〕……08794
エッセイ三題〔武満徹〕……08794
越中剣岳〔木暮理太郎〕……08093 08098
越中方面大蓮華山登攀録〔吉沢庄作〕……07174
江戸の金山奉行大久保長安の謎……04103
江戸の醍醐味……05952
江戸の旅人 吉田松陰……01208
絵日記でめぐる43日間……00049
江の島行脚〔小泉八雲〕……06554
絵のような入江の町―室津〔鈴木喜一〕……12184
江原啓之 神紀行……04064 10419 10504 13390 15895
エビカニ鍋の夜〔椎名誠〕……16071
烏帽子岳の頂上〔窪田空穂〕……07056
演歌がどこかで〔椎名誠〕……01176
円空仏〔谷川健一〕……09599
猿猴 川に死す……13763
遠藤ケイの島旅日和……00295
エンピツ絵描きの一人旅……00314
延暦寺 わが心のふるさと〔瀬戸内寂聴〕……10723

【お】

負籠の細道……01094
おいしいものは田舎にある……00177
おいしいローカル線の旅……01912
オイのコト……00070
黄金色に染められて〔立松和平〕……13298
黄金伝説……06014
黄金の夢〔立松和平〕……01929
奥州温泉記〔種村季弘〕……01191
奥州・秀衡古道を歩く……01340
往生極楽院―三千院〔瀬戸内寂聴〕……11365
王滝川の支流二つ〔市岡茂男〕……08926
黄檗宗あれこれのこと〔夢枕獏〕……13542
近江古事風物誌……10679
近江西国吟行〔黒田杏子〕……10918
近江山河抄……10601
近江・大和……10748
黄蓮谷右俣〔吉原祥子〕……07096
お江戸寺町散歩……04613
大洗紀行〔石黒忠悳〕……03401
大井川源頭行〔加田勝利〕……09752
大泉エッセイ……00747
大分県「青の洞門」の虚と実〔筒井功〕……15740
大いなる山 大いなる谷……00612
大江戸線の冒険〔椎名誠〕……06499
大神島の「約束」〔さだまさし〕……16518
大川端〔吉井勇〕……05573
大阪駅にある「結界」〔川崎ゆきお〕……11811
大阪紀行〔林芙美子〕……11829
大阪再発見の旅……11774
大阪人のプライド……11822
大阪ところどころ（抄）〔宮本又次〕……11760
大阪のぞき……11782
大阪不案内……11799
大佐渡小佐渡〔井上靖〕……07710 07712
大島……04729 04736
大島でくさい！ うまい！ のぶらり旅〔東海林さだお〕……04740
大島のイボッチャ〔坂口一雄〕……04727
太田和彦の東京散歩、そして居酒屋……04514
大野原の夏草〔若山牧水〕……09765
大原への道行〔キーン，ドナルド〕……11090
大原、小浜、男鹿半島〔坪内稔典〕……11386 11387
大原・富浦〔つげ義春〕……04237
大原の里と寂光院〔奈良本辰也〕……11089
大峰を巡る……00923
大室山〔横山厚夫〕……06586
大山の壁を攀じる〔澤昭三郎〕……13298
大佛次郎エッセイ・セレクション……02007
おがさべり―男鹿風景談〔柳田國男〕……02428
小笠原……04921
小笠原クサヤ旅〔椎名誠〕……05735
御徒士町と河原町〔岡部伊都子〕……12100
お徒歩 ニッポン再発見……00875
岡にのぼりて名をよべば〔池内紀〕……04289
沖上げの空〔上甲平谷〕……01267
沖田総司を歩く……05754
沖縄哀歌……16373
沖縄・奄美を歩く……16019
沖縄・奄美《島旅》紀行……16018
沖縄・奄美の小さな島々……16061
沖縄への短い帰還……16402
沖縄時間……16384
沖縄自転車！……16409
沖縄戦546日を歩く……16418
沖縄 魂の古層に触れる旅……16359
沖縄手づくり紀行……16363

沖縄にとろける …………16370
沖縄の思い出〔水尾比呂志〕 …………16687
沖縄の島へ全部行ってみたサー …………16408
沖縄の島を自転車でとことん走ってみたサー …………16411
沖縄の歴史と旅 …………16350
沖縄 美味の島 …………16371
沖縄プチ移住のススメ …………16406
沖縄へこみ旅 …………16375
オキナワマヨナカ …………16447
オキナワ宿の夜はふけて …………16536
沖縄旅行〔東海林さだお〕 …………16558
沖縄24時間 …………16377
奥伊豆・観音温泉 …………09771
奥伊豆日記 抄〔徳川夢声〕 …………09821
奥鬼怒の谷のはなし〔辻まこと〕 ………03568 03571
奥常念岳の絶顚に立つ記〔小島烏水〕 ………09136 09137
奥大日岳〔川口邦雄〕 …………07971
奥多摩貧困行〔つげ義春〕 …………04672
奥秩父 …………03225
奥津温泉雪見酒〔田村隆一〕 ………13616 13618
奥津と湯郷―岡山〔木山捷平〕 …………13617
奥能登紀行〔阿川弘之〕 …………08250
奥の富士 岩手山登攀記〔志村烏嶺〕 …………01845
おくのほそ道を旅しよう …………02023
「おくのほそ道」を旅しよう …………01203
「おくのほそ道」を走る …………01277
奥の細道 温泉紀行 …………01274
奥の細道紀行 …………02022
奥の細道吟行 …………01271
奥の細道三百年を走る …………02923
おくのほそ道 人物紀行 …………01244
奥穂高温泉・新平湯温泉〔殿山泰司〕 …………09504
奥穂のテッペンから滑る山ヤに対する抵抗運動〔三浦雄一郎〕 …………07455
奥又白池〔田中清光〕 …………08943
オーケンの散歩マン旅マン …………00497
オーケンのめくるめく脱力旅の世界 …………03634
おさん・茂右衛門の道行〔キーン，ドナルド〕 …………10703
おじいさんになったね …………12260
「お四国さん」の快楽 …………14132
オシラの魂―東北文化論〔岡本太郎〕 …………01515
オーストリア外交官の明治維新 …………04394
オーストリア皇太子の日本日記 …………03692
尾瀬への細道〔東海林さだお〕 …………02993
尾瀬紀行〔武田久吉〕 …………02991
尾瀬沼の四季〔平野長蔵〕 …………03004
尾瀬・ホタルイカ・東海道 …………02998
御嶽〔深田久弥〕 …………07085
御嶽から乗鞍まで〔武田久吉〕 …………07085
御嶽より乗鞍まで〔ウォルトン，マレー〕 …………07085
織田信長 …………06994
小樽の夜〔東海林さだお〕 …………00319
小樽わが街〔千葉七郎〕 …………00320
お月さま夜遊びなさる〔池内紀〕 …………02645
おてもやん …………15512
お寺散歩 …………05061
御寺の風格〔芳賀徹〕 ………11476 11477
「お伽草子」謎解き紀行 …………11087
お伽の国―日本 …………04470
お徳用愛子の詰め合わせ …………12005
男の居場所 …………05265
「男はつらいよ」を旅する …………00221
男は遍路に立ち向かえ …………14151
音と風景〔椎名誠〕 …………02788
大人の女性のための日本を旅する浪漫紀行 …………01832
大人のまち歩き …………02641
オートバイの旅は、いつもすこし寂しい。 …………01212
音更川二十一の沢〔丹征昭〕 …………00341
お友だちからお願いします …………01239
おにぎり連休いざ公園〔東海林さだお〕 …………04767
鬼棲む里〔池内紀〕 …………13590
鬼降る森 …………15938
おネーさんがいっぱい〔椎名誠〕 …………00652
尾上郷川と中ノ川〔桑原武夫〕 …………08279
“おのころ島”タンケン記〔木山捷平〕 …………10877
お鉢廻り〔深田久弥〕 ………07373 07407
オーハ島喜譚〔椎名誠〕 …………16576
オバハン流 旅のつくり方 …………02059
お札行脚 …………01219
お遍路 …………14137
オホーツクの罠〔有栖川有栖〕 …………00362
おみくじ巡り―奈良〔木山捷平〕 …………12607
お水取りと私〔井上靖〕 …………12576
御室における雅びの伝統―仁和寺〔山本健吉〕 …………11603
思い出す職人〔水尾比呂志〕 …………02525
思い出の神島へ〔堀ちえみ〕 …………10547
思い出の三ノ窓〔西田高生〕 …………08093
想い遙かな山々 …………00723
想う富士 眺める富士〔古山高麗雄〕 …………07371
おもろの旅〔谷川健一〕 …………16653
「おやき」〔渡辺文雄〕 …………08957
親子の写真〔椎名誠〕 …………02626
オヤジの穴 …………03553
雄山直登〔佐伯邦夫〕 …………07975
おれたちを跨ぐな！ …………04374
おれたちを笑うな！ …………01660
おれたちを笑え！ …………04319
おろかな日々 …………02052
終わり思うぞ嬉しかりける〔安部龍太郎〕 …………11480
温泉へ行こう …………00004
温泉建築ウォッチング〔藤森照信〕 …………09003
温泉雑記〔岡本綺堂〕 …………06800
温泉逍遥 …………02574
温泉旅日記 …………01567
温泉天国 …………00386
温泉徘徊記 …………06807
温泉百話 ………00240 07613
温泉饅頭と「地元の本」〔池内紀〕 …………02606
温泉めぐり …………03786

温泉めぐり(抄)〔田山花袋〕……15126
温泉巡りの鬼たち〔みなみらんぼう〕……02099
温泉旅行記……00544
温泉列島縦断……00034
御岳〔志賀重昂〕……07085
御岳火口湖群〔大塚大〕……07085
御嶽山のコマクサ〔池原昭治〕……07085
御岳山の両面〔吉江喬松〕……07085
御岳山噴火に思う〔伊藤和明〕……07085
御嶽信仰の変遷〔生駒勘七〕……07085
御嶽噴火騒動雑録〔庄野英二〕……07085
御岳参り〔山尾三省〕……07084
オンドル小屋〔つげ義春〕……01845
女おとな旅ノート……16815
女心と秋の空……07411
おんなひとりの鉄道旅……00192 05816
おんぶにだっこ〔池澤夏樹〕……16615
陰陽師ロード……03431
温浴〔坂口安吾〕……09727 09731

【か】

鍵掛峠〔白石悌三〕……13266
海峡の橋をわたって〔田中小実昌〕……13963
皆生温泉の巫女ヌード〔野坂昭如〕……13265
甲斐駒〔松濤明〕……07100
甲斐駒—大岩山の環走〔松濤明〕……07096
甲斐駒ヶ岳〔深田久弥〕……07096
甲斐駒ヶ岳赤石沢奥壁中央稜〔森義正〕……07096
甲斐駒ガ岳赤石沢の冬季完登〔長谷川恒男〕……07096
甲斐駒ケ岳雑談〔岩科小一郎〕……07096
甲斐駒ケ岳：タカネバラ〔田中澄江〕……07096
甲斐駒ケ岳魔利支天：サデの大岩・右岩壁〔簑浦登美雄〕……07096
甲斐駒ヶ岳魔利支天南山稜の登攀〔横田松一〕……07096
甲斐駒と仙丈岳〔辻村太郎〕……07096
甲斐駒・魔利支天南山稜〔川上晃良〕……07096
凱旋門〔池内紀〕……09735
回想 書かれなかった安吾風土記〈高知県の巻〉〔坂口安吾〕……14648
回想の谷川岳……03964
快速特急記者の旅……01656
開田高原より 春の便り〔澤頭修自〕……08963
買い出しバス陸奥へ〔東海林さだお〕……02187
街道をゆく……00150 00219 01221 01225 01252 01253 02106 02690 02889 03256 03383 04700 04841 06523 06585 07049 07477 09589 10073 10315 10822 11318 12308 12909 13259 14440 14855 15220 15291 16444
街道をゆく夜話……00145
街道に添った温泉〔田山花袋〕……15765
海南小記……15738
海南小記〔柳田國男〕……15731
科学列車と星 抄〔野尻抱影〕……06403
峨々たるものの終わり〔今福龍太〕……07523
加賀の石仏〔室生朝子〕……08153
加賀の白山〔辻村太郎〕……07324
加賀白山縦走〔三田尾松太郎〕……07324
加賀白山頂上室堂〔河東碧梧桐〕……07324
加賀白山の表山登り 北陸三山跋渉記の三〔大平晟〕……07324
各駅下車で行こう！……00906
ガクの冒険〔野田知佑〕……15565
「岳」の誘惑 滝谷から裏穂高の登攀〔藤木九三〕……07455
隠れ家・八ヶ岳便り〔みなみらんぼう〕……08631
かくれキリシタン紀行〔谷川健一〕……15371
かくれ里……08500
かくれ里菅浦〔谷川健一〕……10845
駆ける娘〔椎名誠〕……01649
河口の町へ……01112
火口原の人々の生活 阿蘇行〔加藤楸邨〕……15523
かごしま国道をゆく……15978 15981
甲子温泉行〔結城哀草果〕……03011
鹿島槍の月〔石川欣一〕……07106
歌人一人旅……04094
花酔〔中山義秀〕……03610
ガス燈酒場によろしく……12978
風を見にいく……01469
風・旅・旋律……01248
風とカラスの島〔椎名誠〕……05276
風に抱かれて……14143
風になりたや旅ごころ……14805
風に運ばれた道……16843
風のオデッセイ……01311
風のかなたのひみつ島……02104
風の天主堂……15030
風の道 雲の旅……16694
家族旅行あっちこっち……08211
賀曽利隆の300日3000湯めぐり日本一周……00149 03214
堅炭岩K3〔串田孫一〕……03971
形なきものの影……11683
傾く月の影さえて〔池内紀〕……11715
鰹をたたきつづけている港町—高知〔赤瀬川原平〕……14680
月山〔永野英昭〕……02614
月山〔深田久弥〕……02614
月山〔本多勝一〕……02614
月山スキー行〔藤島敏男〕……02614
「月山」について〔小島信夫〕……02614
月山の古道〔藤島玄〕……02614
月山の春スキー〔八木健三〕……02614
月山・羽黒山・湯殿山〔五百沢智也〕……02614
勝沼大善寺〔飯田龍太〕……08666
葛川 明王院〔白洲正子〕……10764
葛城から吉野へ〔白洲正子〕……12370
葛城のあたり〔白洲正子〕……12355
桂信子文集……08806
鼎、槐多への旅……08893

金沢はいまも雪か ……01676
金沢 2007年夏〔銀色夏生〕……08211
かなしみの立山〔槇有恒〕……08069
カヌー犬・ガク ……01143
カヌー式生活 ……00417
樺細工の道〔水尾比呂志〕……02437
カープ島のマリちゃん〔椎名誠〕……16617
甲ケ山と矢筈ケ山〈鳥取・岡山〉〔石井光造〕……13267
岩壁（かべ）〔尾崎一雄〕‥07455
壁湯岳の湯ひとり旅〔川本三郎〕……15762
カベルナリア吉田の沖縄バカ一代 …… 16386 16395
鎌倉アルプス〔川端康成〕……06622
鎌倉・江ノ島詣で〔ハーン，ラフカディオ〕……06559
鎌倉往還記〔東海林さだお〕……06633
鎌倉随歩〔つげ義春〕……06616
鎌倉やぐら紀行〔キーン，ドナルド〕……06626
蟇滝沢〔松濤明〕……07500
鎌田慧の記録 ……01043
神々への道 ……07094
神々の遊ぶ庭〔立松和平〕……00724
神々の隠れ里―高千穂〔赤瀬川原平〕……15889
神々のくに そのくにびと ……13358
神々の国の旅案内 ……13246
上高地の大将〔臼井吉見〕……08998
上高地風景保護論〔小島烏水〕……08988
神様のくれた魚 ……00019
上諏訪・飯田〔川本三郎〕……08865
雷門以北〔久保田万太郎〕…… 04599 04636
神に頼って走れ！ ……04473
神の国・阿蘇〔光岡明〕…15523
神の里、湯けむりの里〔池内紀〕……16147
上山城での「どくとるマンボウ昆虫展」〔北杜夫〕……02656
神結び ……03458
カムイワッカ湯の滝―落下する滝、流れる川すべてが純ナマの温泉〔嵐山光三郎〕……00386
嘉門達夫の美味すぎ！ニッポン旅ガラス ……00047
涸沢貴族 碓井徳蔵〔新田次郎〕……09010
涸沢にて〔井上靖〕…… 08974 08976
涸沢の岩小舎を中心としての穂高連峰〈抄〉〔三田幸夫〕……07470
涸沢の岩小屋のある夜のこと〔大島亮吉〕……09010
唐爺や〔吉村昭〕……07621
カラス、カラス、どこさいく〔池内紀〕……03152
樺太への旅〔林芙美子〕…01186
落葉松と井出喜重〔井出孫六〕……08794
ガラメキ温泉探険記 ……01565
ガラメキ温泉探険記〔池内紀〕…… 03863 03864
ガリヴァーの訪れた国 …04506
ガリバーが行く ……15170
軽井沢〔寺田寅彦〕……09021
軽井沢日記〔水上勉〕……09031
軽井沢の栗鼠〔丹羽文雄〕……09031
華麗なる権力と美の力〔梅原猛〕……11268
華麗なる権力と美の寺〔梅原猛〕……11266
可愛いあの娘（こ）は島育ち ……00441
かわいい子には旅をさせるな ……15053
かわいい自分には旅をさせろ ……00637
川へふたたび ……00416
川を下って都会の中へ …00359
川を旅する ……00228
川からの眺め ……07113
川ぞいの町で〔椎名誠〕…13711
川に遊び 湖をめぐる ……00186
川の温泉〔柳美里〕……03587
川の旅 ……00777
川の見えないホテルの部屋で〔椎名誠〕……15755
川端康成随筆集 ……07919
カワムツの朝、テナガエビの夜 ……09216
川村万梨阿と椋本夏夜の淑女的日常 ……06558
川本町・大森・温泉津〔川本三郎〕……13493
勘九郎ぶらり旅 ……05597
感激の八ガ岳〔長谷川恒男〕……07500
観光旅行の季節〔杉浦明平〕……08184
閑古堂の絵葉書散歩 …… 00323 09165
がんこな人々〔椎名誠〕…16354
関西こころの旅路 ……08430
感傷の槍・穂高縦走〔沢野ひとし〕……07454
完走者の首飾り ……00266
元旦槍岳に登る 昭和六年〔黒田初子〕……07523
カンチガイ温泉で一夜の健康〔椎名誠〕……06030
寒中滞岳記〔野中至〕……07407
寒中滞嶽記〔野中至〕……07373
関東を歩く ……03369
神流川を遡って〔深田久弥〕……03243
“寒の地獄”冷水浴体験記〔田中小実昌〕……15772
寒風に挑む“輓馬”〔吉田類〕……00344
完訳 日本奥地紀行 …… 00308 01459 02983 04497

【き】

消え失せた沙漠〔坂口安吾〕……04721
消えた大盛りラーメン〔椎名誠〕……05313
消えた海洋王国 吉備物部一族の正体 ……13817
消えゆく近江の技を訪ねて〔吉田知子〕……10667
消えゆく鉄道の風景 ……02938
記憶9800円×2〔角田光代〕……03717
樹をめぐる旅 ……00450
記紀の世界―加羅（韓国）・唐津〔谷川健一〕‥15137
気圏の光を受けて微光する初雪の岩手山頂〔斎藤文一〕……01845
紀行 失われたものの伝説 ……16220

紀行新選組 ……………………00879
紀行せよ、と村上春樹は言う ……… ………………00512
紀行とエッセーで読む 作家の山旅 ………………01309
紀行文集 無明一杖 ………01267
起死回生の白馬岳〔芳野満彦〕 ……………………07174
木地師の村〔白洲正子〕…10774
汽車旅十五題 ……………00010
汽車旅放浪記 ……………02584
汽車旅12カ月 ……………00529
汽車に乗った明治の文人たち ……………………01322
汽車にゆられて温泉へ ……03195
汽車はえらい〔池澤夏樹〕 ……………………………07262
紀州 ……………………10461
木津川にそって〔白洲正子〕 ……………………10294
杵築—日本最古の神社〔小泉八雲〕 ………………13392
杵築—日本最古の神社〔ハーン, ラフカディオ〕 ‥13388
木曽御岳〔今西錦司〕 ……07085
木曽御岳〔畑山博〕 ………07085
木曽御嶽〔三宅修〕 ………07085
木曽御嶽の谷々〔原全教〕 ……………………………07085
木曽御嶽の夏〔新井清〕…07085
木曽御嶽の話〔木暮理太郎〕 …… ………………07085
木曽御岳の人魂たち〔西丸震哉〕 ………………07085
木曽御岳の両面〔吉江喬松〕 ……………………07086
木曽きまぐれ気まま旅〔池内紀〕 ………………08966
木曽駒ケ岳を越えて〔ウェストン, ウォルター〕 ………………………09048
木曾路〔前田青邨〕 ………07122
木曽路〔上甲平谷〕 ………07118
木曽道中記〔饗庭篁村〕…07127
木曽節考〔藤崎康夫〕 ……07085
北アルプス再訪 奥穂高南壁の登攀〔ウェストン, ウォルター〕 ……………07078
北アルプス再訪 槍ヶ岳北鎌尾根の登攀〔ウェストン, ウォルター〕 ………07523
北アルプスの秘境〔中村清太郎〕 …………………07343
北伊豆の温泉〔田山花袋〕 ……………………………09714
北へ・郷愁列車の旅 ………00683
北へ！ ネイチャリング紀行 ………………………00291
北への旅 ……………………01643
鍛える聖地 …………………03444
ギター抱えてアルペンルートを行く〔みなみらんぼう〕 ………………07995
北鎌尾根 追憶〔舟田三郎〕 ……………………………07523
北上から下北半島へ〔谷川健一〕 …………………01597
北紀行 風の恋歌 …………00106
北九州の窯〔水尾比呂志〕 ……………………………15040
北国の温泉〔小川未明〕…07815
北国の小さな蔵の寒仕込み—宮城〔赤瀬川原平〕 ……………………………02167
北沢の明け暮れ 甲斐駒・仙丈へのベース〔白籏史朗〕 ……………………07129
北岳〔白籏史朗〕 …………08592
北岳〔田中澄江〕 …………08591
北岳〔深田久弥〕 …………08591
北岳にて〔辻まこと〕 ……08591
北岳バットレス中央稜〔奥山章〕 ………………08591
北岳バットレス登攀〔細野重雄〕 ………………08591
北岳 わが永遠の山〔白籏史朗〕 ……………………08591
北東北のシンプルをあつめにいく …………………02067
北東北ほろ酔い渓流釣り紀行 ………………………01434
北日本を歩く ……………00141
北の居酒屋の美人ママ ……01744
北のオデッセイ …………00095
北の暦 ……………………00104
北の空と雲と ……………00905
北の無人駅から …………00289
北のメジマグロ〔椎名誠〕 ……………………………01088
北穂高小屋完成〔小山義治〕 ………………………07455
北穂高滝谷第一尾根の冬季初登攀〔松濤明〕 ……07131
北前船の歴史が眠る港町—下津井〔太田耕治〕 …13642
北見けんいちの面白どもども旅行術 ……………16323
北八ッ彷徨 ………………04075
北八ッ彷徨〔山口耀久〕 …09063
北山小屋〔今西錦司〕 ……11145
来ちゃった ………………00197
喫茶の町 ぬくもり紀行〔小川糸〕 ………………14627
啄木鳥〔泉鏡花〕 …………01383
狐よりも賢し〔獅子文六〕 ……………………………03643
畿内の桜〔近松秋江〕 ……11369
紀南から四国へ〔上甲平谷〕 ……………………12144
紀南頭陀〔上甲平谷〕 ……12839
紀南・中国・四国〔上甲平谷〕 ……………………12763
きのふの東京、けふの東京 ………………………04530
茸不狩の記〔饗庭篁村〕 …03414
城崎温泉〔木下利玄〕 ……12039
城崎温泉の七日〔大町桂月〕 ………………………12039
城崎の思い出—兵庫〔木山捷平〕 ………………12045
キビの国の混浴悲話〔椎名誠〕 ……………………13704
キプリングの日本発見 ……06653
希望の鎮魂歌（レクイエム）……………………02874
気まぐれバス旅出発進行 ……………………………00061
きまぐれ歴史散歩 ………00169
気まぐれ列車が大活躍 ……08777
気まぐれ列車と途中下車 ……………………………00090
気まぐれ列車に御招待 ……00084
気まぐれ列車の時刻表 ……00082
気まぐれ列車も大増発 ……00012
気まぐれ列車や汽車旅ゲーム ……………………00014
気ままの虫 ………………00093
木村さんのリンゴ畑〔小川糸〕 ……………………01767
きもの紀行 ………………02164
客船は「武蔵」の姿を〔吉村昭〕 ………………15498
旧街道 ……………………03036
旧婚旅行—宮崎・鹿児島〔木山捷平〕 ……………15897
九州自然歩道を歩く ……14859
九州・南西諸島渡り鳥 ……14815
巌木〔立松和平〕‥ 15149 15150
鏡花紀行文集 ……………01383
行者の峯〔古井由吉〕 ……12624

郷愁の鈍行列車 …………00562
凝縮さざえ堂の二重ラセン―会津若松〔赤瀬川原平〕 ……02906
京都 ……11063
京都〔林芙美子〕 ……11233
京都うたものがたり ……11053
京都おおはら三千円〔東海林さだお〕 ……11092
京都色彩紀行 ……10982
郷土と作家―伊豆半島を旅行して〔小川未明〕 …09722
京都に居ることが分った。〔みうらじゅん〕 ……11363
京都日記〔芥川龍之介〕 ……11120
京都の親戚を訪ねる〔北杜夫〕 ……11085
京都の旅 …… 11177 11178
京都の平熱 ……11157
京都遍歴 ……11174
京都旅行記〔小泉八雲〕 …11170
京都・歴史の紡ぎ糸 ……11180
京に着ける夕〔夏目漱石〕 …… 11183 11247
京の隠れ里、美山での一夜〔玉岡かおる〕 ……11695
今日の空の色 ……06648
京の寺 奈良の寺 ……10422
京の夏〔近松秋江〕 ……11239
京の春〔井上靖〕 ……11112
京の町家に暮らして〔ひらのりょうこ〕 ……11186
恐怖の活火山・浅間山へ登る〔サトウ, アーネスト〕 ……03792
恐怖の病棟〔有栖川有栖〕 ……08723
『恐怖の報酬』日記 ……00505
今日もテンドウは旅に出る ……10189
きょうもまた好奇心散歩 ……04343
行列の尻っ尾 ……00174
きょうはお遍路日和 ……14126
巨星のふるさと〔有栖川有栖〕 ……10625
巨石伝説を追って〔吉田類〕 ……14709
きよのさんと歩く大江戸道中記 ……02714
清水寺―きよみずさんのこと〔田辺聖子〕 ……11256
清水寺…きよみずさんのこと〔田辺聖子〕 ……11259
清水の心―清水寺〔大庭みな子〕 ……11254
義理がすたればこの夜は闇だ〔池内紀〕 ……10121
キリシタン海の道紀行 ……15179
キリストの墓とピラミッド〔三浦しをん〕 ……01545
きりすと和讃〔寺山修司〕 ……01544
「極み」のひとり旅 ……02230
極みのローカルグルメ旅 ……00332
極めよ、ソフテツ道！ ……00164
銀閣寺〔吉井勇〕 ……11270
銀閣寺 心ひとつの輝き〔久我なつみ〕 ……11275
銀座 ……05155
銀座旅日記 ……04228
銀座のエレベーター〔三浦しをん〕 ……05176
「銀づくし」乗り継ぎ旅 …00382
禁足地帯の歩き方 ……01552

【く】

食い道楽ひとり旅 ……00137
ぐうたら旅日記 ……00630
空中の美味〔赤瀬川原平〕 ……11681
空腹の立山 北アルプスの記〔畦地梅太郎〕 ……08069
久々利の里〔白洲正子〕 …09468
潜戸―子供の亡霊岩屋〔小泉八雲〕 ……13440
草津温泉〔横尾忠則〕 ……03893
草津温泉 抄〔志賀直哉〕 ‥03877
草津熱の湯（「温泉」より）〔高田宏〕 ……03877
草津よいとこ何度もおいで〔みなみらんぼう〕 ……03882
草津より渋へ〔若山牧水〕 ……03881
久住山〔上甲平谷〕 ……15776
九重山麓湯巡り宿巡り〔安西水丸〕 ……15744
くじら霊異記〔寺山修司〕 ……13951
グ印関西めぐり濃口 ……10676
釧路漁港〔立松和平〕 ……00422
釧路湿原 ……00421
樟の森〔立松和平〕 …… 13961 13962
久住昌之のこんどは山かい!? ……03350
久高島参詣〔立松和平〕 …16564
くちづけの香ののこるとも〔池内紀〕 ……15645
久渡寺を訪れる〔江田絹子〕 ……01549
国井律子のハーレー日本一周 ……00690
KUHANA！ ……10454
頸城山塊と戸隠連山〔冠松次郎〕 ……07141
球磨川を下る（'88年秋）〔野田知佑〕 ……15603
熊野〔川本三郎〕 ……12943
熊野街道をゆく〔神坂次郎〕 ……10314
熊野紀行〔田山花袋〕 ……10309
熊野古道 ……10988
熊野古道巡礼 ……10271
熊野、修験の道を往く ……10307
熊野修験の森 ……10306
熊野路、湯の峯まで〔中里恒子〕 ……10319
熊野の森だより ……12920
熊野詣〔白洲正子〕 ……10316
熊本の秋〔飯田龍太〕 ……15567
熊本の桜納豆は下品でうまい ……02251
クマは走る〔小池真理子〕 ……08794
雲にうそぶく槍穂高〔辻邦生〕 ……07471
雲は旅人のように ……01444
雲は旅人のように〔池内紀〕 ……01922
暮らしに生きる郷土料理―鹿児島〔俵万智〕 ……16100
内蔵助平〔五百沢智也〕 ……08069
くらまの光り―鞍馬寺〔遠藤周作〕 ……11283
くりこ姫のトラブル・トラベリング ……11757
車だん吉ぶらり旅 ……04531
胡桃の実 そのほか〔山室静〕 ……08794
玄倉谷から丹沢山へ〔松井幹雄〕 …… 06678 06745
黒潮の匂う岬〔吉田類〕 …14660
"黒ダイヤ王"の大いなる遺産―石炭王〔荒俣宏〕 ……14949
黒田知永子 大人のための小さな旅 ……00200

黒薙温泉から白馬岳直登〔佐伯邦夫〕……07174
黒部へ……07965
黒部峡谷トロッコ電車の旅〔みなみらんぼう〕……08012
黒部渓谷……07948
黒部ダム〔津村節子〕……08023
黒部探検の頃〔冠松次郎〕……07996 07997
黒部と立山〔熊井啓〕……08016
クヮウンナイを溯って〔大島亮吉〕……00467

【け】

慶大山岳部の前穂高北尾根〔佐藤久一朗〕……07455
景にあう……00569
渓流巡礼三三ヶ所……01010
毛勝山より剣岳まで〔田部重治〕……08028
「華厳縁起・義湘絵」の周辺—高山寺〔井上靖〕…11303
下駄で歩いた巴里……00245
下駄でカラコロ朝がえり……01617
月心寺〔小川糸〕……10787
外道クライマー……13092
幻影城のある街〔有栖川有栖〕……05131
元気な神戸〔椎名誠〕……12090
幻景の街……04538
健在なり、大阪のチンチン電車〔眉村卓〕……11928
現在の日本民窯〔水尾比呂志〕……02222
原始的なトルコ風呂のメッカ—岩手〔木山捷平〕……01902
『源氏物語』の京都を歩く……11006
建設と廃線の谷間で 三陸縦貫線〔宮脇俊三〕……01414
幻想秘湯巡り……01506
「現存」12天守めぐりの旅……01773
現代貧乏旅行〔東海林さだお〕……04113 04114
建築探偵入門〔有栖川有栖〕……11399
厳冬期甲斐駒ガ岳黄蓮谷左俣〔古川純一〕……07096
けんねんさん—建仁寺〔秦恒平〕……11294
ケンパーマンの明治10年山陰紀行（全訳）……13373
原風景のなかへ……01835
見仏記……01898 02974 04695 07643 10074 10695
原野と日高の山波〔坂本直行〕……00939
源流テンカラ……00175

【こ】

小石川〔藤森成吉〕……05232
恋の街札幌〔椎名誠〕……00496
耕うん機オンザロード……00043
豪華温泉ホテルに泊まる〔みなみらんぼう〕……00856
高原〔上甲平谷〕……09015
高山寺〔谷川健一〕……11309
高山寺探訪 残り紅葉まで〔阿川佐和子〕‥11308 11310
高山寺慕情〔白洲正子〕…11311
麴巡礼……01817
甲州駒ケ岳（甲斐駒ヶ岳）〔シュタイニッツアー，ヴィルヘルム〕……07096
豪州人歴史愛好家、名城を行く……09360
庚申街道〔阪田寛夫〕……11865
神津牧場行（抄）〔川端康成〕……03902
高速道路と仙人〔立松和平〕……14458
光太郎 智恵子 うつくしきもの……01863
幸田露伴……00329
江の川を行く（'88年春）〔野田知佑〕……13176
幸福論……14146
甲武線〔島崎藤村〕……05292
甲府道中想像記〔幸堂得知〕……06401
神戸 女ひとり旅……12055
神戸ものがたり……12095
小海線〔田村隆一〕……07145
小海線の車窓〔串田孫一〕……07146
紅毛おくのほそ道〔キーン，ドナルド〕……01830
高野山〔亀井勝一郎〕……12962
高野山〔近松秋江〕……12975
高野山をとりまく幻の女人道〔吉田知子〕……12963
高野山から〔近松秋江〕…12228
高野山入門篇〔椎名誠〕…12982
紅葉の京都〔北杜夫〕……11081
広隆寺—広隆寺〔矢内原伊作〕……11322
小江戸捜しの旅 酒田〔みなみらんぼう〕……02659
孤猿随筆……10578
古街道を歩く……03313
五月のフジヤマ〔ウェストン，ウォルター〕……07370
小金井の桜花〔坪谷水哉〕……05299
コガネムシはどれほど金持ちか……04262
五感で発見した「秘密の信州」……04100
ゴキブリたちの夜〔東海林さだお〕……09302
濃き闇の空間に湧く「再生の湯」和歌山県・湯の峯温泉〔荒俣宏〕……13135
酷寒の北岳バットレス〔長谷川恒男〕……08591
こぐこぐ自転車……00158
極楽トンボのハミング紀行……01667
小倉日記……14999
小下沢 日帰り〔菅沼達太郎〕……05305
湖光島影（琵琶湖めぐり）〔近松秋江〕……10927
ココ・ファーム・ワイナリー〔小川糸〕……03546
心……11026
心を残す街 函館〔みなみらんぼう〕……00870
心残りの大山への尾根〔串田孫一〕……13298
心の虹……01918
古今平等院〔志村ふくみ〕……11630 11632
“吾策新道”開発の哀歓〔高波吾策〕……03962
御山谷〔冠松次郎〕……08069
来し方の記〔若月俊一〕…08794
五色温泉スキー日記〈抄〉〔板倉勝宣〕……02651
古事記の空 古事記の山〔折口信夫〕……12261
古寺巡礼‥01901 10941 11583

古寺巡礼京都 ………… 11256 11266 11308 11386 11426 11464 11476 11486 11531 11553 11572 11587 11594 11607 11618 11630 11654 11662 11702 11743
古寺巡礼奈良 ………… 12413 12456 12566 12594 12672 12716 12778 12796
50歳からの歴史の旅 ……07429
50ccバイクで島の温泉日本一周 ……………………00051
50ccバイク日本一周2万キロ ……………………00009
孤児と住む心の丹沢〔城山三郎〕…………………06745
越の道 ……………………07718
小島烏水 …………………07298
52%調子のいい旅…………06299
古城の風景 …………… 06535 09638 10082 10101
子づれの山 ………………00154
五足の靴 …………………11216
五足の靴〔北原白秋〕……11235
五足の靴〔木下杢太郎〕…11235
五足の靴〔平野万里〕……11235
五足の靴〔与謝野鉄幹〕…11235
五足の靴〔吉井勇〕………11235
五足の靴 抄 ………………15521
五台山 清凉寺〔瀬戸内寂聴〕……… 11459 11464 11465
古代塩、藻塩〔渡辺文雄〕…………………………07901
古代史紀行 ………………03523
古代史謎解き紀行 …… 03769 05097 12229 14963
答えのない旅〔道浦母都子〕………………………12413
こだわりの鉄道ひとり旅 …………………………00117
ごちそう山 ………………03245
東風吹かば……〔東海林さだお〕…………………03450
ごっくん青空 ……………15207
ごっくん青空ビール雲 …15210
こっこさんの台所 ………16381
御殿峠〔井出孫六〕………05322
五島〔谷川健一〕‥ 15491 15493
古道紀行 出雲路 …………13364
古道紀行 近江路 …………10728
古道紀行 奥の細道 ………01198
古道紀行 鎌倉街道 ………03791
古道紀行 木曽路 …………07120
古道紀行 吉備路 …………13572
古道紀行 熊野路 …………10302
古道紀行 甲州街道 ………03253
古道紀行 塩の道 …………07223
古道巡礼 …………………01013
古都古寺巡礼 ……………10739
今年の信州追分〔佐多稲子〕………………………09113
古都に生きる新しさ―京都〔俵万智〕……………11176
子供たちの死霊の岩屋で―加賀の潜戸〔ハーン, ラフカディオ〕…………13438
子どもの目をたどってもう一度地獄めぐり〔尾辻克彦〕…………………15827
子供の霊の洞窟―潜戸〔ハーン, ラフカディオ〕‥13437
この地に眠る〔津村節子〕…………………………07920
この文章を読んでも富士山に登りたくなりません〔森見登美彦〕………07406
この町へ行け ……………00318
コーヒー〔素樹文生〕……15458
湖北 菅浦〔白洲正子〕……10846
湖北の朝の道〔森崎和江〕…………………………10918
湖北の隠れ里を訪ねて〔高城修三〕………………10918
湖北の旅〔白洲正子〕……………… 10783 10785
小仏異変〔上甲平谷〕……03258
小仏峠〔大滝重直〕………03259
小堀遠州の美を訪ねて …11508
高麗神社の祭の笛〔坂口安吾〕……………………04105
小窓と大窓 強烈な自然の造形〔安川茂雄〕………08093
コミさんほのぼの路線バスの旅 …………………03312
こもりく 泊瀬〔白洲正子〕…………………………10847
小諸から千曲川を溯る〔みなみらんぼう〕………09212
小槍〔佐藤久一朗〕………07523
古窯の村〔津村節子〕……08414
狐狸庵偲ぶ長崎特急〔阿川弘之〕…………………14900
コリヤス幻想〔田淵行男〕…………………………00724
これぞ究極の温泉道〔池内紀〕……………………02927
こわごわ 浅間山〔石井昭子〕………………………03792
権現岳：八ガ岳最後の峰に挑戦〔不破哲三〕……07152
今昔温泉物語 ……………03193
金勝山をめぐって〔白洲正子〕……………………10708
混成世界のポルトラーノ …………………………16552
金精峠より野州路へ〔若山牧水〕…………………03597
こんにちは、ふるさと …01526
昆布〔素樹文生〕…………00280
今夜も空の下 ……………00021

【さ】

西海の落日―長崎〔木山捷平〕……………………15338
西行―讃岐への旅〔白洲正子〕……………………14306
西行巡礼 …………………10304
西郷ドンは温泉がお好き〔玉村豊男〕……………16144
西国観音霊場・新紀行 …09489
西国巡礼 …………………09487
西国巡礼の旅〔白洲正子〕…………………………09492
西国札所古道巡礼 ………09490
最後の冒険家 ……………07391
最新東京繁昌記 …………04408
埼玉地名ぶらり詠み歩き …………………………04056
最長片道切符の旅 …………… 00058 00059
「最長片道切符の旅」取材ノート ………………00062
最長片道切符11195.7キロ ……………………00193
再発！ それでもわたしは山に登る ……………07415
西方寺〔今東光〕…………11342
サイマー！ ………………00503
ザイルを結ぶとき ………03970
蔵王山の樹氷〔安斎徹〕…01306
蔵王山ほか〔結城哀草果〕…………………………01309
竿をかついで日本を歩く …………………………00215
竿をかついで一人旅 ……08789
坂口安吾全集 ……………02220
倒さ富士〔大町桂月〕……………… 07371 07407
捜しものはなんですか〔椎名誠〕…………………16049

嵯峨天皇のいのり、空海のおもかげ〔山折哲雄〕…… 11486 11487
魚の気持〔立松和平〕……15326
魚派列島……00299
魚はゆらゆらと空を見る……08716
嵯峨野大覚寺―大覚寺〔巌谷大四〕……11484
酒場詩人の流儀……00344
相模湖〔室伏高信〕……06704
坂本龍馬脱藩の道をゆく……14699
さきがけ〔饗庭篁村〕……06921
砂丘のシュルレアリスム〔有栖川有栖〕……13313
佐久を思う〔竹内好〕……09092
佐久・軽井沢……03872
さくら・さくら〔田中小実昌〕……10191
桜田門外の変と越後〔吉村昭〕……07779
桜に霞む紀三井寺〔神坂次郎〕……12910
桜の樹の満開の下には〔有栖川有栖〕……15566
サケの悲しみ〔立松和平〕……00484
酒まくら舌の旅……00007
座席の回転〔三浦しをん〕……01239
蠍座 北鎌尾根 抄〔加藤泰三〕……07523
佐多岬紀行〔井上靖〕……16055
作家の犯行現場……00362
早月尾根の初登攀〔冠松次郎〕……08093
ざっこん沢〔立岡洋二〕……07500
サッド・カフェで朝食を……00601
薩摩入国見たい放題〔種村季弘〕……15963
薩摩半島ひとめぐり〔森崎和江〕……16169
砂糖キビ畑のまれびと……16332
サトウとウェストンの明治立山登山紀行……08080
サトウハチロー 僕の東京地図……04609
佐渡ぶんや紀行〔キーン, ドナルド〕……07724
佐渡はいよいか住みよいか〔みなみらんぼう〕……07714
讃岐たぬき紀行〔キーン, ドナルド〕……14301
サバイバル！……01012
サバイバル登山家……00617
淋しい京都〔立松和平〕……11169
様似の夏〔飯田龍太〕……00524
さむさの夏に〔椎名誠〕……02803
さらさら越〔泉鏡花〕……08069
さらにひたすら歩いた沖縄みちばた紀行……16511
さらば新宿赤マント……01648
サラリーマン転覆隊が来た！……00965
サラリーマン転覆隊が行く！…… 00110 00525
サラリーマン転覆隊門前払い……00716
去りゆく星空の夜行列車……00404
山陰のある朝市にて〔橘右佐喜〕……12143
山陰の温泉二つの顔〔城山三郎〕……13340
山陰土産抄〔島崎藤村〕……12039
山河あり……08479
山岳サルベージ繁盛記2〔寺田甲子男〕……03962
三月の唐松、白馬尾根伝い〔堀田弥一〕……07109
山気〔上林暁〕……05058
山菜の教訓〔東海林さだお〕…… 07810 07811
三十三間堂の仏さま―妙法院・三十三間堂〔宇佐見英治〕……11361
山上の池沼〔深田久弥〕……01706
山水小記（抄）〔田山花袋〕……01369
残雪（抄）〔水原秋櫻子〕……08925
三千里…… 00087 01415
山村の円照寺〔白洲正子〕……12289
山村のモナカ屋〔椋鳩十〕……08794
サンダル履き週末旅行……00125
山頂への道……06749
山頂の憩い……00608
サンドウィッチは銀座で……04333
山頭火 一草庵日記・随筆……14155
山頭火 其中日記……08799
山頭火と四国遍路……14134
326とナツの旅日記……16437
散歩入門 初級篇〔東海林さだお〕……04583
散歩の学校……04551
三文役者のニッポンひとり旅……01740
山陽行脚〔スタール, フレデリック〕……10387
三陸廻り〔高村光太郎〕……01863

【し】

しあわせラーメン〔椎名誠〕……13321
椎の若葉―青森〔木山捷平〕……01475
JR全線全駅下車の旅……00060
シェルパ斉藤の行きあたりばっ旅…… 00026 00027 00113 00116 03211
シェルパ斉藤の犬と旅に出よう……14140
シェルパ斉藤の島旅はいつも自転車で……04366
シェルパ斉藤の東海自然歩道全踏破……03310
シェルパ斉藤の八ケ岳生活……07513
シェルパ斉藤のリッター60kmで行く！ 日本全国スーパーカブの旅……00996
塩釜〔飯田龍太〕……02160
塩釜の相宿〔上甲平谷〕……02297
塩川鉱泉〔上田哲農〕……06721
志賀高原〔三好達治〕……09103
時空を超えてさまよえる町―尾道〔山中恒〕……13778
時空浴……10305
茂倉岳、あるいは白い異界〔今福龍太〕……03913
四国へ〔小川糸〕……13588
四国さかさ巡礼記〔キーン, ドナルド〕……12146
地獄滝（幻の滝）から大山天狗ケ峰へ〔林原健蔵〕……13298
地獄渓日記〔幸田露伴〕…… 03915 03916
四国八十八ケ所 感情巡礼……14148
四国八十八カ所……14149
四国八十八か所ガイジン夏遍路……14124
時刻表すみずみ紀行…… 04417 13211

四国遍路 ……………… 14125 14127 14128 14130 14131
四国遍路〔佃実夫〕 ………14121
四国遍路日記〔種田山頭火〕 ………………………14155
四国民俗採訪録抄〔宮本常一〕 ……………………14109
四国霊場徒歩遍路 ………12147
思索紀行 …………………16266
爺は旅で若返る …………01774
猪狩〔谷川健一〕 …………15710
死者が立ち止まる場所 ……01516
史上最大の乗り継ぎ旅 ……00564
詩人の旅 …………………04591
静岡で愉しむサイクリングライフ ………………09632
沈める村〔有栖川有栖〕 …01724
シーズンオフの吉野山もまたオツ〔キダタロー〕 ……………………………12841
自然体の人形劇―石川〔俵万智〕 ………………08277
自然のポケットから ……01155
時速8キロニッポン縦断 …06988
七面山所見〔井伏鱒二〕 …08641
私鉄紀行 北陸道 点と線 ……………… 07108 07644
自転車釣り師 斎藤豊 北海道を釣る ……………00155
自転車でどこまでも走る ……………………………03216
自転車で行く「奥の細道」逆まわり …………01276
自転車で行く「野ざらし紀行」逆まわり ………06164
シドモア日本紀行 ………04444
品川ブログデラックス ……09651
信濃〔谷川健一〕 …………08795
信濃追分案内〔福永武彦〕 ……………………………09113
信濃追分の冬〔福永武彦〕 ……………………………03792
信濃日記（抄）〔有島武郎〕 ……………………………09256
信濃の野の友たち〔深沢七郎〕 ……………………08794
「死の国」熊野と巡礼の道 ………………………10291
篠沢〔下村義臣〕 …………08645
芝、麻布〔小山内薫〕 ……………… 04659 04667
柴又の帝釈天〔早乙女貢〕 ……………………………05419
司馬遼太郎『街道をゆく』用語解説・詳細地図付き 本所深川散歩 …06165
渋温泉の秋〔小川未明〕 …09123
しぶきをあびて 西丹沢の谷と峰〔石川治郎〕 ……06745
自分史の山〔今井通子〕 …07455
詩文集 犀星 軽井沢 ………03826
自分風土記―東京逍遙〔池内紀〕 ………………05091
四辺の山より富士を仰ぐ記〔若山牧水〕 …………07406
志摩〔谷川健一〕 ‥ 10470 10592
島 ……… 12156 13233 13620
島へ ………………………16035
島を結ぶ二十七年―愛媛〔俵万智〕 ………………14637
島からの手紙、海からの返事。……………………04379
島田農園・吉実園・宍戸園〔小川糸〕 ……………05592
島旅トランピングのすすめ〔河田真智子〕 ………13754
島で空を見ていた ………15994
しまなみ海道ひとり旅 ……13828
しまなみ海道、六つのピークを踏む〔仁喜和彦〕 ……………………13828
島の海風映画会〔椎名誠〕 ……………………………16436
島の時間 …………………14961
島めぐり フェリーで行こう! ……………………00754
四万十川 …………………14720
四万十川〔谷川健一〕 ……14733
四万十川カワウソ物語〔みなみらんぼう〕 ………14717
四万十川の揺り籠に揺られて〔吉田類〕 …………14737
清水の流れ〔白洲正子〕 …09467
しめくくりは鯛めし〔池内紀〕 ……………………13517
下北半島〔川本三郎〕 ……01491
下北半島紀行〔谷川健一〕 ……………………………01597
下北半島のアスナロウ〔井上靖〕 ………………01588
下田港まで〔林芙美子〕 …09862
下田の港〔近松秋江〕 ……09851
下部・湯河原・箱根〔つげ義春〕 …………………06805
じゃがたら文の島〔北杜夫〕 ………………………15485
若沖と大典―相国寺〔足立巻一〕 …………………11402
寂聴巡礼 …………………09488
寂聴と巡る京都 …………11137
寂聴の古寺礼讃 …………10718
寂聴ほとけ径 … 01944 05062
写真家の旅 ………………00619
車窓はテレビより面白い ……………………………00659
ジャポンヤ ………………06962
シャリバテ〔今井通子〕 …08093
十一月の白馬連嶺〔藤木九三〕 ……………………07174
十一面観音巡礼 …………08397
十一面観音の旅〔井上靖〕 ……………………………08462
周恩来『十九歳の東京日記』 ………………………04430
15年ぶりの夫婦旅〔みなみらんぼう〕 ……………03729
住所と日付のある東京風景 ………………………04398
終着駅 ……………………00824
終着駅への旅 ……………00264
終着駅は始発駅 …………00143
自由に至る旅 ……………00041
十二の印象〔キーン, ドナルド〕 …………………00876
週末沖縄でちょっとゆるり ………………………16398
週末鉄道紀行 ……………01185
週末夜汽車紀行 …………01320
樹下〔堀辰雄〕 ……………08794
修験の面影〔立松和平〕 …07324
修験の夜―出羽三山〔岡本太郎〕 …………………02624
修善寺行〔尾崎紅葉〕 ……09716
樹氷の美ヶ原〔上甲平谷〕 ……………………………08913
樹木街道を歩く …………00347
準・歩き遍路のすすめ ……14138
春夏秋冬いやはや隊が行く …………………………02786
旬紀行 ……………………02173
準急特快 記者の旅 ………00878
春興〔近松秋江〕 …………11855
春雪の月山のむかし〔村井米子〕 …………………02614
春昼の噴煙真白間を置きて〔中村汀女〕 ‥ 15523 15524
巡遊 北の小さな岬 ………00103
上越境の山旅〔藤島敏男〕 ……………………………03962

蒸気機関車運転記〔阿川弘之〕……07626
蒸気機関車再び〔東海林さだお〕……09763
小京都飲み継ぎ紀行〔種村直樹〕……00878
定義温泉〔つげ義春〕……02200
上州草津〔若山牧水〕……03881
上州の湯の浜〔林芙美子〕……04044
上州湯宿(ゆじゅく)温泉の旅〔つげ義春〕……04041
常照皇寺〔白洲正子〕……11412
生藤山〔武田久吉〕……03265
少年の目・老年の目―金閣寺・銀閣寺〔竹中郁〕……11263
蒸発旅日記〔つげ義春〕……14997
常磐線(陸羽浜街道)〔田山花袋〕……01321
縄文杉に会う……16279
聖林寺から観音寺へ〔白洲正子〕……11133 11135
青蓮院―現在・過去・未来〔藤本義一〕……11426 11427
食後のライスは大盛りで……00638
食通知つたかぶり……06956
食堂はてるま〔小川糸〕……16504
食の街道を行く……04368
食の地平線……16331
植物学者モーリッシュの大正ニッポン観察記……02228
植民地のアリス……00275
女子霧ヶ峰登山記〔島木赤彦〕……09073
ショージ君の旅行鞄……00324
女子劒岳登山記〔竹内鳳次郎〕……08093
女子と鉄道……01262
初秋の浅間〔堀辰雄〕……03792
初秋の最上川〔結城哀草果〕……02784
初版 古寺巡礼……11590
女流阿房列車……00067
白神山地……01326
白神逍遙……01325
白崩岳に登る記〔高橋白山〕……08660
白駒池〔田部重治〕……09142
シラサの浜〔谷川健一〕……16601
不知火紀行……14934
白根の凧〔吉村昭〕……07771
白萩川池ノ谷溯行記〔長谷川孝一〕……08093
白保で雨〔椎名誠〕……16630
白骨温泉〔若山牧水〕……09145 09147
白保の元気者〔椎名誠〕……16634
白峰へ登らんとす 七月〔河田楨〕……08591
白峯紀行〔谷川健一〕……14365 14366
白峯北岳〔木暮理太郎〕……08591
白峰雑記 案内人の思い出〔平賀文男〕……08591
白峰三山〔串田孫一〕……07000
白峰三山〔田部重治〕……07000
白峰山脈縦断記〔小島烏水〕……07001 07004
白峰山脈の南半〔中村清太郎〕……08591
白峯の周囲〔勝見勝〕……08591
白峰の麓〔大下藤次郎〕……08576
知床を歩く……00204
知床の四季を歩く……00217
知床秘湯めぐりの旅〔川本三郎〕……00240
知床丸太小屋日記……00607
知床 森と海の祈り……00613
知床旅情の聞こえる海で〔みなみらんぼう〕……01103
白い塔の記憶〔有栖川有栖〕……13400
白馬大雪渓〔田中澄江〕……07174
白馬岳〔串田孫一〕……07174
白馬岳〔深田久弥〕……07174
白馬岳〔水原秋櫻子〕……07174
白馬岳周辺の氷河地形〔小疇尚〕……07174
白馬岳主稜登攀〔田中伸三〕……07174
白馬岳の未踏池 ヤブくぐりの未発見した二つの池〔西丸震哉〕……07174
白馬岳より祖母谷温泉へ〔高野鷹蔵〕……07174
白き雷の峰〔古井由吉〕……07323 07324
白き湖底の町にて 北越北線〔宮脇俊三〕……07546
シローの旅……06497
新・円空風土記……01199
新・おくのほそ道……03560
新顔鉄道乗り歩き……01194
神河内〔松方三郎〕……08995
新幹線でビール〔東海林さだお〕……03326
信玄の隠し湯―山梨〔木山捷平〕……08655
新古細句銀座通〔岸田劉生〕……05150 05180
新・古代史謎解き紀行……01584 07633
新更科紀行……03382
神社めぐりをしていたらエルサレムに立っていた……09173
信州ざざ虫紀行〔キーン,ドナルド〕……08884
信州すみずみ紀行……08778
信州蕎麦と温泉めぐり……08821
信州峠へ〔上甲平谷〕……04098
新宿(抄)〔井伏鱒二〕……05513
新宿ロンリーナイト〔椎名誠〕……05492
人生は忙しい〔椎名誠〕……04549
新雪の甲斐駒ヶ岳〔今西錦司〕……07096
新選 小川未明秀作随想70……07815
新選組 女ひとり旅……00864
新選組紀行……00901
「新選組」ふれあいの旅……00478
寝台急行「昭和」行……03218
寝台車の旅〔石川九楊〕……13379
新・千曲川のスケッチ……04099
新廃線紀行……00079
陣馬山に立つ陣馬〔石田亘〕……03288
新発見 より道街あるき……03500
陣馬峯〔河田楨〕……03288
新版 大東京案内……04440 04441
新版 私の古寺巡礼・京都……10723 11259
神秘日本……01515
神仏に祈る……01549
新編 幻視の旅……07732
新編 単独行……07014
新編 日本の面影……06559 13388
新編 日本の旅あちこち……00173
「新編」山紀行と随想……00136
新編 山と渓谷……04127
神保町辺〔谷崎精二〕……05083 05095
新薬師寺という異空間〔末木文美士〕……12456
新訳 日本奥地紀行……00309

親友はいますか …………11231
新緑の富士の裾野〔小島烏水〕 ………… 07370 07407

【す】

水郷日田〔田山花袋〕 ……15742
水郷柳河〔北原白秋〕 ……15101
水神の里〔白洲正子〕 ……10456
随想〔青柳健〕 ……………07500
随想〔三田幸夫〕 …………08093
随筆日本（にっぽん） ……03320
菅江真澄と旅する ………00302
すぎし楽しき〔椎名誠〕 …03509
好きになっちゃった沖縄 ……………………………16346
スコット親子、日本を駆ける ……………………00628
寿司食べ放題バスツアー〔東海林さだお〕 ……………… 04337 04338
鈴木みきの山の足あと ……………… 03249 06750
煤の中のマリア …………15345
珠洲焼〔立松和平〕 ………08258
すすれ！麺の甲子園 ……01431
スタジアムから喝采が聞こえる …………………02223
すたれ行く富士の古道 村山口のために〔小島烏水〕 ……………… 07373 07407
スチャラカ東京のオキテ ……………………………04436
好っきゃねん大阪〔みなみらんぼう〕 ……………11816
ステーキを下町で ………00353
須走〔尾崎喜八〕 …………07373
素晴らしき洞窟探検の世界 ………………………08011
全ての装備を知恵に置き換えること ……………00817
すべての山を登れ。………01116
住まなきゃわからない沖縄 …………………………16361
墨絵の寺〔千宗室〕 ………11507
隅の風景 …………………03626
駿河湾の一夏〔近松秋江〕 ……………………………08754
スローな旅で行こう ……00396
諏訪湖畔冬の生活〔島木赤彦〕 ……………………09164
住んでびっくり！ 西表島 …………………………16496

【せ】

生還〔高見和成〕 …………13298
青函トンネル記行〔宮脇俊三〕 ……………………01662
清光館哀史〔柳田國男〕 …01860
静寂の促し〔竹西寛子〕 …11296
青春18きっぷで愉しむぶらり鈍行の旅 …………00842
「青春18きっぷ」の旅 ……………… 00011 00015
「青春18きっぷ」の旅 傑作選 ……………………01211
青春の思い出が詰まった町—日生〔眉村卓〕 ……13684
青春の城下町〔若一光司〕 ……………………………10895
青春の東京地図 …………04539
精選女性随筆集 …………05736
聖地へ ……………………01482
聖地紀行 …………………01502
聖地巡礼 …………………00611
聖地巡礼 コンティニュード ………………………15401
聖地巡礼 ビギニング ……11580
聖地巡礼 ライジング 熊野紀行 ……………………10311
聖地巡礼 リターンズ ……11057
晴天清貧人生格言感涙旅〔椎名誠〕 ………………07370
聖なるもの俗なるもの〔梅原猛〕 ………………12672
青年小泉信三の日記 ……11196
清貧電鉄おさかな旅行〔東海林さだお〕 …………04312
生物の大宝庫 大雪山 ……00722
生命のけはい ……………00022
晴浴雨浴日記 ……………02761
世界を駆けるゾ！ ……………… 00035 00038
世界おもしろヒコーキ旅 ……………………………04476
世界ぐるっとほろ酔い紀行 …………………………16383
世界のシワに夢を見ろ！ ……………………………04331
世界の果てに、ぼくは見た …………………………01005
積雪期剣岳剣尾根西面中央ルンゼ〔古川純一〕 …08093
積雪期の白根三山〔桑原武夫〕 ……………………07005
積雪期の白峰三山〔桑原武夫〕 ……………………07000
石庭素描〔杉本秀太郎〕 …11729
瀬田川〔近松秋江〕 ………10850
絶海の孤島 ………………04526
絶景 秋列車の旅 …………01405
雪渓の影で、詩は流れた〔今福龍太〕 ……………07174
絶景の富士山を捜す旅〔みなみらんぼう〕 ………09824
絶景 春列車の旅 …………01401
絶景 冬列車の旅 …………00368
雪舟の旅路 ………………09399
殺生小屋の一夜〔大町桂月〕 ………………………07523
雪中行〔石川啄木〕 ………00321
雪中行—小樽より釧路まで〔石川啄木〕 …………00334
雪中富士登山記〔小島烏水〕 ………………………07393
絶巓にいます大日いや遠く足なへわれにいよよ幽し〔森敦〕 ……………12961
絶妙な温泉〔立松和平〕 …00855
瀬戸内こころの旅路 ……12097
瀬戸内・四国スローにお遍路 ………………………01880
瀬戸内しまなみ海道 歴史と文学の旅 ……………13733
瀬戸内寂聴紀行文集 ……………… 10999 11099
瀬戸内寂聴随筆選 ………11222
瀬戸内美味放浪〔田中小実昌〕 ……………………13602
瀬戸内海〔近松秋江〕 ……11269
銭洗い〔横山隆一〕 ………06741
セピアの島の幻想〔有栖川有栖〕 …………………15459
一九八四年夏・北軽井沢〔清水茂〕 ………………03872
宣教師ウェストンの観た日本 ………………………07297
全国50場競輪巡礼記 ……00006
全国私鉄特急の旅 ………03236
戦国の山城をゆく ………02321
戦国廃城紀行 ……………09510
全国藩校紀行 ……………02701
仙水峠〔近藤信行〕 ………08664
戦争廃墟行 ………………00921
先祖帰りした調味料〔渡辺文雄〕 …………………11210
銭湯記1〔池内紀〕 ………05986
銭湯記2〔池内紀〕 ………06371

泉涌寺—泉涌寺〔田中澄江〕……11474
仙人の桜、俗人の桜……00654
仙人の桜、俗人の桜—吉野〔赤瀬川原平〕……11895
仙人の杖〔池内紀〕……03671
千年を耕す椎葉焼き畑村紀行……15917
洗面器でヤギごはん……13884
旋律の聞こえる山〔串田孫一〕……07500
線路のない時刻表……00658
線路の果てに旅がある……00693

【そ】

層雲峡より大雪山へ〔大町桂月〕……00688　00689
象が眺める……04467
相州の雨降山〔大町桂月〕……06745
早春の伊豆・駿河〔井上靖〕……09770　09830
早春の甲斐・信濃〔井上靖〕……08662
早春の旅〔古井由吉〕……08753
漱石紀行文集……11247
漱石日記……09868
そうだ、高野山がある。……12980
総武鉄道〔正岡子規〕……04282　05641
総理とお遍路……14159
疎開〔奥村土牛〕……08794
続山峡小記〔斎藤茂吉〕……07613
続三千里 抄〔河東碧梧桐〕……08069
即身仏の沈黙〔有栖川有栖〕……02829
続・故里纒綿〔上甲平谷〕……14434
そこらじゅうにて……00766
そして一本桜……00075
そして、人生はつづく……04495
粗食に甘んじる—黒羽〔赤瀬川原平〕……03624
測候所の開設〔中島博〕……07370
ぞっこん鉄道今昔……00278
そのように見えた……04502
そばづくし汽車の旅……00091
そば屋の酒〔渡辺文雄〕……06377
ソフトからの演劇づくり—東京〔俵万智〕……05284
祖母谷川を下る〔冠松次郎〕……08124
染めと織りと祈り……02279
空色水曜日……00500
宙を歩く白衣婦人や夏の月〔池内紀〕……09146
空旅・船旅・汽車の旅……01231
空と水の間に……03573
祖霊と遊ぶ琉球の夜—石垣島〔赤瀬川原平〕……16432
それからそれ 書斎山岳文断片〔宇野浩二〕……08941

【た】

第一阿房列車……01256
大王崎紀行〔谷川健一〕……10605
大河紀行荒川……04059
第三阿房列車……04351
第三日、御嶽詣〔土居通彦〕……07085　07091
大衆食堂へ行こう……04612
大正九年八月以後東北旅行〔柳田國男〕……01233
大乗寺を訪ふ〔島崎藤村〕……12125
大雪山〔深田久弥〕……00724
大雪山：イワウメ〔田中澄江〕……00724
大雪山を行く〔武田久吉〕……00724
大雪山紀行〔中西悟堂〕……00723　00724
大雪山に想う〔三浦綾子〕……00724
大雪山二題〔中谷宇吉郎〕……00724
大雪山に登る〔大町文衛〕……00724
大雪山には氷河地形がないか〔渡辺康之〕……00724
大雪山の色〔今井通子〕……00724
大雪山の夏径〔伊東徹秀〕……00724
大雪山 最も美しい地球の素顔〔三浦雄一郎〕……00724
大山〔河東碧梧桐〕……13298
大山〔深田久弥〕……13298
大山から隠岐へ〔西口親雄〕……13298
大山との関わり〔四手井綱英〕……13298
大山と私〔山口誓子〕……13298
大山の動物〔山本賢二〕……13298
大山のぬし大山に逝く〔春日俊吉〕……13298
大川風景〔北原白秋〕……05573
大山より船上山へ〔北尾鐐之助〕……13295　13296
だいたい四国八十八ケ所……14158
大東京アタフタ記〔椎名誠〕……05807
大東京ぐるぐる自転車……03270
大東京23区散歩……04515
大東京繁昌記……04548　04557　04636
大徳寺で考えたこと—大徳寺〔有吉佐和子〕……11504
第二阿房列車……02545
鯛に囲まれた安らぎの島—情島〔阿南満三〕……13858
大日のいますところにありながらそれとも知らず去りにけるかな〔森敦〕……02703
大日のもとに至るか弘法の市にぎはひて心たのしむ〔森敦〕……11556
大日の分かつ金胎求め来て坂を下ればへうべうの海〔森敦〕……11995
大日はいまだ雲霧におはすれどひかり漏れ来よ橋を渡らむ〔森敦〕……11429
大日は大仏なりや半眼にいとおほらけくここにましします〔森敦〕……12574　12596
台風の温泉地〔津村節子〕……09653
太平記紀行……06614
大変結構、結構大変。……14073
太陽ギラギラ伊勢うどん〔椎名誠〕……10493
太陽と風のダンス……16226
大旅行〔北杜夫〕……06792
ダヴィデのお宿〔池内紀〕……02824
高尾から八王子城跡、堂所山 北高尾縦走〔高橋恒光〕……03352
高尾山〔宮本袈裟雄〕……05659
高尾山道〔佐藤文男〕……05659
高尾山と植物〔菱山忠三郎〕……05659
高尾山のスミレ〔足田輝一〕……05659

高尾山＝フクジュソウ〔田中澄江〕……05659
高尾山 薬王院有喜寺 標高六〇〇メートル〔浅野孝一〕……05674
高尾山より三頭山まで〔高畑棟材〕…… 05659 05668
高尾山 六号路 琵琶滝道〔武村岳男〕……05659
高尾の休日 モミの木とキツツキと〔西口親雄〕…05659
高尾の紅葉〔大町桂月〕…05659
高雄の史的回想―神護寺〔林屋辰三郎〕……11435
高雄山〔橋本敏夫〕……05659
高崎山〔梅棹忠夫〕…… 15909 15910
たかじん旅たび失礼……05437
高瀬入り〈抄〉〔辻村伊助〕……07540
誰が為にか雨は降る〔草森紳一〕……02614
高千穂に思う〔豊島与志雄〕……15929
高千穂に冬雨ふれり〔坂口安吾〕……15892
高嶺の花 岩手山・早池峰（六月二九日～七月一日）〔石井昭子〕……01845
高野長英逃亡の道〔吉村昭〕……03983
宝塚女子占領軍〔坂口安吾〕……12129
滝沢を完登する〔杉本光作〕……03954
滝沢下部初登攀〔平田恭助〕…… 03955 03956
滝沢スラブの青春〔小西政継〕……03954
滝の畑〔白洲正子〕……11901
ダーク・ダックス 旅に歌う 山に歌う……00212
武田信玄の古戦場をゆく……08546
だけのゆみち〔加納一郎〕……07085
竹久夢二のふるさとを訪ねて―邑久〔堀ちえみ〕……13614
タコ釣る人々〔東海林さだお〕……04345
太宰治と歩く「津軽」の旅……01457
太宰の故郷―青森〔木山捷平〕……01530
但馬衆寄れば牛と唄〔野坂昭如〕……12193
黄昏……01826
黄昏のムービー・パレス…00261
ただいま上野“散歩中”〔東海林さだお〕……04825
ただいま3877局 気まぐれ郵便貯金の旅……00025
漂う……00335
龍田の川上〔白洲正子〕…12274
立科山の一日〔河田楨〕…07500
蓼科山〔平福百穂〕……09203
伊達政宗の城に乗り込む〔坂口安吾〕……02218
立松和平のふるさと紀行……00380
立山〔志賀重昂〕……08069
立山〔深田久弥〕……08069
立山：イワイチョウ〔田中澄江〕……08069
立山へ〔黒田晩穂〕……08069
立山雑記〔水原秋櫻子〕…08069
立山砂防工事専用軌道〔宮脇俊三〕……08069
立山頂上雄山神社〔加藤泰三〕…… 07976 07977
田中小実昌紀行集……01674
渓……03222
渓をわたる風……01332
谷川健一全集… 00535 15241
谷川岳〔池内紀〕……03962
谷川岳〔深田久弥〕……03962
谷川岳一の倉沢中央稜単独行〔碓井徳蔵〕……03818
谷川岳にコーヒーを飲みに行こう〔みなみらんぼう〕……03962
谷川岳の植物〔安達成之〕……03962
谷川岳、茂倉岳、笹穴川上流〔大島亮吉〕……03913
谷崎記念館へ行く〔渡辺淳一〕……11981
種村直樹の「東海道をゆく」〔種村直樹〕……05380
楽しい表示〔三浦しをん〕……05897
旅あそび……00857
旅へ……00156
旅を喰う……01801
旅を慕いて……00213
旅暮らし……00065
旅先でビール……00884
旅路〔近松秋江〕……08805
旅しました。……00290
旅する駅前、それも東京で!?……03397
旅する気分……05971
旅する漱石先生……00244
旅々オートバイ……00280
たびたびの旅……00322
度々の旅……08146
旅で見つけた宝物……00054
旅でみるともしび〔片山敏彦〕……08794
旅ではなぜかよく眠り…16750
旅と絵でたどる万葉心の旅……01419
旅。ときどき戦争……16284
旅二題（有井堂, 金剛証寺）〔柳田國男〕……10578
旅日記……04439
旅日記〔小泉信三〕……11196
旅日記から〔小泉八雲〕…… 11007 11026
旅に出るゴトゴト揺られて本と酒……16735
旅に果てたし……15589
旅に夢みる……01177
旅寝の道を時のまに〔池内紀〕……08567
旅のあとさき… 09161 12752
旅の面影……00567
旅の終りは個室寝台車…00507
旅の紙芝居……00496
旅の柄……00157
旅の効用〔三浦しをん〕…06525
旅の食卓……00230
旅の旅の旅〔正岡子規〕…06592
旅の出会い……06301
旅の鉄人カソリの激走30年……00039
旅の途中で……05685
旅のハジはヤミツキ……00311
旅の窓から……06816
旅の道づれ〔安西篤子〕…03959
旅の虫……07556
旅の闇にとける……04512
旅人の心得……13724
旅人よ！……00109
旅ゆけば日本……00531
旅は青空 小沢昭一的こころ……04188
旅は靴ずれ、夜は寝酒…04396
旅は自由席……00660

旅は人生 ……01581
旅は道づれ雪月花 ……00337
旅は道づれ湯はなさけ ……00178
食べもの行脚〔松崎天民〕 ……04501
食べる。……00352
玉川上水〔津村節子〕 ……06270
多摩川水流紀行 ……03298
玉島円通寺〔吉井勇〕 ……13599
玉造日記〔泉鏡花〕 ……11238
多摩の上流〔田山花袋〕 ……04875
たまのぜいたく、離れのある温泉宿〔桂小米朝〕 ……13019
ダムはいらない！ ……00420
多聞恵美のめっちゃうま!! バイク紀行 ……09920
タラバ蟹の記憶〔吉村昭〕 ……00831
ダルマ駅へ行こう！ ……00684
誰も行けない温泉 命からがら ……00122
誰も行けない温泉 最後の聖(泉) ……12875
誰も知らない熊野の遺産 ……10577
誰も行けない温泉 前人未(湯) ……06251
田原の古道〔白洲正子〕 ……11075
断崖の漁村「御火浦」略史〔筒井功〕 ……12176
断崖の終章〔有栖川有栖〕 ……08288
丹沢・勘七沢遡行 久し振りの表丹沢に遊ぶ〔野口冬人〕 ……06745
丹沢・沢登り挑戦記〔みなみらんぼう〕 ……06745
丹沢山〔武田久吉〕 ……06745
丹沢山〔深田久弥〕 ……06745
丹沢の鉱泉〔つげ義春〕 ……06719 06720 06722
丹沢の七不思議〔シュトルテ,ハンス〕 ……06745
丹沢の森 丹沢山塊山頂部のブナ原生林〔石橋睦美〕 ……06745
丹沢・水無川本谷遡行―塔ノ岳〔花畑日尚〕 ……06745
断層のある村で 樽見線〔宮脇俊三〕 ……09394
暖冬満悦〔上甲平谷〕 ……09427
単独行の夜〔古井由吉〕 ……07095 07096
単独登攀〔遠藤甲太〕 ……03962
単独の北岳〔沢田真佐子〕 ……08591 08602
丹那トンネル開通祝い〔原民喜〕 ……09897
丹波市記〔柳田國男〕 ……12520
丹波・丹後 ……11391
丹波杜氏のふるさと、篠山の男たち〔峰順一〕 ……12102

【ち】

ちいさい旅みーつけた ……00126
小さな魚(さかな)を巡る小さな自転車の釣り散歩 ……03251
ちいさな城下町 ……02730
小さな鉄道 小さな温泉 ……01441
ちいさな桃源郷 ……03243
小さな夏休み〔東海林さだお〕 ……04934
智恵子抄の山に登る〔みなみらんぼう〕 ……02929
知恵としての焼き畑―熊本〔俵万智〕 ……15637
知恩院と私〔浅田次郎〕 ……11528
知恩院の二つの顔―知恩院〔梅原猛〕 ……11525
近松秋江全集 ……03731
地球のはぐれ方 ……06553
筑豊むらさき小唄〔寺山修司〕 ……14950
千曲河畔の七年〔瀬沼茂樹〕 ……09218
千島 ……00276
地図あるきの旅 ……03393
地図を探偵する ……00254
父と子の多摩川探検隊 ……03301
父と子の長い旅 ……01362
知々夫紀行〔幸田露伴〕 ……04116
秩父紀行〔近松秋江〕 ……04136
秩父のおもいで〔木暮理太郎〕 ……03226
父・宮脇俊三が愛したレールの響きを追って ……00666
父茂吉の匂いを訪ねて〔北杜夫〕 ……02644
千歳線風景〔伊藤整〕 ……00750
地の記憶をあるく …… 01895 10731 15246
微視的(ちまちま)お宝鑑定団 ……04312
地名と村の歴史―千葉県・丁子から〔筒井功〕 ……04389
ちゃっかり温泉 ……04652
チヤブ屋探訪〔松崎天民〕 ……06965
チャリンコ族はいそがない ……00003
中央競馬・福島夏の陣―福島〔木山捷平〕 ……02949
中央稜〔松濤明〕 ……08591
忠治も来た―鳩の湯〔池内紀〕 ……03991
中世を歩く ……10420
中道廻り〔武田久吉〕 ……07370 07407
中部日本を歩く ……07284
中部北陸自然歩道を歩く ……07974
チューヤン日本旅日記 ……00033
鳥海・月山の四季〔石橋睦美〕 ……01363
鳥海山〔上甲平谷〕 ……01361
長寿と野猿の天国―静岡〔木山捷平〕 ……10016
頂上まで〔荻原井泉水〕 ……07373 07407
朝鮮信使迎接所のあった島〔赤瀬川原平〕 ……15293
朝鮮通信使紀行 ……04446
蝶の島 ……16343
超秘湯に入ろう！ ……01555
超貧乏旅 …… 00869 04416
ちょっとそこまで ……00599
ちょっとそこまで旅してみよう ……01769
沈下橋の記憶〔椎名誠〕 ……14725
枕頭山水 ……00333
珍品堂主人 ……08264
沈黙と美 ……15443
沈黙の神々 …… 02830 04104

【つ】

追憶の夜行列車 …… 00787 01341
衝立岩初登の想い出〔南博人〕 ……03962
墜落 剣岳池ノ谷ドーム稜〔吉尾弘〕 ……08093
痛快面白島〔椎名誠〕 ……16548

杖突峠〔尾崎喜八〕………09227
津軽秋景色 ランプの宿のイワナたち〔根深誠〕…01445
津軽野〔若山牧水〕………01570
津軽の牙風〔椎名誠〕……01586
津軽の旅〔柳田國男〕……01684
津軽半島の漁師〔椎名誠〕……………………………01611
月瀬紀遊〔田山花袋〕……12536
月島物語 ……………………05017
月見草と富士〔立松和平〕……………………………08746
月見風呂〔池内紀〕………01565
月夜のずでんどう。デカバラの千手観音〔椎名誠〕………………………06896
つげ義春の温泉 …………04120
対馬〔谷川健一〕…………15394
つづいてゆくもの〔川上弘美〕……………………11440
蔦温泉〔小林秀雄〕………01706
土浦の川口〔長塚節〕……03496
釣って開いて干して食う。………………………03348
「翼の王国」のおみやげ…00354
妻と佐渡〔吉村昭〕………07588
連なる山々 日本アルプス……………………………07292
釣りキチ三平の釣れづれの記 ……………………00433
釣師・釣場 ………………02680
釣銭の中に1万円札が入ってた〔田中小実昌〕……………………………12039
ツーリング・ライフ ……00281
鶴川日記 …………………04555
剣大滝直登記〔高島石盛〕……………………………08093
劒ヶ岳尾根縦走記録〔斎藤新一郎〕………………08093
剣沢から片貝東又谷へ〔佐伯邦夫〕………………07981
剣沢小屋の主人として〔佐伯文蔵〕………………08093
剣岳〔深田久弥〕…………08093
剣岳の夏 源次郎尾根一峰、八ツ峰六峰Bフェースほか〔松本龍雄〕………………………08093
剣岳の氷河と雪渓〔小野有五〕……………………08093
剣岳のまわり〔上田哲農〕……………………………08093
剣・立山行 初めてのテント生活〔今井通子〕……08093
剣チンネ正面岩壁〔芳野満彦〕……………………08093
剣に遊ぶ〔黒田初子〕……08093
つはぶきの花〔内田百閒〕……………………………06902

【て】

出会いを求めて同行二人……………………………14144
定本 七つの街道 …………01269
デキている酒と肴—富山〔赤瀬川原平〕……………07961
できるかなV3……………07388
てくてくカメラ紀行 ……00050
出たとこ勝負のバイク日本一周 ……… 00132 00133
手帳四五枚〔泉鏡花〕……06739
鉄子の旅写真日記 ………00148
鉄舟の鉄舟寺VS樗牛の龍華寺〔村松友視〕………09900
鉄道を書く ……………00120 01207 07491
鉄道おくのほそ道紀行 …02019
鉄道全線三十年 …………00121
鉄道旅へ行ってきます …00917
鉄道の旅 …………………03330
鉄道廃線跡の旅 …………01078
鉄道フリーきっぷ達人の旅ワザ …………………03339
鉄道文学の旅 ……………01299
鉄路の美学 ………………00717
テツはこんな旅をしている ………………………00303
掌の中の月 ………………03665
寺の町に住んでみて〔西村京太郎〕………………11186
デリー、大東島、洛山〔倉石信乃〕………………16552
出羽三山 語り得ぬ聖なる息吹〔横尾忠則〕………02614
出羽三山から立石寺へ〔上甲平谷〕………………01267
田園風景のカーチェイス〔三浦しをん〕…………01436
天下を獲り損ねた男たち……………………………00138
天空開闊〔白籏史朗〕……07371
天狗原圏谷を観る〔田中薫〕………………………07523
天狗の湯〔菊地正〕………05659
天国への階段〔池内紀〕……………… 03804 03883
電車でめぐる富士山の旅……………………………03333
電車とバスと徒歩で行く『奥の細道紀行』………01275
伝説を旅する ……………02954
伝説の足跡をさぐる〔更科源蔵〕…………………00724
伝説の旅 …………………01543
天と富士山〔赤瀬川原平〕……………… 07370 07406
天と富士山—東京〔赤瀬川原平〕…………………05251
天皇家の“ふるさと”日向をゆく ………………15907
天皇国見聞記 ……………04399
天白紀行 …………………08888
天満宮と温泉〔立松和平〕……………………………15025
天理と高野山の春—奈良〔木山捷平〕……………12554
天竜川（抄）〔小島烏水〕‥07232
天龍寺幻想—天龍寺〔水上勉〕……………………11546
天龍の大慈〔玄侑宗久〕…11549

【と】

ドイツ貴族の明治宮廷記……………………………04392
ドイツ人のみた明治の奄美 …………………………16003
東海道行脚〔スタール, フレデリック〕…………10387
東海道 居酒屋五十三次 …05381
東海道新幹線各駅停車の旅 …………………………05368
東海道でしょう！ ………05385
東海道徒歩38日間ひとり旅 …………………………03314
東海道寄り道紀行 ………07007
東京～奄美 損なわれた時を求めて ………………04459
東京いいまち一泊旅行 …04556
東京いい道、しぶい道 …04522
東京を歩く ………………00191
東京おもひで草 …………04420
東京思い出電車旅 ………04562
東京おろおろ歩き ………04412
東京紀行〔こうの史代〕…05906

東京くねくね……05288
東京暮らし……03854
東京見聞録……04225
東京港夢のクルージング〔東海林さだお〕……05828 05829
東京骨灰紀行……05310
東京散歩……04415
東京下町……05408
東京下町こんな歩き方も面白い……04632
東京自転車日記……04933
東京抒情……04899
東京随筆……04533
東京戦後地図……04578
東京育ちの京都探訪……11139
東京珍景録……04428
東京つれづれ草……04433
東京ディープな宿……04572
東京都三多摩原人……04770
東京都・新島が面白い〔みなみらんぼう〕……05913
東京の江戸を遊ぶ……04434
東京の坂道〔白洲正子〕……04553 04555
東京の島……04524
東京ノスタルジック百景……04649
東京の空の下、今日も町歩き……04566
東京ハイカラ散歩……04598
東京俳句散歩……04854
東京発遠野物語行……01960
東京花散歩……04066
東京番外地……04614
東京ひがし案内……04627
東京美女散歩……04644
東京ひとり歩き ぼくの東京地図。……04561
東京ひとり散歩……04624
東京飄然……04675
東京ブチブチ日記……04401
東京ぶらり旅……04431
東京放浪記……04637
東京漫遊記……04496
東京見おさめレクイエム……04601
東京 水辺の光景……03297
東京者がたり……04542
東京旅行記……04607
東京路地裏暮景色……04488
東京ワンデイスキマ旅……04123
東京湾ぷかぷか探検隊……03351
峠越え……01196
桃源郷と荒波の芦原・三国〔五月みどり〕……08389
闘犬賤者考〔寺山修司〕……14696
道後温泉の夜〔吉行淳之介〕……14568
塔・桜・上醍醐〔井上靖〕……11489
等持院今昔物語〔今谷明〕……11553 11554
唐招提寺開山堂跡〔安藤更生〕……12557
唐招提寺の蓮〔滝田栄〕……12566
等身大の環境保護―盛岡〔俵万智〕……01978
どうせ今夜も波の上……00183
銅像めぐり旅……02236
灯台へ〔有栖川有栖〕……04216
東大寺修二会の彩り〔吉岡幸雄〕……12594
道中一枚絵 その一(箱根・静岡)〔泉鏡花〕……06822
東都新繁昌記……04409
道頓堀罷り通る〔坂口安吾〕……11813
東福寺散策〔檀ふみ〕……11572 11574
東福寺周辺―東福寺〔大岡信〕……11571
逃北……00176
東北を歩く……01500
東北温泉巡り〔松崎天民〕……02100
東北自然歩道を歩く……01213
東北・大地をゆく……01230
東北湯治場旅〔つげ義春〕……01888 01890
東北謎とき散歩……01205
東北の湯治場 湯めぐりの旅……01209
東北雪の旅日記〔宮本常一〕……01227
東洋紀行……00098
冬麗〔上甲平谷〕……11163
遠野ぐうたらキャンプ〔椎名誠〕……01954
戸隠〔佐藤春夫〕……09245
戸隠姫/戸隠びと〔津村信夫〕……09245
戸隠山〔林芙美子〕……09248
戸隠山紀行〔山田美妙〕……09247
十勝岳〔深田久弥〕……00779
トカラの小さな島で〔椎名誠〕……16224
時を超える旅……11182
時実新子のじぐざぐ遍路……14081
ときどき、京都人。……11251
時の名残り……05942
ドキュメント・海の国境線……00827
トーキョー放浪記……04464
徳川家康歴史紀行5000キロ……09509
徳本峠〔秋谷豊〕……09251
どくとるマンボウ途中下車……02130
独立ユートピアの夢―サトウキビ王〔荒俣宏〕……07830
時計回りの遊行……14145
どこかへ行きたい……08185
とことんおでん紀行……00123
登山は冒険なり〔河東碧梧桐〕……07185
ど・スピリチュアル日本旅……00822
栃尾での昼食〔吉村昭〕……07822
途中下車の味……00097
途中下車の愉しみ……00063
突貫紀行〔幸田露伴〕……00329 00333
突然ですが、宮古島に行ってきます！……16779
とっておきの寺社詣で……00805
鳥取のおじいさんとピザ〔三浦しをん〕……13289
利根川を渡って〔立松和平〕……03363
鳶色の浅間高原〔茨木猪之吉〕……08825
ドフライン・日本紀行……01358
徒歩旅行……02913
登美の小河〔白洲正子〕……11954
土門拳 古寺を訪ねて……01936 11302 11416 12558
土門拳の古寺巡礼……01932 09428 11130 11281 11414 11955 12311 12780
富山の薬と越後の毒消し〔坂口安吾〕……07674
「寅さん」が愛した汽車旅……00147
寅さんの宿〔東海林さだお〕……09933
トラピスト天使園の童貞〔三木露風〕……00805

撮られるモンダイ〔椎名誠〕……16617
鳥頭紀行ぜんぶ……03342
鳥居醤油店〔小川糸〕……08283
鳥影〔泉鏡花〕……09873
トリックがいっぱい〔有栖川有栖〕……03656
鳥に会う旅……00092
トロボッチの揚がる港—戸田〔赤瀬川原平〕……09931
十和田湖〔泉鏡花〕……01383
十和田湖〔大町桂月〕……01382
十和田湖（抄）〔大町桂月〕……01377
鈍行乗り継ぎ湯けむり紀行……00020

【な】

内観紀行……01928
泣いてくれるなほろほろ鳥よ……00129
ナイトメア咲人の鈍行いくの？……01113 04270
苗代川の黒物〔水尾比呂志〕……16237
苗場山越え〔池内紀〕……07595
直江津と人相書き〔吉村昭〕……07829
永井荷風……04475
永井路子の私のかまくら道……06625
長崎再遊記〔神近市子〕……15196
長崎チャンポン〔坂口安吾〕……15065
長崎チャンポン旅行〔東海林さだお〕……15268
長崎と天草の教会を旅して……15269
流されびと〔谷川健一〕……06044 06047
流しソーメン初体験記〔東海林さだお〕……11153
中山道を歩く……03376
中西進と歩く 百人一首の京都……10706
中西進と歩く万葉の大和路……12251
中西進の万葉こゝろ旅……12217
「なかのりさん」に就いて〔高畑棟材〕……07085
長良川をたどる……09450
長良川鉄道ゆるり旅……09557
永らく夢みた白山山行〔加藤久晴〕……07324
流れる山の情景……02933
渚の旅人……01228 01495 08460
奈交バス乗り継ぎ 初秋の大和路紀行 国宝の塔をめぐる〔種村直樹〕……10280
余残の白煙に包まれて 御嶽を登る〔真継伸彦〕……07085
那須岳～谷川岳～浅間山の県境尾根単独縦走〔細貝栄〕……03652
那須野〔大町桂月〕……03660
なぜかいい町一泊旅行……00243
なぜトラバースを 一ノ倉沢全壁トラバースのことども〔柏瀬祐之〕……03818
謎のアジア納豆……01971
ナチュラル紀行……09708
ナチュラル・ツーリング……00085
なつかしい川、ふるさとの流れ……14284
懐かしい「東京」を歩く……04117
なつかしき富士山の姿 静岡〔MIE〕……09617
懐かしさを訪ねる旅〔椎名誠〕……16633
「懐かしの昭和」を食べ歩く……04550
懐かしの山〔沢野ひとし〕……07406
夏の終わりの高尾山〔沢野ひとし〕……05659
夏の記憶〔三宅修〕……07523
夏の少女に〔椎名誠〕……16354
夏の日の夢〔小泉八雲〕……15571
夏の日の夢〔ハーン, ラフカディオ〕……15570
夏の山〔上甲平谷〕……01361
夏山と虫の話〔西丸震哉〕……07500
七十五度目の長崎行き……00068
七つの自転車の旅……01681
七つの蓮華と幽霊の画〔正岡容〕……09767
なにもない旅 なにもしない旅……00794
浪花っ子の原点、御堂筋一直線〔河島あみる〕……11948
ナハの怪しい夜〔椎名誠〕……16691
鍋釜天幕団ジープ焚き火旅……00237
鍋釜天幕団フライパン戦記……04287
ナマコもいつか月を見る……04150
波暗き与謝の細道〔水上勉〕……11059
波之上宮〔立松和平〕……16712 16713
波之上無頼〔立松和平〕……16712 16713
波のむこうのかくれ島……00755
名も知らぬ遠き島より……16139
奈良〔タウト, ブルーノ〕……12344
奈良田温泉の思い出〔和田芳恵〕……08701
奈良田のヒロ河内より白峰三山に登る〔冠松次郎〕……07000
奈良 寺あそび、仏像ばなし……11420
奈良のお水取〔白洲正子〕……12368
奈良のチカラ……12219
奈良の平日……12640
奈良慕情……12215
奈良よ！〔東海林さだお〕……12389
奈良 一〔タウト, ブルーノ〕……12626
奈良 二〔タウト, ブルーノ〕……12435
成りあがり“炭坑王”の悲恋—石炭王〔荒俣宏〕……14949
成田詣〔雪中庵雀志〕……04334
縄暖簾四方山〔松崎天民〕……04501
南ア鋸岳・中ノ川溯行：四九歳と二八歳の青春〔池学〕……07311
南紀・有田温泉の空中浴場〔田辺聖子〕……12872
南紀の海に魅せられて〔井上靖〕……10537 10538
なんくるなく、ない……16020
南禅寺—南禅寺〔杉森久英〕……11585
南禅寺 回想にふける〔児玉清〕……11587 11589
なんで山登るねん……08004
南島旅行見聞記……16024
何んとも嬉しい早春の味〔渡辺文雄〕……09530
難波利三 私の大阪散歩……11859
南蛮伴天連の道……15057

【に】

新島襄自伝 ……00896
新野で踊った盆踊り〔佐々木基一〕……09280
二月堂の夕〔谷崎潤一郎〕……12606
肉の旅 ……00179
西伊豆のカニと猪鍋〔三浦哲郎〕……09917
西岩倉の金蔵寺〔白洲正子〕……11332
虹を翔ける ……07752
二時間のタイム・スリップ〔池澤夏樹〕……00317
西丹沢・雨山峠 抄〔佐瀬稔〕……06541
西丹沢三つの滝 初登攀の記録〔南博人〕……06745
西日本を歩く ……13231
西日本古代紀行 ……14816
西の旅〔飯田龍太〕……11093
二十四の瞳たちの海と空—小豆島〔森崎和江〕……14352
二十年ぶりの立山〔大町桂月〕……08069
二十年前の東海道〔宮崎三昧〕……03332
日曜日は自転車に乗って ……04081
日蓮紀行 ……04281
日川(にっかわ)探勝〔つげ義春〕……08637
日記抄〔タウト, ブルーノ〕……02102
日記抄 鎌倉〔タウト, ブルーノ〕……06574
日記抄 仙台および〔タウト, ブルーノ〕……02182
日記抄 東京〔タウト, ブルーノ〕……04477
日記の端〔泉鏡花〕……02960
日光霧降高原の危機〔立松和平〕……03588
日光山の奥〔田山花袋〕……03673
日光の魚の話〔立松和平〕……03629
日光湯元温泉より〔近松秋江〕……03731
日光湯元より〔近松秋江〕……03731
日中の120年文芸・評論作品選 ……06649
日原小記〔つげ義春〕……05936
ニッポン ……08472
ニッポン・あっちこっち ……01758
ニッポン居酒屋放浪記 望郷篇 ……00495
日本一のお山の大滑降〔三浦雄一郎〕……07371
にっぽん・海風魚旅 … 02349 09919 13212
にっぽん・海風魚(さかな)旅 ……01456
にっぽん・海風魚旅 …… 00146 00205
にっぽん求米紀行 ……00005
日本再発見 ……01896
ニッポン西遊記 ……10310
ニッポン島遺産 ……01166
ニッポン豊饒紀行 ……00292
ニッポン周遊記 ……01065
にっぽん青春巡礼行 ……00705
にっぽん聖地巡拝の旅 ……10517
ニッポン清貧旅行 ……03006
にっぽん全国 百年食堂 ……00206
ニッポン線路つたい歩き ……00442
にっぽん大仏さがし ……03952
ニッポン旅みやげ ……00516
日本探検 ……00483
にっぽん鉄道旅行の魅力 ……00131
にっぽん入門 ……01900
にっぽん猫島紀行 ……00758
ニッポンの穴紀行 ……00390
ニッポンの村へゆこう ……07026
ニッポンの山里 ……01726
日本(にっぽん)はじっこ自滅旅 ……02375
ニッポン発見記 ……00894
にっぽん虫の眼紀行 ……12059
にっぽんローカル鉄道の旅 ……00995
丹生都比売神社〔白洲正子〕……13099
日本あちこち乗り歩き ……01033
日本アルプス … 07001 07289
日本アルプス縦走記 ……07052
日本アルプス登攀日記 ……04035
日本アルプス—登山と探検〔ウェストン, ウォルター〕……07296
日本アルプスの五仙境〔木暮理太郎〕……07299
日本アルプスの登山と探検 ……07291
日本アルプスの登山と探検〈抄〉〔ウェストン, ウォルター〕……07299
日本一周バイク旅4万キロ …… 00036 00037
日本一周ローカル線温泉旅 ……00044
日本映画を歩く ……00427
日本奥地紀行 … 00305 00904
日本温泉めぐり ……03785
日本海のエキゾチックな風〔吉田類〕……07738
日本海の孤島・粟島—新潟〔木山捷平〕……07611
日本川紀行 ……00226
日本紀行 …… 02005 04033
日本紀行〔謝冰心〕……06649
日本紀行「開戦前夜」……11775
日本紀行—冷たい山〔ノーテボーム, セース〕……09239
日本"汽水"紀行 ……01282
日本北アルプス縦断記〔小島烏水〕……07352
日本北アルプス縦断記より〔小島烏水〕……07350
日本近代随筆選 ……01501
日本最短のローカル線〔神坂次郎〕……12998
日本最北端の湖・姫沼に寄せる想い〔時雨音羽〕……00952
日本雑記 ……02102
日本山岳紀行 ……03617
日本ザンテイ世界遺産に行ってみた。……01234
日本史紀行 ……08278
日本地酒紀行 ……01736
日本《島旅》紀行 ……00203
日本縦断朝やけ乗り継ぎ列車 ……04199
日本縦断個室寝台特急の旅 …… 00487 00488
日本縦断JR10周年の旅 ……00581
日本縦断徒歩の旅 ……00048
日本縦断「郵便貯金」の旅 ……00017
日本縦断「ローカル列車」を乗りこなす ……00053
日本十六景 ……03599

日本人が自分の魂に出会う吉野〔前登志夫〕……12822
日本人への旅……04393
日本すみずみ紀行……00234
日本全国絶景列車の旅……00056
日本全国津々うりゃうりゃ……00366 01687
日本全国 離島を旅する……04731
日本全国ローカル線おいしい旅……00346
日本全国ローカル列車ひとり旅……00682
日本その日その日……00083 00168 04400 10972
日本高嶺の堂〔大町桂月〕……07081
日本タナゴ釣り紀行……02435
日本探見二泊三日……00991
日本2百名山ひと筆書き……00076
日本の朝ごはん……00013
日本の色を歩く……02630
日本の面影……10028
日本の温泉場と天竜下り〔フィッシャー, アドルフ〕……03829
日本の川を歩く……00227
日本の川を旅する……00414
日本の絹に触れたくて〔小川糸〕……03981
日本の四季 夏—漁村〔タウト, ブルーノ〕……06658
日本の島で驚いた……00757
日本のジャングル 西表島……16483
日本の情緒味わいに淡路島・西海岸〔新井春美〕……11994
日本の食材おいしい旅……00127
日本の旅から/東北〔三木卓〕……01280
日本の旅から/南西諸島1〔三木卓〕……16413
日本の旅から/南西諸島2〔三木卓〕……16480
日本の旅から/北海道 東部〔三木卓〕……00259
日本の旅から/北海道 北部〔三木卓〕……01119
日本の旅ごはん……01124
日本の鉄道各駅停車の旅……00680
日本の中の朝鮮をゆく……12259 14870
日本の秘境ツーリング……03112
日本の風景を歩く……01737
日本の風土食探訪……03317
日本の不思議な宿……01981
日本の名山……00341 01363 01396 02576 03239 03652 03818 06531 07000 07021 07078 07085 07096 07324 07370 07371 07373 07454 07962 07981 13248 15523
日本の森を歩く……00187
日本の霊性……07570
日本の路地を旅する……01435
日本廃線鉄道紀行……00485
日本橋附近〔田山花袋〕……05946 05960
日本八景……00393
日本百名山ひと筆書き……00072
日本百名町……00135
日本風景論……00272
日本ぶらり……03345 10878 12162
日本瞥見記……06554 13253
日本へんきょう紀行……01310
日本辺境ふーらり紀行……01183
日本ボロ宿紀行……01440
日本漫遊記……01191
日本名城紀行……01025 04085 08232 10685 12163 14496
日本詣で……00042
日本盛り合わせ旅行〔東海林さだお〕……03006 03007
日本旅行者……12094
日本旅行日記……03391 06178
日本旅行日記 抄〔サトウ, アーネスト〕……08069
日本列島を往く……00526 01122 02471 04913 08259
日本列島を往く……00985
日本列島幸せ探し……00315
日本列島写真旅……09932
日本列島すぐ蕎麦の旅……00001
日本列島の香り……00190
日本列島 野生のヘラを求めて……01646
日本列島ローカル線紀行……00052
日本浪漫紀行……00325
入湯四旬〔佐々木味津三〕……06902
女人禁制の立山〔村井米子〕……08069
人情温泉紀行……00241
仁和寺の懐に抱かれて〔草野満代〕……11607 11608

【ぬ】

ヌタプカムウシュペ山〔大平晟〕……00724 00732
沼津千本松原〔若山牧水〕……09889
ヌーヤルバーガーなんたることだ……16360
ぬる川の宿〔吉川英治〕……01729

【ね】

根を失った百年〔南木佳士〕……08794
ネオン坂月あかり〔池内紀〕……14570
ねがひ〔飯星景子〕……11315
根子岳 雨の火ノ尾峠〔北尾鐐之助〕……15686
ネコと風が入ります〔池内紀〕……03805
猫とスカイツリー……04634
猫のいる湯宿〔伊藤桂一〕……03193
猫町紀行〔つげ義春〕……08566
猫めぐり日本列島……01973
根室本線〔更科源蔵〕……00841
狙われた島……00297
年頭の混浴〔津島佑子〕……09641
念場ガ原・野辺山ノ原〔尾崎喜八〕……08605

【の】

脳がいちばん元気になる場所……01056
農業青年の結婚—秋田〔俵万智〕……02403
脳で旅する日本のクオリア……00449
農鳥・間ノ岳へ初登頂〔サトウ, アーネスト〕……07000
農鳥岳東面バットレス中央稜〔村田友春〕……07305
濃尾平野の水〔渡辺文雄〕……09420
『能町みね子のときめきデートスポット』、略して能スポ……01842

鋸岳縦走記〔鵜殿正雄〕…07311
ノサップ岬―北海道〔木山捷平〕…00846
ノスタルジック銀座〔椎名誠〕…05156
乗ってけ鉄道…07037
能登半島〔井伏鱒二〕…08264
野武士、西へ…05099
登別―北海道〔木山捷平〕…00860
呑み鉄、ひとり旅…00668
典奴の日本遊覧…00826
乗る旅・読む旅…01408
野呂川谷の樵夫達〔野尻抱影〕…08709
のんきに島旅…00293
呑呑草子…00016
のんびり行こうぜ…03362
のんびり各駅停車…01264
のんびり山陰本線で行こう！…10356
のんびり行く只見線の旅…03090

【は】

俳諧雑談〔上甲平谷〕…01267
廃墟旅…06835
廃墟となった戦国名城…06604
バ・イ・ク…00134
バイクで越えた1000峠…00028
バイクひとり旅…01190
俳句旅行のすすめ…09572
廃線探訪の旅…00561
パイヌカジ…16743
廃滅の寺々〔近松秋江〕…12244
ハウステンボスとお手本の関係―長崎〔赤瀬川原平〕…15455
バウムクーヘン「デルベア」〔小川糸〕…12643
博多で〔小泉八雲〕…15055
博多の女〔椎名誠〕…15047
白銀の愉しみ〔吉田類〕…00514
白山〔志賀重昂〕…07324
白山〔深田久弥〕…07324
白山〔山口耀久〕…07324
白山を眺める部屋から〔谷甲州〕…07324
白山のブナの森〔高田宏〕…07324
白山比咩の幻像〔白洲正子〕…09478
白山別山〔中西悟堂〕…07324
泊酒喝采…01821
白鳥伝説を訪ねて〔谷川健一〕…02202
白馬吟行〔荻原井泉水〕…07174
白馬五十年〔志村烏嶺〕…07174
白馬湖沼群〔大塚大〕…07174
白馬山麓の四季〔山本太郎〕…07174
白馬山登攀記〔河東碧梧桐〕…07174　07183
白馬ものがたり〔大川悦生〕…07174
白馬鑓温泉〔大崎紀夫〕…09306
剥落の中に発見した等伯の近代性〔横尾忠則〕…11531　11532
迫力の千人風呂酸ヶ湯〔みなみらんぼう〕…01622
羽黒の石段〔立松和平〕…02749
ハーケンと夏みかん…01323
函館本線へなちょこ旅…00919　00920
箱根駅伝を歩く…04900
箱根ぐちの記〔饗庭篁村〕…06799
箱根路〔川崎長太郎〕…06797
箱根一人旅〔津村節子〕…06828
はじまりの山〔今福龍太〕…08069
初めて尾瀬を訪う〔武田久吉〕…02999
はじめての鳥取砂丘〔三浦しをん〕…13308
はじめての山…07318
初めての山へ六〇年後に…01021
はじめての輪行…04517
芭蕉紀行…02719
芭蕉の杖跡…02020
芭蕉の旅、円空の旅…00248
芭蕉の旅はるかに…01273
バス旅 春夏秋冬…01657
バスで田舎へ行く…01181
裸まつり男歌〔寺山修司〕…13637
畑毛温泉にて〔若山牧水〕…09941
旅籠の思い出〔つげ義春〕…04235
八幡平〔田部重治〕…01975
八幡平：イソツツジ〔田中澄江〕…01975
八幡平から後生掛温泉へ 地獄の植物〔西口親雄〕…01975
バツイチおへんろ…14156
八甲田山〔棟方志功〕…01748
初登攀行…03819
バットレス地震調査？〔今井通子〕…08591
果てしなき山稜…00231
波照間の怪しい夜…16731
バード日本紀行…04447
ハトヤ大研究〔東海林さだお〕…09991
花あり味あり人情あり―真鍋島〔風巻俊〕…13693
はなさんのまだ行ったことのない南九州…14898
はなしの名人…04429
花浄土〔黛まどか〕…11368
花田植―農事のエロティスム〔岡本太郎〕…13894
花と雪田の大雪山〔村井米子〕…00724
バーナード・リーチ日本絵日記…03742
花の寺、水の寺に歴史を重ねて〔永井路子〕…11495
花巻温泉〔高村光太郎〕…01979　01980　01984
花嫁化鳥…01544
花嫁化鳥〔寺山修司〕…16057
母と一緒に修善寺温泉〔三浦しをん〕…09877
妣（はは）の国への旅…01595
ハピネス気分で山歩き…01237
ハブを食いに行く〔椎名誠〕…16026
玫瑰の花〔谷川健一〕…00535
浜の月夜, 清光館哀史〔柳田國男〕…01501
浜の真砂に文かけば〔池内紀〕…09741
浜松のうなぎ〔三浦しをん〕…09957
ハーモニカとカヌー…01281
林芙美子小品集…16310
春を食べよう―静岡〔俵万智〕…09836
春をまつ顔〔椎名誠〕…08437
遥かなる月山〔森敦〕…02614　02616
遙かなる汽車旅…00662

遙かなる秘湯をゆく……00252
春から秋・滝を訪ねる旅…00099
榛名へ〔田山花袋〕……03997 03999
春の三陸ぬくもりの旅〔みなみらんぼう〕……01312
春の消息……01537
春の旅人〔三好達治〕……07324
春の日光山〔田山花袋〕…03673
春の白山〔石崎光瑤〕……07324 07328
春の氷瀑のぼり〔椎名誠〕……09377
春爛漫の高尾山〔みなみらんぼう〕……05659
晴れた空 曇った顔……01761
晴れた日は巨大仏を見に……00988
晴れのち曇り 曇りのち晴れ……00625
繁栄TOKYO裏通り……04293
ハンググライダーと阿蘇〔今井通子〕……15523
半径数メートルの視界の中で：トムラウシ山〔見奈美秀蔵〕……00801
藩校を歩く……02700
晩春の旅・山の宿……01548
半島……00610
半島をゆく……08311
般若の五郎〔坂本直行〕…00724
般若林に青年僧が集う日〔真野響子〕……11404
ばんばふみおの南の島へ…僕のたましい放浪記……16345
斑猫の宿……00975
パン欲……00351

【ひ】

ビ……10163
比叡山〔近松秋江〕……10424
比叡山〔若山牧水〕……10415
比叡山から琵琶湖へ〔近松秋江〕……10927
比叡山記—延暦寺〔安岡章太郎〕……10719
東駒ケ岳 甲斐駒＝南アルプス〔本多勝一〕……07096
東の国から 心……06954
ひかりのあめふるしま屋久島……16286
引馬峠〔辻まこと〕……03107
悲喜こもごも土佐の旅〔椎名誠〕……14772
B級銀座ぶらぶら歩き〔東海林さだお〕……05174
秘境ごくらく日記……03965
秘境の山旅……00358
樋口可南子のものものがたり……10997
ひぐらしの里〔津村節子〕……05942
P.ケンパーマンの「明治10年山陰道紀行」……13372
彦左衛門と小諸〔宮城谷昌光〕……09087
被災地の春雨〔吉田類〕…02916
「飛山濃水」の釣り……07116
土方歳三への旅……00863
日高川にひそむ竜神温泉〔有吉佐和子〕……13136
飛驒越日記〔遅塚麗水〕…09576
飛驒双六谷より〔小島烏水〕……09508
ひたすら歩いた沖縄みちばた紀行……16530
飛驒・高山の抹殺〔坂口安吾〕……09514
日田・南阿蘇の旅〔種村季弘〕……15643
日田の皿山〔水尾比呂志〕……15759
飛驒の白山〔今福龍太〕…07324
飛驒の秘密〔坂口安吾〕…09519
左の窓〔泉鏡花〕……03324
秀吉はいつ知ったか……02980
秘湯を求めて……00385 00813 01000
美と切実 浄瑠璃寺参拝〔立松和平〕……11422
ひとつとなりの山……00729
人と森の物語……00795
人のすき間で海水浴〔東海林さだお〕……06550
人の世は銀光 ちよろずの波の幻〔池内紀〕……02467
ひとりガサゴソ飲む夜は………16852
ひとりたび1年生……01982
ひとり旅 ひとり酒……08109
ひとり飲む、京都……11246
人はなぜ旅をするのだろうか……01270
人は何によって輝くのか……14123
日ノ尾峠〔下重暁子〕……15696
ヒノキがうつくしい熊野古道〔三浦しをん〕……10569
火の国熊本水の国〔みなみらんぼう〕……15609
日ノ御碕〔小泉八雲〕……13500
日御碕〔ハーン，ラフカディオ〕……13501
日御碕にて〔ハーン，ラフカディオ〕……13502
火の見櫓の上の海……04222
比婆山紀行〔阿川弘之〕…13444
比婆山伝綺〔寺山修司〕…13868
秘峰畦ガ丸〔羽賀正太郎〕……06531
暇な男は北で遊ぶ……00118
火、水、海賊—熊野文化論〔岡本太郎〕……12379
美味探求にウニ島奥尻島〔松岡きっこ〕……00290
秘密荘厳〔岡本太郎〕……12981
美味放浪記……02345
138キロ多摩川源流への旅〔みなみらんぼう〕…05709
百寺巡礼……01513 04330 08051 09430 11080 11257 11853 12240 13285 14293
一二〇キロの縦走路 阿蘇の外輪山〔本田誠也〕…15523
百年前の山を旅する……05347
百名山紀行……00073 00074
百霊峰巡礼……00572 00727 01001
兵庫立山登山〔加藤文太郎〕……13263
兵庫乗鞍—御嶽—焼登山記〔加藤文太郎〕……11974
兵庫槍—大天井—鷲羽登山〔加藤文太郎〕……07545
氷雪の屏風岩一ルンゼは怖れと迷いとためらいを越えて〔高田直樹〕…07455
屏風岩登攀記 第五次攻撃・完登 抄〔石岡繁雄〕……07455
屏風岩登攀記……07459
漂流の島……05891
日和下駄……04520
日和下駄〔永井荷風〕……04475
平泉紀行〔井上靖〕……02003 02005

平泉・金色堂・中尊寺〔中野重治〕……01934
蒜山〔串田孫一〕……13248
昼のセント酒……00162
ビルマ商人の日本訪問記……04471
広がる大地 北の大地再訪〔北杜夫〕……00819
ひろさちやの古寺巡礼……01937
広島湾、潮流迅し〔立松和平〕……13891
広瀬川のほとり〔谷川健一〕……04002
ひわ色の砂丘も淋し〔池内紀〕……01444
琵琶湖〔横光利一〕……10917
びわこ一周列亘の旅〔ひさうちみちお〕……10918
琵琶湖とわたし〔田原総一朗〕……10918
貧困旅行記……02512

【ふ】

ファンタスティックな南紀・太地〔大地喜和子〕……13042
フィッシング・ダイアリー……07773
不意の昏睡〔立松和平〕……16428
風景読本—足の向くまま〔池内紀〕……14625
風景読本—奥飛驒路〔池内紀〕……09580
風景読本—凱旋門〔池内紀〕……09736
風景読本—峠越え〔池内紀〕……03890
風景読本—呑コ 吐口〔池内紀〕……07882
風景読本—不識塔〔池内紀〕……01725
風景は記憶の順にできていく……04230
風雪の東大谷登攀 オソロシサと親しみの谷間〔高田直樹〕……08093
風雪のビバーク 抄〔松濤明〕……07523
風雪の富士山頂〔芳野満彦〕……07370
風葬大神島〔寺山修司〕……16517
夫婦旅せむ……00773
風貌・私の美学……01938
風流川下り〔東海林さだお〕……05564
フェリーボートで行こう！……04747
深川雑興〔近松秋江〕……06162
深川浅景〔泉鏡花〕……06159
深川の唄〔永井荷風〕……06158
深川発、はとバスの一日〔東海林さだお〕……06156
富岳に登るの記—天保時代の富岳紀行〔有年喜道〕……07407
富嶽の詩神を思う〔北村透谷〕……07371
不機嫌な運転手〔立松和平〕……08103
ふくしま讃歌……02901
福島しのぶ紀行〔キーン，ドナルド〕……02862
福山誠之館〔梅棹忠夫〕……13897 13900
武甲山に登る〔河井酔茗〕……04166
富士〔更科源蔵〕……07373
富士案内〔野中至〕……07382
富士案内 芙蓉日記……07382
富士へ—千九百〇九年八月〔竹久夢二〕……07371 07400 07407
富士を望む〔田山花袋〕……07373 07407
不識塔〔池内紀〕……01722
不思議な下降〔青柳健〕……07455
不思議な町〔吉村昭〕……16060
不思議の町・根津……05989
富士幻想〔小川国夫〕……07371
富士五湖と裾野めぐり〔高畑棟材〕……07407
富士五湖と富士〔朝倉摂〕……07371
富士山……07406
富士山〔梅原龍三郎〕……07370 07372
富士山〔志賀重昂〕……07370
富士山〔武田泰淳〕……07371 07372
富士山〔深田久弥〕……07370
富士山〔室井滋〕……07373
富士山〔室生犀星〕……07373
富士山〔山下清〕……07371 07372 07406
富士山（抄）〔小泉八雲〕……07416
富士山への巡礼 抄〔オールコック，ラザフォード〕……07371
富士山へ行くこころ〔今井通子〕……07370
富士山からの贈りもの 柿田川 静岡〔立松和平〕……07371
富士山記〔都良香〕……07370
富士山剣ヶ峰大沢とその奥壁〔児玉武雄〕……07373
富士山鉄道・五合目線〔宮脇俊三〕……07373
富士山とわたくし〔村井米子〕……07370
富士山の記憶〔沢野ひとし〕……07371
富士山麓で神道を勉強〔サトウ，アーネスト〕……06178
富士山は三段に重なった活火山である〔諏訪彰〕……07370
富士 抄〔岡本かの子〕……07373
富士スキー登山〔レルヒ，テオドール・E.〕……07371
富士登山〔高橋新吉〕……07371
富士登山〔高浜虚子〕……07416
富士と峠〔飯田蛇笏〕……07371 07407
富士に就いて〔太宰治〕……07416
富士の気象〔山本三郎〕……07370
富士の景観〔河東碧梧桐〕……07407
富士の語源〔木暮理太郎〕……07371 07407
富士の樹海 青木ケ原とハリモミ林〔西口親雄〕……08555
富士の信仰〔中山太郎〕……07407
不尽の高根〔小島烏水〕……07393
不二の高根〔遅塚麗水〕……07404
富士の地質〔辻村太郎〕……07371
富士の伝説〔藤沢衛彦〕……07407
富士の南麓〔若山牧水〕……07407
富士の北麓〔戸川秋骨〕……07407
富士の山〔ハーン，ラフカディオ〕……07373 07407
富士の山旅……07407
富士屋ホテル〔古川緑波〕……06858
武州喜多院〔中里介山〕……04088
藤原正彦、美子のぶらり歴史散歩……05258
富士は私の相棒〔並木宗二郎〕……07370

富士 Fuji〔チェンバレン, バジル・H.〕……07370
扶桑遊記……03713
ふたつの言葉〔飯田龍太〕……15346
二つの悪場所〔立松和平〕……05484
ふと思い立って木曽〔太川陽介〕……09052
舟津屋〔近松秋江〕……10576
ブナの息吹、森の記憶……01336
冬の浅間山〔小島烏水〕……03792
冬の甲斐駒ヶ岳行 とそれに関連した事柄〔西丸震哉〕……07096
冬の玄海呼子の旅〔みなみらんぼう〕……15188
冬の大山縦走〔港叶〕……13298
冬の野呂川試行〔上田哲農〕……08709
冬の氷ノ山と鉢伏山〔加藤文太郎〕……12168
冬の宿り〔島尾敏雄〕……02145
冬富士〔上田哲農〕……07371
冬富士単独行〔加藤文太郎〕……07370 07407
冬紅葉〔上甲平谷〕……10153
冬はやっぱり北海道〔みなみらんぼう〕……00852
芙蓉日記〔野中千代子〕……07382
芙蓉日記〈抄〉〔野中千代子〕……07410
フライフィッシング紀行……00588 07211
ふらっと朝湯酒……04569
ぷらっぷらある記……00653
ぶらぶらヂンヂン古書の旅……00152
ぶらりおへんろ旅……12972
ぶらり全国乗り歩き……00105
ふらり旅 いい酒 いい肴……00903 02380 03557
ふらり珍地名の旅……04684
ぶらり鉄道、街道散歩……01254
ぶらりニッポンの島旅……01165
フランスからお遍路にきました。……14160
フリークVS.ハードボイルド道中記―日田・南阿蘇の旅〔種村季弘〕……15644
ふるさと……00973
ふるさと城崎温泉〔植村直己〕……12039 12046
故里纏綿〔上甲平谷〕……14434
ふるさとの風の中には……01670
ふるさとの川 長良川紀行……09417
ふるさとの山・白山〔杉森久英〕……07324
古里発都会へ〔みなみらんぼう〕……09501
ふれあいの旅紀行……00424
ふわふわワウワウ……00852
文学の中の駅……00312
文学の中の風景……00313
文学の風景をゆく……00429
文学の街……04534
文豪、偉人の「愛」をたどる旅……00349
褌の旅……00256

【へ】

平安鎌倉史紀行……02008
平安時代からしられていた秀衡桜〔高城修三〕……13050
平家落人の道をたどる〔みなみらんぼう〕……14236
平家巡礼……06641
平家れくいえむ紀行……10693
米国人一家、おいしい東京を食べ尽くす……04503
平成お徒歩日記……05253
平凡倶楽部……05906
別山尾根から三方崩山〔京念孜〕……07324
別府・紀行〔吉行淳之介〕……15834
別府の地獄めぐり〔田辺聖子〕……15833
別府腰痛治療紀行〔みなみらんぼう〕……15830
別々の富士山〔串田孫一〕……07371
へなちょこ探検隊……16287
ベニシアの京都里山日記……11095
ヘビとカエル〔椎名誠〕……03012
ベルリンの壁の跡に桜並木を―京都〔赤瀬川原平〕……11188
辺海放浪……15234
辺境を歩いた人々……00139
辺境・近境……12072
辺境遊記……04925
ペンギン食堂〔小川糸〕……16452
ペンギンと青空スキップ……07398
遍路〔斎藤茂吉〕……07103 12924
遍路道〔立松和平〕……14500

【ほ】

法界寺―あるいは民俗にささえられた寺〔井上章一〕……11654
法界寺あるいは民俗にささえられた寺〔井上章一〕……11655
伯耆から隠岐へ〔小泉八雲〕……13416
伯耆から隠岐へ〔ハーン, ラフカディオ〕……13430
伯耆大山〔小出博〕……13298
伯耆大山〔司葉子〕……13297 13298
伯耆大山〔三田尾松太郎〕……13298
伯耆大山開山〔松下順一〕……13298
伯耆大山 甲川完全溯行〔中庄谷直〕……13268
伯耆大山の四季〔吉田昭市〕……13298
伯耆大山のふもとで育つ〔岡本喜八〕……13298
伯耆の若葉〔村上巌〕……13298
望郷を旅する……00114
反古籠〔新庄嘉章〕……08794
奉公さんが語る歴史―高松〔北条令子〕……14388
房総をめぐりて〔近松秋江〕……04370
ほうとう記〔池内紀〕……08647
法隆寺、千四百年の祈り〔立松和平〕……12716
法隆寺のこと〔井上靖〕……12699
放浪カメラマン……01201
放浪記―東京の温泉〔池内紀〕……05518
放浪者〔立松和平〕……16428
放浪レディ……14092
僕が遍路になった理由(わけ)……04478
牧水紀行文集……01570
「北斗星1号」試乗記〔阿川弘之〕……00639
「北斗の里」青森紀行……01379
ぼくの浅草案内……04604

ぼくの還る川 ……………00418
ぼくの古寺巡礼〔土門拳〕
……… 01932 09428 11130
11281 11414 11955 12311
僕の東京地図 ……………03302
ぼくの〈那覇まち〉放浪記
……………………………16711
北辺の墓標〔古川薫〕……00266
ぼくらは怪談巡礼団 ……01550
ぼくらは下町探険隊 ……04605
北陸〔安西均〕……………07324
北陸温泉郷・芸者問答
〔吉行淳之介〕……………08338
北陸紀行〔近松秋江〕……07593
北陸の古寺 …… 07966 08167
北陸 悲恋伝説の地を行く
……………………………07938
北陸平家物語紀行 ………08034
僕は旅で生まれかわる …14715
ぼくは旅にでた …………03824
誇り高く優雅な国、日本 ‥03687
薄雪に包まれた高山の町
〔井上靖〕 ………………09525
ボーダーを歩く …………00209
穂高をめぐる氷河地形
〔五百沢智也〕……………07455
穂高を攀じる〔長谷川恒
男〕 ………………………07455
穂高生活〔上田哲農〕……07455
穂高星夜〔書上喜太郎〕
……………… 07455 07465
穂高岳〔幸田露伴〕 ………07471
穂高岳〔深田久弥〕 ………07455
穂高嶽〔幸田露伴〕 ………07455
穂高岳のころ〔小西政継〕
……………………………07455
穂高岳屛風岩〔小川登喜男〕
……………… 07455 07465
穂高岳・槍ガ岳縦走記
〔鵜殿正雄〕………………07455
穂高岳槍ヶ岳縦走記〔鵜
殿正雄〕 …………………07465
穂高岳より槍ヶ岳へ〔小
島烏水〕‥ ………………07454
穂高の月〔井上靖〕
……………… 07455 07456
穂高の月・ヒマラヤの月
〔井上靖〕 …… 07453 08945
門灯（ポーチライト）が眼
ににじむ …………………03238
北海道印象記〔松崎天民〕
……………………………00287
北海道 産業遺跡の旅 ……00107
北海道 幸せ鉄道旅 ………00265
北海道16の自転車の旅 …00167
北海道食べまくり〔東海
林さだお〕 ………………00502
北海道地名をめぐる旅 …00161
北海道独立論〔梅棹忠夫〕
……………… 00482 00483
北海道の旅 ………………00194
北海道の旅・信濃の旅
〔三宅やす子〕……………00089
北海道の鱒釣り …………00160
北海道のんびり鉄道旅 …00698
北海道遊記（抄）〔宇野浩
二〕 ………………………00114
北海の珍味〔渡辺文雄〕…00182
北極寒気団騒動〔椎名誠〕
……………………………00183
法華滅罪寺〔井上政次〕…12739
北方四島紀行 ……………00274
発哺温泉にて〈抜粋〉〔三
好達治〕 …………………09328
ホテル物語 ………………00338
洞穴探検記〔小川孝徳〕…07370
堀口すみれ子の私のはや
ま道 ………………………06536
ホリプロ南田の鉄道たず
ねて三千里 ………………13992
ボロ宿考〔つげ義春〕……02512
ほろよい味の旅 …………00002
ほろ酔い旅 ………………06810
本願寺と日本人〔井沢元彦〕
……………… 11618 11619
本日釣り日和 ……………07278
ボンジュール・ジャポン ‥04424
本所両国〔芥川龍之介〕
……………… 06219 06222
本多勝一集 ………………00112
ほんとうのニッポンに出
会う旅 ……………………00163
本は旅をつれて …………01303

【ま】

埋蔵金伝説を歩く ………03518
前穂高四峰正面岩壁〔芳
野満彦〕 …………………07455
まき筆日記〔幸田露伴〕
……………… 11990 11991
幕岩回想 初登攀について
〔安川茂雄〕………………03962
まくもぞ〔飯田龍太〕……02370
「枕草子」を旅しよう ……11185
マジック・ブリッジ〔有
栖川有栖〕 ………………11969
摩周湖紀行〔林芙美子〕…00350
増富温泉場〔井伏鱒二〕…08743
マタギは、なぜアイヌ語
を使っていたか〔筒井
功〕 ………………………02398
またたび …………………02361
またたびふたたび東京ぶ
らり旅 ……………………04606
またモンパの木の下へ
〔椎名誠〕 ………………15014
街を泳ぐ、海を歩く ……16431
まちづくり紀行 …………00540
町に灯が入り、二人に夜
がきた〔池内紀〕 ………03103
町の誘惑 …………………00316
松崎天民選集 ……………00287
松茸山で松茸三昧〔東海
林さだお〕 ………………09130
マツモトヨーコの脱日常
紀行 ………………………13779
松山日記〔種田山頭火〕…14626
祭りはアート―高知〔俵
万智〕 ……………………14690
魔の壁に初登攀を競う 抄
〔松本龍雄〕………………03818
真野の萱原〔谷川健一〕…03172
「幻の街道」をゆく ………04907
幻の寺〔白洲正子〕 ………11354
ママチャリお遍路
1200km ………………………14147
豆手帖から〔柳田國男〕…01229
迷いの森〔有栖川有栖〕…08557
魔利支天〔上田哲農〕……07096
丸の内〔高浜虚子〕
……………… 06241 06246
マレイの日本案内書に載
る甲斐ヶ根 遺稿〔武田
久吉〕 ……………………08591
回り灯籠 …………………03983
まんが日本昔ばなし今む
かし ………………………01959
まんじゅう麩〔渡辺文雄〕
……………………………07901
マンダラ紀行 ……………02703
マンダラ紀行―絶巓にい
ます大日いや遠く足な
へわれにいよよ幽し
〔森敦〕 …………………12974
マンダラ紀行―大日のい
ますところにありなが
らそれとも知らず去り
にけるかな〔森敦〕……02705

マンダラ紀行—大日のもとに至るか弘法の市にぎはひて心たのしむ〔森敦〕……11567
マンダラ紀行—大日の分かつ金胎求め来て坂を下ればへうべうの海〔森敦〕……12007
マンダラ紀行—大日はいまだ雲霧におはすれどひかり漏れ来よ橋を渡らむ〔森敦〕……11441
曼陀羅頌〔岡本太郎〕……11443
マンボウ思い出の昆虫記……07353
マンボウ家族航海記……02638
マンボウ家の思い出旅行……02636
マンボウ最後の大バクチ……00819
マンボウ最後の家族旅行……02640
万葉を旅する……03482
万葉体感紀行……12253
万葉の旅‥ 02088 07428 12212

【 み 】

三国峠の大蠟燭を偸もうとする〔田中冬二〕……04009
岬の端〔若山牧水〕……06873
水イカの生きている島—五島〔赤瀬川原平〕……15488
みずうみ紀行……00180
湖の語り部たち〔中島千恵子〕……10918
湖は珍味の宝庫〔松山猛〕……10918
水美し国、村岡名水紀行〔田中淳夫〕……12183
水を知る旅—安曇野〔俵万智〕……08846
ミステリー列車で行こう〔有栖川有栖〕……13168
水の巡礼……00614
水の城下町・上州小幡〔川本三郎〕……03854
水の旅 川の漁……00415
水引集落〔立松和平〕……03178
水辺の夏〔椎名誠〕……02195
みだれ籠……03515
道…… 03860 10976
みちくさ‥ 03335 04626 04962
みちの記〔森鷗外〕…… 07189 09379
みちのく〔北杜夫〕……02638
道の先まで行ってやれ！……00153
道ばたで出会った日本……13526
導かれて、旅……01858
密教古寺巡礼 … 02920 12262
三津五郎 城めぐり……01772
ミットフォード日本日記……04435
水戸の観梅〔饗庭篁村〕…03514
緑に抱かれた池 白駒池・雨池紀行〔津島佑子〕…08850
みどりの国滞在日記……00515
南方熊楠……06562
みなかみ紀行……03260
みなかみ紀行〔新田健次〕……03973
みなかみ紀行〔若山牧水〕…… 03260 03261
みなかみ紀行 抄〔若山牧水〕……03877
みなかみ紀行 新編……01675
港町食堂……01162
港町に行こう！……00270
港町のとびきりの地酒—坂越〔吉田知子〕……12097
南アルプスへの郷愁〔日高信六郎〕……07015
南伊豆の温泉〔田山花袋〕……09802
南へ……15510
南へと、あくがれる……14852
南高尾山稜の四季〔沢聰〕……05659
南鳥島特別航路……00262
南のオデッセイ……14807
南の川まで……07282
みなみらんぼう山の詩……03221
峰と渓……03220
美保の関〔小泉八雲〕……13548
美保関にて〔ハーン,ラフカディオ〕……13550
耳をすます旅人……00195
木菟俗見〔泉鏡花〕……04197
宮古島の神女〔谷川健一〕……16793
宮古島の祖神祭〔谷川健一〕……16793
宮崎・都井岬 2006年夏〔銀色夏生〕……15894
宮滝万葉の道〔高木修三〕……12833
宮本常一 旅の手帖…… 01227 04739
宮脇俊三自選紀行集……00045
宮脇俊三鉄道紀行セレクション……00069
宮脇俊三鉄道紀行全集……00029〜00032
明恵上人—紀州遺跡〔白洲正子〕……12863
妙好人めぐりの旅……10066
妙心寺界隈—妙心寺・長泉寺・法金剛院〔安東次男〕……11537
妙心寺松籟〔長田弘〕…… 11702 11703
明神岳V峯東壁中央フェイス〔奥山章〕……09370
明神の池〔窪田空穂〕……09369
明専寺——茶の慟哭〔柿木憲二〕……09372
魅惑の氷壁 厳冬期甲斐駒ヶ岳七丈沢〔小森康行〕……07096
民宿すずらん荘〔立松和平〕……08560
みんなみんなやさしかったよ……01452
民謡秘宝紀行……00269

【 む 】

むかしの汽車旅……00334
むかしの山旅……00732
むかしまち地名事典……04635
むくどり通信……16430
むくどりは千羽に一羽………16616
むくどりは飛んでゆく…00317
夢幻抄……04553
武蔵野……06333
武蔵野を歩く……06328
武蔵野の自然〔近松秋江〕……06332
息子テツ、初めての川下り（'94夏）〔野田知佑〕‥01143
娘巡礼記……14136
娘ともない三島・修善寺〔冨士真奈美〕……09867
無明一杖〔上甲平谷〕……09746
村上水軍全紀行……13757
村の温泉〔平林たい子〕…09170
室生寺再訪〔河野裕子〕…12778

室町戦国史紀行 …………03493
ムンユスィ ………………16016

【 め 】

明月〔上甲平谷〕 …………14505
明治期・奄美ヨーロッパ交流史〔ヨーゼフ, クライナー〕…………16003
明治紀行文學集 …………01382
明治十八年の旅は道連れ …………02961
明治滞在日記 …………00086
明治日本印象記 …………03829
明治日本見聞録 …………03681
明治日本の面影 …………06927
名川那珂川のアユを食う〔みなみらんぼう〕…………03373
名探偵浅見光彦の食いしん坊紀行 ……………00635
名探偵浅見光彦のニッポン不思議紀行 …………01679
名文で巡る国宝の十一面観音 …………10792
目黒附近〔上司小剣〕 ……06349
めざせ北の酒どころ〔吉田類〕 …………05480
メルヘン紀行 …………00363
麵喰紀行 …………07937

【 も 】

もいちど修学旅行をしてみたいと思ったのだ ……01381
毛越寺・出羽三山神社〔土門拳〕 …………02042
もうひとつの京都 …………11029
もうひとつの熊野古道「伊勢路」物語 …………10272
燃える骨酒に驚いた―石川〔赤瀬川原平〕…………08195
木犀！ 日本紀行 …………09239
モダン都市文学 …………00089
もっと好きになっちゃった沖縄の離島 …………16443
ものがたり風土記 ………… 00128 04454
もはや上下に貴賤なく〔池内紀〕 …………15829
桃太郎伝説〔立松和平〕 …14423
桃のふわり鉄道旅 …………00078
桃の宿 …………08745
桃の宿〔阿川弘之〕 …………08745
森へ行く日 …………03897
盛岡の細く長い一日〔椎名誠〕 …………02052
盛岡冷麺疑惑査察団〔東海林さだお〕 …………02051
森田芳光カントクと行く「タビ・ユー・ケイバ」‥00024
森の王〔立松和平〕 …………00788
森の暮らし、森からの旅 ‥07502
森の旅 森の人 …………00752
森の宿〔阿川弘之〕 …………08818
諸楡岳 八幡平〔本多勝一〕 …………01396

【 や 】

八重垣神社〔小泉八雲〕 …13555
八重垣神社〔ハーン, ラフカディオ〕 …… 13556 13557
焼き餃子と名画座 …………05094
野球の国 …………01214
野球の中の相撲を見に行く―北海道〔赤瀬川原平〕 …………00654
薬師寺と私〔平山郁夫〕 …12796
屋久島紀行〔林芙美子〕 …16310
屋久島ジュウソウ …………16301
役者気取り …………14340
薬草のふる里〔白洲正子〕 …………12338
矢倉岳と御正体山〔三田幸夫〕 …………06745
夜行列車とフランス料理〔東海林さだお〕 ………… 00638 00640
やさしいオキナワ …………16344
野生の水 …………00094
野生めぐり …………01315
八ヶ岳〔五百沢智也〕 ……07500
八ヶ岳〔武田久吉〕 …………07500
八ヶ岳〔深田久弥〕 …………07500
八ヶ岳〔宮本袈裟雄〕 ……07500
八ガ岳通い 阿弥陀岳北西稜〔沢野ひとし〕…………07033
八ガ岳紀行〔上田哲農〕 …07500
八ガ岳紀行〔中川一政〕 …07500
八ガ岳登山記〔亀井勝一郎〕 ………… 07500 07517
八ガ岳に追いかえされる〔梅崎春生〕 … 07500 07517
八ヶ岳にツクモ草を見に行こう〔みなみらんぼう〕 …………07500
八ヶ岳の黒百合〔小島烏水〕 ………… 07500 07512
八ケ岳の見える旅〔串田孫一〕 …………07501
八ヶ岳挽歌 …………07508
八ヶ岳不登記 抄〔中里介山〕 …………09120
やっぱり沖縄、冬も元気だ〔みなみらんぼう〕 ……16521
やっぱり、旅は楽しい。…04445
八ッ峰〔小笠原勇八〕 ……08093
夜天の富士〔生田春月〕 …07373
柳川・佐賀平野〔川本三郎〕 …………15100
柳田國男全集 ………… 01233 09695 12520 15731
柳田國男の遠野紀行 ……01313
柳又谷本谷〔志水哲也〕 …08150
柳宗悦 民芸紀行 …………01805
八重干瀬にて〔谷川健一〕 ………… 16424 16823
ヤビツ峠〔直良信夫〕 ……06745
野峰日記〔近松秋江〕 ……12975
ヤポニカ …………04661
ヤポネシア讃歌 …………00444
ヤポネシアの旅 …………00356
山内雑感〔大佛次郎〕 ……06681
山へ …………00446
山を想う〔水上瀧太郎〕 ……03792
山を楽しむ …………03179
山・音・色 …………00733
山をはしる …………01109
山折哲雄の新・四国遍路 ‥14110
山から下りて〔上甲平谷〕 …………07518
山口の町に花ひらいた青春〔荒正人〕 …………14069
山国の火祭〔白洲正子〕 …11614
山桜を見に行く〔鷹沢のり子〕 …………05659
山里の運動会〔椎名誠〕 …03012
山釣り ………… 01327 09447
ヤマセの霧と波しぶき〔椎名誠〕 …………01649
山の湯雑記〔折口信夫〕 …02683
山で見た夢 …………01599
山寺〔若山牧水〕 …………10415
大和古寺幻想 飛鳥・白鳳篇 …………12250
大和古寺風物誌 …………12273

大和路の謎を解く ……12258
大和路の春〔近松秋江〕…12228
山とそば ……08993
大和の美と風土 ……10338
大和仏心紀行 ……11039
大和—三輪山・香具山・二上山〔谷川健一〕……10410
山と雪の日記 ……00753
山中温泉〔松川二郎〕……08338
山なんて嫌いだった ……02935
山に彷徨う心 ……01823
山に親しむ ……03568
山に向けた思考〔串田孫一〕……02614
山の朝霧 里の湯煙 ……01236
山の音、花の音〔椎名誠〕……03136
山の温泉〔島崎藤村〕……09197
山の温泉〔上甲平谷〕……01267
山の貌 ……03534
山の彼方の空遠く〔みなみらんぼう〕……08669
山の時間 ……01098
山の随筆 ……00935
山の旅 …… 00689 01115
山の旅 本の旅 ……01365
山の手麹町〔有島生馬〕…05270
山の話〔竹久夢二〕……08347
山のぼりおり ……00728
山登り初挑戦の巻〔岸本葉子〕……05659
山の名作読み歩き ……00939
山の名著 ……07296
山の眼玉 ……03862
山の宿のひとり酒 ……01829
山人と平地人のたたかい〔谷川健一〕……12309
山吹の咲く頃〔近松秋江〕……11073
ヤマメと桃の花〔飯田龍太〕……08582
山本素石綺談エッセイ集 ……08396
山々を滑る登る ……00198
山、わが生きる力 ……07011
山は私の学校だった ……07175
やまんばの宿へ〔立松和平〕……13058
やまんばの宿の一夜〔立松和平〕……13066
闇を歩く ……05746
槍ガ岳〔長谷川如是閑〕……07523
槍ケ岳〔加藤楸邨〕……07523
槍ケ岳〔串田孫一〕……07523
槍ヶ岳〔深田久弥〕……07523
槍ケ岳から横尾まで〔畦地梅太郎〕……07523
槍ヶ嶽紀行〔芥川龍之介〕…… 07523 07535
槍ガ岳山荘の生活〔穂苅貞雄〕……07523
槍ガ岳千丈沢紀行〔安川茂雄〕……07523
槍ケ岳西の鎌尾根〔窪田空穂〕……07523
槍ヶ岳に登った記〔芥川龍之介〕……07541
槍ヶ岳初登頂 第二回登山仏像を安置す〔穂苅貞雄〕……07523
槍ヶ岳初登頂 第二回登山仏像を安置す〔穂苅三寿雄〕……07523
槍ヶ岳より西穂高へ〔黒田初子〕……07287
槍ケ岳黎明 ……07053
鎗ケ岳探険記〔小島烏水〕……07531
槍沢〔西丸震哉〕……07523

【ゆ】

唯一、人々が暮らす湖の島〔高城修三〕……10751
幽ノ沢中央壁初登〔古川純一〕……04039
游秦野記〔柳田國男〕……06745
遊覧街道 ……01804
遊覧日記 ……03837
湯ケ島〔田山花袋〕……10041
湯ヶ島温泉〔川端康成〕…10046
行かねばなるまい ……14154
湯ケ原より〔国木田独歩〕……06902
湯河原ゆき〔国木田独歩〕……06521
雪・岩・アルプス ……07294
雪を逆手に—津軽〔俵万智〕……01526
雪国紀行—いい旅をした〔椎名誠〕……01648
「雪国」の旅〔川端康成〕‥07919
雪国の春 ……01229
雪国の町〔津村節子〕……07920
雪倉岳〔本多勝一〕……07543
行き暮れて、山。……02931
行きつ戻りつ ……00574
雪の天城越〔若山牧水〕…09671
雪の岩手山へ〔上関光三〕…… 01845 01847
雪の延暦寺〔鷲谷七菜子〕……10716
雪の信濃路〔田山花袋〕…08803
雪の白峰〔小島烏水〕…… 07001 08591
雪の白馬岳で味わった冬山の楽しさ恐ろしさ〔高田直樹〕……07174
雪深い北陸「綾子舞い」の里〔筒井功〕……07678
ゆきめぐり〔饗庭篁村〕…06401
行方不明を伝えられた予の雪中アルプス登山〔内山数雄〕……08069
湯けむり極楽紀行 ……00023
湯探歩 ……02492
湯殿山・月山・羽黒山〔三田尾松太郎〕……02622
湯殿山/月山/羽黒山〔三田尾松太郎〕……02614
ユートピアの思い出〔阿部良雄〕……08794
湯ノ沢について〔吉田喜久治〕……06913
温泉津〔池内紀〕……13561
温泉津紀行 ……13412
湯の匂い〔高田宏〕……08184
湯の町エレジー〔坂口安吾〕……09727
湯船の歌〔島尾敏雄〕……16052
湯船のなかの布袋さん〔四谷シモン〕……01466
夢追い俳句紀行 ……01699
夢二の手紙 抄〔竹久夢二〕……02823
夢は枯野を ……00868
熊野(ゆや)の道行〔キーン,ドナルド〕……11194
湯涌白雲楼のヤマボウシ〔山口瞳〕……08345

【よ】

妖怪変化〔池内紀〕……08952
用もないのに ……02247
浴泉記〔吉井勇〕……08646
浴泉日記〔近松秋江〕……06824
余呉湖〔中村直勝〕……10956

横瀬浦、島原、口ノ津〔遠藤周作〕……15303
横岳〔本多勝一〕……09390
横浜で〔小泉八雲〕……06954
横浜にて〔小泉八雲〕……06927
横浜ものがたり……06932
横溝正史への旅 Part1〔有栖川有栖〕……13685
横溝正史への旅 Part2〔有栖川有栖〕……13703
四次元温泉日記……01994
吉田観覧車……01881
吉田電車……00907
義経とみちのく……02017
吉野へ通じる峠〔吉田知子〕……12822
吉野川溯って卯建の町へ—脇町〔竹内紘子〕……14295
吉野路〔近松秋江〕……12228
吉野の川上〔日洲正子〕……12268
吉野村の梅〔幸堂得知〕……04881
夜空に満足〔椎名誠〕……16723
酔って候〔椎名誠〕……15047
四元奈生美の四国遍路に行ってきマッシュ！……14153
四谷、赤坂〔宮嶋資夫〕……04548 04557
ヨナグニウマの頑張り〔立松和平〕……16834
よみがえれ、東日本！ 列車紀行……01250
夜のお江戸コース—東京〔木山捷平〕……04645
夜の隅田川〔幸田露伴〕……05560
夜の一人舞台〔立松和平〕……14616
47都道府県女ひとりで行ってみよう……00066
四十年前の記憶〔串田孫一〕……07085
四峰に挑む 前穂高北尾根四峰、奥又白側初登攀記録〔川森左智子〕……08944

【ら】

ライバル 一ノ倉滝沢〔吉尾弘〕……03818
羅臼……01105
ラオスにいったい何があるというんですか？……15535
落日と流刑の港町にて 宿毛線〔宮脇俊三〕……14745
楽天主義者の海〔立松和平〕……08422
らっきょう譚 その1〔鷺沢萠〕……16497
らっきょう譚 その2〔鷺沢萠〕……16528
ラーメンと獣肉（日本）〔中村安希〕……00352
ら・ら・ら「奥の細道」……02009
らんぼう古里を歩く〔みなみらんぼう〕……02122

【り】

陸中雑記〔水尾比呂志〕……01805
理屈はともかく温泉へ行こう—草津〔赤瀬川原平〕……03885
利尻山とその植物〔牧野富太郎〕……01115
立体曼荼羅の寺〔梅原猛〕……11566
立松和平の日本動物紀行……00618
琉球弧あまくま語り……16036
琉球諸島の奄美大島〔ドゥーダーライン,L.〕……16003
琉球の島々……16366
流氷にのりました……00218
良寛へ歩く……01402
良寛を歩く〔水上勉〕……03871
良寛を歩く 一休を歩く……03871
両国の川開き〔鈴木鱸生〕……06468
両の脚、天を踏む〔池内紀〕……13286
両毛の秋……03616
両毛の秋〔徳富蘆花〕……03707
旅学的な文体……01598
旅行鞄のなか……14486
旅愁の川……01328
旅情百景……00008
旅中小景 抄〔柳田國男〕……02284
りんご並木の街いいだ〔塩澤実信〕……08861

【れ】

玲子さんのすてき発見旅……09020
歴史をあるく、文学をゆく……05625
歴史を紀行する……02061
歴史紀行……07717
歴史探訪を愉しむ……00791
歴史の散歩路……03549
歴史の島 旅情の島……04726
歴史の充満する境域—東寺〔司馬遼太郎〕……11563
歴史のねむる里へ……06757
レストラン「ベルソー」〔小川糸〕……10939
列車三昧日本のはしっこに行ってみた……00220
列島縦断 鉄道乗りつくしの旅 JR20000km全線走破……00140 06989
レーンジャーの夏〔今福龍太〕……07096

【ろ】

老嬢は今日も上機嫌……10014
老女が語る池田ラジウム鉱泉史〔渡辺喜恵子〕……13361
ローカル線五感で楽しむおいしい旅……01220
ローカルバスの終点へ……00387
60歳から始める東京さんぽ……04964
ろくはら散策—六波羅蜜寺・六道珍皇寺・西福寺〔杉本苑子〕……11335
六波羅蜜寺を訪ねて〔高城修三〕……11743 11746
ロシア人宣教師の「蝦夷旅行記」……00828
路地裏を歩く〔小川糸〕……06417
ロスト・イン・ザ・ミスト〔有栖川有栖〕……09143
六角精児「呑み鉄」の旅……00077
六甲裏山の美〔賀川豊彦〕……12195
露天風呂とトンボ〔田中小実昌〕……03058
ROADSIDE JAPAN 珍日本紀行……00040

ロードスターと旅に出る ……00189
ロマンスカーの話し〔三浦しをん〕……03237
路面電車全線探訪記 ……00519
ロングフェロー日本滞在記 ……00881

【わ】

わが愛する山々 ……00185
わが仮寓の記 ほか〔近松秋江〕……11239
若き日の山 ……01240
わが心の大屋根〔五木寛之〕…… 11594 11596
若狭 ……08380
若狭〔谷川健一〕……08371
若狭紀行〔白洲正子〕……08373
若狭のお水送り〔白洲正子〕……08397
和菓子店「満天星一休」〔小川糸〕……09549
吾輩はガクであるII〔野田知佑〕……14202
わが、果てしなき傷心の旅〔東海林さだお〕……00708
わが町わが旅 ……02880
若山牧水 ……06811
わが山山 ……01307
わが槍に至る道のり〔田中澄江〕……07523
鷲ケ峰北壁〔折元秀穂〕…15523
わしらは怪しい雑魚釣り隊 …… 00165 02034 04232
忘れ得ぬ山・木曽御岳〔四手井綱英〕……07085
忘れ難い白山〔松方三郎〕……07324
忘れがたい山 ……01367
『忘れられた日本人』の舞台を旅する ……03078
忘れられた日本の村 ……02398
忘れられた道 …… 00216 00288 00568
早稲田神楽坂〔加能作次郎〕…… 04992 05005
私を呼ぶ川の匂い ……07212
私なりに絶景 ……01688
私の海の地図 ……01644
わたしの沖縄食紀行 ……16367
私のお遍路日記 ……14139
私の温泉手帖〔池内紀〕…02945
私の古寺巡礼 …… 08364 10715 10719 11254 12292
私の写真と富士山〔岡田紅陽〕……07370
わたしの週末なごみ旅 ……04769
私の好きな奈良〔林芙美子〕……12642
私の好きな日本 ……00609
わたくしの旅 ……07753
わたしの旅人生「最終章」……00182
わたしの旅に何をする。…12964
私の東京地図 ……04543
私の東京地図〔林芙美子〕……04492
私の東京風景 ……04465
私の東京町歩き ……04423
私の登山〔大原富枝〕……08794
私の長崎地図 ……15434
私のなかの東京 ……04617
私の日本地図 …… 01602 06329 07234 07731 08997 11011 13234 13238 13583 13930 13997 15232 15322 15514 16391
私の琵琶湖十二カ月〔今森光彦〕……10918
私の風景 ……04418
私のふるさと〔川端康成〕……11881
私の夢は ……16449
渡る世間は神仏ばかり ……10680
ワッキーの地名しりとり …… 00130 10445
「和」の旅、ひとり旅 ……00816
草鞋記程〔幸田露伴〕……04037
笑って死ねる人生がいい ……02802
悪ガキオヤジが川に行く！ ……01243
我もまた渚を枕 ……04063
われらが美しきやすらぎの旅〔池内紀〕……08702
われは海の子〔東海林さだお〕……06633

著者名索引

【あ】

相川七瀬 ……… 03458
相澤史郎 ……… 01340
饗庭篁村 ……… 03414 03514
饗庭孝男 ……… 10420
青木枝朗 ……… 07291
青木奈緒 ……… 00250
青柳恵介 ……… 10785
青柳健 ……… 07455 07500
青山佳世 ……… 00054
青山誠 ……… 00270
赤坂憲雄 ……… 01598
赤瀬川原平 ……… 00654
04533 04551 07370
07406 11681 14961
赤間倭子 ……… 00864
阿川佐和子 ……… 11308 11310
阿川弘之 ‥ 00639 01231 08745
秋谷豊 ……… 07096 09251
秋山秀一 ……… 02641 04426
AKIRA ……… 12058
芥川龍之介 ……… 00088
04548 06222 07523
07535 07541 07542
朝倉摂 ……… 07371
浅田次郎 ……… 00503 11528
浅野詠子 ……… 12640
浅野孝一 ……… 05674
芦沢一洋 ‥ 00588 07211 07212
足田輝一 ……… 05659
芦原伸 ‥ 00668 01254 02019
網代智等 ……… 12778
畦地梅太郎 ……… 03862
07523 08069 14441 15523
麻生圭子 ……… 11139
足立巻一 ……… 11402
安達成之 ……… 03962
阿刀田高 ……… 00128 04454
阿南満三 ……… 13858
姉崎一馬 ……… 00752
アーノルド,E. ……… 04661
阿部孝次 ……… 11775
阿部良雄 ……… 08794
安部龍太郎 ……… 02321
08311 08546 11480
阿部龍文 ……… 11531
雨宮処凛 ……… 00794
アムスター＝バートン,マシュー ……… 04503
アユミギャラリー悠風舎 ……… 01183
荒正人 ……… 14069
新井清 ……… 07085
新井春美 ……… 11994
新井由己 ……… 00123
新川右好 ……… 16366
荒木経惟 ……… 10970
荒木恵 ……… 00144
荒木陽子 ……… 10970
嵐山光三郎 ……… 00018
00042 00044 00079 00135
00318 00346 00386 00544
00637 01274 02719 03348
04607 07944 08062
荒俣宏 ……… 01216 01956
03431 05952 06014 13135
有島生馬 ……… 05270
有島武郎 ……… 09256
有栖川有栖 ……… 00362 00840
有年喜道 ……… 07407
有馬頼底 ……… 11266
有吉佐和子 ………
05736 11504 13136
安西篤子 ……… 03959
安斎徹 ……… 01306
安西均 ……… 07324
安西水丸 ……… 00314
00316 00322 01758 02730
04529 04612 04644 15744
安藤更生 ……… 12557
安東次男 ……… 11537
安藤勉 ‥ 03617 03692 03829
安野光雅 ……… 01835

【い】

飯塚恒雄 ……… 01452 01457
飯田蛇笏 ……… 07371 07407
飯田辰彦 ……… 01112
飯田龍太 ‥ 00524 07373 08666
飯星景子 ……… 11315
家田荘子 ……… 01482
五百沢智也 ……… 02614
07455 07500 08069
井賀孝 ……… 01109 01116
生田春月 ……… 07373
池学 ……… 07033 07311
池内紀 ……… 00169
00187 00228 00230 00240
00243 00272 00516 00729
00777 00795 00894 01065
01099 01236 01444 01565
01567 01675 01723 01726
03243 03962 03991 04343
04429 04556 04624 07613
池澤夏樹 ‥ 00262 00263 00317
16344 16402 16430 16616
池田昭二 ……… 01367
池田直樹 ……… 03549
池田浩明 ……… 00351
池田眞魚 ……… 12780
池田雅之 ……… 06559 13388
池田満寿夫 ……… 01268
池田光雅 ……… 00046 00117
池波正太郎 ……… 04418 07753
池原昭治 ……… 07085
生駒勘七 ……… 07085
伊佐九三四郎 ……… 04059
鯨本あつこ ……… 16031
井沢元彦 ……… 11618 11619
石井昭子 ……… 01845 03792
いしいしんじ ……… 04502
石井光造 ……… 13267
石岡繁雄 ……… 07455 07459
石川九楊 ……… 13379
石川欣一 ……… 00083
00168 04400 07106 10972
いしかわじゅん ……… 03924
石川治郎 ……… 06745
石川啄木 ……… 00114 00334
石川直樹 ……… 00817 07391
石川文洋 ……… 00048
00050 00274 01201 14149
石倉敏明 ……… 01315
石黒忠悳 ……… 03401
石崎光瑤 ……… 07324 07328
石田千 ……… 00172 00728
石田忠彦 ……… 16310
石田波郷 ……… 03790
石田ゆうすけ ‥ 00153 13884
石田ゆり子 ……… 11140
石田亘 ……… 03288
石橋睦美 ……… 01363 06745
石原信一 ……… 02908
石原慎太郎 ……… 01644
石原ミチオ ……… 09417
石原みどり ……… 16031
石牟礼道子 ……… 14935 15345
伊集院静 ……… 00868
泉麻人 ……… 01181
03553 04515 04522 04539
04572 04718 04900 04933
泉鏡花 ……… 00393
01383 06159 08069
磯貝浩 ……… 08556
いだよう ……… 05659
板倉勝宣 ……… 00753 02651
市岡茂男 ……… 08926
市川慎一 ……… 04394
市川健夫 ……… 03317
市川博彬 ……… 13526
市毛良枝 ……… 02935
五木寛之 ‥ 00109 01513 01676
04330 08051 08225 09430
11080 11257 11594 11596
11853 12240 13285 14293
井出彰 ……… 01960
井出孫六 ‥ 00274 00670 01737
03534 04099 05322 08794

糸井重里 …… 01826
伊藤和明 …… 07085
伊藤銀月 …… 04408
伊藤桂一 …… 03193
伊藤整 …… 00186 00750
いとうせいこう …… 01898 02974 04695 07643 10074 10695
伊藤智誠 …… 10066
伊東徹秀 …… 00106 00486 00724 07037
伊東信 …… 00080
伊藤桃 …… 00078
伊藤ユキ子 …… 13412
伊藤ルイ …… 07752
伊藤礼 …… 00158 03270
糸川燿史 …… 03314
絲山秋子 …… 03774
稲越功一 …… 00316
稲本正 …… 00752
犬養孝 …… 02088 07428 12212
井上昭彦 …… 03320
井上章一 …… 11654 11655
井上政次 …… 12739
井上靖 …… 01588 02005 07455 07456 10715 10719 11254 12292
井上雪 …… 07966 08167
茨木猪之吉 …… 08825
井伏鱒二 …… 01269 01548 02680 05513 06301 08264 08641 08743
イブラヒム, アブデュルレシト …… 06962
今井通子 …… 00341 01363 01396 02576 03239 03652 03818 06531 07000 07021 07078 07085 07096 07175 07324 07370 07371 07373 07454 07962 07981 13248 15523
今尾恵介 …… 00254 03393 04684
今谷明 …… 11553 11554
今西錦司 …… 00935 07085 07096 11145 15523
今福龍太 …… 00341 00732 01363 01396 02576 03239 03652 03818 06531 07000 07021 07078 07085 07096 07324 07370 07371 07373 07454 07962 07981 13248 15523
今森光彦 …… 10918
入江織美 …… 14217
入江泰吉 …… 12583 12808
岩科小一郎 …… 07096
岩城秀親 …… 11654
岩野泡鳴 …… 12020
岩見隆夫 …… 00875
巌谷国士 …… 01981
巌谷大四 …… 11484
尹炯斗 …… 00142

【う】

宇江敏勝 …… 10306 10324
ウェグナー, ニーナ …… 00904
ウェストン, ウォルター …… 04035 07078 07289 07291 07296 07297 07299 07370 07523 08080 09048
上田哲農 …… 06721 06745 07096 07371 07455 07500 08093 08709
ウェッブ, ジョージ …… 06653
上野敏彦 …… 15917
上野誠 …… 12253
植野稔 …… 00101 01010
上原和 …… 12250
上原まり …… 06641
上原善広 …… 01435
上村武男 …… 11683
上村貞郎 …… 11476
植村直己 …… 12039 12046
ウォルトン, マレー …… 07085
鵜飼光昌 …… 11464
宇佐見英治 …… 03792 11361
牛原眞弓 …… 00904
碓井徳蔵 …… 03818
臼井吉見 …… 08998
宇多喜代子 …… 08806
宇田英男 …… 04347
内田樹 …… 10311 11057 11580 15401
内田百閒 …… 01256 02545 04351 06902
内田正洋 …… 00057
内田康夫 …… 00635 01679
内田洋一 …… 15030
内山数雄 …… 08069
内山英明 …… 01670
鵜殿正雄 …… 07311 07455 07465
うぬまいちろう …… 03351
宇能鴻一郎 …… 00331
宇野浩二 …… 00114 08941
宇野千代 …… 10037 13729
海原徹 …… 01208
梅棹忠夫 …… 00482 00483 11206 16277
梅崎春生 …… 07500 07517
梅原猛 …… 07570 10723 11256 11259 11266 11308 11386 11426 11464 11476 11486 11525 11531 11553 11572 11587 11594 11607 11618 11630 11654 11662 11702 11743 12413 12456 12566 12594 12672 12716 12778 12796 15907
梅原龍三郎 …… 07370 07372
浦谷さおり …… 16360
瓜生卓造 …… 00724
海野弘 …… 01273 04465 06328

【え】

江国滋 …… 09572
江田絹子 …… 01549
榎木孝明 …… 00567 04415
江原啓之 …… 04064 10419 10504 13390 15895
箙革命 …… 07021
遠藤ケイ …… 00005 00295
遠藤甲太 …… 03301 03962
遠藤周作 …… 04033 11283 15303

【お】

呉善花 …… 00325
王韜 …… 03713
大石登世子 …… 02022
大石真人 …… 00199
大泉洋 …… 00747
大内尚樹 …… 00358 00446 03298
大江正比古 …… 04393
大岡信 …… 11571
大川悦生 …… 07174
大久保昭男 …… 00086
大倉乾吾 …… 00485
大倉直 …… 00118
大崎紀夫 …… 01646 09306
大路和子 …… 05754
大下藤次郎 …… 08576
大島亮吉 …… 00136 00467 03913 07523 07535 09010
太田和彦 …… 00267 00441 00495 00900 00903 01744 01765 01829 02251 02380 03557 04514 05381 08109 11246
太田耕治 …… 13642
太田潤 …… 00085
太田順一 …… 11799
大平晟 …… 00724 00732 07324
大高翔 …… 01699

大滝重直 ……………… 03259
大竹昭子 ……………… 16750
大竹新助 ……………… 00313
大竹伸朗 ……………… 10163
大竹多可志 …… 01276 06164
大竹誠 ……………… 03500
大谷光真 ……………… 11594
大谷暢顕 ……………… 11618
大塚大 ……… 07085 07174
大塚高雄 ……… 00227 00415
大槻ケンジ …… 00497 03634
大野玄妙 ……………… 12716
大野達郎 ……………… 16310
大場満郎 ……………… 02802
大庭みな子 ……………… 11254
大橋乙羽 ……………… 01375
大原利雄 ……………… 00122
01441 06251 12875
大原富枝 ……………… 08794
大町桂月 ……… 00688 00689
01377 01382 03489 03792
05659 06745 07081 07371
07407 07523 08069 12039
大町文衛 ……………… 00724
大森久雄 ……………… 00136
00939 01365 07382
大矢實圓 ……………… 12413
小笠原忠 ……………… 12199
小笠原勇八 ……………… 08093
岡田温司 ……………… 03320
岡田克敏 ……… 03723 10982
岡田喜秋 ……………… 00008
07041 09399 12752
岡田紅陽 ……………… 07370
岡田哲也 ……………… 14934
岡田稔 ……………… 09557
岡野弘彦 ……………… 06811
岡部伊都子 ……………… 12100
岡部昌幸 ……………… 04661
岡村精一 ……………… 07289
岡本かの子 …… 05736 07373
岡本綺堂 ……………… 06800
岡本喜八 ……………… 13298
岡本太郎 ……… 01515 01896
岡本仁 ……………… 04561
小川糸 ……………… 01767
06648 07398 16449
小川国夫 ……………… 07371
小川孝徳 ……………… 07370
小川千恵 ……………… 11308
小川登喜男 ……………… 03818
03820 07455 07465
小川裕夫 ……………… 03236
小川未明 ……… 07815 09123
沖ななも ……………… 04056
荻原井泉水 …………
07174 07373 07407
奥田英朗 ‥ 01162 01214 02247
奥村土牛 ……………… 08794
奥本大三郎 ……………… 00975
奥本昌夫 ……………… 00160
奥山章 ‥ 03970 08591 09370
小黒世茂 ……………… 12920
尾崎一雄 ……… 07406 07455
尾崎喜八 ……………… 05659
07373 08605 09227
尾崎紅葉 ……………… 09716
尾崎秀樹 ……………… 00879
長田弘 ……… 11702 11703
小山内薫 ……… 04659 04667
長見義三 ……………… 00104
大佛次郎 ……… 02007 06681
小沢昭一 ‥ 00129 04188 04604
小沢信男 ……………… 05310
小田淳 ……………… 07635
小田実 ……………… 07455
尾辻克彦 ……………… 15827
小野庄一 ……………… 12147
小野誠一郎 ……………… 03297
小野千世 ……………… 04431
おのみさ ……………… 01817
小野有五 ……………… 08093
小埜裕二 ……………… 07815
小野塚幾澄 ……………… 12672
緒原宏平 ……………… 04632
小山卓治 ……………… 00081
小山良 ……………… 15512
折口信夫 ……… 02683 12261
折元秀穂 ……………… 15523
オールコック, ラザフォード ……………… 07371
恩田陸 ……… 00505 03626

【 か 】

カー, アレックス ……… 11029
甲斐みのり …… 03333 05368
甲斐崎圭 ……………… 00291
00292 00299 01105 10272
鏡五郎 ……………… 00241
賀川豊彦 ……………… 12195
書上喜太郎 …… 07455 07465
垣添忠生 ……………… 03573
柿木憲二 ……………… 09372
岳真也 ……………… 00007
00478 00705 01310 01667
角田光代 ……………… 03717
かくまつとむ ……………… 00215
風巻俊 ……………… 13693
梶田真章 ……………… 11662
梶山正 ……………… 11095
柏井壽 ……………… 00137
00332 01821 02230
柏瀬祐之 ……………… 03818
春日俊吉 ……… 13298 15523
カストロ, フェレイラ・デ ……………… 11775
葛城三千子 ……………… 00075
賀曽利隆 ……………… 00009
00020 00028 00035～00039
00051 00149 01196 03214
加田勝利 ……………… 09752
片山恭一 ……………… 12980
片山敏彦 ……………… 08794
香月洋一郎 ……………… 01602
06329 07234 07731 08997
11011 13234 13238 13583
13930 13997 15232
15322 15514 16391
葛島一美 ……… 02435 03251
勝見勝 ……………… 08591
勝峰富雄 ……………… 01599
勝谷誠彦 ……………… 00431
00989 03524 05265 16284
桂小米朝 ……………… 13019
桂信子 ……………… 08806
桂博史 ……………… 00252
加藤周一 ……………… 08794
加藤楸邨 ……………… 01271
07523 08998 15523
加藤泰三 ……………… 07373
07407 07523 07976 07977
加藤伸幸 ……………… 07006
加藤則芳 ……………… 07502
加藤久晴 ……………… 07324
加藤文太郎 …………
07014 07370 07407
金久保茂樹 …… 01220 01912
金坂清則 ……………… 00308
00309 01459 02983 04497
金澤翔子 ……………… 02872
金沢正脩 ……………… 00307
金澤智行 ……………… 04472
金澤泰子 ……………… 02872
金森敦子 ……………… 02714
金森誠也 ……… 03829 04392
加納一郎 ……………… 07085
加能作次郎 …… 04548 05005
加納孝代 ……………… 06653
叶内拓哉 ……………… 00092
カベルナリア吉田 …… 00179
00297 00388 00754 00757
00906 03397 04123 04526
04747 16061 16375 16377
16386 16395 16408 16409
16411 16418 16426 16447
16511 16530 16536
鎌田慧 ……………… 00526
00827 00985 01043 01122
01801 02471 04913 08259
上明戸聡 ……………… 01440
神居文彰 ……………… 11630
上関光三 ……… 01845 01847

神近市子 ……… *15196*
上司小剣 ……… *06349*
上村和也 ……… *07094*
神渡良平 ……… *14123*
亀井勝一郎 ……… *07500* *07517* *12273* *12962*
亀地宏 ……… *00540*
鴨志田穣 ……… *02375* *16790*
嘉門達夫 ……… *00047*
加門七海 ……… *01420* *01550* *03444* *04437* *04573*
柄戸正 ……… *04506*
河合敦 ……… *02700*
河井酔茗 ……… *04166*
川内彩友美 ……… *01959*
川勝承哲 ……… *11553*
川上晃良 ……… *07096*
川上隆志 ……… *04103*
川上弘美 ……… *05736* *11440*
川口邦雄 ……… *07971*
川崎純性 ……… *11743*
川崎長太郎 ……… *06797*
川崎精雄 ……… *01242*
川崎ゆきお ……… *11811*
河島あみる ……… *11948*
河島英五 ……… *14402*
川島芙美子 ……… *13358*
川嶋康男 ……… *00311*
川副秀樹 ……… *05620*
河田真智子 ……… *13754*
河田棬 ……… *03288* *07500* *08591*
川西政明 ……… *07919*
河野裕子 ……… *12778*
川端康成 ……… *03568* *03902* *07919* *09643* *09672* *10036* *10046*
河東碧梧桐 ……… *00087* *00393* *01415* *07174* *07183* *07185* *07324* *07407* *08069* *13298*
河村立司 ……… *00857*
河村哲夫 ……… *14816*
川村均 ……… *09708*
川村万梨阿 ……… *06558*
川本三郎 ……… *00089* *00221* *00234* *00240* *00427* *00599* *00884* *03854* *04063* *04222* *04420* *04423* *04433* *04495* *04530* *04566* *04766* *04899* *08865* *15762*
川森左智子 ……… *08944*
菅直人 ……… *14159*
康熙奉 ……… *04632*
菅野拓也 ……… *02923*
上林暁 ……… *05058*
冠松次郎 ……… *03220* *03222* *07000* *07141* *07948* *07996* *07997* *08069* *08093* *08124*

【き】

木内宏 ……… *00213*
KIKI ……… *00733*
菊池亜希子 ……… *02361* *03335* *04626* *04962*
菊地正 ……… *05659*
菊池幽芳 ……… *00393*
岸田衿子 ……… *04049*
岸田国士 ……… *08861*
岸田劉生 ……… *04548* *05180*
岸本葉子 ……… *00209* *00816* *01923* *04066* *04769* *05659* *05733*
喜早哲 ……… *00212*
キダタロー ……… *12841*
北杜夫 ……… *00819* *02130* *02636* *02638* *02640* *02644* *07353*
北尾トロ ……… *00152* *00667* *01381*
北尾鐐之助 ……… *13295* *13296* *15686*
北大路公子 ……… *00630*
北川太一 ……… *01863*
北田正三 ……… *15523*
北原節子 ……… *03239*
北原白秋 ……… *00393* *05573* *11235* *15101*
北見けんいち ……… *16323*
北村透谷 ……… *07371*
木下順二 ……… *15523*
木下杢太郎 ……… *11235*
木下利玄 ……… *12039*
キプリング, ラドヤード ……… *06653*
木村哲也 ……… *03078*
木村衣有子 ……… *11782*
木山捷平 ……… *00173* *00174*
姜信子 ……… *16374*
京都新聞社 ……… *10706*
京念孜 ……… *07324*
清岡智比古 ……… *16552*
キーン, ドナルド ……… *00876*
銀色夏生 ……… *00218* *00653* *02998* *08211* *16287*
金田一京助 ……… *01549*

【く】

久我なつみ ……… *11275*
草野心平 ……… *15523*
草野満代 ……… *11607* *11608*
草森紳一 ……… *02614* *07371*
串田孫一 ……… *00194* *00341* *01240* *01363* *01396* *02576* *03239* *03652* *03818* *06531* *07000* *07021* *07078* *07085* *07096* *07146* *07324* *07370* *07371* *07373* *07454* *07501* *07962* *07981* *13248* *15523*
久住昌之 ……… *00100* *00162* *00442* *03350* *04569* *04652* *04770* *05099*
楠家重敏 ……… *04447*
楠山正良 ……… *00588*
国井律子 ……… *00124* *00690* *01421* *02560* *14092*
国木田独歩 ……… *06333* *06521* *06902*
窪島誠一郎 ……… *08893*
窪田空穂 ……… *07052* *07056* *07523* *09369*
久保田米僊 ……… *03712*
久保田万太郎 ……… *04599* *04636*
熊井啓 ……… *08016*
熊谷榧 ……… *00154* *00198* *00625* *00923* *07318*
熊谷正裕 ……… *02435*
熊沢正子 ……… *00003*
倉石信乃 ……… *16552*
クライトナー, グスタフ ……… *00098*
クラフト, ウーグ ……… *04424*
椋本夏夜 ……… *06558*
くりこ姫 ……… *11757*
栗栖十三 ……… *07937*
栗田勇 ……… *10941* *12202*
栗田貞多男 ……… *16343*
車だん吉 ……… *04531*
車谷長吉 ……… *13363* *14148*
グレゴリ青山 ……… *10676*
グレン, クリス ……… *09360*
黒井千次 ……… *00335*
黒古一夫 ……… *00141* *00191* *00204* *03369* *07284* *13231* *16019*
黒田仁朗 ……… *14110*
黒田知永子 ……… *00200*
黒田初子 ……… *07287* *07523* *08093*
黒田晩穂 ……… *08069*
黒田杏子 ……… *10918*
クローデル, ポール ……… *04395* *04399*
桑原武夫 ……… *07000* *07005* *08279*

【け】

ゲリー, ジャン・フランソワ ……… *07556*

ケンパーマン,P. …… 13372 13373
玄侑宗久 …… 11549

【こ】

小疇尚 …… 07174
小池滋 …… 00069
小池真理子 …… 08794
小泉信一 …… 05408
小泉信三 …… 11196
小泉八雲 …… 06554 06927 06954 07416 11026 13253
小出博 …… 13298
神坂次郎 …… 10305 10314 12910
合田一道 …… 00161
幸田露伴 …… 00329 00333 00393 01322 03916 04116 05560 07455 07471
講談社文芸文庫 …… 04557 04636
幸堂得知 …… 04881
紅野敏郎 …… 03731
こうの史代 …… 05906
河野保雄 …… 01248
郡山貴三 …… 00125
木暮理太郎 …… 02576 03226 07085 07371 07407 08093 08098 08591
越中文俊 …… 00256
腰原智達 …… 07024
小島烏水 …… 03792 07001 07004 07232 07370 07373 07407 07454 07500 07512 08591 09137
児島修 …… 00628
児嶋桂子 …… 03687
小島真也 …… 14699
小島信夫 …… 02614
小杉放庵 …… 15523 15530
コータッツィ,ヒュー …… 06653
小谷裕幸 …… 00098
児玉清 …… 11587 11589
児玉幸多 …… 03376
児玉武雄 …… 07373
Cocco …… 16381
後藤和雄 …… 04424
後藤正人 …… 00287
後藤明生 …… 03792
小西政継 …… 03954 07455
五人づれ …… 11216
小林新一 …… 01402
小林信彦 …… 04543
小林秀雄 …… 01706
小林ゆき …… 00132 00133
小平尚典 …… 12980
小堀宗慶 …… 11508
小松香織 …… 06962
小松健一 …… 00429
小松久男 …… 06962
小牟田哲彦 …… 00404
ゴメス・カリージョ,エンリケ …… 03687
小森康行 …… 07096
小山和 …… 01198 02920 03253 03313 03791 07120 07223 10302 10728 12262 13364 13572
小山義治 …… 07455
ゴルゴ内藤 …… 16226
今官一 …… 01481
今東光 …… 11342
今柊二 …… 00891
今和次郎 …… 04440 04441
近藤信行 …… 00689 01115 04127 07001 07296 07298 08664

【さ】

斎藤潤 …… 00203 01166 04524 12156 13233 13620 15994 16018
斎藤純 …… 00281 01212
斎藤新一郎 …… 08093
斎藤文一 …… 01845
斉藤政喜 …… 00021 00026 00027 00043 00113 00116 00396 00996 01123 03211 03310 04366 06988 07513 14140
斎藤完 …… 00269
斎藤茂吉 …… 07103 07613 12924
斎藤豊 …… 00155
西原理恵子 …… 02492 03342 07388
柴門ふみ …… 01900
佐伯邦夫 …… 07174 07975 07981
佐伯文蔵 …… 08093
早乙女貢 …… 05419
酒井卯作 …… 16024
酒井順子 …… 00055 00067 00197 00917 01262
酒井忠康 …… 01938
榊莫山 …… 11039
榊原和夫 …… 00879
坂口安吾 …… 02218 02220 07674 09727 09731
坂口一雄 …… 04727
阪田寛夫 …… 11865
坂原弘康 …… 03952
坂本直行 …… 00724 00939
坂本衛 …… 01555
狭川宗玄 …… 12594
鷺沢萠 …… 15053
咲人 …… 01113 04270
櫻井寛 …… 00052 00056 00063 00264 00278 00368 00487 00488 01275 01401 01405 04417 13211
左古文男 …… 14699
佐々木基一 …… 09280
佐々木味津三 …… 06902
笹田昌宏 …… 00684
笹本一夫 …… 01379
佐瀬稔 …… 06541
佐多稲子 …… 09113 10792 15434
さだまさし …… 11005
五月みどり …… 08389
佐藤愛子 …… 12005
サトウ,アーネスト …… 03001 03391 03792 06178 07000 07152 08069 08080
佐藤久一朗 …… 07455 07523
佐藤三武朗 …… 09710
佐藤武之 …… 15523
サトウハチロー …… 04609
佐藤春夫 …… 03792 08794 09245
佐藤弘夫 …… 01537
佐藤文男 …… 05659
佐藤光代 …… 14139
佐藤靖彦 …… 00828
佐藤洋二郎 …… 02830 04104
佐藤令宜 …… 11607
更科源蔵 …… 00724 00841 07373
沢聰 …… 05659
澤昭三郎 …… 13298
澤頭修自 …… 08963
さわだ須美 …… 16323
沢田猛 …… 07006
沢田真佐子 …… 08591 08602
沢野ひとし …… 01098 01639 05061 05659 07033 07371 07406 07454 08093
澤宮優 …… 06604 09510

【し】

椎名誠 …… 00146 00165 00171 00183 00205 00206 00236 00237 00496 00755 00905 01323 01431 01456 01469 01586 01617 01643 01648 01660 02034 02052 02104 02349 02557 02732 02786 03114 03666 04150 04230 04232 04262 04287 04319 04374 06048 07370 07604 09919 12978 13212 15207 15210 16382 16665 16694 16731 16735 16852

J‐WAVE ……………… 00259
塩澤実信 ……………… 08861
塩野米松 ……………… 01270
塩谷和子 ……………… 02961
志賀重昂 ‥ 01845 03792 07085
07324 07370 08069 15523
志賀直哉 ……… 03877 03945
敷島悦朗 ……………… 03965
時雨音羽 ……………… 00952
繁延あづさ ……………… 15269
獅子文六 ……………… 03643
宍戸清孝 ……………… 01537
四手井綱英 …… 07085 13298
シドモア，エリザ・R. … 04444
品川ヒロシ ……………… 09651
篠儀直子 ……………… 15443
篠田英雄 ……… 02102 08472
司馬遼太郎 …… 00145 00150
00219 01221 01225 01252
01253 02061 02106 02690
02889 03256 03383 04700
04841 06165 06523 06585
07049 07477 09589 10073
10315 10822 11318 11563
12308 12909 13259 14440
14855 15220 15291 16444
柴田南雄 ……………… 03792
柴野邦彦 ……………… 07773
島敏光 ……………… 01774
島尾伸三 ……………… 04459
島尾敏雄 ……… 02145 16052
島木赤彦 ……… 09073 09164
島崎藤村 ……………… 04696
05292 08794 09197 12125
島津久大 ……………… 03681
島田雅彦 ……………… 00275
島根の近代化産業遺産研究グループ ………… 13372
清水茂 ……………… 03872
清水哲男 ……… 15978 15981
志水哲也 ……………… 00231
00612 07965 08150
清水義範 ……………… 02236
志村鳥嶺 ‥ 01845 03792 07174
志村ふくみ …… 11630 11632
下泉恵尚 ……………… 11486
下川裕治 ……………… 00704
16346 16370 16398 16443
子母澤類 ……………… 07938
下重暁子 ……… 11341 15696
下田昌克 ……………… 04925
下村義臣 ……………… 08645
謝昭仁 ……………… 00033
謝冰心 ……………… 06649
釈徹宗 ……………… 10311
11057 11580 15401
周恩来 ……………… 04430
シュタイニッツアー，ヴィルヘルム …… 03617 07096
シュトルテ，ハンス …… 06745
上甲平谷 ……………… 01267
東海林さだお … 00319 00324
00638 03006 04312 04401
正津勉 ……………… 02931
庄田元男 ‥ 03001 03391 06178
庄野英二 ……………… 07085
縄文剣 ……………… 00347
所澤秀樹 ……… 00842 03339
ジョフリー，セオダテ … 06932
白石一郎 ……………… 07717
白石悌三 ……………… 13266
白洲正子 ……… 03860 04553
04555 08364 08397 08500
09487 10601 10785 10792
白鳥和也 ……… 01681 09632
白籏史朗 ……………… 07011
07129 07371 08591 08592
城山三郎 ……… 06745 13340
神一行 ……………… 11087
新城和博 ……………… 16711
新庄嘉章 ……………… 08794

【す】

末木文美士 ……………… 12456
管啓次郎 ……………… 16552
管洋志 ……………… 01165
菅沼達太郎 ……………… 05305
杉洋子 ……………… 04446
杉浦日向子 ……………… 00016
杉浦明平 ……………… 08184
杉江松恋 ……………… 05385
杉村修一 ……………… 03872
杉本光作 ……………… 03954
杉本苑子 ……… 01244 11335
杉本秀太郎 ……………
11078 11479 11729
杉森久英 ……… 07324 11585
杉山亮 ……………… 03824
杉山清貴 ……………… 04379
杉山久子 ……………… 14154
スコット，チャールズ・R. ……………… 00628
鈴木明 ‥ 04729 04736 04921
鈴木喜一 ……… 01183 12184
鈴木啓三郎 ……………… 08789
鈴木孝弥 ……………… 14160
鈴木亨 ……………… 04726
鈴木博 ……………… 04430
鈴木眞由美 ……………… 03320
鈴木みき ……… 03249 06750
鈴木鱸生 ……………… 06468
鈴村和成 ……………… 00512
スタール，フレデリック ……………… 01219
スタンリー・スミス，ベニシア ……………… 11095
須藤元気 ……………… 14146
須藤靖貴 ……………… 03870
住岳夫 ……………… 03320
摺本好作 ……………… 01190
諏訪彰 ……………… 07370

【せ】

清野恵里子 ……………… 10997
関裕二 ……………… 01584
03769 05097 07633 10291
12229 12258 13817 14963
関河惇 ……………… 02017
関川夏央 ‥ 00917 02584 03218
関口泰 ……………… 15523
関口知宏 ‥ 00049 00140 06989
関根光宏 ……………… 04503
雪中庵雀志 ……………… 04334
瀬戸内寂聴 ……………… 01944
05062 09488 10718 10723
10999 11099 11137
11222 11365 11464
瀬戸内みなみ ……………… 00758
瀬沼茂樹 ……………… 09218
ゼネラルプレス ……… 16346
瀬野文教 ……………… 02228
セルギー ……………… 00828
千宗室 ……………… 11507
全国離島振興協議会 …
12156 13233 13620
仙道作三 ……………… 01230

【そ】

ゾペティ，デビット …… 04439

【た】

太地喜和子 ……………… 13042
タウト，ブルーノ
……………… 02102 08472
高木修三 ……………… 12833
たかぎなおこ … 01982 02869
高木美千子 ……………… 11774
高倉健 ……………… 05685
高桑信一 ‥ 00175 01013 01332
鷹沢のり子 ……………… 05659
高島石盛 ……………… 08093

高田直樹 07174 07455 08004 08093
高田宏 00251 01570 03877 07024 07324 08184 08778
高月園子 01516
高梨健吉 00305
高波吾策 03962
高野慎三 03036
高野鷹蔵 07174
たかのてるこ 00822
高野秀行 01971 04331 04473
高橋克典 08821
高橋克彦 01956
高橋揆一郎 00773
高橋敬一 01845
高橋新吉 07371
高橋大輔 05891
高橋隆博 10338
高橋恒光 03352
高橋昇 06014
高橋白山 08660
高橋秀樹 00450
高橋真名子 10679
高橋洋子 14475
高畑美代子 00306
高畑棟材 05659 05668 07085 07407
高浜虚子 00393 04548 06246 07416
高見和成 13298
高峰秀子 00337
高村光太郎 01863 01979 01980 01984
高群逸枝 14136 14137
高柳俊郎 01313
高山文彦 15938
太川陽介 09052
高城修三 10751 11743 11746
瀧澤智明 11386
滝田栄 12566
田口ランディ 00611 00614 13724 16280 16286
竹内鉄二 13828
竹内紘子 14295
竹内宏 07116
竹内鳳次郎 08093
竹内好 09092
武田京三 04281
武田泰淳 07371 07372
武田花 03540 03837
武田久吉 00724 02991 02999 03265 06745 07085 07370 07407 07500 08591
武田百合子 03837 04651 04653
竹中郁 11263
竹西寛子 10422 11296
竹久夢二 02823 07371 07400 07407 08347
武満徹 08794
武村岳男 05659
タゴール, ラビーンドラナート 12094
太宰治 07416
田崎健太 04925
田嶋直樹 01213 07974 14859
田代三千稔 10028
多田みのり 12219
橘右佐喜 12143
立花隆 16266
田附勝 01315
辰濃和男 14125 14142
辰巳都志 06810
立石一夫 04964
舘浦あざらし 00919 00920
立岡洋二 07500
舘野晳 00142
立野正裕 16220
立松和平 00019 00022 00065 00094 00141 00190 00191 00204 00217 00245 00248 00356 00380 00415 00421 00422 00444 00447 00572 00602 00607 00610 00613 00618 00724 00727 01001 02164 02279 03369 03560 03665 04467 06994 07284 07324 07371 11422 12716 13231 13298 13891 14715 16019 16035 16279 16332 16359
舘脇操 01845
田中淳夫 12183
田中薫 07523
田中欣一 03382
田中小実昌 00002 01674 03058 03312 12039
田中昭二 00921
田中正八郎 05659
田中伸三 07174
田中澄江 00724 01975 05659 07096 07174 07523 08069 08591 11185 11474
田中清光 08943
田中丈晴 04379
田中はるみ 05659
田中ひろみ 12972
田中冬二 04009
田中正恭 00121 01250 02938
田中康夫 09691
田中陽希 00072 00076
田中良成 00869 04416
田中励儀 01383
田部重治 01975 02576 03792 04127 07000 08028 09142
田辺聖子 01203 02023 11256 11259 12872 15833
谷甲州 07324
谷真介 01543
谷内六郎 09646
谷川健一 00535 01595 15241
谷川徹三 03792
谷口ジロー 00353 04333
谷崎潤一郎 12606
谷崎精二 05083 05095
谷崎光 04436
谷崎竜 01264
谷村志穂 00500 00601 03245
種田山頭火 08799 14155
種村季弘 00240 01191 02761 06807 07007 07613 09654
種村直樹 00010〜00012 00014 00015 00017 00025 00053 00061 00082 00084 00090 00091 00102 00105 00120 00339 00382 00562 00564 00581 00662 00787 00878 01033 01194 01207 01211 01341 01656 01657 01880 04199 06610 06764 07491 08777 09362 14815
田畑千秋 16003
田原総一朗 10918
田淵裕一 01444
田淵行男 00724 03792
田部井淳子 03179 03818 07415
玉井清弘 14145
玉岡かおる 10517 11695
玉村豊男 00177 04412 16144 16331
田村善次郎 01227 04739
田村隆一 04591 07145 13616 13618
多聞恵美 09920
田山花袋 00393 01321 01369 03429 03785 03786 04548 05960 07373 07407 15126 15742
垂見健吾 02104 16344
俵万智 00126 01526 01670 03560
檀一雄 02345
檀ふみ 11572 11574
丹征昭 00341
丹野清志 09932

【ち】

チェンバレン, バジル・H. 07370
近松秋江 03731

遅塚麗水 ……… 07404
千野帽子 ……… 07406
千葉七郎 ……… 00186
千葉俊二 ……… 01501
チャーリー古庄 ……… 04476
張競 ……… 06649
陳舜臣 ‥ 10792 12095 16350

【つ】

司葉子 ……… 13297 13298
栂嶺レイ ……… 10577
塚本やすし ……… 04634
佃実夫 ……… 14121
つげ義春 ‥ 01845 01888 01890 02512 04120 06720 06722
辻邦生 ……… 07471
辻まこと ……… 03107 03568 03571 08591
辻真先 ……… 00178
辻井喬 ……… 01901
津島佑子 ……… 08850 09641
辻村伊助 ……… 07540
辻村太郎 ……… 01845 03792 07096 07324 07371
都築響一 ……… 00040 06553
津田さち子 ……… 12215
津田令子 ……… 01832
土屋嘉男 ……… 08716
筒井功 ……… 02398
坪内稔典 ……… 11386 11387
坪谷水哉 ……… 05299
津村節子 ……… 03515 05942
津村信夫 ……… 03827 09245
鶴田真由 ……… 09173 10310

【て】

デイヴィス, ふみ子 ……… 04470
出口智之 ……… 01322
出久根達郎 ……… 00334
寺井融 ……… 00125
寺崎勉 ……… 00085
寺田甲子男 ……… 03962
寺田寅彦 ……… 03788 03792 03803 08981 09021
寺西のぶ子 ……… 00166
寺山修司 ……… 01544

【と】

土居通彦 ‥ 03792 07085 07091
東海大光 ……… 11702
東郷克美 ……… 06301
同志社 ……… 00896
唐仁原教久 ……… 01811
ドゥーダーライン,L. ……… 16003
童門冬二 ……… 00791 07429
遠森慶 ……… 00682
戸川秋骨 ……… 07407
時岡敬子 ……… 01455 04474
時実新子 ……… 14081
常盤新平 ‥ 03238 04228 05971
徳川夢声 ……… 09821
徳富蘆花 ……… 03616
所ジョージ ……… 07373
外崎克久 ……… 04444
殿山泰司 ……… 01740 09504
土橋泰子 ……… 04471
ドフライン, フランツ ……… 01358
冨田均 ……… 04398
富永政美 ……… 00001
友部正人 ……… 00195
土門拳 ……… 01932 01936 01938 02042 09428 11130 11281 11302 11414 11416 11955 12311 12558 12780
豊島与志雄 ……… 15929
鳥居フミ子 ……… 02954
鳥居美砂 ……… 16384
トルスタヤ, アレクサンドラ ……… 04470

【な】

内藤高 ……… 04395
内藤孝宏 ……… 04517
直良信夫 ……… 06745
永井郁 ……… 01419
永井荷風 ‥ 04475 04520 06158
永井龍男 ……… 15863
永井登志樹 ……… 01209
永井吐無 ……… 10718
永井路子 ……… 02880 06614 06625 06757 11495
中石孝 ……… 10693
永江朗 ……… 11251
中尾彬 ……… 04432 05149
中尾務 ……… 03731
長岡祥三 ‥ 03340 03346 04435
中上健次 ……… 10461
中川一政 ……… 07500
中川カンゴロー ……… 01381
中里介山 ……… 04088 09120
中里恒子 ……… 10319
中里富美雄 ……… 01277
中沢けい ……… 01804
長沢敬 ……… 13373
中澤天童 ……… 10189
中島健蔵 ……… 08919
中島千恵子 ……… 10918
中島博 ……… 07370
中庄谷直 ……… 13268
中筋純 ……… 06835
中田薫 ……… 06835
中田謹介 ……… 01973
中田定観 ……… 12456
中田浩資 ……… 00704
中谷宇吉郎 ……… 00724
中谷美紀 ……… 07411
長塚節 ……… 03496
長友啓典 ……… 00354
中西悟堂 ‥ 00723 00724 07324
中西進 ……… 03482 10706 12217 12251
中西道子 ……… 06932
長沼毅 ……… 01005
中野孝次 ……… 03962
中野重治 ……… 01934
中野純 ……… 05746
永野英昭 ……… 02614
中村安希 ……… 00352
中村彰彦 ……… 00901 02701
中村勘九郎 ……… 05597
中村喬次 ……… 16036
仲村清司 ……… 16361
中村淳 ……… 00189
仲村隼 ……… 00034
中村清太郎 ……… 07343 08591
中村汀女 ……… 15523 15524
中村朋弘 ……… 08869
中村直勝 ……… 10956
中村文峰 ……… 11587
ナカムラミツル ……… 16437
中村よお ……… 12069
中山義秀 ……… 02969 03610
中山太郎 ……… 07407
長与進 ……… 00285
南木佳士 ……… 08794
なぎら健壱 ……… 04434 04488 04605
夏目漱石 ‥ 09868 11183 11247
七尾和晃 ……… 04907
並木宗二郎 ……… 07370
奈良本辰也 ……… 01736 08278 10739 11089
成沢未来 ……… 16373
南條竹則 ……… 01506
難波利三 ……… 11761 11859

【に】

新島襄 ……… 00896

新妻喜永 …… 03166
仁喜和彦 …… 13828
西江雅之 …… 12021 16843
西岡一雄 …… 08591
西川治 …… 16383
西口親雄 …… 01975 05659 08555 13298
西田高生 …… 08093
西丸震哉 …… 07085 07096 07174 07500 07523
西牟田靖 …… 00390
西村京太郎 …… 11186
西村賢太 …… 04542
西村健太郎 …… 01185 01320
西村仁美 …… 16010
西村玲子 …… 09020
西山明彦 …… 12566
新田健次 …… 00424
新田次郎 …… 07962 09010
日本ペンクラブ …… 03193
日本離島センター …… 12156 13233 13620
乳井昌史 …… 14852
丹羽京子 …… 12094
丹羽文雄 …… 09031

【ね】

根深誠 …… 01325 01326 01328 01336 01434 01445

【の】

能町みね子 …… 00176 00702 01842
野川かさね …… 00733
野口武彦 …… 11679
野口冨士男 …… 04617
野口冬人 …… 02574 06745 09771
のぐちやすお …… 03216
野坂昭如 …… 12193
野尻抱影 …… 06403 08709
野添梨麻 …… 12055
野田宇太郎 …… 04598
野田隆 …… 00131 00303 00995 01170
野田知佑 …… 00156 00359 00414 00416～00418 00420 01143 01281 03362 07113 07282 09216 14284 15170 15510
ノーテボーム, セース …… 09239
野中至 …… 07373 07382 07407
野中千代子 …… 07382 07410
乃南アサ …… 00574 04512
野村智之 …… 01299
野村正樹 …… 04562 10356

【は】

ハイマス, ジョニー …… 00973
ハヴラサ, ヤン …… 00285
羽賀正太郎 …… 06531
芳賀徹 …… 11476 11477
萩原さちこ …… 01773
橋本かほる …… 04447
橋本繁 …… 12259 14870
橋本敏夫 …… 05659
橋本恵 …… 14124
長谷川郁夫 …… 01501
長谷川孝一 …… 08093
長谷川恒男 …… 03818 07096 07455 07500 08591
長谷川哲 …… 00167
長谷川如是閑 …… 07523
長谷川裕 …… 04833
秦恒平 …… 11294
秦建日子 …… 10454
畠山重篤 …… 01282
畑山博 …… 07085
服部文祥 …… 00617 01012 05347 07407
バード, イザベラ …… 00305 00306 00308 00309 00904 01455 01459 02983 04447 04474 04497
はな …… 14898
花畑日尚 …… 06745
花村萬月 …… 00041 00157
羽根田治 …… 16743
浜田優 …… 02933
早川敦子 …… 02874
早坂隆 …… 04478
林和弘 …… 01358
林丈二 …… 00323 09165
林崇 …… 01190
林望 …… 00609 04428
林ひふみ …… 16552
林芙美子 …… 00245 09248 16310
林政明 …… 16665
林真理子 …… 04396 08185
林怜子 …… 04094
林原健蔵 …… 13298
林屋辰三郎 …… 11435
速水史朗 …… 06497
原全教 …… 07085
原武史 …… 00917
原民喜 …… 09897
原将人 …… 01362
原口隆行 …… 00193 00312 00561 00680 00717
原田宗典 …… 04225 14073
ハワード, エセル …… 03681
ハーン, ラフカディオ …… 06559 07373 07407 10028 13246 13388
榛谷泰明 …… 00095 01311 14807
半藤一利 …… 05625
坂東三津五郎 …… 01772
馬場章夫 …… 16345

【ひ】

東雅夫 …… 01550
東陽一 …… 12904
東伏見慈晃 …… 11426
疋田智 …… 00138
樋口清之 …… 11177 11178
樋口裕一 …… 04399
日下田紀三 …… 16279
ひさうちみちお …… 10918
久田恵 …… 04293
菱山忠三郎 …… 05659
飛田和緒 …… 03245
日高旺 …… 00569
日高恒太朗 …… 15234 16139
日高信六郎 …… 07015
日夏耿之介 …… 08857
ヒヤ小林 …… 16377
ヒューブナー, アレクサンダー・F.V. …… 04394
平井呈一 …… 06554 06954 13253
平泉澄 …… 08479
平岡厚 …… 07094
平岡敏夫 …… 09868
平賀文男 …… 08591
平川祐弘 …… 06927 11026
平田恭助 …… 03955 03956
平地勲 …… 00126
平野恵理子 …… 01237
平野長蔵 …… 03004
平野万里 …… 11235
ひらのりょうこ …… 11186
平林たい子 …… 09170
平福百穂 …… 09203
平間至 …… 14898
平松洋子 …… 00353 04333 05094 16367
平山郁夫 …… 11182 12796
ひろさちや …… 01937
広津桃子 …… 06547

【ふ】

ファーユ, エリック ‥‥‥ 00515
フィアラ, バツラフ ‥‥‥ 04921
フィッシャー, アドルフ ‥‥‥ 03829
フェルディナント, フランツ ‥‥‥ 03692
深沢七郎 ‥‥‥ 08794
深田久弥 ‥‥‥ 00073 00074 00185 00608 00724 00779 01307 01706 01845 02614 03243 03792 03962 06745 07085 07096 07174 07324 07370 07373 07407 07455 07500 07523 08069 08093 08591 13298 15523
福沢都茂子 ‥‥‥ 08080
福島慶道 ‥‥‥ 11572
福島行一 ‥‥‥ 02007
福永武彦 ‥‥‥ 03792 09113
富士正晴 ‥‥‥ 04496
冨士真奈美 ‥‥‥ 04854 09867
藤井浩祐 ‥‥‥ 04801
藤井淑禎 ‥‥‥ 11247
藤木九三 ‥ 07174 07294 07455
藤木TDC ‥‥‥ 04578
藤崎康夫 ‥‥‥ 07085
藤沢衛彦 ‥‥‥ 07407
藤島玄 ‥‥‥ 02614
藤島大 ‥‥‥ 02223
藤島敏男 ‥ 01845 02614 03962
藤田かをり ‥‥‥ 05385
藤田庄市 ‥‥‥ 10307
藤田達生 ‥‥‥ 08311
藤嶽彰英 ‥ 00385 00813 01000
フジムラ, マコト ‥‥‥ 15443
藤本義一 ‥‥‥ 11426 11427
藤本智士 ‥‥‥ 00163
藤森成吉 ‥‥‥ 05232
藤森照信 ‥‥‥ 09003
藤原正彦 ‥‥‥ 05258
藤原美子 ‥‥‥ 05258
ブース, マイケル ‥‥‥ 00166
舟田三郎 ‥‥‥ 07523
フラ, ウ ‥‥‥ 04471
フランクル, ピーター ‥‥‥ 00531
フリート横田 ‥‥‥ 04649
古井由吉 ‥‥‥ 01823 01845 07096 07324
古川薫 ‥‥‥ 00266
古川純一 ‥ 04039 07096 08093
古川緑波 ‥‥‥ 06858
古山高麗雄 ‥‥‥ 07371
ブルリューク, ダビッド ‥‥‥ 04729 04736
不破哲三 ‥‥‥ 06745 07152

【へ】

別役実 ‥‥‥ 04637
ペナルティ・ワッキー ‥ 10445
ベルソール, アンドレ ‥‥‥ 00086

【ほ】

北条令子 ‥‥‥ 14388
穂苅貞雄 ‥‥‥ 07523
穂苅三寿雄 ‥‥‥ 07053 07523
ほしよりこ ‥‥‥ 00197 08993
星亮一 ‥‥‥ 01205 03090
細井勝 ‥‥‥ 08034
細井吉造 ‥‥‥ 08878
細貝栄 ‥‥‥ 03652
細野重雄 ‥‥‥ 08591
細谷昌子 ‥‥‥ 10988
堀田弥一 ‥‥‥ 07109
保延裕史 ‥‥‥ 11027
ホフマン, エヴァ ‥‥‥ 02874
堀淳一 ‥‥‥ 00103 00107 00216 00288 00568
堀辰雄 ‥‥‥ 03792 08794
堀ちえみ ‥‥‥ 10547 13614
堀井和子 ‥‥‥ 02067
堀内秀雄 ‥‥‥ 14144
堀川波 ‥‥‥ 16815
堀口すみれ子 ‥‥‥ 06536
堀場清子 ‥‥‥ 14136
ホワイト, モートン ‥‥‥ 04393
ホワイト, ルシア ‥‥‥ 04393
本多勝一 ‥ 00112 01021 01396 02614 07096 07543 09390
本田誠也 ‥‥‥ 15523
本田亮 ‥‥‥ 00110 00525 00716 00965 01243 14147
ポンティング, ハーバート・ジョージ ‥ 03340 03346
本渡章 ‥‥‥ 11822
本谷美加子 ‥‥‥ 14143

【ま】

前登志夫 ‥‥‥ 12822
前島勝義 ‥‥‥ 04081
前田愛 ‥‥‥ 04534 04538
前田貞昭 ‥‥‥ 06301
前田青邨 ‥‥‥ 07122
毛丹青 ‥‥‥ 12059
槇有恒 ‥‥‥ 08069
槙野修 ‥‥‥ 11006
牧野信一 ‥‥‥ 06532
牧野富太郎 ‥‥‥ 01115
牧村健一郎 ‥‥‥ 00244
マクラクラン, クレイグ ‥‥‥ 14124
正岡容 ‥‥‥ 09767
正岡子規 ‥ 04282 05641 06592
正宗白鳥 ‥‥‥ 03792
真尾悦子 ‥‥‥ 00093
真島満秀 ‥‥‥ 03330
益田ミリ ‥‥‥ 00066 01769
増田れい子 ‥‥‥ 01918
増村征夫 ‥‥‥ 04100
町田康 ‥‥‥ 04675
松井幹雄 ‥‥‥ 06678 06745
松浦弥太郎 ‥‥‥ 05909
松尾心空 ‥‥‥ 09490
松尾貴史 ‥‥‥ 05288
松岡きっこ ‥‥‥ 00290
松岡達英 ‥‥‥ 00722 06619 07292 14720 16483
松岡実 ‥‥‥ 15523
松方三郎 ‥‥‥ 07324 08995
松川二郎 ‥‥‥ 08338
真継伸彦 ‥‥‥ 07085
松崎天民 ‥‥‥ 00287 05155
松下順一 ‥‥‥ 13298
松苗あけみ ‥‥‥ 03553
松永伍一 ‥‥‥ 01502
松永美穂 ‥‥‥ 09239
松濤明 ‥‥‥ 07096 07100 07131 07500 07523 08591
松村映三 ‥‥‥ 00683
松本章男 ‥‥‥ 09489
松本健一 ‥ 01895 10731 15246
松本清張 ‥‥‥ 11177 11178
松本忠 ‥‥‥ 03090
松本龍雄 ‥ 03818 03819 08093
松本雅弘 ‥‥‥ 04394
松本侑子 ‥‥‥ 04445
マツモトヨーコ ‥‥‥ 13779
松山善三 ‥‥‥ 00337
松山猛 ‥‥‥ 10918
眞鍋じゅんこ ‥‥‥ 07026
末飛登 ‥‥‥ 03112
馬淵公介 ‥‥‥ 14126
真野響子 ‥‥‥ 11404
黛まどか ‥‥‥ 00349 02009 02901 11368
眉村卓 ‥‥‥ 11928 13684
マライーニ, フォスコ ‥‥‥ 03320
丸岡明 ‥‥‥ 08794
丸谷才一 ‥‥‥ 06956

丸山尚一 …… 01199
丸山雅美 …… 03713

【み】

MIE …… 09617
三浦綾子 …… 00724
三浦しをん …… 01239
みうらじゅん …… 01898 02974 04695 07643 10074 10695 11363
三浦哲郎 …… 08794 09917
三浦雄一郎 …… 00724 07371 07455
三木卓 …… 00259 16343
三木露風 …… 00805
汀夏子 …… 10969
美坂哲男 …… 00023 00800 01845 03166
水尾比呂志 …… 01805 03742
水上勉 …… 01094 03871 07718 08379 08380 09031 10748 11063 11174 11518 11546
水原紫苑 …… 11053
水原秋櫻子 …… 07174 08069 08925
三田幸夫 …… 06745 07470 08093
三田尾松太郎 …… 01845 02614 02622 07324 13298
三谷幸喜 …… 14340
道浦母都子 …… 11286 11662 11663 12413
三井嘉雄 …… 04035
光岡明 …… 15523
ミットフォード,A.B. …… 04435
光野桃 …… 03897
南方熊楠 …… 06562
水上瀧太郎 …… 03792
水上勉 …… 10777 11391
港叶 …… 13298
見奈美秀蔵 …… 00801
南伸坊 …… 01826 09727 12260
南博人 …… 03962 06745
南正時 …… 00147 03195
みなみらんぼう …… 00852 03221 03962 05659 06745 07500 14236
南田裕介 …… 13992
峰順一 …… 12102
峰岸徹 …… 16779
三野博司 …… 00515
簑浦登美雄 …… 07096
見延典子 …… 13818
みやこうせい …… 00363
宮城公博 …… 13092
宮城谷昌光 …… 06535 09087 09638 10082 10101
三宅修 …… 07085 07523
三宅やす子 …… 00089
宮腰太郎 …… 04188
都良香 …… 07370
宮崎三昧 …… 03332
宮崎路子 …… 04447
宮嶋資夫 …… 04548 04557
宮嶋康彦 …… 00619 01270
宮田珠己 …… 00170 00366 00766 00988 01234 01687 01688 01994 06052 06299 12964 14158
宮平貴子 …… 00064
宮部みゆき …… 05253
宮本袈裟雄 …… 05659 07500
宮本常一 …… 00139 01227 01602 04739 06329 07234 07731 08997 11011 13234 13238 13583 13930 13997 15232 15322 15514 16391
宮本又次 …… 11760
宮脇俊三 …… 00029 ～00032 00045 00058 00059 00062 00069 00097 00143 00255 00387 00507 00529 00658～00660 00693 00824 00991 01072 01078 01408 02008 03493 03523 07373 08069 09509
宮脇灯子 …… 00666
宮脇檀 …… 08146
三好達治 …… 07324 09103 09328

【む】

向笠千恵子 …… 00013 00127 00151 01124 04368
椋鳩十 …… 08794
向一陽 …… 00226 04731
ムツキ・モケット,マリー …… 01516
宗像和重 …… 01501
棟方志功 …… 01748
村井正衛 …… 01845
村井美樹 …… 00164
村井米子 …… 00724 02614 07370 08069
村上明 …… 15523
村上巌 …… 13298
村上カスミ …… 15523
村上菊一郎 …… 03677
村上健 …… 04833
村上春樹 …… 04292 06553 12072 15535
村上護 …… 08799 14155
村上光彦 …… 02007
村田友春 …… 07305
村田久 …… 02517
村田雄二郎 …… 06649
村松真吾 …… 13246
村松友視 …… 00261 00863 09900
村松誠 …… 05381
村松基之亮 …… 01928
村山道宣 …… 06811
室井滋 …… 07373
室生朝子 …… 03826 08153
室生犀星 …… 03812 03826 07373
室伏高信 …… 06704
室町澄子 …… 04431 04606

【も】

茂木健一郎 …… 00449
モース,E.S. …… 00083 00168 04400 10972
素樹文生 …… 00280
本山賢司 …… 00293 01155
森敦 …… 02614 02616 02703 02705
森絵都 …… 16301
森鷗外 …… 07189 09379 14999
森源太 …… 00070
森清範 …… 11256
森達也 …… 04614
森哲司 …… 14151
森知子 …… 14156
森南海子 …… 16363
森まゆみ …… 04550 04627 04635 05989 11799
森豊 …… 00611 00614
森義正 …… 07096
森礼子 …… 15057 15179
盛岡山想会 …… 01845
森崎和江 …… 08430 14352 14805 16169
森沢明夫 …… 01228 01495 03351 04203 08460
森下雨村 …… 13763
森下典子 …… 00826
森田明 …… 00098
森田勝 …… 03818
森田芳光 …… 00024
モーリッシュ,ハンス …… 02228
森見登美彦 …… 07406
森村誠一 …… 02020
森本繁 …… 13733 13757
森本剛史 …… 01303
森本哲郎 …… 01581 03599 04117
モール,オットマール・フォン …… 04392

【 や 】

八重野充弘 …… 03518
八木健三 …… 02614
矢口高雄 …… 00433
やしきたかじん …… 05437
安岡章太郎 …… 01761 03302 10719
安川茂雄 …… 03962 03964 07523 08093
安水稔和 …… 00302 07732
安森ソノ子 …… 11180
矢内原伊作 …… 11322
柳木昭信 …… 00187
柳宗悦 …… 03742
柳沢道生 …… 00519
柳田國男 …… 01229 01233 01501 02284 06745 09695 10578 12520 15731 15738 16024
柳家小三治 …… 00134
矢野直美 …… 00148 00192 00265 00698 05816
八尋舜右 …… 02007
矢吹晋 …… 04430
山尾三省 …… 07084
山折哲雄 …… 10304 11006 11486 11487 14110
山川さら …… 16016
山口耀久 …… 04075 06749 07324 07508 09063
山口泉 …… 00338
山口栄鉄 …… 16366
山口孤剣 …… 04409
山口理 …… 00071
山口誓子 …… 13298
山口大輔 …… 00018
山口崇 …… 12154
山口瞳 …… 00004 04107 08345
山口由美 …… 06816
山崎一夫 …… 02492
山崎安治 …… 08093
山下一正 …… 03345 10878 12162
山下喜一郎 …… 00380
山下清 …… 03803 03812 07371 07372 07406
山下智菜美 …… 16496
山田風太郎 …… 02980
山田久美子 …… 00881
山田俊治 …… 07542
山田スイッチ …… 04464
山田哲哉 …… 03225
山田美妙 …… 09247
山田法胤 …… 12796
山田宗睦 …… 08888
山と渓谷社 …… 01309
山中恒 …… 13778
山根基世 …… 00315 09161
山野肆朗 …… 09450
山室静 …… 08794
山本健吉 …… 11603
山本賢二 …… 13298
山本三郎 …… 07370 07371
山本秀峰 …… 07297
山本純二 …… 13768
山本素石 …… 01327 08396 09447
山本太郎 …… 07174
山本容朗 …… 01674 03193
山谷正 …… 00099
矢幡正夫 …… 08893

【 ゆ 】

兪弘濬 …… 12259 14870
柳美里 …… 01537 03587
結城哀草果 …… 01309 02784 03011
結城登美雄 …… 01500
湯口徹 …… 07108 07644
夢枕獏 …… 07278 13542 15589

【 よ 】

横井寛 …… 14138
横尾忠則 …… 01858 02614 03893 04601 11531 11532
横田松一 …… 07096
横田昌幸 …… 00006
横見浩彦 …… 00060
横光利一 …… 10917
横山厚夫 …… 06586
横山隆一 …… 06741
横山良一 …… 00261 14127 14128 14130～14132 14134
与謝野鉄幹 …… 11235
吉井勇 …… 05573 08646 11235 11270 13599
吉井忠 …… 01248
吉江喬松 …… 07085 07086
吉尾なつ子 …… 00276
吉尾弘 …… 03818 08093
吉岡幸雄 …… 02630 03723 10982 12594
吉川潮 …… 01774
吉川英治 …… 01729
吉沢庄作 …… 07174
吉田勝次 …… 08011
吉田喜久治 …… 06913
吉田絃二郎 …… 00393 03436
吉田さらさ …… 04613 10680 11420
吉田昭市 …… 13298
吉田戦車 …… 00907 01881
吉田類 …… 00344
吉田友和 …… 16406
吉田知子 …… 10667 12097
吉田智彦 …… 10271
吉田学 …… 15523
吉田悠軌 …… 01552
吉永小百合 …… 01177
吉永みち子 …… 02059
芳野満彦 …… 07174 07370 07455 08093
吉原祥子 …… 07096
吉氷清 …… 03677
吉村昭 …… 00068 00509 03983 14486
吉村喜彦 …… 16371
ヨシムラ・ガニオン, ユリ …… 00064
吉本ばなな …… 16020
吉本由美 …… 00220 06553
吉行和子 …… 04854 10014
吉行淳之介 …… 08338
ヨーゼフ, クライナー …… 16003
四元奈生美 …… 14153
四谷シモン …… 01466
与那原恵 …… 16431
米山公啓 …… 01056
四方田犬彦 …… 05017
寄本好則 …… 02173

【 ら 】

雷波少年 …… 00033
ライール, クロード …… 04347
ラヴァル, マリー＝エディット …… 14160

【 り 】

リーチ, バーナード …… 03742
旅行作家の会 …… 00519

【 れ 】

レブンウォース, チャールズ・S. …… 16366
レルヒ, テオドール・E. …… 07371

【ろ】

ローエル, パーシヴァル ……… 07094
六川宗弘 ……… 03872
ロチ, ピエール ……… 03677
六角精児 ……… 00077
ローマー, ケネス・M. ‥ 13526
ロングフェロー, チャールズ・アップルトン … 00881

【わ】

若一光司 ……… 10895
若木信吾 ……… 05909
若月俊一 ……… 08794
若菜晃子 ……… 02913
若山牧水 ……… 01570 01675 03260 03597 03877 06811 07406 07407 07486 09147
脇田寧人 ……… 00130
鷲田清一 ……… 11157
鷲谷七菜子 ……… 10716
和田謹吾 ……… 03731
和田芳恵 ……… 08701
渡辺一史 ……… 00289
渡辺喜恵子 ……… 13361
渡辺淳一 ……… 00180 11231
渡辺文雄 ‥ 00182 03484 10976
渡辺康之 ……… 00724
和辻哲郎 ……… 11583 11590

地名から引く 日本全国 作家紀行・滞在記

2018年9月25日　第1刷発行

発 行 者／大高利夫
編集・発行／日外アソシエーツ株式会社
〒140-0013 東京都品川区南大井6-16-16 鈴中ビル大森アネックス
電話 (03)3763-5241（代表） FAX(03)3764-0845
URL http://www.nichigai.co.jp/
発 売 元／株式会社紀伊國屋書店
〒163-8636 東京都新宿区新宿 3-17-7
電話 (03)3354-0131（代表）
ホールセール部（営業） 電話 (03)6910-0519

電算漢字処理／日外アソシエーツ株式会社
印刷・製本／株式会社平河工業社

《中性紙三菱クリームエレガ使用》

ISBN978-4-8169-2737-9　Printed in Japan,2018